中国林业产业与林产品年鉴

YEARBOOK OF CHINA FOREST INDUSTRY

2013

国家林业局　编

STATE FORESTRY ADMINISTRATION

中国林业出版社

CHINESE FORESTRY PUBLISHING HOUSE

图书在版编目(CIP)数据

中国林业产业与林产品年鉴. 2013卷/国家林业局编. —北京：中国林业出版社，2014.10
ISBN 978-7-5038-7632-5

Ⅰ. ①中…　Ⅱ. ①国…　Ⅲ. ①林业经济－中国－2013－年鉴 ②林产品－中国－2013－年鉴
Ⅳ. ①F326.2-54②F426.88-54

中国版本图书馆CIP数据核字(2014)第200728号

出版　中国林业出版社(100009　北京西城区德内大街刘海胡同7号)
电话　(010)83282326
网址　http://lycb.forestry.gov.cn　**E-mail**：cfybook@163.com
发行　中国林业出版社
印刷　北京中科印刷有限公司
版次　2014年11月第1版
印次　2014年11月第1次
开本　889mm×1194mm　1/16
印张　71.125
字数　1965千字
定价　399.00元

ISBN 978-7-5038-7632-5
9 787503 876325

中国林业产业与林产品年鉴(2013)

编　委　会

《中国林业产业与林产品年鉴》(2013)

特约编委

《中国林业产业与林产品年鉴》(2013)

编辑部

《中国林业产业与林产品年鉴》(2013)

分 支 主 编

付占芳　北京市园林绿化局
李俊柱　天津市林业局
孟宪平　河北省林业厅
蒲建民(副)　河北省林业厅
王裔飞　山西省林业厅
周　浩(副)　山西省林业厅
刘大中　内蒙古自治区林业厅
曲建军　辽宁省林业厅
高海山(副)　辽宁省林业厅
祁永辉　吉林省林业厅
金元日(副)　吉林省林业厅
张新国　延边朝鲜族自治州林管局
戴瑞山　延边朝鲜族自治州林管局
高　明　黑龙江省林业厅
曹玉朴(副)　黑龙江省林业厅
肖龙根　上海市林业局
茅国梁(副)　上海市林业局
王晓南　江苏省林业局
康志雄　浙江省林业厅
林高兴　安徽省林业厅
陈　锐(副)　安徽省林业厅
邓荣俤　福建省林业厅
王　琅　江西省林业厅
蔡恒义　江西省林业厅
岳炳勋　山东省林业厅
刘正臣　山东省林业厅
郑汝志　山东省林业厅
冯慰冬　河南省林业厅
龚泽和　湖北省林业厅
程少明　湖北省林业厅
从卫国(副)　湖北省林业厅
欧阳叙回　湖南省林业厅
邹榜先　广东省林业厅
欧　雄　广西壮族自治区林业厅
蔡兴旺　海南省林业厅
王太强　重庆市林业局
童　伟　四川省林业厅
侯拥军　贵州省林业厅
李伟平　云南省林业厅
扎西多吉　西藏自治区林业厅
李小双(副)　西藏自治区林业厅
晏正明　陕西省林业厅
郑克贤　甘肃省林业厅
李　文　青海省林业厅
赵世华　宁夏回族自治区葡萄花卉产业发展局
于生华　新疆维吾尔自治区林业厅
刘　伟　中国内蒙古森工集团有限责任公司
涂海萍　中国吉林森林工业(集团)总公司
孙立人　中国龙江森林工业(集团)总公司
李海波　中国龙江森林工业(集团)总公司
张东彪　大兴安岭林业集团公司
康文学(副)　大兴安岭林业集团公司
罗　毅　新疆生产建设兵团林业局

《中国林业产业与林产品年鉴》(2013)
特约编辑

编 辑 说 明

一、《中国林业产业与林产品年鉴》是一部全面、系统、准确反映我国林业产业体系建设成就、机制、经验及其发展动态的大型资料性工具书。每年一卷，限收录上一年度信息与资料。

二、《中国林业产业与林产品年鉴》的基本任务是，为我国林业现代化，面向市场、面向生产基层，给林业行业广大生产经营单位、企业、各级行政职能机关，广大国内外投资者、经济科学研究工作者，提供全国林业产业各支柱产业发展成就与水平；主要县（旗、市、区）林产品产销信息；国家有关政策法规；各省（区、市）与国有森工企业林业产业动态及其先进地县（市）经验与重点企业经营状况；林产品国际进出口贸易等资料。

三、第五卷（2013）根据国家林业局林策发〔2007〕117 号通知要求，以 2012 年资料为主，全卷 200 多万字。

四、该卷（2013）编纂内容分五大部分：（一）特辑部分，收录国家领导人有关讲话，国家林业局主要文件等；（二）全国林业产业发展概述；（三）行业篇，包括木材、木材加工、果品、花卉、林下产品以及林产化工，森林旅游等林业产业支柱产业；（四）各省（区、市）林业产业，龙头企业及其品牌产品；（五）林产品主产县（旗、市、区、局）；（六）林产品进出口贸易资料。

五、该卷林业产业与林产品资料来源，《中国林业统计年鉴》、《中国农业统计资料》、国家海关统计等。各县级资料，各省组织下属各县（旗、市、区、局）林业部门根据相关统计调查资料收集整理，并经省、地、县三级审核，通过中国林业产业与林产品信息网络平台填写上报。

六、该卷所录资料，均不含台湾省及香港、澳门特别行政区。

七、年鉴文字部分，实行条目编辑。条头设【 】。条目标题力求简明、规范。长条设黑体和楷体两级层次标题。全卷编排按内容分类。

八、年鉴编撰及资料收集，分别由各省（区、市）林业厅（局）、四大国有林区森工集团、兵团林业局和国家林业局有关司（局）及有关协会承担。

九、年鉴计量单位、文字撰稿、资料选用均执行国家在行立法规定。

十、条目、文章，一律署名，文责自负。

《中国林业产业与林产品年鉴》编辑部

《中国林业产业与林产品年鉴》编纂流程简图

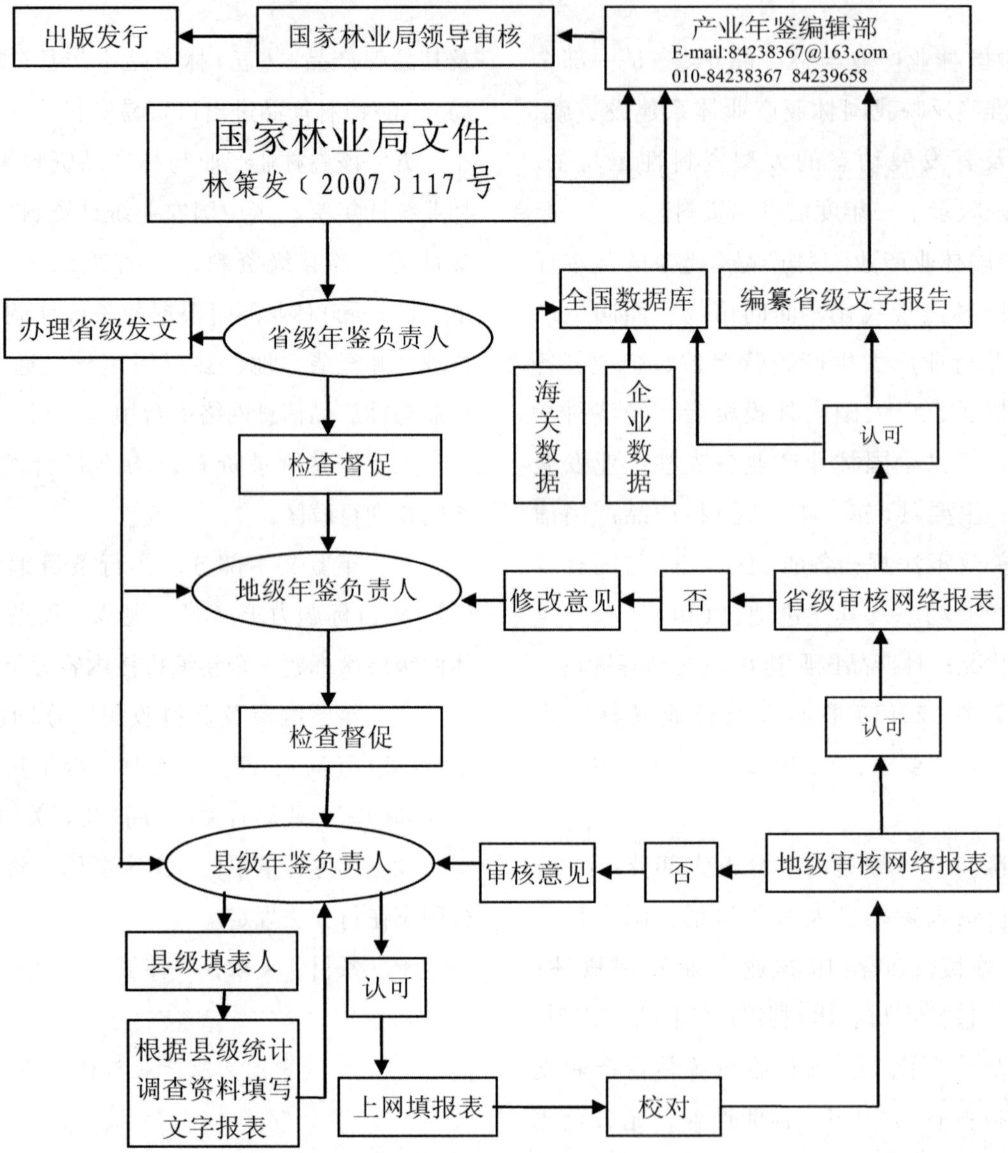

目　　录

特　辑

中国林业产业综述与行业篇

各省(区、市)林业产业

林产品主产县(旗、市、区、局、场)

林产品进出口贸易资料

特辑

SPECIAL

在全国林业科学技术大会上的讲话

回良玉

同志们：

党中央、国务院从战略和全局出发，历来高度重视林业发展。党的十六大以来，中央作出了加快林业发展的决定，召开了首次中央林业工作会议，采取了一系列兴林富民的重大举措，林业发展取得举世瞩目的重大成就，实现了一些重大历史性转变。在林业生态建设上，初步实现了森林数量和质量由长期下降到逐年上升、沙化土地面积由长期扩大向逐年缩小的历史性转变。全国森林面积由23.9亿亩增加到29.3亿亩，森林覆盖率由16.55%提高到20.36%，森林蓄积量由113亿立方米增加到137亿立方米；沙化土地面积由20世纪90年代后期年均扩展3400多平方千米变为年均缩减1700多平方千米。生态状况整体恶化趋势得到初步遏制。在林业产业发展上，初步实现了从木材加工为主向林业资源多功能利用、全方位开发的历史性转变。木本油料、林下经济、森林旅游等特色林业产业快速发展，农民涉林收入不断提高，全国林业产业产值年均增速高出GDP增速7个百分点，多项林产品产量跃居世界第一，成为世界林产品生产和贸易大国。在林区面貌上，初步实现了由长期贫困落后向民生加快改善的历史性转变。我们多措并举促进林农就业增收，大力加强林区基础设施建设，着力发展林区社会事业，启动林区棚户区和危旧房改造工程，林区基本公共服务均等化水平显著提升，林农生产生活条件明显改善。在林业国际地位上，初步实现了从边缘配角向中心舞台迈进的历史性转变。我们组织召开了首届亚太经合组织林业部长级会议，发起成立了亚太森林网络管理组织，作为重要成员参加了国际环境问题、森林问题、气候问题的重大会议和谈判，中国林业获得了前所未有的国际认同和话语权。

党的十六大以来这10年，是我国林业发展史上形势最好、成就最大的10年，是林业面貌发生翻天覆地变化的10年，是林业地位显著提升的10年。抚今追昔，林业发展之所以能够取得这么大的成就，最根本的原因是，我们全面贯彻落实中央关于加强生态文明建设的战略部署，根据世情国情林情的变化，与时俱进地推进林业的理论创新、政策创新、制度创新、科技创新和工作创新，取得了一系列重大成果。

第一，我们坚持不懈地推进理论创新，初步形成了指导林业发展的战略思想。我们从中国特色社会主义事业总体布局和全面建设小康社会战略全局出发，作出了建设生态文明的战略决策，确立了以生态建设为主的林业发展战略，明确了林业在贯彻可持续发展战略中的重要地位、在生态建设中的首要地位、在西部大开发中的基础地位、在应对气候变化中的特殊地位。我们科学把握林业发展的阶段性变化，丰富了林业多种功能内涵，强调林业既是一项重要的基础产业，也是一项重要的社会公益事业，既要满足经济社会发展对木材等林产品的需求，也要满足保障国土生态安全的需要。这些理论创新成果，指明了林业发展的方向性、战略性、根本性问题，开辟了现代林业认识的新境界，具有长远的指导意义。

第二，我们坚持不懈地推进政策创新，初步形成了兴林富民的政策体系。大幅度增加林业投入，近10年中央财政用于林业的投入达到5324亿元，是前一个10年的9.6倍。着力推进林业重点工程建设，适时延长退耕还林补助政策，及时启动天然林保护工程二期和三北防护林体系建设五期工程。建立中央财政森林生态效益补偿基金，大幅提高集体所属的国家级公益林补偿标准，结束了过去无偿使用森林生态效益的历史。开创性地制定完善林业支持保护政策，启动实施了林木良种补贴、造林补贴、森林抚育补贴、森林保险保费补贴和湿地保护补助、林权抵押贷款等政策。这些政策创新成果，涵盖了支持林业重点工程建设、全民义务植树和社会造林的关键环节，有效调动了各方面造林护林的积极性，对促进林业持续快速发展发挥了关键作用。

第三，我们坚持不懈地推进制度创新，初步形成了有利于林业发展的制度框架。全面推进集体林权制度改革，将27亿多亩集体林地的承包经营权和价值数万亿的林木所有权确权到户，近8800万农户真正成为山林的主人，极大地解放和发展了林业生产力。启动国有林场改革，开展国有林区管理体制和国有森林资源统一管理改革试点，在理顺国有林业体制机制方面迈出重要步伐。我们制定修订《退耕还林条例》《森林防火条例》《濒危野生动植物进出口管理条例》等一批法律法规，启动实施了造林绿化、林地保护、森林防火、防沙治沙等一系列规划。通过这些制度创新，形成了激发内部活力、优化外部环境的制度框架，为促进林业长期稳定发展提供了保障。

第四，我们坚持不懈地推进科技创新，初步形成了科技支撑引领林业发展的格局。坚持科技兴林方针，加大林业科技研发和推广力度。林木良种选育取得重大成果，培育了一大批优良品种；困难立地造林等科技攻关取得重大进展，有效提高了工程区造林成活率、保存率和植被覆盖度；木竹工程材料制造、林源植物高效利用等关键技术取得重大突破，有力地提升了林业产业核心竞争力。通过这些创新，林业科技进步贡献率由30.3%提高到了43%以上，林业发展走上了更加依靠科技进步和劳动者素质提高的轨道。

第五，我们坚持不懈地推进工作创新，初步形成了推进林业发展的有效机制。根据形势变化，不断创新全国动员、全民动手、全社会办林业的工作机制，全民义务植树运动在新形势下不断深入开展，关心林业、重视林业蔚然成风。坚持突出重点、带动全局，狠抓集体林权制度改革和油茶产业发展等工作，有效带动面上的生态建设和林业产业发展。尊重群众和基层的首创精神，及时总结推广各地的好经验好做法。我们不断创新工作方式方法，既重视运用经济的、法律的和必要的行政手段推动工作，又注重通过新闻宣传营造良好氛围；既重视顶层设计，又注重分步实施、试点先行；既重视面上的工作指导，又注重运用典型示范引路。通过这些创新，我们牢牢地掌握了领导林业工作的主动权，形成了扎实推进现代林业建设的良好局面。

近些年我国林业建设的巨大成就和丰富实践，不仅为维护国家生态安全、促进经济社会可持续发展、推动生态文明建设做出了重要贡献，而且积累了在生态环境脆弱的发展中人口大国推进林业建设的宝贵经验，进一步探索和拓宽了中国特色的现代林业道路。这些成就的取得，归功于党中央、国务院的正确领导，归功于广大基层干部、林业科技人员和农民群众的辛勤劳动，归功于各地区各部门的共同努力和社会各界的大力支持。

在充分肯定成绩的同时，也必须清醒地看到，我国生态脆弱的状况依然没有根本改变，生态产品供给偏紧的态势依然没有根本扭转，林区经济社会发展相对滞后的问题依然没有根本解决，建设现代林业、改善生态环境、促进经济社会发展，任重而道远，必须作出长期艰苦的努力。当前，我国正处于全面建设小康社会、加快社会主义现代化建设的重要时期，林业发展的外部环境和内部动因都在变化，面临许多新情况、新问题和新要求、新挑战，进入了一个新的阶段。一是林业肩负的责任更加重大。随着经济社会发展和人民生活水平提高，林业不仅要提供更多的林产品供应，还要提供更好的生态环境和人居环境；不仅要促进农民就业增收和区域协调发展，还要传承文化、促进生态文明建设，林业发展的任务越来越重。二是林业发展的资源制约更加严峻。经过这些年大规模的林业建设，全国宜林荒地已经不多，可以造林的地方已经基本完成造林，剩下的大多是立地条件差的、难啃的“硬骨头”，同时退耕还林的余地也不大，林业发展的资源约束越来越强。三是林业生产经营的困难更加巨大。未来一个时期，世界能源价格仍将高企，我国林业生产资料价格将持续高位运行；全社会人工成本不断增加，林业劳动力价格将继续提高；受国际经济波动、市场复杂多变以及林业生产周期长的影响，林业吸引投资的难度加大，林业生产经营面临的挑战越来越大。

在新的历史阶段推进林业发展，必须加快转变发展方式。要进一步强化林业富民政策，完善林业管理体制，创新林业运行机制，调动广大农民和社会各方面投入林业、关注生态的积极性。继续坚持不懈地搞好林业重点工程建设，深入开展全民义务植树运动，推进生态建设。继续推进林业产业结构升级，加快形成以森林资源培育为基础、以精深加工为带动、以科技进步为支撑的林业产业发展格局。继续完善林业产权制度，推进森林、林木和林地使用权流转，实行林业分类经营管理，增强林业发展活力。

在新的历史阶段推进林业发展，必须更加重视发挥科技的强大支撑作用。科技进步是提升林业发展水平的重要途径，也是突破林业发展瓶颈的有效措施。应当看到，林业是生态效益优先的产业，林业科技具有很强的公益性、基础性、社会性特点。做好新时期林业科技工作，必须立足林业科技的公益性、基础性、社会性特点，坚持“强化创新、重点突破、优化配置、支撑发展”的方针，围绕促进科技与经济社会发展和生态建设紧密结合的要求，大力实施科技兴林和人才强林战略，以突破核心技术、强化推广应用、完善条件平台、优化创新环境为重点，加快建立国家林业科技创新体系，全面提升林业科技创新能力，为现代林业建设提供强有力的科技支撑。

一要着力提升林业科技创新能力。以生产实践和市场需求为导向，紧紧围绕制约林业发展的关键技术，大力推进林业科技原始创新、集成创新和引进消化吸收再创新。要重点突破林业关键领域核心技术，尽快在高抗逆植物材料选育、退化生态系统恢复与重建、森林可持续经营、碳汇林业、林业重大灾害防控、生态效益监测与评价等关键技术领域取得新的突破。要超前部署林业高新技术研究，加强林木花卉分子育种、商品林高效定向培育、林特产资源增值利用、新一代生物质能源开发、现代林业装备等关键技术攻关。要前瞻性开展林业基础研究，重点研究森林生态服务功能、林业生物灾害防控、林业应对气候变化、森林资源培育和资源高效利用、荒漠化形成机理等方面的重大科学问题。要积极构建林业科技创新平台，加快建设以重点实验室、工程(技术)研究中心等为主体的研究实验平台，以林业生物基因库等为主体的资源保护和信息共享平台，以新品种测试基地等为主体的科技服务平台，不断改善林业科技创新条件。

二要着力加快林业科技成果转化。服务经济社会发展是科技发展的最终目标，也是推动科技进步的根本动力。要加快林业科技成果的推广和应用，不断完善以政府公益性推广机构为主导的多元化、多层次、多形式的林业科技社会化服务体系，鼓励和支持广大林业科技工作者深入林间地头，为农民提供林业科技服务。要积极促进科技创新与林业工程建设紧密结合，促进科技推广与兴林富民强企一体推进，促进创新链、研发链和产业链连贯对接。要充分发挥科技项目的辐射带动作用，构建布局合理、类型多样、特色鲜明的林业科技示范网络，努力做到实施一个科技项目，建设一片示范基地，培育一个主导产业，带动一方林农致富。

三要营造林业科技发展的良好环境。各级政府要从战略和全局的高度，充分认识林业科技工作的重要性，进一步增强责任感、紧迫感，加强组织领导，实施好林业科技规划，不断推动林业科技事业发展。要切实加大林业科技投入，坚持财政承担主要投入的基本政策取向，建立长期稳定的投入保障机制，确保各级财政林业科技投入增长幅度高于同级林业支出增长幅度，努力形成多元化、多层次、多渠道的林业科技投入机制。要深化林业科技体制改革，建立协同创新机制，推进产学研紧密结合，深化科研机构改革，完善科研立项机制和评价体系，充分调动科研人员开展基础性、公益性研究和解决生产实际问题的积极性，激发林业科技发展内在活力。要加强林业科技队伍建设，加强科技创新和技术推广人才培养，不断改善林业科技人员工作和生活条件。

同志们，林业的出路在科技，林业的希望也在科技。我们要抓住机遇，锐意进取，扎实工作，奋力开创林业科技工作新局面，为推进现代林业建设和经济社会可持续发展做出新的更大贡献！

全面提升生态林业和民生林业发展水平 为建设生态文明和美丽中国贡献力量

——在全国林业厅局长会议上的讲话

赵树丛

（2012 年 12 月 27 日）

同志们：

党中央、国务院对这次会议高度重视。国务院副总理回良玉同志 12 月 25 日专门作出重要批示：这些年林业工作成绩很大，改革的力度很大，生态文明建设的贡献也很大。国家林业局工作思路清晰，指导和推动落实有力。全国林业战线的广大干部职工作出了艰苦的努力，开展了卓有成效的工作，付出了心血和汗水。望在林业厅局长会议予以强调，并转达我的敬意和问候。回良玉副总理的重要批示，对于我们做好当前和今后一个时期的林业工作，具有十分重要的指导意义。大家一定要认真学习领会，全面贯彻落实。

刚才，建龙同志代表国家林业局党组，通报了今年工作完成情况和明年工作安排意见，请大家认真抓好落实，确保全面完成各项任务。下面，我讲五点意见，供大家讨论。

一、科学分析我国林业建设新形势，深刻认识大力推进生态文明建设的战略意义

党的十八大对生态文明建设作出了全面部署，形成了中国特色社会主义事业五位一体总体布局并写入党章。这在世界政党发展史和执政史上还是第一次。这一认识上的重大飞跃、理论上的重大创新、实践上的重大举措，树立了人类建设生态文明的里程碑，开启了中华民族永续发展的新征程，对于推动中国特色社会主义事业、实现中华民族伟大复兴，具有重大的现实意义和深远的历史意义。

（一）建设生态文明是实现中华民族伟大复兴的根本保障。一部人类文明的发展史，就是一部人与自然的关系史。自然生态的变迁决定着人类文明的兴衰。森林兴则文明兴，森林衰则文明衰。中华文明五千年的先贤先哲都把丰富的森林作为国势兴旺的标志，把栽种树木作为治国安邦的大计，黄帝陵中有黄帝手植柏，孔庙中有孔子手植树。《国语》曾记载，单襄公借道陈国去楚国，当看到陈国“道无列树，垦田若艺”等现象时，他断言“陈国必亡”，三年后陈国果然衰落灭亡。100 年前，马克思、恩格斯曾对人与自然的关系作过十分深刻的论述。历史的教训告诉我们，一个国家、一个民族的崛起必须有良好的自然生态作保障。随着生态问题的日益严峻，生存与生态从来没有像今天这样联系紧密。大力推进生态文明建设，实现人与自然和谐发展，已成为中华民族伟大复兴的基本支撑和根本保障。

（二）建设生态文明是发展中国特色社会主义的战略选择。90 多年来，我们党的理论创新发生了两次历史性飞跃。第一次是在新民主主义革命时期，形成了毛泽东思想。第二次是在党的十一届三中全会以后，形成了中国特色社会主义理论体系。在这两大理论成果的指导下，我们党取得了新民主主义革命胜利，确立了社会主义基本制度，开创了中国特色社会主义道路。马克思有一句名言，问题是时代的口号。建设中国特色社会主义，总依据是社会主义初级阶段，总布局是五位一体，总任务是实现社会主义现代化和中华民族伟大复兴。中国特色社会主义的总布局也是在不断探索解决中国面临的时代问题中提出并丰富发展的。面对濒临崩溃的国民经济，十一届三中全会确立了以经济建设为中心的指导思想。随后，十二大确立了社会主义物质文明建设和精神文明建设两位一体的总体布局，十五大确立了经济建设、政治建设、文化建设三位一体的总体布局，十七大确立了经济建设、政治建设、文化建设、社会建设四位一体的总体布局。当前，我国经济总量已跃升至全球第2位，人均GDP超过5000美元，面对生态问题日益突出的严峻形势，十八大又把生态文明建设提到与经济建设、政治建设、文化建设、社会建设并列的位置，形成了中国特色社会主义五位一体的总体布局。这标志着我国开始走向社会主义生态文明新时代，也标志着中国特色社会主义理论体系更加成熟，中国特色社会主义事业总体布局更加完善，中国特色社会主义道路更加宽广。

(三)建设生态文明是推动经济社会科学发展的必由之路。随着我国经济快速发展，资源约束趋紧、环境污染严重、生态系统退化的现象十分严峻，经济发展不平衡、不协调、不可持续的问题日益突出。这就要求我们，必须树立尊重自然、顺应自然、保护自然的生态文明理念，把生态文明建设融合贯穿到经济、政治、文化、社会建设的各方面和全过程，大力保护和修复自然生态系统，建立科学合理的生态补偿机制，形成节约资源和保护环境的空间格局、产业结构、生产方式、生活方式，从源头上扭转生态环境恶化的趋势，全面改善生态状况，提高生态承载力，推动我国经济社会科学发展。

(四)建设生态文明是顺应人民群众新期待的迫切需要。习近平总书记强调，“人民对美好生活的向往，就是我们的奋斗目标”。随着人们生活质量的不断提升，人们不仅期待安居、乐业、增收，更期待天蓝、地绿、水净；不仅期待殷实富足的幸福生活，更期待山清水秀的美好家园。生态文明发展理念，强调尊重自然、顺应自然、保护自然；生态文明发展模式，注重绿色发展、循环发展、低碳发展。大力推进生态文明建设，正是为顺应人民群众新期待而作出的战略决策，也为子孙后代永享优美宜居的生活空间、山清水秀的生态空间提供了科学的世界观和方法论，顺应时代潮流，契合人民期待。

二、紧紧围绕生态文明建设目标任务，切实担当起林业在生态文明建设中的重大职责

建设生态文明，昭示着人与自然的和谐相处，意味着生产方式、生活方式的根本改变，是关系人民福祉、关乎民族未来的长远大计，也是全党全国的一项重大战略任务。党中央、国务院多次强调，要把发展林业作为建设生态文明的首要任务，林业部门承担的责任更加重大。我们一定要发扬勇于担当的精神，切实承担起建设生态文明的历史使命。

(一)承担起保护自然生态系统的重大职责。陆地自然生态系统主要包括森林、湿地、荒漠、草原四大生态系统，林业部门负责保护、建设、管理森林、湿地、荒漠三大自然生态系统，同时承担着保护和维护生物多样性的职责，覆盖范围占近2/3的国土面积，在保障人类生存与发展中具有不可替代的重要作用。虽然我国生态建设取得了重大成就，但是自然生态系统退化、生态布局不平衡、生态承载力低、生物多样性减少的问题依然十分严峻。森林分布碎片化和质量不高、功能不强的问题尤为突出，森林作为陆地生态系统主体的功能没有充分发挥。湿地生态系统还有一半尚未得到保护，面积减少、功能退化的趋势仍在持续。荒漠生态系统问题更加严重，沙化土地面积占国土面积的18%，土地沙化已成为我国最大的生态问题。总的看，我国山清水秀宜居的美好家园十分有限，需要大力保护的生态脆弱区域十分广阔。各级林业部门一定要牢固树立保护第一的思想，切实保护好自然生态系统，全面增强自然生态系统功能，为建设生态文明提供基础保障。

(二)承担起实施重大生态修复工程的重大职责。我国发动群众、集中力量办大事的制度优越性，在自然生态修复领域得到了充分发挥。1978年以来，国家先后启动了16项重大生态修复工程。这些工程涉及森林、湿地、荒漠三大自然生态系统和生物多样性，覆盖范围之广、建设规模之大、投资额度之巨，堪称世界之最，在我国生态修复工程中处于主导地位。但是，我国生态欠账很多，生态修复任务仍十分艰巨。党的十八大提出，要实施重大生态修复工程，增强生态产品生产能力，推进荒漠化、石漠化、水土流失治理，扩大森林、湖泊、湿地面积，保护生物多样性。林业部门要认真实施好现有重大生态修复工程，谋划启动新的生态修复工程，实现生态修复工程全覆盖，真正发挥生态修复的主体作用，全面提升人与自然和谐水平。

（三）承担起构建生态安全格局的重大职责。一个国家、一个地区的生态安全是有底线的，这就需要科学的生态安全格局来保障。党的十八大提出，要加快实施主体功能区战略，构建科学合理的生态安全格局。国家主体功能区战略划定了优化开发、重点开发、限制开发、禁止开发四类区域，并要求加快构建青藏高原生态屏障、黄土高原－川滇生态屏障和东北森林带、北方防沙带、南方丘陵山地带即以"两屏三带"为主体的生态安全战略格局。为落实国家主体功能区战略，林业发展"十二五"规划确定，要构建东北森林屏障、北方防风固沙屏障等十大生态屏障，形成国家生态安全格局的基本骨架。我们一定要加快建设十大生态屏障，努力实现到2020年森林面积比2005年增加4000万公顷、森林蓄积量比2005年增加13亿立方米的目标，坚决守住国家生态安全的底线，不断优化和拓展中华民族生存发展空间。

（四）承担起推进绿色发展的重大职责。党的十八大提出，要着力推进绿色发展、循环发展、低碳发展。推进绿色发展，必须坚持循环发展、低碳发展。林业具有可循环性和低碳性，是规模最大的循环产业、潜力巨大的低碳产业，是推进绿色发展的优势所在、潜力所在。要通过做大做强林业，充分发挥林业在推动绿色、循环、低碳发展中不可替代的作用。推进绿色发展，要注重林业的深度开发，大力发展精深加工，提升综合利用水平和附加值，以最少的资源换取最大的经济价值。要发挥林业产业的丰富性和多样性，不断开发新产品，满足社会的新需求。推进绿色发展，要大力发展林业十大主导产业，这既是实现农民"收入倍增"目标的最大潜力，又是推进绿色发展的最佳途径。各级林业部门一定要充分认识、大力挖掘林地资源、物种资源和林产品市场的巨大潜力，壮大产业规模，提升产业素质，增加绿色经济总量，为推进绿色发展、循环发展、低碳发展作出更大贡献。

（五）承担起建设美丽中国的重大职责。党的十八大首次提出了建设美丽中国的宏伟蓝图。建设美丽中国要坚持绿色为本。绿色是美丽中国的基本色调和核心元素，只有绿化才能美化，只有山青才能水秀。建设美丽中国要坚持以人为本，强化身边增绿，让人们享受到优美的生活空间和更多更好的生态产品。建设美丽中国要不断创新平台和载体。近几年来，各地在美丽中国建设中，启动实施了许多标志性工程。福建的"四绿"工程建设，浙江的森林城市、美丽乡村建设，广东的绿道建设，湖南的绿色湖南建设，山东的水系生态建设，北京的平原地区百万亩造林工程，安徽的千万亩森林增长工程，江西的"一大四小"工程，广西的绿满八桂工程，辽宁的青山工程，河南的生态省提升工程，青海的村庄绿化行动，山西的身边增绿行动，都取得了显著成效。各级林业部门一定要创造性地开展工作，继续加快城乡绿化美化步伐，尽快为祖国大地披上美丽绿装。

（六）承担起为应对全球气候变化作贡献的重大职责。党的十八大提出，以更加积极的姿态参与国际事务，发挥负责任大国作用，共同应对全球性挑战。当前，林业部门承担着气候变化框架公约、防治荒漠化公约、湿地公约、濒危野生动植物种国际贸易公约、生物多样性公约、植物新品种公约等六大国际生态公约和国际森林文书的履约任务，是应对全球生态危机的重要力量。森林的碳汇功能在《京都议定书》和哥本哈根、德班、多哈等多次联合国气候变化大会中受到高度重视。在世界森林资源总体下降的情况下，我国实现了森林面积和森林蓄积量双增长，为应对气候变化等全球生态危机作出了重要贡献。各级林业部门要按照"共同但有区别的责任"原则、公平原则和各自能力原则，继续加强森林资源培育，严厉打击毁林行为，不断增加森林碳汇，充分发挥林业在应对气候变化中的特殊作用，为维护全球生态安全作出更大贡献。

三、科学谋划林业工作总体思路，着力构建推进生态文明建设六大体系

2012年7月召开的全国林业厅局长会议上，提出了发展生态林业和民生林业的理念，得到了各方面的广泛认同和积极响应。大家认为，大力发展生态林业和民生林业，符合国家战略大局，契合人民群众期待，顺应林业发展趋势，与十八大关于建设生态文明和美丽中国的要求高度一致。经国家林业局党组研究，当前和今后一个时期全国林业工作要坚持以下总体思路：高举中国特色社会主义伟大旗帜，以邓小平理论、“三个代表”重要思想、科学发展观为指导，全面落实党的十八大精神，紧紧围绕主题主线，深入实施以生态建设为主的林业发展战略，以建设生态文明为总目标，以改善生态改善民生为总任务，加快发展现代林业，着力构建六大体系，努力建设美丽中国，推动我国走向社会主义生态文明新时代。

（一）着力构建国土生态空间规划体系。十八大要求，优化国土空间开发格局。我国林地、湿地和荒漠化土地总面积超过 90 亿亩，约占国土面积的 63%，是生态文明建设的重要空间载体，在优化国土生态空间中承担着主要任务。一要编制《国家林业局推进生态文明建设规划纲要》，进一步明确林地、湿地和需要保护与治理的沙化土地等生态用地，力争划定生态安全红线，并明确生态空间的功能定位、目标任务和管理措施，形成全国林业推进生态文明建设的总体布局。各省也要制定林业推进生态文明建设的规划，并争取由省级人民政府批准实施，在全国形成林业部门推进生态文明建设的强大合力。二要根据国家主体功能区战略，加快编制 25 个重点生态功能区生态保护与建设规划，逐步形成适应各类主体功能区要求的生态空间格局。三要完善森林增长和国土绿化空间规划。在《全国林地保护利用规划纲要》和《全国造林绿化规划纲要》的基础上，着眼长远，充分挖掘林地、农田防护林、草原防护林、水系防护林、路网防护林、城镇绿化等用地的潜力。四要完善湿地空间规划。在《全国湿地保护工程“十二五”实施规划》和全国湿地调查的基础上，完善全国湿地空间规划。五要完善全国防沙治沙和石漠化治理规划。在《全国防沙治沙规划》和《岩溶地区石漠化综合治理规划大纲》的基础上，根据最新监测结果，对可治理沙地、需要封禁保护的沙地和石漠化土地做出长远和阶段性治理规划。六要完善林业专项规划。该制订的制订，该修订的修订。对一些候鸟迁徙通道、特殊生态系统和濒危物种栖息地，也要有相应的规划。据初步估算，全国林业生态空间规划可达到 80 多个，将与各地的生态空间规划一起，形成科学系统的国土生态空间规划体系，进一步优化生态布局，拓展生态空间，增加生态总量，为建设生态文明奠定坚实的基础。

（二）着力构建重大生态修复工程体系。重大生态修复工程是维护国家生态安全的战略支撑，林业实施的重点工程是国家生态修复工程的重中之重。一要继续实施好现有重大工程。目前，正在组织实施的重大生态修复工程，要按照更高的要求，落实工程规划，提高工程质量。二要谋划启动一批新的重大工程。尽快启动国家木材战略储备基地建设等工程，并针对一些特殊的生态区位、特殊的生态需求，谋划一批新的生态修复工程。三要各地根据当地实际，谋划实施一批省级、市级和县级重点生态修复工程。通过健全和完善生态工程布局，形成国家和地方互为补充的生态修复工程体系，以重大工程推动全国自然生态系统的全面修复。

（三）着力构建生态产品生产体系。林业是生产生态产品的主体。林业的生态产品包括两大类，一是有形的、二是无形的。无论是有形的，还是无形的，都是最短缺的产品，社会需求和生产潜力巨大。有形的生态产品，主要是指林产品，具有生态性和商品性。要科学布局、优化结构、提高品质、保障供给，既满足需求，又不过度开发，实现可持续利用。无形的生态产品，既十分丰富，又不可替代，主要包括吸收二氧化碳、制造氧气、涵养水源、净化水质、保持水土、防风固沙、降低噪声、调节气候、吸附粉尘、生态疗养，等等。无论是生产有形的林业产品，还是生产无形的生态产品，都要遵循自然规律、经济规律和市场规律。基于生态产品的公益性，提高生态产品生产能力应坚持两条，一条是对经营主体给予足够的支持和保护，另一条是让消费主体支付一定的成本。对能够由市场配置资源的，要充分发挥市场机制的作用；对不能由市场配置资源的，要作为公共产品纳入公共财政支持范围。要通过构建生态产品生产体系，最大限度地提升生态产品生产能力，为推动绿色发展、循环发展、低碳发展发挥特殊作用。

（四）着力构建支持生态建设的政策体系。加强生态建设、维护生态安全是政府必须提供的公共服务。一要健全和完善公共财政支持政策。健全生态效益补偿制度，完善林业补贴制度，扩大现有财政专项资金投入规模，加大转移支付力度，为林业改革发展和生产生态产品提供有力支持，充分调动经营主体生产积极性，引导经营主体扩大经营规模，增强发展动力，激发发展活力，释放发展潜力，提升质量效益。二要完善基础设施投入政策。逐步提高林业基本建设投资标准，扩大资金规模。将林区基础设施纳入相关规划，加大投入力度，改善林区生产生活条件。三要完善金融和税收扶持政策。建立健全鼓励发展林业十大绿色产业的支持政策，对林下经济发展、国家木材战略储备基地建设等生态产业给予扶持，加快建立林权抵押贷款管理制度，完善生态产业贷款财政贴息、保险保费财政补贴、税收优惠减免政策。四要加大对林业能力建设支持力度。完善科技、教育和人才支持政策，确保科教兴林、人才强林战略顺利实施。要通过构建政策体系，建立与经济发展水平相适应的投入渠道和增长机制，确保生态建设有长期、稳定、有力的政策和资金支持。

（五）着力构建维护生态安全的制度体系。健全的制度是生态文明建设的重要保障。当前，林地、湿地、沙地被侵占和破坏的现象十分严重，对生态造成的破坏，有的需要几代人甚至几十代人才能恢复，有的不可逆转。构建维护生态安全的制度体系，当务之急是要构建完善的法律法规制度。一要加强国家立法。修订完善《森林法》等现有林业法律法规，研究制定一批加强生态保护与建设的法律法规、部门规章和规范性文件。二要加强地方立法。对已颁布的国家林业法律法规，地方应制订相应的法规。对国家层面立法难度较大的领域，各地要积极争取先出台地方性法规。要通过加强立法，形成体现生态文明理念的法律法规体系，并做到有法可依、有法必依、执法必严、违法必究，坚决维护生态正义。

（六）着力构建生态文化体系。生态文化是树立和形成生态文明理念的基础。如果说生态文明是大厦，那么生态文化就是大厦的地基。一要培育崇尚自然的文化。摒弃人类破坏自然、征服自然、主宰自然的理念和行动，构建人与自然平等、和谐共生的关系，树立热爱自然、尊重自然、顺应自然、保护自然的生态文明理念。二要培育节约文化。充分认识自然资源的禀赋和有限性，不以牺牲生态为代价换取经济增长，不以索取自然为代价换取过度消费，形成节约优先、集约利用、适度消费的文化取向。三要培育生态道德。弘扬生态文化，要从小事抓起，从娃娃抓起，通过一点一滴的熏陶和积累，让青少年从小养成良好的生态道德和习惯。四要丰富生态文化载体。大力发展森林公园、湿地公园、自然保护区，建设一批生态文化博物馆、科技馆、标本馆，开展森林城镇创建活动，推进美丽乡村、城市绿道建设，完善基础设施，创建传播平台，创新传播形式。要通过构建生态文化体系，广泛普及生态知识，使人与自然和谐的理念，成为社会主义核心价值观的组成部分，成为全社会的主流道德观。

四、着力抓好林业推进生态文明建设重点工作，全面提升生态林业民生林业发展水平

建设生态文明是林业的总目标，发展生态林业和民生林业是林业的总任务，两者相辅相成，相互促进。刚才，建龙同志全面部署了2013年林业工作。总的来讲，明年林业推进生态文明建设，要按照中央经济工作会议“稳中求进”和中央农村工作会议“保供增收惠民生、改革创新添活力”的要求，重点抓好五个方面的工作：

第一，抓改革。30多年来，我国经济建设、政治建设、文化建设、社会建设取得巨大成就，靠的是改革，大力推进生态文明建设，依然要靠改革。相对于其他领域改革，林业改革起步较晚，任务艰巨，但是潜力巨大，后发优势明显。当前，要深入总结推广福建省武平县、长汀县等地的成功经验，按照“改革、稳定、规范、服务、发展”的要求，深化集体林权制度改革，全面落实并长期稳定农民林地承包经营权，完善扶持政策和服务平台，巩固扩大改革成果。要按照公益事业单位管理的要求，落实财政补助政策，做好资源管理、财务管理、人员安置、债务化解等工作，积极推进国有林场改革试点。重点国有林区改革要继续探索，找到改革突破口，以更大的智慧和信心稳步推进。要通过增加改革的系统性整体性协同性，激发林业发展内生动力和活力，壮大生态文明建设的力量。

第二，抓资源。丰富的林业资源，是改善生态改善民生的物质基础，也是建设生态文明的根本保障。要把林地保护放在更加突出的位置，划定林地红线，守住生态底线，坚决遏制林地过快过多流失的态势。要加强植树造林、封山育林和抚育经营，增加森林资源和生态总量，增强森林生态系统功能。开展森林增长指标年度考核评价，推动全国森林资源培育，确保如期完成2020年林业“双增”目标。要加强野生动植物保护和管理、自然湿地保护与恢复，加快防沙治沙步伐，加大资源保护力度，避免发生重特大森林火灾和森林病虫害，最大限度减少林业资源损失，充分发挥林业在维护生态平衡、提高生态承载力中的决定性作用，夯实生态文明建设的生态基础。

第三，抓科技。自然生态系统演替有着特定的规律。林业部门作为管理者，无论是编规划、作决策，还是上工程、搞建设，都必须尊重科学、依靠科技，自觉按自然规律办事，否则就可能给自然生态造成难以挽回的损失。要彻底改变向自然过度索取的思想，按照树立生态文明理念的要求，抓紧修改完善现行的林业技术、标准和规程，将林业工作重点由培育管理森林资源转向保护管理自然生态系统。要积极推动中国森林资源核算及绿色经济评价体系研究，全面展示林业在促进经济社会可持续发展中的重要作用。要加强重大生态灾害防控、生态系统恢复重建、生物产业开发等关键技术攻关，真正依靠科技进步，降低植树造林成本，减少林业资源消耗，提高生态建设成效，提升资源开发水平。

第四，抓产业。推进生态文明建设，必须保护自然生态系统，维护国家生态安全，但也要摒弃纯粹的自然保护主义，坚持合理利用林业资源，大力发展绿色产业，努力满足社会对林产品的需求。林业是巨大的绿色资源能源宝库，具有可循环可再生的独特优势，是发展绿色经济、低碳经济、循环经济的潜力所在，在推动绿色增长、保障市场供给、促进就业增收等方面发挥着重要作用。要以丰富的资源为依托，大力发展木本粮油、生物质能源、生态旅游、林下经济等绿色产业，确保更多的人享受到绿色生态产品，吸引更多的人参与生态文明建设。

第五，抓民生。生态文明新时代必须生产发展、生活富裕、生态良好，三者缺一不可。如果生态良好，但生产落后、生活贫穷，那是原始文明的时代。发展现代林业，建设生态文明，一方面，必须提高生态产品生产能力，满足社会的巨大需求，另一方面，又必须努力改善林区民生，让林农群众和林业职工过上美好生活。广大林区既是生态文明建设的主战场，也是贫穷落后的集中地。长期以来，广大林农群众和林业职工为保护生态作出了巨大牺牲，生活却依然十分困难。推进生态文明建设，决不能继续以牺牲林区群众和林业职工利益为代价。要把改善林区民生作为推进生态文明建设的首要任务，让生态建设者和保护者有效益、不吃亏、得实惠。要着力解决林区行路难、饮水难、用电难、就医难、上学难等突出问题，彻底改善林区生产生活条件，充分调动林农群众保护生态的积极性，为生态文明建设提供不竭的动力源泉。

五、切实改进工作作风，不断夯实完成各项任务的基础保障

最近，新一届中央政治局作出了《关于改进工作作风、密切联系群众的八项规定》，充分体现了中央领导同志以身作则、率先垂范，转变作风、联系群众的信心和决心。我们要从巩固党的执政地位、实现党的执政使命的高度，充分认识改进工作作风、密切联系群众的极端重要性和紧迫性，认真贯彻落实中央各项规定，采取更加有力的措施，全面加强作风建设，树立林业部门良好形象。

第一，要用底线思维修炼作风。习近平总书记反复强调，要学会底线思维，善于从最坏处着眼，从最基础着手，努力补齐短板。这种底线思维的方式很重要、很管用，凡事明确了底线，也就划出了红线。国家法律、社会道德就是为人们行为划出的底线，任何时候都绝对不能滑出这个底线。我们的作风建设也应该有底线。从工作上讲，我们要明确基本要求、完成时限，并严格守住这个底线，而不能拖拖拉拉、敷衍了事，否则就会损害机关形象，影响事业发展，甚至给国家造成重大损失。从廉政上讲，党纪国法和各项规定就是底线，这既是不能碰的“高压线”，也是不能越的“生命线”，否则就会身败名裂，甚至家破人亡。明确底线，守住红线，既是一种工作能力，也是一种作风修为，需要我们磨练意志，加强修养。

第二，要用实干精神推动工作。空谈误国，实干兴邦。这是习近平总书记最近多次要求全党同志牢记在心的道理。目前，作风飘浮、形式主义和做表面文章的问题在林业部门依然存在。开会发文是机关工作的主要内容，是推动工作必不可少的手段。但是，如果搞成了文山会海，那就是纸上谈兵，坐而论道，形式主义。基层对此应接不暇，十分反感，意见很大。要下决心把文件、会议、活动、论坛的数量切实减下来，坚持开短会、讲短话、发短文，着力在提高质量、狠抓落实上下功夫。今后，凡是没有实质内容，可发可不发的文坚决不发，可开可不开的会坚决不开，要把更多的时间和精力放在搞调研、抓落实上，真正说到做到、不放空炮，形成讲实话、干实事和言必信、行必果的良好风气，用真抓实干的精神推动林业改革发展。

第三，要用公仆情怀服务群众。公务员是人民的公仆，人民是公务员的衣食父母。林业是直接与基层、与群众打交道的部门，大家更要有“食民俸禄，为民服务”的知恩图报思想，始终牢记全心全意为人民服务的根本宗旨，想问题、做决策、上项目，要一贯地有益于基层、有益于群众。当前，林业政策不符合群众利益、管理手段不方便基层群众的地方依然不少，一些林区群众生活非常困难，需要各级林业部门提供更多的服务，给予更多的方便，帮助他们通过发展林业增收致富。广大林业干部要深入基层一线，加强调查研究，倾听群众呼声，真心实意地关心群众、帮助群众、服务群众。

第四，要用责任意识勇于担当。敢作为，勇担当，认真履职尽责，应该成为广大干部尤其是领导干部的基本品质。但是，推诿扯皮、踢来踢去、无所作为的现象在机关普遍存在，说到底是缺乏责任意识和担当精神。这样往往守不住阵地，端不住饭碗，站不稳立场，脚踩西瓜皮，滑到哪里算哪里，最终把基本职责和本职工作都丢了。林业部门的每一个单位、每一个岗位，都有法律赋予的明确职责，每一名干部职工都要认真履职尽责，做到守土有责，决不能遇到问题绕道走，碰到困难躲着走，而是要迎难而上，敢抓敢管，敢于碰硬，勇于承担起自己肩负的职责。

第五，要用优良传统力戒奢靡。革命战争年代，生活困难时期，我们党之所以能够始终保持与人民群众的血肉联系，就是因为我们能够与人民群众一起艰苦奋斗。目前，经济发展了，财力增强了，生活改善了，但是我们仍然要牢记“国奢则用费，用费则民贫”的道理，坚决反对奢靡之风和铺张浪费。我们常说，保护自然、保护生态是林业部门的主要职责，那么艰苦奋斗、厉行节约就应该成为我们的优良传统和行业本色。今后，一切活动都要严格控制、从简安排，下去调查研究，不准搞层层陪同，不准超标准接待，不准上高档菜肴，不准用公款送礼。尤其是林业干部职工要带头拒食野生动物，推动形成爱护自然、保护动物的社会风气。

第六，要用创新管理减少检查。目前，林业部门的检查核查名目繁多，交叉重复，少数人甚至利用检查核查之机吃拿卡要，对基层造成了很大负担，严重影响部门和干部的形象。这有管理体制上的原因，也有干部作风上的问题。为推动工作落实，适当的检查核查是必需的，但也要随着科技水平的进步，创新管理手段，提高检查成效。有关部门要尽快研究提出整合检查核查项目、减少检查核查次数、改革检查核查办法的具体措施。凡是一次能解决的，就不要重复进行；凡是一个部门能解决的，就不要多部门进行；凡是利用先进技术能解决的，就不要实地进行。同时，要千方百计减少各种评比表彰活动。

同志们，建设生态文明和美丽中国，发展生态林业和民生林业，是全体务林人的神圣职责与光荣使命。让我们紧密团结在以习近平为总书记的党中央周围，稳中求进、开拓创新，攻坚克难、真抓实干，为全面建成小康社会、夺取中国特色社会主义新胜利、实现中华民族伟大复兴而不懈奋斗。

国务院办公厅关于加快林下经济发展的意见

国办发〔2012〕42 号

各省、自治区、直辖市人民政府，国务院各部委、各直属机构：

近年来，各地区大力发展以林下种植、林下养殖、相关产品采集加工和森林景观利用等为主要内容的林下经济，取得了积极成效，对于增加农民收入、巩固集体林权制度改革和生态建设成果、加快林业产业结构调整步伐发挥了重要作用。为加快林下经济发展，经国务院同意，现提出以下意见。

一、总体要求

(一)指导思想。以邓小平理论和“三个代表”重要思想为指导，深入贯彻落实科学发展观，在保护生态环境的前提下，以市场为导向，科学合理利用森林资源，大力推进专业合作组织和市场流通体系建设，着力加强科技服务、政策扶持和监督管理，促进林下经济向集约化、规模化、标准化和产业化发展，为实现绿色增长，推动社会主义新农村建设作出更大贡献。

(二)基本原则。坚持生态优先，确保生态环境得到保护；坚持因地制宜，确保林下经济发展符合实际；坚持政策扶持，确保农民得到实惠；坚持机制创新，确保林地综合生产效益得到持续提高。

(三)总体目标。努力建成一批规模大、效益好、带动力强的林下经济示范基地，重点扶持一批龙头企业和农民林业专业合作社，逐步形成“一县一业，一村一品”的发展格局，增强农民持续增收能力，林下经济产值和农民林业综合收入实现稳定增长，林下经济产值占林业总产值的比重显著提高。

二、主要任务

(四)科学规划林下经济发展。要结合国家特色农产品区域布局，制定专项规划，分区域确定林下经济发展的重点产业和目标。要把林下经济发展与森林资源培育、天然林保护、重点防护林体系建设、退耕还林、防沙治沙、野生动植物保护及自然保护区建设等生态建设工程紧密结合，根据当地自然条件和市场需求等情况，充分发挥农民主体作用，尊重农民意愿，突出当地特色，合理确定林下经济发展方向和模式。

(五)推进示范基地建设。积极引进和培育龙头企业，大力推广“龙头企业 + 专业合作组织 + 基地 + 农户”运作模式，因地制宜发展品牌产品，加大产品营销和品牌宣传力度，形成一批各具特色的林下经济示范基地。通过典型示范，推广先进实用技术和发展模式，辐射带动广大农民积极发展林下经济。推动龙头企业集群发展，增强区域经济发展实力。鼓励企业在贫困地区建立基地，帮助扶贫对象参与林下经济发展，加快脱贫致富步伐。

(六)提高科技支撑水平。加大科技扶持和投入力度，重点加强适宜林下经济发展的优势品种的研究与开发。加快构建科技服务平台，切实加强技术指导。积极搭建农民、企业与科研院所合作平台，加快良种选育、病虫害防治、森林防火、林产品加工、贮藏保鲜等先进实用技术的转化和科技成果推广。强化人才培养，积极开展龙头企业负责人和农民培训。

(七)健全社会化服务体系。支持农民林业专业合作组织建设，提高农民发展林下经济的组织化水平和抗风险能力。推进林权管理服务机构建设，为农民提供林权评估、交易、融资等服务。鼓励相关专业协会建设，充分发挥其政策咨询、信息服务、科技推广、行业自律等作用。加快社会化中介服务机构建设，为广大农民和林业生产经营者提供方便快捷的服务。

(八)加强市场流通体系建设。积极培育林下经济产品的专业市场，加快市场需求信息公共服务平台建设，健全流通网络，引导产销衔接，降低流通成本，帮助农民规避市场风险。支持连锁经营、物流配送、电子商务、农超对接等现代流通方式向林下经济产品延伸，促进贸易便利化。努力开拓国际市场，提高林下经济对外开放水平。

（九）强化日常监督管理。严格土地用途管制，依法执行林木采伐制度，严禁以发展林下经济为名擅自改变林地性质或乱砍乱伐、毁坏林木。要充分考虑当地生态承载能力，适量、适度、合理发展林下经济。依法加强森林资源资产评估、林地承包经营权和林木所有权流转管理。

（十）提高林下经济发展水平。支持发展市场短缺品种，优化林下经济结构，切实帮助相关企业提高经营管理水平。积极促进林下经济产品深加工，提高产品质量和附加值。不断延伸产业链条，大力发展林业循环经济。开展林下经济产品生态原产地保护工作。完善林下经济产品标准和检测体系，确保产品使用和食用安全。

三、政策措施

（十一）加大投入力度。要逐步建立政府引导，农民、企业和社会为主体的多元化投入机制。充分发挥现代农业生产发展资金、林业科技推广示范资金等专项资金的作用，重点支持林下经济示范基地与综合生产能力建设，促进林下经济技术推广和农民林业专业合作组织发展。通过以奖代补等方式支持林下经济优势产品集中开发。发展改革、财政、水利、农业、商务、林业、扶贫等部门要结合各地林下经济发展的需求和相关资金渠道，对符合条件的项目予以支持。天然林保护、森林抚育、公益林管护、退耕还林、速生丰产用材林基地建设、木本粮油基地建设、农业综合开发、科技富民、新品种新技术推广等项目，以及林业基本建设、技术转让、技术改造等资金，应紧密结合各自项目建设的政策、规划等，扶持林下经济发展。

（十二）强化政策扶持。对符合小型微型企业条件的农民林业专业合作社、合作林场等，可享受国家相关扶持政策。符合税收相关规定的农民生产林下经济产品，应依法享受有关税收优惠政策。支持符合条件的龙头企业申请国家相关扶持资金。对生态脆弱区域、少数民族地区和边远地区发展林下经济，要重点予以扶持。

（十三）加大金融支持力度。各银行业金融机构要积极开展林权抵押贷款、农民小额信用贷款和农民联保贷款等业务，加大对林下经济发展的有效信贷投入。充分发挥财政贴息政策的带动和引导作用，中央财政对符合条件的林下经济发展项目加大贴息扶持力度。

（十四）加快基础设施建设。要加大林下经济相关基础设施的投入力度，将其纳入各地基础设施建设规划并优先安排，结合新农村建设有关要求，加快道路、水利、通信、电力等基础设施建设，切实解决农民发展林下经济基础设施薄弱的难题。

（十五）加强组织领导和协调配合。地方各级人民政府要把林下经济发展列入重要议事日程，明确目标任务，完善政策措施；要实行领导负责制，完善激励机制，层层落实责任，并将其纳入干部考核内容；要充分发挥基层组织作用，注重增强村级集体经济实力。各有关部门要依据各自职责，加强监督检查、监测统计和信息沟通，充分发挥管理、指导、协调和服务职能，形成共同支持林下经济发展的合力。

各地区、各部门要结合实际，研究制定贯彻落实本意见的具体办法，加强舆论宣传，加大扶持力度，努力营造有利于林下经济健康发展的良好环境。

国务院办公厅

2012 年 7 月 30 日

国务院办公厅关于加强林木种苗工作的意见

国办发〔2012〕58 号

各省、自治区、直辖市人民政府，国务院各部委、各直属机构：

林木种苗是林业发展的重要基础。长期以来，我国林木种苗事业在种质资源收集保存、良种选育推广、种苗生产供应、市场监管等方面取得了积极进展，为保障林产品供给、推动生态建设等发挥了重要作用。为加强林木种苗工作，经国务院同意，现提出如下意见。

一、总体要求

（一）指导思想。以邓小平理论、“三个代表”重要思想、科学发展观为指导，大力开展林木良种选育推广，推进种苗生产供应基础设施建设，创新体制机制，完善法律法规，加强行政执法，加大政策扶持和资金投入，健全管理体系，强化社会化服务，全面提升林木种苗生产供应能力和良种化水平，为实现绿色增长，促进现代林业可持续发展发挥重要作用。

（二）基本原则。坚持科技兴种，强化基础研究和科技成果推广应用。坚持因地制宜，突出地域特色，科学组织种苗生产。坚持机制创新，促进生产专业化、经营主体多元化、质量标准化和“育繁销一体化”。坚持依法治种，严格执法及质量监管，规范市场秩序。

（三）发展目标。到 2020 年，完成全国林木种质资源调查，建成一批种质资源保存库，林木种质资源得到有效保护。选育推广一批适应性强、增产明显的林木良种，主要造林树种良种使用率提高到 75% 以上。建设一批生产规模化、管理精细化、设备现代化、人员专业化的种苗生产基地，培育一批创新能力强、示范作用明显的种苗生产龙头企业。健全职责明确、手段先进、监管有力的林木种苗管理体系和优质高效的社会化服务体系，为林业发展提供数量充足、品种对路、质量优良的林木种苗。

二、重点任务

（四）加强林木种质资源保护。积极开展林木种质资源调查、收集与保存，重点建设国家和区域性林木种质资源保存库，逐步形成就地保存、异地保存、设施保存相结合的种质资源保存体系。建立林木种质资源数据信息平台，实现信息共享。公布林木种质资源重点保护名录，建立动态监测体系。完善林木种质资源出口审批制度，在有效保护我国生物多样性和确保生态安全的前提下，积极引进国外优良林木种质资源。

（五）强化林木良种基地建设。科学制定良种基地发展规划，完善重点良种基地管理机制，充分挖掘生产潜力，提高良种生产能力。加强林木遗传测定，加快良种换代步伐，重点建设高生产力种子园、采穗圃，加强珍贵树种母树林培育，不断提高良种品质。

（六）完善生产供应体系。加强林木良种采收、加工、检验、贮藏管理，建立由省级林木种苗管理机构统一调剂的供应机制。积极采用轻基质容器育苗、组培育苗等新技术，提高林木种苗繁育技术和装备水平。建设保障性苗圃，满足重点工程和林农造林需求。

（七）促进特色种苗产业发展。根据各地的自然条件，因地制宜发展绿化苗木、木本油料、中药材和竹藤花卉等特色种苗产业，打造优势品牌，形成种苗生产、交易、流通和售后服务产业链。加大对种苗生产龙头企业的扶持力度，充分发挥其示范辐射作用，带动农户发展设施生产和规模种植。加快区域性交易市场建设，拓展互联网交易平台，创新流通方式。

（八）提高种苗质量与市场监管水平。严格执行林木种苗生产经营许可、检验检疫、标签、档案等管理制度。加强质量监管，及时发布种苗质量检验信息，依法打击制售假、劣种苗和植物新品种侵权等行为，健全种苗行政执法和质量监督体系。整顿和规范种苗市场秩序，打破地方保护，促进公平、有序竞争，为种苗产业发展创造良好的市场环境。

（九）强化科技支撑。将主要造林树种良种选育纳入各级各类科技计划，重点开展育种理论方法和技术、分子生物技术等基础性、前沿性研究以及高生产力种子园和采穗圃建设技术、种子生产加工和检验技术、品种改良技术、无性系材料选育等应用技术研究。制定主要用材树种、经济树种、能源树种以及观赏树种的长期育种计划，建立良种选育区域协作机制，坚持常规育种与生物技术育种相结合，加快良种选育进程。推进林木良种科技领域国际合作交流。

（十）加大品种审定、推广与保护力度。进一步完善林木品种审定制度，公布国家和省级主要林木目录，规范林木良种区域试验和跨区引种行为。加强林木良种宣传和推广使用，国家投资的造林项目应当使用林木良种。完善林木新品种保护制度，维护新品种权所有人的合法权益。

（十一）健全社会化服务体系。加强林木种苗生产供应预测预报和余缺调剂，引导种苗生产有序进行。支持林木种苗协会和专业合作组织发展，充分发挥其协调、服务、维权、自律作用。

三、政策措施

（十二）完善林木良种补贴政策。在现有林木良种补贴试点的基础上，合理确定补贴标准，扩大补贴范围，逐步完善国家、省级林木良种补贴制度，鼓励建立市、县级林木良种补贴制度。制定补贴资金管理办法，确保资金使用安全。

（十三）建立林木种子贮备制度。制定林木种子贮备管理办法，加强种子收购、检验、储存、更新及管理。建立国家主要造林树种种子贮备库。省级林业主管部门根据林木种子结实丰歉规律及造林绿化任务，开展相应的林木种子贮备。支持企业建立专门的林木种子贮备库。

（十四）加大资金投入。各级财政要建立对种质资源调查及收集保存、良种选育、林木种子贮备等长期稳定的投资渠道。地方政府要将属于公共服务范围的种苗管理工作经费纳入同级财政预算。加大对重点良种基地、保障性苗圃、种质资源库、种子贮备库的基本建设投入，加强种苗管理机构能力建设。探索多元化的投入机制，引导金融机构和各类社会资金参与林木种苗产业发展。

（十五）完善种苗产业发展优惠政策。研究完善相关税收支持政策，引导各类社会主体参与种苗生产与经营，加大对种苗产业的政策扶持。研究开展种苗生产保险试点，提高种苗生产抗风险能力。继续免征林木种子种源进口环节增值税。

四、保障措施

（十六）加强组织领导。各省（区、市）人民政府要加强对林木种苗工作的领导，完善发展规划，加强统筹协调，落实相关政策。各级林业、发展改革、科技、财政、农业、工商、税务、金融等部门要加强协作配合，共同做好林木种苗管理工作。强化各级林业部门的林木种苗管理职能，明确管理机构，落实工作责任。加强种苗管理机构标准化建设，加大从业人员培训力度。

（十七）完善法律法规。适时研究修订种子法及其配套法规、规章，制定和完善林木良种选育、生产和推广使用管理办法。加快制（修）订林木良种选育、苗木生产等标准。

（十八）创新发展机制。积极探索符合市场经济要求的种苗生产、经营和管理体制机制。鼓励有条件的良种生产基地开展苗木生产经营，形成良种选育、生产以及苗木繁育一体化的发展模式。加大国有苗圃改革力度，通过联合、兼并、股份制改造等形式，引入社会资本，实现规模经营。支持有条件的苗圃发挥自身优势，建设保障性苗圃。

国务院办公厅

2012 年 12 月 26 日

林业科学和技术“十二五”发展规划

林业在国家生态安全、粮食安全、新能源战略、绿色增长、应对气候变化和区域协调发展中均具有重要战略地位。“十二五”是发展现代林业、建设生态文明、推动科学发展的关键时期，更好地完善林业三大体系、凸显林业四大地位、履行林业四大使命、发挥林业五大功能，推动现代林业转型升级，迫切需要加快林业科技发展，增强科技支撑能力。为贯彻中央林业工作会议和2012年中央1号文件《中共中央国务院关于加快推进农业科技创新持续增强农产品供给保障能力的若干意见》精神，落实《国家中长期科学和技术发展规划纲要(2006—2020)》《国家“十二五”科学和技术发展规划》《林业科学和技术中长期发展规划(2006—2020)》以及《林业发展“十二五”规划》的总体部署，明确“十二五”林业科技工作的思路、目标和重点任务，全面推进林业科技工作，特制定本规划。

一、发展形势

(一)“十一五”林业科技成就

“十一五”是我国林业由传统林业向现代林业转变的重要时期，林业改革发展取得了新的巨大成就。森林资源快速增长，森林蓄积量继续呈现长大于消的良好态势。集体林权制度改革全面展开，林业发展体制机制逐渐完善，兴林富民成效初步显现。森林生态系统建设与保护、荒漠生态系统改善与治理、湿地生态系统管理与恢复、生物多样性维护与发展全面协调推进，林业生态功能进一步提升。林业产业不断壮大，特色产业蓬勃兴起，经济社会功能日益增强。林业生态文化繁荣发展，全社会生态文化观念普遍增强。林业地位和影响更加突显，应对气候变化、减排增汇等功能倍受国际社会关注。

“十一五”林业科技工作紧紧围绕林业发展大局，坚持“强化创新、重点突破、优化配置、支撑发展”的方针，在科学研究、成果推广、人才培养、国际交流、条件能力建设等方面都取得了显著成效，取得重要科技成果1036项，获得国家科学技术奖励36项、林业专利9569件，发布国家标准147项、行业标准357项，授权林业植物新品种181件，林业科技进步贡献率由35.4%提高到了43%，引领和支撑能力显著增强。

林木良种选育取得显著进展。突破了杉木、马尾松、落叶松等用材树种高世代育种和无性系种子园营建关键技术，选育出落叶松优良家系97个，主要树种材积遗传增益率最高可达144%，新增产值315亿元。筛选出速生优质高抗杨树优良无性系57个、高产抗风耐寒桉树优良无性系29个，示范推广面积超过500万亩。培育出高产油茶新品种200多个，其中70个良种通过国家审定，主要良种单产增加10倍以上，累计推广面积超过600万亩。

森林资源培育技术取得重要突破。以集约栽培为核心的森林资源培育技术日趋成熟，创新了主要速生丰产林良种壮苗规模化繁育技术，突破了大径材、纸浆材和珍贵用材林的立地控制、密度调控、水肥调控、最优轮伐期确定和干形培育等关键技术，示范区单位面积木材产量平均提高15%以上；建立了商品林定向培育、名特优经济林高效培育等技术体系，示范区单位面积产量平均提高30%以上。森林资源高效经营管理技术快速发展，创新了农林复合经营调控、森林资源监测与决策支持等关键技术，显著提高了森林经营管理水平。

林业生态建设技术不断提高。困难立地造林、荒漠化防治、生物多样性保护等林业生态建设关键技术研究取得重大进展。林业生态系统定位观测研究取得成效，首次测算并公布了全国森林生态系统服务功能年价值达10.01万亿元，森林植被总碳储量78.11亿吨的重大成果。开展了森林资源核算及纳入绿色GDP的探索性研究。初步揭示了我国沙漠化发生规律，完善了沙区人工植被快速恢复技术体系，建立了多种类型的区域综合防治模式。构建了我国自然保护区基本信息数据库，创新了自然保护区功能区划技术，野生动物繁育与管理技术取得新进展。

林业产业科技支撑能力显著提升。竹林高效定向培育和竹质工程材料制造等关键技术的突破，大幅提高了竹材工业化、规模化利用水平，带动竹产业年增值200亿元；高产良种、丰产栽培技术的大面积推广应用，催生了油茶、核桃等经济林产业的快速发展，年增产10%以上；高强度木结构材制造、家具装修材增值加工等技术的应用，使木制品增值15%以上，推动了木材加工产业的发展；松香松节油、活性炭、植物单宁等林化产品精深加工技术取得重大进展，产品精深加工率超过60%，促进了林产化工产业的转型升级。

科技创新平台不断完善。新建了3个国家工程实验室和2个国家工程技术研究中心，显著改善了34个局重点实验室的基础条件。新建41个局生态系统定位研究站，初步形成覆盖主要生态区域的科学观测研究网络。建立70个林业科技示范县、700多个林业科技示范点，县级以上林业科技推广站已达2638个，基本形成了省、市、县、乡四级林业科技推广和服务体系。制修订林业标准565项，新建标准化示范区120个、林产品质检中心(站)15个和森林认证试点24个，建立林业植物新品种测试中心1个、测试分中心5个、测试实验室2个和专业测试站5个，初步构架了林业标准质量与转基因生物安全监督体系。建立林业知识产权试点55家，引智计划派出培训近1000人次，林业科技国际合作交流日益广泛。科技信息网络基本建成，科技管理水平明显提高，国际科技合作交流不断深化。

(二)国际林业科技发展趋势

当前，世界科技创新正孕育新的突破，为我国林业充分利用国际创新资源提供了难得的机遇。新科技革命浪潮正在全球兴起，世界林业科技发展日新月异。林木良种培育正向多目标、多途径、超高产、短周期方向发展，森林培育技术正向定向化、集约化、精准化、近自然化方向发展，生态建设技术正向复合型、节水型、专业化、工程化方向发展，林业产业技术正向节能降耗、清洁生产、增值高效、综合利用方向发展，科技对未来林业发展的支撑和引领作用将更加巨大。

前沿技术迅猛发展，推动了世界林业的新发展。林木遗传学研究已进入基因组时代，全基因组水平的林木基因功能注释、比较、性状关联分析以及品种分子设计技术成为当前研究热点，高世代育种技术推动杉木、马尾松育种跨入第三代良种培育新阶段。利用生物质资源代替石油化工原料制备生物基材料已成为国际新材料产业的发展趋势，并朝着高效、环保、标准化方向发展。开发具有林业特色的天地一体化空间信息采集、加工、分发、表达和决策支持系统已成为林业信息化技术发展的国际趋势。

绿色发展技术方兴未艾，林业碳汇技术成为国际研究热点。绿色催化、定向合成、多元重组、循环综合高效利用等技术将为林业产业绿色增长提供更多可能。发展碳汇林业，加强人工林固碳过程与增汇经营、毁林区和森林退化区植被恢复、森林碳汇计量监测、森林碳-水耦合机制、气候变化背景下森林适应机制及经营管理、符合清洁发展机制的造林再造林等核心技术研究，已成为应对气候变化林业领域的战略选择。

森林可持续经营理论广泛应用，多功能林业技术体系日趋完善。发展以区域森林生态系统经营、近自然森林经营、多目标经营等为代表的森林可持续经营仍然是欧美发达国家森林经营的主要趋势。森林的经营目标向多功能、多效益方向发展，经营技术研究向多维定量分析、合理调控利用等方面不断深入，森林多功能的识别判定以及森林经营的规划、监测、定量评价等新技术不断涌现。建立可持续、多功能的林业技术体系已成为世界主要林业国家提高森林经营水平和效益的重要手段。

林业生物产业技术日新月异，孕育催生新的产业革命。林业以其资源优势已成为生物能源、生物材料、生物医药等生物产业发展的重要增长点。高效低成本生物合成技术和定向热化学转化技术成为新一代生物质能源产业发展的两大主导技术，采用超临界提取和生物反应器等技术开发林源生物医药产品是现代新药发展的重要方向。

加快林业生物资源高效培育，开发资源节约型、环境友好型林业生物资源高效转化利用技术及产品，实现经济绿色增长，已成为世界各国抢占21世纪国际经济技术竞争的制高点。

(三)林业科技面临的主要挑战

“十二五”期间，现代林业建设进入一个关键时期，对科技提出了更新更高的要求，我国林业科技发展将面临新的挑战。

林业科技自主创新能力亟待提升。林木基因组学、陆地生态系统服务功能维持与调控等基础研究薄弱，林业生物育种、生物能源转化及生物质替代新材料等前沿高新技术研究进展缓慢，优质速生高抗良种数量不足，低耗增值、清洁生产的产业升级技术研发相对滞后，森林经营、灾害防控、困难立地造林等生态建设技术储备不足。

林业科技投入与条件建设亟待加强。中央林业科技投入占林业总产值不足0.03%，稳定连续的投入机制有待完善；科技工作基础设施和条件能力建设滞后，长期固定的大型综合实验林基地缺乏，生态定位观测站基础薄弱，林业重点实验室功能亟需提升。

林业科技发展环境与机制亟待优化。社会对林业科技重视不足，鼓励发展应用科技的环境氛围尚未形成。林业科技体制结构性问题突出，科技资源配置不尽合理，共享机制尚未形成。林业标准体系和林产品质量监督体系不够完善，植物新品种保护、生物安全管理相对滞后，林业认证体系尚不健全；林业科技成果推广率较低，知识产权保护亟待加强；科技领军人物和优秀拔尖人才培育机制尚不完善。

二、战略需求

林业在维护国土生态安全、满足林产品供给、发展绿色经济、促进绿色增长以及推动人类文明进步中发挥着不可替代的重要作用，尤其是在气候变化、荒漠化、生物多样性锐减等生态危机加剧的形势下，世界各国越来越重视林业发展问题。新时期党中央、国务院赋予了林业“四大地位”和“四大使命”，林业进入科学发展的新阶段。新形势和新机遇要求我国必须大力推进科技创新，提高科技支撑能力，引领现代林业发展。

(一)实现林业“双增”目标迫切需要依靠科技进步提升森林资源培育技术水平

中央提出2020年我国森林面积比2005年增加4000万公顷，森林蓄积量增加13亿立方米，确保实现林业“双增”目标是当前我国林业发展第一要务。我国森林资源严重短缺，质量不高，人均森林面积不足世界平均水平的1/4，乔木林每公顷蓄积量只有世界平均水平的78%；森林资源培育的自然条件下降，现有宜林地质量差的占到52%。为满足经济社会发展对森林资源的刚性需求，必须加强高抗林木新品种选育、人工林高效培育、森林结构优化和多目标经营等关键技术研究，构建高水平森林资源培育技术支撑体系，为实现“双增”目标提供坚实的科技保障。

(二)保障国土生态安全迫切需要依靠科技进步攻克生态建设技术瓶颈

我国林业生态建设形势严峻，生态环境脆弱区占国土面积的60%以上。森林生态系统整体功能仍非常脆弱，生态功能好的乔木林仅占11.31%；水土流失面积达356万平方千米，沙化土地总面积达174万平方千米；天然湿地急剧减少，蓄水调洪能力和净水贮碳功能下降。我国林业生态建设向纵深推进，难度加大，必须在建设和保护森林生态系统、改善和治理荒漠生态系统、管理和恢复湿地生态系统、保护和丰富生物多样性等方面，强化科技创新与技术集成，攻克困难立地造林等关键技术瓶颈，为构筑“十大国土生态安全屏障”提供强有力的科技支撑。

(三)提供丰富的林产品迫切需要依靠科技进步推动产业升级

我国是林产品生产和贸易大国，人造板、木地板和木家具等主要林产品产量稳居世界第一。但我国林产品加工业80%以上为中小企业，人均劳动生产率不到发达国家的1/6，技术创新能力不足，在国际产业分工中处于产业链低端位置。改变传统的大规模加工生产低附加值产品的高耗低效发展模式，必须加强商品林定向培育、资源高效利用以及高附加值产品开发等关键技术研究，强化特色林下产业技术研发与推广应用，加快培育林业战略性新兴产业，推进“十大主导产业”的快速发展，为经济社会发展提供更丰富的林产品。

(四)实现兴林富民迫切需要依靠科技进步提

高林业生产效益

林改关系到5.1亿农民的切身利益，提高25.49亿亩林改林地的生产效益，促进兴林富民，对林业科技发展提出了新要求。确保生态受保护、农民得实惠是巩固林改成果、实现绿色增长的重要战略措施。大力发展林下经济，实现生态建设与产业发展协调推进，必须加强林业科技对林改的支撑和服务作用，在林下经济开发、资源培育与加工利用等方面，加强林业实用技术的研发和推广力度，引导林农科学化、标准化和规模化经营，为进一步深化林改提供有力支撑。

(五)应对气候变化迫切需要依靠科技进步提高林业碳汇能力

我国经济社会快速发展，温室气体减排压力增大，发展低碳经济，增强林业碳汇能力，是应对气候变化的重大战略抉择。据相关研究，1980～2005年中国造林累计净吸收约50亿吨二氧化碳，抵消同期工业总排放的8%。到2015年要实现森林植被总碳储量达到84亿吨，必须发挥科技在林业应对气候变化中的引领和保障作用，加强退化土地造林增汇、天然林增汇经营、碳汇人工林定向培育、能源林建设、林业碳汇计量监测等领域的技术研发，大幅度提高我国森林碳汇能力，促进碳汇林业快速发展。

三、总体思路与发展目标

(一)总体思路

以邓小平理论和“三个代表”重要思想为指导，深入贯彻落实科学发展观，根据现代林业发展的总体要求和林业科技的自身特点，以推进科技创新为核心，围绕一个目标，突出四大主题，紧扣五大需求，坚持六个结合，完成八大任务，全面推进林业科技事业又好又快发展。

1. 一个目标

“支撑现代林业建设”是“十二五”林业科技发展的总体目标。林业科技必须为构建完善的林业生态体系、发达的林业产业体系、繁荣的生态文化体系提供全面科技支撑，建立适应现代林业发展的国家林业科技创新体系，抢占国际林业科技制高点，培育林业战略性新兴产业，促进林业发展方式转变，支撑实现林业“双增”，引领现代林业科学发展。

2. 四大主题

突出创新。围绕科技链条，突出创新主体，打造创新平台，建设创新团队，构建现代林业技术创新体系，大力开展原始创新、集成创新和引进消化吸收再创新。

强化应用。围绕林业生产建设技术瓶颈，加强关键应用技术研究，促进科技成果转化和推广，加速成果产业化进程，显著提升林业科技成果推广率。

升级产业。围绕林业产业结构调整和产业升级需求，攻克关键核心技术，前瞻性地部署前沿高技术研究，培育林业生物种业、生物质能源、生物医药、新材料、信息化等战略性新兴产业。

服务林改。以兴林富民、改善民生为目标，加强林改重大理论与政策研究，开发林下经济发展实用技术，强化技术集成与应用，实施林业科技富民工程，增加农民收入，巩固林改成果。

3. 六个结合

坚持继承发展，注重近期目标与长远战略相结合。既要瞄准当前，加强生态建设与产业转型升级急需的技术攻坚，又要着眼未来，对林业战略性新兴产业等前沿技术和基础研究进行超前部署。同时，针对林业科研周期长的特点，注重林业科技工作的继承和发展。

坚持统筹兼顾，注重整体推进与区域发展相结合。以国家统筹、整体推进为主导，重视区域科技在林业科技整体工作中的地位和作用，加大区域特色林业科技的研发力度，促进区域林业科技协调发展，显著提高区域创新能力。

坚持需求导向，注重生态科技与产业科技相结合。以国家目标和市场需求为导向，按照产业链和生态区布局科技链，加强林业生态攻坚技术与产业升级技术研究，为实现林业生态建设产业化、产业发展生态化提供支撑。

坚持优化配置，注重科学研究与能力建设相结合。部署全局性、带动性的重大关键技术研究，重视林业创新研究平台、大型科研基地以及科技人才队伍建设，优化科技资源配置，以科学研究促进能力建设，以能力建设提升科学研究水平。

坚持自主创新，注重高新技术与实用技术相结合。既要加强源头自主创新，提高林业科技自主研发能力，又要重视技术集成创新，兼收并蓄林业基础理论、高新技术与常规技术，加速林业先进实用技术的转化和应用，增强林业科技支撑能力。

坚持服务全局，注重自然科学与社会科学相结合。针对林业发展的自然区域分布和社会参与共建的特点，遵循自然规律，强化生态建设，推进产业发展；尊重社会经济规律，加强林业软科学研究，以机制、理论创新带动林业政策、决策创新，服务林业发展全局。

4. 八大任务

重点突破林业关键领域核心技术，超前部署林业高新技术研究，前瞻开展林业基础科学研究，着力加快林业科技成果推广应用，全面加强林业技术标准与质量监督体系建设，突出抓好林业科技创新平台建设，优化完善林业科技发展保障服务体系，积极推进现代林业理论和发展战略研究。

(二)发展目标

到2015年，基本建立起适应现代林业发展的国家林业科技创新体系，在新品种创制、森林经营、林业生物产业、信息技术、生态环境改善与治理、应对气候变化、区域林业等研究领域取得重大突破，林业科技创新能力显著增强，林业科学事业得到全面发展，科技进步贡献率达到50%，重要科技成果总数达到2000项，林业专利数量增加一倍，为到2015年全国森林覆盖率达到21.66%、林业产业总产值达到3.5万亿元、森林面积增加3000万公顷和森林蓄积量增长6亿立方米提供全面的科技支撑。

1. 生态建设科技支撑能力进一步增强。培育高抗新品种150个以上；获得具有自主知识产权的林木功能基因100个；提供林业重点工程技术规程与建设模式300个以上，典型脆弱生态区造林保存率达到75%以上；开发重大生物灾害控制技术与设备(药剂)50项以上，重大生物灾害测报准确率达到85%以上；研发森林火灾预警防控与快速扑救等重大装备系统10套以上。

2. 产业技术水平显著提高。培育高产优质用材林新品种200个以上，材积生长量提高20%以上；培育高产、超高产经济林新品种90个以上，良种使用率达到65%以上，主要木本粮油新品种单产提高50%以上；研发生物质新材料、生物质能源和生物质化学品等林业资源高效加工利用新技术、新工艺、新产品200项以上，林产品附加值提高20%以上；构建产业技术创新战略联盟7个。

3. 科技成果转化与推广应用水平显著提升。健全林业科技推广体系，完善和建立省、地、县级林业科技推广站(中心)3362个。构建7大林业科技创业链，分区域和类型建立林业科技示范区、示范基地200个；派遣林业科技特派员1万名，培训林业科技推广人员、基层技术人员和林农200万人次；推广林木新品种新技术1500项以上。

4. 标准化和林产品质量安全监管水平显著提高。制修订林业国家标准和行业标准1000项，建设全国林业标准化示范区300个，完善林业标准体系；建立健全各级林产品质量安全监管机构，建立林产品质量安全监测和风险评估制度，新建国家或局级林产品质量检验机构30个，完善林产品质量安全监管体系和检验检测体系；拥有自主知识产权的科技成果和核心技术总量增长50%以上，植物新品种和知识产权保护得到进一步加强。

5. 国家林业科技创新体系建设稳步推进。建设以国家林业科学中心为主体的国家、区域、企业三个层次的创新中心10~15个；新建国家重点实验室1~2个、国家工程实验室1~2个、国家工程技术(研究)中心3~5个、局级重点实验室20~30个、局级工程(技术)研究中心50个、局生态系统定位研究站58个，建设国家林业长期实验基地50~80个、林业生物产业基地50个；建立国家级林业数字化图书文献服务中心1个，区域林业图书文献服务中心3~5个；建设区域林业分析测试中心8~10个，植物新品种测试中心1个、分中心2个、测试站10个，建立林业转基因生物中间试验、环境释放和生产性试验基地6个，林业知识产权信息预警中心1个。

四、重点任务

(一)重点突破林业关键领域核心技术

针对我国现代林业发展的关键技术问题，以增加资源总量、增强生态服务功能、提高产业效益、服务林权改革为目标，重点加强林业生态建设、森林经营和保护、资源培育与高效利用、林业生物产业、林业碳汇、木本粮油、林业生物能源、林业装备、林业信息化以及区域林业等领域的重大关键技术研究。

1. 以大幅度提高林业生态服务功能为目标，加强林业生态建设技术研究

以林业“三大生态系统一个多样性”为对象，紧紧围绕林业生态工程的技术需求，开展系列配套技术研发与集成。

森林生态系统研究突出效益增强和工程建设核心技术。针对建设和保护森林生态系统的科技需求，重点研究高抗逆植物材料快速选育、困难立地造林及植被恢复、林分结构调控、效益监测与量化评价等核心技术。

荒漠生态系统研究突出工程治理和植被恢复技术。针对防沙治沙、石漠化综合治理、退化土地植被恢复等生态系统改善与治理的技术需求，重点突破植物材料筛选、植被恢复与重建、综合治理、效益监测与评价等核心技术。

湿地生态系统研究突出保护管理和功能恢复技术。针对管理和恢复湿地生态系统的技术需求，重点研究湿地功能作用机理、典型湿地生态系统及湿地关键物种栖息地保护、受损湿地生态修复、湿地生态评价以及合理利用等关键技术。

生物多样性研究突出保育和解濒技术。针对维护和发展生物多样性的技术需求，重点研究野生动植物保护、生物多样性保育、陆生野生动物疫源疫病监测防控、自然保护区建设等关键技术。

2. 以提高森林质量和管理水平为目标，加强森林经营和保护技术研究

针对我国森林质量不高和森林多种功能发挥不足的现状，重点研究森林经营、林业重大灾害防控、生态系统监测评价等核心技术，构建完善的森林可持续经营技术体系。

3. 以维护国家木材安全为目标，加强用材林培育与加工利用技术研究

针对我国木材对外依存度高、结构性短缺、木竹加工产品性能与附加值低等现状，围绕用材林育种、栽培与加工利用三大环节，重点突破林木良种选育、定向培育及木竹深加工等关键技术瓶颈，构建完善的用材林培育与加工利用技术体系。

4. 以推进产业转型升级为目标，加强林业资源高效利用关键技术研究

针对我国林业产业结构不合理、产品附加值低、产业亟待升级等现状，重点研究林纸、林化、林药、林菌、经济林、森林食品、花卉、森林旅游等产业链构建及产业升级关键技术，攻克林特产资源增值利用技术瓶颈，加强新技术研发和组装集成，提高林产资源深加工水平和产品市场竞争力。

5. 以有效应对气候变化为目标，加强林业碳汇技术研究

针对林业应对气候变化和森林碳汇领域研究基础薄弱、技术储备不足等现实问题，重点研究森林碳汇的增汇、计量、监测与贸易以及森林对气候变化的适应等关键技术，评估林业固碳及生物质利用储碳潜力，构建碳汇林业建设与管理技术体系。

6. 以保障粮油安全为目标，加强木本粮油优质高产技术研究

针对我国木本粮油产业产量低、产业效益低等现状，重点研究主要木本食用油脂和粮食树种育种、栽培和加工等环节的关键技术，构建木本粮油可持续培育和优质高效利用为一体的产业技术体系。

7. 以落实国家新能源战略为目标，加强林业生物质能源技术研究

针对林业生物质能源适用资源不足和加工利用技术亟待突破等问题，开展能源林培育、原料集储、高效低成本转化和生物质能源新产品开发等关键技术研究与重要林业生物质能源产品产业化示范，构建完善的林业生物质能源开发利用技术体系。

8. 以提升林业机械化水平为目标，加强林业装备技术研究

针对我国林业机械化程度较低的现状，重点研发种苗生产、造林绿化、森林保护和林木加工利用等系列化装备技术，开发适合林区特点的实用型机械，完善林业装备技术体系，提高林业装备的整体国产化水平。

9. 以提升林业信息化水平为目标，加强数字林业技术研究

针对我国林业信息化水平偏低的现状，重点

研究林业资源综合监测信息技术、数字林业技术体系构建及数字林业平台建设、林业专用卫星研发与应用等关键技术，开展物联网新技术在林业中的应用与示范。

10. 以改善民生和服务林改为目标，加强区域林业支撑技术研究

针对集体林区、国有林区及国有林场林改后森林经营方式的转变，以及发展林下经济、实现兴林富民、巩固林改成果的实用技术需求，根据林业生产区域布局和重要生态区类型特点，研究不同区域现代林业发展模式、特种经济动植物资源培育与利用、灌木资源培育与利用、林下经济及产业化开发等技术，通过技术集成、组装配套和试验示范，构建改善民生和服务林改的林业多目标利用技术体系。

(二)超前部署林业高新技术研究

围绕培育战略性新兴产业发展的重大科技需求，瞄准国际高技术前沿，重点开展林木、竹藤、花卉、林特产资源高效分子育种及转基因技术研究，引领林业生物种业发展；研究生物反应器规模化合成林源活性物质技术，引领林药产业发展；创制新型生物质材料与绿色化学品，引领林业新材料产业发展；研究林业生物质能源固化、液化、气化等高新技术，开发以木质纤维为原料的第二代生物质能源新产品，培育新能源产业；探索林木光合作用调控、高性能纳米生物基新材料制备、生物质定向解聚与分子重组等前沿技术。在组织实施过程中，充分发挥主动设计、产学研相结合的科技引领创新团队和实验基地的作用，强化新技术交融与创新，坚持创新与示范同步，研究与应用并举，培育开发战略性新兴产业，引领我国林业产业向着高效、高值、高端、低碳“三高一低”的绿色方向发展。

(三)前瞻开展林业基础科学研究

以增强林业原始创新能力为目标，围绕森林生态服务功能、林业生物灾害防控、林业应对气候变化、林木种质创新、森林资源培育和资源高效利用等方面的重大科学问题开展基础研究，为现代林业发展提供基础理论支撑。开展森林、湿地和荒漠等陆地生态系统的过程与服务功能的基础研究，揭示森林与水的关系以及陆地生态系统的维护与调控机理，阐明森林植被与区域生态环境的关系，提出陆地生态系统生态功能评价的理论与方法，探索气候变化条件下森林可持续经营的生态学机制和固碳减排增汇机制，创新森林灾害生态调控与防治理论。开展林木基因组学、植物学、植物生理学、森林土壤学等基础科学研究，揭示树木生长发育、木材形成、抗逆性、林果营养物质形成和林地退化等机理。研究植被三维结构信息的主被动遥感融合同化反演理论与方法。开展木材生物学合成过程与分离基础研究，揭示生物质热裂解调控、生物降解与生物炼制基础科学问题，研究生物能源用微生物代谢组学与功能基因组学，阐明第二代生物能源催化转化机理。

(四)大力加强林业科技成果推广应用

以科技示范和技术服务为核心，实施项目带动，政策引导，加强林业科技推广体系建设，深入开展形式多样的林业科技创业活动，大力推广先进实用的林业新品种新技术，全面提升林业建设的科技含量和生产水平。

1. 加快林业新品种新技术推广

以林业科技富民工程、科技成果转化专项等推广计划为载体，通过组装配套和集成创新，加速现有科技成果熟化与转化，促进林木新品种、新技术在林业生产中的广泛应用，提高科技成果推广应用率。

2. 建立林业科技示范体系

按照“推广一批先进技术，建立一批示范基地，培育一批支柱产业”的指导思想，建立科技示范基地和科技示范县(村、户)，在全国构建从县、村到农户的基层林业科技示范体系，提高科技成果在林业生产中的应用水平。

3. 完善林业科技推广体系

建立健全以林业科技推广站(中心)、乡镇林业站为主，以林业科研院所、高校和涉林企业为辅的多元化林业科技推广体系。发挥政府部门在林业科技推广体系建设中的主导作用，强化林业科技推广机构的公益性职能，加强林业科技推广站(中心)建设，完善各级推广站(中心)的基础设施和推广工作必需的仪器设施设备的配备，加大从业人员培训力度，逐步提高林业科技推广服务能力。

4. 加快林业高技术产业化

在林业资源优势地区，积极推进产学研结合，加快林业高新技术成果的推广应用，延长产业链，促进林业传统产业升级换代，重点建立林业生物产业基地等高技术产业化发展平台，培育区域产业集群。

5. 开展林业科技特派员创业行动

根据《关于开展林业科技特派员科技创业行动的意见》，启动林业科技特派员创业行动。围绕优势特色产业，推行"风险共担、利益共享"机制，从国家到地方逐级选派科技特派员，对口帮扶林农、林企，创办林业示范基地和技术服务实体，构建林业科技产业创业链。

（五）全面加快林业技术标准与质量监督体系建设

深入贯彻林业标准战略，加强标准制修订和实施，完善林业标准体系，加强林业质量安全监管和检验检测机构建设，建立健全林业质量监督体系，开展林产品质量安全监管，全面提升我国林业标准化和质量监督水平。

1. 完善林业标准体系

加快林业标准制修订，重视林业标准化工作专业人才培养，加强林业专业标准化技术委员会建设，形成以国家标准和行业标准为核心，地方标准和企业标准相补充，覆盖林业一、二、三产业的林业标准体系。建立健全林业标准化社会服务体系，构建权威的标准化信息服务平台。加强国际标准研究，加快林业标准国际化进程。

2. 推进林业标准实施

加强林业标准的宣传贯彻和执行，建立标准实施的检查、评估和信息反馈机制。围绕生态建设和林业产业发展重点，开展林业标准化示范区建设，推动林业工程按标准设计、实施和验收，实现林业产业全过程标准化生产和管理。

3. 建立健全林产品质量监督体系

建立健全各级质量安全监管机构和检验检测机构，制订《全国林产品质量安全检验检测体系建设规划》，加强质量检验检测队伍建设，提高检验检测能力，形成高效运行的监管网络和布局合理的质量检验检测体系。建立林产品质量安全监测和风险评估制度，重点加强森林食品、木质板材等林产品质量监管，确保林产品质量安全。

（六）突出抓好林业科技创新平台建设

围绕现代林业科技创新对科技条件的需求，着力加强科技创新团队、研究实验平台（基地）、科技信息共享平台和产业技术平台建设，建立和完善支撑科技创新的条件和平台，提升林业科技基础条件水平，提高林业自主创新能力。

1. 打造科技创新团队

以提高创新能力为核心，以"林业科技领导人才工程"和"急需紧缺骨干人才培养引进工程"为主要载体，实施"3211 科技人才培养计划"。重点建设 30 个国家林业科技创新团队，培育 20 名在国内外有影响的科技领军人物、100 名中青年科技拔尖人才，培养和稳定 10000 名基层林业技术骨干，在优先领域积极推进科学家工作室建设，努力造就一支特色鲜明、结构合理、素质优良、持续发展的林业科技创新人才队伍。

2. 建设国家林业长期实验基地

针对林业科学研究具有长期性、继承性、地域性等特点，分区域、分类型建立永久性国家级大型林业综合实验基地，探索基地建设与项目研究相结合的机制，通过保障运行、项目带动等方式加大对基地的投入，形成有力支撑科学研究的国家林业长期实验基地体系。

3. 完善研究实验平台

以提升科技创新能力为目标，优化资源配置，组建国家林业科学中心、区域林业科技中心，建设重点实验室、生态定位站、工程（技术）研究中心和大型林业分析测试中心，改善林业科技基础条件。

4. 优化科技信息共享服务平台

以高效服务科技创新和现代林业建设为目标，运用现代信息技术，优化林业科技信息管理与服务平台，建设数字化、网络化、智能化和可视化的国家林业科技信息网络系统，促进林业科技信息资源的合理配置、开放共享和高效利用。

5. 创建产学研合作平台

以国家战略性新兴产业和林业重点产业的技术创新需求为导向，构建产业技术创新战略联盟和产业技术创新服务平台，在重点领域组建技术协作组，形成和完善以企业为主体、市场为导向、产学研相结合的技术创新体系，大幅度提升产业自主创新能力，降低关键领域和重点行业技术对外依存度，促进科技与产业更加紧密结合。

6. 建立现代林业技术体系

围绕林业产业发展和生态建设对科技的实际需求，按照产业链和生态区布局科技链，集聚优势资源，组建优势创新团队，通过联合攻关，突破林业生产各环节存在的关键技术瓶颈，提高产业效益和生态建设质量，为林业发展提供全面系统的技术支撑。

(七)优化完善林业科技发展保障服务体系

把握国际林业科技发展动态和我国林业发展新趋势，加大林业植物新品种权保护、生物安全管理、生物遗传资源保护与管理、林业认证和知识产权保护等工作力度，加快国际化进程，更好地激励、保障林业科技自主创新，促进森林可持续经营，推动林业产业发展。

1. 加强林业植物新品种权保护体系建设

围绕林业植物新品种创制和保护，建立健全林业植物新品种权保护体系，加强植物新品种测试机构、执法体系和信息系统建设，提高林业植物新品种权保护水平，提升我国生物种业国际核心竞争力。

2. 加快林业生物安全管理体系建设

以完善林业转基因生物安全管理法律法规建设、提高林业转基因生物安全检测和监测水平、提升林业外来生物安全监管能力、履行国际公约为重点，建立和完善林业生物安全检测监测、监督管理体系，规范我国林业转基因产品开发、生产和流通过程。在全国建立6个林业转基因生物中间试验、环境释放和生产性试验基地，建设1个国家级检测中心和5个区域分中心，对50个重要林业转基因生物开展田间实时监测和定位检测。建设10个林业外来生物试种隔离区，对重点外来生物进行试种隔离与跟踪，为林业转基因生物和外来生物推广应用提供安全和技术保障。

3. 推进林业认证体系建设

建立健全符合我国国情、林情并与国际接轨的国家林业认证体系，完善森林认证、碳汇林、竹林、非木质林产品、森林生态服务和生产经营性珍稀濒危物种认证等行业和国家标准；加大森林认证试点示范力度，探索不同类型森林认证模式，扩大认证面积。扩展林业认证范围，逐步建立林业行业认证制度，培育认证市场，积极应对国际绿色贸易壁垒，增强林产品国际市场竞争力。

4. 强化林业生物遗传资源管理

贯彻落实《全国生物物种资源保护与利用规划纲要》，实行林业生物物种资源优先保护和分级保护，研究建立林业遗传资源惠益分享制度和信息交换机制；开展林业遗传资源特别是我国珍稀林木遗传资源本底调查与编目，开展遗传多样性分析并确定优先保护名录，建立珍稀林木遗传资源空间地理信息系统；开展我国特有林木基因库建设，建立5～10个不同经济性状或生态价值的特有林木基因库。

5. 强化林业知识产权管理

以贯彻实施国家知识产权战略为重点，大力提高林业行业知识产权保护意识，提升林业知识产权创造、保护、管理和应用水平。重点支持建设10个林业知识产权保护联盟，建立100家林业知识产权试点示范单位，林业知识产权信息预警中心1个。实施50项重大专利产业化示范项目，形成20家林业植物新品种和10家林产品地理标志产品产业化示范基地，建立重点领域林业知识产权预警机制和林业知识产权专家咨询、决策分析系统，为规避知识产权障碍、国际贸易技术壁垒和经济纠纷提供服务。

6. 加强林业科普工作

按照《全民科学素质行动计划纲要》的总体部署，开展以生态文明为主题的“三生态”“四地位”“五功能”战略思想和林业新知识、新技术系列科普宣传活动，加强先进、成熟、实用林业技术的普及、推广、宣传和培训工作；繁荣科普创作，制作、编辑和出版高水平、群众喜闻乐见的科普宣传作品；强化青少年林业科普宣传教育；整合林业科普资源，建立和完善标本馆、博物馆、展览馆、植物园等林业科普基地；加快林业科普信息化建设，推动科普资源的开放与共享。

(八)积极推进现代林业理论和发展战略研究

围绕现代林业建设目标和重点任务，前瞻世界林业发展趋势，系统开展林业发展理论、战略、模式和政策研究，构建完备的林业发展理论导向体系、政策保障体系和决策支持体系，为维护国土生态安全、转变林业发展方式、推进林业改革发展、参与国际林业进程等提供理论支持和政策保障。

1. 推进林业改革与发展的理论创新

围绕林业改革与发展的新任务、新问题和新要求，系统开展现代林业重大理论、理念定位与发展模式研究，构建符合我国国情、林情的林业发展理论体系。

2. 强化林业决策支持能力

针对现代林业建设的长期性、复杂性、区域性和国际性特点，基于林业纳入社会经济总体布局的要求，围绕现代林业改革与发展的政策框架、法规体系、对策预案、趋势战略等重大问题，开展前瞻性和可操作性战略规划、政策保障、管理模式创新、决策支持研究，提升林业决策及管理水平，构建现代林业发展的政策保障体系。

五、保障措施

(一)加强林业科技工作的组织领导

成立国家林业局林业科技领导小组，统筹、协调、部署全国林业科技工作；积极推动各级党委和政府，认真贯彻落实中央决策部署，形成党政一把手抓第一生产力的工作局面；加强行业指导，健全科技管理组织机构，提高科技组织机构保障能力和服务水平；加强林业科技资源统筹安排及系统管理，促进科技管理、科学研究、技术推广三大体系协调发展。

(二)优化林业科技发展政策环境

确立科技在现代林业发展中的战略地位，根据林业科技活动的长周期性和社会公益性特点，加大政策保障力度。健全科技政策法规体系，从制度上营造全行业重视科技、依靠科技、应用科技的政策环境；完善科技评价机制，建立客观、公正、诚信的科技评价和绩效管理制度；优化资源共享平台，推进林业科技资源与全社会双向互动、共同发展的开放机制；完善林业科技介入机制，推进科技对重大林业工程的全程介入，建立林业发展规划、重大工程、重大决策的科技会商制度，发挥科技对林业发展重大问题的决策咨询作用。

(三)增加林业科技投入

建立长期稳定、以国家投入为主的林业科技投入体制，逐步形成林业科技项目一次立项、长期滚动支持的模式。争取国家重大科技计划向林业倾斜，加大对林业科技成果转化与推广、标准化以及科技服务保障体系的资金支持力度，建立对林业科技创新平台建设及运行经费持续稳定投入的机制。切实保障林业重大生态工程3%的科技支撑经费的投入。充分发挥市场投融资机制作用，吸引社会资金，逐步形成以财政支持为主体的多元化林业科技投入体系。

(四)加快科技人才队伍建设

实施“3211”林业科技人才培养计划，培养和造就一批林业科技战略科学家、领军人才和基层林业科技骨干；利用国家“千人计划”等人才引进平台，吸引海外高层次优秀科技人才回国工作；加大对国家重点(工程)实验室、重点学科领域和方向、优秀创新团队的稳定支持；加强面向生产一线的实用工程人才、卓越工程师和技能人才的培养；鼓励和支持国际合作，培养具有国际视野的科技创新人才。建立健全人才选拔、培养、使用机制和人才合理流动机制。

(五)促进产学研紧密结合

加大科技成果推广应用力度，建立健全科技成果转化稳定支持机制和推广体系；围绕重要林业产业领域的发展需求，积极支持企业与科研单位和高校组建互利互惠的林业产业技术创新战略联盟，以及产业技术创新服务平台等产学研合作组织；进一步开放科研院所和高校的公共科技资源，完善资源共享机制；鼓励支持大中型骨干企业建立研发中心，增强企业自主创新能力，培育创新型林业科技企业，推进林业高新技术产业化。

(六)强化林业科技宣传和培训

加强林业科技宣传，围绕林业科技重点工作、热点问题和重大成果，通过网络、电视、报刊、杂志、电话服务热线等多种形式，加大宣传力度，提升林业科技社会影响力。完善职业培训制度，充分利用干部培训机构、高校和科研单位等培训基地，实施专业技术人才知识更新培训工程，提高科技人员和管理人员专业水平，加强基层林业从业人员、林农及其他林业经营者的技能培训，全面提高全行业科技素质。

(七)推进国际科技合作交流

加强国际先进林业技术的引进力度，注重引

进技术的系统化集成、再创新及自主知识产权的取得；巩固和扩大与林业发达国家、重要国际组织间双边及多边科技合作与交流；进一步加大引智力度，鼓励国内外合作申请重大科技项目；积极主办和参与重要国际林业学术会议及科技活动；积极推荐专家在国际林业学术组织和机构任职；积极参与林业国际进程、国际公约和国际标准制定；加强国际谈判对案研究，提高国际履约能力；积极开展对外技术援助，提高我国林业的国际影响力。

重点研究项目：

专栏1："十二五"林业科技发展主要指标

指　标	现　状	2015年
林业科技贡献率(%)	43	50
重要科技成果数(项)	1036	2000
林业专利(件)	9569	20000
新品种(个)	294	600
制修订标准数(项)	1200	2200
良种使用率(%)	51	>65
主要用材树种材积生长量提高(%)	—	>20
主要木本粮油新品种单产提高(%)	—	>50
重大生物灾害测报准确率(%)	—	>85
国家重点实验室(个)	0	1~2
国家工程实验室(个)	3	4~5
国家工程(技术)研究中心(个)	6	9~11
国家林业局重点实验室(个)	34	54~64
国家林业局工程(技术)研究中心(个)	0	50
国家(局)级生态定位研究站(个)	72	130
产业技术创新战略联盟(个)	1	8

专栏2：林业生态建设重大项目。林业生态建设科技工程。以支撑天然林资源保护、退耕还林、三北及长江中下游防护林、林业血防等工程建设为目标，重点开展工程区及其重点区域防护林体系构建、困难立地造林及植被恢复、天然林生产力提高与生态功能增强、工程效益量化评价等技术研究与试验示范，筛选出高抗逆植物材料50~60种，困难立地造林保存率达到75%以上。

专栏3：森林生态系统建设工程领域重点项目。沿海防护林工程建设关键技术。以支撑国家沿海防护林工程建设为目标，选育优质抗风、耐盐碱植物材料与品种30种以上，重点开展防台风、消浪护岸、抗盐碱、防污染以及丘陵风蚀地造林等沿海防护林体系构建技术研究与示范，造林保存率达到75%以上。

平原绿化工程建设关键技术。以提高平原绿化工程建设效益为目标，重点开展植物材料筛选、高效空间景观和林分结构配置、可持续经营以及效益量化评价等技术研究与示范，工程建设经济效益提高30%以上。

城市与乡村林业建设关键技术。以支撑城乡森林景观建设、森林游憩和生态文化产业发展为目标，重点开展城市森林结构优化、森林保健功能开发、森林游憩和科普园建设、城市新造林培育、城市组团隔离林构建、乡村森林景观建设等技术研究与示范，筛选出功能性树种100种以上，示范区森林覆盖率达30%以上。

专栏4：荒漠化治理工程领域重点项目。土地荒漠化综合防治技术。以支撑国家京津风沙源治理工程和沙化土地封禁保护区建设为目标，重点研究荒漠化动态监测、沙尘暴灾情快速评估、退化草地定向改造与生产力恢复、工程与植物防沙治沙、绿洲防护体系营建、青藏高寒沙区防沙治沙、工程效益定量评估等关键技术，减少土壤侵蚀强度30%以上。

废弃与退化土地植被恢复与重建技术。以恢复和提高废弃与退化土地生产力为目标，重点研究工矿管线路、滑坡、泥石流及地震灾区、侵蚀劣地、盐碱地等废弃与退化土地植被恢复与重建技术，选育功能型植物材料50种以上，开发工程绿化新产品，提出生态修复及工程绿化技术体系，示范区植被恢复度达70%以上。

石漠化治理关键技术。以支撑国家石漠化综合治理工程建设为目标，开展石漠化综合防治与退化土地高效利用、造林及植被恢复重建、多种经营及复合经营等技术研究与示范，选育植物材料30种以上，试验示范区治理度达到60%以上。

专栏5：湿地生态系统保护工程领域重点项目。湿地保护与恢复技术。以支撑国家湿地保护工程建设为目标，重点研究湿地关键物种选育、栖息地保护、退化湿地恢复、水量调控、水质净化、湿地碳库维护、功能湿地构建以及综合管理技术，建立试验示范区15~20个。

湿地功能作用机理与利用技术。以促进湿地科学利用为目标，重点研究生态服务供给、生态功能强化、生物多样性维持、水安全调控、湿地景观展示等湿地功能作用机理与利用技术，建立湿地保护区和湿地公园，建设试验示范区 10 ~ 15 个。

专栏 6：生物多样性保护工程领域重点项目。自然保护区建设与生物多样性保育技术。以野生动植物保护及自然保护区建设为目标，重点研究自然保护区退化生境恢复、典型自然保护区生物多样性保育、功能区优化和生态监测、综合成效评估以及资源可持续保护利用等技术，80% 以上的保护对象及其生境实现动态监测。

极小种群野生植物保护技术。以极小种群野生植物保护为目标，重点研究濒危野生植物解濒与再引入，极小种群野生植物生境恢复、资源扩繁、原生境仿生栽培等拯救保护以及种群监测、管理和评价等技术，极大地提高极小种群野生植物的保护与恢复能力。

野生动物保护与重大疫病防控关键技术。以野生动物保护为目标，重点研究濒危野生动物种群监测、栖息地生境评估与恢复，以及人工繁育等技术，野生动物重大传染病发生、传播的规律，提出濒危野生动物拯救、野生动物重大传染病检测与有效防控等技术，实现 15 ~ 20 种极度濒危野生动物野外种群的逐步扩大，栖息地得到恢复。

专栏 7：森林经营重大项目。森林可持续经营科技工程。以支撑国家森林抚育补贴试点工程建设及实现林业“双增”为目标，重点开展森林经营规划与经营方案编制、低效林改造、森林资源精准调查及经营效果监测评价等森林可持续经营相关技术研究，建立森林多功能经营、健康经营、精准经营等技术体系，提出森林经营模式 10 ~ 15 个，提高试验林生长收获量 20% 以上、生态功能指数 10% 以上。

专栏 8：林业灾害防控与生态监测领域重点项目。林业有害生物防控技术。以减少林业有害生物灾害为目标，重点研究商品林、生态林、经济林等的生物灾害诊断与持续控制、外来有害生物灾害预警与防控等技术，开发林用生物药剂和天敌产品 15 ~ 20 种，无公害防治率 80% 以上，灾害防控测报准确率 85% 以上。

森林火灾监测预防扑救技术。以提高森林火灾防控能力为目标，重点研究森林可燃物综合调控、多种条件下火行为模型、森林火灾动态监测与风险评估和预警、森林火灾安全扑救、多手段航空消防等技术，森林火灾监测识别准确率 85% 以上，预警准确率 90% 以上。

森林、湿地、荒漠系统生态质量与服务功能观测与评估技术。以监测三大陆地生态系统质量和效益为目标，重点研究不同生态系统定位观测、功能快速评价等关键技术，完善标准技术体系和测算评估方法，构建数据共享平台。

专栏 9：林木育种重大项目。林木长期育种科技工程。重点研究主要造林树种及重要乡土树种生长、材性、抗性等多性状定向选育以及分子设计、基因工程等关键技术，选育优质高产高抗林木新品种，建立杨树、桉树、松树、杉木、竹子等速生树种，红木类、柚木、水曲柳等珍贵用材树种，以及刺槐、泡桐等重要乡土树种的新品种培育技术体系，培育良种 200 个，遗传增益 20% 以上。

专栏 10：林木培育与加工领域重点项目。林木种质资源保存、发掘和利用技术。以提高我国林木种质资源安全保存和新种质创制水平为目标，重点研究林木花卉种质资源安全保存与风险预警，优异种质资源基因型分析，关键新基因发掘与评价，以及高产、优质、多抗、高效种质创新利用等技术，保存林木花卉优异种质 2000 份，创制新种质 200 ~ 300 份。

速生丰产林定向培育关键技术。以支撑国家速生丰产林工程建设为目标，重点研究纸浆材、人造板材以及大径材原料林密度优化、长期生产力保持、病虫害防治、轮伐期控制以及高效采伐等定向培育技术，示范区单位面积蓄积量提高 20% 以上。

林木深加工关键技术。以提高木材资源利用效益为目标，重点加强人造板节能环保生产、非常用及废弃木材资源高效增值加工利用、室外及结构用木质材料制造、木制品设计与制造等共性关键技术研究与规模化应用示范，开发新技术新产品 110 项，人造板生产能耗降低 15%，产品附加值提高20%。

竹藤资源高效培育与高附加值加工利用技术。以提高竹藤资源培育与高效利用水平为目标，重点研究竹子优良种质选育、竹藤资源高效培育、高效竹材制浆造纸及其剩余物利用、绿色竹质建筑构件制造、竹类资源天然产物化学利用等关键技术，竹材综合利用率达到90%，产品附加值提高20%以上。

木质复合材料制造关键技术。以木质复合材料产业技术升级和结构调整为目标，重点研究纤维基高性能模压吸附材料、功能及强化复合材料、木质材料表面装饰和复合材料结构用构件等关键技术，创制高附加值木质复合新产品，产品增值20%以上。

专栏11：林业产业重点项目。用材树种产业升级技术。以杨树、桉树、松树、杉木、竹子、泡桐等用材树种产业升级为目标，开展专用商品材新品种培育、病虫害防控、高附加值新产品研发、高得率浆纸清洁生产以及产品质量控制等技术研究，形成从品种选育、资源培育、加工利用到产品开发一体化的商品材产业技术体系。

经济林产业升级技术。以干鲜果、木本香料、林菌等主要经济林产品产业升级为目标，重点研究育种、栽培、贮藏运输、加工利用和质量控制等产业链中各个环节的关键技术，构建特色经济林良种选育、可持续经营与高效利用为一体的产业技术体系。

花卉产业升级技术。以提高花卉产业综合效益为目标，重点研究花卉和生态景观植物种质资源的保护、新品种开发技术，高附加值商品盆花、切花和生态景观植物的优质、高效、环保型产业化生产技术，完善从资源开发、品种培育、生产技术到产后贮运一体化的花卉和生态景观植物产业技术体系。

林产化工产业升级技术。以松香、活性炭、五倍子、紫胶、白蜡等传统林产化工产业升级为目标，开展采脂新工艺、松香和松节油高值化精深加工、活性炭节能减排生产、五倍子电子化学品和紫胶、白蜡精细化学品创制等技术研究，开发林化精深加工产品，构建林产化工产业链和技术体系。

林药产业升级技术。以提升林药产业效益为目标，围绕药用林资源培育、保护和加工利用等环节的关键技术问题，重点开展药用植物选育、苗木快繁、规范化栽培、药用成分高效提取和高附加值产品开发等技术研究，加强重要林药资源和产品的规模化、标准化生产示范，构建现代林药产业技术体系。

工业原料林产业升级技术。以促进工业原料林产业快速升级为目标，围绕杜仲、银杏、红豆杉等工业原料树种育种、经营和加工利用等环节的关键技术问题，重点开展高产新品种培育，园艺化栽培，杜仲胶、银杏黄酮以及紫杉醇等有效成分深度利用关键技术研究，形成工业原料林现代产业技术体系。

专栏12：林业资源高效利用领域重点项目。商品林定向生产关键技术。以提高我国商品林产量和质量为目标，重点开展特种工业原料林和珍贵阔叶用材林的良种选育、种苗高效扩繁和规模化生产、定向培育及产品精深加工等关键技术研究与示范，产量和效益提高15%以上，建立商品林高效生产技术体系。

林特产资源高效开发利用技术。以提高资源利用效益为目标，重点研究林特产资源规模化培育、活性物质提取、新产品精深加工利用等关键技术，开发森林功能食品、新型饲料、食用色素和天然香料深加工等新工艺、新设备及新产品30项，资源增值1倍以上。

林业游憩资源开发利用技术。以开发林业景观资源的游憩功能为目标，研究特色林业生态景观资源培育、森林公园与湿地公园建设、森林游憩产品开发、游憩环境容量与人为活动影响评价、森林游憩环境监测与评价等关键技术，开发森林生态产品，为实现森林旅游社会综合产值1500亿元提供科技支撑。

专栏13：林业应对气候变化领域重点项目。森林对气候变化的响应与应对技术。以提高林业应对气候变化能力为目标，观测与分析我国气候变化敏感区域林木生长和更新、物候、永冻层、树线等对气候变化响应，研究气候变化对我国重要造林树种、珍稀濒危物种以及森林植被类型地理分布和森林生产力的影响，提出我国林业应对气候变化的技术体系。

碳汇林业关键技术。以提高林业碳汇能力为目标，重点研究森林碳汇/源的时空格局、退化土地造林再造林固碳、高碳储量森林结构优化、森林碳储量计量与固碳潜力模拟、碳汇林定向培育、土壤碳管理、碳汇监测与计量等技术，初步建立多尺度、多元数据整合的全国林业碳汇计量监测技术体系，森林植被碳储量提高5%以上。

专栏14：木本粮油领域重点项目。木本粮油丰产培育和精深加工技术。以油橄榄、板栗、枣、柿、仁用杏等主要木本粮油树种为对象，重点开展新品种培育、绿色栽培、产品保鲜、保质储运和精深加工等技术的集成创新与示范推广，选育高产优质高抗新品种50~80个，开发加工利用新技术10~15项，平均单产提高50%以上。

油茶现代产业技术体系构建。以支撑油茶现代产业持续发展为目标，重点研究高产稳产、优质、高抗新品种选育，油茶高效绿色生产和茶油特色加工及副产物深度开发利用等技术集成与示范推广，提出支撑油茶产业可持续发展的技术体系，示范林单产和效益提高50%以上。

核桃现代产业技术体系构建。以支撑核桃产业提质增效和持续发展为目标，重点建立和完善核桃种质资源收集与评价平台，创新新品种选育技术，培育40个以上高产优质良种，集成示范无性系标准化扩繁和高效、绿色经营等技术，制订和实施坚果及油品稳定性贮藏规范，提出支撑现代核桃产业的技术体系，使规模性示范林单产提高60%，总体效益提高10%。

专栏15：林业生物质能源领域重点项目。能源林资源定向培育与集储技术。以提高林业生物质能源资源供给为目标，重点研究木本油料、淀粉和纤维等新型能源林的良种选育、低产低效林改造、丰产栽培、林业生物质集储等关键技术，选育能源林良种15~20种，单产提高20%，制订能源林优质高产规模化栽培技术规程5项，研制灌木林集储装备3种。

林业生物质液体燃料炼制技术。以新型液体燃料开发为目标，重点研究非粮木本淀粉燃料乙醇生产、废弃纤维素乙醇丁醇生产、木本油料清洁生产生物柴油及综合利用、生物质气化合成液体燃料、油脂裂解酯化制备生物柴油、快速裂解定向制备生物油及其精炼等技术，规模化开发液体燃料3~5种。

林业生物质气体燃料制备技术。以制备气体燃料和热电联产为目标，重点研究生物质定向气化制备、高热值气体制备、生物燃气净化与提纯、生物燃气热电联产等关键技术，形成标准化成套装备，系统转化效率提高20%以上。

低能耗固体成型燃料制备技术。以低能耗成型、高效燃烧、高值化利用为目标，重点突破原料收集处理、低能耗固体成型、应用示范等成型燃料产业链中关键环节的共性技术和装备，并进行分布式应用和工业化示范，单位产品能耗低于80千瓦·时/吨。

生物基材料制造关键技术。针对生物基材料产业发展存在成本高、产品性能低于石油基材料等核心问题，以高值化综合利用为目标，重点突破生物基材料制造过程的生物合成、化学合成改性及树脂化、材料加工等关键技术，实现重要生物基产品的低成本规模化生产。

专栏16：林业装备技术领域重点项目。现代林业装备技术研究与开发。以林业装备现代化为目标，重点研发森林资源培育、人工林抚育采伐、森林灾害防控及林业生物质新材料制造等新型实用林业装备技术，研制适合我国林区作业的森林培育与经营、林木采运、木本粮油生产专用机械5~10种，开发出新型木竹加工技术装备10~15种，出材率提高5%以上。

专栏17：林业信息化技术领域重点项目。数字林业关键技术。围绕数字林业关键技术环节，重点研究森林、湿地、荒漠化监测及其碳储量反演技术，空间信息管理与服务技术、重大林业有害生物防治信息技术、火灾监测预警技术，森林生长模型与林业虚拟现实技术、林业高性能计算与网格技术，构建数字林业关键技术体系。

林业物联网关键技术及其应用示范。瞄准国际信息技术前沿，重点研究林业物联网技术标准与规范、传感器数据采集与传输、林业物联网网络架构、信息快速处理与分析、数据管理与交换、物联网应用服务平台建设等关键技术，开展林业物联网综合应用与示范。

专栏18：林改领域重点项目。林改支撑服务综合配套技术。以服务我国集体林权制度改革为目标，针对林改后林农分散经营的特点，重点研究基于农户的林业规划和经营管理、不同区域森林经营模式选择、提升林地生产力关键技术、林地资产评估与流转、小规模竹木资源利用等技术，建立林区经济动植物产业化开发、林区清洁能源开发利用等试验示范区15～20个，制订技术规程30个以上。

林下经济开发实用技术。以改善民生、服务林农致富为目标，重点开展林下经济开发模式集成研究，开发林菌、林禽、林畜、林菜、林药、林草等系列实用技术，提出林下经济开发模式30个，建立林下经济开发试验示范区50个。

区域林业发展技术。针对我国不同区域林业特点，重点研究东北国有林区珍稀食用菌、林下经济动植物等资源开发及产业化关键技术；南方林区特色林果、林化、林药、花卉资源栽培，林畜养殖，高端产品加工等特色林产业关键技术；西南地区多功能防护林体系构建、退耕还林后续产业培育及资源综合利用、特有物种资源的栽培与加工等技术；西北地区以节水和提高防护功能与经济效益为目标的生态经济型林业关键技术；平原地区农田防护林、农林复合经营关键技术；新疆地区以特色林果开发和防护林体系构建为主的绿洲林业关键技术；青藏高原生态系统保护与特色物种资源开发关键技术。提出具有区域特色的林业适用技术240项以上。

专栏19：林业高新技术领域重点项目。林木分子设计育种技术。重点研究主要树种体细胞工程育种、分子标记辅助育种等关键技术，开发具有自主知识产权的林木分子标记50个以上，构筑我国林木分子设计育种技术新体系，创制80～100个抗旱、抗寒、耐盐碱、优质速生的林木新品种。

林木转基因育种技术。以杨树、桉树、竹子等为主要研究对象，利用现代基因组学成果，分离、鉴定有育种前景的功能基因，建立林木功能基因组、表观基因组和蛋白质组等新型技术平台，构建安全、高效林木转基因技术体系，定向培育优质高产高抗转基因新品种。

林业生物医药技术。重点研究林源活性物质高效筛选、多级诱导、高效分离纯化以及生物反应器技术，创制林源抗肿瘤、抗病毒和治疗心脑血管疾病的药物新制剂，研究生物活性物质常压增碳、林木多糖分离提纯及高值化利用等新技术，培育林业生物医药产业。

生物质替代材料技术。重点研究生物质定向解聚和分子重构、生物基单体合成、多相分散及原位聚合、材料纳米改性以及炭/陶复合多孔吸附材料制备等技术，创制大宗生物质基精细化学品、阻燃保温材料、增塑剂、表面活性剂、全降解复合材料、木塑复合材料等生物质替代材料10～15种，培育战略性新兴材料产业。

生物质能源技术。重点研究生物质合成气氢气制备、纤维素丁醇炼制技术，研究非粮木本油料生物酶法连续一体化清洁生产以及新型催化生物柴油制备技术，开发快速裂解定向制备生物油、化学品及其炼制技术，引领新一代生物质能源技术发展。

数字化森林资源监测技术。重点研究高时效森林资源信息快速提取、高精度森林类型识别、森林结构参数反演、森林火灾监测物联网智能预警、树木林分和森林景观数字化模型与可视化模拟等技术，为完善森林资源监测体系提供前沿技术。

专栏20：林业基础研究领域重点项目。重要林果花卉性状功能基因组学。重点研究林木生长发育、木材形成、代谢产物特性、果实产量与品质、观赏性状、抗逆性等重要性状形成的分子基础，筛选决定性状形成的关键基因，阐明作用机理和调控网络，为培育优质速生高产林果花卉新品种提供理论支撑。

陆地生态系统服务功能评价、维持与调控基础。重点研究森林、湿地、荒漠生态系统结构功能和过程，生态服务功能潜能及维持机制，生态服务功能时空格局动态及退化生态系统功能恢复驱动机制，构建多尺度生态服务功能预测预报模型，提出中国陆地生态系统生态服务功能评价理论与方法。

森林与水的关系及其互作机制。重点研究森林与水循环的作用机理、森林生态系统结构、格局与流域径流泥沙水文生态过程和水生态系统的关系，探索森林影响流域水文生态过程的尺度效应和尺度转换理论，揭示森林植被与水生态系统的互作机制和人工林植被覆盖变化的水文响应机制，阐明森林植被维护水源、削洪补枯、减沙净水作用机理。

森林重大病虫灾害成灾与防控机理。重点研究重大病原物和害虫种群遗传结构及其变异机制，重大病原物和害虫与寄主的互作机制，重大病虫害流行与暴发的生态学基础，天然林生态系统的病虫害自我调控机理，人工林可持续经营技术调控病虫灾害的机理和无公害防治技术的持续控灾机理。

森林固碳的减排增汇机理。重点研究森林生态系统的碳－水耦合机制及我国主要森林类型对全球气候变化的响应与适应机制，研究森林碳循环过程对生态系统经营管理措施的响应机理与过程模拟，不同尺度森林植被固碳过程及其对土地利用和土地覆盖变化的响应机理及其模型。

木材生物学形成和转化基础。重点开展木材生物学形成过程与调控机制、化学与生物化学转化利用基础研究，揭示木材原料的性质特点与形成规律，阐明木质原料的物理、化学、生物降解以及生物炼制机制，为木材资源化利用提供科学依据。

森林资源参数遥感探测机理与反演方法。重点研究基于精细光谱信息的森林参数与环境养分信息提取方法，森林生长模拟模型，植被结构主被动遥感散射、反射机理，主被动遥感机理与模型协同反演，遥感反演的尺度转换理论与方法，遥感与过程模型的同化方法，植被三维结构信息的主被动遥感反演方法和植被三维结构的可视化表达。

专栏 21：林业科技成果转化与推广。林业科技富民工程。通过组织实施中央财政林业科技推广示范资金项目，重点推广应用林木新品种繁育及高效栽培、林业生态保护、重要经济林果高效经营、森林火灾及有害生物防治、木竹材增值加工、林产资源开发利用等领域 1000 项先进成熟的实用技术，建立 100 个林业技术推广示范基地。

科技成果转化专项。以科技成果转化资金为依托，熟化和完善木本粮油高效经营、困难立地营造林、森林可持续经营、生物质新材料制造、林源化学物质开发利用和林业机械装备制造等领域新技术，建立 100 个林业科技成果转化基地，转化应用新技术 500 项。

专栏 22：林业科技示范体系。在典型示范地区建立林业科技示范点(基地)2000 个，在全国建设林业科技示范县 200 个、科技示范村 1000 个、科技示范户 10000 个，提高科技显示度，构建布局合理、类型多样、特色明显的林业科技示范网络。

专栏 23：林业科技推广体系。林业科技推广机构建设。按照分级分批建设原则，逐步完善和建立省级林业科技推广站(中心)32 个、地市级林业科技推广站(中心)343 个、县级林业科技推广站(中心) 2987 个，初步建立覆盖全国的林业科技推广服务网络。

林业技术培训。围绕林业重点工程建设需要，采取分批轮训和分级负责的方式，对基层林业技术推广人员进行林业建设方针政策、各类先进实用技术等方面的培训，培训林业科技推广人员 4 万人次，培训基层林业生产人员 200 万人次。

专栏 24：林业生物产业基地。在林业资源优势明显、产业发展基础较好的地区，合理布局，在种质创新与资源培育、林业生物质能源、生物生态治理、林业生物质新材料、生物制药、林源生物制剂等领域，建立林业生物产业基地 50 个。

专栏 25：林业科技特派员创业行动。选派 1 万名林业科技特派员深入基层，开展各种技术服务及科技创业活动，覆盖全国 80% 以上的林业县。建立速生用材林、沙生灌木、经济林果、竹子、种苗花卉、林业生物质化学利用、林业机械装备等 7 大领域林业科技特派员创业链。

专栏 26：林业标准体系。林业标准制修订。针对我国现代林业建设对标准的需求，重点开展基础综合、森林培育、森林保护、森林经营、野生动植物保护、湿地保护、荒漠化防治、林业产业、林业装备、生态文化与林业游憩等领域的标准制修订工作，制修订林业国家标准和行业标准 1000 项。

专栏 27：林业标准化示范区。围绕生态建设和林业产业发展，特别是集体林权制度改革后林下经济发展、经济林果等食用林产品质量安全保障等需要，结合各地林业发展重点，在主产区或规划生产区域，重点围绕经济林果、速生丰产林、珍贵树种培育、森林抚育管理等领域建立林业标准化示范区300个。

专栏28：林产品质量安全检验检测体系。以保障林产品质量安全为目的，重点开展涉及人体健康和安全的经济林果、花卉、野生动植物产品、人造板材、竹藤制品、林业药剂和林业装备等产品的质量监测和安全评估，新建30个国家和局级林产品质量检验机构，加强现有检验机构的升级改造，建立布局合理、专业齐全、规范有序、运行高效的林产品质量安全检验检测体系。

专栏29：国家林业长期实验基地。围绕林业基础研究、重大科技攻关以及生态工程建设对实验基地的要求，根据自然分区、林业发展布局以及林业科研的区域性特点，以现有实验林(圃)、树木园、品种园等为基础，建设8～10个国家林木长期育种基地，建设、认定50～80个集科学研究、试验示范与科技推广为一体的永久性多功能实验基地。

专栏30：国家林业大型科技公共平台。重点实验室。围绕森林培育、林木遗传育种、森林生态与保护等领域，建设国家重点实验室1～2个，建设森林培育、生物防治、木竹加工等国家工程实验室1～2个，加强现有局级重点实验室建设，新建局级重点实验室20～30个，为自主创新和基础研究提供高水平综合实验平台。

国家林业局陆地生态系统定位研究网络。在森林、湿地、荒漠三大陆地生态系统的典型生态区，新建生态定位站58个，其中森林生态站30个、湿地生态站18个、荒漠生态站10个，生态站总数达到130个，同时加强现有生态站的升级改造，初步建成布局合理、类型齐全、条件完备、机制完善的定位研究网络。建设退耕还林等林业重点工程生态效益监测子网络。

工程(技术)研究中心。重点围绕技术基础好、开发应用潜力大、对产业带动作用明显的重点领域，建设国家工程(技术)研究中心3～5个，国家林业局工程(技术)研究中心50个，构建国家林业科技成果转化和新技术孵化开放性平台。

大型林业分析测试中心。以提高林业科研综合测试水平为目标，优化大型仪器资源配置，建立8～10个区域林业分析测试中心，为林业科学试验研究、监测评价、生产实践等提供各类分析测试服务。

国家林业生物基因资源保存基地。以促进林业生物资源的保护与开发利用为目标，原地保存、异地保存和设施保存相结合，建设配套设施完善的国家林业生物基因资源保存基地网络体系，加强我国林业生物基因资源的保护与可持续利用。

专栏31：国家林业科技信息共享服务平台。整合国内外林业科技信息资源，提高标准化、规范化程度，重点建设和完善国家林业科技基础数据中心、林业行业科技文献信息平台、林业科研项目管理信息系统，依托中国林业信息网、中国林业科技网、中国林业数字图书馆等搭建国家林业科技信息共享平台。

专栏32：产学研合作平台。国家林业产业技术创新战略联盟。立足产业技术创新需求，组织企业、高校和科研机构的优势科技资源，重点围绕木材加工、林业装备、竹藤利用、种苗花卉和木本粮油等领域的产业技术创新链，建立7个产业技术创新战略联盟，开展联合攻关、制订技术标准、共享知识产权、联合培养人才，促进创新成果产业化。

国家林业产业技术创新服务平台。面向企业技术创新共性需求，以企业特别是中小企业为服务对象，整合高等院校、科研院所、科技中介服务机构以及骨干企业资源，针对重点产业领域建立3～5个林业产业技术创新服务平台，为企业提供条件资源、技术研发、技术成果转化与推广、产业技术人才培训与交流等公共服务。

专栏33：现代林业技术体系。以国家财政专项为依托，建立产业发展和生态建设有机结合的新型技术研发体系。围绕产业链条中品种培育、丰产栽培、采收、加工利用等关键环节，构建林业产业技术体系，提升林业产业技术水平和效益；围绕林业生态工程中植物材料选育、防护林建设与经营、生态工程效益监测、生态系统健康评价与预警等关键环节，构建林业生态技术体系，提升林业生态工程建设水平。

专栏34：林业植物新品种权保护体系。重点推进1个植物新品种测试中心、2个分中心、10个专业测试站建设，加快测试指南的制订和实施，加强各级林业行政主管部门植物新品种权保护执法能力建设，激励植物新品种培育。到2015年，授权品种达到600件，新品种权数量增长50%。

专栏35：林业认证体系。重点完善国家林业认证标准指标体系，建立既符合国情林情又与国际接轨的林业认证体系。实施林木、竹林、花卉、森林生态服务、经营性珍稀濒危物种、林特产品地理标识等认证，完善技术标准、开展认证试点、强化认证监管，逐步建立完善林业行业认证制度，优化林业认证政策环境，推动林业认证产品纳入政府采购体系和绿色采购范围。

专栏36：林业改革与发展理论研究。重点开展林业改革机制与模式、社会主义市场经济条件下林业体制机制的框架、多功能林业定位及发展路径、碳汇林业与碳贸易等林业改革关键理论方法问题研究；开展林业绿色增长理论与路径、生态建设驱动模式、林业价值链及动力机制、森林生态资源资本化及产业化理论、森林生态系统服务价值及绿色GDP核算、林业就业核算、生态文明行为以及生态文化载体等林业发展关键理论方法问题研究。

专栏37：林业决策支持能力研究。重点开展林业改革重大政策、林业公共产品与服务投入保障体系、林业灾害应急机制、林业科技制度创新等宏观战略与政策研究；开展木材安全、全球林产品绿色壁垒演变与对策、产业转型升级路径、林下产业发展模式与保障政策等林业产业发展战略研究；加强REDD机制与“三可”策略等林业应对气候变化问题研究，显著增强林业决策咨询和政策支持能力。

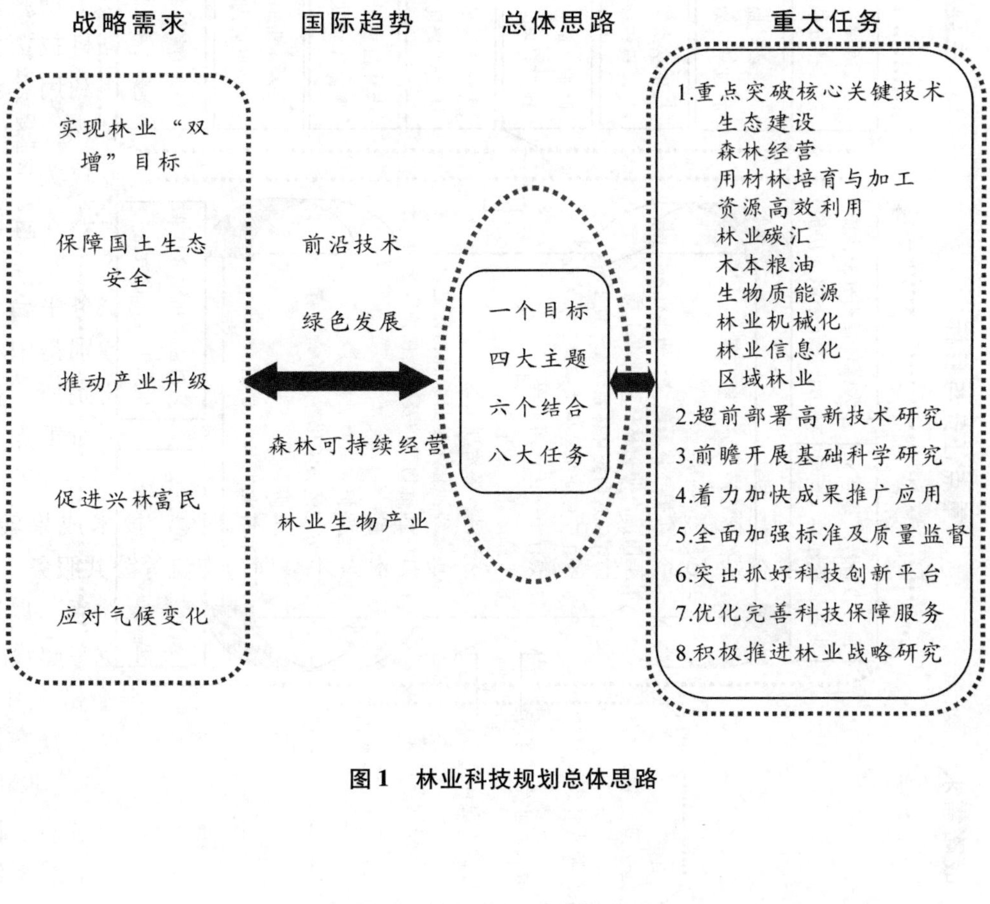

图1 林业科技规划总体思路

附件：技术路线图

(一)林业生态建设技术路线图

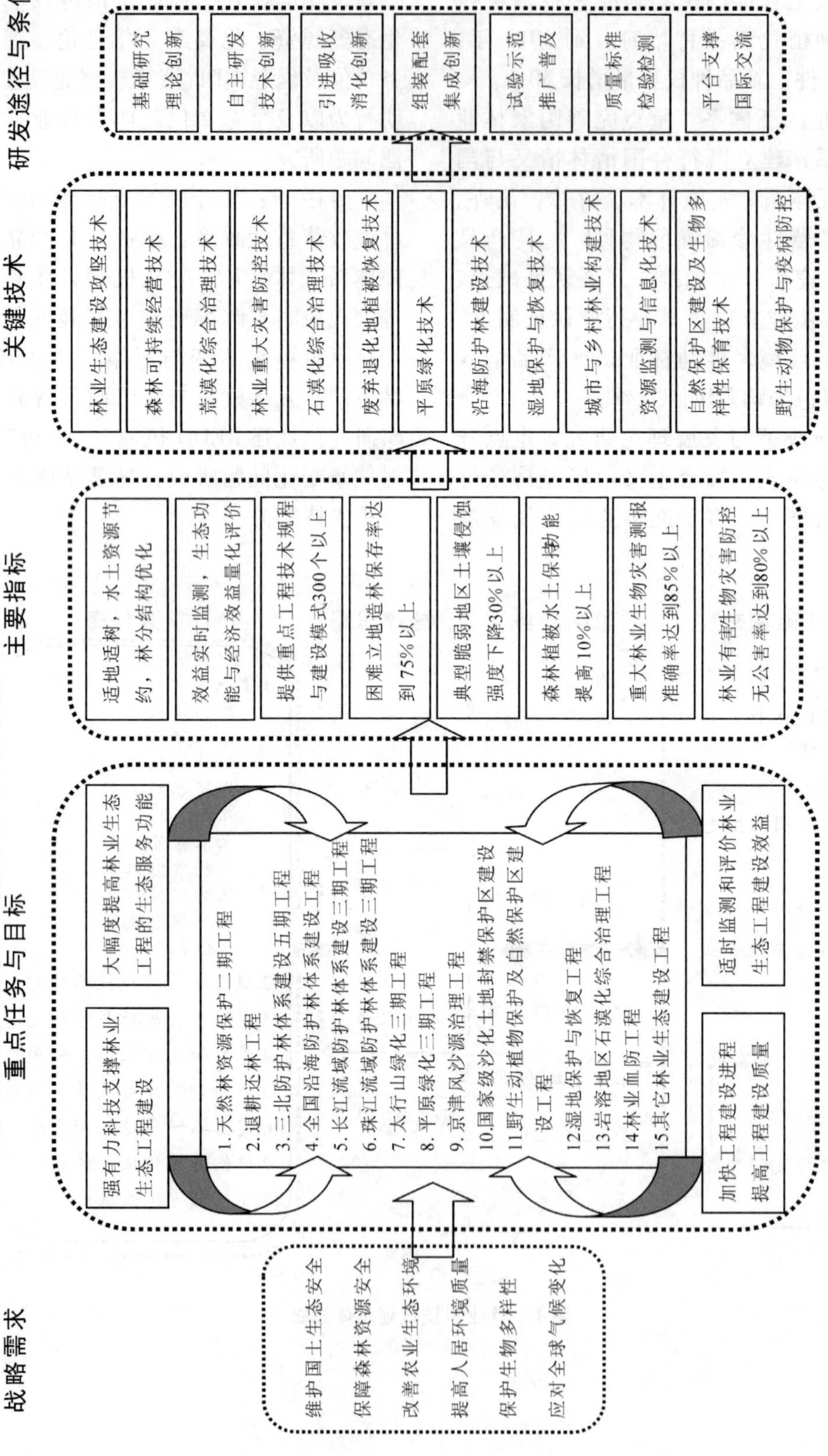

图2 林业建设技术路线图

(二)现代林业产业技术路线图

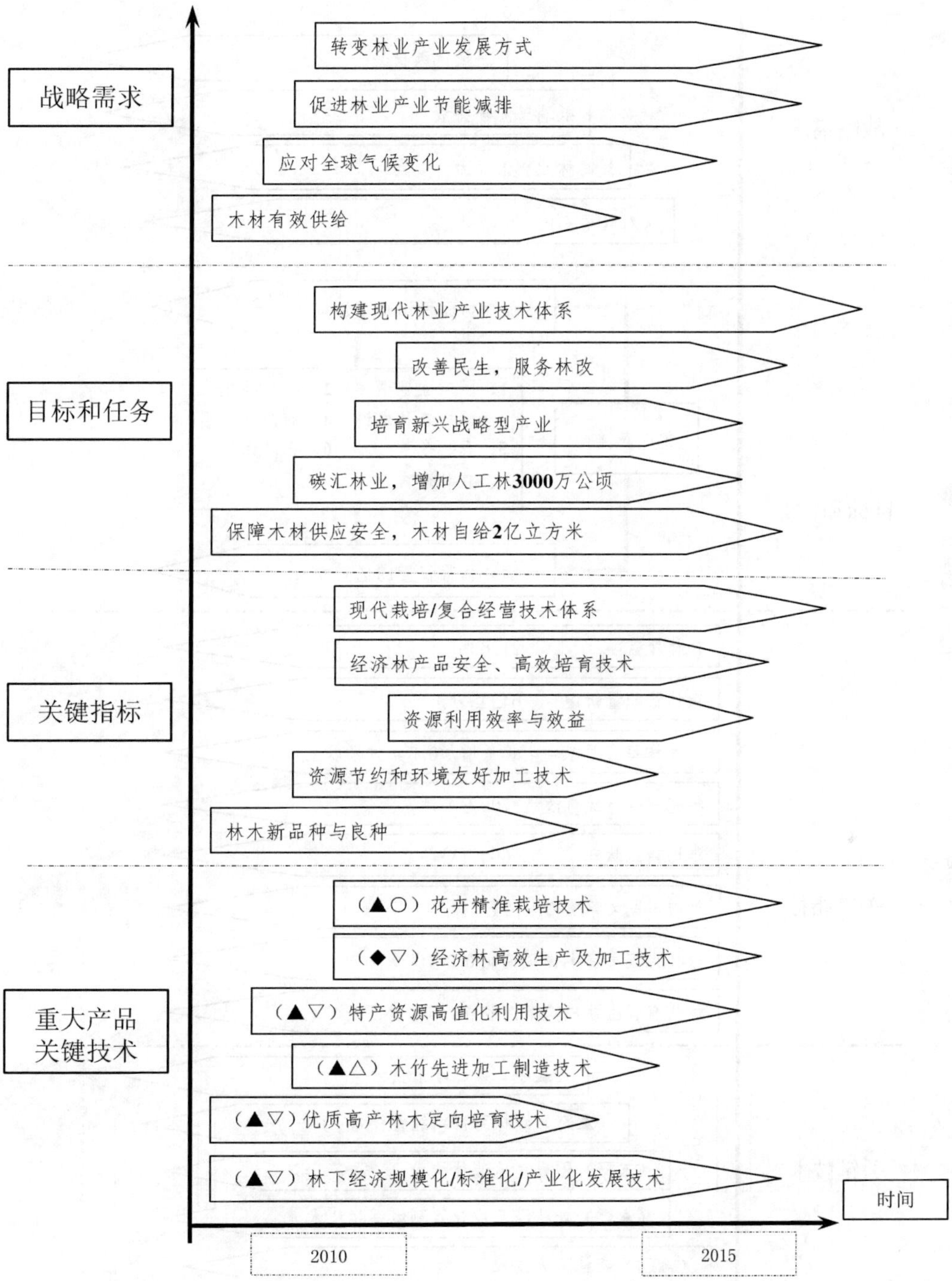

研发基础：好(□)，较好(△)，中(▽)，较差(◇)，差(○)；

研发方式：自主开发(▲)，联合开发(▼)，引进消化吸收再创新(◆)

图3　现代林业产业技术路线图

(三)实现林业"双增"技术路线图

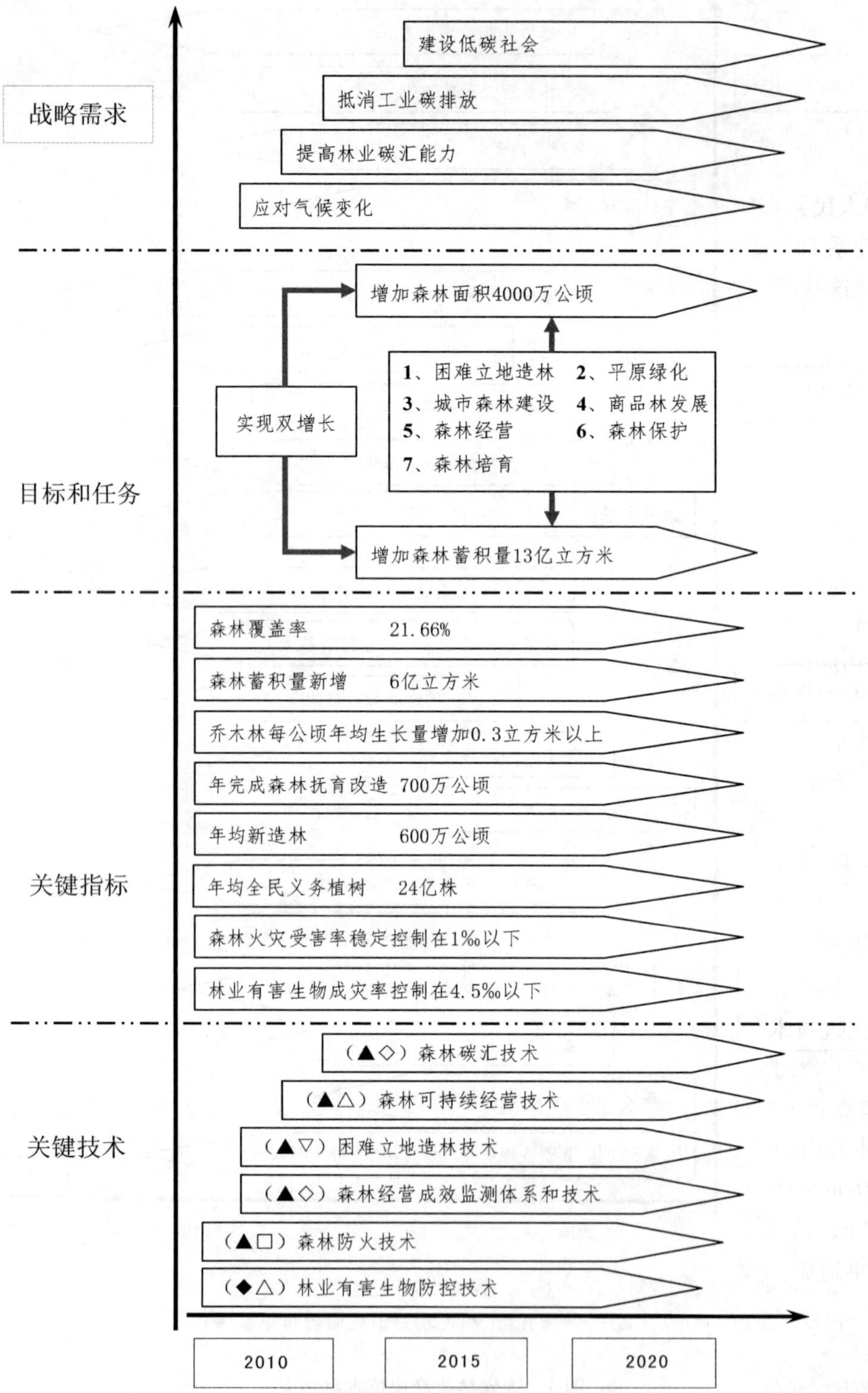

研发基础:好(□),较好(△),中(▽),较差(◇),差(○);
研发方式:自主开发(▲),联合开发(▼),引进消化吸收再创新(◆)

图4 实现林业"双增"技术路线图

国家林业局2012年第7号公告

根据《中华人民共和国种子法》第十六条的规定，现将由国家林业局林木品种审定委员会审定通过的东门尾巨桉无性系DH32－29等35个品种和认定通过的聊红槐等9个品种作为林木良种予以公告。自公告发布之日起，这些品种在林业生产中可以作为林木良种使用，并在本公告规定的适宜种植范围内推广。

特此公告。

国家林业局

2012年3月23日

林木良种名录审定通过品种

东门尾巨桉无性系DH32－29

树种：桉树

学名：*Eucalyptus urophylla* × *E. grandis*‘DH32－29’

类别：无性系

通过类别：审定

编号：国S－SC－EU－001－2011

品种特性：尾叶桉为母本，巨桉为父本的人工杂交无性系。干形通直，广西5年生林分平均树高17.8m，平均胸径12.5cm；5.5年生时蓄积量达213.8 m^3/hm^2，木材密度580±20kg/m^3(6年生左右)。可作为造纸、制浆、板材的原材料，中大径材培育及实木加工利用。

栽培技术要点：平原或低丘采用机耕全垦(25～35cm深)，山地采用挖坑(40cm×40cm×30cm)或撩壕(50cm×40cm×40cm)；1250～1667株/hm^2，即3×2～4×2m；造林前施基肥(钙镁磷278kg/hm^2)，造林当年追肥(尿素108.7kg/hm^2＋100kg/hm^2钾肥)，第二、三年追肥(尿素107.8kg/hm^2＋278kg/hm^2磷肥)。

适宜种植范围：适宜广东、广西、福建平原、丘陵及低山山地且无明显霜冻及强台风危害地区种植。

渤丰1号

树种：杨树

学名：*Populus euramaricana*‘Bofeng 1’

类别：无性系

通过类别：审定

编号：国S－SC－PE－002－2011

品种特性：雌株，有欧美杨形态特征，近美洲黑杨。树冠长椭圆形，冠幅中等，树皮红褐色。在辽宁省6年生渤丰1号杨树高17.90m，胸径25.55cm，材积0.3487m^3，1年生渤丰1号杨条材基本密度为0.3235 g/cm^3，纤维长度为738μm，纤维宽度为26.95μm，微纤丝角为17.94°，纤维素含量为46.21%，综纤维素含量为81.34%，木质素含量为25.97%。可作为纸浆、纤维板、刨花板、胶合板等各种工业木材原料。

栽培技术要点：辽宁锦州地区以一年生根桩秋季造林为主，其他地区以一年生苗木春季直接造林，造林3年后适当修枝。选择地势平坦，土壤肥力中等以上，土壤有效层厚度在80cm以上地区。造林后第二年开始施追肥，N、P、K施肥参考比例为3:1:1(尿素:过磷酸钙:氯化钾)。N素用量一般为每株50～200g。造林密度根据立地条件和轮伐期长短，一般为500～1100株/hm^2。

适宜种植范围：适于华北北部、辽宁南部、胶东半岛等环渤海湾地区的平原沙性土壤，土壤pH值中性或偏碱性，年平均气温10℃，平均降雨500mm，极端最低温-25℃以上的地区栽培。

渤丰2号

树种：杨树

学名：*Populus euramaricana*‘Bofeng 2’

类别：无性系

通过类别：审定

编号：国S-SC-PE-003-2011

品种特性：雌株，具典型的欧美杨形态特征。树干通直，窄冠，树皮灰褐色，在辽宁锦州地区6年生渤丰2号杨平均树高达18.20m，胸径达24.45cm，材积达0.3239m^3，1年生渤丰2号杨木材基本密度为0.3235g/cm^3，纤维长度为759.00μm，纤维宽度为25.19μm，微纤丝角为18.95°，纤维素含量为45.29%，综纤维素含量为78.34%，木质素含量为25.13%。可作为纸浆、纤维板、刨花板、胶合板等各种工业木材原料。

栽培技术要点：辽宁锦州地区以一年生根桩秋季造林为主，其他地区以一年生苗木春季直接造林，造林3年后适当修枝。选择地势平坦，土壤肥力中等以上，土壤有效层厚度在80cm以上地区。造林后第二年开始施追肥，N、P、K施肥参考比例为3:1:1(尿素:过磷酸钙:氯化钾)。N素用量一般为每株50~200g。造林密度根据立地条件和轮伐期长短，一般为500~1100株/hm^2。

适宜种植范围：适于华北北部、辽宁南部、胶东半岛等环渤海湾地区的平原沙性土壤，土壤pH值中性或偏碱性，年平均气温10℃，平均降雨500mm，极端最低温-25℃以上的地区栽培。

哲林4号杨

树种：杨树

学名：*Populus deltoids*‘Zhelin 4’

类别：无性系

通过类别：审定

编号：国S-SC-PD-004-2011

品种特性：干形通直，根系发达，雌株。9年生平均树高15.58m，平均胸径17.92cm，单株材积0.1614m^3。比对照品种小黑杨分别增长13.7%、33.9%、74.38%。7年垂直生根系能穿透沙层1m以下80cm的沉积层，根系最深可达270cm。可用于营造农田防护林、固沙林等。

栽培技术要点：采用挖穴造林，穴深30~80cm，825株/hm^2；开沟造林沟深40cm，上宽80cm，底宽30cm，人工沟内挖穴，径及深度30×30cm；适合沙地造林不受地形限制，孔径5~7cm，深160cm，采用2根1干苗龄以上无根干苗或全干苗无枝杈，胸径在1.2cm以上苗木。

适宜种植范围：适于内蒙古、吉林平缓沙地、盐碱地、黄土丘陵地、轻壤土地栽培。

带岭红松一代种子园种子

树种：红松

学名：*Pinus koraiensis*

类别：种子园种子

通过类别：审定

编号：国S-CSO(1)-PK-005-2011

品种特性：干形通直、树冠匀称。在吉林露水河10年生平均树高1.08m，平均地径3.49cm，21年生树高遗传增益为16.6%。种子生活力80.2%，千粒重最高可达520g。-40℃可生存。木材工艺价值高，是优良的用材品种。

栽培技术要点：造林选择在山的中上腹，阳坡或偏阳坡，坡度5°~15°，土壤透水性好的地方。秋季整地，穴直径50~60cm，株行距1.5×1.5m。4月下旬造林。幼林抚育年限为5年，逐年抚育次数为2、2、1、1、1。当年扩穴，培土扶正；第二年除草培土；第三年行状割草、割灌；第四年苗根培土、除草；第五年行状割草、割灌，伐除非目的树种

适宜种植范围：黑龙江、辽宁、吉林红松栽培区。

带岭水曲柳一代种子园种子

树种：水曲柳

学名：*Fraxinus mandshurica*

类别：种子园种子

通过类别：审定

编号：国S-CSO(1)-FM-006-2011

品种特性

干形通直、树冠小。在黑龙江带岭 7 年生平均树高 2.6m，遗传增益 8.5%，平均胸径 2.31cm，遗传增益 5.4%。6 年生单株结实量 1.32 斤，千粒重 61.9g，种子发芽率 81.5%。可供建筑、枕木、和室内装饰等用材。

栽培技术要点：4 月中下旬可上山造林，有 20 天左右的缓苗期，宜与落叶松进行混交，多采用带状混交方式。可采取穴状整地法，整地规格 60cm×60cm，栽植时深埋、踩实，使根土密接，避免窝根；栽植后，及时扩穴培土、踏实、扶正，抚育年限为 5 年，各年为 2、2、1、1、1 次进行，在加强抚育管理的同时，要加强看护。

适宜种植范围：黑龙江、吉林水曲柳栽培区。

大边沟东部白松母树林种子

树种：东部白松

学名：*Pinus strobus*

类别：母树林种子

通过类别：审定

编号：国 S－SS－PS－007－2011

品种特性：常绿乔木，树干通直，树皮灰绿色、皱裂，五针一束，果长 8～16cm，径 3～5cm，种子三角状卵形，红褐色有黑色斑纹。在辽宁辽阳 15 年生树高 7.01m、胸径 9.94cm、单株材积 0.038m^3。可作为用材和城镇绿化树种。

栽培技术要点：采取穴状整地，规格为 40×40×30cm。采用 3 年(2＋1)生苗造林，苗木规格为苗高大于 14cm，地径大于 0.7cm，株行距 2×2m。在春季造林，造林前将苗木根系蘸上保水剂。造林后应连续抚育 2～3 年，提倡营造混交林。

适宜种植范围：辽宁、吉林东部白松栽培区。

白石砬子班克松母树林种子

树种：班克松

学名：*Pinus banksiana*

类别：母树林种子

通过类别：审定

编号：国 S－SS－PB－008－2011

品种特性：乔木，树皮暗褐色，针叶 2 针一束，长 2～4cm，球果窄圆锥状椭圆形，长 3～5cm，径 2～3cm，不对称，常扭曲，种子长 3～4mm。在辽宁熊岳树木园 13 年生平均高 6.8m，平均胸径 9.5cm。可作城镇绿化树种。

栽培技术要点：采取穴状整地，规格为为40×40×30cm。采用 2 年(1＋1)生苗造林，苗木规格为苗高大于 20cm，地径大于 0.6cm，株行距2×2m。春季造林，造林前将苗木根系蘸上保水剂。造林后连续抚育 3 年(2、2、1 次)，第八年左右间伐 25%，提倡营造混交林。

适宜种植范围：辽宁、吉林班克松栽培区。

晚花紫

树种：丁香

学名：*Syringa oblata*‘Wan Hua Zi’

类别：品种

通过类别：审定

编号：国 S－SV－SO－009－2011

品种特性

花色粉紫，花冠裂片单瓣飞舞，单花直径 1.5cm，花序长 15～17cm，宽 6～8cm；当年生枝生长量 60～80cm，10 年生植株株高 1.6～1.8m，冠幅 1.5×1.5m，经冬不抽条。在北京地区萌芽期为 3 月上中旬，4 月 20 日开花(始花期比早花品种延迟 7～10 天)，单朵花期 3～4 天，群体花期14～16 天。可作为园林观赏树种。

栽培技术要点：5 年内出圃的嫁接幼苗定植株行距为 80×80cm。秋季移栽定植为最佳时期，为促进嫁接幼苗生长，在 6～7 月间按 30～40kg/亩施入复合肥 1～2 次，施后浇水。3 月份浇萌动水和 11 月初浇冻水，旱季视降水状况适当浇水 2～3 次。

适宜种植范围：北京、内蒙古等丁香适宜栽培区。

满天红

树种：桃

学名：*Amygdalus persica*‘Man tian hong’

类别：品种

通过类别：审定

编号：国 S－SV－AP－010－2011

品种特性：观花品种，树势中庸，果枝粗壮。

花为蔷薇型，花蕾大红色。花瓣玫瑰红色。花径4.4cm，花瓣4～6轮，花瓣数22～26枚。花丝粉红色，花丝数45枚左右，雄蕊瓣化2～5枚。花药橘红色，有花粉。郑州地区4月1日现蕾，4月9日始花，4月26日末花，开花持续期18天。用于庭院、公园、观光果园露地栽培。用于盆栽可以在黄河以北地区实现不经过低温处理，春节开花上市。

栽培技术要点：盆栽时，要实现当年足够的花量，需在7月初叶面喷布15%的多效唑200倍液1～2次。春节鲜花上市栽培时，要先满足800小时的需冷量后再进棚升温。如果自然温度不能满足，应提前在冷库中预冷。温室升温后，温度控制在白天20～25℃，夜间5～8℃，湿度控制在60%左右。小蕾期后在短途运输过程中，注意保温，以防冻害或寒害。

适宜种植范围：露地栽培时，由于需冷量为800小时，适应于湖南衡阳以北地区种植，庭院、公园、行道树、农家乐等都可以种植。保护地春节桃花上市栽培时，适于黄河以北地区种植。盆栽时，建议以大、中城市郊区种植为主。

鲁枣1号

树种：枣

学名：*Ziziphus jujuba* ‘luzao 1’

类别：品种

通过类别：审定

编号：国S－SV－ZJ－011－2011

品种特性：树冠矮小，树姿开张。果实椭圆形，平均单果重8.2g，最大单果重13.6g。果实发育期仅70～75天，在山东泰安，果实8月上旬开始着色，中旬全红完熟。果皮红色，富光泽。果肉白色，质细，汁液中多，味酸甜。可溶性固形物33.1%，可食率95.92%，可滴定酸含量0.42%，Vc 348.0mg/100g。用于鲜食或制干，可作为极早熟品种的育种材料。

栽培技术要点：选根颈直径0.8cm、苗高80cm根系良好(直径1mm的吸收根3～5条)的优质苗木栽植。平原地株行距2～3m×3～4m，山区按等高线1.5m株距定植。适宜树形小冠疏层形或开心形。修剪以生长季修剪为主，多采用抹芽、摘心、拉枝、疏枝、拿枝等技术措施进行；无须环剥和配置授粉树，初花期新梢摘心，盛花初期喷施10mg/L赤霉素1～2遍，促进坐果；追肥在萌芽前、花前及幼果期进行；其他管理按照枣树常规管理技术进行。

适宜种植范围：山东、河北、山西、新疆等枣适宜栽培区。

鲁枣2号

树种：枣

学名：*Ziziphus jujuba* ‘luzao 2’

类别：品种

通过类别：审定

编号：国S－SV－ZJ－012－2011

品种特性：树冠自然圆头形或主干疏层形，树势较强。果实8月中旬着色，下旬完熟，果实生长期80～85天，果实长倒卵或长椭圆形，平均果重15.5g，最大果重21.4g，果皮紫红色，富光泽。果肉白色，肉质细，汁液中多，味酸甜。可溶性固形物35.73%，Vc 240mg/100g，可滴定酸0.26%，可食率96.24%。用于鲜食。

栽培技术要点：选根颈直径0.8cm、苗高80cm以上，根系良好(直径1mm的吸收根3～5条)的优质苗木定植。平原栽植株行距为2～3m×3～4m，山区按等高线1.5m株距定植。修剪以生长季修剪为重点，通过抹芽、摘心、拉枝、拿枝等技术措施进行。不需环剥和配置授粉树。初花期新梢及时摘心。盛花初期喷施10mg/L赤霉素1～2遍。萌芽前、花前及幼果期各追肥一次。

适宜种植范围：山东、河北、山西、新疆等枣适宜栽培区。

鲁枣3号

树种：枣

学名：*Ziziphus jujuba* ‘luzao 3’

类别：品种

通过类别：审定

编号：国S－SV－ZJ－013－2011

品种特性：树势中等，树姿开张。早实，定植第二年进入丰产期，3年生树最高株产5.2kg。在山东泰安8月中旬始着色，8月底成熟采收，9

月初完熟。果实生长期80~85天。果实短椭圆或卵圆形，平均单果重10.3g，最大单果重12.7g，果实整齐。果皮鲜红色，富光泽，肉质细，汁液中多，味酸甜。可溶性固形物31.5%，可食率97.1%，总酸0.45%，Vc 427.3mg/100g。用于鲜食，育种中可作为早实、果实美观的种质材料。

栽培技术要点：选根颈直径0.8cm、苗高80cm以上，根系良好(直径1mm的吸收根3~5条)的优质苗木定植。平原地栽植株行距为2~3m×3~4m，山区按等高线1.5m株距定植。修剪以生长季修剪为重点，通过抹芽、摘心、拉枝、拿枝等技术措施进行。不需环剥和配置授粉树。初花期新梢及时摘心。盛花初期喷施10mg/L赤霉素1~2遍。萌芽前、花前及幼果期各追肥一次。

适宜种植范围：山东、河北、山西、新疆等枣适宜栽培区。

鲁枣7号

树种：枣

学名：*Ziziphus jujuba*‘luzao 7’

类别：品种

通过类别：审定

编号：国S-SV-ZJ-014-2011

品种特性：树势中庸，树姿开张。果实磨盘形，平均单果重8.6g，最大单果重9.3g，果实整齐，果实9月中下旬成熟。果皮鲜红色，富光泽，果肉质细，汁液中多，味酸甜，可溶性固形物37.5%，可食率94.0%，总酸0.47%，Vc 337mg/100g。果实观赏和鲜食兼用，可作为观赏鲜食兼用品种的育种材料。

栽培技术要点：选根颈直径0.8cm、苗高80cm以上，根系良好(直径1mm的吸收根3~5条)的优质苗木定植。平原地栽植株行距为2~3m×3~4m，山区按等高线1.5m株距定植。修剪以生长季修剪为重点，通过抹芽、摘心、拉枝、拿枝等技术措施进行。不需环剥和配置授粉树。初花期新梢及时摘心。盛花初期喷施10mg/L赤霉素1~2遍。萌芽前、花前及幼果期各追肥一次。

适宜种植范围：山东、河北、山西、新疆等枣适宜栽培区。

月光

树种：枣

学名：*Ziziphus jujuba*‘Yueguang’

类别：品种

通过类别：审定

编号：国S-SV-ZJ-015-2010

品种特性：树势中等，树姿半开张。果实两头尖，近橄榄形，单果重10g左右，果皮红色，果面光滑，第四年开始逐步进入盛果期，株产8~12kg。含可溶性固形物21.9%，可滴定酸含量0.14%，可食率97.5%，Vc 223mg/100g。鲜食，可作为育种材料。

栽培技术要点：适合大田密植和设施栽培。大田密植南北行向，适宜株行距为1.5~2m×2~3m，一般肥水条件好的密植丰产园株行距适当大些。以生长季摘心修剪为主，生长前期和中期养分消耗大，加大肥力补充，采后施基肥。病虫害重点防治绿盲蝽象。设施栽培时，12月上旬扣棚升温；适宜的株行距为0.8~1.5m×1.5~3.0m；树形采用纺锤形或无主枝小柱形或Y字开心型；幼树整形阶段，利用短截培养骨干枝，少疏枝；加大有机肥和后期钾肥的使用量以提高品质；花期开甲或用促花王提高坐果率；无需配置授粉树。果实可提早成熟20~30天。

适宜种植范围：河北、河南、山西等枣树适生区。

金魁

树种：猕猴桃

学名：*Actinidia chinensis*‘Jinkui’

类别：品种

通过类别：审定

编号：国S-SV-AC-016-2011

品种特性：果实长圆柱形，平均单果重103g，最大单果重180g，果形指数1.15，果肉翠绿色，汁液多，可溶性固形物为18.7%~21.4%。总糖为9.60%~11.3%，总酸1.08%~1.23%，Vc含量125.2mg/100g。果实室温条件下可贮30~40天，冷藏可存贮至次年5月左右。抗猕猴桃溃疡病。鲜食，也可加工成果汁、果脯和果酒等。

栽培技术要点：选择疏松肥沃、排水良好、

微酸性的砂质壤土。株行距为4×4m～5m，雄性品系为“金雄1号”，雌雄比例一般6～8∶1为宜。以棚架和“T”型架为宜，单干上架。及时修剪，注意疏花疏果。一年施肥3次，即2月下旬至3月上旬施萌芽肥，谢花后施壮果肥，采果后结合整地重施底肥。高温干旱季节防旱保水。

适宜种植范围：湖北、江西、陕西、安徽等省海拔1000m以下，土壤微酸性猕猴桃适生区。

中农金辉

树种：桃

学名：*Prunus persica*‘zhongnongjinhui’

类别：品种

通过类别：审定

编号：国S－SV－ZJ－017－2011

品种特性：树势中庸健壮。果实椭圆形，平均单果重173g，最大单果重252g；果皮无茸毛，底色黄，果面80%以上着明亮鲜红色，皮不能剥离；果肉橙黄色，肉质为硬溶质，粘核。可溶性固形物含量17.3%，总糖含量14.02%，总酸含量0.42%，Vc含量13.08mg/100g。鲜食。

栽培技术要点：严格疏花疏果，果间距10cm，以长枝结果为好。冬季修剪注意多留和培养长果枝。主枝角度以40°～45°为宜。注重树下土肥管理，提高果实品质，在果实成熟前30天，每株施0.5千克腐熟的饼肥，结合叶面喷施0.3%的硫酸钾或硝酸钾2次。需冷量650～700小时，授粉树要选择同需冷量或需冷量稍短的品种。

适宜种植范围：河南、山西、辽宁等省年降雨量少于1000mm的桃栽培区。

美人酥

树种：梨

学名：*Pyrus pyriforlia*‘Meirensu’

类别：品种

通过类别：审定

编号：国S－SV－PP－018－2011

品种特性：树冠呈圆锥形，结果后开张。果实卵圆形，平均单果重280g，底色黄白，阳面鲜红色，占2/3果面。果肉乳白色细脆多汁，石细胞少，可溶性固形物含量15.5%，总糖含量9.96%，总酸含量0.51%，Vc含量7.22mg/100g。鲜食。

栽培技术要点：株行距2×3m～4m，10～15年后可适当间伐为4×6m。树形宜采用纺锤形和疏散分层形，盛果期需疏花疏果和果实套袋。需配置5∶1～8∶1的授粉树，满天红、红酥脆和美人酥可互相授粉，也可用金星、红香酥、圆黄梨等作授粉树；成熟前期，增施磷钾肥、微肥和根外施肥；去袋时，要先撕开通风遮阴2～3天后再去除，保持果园湿度和通风照光，促进果实着色。

适宜种植范围：河南、江苏、甘肃等省砂质壤土、黄壤土、石砾壤土，pH值6.5～7.6之间，年降水量350～950mm，年均温在12.5～15.5℃，海拔在2000m以下梨栽培区。

满天红

树种：梨

学名：*Pyrus pyriforlia*‘Mantianhong’

类别：品种

通过类别：审定

编号：国S－SV－PP－019－2011

品种特性：树姿直立，树冠圆锥形，果实近圆形，平均单果重275g，套袋果实底色淡黄白色，阳面着鲜红色，占果面2/3以上，不套袋栽培时果面暗红色。果肉淡黄白色，酥脆多汁，可溶性固形物含量15.0%，总糖含量9.45%，总酸含量0.40%，Vc含量7.48 mg/100g。鲜食。

栽培技术要点：株行距2×3m～4m，10～15年后可适当间伐为4×6m。树形宜采用纺锤形和疏散分层形，盛果期需疏花疏果和果实套袋。需配置5∶1～8∶1的授粉树，满天红、红酥脆和美人酥可互相授粉，也可用金星、红香酥、圆黄梨等作授粉树；成熟前期，增施磷钾肥、微肥和根外施肥；去袋时，要先撕开通风遮阴2～3天后再去除，保持果园湿度和通风照光，促进果实着色。

适宜种植范围：河南、江苏、甘肃等省砂质壤土、黄壤土、石砾壤土，pH值6.5～7.6之间，年降水量350～950mm，年均温在12.5～15.5℃，海拔在2000m以下梨栽培区。

红酥脆

树种：梨

学名：*Pyrus pyriforlia* ‘Hongsucui’

类别：品种

通过类别：审定

编号：国 S－SV－PP－020－2011

品种特性：树势中庸，枝条稍软。果实卵圆形，果皮浅黄白色，阳面具红晕，果点较多。平均单果重260g，果实阳面红晕，肉质细酥脆，石细胞少，汁多味甜，清香可口，可溶性固形物含量14.5%，总糖含量8.48%，总酸含量0.39%，Vc 含量7.03mg/100g。鲜食。

栽培技术要点：株行距2×3m～4m，10～15年后可适当间伐为4×6m。树形宜采用纺锤形和疏散分层形，盛果期需疏花疏果和果实套袋。需配置5∶1～8∶1的授粉树，满天红、红酥脆和美人酥可互相授粉，也可用金星、红香酥、圆黄梨等作授粉树；成熟前期，增施磷钾肥、微肥和根外施肥；去袋时，要先撕开通风遮阴2～3天后再去除，保持果园湿度和通风照光，促进果实着色。

适宜种植范围：河南、江苏、甘肃等省砂质壤土、黄壤土、石砾壤土，pH 值6.5～7.6之间，年降水量350～950mm，年均温在12.5～15.5℃，海拔在2000m以下梨栽培区。

元林

树种：核桃

学名：*Jugians regia* ‘Yuanlin’

类别：品种

通过类别：审定

编号：国 S－SV－JR－021－2011

品种特性：树姿直立或半开张，生长势强，树冠呈自然半圆形。坚果长椭圆形，果实8月下旬成熟；易取整仁；核仁质量9.35g，出仁率55.42%，脂肪含量63.6%，蛋白质含量18.25%，味香微涩。鲜食坚果，或加工核桃仁、核桃油、核桃粉等副产品；也可作为荒山造林、城市绿化树种。

栽培技术要点：平原栽植密度为4×5m、5×6m，定干1.2～1.5m，丘陵、山地栽植密度为4×4m、4×5m，定干高度1.0～1.2m。可以与“元丰”“上宋6号”“岸边2号”等核桃品种混合栽植相互授粉，品种与授粉树配置比例为8∶2。修剪选取主干疏层形或者自然开心形，施肥以有机肥为主，辅以无机肥，每年至少1～3次。注意病虫害防治。

适宜种植范围：山东、陕西等省核桃栽培区。

中科绿川1号

树种：枸杞

学名：*Lycium barbarum* ‘zhongkelvchuan 1’

类别：品种

通过类别：审定

编号：国 S－SV－LB－022－2011

品种特性：树姿开张，树势强健，树皮灰白色。第三年开始进入盛果期，平均亩产425kg，果实梨形或圆形，成熟鲜果平均纵径1.42cm，平均横径1.36cm，收获末期鲜果千粒重623.8g。果实总含水量80.09%，枸杞多糖含量3.82g/100g。适于鲜食，加工枸杞酒、饮料等。

栽培技术要点：选择地势平坦，排灌方便，土壤熟化程度高的沙壤土或轻沙壤土地，在春季和秋季各施一次基肥，定植穴40×40×40cm，初果期在距地面55～60cm处定主干，成龄在生长季和休眠季修剪，果实由黄红色变为鲜红色时及时采摘。

适宜种植范围：宁夏、青海、新疆等枸杞栽培区。

圣果1号

树种：沙棘

学名：*Hippophae rhamnoides* ‘shengguo 1’

类别：品种

通过类别：审定

编号：国 S－SV－HR－023－2011

品种特性：5龄树高170cm，平均冠径186，当年棘刺1.3个/cm。果纵径7.8mm，果横径7.9mm，果形系数0.99，果柄长度3mm，百果重41.2g，果实单株产量4.4kg。果实可溶性固形物21.11mg/100g，Vc 含量117.0mg/100g，β-胡萝卜素1.89mg/100g，总氨基酸492.5mg/100g，脂肪酸26.25%。果油含量3.9%，籽油含量9.1%。可作为水土保持林、防风固沙林、沙棘果实工业加工原料等。

栽培技术要点：选择蓄水保墒效果较好立地，4月上旬至5月上旬定植。穴状整地，规格40×40×40cm，种植密度2×3m，雌雄比例1:8。种植时要采用穴状灌水或采用保水剂、蘸泥浆等保水措施，种植第二年进行除草管理，每年6~8月做好根蘖苗的清除，防止动物啃食和病虫侵害。

适宜种植范围：内蒙古、陕西等省(区)降雨量400~600mm的沙棘栽培区。

细榧

树种：榧树

学名：*Torreya grandis* 'Xifei'

类别：品种

通过类别：审定

编号：国S-SV-TG-024-2011

品种特性：树干黑褐色，鳞片状斑剥。盛花期4月上中旬，次年8月下旬至9月上旬果实成熟。果实长卵形，无明显果粉；种子颗粒均匀，种核重1.5~1.8g，核形指数0.4~0.5，外种皮棕褐色，棱纹细密平直，榧眼2个，出仁率67.6%，种仁含油率54.48%，不饱和脂肪酸占油脂的81.68%，粗蛋白11.72%，总糖4.03%。种子经炒制后食用为主。

栽培技术要点：造林地要求阴凉，空气湿度较大且排水良好的低山丘陵，微酸至中性，质地轻黏至砂壤的土壤。造林密度4~5m×5~6m。穴60×60×50cm，大苗造林的大穴规格为80×80×60cm，填土施基肥15~25kg。低丘地带以秋冬造林为好，500米海拔以上采用春季造林，造林天气宜选阴湿天气。须配置3%~5%中花类型雄树为授粉树，人工授粉效果更好。秋季劈山抚育，年施肥1~2次，以农家肥和复合肥为宜。

适宜种植范围：浙江、安徽等省海拔150~800m榧树栽培区。

华仲6号

树种：杜仲

学名：*Eucommia ulmoides* 'Huazhong 6'

类别：品种

通过类别：审定

编号：国S-SV-EU-025-2011

品种特性：雌株，树势中庸，树姿开张，树皮浅纵裂型，6年生胸径8.17cm，果实9月中旬至10月中旬成熟。第五年进入盛果期，每公顷年产果量达3500~5900kg，每公顷产胶量达到443kg。树皮含胶率9.83%，叶片含胶率2.33%。果实椭圆形，果实含胶率12.19%，种仁粗脂肪含量24%~28%，其中亚麻酸含量55%~58%。用于提取杜仲胶和中药产业。

栽培技术要点：选择光照充足、土层厚的平地或坡度小于10°的丘陵山地开阔地带。栽植密度为4×4m~2×3m，每穴施农家肥20~30kg加饼肥1kg。须种植5%~10%的授粉品种"华仲1号"和"华仲5号"，修剪为自然开心形和两层疏散开心形。为了减少大小年结果现象，可在结果大年的5月下旬至6月中旬对主干或主枝进行环剥，环剥宽度1~1.5cm，上下留1~2cm宽的营养带。采用条状沟施肥法，施杜仲果园专用复合肥。

适宜种植范围：河南、陕西等省杜仲栽培区。

华仲7号

树种：杜仲

学名：*Eucommia ulmoides* 'Huazhong 7'

类别：品种

通过类别：审定

编号：国S-SV-EU-026-2011

品种特性：雌株，树势较强，树姿较开张，树皮浅纵裂型，6年生胸径7.93cm，果实9月中旬至10月中旬成熟。第五年进入盛果期，每公顷产胶量达到323kg。树皮含胶率10.25%，叶片含胶率2.31%。果实长椭圆形，果实含胶率10.68%，种仁粗脂肪含量29%~32%，其中亚麻酸含量58%~61%。用于提取杜仲胶和中药产业。

栽培技术要点：选择光照充足、土层厚的平地或坡度小于10°的丘陵山地开阔地带。栽植密度为4×4m~2×3m，每穴施农家肥20~30kg加饼肥1kg。须种植5%~10%的授粉品种"华仲1号"，修剪为自然开心形和两层疏散开心形。为了减少大小年结果现象，可在结果大年的5月下旬至6月中旬对主干或主枝进行环剥，环剥宽度1~1.5cm，上下留1~2cm宽的营养带。采用条状沟施肥法，施杜仲果园专用复合肥。

适宜种植范围：河南、陕西等省杜仲栽培区。

华仲8号

树种：杜仲

学名：*Eucommia ulmoides*‘Huazhong 8’

类别：品种

通过类别：审定

编号：国 S－SV－EU－027－2011

品种特性：雌株，树势中庸，树姿开张，树皮浅纵裂型，6年生胸径8.20cm，果实9月中旬至10月中旬成熟。第五年进入盛果期，每公顷产胶量达到323kg。树皮含胶率10.03%，叶片含胶率3.23%。果实椭圆形，果实含胶率11.96%，种仁粗脂肪含量28%～30%，其中亚麻酸含量59%～62%。用于提取杜仲胶和中药产业。

栽培技术要点：选择光照充足、土层厚的平地或坡度小于10°的丘陵山地开阔地带。栽植密度为4×4m～2×3m，每穴施农家肥20～30kg加饼肥1kg。须种植5%～10%的授粉品种“华仲1号”，修剪为自然开心形和两层疏散开心形。为了减少大小年结果现象，可在结果大年的5月下旬至6月中旬对主干或主枝进行环剥，环剥宽度1～1.5cm，上下留1～2cm宽的营养带。采用条状沟施肥法，施杜仲果园专用复合肥。

适宜种植范围：河南、陕西等省杜仲栽培区。

华仲9号

树种：杜仲

学名：*Eucommia ulmoides*‘Huazhong 9’

类别：品种

通过类别：审定

编号：国 S－SV－EU－028－2011

品种特性：雌株，树势较强，树姿较开张，树皮浅纵裂型，6年生胸径7.55cm，果实9月中旬至10月中旬成熟。第五年进入盛果期，每公顷产胶量达到324kg。树皮含胶率9.14%，叶片含胶率2.05%。果实含胶率11.60%，种仁粗脂肪含量28%～30%，其中亚麻酸含量59%～62%。用于提取杜仲胶和中药产业。

栽培技术要点：选择光照充足、土层厚的平地或坡度小于10°的丘陵山地开阔地带。栽植密度为4×4m～2×3m，每穴施农家肥20～30kg加饼肥1kg。须种植5%～10%的授粉品种“华仲1号”，修剪为自然开心形和两层疏散开心形。为了减少大小年结果现象，可在结果大年的5月下旬至6月中旬对主干或主枝进行环剥，环剥宽度1～1.5cm，上下留1～2cm宽的营养带。采用条状沟施肥法，施杜仲果园专用复合肥。

适宜种植范围：河南、陕西等省杜仲栽培区。

金宝亚特红香玉

树种：木瓜

学名：*Chaenomeles speciosa*‘Jinbao yate hongxiangyu’

类别：品种

通过类别：审定

编号：国 S－SV－CS－029－2011

品种特性：落叶灌木，树皮浅褐色平滑。果实圆球形或短圆柱形，幼时浅绿色，向阳处暗红色，成熟时黄绿色，果皮光滑，平均单果重150～200g，最大500g，5年生亩产5000kg以上。果肉较厚，白色，肉细，无纤维，汁液较多。花期4月，果期9～10月。鲜木瓜总酸含量2.7%，总糖2.6%，Vc含量99.2mg/100g。药食兼用。

栽培技术要点：选择土层疏松，排水良好，靠水源近，肥沃的沙壤土。穴垦或全垦加穴。立冬后或清明前，选阴天或雨后晴天栽植。当年6～7月应及时松土除草1次。追肥时每株施复合肥60～100g，尿素30～50g。第二年起，每年应松土除草2次，追肥2次。休眠期修剪病虫枯枝，长枝，高枝，修内枝，密枝，一般在12月到翌年的2月下旬进行。

适宜种植范围：山东、河南、安徽、湖北省木瓜种植区。

金宝亚特绿香玉

树种：木瓜

学名：*Chaenomeles speciosa*‘Jinbao yate lvxiangyu’

类别：品种

通过类别：审定

编号：国 S－SV－CS－030－2011

品种特性：落叶灌木，树皮灰褐色，平滑。果实长卵形，熟时黄绿色，果皮光滑，5 年生亩产 5000kg 以上。平均单果重 200～300g，最大 800g，果肉较厚，白色，汁液较多。花期 3 月，果期 8～9 月。鲜木瓜总酸含量 2.6%，总糖 2.1%，Vc 含量 91.6 mg/100g，齐墩果酸 146.6mg/100g。药食兼用。

栽培技术要点：选择土层疏松，排水良好，靠水源近，肥沃的沙壤土。采用穴垦或全垦加穴。立冬后或清明前，选阴天或雨后晴天栽植。当年 6～7 月松土除草 1 次。追肥时每株施复合肥 60～100g，尿素 30～50g。第二年起，每年应松土除草 2 次，追肥 2 次。休眠期修剪病虫枯枝，长枝，高枝，修内枝，密枝，一般在 12 月到翌年的 2 月下旬进行。

适宜种植范围：山东、河南、安徽、湖北省木瓜种植区。

金宝萝青 101

树种：木瓜

学名：*Chaenomeles speciosa* 'Jinbao luoqing 101'

类别：品种

通过类别：审定

编号：国 S－SV－CS－031－2011

品种特性：落叶灌木，树皮浅褐色，平滑。果实大而稀，成熟时黄色，有光泽，单果均重 400～500g，最大 1800g，5 年生亩产 6000kg，果肉厚 3.5cm，淡黄色，肉细，无纤维，汁液多。花期 3～4 月，果期 9～10 月。鲜木瓜总酸含量 2.3%，总糖 1.5%，Vc 含量 83mg/100g。药食兼用。

栽培技术要点：选择土层疏松，排水良好，靠水源近，肥沃的沙壤土。穴垦或全垦加穴。立冬后或清明前，选阴天或雨后晴天栽植。当年 6～7 月应松土除草 1 次。追肥时每株施复合肥 60～100g，尿素 30～50g。第二年起，每年应松土除草 2 次，追肥 2 次。休眠期修剪病虫枯枝，长枝，高枝，修内枝，密枝，一般在 12 月到翌年的 2 月下旬进行。

适宜种植范围：山东、河南、安徽、湖北省木瓜种植区。

金宝萝青 106

树种：木瓜

学名：*Chaenomeles speciosa* 'Jinbao luoqing 106'

类别：品种

通过类别：审定

编号：国 S－SV－CS－032－2011

品种特性：落叶灌木，树皮黄褐色，平滑。果实长卵形，向阳面红色，成熟黄绿色，果面光滑，平均单果重 450～550g，最单果重大 1500g，果肉厚 2.3cm，白色，汁液多。5 年生亩产 6500kg，花期 4 月上旬，果期 9～10 月。鲜木瓜总酸含量 2.6%，总糖 2.7%，Vc 含量 72.8mg/100g。药食兼用。

栽培技术要点：选择土层疏松，排水良好，靠水源近，肥沃的沙壤土。穴垦或全垦加穴。立冬后或清明前，选阴天或雨后晴天栽植。当年 6～7 月应松土除草 1 次。追肥时每株施复合肥 60～100g，尿素 30～50g。第二年起，每年应松土除草 2 次，追肥 2 次。休眠期修剪病虫枯枝，长枝，高枝，修内枝，密枝，一般在 12 月到翌年的 2 月下旬进行。

适宜种植范围：山东、河南、安徽、湖北木瓜适生区。

湘林 32

树种：油茶

学名：*Camellia oleifera* 'Xianglin 32'

类别：无性系

通过类别：审定

编号：国 S－SC－CO－033－2011

品种特性：树体生长旺盛，冠形较开张，鲜果大小 25～45 个/500g，果实青黄或黄红色，卵球形，花期 11～12 月。鲜出籽率 47.9%，干籽含油率 40.9%，鲜果含油率 11.4%，亩产油 54.4kg，茶油油酸含量 87.54%，亚油酸含量 3.57%。可用于食用植物油生产。

栽培技术要点：选择低山丘陵林地，带状或块状整地，合格壮苗造林，施足基肥，每公顷 1125～1650 株。新造幼林前 3 年注意补植培蔸，秸秆覆盖抗旱，定干培养树形，摘除花苞，及时抚育管理。成林投产后加强水肥管理，合理修剪，及时防治病虫害。大树换冠树同新造林的成林管理。

适宜种植范围：湖南、湖北、江西油茶适生区。

湘林 63

树种：油茶

学名：*Camellia oleifera*‘Xianglin 63’

类别：无性系

通过类别：审定

编号：国 S－SC－CO－034－2011

品种特性：树冠开心形，枝条开张，鲜果大小 22～42 个/500g，果青黄或青红色，球形或卵球形，花期 10 月下旬至 12 月间。鲜出籽率 42.4%，干籽含油率 37%，鲜果含油率 10.7%，亩产油 53.2kg，茶油油酸含量 76.9%，亚油酸含量 6.24%。可用于食用植物油生产。

栽培技术要点：选择低山丘陵林地，带状或块状整地，合格壮苗造林，施足基肥，每公顷 1125～1650 株。新造幼林前 3 年注意补植培蔸，秸秆覆盖抗旱，定干培养树形，摘除花苞，及时抚育管理。成林投产后加强水肥管理，合理修剪，及时防治病虫害。大树换冠树同新造林的成林管理。

适宜种植范围：湖南、湖北、江西油茶适生区。

湘林 78

树种：油茶

学名：*Camellia oleifera*‘Xianglin 78’

类别：无性系

通过类别：审定

编号：国 S－SC－CO－035－2011

品种特性：树冠圆头形，分枝力强，鲜果大小 22～38 个/500g，果实青黄或黄色卵球形，花期 10 下旬至 12 月间。鲜出籽率 47.0%，鲜果含油率 8.0%，鉴定亩产油 54.6kg，茶油油酸含量 88.05%，亚油酸含量 3.58%。可用于食用植物油生产。

栽培技术要点：选择低山丘陵林地，带状或块状整地，合格壮苗造林，施足基肥，每公顷 1125～1650 株。新造幼林前 3 年注意补植培蔸，秸秆覆盖抗旱，定干培养树形，摘除花苞，及时抚育管理。成林投产后加强水肥管理，合理修剪，及时防治病虫害。大树换冠树同新造林的成林管理。

适宜种植范围：湖南、湖北、江西油茶适生区。

认定通过品种

聊红槐

树种：国槐

学名：*Sophora japonica*‘liaohonghuai’

类别：品种

通过类别：认定(5 年)

编号：国 R－SV－SJ－001－2011

品种特性：花旗瓣边缘浅粉红色，翼瓣和龙骨瓣中下部淡堇紫色；聊城地区花期 7 月 4 日至 8 月 16 日比国槐(7 月 10 日至 8 月 10 日)长 14 天，平均新梢年生长量辆较国槐长 10%。用于城市绿化。

栽培技术要点：选择较好的土壤条件，培养大苗时采用 1.5×3m，景观片植宜采用 4×6m。行道树宜采用 6m 的株行距。加强土肥水管理，做好病虫害防治和抹芽等工作。

适宜种植范围：山东、上海、江苏、新疆等国槐适生区。

宛楸 8401

树种：楸树

学名：*Catalpa bungei*‘Wanqiu 8401’

类别：无性系

通过类别：认定(5 年)

编号：国 R－SC－CB－002－2011

品种特性：落叶乔木，树冠长卵形。造林 4 年时，树高平均 6.7m，胸径平均 8.28cm。15 年生林分平均单株材积分别为 0.4313m^3，木材密度 0.4900g/m^3。用于木材加工。

栽培技术要点：1年生无性系嫁接苗，3月上旬至4月上旬造林，株行距3×4m或3×5m。浇足定苗水，幼林期干旱季节需浇灌防旱；造林前3年需抚育，造林当年施足土杂粪肥7~10kg，幼林期追施长效氮肥为主，不能缺少磷肥，2年生以后，每年每株按150g尿素标准基数，每年递增100g。合理修枝。

适宜种植范围：河南、甘肃楸树适生区。

宛楸8402

树种：楸树

学名：*Catalpa bungei* ‘Wanqiu 8402’

类别：无性系

通过类别：认定(5年)

编号：国R-SC-CB-003-2011

品种特性：落叶乔木，树冠卵形。造林4年时，树高平均6.8m，胸径平均8.9cm。15年生林分平均单株材积分别为0.4845m^3，木材密度0.4639g/m^3。用于木材加工。

栽培技术要点：1年生无性系嫁接苗，3月上旬至4月上旬造林，株行距3×4m或3×5m。浇足定苗水，幼林期干旱季节需浇灌防旱；造林前3年需抚育，造林当年施足土杂粪肥7~10kg，幼林期追施长效氮肥为主，不能缺少磷肥，2年生以后，每年每株按150g尿素标准基数，每年递增100g。合理修枝。

适宜种植范围：河南、甘肃楸树适生区。

中怀1号

树种：杨树

学名：*Populus deltoides* ‘Zhonghuai 1’

类别：无性系

通过类别：认定(5年)

编号：国R-SC-PD-004-2011

品种特性：雄株，树干通直圆满。在河南4年生平均胸径16.2cm，平均树高13.3m。抗天牛，光肩星天牛感虫率为0。用于营造速生丰产林，防护林及城市绿化等。

栽培技术要点：培育种条时株行距50×30cm，培育造林用苗木，每亩2000~3000株。造林前苗木进行根部浸水24小时以上。

适宜种植范围：河北、河南、新疆杨树适生区。

中怀2号

树种：杨树

学名：*Populus deltoides* ‘Zhonghuai 2’

类别：无性系

通过类别：认定(5年)

编号：国R-SC-PD-005-2011

品种特性：雌株，树干通直圆满。在河南4年生平均胸径15.9cm，平均树高13.6m。抗天牛，光肩星天牛感虫率为0。用于营造速生丰产林，防护林及城市绿化等。

栽培技术要点：宜水肥条件良好的立地条件，干旱地区应具备灌溉条件。培育种条时株行距50×30cm，培育造林苗木，每亩2000~3000株，深栽，穴深80cm，穴径80cm。造林前苗木浸泡3天以上。

适宜种植范围：河北、河南、新疆杨树适生区。

绵竹5号

树种：梁山慈竹

学名：*Dendrocalamus farinosus* ‘Mianzhu 5 ’

类别：品种

通过类别：认定(3年)

编号：国R-SV-DF-006-2011

品种特性：秆高8~12m顶端细长，作弧形弯曲下垂，节间长20~40cm，幼时被厚白粉，无毛；笋可食，笋期8~9月。平均胸径7.00~8.29cm，最大可达9.5cm。丛年出笋成竹20根以上。2年生竹秆纤维长度2.35mm，纤维素含量54.79%，木质素含量22.73%。竹笋氮含量4.46%，总糖14.4%。笋材两用竹。

栽培技术要点：造林密度4~5m×4~5m，正方形或长方形配置，造林季节一般为春分到清明，海拔600m以上的地带，宜5月中旬栽植，选择阴天或雨后进行移植；造林竹苗不少于3株/丛，栽植后1~3个月内，注意排灌水；立地好时，可不施底肥，但投产后注意追肥，成林抚育管理措施包括扒土晒目、施肥、留养母竹、伐竹、加土。

适宜种植范围：四川、重庆、贵州年平均气温在16～18℃，雨量充沛，年降水量在1000mm以上，相对湿度在75%以上地区。

弗吉尼亚栎

树种：弗吉尼亚栎

学名：*Quercus virginiana* Mill.

类别：引种驯化品种

通过类别：认定(3年)

编号：国R－ETS－QV－007－2011

品种特性：常绿乔木，种子来自美国南方Louisiana州。在含盐量3‰～5‰、pH值8～9的滨海盐土上能正常生长。5～6年生时，年均高生长量60～70cm，胸径生长量1cm以上。用于沿海防护林造林，城镇绿化。

栽培技术要点：沙质土壤造林；苗木分级造林，春季阴雨天造林；沿海防护林和城镇绿化，可采用带土球大苗造林，造林苗木修枝不可过量。

适宜种植范围：浙江、上海、江苏沿海平原地区。

北美枫香种源LA

树种：北美枫香

学名：*Liquidambar styraciflua* L.（LA）

类别：引种驯化品种

通过类别：认定(5年)

编号：国R－ETS－LS－008－2011

品种特性：落叶乔木，引进于美国南方沿海Louisiana州典型湿地森林。干型通直圆满，分枝较细、较短，11～12月落叶，叶色紫红色为主，造林5年(不含苗龄1年)，树高和胸径生长量分别达5.25～6.10m和6.07～7.03cm。用于平原水系绿化，村庄城镇绿化。

栽培技术要点：沙质土壤造林；需苗木分级，春季阴雨天造林；沿海防护林和城镇绿化，可采用带土球大苗造林，造林苗木修枝不可过量。

适宜种植范围：浙江、上海、江苏沿海平原地区。

新郑红11号

树种：枣

学名：*Ziziphus jujuba*‘Xingzhenghong 11’

类别：品种

通过类别：认定(5年)

编号：国R－SV－ZJ－009－2011

品种特性：树姿开张，树势强。果大，纵径4.53cm，横径3.32cm；果肉绿白色，制干率58.6%，可食率95.8%；平均单果重21.2g，最大单果重25.6g，干枣还原糖含量37.6%、Vc含量为19.7mg/100g。用于鲜食、制干、加工。

栽培技术要点：选择平整、肥沃、具浇灌条件的地方栽植，多风区要建防风林。栽植密度2×3m。矮化密植型枣园可选用小冠分层形、Y字形等树形，修剪以充分利用树体空间，通风透光为原则，同时剪去病枝和弱枝。施肥以有机肥为主，化肥为辅。灌水应把握萌芽期、开花期、幼果期以及落叶前的灌冻水。合理疏花、疏果。

适宜种植范围：河南、新疆等枣适宜栽培区。

注：通过认定的林木良种，认定期满后不得作为良种继续使用，应重新进行林木品种审定。

国家林业局关于公布第二批国家重点林木良种基地的通知

林场发〔2012〕25 号

各省、自治区、直辖市林业厅(局),内蒙古、吉林、龙江、大兴安岭森工(林业)集团公司,新疆生产建设兵团林业局:

为贯彻落实全国林业厅局长会议和全国林木种苗工作会议精神,进一步加强林木良种基地建设与管理,增强林木良种生产供应能力,提高林木良种使用率,推进我国林木良种化进程,我局在2009年确定第一批国家重点林木良种基地的基础上,对现有省级重点林木良种基地进行了调研、筛选、评定,确定了第二批国家重点林木良种基地95处(名单见附件),现予以公布,并就有关事宜通知如下:

一、加强基地建设与管理

林木良种基地建设是提高林木遗传增益的基础性工作,是提高林木种苗质量的重要保证,是林木种质资源收集、保存和利用的重要载体,是为生态建设提供优良种苗的重要保障。各省(含自治区、直辖市、集团公司、生产建设兵团,下同)林业主管部门和国家重点林木良种基地要按照《国家重点林木良种基地管理办法》和《国家林业局关于加强国家重点林木良种基地管理的通知》(林场发〔2009〕91号)要求,进一步明确职责与任务,加强基地的建设与管理,积极与科研院所联合,强化科技支撑,确定技术指导单位和指导专家全力进行指导,大力提高经营管理水平和良种产量及质量,为推进我国林木良种化进程作出更大贡献。

二、科学编制林木良种基地发展规划

林木良种基地发展规划是保证基地可持续发展的纲领。各省林业主管部门要高度重视林木良种基地发展规划的科学编制,按照国家林业局场圃总站《关于组织编制国家重点林木良种基地发展规划的通知》(林场行字〔2010〕42号)要求,认真组织编制《第二批国家重点林木良种基地发展规划(2012~2015年)》(以下简称规划),用规划指导发展、指导生产,并组织科技支撑专家根据林木良种基地现状和特点,对每个基地进行明确定位,确定发展目标和技术路线,为提高林木良种产量和质量提出有针对性的措施。在此基础上对各重点基地的规划统一进行评审,形成评审意见。

国家林业局

2012年2月7日

附件

第二批国家重点林木良种基地名单

(共95处)

北京市 1处

北京市十三陵林场国家白皮松良种基地

河北省 4处

衡水市中心苗圃场国家白蜡良种基地

遵化市魏进河林场国家板栗良种基地

盐山县国家抗盐碱树种良种基地

河北省林木良种繁育中心国家榆树、核桃良种基地

山西省 4处

关帝山国有林管理局吴城国家油松良种基地

大同市长城山林场国家华北落叶松良种基地

太行山国有林管理局海眼寺林场国家油松良种基地

中条山国有林管理局国家华山松良种基地

内蒙古自治区 4处

内蒙古林木良种繁育中心国家沙生植物良种基地

包头市全巴图林场国家杨树良种基地

通辽市林研所国家杨树良种基地

杭锦旗国家柠条、锦鸡儿良种基地

辽宁省 3处

桓仁县老秃顶子国家落叶松良种基地

凌海市红旗林场国家油松、刺槐良种基地

辽宁省森林经营研究所国家红松、落叶松良种基地

吉林省　4处

四平市石岭国家落叶松良种基地

吉林省林木种苗繁育推广示范中心国家杨树良种基地

通化县三棚林场国家红松良种基地

龙井市开山屯国家红松良种基地

黑龙江省　4处

黑龙江省森林与环境科学研究院国家杨树、樟子松良种基地

五常市宝龙店国家落叶松良种基地

黑龙江省林木良种繁育中心国家落叶松、红松良种基地

佳木斯市孟家岗林场国家红松、落叶松良种基地

江苏省　3处

江都市江都镇国家柳树良种基地

靖江市国家中山杉良种基地

吴江市苗圃国家耐水湿树种良种基地

浙江省　4处

庆元县国家珍贵树种良种基地

兰溪市苗圃国家木荷、马尾松良种基地

天台县华顶林场国家黄山松良种基地

舟山市林科所国家海岛特色树种良种基地

安徽省　2处

泾县马头林场国家湿地松、火炬松良种基地

祁门县林场国家枫香良种基地

福建省　4处

上杭县白砂林场国家马尾松、杉木良种基地

光泽县华桥林场国家杉木良种基地

霞浦县杨梅岭林场国家柳杉良种基地

安溪县白濑林场国家福建柏良种基地

江西省　4处

安福县陈山林场国家杉木良种基地

峡江县林木良种场国家松类、油茶良种基地

永丰县官山林场国家枫香、楠木良种基地

安远县牛犬山林场国家杉木良种基地

山东省　4处

山东省林科院国家白蜡良种基地

乐陵市国有园艺场国家枣树良种基地

山东省林木种质资源中心国家珍稀树种良种基地

东营市试验林场国家白蜡良种基地

河南省　2处

温县国家毛白杨良种基地

洛宁县国家核桃良种基地

湖北省　4处

麻城市五脑山林场国家油茶良种基地

太子山林管局国家马尾松良种基地

湖北省林科院石首国家杨树良种基地

兴山县国家核桃良种基地

湖南省　4处

桂阳县国有苗圃国家马尾松良种基地

桃源县国家湿地松良种基地

安化县林科所国家马尾松、杜仲良种基地

资兴市天鹅山林场国家杉木良种基地

广东省　2处

韶关市曲江区小坑林场国家杉木、油茶良种基地

江门市新会区国家相思良种基地

广西壮族自治区　4处

广西林科院国家油茶、红锥良种基地

派阳山林场国家马尾松、八角良种基地

贵港市覃塘林场国家马尾松良种基地

岑溪市国家油茶良种基地

重庆市　2处

大足县国家香樟、光皮树良种基地

万州区国家木姜子良种基地

四川省　4处

高县来复森林经营所国家马尾松良种基地

凉山州国家油橄榄良种基地

通江县林科所国家银杏良种基地

广元市朝天区林科所国家核桃良种基地

贵州省　2处

天柱县国家油茶良种基地

赫章县国家核桃良种基地

云南省　2处

马关县倮洒国家杉木良种基地

楚雄市紫溪山林场国家华山松良种基地

西藏自治区　1处

西藏自治区林科院国家杨树、柳树良种基地

陕西省　3 处

安康市汉滨区国家油茶良种基地

宜君县国家核桃良种基地

略阳县国家杜仲良种基地

甘肃省　4 处

徽县国家侧柏良种基地

武威市良种繁育中心国家杨树、樟子松良种基地

天水市麦积区码头苗圃国家杨树良种基地

瓜州县国家胡杨良种基地

青海省　2 处

西宁市湟水林场国家杨树良种基地

黄南州麦秀林场国家紫果云杉良种基地

宁夏回族自治区　2 处

宁夏林木良种繁育中心国家杨树良种基地

六盘山林业局二龙河国家华北落叶松良种基地

新疆维吾尔自治区　4 处

青河县林管站国家大果沙棘良种基地

吉木萨尔县林木良种试验站国家榆树、沙棘良种基地

尼勒克林场国家天山云杉良种基地

玛纳斯县平原林场国家杨树、榆树良种基地

中国内蒙古森林工业集团有限责任公司　1 处

乌尔旗汉林业局国家兴安落叶松良种基地

中国吉林森林工业集团有限责任公司　1 处

三岔子林业局国家红松良种基地

中国龙江森林工业(集团)总公司　3 处

黑龙江省林科院国家落叶松良种基地

苇河林业局国家红松、落叶松良种基地

桦南林业局国家樟子松、落叶松良种基地

中国林业科学研究院　2 处

中国林业科学研究院湛江国家桉树良种基地

中国林业科学研究院凭祥国家西南桦、柚木良种基地

东北林业大学　1 处

东北林业大学国家白桦良种基地

附件

第一批国家重点林木良种基地名单

(共 131 处)

北京市　1 处

大兴区黄垡国家彩叶树种良种基地

河北省　4 处

沧县国家枣树良种基地

威县国有苗圃国家杨树良种基地

平泉县七沟林场国家油松良种基地

木兰围场林管局龙头山国家落叶松良种基地

山西省　4 处

吕梁林管局上庄国家油松良种基地

静乐县国家华北落叶松良种基地

吉县国家刺槐良种基地

汾阳县国家核桃良种基地

内蒙古自治区　5 处

土默特左旗万家沟林场国家油松良种基地

宁城县黑里河林场国家油松良种基地

红花尔基林业局国家樟子松良种基地

喀喇沁旗旺业甸林场国家落叶松良种基地

巴林左旗乌兰坝林场国家落叶松良种基地

辽宁省　6 处

清原县大孤家林场国家落叶松良种基地

本溪县清河城林场国家红松良种基地

北票市国家油松良种基地

抚顺县哈达林场国家长白落叶松良种基地

昌图县付家机械林场国家樟子松良种基地

岫岩县清凉山林场国家落叶松良种基地

吉林省　3 处

永吉县国家落叶松良种基地

汪清林业局国家红松、云杉良种基地

柳河县五道沟国家日本落叶松良种基地

黑龙江省　4 处

林口县青山国家落叶松良种基地

宁安市小北湖国家落叶松、红松良种基地

安达市国家杨树良种基地

嫩江县高峰林场国家樟子松良种基地

上海市　1 处

上海市国家东方杉良种基地

江苏省　3 处

泗洪县陈圩林场国家杨树良种基地

溧阳市龙潭林场国家板栗良种基地
邳州市国家银杏良种基地

浙江省　6处

龙泉市林科所国家杉木良种基地
杭州市余杭区长乐林场国家杉木、火炬松良种基地
淳安县姥山林场国家马尾松良种基地
安吉县刘家塘林场国家金钱松良种基地
金华市东方红林场国家油茶、油桐良种基地
开化县林场国家杉木良种基地

安徽省　5处

黄山市林科所国家油茶、马尾松良种基地
六安市裕安区国家马尾松良种基地
全椒县瓦山林场国家马尾松、马褂木良种基地
绩溪县镇头林场国家光皮桦良种基地
休宁县西田林场国家杉木良种基地

福建省　6处

福建省洋口林场国家杉木良种基地
漳平市五一林场国家马尾松良种基地
邵武市卫闽林场国家杉木、马尾松良种基地
沙县官庄林场国家杉木、马尾松良种基地
尤溪县尤溪林场国家杉木良种基地
仙游县溪口林场国家福建柏、马尾松良种基地

江西省　6处

信丰县林木良种场国家杉木良种基地
吉安市清原区白云山林场国家杉木、湿地松良种基地
安福县武功山林场国家杉木、火炬松良种基地
抚州市林科所国家马尾松、油茶良种基地
省林科院国家油茶良种基地
中国林科院亚热带林业实验中心油茶良种基地

山东省　5处

冠县国有苗圃国家杨树良种基地
宁阳县高桥林场国家杨树良种基地
费县大青山林场国家刺槐良种基地
金乡县白洼林场国家白榆良种基地
乳山市垛山林场国家刺柏、黑松良种基地

河南省　5处

郏县国有林场国家侧柏良种基地
桐柏县毛集林场国家马尾松良种基地
卢氏县东湾林场国家油松良种基地
泌阳县马道林场国家火炬松良种基地
辉县市白云寺林场国家油松良种基地

湖北省　5处

建始县长岭岗国家日本落叶松良种基地
恩施市铜盆水林场国家杉木良种基地
阳新县七峰山林场国家杉木良种基地
荆门市彭场林场国家湿地松良种基地
利川市国家水杉良种基地

湖南省　6处

汨罗市桃林林场国家湿地松、油茶良种基地
靖州县排牙山林场国家杉木良种基地
城步苗族自治县林木良种场国家马尾松良种基地
浏阳市国家油茶良种基地
攸县林科所国家杉木良种基地
会同县国家杉木良种基地

广东省　6处

乐昌市龙山林场国家杉木良种基地
广东省龙眼洞林场国家相思、红椎良种基地
台山市红岭国家湿地松、杂交松良种基地
信宜市林科所国家马尾松良种基地
湛江市良种场国家加勒比松良种基地
英德市林业苗圃场国家火炬松良种基地

广西壮族自治区　5处

广西东门林场国家桉树良种基地
融安县西山林场国家杉木良种基地
南宁市林科所国家马尾松良种基地
藤县大芒界国家马尾松良种基地
全州县咸水林场国家杉木良种基地

海南省　1处

临高县林木良种场国家加勒比松、相思良种基地

重庆市　3处

南川区国家马尾松、杉木良种基地
南岸区长生林场国家马尾松、杉木良种基地
酉阳县林木良种场国家马尾松良种基地

四川省　6处

高县月江森林经营所国家杉木良种基地
富顺县林场国家马尾松良种基地
洪雅县林场国家杉木、柳杉良种基地
筠连县国家杉木良种基地

三台县金鼓国家柏木良种基地
蓬安县白云寨林场国家柏木良种基地
贵州省　5 处
黎平县东风林场国家杉木良种基地
黄平县林场国家马尾松良种基地
都匀市马鞍山林场国家马尾松良种基地
威宁县国家华山松良种基地
平坝县国家华山松良种基地
云南省　4 处
弥渡县国家云南松良种基地
沾益县九龙山苗圃国家核桃、板栗良种基地
屏边县国家秃杉良种基地
景洪市普文试验林场国家思茅松良种基地
陕西省　6 处
延安市桥山林业局国家油松良种基地
陇县八渡林场国家油松良种基地
洛南县古城林场国家油松良种基地
周至县厚畛子林场国家落叶松、油松良种基地
榆林市国家樟子松良种基地
商洛市国家核桃良种基地
甘肃省　4 处
庆阳市中湾林场国家油松良种基地
小陇山林业局沙坝国家落叶松、云杉良种基地
张掖市龙渠国家青海云杉、祁连圆柏良种基地
清水县国家刺槐良种基地
青海省　2 处
大通县东峡林场国家青海云杉良种基地
互助县北山林场国家祁连圆柏良种基地
宁夏回族自治区　2 处
中宁县国家枸杞良种基地
灵武市国家沙生灌木良种基地
新疆维吾尔自治区　6 处
阿克苏实验林场国家核桃、枣树良种基地
哈密林场国家落叶松良种基地
伊犁州林木良繁中心国家杨树、白榆良种基地
新疆林科院佳木试验站国家核桃、枣良种基地
于田县国有苗圃国家杏、核桃良种基地
泽普县国有林场国家枣树良种基地
中国内蒙古森林工业集团有限责任公司　1 处
林业局国家兴安落叶松良种基地
中国吉林森林工业集团有限责任公司　2 处
露水河林业局国家红松良种基地
临江种苗示范中心国家红松、水曲柳良种基地
中国龙江森林工业(集团)总公司　1 处
带岭林业局国家红松、落叶松良种基地
大兴安岭林业集团　1 处
技术推广站国家樟子松、落叶松良种基地
新疆生产建设兵团　1 处
农八师国家沙生树种良种基地

厉以宁：论林业

2011：

11月28日，在国家林业局召开的集体林权制度改革专家座谈会上，厉以宁说："国有林场一旦成为企业，林地就难免被转让和开发。"他认为，国有林场改革可以借鉴集体林权改革的一些做法，但不是照搬。国有林场可以是省管、地级管，但国家和县以下政府都不应该管。

他建议，在国有林场改革中，有3种可探讨模式：

一是国家森林公园、生态保护区兼旅游业的模式，这样的模式有助于把林地经营得更好；二是森林工业模式，由国家控股的森林工业公司代管国有林场。这样的好处是确保公益林不砍，有些地方则可种可砍，森工企业自己会安排出长远的计划；三是国有林场向家庭林场转变。国有林场的员工有双重身份，既是职工，又是林地的承包户，有助于林业经济的发展和林农收入的提高。

2012：

1月5日，"集体林权制度改革是一次创新，实现了重要的三大突破。"中国著名经济学家、北京大学教授厉以宁在日前举行的全国集体林权制度改革专家座谈会上高度评价了中国集体林改成效，并为深化林改建言献策。

厉以宁说，集体林权制度改革的第一个突破是采取产权量化给个人的做法。因为林权证如果不是发到林农做本身，而是发给一个村、小组或者是合作社，效果不会有现在那么好，只有将林权量化给个人，农民的积极性才能被调动起来，他们对资产的关切度才能大大增加，农民也能凭林权证自愿参加合作社。第二个突破是中央10号文件中把林地承包期定为70年不变。70年，就到第三代以后了，"爷爷种树，让孙子来砍"，林区农民都安下心来了。第三个突破是林地和林木可以抵押。农业中还没有这样的措施，重庆和其他一些改革试验区才这样做，林业就不同了，林地可以抵押，经济就活了。

厉以宁建议，下一步，深化林改应搞好农村抵押贷款，要借鉴实验区的经验，就是要建立两个中心，一个是农村信用担保中心。也就是通过街道办事处、居民组织，对农民的信用情况、实际资产了解得一清二楚，向银行借钱时通过农村信用担保中心给农民担保，农民就可以借到钱。另一个中心是农村产权交易中心。如果抵押贷款不能偿还了，银行可以把抵押的地、房子位置和面积在网上公布，找买家，上网竞价，钱直接拨给银行，多余的再还给抵押人。这样，银行就放心了。此外，给农民贷款，还有一个难处，银行不仅怕不还本钱，还怕没有利息收入。重庆市石柱县采取用财政拨款来贴息，即财政的扶贫款不直接给农户，农户找银行借钱时，财政替他们付利息，这样可以减轻农民负担，银行也可以收到利息。这种做法在林区是可行的。林区如果也建立农村信用担保中心和林地的交易中心，对于下一步盘活林区资源非常重要。

对于集体林权制度改革成效对国有林改革的借鉴意义，厉以宁认为，可以适当借鉴，但不是照搬。国有林是国家的森林储备，管理权限一定要明确。可以由省级或地市级管国有林场，但仅限这两级管理。国家或县级以下都不宜直接管理国有林场，以免发生各种各样的问题。中国的国有林场形式应是多样化的，第一种模式是采取国家森林公园，生态保护区兼旅游区的形式；第二种模式是森林工业公司代管国有林场，森林公园公司至少是国家控股的，以保证一部分公益林不能砍，一部分可以种可以砍，对森林经营制订长远计划，由森林工业公司执行；第三种模式是国有林场内搞家庭林场，形成"二元体制"，把集体林权改革经验搬到那儿去。国有林场的职工是双重身份，既是国有林场的职工，有维护公益林的职责，又是林业承包户，包括发展林下经济等。总之，应积极地探索国有林改革之路，不建议笼统地说国有林场企业化，这种说法易于简单化，容易造成林地乱转让、乱开发等，应为子孙后代多着想。

2013：

4月21日上午，由北京大学光华管理学院主办的“林下经济和低碳发展战略”研讨会在北京大学光华酒店举行。

发展林下经济，是解决集体林权制度改革林地确权到户后，满足农民实现增收致富需要，实现林区生态保护的成功实践。2012年7月30日，国务院办公厅下发了《关于加快林下经济发展的意见》。北大光华管理学院厉以宁教授主持，朱善利等多位教授和博士组成“林下经济与低碳发展战略”课题组，对广西、辽宁等多个省(区)的林下经济进行了深入的考察和研究，历时一年多完成了课题报告。

在本次论坛上，朱善利教授代表课题组发布了调研成果《林下经济与低碳发展战略调研报告》。北京大学光华管理学院名誉院长厉以宁、全国政协人口资源环境委员会主任贾治邦、国家林业局局长赵树丛等围绕林下经济、推动低碳发展先后进行了主题发言。

厉以宁教授指出，林下经济发展对实现低碳可持续发展具有的重要意义，指出林下经济发展能够促进林区农民增收致富，带动林区小城镇建设，是一种很好的模式，值得总结借鉴。

集体林权制度改革是进入新世纪以来中国农村改革的第一声春雷。改革将集体林地承包给农户，确立承包经营权70年不变，并且引入资本使林地林木可以抵押变现，为中国农村改革树立了样板，具有重大而深远的意义。尤其是对当前中国正在进行的收入分配制度改革具有重大启示意义，集体林改告诉我们要更加重视初次分配改革，在兼顾效率与公平的同时，强调公平第一，确保农民等弱势群体在初始分配中获得公平的待遇和机会。

传统的产业增长方式将生态保护与经济增长对立起来，通过生态破坏与高碳排放的方式实现粗放型增长。这种增长具有极大的破坏性，是不可持续的。在当前低碳经济形势下，更加强调的是绿色增长、绿色就业、绿色外贸、绿色致富和绿色城镇化，林下经济发展对实现低碳可持续发展具有重要意义。一是林下经济所生产的产品是绿色产品，增加的是绿色GDP，实现的是绿色增长。二是林下经济为返乡农民工提供了绿色就业平台，不砍树能致富，不出乡也能致富，不仅如此，返乡农民工还带回了资本、技术等，为繁荣农村经济作出贡献，这在2008年国际金融危机发生时表现的尤其明显。三是随着经济社会发展，高污染、高耗能的产品不仅不能出口，也不能进口，而林下经济所生产的产品绿色、无污染，是绿色外贸的稀缺品。四是发展不能再走先污染后治理的老路，林下经济的发展为农民增收致富提供了一个新的选择和突破口，帮助他们实现绿色致富。五是当前许多地方的城镇化不是以人为本的城镇化，而是片面地强调圈地盖楼，这对经济社会发展有很大的危害性。林下经济发展促进林区农民增收致富，带动林区小城镇建设，这是一种很好的模式，值得总结借鉴。

4月21日，林下经济与低碳发展战略研讨会在北大光华管理学院召开，全国政协常委、北京大学社科部主任、光华管理学院名誉院长厉以宁，全国政协人口资源环境委员会主任贾治邦；中央政策研究室副主任潘盛州；国务院研究室副主任黄守宏；北京大学光华管理学院学术委员会主席朱善利等，以及国家林业局的各级领导参与了会议，并就集体林权制度改革问题进行了深入的探讨。

在会议中，厉以宁就林权制度改革问题发表了自己的看法，发言大致如下：

我曾经讲过，新世纪以后中国“改革的第一声春雷”就是集体林权制度改革。因为集体林权制度改革有三个突破。第一，承包期延长到70年不变，把农民的心安定下来。以前，农民老觉得长久不变，但究竟多长，他们老是问我们。第二，林地可以抵押。今天，农村除了实验区以外土地抵押还没成为事实，但是林区可以这么做。第三，就是它树立了这么一个样板——林权直接落实到农户。林权发给谁，落实到谁，当初有很多讨论，在光华学院就开过一次讨论会。因为林地和耕地不一样，一个人可以承包上千亩林地，承包几百亩林地很常见。林地是应该承包到乡、承包到村、还是承包到林业合作社？集体林改是一杆子插到底，承包到户。只有承包到户，群众的积极性才真正起来了。确权以后林权证发到户，这很了不起，所以应该说集体林权制度改革的意义非常深远。

当前我们中国主要的改革是什么，最关键的问题是收入分配制度改革。因为这是关系到全局的问题，不然就会像拉丁美洲国家，或者像东南亚某些国家一样长期陷入社会不稳定的状态。林权制度改革给我们一个启发。启发在哪里？收入分配制度改革最大的问题是初次分配改革，而绝不能把重点放在二次分配改革。这是我个人意见。不能让财政部主持初次分配改革，因为财政部只管二次分配，很多问题不是财政部能够决定的。初次分配改革改什么？要效率和公平并重。下面举四个例子。

第一个例子，在当前中国收入分配的初次分配是不合理的。因为农民(包括林农)长期没有财产权、没有财产性收入。农民(包括林农)没有财产收入公平吗？城里人的土地是国有的，他的房子有房产权，农民自己盖的干嘛没有？第二个例子，初次分配中受雇的一方和雇主一方地位是不平等的，受雇的是单个农民，而雇佣者是大企业，所以这两者就不平等。他可以把你工资降得很低，可以欠你工资不给。西方国家也有这个问题，但他们有工会组织。工资拖延不给，工会来替你说话。你在中国见过吗？有工会替农民工讨要拖欠的工资吗？这是不平等的。再举个例子，农民、林农、牧民作为农、林、牧产品的销售者是单个。采购商是大公司、大超市，他们对付那些采购商，又是地位不平等的。地位不平等怎么办？这种情况在西方国家也有，但那里有农民协会。经常看到报道，在法国，农民协会遇到价格不合理的情况，它会号召农民拿拖拉机把公路堵了。这虽然不对，但是毕竟他们有这个力量；中国没有。中国土改以后就没有农会了。人民公社已取消，土地已承包，农民总得有个组织替他们说话吧！农村可以办合作社，然后学国外经验进行合作社联社、合作社协会。在这种情况下，农民可以集体和采购商谈判。第四，就是教育经费人均是不一样的。城市远远高于农村。农村的学校，哪怕是义务教育都有这种情况。农村的学校教师差、设备差、教学质量也低。所以现在高中生的比例中，农村来的越来越少，读大学的比例中，农村更少。这个问题不解决，农民的孩子只能够去从事简单劳动力。所以说，我们当前中国最大的问题是初次收入分配。二次分配也重要，但是首先在于怎么样让社会城乡保障的一体化。国外发达国家是“一次分配不足，二次分配来补充”，把收入差距缩小。中国是一次分配有缺点，二次分配反而扩大了差距。例如社保就不一样。城里的职工公费医疗，农民工是合作医疗。合作医疗自己仍要交钱的。还有教育经费分配也不平等，等等，这些都要改革。

现在中国考虑的另一个大问题是经济低碳化。现在，人们对环保的看法和20年前不一样了。20年前讨论环保主要是不让有毒的气体排放、有毒的水流入江湖。现在是不管有毒没毒，违背低碳标准就不行。二氧化碳没毒，但还得减排；不减排就不行，其他国家将来都抵制你。所以现在就出现了五个新概念：第一是“绿色增长”，我们谈经济增长是绿色经济增长；第二是“绿色就业”，要扩大就业，但必须是绿色就业；第三，发展外贸，但必须是“绿色外贸”；第四，人民致富应是“绿色致富”；第五就是“绿色城镇化”。当前，在低碳形势下，这些概念都出现了，大家应该认识到发展林下经济对这五个方面的绿色都有好处。

1.“绿色增长”。林业的发展是经济增长。造林越多，将来能够在造林的基础上使得中国木材的存量越多。林下经济也是一样。林下经济生产出来的各种产品都是增加GDP的，都是绿色的。

2.“绿色就业”。2008年国际金融危机对中国冲击以后，我当时在两个省考察，一是广东，另一是贵州。我在广东见到农民都返乡了，后来经济恢复了，但农民工不回广东了。到贵州一看，果然如此。回乡农民工说，工作何必在城里找，家乡已经“包山到户”了，可以就业、创业。所以他们不但自己回贵州了，还把广东一些地方的农民带到贵州家乡去干。结果，农民工回乡还带来了外乡人。他们植树造林，发展林下经济，这种就业就是“绿色就业”。

3.“绿色外贸”。不是什么东西都能出口的。高耗能的、造成环境污染的就不能出口。而且，进口产品也要调整。带污染的、影响我们环境的、影响我们整个生态的，不准进口。所以外贸要走绿色外贸之路。

4.“绿色致富”，包括饲养业、林下经济。不能够再发展有污染的乡镇企业，不要造成环境污染。即使目前可以赚钱，将来怎么办?

5.“绿色城镇化”。有些地方，当前城镇化的做法可能要出问题。这次开两会的时候，国外记者问了我一个问题，说“你最担心什么”。我说最担心金融。为什么最担心金融，因为现在城镇化不是按照“人的城镇化”来发展，而是把城镇化看成一个大肆开发的机会，趁这个机会大圈地、大盖楼。如果这样的话，地方债务将来怎么还? 银行首当其冲，商业银行将来会有坏账的问题；最受累的是地方的银行，如城市商业银行、农村商业银行，都会出现这个问题。银行亏了，国家不帮就没办法，资金链一断，牵涉面就大了。中国可能存在这个问题。所以说，我们搞城镇化，尤其林区的城镇化要注意这些问题。林区的城镇化可以这样进行。在林区，农民经营林业，林下经济的存款将来是稳当的，而且林区的建设中，林区小城镇建设都是在林业新村的基础上慢慢增长起来的。所以说，我们要认识到一些林区城镇化经验值得总结。中国一定要防止不以人为本的，光搞大兴土木、讲排场的城镇化。稳步推进城镇化，当然要快速，但路要走得稳妥，要走循环经济道路，要公共服务到位，要城乡社会保障一体化。户口问题的解决是水到渠成的事情。

当前另外一个很重要的改革，就是国有资本体制的改革。这也是当前关系全局的改革之一。全国政协2013年4月17号下午，召开座谈会。这个座谈会和以往的讨论座谈会不一样，这个座谈会主题是改善企业环境。这是第一次把国有企业和民营企业放在一起开会。以前，各开各的会：两边各有意见，你指责我，我也指责你，一个说国退民进，一个说国进民退，都有材料，都搬出材料。这一次座谈会就不一样。大家都以“双赢”为目标开会讨论，以协商为基调。会上提了很多意见供中央做参考。比如说要排除“血统论”。只要不管国有出身、还是民营出身，行业准入就难了。民营企业公开竞争时要受限制。不少人建议，国有企业除了国家百分之百控股的以外，现在大部分国企都已经是上市公司了。既然是上市公司，就不要叫国企，一律就叫上市公司。和民营企业一样，上市公司就是上市公司，别问出身。不少人还提出国企、民企完全可以在重组过程中变成混合所有制。混合所有制是股份制企业，也可以上市。上市公司则必须是股份制企业。所以中国企业今后就分两类，一类叫股份制企业，一类叫非股份制企业。既然如此，就得出一个重要的结论：是股份制企业，是上市公司，一律由法人治理结构来管理，不要由国资委直接管理。国资委可以控股，但只管控股、派董事进去参加董事会；但是公司形式是上市公司，应有完善的法人治理结构。

不论国企、民企，大家的共同问题是什么? 就是政府不要把企业管得死死的。就和《水浒传》林冲发配一样。林冲发配，路上经过柴大官人的庄上。里面有个教头。这个教头瞧不起人，硬要林冲同他比武。林冲不愿意和他比，他就骂骂咧咧。主人柴进看不过去了，悄悄对林冲说：这位教头最近才到我庄上来。后来林冲和他比了。打了两个回合，林冲就不打了。为什么? 因为林冲带着枷锁。后来，柴进帮忙把他的枷解开。林冲几下就把那个教头打翻在地。至今，我们的国企、民企都带了枷锁，怎么施展武艺? 所以我们上市公司都应按法人治理结构来治理。根据国家的法律法规，企业(无论国企、民企还是混合所有制企业)都有自主权。这样，它们解脱了戴在脖子上的枷锁，就能显出本事了。

国有林场的改革，就像以前我长期搞铁路改革一样。80年代后期以来，我一直为铁路管理部门做研究，我当时就指出，政企一定要分开。路是路，局是局；路是按公司化进行改革，局是行政管理部门。现在来看，铁路改革改了十来年，最后还是走政企分开的路。广深铁路不是经营得挺好吗? 铁路政企分开是可行的。

国有林场之所以难改也是政企不分的问题。政企不分，国有林场受到很多限制。是企业，就按照企业的方式运作。特殊的企业也是这样。因为国营林区有很多生态林，这种情况下同样可以发展林下经济。国营林场，既可以改为一场两制，又可以改为森林工业公司经营，还可以与国家风景区结合在一起进行管理。总之，可以采取多种形式。但发展林下经济对各种形式的国有林场都是有好处的。

中国林业产业综述与行业篇

OVERVIEW OF CHINA'S FOREST INDUTRY

2012 年全国林业统计及其分析报告

【2012 年全国林业产业统计】 2012 年是全国经济与社会发展极为重要的一年，也是林业改革与发展的关键之年。党的十八大把建设生态文明纳入中国特色社会主义事业“五位一体”总体布局，并作为党的重大行动纲领写入党章。一年来，国家林业局党组和各级林业部门以科学发展观为指导，全面贯彻落实党的十八大精神，以建设生态文明为目标，以改善生态和改善民生为总任务，加快发展现代林业，努力克服各类自然灾害对林业生产建设造成的不利影响，生态建设和保护进一步加强，林业产业快速发展，林区民生和基础设施建设成效显著，林业改革发展深入推进，林产品进出口贸易稳定增长，林业各项事业取得新成就。

生态建设 当前全国生态状况十分脆弱，林业生态建设的任务仍然繁重。近年来，中央投资补助涉及林木种苗、造林、森林抚育经营、生态补偿、林业机具等林业生态建设的各个生产环节，全国每年以 600 万公顷的造林计划任务大规模推进，收效显著。

营造林总体状况 2012 年造林绿化工作稳步推进，全国共完成荒山荒地造林面积 559.58 万公顷，比 2011 年减少 6.68%。其中人工造林 382.07 万公顷，飞播造林 13.64 万公顷，无林地和疏林地新封山育林 163.87 万公顷，其中人工造林占全部造林面积的 68.28%。西部 12 个省区(含新疆兵团)共完成造林面积 295.18 万公顷，占全部造林面积的 52.75%。

2012 年，国家进一步完善森林抚育规程，启动了森林经营样板基地建设，森林抚育经营由试点转向全面推开。截至 2012 年年底，共完成中幼龄林抚育面积 766.17 万公顷，比 2011 年增长 4.46%；完成低产低效林改造面积 70.75 万公顷，比 2011 年减少 10.31%；完成有林地造林面积 58.15 万公顷；更新造林 30.51 万公顷；四旁(零星)植树 23.94 亿株。林木种苗管理工作不断强化，开展了打击制售假劣林木种苗专项行动，林木种子和苗木合格率分别达到 90.1% 和 94.7%。全国林木种子采收量、苗木产量和育苗面积分别为 2.78 万吨、570.78 亿株和 91.56 万公顷。

2012 年造林绿化从林种用途、树种类型以及结构类型上更加注重生态效能和抗灾能力的发挥，特点较为突出：

①生态公益林所占比重明显提高。从林种用途看，在全部造林面积中，用材林 77.44 万公顷、经济林 110.11 万公顷、防护林 365.08 万公顷、薪炭林 4.11 万公顷、特种用途林 2.84 万公顷，占全部造林面积的比重分别为 13.84%、19.68%、65.24%、0.73% 和 0.51%。生态公益林(防护林和特种用途林)占全部造林面积的 65.75%，比 2011 年提高近 4 个百分点。

②乡土树种造林所占比重有所提高。从树种类型看，乡土树种的造林面积为 359.39 万公顷，占全部造林面积的 64.23%，比 2011 年提高 1 个百分点。乡土树种造林比重的提升有利于生物多样性保护，增加对不良环境的抵抗力。

③混交林造林比重占 3 成以上。从结构类型看，混交林面积为 204.55 万公顷，占全部造林面积的 36.55%，比 2011 年提高 3 个百分点，混交林利于减少病虫危害和森林火灾，特别在涵养水源、保持水土、防风固沙等方面发挥更为突出的作用。

国家林业重点生态工程 2012 年国家林业重点生态工程深入实施，共完成造林面积 275.4 万公顷，占全部造林面积的 49.21%。其中天保工程、退耕还林工程(不含京津工程退耕)、京津风沙源治理工程和三北及长江流域等重点防护林体系工程分别为 48.52 万公顷、65.53 万公顷、54.17 万公顷和 107.18 万公顷，占全部造林面积的比重分别为 8.67%、11.71%、9.68% 和 19.15%。各级地方政府造林、企业造林、大户造林等社会造林面积 284.19 万公顷，占全部造林面积的 50.79%，比 2011 年提高 2.38 个百分点。社会造林面积首次超过国家林业重点生态工程造林面积，社会造林

和国家林业重点生态工程造林二分天下的发展局面已经形成。

①天然林资源保护工程。2012 年，全国天然林资源保护二期工程启动实施，森林管护、公益林建设、森林改造培育等工程建设内容顺利推进。

2012 年工程区木材产量进一步调减，为 1044.46 万立方米，比 2011 年减少 6.27%，仅占全国木材总产量的 12.78%。

2012 年天保工程完成造林面积 48.52 万公顷，其中人工造林 13.79 万公顷，飞播造林 5.97 万公顷，无林地和疏林地新封山育林 28.75 万公顷。中、幼龄林抚育面积 168.15 万公顷。森林管护面积为 11 409 万公顷，其中国有林管护面积 7042 万公顷，集体和个人所有的国家级公益林面积 1989 万公顷，集体和个人所有的地方公益林面积 2378 万公顷。自 1998 年工程实施以来，15 年间工程已累计完成人工造林 310.83 万公顷、飞播造林 341.27 万公顷、新封山育林 807.65 万公顷。

天保工程区项目实施单位年末人数为 82.72 万人，其中在岗职工 60.47 万人，离开本单位保留劳动关系人员 21 万人，其他从业人员 1.24 万人。在岗职工年平均工资为 24 736 元。在岗职工参加基本养老保险人数为 52.73 万人，在岗职工参加基本医疗保险人数为 55.42 万人。

②退耕还林工程。2012 年退耕还林工程共完成造林面积 67.45 万公顷(含京津风沙源工程中 1.92 万公顷)，其中荒山荒地造林 46.11 万公顷，无林地和疏林地新封山育林 21.34 万公顷。西部 12 个省区(含新疆兵团)共完成 38.57 万公顷的退耕工程任务，占退耕工程总造林面积的 57.18%。

2012 年涉及粮款兑现的退耕地面积为 787.25 万公顷。全年粮食补助资金 81.54 亿元，生活费兑现金额 35.67 亿元。全年粮款兑现涉及 2477 万农户。

自 1999 年工程试点以来已累计完成退耕地造林 906.30 万公顷，荒山荒地造林 1580.08 万公顷，新封山育林 268.15 万公顷。累计粮食补助资金总计 1980.16 亿元，累计生活费兑现金额总计 299.46 亿元。

③京津风沙源治理工程。2012 年，国务院批准了《京津风沙源治理二期工程规划》，建设范围扩大到 6 个省区市的 138 个县，增加了林草植被保护、工程固沙等林业建设内容。

2012 年，京津风沙源治理工程共完成造林 54.17 万公顷，其中人工造林 22.76 万公顷，飞播造林 5.43 万公顷，无林地和疏林地新封山育林 25.97 万公顷。草地治理面积 1.80 万公顷，小流域治理面积 4.18 万公顷，治理总面积达到 60.15 万公顷。另外，建设暖棚 59.74 万平方米；购置各类饲料机械 6351 台；完成水利配套设施 9188 处；生态移民 1295 人，涉及 267 户。

京津风沙源治理工程实施 12 年来累计完成治理总面积达到 1027.06 万公顷，其中林业工程 685.45 万公顷，草地治理 237.26 万公顷，小流域治理 104.35 万公顷。在林业工程中，累计完成人工造林 335.67 万公顷、飞播造林 94.28 万公顷、新封山育林 255.50 万公顷。

④三北及长江流域等防护林体系建设工程。2012 年，三北五期工程规划正式获批实施，增加了退化林分修复和百万亩人工林基地建设内容。2012 年，三北工程共完成造林 67.87 万公顷，其中人工造林 40.34 万公顷，飞播造林 0.67 万公顷，无林地和疏林地新封山育林 26.86 万公顷。

长江、珠江等防护林体系建设工程持续推进，完成了三期规划编制工作。长江流域防护林工程完成造林面积 15.79 万公顷，沿海防护林工程完成造林面积 14.54 万公顷，珠江流域防护林工程完成造林面积 5.16 万公顷，太行山绿化工程完成造林面积 3.81 万公顷。

在三北及长江流域等防护林体系建设工程全部造林面积中，防护林面积所占比重为 90.99%，其中水土保持林和防风固沙林所占比重最高，分别达到了 29.56% 和 26.35%。另外，完成低产低效防护林改造面积 1.09 万公顷。

自 2001 年以来，三北及长江流域等防护林体系建设工程累计完成人工造林 827.40 万公顷、飞播造林 29.78 万公顷、新封山育林 489.21 万公顷。其中，三北工程累计完成人工造林 510.82 万公顷、飞播造林 10.78 万公顷、新封山育林 259.74 万公顷。

⑤野生动植物保护及自然保护区建设工程。2012 年，野生动植物保护及自然保护区建设工程突出加强自然保护区基础设施和能力建设，启动

了极小种群野生植物拯救保护工作，新增林业系统国家级自然保护区 23 处。截至 2012 年年底，林业系统自然保护区达到 2150 处，总面积 1.25 亿公顷，占全国国土面积的 13.01%，其中，国家级自然保护区 286 处，面积 7713.82 万公顷。

2012 年年底实有自然保护小区 4.86 万个，总面积 1205 万公顷。野生植物就地保护点 688 个，总面积 424 万公顷。野生动物种源繁育基地 4137 个，其中商业性野生动物驯养繁殖单位 3993 个。野生植物种源培育基地 976 个。野生动物观赏展演单位 342 个，植物园 117 个，狩猎场 154 个。野生动植物保护管理站 4383 个，野生动植物科研及监测机构 626 个，鸟类环志中心(站)95 个。全国从事野生动植物及自然保护区建设的人员达 5.02 万人，其中各类专业技术人员 1.48 万人。

⑥湿地保护与恢复工程。2012 年，国务院批准了《全国湿地保护工程"十二五"实施规划》，全年共恢复湿地 2 万公顷，新增湿地保护面积 9 万公顷和 68 处国家湿地公园试点，确认了 11 处国家重要湿地。截至 2012 年年底，国际重要湿地为 41 处，面积达到 371 万公顷，湿地示范区面积达到 374 万公顷。

林业产业发展和林业民生工程 林业在改善民生方面的作用越来越大。林业产业链条长、类别多，特别是林业为社会和人们提供了丰富的生态建设产品、生活用品和美化产品。2012 年，中国林业产业继续保持强劲发展势头，产业规模不断扩大，产业结构进一步优化，新兴产业快速发展，提供了日益丰富的林产品。林业棚户区(危旧房)改造是林业的惠民工程，近年来在国家相关扶持政策的推动下，林业棚户区(危旧房)改造进展顺利。

林业产业发展 ①林业产业总产值。2012 年林业产业总产值达到 3.95 万亿元(按现价计算)，比 2011 年增长 28.94%，产业规模不断扩大。自 2001 年以来，林业产业总产值的平均增速达到 22.88%。

分产业看，第一产业产值 13 748.52 亿元，占全部林业产业总产值的 34.85%，同比增长 24.35%；第二产业产值 20 898.30 亿元，占全部林业产业总产值的 52.97%，同比增长 25.23%；第三产业产值 4804.09 亿元，占全部林业产业总产值的 12.18%，同比增长 68.44%。近年来，林业三次产业的产值结构逐步调整，已由"十五"末期的 52:41:7，调整为目前的 35:53:12，林业二、三产业所占比重逐年增大，产业结构进一步优化。

第一产业中，其中干鲜果品、茶、中药材以及森林食品等在内的经济林产品种植与采集业产值为 7751.88 亿元，占 56.38%；第二产业中，其中锯材、人造板等在内的木材加工及木竹制品制造业产值为 8233.95 亿元，占 39.40%。木竹浆造纸业产值为 4751.52 亿元，木竹家具制造业产值为 2794.39 亿元；第三产业中，其中林业旅游与休闲服务业产值为 3522.55 亿元，占 73.32%，全年涉林旅游和休闲的人数达到 14.82 亿人次。

发展速度最快的产业主要是一些新兴产业，包括林业旅游与休闲服务业、油茶产业、野生动物繁育与利用业等，增长速度分别达到 89.07%、57.71% 和 39.39%。

分地区看*，东部地区林业产业总产值为 20 538.51 亿元，占全部林业产业总产值的 52.06%；中部地区林业产业总产值为 7621.26 亿元；西部地区林业产业总产值为 7395.70 亿元；东北地区林业产业总产值为 3895.43 亿元。东部地区林业产业总产值的增速最快，所占比重也最大，与其他地区的差距进一步拉大。林业产业总产值超过 3000 亿元的省份共有 5 个，分别是广东、山东、浙江、江苏和福建省。

②木材安全保障、木材战略储备基地建设。2012 年，福建、广西、广东、湖南、云南、河南、江西等 7 省(区)率先开展木材战略储备基地示范建设，安排中央投资 2.28 亿元(其中中央基本建设资金 1.08 亿元，中央财政资金 1.2 亿元)，建设木材战略储备生产基地 9.46 万公顷。截至 2012 年年底，7 个示范省(区)共完成建设任务 9.02 万公顷，占计划任务的 95.4%。

2012 年，速生丰产用材林基地建设共完成各地类造林 38.01 万公顷，其中荒山荒地造林 26.84 万公顷，更新造林 7.40 万公顷，非林业用地造林

---

* 本分析报告采用国家四大区域的分类方法，即将全国划分为东部、中部、西部和东北四大区域。东部地区包括：北京、天津、河北、上海、江苏、浙江、福建、山东、广东、海南 10 个省(市)；中部地区包括：山西、安徽、江西、河南、湖北、湖南 6 个省；西部地区包括：内蒙古、广西、重庆、四川、贵州、云南、西藏、陕西、甘肃、青海、宁夏、新疆 12 个省(区、市)；东北地区包括：辽宁、吉林、黑龙江 3 个省和大兴安岭地区。

3.77 万公顷。另外完成改培面积 3.28 万公顷。

③木材生产及林产工业。2012 年，全国商品材总产量与 2011 年基本持平，为 8174.87 万立方米。在全部木材产量中，原木产量 7494.37 万立方米，薪材产量 680.50 万立方米。商品材产量较大的省(区)都集中在中国集体林区，分别是广西、广东、福建、山东、云南、安徽、湖南，这些省区的商品材产量都超过 400 万立方米。此外，全国农民自用材采伐量 700.09 万立方米，农民烧材采伐量 2056.80 万立方米。

2012 年，锯材产量为 5568.19 万立方米，比 2011 年增长 24.84%。木片、木粒加工产品 2906.93 万实积立方米，比 2011 年增长 29.93%。

2012 年，受国内房地产调控和国际社会购买力下降的双重影响，木质家具生产和建筑装饰行业受到冲击，中国人造板产量增速放缓。全年人造板总产量为 22 335.79 万立方米，比 2011 年增长 6.77%。

在全部人造板产量中，胶合板产量 10 981.17 万立方米，比 2011 年增长 11.26%，占全部人造板产量的 49.16%；纤维板产量 5800.35 万立方米，比 2011 年增长 4.28%，占全部人造板产量的 25.97%，其中中密度纤维板产量为 5022.45 万立方米；刨花板产量 2349.55 万立方米，比 2011 年减少 8.20%，占全部人造板产量的 10.52%；其他人造板 3204.71 万立方米(细木工板占 58.28%)，比 2011 年增长 9.44%，占全部人造板产量的 14.35%。另外单板产量为 3492 万立方米，人造板表面装饰板产量为 1.92 亿平方米。从各地情况看，山东、江苏、广西、河南、安徽、河北 6 省(区)产量均超过 1000 万立方米，6 省(区)人造板产量共计 16 392.56 万立方米，占全国人造板总产量的 73.39%。

2012 年，木竹地板产量近年来首次出现负增长，为 6.04 亿平方米，比 2011 年减少 3.94%。在木竹地板产量中，实木木地板 1.25 亿平方米，占全部木竹地板产量的 20.75%；复合木地板 3.71 亿平方米，占全部木竹地板产量的 61.33%；其他木地板 0.59 亿平方米；竹地板 0.49 亿平方米。江苏省和浙江省是木竹地板产量最大的省份，产量分别达到 1.44 和 1.19 亿平方米。

2012 年，全国松香类产品产量 141.00 万吨，与 2011 年基本持平。松节油类产品产量 18.74 万吨，比 2011 年增长 3.12%。樟脑产量 1.14 万吨，冰片 925 吨，栲胶类产品 6926 吨，紫胶类产品产量 2494 吨。

④经济林、竹、油茶、花卉产业。2012 年，经济林产品产量稳定增长，各类经济林产品总量达到 1.42 亿吨，比 2011 年增长 6.50%。从产品类别看，水果产量为 12 227 万吨，比 2011 年增长 6.59%；干果产量为 987 万吨，比 2011 年增长 6.47%；毛茶等林产饮料产品的产量为 184 万吨；花椒、八角等林产调料产品的产量为 58 万吨；竹笋干、食用菌等森林食品产量为 308 万吨；杜仲、枸杞等木本药材的产量为 130 万吨；油茶等木本油料产量为 177 万吨；松脂、油桐等林产工业原料产量 179 万吨。

2012 年竹材产量为 16.44 亿根，比 2011 年增长 6.81%，其中毛竹 11.15 亿根，篙竹 5.29 亿根。竹产业产值达 1224 亿元。

近年来，中央不断加大油茶产业发展的扶持力度，中央财政木本油料产业发展资金增加到 37.9 亿元，油茶产业发展重点县增加 100 个。2012 年，油茶种植面积达到 350 万公顷，当年新造油茶林 23.59 万公顷，低产林改造 11.42 万公顷。繁殖圃 517 个，苗木产量 12.44 亿株，油茶籽产量为 173 万吨，比 2011 年增长 16.73%。从事油茶良种苗木培育、种植、茶油以及其他副产品生产加工的企业有 1643 个，油茶产业产值达 387 亿元。

2012 年，花卉种植面积 96.91 万公顷，比 2011 年增长 12.40%，花卉种植业产值达到 1265 亿元。切花切叶 185 亿支；盆栽植物 34 亿盆；观赏苗木 124 亿株；草坪 5.24 亿平方米。具有一定规模的花卉市场 4200 多个，花卉企业 4.30 万个，其中大中型花卉企业 9000 多个；花卉从业人员 463 万人，花农 129 万户；控温温室面积和日光温室面积分别为 4006 万平方米和 16 658 万平方米。

⑤林业主要产品销售价格。2012 年全国主要林业工业产品销售价格涨跌互现。木材综合平均价格为每立方米 757 元，与 2011 年基本持平；竹材综合平均价格为每根 8 元，与 2011 年略有增长；锯材综合平均价格为每立方米 1213 元，比 2011 年上涨 5.94%；木片综合平均价格为每实积立方米 716 元，比 2011 年下降 16.84%；木地板综合平均价格为每平方米 158 元，比 2011 年上涨 19.70%；胶合板综合平均价格为每立方米 1868 元，比 2011

年下降9.14%；中密度纤维板综合平均价格为每立方米1505元，比2011年下降11.42%；刨花板综合平均价格为每立方米1103元，比2011年上涨3.37%；林化产品中，松香综合平均价格为每吨11 184元，比2011年下降13.20%；栲胶综合平均价格为每吨13 296元，比2011年上涨68.75%；紫胶综合平均价格为每吨42 607元，比2011年上涨148.47%。

林业民生工程　林业棚户区(危旧房)改造是国家保障性安居工程建设重要内容，具体包括国有林区棚户区改造和国有林场危旧房改造。截至2012年年底，林业棚户区(危旧房)改造已累计安排中央投资201.2亿元，安排改造任务140.8万户，已竣工入住近90万户。其中，2012年安排改造任务41.95万户，中央投资66.24亿元。自2008年以来，林业棚户区(危旧房)改造工作取得巨大成绩，一是极大改善了林区民生，使林业职工告别了潮湿阴暗的棚户区，住进宽敞明亮、配套设施齐全的新楼房；二是有力促进了林业改革，各地撤并和整合了一批林场(所)，推进生产区和生活区逐步分离，推动了国有林区和国有林场改革；三是切实推进了城镇化进程，林业部门不断调整优化林区生产生活布局，积极融入国家城镇化建设战略，形成了许多新的林业小区和小城镇。

集体林权制度改革　2012年，各地认真贯彻落实《中共中央 国务院关于全面推进集体林权制度改革的意见》，不断加大工作力度，着力深化改革，取得了明显成效。截至2012年年底，全国除上海和西藏以外29个省(区、市)已确权面积1.80亿公顷，占各地纳入集体林权制度改革面积的99.05%，明晰产权的任务已经完成，其中2012年新确权169.4万公顷。截至2012年年底，全国已经发放林权证1.00亿本，发证面积累积达1.74亿公顷，占已确权林地总面积的96.37%。林改以来，共有8981.25万农户领到了林权证，占涉及林改的1.50亿农户的60.01%。有26个省(区、市)开展了林权抵押贷款工作，累积抵押贷款面积达385.37万公顷，累计抵押贷款金额792.31亿元，平均每公顷贷款20 559.9元。各地建立经编办批准成立的林权管理服务机构1296个，其中2012年新增林权管理服务机构86个。全国累积发生集体林地流转面积1280万公顷，占已确权林地的7.12%。全国共建立林业专业合作组织11.15万个，加入合作组织的农户1356.32万户，占林改涉及农户的9.06%。

林业投资　2012年，中央财政补贴普惠制进程明显加快，林木良种、造林、森林抚育补贴试点资金规模继续扩大，国家级公益林全部纳入森林生态效益补偿范围，森林保险保费补贴试点范围扩大到17个省份。林业棚户区(危旧房)改造和配套设施建设投资规模保持较高水平，国有林区(林场)道路、电网改造、广播电视也都纳入了国家相关规划。林业投资规模再创新高。

林业建设资金到位情况　2012年，实际到位各类林业建设资金3366.45亿元，比2011年增长22.66%。其中：国家预算资金1556.35亿元，占资金总量的46.23%，国内贷款(主要为林业贴息贷款)、利用外资、自筹资金和其他资金为328.39亿元、31.64亿元、1064.87亿元和316.40亿元，分别占资金总量的9.75%、0.94%、31.63%和9.40%。国家预算资金中，中央资金为847.02亿元，地方资金为709.33亿元。

林业投资完成情况　2012年，全部林业投资完成额达到3342.09亿元，比2011年增长26.95%，其中国家投资完成1245.40亿元，占全部林业投资完成额的37.26%。全部林业投资完成额中，按照项目管理的且计划总投资在500万元以上的林业固定资产建设项目完成投资1274.01亿元，占全部林业投资完成额的38.12%。

按建设内容分，用于生态建设与保护方面的投资为1604.12亿元，占全部林业投资完成额的48.00%；用于林木种苗、森林防火、有害生物防治等林业支撑与保障方面的投资为222.88亿元；用于林业产业发展方面的资金为820.71亿元；用于林业棚户区改造和其他林业社会性基础设施建设资金245.46亿元；其他资金448.92亿元。

按地区划分，东部地区林业投资完成额952.93亿元，占全部林业投资完成额的28.51%；中部地区林业投资完成额502.72亿元，占全部林业投资完成额的15.04%；西部地区林业投资完成额1445.94亿元，占全部林业投资完成额的43.26%；东北地区林业投资完成额430.87亿元，占全部林业投资完成额的12.89%。

2012年，林业系统全年房屋施工面积达到2024.13万平方米，竣工面积1368.89万平方米，分别比2011年减少4.31%和0.12%。其中，住宅施工面积为1767.06万平方米，竣工面积为1152.09万平方米，住宅竣工价值125.90亿元。

林业利用外资情况　2012年，中国林业利用外资项目个数为262个，实际利用外资规模5.18亿美元，比2011年减少69.53%，其中国外借款0.90亿美元，外商直接投资4.08亿美元，无偿援助0.20亿美元，分别占林业实际利用外资总规模的17.28%、78.85%和3.87%。林业实际利用外资金额占全国外商直接投资的0.46%。

林业系统从业人员和劳动工资　截至2012年年底，全国林业系统各种经济类型单位共计45 060个，其中企业2271个，事业单位38 525个，机关4264个。2012年林业系统年末人数共计161.55万人，比2011年减少2.50%。其中在岗职工126.24万人，离开本单位仍保留劳动关系人员28.64万人，其他从业人员6.67万人。在岗职工按所属行业分，木材及竹材采运企业、国有林场和林业工作站位居前3位，分别为42.26万人、35.95万人和11.01万人。林业系统在岗职工年平均工资达到28 105元，比2011年增长19.03%。

按地区划分，东北地区林业系统在岗职工年平均工资最低，仅为22 154元，但比2011年增长26.80%，增速最快；东部地区林业系统在岗职工年平均工资最高，达到38 685元；西部地区林业系统在岗职工年平均工资为32 372元；中部地区林业系统在岗职工年平均工资为24 254元。按行业划分，林业工程技术与规划管理业年平均工资最高，为53 488元，木竹家具制造业年平均工资最低，为12 379元。

林业灾害发生和安全生产情况

林业灾害发生情况　①森林火灾。2012年，全国共发生森林火灾3966起，受害森林面积1.39万公顷，因灾伤亡21人，同比分别下降28.5%、48.1%和76.9%，继连续4年实现"三下降"后，成为新中国成立以来火灾损失(受害森林面积和人员伤亡)最少的一年。森林防火工作取得显著成效，卫星热点核查"零报告"和"有火必报"制度首次实行，卫星热点2小时反馈率达98.7%，火灾24小时扑灭率达97.1%。

②林业有害生物。2012年，全国主要林业有害生物发生面积1177万公顷，与2011年发生面积基本持平，其中：虫害发生846万公顷，病害发生131万公顷，鼠(兔)害发生200万公顷。另外，有害植物发生17万公顷。全年主要林业有害生物成灾率控制在4.5‰以下，无公害防治率达87.03%以上，测报准确率达85%以上，种苗产地检疫率达95%以上。

安全生产情况　2012年，林业安全生产有序开展，林业生产事故伤亡人数比2011年大幅减少。轻伤、重伤和死亡分别为477人次、46人次和61人，比2011年减少211人次、8人次和21人。

主要林产品进出口贸易　2012年，受欧盟、日本市场需求不振和国内房地产市场调控的影响，中国传统的优势林产品如木家具、胶合板、纸产品等出口显著下滑，一些主要用于建筑业的针叶材进口也显著减少，林产品出口增速持续放缓，进口呈现负增长。但是受美国整体经济温和复苏的影响和带动，新兴市场国家的需求进一步企稳，整体向好的迹象显著。根据海关统计数据汇总分析，2012年全国林产品进出口总值为1188.3亿美元，比2011年减少1.1%。其中，出口额575.7亿美元，比2011年增长5.0%；进口额612.6亿美元，比2011年减少6.3%。

主要林产品进口情况　2012年原木进口量3789.3万立方米，金额72.5亿美元，分别比2011年减少10.5%和12.4%；锯材进口量2066.8万立方米，金额55.2亿美元，分别比2011年减少4.3%和3.5%；纸及纸板纸制品进口量325.4万吨，金额46.0亿美元，分别比2011年减少6.4%和9.0%；纸浆进口量1646.4万吨，金额110.4亿美元，分别比2011年增长14.0%和减少7.5%；木家具进口量636.8万件，金额6.0亿美元，分别比2011年增长15.8%和9.1%。

主要林产品出口情况　2012年木家具出口量2.9亿件，金额183.3亿美元，分别比2011年减少0.7%和增长7.1%；纸及纸板纸制品出口量606.5万吨，金额109.8亿美元，分别比2011年增长1.1%和6.3%；木制品出口金额45.2亿美元，比2011年增长7.7%；胶合板出口量1003.3万立方米，金额48.0亿美元，分别比2011年增长4.8%和10.5%。

（国家林业局发展规划与资金管理司）

【2012 年全国林业产业统计表】

表 1　2012 年各地区林业

（按现行

地区	总　计	第　一						
		合　计	涉　林					
			合　计	其中：湿地产业	林木的培育和			
					小　计	育种和育苗	造　林	林木 计
全国合计	**394509075**	**137485185**	**131336546**	**500382**	**25399504**	**9872043**	**9247251**	**6280210**
北　京	1727944	1348468	1346998	560	680286	92809	529425	58052
天　津	205331	186430	186430	—	41299	3534	17443	20322
河　北	10586591	5158111	5094329	669	547736	242500	207281	97955
山　西	3115222	2528694	2522732	—	1099046	461242	597611	40193
内蒙古	2448955	1379044	1233127	4201	712894	150500	293988	268406
内蒙古集团	525641	285353	260788	—	148604	222	799	147583
辽　宁	15475567	8531878	8402837	7569	1428555	502534	777349	148672
吉　林	11509487	3117220	2905032	—	394473	210062	85384	99027
吉林集团	1268461	284483	260188	—	26406	10388	3031	12987
黑龙江	10938089	4131053	2543052	4373	421715	133940	139338	148437
龙江集团	4414494	1687435	652787	—	124372	4243	21448	98681
上　海	3481118	360229	360229	—	79355	33805	13862	31688
江　苏	30993642	8033707	7883180	107126	2446549	1035945	939823	470781
浙　江	31568884	7324749	7300149	3719	2099609	1678978	286826	133805
安　徽	15997836	5076563	4987976	63989	1234251	500941	302332	430978
福　建	30780284	6011194	6008385	10532	334998	48401	157789	128808
江　西	16281972	6891044	6575440	99305	1622916	334256	602187	686473
山　东	45152189	15455038	14901974	25364	3012649	2086095	484087	442467
河　南	10887422	5606296	5513902	—	832534	269412	309561	253561
湖　北	11095861	5023745	4850323	7894	731053	336110	234091	160852
湖　南	18834315	6715139	6244346	117716	1677161	291873	617444	767844
广　东	46909215	5383870	5303127	5200	329652	40529	180132	108991
广　西	21941856	7044353	5733243	700	663616	77526	258359	327731
海　南	3979919	2433154	2432892	—	140377	15817	46691	77869
重　庆	4046717	2244744	2129263	5747	560944	172427	300461	88056
四　川	17456693	6410986	6180695	10145	682105	178995	274926	228184
贵　州	4010168	1885799	1843674	2008	484108	123073	285374	75661
云　南	8855547	6263267	6096395	17947	578027	128877	356472	92678
西　藏	200912	191369	190303	400	134393	13425	73161	47807
陕　西	5416600	4283247	4262653	4198	779491	397398	299308	82785
甘　肃	2345241	2042246	2004002	970	344091	107851	87562	148678
青　海	348196	345009	345009	—	233023	6455	208567	18001
宁　夏	1085193	754649	754649	—	184699	62143	69376	53180
新　疆	5800919	4877722	4861820	50	793544	132721	206527	454296
新疆兵团	1415770	1404388	1393931	—	201454	16049	33742	151663
大兴安岭	1031190	446168	338380	—	94355	1869	4514	87972

产业总产值(一)

价格计算)

单位:万元

产业 产业 种植 的抚育和管理		木材和竹材的采运						
		合计	木材采运				竹材采运	
其中:未成林抚育和管理	其中:成林抚育和管理		小计	商品材	农民自用材	农民烧柴	小计	其中:除毛竹、篙竹外的其他竹材
2360905	**3092030**	**9634079**	**7595651**	**6244585**	**537111**	**813955**	**2038428**	**470276**
7350	50702	9429	9429	6160	3247	22	—	—
8738	11584	6537	6537	6371	166	—	—	—
42494	44825	59704	59704	50241	6506	2957	—	—
12951	19210	4839	4839	3964	852	23	—	—
38390	119134	161112	161112	154261	2966	3885	—	—
61	75589	105761	105761	105756	5	—	—	—
90143	23384	200459	200459	133726	18312	48421	—	—
35069	48472	369052	369052	345587	10610	12855	—	—
5526	5526	97105	97105	96240	—	865	—	—
50743	87000	254195	254195	251456	2704	35	—	—
24925	65345	156138	156138	156138	—	—	—	—
3591	27893	1099	164	142	—	22	935	935
80983	225694	204824	193732	174766	16009	2957	11092	1886
21394	112411	445455	160207	145609	4827	9771	285248	42379
154336	221886	711879	530483	440704	44990	44789	181396	24831
95220	33588	1173147	735820	484516	68144	183160	437327	41213
312161	349042	554076	411444	326604	12647	72193	142632	6381
171349	271118	419815	419815	400402	16522	2891	—	—
104710	82550	265689	260682	203569	41404	15709	5007	55
67796	68612	248997	207492	157892	31168	18432	41505	14307
339091	366332	757398	640480	489921	68883	81676	116918	24303
53566	32477	686871	486102	452601	810	32691	200769	28899
179012	148719	1357057	1161237	1131702	5532	24003	195820	35691
12344	64221	98596	91461	77630	1551	12280	7135	261
40112	31814	61102	41312	23515	10857	6940	19790	11901
73430	110158	608310	310719	195497	48900	66322	297591	202161
29472	31741	268195	246103	156165	34637	55301	22092	14452
53593	6350	496556	425764	263857	66102	95805	70792	19560
2100	37007	23726	23653	9743	2014	11896	73	30
13461	46428	32821	30587	10439	11844	8304	2234	977
40927	69747	4053	3981	3285	491	205	72	54
5390	4136	997	997	—	997	—	—	—
33649	19366	—	—	—	—	—	—	—
187340	238458	23711	23711	19882	3419	410	—	—
69516	81269	3280	3280	3191	89	—	—	—
—	87971	124378	124378	124378	—	—	—	—

表1　2012年各地区林业

（按现行

地区	第一产业								
	涉林产业								
	经济林产品的种植与采集					花卉的种植	陆生野生动物繁育与利用		
	合计	其中					合计	陆生野生动物狩猎和捕捉	陆生野生动物饲养
		水果及干果的种植与采集	茶及其他饮料作物的种植与采集	林产中药材的种植与采集	森林食品的种植与采集				
全国合计	**77518770**	**50442366**	**7185892**	**5078420**	**8933802**	**12652130**	**3924304**	**211198**	**3713106**
北京	480591	441953	—	1510	255	150173	12804	—	12804
天津	112974	109974	—	—	—	25420	200	—	200
河北	4033641	3875751	566	49231	66160	307515	134178	—	134178
山西	1379881	1348665	—	7001	14144	26948	4162	—	4162
内蒙古	289382	176463	932	63834	18666	15523	11997	—	11997
内蒙古集团	1980	16	203	332	1150	6	80	—	80
辽宁	4844872	2886618	68800	782347	1016459	1047906	741325	50248	691077
吉林	1578641	314615	395	799558	423625	135274	397889	40698	357191
吉林集团	98221	10613	—	47856	39752	2171	24461	1170	23291
黑龙江	1530097	180182	6035	68691	1228900	44362	237196	10362	226834
龙江集团	356514	17828	—	25921	311533	16	13583	—	13583
上海	223893	220989	—	—	2904	55429	453	—	453
江苏	2858654	2053585	276929	112580	120395	1760279	59065	2351	56714
浙江	4061822	2022320	952913	93675	887733	386832	263579	3321	260258
安徽	2533238	1001900	818938	246162	328470	372358	100068	5514	94554
福建	3665432	1634685	1031359	122222	652121	753842	58257	18263	39994
江西	3127032	1468289	315825	166198	369694	1011724	153018	11836	141182
山东	9176595	8595473	250685	35360	126160	1276170	966280	—	966280
河南	3127019	1869359	413582	239666	531649	1023140	176139	11187	164952
湖北	3226787	1385738	850862	241666	607999	385440	80867	12168	68699
湖南	2757545	1587014	314131	309278	369570	701070	135673	21014	114659
广东	3431487	2470856	120975	103683	171267	834998	16082	8799	7283
广西	2973686	1947822	190838	92047	208828	570113	84593	710	83883
海南	1868746	1010783	3120	2053	17875	239912	85054	—	85054
重庆	1152116	842610	114591	68097	79109	293245	24737	851	23886
四川	3908006	2438680	452111	180070	492853	661117	102595	7399	95196
贵州	893201	432427	208039	138046	49592	93707	12328	128	12200
云南	4592555	1885536	561309	445026	936455	334063	30316	1126	29190
西藏	29263	15711	700	7616	5236	272	15	—	15
陕西	3319840	2783253	222901	115973	110571	91589	12951	282	12669
甘肃	1574224	1280685	1929	98026	15005	17326	2783	—	2783
青海	108567	5910	—	102477	180	2227	—	—	—
宁夏	552137	216571	827	309915	—	17305	148	—	148
新疆	4010977	3935069	—	75886	—	16589	1566	—	1566
新疆兵团	1188134	1175650	—	12462	—	833	127	—	127
大兴安岭	95869	2880	6600	526	81927	262	17986	4941	13045

产业总产值(二)

价格计算)

单位:万元

林业生产辅助服务	林业系统非林产业	第二产业							
		合计	涉林产业						
			合计	其中:湿地产业	木材加工及木、竹、藤、棕、苇制品制造				
					小计	锯材、木片加工	人造板制造	木制品制造	竹、藤、棕、苇制品制造
2207759	**6148639**	**208983022**	**202519627**	**425998**	**82339457**	**13227800**	**45322984**	**18827474**	**4961199**
13715	1470	71704	53776	—	53504	—	33096	20408	—
—	—	9100	9100	—	4500	—	4500	—	—
11555	63782	4964839	4942182	—	3132347	803564	2081247	240735	6801
7856	5962	442479	442479	320	42794	16560	24197	2037	—
42219	145917	666865	624515	—	520118	420022	81673	18192	231
4357	24565	53206	30169	—	30169	30169	—	—	—
139720	129041	4857042	4470008	—	2299743	591783	723037	975694	9229
29703	212188	7004909	6362056	—	2309234	392546	899189	1017499	—
11824	24295	523094	311380	—	269325	7135	125416	136774	—
55487	1588001	5176974	3841616	1888	2258865	853844	571300	821330	12391
2164	1034648	1675562	625016	—	481270	112127	114855	254288	—
—	—	2985362	2985362	—	660632	44282	162923	453427	—
553809	150527	19624212	18926297	258	11325182	732327	7772128	2671307	149420
42852	24600	21393154	21381275	18009	6513268	605764	1509574	3350661	1047269
36182	88587	8750941	8569065	27656	6533666	829107	3780314	1028547	895698
22709	2809	24037259	24025452	282000	7331879	1028130	2833394	2065630	1404725
106674	315604	5600945	5117594	1395	2233623	386752	880600	848953	117318
50465	553064	27163332	26388789	23030	15000487	2361351	11075114	1389920	174102
89381	92394	4363451	4333729	37782	2287634	487259	1649843	131976	18556
177179	173422	4265596	3967090	6401	1583940	118678	819682	542437	103143
215499	470793	7659070	6919266	26119	2783517	700704	1038301	653629	390883
4037	80743	32579372	32552861	—	4656139	576494	2744103	1112641	222901
84178	1311110	13717027	13498615	40	6590118	1153300	4503626	763916	169276
207	262	1390306	1359810	—	188537	125641	50847	10160	1889
37119	115481	1062693	1047363	—	347614	75648	111283	93550	67133
218562	230291	6260976	6117315	—	2069386	427617	1260224	244747	136798
92135	42125	758140	735603	—	362008	148961	128588	70078	14381
64878	166872	2135993	2083095	1100	686506	229778	342629	109392	4707
2634	1066	5753	5753	—	5753	5344	400	9	—
25961	20594	729137	681120	—	304077	47598	168716	75191	12572
61525	38244	114083	82345	—	4411	—	1200	1435	1776
195	—	160	160	—	160	160	—	—	—
360	—	229959	229959	—	—	—	—	—	—
15433	15902	533216	523070	—	30169	14279	14177	1713	—
103	10457	3742	242	—	242	—	242	—	—
5530	107788	428973	242907	—	219646	50307	57079	112260	—

表1 2012 年各地区林业

(按现行

地 区	第 二 产 业								
	涉林产业								
	木、竹、藤家具制造	木、竹、苇浆造纸	林产化学产品制造	木制工艺品和木制文教体育用品制造	非木质林产品加工制造业	其他	林业系统非林产业	合 计	小 计
全国合计	**27943914**	**47515221**	**6340858**	**4774811**	**22574149**	**11031217**	**6463395**	**48040868**	**43253926**
北 京	—	—	—	—	—	272	17928	307772	288841
天 津	4600	—	—	—	—	—	—	9801	9801
河 北	453510	33796	22508	4980	1144732	150309	22657	463641	403459
山 西	2940	—	144	250	390391	5960	—	144049	137269
内蒙古	1706	—	152	87	17204	85248	42350	403046	220779
内蒙古集团	—	—	—	—	—	—	23037	187082	31587
辽 宁	1151502	57180	3759	29933	598190	329701	387034	2086647	1720620
吉 林	332006	420137	24227	56918	3074498	145036	642853	1387358	721534
吉林集团	1261	—	19133	—	18146	3515	211714	460884	34020
黑龙江	535759	467233	15687	45287	113527	405258	1335358	1630062	833501
龙江集团	83889	210	15687	13312	7529	23119	1050546	1051497	338214
上 海	738115	1202258	122761	10491	248468	2637	—	135527	101382
江 苏	883918	3462390	960488	147909	869538	1276872	697915	3335723	3208838
浙 江	2785398	8378639	165455	1565416	1940444	32655	11879	2850981	2847851
安 徽	592793	99930	109927	308288	710820	213641	181876	2170332	2056374
福 建	2655976	5135051	630498	1270787	3388345	3612916	11807	731831	731634
江 西	1106173	190817	370005	120230	968629	128117	483351	3789983	3542328
山 东	2341513	3698920	48733	520129	4124374	654633	774543	2533819	2317375
河 南	567307	553300	15580	35032	759359	115517	29722	917675	889803
湖 北	536691	868846	67004	90269	473495	346845	298506	1806520	1407689
湖 南	906083	1768248	245184	117305	560727	538202	739804	4460106	4028837
广 东	8699414	16384709	1327635	195074	524968	764922	26511	8945973	8931840
广 西	933348	2752257	1723138	56880	388437	1054437	218412	1180476	655529
海 南	39350	743279	1582	84637	301818	607	30496	156459	143086
重 庆	230040	146921	12231	52932	118457	139168	15330	739280	691389
四 川	2165075	838127	38201	24983	466700	514843	143661	4784731	4557449
贵 州	87946	85117	24560	20454	102616	52902	22537	1366229	1347463
云 南	148361	153530	373174	2519	545555	173450	52898	456287	365744
西 藏	—	—	—	—	—	—	—	3790	3505
陕 西	38511	3096	9554	13942	158279	153661	48017	404216	356291
甘 肃	5879	—	5410	79	9088	57478	31738	188912	154570
青 海	—	—	—	—	—	—	—	3027	2977
宁 夏	—	71440	—	—	158144	375	—	100585	93510
新 疆	—	—	—	—	417346	75555	10146	389981	380045
新疆兵团	—	—	—	—	—	—	3500	7640	4990
大兴安岭	—	—	23261	—	—	—	186066	156049	102613

产业总产值(三)

价格计算)

单位:万元

第三产业						补充资料				
涉林产业					林业系统非林产业					
其中:湿地产业	林业旅游与休闲服务	林业生态服务	林业专业技术服务	林业公共管理及其他组织服务		竹产业产值	油茶产业产值	林下经济产值	全部山区县茶、桑、果产值	全部丘陵县茶、桑、果产值
746781	**35225496**	**3657572**	**1056291**	**3314567**	**4786942**	**12240013**	**3870771**	**21335421**	**15526008**	**8691582**
290	236244	43635	1091	7871	18931	—	—	15084	105645	156566
—	9801	—	—	—	—	—	—	2460	20248	—
6300	244078	51914	13857	93610	60182	—	—	335036	1128469	411965
165	47698	43310	3314	42947	6780	—	—	—	107552	330062
100	131549	3703	7492	78035	182267	—	—	238616	2102	96840
—	28901	—	449	2237	155495	—	—	26631	—	—
10649	1540034	122964	21528	36094	366027	—	—	1249473	191254	135937
86372	621269	17248	11302	71715	665824	—	—	1039496	114617	12299
—	22280	464	2466	8810	426864	—	—	27809	—	—
25009	577652	122103	11822	121924	796561	—	—	403039	6262	13163
—	314830	9648	2818	10918	713283	—	—	—	—	—
—	8088	37937	15759	39598	34145	—	—	7108	—	—
52901	1797373	621961	175256	614248	126885	11439	1580	261921	—	122352
33203	2526537	190525	20455	110334	3130	3580404	162084	6844576	2224467	357361
25559	1557984	216572	72939	208879	113958	989162	225455	1079958	816160	182200
—	554631	76519	10055	90429	197	3230992	169823	619650	1913404	347462
41476	2471798	760163	59602	250765	247655	673542	1301753	569190	937133	401871
161192	1573718	456668	224188	62801	216444	30	—	1860048	678238	1253885
10785	609308	184707	21041	74747	27872	3713	12880	354513	289570	63507
15390	1104324	74507	69724	159134	398831	121237	88776	258334	1101122	820397
132879	3170759	317143	153453	387482	431269	1097516	1433812	440748	469322	387456
—	8894920	25607	3682	7631	14133	82358	66051	85381	1316808	476698
33436	441630	36512	30566	146821	524947	271487	291641	3341613	465345	1448934
1128	127407	902	731	14046	13373	1028	1130	127117	10829	—
430	586532	43642	18143	43072	47891	130362	8548	290297	339765	173551
4413	4101165	54507	36923	364854	227282	1834672	8967	1070598	1002067	1161139
84032	1267135	36306	11228	32794	18766	140818	64569	95602	188417	—
12266	259489	24727	24339	57189	90543	69666	21502	252964	1198130	76012
—	3125	60	—	320	285	—	—	—	—	—
2500	230217	71941	11685	42448	47925	1407	11820	260373	351441	34012
460	44469	9639	10212	90250	34342	180	380	49420	547641	227913
2458	2977	—	—	—	50	—	—	—	—	—
2310	93360	—	150	—	7075	—	—	7212	—	—
1078	302792	10782	11303	55168	9936	—	—	23594	—	—
500	4940	—	50	—	2650	—	—	17161	—	—
—	87433	1368	4451	9361	53436	—	—	152000	—	—

表2 各地区主要木材、

地 区	木材及竹材												
	木 材												
	总计	其中:热带木材	原 木										薪材
			合 计	其中:针叶原木	直接用原木	特级原木	等内加工原木						
							小计	其中:针叶原木	造纸用原木	胶合板材	杉原条	其他原木	
全国合计	**8174.87**	**631.09**	**7494.37**	**1321.55**	**3223.28**	**64.17**	**1108.75**	**454.43**	**531.99**	**1000.23**	**471.54**	**1094.41**	**680.50**
北 京	14.33	—	14.22	—	12.74	—	—	—	—	—	—	1.48	0.11
天 津	10.68	—	10.68	—	—	—	—	—	—	—	—	10.68	—
河 北	74.68	—	58.79	13.66	37.48	0.32	3.20	—	0.15	3.63	—	14.02	15.89
山 西	12.21	—	9.22	0.31	8.20	—	—	—	—	—	—	1.02	2.99
内蒙古	208.83	—	199.64	71.36	93.27	6.57	35.16	22.43	3.67	1.74	—	59.23	9.18
内蒙古集团	114.99	—	112.51	59.85	17.60	6.57	29.47	21.51	3.67	0.38	—	54.82	2.48
辽 宁	191.43	—	182.78	54.73	162.12	4.00	9.23	0.37	—	0.39	—	7.03	8.65
吉 林	344.26	—	340.47	59.50	164.05	29.01	113.19	32.16	2.12	9.98	—	22.12	3.79
吉林集团	61.70	—	60.98	9.70	4.61	18.23	29.98	5.77	—	3.15	—	5.01	0.72
黑龙江	301.89	—	284.44	35.76	133.30	2.65	75.08	15.88	3.65	11.74	—	58.01	17.45
龙江集团	131.13	—	128.17	14.18	28.98	2.58	57.25	14.23	2.65	10.60	—	26.12	2.95
上 海	0.32	—	—	—	—	—	—	—	—	—	—	—	0.32
江 苏	173.41	—	164.37	3.69	79.56	0.47	7.05	1.78	3.94	57.23	2.29	13.85	9.03
浙 江	156.93	—	154.45	106.40	30.04	2.57	45.08	39.60	—	3.00	64.91	8.85	2.48
安 徽	495.63	—	420.81	84.31	152.92	1.05	30.57	19.15	3.46	106.33	73.22	53.26	74.82
福 建	570.74	—	521.67	64.33	250.49	—	111.64	64.33	14.64	48.90	1.21	94.80	49.07
江 西	286.63	—	269.48	109.31	99.46	—	57.35	32.34	2.96	3.70	68.25	37.76	17.15
山 东	551.64	—	504.31	2.23	249.25	—	38.88	—	15.06	187.43	0.85	12.84	47.33
河 南	278.45	—	254.44	0.08	150.47	—	6.90	—	2.39	47.68	—	47.00	24.01
湖 北	258.66	—	233.48	26.96	122.69	0.24	13.17	8.43	5.43	42.49	13.10	36.36	25.18
湖 南	467.12	—	412.85	76.14	88.65	0.53	26.37	17.52	38.39	32.65	173.11	53.14	54.27
广 东	759.86	116.00	685.07	81.42	336.34	0.04	105.75	16.61	97.46	43.54	12.79	89.14	74.79
广 西	1668.12	359.38	1613.72	238.41	456.99	11.76	208.04	57.07	268.02	343.54	27.05	298.33	54.39
海 南	111.57	111.57	101.67	7.68	51.59	1.47	2.83	0.11	21.47	6.53	1.02	16.77	9.90
重 庆	30.11	—	25.19	12.41	12.62	—	5.03	1.34	0.60	3.57	0.87	2.49	4.92
四 川	246.17	—	222.89	17.03	123.81	0.16	13.93	1.77	0.41	14.46	8.62	61.50	23.29
贵 州	215.43	—	207.94	66.75	135.41	0.05	43.14	39.94	0.18	4.77	5.53	18.86	7.50
云 南	530.13	44.14	452.78	147.85	194.14	—	117.91	61.87	38.80	24.80	18.09	59.04	77.34
西 藏	76.86	—	18.06	—	9.49	—	—	—	—	—	—	8.57	58.80
陕 西	16.37	—	11.42	1.10	5.79	—	0.50	—	0.05	0.50	0.63	3.95	4.95
甘 肃	4.73	—	4.32	—	2.05	—	—	—	—	—	—	2.27	0.41
青 海	1.92	—	1.91	0.16	1.78	—	—	—	—	—	—	0.12	0.01
宁 夏	1.55	—	1.55	—	—	—	—	—	1.55	—	—	—	—
新 疆	35.70	—	34.18	0.56	25.85	0.02	4.80	0.47	—	1.65	—	1.87	1.52
新疆兵团	8.28	—	8.26	—	4.07	0.02	3.98	—	—	—	—	0.19	0.02
大兴安岭	78.52	—	77.55	39.39	32.73	3.25	33.97	21.28	7.59	—	—	0.02	0.97

竹材产品产量

单位:万立方米

竹材				补充资料:							
竹材(万根)			小杂竹(万吨)	1. 按生产单位分的全部木材产量和竹材产量						2. 农民自用材采伐量	3. 农民烧材采伐量
合计	毛竹	篙竹		系统内国有企业单位生产的木材	系统内国有林场、事业单位生产的木材	系统外企、事业单位采伐自营林地的木材	乡(镇)集体企业及单位生产的木材	村及村以下各级组织和农民个人生产的木材	村及村以下各级组织和农民个人生产的竹材(万根)		
164412.03	**111470.33**	**52941.70**	**1186.37**	**645.25**	**1228.36**	**402.07**	**634.16**	**5265.03**	**128675.08**	**700.09**	**2056.80**
—	—	—	—	0.04	0.21	1.75	0.21	12.13	—	10.44	0.23
—	—	—	—	—	—	—	—	10.68	—	—	—
—	—	—	—	—	26.34	0.25	3.43	44.66	—	7.96	12.64
—	—	—	—	—	6.90	0.43	—	4.89	—	1.05	0.20
—	—	—	—	116.55	33.11	2.08	2.60	54.49	—	6.28	7.49
—	—	—	—	114.99	—	—	—	—	—	—	—
—	—	—	—	2.12	50.30	23.09	27.23	88.69	—	13.83	39.50
—	—	—	—	144.31	109.36	5.78	27.93	56.89	—	—	—
—	—	—	—	48.52	13.18	—	—	—	—	—	—
—	—	—	—	153.52	96.17	0.17	5.28	46.75	—	5.12	0.07
—	—	—	—	131.13	—	—	—	—	—	—	—
—	—	—	0.40	—	0.28	—	0.04	—	—	—	—
626.97	426.23	200.74	0.98	4.05	13.19	10.08	46.04	100.04	387.08	19.28	3.70
19345.86	17736.78	1609.08	47.73	1.30	12.98	1.57	2.75	138.33	17786.85	10.11	25.43
11496.28	10349.52	1146.76	30.21	1.27	34.79	3.52	23.70	432.36	10092.24	30.73	69.21
51401.00	33458.00	17943.00	62.86	62.30	81.38	14.13	56.52	356.41	48000.00	124.85	742.47
7813.43	7285.92	527.51	12.25	26.61	64.96	17.13	33.75	144.17	3085.83	13.41	61.15
—	—	—	0.12	4.71	3.28	28.70	111.00	403.95	—	23.60	6.85
159.79	157.29	2.50	2.51	—	4.83	0.81	9.23	263.57	159.79	56.98	46.20
3009.45	2154.50	854.95	11.78	1.79	22.45	12.46	22.17	199.80	2556.35	63.24	75.40
7099.05	6460.25	638.80	27.20	5.35	70.96	18.21	61.19	311.41	5982.99	52.98	58.56
13409.07	4591.58	8817.49	190.72	2.22	135.64	104.34	28.52	489.15	9059.06	1.43	66.17
28775.06	10403.01	18372.05	46.09	7.38	317.26	55.67	44.87	1242.94	18480.32	9.13	46.38
2125.34	2004.39	120.95	0.05	4.42	3.16	31.21	18.96	53.82	677.19	1.50	10.52
434.05	393.29	40.75	31.92	0.03	3.09	3.11	2.29	21.60	284.05	10.87	7.72
4683.29	4028.24	655.05	348.26	0.57	22.06	10.13	24.05	189.37	3147.71	46.79	104.42
648.52	640.75	7.77	38.53	6.58	26.19	0.23	31.74	150.69	531.67	40.57	160.94
12288.09	10521.12	1766.98	332.11	13.56	66.57	55.35	49.44	345.21	7706.62	112.42	447.25
—	—	—	0.05	—	17.57	—	0.36	58.93	—	8.62	35.28
1096.77	859.45	237.32	2.44	0.16	1.97	0.14	0.59	13.51	737.34	19.96	27.10
—	—	—	0.18	—	2.20	0.15	0.07	2.31	—	1.60	—
—	—	—	—	—	0.15	—	—	1.77	—	1.09	—
—	—	—	—	—	—	1.55	—	—	—	0.11	—
—	—	—	—	7.90	1.01	0.04	0.23	26.52	—	6.13	1.91
—	—	—	—	7.88	0.41	—	—	—	—	—	—
—	—	—	—	78.52	—	—	—	—	—	—	—

表3　各地区主要经济林

地　区	各类经济林产品总量	水果产量									
		合　计	其　中								
			苹果	柑橘	梨	葡萄	桃	杏	荔枝	龙眼	猕猴桃
全国合计	**142493140**	**122267474**	**33867597**	**25546753**	**16743196**	**9566318**	**11122704**	**2956350**	**1830001**	**1553514**	**898121**
北　京	903835	795930	102267	—	162440	57449	397261	23932	—	—	8
天　津	219645	170691	49989	—	36544	26609	54542	3007	—	—	—
河　北	12257950	11097539	3114632	—	4450544	1241764	1573161	247677	—	—	805
山　西	4911728	4295204	3007576	—	611862	176563	372889	81486	—	—	372
内蒙古	406396	360611	96755	—	49396	68386	3211	26969	—	—	—
内蒙古集团	863	—	—	—	—	—	—	—	—	—	—
辽　宁	5884671	4630025	2019046	—	1260052	670577	374041	45126	—	—	—
吉　林	800066	512408	161104	—	122340	125617	380	7721	—	—	—
吉林集团	9781	—	—	—	—	—	—	—	—	—	—
黑龙江	506284	158109	55802	—	26966	32794	127	400	—	—	—
龙江集团	141591	2579	270	—	629	597	—	—	—	—	—
上　海	516967	516763	6	245539	40257	117092	106522	—	—	—	1386
江　苏	2807263	2584076	644011	41929	687247	474414	515443	16346	—	—	4679
浙　江	4901984	4315234	—	2098924	483823	586022	416871	—	—	—	21489
安　徽	2956759	2497765	404771	39214	1065586	238952	458566	13740	—	—	14010
福　建	7067037	5622424	341990	1691421	474459	114685	246964	11662	151646	280795	10850
江　西	4495246	3803655	—	3313731	133773	51307	61389	—	—	—	13949
山　东	18711273	17298213	9345187	—	1616898	1242009	3246089	346944	—	—	19230
河　南	5683927	4703211	2236445	113426	624121	258307	818946	161251	—	—	58450
湖　北	6018637	4880851	20298	3156824	612318	123307	716816	4604	—	—	22594
湖　南	5760636	4372919	—	3584681	154718	141840	104636	1454	—	—	53311
广　东	7502825	6993296	167125	2630648	81459	385	47884	—	979706	678317	7470
广　西	10371008	9103578	—	3164157	239317	312569	210842	60	533840	504259	2838
海　南	1363443	1337192	—	24780	—	—	1855	—	134801	40928	—
重　庆	2800999	2597696	62508	1802369	327170	84485	90885	6545	378	9155	22091
四　川	6146382	5331056	473429	2329689	798931	249971	425675	7147	12533	24485	90125
贵　州	1297154	927162	21133	258356	265330	89582	124659	1436	651	520	13302
云　南	4722472	3399739	297463	632220	324744	398923	175229	242	16446	15055	3109
西　藏	14690	9596	5551	598	1123	386	655	—	—	—	—
陕　西	10738544	9396190	6972073	416877	693784	220272	255328	87885	—	—	534512
甘　肃	4400552	4084018	3016660	1370	445391	265720	178738	109619	—	—	3541
青　海	24415	3544	1508	—	1258	71	61	483	—	—	—
宁　夏	897078	735021	464902	—	12025	186926	7769	39514	—	—	—
新　疆	7394096	5733758	785366	—	939320	2009334	135270	1711100	—	—	—
新疆兵团	1432541	1039865	245470	—	327570	379041	53941	30181	—	—	—
大兴安岭	9178	—	—	—	—	—	—	—	—	—	—

产品生产情况(一)

单位:吨

	干果产量										
		其中									
其他水果	合计	核桃	板栗	枣（干重）	柿子（干重）	仁用杏	山杏仁	银杏（白果）	榛子	松子	其他干果
18182920	**9873247**	**2046904**	**1979583**	**3668119**	**1143513**	**102347**	**165251**	**89611**	**89453**	**80774**	**507692**
52573	99865	16828	32140	3448	39755	7384	—	—	—	—	310
—	48954	1012	926	47016	—	—	—	—	—	—	—
468956	1092879	126636	243925	503564	167975	24278	20634	—	—	3	5864
44456	596517	106772	2470	332664	69553	17410	5182	—	—	112	62354
115894	20048	—	—	48	—	775	11207	—	4051	—	3967
—	—	—	—	—	—	—	—	—	—	—	—
261183	630345	92349	117616	120243	—	32705	101705	10	78144	29398	58175
95246	69831	35074	1009	—	—	88	—	—	5453	28094	113
—	3625	1371	—	—	—	—	—	—	5	2249	—
42020	9398	2364	—	—	—	—	185	—	1804	4933	112
1083	4404	748	—	—	—	—	—	—	656	3000	—
5961	17	—	—	—	—	—	—	17	—	—	—
200007	137433	156	26065	4662	66052	—	8	39455	—	—	1035
708105	117106	16424	83712	1073	8216	—	—	1933	—	—	5748
262926	188785	17305	116228	9180	39694	—	—	2682	—	—	3696
2297952	225085	43996	86218	29951	62987	1643	—	11	—	—	279
229506	43049	72	27817	511	3778	—	—	67	—	—	10804
1481856	1153586	87911	287746	336912	231754	3150	2100	7172	—	—	196841
432265	590091	93021	136173	213078	137562	2082	3280	2649	—	—	2246
224090	557542	91351	399608	27644	19117	5	3	15337	—	—	4477
332279	153943	15213	96830	20682	12431	19	16	978	—	—	7774
2400302	58451	18	11828	—	24611	—	—	715	—	—	21279
4135696	127974	1150	81855	2375	33428	—	—	8433	—	—	733
1134828	20331	—	—	—	—	—	—	—	—	—	20331
192110	40579	8925	17403	4116	7023	—	—	2023	—	876	213
919071	283703	211944	40146	8496	4628	—	55	5784	—	7886	4764
152193	58293	20137	26774	703	7026	129	1	1675	—	—	1848
1536308	613246	508455	70829	1342	22627	—	—	105	—	4869	5019
1283	4531	4281	—	—	—	—	—	—	—	—	250
215459	1034813	161183	70639	612011	174019	2949	6675	429	—	2739	4169
62979	197767	68584	1626	98954	11277	9698	2354	136	—	1853	3285
163	1058	1058	—	—	—	—	—	—	—	—	—
23885	70728	250	—	59186	—	32	8680	—	—	—	2580
153368	1627299	314435	—	1230260	—	—	3166	—	1	11	79426
3662	391044	9613	—	381005	—	—	—	—	—	—	426
—	—	—	—	—	—	—	—	—	—	—	—

表3 各地区主要经济林

地区	林产饮料产品(干重)					林产调料产品(干重)				
	合计	其中				合计	其中			
		其他林产饮料产品	毛茶	可可豆	咖啡		花椒	八角	桂皮	其他林产调料产品
全国合计	**1836507**	**1653363**	**389**	**87713**	**95042**	**582712**	**345202**	**143778**	**81055**	**12677**
北京	—	—	—	—	—	76	76	—	—	—
天津	—	—	—	—	—	—	—	—	—	—
河北	—	—	—	—	—	11279	11279	—	—	—
山西	—	—	—	—	—	9752	9752	—	—	—
内蒙古	—	—	—	—	—	—	—	—	—	—
内蒙古集团	—	—	—	—	—	—	—	—	—	—
辽宁	—	—	—	—	—	—	—	—	—	—
吉林	—	—	—	—	—	—	—	—	—	—
吉林集团	—	—	—	—	—	—	—	—	—	—
黑龙江	3450	—	—	—	3450	—	—	—	—	—
龙江集团	—	—	—	—	—	—	—	—	—	—
上海	—	—	—	—	—	—	—	—	—	—
江苏	13100	13100	—	—	—	5	5	—	—	—
浙江	180508	178418	—	—	2090	—	—	—	—	—
安徽	91623	91267	—	—	356	56	55	—	—	1
福建	475262	472455	—	—	2807	—	—	—	—	—
江西	31412	30512	—	—	900	51	—	12	22	17
山东	68658	24747	—	—	43911	48583	43863	—	—	4720
河南	21064	19135	—	—	1929	29139	27955	—	—	1184
湖北	167267	164935	—	—	2332	4481	3254	19	50	1158
湖南	78801	63494	—	—	15307	1347	931	159	222	35
广东	46559	44434	—	—	2125	57077	4855	3614	48608	—
广西	52232	46316	—	—	5916	153026	1	120927	31772	326
海南	1091	855	—	236	—	74	66	—	—	8
重庆	16689	16168	122	—	399	44309	43912	133	86	178
四川	115420	109859	—	60	5501	50654	50269	154	28	203
贵州	67102	63260	—	—	3842	5286	4286	74	—	926
云南	366071	277710	267	87417	677	42928	20054	18686	267	3921
西藏	—	—	—	—	—	83	83	—	—	—
陕西	35881	35881	—	—	—	61696	61696	—	—	—
甘肃	817	817	—	—	—	62612	62612	—	—	—
青海	—	—	—	—	—	111	111	—	—	—
宁夏	3500	—	—	—	3500	87	87	—	—	—
新疆	—	—	—	—	—	—	—	—	—	—
新疆兵团	—	—	—	—	—	—	—	—	—	—
大兴安岭	—	—	—	—	—	—	—	—	—	—

产品生产情况(二)

单位:吨

森林食品(干重)					木本药材				
合　计	其中				合　计	其中			
	其他森林食品	竹笋干	食用菌	山野菜		杜仲	黄檗	厚朴	枸杞
3080316	**501740**	**1995988**	**390018**	**192570**	**1298752**	**164461**	**22119**	**165772**	**204868**
7895	—	7895	—	—	69	—	—	—	—
—	—	—	—	—	—	—	—	—	—
6829	—	3462	3318	49	48209	—	—	—	12201
981	—	783	10	188	9214	714	—	—	—
7570	—	2910	4314	346	18147	—	—	—	15283
863	—	457	406	—	—	—	—	—	—
604678	—	512729	81325	10624	19618	—	—	—	2
180884	—	77599	90843	12442	36943	—	—	—	6223
6047	—	3457	2340	250	109	—	—	—	5
324618	—	263398	45380	15840	10709	—	—	—	182
129544	—	77970	38081	13493	5064	—	—	—	—
187	187	—	—	—	—	—	—	—	—
24729	3140	21299	285	5	47847	410	—	—	14
212979	141110	69166	2481	222	11892	682	—	1722	—
92650	26759	49983	7141	8767	13649	1699	121	50	74
489264	101997	321917	58106	7244	26848	—	—	1147	—
40479	12196	16921	6750	4612	26273	2628	108	1725	525
116488	—	95851	1925	18712	25265	91	—	—	30
124822	166	93232	22104	9320	93253	14802	72	15	158
152741	7239	116958	14155	14389	81241	16061	3974	9327	144
153692	55133	25914	8577	64068	222745	65726	3032	105619	—
44536	34921	8760	584	271	26515	—	—	530	—
56643	26645	29389	2	607	59420	5544	40	8377	75
320	320	—	—	—	660	—	—	—	—
40606	25973	6621	6576	1436	25014	7392	6101	3451	140
236941	42292	166599	16848	11202	96783	30973	7860	24826	2356
32285	14248	11764	2413	3860	72909	3323	225	93	257
62777	7333	46392	4013	5039	27742	518	488	1	—
480	—	480	—	—	—	—	—	—	—
45389	2072	35288	7668	361	119518	13758	50	8800	766
10125	9	3767	3383	2966	37339	140	48	89	30208
—	—	—	—	—	19702	—	—	—	19702
—	—	—	—	—	87742	—	—	—	87742
—	—	—	—	—	33036	—	—	—	28786
—	—	—	—	—	1632	—	—	—	1602
8728	—	6911	1817	—	450	—	—	—	—

表3 各地区主要经济林

地区	木本药材		木本油料				
	其中		合计	其中			
	山茱萸	其他木本药材		油茶籽	油橄榄	文冠果	其他木本油料
全国合计	**47040**	**694492**	**1766167**	**1727708**	**10429**	**75**	**27955**
北京	—	69	—	—	—	—	—
天津	—	—	—	—	—	—	—
河北	—	36008	1215	—	—	—	1215
山西	1486	7014	60	—	—	4	56
内蒙古	—	2864	20	—	—	20	—
内蒙古集团	—	—	—	—	—	—	—
辽宁	—	19616	5	—	—	5	—
吉林	—	30720	—	—	—	—	—
吉林集团	—	104	—	—	—	—	—
黑龙江	—	10527	—	—	—	—	—
龙江集团	—	5064	—	—	—	—	—
上海	—	—	—	—	—	—	—
江苏	1	47422	61	61	—	—	—
浙江	4325	5163	61683	61683	—	—	—
安徽	373	11332	55406	55309	—	—	97
福建	—	25701	89851	89433	—	—	418
江西	424	20863	448259	448189	—	—	70
山东	—	25144	480	—	—	30	450
河南	31065	47141	6911	6551	—	—	360
湖北	1952	49783	85975	85140	—	—	835
湖南	189	48179	684732	681370	—	—	3362
广东	—	25985	68693	65239	—	—	3454
广西	—	45384	168529	164129	—	—	4400
海南	—	660	2	2	—	—	—
重庆	1137	6793	7435	4260	15	—	3160
四川	180	30588	8439	4180	2965	—	1294
贵州	226	68785	38033	37107	—	—	926
云南	—	26735	21985	14334	2	—	7649
西藏	—	—	—	—	—	—	—
陕西	5646	90498	10814	10601	1	3	209
甘肃	36	6818	7576	120	7446	10	—
青海	—	—	—	—	—	—	—
宁夏	—	—	—	—	—	—	—
新疆	—	4250	3	—	—	3	—
新疆兵团	—	30	—	—	—	—	—
大兴安岭	—	450	—	—	—	—	—

产品生产情况(三)

单位:吨

林产工业原料							
合　计	其中						
	生漆	油桐籽	乌桕籽	五倍子	棕片	松脂	紫胶（原胶）
1787965	**26027**	**427048**	**39467**	**23190**	**55171**	**1215065**	**1997**
—	—	—	—	—	—	—	—
—	—	—	—	—	—	—	—
—	—	—	—	—	—	—	—
—	—	—	—	—	—	—	—
—	—	—	—	—	—	—	—
—	—	—	—	—	—	—	—
—	—	—	—	—	—	—	—
—	—	—	—	—	—	—	—
—	—	—	—	—	—	—	—
—	—	—	—	—	—	—	—
—	—	—	—	—	—	—	—
—	—	—	—	—	—	—	—
12	—	—	12	—	—	—	—
2582	—	84	—	—	437	2061	—
16825	405	2730	120	75	2577	10918	—
138303	172	23136	1585	140	14886	98369	15
102068	81	8189	325	143	2723	90607	—
—	—	—	—	—	—	—	—
115436	2100	96241	10052	4131	—	2912	—
88539	7603	19008	19988	2767	3274	35899	—
92457	1295	42430	960	2932	7288	37552	—
207698	39	7563	697	—	2597	196344	458
649606	34	77528	40	97	3319	568588	—
3773	—	—	—	—	—	3773	—
28671	6607	13191	1168	7015	688	2	—
23386	546	17281	1275	461	1264	2537	22
96084	3086	77675	2467	1537	3755	7559	5
187984	583	19314	62	202	9177	157149	1497
—	—	—	—	—	—	—	—
34243	3443	22622	716	3503	3164	795	—
298	33	56	—	187	22	—	—
—	—	—	—	—	—	—	—
—	—	—	—	—	—	—	—
—	—	—	—	—	—	—	—
—	—	—	—	—	—	—	—
—	—	—	—	—	—	—	—

表4 各地区油茶生产情况

地区	油茶产业发展情况										年末实有花卉种植面积(公顷)
	年末实有油茶林面积(公顷)			繁殖圃		苗木产量(万株)			油茶籽产量(万吨)	油茶企业(个)	
	合计	当年新造面积	当年低改面积	个数(个)	面积(公顷)	合计	其中:一年生苗木产量	其中:二年留床苗木产量			
全国合计	**3498865**	**235916**	**114238**	**517**	**4942**	**124362**	**66510**	**35576**	**173**	**1643**	**969063**
北京	—	—	—	—	—	—	—	—	—	—	4933
天津	—	—	—	—	—	—	—	—	—	—	231
河北	—	—	—	—	—	—	—	—	—	—	33434
山西	—	—	—	—	—	—	—	—	—	—	1079
内蒙古	—	—	—	—	—	—	—	—	—	—	555
内蒙古集团	—	—	—	—	—	—	—	—	—	—	—
辽宁	—	—	—	—	—	—	—	—	—	—	30577
吉林	—	—	—	—	—	—	—	—	—	—	2058
吉林集团	—	—	—	—	—	—	—	—	—	—	—
黑龙江	—	—	—	—	—	—	—	—	—	—	6720
龙江集团	—	—	—	—	—	—	—	—	—	—	3
上海	—	—	—	—	—	—	—	—	—	—	2230
江苏	182	29	—	—	—	—	—	—	—	—	122875
浙江	137276	7804	6132	29	126	3173	1638	1052	6	204	57328
安徽	91248	21309	4391	22	232	8019	6208	1741	6	124	27904
福建	133860	20329	5761	37	153	10076	6067	2316	9	322	33431
江西	855258	31424	19224	107	799	23047	10179	5120	45	195	34272
山东	—	—	—	—	—	—	—	—	—	—	149900
河南	30611	5481	57	10	64	978	802	176	1	12	100576
湖北	155646	15171	6324	54	1823	8422	3694	2213	9	158	35833
湖南	1290214	34109	40238	100	568	19061	13774	5197	68	297	36479
广东	147818	13764	10442	35	261	5315	2122	1087	7	131	72444
广西	305488	16737	8103	27	157	10136	8149	1022	16	32	22234
海南	297	150	—	3	11	130	120	10	—	4	7648
重庆	23370	6299	—	3	247	5828	3165	920	1	12	19828
四川	13597	626	67	12	61	1551	350	13	—	1	44389
贵州	111432	7020	—	18	48	2794	1002	1763	4	28	100159
云南	185611	52561	12868	14	174	22041	6647	11749	1	115	13948
西藏	—	—	—	—	—	—	—	—	—	—	—
陕西	16024	3103	631	46	218	3791	2592	1198	1	8	3972
甘肃	933	—	—	—	—	—	—	—	—	—	1946
青海	—	—	—	—	—	—	—	—	—	—	56
宁夏	—	—	—	—	—	—	—	—	—	—	1034
新疆	—	—	—	—	—	—	—	—	—	—	984
新疆兵团	—	—	—	—	—	—	—	—	—	—	4
大兴安岭	—	—	—	—	—	—	—	—	—	—	6

表 5　各地区花卉产业发展情况

花卉产业发展情况											
切花切叶产量（万支）	盆栽植物产量（万盆）	观赏苗木产量（万株）	草坪产量（万平方米）	花卉市场（个）	花卉企业（个）		花农（万户）	花卉从业人员（万人）		控温温室面积（万平方米）	日光温室面积（万平方米）
					合计	其中：大中型企业		合计	其中：专业技术人员		
1852986	**343636**	**1240789**	**52433**	**4233**	**43020**	**9007**	**129.49**	**462.81**	**26.86**	**4006**	**16658**
8089	20046	1594	817	40	269	100	0.16	1.19	0.12	152	423
562	1747	420	110	12	76	5	0.21	0.54	0.06	27	84
85329	7622	74270	6252	256	708	72	3.98	11.16	0.98	196	812
351	1339	1870	41	198	247	16	0.13	0.88	0.18	15	1530
1891	1662	1673	55	76	40	—	0.12	0.43	0.05	4	73
—	—	—	—	—	—	—	—	—	—	—	—
158220	40657	15935	3045	65	427	173	9.78	15.64	0.62	399	3875
3219	400	537	128	65	145	12	0.27	1.14	0.10	7	19
—	—	13	—	—	—	—	—	—	—	—	—
872	716	4220	138	33	71	16	0.08	4.54	0.24	20	15
2	16	11	—	—	—	—	—	0.01	—	—	2
45874	6832	521	1154	17	253	56	0.15	0.60	0.08	67	163
170114	39443	434289	20499	334	5125	1683	21.07	69.12	1.30	666	1168
139160	21825	245804	3889	121	7372	2284	14.24	51.29	2.75	401	1398
5561	6253	22126	2916	293	1318	173	5.25	14.78	1.40	47	129
109547	43709	34071	661	97	3054	553	5.74	27.13	1.31	544	2255
30347	10233	36652	520	470	1437	95	2.31	7.54	0.91	18	50
136364	48482	164040	831	382	2516	479	9.74	36.28	4.36	694	1326
72436	6791	70692	618	192	2078	565	10.68	51.67	1.56	186	334
8680	12437	27546	1029	266	1293	117	3.38	11.50	1.09	25	70
1910	9629	19650	2393	258	1675	265	8.20	40.73	1.93	52	86
200653	22330	29417	2650	106	8538	1484	3.00	15.37	1.12	111	937
9480	10608	7851	1230	85	754	53	9.21	42.83	0.97	16	59
146871	11883	13016	640	34	707	150	1.15	3.09	0.24	85	33
9027	5664	6076	1294	129	1454	86	3.80	13.35	0.63	19	49
37147	7405	10185	1349	408	2435	414	10.72	24.00	3.25	37	778
22022	1144	4627	30	56	227	30	0.19	0.77	0.06	17	11
423062	962	1308	61	51	408	59	3.89	11.85	1.15	30	398
—	—	—	—	—	—	—	—	—	—	—	—
649	710	8510	53	46	180	17	0.59	3.07	0.24	57	55
7939	1090	676	15	85	154	38	1.22	1.50	0.12	104	124
7278	209	13	—	4	1	—	0.01	0.02	0.01	2	10
9376	1077	299	2	12	43	10	0.18	0.52	0.01	—	341
934	485	2901	18	42	15	2	0.04	0.29	0.04	8	56
—	20	—	—	—	1	—	—	—	—	2	—
20	242	1	—	—	—	—	—	0.01	—	—	—

表6 各地区主要林产

地区	锯材				木片、木粒加工产品（万实积立方米）	木竹			
						总计	胶合板		
	合计	普通锯材	特种锯材	枕木及其他锯材			合计	木胶合板	竹胶合板
全国合计	**5568.19**	**5389.03**	**44.07**	**135.09**	**2906.93**	**22335.79**	**10981.17**	**9849.70**	**405.44**
北京	—	—	—	—	—	19.48	—	—	—
天津	—	—	—	—	—	15.80	—	—	—
河北	211.70	211.70	—	—	30.21	1111.62	369.77	368.87	—
山西	1.26	1.26	—	—	6.11	39.03	0.99	0.39	—
内蒙古	604.21	603.21	1.01	—	13.74	83.89	25.41	25.41	—
内蒙古集团	—	—	—	—	—	—	—	—	—
辽宁	280.57	274.67	1.20	4.70	116.12	344.25	104.33	84.65	—
吉林	149.83	143.42	5.21	1.21	8.83	348.75	131.40	68.40	—
吉林集团	1.07	1.07	—	—	0.81	57.31	0.37	0.37	—
黑龙江	528.40	522.98	5.42	—	41.40	300.76	177.41	173.01	—
龙江集团	49.02	48.28	0.74	—	15.52	57.17	3.61	2.90	—
上海	1.65	1.65	—	—	1.53	22.62	8.64	8.64	—
江苏	208.34	204.88	3.46	—	126.43	4018.94	2558.73	2523.63	4.42
浙江	314.13	308.07	3.00	3.07	60.16	601.66	189.07	76.92	109.65
安徽	345.77	336.32	0.78	8.67	155.16	1306.41	588.57	510.84	49.35
福建	174.66	174.66	—	—	116.44	787.12	327.23	244.50	79.19
江西	190.93	169.62	17.00	4.31	41.00	318.83	120.55	80.49	34.96
山东	920.11	832.26	2.17	85.68	1165.64	6253.67	3575.34	3486.97	—
河南	153.99	153.99	—	—	184.86	1404.47	644.59	428.85	—
湖北	73.99	73.19	—	0.81	33.89	398.95	73.72	60.81	0.51
湖南	277.18	263.11	1.35	12.73	25.78	456.28	207.44	114.65	54.78
广东	148.58	148.08	0.22	0.28	250.60	990.33	210.56	170.60	0.09
广西	368.53	367.98	—	0.55	349.17	2297.45	1318.36	1156.78	—
海南	64.98	57.93	2.37	4.68	18.85	34.17	18.35	16.85	—
重庆	19.15	15.92	0.80	2.44	8.18	71.06	27.86	21.82	4.94
四川	241.02	237.13	—	3.89	58.04	690.94	198.86	134.62	63.58
贵州	78.73	77.89	0.05	0.79	9.73	69.19	45.49	34.99	3.79
云南	155.76	155.72	0.04	—	28.95	228.48	49.39	49.27	0.08
西藏	9.02	9.02	—	—	—	0.19	0.19	0.09	0.10
陕西	14.59	13.31	—	1.29	24.04	88.41	5.22	3.96	—
甘肃	—	—	—	—	—	0.60	0.60	0.60	—
青海	0.06	0.06	—	—	—	—	—	—	—
宁夏	—	—	—	—	—	—	—	—	—
新疆	12.20	12.20	—	—	—	11.34	2.97	2.97	—
新疆兵团	—	—	—	—	—	0.12	0.12	0.12	—
大兴安岭	18.84	18.84	—	—	32.08	21.11	0.13	0.13	—

工业产品产量(一)

单位:万立方米

加工制品									
	人造板								
	纤维板						刨花板		
其他胶合板	合计	木质纤维板				非木质纤维板	合计	木质刨花板	非木质刨花板
		小计	硬质纤维板	中密度纤维板	软质纤维板				
726.03	**5800.35**	**5689.80**	**654.05**	**5022.45**	**13.30**	**110.55**	**2349.55**	**2326.29**	**23.26**
—	19.48	19.48	—	19.48	—	—	—	—	—
—	12.50	12.50	—	12.50	—	—	3.30	3.30	—
0.90	340.18	340.18	21.62	318.56	—	—	165.31	156.31	9.00
0.60	19.43	19.43	—	19.43	—	—	15.60	15.60	—
—	13.58	13.58	0.03	13.55	—	—	26.69	26.69	—
—	—	—	—	—	—	—	—	—	—
19.67	117.51	117.51	0.78	116.73	—	—	39.93	39.93	—
63.00	87.34	87.34	—	87.34	—	—	82.60	82.16	0.44
—	12.51	12.51	—	12.51	—	—	43.96	43.52	0.44
4.40	56.37	56.37	23.67	32.70	—	—	35.36	31.33	4.02
0.71	16.53	16.53	0.47	16.06	—	—	26.74	22.72	4.02
—	13.98	13.98	10.64	3.34	—	—	—	—	—
30.69	748.96	748.96	17.96	729.05	1.95	—	227.30	227.17	0.13
2.50	119.47	119.37	1.80	117.27	0.30	0.10	19.02	17.14	1.88
28.38	331.36	331.36	47.18	284.18	—	—	62.83	60.63	2.20
3.54	150.14	150.14	12.13	138.01	—	—	141.69	141.69	—
5.10	100.30	97.30	4.00	93.30	—	3.00	18.72	18.72	—
88.36	1150.44	1050.02	415.01	630.08	4.93	100.42	1166.70	1162.38	4.32
215.74	365.35	365.35	13.57	347.67	4.12	—	81.29	81.03	0.26
12.40	258.44	256.41	6.34	250.07	—	2.03	9.19	9.19	—
38.00	56.81	55.81	19.61	36.20	—	1.00	37.14	37.14	—
39.88	462.30	462.30	—	462.30	—	—	133.91	133.41	0.50
161.58	681.47	681.47	54.69	626.78	—	—	38.87	38.87	—
1.50	6.40	6.40	—	6.40	—	—	9.00	9.00	—
1.09	42.04	38.04	0.80	37.24	—	4.00	0.05	0.05	—
0.66	384.31	384.31	4.23	378.09	2.00	—	27.95	27.45	0.50
6.71	7.02	7.02	—	7.02	—	—	0.09	0.09	—
0.05	152.09	152.09	—	152.09	—	—	6.76	6.76	—
—	—	—	—	—	—	—	—	—	—
1.26	82.23	82.23	—	82.23	—	—	0.07	0.07	—
—	—	—	—	—	—	—	—	—	—
—	—	—	—	—	—	—	—	—	—
—	—	—	—	—	—	—	—	—	—
—	8.36	8.36	—	8.36	—	—	—	—	—
—	—	—	—	—	—	—	—	—	—
—	12.47	12.47	—	12.47	—	—	0.19	0.19	—

表 6　各地区主要林产

地　区	人造板		二次加工材及相关板材				木竹	
	其他人造板						木竹地板	
	合计	其中:细木工板	单板	强化木	指接材	人造板表面装饰板（万平方米）	合计	实木木地板
全国合计	**3204.71**	**1867.66**	**3491.99**	**33.12**	**395.42**	**19207.00**	**60430.54**	**12541.06**
北　京	—	—	—	—	—	—	154.60	—
天　津	—	—	—	—	—	240.40	38.30	10.10
河　北	236.36	177.50	20.48	—	—	169.34	140.00	100.00
山　西	3.00	—	—	—	—	250.43	—	—
内蒙古	18.22	12.11	5.70	—	—	—	16.74	16.74
内蒙古集团	—	—	—	—	—	—	—	—
辽　宁	82.49	46.70	1.28	—	2.14	—	3422.80	1669.33
吉　林	47.41	32.87	23.93	—	4.51	5.34	3400.46	483.87
吉林集团	0.47	0.15	—	—	0.05	—	351.49	—
黑龙江	31.62	29.83	17.24	—	1.94	87.67	661.24	469.86
龙江集团	10.29	9.98	7.33	—	1.94	87.46	92.79	64.86
上　海	—	—	—	—	—	1.02	3290.13	580.66
江　苏	483.95	236.86	1049.84	0.68	—	121.50	14388.82	121.57
浙　江	274.11	253.94	0.84	15.21	108.56	13312.63	11904.93	5719.11
安　徽	323.65	195.07	42.67	—	9.10	580.20	5942.40	209.58
福　建	168.05	139.87	2.39	—	113.41	103.40	1745.14	17.37
江　西	79.26	68.52	2.07	—	25.75	135.10	1620.11	236.59
山　东	361.19	132.31	1334.58	8.40	80.62	763.96	6193.77	814.74
河　南	313.23	133.94	93.55	—	—	5.19	276.10	57.20
湖　北	57.61	55.66	46.74	6.00	1.29	2101.55	2927.69	47.89
湖　南	154.89	125.01	3.82	—	14.88	4.04	1290.26	249.48
广　东	183.56	5.65	81.69	—	0.20	1317.71	1087.36	579.11
广　西	258.75	131.71	749.17	—	16.68	6.62	89.11	65.92
海　南	0.42	0.38	3.50	—	—	—	16.30	2.30
重　庆	1.12	1.12	—	—	1.62	—	4.90	3.20
四　川	79.82	60.97	0.15	0.83	11.77	0.91	1474.18	791.39
贵　州	16.58	8.93	0.83	—	2.85	—	55.39	7.54
云　南	20.24	11.45	8.69	0.50	0.05	—	269.60	267.40
西　藏	—	—	—	—	—	—	0.08	—
陕　西	0.88	0.87	0.44	1.50	0.05	—	—	—
甘　肃	—	—	—	—	—	—	—	—
青　海	—	—	—	—	—	—	—	—
宁　夏	—	—	—	—	—	—	—	—
新　疆	—	—	—	—	—	—	—	—
新疆兵团	—	—	—	—	—	—	—	—
大兴安岭	8.33	6.37	2.39	—	—	—	20.11	20.11

工业产品产量(二)

单位:万立方米

加工制品（万平方米）			林产化学产品(吨)					
			松香类产品			松节油类产品		
复合木地板	其他木地板	竹地板	合 计	松香	松香深加工产品	合 计	松节油	松节油深加工产品
37063.04	**5918.04**	**4908.40**	**1409995**	**1091832**	**318163**	**187393**	**159923**	**27470**
154.60	—	—	—	—	—	—	—	—
28.20	—	—	—	—	—	—	—	—
40.00	—	—	—	—	—	—	—	—
—	—	—	—	—	—	—	—	—
—	—	—	—	—	—	—	—	—
—	—	—	—	—	—	—	—	—
1753.26	0.22	—	—	—	—	—	—	—
2798.37	118.22	—	—	—	—	—	—	—
351.49	—	—	—	—	—	—	—	—
190.18	1.00	0.20	—	—	—	—	—	—
27.93	—	—	—	—	—	—	—	—
2709.47	—	—	—	—	—	—	—	—
13671.59	9.26	586.40	—	—	—	—	—	—
5161.23	226.30	798.29	17800	—	17800	11000	—	11000
1208.55	3858.74	665.53	6059	6059	—	1725	1725	—
281.00	—	1446.77	112355	92197	20158	17206	7761	9445
120.27	210.67	1052.58	93857	57176	36681	34289	32313	1976
4552.12	748.91	78.00	—	—	—	—	—	—
56.40	162.50	—	2591	2591	—	—	—	—
2625.71	242.02	12.07	13252	13037	215	3277	2791	486
613.93	263.50	163.35	31221	23968	7253	4984	4950	34
504.51	0.30	3.44	97598	67531	30067	4776	4776	—
8.18	0.01	15.00	790803	629256	161547	67011	62482	4529
2.00	9.00	3.00	357	357	—	135	135	—
1.20	—	0.50	810	810	—	—	—	—
578.03	67.19	37.58	2428	815	1613	27	27	—
2.04	0.13	45.69	5432	5432	—	698	698	—
2.20	—	—	235432	192603	42829	42265	42265	—
—	0.08	—	—	—	—	—	—	—
—	—	—	—	—	—	—	—	—
—	—	—	—	—	—	—	—	—
—	—	—	—	—	—	—	—	—
—	—	—	—	—	—	—	—	—
—	—	—	—	—	—	—	—	—
—	—	—	—	—	—	—	—	—
—	—	—	—	—	—	—	—	—

表6　各地区主要林产工业产品产量(三)

单位:吨

地　区	林产化学产品											
	樟脑		冰片		栲胶类产品			紫胶类产品			木材热解产品	
	合计	其中:合成樟脑	合计	其中:合成冰片	合计	栲胶	栲胶深加工产品	合计	紫胶	紫胶深加工产品	合计	其中:木炭
全国合计	**11444**	**10642**	**925**	**—**	**6926**	**6926**	**—**	**2494**	**1971**	**523**	**794023**	**360206**
北　京	—	—	—	—	—	—	—	—	—	—	—	—
天　津	—	—	—	—	—	—	—	—	—	—	—	—
河　北	—	—	—	—	2000	2000	—	—	—	—	1020	1020
山　西	—	—	—	—	—	—	—	—	—	—	480	—
内蒙古	—	—	—	—	203	203	—	—	—	—	—	—
内蒙古集团	—	—	—	—	—	—	—	—	—	—	—	—
辽　宁	—	—	—	—	—	—	—	—	—	—	10826	10826
吉　林	—	—	—	—	—	—	—	—	—	—	7300	7300
吉林集团	—	—	—	—	—	—	—	—	—	—	—	—
黑龙江	—	—	—	—	—	—	—	—	—	—	2100	1115
龙江集团	—	—	—	—	—	—	—	—	—	—	—	—
上　海	—	—	—	—	—	—	—	—	—	—	—	—
江　苏	—	—	—	—	—	—	—	—	—	—	30	30
浙　江	—	—	—	—	—	—	—	—	—	—	141779	16532
安　徽	—	—	—	—	—	—	—	—	—	—	58135	49577
福　建	10261	10261	—	—	—	—	—	152	152	—	159009	339
江　西	1095	295	5	—	—	—	—	—	—	—	67874	2478
山　东	—	—	—	—	—	—	—	—	—	—	—	—
河　南	—	—	—	—	—	—	—	—	—	—	5400	5400
湖　北	—	—	—	—	—	—	—	—	—	—	—	—
湖　南	22	20	920	—	—	—	—	3	3	—	44690	38980
广　东	—	—	—	—	—	—	—	455	455	—	2080	2080
广　西	—	—	—	—	4517	4517	—	—	—	—	57480	55743
海　南	—	—	—	—	—	—	—	—	—	—	326	326
重　庆	—	—	—	—	—	—	—	—	—	—	20	20
四　川	66	66	—	—	—	—	—	13	13	—	—	—
贵　州	—	—	—	—	—	—	—	—	—	—	44263	44263
云　南	—	—	—	—	206	206	—	1871	1348	523	106608	106608
西　藏	—	—	—	—	—	—	—	—	—	—	—	—
陕　西	—	—	—	—	—	—	—	—	—	—	8000	8000
甘　肃	—	—	—	—	—	—	—	—	—	—	—	—
青　海	—	—	—	—	—	—	—	—	—	—	—	—
宁　夏	—	—	—	—	—	—	—	—	—	—	—	—
新　疆	—	—	—	—	—	—	—	—	—	—	—	—
新疆兵团	—	—	—	—	—	—	—	—	—	—	—	—
大兴安岭	—	—	—	—	—	—	—	—	—	—	76603	9569

表 7　各地区林业旅游与休闲产业发展情况

地　区	旅游人次（人次）	旅游收入（万元）	人均花费（元）	直接带动的其他产业产值（万元）
全国合计	**1481687372**	**35225496**	**238**	**55786407**
北　京	224636167	236244	11	218547
天　津	1669323	9801	59	5881
河　北	22792487	244078	107	240524
山　西	4499550	47698	106	49235
内蒙古	5539658	131549	237	79642
内蒙古集团	526000	28901	549	11243
辽　宁	39657859	1540034	388	1696586
吉　林	13726347	621269	453	209724
吉林集团	498026	22280	447	5380
黑龙江	11286419	577652	512	240396
龙江集团	5970557	314830	527	144464
上　海	3731367	8088	22	681
江　苏	85284044	1797373	211	1496458
浙　江	142616282	2526537	177	1237785
安　徽	55376326	1557984	281	5379155
福　建	32531110	554631	170	2137076
江　西	43402710	2471798	570	10800615
山　东	79198479	1573718	199	3247228
河　南	61822956	609308	99	1809048
湖　北	39056143	1104324	283	2192345
湖　南	65868373	3170759	481	11686741
广　东	160434941	8894920	554	1511300
广　西	28734737	441630	154	564194
海　南	8137863	127407	157	234353
重　庆	34104517	586532	172	229228
四　川	195739839	4101165	210	8037847
贵　州	56568526	1267135	224	1343254
云　南	25208542	259489	103	199001
西　藏	132000	3125	237	20187
陕　西	14827219	230217	155	330388
甘　肃	7125799	44469	62	37041
青　海	277460	2977	107	3232
宁　夏	7064721	93360	132	182007
新　疆	9680338	302792	313	189666
新疆兵团	247000	4940	200	28300
大兴安岭	955270	87433	915	177042

表 8 各地区森林公园建设

地区	森林公园总数(处)	森林公园总面积(公顷)	国家森林公园数量(处)	国家森林公园面积(公顷)	省级森林公园数量(处)	省级森林公园面积(公顷)	县级森林公园数量(处)
全国合计	**2855**	**17382116**	**765**	**12051117**	**1315**	**4112427**	**775**
北京	28	89540	15	68441	13	21099	0
天津	1	2126	1	2126	0	0	0
河北	93	507702	27	298852	66	208850	0
山西	111	537906	18	381790	37	111143	56
内蒙古	53	1151685	29	912506	23	233809	1
内蒙古集团	8	400927	8	400927	0	0	0
辽宁	69	227148	29	141446	40	85702	0
吉林	52	2461972	32	2011237	20	450735	0
吉林集团	8	89773	8	89773	0	0	0
黑龙江	102	1844114	56	1628704	46	215410	0
龙江集团	42	1329403	24	1209159	18	120244	0
上海	5	2252	4	1952	1	300	0
江苏	61	98010	16	36730	45	61281	0
浙江	177	430300	38	220825	78	127613	61
安徽	64	147411	29	103611	35	43800	0
福建	178	234490	28	121506	129	89728	21
江西	162	509340	44	363692	104	117792	14
山东	239	396926	39	179124	73	97516	127
河南	150	349968	28	118872	74	137438	48
湖北	87	396065	31	270351	56	125714	0
湖南	113	433632	48	255143	53	154827	12
广东	457	1067664	25	206684	72	112155	360
广西	51	260278	20	212647	26	46600	5
海南	13	141790	8	116287	4	23997	1
重庆	81	185589	25	133937	55	50817	1
四川	119	748411	32	639753	53	89205	34
贵州	74	261513	22	151809	31	91409	21
云南	40	147107	27	112612	13	34495	0
西藏	9	1329608	9	1329608	0	0	0
陕西	83	314532	32	162987	46	145698	5
甘肃	93	959098	21	434401	72	524696	0
青海	17	462278	7	293297	10	168982	0
宁夏	11	37629	4	28587	7	9042	0
新疆	60	1516058	19	981629	33	532573	8
大兴安岭	2	129972	2	129972	0	0	0

与经营情况主要指标(一)

县级森林公园面积(公顷)	旅游收入					旅游接待人数	
	合计(万元)	门票收入(万元)	食宿收入(万元)	娱乐收入(万元)	其他收入(万元)	旅游总人数(万人次)	海外旅游者(万人次)
1218572	**4533050**	**823832**	**1885143**	**554929**	**1269146**	**54797**	**1542**
0	25793	2778	18789	2163	2063	600	3
0	1180	910	0	0	270	23	1
0	44405	25244	11548	3276	4337	894	21
44973	71713	15162	28183	5131	23237	1772	6
5370	31852	6432	11155	3408	10857	338	4
0	24310	3680	9568	2105	8957	48	0
0	98478	18680	52810	15153	11836	1972	87
0	187957	10489	111315	32100	34053	1139	31
0	3854	39	3357	320	139	30	1
0	128782	14687	64091	18068	31936	966	23
0	83952	9851	39558	14506	20037	371	6
0	7240	4941	87	1474	737	474	4
0	167811	34854	33934	9654	89369	4372	187
81862	1220454	129705	530844	190340	369565	3479	180
0	65365	16935	37140	3796	7494	1234	11
23256	68146	9863	30188	9072	19023	1849	167
27857	492324	60421	238001	94778	99125	4509	44
120287	159770	80333	41824	7567	30046	2980	96
93657	94373	48585	33424	2381	9983	2319	38
0	91793	10812	39839	25147	15994	1499	26
23662	217474	118837	42491	11828	44317	3042	149
748824	198042	39598	94546	16726	47173	8004	267
1031	66749	18090	21461	5818	21379	593	14
1506	35722	17000	16118	266	2338	318	10
835	386560	37398	185242	40793	123128	4753	45
19454	391671	40594	201787	46133	103158	1992	85
18295	160288	6165	10024	3545	140555	2438	10
0	18053	10876	1665	114	5398	858	11
0	9071	4279	2099	1641	1052	89	1
5848	39664	20364	12376	1902	5021	721	11
0	8871	2511	3723	1570	1067	492	3
0	12494	4121	590	54	7729	253	0
0	3976	1706	1210	680	380	185	0
1856	24826	11461	6854	163	6349	630	8
0	2153	1	1785	189	179	10	0

表 8 各地区森林公园建设

地区	本年度投入资金				其中环境建设投入（万元）	本年度环境建设情况	
	合计（万元）	国投（万元）	自筹（万元）	引资（万元）		植树造林（公顷）	改造林相（公顷）
全国合计	**4320741**	**898962**	**1205433**	**2216346**	**479851**	**112491**	**171431**
北 京	23204	15778	7076	350	3769	109	4647
天 津	980	0	320	660	160	0	330
河 北	13520	2540	8550	2430	3250	1683	2693
山 西	146114	12350	13064	120700	9542	1456	4352
内蒙古	114949	15583	30946	68420	7172	7760	6500
内蒙古集团	26563	6162	20401	0	1116	855	3148
辽 宁	93092	22179	64918	5995	31453	4352	2204
吉 林	1034397	8260	20647	1005490	2483	4646	816
吉林集团	3477	0	2877	600	564	207	383
黑龙江	124715	34824	75691	14200	11352	9505	28044
龙江集团	63081	14208	42694	6178	7786	7021	26084
上 海	11300	6519	4781	0	5873	15	246
江 苏	227281	52990	103408	70883	53291	5088	4839
浙 江	397568	145627	135963	115978	72217	1996	7056
安 徽	93753	17286	34125	42342	9965	885	2298
福 建	54115	8995	41138	3982	14006	3912	3231
江 西	114465	30903	33704	49858	30835	5267	12844
山 东	181386	39156	97013	45217	27371	9956	18589
河 南	94993	10097	40941	43955	15429	13645	14396
湖 北	150077	48929	20374	80774	14927	4217	7996
湖 南	130214	51535	26069	52610	25554	5167	10987
广 东	181550	54660	57815	69076	36081	5662	8362
广 西	30073	8847	15524	5702	8118	696	529
海 南	34906	1348	25558	8000	1329	266	2
重 庆	271809	62392	94607	114810	14202	4672	4427
四 川	109455	46428	40466	22562	19313	5567	2949
贵 州	373302	80125	110849	182328	25722	2595	1213
云 南	25896	6204	16000	3692	2080	2326	4866
西 藏	5368	845	4523	0	25	0	80
陕 西	105627	27824	33928	43876	22960	2686	6659
甘 肃	38834	19068	14905	4861	3254	2141	2761
青 海	41182	18413	6379	16390	2153	4870	3742
宁 夏	34093	19972	7278	6843	3180	1121	357
新 疆	59439	29146	17978	12315	2375	222	3287
大兴安岭	3086	140	896	2050	410	10	130

与经营情况主要指标(二)

从业人员情况		基础设施现状				社会旅游从业人员（人）
职工总数（人）	导游人数（人）	车船总数（台/艘）	游步道总数（千米）	床位总数（张）	餐位总数（个）	
160393	**18395**	**33591**	**64233**	**783149**	**1414934**	**665085**
1121	66	147	611	1584	5934	4421
109	12	28	19	340	600	1200
4950	674	721	2307	87240	95600	18581
3274	575	826	1521	56500	64134	13636
2915	202	559	2382	10568	18696	17504
788	66	175	729	4537	4516	12370
3450	303	1575	1979	31260	53639	23064
7184	560	2774	3368	34540	88580	19528
545	34	635	573	2275	6890	998
5966	1062	3468	4344	46066	84406	22067
3675	634	2220	2424	29494	59310	17125
463	45	485	112	70	1480	902
10756	853	1094	1838	19984	48887	19479
16844	1822	8774	2550	79324	139373	52426
4472	246	328	1425	8890	21465	22805
7328	820	876	3147	7500	23837	18896
7122	936	1719	4269	40775	87864	34127
14701	1804	1825	5525	45326	117834	145567
7016	2009	1138	2096	41836	82940	31748
9458	958	720	3129	38440	40450	26275
12693	716	788	3744	31814	77011	30076
11809	766	1547	3568	30286	73657	36518
2624	210	1066	740	15101	26530	9274
2378	169	174	308	2086	9240	834
4226	1344	742	2942	38120	68535	19198
4680	977	503	2291	52942	55694	28583
3710	148	295	1879	10196	30861	12698
1398	157	247	1051	3787	8917	6881
233	57	59	117	649	583	434
3466	408	337	1638	12428	24140	31418
3457	207	172	1560	11107	16055	4326
466	112	120	557	7568	20799	3657
602	50	89	365	699	1655	1786
1268	118	383	2413	15523	23738	6476
254	9	12	440	600	1800	700

人造板工业

【概　述】

人造板发展现状　进入21世纪以来，中国人造板工业高速发展，现有人造板企业万余家，产能超过2亿立方米，产值8000多亿元，是世界人造板生产、消费和进出口贸易的第一大国。2012年产量2.23亿立方米，占到世界总量的55%，同比增长6.77%。其中胶合板占49%，纤维板占26%，刨花板占11%，其他板占14%。欧盟人造板产量比例为刨花板60%，MDF23%，OSB7%，胶合板5%，硬/软木板5%。中国6000多家胶合板企业，民营为主，大多数单板生产企业规模不到1万立方米。2012年产量接近1.1亿立方米，同比增长11.3%。比2001年增长了11倍，出口金额增长约19倍(见表1)。其中，木胶合板9849.70万立方米，竹胶合板405.44万立方米，其他胶合板726.03万立方米。

表1　2001～2012年胶合板进出口贸易量

年度	国内产量(万立方米)	进口数量(万立方米)	进口金额(千美元)	出口数量(万立方米)	出口金额(千美元)
2001	904.51	65.0859	254 445	96.5361	242 272
2002	1135.21	63.6130	258 957	179.2423	427 048
2003	2102.35	79.7810	355 124	204.0470	495 433
2004	2098.62	79.9298	384 280	430.5484	1 249 941
2005	2514.97	58.9120	276 681	558.3972	1 879 039
2006	2728.78	41.3429	197 174	830.3695	2 910 501
2007	3561.56	30.4098	170 383	871.5903	3 577 941
2008	3540.86	29.3937	167 469	718.5060	3 400 530
2009	4451.24	17.9178	89 042	563.4800	2 523 949
2010	7139.66	21.3672	116 042	754.6940	3 402 140
2011	9869.63	18.8371	119 681	957.2461	4 339 929
2012	10 981.17	17.8781	119 546	1003.2149	4 795 625

800条纤维板生产线分布在20多个省(区、市)。2012年纤维板产量5800.35万立方米，同比增长4.3%。比2001年增长了9倍，出口金额增长了173倍(见表2)。其中，木质纤维板5689.80万立方米，非木质纤维板110.55万立方米。木质纤维板中硬质纤维板654.05万立方米，中密度纤维板5022.45万立方米，软质纤维板13.30万立方米。

表2　2001～2012年纤维板进出口贸易量

年度	国内产量(万立方米)	进口数量(万立方米)	进口金额(千美元)	出口数量(万立方米)	出口金额(千美元)
2001	570.11	107.0243	279 101	2.6815	9280
2002	767.42	125.1646	302 642	8.0338	20 536
2003	1128.33	139.4223	320 892	6.3556	20 662
2004	1560.46	137.7045	272 725	50.9945	125 121
2005	2060.56	113.7113	229 268	137.6697	396 067

（续）

年度	国内产量（万立方米）	进口数量（万立方米）	进口金额（千美元）	出口数量（万立方米）	出口金额（千美元）
2006	2466.6	92.4481	195 714	196.8316	635 782
2007	2729.85	70.2512	168 916	305.6768	1 085 801
2008	2906.56	50.4505	140 415	238.2562	1 094 538
2009	3488.56	45.2979	119 570	203.1141	884 401
2010	4354.54	40.0071	124 654	256.9456	1 114 253
2011	5562.12	30.6210	107 114	329.1031	1 435 693
2012	5800.35	21.1524	93 740	360.9069	1 613 657

刨花板生产线800多条，能力超过2000万立方米，大部分企业规模为年产3万立方米。2012年产量2349.55万立方米，同比下降了8.2%。比2001年增长了6倍，出口金额增长了10倍(见表3)。其中：木质刨花板2326.29万立方米，非木质刨花板23.26万立方米。

表3　2001～2012年刨花板进出口贸易量

年度	国内产量（万立方米）	进口数量（万立方米）	进口金额（千美元）	出口数量（万立方米）	出口金额（千美元）
2001	344.53	44.7559	83 714	2.4958	6063
2002	369.31	58.9686	104 455	5.1183	21 940
2003	547.41	62.3999	113 224	6.7463	20 022
2004	642.92	65.2594	123 197	13.0751	21 394
2005	576.08	63.3972	115 461	9.5035	18 396
2006	843.26	54.1102	101 730	14.1658	25 183
2007	829.07	52.4918	106 352	17.9824	34 758
2008	1142.23	37.4137	91 859	19.3171	45 873
2009	1431.00	44.6543	88 913	12.4944	32 712
2010	1264.20	53.9368	114 283	16.5527	41 387
2011	2559.39	54.7030	122 232	8.6786	56 411
2012	2349.55	54.0749	116 921	21.6685	66 454

2012年其他人造板年产量3205万立方米，同比增长9.46%。其中细木工板1888万立方米(见表4)。

表4　2007～2012年其他人造板产量

年度	其他人造板（万立方米）	细木工板（万立方米）
2007	1718.09	1324.18
2008	1820.29	1304.53
2009	2175.85	1478.71
2010	2602.43	1652.29
2011	2928.15	2034.16
2012	3204.71	1867.66

人造板生产分布　生产大省有山东省、江苏省、广西壮族自治区等，前10名省份见表5～表9。

表5　2012年人造板产量位列前10名的省份

省(区)	产量(万立方米)
山东	6253.67
江苏	4018.94
广西	2297.45
河南	1404.47
安徽	1306.41
河北	1111.62
广东	990.33
福建	787.12
四川	690.94
浙江	601.66

表6　2012年胶合板产量前10省

省(区)	产量(万立方米)
山东	3575.34
江苏	2558.73
广西	1318.36
河南	644.59
安徽	588.57
河北	369.77
福建	327.23
广东	210.56
湖南	207.44
四川	198.86

表7　2012年纤维板产量前10省

省(区)	产量(万立方米)
山东	1150.44
江苏	748.96
广西	681.47
广东	462.30
四川	384.31
河南	365.35
河北	340.18
安徽	331.36
湖北	258.44
云南	152.09

表8　2012年刨花板产量前10省

(续)

省(区)	产量(万立方米)
山东	1166.70
江苏	227.30
河北	165.31
福建	141.69
广东	133.91
吉林	82.60
河南	81.29
安徽	62.83
辽宁	39.93
广西	38.87

表9　2012年其他人造板产量前10省

省(区)	产量(万立方米)
江苏	483.95
山东	361.19
安徽	323.65
河南	313.23
浙江	274.11
广西	258.75
河北	236.36
广东	183.56
福建	168.05
湖南	154.89

【2012年人造板平均单价】　胶合板1868元/立方米，同比下降9.14%，中密度纤维板1505元/立方米，同比下降11.42%，刨花板1103元/立方米，同比增长3.37%。价格指数见表10。

表10　2012年人造板价格指数

指数	环比值	涨跌幅	同比值	涨跌幅	发布时间
130.9	-0.13	-0.10%	0.24	0.18%	2012-12-31
131.1	0.68	0.52%	1.50	1.61%	2012-11-30
130.4	-0.26	-0.20%	-1.02	-0.78%	2012-10-31
130.6	-0.01	-0.01%	-0.17	-0.13%	2012-9-30
130.6	0.35	0.27%	-0.34	-0.26%	2012-8-31
130.3	-0.46	-0.35%	-3.16	-2.37%	2012-7-31
130.8	-0.23	-0.18%	-1.88	-1.42%	2012-6-31
131.0	0.59	0.45%	1.00	0.77%	2012-5-31
130.4	-0.71	-0.54%	5.25	4.20%	2012-4-30
131.1	-1.40	-1.06%	17.66	15.57%	2012-3-31
132.5	2.18	1.67%	6.83	5.43%	2012-2-29
130.3	-0.36	-0.28%	8.38	6.87%	2012-1-31

【2012 年人造板行业主要经济指标】 全国规模以上人造板制造企业数为 4595 家。行业从业人数 750 721 人，同比增长 4.75%，工业销售产值 5952 亿元，同比增长 21.36%。出口交货值 281.77 亿元，同比增长 4.68%。主营业务成本 5056.65 亿元，同比增长 19.04%。利润额 406.6 亿元，同比增长 20.82%，利润率 6.87%。流动资产合计 1159.77 亿元，同比增长 16.61%，行业总负债 1089.7 亿元，同比增长 10.36%。行业负债率 43.80%。行业资产合计 2486.46 亿元，同比增长 16.78%。

【人造板行业未来市场发展趋势分析】 由于中国人造板生产行业门槛较低，属于完全竞争性行业，行业总体呈现出个别产品总量过剩、过度竞争以及低端市场竞争激烈、高端市场供应略显不足的局面。目前，中国已成为世界人造板生产第一大国，中国的人造板行业也已从快速发展时期迈入成熟期，随着前期投资建设的产能逐渐释放，人造板行业市场行业竞争也越发激烈。

国家林业局统计，中国人造板销量已从 2007 年的 8804.20 万立方米，增长至 2012 年的 2.72 亿立方米，年均复合增长率超过 20%。但受国内房地产调控政策和国际经济形势影响，自 2010 年始，人造板销量增速已出现放缓趋势。2012 年，中国人造板产销量分别为 2.86 亿立方米和 2.72 亿立方米，同比分别增长 21.56% 和 17.17%。

随着人造板产品下游需求的放缓，以及人们对健康环保产品的要求越来越高，人造板行业结构性产能过剩现象日趋明显；加上原材料价格和人工成本不断上涨，人造板生产企业经营压力较大。

未来人造板生产企业要在不利的行业环境下取得发展，需要整合木材资源，打造长期稳定的木材采购保障体系，提高产品环保性能，加快新产品研发步伐，提升品牌的知名度。

【人造板涂料生产】 2012 年全国生产各种涂料 1271.87 万吨。涂料作为家具产业的重要原辅料，众多家具漆企业都带着最新的产品和技术亮相各大家具展。

涂料发展 ①环保化。在家具展中涂料企业展示的家具漆大致主要为 3 类：PU 漆、UV 漆、水性漆。当下低碳环保理念盛行，家具产业与家具漆产业也不例外。家具漆作为家具产业的重要原辅料，其质量直接影响家具产业的低碳环保水平。在中国家具产业中，出口家具占有很大比重，美国、欧盟和日本都已经出台了限制和禁止使用溶剂型木器涂料的相关法规，这也促使中国的家具企业必须注重家具环保。

虽然目前中国政策没有明确规定不能使用溶剂型涂料，但随着技术的不断发展和环保理念的不断提升，溶剂型涂料将会逐渐被更加环保的产品所替代。在国内家具漆市场中，PU 漆仍然占最主要位置，PU 漆在环保技术方面也在不断进步，但是其作为溶剂涂料终将慢慢退出舞台。在国内家具漆中发展最快的当属 UV 光固化涂料，已经有超越 PU 趋势。目前国内 UV 涂料几乎可以做到无溶剂喷涂，即百分之百固含量喷涂。水性漆虽然在国内家具漆市场中的占有率还很低，但其安全性、环保性是未来家具漆发展的趋势，随着技术的不断发展水性家具漆的市场占有率将会越来越高。

②涂装效果化。在珠三角系列家具展的涂料展台中，涂装效果展示成为展览的热点，“涂料桶”已经不再是主角。更有涂料企业展台展示的全部是家具成品，据了解，为了展示自己产品的涂装效果，有些涂料企业直接用下游客户的家具成品放在自己的涂料展台展出。华润涂料在接受慧聪采访时则表示涂料生产企业应该注重家具漆对家具设计的作用。

③涂装一体化。涂料企业提供的产品不再局限于涂料本身。家具厂家选择涂料最重要的是涂料应用后的效果，而涂装的效果，不仅取决于涂料的质量，涂装设备与技术对涂装效果的影响同样重要。涂料企业在不断提升涂料产品质量的同时也在不断改进涂装技术。

其中防腐涂料在中国各行业的使用中发挥了很大的作用，未来中国防腐工业将向 8 个方面发展。

一是开发钢结构用水性防腐底漆和面漆。水性防腐底漆必须解决底材“闪蚀”和耐水性差的挫折，一些新型的无乳化剂乳液的泛起从根本上改进了其耐水性差的标题，今后应重点解决施工机能和应用机能的标题。作为面漆来说，主要是在保证保护机能的条件下，进一步完善其装饰性和耐久性。

二是开发高固体分和无溶剂防腐涂料系列。钻井、海洋平台及大型防腐工程中对超耐久防腐机能的涂料要求很迫切，目前此市场基本上被外商独资企业和进口产品占领。中国产品主要在技术水平、经济实力、质量保证体系和产品信誉等综合实力与外商差距较大，难以打入市场。为此，首先应在技术开发方面下功夫，尤其是开发无铅和无铬防锈颜料的底漆，即以磷酸锌和三聚磷酸铝为主的防锈底漆。

三是开发水性富锌底漆。无机富锌底漆和水性无机富锌底漆均是长效底漆，但它们都是溶剂型涂料。而以高模数的硅酸钾为基料的水性无机富锌底漆是经实践考验的高机能防腐涂料，具有发展潜力。

四是开发换热器用常温固化耐热防腐涂料。换热器需要耐热、导热效率高的防腐涂层，目前使用的环氧氨基涂料需在120℃固化，并且需要多道涂装，在大型装置上无法使用。

五是开发可常温固化且施工便利的涂料。其枢纽是要在涂料的防腐机能、传热机能和可施工机能三者之间求得最佳平衡点。

六是开发氯化橡胶系列防腐涂料的代用品。因为氯化橡胶是单组分，施工便利，耐水性、耐油性、耐大气老化机能优异，在船舶、产业防腐等领域应用广泛，海内有广阔的市场。但因为出产氯化橡胶采用CC1作溶剂，破坏臭氧层。产业发达国家纷纷开发其代用品，比较成功的有德国BAST公司的MP氯醚树脂系列、水相法氯化聚乙烯或改性产品。

七是开发鳞片状防腐涂料。云母氧化铁(MIO)具有优良的耐介质性、耐大气老化性和封锁机能，作为底漆和面漆在西欧应用十分广泛。海内出产的MIO在粒度分布和径厚比、密度等方面与国外的产品存在一定差距。在玻璃鳞片涂料的开发中也存在类似的问题。

八是开发有机改性无机防腐材料。近年来，国外应用有机乳液改性混凝土，以改进其强度、耐介质性，广泛应用于产业地坪的涂装。其中环氧水乳液(或溶剂型环氧)发展最快，称之为聚合物水泥。近10年来，中国在防腐工程中也开始采用，但开发工作不系统，未形成系列产品。

【中国人造板行业存在的问题】 整体看，有4个方面的问题。

①人造板行业上下游利润存在巨大“剪刀差”。行业进入的门槛比较低，普遍存在研发投资少、技术含量低、质量差的问题，造成浪费大、污染重的低档人造板产品涌入市场，扰乱了市场的正常秩序和公平竞争。

中国人造板行业有上万家的企业，基本上为民营企业，故此存在激烈、长年无序的状态，使得下游家具行业得以侵占更多利润空间；与国内现象相对，在美国、欧洲等地，人造板主要由数十家企业共同占领，已形成较为良性的竞争格局，人造板行业利润与下游家具利润相对均衡。

②保护主义阻碍中国人造板企业发展。木材资源占据人造板成本的40%左右，但由于地方保护主义，大型企业难以获得与自己产能匹配的木材资源。由此形成的结果是，作为资金密集型、门槛较低的人造板行业，许多小企业如雨后春笋纷生。大企业方面，由于采取先进设备，投入更高，加之取用木材成本高，导致市场占有率一直不大。解决目前这一行业的弊病和利润的“剪刀差”问题，或许需要靠上下游一体化来进行。例如，大亚科技收购了圣象地板，两者联姻，在公司内部解决了上下游的利润及成本分配问题；大自然地板则向两头扩展，一头抓林木种植，一头抓渠道销售，而生产地板环节则外包给生产厂家。

③产业集中度低。在世界第一的产能及产量背后，是小而散的行业格局。目前国内人造板企业达上万家之多，共计661条生产线，平均每条线产能为4.5万立方米，且绝大部分企业小于3万立方米，而国外厂家年产10万立方米以上的占据69%，由此形成鲜明对比。具体到行业布局方面，多分布于广西、福建、山东、江苏等地，且以小企业为主，存在规模偏小、研发投资少、技术含量低、质量差的问题，造成浪费大、污染重的低档人造板产品涌入市场的现象，扰乱了市场正常

的秩序和公平竞争。

④原材料不足。人造板木材原料不足突出地体现在以下几个方面：由于天然林保护工程等重大生态工程的实施，中国木材生产量正逐步缩减；资源结构性短缺，胶合板用大径级材、阔叶材，尤其是珍贵阔叶材严重匮乏，长期以来主要依靠进口。大径级阔叶材主要来自非洲、美洲、东南亚等地区，而近年来这些地区热带材的资源 急剧减少；原材料基地建设，虽然中国速生丰产林基地建设于20世纪80年代中期得到了较快发展。但主要集中在一些生态敏感地带，不适合提供用材。

⑤整体质量不乐观。虽然目前中国已成为世界人造板业第一生产大国，产品质量整体有所上升，当前大多数生产企业是民营企业，其中生产设施简陋，投资、生产规模小，工作环境差的小型、个体企业占相当数量，致使中国人造板产品总体质量水平不高，市场无序竞争激烈，假冒伪劣产品横行，强度不合格、甲醛释放量超标等现象依然存在，中国人造板质量仍不容乐观，企业利润空间减少，升级、发展乏力。

【中国节能环保型人造板机械发展情况研究分析】

节能环保型人造板机械的发展，除了依靠人造板生产企业的管理和工艺技术突破之外，人造板机械节能降耗的技术水平也同样起着极为关键的作用。

①成套节能环保型人造板机械的单线产能规模将大幅提高。众所周知，产能规模越小，其单位产品的综合能耗就越高，然而单线产能规模较小正是中国人造板工业的一个瓶颈问题。例如，中国中密度纤维板的国产成套机械的平均单线设计产能规模还只到年产4万立方米，而刨花板单线产能甚至更低，国产成套机械的平均单线产能规模还不到年产2万立方米，从而也是相应导致中国中密度纤维板、刨花板工业产品质量混杂、效益低下的一个重要因素。同时因为单线产能规模小，也使得投资受到限制，从而导致一些有利于节能环保的先进措施和技术难以在这些小规模的生产线上得以实施，进而形成恶性循环，又使得小产能的生产线其能耗更加难以降低。因此应当加紧限制直至关闭这些单线产能规模较低的企业，努力发展和突破产能瓶颈，加速提高单线产能规模，对那些目前产能规模普遍较低的产业尤其如此。比如，对于其中的刨花板产业，进行大幅面单层压机、热压工段多层压机和刨花大直径多刀刀环刨片机等的开发，虽然能够使长期困扰刨花板单线产能规模太小的瓶颈稍微有所缓解，但是刨花的干燥、筛选、风选等设备的单机工作性能还需要进一步地提高。按照中国的资源情况以及国际上的发展趋势，中国人造板机械的单线产能规模应当在大范围内达到年产10万立方米才符合其基本的发展前景要求。

②节能环保型人造板机械的运行将更加可靠。当前一条年产能规模为5万立方米的刨花板或中密度纤维板生产线，由其每一次突发故障而导致的意外停机都会产生大量的原材料、电和热的消耗，从而导致几万元甚至十几万元人民币的经济损失，因此，一些国产成套机械生产线的能耗始终居高不下的重要因素就是其故障停机率太高；同时，自身经营管理不善也是一个重要因素。因此节能环保型人造板机械的发展应该通过提高其自动控制的监控力度和水平，同时提高其元器件设计和配套的可靠性来保证其成套机械的运行可靠性，而且在一些关键环节的设计甚至还可以采用一定的安全系数来降低故障停机率。

③节能环保型刨花板机械的应用将更加广泛。与其他节能环保型人造板机械相比较，刨花板机械的生产尺寸稳定性好，生产成本低，生产能耗低，而且在中国许多应用中密度纤维板的场合，也完全可以采用刨花板来代替。目前世界发达国家的刨花板产量一般都在中密度纤维板产量的3～5倍，而近年来中国刨花板的发展速度还远低于中密度纤维板，并且刨花板的产能和产量均不到中密度纤维板的一半，这也是中国目前节能环保型人造板机械产量结构不够合理的地方。而中国刨花板产业的发展低迷，除了其劣质产品鱼目混珠扰乱市场、管理差、规模小、门槛低的原因外，还与当前中国节能环保型刨花板成套机械规模偏小、有关水平不高有关。因此中国节能环保型人造板机械制造业应该大力提高刨花板成套机械的技术水平进而来提高刨花板的质量，并促进刨花板工业的飞速发展，大幅度提高刨花板产量在人

造板总产量中的比重，从而最终促进中国节能环保型人造板机械总体生产能耗水平的降低。

④节能环保型人造板机械工艺技术将实现突破。在当前中国节能环保型人造板机械现有工艺技术的基础上，进行挖潜可以减少人造板的能耗，但是假如其工艺技术不能实现突破，那么在人造板的生产中实现大幅度的节能是极为困难的。对于节能环保型人造板机械工艺技术的突破，应当更多地依靠科研院所和高等学校。因此中国人造板机械制造业要密切围绕节能环保的课题，持续加大研发投入，并通过加强与科研院所和高等院校的合作来寻求工艺技术的突破，从而为节能环保型人造板机械的发展创出一片新天地。

⑤节能环保型人造板机械的生产质量将得到有效保证。成品板的质量低下无疑是对紧缺的资源和能源的极大浪费，这也是中国目前节能环保型人造板工业大而不强的集中表现。其中刨花板和中密度纤维板的质量低下主要表现在质量一致性差、板间密度和板内密度偏差大、断面密度结构不合理、刨花形态和纤维质量差、甲醛释放量超标等方面。

除了甲醛释放量以外，其他的问题都和机械有关。影响成品板质量的机械因素可谓是贯穿于全过程，而且往往又是由几个因素一起作用的结果。因此要从每一个 技术环节、每一台机械来采取确保成品板质量的措施。其中，对于人造板质量变异性大、一致性差的问题，应该通过依靠自动控制手段、加强对生产过程的监测、提高控制水平来确保产品质量的稳定性，而不能单纯依靠操作者的技术水平来保证。另外由于原材料的涨价，企业将不得不从以前的粗放经营逐步转向集约化经营，努力去增强资源的有效利用，并依靠先进的装备、工艺和管理水平来获取更高的附加值，从而最终达到节能环保型人造板机械的市场质量的有效保证。

节能环保型人造板机械的发展是关系到能源和资源有效利用，从而使中国的节能环保型人造板生产企业能够以最低的成本和最少的能源、资源消耗来创造出最大的效益，并最终促进中国人造板工业从以往的生产大国逐步转型成为生产强国的重要因素。中国的节能环保型人造板机械制造业以此为发展前景，通过巨大努力，发展技术创新，在提高人造板工业水平的过程中进一步增强中国节能环保型人造板机械的技术水平，才能抓住机遇，在经济全球化的过程中创造灿烂辉煌的明天。（中国林产工业协会）

中国造纸工业

【概　述】

纸及纸板生产和消费情况

纸及纸板生产量和消费量　据中国造纸协会调查资料，2012 年全国纸及纸板生产企业约 3500 家，全国纸及纸板生产量 10 250 万吨，较上年增长 3.22%。消费量 10 048 万吨，较上年增长 3.04%，人均年消费量为 74 千克(13.54 亿人)，比上年增长 1 千克。2003～2012 年，纸及纸板生产量年均增长 10.13%，消费量年均增长 8.54%。

主要产品中：新闻纸生产量 380 万吨，占纸及纸板总产量 3.71%，同比增长 -2.56%，消费量 393 万吨，占纸及纸板总消费量 3.91%，同比增长 1.03%；未涂布印刷书写纸生产量 1750 万吨，占纸及纸板总产量 17.07%，同比增长 1.16%，消费量 1684 万吨，占纸及纸板总消费量 16.76%，同比增长 -0.18%；涂布印刷纸生产量 780 万吨，占纸及纸板总产量 7.61%，同比增长 7.59%，消费量 638 万吨，占纸及纸板总消费量 6.35%，同比增长 6.51%；其中铜版纸生产量 695 万吨，占纸及纸板总产量的 6.78%，同比增长 8.59%，消费量 581 万吨，占纸及纸板总消费量 5.78%，同比增长 9.21%；生活用纸生产量 780 万吨，占纸及纸板总产量 7.61%，同比增长 6.85%，消费量 731 万吨，占纸及纸板总消费量 7.28%，同比增长 8.46%；包装用纸生产量 640 万吨，占纸及纸板总产量 6.24%，同比增长 3.23%，消费量 655 万吨，占纸及纸板总消费量 6.52%，同比增长 3.64%；白纸板生产量 1390 万吨，占纸及纸板总产量 13.56%，同比增长 3.73%，消费量 1379 万吨，占纸及纸板总消费量 13.72%，同比增长 4.31%，其中涂布白纸板生产量 1340 万吨，占纸及纸板总产量 13.07%，同比增长 3.88%，消费量 1329 万吨，占纸及纸板总消费量 13.23%，同比增长 4.48%；箱纸板生产量 2080 万吨，占纸及纸板总产量 20.29%，同比增长 4.52%，消费量 2157 万吨，占纸及纸板总消费量 21.47%，同比增长 4.05%；瓦楞原纸生产量 2020 万吨，占纸及纸板总产量 19.71%，同比增长 2.02%，消费量 2027 万吨，占纸及纸板总消费量 20.17%，同比增长 1.81%；特种纸及纸板生产量 220 万吨，占纸及纸板总产量 2.15%，同比增长 4.76%，消费量 183 万吨，占纸及纸板总消费量 1.82%，同比增长 2.23%(见表 1)。

表 1　2012 年纸及纸板生产和消费情况　　单位：万吨

品种	生产量			消费量		
	2011 年	2012 年	同比(%)	2011 年	2012 年	同比(%)
总量	9930	10250	3.22	9752	10 048	3.04
1. 新闻纸	390	380	-2.56	389	393	1.03
2. 未涂布印刷书写纸	1730	1750	1.16	1687	1684	-0.18
3. 涂布印刷纸	725	780	7.59	599	638	6.51
其中：铜版纸	640	695	8.59	532	581	9.21
4. 生活用纸	730	780	6.85	674	731	8.46
5. 包装用纸	620	640	3.23	632	655	3.64
6. 白纸板	1340	1390	3.73	1322	1379	4.31
其中：涂布白纸板	1290	1340	3.88	1272	1329	4.48
7. 箱纸板	1990	2080	4.52	2073	2157	4.05
8. 瓦楞原纸	1980	2020	2.02	1991	2027	1.81
9. 特种纸及纸板	210	220	4.76	179	183	2.23
10. 其他纸及纸板	215	210	-2.33	206	201	-2.43

纸及纸板主要产品2003～2012年生产和消费情况

①新闻纸。2012年新闻纸生产量380万吨，较上年增长-2.56%；消费量393万吨，较上年增长1.03%。2003～2012年生产量年均增长率6.98%，消费量年均增长率5.58%。

②未涂布印刷书写纸。2012年未涂布印刷书写纸生产量1750万吨，较上年增长1.16%；消费量1684万吨，较上年增长-0.18%。2003～2012年生产量年均增长率6.90%，消费量年均增长率6.28%。

③涂布印刷纸。2012年涂布印刷纸生产量780万吨，较上年增长7.59%；消费量638万吨，较上年增长6.51%。2003～2012年生产量年均增长率13.99%，消费量年均增长率8.83%。其中，2012年铜版纸生产量695万吨，较上年增长8.59%；消费量581万吨，较上年增长9.21%。2003～2012年生产量年均增长率14.22%，消费量年均增长率11.01%。

④生活用纸。2012年生活用纸生产量780万吨，较上年增长6.85%；消费量731万吨，较上年增长8.46%。2003～2012年生产量年均增长率9.42%，消费量年均增长率9.31%。

⑤包装用纸。2012年包装用纸生产640万吨，较上年增长3.23%；消费量655万吨，较上年增长3.64%。2003～2012年生产量年均增长率3.25%，消费量年均增长率2.95%。

⑥白纸板。2012年白纸板生产量1390万吨，较上年增长3.73%；消费量1379万吨，较上年增长4.31%。2003～2012年生产量年均增长率10.85%，消费量年均增长率8.81%。其中，2012年涂布白纸板生产量1340万吨，较上年增长3.88%；消费量1329万吨，较上年增长4.48%。2003～2012年生产量年均增长率11.33%，消费量年均增长率9.18%。

⑦箱纸板。2012年箱纸板生产量2080万吨，较上年增长4.52%；消费量2157万吨，较上年增长4.05%。2003～2012年生产量年均增长率13.23%，消费量年均增长率11.71%。

⑧瓦楞原纸。2012年瓦楞原纸生产量2020万吨，较上年增长2.02%；消费量2027万吨，较上年增长1.81%。2003～2012年生产量年均增长率13.05%，消费量年均增长率10.85%。

⑨特种纸及纸板。2012年特种纸及纸板生产量220万吨，较上年增长4.76%；消费量183万吨，较上年增长2.23%。2003～2012年生产量年均增长率11.90%，消费量年均增长率5.93%。

纸及纸板生产企业经济指标完成情况 据国家统计局统计，2012年1～12月规模以上造纸生产企业2748家；从业人员70.38万人；工业总产值(当年价)7075亿元，同比增长8.80%；工业销售产值(当年价)6926亿元，同比增长8.30%；主营业务收入6888亿元，同比增长6.87%；产销率97.00%，较上年下降0.50个百分点；产成品存货296亿元，同比增长1.42%；利税总额554亿元，同比增长5.29%，其中利润总额343亿元，同比增长3.61%；资产总计7868亿元，同比增长6.83%；资产负债率58.82%，较上年减少0.61个百分点；负债总额4628亿元，同比增长5.71%；在统计的2748家造纸生产企业中，亏损企业有354家，占12.88%。

纸及纸板生产企业经济类型与规模结构 根据国家统计局提供的2012年1～12月规模以上造纸生产企业的相关数据分析，国有及国有控股企业有72家，占2.62%；“三资”企业有336家，占12.23%；集体及其他企业有2340家占85.15%。在造纸企业主营业务收入总额中，国有及国有控股企业占10.72%；“三资”企业占27.79%；集体及其他企业占61.49%。在利税总额中，国有及国有控股企业占6.35%；“三资”企业占26.67%；集体及其他企业占66.98%。在利润总额中，国有及国有控股企业占3.35%；“三资”企业占27.08%；集体及其他企业占69.57%。

按照中国大、中、小型企业划分标准，2012年在2748家规模以上造纸生产企业中，大中型造纸企业504家占18.34%，小型企业2244家占81.66%；在纸及纸板产品主营业务收入中，大中型企业占65.28%，小型企业占34.72%；在利税总额中，大中型企业占62.82%，小型企业占37.18%；在利润总额中，大中型企业占62.14%，小型企业占37.86%。

2012年纸及纸板产量超过100万吨的生产企

业玖龙纸业(控股)有限公司1045万吨；理文造纸有限公司414万吨；山东晨鸣纸业集团股份有限公司398万吨；华泰集团有限公司270万吨；山东太阳纸业269万吨；金东纸业(江苏)股份有限公司204万吨；中国纸业投资总公司195万吨；宁波中华纸业有限公司(含宁波亚洲浆纸业有限公司)156万吨；吉安集团股份有限公司131万吨；荣成纸业(中国)控股有限公司111万吨；山东博汇纸业股份有限公司110万吨；山东世纪阳光纸业集团有限公司107万吨；海南金海浆纸业有限公司102万吨；安徽山鹰纸业股份有限公司101万吨。2012年纸浆产量超过100万吨的生产企业山东亚太森博浆纸有限公司177万吨；海南金海浆纸业有限公司126万吨。

纸浆生产和消耗情况

2012年纸浆生产情况　据中国造纸协会调查资料，2012年全国纸浆生产总量7867万吨，较上年增长1.86%。其中木浆810万吨，较上年增长-1.58%；废纸浆5983万吨，较上年增长5.71%；非木浆1074万吨，较上年增长-13.39%(见表2)。

表2　2003~2012年纸浆生产情况　单位：万吨

品种 \ 年度	2003	2004	2005	2006	2007	2008	2009	2010	2011	2012
纸浆合计	3307	3723	4441	5196	5924	6415	6733	7318	7723	7867
其中：1. 木浆	217	238	371	526	605	679	560	716	823	810
2. 废纸浆	1920	2305	2810	3380	4017	4439	4997	5305	5660	5983
3. 非木浆	1170	1180	1260	1290	1302	1297	1176	1297	1240	1074
苇浆	115	120	138	144	144	150	144	156	158	143
蔗渣浆	50	40	63	74	90	97	98	117	121	90
竹浆	60	70	86	95	120	146	161	194	192	175
稻麦草浆	845	900	929	908	849	808	676	719	660	592
其他浆	100	50	44	69	99	97	97	111	109	74

2012年纸浆消耗情况　2012年全国纸浆消耗总量9348万吨，较上年增长3.36%。木浆2291万吨，占纸浆消耗总量25%，其中进口木浆占16%、国产木浆占9%；废纸浆5983万吨，占纸浆消耗总量64%，其中进口废纸浆占26%、国产废纸浆占38%；非木浆1074万吨，占纸浆消耗总量11%，其中稻麦草浆占6%、竹浆占2%、苇(荻)浆占2%、蔗渣浆占1%(见表3)。

表3　2012年纸浆消耗情况　单位：万吨

品种	2011年	占比例(%)	2012年	占比例(%)	同比(%)
总量	9044	100	9348	100	3.36
木浆	2144	24	2291	25	6.86
其中：进口木浆	1330	15	1489	16	11.95
废纸浆	5660	62	5983	64	5.71
其中：进口废纸浆	2182	24	2405	26	10.22
非木浆	1240	14	1074	11	-13.39

注：废纸浆＝废纸量×0.8

2011年进口木浆1445万吨，扣除溶解浆115万吨，实际消耗量1330万吨。

2012年进口木浆1647万吨，扣除溶解浆158万吨，实际消耗量1489万吨。

纸制品生产和消费情况

纸制品生产量和消费量　根据国家统计局数据，2012年全国规模以上纸制品生产企业4382家，生产量4804万吨，较上年增长6.43%；消费量4573万吨，较上年增长6.65%；进口量14万吨，出口量245万吨。2005~2012年，纸制品生产量年均增长14.41%，消费量年均增长14.58%。

纸制品生产企业经济类型与规模结构　2012年全国规模以上纸制品生产企业4382家，其中国有及国有控股企业有46家，占1.05%；“三资”企业有822家，占18.76%；集体及其他企业有3514家，占80.19%。在纸制品生产企业主营业务收入总额中，国有及国有控股企业占0.79%；“三资”企业占27.83%；集体及其他企业占71.38%。在利税总额中，国有及国有控股企业占0.95%；“三资”企业占30.04%；集体及其他企业占69.01%。在利润总额中，国有及国有控股企业占0.84%；“三资”企业占31.03%；集体及其他企业占68.13%。按照全国大、中、小型企业划分标准，2012年在4382家规模以上纸制品生产企业中，大中型纸制品生产企业455家占10.38%，小型企业3927家占89.62%；在纸制品生产企业主营业务收入中，大中型企业占29.65%，小型企业占70.35%；在利税总额中，大中型企业占34.84%，小型企业占65.16%；在利润总额中，大中型企业占35.74%，小型企业占64.26%。

纸及纸板、纸浆、废纸及纸制品进出口情况

纸及纸板、纸浆、废纸及纸制品进口情况　2012年纸及纸板进口311万吨，较上年增长-6.04%；纸浆进口1647万吨，较上年增长13.98%；废纸进口3007万吨，较上年增长10.23%；纸制品进口14万吨，较上年增长-17.65%。2012年进口纸及纸板、纸浆、废纸、纸制品合计4979万吨，较上年增长10.13%，用汇220亿美元，较上年增长-8.33%。进口纸及纸板平均价格为1218.14美元/吨，较上年平均价格增长-3.44%；进口纸浆平均价格为674.64美元/吨，较上年平均价格增长-18.31%；进口废纸平均价格为208.57美元/吨，较上年平均价格增长-18.33%(见表4)。

纸及纸板、纸浆、废纸及纸制品出口情况　2012年纸及纸板出口513万吨，较上年增长0.79%；纸浆出口7.99万吨，较上年增长-19.37%；废纸出口0.24万吨，较上年增长-33.33%；纸制品出口245万吨，较上年增长0.82%。2012年出口纸及纸板、纸浆、废纸、纸制品合计766万吨，较上年增长0.52%，创汇138亿美元，较上年增长4.55%。出口纸及纸板平均价格为1226.39美元/吨，较上年平均价格增长-2.75%；出口纸浆(以棉短绒纸浆为主)平均价格为1588.88美元/吨，较上年平均价格增长-31.63%；出口废纸平均价格为334.17美元/吨，较上年平均价格增长54.86%(见表5)。

表4　2012年中国纸浆、废纸、纸及纸板、纸制品进口情况

单位：万吨

品种	2011年进口量	2012年进口量	同比(%)
一、纸浆	1445	1647	13.98
二、废纸	2728	3007	10.23
三、纸及纸板	331	311	-6.04
1. 新闻纸	1	13	1200.00
2. 未涂布印刷书写纸	40	35	-12.50
3. 涂布印刷纸	37	35	-5.41
其中：铜版纸	30	27	-10.00
4. 包装用纸	18	20	11.11
5. 箱纸板	93	84	-9.68
6. 白纸板	79	72	-8.86
其中：涂布白纸板	79	72	-8.86
7. 生活用纸	9	4	-55.56
8. 瓦楞原纸	17	14	-17.65
9. 特种纸及纸板	30	28	-6.67
10. 其他纸及纸板	7	6	-14.29
四、纸制品	17	14	-17.65
总计	4521	4979	10.13

注：数据来源于海关总署。

表5　2012年中国纸浆、废纸、纸及纸板、纸制品出口情况

单位：万吨

品种	2011年出口量	2012年出口量	同比(%)
一、纸浆	9.91	7.99	-19.37
二、废纸	0.36	0.24	-33.33
三、纸及纸板	509	513	0.79
1. 新闻纸	2	0	
2. 未涂布印刷书写纸	83	101	21.69
3. 涂布印刷纸	163	177	8.59
其中：铜版纸	138	141	2.17
4. 包装用纸	6	5	-16.67
5. 箱纸板	10	7	-30.00
6. 白纸板	97	83	-14.43

（续）

品种	2011 年出口量	2012 年出口量	同比(％)
其中：涂布白纸板	97	83	－14.43
7. 生活用纸	65	53	－18.46
8. 瓦楞原纸	6	7	16.67
9. 特种纸及纸板	61	65	6.56
10. 其他纸及纸板	16	15	－6.25
四、纸制品	243	245	0.82
总计	762.27	766.23	0.52

注：数据来源于海关总署。

纸及纸板各品种进出口量比重　进口以废纸纸浆为主，占 92.3％；出口以纸及纸板为主，占 66.8％。

纸及纸板主要产品 2003～2012 年进出口情况

①新闻纸：2012 年进口量大于出口量，净进口量 13 万吨；

②未涂布印刷书写纸：2012 年出口量大于进口量，净出口量 66 万吨；

③涂布印刷纸：2012 年出口量大于进口量，净出口量 142 万吨；

其中铜版纸：2012 年出口量大于进口量，净出口量 114 万吨；

④生活用纸：2012 年出口量大于进口量，净出口量 49 万吨；

⑤包装用纸：2012 年进口量大于出口量，净进口量 15 万吨；

⑥白纸板：2012 年出口量大于进口量，净出口量 11 万吨；

其中涂布白纸板：2012 年出口量大于进口量，净出口量 11 万吨；

⑦箱纸板：2012 年进口量大于出口量，净进口量 77 万吨；

⑧瓦楞原纸：2012 年进口量大于出口量，净进口量 7 万吨；

⑨特种纸及纸板：2012 年出口量大于进口量，净出口量 37 万吨。

纸制品进出口情况

①2012 年纸制品进口量 14 万吨，较上年减少 3 万吨，同比增长－18％。

②2012 年纸制品出口量 245 万吨，较上年增加 2 万吨，同比增长 1％。

纸及纸板生产布局与集中度　根据中国造纸协会调查资料，2012 年中国东部地区 12 个省(区、市)，纸及纸板产量占全国纸及纸板产量比例为 75.4％，比上年提高 3.7 个百分点；中部地区 9 个省(区)比例占 18.4％，比上年降低 2.0 个百分点；西部地区 10 个省(区、市)比例占 6.2％，比上年降低 1.7 个百分点(见表 6)。

表 6　2012 年纸及纸板生产量区域布局变化

单位：万吨

	2011 年		2012 年	
	产量	比例(％)	产量	比例(％)
纸及纸板产量	9930	100	10 250	100
其中：东部地区	7121	71.7	7728	75.4
中部地区	2023	20.4	1887	18.4
西部地区	786	7.9	635	6.2

注：据中国造纸协会调查资料。

2012 年纸及纸板产量超过 100 万吨的地区有山东、广东、浙江、江苏、河南、福建、河北、湖南、广西、四川、湖北、安徽、天津、重庆、江西和海南 16 个省(区、市)，产量合计已达 9692 万吨，占全国纸及纸板总产量的 94.56％(见表 7)。

表 7　2012 年纸及纸板产量 100 万吨以上的省(区、市)

单位：万吨

省(区、市)	产量		
	2011 年	2012 年	较上年增长(％)
山东	1630	1710	4.91
广东	1496	1579	5.55
浙江	1477	1536	3.99
江苏	1051	1206	14.75
河南	828	780	－5.80
福建	480	539	12.29
河北	401	424	5.74
湖南	372	355	－4.57
广西	194	258	32.99
四川	340	232	－31.76
湖北	199	224	12.56
安徽	235	213	－9.36
天津	126	196	55.56
重庆	178	171	－3.93
江西	185	155	－16.22
海南	113	114	0.88
合计	9305	9692	4.16

注：中国造纸协会调查资料。

环境保护 根据环境保护部统计，2011 年制浆造纸及纸制品业(统计企业 5871 家，比上年增加 301 家)用水总量为 128.77 亿吨，其中新鲜水量为 45.59 亿吨，占工业总耗新鲜水量 627.97 亿吨的 7.26%；重复用水量为 83.18 亿吨，水重复利用率为 64.60%，比上年提高 2.01 个百分点。万元工业产值(现价)新鲜水用量为 67.4 吨，比上年减少 22.2 吨，降低 24.8%。造纸工业 2011 年废水排放量为 38.23 亿吨，占全国工业废水总排放量 212.90 亿吨的 18.0%，比上年降低 0.6 个百分点。

排放废水中化学需氧量(COD)为 74.2 万吨，比上年 95.2 万吨减少 21.0 万吨，占全国工业 COD 总排放 322.0 万吨的 23.0%，比上年减少 3.0 个百分点。万元工业产值(现价)化学需氧量(COD)排放强度为 11 千克，比上年降低 39%。排放废水中氨氮为 2.5 万吨，占全国工业氨氮总排放量的 9.5%，比上年减少 0.7 个百分点。造纸工业废水处理设施年运行费用为 61.0 亿元，比上年减少 3.9 亿元，降低 6.0%。2011 年造纸及纸制品业二氧化硫排放量 54.3 万吨，比上年增多 3.5 万吨，增加 6.9%；氮氧化物排放量 22.1 万吨，比上年减少 1.5 万吨，降低 6.4%；烟(粉)尘排放量 20.7 万吨，基本与上年持平。废气治理设施年运行费用 24.7 亿元，比上年增多 10.5 亿元，增加 73.9%。

综之，2012 年中国造纸工业整体保持了适度增长，产销基本平衡，但受国内外经济环境复杂多变及产能提高的影响，市场竞争加剧，原有竞争优势和增长动力减弱，市场信心和预期不稳，企业生产与经济运行困难增大，总体经济效益下滑。另外，节能减排政策和管理力度加大，企业环保投资和运行成本增加，淘汰落后产能任务艰巨，造纸行业正处于调整结构、转型升级和寻求新的平衡过程中。中国造纸工业已步入转型期，由数量主导型向质量效益型转变势在必行。随着中国新型工业化、信息化、城镇化、农业现代化的发展，内需将进一步增长，必将给造纸工业发展带来新的机遇与挑战。

附表：2012 年重点造纸企业产量前 30 名企业

序号	单位名称	产量(万吨)		
		2011 年	2012 年	同比(%)
1	玖龙纸业(控股)有限公司	835.00	1045.00	25.15
2	理文造纸有限公司	353.98	414.13	16.99
3	山东晨鸣纸业集团股份有限公司	348.82	397.73	14.02
4	华泰集团有限公司	254.70	270.00	6.01
5	山东太阳纸业股份有限公司	242.26	268.78	10.95
6	金东纸业(江苏)股份有限公司	220.12	204.00	-7.32
7	中国纸业投资总公司	210.00	195.00	-7.14
8	宁波中华纸业有限公司(含宁波亚洲浆纸业有限公司)	152.65	156.00	2.19
9	吉安集团股份有限公司	69.62	131.00	88.16
10	荣成纸业(中国)控股有限公司	115.80	111.00	-4.15
11	山东博汇纸业股份有限公司	116.36	109.76	-5.67
12	山东世纪阳光纸业集团有限公司	96.13	106.75	11.05
13	海南金海浆纸业有限公司	86.97	102.28	17.60
14	安徽山鹰纸业股份有限公司	89.36	100.87	12.88
15	浙江景兴纸业股份有限公司	94.61	92.55	-2.18
16	芬欧汇川(中国)有限公司	88.00	90.00	2.27
17	福建联盛纸业	79.77	87.73	9.98
18	中冶纸业银河有限公司	79.65	79.39	-0.33
19	漯河银鸽实业集团有限公司	84.40	75.92	-10.05
20	山东泉林纸业有限责任公司	76.23	73.57	-3.49
21	山东华金集团有限公司	55.94	68.30	22.10

（续）

序号	单位名称	产量(万吨)		
		2011 年	2012 年	同比(%)
22	山东贵和显星纸业有限公司	55.68	65.65	17.91
23	金华盛纸业(苏州工业园区)有限公司	63.29	64.96	2.64
24	大河纸业有限公司	52.05	58.65	12.68
25	东莞建晖纸业有限公司	75.74	57.94	-23.50
26	徐州建平纸业有限公司	41.19	56.08	36.15
27	广州造纸集团有限公司	49.31	51.87	5.19
28	浙江永泰纸业集团股份有限公司	34.60	49.58	43.29
29	江苏长丰科技集团有限公司	46.46	45.82	-1.38
30	金红叶纸业集团有限公司	35.23	42.85	21.63

注：按已收集到的数据排列

（中国造纸协会）

【造纸行业需要“鲶鱼效应”】 在造纸行业中，纸企关系可以是合作伙伴，也可以是竞争对手。企业有强有弱，但这都是在造纸行业的生态链中互相依存和发展的。如今，造纸行业需要一个或者多个“鲶鱼”搅局，使行业恢复生机获得生存的氧气。

强强联合，实现最优配置

几年前，纸业发展一片繁荣，各大纸企不断扩充自己的市场，新项目如雨后春笋般涌现，无论是产能还是纸品种类，都在不断扩张。纸企开始为数据奔忙，数据已成为疯狂投资的催化剂。增长率、营业收入、上缴税收、企业排名等等，都成为大企业竞相追逐的指标，但他们却忽视了国家宽松政策终将改变的现实，经济急速增长与经济环境以及消费市场的不匹配，经济泡沫压力加剧。

这样重量不重质的发展模式，当局面变化时，犹如一艘大船无法灵活应对。如今，产能的增长已经无法换取大把的钞票，反而成为企业的拖累。运营成本增长，价格无法提升，纸企运营压力空前，同质化的产品无法形成企业的优势。为了减少库存，价格战成了纸企最直接的应对方式。价格战不仅打乱了市场秩序，更让纸企自身利益受损，造纸行业的健康有序发展也受到了威胁。

如今在造纸发展模式中，集团化发展为主流，如华泰、太阳、晨鸣、玖龙等国内纸业巨头。他们都有各自的纸业项目，从原材料、研发、生产到销售，都独立运营，依靠企业多年的发展，形成了一定的规模优势，能在一定程度上轻松应对行业形势的变化。但随着纸品交集越来越多，各自优势成为互相制约的因素，直接竞争会让资源优势在一定程度上受到制约，共同有序的发展最终会变成奢求。

产业集群化、规模化一直是产业资源优势利用的最好方式。在行业不景气时，为了减少竞争内耗，企业选择新的联盟共同面对，可以实现共同发展。在国外许多行业，经常会有一些强强联合的事例。如在汽车领域，雷诺与日产的合作成为日产扭亏为盈的开始；又如在航空领域，英国航空与西班牙伊比利亚航空的合并，不仅解决各自的困境，还造就欧洲第二大航空公司。

中国造纸领域，强强联合的先例太少，虽有企业与国外纸业共同开展业务的事例，但屈指可数。国内纸品企业形成规模的竞争者无数，在面对如今行业低谷时，大家各自为战，在有限的空间内互相厮杀，这样下去，行业将受损，企业更是元气大伤。反之，如果在生产研发、原料供应、市场开拓、品牌培育上形成联盟，行业集群将更加明显，竞争优势将进一步增强，特别是优势资源的整合，各种成本控制都将实现。那么，谁将成为造纸行业的鲶鱼来“搅局”？

理性投资，寻求市场发展新形式

产能调控一直是纸业发展的重点工作，但一直不尽如人意。原因在于相比造纸产业的健康发展，新建项目对政府政绩、GDP 贡献更为重要。如今，山东、广东等造纸大省产能已经相对饱和，除去大企业有规划的投入外，新项目建设稍显克制。随着国家承接产业转移战略的兴起，一些新兴的造纸工业省市产能释放加速。

除了产能的调控，纸企发展的模式也面临改变。随着市场的不断发展完善，产品信息不断的公开透明，经销商、贸易商想要通过信息不对称获得超额利润的模式已经走到尽头，微利成为必然，网络技术与电子商务的应用将会促使造纸及纸制品行业的发展产生质的变化。

铸就品牌优势，培育品牌文化 产品的辨识度是品牌认识的开始。在除去最基本的产品本质外，其他所连带的特质就是产品辨识度。品牌的由来、精髓、服务意识都可以注入产品之中，他们能表达出品牌的品质、特质和关注点，往往这些本质以外的特质会更容易被客户所接受。所以如何去培育品牌，是纸业亟待学习的新知识。

如今，纸业推行产品品牌的迹象已开始显现，打造品牌活动越来越多，纸企在展会、产品推介会、广告等投放的力度也在慢慢加强。 （吴海波）

竹 产 业

【概　述】 2012 年全国竹材产量 164 412.03 万根，比 2011 年增加 6.81%；比 2007 年增加 17.64%。其中毛竹 111 470.33 万根，篙竹 52 941.70万根。小杂竹 1186.37 万吨(见表1)。

表1　2012 年竹材主产区产量表

地区	竹材(万根)			小杂竹(万吨)
	合 计	毛竹	篙竹	
合计	164 412.03	111 470.33	52 941.70	1186.37
上海	—	—	—	0.40
江苏	626.97	426.23	200.74	0.98
浙江	19 345.86	17 736.78	1609.08	47.73
安徽	11 496.28	10 349.52	1146.76	30.21
福建	51 401.00	33 458.00	17 943.00	62.86
江西	7813.43	7285.92	527.51	12.25
山东	—	—	—	0.12
河南	159.79	157.29	2.50	2.51
湖北	3009.45	2154.50	854.95	11.78
湖南	7099.05	6460.25	638.80	27.20
广东	13 409.07	4591.58	8817.49	190.72
广西	28 775.06	10 403.01	18 372.05	46.09
海南	2125.34	2004.39	120.95	0.05
重庆	434.05	393.29	40.75	31.92
四川	4683.29	4028.24	655.05	348.26
贵州	648.52	640.75	7.77	38.53
云南	12 288.09	10 521.12	1766.98	332.11
西藏	—	—	—	0.05
陕西	1096.77	859.45	237.32	2.44
甘肃	—	—	—	0.18

竹林资源总量　中国竹类资源丰富，有竹类植物39 属，500 多种，面积、蓄积量、竹制品产量和出口额均居世界第一，素有"竹子王国"之誉。

至2010 年底，全国16 个主要产竹省区的竹林面积达 672.74 万公顷，占全国土地总面积的 0.70%，占森林面积的 3.48%，立竹总数量为 286.35 亿株。其中笋用竹林面积 37.38 万公顷、占竹林总面积的 5.56%，纸浆竹林面积 94.06 万公顷、占竹林总面积的 13.98%，材用竹林面积 244.36 万公顷、占竹林总面积的 36.32%，笋材两用竹林面积 162.17 万公顷、占竹林总面积的 24.11%，生态公益竹林面积 125.57 万公顷、占竹林总面积的 18.67%，风景竹林面积 5.05 万公顷、占竹林总面积的 0.75%，竹林苗圃年产竹苗 1.20 亿株，竹类公园数量 43 个，竹类植物园 26 个，盆景竹林面积 181 公顷。2011 年人工新造竹林面积 74 580 公顷，2012 年人工新造竹林面积 41 424 公顷(见表2、表3)。

表2　2010 年全国主要产竹省(区)竹林面积统计表

单位：公顷

地区	面积	占比(%)
福建	1 041 475	15.48
江西	986 448	14.66
四川	860 019	12.78
湖南	847 196	12.59
浙江	831 900	12.37
广东	651 400	9.68
广西	340 900	5.07
安徽	340 000	5.05
湖北	239 105	3.55
云南	193 447	2.88
陕西	117 294	1.74
重庆	111 825	1.66
贵州	106 482	1.58
江苏	31 085	0.46
海南	16 491	0.25
河南	12 347	0.18

表3　2011 ~ 2012 年竹材主产区新造竹林面积统计表

单位：公顷

地区	2012 新造竹林面积	2011 新造竹林面积
合计	41 424	74 580
江苏	150	2
浙江	934	771

（续）

地区	2012 新造竹林面积	2011 新造竹林面积
安徽	2532	1887
福建	2596	857
江西	562	494
湖北	1242	2914
湖南	5266	817
广东	40	402
广西	9038	10 080
海南	360	—
重庆	4343	5050
四川	3895	15 599
云南	10 120	35 707
陕西	346	—

竹林资源分布与特点　中国竹类有适于热带生长的合轴型丛生竹种、亚热带生长的单轴型散生竹种和高海拔高纬度地区生长的耐寒性强的复轴型混生竹种，主要分布在北纬35°以南地区。天然竹林集中分布于福建、浙江、江西、湖南、广东、安徽、湖北，以及西部地区的四川、广西、贵州、重庆、云南、陕西等13个省(区、市)的山区。由于各地气候、土壤和地形等变化和竹种生物学特性的差异，全国竹子分布具有明显的地带性和区域性。主要为以下4个分布区。

①黄河—长江竹区。位于北纬30°～40°之间，年平均温度12～17℃，年降水量600～1200毫米。主要有：刚竹属、苦竹属、箭竹属、青篱竹属、赤竹属、巴山竹属等竹种。

②长江—南岭竹区。位于北纬25°～30°之间。年平均温度15～20℃，年降水量1200～2000毫米。本区是中国竹林面积最大的地区。主要有：刚竹属(如毛竹等)、苦竹属、短穗竹属、大节竹属、慈竹属、方竹属等竹种。

③华南竹区。位于北纬10°～20°之间。年平均温度20～22℃，年降水量2000毫米以上。本区是中国竹种数量较多的地区，主要有簕竹属、牡竹属、酸竹属、藤竹属、巨属、单竹属、茶秆竹属、泡竹属、薄竹属、梨竹属等竹种。

④西南高山竹区。位于华西海拔1000～3000米的高山地带。年平均温度8～12℃，年降水量1000毫米以上。本区是原始竹丛的分布区，主要有方竹属、箭竹属、筇竹属、玉山竹属、慈竹属等竹种。

竹子在世界森林资源中也占有相当重要的地位，被称为世界“第二大森林”。全世界有竹类植物70余属，1200余种，主要分布在亚洲、非洲和南美洲的热带和亚热带地区，少数竹类分布在温带和寒带。全球森林面积急剧下降，竹林面积却以每年3%的速度递增。目前全世界竹林面积为2200万公顷，占森林面积的1%左右；年竹材产量1500万～2000万吨。世界竹子可分为亚太竹区、美洲竹区和非洲竹区。

【竹材加工业】　中国是世界上最主要的产竹国，竹类种质资源、竹林面积、竹材蓄积量和产量均居世界首位；中国是全球最大的竹产品出口国，在竹加工技术研发和竹产品创新方面，中国整体处于世界先进水平。经过多年发展，中国竹林资源面积、立竹量较快增长，产业规模逐步扩大，竹子经营加工及综合利用取得较大进展，竹产业化进程明显加快，一批以竹业为龙头的新兴企业正在崛起，主要产品已经覆盖到竹建材、日用竹制品、竹材人造板、竹炭、竹家具、竹纤维、竹饮料等十大系列千种以上品种，应用领域已发展到建筑、造纸、新材料、家具、包装、运输、医药、食品、纺织、旅游等方面。2012年中国竹产业总产值达195亿美元，从业人员达到775万人，已经成为中国竹子主产区经济社会发展的支柱产业和农民家庭经济收入的主要来源。

竹资源培育　20世纪50年代初期，全国竹林总面积为200万公顷，1981年达到320万公顷，1993年达到379万公顷，2008年达到538万公顷，到2010年年底，全国16个主要产竹省(区)的竹林面积达673万公顷，竹林面积增长迅猛。

竹资源经营能够产生较高的经济效益，集体林权制度改革实施以来，竹产区政府和农民日渐重视对竹林的经营管理，通过低产林改造和人工培育等集约经营措施，使中国竹林资源的质量有了显著提高。全国集约经营的毛竹林面积的比重由20世纪80年代初的6%提高到现在的30%，毛竹林每公顷立竹度由20世纪70年代末的不足1350株提高到目前的2070株，其平均胸径也由6

厘米左右增加到 8 厘米以上。

中国竹资源种类繁多，但真正得到经济利用的比较少。近年来，在市场需求和经济利益的驱动下，各主要竹产区在大力开发本地优势竹种的同时，积极引进经济效益高的优良竹种。目前，中国对竹资源的利用已不仅仅单纯依赖大型竹，而且积极开发诸如龙竹、雷竹、麻竹、苦竹等市场看好、经济效益较高的其他竹种，逐渐走上竹子用材林、笋竹两用林和笋用林并举的发展道路。其他竹种面积的比重由 20 世纪 80 年代的 21.97% 上升到现在的 35.0% 左右，与此相反，毛竹林面积的比重下降了近 9 个百分点。竹种结构的改善大大拓宽了竹产业发展的道路。

竹笋加工业 在中国竹资源 39 属 500 多种中有 200 种的竹笋可食用，其中 30 多种品质优良，如毛竹、旱竹、雷竹、麻竹、绿竹、黄甜竹等。鲜竹笋除大部分鲜食外，部分加工成水煮笋、调味笋、笋干等产品。全国每年生产竹笋 100 多万吨，主要出口日本、韩国等国家。据不完全统计，2010 年全国年竹笋加工量为 166 万吨（见表 4），其中福建省的加工竹笋量占到全国总产量的 41.70%，其次是云南、浙江、安徽、四川、重庆。

表 4 2010 年主要竹笋加工区产量统计表

单位：吨

省（区、市）	产量	占比（%）
福建	692 157	41.70%
云南	262 132	15.79%
浙江	149 200	8.99%
安徽	140 378	8.46%
四川	138 090	8.32%
重庆	100 000	6.02%
贵州	63 488	3.82%
湖南	44 000	2.65%
广东	28 849	1.74%
广西	23 991	1.45%
江西	8659	0.52%
湖北	8350	0.50%

竹材人造板加工业 中国竹材人造板以丰富的竹资源和木材人造板工艺技术为基础，从无到有，经历 20 多年的发展，已经形成了竹材人造板工业体系。全国各种竹材人造板加工企业达到上千家，主要分布在浙江、湖南、四川、江西、安徽、福建等竹资源丰富的省份，竹材人造板产品达数 10 种，主要产品有竹编胶合板、竹材胶合板、竹材层压板、竹席竹帘胶合板、竹材纤维板和竹材刨花板等。据不完全统计，2010 年全国竹材人造板产量为 357.86 万吨（见表 5），其中，四川、湖南、福建、安徽的竹材人造板产量均超过了 50 万吨，四川省更是占到全国总产量的 23.47%。

表 5 2010 年竹材人造板产量分布表

单位：吨

省（区、市）	产量	占比（%）
四川	840 000	23.47
湖南	700 000	19.56
福建	664 780	18.58
安徽	516 815	14.44
浙江	481 200	13.45
江西	157 500	4.40
重庆	132 000	3.69
广东	31 900	0.89
云南	25 500	0.71
广西	17 917	0.50
湖北	10 550	0.29
贵州	400	0.01

竹地板生产 竹地板是中国自主创新的产品，自 20 世纪 80 年代开始进入国内外消费市场以来，以硬度大、强度高、弹性好、脚感好，且纹理通直、结构合理、稳定性好、不易变形等特点而受到消费者的喜爱。目前全国主要地板生产企业上千家，但是较具规模的只有百余家。中国竹地板在生产技术和产品质量等方面处于国际领先水平，国内生产的竹地板中有 60% 以上出口到国外，销往 40 多个国家和地区，已经成为世界主要竹地板生产出口基地。据统计，2010 年全国竹地板产量达 111.38 万立方米（见表 6），福建、湖北、四川、江西、浙江的竹地板产量占到全国竹地板总产量的 88.15%。由于竹地板大多销往国外，国内消费者反而对竹地板认知度偏低，目前竹地板只占了国内地板市场份额的 10% 左右。2012 年全国竹地板产量 4908.40 万平方米，比 2011 年增加 4.60%。2012 年中国竹地板行业十大品牌（见表 7）。

表 6　2010 年全国竹地板的产量情况表

单位：万立方米

省份	产量	占比(%)
福建	27.23	24.45
湖北	23.46	21.06
四川	20.32	18.24
江西	16.33	14.66
浙江	10.85	9.74
湖南	6.80	6.11
安徽	2.69	2.42
云南	2.04	1.83
广东	1.13	1.01
重庆	0.30	0.27
广西	0.23	0.21

表 7　2012 年中国竹地板行业十大品牌

品牌	地区	公司
大庄·竹地板	浙江	浙江大庄实业集团有限公司
春红·竹地板	江西	江西飞宇竹业集团有限公司
竹涛·竹地板	江西	江西松涛竹业有限公司
定江·竹地板	江西	江西腾达竹木业有限公司
金福昌王·竹地板	江西	江西绿保木竹有限公司
梦竹·竹地板	江西	江西金凤竹业有限公司
神农·竹地板	江西	江西神农地板有限公司
九木堂·竹地板	江西	江西九木堂实业有限公司
绿亚·竹地板	江西	江西绿亚竹业有限公司
通贵·竹地板	江西	江西康达竹业集团有限公司

竹浆造纸业　竹浆纸是单独利用竹浆或与木浆、草浆合理配比，通过蒸煮漂洗等造纸工序生产出的纸。中国竹资源丰富，生产竹浆具有成本低廉的优势，能够缓解中国造纸原料短缺的现状。据统计，2010 年国内竹浆产量为 217.27 万吨(见表 8)，四川、广西、贵州、重庆是中国竹浆造纸的大省，四省(区)竹浆产量占到全国的 83.22%。

表 8　2010 年全国分省区的竹浆产量情况

单位：吨

省(区、市)	产量	占比(%)
四川	1 125 700	51.81
广西	328 668	15.13
贵州	208 802	9.61
重庆	145 000	6.67
湖南	100 000	4.60
江西	60 100	2.77
云南	58 160	2.68
福建	57 998	2.67
广东	44 000	2.03
浙江	33 000	1.52
湖北	11 230	0.52

竹制日用品(竹工艺品)生产　按照海关统计分类，中国竹制工艺品包括三大类：竹雕；竹制的席子、席料及帘子；竹制篮筐及其他编结品等。竹制工艺品在中国有悠久的历史，近年来得到了快速发展，竹制工艺品已经被广泛运用于礼品、家居装饰品、花园产品等的生产制作当中。此外，竹子还广泛应用于餐具、厨房用具的生产和制造。在对竹制工艺品的科研、生产和利用等方面，中国已处于世界领先地位。据统计 2010 年中国的竹制日用品产量达到 377 万吨(见表 9)。竹制日用品主要分布在浙江、湖南、福建 3 省，3 省产量占全国的 77.77%。从长期来看，竹制工艺品国内外的市场需求非常广阔。

表 9　2010 年全国竹制日用品产量分布情况

单位：吨

省(区、市)	产量	占比(%)
浙江	1 081 682	28.69
湖南	1 000 000	26.53
福建	850 162	22.55
江西	252 775	6.70
四川	179 676	4.77
安徽	173 751	4.61
广东	118 000	3.13
广西	59 177	1.57
湖北	17 887	0.47
贵州	16 615	0.44
陕西	11 491	0.30
云南	7159	0.19
重庆	1580	0.04

竹质家具生产　竹质家具指以竹子、竹集成材、竹人造板为基材，开发制作的家具用品。近几年来，随着竹集成材、竹重组材加工工艺技术的日趋完善，已经在竹质家具制造方面得到了越来越广泛的应用。据统计，2010 年中国竹质家具年产量为 1124.73 万件(见表 10)。其中广西、重

庆、浙江、四川、湖南5个省(区、市)是中国竹质家具主要产区，5省区产量占全国的85.86%，目前竹质家具已经在国内市场树立起一批知名品牌。

表10　2010年全国竹质家具产量分布情况

单位：万件

省(区、市)	产量	占比(%)
广西	274.51	24.41
重庆	265.00	23.56
浙江	184.00	16.36
四川	142.18	12.64
湖南	100.00	8.89
江西	69.24	6.16
贵州	29.71	2.64
湖北	19.91	1.77
安徽	13.89	1.23
陕西	12.00	1.07
福建	11.15	0.99
广东	3.15	0.28

竹纤维制品生产　纤维素纤维作为最早的人造纤维已有100多年历史，现在世界纤维素纤维产量已达300多万吨。目前国内再生竹纤维制品的产业化进程比较快，已经形成了竹浆粕、纺纱、织造、染整及成品加工等多个环节构成的产业链。生产的各类竹纤维制品以其独具的优良特性而受到消费者的欢迎。据统计，全国竹纤维制品企业约59家，2010年竹纤维制品产量为12.04万吨(见表11)，主要产地是福建、安徽、四川、广西、湖北等省(区)，产量占到全国的82.46%。

表11　2010年全国竹纤维制品的产量分布情况

单位：吨

省(区、市)	产量	占比(%)
福建	24 664.00	20.49
安徽	22 050.00	18.32
湖南	21 835.00	18.14
广西	19 660.00	16.33
湖北	11 050.00	9.18
浙江	7805.00	6.48
贵州	6993.00	5.81
江西	5627.00	4.67
重庆	700.00	0.58

竹炭加工业　中国2000多年前已有竹炭产品，但竹炭产业则是20多年前在日本兴起。近年，中国在竹炭的生产工艺和技术设备方面，处于世界领先地位，日本每年要从中国进口竹炭近4000吨。目前竹炭产品已有10个系列100多个品种，有竹屑棒炭类、原竹炭类、日用品类、调湿类、除臭类、洗涤用品类、工艺品类、保健类、净化类和屏蔽类等。据统计，2010年全国竹炭产量为13.62万吨(见表12)，其中福建和浙江两省的产量就占到全国总产量的88.81%，并且已经培育起一批国内知名的产品品牌。

表12　2010年全国竹炭产量分布情况

单位：吨

省(区、市)	产量	占比(%)
福建	79 418	58.30
浙江	41 560	30.51
湖南	6500	4.77
安徽	2156	1.58
江西	1832	1.34
四川	1200	0.88
云南	1100	0.81
湖北	1000	0.73
重庆	1000	0.73
广西	435	0.32
贵州	24	0.02

竹饮制品生产　近年，茶饮料、果汁饮料和功能饮料越来越受到人们的青睐。其中，利用天然竹子的体液，以及竹叶、淡竹叶等竹子提取物开发的植物饮料，以其良好的清热除烦、皮肤润燥等功能，得到了越来越多消费者的认可。从2004年第一瓶竹汁饮料面世以来，据不完全统计，2010年全国竹饮料生产企业的产量已经达到17 425吨(见表13)，其中湖南、广西、福建、四川四省(区)的产量占全国总产量的89.81%。

表13　2010年中国竹汁饮料产量分布情况

单位：吨

省(区、市)	产量	占比(%)
湖南	7450	42.75
广西	4000	22.96
福建	2200	12.63
四川	2000	11.48
浙江	1233	7.08
重庆	500	2.87
湖北	30	0.17
贵州	12	0.07

【浙江毛竹覆盖"双百万"示范行动】 11月9日，参加全省2012毛竹覆盖"双百万"示范行动现场会县(市、区)的林业局科技推广专家和农民示范户，冒雨参观了衢江区全旺镇红岩村毛竹示范基地，交流毛竹覆盖增产增效经验。

红岩村毛竹示范基地2006年由余正中流转林地开始承包经营。经营初期，基地每亩立竹80株，亩收入不足百元。从2007年开始，在林业技术人员的指导下，基地推广应用配方施肥、开沟引鞭、蓄水灌溉技术，每亩立竹量增加到170株。2010年，在浙江省林科院等科研单位的支持下，基地推行毛竹覆盖春笋冬出技术获得成功，每亩收入超过万元。余正中也被评为全省十大毛竹覆盖技术推广示范户。

这项帮助农民增收的毛竹覆盖春笋冬出技术，是由湖州市吴兴区农民孙仕明经过10多年摸索出来的方法。2008年，孙仕明的毛竹覆盖春笋冬出每亩收入达3.2万元。

浙江省林业厅领导非常重视这项技术，重奖技术发明人孙仕明，并在全省开展了毛竹覆盖"双百万"示范行动，即在全省100个村实行毛竹覆盖、每村形成百亩示范面积，每亩力争产值1万元以上，加快竹林经营发展方式的转型升级，促进农民增收致富。

2010～2012年，浙江省林业厅每年都召开全省毛竹覆盖"双百万"示范行动现场会和经验交流会。日前在衢江区召开的现场会上，毛竹覆盖技术发明人孙仕明与示范户代表包根基、姚国良进行了交流，杭州市林水科技推广总站研究员何奇江对项目实施中的关键技术进行了讲解。

目前，多个毛竹覆盖重点县都出台了配套的补助政策。绍兴市林业局通过举办培训班提高竹笋示范户的经营技术水平，同时加大资金扶持力度，给予所辖的绍兴、诸暨、嵊州3个毛竹覆盖示范点24万元的补助。衢江区林业局已根据"树立一个典型、开展一项行动、建设一批示范、提升一大产业、富裕一方百姓"的方针，选派技术人员赶赴各乡镇，指导、帮助竹农。遂昌县林业局在专家教授的指导下，自2012年4月以来，在全县主要竹林乡镇建立毛竹覆盖示范基地8公顷，开展了500余人次的技术培训，发放毛竹专用肥8.9吨、有机商品肥19吨。

"双百万"示范行动实施期间，浙江省林业科技推广总站不定期组织省内有关高校、研究院(所)的专家深入基层一线，指导毛竹覆盖春笋冬出、冬笋多发的试验示范工作。各相关县(市、区)的毛竹覆盖推广专家对责任林技员和示范户开展针对性培训。目前，全省已累计举办毛竹覆盖培训班或现场会67期，受训林农和技术人员3587人次。

为确保各示范基地取得成功，各地狠抓技术指导，在林技专家的带领下，每个乡镇责任林技员服务对接一个示范基地，实现一对一挂钩。通过3年的实施，毛竹覆盖"双百万"示范行动成效明显，取得了"毛竹盖一盖、收入一万块"的示范效果。

据统计，2011年，浙江省共有146户示范户开展毛竹覆盖，实施覆盖的毛竹林面积32.73公顷。毛竹覆盖冬笋多发示范基地，冬笋平均公顷产5175千克，平均每公顷产值118 905元，其中，公顷产值最高的是遂昌县农户谢水高，每公顷挖冬笋8340千克，每公顷产值19.5万余元。毛竹覆盖春笋早出示范基地，春笋平均公顷产9675千克，平均每公顷产值15万余元，其中，总产量最多、产值最高的是长兴永绿中心的何国庆覆盖的300余公顷毛竹，每公顷可产鲜笋27 000千克，公顷产值达30万余元。

2012年，浙江各地扩大了覆盖面积，全省目前已落实毛竹覆盖任务49.27公顷，涉及33个县(市、区)的100户示范户。(高立旦)

【竹基纤维复合材料研制成功】 该项成果由木工所首席专家于文吉等共同完成的高性能竹基纤维复合材料制造技术研究项目，成功突破传统技术，达到了国际领先水平。

这项研究突破了竹青、竹黄难以有效胶合的瓶颈难题，使占全国竹材资源近50%的小径竹、丛生竹得以高效利用，并使毛竹等大径级竹材一次利用率从20%～50%提高至90%以上，实现了丛生竹、小径竹和竹材加工剩余物的大规模工业化利用。

中国竹材产业持续以每年30%左右的复合增

长率快速发展。随着加工技术的进步，竹水泥模板、竹胶拼地板、集装箱底板等竹产品不断涌现，并被广泛应用于建筑、家具、运输等行业。特别是近10年来，发展较为迅猛的重组竹产品，一举成为竹材工业发展的主流品种。

这项研究集技术研发、专利申请和标准制定于一体，已形成完整的知识产权体系。在技术推广示范过程中，以企业为主体、产学研相结合，建成了年产8000立方米的风电桨叶用竹基纤维复合材料、年产200套风电桨叶用竹层积材、年产8万立方米的全竹集装箱底板用竹基纤维复合材料生产示范线各1条；在安徽金泰竹业、浙江均泰科技、铁道部眉山车辆厂、成都达江装饰材料公司以及洪雅竹元科技公司等企业进行了10多次中试和生产试验，并与河北双安结构胶合板研究所合作开发关键设备，形成了成熟的成套生产工艺技术与装备。

这项技术已在重庆、安徽、福建等11个重点产竹省(区、市)逐步推广。2010～2011年，研发单位已与6家企业签订授权和技术转让，合同额480万元；销售设备64台(套)，投产后总产能达20万立方米，产值10亿元左右，可新增利润2.5亿元。

(王建兰)

油茶产业

【概　述】 2012年年末全国实有油茶林面积349.89万公顷，油茶籽产量172.77万吨，比2011年148万吨增加16.74%。比2007年93.91万吨增加83.97%。各地区生产情况见表1。

油茶主产区分布范围 全国油茶主产区集中分布于江南，有湖南、江西、广西、浙江、福建、广东、湖北、贵州、安徽、云南、重庆、河南、四川和陕西14个省(区、市)，涉及642个县(市、区)。其中，种植面积大于6667公顷的县(市、区)有142个，种植面积在3333～6667公顷的县(市、区)有97个，种植面积在667～3333公顷的县(市、区)有142个，种植面积小于667公顷的县(市、区)有261个(见表2)。

表1　各地区油茶产业发展情况

地区	年末实有油茶林面积(公顷)			繁殖圃		苗木产量(万株)			油茶籽产量(万吨)	油茶企业(个)
	合计	当年新造面积	当年低改面积	个数(个)	面积(公顷)	合计	一年生苗木产量	二年留床苗木产量		
合计	3 498 865	235 916	114 238	517	4942	124 362	66 510	35 576	173	1643
江苏	182	29	—	—	—	—	—	—	—	—
浙江	137 276	7804	6132	29	126	3173	1638	1052	6	204
安徽	91 248	21 309	4391	22	232	8019	6208	1741	6	124
福建	133 860	20 329	5761	37	153	10 076	6067	2316	9	322
江西	855 258	31 424	19 224	107	799	23 047	10 179	5120	45	195
河南	30 611	54 81	57	10	64	978	802	176	1	12
湖北	155 646	15 171	6324	54	1823	8422	3694	2213	9	158
湖南	1 290 214	34 109	40 238	100	568	19 061	13 774	5197	68	297
广东	147 818	13 764	10 442	35	261	5315	2122	1087	7	131
广西	305 488	16 737	8103	27	157	10 136	8149	1022	16	32
海南	297	150	—	3	11	130	120	10	—	4
重庆	23 370	6299	—	3	247	5828	3165	920	1	12
四川	13 597	626	67	12	61	1551	350	13	—	1
贵州	111 432	7020	—	18	48	2794	1002	1763	4	28
云南	185 611	52 561	12 868	14	174	22 041	6647	11 749	1	115
陕西	16 024	3103	631	46	218	3791	2592	1198	1	8
甘肃	933	—	—	—	—	—	—	—	—	—

表2　全国油茶主产区分布范围统计表　　单位：个

序号	地区	油茶分布县					所辖县(市、区)总数
		合计	小于1万亩县级数	1～5万亩县级数	5～10万亩县级数	大于10万县级数	
		642	261	142	97	142	1537
1	湖南	121	35	19	18	49	122
2	江西	100	18	30	7	45	100
3	广西	61	22	11	10	18	109

（续）

序号	地区	油茶分布县					所辖县（市、区）总数
		合计	小于1万亩县级数	1～5万亩县级数	5～10万亩县级数	大于10万县级数	
4	浙江	63	42	10	5	6	90
5	福建	63	15	15	30	3	85
6	广东	18	4	6	4	4	122
7	湖北	46	22	13	8	3	101
8	贵州	12	1	4	2	5	88
9	安徽	35	18	7	5	5	105
10	云南	47	31	12	3	1	129
11	重庆	15	4	6	3	2	40
12	河南	5	1	2	1	1	158
13	四川	43	40	3	0	0	181
14	陕西	13	8	4	1	0	107

注：1亩≈0.067公顷

油茶主产区林地资源现状 根据14个油茶主产省（区、市）林地资源统计结果，全国油茶主产区现有林业用地面积14871.15万公顷，其中有林地9884.76万公顷，疏林地355.14万公顷，灌木林地2469.66万公顷，未成林造林地241.38万公顷，无林地1920.21万公顷。在无林地中，有宜林地1712.8万公顷，其中适宜种植油茶的面积有358.71万公顷。

油茶主产区油茶种植现状 2010年，全国14个油茶主产省（区、市）共有油茶林面积302.08万公顷，其中：产前期面积12.01万公顷，初产期面积15.97万公顷，盛产期面积131.85万公顷，衰产期面积142.25万公顷，分别占总面积的3.97%、5.29%、43.65%和47.09%。受气候、地貌等自然条件的影响，油茶种植面积以湖南、江西、广西3省（区）最大，分别为118.53万公顷、74.67万公顷和36.83万公顷，3省（区）面积占全国现有油茶林总面积的76.2%（见表3）。

表3 2010年全国油茶主产区油茶种植状况统计表

单位：万亩

序号	单位	油茶种植情况					
		按龄组分布					其中现有高产油茶林面积
		小计	产前期	初产期	盛产期	衰产期	
合计	4531.20	180.20	239.60	1977.70	2133.70	387.10	
1	湖南	1778.00	30.00	30.00	718.00	1000.00	168.00
2	江西	1120.00	42.00	25.00	438.00	615.00	60.00
3	广西	552.40	56.10	24.50	362.50	109.30	65.00
4	浙江	239.80	6.20	13.00	119.90	100.70	20.00
5	福建	196.00	10.00	15.00	84.00	87.00	8.70
6	广东	150.00	5.00	5.00	100.00	40.00	0.50
7	湖北	145.40	10.20	59.20	20.30	55.70	30.00
8	贵州	102.80	3.50	19.70	21.30	58.30	9.00
9	安徽	85.00	5.00	26.00	42.00	12.00	22.00
10	云南	52.60	1.20	1.00	42.60	7.80	—
11	重庆	48.00	7.00	9.70	5.30	26.00	0.60
12	河南	24.00	3.60	10.60	9.30	0.50	0.20
13	四川	20.30	—	—	6.00	14.30	1.70
14	陕西	16.90	0.40	0.90	8.50	7.10	1.40

油茶主产区油茶加工企业现状 全国14个油茶主产省(区、市)现有油茶加工企业659家，油茶籽设计加工能力可达到424.83万吨，年可加工茶油110.79万吨，加工能力在500吨以上的企业有178家，具有精炼能力的企业达到200多家，油茶加工业已形成一定规模，具备一定基础。油茶副产品综合开发利用技术进一步成熟，目前可年产茶粕68.39万吨，茶皂素1.86万吨，油茶籽利用程度接近100%，资源利用水平较高。

油茶主产区油茶良种种苗生产状况 2000年以来，随着中国食用油市场供需矛盾的加剧，油茶产品市场逐渐升温，特别是油茶无性系品种高产优质特性逐步为社会所认识，油茶主产区特别是湖南、江西、广西等省(区)陆续建立了一批高产无性系(品种)采穗圃基地。据统计，目前湖南、江西、广西等8个省(区)共建有油茶采穗圃基地33处，现有油茶良种苗木生产能力13 610万株。林业科学研究部门已选育出100多个优良无性系品种，这些良种的测产每公顷在525~750千克，有的公顷产茶油已达到1125千克。

①油茶良种选育状况。油茶主产区14个省(区、市)中，湖南、江西、广西、浙江、安徽、湖北、福建、云南和重庆9省(区、市)通过国家或省级审(认)定的油茶良种有174个，其中通过国家级审(认)定的良种54个，省级审(认)定的良种120个。

②油茶良种基地生产能力。湖南、江西、广西、浙江、福建、湖北、贵州、安徽8个省(区)共建有油茶良种基地33个(30个采穗圃和3个种子园)，总面积294.27公顷，油茶良种苗木现有生产能力约1.36亿株，良种穗条现有生产能力约7500万条。

③油茶良种种苗供应能力。2009年春、秋两季，湖南、江西、广西、浙江、福建、广东、湖北、贵州、安徽9个省(区)可提供油茶良种苗木5100万株左右，可供造林约3.07万公顷。其中，春季可提供油茶良种苗木约2900万株，可供造林1.73万公顷；秋季可提供油茶良种苗木约2200万株，可供造林1.33万公顷。

2009年冬季和2010年春季9省可生产油茶良种苗木1.2亿株，可供造林7.33万公顷。

④油茶种质资源收集保存情况。目前，开展油茶种质资源收集保存的有湖南省、江西省、浙江省和贵州省。湖南省林科院从2003年开始，收集保存了200多个油茶优良无性系、家系等。江西省林科院收集保存优良无性系和农家品种100多个。浙江省林木种苗站与中国林科院亚热带林业研究所合作，在浙江金华东方红林场建立了油茶种质资源库，收集保存了275个油茶无性系。贵州省黎平县林木良种繁育中心收集保存了75个优树的繁殖材料。

【中国油茶产业发展沿革】 截至2010年年底，中国油茶林面积302.08万公顷，以普通油茶为主，涉及中国长江流域及以南的14个省(区、市)。自20世纪50年代以来，经过近60年发展变化，曾几起几落，直到进入90年代，随着人们对油茶认识的提高，油茶科研工作的深入和新成果的逐步推广，特别是油茶优良无性系等良种的大规模示范应用，加之地方政府强有力推动，油茶生产才真正步入了平稳发展轨道。进入21世纪后，产量突破了20万吨。

油茶生产起步发展阶段 这一阶段始于20世纪50年代。新中国成立前，中国油茶生产处于半荒芜状态。新中国成立后，在党和政府的领导下，油茶生产和其他各项建设事业一样，得到迅速发展，分到土地的农民积极响应党的号召，大力发展粮棉油生产。在原政务院《关于发动农民增加油料作物生产》的指示下，各省林业部门制定了各项政策，组织山区群众发展油茶。这一时期，群众发展油茶的积极性很高，对大面积荒芜的油茶进行了垦复，产量逐渐上升，1952年全国茶油产量为5万吨，1956年茶油产量达到8万吨，比新中国成立初增加了一倍。1958年，全国的油茶产量达到了一个高峰。

这一阶段，中国经济落后，物质匮乏，科技水平低，油茶生产处于原始耕作状态，油茶造林分散，苗木大多为实生苗，经营管理主要靠“人种天养”，以致油茶产量低，平均每公顷茶籽产量只有150千克左右，茶油产量37.5千克。这是一个粗放经营的低水平生产时期。但是，油茶生产同大力发展的粮棉生产一样，同样为国家做出了应有的贡献，缓解了国家食用油不足的困难。

油茶生产恢复发展阶段 这一阶段为20世纪六七十年代。1958年以后，受公社化运动和三年自然灾害的影响，油茶生产出现滑坡，产量下降。到20世纪60年代中期，全国掀起了大面积营造油茶林基地的群众运动，昔日的荒山变成了大片油茶林。十年动乱，油茶生产受到严重的影响，1976年产量退到新中国成立初期的水平。从1976年开始至1979年，国家专项拨款1亿多元，用于建设以木本油料为主的基地，推动了新林营造和老林改造，油茶林面积迅速增加，产量稳步上升，"六五"期间油茶籽的产量比"五五"期间增长了23.8%，茶油产量达到11万吨。

这一时期，土地和山场归集体所有，虽然油茶生产有起有落，但是，由于油茶种植面积扩大，地块相对集中，抚育管理水平得到较大提高，特别是油茶科研的加强，油茶示范场的建立，油茶优树和农家品种选育在生产中得到普遍应用，产量也获得较大幅度的增加。然而，产量的提高并没有给广大农民带来经济上的实惠，加上茶油加工产业落后，大规模的油茶基地并没有真正建立起来，使得油茶产业发展缓慢，效益低微。

油茶生产平稳发展阶段 这一阶段为20世纪80~90年代。进入20世纪80年代以后，更多优惠政策被落实，新品种新技术逐渐推广，油茶产量逐年增加，出现了不少高产典型，全国油茶林面积比建国时扩大了50%，一度达到400万公顷的历史最高水平。之后，由于市场经济的冲击和比较效益低等客观因素的影响，油茶生产再次跌入低谷，不少立地条件较好的油茶林，被改种效益比较好的果树或其他经济林、用材林，油茶面积下降。20世纪90年代初开始，油茶低产林改造被列入国家农业综合开发重点项目，加大了油茶低产林改造技术和良种化的推广应用，并给予一定的经济扶持，油茶生产有所回升。到20世纪末，由于油茶面积稳中有升，虽然单产没有明显的提高，全国茶油年产量还是稳定在13万吨以上。

这一时期，广大农村实行家庭联产承包责任制，土地重新回到农民手中，加上市场经济大潮的冲击，以市场为导向，以经济利益为目标的商品生产在农村得到充分体现，哪样商品赚钱就生产种植哪种商品，在解决了温饱之后，油茶的发展才在农村得到重视。首先发展起来的是油茶良种繁育，全国油茶良种繁育协作组在湖南、江西等省选育出大量优良农家品种并进行了区域性试验。但是，由于油茶优良品种繁育基地建设滞后，其推广应用工作发展缓慢，低质、低产油茶林仍占据着主导地位，难以形成高产油茶林基地。同时，茶油产品生产企业规模偏小，加工技术落后，深度开发能力受到限制，以致油茶产业仍处于低水平徘徊局面。

总之，中国油茶产业几起几落，长期在低水平上徘徊，始终没能走出低水平、低效益、低产能的发展圈子，与油茶生产经营及其管理体制机制性障碍有着密切的关系，其制约瓶颈主要表现在3个方面：一是油茶良种选育没有从根本上得到突破性进展和产生质的飞跃，少数省经过努力虽然选育出一些适宜当地生长的优良品种(系)，因受资金的限制，在生产中推广和应用缓慢；二是鼓励和扶持政策措施不到位，林地权属不稳定，生产经营主体不明晰，推动力不足，难以充分发挥林农的生产积极性，以致大多数油茶林处于自然生长状态，生产力低下，既形成不了规模生产，也无法产生规模效益；三是各级政府财力有限，对油茶生产投入严重不足，又没有形成常态的油茶建设扶持资金，致使前期投入要求较高的油茶生产难以形成规模化、集约化的经营水平。

【油茶产业发展存在的主要问题】 数十年来，中国的油茶产业虽然在基地建设方面曾有过几次大的发展过程，但全国油茶产业却一直没有发展壮大起来。综合分析各方面原因，当前制约中国油茶产业发展的主要问题表现在以下几个方面：

①缺乏必要的扶持政策。据调查，油茶新造林和老林更新改造的前期一次性投入很大，一般每公顷投资约22 500元左右；高接换冠，每公顷成本约30 000元左右；低产林复垦改造，每公顷年成本在3000元左右。对油茶林新造或改造，如此高的前期投入，一般农户难以承受。虽然在油茶产业发展中各地出台了一些扶持政策，但多数地方由于财力限制，对油茶的发展未给予必要的政策扶持和资金支持。

②比较效益相对较低。目前，全国现有油茶林大多数是20世纪六七十年代的老林，公顷产茶油一般在75千克左右，油茶的每公顷产值不超过3000元。与其他经济林相比，效益相对较低。如浙江省的常山县，其主要的经济林树种——常山胡柚，每公顷的产值在30 000~45 000元，大大高于油茶林。因而，造成了近年来常山县立地条件比较好的油茶林纷纷被改种为胡柚，农民缺少油茶再生产的积极性，其结果是油茶林大面积荒芜，产量下降，限制了油茶产业的发展。

③高产优良品种未得到大面积推广应用。到目前为止，油茶种植大省中，江西、安徽两省的油茶林大部分还是20世纪五六十年代的普通实生苗林，湖南省约有50%以上的油茶林是新中国成立之前就存在的，属于多代萌生，品种混杂，产量极低，从20世纪70年代末开展的油茶丰产林基地建设，到90年代以来的油茶低产林改造，全省使用良种更新造林的油茶面积不足10万公顷，仅占全省油茶林面积的8%左右。其他省区油茶良种应用率更低。油茶林品种老化，经营粗放，在油茶主产区是一个共性问题。只有通过大面积的优良油茶品种更新换代造林，油茶潜在的资源优势才能转化为产业优势。进入21世纪以来，各地选育了一系列油茶高产优良品种(系)，其中不乏适宜当地的高产优良品种(系)，但大面积推广应用到生产中却不多。原因在于大面积的推广应用需要大量资金支持，譬如建设油茶种苗繁育基地、良种采穗圃等，由于投资有限，当前还不能做到大批量生产油茶高产优良种苗以满足生产用苗的需要。

④宣传不到位。油茶与油橄榄、油棕、椰子并称为世界四大木本油料植物。茶油具有优质食用油全部功能特性，其化学组成、脂肪酸比例与橄榄油相似，一些指标还要高于橄榄油。然而，人们对橄榄油特性的认识却远远高于对茶油的认识，一般认为橄榄油是高品质油，而对茶油的认识和了解甚少，只是在油茶主产区人们才对其有一定的了解，中国北方和西部大多数地区对茶油基本处于陌生状态。中国每年进口橄榄油约4500吨，用汇2000多万美元，除食用外，相当一部分用于制造高档化妆品和保健品，橄榄油的价值十分可观。而全国茶油每年仅有少量出口，国际市场认知度极低，这与长期以来人们对茶油停留在自产自用和宣传上的不到位有直接关系。

【油茶产品市场分析与需求预测】 油茶是一种综合利用价值极高的经济树种，主要产品为茶油，副产品包括茶枯、茶壳和茶粕。副产品茶枯经深加工可提取残油、茶皂素；茶壳经提取可用于制作糠醛、木糖醇、栲胶、活性炭和培养基等。

市场分析 随着人口增加，耕地减少，大力开发木本油料已成为当今世界解决人类食用油严重不足的主要渠道。全世界有40多个国家以橄榄油作为主要食用油，特别是地中海沿岸国家已经实现食用油料木本化。西班牙和希腊等国木本食用油料也占到本国食用油的80%~90%。油茶是中国得天独厚的植物资源，也是目前唯一可以与橄榄油媲美的木本食用油料。

食用油市场分析　油脂是人体不可少的营养物质，随着全球人口增长和人们生活水平的整体提高，食用油的消费量也在逐年增长。中国人口众多，是世界上食用油消费大国，随着经济的发展和生活质量的改善，消费观念的转变，人们更注重健康消费，对动物油脂消费越来越少，植物油消费逐年增加，尤其是食用油中的茶油和橄榄油从20世纪90年代至今急剧增加。为满足国内市场供应需要，中国于1985年开始从国际市场上进口油脂，1993年中国油料市场放开后，国内油脂供不应求，市场价格急剧上升，这一时期，中国食用油市场呈现以下3个特征：

一是食用油消费量逐年提高，特别是优质木本油料消费量呈快速增长态势。据统计，2004年全国食用植物油消费量达1750万吨，人均年消费量13.5千克；2007年食用油消费量达2250万吨，人均消费量17.0千克。与欧美等发达国家人均消费量45千克相比，差距非常大。高品质茶油仅占食用油总消费的1.17%，与欧洲、日本等发达国家橄榄油消费量占40%以上相比，差距更大。因此，优质茶油未来有着广阔的市场发展空间。

二是食用油料供给严重不足，油脂工业潜力巨大。中国是食用油消费大国，也是食用油进口大国。根据海关统计，2007年中国进口油脂油料总计折油1509万吨，较2006年增加306.6万吨，增长25.5%。2007年，中国国产食用植物油为1035万吨，自给率仅为46%，是中国历史上食用植物油自给率最低的年份。可以看出，中国的食用油还远不能做到自给自足，每年都需要花费大量外汇进口食用油，以满足国内市场需要。

三是随着贸易全球化以及国际市场对中国特有茶油优质特性的认识，国外企业从中国进口油茶生产加工茶油产品，以及国内企业将开发出来的茶油产品销售海外，必将成为一种趋势。在国际市场上，茶油十分热销，国产茶油在日本等地的价格达每吨3万元以上，国内顶级茶油的售价达到每吨10万多元。据专家预测，如果茶油以精品形式打入国际市场，每吨售价可超过25万元。2008年中国茶油产量仅为26.25万吨，难以满足国内市场的需求，如果加工成精制油进入国际市场，缺口会更大。

油茶副产品市场分析 油茶还具有很高的综合利用价值，茶枯饼、茶皂素、茶籽壳等剩余物，可广泛用在日用化工、制染、造纸、化学纤维、纺织、农药等领域。茶枯饼中仍存在5%~6%的茶油，经浸提后的余饼可继续提取4%的高品质茶皂素，其皂素含量在80%以上，是市场所需及出口创汇的好产品。随着油茶加工企业对茶枯饼进行精深加工，原来被农民丢弃的茶枯饼价格一路攀升，从每吨300元猛增到每吨1800元。茶皂素是一种非离子型表面活性剂，使用安全，易被微生物分解，有利于环境保护。经实验证明，它可配制无公害洗涤剂、各类工业乳化剂、无公害杀虫剂、啤酒发泡剂和食品工业乳化剂等。提取完茶皂素的余粕中，还含有12%~16%粗蛋白、30%~50%淀粉和较丰富的木质素，饲用价值很高，稍作加工即可作为禽、畜、鱼的优质饲料。另外，茶籽壳中含有丹宁、糠醛等，可以用来制造栲胶、糠醛、优质活性炭等化工原料。高品质的油茶副产品，已广泛应用于多个行业，其发展前景很大。油茶副产品在泰国、马来西亚等国际上也占有一定的市场份额。

据此，中国油茶产业应以发展中、高档油茶产品为主，其当前发展目标既放在国内中、高档消费市场，又瞄准国际高档油茶产品消费市场。

需求预测 随着中国经济的快速发展和人口的增长，食用油消费量将逐年上升，预计到2020年，中国人口将增加到14.5亿，按人均食用油消费22千克计算，食用油的消费总量将达到3200万吨。目前，全国各类植物油年生产能力为1000多万吨，即便每年增加100万吨的食用油供给量，10年后产量仅能达到2000万吨，需增加约1200万公顷的油料播种面积，届时每年仍需进口1000余万吨植物油和油料等成品油脂，才能保障市场的正常供给。

目前全国年产茶油为26.65万吨，年人均占有量仅0.2千克，远低于发达国家年人均占有橄榄油20千克的水平，食用油消费结构极不合理，发达国家橄榄油的消费量一般占其植物油总消费量的40%以上。中国要达到年人均茶油占有量2千克的标准，全国茶油产量需增加10倍，年缺口达250万吨左右，可见，未来茶油的市场需求非常旺盛。

此外，油茶副产品茶枯、茶壳的利用价值也非常高。茶枯经深加工可生产茶皂素、抛光粉和饲料等。茶皂素是一种非常重要的工业原材料，广泛用于建材、日用化工、医药和农药等方面。中国生产的茶皂素一半以上销往欧美等发达国家，市场前景良好。茶枯还可加工成具有较高营养价值的饲料，是鱼类养殖不可缺少的原料，市场前景广阔。近年，茶枯、茶壳的市场需求急剧上升，泰国、马来西亚等东南亚国家，每年从中国直接进口大量的茶籽和茶枯来进行加工、提取皂素、做生物农药和机床的抛光粉等，这些都促使了茶枯、茶壳需求的上升。目前，国内市场的茶枯饼每吨的售价已上升到1800元，茶壳的售价也达到每吨249元。今后油茶副产品与油茶产品一样具有更加广阔的前景。

发展潜力 近年来，中国油茶产业发展较快，基地建设逐步扩大，油茶苗木进一步良种化，并已筛选出一批优良无性系品种，科学研究和技术创新不断深入并在生产中推广应用，油茶产品深加工方法不断改进，油脂工业精炼油生产技术应用到油茶产业，开发的产品正被广泛应用于多个行业。为此，在多种因素的促成下，使得21世纪以来油茶产量得到较大提高，油茶产业得到快速发展。

高产稳产新品种培育成功，为油茶产量大幅度提高打下良好基础 中国第一代油茶良种选育从20世纪50年代开始，由中国林科院组织油茶生产和科技工作者集中力量进行全国范围的种质资源清查与收集工作，初步查清了普通油茶、小果油茶、攸县油茶等可供食用的30多个主要品种，整理了普通油茶地方品种160多个。相对来说，第一代良种虽然数量庞大，但大多选育的优良农家品种丰产性并不高，公顷产油量仅300～450千克。

第二代良种以中国林科院组织的“六五”“七五”国家攻关计划油茶良种选育和国家林业部油茶无性系选育与配套栽培技术项目研究期间选育的良种为主。此期间选育的良种均为无性系，品种纯化，增产潜力高，是目前应用最广的油茶良种。由于20世纪80～90年代中国油茶新造林发展缓慢，使这些高产无性系良种育成后没有得到有效应用，以致这些良种未能发挥出应有的生产潜力。

经过两次大规模的良种选育工作，到目前为止，已选育出包括油茶优良农家品种、杂交组合、优良家系和无性系等油茶优良品种(系)100多个，像湖南省林科院的“湘林”系列、江西省林科院的“赣无”系列、赣州市林科所的“赣油”系列、中国林科院亚林中心的“长林”系列，这4个油茶高产无性系系列计94油茶高产无性系(品种)，其中公顷产茶油750千克的油茶高产无性系82个，而其中有些优良品种(系)公顷产茶油可以达到1050多千克。新品种在推广当中也取得了较好的效果：江西省新余市渝水区采用的油茶“长林”系列，2001年造林10公顷，第三年公顷产油45千克，2007年公顷产油975千克(未采穗)；丰城市采用油茶“赣无”系列新品种，2001年造林33.3公顷，7年生公顷产油达到1132.5千克；樟树市采用“长林”系列油茶新品种，2001年造林333.3公顷，7年生公顷产油780千克。

油茶优良品种(系)在生产上的应用，为新建油茶基地，倡导以高产、优质、高抗新品种为核心，配套现代集成栽培技术体系，建立油茶发展的新模式以及集约化规模生产奠定了良好基础。

良种苗木培育技术，为油茶新造林分早实、丰产稳产奠定了种苗基础 在扩繁技术方面，以中国林科院亚热带林业研究所研发的油茶芽苗砧育苗技术推动了油茶整个培育方式的变革，解决了油茶长期以来无法实现的难题。使油茶品种规模化扩繁和优质苗木快速培育成为可能。以此技术为基础，形成了国内一批油茶良种苗木生产基地。近年来，全国95%以上的苗圃和5000万株以上的良种苗木均采用此技术进行生产。例如中国林科院分宜育苗基地育苗量在700万株以上；湖南省浏阳市育苗基地育苗量在800万株以上；安徽省三友公司徽州育苗基地育苗量在700万株以上；湖南省油茶繁育基地育苗量在400万株以上；赣州市林科所育苗基地育苗量在300万株以上；江西林科院育苗基地育苗量在100万株以上。油茶芽苗砧育苗技术的应用基本解决了中国对油茶良种苗木的生产需求，为油茶产量的稳速提高打下了坚实基础。

低产林改造模式与技术日趋成熟，提高了当前低产林分产量水平 在“六五”“七五”期间，油茶栽培技术协作组组织编制了《油茶丰产林》国家标准和行业标准，并在油茶低产林的改造中逐渐形成了因地制宜、分类指导、多模式低改的共识，使低产林改造模式和油茶标准化栽培技术在生产中逐步完善和成熟，在油茶主产省得到大面积推广应用。其中效果显著的有：湖南省常宁、耒阳、永兴3县采用组装配套综合技术抚育改造6000公顷低产油茶林，第四年公顷产茶油180千克；浙江省常山县新昌乡优辂村，有油茶林333.3公顷，低改前为60年代种子直播林分，公顷产油在45～75千克，采用两种模式改造并强化抚育后，每年公顷产油量达到229.5千克，采用油茶与果树间种公顷产油量达到300千克；浙江省青田县章村乡章村，连片油茶林200公顷，大部分采用强化抚育管理改造，少部分采用高接换头改造，改后第三年产量大幅度上升，公顷产油量达到250.5千克；浙江省丽水市莲都区碧湖镇莲济村，对333.3公顷油茶林采用强化抚育管理改造，当年开始产量提高，改后第三年产量大幅上升，公顷产油量达到25.8千克。

目前，中国油茶低产林分面积达267万公顷，占现有油茶面积的90%以上。在当前尚无法对所有低产林重新造林的前提下，对低产林改造无疑是一种在短时期内提高油茶产量的有效方式。

政府产业引导和机制创新为油茶产业可持续发展提供了强大推动力 党中央、国务院对油茶产业发展给予高度重视，国家领导人也多次对油茶产业发展作出批示，并先后出台了一系列扶持产业发展的相关政策。国家发展改革委员会、财政部、科技部等部委也纷纷予以具体支持，专项用于油茶产业基础研发和实用科技成果推广与应用。油茶主产区的各级政府也在政策上和财力有限的情况下给予积极的扶持。无疑，这些政策和措施对促进油茶产业发展起到了重要的推动作用。

长期以来，中国油茶生产多为农户分散经营，虽可充分利用农户闲散劳动力资源，解决部分农村剩余人口就业问题，但从产业发展角度衡量，也存在诸多不利的因素。首先分散型经营不利于良种和先进生产技术的推广应用，不利于建成规模化的商品生产基地、提高产品质量档次和创立品牌，更不利于形成生产、加工、销售、市场完善的产业体系。近年来，各地也在探索油茶等经济林规模化生产新模式。如新型农业合作组织以多种形式出现；在油茶有机生产基地建设中进行机制创新，形成企业、基地与农户的紧密关系；以科技为依托，建立示范基地并与农户结合；采用以森林食品基地为载体，将企业、基地、农户结合在一起的经营方式；组织油茶合作社以及引导企业改造设备提高产品品质等。这些促进油茶规模化生产的新模式、新机制，为油茶大面积改造和新品种造林提供了强大的推动力。同时，茶油产品紧缺、价格上涨也以市场为手段调动了广大农户经营油茶的积极性。进而从多方面促进了油茶经营规模和生产力水平，为提升油茶产业化发展水平夯实了基础。

【“油茶产业升级关键技术研究与示范”项目通过验收】 该项目通过开展油茶高产优质良种创制、油茶可持续丰产栽培关键技术、茶油精深加工技术等研究与集成示范，攻克了一系列关键性、制约性技术难题，初步建立起油茶产业科技支撑体系。采用良种良法种植，油茶林年均亩产值增收达千元以上，应用新的加工利用技术，产品附加值增加1倍以上。

项目完成收集、保存种质资源1977份，筛选出347个高产优质种质和38个抗寒种质，成功选育出高产、抗逆性强的油茶优良新品种和无性系57个，研发采穗圃营建技术并形成标准化建设体系。项目解决了主要良种配置栽培技术，开发出油茶生物有机肥，提出了油茶园艺化栽培技术，构建了不同区域、不同林分油茶低产林经营管理技术模式，发明了油茶炭疽病等主要病虫害检测和防控技术。应用这一整套丰产栽培技术，油茶产量可提高50%以上，为大面积高产奠定技术基础。

项目还研发了高附加值精品食用油、调味油、化妆品茶油规模化生产技术，茶油低温冷榨技术，发明了油茶籽含油率、脂肪酸近红外光谱快速测定技术，高品质原味油茶鉴伪技术，研制了茶皂素、角鲨烯等高附加值新产品21个，设计完成油茶苗木嫁接机、自走式整地挖坑机、油茶中耕抚育管理机等先进技术装备12种。

通过试验研究和集成示范，项目系列成果在油茶生产中得到有效应用，支撑建立了高产品种和高效栽培示范基地105个，累计面积达7333公顷，推广辐射6.67多万公顷；营建采穗圃23个，面积164公顷，油茶繁育基地12个，年繁育苗木3000万株以上；建立油茶精深加工、副产物利用等中试生产线10条；累计培训技术人员14 000余人次。总体上实现了中国油茶良种的升级换代，解决了良种苗木规模化生产的技术瓶颈，改变了中国油茶低产低效、资源综合利用率低、产品附加值低的现状。

【全国油茶产业发展现场会】 10月10日，全国油茶产业发展现场会在安徽省六安市举行。国家林业局局长赵树丛指出，发展油茶产业，事关国家粮油安全，要把油茶产业发展作为生态林业、民生林业的重要内容，全面开创油茶产业发展新局面，为维护国家粮油安全、改善生态和改善民生作出新的更大贡献。

国家林业局副局长张建龙主持会议并讲话，安徽省副省长梁卫国致辞。

赵树丛说，发展油茶产业，是党中央、国务院为维护国家粮油安全而作出的一项重要决策。2008年以来，经过油茶产区的共同努力，油茶产业已呈现出快速健康发展的良好势头。全国累计投入油茶产业发展的资金达到203亿元，良种生产能力从2008年的5000万株增加到2012年的5.3亿株，全国新造油茶林1000多万亩，抚育改造低产油茶林近1000万亩，2011年油茶产业产值达到245亿元。

赵树丛强调，在下一步的油茶产业发展中，要重点抓好五项工作。一是认识要进一步深化，责任要进一步落实。二是科技成果和成功经验要加快推广，质量效益要全面提升。三是政策措施要继续完善，投融资规模要继续增加。四是龙头企业要大力扶持，发展机制要不断创新。五是油茶产业要做大做强做优，其他木本油料要统筹协调发展。

会上，安徽省林业厅、安徽省六安市、湖南科技学院、广东山马农林发展有限公司、重庆市彭水县平安乡油茶专业合作社做典型发言。与会代表参观考察了六安市油茶产业发展现场。

【油茶生产节令】

1月是油茶休眠期，主要农事有：新建基地或幼林开始准备林地和造林；投产林要注意复垦和施基肥；苗圃地要注意排水和种子贮藏管理；采穗园注意垦复和施土杂肥。

2月是根系活动期，主要农事有：新建基地或幼林要开始造林，施催芽肥，幼树开始整形修剪；投产林要开始修剪，注意大苗移栽补植；苗圃地要开始整理土地，修筑苗床，种子催芽、播种；采穗园注意修剪打顶。

3月是萌动期，主要农事有：

(1)新建基地或幼林开始容器苗造林，幼树整形；

(2)投产林注意容器大苗补植，老树锯干复壮；

(3)苗圃地开始床面施肥，材料准备；

(4)采穗园追施复合肥。

4月是萌芽期，主要农事有：

(1)新建基地或幼林注意基地管护；

(2)投产林要注意林地削草；

(3)苗圃地开始灭草松表土，搭建遮阴棚；

(4)采穗园注意蚜虫防治。

5月是抽梢期，主要农事有：

(1)新建基地或幼林注意基地管护；

(2)投产林要注意大树嫁接换冠；

(3)苗圃地要注意床面消毒，盖黄心土，嫁接育苗；

(4)采穗园注意铲草，剪接穗。

6月花芽分化，主要农事有：

(1)新建基地或幼林注意削草盖蔸；

(2)投产林开始施促花芽肥，改造植株管护，适时除保湿罩，立支柱护接穗；

(3)苗圃地要注意开始揭膜，注意喷药防病，除萌除草，施用追肥；

(4)采穗园注意剪接穗。

7月花芽分化、果实开始膨大，主要农事有：

(1)新建基地或幼林注意抗旱保苗，防治油茶象甲；

(2)投产林要挖竹节沟保水，林地劈草覆盖，改造植株保护；

(3)苗圃地要除萌除草，注意排水，继续追肥；

(4)采穗园开始施追肥，除花芽。

8月果实膨大，主要农事有：

(1)新建基地或幼林注意抗旱保苗；

(2)投产林要施果实膨大肥；

(3)苗圃地要除萌除草，注意灌溉，继续追肥；

(4)采穗园注意劈草覆盖，摘心。

9月是长油期，主要农事有：

(1)新建基地或幼林注意秋季抚育，绿肥埋青，适当施肥；

(2)投产林要注意采前劈草，适时撤除遮阴罩；

(3)苗圃地要继续做好管理，准备撤除遮阴棚，及时灌水施肥；

(4)采穗园视需要可再次采穗。

10月是果熟期，主要农事有：

(1)新建基地或幼林开始摘花蕾；

(2)投产林开始采收，处理种子；

(3)苗圃地要开始准备次年种子，种子要合理沙藏；

(4)采穗园注意摘花蕾。

11 月是根系生长期，主要农事有：

(1)新建基地或幼林开始林地挖带，施肥；

(2)投产林种子开始榨油；

(3)苗圃地要使用草甘膦灭草，起苗进容器，开始苗木销售；

(4)采穗园注意修枝整形。

12 月是休眠期，主要农事有：

(1)新建基地或幼林开始林地挖带，施肥；

(2)投产林种子榨油，林地深挖带，保护改造植株；

(3)苗圃地要苗木销售，选择新圃地，整理圃地；

(4)采穗园垦复，施基肥。

(国家油茶科学中心)

中国茶产业

【概 述】2012年中国茶叶产量为191.5万吨，同比上升17.99%，位居全球第一。

肯尼亚2011年茶叶出口38.5万吨，2012年出口39.665万吨，居世界第一；中国2011年出口32.2581万吨，2012年出口32.1790万吨，位列第二位。

福建省 2012年茶叶总产量达32.1万吨，毛茶产值150亿元(生产和制作茶业)，均居全国第一位；全省涉茶人数超过300万人。安溪现有茶园面积4万公顷，茶叶总产量6.7万吨，2012年涉茶总产值101亿元。

贵州省 茶园面积达33.3万公顷跃居全国第一。2012年的茶叶产量达10.2万吨、综合产值达86.1亿元。为支持贵州茶叶发展，全省加大力度对茶产业发展的政策倾斜。在交通方面，在2011年至2012年安排茶区道路建设项目342个，达3030.9千米、总投资17.3亿万元。在水利方面，贵州省水利厅将湄潭、凤冈等19个茶叶主产县列入小型农田水利重点县进行支持，并实行"五小水利"工程投资全覆盖。在出口方面，省商务厅近两年支持茶叶出口资金1600万元，2012年组织90家企业参加国际国内展会。贵州省林业厅还安排森林植被恢复费和省级造林补贴，支持新建茶园8667公顷。

【2012年度中国茶叶行业百强企业】 2012年10月18日，中国茶叶流通协会在"第八届中国茶业经济年会"开幕式上，正式公布《2012年度中国茶叶行业百强企业名单》。

2012年度中国茶叶行业百强企业名单是根据《关于开展"2012年度中国茶叶行业百强企业"调查工作的通知》(中茶协〔2012〕55号)，整个调查推选过程坚持"自愿、公平、公正和公益"的原则，百强企业前十名分别是中国茶叶股份有限公司、湖南省茶业有限公司、安徽茶叶进出口有限公司、北京张一元茶叶有限责任公司、宜昌萧氏茶叶集团有限公司、四川省峨眉山竹叶青茶业有限公司、华茗园茶业股份有限公司、福建春伦茶业集团有限公司、上海天坛国际贸易有限公司、湖北邓村绿茶集团有限公司。

2012年度中国茶叶行业百强企业名单

	企业名称	法人代表
1	中国茶叶股份有限公司	王震
2	湖南省茶业有限公司	周重旺
3	安徽茶叶进出口有限公司	顾公新
4	北京张一元茶叶有限责任公司	王秀兰
5	宜昌萧氏茶叶集团有限公司	肖勇
6	四川省峨眉山竹叶青茶业有限公司	唐先洪
7	华茗园茶业股份有限公司	胡家华
8	福建春伦茶业集团有限公司	傅天龙
9	上海天坛国际贸易有限公司	曹文
10	湖北邓村绿茶集团有限公司	刘长桥
11	峨眉山旅游股份有限公司	马元祝
12	上海大宁国际茶城市场经营管理有限公司	叶石生
13	江西德宇集团有限公司	刘浩元
14	北京更香茶叶有限责任公司	俞学文
15	四川省文君茶业有限公司	阎坤雄
16	福建敖峰闽榕茶业有限公司	王德星
17	四川省叙府茶业有限公司	颜泽文
18	黄山市松萝有机茶叶开发有限公司	王光熙
19	宁德市奇隆翔农业有限公司	周大祥
20	武汉黄鹤楼茶叶有限公司	张岳峰
21	福建仙洋洋食品科技有限公司	周绍迁
22	湖南洞庭山科技发展有限公司	袁小月
23	福建三好茶博汇茶业有限公司	丁洪彪
24	福建新坦洋茶业(集团)股份有限公司	张锦华
25	安徽省六安瓜片茶业股份有限公司	曾胜春
26	安徽天方茶业(集团)有限公司	郑孝和
27	羊楼洞茶业有限公司	刘建军
28	福建品品香茶业有限公司	林健
29	湖南湘丰茶业有限公司	汤宇
30	河南省信阳卢氏茶叶集团	卢文全
31	浙江振通宏茶业有限公司	范正荣

（续）

	企业名称	法人代表
32	武夷星茶业有限公司	何一心
33	广东茶叶进出口有限公司	穆有为
34	浙江天赐生态科技有限公司	宋盛康
35	福建郑源茶业有限公司	郑传源
36	贵州国品黔茶茶业股份有限公司	汪健
37	黄山市猴坑茶业有限公司	方继凡
38	腾冲县高黎贡山生态茶业有限责任公司	陈亚忠
39	泉州盛世三和茶业有限公司	吴荣山
40	福州福民茶叶有限公司	刘南官
41	黄山市新安源有机茶开发有限公司	方国强
42	安徽齐山六安瓜片有限公司	杜陈
43	福建茶叶进出口有限责任公司	贾鹏
44	福建省广福茶业有限责任公司	林型彪
45	安徽舒绿茶业有限公司	陈绍存
46	四川省花秋茶业有限公司	喻长根
47	霍山抱儿钟秀茶业有限公司	文亮
48	谢裕大茶叶股份有限公司	谢一平
49	湖南华莱生物科技有限公司	陈社强
50	福建绿叶茶业股份有限公司	余其招
51	信阳市文新茶业有限责任公司	刘文新
52	大不同集团有限公司	苏锦平
53	黄山市休宁荣山茶厂	郭德军
54	湖南省白沙溪茶厂股份有限公司	周重旺
55	平月茶业(福建)有限公司	吴平月
56	浙江千岛银珍农业开发有限公司	张再清
57	福建省满园春茶业有限公司	赵师增
58	福建省莲峰茶业有限公司	张记昌
59	福建省天湖茶业有限公司	林有希
60	四川蒙顶山味独珍茶业集团有限公司	张强
61	安徽省祁门红茶发展有限公司	王昶
62	黄山光明茶业有限公司	谢四十
63	福建省南方佳木茶业有限公司	缪强
64	北京二商京华茶业有限公司	杜广敏
65	福建瑞达茶业有限公司	陈家瑞
66	黄山市汪满田茶业有限公司	汪智利
67	安徽宏云制茶有限公司	戴照云
68	安徽华国茗人农业有限公司	宋光英
69	黄山紫霞茶业有限公司	谢志生
70	山东日照碧波茶业有限公司	李明
71	四川绿昌茗茶业有限公司	周文
72	广东凯达茶业股份有限公司	赖法卫
73	福建福安市城湖茶叶有限公司	黄雄
74	苏州三万昌茶叶有限公司	张建良

（续）

	企业名称	法人代表
75	福建誉达茶业有限公司	周庆贺
76	四川省蜀涛茶业有限公司	廖励
77	四川了翁茶业有限公司	邹会明
78	广东省大埔西岩茶叶集团有限公司	魏顶国
79	安徽天赋生物科技有限公司	王文治
80	云南滇红集团股份有限公司	王天权
81	安徽国润茶业有限公司	殷天霁
82	湖北汉家刘氏茶业有限公司	刘家国
83	河南新林茶业有限公司	连启武
84	江苏茗鼎生态茶业科技有限公司	赵梓秀
85	安徽良奇生态农业科技有限责任公司	秦名祥
86	福建省天荣茶业有限公司	沈丞荣
87	安徽绿力生态产品有限公司	程俊生
88	福建省天丰源茶业有限公司	刘智原
89	河南仰天雪绿茶叶有限公司	王章春
90	云南省腾冲县清凉山茶厂有限责任公司	徐家龙
91	云南六大茶山茶业股份有限公司	阮殿蓉
92	御道茶业(福建)股份有限公司	李民
93	陕西省午子绿茶有限责任公司	闫战利
94	福建省银龙茶叶科技有限公司	易志杰
95	福建省裕荣香茶业有限公司	蔡良绥
96	河南青峰云雾茶业有限公司	王章林
97	仙居县茶叶实业有限公司	戴青朋
98	赣州市武夷源实业有限公司	谢明进
99	恩施馨源生态茶业有限公司	李峰
100	浙江云翠茶业发展有限公司	汪秀芳

【2012 年度全国重点产茶百强县】 2012 年 10 月 18 日，中国茶叶流通协会在“第八届中国茶业经济年会”开幕式上，正式公布了 2012 年度全国重点产茶县调查结果。福建省安溪县、四川省名山县、安徽省郎溪县、浙江省新昌县、湖南省安化县、福建省华安县、福建省福安市、河南省信阳市浉河区、浙江省嵊州县、福建省周宁县等全国 100 个县入选。

2012 年度全国重点产茶县

序号	省(区、市)	县域
1	江苏	金坛市
2		仪征县
3		句容县

(续)

序号	省(区、市)	县域
4	浙江	新昌县
5		淳安县
6		景宁县
7		嵊州县
8		松阳县
9		建德市
10		磐安县
11		龙泉县
12	安徽	宣州区
13		休宁县
14		石台县
15		徽州区
16		泾　县
17		舒城县
18		黟　县
19		屯溪区
20		桐城县
21		郎溪县
22		歙　县
23		霍山县
24		岳西县
25		潜山县
26		宁国市
27		裕安区
28		东至县
29		贵池区
30		黄山区
31	福建	华安县
32		周宁县
33		平和县
34		漳平市
35		安溪县
36		福安市
37		福鼎市
38		蕉城区
39		寿宁县
40	江西	婺源县
41		浮梁县
42		宁都市
43		修水县
44		崇义县
45		遂川县
46	山东	岚山区
47		东港区

(续)

序号	省(区、市)	县域
48	河南	浉河区
49		光山县
50		商城县
51		平桥县
52		新　县
53		罗山县
54		固始县
55		潢川县
56	湖北	五峰县
57		鹤峰县
58		恩施市
59		谷城县
60		利川市
61		随　县
62	湖南	石门县
63		桃源县
64		沅陵县
65		蓝山县
66		安化县
67		古丈县
68	广东	饶平县
69		英德县
70	广西壮族自治区	西林县
71		灵山县
72		乐业县
73	重庆市	荣昌县
74	四川	名山县
75		夹江县
76		洪雅县
77		蒲江县
78		纳溪区
79	贵州	余庆县
80		石阡县
81		凤冈县
82		瓮安县
83		纳雍县
84		道真县
85		都匀市
86		湄潭县
87		黎平县
88		晴隆县
89		丹寨县
90		三都县
91		金沙县

（续）

序号	省(区、市)	县域
92	云南	永德县
93		双江县
94		凤庆县
95		腾冲县
96		沧源县
97	陕西	南郑县
98		商南县
99		略阳县
100		山阳县

【2012 年中国茶叶行业年度十大经济人物】 2012 年 10 月 18 日，《“2012 年中国茶叶行业年度十大经济人物”获选人名单》在“第八届中国茶业经济年会”开幕式上正式揭晓，中国茶叶流通协会对其进行授牌表彰。

黄山市猴坑茶业有限公司方继凡、御道茶业(福建)股份有限公司李民、广东正源华茶生物工程有限公司周粤生、贵州国品黔茶茶业股份有限公司汪健、河南信阳毛尖集团有限公司阚贵前、湖北昭君生态农业有限公司王辉军、湖南省茶业有限公司吴浩人、浮梁县浮瑶仙芝茶业有限公司吴水前、山东浮来青茶业有限公司卢宝春、浙江振通宏茶业有限公司范正荣，当选“2012 年中国茶叶行业年度十大经济人物”。

【2012 年度中国茶叶产业发展示范县】 2012 年 10 月 18 日，中国茶叶流通协会在“第八届中国茶业经济年会”开幕式上，公布表彰了“2012 年度中国茶叶产业发展示范县”。福建省安溪县、安徽省歙县、浙江省嵊州市、河南省信阳市浉河区、山东省日照市岚山区、四川省名山县、湖南省安化县、贵州省湄潭县、浙江省建德市、江西省婺源县等 10 家获此殊荣。

【2012 年度全国十大生态产茶县】 2012 年 10 月 18 日，中国茶叶流通协会在“第八届中国茶业经济年会”开幕式上，正式公布了“2012 年度全国十大生态产茶县名单”。

为落实“重品质、重安全、重环保、重民生”的可持续发展目标，推动中国茶叶行业绿色生态化发展，根据《关于开展“2012 年度全国重点产茶县”基本情况调查的通知》(中茶协字〔2012〕56 号)评选而生。

荣获“2012 年度全国十大生态产茶县”称号的是：福建省福鼎市、安徽省黄山市徽州区、江西省崇义县、浙江省龙泉市、湖南省蓝山县、湖北省鹤峰县、河南省新县、福建省漳平市、贵州省黎平县、广西壮族自治区西林县。

【2012 年度中国茶业电子商务十强企业】 2012 年 10 月 18 日，中国茶叶流通协会在“第八届中国茶业经济年会”开幕式上，公布表彰了“2012 年度中国茶业电子商务十强企业”。

为推动中国茶叶行业电子商务的发展，根据《关于开展“2012 年度中国茶叶行业百强企业”调查工作的通知》(中茶协〔2012〕55 号)精神，评选出“2012 年度中国茶业电子商务十强企业”，分别是：湖南华莱生物科技有限公司、河南省信阳卢氏茶叶集团、峨眉山旅游股份有限公司、湖北汉家刘氏茶业有限公司、安徽天赋生物科技有限公司、福建省裕荣香茶业有限公司、四川蒙顶山味独珍茶业集团有限公司、浙江省仙居县茶叶实业有限公司、福建省天荣茶业有限公司、河南仰天雪绿茶叶有限公司。

【获“2012 年度中国茶叶行业贡献奖”人物名单】 2012 年 10 月 18 日，在“第八届中国茶业经济年会”开幕式上，中国茶叶流通协会公布了获“2012 年度中国茶叶行业贡献奖”人物名单。

获得 2012 年度中国茶叶行业贡献奖人物的是：北京吴裕泰茶业股份有限公司孙丹威、北京瑞丰经贸有限责任公司洪治、上海大宁国际茶城市场经营管理公司叶应春、安徽省六安瓜片茶叶股份有限公司曾胜春、黄山谢裕大茶叶股份有限公司谢一平、信阳(国际)茶城运营管理有限公司李建军、信阳市文新茶叶有限责任公司刘文新、湖南华莱生物科技有限公司陈社强、广州市恒福茶业有限公司徐结根、都匀市艺峰茶叶商贸有限公司李军。

【2012 年中国白茶推荐品牌】 2012 年 10 月 18 日，

在“第八届中国茶业经济年会”开幕式上，中国茶叶流通协会公布了“2012 年中国白茶推荐品牌名单”。福建品品香茶业有限公司品品香牌、福建省广福茶业有限责任公司广林福牌、福建绿叶茶业股份有限公司太姥绿叶牌、福建省天湖茶业有限公司绿雪芽牌、福建誉达茶业有限公司誉达牌、福建省银龙茶叶科技有限公司银龙牌、福建省裕荣香茶业有限公司裕荣香牌，荣获 2012 年中国白茶推荐品牌获选品牌。

【2012 年中国茶叶出口贸易】 2012 年，中国出口茶叶数量为 313 483.7 吨，同比下降 2.8%，金额为 10.4 亿美元，同比增长 8.0%，平均单价为 3324.4 美元/吨，同比增长 11.1%。2012 年 12 月，中国出口茶叶数量为 28 080.8 吨，环比增长 11.1%，金额为 1.0 亿美元，环比增长 16.2%，平均单价为 3563.7 美元/吨，环比增长 4.6%，同比出口数量增长 2.9%，金额增长 15.1%，平均单价增长 11.9%。

2012 年，中国对亚洲出口茶叶数量为91 681.0 吨，同比增长 3.9%，金额为 2.8 亿美元，同比增长 9.8%，平均单价为 3059.0 美元/吨，同比增长 5.7%；对非洲出口茶叶数量为 152 376.3 吨，同比下降 6.6%，金额为 4.9 亿美元，同比增长 4.0%，平均单价为 3234.1 美元/吨，同比增长 11.4%；对欧洲出口茶叶数量为 40 863.8 吨，同比下降 5.2%，金额为 1.5 亿美元，同比增长 5.6%，平均单价为 3727.1 美元/吨，同比增长 11.4%；对南美洲出口茶叶数量为 1068.9 吨，同比下降 4.9%，金额为 0.1 亿美元，同比增长 11.9%，平均单价为 6067.2 美元/吨，同比增长 17.6%；对北美洲出口茶叶数量为 25 565.4 吨，同比增长 0.8%，金额为 0.9 亿美元，同比增长 25.8%，平均单价为 3657.5 美元/吨，同比增长 24.8%；对大洋洲出口茶叶数量为 1928.2 吨，同比增长 25.1%，金额为 0.2 亿美元，同比增长 42.6%，平均单价为 8603.8 美元/吨，同比增长 14.0%。

2012 年，自中国进口茶叶的国家和地区中，按金额排名第一位是摩洛哥，数量为 55 763.0 吨，同比下降 12.3%，金额为 18 256.7 万美元，同比下降 3.7%，平均单价为 3274.0 美元/吨，同比增长 9.8%；第二位是美国，数量为 24 320.7 吨，同比增长 1.9%，金额为 8590.6 万美元，同比增长 30.1%，平均单价为 3532.2 美元/吨，同比增长 27.6%；第三位是香港，数量为 10213.9 吨，同比下降 11.0%，金额为 5843.3 万美元，同比下降 12.8%，平均单价为 5720.9 美元/吨，同比下降 2.1%。

【中国茶叶出口状况分析】

现状分析 茶叶是中国的优势产业。茶叶是中国非常重要的经济作物，在世界上具有举足轻重的地位，全世界 60 多个种茶的国家和地区，中国面积第一、产量第一。2011 年统计全球总共 373.3 万公顷的茶叶，中国占 211.3 万公顷，因此中国的茶源面积占世界的 55%。

中国从事茶产业的人口有 8000 多万，3000 多万人是靠茶吃饭的。经过统计，福建有 400 万人靠茶吃饭，浙江省有 200 万，云南可能有 500 万 ~ 600 万，而贵州现在越来越多，所以这个行业是民生工程，关系到几千万人的吃饭问题。

这 10 年的数字，用数字说明就知道发展速度有多快：2011 年浙江省是 18.2 万公顷，2006 年 17.3 万公顷；2006 年贵州 6.7 万公顷，2011 年达到 26.7 万公顷，2012 年 33.3 万公顷。

世界最大的 4 个产茶国：中国、印度、斯里兰卡和肯尼亚。2000 年中国茶叶产量 68 万吨，远少于印度的 85 万吨，而现在却已超过印度。但在出口贸易中差距较大。

第一，尽管中国是最大的茶叶生产国，产量和产值均居世界第一，但是其单位面积产值较低，产品附加值较低。在中国农产品净出口值为负值的背景下，符号为正的茶叶的净出口值比较突出，表明茶叶贸易优势十分明显。但是，中国茶叶只占世界茶叶贸易份额的第三位，与第一生产大国的地位落差较大，国际竞争优势并不明显，因此，中国茶叶的产品附加值和出口竞争力需要进一步提升。

第二，受到 2008 年全球金融危机以及人民币升值等因素影响，中国茶叶出口贸易近两年增长缓慢，个别品种和一些重要市场的贸易额出现了负增长，具有比较明显的下滑趋势。在提升产品的附加值、维护传统市场的贸易地位、扩大出口市场份额及拓展新的市场领域等方面，中国茶叶贸易面临着艰巨的任务。

第三，绿茶是中国茶叶出口中的拳头产品，主要出口对象为非洲、中亚诸国及俄罗斯等，中国的茶产业在数千年文化积淀中，形成了很多品牌，具有深厚的文化底蕴，但是在茶叶的国际贸易中，茶文化的传播没有受到重视，导致贸易产品特别是绿茶等优势产品的品牌张力不够，影响了茶叶的出口。

今后趋势 未来中国茶叶出口将受到多种因素的影响，世界茶叶消费贸易发展趋势、世界经济景气变化、人民币汇率升值、国内茶叶企业经营能力的增强及茶叶产业品牌意识的强化等因素将起主导性作用。

第一，世界茶叶贸易消费趋势将促进中国茶叶出口。红茶在世界茶叶贸易中一直占有主导地位，但近年来世界茶叶贸易出现了有利于中国茶叶出口。新趋势——绿茶产量和贸易量增长速度高于红茶，近30年来红茶与绿茶的产量比例已经由9:1转变为7:3，绿茶获得更多国际消费者的偏好。作为绿茶生产大国的中国将在这种趋势中获得更多的市场空间。

第二，世界经济景气的恢复是中国茶叶出口的利好因素。世界经济正在从金融危机的阴霾下逐渐恢复，美国就业水平逐渐回升。2011年全球经济仍有望延续缓慢增长的态势，实现4%左右的增长速度，发达经济体GDP增速为2.2%，其中美国经济预计增长2.3%，欧元区为1.7%，日本为1.5%。

新兴经济体仍将是2011年世界经济增长的主要动力，其中中国经济增速预计为9.6%，印度为8.4%，俄罗斯和巴西分别为4.3%和4.1%。世界经济景气恢复，有利于各国居民提高茶叶消费水平，对中国茶叶出口来说是重要的利好。

第三，人民币汇率上升是中国茶叶出口面对的重大不利因素。自2005年以来，中国人民币汇率持续升值，至目前已经累计升值26%，显然人民币汇率升值趋势没有停止迹象，李稻葵认为2011年人民币汇率会沿着过去一年渐进式的道路继续前进，升值幅度将为5%～6%。汇率上升对茶叶出口将降低茶叶的出口竞争力，抑制出口，促进进口。

第四，国内茶叶企业的觉醒将为中国茶叶出口创造新的动力。2009年以来，中国茶叶企业强化企业经营能力、强化茶叶品牌的意识逐步增强。2010年国产名牌茶叶企业在世博会上集体展示中国著名茶叶及其文化，反思中国茶叶企业与立顿红茶的差异，展开了茶叶产业链建设与品牌整合，茶叶上市企业[如星愿(中国)、龙润茶集团及中粮]逐步增多，茶叶企业经营能力日益强化，品牌形象将日渐清晰，国际影响力逐渐扩大。随着茶叶产业主体的实力增强，中国茶叶出口将具有更强的竞争力，获得更多收益。

总的来看，随着世界经济缓慢复苏，绿茶、乌龙茶等产品出口潜力增强，中国茶叶企业克服人民币汇率升值的不利影响，以更好品质和更强的茶叶营销手段拓展国外市场，预期中国茶叶出口前景将更加乐观，有望突破32万吨和8亿美元。在未来的产业链整合、产业标准化和国际拍卖市场建设等方面，如果中国茶叶产业取得更大进展，那么中国茶叶将赢得更多的国际信任，茶叶出口将会跨上更高的台阶。（中国茶叶流通协会）

中药材产业

【概　述】 卫生部副部长、国家中医药管理局局长王国强表示，随着中国中医药事业快速发展，服务能力明显增强，中药产业规模明显扩大。截至2012年年底，中国中药产业年规模已达4100亿元以上，占国内医药市场的3成，中药出口已达23.32亿美元，全国中药生产企业已近1500家。

在全民医保制度建设方面，由于中医药价格相对低廉，国家通过提高基本医保报销比例，将102种中成药和符合标准的中药饮片纳入了基本药物目录，鼓励中医药服务的提供和利用，在更大程度上满足基层群众的用药需求，使全民医保的效用得到放大的同时，推动了中药产业的发展。

全国中药生产企业已近1500家，中药已从丸、散、膏、丹等传统剂型，发展到现在的滴丸、片剂、膜剂、胶囊等40多种剂型，9000余个品种，中药产品种类、数量、生产工艺水平有了很大提高。

由于中药材使用量急剧增加，许多地方将中药材的种植和加工纳入地区发展战略，作为推动地方经济发展、促进农民增收和调整产业结构的重要途径。

与此同时，中药企业走向国际市场的步伐加快，中医药已传播到160多个国家和地区，成为中国服务贸易的重要组成部分。

今后中药材生产基地建设，如下表：

2013年度中药材生产基地建设品种及区域布局

序号	品　种	生产基地区域
1	苍术	湖北、江苏、内蒙古、河北、陕西
2	栀子	江西、湖南、福建、重庆
3	白鲜皮	河北、内蒙古、辽宁
4	荆芥	河北、河南、安徽
5	北沙参	山东、内蒙古、河北
6	板蓝根	安徽、河北、甘肃、黑龙江
7	升麻	黑龙江、吉林、河北、四川
8	刺五加	黑龙江、吉林、辽宁

（续）

序号	品　种	生产基地区域
9	五味子	辽宁、吉林、黑龙江
10	延胡索	浙江、陕西、重庆、安徽
11	牡丹皮	安徽、山东、陕西、河南
12	蜈蚣	江苏、浙江、湖北、湖南
13	牛膝	河南、河北、内蒙古
14	枳壳	江西、湖南、重庆
15	穿心莲	广东、广西、福建
16	吴茱萸	广西、湖南、江西、贵州
17	砂仁	云南、广东、海南
18	天门冬	四川、广西、重庆、贵州
19	杜仲	四川、贵州、湖北、陕西
20	玄参	浙江、湖南、湖北、重庆
21	红花	新疆、云南、四川
22	(藏)木香	西藏、云南、四川
23	穿山甲＊	广东、广西、福建
24	狗脊	广东、福建、云南
25	羌活	四川、青海、甘肃
26	降香	海南
27	胡黄连	西藏、青海、云南、甘肃
28	螃蟹甲	西藏
29	桃儿七	西藏、青海、甘肃、四川
30	冬虫夏草＊	西藏、青海、湖北、四川
31	羚羊角＊	甘肃、新疆
32	霍山石斛＊	安徽
33	阿魏	新疆

注：序号1～22为常用大宗药材品种，序号23～33为濒危稀缺药材品种。带＊为名贵中药材品种。

【2012年中药材行业十大新闻】

①中药产业“十二五”规划开局国家加大中药材产业扶持力度。2012年，国家工信部、商务部等相关部门再次出台政策，重点扶持80多种大宗或濒危中药材生产基地，建设中药材原料保障供应体系，加强对中药材流通渠道追溯等。

②中药材刚性需求继续增加，中药版块异军突起。据网上数据显示，近3年同期指标中，中药

材板块单季度净利润同比增长率为17.60%，领先于其他医药行业。其中，天士力、同仁堂、云南白药、康美药业等行业巨头在2012年经济环境回落的情况下，均实现了较高的企业收入；而据中药材天地网统计，2012年800家核心产地合作社、供应商销售平均增长率高达32%以上。

③中药材价格整体下滑，但波动幅度趋稳。与2009年到2011年连续近3年的中药材价格暴涨相比，2012年国内中药材价格进入下行通道。综合200指数和各类指数板块均有不同程度的下滑。与2011年7月最高点相比，超过50%的品种价格几乎腰斩。但与2011年相比，2012年的价格波动幅度明显趋缓。

④国家第四次中药资源普查全面展开，资源服务体系初步建立。2012年12月18日，国家中药资源中心在北京成立，宣告中国首个中药资源研究与生产相结合的国家级平台正式诞生。自2011年中国启动第四次全国中药资源普查工作以来，已有22个省进行了试点工作，目前正在建立覆盖全国的一体化中药资源信息监测网络体系和信息共享服务平台。更值得关注的是，本次资源普查引进了中药材天地网这个社会化服务平台，在保障了其贴近市场功能同时，也确保普查成果社会效益转化的可持续性和最大化。而正式启动的资源动态监测与信息服务的中央平台、服务站和信息采集站三级体系也将重新架构中药资源供给服务。

⑤中药材身陷染色丑闻国家药监局刮起市场整肃风暴。2012年9月10日，在“药都”亳州的药交会开幕式上，国家药监局严厉打击该市一批染色增重、制假售假的中药饮片生产企业，其中8家停产整顿、12家立案。

⑥行业电子商务平台强势崛起，交易量快速增长。2012年7月4日，中国首个中药材电子商务平台“中药材买卖通”正式上线运营，央视新闻直播间深度报道。据中药材天地网网上交易平台统计，从网上交易平台上线到2012年12月28日这半年时间内，中药材注册网商已超过20 000家，其中产生实际网上交易的网商多达7123家，交易量接近7000万元。

⑦“熊胆事件”持续发酵动物类中药原料使用遭遇伦理困境。

⑧中药注射液不良反应频发中药现代化发展方向面临挑战。2012年7月4日，国家药监局发布的一则关于脉络宁和喜炎平两种中药注射液不良反应通报，截至2010年，内地批准使用的中药注射液有120余种，占整个中药份额的3%，药物不良反应事件占整个中药不良反应的70%。

⑨六味地黄丸被疑重金属超标。中药安全问题再次成为人们聚焦的重点。

⑩亳州康美中药城首期建成入驻中药饮片龙头企业多元化转型。

【2012年中药材重点品种流通分析报告】 为逐步掌握中药材流通数据信息，引导中药材种植与销售，促进中药材产业的健康有序发展，商务部于2012年初建立了“中药材重点品种流通分析系统”，并发布了《2011年中药材重点品种流通分析报告》和《2012年上半年中药材重点品种流通分析报告》。在2011年统计的基础上，进一步扩大了数据采集范围，优化了统计方式，现将2012年全年中药材重点品种流通情况分析如下(见表1~表6)。

中药材重点品种市场流通情况 2012年，中药材重点品种流通分析系统主要统计了29种中药材，数据来源于85个中药材产地的商务部门、17家中药材专业市场和6家中药材专业网站(名单附后)。为方便分析，现将29种中药材分为根茎类、花类、果实类、菌类和动物类五大类。

根茎类药材 纳入统计的22种根茎类药材分别为：人参、三七、川芎、大黄、山药、太子参、元胡、丹参、天麻、半夏、白芷、甘草、地黄、当归、麦冬、牡丹皮、附子、厚朴、党参、黄连、黄芪、黄芩。

人参和三七依然是根茎类药材的代表，其价格涨跌一定程度上反映了中药材价格波动。2012年，全国共销售人参约1.2万吨，市场存量约1829.3吨，市场平均价格358元/千克，同比上涨13.6%，继续保持上涨态势；全国共销售三七约9673吨，市场存量约1628吨，其中剪口三七市场平均价格为785.3元/千克，同比上涨42.4%。人参和三七都属于大宗商品，分别有产地专业药材市场：抚松长白山人参市场和文山三七国际交易中心，全国其他专业市场的人参和三七大部分采购自这两个市场，因此扣除市场间重复交易因素，人参和三七在国内中药材市场的实际销售量约为3492吨和1833吨。

花类药材　金银花是唯一纳入统计的花类中药材，价格呈现整体下滑趋势。据统计，2012年全国金银花销售约9052.6吨，市场存量约1444.2吨，平均价格92.5元/千克，同比下滑31.5%。

果实类药材　纳入统计的共有4种果实类药材，分别为枸杞、水飞蓟、连翘和山茱萸。其中枸杞主要种植于宁夏和新疆，产量相对稳定，价格变化不大。2012年宁夏和新疆枸杞销售量分别为1.2万吨和5609.5吨，价格与去年基本持平，分别为47.5元/千克和43.5元/千克。水飞蓟主要作为植物提取物的原料，在中药材专业市场的销售量较少，水飞蓟提取物大部分产品用于出口，2012年水飞蓟提取物出口量为647.6吨，推测至少使用水飞蓟6000吨，而通过药材市场的销售量为1164.2吨，仅占水飞蓟总销量的14.5%。2012年水飞蓟平均价格18.9元/千克，同比增加32.1%。连翘和山茱萸都属于半野生药材，2012年销量分别为3857吨和4410吨。连翘2012年平均价格为33.1元/千克，同比增长37.9%，山茱萸价格约30元/千克，同比下降约20%。

菌类药材　纳入统计的菌类药材只有茯苓。全国共销售茯苓约9333.6吨，其中白丁6075.7吨，统片3257.9吨，价格分别为21.3元/千克和19.8元/千克，同比分别上涨33.1%和32.0%。

动物类药材　纳入统计的动物类药材是鹿茸，包括梅花鹿、新西兰鹿和马鹿3种，其中以梅花鹿鹿茸价格最贵且呈现平稳上升态势，2012年梅花鹿鹿茸平均价格为6148元/千克，同比上涨43.8%；新西兰鹿和马鹿鹿茸平均价格分别为2440元/千克和1991.1元/千克，价格也呈现小幅上涨态势。

中药材重点品种价格波动情况

价格持续上涨品种　纳入统计的29种药材中，2012年价格同比上涨的有17种，涨幅较大的品种有：三七、天麻、人参、当归等根茎类药材。这些品种种植周期较长且产地集中，易受自然灾害的影响。以三七为例，2009年由于干旱原因三七严重减产，价格大幅上涨，直至2011年仍维持高位。2012年春季，云南文山壮族苗族自治州再次干旱，三七价格因此持续上扬。天麻价格的上扬也是因为年初产地气候干旱所致，但由于天麻库存量较大，预计高价难以长时间维持。2012年9月，原卫生部批准人参(人工种植)作为新资源食品，人参的药食两用新功能较大程度上扩大了市场需求，但人参种植周期约为6年，在短时间无法扩大种植面积的情况下，必然推高市场价格。2012年人参市场平均价格同比增加13.7%，预计后市仍有上涨空间。

价格持续下跌品种　价格同比跌幅较大的有7种，分别为：山药、金银花、麦冬、白芷、川芎、山茱萸和太子参。这些药材的基本特点是种植周期短、种植区域相对分散，特别容易因扩产出现滞销现象。

价格降幅最大的是山药和麦冬，市场销售价格降幅超过30%。山药是药食两用药材，由于其1年的种植周期，像普通的经济作物一样很容易出现大小年现象，2011年山药价格整体较高，药农大量扩种，2012年市场平均价格仅18元/千克，降幅超过40%。麦冬也属于同样的情况，麦冬主产于四川三台和湖北襄阳，受2011年价格上涨的影响，2012年主产地都增加了种植面积。其中，三台新增种植面积602公顷，襄阳新增种植面积超过万亩。扩种自然带来产量的大幅提升，随之而来的是价格的大幅下降。2012年产地价格已由2011年的115元/千克下降到34元/千克。预计2013年麦冬的种植面积会相应减少，价格有可能回归合理。

金银花也是降幅较大的药材，2012年价格同比下降31.5%。金银花的大面积扩种源于2009年甲型H1N1流感的爆发，流感导致金银花需求大增，价格因此暴涨，山东、河南和河北等金银花主产地纷纷扩种。金银花价格连续上涨到2011年，2012年以来开始一路下跌，但是若有新的疫情出现，后市价格仍有上涨的可能。

价格基本持平品种　甘草、枸杞、附子、大黄和元胡等价格从2011年开始基本维持平稳。甘草是最常用药材，俗称“十药九草”，由于需求量大、供应相对稳定，再加上进口药材的补充，价格整体稳定，但甘草毕竟属于资源性产品，未来价格将持续看涨。附子属于28种毒性中药材之一，受炮制加工技术的限制，需求相对稳定，种植面积一般不会大幅增加，所以价格一直保持平稳。

表1　2012年中药材重点品种销售情况

序号	药材名称	商品规格	市场均价（元/千克）	市场进货量（吨）	销售数量（吨）	销售额（万元）	市场存量（吨）
1	人参	统	358.0	11 992.4	10 168.2	434 645.3	1829.3
2	三七	剪口	785.3	2031.7	1875.3	224 195.6	328.4
		60头	720.5	2180.5	1835.6	105 434.7	315.4
		80头	695.2	1826.8	1616.7	89 609.0	264.6
		120头	663.1	3070.0	2669.1	159 949.6	468.5
		无数头	603.2	2084.6	1676.3	87 187.4	252.0
3	川芎	统	16.2	25 746.9	23 472.2	33 066.1	3006.2
4	大黄	水根	6.1	6296.9	5422.4	2850.8	2344.4
		甘肃统	16.7	37 386.2	29 678.1	48 123.6	7392.0
5	山药	统	18.0	7615.2	5054.1	8159.2	2266.8
6	山茱萸	河南5%核	31.0	2529.3	1884.0	4757.5	660.2
		陕西5%核	28.6	3203.1	2526.1	7219.1	711.7
7	水飞蓟	统	18.9	1539.6	1164.2	1732.7	351.0
8	太子参	宣州统	219.7	1218.2	848.0	14 007.2	374.3
		贵州统	208.3	2065.7	1837.3	40 615.5	237.2
9	元胡	统	52.8	6244.5	6007.8	23 288.6	833.1
10	丹参	北统	19.0	9047.5	11 654.7	14 022.2	5492.8
		安徽统	18.0	3638.7	3158.6	4981.5	525.1
		山东统	20.4	3404.7	2535.3	4087.1	894.3
		野统	25.4	316.5	254.1	497.2	95.2
11	天麻	家种特等	188.6	1133.8	663.0	18 201.3	531.7
		家种一等	162.7	1422.8	1243.3	23 979.2	298.3
		家种二等	152.6	104.6	84.7	2473.5	105.8
		家统	152.2	1491.3	1097.6	17 575.9	529.7
12	半夏	统	100.3	8065.1	7714.2	74 408.1	2800.4
13	白芷	亳统	14.7	5909.7	5048.2	6590.0	875.4
		川统	15.3	2405.7	2086.5	2949.8	469.1
		河北统	13.4	740.4	525.5	739.0	214.8
14	甘草	内蒙古毛草	17.8	1639.2	1203.4	1558.1	425.7
		新疆毛草	16.9	6279.2	5839.3	10 341.0	909.8
		甘肃家统	17.3	26 597.8	41 184.6	69 757.3	8427.2
15	地黄	统	14.5	29 961.0	33 547.4	44 125.7	7529.1
16	当归	箱归	40.7	46 984.8	49 518.3	162 080.4	11 226.7
17	麦冬	统	55.8	5990.5	5310.9	28 735.1	828.1
		野统	63.7	844.4	622.6	2542.7	221.7
18	连翘	统	33.1	4674.2	3857.1	11 494.7	891.0
19	牡丹皮	刮丹	36.5	7300.5	6454.5	17 190.1	899.6
20	附子	统	25.3	1525.0	1240.9	2903.5	253.5
21	金银花	统	92.5	10 376.4	9052.6	89 474.1	1444.2

(续)

序号	药材名称	商品规格	市场均价（元/千克）	市场进货量（吨）	销售数量（吨）	销售额（万元）	市场存量（吨）
22	茯苓	白丁	21.3	6075.7	5273.8	9905.1	1091.9
		统片	19.8	3257.9	2921.9	5223.5	795.2
23	厚朴	统	15.6	4892.9	4136.9	5383.5	905.1
24	枸杞	宁夏统	47.5	11 006.1	12 557.1	57 235.8	2645.4
		新疆统	43.5	6062.0	5609.5	25 460.9	852.4
25	党参	白条统	85.3	34 580.0	36 870.6	317 185.1	6400.9
26	黄连	单支统	85.6	1703.9	1323.0	10 250.8	430.7
		鸡爪统	81.1	3280.0	2745.4	21 931.3	713.5
27	黄芩	家统	24.7	23 326.1	30 825.9	56 304.5	8518.8
		未撞皮统	33.0	1806.8	1325.9	4287.0	480.9
28	黄芪	甘肃统	30.3	41 232.1	41 982.9	78 358.4	10 295.7
		内蒙古统	29.9	32 241.2	31 906.6	75 532.8	934.5
29	鹿茸	新西兰鹿	2440.0	651.4	555.0	110 185.9	96.5
		梅花鹿	6148.0	264.0	234.2	195 438.3	29.8
		马鹿	1991.1	115.9	99.9	23 105.7	18.3

注：数据来自于全国17个中药材市场的统计加和，因此不排除重复累加的可能。部分品种各市场的商品分类标准有一定差异，统计数据与之前相比会稍有出入。

表2　2012年中药材市场统计价格变化及走势

序号	药材名称	商品规格	2011年市场均价（元/千克）	2012年市场均价（元/千克）	价格同比（%）	17家市场价格走势预测
1	人参	统	315	358	13.7	高
2	三七	剪口	551	785.3	42.5	高
		60头	382	720.5	88.6	高
		80头	370	695.2	87.9	高
		120头	345	663.1	92.2	高
		无数头	320	603.2	88.5	高
3	川芎	统	22	16.2	-26.4	高
4	大黄	水根	8	6.1	-23.8	低
		甘肃统	15	16.7	11.3	低
5	山药	统	30	18	-40.0	高
6	山茱萸	河南5%核	37	31	-16.2	高
		陕西5%核	36	28.6	-20.6	高
7	水飞蓟	统	14	18.9	35.0	稳
8	太子参	宣州统	278	219.7	-21.0	低
		贵州统	260	208.3	-19.9	低
9	元胡	统	54	52.8	-2.2	高
10	丹参	北统	17	19	11.8	低
		安徽统	17	18	5.9	低
		山东统	20	20.4	2.0	低
		野统	16	25.4	58.8	低

（续）

序号	药材名称	商品规格	2011 年市场均价（元/千克）	2012 年市场均价（元/千克）	价格同比（%）	17 家市场价格走势预测
11	天麻	家种特等	150	188.6	25.7	低
		家种一等	130	162.7	25.2	低
		家种二等	110	152.6	38.7	低
		家统	90	152.2	69.1	低
12	半夏	统	93	100.3	7.8	高
13	白芷	亳统	17	14.7	-13.5	低
		川统	20	15.3	-23.5	低
		河北统	17	13.4	-21.2	低
14	甘草	内蒙古毛草	16	17.8	11.3	高
		新疆毛草	18	16.9	-6.1	高
		甘肃家统	18	17.3	-3.9	高
15	地黄	统	10	14.5	45.0	高
16	当归	箱归	27	40.7	50.7	高
17	麦冬	统	78	55.8	-28.5	稳
18	连翘	统	24	33.1	37.9	低
19	牡丹皮	刮丹	33	36.5	10.6	高
20	附子	统	26	25.3	-2.7	高
21	金银花	统	135	92.5	-31.5	高
22	茯苓	白丁	16	21.3	33.1	高
		统片	15	19.8	32.0	高
23	厚朴	统	14	15.6	11.4	高
24	枸杞	宁夏统	48	47.5	-1.0	高
		新疆统	45	43.5	-3.3	高
25	党参	白条统	82	85.3	4.0	高
26	黄连	单支统	80	85.6	7.0	稳
		鸡爪统	75	81.1	8.1	稳
27	黄芩	家统	23	24.7	7.4	稳
		未撞皮统	29	33	13.8	稳
28	黄芪	甘肃统	24	30.3	26.3	稳
		内蒙古统	22	29.9	35.9	稳
29	鹿茸	梅花鹿	4272	6148	43.9	高
		新西兰鹿	1883	2440	29.6	高
		马鹿	1700	1991.1	17.1	高

注：价格走势预测是根据 17 家中药材专业市场半数以上的预测统计。

表 3　2012 年中药材网站统计价格变化及走势预测

序号	药材名称	商品规格	市场价格(元/千克)	走势预测
1	人参	统	287.0	稳
2	三七	剪口	897.5	低
		60 头	732.5	低
		80 头	716.3	低
		120 头	692.0	低
		无数头	653.8	低

(续)

序号	药材名称	商品规格	市场价格(元/千克)	走势预测
3	川芎	统	12.8	低
4	大黄	水根	4.3	低
		甘肃统	13.9	低
5	山药	统	9.7	稳
6	山茱萸	河南5%核	20.3	低
		陕西5%核	20.4	低
7	水飞蓟	统	16.0	高
8	太子参	宣州统	170.0	低
		贵州统	173.8	低
9	元胡	统	56.0	高
10	丹参	北统	12.3	稳
		安徽统	12.7	稳
		山东统	13.1	稳
		野统	15.3	稳
11	天麻	家种特等	175.0	稳
		家种一等	146.3	稳
		家种二等	103.8	稳
		家统	116.0	稳
12	半夏	统	99.2	稳
13	白芷	亳统	9.6	稳
		川统	11.7	稳
		河北统	8.4	稳
14	甘草	内蒙古毛草	12.1	稳
		新疆毛草	11.6	稳
		甘肃家统	13.1	稳
15	地黄	统	11.5	稳
16	当归	箱归	38.0	稳
17	麦冬	川统	47.8	低
		野统	40.3	低
18	连翘	统	25.6	稳
19	牡丹皮	刮丹	25.0	稳
20	附子	统	29.2	稳
21	金银花	统	86.0	稳
22	茯苓	白丁	17.4	稳
		统片	17.2	稳
23	厚朴	统	11.8	稳
24	枸杞	宁夏统	39.3	稳
		新疆统	35.8	稳
25	党参	白条统	84.2	低
26	黄连	单支统	73.8	稳
		鸡爪统	70.8	稳
27	黄芩	家统	19.2	稳
		未撞皮统	24.6	稳
28	黄芪	内蒙古统	19.0	稳
		甘肃统	16.9	稳

（续）

序号	药材名称	商品规格	市场价格(元/千克)	走势预测
29	鹿茸	梅花鹿	6060.0	高
		新西兰鹿	1940.0	稳
		马鹿	1300.0	稳

注：走势预测是根据参与直报的网站数据半数以上的预测结果。

表4　参与统计的各地商务部门

序号	药材名称	商务部门
1	人参	林口县商务局、吉林省商务厅、伊春市商务局、铁力市商务局
2	三七	砚山县商务局、广南县商务局、百色市靖西县商务局
3	川芎	汉中市商务局、彭州市商务局、平武县商务局、都江堰市商务局、什邡市商务局
4	大黄	宕昌县商务局、陇南市礼县商务局、平武县商务局、阿坝州商务局、甘孜州商务局
5	山药	贵港市商务局、恩施土家族苗族自治州商务局、蠡县商务局、禹州市商务局、焦作市商务局
6	山茱萸	汉中市商务局、金寨县商务局、浙江省商务厅、商洛市商务局、南阳市商务局、石台县商务局、禹州市商务局
7	水飞蓟	吉林省商务厅、伊春市商务局
8	太子参	福安市经贸委、柘荣县经贸委、宣城市商务局
9	元胡	汉中市商务局、邓州市商务局、浙江省商务厅
10	丹参	禹州市商务局、商洛市商务局、三门峡市商务局、灵寿县商务局、蒙阴县商务局、陕县商务局、行唐县商务局、滦平县商务局、长葛市商务局、长治市商务局、中江县商务局
11	天麻	汉中市商务局、罗田县商务局、恩施土家族苗族自治州商务局、达州市商务局、宜昌市夷陵区商务局、平武县商务局、巴中市商务局、昭通市商务局
12	半夏	阆中市商务局、潜江市商务局、恩施土家族苗族自治州商务局、陇南市西和县、长治市商务局、禹州市商务局
13	白芷	安国市商务局、禹州市商务局、遂宁市商务局
14	甘草	乌兰察布市商务局、鄂尔多斯市商务局、盐池县商务局、酒泉市商务局
15	地黄	汉中市商务局、安国市商务局、禹州市商务局、运城市商务局、焦作市商务局
16	当归	宕昌县商务局、德钦县商务局、平武县商务局、恩施土家族苗族自治州商务局、甘肃省定西市商务局、丽江市商务局、阿坝州商务局
17	麦冬	安县商务局、襄阳市商务局、三台县商务局
18	连翘	三门峡市商务局、陕县商务局、晋城市商务局、长治市商务局
19	牡丹皮	亳州市商务局
20	附子	汉中市商务局、江油市商务局、大理市商务局、德钦县商务局、丽江市商务局、平武县商务局
21	金银花	巨鹿县商务局、长葛市商务局、封丘县商务局、禹州市商务局、陕县商务局、罗田县商务局、濮阳市商务局、平邑县流通业发展局、长治市商务局
22	茯苓	罗田县商务局、铜陵市商务局、岳西县商务局
23	厚朴	江西省商务厅、恩施土家族苗族自治州商务局、平武县商务局、都江堰市商务局
24	枸杞	中宁县商务局
25	党参	汉中市商务局、宕昌县商务局、德钦县商务局、商洛市商务局、恩施土家族苗族自治州商务局、长治市商务局、阿坝州商务局、甘肃省定西市商务局、陇南市文县商务局
26	黄连	彭州市商务局、恩施土家族苗族自治州商务局、峨眉县商务局
27	黄芩	运城市商务局、长治市商务局、乌兰察布市商务局、滦平县商务局、内蒙古兴安盟商务局、宽城县商务局、陕县商务局、围场县商务局、商洛市商务局
28	黄芪	锡林郭勒盟商务局、浑源县经济商务和信息化局、宕昌县商务局、兴安盟科右中旗经信局、赤峰市商务局、乌兰察布市商务局、甘肃省定西市商务局、包头市商务局、呼和浩特市商务局、兴安盟突泉县商务局、长治市商务局
29	鹿茸	伊春市商务局、吉林省商务厅、林口县商务局、赤峰市商务局、呼伦贝尔市商务局、铁力市商务局、乌兰察布市商务局

表 5　参与统计的 17 家中药材专业市场

（排名不分先后）

序号	中药材专业市场名称
1	安徽亳州中药材市场
2	成都荷花池中药材专业市场
3	东北参茸中药材市场
4	广东省普宁中药材专业市场
5	广西玉林中药材专业市场
6	哈尔滨三棵树中药材专业市场
7	河北安国中药材专业市场
8	湖北李时珍中药材专业市场
9	湖南省长沙市高桥中药材专业市场
10	湖南省邵东县廉桥药材专业市场
11	吉林抚松长白山人参市场投资发展有限公司
12	江西樟树中药材市场
13	山东省鄄城县舜王城药材市场
14	云南昆明菊花园中药专业市场
15	云南省文山州三七国际交易中心
16	中国·文峰药材交易城
17	重庆市解放路药材专业市场

表 6　参与统计的 6 家中药材专业网站

（排名不分先后）

序号	中药材专业网站名称
1	康美中药网(亳州)
2	药财盈中药材物联电子交易市场
3	药通网
4	中药材鼎信网
5	中药材天地网
6	中药贸易网

【浙江寿仙谷铁皮石斛产业】　铁皮石斛是传统名贵珍稀中药材，中华九大仙草之首。近几年，随着人们对铁皮石斛认识的深入，铁皮石斛产业迎来大发展，以浙江为例，种植基地已从 2005 年的 133.68 公顷发展到 2011 年的 866.67 公顷，产值从 2005 年的 4 亿元，发展到 2011 年的 20 多亿元。

“十二五”规划中，有关部门已把铁皮石斛作为产业转型升级的一个重点发展品种。

寿仙谷一直非常重视道地药材的品种培育，并首个尝试运用太空育种等高科技手段。在 20 世纪 90 年代，“铁皮枫斗”产业化之路起步时，为解决人工培育铁皮石斛的原性状，全国劳模、国务院特殊贡献津贴专家、寿仙谷药业董事长李明焱研究员踏遍高山峻岭，收集了 70 多种各地残存的铁皮石斛种质，建立种质资源库；经过近 10 年不懈跟踪检测，终于培育出性状与野生铁皮石斛几乎相近的种苗，而且成活率高、抗逆性强、高产、有效成分含量高。该品种于 2008 年 2 月通过农作物品种审定委员会审定，命名为“仙斛 1 号”。经权威部门测定，其多糖含量高达 47.1%，远高于国家药典 25% 的标准，也高于野生铁皮石斛，同时比“云南软脚”与“广西硬脚”分别提高了 117.1% 和 187.2%。

在“仙斛 1 号”的基础之上，李明焱研究员带领他的团队又培育了“仙斛 2 号”，多糖含量达 58%，是现行药典 25% 的标准的 2 倍多，堪称石斛中的“超级稻”。该品种于 2011 年通过了国家相关部门的新品种认证。

2000 年，李明焱在全国首创“大田种植模拟铁皮石斛野生生长环境丰产栽培技术”获得成功，地栽铁皮石斛成活率达 95% 以上。对此，世界卫生组织传统医学合作中心研究员吴伯平有着较高的评价：“我们很想有一些能够在人工条件下，仿天然环境生长出来的近似或超过野生的珍贵中药，寿仙谷在这方面积累了比较好的经验。”

目前寿仙谷铁皮石斛基地是唯一通过国家中药材 GAP 认证，中国有机认证和欧盟国际有机认证的铁皮石斛基地。

铁皮石斛在滋阴调理的药材中可列为“上品”《神农本草经》《本草纲目》均记载：“强阴益精，厚肠胃，补内绝不足，补五脏虚劳……”特别适合都市人熬夜、压力大、应酬多、烟酒多等阴虚体质者进行清补。所以在长三角一带，铁皮石斛尤为热销，也导致以次充好等一系列问题的出现。

为规范行业标准，2006 年 8 月，有关部门面向全国招标《铁皮石斛药材及相关产品质量标准研究》，全国 20 余家铁皮石斛生产企业参加角逐。经专家评定，寿仙谷药业与浙江中医药大学组成的联合体成为铁皮石斛国家标准的制定者。

除此之外，根据《国家发展改革委关于印发加强区域产业创新基础能力建设工作指导意见的通知》，批准成立了以寿仙谷药业有机国药基地为建设主体的铁皮石斛工程研究中心。加上浙江省珍稀植物工程研究中心和浙江省高新技术企业研究中心，寿仙谷药业拥有了3个省级研究中心。而且前两个中心具有排他性，即在寿仙谷药业设立后，不再在浙江省内设立相同研究领域的类似机构。

2012年5月，国家农业部门首个铁皮石斛地理保护标志又落户浙江寿仙谷珍稀植物药研究院，并由申报者终生持有。

这一次次的肯定，无声地向人们展示着寿仙谷药业的科技实力在食用菌和珍稀植物药的研究上，已经走在了全国前列，同时也坚定了寿仙谷药业开拓全国市场的信心。

自2009年开始，凭借自身的基地优势和对质量的执著追求，以有机铁皮石斛、有机赤灵芝等药材为主要原料，开发的清补养生上品铁皮枫斗灵芝浸膏、无糖型的铁皮枫斗颗粒、上等的破壁灵芝孢子粉等系列原生态、高品质的产品，被多家上海著名老字号药店(第一药店、蔡同德堂、雷允上药城、童涵春堂、同仁堂、余天成堂、养和堂等)及知名商场(东方商厦、虹桥友谊商城、八佰伴、南方友谊商城、又一城等)引进，广受青睐。

【施秉县中药材产业】

基本情况

中药材生产　施秉县中药材种植起步于1993年，经历了探索、起步和发展，种植规模从最初的几十亩发展到现在的5万余亩，种植品种由几个发展到现在的30余个，种植农户10余户发展到了现在的1万余户，辐射带动周边凯里、黄平、丹寨、余庆、石阡等县市2万余户，“施秉太子参”“施秉何首乌”“施秉头花蓼”3个品种通过了国家GAP认证，施秉太子参科研技术获得了贵州省“十一五”期间农业科技十大成就奖。施秉已成为贵州省乃至云贵高原最大的中药现代化科技产业基地之一，中药材产品畅销国内外大中药材市场，其太子参年产量占全国总产量的二分之一，在全国市场上占有举足轻重的地位，成为全国最大的太子参生产基地。施秉也因太子参品质优良、产量较大，被誉为“中国太子参之乡”。

施秉县在推进农业产业化进程中，把发展壮大中药产业作为破解传统农业种植结构、调整工业结构和促进农业增效、农民增收、农村繁荣的重要抓手和突破口。2011年，全县中药材种植面积达6万亩，药农收入4.82亿元，户均收入4.01万元。依靠中药材种植致富的农户之中，涌现出了收入达100万元以上的农户有43户，50万~99万元的有110户，10万~49万元的有520多户，剩余的种药农户收入都在1万元以上，中药材种植已成为了施秉农民脱贫致富的“摇钱树”，成为施秉县实现“脱贫摘帽”的主要途径，全县农民人均纯收入的二分之一来自中药材产业。2012年，中药材种植面积7.1万亩，其中太子参规范化种植5.7万亩，预计实现产值达8亿元。施秉县先后引进了贵州百灵、威门药业、信邦药业、昌昊药业、重庆医药、茂源生物资源、广州美诺利雅等民族医药生产企业，为施秉县中药材产业在“十二五”期间实现产、供、加、销产业链条的延伸发展格局奠定了基础。2006年引进的医药生产企业——三元太宝公司于2011年成功收购贵州华泰药业公司，并拥有痔痛安搽剂、黄丹胶囊、丹参膏、和肝利胆胶囊、川贝清肺止咳糖浆五个国药准字号药品生产批号，现已建成了年产1000吨头花蓼浸膏粉提取车间，年产30万件太子参颗粒饮料、34万件“参力汁”饮料车间，年实现销售收入1.67亿元，税金1400万元。目前正在建设5个国药准字号药品生产车间，2012年5月将建成3条以上GMP生产线。

中药材交易　随着中药材产业的快速发展，中药材种植品种的不断增多，前来该县收购中药材产品，中药材种子、种苗的药商、药企已从2000年的10余人次增加到了现在5000余人次。在中药材收购旺季更是络绎不绝，交易高峰期每天可多达500余人次以上，交易金额多达3000万元以上，周边的余庆县城也就成为了药商、药企的金融通道和食宿依托。药商、药企遍及全国各大中药材市场，以及省内外各大、中、小型中药生产、加工、流通、销售等行业。良好的交易形成，施秉中药材市场已成为了全国药商、药企以及贵州省东部地区广大人民群众最主要的特色产业经济纽带之一。2011年，施秉中药材市场交易上市的太子参、何首乌、头花蓼、白术、宽叶缬草、续断、前胡、桔梗、南沙参、金银花、黄精、天冬、杜仲、黄柏等品种多达3000余吨(其中太子参产品1329吨，太子参种苗720吨，其他品种900余吨)。良好的经济发展，助推了贵州省东部地区新的一轮发展热潮。2012年，贵州东部地区约有4万余药农到施秉参观学习和采购中药材种子、种苗加入产业发展行列。

中药材专业市场筹建 县委、县人民政府高度重视中药材产业的快速发展，为了进一步推进产业链的延伸，拟在牛大场镇投资5.1亿元建成占地面积1.2平方千米，总建筑面积13.2万平方米，可容纳5000余商户，满足贵州省东部地区中药材产业发展，集中药材产品交易中心、交易商铺、晒场、仓储、质量检测中心、产品展示中心、信息服务中心，以及物流、金融等为一体的中药材专业交易市场。牛大场中药材交易市场的规划定位主要是以市场带动小城镇建设，以小城镇服务市场相结合的发展模式，建成产、供、销一体化服务的中药现代化产业交易市场体系，着力打造“西南药城”建设，积极为药农、药商、药企打造一流的服务环境，每年中药材产品交易吞吐量将达20万吨以上。

今后发展方向

工作思路和发展目标 根据《中共中央国务院关于加快推进农业科技创新持续增强农产品供给保障能力的若干意见》(中发〔2012〕1号)、《国务院关于进一步促进贵州经济社会又好又快发展的若干意见》(国发〔2012〕2号)和《中共贵州省委贵州省人民政府关于加强农业科技创新强化农业基础建设促进农业增效农民增收农村繁荣的意见》(黔党发〔2012〕1号)精神，围绕省委、省政府确立的“两加一推”主基调和实施工业强省、城镇化带动两大战略，以科技创新为支撑，强力推进民族医药产业快速发展，全面推进“施秉太子参”“施秉何首乌”“施秉头花蓼”等原产地地理商标保护标志申报和培育工作，重点把“施秉太子参”培育成著名商标和驰名商标，全力唱响“中国太子参之乡”品牌。到2015年，全县中药材种植面积达20万亩，建成以施秉为核心，带动周边县市中药材种植面积达100万亩以上，建成西南地区最主要的中药材出口基地、最具特色的中药材农业科技示范园、现代化中药材科研和良种繁育总基地。培育和发展中药材产业龙头企业10家以上，引进深加工企业8家以上，力争中药产业总产值达50亿元以上，其中医药工业产值达20亿元，着力把施秉打造成为“西南药城”和全国中药材主要集散地之一。

措施 ①强化科技支撑，提升GAP中药材种植水平，着力打造西南地区最主要的中药材出口基地。一是按照GAP标准不断扩大中药材种植规模。以中药材主导品种、特色品种为依托，推动中药生产和中药材加工企业、药业协会建设稳定、可控的原料种植基地，促进优质、特色和优势中药材向最佳种植区域集中。继续推行“公司+基地+农户”“公司+合作社+基地+农户”等模式，打造集约化、规模化的中药材种植基地。到2015年，建成以施秉为核心区的中药材区域种植面积达100万亩以上，其中GAP种植面积达50%以上，县内种植面积达20万亩以上。二是突出重点，推进中药材种植品种多元化。立足优势中药材资源，加强培育中药材种植品种，实现品种多样化。在重点打造施秉太子参、何首乌、头花蓼、红豆杉、杜仲、天麻、白芨等10个主导品种扩繁的基础上，进一步扩展宽叶缬草、牛蒡子、葛根、天门冬、钩藤等品种。三是强力推进中药材农业科技示范园、现代化中药材科研和良种繁育总基地建设。实施“种技兴药”战略，加强与国家、省、州科研院所的科研合作，组建中药材专家团队，不断提升中药材种植品种科技水平。到2015年，全县实现连片中药材产品科技示范种植基地5万亩(其中：科研核心技术示范基地0.5万亩、主导品种示范种植基地3万亩、重点发展品种示范种植基地1万亩、引导发展品种示范种植基地0.5万亩)、建立中药材良种繁育基地2万亩(其中：施秉太子参良种繁育工程研究基地1万亩、何首乌良种选育基地0.7万亩、其他品种研发基地0.3万亩)，使之成为推广新品种、新技术以及科技培训的总基地。四是注重品牌打造。全面推进“施秉太子参”“施秉何首乌”“施秉头花蓼”等原产地地理商标保护，加大对名牌产品的申报认证和宣传推介工作，大力发展无公害、绿色和有机中药材系列产品，建立科学完善的质量标准体系、市场信息体系，实施品牌战略。重点把“施秉太子参”培育成为著名商标和驰名商标，全力唱响“中国太子参之乡”品牌。

五是推进发展模式创新。开创灵活多样的生产经营模式，以龙头企业为引领，坚持走"公司带基地"、"基地带农户"的产业化发展模式，并不断探索新的发展路子，形成公司引导、基地示范、农户联动的生产格局，从根本上解决"药农放心种植、企业不愁货源"的双赢问题；积极引导群众成立中药材专业合作社、中药材种植协会，吸纳广大药农入社和协会，通过社员致富带头人引领农户种植，指导农户搞好加工以及市场信息、种苗供应等指导，实行协会管理，采取订单发展，形成统一的生产技术标准，统一的市场营销，统一质量管理，做到产前、产中、产后全方位服务，提高市场竞争力。

②突出市场引导，畅通中药材流通渠道，着力打造"西南药城"和全国中药材主要集散地。产业的发展离不开市场，加快市场体系建设是做大做强中药材产业的关键。一是高标准、高起点规划，集中打造施秉牛大场中材专业交易市场。经初步规划，施秉县牛大场中材专业交易市场规划面积1.2平方千米，总建筑面积13.2万元平方米，计划总投资5.1亿元，主要采取申请国家、省、州专项资金、县级自筹、吸引社会资金等方式筹集资金，主要设置有展示交易大厅、固定门面、仓储、管理中心、综合服务中心(含金融、质检、药监、工商)等，建设工期为3年，到2015年，形成集药农、药商、药企为一体的中药现代化产业交易市场，容纳5000余户商户，年吞吐能力达20万吨。二是加快药材电子商务平台建设步伐，建立一个集网络市场、技术交流、信息发布为一体的专门中药材信息网络平台，加快信息传播，实现资源共享，为药商提供便捷网络交易平台，同时也进一步提升施秉中药材产业的知名度。三是积极支持和培育中药材经纪人才队伍和中药材销售网点建设，组织人员走去与全国各大药材市场开辟市场，搞促销、抓订单，打响我县中药材品牌，到2015年，力争在全国各地设置中药材销售网达3000个以上。

③实施企业带动战略，以加工带动产业化增值，推进中药产业快速发展。一是以扶持现有医药企业——三元太宝公司做大做强，争取到2015年实现年产值5亿元，年产1000吨头花蓼浸膏粉提取车间和100万支参力汁、10万合刺梨饮(太子参颗粒)生产持续发展，建成5个国药准字号(即痔痛安搽剂，川贝清肺糖浆、黄丹胶囊、丹参膏、肝利胆胶囊)药品生产车间。二是积极引进全国知名的"大集团""大财团"来施秉，加大国内知名企业与我县制药企业的高位嫁接力度，实现企业的改造和提升，以"大集团""大财团"为依托，促进本地企业知名化，使施秉成为"大集团企业黔药(苗药)产品加工基地"，带动我县医药产业整体发展。三是加大招商引资力度。我县以资源优势为基础，积极引进医药企业入驻施秉，力争到2015年引进8家以上中药材深加工企业，建成8条以上GMP生产线，培育一批新型中药企业集团，形成核心竞争力。要求帮助解决的几个重要问题：一是帮助立项实施集中药材品种交易中心、交易商铺、晒场、仓储、质量检测中心、产品展示中心、信息服务中心，以及物流、金融等为一体的功能齐全的"施秉太子参"专业交易市场；二是立足我县产业基地主导品种严重退化问题，帮助立项实施5000亩以优质种苗提纯复壮、快繁组培、病虫害防控、施肥技术等为主要研究内容的"施秉太子参"优质种苗繁育工程项目建设；三是在加强太子参种苗繁育工程建设的基础上，帮助立项实施5000亩以"施秉太子参"GAP规范化种植技术为主的国家级中药材产业科技示范园区建设项目。四是立足我县新开发的何首菜、何首乌茶、何首乌产品基地建设，帮助立项实施5000亩何首乌GAP基地建设；五是帮助立项建设2000亩太子参产业园区项目启动资金300万元，切实加强搞好我县中药材GAP规范化种植基地建设的引领作用。

【中国中成药处方中重点保护野生药材的应用状况分析】

国家重点中药材的范围　以《国家重点保护野生药材物种名录》《国家重点保护野生动物名录》《国家重点保护野生植物名录(第一批)》、华盛顿公约(CITES)附录1及附录2等名录中收载且具有法定药材标准的动植物物种所对应的药材作为国家重点保护野生药材共178种药材。

国家重点中药材在国家标准处方中出现的频率　"中成药质量标准数据库"(2005年)收载的中

成药标准，共计 9902 个标准。包含：药典标准 481 个、部颁标准 4581 个、部颁中药新药 446 个、局批新中成药 869 个、新药试行标准(2005 年前) 153 个、新药转正标准 1～44 册 788 个、保健品整顿标准 1058 个、地方标准升国际标准 1524 个，其他标准 2 个。

经查询，178 种重点保护野生药材在中成药处方中的出现频次及相关信息见表 7。

表 7　中国重点保护野生药材在中成药处方中的出现频次及相关信息

序号	药材名称	药用部位	保护等级	标准中出现频次	同名非保护物种	栽培、养殖情况	备注
1	甘草	干燥根	Y2	2469	无	产销量 > 2 万吨；栽培量部分满足需求	国家经贸委发文限制；发证
2	黄芩	干燥根	Y3	988	西南黄芩、滇黄芩、连翘叶黄芩、韧黄芩展毛变种、展毛韧黄芩、粘毛黄芩	产销量 > 1 万吨；栽培量部分满足需求	
3	人参	干燥根和根茎	Y2	804	无	产销量 > 5000 吨；有 GAP 基地；栽培技术成熟	
4	木香	干燥根	C2	775	无	产销量 > 5000 吨	
5	五味子	干燥成熟果实	Y3	664	翼梗五味子、柔毛五味子、红花五味子	栽培基本满足需求；有 GAP 基地	
6	防风	干燥根	Y3	545	短裂藁本、竹叶防风、松叶防风	栽培技术成熟	
7	黄连	干燥根茎	Y2	485	日本黄连、印度黄连	栽培量基本满足需求；有 GAP 基地；栽培技术成熟	
8	连翘	干燥果实	Y3	474	无	野生为主；有栽培文献	
9	麝香	成熟雄体香囊中的干燥分泌物	Y1/C2/A2	455	无	有养殖文献	药监局发文限制使用；贴标
10	黄柏	干燥树皮	Y2	453	秃叶黄皮树	产销量 > 5000 吨；栽培量基本满足需求；栽培技术成熟	
11	羌活	干燥根茎和根	Y3	370	川羌活	有栽培文献	
12	杜仲	干燥树皮	Y2	356	无	栽培量基本满足需求；栽培技术成熟	
13	厚朴	干燥干皮、根皮及枝皮	Y2/B2	343	无	栽培量基本满足需求；栽培技术成熟	
14	肉苁蓉	干燥带鳞叶的肉质茎	Y3	311	盐生肉苁蓉	栽培技术基本成熟	国家经贸委发文限制；发证
15	鹿茸	雄鹿未骨化密生茸毛的幼角	A1/A2/Y1/Y2	310	白鹿	有大规模养殖	
16	沉香	含有树脂的木材	B2/C2	301	无	栽培技术基本成熟	
17	远志	干燥根	Y3	283	无	栽培量基本满足需求	包含流浸膏 4
18	细辛	干燥根及根茎	Y3	279	无	栽培量基本满足需求	
19	诃子	干燥成熟果实	Y3	263	小花诃子	栽培文献少	包含诃子肉 33
20	山茱萸	干燥成熟果肉	Y3	261	无	产销量 > 5000 吨；栽培量基本满足需求；有 GAP 基地	
21	天麻	干燥块茎	C2	221	无	有 GAP 基地；栽培技术成熟	
22	川贝母	干燥鳞茎	Y3	198	瓦布贝母、太白贝母	栽培量部分满足需求	

（续）

序号	药材名称	药用部位	保护等级	标准中出现频次	同名非保护物种	栽培、养殖情况	备注
23	天冬（天门冬）	干燥块根	Y3	180	密齿天门冬、小天冬	栽培量部分满足需求	
24	秦艽	干燥根	Y3	140	达乌里秦艽、西藏秦艽	有栽培，家种与野生差异大	
25	白及	干燥块茎	C2	135	无	有栽培文献	包括白芨
26	羚羊角	角	Y1/C2/A1	133	无	野生	药监局发文限制
27	狗脊	根茎	B2	126	无	野生	
28	降香	树干和根的干燥心材	B2	126	无	野生	
29	龙胆	干燥根和茎	Y3	120	无	栽培技术基本成熟；有 GAP 基地	
30	龟甲	干燥腹甲	C2	118	乌龟、锯缘摄龟	野生	药典种不濒危
31	刺五加	干燥根和根茎或茎	Y3	114	无	栽培技术成熟	
32	北沙参	干燥根	B2	112	无	产销量 > 5000 吨；栽培技术成熟	
33	蟾酥	干燥分泌物	Y2	99	无	有养殖文献；野生	
34	甘松	干燥根和根茎	C2	95	无	野生	
35	冬虫夏草	干燥复合体	B2	88	无	野生	国家经贸委发文限制；发证
36	穿山甲	干燥鳞甲	Y2/C2/A2	87	无	野生	药监局发文限制
37	紫草	干燥根	Y3	86	内蒙紫草、滇紫草	栽培技术不成熟；野生	
38	蛤蚧	干燥体	Y2	85	无	有养殖文献	
39	石斛	新鲜或干燥茎	Y3/C2	82	无	有 GAP 基地；有部分栽培	
40	熊胆	干燥胆	Y2/C1/A2	80	无	人工养殖量较大	
41	海马	干燥体	A2/C2	80	无	有养殖文献	
42	鹿角胶	鹿角制成的固体胶	A1/A2/Y1/Y2	79	白鹿	有养殖	
43	乌梢蛇	干燥体	Y2	54	无	养殖量基本满足需要	药监局发文限制
44	猪苓	干燥菌核	Y3	49	无	有人工栽培，技术较成熟	
45	豹骨	干燥骨骼	Y1/C1/A1	45	无	野生	药监局发文替换
46	胡黄连	干燥根茎	Y3/C2/B2	44	西藏胡黄连	有栽培文献	
47	黑豆	干燥黑色种子	B2	42	大豆	多以栽培品入药	
48	鹿鞭（鹿肾）	干燥阴茎及睾丸	A1/A2/Y1/Y2	42	白鹿	有养殖	
49	阿魏	树脂	Y3	41	无	野生抚育；无栽培文献	
50	地枫皮	干燥树皮	B1	40	无	野生	
51	鹿角霜	鹿角去胶质的角块	Y1/Y2/A1/A2	39	白鹿	有养殖	
52	蔓荆子	干燥成熟果实	Y3	37	无	有栽培	
53	桂皮	干燥树皮	B2	36	阴香、香桂、桂树、泰氏桂、华南桂、川桂	无天竺桂栽培文献	
54	芦荟	叶的汁液浓缩干燥物	C2	36	库拉索芦荟	有栽培文献	药典种不濒危
55	蛇胆汁	胆汁	Y2	34	金环蛇、三索线蛇或蝰科多种蛇	有养殖	药监局发文限制

（续）

序号	药材名称	药用部位	保护等级	标准中出现频次	同名非保护物种	栽培、养殖情况	备注
56	鹿角	已骨化的角或锯茸后翌年春季脱落的角基	A1/A2/Y1/Y2	32	白鹿	有养殖	
57	蕲蛇	干燥体	Y2	29	无	有养殖文献	药监局发文限制
58	地锦草	干燥全草	C2	25	无	无栽培文献	
59	西青果（藏青果）	干燥幼果	Y3	25	无	栽培文献少	
60	紫檀香	干燥心材	B2	21	无	野生	
61	金铁锁	根	B2	20	无	有栽培文献	
62	南五味子	干燥成熟果实	Y3	19	无	有栽培文献	
63	山慈菇	干燥假鳞茎	C2	18	马兜铃科山慈菇、百合科丽江山慈菇	有栽培文献	
64	金荞麦	干燥根茎	B2	17	无	有栽培文献	
65	珊瑚	石灰质骨骼	A1	16	矶花科动物其他珊瑚虫分泌的石灰质骨骼	野生	
66	杜仲叶	干燥叶	Y2	16	无	栽培量基本满足需求；栽培技术成熟	
67	甘遂	干燥快根	C2	15	无	有栽培文献	
68	金钱白花蛇	幼蛇干燥体	Y2	15	无	有养殖文献	药监局发文限制
69	手参	干燥块茎	C2	14	无	栽培文献少	
70	龙血竭	含脂木材提取的树脂	Y2	14	无	无栽培文献	
71	千金子	干燥成熟种子	C2	13	无	有栽培	包含千金子霜
72	鹿胎	雌鹿腹中的鹿胎及胎盘	A1/A2/Y1/Y2	12	无	有养殖	
73	秦艽花	干燥花	Y3	11	无	有栽培	
74	土荆皮	干燥根皮或近根树皮	B1	10	无	无栽培文献	
75	大戟	块根	C2	10	茜草科红芽大戟	无栽培文献	
76	蛤蟆油（田鸡油）	雌蛙的输卵管	Y2	9	黑龙江林蛙	无	包含蛤蟆油
77	玳瑁	背甲	A2	8	无	无	
78	蛇胆	胆	Y2	8	金环蛇；游蛇科灰鼠蛇、百花锦蛇、三索锦蛇等；蝰科多种蛇	无	药监局发文限制
79	野牛心	带血干燥心脏	A1	7	无	无	
80	仙人掌	干燥茎	C2	7	无	无	
81	象牙屑	上颌突出口外的一对门齿的碎屑	A1	6	无	无	
82	鹿筋	四肢的干燥筋腱	A1/A2/Y1/Y2	6	白鹿	无	
83	鹿尾	干燥尾部	A1/A2/Y1/Y2	6	白鹿	无	
84	降香油	降香蒸馏得到的挥发油	B2	6	无	无	

（续）

序号	药材名称	药用部位	保护等级	标准中出现频次	同名非保护物种	栽培、养殖情况	备注
85	小叶莲（鬼臼）	干燥成熟果实	C2	6	西藏鬼臼	无	
86	狼毒	根	C2	6	无	无	
87	象皮	去毛的干燥皮	A1	5	无	无	
88	榧子	种子	B2	5	无	无	
89	干蟾	干燥全体	Y2	5	花背蟾蜍	无	
90	人参叶	干燥叶	Y2	5	无	无	
91	龙涎香	肠道分泌物干燥品	A2	4	无	无	
92	松子仁	干燥成熟种子	B1	4	马尾松、华山松	无	
93	睡莲花	干燥花蕾	B2	4	无	无	
94	大戟脂	树脂状分泌物	C2	4	无	无	
95	鹿骨	干燥骨骼	A1/A2/Y1/Y2	4	无	无	
96	白花蛇	干燥体	Y2	4	百花锦蛇	无	药监局发文限制
97	干蟾皮	干燥皮	Y2	4	无	无	
98	猴枣	胃或胆的结石	A2	3	无	无	
99	红豆杉	干燥枝及叶	B1	3	无	无	
100	眼镜蛇	除去内脏的全体	C2	3	无	无	药监局发文限制
101	鹿茸血	雄鹿锯去鹿茸时收取的鹿血	A1/A2/Y1/Y2	3	无	无	
102	人参芦头	干燥根茎	Y2	3	无	无	
103	海狸香	香囊分泌物	A1	2	无	无	
104	猴骨	骨骼	A2	2	无	无	
105	山莨菪	干燥根	B2	2	赛莨菪	无	
106	飞扬草	全草	C2	2	无	无	
107	京大戟	干燥根	C2	2	无	无	
108	万筋藤	干燥全株	C2	2	无	无	
109	鹿血	干燥鹿血	Y1/A1	2	无	无	
110	伊贝母	干燥鳞茎	Y3	2	无	无	
111	甘松油	干燥根及根茎经水蒸气蒸馏得到的挥发油	C2	1	无	无	
112	桃儿七	干燥根及根茎	C2	1	无	无	
113	广西血竭	提取得到的树脂	Y2	1	无	无	
114	貂油	皮下脂肪经蒸馏而制得的脂肪油	A1	1	无	无	
115	孔雀翎	雄雀的覆羽	A1	1	无	无	
116	红毛鸡	干燥体	A2	1	无	无	
117	海松子	干燥成熟的种仁	B1	1	无	无	
118	铁树叶	干燥叶	B1	1	无	无	
119	松茸	新鲜子实体	B2	1	无	无	
120	喜树果	干燥成熟果实	B2	1	无	无	
121	野料豆	干燥成熟种子	B2	1	无	无	
122	羚牛角	角	C1	1	无	无	

（续）

序号	药材名称	药用部位	保护等级	标准中出现频次	同名非保护物种	栽培、养殖情况	备注
123	大戟膏	块根煎成浸膏	C2	1	茜草科红芽大戟	无	
124	果上叶	干燥茎和假鳞茎	C2	1	无	无	
125	石仙桃	干燥全草	C2	1	无	无	
126	中亚白及	干燥块茎	C2	1	无	无	
127	猪笼草	全草	C2	1	无	无	
128	竹叶兰	干燥地下球茎	C2	1	无	无	
129	厚朴花	干燥花蕾	Y2/B2	1	无	无	
130	黄连须	干燥须根	Y2	1	无	无	
131	人参须	干燥支根及须根	Y2	1	无	无	
132	蛇油	蛇体内脂肪煎熬而成	Y2	1	赤练蛇、王锦蛇	无	药监局发文限制
133	蔓荆叶	干燥叶	Y3	1	无	无	
134	白唇鹿鞭	干燥的阴茎和睾丸	A1	0	无	无	
135	白唇鹿角	已骨化的角	A1	0	无	无	
136	白唇鹿筋	四肢的干燥筋腱	A1	0	无	无	
137	白唇鹿茸	雄鹿未骨化密生茸毛的幼角	A1	0	无	无	
138	白唇鹿尾	干燥尾部	A1	0	无	无	
139	藏羚角	角	A1	0	无	无	
140	象牙	牙	A1	0	无	无	
141	鹿顶骨	锯去鹿茸或角的干燥脑顶骨	A1/A2/Y1/Y1	0	白鹿	无	
142	雕胃	干燥胃及食管	A2	0	无	无	
143	鹅喉羚羊角	角	A2	0	无	无	
144	水獭肝	干燥肝脏	A2	0	无	无	
145	红松叶	干燥叶	B1	0	无	无	
146	大叶木兰	干燥干皮、根皮及枝皮	B2	0	无	无	
147	董棕粉	树干髓部加工成的粗制淀粉	B2	0	无	无	
148	木榧子	干燥成熟种子	B2	0	无	无	
149	苏铁蕨贯众	根茎	B2	0	无	无	
150	野毛豆藤	地上部分	B2	0	无	无	
151	狼舌	干燥舌	C1	0	无	无	
152	狼胃	干燥胃	C1	0	无	无	
153	抓鸡虎	骨骼和筋肉	C1	0	无	无	
154	白狼毒	根	C2	0	无	无	
155	对叶大戟果	干燥成熟果实	C2	0	无	无	
156	金石斛	干燥茎及假鳞茎	C2	0	无	无	
157	猫眼草	干燥地上部分	C2	0	无	无	
158	乳浆草	干燥地上部分	C2	0	无	无	
159	土瓜狼毒	干燥全草	C2	0	无	无	
160	鲜眼镜蛇	新鲜蛇体	C2	0	无	无	药监局发文限制
161	小白芨	干燥块茎	C2	0	无	无	

（续）

序号	药材名称	药用部位	保护等级	标准中出现频次	同名非保护物种	栽培、养殖情况	备注
162	小绿芨	假鳞茎	C2	0	无	无	
163	眼镜蛇毒	毒腺分泌液	C2	0	无	无	
164	泽漆	全草	C2	0	无	无	
165	鹿骨胶	鹿骨制成的固体胶	Y1/Y2	0	无	无	
166	鹿皮	全身皮	Y1/Y2	0	无	无	
167	剑叶龙血树	含脂木材	Y2	0	无	无	
168	中国林蛙（林蛙、蛤士蟆）	干燥全体	Y2	0	高山蛙	无	
169	鲜乌梢蛇	新鲜蛇体	Y2	0	无	无	药监局发文限制
170	熊掌	足掌	Y2/C1/A2	0	无	无	
171	移山参	干燥根	Y2	0	无	无	
172	刺五加皮	干燥茎皮	Y3	0	无	无	
173	刺五加叶	干燥叶	Y3	0	无	无	
174	东五加皮	干燥根皮	Y3	0	短梗五加	无	
175	基力哲	干燥地上部分	Y3	0	无	无	
176	蔓荆根	干燥根	Y3	0	无	无	
177	五味子仁	干燥近成熟的种子	Y3	0	无	无	
178	西小草（小草、远志小草）	干燥地上部分	Y3	0	无	无	

表中A1、A2为《国家重点保护野生动物名录》收载的Ⅰ级、Ⅱ级保护动物；B1、B2为《国家重点保护野生植物名录》收载的Ⅰ级、Ⅱ级保护植物；C1、C2为CITES公约附录1、附录2收载的物种；Y1、Y2、Y3为《国家重点保护野生药材物种名录》收载的Ⅰ、Ⅱ、Ⅲ级保护物种。“同名非保护物种”是指相同名称药材的法定标准中除重点保护物种外的其他物种。表中“栽培、养殖情况”项下除标明文献来源外，其余均为“中国知网（CNKI）”数据库中检索的结果，“有栽培文献”或“有养殖文献”指以“栽培”“种植”或“养殖”及相应药材名或药用动植物名为检索字段，在数据库中检索到有相关文献。“野生”指有文献说明该药材主要来源于野生。

重点保护野生药材在中成药处方中出现频次分析 根据查询结果，可将重点保护野生药材在中成药处方中的应用分成4种情况：①出现频次高（频次大于200）的药材21个，占11.8%；②出现频次较高（频次为50～199）的药材22个，占12.4%；③出现频次较低（频次10～49）的药材32个，占18.0%；④出现频次低（频次≤9）的药材103个，占57.9%，其中未在标准“处方”项出现的药材有45个。

从表1中药材出现的频次分析，178种药材在“处方”项下出现的频次总和为14 841，其中，排名前10的药材出现频次之和占总频次的54.7%，排名前20的药材占75.4%，排名前30的占85.5%，排名前40的占91.7%；排名居后103位的药材出现频次之和占总频次的1.2%，表现出相对集中的趋势。

重点保护野生药材的栽培及养殖情况分析 源于动物的65种重点保护野生药材中，在中成药标准的“处方”项下出现频次超过20的有麝香、鹿茸、羚羊角、龟甲、蟾酥、穿山甲、蛤蚧、海马、鹿角、熊胆、乌梢蛇、豹骨、蕲蛇等计17种（见表8）。全国野生动物资源调查结果显示，中国穿山甲资源急剧下降至濒危状况；蛇类资源总量不足20世纪80年代的十分之一，并由此在局部地区引发生态问题。赛加羚羊角库存量严重不足，走私案件时有发生，且未见人工规模化养殖成功的报道。但《中国药典》收载龟甲的基原为乌龟，其资源相对较多，不是保护物种。

表8 应用频次超过20的重点保护野生动物药材在中成药处方中出现的频次

药材名称	频次
麝香	455
鹿茸	310
羚羊角	133
龟甲	118
蟾酥	99
穿山甲	87
蛤蚧	85
熊胆	80
海马	80
鹿角胶	79
乌梢蛇	54
豹骨	45
鹿鞭	42
鹿角霜	39
蛇胆汁	34
鹿角	32
蕲蛇	29

源于植物的113种重点保护野生药材中，在标准“处方”项下出现频次超过100的有甘草、人参、黄芩、木香、五味子、防风、黄连、连翘、黄柏、杜仲、羌活、厚朴、诃子、细辛、肉苁蓉、远志、沉香、山茱萸、天麻、龙血竭、川贝母、天冬、秦艽、紫草、龙胆、白及、降香、狗脊、刺五加、北沙参等计18种。这些药材大多已有栽培的文献报道。但是，沉香的药用部位为乔木的心材，大量药用易对资源产生不利影响；诃子的野生资源破坏严重，品种混乱，主要依靠越南进口；羌活未见大规模栽培或有较成熟栽培技术的报道；铁皮石斛虽然有GAP基地，但石斛药材主要依靠进口；降香、甘松、紫草、狗脊、白芨、连翘等药材主要依靠野生。此外，胡黄连、阿魏、地枫皮、桂皮(天竺桂)、地锦草、紫檀香、龙血竭(剑叶龙血树)、手参、大戟、土荆皮(金钱松)等也需加强人工栽培研究。

重点保护野生植物药材的药用部位分析　从表1可见，重点保护野生植物药材药用部位为根类(包括根、根茎、块根、须根、块茎、鳞茎及球茎)45种(占39.8%)；果实、果肉或种子18种(占15.9%)；根皮、茎皮或树皮9种(占8.0%)；叶8种(占7.1%)；全草7种(占6.2%)；树干、木材或心材6种(占5.3%)；茎类5种(占4.4%)；地上部分5种(占4.4%)；树脂4种(占3.5%)；花或花蕾3种(占2.7%)；其他(包含菌核、子实体等)3种(占2.7%)。重点保护野生植物药材的药用部位以根、果实、皮所占比例较高，这些药用部位多为植物生存与繁殖必需的重要器官。

重点保护野生动物药材的保护等级分析　从药材的保护等级看，《国家重点保护野生药材物种名录》收载的Ⅰ类保护药材中，国家已经发文将大部分中成药处方中的麝香替换为人工麝香，外用制剂处方中的豹骨、羚羊角也已限制使用；《国家重点保护野生动物名录》收载的Ⅰ类保护药材中，珊瑚在中成药处方中出现16次，野牛心7次，象牙屑6次，象皮5次，其他如海狸香、貂油、孔雀翎、白唇鹿(茸、筋、角、鞭等)、藏羚角的出现频次很少或未在中成药处方中出现；源自《国家重点保护野生植物名录》的Ⅰ类保护药材中，地枫皮在处方中出现40次，土荆皮10次，其他如松子仁、红豆杉、铁树叶、红松叶等出现很少或未出现；源自CITES公约附录1和附录2的1级保护动物药材中，仅羚牛角在处方中出现1次，狼胃、狼舌、抓鸡虎未在中成药中使用。可见，保护等级较高的濒危药材在中成药中使用的频次相对较低。但珊瑚、野牛心、地枫皮、土荆皮等重点保护药材的使用需引起关注。

建　议　由于种种原因，目前尚未见从总体上对中国重点保护野生药材在中成药中的应用状况进行分析的评估报告。本文尝试以重点保护野生药材在中成药“处方”中出现的频次为指标，从一个侧面反映相应药材在中成药中应用的大致趋势。经对比发现，在产销前60位的大宗药材中的重点保护药材(甘草、黄芩、连翘、山茱萸、人参、北沙参、杜仲、黄柏、木香)均为中成药处方中出现频次较高的药材，在一定程度上反映出该指标与药材用量之间具有一定的相关性。可依据该指标对重点保护野生药材进行分类，再分别采用不同的策略解决濒危药材的资源问题。但具体药材品种的实际需求量可能与其在中成药质量标准中出现的频次不成正比。

从本文的查询结果看，重点保护野生药材在中成药“处方”中出现的频次表现出相对集中的趋势。排前40的药材出现的频次总和为178种药材总频次的91.7%。建议集中力量优先解决出现频次高，且人工栽培或养殖尚未满足需求的药材资源问题。加快其种植及养殖的研究，实现资源的保护与合理利用之间的平衡。这类药材主要有：羌活、沉香、诃子、白及、降香、狗脊、蟾酥、甘松、冬虫夏草、紫草、连翘等。建议限制其在新药中的应用，减少对资源的压力。在中成药中的应用频次较低（低于9次）的重点保护野生药材有103个，占57.9%，其中出现频次为0的药材45种，占总数的25.3%，出现频次为1的药材23种，占总数的12.9%。这部分药材虽然有法定药材标准，但主要为地区性中医临床个体化治疗用药，用量有限。相关物种濒危的主要原因并非中成药生产用原料需求过大。物种的濒危受多方面的影响，如栖息地丧失、气候改变、人类活动影响等。如豹猫（抓鸡虎）为毛皮兽，濒危的主要原因在于受毛皮出口的影响。此类药材可不作为濒危药材监管的重点。

部分植物性药材已经建立了符合要求的GAP基地，有些药材的种植技术已经比较成熟，种植规模也较大，基本能够满足相应中成药生产的需要。但是，还有些药材的栽培技术还需进一步研究，如川贝母需要加大野生变家种的科研力度，加强品种的质量管理；秦艽的家种与野生药材质量差异较大，需加强生物学特性和栽培技术研究。重点保护药材中仍有不少主要依靠野生，如羌活、紫草、猪苓、地枫皮等，需加强相关药材的人工栽培技术研究。

动物性药材中，国家相关管理部门已经出台管理规定，限制豹骨、麝香、羚羊角、稀有蛇类、穿山甲等重点保护野生药材的使用。此外，熊胆出现频次较高，但大多数相关中成药因药材问题处于停产状态。动物类药材人工养殖难度较大，其资源与需求的矛盾比较突出，需严格限制其使用范围，并加强其人工驯养繁殖技术的研究，尽快实现商业性规模化养殖。

建议采取综合措施，加强重点保护野生药材的栽培及养殖的研究及推广工作。对已上市中成药可将解决资源可持续利用问题作为批准再注册的条件，引导中药生产企业重视药材资源，推动相关药材人工栽培、养殖的研究和推广。建议从国家层面设立濒危药材人工养殖及栽培的科研基金，制定长期研究计划，按药材在中成药中的应用频次及需求量的高低顺序，分批逐步解决濒危药材的栽培、养殖研究及技术推广工作。据悉，国家工信部2012年中药材扶持项目中包含了连翘、秦艽、梅花鹿、马鹿、蟾蜍、麝、白芨、蕲蛇、海马的人工栽培（养殖）基地建设。此外，建议从税收等方面制订鼓励政策，本着谁投入谁受益的原则，引导企业、社会团体及个人参与濒危药材的人工养殖及栽培工作，充分发挥社会的力量。

建议采取措施限制重点保护野生药材的使用。中国重点保护野生药材是中成药、中药饮片、保健品、香料等生产的重要原料，也是中药材、提取物等出口的重要原料。《野生动植物类保健食品申报与审评规定（试行）》明确规定“禁止使用国家一级和二级保护野生动植物及其产品作为保健食品原料”。建议加强对其他非药用途径的管理，如禁止国家重点保护野生药材及相应提取物的出口；对以野生动植物为原料的药材及提取物的出口征收资源税；禁止国家重点保护野生药材用于香料、化妆品等行业。除濒危药材外，建议将药用需求量较大，大量使用可能导致濒危的野生药材也纳入加强管理和保护的范围，限制野生药材资源的不合理使用，防患于未然，推动中药行业的可持续发展。

本文的查询工作还存在一些缺陷：①由于《国家重点保护野生药材物种名录》多年未修订等原因，目前还难以获得准确的重点保护药材范围。本文仅以《国家重点保护野生药材物种名录》《国家重点保护野生动物名录》《国家重点保护野生植物名录（第一批）》CITES公约附录1及附录2等名录中收载，且具有法定药材标准的动植物物种所对应的药材作为国家重点保护野生药材的范围，未能全面准确地反映国家重点保护野生药材的实际情况。如红景天、重楼、雪莲等野生资源已经明显短缺，但因未收入相关保护名录而未列入查询范围。②因部分相同名称的药材可能源自不同物种，但中成药标准"处方"项下仅收录药材名称，难以准确区分相同药材名称所对应的具体物种，故本文查询的部分重点保护药材在中成药"处方"中出现的频次数可能因其他非保护物种的影响而高于实际情况。如《中国药典》收载的芦荟、龟甲并非源自重点保护野生药材物种，仅个别地方药材标准中收载的是重点保护物种。③"中成药质量标准数据库"(2005 年)的时间较早，药品标准的收录还不够齐全，未能包含 2005 年以后批准的中药新药等。此外，由于查询时未能将不同标准收载的相同品种剔除，也未将相同处方的不同剂型分开，故本文查询结果的全面性及准确性还不够理想。④由于中药材的栽培、养殖、使用等分属于国家不同部门管理，且药材的种植规模会随药材需求量及价格等因素而改变，本文未能获得全面准确的栽培或养殖数据，仅根据部分文献中的信息进行粗略分析。

(周跃华　路金才)

中国花卉产业

【概　述】 2012年，全国花卉种植面积约为112万公顷，比2011年增长9.4%，但同比增幅下滑2.2%；全国花卉销售约1207.7亿元，比2011年增长13.03%，同比增幅下滑约11%；花卉出口表现同样不佳，虽然有3.72%的增幅，但同比也呈现下滑趋势(见表1)。

2012年花卉种植面积排在前5位的省份依次为江苏、河南、浙江、四川和广东。与2011年相比，名单出现细微变化，广东取代湖南成为花卉种植面积第五大省。江苏继续保持巨大优势。

2012年，花卉种植面积增长速度最快的吉林省，较2011年增长62.35%。这主要由食用及药用花卉和观赏苗木贡献。2012年吉林食用与药用花卉种植面积为160公顷，同比增长676.70%；观赏苗木种植面积14285.4公顷，同比增长85.75%。东北三省是中国食用药用以及工业用花卉的主要产区，前几年这类花卉的收购价格有所上扬，种植面积出现大幅增长比较正常，但从2011年下半年起，这类花卉特别是部分工业用花卉品种生产出现明显的供大于求现象，未来种植面积可能会缩减。苗木的发展轨迹与食用及药用花卉类似，从2011年底起，吉林部分城市的苗木销量锐减，但由于苗木调整需要较长时间，如此大面积的种植增幅可能会使得后续销售压力增大。

北京成为花卉种植面积减少幅度最大的区域。2012年，北京花卉种植面积为4933公顷，比2011年下滑62.48%。随着各项生产成本的持续增长，在北京这样的大城市周边生产花卉已经不具备优势，特别是需要温室设施的盆花。北京周边空闲温室数量非常庞大。从北京盆栽植物种植面积下滑25.78%、销售下滑48.69%可以看出，盆栽从业者正在"逃离"北京。与此同时，北京花坛植物种植面积大增37.13%，说明大城市的美化需求仍非常巨大。

在种植面积增幅有所减少的同时，绝大部分省份的花卉销售额保持增长。直辖市以及除浙江以外的花卉生产强省的销售增幅幅度很小，甚至出现负增长；福建、湖北、甘肃、新疆等省(区)的花卉销售增幅很大，这说明花卉、苗木消费快速向二三线城市转移。特别是新疆，在出口额大降98.84%后还能迎来销售总额234.48%的增幅，这与最近两年西部苗市火热应有很大关系。

由于国际市场不景气，花卉出口压力巨大，部分省份成绩单惨不忍睹，如黑龙江2012年出口额为零，2011年则为2707万美元。另外，广东、海南、新疆等地的出口额均大幅下滑，企业转型迫在眉睫。

从经营实体分析，花卉市场建设热度开始降温，2012年花卉市场数量比2011年增长5%，2011年较2010年同比增长速度为11%。事实上，国内花卉市场的经营管理并不容易，许多新建市场都面临招商困难的局面。同时，由于要给城市建设让步，不少花卉市场屡建屡拆，这也让投资这一领域的人开始变得谨慎起来。花卉从业人员的增速依然赶不上花卉企业的增速，花企面临的"招人难、招专业人更难"的局面还将持续。

从2012年下半年起，国内花卉、苗木消费环境开始变得艰难，这对企业而言，是个巨大的考验。开拓家庭园艺市场对大部分从业者来说显得尤为重要。但无论如何，提升种植质量已是当务之急。从数据上分析，2012年，中国保护地栽培面积虽已达106 445.75万平方米，但其中连栋温室和日光温室之和仅为45 361.65万平方米(连栋温室面积占总面积26%左右)，其余均为拱棚和遮阴棚，设施提升空间依然很大。

表1 2012年花卉产品产销情况总表

类型	销售量		种植面积	销售额	出口额
	单位	数量	(公顷)	(万元)	(万美元)
合计			1 120 276.1	12 077 146.5	53 265.1
一、鲜切花类	万枝	2 129 795.5	59 381.8	1 354 098.4	27 907.1
鲜切花	万枝	1 827 148.4	47 802.3	1 215 562.2	24 454.1
鲜切叶	万枝	203 270.3	7409.2	86 562.1	3088.6
鲜切枝	万枝	99 376.7	4170.35	51 974.2	364.4
二、盆栽植物类	万枝	612 715.9	99 775.11	2 677 168.6	10 526.2
盆栽植物	万枝	239 097.9	57 053.46	1 733 769.2	7216.3
盆景	万枝	57 671.3	16 294.78	501 705.1	3287.8
花坛植物	万枝	315 946.8	26 426.87	441 694.4	22.1
三、观赏苗木	万枝	1 425 844.4	637 723.4	6 159 261.1	4817.3
四、食用与药用花卉	万枝	142 000 346.1	205 769.6	1 018 131.5	186.5
五、工业及其它用途	万枝	7 841 926.7	58 816.1	290 922.7	4490
六、草坪	万枝	101 512.1	38 442.9	220 736.6	0
七、种子用花卉	万枝	696 761.7	5112.3	33 876.9	291.1
八、种苗用花卉	万枝	253 589.1	10 722.8	224 802.2	3671.0
九、种球用花卉	万枝	94 992.4	4470.6	83 350.6	107.0
十、干燥花	万枝		61.5	14 798.0	1268.9

【盆花卉生产与销售】 2011年与2012年各省(区、市)盆花类产品产销情况对比表(种植面积排名前10位)2012年全国盆栽植物类(含盆栽植物、盆景、花坛植物三大类)产销双线持续增长，其中种植面积将近9.98万公顷，销售额达到267.72亿元，分别比2011年同类产品增长9.96%和11.05%；总出口额基本持平，约1.05亿美元，比2011年上扬1.6%(表2)。

表2 2011～2012年各地盆花类产品产销情况对比(按种植面积排名前10位)

省(区)	种植面积(公顷)			销售量(万盆)			销售额(万元)		
	2012年	2011年	增减%	2012年	2011年	增减%	2012年	2011年	增减%
总计	57053.4	54119.3	5.42%	239097.9	209798.3	13.97%	1733769.2	1626537.6	6.59%
广东	11532.1	11834.7	-2.56%	46231	50678.1	-8.78%	438791	427356.4	2.68%
江苏	7004.9	6800.2	3.01%	53176	27711.2	91.9%	187532.8	179748.9	4.33%
福建	4202.2	3210.2	30.9%	26784.8	30403.5	-11.9%	237556.8	213271.7	11.4%
云南	4034	3949.7	2.1%	1981.8	1124	76.3%	61977.74	48736	27.2%
河南	4000	3400.7	17.6%	3500	3568.9	-1.93%	37000	39864.3	-7.2%
四川	3233	3100	4.3%	8852.3	9647	-8.24%	91355.6	62695	45.7%
陕西	2700	2600	3.9%	16927	16300	3.85%	27040	26040	3.8%
辽宁	2472.7	2679.4	-7.7%	10935.7	7889.8	38.6%	149108.2	103379.2	44.2%
湖南	2337	2057.6	13.6%	2758.2	2336.8	18.03%	27000.9	20843.4	29.5%
浙江	1721.1	1703	1.06%	7146.3	4668	53.09%	79594.9	71857	10.8%

2012年，全国盆栽植物类种植面积近9.98万公顷，较2011年9.07万公顷增长9.96%，产业规模扩张速度比2011年9.45%的增速略微加大，依然处于较快发展期。

在统计的31个省(区、市)中，2012年盆栽植物类种植面积位居前5位的省分别为广东、四川、江苏、陕西、福建。广东作为盆栽花卉产销集散地，规模遥居全国之首，达到1.76万公顷，比

2011 年，广东盆栽花卉生产面积基本维稳，扩张速度为 2.57%，最主要产区相对稳定的规模，在一定程度上表明产业发展之势在短期内处于平稳，结合 2012 年主流盆栽花卉销售市场的红灯频现，从业者暂时放缓规模扩张，从求规模、数量转向品质升级的行业态势已经显露。

四川盆栽植物类种植面积从第四位跃居第二位，达到 0.91 万公顷，增速远大于平均线，为 23.79%，其中花坛植物种植面积飞速增加，达到 0.42 万公顷，占该省盆栽植物类总面积的 46.59%，增速达到 52.57%，主要受当地城市美化、邻省陕西举办世园会等因素的拉动。江苏、陕西盆栽植物类的种植面积较为平稳，分别增加 1.98% 和 2.43%。位居第五位的福建省是中国小盆栽、多肉植物以及杜鹃、国兰等盆栽花卉的主产区，2012 年盆栽植物类种植面积是前 5 个省中扩张速度最快的地区，为 24.25%，达到 0.81 万公顷，这跟当地进一步加大对花卉产业发展的重视，积极推进国兰、富贵籽等特色花卉，为人参榕等产品出口持续铺路等举措分不开。

盆栽植物、花坛植物、盆景三大类产品，种植面积分别为 5.71 万公顷、1.63 万公顷、2.64 万公顷，占总盆栽植物类面积的 57.18%、26.49%、16.33%。其中，种植规模扩张最为明显的是花坛植物，增速约 19.62%。而四川和陕西两地花坛植物种植面积占到全国约三分之一的规模，与陕西世园会以及西部城市建设美化分不开；浙江、河南、福建、重庆是花坛植物种植面积增加最为迅猛的地方。

2012 年，全国盆栽植物类出口情况与 2011 年对比变化不大，出口总额约 1.05 亿美元，增幅为 1.6%。其中，盆栽植物、盆景、花坛植物的出口额分别为 7216.3 万美元、3287.8 万美元、22.1 万美元。

各个省（区、市）中，福建和广东的盆栽出口占据鳌头，分别为 4671.2 万美元和 4022.3 万美元，占到总出口额的 44.38% 和 38.21%，另外，江苏和云南的盆栽出口额分别为 880 万美元和 765.7 万美元。这 4 个省几乎囊括了全国盆栽出口的总量。

从出口涨幅上看，福建盆栽出口额比 2011 年回落 18.99%，广东比 2011 年上涨 43.85%，这跟两个产区主产的花卉类别以及比邻的国际市场不同有关，广东毗邻中国香港地区，对新加坡、泰国等东南亚市场也有稳定的产品输出，特别是多种兰花外输势头良好；福建主产的国兰、人参榕、虎尾兰以及其他小盆径也一直是外销主流产品，受日韩和欧洲销售市场波动的影响，部分产品出口回落。

2012 年，全国盆栽植物类销售额 267.72 亿元，比 2011 年上涨 11.05%；销售量 61.27 万盆，比 2011 年增加 23.53%。从数量和销售额的增幅可以看到，2012 年盆栽植物类产品单价有明显回落。

其中，2012 年盆栽植物销售额为 173.38 亿元，比 2011 年增长 6.59%，销售量为 23.91 万盆，比 2011 年涨幅为 13.97%，销售额的增幅不到销售量增幅的一半。

主流盆栽植物中，2012 年凤梨类产品每盆单价为 11.09 元，蝴蝶兰类单价为 22.80 元，花烛属类（红掌为主）单价为 7.98 元，国兰每盆单价 29.93 元，杜鹃花类单价 11.53 元，观叶芋类单价 9.66 元。由于每类产品有多个规格，加上统计过程中存在的误差，均价只能作为一个参考，但从这个均价中也体现出，以往的中高档盆栽，价格已越来越"亲民"。另一方面，从价格也体现出供需关系正偏向买方市场，这对种植者是更为严峻的挑战，需要从规模扩张向质量提升转变。

另外，2012 年盆景销售额为 50.17 亿元，比 2011 年增长 23.48%，销售量为 5.77 亿盆，比 2011 年增加 65.21%；花坛植物销售额为 44.17 亿元，比 2011 年增长 16.85%，销售量 31.59 亿盆，比 2011 年增加 25.72%。从中可见，盆景和花坛植物的产品均价相对利好。

【鲜切花生产与销售】 2012 年，中国鲜切花类产品（含鲜切花、鲜切叶、鲜切枝）生产一改前几年大幅增长趋势，生产扩容趋于平稳，销售端虽然实现了稳步增长，但增幅有所减小。鲜切花类总种植面积为 5.93 万公顷，比 2011 年增长 2.5%，总销售量为 213 亿枝，增幅达 13.66%，总销售额为 135.41 亿元，增长了 6.32%。

云南、广东、辽宁仍然是中国鲜切花类产品的传统产区，这三大产区几乎占据了国内鲜切花类产品生产的半壁江山，但2012年除云南继续保持了产销增长以外，广东、辽宁的花卉生产规模都出现不同幅度的减少，主要原因是花卉消费市场在去年出现了少有的滑坡，以个人或家庭为主的日常花卉消费变化不大，但以活动和会议用花为主的集团消费大幅缩减，进而对整体花卉价格造成影响。总体来说，鲜切花类产品的生产布局稳定，云南省由2011年的1.02万公顷增至2012年的1.12万公顷，增幅为9.86%；广东省由0.86万公顷减至0.72万公顷，降幅为16.38%，辽宁省由0.83万公顷降至0.70万公顷，缩减了15.59%。值得注意的是四川、海南、重庆、河北等地的鲜切花生产规模持续增加，新兴产区的扩容对传统产区形成的压力在数据中一目了然，但新兴产区面临技术、品种的升级，这关系到能否实现可持续性发展的问题(见表3、表4)。

表3　2012年中国主要鲜切花产品产销情况

品种	种植面积(公顷)	销售量(万枝)	销售额(万元)
主要鲜切花总量	45921.8	1615743	1232650.4
月季	13869.8	470999.6	298324.2
康乃馨	3358.8	266590.8	83219.9
百合	9104.6	193144.1	522484
菊花	7184.8	252467.2	106102.1
非洲菊	5377.9	332885.3	130428
唐菖蒲	3327.4	48136.1	31130.3

表4　2011～2012年各地鲜切花类产品产销情况对比表(按种植面积排名前10位)

排名	省(区、市)	种植面积(公顷)			销售量(万枝)			销售额(万元)		
		2012年	2011年	增减%	2012年	2011年	增减%	2012年	2011年	增减%
1	云南	11254	10243.7	9.86%	720368.4	517877.3	39.10%	309359.7	305365.5	1.31%
2	湖北	7560	5370	40.78%	22319	130496	-82.90%	40917	23093	77.18%
3	广东	7215	8628.5	-16.38%	216394.8	215933	0.21%	165118.3	158629.2	4.09%
4	辽宁	7014.6	8310.1	-15.59%	214873.8	164979.1	30.24%	239026.4	186410.2	28.23%
5	四川	4340	3140	38.22%	276100	192400	43.50%	63299.5	63264	0.06%
6	江苏	3522.3	3301.1	6.70%	68565.2	82175.6	-16.56%	71606.8	55347.8	29.38%
7	浙江	3051.3	3731	-18.22%	157676.6	152667	3.28%	84480.4	87140	-3.05%
8	海南	2451.6	2172.3	12.86%	109171.6	71824.6	52%	58078.5	61046.9	-4.86%
9	重庆	1809.2	1603.3	12.84%	16592	13346.8	24.31%	21867.9	14213.5	53.85%
10	河北	1562.1	1359.9	14.87%	26440.1	22960.4	15.16%	46092.5	48783.2	-5.52%

数据来源：农业部种植司。

2012年，全国鲜切花类产品出口总额为2.79亿美元，在过去两年持平的情况下，实现了12.94%的增长。2012年，国内几个非常重要的节日如“中西情人节”、母亲节、清明节等，都呈现出火爆的销售场景，这是拉高出口以及内销的主要原因。但是截至10月份，随着政府花卉类消费的大幅缩减，花卉销售也开始出现滑坡，虽然出现虎头蛇尾的销售曲线，但全年的销售情况还是不错。为出口成绩单做出贡献的仍以传统产区为主，云南、浙江、辽宁、江苏是出口创汇的第一梯队，其次是海南、广东、山东、贵州。中国的鲜切花产品出口地区主要集中在港澳地区、东南亚、日本等。其中鲜切花出口额为2.45亿美元，鲜切叶出口额0.31亿美元，鲜切枝出口额0.04亿美元，除鲜切花出口上涨8.71%以外，鲜切叶和鲜切枝产品都出现了连续的下滑，国内的切叶、切枝产品生产面临的品种落后、产品品质不稳定的问题，成为限制出口的主要原因。

鲜切花类产品出口额最大的仍然是云南省，凭借得天独厚的气候优势和丰富的品种资源，云南省在花卉产销方面持续发力。2012年云南省鲜切花类产品总出口额1.39亿美元，比2011年增长6.1%，占总出口额的49.7%。2012年鲜切花出口市场变化最大的辽宁省，全年出口鲜切花类产品0.4亿美元，实现了重大突破，球根类花卉是辽宁出口的主要产品。江苏省由2011年的0.24亿美元增至0.32亿美元，增幅达33.59%；广东省则由2011年的0.16亿美元减少至0.04亿美元，降幅达75.46%；同样出现大幅下滑的还有海南省，由2011年的0.17亿美元降至2012年的451万美元，降幅为73.41%。广东与海南主要以冬季出口为主，广东的主要出口产品为百合，海南则以热带兰和切叶产品为主，2012年岁末随着花卉消费的持续低迷，使得这两个省份的出口额度大幅下降。

2012年，各类产品的生产规模排名略有调整，依次分别为月季、百合、菊花、非洲菊、康乃馨和唐菖蒲。月季切花种植面积为1.39万公顷，比2011年增长10.69%；百合种植面积为0.91万公顷，增长3.10%；菊花种植面积为0.72万公顷，增长25.64%；非洲菊种植面积为0.54万公顷，减少1.22%；康乃馨种植面积为0.34万公顷，减少了9.02%；唐菖蒲种植面积为0.33万公顷，减少2.54%。月季切花的产销非常平稳，随着产品品质的不断提升，其价格和出口数量都在持续上涨。2012年全年的百合切花价格都非常不错，该年新增的百合种植面积不大，但其销售额20.10%的增幅表现优异。菊花出口持续增长，2012年，中国的切花菊销售量比2011年增长19.91%，销售额增长42.31%，出口日韩市场实现了重大突破。受到主产区自然灾害的影响，非洲菊切花供货在2012年出现紧缺，这也使得全年非洲菊切花的价格都非常高，在总生产面积减少的情况下，非洲菊切花的销售额比2011年增长了25.90%；2012年对康乃馨切花来说，是产销调整的一年，主产区云南康乃馨的种植规模有所减少，但花价还是不错，虽然康乃馨销售量比2011年减少9.02%，但销售额却增长了3.51%。

【中国花卉业由数量扩张型向质量效益型转变】
中国的花卉产业，伴随着中国的改革开放成长壮大。特别是近10年来，在科学发展的思想指导下，中国花卉业积极调整产品结构、优化产业布局、转变发展方式、促进产业升级，使中国花卉产业保持了又好又快发展势头，为中国的经济社会发展作出了重大贡献。

规模稳步扩大　布局不断优化

据统计，截至2011年年底，全国花卉种植面积102.40万公顷，年产值达1068.53亿元，分别是2001年12.35万公顷的8.29倍和126.27亿元的8.46倍，产业总规模翻了3倍多。

从业人员从2001年的145.88万人增加到2011年的467.69万人，总规模也扩大了3.2倍。

数据表明，花卉产业越来越成为农民致富的重要产业，花卉产业是近10年来中国最具活力的产业之一。短短10年，中国的花卉产业实现了由数量扩张型向质量效益型转变。

龙头企业的迅速崛起是中国花卉产业不断壮大的一个缩影。2001年，中国的花卉企业总数只有2.1万个，其中大中型企业只有2000个左右。而到了2011年，中国的花卉企业总数突破6.6万个，其中大中型企业突破1.26万个。现在，全国各地涌现出了一大批像浙江森禾种业这样资产超过10亿元的大型花卉企业，北京东方园林、广东棕榈园林等花卉企业成功上市。

中国的花卉产业正在不断向优势区域集中，基本形成了以云南、北京、上海、广东、四川、河北为主的切花生产区域，以山东、江苏、浙江、四川、广东、福建、海南为主的苗木和观叶植物生产区域，以江苏、广东、浙江、福建、四川、湖北为主的盆景生产区域，以四川、云南、上海、辽宁、陕西、甘肃为主的种球(种苗)生产区域。

一些中国特有的传统花卉产区和产品，如洛阳、菏泽的牡丹，大理、金华的茶花，长春的君子兰，漳州的水仙，鄢陵的蜡梅，天津的菊花等，都得到进一步巩固和发展。

云南已成为中国鲜切花特色大省，以昆明杨月季、虹之华等为代表的一大批企业，在专业化生产、市场开拓、品牌打造、科技研发等方面的特点和优势逐步显现，产业聚集效应明显增强，产业效益显著提升。

北京市花卉生产每公顷收益达到30万元，成为花卉产业效益最高的地区之一。

科技平台完善　创新能力增强

到2011年，中国拥有花卉专业技术人才19.52万人，比2001年的4.65万人增长了319.78%。由于科技的投入不断增加，产前、产中、产后等领域取得和贮备了一批科技成果。

"全国花卉标准委员会""国家花卉工程技术研

究中心”等全国性花卉科技平台逐步建立和完善。北京、上海、江苏、浙江、福建、河南等省(市)充分发挥科技人才优势，组织花卉育种研发团队，联合科研教学机构与企业协作攻关，搭建了技术研发及成果转化平台。玫瑰、康乃馨、非洲菊、含笑、杜鹃等一大批花卉新品种相继自主培育成功。10年来，国家林业局共授权花卉新品种200多个。

种苗种球标准化、规模化生产和组培脱毒技术的推广应用，提升了中国花卉种苗种球生产质量；花期调控技术和促成栽培技术等精准化栽培技术实现了目标花期生产和供应；切花、草花连作障碍攻关技术取得重大进展。全国初步形成了以各级农林业技术推广部门、各级植保植检机构、花卉重点产区园林研究教学机构为主体的技术推广服务体系，以协会组织、企业带动、花农参与为基本格局的花卉产业服务体系。

中国花协建立了中国花卉协会网，协会各分支机构大多建立了自己的网站，四川、河北等，10多个省(区、市)建立了花卉网站，基本形成了多层次花卉信息网络，社会化服务能力明显增强。

配套加工提速　产业链条延伸

近10年来，中国的花卉产业涌现出了一大批园林机械、花卉温室、花卉薄膜以及花肥、花药、花器、基质和花材等生产资料的生产企业，对于提高设施生产水平和产品质量发挥了重要作用。

2011年，全国工业和药用花卉种植面积发展到24.75万公顷，比2001年的4.23万公顷增加了485.1%，产值达到104.56亿元。以菊花、玫瑰、熏衣草、茉莉、桂花等为代表的众多花卉，开发出花茶、香袋、精油等系列化深加工产品，涉及休闲旅游、医疗、保健、食品、日用化妆品等众多领域。

2011年，全国花卉出口4.80亿美元，比2001年的0.75亿美元增长了540%。产品主要出口日本、荷兰、韩国、美国、新加坡、泰国及中东等地。云南、广东、辽宁、福建已成为主要花卉出口基地。俄罗斯、乌克兰、东盟、中东和中亚新兴出口市场正在批量形成，大批国产花卉经过新疆口岸进入中亚市场。

花事活动蓬勃　花卉文化繁荣

近10年，中国先后举办了奥运会、世博会、世园会等诸多重大国际活动和大型会议，花卉界积极参与这些盛会活动与会议，开展花卉景观布置，提升花卉园艺技术水平，扩大产业影响力。

北京花卉协会在北京奥组委支持下，举办迎奥运插花花艺大赛，组成奥运花店运行团队成立奥运花卉配送中心，高标准、高水平完成了奥运颁奖用花工作任务。上海市全面推进花卉景观布置，让鲜花扮靓全市所有区县的主要特色景观道路，以花团锦簇诠释“城市，让生活更美好”的世博主题。

中国花协在北京顺义区和山东潍坊市成功举办了第七届中国花卉博览会。每年在北京、上海两地轮流举办的中国国际花卉园艺展览会越来越有影响力。在西安举办中国杯插花大赛更是吸引全球花艺爱好者和大师们光临。

中国花协各分支机构、各省(区、市)花卉协会花事活动形式多样、精彩纷呈。中国花协兰花分会举办了中国兰花博览会、国际兰花旅游文化节、海峡两岸国兰精品博览会、中国兰花产业化研讨会和国兰敬教师等活动，梅花蜡梅分会分别在成都、合肥、青岛和上海举办了全国梅花蜡梅展，荷花分会在9个地市举办了多届全国荷花展，茶花分会在云南和重庆市举办了两届茶花博览会，月季分会在常州举办了中国月季花展暨2010世界月季联合会区域性大会。

此外，牡丹与芍药分会、杜鹃花分会、桂花分会、蕨类植物分会、零售业分会、盆栽植物分会、绿化观赏苗木分会、花文化委员会，以及省(区、市)花卉协会举办了行业性或区域性展览、展示、展销和研讨活动。

安徽合肥、河南许昌、浙江萧山、福建漳州、山东青州、云南昆明等地年年举办大型花木展会，极大地促进了本地区产业发展。各花卉主产区充分挖掘花卉文化内涵，将花卉产业园区建设、主题展览展示与休闲观光旅游相结合，以赏花为主题的旅游市场逐年升温，花卉文化空前繁荣。

(陈　廉)

【中国花木产业十大年度人物介绍】　由中国花卉协会与中国绿色时报社共同主办的中国花木产业年度人物评选已进入第三届。荣获“2012中国花木产业年度人物”的是：内蒙古和信园蒙草抗旱绿化股份有限公司董事长王召明，江苏常州家绿林果园艺有限公司董事长计小良，浙江杭州市萧山区花卉协会秘书长沈伟东，福建绿友农林发展有限公司董事长江先程，山东菏泽瑞璞牡丹产业科技发展有限公司董事长赵孝庆，湖南紫薇投资集团有限公司董事长黄建民，广东中山市横栏镇三沙花卉协会会长陈炎连，四川成都苗夫现代苗木科技有限公司董事长孙妙夫，云南农科院花卉研究所中心主任桂敏，陕西省苗木繁育中心主任张海平。

【从细分领域感受荷兰花卉创新魅力】 创新和可持续发展是荷兰农业政策的重心。这也是荷兰花卉在国际上享有盛名，并且有能力为客户提供高质量产品、技术和服务的原因。

①创造作物最佳生长环境。在种球、鲜切花和植物的育种、生长及市场化推广等方面，荷兰在世界上均享有盛誉，居于全球性主导地位，没有国家能出其右。

几乎所有荷兰花卉企业都有各自的专长，从育种、种苗、生产贸易、温室设施到物流运输等各个细分领域，概莫能外。

普瑞瓦目前是荷兰温室自动化控制领域的巨头。早在20世纪70年代中期，公司开发出第一台专门用于花卉园艺行业的程序计算机。随着花卉园艺行业专用程序计算机性能日趋完善，公司将更多注意力转向如何提高水、肥利用效率上，进而扩展到如何控制建筑物内部的气候条件。

如今的普瑞瓦，提供的自动洒水设备涵盖了从独立式灌溉系统到集水、温度、能源和管理控制于一体的完全集成式灌溉系统。各系统均致力于提高作物产量和质量，同时通过减少能源、水的消耗，减少温室气体排放，达到环境友好的目的。

通过各项技术的创新应用，作物生长是可控的。科迪马的专长是为客户提供创新型物流解决方案，擅长研发、制造、安装温室内部的自动化物流运输系统，从局部的机械设备到整体机器人化的荷兰式栽培床系统。在科迪马的帮助下，温室内部空间的利用完全可以达到极致——没有哪怕一平方米的浪费，更不会有一个工人出现。

在温室内部，没有也不需要工人来回走动操作，都是植物在动。通过雨水回收利用，整个温室完全可以实现零水费运作；同样，灌溉肥水也可反复回收、重新进入灌溉系统使用，从而达到零浪费。

②提高产量品质保持优势。荷兰很多伟大的花卉园艺企业，都是家族企业。

在这些荷兰企业看来，随着全球城市化进程加快，消费人口在增加，农产品需求也在急剧增加，但劳动力供应在减少，生产人口在减少，不创新无以应对新局面、新趋势。

面对水、土地、能源、人力等投资成本持续上升的处境，只有在生产方式、技术、管理等各方面进行创新，节约成本并提供更多高品质产品，才有可能获得竞争优势。

飞利浦公司致力于创造全天候种植环境，积极参与园艺照明技术创新。20世纪90年代飞利浦推出农用钠灯，促进植物生长，在有限空间内提高产量。通过LED照明调节花期，并改善植株间照明，单位面积的西红柿产量可增加8% ~20%。因为有足够光照，蕨类植物立体种植可从12层轻易增加到18层。

国内蝴蝶兰组培苗占全球供应量的70%，但很多都在为国外企业代工，跟鞋子、服装加工差不多，利润极低，原因就在于欠缺大规模培育蝴蝶兰成苗的相关技术。据介绍，如果有效采用LED照明，就很容易使蝴蝶兰叶片更绿、温室成活率更高，这值得探索。

科伯特致力于向世界各地专业种植者提供病虫害生物防治、自然授粉等专业服务。公司大量培育各种害虫的天敌，并利用现代化设备进行植物授粉工作。大多数产品都属于活的有机体，这些有机体经过仔细包装，虽历经长途运输但依然保持完好。利用强大的配送网络，公司可在最短时间内将产品交付到终端客户手上。

科伯特产品能够使化学杀虫剂的使用量减少60% ~80%。

③每个细分领域都在创新。

同样为减少农药使用以提高品质，莫尔海姆(北京)园艺科技有限公司积极引进探索光打药技术。公司在中国引进并独家代理荷兰UFO资材公司的全系列花卉生产资材，其中就包括光打药技术。

在光电时代，采用紫外线植保打药技术，是提高品质、节约成本、减少污染的必然选择。另外，公司推广的全自动鲜花采后分级包装设备，能按枝条长短、花苞个数等标准，每小时处理近万枝鲜花，极大地提高效率。

类似致力于提高效率、品质、产量的创新理念、技术、服务等，体现于荷兰花卉业的每个细分领域，包括鲜切花采后处理。

瓶插期保证目前对中国而言，实在有点超前，甚至不切实际，但这肯定是一个方向。

国外更多是在超市购买鲜花，就像所有产品都有保质期一样，国外超市销售的鲜切花都标注瓶插期，不合格就退货。比如，在英国，玫瑰瓶插期为7天、菊花为14天、百合为7天。这是最先进的鲜花销售模式。

当今，切花采后处理已是国际花卉业必不可少的环节。可利鲜瓶插液产品可以降低花损程度、用水量、劳动成本，提高鲜花质量和消费者满意度。

从种植到批发，再到消费者，各个环节都有相应产品，从而将最佳品质的切花产品交到消费者手上，实现产品价值的最大化。

荷兰39%的出口农产品来自园艺，拥有10300公顷的园艺温室，花卉年产值52亿欧元，园艺产品年出口155亿欧元，全荷兰有40万个工作机会与园艺有关。

【中国花木产业十大新闻】

“2011中国花木产业年度人物”评选产生 2012年2月28日，由中国花卉协会和中国绿色时报社主办的“2011中国花木产业年度人物”评选活动公布结果。评选产生了10位“2011中国花木产业年度人物”，他们是绿友机械集团股份有限公司总裁李敏、辽宁大连世纪种苗有限公司总经理张卫东、浙江滕头园林股份有限公司董事长傅剑波、山东潍坊东盛园艺有限公司董事长钮效东、郑州陈砦(双桥)花卉城总经理白占芳、湖南省益阳市林业局局长肖正军、昆明虹之华园艺有限公司总经理薛建平、河北省石家庄市农林科学研究院花卉研究所所长李志斌、海南柏盈实业投资有限公司董事长孙崇格、青海省平安县七彩花木种植专业合作社主任赵国清。

著名花卉院士陈俊愉与花长辞 中国工程院资深院士陈俊愉，2012年6月8日与花长辞，享年95岁。

陈俊愉院士是中国著名的园林学家、园艺教育家、花卉专家。他创立了花卉品种二元分类法，对中国野生花卉种质资源有深入分析研究，开创了花卉抗性育种新方向，选育梅花、地被菊、月季、金花茶等新品种70多个，在金花茶育种及基因库建立、菊花起源及地被菊选育以及蔷薇、月季的引种、育种等方面，取得了丰硕的成果。

第八届中国花博会组委会和执委会成立 6月8日，第八届中国花博会组织委员会和执行委员会在北京正式成立。组委会作为第八届花博会的领导机构和决策机构，由国家相关部委、江苏省政府、中国花卉协会等多单位组成，负责第八届花博会的组织协调工作。全国人大常委会副委员长、中国花卉协会名誉会长陈至立，江苏省委副书记、省长李学勇担任组委会名誉主任。全国政协人口资源环境委员会副主任、中国花卉协会会长江泽慧，江苏省政府副省长徐鸣担任组委会主任委员。江苏省成立了执行委员会，具体负责本地筹备工作。

第八届中国花卉博览会定于2013年9月28日在江苏常州武进举办。

第八届中国花博会会徽和吉祥物公布 6月8日，经第八届中国花卉博览会组织委员会审议通过，正式揭晓了会徽和吉祥物。第八届中国花博会会徽、吉祥物征集活动自1月5日启动，3月10日截止，历经66天。活动得到了社会各界人士的热烈支持和积极响应，共收到应征作品近5000件，其中会徽3826件，吉祥物1153件，创中国花博会历史之最。6月8日，组委会通过审议，最终确定将“蝶恋花”作为第八届花博会会徽，将“和和、美美”作为第八届花博会吉祥物。

《全国花卉产业发展规划(2011~2020年)》通过评审 6月19日，国家林业局组织召开《全国花卉产业发展规划(2011~2020年)》评审会。专家经过认真审阅和讨论后认为，《规划》适应《国民经济与社会发展十二五规划》关于培育发展战略性新兴产业的要求，对于满足经济社会发展和人们日益增长的物质文化需求，指导全国花卉产业科学发展，具有十分重要的战略意义和现实意义，一致同意《规划》通过评审。

专家认为，《规划》在认真总结国内外花卉产业发展现状、经验，深刻分析存在问题和需求形势的基础上，进行了广泛调研，收集了大量基础资料，认真研究和吸纳了有关方面专家的意见和建议，反复征求各省(区、市)的意见，《规划》技术路线正确，论证分析科学合理，依据充分。

北京获2019年世界园艺博览会(A1类)举办权 9月9日，第64届国际园艺生产者协会(简称"AIPH")年会在荷兰芬洛召开，审议并通过2019年中国北京世界园艺博览会(A1类)的举办权。北京申办2019年世界园艺博览会(A1类)得到了中国政府的高度重视。经国务院同意，由中国花卉协会江泽慧会长致函支持，经中国花卉协会会长江泽慧、国家林业局局长赵树丛、北京市代市长王安顺签字向AIPH报送了申办材料。

2014青岛世园会组委会在京成立 9月24日，2014青岛世园会组委会第一次会议在北京人民大会堂召开，组委会宣布产生。国家林业局局长赵树丛、山东省省长姜大明、中国国际贸易促进委员会会长万季飞、中国花卉协会会长江泽慧担任青岛世园会组委会主席，国家林业局副局长张永利、中国贸促会副会长王锦珍、青岛市委书记李群、山东省副省长贾万志和青岛市市长张新起担任组委会副主席。2014年青岛世界园艺博览会会徽、吉祥物也在本次会议上首次公开亮相，会徽名为"七彩花艺"，吉祥物为海精灵"青青"。

青岛世园会定于2014年4月25日至10月25日举行，是继1999年昆明世园会、2006年沈阳世园会和2011年西安世园会之后，在中国大陆举办的又一届国际性花卉园艺盛会，由国家林业局、山东省政府、中国国际贸易促进委员会、中国花卉协会共同主办，青岛市政府承办。

2012荷兰世园会"中国园"获得AIPH最高奖项 10月7日，2012荷兰世园会落下帷幕。闭幕式上，"中国园"荣获本届世园会两个重要奖项，由AIPH颁发的本届世园会最高奖项——"绿色城市奖"和2012荷兰世园会组委会颁发的国际室外展园类银奖。这是历年来中国在国外参加世园会获得的最高荣誉。"中国园"是本届世园会展区中面积最大的国家展园，也是展览结束后组委会唯一留下的国家展园。

中国花协深入8省调研谋求美丽中国花卉产业大发展 2012年11月23日至12月1日，中国花卉协会秘书长刘红带领调研组来到福建、浙江两省，实地了解花卉产业发展现状，调研推动花卉产业发展相关扶持政策的制定和完善。此前，国家林业局和中国花卉协会组织制定了《全国花卉产业发展规划(2011～2020年)》，5月起，已组织全国各省(区、市)花卉重点县(市、区)开展了花卉产业发展政策调研；10月中旬起，又会同国家林业局造林司、场圃总站、中国绿色时报社等单位组成四个调研组，按不同地域、不同产业类型(盆花、切花、种苗等)，分赴苏、皖、豫、鲁、粤、云、闽、浙8省(区)开展典型调研，为建立花卉产业发展政策体系提供依据。

2012年下半年苗木市场走入低迷 2012年上半年春季苗木市场已出现生产过剩、小规格苗木不好销的情况。进入下半年，全国各地苗市遭遇更严重的"寒冬"。与2011年同期相比，各地苗木销量同比下降20%至40%。苗市"寒冬"跟房地产市场萎缩有关，同时也跟苗木生产相对过剩有关。2012年，仅山东就新增育苗面积40万亩。小规格苗木严重滞销现象较为明显(见表5)。

(中国花卉协会)

表 5　全国各地区花卉种植面积产量，花卉市场和企业数量

地　区	花卉产业发展情况												
	年末实有花卉种植面积(公顷)	切花切叶产量(万支)	盆栽植物产量(万盆)	观赏苗木产量(万株)	草坪产量(万平方米)	花卉市场(个)	花卉企业(个) 合计	花卉企业(个) 其中：大中型企业	花农(万户)	花卉从业人员(万人) 合计	花卉从业人员(万人) 其中：专业技术人员	控温温室面积(万平方米)	日光温室面积(万平方米)
全国合计	969063	1852986	343636	1240789	52433	4233	43020	9007	129.49	462.81	26.86	4006	16658
北京	4933	8089	20046	1594	817	40	269	100	0.16	1.19	0.12	152	423
天津	231	562	1747	420	110	12	76	5	0.21	0.54	0.06	27	84
河北	33434	85329	7622	74270	6252	256	708	72	3.98	11.16	0.98	196	812
山西	1079	351	1339	1870	41	198	247	16	0.13	0.88	0.18	15	1530
内蒙古	555	1891	1662	1673	55	76	40	—	0.12	0.43	0.05	4	73
内蒙古集团	—	—	—	—	—	—	—	—	—	—	—	—	—
辽宁	30577	158220	40657	15935	3045	65	427	173	9.78	15.64	0.62	399	3875
吉林	2058	3219	400	537	128	65	145	12	0.27	1.14	0.10	7	19
吉林集团	—	—	—	13	—	—	—	—	—	—	—	—	—
黑龙江	6720	872	716	4220	138	33	71	16	0.08	4.54	0.24	20	15
龙江集团	3	2	16	11	—	—	—	—	—	0.01	—	—	2
上海	2230	45874	6832	521	1154	17	253	56	0.15	0.60	0.08	67	163
江苏	122875	170114	39443	434289	20499	334	5125	1683	21.07	69.12	1.30	666	1168
浙江	57328	139160	21825	245804	3889	121	7372	2284	14.24	51.29	2.75	401	1398
安徽	27904	5561	6253	22126	2916	293	1318	173	5.25	14.78	1.40	47	129
福建	33431	109547	43709	34071	661	97	3054	553	5.74	27.13	1.31	544	2255
江西	34272	30347	10233	36652	520	470	1437	95	2.31	7.54	0.91	18	50
山东	149900	136364	48482	164040	831	382	2516	479	9.74	36.28	4.36	694	1326
河南	100576	72436	6791	70692	618	192	2078	565	10.68	51.67	1.56	186	334
湖北	35833	8680	12437	27546	1029	266	1293	117	3.38	11.50	1.09	25	70
湖南	36479	1910	9629	19650	2393	258	1675	265	8.20	40.73	1.93	52	86
广东	72444	200653	22330	29417	2650	106	8538	1484	3.00	15.37	1.12	111	937
广西	22234	9480	10608	7851	1230	85	754	53	9.21	42.83	0.97	16	59
海南	7648	146871	11883	13016	640	34	707	150	1.15	3.09	0.24	85	33
重庆	19828	9027	5664	6076	1294	129	1454	86	3.80	13.35	0.63	19	49
四川	44389	37147	7405	10185	1349	408	2435	414	10.72	24.00	3.25	37	778
贵州	100159	22022	1144	4627	30	56	227	30	0.19	0.77	0.06	17	11
云南	13948	423062	962	1308	61	51	408	59	3.89	11.85	1.15	30	398
西藏	—	—	—	—	—	—	—	—	—	—	—	—	—
陕西	3972	649	710	8510	53	46	180	17	0.59	3.07	0.24	57	55
甘肃	1946	7939	1090	676	15	85	154	38	1.22	1.50	0.12	104	124
青海	56	7278	209	13	—	4	1	—	0.01	0.02	0.01	2	10
宁夏	1034	9376	1077	299	2	12	43	10	0.18	0.52	0.01	—	341
新疆	984	934	485	2901	18	42	15	2	0.04	0.29	0.04	8	56
新疆兵团	4	—	20	—	—	—	1	—	—	—	—	2	—
大兴安岭	6	20	242	1	—	—	—	—	—	0.01	—	—	—

数据来源：中国林业统计年鉴。

中国橡胶行业

【概　述】

橡胶生产　据介绍，2012 年中国胶园面积 113 万多公顷，全年生产天然橡胶 80 万余吨。今年上半年虽然市场低迷，但由于气候条件较好，天然橡胶产量同比增产约 11%，达 22 万吨，如后期没有特大自然灾害，估计全年产量达 83 万吨以上。

中国天然橡胶协会荣誉会长朱秀岩说，按照正常的年景，预计中国到 2015 年，产胶量将超过 90 万吨，2020 年国内产胶量达 120 万吨，合作资源达 190 万吨，那时中国天然橡胶的控制量可达 390 万吨，对外依存度由目前的 80% 降为 40%，基本实现国内对天然橡胶的安全供给。

2012 年，行业主要经济指标现价工业产值与上年度同比基本持平，销售收入和出口交货值同比实现小幅增长，行业整体效益状况好于上年度。

2012 年行业运行主要状况　据对轮胎、力车胎、胶管胶带、橡胶制品、胶鞋、乳胶、炭黑、废橡胶综合利用、机械模具、橡胶助剂、骨架材料 11 个分会 443 家重点会员企业的统计，2012 年完成现价工业产值 3489 亿元，同比增长 0.01%；实现销售收入 3177.59 亿元，同比增长 1.89%；实现出口交货值 931.34 亿元，同比增长 2.09%。367 家重点企业(不包括助剂、骨架)，实现利税 224.32 亿元，同比增长 28.09%，实现利润 145.69 亿元，同比增长 44.18%；其中有 46 家亏损，亏损面 12.53%；亏损额 6.80 亿元，同比减少 17.63%。

轮　胎　轮胎 43 家重点会员企业 2012 年完成现价工业产值同比下降 0.18%，实现销售收入同比增长 0.26%。综合外胎产量同比增长 2.0%，其中子午线轮胎产量同比增长 2.95%，全钢子午胎产量同比增长 1.74%；子午化率 88.17%，与去年同期相比提高 0.81 个百分点。完成出口交货值同比增长 0.05%；出口率(值)为 34.80%，与 2011 年同期相比增长 0.08 个百分点；出口轮胎交货量同比增加 0.71%，其中出口子午胎同比增加 0.73%，出口率(量)为 42.84%，与去年同期相比下降 0.55 个百分点。

力车胎　力车胎 38 家重点企业 2012 年完成现价工业总产值同比增长 3.69%，完成销售收入同比增长 4.51%；主导产品中自行车外胎产量同比增长 4.82%，摩托车外胎产量同比增长 4.02%，电动自行车外胎产量同比增长 3.17%。实现出口交货值与去年同期相比增长 15.61%；出口率(值) 23.44%，同比增加 2.42 个百分点。

胶管胶带　胶管胶带行业 50 家重点企业 2012 年完成现价工业总产值同比增长 7.51%，完成销售收入同比增长 4.21%；主要产品输送带产量同比增长 2.20%，V 型带产量同比下降 2.21%，胶管产量同比增长 2.99%。实现出口交货值同比下降 5.61%；出口率(值)11.39%，与去年同期相比下降 1.58 个百分点。

制　品　橡胶制品 57 家重点企业 2012 年实现现价工业总产值同比下降 1.23%，实现销售收入同比增长 4.96%；主要产品“O”型密封圈同比下降 5.53%，汽车减震制品同比增长 6.32%。完成出口交货值同比增长 35.96%；出口率(值) 19.34%，与去年同期相比增长 5.29 个百分点。

乳　胶　乳胶 29 家重点企业 2012 年实现现价工业产值同比增长 8.30%，完成销售收入同比增长 5.71%；主要产品避孕套同比下降 0.62%，医用手套同比增长 6.02%，检查手套同比增长 3.51%。实现出口交货值同比下降 0.92%，出口率(值)45.34%，与去年同期相比降低 4.22 个百分点。

胶　鞋　胶鞋 32 家重点企业 2012 年实现现价工业产值同比下降 8.39%，完成销售收入同比增长 8.45%，完成胶鞋产量同比下降 4.93%。实现出口交货值同比增长 2.74%，出口率(值)8.25%，与去年同期相比下降 0.46 个百分点；出口胶鞋同比增长5.05%，出口率(量)为10.14%，同比增加0.96个百分点。

炭　黑　炭黑38家重点企业2012年完成现价工业产值同比增长4.55%，实现销售收入同比增长3.64%；炭黑总产量同比增长14.26%，其中湿法炭黑产量同比增长15.12%。实现出口交货值同比增长34.58%，出口率(值)17.30%，与2011年同期相比增加3.86个百分点；出口炭黑同比增长42.89%，出口率(量)16.21%，与去年同期相比增加3.25个百分点。

废橡胶综合利用　废橡胶54家重点企业2012年实现现价工业产值同比增长12.87%，实现销售收入同比增长17.42%，生产再生胶同比增长6.06%，生产胶粉同比增长37.46%。实现出口交货值同比增长9.84%，出口率(值)为4.69%，与去年同期相比下降0.13个百分点。

机械模具　机械模具26家重点企业2012年实现现价工业产值同比增长6.62%，实现销售收入同比增长8.71%，完成子午胎模具产量同比增长7.64%。实现出口交货值同比增长39.99%，出口率(值)为19.02%，与去年同期相比增加4.25个百分点。

橡胶助剂　橡胶助剂45家重点企业2012年完成工业总产值同比增加5.63%，完成销售收入同比增长1.49%。橡胶助剂总产量同比增长22.33%，其中主要产品促进剂生产同比增长0.81%，防老剂生产同比增长2.62%。实现出口交货值同比下降12.40%，出口率(值)31.93%，同比下降5.06个百分点；出口橡胶助剂同比增长15.04%，出口率(量)28.49%，同比下降1.80个百分点。

骨架材料　骨架材料胶31家重点企业2012年实现现价工业产值同比下降10.30%。生产锦纶帘布同比减少9.06%，涤纶帘布同比增加2.31%，钢丝帘线同比增长5.66%，胎圈钢丝同比增长9.43%，管带钢丝同比增长29.76%。

2012年12月份市场状况

轮胎销售价格状况　根据对市场上4种载重子午胎(12.00R20-18PR、11.00R20-16PR、12R22.5-16PR、8.25R16-16PR)以及4种轿车子午胎(215/55R16、205/55R16、195/55R15、165/70R14)零售价格的监测，以2011年1月为基点(价格指数为100)，计算2012年12月份全钢子午胎价格指数为100.07，较上月下降0.72个基点；半钢轿车子午胎指数为99.68，较上月下降0.99个基点。

汽车及摩托车产销状况　据中国汽车工业协会统计分析，2012年12月，汽车生产178.49万辆，环比增长1.34%，同比增长5.49%；销售180.99万辆，环比增长1.05%，同比增长7.12%。2012年，汽车产销1927.18万辆和1930.64万辆，同比分别增长4.63%和4.33%。

2012年，产销摩托车2362.98万辆和2365.07万辆，比上年下降12.50%和12.17%，其中出口摩托车893.59万辆，比上年下降16.83%。

天然胶及复合橡胶进口状况　根据中国海关数据统计，2012年12月份进口技术分类天然胶14.07万吨，与上年同期相比减少3.90%，进口额4.14亿美元，与上年同期相比下降28.80%；12月份进口其他未硫化的初级形状复合橡胶3.68万吨，与上年同期相比减少33.10%，进口额1.11亿美元，与上年同期相比减少46.9%。

大宗原材料价格状况　2012年12月份进口3#烟片胶最高售价30000元/吨，环比上月持平；5#标准胶最高售价24200元/吨，环比上月下跌1.22%；20#标准胶最高售价21500元/吨，较上月环比下跌2.27%；顺丁胶最高售价17800元/吨，较上月环比下跌14.42%；1500丁苯胶最高售价18570元/吨，较上月环比下跌5.16%。

2012年行业经济运行主要特点

(1)与上年度相比，2012年橡胶行业现价工业产值基本持平。根据协会对重点会员企业的统计，行业现价工业产值同比增幅全年呈回落趋势，及至年末，同比增幅为0.01%，与上年度增幅相比，回落16.96个百分点。具体专业中，轮胎、橡胶制品、胶鞋、骨架材料4个专业现价工业产值同比为负增长，其余专业为正增长；其中仅有废橡胶综合利用专业的现价工业产值同比增幅强于上年度。

(2)轮胎等主要橡胶制品的产量保持着增长。与现价工业产值的增长态势不同，主要橡胶产品的同比增幅的收窄幅度要小得多，其中，综合外胎产量同比增幅比上年度回落0.55个百分点，自行车外胎产量同比增幅比上年度增长7.22个百分点，摩托车外胎产量同比增幅比上年度回落3.55个百分点，输送带产量同比增幅比上年度回落10.58个百分点，V带产量同比增幅比上年度回落4.22个百分点，胶管产量同比增幅比上年度增长6.69个百分点。

出现这种相逆的趋势，主要是由于随着天然胶、合成胶等大宗原材料价格的走低，轮胎等橡胶产品的销售价格也出现了不同程度的下降。同时，数据也反映出2012年市场的需求并没有出现明显的萎缩，需求基本是稳定的。

(3)2012年橡胶行业销售收入实现微幅增长。根据协会对重点会员企业的统计，行业销售收入同比上年度增长1.89%。参与统计的细分专业，销售收入同比均为实现正增长。

与现价工业产值相同，受橡胶产品销售价格下降的影响，销售收入同比增幅比上年度回落15.89个百分点；与现价工业产值同比增幅持续收窄不同，行业销售收入同比增幅在前三季度也逐渐收窄，至四季度呈走平的趋势。

(4)行业出口交货值及轮胎等主要橡胶制品出口量增长幅度持续收窄。2012年，受国际市场需求下降的影响，行业出口交货值同比增幅为2.09%，与上年度的增幅相比，回落24.96个百分点。其中轮胎虽有特报案到期的利多因素影响，但出口交货值同比仅增长0.05%，与上年度的增幅相比，回落27.38个百分点；轮胎出口交货量同比增幅0.71%，与上年度的增幅相比，回落3.19个百分点。其余出口产品中，V带、汽车配件、橡胶助剂的出口量为负增长。

(5)行业经济效益状况好于上年度。根据协会对部分专业会员的统计，2012年，实现利润总额同比上年度增长47.57%，行业销售收入利润率为5.18%，与上年同期相比，增涨了1.49个百分点。具体细分专业中，胶鞋、炭黑、机械模具专业销售收入利润率低于上年度，其他专业轮胎、力车胎、胶管胶带、乳胶、废橡胶专业的利润率好于上年度。

(6)轮胎子午化率达到88%以上。根据协会对重点轮胎会员企业的统计，2012年，轮胎子午化率达到88.17%，较上年度提高0.81个百分点，行业产品结构进一步优化提升。

2013年影响行业经济运行因素分析

(1)2013年，中国经济的增长动力将由外需为主逐步转为内需为主，随着收入水平的提高，中国的内需会持续扩大，而城镇化的进一步推进，内需会得以进一步增强。

受国内需求逐步提振的作用，轮胎等橡胶制品的需求也将逐步得到释放，产品产量将继续保持一定的增幅，但由于产品产量基数较大，增幅将有限，其中轮胎产品产量增幅将微有增大，达到4%左右，其余主要的橡胶制品中，今年增幅达到两位数的，还有可能出现回落。

(2)2013年，国际经济形势依然错综复杂、充满变数，欧洲经济何时走出下行通道，如何恢复增长仍是未知数，美国虽已走上复苏之路，但其财政悬崖及结构调整政策，可能对世界经济产生不利影响。同时，发达国家推行的量化宽松和贸易保护主义政策，放大了全 球经济的风险。2013年，外需市场对中国橡胶工业的拉动效果有限，同时，现今的出口产品结构，有可能面临更多的技术壁垒和贸易摩擦。

(3)2013年，中国橡胶工业面临的结构性产能过剩的矛盾将加剧，低水平、同质化的产品结构，经营成本的上升，技术创新能力的不足，将更大的影响行业增长的质量和可持续性。中央经济工作会议提出要加快调整产业结构，提高产业整体素质，要加快科技创新、产品创新、品牌创新、产业组织创新、商业模式创新。中国橡胶工业在当前的发展机遇期，唯有顺应当前的形势，改进提高生产工艺水平，升级换代现有产品结构，走集约、智能、绿色、低碳的道路，才能强企强国。

(中国橡胶协会)

【2012年中国轮胎行业总体呈现平稳态势】 2012年，中国轮胎行业克服内需增长乏力、外需回落、国际贸易摩擦加剧等因素影响，产量稳步增长、效益大幅上涨、投资趋于理性、外贸增速回落，总体呈现平稳发展态势。

产量稳步增长，增速低位震荡 2012年，中国轮胎生产较为平稳，除1~2月份受节假日影响产量相对较低外，各月轮胎(外胎，下同)产量均稳定在7000万条以上，全年累计生产8.92亿条，同比增长4.2%，较上年回落4.3个百分点。其中，子午线轮胎4.61亿条，同比增长11.4%，较上年提高约6个百分点。分地区看，中国轮胎生产主要集中在东部沿海，山东、江苏、浙江3省产量5.91亿条，占全国的66%。

从年度走势看，轮胎行业增速受汽车行业影响较大。一季度，受宏观经济增长乏力、上年同期基数较高等因素影响，汽车市场延续了上年的低迷态势，累计产量呈现负增长。进入二季度，汽车产销转为正增长，行业呈现回升态势。受此影响，上半年轮胎增速先降后升，到6月份已回升至13.6%。进入下半年，汽车产量虽同比保持正增长，但反弹势头有所减缓，增速由7月份的12.8%逐步下跌至11月份3.1%的年度低位，受此影响，下半年轮胎增速始终在10%以下的低位震荡。

原料价格下跌，效益大幅上涨 2012年，轮胎原料价格总体呈震荡下行走势，跌幅较大。其中，天然橡胶(SCR10)年均价格从33 835元/吨下跌至25 053元/吨；丁苯橡胶(1500)年均价格从26 808元/吨下跌至20 519元/吨；顺丁橡胶(一级)年均价格从30 225元/吨下跌至22 833元/吨，跌幅分别为25.9%、23.5%和24.5%。究其原因，一是天然胶供给充足，而需求受全球经济低迷影响持续疲软，价格水平不断回落；二是煤炭、原油价格低位运行，主要合成橡胶失去成本支撑后，价格也步入下行通道。

2012年，受需求低迷、原材料价格下跌等因素影响，轮胎价格同比下滑。轿车子午胎(165/70R14)和轻卡斜交胎(7.50-16-14PR)年均价格为265元/套和701元/套，同比分别下降5.7和12.5个百分点，但由于产品利润空间扩大，轮胎行业毛利率明显提高。全年行业实现利润275亿元，同比增长43.7%，高于产量增幅近40个百分点；资产利润率7.3%，较上年同期提高2个百分点，盈利能力增强。

投资趋于理性，发展势头放缓 由于2011年新开工和施工项目较少，2012年轮胎行业完成投资584亿元，同比增长14.4%，较上年回落31个百分点，低于石化产业13个百分点；全年施工项目347个，同比下降11.3%；竣工项目201个，同比下降16.3%。

受国内汽车市场增速放缓、外需增长乏力等因素影响，企业投资愿望减弱，行业发展势头放缓。全年计划投资1301亿元，同比下降10.2%，较上年回落13.5个百分点；新开工项目223个，与上年持平。

外贸增速回落，外需市场乏力 2012年，中国进出口轮胎452万吨，同比增长9.2%；对外贸易总额167亿美元，同比增长7.5%，较上年回落约34个百分点。

全年，进口轮胎10.7万吨，同比下降10.1%，较上年回落21个百分点；进口额8.3亿美元，同比增长7.1%。出口轮胎441万吨，同比增长9.6%，较上年增长2.1个百分点；出口额159亿美元，同比增长7.6%。贸易顺差约151亿美元，同比增长7.6%，较上年回落近35个百分点。

2012年，轮胎行业对外贸易仍未摆脱上年低迷态势，主要原因是：国内汽车市场低迷，进口轮胎需求下降；国际经济前景不确定性增大，外需市场乏力；部分国家和地区的贸易保护和技术壁垒，加大了轮胎出口难度。

(国家石油和化工网)

【中国橡胶工业百强企业】 为客观、公正、全面地反映中国橡胶工业企业发展壮大的成绩，提高中国橡胶工业优势企业的知名度，促进企业做大做强，经过企业自愿申请，中国橡胶工业协会各个分会(专业委员会)依据中国橡胶工业百强企业评价推介活动方案的推介标准进行遴选、推荐，总会复审、排序以及网上公示等程序，选出2012年度中国橡胶工业百强企业(共计89家)(见表1)。

表1 2012年度中国橡胶工业百强企业

序号	专业	企业名称	主营业务收入(亿元)
1	轮胎/力车胎	杭州中策橡胶有限公司	268.83
2	轮胎/力车胎	厦门正新橡胶工业有限公司	185.35
3	轮胎	佳通轮胎(中国)投资有限公司	170.13
4	轮胎	三角集团有限公司	156.00

（续）

序号	专业	企 业 名 称	主营业务收入(亿元)
5	轮胎	双钱集团股份有限公司	122.69
6	轮胎	兴源轮胎集团有限公司	110.00
7	轮胎	山东玲珑轮胎股份有限公司	100.45
8	轮胎	风神轮胎股份有限公司	90.14
9	轮胎	青岛双星轮胎工业有限公司	81.34
10	轮胎	盛泰集团有限公司	77.25
11	轮胎	固铂成山(山东)轮胎有限公司	73.58
12	轮胎	赛轮股份有限公司	70.75
13	骨架	江苏兴达钢帘线股份有限公司	70.66
14	轮胎	贵州轮胎股份有限公司	65.67
15	制品	安徽中鼎控股(集团)股份有限公司	62.41
16	骨架	贝卡尔特中国	57.57
17	轮胎	江苏韩泰轮胎有限公司	50.09
18	骨架	山东胜通钢帘线有限公司	46.39
19	炭黑	江西黑猫炭黑股份有限公司	41.00
20	骨架	骏马化纤股份有限公司	30.96
21	制品	衡水宝力工程橡胶有限公司	30.41
22	助剂	江苏圣奥化学科技有限公司	25.08
23	骨架	湖北福星科技股份有限公司	22.24
24	力车胎	青岛喜盈门双驼轮胎有限公司	20.53
25	制品	宁波拓普集团股份有限公司	17.85
26	管带	山东安能输送带橡胶有限公司	17.83
27	骨架	江苏海阳化纤有限公司	17.22
28	炭黑	龙星化工股份有限公司	17.00
29	机械模具	软控股份有限公司	16.20
30	机械模具	豪迈集团股份有限公司	16.00
31	骨架	高丽制钢(中国)	15.80
32	助剂	山东尚舜化工有限公司	15.66
33	制品	衡水中铁建工程橡胶有限责任公司	14.72
34	制品	陕西延长石油西北橡胶有限责任公司	13.37
35	机械模具	大连橡胶塑料机械股份有限公司	13.06
36	骨架	宁波锦纶股份有限公司	12.75
37	管带	山东祥通橡塑集团有限公司	12.60
38	力车胎	青岛东方工业品(集团)有限公司	11.80
39	管带	浙江双箭橡胶股份有限公司	11.80
40	力车胎	新东岳集团有限公司	11.20
41	胶鞋	际华三五一七橡胶制品有限公司	11.11
42	炭黑	苏州宝化炭黑有限公司	11.00
43	助剂	科迈化工股份有限公司	10.92
44	管带	阳泉煤业(集团)有限责任公司奥伦胶带分公司	10.61
45	力车胎	江苏三元轮胎有限公司	10.31
46	炭黑	山东华东橡胶材料有限公司	9.60
47	炭黑	金能科技股份有限公司	9.50
48	炭黑	大石桥市辽滨碳黑厂	9.30
49	胶鞋	际华三五三七制鞋责任有限公司	9.28

(续)

序号	专业	企 业 名 称	主营业务收入(亿元)
50	管带	浙江三力士橡胶股份有限公司	9.27
51	力车胎	江苏飞驰股份有限公司	8.94
52	管带	浙江三维橡胶制品有限公司	8.88
53	骨架	山东大业股份有限公司	8.69
54	力车胎	四川远星橡胶有限责任公司	8.62
55	废橡胶	南京金腾橡塑有限公司	8.33
56	管带	天津鹏翎胶管股份有限公司	7.94
57	力车胎	天津市万达轮胎集团有限公司	7.77
58	乳胶	北京华腾橡塑乳胶制品有限公司	7.74
59	炭黑	石家庄市新星化炭有限公司	7.70
60	机械模具	广东巨轮模具股份有限公司	7.68
61	炭黑	河北大光明实业集团有限公司	7.50
62	管带	青岛橡六集团有限公司	7.48
63	废橡胶	南通回力橡胶有限公司	7.43
64	助剂	天津一化化工有限公司	7.20
65	炭黑	山西永东化工股份有限公司	7.17
66	胶鞋	四川省资阳市征峰胶鞋有限公司	7.07
67	制品	贵州贵航汽车零部件股份有限公司红阳密封件公司	7.05
68	助剂	东北助剂化工有限公司	6.88
69	助剂	中国石化集团南京化学工业有限公司	6.67
70	机械模具	益阳橡胶塑料机械集团有限公司	6.28
71	制品	衡水橡胶股份有限公司	6.14
72	管带	欧亚管业股份有限公司	5.86
73	机械模具	四川亚西橡塑机器有限公司	5.80
74	管带	无锡宝通带业股份有限公司	5.53
75	机械模具	揭阳市天阳模具有限公司	5.50
76	助剂	山东天源化工有限公司	5.43
77	助剂	濮阳蔚林化工股份有限公司	5.41
78	机械模具	天津赛象科技股份有限公司	5.38
79	助剂	江苏爱特恩高分子材料有限公司	5.25
80	制品	山东美晨科技股份有限公司	5.25
81	管带	阜新环宇橡胶(集团)有限公司	5.20
82	胶鞋	上海回力鞋业有限公司	5.16
83	机械模具	桂林橡胶机械厂	5.00
84	管带	安徽中意胶带有限责任公司	5.00
85	废橡胶	福建环科化工橡胶集团有限公司	4.25
86	废橡胶	莱芜市福泉橡胶有限公司	3.29
87	废橡胶	京东橡胶有限公司	3.10
88	废橡胶	唐山兴宇橡塑工业有限公司	2.72
89	乳胶	桂林紫竹乳胶制品有限公司	2.60

【2012 年中国橡胶工业十大新闻】

橡胶原料价格持续波动，行业酝酿建立橡胶稳定基金　2012 年，橡胶原料价格总体呈现波动低迷态势。天然橡胶全年价格高点在 30 000 元/吨左右，低点在 20 000 元/吨左右。为了应对近年来天然橡胶价格持续大幅波动的被动局面，降低天然橡胶价格的波动幅度，轮胎行业酝酿建立橡胶稳定基金。

行业经济运行增速减缓，但发展趋向平稳 受全球增长需求不足，欧债危机持续蔓延，新兴经济体发展放缓，以及国内推动经济增长的动力不足等多种因素的影响，2012 年中国橡胶工业经济运行增速减缓但呈现企稳态势。虽然表现出行业经济指标继续回落，并出现了多年以来少有的 1 位数增长，但与上年较大幅度的持续收窄趋势相比有明显改观，发展趋向平稳。

天然橡胶进口关税下调 12 月 17 日，国务院关税税则委员会发布了“关于 2013 年关税实施方案的通知”。自 2013 年 1 月 1 日起，橡胶行业广泛关注的天然橡胶进口关税下调。其中，2013 年暂定税率天然胶乳为 10% 或 720 元/吨，两者从低，与 2012 年相同；烟片胶和技术分类天然橡胶均为 20% 或 1200 元/吨，两者从低，从量税分别比 2012 年降低 400、800 元/吨。目前，中国天然橡胶约 80% 依靠进口，关税下调是广大橡胶企业一直期盼的政策。

欧盟轮胎标签法正式实施 11 月 1 日，欧盟轮胎标签法正式实施，即在欧盟销售的轮胎必须加贴标签，标示轮胎的滚动阻力、噪声和湿滑路面抓地力等级。标签法的实施，一方面提高了中国轮胎的出口门槛，另一方面也加速中国轮胎绿色化进程。国内轮胎企业对此高度重视，近年来一直积极应对。据对国内部分大型轮胎企业的抽样调查，轿车轮胎的滚动阻力多为 E-F 级，大部分可达到欧盟第一阶段的要求。据对全国载重胎的调查，约 70% 的载重胎可达到欧盟第一阶段滚动阻力的最低要求。欧盟也对中国轮胎测评作出了正面评价。

绿色轮胎产业化项目启动 为应对欧盟轮胎标签法规的实施，同时推进中国绿色轮胎产业化进程，加快轮胎产品质量升级和结构调整，在工信部的支持下，中国绿色轮胎产业化项目正式启动。在中国橡胶工业协会提出《绿色轮胎产业化工作方案(征求意见稿)》的基础上，《绿色轮胎产业研究》课题在工信部正式立项，预计 2013 年上半年完成课题研究及《绿色轮胎自律标准》。

轮胎试验场建设提上日程 建设轮胎试验场是实现绿色轮胎产业化的重要环节，各大轮胎企业对于建设轮胎试验场的重要性和迫切性达到了高度一致。已有多家企业或机构正在以不同的方式投入轮胎试验场建设。同时，轮胎行业也达成共识，采取由政府支持、协会牵头、企业入股、实行第三方管理的方式，建设服务于行业的轮胎试验场。

一批标准法规发布或完成报批 为加强工艺管理，提高产品质量，进一步加强行业自律，中国橡胶工业协会制订发布了《子午线轮胎工艺技术规范》。工信部正式发布了《轮胎翻新行业准入条件》和《废轮胎综合利用行业准入条件》，进一步规范废旧轮胎综合利用行业的发展秩序。国家正式发布了《缺陷汽车产品召回管理条例》，并于 2013 年 1 月 1 日起开始实施，轮胎召回也纳入其中，《缺陷汽车轮胎产品召回管理规定(草案 1 稿)》正在征求意见中。中国橡胶工业协会、商业科技质量中心制修订的《轮胎经销企业经营规范(理赔要求)》和《轮胎理赔鉴定人员专业技术要求》已上报商务部待批。《轮胎单位产品能源消耗限额》《炭黑单位产品能源消耗限额》两项国家标准已通过全国能源基础与技术标准化技术委员会的审查，并形成报批稿，即将发布实施。

中国橡胶工业协会完成换届 2012 年 10 月 25 日，中国橡胶工业协会于杭州召开了第八届会员代表大会，成功完成了协会换届选举，组成新一届理事会。会议投票选举邓雅俐为中国橡胶工业协会第八届理事会会长，徐文英为秘书长，推举第七届理事会会长范仁德为中橡协第八届理事会名誉会长。会议选举 5 名高级副会长和 25 名副会长。

美国轮胎特保案结束，其他国际贸易摩擦接踵而至 美国轮胎特保案于 9 月 26 日正式终止，为中国轮胎出口美国带来利好。但橡胶全行业仍面临国际贸易摩擦不断加大的压力，2012 年多个国家对中国橡胶产品发起反倾销等调查。中国橡胶工业协会迅速有效地组织了国内企业应对印度对华炭黑特保、哥伦比亚对华卡客车轮胎反倾销、巴西对华摩托车胎反倾销、阿根廷对华硫化橡胶输送带反倾销等案件的调查。

兼并重组、国际化经营进程加快 2012 年，国内橡胶企业在兼并重组和国际化经营方面进程加快。多家企业通过收购股份等措施实现企业的兼并重组；多家企业在欧洲、美国、俄罗斯、印度和东南亚等地通过收购和投资等方式实现国际化经营，加快了中国橡胶企业的多元化经营步伐。

【中国天然橡胶行业"走出去"发展策略研究与分析】 2002年以来，海南、广东和云南三大农垦集团积极调研、逐步实施"走出去"发展战略，在境外天然橡胶生产国新建、并购和合资建立天然橡胶种植、生产、初加工、深加工及贸易基地。随着中国—东盟区域一体化进程的加快，中国各行各业都在谋求与东盟国家开展合作，这也为天然橡胶"走出去"发展战略提供了有利条件。

中国天然橡胶行业"走出去"发展策略的客观原因 随着汽车制造业、交通运输业等国民经济支柱产业的快速发展，中国天然橡胶消费量逐年增长，已连续多年居世界首位。据国际橡胶研究组织统计，2012年中国天然橡胶消费量为369万吨，约占全球的1/3以上，而中国的天然橡胶产量却只有约70万吨，对外依存度已超过80%，预计未来国内天然橡胶依然严重依赖进口。

(1)特殊的种植条件决定了"走出去"发展战略。天然橡胶树属于热带雨林乔木，受自然条件限制，中国宜胶地区面积非常有限，每年的开割时间仅8～9个月。2011年国内橡胶种植面积达到1621万亩，增长5.9%。其中，海南省752万亩、云南省795万亩、广东省69万亩、广西和福建省5万亩。胶园面积跃居为全球第三。全年生产天然橡胶71万吨，位列全球第六。天然橡胶生产国协会成员产量1034.2万吨，占全球天然橡胶产量的93%，产区为725.5万公顷，总种植面积为1041.1公顷，平均年产量1426千克/公顷，其中90%产量来自于小型农户。中国天然橡胶产业受台风、寒害、干旱、病虫害等影响较大，产量增长缓慢，供给潜力受到土地资源、气候条件、生态保护的刚性约束，以及其他经济作物的竞争压力，使得国内自给水平严重不足。因此短期内天然橡胶产量不可能大幅增加。

(2)天然橡胶重度依赖进口制约相关行业发展。目前，中国是世界最大的天然橡胶消费国，受自然条件限制，中国适宜橡胶种植的地区非常有限，产能、产量提升缓慢，资源自给率不足20%。而泰国、印尼、马来西亚等东南亚国家掌握了全球近90%的天然橡胶产量和贸易量，通过影响当期产量、出口量乃至种植面积，从而间接影响市场供给和价格。中国作为其主要贸易对象，经常处于不利的市场地位。

从目前国际供求市场来看，一方面，不论是天然橡胶的主要生产国还是消费国，都在加紧对天然橡胶资源的争夺和实际控制，并试图利用资源掌握、驾驭全球天然橡胶市场；另一方面，国际天然橡胶总需求量稳步上升，而国际市场天然橡胶出口资源增长却十分有限。此外，在科技水平未能实现合成橡胶完全替代天然橡胶的功能之前，国际市场争夺天然橡胶资源将面临严峻的挑战。中国依赖从国际市场进口天然橡胶的前景不容乐观，而一旦天然橡胶进口受阻，或价格大幅上扬，中国的轮胎、汽车橡胶配件、胶鞋等以橡胶为原料的企业生产将受到严重影响。同时，关联企业也将受到严重制约，从而给国家经济安全带来威胁。

泰国、印尼和马来西亚是中国天然橡胶的主要进口国家。中国从以上3国进口天然橡胶占总量的60%以上，其中，泰国是中国第一进口国，并且从2005年以来一直不断增长。

根据国际橡胶研究组织预测，在未来的10～15年内，中国的天然橡胶消费量将达到约350万～450万吨，占世界天然橡胶消防总量的1/3左右。

中化国际、海南橡胶、云南农垦、广东广垦等是中国天然橡胶市场的主要供应商。其中，中化国际和海南橡胶是中国天然橡胶产业的上市企业。在利好政策支持下，中国各大天然橡胶企业正实施"走出去"发展战略，加速布局海外业务。

广垦集团 广垦集团在海外建设天然橡胶加工厂目前为止有7家，包括：泰国广垦橡胶(沙墩)有限公司、泰国广垦橡胶(董里)有限公司、泰国广垦橡胶(湄公河)有限公司、泰国广垦橡胶(泰南)有限公司、泰国广垦橡胶(泰东)有限公司、马来西亚广垦橡胶(砂捞越)有限公司和印尼广垦橡胶(坤甸)有限公司。

规划种植面积400万亩，实现种植面积160万亩，年天然橡胶总产量90万吨。海外项目15个，总投资预计达30亿元人民币，实现年天然橡胶总产量45万吨，实现销售收入60亿元人民币。投资模式为新建、并购和合资经营3种方式。

中化集团 中化国际作为中国掌握海外胶源最多的天然橡胶企业受益显著。公司下属的GMG子公司(控股51%)，现有加工销售能力11万吨。GMG公司2010年收购泰国天然胶出口巨头德美行。考虑到未来德美行和中化在国内强大销售网络的整合，天然橡胶业务通过收购马来西亚EUROMA公司、新加坡上市公司GMG、泰国德美行公司等，进入非洲、东南亚等地天然胶种植和生产加工领域。

海南农垦集团 海南农垦集团通过受让泰国第三大天然橡胶生产商泰华树胶25%股权的方式，进军全球最大的天然橡胶生产基地东南亚。早前海南橡胶就在柬埔寨投资100万亩、在马来西亚投资90万亩进行橡胶种植。

海南农垦集团四大主导产业仍稳步发展，2012年共完成销售收入229亿元，核心产业橡胶销售总量达130.5万吨(含海外公司销售量)，创历史新高。2012年并购了R1公司和中国化工集团橡胶业务，天然橡胶贸易量占全球天然橡胶销售量的10%，大大延伸了天然橡胶产业的广度和深度，提升了海南农垦在中国天然橡胶市场的话语权和在国际天然橡胶市场的影响力。此外，海南橡胶集团还在东南亚和非洲地区储备了多个橡胶项目，待条件成熟后启动实施，以进一步掌控更多的天然橡胶资源。

云南农垦集团 云橡投资有限公司运用云南与中国接壤的老挝、缅甸等东盟国家的得天独厚的地域优势，从2007年起有30家企业在境外投资种植橡胶基地，计划用10年左右的时间，在老挝南塔、乌多姆赛、波乔、沙耶武里省建立天然橡胶种植示范基地50万亩，带动当地种植200万亩，共250万亩。建设年生产规模为3万~4万吨的大型制胶初加工厂和技术培训中心。

延长石油集团橡胶公司 延长石油集团橡胶公司与泰国京泰公司合资成立延长橡胶(泰国)有限公司，其主要业务是从事天然橡胶的收购加工和国际贸易，2012年在泰国罗勇经济开发区投资约10亿人民币建设年产10万吨天然橡胶加工项目。

中策橡胶(泰国)有限公司 计划投入10亿元在泰国泰中罗勇工业园开发区建设轮胎、车胎及橡胶制品项目，其中复合胶约10万吨。

问题及建议 天然橡胶行业"走出去"发展战略实施以来，虽然在东南亚国家租地种胶、建立加工厂等方面取得实质性进展，但是由于经验不足，建设项目的实际情况复杂性及各种制约因素，影响了"走出去"发展战略步伐，主要面临的问题有以下几点：

(1)海外产业发展规划缺乏中长期规划。

(2)对外经济合作政策的担忧(政局的稳定性、政策的开放性等)。

(3)缺乏复合型人才。

(4)水土不服(管理模式、文化差异等)。

(5)橡胶市场地方保护及贸易壁垒。

促进天然橡胶行业"走出去"发展战略的对策与建议：

(1)及时做好产业可持续发展规划。

(2)加强对国际形势、市场环境的研究，规范海外企业管理结构，产权清晰，建立适应国际化经营的一系列制度。

(3)扩大筹资渠道，确保资金投入。

(4)进行人才储备，选拔具有国际思维的年轻人，加强岗位培训，逐步提高人才"本土化"比例。

(5)加强集团对海外企业的调控，掌握产销进度、资金及汇率的管控，严格细化成本控制，塑造多元化企业文化，履行社会责任。

(6)培育国际品牌，拓展市场网络，建立完善的市场营销体系，扩大品牌影响力。

"走出去"发展战略有利于输出成熟技术并获得先进技术，促进跨国公司的发展，通过投资于相对欠发达或经济水平低的国家和地区，既输出了技术，占领了市场，又获得了投资收益，可在全球市场获得广泛的接触和交流机会，开阔眼界，扩宽思路，掌握国际通用规则，熟悉国际化运作，最终提升企业的国际竞争力。同时，形成了跨国产业链，市场份额迅速提升。预计2013年天然橡胶产量将达到100万吨。

表2　2012年天然橡胶消费量统计　　万吨

项目	世界总量	中国	印度	马来西亚	印度尼西亚	泰国
年消耗量	1159	369	101	45	50	52
占比/%	100%	31.84%	8.71%	3.88%	4.31%	4.49%
涨幅/%	4.8%	1.9%	4.7%	2.1%	5.9%	5.7%

注：数据来源2013年中国橡胶年会。

表3　中国天然橡胶进口情况统计　　万吨

年份	印尼		马来西亚		泰国		进口总量
	进口量	占比/%	进口量	占比/%	进口量	占比/%	
2007	31.33	14.19	45.01	20.38	75.15	34.03	220.81
2008	34.30	15.31	36.47	16.28	83.62	37.34	223.94
2009	41.83	15.32	29.12	10.66	88.65	32.46	273.10
2010	41.29	14.94	35.84	12.97	90.12	32.62	276.30
2011	43.76	15.32	36.74	12.87	108.86	38.12	285.60

（昊华工程有限公司　王翊）

松香·涂料业

【概　述】 2012 年全国松脂生产 121.51 万吨，松香类产品 141 万吨。中国松香深加工产品年产量约在 40 万吨左右，其中，松香树脂年产量约 25 万吨，歧化松香及歧化松香皂年产量约 7 万吨，马来松香年产量约 1 万吨，聚合松香约 1.5 万吨，氢化松香约 1 万吨，浅色松香约 5000 吨，强化造纸施胶剂约 2.5 万吨，其他产品约 5000 吨。

松香种类　松脂制得的松香是一种透明而硬脆的固体，折断面似贝壳状，且有玻璃光泽，颜色由原料的品质和加工工艺而定，一般为浅黄色至红棕色。按原料来源和加工方法的不同，松香可分为脂松香、浮油松香、木松香。

脂松香　使用采割的形式收集松脂再加工提炼而成的松香叫脂松香。其特点是对松树能连续采割，有利于资源的充分利用，2007 年以来全世界脂松香产量在 75 万～95 万吨。其中以中国松脂资源最为丰富，近 3 年脂松香年均产量在 65 万吨左右，是脂松香产量最大的国家。

浮油松香　也称为塔尔油松香或妥尔油松香，它是松香三大主要来源之一。它来自木材制浆造纸工业，从硫酸盐制浆中回收的黑液经加工而得，其成本低廉，原料来源方便，加工生产工艺简单，有较好的经济效益和社会效益。广泛应用于制造肥皂、润滑剂、浮选剂以及油墨工业。

浮油松香成分复杂，在粗浮油松香中已知成分达几十种，尚有大量的微量成分是未知的，微量成分总和相当可观。在浮油松香的三大组分中，以脂肪酸为主。在脂肪酸中，含量最多的亚油酸也仅占脂肪酸总量的 22%。

浮油松香原来在性能上不如脂松香，现今质量不断提高，性能已与脂松香相近。由于造纸所用松木比例减少，降低了浮油分馏所得松香产率（从 27% 降至 21%）。所以近年来虽然粗浮油分馏能力增加，但是浮油松香产量仍只保持相对稳定，产量在40 万～45 万吨，约占松香总量 30%～35%。

木松香　将松根或树干切碎，用溶剂浸提出树脂，再经加工提炼出来的松香即木松香。主要产于美国，原料依赖于该国东南部的原始松林，现在由于森林资源减少，导致木松香原料短缺。前苏联也生产木松香，由于资源减少，产量也急剧下降。估计目前世界木松香年产量为 1.2 万吨，不到松香年产量的 2%。

中国松香产业分布　主要分布于广西、云南、广东等 5 个省（区）。各省松香 2012 年产量。（见表 1）

表 1　各地区松香 2012 年产量

地区	松脂（吨）	松香类产品（吨）		
		合 计	松香	松香深加工产品
全国合计	1215065	1409995	1091832	318163
浙江	2061	17800	—	17800
安徽	10918	6059	6059	—
福建	98369	112355	92197	20158
江西	90607	93857	57176	36681
河南	2912	2591	2591	—
湖北	35899	13252	13037	215
湖南	37552	31221	23968	7253
广东	196344	97598	67531	30067
广西	568588	790803	629256	161547
海南	3773	357	357	—
重庆	2	810	810	—
四川	2537	2428	815	1613
贵州	7559	5432	5432	—
云南	157149	235432	192603	42829
陕西	795	—	—	—

2012 年全国脂松香产量为 69.76 万吨，较上年同比减小约 10%，其中广西 19 万吨、广东 9.9 万吨，云南 18 万吨、江西 8.4 万吨、福建 5.37 万吨、湖南 1.79 万吨、湖北 2.8 万吨、其他产区 4.5 万吨；2013 年 3 月底库存量约 19.88 万吨，同比上年增长 13%。2007～2011 年各省脂松香产量（见

表2)。

表2 各地区脂松香2007~2011年产量

地区	产量(万吨)				
	2007年	2008年	2009年	2010年	2011年
广西	28.5	22.0	16	23	23
广东	16.5	10.0	8	8.3	10.1
云南	9.0	11.0	13	16.8	20
江西	10.0	3.7	4	5.7	7.5
福建	5.5	3.5	3.2	4.9	6.2
湖南	3.0	1.5	1	1	1.5
湖北	3.0	2.5	3	3.5	4.0
四川	1.0	o.7	0.5	0.3	0.4
贵州	2.0	1.0	0.7	1	1.5
河南	0.5	0.5	0.4	0.4	0.5
重庆	0.5	0.3	0.2	o.3	0.4
海南	0.5	0.5	0.5	0.5	0.6
其他	2.1	1.5	1.0	1.0	1.5
合计	82.1	58.7	51.5	66.7	77.2

中国是松树资源大国，拥有松林面积1600万公顷，年可采脂200万~300万吨。主要集中在广西、云南、广东等省(区)，2009~2012年中国松脂年产量约100万吨。已采割的松树资源仅占全部可采割松树资源的1/3，即使不考虑技术进步等因素，潜在供给总量保守估计也能达到300万吨左右。国内市场近年需用松香量为28万~30万吨。2007年和2008年中国松香出口量(中国海关数据)分别为32.92万吨和27.65万吨，2010年和2011年出口量分别达到24.98万吨和23.11万吨。而2012年仅出口松香16.78万吨，较2011年下降27.39%，比2007年下降了49.03%。随着中国经济高速增长，世界工厂、全球大市场的形成，国内各行业原材料需求增幅较大，国内应用松香的几大行业以及深加工产品用量也越来越大。

中国松香深加工行业发展现状

(1)深加工企业的产业集中度不断提高。松香和松香深加工行业是林产化工行业的重要组成部分和支柱产业之一。截至2011年年底，中国林化产业生产厂家合计1600余家，其中松香类企业800余家；松节油下游深加工企业类50家左右；栲胶类企业35家；紫胶类企业22家；活性炭类企业500多家；林产香料类企业200余家。虽然中国松香深加工产品年产量已达35万吨，但其生产大部分集中在几家专业松香深加工产品生产厂、中外合资企业以及二三十家大松香厂家中，这与中国800多家松香厂的数量相比，松香深加工产品生产企业仍然较少。目前，中国前5名松香深加工企业(见表3)。

表3 中国前5大松香深加工企业

排名	企业名称	产能(万吨)
1	广东科茂林产化工股份有限公司	5.8
2	广西梧州日成林化有限公司	4.0
3	梧州松脂化学股份有限公司	3.0
4	广东富侍德化工有限公司	2.8
5	广西荒川化学工业有限公司	2.5

(2)国内需求量逐渐增加，出口依存度日渐降低。2005年以来，随着中国经济的快速发展及松香深加工产品生产水平的提高，国内对松香深加工产品需求有了较大的增长。

松香经过精细加工，可以得到聚合松香、歧化松香、氢化松香，及各类树脂深加工产品，附加值比松香最多可提高10倍。中国松香的深加工率只有40%，松香的高附加值还远没有发挥出来。目前国内需求量较大的松香深加工产品主要为歧化松香及钾皂、食用松香、松香甘油酯、松香季戊四醇酯、松香改性酚醛树脂、造纸强化施胶剂、聚合松香、马来松香、浅色松香等。松香盐类、松香甲酯、松香乙酯、松香胺、松香腈、氢化松香等产品目前在国内的销量还不是很大。

(3)深加工技术不断进步。松香深加工技术发达国家发展得比较成熟，中国仍处于起步阶段。中国松香深加工技术的进步将扩大中国松香的衍生物产品的种类，增高附加值。一方面，中国松香深加工技术的进步将会增强中国松香行业在国际市场中的竞争地位，从而给所有的松香生产企业带来机遇；另一方面，中国原有的采用深加工技术的松香生产企业在国内松香行业的竞争力将进一步增强，这对仅采取初加工技术的生产企业是一种潜在的威胁。

通过创新和集成，解决了松香松节油结构稳定化及其深加工利用的关键技术问题，如无色松香产品生产技术、无色松香酯系列产品生产技术、特种耐候环氧树脂生产技术、松节油类香料加氢和氧化技术，以及松节油类高级香料一体化及乙炔化合成技术，通过分子结构的异构、转化、加氢等技术使高活性结构改性成稳定结构后再深加工利用，获得了高稳定深加工系列产品，提高了松香松节油深加工利用的品质。经过推广应用，松香松节油深加工利用率整体提高10%，为中国松香深加工产业发展起到了积极的推动作用。

【中国松香深加工产品的应用领域】 松香树脂是松香深加工的主要产品，它是以松香为原料经过酯化反应制成的树脂，包括松香甘油酯，季戊四醇酯等各类产品。松香树脂的各类产品目前已广泛地应用于胶黏剂、涂料、造纸、油墨、橡胶、蜡染、食品等行业，但最主要的是胶黏剂、油墨和涂料3个行业。由于松香深加工下游企业的工业经济基础较好，随着中国经济的飞速发展，近年来国内各行业对各类松香树脂的需求量不断增加。

胶黏剂行业

(1)松香树脂在胶黏剂行业中的应用。松香树脂在胶黏剂中起到增加初黏力、提高黏接力、改善流动性、延长开放时间的作用，适合用于EVA、SBS和SIS等热熔胶胶黏剂；压敏胶；SBR橡胶型，天然橡胶型，丙烯酸型等溶剂型胶黏剂中。国内主要的松香树脂种类有两种：一是松香酯类，主要有松香/精制松香甘油酯(如日成林化生产的GER-85/GER-138A/GER-85L)、松香/精制松香季戊四醇酯(如PER-90/PER-100F/PER-100L)、松香甲酯(如MGDR)、松香二甘醇酯(如DER-LM)、松香三甘醇酯(如TER-LM)等；二是改性松香酯类，主要有氢化松香/精制氢化松香甘油酯(GE-HR-85/GEHR-85R)、氢化松香/精制氢化松香季戊四醇酯(如PEHR-100/PEHR-100R)、氢化松香甲酯(如M-HDR)、歧化松香/精制歧化松香甘油酯(如GEDIR-100M)、歧化松香/精制歧化松香季戊四醇酯、聚合松香甘油酯/季戊四醇酯(如PEDR-120M)等。

松香树脂原料在胶黏剂产品(热熔型等)中的使用量为40%～50%，需求量相当大，是松香树脂最为广阔的下游应用市场，近5年来，中国胶黏剂生产发展迅速，平均增速达到10.5%，其中松香树脂主要应用胶种——热熔胶的平均增长速度达18.08%。目前国内胶黏剂生产企业已达千家，品种牌号超过2500种，产能为400万吨以上。随着从国外不断引进新产品、新技术和大量资金。有关专家表示中国胶黏剂、密封剂市场前景广阔，必将成为中国化工领域发展最快的行业之一(见表4)。

表4　2006～2011年中国胶黏剂产量及其对松香树脂的需求

项目	胶黏剂	对松香树脂需求量
2006年	280	5.65
2007年	310	7.18
2008年	352	10.1
2009年	376.3	13.6
2010年	452	15.2
2011年	504	16.5

数据来源：中国胶黏剂协会、华讯松香网。

到2011年底，胶黏剂行业用松香树脂已经达到16.5万吨。总的来说，随着2009～2010年国家大规模基建的部署，家具装修等行业的兴旺，胶黏剂行业在今后数年中发展趋势应为平稳向上，年增长率应在10.5%以上，对松香树脂原料，尤其是对国内松香树脂原料的需求有增无减。

(2)其他树脂产品在胶黏剂行业中的应用。在胶黏剂行业应用上，同松香树脂起增黏作用的竞争树脂产品主要有萜烯树脂和石油树脂，而石油树脂最具有竞争力，在胶黏剂行业应用需求上与松香树脂不分上下。

萜烯树脂　萜烯树脂以松节油中的蒎烯为主要原料，经催化聚合或进一步改性而制取的齐聚物和共聚物。产品种类有α-萜烯树脂、β-萜烯树脂、双戊烯树脂，以及经改性的萜烯酚树脂、萜烯苯乙烯树脂等。萜烯树脂是一种优良的增黏剂，具有黏接力强，抗老化性能好，内聚力强，电绝缘性好，耐热、耐光、耐酸、耐碱和增塑性好等优良性能，同时还具有无毒、无臭、色泽浅、不结晶的特点。在胶黏剂、热熔涂料、橡胶、纸张及油墨行业中得到广泛的应用。而近几年原料松节油价格持续上涨，原料来源少，波动较大，造成萜烯树脂生产成本过高、产量低、产品竞争力不强，市场使用量不大。

石油树脂　石油树脂来源于石油，由石脑油裂解制乙烯过程中所副产的C5(异戊二烯、间戊二烯、环戊二烯)、C9馏分(苯乙烯、乙烯基甲苯、

茚、α-甲基苯乙烯、双环戊二烯)，经前处理、聚合、蒸馏等工艺生产的一种热塑性树脂，分子量为300～3000的低聚物。石油树脂具有酸值低，混溶性好，耐水、耐乙醇和耐化学品等特性，对酸碱具有化学稳定性。石油树脂一般作为增黏树脂等与其他树脂配合使用，主要应用于造纸、印刷油墨、涂料、橡胶、胶黏剂等行业。

石油树脂依据不同的聚合组分可分为：C5石油树脂(脂肪族聚合单体)、C9石油树脂(芳香族聚合单体)、C5/C9共聚树脂(脂肪族单体与芳香族单体共聚)、DCPD(脂环族类单体)、氢化石油树脂(C5、C9、C5/C9共聚树脂的加氢产品)。

(3)松香树脂与萜烯树脂、石油树脂在胶黏剂行业中应用和展望。相似点：松香树脂、萜烯树脂、石油树脂在黏合剂领域一般都是作为增黏剂与其他大分子的聚合物配合使用提供增黏效果。在黏合剂配方中通过调整松香树脂、萜烯树脂、石油树脂的用量，以获得黏性和内聚力的平衡。

不同点 松香树脂、萜烯树脂、石油树脂的原料来源、聚合单体、分子量分布、产品性能等方面都有所不同，而最主要是产品性能，其与大分子聚合物的相容性、黏接力、耐高温、耐老化、颜色、气味等性能决定和限制了树脂的应用领域。

优缺点 松香树脂为天然可再生资源，与聚合物的相容性好，可以与更多种聚合物配合使用(除了与SBS相容性略差外)，增黏效果优异；但相对石油树脂来说，不耐高温和老化，亟待开发颜色浅、耐热耐老化、稳定性好的加氢树脂产品。

萜烯树脂 为天然可再生资源，与聚合物的相容性好，黏接力强，增黏效果优异；但价格较高、耐老化比石油树脂差。

石油树脂 耐高温耐老化优异，特别是无色加氢石油树脂产品，颜色接近0#色，产品稳定性好；但各类型树脂间与聚合物的相容性差异大、相对窄，C9树脂气味重，造成应用领域受限制。受上游供应原料组分的影响较大，树脂产品质量较难稳定，影响下游客户的产品质量。

性价比 松香树脂、石油树脂、萜烯树脂用于胶黏剂等，成本、性能对比(见表5)。

由表5可见，松香树脂的黏接力优于其他四种产品，色泽优于C5、C9石油树脂和萜烯树脂，浅色的松香树脂色泽与氢化石油树脂相仿；内聚力、相容性与C5石油树脂、氢化石油树脂相仿，成本却次于C5石油树脂和C9石油树脂。

表5 各种胶黏剂产品的性能及成本

产品	黏接力	内聚力	相容性
松香树脂	☆☆☆	☆☆	☆☆
C5石油树脂	☆☆	☆☆	☆☆
C9石油树脂	☆	☆☆	☆
氢化石油树脂	☆☆	☆☆	☆☆
萜烯树脂	☆☆	☆☆☆	☆☆☆
产品	耐老化	色泽	成本优势
松香树脂	☆☆	☆☆☆	☆☆
C5石油树脂	☆☆	☆☆	☆☆☆
C9石油树脂	☆☆	☆☆	☆☆☆
氢化石油树脂	☆☆☆	☆☆☆	☆
萜烯树脂	☆☆	☆☆	☆

(4)需求和展望。中国已经成为胶黏剂及密封剂生产大国和消费大国，产量从2002年的170.5万吨增长到2010年的462.8万吨，销售额从2002年的163亿元增长到2010年的590亿元。预计到2015年胶黏剂密封剂产量将达到717万吨，销售额达1.038亿元。2011～2015年产量和销售额的平均增长速度分别为10%和12%。目前，胶黏剂使用量最大的仍然是建筑建材和室内外装饰装修行业，约占中国胶黏剂总产量的28%。其次是包装和标签及木材加工行业交通运输行业和装配行业对胶黏剂的市场需求量也在不断扩大。而增长速度最快的主要是应用在风能、太阳能等新能源领域的胶黏剂产品。

油墨行业

(1)松香树脂在油墨行业上的应用。在油墨行业中应用到松香深加工产品主要有醇溶性松香树脂和松香改性酚醛树脂。醇溶性松香树脂为马林酸改性松香树脂(如MR-155P)，主要应用在水性油墨；松香改性酚醛树脂由松香、苯酚/双酚A/对叔丁基酚/对特辛基酚、甲醛等缩聚酯化而制成(如2116、2118、1235、2138)，产品主要应用在胶印油墨中。

松香树脂原料在油墨产品中的用量约为15%～20%主要集中用于胶印油墨，油墨产品对松香树脂的需求相当稳定，暂时没有遇到强力替代性原料的竞争(见表6)。

表6　油墨产量及其对松香树脂的需求

万吨

项目	油墨	对松香树脂需求量
2006年	30	3.7
2007年	35	4.3
2008年	45	5.6
2009年	50	6.2
2010年	59	7.3
2011年	61	7.5

数据来源：中国油墨协会，华讯松香网。

(2)其他树脂产品在油墨行业上的应用。油墨用其他树脂产品主要有C9石油树脂、醇酸树脂、聚酰胺树脂和UV树脂等。

(3)松香树脂产品在油墨行业需求分析和展望。2011年国内各类油墨总产量约为65万吨，53%左右为胶印油墨，其余为UV油墨、凹印油墨、柔印油墨和丝印及喷引油墨等。目前胶印油墨中所用的连接料树脂还以松香改性酚醛树脂为主约占油墨组成的20%，但需求上有小幅下降。石油树脂的性能改进和良好的性价比，使得其在胶印油墨中的扩大使用成为趋势。UV油墨和凹印油墨的发展将挤占胶印油墨的市场。

涂料行业

(1)松香树脂在涂料行业中的应用

中国目前已成为世界第一涂料生产大国总产量达到了900万吨。由于涂料行业进入门槛比相对较低，在涂料行业中应用到松香深加工产品主要有马林酸改性松香树脂，即马来改性松香甘油酯(如GER-100M/105F/120M/130M)、马来改性松香季戊四醇酯(如PER-120M)，产品主要应用在路标线涂料和木器涂料/油漆中。因此，中国涂料行业中各地乡镇企业、民营企业和外企的比例相对较大。在区域分布上，生产企业主要集中在经济发展迅速的长江三角洲和珠江三角洲地区。其中，华东地区涂料产量最大，占全国总产量的45%左右。松香树脂原料在涂料产品中的的应用，主要用在交通涂料即路标漆线涂料中，用量约为8%～18%(见表7)。

表7　中国涂料产量及其对松香树脂的需求

万吨

项目	涂料	对松香树脂需求量
2006年	507.84	2.13
2007年	597.28	2.69
2008年	638.00	3.12
2009年	755.44	3.65
2010年	967	3.8
2011年	1089	3.8

数据来源：中国涂料协会，华讯松香网。

(2)其他树脂产品在涂料行业中的应用。路标线涂料中应用的其他树脂产品主要为C5石油树脂；而其他类型的涂料用树脂主要有醇酸树脂、丙烯酸树脂、环氧树脂、聚氨酯树脂、有机硅树脂和有机氟树脂等。

(3)松香树脂在涂料行业中的需求分析和展望。随着环保发展需求，欧美和发达国家基本上不用溶剂型油漆，市场需求量在不断减少；而路标线涂料目前大部分被C5石油树脂代替，主要原因是近年松香树脂价格过高、相对石油树脂无差价优势，且配方中松香树脂用量高于石油树脂，市场需求量急剧减少。

近几年来，涂料行业发展迅速，产量从2005年的383万吨发展到2010年的1080万吨，增长2.8倍，而松香深加工产品在涂料行业中却占据很少份额，且只适合作中低档涂料的原料，未能发挥其优势。为发挥可再生资源优势，利用松香三菲环具有的刚性结构，亟待开发环保、高功能涂料树脂，扩大松香产品在涂料中的应用，特别是高档涂料领域上的应用，如松香型环氧树脂、松香型光固化树脂产品的产业化开发。

食品行业　在食品行业中使用的松香深加工产品，主要为食品级松香甘油酯、食品级氢化松香甘油酯、食品级歧化松香甘油酯和食品级聚合松香甘油酯，主要用作口香糖和泡泡糖胶基的原料，也可作为饮料的乳化稳定剂，乳化香精的原料及食品业加工用畜禽脱毛及化妆脱毛霜。

与食品级松香树脂同类的替代品主要有食品级萜烯树脂，由蒎烯经聚合反应而成，主要应用市场为伊斯兰教HALAL认证的食品中；食品级萜烯树脂价格相对食品级松香树脂高，且主要专供伊斯兰教专用食品中，市场有局限性，对食品级松香树脂需求市场影响不大。

国内生产食品级松香树脂的厂家约有 17 家，产能达 9.2 万吨/年，2011 年实际产量约 3.2 万吨，国内用量约 2 万吨，出口约 1.2 万吨。而全球食品级树脂需求量约为 8 万吨，中国生产量约占 40%，国内产能过剩约 65%。面对国内产能严重过剩情况，如何拓展产品应用领域、保障产品的质量，抢占国外市场，值得深思。

松香树脂在食品行业中的应用主要在口香糖生产中作为基胶，另一小部分松香树脂作为饮料乳化剂。由于对食品材料的要求比较高，松香树脂在口香糖中的应用，目前尚未有替代品(见表 8)。

表 8　2006～2011 年中国口香糖行业对松香树脂的需求

万吨

项目	口香糖行业对松香树脂需求量
2006 年	2.3
2007 年	2.3
2008 年	2.3
2009 年	2.4
2010 年	2.5
2011 年	2.5

数据来源：松香商会会议，华讯松香网。

橡胶行业　在橡胶行业中，应用到松香的深加工产品为歧化松香，常制成歧化松香钾皂，用作丁苯橡胶、氯丁橡胶、丁腈胶及其乳胶和 ABS 等高分子聚合的乳化剂，以改善和提高橡胶性能。目前歧化松香作为橡胶及 ABS 树脂中不可或缺的乳化剂原材料。

据有关数据统计，2010 年全球合成橡胶产能约为 1498.9 万吨，其中乳聚法丁苯橡胶(ESBR)产能为 432 万吨，对歧化松香需求能力约 18 万吨/年；2011 年国内乳聚法丁苯橡胶产能达 100 万吨，对歧化松香需求量大约在 4 万吨以上；其他乳化法生产的橡胶和 ABS 树脂对歧化松香的需求量估计超过 1 万吨。而随着中国汽车工业的发展，快速增长的汽车市场将拉动轮胎、汽车仪表及相关装饰材料快速发展，促进歧化松香的需求量。

造纸行业　在造纸行业使用到的松香深加工产品为松香系造纸施胶剂，主要为阳离子型的乳液松香胶和阴离子型的乳液松香胶，为浆内施胶剂。

造纸施胶剂的同类产品有表面施胶剂、反应型中性施胶剂 AKD、ASA 等，其用量占造纸行业的大部分市场。

造纸行业对松香系施胶剂需求量由 2000 年最高约 12 万吨缩减至目前约 2.5 万吨/年，主要原因是松香价格高，造成施胶成本上升；表面施胶剂在主要品种白板纸和瓦楞纸上得以应用提高施胶剂留着率降低生产成本。反应型中性施胶剂 AKD 的应用，相对松香系施胶剂减少了硫酸铝的用量，可降低生产成本。但 AKD 等具有沾污抄纸系统等缺陷，不适合某些品种的纸张和纸板的应用；而松香系施胶剂则没有以上缺点，市场仍有生存空间，部分纸和纸板的生产仍需要用到松香系施胶剂，如口杯纸、染色的箱板纸等。未来浆内施胶的发展趋势仍然是中性施胶剂，松香系中性施胶剂也是今后发展方向。

电子行业　在电子行业中使用到的松香深加工产品主要为水白氢化松香(如 RHR-101/301)、丙烯酸改性松香(如 AR-120/AR-120H)等，作为主要原料制成助焊剂，属于树脂系列助焊剂。

助焊剂大致分为无机、有机和树脂三大系列，可分为固态、液态和气态。助焊剂的主要作用是清除焊料和被焊母材表面的氧化物，使金属表面达到必要的清洁度。它防止焊接时表面的再次氧化，降低焊料表面张力，提高焊接性能。

无机系列助焊剂包括无机酸(主要成分为盐酸、氢氟酸等)和无机盐(主要成分为氯化锌、氯化铵等)两类，因为它溶解于水，故又称为水溶性助焊剂。其化学作用强，助焊性能非常好，但腐蚀作用大，属于酸性助焊剂。通常只用于非电子产品的焊接，在电子设备的装联中严禁使用这类无机系列的助焊剂。

有机系列助焊剂的助焊作用介于无机系列助焊剂和树脂系列助焊剂之间，它也属于酸性、水溶性助焊剂。含有有机酸的水溶性助焊剂以乳酸、柠檬酸为基础，由于它的焊接残留物可以在被焊物上保留一段时间而无严重腐蚀，因此可以用在电子设备的装联中，但一般不用在 SMT 的焊膏中，因为它没有松香焊剂的黏稠性(起防止贴片元器件移动的作用)。

树脂系列助焊剂主要成分为松香类产品，由于它只能溶解于有机溶剂，故又称为有机溶剂助焊剂。松香在固态时呈非活性，只有液态时才呈活性，其熔点为127℃，活性可以持续到315℃。锡焊的最佳温度为240～250℃，所以正处于松香的活性温度范围内，且它的焊接残留物不存在腐蚀问题，这些特性使松香为非腐蚀性焊剂而被广泛应用于电子设备的焊接中。

三大系列产品中，以树脂系列助焊剂产品应用最大，特别在电子产品的焊接中使用比例最大，松香系列产品占主导地位，不可或缺，但整个行业用量规模不大，对松香类产品需求总量约为几千吨。

【中国松香深加工产品展望】 2000～2008年金融危机之前，世界经济发展较快，松香树脂作为一种绿色无污染且资源可持续利用的特殊化工产品，其应用获得广泛的认可，这期间中国松香树脂的需求获得充足的动力，2006年最快的增长年份达到50%左右。然而2008年由欧美金融危机引发的全球经济不景气，以及松香价格罕见高涨，打断了中国松香树脂的需求高速度增长的进程，中国松香树脂的需求处于微弱增长甚至停滞不前，不过随着经济的复苏，松香价格将重新回归较合理的水平，加上作为一种不可多得的绿色可持续利用的特殊化工产品，国内外市场对中国松香树脂的需求水平在未来3～5年内，重新进入上升通道，在目前的价格水平下，预计需求增长15%～10%的水平。 （管清奎 刘自远 马奥）

【2012年中国涂料业】 根据国家统计局发布的最新统计数据，2012年中国涂料行业总产量达到1271.875万吨，同比增长11.79%，再创历史新高，并继续保持了全球涂料最大生产国的地位。各省产量(见表9)。

2011年年底，从国家统计局发布的数据显示，2011年中国涂料行业总产量达到1079.5万吨，历史上首次突破千万吨大关，其中广东、上海、江苏分列产量前3位。这意味着中国涂料工业将继续保持全球产销量第一的宝座，同时也为中国涂料工业"十二五"开局之年画上了一个圆满的句号。

中国涂料产量1992年首次达到百万吨级别，当年产量105.8万吨，此后用了10年之久，到2002年涂料产量才突破200万吨，而此后，行业借助中国经济腾飞的动力，产销量呈现井喷之势，只用了9年就一举突破千万吨大关，成为国民生活和国家经济建设中一只不可或缺的重要精细化工产品。

表9 2012年全国各省(区、市)涂料产量

地区	企业数(个)	2012年	2011年	同比%
全国	1034	12718748	11376879	11.8
北京	26	224150	205705	9
天津	31	316537	236549	33.8
河北	20	454815	398544	14.1
山西	5	43460	34223	27
内蒙古	4	55415	11042	401.8
辽宁	42	334925	345934	-3.2
吉林	12	160000	144337	10.9
黑龙江	6	21118	9739	116.8
上海	68	1540622	1524337	1.1
江苏	131	1231940	1244123	-1
浙江	104	1035530	964558	7.4
安徽	35	397923	374095	6.4
福建	41	491721	421372	16.7
江西	9	42710	38091	12.1
山东	56	1029339	1011157	1.8
河南	33	421521	373517	12.9
湖北	32	288434	208708	38.2
湖南	46	843215	679516	24.1
广东	240	2459315	2152118	14.3
广西	15	237225	236859	0.2
海南	1	2487	3047	-18.4
重庆	20	169584	158092	7.3
四川	32	716059	421873	69.7
贵州	2	34787	39891	-12.8
云南	5	16791	16368	2.6
西藏	0	0	0	—
陕西	11	105233	76747	37.1
甘肃	2	22111	19250	14.9
青海	0	0	0	—
宁夏	0	0	0	—
新疆	5	21782	27085	-19.6

2010年中央"一号文件"提出，抓住当前农村建房快速增长和建筑材料供给充裕的时机，把支持农民建房作为扩大内需的重大举措，采取有效

措施推动“建材下乡”，鼓励农民依法依规建设自用住房。其中，涂料正是去年来中央政府刺激内需的重要内容。同时，政府提出“十二五”期间建设3600万套保障房，其中2011年就落地实施了1000万套保障房，因此，保障房拉动涂料产量也相对比较明显。

另外，从涂料整个上下游产业链来看，新能源、交通、运输、信息等产业的快速发展也需要涂料产品为之配套，这也推高了涂料产量的增加。

根据国家统计局初步核算，2012年全年国内生产总值519 322亿元，按可比价格计算，比上年增长7.8%。快速增长的GDP，带动了2012年涂料产量的不断上升。虽然涂料市场经历了消费市场大幅波动以及原材料价格持续高位徘徊的影响，但中国涂料行业依然保持了其旺盛的生命力。

2012年，中国涂料行业的发展仍然处于重要的战略机遇期，产业结构正处于转型升级的关键时期，内需继续扩大，技术创新成为行业发展的主旋律，清洁生产、节能环保、循环经济、高功能性等工艺或产品将成为行业发展的新的增长点，民族涂料产业的比重也越来越大。

与此同时，伴随着国家对绿色建筑的重视以及新型城镇建设的推广，涂料的需求量也与日俱增。2012年国家保障房建设继续开展以及国家对工业等基础建设的重视，防腐涂料在石油工业、重型机械、城市基础设施和管道建设领域得到广泛应用，2010年产量约65万吨，2011年达到了接近80万吨，增长速度超过20%。

【中国建筑涂料业发展前景预测分析】 首先，二次装修将为建筑涂料业发展带来新机遇。在国家大力调控下，新建建筑的速度目前已有所放缓，特别是沿海城市。这对建筑涂料业来说，下游的萎缩将直接对涂料市场造成或大或小的影响。2003年正是房地产市场发展的开始，这近十年间中国的大地上诞生了成千上万的楼盘。一般来说，装修期限为5到8年。这些楼盘的漆在逐步老旧，这些客户已经达到了该二次装修的年限——一个酝酿着巨大的旧房翻新市场在向建筑涂料企业展开。

二次装修不仅包括自有住房的翻新，也包括二手房交易带来的重装修。一项统计数据表明：在国外有60%的装修都来源于二手房和二次装修。在中国，以北京为例，目前北京这个比例已经达到了近40%。一个潜力巨大的市场在表明：业主因为审美改变，居住几年之后就有二次装修的需求。这对建筑涂料市场来说意味着装修刚性需求业主量增加，从这个角度看，二手房和二次装修，或是翻新装修有巨大的需求量，存在非常大的商机。欧美市场中，在涂料业务里20%是新建楼盘，80%是翻新用油漆。但以目前来看，中国的翻新市场或保养市场没有得到很好的发展。

其次，城市化及新农村建设进程加速，市场潜力不可小觑。不过由于未来几年，城市化的发展，将有4亿人进城，这对建筑行业有很强的促进作用，同时也能够增强建筑涂料行业收益性。此外，各地推行高层建筑限制和禁止使用面砖、幕墙等饰材的政策，而建筑涂料刚刚弥补这方面的缺陷，所以建筑涂料的使用在中国有着广泛的范围，并随着我过经济的高速发展，有较好的增长空间和发展机会。

从全球范围来看，以中国为代表，包括拉美甚至非洲有大规模城市化的趋势。其中，中国的城市化规模的速度和数量被最具开发的潜力价值。对于未来的建筑涂料市场走势，外资涂料品牌的巨头们依然看好中国未来建筑行业及基建行业的增长态势。

另外，值得指出的是，尽管外资涂料品牌压码中国城市化的进程，并牢牢占据一、二线城市市场的领导地位。但新农村建设让正在成长中的国产涂料品牌加大了对三、四线的城镇及农村的布局。差异的市场选择和定位，也避免了更加惨烈的正面交锋，对于集体“过冬”的涂料市场来说，这种共生发展来说，未必不是一件“双赢”的结果。

第三，政策导向有望助力建筑涂料获得建材市场更大的份额。由于高层建筑得大量出现，以及层出不穷的外立面脱漏剥裂引发的安全事故，各地推行高层建筑限制和禁止使用面砖、幕墙等饰材的政策，而建筑涂料刚刚弥补这方面的缺陷，所以建筑涂料的使用在中国有着广泛的范围，并随着中国经济的高速发展，有较好的增长空间和发展机会。

全国各地的房地产管理当局、建委、消费者

现在越来越将环保节能放在重要位置。由于在装饰选材方面要求比较高(具有较强的耐候性、耐污性和安全性)、施工难度大等问题，而建筑涂料恰恰能弥补这一漏洞。

同时房地产商又把这个作为买点之一，所以水溶性涂料发展较快，产量不断增加，普通溶剂性涂料产量则相应的减少。

对于未来的涂料企业来说，开发营销渠道投资，提升品牌影响力，加大广告宣传，加快新产品推出，提高产品质量和提高劳动生产率，合理的扩大生产规模等方面的投资都将是在2012年保持乐观前行的重要举措。 (中国涂料协会)

全国林业生物能源(林)建设

【概　述】 截至2012年年底，中国现有林地面积约3亿公顷(见表1)，现有森林面积约2亿公顷，森林蓄积量137亿立方米，人工林保存面积0.6亿公顷，蓄积量19.6亿立方米，林木生物质资源潜力约180亿吨。现有林木资源中可作为能源利用的主要是木质资源、木本油料和淀粉植物。

木质资源　主要是薪炭林、木竹生产的剩余物，灌木林平茬和森林抚育间伐产生的枝条、小径材，经济林和城市绿化修剪枝杈等。中国现有薪炭林170多万公顷，蓄积量3900万立方米，集中分布于云南、辽宁、陕西、湖北、贵川等15个省区，占全国薪炭林面积和蓄积量的97%(见附表3、4)。年森林采伐量约2.5亿立方米，可产生采伐、造材剩余物1.1亿吨；现有灌木林地总面积5300多万公顷，每年灌木平茬复壮可采集木质燃料1亿吨左右；全国大约7000多万公顷的中幼龄林，通过正常抚育间伐每年可获取0.2亿~0.4亿吨原料；另外，经济林修剪、城市绿化修枝还能提供一些原料。中国现有林木资源可用作木质能源的潜力约有3.5亿吨，全部开发利用可替代2亿吨标准煤。

木本油料　中国已查明的油料植物中，种子含油量40%以上的植物有150多种，能够规模化培育的乔灌木树种有30多种，包括油棕、无患子、小桐子、光皮树、文冠果、黄连木、山桐子、山苍子、盐肤木、欧李、乌桕、东京野茉莉等12个树种。其中油棕、无患子等9个树种相对成片分布面积超过100万公顷，年果实产量100万吨以上，全部加工利用可获得40余万吨生物燃油。

淀粉植物　中国淀粉类植物资源丰富，果实含淀粉的有锥栗、茅栗、甜槠、苦槠、绵槠、青冈、麻栎、栓皮栎、槲栎、金樱子、田菁、马棘、芡实、薏苡、铁树籽等。根茎含淀粉的有葛根、野山药、百合、土茯苓、金刚刺、贯丛、魔芋、芒蕨、石蒜、狗脊、蕉芋、木薯、黄精、玉竹、山猪肝等。淀粉植物具有生产液体燃料的广阔前景。全国栎类树种现有面积约1600万公顷，主要分布在内蒙古、吉林、黑龙江，栎类林可年产种子1000万吨以上，可用于生产250万吨燃料乙醇。全国葛类总面积约40万公顷，年资源总量150万吨以上，可用于生产50万吨燃料乙醇。

【生物能源开发技术】　开发利用林业生物质能，可生产生物柴油、燃料乙醇和纤维素乙醇，以及用于发电和生产成型燃料。

生物柴油转化利用技术　中国生物柴油起步较晚，发展较快。目前国内建成30多个生物柴油项目，但规模较小，年产量大多在2万吨以下，原料主要是废弃油脂。到2010年年底，生物柴油年产量约50万吨。木本油脂是具有较大发展潜力的生物柴油原料，利用小桐子、黄连木和光皮树种子转换生物柴油的技术比较成熟，目前制约因素是原料的可靠供应和价格。农林剩余物生物质热化学转化制取生物柴油及多联产技术还不成熟。

生物质发电技术　生物质发电已形成一定规模，初步实现产业化。到2010年年其他底，生物质发电装机容量550万千瓦，林业剩余物成为生物质发电的主要原料。专门以灌木平茬物为主要原料的林业生物质热电项目已投产发电。

成型燃料加工技术 生物质成型燃料储存、运输、使用方便，清洁环保，燃烧效率高，既可作为农村居民的炊事和取暖燃料，也可作为城市分散供热的燃料。2010年，成型燃料产量约300万吨。成型燃料已初步具备较大规模产业化发展的条件。

燃料乙醇转化利用技术　目前实现产业化的主要是以淀粉和糖类原料生产燃料乙醇，到2010年年底，以陈化粮和木薯为原料的燃料乙醇年产量超过180万吨。纤维素制备乙醇是目前技术研发和产业化示范的重点，木质纤维素转化乙醇技术近年有较大突破，但距工业化应用还有较长的距离。

【生物能源发展目标】 本规划的规划期为10年（2011～2020年），分为两个阶段，2011～2015年为第一阶段，2016～2020年为第二阶段。

到2020年，建成林业生物质能种植、生产、加工转换和应用的产业体系，现代能源林基地对产业保障程度显著提高，培育壮大一批实力较强的企业。

到2015年，建成油料林、木质能源林和淀粉能源林838万公顷，林业生物质年利用量超过1000万吨标煤，其中，生物液体燃料贡献率为10%，生物质热利用贡献率为90%。建成一批产业化示范基地。

到2020年，建成能源林1678万公顷，林业生物质年利用量超过2000万吨标煤，其中，生物液体燃料贡献率为30%，生物质热利用贡献率为70%。

油料能源林 到2015年，油料能源林规模达到212万公顷，可利用约50万公顷，全部利用折合约70万吨标煤。

到2020年，油料能源林规模达到422万公顷，全部进入结实期后，全部利用折合约580万吨标煤。

木质能源林 到2015年，木质能源林规模达到524万公顷，其中约400万公顷可供利用，每年可提供生物质原料约2400万吨，全部利用可替代1200万吨标煤。

到2020年，木质能源林基地规模达到943万公顷，其中约750万公顷可供利用，每年可提供4500万吨生物质原料，全部利用可替代2200万吨标煤。

淀粉能源林 到2015年，淀粉能源林规模达到102万公顷，进入结实阶段的约40万公顷，全部利用折合9万吨标煤。

到2020年，淀粉能源林规模达到313万公顷，进入结实的约150万公顷，全部利用折合30万吨标煤。全部进入盛产期后，全部利用折合60万吨标煤。

示范基地 到2015年，建成能源林培育示范基地29个，总规模90万公顷，其中，油料能源林培育示范基地15个、规模38万公顷，木质能源林培育示范基地11个、规模40万公顷，淀粉能源林培育示范基地3个、规模为12万公顷。

建成能源林良种繁育推广示范基地18个，其中，油料能源林良种繁育推广示范基地9个，木质和淀粉能源林良种繁育推广示范基地9个。

【中国生物能源建设布局】 到2020年，建设能源林基地1678万公顷，其中新造林1001万公顷，现有林改培677万公顷。

油料能源林 重点建设转化技术成熟的油棕、无患子、小桐子、光皮树、文冠果、黄连木等树种的基地，适当考虑山桐子、山苍子、盐肤木、欧李、乌桕、东京野茉莉等其他树种。规划建设油料能源林基地22个。到2020年，油料能源林基地建设422万公顷，其中新造林397万公顷，现有林改培25万公顷。

油棕 规模为3万公顷，全部为新造。在海南、广西、广东、云南4省（区），建设油棕能源林基地，重点培育区域为南方地区的北部湾沿岸滇南山区。

无患子 规模为25万公顷，全部为新造。在广西、重庆、贵州、江西、福建、浙江、安徽、陕西、湖北、湖南和广东11个省（区、市）建设无患子能源林，其中南方地区的桂西南、四川盆地东南部、闽北、赣东、浙中丘陵盆地、皖西南区、大巴山区和粤北山地为重点培育区域。

小桐子 规模为145万公顷，其中新造141万公顷、改培4万公顷。四川、云南、广西、贵州4省（区）建设小桐子能源林，重点区域为南方地区的金沙江流域、澜沧江流域、红河流域和南盘江流域4个区域。

光皮树 规模为63万公顷，全部为新造。在湖南、湖北和江西3省建设光皮树能源林，重点区域为南方地区的鄂西湘北和湘东赣西区。

文冠果 规模为98万公顷，其中新造94万公顷、改培4万公顷。在河北、内蒙古、山西、辽宁、陕西、青海、甘肃、新疆、河南、吉林、黑龙江11省（区）建设文冠果能源林，重点区域为坝上高原、科尔沁山地、吕梁山地、陕西洛河流域、

湟水河流域等5个地区。

黄连木　规模为88万公顷，其中新造71万公顷、改培17万公顷。在陕西、河北、河南、湖北、安徽、甘肃、云南、山东、浙江、山西10省建设黄连木能源林，重点区域为太行山南部山地、皖中丘陵区、秦岭中东部山地等3个区域。

木质能源林　重点布局在“三北”地区(西北、华北北部和东北西部地区)，结合生态建设和治沙，建设24个木质能源林基地。到2020年，木质能源林基地建设总任务为943万公顷，其中新造林459万公顷、现有林改培484万公顷。

东北地区　包括内蒙古东部和辽宁东部、吉林大部分地区、黑龙江，大兴安岭北部，重点培育区域为小兴安岭南部、东北东部山地以及大兴安岭中部和北部地区。以利用林区三剩物为主，同时利用无林地或疏林地、灌木林地改造，培育柳树、杨树、桦树、柞树等木质能源林。

“三北”地区　包括内蒙古中部和西部、辽宁西部、吉林西部、河北北部、北京北部、山西北部、陕西西安以北、甘肃兰州以北、青海北部、新疆和宁夏。结合生态防护，培育以灌木林为主的木质能源林，树种包括沙棘、柠条、黄柳、山杏、山桃、沙柳、柽柳等。重点区域为科尔沁沙地、毛乌素沙地、浑善达克沙地、伊犁河流域、天山北坡、甘肃黄河上游地区、甘肃黄土沟壑区、太行山北部山区、湟水河流域、祁连山地、青海湖区、共和盆地、柴达木盆地等，涉及内蒙古、辽宁、新疆、甘肃、宁夏、河北、山西、青海8省(区)。

华北和中原地区　包括北京市郊区、天津市、河北南部、山西东南部、河南大部分地区、山东、安徽北部和江苏长江以北地区。作为“三北”地区木质能源林的补充，以发展抗逆性强的乔木和适生灌木为主，树种为柽柳、沙棘、刺槐、栎类、杨树等。重点培育区域为冀鲁沿海盐碱地区、豫东鲁西沙荒地和冀南地区，涉及河北、山东和河南。

南方地区　包括江苏长江以南、安徽南部、上海、浙江、福建大部、江西大部、湖南、湖北、广西北部、贵州、云南东部和中部、四川东部、重庆、陕西南部、湖北、河南南部地区。树种以刺槐、栎类、铁刀木、桉树、杨树等为主。重点培育地区为浙西南闽西南赣东山地和黔东南，涉及浙江、福建、江西和贵州。

东南沿海热带亚热带地区　包括福建南部、广东、广西南部、云南南部和海南，树种以黎蒴栲、大叶栎、相思、木麻黄、桉树等为主。重点培育区域为南岭南部和云开大山2个地区，涉及广东和广西。

淀粉能源林　到2020年，淀粉能源林基地建设总任务为313万公顷，其中新造林145万公顷、现有林改培168万公顷。

栎类　发展的重点区域为伏牛山区、皖南浙西山地丘陵区、桐柏—大别山区和罗霄山区，涉及河南、湖北、安徽、浙江、江西、湖南等6个省。

粉葛和芭蕉芋　发展的重点区域为川中丘陵区。

杨树类、柳树类及灌木林等　发展的重点区域为三北地区，包括内蒙古中部和西部、辽宁西部、吉林西部、河北北部、北京北部、山西北部、陕西西安以北、甘肃兰州以北、青海北部、新疆和宁夏。

表1　全国主要油料能源林树种及其资源现状表　单位：千克/公顷、公顷

省(区、市)	树种	含油率	果实产量	面积
	合计			1352108
小计	小桐子	30%～60%	3000～4500	20818
四川				15933
贵州				49
云南				4836

（续）

省(区、市)	树种	含油率	果实产量	面积
小计	黄连木	35% ~40%	1500 ~9000	86579
河北				3203
四川				2937
云南				9017
安徽				9172
河南				11107
湖南				1343
陕西				49800
湖南	光皮树	30% ~36%	4500 ~1000	4340
小计	文冠果	30% ~40%	3000 ~9000	4763
河北				666
内蒙古				541
山西				493
河南				3
陕西				3060
小计	油桐	40% ~50%	3000 ~10000	1185462
福建				10181
江西				18300
河南				16963
湖北				27933
湖南				573497
广西				168850
重庆				34480
四川				31330
贵州				170046
云南				39683
陕西				94200
小计	乌桕	35% ~50%	4050 ~7500	47956
安徽				341
福建				400
江西				1400
河南				100
湖北				3182
湖南				5867
重庆				7300
四川				5164
贵州				7773
云南				1829
陕西				15000

表 2　全国薪炭林主要分布省(区)现状统计表　　单位：百公顷、百立方米、%

省(区、市)	面积	占全国比例	蓄积量	占全国比例
全国	17473		391203	
合计	17073	97.71	379847	97.10

(续)

省(区、市)	面积	占全国比例	蓄积量	占全国比例
云南	3552	20.33	147273	37.65
辽宁	3222	18.44	31246	7.99
陕西	2237	12.80	63502	16.23
湖北	1632	9.34	21533	5.50
贵州	1473	8.43	31346	8.01
江西	961	5.50	11791	3.01
广西	865	4.95	18001	4.60
河北	853	4.88	3218	0.82
四川	485	2.78	16339	4.18
福建	360	2.06	8114	2.07
安徽	347	1.99	9899	2.53
广东	336	1.92	3627	0.93
湖南	256	1.47	2047	0.52
黑龙江	254	1.45	11631	2.97
河南	240	1.37	280	0.07

表3 全国灌木林主要分布省(区)现状统计表 单位：百公顷、%

省(区、市)	面积	占全国比例	省(区、市)	面积	占全国比例
合计	536534				
西藏	85464	15.93	重庆	10201	1.90
四川	72786	13.57	广东	6665	1.24
内蒙古	70294	13.10	河南	6145	1.15
新疆	46086	8.59	辽宁	5874	1.09
云南	37719	7.03	北京	3811	0.71
甘肃	34314	6.40	宁夏	3789	0.71
青海	32588	6.07	安徽	3504	0.65
广西	24648	4.59	浙江	3136	0.58
陕西	18393	3.43	福建	2070	0.39
湖北	14399	2.68	江西	1985	0.37
湖南	14192	2.65	吉林	1586	0.30
贵州	12521	2.33	山东	846	0.16
山西	11874	2.21	黑龙江	639	0.12
河北	10280	1.92	江苏	120	0.02

表4 全国栎类林主要分布省(区)现状统计表 单位：百公顷、%

省(区、市)	面积	占全国比例	省(区、市)	面积	占全国比例
合计	161003				
云南	22219	13.80	贵州	2626	1.63
内蒙古	20961	13.02	湖南	2337	1.45
陕西	19318	12.00	安徽	1936	1.20
黑龙江	17707	11.00	重庆	1748	1.09
吉林	11354	7.05	浙江	1675	1.04
四川	11023	6.85	江西	1408	0.87
辽宁	8879	5.51	北京	700	0.43

（续）

省(区、市)	面积	占全国比例	省(区、市)	面积	占全国比例
河南	8408	5.22	山东	560	0.35
湖北	6464	4.01	福建	312	0.19
河北	5612	3.49	宁夏	108	0.07
西藏	5140	3.19	江苏	108	0.07
山西	4161	2.58	天津	28	0.02
甘肃	3135	1.95	青海	3	0.00
广西	3073	1.91			

林产工业上市公司 2012 年年报分析

上市公司是行业中比较具有活力、管理较规范、制度较健全的群体，是行业中先进的代表，把涉林上市公司作为剖析林产工业的切入口，通过透析林板企业的经营状况，有助于提升林产工业第一梯队企业的管理水平。

(1)经济寒流还未退去。据相关数字统计，2012 年 2469 家上市公司净利润累计约为 1.96 万亿元，同比增幅仅为 2.6%，远远低于 2011 年的 11.6%，企业销售收入增长了 12%。涉林上市公司对形势感觉更敏锐，少数龙头企业表现不凡，多数企业销售、效益均有下降。

从 12 家林板上市企业来看，其中营业收入增长的有 5 家，减少的有 7 家。应该指出大亚与宜华是在连年较高增长的基础上仍然保持两位数增长，实属不易。这表明少数优秀企业在宏观形势不好的状况下依然可以持续发展的能力有所增强。另一方面也指出多数企业无力抗争环境疲软，亟待转变发展方式，逐步适应大形势从高速增长转向中速增长。企业如何在经济低迷的形势下保住饭碗，甚至做大做强，恐怕光满足于产业总量上的增长已经不够了，应该多关注行业增长的质量与效益，把力气花在培植质量效益型的先进制造业的核心梯队上(见表 1、表 2)。

(2)利润下滑转型在即。2012 年企业利润情况总体不乐观。销售毛利率 3 年来一路下滑的有 6 家，波动后 2012 年仍低于 2010 年的有 3 家，提升的仅有 3 家。与股东关系最密切的净资产收益率 3 年一路下滑的有 5 家，提升的有 3 家，威华股份更是首次出现负增长。这两项数据指标都可见上市公司效益呈下降趋势。

进入资本市场和在充分利用资本市场再融资对企业都是很重要的指标，在一定时期净资产收益率有所波动是正常的，但长期处于低水平甚至低于同期存款利率是没有希望的。过去十年，美国标普 500 非金融企业净资产收益率总体保持在 18% ~25% 的水平，而中国林板上市公司这系项指标平均最高值是在 2007 年的 14.7%，2012 年为 12.5%。今后，广大企业应该重视起此指标，资本市场内的企业，如果在宏观经济环境大转折的关键期，仍然维持创业初期、经济高速发展时的草莽作风，没有完全的财务核算和报表，甚至连净资产收益率作为内部核算的核心概念都没有，恐怕只能做昙花一现的只会抓机会不会精益管理的市场过客，绝不可能做到企业的可持续发展。

(3)当务之急苦练内功。去年经济形势依然严峻。行业产能过剩，下游产品出口受阻，成品库存压力大，尤其是木材原材料短缺，原辅材料价格上涨，物流成本、人工成本和资金成本等生产成本增加，国内市场销售不畅，大多数企业效益下滑，部分企业出现半停产状态。

企业的经营费用(见表 2)是分析一个企业经营管理水平的重要指标。2012 年，销售费用增长的林板企业有 9 家，降低的 3 家；管理费用增长的 9 家，降低的 3 家；财务费用增长的 7 家，降低的 5 家。与营业收入增减数作比较，仍有收入减少而费用增长的企业，说明去年市场状况严峻，企业练内功抓管理的压力增大。

资产负债率是指公司年末的负债总额同资产总额的比率，表示公司总资产中有多少是通过负债筹集的，该指标是评价公司负债水平的综合指标。2012 年 12 家林板企业中只有 3 家资产负债率超过 60%，除了两家新上市公司募集资金尚未全部投放导致低于 10%，一般都在 30% ~40%。总体上林板上市公司偏于稳重或保守，在企业扩张期，只要经营性现金流是正值并且稳定上升，资产负债率在 60% ~70% 间也是正常的。试看大亚科技公司一直维持在 66% ~68% 的高位上，其运行状态依然很健康(见表 3)。

(4)今后方向。

尽管 2012 年世界经济整体疲软态势不改，但企业在适应形势提升竞争能力上全面发力，从数量扩张型走向质量效益型，其中不乏表现亮眼的企业。

连年全面提升和实现突破的是大亚和宜华，无论是业绩和企业战略的实施都是值得总结和借鉴的。大亚以大规模高起点之姿进入林业产业，成功并购、国际化布局都是业内成功的经典案例。大亚公司在全球经济艰难之时做到地板销售增量1/4是非常了不起的。林产业企业走向国际化的越来越多，但这几年出口纷纷滑坡，圣象一竿子参股控股美国渠道的做法无疑是高明的。分析发现这些在国际上做的成功的企业，一开始都是有着全面而科学的规划，然后大手笔投入。其实企业差距在开始时并不明显，方向对，决心大，有人才，慢慢就有企业脱颖而出，梯队距离在不知不觉中慢慢拉开，等感到有差距了再追就不易了。

中国林产工业企业必须继续坚持原料基地化。2012年几个公司在年报中提到林木资源发展未达目标，升达的主要原因如下：一是林业经费负担沉重，造林亏本。育林基金加上其他收费，约占销价的30%～50%。二是近几年政府及林业主管部门调整了对林地流转和造林的指导思想，提出要注意防止出现流转面积过大、时间过长、费用过低的问题，防止农民过早失山失地。要以当地农民为主要流转对象，适度规模经营，真正带动农民而不是代替农民发展现代林业，基地建设的利润应该由农民享有。原料林基地建设要以农民为主体来建设。福建省甚至限制桉树人工林发展，这使得企业对中密度原料供应产生忧虑。威华林木销售收入较上年同期大幅度减少，减幅达91.27%。当前在中国工业企业营造大规模原料林方面，我们还有许多认识需要统一，许多政策需要理顺。比如生态公益林与商品林的真正分类经营问题、林权的分散性与经营的规模要求直接制约林地产出效益问题、最终产品决定原材料价格水平问题、没有条件从事森林旅游和林下种植地区的商品林培育问题、林地经营者的融资担保与流转问题等，哪一环节没有理顺都会影响林业产业链发挥效益。中国林地金贵，这就注定中国林产原料基地化之路不会平坦，但是林产企业不能知难而退，现在已经有一些公司利用现有林地进行了抵押贷款，并开始享有环保友好企业的美名。另外逼迫中国林产企业必须走原料基地化的另一个原因是为了保证原料供应量和价格的稳定与平衡，弥补我们还未发育足够成熟的市场经济环境。

企业的销售网络是直接面向市场的战略基石，坊间就流传着“终端为王”的说法。近几年，许多地板、家具公司纷纷扩展门店增加销量，事实上也取得了不错的效果。以胶合板和细木工板为主的兔宝宝公司截至2012年年底，已建成专卖店1533家，近几年新增专卖店数量每年都超过500家。但有专家提醒，近几年乡镇市场成为一个新的市场增长点，林业企业要多花精力，抓住机遇抢占更多的市场份额。扩大门店这招很灵但绝不能当作企业唯一的法宝，一是扩展门店的成本越来越高，二是销售渠道多元化是现阶段企业发展的必备条件。

企业要想从数量扩张型走向质量效益型，生产出高科技含量与品质的产品是关键(见表3)。研发费用在2个点以上有4家，1个点不到的有4家，居间的3家。技术创新先决条件要投入到位，分水岭在于重视不重视研发投入。值得借鉴的是兔宝宝、德尔和宜华均在3个点以上。长期不重视研发投入而多谈技术创新和软实力的企业无异于缘木求鱼。兔宝宝、德尔公司的无醛大豆制胶产品陆续推向市场、兔宝宝开发纯天然高科技新品、升达研发的“具有三维装饰纹理结构的强化木地板”、丰林完成了B级阻燃板和防潮板的产业化生产，这些新技术与产品为企业注入了新鲜血液，使企业焕发出新的活力与光彩。

表1

上市公司	销售毛利率			净资产收益率		
	2010年	2011年	2012年	2010年	2011年	2012年
中福实业	23.00%	17.76%	14.28%	6.95%	1.00%	1.17%
永安林业	19.71%	16.57%	16.72%	2.07%	-13.52%	3.07%

(续)

上市公司	销售毛利率			净资产收益率		
	2010 年	2011 年	2012 年	2010 年	2011 年	2012 年
大亚科技	25.36%	24.76%	24.00%	8.71%	6.23%	5.24%
吉林森工	22.27%	19.64%	17.67%	4.03%	5.66%	2.79%
兔宝宝	14.50%	15.78%	14.07%	7.74%	3.71%	4.31%
威华股份	11.02%	14.05%	7.23%	1.14%	0.56%	-7.48%
升达林业	24.35%	23.37%	24.76%	0.64%	-2.00%	1.49%
科冕木业	16.81%	18.71%	20.90%	2.63%	5.77%	4.67%
德尔家居	33.59%	33.06%	32.15%	36.72%	7.29%	6.00%
国栋建设	15.97%	11.48%	9.44%	3.11%	0.21%	0.21%
宜华木业	28.72%	29.85%	30.45%	6.29%	6.12%	6.94%
丰林集团	19.79%	17.21%	16.15%	15.57%	5.46%	4.48%

表 2

上市公司	销售费用		管理费用		财务费用	
	2012	同比	2012	同比	2012	同比
中福实业	2465.88	15.11%	5904.36	2.44%	1981.08	-21.92
永安林业	908.60	8.35%	4639.39	7.15%	6279.91	42.44%
大亚科技	90145.10	21.71%	55376.10	4.49%	30011.20	-7.22%
兔宝宝	7199.90	-2.64%	6455.76	-2.01%	282.90	-80.30%
威华股份	5763.15	-28.36%	13700.70	11.73%	8197.03	18.81%
升达林业	7493.67	-30.86%	2958.36	-21.60%	9299.64	8.78%
科冕木业	1173.31	4.92%	2546.60	24.22%	2207.36	12.32%
德尔家居	3897.97	10.13%	3427.22	33.09%	-2499.00	-3627%
吉林森工	12934.00	5.00%	17079.00	-3.80%	7814	26.79%
国栋建设	588.81	19.76%	3004.08	31.02%	923.37	274.17%
宜华木业	23548.00	33.67%	17258.80	59.13%	19295.20	10.64%
丰林集团	7368.39	40.35%	4548.17	12.33%	-948.399	-540.63%

表 3

上市公司名称	2012 年研发投入(万元)	占营业收入(%)
大亚科技	15258	1.84
宜华木业	10350	3.09
德尔家居	1635	3.86
丰林集团	1276	1.49
美克家具	1817	0.69
升达林业	132	0.17
兔宝宝	1785	4.21
中福实业	53	0.07
吉林森工	29	0.02
威华股份	2533	1.45
永安林业	1058	2.77

(张森林)

各省（区、市）林业产业

PROVINCIAL FOREST INDUSTRY

北京市林业产业

【果树产业】 北京果树产业是北京绿色生态建设、市民休闲及农民增收致富的重要组成部分。2012年全市果树新发展6.6万亩计531.6万株。

2012年全市果品产量达到9.4亿千克，果品收入44.1亿元。今年在遭遇花期低温下雨、7·21特大自然灾害的情况下，果品产量比2011年略有降低，但是减产不减收，收入将比2011年增长3.1%。全市30.9万户果农户均果品收入1.43万元，同比略有增长。

(1)全市设施果品总收入又创历史新高。全市共有设施果树面积2.1万亩，设施果品总产量达到1665.2万千克，总收入又创历史新高达到4.5亿元，平均亩收入达到2.8万元。

(2)京郊果园观光采摘效益持续攀升。2012年京郊采摘开放果园已达1271个，面积28.3万亩。2012年，京郊果园共接待游客990.6万人次，采摘果品总量达3858.8万千克，采摘直接收入突破5亿元、高达5.1亿元，同比增长14.7%。

(3)干鲜果品及加工品出口收入略有增长。全市已完成干鲜果品及加工品出口1661万千克、收入5225万元，同比出口量有所降低而收入略有增长。

(4)北京果品又添新成员。一是蓝莓。经过了5年的试验摸索栽培，果中珍品蓝莓在海淀凤凰岭引种成功，蓝莓果个明显增大，风味浓郁香味，品质提升明显。2012年设施蓝莓产量1.5万千克，礼品销售价格160元/斤①，采摘价格300元/斤。预计蓝莓收入480万元。二是无花果。2012年又成功引种栽培了鲜食无花果，不仅可以丰富北京市民的果篮子、延长时令性果品供应，而且对提升京郊农业旅游，增加农民收入都具有重要的意义。另外，发展设施无花果，既可免去冬季埋土、实现省时省工栽培，又可充分利用京郊闲置的日光温室设施，提高生产效益。

推动果树产业主要措施

发展高效现代化果园 近几年，果树产业在京郊的发展面临着两大问题：一是劳动力紧缺、雇工费用高，二是食品安全问题，三是前期投入高，见效慢。为了寻求解决京郊乃至全国果树产业发展的问题，今年组织京郊13个区县的果树主管局长、科长及重点果园(合作组织或基地)的负责人在北京多次召开了高效现代化果园现场观摩会及座谈会，同时多次赴河北、甘肃、山西及山东、大连等地参观学习高效现代化果园的建设经验。高效现代化果园的主要目标是：早果、丰产、优质、安全、高效。其实现途径具体如下：种植模式——全园实行有机化栽培，不施用任何人工合成的化学肥料和农药；品种——优质特色化；栽培方式——矮砧密植化；管理——实现机械化；土壤——高生物量生草化；水——灌溉最少化；病虫害防治——统防统治、生物制剂化；修剪——省工简约化；自然灾害——防灾设施化。

实施果树有机栽培综合配套技术 食品(果品安全)问题越来越受到社会各界广泛的关注，而都市型现代化农业的发展对食品包括果品安全提出了更高的要求。我们将把果品安全生产工作作为2012年重点工作之一，扩大推广3万亩零农残基地，提升了果品质量。增加了果农的收入。

强化科技培训工作 与发达国家和地区相比，京郊果树产业创新技术较缺乏，实施不到位。为此，充分利用北京科研院所和大专院校的技术资源和人才优势，针对北京果树产业的关键技术问题，聘请了国内外专家教授、技术能手做顾问，组织不同树种不同领域有关专家联合攻关，启动推广了水蜜桃、甜柿、中早熟苹果品种引进栽培，继续扩大推广果树有机化栽培、农艺节水、山地果园集雨技术、果树的架式栽培等创新技术。

继续做好世界葡萄大会的筹备工作 4年一次的葡萄大会被誉为“葡萄界的奥运会”，按照市政府对世界葡萄大会的战略部署，经过深入调研，

① 1斤=0.5千克。

形成办好此次大会的基本思路：一是葡萄大会要突出北京特色、首都特点，要体现世界级水平；二是边筹备建设边积累经验，树立样板，推动城乡统筹，实现“县景合一”。结合葡萄的有序种植酒庄的精心设计、山区水系的生态维护及新城乡镇的合理建设，打造环境景观品质优越的“绿色北京示范区”，为市民提供休闲空间，为农民提供就业机会；三是依托产业发展契机打造产业链，推动林果产业向都市型现代农业发展，并与旅游产业相结合，推动区域内一、二、三产的有机融合；四是作为主办方之一的市园林绿化局大力协助支持延庆县葡萄大会的筹备建设。

策划组织“春华秋实——百万市民观光果园采摘游”系列旅游文化工程 今年策划组织了“2012北京市百万市民观光果园采摘游”的启动仪式，“2011 中华名梨(中早熟品种)评选暨北京大兴第十届全国梨王擂台赛”，“北京·昌平第九届苹果文化节”等大型系列旅游文化活动，并邀请到了市领导及有关委办局领导参加，取得了较好的社会效益和显著的经济效益。

重视食用林产品质量安全监督检查管理工作 京政办发〔2009〕95 号文正式明确园林绿化部门负责果品、蜂蚕养殖领域食品安全监督管理工作。目前，市编办已批准成立“食用林产品质量安全监督管理事务服务中心”专职机构来负责此项工作。并积极开展工作。一是食用林产品安全从源头抓起；二是大力开展食用林产品质量安全生产技术培训工作；三是开展全市食用林产品质量安全工作大检查；四是开展了食用林产品(果、蜂、花)质量检验检测；五是开展了果、花、蜂类产品的“三品一标”有关认证和督察；六是加强果、花、蜂安全生产投入品检查与指导服务；七是与各区县主管部门签订了食用林产品安全监督责任书，落实属地的监管责任、明确了职责，形成了齐抓共管的林果蜂安全生产监管机制。

举办果树园艺工职业技能大赛 2012 年 3 月份召开了全市果树园艺工职业技能大赛的动员大会，并布署“果树工职业技能鉴定教材编写”工作。培训教材(40 余万字)已完成编写，并已印制一批发放到各区县，指导其培训，计划年底前正式出版。组织完成了市人保局安排的裁判员、高级裁判员及相关务赛人员培训、考核、领证工作。包括各区县主管部门具有高级职称的管理人员 19 人获得了高级裁判资格。

【花卉产业】 2012 年全市花卉产业工作坚持以推动科学发展为主题，以转变发展方式为主线，按照 3 个园林行动计划的总体要求，认真贯彻全市林业产业工作会议的精神，以落实《市政府关于促进本市花卉产业发展的意见》和花卉产业“十二五”发展规划为重点，不断开拓创新，扎实工作，全力推进花卉产业再上新台阶。全市全年花卉生产面积将达到 7 万亩，产值超过 15 亿元，大中型花卉交易市场 40 个，花卉零售店 1500 个，花卉生产企业 280 个。

2012 年主要工作

(1)成功申办 2019 年世界园艺博览会和 2016 年世界月季洲际大会。

为扎实推进 2019 年世界园艺博览会的各项申办工作，局里与中国花卉协会、中国贸促会等有关部门的密切配合，取得了阶段性成果。全面完成了国际园艺生产者协会(AIPH)的审批程序，国际园艺生产者协会(AIPH)正式批准北京举办 2019 年世园会。

市政府决定申办 2016 年第 18 届世界月季大会，同时将大兴确定为承办地。在国家林业局、外交部的大力支持下，国务院同意北京市代表中国申办该届大会。后因申办形势发生变化，报经市政府主管领导同意后，本市调整申办 2016 年世界月季洲际大会。在南非世界月季大会上，北京以全票通过获得了 2016 年世界月季洲际大会的举办权。

(2)组织开展多项花卉文化宣传活动。一是第三届郁金香文化节于 4 月 22 日至 5 月 15 日在北京国际鲜花港举行。节庆期间，室外集中展示了 96 个品种 400 万株郁金香，另外搭配风信子、洋水仙、番红花等精品球根花卉。室内展出了朱顶红、贝母、藏红花、观赏葱等 228 个花卉优良品种，吸引游客 30 万人。

二是第四届月季文化节于 2012 年 5 月 23 日至 6 月 24 日在北京植物园、天坛公园、陶然亭公园以及纳波湾园艺公司同时举行。组织开展了月季采摘加工、新品种月季、盆栽月季展、月季种苗及新技术推介会等10多项主题活动，吸引游客50万人次。

三是第四届菊花文化节于2012年9月22日至11月18日在北京国际鲜花港、北海公园、北京植物园、世界花卉大观园4个地方同时举办，共吸引游客114万人次。此外，为2013年第十一届中国(北京)菊花展览会预热，9月26日上午，在北京国际鲜花港举办了"第十一届中国(北京)菊花展览会倒计时一周年"庆典活动。

四是年宵花展活动将于2012年12月～2013年2月份在北京各大花卉市场同期进行。通过展会，推出年宵花主流产品，便于市民选购适合自己的花卉，达到繁荣花卉市场，引导花卉消费，丰富首都市民节日生活目的。

(3)圆满完成2012年北京市第三届职业技能大赛花卉园艺师竞赛。本届大赛自6月份开赛以来，共有60余家单位、来自全市公园系统、花卉企业花卉养护生产一线工人及花农700余人报名参加花卉园艺师比赛，最终来自天坛公园的杨辉脱颖而出，获得决赛第一名。根据大赛规定，决赛前5名的选手将直接晋级为北京市一级花卉园艺师，第5～10名选手获得二级花卉园艺师资格，其他人员将按照复赛成绩确定最终证书等级。

(4)实施花卉育种研发与良种引进等项目取得新进展。充分发挥14个北京花卉育种研发创新团队的作用，继续开展百合、菊花、月季、兰花、火鹤、彩色马蹄莲等6类适合设施生产的花卉品种，以及用于环境布置和绿化美化的花坛花卉及观赏花灌木的育种研发工作。今年研发团队共收集和引进200个花卉优良品种；采用多种育种手段开展研发工作，并对已获得的优良株系观赏性状稳定性进行深入观察和综合评价。今年共有10个花卉新品种申请国家自主知识产权保护并通过初审，11个品种通过北京市良种审定。

(5)花卉产业示范基地建设进展顺利。利用农业综合开发资金2160万元，启动建设延庆县万寿菊加工、顺义区切花菊出口示范、北京市大东流苗圃百合种球生产关键技术开发等3个花卉示范基地5000亩，努力打造花卉出口示范基地。到目前为止3个项目基地建设任务基本完成。

(6)做好第十一届中国菊花展等的各项筹备工作。经中国风景园林学会批准，我局与顺义区政府共同主办了2013年第十一届中国菊花展览会。

(7)积极推进花卉产业调查研究。一是开展全市主要花卉种类生产效益情况检测。通过对数据综合分析得出，智能温室进行红掌、凤梨、蝴蝶兰、竹芋等高档盆花生产的平均亩效益为9.97万元；日光温室进行百合、月季和菊花等切花生产的平均亩效益为3.64万元；露地生产花坛花卉亩效益为1.11万元。可见，生产投入成本最高的智能温室收益最高。此外，不同花卉种类也是呈现成本投入大、收益高的特点。

二是全市花卉苗木企业数据信息管理系统建设可行性调研。从企业和行业管理部门需求出发，为使全市花卉苗木企业通过数据信息管理系统实现科学化、信息化管理，市、区两级行业管理部门能够实现对花卉、林木种苗相关数据信息的即时统计，实现精细化和准确化管理，局花卉产业处和市种苗站拟联合建立全市花卉苗木企业数据信息管理系统。目前项目进展情况是，已走访多家重点花卉、苗木生产企业，收集企业需求信息，初步形成了该管理系统需要的支撑数据库、提供信息服务、实现主要功能模块的粗略框架。

三是中国花卉苗木电子交易服务平台建设。鉴于中国的花卉苗木产业发展中存在的诸多问题，中国林权交易所比照国际先进经验，基于北京资源和自有技术，提出了契合国情的"北京模式"，拟通过"标准化建设、政府引导、信息系统共享和阳光交易"等手段，建立"中国花卉苗木电子交易服务平台"，以提升花卉苗木市场的行业层级，实现花卉苗木产业和关联产业的联动式、跨越式发展。

(8)做好花卉地方标准制定与推广。为了进一步规范花卉行业管理，结合花卉产业发展的实际，组织编写制定了盆栽凤梨、盆栽小菊、观赏蕨类、切花红掌、百合种球繁育生产技术规程，以及切花百合、切花菊产品等级等7项北京市地方标准。自此，北京花卉产品等级标准实现了零的突破。

【种苗产业】 在"生态园林、科技园林、人文园林"建设的大背景下，首都林木种苗产业紧抓百万苗平原造林工程建设这一发展机遇，坚持科技兴种、依法治种，着力完善种苗市场体系，在苗木生产供应、林木品种审定、首都增彩延绿科技示范工程项目建设、种苗交易市场建设、种苗执法等方面积极工作，出色地完成了全年的既定任务。全市共有苗圃1013个，实际育苗面积14.88万亩，总产苗量2.79亿株，可为2013年提供绿化苗木1.28亿株，实现产值29.7亿。全市针、阔、花灌木的比例为28:38:34。

(1)林木良种选育推广取得新进展。一是圆满完成林木良种补贴2012年试点工作。2012年我市补贴资金390万元，其中国家重点林木良种基地补贴专项资金30万元，林木良种苗木培育补贴资金360万元，

二是林木品种审定工作有序开展。北京市林木品种审定委员会办公室共受理北京农学院、北京市园林科学研究所、北京市农林科学院林业果树研究所等多家单位审定申请22件，涉及草莓、樱桃、百合、马蹄莲等多个品种，20个品种已经通过林木品种审定委员会审定，已经通过审定的林木品种有173个。

三是采取以奖代补的形式，对18家单位共计151个良种进行了补贴，总补贴金额82万元。

(2)坚持科技兴种，为首都园林绿化建设增绿添彩。依托首都增彩延绿科技示范工程，引进20个彩色树种8000株苗木，对收集保存的彩色树种、抗逆树种开展了观测、评价、分析工作，建立了700亩的试验示范区。

(3)机构建设、法制建设取得新突破。①种苗机构和队伍得到进一步加强。成立种苗(工作)室，专门从事种苗管理工作。种苗管理机构得到加强，队伍不断壮大。②法制建设方面《北京市林业种子标签管理办法》(以下简称《办法》)已由市园林绿化局(首绿办)党组第十三次会议审议通过并公布，将于2013年1月20日起施行。《办法》的施行是完善种苗执法体系的重要举措，对加强林业种子、苗木管理，有效维护市场秩序，保护生产者、经营者和使用者的合法权益，促进我市依法治种进程、确保造林工程质量，维护种苗产业健康有序发展具有重要意义。③完成《林业种子相关法律 法规 司法解释 规章 规范性文件汇编》编辑工作。汇编共收集法律、法规、规范性文件等132部，是对种苗有关法律、法规的总梳理，汇编的编印将对全市种苗执法人员有很好的指导作用。

(4)行政执法与质量监督工作顺利开展。①依法开展行政审批和市场检查工作。全年累计办理行政许可事项2368件，其中区县发生产许可证120个，经营许可证125个，行政审批事项办结率100%。通过开展打击制售假劣林木种苗和保护植物新品种权行动和参与“绿盾2012”北京市林业植物检疫执法检查行动，减少了种苗违法行为发生，维护了正常的市场秩序，创造了公平的种苗市场环境。②开展市级种苗质量抽查和区县级自查工作。今年，苗批合格率为98%，林木种子生产(经营)许可证执行率为98%，种苗检疫证持有率80%左右，《森林植物检疫要求书》主动申请率70%左右，标签使用率和自检率均为80%，档案建立健全率为80%。

(5)以林木种苗交易市场体系建设为重点，全力提高社会化服务水平。①推进和扶持种苗交易市场建设。重点开展了华源发苗木交易市场的基础设施改造工程，通过公开招标的形式确定了施工单位，同时邀请监理公司对工程实行全程监督，项目已完成竣工验收。②为保障平原地区春季造林工程用苗需要，年初与造林办联合举办了2012年苗木供需交流会，邀请来自北京、大连、河北等省市的苗木企业共计50余家单位进行交流、推介，取得了明显的效果。春节，对全市大苗进行了统计，秋季，还组织部分区县的站长对山东主要苗木生产企业的苗木生产情况进行调研。③开展了林木种苗数据信息管理系统建立工作。为实现对全市苗木实行分树种、分规格管理，及时为百万亩平原地区造林工程提供有效的信息服务，通过全面调研、收集相关基础数据，初步确定了管理系统的支撑数据库、主要的管理模块以及实现的主要功能的框架。调研了大东流苗圃、星河园林等全市部分种苗生产经营单位及区县种苗管理部门，了解不同级别部门对于信息化管理的需求，制定出了信息化管理系统初步方案。④组织开展了全市育苗工职业技能大赛工作。全市共计340名选手报名参加，有101名参赛选手晋级复赛。经过复赛的选拔，30名选手晋级决赛。最终

有6人获得高级技师、7人获得技师职业资格证书。⑤宣传与信息培训工作有序开展。第一，今年法制宣传投入加大，市场氛围愈加良好。全市多个区县开展了规模较大、形式多样的法律宣传活动。通过活动，全年共发放法律服务宣传册、宣传折页等普法资料42 500份，受众近3万人，为种苗产业发展营造出良好的氛围。第二，依托国家种苗网建成市级、区县级子网站系统。该系统拓宽了我市种苗产业的宣传途径，成为全国性种苗信息交流平台的一部分。培训方面举办了质检员、执法人员、信息化建设等培训班，近400人参加了培训，提高了专业人员的素质。

【蚕蜂业产业】 2012年全市蜜蜂饲养总量为26.8万群，比去年减少7.6%；蜂蜜产量375万千克，蜂王浆产量8.8万千克，蜂花粉产量4.9万千克，蜂胶产量1.4万千克，蜂蜡产量2.1万千克，因遭受旱涝灾害影响，蜂蜜产量比去年减少50%，蜂王浆、蜂花粉、蜂胶等蜂产品产量比去年减少30%；全市共有蜂业专业合作组织79个，有蜂业产业基地56个，有养蜂户1万户，养蜂万元户超过2500户，售蜂收入3320万元，蜂授粉收入1500万元，养蜂总产值1.5亿元，蜂产品加工产值超过8亿元，出口创汇超过1000万美元。

(1)坚持政策推动，多措并举，蜂产业服务保障能力显著增强。①产业扶持政策落到实处。北京市蜂产业工作继续加大组织管理和政策扶持力度，蜂产业扶持政策落到了实处。该措施已连续实施3年，累计投入资金900万元，新发展蜂群共计9万群，养蜂万元户达到5000户，蜂业合作组织79家，推进了蜂产业的规模化发展。②抗灾保蜂工作及时有效。“7·21”特大洪涝灾害给北京市蜂产业造成巨大损失，全市旱涝灾害蜂产业总损失约1亿元。灾害发生后，及时组织，积极应对，成立了“北京市抗灾保蜂领导小组”，及时上报《关于北京市蜂产业遭受洪涝灾害的紧急报告》，并制定了4项抗灾保蜂应急措施。第一加大产业扶持力度，积极争取设立抗旱保蜂救济金；第二拓宽养蜂致富渠道，实现产业功能的拓展；第三加强蜂群饲养管理，确保蜂群健康平稳发展；四是组织蜂农积极开展自救，出台了《北京市蜂产业受洪灾后保蜂扩繁指导措施》，力争将灾害损失降到最低程度。③养蜂拉练大检查成效显著。④为加快推进北京市蜂产业发展，总结学习、交流推广各区县的好经验和新亮点，市蚕蜂站开展了为期3天的“京郊养蜂拉练大检查活动”，对全市郊区蜂产业发展、产业扶持资金落实和蜂业专业合作社发展等方面进行拉练检查及生产管理指导。

(2)坚持基地带动，确保安全，蜂产业综合生产能力显著增强。北京市重点加强蜂产业技术体系示范基地和优良蜂种繁育基地建设工作，完善基础设施，加强科技推广和技术力量配置，推广标准化生产规程。全市现有各类产业基地56个，带动7000户蜂农。①高标准完成全国蜂产业技术体系建设。6个郊区县共设立示范基地11个，并于8月通过了体系督导专家组的检查验收，基地饲养蜜蜂总规模达到9320群，②高品质完成蜂产品可溯源监控技术示范基地建设。建立了3个蜂产品可溯源监控技术示范基地，共配备便携式手持PDA设备5台，笔记本电脑3个，示范蜂群2000群，并采集蜂场及加工信息300条，示范生成条码5000个。举办了3次蜂产品可溯源监控技术现场培训，邀请国家蜂产业技术体系、农业部蜂产品质量监督检验测试中心及中国农科院蜜蜂研究所专家给示范蜂农讲解了蜂产品溯源管理系统的工作模式、技术路线、解决方案、所需软硬件设备应用及需要采集的信息和数据规则，同时专家还现场进行了设备使用的实际操作演示，并指导养蜂农户现场填写了可溯源监控需要的蜂场数据信息。③高水平完成北京市蜂产业技术体系建设工程。成立了北京市蜂产业工程技术研发中心，设立了北京市蜂产业技术体系试验推广工作站。研发了新型蜂产品。开发了近20种新型高科技蜂产品深加工产品，提高科技附加值，并申请了发明专利。④高质量完成良种蜂王引进推广工作。繁育生产性能及抗逆能力优秀的杂交二代种王2000头，推广蜂群5万群。优良蜂种的推广，使蜂群的蜂蜜、王浆及蜂胶产量增加30%以上，有效提高了北京市蜂产品生产水平和蜜蜂抗病虫害能力，重点养蜂场蜂王优质率达55%以上。

(3)坚持授粉拉动，富民惠民，蜂产业提质增效能力显著增强。①全国设施西瓜蜜蜂授粉现场观摩与研讨会成功举办。“全国设施西瓜蜜蜂授粉现场观摩与研讨会”在大兴区成功举办，国际蜂产业技术体系、国家西甜瓜产业技术体系的试验站代表等共计40余人参加了会议。②蜜蜂授粉专业队工作出色完成。北京市10支蜜蜂授粉专业队出色地进行了全市大田作物、有机果品和设施农业大棚等作物和果树的授粉工作，并与瓜农、果农和菜农形成了长期的授粉合作关系，授粉专业队队伍逐渐壮大。③蜜蜂授粉示范基地建设初见成效。建立了2个蜜蜂授粉示范基地，7个农户及蜂之翼养蜂场共组织授粉蜂群9000多群，主要为设施西瓜及露天樱桃授粉，其中西瓜授粉增产幅度13.6%，每棚产值提高5000~8000元，养蜂授粉收入64万元，户均授粉收入6万元，农之翼养蜂场收入20多万元。

(4)坚持科技推动，创新发展，蜂产业自主创新能力显著增强。①蜂业科研项目工作取得重大突破。承担了农业部、市科委、市财政的科技项目“国家蜂产业技术体系建设”“生态涵养区蜂产业科技示范与产业化促进工程”及“北京市传粉蜂种繁育基地建设”等6项科技项目，新增了4个科研推广课题，完成4个科技项目，其中1个项目通过了绩效考评。蚕蜂站承担的“北京市蜜蜂授粉产业化关键技术的研究及示范”获得北京市园林绿化科学技术奖二等奖。②蜂业标准化工作成效显著。北京市蜂业行业地方标准《设施西瓜蜜蜂授粉技术规范》DB11/T 8872012正式颁布实施。编写了《蜜蜂大蜂螨综合防控技术规程》和《设施草莓蜜蜂授粉技术规范》，其中《设施草莓蜜蜂授粉技术规范》已完成送审工作，将于年底完成报批工作。③新型蜂农培养工作取得实效。以提高蜂农综合素质、实现蜂农持续增收为核心，重点抓好蜂农道德素养和科学养蜂技能培养，坚持分类培养，使首都蜂农的创新精神、市场意识和科技意识明显增强。举办蜂产业技术体系培训班10期，邀请国家蜂产业技术体系岗位科学家、中国农科院蜜蜂研究所、农业部蜂产品质量监督检验测试中心等专家现场授课，培训养蜂农户1200人次。全年我市蜂产业共组织各类培训班25期，培训人员5700人次。

(5)坚持合作联动，兴蜂富民，蜂产业社会化服务能力显著增强。北京市积极促进首都蜂业专业合作组织建设与发展，鼓励多渠道建社，加大合作组织的管理和指导，抓示范，增强辐射带动作用，努力带动农村经济的发展。门头沟区果蜂产业协会成立，这是我市首家双产业共赢发展协会，协会以促进门头沟区蜂产业和果品产业协调发展以及农村产业结构优化转型为服务宗旨，已吸纳团体会员48个、个人会员566人。北京市房山区蜂产业协会成立，这是房山区首家区县级养蜂专业合作组织，协会拥有会员254个，其中单位会员7个、个人会员247个。北京市蜂产业合作组织的大发展、大繁荣，有利于进一步促进北京市蜂产业阔步前进，实现促农增产，助农增收。

(6)坚持交流互动，蜂产业国际合作交流能力显著增强。我市蜂产业合作交流工作全面展开。①国内交流方面。市蚕蜂站站长、国家蜂业体系北京综合试验站站长刘进祖研究员和福建农林大学峰学院院长、体系岗位科学家缪晓青研究员拜访了中国蜂业界唯一的中国工程院院士庞国芳先生，并与庞院士进行了亲切的交流。中华人民共和国开国元帅朱德委员长的唯一嫡孙女朱新华主任两次视察北京蜂产业，并为首都养蜂事业题词——“人类的健康使者”和“一品华林 健康蜜笈”；②展会方面。参加了2012北京园林绿化行业新技术新材料推介会、北京科技周展览和2012年全国蜂产品市场信息交流会暨中国(江苏)蜂业博览会等展会活动；③国际合作方面。进一步加强与巴西、日本、墨西哥、法国、乌克兰等国家合作与交流，接待了日本客商腾丸、松冈女士来北京市考察并洽谈业务，并先后参加第42届世界养蜂大会和11届亚洲养蜂联合会大会，与世界各国的养蜂学者、企业家进行了贸易洽谈、市场合作及学术交流活动。

(7)宣传工作广泛开展。蚕蜂站主编并由中国传媒大学出版社出版了《健康长寿因子——蜂产品消费600问》一书，并向蜂业从业人员发放该书1000册，编发《北京蜂业动态》15期，蜂产业和蜂产品知识在北京广播电台、北京电视台和《北京晚报》《北京青年报》《京郊日报》《常青九九》杂志和《绿化与生活》杂志等各大报刊媒体进行多次宣传报道。同时，就抗灾保蜂召开了新闻发布会，反响强烈。

【森林旅游】 北京市森林公园在国家林业局场圃总站正确领导和大力指导下，紧紧围绕科学发展观和全面建设生态园林、科技园林、人文园林的总体要求，大力推进森林公园的森林资源培育与管护、生态文化建设、基础设施建设、接待游人能力、旅游收入、综合管理能力、安全管理、森林公园和森林旅游工作建设。全年，完成植树造林108.7公顷，林相改造4646.59公顷，基础设施建设项目投入达到3768.54万元，接待国内外游客600万人次左右，旅游总收入超过2.5亿元，直接或间接带动社会旅游从业人员达4421人，显著增强了农民增收就业、带动地方经济发展的能力，实现了森林旅游带动森林公园快速发展的新跨越。

(1)加强组织领导，统筹推进各项工作的贯彻落实。①领会精神落实到位。国家林业局和国家旅游局联合召开全国森林旅游工作会议，北京市高度重视并召开了贯彻学习工作会议。由北京市旅游发展委员会、北京市农村工作委员会、北京市水务局、北京市园林绿化局、北京市农业局联合发文《关于加快推进京郊旅游发展的指导意见》通过加快休闲农业与乡村旅游发展，将京郊旅游融合到农村一、二、三产业中，对转变京郊经济发展方式，优化京郊产业结构，提升京郊国际化水平，促进京郊经济科学发展，进一步整合京郊旅游资源，形成首都都市旅游与京郊旅游产业的大格局，提高京郊农民收入水平，提升城市居民幸福指数，加快首都城乡一体化进程及打造国际一流旅游城市等具有重大意义。②规划编制有序进行。国家林业局和国家旅游局正在联合编制《全国森林旅游发展总体规划(2011~2020)》，北京市结合本地实际，把编制森林旅游规划作为指导和推动森林旅游科学发展的头等大事来抓，做好《北京市森林旅游发展规划》的各项资料搜集工作。规划紧紧围绕北京市林业发展布局和森林旅游发展重点区域，科学规划，合理安排，集中在黄金旅游沿线、各区县周边，建设一批森林公园。③政策法规不断完善。2012年6月，国家林业局组织起草了《森林公园条例》(草案初稿)。北京市适时启动了《北京市森林公园管理办法》的编制工作，主要对森林公园的设立与建设、资源保护、利用与管理以及法律责任等方面作出具体规定。

(2)加大管护力度，森林资源管护能力明显提高。①森林资源培育和保护方面。2012年，全市森林公园共完成植树造林108.7公顷，林相改造4646.59公顷，森林抚育1666.67公顷、森林健康经营2000公顷。局直属国家森林公园中，西山、八达岭森林公园等共实施了11个森林培育项目工程，包括碳汇示范林抚育工程、彩色树种造林工程、林地改造工程、封山育林工程、低质林分改造工程、森林健康经营工程、森林可持续经营幼林抚育工程、近自然林业工程、京津风沙源治理工程、幼林抚育工程和特殊林木后备资源培育工程；市属森林公园中，北宫森林公园完成了精品花卉种植400余亩。其中包括主路两侧播种波斯菊200余亩；宿根花卉园、芳泽溪、廊坡顶、后花园播种宿根“野花组合”200余亩；鹫峰国家森林公园完成了辖区内832.05公顷森林的抚育管理工作。②森林防火安全和生物防治方面。过去的一年，在开展森林防火、林业有害生物防治工作方面，做到了保障得力，措施得当，实施有效，切实保障了森林资源安全。门头沟区森林公园森林防火工作扎实推进，完成了3.2万亩的森林无火灾养护。同时，针对公园内人流量大而分散的特点，加强了防火宣传工作，张贴防火标语300余张，并在主要进山路口设置了固定警示标语牌，严密监控过往车辆人员，及时处置隐患。通过以上积极有效的措施，提高了广大游客的防火意识，自觉遵守防火制度，消除了火灾隐患，有效避免了森林火情火警的发生。针对有害生物特点，坚持“预防为主、综合防治”的方针，抓好森林病虫害监测和预测预报。发生森林病虫害后及时采取了营林措施、生物措施及化学防治相结合的综合防治措施，做到了早发现、早防治。为森林公园发展创造了良好的资源环境。

(3)加强基础设施建设，服务管理水平显著提高。加强基础设施建设维护和管理，建立健全长效管护机制，是森林公园提升服务水平、增强服务意识、完善服务标准的重要任务。努力维护好、管理好森林公园基础设施，对于夯实森林公园发展基础，推进森林公园快速发展具有积极意义。2012年，全市森林公园基础设施建设投入资金达3700多万元，完成游步道建设600多千米，增加床位数1500多张，增加餐位总数接近6000个，同比去年均增幅10%以上。西山国家森林公园利用项目改造工程，打造分别突出观光、竞技、休闲的旅游步道，理顺登山旅游线路，完善公园路网结构。同时，结合景观及功能需求，在公园核心区易滑坡地段修建挡土和排水设施，减少水土流失，保护自然环境。八达岭国家森林公园利用国投项目，结合县旅游局创建旅游标准化要求，及时更换指路牌示一套共计46处，旅游标识均严格遵守规范要求，使公园内主要牌示系统能美观、有效、长期的使用。

(4)加强生态文化建设，森林旅游蓬勃发展。北京市出台了《关于加强全市园林绿化行业文化建设的指导意见》，提出了生态文化建设的总体思路。紧紧围绕"弘扬生态文明，共建绿色北京"的主题，组织各种宣传活动，向全社会传播了生态文化，为首都绿化美化工作开展营造了良好的舆论氛围。森林公园文化建设紧紧围绕北京山区森林文化多点多特色分布格局，形成西山森林与人文兼备型、松山山野趣味型、百望山森林文化休闲健身型、八达岭森林自然型等不同森林文化特色类型，建立西山国家森林公园、松山林场、百望山森林公园、八达岭国家森林公园森林文化示范区，基本形成一种完整体系，并以之为中心，向周边区域辐射，示范带动森林公园文化的繁荣发展。

森林旅游是一种正在迅速发展的新兴的旅游形式，也是当前旅游界的一个热门话题。形式多样的森林旅游方式也吸引了越来越多的市民走进森林，享受自然风光，品味绿色文化，带动了郊区的经济发展，广大农民养山就业、兴绿致富的路子越走越宽。2012年，我市森林公园接待游人600余万人次，总收入突破2.5亿元，实现了同比增长10%的目标。西山、八达岭、北宫国家森林公园年接待游客量突破了100万人次，森林旅游正在被越来越多的人所接受，成为市民避暑纳凉、户外郊游、修身养性的最佳选择。同时，繁荣的森林旅游业也在悄然的带动周边村民致富增收。古桑国家森林公园借助桑文化采摘节的举办，以周边亮民绿奥农业观光园、圣泽林梨园、贾尚精品采摘园、安鑫农业园等园区为主，宣传推广并带动森林旅游产业的发展。在整个文化节期间，除古桑园外的各园区共计接待游客6000余人次，采摘、观光、餐饮等相关旅游收入近50万元；天门山国家森林公园的建立已经成为当地村民的主导产业，在"旅游兴镇"的前提下，以森林公园的发展为契机，聘请果树专家，指导村民种植果树技术，在实现森林公园绿化面积的同时，为村民创收、增收、提供就业机会，大力发展特色种植、特色旅游等；妙峰山森林公园利用玫瑰园资源优势，除了积极开展玫瑰花的深加工，出售玫瑰制成品之外，还建成了一座玫瑰博物馆，吸引了大量游客来示范区观光、采摘，解决了30户民俗户60余人就业。

【林下经济】 2012年完成林下经济示范推广建设2532.6公顷，其中林菌254.6公顷、林药897.2公顷、林油154公顷、林花1192.6公顷、林禽26.2公顷、林粮6.7公顷、林蔬1.3公顷。重点开展近自然与林下仿野生食用菌、林下中草药、林缘玫瑰、芳香类植物试验示范。全市林下经济累计总产值突破19亿元，累计参与农户8万多户，带动就业30万人。全年实现产值2.2亿元，参与农户约4000余户，带动就业近9000余人，户均收入1.36万元，参与林下经济建设合作组织及企业60个。

重点示范基地建设 2012年重点在平谷区峪子林场打造林下经济综合示范基地，探索集生产与加工相结合的观光、采摘、体验为主题的林下经济模式。完成示范面积41.5公顷，其中林药10公顷，主要示范金银花、射干、知母、旱半夏等品种；林花6.7公顷，主要栽植大马士革玫瑰、薰衣草等芳香类植物；林下食用菌3.4公顷，主要栽培双孢菇、鸡腿菇、平菇、天麻、猪苓等大型真菌；林粮20.1公顷，主要栽植紫薯、谷子等特色杂粮；林下特色精品蔬菜建设1.3公顷。

产业链条延伸 加大油用玫瑰示范推广力度，在昌平区、延庆县、密云县3个山区县共示范建设油用玫瑰面积41.5公顷，栽植大马士革、丰花一号等玫瑰苗木21万株。结合平谷区峪子林场林下经济新品种示范推广，示范区新建玫瑰精油加工生产线一条，对示范区生产的大马士革玫瑰进行深加工，年内生产加工玫瑰纯露3000千克。

林下中草药示范推广　在昌平区、平谷区等区县开展退耕还林地提质增效林下中草药适宜品种筛选试验示范项目建设。主要进行金银花、射干、知母及旱半夏等中药材的林下试种37.86公顷，共栽植金银花苗木17.5万株、知母10万株、旱半夏2000千克、射干种苗220千克。

平原造林林下经济万寿菊种植　在延庆县张山营镇蔡家河结合平原地区造林项目区开展林下万寿菊种植670公顷，探索林下经济示范新模式。通过种植万寿菊，为当地近2000户农民打开增收致富新渠道，万寿菊可提取纯天然黄色素，获得客观经济效益，仅采摘鲜花，林下种植670公顷就增收2000万元。

【怀柔板栗产业】　板栗是怀柔的驰名特产，有文字记载的栽培历史已经有两千多年。计划经济年代曾经作为国家换取外汇的重要战略物资，实行二类物资一类管理，由外贸部门统购统销，统一出口。改革开放实行社会主义市场经济后，板栗生产经营逐步放开，板栗种植面积、产量快速增加，渤海镇、九渡河镇板栗主产区的农民从中得到实惠。20世纪80年代末至90年代初，曾有几年时间不少栗农的年收入超过了公职人员。在良好收益的刺激下，地处燕山山脉的本市密云、昌平，河北迁西、遵化、青龙、宽城、兴隆都把板栗作为致富产业大力发展，首先是种植面积迅速增加近两倍，接着是产量翻番。燕山区域板栗种植面积已经达到360多万亩，年产量12~15万吨。怀柔板栗种植面积28万亩，年产1.2~1.5万吨，占燕山板栗区域总产的十分之一左右。

怀柔板栗栽培历史长，距离北京城区消费市场、传统的良乡批发市场(良乡板栗)、天津出口市场(天津甘栗)近，怀柔板栗的知名度要大大高于本市其他区县，更高于河北。但是，由于近年来栗农采青、使用脱篷机、树下打除草剂等，使怀柔乃至北京生产的板栗质量整体要低于河北板栗。增产不增收已经成为我们亟待研究解决的问题。

现状分析　怀柔板栗九成左右直接做糖炒栗子，一成左右作为企业加工原料。

主要销售渠道收购大户是主力，九成以上由板栗收购大户收购，转卖给炒货商和企业；区内加工企业收购不到一成。

2012年板栗产区风调雨顺，又正赶上板栗大年，增产三成以上是主要原因。板栗收购价格的决定因素还是供求关系，2012年怀柔板栗产量只有1.2万吨，板栗平均收购价格为每斤6.5元左右，2013年全区板栗总产达到1.5万吨以上，板栗平均价格只有每斤3.6元左右。而河北迁西、遵化的板栗平均价格每斤4.5元左右。

怀柔板栗的收购价格取决于燕山板栗的集散地迁西、遵化的收购价格。一般比河北每斤低1~2元。基本上是由收货商确定

怀柔板栗生产从业人员严重老龄化，很多老人对管理板栗树已经力不从心。年轻人则从事二、三产的机会较多，而河北省迁西、遵化一带，农民管理果树十分精细，不打除草剂、不采青，板栗完全成熟后捡拾收获，品质总体高于怀柔。而且，迁西、遵化一代板栗面积大、产量高，仅迁西一个县板栗面积就达到70多万亩，是我们的2.5倍，比全北京市面积(67万亩)还大。

怀柔板栗销售靠收购大户，对板栗全部收购、价格比较有保障起到了决定作用。主要有张泽林板栗购销专业合作社、聚源德板栗合作社，此外有北京农产品交易所在龙泉庄村设点等。他们与栗农签订收购合同，农民承诺不打除草剂、不采青、不使用板栗脱篷机；收购价高于市场价。

发展策略

(1)基本策略：①不急于求成，不追求一两招见效。②多采取市场手段，少动用行政手段。③重点支持3~5家收购大户，形成有浓郁乡土情结的职业经纪人队伍。④注重市场引领，建立长效机制。

(2)具体方针：对接市场是关键，提高质量是基础，专业合作社是组织保障，政策集成是推动力，创建品牌是方向。

(3)目标市场：以内销为主，出口为辅；以拓展、巩固北京市场为主，以开发外省市市场为辅。

(4)板栗收购价格目标：用3~5年时间追上迁西板栗价格，并且力争板栗价格稳定在每斤在7块钱以上。

(5)具体措施：①支持收购大户与销售市场对接，提高利润空间。主攻北京市场，利用已经研发出烘烤板栗机的优势，在北京城区设专卖店，现场烘烤销售。采取以奖代补的方式，给成功进入市场的收购大户适当奖励。②以村为单位建立板栗生产专业合作社，加强规范指导，推广有机栽培技术，不打除草剂，不采青，不使用脱篷机，切实提高板栗品质。③鼓励收购大户与村级合作社签订优质优价收购合同，让栗农的收益有保障，大户得到优质栗子储存损耗小、卖价高，销售商拿到好栗子糖炒后好卖、销量大，从而实现栗农、收购大户、经销商三方获益。④全力支持北京市农副产品交易所，尽快建成板栗交易中心。建议区政府召开专门协调会，尽快办理规划、占地手续，力争2014年办完所有开工手续，2015年建成北京板栗交易中心，使我区成为燕山板栗集散地，并且为召开怀柔板栗文化节准备好场地。⑤加强领导，成立板栗产业发展领导小组和办公室。将科技、农机、农民合作组织、林果产业、农产品流通等相关政策集成，综合用于板栗生产管理、仓储加工、新产品研发、市场开拓、品牌创建等方面，将已经形成规模的板栗产业打造成持续带动农民增收的，具有浓郁怀柔特色的优质、优势产业。

【平谷区果品生产】 2012年，平谷区果品办在区委、区政府的正确领导下，贯彻落实科学发展观，紧扣“一区、三化、五谷”发展战略和建设“幸福平谷”的思想实践体系，紧紧围绕年初制定的目标，坚持“世界眼光、国际标准、国内一流、首都特色”的原则，按照“栽培有机化、优新品种多样化、果园公园化、销售配送化”“四化”发展方向，以农民增收为主线，把创新作为推动果品产业发展的驱动力，加快果品产业增长方式转变和产业结构调整，深入挖掘果品产业增收潜力，全面实施生态、科技、人文果业三大战略，努力培育新的增长点和突破口，大力发展工业化、产业化、功能化都市型现代果业，抢机遇、抓发展、促落实，高效务实开展各项工作，实现了果品平安生产、有序生产，果农增收显著，促进了我区经济的发展和农村的稳定。

2012年，全区果树总面积40.8万亩。果品总产量3.51亿千克，比2011年减产0.45亿千克，降低11.36%；果品总收入15.2亿元，比2011年增收1.6亿元，增长11.76%；其中，大桃面积22万亩。大桃产量2.7亿千克，比2011年减产0.39亿千克，降低12.62%；大桃收入11.8亿元，比2011年增收1.7亿元，增长16.83%；山区、半山区15万农业人口人均果品收入预计1.01万元，比2011年增长11.07%；大桃亩效益万元以上的户共计10 017户，占全区大桃种植户的三分之一。其中，大桃亩效益1～2万元的有8418户；亩效益2～3万元的有1361户；亩效益3万元以上的有238户。桃收入10万元以上的有1471户。全区桃树总收入最高的户是兴谷街道后罗庄村果农张海军，30亩桃园总收入45万元；桃园亩效益最高的户是王辛庄镇东杏园村果农耿春荣，24号桃亩效益6.35万元。

产业发展特点

果树品种实现多样化，逐步满足个性化需求

在大桃品种结构调整上，侧重发展水蜜桃、油桃、蟠桃优新品种，按照平谷区建设全国水蜜桃大区、油桃大区、蟠桃大区的发展思路，2012年建成1万亩水蜜桃示范基地，品种以早黄蜜、白凤、清水白桃、新川中岛、晚蜜等软溶质水蜜桃系列品种为主。目前，全区大桃品种形成了白桃、油桃、蟠桃、黄桃四大系列200多个品种，具有软溶质与硬溶质、有毛与无毛、扁桃与圆桃、甜酸桃与酸甜桃互为补充的品种结构格局，露地桃上市时间从6月底到10月中旬，满足了市场多元化、个性化的需求。水蜜桃系列品种优势初步显露，大兴庄镇三府庄村果农孙永东种植的水蜜桃品种刚进入结果期，亩效益达3万元，经济效益显著。

在其他果树品种调整上，本着唯一性、多样性的原则，引进发展了三优富士苹果、玉露香梨、樱桃、薄皮核桃、红杏、大枣、甜柿等优新果树系列品种，建设特色果品基地1.5万亩。按照平谷区打造甜柿第二大产业的发展思路，2012年在大华山、王辛庄、金海湖、东高村等8个乡镇高接甜柿1000亩，太后村、井峪村形成了百亩集中连片的甜柿示范园，茅山后甜柿示范村建设快速发展，为我区甜柿的大面积推广起到样板推动作用。

大桃增甜工程扎实推进，桃果质量稳步提高

近几年来，紧紧围绕大桃增甜工程，以大桃增甜示范园建设为重点，大力推广了高光效树体结构调整、增施发酵腐熟有机肥、果实套袋、高培垄整地覆盖黑地膜等30余项综合配套技术，大桃品质明显提升，精品果率达到70%以上。2012年，在各乡镇、村的共同努力下，5000亩大桃增甜示范园已于5月份圆满完成，共涉及全区11个乡镇、街道24个行政村，并通过了区农委、区财政、区果品办的联合检查验收。截至2012年年底，全区共建成1.8万亩大桃增甜示范园。

果品有机化栽培进程加快，安全体系建设日趋完善

(1)万亩零农残有机化栽培工程高质量完成。在果品生产上，区果品办一直坚持“有机化栽培为先导，绿色栽培为主体，无公害栽培为基础”的安全果品生产理念，在2011年实施万亩零农残有机化栽培的基础上，2012年又实施了1万亩零农残二期有机果品生产技术推广工程，涌现出西营、东四道岭、季家沟、五里庙、大庙峪、麻子峪、后北宫等规范落实“零农残有机桃栽培技术规程”的先进典型，促进了平谷区生态质量效益型果园发展进程。

(2)农业、生物、物理防治病虫害措施推广普及。全年推广剪除病虫枝、树干邦草把、主干绑布条、安装频振式杀虫灯、挂性诱芯、糖醋液盆，释放天敌等农业、生物、物理病虫害技术30余万亩，实现了果园内的生态平衡，保证了园内生物的多样性。同时，积极筛选低毒、低残留的新型药剂，为果农推荐实用、高效农药。

全力做好桃细菌性黑斑病和桃下毛瘿螨的防控工作　2012年，由于气候因素，桃细菌性黑斑病和桃下毛瘿螨这“一病一虫”在平谷区扩展较快，如不及时防控，将对平谷区大桃产业造成严重危害。为此，区果品办给予高度重视，加强了对该虫、该病的防控力度。一是加大宣传力度，号召各乡镇、村要增强这种危机意识、责任意识，加强舆论引导，多措并举，合力推进“一病一虫”的防治工作；二是区果品办技术人员积极筛选有效防治药剂，为果农提供具体防治措施；三是举办“一病一虫”的防治技术培训120场次，培训果农1.5万人次，下发技术资料2万余份。

平谷大桃品牌价值进一步提升　2012年4月，平谷大桃证明商标成功获得国家工商总局认定的“中国驰名商标”，成为目前全市唯一一个同时拥有原产地证明商标和驰名商标的农副产品。为了利用好这个品牌，充分发挥品牌效应，全力打造平谷区的大桃产业，使平谷区的大桃产业在激烈的市场竞争中形成强势，实现可持续发展和农民持续增收，2012年，区果品办在京平高速路、平顺路、新平蓟路3条主要公路沿线7处做了15块广告宣传牌，并借助《北京晨报》14周年庆典活动，进行了平谷大桃和驰名商标的宣传，促进了2012年的大桃销售工作。

精心打造特供、直供基地和观光果园，提升大桃品牌价值　在全区实施大桃精品战略、树熟桃工程和大桃增甜工程的基础上，有重点地选择积极性高、基础好的桃园进行扶持培育，打造了一批特供和直供基地。2012年建成刘家店镇寅洞村、峪口镇西营村、镇罗营镇杨家台村、大华山镇挂甲峪村等2000余亩特供、直供基地，基地精品果率都在80%以上，经济效益显著。

果树技术培训工程成效显著　以推进农业科技进步和提高果农科技素质为宗旨，以果品产业可持续发展和果农增收为目标，大力开展形式多样的果农培训工作。自2011年冬季至2012年春季以来，共计举办高光效树体结构调整、高培垄整地覆盖黑地膜、倒拉枝、授粉、疏嫩梢、疏花疏果、定果、套袋、甜柿高接、核桃修剪、枣树管理、果树病虫害防治等技术培训班1000余场次，培训果农10万余人次，下发技术资料10万余份，果农的科技管理水平明显提升。

“7·21”特大暴雨抗灾自救工作及时到位　在“7·21”大暴雨过程中，平谷区的果树受到不同程度的影响。据统计，全区果树受灾面积14.93万亩，成灾面积8.03万亩，绝收面积1.02万亩。灾情发生后，区果品办采取8项措施帮助、组织果农开展灾害自救和生产自救，保护了广大果农的经济利益，实现了农民增收。

退耕还林工程和后续产业工程扎实稳步推进

2012年是退耕还林生态林二轮兑现工程的第一年，总面积12 905.82亩，共涉及14个乡镇，

68个行政村，4370户。截至2012年年底，累计完成退耕还林二轮责任书签订2.9万份，二轮更换新本25 000多本，退耕还林户卡的填写25 000余张。

为巩固退耕还林成果，进一步改善农民生产生活条件，实施了《巩固退耕还林成果建设工程观光采摘示范园及补植补造建设项目》，建成南独乐河镇新立村，镇罗营镇西寺峪村，大华山镇挂甲峪村3处观光采摘园，园内采取配套服务措施，满足和方便游人休闲、观光、采摘的需要。

【大事记】

1月10日 市林木种苗工作会召开，首批授牌市大东流苗圃等10家北京市优秀种苗生产企业。

2月16日 中国以色列无花果合作项目启动仪式举行。

2月22日 门头沟区果蜂产业协会成立。

2月28日 市园林绿化局治沙办与新疆和田地区签订防沙治沙生态治理项目意向书。

3月7日 房山区蜂产业协会成立。

3月8日 全市湿地和野生动植物保护工作会议召开。

3月12日 市园林绿化局召开北京市第三届职业技能大赛暨北京市园林绿化局首届职业技能大赛动员部署会。

3月30日 启动北京市公园风景区赏花踏青春季游系列活动，推出160处公园风景区赏花踏青点、44项春季文化活动。

4月20日 《京津风沙源区生态林修复关键技术研究与示范》项目获2010年度北京市科技进步一等奖。

5月23日 第四届北京月季文化节开幕，文化节为期1个月。

5月24日 全市公园风景区管理工作会召开。

6月6日 全市果园节水灌溉面积达4.6万公顷。

6月7日 北京产业援疆项目签约仪式暨信息发布会召开，北京沙产业协会分别与和田县政府、和田县林业局签署《北京和田沙漠香草产业园建设协议》、《文玩核桃基地建设协议》。

6月7~9日 开展京郊养蜂拉练检查。

6月10~12日 中国科学院动物所、中国科学院植物所、国土部评审中心、国家海洋局等单位联合对松山、百花山国家级自然保护区评估检查。

6月13日 全市共有设施果树1400公顷，设施果品总产量1665.2万千克，总收入4.5亿元，平均公顷收入42万元。

6月21日 第九届中国(北京)国际园林博览会企业捐建设计师展园签约仪式举行。

6月25日 全市公园风景区共接待游人373万人次，同比减少7%。

7月4日 北京市第三届职业技能大赛果树园艺工初赛开始。

7月9日 全市樱桃总产量625.7万千克，总收入3.7亿元。

7月12日 市园林绿化局(首都绿化办)召开第9次局长(主任)办公会议，传达全国林地林权管理工作会议精神，研究西山国家森林公园合作建设滑道运输车项目，研究参加第八届中国花卉博览会总体方案。

7月19日 第九届园博会展园建设及有关展览协调会召开。

7月24日 园博会开幕式方案编制工作启动会召开。

8月10日 北京市蜂业行业支援房山抗灾保蜂捐赠仪式举行。

8月19~21日 国家蜂产业技术体系督导专家组考察北京蜂业示范基地。

9月5日 全国干果经济林产业发展研讨会与会人员考察怀柔区九渡河镇板栗产业发展情况。

9月22日至11月18日 第四届北京菊花文化节举办。

10月24日 全年全市果品产量9.4亿千克，果品收入44.1亿元。

10月26日 京郊果园观光采摘直接收入5.1亿元，接待游客990.6万人次，采摘果品总量3858.8万千克。

11月1日 全市无公害认证企业抽取水果样品20批次全部达标。

11月7日 第九届中国(北京)国际园林博览会检疫报关部召开第二次协调会议，协调安排进境参展植物与进境展品检疫报关等事宜。

(张林生)

天津市林业产业

【概　述】 截至2012年年底，全市有林地面积214 643.2万公顷，比2010年实际净增有林地面积2702.7公顷；林木覆盖率22.1%，森林蓄积量530万立方米。

林业投资　2012年全市林业总投资5.33亿元，其中，中央财政投资0.44亿元、地方财政投资4.89亿元。

产业发展规模　2012年，天津市林业产业得到快速发展。结合治理荒山、荒沙和盐碱荒地，已建成天津市小枣基地、天津市津西北水果基地和蓟宝干鲜果品基地三大经济林基地，同时开展了山区及滨海葡萄基地建设和冬枣基地建设。基本形成了东部滨海地区鲜食与酒用葡萄产区，大港、静海、津南冬枣和金丝小枣产区，津西北水果及设施栽培产区，蓟县北部山区特色优质果品产区。近几年林木种苗业迅速发展，全市有市、县级国有苗圃10个，苗木生产品种由单一的用材树种向绿化苗木多品种转变。花卉产业迅速兴起，全市有花卉种植面积2210公顷。基本形成了盆花、草花、宿根、球根花卉观叶花卉、绿化苗木、种苗生产等多种类、多品种的花卉种植结构。结合农业产业结构调整，速生丰产用材林发展较快，全市已达到3333.33公顷。以森林资源为依托的生态旅游方兴未艾，全市有森林公园8处，包括：九龙山国家森林公园、天津官港森林公园、滨海森林公园、大港湿地公园、杨柳青森林公园、港北森林公园、青北森林公园、东丽湖森林公园。此外，八仙山森林公园、团泊洼生态旅游风景区，新建七里海生态旅游风景区、黄庄洼生态旅游风景区、青北森林公园、雁鸣湖森林公园等一批重点森林公园、生态风景区也已初具规模。

发展经验

(1)强化政策扶持。①稳定林权。林业产业基地建设按照谁造谁有谁受益的原则，保护投资者的合法权益。②加大资金扶持，财政专项资金适当予以倾斜，加大重点项目的扶持力度，同时构建林业产业信贷和多种形式的投融资机制。大力发展非公有制林业产业，鼓励社会和企业投资林业产业。③落实国家有关减免林业税费征收的政策。

(2)加强组织领导。

(3)实行项目拉动。①着眼长远、立足当前，下大力气抓好三北防护林建设、沿海防护林建设及市级重点项目的实施。②积极培植和发展干鲜果品加工、储存、保鲜基地建设。③建设大规模高标准产业基地，按照规划确定的区域，创新发展机遇，加大资金投入，改善发展条件，完善服务体系，以基地的不断发展带动更大区域覆盖范围的产品产业带的形成和发展，夯实产业发展的物质基础。

(4)坚持科技兴林。强化科技兴林，加速推进林业产业的科技进步与创新，加强林业科技成果和实用技术的集成与推广应用，强化林业产业标准化体系建设，提升林业产业的开发力度，为林业发展和生态建设提供强有力的科技支撑。①稳定林业科技队伍，完善科技推广体系。②普及实用林业科技，以林业推广站和农民协会为阵地，大力开展技术培训。③普及推广实用的丰产栽培技术，提高产量，改善品质。④推广保鲜技术，提高保鲜能力。⑤积极引进新品种、新工艺，开发市场占有率高，经济效益好的系列产品，同时开发推广种苗、花卉快繁技术。⑥针对林业发展的关键技术组织科研人员联合攻关。

(5)搞好行业协会和专业经济合作组织建设，促进林业产业组织化程度的提高。在加强协会建设方面，重点抓好以下几项工作：①加强协会的组织机构建设，按照专业化的要求组建协会。②为协会创造良好的发展环境，按照“民办、公助、党领导”的协会建设方针，结合政府部门的职能转变，要放权给协会，帮助协会扩大影响力、增强凝聚力、树立权威性。③注意发挥协会的作用，依靠和利用协会开展工作。④搞好经纪人才的培养，建立现代营销体系和队伍。

(6)加大人才培养力度。

存在问题

(1)产业基础薄弱。在计划经济体制下，林业建设是以木材、经济果品生产为主，天津市处于平原少林地区，林业生产主要是以农村集体所有制为主体，没有大型的林业企业；国有林场只有蓟县一家生态公益型林场，占地2200公顷；市县级国有苗圃共有11家，生产面积500公顷；国有林场、苗圃大多数是20世纪50至60年代建立的，地处边远地区、交通不便，基础设施设备陈旧、离退休人员负担过重，缺少市场竞争能力。随着社会主义市场经济的发展，经济林基地的建设，出现了经济果品加工企业，如大港的冬枣加工贮藏、蓟县的葡萄榨汁等加工企业，但处于起步阶段，具有不稳定性。

(2)技术落后，缺少龙头企业。林业生产企业中，个体小型企业占大多数，存在规模小、加工工艺简单、技术相对落后，集科研、开发、生产为一体的龙头企业尚未形成。

(3)市场秩序混乱，社会化服务体系滞后。林业产业没有实行市场准入制度，一些农户和企业从事林业生产具有很大的盲目性，造成市场供需不平衡，不但影响了行业的健康发展，也给从业者造成不必要的损失。行业协会和专业经济合作等社会服务组织建设滞后。

【经济林生产】 截至2012年年底，全市发展经济林达40 670公顷，结果面积32 640公顷。

主要果品种植面积与产量 年产干鲜果品219 651吨。其中：核桃1422公顷，产量1012吨；板栗1569公顷，产量926吨；红枣(干重)17 513公顷，产量47 016吨；苹果4794公顷，产量49 989吨；梨4207公顷，产量36 544吨；葡萄6752公顷，产量26 609吨；桃3888公顷，产量54 542吨；杏525公顷，产量3007吨；花椒1公顷，产量6吨。

品牌果品 天津市果树生产走向产业化，拥有商标注册的果品数量逐年增加。具有影响力的果品有汉沽区生产的茶淀牌玫瑰香葡萄和大港区生产的翠果牌冬枣。

大港区地处天津市最南端，是滨海新区重要组成部分。以往因土壤偏盐碱，严重影响林木种植成活率。近几年，大港区在树种选择上重新做了调整，大胆引进栽植耐盐碱的冬枣，并迅速扩大种植面积，全区冬枣种植面积为3600公顷，占全区果树种植面积的92%，年产冬枣3370吨，同时成为天津市冬枣集中产地。为加快优质冬枣苗木的繁育，该区还投资230万元建立冬枣苗木组培中心，研发苗木繁殖技术，使枣树定植成活率由75%提高到95%以上。大港区有大、中、小型冬枣贮藏保鲜库30座，贮藏能力达到2790吨。以冬枣为加工原料的加工企业两家，贮藏能力达到1000吨，年加工冬枣1080吨，年生产冬枣脆片、冬枣饮料等系列产品2100吨，产品深受市场欢迎。

此外，蓟县生产的盘山磨盘柿、天津板栗、北赵牌有机苹果、环秀湖牌蓟州脆枣及武清区生产的曙春、津港、雅农等无公害品牌果品在市场均成为畅销品。

存在问题

(1)品种结构不合理，管理水平低。虽然区域布局已基本形成，但特色产品仍不突出，区域经济需要进一步完善和提高。首先，苹果、梨、桃三大树种比例偏大，早、中、晚熟品种不配套，成熟期过于集中，名特优稀新产品明显不足。其次，生产中管理粗放，致使果实整齐度差，着色不良，表现不出品种应有的色泽和风味，达不到品种固有的质量。同时加工品种短缺，果品质量不高。全市果品的质量无论是外观还是内在质量普遍不高，依然存在高档优质果价格高、销路畅，低档果产量高、价格低、销售困难，甚至出现积压滞销的问题。

(2)果品采后处理水平落后。产后管理薄弱、加工能力差是全市果品生产长期以来存在的瓶颈问题。重视采前栽培和病虫害防治，忽视采后处理，加工水平跟不上栽培面积的发展速度，缺乏基础设施和龙头产业的带动，采后流通过程中损失严重，损失率通常达到25%～30%。随着果品产量迅速增加，经常出现销售价格下降，市场需求疲软，“卖果难”“果贱伤农”等现象。

(3)栽培管理缺乏规范化、标准化。近年来果树产销发展形势好、发展速度快、增产潜力和空间较大。但幼龄果树比重相对较大，单位产量低；管理水平不高，品质差，栽培经济效益低下，在大宗果品生产上竞争能力低。仍需进一步提升技术和管理水平，同时加大推行科学化、规范化、标准化管理工作力度。

(4)加工品种单一。在天津果品的加工领域中，加工品种单一，仅局限于葡萄酒领域。在20世纪80年代末、90年代初由天津林果所始创的天然型果肉饮料(果茶)曾推动了国内饮料行业的发展，当时在国内的加工行业处于领先地位。但近10年来，全市在这一领域发展缓慢。

(5)果品流通渠道不畅通，产业化经营程度低。果树种植多为一家一户的分散种植，生产规模小，果品档次低，生产、流通、加工、市场销售缺乏有效组织，果品流通渠道不畅通，市场体系不健全，影响果品业的快速发展。

【种苗生产】 全市有市、县级国有苗圃10个，有专业技术人员130名，个体育苗3164户，育苗面积4000公顷，年产苗木1.1亿株，在全面推行标准化、规范化、机械化生产中，大量引进新技术、新品种，有效地保障了苗木质量，苗木生产品种由单一的用材树种向绿化苗木多品种转变。同时，林木良种和育苗技术在全市得到了全面推广，完成了天津市现代化种苗基地(全光照喷雾扦插育苗技术设备)、天津市林木种子(苗)质量鉴定检测技术应用、天津市耐盐碱树种筛选等项目，引进了先进的育苗技术、设备和优良品种，经过示范、推广，提高了全市的种苗生产水平。特别是蓟县国营苗圃成为中国林业科学研究院的种苗良繁基地，并被国家林业局授予全国质量信得过苗圃称号；蓟县邦均镇优质常绿苗木基地被授予全国特色种苗基地称号。在国有苗圃的示范带动下，出现了以蓟县京哈公路百里666.7公顷苗木花卉长廊为主线，并向10个重点乡镇辐射的“一线十区”的育苗区域。

【花卉产业】 天津市有花卉种植面积2210公顷。其中切花切叶508公顷，盆栽植物486公顷，观赏苗木455公顷，草坪639公顷，其他122公顷。基本形成了盆花，草花，宿根、球根花卉观叶花卉，绿化苗木，种苗生产等多种类、多品种的花卉种植结构。此外，花卉流通体系的规模和功能进一步得到完善，档次逐步提高。全市有大中型花卉市场19个，花卉企业51家，拥有现代化温室38万平方米，日光温室90万平方米，大棚51万平方米，遮阴棚4万平方米。花农5388户，从业人员1万余人，专业技术人员1295人。年销售额近2亿元。形成了园林、农林、农垦、乡镇集体、独资等多种形式的花卉生产、经营实体。

【森林旅游业】 天津市有自然保护区8处，总面积达911.1513平方千米，占全市国土面积的7.64%。其中，湿地类型自然保护区4处。全市已具有一定规模的森林公园共有8处。其中蓟县国有林场，是天津市唯一的国有林场，该林场利用西水场自然景观建立了九龙山国家级森林公园，“十五”期间又开发了梨木台景区，两个旅游景区的基础设施和服务设施条件不断完善，每年接待中外游客达到10万人次，实现旅游综合收入约500万元。

【林产品加工业】 天津市林产品加工业包含木材加工业和果品加工业。木材加工业主要产品为中密度纤维板、大芯板、胶合板、家具等。加工企业是以个体为主的中小型企业，全市共有30余家，主要分布在武清区、蓟县、静海、津南等区县。全市共有果品加工、贮藏企业1000多家，以葡萄酒生产、冬枣深加工以及罐头加工业为主。蓟县有60家中小型果品加工企业，年加工能力6.5万吨。

(宗晶莹)

【北辰区特色林产品——徐堡村大枣】 天津市北辰区双口镇徐堡村现有农户154户，从事枣树种植的农户123户，占全村总农户的79.8%，枣树种植面积达60公顷。徐堡村的大枣在当地已有百年历史，大枣果型特殊，品质佳，味道甜、口感好，营养丰富，属于早熟品种。经市农业科学研究院等权威部门检测，这里的枣富含多种维生素。有关专家认为，徐堡村的大枣口感独特，不但与村里自古流传下来的树种有关，还与村里的水土密切相关。

(张维维)

【静海县林业及特色产品简介】 静海县位于天津市西南部，县域面积1414.9平方千米，人口57.6万人，距天津市区40千米，东临渤海，西连冀中，南临沧州，北接津京，素有“津南门户”之称，是国务院批准的沿海开放县之一。2007年提出“生态立县、工业强县、文化兴县”三大发展战略，把林业发展作为“生态立县”重要举措，大力推进植树造林。截至2012年年底，全县有林地面积达到62 133.3公顷，全县森林覆盖率由2006年的16.8%提高到目前的43.9%，跨入全国绿化先进县行列。2008年，静海县利用现有森林资源加快发展林下经济，延伸林业产业链条，实现以短养长、兴林富民的目标，已形成“林下种植”“林菌”“林禽”“林药”等林下经营模式。至2012年年底，全县共发展林下经济7800公顷，包括林粮面积6773.3公顷，林菌面积373.3公顷，林禽面积73.3公顷，林药面积200公顷，其他面积380公顷。

静海县比较有代表性的特色产品有：金丝小枣、冬枣、台头西瓜、罗阁庄“天海”鸭梨及独流老醋等。

静海种植金丝小枣已有600多年历史，它的核小皮薄，果肉丰满，肉质细腻，有丰富的营养价值和药用价值可滋补身体，具有辅助治疗脾胃虚弱、消化不良的功能。2004年国家林业局公布了第三批中国名特优经济林之乡评定结果，经过各地推荐和专家的评审，静海县被命名“中国金丝小枣之乡”。小枣种植已成为农民致富增收的重要渠道之一。

SOD冬枣，SOD(超氧化物歧化酶)是一种新型酶制剂，能消除生物体在新陈代谢过程中产生的有害物质。给枣树喷洒SOD后，可以使冬枣增强抗病能力和抵抗不良环境的能力。常食含SOD歧化酶的冬枣，能起到抗衰老，治疗高血压、心脏病的作用。

静海县台头镇种植西瓜已有上千年的历史。台头西瓜自古以来以其皮薄、瓤甜、沙脆而闻名冀中，在有全国十几个省市参加的北京大兴西瓜节上，台头西瓜以其优良的品质和甘甜的口感等综合优势，获得了优秀奖。并且经国家审查认可，自2010年12月24日起对台头西瓜实施地理标志产品保护。

静海县良王庄乡罗阁庄村的“天海”鸭梨是20世纪90年代初经梨树自然变异，选出大果型梨树品种。一般单果重0.4千克，大的可达0.6千克。罗阁庄天海鸭梨果型美观，皮薄肉白，质地脆嫩，无渣汁多，香甜爽口。除含有较高的糖分、果酸外，并含有蛋白质、脂肪、碳水化合物等，具有清心润肺，利大小肠，止咳消痰，清喉降火等功效。

独流老醋为地理标志保护产品，产于天津市静海县独流镇，是中国三大名醋之一。其色泽酱红，清澈透亮，口味软绵，酸中回甜，且久存不霉，含有较高蛋白质和维生素E、A、B_1、B_2及镁、铜、锰等微量元素，具有一定保健作用。能够解腥去膻，除腻增香，助消化，深受食用者喜爱，远销港、澳、台、东南亚和日本，驰名海内外。

(元哲晖　杨继敏)

河北省林业产业

【林业产业】 2012年全省林业产业总产值达1058.6亿元，比2011年度增长41.9%，产业总量位居全国中上水平。其中，产值超100亿的设区市有廊坊市、石家庄、承德，分别为230.3亿元、178.9亿元、106.1亿元。产值达10亿元以上的县(市、区)达31个，其中，文安县为全省唯一产值超100亿的县，全县林业产业产值达175.3亿元；怀来、兴隆、藁城、昌黎、邢台市高开区、正定、霸州等7个县(市、区)产值均超过20亿元，分别分30亿元、28.9亿元、25.2亿元、24.7亿元、22.3亿元、21.8亿元、20.5亿元。

2012年，河北省果品产量132亿千克，居全国第2位，总产值达492亿元，占全省林业总产值的43.8%。全省人造板产量达1116万立方米，位居全国第六位。林木产业总产值达442.8亿元，占全省林业产业总产值的41.8%。 (孟宪平)

【林业及林下经济】 2012年全省林下经济总规模1291万亩(其中，林下种植、养殖面积225万亩，森林景观利用766万亩，林下采集加工300万亩)，总产值达到92亿元。邯郸涉县林下中药材，石家庄市赞皇县的林下特种养殖、张家口市赤城县的林下猪苓菌，保定易县的林蜂结合、邢台市国道省道两侧20个县(市、区)发展林下"两油"种植等。

(孟宪平)

【特殊林木培育项目及人造板生产】 2012年，完成2012年特殊林木培育项目10 000亩新造林任务，成活率95%以上。全省22个县列入《全国木材战略储备基地规划2013～2020》，规划总面积394万亩，工程启动后可年均新增国家投资造林49万亩。

文安天华、衡水巴迈隆两个投资超3亿的重点项目已于去年建成投产，迁西富春林、藁城鑫鑫30万立方米人造板生产线投入建设之中。

【野生动植物繁育利用】 河北省是野生动植物养殖、种植大省。养殖动物种类主要有梅花鹿、马鹿、狐狸、狍子、野猪、雉鸡、貉子、水貂、鸵鸟等。河北省还是野生动植物经营利用大省，经营利用动物种类主要有狐狸、貉、水貂、獭兔、灰鼠、梅花鹿、马鹿、獾、鸵鸟、蓝孔雀、石鸡、环颈雉等；经营利用植物有木香、天麻、防风、黄芪、柴胡、连翘等数百种中草药。建有全国著名的尚村皮毛市场、昌黎皮毛交易市场、冀东皮毛交易市场、阳原皮毛市场、中国大营国际皮草交易中心、蠡县留史皮毛专业市场和安国祁州药市，这些专业市场是全国重要野生动植物产品集散地。野生动植物产业，是河北省林业产业具有发展潜力的一项产业。河北省野生动植物产业的快速发展，有效地缓解了野生资源保护压力，促进了农村产业结构调整和地方经济发展。

昌黎县位于河北省东北部，北倚燕山、东临渤海，素有"中国毛皮产业化基地""中国养貉之乡"的美誉，发展毛皮动物养殖业有着得天独厚地自然资源优势、经济地理环境优势和对外开放条件。现已成为全国最大的饲养基地，貉皮产量居全国首位。2012年养殖总量达1400万只，占全省的40%，创产值35亿元。市场年成交活体50万只 、皮张1500万张，年交易额达80亿元。

2012年肃宁县毛皮动物出栏量达到385万只，其中：貂48万只，狐狸108万只，貉64万只，獭兔165万只。全县毛皮产业工业总产值达86.1亿元。2012年原皮市场交易额达到130亿元，交易各种皮张突破1亿张，肃宁裘皮城销售裘皮服装服饰60余万件，交易额达40亿元。为进一步提高养殖标准化、规模化发展水平，加快养殖专业合作社发展步伐，本着扶优、扶强、扶新的原则，出台了《肃宁县支持养殖业发展奖励办法》。

安国古称祁州，是国务院命名的"中药材之乡"，素以"药都"和"天下第一药市"享誉海内外，是国内最大的中药材集散地和中药材出口基地。目前，安国市拥有中成药品种500多个，经营中药材品种2000多个，辐射全国各地及欧美、东南亚20多个国家和地区。2012年，安国中药材市场成交额超110亿元，吞吐量120万吨。中药材种植面积达13.5万亩。在2012年“企业技改创新年”，实施“扶优扶强”战略，开展了药都集团新药开发、金木药业现代中药技改、前进无纺布新产品研发等20余项技术改造项目。新增规模以上工业企业6家，全市规模以上工业企业达74家，为安国市的经济发展注入了新的增长活力。（王秀辉）

【花卉生产】 2012年河北省花卉种植面积达到50.2万亩，产值30.7亿元，培育出仙客来、红掌、大丽花、高山杜鹃等一批特色花卉。花卉产业实现了集群化发展，形成了“两环(环京津、环省会)带动，重点辐射”的发展格局；基本形成了以高档盆花、观赏苗木和宿根花卉为主的环京津聚集区，以优质盆花、观赏苗木和花坛花卉为主的环省会聚集区，以鲜切花、药用花卉和野生花卉为主的特色花卉聚集区。其中石家庄市西三教花卉市场、高邑县北方花卉交易市场、冀南花卉批发市场被国家林业局和中国花卉协会命名为全国重点花卉市场。涿州市花卉基地、石家庄市西三教花木基地、三河市花木公司和高邑北方花卉基地被国家林业局和中国花卉协会命名为“国家示范基地”。培育了保定市金萨工艺品有限公司、石家庄市西三教花木基地、三河市燕赵园林绿化有限公司、唐山豪门园林有限公司、秦皇岛市洋洋花卉工程有限公司等一批龙头企业，初步形成以生产企业和产地批发市场为龙头、专业花卉市场为中间、零售花店和花卉摊点为销售末梢的三级花卉生产销售体系。近几年，通过利用各种媒体广泛宣传河北花卉产业，让广大群众认识花卉、了解花卉、关注花卉，通过举办迎春花卉展销会、仙客来交易会和插花花艺大赛等一系列花事活动，提高了河北省花卉业的知名度和影响力。但目前河北省花卉业也存在着一些问题，一是多数地方政府对花卉产业重视程度不够，花卉发展资金投入不足，缺乏对花卉产业发展必要的政策扶持。二是花卉生产基础设施落后，经济效益较低，影响着花卉品质的提高。三是花卉产业龙头企业、专业合作组织较少，示范带动作用能力不强。四是河北省花卉科研经费投入不足，科研机构和企业研发创新能力较弱，花卉生产所需的种苗、种球、基质等大都依靠进口，大大降低了花卉生产的经济效益。（张永信）

【林业科技】 2012年，河北省举办各类形式的培训班3800场次以上，培训林果农162万人次，发放技术资料230多万份，推广新品种、新技术190项次，建立和完善科技示范点400多个。

审定了2011年编写的红枣烘干房建设技术规程、皇冠梨果品等级、生态公益林经营技术规程等省级地方标准9项，同时上报2012年度国际林业行业标准8项、省级林业地方标准15项，国际林业标准化示范区2项。2012年，新上河北省主要油料树种优良无性系选优研究等科研项目9项，在全省筛选论证了寡雄丰产板栗“燕龙”新品种及栽培技术推广等15个中央财政林业科技推广项目，争取到13个。对2011年中央财政林业科技推广示范资金项目进行了绩效评价，对2009～2011年实施的中央财政林业科技推广部分项目进行了现场查定和验收，确保了项目的顺利实施。

2012年，新争取各类资金1570万元。其中科研经费100万元，中央财政推广经费1300万元，标准制定经费30万元，省科技经费140万元。加强国内合作促成中国林科院与张家口市林业局进行“森林湿地生态价值量评估”项目现场签约。组织中国林科院、北京林业大学、南京林业大学、西北农林科技大学等5家单位参加河北省“百家院所进河北合作恳谈会”。

【河北小五台山国家自然保护区林业产业】 2012年王喜洞林场中幼林抚育设计消耗蓄积5496立方米，产材2172立方米，其中规格材220立方米，非规格材1952立方米。副产品1099立方米。

河北灵山旅游开发有限公司于2012年4月注册成立，负责对河北灵山省级森林公园的开发与运营。同年，完成了公园七大景点的初步设计，确定了妃子溪及景区公路线路，门前广场平整15 000平方米，平整景区公路2600米，完成了游步道110米三合土试验工程。

为促进保护区林业产业又好又快的发展，应牢牢把握两手抓，一手抓王喜洞林场木材生产，一手抓灵山森林公园旅游开发。在做好木材生产的同时，积极筹措资金，开发生态旅游，逐步改变仅依靠木材生产来维持林场运行的现状。加快旅游产业的发展，创建集木材生产和旅游开发为一体的复合林业产业模式。

【塞罕坝林业产业】 截至2012年年底，塞罕坝林场林木总蓄积1012万立方米。年产值1.6亿元，实现利税500余万元。形成了木材生产、森林旅游、绿化苗木、林下经济、绿色能源等产业共同发展、相互促进的格局。

木材生产是塞罕坝林场主导产业。塞罕坝在坚持生态优先、科学营林，促进森林资源可持续发展的前提下，积极拓宽木材产业发展渠道。充分利用市场竞争机制，大力推行木材竞价销售、立木销售等促销方式，狠抓产销管理，使木材产业收益不断提高。

近年来，塞罕坝林场抓住绿化苗木紧俏的商机，建设苗木基地10余万亩，多形式、多品种、多规格培育了大量的优质绿化苗木，销售收入也大幅度增加。2012年年收入近3000万元。同时还依托河北塞罕坝绿苑工程有限公司，积极承揽社会绿化工程，工程总收入达到2000余万元。绿化苗木产业真正成为塞罕坝林场第三大支柱产业。

塞罕坝林场积极推动林下经济发展，把挖掘和培育林下产业作为产业发展的重点和突破点，鼓励和引导职工从事绿化苗木培育、林下种植、林下养殖、森林旅游和林副产品加工等多种林下产业。年综合效益达到2000余万元。

塞罕坝产业发展促进了区域经济发展。建场以来，塞罕坝向国家累计上缴利税近亿元，每年为地方创造就业岗位1.5万余个。在塞罕坝的带动下，周边旅游产业也迅速发展，同时带动了外围产业，每年可给当地群众带来5000多万元的收入。

（宋彦文）

【木兰林管局——覆膜砂】 木兰围场这片广袤的土地不仅孕育了绿色森林，地下还蕴藏着储量十分丰富的硅砂资源。这里的硅砂具有含泥量低、含硅量高的特点，有极大的开采利用价值。木兰林管局依托大自然赐予的自然资源，于1989年投资建立了河北省孟滦造型材料厂，生产国内首创的高科技精密铸造材料——覆膜砂。

覆膜砂产品具有高强度、低发气、低膨胀、耐高温、易溃散等特点，可以满足铸钢、铸铁、有色金属等不同材料、不同生产工艺的要求。

【塞罕坝森林公园】 塞罕坝国家森林公园是1993年在塞罕坝机械林场的基础上组建起来的，是河北省林业局直属单位。公园位于河北省承德市围场县境内，北面与内蒙古克什克腾旗和多伦县接壤，地处浑善达克沙地南缘。海拔1010～1939.9米，总经营面积93 354公顷，森林覆盖率80%，林木总蓄积1012万立方米，森林资源资产总价值156.8亿元。这里自然风光辽阔壮美，历史内涵深邃厚重，满蒙民俗浓郁独特，有着丰富、独特、秀美的生态旅游资源，被誉为“河的源头、云的故乡、花的世界、林的海洋”，是华北地区规模最大的以森林和草原为主要景观的国家级森林公园，是“国家AAAA级旅游区”“中国最佳森林公园”“河北最美的地方”。

公园下属6个管理景区。2012年，公园专职从事旅游服务业人数为186人，接待入园总人数428 436人次，实现旅游收入4601万元。2012年投入公园基础建设资金2000多万元，带动社会就业1.5万人，创社会综合收益8.8亿元，实现利税1500万。 （张希和）

【塞罕坝种苗】 塞罕坝机械林场是河北省林业局直属国有林场，下辖千层板、大唤起、第三乡、阴河、北曼甸、三道河口6个林场和河北塞罕坝绿苑工程有限公司。全场现有人口约5000人，其中在职职工1501人。总经营面积140万亩，森林覆盖率达80%，是北方最大的人工林场。自20世纪80年代以来，林场始终坚持“生态立场、营林强场、产业富场、人才兴场、文化靓场”的发展战略，大力发展林木种苗业。

林场围绕“科学跨越，绿色崛起”理念，以下辖6个林场为重点，大力发展苗木产业、绿色经济，把发展云杉作为苗木的一个主要品种，建立绿化苗木基地。截至2012年年底，已建成以云杉为主要品种，包括樟子松、白桦等品种的绿化苗木基地10余万亩，苗圃8个，500余亩，每年可为社会提供造林绿化苗木1500万株，园林绿化大苗20余万株。年销售收入可达2800余万元。

塞罕坝苗木产业基本实现由单一零散经营向规模经营转变，由单一林业用苗向园林用苗、工程用苗、林业用苗并举转变，由单一低档苗木向高、中、低档苗木兼备转变“三个转变”，正在向着规模化、专业化、标准化、集约化生产经营方向发展，不仅成为拉动林场经济发展新的增长点，并且加强对周边群众的引领和导向作用，带动个体育苗规模迅速增长，育苗面积增至1.8万亩，年产合格苗2亿株，产业总产值近1200万元，推动了当地林业经济的快速发展。（曹　静）

【平泉县林业产业】 平泉县按照“工程与产业互促，生态与经济双赢”的产业发展思路，培植壮大了山杏、果品、林板、刺槐原料林、森林生态旅游、园林苗木花卉六大林业产业。初步形成了“公司+市场+基地+农户”和“协会联农户”产业发展格局。2012年年底全县有林地面积达到287.2万亩，森林覆盖率58.2%，林木总蓄积451万立方米。全县林业产业总产值14.86亿元，其中第一产业产值4.71亿元，第二产业产值5.97亿元，第三产业产值4.18亿元。林业产业产值位居全市榜首。

山杏产业：链条不断加长加粗，产后增值不断增大。在基地发展上，2012年年底全县山杏基地面积67万亩，年杏仁产量302吨；在产后交易上，有华北最大的杏仁交易集散地——北五十家子杏仁交易市场；在产品加工上，县内有杏仁产品加工企业17家，年产量2.9万吨；活性炭加工企业36家，年产量1.21万吨。在杏核皮深加工上，从加工净化水吸附活性炭，到载银冶炼炭等，延伸到活性炭工艺品画，活性炭床上用品等。

(1)果品产业。全县果树面积29.9万亩，年果品产量1.5亿千克，有2个果品专业批发交易市场，有8家果品农民专业合作社。

(2)林板、刺槐原料林产业。借助退耕还林及防沙治沙等生态工程建设，全县林板、刺槐原料林基地发展到74万亩；在林板加工上有年产25万立方米中盐银港中高密度纤维板公司，年需木材原料45万立方米；在食用菌生产上，全县木腐食用菌加工企业18家，年生产加工量4.8万吨。

(3)森林生态旅游产业。有辽河源国家级森林公园一处，总面积11 886公顷。年接待游客35万人次，旅游收入1750万元。全县发展各种农家游300户。

(4)园林苗木花卉产业。全县花卉面积10 050亩，主要有百合、非洲菊、色素万寿菊等。县内有承德万泉花卉交易专业批发市场，有7家农民花卉专业合作社；全县各种绿化及工程苗木面积5000亩，每年可培育各类苗木4000万株。

【保定易县林业产业】 易县是山区林业大县，围绕“大地增绿、农民增收”的奋斗目标和“建设京南生态旅游文化名城”的发展思路，坚持林业立县，产业富民，加强政策扶持，积极为林果产业发展搭建平台、提供服务。全县发展了以山杏、侧柏、刺槐为主的水源涵养林及水土保持林；以杏树、柿树、板栗、核桃、枣树为主的经济型防护林；以杨树为主的防风固沙林及农田防护林；以实施景区绿化为重点打造的风景林，一个较为完善的生态体系在易县初步建立。同时，易县不断发展壮大林果产业，完善市场体系建设，全县先后建果品交易市场40余个，辐射带动周边30余个乡镇。积极扶持壮大一批省级农业产业化龙头企业，延长了产业链条，全县产业体系基本建立，实现产值6.19亿元。

为加快推进林下食用菌这一富民产业发展，县政府出台了每个菌棒补助1.5元的优惠政策，并协调金融部门在食用菌发展初期给予农户大力支持，极大地激发了农民发展林菌的积极性。在典型示范的带动下，形成了凌云册高温型香菇、紫荆关低温型香菇和独乐杏鲍菇为主的产业片区，并采取“合作社+农户”的模式，辐射10多个村、近100个农户发展林菌种植，种植规模达到230万棒(袋)，年产值达到800多万元。

在林菌产业迅猛发展的同时，易县根据自身条件，吸取各地先进经验，先后发展了多个林下经济重点产业。林药产业，“西陵知母”因独特的地理环境和水土特性，已经成为一个品牌在市场上叫响，易县通过全面考察，在种植果树的同时，大面积发展知母种植，实现了林下经济由山下向山上、由平地向林下发展的转变，提高了效益，促进了树木生长，目前，全县林药种植达到2万亩，产值达到1000多万元，解决了林木短期见效慢的难题。林粮产业，通过采用林下套种甘薯、谷子、豆类等矮秆农作物，充分利用林地空间，增加粮食产量和农民收入，还能为林木生长提供必要的肥料和水分，减少锄草、病虫害防治等环节。目前，全县林粮种植面积达到20万亩，产量达到5万吨，农民既收获了粮食，又加快了林木生长，为增收上了“双保险”。林蜂产业，易县有蜜源植物200多种，依托丰富的蜜源植物，以实施扶贫开发项目为契机，大力发展“周转蜂”产业，引进了优良蜂品种，采取良好的管理技术，把黄山蜂产品有限公司作为扶贫龙头企业进行项目扶持，大力发展林蜂产业。目前，全县蜜蜂保有量已达6万箱，养蜂专业户达400余户，年产蜂蜜30吨，蜂王浆、蜂花粉、蜂胶等1.5吨，蜂产品年收入达1000多万元，小蜂蜜做成了大产业，也酿造了农家甜蜜生活。林禽产业，当前“生态”和“有机”成为了市场经济的“宠儿”，易县抓住这一有利时机，利用生态环境良好，山场面积广阔这一有利条件，因地制宜在林下发展禽类养殖，为市场提供生态、有机的绿色农产品，不但能满足消费者需求，更能获得丰厚的利润。目前，易县以生态鸡为主的林禽养殖达到了150万只，2000只规模以上的养殖户达到40多家，“狼牙山”“山凤”“紫荆关”等品牌柴鸡蛋年产量达到1.2万吨，畅销国内大中城市，有的远销国外。

通过扶持龙头企业发展，延长产业链，走“公司+基地+农户”的发展模式，易县林业形成生产、加工、销售一体化的发展机制，重点扶持了圣霖板业、天泽林板业等重点企业。这些企业在县委、政府的大力扶持下，年创收利润达2000余万元，带动了相关产业发展，为周边乡镇解决劳动力5000余人。

为带动农民增收，起到集中经营，集体创收的发展效果，易县农民林业专业合作社迅猛发展，已成为农村经济发展的新型载体。截至2012年年底，全县已成立农民林业专业合作社189家，合作社成员1.96万户，出资额2390万元，全县农产品“龙头”企业达到26家，林果经营面积达到36.86万亩，林下经济等种植业面积达到10.6万亩，在推进林业产业化经营，促进区域经济发展中发挥了重要作用。

磨盘柿是易县的名优特色农产品之一。由于易县磨盘柿栽培广泛，质量上乘，早在19世纪末就被誉为“中国磨盘柿之乡”。易县全县年干鲜果品产量达1.95亿千克，其中尤以“九月九”牌磨盘柿最为著名，全县种植面积17万亩，240多万株，1998年被国家林业部命名为“中国磨盘柿之乡”。至2012年，柿果产量达1.25亿千克，产值近1.5亿元。

以狼牙山、清西陵等景点景区造林绿化为重点，包装旅游景点30多个，建成特色采摘园160多个，近期又先后在狼牙山脚下建成牡丹园、玫瑰园、油菜园、葵花园为主的观光园区，丰富了景点内涵。2012年，全县游客达169万人次，旅游业总收入近4亿元。

易县积极争取国家项目资金支持，先后实施了退耕还林、三北防护林、中日合作造林、太行山绿化等项目，不断将造林绿化的进程向前推进。同时，大规模开展义务植树造林，鼓励大户造林，加快荒山绿化。

【广宗县林业产业】 广宗县位于邢台市中东部，总人口31万，境域南北长50.9千米，东西宽17.3千米，总面积503平方千米。

近年来，县委、县政府认真贯彻落实科学发展观，以建设生态绿色广宗为目标，按照科学规划、突出重点、确权明责、确保质量的原则，坚持“人在城中，城在林中”“有路必有树，有渠必见林”，重点实施了园林县城建设、环县城绿化、道路绿化、河渠绿化和林下经济发展。目前，全县有林地面积13.46万亩，林木覆盖率达17.85%。以创建省级园林县城为契机，县城绿化按“300米见绿，500米见园”的标准，建设了张果老公园、梅园等22处公园、游园和街旁绿地。道路绿化，以本地乔木为主，打造了“一路一景、一街一品”绿化景观，干道绿化普及率达到98%，宜居宜业、繁荣舒适、绿色生态的新家园已经形成。

林下产业异军突起。广宗县自2002年实施退耕还林工程以来，全面实施了以生态建设为主的林业发展战略，全县有生态林10万亩，经济林近4万亩。目前已经形成核桃园乡七斗店、北塘町乡后旧店柴鸡养殖基地；北塘町乡丁家庄村的双孢菇种植基地；大平台乡北葛村野兔养殖基地；另有林下旧货交易市场，林下金蝉养殖基地等林下产业发展基地。带动全县2000多户农民发展林下经济。

打造维护好绿色家园。为了保护好林业产业成果，形成全民爱绿、护绿的良好氛围，广宗县结合实际，建章立制，建管并重，摸索出了一条依法维护林业产业的道路，先后制定出台了《广宗县林木管理办法》《公共绿地管理规定》《生物多样性保护规划》《水源地保护规划》《绿地和树木认建认养实施细则》等多个规范性文件，使林地保护工作有章可循、有规可依，杜绝乱砍滥伐等行为，并通过广播、电视、文件等形式在全县范围内广泛宣传，做到家喻户晓。同时成立林业派出所，严厉打击毁林毁绿行为，维护好林业发展成果，打造好生态绿化的美丽家园。

【涉县林业产业】 涉县地处河北省西南部、晋冀豫三省交界处，是一个以林为主的深山县。全县总有林地115万亩，森林覆盖率高达51%，是“全国绿化模范县”“中国核桃之乡”“中国花椒之乡”。近年来，涉县紧紧围绕农业产业结构调整，在积极推进造林绿化、不断壮大林果产业的同时，大力发展林下经济，初步形成以5个乡镇、80个村为主的林下经济示范基地，全县林下经济总面积达20万亩，其中林药3.5万亩、林禽6.5万亩、森林旅游10万亩，年产值达3亿元，项目区人均增收2000元以上。

涉县境内地形复杂，气候差异较大，野生中药材资源丰富，分布广泛，是太行山道地药材主产地。现已查明境内野生中药材达1500多种，其中常用药材300多种，道地药材100多种，均为国家中药基本药物。在国家公布的29种重点保护植物药材名单中涉县有11种。2012年全县林下中药种植面积3.5万亩，与单纯的核桃收入相比亩均增收2000元。索堡镇白泉水村发展核桃中药材间作1200亩，亩均核桃收入4000元、中药材收入2000元。

在突出抓好林下中药材产业的同时，积极推动林下养殖和森林旅游业的发展。①依托涉县森林优势，已开发五指山、盘龙山庄、九峰山、黄花山等10余处森林特色旅游景区。其中，五指山景区为国家级4A级景区，在王金庄景区和青塔湖景区正在建设中。全县森林旅游年接待游客5万多人次，旅游收入600万元。②充分利用成林地林下空间，发展以柴鸡为主的林下养殖业。全县柴鸡养殖基地达5万亩，柴鸡数量达20万只，带动农户300余个，户均效益2.5万元。其中龙虎乡凤落沟柴鸡养殖场注册的“凤落沟”商标被认证为绿色食品。涉县柴鸡养殖协会在统一供种、联合采购、联合销售、贮藏运输、资金筹措等方面发挥了积极作用，带动了周边地区林下养殖业的快速发展。③充分利用幼林地、疏林地下的土地资源，发展苗圃产业。河北春满秋公司在固新村承包疏林地7000亩，发展林下苗圃1200亩，培育各类苗木1500万株，实现经济效益3500万元。其中侧柏、核桃等绿化幼苗200亩，连翘、射干等中药材幼苗500亩，为全县造林绿化和中药材种植提供了充足的苗木。

【涿鹿县林业产业】 截至2012年年底，涿鹿县县干鲜果品总面积达到108.53万亩，果品总产量达到31.6万吨，其中：杏扁面积60万亩、产量0.41万吨，葡萄面积20.35万亩、产量22.37万吨，苹果面积13.71万亩、产量5.37万吨。

通过政策扶持，资金支持等有效措施，果品经营龙头企业和果品专业合作组织得到进一步发展壮大。2012年新增葡萄酒加工企业2家，新增加工能力1万吨，新增果品专业合作社22家，入社人数达到3500多人。2012年涿鹿县被确定为“河北省十大果品特色县”，制定、实施了红地球葡萄、龙眼葡萄及大杏扁的张家口市地方标准。在2012年龙头企业评比中，涿鹿县果仁有限责任公司、河北省益利葡萄酒有限公司及涿鹿县神鹿仁用杏专业合作社等5家林果企业和合作社被评为省级龙头企业或专业合作组织。在全省的果品评优活动中，涿鹿县选送的“玫瑰香葡萄”“悠悠枣”

分别获得河北省名优产品擂台赛银奖与铜奖。

按照省政府提出的加快建设果品强省的意见精神，强力打造、整合四大体系的建设。其中：在县国营苗圃建立了良种繁育体系，良种繁育面积为300亩，重点培育优质林果苗木，确保了果品基地的健康发展。整合县森防站与果品产业科的技术资源，建立由15人组成的果树病虫害综合防治中心，加强了果品产区病虫害测报与防治工作，全面提高了病虫害的防控能力。整合林业局现有的技术力量，组建了由15人组成的基层专家技术服务团队，深入基层进行技术指导，培训果农达3.5万人次。加强综合执法，杜绝国家禁用的生产投入品进入生产、流通、销售领域，提升了果品质量监管能力。

县政府成立了果品产业发展领导小组，分管副县长任组长，县林业局、财政局及县有关部门负责同志为成员，主要负责统筹协调推进全县果品产业发展，解决工作中遇到的困难和问题。同时，县政府出台了发展果品产业的扶持政策，重点扶持生产示范、良种繁育、产业技术创新、病虫害防治等方面；整合全县农业产业化资金、农业开发项目资金、扶贫资金，捆绑扶持果品产业发展。

【洪崖山国有林场管理局林业产业】 河北省洪崖山国有林场管理局原名“河北省林业示范场”，总经营面积达67 004亩，其中林区面积65 754亩，在林区中含国家级公益林42 272亩。

洪崖山国有林场管理局的主要职能有：森林管护；林业新品种、新技术的试验、示范工作；建设全省生态公益林林木良种采种基地和南树北引驯化基地；从事优良乡土树种种质资源和天然林遗传资源的收集、保存和保护工作；从事优良林木品种选育技术、方法的研究和林木良种的选育、中间试验、示范、推广工作。现面向市场推广的园林绿化树种有油松、白皮松、华山松、雪松、国槐、栾树、五角枫、桧柏等50余个。

全局现有人口205人，其中在职职工128人，离退休职工77人。下辖3个林场：洪崖山林场、葫芦峪林场、七里亭示范场，机关下设办公室、财务室、党支部办公室、生产经营与资源管理科。育苗面积共计1250亩，年产苗量126万株，年产值近百万元。

【抚宁县林业产业】 抚宁县总土地面积为242.77万亩，由南至北平原、丘陵、山地呈梯形结构环海而立。南部平原及沿海滩涂地势平坦，面积33.52万亩，占全县总面积的13.81%；中部丘陵山低坡缓，连续起伏，面积79.24万亩，占总面积的32.64%；北部山区山高坡陡，沟谷纵横，面积130.08万亩，占总面积的53.58%。根据全省二类森林资源规划设计调查和林地保护规划补充调查结果，全县林业用地总面积为125.08万亩，占全县总土地面积的51.52%。在林地中，有林地面积91.54万亩，（其中：防护林用材林面积为66.47万亩，主要树种为油松、阔杂、杨树等，经济林面积为25.07万亩，主要树种为板栗、苹果、核桃、桃等），林木覆盖率为37.8%。

全县林地面积较大，林业产业涉及多个领域，全县林业总产值为13 466万元。截至2012年年底，抚宁县拥有苗木基地300亩，年出苗量100万株；花卉苗圃企业13家，年出圃300万株；木材加工企业30家，年加工能力4806立方米；板栗深加工企业两家，年加工能力600吨；果品贮藏库17个，年储能力1万吨；森林生态旅游景区6家，年接待游客10万人次。

抚宁县是“京东板栗”的主产地之一，截至2012年年底全县板栗栽培面积32万亩，增加林木覆盖率近13个百分点，板栗总产1.4万吨，年创直接经济效益超亿元。抚宁县也是优质核桃发展适宜区，目前实施的核桃提质增效标准化示范区推广项目正在进行中，主要优良品种有清香核桃、辽系1号、绿岭和石门核桃共4个优良品种，均表现良好。其中发展优质清香核桃2000亩，已经进入丰产期。

【雾灵山森林旅游开发公司】 雾灵山森林旅游开发公司始建于1992年，经过20多年的发展，现在已经具有一定规模，目前公司拥有从业人员159人，总资产达到4677万元，年接待人数20万人，年营业额1050万元。

由于雾灵山空气清新、凉爽宜人，负氧离子

含量高，被誉为“天然氧吧”和“避暑凉岛”。因此，为了加快雾灵山森林公园建设，先后投入8000多万元用于旅游基础设施建设，主要完成了47千米水泥公路建设；修建大型停车场9处3万多平方米；改造宾馆3座；修建旅游步道15公里；建设移动基站1处，电信基站2处。同时为了宣传生态文化，弘扬生态文明，建设完成科普教育基地和生态博物馆。

雾灵山森林旅游的开发每年创造经济效益约为1.836亿元；药材、食用菌等林副产品经济价值约为每年1.317亿元。雾灵山森林旅游的开发，使当地居民改变了原始落后的生产模式，大力发展农家院，利用雾灵山生态旅游快速致富。

【河北德胜农林科技有限公司】 河北德胜农林科技有限公司主要开展优种核桃苗、优质食用核桃、高档文玩核桃和核桃雕刻工艺品的生产、加工及销售业务。公司成立于1998年，总部位于河北省定州市，在湖北、山东等地设有3个子公司。公司建有定州首个院士工作站，是河北农业大学高新科技示范园区，是“全国科普惠农兴村先进单位”、“全国特色种苗基地”、“全国质量信得过种苗基地”、和中国园艺学会干果分会“试验示范地”，是河北省林业厅认定的2012～2013年度河北省林果产业重点龙头企业，保定市委、市政府认定的2012～2014年度农业产业化市级重点龙头企业。

公司拥有核桃资源圃、采穗圃、苗圃、示范园8000多亩，年产优质核桃嫁接苗400万株。其核心产品——“清香”核桃适应性强、丰产性好，已在全国20个省(市、自治区)推广种植，发展专业合作社60多个，家庭农场1000多个，总种植面积达50余万亩。为促进干果销售，公司注册推出了“万岁果”高档核桃食用品牌。同时，大力发展文玩核桃，建有优质文玩核桃生产基地，推出“核为贵”、“核乐宫”、“核乐桃”三个文玩核桃品牌，市场份额占全国的15%。公司文玩核桃雕刻，以其精准的配对、巧妙的构图和精湛的工艺，在业界独树一帜，成为微雕艺术中一道靓丽的风景。

公司每年拿出50万元，免费对全国清香核桃种植人员进行3～5期技术培训，提高他们的管理水平，从而带动更多的种植户扩张发展。截至目前，公司已连续举办全国核桃栽培技术培训班20多期，培训5000余人次。公司从周边农村30～40岁的女劳动力当中成功培训了600多名嫁接技术工人，使她们学到一技之长。抢抓文玩核桃产业兴起这一机遇，成立了麻核桃雕刻培训学校，对周边农村闲散劳力进行雕刻培训，培养了一批专业雕刻队伍。

公司集“产、学、研”为一体，拥有员工180人，其中本科以上学历70多人。郗荣庭教授、张志华研究员、温陟良教授等十几名专家教授任公司研发及战略顾问。培育的“清香”核桃荣获全国核桃大会金奖，选育的文玩核桃“冀龙一号”被评为河北省科技进步奖。在国内率先建立核桃苗木售后服务部，团队以信息化手段，为客户免费提供专业技术服务，提高了服务效率，增强了针对性和时效性。公司还建立了定州首家院士工作站，推动新技术研发，提高公司现代化、信息化建设水平和服务能力。

“引领中国核桃产业，打造世界知名品牌，是德胜人的目标；让十三亿中国人共享健康”，是德胜人的愿景；“崇德、务实、自强、创新”是德胜人的企业精神。公司以“创新求发展”为核心价值观、以“立德为本，科技为先”为企业经营理念，以科技“智高点”抢占发展“制高点”，着力发展集科研示范、推广销售、生产加工、生态观光为一体的健康经济，打造文化产业比重大、科技含量高的现代化创新型集团公司，成为引领中国核桃产业的“航空母舰”。

【宁肃县凯华养殖有限公司】 肃宁县凯华养殖有限公司，采用“公司+农户”的生产模式，到现在公司已经和1000余农户形成了稳定的而完善的“一条龙”生产体系，农户普遍采用林下养殖方式进行肉鸭养殖，林下养殖面积达3700亩，林下养鸭350万只，亩均收入18000元。产品已注册“凯华”商标，有自己固定的品牌，产品产前、产中、产后无公害和标准化质量管理，没有发生过一次产品质量安全事故，高质量的鸭产品销售市场，建立了完善的市场营销网络，产品销售往北京、天津、南京、内蒙古、沈阳等20多个省、市、自治区。

【石家庄雨凡养殖有限公司】 石家庄雨凡养殖公司成立于2008年3月，位于赞皇县许亭乡军营村神堂沟，东临平涉公路，占地3万亩，注册资金100万元，以林下特种野猪放养为主，拥有员工40名，其中专业技术人员8名，具有较强的技术力量。于2008年10月开始投资兴建神堂沟特种野猪养殖基地，目前已完成投资620万元，完成开山修路3000米，架设电线5000米，建设高标准猪舍300余间，建有办公室及工人宿舍10余间，拥有饲料加工厂及配套设备，有杂交母猪1400头。公司年出栏特种野猪上万头，年销售收入达到2000万元，年利润410万元。该公司注册“神堂山野牌”商标，每斤猪肉价格达到118元，在石家庄、天津、北京设有专卖店，深受消费者青睐。2010年6月公司被市委、市政府认定为2010～2011年度农业产业化经营市级重点龙头企业。

该公司从外地调配优良家母猪在神堂沟进行山地放养，让其与山场野猪自然杂交，生产出市场上紧俏的猪肉产品——特种野猪，填补了国内技术空白，经济效益是农饲养家猪的2倍以上。经过公司选育提纯后的优良特种野猪，发放到周边农户放养，实行六统一管理一条龙模式，即：统一技术管理、统一供应种猪、统一供应饲料、统一配种、统一防疫、统一销售。做到了风险共担、利益共享。2009年～2012年带动周边6个村100余户农户开张特种野猪饲养，户均增收5000余元。目前该公司在黄连沟、野湖泉、黄沙岭等地进行二期工程扩建，进一步推进特种养殖规模化生产。

(李　莉)

【狄邱乡北张村立体种养示范园】 北张村是临漳县退耕还林重点村，近年来，该村先后投资500万元，依托中国农业大学临漳果树试验站的先进技术，建设早熟绿色苹果示范园500亩，品种为华硕、华丹。为发挥林地最大生产效益，该村将示范园采取高效立体种养模式，进行科学生产管理。一是果菜间作。即在果树行间种植大葱、朝天椒、萝卜、西瓜、甜瓜等经济作物，亩效益也可达3000～4000元。二是果药间作。今年4月中下旬在县林业局的帮助下，该村从保定市安国引进中药材种子知母，在果树大行间进行试种，种植面积200余亩。知母属以根入药多年生中药材，亩投资约300余元，三年后亩收入可达3000～5000元。现在，知母种子已全部破土生长，长势喜人。三是果禽间作。该村还计划利用果树大行间距，散养柴鸡3万余只，果树行间养鸡，树为鸡遮阴，鸡为树除虫，使林果种植实现了良性循环发展。

该村采取的科学种养模式，充分利用了林地资源，发挥了林地最大生产效益，实现了“长期得果、近期得利、远近结合、以短养长”的立体化可持续发展目标。

(李　莉)

【宏森集团公司】 宏森集团公司是一家民营企业，位于河北省丰宁满族自治县县域。目前该集团总资产15亿元，员工2000人，下属生物质成型燃料生产、房地产、机动车检测、矿山、原生态旅游度假、速生林基地以及新型建筑材料生产等诸多产业；集团现拥有国有土地4000亩，为企业的后续发展提供基础支持。2012年宏森集团被河北省人民政府认定为省级农业化龙头企业和林果产业化龙头企业。

集团下属的丰宁宏森木业有限公司，是一家以生产生物质成型燃料(木煤)和人造板为主的新型能源专业化公司。该公司以南京林业大学、中国林业科学院北京木材研究所强大的技术力量为支撑，引进德国先进的生物质成型燃料(木煤)生产技术，购置美国泛欧木工机械公司和意大利帕尔公司的生物质成型燃料(木煤)生产设备，利用四年时间(2009～2012年)建成了亚洲最大的年产25万吨生物质成型燃料(木煤)生产线，填补了国内空白。其产品在国内销往多个省市，还出口到韩国和欧洲，在国内外都获得了良好的质量信誉。

目前，该公司正与北京市相关部门协商筹建《北京国际生物质资源综合利用科技产业园》项目，该项目的主要目标是引领国内外生物质能源的产业发展，对生物质成型燃料(木煤)产品的研发、生产及生物质能源产业的推广应用起到促进和孵化作用。

(蒲建民)

【邱县梁二庄镇林下经济示范区】 邱县梁二庄镇现代农业示范区位于邱县东南部，毗邻106国道，总面积20平方公里，涉及10个村1万人。从2003年开始，我们立足人少地多，土地贫瘠的实际，组织群众在沙化土地上开始植树发展速生林，先后植树150万株2万余亩。随着树木长大成林，为了提高农民即期收益，我们大力发展林下复合经济，特别是近期，我们在县委、县政府的大力支持下，成立了高规格的管委会和专业合作社，高标准规划、设计、科学发展，已基本形成了现代农业发展雏形，建起了千万只肉鸡养殖基地、百万只肉鸡养殖基地、林下柴鸡放养基地、灵芝食用菌种植基地、肉猪养殖基地、苗木繁育基地等六大基地，也实现了与六和集团、新希望集团和美食林集团等大公司的合作，促使了农民增收、农业增效。2011年实现产值8个亿，人均纯收入达到8100元。

全区共建成林下肉鸡养殖大棚212个，肉鸡养殖大棚8个、标准化规模生态养猪小区12个、畜禽年出栏量突破2400万只。被国家科技部命名为“规模化生态放养鸡示范基地”“国家级星火计划项目”、被河北省林业厅命名为“河北省林业产业化重点龙头企业”。（李　莉）

【辛集市裕隆保鲜食品有限责任公司】 辛集市裕隆保鲜食品有限责任公司成立于2000年9月，注册资金500万元，具有独立法人资格、享有进出口经营权的保鲜水果及蔬菜类出口创汇型的股份制果品生产企业。

公司位于辛集市区，南距石德铁路五公里，北距石黄高速公路十公里，地理条件优越，交通便利，是辛集市及附近县市的果蔬交易中心。公司占地80亩，建筑面积19800平方米，其中冷藏库20栋，总贮藏能力达1万吨，加工厂两座，年加工能力逾3万吨。公司现有固定职工91名，季节性职工394名，管理人员18名，各类专业技术人员32名。现公司资产总值为6615万元，其中固定资产3400万元，年实现利税1700万元。

公司是集种植、加工、出口为一体的专业化果蔬加工出口企业。公司产品注册商标为“天宇”牌，主要产品有鸭梨、黄冠、绿宝石、黄金、圆黄、苹果、冬枣、红提葡萄、巨峰、白菜、大蒜等优新果蔬。为保证产品质量，公司所有注册果园和加工厂实行了标准化管理，先后通过了BRC(质量管理体系)、HACCP(食品安全管理体系)、GLOBALGAP(欧洲良好农业操作规范)等认证。目前，产品已经出口美国、加拿大、澳大利亚、欧盟以及东南亚、港澳等二十多个国家和地区，年出口水果2.2万吨。公司以生产天宇牌系列梨果为主，在国内各种大型展销会上先后荣获“中华名果”、北京2008年奥运会推荐果品、中国名优梨金奖、第十、十一届中国农产品交易会“名优产品”、河北省名牌产品等荣誉称号。“天宇”商标被评为河北省著名商标。近几年公司还被授予省林果产业重点龙头企业、河北省农业产业化重点龙头企业、河北省果品十强企业、石家庄市工商局重合同守信用企业等荣誉称号。

由于公司不断扩大种植规模，促进了本地果树面积的发展，为改善当地的生态环境，提高森林覆盖率做出了较大贡献。该公司全部是标准化管理示范果园，通过新型管理模式带来了比较高的效益，示范区内果农实现了增效增收，带动了更多农户加入到基地园的建设，现在公司共建成基地果园34320亩。公司与农户建立了“风险共担、利益共享”的利益联结机制，对与公司签订了购销协议的农户，公司优先以高于市场价收购他们的产品，每年公司多支出资金达380万元。

2007年10月以该公司为龙头，成立了辛集市裕隆梨果专业合作社，注册资金38万元，成员1816户，遍布全市果树生产区及周边5县(市)，入社社员果园面积突破50000亩。为了保证产品的质量，合作社制定了一系列的标准化作业规程，采取统一施肥、浇水、疏果、套袋、采摘、病虫害防治等技术措施，合作社社员使用的农药、化肥等农资，由合作社统一采购、分发到户，从而最大限度地保证果品安全。另外，合作社还长期聘请河北农大、石家庄果树研究所的专家教授对社员进行技术培训和指导，在生产关键阶段，市林业局的技术人员，深入到果园内，及时为果农解答在生产中遇到的技术难题。通过在管理上统一化，在生产上标准化，在知识上科学化等一系列措施，合作社社员的果品质量、产量得到稳步提高，为公司及时开拓国际市场提供了可靠的货源基地。合作社员生产的果品全部由公司负责销售，从根本上解决了果农卖果难的问题，而且由合作社统一销售的果品，其价格比一般散户要高出10%左右，使入社社员得到了真正的实惠。

（魏铁峰）

山西省林业产业

【概　述】　山西是一个内陆省份，也是一个资源型省份，一直以来被定位为能源重化工基地，受计划经济体制的影响较大，山西省的经济结构长期呈现煤炭产业一支独大的局面。

2008 年，山西省林业产业总产值仅有 106 亿元，2012 年底超过了 311 亿元，四年翻了将近两番，山西省林业产业的总量还比较小，但增长速度在全国排名领先。山西省南北跨度大，丰富的地理气候条件为发展地域性、多样化林业产业提供了得天独厚的资源优势。

主要成绩　集中体现在以下 3 个方面：①第一产业迅猛发展。近年来，山西省已建成了以太行山、吕梁山、太岳山低山丘陵区为主的核桃基地，以黄河、汾河、滹沱河沿岸为主的红枣基地，以晋北、晋西北为主的仁用杏基地，以晋南盆地为主的柿子基地，以太行山中南部丘陵山区及晋南盆地边缘山区为主的花椒基地。临县、稷山、永和、太谷、汾阳、古县、左权、平顺、芮城、万荣等县，分别被国家林业局命名为名优特经济林红枣、核桃、花椒、柿子之乡。汾州核桃、稷山板枣、左权绵核桃等被国家认定为地理标志性产品。2012 年，全省干果经济林发展到 1509 万亩，年总产量达到 11.65 亿千克，干果经济林总产值达到 137 亿元。全省育苗总面积 80 万亩，苗木年产量 50 亿株，形成了国有、集体和个人共同发展的新格局。花卉种植面积 9 万亩，年生产鲜切花 2508 多万支，盆花、观赏苗木 6200 多万盆，花卉总产值达 7.02 亿元。全省建成 80 多万亩速生丰产林基地。蘑菇、木耳等林下资源开发取得了新进展。全省各类野生动物养殖户达到 509 家，养殖存栏数约 66 万头(只)。全省林下经济经营面积 551 万亩，年均效益 22 亿元，年均亩效益 510 元，连接近 11 万农户。

②第二产业日渐壮大。依靠政府推动、市场拉动，全省各类林产品加工企业逐步发展，其中，干果经济林加工企业达 1300 多个，年加工能力 3.9 亿千克，年销售收入 1000 万元以上的企业达 110 家；木材加工及其家具生产企业发展到 219 家；野生动植物加工利用企业达 334 家。

③第三产业方兴未艾。全省森林公园发展到 111 个，其中国家级 18 个，省级 37 个，县级 56 个，总面积 811 万亩，占全省国土面积的 3.47%。全省 69 处城郊型森林公园免费向社会开放，日接待群众 36 万人次，直接受惠人数达 1600 多万人，接近全省总人口半数。2012 年全省森林公园旅游人数 916.75 万人次，门票收入 1.52 亿元，同比增长 19.6%、20.8%，实现社会旅游综合收入 80 多亿元。各类专业合作社、专业协会、规划设计、技术指导等中介服务组织不断涌现，贮藏、运输、贸易等相关产业得到新的发展。

存在问题

(1)产业经济规模不够大。山西林业总产值占全国份额的 1%，人均产值排全国倒数第五，在中部六省中，山西省处于最低水平。全省林业用地面积占国土面积的 48.57%，产值仅为全省社会总产值的 1.51%，为农民提供人均纯收入不足 10%，经济总量与资源条件不相匹配，产品市场竞争力弱。

(2)产业结构不合理。一、二、三产业比例为 81.4∶14.1∶4.5，一产比重大，二、三产业发展滞后。根据林业发达国家的经验，当二产比重高于 60% 时，产业结构才趋于合理。广东、江苏、福建、吉林、浙江等林业产业发达省份，二产比重平均达到 65%，山西省与之相比，差距显而易见。

(3)经营管理水平低。红枣平均亩产 127 千克，不足国家枣树丰产林指标的一半；核桃 63% 的面积为低产林，平均亩产为 20 千克，仅为国家核桃丰产林指标的 15% ~20%。红枣裂果每年给枣农造成经济损失 5 ~10 亿元。

(4)发展机制不灵活。干果经济林由于投资不足，优良品种难以广泛推广应用，基地建设和加工储运形不成产业链条和规模效益。速生丰产林扶持力度不大，采伐加工政策滞后，林地使用权流转不畅，社会化服务和投融资体系不够完善。

山西林业产业发展问题的思考

(1)必须正确处理生态与产业的关系。林业是三大功能、三大效益的统一体，建立发达的林业产业体系是林业建设的重要内容。林业要加快发展，实现新的突破，必须做到生态建设与产业发展并举，以生态建设推动产业发展，以产业发展反哺生态建设，实现二者的良性互动。

(2)必须正确处理林业与社会的关系。加快发展林业产业，不仅是林业自身的需要，也是社会发展的要求。通过发展林业产业，满足经济社会对林产品的需求，有利于让全社会更多地认知林业、关心林业，创造加快林业发展的社会氛围。林业是国民经济的重要组成部分，林业产业的发展壮大，不仅能够促进经济总量的增长，而且有利于经济结构的调整优化。

(3)必须正确处理兴林与富民的关系。近年来，山西省调动方方面面的力量，使林业有了发展，始终把握以人为本这个核心，让林业靠近城市乡村、贴近人民大众、服务生产生活。加快林业产业发展，也必须坚持兴林富民这个原则，用利益机制调动广大群众的积极性，让广大群众在发展产业的同时增加收入、发家致富。

(4)必须正确处理保护与利用的关系。集体林权制度改革进展顺利，取得了明显成效。林改后如何确保农民得实惠、生态受保护，是我们必须面临的重大问题。解决这一问题最现实、最有效的办法，就是大力发展林业产业，让群众真正得到实惠。集体林权制度改革为广大农民发展林业产业开辟了新天地。

【山西省积极开展“两林”富民工程】 以国家《林业产业政策要点》和《林业产业振兴规划》为指导，加快发展绿色富民产业，大力发展以核桃为主的木本粮油基地，提升传统加工产业，积极扶持新物质能源等战略性新兴产业，推动山西省林业产业快速发展。

干果经济林产业　打造山西经济林规模基地、品牌品种和名牌产品。积极调整和优化树种规模结构，扩大核桃及其他能源油料经济树种规模，完善经济林基地建设；突出抓好中低产经济林改造，提高一批具有区域特色和多品种经济林示范基地的产量、质量和经济效益；大力推广名特优新品种和绿色产品生产技术规程，促进经济林品种的更新换代，提升产品档次；依靠科技进步，防控冻花、病虫和裂果和核桃幼树抽条等灾害，提高经济林抗灾能力，减少灾害损失。农民人均达到1亩经济林；到2015年新增530万亩，改造500万亩，全省经济林总规模稳定在1800万亩以上，其中高效高产经济林规模达到40%以上。通过新发展经济林面积增值20%，中低产林改造增值45%，常规技术进步及品种更新换代增值35%。实现产值128.0亿元以上。

(1)发展优质红枣基地350万亩，其中新建130万亩，改造210万亩；

(2)发展优质核桃基地400万亩，其中新建200万亩，改造180万亩；

(3)发展优质仁用杏基地80万亩，其中新建130万亩，改造50万亩；

(4)营建其他经济林基地100万亩，其中新建50万亩，改造50万亩。

本着面向市场、发挥优势、突出效益的原则，开发高档次、高品位的经济林产品，加快经济林加工产品的升级换代能力，延长产业链，提高附加值；加快山西省经济林产品采后处理、贮藏保鲜、果品加工龙头企业改扩建和新建，提高经济林残次果品利用率、优质产品商品化处理率、贮藏保鲜和加工转化能力；扶持和培育干果产品加工龙头企业，打造知名品牌，提高干果经济林产业竞争力，果品深加工率达到30%以上，年深加工能力达到7.2亿千克。加工增加产值达21亿元以上。

速生丰产林产业　大力发展平原林业，以忻定、太原、临汾、运城及上党盆地为重点，鼓励多元化投入开展合作造林，结合速生丰产林建设工程和平原绿化工程，建立符合现代市场需求的速生丰产林培育技术体系，重点发展杨树速生丰产林基地150万亩。大力发展木材加工业，在政策和资金上，对现有木材加工企业给予优惠和扶持，使它们不断发展壮大。利用先进设备和技术，打破所有制、行业、地域界线，建立产权明晰的现代企业制度，合理利用全省工业原料林及采伐更新剩余物建立人造板、中高密度纤维板生产龙头企业；加快林纸林板一体化建设，在基地建设的基础上，建立现代化纸浆生产企业，木材年加工生产能力达40万立方米。

林木种苗和花卉产业

(1)种苗基地。推动全省林木良种基地和大型苗木生产基地建设，建立规模化苗木生产基地，形成种苗生产和经营标准化、规模化、基地化、规范化、良种化格局。扩大主要树种采种基地，重点抓好油松、华北落叶松、侧柏、刺槐良种基地建设，提高良种生产率；建立规模化、现代化苗木生产基地，以大型龙头育苗企业带动全省苗木生产，形成集团化经营格局，提高苗木生产经营水平和优质苗木出圃率；建立苗木供需信息平台，为苗木生产提供信息服务，引导苗木生产。截至“十二五”期末，全省年育苗面积达到100万亩，年产苗量达到25亿株，年苗木总产值达到50亿元。

(2)花卉基地。规模化发展花卉，增强地域特色。以省会太原为中心大力发展盆花生产，以大同、朔州为重点稳步发展鲜切花，适度发展花坛花卉和草坪，加大花卉生产，引导扶持创办龙头企业，巩固和加大工业用花卉生产规模，带动全省花卉产业发展；加快大中型城市花卉市场建设和销售企业规模，建立区域花卉物流中心，拓展花卉交易市场，大力发展花卉培育和销售平台，开发培育花卉新品种新技术。

森林旅游产业　加大森林公园开发力度，加强和完善森林公园的基础设施，增加园内休闲、娱乐功能；规范森林旅游景点的管理；建立以国家级森林公园为龙头，以省级森林公园、城郊森林公园为骨干，以特色旅游为重点的森林旅游体系，依托五台山、太岳山、中条山、棋子山、太行峡谷等森林公园，打造太行山水森林旅游文化品牌；依托管涔山、关帝山、黑茶山等森林公园，打造吕梁山自然风情生态旅游文化品牌；依托城郊森林公园，打造各具特色的城郊森林休闲旅游文化品牌，形成以生态文化为核心，三大品牌为先导，重点公园为载体，带动全省森林旅游发展的新格局。

林下资源产业及灌木林产业　森林除提供木材产品以外，还为社会提供多种林副产品。充分利用山西省林下多种资源，发展具有山西省地方特色的林下资源采集与加工利用业，改变分散、无序的传统生产模式，向产业化、品牌化方向迈进。一是积极开展森林种植及加工业，主要抓好木本粮油、森林药材、森林食品等基地建设，发展面积56万亩；二是努力发展森林养殖及加工业，重点养育森林猪、森林鸡、鹿、蜂等特色品种，林下放养畜禽100万只；三是重点培育森林采集及加工业，着重搞好山野果、食用菌、山野菜开发以及森林泉水、森林氧吧等小型产业，促进林下资源形成产业链条，提高经济效益。各地还要根据资源优势，如连翘、杜仲、山茱萸等，积极进行开发，形成特色产业。

在依法保护野生动物的同时，根据国家规定，对可以从事商业性经营的54种陆生野生动物，加强驯化和繁殖，组建以动物毛皮为产业的加工流通体系，形成以规模化繁育、以综合加工利用为主的动物产业发展框架。

山西省灌木资源丰富，有440万亩沙棘林、230万亩柠条林，其中沙棘面积占全国的70%。退耕还林工程的实施和封山禁牧后，灌木资源总量将有较大的增长，加强对灌木的开发利用，不但能发挥重大的生态效益，而且在农民增收、农村产业结构调整及地方经济发展等经济效益和社会效益方面也能发挥一定的作用。一是走“公司+基地+农户”的模式，加快灌木原料林基地建设。逐步形成市场引导企业、企业带动基地、基地联结农户的产业化运行机制，实现灌木资源增加、生态改善、企业增收、农民致富的多重目标。特别是晋西、晋西北地区要大力实施灌木战略，在造林绿化上加大柠条和沙棘的比重。二是培育壮大龙头企业。要牢固树立生态建设产业化、产业发展生态化的思想，根据各地的资源优势大力发展灌木林加工利用企业，将资源优势转化为产业优势、经济优势，充分发挥龙头企业的辐射带动作用。三是加强灌木加工产品开发。要采取有效措施，提升灌木加工产品的开发水平，实现灌木林产品的深加工、精加工，延长产业链，形成产业群，实现多次增值，增强市场竞争力，带动灌木林的培育与利用。

此外，生物质能源因其具有可再生性和清洁卫生的特点，越来越受到广泛的关注和重视。根据林业自身的特点和优势，发展林业生物质能源是林业建设的一项重要内容。充分利用山西省文冠果、黄连木、黑椋子和翅果油树等生物质能源树种资源和适宜的自然条件，以全面规划、突出重点、示范引导为原则，选择条件较成熟的地区开展能源林培育示范基地建设，对主要能源树种种苗繁育、培育、开发利用进行试点示范。发挥龙头、示范和辐射作用，促进山西生物质能源基地建设，加快生物质能源的发展步伐。

【汾阳市大力发展核桃产业】

汾阳市核桃产业发展现状及特点 近年来，全市上下按照“山上建基地、山下办工厂、山外拓市场、科技创高效”的现代农业发展思路，全力发展核桃大产业，建成了全国最大的核桃产业“四大基地”。

(1)全国最大的核桃生产基地。全市现有8个万亩连片基地，80余个栽植500亩以上的规模村，4000余个10亩以上的规模户，在汾州大地上形成了北起杏花村镇武家垣村，南至石庄镇前阳寨村的百华里核桃林带。全市核桃种植面积达到55万亩，正常年景产量达到1.2万吨，产区农民人均核桃产业收入达到4880余元。

(2)全国最大的核桃加工出口基地。全市裕源、特达、阳光、新合作等30余家规模以上加工企业，年加工核桃3.5万吨，核桃油、核桃乳、核桃仁、核桃粥等精加工食品和核桃壳滤料、核桃壳粉等工业产品，远销欧美、澳大利亚等10余个国家和地区。汾州核桃产业，已经成为了完善的全链产业。

(3)全国最大的核桃苗木繁育基地。20世纪70年代以来，汾阳选育出中国第一个晚实核桃新品种—“晋龙1号”“晋龙2号”等11个优良品种。截至2012年年底，全市核桃苗木繁育基地面积达到1.8万余亩，年生产销售优种核桃苗3000万株。“汾阳核桃苗”，已经成为了享誉华夏的品牌。

(4)全国最大的核桃栽培技术基地。全市每年输出技术劳力已达3000余人，3位农民被省林业厅聘为“核桃管理专家技术组成员”。核桃生产技术，已经成为了新时代汾阳人民拓宽就业渠道的新本领。

主要工作经验及措施 核桃产业，作为汾阳市传统的支柱产业，在促进边山区农民致富和农村经济发展中发挥着不可替代的保障作用。为此，近年来，采取了以下几点措施，建成山西省的“六大示范园区”。

(1)科学规划“三明确”。为加快全市核桃产业化发展，市委、市政府在广泛调研的基础上，形成了科学的发展思路。①发展目标明确。制定出台了《关于加快汾州核桃产业化发展的决定》。明确提出，全市每年新发展5万亩核桃经济林，到“十二五”期末，全市种植面积达到60万亩，产量达到2万吨，年加工核桃7万吨。②种植区域明确。根据汾阳实际，将空档地块补植和断档补造作为重点，依据卫星图，标出各乡镇、各村需补植的地块，作为近年来新造林的重点予以扶持。③主导品种明确。把全市可发展核桃的地区分为山区以晋龙1号、2号等晚实核桃为主，丘陵区以中林、辽核等早实核桃与晋龙等晚实核桃间种为主、边山区以中林、辽核等早实核桃为主的种植模式。④园区建设示范功能明确。2012年以来，抓住全市实施“8+2”农业产业化的机遇，在全市选择具有代表性的山区散生种植、丘陵区标准化种植和边山区园田化种植三种典型的核桃种植模式，分别建成了南偏城片区双万亩汾州核桃老树保护基地示范园区、杨家庄片区双万亩有机核桃种植示范园区、栗家庄片区优质汾州核桃标准化种植示范园区、峪道和片区双万亩汾州核桃优质苗木繁育示范园区、下池家庄片区国家级核桃良种基地示范园区、汾州核桃产业综合示范园等六大集中连片示范园区。

(2)推进措施“四到位”。近年来，不断加大政府扶持和引导力度，初步构建起农民主动、政策拉动、项目带动、科技推动的新机制，核桃产业发展步入了品种化、规模化、产业化的良性发展轨道。①责任分解到位。为保证每年5万亩的新造林任务落实到地块，对空白地块实行领导分片包村，干部挂钩到地块，形成了市、乡、村各负其责的责任落实机制。在2012年的产业化项目实施过程中，既做到了市级领导包乡镇、龙头企业建基地、乡镇领导包村到地块，同时还实行了市级技术员包村、乡土人才包地块的技术把关制度。②林农认识到位。充分利用广播、电视、报刊、简报等宣传媒介和会议、授课、考察学习、示范带动等方式，大力宣传发展核桃产业所产生的社会、经济、生态效益，使广大农民群众变"要我种"为"我要种"，全市建成4个覆盖率达到80%以上的"核桃镇"、5个万亩以上连片的具有示范带动效应的"核桃林"、50余个核桃全覆盖的"核桃村"，涌现出4000余户规模种植的"核桃户"、3500多名精通生产技术的"核桃人"。③资金扶持到位。在积极争取国家、省市产业项目的同时，汾阳市规定每新发展1亩核桃经济林市财政补助200元，连片千亩以上的每亩补助600元的财政扶持制度，近3年已累计投入2000余万元。④督查落实到位。为确保新造林的保存率，每年7月份，由林业、纪检、财政组成联合督查组，对近3年的新造林保存情况进行复查验收，根据验收结果兑现补助资金。⑤造林机制优化到位，2011年以来，大力推广农村集体统一聘请造林专业队造林、农民专业合作社土地流转造林、大户承包土地造林等多种形式，建立了全市核桃经济林发展的多渠道投入、多主体参与、多形式造林新机制。

(3)发展动力"四促进"。为促进汾阳市核桃产业的健康发展。①抓市场体系建设，截至2012年年底，投资2.3亿元的汾州核桃产业园已经建成，将在近期投入运营，全市形成"1个汾州核桃交易中心+30余个高精深加工龙头企业+150余个初加工专业合作社+4000余个购销专业户+3.9万余种植农户+12万受益农户"的核桃产业市场体系。②抓有机认证质量体系建设，近年来，依托汾州裕源公司，在全市核桃产区大力开展核桃有机食品认证体系建设，截至2012年年底，2万余亩核桃基地通过了中国、欧盟、美国、日本的有机食品认证和国际犹太认证。③抓科技支撑体系建设，为促进汾州核桃品质的提高，近年来，连续制定、出台了《汾州核桃栽培与管理技术规程》《汾州核桃全年管理流程》《汾州核桃林带间作低秆作物的指导意见》《晋龙1号、2号苗木繁育技术规程》等生产技术标准。2012年的产业化项目实施过程中，在原有的汾阳市核桃良种繁殖试验园的基础上，抽调市林业局专业技术人员、乡土人才、农民技术员，组建了汾州核桃研究所。该园先后选育出了中国华北地区第一个核桃晚实良种——晋龙1号、2号等11个核桃良种，完成了山西省"早实核桃新品种引进试验研究"，成为了山西省唯一的国家级核桃良种基地。2012年，在世界核桃大会期间，成立"汾阳市核桃良种基因库建设专家协作组"，由国际园艺学会总协调，建设占地面积200亩、全国一流、世界领先的核桃种质资源基因库。④抓品牌体系建设，为加快推进汾州核桃品牌战略，从2009年以来，已先后组织了2届"汾州核桃文化节暨汾州核桃产业推介会"。

【稷山板枣产业】 板枣是稷山农业最具特色的品牌，枣树作为稷山的县树，经过历届县委、县政府的培育和发展，稷山板枣已成为广大枣农的富民产业，将成为稷山"十二五"时期农民人均纯收入实现翻番的支柱产业。主要有以下五大特点：

(1)板枣产业发展水平已占主导地位。截至2012年年底，全县枣树栽植面积15.3万亩，其中挂果面积10万亩，主要分布在稷峰镇和化峪镇的55个村。有10.5万人从事红枣种植业。2012年，全县板枣预计总产量5000万千克，总产值6.3亿元，枣农人均收入9000元，枣树示范户人均收入1万元以上。全县共有枣制品加工企业83家，从业人员1.2万余人，总产量4000万千克，总产值2.8亿元，枣业总产值占农业总产值42.6%，枣业发展水平已占主导地位。

(2)县委、县政府高度重视板枣基地建设。一是成立了稷山板枣生产和枣制品研发加工基地建设领导组；二是制定了推进板枣产业发展的优惠政策；三是设立了稷山县枣业发展服务中心，加大科技研发和技术推广力度；四是建立了板枣良种苗木繁育基地，为发展板枣生产提供了保障。

(3)制定了"十二五"板枣产业发展规划。邀请山西省林业规划设计院专家，制作了稷山板枣产业"十二五"总体规划，按照"统一规划，分期实施，开发一片，建成一片，受益一片，持续发展"

的原则。

(4)出台了板枣产业发展优惠政策。县政府印发了《关于推进板枣产业发展的意见》(稷政发〔2012〕3号)文件，一是加大财政投入，板枣发展基金列入县财政预算；二是对新建枣加工企业优先安排供地；三是对龙头企业和种枣大户给予税费优惠；四是加大信贷支持力度；五是对招商引资项目县政府给予资金奖励。

(5)稷山板枣的特点及品牌。板枣的特点：皮薄、肉厚、核小、含糖量高；并含有钾、钠、钙、镁、锰、锌、铁、磷、硒、铜等多种微量矿物质元素。其果为扁圆形，略带上窄下宽状，当地人多读扁音为板，故为板枣。成熟好的鲜枣，皮为黑红色，肉呈白绿色，含糖量达31.33%，含酸量0.1%，每百克含维生素C为499.7毫克。食之脆而好咬，味甜且香。制干后的好枣，皮无皱褶，丰满有弹性，肉变淡黄色，含糖量达74.3%，含能量1209千焦/100克，可食部分为96.65%，食之味甘甜，食后余香留口。制干后的板枣，各种维生素和氨基酸均较前有所增长，药用价值极高，并耐贮藏和运输。

(山西省林业厅产业处)

内蒙古自治区林业产业

【全区林业产业发展规模与特点】 2012年全区林业总产值244.9亿元，较"十一五"末2010年的202.2亿元增加42.7亿元，增幅达21.1%，其中，第一产业137.9亿元，第二产业66.7亿元，第三产业40.3亿元，农牧民人均林业收入430元。

全区林业产业发展总体呈现设施化、互补化、循环化、特色化特点，这些特点互为因果，有机联系，成为产业发展强有力的动因。一产特色种养业、二产加工业、三产旅游业普遍强化了基础设施建设，林业产业设施化水平有了新的突破和提高。特别在种植上，针对自治区自然气候特点的节水保水保温设施化，大大提高了土地产出水平和效益。

内蒙古林业产业地域分布特色表现在东部地区重点发展木材加工、人造板加工、速生丰产林及经济林基地、森林绿色食品、野生动物驯养繁殖及森林旅游产业；中部地区重点发展灌木饲料林基地建设与加工；西部地区重点发展葡萄、沙棘、山杏等经济林种植加工，生物质能源，梭梭肉苁蓉等蒙中药材基地建设与加工，沙漠旅游业；满洲里、二连浩特市依托口岸优势大力发展进口木材落地加工。一县一业，一乡(村)一品特色化趋势明显。

【果品及加工】 内蒙古经济林树种丰富，品质独特，木本粮油、干鲜果品等市场前景十分广阔。主要以葡萄、沙棘、山杏、枸杞、中小型苹果、沙果、蓝莓、榛子等产品种植与加工利用为主。

【森林食品】 呼伦贝尔市、兴安盟两地利用林区得天独厚的生态优势和资源优势，积极发展天然无污染的山野菜、山野果、食用菌等森林绿色食品加工业，积极开展森林绿色食品标志认证，提高产品的市场竞争力。

通辽市科尔沁区、库伦旗等旗县新建或扩建食用菌生产专业小区14个，生产规模已突破2500万盘(棒)，产量近3000万千克，年产值近3亿元。从事该项产业的菇农人均增收1000元。

【林沙产业】 随着全区防沙治沙工作的推进，林业生态建设保护力度的加大，全区沙区林业资源持续稳定增长，林沙产业步入快速发展阶段，初步形成了以木材、灌木饲料、中药材、经济林果、沙漠旅游等为重点的特色林沙产业，开发出人造板、纸浆、饲料、药品、保健品、食品、饮料、果品、生物质能源等一大批林沙产业产品，并带动了加工、贮藏、市场等相关产业的发展，林沙产业链不断延长，产值不断增长。

【生物质能源】 内蒙古利用广阔的山区、沙区等土地资源优势，开发文冠果、柠条、沙棘等生物质能源树种以及生物质高效能转化发电技术、定向热解气化技术和液化油提炼技术，建设一批林木质电站，引导开发企业建设林业生物质能源开发利用示范项目，支持开发能源林定向培育、林业生物质原料集储等关键技术研发应用，推动生物质能源发展。

鄂尔多斯毛乌素生物质热电项目是中国乃至世界首家利用沙生灌木需平茬抚育生物习性，获得可再生生物质原料，进行生物质直燃发电的项目，也是中国第一家配置自有能源林基地、全面采用国产技术装备的示范项目。除产生电能外，还将沙柳燃烧产生的二氧化碳进行捕集输送到螺旋藻养殖大棚进行螺旋藻养殖，沙柳燃烧后的草木灰用来生产钾肥，钾肥最终循环到沙柳种植基地，真正做到低污染零排放。其配套了60万亩自有原料林基地建设，现已完成33万亩，通过每年营造15万亩原料林基地和收购20万吨生物质燃料所形成的种植、抚育、储运、加工、利用产业链，为当地农牧民每年提供近5000个就地劳动的机会，并使当地农牧民增收6000万元，是绿色低碳循环经济的典型例证。

鄂尔多斯市源丰杭锦旗生物质热电工程项目位于内蒙古鄂尔多斯市杭锦旗锡尼镇。一期工程建设规模为2×12兆瓦抽汽凝汽式供热机组。配2台15兆瓦发电机、两台75吨每小时生物质直燃锅炉，并预留增加一台锅炉的条件。项目总投资2.86亿元，年发电量2亿度。项目以生物质电厂为中心，逆向拉动林、沙产业的发展。同时增加锡尼镇的集中供热面积，将锅炉燃烧后的灰渣直接作为有机钾肥还田使用，形成了一条完整的循环产业链。

通辽市奈曼旗鑫宸林木质发电有限公司是国家林业局林木生物质能源开发利用示范项目，与之配套的能源林培育基地被列为国家林业局能源林培育示范基地，现有以黄柳、锦鸡儿为主的灌木林达124万亩，以及中幼林抚育修枝及木材三剩物、伐根等，每年可提供林木质燃料干重65万吨以上。同时全旗仍有近260万亩宜林荒山荒地，适宜发展灌木能源林，发展空间巨大。项目每年可使农牧民群众通过出售薪材直接增收5400万元以上，带动3000人稳定就业。

【梭梭肉苁蓉产业】 依托内蒙古西部独特的自然地理条件，以阿拉善盟、巴彦淖尔市、鄂尔多斯市、乌海市为中心发展肉苁蓉基地建设与产品加工。在现有初加工产品的基础上整合资源、扩大规模，以提取肉苁蓉有效成分生产功能食品为主开展肉苁蓉深加工，4个盟市天然梭梭林面积达1504.82万亩，人工种植梭梭林面积已达209.49万亩，人工梭梭林接种肉苁蓉22.09万亩，其中，人工梭梭林人工接种肉苁蓉年产量543吨。肉苁蓉年产值达到1.42亿元。

【森林沙漠旅游】 内蒙古地处祖国北疆，地域跨度大，拥有森林面积居全国首位，森林旅游资源十分丰富，正着力打造以阿尔山、扎兰屯、牙克石、根河为中心的大兴安岭原始林区生态旅游区，以赤峰市的林西、克什克腾、喀喇沁及宁城为中心的森林生态旅游区，以呼和浩特、包头、鄂尔多斯为中心的沿大青山一线的森林沙漠旅游区。目前，已建立45处森林公园、7处湿地公园、143处自然保护区等森林旅游目的地，已开展森林旅游的景区达80处，年森林旅游人数超过1200万人次，旅游社会综合产值72亿元，取得较好的生态、经济和社会效益，森林旅游逐步成为自治区旅游产业新的经济增长点，呈现出快速发展的良好势头。

【鄂尔多斯市】 立足地区特点和灌木资源优势，初步形成了以人造板、生物质发电、饲料、饮食品、药品、保健品加工和生态旅游为主的林沙产业体系，建成毛乌素生物质电厂、高原杏仁露、天骄资源、水域山等规模化林沙产业企业20多家，其中销售收入100万元以上的12家，500万元以上的9家。人造板年生产规模15万立方米，饲料年生产规模6万吨，酱油、醋、杏仁露、沙棘饮料年生产规模15万吨，沙棘黄酮软胶囊年生产规模2000万粒，年生物质发电1.2亿度。依托生态建设形成的良好自然环境和独具特色的人文、地理环境，建成成吉思汗陵、响沙湾、七星湖、恩格贝生态园、萨拉乌素等生态旅游景点20多处，总面积300多万亩，年接待游客120多万人次。2012年林业总产值达到42.7亿元，农牧民来自林业的人均纯收入达到2443元。

【满洲里进口资源加工园区】 园区产品主要有集成材、指接板、纯木窗、实木家具、木艺装饰框等，产品销往国内各地和欧美、日韩、东南亚，木业企业100余家，从业人员逾万人，木材年加工能力600万立方米，干燥能力150万立方米，正由初加工向精深加工转型发展，家具、装饰装潢材料、木质门窗、木结构建筑等深加工产品比例逐步扩大，品牌培育稳步推进。

【龙头企业】 2012年6月，评选出第二批林业产业化重点龙头企业33家。至此，全区共评选出61家自治区级林业产业化重点龙头企业，在带动林业产业结构调整，规模壮大，多元化、精深化、现代化方面发挥了重要作用，同时也带动社会各界对林业产业化基地建设，林业设施，精深加工以及森林沙漠旅游业发展的积极性日益增强，领域不断拓宽。61 家自治区级林业产业化重点龙头企业中，19 家企业有利益联结基地。龙头企业在提高产品附加值，增加市场占有率的同时，通过自建、利益联结等方式，投入生态建设，既改善了生态环境，为企业自身发展壮大提供资源储备，又带动了社会各界投入生态建设的积极性，逆向拉动了生态建设可持续健康发展，促进当地经济发展和农牧民增收致富。

（张希斌　韩　英　锡　勒）

辽宁省林业产业

【概　述】 2012年全省林业产业产值达到1547亿元，同比增长24.9%，高出全省经济15.4个百分点。其中：一产858亿元，同比增长16.3%；二产483亿元，同比增长23.3%；三产206亿元，同比增长89.2%。林业增加值：544.1亿元，同比增长19.5%。其中：一产356.5亿元，同比增长16.9%；二产119亿元，同比增长6.9%；三产68.6亿元，同比增长76.3%。2012年，全省涉林农民人均林业产业收入达到3573元，占全年人均收入的38.1%，同比增长19.5%，高出全省农民年人均收入增幅6个百分点。全省累计开发林地经济面积2200余万亩。

从产业结构看：2012年第一产业产值858亿元，同比增长16.3%。其中经济林及果材林的产值为283.6亿元，是第一产业的龙头行业，其中红松果材林365.1万亩、实现产值40亿元，核桃楸果材林221.3万亩、实现产值5.7亿元，板栗274.1万亩、实现产值8.7亿元，榛子266.8万亩、实现产值52.2亿元，大枣84.5万亩，实现产值13亿元；全省林业产业养殖类产值96.9亿元，新增养殖场1956处，累计养殖场达到40305处，新增存栏量168 216 743万头(万只)，其中，鹿3.5万头、林蛙168 214 472.2万只、野猪0.6万头。累计存栏量1 225 220 433万头(万只)，其中鹿17.7万头、林蛙1 225 217 069万只、野猪45万头。第二产业产值483亿元，同比增长23.3%，木制加工仍是第二产业主要支柱，产值达到366亿元。其中人造板加工企业新增167家，累计3737家，规模以上149家，实现产值366亿元；家具加工企业新增21家，累计614家，规模以上85家，实现产值137.3亿元。目前森林食品类加工企业发展快速，全省经林果品加工企业266家，规模以上59家，实现产值48.3亿元；全省森林中药材加工企业达到567家，规模以上31家，实现产值34.2亿元；全省山野菜加工企业69家，规模以上21家，实现产值16.4亿元；全省食用菌加工企业146家，规模以上19家，实现产值17.5亿元。第三产业206亿元，同比增长89.2%。辽宁省林业生态旅游与休闲业发展迅猛，目前全省有森林公园及依托森林的自然风景名胜旅游区近200个、自然保护区近50个、依托林业形成的“农家乐”2000多家。据统计，2012年接待游客达到2299.4万人次，直接门票收入17.1亿元。全省林业产业一产、二产、三产占林业总产值比例为5.5:3:1.5。

【政策·规划】 沈阳市政府出台《沈阳市2012年扶持现代农业发展促进农民持续增收若干政策》(沈农经发〔2012〕11号)。

中共鞍山市委出台《关于加快林业生态建设的意见》。

铁岭出台《关于加强榛子专业合作社建设的意见》(铁市农发〔2012〕69号)，对榛子专业合作社从事的服务活动，享受《财政部 国家税务总局关于农民专业合作社有关税收政策的通知》(财税〔2008〕81号)中的有关税收优惠政策。林业贷款贴息要优先用于榛子专业合作社。

绥中县(绥政发〔2012〕64号)按照建设标准要求经验收合格，每建成一个农副产品深加工企业，县政府补助5万元。建成一个现代畜牧养殖小区的，养猪小区补助10万元，其他小区补助5万元；建成一个现代果树示范小区，结果园补助5万元，幼树园补助5万元，干果园补助5万元。获省级以上知名品牌补助2万元。

【龙头企业】 辽宁省为促进全省林业产业的发展，完成第二批林业产业龙头企业的命名工作，共63家。包括有：沈阳宏发企业集团家具有限公司、沈阳巴菲克实业有限公司、沈阳北美木业有限公司、沈阳贝格尔实业有限公司、沈阳市永森竹木业有限公司、沈阳好百年木业有限公司、沈阳南威尔士木业有限公司、沈阳市富森安泰木制品加工厂、沈阳天峰生物制药有限公司、大连飞马文仪家具有限公司、中宏常晴家具(大连)有限公司、大连日发家具有限公司、大连富而美果品有限公司、大连佛伦德农业有限公司、大连美罗都市农业科技示范园有限公司、大连绿岛农业科技有限公司、大连盖世食品有限公司、大连真爱果业有限公司、大连洪泽食品有限公司、大连欣伟业生态农业观光园有限公司、抚顺森隆达木业有限公司、辽宁林海木业有限公司、抚顺合兴万家木业有限公司、抚顺市顺城区辉达地板涂漆厂、抚顺美世人造板有限公司、抚顺市罕督进出口有限公司、本溪木业有限公司、本溪红叶家俬制造有限公司、辽宁晟麦实业股份有限公司、辽宁长白仙子生物科技有限公司、辽宁大石药业有限公司、本溪华宝人参制品有限公司、丹东汇友木业有限公司、凤城市亿丰实木制品有限公司、丹东华旭食品有限公司、宽甸裕源山奇食品有限公司、宽甸辰阳山珍食品开发有限公司、宽甸玉竹农副产品有限公司、丹东市东潆板栗食品有限公司、宽甸满族自治县万钧蜂业开发有限公司、辽宁峪程菌业有限公司、宽甸绍成参业有限公司、丹东市高冠蓝莓研究开发中心、丹东市日食罐头食品厂、丹东东大食品有限公司、辽宁广天食品有限公司、阜新奥腾木业有限公司、阜新美饰达木业有限公司、辽宁振隆特产股份有限公司、铁岭三能科技有限公司、辽宁宏宇生物科技有限公司、辽宁鹿源参茸饮片有限公司、西丰鹿宝堂药业有限公司、开原市云清苗木花卉有限公司、昌图东野榛子制品有限公司、建平县青松岭凤凰山菌业有限公司、辽宁古果有机保健食品开发有限公司、朝阳市盛野食品有限公司、辽宁天赢蔬菜有限公司、朝阳梨花王饮品有限公司、朝阳金土地农业种植有限公司、朝阳鑫峰现代农业科技有限公司、朝阳立塬新能源有限公司。

【展览展会】 首届中国森林食品交易博览会暨第三届中国(铁岭)榛子节(以下简称森交会)。于2012年9月26日至9月28日在辽宁省铁岭市召开。森交会共有全国16个省、674家企业参加,参展产品为10大类、1800余种展品。展区面积为3万平方米,是同等级的全国展会规模最大的。国内外莅会客商超过5万人,现场交易、购销合同、销售代理、企业投资合作及意向协议签约项目294个,会展贸易总额达32.88亿元。全国共有450个产品获奖,其中,金奖198个;优质产品奖252个。森交会邀请了新华社、中新社、人民日报、中央电视台、香港大公报、香港文汇报、中国绿色时报和人民网、新浪网、凤凰网、中国新闻网及辽宁日报、辽宁广播电视台等60余家主流媒体、150多名记者参加,有关报道在网上被转发2000余条。森交会集中展示了近年来辽宁省森林食品产业发展的新成果,集中展示了省政府一以贯之重视发展林地经济的政策效应,集中展示了辽宁省多年来坚持“一县一业”为主的林业产业工作风貌,树立了森林食品“生态、安全、优质、营养”的辽宁形象。辽宁省以榛子、优质核桃、板栗、大枣、人参等为主的森林食品首次在全国同行面前展示、推介和宣传,为今后争取国内外的广泛合资合作和贸易往来架设了桥梁、奠定了高层厚实的基础,也为全省上下进一步加快以“一县一业”为主的林地经济基地建设产生了巨大的推动。

【产业园区】

彰武园区 彰武中国北方家居基地到11月底同15户企业签署投资协议,协议投资额47.63亿元,新开工企业12家。园区累计完成基础设施建设9.0亿元,累计同128户企业签署投资协议(入驻企业79家),协议投资额110.48亿元。全年园区企业完成投资51.5亿元。

台安园区 截至2012年11月底,台安“五位一体”现代化木业产业集群由于园区用地等原因,仅与辽宁鑫华科技发展有限公司签署投资协议,协议投资树莓饮料,投资额0.3亿元。全年园区累计完成基础设施建设投资6.1亿元,累计同17户企业签署投资协议(入驻企业16家),协议投资额25.1亿元。2012年园区企业完成投资12.8亿元。

南杂木园区 截至2012年11月底,南杂木工业园区与抚顺市新宇木业有限公司签署投资协议,协议投资集成材、实木地板、家具10万立方米,投资额1.5亿元。园区累计完成基础设施建设32亿元,累计同148户企业签署投资协议(入驻企业

79家),协议投资额27亿元。全年园区企业完成投资23亿元。

本溪"药都" 截至2012年11月底,本溪"药都"同4户企业签署投资协议,协议投资额15.6亿元。园区累计完成基础设施建设43亿元,累计同226户企业签署投资协议(入驻企业226家),协议投资额983亿元。全年园区企业完成投资300多亿元。

佟二堡皮装裘皮产业园区 截至2012年11月底,佟二堡皮装裘皮产业园区同香港汉马集团签署投资协议,协议投资裘皮商场,投资额8亿元。园区累计完成基础设施建设10亿元,累计同12户企业签署投资协议(入驻企业8家),协议投资额30亿元。全年园区企业完成投资12亿元。

【沈阳市林业产业】 2012年,沈阳市以林业产业优化升级为中心,调整林业产业结构、推动林业产业升级战略,全市林业产业总产值达到136.87亿元,同比增长32.96%,以果树为重点的经济林总面积达到48万亩,其中寒富苹果18万亩、苹果梨17万亩、树莓4万亩、葡萄11万亩,产值约6亿元;沙金台、东升、康平等3个乡镇被评为"辽宁特产之乡"。森林旅游及相关休闲服务业增长迅速,实现产值约为22.66亿元;林下经济总规模突破50万亩,年产值3.5亿元;全市涉林企业达到2万家以上,实现产值约为65.29亿元。其中木材加工企业发展到2000多家,木材加工企业中规模以上企业120多家,涵盖了木浆造纸、制板、木制家具、橱柜、果品加工、生物制药等多个产业。沈阳好百年木业有限公司等9家企业荣获辽宁省第二批省级林业产业龙头企业称号。

【丹东凤城市板栗产业】 截至2012年年底,凤城市的板栗栽培面积已发展到87万亩,板栗年产量达到4.8万吨,板栗产业产值达10.5亿元,占全市林业总产值的53%,占全市农业总产值的25.3%。板栗产业带动农户2.8万户、7.5万人。全市从事板栗产业农民年均收入6700元,占其年收入的71%。板栗产业对全市农民收入贡献率达到21.8%。其中,板栗良种面积61万亩,全部是从国内外选育和引进并通过科技成果鉴定的优良品种,具有适应性强、丰产性好、品质优良等特点。全市21个乡镇(区)均有板栗分布。其中,万亩以上乡镇(区)15个。全市201个行政村,板栗面积在千亩以上的基地村132个。

【朝阳市鲜食大枣产业】 大枣在朝阳县具有上千年的栽培历史,品种主要以独有的大平顶枣、金铃圆枣、金铃长枣为主。朝阳大枣营养价值高,全熟期含可溶性固形物42%,可食率90%以上,每百克果肉维C含量高达300~660毫克,居百果之首。朝阳大枣皮薄肉厚、酥脆、酸甜、爽口,果实色泽鲜艳,状如玛瑙,素有"北方玛瑙"之称,并以其独特的口感而闻名华夏。截至2012年年底,全县大枣栽培规模已发展到33万亩,8000万株,正常年产鲜枣8000万千克,产值近8亿元,90%的朝阳大枣均以鲜枣出售,销量居全国第一。

目前,朝阳县大枣产业已经形成了比较完备的生产、管理、加工、销售和服务体系。为发展鲜食大枣产业,朝阳县成立了大枣开发协会。为了使枣农尽快掌握先进技术,提高管理水平,县林业局起草的辽宁省地方标准《农产品质量安全 枣生产技术规程》于2008年12月正式发布实施。从2003年起,全县修建了120多个大枣保鲜库,使鲜枣销售期延长一个多月,经济效益增加1.5倍以上。 (高海山 何东阳 王 路)

吉林省林业产业

【概　述】

林业总产值　2012年全省完成林业产业总产值1150.95亿元，比2011年增加124.69亿元，增长12.15%；其中第一产业产值311.72亿元，比2011年增长9.34%，占总产值的27.08%；第二产业产值700.49亿元，比2011年增长12.50%，占总产值的60.87%；第三产业产值138.74亿元，比2011年增长17.07%，占总产值的12.05%。全年实现林业增加值374.72亿元。

在林业的一、二、三次产业中，龙头产业的带动日益增强。经济林产品的种植与采集业产值占林业第一产业产值的一半，2012年，包括水果、干果、中药材以及森林食品等在内的经济林产品的种植与采集业产值达到157.86亿元，占第一产业产值的50.64%。非木质林产品加工制造业成为林业第二产业的重要支柱，2012年，包括中药材加工、果酒果汁制造、坚果加工以及山野菜、食用菌加工在内的非木质林产品加工制造业产值达到307.45亿元，占第二产业产值的43.89%，随着木材加工制造业的整体下滑，非木质林产品加工制造业将逐步成为加快林业产业发展的重要砝码。森林旅游业成为林业第三产业的主要增长点，2012年，森林旅游及休闲服务业产值达到62.13亿元，比2011年增长10.11%，占第三产业产值的44.78%。

经济林产品采集业保持增长　2012年全省经济林产品的种植与采集业产值达157.86亿元，比2011年增长13.78%；产值占全部林业产业总产值的13.72%，比重增长0.2%。2012年，全省松子产量2.8万吨、食用菌产量7.7万吨、山野菜产量9.1万吨。

花卉产业蓬勃发展　2012年，全省花卉产业已成为中国北方重要的花卉产业生产基地之一，产值达13.53亿元，比2011年增长8.12%；花卉产值占全部林业产业总产值的1.18%，比重下降0.04%。全省鲜切花切叶产量3218万支，盆栽植物产量400万盆，观赏苗木537万株。

森林动物养殖业　2012年，全省以林蛙、鹿、狐、野猪、山鸡等为主的野生动物驯养产业产值达39.79亿元，比2011年下降0.51%；养殖业产值占全部林业产业总产值的3.46%，比重下降0.44%。

森林生态旅游产业　2012年全省林业旅游接待人次达1372.6万人次，旅游与休闲服务产值达62.13亿元，比2011年增长10.11%；旅游与休闲服务产值占全部林业产业总产值的5.40%，比重下降0.1%。

产业发展特点　在林业的一、二、三次产业中，龙头产业的带动日益增强。

(1)经济林产品的种植与采集业产值占林业第一产业产值的一半。2012年，包括水果、干果、中药材以及森林食品等在内的经济林产品的种植与采集业产值达到157.86亿元，占第一产业产值的50.64%。

(2)非木质林产品加工制造业成为林业第二产业的重要支柱。2012年，包括中药材加工、果酒果汁制造、坚果加工以及山野菜、食用菌加工在内的非木质林产品加工制造业产值达到307.45亿元，占第二产业产值的43.89%，随着木材加工制造业的整体下滑，非木质林产品加工制造业将逐步成为加快林业产业发展的重要砝码。

(3)森林旅游业成为林业第三产业的主要增长点。2012年，森林旅游及休闲服务业产值达到62.13亿元，比2011年增长10.11%，占第三产业产值的44.78%。

【木材生产及木材加工产业】

木材大幅降产、销售价格下降　2012年全省生产木材344.26万立方米，比2011年减少90.01万立方米，下降20.73%。在全部木材产量中，原木产量340.47万立方米，比2011年下降21.18%；薪材产量3.79万立方米，比2011年增长63.81%。在全部木材产量中，国有企业单位生产木材144.31万立方米；国有林场、事业单位生产木材109.35万立方米；系统外企、事业单位采伐自营林地木材5.77万立方米；乡(镇)集体、村及村以下各级组织和农民个人生产木材84.82万立方米。

全省木材采运产值36.90亿元，比2011年下降21.18%；木材采运产值占全部林业产业总产值的3.21%，比重下降1.35%。2012年全省木材销售实际平均价格为1058元/立方米，比2011年下降8.08%。

锯材产量增长、木片产量大幅下降　2012年全省锯材产量149.83万立方米，比2011年增长2.68%；木片、木粒加工产量达到8.83万实积立方米，比2011年下降47.81%。锯材、木片销售实际平均价格分别为1897元/立方米、377元/实积立方米。全省锯材、木片加工产值达到39.25亿元，比2011年增长7.33%；锯材、木片加工产值占全部林业产业总产值的3.41%，比重下降0.15%。

人造板产量下降　2012年全省人造板产量达到348.75万立方米，比2011年下降1.65%，人造板产量在连续5年快速增长后首次出现下降。其中，胶合板131.40万立方米，比2011年增长6.33%；纤维板87.34万立方米，比2011年下降5.67%；刨花板82.60万立方米，比2011年下降17.18%；其他人造板(主要为细木工板)47.41万立方米，比2011年增长22.58%。全省人造板产值达89.92亿元，比2011年下降6.36%；人造板产值占全部林业产业总产值的7.81%，比重下降1.55%。

木地板产量稳定　2012年全省木地板产量达3400.46万平方米，比2011年增长9.07%。其中实木地板483.87万平方米，复合木地板2798.37万平方米，其他木地板118.22万平方米。全省木地板产值51.70亿元，比2011年下降2.25%；木地板产值占全部林业产业总产值的4.49%，比重下降0.66%。2012年全省木地板销售实际平均价格为154元/立方米，比2011年下降6.67%。

木家具制造业继续壮大　2012年木制家具总产量317.65万件(套)，产值达33.20亿元，比2011年增长13.31%；木家具制造业产值占全部林业产业总产值的2.88%，比重增长0.02%。

木浆造纸业发展受阻　2012年，全省木浆造纸业产值达42.01亿元，比2011年下降21.91%；木浆造纸业产值占全部林业产业总产值的3.65%，比重下降1.59%。

其他林产品产量情况　2012年，全省单板产量23.93万立方米，指接材4.51万平方米，木炭7300吨。

【非木制林产品加工制造产业】　2012年，全省非木制林产品加工制造业产值达307.45亿元，比2011年增长30.69%；产值占全部林业产业总产值的26.71%，比重增长3.79%。吉林省的非木制林产品加工制造业以中药材加工制造、坚果加工、山野菜、食用菌加工、葡萄酒和果汁制造业为主，目前已成为吉林省林业加工业的第一支柱产业。其中：

2012年全省中药材加工制造业产值236.59亿元，比2011年增长23.68%；中药材加工制造业产值占全部林业产业总产值的20.56%，比重增长1.92%。自2005年以来，吉林省中药材加工制造业得到了突飞猛进的发展，经过几年来的努力，已成为全省林业支柱产业之一，支撑和拉动了全省国民经济的快速增长。

2012年全省坚果加工产值25.71亿元，比2011年增长28.33%；坚果加工产值占全部林业产业总产值的2.23%，比重增长0.28%。

2012年全省山野菜、食用菌加工产值11.84亿元，比2011年增长82.25%；山野菜、食用菌加工产值占全部林业产业总产值的1.03%，比重增长0.4%。

2012年全省葡萄酒和果汁饮料制造业产值17.30亿元，比2011年增长45.94%；产值占全部林业产业总产值的1.50%，比重增长0.34%。

【龙头企业、产业基地建设】　林业产业的集群化、集约化发展是产业发展的必然趋势。注重发挥林业产业园区、林业产业化龙头企业和产业基地的作用，以“园区+企业+基地+农户”的形式，发挥企业技术、资金的优势和带动作用，是促进林业产业快速发展的主要手段。截至2012年年底，吉林省已有1个国家级林业产业园区、9个省级林业产业园区、98户省级林业产业化龙头企业和44个省级林业产业基地，已经成为吉林省林业产业发展的龙头，发挥了重要的带动作用。

吉林省部分林业产业化龙头企业名单

单位名称	主营产品
吉林森工集团金桥木业有限公司	木地板
吉林森工集团泉阳泉饮品有限公司	矿泉水
抚松金隆木业集团有限公司	木地板
吉林省北佳中药材科技开发有限公司	饮料
吉林省泰信达长白山生物科技开发有限公司	林蛙油
长白山森工集团珲春森林山木业有限公司	木地板
长白山森工集团吉林新元木业股份有限公司	木地板、家具
抚松县泉阳雅格林木业有限公司	地板
吉林森工集团吉林森林工业股份有限公司	刨花板
长白山森工集团和龙人造板有限公司	纤维板
吉林省宇平工艺品制造有限公司	工艺品
集安益盛药业股份有限公司	中药
梨树县永成木业有限公司	胶合板
吉林松宝生物技术产业有限责任公司	松子
吉林省兄弟木业集团有限公司	木门
敦化市吉森木业有限责任公司	木地板
延边宝利蜂业有限公司	蜂产品
敦化市中联木业有限责任公司	中密度板
敦化市福敦木业有限责任公司	木门
敦化市中信木业有限责任公司	木地板、木门窗
敦化市大成木业有限责任公司	木地板
敦化市洪源木业有限公司	地板
敦化市大福门业有限公司	木门
白山华枫木业有限公司	木地板
蛟河市天林石材有限公司	石材
通化博琳建材有限责任公司	中密度板
吉林省锦疆木业有限公司	木门
抚松县和平家具有限责任公司	家具
通化百泉参业有限公司	人参
集安市红五味保健食品有限公司	饮品
集安市永泰蜂业有限责任公司	蜂产品
吉林长青参业有限公司	参产品
吉林省鸿乔木业有限责任公司	木门窗
辽源市龙山区森广木业制品厂	细木工板
四平市辽河垦区三元木业有限公司	细木工板
吉林森工华英家具有限责任公司	家具
吉林森工天祥土特产有限公司	蜂产品
吉林森工云龙木业有限公司	木窗
通化金汇药业股份有限公司	中药
双阳区尊鹿生物科技有限公司	鹿副产品
白城市腾达木业有限公司	细木工板
抚松县林海雪原酿酒有限责任公司	果酒、蓝莓饮料
磐石市取财森林食品开发有限公司	食用菌、山野菜
集安市永德参业有限公司	蜂产品
延边林业集团汪清林源木业有限责任公司	密度板、纤维板
梨树县明辉林业三剩物再利用有限公司	三剩物加工
临江市宝健木业有限责任公司	家具
通化方圆木业有限公司	家具
辉南宏日新能源有限责任公司	生物质颗粒
吉林森工集团三林木业有限责任公司	细木工板
敦化市万融木业有限责任公司	木地板
敦化森泰木业有限责任公司	木地板
敦化市碧源生物科研中心	人参制品
汪清斯宅木业有限公司	家具
吉林省岳桦木业有限公司	木门
梅河口市金松食品有限公司	松子
康美新开河(吉林)药业有限公司	人参
长春市大明木业有限公司	木门

吉林省部分林业产业基地名单

单位名称	主营产品
长白县龙泉镇林场参场	人参
靖宇海源中药饮片有限公司	蒲公英、山葡萄
长白县蓝金农业有限公司	蓝莓
靖宇县宝兰特产开发有限公司	林下参、中药材、食用菌
露水河林业局宏伟种子园	红松子
九台市波泥河林场	苗木、花卉
通化县三棚林场	红松果林
集安森源食用菌种植有限公司	香菇
辉南县石道河镇龙岗中蜂繁育专业合作社	蜂产品
临江长白山鹿业有限公司	鹿产品
通化东方中草药种植有限公司	五味子
长春市吉双贵发鹿业养殖基地	鹿产品
舒兰永丰西洋参产业基地	参产品
长白冷沟子林场中药材种植基地	林下参
抚松县林业局兴隆林场林特产业基地	人参、五味子
辉南四方山野山参产业基地	林下参
辉南县共赢蓝莓种植产业基地	食品、酒类
通化县朝阳林场返魂草产业基地	返魂草
泉阳林业局北五味子产业基地	五味子
大石头林业有限公司沙河源食用菌产业基地	黑木耳
吉林省八家子林业局山野菜产业基地	山野菜
吉林省八家子林业局原生态蜜蜂产业基地	蜂蜜
汪清林业局红松果采集产业基地	红松籽

(祁永辉)

黑龙江省林业产业

【概　述】 2012年，黑龙江省林业总产值1203亿元，其中森林食品实现产值188.1亿元，对全省GDP贡献率达到1.4%。从近几年的统计数据看，黑龙江省林业森林食品产业产值平均占全省的76%。

全省初步形成了以食用菌种植、干鲜果品种植和采集、可食药材种植、山野菜种植和采集、野生动物驯化和养殖等为重点的五大类森林食品产业体系。这五大食品产业的相继建立，直接增加林区职工就业和半就业百万人以上。

(1)食用菌类。目前，全省除了西部平原地区外，其他有条件的30多个山区和半山区县(市)都能够积极发展食用菌产业。2012年全省食用菌总产量为33.3万干吨。其中黑木耳产量27万干吨，约占全国的60%以上，猴头菇、元磨、榛蘑和松茸等产量约占全国80%以上。全省依托牡丹江东宁县和哈尔滨尚志市两大核心产区，重点开展科技攻关、新技术培训和应用，不断完善和疏通买卖双方市场交易渠道等相关配套服务，有效延长产业链条和不断扩大产品种类，实现并形成了两大食用菌产业集群。2012年东宁绥阳黑木耳大市场，年干品交易量达10万吨以上，市场交易额近50亿元。尚志苇河黑木耳交易市场，年食用菌干品交易量达6.5万吨，实现交易额32.5亿元。

(2)干鲜果品类。2012年全省经济林面积为14.6万公顷，各类林果产量51.5万吨。其中苹果、梨、葡萄、李子等地方水果15.8万吨。红松籽、榛子、核桃等干坚果产量9400吨。蓝莓、沙棘等小浆果产量3450吨。全省现有水果生产加工企业2000多家，坚果加工企业400多家，蓝莓坚果企业200多家。其中规模以上林果加工企业达到127家，年可加工各种水果1.8万吨。干鲜果品类产品主要有：烘焙食品、蓝莓果酒、果汁饮料、罐头、果酱、果脯、生物药剂等7大系列，200多个品种。2012年干鲜果品加工产值近20亿元。

(3)山野菜类。据不完全统计，2012年全省山野菜产量达到5.1万吨，主要山野菜品种有：刺嫩芽、猴腿菜、柳蒿、黄花菜、蒲公英、老山芹、蕨菜、微菜等。目前，黑龙江省山野菜产品在全国市场占有率近1.7%。山野菜，成为黑龙江省独具特色的森林食品。2012年，山野菜产品实现产值15亿元。

(4)药材类。2012年全省中草药种植面积超过100万亩，生产木本和草本药材1.13万吨。有的药材直接用于饮食，比较典型的有：人参、刺五加、龙胆草、五味子、蒲公英、桔梗等已经大量走向餐桌。据不完全统计，2012年全省直接用于生产健康食品和饮品的药材达2000吨，产值近6000万元。

(5)野生动物类。全省现有野生动物饲养场(点)800处，其中野猪养殖场200多家，驯养野猪4.5万头；鹿场400多家，驯养梅花鹿和马鹿8.5万头；林蛙养殖6000多家，承包林地面积200万公顷以上。以上年产各种肉类食品3000吨以上，产值达5亿元。其中，林蛙肉食产品市场占有率达60%以上，并且呈逐年上升的趋势。

【东宁县黑木耳产业】 东宁县依托当地良好的资源和气候条件以及历史上由来已久形成的传统产业，全县102个村全部开展食用菌生产，共带动1.8万户、有4万多人从事黑木耳生产。其中生产规模超过3000万袋的村1个，超2000万袋的村6个，超1000万袋的村19个。2012年全县种植黑木耳8.8亿袋，产量突破4万吨，占全省40%，占全国20%。连续多年产量稳定全国第一，成为县域经济的重要来源，同时也是全县农村第一富民支柱产业。2012年东宁县黑木耳总产值16.5亿元，亩纯效益达1.2万元，最高达3万元，占全县种植业70%以上，在农民人均纯收入中所占比率超过80%。

【林业科技】

通过成果鉴定　中短轮伐期杨树纤维用材林良种区域化试验与示范；林区湿地鼠害无公害防治技术研究；黑龙江省碳汇林高固碳树种选择研究；嫩江沙地防护林低耗水树种评价；黑龙江省湿地信息管理系统的研建与应用；黑龙江省森林资源档案管理系统；主要用材树种优良家系无性系选育技术研究；种子园改建与升级技术研究；母树林抚育改造技术研究；优育林木种苗繁殖配套技术研究。

科研成果　“黑龙江省森林碳储量分布及动态研究”项目获黑龙江省科学技术一等奖；“森林有机凋落物分解机制研究”项目获黑龙江省科学技术二等奖；“丘陵黑土区水土保持林构建与流域综合治理技术研究”项目获黑龙江省科学技术三等奖；“柳树优良品种——青竹柳选育研究”项目获黑龙江省科学技术三等奖。

技术推广　蓝靛果忍冬良种无性扩繁技术推广示范；龙仁1号甜仁杏新品种推广示范；杨树速生丰产林优良品种小青黑推广与示范；杂种落叶松优质速生纤维用材林培育技术推广；中药防风优质高产育苗栽培技术推广与示范；高寒盐碱地区沙枣繁育及造林技术推广与示范；红松果仁系列食品生产技术推广与示范；太平东河流域水土保持林体系营造技术推广与示范；黑龙江省西部平原林农复合经营技术推广与示范；兴安杜鹃、迎红杜鹃繁育技术推广示范；杨树飞月扇舟蛾、天幕毛虫、舞毒蛾生物控制技术推广与示范；珍贵树种长白松引种推广；东方红钻天松快速繁育推广与示范；黑龙江省猪苓人工栽培技术推广；无公害苹果梨高效综合栽培技术推广示范；寒地晚熟雪碧桃栽培技术推广与示范；山区大青杨造林技术推广与示范；黑龙江省西部平原适宜造林树种银中杨、樟子松嫁接红松、沙枣等优质苗木示范推广；蓝靛果忍冬引种繁育技术示范推广；寒冷地区地被景天、大叶铁线莲、玉簪等繁殖栽培技术推广与示范；寒冷地区优良花卉京山梅花、芽红红瑞木、百合、紫罗兰等引进及推广；黑木耳新品种黑威9号的推广示范；锦带花新品种繁育技术推广。

验收中央财政科技推广示范项目　平欧寒地杂交大果榛子栽培技术推广；寒地生态蚕业建设技术推广应用；全光袋栽地摆黑木耳生产技术推广与示范；俄罗斯杨树良种繁育和示范推广；防治林业害虫天牛的水基化微胶囊农药推广示范；薇菜、蕨菜两种经济植物规模化栽培示范推广；退化地生态环境修复与植被建设技术示范推广；文冠果良种苗木繁育技术推广；红松、樟子松、落叶松人工林抚育经营技术推广。

（曹玉朴）

上海市林业产业

【林业产业特点】 经济果林是一项集生态、经济和社会等多种功能于一体的林业高效产业，既是上海市林业生态资源重要组成部分，也是农民收入的重要来源。上海的林业第一产业主要以经济果林为主，柑橘、桃、梨、葡萄为四大主栽果树。

近年来，上海的经济果林产业发展呈现以下特点：一是种植面积基本稳定。全市经济果林面积基本稳定在2万公顷左右，总产量、总产值分别稳定在40万吨和20亿元以上。

二是标准化生产、组织化经营、品牌化销售发展速度快。近年来发展的经济果林都以标准化、规模化基地建设为主，目前全市经济果林已成功打造出南汇水蜜桃、松江水晶梨、崇明柑橘、嘉定葡萄、奉贤黄桃、金山蟠桃等特色品牌数十个。

三是科技含量较高。通过充分发挥7家市级果树专业研究所、37位乡土专家的作用，开展“安全优质信得过果园”创建示范点建设等措施，加强果品生产全过程监管，果品质量和食用安全性大大提高，地产果品深受市场青睐，经济效益显著提高。

四是扶持政策稳定。自2006年以来，上海市连续实施经济果林“双增双减”(增加有机肥、减少化肥，增加高效低毒低残留农药、减少低效高毒高残留农药)和果实套袋技术推广扶持政策，每年市级财政补贴资金达数千万元，为全市果树生产向优质、高效、标准化方向发展起到了很好的示范引领作用。

五是搭建果品营销平台。在每年柑橘成熟季节，在中心城区部分公园开辟柑橘直销通道，既解决橘农燃眉之急，又向市民展示上海柑橘生产成果，引起了社会的关注和市民响应。目前，上海的经济果林不仅是重要的生态资源，也是农民收入的重要来源，上海的经济果林呈现出良好的发展态势，生产规模稳定，品种结构逐步优化，特色布局基本形成，标准化生产有序推进，组织化程度明显提高，品牌化经营效应凸显，经济效益、社会效益和生态效益显著提升。

【果品生产】 截至2012年年底，全市经济果林面积达到2.09万公顷，约占全市林地面积的20%。柑橘、桃、梨、葡萄为上海四大主栽果树树种，占经济林总面积的94.6%。2012年全年果树总产量45.1万吨，全市果树总产值为22.3亿元。实施经济果林“双增双减”面积4.66万公顷，其中推广套袋6.1亿只，折合实施面积0.88万公顷；推广无公害农药385吨，折合实施面积1.9万公顷；推广有机肥14.3万吨，实施面积1.88万公顷。目前已形成具有区域特色的南汇水蜜桃、松江水晶梨、崇明柑橘、嘉定葡萄、奉贤黄桃、金山蟠桃等特色品牌。全市投产经济果林的平均亩产值超过5000元，是一般粮食作物产值的数倍。

【森林旅游】 森林旅游呈现良好发展势头，“南汇桃花节”“马陆葡萄节”“仓桥梨科技文化节”“上海柑橘节”“金山蟠桃节”“奉贤黄桃节”等以经济果林为主题的旅游已经成为上海市民家喻户晓的特色旅游节目和农林业生态旅游观光主要目的地，为广大市民休闲度假开拓了新的空间。全市森林公园全年接待游客474万人次，同比增长7.9%，实现门票收入4941万元，同比增长10.2%。海湾国家森林公园成功入选上海市“十大新景新貌”，佘山国家森林公园被评为“中国最具影响力森林公园”。

【野生动物】 2012年上海市共100余家企业(个人)办理了各类野生动植物行政许可1470项。其中野生动植物制品进出口类有效许可1341项，涉及物种79种，合同贸易金额5.72亿元，主要用于皮具等商业目的；国内经营利用野生动物及其制品类有效许可118项，涉及物种74种，贸易金额

1.015 亿元，主要用于动物交换引种、中医药、新药实验等；繁殖类有效许可 11 项，涉及物种 11 种。以上许可，共涉及植物产品 3473 千克，木材类 5.2 万千克和 322 立方米，活体植物 3713.4 万株，活体动物 60 233 只，动物标本 6800 余具，动物产品 1.2 万千克，血液制品等 1500 管和 6 万余毫升，各类组织切片超过 5.3 万片，涉及野生动物种源免税金额 26 万元。

（茅国梁　初华丽）

江苏省林业产业

【概　述】 2012 年全省林业产值达 3099 亿元，位居全国前五位。其中：杨树林板纸一体化产值达 2237 亿元，林木种苗产值达 300 亿元，特色经济林产值达 322 亿元，野生动植物培育利用产值达 95 亿元，森林湿地生态旅游产值达 145 亿元。全省人造板产量 4053 万立方米，居全国第二；木竹地板产量 2.4 亿平方米，居全国第一。杨树总蓄积量 7265 万立方米，生产量居全国第一。林木种苗面积 200 万亩，年产苗量 26 亿株。同时，林业产业结构日趋优化，现已形成一、二、三产业门类齐全，产品种类丰富的林业产业体系。全省以占全国 0.7% 的林地创造占全国 7% 的林业产值。

江苏省林业产业规模虽然较大，但名牌产品较少。徐鸣副省长在全省林业局局长会议上特别指出：要积极培育林业龙头企业，不求规模，而重品牌、重质量，产品要环保、生态；要扶持一批响当当的林业企业，以有限的木材资源生产出好的产品。

为认真落实徐鸣副省长讲话精神，江苏省林业局在反复调查研究基础上，经过多次征求意见，于 2012 年 12 月 5 日印发《江苏省省级林业产业龙头企业认定和管理办法》，重点支持林业龙头企业，支持资源节约型、节能环保型、高新技术型林业产业发展。

江苏地处长江三角洲，地形以平原为主，地势低平，河湖众多，丘陵山地面积很小，不到国土总面积的 5%，平原和水域面积占国土总面积的 85%。江苏省现有 13 个设区市，下辖 105 个县(市、区)。2012 年，全省地区生产总值达到 5.4 万亿元，比 2011 年增长 10.1%。进出口总额 5481 亿美元，其中出口总额 3285 亿美元。城镇居民人均可支配收入 29 677 元，农村居民人均纯收入 12 202元。实现公共财政预算收入 5861 亿元。江苏以全国 1.1% 的国土、3.89% 的耕地、6% 的能耗、承载着占全国 5.8% 的人口、6.7% 的粮食生产、10.3% 的 GDP 产出。

2003 年绿色江苏实施以来，江苏 9 年新增植树造林面积 1517 万亩，超过此前 30 年的总和。林木覆盖率由 2002 年的 11.4% 增长到 2012 年的 21.6%，年均增长 1.1 个百分点，增长速度是全国同期的 3 倍。但受制于“一山二水七分田”的自然资源状况，林业用地和林木资源仍相对较少。截至 2012 年年底，全省有林地面积 2806.4 万亩，活立木蓄积量 9000 万立方米，分别只占全国的 0.7% 和 0.6%。江苏省积极利用“两个市场、两种资源”，大力实施五项重点林业产业工程，推动了全省林业产业的发展。

木材加工业　以杨树产业为主的木材加工业是江苏省林业产业的一大特色。全省现有杨树成片林 1395 万亩，年提供杨木 635 万立方米。泗洪陈圩林场建有亚洲规模最大和品系最多的美洲黑杨种质资源库，保有 42 个品系、300 多个无性系杨树优良品种。资源的稳步增加大大促进了木材加工业的发展。据统计，全省以杨树为主要加工原料从简单初加工户到大型现代企业共 6000 多家，2012 年杨树林板纸一体化产值达 2237 亿元，木材制品出口额达 31 亿美元。全省人造板产量达 4054 万立方米，位居全国第二，地板产量 1.4 亿平方米，居全国第一。

林木种苗业　林木种苗的种植规模和产值位居全国前列。截至 2012 年年底，林木种苗业产值达 300 亿元，在田苗木面积 190 万亩，苗木总产量 28 亿株。全省已经形成以淮北、沿江、苏南为主的三大苗木主产区，涌现出一批花木交易市场。如夏溪花木市场、如皋花木大世界、沭阳花木大世界、嘉泽花木市场等闻名全国的种苗交易市场，年销售额均在 20 亿元以上。

特色林产品综合利用　2012 年，特色林产品综合利用产值 322 亿元。其中银杏业产值 30 亿元，形成以采叶加工为主的邳州主产区和银杏果综合利用为主的泰兴主产区。全省银杏成片林总面积80万亩，年产白果1.2万吨，干青叶1.5万吨，银杏酮300吨。

野生动植物繁育利用产业 近年来，野生动植物繁育利用产业发展迅猛，成为带动地区经济发展和促进农民增收致富的重要产业。全省涌现出野生动植物繁育加工利用企业110余家，实现产值95亿元，从业人员1.95万人。

林产化工产业 据不完全统计，全省现有林产化工企业约300家，其中，制浆造纸企业200多家，林产初级化学品及深加工产品生产企业20多家，活性炭及炭材料生产企业20家，植物提取物及其衍生物生产企业约30家，香料生产企业约50家。产品被广泛应用于化工、轻工、电子、机械、石油、军工和食品等行业。

森林旅游产业 由于其具有生态建设和产业发展的双重属性，正逐步发展为林业产业增长的新亮点。全省现有森林公园59处，经营面积78 317.6公顷，其中国家级森林公园16处。湿地公园31处，其中国家级湿地公园11处，规划面积37 796公顷。自然保护区22处，总面积371 000公顷。2012年，全省森林、湿地生态旅游人数超过3000万人次，旅游业从业人员达1.2万人，林业旅游与休闲观光业产值达到145亿元。

【产业区域增收作用】 林业产业在农村经济结构调整和地方经济发展中具有重要作用。林业产业发展促进了财政增税、农业增效、农民增收、大地增绿。

大亚集团每年消耗“三剩物”和“次小薪材”近60万吨，木材采购金额达到3.5亿元人民币，直接惠及农民5万户，每户增加收入7000元；江苏胜阳集团是板材加工业的领头羊，由它带动的种植业、加工业、服务业、餐饮业、运输业、养殖业等产业的发展，为周边3000多人提供了就业岗位，为附近农民年增收1.2万元；邳州市陈楼、铁富、港上、邹庄4个镇30万农民从银杏产业中获得的纯收入近6亿元，人均达2000元。沭阳县桑墟镇、贤官镇，泗阳县临河镇等乡镇90%的农民从事林木种苗的种植，农业收入的90%来自于林木种苗；泰兴市积极引导农民进行银桑、银经、银果、银蔬、银药等高效间套种模式，努力提高土地的产出效益，每亩纯收益达2000元。

【林业产业自主创新能力不断增强】 为提升林产品科技含量，江苏省各级林业、科技、农业开发部门积极引导产学研结合，促进林业企业与科研院所合作，加快实用林业科技研究、开发和推广，鼓励木材加工企业报项目、搞技改。积极培育林业龙头企业，推动林产品加工企业实施兼并重组，扩大企业生产规模，提高产品质量，打造名牌产品。大力提升林产品加工生产线科技含量，加快木材加工产业提档升级，开展生产工艺、生产流程、生产自动化等方面技术改造和环保、降耗、节能改造。2012年林业贴息贷款项目扶持建设各类林产品加工生产线转型、升级、改造项目56个。

【林业对外贸易】 2012年江苏省口岸累计出口各类人造板1250万立方米，出口额26亿美元，累计出口各类木竹地板1.1亿平方米，出口额6.6亿美元。邳州市是江苏省人造板出口大县，该县2012年人造板产量1380万立方米，其中出口700万立方米，出口额达9.8亿美元。江苏横林镇是中国强化木地板之都，强化木地板生产基地，拥有强化木地板生产企业174家，配套生产企业200多家，其中23家企业为出口分类管理一、二类企业，2012年累计出口地板1万多批次，产品销往149个国家和地区，出口额超5亿美元。

【产业结构与龙头企业】 近年来，江苏省各地坚持以市场为导向，延长产业链条，拓宽发展空间，不断完善优化林业产业结构与布局。现已形成一、二、三产业门类齐全，产品种类丰富的林业产业体系。

随着绿色江苏建设和林权制度改革的不断推进，各地不断创新经营机制，激活林业生产要素市场，引导社会资本进军林业行业。全省以木材加工为主的第二产业和林产品经营及森林旅游为代表的第三产业产值的比重逐年加大。全省林业一、二、三产业的比重由2002年的36∶59∶5调整为2012年的25∶65∶10。林业龙头企业不断壮大，全省40家林业企业年总产值超过300亿元，其中有6家企业年销售收入超10亿元，最大的企业年销售收入超过100亿元。

江苏省龙头企业名单

江苏省龙头企业名单
一、资源培育类(11家)
南京金万方实业有限公司
南京淳青茶叶有限公司
南京瑶田园艺发展有限公司
江苏三和园艺有限公司
江苏森茂生态科技股份有限公司
盱眙县玉皇山丘陵山区农业综合开发有限公司
江苏绿然花木有限公司
江苏月亮山生态农业发展有限公司
大丰市渗渗林业专业合作社
镇江山水湾生态农业开发有限公司
江苏绿宝林业发展有限公司
二、种苗花卉类(34家)
南京麦浦园林景观建设工程有限公司
江苏三叶园林种苗有限公司
江苏阳光生态园科技有限公司
宜兴市博爱生态农业有限公司
江阴市马鑫园艺有限公司
江苏瀛园景观工程有限公司
江苏金锋农业科技有限公司
江苏澳阳生态农林发展有限公司
常熟市福农绿化工程有限公司
常熟市杨园园林工程有限公司
如皋绿园有限公司
如皋花木大世界有限公司
江苏城中园林建设有限公司
南通维景园林绿化有限公司
连云港菖隆苗木种植专业合作社
淮安市绿地园林建设有限公司
淮安兴隆生态农业发展有限公司
东台市通源种苗场
建湖县九龙口园艺景观工程有限公司
江苏金苗园林建设发展有限公司
扬州雅典娜园艺科技开发有限公司
江苏畅博彩色园林有限公司
扬州绿森源生态农业发展有限公司
扬州山水园景观工程有限公司
江苏兰馨园林有限公司
扬州盛川农业科技有限公司
江苏农景生态建设有限公司
泰州市苏中园艺有限公司
靖江市绿化工程有限公司

(续)

江苏省龙头企业名单
江苏紫藤园艺绿化工程有限公司
江苏腾龙园林绿化工程有限公司
江苏苏林园林工程有限公司
江苏挚信花卉发展有限公司
江苏三维园艺有限公司
三、木竹加工类(48家)
南京格林木业有限公司
无锡市前程包装工程有限公司
无锡市博大竹木业有限公司
宜兴狮王木业有限公司
江苏森茂竹木业有限公司
宜兴市一洲木业有限公司
徐州福华木业股份有限公司
徐州中原木业有限公司
江苏富祥木业股份有限公司
徐州盛和木业有限公司
江苏德鲁尼木业有限公司
徐州市森山集装箱板有限公司
徐州江阳木业有限公司
徐州飞亚木业有限公司
徐州伟林木业有限公司
邳州市夹河木业有限公司
江苏新沂沪千人造板制造有限公司
江苏汉韵木业有限公司
徐州安联木业有限公司
江苏荣辉木业有限公司
江苏科利达装饰材料有限公司
江苏凯莱木业有限公司
江苏洛基木业有限公司
江苏中鑫德赛木业有限公司
常州市赛欧地板有限公司
江苏贝尔装饰材料有限公司
亚振家具股份有限公司
连云港市欣森木业有限公司
赣榆县文峰木业有限公司
灌南县新光阳木业有限公司
连云港业事板业有限公司
洪泽东泰人造板有限公司
淮安市淮河木业有限公司
大丰天工人造板有限公司
扬州市丽邮人造板有限公司
江苏宝南木业制造有限公司
大亚科技股份有限公司
江苏肯帝亚木业有限公司
江苏久久红木业有限公司

(续)

江苏省龙头企业名单
江苏汇洋木业有限公司
江苏福马木业有限公司
江苏正冉人造板有限公司
江苏晟宇地板有限公司
泗阳县祥和木业有限公司
江苏大江木业集团有限公司
沭阳县新概念木业有限公司
江苏福庆木业有限公司
江苏纯明木业有限公司
四、林产品综合加工利用类(6 家)
南京龙力佳农业发展有限公司
无锡市太湖阳山水蜜桃科技有限公司
邳州鑫源生物制品有限公司

(续)

江苏省龙头企业名单
江苏冠灵银杏生物科技有限公司
苏州神元生物科技股份有限公司
赣榆县沃田农业有限公司
五、森林湿地生态旅游类(5 家)
南京六合平山林场发展有限公司
贾汪都市旅游投资发展有限公司
苏州大阳山生态旅游开发有限公司
盱眙县铁山寺国家森林公园管理委员会
姜堰市溱湖风景区开发建设有限公司
六、野生动植物驯养繁殖类(2 家)
江苏红豆杉生物科技股份有限公司
昆山正鑫鳄鱼养殖开发有限公司

(王晓南)

浙江省林业产业

【概　述】 2012年浙江省林业行业总产值达3576亿元，全省农村居民人均林业纯收入2566元、占农民人均纯收入的比重达17%，林业增收对农民收入增长的贡献率为21.3%，其中龙泉等9个重点林区县人均林业纯收入达6107元、占农民人均纯收入的53.5%。产业发展特点如下。

产业规模不断扩大，林农收益不断增长　企业41 724家，从业人员近百万，其中：种植和养殖的企业有10 595家，加工企业有28 814家，服务业有2315家。小规模企业占绝大多数，从业人员在50人以下的企业占林业企业总数的92%。2012年全省林业产业总产值3576亿元，增长13.4%。其中：一产732.5亿元，主要增加在营造林、花卉苗木和经济林产品的种植及采集；二产2139.3亿元，主要增加在木竹藤棕苇制品制造、木竹藤家具、工艺品制造和木竹苇浆造纸；三产704.2亿元，增加107.5亿元，主要增加在森林旅游和林木相关产品批零贸易。全省有75个县(市、区)林业总产值超过10亿元，其中超过100亿元的有8个(富阳、临安、南浔、德清、安吉、义乌、东阳、江山)、50亿元的有10个、40亿元的有2个、30亿元的有12个、20亿元的有18个、10亿元的有25个县(市、区)。林业已成为全省农村经济的支柱产业、富民产业，从业人员177.49万人，全省农村居民增收四分之一来自林业产业，人均林业纯收入占人均纯收入的比重达16%，人均林业总收入2665元。9个重点林区县的人均林业纯收入6107元，占农民人均纯收入的53.5%。农村居民人均增加纯收入1259元，其中人均林业纯收入增加了635元，农民增收中50.4%来自林业。

结构调整不断优化，发展特色更加鲜明　在坚持生态优先、注重森林资源保护的同时，通过机制创新、政策引导、开拓市场、资金扶持，激活各类林业生产要素，推动林业产业的快速发展，形成木业、竹业、花卉苗木、森林食品、野生动植物驯养与繁殖、森林旅游等六大产业，涌现一批林业经济强市强县，临安、安吉、江山等林业经济强县农民主要收入来自于林业。为推进林业产业转型升级，开展了现代林业园区建设，全省已建立现代林业园区创建点400个，规模322.4万亩，总投资97.9亿元。全省林下经济产值达684亿元；其中，野生动植物繁育单位2000余家，从业人员10万余人，涉及的领域有：餐饮食品、医药保健品、旅游观赏、传统工艺、特种皮革等，年产值达20亿元；森林旅游年产值达288.7亿元，年接待旅客10 568.8万人次。竹林面积增长到约1250万亩，竹业总产值358亿元，占全国的三分之一，全省竹类产品出口5亿多美元。全省干鲜果产值202亿元。全省花卉种植面积达193万亩，种植业产值155亿元，完成园林绿化工程额200亿元，花卉及资材等批零贸易51亿元，3项合计总产值达406亿元，生产企业21 663家，花农14.7万户，从业人员65.8万人，面积、产值均居全国首位，已发展成为全国闻名的花卉产业大省。

经营方式集聚多样，组织化程度明显提高　广大林农和各类经营主体积极参与林业建设是推进林业产业发展的主导力量和活力源泉。在深化集体林权制度改革和促进林业产业经营过程中，积极培育专业大户、林业合作社和龙头企业等生产经营主体，有力地推动了林业产业的规模化发展。一是积极培育林业专业大户。广泛开展联基地联大户活动，以村级“能人”为骨干，层层建立示范户示范点，目前全省各级林业部门已建立各种示范户12 534户、示范面积138万亩。同时针对林改后山林普遍分散等特点，积极培育“林保姆”式的新型经营主体，通过山林代管、委托经营等形式，培植经营大户，目前全省“林保姆”式专业户已达3.58万户，经营面积396万亩。二是积极培育林业专业合作社。积极引导林农在自主自愿和明确利益分配的基础上，采取家庭联合经营、

委托经营、合作经营、股份制等形式，建立林业合作经济组织和林业经营实体。目前，全省建立紧密型农民林业专业合作社1718个，社员数15万个，带动农户95万户，带动基地450万亩，其中干鲜果类、花卉苗木类和竹笋类占到70%以上。三是积极培育林业龙头企业。充分发挥浙江民资充裕的优势，主动做好政策、信息、技术等方面的服务，大力引导和鼓励社会各界、工商业主投资林业。据统计，全省共有8600多家非公有制单位投资林业，累计投资500多亿元，有力地促进林业经营基地化、规模化、集约化、现代化发展。

不断深化林业改革，快速推进林权流转 积极深化林权配套改革，推进森林资源流转，既确保了林业生产要素的合理流动，又维护了广大林农的合法权益。一是健全流转制度。制定《浙江省森林、林木和林地流转管理办法》《浙江省森林资源资产抵押管理暂行办法》等政策性文件，初步明确物权和债权的各自范围及其管理方式，规定相关部门的管理职责和林权流转程序，为规范林权有序流转提供了制度保障。二是加强流转服务。积极开展林权管理机构、森林资产评估机构、森林资源收储中心等组织机构建设，开展林权登记、信息发布、森林资产评估、林权流转、林权证抵押贷款、林业保险、林业法律咨询和林业科技服务。截至2012年年底，全省已有65个县挂牌成立了林权管理中心，210个乡镇建立了林权管理服务站，为林权流转建立了规范高效的一站式综合服务平台。三是建立林权交易市场。为了确保森林资源公平、公开交易，全省已有49个县挂牌成立了林权交易中心，林权流转规模进一步扩大，年均流转面积近100万亩，全省累计流转面积已达1366万亩，流转金额214亿元。目前在华东林业产权交易所挂牌的林权项目累计达97项，其中网上成交项目57项，成交面积1.2万亩，成交金额4250万元，相比起拍价，平均增值达28.6%。

积极创新林业金融服务体系，大力推进林权抵押贷款 一是创新林业金融产品。推进林权抵押贷款扩面增量，目前全省已有45个县开展了林权抵押贷款业务，贷款银行已扩展到12家国有及商业银行，累计发放林权抵押贷款62.96亿元，借款农户7.86万户。开展林权作价出资公司登记工作，全省首批以林权非货币财产出资的6家公司在安吉成功注册，注册资本达2.17亿元，其中以林权作价出资总额达1.5亿元，出资林地近2万亩。创新银林合作模式，与建行浙江省分行共同打造“林贷通”网络银行融资平台，推出林业企业联贷联保等四款绿色融资产品，目前已为449家林业企业提供融资服务33.8亿元。二是完善林业金融服务。推进林权信息管理系统建设，庆元、龙泉等地通过建设“林权IC卡”，将林权信息、森林资源资产评估数据与金融系统实现对接，有效破解林权抵押贷款工作中的“评估难”“耗时长”等问题。加强森林资源资产评估咨询人员培训，358位从业人员取得评估咨询资格，认定10位省级森林资源资产评估专家，目前全省已成立森林资源资产评估机构和评估咨询机构27家，累计完成属于森林资源资产流转、抵押业务的评估4900多笔、评估价值80多亿元。开展林业担保工作，浙江信林担保有限公司已累计为400多家林产品加工企业、专业合作社提供融资担保42亿元，受保企业新增产值118亿元。三是加大林业金融扶持。省委、省政府制定了林权抵押贷款财政贴息政策，明确各级财政要加大贴息力度，完善财政贴息政策，提高林业贷款贴息率，延长贴息期限，完善林业贷款和担保机构风险补偿制度。开展政策性林木综合保险工作，将林木保险纳入政策性保险范围，全省所有用材林、经济林和竹种种植户都可投保。目前全省投保公益林3072万亩，投保用材林、经济林、竹林1446万亩，有效地增强了林业风险防范能力。

各级政府高度重视林业产业发展，不断完善强林惠农的各项政策措施 一是加强基础设施建设。每年计划建设林道近万公里，2012新建8934.2公里。林区道路的节本增效作用十分明显，深受林农群众欢迎。二是搭建市场营销平台。近年来，浙江省积极探索林产品营销机制，搭建市场营销平台，健全完善林产品流通体制，连续举办了义乌国际森博会、省级森林旅游节、中国(萧山)花木节、笋竹产品省外推介会等多项活动，有关展会今年将继续举办，实现以市场需求组织林业生产，扩大内需，积极应对全球金融危机。第5届中国义乌国际森林产品博览会共有来自全球36

个国家和地区的1200余家企业参展，设国际标准展位3350个，展览面积6.4万平方米。4天累计实现成交额42.32亿元，其中外贸成交额21.54亿元，占总成交额的50.1%。三是强化林业科技支撑。加强示范园区、企业与科研单位、大专院校之间的合作，建立首席专家、责任林技员与示范户一体化科技支撑体系。着力实施园区集约经营，把标准化、产业化、生态化等要素有机结合，加快应用林业先进技术，强化水肥管理、林地改良、品种改造等措施，促进精耕细作和立体经营。大力开展服务基层、服务企业科技活动，组织开展“毛竹双百万示范”“双百科技进园区活动”，省市县三级联动，组织百位专家走进百个园区，强化技术培训和技术指导，推广良种良法，提高科技水平。自“十五”以来，浙江省大规模推广“一竹三笋”栽培技术，竹林亩均效益从500元增加到4000多元。特别是通过竹林覆盖，每亩竹林产值高的超过3万元，强林惠农效益十分显著。2012年在湖州建立毛竹春笋冬出示范林375亩，亩产量1668千克，亩产值达到16 900元，每亩新增产值13 883元。

【浙江笋竹产品华北行】 2012年3月25日至26日在天津市成功举办“浙江笋竹产品华北行”活动。原林业部部长、天津市原市委书记高德占出席专题推介会，并对这项活动给予充分肯定。国家林业局孙建司长、省政府对外经济合作交流办公室副主任郑宪宏、天津市林业局领导等出席了这次活动。浙江省参加这次活动涉及30多个县、60多家企业，总人数达211人，其中县(市、区)领导16人。邀请当地餐饮饭店、食品经销、建材家装等客商近100家参加这次活动。举行笋竹产品经销签约授牌仪式，授予6家为浙江笋竹产品经销商，浙津两省市共20家企业签订了笋竹购销合同，经销额达5500多万元。

【第五届森博会获得圆满成功】 本届森博会共有来自全球36个国家和地区的1418家企业参展，设国际标准展位3329个，展览面积6.4万平方米；吸引了来自88个国家和地区的采购商、参观者到会参观采购，总人数达到60.6万人次，创历届展会新高；实现成交额42.32亿元，其中外贸成交额21.54亿元，占总成交额的50.1%。本届展会以“拓展森林产品市场，促进林业产业转型升级，推动两岸经贸交流合作”为宗旨，以“森林为民，绿色发展”为主题，突出创新性、经贸性、实效性和交流性，展会内容更丰富，经贸特性更鲜明，国际化特色更明显，产业引领作用更突出，亮点频频，显示出强劲的发展活力，进一步提高了义乌森博会国际林产品贸易平台、海峡两岸林业合作与交流平台和中国林业产业创新发展平台的坚实地位。义乌森博会正在逐渐发展成为引领中国林业产业发展的市场风向标。

【森林旅游节】 2012年3月31日至4月20日，2012中国(温州)森林旅游节在永嘉楠溪江畔隆重开幕，浙江省副省长、温州市委书记陈德荣，省政协副主席陈艳华等领导出席开幕式，活动内容包括清明民俗文化申遗、“三月三”畲族文化风情节、万人绿道生态游、美丽乡村游、全国山地户外运动锦标赛、低碳论坛、森林旅游产品博览会暨户外旅游用品展览会等。9月18日，举办了浙江(衢州)森林旅游节。10月26日举办浙江(桐庐)森林旅游节。11月27日，举办浙江(嵊州)森林旅游节。

(浙江省林业厅)

安徽省林业产业

【概　述】 2012 年，安徽林业紧紧围绕打造“生态强省”和建设“美好安徽”，牢牢把握推动林业科学发展和加快转变林业产业发展方式，积极谋划并深入推进千万亩森林增长工程，着力打造生态林业和民生林业，为建设美好安徽奠定了坚实的生态基础和产业基础。

林业产业发展基本情况 2012 年全省林业产业总产值为 1599.78 亿元，比 2011 年净增 427.98 亿元，其中第一产业 507.65 亿元，比 2011 年增加 131.45 亿元，同比增长 34.9%；第二产业 875.09 亿元，比 2011 年增加 227.69 亿元，同比增长 35.17%；第三产业 217.03 亿元，比 2011 年增加 68.83 亿元，同比增长 46.47%。其中第三产业增长速度最快。纵观近年来林业产值发展变化，全省林业产业快速增长，产业结构进一步优化。

(1)第一产业仍保持快速发展势头。林木的培育、种植实现产值 123.42 亿元，同比增长 31.3%，其中湿地产业 6.40 亿元，比 2011 年同期增加 4.63 亿元，同比增长 261.32%；育种和种苗实现产值 50.09 亿元，同比增长 33.94%。木材和竹材的采运实现产值 71.19 亿元，同比增长 14.82%。花卉种植实现产值 37.24 亿元；陆生野生动物繁育与利用实现产值 10.01 亿元，同比增长 66.78%；经济林产品的种植与采集实现产值 253.32 亿元，同比增长 41.52%；竹产业产值 98.92 亿元，油茶产业产值 22.55 亿元，比 2011 年同期均有较大幅度提升；增长尤其明显的是林下经济，实现产值 108.00 亿元，同比增长 115.99%，占到第一产业产值的 21.27%，比 2011 年提高了 8 个百分点，并且在林业总产值中的比重也由 2011 年的 4% 上升到 7%，林下经济已然成为了新的经济增长点，正在对增加农民收入、巩固集体林权制度改革和生态建设成果，以及加快林业产业结构调整发挥着重要作用。

(2)第二产业平稳增长。2012 年涉林第二产业共实现产值 856.91 亿元，其中木材加工和制造业实现产值 653.37 亿元，同比增长 3.54%。

(3)第三产业发展突飞猛进。2012 年全省森林、湿地旅游与林产品贸易、休闲服务产值实现 217.03 亿元，同比增长 117%。

主要林产品生产情况 2012 年全省生产木材 495.63 万立方米，与 2011 年基本持平；毛竹 10 349.52 万根，同比上涨 20.87%；蒿竹 1146.76 万根，同比下降 25.92%；小杂竹 130.21 万吨，同比增长 338.7%，增长幅度较大。2012 年全省水果种植面积 181.4 万亩，产量 249.78 万吨，同比增长 9.36%；干果种植面积 198.8 万亩，同比增长 1.1%，产量 18.88 万吨，同比下降 13.2%；林产饮品种植面积 168.68 万亩，同比增长 32.72%，产量 9.16 万吨，同比增长 2.47%；林产调料种植 4050 亩，比 2011 年减少 105 亩，产量 60 吨，比 2011 年减少 1332 吨；森林食品产量 33.61 万吨，同比增长 317.23%；木本药材种植面积 11.2 万亩，产量 1.36 万吨，与 2011 年相比稳中有降。木本油料种植面积 136.93 万亩，比 2011 年增长 47.3%，产量 5.54 万吨，同比上涨 74.62%，比 2011 年提高 52 个百分点；林产工业原料产量 1.68 万吨，比 2011 年增加 0.64 万吨；其中松脂 1.09 万吨，占工业原料 64.89%，仍然是最主要的工业原料。

2012 年主要林产工业产品产量又有了新的跨越，其中锯材产量 345.77 万立方米，同比增加 51.72%；木片、木粒加工产品 155.16 万实积立方米，同比增加 162.09%；人造板 1306.41 万立方米，同比增加 45.69%；木竹地板 5942.40 万平方米，同比增长 13.52%。林学化学产品：其中松香类产品 6059 吨，同比增长 47.74%；松节油类产品产量 1725 吨，同比增加 68.46%。

花　卉 2012 年全省花卉种植面积 41.86 万亩，比 2011 年增加 16.06 万亩，同比增加

62.27%，切花切叶产量5560.80万支，比2011年减少841.2万支；盆栽植物产量6253.37万盆，比2011年增加2785.87万盆，同比增加80.34%，增长势头较猛；观赏苗木产量22 126.41万株，同比增长10.61%，增长速度稳中有降；草坪产量2915.85万平方米，同比增加102%，增长速度加快。花卉市场比2011年增加3个，达到293个，花卉企业1318个，比2011年同期增加259家，花农5.25万人，同比增加11.05%；花卉从业人员14.78万人，同比增加5.42%；控温温室面积46.94万平方米，同比增加45%；日光温室面积128.92万平方米，同比增加21.14%，整个花卉产业呈现较好的发展势头。

油　茶　2012年年末全省油茶林面积136.87万亩，同比增加47.34%，其中新造林面积31.96万亩，低改面积6.59万亩；全省油茶籽产量55 309吨，同比增长74.98%，油茶产业发展趋势较好。

旅　游　2012年安徽省林业旅游和休闲产业有新的大幅提升。旅游业已经成为新的亮点和增长点，2012年旅游收入达到155.80亿元，同比增长56.73%，直接带动其他产业产值537.92亿元，同比增长398.74%，其辐射带动作用被更多地发挥出来。

【地、县林业产业发展情况分析】

(1)各市林业总产值比较。全省林业产业发展呈现不平衡态势。其中以宣城、宿州、六安3市总产值最高，均突破了200亿元，而以马鞍山市、铜陵市、淮南市最低，均不足10亿元。

(2)各市林业产业结构比较。安徽省2012年林业第一产业产值占林业总产值的31.73%，其中淮南、淮北、合肥三地以第一产业为林业产业发展支柱，其所占比例均达到60%以上，结构不合理；宣城、六安、滁州、宿州、阜阳5地该比例低于30%，已走向良性发展的轨道。

(3)全省2012年林业第二产业产值占总产值54.70%，仍然是安徽省林业发展的支柱产业。其中宿州、阜阳、六安、亳州、滁州5市该比例均达到60%以上，只有合肥、淮南2市低于30%，淮南最低，仅为13.61%。

(4)2012年全省森林、湿地旅游与林产品贸易、休闲、资产评估等服务业产值实现217.03亿元，同比增长117%，占总产值的13.57%，在呈现较快发展趋势的同时仍有很大发展空间。其中以黄山市第三产业比例最大，为34.69%，铜陵、池州等地均已超过20%，而宿州、淮北、亳州3市该比例均低于2%。

【林业产业化龙头企业、特色产业发展情况】

2012年，安徽省省级林业产业化龙头企业412家，其中林木种苗类101家、花卉培育类14家、木竹种植与培育类60家、木竹加工类169家、林副产品加工类51家、野生动物繁殖驯养类4家、森林旅游类13家。以安徽省《"十二五"林业产业发展规划》为指导，重点发展林产工业、竹产业、木本粮油产业、特色经济林产业、优质苗木花卉产业、森林旅游产业、木材及工业原料林培育产业、野生动植物驯养繁育利用产业和林下经济产业等九大主导特色产业。促进林业产业做大做优做名做强，形成了庆发柳编、龙华竹业、东盾木业、恩龙林业、詹氏山核桃、森海园林、君德信彩化苗木、永椿苗木等一系列代表企业。

第三批安徽省林业产业化龙头企业名单

一、复审企业
合肥市
肥西花木城投资建设有限公司
蓝斯凯园林工程有限公司
合肥市正大果树研究所
肥西县苗圃
肥西老母鸡家园有限公司
海纳百川农业发展有限公司

一、复审企业
森海园林景观建设集团有限公司
亚新园林绿化有限公司
徽王食品有限公司
朝晖农林发展有限公司
合肥佳洲园林绿化有限责任公司
兰君园艺有限公司
富硒香生物食品集团有限公司

一、复审企业
华盛园林工程有限公司
亳州市
亳州市保峰木业有限责任公司
宿州市
宿州市东大木业有限公司
宿州市东建木业有限公司
宿州市化东农业科技开发有限公司

一、复审企业
泗县福晟木业有限公司
萧县润森荒山综合开发有限责任公司
萧县众诚荒山综合开发公司
宿州申宝木业有限公司
佳华木业(宿州)有限公司
砀山县汇金木业有限公司
中林企业(宿州)有限公司
蚌埠市
德翔人造板有限公司
绿雨农业有限责任公司
禾泉农庄生态农业有限公司
成果石榴酒酿造有限公司
蚌埠市金森工贸有限公司
蚌埠市华建木业加工厂
蚌埠市大方舟景观园林有限公司
阜阳市
界首市友邦菊业发展有限责任公司
阜阳大亚装饰材料有限公司
冠金绿可木业有限公司(原名:惠发木业有限公司)
太和东盾木业有限公司
阜阳市华宝农业科技有限公司
颍上县苗圃
茂生香草有限公司
淮南市
凤台县茨淮新河八一林牧场
凤台县绿洲林牧有限公司
凤台县森林苗圃
凤台县松瑞石榴专业合作社
鑫农食用菌有限公司
滁州市
天长市双丰文化用品有限公司
天森木业有限公司
天康木业有限公司
全椒县皖东林化有限公司
肯帝亚皖华人造板有限公司
扬子地板股份有限公司
皖东林桥园林园艺工程有限责任公司
滁州润林木业有限公司
好地地板(来安)有限公司
六安市
庆发柳编集团有限公司
华安达工艺品公司
光兆林业技术有限公司
兴林园艺有限公司
蓼源贸易有限责任公司

一、复审企业
叶集林星板业有限公司
德昌苗木有限公司
华银茶油有限公司
华森木业有限公司
新荣久农业科技有限公司
淮滨园艺有限责任公司
舒城县情侣峰盆景园艺有限责任公司
舒城县集锦园园艺有限责任公司
奥林园艺有限责任公司
六安绿宇果树花卉研究中心
合益食品有限公司
大别山科技开发有限公司
金寨县大别山生态农产品开发有限公司
龙华竹业有限公司
霍山县富邦竹业有限责任公司
霍山华林生态农业有限公司
保得利竹业开发有限公司
丰田竹业制造有限公司
霍山隆兴竹业制造有限公司
盛隆竹业有限公司
新世界绿洲茶油有限公司
六安市捷成木业有限公司
马鞍山
马鞍山市国卉园林有限公司(马鞍山市苗圃)
马鞍山凤凰湖生态植物园有限公司
马鞍山市龙飞林业开发有限责任公司
巢湖永华木业有限公司
林海园林绿化工程有限公司
芜湖市
亿佳鑫木业有限公司
芜湖宏春木业集团有限公司
金源集团芜湖祠山包装有限公司
芜湖市繁昌县代冲果品有限责任公司
芜湖市万亩林业有限公司
芜湖清水花木集团有限公司
芜湖精诚园林建设集团有限公司
芜湖市皖桥园艺有限公司
芜湖祥宽花木有限公司
芜湖欧标农业发展有限公司
丫山花海石林旅游有限公司
芜湖马仁奇峰森林旅游公司
芜湖天鹰景观绿化有限公司
无为县城北园艺场
无为县海平工贸有限公司
无为县天然生态林业有限公司

一、复审企业
宣城市
宣城天发木业细木工板厂
宣城市高立人造板有限公司
宣城市碧城园艺有限公司
宣城市宣宝天然食品有限公司
宣城市世纪生态林业旅游有限公司
思源生态农业发展有限责任公司
恩龙林业集团有限公司
宁国市山里仁食品有限公司
詹氏天然食品有限公司
宁国市健宁实业有限公司
宁国市绿源人造板公司
宁国市双丰农特产贸易有限公司
明珍堂养生品有限公司
宁国市林佳食品发展有限公司
仙霞食品有限公司
宁国市亿邦食品有限公司
宁国市兴宏工艺标本有限公司
宁国莹辉实业有限公司
宁国中集竹木制品有限公司
宁国市乡味源农产品开发有限公司
绿健生物科技有限公司
宁国市凯瑞生物食品有限公司
宁国市香源食品有限公司
今日生物食品发展有限公司
宁国市森杰红豆杉生态发展有限公司
宁国市绿源营林有限责任公司
宁国千秋实业有限公司
宁国宁泰林业科技发展有限公司
泾县宫廷竹木工艺品有限公司
泾县双联工艺品有限公司
绩溪正泰农业发展有限公司
高山药业有限公司
皖南大鹏天然产物有限公司
绩溪山里佬绿色食品开发有限公司
丰润生态农业开发有限公司
绩溪县亨达生态农业开发有限公司
绩溪县板桥绿色农产品开发有限公司
绩溪县双江源种植专业合作社
蜂鸣生态林贸有限公司
黄山云乐灵芝有限公司
旌德县天山绿色食品有限公司
亚普竹业有限公司
旌德县申乐木制品厂
广德县
森泰集团

一、复审企业
明德竹木工艺制品有限公司
广德志云笋业有限公司
金枫生态园林开发有限公司
仁和竹业有限公司
润华生态林业有限公司
振扬农林生态开发有限公司
禾林生态园林有限公司
广德县欧阳竹业有限公司
广德县泉森苗圃生态园
箐箐生态食品开发有限公司
宏辉竹业有限公司
顺达农林发展股份有限公司
广德华林木业有限公司
广德凤井笋业有限公司
龙达竹业有限公司
宏宇竹木制品有限公司
广德县福丰银杏生态园有限公司
广德县百杨生态园有限公司
和合生态农业股份有限公司(原名:广德县金藤生态农业开发有限公司)
铜陵市
铜陵君德信生态工程公司
铜陵安林木业有限公司
铜陵县苏陵木业有限责任公司
铜陵征飞园艺有限公司
皖陵珍稀动物养殖有限责任公司
池州市
新河竹业有限公司
青阳秋田木业有限公司
青阳县国兴木业有限公司
青阳县杨田苗圃
东盾木业有限公司
池州市鸿亮竹业
池州天源现代农业有限公司
大地园林绿化工程公司
瀚青生态科技有限公司
凯林木业有限公司
安庆市
华林人造板有限公司
科林人造板有限公司
天际生态旅游发展有限公司
岳西县四达有限责任公司
岳西县翰林根艺文化有限公司
安庆市嘉欣竹木日用品有限公司
山里郎茶油有限公司
太湖县华源农产品科技开发有限责任公司

一、复审企业
桐城市兰氏木业有限公司
龙眠山食品有限公司
森态园林科技有限公司
桐城市创景园艺工程有限公司
宿松县
中亚林业发展有限公司
宿松县长江实业开发有限公司
宿松县树参天林业开发有限公司
黄山市
黄山市祁门县建兴竹木制品有限公司
黄山市木之语工艺品有限公司
祁门"黄山药谷"生物科技有限公司
黄山市徽山食用油业有限公司
黄山市毅华木竹工艺品有限公司
黄山市徽山源木材有限公司
黄山杉森木业有限公司
黄山绿韵竹业制品有限公司
黄山市欣朋木业有限公司
黄山双雄竹木制品有限公司
黄山市黄山区永新林场
黄山绿源农林开发有限公司
黄山市徽州三友园艺有限公司
黄山茶花生态发展有限公司
黄山植物大观园
二、新增企业
合肥市
合肥华润园林工程公司
亿本园林工程表限公司
艺林园艺发展有限公司
绿宇园林建设有限公司
鑫苗园林景观建设有限公司
肥西县小庙镇金华苗木繁育农民专业合作社
合肥市金山园林工程有限公司
嘉禾农业开发有限公司
华盖农林科技开发有限公司
大地园林工程有限公司
卓正林业发展有限公司
合肥蓝天家具制造有限责任公司
巢湖市巢父生态园旅游发展有限公司
巢湖大国地板有限公司
锦苑花木有限公司
东吴园林绿化有限公司
淮北市
淮北市烈山镇塔仙石榴专业合作联社
淮北市宋疃镇马桥村老猫洞生态园
淮北市马家湾农业科技有限公司

二、新增企业
淮北市金林木业有限公司
亳州市
涡阳县霖福木制品有限公司
涡阳县森鑫木业有限公司
全森木业有限公司
蒙城华良木业有限公司
蒙城源森木业有限公司
亳州市林鑫生态园艺有限责任公司
宿州市
新远大木业有限公司
宿州市东平木业有限公司
绿洲人造板有限公司
宿州市浍龙生态经济发展有限公司
宿州市东达木业有限公司
宿州市宿北木业有限公司
宿州市凤凰堤花卉交易市场管理有限公司
宿州市福香源食品有限公司
宿州绿源中医药科技有限公司
泗县大兴木业有限公司
泗县康中木业有限公司
萧县闸河林业有限责任公司
灵璧县明鑫木业有限公司
砀山县森宝木业有限公司
蚌埠市
德松木业科技有限公司
蚌埠华林木业有限公司
金润生态农业科技有限公司
蚌埠市香雪农业生态科技有限公司
阜阳市
阜阳市庆霖木业有限责任公司
阜阳市中兴木业有限公司
阜阳沪千人造板制造有限公司
鹏程文教用品有限公司
华宇(安徽)工艺品有限公司
雅格梨都木业有限公司
开源木业有限公司
临泉县强森木业有限公司
阜阳市大京九菊圃
阜阳祥云木业有限公司
滁州市
天裕木业有限公司
亚欧木业有限公司
凤阳东盾木业有限公司
凤阳县红山木业有限公司
六安市
红顺贸易有限责任公司

二、新增企业
大团结食用油有限公司
六安市管仲木业有限公司
叶集金桦木地板有限公司
金寨县金诚竹业有限公司
蓉森林业有限公司
金寨县映山红农业发展有限公司
金寨县大别山林艺植物科技开发有限公司
盛丰水电开发有限公司方圆炭业分公司
徽宝农林科技有限公司
万佛山农业综合开发有限公司
舒城华竹实业有限公司
圣桂食品有限公司
舒城金桥农林科技有限公司
舒城县新源茶油专业合作社
舒城县大唐农业科技开发有限公司
茂源农林生态科技有限公司
宏发工艺品有限公司
爱民食品有限公司
大别山葛业有限公司
霍山县登辉竹业有限公司
格义清洁能源技术有限公司
九棵松生态园林有限公司
舒城县双龙花卉园林有限公司
六安市绿都园林绿化有限责任公司
寿县瑞隆家具配件制品公司
远发工艺品有限公司
蓉建生态经济发展有限公司
锦泽工艺品家具有限公司
百非特食品有限公司
六安市裕安区迦南林牧生态种植园
圣农生物科技股份有限公司
马鞍山
太湖山国家森林公园
芜湖市
芜湖长城木业有限公司
芜湖正刚包装有限公司
凤丹药业有限公司
芜湖市春江园林工程有限公司
繁昌县冷水湖生态科技园责任有限公司
芜湖红花山园林绿化有限公司
芜湖市汉华园生态果木开发有限公司
芜湖怡龙生态园有限公司
芜湖新达园林绿化集团有限供公司
芜湖大观园花木有限公司
芜湖市雨田农业科技有限公司
芜湖荣昌中药饮片有限公司

二、新增企业
无为县鼎兴园艺有限责任公司
宣城市
宣城市水东天元枣业制品厂
宣城市汇贤生态旅游有限责任公司
宣城市红枫木业有限公司
宣城市昌茂木业有限公司
宣城市兴胜木业木工板厂
郎溪县十字铺生态特色农业观光园
宁国市盛唐农林开发有限公司
竹韵竹业有限公司
宁国溢香园农业发展有限公司
宁国市长乐林产品开发有限公司
家好家节能门窗有限公司
宁国市沙埠粮油加工厂
晨辉农林开发有限公司
宁国市宁丰农林科技开发有限责任公司
宁国市天晨彩叶树种有限责任公司
大山人竹木工艺品有限公司
泾县艺达笔刷有限公司
泾县兴祥木业有限公司
泾县蔡村竹木工艺品厂
绩溪五蜂园蜂业有限公司
绩溪县锦屏徽州木雕制作中心
绩溪县马道竹木制品有限公司
绩溪县嘉怡木业有限公司
绩溪锦源工艺品有限公司
绩溪县万莲山核桃专业合作社
旌德县家福木业有限公司
广德县
广德县发展生态农业园林有限公司
广德祥云生态农业开发有限公司
清保竹业有限公司
新光明胶合模板有限公司
尧龙竹木制品有限公司
鑫隆园家具有限公司
鼎梁生物能源科技开发有限公司
福佳竹木日用品有限公司
广德县白云竹木胶合板有限公司
铜陵市
铜陵县一棵松生态农业科技开发有限公司
铜陵市振华园艺有限责任公司
星火农业科技有限公司
思丹园艺有限公司
铜陵七彩神韵园林有限公司
铜陵市牧野苗木花卉有限责任公司
恒鑫木业有限公司

二、新增企业
池州市
青阳县著明木业有限公司
青阳九华立胜实业有限公司
青阳县益森木纤维有限责任公司
青阳县永红木业有限公司
青阳县九华景观园林工程有限公司
青阳县五九农业发展有限公司
池州市平源木业有限公司
池州市大荣木业有限公司
东至县天野特种养殖农民专业合作社
双辉竹制品有限责任公司
东至东杰建材有限公司
池州市兆利科技发展有限公司
东至县大历山旅游开发有限公司
石台县八达木业有限公司
石台县三林人造板有限责任公司
石台县牯牛降旅游发展有限公司
石台县仙寓板材有限公司
石台县山园食品有限公司
安庆市
怀宁县咏柳农业综合开发有限公司
向荣农林生态产业有限公司
怀宁县博玛湖农业发展有限责任公司
怀宁县龙山生态农林有限公司
天鹅科技实业(集团)有限公司
岳西县未来农业发展有限公司
岳西县田园农化有限公司
坤城木艺有限公司
天柱山旅游发展有限公司
杉森刷业有限公司
潜山县精工木业有限公司
安庆市潜山县永大木业有限公司
金天柱农业科技有限公司
安庆龙麟生态农业发展有限公司
太湖县乌牛石林业开发有限责任公司
太湖县屹凌农林综合开发有限公司
太湖县纯野生态茶油有限责任公司
太湖县梅林竹业发展有限公司
太湖县天润峰绿色实业有限公司
太湖县五千年文博园投资有限责任公司
望江县喜来美家具有限公司
兴诚木业有限公司
望江县古雷池农林生态科技有限公司
永椿园林绿化有限公司
新屿园林科技发展有限公司
桐城市香山园林绿化有限公司

二、新增企业
桐城市嬉子湖生态旅游有限责任公司
乐健绿色食品有限公司
桐城市振兴园林苗圃有限公司
贤武生态园林科技有限公司
宿松县
安庆晨旺木业有限公司
黄山市
黄山市祁门县佳明木业制品厂
黄山市祁门县森源林业发展有限公司
黄山市多维生物科技有限公司

二、新增企业
黄山市徽顶箬业有限公司
黄山济楚林业有限公司
黄山港殿竹木制品有限公司
黄山桃源罐头食品有限公司
歙县建新农产品加工有限公司
黄山歙县牌坊群鲍家花园开发有限公司
黄山市金翠谷实业有限公司
黄山美太竹业有限公司
黄山区意新竹木有限公司
黄山区来龙山茶林有限公司

二、新增企业
黄山市翡翠谷旅游有限责任公司
黄山区明园油茶专业有限公司
黄山裕籽贵茶油有限公司
黄山徽州竹艺轩雕刻有限公司
黄山市邦博竹业有限公司
黄山金竹竹业有限公司
省直
生态经济发展有限公司

(林高兴　陈　锐　白卫萍)

福建省林业产业

【产业发展概况】 2012年全省林业产业总产值达3078.03亿元，同比增长20.3%，是2002年林业产业总产值的5倍，其中：实现规模以上林业工业产值2613.7亿元，比2011年增长22.6%，增速位居全省38个重点行业前列；累计完成销售产值2529.3亿元，同比增长22%；产销率96.77%。全省木材生产累计完成506.23万立方米，比2011年减少20.07万立方米；累计完成人造板产量1284.26万立方米，比2011年增长6.3%；木地板累计完成512.12万平方米，比2011年增长5.05%；木制家具完成2105.25万件，比2011年增长16.27%；纸浆累计完成30.88万吨；机制纸及纸板累计完成643.86万吨，比2011年增长11.29%。全省林业规模以上企业实现主营业务收入2458亿元，比2011年增长20.5%，累计实现利润和税金分别为122亿元和64亿元，分别比2011年增长24%和32%。产业发展特点如下。

(1)产业结构和布局调整初见成效。全省林产品加工企业技术水平和管理水平不断提高，整体实力日益增强，新兴产业蓬勃发展。无患子开发利用和永春生物医药、明溪红豆杉、三元草珊瑚、梅列黄精、泰宁雷公藤等区域特色产业逐步形成。全省现有规模以上林业工业企业2093家，其中省林业产业化龙头企业141家、境内外林业上市企业19家、产值2亿元以上的企业超过50家，企业规模明显增强。林业产业布局也趋于合理，林业专业园区不断涌现，海峡两岸(三明)现代林业合作试验区、莆田秀屿国家级木材加工贸易示范区、建阳“海西林产工贸城”、建瓯“中国笋竹城”、漳州花博园、仙游“中国古典家具之都”、建瓯“中国根雕之都”、政和“中国竹具工艺城”等产业集中区建设取得新进展，新的林产加工园区不断涌现，林业产业集中度不断提高，五大林业产业集群的产值占全省同行业比重已超过60%，产业集聚效应初步显现。

(2)企业竞争力和发展后劲明显提升。林产品质量不断提高、品牌产品逐年增加，竞争力不断增强。截至2012年年底，全省林业行业共获得中国名牌产品2个、中国驰名商标22件、福建名牌产品170个，福建省著名商标92件。一批企业通过改造提升，走上节能减排和绿色清洁发展道路。目前，已有9家单位经营的178万亩森林通过FSC森林认证，顺昌升木业等60多家企业通过COC林产品产销监管链的认证。福建建峰包装用品公司成为国内首个以林业碳汇方式实施年度生产过程碳中和的企业，有58个涉林项目被列入2012年省重点项目。

(3)闽台合作和对外开放持续推进。以海峡两岸(三明)现代林业合作实验区和台湾农民创业园为载体，吸引台商来闽投资林业。据初步统计，截至2012年年底，台商在福建投资创办的林业企业已达452家，其中规模以上256家，合同利用台资10.4亿美元，实际利用台资7.2亿美元。作为闽台林业合作重要平台的海峡两岸花博会和林博会已连续成功举办14届和8届。同时，通过“请进来”“走出去”的方式，福建省林业对外合作发展迅速。2012年，全省累计实现出口交货值210.54亿元，比2011年增长17.6%，保持持续平稳增长；全年进口原木总量430万立方米，比2011年增长3%，其中漳州港进口原木总量突破200万立方米，比2011年增长33.3%。从全省情况来看，部分靠进口木材为原料、“两头在外”的林业企业如邵武杜氏家居、尤溪三林木业等生产经营都比较稳定，也是拉动福建省林产品贸易的重要推动力(见表1、表2)。

【生物医药产业】 福建已形成三明国家级林业生物产业基地、闽西北(明溪)药都、永春海西药都、柘荣闽东药城等一批林源生物医药产业集中区，初步形成天然药物提取业、生物制造业、药用辅料业等产业体系。南方红豆杉、雷公藤、草珊瑚、虎仗、黄精、三尖杉、太子参等中药材原料基地建设初具规模。全省林源生物医药产值已超过60亿元。

【香精香料产业】 缘于独特的地理、气候等诸多有利因素，福建闽北、闽西北区域内香料植物品种繁多、品质优良，是中国南方传统意义上的“香料基地”。已开发利用的品种有：山苍子油、樟油、桂叶油、橙叶油、玳玳油、生姜油、香根油、牡荆油、艾叶油、桂皮油、柏木油、杉木油、香叶油和松针油等天然香料和芳樟醇、柠檬醛、四氢芳樟醇、苯乙醇、乙敏芳樟酯、二氢月桂烯醇、月桂烯、长叶烯、女贞醛、柑青醛、紫罗兰酮、柠檬香茅腈、柠檬二乙缩醛等合成香料等，实际可开发的天然香料达100多种。全省现有香精香料企业约30家，年产值突破5亿元。

【林产化工产业】 福建林产化工主要以松香、松节油、木质活性炭、樟脑为重点，年产值达52亿元，松香产品年产量约6万吨，位居全国前5位；木质活性炭生产地位显著，是全国主要产区，年生产能力达10万吨，占全国60%，居全国首位。拥有青松化工、南平元力、武平新洲等一批上市龙头企业。“十二五”期间，林产化工产业要向精深加工发展，年加工产值将达200亿元以上。其中松香松节油精深加工10万吨，产值100亿元。木质活性炭10万吨，产值100亿元。

【生物质能源产业】 福建于2005年开展了生物质树种调查，提出了无患子、乌桕、山苍籽、黄连木、竹柏、山桐子、野漆树、黄山栾树、三年桐、千年桐、麻疯树等福建油料树种。目前，发展比较有规模、有一定加工能力的是无患子产业，已种植无患子基地27万亩，主要种植区有三明的建宁、宁化、尤溪、明溪，宁德的屏南、古田、周宁、寿宁，龙岩的武平、长汀，南平的顺昌、建阳，莆田的仙游，漳州的诏安等县。建宁县引进福建源华公司，以“公司+基地+农户”模式发展无患子，是目前福建省无患子种植面积最大的县，已种植10万亩；香港海西国际公司(大青公司)在屏南、古田、长汀等县种植无患子6.8万亩；泉州三青公司在武平、仙游等县种植无患子5.2成亩；南平顺昌等县种植无患子3万亩。福建源华公司、海西国际(大青公司)和泉州三青公司已分别在建宁、屏南、福清、泉港等地建立无患子生物柴油和天然洗涤剂用品生产加工厂，生产出生物柴油和沐浴露等6种天然洗涤用品。

【木质活性炭产业】 福建主要活性炭企业共有38家，主要分布在闽北、闽西地区，其中南平市21家、三明市10家、龙岩市7家。目前活性炭企业产能3000吨以上企业共计9家。福建及周边地区林业资源丰富，随着活性炭技术的进步以及交通运输发展，在原有木质活性炭的基础上不断开发新型活性炭产品，如椰壳活性炭、果壳活性炭、粉煤灰活性炭发展迅速。

表1 全省林业生产指标完成情况

经济指标	计量单位	本年实际完成	2011年实际完成	同期对比(+-%)
一、植树造林总面积	亩	3 312 177	7 015 810	-52.8
(一)人工造林更新面积	亩	1 329 951	4 277 077	-68.9
其中：非公有经济造林	亩	889 368	3 120 192	-71.5
其中：竹林面积	亩	25 486	23 503	8.4
按林种分：1. 用材林	亩	888 962	3 070 148	-71.0
其中：速生丰产林	亩	361 224	652 014	-44.6
2. 经济林	亩	161 326	372 295	-56.7
3. 防护林	亩	231 008	798 197	-71.1
4. 薪炭林	亩	16	4912	-99.7
5. 特用林	亩	48 639	31 525	54.3

（续）

经济指标	计量单位	本年实际完成	2011 年实际完成	同期对比(+ -%)
按类型分：1. 荒山造林	亩	1 089 160	3 190 849	-65.9
2. 更新造林	亩	240 791	1 086 228	-77.8
(二)人工促进天然更新面积	亩	105 404	575 667	-81.7
(三)低产低效林改造面积(不含竹林)	亩	274 529		
(四)非规划林地造林面积	亩	388 868	580 959	-33.1
(五)疏林地补植补种	亩	862 304	1 476 006	
(六)林冠下造林面积	亩			
二、年末实有封山育林面积	亩	9 025 393	5 410 394	66.8
其中：本年新封	亩	882 950	382 795	130.7
1. 无林地和疏林地新封	亩			
2. 有林地和灌木林地新封	亩	882 950	382 795	130.7
三、零星(四旁)植树	万株	3907	2861	36.6
四、育苗面积	亩	35 089	22 827	53.7
其中：本年新育	亩	18 872	12 120	55.7
容器育苗	万株	12 735	35 362	-64.0
五、幼林抚育实际面积	亩	8 370 628	7 611 684	10.0
幼林抚育作业面积	亩次	11 475 574	9 257 533	24.0
六、中、幼龄林抚育面积	亩	2 800 861	1 023 474	173.7
七、抚育改造出材量	立方米	207 090	199 255	3.9
八、竹林抚育面积	立方米	8 342 135	6 773 166	23.2
九、商品材产量	立方米	5 707 374	5 632 552	1.3
1. 原木	立方米	5 216 719	5 100 853	2.3
杉木	立方米	3 138 128	2 861 641	9.7
松木	立方米	969 788	1 167 362	-16.9
杂木	立方米	1 108 803	1 071 850	3.4
2. 薪材	立方米	490 655	531 699	-7.7
商品材销售量	立方米	5 487 492	5 316 314	3.2
1. 省内	立方米	4 512 959	4 408 893	2.4
2. 省外	立方米	974 533	907 421	7.4
商品材期末库存	立方米	809 714	853 421	-5.1
十、全部竹材产量	—	—	—	—
1. 毛竹	万根	33 458	27 749	20.6
2. 篙竹	万根	17 943	14 501	23.7
3. 小材竹	吨	628 626	501 797	25.3
十一、锯材产量	立方米	1 746 572	1 691 120	3.3
十二、木片产量	实积立方米	1 164 366	1 166 715	-0.2
十三、人造板产量	立方米	8 146 004	8 462 810	-3.7
1. 胶合板产量	立方米	3 272 348	2 997 809	9.2
2. 纤维板产量	立方米	1 584 028	1 766 671	-10.3
3. 刨花板产量	立方米	1 609 145	2 048 069	-21.4
4. 细木工板产量	立方米	1 483 465	1 384 835	7.1
5. 其他人造板产量	立方米	197 018	265 426	-25.8
人造板产量中：林业系统	立方米	366 619	851 758	-57.0
十四、胶合木产量	立方米	1 134 103	1 214 940	-6.7
十五、松香产量	吨	106 240	80 406	32.1

表2　2012年全省林业利用外资基本情况

指标名称	项目个数(个)		项目总投资	实际到位外资金额(万美元)		协议利用外资金额(万美元)	
	计	其中：合同项目	(万美元)	合计	外商投资	合计	外商投资
总计	62	52	65 529	20 754	20 754	43 093	43 093
一、营造林	8	8	9168	1361	1361	8263	8263
1. 公益林	1	1	18			12	12
2. 工业原料林	1	1	800	100	100	100	100
3. 特色经济林	6	6	8350	1261	1261	8151	8151
二、木竹材加工	20	16	18 100	5699	5699	10 785	10 785
其中：木家具制造	7	7	5411	1220	1220	3223	3223
人造板制造	1		1000	600	600		
木制品制造	11	8	10 439	3879	3879	7046	7046
三、林纸一体化	4		1858			1858	1858
四、林产化工	2	2	4040	2540	2540	2540	2540
五、非木质林产品加工	7	5	13 093	6047	6047	5447	5447
六、花卉、种苗	9	9	6872	849	849	4152	4152
七、科学研究	1	1	79			79	79
八、其他	11	11	12 319	4258	4258	9969	9969

(伍清亮)

江西省林业产业

【概　述】　2012年全省林业总产值达到1628亿元，同比增长21%，省级林业龙头企业达258家，规模不断发展壮大，农民人均来自林业的纯收入达到1000元，比2008年增加280元，林业产业已成为林业增效、农民增收的重要途径。

江西省在推进林业产业中重点发展了六大产业。

(1)发展速丰林及毛竹培植业。大力发展速生丰产用材林为主的商品林基地，全省共建设速生丰产林基地面积1500多万亩。通过低改和新增，全省每年建成毛竹丰产林基地100万亩，培育已由传统的毛竹向雷竹、丛生竹转变。

(2)发展油茶及生物质能源产业。全省油茶示范县达到52个，高产油茶林面积达到253万亩。建立了国家油茶种质基因库。新建改建油茶采穗圃20个，年产优质油茶苗木1.2亿株。积极扶持澳门高氏集团等10家油茶产业龙头企业，建设"五位一体"油茶科技园。目前，全省新建高产油茶林1000亩以上的企业(大户)有237家，茶油总产量达到10万吨。江西省现有各类生物质能源林基地3357.8万亩，其中油料能源林1216万亩，淀粉能源林12.8万亩。

(3)发展木竹精深加工及林化产业。2012年，全省年产竹地板1053万平方米，竹胶合板35万立方米，活性炭5.12万吨，松香5.7万吨，松节油3.2万吨。毛竹产品已由传统的竹地板、竹胶合板向竹键盘、竹家具、竹工艺(日用)品、竹纤维等高科技、高附加值产品迈步。南康市经过20多年的发展，有家具企业将近6000家，家具及相关从业者达20多万人，一年一度的南康家具博览会升格为国家级重点林业展会，成为江西省木竹加工业发展的新亮点。

(4)发展生态文化及森林旅游产业。全省已有国家级森林公园44个，国家级自然保护区11个，国家湿地公园15个，年接待旅游人数就超过4300万人次，旅游收入突破55亿元。

(5)发展苗木花卉及森林食品产业。各地抓住实施"一大四小"工程的重大机遇，发展苗林一体化基地，全省苗木花卉种植面积由2005年的不足20万亩，增加到2012年的100万亩，总产值接近250亿元，其中绿化苗木的面积和产值分别占94%和98%。丰富的森林资源，为江西省森林食品提供了良好的发展空间，2012年，全省森林食品产量达4万吨，产值达37亿元。

(6)发展野生动植物繁育与利用产业。全省现有经批准的野生动植物繁育和经营利用企业1102家。其中，野生动物驯养繁殖经营利用企业657家，野生植物经营利用企业445家，年产值约82亿元，解决就业5万多人。樟树药材市场已成为闻名中外的中药材加工市场和集散地，进贤文港皮毛市场是中国南方最大的皮毛市场。

【竹产业】　目前，江西省竹林面积98.60万公顷，居全国第二，其中，30万亩以上的县有16个，10万亩以上的县有44个，宜丰、崇义、奉新、安福4县被国家林业局命名为"中国竹子之乡"。竹产业经过多年发展，实现了3个明显变化：一是竹林面积逐年增加，竹产业规模逐步扩大。"十一五"期间，江西省竹林面积增加了16.2万公顷，平均每年增加3.24万公顷。加工企业由2008年的780余家发展到2011年的1436个，竹地板、竹胶板、竹筷产销量居全国前列。二是从过去以卖毛竹为主变成更多地卖加工产品，从过去主打竹筷、竹凉席等初级产品，到现在已能生产如竹键盘、竹工艺品、重竹家具、竹纤维制品等有科技含量的系列竹制品；南丰振宇的竹材综合利用率已达95%以上，艺竹公司的彩竹工艺品、铜鼓江桥的竹键盘等产品为世界首创。三是许多企业从主要靠输送半成品、赚加工费谋生存，变成更多地从新产品开发、品牌创立、科技创新找出路。四是从种植、加工、销售到科研、创新等，“一条龙”的竹产业链开始“粗线条式”显现。许多企业通过“公司+基地+农户”“公司+合作社+农户”等形式带动竹农增收。崇义等毛竹重点县的林农来自毛竹产业的人均收入占全年人均收入的70%左右，全省常年从事竹产业人员已达36万人，竹产业的富民强县效应日益显现。

【油茶产业】 2010年3月，江西省出台了《江西省人民政府关于加快油茶产业发展的意见》(赣府〔2010〕11号)，《意见》明确了江西省油茶产业10年发展目标，确定了从2010年起，省财政设立油茶产业发展专项资金，扶持全省油茶产业的发展。《意见》的出台，把油茶产业列为江西省推进农业产业化和促进农民增收致富的一个新兴支柱产业，对引导、促进、扶持、保证江西省油茶产业健康发展发挥了重要作用。

2011年7月，省林业厅与省发改委联合出台了《江西省油茶产业发展规划》(2011～2020年)，《规划》明确提出预计到2020年，全省油茶林总面积达到2100万亩，其中新造高产油茶林1000万亩，逐步改造现有油茶林1100万亩，年产茶油60万吨；培育省内1～2家油茶加工龙头企业上市，新建10个规模在5000亩以上的油茶产业科技园，实现油茶产业年综合产值350亿元。《规划》的出台将指导江西省油茶产业健康有序发展，对江西省油茶产业在不远的时期内迈上一个新的更高的台阶具有重要作用。

目前，江西省有一定规模的具有初榨和精炼能力的加工企业超过35家，年产茶粕在8～9万吨，年加工精炼茶油在2万吨左右，加工能力和实际产量在全国处于前列。江西省目前拥有12个江西省著名商标，2个中国驰名商标(全国4个)，“得尔乐”“润心”“绿海”“源森”“绿源井岗”等品牌享誉北京、上海、广州等省内外市场。2012年全省新造高产油茶林47.1万亩，超国家下达任务近10万亩，有效带动了农民增收致富。

【苗木花卉产业】 2012年，全省苗木花卉面积突破100万亩，产值突破200亿元。南昌“江南苗木花卉大世界”、新余“赣西花木大市场”筹建进展顺利。上饶加大苗木发展扶持力度，吸引一批知名企业落户投资。

【森林旅游产业】 2012年5月29日，江西省政府印发了《关于加快森林旅游发展的意见》(赣府厅发〔2012〕36号)，对江西省加快森林旅游发展的基本原则、总体目标、工作重点和保障措施等作了全面部署。同时，《意见》指出了江西省发展森林旅游业的10个工作重点，并提出了保障措施。《意见》的出台，对促进江西省森林旅游可持续发展，全面提升全省森林旅游的发展水平，加快建设旅游产业大省和富裕和谐秀美江西起到重要推进作用。

2012年11月5日，江西省正式向全国推出“江西风景独好·森林旅游”年票。年票涵盖全省森林公园、自然保护区、湿地公园等近40家景区，庐山三叠泉国家森林公园、柘林湖国家森林公园、武功山国家森林公园等知名景区均名列其中。

江西省境内共有森林公园162个，湿地公园33个、林业保护区220个，总经营面积达175万公顷，占全省国土面积的10.5%，初步形成了以森林景观为主体，地文景观、水体景观、天象景观、人文景观等资源有机结合的多样化森林旅游建设体系。2012年全省森林旅游游客量达到4340万人次，森林旅游创造社会综合产值24.7亿元，森林旅游已经成为林业最具潜力的朝阳产业、生态产业和富民产业。

【林下经济】 2012年3月，江西省出台《江西省人民政府关于大力推进林下经济发展的意见》(赣府发〔2012〕10号)，省财政设立林下经济发展专项资金1000万元，意见明确江西省发展林下经济的目标、主要模式、主要任务及保障措施，重点发展林下种植、林下养殖、林下产品采集加工和森林景观利用等四大类林下经济，着力抓好油茶、花卉苗木、森林药材、森林蔬菜、野生动物驯养繁育、森林旅游六大林下经济产业。

2012年10月20日，江西省财政厅和江西省林业厅联合下发《关于推荐林下经济发展重点县的通知》(赣财〔2012〕118号)，明确省级林下经济发展专项资金相关扶持政策，并对林下经济发展工作较好的县(市、区)实行奖补。目前，全省确定了10个林下经济发展重点县，给予每年100万元财政奖补，其中，武宁县被列为全国林下经济示范县。在2012年全国林改和林下经济发展现场会上，江西省发展林下经济的做法得到了充分肯定并在全国推广。崇仁的林下养殖、弋阳的雷竹、金溪的香精香料等林下经济形成了品牌。

【"森林城乡、绿色通道"建设工程】 2012年，江西省委、江西省政府出台《中共江西省委、江西省人民政府关于实施"森林城乡、绿色通道"建设的意见》(赣发〔2012〕14号)，召开了动员大会，决定在造林绿化"一大四小"工程建设的基础上，再用5年时间，江西省财政每年继续投入3亿元，在全省范围内实施"森林城乡、绿色通道"建设。

2011年冬至2012年春，全省投入造林绿化资金近110亿元，完成造林面积298.7万亩，其中山上造林194.1万亩，山下造林104.6万亩。以打造高速公路"三纵三横"通道绿化为重点，全省巩固提升省级以上通道绿化达标里程1337公里，其中，高速公路597公里，国道337公里，省道(含旅游公路)403公里。吉安、宜春、南昌和抚州等4个设区市得到国家林业局正式行文批复同意创建"国家森林城市"，吉安、抚州创建总体规划已通过国家林业局组织的专家评审。丰城、峡江等10多个县(市、区)已启动"省级森林城市"创建工作。

2012年冬至2013年春，全省完成造林面积253.69万亩，其中山上造林201.52万亩，山下造林52.17万亩。继新余市成功创建"国家森林城市"之后，其他10个设区市都申报创建"国家森林城市"，南昌、九江、鹰潭、宜春、吉安、抚州等6个设区市创建规划已通过国家林业局评审；49个市、县(区)启动了"省级森林城市"创建工作。新建森林公园22个、湿地公园38个，提升森林(湿地)公园55个，森林生态科教馆(博物馆)19个；新增"森林社区""森林街道""森林营区""森林园区"和"森林学校"等581个；新增"森林乡镇"260个、"森林村庄"1469个；7个设区市和11个县(市、区)启动了林业生态文化示范教育基地和示范乡镇(村)建设。新增绿化通道达标里程513公里，其中，高速公路194公里，国道81公里，省道238公里，提升通道绿化里程2052公里。打造了南昌市艾溪湖绿道工程、会昌县百里湘江绿色生态长廊等一批生态型、郊野型和都市型绿道精品样板工程。

【龙头企业】 目前，全省有省级林业龙头企业258家，比2010年新增了101家，龙头企业呈现出良好发展态势。主要表现为"三增"：一是总体实力快速增长。2012年，省级林业龙头企业总资产规模达到243亿元，资产规模超亿元企业有57家；总销售收入达到192亿元，年销售收入超亿元的企业达到56家，利润超千万元企业达到49家。二是竞争力明显增强。有32家企业产品荣获"省名牌产品"称号，1家企业荣获"中国名牌产品"称号；46家企业注册商标获得"江西省著名商标"称号，6家企业获得"中国驰名商标"称号。除此之外，有30家企业获得发明或实用新型专利，有84家企业通过了质量体系认证系统，68家企业设有专门的研发机构，投入研发经费超过1.8亿元，20家企业获得了省级以上科技成果奖，47家企业拥有进出口经营权，年创汇达到18亿美元，5家企业已进入上市辅导前的准备阶段。三是带动作用日益增大。龙头企业通过建立稳定的生产基地，完善与林户的利益联结机制，既实现了林产品转化增值，又促进了农村劳动力向二三产业转移。到目前为止，全省林业龙头企业通过订单林业、合作经营、"公司+合作社(企业)+基地+农户"等形式带动农户近百万，增收达9亿多元(见表1)。

表1 江西省省级林业龙头企业名单(排名不分先后)

单位名称
南昌市(18家)
江西丰林投资开发有限公司
江西晨鸣纸业有限责任公司
江西九木堂实业有限公司
江西艺竹实业有限公司
江西中林实业发展有限公司
江西省高氏林牧发展有限公司
江西金乔园林有限公司
江西卓茵园林景观工程有限公司
江西省磊鑫花木有限公司
江西满园春园林景观有限公司
江西飞尚林产有限公司

单位名称
江西绿源油脂实业有限公司
江西省大白鲨油脂实业有限公司
江西正邦林业开发有限公司
江西淦鑫实业发展有限公司
江西江南园林建设工程有限公司
江西盛竹联创农林发展有限公司
南昌赣顺林业有限公司
九江市(12 家)
江西立信园艺制品有限公司
江西省久木木业有限公司
江西艺邦木业有限公司
江西仙客来生物科技有限公司
九江市中堂生态园林有限公司
九江金太阳科技林业有限公司
江西神州通油茶投资有限公司
九江凌华实业有限公司
九江市鑫森林业专业合作社
九江高生园林苗木专业合作社
九江市庐山区云雾茶有限公司
修水县金园园林绿化有限公司
景德镇(6 家)
江西一见喜家具有限公司
浮梁华美园林工程有限公司
浮梁县鑫叶林场
景德镇市青原农林开发有限公司
江西昌新农业发展有限公司
江西乐康中药饮片有限公司
萍乡(14 家)
江西福义实业有限公司
江西万通竹木业有限责任公司
江西惠众林业开发有限公司
萍乡市新国贸易有限公司
萍乡市博昌实业有限公司
江西多盛农林综合开发有限公司
莲花县华翔农林生态科技有限公司
莲花县森美农林开发有限公司
萍乡市源盛祥林业有限责任公司
萍乡市翠涛毛竹专业合作社
江西一统林农科技有限公司
萍乡绿世界竹木开发有限公司
芦溪县万龙山裕龙农林专业合作社
江西圣仁炭业有限公司
新余市(21 家)
分宜县钟氏木业有限公司
江西省绿邦科技开发有限公司
新余市泓鹏农村开发有限公司

单位名称
新余市欣源农业开发有限公司
江西珊娜果业有限公司
新余市天欣源工贸有限公司
新余市信安新型建材有限公司
新余仙女湖景笙农业综合开发有限公司
新余市忠鸿林业开发有限公司
新余市创丰农业生态有限公司
新余市沃丰实业有限公司
新余市鑫海果业有限公司
新余市新星园林有限责任公司
江西省新世界有机农业有限公司
江西新安农林生物科技有限公司
新余市虹桥农业开发有限公司
江西农科农业发展有限公司
江西喜耕田种苗科技股份有限公司
江西绿阳林业有限公司
分宜县湖龙农产品开发有限公司
江西众鑫生态农业开发有限公司
鹰潭市(3 家)
江西朝兴园林绿化有限公司
贵溪市华丰竹业有限公司
贵溪市久润农业发展有限公司
赣州市(45 家)
赣州华劲纸业有限公司
江西华亿木业有限公司
赣州泰普化学有限公司
江西省贵竹发展有限公司
江西省崇义华森竹业有限公司
瑞金市鸿福木业有限公司
江西高峰生态农林开发有限公司
赣州金太阳科技林业有限公司
江西兴民再生能源开发有限公司
江西恒泰林业开发有限公司
江西省绿宏实业有限公司
于都县鑫民生态发展有限公司
会昌县远方林牧有限责任公司
瑞金市绿野轩林业有限责任公司
瑞金市柏联实业有限公司
大余县林盛木业有限责任公司
崇义县永乐林源有限公司
江西友尼宝农业科技开发有限公司
江西山村油脂食品有限公司
江西仰山园油茶开发有限公司
崇义县林业投资有限责任公司
崇义林业股份有限公司
江西省华颐丰生态实业有限公司

单位名称
瑞金市绵江林业有限公司
定南县黄金坳高山茶油有限公司
兴国宏兴木业有限责任公司
上犹广兴林业投资有限公司
江西省云顺竹木业有限公司
赣州市今日茶油实业有限公司
上犹强旺油茶开发有限公司
江西会昌大自然油茶有限责任公司
赣州市宝葫芦农庄油茶开发有限公司
兴国县浙赣油茶开发有限公司
兴国红天下山茶油有限公司
兴国红土地生态农业开发有限公司
兴国县赣兴油茶发展有限公司
全南厚朴生态林业有限公司
赣州市永森林业发展有限公司
兴国县汇丰林业发展有限公司
南康蓝天木业有限公司
南康市文华家瑞家具实业有限公司
江西维平创业家具实业有限公司
江西省崇盛竹业有限公司
于都东森源农林开发有限公司
江西红土地实业有限公司
宜春市(44家)
江西宏丰人造板有限公司
江西奋发竹木业有限公司
江西雪岭木业有限公司
江西福丰木业有限公司
江西康替龙竹业有限公司
江西铜鼓江桥竹木业有限责任公司
江西铜鼓华辉实业有限公司
江西铜鼓县山珠人造板有限责任公司
江西金仁实业有限公司
江西腾达竹木业有限公司
青龙高科技股份有限公司
江西晶粹油茶林基地种植有限公司
江西丰顶山农林生态科技有限公司
罗宾有限公司
江西省好口福油脂有限公司
江西樟树天齐堂中药饮片有限公司
江西亿利板材有限公司
江西康达竹制品集团有限公司
江西飞宇竹业集团有限公司
江西华昌竹业集团有限公司
江西松涛竹业有限公司
江西华强竹业有限公司
江西省远南竹材集团有限公司

单位名称
江西邓氏园林(集团)有限公司
江西三高绿健农业有限公司
江西泰豪竹业有限公司
上高县林业经济合作社
高安市瑞荣竹木制品厂
江西山友实业有限公司
江西嘉华林业有限公司
高安市康丽竹木制品有限责任公司
宜春市华韵实业有限公司
江西御润坊富硒山茶油有限公司
江西润苗生态植物园有限公司
铜鼓县群生林场
宜春市沐阳农林科技有限公司
江西星火农林科技发展有限公司
宜春元博山茶油科技农业开发有限公司
宜春市阳光家居城有限公司
丰城市天缘花木药材有限公司
丰城市森禾花卉园艺有限公司
江西北河园生态发展有限公司
江西绿保木竹有限公司
上高县九峰园林工程有限公司
上饶市(46家)
德兴市荣兴苗木有限责任公司
江西省绿野木业有限公司
德兴市源森红花茶油有限公司
江西绿野山茶油有限公司
德兴市畲民油脂化工有限责任公司
上饶县丰顺林业有限公司
江西恩泉油脂有限公司
上饶府山实业有限公司
江西远泉实业集团有限公司
广丰县绿丰营造林有限公司
广丰县岭底竹业有限公司
江西吴记园食品有限公司
铅山县天鑫绿化有限公司
江西三清山绿色食品有限公司
江西春源绿色食品有限公司
玉山县三山茶业有限公司
江西省喜果绿化有限公司
江西云河实业有限公司
江西广联农业有限公司
江西翰林林业开发有限公司
江西桐源林业科技有限公司
上饶市广信园林绿化工程有限公司
江西省百源木业有限公司
江西大自然人造板有限公司

单位名称
德兴市德畅集装箱配套有限公司
德兴市鸿祥木业有限公司
江西山之源山茶科技开发有限公司
江西好晟好生态农业科技有限公司
玉山县绿涛造林工程有限责任公司
广丰县天然林业有限公司
江西清鑫农业开发有限公司
广丰县丰豪造林有限公司
铅山县鹅湖远顺生态农业科技有限公司
江西恒森农林开发有限公司
江西省翔宇农林综合开发有限公司
江西美鑫华农业开发有限公司
上饶县农丰实业开发有限公司
上饶市强能农业开发有限公司
玉山县绿清农林开发有限公司
横峰县青松绿化有限公司
江西省太阳升农业科技发展有限公司
江西金标实业集团有限公司
江西鼎丰植物开发有限公司
德兴市年年新土特产开发有限公司
江西宏宇林业综合发展有限公司
弋阳县艺林农业开发有限公司
吉安市(21 家)
江西绿洲人造板有限公司
江西省金星木业有限公司
新干县恒荣制板厂
新干县林瑞木业有限公司
江西安富竹业有限责任公司
江西扬宏建材有限公司
江西金安林产实业有限公司
峡江县玉松林化有限公司
江西省吉水县兴华天然香料有限公司
遂川县茂森林场有限公司
遂川县绿川林场
安福县福源毛竹实验林场
永丰县林业局鹿冈林场
万安县井冈野猪豪猪养殖专业合作社

单位名称
江西省青苹园林艺术有限公司
吉安市景天实业发展有限公司
江西绿海油脂有限公司
江西省宏冠绿色农庄有限公司
万安县祥霖山茶油有限公司
江西闽赣花木有限公司
江西五百里井冈特产有限公司
抚州市(28 家)
大亚木业(江西)有限公司
抚州市恒绿云林有限公司
江西省宏绿实业有限公司
江西东伟实业有限公司
江西省资溪青云地板集团有限公司
资溪曼图林业有限公司
资溪新云峰木业有限公司
江西南方林场有限公司
江西南丰振宇实业集团有限公司
江西真诚校具实业有限公司
江西坚华林业有限公司
宜黄县诚华实业有限责任公司
广昌县广龙雪松制板有限责任公司
江西芸林木业有限公司
东乡县兴林果业有限公司
江西大地常春实业有限公司
江西巨峰竹木业有限公司
江西裕林茶花科技开发有限公司
江西绿杉油脂有限公司
广昌县绿园木业有限公司
江西多木绿地有限公司
江西天顺生态农业有限公司
江西金山圣实业有限公司
江西思派思香料化工有限公司
江西天香林业开发有限公司
江西艺美家具有限公司
抚州远安茗杏绿地花木有限公司
资溪县康熊实业有限公司

(严　珲　万发令　陈　卉)

山东省林业产业

【概　述】 2012年是山东省林业产业创新发展的一年，各项工作不断取得新进展、新进步，主要有以下几个特点。

党委政府高度重视，出台了高含金量的扶持政策 在国务院办公厅出台意见的基础上，山东省政府办公厅以鲁政办发〔2012〕77号文件印发了《关于贯彻国办发〔2012〕42号文件进一步加快林下经济发展的意见》，提出全省林下经济发展的基本原则和总体目标，明确主要任务和政策措施，要求各级建立组织机制，强化部门协调，逐步建立政府引导，农民、企业和社会为主体的多元化投资机制。东营市先于山东省政府出台了林下经济发展意见，威海、济宁市出台了高含金量的林业产业扶持政策，济宁市政府再次召开林业产业发展会议，对先进典型给予了重奖，极大地激发了发展林业产业的积极性。潍坊、滨州、东营等市组织了专门的林业产业参观考察活动，烟台、菏泽等多市效仿山东省读书会形式召开了林业产业发展流动现场会。

总体发展势头非常迅猛，加工制造业成为主力军 2012年全省林业总产值达4388亿元，同比增长47.8%，列全国第一位。从产业结构看，二产比重由2011年的58%上升到2012年的61.94%。

产业集群建设成效明显，区域发展格局基本形成 全省出现了一大批聚集度很高的林业产业集群，如临沂的木材加工及人造板产业群，日照岚山区碑廓镇的木材进出口加工贸易产业群，龙口市的果品贮藏加工产业群，青州市的花卉产业群，济宁任城区李营的绿化苗木产业群，茌平县的中密度纤维板产业群，费县、宁津县的实木家具产业群，菏泽市的木材加工产业群，齐河县、沂水县的林下种养产业群等，均在当地区域经济中占有较大比重。2012年全省17市中，林业总产值超百亿的市比2011年增加2个达到13个，超两百亿的市比2011年增加2个达到7个。临沂市林业产业产值达到903亿元，成为当地名副其实的支柱产业。

品牌建设成效显著，市场竞争力不断提升

培育发展了一批特色鲜明的林业产业品牌，有效地提升和带动了产业发展。果业方面，被国家命名的名特优经济林之乡达23个，全国经济林建设先进县15个，产业化示范县7个。蒙阴蜜桃的品牌价值达到31.66亿元，烟台苹果的品牌价值达27亿元。种苗花卉方面，有80多个单位被命名为“国家级特色林木种苗生产基地”，潍坊昌邑、泰安上高、济宁李营等地形成了具有自主品牌的苗木中心。木材加工方面，临沂市被授予“中国板材之都”，日照市国家级木材贸易加工示范区已经成功运行4年多；全省10家林业企业成功上市，60多家企业品牌被评为全国驰名商标，210多家企业通过ISO9001等国际认证。

积极开拓国内国际两个市场，搭建起多种交易平台

(1)展会市场。通过政府搭台、企业唱戏、林农参与、市场运作的方式，山东省举办了各类林产品展会活动。如菏泽的中国林交会，昌邑的中国绿化苗木博览会，滨州的黄河三角洲绿化苗木博览会，乐陵的中国枣产品博览会，济宁的法桐节等，均有力地推动了林产品市场的发展。

(2)专业市场。依托资源优势，培育形成了曹县的林产品交易市场，青州、昌邑、李营的花卉苗木交易市场，泰安的花卉苗木市场，临沂的胶合板专业批发市场，济南、德州、聊城、滨州、淄博等市的大型家具、木材交易市场，基本建立起覆盖全省、面向国内外的林产品物流营销服务体系。这些市场由过去的单一林产品经销，逐步向综合化发展，包括信息、技术、生产资料、物流运输等。

(3)国际市场。坚持实施“走出去”战略，积极引导企业开拓国外资源和市场。目前，山东省有40多家企业通过收购、租赁等方式，在十多个国家和地区拥有林地林权面积达690万公顷，蓄积约6亿立方米，蓄积量是全省林木蓄积量的6倍多。林产品出口到120多个国家和地区，出口种类达200多个。2011年全省林产品进出口总额达100多亿美元。据不完全统计，2012年1～10月份，山东省出口方面，仅干鲜果品一项就达6.5亿美元；进口方面，果品及制品17.2亿美元，木制品13.4亿美元，蜂蜜0.25亿美元，藤柳编2.4亿美元，4项合计33.25亿美元。

优化了农村经济结构，增加了农民收入　林农增收、林业增效、就业增加是发展林业产业的立足点、出发点和落脚点。近几年来，通过林业产业的发展带动，全省涌现出了一批农民人均年收入过5000元的县，过1万元的乡村，过10万元的农户，一些林果大县农民林业收入占到总收入的一半以上。临沂人造板、青州花卉、茌平纤维板、菏泽木材加工、齐河林下种养等，都在当地经济中占有较大比重。最新资料显示，郯城县大力发展银杏产业，全县银杏片林面积21万多亩，年银杏果产量380万千克，干叶产量1000万千克，其新村乡和重坊镇人均收入超过1000元，胜利乡赵楼村人均收入达到5000元。2012年沾化县冬枣种植面积达50万亩以上，冬枣总产量达3.5亿千克，全县农民人均冬枣收入7500元，成为当地群众致富增收的支柱产业。

【树莓、蓝莓产业】　树莓和蓝莓同属于小浆果类果树，被称为"第三代水果""黄金浆果"和"水果之王"，具有独特的营养保健价值，独特的鲜食风味，优良的加工性能和极高的经济价值，产量高，抗逆性强，集经济、生态和社会效益于一身。山东省树莓、蓝莓种植每亩收入一般可达1.5～2万元，是种植农作物的10倍以上，是种植苹果、梨等普通水果的3～5倍。

山东省树莓蓝莓引进种植时间短，2002年才开始规模化种植。目前，山东省蓝莓种植面积近10万亩，年产量约2000～3000吨，面积产量均居全国首位；树莓也已发展到近万亩。

【牡丹产业】　2012年年底，全省牡丹种植面积已达30.1488万亩，育苗面积达1.6879万亩。油用牡丹种植基地已达23.6532万亩，占全省牡丹总面积的78.4%。其中，产前期面积为21.3927万亩，占90.4%；初产期面积12800亩，占5.4%；盛产期面积9805亩，占4.1%。分布在菏泽、聊城和德州3市地。观赏牡丹种植面积4.6355万亩，占牡丹总面积的15.4%。药用牡丹种植面积1.8601万亩，占牡丹总面积的6.2%。主要分布在菏泽、聊城、德州、济南、潍坊等市地。

全省2012年年底，各类牡丹加工企业180多家，专业户1.1万余户，从业人员达6.2万人，年产值达10亿元以上。目前，以尧舜、盛华、瑞璞等为龙头的多家牡丹综合加工企业正在快速崛起。

山东菏泽已成为世界上面积最大、品种最多、花色最全的牡丹栽培中心和生产、科研、观赏、出口基地。2012年3月16日，中国花卉协会正式命名菏泽为"中国牡丹之都"。

【林下经济】　林下经济不断壮大，使用林地面积259万亩，其中林菌16万亩，林禽172.5万亩，林畜27.3万亩，林药21万亩，其他22.2万亩，产值186亿元，占总产值的4.1%，带动劳动就业人员52.5万人，纯收入57.6亿元。全省现有37家林下经济示范基地，包括林菌、林药、林禽、林畜等各种模式，基地总面积为38 326亩。

2012年12月，山东省人民政府办公厅出台了《关于贯彻国办发〔2012〕42号文件进一步加快林下经济发展的意见》(鲁政办发〔2012〕77号)。提出了全省林下经济发展的基本原则和总体目标，明确了主要任务和政策措施，要求各级建立组织机制，强化部门协调，逐步建立政府引导，农民、企业和社会为主体的多元化投资机制。

【龙头企业】　2012年年底，山东省共有257家龙头企业，涵盖了人造板生产、家具制造、果品加工、种苗花卉、木浆造纸、园林绿化、林下经济等各个林业领域。

【野生动植物】　全省共有34处动物园、野生动物园，4处植物园，158家野生动植物驯养繁殖(培植)及经营利用企业。2012 年，山东省野生动物饲养产值达到 96.6 亿元。以潍坊、东营等地为重点野生动物驯养基地也成为当地的一大特色。

【森林旅游】 2012 年，国家级湿地公园达到 24 处，新增 10 处；省级湿地公园达到 61 处，新建 24 处。国家级森林公园达到 39 处，新建 1 处；省级森林公园达到 72 处，新建 4 处。2012 年，山东省第三产业产值达 253.4 亿元，在总产值中所占比例有所上升，产业布局更加合理。其中林业旅游与休闲服务产值达 157 亿元，较 2011 年增长 85%。2012 年林业旅游与休闲人次达 7920 万人次，直接带动其他产业产值 325 万元。

【山东省林业产业联合会】 山东省林业产业联合会于 2012 年 8 月 27 日成立，山东省林业厅原厅长贾崇福当选为联合会名誉会长，山东省林业厅副厅长亓文辉当选为联合会会长，山东省林业厅产业发展与对外合作处处长岳炳勋当选为联合会副会长兼秘书长。

林业产业联合会作为综合性协会是政府和企业之间的桥梁和纽带，在市场经济和产业化发展中发挥重要的作用。对推动全省林业产业的发展具有重要意义。通过联合会这个平台把企业组织起来，实现信息共享，资源合理利用，共同维护市场公平竞争，抵御市场风险，实现互利共赢。可以更好地涵盖林业产业的各个领域、各个方面，更好地为会员提供服务，助力其更好发展。

山东省 2012 年度林业产业龙头企业名单

龙头企业名单
鲁丽集团有限公司
寿光富士木业有限公司
山东成武海漾木业有限公司
山东泛达木业有限公司
山东森林木业有限公司
成武美森木业有限公司
山东新博木业有限公司
山东菏泽坤和木业有限公司
山东晨鸣板材有限责任公司
日照中兴森工实业有限公司
山东建中工贸有限公司
日照德霖木业有限公司
沂源县东宇恒翔木业有限公司
山东齐星板材有限责任公司
山东林盾木业有限公司
万福达木业有限公司
济宁万都木业有限公司
齐河县凯明木业有限公司
山东兴阳木业股份有限公司
东明三信木业有限公司
临沂圣福源木业有限公司
郓城县森鹏木业有限公司
山东中天木业有限公司
高唐县龙达木业有限公司
济南黄猫木业有限公司
山东成武凤阳家具有限公司
费县盛宝木业有限公司
曲阜市盛大木业有限公司
山东巨明木业有限公司
平邑县金牛木业有限公司
曹县吉庆木业有限公司
济宁高兴木业有限公司
曲阜市圣富木业有限公司
高青锦源木业有限公司
台儿庄区兴兰木制品厂
宁阳县鲁森木制品厂
梁山县众合木业有限公司
曲阜鲁汉木业有限公司
菏泽统和木业有限公司
兖州市富林木业有限公司
菏泽市福泰木业有限公司
济南天择食品有限公司
淄博市山川果蔬食品有限公司
沂源先峰农业开发有限公司
沂源新宇食品有限公司
沂源县双义果蔬有限公司
阳信华星果菜有限公司
山东良友食品饮料有限公司
山东百果庄园食品有限公司
山东汉诺庄园酿酒有限公司
枣庄市育昶食品有限公司
威海富桥果品有限公司
济宁金昙核桃种植有限公司
曲阜市圣仙果品有限公司
山东方健制药有限公司
蓬莱鑫园工贸有限公司
栖霞德丰食品有限公司
烟台格润旭明食品有限公司

龙头企业名单
青岛沃林蓝莓果业有限公司
肥城坤庆食品有限公司
山东中海食品有限公司
临沂奇伟罐头食品有限公司
济南天源玫瑰制品开发有限公司
济南惠农玫瑰花精油有限公司
山东汇友金核桃食品有限责任公司
德州绿风枣业有限公司
龙口市兴源果蔬有限公司
东营市民兴食品有限公司
日照市驻龙山绿茶有限公司
日照市凤玉茶业有限公司
日照市达摩茗茶发展有限公司
日照真诺生物科技有限公司
山东芳绿农业科技有限公司
山东富大地果菜农民专业合作社
昌乐县富六地果菜专业合作社
淄博万红花卉产销专业合作社
临沂经济开发区民生苗木种植专业合作社
蒙阴县宗路果品专业合作社
临沂市兰山区兰旗种植农民专业合作社
沂水恒源食用菌专业合作社
龙口市兴龙葡萄专业合作社
肥城市靠山食用菌研究所
日照华大投资发展有限公司
山东万紫园旅游开发有限公司
山东龙腾竹泉旅游发展有限公司
山东神力企业发展有限公司
泗水龙门山庄有限公司
山东晟银药业有限公司
山东蒙山龙雾茶业有限公司
济南祥辰科技有限公司
山东港信物流有限公司
邹城市寻桥苗木花卉专业合作社
青岛紫斐蓝莓研究有限公司
滨州百慕畜牧发展有限公司
济宁锦德珍禽养殖有限公司
济南恒基珍禽养殖有限公司
山东捷顺昌环保炭业有限公司
山东三德装饰工程有限公司
日照高仕达家具有限公司
山东惠民明森木业有限公司
山东立方木业科技有限公司
山东惠民森邦木业有限公司
山东泰元木业有限公司
山东博兴天龙工艺制品(集团)有限公司

龙头企业名单
山东省东阿县诺琪兰家俬有限公司
山东美华装饰材料有限公司
山东康康木塑制品有限公司
山东华益木业有限责任公司
山东森奈生态木塑科技有限公司
青岛亚森木业有限公司
山东大立华家具有限公司
山东蒙阴银进装饰工程有限公司
山东昊源物产有限公司
乐陵市万兴木制品有限公司
山东金马首装饰材料有限公司
临邑恒昌宝利家具有限公司
山东丽象木业有限公司
德州三惠木塑科技有限公司
成武理佳木业有限责任公司
山东和信家具装饰有限公司
菏泽华升木制品有限公司
定陶县宜尚空间创意家具有限公司
淄博庆隆木塑环保材料科技有限公司
烟台美之良文具有限公司
潍坊市恒联铜版纸有限公司
山东天和纸业有限公司
龙口玉龙纸业有限公司
山东民安农牧有限公司
山东龙窝工艺品制造有限公司
青州市亚泰农业科技有限公司
山东寿光万芳园艺有限公司
潍坊金丝达实业有限公司
淄博沃森农业发展有限公司
淄博怡然花园花卉园艺有限公司
山东名典彩叶园林有限公司
山东世丰农业有限公司
山东聊城绿泽园林科技有限公司
东营三明林业发展有限公司
东营市红星农业开发有限责任公司
东营博泰农林开发有限公司
威海恩特花木有限公司
威海奥孚苗木繁育有限公司
威海神山葡萄科技有限公司
山东省恒源景观绿化有限公司
青岛东城园艺花卉有限公司
济南乡村绿洲农业科技开发有限公司
郓城县阳光花卉有限公司
山东胜伟园林科技有限公司
中喜园林产业有限公司
山东同济园林建设工程有限公司

龙头企业名单
胜利油田胜大园林工程有限公司
青岛花都园林绿化工程有限公司
青岛正杰实业有限公司
青岛海都园林绿化工程有限公司
泰安远东园林绿化工程有限公司
临沂市丰源园林工程有限公司
利津县长河园林有限责任公司

(岳炳勋　刘正臣　郑汝志　杨　涛　宋　云)

河南省林业产业

【概　述】 2012 年，全省各级林业部门以科学发展观为指导，认真贯彻落实国务院《关于支持河南省加快建设中原经济区的指导意见》和河南省九次党代会、省委经济工作会议精神，继续实施《河南林业生态省建设规划》和《河南林业“十二五”发展规划》，林业产业持续快速发展。全省共完成产业产值1088.74 亿元，较 2011 年同期增长 17.97%，林业产值持续稳定的增长。一、二、三产业产值分别增加 81.02 亿元、67.11 亿元、17.75 亿元，同比增长率分别为 16.89%、18.18%、23.98%。第二、三产业产值呈较明显增长趋势，一、二、三产业产值比例由 2011 年的 51.97∶40.01∶8.02 变化为 2012 年的 51.49∶40.08∶8.43，第一产业比重有所下降，第二、三产业所占比重继续增大，产业结构得到稳步调整，全省林业总产值实现持续较快增长。

第一产业共完成产值 560.63 亿元。其中森林培育与采伐 110.88 亿元，占 19.78%；非木材林产品的培育与采集 436.59 亿元，占 77.87%；林业生产辅助服务 9.51 亿元，占 1.70%；林业系统非林产业 3.65 亿元，占 0.65%。

第二产业共完成产值 436.34 亿元。其中木材加工及木制品制造 282.77 亿元，占 64.80%；以木(竹、苇)为原料的浆、纸产品加工制造 57.01 亿元，占 13.07%；以竹、藤、棕、苇为原料的产品加工制造 6.81 亿元，占 1.56%；野生动物产品的加工制造 1.14 亿元，占 0.26%；以其他非木材林产品为原料的产品加工制造 81.93 亿元，占 18.78%；林业其他相关活动 5.73 亿元，占 1.31%；林业系统非林产业 0.95 亿元，占 0.22%。

第三产业共完成产值 91.77 亿元。其中林业旅游与休闲服务 62.66 亿元，占 68.28%；林业生态服务 17.30 亿元，占 18.85%；林业专业技术服务 1.87 亿元，占 2.04%；林业公共管理及其他组织服务 7.15 亿元，占 7.79%；林业系统非林产业 2.79 亿元，占 3.04%。

【木材战略储备基地建设】 制定了《2012 年河南省木材战略储备基地试点示范项目实施方案》。按照国家林业局的安排部署，河南省在尉氏、民权、宁陵、虞城、西华、商城、浉河区 7 个县(区)和 7 个国有林场组织实施木材基地示范项目建设工作。2012 年河南省木材战略储备基地示范项目建设总任务 137 300 亩，其中，中央基建投资建设任务 28 000亩，中央财政补贴建设任务 109 300 亩。河南省各示范项目建设单位已按各自制定的实施方案和作业设计组织了实施，截至 2012 年年底建设任务已全部完成。其中，尉氏县规划 31 500 亩、民权县规划 30 500 亩、宁陵县规划 9400 亩、虞城县规划 12 000 亩、西华县规划 7300 亩、商城县规划 26 600 亩、信阳浉河区规划 20 000 亩。

【招商引资】 制定下发了《河南省林业厅关于做好全省林业招商引资和林业企业“走出去”工作的通知》和《河南省林业招商引资目标任务考核办法(试行)》。2012 年，完成了河南省 2012 年度林业重大招商引资项目台账的备案工作，各级林业部门配合当地政府，认真贯彻落实《中共河南省委河南省人民政府关于进一步扩大对外开放的若干意见》(豫发〔2012〕2 号)、《河南省人民政府办公厅关于开展招商引资项目落实年活动的通知》(豫发〔2012〕27 号)和全省林业招商引资工作会议精神，开展林业招商引资宣传推介活动，推动了河南省林业部门朝着提高认识、解放思想、转变观念、参与招商的方向转变，提高了利用外资来提升林业综合效益的良好发展态势。截至 2012 年年底，全省共引进林业招商引资项目 122 个，项目合同引进资金达到 162.36 亿元，项目实际到位资金达 29.142 亿元。

【重要活动】 (1)2012 年 9 月 21 日，河南省林业厅在浙江省杭州市成功举办了河南林业招商引资宣传推介会。原浙江省军区副司令员、浙江省河南商会、杭州河南商会名誉会长陈传发，国家林业局华东设计院院长傅宾领等有关领导到会并发表了讲话，出席本次河南林业招商引资宣传推介会的浙江省企业家、特邀嘉宾及有关单位和新闻媒体共计 160 余人。推介会上，河南省林业厅领导介绍了河南的省情、林业建设情况以及河南投资政策和推出的招商引资项目，推介会结束后，有多家浙商企业家与这次推出的招商项目单位进行了接触、洽谈，并表示出投资意愿。这次推介会充分展示了河南林业发展的优势，取得了圆满成功，为豫浙两省共谋林业发展、推进合作交流、实现互利共赢搭建了平台。

(2)2012 年 11 月 6 日，在第八届海峡两岸林业博览会暨投资贸易洽谈会举办之际，河南省林业厅在福建省三明市举行了河南林业招商引资宣传推介会。中国林业产业联合会秘书长王满，河南省林业厅副巡视员谢晓涛，以及台商、闽商，福建省林业厅有关处室、河南省林业厅相关单位负责人和河南日报的记者，共计 100 余人出席了此次推介会。此次推介会引起了到会的近百家闽商和台商企业对河南林业生态建设及产业发展的关注，充分展示了河南林业发展的优势，为两岸三地共谋林业发展、推进合作交流、实现互利共赢搭建了平台。

(3)2012 年 11 月 16 日，中国林业产业联合会与河南省林业厅在郑州共同举办了全国林业诚信工作推进会暨河南林业招商引资宣传推介会。中国林业产业联合会秘书长王满，河南省林业厅领导，以及邀请的浙商、部分全国知名企业代表，河南省林业厅相关单位负责人，各省辖市、省直管试点县林业局负责人和新闻媒体参加了本次宣传推介会，参会代表共计 160 余人。河南省林业厅副巡视员谢晓涛在会上就河南的省情、林情、省外客商来河南投资所享受的招商引资优惠政策以及河南省林业招商引资项目情况向到会企业家做了简要介绍，并举行了现场签约仪式。随后组织到会的企业家赴招商项目区和河南省企业进行了实地考查。

(4)2012 年 12 月 21 日，在郑州召开了全省林业产业工作会暨银林合作签字仪式。河南省林业厅与国家开发银行河南省分行、农业银行河南省分行、邮政储蓄银行河南省分行、上海浦东发展银行郑州分行、河南省农村信用社签署《支持河南林业生态省提升工程建设合作协议》；上述 5 家市县分行与省内部分林业龙头企业签署了贷款合作协议书，协议贷款金额 5.18 亿元。

【省级龙头企业】 根据《河南省林业产业化重点龙头企业认定监测管理办法》，河南省林业厅对 2010 年评审认定的 145 家省级林业产业化重点龙头企业进行了动态管理，定期监测和资格复审。于每年 1 月和 7 月，分别填报《河南省林业产业化龙头企业运营信息数据表》；1 月份填报 2011 年度全年数据，7 月份填报当年上半年数据，经县、市级林业主管部门审核后于当月 20 日前报河南省林业厅。

2012 年对监测不合格的企业，取消其林业产业化省级重点龙头企业资格。并对各地新推荐上报的 168 家企业及参加复审的 129 家企业进行了认定工作。经过专家的审定，最终有 253 家企业获得了 2012 年省级林业产业化重点龙头企业的资格。

2012 年省级林业产业化重点龙头企业

单位名称
郑州市(22 家)
好想你枣业股份有限公司
郑州王氏园林绿化有限公司
河南鸿宝园林发展有限公司
郑州三山特禽养殖科技有限公司
郑州顺达高新农业技术有限公司
郑州花楼现代农业科技园有限公司
河南省雅新园艺有限公司
郑州新都市农业科技开发有限公司
郑州丰乐农庄有限公司
河南绿色中原现代农业集团有限公司
郑州绿金园农业科技有限公司
郑州绿源山水生态农业开发有限公司
河南省一养苑生态农业技术有限公司
河南四季春园林艺术工程有限公司
郑州玉林木业有限公司
登封市嵩山木业有限公司
河南彤瑞实业有限公司
河南省枣都蜂产品有限公司

单位名称
河南天瑞生态投资有限公司
郑州陈砦花卉服务有限公司
郑州佰沃生物质材料有限公司
新郑隆基生物科技食品有限公司
开封市(10 家)
河南阿凡达精工家具有限公司
开封市杉晗花木园艺有限公司
开封市金开生态绿化管理有限公司
开封市新潮菊花园艺造型有限公司
河南桐林木业有限公司
河南上禾实业有限公司
尉氏县华誉木业有限公司
尉氏县顺兴木业有限公司
开封市新天地市政园林有限公司
尉氏县鸿旭木业有限公司
洛阳市(25 家)
洛宁县佳美木业有限公司
洛阳市富宁木业有限责任公司
洛阳天宁木制品有限公司
栾川县百世荣农林科技有限公司
洛阳君山制药有限公司
洛阳春华秋实农林科技股份有限公司
偃师市唐僧寺庄园葡萄酒业有限公司
白云山旅游有限责任公司
洛阳林森绿化工程有限公司
洛宁安新农林牧生态发展有限公司
洛阳市雨润苗木基地
洛阳顺势药业有限公司
龙峪湾国家森林公园
栾川县重渡沟风景区有限公司
宜阳县北国风光生态园林科技开发有限公司
洛阳永固达木业有限公司
洛阳万安山生态旅游开发有限公司
河南旭龙生态园林工程有限公司
洛阳鑫通农业开发有限公司
洛阳双赢红提种植有限公司
洛阳阳光生态农业有限公司
河南楚天园林工程有限公司
河南金鎏缘农业开发有限公司
洛阳万紫千红苗木有限公司
洛阳鼎润实业有限公司
平顶山市(5 家)
平顶山市龙泉山生态农业发展有限公司
叶县清海源核桃种植有限公司
舞钢市二郎山旅游开发有限公司
舞钢市金田农业生态科技有限责任公司

单位名称
河南省致元生物科技有限公司
安阳市(4 家)
河南省贞德有机农业有限公司
河南省佳多农林科技有限公司
内黄县兴农果树栽培有限公司
承德乐比乐饮品有限公司内黄分公司
鹤壁市(3 家)
淇县森达木业有限公司
鹤壁市鹤山区隆鑫生态园
鹤壁紫晨农牧开发中心
新乡市(15 家)
新乡新亚纸业集团股份有限公司
河南省跑马岭地质公园开发有限公司
河南省海芋生物发展有限公司
新乡积玉园林绿化工程有限公司
河南宏达木业有限公司
新乡市绿之源农林有限公司
新乡市鑫泰隆木业有限公司
河南省龙泉集团农业开发有限公司
河南津思味农业食品发展有限公司
河南万仙山旅游发展有限公司
河南省八里沟景区有限公司
新乡市碧波园林绿化工程有限公司
新乡市绿色园林工程有限公司
大唐生物科技(新乡)有限公司
河南金禾园林工程有限公司
焦作市(7 家)
焦作瑞丰纸业有限公司
河南省孟州市奥森人造板有限公司
沁阳市瑞达木业有限公司
沁阳市丹河峡谷风景名胜区管理局
焦作云台山旅游发展有限公司
河南省森雨饮品股份有限公司
河南江河纸业股份有限公司
濮阳市(14 家)
濮阳龙丰纸业有限公司
濮阳市森大木业有限公司
濮阳联合胜佳农林发展有限公司
濮阳市光明密度板制品有限公司
南乐县鑫泽木业有限公司
濮阳市锦泰亨林牧业科技开发有限公司
河南省民通华瑞纸业有限公司
濮阳市濠润木业有限公司
河南新南方家居有限公司
濮阳市东泰建成红叶杨科技有限公司
濮阳市源龙乡花卉种植有限公司

单位名称
河南万相农林实业股份有限公司
河南国裕泰有机农业有限公司
濮阳市全红杨苗木有限公司
许昌市(18 家)
河南龙源花木有限责任公司
鄢陵北方花卉有限公司
河南曹魏生态园有限公司
许昌隆源园林工程有限公司
许昌绿晨农业开发有限公司
河南诚德木业有限公司
长葛市天正制板有限公司
长葛市福森木业有限公司
许昌市花都园林工程有限公司
许昌多彩莲城生态农林开发有限公司
长葛市新大阳木业有限公司
长葛市翔宇制板有限公司
河南阳光木业有限公司
许昌禹王现代农业开发股份有限公司
许昌市花都木业有限公司
襄城县景春堂中药饮片进出口有限公司
河南维林木业有限公司
河南鄢陵花木交易中心有限公司
漯河市(5 家)
河南省胡桥园林绿化工程有限公司
漯河伊人黑玫瑰有限责任公司
漯河装饰材料有限公司
漯河市亿康工贸有限公司
漯河市国伟农林牧产业有限公司
三门峡市(11 家)
三门峡缘份果业有限公司
三门峡二仙坡绿色果业有限公司
三门峡吉元农林有限公司(原"三门峡市金象地板制品有限公司")
河南景源果业有限责任公司
灵宝市华宝产业有限责任公司
河南三宝园林股份有限公司(原"灵宝市三宝园林绿化工程有限责任公司")
河南远山自然农业有限公司
灵宝市豫西佛山生态旅游开发有限责任公司
河南省养生堂食品饮料有限公司
河南绿叶农林科技有限公司
三门峡普瑞玛果醋饮品有限公司
南阳市(18 家)
河南省宛西制药股份有限公司
南阳泰瑞生物制品有限公司
河南福森药业有限公司

单位名称
河南省南召县华龙辛夷开发有限责任公司
镇平县贾宋镇群星园艺有限公司
镇平县艺苑苗木专业合作社
南阳月季基地
南阳卧龙区石桥月季合作社
南阳豫花园实业有限公司
南阳文鲜月季科普基地
南阳市宛城区黄台岗镇众森林业种植合作社
南阳市宛城区卉森花木基地
新野县津绿林果专业合作社
桐柏山野茶开发有限公司
南阳四季美园林绿化工程有限公司
南阳市果然风情实业有限公司
南阳伏牛山木瓜食品有限公司
新野县万亩湖林木花卉专业合作社
商丘市(21 家)
宁陵宇森人造板有限公司
夏邑县金展木业有限责任公司
夏邑县东海木业有限公司
南海松本(商丘)木业有限公司
商丘市森梦源园林绿化工程有限公司
商丘市鼎盛木业有限公司
民权果之源饮品有限公司
河南宏伟实业有限公司
商丘市鼎立木业有限公司
河南省黄和平园林景观工程有限公司
虞城县绿缘花卉有限公司
虞城阿姆斯果汁有限责任公司
河南省腾飞农业科技发展有限公司
夏邑县永震农业发展有限公司
宁陵县欧瑞工艺制品有限公司
民权九鼎葡萄酒有限公司
夏邑县龙腾木业有限责任公司
夏邑县绿源养殖有限公司
商丘市鼎泰木业有限公司
河南省瑞丰木业有限公司
虞城县豫东花卉有限公司
信阳市(26 家)
信阳金兴林业有限公司
河南信阳毛尖集团有限公司(原"河南信阳五云茶叶(集团)有限公司")
信阳市利民园林工程有限公司
信阳市平桥区春雨花木专业合作社
新县宏桥实业有限责任公司
河南新林茶业有限公司
新县升华实业有限责任公司

单位名称
新县安太食品有限责任公司
信阳豫峰有机茶叶有限公司
河南省联兴油茶产业开发有限公司
光山县诚信实业开发有限责任公司
河南省唐朝园林绿化工程有限公司
河南三鸣园林绿化工程有限公司
河南莱新农林科研有限公司
河南友邦木业有限公司
信阳凯信实业有限公司
商城县长园野生茶油有限公司
商城县黄檗山旅游综合开发有限公司
商城县龙潭油茶开发有限公司
罗山县皇城山茶业有限公司
罗山县灵山茶业有限责任公司
罗山县亿峰生态林业开发有限责任公司
信阳申林茶业开发有限公司
河南绿达山茶油股份有限公司
光山国伟生态林业开发有限公司
河南省国伟园林绿化工程有限责任公司
周口市(6家)
河南豫人木业有限公司
扶沟县金林园林花木专业合作社
西华县晨辉工贸有限公司
周口绿野酒业有限公司
周口大河林业有限公司
项城市永丰绿野园林花木场
驻马店(9家)
河南大地园林工程有限公司
河南森森园林市政工程有限公司
河南怡磊园林绿化工程有限公司
上蔡县花木场
河南省森鑫木业有限公司
河南盛华源林田有限公司
上蔡县顺华木业有限公司
上蔡县豫发园林实业发展有限责任公司
河南省遂平县友利实业有限公司
济源市(4家)
济源市黄河园林工程有限公司
河南省济源市济世药业有限公司
济源市丽景现代农业科技有限公司
济源漭河森林生态旅游开发有限公司
巩义市(2家)
郑州兴旺木业有限公司
巩义市汇鑫农业开发有限公司
兰考县(4家)
兰考富源蚕业有限公司

单位名称
兰考县丰利木业有限公司
兰考三环华兰实业集团
开封中原民族乐器有限公司
滑县(3家)
河南省艾迪嘉家具有限公司
滑县大潮林物产有限责任公司
安阳华森纸业有限责任公司
长垣县(5家)
河南省亿隆高效农林开发有限公司
河南正昊风景园林工程有限公司
河南省宏力高科技农业发展有限公司
河南江河农业发展有限公司
长垣县中天园林绿化种植有限公司
邓州市(5家)
河南益嘉林业发展有限公司
邓州市益嘉地板有限责任公司
邓州赛博板业有限公司
邓州市新艺木业有限责任公司
邓州市绿卉农林园艺有限公司
永城市(1家)
永城市三农花木有限公司
固始县(8家)
河南三禾木业有限公司
固始县华丰工艺品有限责任公司
固始县朝阳林业开发有限公司
河南南方木业(集团)有限责任公司
河南仰天雪绿茶叶有限公司
河南九华山茶叶有限公司
河南一鼎通实业(集团)有限责任公司
固始大别山林业开发有限公司
鹿邑县(1家)
辅仁药业集团有限公司
省直(1家)
河南省顺和农业科技开发有限公司

【大事记】

7月6日 承办完成《全国人造板及林产化工产业发展规划(2011~2020)》编制工作长江以北片区座谈会及问卷调查工作。

8月17~21日 完成日本三重县木材企业考察团考察进口日本木材方面事宜的接待工作。

9月3~6日 河南省组织郑州、许昌、周口、济源等省辖市的十余个县(市、区)林业主管部门领导及企业50余人参加了在黑龙江伊春市举办的中国(伊春)国际森林产品博览会。

9月19~22日 河南省组织郑州、新乡、焦作、商丘、周口、济源、兰考等十余个市(县)林业主管部门领导和部分第二届林博会获奖企业代表共70余人参加了在山东菏泽市举办的第九届中国林产品交易会。

9月21日 在浙江杭州成功举办河南林业招商引资宣传推介会。

9月26~28日 河南省顺利完成了在辽宁铁岭市举办首届中国森林食品博览会的布展与展示工作。此次森交会,河南省组织60多种(系列)名、特、优、新林产品分两个展区(共315平方米)进行展示。

11月1~4日 河南省顺利地完成了第五届中国义乌国际森林产品博览会的布展与展示工作,并荣获优秀组织奖。

11月6日 在第八届海峡两岸林业博览会暨投资贸易洽谈会举办之际,河南省林业厅在福建省三明市隆重举行了河南林业招商引资宣传推介会。

11月16日 中国林业产业联合会与河南省林业厅在郑州共同举办了全国林业诚信工作推进会暨河南林业招商引资宣传推介会。

12月21日 河南省林业厅在郑州召开了全省林业产业工作会暨银林合作签字仪式。

(肖建成 周晶晶)

湖北省林业产业

【概 述】 在现代林业科技园区和林业产业龙头企业的带动下，全省林业产业总量大幅度增长。2012年，全省林业产业总产值突破千亿大关，达到1109.59亿元，比2011年增长27.78%。其中，第一产业产值502.37亿元，比2011年增长28.12%，占总产值的45.28%；第二产业产值426.56亿元，比2011年增长17.7%，占总产值的38.44%；第三产业180.65亿元，同比增长27.33%，占总产值的16.28%。在产业总产值中，涉林产业产值为1022.51亿元，占总产值的92.15%；林业系统非林产业产值87.08亿元，占总产值的7.85%。

木材生产及加工 2012年，全省木材产量258.66万立方米，同比减少11.46%，一方面天保二期全面实施后新增工程区禁伐减产，另一方面，部分县市为保护资源永续利用，采取了限期禁伐的措施，减少了木材产量。全省竹材产量为3009.45万根，同比增长6.12%。锯材产量73.99万立方米，同比增长5.46%。人造板产量398.95万立方米，比2011年增长19.74%。其中，胶合板产量73.72万立方米，同比增长46.62%；纤维板产量258.44万立方米，比2011年增长19.58%；刨花板产量9.18万立方米，同比下降36.16%；细木工板产量55.66万立方米，同比增长10.63%。木地板产量2927.69万平方米，同比增长1.61%，其中，强化木地板2625.71万平方米，同比增长1.06%。

经济林及苗木花卉 2012年，全省经济林及花卉产业稳定发展。新造经济林面积4.55万公顷，同比增长17.56%，其中新造油茶林1.52万公顷。经济林产品总产量达到601.86万吨，比2011年增长10.57%，实现产值322.68亿元，同比增长34.98%。全省年末花卉种植面积达3.58万公顷，比2011年略有增长；年产切花切叶8680万支，与2011年基本持平；盆栽植物12 437万盆，同比减少6.59%；观赏苗木27 546万株，同比减少1.4%。全省现有花卉市场266个，比2011年增加19个；花卉企业1293个，花农达到33 787户，花卉从业人员11.5万人，其中专业技术人员1.09万人，专业技术人员占比9.5%，比2011年提高了0.3个百分点；全年花卉种植业产值达到38.54亿元，比2011年增长25.45%。

森林旅游 2012年，全省森林公园、自然保护区旅游等林业旅游与休闲服务共接待3906万人次，比2011年增长44.5%。林业旅游和休闲服务业直接收入达110.43亿元，比2011年增长25.53%；直接带动其他产业产值219.23亿元，同比增长近3倍，为人民群众生活质量提高和创造更多就业机会做出了重要贡献，促进了地方经济的发展。

【林业投资】 2012年，全省完成林业投资53.38亿元，比2011年增长31.41%，其中，国家投资29.26亿元，比2011年增长27.38%，占全部林业建设资金的54.81%。在全部林业建设资金中，林业生态建设与保护资金29.45亿元，占55.16%；林业支撑与保障资金3.78亿元，占7.09%；林业产业发展资金8.99亿元，占16.83%；林业民生工程资金4.57亿元，占8.55%；财政事业费2.33亿元，占4.36%。在实际到位的林业建设资金中，自筹资金16.25亿元，占30.2%，比2011年增长了13.8个百分点。在利用外资方面，2012年全省林业实际利用外资703万美元，比2011年增加278万美元，增长65.41%；协议利用外资528万美元，比2011年增加246万美元，增长87.23%。

【全省重点龙头企业】 2012年，全省林业龙头企业达到301家，比2011年度新增78家，调减12家，实现了动态管理，留优汰劣工作机制基本形成。

林木种苗花卉类　襄阳宏林园艺公司是一家集园林景观工程设计、施工、养护和花卉苗木培育销售于一体的国家二级资质企业。公司注册资金5000万元，总资产2亿元人民币，年收入1亿元人民币。公司拥有高中级管理人员30人，园林专业技术人员50人，熟练技术工人150余人。公司基地总面积10 000多亩，下属子公司一个，林场一个，苗木花卉基地4个。

木竹(藤)加工类　①康欣新材料科技股份有限公司是一家集育苗、造林、木材深加工林板一体化的大型农林业产业化龙头企业。公司注册资金2.5亿元，项目占地面积802.37亩。2012年实现销售收入6.11亿元、利润1.68亿元、纳税4988万元。拥有优质种苗基地8616亩、林业基地33万亩、林木年产量17万立方米。公司主要生产集装箱用定向结构板、集装箱木底板、装饰板和建筑模板，拥有国内一流的生产线，产品质量通过了ISO9001－2008质量体系认证、GB/T28001：2001职业健康安全管理体系认证、ISO14001环境体系认证、ISO18001健康体系认证、中国船级社生产体系认证、法国船级社生产体系认证、FSC－COC森林产销监管链认证，取得了全国工业生产许可证，“康欣牌”环保多层胶合板、建筑模板获得了第五届中国武汉农博会金奖；公司始终注重自主研发，品牌创新，拥有国家知识产权局授予的9项实用新型专利和2项国家发明专利。

②湖北燕加隆木制品有限公司是一家生产、销售地板、家具及其木制品拥有自主进出口经营权的生产制造型企业。蕲春低碳产业园主要生产强化地板、实木复合地板、竹木地板，自主研发专利品牌“一拍即合”锁扣产品远销美国、德国、法国、英国、韩国、越南、伊朗、印度等86个国家和地区。公司先后通过了ISO9001国际质量管理体系认证，ISO4001国际环境管理体系认证，十环环境标志产品认证，荣获“国家质量稳定合格产品”“绿色建材产品”“十佳主导品牌”“湖北名牌”“中国市场放心建材产品”“湖北著名商标”等称号。

③湖北巨宁森工股份有限公司是一家致力于人造板制造及系列深加工产品研发的现代化集团公司，于1996年10月正式投产，经过十多年的发展，已形成以纤维板、地板、重组竹制造为主导产业，以速生丰产林建设、板材研发及系列高附加值深加工产品生产为发展方向的现代化森工企业。集团公司现有三条竹、木质纤维板生产线，多条深加工产品生产线，一条年产5万立方重组竹生产线，年产纤维板30余万立方米，复合地板300万平方米，并配套生产重组竹地板、家具、橱柜、木门、集成材、建筑模板等，已形成10多个系列100多个品种的产品群。

④湖北威利邦木业有限公司由广东省“百强民营企业”“优秀民营企业”及国家级农林产业化龙头企业——广东威华股份有限公司注册设立。2012年创产值4.5亿元左右，税收2000万元，吸纳就业300人。

⑤湖北宝石花工艺品有限公司成立于1998年3月，属民营规模企业。公司现有员工193人，生产、采购原材料带动就业人数5000人，产品销售、物流带动人数200人。公司自办漆树、楠竹基地面积15 000亩，主要从事宝石花国漆筷、宝石花国漆杯、宝石花木制工艺品、宝石花菊花石工艺品、宝石花包装制品、宝石花民族织锦的生产经营和新型绿色环保生漆涂料的研发及推广。公司2012年实现产值8000万元。

⑥湖北宝源木业有限公司创建于2002年，是国家高新技术企业、农业产业化国家重点龙头企业、国家现代林业湖北东宝森工科技产业园核心企业，年产人造板50万立方米。公司成立以来，累计建成人工林基地41万亩，合作造林农户13 622户，带动速生丰产林200万亩，充分发挥了龙头企业的示范带动效应。公司开发的中纤板、OSB板、地板、木门、贴面板五大类近80种系列产品，畅销全国20个省、市、自治区，经济效益跨入全国同行业前列，跻身全省农产品加工业100家最佳企业。“宝源”牌2012年获认中国驰名商标。

竹(木)制浆造纸类　①湖北拍马纸业集团始建于2001年，是湖北省委省政府“十二五”产值过亿元重点扶持培育企业，园区共有工商企业40家，固定资产12.8亿元，员工3260人，形成了造纸、林浆、纸品包装、烟用包装材料、热电联供、农副产品加工六大支柱产业。现拥有高档涂布白卡、涂布白板、牛皮、白板、文化等各类造纸生产线

16条，拥有彩印、纸品加工、塑料、造纸、化工产业、烟用材料6家，各种高档纸箱子、纸盒的彩印包装自动生产线3条，2012年共完成纸产量30万吨，彩印包装5000万平方米，塑料编织5000万条，农副产品加工50 000吨，实现销售收入32.22亿元。

②湖北华海纸业有限责任公司占地面积22万平方米，拥有员工540名，2012年年产量突破10万吨、销售收入达到3.5亿元，利税达到1900万。

野生动植物驯养繁育与加工利用类 湖北隆攀生物技术有限公司是2008年5月注册成立的一家专业从事蛇类研究、驯养繁殖、加工、贸易及产品开发为一体的科技民营企业，公司研发的双蛇酒荣获2012中国(伊春)国际森林产品博览会金奖。在中央电视台《致富经》《百科探秘》《理财在线》等多个栏目进行宣传报道。公司现有科研办公楼、蛇类养殖场、蛇伤防治中心和保健食品厂，占地50余亩，蛇类生态散养示范区1045亩。累计投入3600万元。已成功解决人工孵化五步蛇、棕黑锦蛇、王锦蛇的人工孵化技术难题，成功开发出双蛇酒、双鞭酒和蛇胆茶等保健食品。蛇类人工繁殖技术在国内处于领先水平。2012年实现销售收入3000万元。

森林食品加工类 ①湖北正全农业科技开发有限公司成立于2009年4月，地处谷城县城关镇贡品农业园，主要从事农产品深加工、山茶油的提炼加工、油茶种植基地建设及农业综合性开发等业务。公司现有员工258人，其中技术人员68人；占地面积52亩，建筑面积25 000平方米，建有标准化生产车间、包装车间及配套用房10栋，储油能力达2万吨，现有固定资产1.7亿元。2012年度，共生产茶油2000吨，实现销售收入1.9亿元，实现利税4535万元，比2011年增长56.54%。辐射带动农户3000户，带动就业人数12 000人，带动农民人均增收8000元，公司山茶油系列产品获中国武汉第九届农业博览会"金奖"。

②湖北汉家刘氏茶业有限公司是一家老字号茶企业，连续4年获"中国茶业行业百强企业"称号，是湖北省林业产业化龙头企业，湖北省级农业产业化重点龙头企业，湖北绿茶第一方阵品牌企业、湖北十大茶叶品牌企业、湖北唯一走进世博会的茶叶企业、"汉家刘氏茶"品牌是湖北省著名商标。汉家刘氏茶业以基地加工为基础，以汉家刘氏茶坊品牌形象为推广手段，生产的有绿茶、黑茶、红茶、乌龙茶、白茶、花茶，兼顾其他茶类和茶食品、茶饮料生产。现拥有员工386人，资产总额16 362万元，固定资产11 495万元，资产负债率31%。拥有有机认证并取得林权证的茶园5000亩，无公害茶园15 000亩，合作茶园85 000亩。2012年，汉家刘氏销售额达102 118万元。

③南漳县水镜山野菜有限公司创建于2001年3月，拥有固定资产2000余万元，建有两条生产线，各类生产、检测设备20余台(套)，员工80余人，其中技术人员6名。通过多年发展，公司现已开发出山野菜、食用菌、特种野猪肉制品共七大系列30多个品种。目前公司年产山野菜800吨、压缩木耳100吨、野猪肉50吨，产品主销武汉、北京、上海、广州、郑州等地各大超市、酒店，并且出口到美国，2012年销售收入3500余万元，利税350万元。

④襄樊大山现代农业有限公司是一家从事食用菌加工、转化和出口创汇的重点企业，襄樊市50强企业，湖北外贸企业百强、农产品出口最佳龙头企业，国家农产品大型流通企业，全国十大食用菌龙头企业。企业有员工285人，总资产22 361万元，其中固定资产12 911万元。占地面积266亩，拥有建筑面积106 000平方米的加工车间、3000平方米的冻库。公司年加工食用菌产能6400吨，生产以"大山合"牌为注册商标的香菇、木耳和香菇调味料系列产品，2012年，加工销售香菇5500多吨，出口创汇额3970万美元，销售收入29 472万元，上交税金3730万元。公司辐射带动全市及周边地区2.5万户，6万人发展食用菌产业，带动农民人均收入1000元。

⑤湖北长友现代农业股份有限公司是一家以生产、加工、销售有机、绿色食品为主业的股份制企业，公司集科研开发、基地发展、食品加工、贸易出口于一体，现有员工120人，常年安排季节工人2000余人，人平增收1500元。公司2012年实现总产值3.6亿元。公司主要产品有薇菜、食用菌、板栗、箬叶、茶叶、高山蔬菜等六大类，其中"长友牌"薇菜被中绿华夏有机食品认证中心认

定为有机产品，并通过了中国绿色食品认证中心的AA级认证、日本JAS认证，注册登记了美国FDA，香菇、板栗、茶叶、白萝卜均获中国绿色食品中心的A级认证，蕨菜、箬叶、刺嫩芽获无公害农产品认证。“长友”产品被认定为“湖北名牌产品”，“长友”商标被认定为“湖北省著名商标”。

⑥湖北华丽食品股份有限公司主要经营罗田板栗、甜柿、果蔬糕点、粮食及农副产品深加工，是集绿色环保型、科技型、创汇型、产业化为一体的深加工企业。公司占地4.5万平方米，建有年贮藏板栗16 000吨的冷库、科技楼、综合楼、办公楼及五幢标准化车间，总建筑面积3.5万平方米。引进国际先进板栗深加工生产线4条。公司有基地15万亩，带动农户3.5万户，转移农村剩余劳动力3000人。

⑦湖北黄袍山绿色产品有限公司成立于2007年8月，注册资本2280万元。公司建成了200余亩的省油茶良种定点繁育基地，并率先在全省推广无纺轻基质育苗技术，每年为社会提供良种油茶苗500~800万株。按GAP栽植技术要求，规范建设2万余亩的高标准示范基地，并依托“五福油茶专业合作社”，通过“公司+合作社+基地+农户”的模式，推广种植油茶高产基地20000余亩，带动6000余户村民参与油茶基地建设。

林业生物产业类　①湖北圣峰药业有限公司是湖北省恩施市政府重点招商引资企业，公司主要经营：中药材种植、中药材提取、中药饮片的生产；天然硒资源的综合开发和利用；硒虫草人工栽培及深加工系列保健食品、硒虫草功能性饮料和保健酒；富晒食用菌和研发、种植、提取、加工生产、销售出口等。公司产品已通过食品生产QS认证、国家中药饮片生产GMP认证、ISO质量管理体系认证、有机产品认证。公司现拥有发明专利4项，实用新型专利3项，公司独创的“硒虫草子实体人工培植技术研究”经省科技厅组织鉴定达国内领先水平，获湖北省重大科技成果奖。公司硒虫草产品获湖北省自主创新产品证书及“湖北省十大名优森林药材”“湖北名牌产品”等荣誉称号。

【县域特色产业】

谷城油茶产业　谷城县油茶产业在谷城县委县政府的高度重视下，在县林业局的大力支持下，得到了较快发展，2012年，共新建油茶基地20 000亩，全县油茶基地总面积达到116 000亩，其中老油茶基地70 000亩、新建油茶基地46 000亩。为进一步加快油茶产业发展，编制完成了《谷城县油茶产业发展总体规划》(2012~2020年)。谷城县油茶产业协会积极发挥其“桥梁纽带作用”“信息平台作用”“技术指导作用”，截至2012年年底，共吸纳3家油茶加工企业和16个油茶种植专业合作社成为单位会员，247家油茶种植大户成为个人会员，多次组织开展技术培训。2012年11月组织召开了年会，报告全年的工作开展情况，分析了行业的发展趋势，制定下一年的工作计划，为全县油茶产业下一步的发展奠定了坚实的基础。

麻城杜鹃花旅游特色产业　湖北省麻城市拥有100万亩杜鹃林，其中龟峰山风景区分布有连片10万亩古杜鹃群落。国际杜鹃花专家、中科院昆明植物研究所教授管开云经多次实地考察，认为麻城杜鹃是该种杜鹃分布最集中、林分结构最纯、株型最优美、景观最壮丽的自然群落，堪称世界奇迹，遂作出“麻城杜鹃甲天下”的权威论断。麻城市龟峰山风景区被国家旅游局批准为AAAA级风景区，麻城市被中国花卉协会授予“中国映山红第一城”。“人间四月天，麻城看杜鹃”的旅游名片传遍神州大地。麻城市龟峰山风景区2012年新增投资3800万元建成规模大、规格高、品种多的麻城市龟峰山杜鹃博览园。风景区全年接待游客45万人次，创旅游收入49 040万元(其中门票收入1200万元)，同比增长170%。

神农架生态旅游产业　全区打造了以大九湖湿地、华中屋脊、金丝猴、林海雪原、原始森林为核心吸引物的绝版景区。积极引进旅游战略合作伙伴，推进“一轴两翼”旅游资源深度开发。以209国道为发展轴线，特色性建设沿线景观带和标志性景观工程；全面提升西部景区质量，重点实施官门山景区续建、神农坛景区改造、神农顶景区升级、天生桥景区扩建、燕天景区改建以及大九湖湿地公园、滑雪场二期工程建设；有序开发中东部旅游景区，重点开放红河谷，开发老君山、长寿村，建设大寨湾、送郎山、五峰山、杉树坪、摩天岭、巴桃园、豹儿沟等旅游景区景点。2012

年，全区接待国内外游客417.3万人次，同比增长36.4%。其中：海外游客9.3万人次，同比增长4.1%。实现区内旅游经济收入140 080万元，同比增长40.7%，实现旅游经济的持续增长。

咸安区楠竹产业　咸宁市咸安区楠竹资源丰富，素有"楠竹之乡"的美誉，全区各乡(镇、办)都有分布，竹产业在经济、社会和文化方面发挥着越来越重要的作用，农民致富奔小康的主要产业之一。全区现有竹林面积28.3万亩，立竹总量5157.5万株，现有一定规模的竹加工企业16家，年消耗竹材1100万株，生产的主要产品有重组竹方料、竹地板、竹帘、竹炭、竹工艺品等，并且有竹扫把等林副产业加工点200多个。2012年，全区竹产业产值1.8亿元，实际采伐楠竹500万株，每株按10元计算，收入5000万元，竹农户户平均收入2000元。从事竹材加工、经营的人数达2100人，解决了当地就业问题，带动农民致富，发挥着重要的作用。

(龚泽和　程少明　从卫国　李清伟)

湖南省林业产业

【概　述】 2012年，湖南省委党代会把"绿色湖南"确立为湖南科学发展的总目标，湖南省委、湖南省政府颁布了《绿色湖南建设纲要》，成立了湖南省长任组长、湖南省委副书记和湖南分管副省长任副组长、22个涉绿厅局为成员单位的绿色湖南建设领导小组；湖南省委书记、湖南省长分别主持湖南省委常委会、湖南省政府常委会、绿色湖南建设动员大会等会议专题研究部署绿色发展任务，揭开了湖南推进生态文明、建设"美丽湖南"的序幕。

造林绿化　全年营造林86.82万公顷，其中：人工造林23.55万公顷、封山育林16.60万公顷、低产林改造20.00万公顷、中幼林抚育26.67万公顷，全面完成国家下达的计划任务，营造林国检质量连续5年保持全国第一位。此外，实施优材更替0.75万公顷，培育无节良材6.75万公顷，完成义务植树1.2亿株。

资源增长　全省林业用地1291.62万公顷，占国土总面积的60.97%。森林覆盖率57.34%，比2011年增长0.21个百分点。森林蓄积量4.29亿立方米，比2011年增加1278万立方米。

产业发展　全省林业产业总产值达1883.43亿元，比2011年增长30.3%，一、二、三产业产值分别为671.51亿元、765.91亿元、446.01亿元。

油茶产业　全省投入油茶发展资金16.25亿元，完成油茶造林3.54万公顷，完成计划的118%，幼林抚育8万公顷，低产林垦复抚育改造6.83万公顷，完成计划的102.4%。油茶林总面积达到129万公顷，茶油产量15.6万吨，产值147亿元，湖南省油茶林总面积、新造林面积、茶油产量、产值均居全国第一。

全省新育油茶良种苗木8600万株，全面推行了"三苗"(分系育苗、轻基质容器育苗、两年生大苗)。将全省油茶定点育苗基地压缩到57个，制定了全省穗条调剂方案，统一了穗条质量和销售价格，2012年油茶定点育苗单位苗木质量合格率达100%。

花卉产业　2012年湖南省花卉种植面积为36 479公顷，年销售额达48.93亿元，观赏苗木、食用与药用花卉和盆栽植物已成为带动全省花卉消费的三驾马车，种植面积和销售额分别占全省的93%和92%。全省现有花卉市场258个，花卉企业1675个，从业人员407 291人，在分布格局上形成了长沙县—浏阳市"百里花木走廊"产业带、邵阳药用与园艺花卉产业带及围绕各市州中心城市的城郊花卉带。

森林公园建设及生态旅游　森林公园共接待海内外游客3674.7万人次，实现旅游综合收入293.97亿元，分别较2011年增长49.32%和113.64%。一是以节庆促宣传营销。提高张家界国际森林保护节、莽山、大围山、阳明山杜鹃花生态旅游节、天际岭世界名花节、桃花源桃花节的办节档次，取得了明显的效果。二是增强与旅游部门的合作。湖南省林业厅与湖南省旅游局签订了《关于推进森林旅游发展的合作协议》，建立起联合推动森林旅游发展的长效机制。在《湖南旅游》打造湖南森林旅游专版，合办六期共60版面，推介了35个森林公园。三是壮大森林公园数量。设立耒阳蔡伦竹海、永兴龙华山、隆回白马山等3处省级森林公园。全省共有113处森林公园，其中国家级森林公园48处，省级55处，总面积45.4万公顷。

林业合作经营　湖南省林业厅联合湖南省财政、税务、银行、保险等部门下发了《关于推进农民林业专业合作社发展的意见》。争取到中央财政扶持湖南省林农专业合作社项目20个，获得中央财政补助资金360万元。全省累计已成立农民林业专业合作社、林业行业协会、林业理事会等农民林业合作组织9954个，加入合作组织的农户166.57万户，合作组织经营林地面积224.25万公

顷，占全省集体林地的18.7%。

全省林下种植面积达28万公顷，林禽、林畜养殖规模达3979万羽(头)，集体林森林景观利用面积达32.27万公顷，林下经济年产值达77亿元。

速生丰产林基地建设工程　2012年，全省计划建设速生丰产林基地6.67万公顷，实际完成13.97万公顷，其中：新造林8.83万公顷、改培中幼林5.14万公顷。

木材战略储备基地建设　全国木材战略储备基地建设项目试点于2012年启动，国家林业局安排湖南省任务1.13万公顷，试点县包括岳阳县、洞口县、武冈市、会同县4县(市)和金洞管理局。共完成任务1.13万公顷，其中新造和改培用材林0.13万公顷，森林抚育1.00万公顷，完成投资5000万元。

【龙头企业】　2012年，全省新增省级林业产业龙头企业60家，全省龙头企业总数达321家，龙头企业产值合计达280亿元，占林业第二产业产值的37%，带动作用进一步增强。继续加大对省级林业产业龙头企业的扶持力度，以省财政2000万元楠竹产业专项建设资金、500万元林产工业专项建设资金为杠杆，扶持实施了74个林业产业转型升级和高产楠竹基地建设项目，带动企业投入技改与林业产业建设资金5.6亿元，促进产业转型升级。

省级林业产业龙头企业名单

企业名称
永州市异蛇产业有限公司
永州市异蛇科技实业有限公司
永州市山香香料有限公司
永州市大舜皇生物开发有限公司
湖南金浩茶油股份有限公司
永州凯恒木业有限责任公司
湖南科茂林化有限公司
湖南敬和堂制药有限公司
永州湘江纸业有限责任公司
新田县众康木业有限公司
湖南省江永县大众木业有限责任公司
湖南银光粮油股份有限公司
永州市湘南出口包装有限公司
永州市永大高科有限公司
永州市福源木业有限公司
湖南大自然制药有限公司
湖南湘浩油茶生物科技有限公司
江永县金榄果茶油有限责任公司
湖南省唐家山油茶开发有限公司
湖南果秀食品有限公司
湖南舜皇峰竹木有限公司
永州市鑫森农林业开发有限公司
永州市东安汤氏竹业有限公司
永州锦田木业有限公司
永州市阳明生态农业发展有限公司
湖南咏农投资开发有限公司
永兴县绿洲木业有限公司
郴州海华竹木制品有限公司
湖南创兴人造板有限公司
郴州天湖绿色食品有限公司
郴州邦尔泰苏仙油脂有限公司
嘉禾嘉津实业有限公司
桂东县竹胶板厂
汝城县湘苏木业有限责任公司
资兴市华兴木制品有限公司
汝城县纯正木业有限公司
汝城县绿叶木业有限责任公司
宜章裕农林业发展有限公司
资兴润佳木业有限责任公司
郴州华鼎粮油工业有限公司
郴州御林傢俬有限公司
资兴市兴鑫木业有限责任公司
湖南宏润绿色油业科技有限公司
湖南中南油茶控股有限公司
湖南省绿色家园现代休闲农业有限公司
湘林集团有限公司
湖南金宁木业有限公司
绥宁县丰源竹木实业有限公司
邵阳佰龙竹木有限责任公司
洞口县方正胶合板厂
洞口县佳利木业有限公司
洞口县五龙山胶合板厂
新宁县崀山家具工艺制品有限责任公司
武冈市云山木业有限责任公司
绥宁县力马画材有限公司
邵阳市建民集团园艺有限公司
湖南银山竹业有限公司
洞口佳和建材有限公司
湖南花研园林景观有限公司
邵阳市鑫众农林科技发展有限公司
湖南中富植物油脂有限公司

企业名称
邵阳市华立竹木制品有限公司
湖南李文食品有限公司
湖南瑞柏茶油有限公司
隆回县百山浴桶工艺制品厂
伟特家具有限公司
湖南德润蓝昆生物工程技术有限公司
邵阳心连心食品有限公司
湖南湘宝油茶开发有限公司
邵东县古奇洞玫瑰开发有限公司
邵阳天元木业有限公司
湖南省武冈市银林林业发展有限公司
湖南金芒果家居有限公司
城步恒润竹木制品有限公司
邵阳市新康尼生态农业发展有限责任公司
湖南东方新绿洲农林科技有限公司
邵阳市檀香园现代农业综合开发有限公司
会同县贤胜油业有限责任公司
湖南补天药业有限公司
东和实业靖州木业有限公司
湖南省靖州县晟泰木业有限公司
怀化市松涛林产化工有限公司
洪江市华宇竹业有限公司
湖南恒盾集团洪江恒裕竹木开发有限公司
湖南骏泰浆纸有限责任公司
湖南虹瑞集团
湖南森海林业有限责任公司
湖南泰格林纸集团洪江纸业有限责任公司
会同县康奇瑞竹木有限公司
湖南鸿森木业有限公司
湖南佰诺酒业有限公司
沅陵大博农林开发有限公司
怀化市洪源农林开发有限公司
湖南恒嘉木业有限公司
怀化市四宝山生物科技有限公司
湖南杨家将茶油股份有限公司
湖南省新晃县龙脑开发有限责任公司
湖南长江木业实业有限公司
湖南福湘木业有限责任公司
湖南长元人造板股份有限公司
湖南山润油茶科技开发有限公司
临湘市沈君炭仙有限公司
岳阳纸业股份有限公司
湖南茂源林业有限责任公司
湖南大亨湖湘木业有限公司
岳阳洞庭木业有限公司
平江县福星木业有限公司

企业名称
岳阳华信人造板有限公司
岳阳县芭蕉扇业有限责任公司
汨罗市宏达木业有限公司
湖南基荣木业有限公司
湘阴县兴湘木业有限责任公司
湖南省及时春金银花保健品有限公司
湖南给力生物能源股份有限公司
湖南省冠宇家具有限公司
湖南省长康实业有限责任公司
古丈县卓良木业有限责任公司
永顺天泽生物能源有限公司
湖南老爹农业科技开发股份有限公司
湖南龙山县现代中药材开发有限责任公司
永顺县源植天然香精香料有限责任公司
保靖县仙赐生态农业开发有限公司
湘西宏成制药有限责任公司
湖南恒兴木业有限公司
湖南超人柑橘产业有限公司
湖南省泸溪县晓园生物科技有限公司
古丈县神土地农副特产制品厂
湘西自治州边城醋业科技有限责任公司
湘西自治州奥瑞克医药化工有限责任公司
湖南龙山馥生民族特色产业有限公司
湖南省京湘天然藤茶开发有限公司
衡阳市天天见梳篦实业集团有限公司
湖南开福家具有限公司
衡阳市湘竹木业有限公司
湖南省天福油脂有限公司
衡阳市岑芳装饰材料实业有限公司
衡阳锦湘木业有限责任公司
湖南金拓天油茶科技开发有限公司
湖南大三湘茶油资源有限公司
祁东县宏泰家具实业有限公司
湖南省衡东县中药饮片厂
祁东县新丰果业有限公司
湖南森香木业有限公司
湖南江山生态农林发展有限公司
耒阳市神农农业科技发展有限公司
湖南省三香农林开发有限公司
澧县振顺人造板有限责任公司
湖南国珍木业有限公司
桃源县桃花源跃宇竹业有限责任公司
常德市鼎城东方恒康竹业有限公司
汉寿县洞庭木业有限责任公司
湖南省石门县白云山国有林场
常德荣星家具有限公司

企业名称
湖南省文源林业开发有限公司
常德湘大环保科技有限公司
湖南常德湘联实业有限责任公司
常德市卧山夫烙画有限公司
汉寿县绿博农业综合开发有限公司
汉寿县芙蓉林业园林有限责任公司
湖南林钰王科技环保有限公司
常德市鼎城金标粮油工业有限公司
湖南华耀浆纸有限公司
常德市鼎城区富祥木业有限公司
湘潭县青山木业有限责任公司
湘潭市仙女竹业有限公司
湘潭县振兴胶合板厂
湖南恒盾集团有限公司
湘乡市波比木业有限责任公司
湘乡市湘龙木业芯板厂
湖南唐臣粮油实业有限公司
湖南行寅贤农业科技有限公司
湘潭县华钢竹业有限公司
湘潭市农其农业综合开发有限公司
湘潭华茂园林绿化工程有限公司
湘乡市富农蚕桑发展有限公司
湘乡市明月山庄休闲农业发展有限公司
湘潭市鑫美园林苗木有限责任公司
湖南汇景投资有限公司
湘潭市花园林产品交易市场有限公司
湘潭金峰生态农业有限责任公司
湖南省丰登现代农业开发有限责任公司
湘潭县福鑫木业有限公司
湖南顺意农业生态发展有限公司
湖南宏信农业发展有限公司
湘乡市湘艺木雕有限公司
湖南省荣和谷农业发展有限公司
湘乡市强盛农业开展有限公司
湘乡裕丰源农产品开发有限公司
湘潭市向阳花卉苗木有限公司
湖南月意生态工程有限公司
湖南鑫湘木业有限公司
湘潭县东兴木业有限责任公司
湖南泰格林纸集团有限责任公司
浏阳市永鑫建材有限责任公司
浏阳市金仁竹木工艺品有限公司
湖南省宇翔木业有限公司
湖南地宝龙装饰材料有限公司
湖南望城出口包装有限公司
浏阳桂星竹业有限公司

企业名称
长沙千禧木业有限公司
长沙市木之子木业有限责任公司
长沙远鸿实业有限公司
湖南省浏阳市浏东竹木有限公司
湖南省浏阳市大围山竹木制品厂
浏阳市中南竹业有限公司
长沙欧珀莱木业有限公司
湖南康派木业有限公司
湖南省华港建筑装饰材料有限公司
浏阳市康明木业有限公司
浏阳市戴式木业厂
浏阳市顺捷木艺有限公司
长沙菱格木业有限公司
浏阳市古港镇虎康厨具用品厂
湖南先伟实业有限公司
浏阳市恒春木业有限公司
长沙李氏家具有限公司
长沙市欧林雅家纺有限责任公司
长沙民湾家具制造有限公司
浏阳市龙伏镇圣丽亚木业厂
湖南文和家具有限公司
浏阳市贵太太食品有限公司
湖南省达美包装有限公司
浏阳市九道湾茶油产业发展有限公司
湖南高鹏木艺有限公司
湖南森鑫环境景观园林工程有限公司
湖南金太阳木制品有限公司
浏阳市山田腾飞木业厂
长沙林盛林业科技开发有限责任公司
湖南雪丰建材有限公司
湖南怡人园林绿化有限公司
浏阳市富豪木业有限公司
浏阳市时上木业厂
湖南桃花江实业有限公司
益阳瑞亚高科纺织有限公司
益阳桃花江竹业发展有限公司
桃江县刘春秋竹艺厂
益阳市壹艺竹木制品有限公司
益阳海利宏竹业有限公司
沅江市俊艺木业有限公司
湖南森艺家具有限公司
湖南万森木业有限公司
桃江县湘益木业有限责任公司
益阳森华林业发展有限公司
益阳市远益竹青砧板有限公司
益阳市华林实业发展有限公司

企业名称
湖南省科农林业科技开发有限公司
益阳市恒生木业有限公司
湖南省桃江县竹制品有限公司
沅江纸业有限责任公司
沅江市天健林业开发有限公司
湖南家湘美木业有限公司
湖南德群园林绿化有限公司
湖南省桃江县杨林移民竹业有限责任公司
湖南省桃江县吉华竹木制品有限公司
湖南省桃江县金桥竹业有限公司
桃江县伊兴木业有限公司
桃江县罗家坪福利竹业有限公司
安化湘宏竹业有限公司
湖南建玲竹业有限公司
桃江县宏森木业有限责任公司
桃江县福森木业有限公司
益阳福民油茶产业发展有限公司
沅江市鸿海农业综合开发有限公司
湖南拓普竹麻产业开发有限公司
湖南森润富隆林业发展有限公司
湖南金柠农林科技综合开发有限公司
桃江县伊联木业有限责任公司
益阳康力竹艺制品有限公司
湖南三盟油茶科技开发有限公司
湖南瑞慧农林科技有限公司
益阳市新昌竹木制品有限公司
张家界金秋农产品开发有限公司
张家界奥威科技有限公司
湖南张家界九天食品有限责任公司
张家界康华实业有限公司
张家界茅岩莓有限公司
张家界福安家木业有限公司
张家界惊梦酒业食品有限责任公司
炎陵县霞阳板业有限公司
炎陵金工木竹制品有限公司
株洲松本林化有限公司
株洲创兴人造板有限公司
株洲江山置业有限公司
株洲市丹陵花木有限责任公司
攸县奇瑞实木家私有限公司
炎陵县江陵木业有限公司
炎陵县振盛木业厂
茶陵古城香业有限责任公司
株洲云田花木有限公司
炎陵县南都木业厂
株洲湘龙竹木制品有限公司

企业名称
株洲县林之鹰竹胶板厂
湖南红星盛康油脂股份有限公司
茶陵县虎踞林场发展有限公司
茶陵县浙南竹木开发有限公司
株洲市万樟园林绿化工程有限责任公司
湖南金鹰服饰集团有限公司
湖南娄底响莲实业发展有限公司
湖南省娄底市万宝食品饮料有限公司
双峰县双龙家具装饰有限责任公司
湖南省双峰县汇元竹木胶合板厂
湖南省梧生无公害精炼茶油有限公司
涟源市祥兴农林科技开发有限公司
娄底市连泰科技有限公司
娄底市同星突尼斯软籽石榴综合开发有限公司
娄底龙山竹业有限公司
湖南鑫美格新型装饰材料有限公司
新化县绿源农林科技有限公司
双峰县满堂红木业有限公司
双峰县永盛木业胶板厂
湖南华人中药科技有限公司
湖南中南神箭竹木有限公司
湖南省和盛开发有限公司
湖南华泰农林科技有限公司
湖南贵鸿生态农业发展有限责任公司
娄底市海人科技开发有限公司
娄底市神州生物能源有限公司
湖南汇美天下集团园林绿化有限公司
湖南瑞生源生物科技有限公司
双峰县地得龙农业开发有限公司
湖南林之神生物科技有限公司

【林产品质量安全水平显著提高】 全年共完成各类林产品质量检测993批次。其中完成国家林业局下达的检测任务371批次；完成省质量技术监督局监督抽查任务56批次；完成全省人造板、食用林产品产地环境抽检305批次；配合“油茶质量年”活动，完成“苯并芘”检测59批次、茶油掺假检测152批次。全省各类板材的合格率达82.9%，茶油产品质量合格率也大幅提高。承担地方标准制定项目11个，参与行业标准修订项目1个。其中《竹砧板》和《竹牙签》两项国家标准通过了国家林业局科技司组织的审定。根据《压榨油茶籽原油加工生产技术规程》标准规定，指导建成了湖南省第一条年产10吨毛油压榨小作坊标准化示范线，从源头

抓好茶油质量。

【品牌建设】 2012年，全省林业企业成功获批了9个中国驰名商标，33个湖南名牌产品，22个湖南省著名商标，全省林业共有省级及国家级品牌总数达217个，其中中国名牌产品1个、中国驰名商标24个、湖南名牌产品60个、湖南省著名商标132个。

湖南林业中国驰名商标

企业名称	商标
湖南福湘木业有限责任公司	福湘
湖南康派木业有限公司	圣保罗
湖南地宝龙装饰材料有限公司	地宝龙
湖南金浩茶油股份有限公司	金浩
湖南省君山银针茶业有限公司	君山
湖南银光粮油有限公司	银光
伟特家具有限公司	伟特
古丈茶业发展研究中心	古丈
衡阳市天天见梳篦实业集团有限公司	天天见
长沙千禧木业有限公司	金典
湖南现代家具装饰有限公司	现代美 Modern Beauty
湖南果秀食品有限公司	果秀
株洲松本林化有限公司	雪峰
永州市异蛇科技实业有限公司	柳宗元
湖南恒盾集团有限公司	恒盾
长沙市捷西实业有限公司	捷西
湖南李文食品有限公司	李文
长沙市欧林雅家纺有限责任公司	欧林雅
湖南山润茶油科技发展有限公司	山润
长沙菱格木业有限公司	天格 TIANGE 及图
湖南旺德府投资控股集团有限公司	万象及图
湖南济草堂金银花科技开发有限公司	济草堂
湖南金拓天油茶科技开发有限公司	金拓天 JINTUOTIAN 及图
永兴冰糖橙种植业协会	永兴冰糖橙

湖南林业中国名牌产品

企业名称	商标
湖南福湘木业有限责任公司	福湘

湖南林业“湖南名牌产品”名单

生产企业名称	注册商标
湖南省伟特家具有限公司	伟特
湖南恒盾集团有限公司	恒盾
湖南开福家具有限公司	开福
湖南艾度装饰材料有限公司	艾度巨迪
湖南现代家具装饰有限公司	现代美
祁东县宏蔚家具实业有限公司	宏蔚
长沙人和家居有限责任公司	Renho
浏阳市康明木业有限公司	冠湘
益阳桃花江竹业发展有限公司	万维
城步苗族自治县兴建木业有限公司	银松
洞口县方正胶合板厂	旺正
新宁县福鑫木业有限责任公司	福馨、家家福
桃江县大众木业有限责任公司	健湘
湖南家湘美木业有限公司	家湘美
湖南大亨湖湘木业有限公司	湖湘
汝城县斌志木业有限责任公司	波林
平江县福星木业有限公司	连云福星
永州利达工贸实业有限公司	众康
古丈县卓良木业有限责任公司	卓明板材
衡阳市岑芳装饰材料实业有限公司	岑芳、林子
衡山县双星木业有限责任公司	国湘
湖南雪丰建材有限公司	雪丰
湖南湘恒竹木有限责任公司	湘恒
湖南帝森装饰材料有限公司	帝森元福
洞口县佳利木业有限公司	佳卓
湖南鸿森木业有限公司	大湘西
桃江县湘益木业有限责任公司	湘益
祁东县志歌木业人造板厂	志歌
汝城县纯正木业有限公司	汝垣
湖南湘泉制药有限公司	湘泉
湖南福湘木业有限责任公司	福湘
湖南康派木业有限公司	圣保罗
长沙千禧木业有限公司	金典
浏阳市金仁竹木工艺品有限公司	金仁
湖南高鹏木艺有限公司	高鹏
长沙菱格木业有限公司	天格、双菱
湖南昂格木业有限公司	“千柏”“合力佳”
长沙宝美耐木业有限公司	德伊斯达
湖南省浏阳市浏东竹木有限公司	浏阳河
炎陵县南都木业厂	都市明珠
湖南森艺家具有限公司	森艺
洪江市华宇竹业有限公司	366
岳阳林纸股份有限公司	泰格雅信
岳阳林纸股份有限公司	泰格·雅泰格雅贞
湖南福湘木业有限责任公司	福湘
长沙市欧林雅家纺有限责任公司	欧林雅
株洲松本林化有限公司	雪峰
湖南创兴人造板有限公司	创兴牌
澧县振顺人造板有限责任公司	振顺

生产企业名称	注册商标
湖南石门壶瓶山茶叶有限公司	壶瓶山
湖南省石门县白云山国有林场	冠云
沅江纸业有限责任公司	泰格风格
湖南金鹰服饰集团有限公司	金鹰·露斯卡
湖南鑫美格新型装饰材料有限公司	鑫美格
城步苗族自治县银河纸业有限责任公司	苗乡
湖南省第一纸板厂有限公司	红杏、绿洲
张家界茅岩莓有限公司	茅岩莓
永州湘江纸业有限责任公司	泰格永颂
永州湘江纸业有限责任公司	泰格永颂
湖南科茂林化有限公司	科茂

湖南林业“湖南省著名商标”名单

企业名称	商标
湖南福湘木业有限责任公司	福湘
湖南湖湘木业有限公司	湖湘+图形
岳阳洞庭木业有限公司	洞庭+图形
湖南基荣木业有限公司	基荣+图形
湖南省天子家具厂	天子山+图形
湖南锦康植物油有限公司	锦康
湖南泰格林纸集团有限责任公司	图形
长沙宝美耐木业有限公司	德伊斯达
浏阳市康明木业有限公司	冠湘+图形+字母
长沙李氏家具有限公司	李氏+图形
浏阳市金仁竹木工艺品有限公司	金仁+图形+字母
浏阳方圆板业有限公司	古港+图形
长沙市欧林雅家纺有限责任公司	欧林雅
湖南省食用菌技术开发有限公司	春华+图形+字母
湘潭市茵源床业有限公司	茵源+图形+字母
株洲县林之鹰竹胶板厂	林之鹰
炎陵县南都木业厂	都市明珠+图形
湖南开福家具有限公司	开福+图形
郴州市御林家具有限公司	御林+字母
永兴冰糖橙种植业协会	永兴冰糖橙
汝城县纯正木业有限公司	汝垣+字母
湖南常德湘联实业有限责任公司	湘联+图形
湖南林钰王科技环保有限公司	林钰王+图形
石门县柑橘协会	石门柑橘
桃江县湘益木业有限责任公司	湘益
湖南森艺家具有限公司	森艺+字母
湖南家湘美木业有限公司	家湘美
湖南省金桥板业有限公司	楠木山
湖南建玲竹业有限公司	建玲+图形
伟特家具有限公司	伟特+字母
古丈县卓良木业有限责任公司	卓明板材+图形

企业名称	商标
湖南张家界九天食品有限责任公司	九天洞+图形
湖南桑植康华粽叶开发有限公司	康华+字母
湖南补天药业有限公司	补天回生
洪江市华宇竹业有限公司	366+图形
怀化星源床垫家具有限责任公司	星源+图形
湖南省怀化盛源油脂有限公司	侗歌
会同县贤胜油业有限责任公司	珍湘
东和实业靖州木业有限公司	东和
永州利达工贸实业有限公司	众康
湖南金浩茶油股份有限公司	金浩+图形+字母
湖南福湘木业有限责任公司	福湘
湖南湖湘木业有限公司	湖湘+图形
岳阳洞庭木业有限公司	洞庭+图形
湖南基荣木业有限公司	基荣+图形
湖南省天子家具厂	天子山+图形
湖南锦康植物油有限公司	锦康
湖南泰格林纸集团有限责任公司	图形
长沙宝美耐木业有限公司	德伊斯达
浏阳市康明木业有限公司	冠湘+图形+字母
长沙李氏家具有限公司	李氏+图形
浏阳市金仁竹木工艺品有限公司	金仁+图形+字母
浏阳方圆板业有限公司	古港+图形
长沙市欧林雅家纺有限责任公司	欧林雅
湖南省食用菌技术开发有限公司	春华+图形+字母
湘潭市茵源床业有限公司	茵源+图形+字母
株洲县林之鹰竹胶板厂	林之鹰
炎陵县南都木业厂	都市明珠+图形
湖南开福家具有限公司	开福+图形
郴州市御林家具有限公司	御林+字母
永兴冰糖橙种植业协会	永兴冰糖橙
汝城县纯正木业有限公司	汝垣+字母
湖南常德湘联实业有限责任公司	湘联+图形
湖南林钰王科技环保有限公司	林钰王+图形
石门县柑橘协会	石门柑橘
桃江县湘益木业有限责任公司	湘益
湖南森艺家具有限公司	森艺+字母
湖南家湘美木业有限公司	家湘美
湖南省金桥板业有限公司	楠木山
湖南建玲竹业有限公司	建玲+图形
伟特家具有限公司	伟特+字母
古丈县卓良木业有限责任公司	卓明板材+图形
湖南张家界九天食品有限责任公司	九天洞+图形
湖南桑植康华粽叶开发有限公司	康华+字母
湖南补天药业有限公司	补天回生
洪江市华宇竹业有限公司	366+图形
怀化星源床垫家具有限责任公司	星源+图形

企业名称	商标
湖南省怀化盛源油脂有限公司	侗歌
会同县贤胜油业有限责任公司	珍湘
东和实业靖州木业有限公司	东和
永州利达工贸实业有限公司	众康
湖南金浩茶油股份有限公司	金浩＋图形＋字母
湖南福湘木业有限责任公司	福湘＋图＋字母
湖南福湘木业有限责任公司	福湘＋拼音
湖南福湘木业有限责任公司	福湘
湖南兴湘木业有限责任公司	兴湘
汨罗市宏达木业有限公司	红立木业
平江县宏辉木业有限公司	图形
湖南省及时春金银花保健品有限公司	及时春＋图
湖南省华港建筑装饰材料有限公司	汉邦
湖南森鑫环境景观园林工程有限公司	图形
长沙市万发家具有限公司	萬發＋图
长沙市捷西实业有限公司	捷西＋字母＋图
湖南金典木业有限公司	金典＋图
湖南省安泰家具实业有限公司	安泰＋图
浏阳市恒春木业有限公司	春晓＋图
湖南高鹏木艺有限公司	高鹏
浏阳市顺捷木艺有限公司	顺捷＋图
浏阳市大围山锦寿堂蜂场	锦寿堂＋拼音＋图
湖南波比木业有限责任公司	创旗＋图＋拼音
炎陵县霞阳板业有限公司	神农峰＋拼音
湖南湘恒竹木有限责任公司	湘恒＋图＋拼音
株洲市好恰绿色油业发展有限责任公司	好恰＋拼音＋图形
湖南省衡东县中药饮片厂	峥嵘
衡阳市岑芳装饰材料实业有限公司	岑芳
湖南金拓天油茶科技开发有限公司	金拓天＋图＋拼音
常德湘大环保科技有限公司	辣妹子＋图形
常德市亮万家家居广场有限公司	亮万家＋字母＋图
桃江县福森木业有限公司	怡湘居
益阳桃花江竹业发展有限公司	万维＋图＋拼音
湖南森华林工科贸有限公司	格瑞森
桃江县梦佳竹制品厂	冰梦＋拼音
湖南瑞亚高科集团有限公司	凯伦堡＋图＋字母
益阳金浩油中王油脂有限公司	油中王
湖南金鹰服饰集团有限公司	金鹰·露斯卡＋英文
湖南娄底响莲实业发展有限公司	响莲＋拼音＋图
湖南省娄底市万宝食品饮料有限公司	亲情果＋图＋拼音
隆回县农业产业化协会	隆回金银花＋拼音＋图
新宁县福鑫木业有限公司	福鑫＋图＋拼音
武冈市云山木业有限责任公司	云山鸿
湖南青钱柳科技开发有限公司	百春＋图＋拼音
湖南湘林人造板有限公司	湘林
湖南中富植物油脂有限公司	中富＋拼音
湖南省松龄堂中药饮片有限公司	英文＋图
湖南老爹农业科技开发股份有限公司	果王素
张家界金秋农产品开发有限公司	秋收＋图
张家界茅岩河绿色食品有限公司	茅岩河＋图
湖南鸿森木业有限公司	大相西＋图
靖州木洞杨梅发展服务中心	木洞＋拼音
湖南佰诺酒业有限公司	圣仕佰诺
湖南银光粮油股份有限公司	银光
江永县香柚开发总公司	永明＋拼音＋图

【“水酶法”提取油茶籽油实现产业化】 湖南康奕达油茶生物科技有限公司建成了“水酶法”茶籽油生产线，该技术是湖南省“十·五”重大科技专项和国家“863 计划”支持项目，突破了“蒸炒—压榨—浸出—精炼”的茶油传统生产工艺，完全以纯净水和食品级生物酶提取茶油，能有效消除黄曲霉毒素，防止在加工过程中产生苯并芘、反式脂肪酸等有害成分，实现了茶油绿色提取和天然营养成分保全，确保了食品安全。提取茶油后的渣滓和工艺水再通过微生物转化，生产成绿色饲料添加剂和洗涤剂，整个生产流程实现了零排放。该项科技成果的成功转化，为湖南油茶产业可持续发展开辟了新的道路。

【大事记】

9 月 26～29 日 第二届湖南家具博览会在张家界市慈利县湘西东市家具大市场举行。展馆面积达 5 万平方米，汇集了全省及周边省份家具企业共 1 万多件精品家具参展，展览共吸引 10 万多人次进场观展，现场销售与订单金额达 1.9 亿元。慈利、常德、桃江 3 个省级林业产业园区作了招商推介，8 个大型林业产业招商项目进行了现场签约，国家林业局总工程师陈凤学、湖南省人民政府副省长徐明华等见证了推介和签约，展会共发布签约项目 22 个，协议引进资金 145 亿元。家具产业不仅是林业产值增长的生力军，也成为招商引资投资的热点。

11 月 10～11 日 国家林业局在湖南省永州市召开全国油茶产业发展座谈会。全国 14 个油茶主产省区林业厅的油茶办主任、湖南科技学院、联想控股农业投资事业部有关负责人参加会议。

12月18日 由国家林业局、国家粮食局、湖南省人民政府、中粮集团主办，国家林业局油茶办、湖南省林业厅、湖南省粮食局、衡阳市人民政府承办的中国(常宁)油茶旅游文化节于常宁市开幕。节会的主题为“绿色产业，健康生活”，充分展示了油茶产业与文化、旅游互动，产学研对接等诸多亮点。耒阳、常宁坚持把油茶产业作为地方名片来打造，油茶基地建设成效显著，百里油茶产业带快速成型，成功联姻中粮集团，油茶产业化路子越走越宽广，为全省油茶产业发展提供了样板，为推动湖南油茶产业走向全国、走向世界发挥了重要作用。

2012年湖南省林业厅将定为全省“油茶管理质量年”，组织开展了以“质量就是效益，质量就是生命”为主题的一系列加强油茶管理质量活动，对油茶种苗、油茶新造林面积、经营管理以及油茶加工企业产品质量问题进行全面清查。客观评价近年来油茶产业发展取得的成效，为提高油茶经营管理水平和科学决策提供了依据。

（何　宏）

广东省林业产业

【概　述】 2012 年，全省林业产业总产值 4690.9 亿元，完成林业贴息贷款 18.28 亿元，争取中央财政贴息资金 5310 万元。全省生产三板 990.33 万立方米、木竹地板 1.52 亿平方米、木片 185 万绝干吨、木竹纸浆 101.42 万吨、松脂及其衍生产品 7.5 万吨、油茶油 1.1 万吨，出口家具 6520 万件。新评定省级林业龙头企业 20 家，全省总计 111 家；复核省级森林生态旅游示范基地 48 家，全省总计 83 家。新增森林公园 3 个，新增改造湿地公园 4 个，全省各级森林公园共 457 处，总面积 106.78 万公顷，占全省国土面积 5.9%，其中，国家级 25 处，省级 72 处，市县级 360 处。“环保多效木材保护技术研究与应用”获得成功，对促进中国木材高效保护利用、节约木材资源和保护生态环境具有重要意义。经国务院批准，广东省推进转变政府职能，简政放权，停止实施木材加工行政许可审批。广东省林业厅与广州碳排放权交易所签署推动林业碳汇交易合作协议，加快推进森林碳汇交易试点。广东省政府印发森林保险试点方案，正式启动森林保险试点。广东省林业厅与广西林业厅签订《粤桂林业产业战略合作框架协议》开展多方面交流与合作。广东省林业厅组织林业企业参加第四届广东省现代农业博览会，展示了广东林业产业建设成果，拓展了广东林业企业产品宣传和销售渠道。广东林业企业积极参与碳汇造林，捐款 43.6 万元，参加广东省扶贫济困林认捐 250 多万元、认种 400 亩。2012 年，中国林产工业协会认定中山大涌镇为“中国红木家具之都”、认定顺德区陈村为“中国花卉之都”、认定电白县为“中国沉香之乡”、认定南雄市为“中国竹产业特色之乡”、认定广宁县万众竹业有限公司为“中国竹文化特色企业”。广东鱼珠国际木材市场创建国家级“鱼珠·中国木材价格指数”。

【广东省林产企业产值统计分析】 广东林业产业总产值统计范围涉及十大林业支柱产业，13 个行业，共调查收集了 11 725 家涉林企业的基础信息，重点调查了 1000 多家企业，其中包括 111 家省级林业龙头企业，83 家森林生态旅游示范基地。2012 年广东省林业十大支柱产业产值统计：第一产业产值 538.38 亿元，其中森林资源培育业种植面积 5343 万亩，产值 394.8 亿元；林木种苗和花卉业种植面积 155 802.1 亩，产值 120.47 亿元；野生动植物资源培育业企业 70 家，产值 23.11 亿元。第二产业产值 3257.94 亿元，其中：木竹材生产业企业 1153 家，产值 54.6 亿元；人造板制造业企业 457 家，产量 990.33 万立方米，产值 219.16 亿元；木竹地板业企业 322 家，产量 15 253.5 万平方米，产值 284 亿元；木竹藤制品业企业 1737 家，产值 178 亿元；木竹家具业企业 4109 家，产值 1627.78 亿元；木竹浆纸业企业 1444 家，产值 805 亿元；森林食品药品和油料生产加工业企业 19 家，产值 64 亿元；林产化工业(松香)企业 63 家，产量 7.5 万吨，产值 25.4 亿元。第三产业产值 894.60 亿元，其中森林生态旅游业利用林地面积约 3496.5 万亩，产值 889.49 亿元；林业生态服务业\专业技术服务业等产值 5.11 亿元；林产品市场流通业企业 449 家，规模以上林产品流通市场交易额达 3650 亿元。

各行业产值(林产品市场流通业除外)占林业产业总产值比例：木竹家具业占 34.7%，森林旅游业占 19.0%，木竹浆纸业占 17.2%，以上三项占 70。9%。其他：森林资源培育业占 8.4%，林木种苗和花卉业占 2.6%，野生动植资源培育业占 0.5%，木竹材生产业占 1.2%，人造板制造业占 4.7%，木竹地板业占 6.1%，木竹藤加工业占 3.8%，森林食品药品和油料生产加工业占 1.4%，林产化工业（松香）占 0.5%，林业生态服务占 0.1%。

2012 年全省森林生态旅游的总产值为 889.49

亿元，较2011年全省森林生态旅游业产值78亿元(仅限于门票收入和景区直接收入)有所增长。全省林业十大支柱产业中，除了林化(松香)行业和木材生产行业负增长外，其余行业均有不同程度增长。由于森林生态旅游业产值的提升，2012年全省林业产业总产值也有所增长，全年林业产业产值为4690.92亿元，比2011年3328亿元增幅为40.95%。

表1 2012年广东省林业十大支柱产业产值增长统计表 单位：亿元

	行业		2011年		2012年		产值增长率
			产量	产值	产量	产值	%
第一产业	森林资源培育业			328.064	5343万亩	394.8	20.34
	林木种苗和花卉业			114.75	155 802.1亩	120.47	4.98
	野生动植物资源培育业			22		23.11	5.05
第二产业	木竹材加工业	木竹材生产业		68.25		54.6	-20
		人造板制造业	891.28万立方米	197.2425	990.33万立方米	219.16	11.11
		木竹地板业	14 527.14万平方米	270.24	15 253.5万平方米	284	5.09
		木竹藤制品业		121.869		178	46.06
	木竹家具业			1300		1627.28	25.21
	木竹浆纸业			726.8325		805	10.75
	森林食品药品和油料生产加工业			42		64	52.38
	林产化工业(松香)		10万吨	30.752	7.5万吨	25.4	-17.4
第三产业	森林生态旅游业			78	约233.1万公顷	889.49	1040.37
	林业生态服务业/专业技术服务业等					5.11	
	林产品市场流通业		规模以上林产品流通市场交易额达3100亿元		规模以上林产品流通市场交易额达3650亿元		17.14

【地市产业产值分析】 由于受森林生态旅游产业的拉动，广州、湛江、韶关、潮州、汕尾等市林业产业产值增幅较大；而江门受木竹浆纸业、家具业影响，惠州受人造板制造业影响，珠海受木竹浆纸业、家具业影响，三市林业产业产值出现不同程度负增长，各市产值排名也发生较大改变。广东省各市林业产业产值统计：东莞市892.9767亿元，占全省林业产业产值的19.04%；佛山市681.7617亿元，占全省林业产业产值的14.53%；广州市677.779亿元，占全省林业产业产值的14.45%；深圳市427.3766亿元，占全省林业产业产值的9.11%；中山市347.0445亿元，占全省林业产业产值的7.40%；江门市206.3046亿元，占全省林业产业产值的4.40%；肇庆市210.2515亿元，占全省林业产业产值的4.48%；惠州市125.7615亿元，占全省林业产业产值的2.68%；清远市169.4367亿元，占全省林业产业产值的3.61%；茂名市120.4199亿元，占全省林业产业产值的2.57%；梅州市78.8922亿元，占全省林业产业产值的1.68%；湛江市248.6847亿元，占全省林业产业产值的5.30%；韶关市67.1217亿元，占全省林业产业产值的1.43%；珠海市53.1742亿元，占全省林业产业产值的1.13%；汕头市57.8798亿元，占全省林业产业产值的1.23%；阳江市92.0152亿元，占全省林业产业产值的1.96%；云浮市66.8404亿元，占全省林业产业产值的1.42%；河源市45.195亿元，占全省林业产业产值的0.96%；揭阳市66.5462亿元，占全省林业产业产值的1.42%；潮州市25.7573亿元，占全省林业产业产值的0.55%；汕尾市19.9411亿元，占全省林业产业产值的0.43%；雷州林业局6.1785亿元，占全省林业产业产值的0.13%；广东省直属林场3.5571亿元，占全省林业产业产值的0.08%；国家级自然保护区0.0254亿元，占全省林业产业产值的0.0005%。

【2012年广东省林业产业各行业发展现状】 广东省林业产业所包括的行业有：森林资源培育业、林木种苗与花卉业、野生动植物资源培育业、木竹材加工业(木竹材生产业、人造板制造业、木竹

地板业、木竹藤制品业)、木竹家具业、木竹浆纸业、森林食品药品和油料生产加工业、林产化工业、森林生态旅游业、林产品市场流通业。

森林资源培育业　广东森林资源培育已形成产业化经营，短、中、长期种植全面发展的格局。截至2012年年底，在全省1.45亿亩有林地中，建成以桉树为主的速生丰产林1841万亩，以松树为主的工业原料林1080万亩，竹林670万亩，水果、调料香料、木本粮油、森林食品、森林药材等五大类经济林基地1480万亩。各地从战略高度出发，积极引导和扶持各种投资主体，种植檀香、沉香等珍贵树种32万亩，使之成为国内长线投资高档林木的新亮点。截至2012年年底全省油茶林总面积达240多万亩。2012年广东省森林资源培育建设发展形势良好，全省林业用地16 459.7万亩，其中速生丰产林1841万亩，占11.18%；工业原料林1080万亩，占6.56%；油茶林240万亩，占1.46%；特色经济林1480万亩，占8.99%；珍贵树种32万亩，占0.19%；竹林670万亩，占4.07%；其他(生态林)占67.54%。

林木种苗和花卉业　2012年由于生态景观林带、森林碳汇、森林进城围城三大重点生态工程建设的拉动，全省的林木种苗业有了蓬勃的发展，在发展林木良种壮苗方面取得了明显成效。2012年广东省林木种苗和花卉业育苗面积155 802.1亩，其中一般造林苗圃9863.7亩、经济林苗圃3685.2亩、绿化苗圃91 878.2亩、综合类苗圃50 375.0亩。各类苗圃育苗面积比例：绿化苗圃59%，经济林苗圃3%，一般造林苗圃6%，综合类苗圃32%。

2012年7月，广东省副省长刘昆率广东省直属有关部门到广州市天河区龙眼洞片区调研林木种苗建设工作，充分肯定了全省在发展林木良种壮苗方面取得的明显成效，强调良种壮苗是林业生态建设的基础工程，是实施好生态景观林带、森林碳汇和森林进城围城等三大林业重点生态工程的质量保证，是建设现代林业强省的重中之重。

野生动植物资源培育业　2012年，广东省野生动植物资源培育利用业有一定规模的企业有70家，产值23.11亿元。目前，广东野生动植的经营利用主要集中在野生动物驯养繁殖、野生植物培植、野生动植物及其产品加工利用及进出口等方面。野生动植物培育利用在全省已初具规模，主要培植的珍贵野生植物种类有灵芝、石斛等，主要驯养繁殖的野生动物种类有猕猴、食蟹猴、梅花鹿、鳄鱼、眼镜蛇、竹鼠、鸵鸟、山鸡、野猪、野牛等20多种野生动物。

灵芝种植基地主要分布在韶关市的仁化、乳源、始兴、新丰等县，以灵芝为代表的食用菌种植已成为韶关山区林农耕山致富的新途径。仁化鑫宇生态开发有限公司是一家专门从事铁皮石斛兰繁育、生态种植、加工及销售的一体化企业，拥有全省最大的铁皮石斛仿野生附树种植基地。

野生动物驯养繁殖方面，鳄鱼养殖主要分布在珠海、东莞、佛山三水、茂名高州、肇庆四会等地，竹鼠养殖主要在肇庆德庆、广宁，食蟹猴养殖主要广州市白云区和从化市，蛇类养殖主要分布在肇庆鼎湖、高要、江门等地，梅花鹿养殖主要分布在江门、东莞，野猪养殖主要分布在韶关乳源、曲江等地，野牛养殖主要分布在茂名高州。

木竹材生产业　由于低碳发展、生态建设的需要，2012年广东新增400万亩生态公益林，并减少林木的生产性采伐，原木产量小幅度逐年递减。2012年，由于房地产建材和家具业的拉动，通过进口木材和外省购进的方式填补了自产木材缺口，全省锯材、木片和单板产量有了较大的增长，大部分表背板(木皮)生产企业以进口原木为原材料。

2012年广东省木竹材生产情况：原木生产企业167家，产量527万立方米；锯材企业734家，产量35万立方米；木片企业123家，产量185万绝干吨；单板(芯板)企业126家，产量30万立方米；表背板(木皮)38家。

2012年广东省木竹材生产业企业个数对比：原木占14%，锯材占59%，木片占10%，单板占10%，表背板(木皮)占7%。

人造板制造业　2012年广东省人造板产量为990.33万立方米，比2011年的891.28万立方米，增加了11.11%。其中胶合板246.17万立方米；中密度纤维板477.75万立方米；刨花板214.22万立方米；以细木工板为主的其他人造板52.19万立方米。

2012年广东省人造板制造业各板种产量占比：胶合板25%，中密度纤维板48%，刨花板22%，其他人造板5%。各市中，以佛山市人造板产量最高，为157.99万立方米，其次是广州120.87万立方米，东莞市排名第三，为115.04万立方米。

2012年广东省胶合板企业数量占比分别是：年产5万立方米以下占98.29%，年产5到10万立方米占1.37%，年产10万立方米以上占0.34%。

2012年广东省中纤板企业数量占比分别是：年产5万立方米以下占25%，年产5到10万立方米占53%，年产10万立方米以上占22%。

广东省人造板企业共计457家，平均生产规模2.17万立方米/家。其中胶合板企业292家，平均生产规模0.84万立方米/家，刨花板企业67家，平均生产规模3.1万立方米/家，中密度纤维板企业64家，平均生产规模7.46万立方米/家。

木竹地板业　2012年全省木竹地板产量为15 253.5万平方米，其中实木地板2527.6万平方米、实木复合地板5753.84万平方米、强化木地板6898.86万平方米、竹材地板70.2万平方米；广州市木竹地板总产量2630万平方米、实木地板166万平方米、实木复合地板1690万平方米、强化木地板760万平方米、竹材地板14万平方米；深圳市木竹地板总产量4036万平方米、实木地板714万平方米、实木复合地板1120万平方米、强化木地板2200万平方米、竹材地板2万平方米；珠海市木竹地板总产量50万平方米、实木地板29万平方米、实木复合地板21万平方米；东莞市木竹地板总产量1464万平方米、实木地板469万平方米、实木复合地板525万平方米、强化木地板425万平方米、竹材地板45万平方米；佛山市木竹地板总产量4017万平方米、实木地板414万平方米、实木复合地板865万平方米、强化木地板2738万平方米；江门市木竹地板总产量693万平方米、实木地板167万平方米、实木复合地板370万平方米、强化木地板150万平方米、竹材地板6万平方米；中山市木竹地板总产量1831万平方米、实木地板318万平方米、实木复合地板658万平方米、强化木地板855万平方米；汕头市木竹地板总产量755万平方米、实木地板250万平方米、实木复合地板500万平方米、强化木地板5万平方米。

木竹藤制品业　2012年广东省木竹藤制品业企业1737家，木门窗生产企业220家占12.6%，木线及木制装饰材料生产企业102家占5.87%，木制包装箱、地台板、卡板生产企业174家占10.02%，木竹藤生活用品、工艺品等生产企业1163家占66.95%，卫生筷子生产企业18家占1.04%，木塑产品生产企业45家占2.59%，生物质固体成型燃料生产企业15家占0.86%。

2012年广东省木竹藤制品业产值178亿元，其中：广州市14.61亿元、佛山市21.69亿元、东莞市6.11亿元、深圳市6.09亿元、肇庆市23.47亿元、江门市2.06亿元、珠海市2.93亿元，其他地区101.05亿元。

木竹家具业　目前，全省已统计掌握资料的木竹家具企业有4109家，从业人员超过了100万人。家具企业主要由民营、集体和港台资等企业组成，大多数是中、小型企业，大型企业为港资企业居多。深圳、东莞、佛山、广州等地家具业处于行业的龙头地位。其中“红苹果”（深圳红苹果家具公司）、“皇朝”（增城香港皇朝家私集团有限公司）入选2012年中国家具十大品牌排行榜；HNI－Lamex美时（美时文仪有限公司）、励致洋行（华润励致洋行家私（珠海）有限公司）、冠美（香港冠美（国际）集团有限公司）、长江（深圳长江家具有限公司）和健威Kinwai（健威家具装饰有限公司）、俊美家具（深圳俊美家具有限公司）6大品牌入选2012年办公家具十大品牌排行榜。

据广东省家具商会、广东省家具产业研究院联合发布的《2012广东家具产业发展状况及2013年展望报告》：2012年广东省家具行业总产值3380亿元，同比增长约15%。其中全省木竹家具企业4109家，产值为1627.78亿元，同比增长25.21%。2012年，全省木竹家具出口实物量6518.33万件，比2011年同期下降5.84%，占全国木竹家具出口总量的32.62%；而出口金额56.74亿美元，同比增长7.8%，占全国木竹家具出口金额47.64%。

木竹浆纸业　2012年，广东省规模以上木（竹、苇）浆产量约为101.42万吨，机制纸及纸板产量为1683.4万吨，与2011年产量相比略为增长，纸制品及箱纸板产量为943.6万吨，与2011

年基本持平。2012 年广东省造纸业企业 1444 家，产量 2728.42 万吨，其中：木(竹、苇)浆企业 14 家，产量 101.42 万吨；机制纸和纸板企业 443 家，产量 1683.4 万吨；纸制品企业 987 家，产量 943.6 万吨。

森林食品药品和油料生产加工业　广东林业产业政策鼓励发展森林食品药品和油料生产加工工业，加工类型有：板栗、荔枝、龙眼、柑橘、柚子等干鲜林果，沉香、肉桂、巴戟等森林药用植物，油茶等加工。目前，全省上规模的森林食品药品加工厂不多，主要为油茶加工厂。截至 2012 年年底，全省建立规模油茶加工厂 19 家，油茶产能达 37 440 吨。虽然全省种植油茶林已达 240 万亩，但大部分油茶林未到挂果期，原材料不足，多数油茶加工厂未能达产。2012 年广东省油茶加工企业 19 家，设计产量 37 440 吨，实际油茶产量为 4715 吨。其中年产 2 千吨以下的企业 6 家，设计产量 1240 吨，占总产量的 3%；年产 2000 ~ 5000 吨的企业 10 家，设计产量 21 200 吨，占总产量的 57%；年产 5000 吨以上的企业 3 家，设计产量 15 000 吨，占总产量的 40%。

林产化工业　2012 年广东省松香加工企业 63 家，生产能力 29.096 万吨，实际产量 7.5 万吨。其中 1 万吨以上的企业 10 家，设计产能 17.2 万吨，占总产能的 59%；1000 吨到 1 万吨的企业 23 家，设计产能 8.35 万吨，占总产能的 29%；1000 吨以下的企业 30 家，设计产能 3.546 万吨，占总产能的 12%。

【森林生态旅游业】　广东省开展森林生态旅游的主要载体有森林公园、自然保护区、野生动物园、动植物园、树木园、湿地公园、森林旅游示范基地和其他森林生态旅游区。

截至 2012 年年底，全省已建成森林公园总数达 458 处，总面积 106.7 万公顷，占全省国土面积的 5.9%；已建立各种类型、不同级别的林业系统自然保护区 270 个，总面积 123.15 万公顷，占全省国土面积的 6.85%，其中国家级自然保护区 5 个，省级自然保护区 53 个，市县级自然保护区 212 个；已建成湿地公园 11 个，总面积 32 474.5 公顷，其中国家级湿地公园 7 个，面积 30 929.5 公顷，省级湿地公园 4 个，面积 1545 公顷。

2012 年广东省森林生态旅游产值为 889.49 亿元(见表 2)。

表 2　广东省森林生态旅游业产值统计汇总

区域	地市	市辖区森林生态旅游人次（万人次）	市辖区内森林生态旅游总产值（亿元）
滨海地区	深圳	719.82	53.19
	湛江	289.01	9.68
	广州	3189.78	171.3
	佛山	1563.45	83.97
	珠海	500.3	26.87
	东莞	1063.14	57.1
	中山	187.61	10.07
	汕头	375.23	20.15
	揭阳	312.69	16.79
	汕尾	240	12.89
	潮州	280	15.04
山区	肇庆	758.3	30.3
	梅州	1506.11	81.96
	清远	766.66	36.18
	韶关	1641.23	77.53
	河源	656.49	31.01
	云浮	601.79	28.42
半滨海半山区	惠州	766.34	46.19
	江门	498.07	30.02
	茂名	574.69	34.64
	阳江	268.19	16.16
全省合计		16 758.91	889.49

2012 年，广东省林业厅、广东省旅游局联合有关市县林业、旅游部门对 2009 年评定的广东省 50 家森林生态旅游示范基地进行了复核。其中 48 家主动申报复核，湛江湖光岩风景区和东莞樟木头观音山森林公园自愿放弃申报。经复核审定，梅州雁南飞等 48 家景区符合评定标准，保留为广东省森林生态旅游示范基地。至此，广东省森林生态旅游示范基地数量为 83 家。

2012 年 7 月 6 日粤桂两省区签订林业产业战略合作框架协议。在广西壮族自治区举办的广西森林旅游节暨南宁大明山国际山地养生旅游节开幕式上，广东省林业厅和广西壮族自治区林业厅签订了《林业产业战略合作框架协议》。广东省林业厅党组成员、巡视员陈俊勤应邀出席广西森林旅游节开幕式，并与广西壮族自治区林业厅领导签订了《林业产业战略合作框架协议》；广东省厅产业处、林场总站，广东南岭国家森林公园、佛山西樵山森林公园旅游开发总公司、肇庆星湖风景名胜区鼎湖管理处和广东省林产工业公司等单位负责人参加开幕式。

【林产品市场流通业】 2012年9月，“鱼珠·中国木材价格指数”通过国家级专家组评审，成为国家发展改革委员会组织编制的第一个国家级木材价格指数。2012年11月28日，广东省政府、国家发展改革委员会价格司、广东省和市物价局于广州共同发布了首个鱼珠·中国木材价格指数。这个由广东省物价局牵头、广州市物价局组织、华南师范大学研发的价格指数，已经成为国内外木材市场定价、经营品种调整、库存控制的重要依据。

广东省林产品市场流通业调查范围包括木材市场、人造板市场、家具市场和建材市场。2012年全省有木材、人造板市场有19家，建材市场有80家，家具市场有350家，全年销售额达3650亿元(见表3)。

表3 2012年林产品流通市场规模和数量统计

单位：家、万平方米、亿元

项目 \ 类别	木材人造板市场	家具市场	建材市场	合计
市场数量	19	350	80	449
市场面积	159.5	1829.9	232.5	2221.9
销售额	673	1910	1067	3650

【2012年广东省林业龙头企业培育情况】 根据《广东省林业龙头企业评选标准》(粤林函〔2008〕503号)，广东省林业厅从2008年开始评审省级林业龙头企业。截至2011年，培育评定广东省林业龙头企业共94家，其中种养业56家，加工业30家，森林生态旅游业7家，流通业1家。2012年12月，广东省林业厅组织评审组对2012年申报省林业龙头企业进行考核，并对2009年广东省林业龙头企业进行复核，评定广州市园林建筑工程公司等20家企业为“广东省林业龙头企业”，认定广东长荣林业发展有限公司等18家企业保留“广东省林业龙头企业”，撤销湛江市麻章区金海林业中心、德庆顺龙木业有限公司“广东林业龙头企业”称号。至此，广东省林业龙头企业家数达111家。

2012年评定省级林业龙头企业20家，分别是：广州市园林建筑工程公司、广州市园林科学研究所、河源市融和生态农业发展有限公司、龙川万泰油茶发展有限公司、龙川县穗丰农业发展有限公司、广东紫金瑞丰农科实业有限公司、广东富阳生物科技有限公司、广东宏益鳄鱼产业有限公司、茂名市天山林牧发展有限公司、茂名市惠生源生物科技有限公司、广东肇林林业发展有限公司、广东惠邵实业发展有限公司、梅州市天润生态农林发展有限公司、梅州天地杰农林发展公司、平远园山湖油茶农业开发有限公司、五华县凯億达实业发展有限公司、广东兴源农林有限公司、揭东县望天湖现代农业科技有限公司、翁源县凯通纤维板有限公司、怀集宜美木业有限公司。

复核保留2009年省级林业龙头企业18家，分别是：广东长荣林业发展有限公司、梅州富华中纤板有限公司、兴宁树人木业有限公司、兴宁市林兴苗圃有限公司、广东祥旺农林科技有限公司、平远县鸿基生态园有限公司、潮州市建成农业综合开发有限公司、潮州市紫莲森林度假村有限公司、上东林业(翁源)有限公司、广东富然农科有限公司、鸿伟木业(仁化)有限公司、韶能集团韶关南雄珠玑纸业有限公司、德庆县银龙实业有限公司、四会市汇隆木业有限公司、广东金凤生物科技有限公司、怀集顺龙木业有限公司、佛山市沃德森板业有限公司、广东大一品农业科技有限公司。

撤销2009年省级林业龙头企业2家，分别是：湛江市麻章区金海林业中心、德庆顺龙木业有限公司。

2012年新评定广东省林业龙头企业简介。种养殖企业18家、加工企业2家。

广州市园林科学研究所 于1978年创办，主要从事林木种苗花卉栽培技术研究开发、城市绿化养护及开展种植业。2012年，公司注册资金160万元，资产总值15427万元，自有基地3083亩，年销售收入6623万元。带动林农2032户，带动农户年均增收1.55万元，创造就业979人，企业资

产负债率55%，净利润170万元，上交税金95万元，净资产收益率2.4%。

广州市园林建筑工程公司　于1979年创办，主要从事林木种植、花卉草药培植、绿色禽畜养殖以及园林建筑工程。有流溪满河林场五指山的石斛和田七试验基地和从化花卉、禽畜养殖基地。2012年，公司注册资金3003万元，公司资产总值1.2亿元，自建基地2045亩，年销售收入3.5亿元，带动林农248户，带动农户年均增收1000元，创造就业481人，企业资产负债率56%，净利润633万元，上交税金1293万元，净资产收益率11%。

河源市融和生态农业发展有限公司　于2010年创办，主要从事珍贵树种、红花油茶、生态有机蔬菜、生态名中草药、生态水果、生态黄鸡、生态水产等种养业，是河源市规模最大的集农业观光与生态旅游一体的综合性农业示范区。注册资金500万元，2011年公司资产总值3256万元，自建商品林基地1万亩，年销售收入4135万元，带动林农3000户，带动农户年均增收2800元，创造就业200人，企业资产负债率49.2%，净利润398万元，净资产收益率24%。

龙川万泰油茶发展有限公司　于2009年创办，主要从事油茶种植和加工业，油茶产品主要有“名香世家”“理想牌”两个品牌。注册资金3600万元，2011年公司资产总值2432万元，自建油茶林基地1.62万亩，年销售收入84万元，带动农户1800户，带动农户年均增收1900元，创造就业446人，企业资产负债率3%，净利润132万元，净资产收益率3.97%。

龙川县穗丰农业发展有限公司　创办于2009年，主要从事油茶种植业。注册资金501万元，2011年公司资产总值2096万元，自建油茶基地17 198亩，年销售收入4485万元，带动林农户1350户，带动林农户年均增收1700元，创造就业人数12 000人，企业资产负债率35%，净利润375万元，资产收益率1.7%。

广东紫金瑞丰农科实业有限公司　创办于2009年，主要从事油茶苗培育、油茶种植及精深加工和茶皂研发，目前公司加工生产线正在调试。注册资金1000万元，2011年公司资产总值3249万元，自建油茶基地50 265亩，年销售收入1332万元，带动林农1100户，带动农户年均增收1500元，创造就业850人，企业资产负债率47%，净利润254万元，上交税金301万元，净资产收益率14.88%。

广东省富阳生物科技有限公司　创办于2005年，主要从事澳洲茶油树种植、精油加工，已被列入“广东省农业现代化示范区”和“广东省农业标准化示范区”建设项目。公司注册资金560万元，2011年公司资产总值3072万元，自建茶油基地6000亩，年销售收入4164万元，带动林农2260户，带动农户年均增收1991元，创造就业375人，企业资产负债率42.05%，净利润773万元，上交税金234万元，净资产收益率43.41%。

广东宏益鳄鱼产业有限公司　创办于2005年，主要从事鳄鱼繁殖与利用，被列入“广东省农业100强、现代农业500强”。公司注册资金5000万元，2011年，公司资产总值15 862万元，鳄鱼繁殖基地348亩，年销售收入2937万元。带动农户1109户，带动农户年均增收1.26万元，创造就业683人，企业资产负债率7.21%，净利润738万元，上交税金502万元，净资产收益率5.03%。

茂名市天山林牧发展有限公司　创办于2009年，主要从事中药材种植、林下立体养殖、产品深加工开发及生态旅游业。种植油茶和湿加松，中药材种植牛大力、黄秋葵、黄鼠葵、山豆根、益智、金银花，林下经济有养牛、养羊、养冷水鱼、养竹鼠、养鸡，另有肥料厂、中药加工厂、饮料厂。公司注册资金500万元。2011年，公司资产总值8223万元，自建林下基地17.35万亩，年销售收入3562万元，带动农户979户，带动农户年均增收2300元，创造就业706人，企业资产负债率59.11%，净利润562.69万元，净资产收益率16.73%。

茂名市惠生源生物科技有限公司　创办于2011年，主要从事林下经济种植(铁皮石斛)。公司注册资金500万元，公司资产总值3111万元，自建林下经济基地1.02万亩，年销售收入3458万元，带动林农1085户，带动农户年均增收1.25万元，创造就业1085人，企业资产负债率39.42%，净利润382万元，上交税金127万元，企业资净资产收益率20.27%。

广东肇林林业发展有限公司　创办于2011年，是一家林业资源开发为主，兼营小水电站的企业。公司注册资金1000万元，公司资产总值4183万元，年销售收入2073万元，带动林农户600户，带动林农户年均增收2000元以上，创造就业人数450人，企业资产负债率64%，净利润485万元，净资产收益率32.67%。

广东惠邵实业发展有限公司　于1991年成立，位于惠州市鹅岭西路30号西边五楼，现为园林绿化贰级、营造林乙级。公司注册资本1419.8万元，企业法人代表刘军，公司从事营造林和油茶种植。公司拥有各种科技技术人员60多人，现有一支600人的绿化专业队伍。

梅州市天润生态农林发展有限公司　成立于2009年12月2日，是一家独资民营企业，以油茶繁育、种植、研发及综合利用经营为主，种植珍贵优质林木为辅。公司现种植广西软枝油茶1万亩，良种油茶育苗基地380亩。公司注册资金300万元。2011年，公司总资产3149万元，2011年收入2556万元，净利润172万元，带动林农2380户。

梅州天地杰农林发展公司　是集种植、加工和研发一体的企业，公司成立于2009年1月，注册资本500万元，在梅县松口镇种植油茶5400亩，现有一条年生产300吨的精炼油加工线。2011年，公司总资产3500万元，固定资产1450万元，从业人员268人，销售收入4250万元，净利润329万元，带动农户1630户，每户年均增收1580元。公司另有速生丰产林2.8万亩，名贵树种5000亩。

平远园山湖油茶农业开发有限公司　是一家以油茶种植、生产、加工、销售、休闲旅游为一体的民营企业。公司创立于2009年3月5日，注册资金300万元，2011年资产总值3582万元，年收入2530万元，净利润259.4万元，带动农户1350户。公司以“公司+基地+农户”的模式经营，投入资金3000多万元发展种养殖，租赁山地4.5万亩，其中种植高产油茶2.5万亩，油茶长势良好。

五华县凯億达实业发展有限公司　成立于2011年4月，是一家从事高山油茶种植的民营企业。公司注册资本300万元、总资产3000万元、固定资产208万元、投入期暂无收入。现种植油茶1万亩、苗圃50亩、养鱼100亩，发展养猪、养鸡带动周边农户1205户，合作种植油茶3200亩，有固定工程技术人员18人，雇工650人。公司以市场为导向，以科技为依托，采取“公司+基地+农户”的模式发展林业产业。

广东兴源农林有限公司　是一家从事苗木花卉培育、造林规划设计施工、城市园林绿化设计施工、林业技术推广及服务的民营企业。公司成立于2011年，注册资金人民币550万元，现有一支乙级造林工程队、6个苗木基地，牵头成立了兴源油茶专业合作社。公司2011年总资产达3645万元，固定资产530万元，从业人员1400多人，实现销售收入2474万元，上交各税金24万元，利润171万元，现经营林地面积12万亩，油茶基地3000亩，名贵树种5000亩，苗圃600多亩，带动农户2300户，每户均增年收入1500元。公司联结农户大力开发市场，积极探索“公司+基地+农户”的发展模式。

揭东县望天湖现代农业科技有限公司　成立于2009年5月，位于揭东县白塔镇，是一家集基地种养、科研开发、林农产品加工销售为一体的民营企业。公司主要从事生态旅游和茶叶、水果、花卉、淡水养殖。开展菊叶薯蓣产业项目和娃娃鱼养殖等林业生产经营。公司注册资金2000万元，2011年总资产6903万元，资产负债率37%，主营收入381万元，净利润8万元。现有员工118人，其中技术人员28人。以“公司+基地+农户”的模式经营，建设林业生产基地2.7万亩，其中与林农合作经营1.5万亩，带动农民发展绿色“三高”林业。

翁源县凯通纤维板有限公司　创办于2009年，位于翁源官渡开发区利龙工业园内，是一家年产10万立方米中(高)密度纤维板加工企业。注册资金1000万元，2011年公司资产总值1.29亿元，自建商品林基地10.17万亩，年销售收入1.5亿元，创造就业900人，企业资产负债率43.07%，净利润1391万元，上交税金463万元，净资产收益率18.83%。

怀集宜美木业有限公司　创办于2007年，位于怀集(中山)大涌产业转移工业园，主要从事中密度纤维板生产，注册资金4500万元，2011年公司资产总值7314万元，无自建商品林基地，年销售收入2019万元。带动林农500户，带动农户年均增收2000元，创造就业200人，资产负债率41.44%，净利润217万元，上交税金0万元，净资产收益率5.07%。

复核保留2009年省级林业龙头企业简介。共18家。

梅州富华中纤板有限公司　成立于1993年，位于梅州市彬芳大道轻纺工业区，是一家年产能力9~25毫米中密度纤维板5.5万立方米的生产企业。注册资金527万美元，2011年，总资产达人民币1.070亿元。自建商品林基地20万亩，年直接带动林农3500户，每户均年增收1000元。

广东长荣林业发展有限公司　成立于2007年8月，注册资金3800万元，公司位于梅县南口镇，从事油茶种植及其产品精深加工、名贵树种种植，是一家集种植、生产、加工、销售为一体的现代农业企业。公司现有2万亩优质油茶标准化种植基地，5000亩银杏旅游休闲观光基地，带动农户2518户，每户平均年增收1800元。

兴宁树人木业有限公司　位于兴宁市，由中国资源交通集团(原中国木业资源集团)全资兴建，是集种植、科研、生产、销售为一体的油茶种植、茶油生产的企业。现有员工45人，公司现种植油茶1.02万亩。公司采用"公司+基地+农户"的经营模式，推动当地种植良种油茶15万亩，申请注册并取得"树人牌"商标，产品已获得工业生产许可证。

兴宁市林兴苗圃有限公司　成立于2007年，注册资本300万元，公司位于兴宁市新陂镇先声村205国道旁，是一家从事林木种植、造林工程、城乡园林绿化设计施工、养护抚育、病虫害防治的民营企业。公司现有一支绿化造林专业队，专门承包造林工程和城乡绿化，公司在兴宁市大坪镇、叶塘镇与农户合作经营种植面积达10万亩，建成良种油茶示范基地1.67万亩，带动就业1200人。

广东祥旺农林科技有限公司　由兴宁市祥旺高山油茶种植场于2010年8月30日整体转制而成，是一家集油茶、种植、生产、加工、销售为主的民营企业。创立于2007年4月12日，位于兴宁市黄陂镇后山村，注册资金500万元，法定代表人石伟旺。公司退出煤炭生产经营后，转向经营种养业，投资1000多万元自种高产优质油茶8000亩，与农户合作的方式种植油茶1.5万亩。以"公司+基地+农户"的模式发展，带动农户1500户，每户年均增收1600元。2011年公司总资产1887万元，其中固定资产966万元，2011年度总收入达到1090万元，实现利润312万元。

平远县鸿基生态园有限公司　成立于2003年，位于平远县大拓镇，注册资金300万元，2011年主营业务联系收入3038万元，固定资产1618万元，净利润109万元，带动农户1332人，公司现有员工120人，技术人员30多人，有5个林木基地，1间茶叶加工厂，1家酒楼和1家养殖场。以经营农科推广示范基地、水果花木、林木种植销售等走林业产业化发展之路，采取"公司+基地+农户"的模式经营，按照基地规模化、生产标准化、产品品牌化的要求带动周边农户共赢发展。

潮州市建成农业综合开发有限公司　是一家国家扶贫龙头企业，创立于1998年，2010年列入广东省现代产业500强项目单位。公司注册资金1000万元，公司立足于山区开发，从事立体种养、综合利用，是集种养、加工、科技创意于一体的大型民营企业，拥有1.5万亩山林，建有3个大型生态经济林生产基地，林果基地1.05万亩，有1家现代化养猪场、2家水产养殖场、2家饲料加工厂、1家农机厂，拥有技术人员58人，固定职工445人，临时工170人。2011年公司总资产9499万元，总收入5335万元，净利润187万元。

潮州市紫莲森林度假村有限公司　建于2008年，注册资金300万元，公司位于潮州市湘桥区意溪镇锡美村，总占地6000多亩，是一家集生态旅游、种植、繁育、科技带动、加工于一体的大型民营企业。公司下属1间茶叶加工厂、1000亩茶叶种植示范基地、4000亩速生丰产林基地和一果蔬种植基地。公司以生态旅游为主业，按照"高起点、高品位、深层次和可持续"的科学发展理念，立足区域资源开展森林旅游，年接待游客30万人次。2011年公司总资产5150万元、固定资产4297万元、经营收入3037万元、净利润223万元，创造就业404人。

上东林业(翁源)有限公司　成立于2006年8月31日，从事速生丰产林、其他用材林、经济林种植及林、农、牧产品多种经营与加工。公司下辖红岭和岩庄两个林场，运营资金4433万元，造桉树林5.1万亩。

广东富然农科有限公司　是一家以经营油茶产业为核心的民营科技示范企业。2008年年底成立，注册资金2286万元，从事油茶深加工、油茶种苗繁育、油茶种植和油茶系列产品开发。2011年资产总值10 255万元，销售收入5131万元，上缴税金76.5万元，实现利润163万元，同比增长10%。

鸿伟木业(仁化)有限公司　成立于2003年5月，是香港鸿伟人造板公司全资投资子公司，注册资金为5000万港币，是一家专业生产刨花板及配套贴面深加工及原料林基地建设的林板一体化企业。公司位于韶关市仁化县工业园内，总面积为122 710平方米，生产加工区面积为90 000平方米。公司现拥有2条刨花板生产线，设计生产能力为8万立方米/年，实际生产能力可达10万立方米/年。自建林木营造基地71 292亩，今后还将继续扩大造林基地以确保企业的可持续发展。2011年12月31日，企业资产总计16 441.6万元，负债合计4968.4万元，资产负债率30.22%，企业财务状况良好。

韶能集团韶关南雄珠玑纸业有限公司　广东省韶能集团股份有限公司独资子公司，注册资本金1亿元，现有职工606人，生产规模为年产3万吨纸，6.5万吨浆。公司充分利用粤北山区丰富竹类资源制浆造纸，实行“公司+基地+农户”的经营模式，创办了5000亩丛生竹生产基地，带动12 100户农户种植丛生竹8万亩，户均年增加收入2500元，2011年完成销售收入1.8894亿元，累计投资5300万元环保设施，废水、废气排放达到国家和省环保部门标准。注册资本金1亿元，总资产2.8485亿元，固定资产2.2931亿元，现有员工606人，专业技术人员68人。主要产品“珠玑牌”浆板、胶版纸市场畅销，公司实施林纸一体化发展模式，带动农民增收，促进农村经济发展。2011年生产纸浆板2.9671万吨，生产胶版纸1.5063万吨，上交税金150万元，全年收购竹、木原材料16.5万吨。

德庆县银龙实业有限公司　成立于2003年8月，位于德庆县工业创业园，占地面积18万平方米，公司投资总额1.6亿元，现职工人数100人，是集科研、生产、贸易于一体的林产化工企业，公司主要产品有松香树脂系列产品、冰片、松香、松节油等，拥有2.5万吨松香树脂生产线，500吨冰片生产线，2.5万吨松香生产线，1万吨酚醛树脂生产线。2011年出口创汇1000万美元。

四会市汇隆木业有限公司　位于四会市东城街道高新技术产业区内。组建于2007年年初。厂房占地200多亩，现有职工150多人，2011年期末资产总额8660万元，其中注册资金500万元。年利用伐木废弃的枝丫材和木材加工企业的三剩物达7.7245万吨，年产中密度纤维板8.7286万立方。2011年实现产值、销售1.0639亿元。

广东金凤生物科技有限公司　成立于2003年1月，主要从事南药种植、珍贵树种的培育及种植、海狸、生猪、水产养殖、收购海狸产品和南药产品深加工、生产销售及市场开发的综合性企业。总资产1.2511亿元。位于阳西县新城工业区二区，有1万平方米现代生产厂房，金凤大厦和在阳西中山科技园购建厂198亩，属下拥有5个经济实体，其中名贵树种苗圃520亩，养殖海狸10万只，生猪2万头，南药檀香1000亩，檀香育苗大棚60亩，苗圃200亩，咸水养虾620亩，年产虾900吨；同时广东省残联依托本公司特色农业品牌创办广东省残疾人扶贫培训阳江基地36 000平方米，按照“公司+基地+农户”的模式发展，带动林农2350户发展林木、经济作物、南药种植2万亩，农户年均增加收入2530元以上，形成产、供、销一体化的农林业产业化规模。

怀集顺龙木业有限公司　顺龙木业集团的子公司，主要生产“澳德”牌中高密度纤维板，年产能5.5万立方米，自有桉树林基地10.6万亩，带动农户4135户，每户年均增收1950元。注册资本500万元，2011年总资产1.2亿元，年销售收入4713万元，总负债1.01亿元，资产负债率84%，净利润351万元，上交税金94.76万元，净资产收益率18%。

佛山市沃德森板业有限公司　始创于2001年，注册资本3590万元。从事城市废弃木质材料回收及循环综合利用，生产人造板和生物质固体成型燃料等产品，现有员工236人，2011年销售收入1.5146亿元，利税2100万元，销售收入2.0019亿元，利税2800万元。

广东大一品农业科技有限公司　成立于2009年，从事油茶种植加工和肥料生产，注册资本1600万元，2011年总资产4962万，销售收入2.579亿元，总负债1318万元，资产负债率26.57%，净利润431万元，上交税金177万元，净资产收益率11.85%。与农户合作种植油茶3335亩，带动农户2600户，创造就业1562人。

【广东省2012年可供木材量和消耗木材量统计】 广东是木材消耗大省，2012年木材加工企业(未含家具和木地板)消耗木材量估算约为2396.04万立方米，而2012年广东省自供木材量仅约为700万立方米，缺口巨大。

表4　广东省2012年可供木材量和木材加工消耗木材量估算　　单位：万立方米

按产品分类	产量	消耗木材量	可供木材量(含枝桠材)
胶合板	246.17	492.34	700
纤维板	508.31	711.63	
刨花板	214.22	257.06	
其他人造板	52.19	126.82	
锯材	35	52.50	
木片	185万绝干吨	296.00	
单板	30	54.00	
木竹浆纸	101.42万吨	405.68	
合计	—	2396.04	

注：表中所统计消耗木材加工企业包括人造板、锯材、木竹纸浆、木片、单板等企业，未含家具和木地板企业。

【林下经济】

林下经济发展现状　近年来，广东省以建设美丽广东、幸福广东，现代大林业为目标，在大力培育和保护森林资源的同时，积极发展资源型林下经济产业，把资源优势转化为产业优势。初步形成了以林下种植、林下养殖、相关产品采集加工、森林景观利用为主体的四大林下经济产业体系和基本格局。目前各市县都在积极发展林下经济，但仍然处于以个体经营为主的初级阶段，大部分地方林下种植、养殖和森林旅游由农民自主经营。

林下经济发展规模　2012年广东省林下经济面积达到100.02万公顷(1500.28万亩)，实现总产值239.95亿元。林下经济规模及综合效益位居全国前列。

2012年广东省林下经济产值超过20亿元的地级以上市(以下简称地级市)有6个，包括梅州、肇庆、韶关、河源、茂名、清远；林下经济产值在10~20亿元的有2个，包括湛江、云浮，林下经济产值在5~10亿元的有3个，包括惠州、阳江、广州；林下经济产值低于5亿元的有10个，包括深圳、珠海、汕头、汕尾、东莞、中山、江门、佛山、潮州、揭阳；省属林场林下经济产值1.1167亿元。其中林下经济发展得较快的县(市)有封开、德庆、南雄、始兴、仁化、平远、蕉岭、紫金、东源、阳山、清新、龙门、台山、恩平、信宜、阳春、吴川、新兴。

林农增收效果　2012年广东省林下经济惠及农户141.5795万户，618.8374万人，林农收入127.0325亿元，林农人均收入2053元。

各县市林农增收效果显著。据统计，目前南雄市已发展林下经济涉及林地面积20多万亩，遍及18个镇208个村，主要有中草药、香菇、木耳、银杏、田七、五黑鸡、黑山羊、竹鼠等特色产品，产品涉及食用菌、蔬菜、药材、禽畜、蜂蜜等，年产值达到1.6亿元，农民人均年增收500元。阳春市林下种植春砂仁面积已发展到8万多亩，年产鲜果4000吨，年产值达1.2亿元。德庆县大力引导广大农民种植肉桂、巴戟、首乌、佛手等南药基地40万亩，目前全县肉桂年产桂皮1.6万吨，桂油7万千克，年产值可达1.18亿元；年产巴戟2500吨，年产值5000万元。吴川市林下养鸡利用林地15万亩，规模养殖达3620多家(户)，年出栏“三黄”肉鸡1800万羽，年孵化“三黄”鸡苗达9000万羽，年产值达9.6亿元，农民增收2.8亿元，增加农村劳动就业3.2万人。

林下经济发展类型模式 广东省已形成林下种植、林下养殖、相关产品采集加工、森林景观利用等林下经济发展四大类型。涵盖林菌、林药、林粮、林果、林草、林菜、林茶、林禽、林畜、林虫、林蜂、林下珍贵野生动物、松脂采集、野生菌采集、竹笋采集加工、野菜采集加工、藤芒编织、森林人家、森林生态休闲游等。

林下种植主要品种有：香菇、木耳、首乌、巴戟、灵芝、铁皮石斛、春砂仁、金银花、肉桂等。典型模式有：南雄的红菇、始兴的木耳，仁化的铁皮石斛、灵芝，高要、信宜的肉桂，德庆的首乌、巴戟，阳春的春砂仁，清新的金银花，鹤山的凉粉草。

林下养殖主要品种有：鸡、鸭、鹅、鸽、猪、牛、羊、蜜蜂、青蛙、野猪、蛇、竹鼠等。典型模式有：阳山的清远鸡，吴川的三黄鸡，信宜的怀乡鸡，南雄的黑山羊，高州的肉牛，从化的蜜蜂。

相关产品采集加工涉及松脂采集、竹笋采集加工、野生菌采集加工、野生中药材采集加工、野菜采集加工、檀香茶、沉香茶采集加工、蜂蜜采集加工、竹藤编织等。典型模式有：广宁的竹笋采集加工，德庆、封开、新兴、郁南的松脂采集、蕉岭的野生菌采集加工、德庆、五华的野生巴戟采集加工、乳源的五指毛桃采集加工、恩平市的簕菜茶采集加工、紫金的竹壳茶采集加工、龙门的西溪笋采集加工、从化的蜂蜜采集加工。

森林景观利用包括森林生态休闲旅游、森林休闲山庄游等。典型模式有：德庆的盘龙峡、增城白水寨风景区、龙门南昆山森林人家、从化的林家乐、乳源的森林休闲旅游。

2012年广东省林下经济总产值239.95亿元中，林下种植产值53.0560亿元，占22.11%；林下养殖产值99.6896亿元，占41.55%；相关产品采集加工产值38.3007亿元，占15.96%；森林景观利用产值48.9036亿元，占20.38%。

林下经济产业化经营 2012年广东省林下经济实体中，专业合作社442个，涉及企业1116个。林下经济涉及农户141.5795万户，618.8374万人；涉及林地面积1500.3万亩。已初步形成带动作用较强的下列经济组织形式：公司+基地+农户、专业合作社+农户、国有林场+农户、专业协会+农户、龙头企业+专业合作组织+基地+农户、联户或联组、单户独立经营。其中公司+基地+农户、专业合作社+农户的组织形式，在规模、产值、效益等方面占有较大的比例。

表5 2012年广东省林下经济现状统计表(按类型模式)

类 型	产值(万元)	涉及林地面积(公顷)	涉及的专业合作社数(个)	涉及的企业数(个)	惠及林农户数(户)	惠及林农人数(人)	农民收入(万元)	农民收入(元)
广东省总计	2 399 500	1 000 187	442	1116	1 415 795	6 188 374	1 270 325	2053
林下种植	530 560	176 520	75	62	331 274	1 519 945	278 334	1831
林菌模式	150 560	11 685	22	8	58 428	292 141	70 416	2410
林药模式	250 000	61 868	25	29	162 905	733 074	131 239	1790
其他模式	130 000	102 967	28	25	109 940	494 730	76 680	1550
林下养殖	996 896	250 291	195	695	646 025	2 565 010	652 624	2544
林禽模式	745 748	114 340	117	527	532 108	1 963 698	503 787	2566
林畜模式	171 449	87 873	61	96	77 114	386 368	100 899	2611
林蜂模式	62 308	46 621	14	7	30 930	185 580	38 833	2093
其他模式	17 392	1457	3	65	5873	29 364	9106	3101
相关产品采集加工	383 007	374 441	152	76	370 694	1 699 898	206 065	1212
松脂采集加工	140 000	177 366	16	38	206 990	903 730	97 673	1081
竹笋采集加工	117 716	75 721	59	24	126 522	654 867	55 322	845
其他采集加工	125 291	121 354	77	14	37 182	141 301	53 069	3756
森林景观利用	489 036	198 935	20	283	67 802	403 521	133 302	3303

【广东规范木材运输检查监督管理】 木材凭证运输的范围 根据《森林法实施条例》及《广东省木材经营加工运输管理办法》，明确我省木材凭证运输范围为：原木、锯材、竹材、单板、木片、枝桠材、薪材(含柴炭)、树蔸、胸径5厘米以上的移植树木、木(竹)制半成品等。胶合板、纤维板、刨花板，以木(竹)为主辅原料的家具和木(竹)制工艺品不纳入凭证运输范围。进口木材需要再次运输的，凭有关进口许可证明办理木材运输证。对广东省林业厅《关于进一步规范凭证运输木材有关问题的通知》(粤林〔2010〕178号)同时废止。

强化木材运输证的核发管理 要求全省各级林业行政主管部门要进一步规范各木材运输办证点的管理工作，首次运输必须凭有效的林木采伐证办理木材运输证。一要定岗定员，加强培训，着力提高办证效率和服务质量；二要明确核发程序，对需要检疫的运输对象，必须按照"先检疫后运输"的原则，先办植物检疫证后办木材运输证；三要按照"距离定时限"的原则，科学控制木材运输证的有效期限，原则上最长有效期不得超过其常态下往返起运地和到达地的所需时间；四要规范使用全国木材运输管理系统，严禁将办证点客户端软件安装在笔记本电脑上，不得故意删除数据或不上传数据。对严重违规办证的，省厅将按规定注销其办证业务，并依法追究相关人员责任。

规范木材运输检查执法与监管 要求全省各级林业主管部门高度重视木材运输检查执法工作，树立依法行政和执政为民意识，致力提高林业行政执法效能。各木材检查站和木材运输巡查执法队伍要严格按照规定的职权范围实施木材运输检查。经省政府批准开展木材运输巡查工作的有关单位，要切实加大资金投入，配备统一标识的巡查执法车辆和执法设备，保障木材运输巡查工作的有关经费；要不断完善规章制度建设，强化执法培训与监督，积极推行文明检查和阳光执法，切实预防公路"三乱"及涉路腐败行为。未经省政府批准的县(市、区)，严禁上路开展木材运输巡查执法或相关工作。

建立健全执法报告和追溯制度 按照国家林业局的要求建立木材运输检查呈报和追溯制度，查处违法运输木材特别是原木的案件时要追溯其木材来源；对无证运输木材的承运人，依法处罚并追溯原因；对使用伪造、涂改的木材运输证运输木材的，追溯其假证的来源并予以打击。特别是全省停止实施木材经营加工许可证后，将进一步加强木材运输监管和木材加工原材料台账管理工作。

【林业产业信息建设情况】 2008～2012年广东省林业厅、广东省林业调查规划院联同各级林业部门完成了全省林业产业年度数据上报、汇总、调研、检查、验证、统计分析等工作，编制完成了各年年度监测报告。

【大事记】

3月1日 广东省林业厅下发《关于申报开展第二批木材运输巡查工作有关问题的通知》，组织有关人员对申报资料进行认真核查，对符合开展木材运输巡查工作条件的县(市、区)，统一报省政府审批。

4月至5月 广东省林业产业协会在汕尾市海丰县、梅州市丰顺县、梅县和蕉岭县、惠州市惠阳区、河源市源城区和五华县相继组织开展了木材检验员培训。

4月19日 广东省林业厅组织开展2012年省级林业龙头企业申报和2009年省级林业龙头企业复合工作，全省通过新申报林业龙头企业20家、复合通过林业龙头企业18家。

4月28日 广东省林业厅联合广东省旅游局组织开展了对2009年认定的50家广东省森林生态旅游示范基地的复核工作。经复核审定，梅州雁南飞等48家景区符合评定标准，保留"广东省森林生态旅游示范基地"称号。

5月29日 粤桂两林业产业协会在广西壮族自治区北海市召开人造板行业年会。会议总结分析两广2011年人造板企业产销情况，交流经验，研究探讨当前形势行业发展思路和保障措施，促进人造板行业稳步健康发展。

6月28日 广东省林业产业协会第三届理事会二次会议在广州召开。

7月11日 广东省人民政府发布《广东省人民政府2012年行政审批制度改革事项目录(第一

批)》(粤府令第169号),其中包括取消在林业系统国家级自然保护区实验区开展生态旅游方案审核的决定和取消在林业系统地方级自然保护区实验区开展生态旅游方案审批的决定。

8月9日 广东省林业厅为进一步加强木材经营加工行业管理和规范木材经营加工秩序,组织开展了全省木材经营加工行业情况调查工作。

8月28日 广东省林业厅林改处组织开展《广东省林下经济发展规划(2012~2020年)》编制工作。

10月8日 广东省林业厅在广州召开第二批县(市、区)开展木材运输巡查工作会议,这标志着我省又有21个县(市、区)经省政府批准同意开展木材运输巡查工作。至此,全省已有50个林业重点县(市、区)林业部门取得了木材运输流动执法权。

10月29日 广东省林业产业基础信息监测工作会议在广州召开。全省各地级市林业主管部门有关负责人参加了会议,会上审议了由广东省林业调查规划院编制的《广东省林业产业基础信息监测报告(2011年)》。

10月31日 广东省林业产业协会组织开展首届"中国林业产业5A级诚信(企业)单位,诚信功勋人物、诚信功勋单位"申报工作。

11月26日 由广东省家具商会主办的"2013年家具行业的预测与对策"会议在东莞盛大举行。

9月 "鱼珠·中国木材价格指数"通过国家级专家组评审,成为国家发改委组织编制的第一个国家级木材价格指数。

11月22日 广东省人民政府转发《国务院关于第六批取消和调整行政审批项目的决定》的通知(粤府〔2012〕134号),其中包括停止实施木材经营加工许可证核发的决定。

11月28日 广东省政府、国家发改委价格司、省和市物价局于广州共同发布了首个国家级木材价格指数——鱼珠·中国木材价格指数。

(吴灿军)

广西壮族自治区林业产业

【概　述】 2012年，广西林业产业总产值达到2194亿元，比2011年增长31.2%，其中林业第一产业704亿元，增长25.7%；第二产业1372亿元，增长34.1%；第三产业118亿元，增长136.0%。第二产业产值占广西林业产业总产值的61.2%，其中木材加工业产值758亿元，机制纸和纸板产值275亿元，林产化工产业产值172亿元。

2012年，南宁、桂林、柳州、梧州、玉林、贵港、百色7个市的林业总产值超过100亿元，其中南宁市达到325亿元。71个县(区、市)林业总产值超10亿元，其中武鸣县、岑溪市、横县、江南区、藤县、宁明县、港南区林业总产值超过40亿元。

港南区、防城区、港北区、横县、昭平县、融水县、武鸣县、八步区、藤县、北流市10个县(市、区)被评为“2012年广西林业产业发展十强县(市、区)”称号；东兴市、覃塘区、三江县、岑溪市、柳城县、宁明县、灵川县、万秀区、上思县、柳北区10个县(市、区)被评为“2012年广西林业产业发展进步县(市、区)”称号。　(熊文韬)

【重点营造林工程】

2012年重点完成以下工程

(1)退耕还林工程。完成配套荒山造林14 532公顷，完成无林地和疏林地封育3000公顷。

(2)珠防林工程。完成人工造林16 484公顷、封山育林12 047公顷(其中无林地和疏林地封育9615公顷、有林地和灌木林封育2432公顷)。

(3)海防林工程。完成人工造林6123公顷。

(4)石漠化治理工程。完成人工造林2493公顷、封山育林17 458公顷(其中无林地和疏林地10 256公顷、有林地和灌木林地7202公顷)、植被管护32 350公顷。

(5)速丰林工程。新造速丰林141 270公顷，占计划任务133 333公顷的105.9%。

(6)造林补贴试点项目。完成造林9906公顷，其中荒山造林4133公顷、迹地人工更新造林5773公顷。

(7)珍贵树种。完成造林6533公顷。

2012年重点工作　4月11日，广西壮族自治区林业厅印发了《关于实施森林经营质量提升工程的意见》(桂林营发〔2012〕147号)，在森林面积和森林覆盖率、森林蓄积量与生长量、森林质量、树种与龄组结构、新造林和中幼龄林抚育5个方面提出了相应的工作目标，在2011~2020年，广西规划实施10个森林经营“千百万亩”工程，包括：千万亩森林抚育补贴提质增效工程、千万亩低效公益林提质增效工程、千万亩大径材林培育工程、千万亩速丰林培育工程、百万亩珍贵用材林培育工程、百万亩马尾松低产林改造工程、百万亩杉木低产林改造工程、百万亩油茶低产林改造工程、百万亩八角低产林改造工程、百万亩毛竹高产示范林工程。

9月10日，广西壮族自治区林业厅下发了《自治区林业厅关于加快推进低产林改造的意见》(桂林营发〔2012〕270号)，明确了加快低产林改造的基本原则、目标任务和改造重点、实施范围和改造方式、主要工作和政策措施等。

广西壮族自治区林业厅联合自治区区党委组织部、自治区人口计生委在全区开展“千万珍贵树种送农家”活动。广西壮族自治区财政投入5074万元，招标采购2100万株珍贵树种苗木免费赠送给农民在“四旁”种植，实际种植成活2056万株，占计划任务2000万株的102.8%。国家林业局纪检组组长陈述贤对此作出重要批示：开展“千万珍贵树种送农家”活动，是贯彻“兴林富民”的有益探索，也是落实“双增”目标的重大举措，体现了林业工作的理念创新、思路创新和方法创新，请宣传办、中国绿色时报适时予以宣传报道。

2012年，广西确定珍贵树种定点苗圃40多个，完成育苗6000多万株。组织编著和出版了《广西珍贵树种高效栽培技术》一书，收集了88个珍贵树种共27万字，指导珍贵树种种植。

（尹国平）

【经济林生产】 2012年，广西有经济林总面积197.6万公顷。按用途分，水果类103.14万公顷，干果类13.13万公顷，林产饮食原料类43.49万公顷，木本药材类1.77万公顷，木本油料类36.11万公顷。

2012年，广西经济林产品总产量1037万吨，其中水果类910万吨，干果类13万吨，林产饮食原料类26万吨，林产工业原料类65万吨，木本药材类6万吨，木本油料类17万吨。经济林总产值297亿元，比2011年增长3.5%。

八角生产　广西八角林总面积44.7万公顷，八角干果总产量12.09万吨，干果每千克售价约18元；茴油每吨售价约12万元。六万林场八角母树林种子获得广西壮族自治区级良种认定，广西国际科技合作项目“八角低产林改造与加工技术合作研究与示范”通过广西科技厅验收，依托广西林科院的国家林业局八角肉桂工程技术研究中心获批建设；自治区级八角良种基地建设项目在国有派阳山林场实施。

肉桂生产　广西肉桂林总面积8.11万公顷，桂皮产量3万吨，种植面积和产量占全国总量的50%以上；桂油每吨售价约22万元。

油桐生产　广西油桐林总面积16.12万公顷，桐籽产量7.8万吨。

核桃生产　广西核桃林总面积1.1万公顷，核桃产量1150吨。凤优1号、凤优2号两个核桃无性系获得自治区级良种审定。6月8日，全区核桃产业发展现场会在凤山县召开。

板栗生产　广西板栗林总面积10.8万公顷，板栗产量8.2万吨。（尹国平）

【造纸与木材加工业】 2012年，广西壮族自治区林业厅印发了《自治区林业厅实施造纸与木材加工业千亿元产业工程的意见》(桂林产发〔2012〕7号)，开始加快实施造纸与木材加工千亿元产业工程。

北海林浆纸项目　广西与芬兰斯道拉恩索集团(以下简称斯方)合作的北海林浆纸一体化项目，经过11年的努力，3月20日，广西有关方面与斯方签署了《北海林浆纸一体化项目合作确认书》。斯方决定投资16亿欧元在北海市建造大型纸浆和纸板工厂，项目包括年产能为90万吨的纸浆生产线，年产能为45万吨的高档民用纸(纸板总产能未来将扩大到90万吨)。12月7日，广西壮族自治区政府召开会议，启动了项目合作的134.2万亩国有林地的划拨变更登记发证工作，以完善广西林业集团的合作主体资格。项目工业用地预审延期、环评报告延期等核准前置条件均获国家有关部门批准。项目已上报国家发展改革委核准。基本完成了合资合同、合资公司章程、国有林地租赁协议谈判。完成了即将进入合资公司的180万亩合作林木资产的调查评估。

人造板生产　截至2012年年底，广西人造板生产企业1377家，年生产能力约3400万立方米。其中纤维板企业55家，年生产能力达697万立方米；胶合板企业1147家，生产能力2300万立方米；刨花板企业24家，生产能力152万立方米；其他人造板企业150多家，生产能力240万立方米。

2012年，广西林业厅共批准木材加工项目130个，新增人造板生产能力492.3万立方米。其中，胶合板项目123项，生产能力388.3万立方米；纤维板3项，生产能力59万立方米；刨花板4项，生产能力45万立方米。2012年，广西人造板产量达2297万立方米。

(1)纤维板。2012年，广西纤维板产量681万立方米，比2011年增加33万立方米，同比增长2.1%。2012年广西新增的大型纤维板项目：广西天利恒木业有限公司，在横县六景镇景园路007号(南宁六景工业园区内)建设一个年产22万立方米中(高)密度纤维板、300万平方米多层复合地板、6万立方米的项目，总投资4.2亿元。广西欧蒙人造板股份有限公司，在蒙山县西河镇桐油坪工业园区建设一个年产15万立方米的纤维板项目。广西宜州凯立木业有限公司，在宜州市庆远林场龙桥分场建设一个年产22万立方米的纤维板项目。

(2)刨花板。2012年，广西刨花板产量389万立方米，比2011年增加335万立方米，同比增长

620.3%。大型刨花板项目：广西天腾木业有限公司，在南宁六景工业园区纬七路建设一个年产40万立方米的刨花板项目，总投资超过3亿元。广西融水华林木业有限公司，在融水县融水镇康田返乡创业园建设一个年产25万立方米的刨花板项目，总投资1.1亿元。广西国有大桂林林场下属的广西都庞岭木业有限公司，在灌阳县西山坪工业园建设一个年产10万立方米的刨花板项目，总投资1.7亿元。另外，广西国有三门江林场对原有刨花板生产线进行技术改造，将年产能由3万立方米提高到8万立方米。

(3)胶合板。2012年，广西胶合板产量1318万立方米，胶合板主要以桉木为主要原料，从普通胶合板发展到装饰材料板，办公及家装用的异型胶合板、混凝土用模板胶合板、实木复合地板、橱柜装饰板、集装箱胶合板等。2012年，灵山县通过招商引资，在工业区武利木业产业园一次性引进了12个胶合板项目(单个项目3万立方米)，成2012年广西胶合板行业的一大亮点。(熊文韬)

【松香产业】

资源状况　广西地处亚热带地区，拥有丰富的松树资源和灌木林资源，是全国重要的林产化工大区。主要产品有松香、松节油及深加工产品等。

松香松节油　广西现约有100家松脂加工企业，主要分布在梧州、南宁、玉林、崇左、防城港等松林资源丰富地区，广西松香生产能力约60万吨，深加工能力约20万吨。松香松节油深加工产品主要有歧化松香、歧化松香皂、聚合松香、氢化松香、马来松香、浅色松香、松香树脂、氢化松香树脂、歧化松香树脂、造纸施胶剂、食品级松香树脂、松香胺、松香腈、芳樟醇、松油醇、长叶烯衍生物、二氢月桂烯醇、龙脑等40多个系列产品。

广西松脂加工行业重点龙头企业有广西梧州松脂股份有限公司、广西梧州日成林产化工股份有限公司、宁明县桐棉意同林化厂、武鸣朝燕林场松香厂、广西梧州荒川化学工业有限公司、南宁利通树脂有限公司、北流兆周松脂厂等。

(熊文韬)

【森林旅游业】　2012年，广西森林旅游人数达到3056万人次，森林旅游收入达36亿元，分别比2011年增长13.2%、21.0%。

森林公园建设　截至2012年年底，广西共建设有森林公园51处，其中国家级森林公园20处、自治区级森林公园26处、市(县)级森林公园5处。2012年各级森林公园接待游客量665.76万人次，比2011年增长23.5%，森林公园直接旅游收入8.29亿元，比2011年增长17.7%。

森林公园经营管理　广西森林公园经营总面积2584平方公里，占广西国土总面积的1.09%，职工总数2624人，导游人数210人，接待床位15 101张，接待餐位26 530个。2012年各级森林公园共投入建设资金30 073万元，其中国家投资8847万元，自筹15 524万元，招商引资5702万元。森林公园环境保护投入8118万元，植树造林696公顷，改造林相529公顷。全年森林公园没有发生安全生产责任事故。

森林旅游政策文件　4月20日，广西壮族自治区林业厅与自治区旅游局联合印发了《关于加快发展广西森林旅游的意见》(桂林发〔2012〕25号)。

森林旅游工作会议　4月25日，广西首次森林旅游工作会议在南宁召开。国家林业局森林公园保护与发展中心副主任杨连清致辞。广西壮族自治区林业厅副厅长邓建华，自治区旅游局党组副书记、副局长余小军讲话。北流市旅游局、贺州姑婆山国家森林公园作了典型经验交流，广西旅游规划设计院的专家对发展森林旅游作了专题讲座。各市林业局、旅游局，广西林业集团，自治区直属有关林业事业单位，自治区旅游局直属有关单位，国家级自然保护区管理局，国家级、自治区级森林公园等单位负责人140多人参加了会议。

第一届广西森林旅游节　6月30日，2012广西森林旅游节暨大明山国际山地养生旅游节在南宁大明山旅游风景区举行开幕仪式。国家住建部原部长杨慎出席开幕式。国家林业局森林公园管理办公室副总站长杨连清，自治区林业厅副厅长邓建华，南宁市委常委、副市长杨民致辞，自治区旅游局副局长余小军宣布仪式开幕。广西壮族自治区林业厅副厅长邓建华和广东省林业厅巡视

员陈俊勤签订了林业产业合作框架协议，6个森林旅游合作项目集中签约，总投资达15.4亿元。

(周献逸)

【油茶生产】 2012年，广西共培育油茶优良无性系苗木7200多万株，占年度计划任务6000万株的120%，新造油茶林2万公顷、改造低产林1.3万公顷。2012年年底，广西油茶林总面积40.6万公顷，列全国第三位，其中挂果(投产)面积35万公顷。2012年油茶籽产量16.3万吨，茶油产量3.8万吨，油茶加工业产值23亿元。

2012年，中央和自治区财政安排广西油茶产业发展资金共8780万元，比2011年(7600万元)增加15.5%。其中：中央财政预算内资金2200万元，中央财政林业科技推广示范项目500万元，中央财政农业综合开发示范项目1080万元；自治区油茶产业发展专项资金5000万元。

2012年，广西组织开展了油茶高产栽培标准化示范园和低产林改造示范园建设，批复建设广西第一批高产栽培标准化示范园10个，面积1011.1公顷；低产林改造标准化示范园7个，面积4031亩。广西油茶专业合作组织达54家，经营面积13 333公顷，参与农户1.6万户，油茶种植的组织化程度提高。

春季油茶造林突击月 3月13日，广西壮族自治区林业厅组织开展“全区春季油茶造林突击月”活动，自治区启动仪式在百色市田东县义圩镇朔晚村龙卧屯举行。同日，广西柳州、梧州、防城港、贵港、玉林、百色、来宾市等7个市、23个县举行春季油茶造林突击月活动启动仪式，近9000名干部群众参加现场活动，共向农户赠送良种油茶苗木20多万株。活动月期间，通过各种形式向群众免费赠送油茶良种苗木250多万株，种植120多万株；开展油茶宣传活动355次，电视、报刊报道108次，制作墙报、板报152期，制作横幅、标语2346条，发放油茶宣传资料、种植技术资料约14万份。

全国油茶重点企业座谈会 5月10日，国家林业局油茶产业发展办公室在桂林召开全国油茶重点企业座谈会。会议主要听取油茶重点企业在产业发展过程中遇到的问题、应对措施以及意见和建议。研究油茶产业“两园”建设(高产栽培标准化示范园、低产林改造示范园建设)的主体、组织形式、建设内容、建设标准、管理模式等。

全区油茶现场会 11月7日，全区油茶产业发展现场会在藤县召开，广西壮族自治区副主席陈章良出席会议并讲话。

技术培训 4月27日，全区油茶精深加工技术培训班在南宁举行。培训班主要讲授茶油加工及质量控制技术、茶油精深加工技术、油茶副产品加工利用、影响茶油系列产品质量因素及条件等课程。有关市、县林业局技术负责人、全区油茶加工企业技术人员共78人参加培训。

11月23日，全区油茶丰产栽培技术培训班在柳州市举办。培训班主要讲授油茶丰产栽培、低产林改造及油茶园艺化栽培技术。国家、自治区油茶产业发展重点县，有关区直林场，油茶产业项目县造林大户、企业、专业合作社技术负责人共108人参加培训。

油茶遗传资源调查编目 10月19日，全区油茶遗传资源调查编目工作启动暨培训会在南宁市举办。开展全区油茶遗传资源调查编目，目的是贯彻落实《国家林业局关于开展全国油茶遗传资源调查编目工作的通知》(林技发〔2012〕161号)，全面掌握广西油茶遗传资源现状和资源保护与利用状况，切实加强油茶资源的保护工作，科学合理开发利用资源。此次调查编目工作由自治区林业厅负责组织领导，成立广西油茶遗传资源调查工作领导小组和专家组，广西林科院具体负责调查技术工作。全年共调查优良无性系、家系、优良单株400多株，并同步开展分析测定和数据整理录入工作。

油茶产量测定 10月下旬，广西壮族自治区林业厅、广西林科院、广西大学林学院等相关部门组成4个专家组对全区油茶产量进行测定。采取高产林分设样地测产、优良单株实测树高、冠幅、产果量的方法。测产重点为巴马、田阳、那坡、田林、岑溪、八步、陆川、宁明、防城、龙胜、三江、融水12个县(区)。通过此次产量测定，摸清全区高产油茶林分情况，筛选优良单株，为良种选育和建立高产油茶示范林提供科学依据。此次测产共测定高产林分42片，面积5300亩；实测优良单株265株。其中，小果油茶、岑溪软枝油茶、陆川油茶高产林分平均亩产茶油分别为20.3千克、45.2千克、33.7千克。

科研成果　“油茶高油酸优良品系选育”获2012年度广西科技进步奖三等奖；国家科技支撑课题“华南丘陵区油茶低产林提升改造技术集成示范”及子专题“广西油茶良种选育”、广西农业科技成果转化资金项目“油茶高产无性系扩繁示范”、国家林木种苗工程“广西油茶良种基地建设”4个项目通过验收；“油茶矮密早丰采穗圃的营建方法”发明专利获第一届广西发明创造成果展览交易会银奖。林业行业标准“油茶高干嫁接技术规程”通过国家林业局组织的审定。5个油茶家系被认定为自治区林木良种，优质油茶新品种的选育方法、杜鹃红山茶短穗根接快繁方法申报国家发明专利。

(邱承刚)

【花卉产业】　截至2012年年底，广西花卉种植面积达55万亩，实现花卉综合产值90亿元，同比增长20%。据不完全统计，全区现有花卉种植规模100亩以上的花卉种植企业1000多家，花卉交易市场58个，各类从业人员50多万人，花农近10万户。目前，全区花卉苗木市场较为活跃，南宁、桂林、柳州、梧州、玉林等中心城市已相继建成各类专业花卉市场49个，年花卉交易总额近60亿元。

台湾花卉产业园开园仪式　7月13日，台湾花卉产业园开园仪式在南宁市吴圩镇举行。广西壮族自治区政协主席陈际瓦宣布开园并为园区剪彩，自治区副主席陈章良出席仪式，自治区林业厅厅长陈秋华、自治区人民政府台湾事务办公室主任刘侃、南宁市副市长肖志刚到会致辞。广西国有七坡林场与禾美园艺、春茂园艺等花卉企业进行了项目签约，台商代表张朝信董事长作发言，台湾盆景艺术联合总会理事长陈苍兴代表台商参加了剪彩仪式。

2012年中国国际茉莉花文化节　8月24日，由中国茶叶流通协会、广西壮族自治区林业厅、广西南宁市人民政府主办，中国花卉协会支持，广西横县人民政府、中国花卉协会花文化专业委员会承办，以“好一朵茉莉花”为主题的2012年中国国际茉莉花文化节在“中国茉莉之乡”横县举行。期间举行了2012年中国国际茉莉花音乐节、横县民俗文化展演以及粤剧大汇演、花车巡游、茉莉花原创歌曲大赛、全国书画摄影名家走花乡采风活动、万人品茗活动、茉莉风情游、精彩中华茉莉园、2012年中国国际花文化学术研讨会以及全国茉莉花茶市场形势分析会、全国茶叶展销会等活动。

第二届广西(桂林)园林园艺博览会　9月28日，由广西壮族自治区人民政府主办，自治区住房和城乡建设厅、农业厅、林业厅、旅游局和桂林市人民政府承办的第二届广西(桂林)园林园艺博览会在桂林市开幕。第二届广西园林园艺博览会以“山水园林，秀甲天下”为主题，地址位于桂林市南部的雁山区雁山镇和大埠乡区域内，占地面积90万平方米，园内广西14个城市均建有各自的城市展园。

(李　凯)

【林下经济】　2012年，广西林下经济发展面积达到220万公顷，同比增长14%，林下经济产值达到360亿元，同比增长59.2%，惠及林农规模达到818万人，从事林下经济的林农人均收入为1920元，为促进农民增收致富提供了强有力的支撑。

2012年，自治区财政安排了6000万元林下经济专项补贴，特定用于扶持林下经济的示范项目建设。自治区林业厅按照“一县一品”“一场一品”的原则，在全区范围内选取了50个林下经济示范项目，覆盖全区43个县(区)、7个林场，通过方案整理、层级审核、公示批复、检查督查等多个环节，明确规定项目带动农户标准，逐步实现“龙头带大户、大户带小户、千家万户共同参与”的发展局面，进一步提高项目管理水平，充分利用林地综合效益，努力培育了一批“林下经济十万元户、百万元屯、千万元村、亿元乡镇、十亿元县”。

林下经济发展奖励　2012年，自治区林业厅印发了《关于印发广西壮族自治区林下经济发展评比奖励暂行办法的通知》，明确公开、公平、公正的评比原则，细化各项评比指标与计分方法，进一步调动了全区各地发展林下经济的积极性、主动性和创造性。经过自治区林业厅层级审定，确定了钦州市浦北县等21个单位荣获林下经济发展奖励。

林下经济宣传培训　8月9日，广西壮族自治区林业厅在南宁市召开了全区林下经济工作推进会暨业务培训班，国家林业局林改司领导出席会议，并对全区各市、县(区)林业部门负责人进行林下经济业务培训。自治区林改部门还通过“阳光在线”电台、《广西日报》等媒体，对林下经济进行专门介绍或刊登专版，广泛宣传发展林下经济的主要途径、增收典型、扶持政策等内容。

(齐　璐)

【龙头企业】　8月29日，广西壮族自治区林业厅认定了2012年广西现代林业产业龙头企业，此次认定企业共15家，分别是广西壮族自治区国有三门江林场、广西壮族自治区国有博白林场、北海森源林业有限公司、广西桂人堂金花茶产业集团股份有限公司、广西雄森灵长类实验动物养殖开发有限公司、广西桂巽板业有限公司、广西华峰林业集团股份有限公司、广西浩林人造板有限公司、广西凤山宏宇木业有限责任公司、苍梧县桂森林产品发展有限公司、桂林森林美实木家具有限公司、富川瑶族自治县威龙林化有限公司、广西田东增年山茶油有限责任公司、百色市建鑫植物油有限公司、广西大玉余甘果有限责任公司。

广西壮族自治区国有三门江林场　三门江林场始建于1951年，是自治区林业厅直属大一型国有林场，属商品经营型林场。该林场地跨柳州市城中区、鹿寨县及来宾市象州县，总经营林地面积35.6万亩，活立木蓄积量115.42万立方米。林场拥有职工1466人，下设11个机关科室、1个森林旅游公司(三门江国家森林公园)、1个职工医院、6个分场、4个对外造林经营部及11个党支部。

广西壮族自治区国有博白林场　博白林场创建于1962年，是自治区林业厅直属国有大型林场，实行事业单位企业化管理，主营速丰林、人造板、苗木等产业，是国家木材战略储备重要基地和速生丰产林培育基地。场部位于广西玉林市博白县亚山镇，总经营总面积68.3万亩，活立木蓄积量243万立方米。林场现有员工1704人，内设11个职能科室、下辖9个分场。林场拥有一家年产25万立方米中(高)密度纤维板的广西浩林人造板有限公司和一个年产3000万株以上各类苗木的大型林木良种繁育基地。

北海森源林业有限公司　该公司是一家集造林、园林绿化、林下经济、加工、销售一条龙的多元化经营的民营企业，公司位于北海市福成机场高速出北铁公路口旁，现有速丰林面积2万亩，联营造林15万亩，经济林面积1.6万亩。该公司于2003年投资兴建了2条胶合板加工生产线，年产胶合板2.5万立方米。

广西桂人堂金花茶产业集团股份有限公司　该公司是专业从事金花茶育苗、种植、研发、加工、销售、旅游及服务为一体的广西农业产业化重点龙头企业，广西高新技术企业，位于防城港市防城区河西工业园内。公司在十万大山国家野生金花茶自然保护区周边建立了4个育苗基地、5个金花茶人工种植基地及金花茶加工园区，企业先后获得了多项自主发明专利及多项技术成果，制定了金花茶地方标准。该公司通过了有机产品认证、地理标志保护产品认证、HACCP、QS、ISO等多项认证。公司拥有的“桂人堂”金花茶品牌为知名品牌。

广西雄森灵长类实验动物养殖开发有限公司　该公司位于平南县平南镇罗冲桥，占地面积500亩，建有65栋猴舍，900多个猴栏，设有检疫科研大楼。该公司现有猕猴4800头、食蟹猴28 000头、红面猴100多头，已经建立了人工繁殖仔二代猕猴、食蟹猴、红面猴种群，拥有科研、繁育、检疫、疾病防治、营养调配专业人力资源队伍。

广西桂巽板业有限公司　该公司成立于2007年，为广西国有大桂山林场的全资子公司，总投资1.8亿元。公司位于广西贺州市八步区八桂木材加工集散中心内，主营单板、拼板、锯材、胶合板加工销售，胶合板年生产能力10万立方米。

广西华峰林业集团股份有限公司　该公司原广西高峰林场人造板企业集团(以下简称华峰集团)，是一家由广西国有高峰林场控股的拟上市主体公司，注册资本8000万元。华峰林业是集研发、生产、销售为一体的大型股份制企业。华峰林业固定资产总值12.6亿元，人造板年生产能力90万立方米以上。有6条纤维板生产线，年生产能力

60万立方米以上;1条刨花板生产线,年生产能力30万立方米的刨花板生产线。

广西浩林人造板有限公司　该公司是由广西国有博白林场投资组建的国有企业,于2002年注册,2007年正式生产,占地面积400亩,总投资2亿元。公司拥有一条年产25万立方米的中(高)密度纤维板。

广西凤山宏宇木业有限责任公司　该公司成立于2004年9月,位于凤山县凤城镇巴旁村,总资产3635万元,占地75亩,主要从事装饰板材加工,已有细木工板、免漆生态板、指接板、杉木直拼板、机制环保炭5条生产线。公司年加工细木工板1.5万立方米,免漆生态板1万立方米,指接板0.8万立方米,杉木直拼板0.5万立方米,机制环保炭7000吨。

苍梧县桂森林产品发展有限公司　该公司是一家以农产品加工、销售为主业的有限责任公司,成立于2008年4月,于2010年6月正式投产,厂址位于广西梧州市苍梧县工业园区内,占地面积200亩,总投资1.5亿元,资产总额7277万元。公司从业人员800多人,其中技术管理人员90多人。公司专业致力于高档建筑板、装饰胶合板、阻燃板的加工和销售,年产胶合板15万立方米,创销售收入2亿元,产品主要销往华南、华东地区以及出口台湾、日本、韩国、新加坡、马来西亚等地。

桂林森林美实木家具有限公司　该公司成立于2006年8月,地处永福县苏桥镇工业园,注册资本100万元,是一家专业生产销售实木家具的生产企业。公司占地面积85亩,拥有近3万平方米的生产车间,员工373人。

富川瑶族自治县威龙林化有限公司　该公司前身为富川县松香厂,2008年更名为富川瑶族自治县威龙林化有限公司,位于富川县白沙工业园内,总投资5000万元,是贺州市唯一一家松香深加工企业,也是贺州市林产化工行业的领军企业。公司拥有年产2万吨松香生产线、年产1.5万吨松香树脂生产线,主要生产松香、松节油、松香甘油酯、松香季戊四醇酯、马来酸松香树脂、酚醛松香树脂。

广西田东增年山茶油有限责任公司　该公司是一家集山茶油研发、油茶树良种繁育、山茶油系列产品生产、销售一体的民营企业,是广西扶贫龙头企业、广西农业产业化龙头企业,是国家公众营养与发展中心唯一授权的山茶油研发基地,位于田东县城南食品工业园内。公司以"公司+农户+基地"的经营模式,建立了1.2万亩的有机山茶油原料生产供应基地和2万亩的普通山茶油原料基地,还从外地引进大红花山茶油良种,建立了150亩山茶油良种繁育基地,育有优质山茶油种苗30万株。

百色市建鑫植物油有限公司　该公司成立于2005年10月,注册资本700万元,是一家以种植、加工茶籽油及销售为一体的实业公司。公司位于百色市城东工业园区内,占地面积16.8亩,标准厂房3067平方米和上万亩天然有机茶籽采集基地。公司主要生产原生态物理压榨茶籽油、国际一级原油,每年收购油茶籽7000吨左右和供应1000~2000吨的压榨茶籽毛油。

广西大玉余甘果有限责任公司　该公司成立于2002年,位于平南县丹竹镇梅令村,主营农副产品收购、加工销售,优良果木、特种经济林的种植和推广。注册商标"平丹"。公司以"公司+农户+基地+市场"的经营模式,在县内外建起了余甘果生产基地。开发出果酒、保健茶、饮料、果干、蜜饯、罐头、果粉等余甘果系列产品,并全部通过了食品安全管理HACCP体系认证和质量安全管理QS体系认证。公司直接带动农户4300多户,受益人数达万人。　　(熊文韬)

【2012年中国—东盟博览会林产品及木制品展】 2012年11月16日~19日,2012年中国—东盟博览会林产品及木制品展(以下简称"林木展")在南宁国际会展中心成功举办。本次林木展由中国林产工业协会、中国—东盟博览会秘书处、广西壮族自治区林业厅共同承办,越南贸易促进局出口促进中心、广西林业产业行业协会协办。广西壮族自治区党委常委、自治区常务副主席黄道伟,全国政协委员、国家林业局原党组副书记、副局长、中国林业经济学会理事长李育材及柬埔寨、老挝、缅甸、泰国、越南等东盟国家驻南宁总领事馆代表及中外著名客商出席了展览盛会开幕式。

展会分木制品展区、木工机械展区、红木家具展区、东盟展区、广西特色展区、综合展区6大展区。自治区林业厅、14个地级市、13家区直林场分别搭建了自己的专门站台。林木展期间还举行了2012年国际木文化交流论坛、2012广西人造板(桉木)产需见面洽谈会、全国林产行业新产品评选及产品发布会等配套活动。 (熊文韬)

【大事记】

2月10日 广西壮族自治区林业厅印发了《广西壮族自治区木材加工业"十二五"发展规划》。

2月16日 自治区林业厅与自治区旅游局签订了推进广西森林旅游发展合作框架协议。

3月6日下午 自治区林业厅与自治区旅游局举行森林旅游工作磋商会议，确定2012年森林旅游合作六项工作计划。自治区林业厅副厅长邓建华、自治区旅游局副局长余小军参加会议。

3月7~9日 自治区林业厅邓建华副厅长在梧州、贺州调研林业产业工作，走访了藤县东林人造板公司、广西京桂香料有限公司、广西桂森林产品有限公司、广西梧州日成林产化工有限公司、广西梧州松脂股份有限公司、广西三威林产工业有限公司、广西贺州市欣荣星林业有限公司、广西桂巽板业有限公司、广西八桂新凯骅木业有限公司和广西高峰桂山人造板有限公司。

3月20日 北海林浆纸一体化项目《合作确认书》签字仪式在南宁举行。自治区党委书记、自治区人大常委会主任郭声琨，自治区主席马飚，自治区政协主席陈际瓦，自治区党委副书记危朝安，自治区副主席陈章良、蓝天立，瑞典驻中国大使罗睿德，斯道拉恩索集团董事长博观纳、全球执行副总裁马诺德、高级投资副总裁万科仕、中国区总裁宋望球等出席了签约仪式。当天，斯道拉恩索集团董事会作出了投资决策，决定投资16亿欧元在中国建造一个世界级的纸浆和纸板工厂。该项目将建设包括年产能为90万吨的纸浆生产线，年产能为45万吨的高档民用纸板纸机(纸板总产能未来将扩大到90万吨)，以及相应的电厂和其他辅助设施。

4月19日 浙江省嘉善县木业企业组团在自治区林业厅副厅长邓建华陪同下考察七坡林场。考察团实地察看了位于七坡林场的广西花卉产业示范基地、广西北部湾现代林业产业基地、台湾花卉产业园及七坡林场桉树资源管护情况，详细了解了七坡林场的产业发展、林业产业园区建设及投资环境等情况。

4月25日 全区林业产业工作会议在南宁召开。国家林业局森林资源管理司副司长孙建，自治区林业厅副厅长邓建华出席会议并讲话。各市林业局、重点县林业局分管副局长，自治区林业厅相关处室站以及全区林业企业代表150多人参加会议。

4月28日 广西林业产业战略合作暨项目集中签约仪式在南宁沃顿大酒店举行。自治区副主席陈章良、自治区党委副秘书长朱学庆、自治区政府副秘书长蒋家柏和陈秋华厅长、邓建华副厅长出席了签约仪式。当天签署的协议包括合作开发风电项目、投融资、木竹产业作和资本运作方面等，签约项目涉及油茶、刨花板加工、木材加工产业园开发、家具生产、森林旅游、生物能源开发等24个招商引资项目，总投资近200亿元。

5月17日 全国第二届阻燃人造板生产技术与应用论坛在南宁召开，邓建华副厅长出席并致辞。

6月14日 自治区政协主席陈际瓦率自治区政协常委考察团一行到大桂山林场工业园区调研。贺州市委书记、市人大常委会主任彭晓春，市长白希，市政协主席杨声东等领导陪同调研。

6月17日 自治区林业厅厅长陈秋华到七坡林场建设的台湾花卉产业园检查指导工作。

6月21日 广西林业行业协会成立十周年庆典大会暨2012年协会理事会在南宁召开。自治区林业厅副厅长邓建华、中国林业产业联合会秘书长兼中国林产工业协会秘书长石峰到会致辞。广西林业产业行业协会理事长裴安道做协会10年工作报告。大会为协会十大金牌会员、广西产业行业推荐产品和协会特聘专家颁发了牌匾、证书。全区林业产业会员单位200多名代表参加了会议。

7月12日 全国人造板及林产化工发展规划南方片区座谈会在南宁举行，邓建华副厅长出席并讲话。

7月26日 自治区党委常委、副主席林念修在崇左市市长黄克的陪同下调研广西国有派阳山林场30万立方米刨花板项目建设。自治区人民政府副秘书长檀庆瑞、西部办副主任庞湟、国土资源厅副厅长谢瑾瑜、环保厅副厅长蹇兴超等参加调研，崇左市副市长雷海良陪同调研。

8月14日 广西国有高峰林场4亿元中期票据发行启动仪式在南宁举行。自治区副主席陈章良出席启动仪式并致辞，自治区人民政府副秘书长蒋家柏出席启动仪式，自治区林业厅厅长陈秋华，南宁市委副书记李泽，浦发银行南宁分行副行长刘展鹏到会并致辞。陈章良副主席、陈秋华厅长、李泽副书记、蒋家柏副秘书长、刘展鹏副行长共同点亮仪式启动灯箱。

8月23日 自治区政协副主席苏道俨到派阳山林场调研刨花板项目建设情况。自治区政协副秘书长邱龙华，崇左市政协主席卢阳春、市委副书记蒋连生、副市长张鸿等领导陪同调研。

9月4~7日 邓建华副厅长率广西林业考察团到浙江省杭州、嘉善、德清、东阳等市县进行招商推介。

9月18日 自治区政协副主席蒋培兰在自治区林业厅副厅长黄政康陪同下，率队到台湾花卉产业园及广西花卉产业示范基地调研。

9月19日 自治区副主席陈章良到南宁良凤江国家森林公园调研。陈章良副主席参观了正在建设中的广西佛教协会新会址天宁寺。自治区人民政府副秘书长蒋家柏、自治区林业厅厅长陈秋华及自治区宗教局有关领导陪同调研。

9月19日 国家林业局召开中国森林公园发展30周年纪念大会，通报表扬了“全国最具影响力森林公园”和“森林公园建设表现突出个人”。广西姑婆山国家森林公园荣获“全国最具影响力森林公园”称号；蒋迎红(原林业厅利用处副处长)、林云(贺州市林业局调研员)、周建勋(桂林市林业局干部)、何玉华(横县林业局干部)、周雄(原藤县林业局干部)、蒋伟宁(龙胜各族自治县人民政府副县长)、黄国哲(百色市右江区区委副书记)、赵贵坤(金秀瑶族自治县县委副书记)、朱学辉(姑婆山国家森林公园负责人)、廖日香(大瑶山国家森林公园管理处副主任)、黄远抗(大容山国家森林公园负责人)、潘乾(龙潭国家森林公园副主任)、谭有光(阳朔国家森林公园管理办公室主任)等13人荣获“森林公园建设表现突出个人”称号。

10月10日 自治区林业厅厅长陈秋华深入派阳山林场广西祥盛木业有限责任公司，对该公司年产30万立方米刨花板项目进行考察调研。

10月26日 南宁良凤江国家森林公园创建国家4A级旅游景区评定工作会在南宁举行。自治区林业厅副厅长邓建华出席评定会。国家旅游局景区质量等级评定委员会专家考察了森林公园后，提出了对公园的评定意见以及今后发展的建议。

11月2日 广西祥盛木业有限责任公司年产30万立方米刨花板项目在宁明县工业园区举行竣工投产庆典仪式。该项目投产，标志着广西生产出第一块高端刨花板，填空了广西高端刨花板生产空白。崇左市市长黄克，自治区林业厅党组副书记、副厅长莫一平，国家林业局产业司原司长张森林，崇左市政协副主席黎志敏等领导出席了竣工仪式。

11月1~3日 全区森林旅游培训班在南宁良凤江国家森林公园举办。自治区林业厅副厅长邓建华、自治区旅游局副局长余小军出席开班仪式并讲话，国家林业局森林公园保护与发展中心领导也出席了仪式。

11月12日 第二届广西名特优农产品交易会组委会对此届获奖产品进行公布。

11月15日 全国人造板会议在南宁举办，邓建华副厅长出席并讲话。

11月16~19日 2012年中国—东盟博览会林产品与木制品展在南宁国际会展中心隆重举办。自治区党委常委、政府常务副主席黄道伟、政府副秘书长蒋家柏、国家林业局原党组副书记、副局长李育才，国家林业局计财司司长孙建和陈秋华厅长、邓建华副厅长、李可夫副巡视员出席了开幕式。

11月28日 自治区林业厅、自治区旅游局共同召开“森林人家”试点单位座谈会。

12月29~30日 广西花卉协会年会在桂林市阳朔县召开。 (丁允辉 熊文韬)

海南省林业产业

【概　述】 海南省是全国最大的“热带宝地”，全省陆地(主要包括海南岛和西沙、中沙、南沙群岛)总面积3.54万平方千米(其中海南岛陆地面积3.39万平方千米)，海域面积约200万平方千米。有全国最丰富的热带野生动植物资源，野生维管束植物4600多种，其中：海南特有种600多种，被列为国家一级保护6种，国家二级保护42种；乔灌木1400多种，药用植物2500多种，经济价值较高的用材树种800多种。野生陆栖脊椎动物574种，列入国家一、二类重点保护名录的102种，省级保护32种，黑冠长臂猿和坡鹿为海南独有。

全省规划林地面积206.67万公顷，占全省土地总面积的60%。2012年，全省森林面积达3150万亩，森林覆盖率达61.5%，据不完全统计，2012年全省林业产业总产值达415.3亿元。

①森林旅游加快发展。开展了对全省森林旅游等“九大主导产业”调研；编制了《海南省热带森林旅游总体规划》和森林旅游区片区规划及森林旅游重点项目规划；结合“绿化宝岛”大行动，审批了18个省级森林公园；尖峰岭、吊罗山、五指山、黎母山、霸王岭等景区景点基础设施不断完善；呀诺达雨林文化旅游区获批准为国家5A级景区，成为我省第三家5A级景区；全年森林生态旅游接待游客超过500万人次，旅游收入达15亿元。

②花卉种苗产业快速推进。万亩“海口兰花产业园”和千亩“海南国际花卉产业园”项目已开工建设。儋州市开工建设5000亩“海南国际热带苗木花卉基地及苗木花卉交易中心”项目。东方市年出口菊花3000多万支，占全国菊花出口量的50%，成为全国冬季最大的菊花生产出口基地。乐东县佛罗镇建设金钱树花卉基地7800亩，产值达2.5亿元。全省花卉种植总面积达10.2万亩，花卉企业达582家，从业人员3.16万人，花卉年销售额已达11.3亿元。全省各类苗圃345个，面积3.3万亩。海南省林业厅荣获“1998—2012年‘冬交会’突出贡献奖”，受到省政府的表彰奖励。

③林木种苗业稳步发展。全省共有苗圃数量345个，总占地面积33478.69亩。其中大型苗圃71个，占20.58%；中型苗圃40个，占11.59%；小型苗圃234个，占67.83%。育苗总量为9326.56万株，其中大苗579.629万株，占总数的6.21%，中苗232.1475万株，占总数的2.49%，小苗8514.784万株，占总数的91.3%。总产值约达100亿元。林业种苗业已成为林业产业的新兴朝阳产业和支柱产业。

④野生动物驯养业呈现积极发展态势。全省野生动物驯养繁殖场共有119家，占地面积约5888亩，从业人员3207名，年产值5亿元以上。海南已成为全国最大的龟鳖养殖基地和全国唯一的蟒蛇养殖基地。

⑤木材加工业得到加强。人工林木资源生产加工纸浆、人造板、胶合板、家具成品、木制品、板材的木材经营加工业快速发展。全省共有木材经营加工企业549家，基本形成了以大型企业为龙头，门类齐全的木材经营加工体系，年产值达95.3亿元，从业人员4.2万人。

海南省木材加工单位有以下特点：一是数量众多、类型齐全，基本形成了以大型企业为龙头，中、小型企业共同发展的格局；二是产品品种和门类日趋多样化，纸浆、木片、人造板、家具成品、木制品、竹藤制品、板材、家具规格材等均有生产；三是加工原材料以本地林木资源为主(除金海纸浆厂外购木片原料外)，主要有橡胶木、桉木、相思木、松木、苦楝木、木麻黄等；四是省外购进原材料大部分为进口木材，主要是木片、大径原木和用于家具、木制品加工的木材，小部分为从省外调入的杉木和松木。

⑥特色经济林产业平稳推进。海南省现有经济林面积1559万亩，占全省有林地面积的46.7%，2012年产值为165亿元。主要树种有橡

胶、槟榔、芒果、荔枝、龙眼、椰子、腰果、杨桃、菠萝蜜、莲雾、红毛丹、咖啡等。

⑦林下经济产业发展迅猛。海南开展农村集体林权制度改革后，全省林下经济获得了迅猛发展，全省林下经济面积18.2万亩，参与农户17.5万户，产值23.7亿元。全省成立农民林业专业合作社826家，社员出资总额8.92亿元，入社社员17668人，带动农户16万户，占全省农户的9.1%左右。（陈　康）

【海南国际热带苗木花卉基地及苗木花卉交易中心项目】 该项目2012年10月31日在儋州正式开工建设。该项目集特色苗木花卉研发、培育、产品交易、展览及林业休闲旅游观光为一体，总投资逾10亿元，规划用地面积约1.02万亩，建成后将成为全国最大的热带苗木花卉基地及交易中心。

该项目投资方为中国创业版上市公司———深圳市铁汉生态环境股份有限公司，建设内容包括苗木培育基地、苗木展销区、综合管理区、生态湿地、园林超市、温室大棚等。项目分三期建设，一期投资3.5亿元，用地面积5000亩，将建设热带苗木培育基地、园林超市、绿色生态休闲旅游度假区等。功能集苗木花卉经济效益、高新尖技术示范传播、科普宣传教育、生态观光旅游、民俗风情旅游、城市园林建设等。

据介绍，海南国际热带苗木花卉基地及苗木花卉交易中心，是一个以规模化、标准化生产的园林绿化苗木、花卉交易和林木种苗交易为主的规范市场，通过市场化 运作，改变传统农林生产模式，推进苗木生产的高、新、尖技术研发，带动林业产业发展。同时，该项目将旅游融入苗木花卉培育展销，在打造热带植物示范基地的 同时，满足旅客吃、住、行、游、购、娱等旅游需求，开拓生态观光旅游业；依托海南大学儋州校区及中国热带农业科学院优势，开展生态科普教育；保留现有村落 民居，并将其地域文化融入其中，打造富有特色的民俗风情村。

省人大常委会副主任张力夫、省政协副主席史贻云出席开工仪式。（张　琳）

【海口兰花产业园正式开工建设】 海口市兰花产业园项目于2012年8月15日正式开工建设。该兰花产业园是落户海南省海口市南渡江流域土地整治重大工程的首个产业项目，集兰花研究、种苗生产、种植示范、兰花产品加工、农业观光、休闲度假、市场交易、服务花农及产业带动于一体。

海口兰花产业园项目位于龙华区新坡镇和琼山区旧州镇，计划投资9.3亿元，规划占地1万亩，其中核心示范区2817亩，核心区年产值可达5.5亿元。项目采取“兰花龙头企业+兰花合作社+农户”的发展模式，由政府和农民共同投资开发建设，通过政府支持、产业带动和产业服务，可带动农户发展8000亩兰花生产。

【海南热带水果】 海南岛地处热带北缘，属热带季风气候，素来有“天然大温室”的美称，这里长夏无冬，年平均气温22～27℃，大于或等于10℃的积温为8200℃，最冷的一月份温度仍达17～24℃，年光照为1750～2650小时，光照率为50%～60%，光温充足，光合潜力高。海南岛入春早，升温快，日温差大，全年无霜冻，冬季温暖，稻可三熟，菜满四季，是中国南繁育种的理想基地。

海南省雨量充沛，年降水量在1000毫米～2600毫米之间，年平均降水量为1639毫米，有明显的多雨季和少雨季。每年的5～10月份是多雨季，总降水量达1500毫米左右，占全年总降水量的70～90%，雨源主要有锋面雨、热雷雨和台风雨，每年11月至翌年4月为少雨季节，仅占全年降水量的10～30%，少雨季节干旱常常发生。

水果品种非常多，有荔枝、龙眼、杨桃、菠萝蜜、榴莲、芒果、番石榴、红毛丹、香水菠萝、木瓜、山竹、橙子、酸豆、人心果、莲雾、椰子、绿橙、火龙果、皇帝蕉、圣女果。

椰　子　椰子是典型的热带作物，也是热带地区风景植物之一。海南椰子遍布全岛，栽培已有2000年以上历史，以东南沿海一带为多，其中文昌县享有“文昌椰子半海南”之美誉。椰树四季花开花落，果实不断，一株树上同时有花朵、幼果、嫩果、老果，可谓“四世同堂”。椰子肉、汁都是嫩的比老的好吃，汁以喝当场采摘的鲜椰汁为美。椰子用途很广，椰肉可加工成多种食品，用以炖鸡，便成海南佳肴之一。

椰子水富含蛋白质、脂肪和多种维生素，促进细胞再生长，可以饮用，甘甜解暑，琼崖纵队红军曾将其代替葡萄糖水注入静脉维持生命；叶肉含35.5%的脂肪和大量能醒酒、有助于人体蛋白质合成和壮阳的锌，可吃也可做椰蓉、奶油，椰壳可烧做活性炭；椰根煮水可治疗炎症；而"椰席"早在汉代就是朝廷的贡品了。

椰子在汉代以前叫"越王头"(越人是古代黎族的先民)。传说，一次黎王因为打了胜仗，在寨子里庆祝胜利，疏于戒备，晚宴时被奸细暗杀，并将其头颅悬挂在旗杆上通知敌人前来攻寨。敌人攻寨时万箭齐发射向城墙守军，箭却纷纷落在旗杆上。旗杆渐渐长粗、长高，变成椰树，箭也变成椰叶，黎王的头颅变成椰果。敌人看到此景吓坏了胆，不战而退。椰树也就成了黎族人民的象征。剥开椰子外边的椰棕，你会看到椰壳上有3个黝黑的眼，那便是黎王怒目而视的眼睛和嘴。

芒　果　芒果肉质细腻，气味香甜，含有丰富的维生素，有"热带果王"之称。芒果每年1月开花，5、6月成熟，秋芒则在9、10月间才是收获的季节。鲜果多供生食，也可加工成罐头、凉果和风味饮料。海南岛种植芒果的历史悠久，是我国芒果主要产区。这里品种众多，其中象牙芒、白玉芒、青皮芒、吕宋芒、鸡蛋芒、龙井大芒和秋芒都为我国大陆稀有。

菠　萝　菠萝又称凤梨，凤梨科果子蔓属，单子叶多年生草本植物，热带、亚热带水果。具有消化、驱虫、利尿等药用价值，还是海南美味佳肴的配料。它是盛夏的消暑佳果，果汁中含有能助消化蛋白质的菠萝朊酶。鲜食可清热利尿。海南栽培菠萝已有百年历史，主要品种是从马来西亚引入"沙拉瓦"种，该品种品质优良、产量较高。

菠萝是海南产量最大的热带水果，全岛各地均有种植。很多游客吃了海南的菠萝，认为比其他地方所产的菠萝更甜更香。菠萝以生吃为主，还可和鸡丁、肉丁同炒，风味又有不同。

菠萝蜜　又称木菠萝、树菠萝，海南特产的一种热带桑科常绿乔木。果实6~7月成熟，果实巨大，最重达40千克，被称为水果之王、热带水果皇后，果实硕大，重者有20至25千克。它结果于树干或主枝上，也叫"树菠萝""木菠萝"。原产于印度、马来西亚，传入海南岛已有百年历史，全岛普遍栽培。菠萝蜜有30多个品种，分为两类：硬肉类和软肉类。每年春天开花，夏秋间果熟，成熟时香气飘溢。果肉含有糖分、脂肪、蛋白质，味深甜；仁核含有淀粉，可吃，味似板栗。果实结于树干，内藏无数金黄色肉包，肥厚柔软，清甜可口，香味浓郁；当地年轻人约会前会将其当做口香糖咀嚼几口，可以改变口腔异味；另外还有健体益寿的作用。此树树龄愈大，果也愈大，木材也愈坚硬，堪称"老当益壮"。

荔　枝　有"百果之王"美誉。在海南岛栽培历史悠久，主要分布在琼山市的永兴、石山等多个乡镇。品质较好的品种有琼山市羊山的鹅蛋荔、无核荔，黄皮丁香、蟾蜍红等。荔枝的营养价值很高，果肉多汁，味甘美芳香，鲜食最好，也可加工成罐头、酿酒、蜜饯等。在永兴、石山、美安、遒谭、十安路、龙桥一带，万亩荔枝连成一片绿海，十分壮观。由于吸取火山地带土壤的多种矿物元素，永兴荔枝口味好，营养丰富，所产荔枝蜜尤其滋补。

品质较好的品种有琼山县羊山的鹅蛋荔、无核荔、黄皮丁香、蟾蜍红等。荔枝的营养价值很高。它的果肉多汁，味甘美。有芳香，鲜食最好，也可加工成罐头、酿酒、蜜饯等。

香　蕉　是海南的主要水果之一，海南岛亦为原产地之一，种植一年即结果上市，南部地区更快，栽苗6~8个月就结果。主要分于陵水、三亚、乐东、文昌、琼海、万宁、澄迈、临高等。香蕉蕉肉芳香，蕉皮有青绿色和鹅黄色的，剥掉蕉皮，肉质呈鹅黄色，香甜可口，芬芳扑鼻。四季供应不断。著名的品种有高把蕉、矮把蕉、油蕉、西贡蕉、粉蕉、芽蕉、蛋蕉等。华南热作两院成功培植的红香蕉，则是热带水果稀有品种，外观好，品位优。香蕉含有丰富的营养成分，除鲜食外，还可加工成罐头食品，也可烘干、晒干制成蕉粉、蕉片或发酵酿酒，并可深加工成香蕉香精，作为各种饮料香剂。

龙　眼　又叫桂园、荔枝奴，是海南岛著名的珍果之一。它皮薄肉脆味甜，果形圆，大的如拇指，小的如食指。加工晒干除皮后被称为圆肉，可入中药。海南龙眼品种繁多，产地主要在琼山市的永兴地区。每年荔枝收毕，龙眼随即上市，有些迟熟的品种，要在桂花飘香时成熟，故称之为“桂圆”。龙眼自古以来，被视为珍贵的滋补品。多为实生树，果树高大，树干可做经济用材。主要分布在定安、屯昌、文昌等县。

龙眼营养丰富，是珍贵的滋养强化剂，新鲜龙眼味甘如蜜，除鲜食外，还可制成罐头、酒、膏、酱等，亦可加工成桂园干肉等。此外龙眼的叶、花、根、核均可入药。龙眼树木质坚硬，纹理细致优美，是制作高级家具的原料，又可以雕刻成各种精巧工艺品。

杨　桃　又叫五敛子，热带果树，原产印度、越南。杨桃分为甜、酸两大类。酸杨桃果实大而味酸，多用作烹调配料或蜜饯原料；甜杨桃作水果吃。杨桃含有对人体健康有益的多种成分，对治疗胃病、黄疸、卉痢等有一定的疗效。

在海南的栽培历史已逾千年，主要产地有三亚、陵水、琼山、文昌、万宁、琼海等市县，其品种有10多种，有甜杨桃和酸杨桃之分，是海南省名闻遐迩的佳果。甜杨桃多作水果生吃，酸杨桃除用来煮鲜鱼汤，使其味道更加鲜美外，一般多用来作蜜饯。海南的杨桃脯、杨桃干等畅销海内外。

木　瓜　是世界三大草本果树之一，被誉称国“万寿果”，是海南人喜吃的果菜兼用的珍贵植物。海南种植已经有200多年历史，一般亩产可达500至600千克。其品质优良，皮薄肉厚，汁多味甜，清香沁人。木瓜用途广泛，青木瓜可作蔬菜食用，成熟的木瓜果肉鲜红，糖分、胡萝卜素、蛋白质、维生素等含量比其他水果高得多，并具有多种水果风味。木瓜除鲜食外，还可制成饮料、糖浆、果胶、冰淇淋、果脯、果干等。木瓜的药用价值也很高。据国外资料介绍，木瓜是最具防老抗衰功效的5种水果之一。

红毛丹　无患子科热带高大乔木果树，原产马来西亚。树干粗大多分枝，树冠开张，树叶深绿，果实呈球形、长卵行或椭圆形，串生于果梗上，外表呈黄色，果肉为白色，柔软而爽脆，酸甜似荔枝，可口清香。每年2月至4月开花，6月至8月为果实成熟采摘季节。1960年从马来西亚引进海南，每年6～8月果实成熟。果实呈球形、椭圆形或长卵形，并有软刺，成串生在果梗上，看似小刺猬。单果最重为约有50克。果肉白色，脆爽而柔软，味道甜酸可口，清香胜过荔枝。

神秘果　山榄科小灌木，热带果树，原产非洲。果肉含有一种叫神秘果素的糖蛋白成分，可破坏人的味觉，产生增甜作用。吃一棵果子，就会把你口中的任何酸甜苦辣味道都变成甘甜的滋味。原产非洲，60年代引入海南。树高一米左右，果大如花生米，呈红色，果味只有淡淡甜味。吃过之后，再吃酸苦的东西，俱感清甜可口。由于具有化酸苦为甜爽的神奇功效，人称“神秘果”。这种神秘功效，是由于它含有一种属于朊、俗称“变味素”的物质，能引起人们的味觉神经末梢对食物味道反应发生变化。吃苦药的人先尝它一口，吃药时就不用发愁了。

番荔枝　又名佛头果，番荔枝科热带果树，原产热带美洲。果实清甜，有特殊气味，根、叶可做药。

枇　杷　又叫台湾枇杷，蔷薇科亚热带常绿乔木，原产台湾和海南。果实味甘美，可治愈热病。

人心果　此果外形很像人的心脏，故因形得名。人心果原产美洲和西印度群岛，后引入海南种植。人心果在夏季成熟上市，每个重50至100克。果皮呈浅咖啡色，表面粗糙，未成熟的果含有很多单宁，味涩，摘下后需存放几天，将果肉催熟再吃。人心果当水果生吃，味极鲜美，还可制成果浆，晒成果子干，酿成果子酒。人心果树全身还有一种白色胶汁，是制造口香糖的上等原料。

榴　莲　木棉科热带落叶乔木，原产东南亚，果实被称为万果之王，水果皇后。50年代从东南亚引种，果实呈椭圆形，满身工着硬刺，每个果重1至1.5千克，大的达2.5千克，呈黄色或黄绿色。一棵树一般年产果50至80个，多的结果300至400个。每年4、5月是榴莲成熟季节。榴莲果一量成熟就掉在地上，果肉暴露在空气中一段时间，气味臭，但味极甜美，营养价值很高。若将其果肉拌大米饭用餐，别有风味。果肉中有核，大若橘子，经烘烤可吃，味美如栗。果实香味异常，吃的人认为越吃越香，能吃上瘾；不吃的人认为味同猫屎臭。

芭　蕉　芭蕉科，热带、亚热带水果。茎可入药，利尿、治疗脑血栓；根可治疗感冒、胃痛。

【海南热带水果产业的现状和发展趋势】

海南热带水果产业现状　海南以优质、高产、生态、安全为原则，大力发展热带水果，实行专业化、区域化、规模化生产。多年来，热带水果品种不断丰富，据统计，海南拥有29科、53个属的水果品种，大部分水果可常年生产，独特的气候和土地资源使得水果产业成为海南的主要农业产业。

2010年，全省水果的收获面积为13.89万公顷，产量高达285.36万吨，同比分别增长了1.8%和6.5%。其构成如下：

香蕉：收获面积4.78万公顷，产量为172.29万吨，分别增长了6%和7.7%。主要产区为东方、澄迈、儋州、三亚等地，其中产量最高是东方。

芒果：收获面积3.94万公顷，产量为37.02万吨，分别增长了1.5%和3.1%。主要产区为海口、昌江、儋州、东方、白沙、乐东、陵水、三亚等地，产量最高是海口。

菠萝：收获面积9869公顷，产量为29.74万吨，分别下降了0.9%和增长了0.3%。主要产区为万宁。

荔枝：收获面积1.83万公顷，产量为13.5万吨，分别下降了2.1%和增长了21.8%。主要产区为海口市永兴和石山等多个乡镇。

龙眼：收获面积6611公顷，产量为3.52万吨，分别增长了2.4%和2.3%。主要产区为定安、屯昌、文昌等县。

柑橘橙柚：收获面积2703公顷，产量为4.85万吨，分别增长了3.3%和9%。主要产区为琼中，以绿橙为主产。

总体说来，这几种主要热带水果的产量比上一年有所增长，甚至在有些水果种植面积下降的情况下，产量仍有增长。

海南热带水果产量虽然大，但质量不高，优质水果比例小，再加上近几年东盟农产品零关税政策的实施，大量热带水果从东盟国家进口，进口量出现递增趋势，本土热带水果出口量则出现递减趋势。海南热带水果在国际和国内市场上面临巨大的机遇和挑战，机遇是海南相对东南亚一些落后国家有着先进的种植技术，挑战来自技术以及品种资源。

随着今年海南省热带水果质量追溯监管平台的启动，消费者通过包装上的标志可了解海南热带水果生产全程，通过互联网等方式可查询产品信息。这种产品信息追溯的方式为广大消费者提供了一定的安全保障，将会进一步促进海南热带水果产业的健康发展。

存在的主要问题　①品种结构不合理。海南热带水果已形成一定的区域布局，而且发展不平衡，多种水果存在季节性饱和。普通品种多，名优品种少；低档品种多，优质、高科技含量的品种少；集中上市的品种多，早晚熟品种少。

②产业组织化程度低。政府扶持和引导力度不够，缺乏龙头企业的带动。大多数种植基地为分散的农户和家庭式经营，总体资金不足，管理混乱，产品档次低，市场信息掌控差，难以形成产销一体化的经营格局。产业组织化程度低导致正确评估和承受市场风险的能力不强，容易出现增产不增收结局。

③种植技术有待提高。由于缺乏统筹管理水果产销的组织，没有统一的、强有力的科技支撑，导致农户盲目追求产量和早日上市，不规范、不科学的施肥和产前灌水以及大量使用化学激素等，严重影响水果品质，从而影响了整个产业的市场竞争力。

④水果保鲜和包装发展滞后。大部分水果上市比较集中，不耐贮藏。正值夏季高温和高湿气候条件下收获的产品，综合考虑采后保鲜和远途运销的高成本影响，一些水果产品未能销往北方大中小城市。目前，水果采后处理仍使用传统的方式，产品加工简单、商品包装差，缺乏科技文化内涵。

发展对策　生产决策需要创新工作思路和方法，种什么、种多少既受种植收益预期的影响，也受劳动力、技术、品种等因素影响。

①优化品种结构。充分发挥各区域的优势资源，合理规划各区域的主导产业和特色产业，以

市场为导向，调整产业布局和品种结构，发展具有资源优势及市场竞争力的品种，重点提高名优品种的覆盖率，加大反季节品种的推广力度。

②提高产业化和组织化水平。政府培育农业龙头企业，将分散的农民组织起来，统一管理、培训，制定统一的行业操作标准。鼓励龙头企业和农户建立长效合作机制，带领农民围绕优势产品，搞好技术及信息等服务，促进生产、加工以及销售等各环节有机结合，促进热带水果产业化和组织化水平的提高。

③加强科技支撑与对外合作。加大科研院所科技扶持力度，紧密围绕热带水果产业需求，加强与国际先进农业科技组织的双多边合作，积极引进国外资源和智力，为全面强化产业提供强有力的科技支撑。加大科技创新力度，加强无公害产品和绿色食品基地的建设，全面提高产品的质量安全水平。按照国际市场的标准，重点扶持出口农产品企业，建立合适的对外贸易现代化运作管理模式，实现热带水果产业的发展和对外贸易的双赢。

④加强科研领军人才和实用人才队伍建设。实施“人才强院战略”和“十百千人才工程”，通过引进创新人才、引进高端智力、激励人才发挥作用等综合手段，大力引进培养科技领军人物和学科带头人，加强青年科技骨干培养，加强创新团队建设，重视引进高端智力，凝聚造就一流的热带农业科技创新队伍。加强新型农民培训，围绕主导产品，采用科技人员进村集中培训和分散指导相结合的方式，重点开展种、养、加的科技培训，培养种养规模较大、带动能力较强、有一定科技水平的农民骨干。加强农村实用专业技术人才培养，提高农村实用人才带头人、企业经营管理人员、农民专业合作组织带头人的专业化、社会化的职业技能。

⑤实施品牌战略。人们对水果的消费理念已普遍上升到对质量的追求，海南热带水果要角逐于国内外市场且要立于不败之地，必须通过高质量、高标准的要求树立品牌，把品牌作为一个战略重点。打造出一流的知名品牌，对提高海南热带水果的知名度及市场竞争力具有深远的影响，可以让人们提到水果就想到海南。

（林海鹏　孙　倩　邓远宝　陈　刚）

重庆市林业产业

【概　况】 2012年，全年实现林业产值400亿元，农民在林业中人均收入达到660元，林业龙头企业达到100家，见附表。

推进现代林业发展　按照市委、市政府走以特色效益农业为核心的农业现代化发展路子。围绕以资源为基础、市场为导向、效益为中心、增收为目的，运用现代科学技术、先进管理方法和市场经营理念优化资源和要素配置，提高单位产出率、劳动生产率和市场占有率，加快发展特点鲜明、绿色安全、供需衔接、产业链完善、增值能力强的特色效益农业总体要求，今年6月，我们组织2个调研组，历时近一个月，分别对渝西、渝东南、渝东北的12个区县及26个重点涉林企业进行了调研。

提出我市现代林业发展意见：一是提高认识，更加重视林业产业发展，把林业产业发展摆到更重要的议事日程上来；二是搞好林业产业规划，调整好林业产业结构布局；三是出台优惠政策，加大对林业产业的投入和扶持，为林业产业发展注入活力；四是创新投入机制，提高资金回报率，促进农民增收致富，推动林业现代化发展。

实施政策优惠　今年以来，加大了林业产业扶持力度，一是出台了《2012年林业产业发展的意见》，继续对林业龙头企业进行贷款贴息。特别是对新创国家级品牌(名牌)、获得国家及国际质量认证的林业龙头企业；对解决农村就业100人以上或带动社会就业500以上，以及3年内帮助300户以上林农实现增收过万元的林业龙头企业，实行优先安排林业贴息。二是落实了600万元产业发展扶持资金，对工业原料基地建设项目、林下经济重点建设项目、花卉苗木基地、森林公园基础设施等重点建设项目实行一定的扶持奖励。三是完善了林木采伐利用，形成有利于促进森林经营、合理采伐、科学利用的机制，最大限度地满足经济社会发展的需求。四是按照市级补助、业主自筹资金的方式，2012年建成速丰林、花卉苗木等产业基地35万亩。

建立企业发展平台与机制　一是建立了林业龙头企业信息库。我们将企业的基本情况，包括企业生产规模、就业情况、产品信息等进行了收集整理；二是建立了信息反馈制度。落实专人定期或不定期的公布行业发展信息、政策信息、国际国内林业相关展览信息等，同时收集企业在生产经营中发生的重大信息；三是积极听取企业的反映和诉求，了解企业生产经营过程中遇到的困难和问题，协调有关部门加以解决。

召开银企工作座谈会。拟于近期组织部分市级林业龙头企业、银行代表、担保公司以及森林公园负责人召开座谈会。由银行介绍金融产品及林权抵押融资相关政策，担保公司介绍企业融资担保程序、要点和要求，市林业局介绍林业贴息发政策，推介“木质能源多联产关键技术”有关情况，切实搭建企业服务平台，为林业龙头企业排忧解难，推进林业产业发展，积极组织林业龙头企业参展、参会，拓展企业家们的视野，开阔眼界，启迪发展思路。先后4次组织部分企业参加全国林业产业工作座谈会，义乌第二届林产品博览会等。

提升森林公园服务质量　2012年，全市森林旅游达到4900万人次，森林旅游收入达到66亿。一是开展了国家级森林公园监督检查工作，每个市级森林公园都开展了自查，要求各地对涉及敏感问题要敢于面对，对查出的问题，要如实上报，及时整改。二是向国家林业局申报了江津区大圆洞国家森林公园等3个国家级森林公园林相改造项目，以提升森林公园林景观质量；三是完成了2013年森林公园生态文化教育示范基地申报工作；四是加强了与市旅游局沟通协调工作，并就森林旅游发展开展了深入研究讨论，共同草拟了《关于加快森林旅游发展的意见》，提出了发展森林旅游的原则，措施等意见，五是组织部分区县前往福建林业学院参加森林公园管理培训。六是认真总结了森林公园发展30年来取得的成绩、存在的问题，并及时向国家林业局推荐我市森林公园建设中做出贡献的人物，我市肖鹏、李勇、聂剑峰、田礼国、罗勇、朱长伦、周毅、苟川、蹇家琼、叶宏君、程永亮等11位同志在森林公园建设中获得国家林业局通报表扬。

林业对外合作工作 完成了中德合作造林项目2012年财务决算；二是参加了国家林业局项目中心召开的第十四次中德财政合作林业项目座谈会，上报了项目总结，讨论了新形势下如何控制合作的发展思路，并为中德林业领域财政合作20周年在华举办纪念研讨活动进行了部署；三是参加了中德财政合作南方框架项目研讨会，并就森林可持续经营实践与中外专家进行探讨。四是指导黔江、武隆完成了《欧洲投资银行林业专项贷款项目可行性研究报告》，拟共计贷款4000万欧元，用于两地林业发展，目前已上报国家发改委争取项目支持。五是完成了赴奥地利森林可持续经营培训、赴德国、荷兰考察城市森林的所有工作；特别是奥地利森林可持续经营培训，让参团人员拓宽了视野、启发了思路、提高了人才重要性认识，更有针对性地提出了制定我市长期的林业发展规划，确定适合市情的森林经营周期，并把建设近自然林纳入林业建设目标等建设性建议。六是完成了希腊专家来渝开展油橄榄产业技术指导工作。通过希腊专家技术指导，奉节县油橄榄产量在原来基础上增加了一倍，让农民得到了实惠，油橄榄产业得到发展。经共同商议，下一步将组织部分油橄榄技术人员到希腊进行技术培训；与市外专局一道促成希腊国立萨洛尼卡亚历山大技术学院橄榄树植物生产系教授、院长、博士生导师ATHANASIOS ROUMPOS到我市进行为期3个月的技术指导，以提高我市油橄榄栽培管理水平，推动我市油橄榄产业发展。

林业产业存在的主要问题 一是林业产业投入严重不足。国家没有林业产业的专项投资，林业产业政策有待完善；二是龙头企业规模小，企业增收效果不突出，示范带动作用不强。三是产业整体素质偏低，经济增长方式粗放，科技贡献率不高，落后产能庞大；四是林产品科技含量低，品牌意识薄弱，国际知名产品缺乏；五是产业结构不合理。林业总产值中，二、三产业产值所占比例过低；六是森林公园建设滞后，与大的旅游环境不匹配。

2013年工作思路及目标 我们将认真贯彻落实党的十八大和市四次党代会精神，坚持以“民生林业”为导向，按照调整产业结构，转变发展方式，突出特色效益林业，推进现代林业产业发展的原则；2013年新建笋竹、森林食品、中药材、生物质能源、花卉苗木等基地60万亩，发展“森林人家”20家，林业产值达到400亿元，全市人均林业收入比2011年增加10%。

【林下经济】 建立健全林下经济产业发展的联动机制，建立以财政资金为导向，企业和农民资金为主体，信贷资金为支柱，筹集运用社会资金和吸引利用外资为重要来源的多元化、开放式的投入新机制。建立林下经济信息库，定期向农户发布全市林下经济市场动态、新品种研究成果、生产管理技术、病虫害预防等信息。加快林业专业合作组织建设，提高组织化程度，努力提高林下经济商品化程度。2012年底，全市有林业合作组织1108个，参加农户近54万户；林业专业合作社978个，参加农户近47万户。协助计划财务处编制完成了全市林下经济发展规划，提出了今后一段时间林下经济发展目标任务；不断地探索和总结林下经济发展模式，多渠道、多形式推广成功发展模式。当前主要采取五大发展模式，包括林药模式、林菌模式、林禽模式、森林旅游、林蜂模式。据不完全统计，全市发展林下经济面积达到400万亩，

【重庆铠恩国际家居名都经营有限公司】 该公司位于重庆市巴南区渝南大道19号，东靠南山，西临渝黔高速公路主干道，北面有建设中重庆市最大的商品物流配送中心，距市中心解放碑约8公里，港务码头10公里，交通十分便捷。

该公司是经重庆市人民政府批准建设的市级重点项目，它的规划设计和建设吸收了国内外顶级专业市场的优点，更加整合了现代市场的全新

理念，使卖场具有更加强烈的人性化氛围。

它以“行业认同、政府认同、历史认同”为宗旨，以“大市场、大流通、大整合”为市场功能模式，以“规模化、国际化、细分化”为市场运作模式，实现居家产品、行为品牌、经营业态的大整合，逐步成为西部家具第一市。

规划建设面积80万平方米，分三期建设，总投资15亿元。一二期现已建成40万平方米并投入使用，2012年着手规划三期建设，预计2015年投入使用。

自2001年建成投入使用以来，市场累计提供就业岗位上万个，累计交易额近500亿元，累计上缴税费超过3亿元。

【重庆星星套装门有限公司】 重庆星星集团公司是中国木门行业产销规模最大的生产企业。拥有41项专利技术，资产总额7亿多元，员工5000多名，年产套装门200万套。先后评为国家级农业产业化重点龙头企业，重庆市首批知识产权试点企业、首批循环经济试点企业、首批创新型试点企业。

公司主导和引领中国木门行业的发展。最先开发室内装饰套装门，为重庆市赢得了“中国套装门之都”殊荣；连续多年推选为中国木门协会副会长、重庆市木门协会执行会长、中国建材协会常务理事；参与制定了中国木门窗4个行业技术标准和1个国家技术标准；先后荣获国际国内20多项大奖，星星套装门畅销全国31个省市，出口10多个国家及地区。

【重庆山神漆器有限公司】 山神漆器厂是建在大巴山腹地的一家科技型民营企业。是中国工艺美术学会会员单位，全国质量、信誉双保障示范单位，中国质量万里行示范企业，重庆市旅游产品定点生产单位，曾被原四川省评为全省乡镇企业系统重点创汇企业。厂区占地6亩，厂房建筑面积3800余平方米，各类加工机械100余台(套)，目前有职工48人，其中具有中级以上技术职称的10人。产品注册商标“山神”，其含义是山神漆器源于大山，胜于自然，具有神之韵的工艺精品。

山神漆器厂取国内外名贵天然木、贝壳片和驰名中外的城口优质大木漆为原料，采用民间漆艺并结合现代科技，经脱脂、造型、抛光后，再经擦、喷、雕、嵌、磨、勾、绘等不同的工艺所生产的茶具，餐具、酒具、漆盘、花瓶、木刻板画、磨漆画、围棋盘和各种漆盒等产品近百种，部分产品批量出口日本和香港，属当代中国漆器精品。重庆市委、市政府、城口县委、县政府领导十分重视山神漆器厂的发展，市领导黄镇东、蒲海清、陈光国、张文彬、税正宽、陈际瓦、尹明善、金烈及市有关部门领导曾多次到厂视察指导工作，县领导和县属有关部门全力支持山神漆器的开发，目前企业已经迅速成为中国生产漆器等工艺礼品的骨干企业。所研制的产品曾获“国家新技术新产品金奖”，“重庆市旅游产品一等奖”，“重庆市消费者喜爱产品”，“第六届中国民族民间工艺品(含旅游纪念品)博览会金奖”等荣誉称号。

【秀山县钟灵茶业有限公司】 重庆市秀山县钟灵茶业有限公司创办于2002年，法定代表人陈焕华，注册资金600万元，公司集生产、加工、销售于一体，以公司+基地+专业合作社+农户的模式，专业生产纯天然茶叶及培育优质茶叶种苗。是重庆市农业综合开发重点龙头企业，重庆市农业产业化市级龙头企业及重庆市林业龙头企业，重庆市茶业十强企业。现有职员工168人(生产季节临时员工200人)，其中管理人员16人，专业技术人员56人。

企业经过不断地发展正逐步形成产品的系列化和品牌化。目前已开发产品以“钟灵毛尖”为主导，“钟灵银毫”“钟灵秀芽”等20多个系列产品，形成了“钟灵”品牌的市场效应。企业及“钟灵”品牌先后得到了县级、市级、国家相关部门的高度认可，“钟灵”牌系列茶叶曾荣获2003年中国重庆“三峡杯”优质名茶称号；2004年第三届重庆名优农产品展销会最受消费者欢迎产品；2005年获中国重庆永川国际茶博会“华茗杯”名茶优质奖；2006年获中国西部农产品交易会“最受消费者喜爱产品”称号。2006年企业主导产品获国家绿色食品中心认证为中国绿色食品；2007年通过QS(食品生产安全)认证。2007年获中国西部农产品交易会“最受消费者欢迎产品”称号。2007年通过

ISO9001：2000 国际质量体系认证。2008 年“钟灵”商标获得重庆市著名商标称号。2009 年企业被评为重庆市茶业十强企业称号，2010 年企业产品通过国家有机食品认证。2012 年获得重庆市名牌农产品称号。

企业现已成为具备相当规模的生产加工基地。企业现有厂房面积 3000 平方米，办公面积 1800 平方米，基础设施建设投资 560 万元，生产设备投资 160 万元，标准茶园基地 1898 亩，优质育苗基地 400 亩。近三年来直接解决当地就业 200 余人，间接解决就业 4 万多人次。

重庆市林业产业龙头企业名单

地区	企业名称
巴南	重庆铠恩国际家居名都经营有限公司
	重庆市二圣茶业有限公司
	重庆赛英思实业有限公司
北碚	重庆怡胜园林有限公司
	重庆市北碚区国营静观苗圃
	重庆本勋园林绿化工程有限公司
	重庆海峡两岸农业发展有限公司
璧山	重庆文星园林工程有限责任公司
	重庆渝川园林（集团）有限公司
长寿	重庆金地农业开发有限公司
	重庆长寿林业投资有限公司
城口	重庆山神漆器有限公司
	城口县汉嘉林业投资有限公司
大足	重庆采阳农业发展专业合作社
	重庆康源林业发展有限公司
	重庆市天巨竹业有限公司
	大足县绿洲雷竹种植专业合作社
大渡口区	重庆森护木材综合加工有限公司
	重庆市大渡口区华夏苗圃有限公司
垫江	重庆市宇鹏林业开发有限公司
丰都	丰都县成华人造板有限责任公司
	重庆市康地实业有限公司
	重庆业典园林工程有限公司
奉节	奉节县林海林业有限公司
涪陵	重庆华茂林业开发有限公司
合川	重庆国平农业发展有限公司
	重庆市合川区英汇园林工程有限公司
	重庆平安园林绿化有限公司
江津	重庆市长宏木业有限公司
	重庆市江津区四面山旅游发展有限责任公司
	重庆市恒河果业有限公司
江津	重庆锦程实业有限公司
	重庆骄王花椒股份有限公司
	重庆耀洲林业有限公司
	重庆富镇臻泰竹木制品有限公司
江北区	重庆金土地园林工程有限公司
	重庆原野园林景观工程（集团）有限公司
九龙坡	重庆芳芳草园林绿化工程有限公司
开县	重庆星星套装门有限公司
	开县德凯覆铜板有限公司
	重庆市康百佳药材有限公司
	重庆市灵泉竹产品开发有限公司
	重庆市开县锦丰林业发展有限公司
梁平	梁平县流芳工艺竹帘厂
	重庆正凯食用油分子有限公司
	重庆市春润林产品开发有限公司
南川	重庆市南川区林木良种场
	重庆市南川区森源野生食品有限责任公司
	重庆市南川区金佛山林场
	重庆市南川区金佛山食品有限公司
	重庆市南川区乐村林场
	重庆市南川区天地源食品厂
彭水	重庆森山投资有限公司
綦江	重庆市邦荣农业开发有限公司
黔江	重庆市黔江区蚕业有限责任公司
	重庆科瑞南海制药有限责任公司
	重庆市银象木业有限责任公司
	重庆市双河丝绸有限公司
荣昌	重庆荣双食品有限公司
	重庆市包黑子食品有限公司
	重庆市锦竹车厢板（集团）有限责任公司
	重庆中浩农业有限公司
沙坪坝	重庆沙龙科技有限公司
	重庆英才园林景观设计建设（集团）有限公司
石柱	石柱土家族自治县鑫盛林业投资开发有限公司
	重庆瑞通生物化工有限公司
	重庆骏达木业有限公司
铜梁	重庆龙璋纸业有限公司
	重庆荣笙林业开发有限公司
	铜梁县子奇药材有限公司
潼南	潼南县三鑫林业综合开发有限公司
	重庆市明宇生态林业发展有限责任公司
	重庆市巨安林业开发有限公司
万盛	重庆欣润农业开发有限公司
万州	重庆市东方药业股份有限公司
	重庆市万州沪江人造板制造有限责任公司

地区	企业名称
万州	重庆市鱼泉榨菜(集团)有限公司
	重庆谭木匠工艺品有限公司
	重庆市禾佳香料植物开发有限公司
巫山	重庆市巫山县青峰林业有限责任公司
	巫山县绿源林产资源经营开发有限责任公司
巫溪	巫溪县渝星建材有限责任公司
	重庆市龙凤工艺品有限公司
	巫溪县三森林业投资开发有限责任公司
武隆	武隆县远达枣业发展有限公司
	重庆市林海中药材有限责任公司
秀山	重庆市秀山县钟灵茶业有限公司
	重庆市秀山红星中药材开发有限公司
	重庆秀山宏远农业科技有限公司

地区	企业名称
秀山	重庆市建荣木制品有限公司
	秀山盛达农业开发有限公司
永川	重庆市福永林木发展有限公司
	重庆理文林业科技发展有限公司
	重庆市绿永林业投资有限公司
	重庆茶山竹海旅游开发有限公司
	重庆市天沛农业科技有限公司
酉阳	重庆怡豪木制品有限公司
	重庆市博极茶油发展有限责任公司
渝北	重庆福森园林工程有限公司
忠县	重庆播绿林业投资有限公司

（钟德全）

四川省林业产业

【概　述】 2012年，四川省林业产业按照全面建成小康社会的总体要求，深入贯彻落实省第十次党代会和全省林业产业现场会议精神，坚持以繁荣山区经济、促进农民增收为主要目标，深入推进现代林业产业基地建设，加快培育带动主体，创新发展机制，转变发展方式，全省林业产业呈现出又好又快发展的良好态势。

2012年，全省林业产业总投入首次突破200亿元，达到201.4亿元，同比增长20.9%，其中10亿元以上(含)的有5个，依次为成都市(56.5亿元)、眉山市(23.4亿元)、泸州市(19.1亿元)、宜宾市(16.7亿元)和遂宁市(10.0亿元)，5市2012年林业产业累计投入125.7亿元，占全省的62.4%。

全年实现林业总产值1746.4亿元，同比增长21%，在21个市(州)中，林业总产值超过百亿的有6个，依次为成都市(354.4亿元)、乐山市(143.7亿元)、眉山市(140.7亿元)、绵阳市(111.1亿元)、宜宾市(107.7亿元)和泸州市(103.4亿元)。全省林业第一、二、三产业产值分别为641.1亿元、626.8亿元、478.5亿元，林业总产值构成比进一步调整为36.7∶35.9∶27.4，表明我省林业产业继续朝着延伸产业链，提升附加值方向发展。2012年，全省农民人均林业收入达750元，同比增长15.4%，从区域看，盆中平原丘陵区671元/人、盆周山区1013元/人、川西南山区825元/人、川西高山峡谷高原区799元/人。在21个市(州)中，农民人均林业收入高于全省人均20%(900元/人)以上(含)的有4个市，其中雅安市、成都市人均超过1000元，分别为1475元/人和1219元/人。在176个县(市、区，成都市5城区除外)中，农民人均林业收入上千元的有58个县(市、区)、占33.0%，其中有6个县(区)人均突破2000元。

产业发展特点：

①林业产业基地不断扩大。通过政府引导、工程带动、社会参与，林业产业基地面积继续扩大。2012年，全省共培育林业产业基地569万亩。从培育方式看，新造林436万亩、占76.6%，低改或抚育133万亩、占23.4%，其中培育木质原料林187万亩、竹林102万亩、特色经济林280万亩。在当年培育基地中，木质工业原料林和特色干果基地快速发展，占当年培育基地面积的60%以上。到2012年底，全省林业产业基地总规模达到8499万亩，其中木质原料林基地3247.6万亩，占总基地面积的38.2%，位居第一。16个重点林业产业基地带建设取得重大进展，其中嘉陵江(中段)、涪江、青衣江百万亩速生丰产木质工业原料林带，青衣江、岷江(下游)、长江(四川干流)百万亩竹质原料林带，秦巴山百万亩核桃产业带和大巴山百万亩森林蔬菜基地建设提前达到2015年规划目标。自2009年以来，我省各地结合林业工程和项目大力推进林竹基地的良种化、规模化、集约化和设施化建设，现代林业产业基地快速扩大。到2012年底，21个市(州)的107个县(市、区)已建成现代林业产业基地1540万亩，超额完成省政府2009~2012年1300万亩的规划任务。南充市南部县坚持“全域产业、城乡一体”发展理念，在“一江两河三库”沿岸、38条大小支流两旁和溪沟沿岸、农村“四旁”地、退耕还林地、撂荒地以及公路两旁，通过公路绿化、水系绿化、低效林改造、城镇绿化“四大工程”全域推进林业基地和产业环线建设，林产业基地由10万亩扩大到100万亩，五年翻了三番多，农民人均种树达110株。

②林产加工平稳发展。到2012年底，全省有林产加工企业5566家，同比增加563家；年销售收入2000万元以上(含)的规模企业372家，同比增加100家；年销售收入过亿的企业达123家，同比增加35家。2012年，规模企业共实现销售收入425亿元，其中成都全友家具有限公司、犍为凤生

纸业有限公司和四川叙府茶业有限公司年销售收入超过10亿元，分别达到18亿元、12亿元和10亿元。近年，各地积极争取政府支持，鼓励涉林加工企业向工业园区(集中区)集聚发展，推动林产工业规模化、集约化、集群化。截至2012年年底，全省建成林产工业园区(集中区)57个，入驻涉林企业438家，实现年产值229亿元，其中新都区家具产业园区、崇州市工业集中发展区、沐川县工业集中区发展较好，涉林企业年产值分别达到40亿元、25亿元和17亿元。到2012年底，全省木竹人造板产能达到1006万立方米、木竹家具产能达到3121万件(套)、竹浆造纸产能达到210万吨、特色经济林产品(竹笋和果蔬等)加工能力达到240万吨，同比增长分别为13.7%、14.3%、9.5%、187.4%，其中竹浆造纸和板式家具产能均居全国第一。推进加工布局优化和结构调整的“抓大带小”战略初见成效，叙永20万吨竹浆项目通过国家发改委环评，建丰60万吨定向颗粒刨花板项目顺利开工，宜宾、泸州等地的竹纤维项目加快实施，一批小的竹浆造纸企业和人造板企业关停并转。全省木竹及经济林产品加工为在优化调整中加快发展。

③新兴产业快速崛起。随着集体林改和产业发展的深入推进，我省林业产业发展的优势逐步显现，祥瑞、诗羽、七彩、红色巴州等一批有实力的大企业、大集团投资发展林业产业。林下种养、森林食品、森林药材、种苗花卉、野生动植物驯养繁殖等新兴产业快速发展，促进了林业产业结构不断优化，林业产业正由消耗木竹材为主的传统木竹产业向绿色、环保、节能、高效的生态产业转变，由消耗林木资源为主向立体开发、发挥林地综合效益为主转变。到2012年底，非木质资源开发利用和森林生态旅游等产业比例从2007年52.9%，上升到2012年74%，其中林下经济实现产值84亿元，种苗花卉产业实现62亿元，生态旅游产业实现直接收入达412亿元。林业产业发展模式更加科学多样，带动农民增收的渠道更宽，效果更加明显。成都市都江堰市以集体林权制度改革为契机，充分发挥当地自然生态优势和环境资源禀赋，联动发展三木药材、笋用竹、林下种养殖、生态旅游等优势林业产业，取得了良好成效。截至2012年，三木药材、笋用竹、林下种植面积分别达16.3万亩、5.4万亩和3万亩，林下养殖规模18万只(头)，花卉苗木种植面积超过10万亩。全市实现林业总产值34.6亿元，农民人均林业收入1612.9元，实现了林业发展、生态保护和经济繁荣的互促共进。宜宾市长宁县在全省率先探索“万亩林亿元钱”增收模式，通过在楠竹林下种植竹荪，亩平收益由单纯种植竹林的1560元提高到14000元，亩均增收12440元，增长9倍，2012年该县农民人均林业收入达到1323元，是全省平均水平的1.76倍。

【产业集群逐步形成】 随着林业产业的区域化、规模化、特色化的推进，初步形成了一批优势产业带或产业集群。到2012年底，嘉陵江(中段)、涪江、青衣江百万亩速生丰产木质工业原料林带，青衣江、岷江(下游)、长江(四川干流)百万亩竹质原料林带，秦巴山百万亩核桃产业带和大巴山百万亩森林蔬菜基地建设提前达到2015年规划目标。在川南的泸州市、宜宾市、乐山市、自贡市等地初步形成了以“竹浆纸一体化”为主的竹产业集群，现有竹林基地750万亩，竹浆加工能力140万吨、竹笋加工能力36万吨；2012年实现林业总产值288亿元，农民人均林业收入867元；在成都市、绵阳市、德阳市、眉山市、乐山市、雅安市等成都经济圈基本形成了以“林板家具一体化”为主的家具产业集群，现有木竹原料基地670万亩，人造板产能390万立方米，家具产能1870万件(套)；2012年实现林业总产值596亿元，农民人均林业收入881元；在川东北的广元市、巴中市、达州市等地初步形成了以“林油一体化”为重点的木本油料产业集群，现有木本油料、木本药材、特色干果、森林蔬菜等特色经济林基地680万亩，特色林产品加工能力68200吨，2012年实现林业总产值155亿元，农民人均林业收入783元；在川西的绵阳市、甘孜州、阿坝州、凉山州初步形成了林业生态旅游产业带，2012年该区实现林业总产值101亿元，其中生态旅游产业63亿元，农民人均林业收入906元。

【林业专业合作社与龙头企业】 四川省始终坚持

将宣传发动、高位推动放在突出位置来抓，通过报纸杂志、网络传媒、现场会、博览会、调研汇报等多种形式，宣传新时期现代林业产业的特点、发展的必要性和重要性、发展的优势与潜力等，通过宣传动员唤醒社会对四川发展林业产业的思考，形成发展共识。目前，社会主体和广大林农发展林业产业的意识普遍增强，参与发展林业的积极性空前高涨。

发展林下经济是贯彻落实十八大精神，建设生态文明的重要举措，也是巩固集体林权制度改革的重要抓手，目前全省农民林业专合组织已取得重大进展。一是开展全国农民林业专业合作社示范县创建活动。截至2012年底，四川省共有11个县(区)成为了全国农民林业专业合作社示范创建县，其中沐川县被国家林业局命名为全国农民林业专业合作社典型示范县。二是开展全省农民林业专业合作组织摸底调查工作。截至2012年年底，全省共有农民林业专合社1879个，比2011年增加700余个。2012年，省财政共安排资金1650万元扶持了32个运行规范、带动性强的专合社。

龙头企业是带动农增收的主体，培育龙头企业是促进林业产业转型升级、做大做强的有效途径。截至2012年年底，我厅已在全省认定了首批100家省级林业产业化重点龙头企业(见附表)，并全部纳入运行监测范围。四川林业发荣林业产业有限公司与农户签订速生杨树栽植合同，由公司提供合格树苗，派出技术人员到现场指导农户科学栽植，保证成活率，树木成材后，按市场价格予以回收。从2001年累计栽植杨树近29万亩，栽植户达5万余户，遍布全市17个乡镇，上百个村，通过间伐栽植，户平年增收可达1500元。公司在2010至2012年间投资6000万元，新建厂房2.6万平方米，形成30万件套儿童家具生产能力，2012年产值突破7000万元，带动了600多人就业。峨眉山万佛绿色食品有限公司2012年扩充产能，由原来生产加工藤椒油5000吨提高到10000吨，通过“公司+农户+基地”的模式，合作造林5万余亩，并签订保护价收购藤椒。2012年公司以近8元/斤价格收购鲜藤椒，使当地藤椒亩产近万元，大大地提高了林农的收入和发展林业的信心。四川茂华食品有限公司引进德国生产设备，加工糖果能力达到1.5万吨，年产值3个多亿，第三期厂房正在修建当中。公司通过自建、合作等方式建设核桃、桂花基地3500亩，利用基地生产的核桃和桂花加工糖果，产生的糖渣喂猪，猪粪经过发酵为基地提供肥料，林下养鸡，形成养猪→猪粪→基地→林下养鸡→核桃、桂花→加工糖果→糖渣→养猪的循环经济，具有很好的示范带动作用。省级林业龙头企业的认定，不仅将为我发展现代林业注入新的活力和生机，而且将在全省林业战线充分发挥林业龙头企业的典型示范带头作用，为加快我省林业产业发展，带动林农增收致富做出更大贡献。

四川省100家省级林业产业化龙头企业

市(州)	第一批(首批)认定名单
成都市	四川升达林业产业股份有限公司
	四川国栋建设股份有限公司
	全友家私有限公司
	成都建丰林业股份有限公司
	成都富森美家居股份有限公司
	四川省登悦林木种植开发有限公司
	成都川雅木业有限公司
	四川林合益竹业有限公司
	四川农大风景园林设计研究有限责任公司
	温江万花环美生态环境建设有限公司
	四川省皓胜自然生态资源开发有限公司
	四川易园园林集团有限公司
	成都亿尚林业资源开发有限公司
	成都达江装饰材料有限公司
攀枝花市	攀枝花市捷茂中药材种植有限公司
自贡市	四川省富顺锦明笋竹食品有限公司
泸州市	泸州金山林木业有限公司
	泸州市容大竹业集团有限公司
	泸州华泰贸易有限公司
	四川银鸽竹浆纸业有限公司
	泸州市龙马潭雪美园林工程有限公司
	泸州市江阳区兴隆园林景观工程有限公司
	四川百林竹业有限公司
	合江丽川木业有限公司
	泸县赣发木业有限公司
	泸州市兴乐食品有限公司
绵阳市	绵阳市麒翔林产品有限公司
	四川绵阳新瑞木业有限责任公司
	北川建诚木业有限公司
	绵阳市荣兴林果业开发有限责任公司

市(州)	第一批(首批)认定名单
绵阳市	盐亭县金土地农林发展有限公司
	绵阳佳乐农业开发有限公司
广元市	广元市荣生源食品有限公司
	广元天湟山核桃食品有限公司
	广元康惠景观工程有限公司
	广元棒仁食品有限公司
	四川省青川县川珍实业有限公司
	四川唯鸿食品有限公司
	广元升达林产业有限责任公司
遂宁市	遂宁隆鑫兰花产业开发有限公司
	四川蓬溪县建兴青花椒开发有限公司
	遂宁市龙鑫香料有限公司
	四川金皇乐爽鹿业有限公司
	射洪县金华清见桔橙有限责任公司
	遂宁市松涛园林工程有限公司
资阳市	四川省资阳沱江木业发展有限公司
	四川顺达人造林制品有限公司
	四川帅青青花椒开发有限公司
乐山市	乐山市硕士儿童用品有限公司
	四川华象林产工业有限公司
	四川黑竹沟集团峨边绿色食品有限公司
	四川永丰纸业股份有限公司
	乐山吉象人造林制品有限公司
	峨眉山万佛绿色食品有限公司
	四川峨眉山龙马木业有限公司
	四川祥光农业科技开发有限公司
	乐山市绿野科技服务有限公司
	乐山吉源木业有限公司
	沐川金石型材有限公司
	马边嘉美木业有限公司
眉山市	四川青神县云华竹旅有限公司
	眉山欧尔雅家私有限责任公司
	四川茂华食品有限公司
	四川新吉鸿纸业有限责任公司
南充市	四川天罡木业制造有限责任公司
	四川省天盛竹业有限公司
	南充富达竹业有限公司
	四川南充国栋林产科技有限公司
	中盐银港(四川)人造板有限公司

市(州)	第一批(首批)认定名单
宜宾市	四川天竹竹资源开发有限公司
	屏山县凯丰林业发展有限公司
	兴文石海竹木制品有限公司
	宜宾市蜀南竹海旅游发展有限公司
	宜宾市花卉丰园林工程有限公司
	四川省高县华盛纸业有限公司
	四川惊雷农林科技有限责任公司
	宜宾云华山农业生态资源开发有限公司
	宜宾长毅浆粕有限责任公司
广安市	广安弘宇木业有限公司
	华蓥市大川木门有限公司
	广安达江木业发展有限公司
达州市	万源市花萼绿色食品有限公司
	万源市长诚林业产业有限公司
	四川发荣林业产业有限公司
	四川天源油橄榄有限公司
	达州市利根葛业有限公司
巴中市	四川米仓林业集团有限公司
雅安市	四川中天地木业有限公司
	四川五丰黎红食品有限公司
	雅安市雅森特木业有限责任公司
凉山州	凉山州中泽新技术开发有限责任公司
	德昌凤凰实业有限责任公司
	凉山州中天地林产工业有限公司
甘孜州	炉霍雪域俄色有限责任公司
林科院	四川安龙天然林技术有限责任公司
	四川省景林景观园林工程有限公司
	四川泸州森科园林有限公司
大渡河造林居	四川森林茶叶有限公司
	四川乐山川林生态科技开发有限公司
长江造林局	宜宾长顺竹木产业有限公司

（胥译心）

贵州省林业产业

【概　述】 2012年，国务院下发《关于进一步促进贵州经济社会又好又快发展的若干意见》(国发〔2012〕2号)文件，为做好涉林项目和资金的对接落实，按照省委、省政府的要求，省林业厅积极争取国家林业局出台了关于支持贵州省加快林业发展的意见。意见明确，“十二五”期间，国家林业局将按照对贵州投入“十二五”高于“十一五”、高于全国平均水平、增幅高于中央对全国林业投入增幅的“三个高于”原则，重点在加快“两江”上游生态安全屏障建设、大力推进林业扶贫开发、积极发展特色优势产业、全力促进民生建设、加强林业基础设施建设、推进体制机制改革等六个方面加大对贵州林业建设支持力度。

按照省委、省政府和国家林业局的总体部署，全省林业系统干部职工抢抓机遇，主动作为，奋力追、全力赶、努力超。国发2号文件精神得到深入贯彻落实，争取国家林业局出台了支持我省加快林业发展的意见；全省林业投入大幅度增加，累计总投资达38亿元；完成营造林任务420.44万亩，为去年的101.5%，全省森林覆盖率达到42.5%；林业特色优势资源基地建设进一步加大。共完成经济林种植125万亩，其中油茶林新造27万亩、核桃44.23万亩、茶叶13万亩、鲜果林28.5万亩，其他经济林12.27万亩。完成省级植被恢复费特色商品林示范基地项目建设10.4万亩。积极推进林下经济发展。确定凤冈、大方、赫章、麻江、锦屏和黎平等6个县为全省林下经济试点县，组织实施林下经济项目，全省林下经济经营面积达到884.1万亩，产值达59亿元。林产工业快速发展。2012年全省共生产锯材80.3万立方米，人造板71.5万立方米，木竹地板60.8万平方米，松香5942吨。用好用活产业发展资金。安排2012年度省级林业产业发展专项资金1200万元对63个项目进行扶持，带动社会资金10亿元投入产业发展。森林旅游保持良好发展势头。全省林业系统各自然保护区和森林公园共接待游客2438万人次，实现旅游收入16.1亿元。林下经济长足发展。全省林下经济经营面积达到884.1万亩，产值达59亿元。

全年林业总产值预计完成400亿元，为去年的115%。

【贵州特色产业与产品】

竹　浆　“黔北20万吨/年竹浆一体化工程”是全国第一家经国务院办公会审定、国家发改委首个核准和国债资金重点扶持的林浆一体化示范项目，是全国首批循环经济试点项目。该项目采用当今世界最先进的工艺技术和环保技术，单系列竹浆产量最大。项目由赤天化纸业公司承担。该公司是国内最大的竹浆生产企业，在第六届中国竹文化节、中国竹业博览会和中国国际林业产业博览会上多次荣获产品金奖和优质奖。在克服了国际经济危机、国家银根紧缩、银行利息多次上调和百年不遇的持续罕见的高温干旱等诸多不利因素的影响，2012年全年共计生产漂白竹浆板10.2万吨，收购竹原料39万吨。实现销售收入5.5亿元。该公司始终把竹林基地的建设和发展放在首要位置来抓，采取买断、租赁、扶持、股份合作和定单等模式进行基地建设，2012年，新建原料林基地验收面积5.9万亩。为保障基地建设种苗的品质和产出，专门成立了竹类科学研究所，从事优质种源的引进和培育、综合开发以及加工利用等方面的工作，同时，与贵州大学林学院合作成立了博士后流动工作站，开展种苗的选育优化、土壤营养研究、竹林病虫害防治等方面的工作，形成了以企业为主题，高等院校和科研院所参与、利益共享、风险共担的产学研一体化运行机制。截至目前，累计已完成原料林基地建设面积42.37万亩。

棕纤维弹性材料　山棕是我国独有的林产资

源，主要分布在秦岭以南山区，包括云南、贵州、四川和湖南，可忍受长期干旱缺水的生长环境，在干旱贫瘠地带依然可以长时间地保持绿色。山棕纤维传统上用于制作棕绷床、棕绳、蓑衣、扫帚等传统日用产品，经济价值较低。

1991年，贵州大自然科技有限公司利用从山棕板和废弃的山棕叶柄中提取的棕纤维丝生产棕纤维弹性材料、用于制作植物纤维弹性床垫产品获得成功，取得了棕纤维领域的第1项国家发明专利“棕纤维弹性材料的生产方法”，并创立了“大自然”品牌的全山棕床垫。经过多年发展，2010年通过省级技术中心鉴定，2011年通过贵州省高新技术企业认证。在棕纤维弹性材料领域完整地掌握了纤维丝提取、弹性材料生产工艺、关键设备等核心技术，拥有完整的自主知识产权，目前，该公司累计申请国家专利200余件(发明专利50件，外观20，实用新型专利130件)。2003年，公司主导起草了《棕纤维弹性床垫》行业标准，2009年，主导起草了《软体家具 棕纤维弹性床垫》国家标准，是国家标准化管理委员会全国家具标准化技术委员会委员单位。目前正在编制行业标准《家具工业规范 棕纤维弹性床垫纤维丝》，是国家知识产权产业化示范工程单位、贵州省中小企业知识产权战略推进工程实施单位，是我国家具家居行业拥有专利最多的企业。

2010年12月，贵州大自然科技有限公司与贵州大学林学院签订技术合作协议，着力于解决棕榈育苗和栽培的科研问题。2013年，在省林业厅的关怀帮助下，变质了贵州省棕榈种植发展规划，在省内北部和东部地区规划建设300万亩人工棕榈林，预计于2018年左右实施完毕。项目建成后，将能满足年产150万床床垫的原材料需求，实现产值40亿元，拉动相关就业5000余人。

五倍子 “中国五倍子”在国际上享有盛名。全国年总产量约5000吨~6500吨，其中贵州年产量约1300吨~2200吨，约占全国总产量的近1/3，是中国五倍子的重要产区之一，以单宁含量最高，品质最好的角倍为主，长期以来是外省企业争夺资源的主场。全省有70个县(市、区)自然分布，占全省县(市、区)的80%。五倍子经化学加工后生产单宁酸、没食子酸、焦性没食子酸、食品鞣酸等系列产品，广泛运用于医药、化工、食品、染料、军工、电子等行业，除国内使用外，还大量销往欧洲、美国、日本等国家。全国最大的遵义林源医药化工厂(二化厂)改制后，逐步走上正轨，正谋求扩建新厂房，扩大生产规模，其余规模都比较小，已有企业获得欧盟食品标准许可，作为食品添加剂进入欧盟市场。2012年贵州省实现五倍子系列产品产量约1200吨。

桐　油 贵州省目前是我国油桐最重要的产区之一，现有资源面积约5万公顷。较为分散，年产桐籽6万吨。贵州大部分地区有分布，主产区在黔西南州、黔南州、安顺市、遵义市、黔东南州等县(区)。现有规模仅为鼎盛时期的35%~40%，产量也只有当时的45%左右，主要集中在黔西南州的望谟、册亨以及黔南州的罗甸等县。加工能力约1.4万吨。

桐油是一种极好的干性油，具有干燥块、比重轻、光泽好、附着力强、抗冷热潮湿等优点。据统计，桐油的用途达一千种以上：其主要产品桐油为干性植物油，干燥快、比重轻、有光泽、耐碱、防湿、防腐、防锈，在化工、机械、造船、织网等工业以及木制家具和木制农具油漆方面具有特殊的用途。油桐全身是宝。榨油以后的桐饼肥效很高。据测定，其中含氮4%~6%，五氧化二碳1.8%~2.7%，氧花钾1.2%~1.3%，是很好的有机肥料。

方竹笋食品产品 在我国众多的食用竹笋之中，方竹笋之所以能脱颖而出，赢得“竹类之冠”等美誉，关键在于方竹笋具有与众不同的四大特色，①体态方正，色泽靓丽。方竹笋出土，剥去外壳，通体乳黄并有光泽，基部数节近于正方，有棱角感，如象牙美玉，靓丽可爱。②鲜嫩味美，营养丰富。方竹笋笋肉肥厚，一般0.3~0.5厘米，除毛竹和麻竹外，较常见竹笋厚0.1~0.2厘米。肉质鲜嫩，清香爽口、无渣、不塞牙。其营养成分与其他竹类相比，脂肪、糖类和热量较低，而蛋白质、粗纤维和微量元素含量较高，更贴近营养保健食品要求。③源于天然，品质纯净。方竹生长于海拔1300米以上高山丛林中，人迹罕至，环境清新、不施化肥、不喷农药、无污染，保持着浓厚的原生状态，实为当今世界不可多得的纯

天然绿色食品。④中秋出笋、季节优势。常言道“雨后春笋”，而方竹笋却生于秋。每当中秋佳节来临，多数竹种的竹笋早已成竹，而方竹却破土而出，开始上市。明显的时间差，造就了季节优势。

方竹是大娄山特有竹种，以金佛山为自然分布中心，遵义全市分布范围限于桐梓(20个乡镇)，遵义(1个乡镇)，汇川(4个乡镇)，绥阳(5个乡镇)，正安(5个乡镇)，习水(3个乡镇)，道真(3个乡镇)，赤水(4个乡镇)共8个县区45个镇乡，现有资源面积43余万亩，竹笋常年产量达约31500.0吨，全市目前建有遵义老村长，桐梓康利，赤水绿色食品，正安顶菁等竹笋加工企业6家，年加工能力在25000吨左右。

遵义市方竹资源分布及产量概况统计表

县(区)	面积(万亩)	产量(吨)	备注
遵义市	70.0	31500.0	
桐梓	43.0	19350.0	
遵义	0.5	225.0	
汇川	1.0	450.0	
绥阳	10.0	4500.0	
习水	5.0	2250.0	
正安	8.0	3600.0	
道真	1.0	450.0	
赤水	1.5	675.0	

植物提取芳香油系列　贵州素有以柏木油、山苍子油、黄樟油、桉叶油为主等的传统出口天然香料香精产品。近几年有企业在用杉木根提取精油，替代柏木油，产量不大，约800吨；山苍子是我国特有天然香料植物资源之一，广泛用于食品、医药、化工等行业。贵州山苍子油质量(香气、柠檬醛含量)居全球第一，由于提纯和保存技术未突破，严重制约了发展。目前有的企业在做山苍子油与基地配套的生产体系，但在直接使用于日常生活中杀菌灭菌，加强调香后有很好的效果，正在进行市场推广。同时以少花桂为主的黄樟油基地建设因多种原因暂时停止，尚保留约5000多亩已进入丰产期，据反映含量较高。

刺梨系列食品　刺梨是丛生于贵州高原崇山峻岭之中的一种蔷薇科植物，春花秋实，果味酸甜中带涩，可食用，就其维生素含量而论，可谓集万种秋实精华于一果之大成，李时珍所著的《本草纲目》中早有记载。是贵州特有的绿色资源。全省大部分地区均有分布，属蔷薇科蔷薇属植物，富含微维生素和其他营养成分，特别是维生素C含量最高，素有“维C王”“圣果”等誉称。贵州籍中国工程院院士罗登义教授以毕生的精力对刺梨的营养成分作了详尽的研究，发现刺梨中蕴含有十八种氨基酸和十多种维生素，其含量远比苹果、梨、橙子、橘子、葡萄、猕猴桃等水果的含量高，其维生素C的含量高出上列水果几十倍到几百倍(详见刺梨有利元素含量统计表)。由《刺梨有利元素含量统计表》我们可以看出，刺梨含有的能使人延缓衰老的SOD成分也远高于其他水果，所以人们早已把刺梨果看成维C王、SOD之王。

刺梨和其他果类营养成对比

果品名称	维生素C	SOD
刺　梨	2000mg/100g	10000μ/g
猕猴桃	200mg/100g	无
苹　果	5 mg/100g	无
柑　橘	40mg/100g	无
葡　萄	25mg/100g	无

现有资源1.2万公顷，其中人工栽植0.4万公顷，野生0.8万公顷。年产鲜果1万吨，加工果酒、果脯、果酱等多种食品和饮料等，年产值超过1亿元。

木本药材　贵州是全国主产区之一，产量占全国前列。现有面积2.9万公顷，年产量1万余吨。主要分布在遵义市、六盘水市等地，以遵义杜仲皮张大，质量好而享有盛誉。目前，遵义市杜仲面积2万多公顷，年产优质杜仲0.5万吨以上，产量和面积均居贵州之首。除销全国各地外，还出口日本、韩国、新加坡、香港、台湾等国家和地区。目前，全省主要以药用为主，有相关的企业10余家，年消耗量上千吨。近年来，由于受市场影响和杜仲的深度开发停滞不前，从而影响了杜仲生产的进一步发展。

厚朴、黄柏是贵州传统性的重要木本药材之一，主要分布在遵义市、毕节地区及贵阳市附近地区。厚朴资源现有面积0.7万公顷(主要是近两年退耕还林所营造，还是幼树)，年产厚朴(干皮)600吨；黄柏现有资源约500公顷，年产量(干皮)300吨。作为原料使用的药厂10余家，年加工消耗量600吨。

【省级龙头企业】

贵州银燕木业有限责任公司　是一家专业从事木地板开发、生产、批发、零售经营，集科、工、贸、服务于一体的综合性企业，拥有贵州省规模最大的木地板生产基地和木地板超市。于2004年通过了ISO9001：2000国际质量管理体系和ISO14001：1996国际环境管理体系双认证，并获得了"中国地板行业十大知名品牌""中国地板市场质量过硬用户十佳畅销品牌"的称号以及CIAA抗菌标志产品认定证书、"国家质检合格建材绿色环保产品"认证，连续五年荣获"贵州省消费者协会诚信单位"。是贵州省林业产业协会轮值会长单位。拥有原料林基地50万亩。

贵阳单宁科技有限公司　主要从事以五倍子为原料的精细化工产品生产，主要产品有啤酒单宁系列产品及油脂抗氧化剂没食子酸丙酯，其中高纯度啤酒单宁产品是该公司自身研制的，获得了2006年度科技部和省科技厅科技型中小企业技术创新基金支持以及贵州省高技术产业化示范工程专项支持，产品远销欧美市场；没食子酸丙酯质量符合美国、欧盟食品、药品标准要求，达到国际先进水平，产品全部外销。2012年该公司出口创汇265万美元，被行业公认为中国没食子酸丙酯出口领先企业。拥有100亩示范基地。

贵州合众家具有限公司　公司成立于1986年，是专业生产销售中高档办公、宾馆套房家具、民用家具的企业。拥有从德国、意大利引进的先进机械化生产设备，下设板式、实木、软体、涂饰四个车间，产品畅销省内各地，连续三届"贵州省名牌产品"获得者，先后获得"消费者信得过产品""推荐品牌"，贵州星火科技三等奖、贵州省家具行业"名牌产品"等多种荣誉。产品通过ISO9000论证、ISO14001环保认证、计量认证。2012年主营产品产量近1亿件。

贵州中竹新宇竹业有限公司　公司是由原赤水市新宇竹业有限公司和北京天富荣工程技术有限公司进行股份制改造，重组而成。原赤水市新宇竹业有限公司是以竹业综合开发、旅游、酒店经营为一体的贵州省民营科技企业。实行董事会领导下的总经理负责制，高度重视新产品研制开发，依靠科技创新积累了多项自主知识产权，是以竹产品系列综合加工为主的省级民营科技企业，信用等级AA级，曾获省、地、市三级农业产业化经营重点龙头企业称号。现该公司拥有竹集层材、竹工艺旅游产品、工艺竹筷、竹砧板、车厢板、竹地板等七大系列300多个品种和规格产品，其中35%的产品出口到欧美等17个国家和地区，常年生产总值5000万元以上，原材料综合利用率达98%。拥有国家发明专利2项，实用新型专利13项。公司的部分产品获贵州省优质农产品、贵州省名牌产品称号，曾荣获多届国际竹文化节金奖。是目前西南地区最大的竹材综合加工企业。拥有基地9.8万亩。

贵州红赤水生态食品开发有限公司　该公司是原赤水市绿色生态产业有限公司，2009年更名，是一家股份制民营科技企业，主要从事竹笋、生物虫茶、金针菇等系列旅游食品的加工和销售，产品品种100多种，获得质量安全管理体系HCCP、ISO9001认证合格和有机转换产品认证合格，其创立的"红赤水""桫椤妹""长寿虫茶"等品牌深受消费者的信赖，产品在华东、华中、华北及西南等许多省(市、区)大中城市十分畅销。以公司+基地+农户的模式建有6000亩基地。2012年主要产品产量2700吨，实现产值3000万元。

贵州赤天化纸业股份公司　该公司20万吨林浆纸一体化工程项目属国家、贵州省重点项目，是当今世界工艺技术最先进、单系列产量最大的竹浆项目，是全国首批循环经济试点企业。该企业总投资31.182亿元，包括制浆造纸20万吨和40万亩原料林基地项目两大部分。2011年公司顺利通过FSC森林认证，并获得有BV认证公司签发的认证证书，获得进入国际高端市场的绿卡。多次在竹文化节、竹博览会和森林产品博览会上荣获金奖。2012年，在世界经济出现持续低迷和欧债危机的影响下，全年共收购竹原料39万吨，生产漂白竹浆10.2万吨，实现产值5.5亿元。该公司自主培育的"龙竹有性繁殖技术"获得国家专利，经过多年努力，自建基地、扶持大户、购买、股份合作等方式超前建设原料基地，目前基地面积已达42.5万亩。

正安县顶箐方竹笋有限公司　该公司属非公有制企业，主要经营方竹笋和山野菜的加工销售，以及种植业和养殖业。公司是正安县唯一的出口创汇企业，05年被国务院扶贫开发领导小组办公室评为"国家扶贫龙头企业"，1998年至2005年连续8年被贵州省工商局授予"省级重合同守信用单位"称号，2002年至2003年被贵州省委、省政府授予"先进企业"称号。2004年取得出口经营权，并通过了ISO9001：2000国际质量管理体系和HACCP体系认证，还通过QS、出口卫生注册、有机产品和有机产品基地认证。现有基地18万亩。2012年主营产品产量1.3万吨，销售收入7531万元，其中创汇386万美元。

贵州甘力木业有限公司　该公司始建于1999年，前身为德榕甘力人造板厂，2005年变更为现名。现有主要生产细木工板，生产能力2.75万立方米。所生产的"甘力"牌细木工板2005年被黔东南州质量协会评为"黔东南名优特色产品"。公司通过定单等方式与农民建立利益联结机制，签约基地22700亩。2012年全年调进木材2.5万立方米，生产细木工板1.7万立方方米，实现销售收入4900万元。

贵州威榕木业有限公司　该公司是榕江县委、县政府招商引资项目之一，建有标准厂房、仓库、办公楼及其他附属配套设施10000多平方米。已建成三个车间二条加工生产线，即机接集成材生产线一条和细木工板、杉木建筑模板生产线一条，年生产能力达3.5万立方米。产品主销往欧美、台湾、上海、浙江、广东等地。银行信用等级AA级。公司通过联营方式直接带动农民1250户，户均增收1700元。

贵州凯鸿木业有限公司　该公司是榕江县招商引资重点企业，主要产品有指接板、机拼板等，年产量能力2万立方米，产品远销欧美和国内上海、深圳等发达省市，被全国高科技质量监督促进工作委员会评为全国质量信得过产品。银行信用等级AA级。以公司+基地+农户方式建有基地3500亩，带动农户500户，户均增收1300元。

贵州省黎平县锦龙木业有限公司　公司于2007年7月正式投产，建成6条生产线，年设计生产能力4万立方米。主营业务是指接板、壁板和木门等木材精加工产品的生产和销售。公司秉承"优化环境、优良服务、优秀品质、制造精品、回报社会"的经营理念，始终坚持以客户为中心，以市场需求为导向，积极推进品牌经营战略和细节管理，始终坚持把产品质量和服务质量放在第一位。公司具有出口经营权，部分产品远销日本等国家。还被国家民委、财政部和中国人民银行三家联合明确为民族商品定点生产企业。2012年生产1.5万立方米，产值3500万元。

贵州森泰实业有限公司　是一家从事松香产品、中药茯苓种植和茯苓饮片加工、侗家系列食品生产和销售的综合性民营股份合作企业。现有生产能力松香6000吨，歧化松香3000吨，茯苓中药饮片6000吨以及松脂基地林4.3万亩，茯苓规范化种植基地3000亩。2003年通过ISO9001：2000质量管理体系认证，承担并完成了省科技厅下达的中药材茯苓复式栽培技术研究课题，实施了贵州省中药现代化科技产业研究开发专项项目—贵州茯苓规范化栽培基地项目，获贵州省科技成果二等奖。银行信用等级A。现有松脂基地和茯苓种植面积4.5万亩，2012年实现销售收入4900万元。

贵州省黎平县东风林场日升木业有限公司　于2007年10月正式投产，目前建有6条生产线（指接板、细木工板、柜子板、杉墙板、胶合板、活性炭等），产品销往浙江、江苏、上海、重庆、成都等地。通过合同订单等方式建立原料林基地2万亩，带动农户358户。2012年主营产品产量1.4万立方米，实现销售收入1883万元。

从江县华丰木业有限责任公司　为从江县重点招商引资木材精加工企业，于2004年筹建并投产，下设四个车间一个分厂，主要产品细木工板。年木材加工量4万立方米，产品销往四川、湖南、浙江、河南、湖北、江苏、广东、广西等省。2012年实现销售收入7700万元。

锦屏县胜利木业有限公司　该公司是2004年由原来的建国木材加工厂改制而成的，注册资金600万元。主要生产细木工板、指接板等产品，产品畅销重庆、北京、江浙等市场，指接板、细木工板等精深加工产品在杭州、重庆已占有一定的市场份额，深受消费者欢迎。公司及其产品被列为锦屏县“重点保护单位”“重点保护项目”。公司多次荣获锦屏县非公有制经济优秀企业、年度纳税先进企业；锦屏县“林业工作先进单位”等荣誉称号；黔东南州“优秀商会企业会员”；贵州省“省级诚信私营企业”。2012 年生产产品 2.3 万立方米，销售收入 1800 万元。

江口县吉尔森木业有限公司　公司 2006 年 5 月创建于铜仁市，是专业从事木材加工板的开发、生产、批发、零售的经营，是集科、工、贸、服务为一体的综合性企业。公司坚持现代化管理，保持良好运行状态；坚持科技发展道路，采用先进的工艺，核心技术和主要设备引进当今世界最先进的技术及加工设备，始终保持产品高规格、高质量。通过“公司 + 基地 + 农户”模式，联合营建基地 5 万余亩，蓄积 30 万立方米。2012 年主营产品 9000 立方米，实现销售收入 2600 万元。

黔西南奥森木业有限公司　是以生产木质纤维板为主的木材深加工企业。有年产 5 万立方米的中密度纤维板生产线一条，生产原料主要是小径材、木材采伐、造材、加工剩余物(即“三剩物”)。2007 年被黔西南州委、州政府表彰为非公有制“优秀企业”，通过 ISO 认证体系，银行信用等级 AAA 级。目前已建设 6 万亩工业原料林基地，带动农户 5000 户。

贵州飞龙雨绿色实业有限公司　是一家从事中草药开发，金银花种植和系列产品开发的有限责任公司。是贵州省金银花(黄褐毛忍冬)、倒提壶的中药材 GAP 研究和建设的承担单位。2004 年获国家科技部授予“国家星火计划技术创新企业”，2006 年获国家林业局授予“全国经济林产业化龙头企业”，同时，该公司也是贵州省农业产业化经营重点龙头企业。形成了以本土金银花为原料开发的金银花系列产品产销体系和以贵州本土苗医验方开发的“苗老爹”外用系列医药产品产销体系。银行信用等级 AA，已通过 QS 认证。拥有 30 万亩基地，带动农户 2700 户。2012 年主营产品 380 吨，实现销售收入 4000 万元。

贵州顶效绿化绿色产业水果公司　该公司自 2002 年成立以来，带领、帮助全村所有农户种桃致富，农民人均年收入由原来的 200 元增至 4200 元，仅种桃收入就达 3690 元，人均种桃收入占人均纯收入的 88%。并向国家商标总局注册了“绿化桃”和“桃花谷”两个商标。绿化村党支部因调整产业结构发展林业产业，带动群众走上了致富路，2006 年贵州省委评为“全省先进基层党组织”。2005 年春节期间，胡锦涛总书记视察了绿化村，对绿化村产业结构调整工作给予了肯定。2006 年绿化村被列为贵州省社会主义新农村建设“百村试点”之一。近年来，在社会主义型农村建设中，有兴建休闲长廊、娱乐亭、村活动室、教学楼等设施，积极组织村民实施改水、改厕、改路、改灶、改圈的五改工程。2012 年实现销售收入 3310 万元。

贵州大自然科技有限公司　贵州大自然科技有限公司是我国植物纤维材料领域的发明者、开创者及领导者，主要经营以山棕及其他植物纤维为主要材料的床垫和家居用品的研制、生产、销售及技术服务。具有年产 30 万床的植物床垫生产能力，是全国最大的植物床垫生产厂家，建立了以研究植物纤维材料应用技术为主的全国唯一的天然植物纤维材料研究中心，拥有各类中高级研发人员 30 余人，2012 年实现销售收入 2.41 亿元，利税 4968 万元。目前，公司以 30% 的年增长水平稳步发展。

该公司十分注重技术创新，在专利、标准等方面取得了显著成绩，建立了全国唯一的天然植物纤维材料研究中心，与暨南大学建立了棕麻纤维联合实验室，拥有各类中高级研发人员 30 余人，是国家标准化管理委员会全国家具标准化技术委员会首批委员单位，主导起草了《棕纤维弹性床垫》行业标准，并将该标准升级为《软体家具棕纤维弹性床垫》国家标准，2009 年 11 月通过审定，2011 年 12 月颁布执行。该公司积极实施专利技术战略，现已申请各类专利 145 项，其中：已获发明专利 9 项、实用新型专利 58 项、外观专利 6 项、是国家林业局知识产权产业化示范工程单位，是我国林业企业和家居行业拥有专利最多的企业之一。公司注册的“大自然牌”商标多次荣获贵州省名牌产品称号。

“大自然”棕床垫目前在全国各大中城市设有 600 多个销售网络，经销商 170 余人，实现全国统一营销元素的连锁销售模式，在全国范围内拉动相关就业6000余人。并在国内家具行业中有较高的知名度和美誉度。是贵州省家具协会理事长单位、中国家具协会副理事长单位、中国睡眠研究会单位会员、消费日报社理事会理事单位、中国质量万里行委员单位，贵州省质量检验协会常务理事单位。“大自然”棕床垫在全国植物纤维弹性床垫行业中产量和销量都位居第一，在全国在植物纤维床垫中市场占有率为60%。公司一贯秉承“天然、健康、环保、安全”的健康睡眠新标准，坚持技术创新，努力成为中国最具影响力、消费者最信赖的床垫品牌！

贵阳万方生态资源开发有限责任公司　成立于2000年11月。企业注册资金1000万元，具有贰级园林绿化资质的民营企业。专业从事园林绿化工程设计、施工、绿化苗木、经济苗木、草坪、花卉的培育。具有贰级园林绿化资质的民营企业。专业从事园林绿化工程设计、施工、绿化苗木、经济苗木、草坪、花卉的培育。公司组织机构合理，经营机制运行正常，拥有较强的专业化水平和知识结构完善的企业决策管理层，在诚实、守信、高效、守法的经营理念指导下，采取战略性目标管理，组建了一支适应生产经营活动及市场需求的中层管理人才和强大的专业技术队伍。公司负责部门下设绿化技术部、采购部、经营部、财务部、办公室。有高、中、初级林业技术职称人员23人，高级技工7人，管理人员25人。有本科学历人员7人，大专学历人员12人，公司经过13年多的努力，现拥有1200余亩苗木生产基地，年产苗木百万余株，草坪生产基地50余亩。带动农户100户。公司2002年4月曾获首批“贵阳市农业产业化重点龙头企业”的称号；第二环城林带公益林建设的工作中，中标建设23个标段共22000余亩，合同金额达1900余万元。2012年实现产值2100万元。

遵义林源医药化工有限责任公司　该公司成立于2004年1月，前身为遵义第二化工厂，是林产化学品和原料药生产企业，是贵州省最大的焦性没食子酸生产厂家，以贵州山区特有的五倍子为原料，经化学加工生产单宁酸、没食子酸等，所生产产品多次获得国家或省级产品质量奖，高纯食品单宁酸获得国家重点新产品奖。公司着眼集科研、生产、贸易与一体的现代化企业，以“专”“特”为中心，以“精”“新”作保障，积极追求技术进步，提高产品质量。目前产品主要出口到美国、日本、欧洲等地。公司采取“公司+农户”的运行模式建立五倍子生产基地，现拥有生产基地10000余亩，涉及26个行政村，农户5000多户。2012年生产500多吨，实现产值4026万元，创汇400万美元。

余庆县敖弘木材产销农民专业合作社　该合作社是2009年12月经主管单位批准，在原余庆县敖溪镇夏正权木材加工厂的基础上由吴宏等农民工通过整合，组建而成立的农民专业合作社。该合作社采取合作、股份、扶持、租赁及订单模式与广大农户共同建设原料基地，至2012年3月已建原料林基地10600亩，带动周边农户3000亩，与600户农户签订订单。原料木器厂基地建成后，该合作社每年可实现销售收入5000万元，利润总额600万元，创税100万元，可解决300个就业岗位，带动项目区及周边地区相关产业的发展，实现农民增收。2012年生产胶合板38万张，实现年度目标的76%，实现销售收入1800万元。

贵州省三阁园林绿化工程有限责任公司　成立于2004年，具有国家城市园林绿化施工二级资质和风景园专项设计乙级资质，是贵州省公园绿地协会副会长单位。公司2006年遵义市林业园林绿化局参加首届中国(南京)国际绿化博览会，选送的植物分获金、银奖及优秀奖。2009年代表贵州参加“第七届中国(北京)花卉博览会”贵州园的设计施工并获银奖；代表遵义市参加第七届中国(济南)国际园林花卉博览会遵义园的设计与施工获先进集体奖。公司坚持“意识产为导向、效益为中心、科技为支撑”的原则，大力发展标准化农业，并遵循“规模生产、经济合理；技术先进、绿色环保；品牌营销、现代管理”的指导思想，培育自主注册商标桂花新品种1个，建立桂花苗基地600亩，年产各类桂花苗800株。2012年实现销售收入2450万元。

贵州赤水市科技发展有限公司　该公司是由贵州新宇竹木制品有限公司和上海浓芙德商贸有限公司共同出资合作的民营企业，于2008年8月成立。公司主营产品为竹塑制品，是贵州首家竹塑复合材料生产企业，是中国资源协会木塑复合材料专业委员会会员，是木塑地板国家标准起草单位之一，拥有一项实用新型专利和一项发明专利，国家科技部项目，省技术创新项目和再生资源综合利用示范项目。竹塑复合材料是木塑复合材料的一种，是理想的木材代用品之一，是用竹加工过程中所产生的废弃竹屑和废旧塑料按一定比例加工而成的一种新型复合材料，产品可100%回收再利用。

贵州省桐梓县康利绿色食品有限公司　该公司始建于1999年7月，2008年进行年产3000吨方竹笋系列产品技改，是首批列入省政府《贵州省特色食品产业振兴计划》(黔府发〔2009〕14号)的重点企业，多次被桐梓县委、县政府授予先进企业、文明生产单位等称号。主要从事方竹笋系列产品生产加工及销售，2010年通过ISO14001：2004环境管理体系认证，2010年通过出口食品生产企业备案，同年8月与贵州新贵粮食品进出口有限公司签订《出口合作协议》，首批产品于2011年4月出关销往美国。2012年主要产品产量3000吨，实现销售收入3300万元。

贵州省关岭自治县板贵花椒食品香料有限公司　成立于2007年，主要生产关岭县板贵乡出产的花椒为原料的“板贵花椒”系列产品，荣获“贵州省旅游商品定点生产企业”和“贵州名优产品”称号，通过ISO9001：2008认证。现有基地2.26万亩，带动农户3000户。2012年主营产品生产110吨，实现销售收入1350万元。

贵州华森林业综合开发有限公司　该公司于2007年起自筹资金，采取租赁土地的方式在罗甸县发展桉树种植，现已种植桉树2万余亩，带动农户800户，户均增收1500元。该公司规划的罗甸县8万亩桉树人工林定向培育种植项目于2010年3月通过省发改委备案。

贵州恒力源林业发展科技有限责任公司　该公司是2009年通过黔南州政府和龙里县政府招商引资入驻龙里的《林板一体化项目》，并于当年开工建设，目前已建成年产8万立方米中密度纤维板生产线，在2009年被省政府列为2010年贵州省重点建设项目。公司主要经营人造板生产与销售业务，以枝丫材等林业“三剩物”和废旧木材为原料，引进了目前国内最先进的中密度纤维板成套设备生产线，生产“力人”牌中密度板。2012年实现销售收入7200万元。同时，公司联动上游产业多家公司进入产业园区，初步形成了以板材为主的加工制造产业集聚区。

贵州正康中药材开发有限责任公司　该公司成立于2004年，主营金银花产品，其加工工艺为自主创新的发明专利，现有基地1.2亩，带动农户4200户，为黔东南州优秀农业产业化龙头企业。

锦屏县森科林产品有限公司　该公司2006年成立，主营产品松香、松节油，2010年主营产品产量780吨，生产工艺符合国家规定，产品质量合格。原设计生产能力6000吨，今年新增投资计划进行技术改造，使产量达到1万吨/年。

黔西县绿源食品开发有限公司　成立于2001年，是一家集刺梨基地发展、产品加工、出口贸易的综合性企业，以贵州高原特有野生刺梨为原料，与贵州大学生命科学院作为技术支撑，深入开展刺梨产品的梯度开发，采用现代先进工艺，主营产品为“金刺维”刺梨系列产品。现有种植面积10000亩，带动农户1500户，对石漠化山区技术扶贫有着现实作用。2012年实现销售收入110万元。

六盘水神驰生物科技有限公司　该公司成立于1999年，主营五倍子焦性没食子酸，具有自主知识产权，获得相关管理体系认证，2009年被评为科技部科技型中小企业技术基金立项创新。2008年评为六盘水市农业产业化龙头企业。2010年开始投资油茶种植项目，已种植5000亩，带动农户356户。

兴义市鲁屯油脂加工厂　黔西南州兴义市鲁屯油脂加工厂是贵州目前最大的桐油加工企业，生产设计能力2.5万吨，下设8个生产厂和1个外贸进出口公司，近年桐油产量稳定在1.2万吨左右，目前仍按原行业标准执行产品质量(Q/LYJ0201—2009)。为进一步巩固油桐子收购的稳定性，于2009年积极与当地合作以“公司+农户+基地+协会”的方式组建3.5万亩油桐基地，直接带动农户4480余户，连同间接带动每年使农户增收300万元。目前基地建设已有3年，先后被有关政府部门授予“省级农业产业化重点龙头企业”

“省级林业产业龙头企业”“国家重点支持粮油产业化龙头企业”“贵州省农业加工示范基地”“诚信企业”等荣誉称号；桐油产品获“贵州农产品加工特色产品金奖”；2012 年收购加工桐籽 3.6 万吨，产出桐油 0.91 万吨，销售桐油 1.12 万吨，实现销售收入 1.26 亿元。上缴税金 124 万元，实现利润 520 万元。该公司直接在桐油主销区华东市场设立常驻机构，进行桐油销售，是全国唯一一家在销售区自设销售部的生产企业。占全国桐油市场份额的 20%，产销率达 100%。

贵州益发绿色开发有限公司　该企业始建于 2003 年，是一家集林木资源培育、木材加工和林产品供给的产、供、销一条龙的民营企业，主营产品指接板、细木工板等，设计生产能力 2 万立方米；产品质量稳定并拥有“红水河”和“威建”牌注册商标，产品畅销上海、广州、云南、重庆等地。恪守“诚实守信、技改创新”的宗旨，遵行“做龙头、建基地、带农户、创品牌”的思路，目前正积极筹备两个产品生产线的技术改造；现拥有 2.2 万亩基地林，蓄积量 18.4 万立方米，常年与近 500 户农户签订收购合同。2012 年实现销售收入 850 万元。　　（吴　坤）

云南省林业产业

【概　述】 2003年，云南省委、省政府确立了"生态立省、环境优先"的发展战略，提出了"生态建设产业化，产业建设生态化"的发展思路，形成了一整套行之有效的工作方法和政策措施，在实施以生态建设为主的林业发展战略的同时，大力推进山区综合开发、发展木本油料等举措，各地立足资源优势和现有生产基础，突出区域特色、品种特色、功能特色，搞好规划，明确重点，强化扶持，着力建设一批以资源培育为主导、集约经营、各具特色的林业产业带，以精深加工为重点、专业协作配套的产业集群和现代林业示范区。积极拓展林业发展的新空间，林产业产值不断提高，规模不断扩大，林业产品规模小、结构单一、科技含量低、经济效益差的问题逐步缓解，林产业的后发优势逐渐显现。随着我省集体林权制度主体改革的基本结束，配套改革深入推进，林业生产关系得到进一步调整，林业生产力得到进一步解放，林业发展机制被进一步激活，调动了林农和社会各界发展林业的积极性，为加快林业产业发展奠定了良好基础。

云南林业资源状况　云南地处长江、珠江、湄公河等六大国际国内重要河流的源头或上游，是东南亚国家和我国南方大部分省区的"水塔"，具有重要的生态战略地位。在全国划分的50个重要生态功能区中，云南就占据8%。云南还是全国重点林区之一，森林资源丰富，生物多样性富集，是中国植物种类最多的地区，集中了从热带、亚热带至温带甚至寒带的多数植物种类，在全国约30000多种植物种类中，云南占其中的17000多种，占全国总数的52.8%，其中木本植物4000多种，乔木树种2700余种。已知陆生野生脊椎动物1416种，全省有国家重点保护野生动物222种，占全国重点保护野生动物种数的55.4%。全省药材、花卉、香料、菌类的种类均居全国之首。全省林业用地面积3.71亿亩，占全省国土面积的64.71%，居全国第二位，其中商品林面积占50.3%，公益林占49.7%。森林面积2.73亿亩，占林地面积的73.58%(居全国第3位)。森林覆盖率52.93%，林木绿化率53.46%，远远高于全国平均水平。活立木蓄积量17.12亿立方米，居全国第二位。全省人均森林面积6亩，人均活立木蓄积37.24立方米。年总生长量7364.11万立方米，年总消耗量5321.5万立方米。林分单位蓄积量7.04立方米/亩(居全国第6位)。

境外周边国家资源状况　云南省周边国家主要有越南、缅甸、老挝三个国家，主要森林资源状况如下：

①越南。越南的土地总面积为33万平方公里，森林面积1.5亿亩，森林覆盖率44%，蓄积量8.5亿立方米，竹材40亿根。越南森林资源有限，全国人均木材蓄积量仅10立方米左右，远远低于世界木材盛产国的同类数量。越南木材年均采伐量140万立方米，其中20万立方米来自人工林，近年对天然林实行限额采伐，全国天然林年采伐量控制在100万立方米以内，同时禁止热带林原木出口。珍贵木材主要有铁杉、花梨、柚木、樟木、格木、朴树、麻楝、乳香树、椴树、乌梅木、降香黄擅等。越南格木是印度支那四大名木之一，驰名国际市场。林产品主要有松香、松节油、紫胶、桂皮、桐油、腰果、八角等，但产量不大。

②缅甸。缅甸森林资源极为丰富，珍贵树种柚木天然林资源世界第一。缅甸国土面积67.65万平方公里，森林面积4.77亿亩，森林覆盖率48%。森林面积中，生产林占28%，公益林占70%，自然保护区占2%。森林活立木总蓄积量14.3亿立方米；共有乔木1200种，其中700种可利用。柚木是最珍贵的树种之一。世界上仅缅甸、泰国、印度和老挝有柚木天然林，而缅甸又占了90%。国际市场对柚木特别是天然柚木原木的需求不断增长，价格每年以10%～15%的速度上涨，

缅甸以柚木原木形式出口获取大量外汇，约占全国出口总额的1/3。缅甸允许年采伐量为306万立方米，其中柚木仅为60万立方米，其他阔叶树种246万立方米。但每年实际采伐量均低于允许采伐量。

③老挝。老挝位于中南半岛腹地，属亚热带季风气候，雨量丰富，土地肥沃，土层深厚，土质松软。气候、雨量和土质等因素，促成了老挝森林密布、林木茂盛、植株高大、种类繁多、蓄积量丰富和生长期短等特点。加上老挝地处亚热带的中南半岛东侧和北回归线以南的大陆和南洋群岛之间的陆桥位置，接受了两方面的动植物传播，而形成了东南亚植被类型的热带和亚热带植被群落和印度、马来亚区域的基本动物群种，森林类型丰富。此外，老挝地广人稀，东北部犹如未开发的处女地，原始森林所占比重很大，千年古树很多，木、竹、藤混生，有超级天然植物园和绿色王国之美称。老挝的森林资源十分丰富，森林面积2.36亿亩，约占全国总面积的68%，蓄积量9.29亿立方米。其中，经济价值较高的森林约有700万公顷，占森林面积的45%。珍贵木材有柚木、乌木、檀香木、红檀木、黄檀木、紫檀木、龙脑香木、缅茄、坡垒、铁力木、纯叶婆罗双木、红木、花梨木、楸木和椿木等。

云南林业产业结构　云南省现代林业产业发展结构定位为“六园区、八项骨干工程、九大产业”的产业构架。

①六园区：一是滇中林业产业加工园区；二是滇西南林浆纸林产化工工业园区；三是滇西特色林产品工业园区；四是滇东南林业产业工业园区；五是滇西北非木质林产品工业园区；六是滇东北竹藤产业工业园区。

②八项骨干工程：一是中低产林改造工程，二是产业园区建设工程，三是原料基地建设工程，四是基础设施建设工程，五是良种生产推广工程，六是市场体系建设工程，七是产品品牌打造工程，八是信息化平台工程。

③九大产业：一是特色经济林产业；二是林(竹)浆纸产业；三是林产化工产业；四是竹藤产业；五是野生动物驯养繁殖产业；六是森林生态旅游业；七是木材加工产业；八是非木材产业；九是观赏苗木产业；

林产业产值　2012年，全省实现林产业总产值1587.49亿元，其中：第一产业607亿元；第二产业809.43亿元；第三产业171.06亿元。营造林规模居全国第2位，林木的种植和培育产值51.5亿元；经济林产品种植与采集产值416.8亿元；核桃、茶叶种植面积、产量均居全国之首。木材生产及林产化工产业持续增长，木材和竹材采运产值79.3亿元。松香年产量19.26万吨，松节油4.23万吨，居全国第2位。依托国家公园、自然保护区、森林公园、湿地公园等开展森林旅游，实现森林旅游收入26亿元。

2012年全省实现林产业增加值669.61亿元，其中：第一产业329亿元；第二产业272.19亿元；第三产业68.42亿元，三次产业增加值的比重为49:41:10，林业产业呈现出又好又快的发展势头。

【林产业主导产业】

木本油料　年末全省木本油料种植面积已达到4200万亩，产量60万吨，产值175亿元。其中：核桃产量55万吨，产值165亿元；油茶300万亩，产量3.6万吨，产值4.1亿元；澳洲坚果面积55万亩，产量0.8万吨，产值2.7亿元；油橄榄面积2.5万亩，产量32吨，产值200万元；膏桐面积80万亩，产量0.5万吨，产值1亿元；油桐面积30万亩，产量1.5万吨，产值2亿元。核桃、澳洲坚果、膏桐的面积、产量和产值均居全国之首，油茶居全国第10位。

木材加工　年末全省有木材加工及人造板企业4626户，木材产量530万立方米，居全国第4位；竹材产量12，288万根，居全国第5位。木竹地板270万平方米。木质家具259.66万件。锯材产量156万立方米，人造板产量268.75万立方米，其中：胶合板58.17万立方米，纤维板168.13万立方米，刨花板10.44万立方米。实现年产值103亿元。

观赏苗木　初步统计，全省观赏苗木基地数3463个，主要集中在昆明、昭通、楚雄、红河、普洱、大理、保山、临沧8个州(市)，占全省基地的88.4%，其中：昆明1954个，昭通62个，楚雄241个，红河150个，普洱71个，大理182个，

保山124个，临沧98个；全省观赏苗木基地现有经营面积271544亩，其中：昆明172194亩，昭通16951亩，楚雄10931亩，红河15463亩，普洱4399亩，大理5898亩，保山5356亩，临沧2759亩；全省观赏苗木基地实际育苗面积231553亩，其中：昆明164898亩，昭通8920亩，楚雄6554亩，红河12298亩，普洱3815亩，大理4943亩，保山3017亩，临沧2170亩。近几年，云南省观赏苗木产业发展取得了可喜的成绩，特别是昆明市，先后建设了苗木大世界、昆明泛亚花木城、植物王国等很有特色的苗木交易市场，这对带动和促进观赏苗木产业发展起到了积极的作用。

云南省目前培植的观赏苗木树种超过200个，主要有滇朴、滇润楠、长梗润楠、香樟、云南樟、天竺桂、石楠、紫薇、清香木、黄连木、木兰科植物、金叶女贞、黄连翘、黄杨、叶子花等。我省发展观赏苗木具有特殊优势，但产业起步较晚，自主培育的观赏苗木多数以小苗为主，一些优良乡土树种没有得到充分挖掘，如大理和保山的茶花、杜鹃，昭通的小叶楠、巧家五针松，红河的红河榕，文山的马关木莲、西畴含笑、麻栗坡含笑等，都是很具观赏价值的树种，但这些都未成为观赏苗木市场的主打产品。从事观赏苗木生产及销售的苗木经营户3146户，林业产业省级龙头企业21户，生产从业人数2.81万人。昆明植物王国、宜良泛亚花木城、花木大世界等观赏苗木交易市场的建立，加快了我省观赏苗木产业的发展，2012年，观赏苗木产业实现产值100亿元。

林下经济　年末种植面积6000万亩，主要产品产量560万吨，产值416.8亿元；野生食用菌年产量10万吨，总产值20亿元，成为云南省第二大出口创汇农产品；石斛种植面积10万亩，年产石斛产品8000吨，经营加工企业140户，产值10亿元；草果种植面积100万亩，产量2.4万吨，产值8.5亿元；水果产量339.97万吨，茶等林产饮料36.61万吨，林产调料4.29万吨，森林食品6.28万吨，木本药材2.77万吨，松脂等林产工业原料18.8万吨。

森林生态旅游　目前全省共建有省级以上自然保护区59个，国家公园8个，国家湿地公园4个，省级以上森林公园40个，我省最精华的景观资源绝大多数保存在这些区域，森林资源、湿地资源与民族文化资源完美地结合在一起。结合保护地建设，各州、市依靠监测、科研、社区共管工作，结合科普宣教，促进“生态旅游小区”建设稳步发展。西双版纳、高黎贡山、哀牢山、大山包、白马雪山、玉龙雪山、泸沽湖等自然保护区，以及亚洲象、滇金丝猴、黑颈鹤、长臂猿等物种资源已成为国内外知名的旅游品牌。2011年，依托各国家公园、自然保护区、森林公园、湿地公园等开展森林旅游，实现森林旅游收入近17亿元人民币，仅普达措国家公园、西双版纳国家公园及玉龙雪山省级自然保护区的森林旅游收入共计12亿元，中外游客计702.39万人次。2011年全省接待旅游1976.7万人次，实现森林旅游收入16.5亿元，比2011年增长8.4%。2012年全省共接待海外旅游者457.8万人次，同比增长15.8%；接待国内旅游者1.963亿人次，同比增长20.2%，全省各地结合自身特点，开展了多形式的森林农家乐、康体休闲旅游等产业，带动了当地第三产业的发展和林农增收。森林旅游已成为云南经济快速发展的重要支柱之一。

林化工产业　全省共有林化工及生物质能源生产企业257户，经销企业400多户，主要产品有脂松香、松节油、桉叶油、紫胶、山苍子油、单宁酸、栲胶、活性炭、黄樟油、桐油、紫杉醇等，其中脂松香、松节油、桉叶油和紫胶为大宗出口创汇产品。

①松脂生产加工业。云南是一个松脂资源大省，松香、松节油产业在云南具有巨大的发展潜力，全省共有58个采脂县，主要产脂树种有云南松和思茅松，能采脂的林分面积和蓄积量均居全国的首位。松脂主产区是普洱市，占有绝对主导地位，其次是玉溪市、临沧市、楚雄州、大理白族自治州，普洱市的松脂产量占全省的60%左右，其他州、市的产量约占40%。全省松香加工企业有46家，其中获得省级林业产业龙头企业的有9家，设计生产能力达到万吨以上的企业有13家，大都建在松脂主产区。2010年全省产松香20.6万吨，松节油4.5万吨，居全国第二位，

②天然香料业。云南天然香料年总产量已超过6000吨，工业总产值近3亿元。年产量居全国

第四位，占全国产量的30%以上。出口数量约占全国出口总量的15%，天然香料工业已成为云南省投资效益较好的产业之一。全省主要有：桉叶油、香叶油、柠檬草油、香茅油、山苍子油、冬青油6个天然香料品种，年出口创汇已超过1500万美元。全省已能生产天然香料近40余种，含量99%的桉叶素油获1992年全国第三届新技术新产品博览会银奖。β－蒎烯、α－蒎烯、中国橡苔、依兰－依兰油等产品获国家金龙奖。卷烟香精"云溪牌"云烟浸膏，获国家星火博览会金奖和印尼国际博览会银奖。此外，八角茴油、茴脑、天然樟脑粉、黄樟油、桂油、香兰荚等也是云南省具有优势的主要产品。云南省的天然香料产品在国内外已形成了较为稳定的销售市场。产品除在国内20个省市销售外，还远销欧洲、美国、加拿大、日本、澳洲、东南亚及港台等国家和地区。在天然香料产品中，桉叶油(蓝桉)是云南省特色产品，出口量占国际市场90%以上。有规模生产的企业7家，年生产能力2万余吨。

③紫胶生产。紫胶是云南省又一传统特色产品，占全国产量90%以上，有生产企业12户，年生产能力3000吨。上世纪80年代以来，由于家具行业使用的紫胶涂料被合成树脂涂料代替，而紫胶新用途、新产品开发滞后，使得紫胶原胶产量由3500吨下降到1200吨。近年来，随着紫胶新用途的开发研究，紫胶市场逐渐好转，云南紫胶占有全国近90%的市场份额。

④活性炭生产。云南省活性炭生产主要以木材加工剩余物和缅甸、越南进口椰壳炭化料为原料，小规模作坊式生产，产品多是满足小范围冶金助剂的需求，在水处理、医药、气体净化用炭等方面，几乎是空白。近期通过云南省环保局验收的《云南省大理州漾濞县核桃壳资源化利用——制取优质活性炭项目》，拟利用漾濞县及周边地区每年产生的1万多吨核桃壳，加工成1500吨优质活性炭投放市场，发展前景广阔。

【营造林生产】 2012年末，完成营造林面积816.7万亩，其中：人工造林743.14万亩，无林地和疏林地新封山育林73.56万亩。从林种用途上看，2012年的造林面积仍以经济林所占比例较大，为74.4%，其中：用材林80.55万亩，经济林607.33万亩，防护林126.61万亩，薪炭林1.79万亩，特用林0.42万亩。完成更新造林7.4万亩；零星(四旁)植树10739.5万株；育苗面积96，735亩；低效林改造137.19万亩。按经济成分划分，公有经济造林322.72万亩，非公有经济造林493.98万亩，非公有经济造林占营造林总面积的60.5%。林木的种植和培育产值57.8亿元。

【林业重点工程】 天然林保护、退耕还林、防护林等重点生态建设工程扎实稳步推进。2012年，国家林业生态重点工程营造林262.03万亩。其中，天保工程实际完成投资13.22亿元，完成造林面积60.74万亩(其中人工造林30.96万亩，无林地新封山育林面积29.78万亩)；退耕还林工程实际完成投资11.86亿元，完成造林面积187.55万亩(其中荒山荒地造林176.15万亩，无林地新封山育林11.4万亩)；防护林体系工程实际完成投资5164万元，完成造林面积13.74万亩。

年末全省林业部门管理的自然保护区126个(其中国家级17个，省级37个)，总面积262.93万公顷。野生动植物保护及自然保护区建设完成投资4157万元。自然保护区每年森林生态服务功能总价值2009.02亿元。省级以上森林公园40个，其中国家级27个，省级13个，管理总面积15.4万公顷，分布在15个州市39个县区，全年完成投资25，895万元。建立国家公园8个，总面积76.39万公顷，8个国家公园每年森林生态服务功能价值797.30亿元。

2012年，全省林业建设完成投资85亿元，其中：生态建设与保护45.64亿元，林业支撑与保障6.67亿元，林业产业发展7.46亿元，林业民生工程7.04亿元。林业固定资产投资完成34.26亿元。

【林产业发展模式】 在推进林产业发展进程中，云南省积极探索有效的发展模式。许多企业采取"公司建基地、基地联农户"的模式，在企业与农民之间建立了稳定、合理的利益联结机制，使企业和农民形成了利益共同体，既解决了企业无土地、无原料的困境，又解决了农民无资金、无技术的难题，实现了林产业发展的规模化、规范化、集约化。如，大理康亚生物科技有限公司与村民签订承包租赁合同，取得了10万亩林地经营权用于规模化种植人工红豆杉，当地群众则每年从公司获得劳务工资收入1600万元，基地建成后群众还可从基地收入中分到10%的收益；大理怀宝经贸有限责任公司与农民签订书面流转合同，取得1.5万亩林地经营权，并整合附近村民种植的核桃8.5万亩，建立了企业原料基地，公司每年固定使用本地农民工400人左右，季节性用工达1000多人，农民种植的核桃经营管理水平有了很大提高，有力地促进了农民增收；昭通市盐津县滩头乡引导农民建立了“津华竹产业专业合作社”，经过几年的发展，现有社员1332户，采取“两种模式”(合作社+基地+农户、支部+协会)，“三种方式”(有偿流转、入股分成、承包管护)，建成丰产高效竹林基地6341亩，改造中低产竹林4740亩。合作社建有厂房1500平方米，料场780平方米，有竹削片机1台，可年加工竹材3万吨，每户社员平均增收3950元，为实现竹产业的规模化发展起到了积极作用。

【林产业发展思路及目标】

总体发展思路　在建设现代林业总体思路的指导下，根据“森林云南”和“面向西南开放桥头堡”建设的总体要求，云南省林业产业体系建设规划将以建设发达的森林产业体系为指导，根据自然、地理及资源区位特点，坚持“生态建设产业化，产业发展生态化”的发展思路，遵循整合资源、优化布局、体现特色、突出重点、开拓市场、注重效益的原则，实施第一、二、三产业协调互动、良性发展模式。在森林产业体系建设上，按照循环经济、绿色环保产业的要求，振兴林业九大产业，大力发展以木本油料为主的特色经济林产业，努力提升林浆纸产业，科学发展林化工产业，加快发展竹藤产业，适度发展野生动物驯养繁殖产业，积极发展森林生态旅游产业，高效发展木材加工及人造板产业，统筹发展非木材产业，加快培育观赏苗木产业。努力推动林业产业和产品结构调整，在巩固加强第一产业的基础上，大力提升第二产业，加快发展第三产业，使三类产业协调发展，最终实现合理的产业结构。

分阶段发展目标　到2015年，全省林业产业总产值达到1200亿元，农民林业人均收入超过1500元，一、二、三产业产值比率调整为5∶3∶2。到2020年，全省林业产业总产值达到2000亿元以上，农民林业人均收入达到4000元，一、二、三产业产值比率调整到3∶5∶2。实现投入多元化、经营集约化、产业特色化、基地规模化、产品名牌化、市场国际化，把云南建设成为全国具有较大影响的林业产业强省。分产业发展目标

特色经济林业产业　依托得天独厚的自然条件，以农民增收致富及促进农村经济发展为目标，着力加强良种选育推广、种苗生产管理、项目管理、补植补造、抚育管理以及综合服务能力等方面的建设力度，努力提高良种使用率、苗木合格率、造林面积核实率、造林保存率、挂果率和收益率等“六率”建设，扎实推进以核桃、油茶、澳洲坚果、油橄榄为重点的木本油料产业健康发展。到2015年建成木本油料基地5700万亩，产值达670亿元；到2020年，木本油料基地达到6600万亩，产值达1260亿元，把云南省建设成为全国重要的木本油料基地。

林(竹)浆纸产业　大力发展以思茅松、桉树为主要树种的纸浆原料基地林建设，加快构建具有云南特色的林(竹)浆纸一体化产业新格局，坚持以木纤维为主，以竹、麻、蔗渣、桑条等非木材纤维为辅的原料供给模式，加快构建具有云南特色的林(竹)浆纸一体化产业新格局，到2015年建成林浆纸原料基地1260万亩，产值达25亿元；到2020年，基地达1700万亩，产值达50亿元，把云南省建设成为全国重要的林纸基地。

林产化工产业　发展以思茅松、云南松、橡胶等树种为主的林产化工基地林建设，深度开发松香、松节油、紫胶、白蜡、桉叶油、山苍子油及其深加工产品，提升竹(木)炭、活性炭等生产与精深加工水平，积极发展生物质能源、生物医药和生物农药产业。到2015年建成林产化工原料基地1800万亩，产值达40亿元；到2020年，基地达2300万亩，产值达100亿元，把云南省建设成为全国重要的林化工基地。

竹藤产业　积极培育丰产竹藤原料林基地，加快以龙竹、巨龙竹、麻竹、沙罗竹等竹种为主

的竹藤产业基地建设，积极开发竹食品、竹建材、竹藤制品，培育和加快引进竹藤加工龙头企业，做强做大竹藤产业。到2015年建设竹藤产业基地950万亩，产值达50亿元，到2020年，基地达1700万亩，产值达120亿元。

野生动物驯养繁殖产业 坚持保护优先，适度发展，充分发挥各地资源和地域优势，因地制宜、分类指导，科学规划、合理布局，进一步优化产业结构，发展壮大野生动物驯养繁殖和经营利用产业，实现生态保护与经济建设的相互统一、协调发展。到2015年产业产值达40亿元，2020年达到90亿元。

森林生态旅游业 重点建设一批在国际、国内具有较大影响的森林生态旅游精品景区，到2015年产业产值达90亿元，2020年突破140亿元。

木材加工产业 加快木材加工产业园区建设，引进各类木材深加工企业，提高企业规模经营程度，引进大型木材加工企业，打造全省乃至全国较大的集原料林建设、林产品储运、粗精加工、高中档家具生产、木制品区域性贸易集散为一体的综合木业加工基地。大力培育生产和销售市场；以市场需求为出发点，通过招商引资，引进和吸收国内外先进生产设备和加工工艺；着力提高龙头企业生产规模，提高规模效益，促进木材加工企业向市场化、规模化、专业化和集群化方向发展。到2015年产业产值达200亿元，2020年达到400亿元。

非木材产业 结合云南省实际，完善林下资源发展规划的编制，因地制宜，突出特色，统筹规划，合理确定发展规模和方向，选择、推广切合本地实际，适宜本地区的林下经济发展模式。积极培育一批林下经济发展典型企业和大户，在技术和资金上予以重点扶持，充分发挥其示范带头的作用。大力支持专业经济合作组织建设，以龙头企业为主体，大力推广“公司+基地+农户”的市场化运作方式。搞好林下产品产地认证，打造一批名牌产品，加大宣传推介力度，提高市场竞争力。引进和推广适宜林间种植、养殖的新品种、新技术，加强林间种养新模式的研究，到2015年产业产值达60亿元，2020年达70亿元以上。

观赏苗木产业 我国的观赏苗木需求量将以每年20%的速度增长，观赏苗木产业必将成为我省林业发展潜力巨大的特色产业，是林业产业结构调整的新亮点。发展高效苗木产业，既是我省建设森林云南、生态云南的需要，也是当前我省林业和林农经济结构战略性调整的必然选择。加大科学开发利用和管理大力度，促进具有自主知识产权的品种研发，加大人工培育力度，大力培育在国内、国际具有竞争力的山茶、高山杜鹃、木兰、滇丁香等名特优新品种，到2015年产业产值达75亿元，2020年达180亿元。

【林业企业】 2012年末，全省林业企业13000多户，其中省级林业龙头企业321户，覆盖九大林产业、16个州市。企业从业人数8万人，带动农户300多万户。20户企业被省政府评为“全省推进高原特色农业产业化发展先进龙头企业”，14户企业进入全省百强企业，4户企业被评为“云南省农产品出口工作先进单位”。在第二届中国国际林业产业博览会上，53个参评产品获得金奖22个，优质产品奖25个，成交金额5500万元，排名参展省份前列。不少企业的产品通过了国家绿色环保质量认证、国际食品质量认证。企业与科研机构合作，取得了一批具有自主知识产权的科技成果。新产品开发和科技创新能力都有了显著提高。近几年来，林业龙头企业还完成各自相当规模的原料林基地建设，目前各企业原料林基地面积近1000万亩，为企业可持续发展奠定了良好的基础。

【林业产业省级龙头企业名录】 截至2012年年末，全省开展省级林业龙头企业申报评审共八批，合计321户，覆盖九大林产业、16个州市。

云南省林业产业龙头企业名单

	企业名称
1	云南金孔雀旅游集团有限公司
2	腾冲县古林木业有限责任公司
3	南华县云华绿色食品有限责任公司
4	云南大理洱宝实业有限公司
5	大理漾濞核桃有限公司
6	昆明森工集团有限公司

	企业名称
7	昆明新飞林人造板有限公司
8	云南景谷林业股份有限公司
9	云南云景林纸股份有限公司
10	普洱林达木业有限责任公司
11	普洱市卫国林业局
12	镇沅县林产工业有限公司
13	云南陆良国康天然生物资源开发有限公司
14	云南瑞江木业有限公司
15	云南省腾冲县林瑞木制品有限责任公司
16	云南楚雄东宝生物资源开发有限公司
17	云南大理市佳利有限公司
18	剑川县华艺木雕有限公司
19	云南香格里拉藏龙生物资源开发有限公司
20	永胜林辰绿色资源开发有限责任公司
21	丽江得一食品有限责任公司
22	永德县大雪山实业有限公司
23	云南茅粮酒业集团有限公司
24	景东南国莹银林产集团有限责任公司 （已更名：景东力奥林产集团有限公司）
25	文山县金达利三七生物科技有限责任公司
26	云南易门丛山食用菌有限责任公司
27	云南易门益生绿色食品有限责任公司
28	云南玉加宝人造板有限公司
29	云南腾冲杜鹃王旅游产品有限公司
30	楚雄宏桂绿色食品有限公司
31	大姚亿利丰农产品有限公司
32	云南牟定恒瑞生物化工有限公司
33	云南远益园林工程有限公司
34	洱源县云洱果脯有限公司
35	云南永利发林业有限公司
36	迪庆香格里拉舒达有机食品有限公司
37	维西县康邦美味绿色资源开发公司
38	云南汉德生物技术有限公司
39	云南绿原实业发展有限公司
40	云南神宇新能源有限公司
41	云南野生动物园有限公司
42	云南云安商贸有限公司
43	云南云澳达坚果开发有限公司
44	宁蒗县女儿珍生物工程有限公司
45	丽江中源绿色食品有限责任公司
46	怒江绿源绿色产业发展有限公司
47	云南森友木业有限公司
48	陆良招宝特种野生养殖有限公司
49	宣威市汇丰食用菌开发有限公司
50	新平金龙松香厂更名为中林化工有限公司
51	云南玉溪金土地绿色产品开发有限公司

	企业名称
52	云南勐象竹业有限公司
53	云南保山华恒木业有限公司
54	云南省保山市林业投资发展公司
55	楚雄市树苴乡农业技术综合开发有限公司
56	南华县宏怡野生菌开发有限公司
57	云南大理瑞鹤药业
58	剑川县兴艺古典木雕刻家具厂
59	祥云县品位经贸有限责任公司
60	祥云县融兴经贸有限责任公司
61	漾濞县涵轩绿色产业开发有限公司
62	昆明自主择业集源生物科技有限公司
63	云龙海嘉生物技术有限公司
64	云南迪思企业集团坚果有限公司
65	中甸野生食品进出口有限责任公司
66	建水大洋林化有限公司
67	弥勒县唐氏特种养殖有限公司
68	昆明恒沅食品工业有限公司
69	昆明苏化生物科技有限公司
70	云南金江绿色产业有限公司
71	云南凯云科工贸有限公司
72	云南绿大地生物科技股份有限公司
73	云南瑞林中密度纤维板有限公司
74	沧源县茂名华建投资有限责任公司
75	思茅金澜沧丰产有限公司
76	云南大地生态产业开发有限公司
77	云南易门山里香食品有限责任公司
78	云南原林生态有限公司
79	西双版纳增靓生物科技有限公司
80	云南红土生源药用生物科技开发有限公司
81	保山奥新绿色资源开发有限公司
82	隆阳区丰源木业有限公司
83	云南昌宁建星纸业有限公司
84	云南摩尔农庄生物科技开发有限公司(2012 年 7 月 18 日前名为：云南广泰生物科技开发有限公司)
85	楚雄滇洱古道山茶花园艺有限公司 更名为云南滇洱古道山茶花园艺有限公司
86	云南森源化工有限公司
87	南华鸿发核桃产业开发有限公司
88	南华松香厂
89	云南大理康亚生物科技有限公司
90	云南绿野花卉科技有限公司
91	漾濞县核桃秀工艺品
92	大理州怀宝经贸有限责任公司
93	祥云县龙云经贸有限责任公司
94	宾川康弘林产品有限责任公司
95	云南茶花林化有限公司

	企业名称
96	洱源县佳潓核桃食品开发有限公司
97	德宏后谷咖啡有限公司
98	瑞丽市岭瑞农业开发有限公司
99	瑞丽市千紫木业发展有限责任公司
100	陇川县集强林竹产业有限责任公司
101	香格里拉县圣宝食品出品有限责任公司
102	香格里拉县智圆食品科技有限责任公司
103	香格里拉县祥和食品有限责任公司
104	建水千原木业有限公司
105	云南攀大木棉科技应用有限公司
106	云南天巍竹业有限公司
107	昆明福莱威尔家具制造有限公司
108	昆明市宜良滇王食品有限公司
109	昆明天森木业有限公
110	昆明信威食品有限公司
111	云南邦业园林绿化有限公司
112	云南华龙园林绿化工程有限公司
113	云南汇元生物开发有限公司
114	云南金九地生物科技有限公司
115	云南省林业投资有限公司
116	云南野生兰收藏基地有限公司
117	丽江华利生物开发药业有限公司
118	云南永胜绿地源植物开发有限公司
119	云南凤庆巨达食品工业有限责任公司
120	耿马泰兴发展有限责任公司
121	云南怒江东方大峡谷生物城有限责任公司
122	泸水县农业生产资料有限责任公司
123	兰坪县啦井镇紫兴五味子饮品厂
124	普洱市思茅区森盛林化有限责任公司
125	普洱福通(集团)木业有限公司
126	普洱市思茅区沪顺木业有限公司
127	景谷林化有限公司
128	镇沅彝族哈尼族拉祜族自治县昌龙林产工业有限公司
129	镇沅彝族哈尼族拉祜族自治县松香厂
130	景东彝族自治县昌龙林产工业有限公司
131	云南江城木制品有限公司
132	马龙县红石农业科技开发有限公司
133	宣威市虹桥生态旅游开发有限公司
134	富源县林山野生动物驯养繁殖有限责公司
135	金光集团文山金文山丰产林有限公司
136	云南云岭茶油有限公司
137	云南万道香茶业有限公司
138	玉溪市华冠蔬果有限公司
139	易门县康源菌业有限公司
140	镇雄县叶茂开发有限责任公司
141	云南大山合农业科技发展有限公司

	企业名称
142	保山市映山红甜柿开发有限公司
143	隆阳区凤溪茶叶有限公司
144	昌宁县雄达木业有限公司
145	南华新世纪生物工程有限公司
146	大姚广益发展有限公司
147	大姚兆鹏食品有限责任公司
148	云南嘉缘绿色产业有限责任公司
149	双柏华兴人造板有限公司
150	大理冠宇花卉发展有限公司
151	永平云森木业有限公司
152	永平建标生命科学研究开发有限公司
153	洱源县苗圃基地
154	洱源恒旺林畜开发有限公司
155	宾川县沧海农林有限责任公司
156	宾川瑞林克林业科技有限公司
157	建水县浩野农林产业有限公司
158	红河阳光生物质能源有限公司
159	红河棕业有限责任公司
160	河口丰收农业发展有限公司
161	河口麟源商贸有限公司 (已更名为：红河麟源农业科技发展有限公司)
162	云南省石屏县采伐林场
163	昆明百年家园家具有限公司
164	昆明大商汇实业有限公司
165	昆明为民林木种植有限公司
166	昆明振楚工贸有限公司
167	嵩明美迎和睦家具有限公司
168	云南捷森木业有限公司
169	云南绿盛美地园林景观有限公司
170	临沧南华纸业有限公司
171	云南汇智源食品有限公司
172	师宗华海木业有限公司
173	云南为君开园林工程有限公司
174	富源县聚农绿色食品开发有限公司
175	文山圆和圆经贸有限责任公司
176	广南润和木业有限公司
177	丘北县富亿木业有限公司
178	云南林缘香料有限公司
179	云南新平南恩糖纸有限责任公司
180	云南金土地生态开发有限公司
181	昭通市宏联实业有限责任公司
182	盐津津华竹产业专业合作社
183	龙陵县林源石斛开发有限公司
184	龙陵县富民石斛开发有限公司
185	和顺鑫生态食品开发有限公司
186	腾冲县滕虹油业有限公司

	企业名称
187	大姚锦亿土特产有限公司
188	云南星贸食品有限公司
189	剑川宏盛古建筑工程有限责任公司
190	云南凤凰木业开发有限责任公司
191	巍山县年丰农副产品有限责任公司
192	巍山大仓文华农产品有限责任公司
193	祥云县晨宇经贸有限公司
194	永平创盈实业有限公司
195	云龙三森生物科技有限公司
196	梁河县三禾林业有限公司
197	陇川县雅森特木业有限公司
198	盈江林立油茶有限责任公司
199	巨丰生物科技有限公司
200	恒盛木业有限公司
201	红河州和源农业开发有限公司
202	大丰林业开发有限公司
203	大山林业发展有限公司
204	远达果业有限公司
205	吉成花卉园艺有限公司
206	东兴昱特禽生态养殖场
207	云南一条龙企业集团绿化工程有限公司
208	云南兴箐集团农林科技开发有限公司
209	云南园林绿化(集团)绿化有限公司
210	昆明奥斯腾木业有限公司
211	锦德林业资源开发有限公司
212	云南长江云通环境工程有限公司
213	云南九彩云蝶生物科技有限公司
214	石林红杉农林科技开发有限公司
215	嵩明志龙林木良种培育有限公司
216	云南滇木人造板有限公司
217	东来种植开发有限公司
218	永胜雷特生物工程有限责任公司
219	云南滇红集团股份有限公司
220	云南省临沧市泛华林业投资发展有限公司
221	镇康县如意橡胶开发有限责任公司
222	镇康县创森林木开发有限责任公司
223	兰坪县石登乡农副产品加工厂
224	怒江滇鑫农业科技示范园
225	普洱科茂林化有限公司
226	曲靖鸿昊生物科技有限公司
227	沾益县坤泰园艺有限公司
228	云南富嘉林产科技有限公司
229	广南豪威木业有限公司
230	广南皇饰木业有限公司
231	丘北县双龙油脂有限责任公司
232	文山州叶飞林木种植有限公司

	企业名称
233	云南盛禾生态农业科技发展有限公司
234	景洪市晨晓商贸有限公司
235	光明食品集团云南石斛生物科技开发有限公司
236	峨山彝人谷万亩竹海生态旅游开发有限公司
237	云南峨山高香万亩生态茶业有限责任公司
238	云南华宁鑫辰食品有限公司
239	新平美坚新型竹材有限公司
240	威信县兴源木业有限公司
241	云南威信锦昌生物科技有限公司
242	云南永孜堂制药有限公司
243	西双版纳银海福林石斛有限公司
244	西双版纳恒兴创吉橡胶有限公司
245	西双版纳天源林石斛种植有限公司
246	西双版纳云丰木业有限公司
247	云南景泰绿色产业有限公司
248	昌宁县桦东实业有限公司
249	昌宁笑果果食品有限公司
250	龙陵县顺兴木材加工厂
251	保山德森人造板有限公司
252	隆阳区华品木材高压板厂
253	施甸荣呈石斛生物科技开发有限公司
254	大姚家和天然食品开发有限责任公司
255	大姚森盛木业有限责任公司
256	大姚欣杰食品有限公司
257	南华县腾龙物流有限责任公司
258	云南华香源香料有限公司
259	宾川高原有机农业开发有限公司
260	大理国沣农产品有限公司
261	永平大林生物科技有限公司
262	阳森生物技术开发有限公司
263	陇川山茶茶油有限责任公司
264	德宏恒利达生物科技开发有限公司
265	芒市信凯石斛发展有限公司
266	云南铁枫石斛发展有限公司
267	云南亚豪木业有限责任公司
268	盈江县源润坚果开发有限公司
269	维西傈僳族自治县综合贸易股份合作公司
270	金平分水岭西隆生物资源开发有限责任公司
271	开远南圃园林景观工程有限公司
272	开远市三鼎产业有限责任公司
273	云南浙兴林果种植有限公司
274	云南深发林业有限公司
275	弥勒江泰园林绿化有限责任公司
276	昆明斗南国际花卉产业园区开发有限公司
277	云南宝琨置业有限公司
278	云南洪尧园林绿化工程有限公司

	企业名称
279	云南碧根农业科技有限公司
280	云南腾众新能源科技有限公司
281	昆明云蕈食品有限责任公司
282	云南恒苑绿色产业开发有限公司
283	云南泰诚园艺工程有限公司
284	云南腾龙园艺绿化工程技术有限公司
285	云南川云养生保健食品有限公司
286	云南汇丰神农有限公司
287	云南乾润林业开发有限公司
288	石林绿呈生物科技开发有限公司
289	石林闽滇绿化苗木有限公司
290	石林兴滇农产品开发有限公司
291	云南山河园林有限公司
292	昆明普朗特园林绿化工程有限公司
293	昆明三德木门制造有限公司
294	昆明兴海绿化有限公司
295	昆明云海环境工程有限公司
296	云南利鲁环境建设有限公司
297	云南山川园林有限公司
298	寻甸林立方林业投资有限公司
299	呈贡三人食品有限公司
300	云南程春种植有限公司
301	云南雷兰生物科技有限公司
302	耿马四方生物科技开发有限责任公司
303	临沧凌丰产业（集团）有限公司
304	云南康伟生物有限公司
305	云县嘉木茶业制品有限责任公司
306	云县新云州实业有限责任公司
307	景东彝族自治县天瑞林业有限公司
308	云南司珈尔木业股份有限公司
309	曲靖市富田园林有限公司
310	云南伊森源林业开发有限公司
311	广南县天云植物油业有限公司
312	云南归田实业有限公司
313	麻栗坡县佳林咖啡发展有限责任公司
314	文山开开药业有限公司
315	文山盘龙山生态农业综合开发有限公司
316	云南七乡农业综合开发有限公司
317	玉溪子墨商贸服务有限公司
318	华宁县山水农林开发有限责任公司
319	云南易门恒源食品有限公司
320	昭通市大成农业开发有限责任公司
321	昭通市昭阳区庆丰果树有限公司

（云南省林业厅林业改革与产业发展处
李伟平　杨红朝）

西藏自治区林业产业

【概 述】 西藏自治区森林资源丰富，林地面积1783.64万公顷，森林面积1471.56万公顷(其中有林地面积849.13万公顷)，活立木蓄积量22.88亿立方米，分别列全国第五位和第一位，森林覆盖率11.98%，基本为原始森林。西藏幅员辽阔，自然条件复杂，气候条件多异，具有热带到寒带的植被类型，生物多样性十分丰富，发展林下经济的良好条件和比较优势，潜力巨大。

产业发展 2012年林业产业总产值继续保持增长的态势，全年林业总产值达到200 912万元，比2011年的183 850万元增长了8.50%。其中，第一产业产值191 369万元，占总产值的95.25%，比2011年增加了11.90%；第二产业产值5753万元，占总产值的2.86%，比2011年略有下降。第三产业产值3790万元，占总产值的1.89%，比2011年略有上升。

在第一产业中，以国家投入为主的林木培育和种植业产值为134 393万元，占第一产业全部产值的70.23%；水果、干果及林产中药材等林业产业发展迅速，产值从2011年20 259万元增加到2012年的29 263万元，林业产业已逐步成为群众新的经济增长点。在第二产业中，所占比重较大的是木材加工业，共实现产值5344万元，但产业发展水平不高、产业发展规模小。第一、二产业占林业产业总产值比重的98.11%，第三产业仅占林业产业总产值的1.89%，产业结构亟待改善。

【木竹材产品】 2012年，全区实际采伐森林蓄积总量76.86万立方米，比2011年减少了43.20万立方米。其中，原木采伐量18.06万立方米，比2011年减少了35.26万立方米；薪材58.80万立方米，比2011年减少了13.20万立方米。

【林下经济】 截至2012年，已知有药用植物1000多种、占全国药用植物总数的1/3，糖类和淀粉植物70多种，工业原料植物300多种，油脂油料植物100多种，芳香植物70多种，绿化观赏花卉植物达2000余种，可食用菌415种，其中药用菌类238种，丝膜菌等已知有抗癌作用的真菌168种。合理和充分利用林下资源，对发展我区经济，群众增收致富具有重要意义。

森林食品 西藏对林下资源的开发利用历史悠久，但仅局限于菌类等少数几种，如松茸、木耳、香菇、灵芝菌、蕨菜、竹笋等，主要进行原料的采集收购和直销。由于加工手段落后，效益低，有待进一步开发利用。2012年，西藏销售各类森林食品(干重)480多万千克，全为食用菌。初步形成了林芝、工布江达、昌都、芒康等县以松茸为主的林下资源采集加工基地。

中药材 西藏的药用植物资源十分丰富，为藏区、藏药的发展提供了雄厚的物质基础。西藏林下资源的开发利用主要以药材为主，部分药材的主要原料经加工成藏药后上市。据初步统计，西藏每年种植和采集各类药材上百万千克，其中虫草3万千克左右。截止到2012年，全区共有骨干藏药厂8个：拉萨藏药厂、昌都藏药厂、日喀则藏药厂、山南藏药厂、林芝藏药厂、那曲藏药厂、阿里藏药厂、聂拉木藏药厂。

饮 料 20世纪90年代中期，西藏加大了对红景天饮料和制剂的研究开发力度，取得了成功，产生了良好的社会效益和经济效益。其中，由西藏山南农业科技开发有限公司研制生产的“雅古都”牌红景天饮料，年生产量约10万件75万千克，产值约200万元，畅销区内外；西藏诺迪康药业股份有限公司研制生产的诺迪康牌红景天粉剂，远销东南亚，成为我区出口创汇的拳头产品。

【经济林】 2012年全区各类经济林总产量14 690吨。其中，水果产量9596吨；以核桃为主的干果特色经济林面积6037公顷，干果产量4531吨；林产调料经济林主要以花椒为主，产量83吨。

【森林旅游】 截至2012年，西藏有各级林业自然保护区61处，面积达4110万公顷；建立国家级森林公园9处、国家湿地公园8处。西藏生态旅游业已成为我区经济社会发展的新的经济增长点。2012年，全区森林旅游人数达到13.2万人次，森林旅游总收入3125万元，直接带动其他产业的值2.0187亿元。

【国有林场】 全区共有国有林场5个，均由所在地地区管理，分别为昌都地区林场、林芝地区东久林场、林工商联合公司、更岗森工联合总场和日喀则地区亚东林场。林场实行"自主经营、自负盈亏、产权清晰、责权明确"的企业经营管理方式，实行并完善法人治理结构。截至2012年末，全区现有森工企业在册职工1216人，离退休人员1177人。我区各国有林场均没有属于自己的林地资源，多年来主要从事木材生产经营，类似于"木材加工厂"。目前，五家国有林场均十分贫困，其中，亚东林场自2007年起已全部停止木材生产经营。

(扎西多吉)

陕西省林业产业

【概　述】 2012年陕西林业产业总产值541.66亿元，其中第一产业产值428.33亿元，第二产业产值72.91亿元，第三产业产值40.42亿元，三产比例79∶13∶8 。

干杂果生产　2012年陕西省新增核桃、红枣、花椒、板栗、柿子等五大干杂果经济林面积129.6万亩，全省五大干杂果经济林种植面积1901.9万亩，年产量130万吨，产值80.4亿元。其中核桃面积789.9万亩，产量15.9万吨，产值35.2亿元；红枣面积302.7万亩，产量83.6万吨，产值22.1亿元；花椒面积264.1万亩，产量6.1万吨，产值16.8亿元；板栗面积457.6万亩，产量7.6万吨，产值3.2亿元；柿子面积87.6万亩，产量16.8万吨，产值3.1亿元。全省以干杂果加工为主的规模以上企业达到50余家。

陕西省林业厅与商洛市政府、西北农林科技大学联合成功举办了第三届“商洛核桃节”，商洛市被命名为“陕西省核桃产业强市”。渭南临渭区被中国经济林协会命名为“中国核桃之乡”。在首届中国森林食品交易博览会上，我省荣获林业产业突出贡献奖10个，林业产业创新奖7个。陕西省财政从2012年开始，每年安排3500万元红枣补助资金，这是继核桃之后，陕西省财政针对干杂果建设安排的又一个专项扶持资金。

种苗花卉业　2012年陕西省培育林木种苗30亿株，容器育苗5亿余袋，年产值65亿元。全省核发核桃采穗圃、良种繁育基地生产、经营许可证129份，采穗圃81处，面积7661亩，苗圃86处，面积9250亩。

人造板加工 2012年陕西省人造板产量88.41万立方米，产值16.87亿元。

林下经济　2012年陕西省根据《国务院办公厅关于加快林下经济发展的意见》精神，制定出台了《陕西省林下经济发展规划》，《规划》的实施，将对巩固陕西集体林权制度改革成果，增加农民收入，实现“三强一富一美”奋斗目标发挥重要作用。2012年，全省林下种植业年总产量达到16.5万吨，总产值43.8亿元，涉及林地面积137万亩，惠及农户39.2万户，林农收入36亿元。其中，以天麻、猪苓等为主的林下中药材年产量达到3.3万吨，产值20.3亿元；以香菇、木耳等为主的林下食用菌栽培年产量达到4.6万吨，年产值18.6亿元。

【森林旅游】 2012年陕西森林公园80处，其中国家级32处，省级48处，总规划面积32万公顷，森林公园接待游客1246.14万人次，以门票为主的旅游直接收入4.82亿元，分别比2011年增长20.6%和20.2%。全省森林旅游累计投入建设资金10.95亿元，其中国家2.81亿元，自筹3.57亿元，引资4.57亿元。全省共有森林公园旅游从业人员3701人，其中导游480人，旅游道路2084公里，接待床位1.6万余张，餐位2.88万个，营运车船397辆(只)。

2012年5月31日陕西省人大常委会第29次会议审议通过《陕西省森林公园条例》，自2012年10月1日起执行。

【林业专业合作社】 陕西集体林权制度改革的不断深入，全省农民林业专业合作组织得到快速发展。全省注册成立各类农民林业专业合作社985个，农民林业专业协会124个，注册资金4.5亿元，成员达到9.3万户。陕西农民林业专业合作组织已从初期的生产领域合作起步，逐步向品牌、流通、加工等领域发展，不仅是林业结构调整和科技推广的有效主体，而且成为林产品市场开拓和品牌建设的重要力量。随着农民林业专业合作组织的发展，其在带动林农产业发展、保护林农合法权益等方面的作用和功效日益增强。

【科技教育】 陕西省全年完成林农及林业职工培训31.12万人次，其中林业职工培训1.17万人次，林农培训29.95万人次。陕西韩城国家花椒生物产业基地获国家林业局批准实施，该基地是国家批准的全国第四个林业生物产业基地。

2012年度陕西省林业科学技术进步奖获奖项目

授奖等级	项目名称	主要完成单位
特等	丛枝菌根在西部煤矿区土地复垦理论及应用研究	中国矿业大学(北京)、中国神华神东煤炭分公司
特等	典型濒危植物种群生态与保护恢复技术研究	西北农林科技大学
一等	毛乌素沙地长根苗造林技术体系研究	西北农林科技大学、榆林市林业工作站
一等	抗旱耐寒花椒种质资源筛选及快繁技术研究与示范	西北农林科技大学
二等	生境破碎化对林麝栖息地利用模式的影响研究与应用	陕西牛背梁国家级自然保护区管理局

2012年度陕西省林业技术推广奖获奖项目

授奖等级	项目名称	主要完成单位
特等	日元贷款陕西植树造林工程综合配套技术示范与推广	陕西省林业国际合作项目管理中心，礼泉、灞桥、西安市、临渭区、渭南市、咸阳市、宝鸡市、延安市、铜川市林业局，周至、户县、长安、蓝田、临潼、高陵、雁塔、未央、麟游、千阳、凤翔、陇县、岐山、眉县、宝鸡、扶风、韩城、澄城、蒲城、大荔、华阴、潼关、长武县、乾县、永寿、彬县、三原、武功、兴平、黄陵、印台区林业站(日元办)
一等	漆树良种及高效栽培技术示范推广	陕西省林业技术推广总站、安康市林业技术推广中心、平利县林业技术推广中心、岚皋县林业工作站、汉滨区林业工作站

【野生动物繁育利用】 2012年繁育朱鹮322只，林麝1138只。朱鹮总数突破1380只，朱鹮保护被国际公认为濒危物种保护的成功典范。林麝数量发展到4620只，居全国之首，存栏量占到全国的60%。陕西凤县是全国人工驯养林麝种群最大的县，有7家养殖公司、314个养殖户从事林麝人工驯养，林麝存栏3258头。

【古树名木保护】 全国现有古树名木285万余株，树龄在500年以上的一级古树5万余株。陕西省古树名木的数量占全国总量的21%。2010年陕西省人大出台了《陕西省古树名木保护条例》，使古树名木的保护有法可依。陕西省林业厅按照省委省政府关于保护古树名木的要求，加强了古树名木扩繁保护工作。通过微型扦插、植物组培等先进科学技术，开展古树名木扩繁保护，10月30日，陕西省林业厅和延安市人民政府在黄陵县举行了陕西省古树名木保护暨“黄帝手植柏”繁殖材料采集仪式。通过繁育“黄帝手植柏”等古树名木的二代、三代，挖掘、保存和繁育古树名木优良遗传资源，使古树名木成为陕西历史文化标识，让古树生命万代永续，弘扬森林文化，倡导社会各界植树化人，建设生态文明。

【博览会】 2012年11月20日至24日，第十九届中国杨凌农业高新科技成果博览会在陕西杨凌举办。陕西省林业厅组团参展，获得“优秀组织奖”和“优秀展示奖”。

2012年10月26日至29日，陕西省林业厅与省旅游局等单位在西安曲江国际会展中心联合举办了第五届陕西旅游商品博览会。获得大会全部奖项：最佳组织奖、最佳展示奖和旅游商品展示金奖。

【龙头企业】

陕西大统生态产业开发有限公司 是以名特优种苗繁育推广、规模化示范栽植、农产品保鲜加工物流贸易为核心的现代生态农业全产业链发展的公司。公司引进数十种适合林上林下复合栽植且附加值极高的名特优品种。已形成核桃苗、白皮松、明日叶、救心草、姑娘果等五大林下种植品种，种植面积3000亩，辐射带动农户40 000余户。公司以核桃为主的名特优种苗繁育基地2500亩；规模化、标准化示范栽植基地50 000亩；农副产品深加工物流贸易基地2000亩，合作社面积50万亩，带动面积300万亩，带动农户47万户。2012年实现销售收入8292万元。

陕西中兴林产有限责任公司　成立于2007年，是陕西省农业产业、林业产业重点龙头企业。公司以陕西关中地区968万亩苹果树产生的200余万吨经整形剪枝、淘汰更新的果树材为主要原料，年生产中(高)密度纤维板42万立方米，是目前国内唯一一家利用废弃果木生产中高密度纤维板产品专业企业，也是西北五省区最大的人造板生产基地。公司充分利用了陕西关中平原丰富的果树枝桠材资源生产出2~18毫米的中(高)密度纤维板，质量超过了国家标准，达到欧洲同类产品E1、E0级标准，其中2~8毫米的薄型板填补了西北五省区生产的空白。生产的"西琳牌""西京牌"高密度纤维板被评为陕西名牌产品和著名商标。2012年企业实现销售收入4.94亿元。公司在全国各大板材市场设立了25个销售网点，产品销往全国各地，占据了相当的市场份额。

陕西春光油脂有限公司　成立于1998年，公司下属有陕西春光生物能源开发有限公司、陕西春光塑料制品有限公司和陕西春鑫生物能源科技发展有限公司。已形成以食用油脂生产为龙头，集生物能源开发、塑料容器制造和林特产业为一体的多元发展格局。年加工食用植物油4万吨、生物柴油3万吨(总规划20万吨)、塑料包装瓶200万只。2012年实现销售收入3.07亿元(其中：核桃油、茶籽油销售收入19070万元)，利润2252万元，税金397万元。公司是国家、省农业产业化、林业产业重点龙头企业。"定军春"牌商标被评为陕西省著名商标，"定军春"牌系列核桃油和菜籽油被国家绿色食品发展中心认定为"绿色食品"，被陕西省政府确定为陕西省"名牌产品"。产品畅销陕西、甘肃、四川、重庆等20余个省市。

陕西苍山茶业有限责任公司　成立于2001年，公司是集茶叶科研、茶园建设、茶叶加工、茶叶贸易、茶文化传播于一体的茶业专营企业。注册资本8300万元，2012年销售收入15512万元。公司将陕西具有600多年的茯砖茶制作工艺进行开发，以夏秋茶为原料，进行精深加工，制成"泾渭"牌茯砖茶产品，为解决陕南大宗产品出路问题探索出了一条新路子，使陕南茶叶走上规模化、持续化的良性发展道路。公司生产的"秦绿"牌系列绿茶被西安市人民政府授予西安市名牌产品。公司种植了无公害茶园1450亩，被认证为陕西省唯一的国家有机茶标准化示范园。该公司有秦绿、泾渭茯茶系列产品专柜，并开设了多家茶叶专卖店，是国内众多知名企业的西北、陕西销售代理商，全国边销茶定点销售企业，是国内茶叶销量最大的企业之一。

陕西君威农贸综合有限责任公司　成立于2007年，公司立足于商洛农特产品资源和雄浑的历史文化优势，集"种植、收储、加工、营销、冷链、物流"为一体，是陕西省农业产业化龙头企业。产品已注册"四皓"商标，通过了ISO9001、HACCP认证。主要经营进出口贸易、农副产品购销；粮油购销；仓储、物流服务；板栗、核桃加工、销售；蔬菜制品分装、销售。公司注册资本3000万元，总资产为8346余万元，2012年销售收入8755万元。公司有板栗核桃基地30余万亩，其中12万亩产权已流转到公司。公司年可收购板栗、核桃等农副产品10000余吨，占企业生产所需原料的80%以上。

韩城市金太阳花椒油脂药料有限责任公司　成立于2004年，公司拥有日处理100吨预榨、50吨浸出、100吨精练、100吨热榨等油脂生产线，年生产能力达30000吨，拥有日生产芽菜辣酱5万瓶的自动化生产线。该公司建设花椒芽菜基地3000亩，2012年收购350万千克，为椒农增收300多万元。公司将花椒嫩芽制作成新鲜辣酱产品，开发生产了"韩塬金太阳牌"花椒芽菜辣酱系列产品，深受消费者青睐，荣获陕西省著名商标。"韩塬金太阳"已成为全省重要的农业品牌。公司被认定为国家级、陕西省林业、农业产业化龙头企业。

(庞　燕)

甘肃省林业产业

【概　述】 加快林业产业发展是提升林业行业地位、助农增收致富的有效途径。经过多年发展，我省已形成以经济林果、种苗花卉、森林生态旅游、林(林副)产品加工、综合养殖、林下经济等六大林业产业。截至2012年底，全省林业总产值234.5亿元，其中六大林业产业产值197亿元，农民人均林业纯收入达1205.7元，占全省农民人均纯收入4495元的26.8%。

经济林果　全省经济林总面积1864.2万亩，果品年总产量637万吨，总产值146亿元；全省经济林栽培面积超过10万亩的县(市、区)有45个，林果产值超亿元的县(市、区)有40个；形成了以苹果、花椒、核桃、葡萄、枸杞、枣、梨等12个经济林树种为主的陇中优质元帅苹果、陇东优质富士苹果、陇南大红袍花椒、陇南乡土优质核桃、河西走廊无公害葡萄、沿黄灌区无公害枸杞、陇南优质油橄榄等22个特色鲜明的优质林果生产基地；全省现有各类果品加工企业253家，年加工能力120万吨；建成各类贮藏库3万多个，储藏能力达到103万吨；建成各类产地交易及中小型批发市场157处，年交易量达到138万吨；培育龙头企业56家，年销售额达到25亿元。

种苗花卉　全省各类花卉栽培总面积达6.65万亩，年产鲜切花2.6亿支，培育盆景盆花19亿盆，生产各类种球5662万株(万粒)，年总产值9.1亿元，年出口额32.6万美元，花卉企业193个，各类专业花卉市场85个，从业人员达2.2万人。全省年产各类林木种苗29.04亿株，采收种子46.23万千克，林木种苗销售纯收入达8.2亿元。

森林生态旅游　全省共有森林公园93处，其中：国家级森林公园21处，省级森林公园72处，当地群众依托森林生态旅游资源，依靠餐饮、运输、服务等实现收入4.4亿元。

林(林副)产品加工　全省有各类林(林副)产品加工企业500多家，其中，大型龙头企业48家，从业人员5819人，技术人员达1700人，林(林副)产品加工业年实现纯收入5.3亿元。

综合养殖　全省已发展野生动物等林业特色养殖场50多家，养殖各类动物283.65万(头、只)，开展野生动物驯养繁殖等年纯收入达3.1亿元。

林下经济　全省有专门从事以加工林下产品为主的林型企业16个，发展林下经济年均收入4.9亿元。全省各类基地建设初具规模，已初步建成了以武都区、成县、秦安县、麦积区、镇原县、静宁县和临泽县等县(区)为代表的干鲜果经济林基地县；以临洮县、陇西县、甘谷县为代表的一批花卉基地县；以康乐县、玉门市为代表的一批林木种苗基地县(市)；以天水市、陇南市、甘南藏族自治州、张掖市、兰州市为代表的森林生态旅游区；以白龙江林业管理局和小陇山林业实验局为代表的林(林副)产品加工企业。目前，一个种养加、产供销相配套的林业产业体系基本形成。

【西北文冠果基地】 西北文冠果基地位于兰州新区水秦路边，由甘肃成福生态农业开发农民专业合作社建设。2012年8月至11月，在没有浇水条件的荒山上，栽种25万株文冠果无纺布网袋容器苗，并安全过冬；2013年春又栽种5万株，是目前全国最大的文冠果营养杯苗荒山造林试验基地。待文冠果成林后，将建设成为兰州新区文冠果旅游度假区。

甘肃成福生态农业开发农民专业合作社主要从事文冠果育苗、种植、加工和销售、绿化等系列生产，是以工厂化育苗为主、产学研相结合的农林高新技术专业合作社。为国内首家文冠果工厂化育苗基地，生产露天裸根苗和营养杯苗。合作社引进中国林科院研制的轻基质网袋育苗容器生产设备，从种子育苗到出圃仅需三个月时间，缩短了育苗时间，提高了育苗效率。培育的无纺布容器苗根系完整、粗壮强健，抗干旱耐瘠薄，克服了文冠果苗怕伤根的缺点，提高了抗寒越冬能力。该苗带基质带容器整体移栽，移栽简单，用工量少，成活率高，而且打破了季节限制，在春夏秋整个生长期(即3～10月)都可种植。

大西北土地贫瘠，气候严寒，天气干旱，水源稀缺，生态脆弱，宜林不宜农。文冠果属国家战略资源和石油替代能源，文冠果全身都是宝，系北方珍稀乡土树种。它既是防风固沙的先锋生态树种，又是种植效益非常好的经济树种，市场潜力巨大，发展前景广阔。如果大量推广种植，可破解生态危机、能源危机、经济危机三大难题，促使生态、经济、社会三大效益和谐发展。西北文冠果基地的宗旨是"发展文冠果，绿化大西北！发展生态农业，造福西北人民！"

【龙头企业】

东方天润产业有限公司 甘肃东方天润玫瑰产业有限公司是甘肃兆远集团旗下全资子公司，主要从事玫瑰种植、精油提取、玫瑰产品深加工的现代化企业。公司拥有玫瑰种植基地3万余亩，公司以玫瑰初级产品为起点，涵盖玫瑰保健品、食品、原生态美容养颜产品等多个产品。是一家以玫瑰品种培育、种植、提取、玫瑰产品深加工为主的现代化农业产业企业。

公司利用秦王川独特的气候与土壤环境造就了永登(苦水)玫瑰的卓越品质。上溯到丝绸之路，这里就有种植玫瑰的传统，春夏之交，浓郁的花香飘遍四野，永登玫瑰以其优良的品质得到了国际市场的认可，公司成为国内玫瑰种植及精油提取的龙头企业之一。该企业一直致力于"苦水玫瑰"的课题研究，为智能化育苗示范基地的建设填补了行业的空白。2011年，公司与中国农业大学建立了科研攻关项目，将科研作为产业发展的第一驱动力，在土壤改良、苗木繁殖、设备与工艺流程方面正在探索新的突破。甘肃东方天润玫瑰产业公司投资6000余万元进行玫瑰基地建设，引进先进的提取设备及罐装设备，目前成为国内最大的玫瑰精油提取企业，其玫瑰原料产品以及终端产品出口欧美、日本等多个国家。

甘肃天然玫瑰生物科技有限公司 甘肃天然玫瑰生物科技有限公司于2010年由香港天然美姿生物科技有限公司与甘肃通海企业集团携手缔造"天然美姿"这一品牌，并注册启动甘肃天然玫瑰生物科技有限公司作为产品生产、销售运营主体，注册资金1000万元，以甘肃永登县苦水镇的玫瑰作为产业核心，正式拉开了甘肃苦水玫瑰产业化的大幕。

"天然美姿"品牌以甘肃天然玫瑰生物科技有限公司50000亩苦水玫瑰种植基地为产业依托，在兰州新区新建深加工生产线、玫瑰示范基地及研发中心项目，项目建设用地200亩，由香港天然美姿生物科技有限公司出任项目咨询顾问，进行项目整体规划、设计、遵循国家循环经济与低碳经济的绿色产业概念规划、设计、建设预处理车间、浸提车间、精炼车间、包装车间等生产工程和公用工程、污水处理设施、及相关配套设施。

"天然美姿"品牌由香港天然美姿生物科技有限公司委派由2位教授、3名博士、若干名硕士研究生及本科生组成的玫瑰相关产品研发团队，对甘肃天然玫瑰生物科技有限公司进行技术指导与监督监管，以国际化的产品标准建立起了苦水玫瑰相关产品研发、设计、生产、加工的产业链条结构。采用国内最先进的亚临界流体萃取和分子蒸馏技术，年加工玫瑰鲜花20000吨，生产玫瑰精油4吨，玫瑰净油8吨，玫瑰干花蕾2500吨，玫瑰露(水)4000吨，香料500吨。培育近百亩科研田，主要培育经济价值更高的玫瑰花品种，对品种进行培育及推广，市场价值潜能巨大。使"天然美姿"品牌自诞生之日起就迈上了产业化、国际化、标准化、品牌化的成长道路。

盛产于甘肃永登县苦水镇的玫瑰，历经200多年的栽培，形成了闻名遐迩的"苦水玫瑰"品牌，其特点是花繁汁多、清香纯正，苦水镇也因此享有"中国玫瑰第一乡"的美誉。

随着经济社会的不断发展和苦水玫瑰的深层次开发，苦水玫瑰的经济价值和社会价值日渐凸显，产品附加值越来越高，用途越来越广泛，现已成为集观赏、油用、食用、药用、酿酒及香料等多种用途于一身的特色经济品种。

兰州市永登县出产的玫瑰花及玫瑰油都占到全国总量的50%以上，出油率万分之四以上，高于全国平均水平。永登苦水玫瑰种植已有悠久的历史，提取玫瑰油的精油率可与世界著名的玫瑰生产国保加利亚的蔷薇香精媲美。

甘肃中川牡丹产业有限公司　甘肃中川牡丹产业有限公司创立于1993年是一家集生产、科研、出口和观赏旅游为一体的高科技企业，总注册资本4335万元，从业员120人，总资产1.43亿元，是国内最大的牡丹产业化、集约化、规模化经营实体。

公司在“依靠自身科技实力，开发甘肃特色产品，利用资源优势促进产业发展，扩大对外销售，带动农民致富”的战略思想下充分利用全球唯一原产在甘肃高寒地带的野生紫斑牡丹资源，经过多年筛选和培育，推出了百余种可在－43℃低温环境下不用人工保护就能自然越冬的优良栽培品种。牡丹苗木达到了年国产内用苗35万株，国外用苗15万株，培育的抗旱绿化苗木和宿根花卉已大量销售到新疆、内蒙古、青海、西藏等周边省(区)。率先提出“让全球寒冷的地方都有美丽的甘肃牡丹开放”的发展口号。

中川牡丹园先后在全国各地指导建立以甘肃紫斑牡丹为主的寒冷地区牡丹观赏样板园，彻底改变了寒冷地区不能栽培牡丹的历史，使中国牡丹的栽植范围扩大了一倍。历经19载，开展了由北方12个省份80多个城市参加的“北方牡丹栽植大行动”，形成了“东北牡丹”“内蒙古牡丹”“新疆牡丹”等新的区域栽培格局。先后7次独立组团赴欧洲参加荷兰、德国等多个国家举办的花卉苗木展销会，与30多个国家100多名客户建立了长期合作关系，为中国牡丹文化的发展做出了特殊贡献。

在甘肃省内，公司承担着国家林业局指定的“中国西北牡丹芍药基因库”的建设任务，先后在全国各大著名园林、花卉杂志上发表有关牡丹和绿化方面的论文和专著30多篇(部)，其中《中国牡丹与芍药》一书获中国第五届花卉博览会三等奖、甘肃省林业科技进步一等奖，公司的产品曾获“第四届中国花卉博览会”金奖，昆明“世界博览会”银奖、铜奖等。中川牡丹园已成为国内外最有影响力的牡丹产业园，已成为国内外牡丹产业学习的样板和龙头企业。

甘肃祁连葡萄酒业有限责任公司　甘肃祁连葡萄酒业公司是原中国九大森工企业之一的甘肃省白龙江林业管理局根据国家产业发展政策，按照国家林业局实施“天然林资源保护工程”的规划和部署，转产组建的大型现代化酿酒葡萄种植与葡萄酒酿造集农、工、商、贸和科研于一体的省级农业产业化重点龙头企业。公司累计投资达3亿多元，建成优质酿酒葡萄基地16000亩，全套引进法国、意大利的酿酒技术和设备，建成葡萄酒生产一期工程，储酒能力达7400吨。公司以中国农业大学葡萄酒研究中心为技术依托，严格按照OIV标准，采用国际和国内先进的酿酒技术，已成功开发出“祁连传奇”干红、干白、冰红、冰白四大系列100多个品种。特别是冰红、冰白葡萄酒的成功研制、生产，填补了国内葡萄酒生产的空白。祁连冰酒在葡萄经历了－6℃至－8℃后采摘，带冰压榨，百分之百葡萄全汁保糖低温发酵而成，香气浓郁，酒体晶亮、风味醇厚，甜酸可口，协调柔和，风味独特。公司已通过ISO9001质量体系认证，HACCP食品安全管理体系认证，有机食品认证，产品质量由中国人民财产保险公司承保。截至2011年年底，公司建成优质葡萄酿酒园4000亩，总面积达到16000亩；共生产酿酒葡萄1604.7吨，其中干酒葡萄1298.7吨，冰酒葡萄306吨；生产葡萄酒1068.4吨；实现销售收入1.12亿元，其中出口实现500万元；实现利润550万元，上缴税收1230万元。

甘肃天水长城果汁集团有限公司　天水长城果汁集团有限公司是由兰州长城电工股份有限公司控股的生产、销售浓缩苹果汁的现代化高科技企业。于2001年9月建成投产，现有资产总额4.5亿元，年生产能力达到6万余吨。下设“天水长城果汁”“陇南长城果汁”“秦安长城果汁”和“农业公司”4个控股子公司。现有职工500多人。生产线全套设备均从德国、意大利、瑞士等国引进，系国际同行业最先进的加工设备。产品销往澳大利亚、欧盟、美国、加拿大、俄罗斯、东南亚等16个国家和地区。公司相继通过了美国HACCP质量体系认证、欧盟果汁保护协会SGF认证、犹太KOSHER洁食认证以及美国NFPA的第三方认证。目前，该公司被评为国家级农业产业化重点龙头企业、国家扶贫龙头企业、全国农业产业化示范企业和甘肃省农产品出口重点骨干企业，在全国同行中排名第六位。农业部及省、市领导多次莅临公司指导，甘肃省委书记陆浩亲笔题词"发挥龙头企业作用，带动地方经济发展"。

甘肃省陇南市祥宇油橄榄开发有限责任公司　甘肃省陇南市祥宇油橄榄开发有限责任公司是一家集油橄榄工业化育苗、规模种植、科技研发、精深加工、市场营销为一体的股份制科技民营企业，是陇南市农业产业化发展的"龙头"。公司成立于1997年，总部位于陇南市武都区城郊吉石坝。公司下属武都区油橄榄综合加工厂、武都区汉王佛堂沟油橄榄示范园、武都区油橄榄科技研究中心、销售公司、兰州分公司等5个分支机构，公司注册资金1200万元，职工人数60人。公司自成立以来，遵循可持续发展战略，走"公司加基地、基地连农户"的产业发展路子，坚持以市场需求为导向，以科技创新为动力，以精深加工为突破口，不遗余力的加快基地建设，走出了一条规模化，修建厂房及辅助设施，并引进意大利冷榨工艺和全套自动化加工设备，形成日加工油橄榄鲜果20吨、加工特级初榨橄榄油1000吨的生产能力，生产出的橄榄油经中国粮油进出口检验检测中心化验分析，各项指标均达到国际食用油标准，且部分指标优于希腊等原产国家的产品。通过近几年的不懈努力，公司与中国林科院、中国老教授协会、甘肃省轻工研究所等科研单位建立了良好的科研协作关系，并不断引进和培养专业人才，从而拥有较强的新产品研发能力。目前，已开发出特级初榨橄榄油、橄榄岷归软胶囊、油橄榄化妆品、果酒果醋等四大类，近两百个精深加工产品，其中保健品"橄榄岷归软胶囊"填补了国内植物油类保健品空白，以其独特的功效深受消费者欢迎，市场前景十分广阔。

平凉金果集团　坚持用工业化思维谋划林果产业，走"公司+基地+农户"的发展路子，成立了平凉金果集团，建办各类涉果企业200多家，创建国家级龙头企业1家，省级龙头企业12家，其中：建办现代化大型贮藏企业23家，果汁、果醋、果酒、果仁等加工企业8家，建办果袋、纸箱、发泡网等企业20多家，建成大型果品批发市场3处，电子交易平台4个，组建农民专业合作经济组织1200多个，有力地带动了果产业链条梯次延伸，实现了产品多层次加工增值，全市60%的果品就地贮藏销售、30%的果品就地加工转化、40%的农村劳动力就地转移，弥补了工业短腿，加快了城镇化进程。

瓜州县中心苗圃有限责任公司　瓜州县中心苗圃有限责任公司是瓜州县唯一一家集林木种苗繁育、销售、枸杞新品种选育、种植、枸杞新产品开发为一体，以生产、销售枸杞干(鲜)果品、枸杞叶茶、良种枸杞苗木为主的民营企业。公司成立于2005年2月，现有职工26人，其中专业技术人员10名，拥有枸杞种植技术人员和管理人员组成的科研队伍和技术骨干。公司总经营面积2200亩，现有良种枸杞园500亩，良种枸杞繁育圃50亩；购置色选机、毛发分离机等先进生产设备，建成枸杞分级、包装标准化生产线1条，年生产加工枸杞干果40吨；公司拥有全套制茶设备和厂房，并有成熟的枸杞叶茶制茶技术，年产枸杞叶茶3000千克。公司采取"公司+基地"的经营模式，截至2011年，公司年销售鲜枸杞28吨，加工枸杞干果40吨，实现利润20万元。公司始终坚持"以质量求生存，靠信誉求发展"的办厂宗旨，依托市场，打造品牌，先后开发"瓜州枸杞"系列枸杞干果产品5种，枸杞叶茶3种，公司生产的"瓜州枸杞"枸杞干果已获得中国绿色食品中心绿色食品A级认证。

天水德盛果蔬进出口有限公司　位于甘肃天水经济开发区廿里铺工业园区，是集果蔬产品的收购、贮藏、保鲜、运销、果品精加工、生产苹果育果袋为一体的农业产业化民营企业，也是甘肃省农业产业化重点龙头企业，公司已通过ISO9001：2008质量体系认证。

公司目前拥有固定资产2500多万元。于1998年在麦积区技术开发区征地2.08亩，已建成综合楼2栋，包装仓库一栋，成立天水德盛商贸有限公司；在廿铺工业示范区征地10.332亩，已建成果品保鲜气调库1栋，贮存量1000吨；5000吨的保鲜恒温库1栋：1300多平方米的果品精选车间1栋：年产苹果育果袋1.6亿只的生产线3条；苹果周转库2栋、办公楼1栋。现有职工36人，其中高级工程师1名，大专文凭的财会人员2名，专职技术人员7名，熟练技工23名，管理人员3名。公司销售果品1万吨，年销售额5300多万元，带动农户1万余户。以代理和间接的方式将天水市的花牛苹果和天水富士苹果出口到泰国、俄罗斯、孟加拉国、阿联酋、埃及等国家，并内销国内大中城市如北京、上海、天津、重庆、广州、深圳、昆明等，2009年出口创汇142万多美元，2010年出口创汇305万美元，2011年出口创汇433.6万美元，2012年出口创汇576万美元。近年来多次获得了市、区政府的表彰，先后被授予"甘肃省农业产业化重点龙头企业""2011年度全市出口创汇先进企业""2010年度全市出口创汇先进企业""2009年度全市农产品出口龙头企业""2008年度全市农产品出口先进企业""天水市农业产业化经营重点营销企业""全市农产品促销先进单位""天水市扶贫龙头企业""2009年中国苹果年会暨天水花牛苹果节筹办工作先进单位""花牛苹果十佳营销企业""天水市第三批银行信贷诚信企业""2009年度农业产业化创新先进组织""先进非公有制企业""守合同重信用企业""商品质量计量信得过单位"等称号。

天水洁通农业科技有限公司　成立于2004年3月，同年8月入驻天水农业高新技术示范园区，为示范园区骨干企业之一。法定代表人王元，2011年2月被中共天水市麦积区委员会、天水市麦积区人民政府授予"麦积区2011年度产业发展带头人"的称号。公司经营范围：果品、果树、苗木繁殖培育、销售，现代农业设施装备制造，蔬菜贮藏配送、旅游服务项目。该公司2009被天水市人民政府、甘肃省农业产业化领导小组办公室命名为"天水市农业产业化重点龙头企业""甘肃省农业产业化重点龙头企业" 2009年9月被甘肃省银行业协会授予"甘肃省信贷诚信企业"、2010年5月被中国人民银行天水市分行授予"天水市信贷诚信企业"同年8月被甘肃省农村信用联合社评为2010年度AAA级信用企业。公司现有资产总额3719万元，其中固定资产2774万元，流动资产776万元。主要经营项目有：九龙山3000亩花牛苹果标准化果园基地；现代农业设施装备制造；天锦园生态酒店及旅游服务。现有员工230人，其中花牛苹果基地生产及管理人员65人，农业设施装备制造23人，生态酒店48人。员工中大学本科4人，大专12人，中专及高中25人，其他员工53人。2009年度，销售收入1900万元，实现利润108万元；2010年度，销售收入2331.6万元，实现利润121万元；2011年度，销售收入2100万元，实现利润220万元。

天水晟林果品公司　其前身是天水市麦积区林果产品开发公司(1993年注册)，2010年按照公司改制的要求，重新注册成立了天水晟林果品公司，公司隶属于麦积区林业局，是具有独立法人资格的私营企业。公司法人李玉明，男，现年50岁，从事果品种植和营销工作20余年，具有丰富的果品种植、贮藏加工和营销经验。公司现有员工22人，季节临时工100余人，公司拥有经营场地5亩，办公室及职工宿舍30间360平方米，果品包装分选车间1栋，千吨级果品恒温库1座。公司主营干鲜果品、林木种苗、农副土特产品及木材，目前公司主要以干鲜果品种植和经营为主，年经销果品300万千克，年上缴利税20余万元。

秦安县盈动果品有限公司　成立于2003年6月，是一家专门从事果品套袋发泡网生产和果品贮藏购销的市级龙头企业。公司位于秦安县叶堡工业园区，紧邻310国道与叶莲公路交汇处，地理位置优越，交通便利。公司占地20亩，建筑面积2800平方米，总资产1164万元(其中：固定资产686万元，流动资金478万元)，从业人员50人(旺季时达180人)。拥有果袋生产线10条，年生产果品套袋2亿只；发泡网生产线4条，年生产发泡网10万个；有2000吨保鲜气调库一座，果品选果线4条，加工厂果品2700吨(其中转销国外市场1200吨)，2008年实现销售收入1265万元。先后于2005年12月被秦安县人民政府列入叶莲路沿线农业综合开发重点项目；2006年2月被中共秦安县委命名为"党员示范户"；2007年1月被天水市人民政府授予农业产业化经营"重点龙头企业"称号，同年5月被秦安县工商行政管理局评为"重合同，守信用"企业，8月被秦安县委、县政府评为"林果产业先进企业"，并担任秦安县果品经纪人行业协会理事，入选秦安蜜桃地理标志保护成员单位；2009年公司被省农行天水市分行评定为AA

级重合同守信用企业。

天水冠源果业有限公司　公司坐落在何川工业新园区，于2007年8月29日注册登记，占地26.17亩，已建成投资2000万元一期工程和投资1500万元的二期工程，修建8000吨冷库及其他附属设施，全部投入使用。现有包装加工车间6000平方米，交易大棚4000平方米，恒温气调库1座15间，储量6000吨。有3台大型微电脑选果机，1条清洗打蜡生产线，4辆果品运输车，3台搬运叉车，2辆商务用车。有员工16人，季节性用工人员达200多人。公司采用"公司+基地+果品收购"的经营模式，在侯辛、川口及雨柏村注册出口苹果基地8350亩，年产量8000吨以上。果园及加工厂已通过中国质量技术监督局注册认证。

天水百富佳果品有限公司　成立于2009年，注册资金50万元。位于秦州区皂郊镇门家河村，占地10亩，固定资产总值500万元，包括4000吨级的大型冷库一座，2000吨商品化处理生产线一条，选果包装车间1000平方米，有固定员工50人，临时季工200余人。自2008年被认定为农业产业化龙头企业以后，公司始终遵循"质量第一、服务果农"的经营理念，采取"基地+公司+市场"的经营模式，现有基地1000亩，带动农户500户，充分发挥了龙头企业带动辐射作用，获得了较高的经济和社会效益。2008年销售额达1000万元。2005年2月，天水市人民政府授予"天水市农业产业化经营重点营销企业"称号；2007年2月，中共天水市秦州区委、秦州区人民政府授予"2006年度带动农民增收先进农产品营销企业"；2009年9月，中国果品流通协会授予"花牛苹果十佳营销企业"；2011年2月，秦州区人民政府授予"秦州区农业产业化重点龙头企业"称号，天水市扶贫开发领导小组授予"天水市扶贫龙头企业"；2011年12月，天水市工商行政管理局秦州分局授予"2011年度守合同、重信用企业"；2012年2月，天水市秦州区人民政府授予"秦州区第三批农业产业化重点龙头企业"；2012年6月，天水市非公有制企业委员会授予"全市非公有制企业党建工作示范党组织"；2012年12月，天水市工商行政管理局授予"2011~2012年度守合同、重信用企业"。

天水市仲林果品有限公司　公司成立于2006年，位于秦州区优质果品重点生产区域藉河川区的藉口镇四十铺村，占地面积20亩，现有果品加工车间3座，现代化选果机械5套，4000吨果品气调库1座，制塑生产线1条。公司现为天水市农业产业化重点龙头企业，2009年9月被中国果品流通协会评为"花牛苹果十佳营销企业"。该公司主要从事花牛苹果、红富士、早酥梨、桃、大樱桃等绿色果品的贮藏营销。果品收购地以秦州区、麦积区、甘谷县、陇南地区、兰州等地为主，果品主要销往广州、福建、内蒙古、新疆及东南亚地区。多年来，该公司坚持"诚信为本，服务果农"的经营理念，经过多年的营销实践，建立起了广泛的果品收购网络和严格的质量控制体系，果品营销量逐年递增，近年来年果品营销量在1万吨以上。逐步与广大果品种植户建立起了合理稳定的利益联结机制，形成了比较完善的"公司+基地+农户"的企业发展模式。2006年11月，甘肃省天水市林业局授予"第二届中国国际林业产业博览会参展产品金奖"；2007年11月，甘肃省第二届林果花卉展览交易会主委会授予"十大名果"称号；2008年1月，秦州区人民政府授予"秦州区农业产业化经营重点龙头企业"称号；2011年1月，天水市人民政府授予"天水市农业产业化重点龙头企业"称号；2011年12月，中国农村专业技术协会授予"先进集体"；2011年12月，天水市扶贫开发领导小组授予"天水市扶贫龙头企业"；2011年12月，天水市工商行政管理局秦州分局授予"2011年度守合同、重信用企业"。

天水百盛果品有限公司　位于秦州区优质果品重点生产乡镇皂郊镇。现有2000吨果品气调库1座，2000吨商品化处理生产线1条，选果包装车间1000平方米，年果品营销量1万多吨。公司现有固定员工32人，临时季节工100余人。公司主要营销花牛及富士苹果、早酥梨、桃、大樱桃等果品。果品收购地为秦州区、甘谷县、麦积区、陇南等地，果品主要销往广州、福建及东南亚地区。该公司为我市农业产业化重点龙头企业，在2009中国苹果年会暨天水"花牛"苹果节上，被中国果品流通协会评为"花牛苹果十佳营销企业"之一。2009年9月，中国果品流通协会授予"花牛苹果十佳营销企业"；2010年6月，中国人民银行天水市中心支行授予"天水市第三期银行信贷诚信企业"；2011 年 1 月，天水市人民政府授予"天水市农业产业化重点龙头企业"称号；2011 年 2 月，秦州区人民政府授予"重点龙头企业"称号；2011 年 12 月，天水市扶贫开发领导小组授予"天水市扶贫龙头企业"。

清水县明飞林下放养鸡专业合作社　明飞林下养鸡专业合作社位于清水县秦亭镇张吕村，总投资 120 万元，基地规模 410 亩，集屠宰、加工、包装、冷冻为一体，年产值达到 480 万元。

通过自主发展和政策扶持，明飞林下养鸡专业合作社已成为地方政府调整产业结构，增加农民收入的主打品牌。目前已带动发展周边 5000 只以上规模养殖户 12 户，分散养殖户 15 户，养殖总量突破 8 万只。

协会先后被省农牧厅命名为甘肃省农民专业合作社示范社，2013 年被天水市政府命名为全市农民专业合作社示范社，2009 年被天水市妇联命名为"妇"字号创业基地，2010 年 6 月被市政府命名为家禽定点屠宰厂，于 2009 年底取得了农业部无公害食品的认证，其后又向农业部申报了无公害绿色食品的认证。

（甘肃省林业厅植树造林和林业产业处）

青海省林业产业

【林木种苗业】 林木种苗是林业产业建设的重要基础，决定着林产品的数量、品质和种类，也是林业产业建设的重要组成部分，在经济社会发展中对林产品多样化需求起着重要作用。近年来，全省各地因地制宜大力发展种苗产业，为地方经济发展、林业生态建设、增加农民收入做出了重要贡献。

全省现有各类苗圃1579处，总面积5133公顷，年产值7.2亿元。其中，农村个体育苗已达到1463处，面积增加到3133公顷，产值4.1亿元（包含农民合作组织140个，总面积1000公顷，产值1.4亿元）。青海的林木种苗培育主要集中在东部农业区。在乐都县，林木种苗种植已初具规模，总面积约800公顷，年产值达1亿元，树种以青海云杉、油松、祁连圆柏、杨树、柳树、榆树及花灌木为主，特别是青海云杉等树苗已远销内蒙古、宁夏、西藏、陕西等地。民和县有国营苗圃2个，个体苗圃48个，育苗面积达386.7公顷。西宁市目前育苗基地面积达到1412公顷。其中国有育苗基地20个、面积321.3公顷，集体育苗279.3公顷，个体育苗811.6公顷。全市主要培育品种有云杉、圆柏、丁香、榆叶梅、连翘等30余种，年出圃各类苗木8054.22万株，苗木产业已逐步成为西宁市带动农民增收的林业主导产业和新经济增长点。祁连县林木种植业以青海云杉育苗为主，目前全县个人育苗为28.3公顷，总投资达1062.5万元。海西蒙古族藏族自治州德令哈市针对当地枸杞幼苗一直从宁夏引进，种苗品质差、成本高、成活率低，不能满足当地枸杞种植需求的实际情况，积极争取资金，投资1400万元建成了海西蒙古族藏族自治州最大的智能工厂化育苗中心。其中，六联栋智能温室1座3113平方米，库房3座900平方米，练苗场3000平方米，采穗圃2.4公顷，良种繁殖圃244.5公顷，试验区19.5公顷，枸杞容器苗定植繁育120公顷，枸杞扦插繁育60公顷。育苗中心首次采用枸杞嫩枝扦插技术，目前成活率达到70%以上，比全省嫩枝扦插成活率高5个百分点，中心年育苗量为300万株，基本满足了德令哈市地区枸杞需苗量。门源县林木种苗业近年在市场需求带动下得到迅猛发展。

【经济林基地培育业】 青海地处青藏高原，自然生态环境脆弱，但土地资源丰富。选择适宜的小气候、因地制宜、适地适树、科学布局、适度规模有计划地发展生态经济型经济林产业仍具有很大的潜力，也是青海林业实现跨越式发展的重要措施之一。近年来，青海依托“三北”工程、退耕还林等重点工程，按照“东部沙棘，西部枸杞”的林业产业发展思路，着力强化沙棘、枸杞基地建设，同时发展核桃、花椒、大果樱桃种植，全省经济林面积逐步扩大，经济林的优良树种品种率明显增加。民和县、贵德县、循化县等地引进了部分苹果、梨、油桃、仁用杏、西洋大樱桃等新品种，并建立了小面积的良种母木园和苗圃。全省已初步建立了“柴杞”基地和沙棘基地等大型经济林基地，大大促进了全省经济林的发展，同时也带动了相关加工业的发展。清华博众生物、柴达木高科技药业等龙头企业发展前景看好。

沙　棘　青海是我国沙棘资源大省之一，当地政府历来高度重视沙棘资源的开发利用。早在20世纪80年代初青海就成立了“三刺”开发利用领导小组，对沙棘的开发利用进行有组织的研究。1985年根据青海省人民政府青政办(1985)74号文件通知和省“三刺”领导小组部署，省林业局和省农林科学院组织人员，组成沙棘资源调查课题组，对全省沙棘资源进行了调查，同时，对沙棘资源开发利用在不同领域进行了研究，并取得了可喜的成绩。近几年，随着天然林保护、退耕还林、三北防护林建设等国家个重点工程的深入实施，青海省沙棘资源得到了进一步的发展。沙棘这一新型而又古老的经济树种，被形象地誉为“政府的招商树、企业的摇钱树、农民的致富树”。2005年3月23日，省政府召开专题会议讨论《关于充分利用特色优势资源加快沙棘产业发展的方案》。2005年10月21日，宋秀岩省长主持召开《农牧业产业化龙头企业发展协调会》，指出要重点扶持六家龙头企业，其中包括加工沙棘产品的青海清华博众公司。2006年6月30日，宋秀岩省长又在《青海省林业局关于报送我省沙棘资源开发利用情况的报告》上做出重要批示：“青海有丰富的沙棘资源，应当统筹规划，充分利用这一自然资源，为保护生态服务，为农牧民脱贫致富服务”。目前，全省沙棘总面积约153333.3公顷，为全省林地资源面积的2.13%，占全国沙棘总面积3000多万亩的7.6%。青海沙棘品种共有4个，即中国沙棘、肋果沙棘、西藏沙棘和大果沙棘，前3种为天然原始分布种，大果沙棘为近年来的引进种。已建立优质沙棘基地17333.3公顷，建立沙棘苗木繁育基地1133.3公顷，年产苗木20亿株，沙棘原料林基地每年以6666.67公顷的速度推进。近年来，省委省政府将沙棘产品列为特色产业进行发展，青海独特的区位优势和丰富的沙棘资源已吸引了众多投资者。青海康普德生物制品有限公司、青海清华博众生物技术有限公司、青海柴达木药业、西宁光华科技有限公司先后进入沙棘开发领域，并取得了一定成效。以青海清华博众生物技术有限公司为代表的沙棘加工企业，已开发出了沙棘酒、沙棘果醋、沙棘油、沙棘果珍、沙棘茶、沙棘口服液等八大系列产品，并成功推出了“青海青”品牌。目前“青海青”沙棘系列产品不但销往北京、广东、福建等国内市场，而且远销日本、韩国、德国、英国等海外市场，高原特色产品在国内外消费者面前展示了独特的魅力。青海沙棘产品出口额占全国沙棘产品出口总额的63%，成为我国生态高科技产品出口的典范。2006年青海清华博众生物技术有限公司产值5300万元，2007年产值已达到1亿元。公司带动13371户农牧民增收，每户年均增收达1890元。

枸　杞　枸杞是我国重要的药食两用特种经济植物资源和传统的出口农产品。近年来，随着独特而丰富的营养保健功效在西方国家逐渐得到证实和认可，枸杞产品逐渐由传统的亚洲和华裔市场进入西方主流社会，枸杞产品除销往港澳、东南亚、日本市场外，已打入欧洲、美国等地区和国家，国外市场得到不断拓展。国内市场枸杞干果流通量每年在6万吨以上，枸杞产品已突破了传统的中药行业，正在向保健食品、医药和化妆品等行业拓展。青海柴达木盆地是我国重要的枸杞原产地之一，都兰县诺木洪农场两棵仍在结果的枸杞树已有300多年树龄。柴达木盆地地处世界“四大超净区”之一的青藏高原腹地，海拔高，日照时间长，太阳辐射强烈，降水量少，蒸发量大，属典型的大陆性气候。得益于独特的气候条件，柴达木盆地生产的枸杞鲜果玲珑剔透，红艳欲滴，状似红宝石，色红粒大，果实卵圆形，籽少、肉厚，大小均匀，无霉变，无杂质，果品品质、营养成分、功能活性物质的积累以及口感和外观都优于其他省区，在国内外市场上具有较强的竞争力。

近年来，随着我省退耕还林工程的实施和农业产业结构的调整，枸杞产业以其较大的经济生态效益、较广泛的从业人员和较深远的产业开发前景，成为农业经济增长、农村建设发展和农民增收致富的重要产业。省委省政府明确提出要把沙棘、枸杞产业作为退耕还林工程后续产业发展的主导产业做大做强，促进农民增收，巩固退耕还林成果。2009年12月，青海省政府出台了《关于促进枸杞加工产业发展的意见》，提出到2015年，使枸杞产业成为我省农畜产品加工的优势产业之一。从2008年开始，青海结合国家批复的《青海省巩固退耕还林成果总体规划》，利用中央补助资金和省财政支农专项资金，逐年安排枸杞基地建设任务。同时，为规范枸杞基地建设，2009年，省林业科学研究所、青海大学结合生产实际共同制定了《青海省柴达木地区枸杞经济林基地建设技术规程》《青海省柴达木地区枸杞无性繁殖技术规程》《青海省柴达木地区黑果枸杞播种育苗技术规程》3个地方建设标准，并经省质量技术监督局作为地方标准发布实施，为青海今后的枸杞基地建设制定了高标准的建设要求，为基地建设规范化提供了依据。

目前，全省枸杞种植面积已发展到20 000公顷，范围由海西柴达木盆地扩展到海南共和盆地，产量逐年增加，种植效益不断提高。全省进入盛果期枸杞有近4666.7公顷，产值从2000万元提高到5.0亿元，辐射带动农户近5000户，户均增加收入6000元。枸杞产业已成为当地群众脱贫致富，带动农村经济全面发展的“主导产业”和“富民产业”。位于柴达木盆的诺木洪农场枸杞种植面积达到5000公顷，产值达到6.2亿元。

核　桃　青海省适宜发展核桃的区域为光热条件较好的黄河及其一级支流湟水河两岸的一、二级台地，行政区域包括海东地区的化隆、循化、民和、乐都4县，海南藏族自治州的贵德、共和2县，黄南藏族自治州的尖扎县，国土总面积3.2万平方公里，其中农业用地313 333.3公顷。该地区雨热同期，是青海省农业生产条件最好的地区，有利于核桃的生长发育和优质生产，并有供核桃发展的荒山荒地、田坎、地边、河(沟)边及房屋四周等土地。近年来，青海省在循化、民和、化隆等地引进薄皮核桃进行种植，其特点是个大仁满，皮薄而脆，出仁率高，含油丰富，取得了良好的经济效益。目前，全省核桃种植面积已达6329公顷，百亩以上的核桃基地有188个，核桃年产量达523吨，产值达2432万元。较著名的核桃品种有史纳大核桃、薄皮核桃、喇嘛核桃、离壳油核桃、循化露仁核桃等，其特点是个大仁满，皮薄而脆，出仁率高，含油丰富。

【花卉培育业】　花卉集观赏价值、经济价值、生态价值于一身，花卉产业已成为我国许多地区农业产业结构调整最重要的产业之一，是农村经济发展新的增长点，也是各地林业产业发展的重要内容。青海地处青藏高原东北部，得天独厚的冷凉性气候非常适宜凉性类花卉的生产种植，是理想的冷凉花卉和球根类花卉繁育基地。青海省花卉产业于20世纪90年代初从西宁开始起步，经过多年发展已初具规模，种植花卉品种600多种，除了一些反季节鲜花销往广州、武汉、上海等地，现有的花卉苗木基地和企业所生产的花卉苗木在青海市场上供不应求 。截至2012年，全省有花卉苗木生产企业40余家，花卉种植面积7521亩，从事花卉的花农从业人员3071人，年产各类花卉苗木4000余万株(枝、粒、盆)，主要种植品种有康乃馨、亚洲百合、唐菖蒲、倒挂金钟、月季、石榴、荷兰菊、丁香、牡丹、芍药、鸢尾和各种盆花等。在销售领域，全省有1家专业花卉市场，3处花卉集散地，有各类苗木花卉经营部门、服务公司、花店195家，生产和销售总产值达1.5亿元。同时，经过多年不懈努力，青海省已在东方百合、郁金香、唐菖蒲等球根花卉栽培技术、种球脱毒技术等方面的研究中获得重大突破，形成了适合青海气候特点的唐菖蒲生产技术体系，生产技术在全国处于领先地位。

【森林旅游业】　随着经济社会的发展和生活水平的提高，社会公众到户外游憩、回归大自然、享受天然氧吧等生态旅游需求日益增长，森林以其优美的自然环境、清新洁净的空气和繁茂的花草树木日益受到游人的青睐，森林生态旅游业无论是在林业产业还是在旅游业中的地位都越来越突出。青海森林资源较为丰富，各个国家和省级森林公园的道路、电力基础设施较为完善，具有发展森林生态旅游业的较好条件。“十一五”期间，全省共投入森林公园建设资金3.65亿元，年均7300万元，其中，国家投入1.28亿元，自筹6289万元，引资1.74亿元；截至2010年底，森林公园车船总数达到85台(艘)，游道总数达到542.7公里，床位总数达4360多张，餐位总数达到26 020个，程控电话324门，社会从业人员3900人(次)。“十一五”期间全省森林公园和国有林场共接待游客354.7万人(次)，其中，海外旅游者3513人(次)。森林公园旅游总收入达到2.58亿元，年均5154万元。2012年，全省森林公园共接待国内外游客311.9万人(次)，实现旅游收入57 511.2万元，其中：门票收入3133.37万元，社会、经济效益均取得了明显成效。　　　　(包　昕)

宁夏回族自治区林业产业

【概　述】 2012年，宁夏回族自治区林业及相关产业实现总产值155.0亿元，比2011年增长11.1%(按可比价格计算，下同)。分产业看，第一产业48.9亿元，比2011年增长6.3%；第二产业76.3亿元，增长4.8%；第三产业29.8亿元，增长46.0%；全区完成林业投资13.9亿元，从资金来源看，国家投资11.5亿元，占全部林业投资的82.7%，地方投资1.7亿元，占全部林业投资的12.3%；自筹及其他资金0.7亿元，占全部林业投资的5.0%；2012年，全区共完成营造林面积142.2万亩，比2011年增长4.8%，其中，人工造林80.1万亩，无林地和疏林地信封62.1万亩。按造林用途分，经济林13.5万亩，防护林128.7万亩。全区四旁(零星)植树717.0万株，年末实有封山(沙)育林439.5万亩，新增58.2万亩，增长15.3%；全区森林覆盖率达到12.8%；全区留床及新育苗面积42.5万亩，比2011年增长19.4%；全年新增育鸟面积12.2万亩。全区园林水果面积195.4万亩，比2011年增长4.3%：水果产量达到80.5万吨，增长11.2%。全区枸杞种植面积58.7万亩，比2011年增长11.6%；枸杞结果面积49.1万亩，增长9.8%，枸杞产量7.9万吨；全区生产鲜切花7248万支，比2011年增长了1.4倍，生产盆栽花843万盆；全区林产品加工业实现工业总产值76.3亿元，同比增长4.8%。分行业看，造纸及纸制品业产值39.4亿元，占全部林产品加工业产值的51.6%；枸杞酒及营养品制造业5.3亿元，占6.9%：葡萄酒酿造业15.1亿元，占19.8%；果汁及果汁饮料制造业6.2亿元，占8.1%；水果加工及蜜饯制造业0.3亿元，占0.4%；家具及木制品制造业10.0亿元，占13.1%；全区涉林旅游景点共接待游客624万人次，比2011年增加了176万人次，增长39.3%，占全区国内旅游总人数的46.6%；全区涉林旅游收入29.8亿元(扣除交通、住宿、购物后的旅游收入)，比2011年增长46.0%。

枸杞产业　①新增种植基地9.68万亩，每亩种苗补助200元，其中国家重点造林工程每亩补助100元，自治区财政每亩补助100元。②建设规模化采穗基地2个，连片500亩以上，年产优质种苗200万株以上，每个补助30万元。③对统防统治公司、农民专业合作组织和企业使用生物(矿物)质农药，服务茨农1000户以上，按为茨农服务签订的合同，每亩安全药物补助50元。④对在国内外展会上、产品质量评比中获得金奖的枸杞产品，每个补助5万元；建立大中城市枸杞直销店10个，每个补助10万元。

园艺产业　①实施设施农业效益倍增计划。新建日光温室每亩补助5000元、新建大中拱棚每亩补助2000元；日光温室改造每亩补助2000元；供港露地蔬菜基地1000亩以上(配套喷灌、滴灌设施)，在商检部门备案的，每亩补助100元。②蔬菜标准园创建。建设蔬菜标准园33个，其中设施标准园25个、露地供港蔬菜标准园5个，露地脱水蔬菜标准园2个，沙地西瓜标准园1个。创建农业部蔬菜标准园14个，每个补助50万元，未列入农业部蔬菜标准园的，每个补助10万~15万元。③集约化育苗中心建设10个，每个补助10万元。④实施预冷库建设以奖代补政策，对企业、农民专业合作组织及种植大户在农产品产地或设施农业园区建设标准预冷库，实行以奖代补。

葡萄产业　①新增种植基地7.45万亩，每亩种苗补助300元。②建设葡萄育繁推一体化基地2个，对繁育500亩以上的育苗基地、200亩以上的穗圃基地，给予补助。③对在国内外展会上、产品质量评比中获得金奖的葡萄酒产品，每个补助5万元。

红枣产业　①新增种植基地8.7万亩，每亩种苗补助200元，其中国家重点造林工程每亩补助100元，自治区财政每亩补助100元。②建设规模

化苗木基地2个，连片500亩以上，年产优质种苗200万株以上，每个补助30万元。③对在国内外展会上、产品质量评比中获得金奖的红枣产品，每个补助5万元。

苹果产业 ①新增种植基地3.72万亩，每亩种苗补助200元，其中国家重点造林工程每亩补助100元，自治区财政每亩补助100元。②三低(低产、低质、低效)果园改造提升4万亩，每亩补助50元。③建设规模化苗木基地2个，连片500亩以上，年产优质种苗200万株以上，每个补助30万元。④对在国内外展会上、产品质量评比中获得金奖的苹果产品，每个补助5万元。

地方特色产品及休闲农业 ①新增花卉基地0.66万亩，每亩种苗补助200元；建设花卉种苗繁育基地1个，年产优质种苗及种球100万株以上，补助30万元。②新增温棚果树0.07万亩，每亩种苗补助200元。③改造杏基地2.2万亩，每亩接穗补助60元。④经济林科技示范园区。新建经济林科技示范园区20个，其中枸杞5个，每个补助30万元；葡萄5个，每个补助50万元；红枣5个，每个补助30万元；苹果5个，每个补助30万元。对2011年确立的经济林科技示范园区每个继续补助5万元。

【产业发展规划】

《葡萄产业推进计划》 到2020年，在贺兰山东麓建成百万亩葡萄产业文化长廊，葡萄总产量超过70万吨，葡萄酒加工能力40万吨，培育葡萄酒加工企业200家以上，其中建设重点酒庄100家以上。

“十二五”期间，新建葡萄基地40万亩，总规模达到70万亩(酿酒葡萄60万亩)，形成加工能力30万吨，培育葡萄酒企业100家以上，其中建设重点酒庄50家以上。

“十三五”期间，新建葡萄基地30万亩，总规模达到100万亩(酿酒葡萄80万亩)，使贺兰东麓形成“一心、三城、十镇、百庄”产业带，推进葡萄产业与旅游、文化等产业的融合。

《枸杞产业发展推进计划》 2012年，我区计划新发展枸杞基地9.68万亩，其中平罗1万亩、惠农0.4万亩、同心3.14万亩、沙坡头区0.76万亩、中宁县2.2万亩、海原县0.5万亩、原州区1万亩等，同时打造高标准出口(有机)基地2万亩；

《苹果产业推进计划》 今后3~5年，苹果产业发展的总体目标是：实现“一稳四增二提”，即稳定基地面积，增加产量，增加贮藏加工量，增加出口量，增加果农收入，提高优质果率，提高市场占有率。夯实良种繁育基础，稳步扩大苹果生产基地10~30万亩，实现总产量80万吨以上，加工能力达60万吨，苹果产业总产值突破15亿元。建立不同树龄示范园20个，规模达5万亩；改造三低果园30万亩，让苹果主产区农民收入来自苹果产业的比重超过45%。建成五个10万亩以上苹果主产大县。

《红枣产业推进计划》 到2015年，全区红枣产业基地总面积达到150万亩，其中新发展面积54万亩，红枣总产量达到25万吨以上，产值超过7.5亿元，枣区农民来自红枣的人均收入达到40%以上。培育红枣保鲜贮藏、加工、流通等龙头企业40家，深加工率达20%以上，产值5亿元，全面实现生态建设产业化，产业发展生态化。

其他有关法规 2012年12月5日，宁夏回族自治区第十届人民代表大会常务委员会第三十三次会议通过《宁夏回族自治区贺兰山东麓葡萄酒产区保护条例》。该条例自2013年2月1日起施行，标志着我国第一部有关葡萄酒产区保护的法规正式出台。

【宁夏产业发展布局】

枸杞产业带 建设以中宁为核心，以清水河流域和贺兰山东麓为两翼的枸杞产业带。到2015年，枸杞基地总规模稳定在100万亩，重点建设中宁县、海原县、同心县、原州区、西夏区、惠农区、平罗县等产业主产县。

葡萄产业带 培育壮大石嘴山、银川、青铜峡、红寺堡、农垦五大葡萄产区规模。到2020年，各产区达到规模分别是：石嘴山14万亩(酿酒11万亩)、银川22万亩(酿酒19万亩)、青铜峡20万亩(酿酒15万亩)、红寺堡30万亩(酿酒27万亩)、农垦30万亩(酿酒27万亩)。

红枣产业带 规划到2015年，全区红枣基地面积达到150万亩，其中，中卫市70万亩红枣基

地：中卫城区26.8万亩，中宁县30.8万亩，海原县12.4万亩，压砂地枣瓜间作制干红枣基地建设地点包括中卫城区环香山地区，中宁白马、鸣沙、大战场、喊叫水等地，品种以同心圆枣、中宁圆枣为主。吴忠市的扬黄灌区和干旱风沙区61万亩红枣基地，其中，同心县49.9万亩，盐池县6万亩，红寺堡5.1万亩，品种以制干及加工型的同心圆枣、中宁圆枣为主。个别补水条件较好、海拔在1300米以下的地区可适当发展鲜食型的灵武长枣。灵武等引(扬)黄灌区新发展15万亩鲜食红枣基地，品种以灵武长枣为主。其他地区发展4万亩。

苹果产业带　以传统的苹果主产市县为基础，扩大移民新区的发展，重点在自治区已确定的吴忠市利通区、中卫市沙坡头区、中宁县、青铜峡市、灵武市五个主产大县扩基地，对集中分布的吴忠扁担沟、中卫市南山台子、青铜峡甘城子、仁存渡林场周边、中宁鸣沙五大苹果产区改造提升。

杏产业带　形成南山区杏产业带，围绕山杏资源，发展杏产业。

其他特色经济小杂果产业带　围绕主要城市城郊，发展设施果树、花卉及其他特色果品产业带，确保四季鲜果供应。

投资预算　十二五和十三五期间共计划新栽和更新改造及建设苗木基地298 086.25公顷，其中：十二五期间新建基地137 629公顷，改造54 418公顷；十三五期间新建基地110 318公顷，改造44 328公顷；建设苗木基地95 268.25公顷。每公顷需投资22 500元(枸杞22 650元)，共计投资105.5亿元，其中十二五期间需投资60.4亿元，十三五期间需投资45.1亿元。

【省级龙头企业】

宁夏张裕摩塞尔十五世酒庄有限公司　位于宁夏贺兰山东麓的银川市高新技术产业开发区，由百年张裕于2010年投资6亿元兴建完成。宁夏张裕摩塞尔十五世酒庄融合欧洲十五代葡萄种植与酿酒技术，是集葡萄种植、高端酒庄酒酿造、葡萄酒文化旅游以及葡萄酒主题会所于一体的综合性葡萄酒庄园。酒庄占地1000余亩，主体建筑为拜占庭风格，建筑面积达13 000平方米，独具特色的欧式城堡、神秘的地下酒窖、历经沧桑的葡萄酒博物馆，为游客打造欧式葡萄酒风情体验之旅，雄浑的圆顶城堡矗立水畔，水中光影变幻，与酒庄建筑虚实交错，蔚为壮观；美轮美奂的红酒与美食、典雅的私密社交空间，高端商务会务休闲娱乐，是社会精英宴请宾朋和商务酬酢的最佳选择；葡萄采摘、游客自酿酒、葡萄酒品鉴等活动，使游客远离繁华都市的喧嚣，回归自然，享受大自然的独特魅力。

玉泉国际酒庄　坐落于宁夏贺兰山东麓的玉泉葡萄小镇，是在原有国营玉泉营农场、玉泉葡萄酒厂的基础上，按照现代化企业管理制度和规范的要求，通过资源整合、资源重建组件的贸、工、农一体化的集团公司，是国家级农业产业化龙头企业。酒庄占地面积为3万平方米，建筑面积为8千平方米，主要分为地上功能区和地下酒窖两个部分，酒庄位于宁夏贺兰山东麓葡萄最佳生态带，被誉为中国的“波尔多”，种植葡萄2000公顷，是目前国内葡萄品种较为齐全、种植较为集中的酿酒葡萄主产区。酒庄建筑风格巧妙将宋朝建筑文化同当地西夏文化特色融为一体，背面傍湖，四周葡萄园环绕，自然风景秀丽，酒庄功能集葡萄种植、葡萄酒酿造、葡萄酒文化观光旅游和世界葡萄酒文化展览、餐饮、住宿等融为一体，是当今世界最具西夏神韵的个性化中式酒庄。

志辉源石酒庄　由宁夏志辉实业集团有限公司筹建，集团公司位于银川市西夏区镇北堡昊苑村志辉公司万亩生态园区内，占地15 300亩，目前酒庄建成了2000亩的有机葡萄园，酒堡占地面积50亩。建筑面积12 000平方米。酒堡主要分为地上建筑和地下建筑，地上建筑5626平方米，包括：品酒大厅、文化展示馆、办公区、会所及生态多样性温室。地下建筑3708平方米，主要用于葡萄酒的窖藏。酿酒车间年生产能力300吨，投资约1亿元人民币。管理人员、酿酒师及技术人员40人。

酒庄的建设理念为“文化、生态、环保”。打造世界葡萄之旅。给游人提供休闲、度假、品酒、欣赏高雅文化的场所。酒庄采用废弃的石头做主料，再配以传统的工艺用人工打造，结合中国传统的石雕、青砖、青瓦、耐火砖、树枝截面、木块截面的点缀，建筑风格充分体现了贺兰山东麓特有的地域风格，向游人展现了中国传统文化的奇妙景观。

宁夏类人首葡萄酒业有限公司　成立于2002年，是一家集葡萄种植、科研、生产、销售于一体的民营企业，目前企业经营、开发葡萄基地3000余亩，厂区建筑面积达4000多平方米，总产值超过1.6亿元人民币，年生产能力达1500余吨，在近几年的各种国内外专业性葡萄酒大赛中，累计荣获各类大奖10多项，其中包括“类人首意境干红2009年份”所取得的极具含金量的英国“品醇客”世界葡萄酒大奖赛银奖。2012年初，“类人首”有幸获得进入中国石油加油站便利店渠道销售的特许资格，与张裕“爱斐堡”和长城“桑干酒庄”共同成为uSmile昆仑好客在葡萄酒销售领域的合作伙伴。2013年，企业荣获“农业产业化优秀龙头企业”称号，并在7月份举办的2013宁夏百姓喜爱的商标(品牌)评选活动中，荣获“百姓最喜爱的商标(品牌)”称号。

宁夏红沙坡头葡萄庄园　位于沙坡头国家级自然保护区，黄河岸边，香山脚下，独特的沙石、黏土土壤和绿色生态的地理环境，独特滔滔黄河使之形成了与其他地方无可比拟的湿润气候条件，2011年沙坡头葡萄庄园通过有机认证，2012年沙坡头葡萄庄园酿造的2010蛇龙珠葡萄酒荣获首届贺兰山东麓葡萄酒节银奖；在2013年第三届香港(宁夏)文化旅游活动周再次斩获“最具贺兰山东麓风土奖”；在2013中国优质葡萄酒挑战赛暨第七届烟台国际葡萄酒博览会上，宁夏红沙坡头葡萄庄园选送的干红葡萄酒均荣获“质量金奖”与“性价比最佳葡萄酒”奖项；在法国波尔多举办的第十七届国际葡萄酒暨烈酒展览会上，沙坡头葡萄庄园选送的2010蛇龙珠葡萄酒被参展商评价为“丝绸般的享受!”，受到来自巴西等酒商的青睐。沙坡头庄园1998年建成以来，经过15年的成长，现已成宁夏贺兰山东麓葡萄庄园一颗新星，沙坡头葡萄干红已在世界葡萄酒界崭露头角。

银色高地酒庄　2010年4月，世界著名葡萄酒大师简西斯·罗宾逊在《金融时报》就她的中国之行发表《中国葡萄酒的清新酒香》一文，称“中国葡萄酒产业出现的又一颗新星”。简西斯所指的“新星”，正是宁夏的。银色高地位于宁夏回族自治区海拔1200米的贺兰山东麓，是中国最高的酒园之一。得天独厚的光照和土地条件使葡萄藤根部更深入泥土，吸收水和矿物质，更适合葡萄栽培。其葡萄酒融合了法国精巧的酿酒技术，传承了旧世界的风格。银色高地首个年份限量2400瓶。

宁夏圣路易·丁酒庄　位于黄羊滩，西靠贺兰山，东接黄河灌区，生长在4200亩沙砾土中有着13年树龄无化肥无农药的优质酿酒葡萄含翠欲滴地笑迎八方宾客。法塞特和黄羊滩是酒庄拥有的两个品牌，经过严格的分级限产，分批采摘(赤霞珠 Cabernet Sauvignon、美乐 Merlot、西拉 Syrah)。两棵树只产一瓶酒，1000平方米恒温恒湿的地下酒窖确保了年产300吨的优良品质。

巴格斯酒庄　酒庄500亩自主经营的葡萄园始建于1999年。由庄主王三伟、王彦辉夫妇投资2000万元人民币，按照国内一流葡萄酒庄“绿色”“健康”“人文”原则独资兴建。酒庄占地面积6500平方米，总建筑面积2200平方米，绿化率54%。酒庄由三大建筑群组成，分别是酿酒车间、地下酒窖、商务中心。整个园区为欧式园林建筑。酒庄标志性建筑为巴格斯酒神像。酒神巴格斯是原始自然、绿色健康的象征。酒庄从原料质量分析开始，对生产进行全程监控，确保产品质量上乘，同时定期对原酒进行品评鉴定，进一步保证酒液质量的良性发展。酒庄引进国外先进的灌装生产线，完成产品的包装工作，全封闭车间有效地控制了人员进出流动，保证了良好的灌装卫生条件。

【大事记】

1月15日　驻京办副巡视员曹凯龙向外交部副部长李金年汇报，希望外交部支持宁夏成为国际葡萄与葡萄酒组织(OIV)观察员。

2月1日　自治区人民政府撤销宁夏林业产业发展中心，批准成立宁夏葡萄花卉产业发展局。机构设置为副厅级。

2月8日　国际葡萄与葡萄酒组织(OIV)向自治区政府秘书长回函同意宁夏正式成为OIV观察员。

2月11日　中国农业大学马会勤教授、意大利科伦公司亚太地区经理优恩亮，烟台公司总经理孙立波，就引进葡萄酒瓶橡木塞、申请贺兰山东麓葡萄与葡萄酒国际联合会观察员进行了洽谈。

2月12日 自治区政府王正伟主席听取了驻京办主任喜清江关于贺兰山葡萄文化小镇的汇报，要求尽快由宁夏阿拉伯文化交流中心向政府写报告，希望能尽早开工，并要求对红酒交易中心进行论证。

2月13日 受驻京办事处主任喜清江委托，曹凯龙副巡视员就引进以色列鲜食葡萄品种、节水灌溉技术、无花果栽培技术引进，与以色列农业部首席科学家阿维·波尔，以色列农科院教授、无花果栽培专家摩西·福莱土曼进行了洽谈。

3月 自治区党委、政府在自治区林业局下属林产业发展中心的基础上，成立了全国第一个省级葡萄产业发展管理机构——自治区葡萄花卉产业发展局，任命曹凯龙同志任自治区林业局党组成员、副局长，兼任自治区葡萄花卉产业发展局局长，在人才、苗木、政策上全力推进百万亩葡萄长廊建设健康发展。

3月8日 正在北京参加全国“两会”的自治区政府王正伟主席，在北京宁夏大厦听取贺兰山葡萄文化小镇建设时指出，新成立的葡萄花卉产业发展局要抓紧出台政策，以政府主席令先操作，再争取以人大立法通过《宁夏贺兰山葡萄和葡萄酒促进条例》，保证利用好贺兰山东麓这块珍贵的土地资源，为宁夏经济发展服务。

3月 在国家农业部和外交部的大力支持下，经过努力，自治区人民政府成为中国在OIV组织的首个省级观察员，加快了宁夏葡萄酒产业与国际接轨，走高端、精品、国际化的路子。

3月11~13日 自治区葡萄花卉产业发展局在吴忠林场召开全区苹果幼龄园早果丰产管理技术高级培训班。自治区林业局党组书记赵永清，自治区林业局副局长、自治区葡萄花卉产业发展局局长曹凯龙出席了培训班，提出了以吴忠林场幼树早果丰产树体管理为基础，幼龄苹果果园早果丰产五年树体管理技术，作为全区幼龄果园生产主推技术，全面落实到果园生产管理中。

4月5~9日 在陕西省西安市举行了第十六届中国东西部合作与投资贸易洽谈会暨“宁夏活动日”活动，自治区政府王正伟主席在陕西省政府郑小明副省长、自治区副主席李锐的陪同下，重点就我区贺兰山东麓百万亩葡萄文化长廊进行了推介宣传。

4月24日 借助自治区党政代表团赴江浙等省市活动周的时机，在江苏南京市召开了贺兰山东麓百万亩葡萄产业带和文化长廊推介会，自治区林业局党组书记赵永清，自治区林业局副局长、葡萄花卉产业发展局局长曹凯龙，副局长赵世华参加，期间组织国际葡萄酒大师举办了“宁夏葡萄酒南京挑战赛”，全区13家企业22款酒参会，全面宣传和推介了贺兰山东麓葡萄酒，签订了5000万元的红酒购销合同。

4月28日 自治区林业局党组赵永清书记一行与山东省青岛市政府进行对接，决定利用青岛啤酒节开展宁夏葡萄酒与青岛啤酒联谊活动，大力宣传贺兰山东麓葡萄与葡萄酒。

5月3日 宁夏回族自治区林业局召开专题局务会议，听取了自治区葡萄花卉产业局领导班子的工作汇报，讨论研究了首届贺兰山东麓酿酒葡萄节总体方案。

5月8日 中法宁夏葡萄酒合作洽谈会在银川悦海宾馆举行。自治区政府副主席郝林海、主席助理刘云出席会议，自治区林业局副局长、葡萄花卉产业发展局局长曹凯龙主持会议，副局长赵世华向与会嘉宾介绍了宁夏贺兰山东麓葡萄酒产区情况，中法两国企业在葡萄栽培、酿造、销售等方面有广阔的合作空间和发展前景。

5月9日 “中欧葡萄与葡萄酒发展论坛”在宁夏银川举行，自治区政府副主席郝林海、主席助理刘云出席会议。会议期间，农业部国际合作司与自治区农牧厅、自治区葡萄花卉产业发展局签订了《宁夏贺兰山东麓葡萄产业带和文化长廊建设战略合作框架协议书》，携手提升宁夏贺兰山东麓葡萄产业发展水平，推动其走高端、优质、精品和国际化路线。根据协议，三方将在优良葡萄品种培育及脱毒苗木“育、繁、推”一体化建设、培养葡萄产业人才与引进先进科技、葡萄酒文化和葡萄酒相关农业休闲旅游等领域广泛开展国际和国内合作。

5月20日 自治区葡萄花卉产业发展局在德

龙10万亩葡萄基地举办了“首届贺兰山东麓葡萄酒节100天倒计时宣传活动启动仪式”，策划了从倒计时一百天开始宣传造势活动，自治区林业局党组书记赵永清做了动员讲话，执委会各厅局、自治区林业局各处室负责人，各高校100名大学生志愿者参加了启动仪式。

5月23～24日 自治区葡萄花卉产业发展局在宁夏仁存渡护林场召开全区果树疏果套袋暨幼苗管理骨干培训现场会。主要落实我区苹果提质增效“五大技术”，结合当前果树主要生产技术环节及存在的问题，在全区开展成龄苹果果园推广示范疏果套袋、果园覆草、修剪等工作。在培训现场会上，专家们示范当前苹果疏果套袋、果园覆草技术、幼树夏季修剪技术、桃小食心虫防治技术等。

6月4～7日 自治区葡萄花卉产业发展局邀请国际知名《葡萄酒评论》杂志法文、中文版主编、撰稿人及3名法国品酒师来宁进行考察，发布了我区在2012年5月举办的中国优秀葡萄酒年度大赛中获奖信息，取得了金奖2个、银奖3个、铜奖2个，创下了获奖“大满贯”，贺兰山东麓葡萄酒产区被评为首度设立的“明星产区”奖。

6月7日 国际葡萄酒研究生班20多名学员来宁夏进行为期一天的观摩考察活动，先后考察了贺兰晴雪酒庄、德龙集团、西夏王葡萄酒公司等，共同研讨了开展国际酿酒大师邀请赛，进行贺兰山东麓葡萄酒节宣传造势活动。

6月7日 世界酿酒大师贺兰山东麓邀请赛新闻发布会在银川举行。根据首届贺兰山东麓葡萄酒节活动安排，由农业部国际合作司、中国酿酒工业协会葡萄酒委员会、宁夏葡萄产业发展局共同举办“世界酿酒大师贺兰山东麓邀请赛”。整个大赛周期为2年，大赛开始时间与首届贺兰山东麓葡萄酒节开幕式同步(8月30日)。期间将由公开选拔出的十名国际酿酒大师，在贺兰山东麓区域内自选葡萄园，待葡萄成熟后采用相同设备酿造葡萄酒；大师们酿造的葡萄酒将在下一届葡萄酒节举办期间进行集中评奖，确定名次，给予奖励。

6月14日 宁夏回族自治区主席王正伟、副主席郝林海，主席助理刘云一行调研贺兰山东麓文化长廊建设工作，先后到张裕集团宁夏葡萄基地、西夏王酒庄、德龙集团宁夏葡萄基地、贺兰晴雪酒业、源石酒庄、贺兰山葡萄小镇等，调研葡萄种植基地、葡萄酒庄和葡萄小镇规划建设情况。强调各地各部门要按照自治区党委、政府的总体部署，各尽其职，各负其责，相互配合，以“一优三高”的理念引领贺兰山东麓文化长廊建设，努力把贺兰山东麓打造成世界一流的葡萄酒产区和独具特色的旅游文化长廊，再现我区现代农业发展新优势，再添宁夏文化旅游新亮点。认真筹办好首届贺兰山东麓葡萄酒节。

6月19日至7月13日 自治区葡萄花卉产业发展局组织人员对全区酒厂(庄)及葡萄基地情况进行了详细的摸底调查。根据2012年6月16日自治区王正伟主席在贺兰山东麓葡萄产业调研座谈会的讲话中，要求尽快摸清我区目前葡萄基地和已建成葡萄酒厂(庄)及计划新建葡萄酒厂(庄)相关情况，随后郝林海副主席也做出了重要批示，为此成立了专门调查摸底工作小组，于6月19日至7月13日对宁夏酒厂(庄)及葡萄基地情况进行了详细的摸底调查。

6月25～29日 第35届OIV成员国大会在土耳其召开，受大会邀请，自治区政府副主席郝林海带领自治区林业局副局长、宁夏葡萄花卉产自治区葡萄花卉产业发展局局长曹凯龙参加，在大会上做了专题发言，充分展示了宁夏贺兰山东麓葡萄酒产区独特魅力，在大会期间，还正式邀请了OIV组织和成员国参加首届贺兰山东麓葡萄酒节。

6月30日至7月3日 前法国总统农业顾问贝汉先生带领葡萄种植及生产设备企业家一行来宁夏进行考察洽谈活动，自治区副主席郝林海，自治区林业局党组书记赵永清，自治区林业局副局长、葡萄花卉产业发展局局长曹凯龙在虹桥大酒店接见了考察团一行。

7月5日 自治区林业局党组对贺兰山东麓生态产业长廊规划(贺兰山东麓百万亩葡萄产业)进行调研。自治区林业局党组书记赵永清，自治区林业局副局长李安、曹凯龙，纪检组长开永安，局机关、局属事业单位负责人60多人参加了调研考察，实地考察了贺兰山东麓11家葡萄基地、葡萄酒庄、葡萄酒公司，详细了解了被考察企业的生产、经营、建设等情况，随后召开座谈会，专门听取了自治区葡萄花卉产业发展局对贺兰山东麓生态产业长廊规划和首届贺兰山东麓葡萄酒节筹备进展情况的汇报。

7月11日 2012年全国网络媒体宁夏行大型采访活动六十多名记者来宁夏活动，自治区林业局副局长、葡萄花卉产业发展局局长曹凯龙陪同记者参观、采访全区葡萄种植与葡萄酒生产，并介绍了相关情况。

7月23日 自治区葡萄花卉产业发展局在黄羊滩农场召开全区葡萄夏季病虫害防治现场会。由于我区今年夏季降雨量较往年明显增加，造成空气湿度增大，加之气温高，极有可能造成葡萄病虫害大面积传播。为防止我区酿酒葡萄病虫害的大面积发生，保证今年葡萄产量和质量稳定提升，针对这种情况，自治区葡萄花卉产业发展局与国家葡萄产业技术体系银川综合试验站在黄羊滩农场召开现场会，紧急部署防治工作，紧急提醒广大葡萄种植户要加强病虫害的监测，及时做好雨后、中耕、除草工作，加强田间通风，以此降低田间湿度，减少病虫害发生的条件。

8月2日 自治区林业局召开"沿黄城市带绿色景观长廊规划座谈暨全区林业系统半年工作会议"，观摩沿黄城市带绿色景观长廊造林绿化提升工程，讨论《沿黄城市带绿色景观长廊总体规划》。

8月11日 自治区林业局副局长、自治区葡萄花卉产业发展局局长曹凯龙主持，召开宁夏贺兰山东麓葡萄长廊推介与首届贺兰山葡萄酒节北京情况通报会有关事宜，确定邀请主办方国家部委(局)领导、自治区在京领导、自治区领导及相关部门，中央媒体、北京媒体记者、文化名人共二百余人参加8月15日北京情况通报会。

8月30日至9月1日 首届贺兰山东麓葡萄酒节成功举办，贺兰山东麓葡萄产区成为世界聚焦的热点。

9月17日 王正伟主席在《自治区林业局关于首届贺兰山东麓葡萄酒节工作情况的报告》(宁夏林业局专报〔2012〕第17期)上批示："这次首届贺兰山东麓葡萄酒节组织得力，影响很大，效果很好。林业局及葡萄花卉局工作有思路、有魄力，签约项目及推介会、拍卖会成效明显。同意所提建议，现在就开始明确责任，抓好落实，把种苗、基地、技术产业做起来，把明年的工作谋划好、安排好、落实好。"

11月30日 王正伟主席在《自治区林业局关于请求批准贺兰山东麓葡萄产区营销推介方案的请示》(宁林(办)发〔2012〕462号)上批示："原则同意，请财政核拨。先做广告，加强基础设施建设。"

12月5日 《贺兰山东麓葡萄酒产区保护条例》经自治区第十届人民代表大会常委会第三十三次会议通过，决定于2013年2月1日起施行。成为全国第一个出台葡萄产区地方性法规的省区。

12月30日 宁夏新增葡萄种植面积6.8万亩，全区葡萄种植总面积达51万亩，建成葡萄酒加工企业52家，生产能力达17.9万吨，实现产值20亿元以上。 (李 国)

新疆维吾尔自治区林业产业

【概　述】 2012年全区经济林122.9万公顷。2012年，新疆林果总面积达到2000万亩，有效株数近13亿株，总产量595.71多万吨，总产值今年可望达到348.16亿元。其中，红枣种植面积达525万亩，产量84.93万吨，核桃420万亩，产量30.48万吨，均居全国第三位；葡萄145万亩，产量163.03万吨。此外，杏168.08万吨、香梨61.18万吨、苹果53.99万吨、石榴5.75万吨、枸杞2.72万吨、巴旦木2.22万吨、小浆果1.52万吨。建成了南疆环塔里木盆地以红枣、核桃、杏、香梨、苹果等为主，面积超过1400万亩的特色林果主产区，吐哈盆地、伊犁河谷及天山北坡一带以葡萄、红枣、枸杞、时令水果、设施林果为主的若干个高效林果生产基地。

【特色林果业】 在自治区党委、自治区人民政府的正确领导下，在国家林业局的大力支持下，新疆把发展特色林果业作为解决"三农"问题、振兴农业农村经济发展的主要途径和实施优势资源转换战略的一项重要内容，大力推进，特色林果发展取得显著成绩。

特色林果业发展具有以下特点。

①坚持政策拉动，产业发展保障有力。自治区党委、政府高度重视，根据不同时期、不同阶段林果业发展目标，分别于2005年、2008年专题召开特色林果业工作会议，出台了《关于加快特色林果业发展的意见》和《关于进一步提高特色林果业综合生产能力的意见》，在政策上给予大力支持。同时，以自治区政策性投入为拉动，积极争取国家资金扶持，引导地方政府、民间资本配套投入，调动农民投工投劳发展林果业的积极性。初步统计，2000年以来，仅新疆林果业的基地建设累计投入资金152.4亿元，其中，国家投资21.5亿元，自治区财政投入1.6亿元，地方配套30.4亿元，群众投工投劳折合人民币98.9亿元。这些政策的实施，对产业发展起到了极大的推动作用。

②注重规模效益，兴林富民产业已形成。目前新疆林果总面积达2000万亩，今年果品总产量近700万吨，总产值超过350亿元，有望达到380亿元。在林果业这一富民工程的促进下，预计今年农民来自林果业的收入可达1100多元，农民人均年林果增收180元以上。林果业发展较早的县市，林果业收入占农民人均收入的40%甚至50%以上。若羌县红枣种植面积达20万亩，农民人均收入2万多元，其中，红枣收入超过1.5万元，成为西部地区农民收入第一县。目前新疆已形成向国内外市场提供品质优良、食用安全的林果产品的能力，特色林果业已成为新疆优化农村产业结构的重点，促进农民持续增收的增长点，推动现代农牧业建设的新亮点，推进全面建成小康社会的着力点。

③稳定面积、调优结构，专业化生产已具雏形。在充分考虑国际国内两个市场的前提下，研究制定了林果业发展方向与战略重点，编制了各具特色、具有指导性意义的自治区、地州和县市的林果业发展规划。加强分类指导，统筹区域发展，并把区域化布局、调整优化树种品种结构贯穿于林果业发展全过程。目前全疆已形成环塔里木盆地以红枣、核桃、杏、香梨、苹果等为主，面积超过1500万亩的林果主产区，吐哈盆地、伊犁河谷及天山北坡一带以葡萄、哈密大枣、枸杞、时令水果、设施林果为主的若干个高效林果基地。在南疆林果主产区，红枣面积仅地方就达554万亩，核桃面积达437万亩。阿克苏、和田、喀什、巴州等林果主产区初步形成了区域化布局、科学化栽培、规模化生产、产业化经营的特色林果业产业带。就种植规模而言，我区林果总面积列全国第6位，其中杏子面积居全国首位，红枣、核桃面积均居全国第2位，12个主栽树种有效株数近

13亿株，具备了年产千万吨优质果品的生产能力。

④强化体系建设，综合生产能力显著增强。一是加强以防治有害生物、防范低温冻害、防御大风沙尘为主的林果业综合防控体系建设，特别是在有害生物防控方面基本形成了自治区、地(州)、县(市)、乡(镇)、村庄五级监测预防网络和综合防治体系，实现了有病有虫不成灾的目标。二是强化科技支撑体系建设。近年来，立项启动了100多项林果业课题研究和推广项目，初步形成了林果标准化生产与丰产栽培技术规程体系，建成各类林果标准化示范基地800多个；打破行业界限，组建了数个林果业科技支撑单位与团队，创建了林果业首席专家制度，在区内外聘请了20位林果业首席专家，引导、创新林果业发展；加大专业技术人员培训，几年来培训林果技术人员和农民技术骨干150多万人次，提高了科技管理水平，实现了果品质量的跨越性飞跃。三是加速技术队伍服务体系建设。特别是在塔里木盆地林果主产区，通过整合各级各类技术力量，增强了县市、乡镇两级林果综合服务队伍力量，初步实现了每个林果主产县市都有一支反应快、懂技术、能力强、有经验，面向农民、面向千家万户的综合技术服务队伍，综合技术服务体系初步形成，服务网络遍及乡村和田间地头，应对各种突发性灾害的应急处置能力快速提升，综合生产能力显著增强。

⑤力求发展创新，提质增效取得初步成果。一是积极探索，不断实践，2009年在全国率先启动了林果良种补贴试点工作。这一工作受到国家林业局的高度肯定，在全国予以推广。目前我区试点面积达34万亩，在试点工作带动下，林果良种使用率已达到100%。二是迎合国内国外两大市场，引领林果产品质量生态健康，2011年在全国率先提出了生态健康果园发展理念。提出了工作思路，编制了实施方案，制定了相关标准，在阿克苏、巴州、吐鲁番及精河四个林果主产区开展了生态健康果园试点工作，创建生态健康果园试点实验基地6200亩。目前各项工作进展顺利，已取得阶段性成果，明年将在林果主产区示范推广，打响我区生态健康果品品牌；三是集成创新，2012年启动了林果资源调查和测土配方施肥试点工作。自去年以来，组织新疆林科院等科研单位及科技人员，在大量基础性调研的前提下，科学制订工作方案和技术方案，集成已有科技成果，在全疆启动开展了林果资源调查和测土配方施肥试点工作。经过两年试点，已在林果主产区初步建起了特色林果业资源管理及测土配方施肥技术平台。目前这一项目已取得大量数据，进展顺利，争取在三年之内全部完成。届时林果主产区将按照科学的方法实行测土配方施肥，这对提高林果基地科学化、精细化、集约化管理将起到积极的促进作用。

⑥加工转化，品牌驱动，产业水平显著提升。不断创新机制，采取多种举措，内引外联，加工转化，拉长产业链，提高转化率，提升附加值。现在，全疆果品贮藏保鲜与加工企业达230家，精深加工产品达400多种，年贮藏保鲜与加工处理能力181万吨，部分精深加工产品如天枣素、杏仁油精华素等具有较高科技含量，在国内处于领先地位。60多家林果业企业已发展成为国家和自治区级农业产业化重点龙头企业，8家林果产品加工企业正在筹备上市，产业化经营带动力明显提高。

在强化加工转化能力建设的同时，以培育、创建、引领为驱动的林果产品品牌创建工程取得显著成效。目前，全区获得国家及自治区级的各类知名品牌名牌林果产品121个，其中：33种林果产品获国家地理标志保护产品称号；12种林果产品分别获“中国驰名商标”“中国名牌产品”“中国农业名牌产品”；76种林果产品获得“新疆著名商标”“新疆名牌产品”等品牌。现已注册登记的果园878个，近100万亩，注册登记的水果包装厂136家。林果产品在国内外两大市场的知名度和占有率得到明显提升。

⑦坚持“走出去”“走进去”战略，外销平台建设大见成效。特色林果业生产基地已具规模，科学化管理水平和产业化经营水平快速提升，特色林果业市场开拓能力和外销平台建设显著增强，从2006年起，先后在广州和乌鲁木齐举办各类特色林果产品博览交易会9次，与国内外客商、企业家和购销商签定经贸合作、购销合同与加工项目590个，签约资金443亿元。在北京、上海、广州、武汉、长春、沈阳、成都等中心城市创建林

果产品展示直销中心，形成自治区一级营销平台；接着，向华北、华东、华南和港澳台、华中、东北、西南地区辐射，举办或参与各类展销活动，不断向二三线城市延伸，建立销售网点，仅新疆果业集团以西域果园为统一名称在全国布局建设了470多个直营店、加盟店，初步形成了覆盖全国二级城市的能力。多次与中央电视台农业频道合作，举办中国新疆特色林果业发展高峰论坛等，不断提高新疆林果产品的知名度和影响力，实现了市场开拓“三步走”战略的“走出去”战略目标，进一步促进了“走进去”战略的实施。

特色林果业发展目标及思路

①发展目标。到2015年，优质林果面积稳定在2000万亩，果品产量达到1000万吨左右，果品贮藏保鲜率达到45%以上，加工率达到35%以上；林果业收入在全区农民人均纯收入中的比重达到30%以上，主产区达到45%以上；区域布局科学合理，经营水平显著提升，市场占有率明显提高，初步建成比较完善的特色林果业产业体系和林果业灾害综合防控体系，确立绿色、有机林果业大区地位。

②战略思路。以大幅度提高农民收入为核心，以“稳定面积、调优结构，提质增效、转型升级”为目标，深入推进环塔里木盆地优势林果主产区和吐哈盆地、伊犁河谷、天山北坡特色林果业产业带建设，突出发展香梨、红枣、核桃、葡萄等优势树种，积极发展巴旦木、开心果、酸梅、小浆果等特色树种，稳步发展石榴、苹果、杏、枸杞等传统树种，努力把塔里木盆地建成以红枣、核桃、香梨、葡萄、巴旦木、酸梅、石榴、苹果、杏等为主的优质林果基地；围绕伊犁河谷、天山北坡和焉耆盆地建成以酿酒和鲜食葡萄为主的产业带；以吐哈盆地为中心，建成鲜食和制干葡萄、反季节葡萄产业带，力争成为全国最大的外向型葡萄生产基地；在伊犁、阿勒泰、塔城地区建成以沙棘、黑加仑、樱桃李等小浆果为主的林果精深加工产业带；深化建设精河、乌苏、沙湾外向型枸杞商品基地；建设和巩固300万亩林果标准化生产和生态健康果园示范推广基地，提升林果业发展水平。

【2012中国新疆红枣产业发展高峰论坛在哈密举行】 “2012中国新疆红枣产业发展高峰论坛”9月15～16日在闻名中外的“大枣之乡”哈密隆重举行。

新疆维吾尔自治区副主席钱智、哈密地委副书记、行署专员古丽夏提·阿不都卡德尔、国家林业局造林司巡视员于建亚、中央电视台农业频道总编赵泽琨分别致辞，新疆维吾尔自治区人民政府副秘书长艾克拜尔·吾甫尔主持开幕式并宣布“新疆红枣产业协会”成立。

钱智副主席在致辞时说，红枣是新疆近年来发展最快、覆盖最广、效益最突出、惠民成效最显著的一项林果产业。全区红枣面积已达675万亩(其中地方525万亩、兵团150万亩)，位居全国第2位，占全国红枣总面积的1/4，主要品种14个，产量62万吨，产值74亿元。希望各位专家在分享2012中国新疆首届葡萄、核桃两个产业发展高峰论坛成功之余，能够以更大的热情，积极参与到首届中国新疆红枣产业发展高峰论坛中来，参与到新疆的特色林果业大开发中来，共商新疆特色林果业发展大计。

【新疆首届苗木花卉博览会9月在呼图壁举行】 本届博览会由国家林业局、自治区人民政府主办，昌吉回族自治州人民政府、自治区林业厅承办，呼图壁县人民政府协办。本届博览会将于9月28日在呼图壁县举行，主题为“绿色、生态、发展，绿色苗博、生态新疆”。

博览会分为室内展馆和室外展园两大展区。室内展馆总面积3371平方米，内设100个标准展位，其中设定10组特装展位，由自治区林科院、昌吉回族自治州、呼图壁县设立三组特装区展示。室外展园总面积达8万平方米，以乔木、灌木、花卉、园林景观展示为主，其中2000平方米区域作为园林器械、林业有害生物防治专用机械、生产器械展示区。

本届博览会重点突出“活体”展示和林木种苗繁育高新技术展示，主要包括从种子种苗到产品生长全过程及组培、生物调节技术等。通过图文对比、模拟演示、视频介绍和现场讲解等方式，对新疆苗木花卉产业发展现状进行全景展示。为充分发挥企业主体作用，增强苗博会交易功能，由作为博览会支持单位的国内知名花木公司或园林企业，采取市场运作的方式，通过室内展和室外展两种形式，开展苗木花卉产品的展示和交易活动。其中，室内展突出鲜花、盆花、盆景造型，各类苗木花卉种子、种苗、种球、仿真植物及花具、花肥、花械等相关配套产品，进行新技术、新成果、新产品、新品种及园林器械的展示展销；室外展通过园林小品、景观造型、绿化苗木配置等形式展示花木企业、园林企业形象和发展成果。

呼图壁县坚持把苗木花卉产业作为促进农村经济发展的支柱产业之一，予以大力培育，通过政府引导、政策倾斜、科技支持、市场调控、结构调整，全面提高规模化、专业化、标准化生产水平，苗木花卉产业在促进农业增效、农民增收方面作用明显，有力推动了县域经济社会科学跨越发展。目前，呼图壁已建成新疆规模最大、品种最全的林木种苗花卉集散地和生产基地，总面积达10.4万亩，总产值12.6亿元，形成了以常规树种、绿化苗木、花灌木、宿根花卉、经济林种苗为主的五大系列苗木产品，200多个品种，特色林木种苗花卉在全疆市场占有率达到46%，苗木销售遍布新疆全境以及西北各省区，是新疆知名的“苗木之乡”，苗木质量在 新疆林业厅苗木质量年度查评中，连续3年名列前茅，先后被新疆维吾尔自治区、昌吉自治州列为苗木花卉生产重点县。近年来，除该县苗木花卉销往新疆各地，并远销甘肃、内蒙古、宁夏、山西、陕西、山东、河北、辽宁、黑龙江等12个省区外，还带动周边县市及疆内其他地区生产的苗木通过呼图壁县苗木交易市场平台销往新疆各地和西北地区，呼图壁已然成为全国性的苗木集散地之一。

【2012新疆特色林果产品广州交易会】 11月9～11日，2012新疆特色林果产品广州交易会 在广州市琶州展馆隆重举行。这是新疆特色林果产品交易会连续4年在广州举行。本次交易会是由新疆维吾尔自治区人民政府、国家林业局主办，广东省人民政府协办，新疆维吾尔自治区林业厅等单位承办。新疆维吾尔自治区副主席钱智、广东省副省长刘昆在开幕式致辞。

钱智指出，在广东省和广州市的大力支持下，新疆特色林果产品(广州)交易会已成功举办3届，累计签约总金额达116亿元。新疆特色林果产品在以广东为重点的华南市场上的知名度和美誉度不断提升，销售网络不断完善，成交额不断增长。广东·新疆生态大果园产品展示直销中心建成并投入运营，形成了有效进军华南市场的平台，进一步促进了新疆特色林果生产、加工、流通、销售产业链的形成。新疆将进一步依托广东完善的市场机制，不断完善和长期经营好新疆在广州市的市场 营销平台，全力开拓新疆特色林果产品的广阔市场。

刘昆表示，广东省将继续支持新疆特色林果外销平台建设，为新疆特色农副产品进入华南地区、港澳台地区和东南亚市场提供新的平台。

造林司巡视员于建亚表示，国家林业局对新疆特色林果业发展十分重视，已经连续6年与新疆维吾尔自治区人民政府联合在乌鲁木齐市、广州市举办特色林果产品交易会，展会规模越来越大，展会效果越办越好。广东省、广州市为此也做了大量工作，提供了良好的办展条件和积极配合。有各级领导的高度重视，有以往办展的成功经验，有客商和业界朋友的大力支持，交易会一定会办出新特色，办出新水平，取得更加丰硕的成果。

2012年举办交易会的琶州展馆设施先进，场地宽敞明亮。新疆各地州展位装饰大方、富有吸引力。近几年，新疆各地特色林果通过开展提质增效，果品质量大为提高。今年的交易会销售非常火爆，库尔勒香梨、哈密大枣、克州木纳格葡萄、和田核桃都是广州市市民的抢手货。据初步统计，在本次交易会上，新疆有关地州和广东省采购商签订销售合同32个，签约金额近14亿元，现场销售400多万元，入场参观的采购商和当地市民达6万多人。

（新疆维吾尔自治区林果业发展协调领导小组办公室）

内蒙古森林工业集团林业产业

【概　述】　内蒙古大兴安岭林区是我国四大国有林区之一，总面积 10.67 万平方千米，经营总面积、有林地面积、森林蓄积均居全国国有林区之首。2012 年是内蒙古大兴安岭林区开发建设 60 周年，60 年来林区作为共和国实业的长子，对国家经济建设和社会发展做出了巨大的贡献，累计为国家提供了 1.7 亿立方米木材和大量林副产品，直接上缴利税费 160 多亿元。天保工程实施后，在生态建设上又做出了巨大的贡献，第七次全国森林资源连续清查结果显示，通过实施天保工程，内蒙古大兴安岭林区森林资源数量增长，质量提高，森林生态功能显著增强，森林覆盖率由开发初期的 56.49% 提高到目前的 76.68%，平均每年给国家直接经济贡献达 70 多亿元。更为重要的是，内蒙古大兴安岭是额尔古纳河、嫩江、黑龙江、松花江的水源涵养地，是嫩江和额尔古纳两大水系 779 条大小河流的发源地，更是维护我国东北粮食主产区和呼伦贝尔草原生态安全的最重要的生态屏障。胡锦涛总书记在党的十七大刚刚召开后，来内蒙古视察时就做出了“保护好大兴安岭这片绿色林海，为建设祖国北方重要生态屏障做出贡献”的重要指示；胡春华书记在自治区第九次党代会的报告中，又提出“筑牢我国北疆重要生态屏障”的宏伟目标，赋予了内蒙古大兴安岭林区更加光荣的使命。

2012 年，内蒙古森工集团坚持生态建设产业化、产业发展生态化的原则，以结构调整为主线，以转型升级为主题，转变观念，拓宽思路，着力构建多元发展、多极突破的产业发展格局。森工集团重点推进八大产业。①以保护、培育、利用森林资源为主的森林资源经营产业；②以林木、剩余物加工为主的林木产品精深加工产业；③以开发水资源为主的水产业；④以开发林间林下资源为主的特色种植、养殖和森林食品、医药产业；⑤以森林公园、景区景点建设为重点的森林生态旅游产业；⑥以境外采伐、加工森林资源为主的对外经贸技术合作产业；⑦以棚户区改造、商品房建设为主的房地产开发产业；⑧以利用森林抚育、改培剩余物为主的生物质能源产业。森工集团围绕生态建设上项目。把生态建设项目打包，在森林防火、病虫害防治、森林经营、种苗培育、资源监督等项目下功夫，用足用好用活现有的森林资源、旅游资源、文化资源、冷资源、水资源等等他们围绕富民就业上项目。不仅抓大项目，也抓小项目，根据不同层级，确定不同规模的项目。同时围绕转型升级上项目。落实好《转型规划》，以政策支持入股，扶持改制企业转型升级，重点培育有希望的药业、食用菌加工业等。

他们积极盘活存量上项目。认真盘点家底，将闲置资源，能拿出来的都拿出来，把闲置资产用活用好。森工集团统一规划、统一布局，培育品牌，突出亮点，全力打造大兴安岭森林旅游品牌。在赴俄采伐业上，认真总结经验教训，充分论证，深入调研，审慎稳妥推进。在森林种养殖业上，采取公司加基地、基地加林户模式，调动林户的积极性，企业进行资金和技术扶持。在生物质能源开发上，利用好补贴政策，利用好丰富的资源，提高能源转化技术。在文化产业上，积极挖掘民族文化、区域文化、生态文化、企业文化，培育出反映林区生产生活的影视剧作品等文化产业。

内蒙古森工集团依托大兴安岭林区毗邻的俄罗斯西伯利亚和远东地区世界罕见的资源宝库，组建了两个赴俄森林经营公司。2012 年，赴俄累计采伐木材 40.6 万立方米，过货原木 22.15 万立方米，实现营业额 4788.76 万美元。

据统计，2012 全年内蒙古森工集团林木产品销售完成 148 万立方米，平均售价 868 元/立方米，比预算售价提高了 38 元/立方米，将市场带来的冲击减少到了最低。

【内蒙古森工集团“3598”发展思路】

工作步骤　第一步，到2014年，基本完成布局调整，夯实产业基础；第二步，到2016年，基本完成经济转型，提升产业层次；第三步，到2018年，基本完成结构调整，实现可持续发展。

奋斗目标　在同行业中生态保护走在前列，资源增长达到一流；经济发展走在前列，增长速度达到一流；民生改善走在前列，职工收入达到一流；改革创新走在前列，体制机制达到一流；地位贡献走在前列，形象品牌达到一流。

发展战略　认真实施好生态建设、经济发展、民生改善、文化建设、社会建设、管理创新、科技兴林、人才强企、党建提升战略。

【2012内蒙古评选全区经济年度人物与公司】　“内蒙古经济年度人物”评选到今年已连续评选了九届，被认为内蒙古经济的“风向标”，2012年在全球经济复苏放缓，中国经济下行压力的背景下，“持续增长”成为内蒙古经济的关键词，尊重科学规律，优化经济结构，转换生产方式，促进产业升级成为内蒙古经济面临的主要问题。

因此，本届评选将“发展实体经济”作为主题，以战略转型、变革领导力、商业模式、社会责任作为标准，寻找在大环境下逆势精进、顺势做强的内蒙古企业家，寻找积极履行社会责任，坚守道德底线，最值得尊敬的公司。

本届评选由内蒙古日报社、自治区工商业联、内蒙古企业家联合会共同主办，由自治区、国家发改委产业发展中心、投资研究所，及北大、清华、人大、复旦大学、中国记者俱乐部等单位上百位专家、学者、产业领军人物和媒体人士担任评委。

包钢集团股份有限公司董事长周秉利、内蒙古博源控股集团有限公司董事局主席戴连荣、内蒙古金河生物科技股份有限公司董事长王东晓等25位自治区知名企业家入造年度经济人物榜，其中中粮集团公司董事长宁高宁、大连万达集团董事长王健林，在内蒙古乳品业、城市化产业中处于领先地位。

内蒙古电力(集团)有限责任公司、内蒙古伊泰集团有限公司、内蒙古东联集团有限责任公司等20家公司自治区知名企业入围年度最值得尊敬的公司榜单。这是内蒙古经济年度人物评选将关注点延伸到企业，成为本届评造的新亮点。

内蒙古经济年度人物25强

	姓名	性别	单位	职务	行业
1	宁高宁	男	中粮集团公司	董事长	食品
2	王健林	男	大连万达集团	董事长	城市运营
3	周秉利	男	包钢集团股份有限公司	董事长	制造
4	戴连荣	男	内蒙古博源控股集团有限公司	董事局主席	化工
5	王东晓	男	内蒙古金河生物科技股份有限公司	董事长	生物
6	马建	男	国家开发银行内蒙古分行	行长	金融
7	张忡宇	男	内蒙古金宇集团股份有限公司	董事长	生物制药
8	张学勤	男	内蒙古森工集团	董事长党委书记	森林
9	高星	男	内蒙古兴泰集团	董事长	建筑
10	张建强	男	内蒙古电力集团有限公司薛家湾供电局	副局长	电力
11	邹招波	男	内蒙古温州商会	会长	社团
12	吴长江	男	内蒙古力农集团内蒙古力农集团	董事长	农牧业
13	周振军	男	通辽铁盛商贸(集团)有限公司	总经理	铁路物流
14	彭飞	男	安华农业保险股份有限公司内蒙古分公司	总经理	保险
15	姚同山	男	内蒙古圣牧高科牧业有限公司	董事长	农牧业
16	杜俊魁	男	内蒙古东升庙矿业有限责任公司	董事长	矿业
17	赵宝平	男	呼和浩特宝通科技发展有限公司	董事长	文化
18	段雍	男	东方希望包头稀土铝业有限责任公司	总裁	制造
19	姚永平	男	内蒙古银行	行长	金融
20	高枫	男	内蒙古弘业投资有限责任公司	董事长	投资
21	贺军	男	内蒙古鼎新担保公司	总经理	信用担保
22	于少龙	男	内蒙古隆兴佰鸿照明科技有限责任公司	董事长	制造
23	刘晓兵	男	内蒙古华宸信托有限责任公司	董事长	信托
24	王晓刚	男	内蒙古银宏干细胞生命科技投资有限公司	董事长	生物
25	孙先红	男	内蒙古先行广告公司	董事长	文化

内蒙古年度最值得尊敬的公司20强

	单位	行业
1	内蒙古电力(集团)有限责任公司	电力
2	内蒙古包钢稀土高科技股份有限公司	稀土高科技
3	中国石油呼和浩特石化公司	石油
4	内蒙古北重集团有限公司	制造
5	内蒙古伊泰集团有限公司	煤炭
6	鄂尔多斯集团有限责任公司	
7	内蒙古东达蒙古王集团有限公司	农牧业加工
8	内蒙古博源控股集团有限公司	化工
9	内蒙古蒙泰煤电集团有限公司	煤电
10	内蒙古伊东资源集团股份有限公司	
11	内蒙古永业集团有限公司	生物科技
12	北方联合电力股份有限公司	电力
13	内蒙古东联集团有限责任公司	文化旅游
14	内蒙古东方路桥控股集团有限公司	建筑
15	内蒙古西贝餐饮集团有限公司	餐饮
16	内蒙古蒙西水泥股份有限公司	建材
17	内蒙古汉森酒业集团有限公司	农业加工
18	内蒙古恒丰食品工业(集团)股份有限公司	食品工业
19	内蒙古晨宏力化工有限责任公司	化工
20	鄂尔多斯市瑞德投资集团有限责任公司	煤炭投资

(中国内蒙古森林工业集团有限责任公司林产处)

吉林森林工业集团林业产业

【概　述】

发展成就　2012年积极推进由传统资源垄断型向完全市场竞争型发展模式的战略转移，大力开拓市场，狠抓产业产品结构调整，集团经济呈现持续健康快速发展的良好态势，主要经营指标再创历史最好水平。

①森林资源持续增长。有林地面积达到122.29万公顷。森林覆盖率达到90.7%，比2011年提高0.1个百分点。活立木蓄积达到1.77亿立方米，乔木林公顷蓄积量达到141.58立方米，位居全国第三，四大森工集团之首。森林净生长量400万立方米，采伐抚育等消耗100万立方米，森林蓄积量比2011年净增300万立方米。珍贵树种蓄积量比重达到21.5%，比2011年提高1.2个百分点。针阔混交林面积比例达到86.5%，比2011年提高0.6个百分点，林分结构和质量进一步改善。森林碳储量达到7616万吨，比2011年增加130万吨，年价值量达628亿元，生态服务功能全面加强。

②经营成果显著。实现总产值143.54亿元，比2011年增长16%，木材产值9.7亿元，占6.8%。实现销售收入80.8亿元，增长30%，其中，木材收入10.2亿元，占12.6%。实现利润总额5.6亿元，增长40%，净利润3亿元，增长37%，木材净利润3060万元，占10%。

③资产规模和质量提升。截至2012年年底，资产总额达195亿元，比年初增长58%，净资产52.8亿元，增长50%。中长期融资比重由26%上升到36%，资产负债率73%，融资成本比2011年降低1800万元。集团被授予AA级信用等级。

④民生建设力度加大。全年投入民生建设资金6亿元。筹措资金8亿元，完成林区棚改住宅37万平方米。支付员工薪酬总额18.3亿元。在岗员工年均收入38230元，同比增长17%。离退休人员统筹外支出8830万元。

⑤全面履行社会责任。全年上缴利税5.5亿元，提取育林基金2.6亿元，政社性支出3.3亿元，支付银行利息3亿元。

产业特点与工作重点　①调整优化产业结构，大力发展非林非木产业。一是建筑地产和金融板块成为集团利润来源的主力军。针对采伐限额进一步调减，建材市场低迷的实际，以棚户区改造为契机，逆势进入房地产和金融领域，2012年起已进入回报期。房地产项目实现销售收入12.8亿元，占总收入15.87%，利润总额3.1亿元，占盈利企业利润总额的34%。金融板块实现销售收入4.5亿元，利润总额2.69亿元，占盈利企业利润总额的30%。

二是森林食品保健和商业贸易板块成为集团新的经济增长点。泉阳泉饮品公司实现规模和效益上的历史性突破，全年销售矿泉水15.08万吨，比2011年增长35.2%，收入比2011年增长42.9%，净利润同比增加1520万元。人参良种繁育公司完成280公顷GAP标准化种植基地建设。临江林业局二氢槲皮素项目投入试生产。北京森工食品公司实现销售收入1.66亿元。松江河林业局进军商超零售业，实现销售收入2.3亿元。

三是人造板、地板和家具板块成为支撑集团发展壮大的基础。林木精深加工产业实现销售收入19亿元，占总收入23.4%。股份公司生产霍尔茨门10万樘，实现销售收入1.5亿元。金桥地板集团生产地板351万平方米，销售地板376万平方米，产、销量分别比2011年提升17%和24%。生产橱柜1万延长米，实现销售收入1200万元。投资5700万元，引进北欧木结构房屋项目投入试生产。云龙木业公司实现销售收入1.8亿元，利润530万元。

四是森林矿产水电和森林生态旅游板块稳步发展。丰华矿业实现销售收入2.5亿元。三岔子林业局来宝铁矿完成投资1.95亿元。旅游产业实现销售收入1.5亿元。完成对省旅投集团的重组整合工作。泉阳和红石林业局白山湖旅游码头投入使用。露水河林业局完善狩猎场配套设施建设。松江河林业局新建了白溪漂流和拓展训练基地等休闲旅游项目。

②加强新产品研发，调整优化产品结构，市场开拓取得积极进展。一是股份公司通过制定在干燥状态下使用的E_0级刨花板地方标准，研发生产不同花色浸渍纸贴面刨花板和防潮刨花板新产品，与曲美家具等大客户建立战略合作关系，扩大了客户资源。二是金桥地板集团开发怀古等新型实木复合地板投放市场，通过无醛地板引领消费，与绿地等房地产商加强合作，提升了产品市场占有率。在俄罗斯销售自有品牌地板2.16万平方米。三是泉阳泉饮品公司完成5L、600ml水外包装设计和2L水瓶型技术改造，与中石化、吉林体彩中心等进行异业合作，产品进入专营超市，拓宽了市场空间。

③强化经营管理和风险防控，确保了企业平稳健康运行。一是深入开展"节本降耗、提质增效"活动，优化伐区和量造材设计，组织生产线改造维修，实行全过程质量管理。开通了集团和11个子公司专网与视频会议系统。集团被评为全国企业管理现代化创新成果一等奖。

二是成立风险防控委员会和风险管理处等机构，对项目建设和资金投入实施了有效的风险管控。金融企业坚持对项目进行深入调查、充分论证和风险评估，规避了经营风险。

三是健全资产监督管理体系，加强监管制度建设，规范日常监管，搞好专项监督检查，确保了国有资产的保值增值。

四是坚持党政工齐抓共管，强化企业分类分级、隐患排查治理和作业现场安全管理，全年实现无生产安全重伤事故、无生产安全死亡事故、无重大工业火灾工作目标。

④资本运作取得突出成果，实现了集团经济实力和投融资能力同步提升。一是成功发行8.7亿元中期票据，年节约财务费用1200万元。采取银行借款和结构性融资等方式，筹集资金31亿元，实现了以低成本资金满足高收益项目的需求。二是通过收购丰华矿业、东北亚总部、云龙木业、森晟房地产和万宁润达实业等公司股权，实现绝对控股，集团以12.6亿元资本掌控了56.3亿元资产，优化了集团资产结构。

⑤深化改革，为企业创新发展增添了生机和活力。一是实施集团机关基本薪酬制度改革，推行全员绩效考核制度，建立起员工工资收入动态管理机制。二是各林业局适应二期天保要求，积极调整压缩管理机构和非生产人员，组建中心林场，设置森林管护机构，促进了管理机构和生产组织的高效运转。三是研究组建经营运行产销管理中心，制定销售奖励办法，推行营销工作一把手负责制，推动了营销模式的创新。

⑥搞好森林资源经营，森林培育管护水平进一步提升。一是编制完成了公益林区划、林地保护利用和森林培育规划。推进了松江河和露水河林业局森林资源可持续经营试点。建设外埠速生林3万亩。二是投入2.4亿元资金，完成造林2.7万公顷，中幼龄林抚育4.7万公顷。推进了林木良种基地建设和苗木移植驯化工作。全年绿化苗木实现销售收入1450万元。三是加强森林管护和病虫害防治工作，实现了辖区连续33年无重大森林火灾，全年未发生大面积森林病虫害。

⑦坚持以人为本，民生保障工作扎实深入。完成37万平方米棚改工程，7000多户林区群众喜迁新居。为104户困难员工提供创业贷款220万元，包保困难员工1360户，190户困难员工脱贫。完成了8500多名老工伤人员伤残等级鉴定工作。妥善解决通化林化厂359名退休人员工伤、医疗保险问题。湾沟林业局顺利完成天禹水泥公司股权转让工作，参股员工溢价收回股本，并实现平稳就业。白石山林业局在黄松甸地区投资865.8万元新建了水源地和净水厂，解决了员工群众吃水难问题。各林业局为员工提供林地、原材料和创业贷款等扶持措施，发展林下经济，实现收入9000万元，年人均1.1万元。

⑧加强党的建设和企业文化建设，各级班子领导科学发展能力和广大员工感恩奉献意识进一步增强。

（涂海萍）

龙江森林工业集团林业产业

【概　述】 中国龙江森林工业(集团)总公司暨黑龙江省森林工业总局，2012年面对国内外宏观经济环境影响，木材产量大幅调减、价格普遍下降的严峻形势，牢牢把握“稳中求进”的工作总基调，全面推进实施天保工程二期和大小兴安岭林区生态保护与经济转型规划，奋力建设现代大森工新森工，全面完成了各项经济和社会发展预期目标。

2012年森工产业总产值完成441.4亿元，比2011年增长13.3%，产业增加值完成187.7亿元，比2011年增长14.9%，森工经济实现连续4年平稳较快增长。

林区经济结构明显优化，生态主导型产业不断发展壮大。开展了“产业项目建设年”活动，三江林区78个重点项目完成投资31.7亿元，其中9个省推项目完成投资11.6亿元，森工重点产业项目建设列全省第二名。产业园区又有新发展，24个产业园区规划面积32.7平方千米，入户企业218户，其中桦南、清河、沾河等3个林业局产业园区申报省级开发区。十大产业基地建设成效显著，绿色食品、北药、林产工业、森林生态旅游、清洁能源等八大产业均实现快速发展。

《黑龙江省国有重点林区条例》以地方立法的形式，于2012年8月1日颁布实施，明确了森工的职能、地位和体制，为森工加快发展提供了法律保障。完成了46个林场(所)机构撤并任务，实现了森林稳定增长，有林地面积达到853.2万公顷，比2011年增加2.5万公顷；活立木森林蓄积达到8.17亿立方米，比2011年增加2300万立方米，森林覆被率增加0.3个百分点。

【营林产业】 完成产值12.47亿元，更新造林124.5万亩，森林抚育748万亩，完成后备资源培育改造6万亩。

(周德滨　王　茜　高　频)

【木材生产】 依据二期天然林保护工程要求，继续调减木材产量到131.13万立方米，实现产值15.61亿元。

(孙亚忱　陶　红)

【林产工业】 完成产值59.44亿元，加工木材180万立方米，“三剩物”工业利用率79.8%，人造板产量57.2万立方米，家具产值7.5亿元，新建11个木材加工项目，完成投资5.1亿元。

(吴红霞　康　红)

【种植养殖】 完成产值88.95亿元，注重发展林区特色养殖项目，林蛙、山猪、貉、鹿、狐、獭兔、黑蜂等特色养殖在林区普遍开展。

(闫　东　贾喜波)

【森林食品】 完成产值47.8亿元，新建森林食品加工项目8个，完成投资1.27亿元，全林区黑木耳栽培达到17.5亿袋，产量6.8万吨，同比增长17.2%，已经成为全国最大的黑木耳生产基地。

(武　爽　张洪彦)

【北药业】 完成产值12.55万元，全林区人工药材种植面积18.2万亩，五味子面积达5万亩，“两参”栽培积达1万亩，平贝面积达2.7万亩。

(杨　革)

【森林生态旅游】 完成产值31.48亿元，接待游客550万人次，新建旅游项目19个，总投资7.8亿元。山河屯林业局凤凰山景区晋升国家4A级申请已上报国家旅游局，绥棱林业局生态旅游文化景区、沾河林业局大沾河国家森林公园被评定为国家3A级景区。

(冀岩松　王春华)

【清洁能源】 完成产值3.42亿元，建成风力发电项目15个，装机容量62.11万千瓦，新建清洁能源项目3个，总投资8373万元。

(林　松)

【林业科技】 落实各类科技项目74项，经费2112万元。新青、朗乡、铁力林业局通过了国家林业局的森林认证，丰林国家级自然保护区和凤凰山

国家森林公园进入国家林业局森林认证首家试点单位。（淦　洪）

【林业教育】 2012年森工林区高考录取本科考生1975人，录取率47.1%，总计录取专科以上考生3835人，总录取率91.46%。有4所义务教育学校、6所高中通过了标准化合格学校和达标高中的验收。（王月华）

【政策法规】 一是积极推动《黑龙江省国有重点林区条例》尽快出台，并按照条例要求进一步建立健全各类执法机构；二是开展对《条例》的学习宣传，分层次组织学习培训；三是全面开展了贯彻实施《条例》的相关工作。（王毅昌）

【招商引资】 2012年森工系统招商引资收效明显，签约项目合同56个，签约总额103亿元人民币，当年开工47项，到位资金38亿元。协助国家林业局在伊春市成功举办《2012中国(伊春)国际林产品博览会》。（陈凤维）

大兴安岭林业集团林业产业

【概　述】 2012年，林业产业总产值首次突破100亿元，达到103.1亿元，比2011年增长16.6%，实现林业产业增加值44.2亿元，比2010年增长15.5%。一、二、三产业产值分别实现37.7亿元、37.7亿元、12.4亿元，与2011年相比分别增长13.9%、21.8%、47.1%。主要经济指标达到新的高度，经济实力得到大幅提升，林业集团公司经济高速发展的已经确立。

营林生产和木材采运　“两大任务”基本完成了年度预期目标。随着天保二期工程的深入实施，林业集团公司营林生产进入平稳发展阶段。2012年共完成森林抚育生产任务284.7万亩。其中：2011年结转18.8万亩已全部完成，2012年森林抚育计划275.9万亩，完成265.9万亩，完成计划的96.4%，；森林改培补植补造任务完成26.4万亩。其中：2011年结转6.4万亩全部完成，2012年森林改培计划20万亩，完成20万亩，完成计划的100%；育苗面积完成72公顷，成苗产量8207万株，义务植树完成102万株。木材采运业由于林区采伐方式发生根本性变化，是全面停止主伐生产的关键之年，更新采伐比重降低，在木材产量中抚育伐比重占49.7%以上。2012年木材生产计划82.9万立方米，完成木材产量76.9万立方米，同比降低9.3%，比2011年减产5.8万立方米。

随着与林业相关的特色产业的蓬勃发展，林业集团一、二、三产业结构逐步优化，2012年三产所占的比重分别是43.2∶41.6∶15.1。第三产业逐渐成为拉动林区经济增长的新增长点，第三产业所占的比重提高了0.9个百分点，生态旅游业产值的增长对吸收就业促进高附加值的产业形成升级，推动林业产业转向低资源消耗的发展方向，优化林业产业结构有着重要意义，拉动第三产业比重加大，三次产业结构逐步调整。

林产工业　受国际欧债危机，出口产品严重滞销，木材加工产品市场需求低迷，导致林产工业经济发展趋缓，2012年，林产工业实现产值22.7亿元，同比增长0.3%，占工业总产值的52.9%，林产工业精深加工实现产值7亿元，同比降低36.3%。精深加工产品产量有升有降，人造板主产品产量两升两降，其中：集成材产量1.9万立方米，同比增长142.6%；建筑模板产量3.8万立方米，同比增长49.3%。纤维板产量12.5万立方米，同比降低19.7%；细木工板产量6.3万立方米，同比降低25.1%，粗加工产品产量有所增长，锯材产量完成19万立方米，同比增长20.6%。

矿产开发　林业集团公司加大力度建设和合理开发矿产业，将其作为实现经济转型、拉动经济增长的有效措施。新林中兴矿业生产的铜、金银产值1.7亿元。2012年生产原煤383万吨，完成全年计划的127.7%，同比降低4.9%。截至年末，共完成煤炭销量371万吨，矿业产值实现11亿元，同比增长15.7%，矿业产值占林业产业总产值的10.7%，占工业总产值的25.6%，产品产销率103.5%。煤炭价格上涨主要是优质煤价格上涨，靠提高煤炭质量、稳定客源、月牙湖铁路专用线通车减少运输成本等形成价格优势。

生态旅游业　旅游产业作为转变经济发展方式的强力引擎，不断促进产业升级、增加就业途径、提高居民收入，以大创新大投入推动旅游产业大提升大发展。特别是今年6月份加格达奇机场开通后，带动旅游业急速升温，2012年实现旅游总收入8.7亿元，同比增长46.7%。处于全区旅游的重点区漠河林业旅游实现产值5.5亿元，同比增长57.1%。

畜牧养殖业　林业集团公司的特色畜牧业已经形成了以狐貂珍贵毛皮动物养殖、茸鹿养殖及鹿产品深加工等特色养殖为主。畜牧业实现产值3.3亿元，同比增长22.2%，牛存栏9544头，羊存栏6.0万只；鹿存栏2673头，狐貂貉存栏8万只。畜牧业生产形势良好，主要是各林业局在原有畜牧业生产的基础上，采取招商引资和动员职工发展自营经济等形式，大力发展特色养殖业，不仅提高了职工的收入，而且实现企业经济效益的新增长。

北药产业　2012 年北药产业实现产值 1497 万元，同比增 5.1%。近年来大兴安岭充分利用药用资源，全力推进北药产业发展，北药开发规模不断扩大。各林业局充分利用地域优势，加强北药基地建设，充分利用营林任务不饱和的现有苗圃，建立自己的北药示范基地，以五味子、防风、柴胡、龙胆、黄芪、穿龙薯蓣为主要推广品种，推进林药间作的生产模式。

绿色食品业　2012 年实现产值 10.2 亿元，同比增长 61.9%。我区充分利用林区林下资源富集的优势，大力加强林下资源保护管理和原料基地的建设，与科研单位建立长期合作伙伴关系，加大蓝莓、黑木耳、药材等系列产品的研发力度，进行终端产品开发。截至年末，野生浆果业稳步发展，采集山野果 11705 吨。其中：蓝莓 6202 吨，红豆 5499 吨。完成食用菌产量 8729 吨，同比增长 1.2%。

固定资产投资　林业集团公司 2012 年固定资产投资快速增长，投资走向以生态林业和民生林业为重点，有力地推动了林区经济的发展。2012 年固定资产投资达到 23.9 亿元，完成年计划的 83.6%，同比增长 84.3%。基本建设投资完成 21.6 亿元，其中：中央预算内投资完成 7.1 亿元，森工非经营性投资完成 0.29 亿元，育林基金完成 0.6 亿元，企业自筹完成 13.6 亿元，其中：棚户区建设投资完成 13.2 亿元。更新改造投资完成 1.5 亿元；森工维简费完成 0.8 亿元。完成中央财政专项资金 17.7 亿元。投资总量增长迅速，成为林区经济增长的有力支撑。

林业职工收入　2012 年大兴安岭林业集团经济发展取得了前所未有的成就，林业职工切身感受着经济社会快速、健康、稳步、协调发展带来的幸福生活。近几年来林业职工收入快速增长，2011 年林业集团公司在岗职工人数 62 114 人，在岗职工工资总额 134 526 万元，比 2011 年同期增长 35.9%；在岗职工年平均工资 23 018 元，比 2010 年增长了 40.5%。10 个林业局月平均工资均超过千元，其中松岭、图强、加格达奇三个林业局林业在岗职工月平均工资首次突破千元，分别达到 1790 元、1720 元、1877 元，结束了林业一线工人月工资平均不到 1000 元的历史，林业职工生活显著改善，获得实惠明显增多。

重点产业项目　55 个重点产业项目全部开复工，完成投资 29 亿元，增长 2.2 倍；招商引资到位资金 83.4 亿元，新签约项目 132 个，产业项目建设和招商引资均创历史最好水平。园区企业实现利税 6175.6 万元，增长 25.4%，新增入园项目 19 个，加格达奇园区晋升为省级重点产业园区。规模以上矿产开发业、绿色食品产值分别增长 20.4% 和 26.9%，规上企业增加值增长 14.1%。

林下经济　落实承包面积 466.5 万公顷，参与人员 40773 人。制定了林下经济发展规划，明确五大林下重点产业，发放专项资金 3872.5 万元、小额担保贷款 4634 万元。开展实质性经营面积 204.1 万公顷，建立蓝莓、食用菌和北药等示范基地 371 处，引进宛西制药等林下资源深加工企业 7 户。林下经济实现产值 15.2 亿元，成为推动经济转型、促进职工增收的新载体。

公司启动绩效管理　建立健全了 3 大类 139 项绩效评价指标。集团公司所属企业实现增收节支 2.3 亿元、清收欠款 6673 万元。木业公司实施全员销售和内部模拟市场化管理，实现产值 3.5 亿元；旅游公司全面推行现代企业管理模式，综合成本下降 14%；矿业公司完成 10 个勘查施工任务；林业投资公司境外生产木材 25 万立方米、加工 10.2 万立方米，圭亚那项目已完成生产前各项准备工作，四大公司实现利润 4664 万元，增加 1124 万元。农村商业银行总股本增至 5 亿元，新增区外营业网点 2 个，实现利润 8800 万元。成功发行 13 亿元集团公司债券，实现资本市场融资零的突破。原油小额贸易进口配额突破 200 万吨，新增转移支付 2.3 亿元。非公经济增加值和税收分别增长 20%、31.1%。

【森林资源管理与经营】　严格落实木材产量调减政策，按照国家林业局下达的 2013 年木材生产计划，将木材产量调减至 56.5 万立方米，较 2012 年减少7.8万立方米。对驻局监督办调查设计质量及伐区作业质量验收工作进行了认真核查，对调查设计精度不高、伐区作业质量等问题提出了整改意见，并适时开展伐区凭证采伐专项检查整顿生产秩序，从源头控制森林资源的消耗。在加林局、西林吉等4个林业局进行了三类调查设计标识改革试点工作，有效提高森调工作效率和科学化管理水平、减少林木资源的浪费。组织各驻局监督办开展了森林资源管理综合检查工作，检查内容涉及伐区生产、木材加工、林地管理、贮木管理等5个方面，共查处无证采伐案件15起、非法占地案件7起，限期整改剩余物超标、违规拨付加工原料问题18个、伐区作业质量问题26个，纠正贮木管理问题12个，规范了各林业局资源管理行为。加强木材运输管理，严格执行木材运输计划，按林木采伐许可证的拨交进度，审核发放木材运输证。5月份，资源局、地纪委、地区公安局森保支队和大兴安岭电视台联合开展了整顿木材运输秩序上路巡查行动，有效规范了木材运输秩序。

通过开设普法宣传专栏、设立宣传点、出动宣传车、发放宣传单等多种形式，开展了林业法律法规宣传月等普法宣传教育活动，使全区干部职工群众资源保护意识和法律意识进一步增强。与此同时，在林地使用、木材运输、加工监管等方面进一步加大了森林资源执法监督力度，牵头组织开展了为期3个月的打击破坏森林资源"兴安五号"专项行动，共查处各类森林资源案件130起，行政处罚111人，取缔无证加工厂1家，累计为国家挽回经济损失2155万元，取得了整治一批、震慑一片、教育一方的良好整治效果。

为了保证全区重点产业项目和基础设施建设的用地需求，我局坚持项目建设与林业区划相结合的原则，统筹安排使用林地定额，积极争取国家林业局对我区重点产业项目和基础设施建设使用林地予以政策倾斜。已有28个工程项目占用林地获得国家林业局批准，占用林地面积441公顷。另有3个项目已上报国家林业局等待批复。地方林场的林地保护利用规划已完成，大兴安岭林业集团公司林地保护利用规划和各林业局(国家级保护区)林地保护利用规划也已通过专家和成员单位评审，正在等待国家林业局的批复。三是认真组织开展林地年度变更调查试点工作。完成了塔河林业局及3县地方林场的林地年度变更调查试点工作。下半年，大兴安岭林业集团公司被确定为全国林地变更调查试点单位，迅速组织制定了工作方案，出台了技术标准。各相关部门正在全力推进此项工作。先后开展了发展林下经济使用林地情况专项检查、涉农林地专项清查等林地保护专项行动，共查处非法侵占破坏林地案件93起，收回林地463.17公顷。

继续推进可持续经营试点工作。年初，专门召开座谈会，研究部署塔河、松岭2个林业局的森林资源可持续经营试点工作。还就可持续经营试点工作的相关政策积极与国家林业局进行协调争取，有力地推进了森林资源可持续经营试点工作。组织相关部门对加林局二类调查成果进行了认定，完成了西林吉林业局和漠河林场森林资源二类调查的外业工作，为科学规划和编制森林经营方案奠定了基础。完成了全区森林资源消长动态监测，统筹更新了森林资源监测数据库，夯实了科学经营森林资源基础。

进一步加强了直属木材检查站的管理，健全了内业政务制度和岗位职责，推行了处级领导驻站制度，还争取国投资金60万元，对加北、龙河等6处检查站投入太阳能、监控等设备，进一步提高检查站执法监控能力。全年累计查堵违法运输车辆41车，行政处罚41人。认真落实二期天保工程实施方案的要求，实行管护合同制，组织各林业局签订了管护协议，并要求各林业局依据林业集团公司制定的《管护考评办法》和《管护稽查管理办法》，组织各林业局对各自管护机构建立、履职及管护成效等情况进行自检自查，迎接了国家林业局组织的"四到省"专项检查。

森林资源继续保持了"四增长"的良好势头，全区活立木总蓄积量较上一年度增加了1438万立方米，达到5.53亿立方米；森林面积增加了1.14万公顷，达到679.5万公顷；林地面积增加了8.81万公顷，达到808.51万公顷；森林覆盖率增加了0.14个百分点，达到81.37%。森林资源的持续恢复性增长，为全区经济建设、生态文明建设及林业社会稳定提供了有力保障。

【森林经营】 2012年，森林经营工作以建设生态林业、民生林业为目标，扎实抓好队伍建设和制度建设，保质保量完成各项中央投资项目，积极拓展碳汇项目领域，推进林木种苗基地建设，稳固林业有害生物防控体系，在生态建设和规程标准修订方向实现重大突破，完成各项年度生产计划。全年完成森林抚育补贴试点290.4万亩，补植补造28.6万亩。完成森林经营碳汇项目2万亩。完成义务植树102万株，村屯绿化工作任务5060亩。大兴安岭林业集团公司安排266万元苗圃专项资金，全年生产苗木1.4亿株，采收林木种子10 043千克。开展“绿盾2012”检疫执法检查行动，遏制林业有害生物传播。森林抚育补贴试点和补植补造顺利通过国家林业局核查，作业设计质量合格率、作业面积核实率、作业质量合格率均100%。国有林场危旧房改造国投资金到位187.03万元，建设户数634户。全年争取“大兴安岭森林鼠害综合治理基础设施建设项目”和“寒温带种质资源收集保存库建设项目”等各类项目和政策资金1.1亿元。召开全区森林公园工作会议，明确总体发展目标和建设要求。地区、林业局培训营林技术人员14 114人次。

实行生产进度旬报制度，及时掌握生产进度情况。加强产中管理，制定《森林抚育补贴工作产中检查方案》，分别于2月、7月对森林抚育补贴试点工作进行产中检查，促进作业质量提高。2012年完成森林抚育补贴试点任务287万亩。

创新技术人员培训方式，抽调业务骨干人员组成培训组，到现场实地开展培训活动。通过对补植补造的场地选择、调查设计方法、补植方式及生产管理技术措施进行讲解，提高各林业局营林技术人员业务水平。2011年结转的6.2万亩补植补造任务全部完成，2012年23万亩任务完成22.4万亩，占年度计划97.4%。

2012年，国家林业局下达大兴安岭地区森林经营碳汇项目2万亩，其中松岭1万亩，韩家园1万亩。11月，完成项目活动引起的碳储量变化预估工作，12月，抚育作业工作全部完成。加漠公路0~9公里造林绿化纳入碳汇项目范畴，由加格达奇林业局按计划组织施工作业，按照乔灌草结合的设计理念，远乔木近灌木的立体景观造型，设计栽植9种乔木22 278株、7种灌木8771墩；移植樟子松859株；栽植3种花卉254.73平方米；播种草坪303平方米。2012年完成整地9000穴，乔木栽植完成4500株。

全区完成义务植树任务102万株，村屯绿化工作任务5060亩。“4·28”植树节，全区各地开展形式多样的宣传活动，加格达奇区政府在新世纪广场举办2012年义务植树启动仪式，组织万人签名志愿者服务活动。全区有2万余人参加绿化宣传活动，群发宣传短信3万条，散发宣传单2万份，在报纸和电台发布各类绿化信息20余万条。

大兴安岭林业集团公司安排266万元苗圃专项资金，提升苗圃生产能力。全区各国有苗圃基础设施设备得到补充和完善。按照国家林业局2012年林木种苗质量抽查工作部署，地区种苗站对6个林业局、7处苗圃、9批上山苗木进行质量抽查。对5个林业局的林木种子进行质量抽查。经抽查，种子样品合格率100%，苗木苗批合格率100%。

【境外采伐】 大兴安岭地区国际森林开发着力推进项目建设，优化项目发展环境，强化行政绩效管理，使全区境外采伐产业得到较快发展。2012年，全区累计生产商品材60.98万立方米，完成年度生产计划101.6%，加工板材13.15万立方米。全力抓好在俄已有项目，促使经济效益稳步上升。理顺与兴邦公司关系，做好阿玛扎尔林地及资产交接工作。加快推进圭亚那森林资源开发合作项目进程，第一批24名工作人员于10月16日顺利抵达圭亚那，开始生产前期的筑路、设备检修等准备工作。加强境外林业投资合作信息交流，编发《境外采伐信息》12期。

全力抓好在俄已有项目。截至2012年12月末，新林后贝加尔公司、松岭中亚公司和阿木尔森永公司分别生产商品材15.08万立方米、10.03万立方米和5.375万立方米。新林后贝加尔公司加工锯材7.14万立方米，完成年度计划119%；松岭中亚公司加工锯材3.01万立方米，完成年度计划100.3%。新林后贝加尔公司实现利润470万元，松岭中亚公司和阿木尔森永公司效益明显上升。

扩大境外林业投资合作，一拓展国际木材市

场，大兴安岭林业集团公司与黑龙江柏杉林国际林业开发有限公司就合作开发南美洲圭亚那共和国森林资源相关事宜进行多次洽谈。3月，正式签署《合作开发圭亚那森林资源协议》。4月，大兴安岭兴安国际林业投资有限公司完成黑龙江柏杉林木业有限公司的股份重组。重组后的黑龙江柏杉林木业有限公司在圭亚那拥有44.1729万公顷热带名贵树种森林资源，经济价值较高。林业集团公司与黑龙江柏杉林公司合作开发圭亚那项目，根据律师和开发银行的意见开展一系列工作，完善、完成一系列项目方案实施文件，进入实质性建设阶段。赴圭亚那林业投资合作项目第一批24名工作人员于10月16日顺利抵达圭亚那，开始生产前期的筑路、设备检修等准备工作。

【林木产品经销】 2012年，全区木材经销行业以提高经济效益为中心，转变坐、等、观、望传统观念，开展“抓质量、促销售、提售价、增效益”活动，主动适应市场需求，强化木材市场调研和促销力度，完善与市场相对接的营销体系，严把“招标、定价、出场、复检”四道关口，努力实现木材销售效益最大化。2012年，大兴安岭林业管理局销售原木769 154立方米(内销137 817立方米)，比2011年同期少销466 899立方米；平均售价843.44元/立方米，比2011年同期提高103.45元/立方米；实现销售收入64 873万元，其中经济材销售664 162立方米(内销115 119立方米)，平均售价926.05元/立方米，实现销售收入61 505万元。坚持林管局最低限价制度。经济材目标售价实行逐月分解推进、监督制约机制。拓展销售渠道，林管局先后3次对辽宁、内蒙古、河北、山东以及黑龙江省等主要木材市场、满洲里口岸等木材陆路口岸和港口木材市场进行调研，考察环渤海地区主要港口海运木材销售情况。2012年，直销坑木17 981立方米，售价1103.85元/立方米，比林管局最低限价提高230元/立方米，增收413.6万元。实行“四位一体”抓质量的管理机制，贮木场产品质量管理水平得到提升。加强销售总量管理和运输总量管理，经济材平均载量为54.85立方米/车，较去年同期提高0.74立方米/车。落实《木材销售运输稽查管理办法》，加强稽查。

坚持林管局最低限价制度。经济材目标售价实行逐月分解推进、监督制约机制。按照行署、林管局2012年重点工作任务确定的目标售价、全区年度木材销售计划、各林业局资源和材种等情况，制定全区目标售价、各月份分解经济材目标售价，并按月监督检查，跟踪问效。每月初召开一次木材销售运输视频例会，主要内容是听取各林业局上月目标售价完成情况，没有按规定完成目标售价的林业局，必须向林管局说明原因及下步采取措施。2012年召开视频例会9次。按照市场经济规律和需求规律，全年8次调整林管局最低限价。对全区木材销售主要材种落叶松原木销售价格实行公示制，在《大兴安岭日报》上刊登。

加大坑木直销力度。完善坑木直销管理制度和办法，拓宽销售渠道。林管局与辽宁铁法(煤业)集团有限责任公司、玖龙兴安浆纸(内蒙古)有限公司签订木材直销协议，建立林煤直销关系，林煤直销由林管局统一组织管理，木材经销管理处负责具体实施。与辽宁阜新矿务局、河北唐山开滦(集团)有限责任公司达成坑木直销战略合作协议，预约量分别为1.5万立方米和0.8万立方米。2012年，直销坑木17 981立方米，售价1103.85元/立方米，比林管局最低限价提高230元/立方米，增收413.6万元。

针对本区木材产品质量问题及时进行指导整改，提升贮木场产品质量管理水平。在产量、成本、质量发生矛盾冲突时，以质量为重点，把质量控制在每一个生产源头。完善优质优酬优价成本滚动法，完善绩效工资机制，按照不同工种，将工作质量与量材员、造材员工资奖金挂钩，调动各工种抓产品质量的积极性。加强贮木场生产管理。对每根原条合理墩根去腐，减少“三伤”(锯材、劈裂、偏斜)，严格控制超长短尺、好材带坏材、坏材带好材，提高优质材比重，实现每根原条效益最大化。严格产品鉴定、缴库验收，足径足尺。落实林管局《关于印发原木产品结构指导意见和原木最低限价的通知》，根据客户需求和市场行情随时调整产品结构，在保证企业经济利益前提下，客户要什么材种就生产什么材种，市场需要什么规格就调整什么规格。

在销售方式上加强销售总量管理，坚持够缴

库标准的木材，必须全部缴到贮木场，统一管理，统一销售；实行统一归口销售，杜绝直拨销售木材或变相直拨销售；供应木材加工企业的木材原料，通过贮木场拨付，不得以任何借口从山上变相直拨。

严禁超总量销售和运输木材。对完成年度指标的，坚决停办运输计划。执行请车、配车制度，做到公开、透明。严禁无计划装车，对擅自无计划装车的，无论是单位或个人，严肃处理。各林业局装车管理严格执行林管局制定的对经济材载量考核标准。2012 年，经济材平均载量为 54.85 立方米/车，较去年同期提高 0.74 立方米/车。

【林产工业工作】 2012 年，全区林产工业战线坚持“效益、效率、效果”原则，以绩效管理活动为契机，把握工作重点，强化企业管理，突出服务质量，深化企业内部体制和机制改革，克服国际和国内市场林木产品需求量下降、原材料供应不足的困难，完成全年工作目标。全区林产工业产值完成 22.7 亿元，完成年计划 103.7%，同比增长 0.2%；增加值完成 8.1 亿元，完成年计划 100.1%。在全区林产工业战线开展创建生态型花园式企业活动，下发《创建生态型花园式企业活动方案》，推动企业内部文化发展。针对全区林木产品加工企业现状，施行《重点项目推进方案》，发挥重点企业带动、支撑作用。继续深化企业内部体制和机制改革，组成专题调研组对 9 个林业局 13 户重点企业开展整合改制调研。发展新兴能源产业，推动生物质能源项目建设。实行品牌战略“神州北极”“华驿”“大森林”三大品牌效益初步体现，产品远销海南、新疆等地。开展绩效管理活动，提高员工素质，提升工作效率，增加产品附加值，达到“企业利润增加，员工工资增长”效果。规范企业统计工作，制定统计报表表式，使产品成本计算更加真实。加强企业监管，建立质量管理档案，提高产品质量，增强企业信誉。加强校企合作，开展员工培训，聘请专业人才解决企业科技难题。立足产业实际，成立招商引资组织机构，为企业引进资金。加大宣传力度，完善林产工业处和神州北极木业公司网站，编制企业宣传册，加大企业广告宣传投入，提升企业影响力。根据企业实际产能，科学调整生产工艺和生产线，提高产量，降低成本。

制发《重点项目推进方案》，分解推进任务，实行重点企业领导干部负责制，选派专业技术人员对省、地重点项目进行服务推进，发挥重点企业带动、支撑作用。2012 年，宜家木业、库伦斯木业等 13 户重点项目工业总产值、增加值同比分别增长 22.3% 和 23.7%，拉动林产工业相应指标分别增长 8.79 和 8.83 个百分点。神州北极木业公司通过采取“调整经营思维、调整经营模式、调整生产结构、开拓销售市场、强化企业管理、创新分配机制、打造企业文化”七大经营措施，实现公司费用最小化、利润最大化的经营目标。以宜家木业分公司为龙头生产的木结构建筑产品，订单充足。2012 年，全区累计生产木结构建筑 34300 平方米，同比增长 4.7%。加强对生物质项目服务与推进，由专业技术人员帮助企业解决技术难题，生物质项目前期工作顺利完成。

组织专题调研组对 9 个林业局的 13 户重点企业开展整合改制调研工作，查找存在问题 8 条，提出整合改制建议 9 条。按照优势互补、资源共享、效益优化原则，塔河凯达和宏翔两户企业进行整合，由一套班子管理两户企业，实行独立核算，使凯达和宏翔形成内部产业链，整合后年可降低生产成本 120 余万元；韩家园林业局按照子母公司方式建立库伦斯木业股份制公司，实行统一管理二级分配制度，对库伦斯木业和库伦斯木艺开展整合工作；神州北极木业有限公司强化收入分配机制，深化人事制度改革，通过采取一系列措施，盘活固定资产，减少坏账损失，增加员工收入。

借助“2012 招商引资年”契机，立足产业实际，成立招商引资机构，做好基础资料分析，组织撰写招商引资项目推介书，编印宣传画册 3000 册。组织全区林产工业企业参加第 23 届哈洽会、中国伊春森林产品博览会、第九届中国林产品交易会等 6 个展会，设立专门展台展示木结构建筑墙体、木构件、地板、木制品和旅游纪念品五大类百余种产品，共荣获 16 项产品金奖、6 项产品优质奖。大兴安岭林业集团公司参展团在林交会上获特别贡献奖、展台设计新颖奖、优秀组织奖等荣誉。通过协调，林产工业战线重点招商引资项目——

塔河兴森生物质能源项目，累计投入资金8000万元(其中2012年5~8月注入资金约3000万)；松岭生物质炭、气联产项目引资300万元；韩家园兆泰木纤维项目投入7500万元采购设备，完成四栋生产车间土建基础。

依托大兴安岭林区特有资源优势，按照“低碳、环保、节能、高效”原则，发展适合本区的生物质能源项目。经过近3年筹备和试验，生物质能源项目初具规模。塔河兴森生物质炭、电联产项目累计投资8000万元，气化车间和干燥车间的钢结构封闭完成，气化设备、发电车间两个主控柜室、变压器和配电柜基础安装完成，六台发电机设备基础底座浇筑完毕，发电机安装到位，生物质发电厂输送电的输电线路完成；松岭壮志生物质项目生产的木炭质量达到标准，燃气产量趋于稳定，质量合乎燃气标准，1000立方米储气气囊安装完毕。塔河、松岭这两个生物质能源项目得到国家林业局支持，通过国家林业局造林司检查和验收，被列入全国林业百家绿色能源示范县先期启动范围，申请办理全国林业绿色能源示范县建设补助资金。

【绿色食品产业工作】 2012年，全区绿色食品产业以市场为导向，以科技为动力，狠抓市场开发、基地扩张、龙头打造、品牌培育等重点工作，取得新成果。全区绿色食品业实现产值24.2亿元，2011年同期增长26.7%。其中，大兴安岭蓝莓产业实现产值5.3亿元，大兴安岭食用菌养殖完成1.96亿袋，实现产值4.6亿元。筹备第四届蓝莓节，设置标准展位268个。组织全区32个企业参加第23界哈洽会，携带有机食品(绿色食品)192种。组织企业参加第十二届齐齐哈尔绿色食品博览会，22家企业携带300余种产品参加。建设完成大兴安岭野生蓝莓集约化经营基地10 000公顷。全区重点推进绿色食品产业项目12个。建立“龙头+基地+种植户”模式，促进大兴安岭蓝莓产业战略升级。按地区“两会”和全区林下经济工作会议部署，依据《大兴安岭林业集团公司发展林下经济实施意见(试行)》，强化目标任务落实，全面推进林下经济工作。尝试探索发展林下经济9种模式，重点发展5大产业，截至2012年年末，完成林下承包面积478.5万公顷，实质性经营面积完成204.1万公顷，林下资源承包职工40 484人，林下经济实现经济效益15.2亿元。

筹备第四届蓝莓节，由专业展览公司负责搭建展棚和展位，搭建面积4785平方米，设置标准展位268个，其中100个展位无偿供大兴安岭地区使用。蓝莓节签约合作项目19个，签约总额12.18亿元，签约额同比增加2.06亿元。组织全区32个企业121人参加第23界哈洽会，携带产品12类786种，其中有机食品(绿色食品)192种，洽谈会中大兴安岭地区上报项目5个，签约总额53 265万元。组织企业参加第十二届齐齐哈尔绿色食品博览会，大兴安岭地区申请室内展位8个，22家企业携带300余种产品参加，其中，北奇神牌黑木耳、蓝莓饮料、蓝莓果干等7种产品被评为畅销产品。

抓好大兴安岭野生蓝莓集约化基地建设，完成集约化经营面积10 000公顷。逐步推进人工蓝莓种苗繁育和种植基地建设，2个组培苗基地和4个扦插苗基地种苗繁育完成516万株，种植面积完成5210亩，均超额完成年初计划。全区完成大兴安岭食用菌养殖10万袋规模以上基地66个。推广挂袋大兴安岭黑木耳技术和大兴安岭麦饭石黑木耳项目建设，提升大兴安岭黑木耳品质和附加值，实现规模化生产。

召开全区蓝莓产业发展协调会，大兴安岭蓝莓产业推进组责成专人与各林业局沟通落实，将规划目标土地及种苗逐一细化到各林业局、所属林场及地块。全区完成人工蓝莓种植5210亩，繁育“美登”种苗516万株，建设完成大兴安岭野生蓝莓集约化经营基地10 000公顷。各单位按照《大兴安岭野生蓝莓集约化经营实施方案》及标准管理野生蓝莓资源，提高经营效率和结实能力，增加单位面积产量和质量，实现资源可持续利用。

制定《大兴安岭蓝莓产业提档升级方案》，进一步扶持塔河超越、阿木尔北极冰、加格达奇区百盛蓝莓、新林依莓等企业发展，重点加强大兴安岭蓝莓冰酒、果酒、果干研发力度，新研发投入大兴安岭蓝莓产品11个。通过科技创新，做大做强龙头企业，带动产业发展。引导企业加入蓝莓产业种植和集约化经营，建立“龙头+基地+种植户”模式，促进大兴安岭蓝莓产业战略升级。

各地着力扶持大兴安岭食用菌产业发展，塔河县出台《大兴安岭食用菌养殖奖励办法》，投入资金800余万元；呼中区加大科技和研发力度，推进大兴安岭食用菌标准化养殖，推广“企业扶持、个人投资、自主经营”联户栽培经营模式，发展和推广麦饭石黑木耳和挂袋养殖，把大兴安岭黑木耳产业打造成富民产业；松岭区采取先赊后还方式，为养殖户提供菌袋；阿木尔林业局将闲置厂房、车库等免费提供给种植户使用，实行每袋补助0.2元优惠政策。全区养殖大兴安岭食用菌19 691万袋，其中大兴安岭黑木耳18 043万袋，占总量94.8%，实现总产值4.2亿元。10～30万袋规模基地32个，30万～100万袋规模基地9个，100万袋规模以上基地25个，从业人员10 654人。

推进“项目三年攻坚战”绿色食品产业项目。全区重点推进绿色食品产业项目12个，其中，省重点推进项目3个，地区重点推进项目9个；新开工项目3个，续建项目8个，前期谋划项目1个。项目计划总投资10.2亿元，2012年计划投资23 952万元，除1个前期谋划项目外均按期开工建设，完成固定资产投资计划。累计完成固定资产投资35 253万元，完成年度计划147%。

【生态旅游】 2012年，全区旅游业加大项目推进力度，创新市场营销手段，规范行业管理，提升服务水平，实现良好发展势头。全年全区旅游接待352.1万人次，实现旅游收入33.09亿元，同比分别增长17.58%和20.01%，分别完成年计划100.03%和100.3%。推进重点项目建设，全区确定重点旅游项目9个，累计完成投资6.26亿元。组织特色节赛活动，举办全国自由式滑雪雪上技巧“冠军赛”、漠河冰雪汽车越野赛和黑龙江国际养生度假节暨大兴安岭首届多布库尔湿地漂流节，继续提升大兴安岭知名度和美誉度。加强旅游市场营销，组织旅游企业赴哈尔滨、呼伦贝尔等地宣传、推介加格达奇区域旅游产品和线路，组团参加全国旅游交易会等十个大型展会，开展中俄界江深度游宣传推介活动。加大旅游市场整顿和旅行社质保金、责任险收缴力度，维护旅游市场秩序。

2012年，全区确定重点旅游项目9个，累计完成投资6.26亿元。推进找北度假产品开发，神州北极旅游区一期工程完成投资3.18亿元；华洋集团民俗生态园建设工程完成投资5507万元；北京百环集团旅游综合开发建设项目一期工程完成投资4123万元；北极村金马旅游度假区完成投资2035万元；兴安石油边境小镇完成投资7020万元。推进森林度假产品开发，图强百环森林旅游度假区完成投资7500万元；图强百环北极泉矿泉水项目完成投资2405万元；呼中国家森林公园一期工程投资806万元；塔河鄂伦春族新村完成投资1400万元。启动湿地观光产品，南瓮河湿地公园完善观光栈道、观光塔等服务设施建设；多布库尔湿地漂流度假区完善配套服务设施建设。

地区旅游局与加格达奇区、加格达奇林业局共同组织旅游企业赴哈尔滨、呼伦贝尔等地宣传推介加格达奇区域旅游产品和线路，启动南部旅游市场。组团参加全国旅游交易会等十个大型展会，与300余家重点客源地的旅游企业进行交流，达成互送旅游团组协议。开展中俄界江深度游宣传推介活动，省内主流媒体和重点旅行社对漠河、塔河、呼玛进行深度考察和宣传报道。与中央电视台联合拍摄《幸福之爱在北极村》三集情景剧，登陆央视七套栏目，在春节期间循环播放，提升北极村知名度。

举办“全国自由式滑雪雪上技巧冠军赛”，打造“中国滑雪基地 o 世界冠军摇篮”品牌。漠河冰雪汽车越野赛成为黑龙江省2012～2013年中俄旅游年主题活动之一。举办黑龙江国际养生度假节暨大兴安岭首届多布库尔湿地漂流节，省内外10多家主流媒体、30多家旅游企业和300多位游客在大兴安岭体验湿地漂流。

【科学技术产业化研究与推广】 科技工作围绕“把资源管起来，让百姓富起来”工作思路，突出林区特色，加速成果转化，培育新兴产业，提升技术水平。2012年全年投入科技经费1486万元，其中向上争取866万元。推进生物产业项目7项，其中，“寒带林下植物提取物加工建设项目”被列为省生物产业重点推进项目。国家科技支撑计划子课题——“林下植物活性成分高效分离技术研究与产业化开发”申报国家发明专利5项，实现产值1.9亿元。高新技术产品总数达18种。在科技支撑下，全区有林地面积和活立木总蓄积分别比2011年增加2.32万公顷和1146万立方米。

2012年制定了《2012年生物产业项目推进工作方案》，生物产业项目计划总投资60733万元，2012年计划投资10368万元，完成投资14736.05万元，占计划总投资142%。生物产业主营业务收入实现20634万元，产值24783万元，利润2545万元，税金1071万元。

2012年，地本级投入科技经费620万元，推进生物产业、绿色食品、木材精深加工和社会发展4个领域科技创新专项，实施重点科技创新项目19个；研发出蓝莓雪酒新产品12个；推广农田深耕新技术5项。全年向国家林业局和省科技厅争取项目15个，经费866万元。

推进科技成果转化落地专项行动计划，制定《大兴安岭2012年科技成果转化落地专项行动推进方案》，开展蓝莓种植、加工和林下药用植物深加工科技成果转化落地专项活动。组织中国农业大学、哈尔滨商业大学、北京中医药大学等和超越野生浆果加工公司、北极冰酒业公司、依莓饮品公司等开展项目对接，征集技术需求19项，发布优秀科技成果与技术16项。中国农业大学与林格贝公司就“蓝莓花青素高效提取技术”进行实质性产学研合作对接，该技术已实现产业化，项目投资500万元，建成年产10吨蓝莓花青素(25%～76%纯度)生产线1条，年可实现产值4500余万元，出口创汇700余万美元。上海交通大学生命科学研究院水飞蓟素提取技术、水飞蓟油提取技术和水飞蓟饼渣提取技术落户大兴安岭越鑫生物科技股份有限公司。

全区有16项科技成果通过地区鉴定，“蓝莓花青素高效提取技术中试”“蜂花粉肽片产业化”和“有机黑木耳标准化栽培技术研究与示范”等九个项目通过国家和省验收。国家科技支撑计划子课题——“林下植物活性成分高效分离技术研究与产业化开发”申报国家发明专利5项，共实现产值1.9亿元。利用“蓝莓主要活性成分的主要功能及其稳定性研究”和“蓝莓二次热浸辅助高效榨汁、膜分离、果渣中功效成分提取关键技术产业化示范研究”开发出蓝莓高端果汁饮品、蓝莓花青素口服液、蓝莓天酿女士保健果酒并实现产业化，实现产值1.086亿元。

2012年，有10种新产品被认定为高新技术产品，总数累计18种。高新技术产业实现产值6.9亿元，工业增加值2.3亿元，同比分别增长28.3%和28%；民营科技企业实现工业总产值4.3亿元，利税6300万元，同比分别增长21%和16%。认定省级科技型中小企业30家。全年申报国家专利205件，同比增长20%。两家企业被省评为“专利优势企业”，争取到位资金45万元，用于企业产品研发和专利申请。

先后开展国家林业局推广项目“寒温带地区蓝莓引种人工标准化栽培技术推广”、国家科技支撑项目子课题“特色浆果资源恢复及高效培育技术研究与示范”等研究，收集区内优良野生蓝莓株系及种子，继续进行播种试验、组织培养试验、扦插试验和露地栽培试验及原生态栽培试验。成功对野生蓝莓苗木进行茎尖剥离培育，培育出瓶苗5000瓶。

开展以“科技与文化融合，科技与生活同行”为主题的科技活动周活动。举办技术培训班28个，培训1900人次；发放各种科普资料2万余份。推进大兴安岭漠河北极天象馆青少年科普教育基地建设，对场馆进行改造，制作20场宣传展板，增设天文望远镜、天象仪、触摸屏等设备。

【种植栽培重点项目研究】 承担国家林业公益性行业科研专项、国家农业部、国家林业局“948”、省攻关项目11项，实施地级科研项目8项，开展合作项目9项。承担完成国家林业局“有机黑木耳标准化栽培技术研究与示范”项目通过国家林业局验收；承担实施国家林业局“948”项目“蓝莓种质资源及经营技术引进”、国家林业公益性行业科研专项“珍稀野生食用真菌原生态栽培关键技术研究”项目通过国家林业局中期评估。争取国家、省项目到位资金356万元。确立以大兴安岭马铃薯、大兴安岭食用菌、大兴安岭蓝莓等方面研究为科研主攻方向，加强各自体系建设。

科技服务队免费发放技术资料4000份，宣传册700册，举办培训班52班次，培训种植户、农民和企业职工等4000余人次。促进林下经济发展，提出《对林下资源经营利用的建议》。

完成省、部级项目3项，其中1项通过国家林业局验收；接续实施省、部级项目7项，其中2项通过国家林业局中期评估；实施农业部建设项目1项；实施地级项目8项。以“大兴安岭森林资源恢复与利用关键技术研究及产业化示范”项目为重点，开展与东北林业大学、省林业研究所、吉林大学、中科院兰州寒旱所、东北农业大学等合作项目9项。

争取国家、省项目到位资金356万元，其中，农业部“国家级农作物品种区域试验站”项目资金170万元，国家科技支撑项目子课题“特色浆果资源恢复及高效栽培技术研究与示范”项目80万元，国家林业公益性行业科研专项“寒温带湿地景观格局与湿地保护恢复模式研究”“珍稀野生食用真菌生态栽培关键技术研究”2个项目到位资金56万元，“国家马铃薯产业技术体系综合试验站”资金50万元。

目子项目“越橘良种选育及高效栽培技术研究”，在漠河、阿木尔、呼中、新林设置固定样地进行越橘种源、生长、结实等指标观测，在阿木尔设立5公顷越橘试验地，开展杂交试验。

将蓝莓、蓝靛果忍冬、茶镳子、悬钩子、花楸等3000株寒温带经济木本植物移植进入基因库。

为林格贝公司的2个植物样品进行检验分析。与博士后科研工作站进站博士大连民族学院生命科学学院李兴太合作，开展“抗氧化保护线粒体功能食品的研发”项目，对蓝莓、红豆越橘、黄芪、高山红景天、党参、黄芩的抗氧化保护线粒体作用的功能进行开发。

在林业实验基地建立药材栽培、采种区10亩，示范栽培品种10个(东北牛防风、平贝、芍药、苍术、大力子、兴安黄芪、飞燕草、白藓、黄芩、高山红景天)，采种试验品种3个(桔梗、党参、黄芪)。

引进红叶李、山杏、花楸进行播种试验，面积70平方米。培育西伯利亚红松2年生苗木3.5万株、樟子松2年生苗木2.5万株、兴安落叶松苗木1万株。栽培西伯利亚红松嫁接苗360株，栽培山梨、核桃楸、黑穗醋栗等14个果树品种250株，西伯利亚红松大苗造林5.4公顷。对3.75亩西伯利亚红松、红松、偃松嫁接苗木进行抚育管理。利用偃松、樟子松做砧木嫁接西伯利亚红松经济坚果林经营试验，当年调查成活率90%以上。

【马铃薯研究】 发挥国家马铃薯产业技术体系大兴安岭综合试验站和省马铃薯种薯工程技术研究中心作用，承担国家马铃薯产业技术体系及国家、省区域试验和生产试验等项目。开展马铃薯育种、品种比较、品种展示、分期施肥试验，网棚起垄生产微型薯试验，马铃薯晚、早疫病、干腐病等防控防治研究。为呼玛、嫩江、富锦、讷河、克山5个示范县提供技术服务，建立11个示范基地，设计马铃薯栽培技术、马铃薯病虫草害防治方案，示范县辐射面积70万亩。实施农业部项目“黑龙江省大兴安岭地区马铃薯脱毒种薯繁育基地”，建设网棚60栋。引进国内马铃薯品种20个；制定10个亲本的杂交组合；向国家中原二作区、马铃薯早熟组区域试验提交育成品系3个，其中，大200010-2和大200401-19两个品系在区域试验中分别增产20%和11%；早、晚疫病防控，综合防效80%以上。

【黑木耳与食用菌研究】 承担完成国家林业局“有机黑木耳标准化栽培技术研究与示范”项目，于2012年3月通过国家林业局验收，项目内容中的“寒温带黑木耳新品种选育及应用技术”被认定为科技成果。承担国家林业公益性行业科研专项“珍稀野生食用真菌原生态栽培关键技术研究”项目，在韩家园外河林场、新林塔源林场、图强奋斗林场等地落实五种珍稀菌类原生态栽培示范50公顷；新分离、提纯松杉灵芝、毛尖蘑、桦褐孔菌等优良菌株25个，筛选人工扩繁基质配方6个；完成45个观测样地生长量调查。本项目通过国家林业局中期评估。开展食用菌菌种选育研究，采集野生羊肚菌和人工栽培的松杉灵芝，进行组织分离、提纯、保存；对野生猴头进行出菇试验、产量测定；对野生黑木耳12个菌种进行驯化栽培试验；对分离出的菌株进行栽培对比试验。继续与吉林农业大学合作，进行南瓮河大型真菌调查、采集、分离、鉴定试验。

(康文学)

新疆生产建设兵团林业产业

【概　述】

经济林产业发展步伐加快　兵团2012年完成经济林面积27.67万亩，为兵团计划15万亩的184.5%，其中红枣8万亩，葡萄14.49万亩。到2012年底兵团经济林保存面积达到305.67万亩，实现果品产量173.2万吨、产值246亿元，占到兵团农业总产值的28.4%，经济林已成为兵团重要的经济支柱产业之一。经过60年的努力，兵团四大果品基地已基本形成：以南疆第一、二、三、十四师和东疆第十三师为主的红枣生产基地面积159万亩，产量60万吨，居兵团四大果品之首；以北疆天山北坡第四、五、六、七、八师和东疆第十三师为主的葡萄生产基地，面积为72万亩，产量43万吨，位居兵团四大果品第二；以南疆第二师、一、三师为主的库尔勒香梨生产基地，面积为27万亩，产量33万吨；以南疆一师5、6团，二师223团、三师45团和北疆四师61、66、78团等为主的苹果生产基地，面积为22万亩，产量26万吨。

2012年兵团果品产量达到173.2万吨，比去年增加41.2万吨，增长31.45%；其中红枣总产由去年的43万吨提高到56.4万吨；葡萄总产与去年基本持平。

各师把果品加工、销售整合工作纳入重要议事日程，特别是红枣，加大了果品加工、销售整合力度，从根本上扭转了区域内果品加工销售上“多、乱、杂”的被动局面，为兵团果品加工销售实现统一化、品牌化奠定了良好的基础。

标准园创建工作进一步推进　自2011年兵团在八师启动园艺作物标准园(创建)活动以来，各师以国家园艺作物标准园(创建)活动为抓手，狠抓果树园艺标准园建设。据统计，全兵团创建果树标准园30多万亩，其中国家级园艺作物标准园16个，其中水果标准园7个，蔬菜标准园9个。2012年兵团又创建国家级园艺作物标准园6个，其中设施蔬菜标准园4个，水果标准园2个。

“公司+农户”的经营模式基本建立　各团均成立果农协会，各师均成立果品加工销售企业，并制定优惠政策将农户与企业公司紧密联系起来，实行了产供销一条龙，收到很好效果。

机械化程度大幅度提高　葡萄机械化埋土、红枣机械化施肥、病虫害防控等作业基本全面推行；红枣采收机械2012年改装型田间试验在第一师七团基本获得成功，这标志着红枣机械采收将进入了一个新的发展时期。

经济林节水灌溉　节水灌溉面积最大，达到100万亩以上，是全国最大的经济林节水灌溉示范区。

主要做法　①及时召开现场会。为进一步总结兵团经济林标准园创建的经验，理清兵团经济林标准园创建的技术路线和总体思路，更好地推动兵团经济林标准园创建健康发展，兵团林业局于2012年9月23～26日在第一师、第三师召开了兵团经济林标准园建设经验交流会。

②及时举办专题栽培管理技术推广培训班，转变观念，进一步提升管理水平。2013年5月21日、25日和10月27日，分别在第八师石河子市、第四师78团和第三师图木舒克市举办了葡萄、苹果、红枣先进适用栽培管理技术培训班，授训人员累计500人次。

③争取项目资金，支持经济林发展。长期以来，经济林发展资金紧缺。但中央援疆工作会议之后，通过我们不懈的努力，经济林发展资金得到稳步增长，差别化政策得到一定落实。林业贴息贷款是兵团园艺生产发展的主要资金，2012年林业贴息贷款额度落实3.88亿元，落实项目25个；落实农业发展资金1000万元，比去年增加380万元，落实项目11个。

④广泛开展调研。今年组织开展调研活动6次，是历年来较多的一年。其中赴内地河北考察1

次，深入团场调研5次，调查内容重点为红枣、葡萄、苹果、香梨四大果品和设施园艺现状和存在的突出问题。通过考察调研，是我们开阔了视野、发现了问题、明确了方向、增强了信心，对推进兵团果树设施园艺业现代化建设具有重要的显示意义。

⑤加强检查。为规范和指导项目管理深入发展。2012年，组织项目检查6次，深入第一、二、三、六、十二师13个团场，开展林业贴息贷款检查和标准园建设指导，收到很好效果。林业贴息贷款项目进一步规范，标准园建设健康发展。

【举办经济林培训班】 为推广经济林先进适用栽培管理技术，2012年举办葡萄、苹果、红枣培训班3期。

葡萄栽培管理技术培训班 于5月21日在农八师石河子市举办，特邀请国家葡萄首席专家、中国农业大学段长青教授授课，授课采取现场和室内进行。参加培训班学习的有农一师、农二师、农三师、农四师、农六师、农七师、农八师、农十三师等师团葡萄生产管理领导和业务负责人及农八师部分葡萄种植职工代表聆听了段教授的授课，授训人员120人。

苹果栽培管理技术培训班 于5月25日在农四师78团举办，特邀请国家苹果栽培管理技术岗位专家、河北农业大学园艺学院院长孙建设教授和河北农业大学植物保护学院院长、国家苹果病虫害防治岗位专家曹克强教授进行授课。兵团苹果主产师：农一师、农二师、农三师、农四师农业局领导和业务技术人及78团苹果种植职工代表100人聆听了孙建设、曹克强两位教授的现场和室内授课。

红枣省力安全高效栽培管理技术培训班 于10月27日在农三师图木舒克市举办，特邀河北农业大学、国家红枣首席专家刘孟军教授就农三师当年红枣发展现状与对策进行讲授，三师各团场团长、副团长、林业技术人员和部分枣农共计240人参加培训。

【兵团标准园建设经验交流会】 为进一步总结兵团果树标准园创建的经验，进一步理清兵团果树标准园创建的技术路线和总体思路，更好地推动兵团果树标准园创建健康发展，兵团林业局于2012年9月23~26日在第一师、第三师召开了兵团果树标准园建设经验交流会。各有关师林业局及相关团场、农垦科学院、石河子大学、塔里木大学的代表共计70多人参加了会议。会议现场参观了第一师三团、十团、阿拉尔农场，第三师四十五团、四十八团红枣、核桃标准园创建示范园，第一、三、六师和三团等9个单位就开展果树标准园创建活动进行了大会交流，农垦科学院和塔里木大学就当前葡萄、红枣高效灌溉施肥技术研究与集成应用、果树冻害成因与分析、红枣病虫害症状和防治进行了专题发言。会议达到了预期目的，为兵团今后设果树标准园创建指明了方向。

【退耕还林工程后续产业】 2012年，兵团巩固退耕还林成果项目完成国家投资5.83亿元。新建经济林15 980公顷，建设标准园6666.67公顷，补植补造1.98万公顷，建成节水灌溉基地51 170.66公顷。工程建设坚持与团场农业结构调整、经济发展、职工致富相结合，发展生态经济兼用树种，实行林下套种和养殖，改善了团场生态环境，带动了兵团林果业和畜牧业的发展。据统计，兵团从事林下经济的农业人口43 442人。其中，从事林下种植35 358人，从事林下养殖8084人。完成林下经济产值54 163.1万元。从事林下经济的职工年均增收23 678万元。其中，林下种植增收15 429元，养殖增收8248元。

【七师一二四团宇清葡萄专业合作社】 七师一二四团宇清葡萄专业合作社成立于2009年1月10日。现有社员260人。合作社建有葡萄基地600公顷，冷库3座，储藏能力800多吨。2011年，合作社注册了“高泉”和“高泉红”两个果蔬类产品商标。2012年，又注册了“天北”果蔬产品商标。当年3月取得进出口贸易许可及边境小额贸易许可。是年6月，该合作社派人参加哈萨克斯坦博览会；9月，派人参加第二届亚欧博览会；10月，派人参加中国国际果蔬、加工技术及物流博览会。2011年，合作社自筹资金200万元，建起年产100万只葡萄包装筐的生产厂，解决了葡萄销售的包装问题。

【新疆北疆果蔬产业发展有限责任公司】 2012年，公司拥有6个鲜食葡萄生产基地和9个设施农业种植基地。现有鲜食葡萄建园面积6.67万公顷。现有保鲜库容3万吨。五师八十三团、八十六团、八十九团种植基地作为公司重点建设的出口基地。出口注册面积已达到2000公顷，建立国际标准化预冷包装生产车间4个。公司与国家农产品保鲜中心等科研机构建立技术合作关系，专门成立红提葡萄研究所，建立现代化的检测中心。截至是年，公司已通过ISO9001：2000国际标准质量体系认证、ISO14001：1996环境管理体系认证、OHSAS18001职业健康安全管理体系认证和良好农业规范GAP认证。“北疆”牌红提葡萄已逐步通过无公害、绿色、有机食品认证。同时“北疆”牌红提葡萄被农业部授予“中国名牌农产品”，被中国农学会葡萄分会授予“中华名果”，被新疆维吾尔自治区质量技术监督局授予“新疆名牌产品”，被自治区工商行政管理局授予“新疆著名商标”，被农业部授予“博乐红提”地理标志保护登记等多项称号。公司全年收入19647万元，出口创汇3万美元。

【新疆叶河源果业股份有限公司】 公司拥有4个红枣加工厂，7条初加工生产线及1条枣粉加工生产线，年加工能力1.5万吨。拥有3座果品保鲜库，仓储能力1.3万吨。有“兵团红”、“四木王”两大品牌，27个单品。2012年，公司实现销售收入1.5亿元，实现利润1400余万元。拥有乌鲁木齐、北京、上海、深圳、郑州5个中转库，负责全国市场的物流配送工作。在北京、深圳设立两个营销中心负责全国市场开发、销售、产品定位、调研等业务，形成了以华东、华南、华中、华北、东北、西南为主体的全国性市场结构。全国省会级城市覆盖率达到90%。 （罗 毅）

林产品主产县
（旗、市、区、局、场）

PRINCIPAL PRODUCTION COUNTIES FOR FOREST PRODUCTS

表 1-1　2012 年原木主产地产量

序号	原木主产地	万立方米
1	大兴区(京)	1.90
2	宝坻区(津)	0.66
3	塞罕坝机械林场(冀)	6.00
4	木栏围场国营林场(冀)	4.60
5	丰宁满族自治县(冀)	3.78
6	围场满族蒙古族自治县(冀)	3.42
7	玉田县(冀)	1.90
8	平泉县(冀)	1.42
9	承德县(冀)	1.35
10	乐亭县(冀)	1.29
11	青龙满族自治县(冀)	1.23
12	涞源县(冀)	1.20
13	迁安市(冀)	1.11
14	兴隆县(冀)	1.00
15	丰南区(冀)	0.95
16	隆化县(冀)	0.90
17	丰润区(冀)	0.55
18	滦　县(冀)	0.69
19	遵化市(冀)	0.69
20	景　县(冀)	0.67
21	大城县(冀)	0.60
22	香河县(冀)	0.60
23	万全县(冀)	0.60
24	冀州市(冀)	0.50
25	忻府区(晋)	0.97
26	尧都区(晋)	0.60
27	沁　县(晋)	0.55
28	开鲁县(内蒙古)	7.21
29	科尔沁左翼后旗(内蒙古)	6.72
30	奈曼旗(内蒙古)	4.79
31	阿鲁科尔沁旗(内蒙古)	4.55
32	喀喇沁旗(内蒙古)	4.30
33	敖汉旗(内蒙古)	4.08
34	科尔沁区(内蒙古)	3.50
35	松山区(内蒙古)	3.08
36	阿荣旗(内蒙古)	3.00
37	内蒙古柴河林业局(内蒙古)	2.80
38	宁城县(内蒙古)	2.78
39	免渡河林业局(内蒙古)	2.76
40	科尔沁左翼中旗(内蒙古)	2.24
41	扎鲁特旗(内蒙古)	2.10
42	杭锦后旗(内蒙古)	1.80
43	巴林左旗(内蒙古)	1.50
44	林西县(内蒙古)	1.43
45	库伦旗(内蒙古)	1.40
46	南木林业局(内蒙古)	1.34
47	红花尔基林业局(内蒙古)	1.27
48	巴林右旗(内蒙古)	1.26
49	乌拉特前旗(内蒙古)	1.10
50	扎赉特旗(内蒙古)	1.00
51	元宝山区(内蒙古)	0.99
52	临河区(内蒙古)	0.99
53	巴林林业局(内蒙古)	0.95
54	五原县(内蒙古)	0.94
55	乌奴尔林业局(内蒙古)	0.64
56	翁牛特旗(内蒙古)	0.62
57	乌拉特后旗(内蒙古)	0.56
58	乌拉特中旗(内蒙古)	0.50
59	西乌珠穆沁旗(内蒙古)	0.50
60	清原满族自治县(辽)	18.00
61	宽甸满族自治县(辽)	12.00
62	彰武县(辽)	11.00
63	本溪满族自治县(辽)	9.00
64	昌图县(辽)	7.77
65	桓仁满族自治县(辽)	7.59
66	新民市(辽)	7.13
67	康平县(辽)	6.50
68	凌海市(辽)	5.00
69	新宾满族自治县(辽)	5.00
70	开原市(辽)	4.50
71	铁岭县(辽)	3.88
72	凤城市(辽)	3.60
73	凌源市(辽)	3.20
74	绥中县(辽)	3.00
75	抚顺县(辽)	2.50
76	阜新蒙古族自治县(辽)	2.50
77	法库县(辽)	2.49
78	西丰县(辽)	2.00
79	北票市(辽)	2.00
80	朝阳县(辽)	1.84
81	南芬区(辽)	1.70
82	北镇市(辽)	1.59
83	黑山县(辽)	1.50
84	建昌县(辽)	1.34
85	建平县(辽)	1.19
86	喀喇沁左翼蒙古族自治县(辽)	1.00
87	海城市(辽)	0.90
88	兴城市(辽)	0.80
89	明山区(辽)	0.60
90	振安区(辽)	0.60
91	沈北新区(辽)	0.60
92	苏家屯区(辽)	0.60
93	义　县(辽)	0.50
94	敦化市(吉)	12.30
95	敦化林业局(吉)	10.87
96	通化县(吉)	10.15
97	和龙林业局(吉)	9.23
98	汪清县(吉)	8.75
99	农安县(吉)	8.00
100	汪清林业局(吉)	7.92
101	蛟河市(吉)	7.43
102	白河林业局(吉)	7.07
103	柳河县(吉)	7.00
104	大石头林业局(吉)	6.90
105	舒兰市(吉)	6.14
106	黄泥河林业局(吉)	5.97
107	八家子林业局(吉)	5.60
108	长白朝鲜族自治县(吉)	5.60
109	永吉县(吉)	5.59
110	安图森林经营局(吉)	5.31
111	上营森林经营局(吉)	5.30
112	东丰县(吉)	5.20
113	德惠市(吉)	5.00
114	集安市(吉)	5.00
115	和龙市(吉)	4.86
116	榆树市(吉)	4.80
117	长白森林经营局(吉)	4.74
118	珲春林业局(吉)	4.57
119	桦甸市(吉)	3.85
120	天桥岭林业局(吉)	3.72
121	东辽县(吉)	3.62
122	九台市(吉)	3.40
123	辉南县(吉)	3.39
124	大兴沟林业局(吉)	3.03
125	大安市(吉)	3.00
126	抚松县(吉)	2.80
127	丰满区(吉)	2.62
128	龙井市(吉)	2.10
129	梅河口市(吉)	2.10
130	乾安县(吉)	2.00
131	珲春市(吉)	1.90
132	伊通满族自治县(吉)	1.73
133	船营区(吉)	1.46
134	双辽市(吉)	1.30
135	双阳区(吉)	1.28
136	龙潭区(吉)	1.20
137	江源区(吉)	1.20

序号	原木主产地	万立方米	序号	原木主产地	万立方米	序号	原木主产地	万立方米
138	延吉市(吉)	1.02	184	海林市(黑)	1.00	230	响水县(苏)	0.82
139	宁江区(吉)	0.91	185	富锦市(黑)	0.96	231	宜兴市(苏)	0.78
140	长岭县(吉)	0.90	186	集贤县(黑)	0.94	232	句容市(苏)	0.75
141	靖宇县(吉)	0.80	187	松北区(黑)	0.93	233	龙泉市(浙)	22.20
142	安图县(吉)	0.67	188	克东县(黑)	0.85	234	开化县(浙)	13.44
143	图们市(吉)	0.57	189	讷河市(黑)	0.70	235	庆元县(浙)	9.26
144	尚志国有林场管理局(黑)	9.78	190	海伦市(黑)	0.62	236	淳安县(浙)	9.20
145	庆安国有林场管理局(黑)	8.20	191	让胡路区(黑)	0.62	237	临安市(浙)	7.34
146	拜泉县(黑)	8.00	192	佳木斯市郊区(黑)	0.50	238	建德市(浙)	6.15
147	五常市(黑)	7.67	193	克山县(黑)	0.50	239	景宁畲族自治县(浙)	5.66
148	依兰县(黑)	7.10	194	邳州市(苏)	29.53	240	江山市(浙)	5.31
149	林口县(黑)	5.48	195	六合区(苏)	19.44	241	仙居县(浙)	4.18
150	宾县(黑)	5.00	196	涟水县(苏)	11.30	242	天台县(浙)	4.01
151	鹤岗市市辖区(黑)	4.70	197	新沂市(苏)	9.00	243	安吉县(浙)	3.79
152	绥棱县(黑)	3.50	198	宿城区(苏)	8.62	244	缙云县(浙)	3.49
153	方正县(黑)	3.40	199	邗江区(苏)	7.77	245	云和县(浙)	3.47
154	双城市(黑)	3.20	200	宝应县(苏)	6.00	246	桐庐县(浙)	3.39
155	萝北县(黑)	3.11	201	东台市(苏)	5.12	247	磐安县(浙)	3.25
156	转山实验林场(黑)	2.90	202	泗洪县(苏)	3.99	248	临海市(浙)	3.12
157	鸡东县(黑)	2.83	203	大丰市(苏)	3.62	249	武义县(浙)	2.78
158	嘉荫县(黑)	2.80	204	丰　县(苏)	3.60	250	莲都区(浙)	2.26
159	宝清县(黑)	2.78	205	宿豫区(苏)	3.20	251	衢江区(浙)	2.10
160	富裕县(黑)	2.70	206	盱眙县(苏)	2.95	252	常山县(浙)	1.50
161	阿城区(黑)	2.60	207	灌云县(苏)	2.80	253	三门县(浙)	1.42
162	桦南县(黑)	2.57	208	泗阳县(苏)	2.55	254	长兴县(浙)	1.15
163	依安县(黑)	2.20	209	睢宁县(苏)	2.50	255	富阳市(浙)	1.10
164	丹清河实验林场(黑)	2.20	210	淮安区(苏)	2.46	256	宁海县(浙)	0.75
165	北林区(黑)	2.18	211	射阳县(苏)	2.40	257	兰溪市(浙)	0.75
166	龙江县(黑)	2.14	212	滨海县(苏)	2.19	258	黄岩区(浙)	0.70
167	孟家岗林场(黑)	2.13	213	阜宁县(苏)	2.09	259	祁门县(皖)	19.50
168	兰西县(黑)	2.00	214	金湖县(苏)	2.04	260	蒙城县(皖)	18.50
169	巴彦县(黑)	1.96	215	丹阳市(苏)	2.03	261	青阳县(皖)	15.40
170	安达市(黑)	1.57	216	广陵区(苏)	2.00	262	东至县(皖)	12.60
171	呼兰区(黑)	1.50	217	东海县(苏)	1.96	263	萧　县(皖)	12.00
172	肇州县(黑)	1.43	218	沛　县(苏)	1.90	264	泾　县(皖)	11.00
173	杜尔伯特蒙古族自治县(黑)	1.32	219	沭阳县(苏)	1.90	265	潜山县(皖)	10.00
174	林甸县(黑)	1.31	220	铜山区(苏)	1.70	266	宣州区(皖)	9.80
175	泰来县(黑)	1.30	221	赣榆县(苏)	1.64	267	涡阳县(皖)	9.50
176	肇源县(黑)	1.20	222	建湖县(苏)	1.63	268	埇桥区(皖)	9.11
177	通河县(黑)	1.18	223	淮阴区(苏)	1.50	269	灵璧县(皖)	9.06
178	东宁县(黑)	1.16	224	高邮市(苏)	1.30	270	休宁县(皖)	8.94
179	山河实验林场(黑)	1.14	225	江都区(苏)	1.10	271	旌德县(皖)	8.33
180	延寿县(黑)	1.10	226	洪泽县(苏)	1.00	272	泗　县(皖)	7.90
181	肇东市(黑)	1.10	227	贾汪区(苏)	1.00	273	太湖县(皖)	7.78
182	望奎县(黑)	1.09	228	新浦区(苏)	0.96	274	滁州市管店林业总场(皖)	7.18
183	虎林市(黑)	1.00	229	灌南县(苏)	0.93	275	金寨县(皖)	6.40

序号	原木主产地	万立方米
276	阜南县(皖)	6.26
277	利辛县(皖)	6.16
278	广德县(皖)	5.33
279	固镇县(皖)	5.24
280	歙　县(皖)	5.00
281	滁州市沙河集林业总场(皖)	4.77
282	舒城县(皖)	4.63
283	绩溪县(皖)	4.56
284	宁国市(皖)	4.46
285	寿　县(皖)	4.30
286	砀山县(皖)	4.27
287	石台县(皖)	4.24
288	霍山县(皖)	4.00
289	南谯区(皖)	4.00
290	黟　县(皖)	3.58
291	巢湖市(皖)	3.50
292	濉溪县(皖)	3.34
293	枞阳县(皖)	3.00
294	怀远县(皖)	3.00
295	明光市(皖)	2.81
296	岳西县(皖)	2.80
297	怀宁县(皖)	2.52
298	无为县(皖)	2.43
299	定远县(皖)	2.18
300	南陵县(皖)	2.15
301	桐城市(皖)	2.00
302	凤台县(皖)	1.71
303	天长市(皖)	1.66
304	来安县(皖)	1.50
305	庐江县(皖)	1.47
306	铜陵县(皖)	1.43
307	全椒县(皖)	1.20
308	淮上区(皖)	1.20
309	霍邱县(皖)	1.20
310	肥东县(皖)	1.01
311	肥西县(皖)	1.00
312	和　县(皖)	0.95
313	徽州区(皖)	0.76
314	邵武市(闽)	1.09
315	武宁县(赣)	48.99
316	安福县(赣)	19.70
317	崇义县(赣)	16.10
318	浮梁县(赣)	12.15
319	奉新县(赣)	7.92
320	吉水县(赣)	7.90
321	上犹县(赣)	6.74
322	婺源县(赣)	6.66
323	宜黄县(赣)	6.04
324	泰和县(赣)	5.92
325	资溪县(赣)	5.46
326	靖安县(赣)	5.26
327	宜丰县(赣)	5.13
328	信丰县(赣)	4.97
329	新干县(赣)	4.62
330	峡江县(赣)	4.17
331	上高县(赣)	4.00
332	分宜县(赣)	3.98
333	修水县(赣)	3.54
334	大余县(赣)	3.40
335	铜鼓县(赣)	3.20
336	德兴市(赣)	3.13
337	宁都县(赣)	3.02
338	万载县(赣)	2.95
339	瑞金市(赣)	2.80
340	高安市(赣)	2.75
341	全南县(赣)	2.49
342	彭泽县(赣)	2.21
343	于都县(赣)	2.20
344	南城县(赣)	2.11
345	余干县(赣)	2.08
346	永修县(赣)	1.99
347	安远县(赣)	1.87
348	临川区(赣)	1.80
349	南康市(赣)	1.54
350	赣　县(赣)	1.40
351	龙南县(赣)	1.22
352	定南县(赣)	1.19
353	南丰县(赣)	1.10
354	横峰县(赣)	1.08
355	鄱阳县(赣)	1.01
356	崇仁县(赣)	0.93
357	都昌县(赣)	0.90
358	广丰县(赣)	0.87
359	渝水区(赣)	0.81
360	余江县(赣)	0.80
361	铅山县(赣)	0.80
362	湖口县(赣)	0.80
363	会昌县(赣)	0.77
364	东乡县(赣)	0.73
365	袁州区(赣)	0.70
366	九江县(赣)	0.69
367	瑞昌市(赣)	0.67
368	兴国县(赣)	0.60
369	月湖区(赣)	0.60
370	庐山区(赣)	0.54
371	玉山县(赣)	0.53
372	黎川县(赣)	0.52
373	五莲县(鲁)	46.00
374	惠民县(鲁)	30.00
375	鱼台县(鲁)	30.00
376	蒙阴县(鲁)	25.33
377	河东区(鲁)	25.00
378	鄄城县(鲁)	18.67
379	高密市(鲁)	18.00
380	平原县(鲁)	13.89
381	肥城市(鲁)	13.30
382	沂水县(鲁)	13.00
383	郓城县(鲁)	12.10
384	诸城市(鲁)	7.00
385	沂南县(鲁)	6.27
386	商河县(鲁)	5.68
387	郯城县(鲁)	5.60
388	齐河县(鲁)	5.51
389	龙口市(鲁)	5.10
390	成武县(鲁)	4.83
391	高青县(鲁)	4.50
392	东阿县(鲁)	4.08
393	苍山县(鲁)	4.04
394	费　县(鲁)	4.01
395	安丘市(鲁)	3.67
396	胶南市(鲁)	3.65
397	寿光市(鲁)	3.50
398	邹平县(鲁)	3.32
399	宁阳县(鲁)	3.30
400	东昌府区(鲁)	3.29
401	平邑县(鲁)	3.28
402	东平县(鲁)	3.00
403	莒南县(鲁)	2.90
404	兰山区(鲁)	2.44
405	邹城市(鲁)	2.40
406	平阴县(鲁)	2.40
407	陵　县(鲁)	2.30
408	兖州市(鲁)	2.25
409	阳谷县(鲁)	2.14
410	博兴县(鲁)	2.10
411	禹城市(鲁)	1.96
412	茌平县(鲁)	1.95
413	昌邑市(鲁)	1.90

序号	原木主产地	万立方米	序号	原木主产地	万立方米	序号	原木主产地	万立方米
414	嘉祥县(鲁)	1.90	460	扶沟县(豫)	5.10	506	封丘县(豫)	1.80
415	莱城区(鲁)	1.81	461	西华县(豫)	4.80	507	新野县(豫)	1.72
416	新泰市(鲁)	1.64	462	固始县(豫)	4.80	508	鹤山区(豫)	1.64
417	高唐县(鲁)	1.62	463	杞　县(豫)	4.80	509	台前县(豫)	1.61
418	岱岳区(鲁)	1.50	464	柘城县(豫)	4.70	510	温　县(豫)	1.60
419	临邑县(鲁)	1.50	465	鹿邑县(豫)	4.50	511	嵩　县(豫)	1.50
420	临邑县(鲁)	1.50	466	淮滨县(豫)	4.18	512	濮阳县(豫)	1.48
421	沂源县(鲁)	1.37	467	郸城县(豫)	4.10	513	博爱县(豫)	1.46
422	乐陵市(鲁)	1.35	468	尉氏县(豫)	4.00	514	济源市(豫)	1.46
423	冠　县(鲁)	1.30	469	商水县(豫)	3.93	515	确山县(豫)	1.45
424	利津县(鲁)	1.30	470	睢　县(豫)	3.90	516	禹州市(豫)	1.43
425	武城县(鲁)	1.18	471	潢川县(豫)	3.80	517	光山县(豫)	1.35
426	汶上县(鲁)	1.10	472	上蔡县(豫)	3.70	518	平桥区(豫)	1.34
427	临清市(鲁)	1.06	473	中牟县(豫)	3.51	519	南乐县(豫)	1.32
428	临沂市蒙山旅游区(鲁)	1.00	474	唐河县(豫)	3.40	520	襄城县(豫)	1.30
429	夏津县(鲁)	1.00	475	平舆县(豫)	3.40	521	川汇区(豫)	1.30
430	微山县(鲁)	0.97	476	通许县(豫)	3.26	522	范　县(豫)	1.30
431	曲阜市(鲁)	0.97	477	延津县(豫)	3.15	523	长葛市(豫)	1.23
432	昌乐县(鲁)	0.95	478	开封县(豫)	2.92	524	邓州市(豫)	1.23
433	莱州市(鲁)	0.85	479	开封县(豫)	2.92	525	安阳县(豫)	1.21
434	莱阳市(鲁)	0.80	480	舞阳县(豫)	2.90	526	新密市(豫)	1.20
435	临朐县(鲁)	0.77	481	遂平县(豫)	2.85	527	孟州市(豫)	1.12
436	青州市(鲁)	0.75	482	西平县(豫)	2.72	528	郾城区(豫)	1.10
437	德州市市辖区(鲁)	0.75	483	管城回族区(豫)	2.71	529	汝州市(豫)	1.06
438	海阳市(鲁)	0.73	484	汝南县(豫)	2.60	530	郏　县(豫)	1.04
439	钢城区(鲁)	0.73	485	泌阳县(豫)	2.58	531	沈丘县(豫)	1.00
440	德城区(鲁)	0.70	486	舞钢市(豫)	2.57	532	桐柏县(豫)	0.99
441	宁津县(鲁)	0.65	487	长垣县(豫)	2.57	533	临颍县(豫)	0.97
442	岚山区(鲁)	0.64	488	虞城县(豫)	2.50	534	宜阳县(豫)	0.89
443	任城区(鲁)	0.62	489	栾川县(豫)	2.50	535	淅川县(豫)	0.82
444	广饶县(鲁)	0.61	490	新蔡县(豫)	2.47	536	召陵区(豫)	0.76
445	庆云县(鲁)	0.60	491	许昌县(豫)	2.30	537	淮阳县(豫)	0.70
446	坊子区(鲁)	0.56	492	南召县(豫)	2.26	538	梁园区(豫)	0.70
447	淄川区(鲁)	0.56	493	卢氏县(豫)	2.21	539	驿城区(豫)	0.70
448	滨城区(鲁)	0.53	494	商城县(豫)	2.20	540	叶　县(豫)	0.68
449	张店区(鲁)	0.50	495	洛宁县(豫)	2.20	541	卫辉市(豫)	0.68
450	桓台县(鲁)	0.50	496	原阳县(豫)	2.20	542	魏都区(豫)	0.60
451	聊城市市辖区(鲁)	0.50	497	睢阳区(豫)	2.10	543	宝丰县(豫)	0.59
452	永城市(豫)	9.30	498	武陟县(豫)	2.00	544	宛城区(豫)	0.58
453	夏邑县(豫)	7.50	499	正阳县(豫)	2.00	545	华龙区(豫)	0.56
454	太康县(豫)	7.00	500	获嘉县(豫)	1.97	546	陕　县(豫)	0.54
455	滑　县(豫)	7.00	501	修武县(豫)	1.90	547	林州市(豫)	0.50
456	息　县(豫)	6.20	502	洛阳市伊洛工业园区(豫)	1.90	548	随县(鄂)	17.60
457	兰考县(豫)	5.80	503	辉县市(豫)	1.90	549	石首市(鄂)	11.80
458	宁陵县(豫)	5.38	504	新郑市(豫)	1.85	550	五峰土家族自治县(鄂)	10.40
459	民权县(豫)	5.22	505	沁阳市(豫)	1.80	551	洪湖市(鄂)	10.00

序号	原木主产地	万立方米
552	崇阳县(鄂)	7.39
553	利川市(鄂)	6.20
554	建始县(鄂)	6.00
555	钟祥市(鄂)	5.81
556	公安县(鄂)	5.79
557	大悟县(鄂)	5.29
558	咸丰县(鄂)	5.13
559	当阳市(鄂)	4.73
560	潜江市(鄂)	4.40
561	保康县(鄂)	4.36
562	松滋市(鄂)	3.52
563	咸安区(鄂)	3.50
564	赤壁市(鄂)	3.23
565	江陵县(鄂)	3.22
566	宜城市(鄂)	3.20
567	谷城县(鄂)	3.00
568	蕲春县(鄂)	3.00
569	襄州区(鄂)	2.85
570	英山县(鄂)	2.80
571	罗田县(鄂)	2.70
572	兴山县(鄂)	2.47
573	东宝区(鄂)	2.45
574	仙桃市(鄂)	2.30
575	沙市区(鄂)	2.06
576	巴东县(鄂)	1.89
577	麻城市(鄂)	1.82
578	红安县(鄂)	1.75
579	漳河新区(鄂)	1.72
580	京山县(鄂)	1.65
581	黄梅县(鄂)	1.63
582	蔡甸区(鄂)	1.34
583	通城县(鄂)	1.27
584	宣恩县(鄂)	1.16
585	恩施市(鄂)	1.10
586	竹山县(鄂)	1.10
587	鄂城区(鄂)	1.10
588	黄州区(鄂)	1.05
589	南漳县(鄂)	1.00
590	枝江市(鄂)	0.96
591	荆州区(鄂)	0.95
592	鹤峰县(鄂)	0.92
593	武穴市(鄂)	0.91
594	华容区(鄂)	0.90
595	襄城区(鄂)	0.89
596	阳新县(鄂)	0.89
597	竹溪县(鄂)	0.88
598	夷陵区(鄂)	0.80
599	云梦县(鄂)	0.80
600	来凤县(鄂)	0.78
601	湖北省太子山林场管理局(鄂)	0.78
602	嘉鱼县(鄂)	0.74
603	孝南区(鄂)	0.65
604	掇刀区(鄂)	0.64
605	秭归县(鄂)	0.64
606	远安县(鄂)	0.60
607	应城市(鄂)	0.60
608	老河口市(鄂)	0.59
609	沅江市(湘)	22.68
610	江华瑶族自治县(湘)	20.93
611	绥宁县(湘)	16.40
612	洞口县(湘)	15.80
613	城步苗族自治县(湘)	15.60
614	浏阳市(湘)	15.36
615	靖州苗族侗族自治县(湘)	15.00
616	资兴市(湘)	14.80
617	平江县(湘)	13.20
618	湘乡市(湘)	12.00
619	安化县(湘)	11.30
620	通道侗族自治县(湘)	9.12
621	炎陵县(湘)	9.00
622	金洞林场(湘)	8.50
623	双牌县(湘)	8.00
624	汝城县(湘)	7.56
625	湘潭县(湘)	7.46
626	汉寿县(湘)	7.10
627	新晃侗族自治县(湘)	7.00
628	桂东县(湘)	6.90
629	慈利县(湘)	6.50
630	宁乡县(湘)	6.20
631	茶陵县(湘)	6.00
632	桃江县(湘)	5.95
633	宜章县(湘)	5.90
634	华容县(湘)	5.85
635	安乡县(湘)	5.82
636	中方县(湘)	5.50
637	武冈市(湘)	5.00
638	新化县(湘)	4.47
639	资阳区(湘)	4.20
640	宁远县(湘)	4.10
641	蓝山县(湘)	3.97
642	沅陵县(湘)	3.90
643	江永县(湘)	3.87
644	澧　县(湘)	3.65
645	新宁县(湘)	3.56
646	洪江市(湘)	3.52
647	双峰县(湘)	3.50
648	桑植县(湘)	3.50
649	道　县(湘)	3.50
650	新邵县(湘)	3.49
651	君山区(湘)	3.00
652	隆回县(湘)	2.82
653	攸　县(湘)	2.80
654	永兴县(湘)	2.78
655	芷江侗族自治县(湘)	2.69
656	溆浦县(湘)	2.57
657	石门县(湘)	2.50
658	永定区(湘)	2.49
659	耒阳市(湘)	2.45
660	零陵区(湘)	2.33
661	鼎城区(湘)	2.18
662	古丈县(湘)	2.08
663	安仁县(湘)	2.08
664	南　县(湘)	2.00
665	冷水滩区(湘)	1.81
666	桃源县(湘)	1.80
667	麻阳苗族自治县(湘)	1.70
668	辰溪县(湘)	1.67
669	祁阳县(湘)	1.64
670	常宁市(湘)	1.55
671	娄星区(湘)	1.54
672	新田县(湘)	1.50
673	东安县(湘)	1.35
674	湘阴县(湘)	1.20
675	汨罗市(湘)	1.13
676	衡南县(湘)	1.08
677	永顺县(湘)	1.08
678	津市市(湘)	1.05
679	醴陵市(湘)	1.00
680	桂阳县(湘)	0.98
681	云溪区(湘)	0.87
682	衡阳县(湘)	0.86
683	临湘市(湘)	0.83
684	龙山县(湘)	0.82
685	凤凰县(湘)	0.75
686	苏仙区(湘)	0.60
687	洪江区(湘)	0.58
688	北湖区(湘)	0.58
689	嘉禾县(湘)	0.52

序号	原木主产地	万立方米
690	保靖县(湘)	0.51
691	岳阳县(湘)	0.50
692	英德市(粤)	25.00
693	怀集县(粤)	23.32
694	东源县(粤)	17.92
695	封开县(粤)	17.72
696	大埔县(粤)	15.00
697	信宜市(粤)	14.00
698	佛冈县(粤)	13.39
699	肇庆市林业总场(粤)	12.50
700	德庆县(粤)	11.53
701	鹤山市(粤)	10.28
702	四会市(粤)	10.14
703	清新县(粤)	8.50
704	清城区(粤)	6.75
705	五华县(粤)	6.35
706	丰顺县(粤)	6.00
707	清远市属总林场(粤)	5.85
708	连山壮族瑶族自治县(粤)	5.27
709	饶平县(粤)	5.08
710	兴宁市(粤)	4.40
711	高州市(粤)	4.25
712	阳山县(粤)	4.10
713	连州市(粤)	3.44
714	梅　县(粤)	3.40
715	和平县(粤)	3.00
716	阳东县(粤)	3.00
717	连南瑶族自治县(粤)	2.65
718	阳西县(粤)	2.50
719	阳春市(粤)	2.30
720	电白县(粤)	2.10
721	潮州市属总林场(粤)	1.96
722	广宁县(粤)	1.37
723	平远县(粤)	1.25
724	鼎湖区(粤)	1.10
725	蕉岭县(粤)	1.09
726	花都区(粤)	1.06
727	高峰林场(桂)	60.64
728	上思县(桂)	58.00
729	象州县(桂)	43.92
730	灵山县(桂)	43.00
731	八步区(桂)	42.50
732	博白县(桂)	41.71
733	鹿寨县(桂)	39.19
734	钦南区(桂)	36.22
735	陆川县(桂)	35.80

序号	原木主产地	万立方米
736	武宣县(桂)	32.56
737	岑溪市(桂)	32.25
738	藤　县(桂)	31.80
739	兴宾区(桂)	31.10
740	武鸣县(桂)	30.50
741	横　县(桂)	29.40
742	浦北县(桂)	28.70
743	桂平市(桂)	27.00
744	平南县(桂)	26.68
745	钦北区(桂)	26.67
746	平果县(桂)	24.50
747	田林县(桂)	23.98
748	右江区(桂)	23.94
749	融水苗族自治县(桂)	23.10
750	昭平县(桂)	22.72
751	北流市(桂)	22.23
752	天峨县(桂)	22.00
753	隆安县(桂)	21.69
754	扶绥县(桂)	21.27
755	宾阳县(桂)	21.08
756	上林县(桂)	20.99
757	龙胜各族自治县(桂)	20.40
758	防城区(桂)	19.94
759	博白林场(桂)	19.84
760	良庆区(桂)	19.40
761	兴业县(桂)	19.30
762	马山县(桂)	18.36
763	苍梧县(桂)	18.00
764	港北区(桂)	17.60
765	柳江县(桂)	17.00
766	融安县(桂)	17.00
767	田东县(桂)	15.82
768	东门林场(桂)	15.33
769	维都林场(桂)	14.53
770	金秀瑶族自治县(桂)	14.25
771	田阳县(桂)	14.18
772	凤山县(桂)	14.10
773	南丹县(桂)	13.61
774	那坡县(桂)	13.19
775	玉林市福绵区(桂)	12.68
776	港南区(桂)	12.44
777	钦廉林场(桂)	11.94
778	隆林各族自治县(桂)	11.80
779	忻城县(桂)	11.24
780	德保县(桂)	11.07
781	黄冕林场(桂)	11.05

序号	原木主产地	万立方米
782	七坡林场(桂)	10.86
783	天等县(桂)	10.75
784	全州县(桂)	10.70
785	兴宁区(桂)	10.48
786	柳城县(桂)	10.32
787	覃塘区(桂)	9.79
788	江州区(桂)	8.90
789	三江侗族自治县(桂)	8.87
790	平乐县(桂)	8.42
791	巴马瑶族自治县(桂)	8.13
792	派阳山林场(桂)	8.05
793	合山市(桂)	7.60
794	大新县(桂)	7.40
795	三门江林场(桂)	7.11
796	资源县(桂)	7.02
797	贺州市平桂管理区(桂)	7.00
798	青秀区(桂)	6.81
799	东兰县(桂)	6.18
800	金城江区(桂)	6.11
801	雅长林场(桂)	6.07
802	靖西县(桂)	6.02
803	乐业县(桂)	6.00
804	凌云县(桂)	5.99
805	永福县(桂)	5.49
806	灌阳县(桂)	5.27
807	江南区(桂)	5.05
808	临桂县(桂)	3.90
809	东兴市(桂)	3.82
810	西乡塘区(桂)	3.62
811	钟山县(桂)	3.35
812	灵川县(桂)	3.25
813	兴安县(桂)	2.75
814	恭城瑶族自治县(桂)	2.62
815	广西林业集团有限公司(桂)	2.61
816	中国林科院热林中心(桂)	2.36
817	银海区(桂)	1.96
818	铁山港区(桂)	1.95
819	阳朔县(桂)	1.84
820	玉州区(桂)	1.50
821	西林县(桂)	0.88
822	龙州县(桂)	0.87
823	石柱土家族自治县(渝)	6.16
824	开　县(渝)	3.20
825	南川区(渝)	2.80
826	黔江区(渝)	2.16
827	彭水苗族土家族自治县(渝)	1.83

序号	原木主产地	万立方米
828	永川区(渝)	1.53
829	梁平县(渝)	1.48
830	武隆县(渝)	1.40
831	丰都县(渝)	1.16
832	綦江县(渝)	1.10
833	江津区(渝)	0.70
834	巫溪县(渝)	0.68
835	城口县(渝)	0.50
836	雨城区(川)	13.60
837	宣汉县(川)	9.56
838	沐川县(川)	8.16
839	荥经县(川)	7.98
840	叙永县(川)	6.71
841	元坝区(川)	6.62
842	屏山县(川)	6.39
843	珙 县(川)	5.82
844	洪雅县(川)	5.68
845	古蔺县(川)	5.50
846	射洪县(川)	4.80
847	马边彝族自治县(川)	4.40
848	梓潼县(川)	3.77
849	苍溪县(川)	3.67
850	大竹县(川)	3.48
851	南部县(川)	3.38
852	北川羌族自治县(川)	3.37
853	什邡市(川)	3.00
854	旺苍县(川)	3.00
855	合江县(川)	2.95
856	荣 县(川)	2.86
857	宝兴县(川)	2.83
858	剑阁县(川)	2.73
859	阆中市(川)	2.56
860	芦山县(川)	2.45
861	峨边彝族自治县(川)	2.41
862	利州区(川)	2.25
863	江油市(川)	2.20
864	朝天区(川)	2.00
865	安 县(川)	1.95
866	巴州区(川)	1.94
867	威远县(川)	1.93
868	绵竹市(川)	1.78
869	宜宾县(川)	1.70
870	峨眉山市(川)	1.68
871	崇州市(川)	1.66
872	夹江县(川)	1.57
873	盐亭县(川)	1.56
874	仪陇县(川)	1.55
875	高 县(川)	1.53
876	筠连县(川)	1.37
877	盐源县(川)	1.35
878	乐山市市中区(川)	1.30
879	绵阳市市辖区(川)	1.29
880	涪城区(川)	1.29
881	通江县(川)	1.27
882	仁寿县(川)	1.22
883	丹棱县(川)	1.20
884	彭州市(川)	1.20
885	翠屏区(川)	1.18
886	达 县(川)	1.15
887	青神县(川)	1.13
888	彭山县(川)	1.12
889	兴文县(川)	1.10
890	中江县(川)	1.10
891	名山县(川)	0.99
892	会理县(川)	0.98
893	东坡区(川)	0.97
894	布拖县(川)	0.91
895	平昌县(川)	0.88
896	雅江县(川)	0.86
897	万源市(川)	0.80
898	五通桥区(川)	0.78
899	犍为县(川)	0.72
900	南江县(川)	0.72
901	泸 县(川)	0.72
902	游仙区(川)	0.71
903	纳溪区(川)	0.70
904	江安县(川)	0.69
905	南溪县(川)	0.69
906	富顺县(川)	0.57
907	乐至县(川)	0.55
908	普格县(川)	0.53
909	船山区(川)	0.52
910	罗江县(川)	0.50
911	大英县(川)	0.50
912	榕江县(黔)	19.80
913	黎平县(黔)	17.60
914	锦屏县(黔)	16.28
915	剑河县(黔)	13.65
916	册亨县(黔)	10.00
917	三都水族自治县(黔)	9.30
918	丹寨县(黔)	8.78
919	台江县(黔)	6.53
920	遵义县(黔)	6.00
921	独山县(黔)	5.13
922	施秉县(黔)	4.40
923	黄平县(黔)	4.11
924	岑巩县(黔)	3.97
925	赤水市(黔)	3.67
926	赫章县(黔)	3.57
927	德江县(黔)	3.46
928	麻江县(黔)	2.80
929	务川仡佬族苗族自治县(黔)	2.60
930	石阡县(黔)	2.35
931	凯里市(黔)	2.27
932	瓮安县(黔)	2.16
933	开阳县(黔)	2.08
934	盘 县(黔)	2.06
935	长顺县(黔)	1.99
936	贵州省龙里林场(黔)	1.95
937	都匀市(黔)	1.88
938	印江土家族苗族自治县(黔)	1.84
939	普安县(黔)	1.80
940	思南县(黔)	1.76
941	习水县(黔)	1.70
942	绥阳县(黔)	1.70
943	余庆县(黔)	1.68
944	安龙县(黔)	1.65
945	雷山县(黔)	1.45
946	碧江区(黔)	1.39
947	道真仡佬族苗族自治县(黔)	1.36
948	镇远县(黔)	1.20
949	桐梓县(黔)	1.19
950	六枝特区(黔)	1.15
951	江口县(黔)	1.14
952	息烽县(黔)	1.14
953	龙里县(黔)	1.06
954	福泉市(黔)	1.00
955	凤冈县(黔)	1.00
956	湄潭县(黔)	1.00
957	贵定县(黔)	1.00
958	兴义市(黔)	0.91
959	普定县(黔)	0.84
960	荔波县(黔)	0.82
961	罗甸县(黔)	0.80
962	水城县(黔)	0.79
963	贞丰县(黔)	0.76
964	平坝县(黔)	0.71
965	晴隆县(黔)	0.71

序号	原木主产地	万立方米
966	威宁彝族回族苗族自治县(黔)	0.70
967	仁怀市(黔)	0.70
968	织金县(黔)	0.63
969	惠水县(黔)	0.57
970	西秀区(黔)	0.50
971	景谷傣族彝族自治县(滇)	57.00
972	广南县(滇)	13.14
973	景洪市(滇)	12.81
974	富宁县(滇)	11.62
975	马关县(滇)	11.61
976	镇沅彝族哈尼族拉祜族自治县(滇)	8.53
977	思茅区(滇)	7.30
978	双柏县(滇)	6.81
979	勐腊县(滇)	6.73
980	永仁县(滇)	6.69
981	景东彝族自治县(滇)	6.26
982	临翔区(滇)	6.09
983	宁洱哈尼族彝族自治县(滇)	5.38
984	江城哈尼族彝族自治县(滇)	5.20
985	双江拉祜族佤族布朗族傣族自治县(滇)	4.90
986	麻栗坡县(滇)	4.68
987	西畴县(滇)	4.23
988	墨江哈尼族自治县(滇)	3.93
989	砚山县(滇)	3.89
990	沧源佤族自治县(滇)	3.85
991	澜沧拉祜族自治县(滇)	3.65
992	威信县(滇)	3.50
993	耿马傣族佤族自治县(滇)	3.33
994	丘北县(滇)	3.15
995	官渡区(滇)	2.94
996	大姚县(滇)	2.29
997	镇康县(滇)	2.24
998	泸水县(滇)	1.75
999	香格里拉县(滇)	1.65
1000	昭阳区(滇)	1.54
1001	宁蒗彝族自治县(滇)	1.48
1002	永胜县(滇)	1.43
1003	通海县(滇)	1.40
1004	南华县(滇)	1.05
1005	孟连傣族拉祜族佤族自治县(滇)	0.94
1006	江川县(滇)	0.88
1007	寻甸回族彝族自治县(滇)	0.88
1008	文山市(滇)	0.87
1009	宜良县(滇)	0.84
1010	勐海县(滇)	0.81
1011	西盟佤族自治县(滇)	0.79
1012	巧家县(滇)	0.75
1013	云龙县(滇)	0.75
1014	水富县(滇)	0.73
1015	贡山独龙族怒族自治县(滇)	0.65
1016	元谋县(滇)	0.60
1017	牟定县(滇)	0.53
1018	楚雄市(滇)	0.52
1019	永德县(滇)	0.51
1020	云　县(滇)	0.50
1021	巍山彝族回族自治县(滇)	0.50
1022	红塔区(滇)	0.50
1023	昌都县(藏)	2.11
1024	江达县(藏)	1.70
1025	类乌齐县(藏)	1.31
1026	八宿县(藏)	1.30
1027	洛隆县(藏)	1.15
1028	边坝县(藏)	1.12
1029	左贡县(藏)	1.12
1030	贡觉县(藏)	0.62
1031	芒康县(藏)	0.57
1032	汉阴县(陕)	2.07
1033	宁强县(陕)	1.58
1034	西乡县(陕)	0.95
1035	镇坪县(陕)	0.92
1036	南郑县(陕)	0.82
1037	陇　县(陕)	0.73
1038	汉滨区(陕)	0.73
1039	合阳县(陕)	0.61
1040	岚皋县(陕)	0.50
1041	小陇山林业实验局(甘)	1.35
1042	临泽县(甘)	0.60
1043	湟中县(青)	0.65
1044	沙坡头区(宁)	1.55
1045	莎车县(新)	2.50
1046	温宿县(新)	1.20
1047	阿瓦提县(新)	0.85
1048	阿克苏市(新)	0.83
1049	额敏县(新)	0.72
1050	和静县(新)	0.69
1051	乌苏市(新)	0.66
1052	英吉沙县(新)	0.64
1053	塔城市(新)	0.60
1054	沙湾县(新)	0.50
1055	莫尔道嘎林业局(内蒙古森工)	11.72
1056	根河林业局(内蒙古森工)	11.28
1057	金河林业局(内蒙古森工)	10.33
1058	乌尔旗汉林业局(内蒙古森工)	9.25
1059	满归林业局(内蒙古森工)	7.54
1060	阿龙山林业局(内蒙古森工)	6.78
1061	绰尔林业局(内蒙古森工)	6.76
1062	阿里河林业局(内蒙古森工)	6.08
1063	得耳布尔林业局(内蒙古森工)	5.81
1064	库都尔林业局(内蒙古森工)	5.59
1065	甘河林业局(内蒙古森工)	5.36
1066	阿尔山林业局(内蒙古森工)	4.84
1067	克一河林业局(内蒙古森工)	4.56
1068	吉文林业局(内蒙古森工)	4.46
1069	绰源林业局(内蒙古森工)	4.22
1070	图里河林业局(内蒙古森工)	4.20
1071	伊图里河林业局(内蒙古森工)	2.54
1072	毕拉河林业局(内蒙古森工)	0.54
1073	红石林业局(吉林森工)	13.18
1074	三岔子林业局(吉林森工)	9.95
1075	松江河林业有限公司(吉林森工)	8.58
1076	白石山林业局(吉林森工)	8.27
1077	露水河林业局(吉林森工)	7.19
1078	临江林业局(吉林森工)	6.19
1079	泉阳林业局(吉林森工)	4.97
1080	湾沟林业局(吉林森工)	2.65
1081	东京城林业局(龙江森工)	9.72
1082	东方红林业局(龙江森工)	9.28
1083	黑龙江柴河林业局(龙江森工)	8.12
1084	兴隆林业局(龙江森工)	7.60
1085	大海林林业局(龙江森工)	6.28
1086	亚布力林业局(龙江森工)	6.33
1087	朗乡林业局(龙江森工)	6.18
1088	穆棱林业局(龙江森工)	5.65
1089	友好林业局(龙江森工)	4.78
1090	鹤北林业局(龙江森工)	4.50
1091	汤旺河林业局(龙江森工)	4.33
1092	沾河林业局(龙江森工)	4.34
1093	方正林业局(龙江森工)	3.93
1094	新青林业局(龙江森工)	3.65
1095	绥棱林业局(龙江森工)	3.60
1096	绥阳林业局(龙江森工)	3.41
1097	铁力林业局(龙江森工)	3.26
1098	林口林业局(龙江森工)	2.96
1099	山河屯林业局(龙江森工)	2.73
1100	苇河林业局(龙江森工)	2.69
1101	清河林业局(龙江森工)	2.60
1102	海林林业局(龙江森工)	2.09

序号	原木主产地	万立方米
1103	红星林业局(龙江森工)	2.00
1104	美溪林业局(龙江森工)	2.05
1105	迎春林业局(龙江森工)	1.80
1106	带岭实验局(龙江森工)	1.81
1107	乌伊岭林业局(龙江森工)	1.77
1108	桦南林业局(龙江森工)	1.50
1109	通北林业局(龙江森工)	1.22
1110	八面通林业局(龙江森工)	0.98
1111	上甘岭林业局(龙江森工)	0.92
1112	乌马河林业局(龙江森工)	0.85
1113	金山屯林业局(龙江森工)	0.84
1114	鹤立林业局(龙江森工)	0.70
1115	翠峦林业局(龙江森工)	0.73
1116	桃山林业局(龙江森工)	0.70
1117	南岔林业局(龙江森工)	0.50
1118	呼中林业局(大兴安岭)	14.52
1119	新林林业局(大兴安岭)	10.01
1120	西林吉林业局(大兴安岭)	9.61
1121	塔河林业局(大兴安岭)	8.89
1122	韩家园林业局(大兴安岭)	8.55
1123	松岭林业局(大兴安岭)	6.62
1124	十八站林业局(大兴安岭)	6.21
1125	图强林业局(大兴安岭)	5.67
1126	阿木尔林业局(大兴安岭)	5.22
1127	加格达奇林业局(大兴安岭)	2.26
1128	农四师(新疆兵团)	3.95
1129	农二师(新疆兵团)	1.46

表 1-2　2012 年锯材主产地产量

序号	锯材主产地	万立方米
1	临漳县(冀)	98.07
2	南和县(冀)	39.80
3	魏　县(冀)	15.00
4	滦　县(冀)	10.00
5	蔚　县(冀)	6.50
6	昌黎县(冀)	4.55
7	景　县(冀)	4.25
8	沙河市(冀)	3.70
9	藁城市(冀)	2.57
10	遵化市(冀)	0.88
11	滦南县(冀)	0.83
12	定州市(冀)	0.75
13	丰润区(冀)	0.70
14	丰南区(冀)	0.69
15	围场满族蒙古族自治县(冀)	0.61
16	高碑店市(冀)	0.55
17	开鲁县(内蒙古)	3.79
18	科尔沁左翼后旗(内蒙古)	3.42
19	奈曼旗(内蒙古)	3.35
20	翁牛特旗(内蒙古)	2.28
21	科尔沁区(内蒙古)	2.00
22	松山区(内蒙古)	1.52
23	喀喇沁旗(内蒙古)	1.20
24	扎赉特旗(内蒙古)	1.00
25	乌兰浩特市(内蒙古)	0.89
26	科尔沁左翼中旗(内蒙古)	0.80
27	乌拉特前旗(内蒙古)	0.60
28	红山区(内蒙古)	0.58
29	彰武县(辽)	30.00
30	新宾满族自治县(辽)	15.00
31	清原满族自治县(辽)	11.00
32	本溪满族自治县(辽)	10.00
33	新民市(辽)	9.27
34	海城市(辽)	7.84
35	桓仁满族自治县(辽)	6.90
36	振安区(辽)	5.00
37	东陵区(辽)	5.00
38	元宝区(辽)	4.00
39	宽甸满族自治县(辽)	4.00
40	凌海市(辽)	4.00
41	阜新蒙古族自治县(辽)	3.20
42	黑山县(辽)	3.00
43	义　县(辽)	2.70
44	凌源市(辽)	2.50
45	抚顺县(辽)	2.30
46	北票市(辽)	1.40
47	法库县(辽)	1.00
48	喀喇沁左翼蒙古族自治县(辽)	0.80
49	东洲区(辽)	0.80
50	盖州市(辽)	0.80
51	鲅鱼圈区(辽)	0.60
52	兴城市(辽)	0.60
53	本溪市经济开发区(辽)	0.60
54	蛟河市(吉)	6.57
55	榆树市(吉)	4.10
56	上营森林经营局(吉)	1.50
57	临江市(吉)	30.00
58	敦化市(吉)	14.80
59	辉南县(吉)	10.50
60	前郭尔罗斯蒙古族自治县(吉)	9.80
61	二道区(吉)	8.00
62	图们市(吉)	5.89
63	集安市(吉)	5.00
64	梨树县(吉)	3.98
65	松原市市辖区(吉)	2.98
66	舒兰市(吉)	2.90
67	九台市(吉)	2.70
68	大安市(吉)	2.50
69	双辽市(吉)	2.40
70	德惠市(吉)	2.00
71	和龙市(吉)	1.89
72	长白朝鲜族自治县(吉)	1.70
73	敦化林业局(吉)	1.46
74	通化县(吉)	1.38
75	白河林业局(吉)	1.36
76	四平市市辖区(吉)	1.34
77	丰满区(吉)	1.00
78	乾安县(吉)	1.00
79	农安县(吉)	1.00
80	安图森林经营局(吉)	0.92
81	船营区(吉)	0.86
82	经济开发区(吉)	0.64
83	大兴沟林业局(吉)	0.56
84	汪清县(吉)	0.52
85	城子河区(黑)	2.00
86	宝清县(黑)	1.20
87	同江市(黑)	89.00
88	海林市(黑)	20.00
89	富锦市(黑)	9.39
90	铁力市(黑)	8.50
91	宁安市(黑)	7.20
92	汤原县(黑)	6.60
93	饶河县(黑)	6.25
94	方正县(黑)	5.30
95	巴彦县(黑)	5.04
96	肇州县(黑)	3.32
97	林口县(黑)	2.97
98	依兰县(黑)	2.50
99	延寿县(黑)	2.10
100	密山市(黑)	2.00
101	碾子山区(黑)	1.80
102	木兰县(黑)	1.70
103	爱辉区(黑)	1.20
104	鸡冠区(黑)	1.03
105	拜泉县(黑)	1.00
106	明水县(黑)	1.00
107	梨树区(黑)	0.80
108	双城市(黑)	0.67

序号	锯材主产地	万立方米	序号	锯材主产地	万立方米	序号	锯材主产地	万立方米
109	奉贤区(沪)	1.65	155	余杭区(浙)	3.90	201	桐城市(皖)	1.00
110	建湖县(苏)	1.27	156	长兴县(浙)	3.10	202	怀远县(皖)	1.00
111	丰　县(苏)	42.00	157	临海市(浙)	2.58	203	霍山县(皖)	1.00
112	太仓市(苏)	40.00	158	宁海县(浙)	2.50	204	泗　县(皖)	0.97
113	大丰市(苏)	36.75	159	建德市(浙)	2.44	205	岳西县(皖)	0.89
114	沭阳县(苏)	21.00	160	富阳市(浙)	2.30	206	望江县(皖)	0.80
115	东台市(苏)	9.80	161	天台县(浙)	2.01	207	铜陵县(皖)	0.72
116	泗洪县(苏)	6.55	162	缙云县(浙)	1.66	208	琅琊区(皖)	0.65
117	泗阳县(苏)	5.80	163	余姚市(浙)	1.50	209	庐江县(皖)	0.60
118	宿城区(苏)	4.94	164	庆元县(浙)	1.49	210	石台县(皖)	0.60
119	海门市(苏)	3.09	165	景宁畲族自治县(浙)	1.23	211	城厢区(闽)	22.26
120	常熟市(苏)	2.90	166	兰溪市(浙)	1.20	212	延平区(闽)	19.15
121	灌云县(苏)	2.80	167	定海区(浙)	0.81	213	永安市(闽)	15.71
122	通州区(苏)	2.20	168	德清县(浙)	0.80	214	龙海市(闽)	10.92
123	宝应县(苏)	2.00	169	秀洲区(浙)	0.71	215	尤溪县(闽)	8.89
124	睢宁县(苏)	2.00	170	仙居县(浙)	0.70	216	将乐县(闽)	8.60
125	滨海县(苏)	1.94	171	三门县(浙)	0.61	217	建瓯市(闽)	7.38
126	阜宁县(苏)	1.72	172	五河县(皖)	60.00	218	顺昌县(闽)	7.30
127	盐都区(苏)	1.65	173	鸠江区(皖)	18.48	219	泰宁县(闽)	7.14
128	吴中区(苏)	1.60	174	祁门县(皖)	12.00	220	沙　县(闽)	5.64
129	沛　县(苏)	1.50	175	天长市(皖)	11.92	221	清流县(闽)	4.80
130	泰兴市(苏)	1.42	176	青阳县(皖)	9.33	222	福安市(闽)	3.98
131	宿豫区(苏)	1.42	177	南陵县(皖)	8.90	223	闽清县(闽)	3.51
132	涟水县(苏)	1.20	178	郎溪县(皖)	8.50	224	新罗区(闽)	3.41
133	江宁区(苏)	1.09	179	明光市(皖)	7.69	225	南安市(闽)	3.22
134	射阳县(苏)	1.07	180	阜南县(皖)	7.46	226	漳平市(闽)	3.21
135	邗江区(苏)	1.01	181	泾　县(皖)	6.00	227	宁化县(闽)	2.87
136	江都区(苏)	1.00	182	南谯区(皖)	5.80	228	仙游县(闽)	2.52
137	高邮市(苏)	0.76	183	灵璧县(皖)	5.70	229	德化县(闽)	2.07
138	淮安区(苏)	0.70	184	东至县(皖)	4.80	230	大田县(闽)	1.90
139	淮阴区(苏)	0.70	185	潜山县(皖)	3.50	231	梅列区(闽)	1.85
140	句容市(苏)	0.55	186	和　县(皖)	3.00	232	永春县(闽)	1.80
141	云和县(浙)	3.33	187	濉溪县(皖)	2.99	233	龙文区(闽)	1.64
142	柯城区(浙)	2.47	188	宣州区(皖)	2.90	234	武夷山市(闽)	1.60
143	开化县(浙)	1.56	189	舒城县(皖)	2.90	235	三元区(闽)	1.50
144	江山市(浙)	103.57	190	旌德县(皖)	2.82	236	华安县(闽)	1.38
145	衢江区(浙)	50.00	191	太湖县(皖)	2.56	237	漳浦县(闽)	1.26
146	义乌市(浙)	28.92	192	枞阳县(皖)	2.30	238	马尾区(闽)	1.08
147	桐乡市(浙)	16.50	193	休宁县(皖)	2.24	239	蕉城区(闽)	0.95
148	安吉县(浙)	15.40	194	全椒县(皖)	2.00	240	政和县(闽)	0.95
149	莲都区(浙)	9.08	195	无为县(皖)	1.82	241	武平县(闽)	0.85
150	龙泉市(浙)	5.50	196	黟　县(皖)	1.72	242	福鼎市(闽)	0.85
151	临安市(浙)	5.47	197	巢湖市(皖)	1.20	243	霞浦县(闽)	0.82
152	武义县(浙)	4.61	198	怀宁县(皖)	1.20	244	福清市(闽)	0.81
153	淳安县(浙)	4.30	199	肥东县(皖)	1.02	245	芗城区(闽)	0.81
154	奉化市(浙)	4.20	200	蚌埠市市辖区(皖)	1.00	246	连江县(闽)	0.77

序号	锯材主产地	万立方米	序号	锯材主产地	万立方米	序号	锯材主产地	万立方米
247	永泰县(闽)	0.69	293	临朐县(鲁)	71.10	339	梁园区(豫)	5.20
248	浦城县(闽)	0.67	294	郓城县(鲁)	55.00	340	太康县(豫)	5.00
249	诏安县(闽)	0.60	295	成武县(鲁)	51.96	341	民权县(豫)	4.21
250	平和县(闽)	0.57	296	高密市(鲁)	36.00	342	山城区(豫)	3.60
251	连城县(闽)	0.54	297	郯城县(鲁)	27.40	343	柘城县(豫)	3.20
252	奉新县(赣)	0.68	298	惠民县(鲁)	25.00	344	镇平县(豫)	2.94
253	南昌市市辖区(赣)	52.00	299	兰山区(鲁)	16.50	345	淮滨县(豫)	2.68
254	南康市(赣)	35.00	300	梁山县(鲁)	13.81	346	卫辉市(豫)	2.50
255	新干县(赣)	8.50	301	济阳县(鲁)	12.20	347	淮阳县(豫)	2.50
256	信丰县(赣)	4.68	302	胶州市(鲁)	9.97	348	郾城区(豫)	2.48
257	万年县(赣)	4.42	303	费　县(鲁)	9.42	349	上蔡县(豫)	2.25
258	婺源县(赣)	4.33	304	莱州市(鲁)	8.90	350	沁阳市(豫)	2.10
259	广丰县(赣)	4.20	305	沂水县(鲁)	6.00	351	睢　县(豫)	2.00
260	铜鼓县(赣)	3.80	306	微山县(鲁)	5.90	352	商水县(豫)	1.98
261	分宜县(赣)	3.70	307	嘉祥县(鲁)	5.70	353	郸城县(豫)	1.90
262	上高县(赣)	3.00	308	寿光市(鲁)	5.11	354	洛宁县(豫)	1.80
263	渝水区(赣)	2.20	309	邹平县(鲁)	4.10	355	新密市(豫)	1.60
264	崇义县(赣)	1.70	310	东平县(鲁)	3.50	356	沈丘县(豫)	1.50
265	余江县(赣)	1.70	311	诸城市(鲁)	3.39	357	中牟县(豫)	1.50
266	武宁县(赣)	1.67	312	苍山县(鲁)	3.38	358	宝丰县(豫)	1.50
267	泰和县(赣)	1.50	313	新泰市(鲁)	3.10	359	济源市(豫)	1.40
268	安福县(赣)	1.50	314	莱山区(鲁)	3.00	360	杞　县(豫)	1.40
269	临川区(赣)	1.40	315	宁阳县(鲁)	2.56	361	宁陵县(豫)	1.35
270	彭泽县(赣)	1.30	316	桓台县(鲁)	2.20	362	管城回族区(豫)	1.30
271	高安市(赣)	1.29	317	商河县(鲁)	2.10	363	安阳县(豫)	1.21
272	月湖区(赣)	1.20	318	东昌府区(鲁)	2.09	364	川汇区(豫)	1.20
273	宜黄县(赣)	1.10	319	阳谷县(鲁)	1.55	365	舞阳县(豫)	1.20
274	上犹县(赣)	1.08	320	临邑县(鲁)	1.42	366	夏邑县(豫)	1.00
275	峡江县(赣)	1.02	321	临邑县(鲁)	1.42	367	温　县(豫)	0.95
276	金溪县(赣)	0.97	322	昌邑市(鲁)	1.40	368	遂平县(豫)	0.94
277	全南县(赣)	0.87	323	高青县(鲁)	1.30	369	许昌县(豫)	0.90
278	万载县(赣)	0.86	324	利津县(鲁)	1.10	370	正阳县(豫)	0.87
279	龙南县(赣)	0.84	325	沂南县(鲁)	1.01	371	叶　县(豫)	0.82
280	瑞金市(赣)	0.80	326	岱岳区(鲁)	1.00	372	内乡县(豫)	0.80
281	吉水县(赣)	0.80	327	五莲县(鲁)	1.00	373	伊川县(豫)	0.80
282	于都县(赣)	0.80	328	鄄城县(鲁)	0.85	374	商城县(豫)	0.80
283	新建县(赣)	0.63	329	莱城区(鲁)	0.81	375	汝南县(豫)	0.80
284	南城县(赣)	0.60	330	淄川区(鲁)	0.80	376	西平县(豫)	0.78
285	章贡区(赣)	0.57	331	武城县(鲁)	0.74	377	灵宝市(豫)	0.76
286	庐山区(赣)	0.54	332	聊城市市辖区(鲁)	0.70	378	社旗县(豫)	0.70
287	定南县(赣)	0.54	333	乐陵市(鲁)	0.67	379	台前县(豫)	0.65
288	安源区(赣)	0.53	334	冠　县(鲁)	0.60	380	新野县(豫)	0.65
289	岚山区(鲁)	210.00	335	肥城市(鲁)	0.60	381	长葛市(豫)	0.64
290	龙口市(鲁)	25.89	336	内黄县(豫)	31.00	382	浉河区(豫)	0.61
291	蒙阴县(鲁)	8.60	337	兰考县(豫)	29.60	383	延津县(豫)	0.61
292	临沂市临港经济开发区(鲁)	98.80	338	睢阳区(豫)	7.01	384	方城县(豫)	0.60

序号	锯材主产地	万立方米	序号	锯材主产地	万立方米	序号	锯材主产地	万立方米
385	鹿邑县(豫)	0.60	431	会同县(湘)	3.80	477	株洲县(湘)	0.70
386	邓州市(豫)	0.60	432	赫山区(湘)	3.60	478	辰溪县(湘)	0.70
387	辉县市(豫)	0.60	433	零陵区(湘)	3.20	479	保靖县(湘)	0.70
388	新郑市(豫)	0.60	434	衡东县(湘)	2.90	480	耒阳市(湘)	0.70
389	长垣县(豫)	0.59	435	永兴县(湘)	2.82	481	隆回县(湘)	0.68
390	汝州市(豫)	0.52	436	宁远县(湘)	2.50	482	南　县(湘)	0.60
391	召陵区(豫)	0.51	437	慈利县(湘)	2.50	483	新邵县(湘)	0.58
392	大悟县(鄂)	6.50	438	衡山县(湘)	2.24	484	新宁县(湘)	0.55
393	利川市(鄂)	4.40	439	湘乡市(湘)	2.20	485	梅　县(粤)	2.90
394	谷城县(鄂)	4.20	440	鹤城区(湘)	2.10	486	鹤山市(粤)	10.00
395	枣阳市(鄂)	3.69	441	汝城县(湘)	2.05	487	东源县(粤)	9.82
396	钟祥市(鄂)	3.20	442	君山区(湘)	2.01	488	清新县(粤)	9.20
397	崇阳县(鄂)	3.00	443	鼎城区(湘)	2.00	489	清城区(粤)	5.36
398	宜城市(鄂)	2.30	444	新晃侗族自治县(湘)	2.00	490	阳春市(粤)	4.50
399	兴山县(鄂)	1.48	445	常宁市(湘)	1.95	491	怀集县(粤)	4.49
400	蔡甸区(鄂)	1.20	446	芷江侗族自治县(湘)	1.93	492	鼎湖区(粤)	3.20
401	随县(鄂)	1.10	447	沅陵县(湘)	1.90	493	信宜市(粤)	2.98
402	恩施市(鄂)	1.08	448	武陵区(湘)	1.70	494	连山壮族瑶族自治县(粤)	2.42
403	黄梅县(鄂)	0.91	449	沅江市(湘)	1.56	495	佛冈县(粤)	2.20
404	鄂城区(鄂)	0.80	450	蒸湘区(湘)	1.55	496	电白县(粤)	2.02
405	竹山县(鄂)	0.80	451	安仁县(湘)	1.51	497	饶平县(粤)	1.20
406	襄城区(鄂)	0.79	452	益阳市市辖区(湘)	1.50	498	高州市(粤)	1.20
407	樊城区(鄂)	0.66	453	古丈县(湘)	1.50	499	蕉岭县(粤)	1.10
408	鹤峰县(鄂)	0.62	454	冷水滩区(湘)	1.50	500	平远县(粤)	1.04
409	沙市区(鄂)	0.59	455	麻阳苗族自治县(湘)	1.40	501	丰顺县(粤)	1.00
410	华容区(鄂)	0.55	456	洪江区(湘)	1.25	502	大埔县(粤)	1.00
411	汉寿县(湘)	15.00	457	双峰县(湘)	1.21	503	广宁县(粤)	0.95
412	靖州苗族侗族自治县(湘)	12.00	458	溆浦县(湘)	1.20	504	阳东县(粤)	0.80
413	平江县(湘)	11.80	459	双牌县(湘)	1.20	505	兴宁市(粤)	0.60
414	资兴市(湘)	11.80	460	龙山县(湘)	1.20	506	紫金县(粤)	0.60
415	芙蓉区(湘)	10.00	461	桃源县(湘)	1.20	507	上林县(桂)	7.14
416	通道侗族自治县(湘)	9.87	462	宜章县(湘)	1.10	508	钟山县(桂)	0.85
417	安化县(湘)	8.60	463	雨花区(湘)	1.00	509	靖西县(桂)	0.60
418	新化县(湘)	8.00	464	石鼓区(湘)	1.00	510	灵山县(桂)	28.80
419	炎陵县(湘)	7.50	465	石门县(湘)	1.00	511	临桂县(桂)	21.30
420	金洞林场(湘)	7.00	466	桂东县(湘)	1.00	512	北流市(桂)	19.28
421	城步苗族自治县(湘)	7.00	467	云溪区(湘)	1.00	513	龙胜各族自治县(桂)	18.01
422	浏阳市(湘)	6.56	468	凤凰县(湘)	1.00	514	苍梧县(桂)	14.00
423	蓝山县(湘)	5.45	469	中方县(湘)	1.00	515	横　县(桂)	11.00
424	攸　县(湘)	5.20	470	衡南县(湘)	0.98	516	凤山县(桂)	10.80
425	茶陵县(湘)	5.00	471	永定区(湘)	0.96	517	玉州区(桂)	10.50
426	绥宁县(湘)	5.00	472	祁东县(湘)	0.95	518	融水苗族自治县(桂)	10.20
427	洞口县(湘)	4.82	473	北塔区(湘)	0.93	519	三江侗族自治县(桂)	9.27
428	宁乡县(湘)	4.40	474	祁阳县(湘)	0.87	520	八步区(桂)	9.10
429	桃江县(湘)	4.00	475	东安县(湘)	0.85	521	罗城仫佬族自治县(桂)	8.50
430	道　县(湘)	3.80	476	资阳区(湘)	0.80	522	融安县(桂)	8.50

序号	锯材主产地	万立方米
523	田林县(桂)	8.22
524	鹿寨县(桂)	8.20
525	防城区(桂)	7.08
526	陆川县(桂)	6.80
527	兴安县(桂)	6.50
528	荔浦县(桂)	6.10
529	大新县(桂)	6.00
530	灵川县(桂)	5.38
531	港北区(桂)	5.31
532	全州县(桂)	5.10
533	隆林各族自治县(桂)	5.00
534	永福县(桂)	4.86
535	阳朔县(桂)	4.82
536	宾阳县(桂)	4.02
537	贺州市平桂管理区(桂)	3.80
538	平南县(桂)	3.54
539	灌阳县(桂)	3.45
540	右江区(桂)	3.40
541	海城区(桂)	3.30
542	西林县(桂)	3.22
543	博白县(桂)	3.16
544	桂平市(桂)	3.00
545	恭城瑶族自治县(桂)	3.00
546	乐业县(桂)	3.00
547	七星区(桂)	3.00
548	平乐县(桂)	2.64
549	金秀瑶族自治县(桂)	2.60
550	象山区(桂)	2.50
551	叠彩区(桂)	2.40
552	秀峰区(桂)	2.40
553	宁明县(桂)	2.20
554	南丹县(桂)	2.11
555	兴宁区(桂)	2.11
556	良庆区(桂)	2.10
557	凌云县(桂)	2.02
558	天峨县(桂)	2.00
559	岑溪市(桂)	2.00
560	钦南区(桂)	1.98
561	昭平县(桂)	1.72
562	钦北区(桂)	1.71
563	浦北县(桂)	1.69
564	柳城县(桂)	1.67
565	兴业县(桂)	1.60
566	青秀区(桂)	1.60
567	合山市(桂)	1.45
568	江州区(桂)	1.00
569	象州县(桂)	0.94
570	武宣县(桂)	0.94
571	金城江区(桂)	0.92
572	雁山区(桂)	0.86
573	那坡县(桂)	0.85
574	开　县(渝)	1.11
575	九龙坡区(渝)	9.88
576	酉阳土家族苗族自治县(渝)	3.90
577	黔江区(渝)	1.80
578	南川区(渝)	0.90
579	石柱土家族自治县(渝)	0.64
580	武隆县(渝)	0.60
581	南部县(川)	1.85
582	邛崃市(川)	1.50
583	筠连县(川)	0.77
584	洪雅县(川)	20.00
585	雨城区(川)	8.60
586	珙　县(川)	7.20
587	乐山市市中区(川)	6.80
588	仁和区(川)	6.80
589	崇州市(川)	6.57
590	攀枝花市西区(川)	5.61
591	巴州区(川)	4.00
592	威远县(川)	3.80
593	东坡区(川)	3.70
594	射洪县(川)	3.70
595	元坝区(川)	3.57
596	元坝区(川)	3.57
597	叙永县(川)	3.50
598	江油市(川)	3.50
599	郫　县(川)	2.99
600	旌阳区(川)	2.50
601	彭州市(川)	2.20
602	盐亭县(川)	2.13
603	沐川县(川)	2.00
604	旺苍县(川)	2.00
605	荥经县(川)	1.81
606	翠屏区(川)	1.80
607	安　县(川)	1.65
608	高　县(川)	1.53
609	犍为县(川)	1.53
610	西昌市(川)	1.50
611	古蔺县(川)	1.30
612	万源市(川)	1.30
613	雷波县(川)	1.20
614	苍溪县(川)	1.20
615	兴文县(川)	1.20
616	冕宁县(川)	1.20
617	马边彝族自治县(川)	1.19
618	新津县(川)	1.13
619	绵阳市市辖区(川)	1.00
620	三台县(川)	1.00
621	天全县(川)	1.00
622	涪城区(川)	1.00
623	沙湾区(川)	0.80
624	达　县(川)	0.77
625	通江县(川)	0.70
626	丹棱县(川)	0.65
627	五通桥区(川)	0.63
628	宣汉县(川)	0.61
629	安居区(川)	0.60
630	彭山县(川)	0.55
631	宝兴县(川)	0.53
632	盐源县(川)	0.52
633	南明区(黔)	0.87
634	册亨县(黔)	7.00
635	锦屏县(黔)	6.01
636	从江县(黔)	5.56
637	天柱县(黔)	5.00
638	凯里市(黔)	4.54
639	三都水族自治县(黔)	4.20
640	正安县(黔)	3.90
641	独山县(黔)	3.53
642	剑河县(黔)	3.20
643	遵义县(黔)	3.00
644	黎平县(黔)	2.50
645	红花岗区(黔)	2.50
646	德江县(黔)	2.33
647	清镇市(黔)	1.69
648	石阡县(黔)	1.66
649	瓮安县(黔)	1.39
650	务川仡佬族苗族自治县(黔)	1.38
651	都匀市(黔)	1.37
652	普安县(黔)	1.20
653	麻江县(黔)	1.05
654	岑巩县(黔)	1.02
655	榕江县(黔)	1.00
656	碧江区(黔)	0.97
657	江口县(黔)	0.96
658	盘　县(黔)	0.80
659	罗甸县(黔)	0.70
660	福泉市(黔)	0.70

序号	锯材主产地	万立方米
661	西秀区(黔)	0.60
662	习水县(黔)	0.55
663	六枝特区(黔)	0.55
664	雷山县(黔)	0.53
665	贞丰县(黔)	0.51
666	临翔区(滇)	1.06
667	寻甸回族彝族自治县(滇)	0.50
668	官渡区(滇)	36.00
669	景洪市(滇)	6.88
670	广南县(滇)	5.08
671	景谷傣族彝族自治县(滇)	5.00
672	马关县(滇)	4.59
673	富宁县(滇)	4.11
674	思茅区(滇)	4.07
675	丘北县(滇)	3.89
676	楚雄市(滇)	3.50
677	南华县(滇)	3.25
678	镇沅彝族哈尼族拉祜族自治县(滇)	2.99
679	宁洱哈尼族彝族自治县(滇)	2.89
680	泸水县(滇)	2.86
681	耿马傣族佤族自治县(滇)	2.83
682	澜沧拉祜族自治县(滇)	2.49
683	沧源佤族自治县(滇)	2.26
684	镇康县(滇)	1.99
685	江城哈尼族彝族自治县(滇)	1.71
686	麻栗坡县(滇)	1.49
687	西畴县(滇)	1.34
688	双江拉祜族佤族布朗族傣族自治县(滇)	1.28
689	双柏县(滇)	1.05
690	禄丰县(滇)	1.03
691	威信县(滇)	1.00
692	大理市(滇)	0.93
693	孟连傣族拉祜族佤族自治县(滇)	0.76
694	勐海县(滇)	0.72
695	昭阳区(滇)	0.53
696	墨江哈尼族自治县(滇)	0.51
697	汉台区(陕)	3.24
698	渭滨区(陕)	1.90
699	镇坪县(陕)	0.90
700	南郑县(陕)	0.56
701	阎良区(陕)	0.55
702	伊宁县(新)	2.78
703	焉耆回族自治县(新)	1.52
704	红石林业局(吉林森工)	0.88
705	带岭实验局(龙江森工)	7.00
706	东方红林业局(龙江森工)	3.50
707	沾河林业局(龙江森工)	3.34
708	黑龙江柴河林业局(龙江森工)	2.73
709	穆棱林业局(龙江森工)	2.54
710	方正林业局(龙江森工)	2.28
711	兴隆林业局(龙江森工)	2.15
712	双丰林业局(龙江森工)	2.20
713	大海林林业局(龙江森工)	2.15
714	苇河林业局(龙江森工)	2.00
715	朗乡林业局(龙江森工)	1.93
716	新青林业局(龙江森工)	1.64
717	上甘岭林业局(龙江森工)	1.47
718	绥阳林业局(龙江森工)	1.45
719	鹤北林业局(龙江森工)	1.45
720	桦南林业局(龙江森工)	1.17
721	佳木斯木材综合加工厂(龙江森工)	1.20
722	清河林业局(龙江森工)	1.00
723	绥棱林业局(龙江森工)	1.02
724	鹤立林业局(龙江森工)	0.90
725	铁力林业局(龙江森工)	0.71
726	东京城林业局(龙江森工)	0.70
727	乌伊岭林业局(龙江森工)	0.70
728	林口林业局(龙江森工)	0.70
729	双鸭山林业局(龙江森工)	0.65
730	亚布力林业局(龙江森工)	0.63
731	美溪林业局(龙江森工)	0.50
732	新林林业局(大兴安岭)	7.48
733	十八站林业局(大兴安岭)	4.10
734	松岭林业局(大兴安岭)	3.46
735	西林吉林业局(大兴安岭)	1.54
736	图强林业局(大兴安岭)	1.11
737	韩家园林业局(大兴安岭)	0.53

表 1-3　2012 年木片主产地产量

序号	木片主产地	万实积立方米
1	蔚　县(冀)	5.30
2	涿州市(冀)	3.75
3	景　县(冀)	3.40
4	临漳县(冀)	3.26
5	任　县(冀)	2.96
6	昌黎县(冀)	2.60
7	藁城市(冀)	0.98
8	元氏县(冀)	0.62
9	灵寿县(冀)	0.57
10	科尔沁区(内蒙古)	2.00
11	杭锦后旗(内蒙古)	1.50
12	林西县(内蒙古)	1.35
13	喀喇沁旗(内蒙古)	1.00
14	科尔沁左翼中旗(内蒙古)	0.78
15	建平县(辽)	60.00
16	东陵区(辽)	15.00
17	抚顺县(辽)	9.50
18	本溪满族自治县(辽)	8.00
19	彰武县(辽)	6.00
20	阜新蒙古族自治县(辽)	3.00
21	新宾满族自治县(辽)	2.00
22	北票市(辽)	2.00
23	振安区(辽)	2.00
24	黑山县(辽)	1.00
25	敦化市(吉)	1.49
26	安图县(吉)	1.02
27	乾安县(吉)	1.00
28	二道区(吉)	1.00
29	农安县(吉)	1.00
30	抚松县(吉)	0.88
31	东丰县(吉)	0.80
32	前郭尔罗斯蒙古族自治县(吉)	0.60
33	拜泉县(黑)	10.00
34	安达市(黑)	5.71
35	依兰县(黑)	1.50
36	密山市(黑)	0.82
37	青冈县(黑)	0.65
38	奉贤区(沪)	1.53
39	泗洪县(苏)	43.87
40	沭阳县(苏)	22.00
41	洪泽县(苏)	15.00
42	灌南县(苏)	8.12
43	睢宁县(苏)	8.00
44	新沂市(苏)	5.20
45	宿豫区(苏)	4.48
46	宜兴市(苏)	4.28
47	泗阳县(苏)	3.80
48	淮安区(苏)	3.00
49	盐都区(苏)	1.54
50	宝应县(苏)	1.50
51	泰兴市(苏)	1.32
52	太仓市(苏)	0.75
53	赣榆县(苏)	0.66
54	东台市(苏)	0.60

序号	木片主产地	万实积立方米
55	柯城区(浙)	0.97
56	衢州市市辖区(浙)	17.35
57	江山市(浙)	15.93
58	桐乡市(浙)	9.50
59	奉化市(浙)	5.75
60	临海市(浙)	3.15
61	长兴县(浙)	1.22
62	富阳市(浙)	0.90
63	镇海区(浙)	0.89
64	仙居县(浙)	0.55
65	五河县(皖)	10.00
66	郎溪县(皖)	7.50
67	南陵县(皖)	4.60
68	霍山县(皖)	4.00
69	潜山县(皖)	3.00
70	宣州区(皖)	2.65
71	大观区(皖)	2.60
72	太湖县(皖)	2.58
73	无为县(皖)	2.28
74	青阳县(皖)	2.23
75	枞阳县(皖)	2.20
76	怀宁县(皖)	2.10
77	濉溪县(皖)	1.71
78	寿　县(皖)	1.70
79	涡阳县(皖)	1.60
80	巢湖市(皖)	1.40
81	怀远县(皖)	1.00
82	和　县(皖)	1.00
83	蚌埠市市辖区(皖)	1.00
84	桐城市(皖)	1.00
85	淮上区(皖)	1.00
86	毛集实验区(皖)	0.70
87	永安市(闽)	35.02
88	城厢区(闽)	28.62
89	泉港区(闽)	19.72
90	龙海市(闽)	4.52
91	龙文区(闽)	3.89
92	明溪县(闽)	3.50
93	仙游县(闽)	3.15
94	闽清县(闽)	2.99
95	延平区(闽)	2.99
96	南安市(闽)	2.55
97	闽侯县(闽)	1.80
98	连江县(闽)	0.90
99	尤溪县(闽)	0.88

序号	木片主产地	万实积立方米
100	华安县(闽)	0.76
101	松溪县(闽)	0.71
102	霞浦县(闽)	0.61
103	蕉城区(闽)	0.60
104	南康市(赣)	6.00
105	玉山县(赣)	3.24
106	南昌市市辖区(赣)	3.00
107	万年县(赣)	2.40
108	渝水区(赣)	1.72
109	峡江县(赣)	1.32
110	上高县(赣)	1.30
111	安源区(赣)	0.83
112	婺源县(赣)	0.80
113	彭泽县(赣)	0.60
114	武宁县(赣)	0.56
115	蒙阴县(鲁)	7.50
116	岚山区(鲁)	6.80
117	梁山县(鲁)	2.86
118	夏津县(鲁)	0.72
119	费　县(鲁)	405.05
120	龙口市(鲁)	134.00
121	沂南县(鲁)	129.62
122	济阳县(鲁)	48.00
123	郓城县(鲁)	45.50
124	临朐县(鲁)	23.00
125	苍山县(鲁)	22.16
126	罗庄区(鲁)	20.00
127	河东区(鲁)	20.00
128	惠民县(鲁)	15.00
129	临清市(鲁)	15.00
130	嘉祥县(鲁)	13.50
131	肥城市(鲁)	12.50
132	郯城县(鲁)	11.30
133	东平县(鲁)	11.00
134	宁阳县(鲁)	9.72
135	东阿县(鲁)	9.60
136	齐河县(鲁)	8.70
137	鄄城县(鲁)	5.64
138	高唐县(鲁)	5.06
139	寿光市(鲁)	5.00
140	昌乐县(鲁)	4.20
141	新泰市(鲁)	4.10
142	诸城市(鲁)	3.30
143	成武县(鲁)	3.05
144	阳信县(鲁)	3.00

序号	木片主产地	万实积立方米
145	陵　县(鲁)	3.00
146	邹城市(鲁)	2.75
147	商河县(鲁)	2.65
148	微山县(鲁)	2.40
149	沂水县(鲁)	2.00
150	冠　县(鲁)	1.50
151	高密市(鲁)	1.45
152	博兴县(鲁)	1.20
153	莒南县(鲁)	1.10
154	临沂市临港经济开发区(鲁)	1.00
155	兖州市(鲁)	1.00
156	邹平县(鲁)	0.90
157	利津县(鲁)	0.80
158	乐陵市(鲁)	0.75
159	昌邑市(鲁)	0.70
160	阳谷县(鲁)	0.70
161	临邑县(鲁)	0.60
162	无棣县(鲁)	0.60
163	宁津县(鲁)	0.58
164	东昌府区(鲁)	0.56
165	浚　县(豫)	3.00
166	内黄县(豫)	39.00
167	柘城县(豫)	15.50
168	开封县(豫)	11.88
169	洛宁县(豫)	11.00
170	武陟县(豫)	11.00
171	新郑市(豫)	7.10
172	虞城县(豫)	6.80
173	许昌县(豫)	6.60
174	汤阴县(豫)	4.95
175	濮阳县(豫)	4.60
176	社旗县(豫)	3.80
177	宝丰县(豫)	3.40
178	梁园区(豫)	3.31
179	西华县(豫)	3.00
180	淮阳县(豫)	2.80
181	沁阳市(豫)	2.50
182	镇平县(豫)	2.48
183	中牟县(豫)	2.40
184	确山县(豫)	2.30
185	卫辉市(豫)	2.30
186	民权县(豫)	2.10
187	郾城区(豫)	1.90
188	通许县(豫)	1.72
189	睢　县(豫)	1.60

序号	木片主产地	万实积立方米	序号	木片主产地	万实积立方米	序号	木片主产地	万实积立方米
190	川汇区(豫)	1.60	235	麻阳苗族自治县(湘)	1.10	280	平果县(桂)	2.70
191	南乐县(豫)	1.50	236	岳麓区(湘)	1.00	281	柳城县(桂)	2.67
192	延津县(豫)	1.44	237	攸　县(湘)	1.00	282	宁明县(桂)	2.40
193	管城回族区(豫)	1.41	238	桃源县(湘)	1.00	283	兴安县(桂)	2.30
194	台前县(豫)	1.37	239	岳阳县(湘)	1.00	284	大新县(桂)	2.30
195	郸城县(豫)	1.30	240	开福区(湘)	1.00	285	临桂县(桂)	2.06
196	杞　县(豫)	1.30	241	洞口县(湘)	0.80	286	象山区(桂)	2.00
197	扶沟县(豫)	1.22	242	祁东县(湘)	0.75	287	银海区(桂)	1.81
198	召陵区(豫)	1.15	243	宁乡县(湘)	0.70	288	田阳县(桂)	1.60
199	禹州市(豫)	1.14	244	赫山区(湘)	0.60	289	兴宾区(桂)	1.52
200	沈丘县(豫)	1.10	245	东源县(粤)	8.10	290	兴业县(桂)	1.50
201	修武县(豫)	1.00	246	高州市(粤)	5.10	291	田林县(桂)	1.40
202	伊川县(豫)	1.00	247	阳西县(粤)	2.70	292	上思县(桂)	1.30
203	息　县(豫)	1.00	248	怀集县(粤)	1.36	293	合山市(桂)	1.26
204	正阳县(豫)	0.95	249	饶平县(粤)	1.00	294	邕宁区(桂)	1.23
205	宁陵县(豫)	0.91	250	信宜市(粤)	0.80	295	叠彩区(桂)	1.20
206	兰考县(豫)	0.90	251	清新县(粤)	0.80	296	秀峰区(桂)	1.10
207	平舆县(豫)	0.86	252	广宁县(粤)	0.74	297	江州区(桂)	1.00
208	济源市(豫)	0.80	253	上林县(桂)	1.95	298	桂平市(桂)	1.00
209	邓州市(豫)	0.70	254	钟山县(桂)	0.56	299	青秀区(桂)	1.00
210	许昌市经济技术开发区(豫)	0.68	255	武鸣县(桂)	119.67	300	右江区(桂)	1.00
211	获嘉县(豫)	0.65	256	良庆区(桂)	17.00	301	雁山区(桂)	0.79
212	西平县(豫)	0.63	257	灵山县(桂)	16.50	302	荔浦县(桂)	0.74
213	汝南县(豫)	0.60	258	博白县(桂)	15.10	303	永福县(桂)	0.74
214	清丰县(豫)	0.60	259	岑溪市(桂)	12.45	304	融水苗族自治县(桂)	0.70
215	舞阳县(豫)	0.60	260	港北区(桂)	10.06	305	苍梧县(桂)	0.70
216	枣阳市(鄂)	15.36	261	全州县(桂)	9.80	306	派阳山林场(桂)	0.55
217	监利县(鄂)	8.00	262	鹿寨县(桂)	7.30	307	隆安县(桂)	0.52
218	钟祥市(鄂)	2.00	263	陆川县(桂)	7.12	308	梁平县(渝)	1.12
219	谷城县(鄂)	1.60	264	西乡塘区(桂)	6.93	309	开　县(渝)	0.68
220	蕲春县(鄂)	1.00	265	北流市(桂)	6.82	310	丰都县(渝)	0.58
221	崇阳县(鄂)	1.00	266	阳朔县(桂)	6.35	311	酉阳土家族苗族自治县(渝)	2.20
222	松滋市(鄂)	0.80	267	钦南区(桂)	5.14	312	石柱土家族自治县(渝)	1.05
223	樊城区(鄂)	0.70	268	横　县(桂)	5.00	313	南川区(渝)	1.00
224	通城县(鄂)	0.56	269	防城区(桂)	4.26	314	邛崃市(川)	12.00
225	襄城区(鄂)	0.55	270	兴宁区(桂)	4.23	315	三台县(川)	10.50
226	沅江市(湘)	3.45	271	八步区(桂)	3.80	316	青川县(川)	5.00
227	汉寿县(湘)	1.80	272	昭平县(桂)	3.65	317	射洪县(川)	3.50
228	衡山县(湘)	1.68	273	扶绥县(桂)	3.41	318	苍溪县(川)	3.50
229	安乡县(湘)	1.67	274	七星区(桂)	3.00	319	阆中市(川)	3.00
230	资阳区(湘)	1.60	275	灵川县(桂)	2.99	320	江油市(川)	2.80
231	沅陵县(湘)	1.60	276	宾阳县(桂)	2.83	321	盐亭县(川)	2.61
232	君山区(湘)	1.60	277	钦北区(桂)	2.80	322	元坝区(川)	2.30
233	新化县(湘)	1.50	278	海城区(桂)	2.80	323	乐山市市中区(川)	2.00
234	双峰县(湘)	1.21	279	浦北县(桂)	2.80	324	彭州市(川)	1.30

序号	木片主产地	万实积立方米
325	五通桥区(川)	1.25
326	安居区(川)	1.20
327	彭山县(川)	1.04
328	丹棱县(川)	0.80
329	旺苍县(川)	0.80
330	富顺县(川)	0.80
331	安　县(川)	0.62
332	天全县(川)	0.57
333	沙湾区(川)	0.55
334	绵竹市(川)	0.55
335	遵义县(黔)	2.00
336	德江县(黔)	0.90
337	长顺县(黔)	0.75
338	清镇市(黔)	0.61
339	务川仡佬族苗族自治县(黔)	0.60
340	景谷傣族彝族自治县(滇)	9.00
341	江城哈尼族彝族自治县(滇)	2.44
342	宁洱哈尼族彝族自治县(滇)	1.80
343	富宁县(滇)	0.98
344	昭阳区(滇)	0.96
345	秦都区(陕)	2.00
346	三岔子林业局(吉林森工)	0.81
347	汤旺河林业局(龙江森工)	3.20
348	兴隆林业局(龙江森工)	2.86
349	东方红林业局(龙江森工)	2.81
350	带岭实验局(龙江森工)	2.46
351	翠峦林业局(龙江森工)	1.80
352	大海林林业局(龙江森工)	0.80
353	沾河林业局(龙江森工)	0.67
354	松岭林业局(大兴安岭)	14.93
355	塔河林业局(大兴安岭)	10.87
356	呼中林业局(大兴安岭)	2.47
357	西林吉林业局(大兴安岭)	1.33
358	十八站林业局(大兴安岭)	1.29
359	图强林业局(大兴安岭)	0.96

表 2-1　2012 年胶合板主产地产量

序号	胶合板主产地	万立方米
1	文安县(冀)	213.77
2	邢台市高新技术开发区(冀)	64.09
3	霸州市(冀)	47.33
4	邢台县(冀)	13.00
5	青龙满族自治县(冀)	8.00
6	正定县(冀)	6.84
7	昌黎县(冀)	2.90
8	望都县(冀)	2.54
9	尚义县(冀)	1.80
10	三河市(冀)	0.85
11	景　县(冀)	0.81
12	盐山县(冀)	0.80
13	元宝山区(内蒙古)	20.00
14	扎鲁特旗(内蒙古)	3.80
15	奈曼旗(内蒙古)	0.86
16	开鲁县(内蒙古)	0.59
17	台安县(辽)	45.00
18	黑山县(辽)	16.00
19	新民市(辽)	12.67
20	喀喇沁左翼蒙古族自治县(辽)	5.00
21	双塔区(辽)	5.00
22	北镇市(辽)	4.05
23	海城市(辽)	2.86
24	昌图县(辽)	1.10
25	辽中县(辽)	1.00
26	沈北新区(辽)	1.00
27	梨树县(吉)	16.30
28	敦化市(吉)	11.85
29	珲春市(吉)	11.00
30	榆树市(吉)	8.30
31	安图县(吉)	6.90
32	农安县(吉)	4.00
33	汪清县(吉)	3.69
34	双辽市(吉)	3.40
35	长岭县(吉)	2.10
36	东辽县(吉)	1.60
37	绿园区(吉)	1.40
38	大安市(吉)	1.20
39	乾安县(吉)	1.20
40	四平市市辖区(吉)	1.14
41	经济开发区(吉)	1.00
42	集安市(吉)	1.00
43	图们市(吉)	0.99
44	珲春森林山公司(吉)	0.97
45	和龙林业局(吉)	0.56
46	海林市(黑)	30.00
47	克山县(黑)	2.80
48	安达市(黑)	2.10
49	邳州市(苏)	989.60
50	沭阳县(苏)	605.00
51	泗阳县(苏)	445.36
52	丰　县(苏)	66.00
53	铜山区(苏)	53.00
54	灌南县(苏)	45.50
55	东台市(苏)	34.82
56	虎丘区(苏)	22.10
57	赣榆县(苏)	19.70
58	新沂市(苏)	15.50
59	睢宁县(苏)	15.00
60	宜兴市(苏)	14.20
61	宿豫区(苏)	11.20
62	东海县(苏)	10.00
63	宿城区(苏)	9.98
64	泗洪县(苏)	8.35
65	江都区(苏)	6.50
66	沛　县(苏)	6.00
67	启东市(苏)	4.55
68	盱眙县(苏)	3.54
69	高淳县(苏)	3.01
70	淮安区(苏)	2.78
71	通州区(苏)	2.60
72	江宁区(苏)	2.24
73	广陵区(苏)	2.00
74	建湖县(苏)	1.18
75	常熟市(苏)	1.10
76	高邮市(苏)	1.00
77	金湖县(苏)	0.95
78	阜宁县(苏)	0.75
79	贾汪区(苏)	0.66
80	射阳县(苏)	0.57
81	响水县(苏)	0.53
82	安吉县(浙)	62.74
83	衢州市市辖区(浙)	23.79
84	德清县(浙)	21.00
85	建德市(浙)	14.28
86	江山市(浙)	11.98
87	龙泉市(浙)	11.10
88	南浔区(浙)	9.85
89	庆元县(浙)	5.60
90	长兴县(浙)	2.99
91	嵊州市(浙)	2.60
92	衢江区(浙)	2.10
93	宁海县(浙)	2.07
94	永康市(浙)	1.70
95	桐庐县(浙)	1.65
96	临安市(浙)	1.65
97	常山县(浙)	1.60
98	吴兴区(浙)	1.51
99	富阳市(浙)	1.20

序号	胶合板主产地	万立方米	序号	胶合板主产地	万立方米	序号	胶合板主产地	万立方米
100	江北区(浙)	1.15	146	铜陵县(皖)	1.20	192	漳平市(闽)	1.03
101	开化县(浙)	0.94	147	铜陵市市辖区(皖)	1.00	193	浦城县(闽)	0.82
102	柯城区(浙)	0.89	148	来安县(皖)	1.00	194	蕉城区(闽)	0.76
103	缙云县(浙)	0.71	149	和　县(皖)	1.00	195	寿宁县(闽)	0.74
104	莲都区(浙)	0.70	150	滁州市管店林业总场(皖)	0.94	196	福鼎市(闽)	0.66
105	余姚市(浙)	0.70	151	无为县(皖)	0.82	197	上杭县(闽)	0.64
106	鄞州区(浙)	0.67	152	南陵县(皖)	0.79	198	龙海市(闽)	0.59
107	桐乡市(浙)	0.60	153	徽州区(皖)	0.76	199	屏南县(闽)	0.58
108	淳安县(浙)	0.57	154	岳西县(皖)	0.70	200	宜丰县(赣)	8.30
109	砀山县(皖)	77.00	155	石台县(皖)	0.65	201	新干县(赣)	8.00
110	泗　县(皖)	42.15	156	祁门县(皖)	0.60	202	万载县(赣)	5.15
111	广德县(皖)	34.50	157	烈山区(皖)	0.60	203	贵溪市(赣)	4.82
112	蒙城县(皖)	27.00	158	黟　县(皖)	0.55	204	浮梁县(赣)	4.10
113	天长市(皖)	20.56	159	沙　县(闽)	66.79	205	宁都县(赣)	3.70
114	灵璧县(皖)	17.90	160	永安市(闽)	36.28	206	泰和县(赣)	3.50
115	怀宁县(皖)	14.80	161	城厢区(闽)	25.44	207	婺源县(赣)	3.24
116	青阳县(皖)	8.00	162	尤溪县(闽)	19.51	208	南康市(赣)	3.00
117	五河县(皖)	8.00	163	三元区(闽)	14.05	209	袁州区(赣)	3.00
118	宁国市(皖)	7.55	164	建瓯市(闽)	13.40	210	峡江县(赣)	2.98
119	霍山县(皖)	5.00	165	将乐县(闽)	13.10	211	南昌市市辖区(赣)	2.00
120	弋江区(皖)	5.00	166	延平区(闽)	13.05	212	奉新县(赣)	1.89
121	涡阳县(皖)	4.70	167	明溪县(闽)	13.01	213	武宁县(赣)	1.88
122	东至县(皖)	4.10	168	大田县(闽)	10.13	214	德兴市(赣)	1.76
123	明光市(皖)	4.01	169	龙文区(闽)	8.80	215	上高县(赣)	1.50
124	金寨县(皖)	3.90	170	泰宁县(闽)	8.70	216	月湖区(赣)	1.50
125	全椒县(皖)	3.50	171	武平县(闽)	8.24	217	铜鼓县(赣)	1.45
126	博望区(皖)	3.00	172	清流县(闽)	7.22	218	南丰县(赣)	1.34
127	萧　县(皖)	3.00	173	梅列区(闽)	4.90	219	上犹县(赣)	1.21
128	琅琊区(皖)	3.00	174	邵武市(闽)	4.65	220	吉水县(赣)	1.10
129	南谯区(皖)	3.00	175	新罗区(闽)	4.10	221	临川区(赣)	1.00
130	定远县(皖)	3.00	176	宁化县(闽)	3.79	222	宜黄县(赣)	1.00
131	寿　县(皖)	2.80	177	连城县(闽)	3.62	223	安福县(赣)	1.00
132	宣州区(皖)	2.60	178	建阳市(闽)	3.52	224	章贡区(赣)	0.94
133	潜山县(皖)	2.50	179	光泽县(闽)	2.95	225	新建县(赣)	0.93
134	固镇县(皖)	2.33	180	长汀县(闽)	2.26	226	全南县(赣)	0.82
135	埇桥区(皖)	2.28	181	闽清县(闽)	2.25	227	分宜县(赣)	0.78
136	霍邱县(皖)	1.80	182	武夷山市(闽)	2.19	228	湖口县(赣)	0.65
137	巢湖市(皖)	1.50	183	古田县(闽)	2.12	229	彭泽县(赣)	0.60
138	相山区(皖)	1.50	184	晋江市(闽)	1.68	230	兰山区(鲁)	2000.00
139	大观区(皖)	1.50	185	政和县(闽)	1.54	231	沂水县(鲁)	308.00
140	绩溪县(皖)	1.50	186	芗城区(闽)	1.50	232	费　县(鲁)	163.27
141	旌德县(皖)	1.48	187	永春县(闽)	1.46	233	郓城县(鲁)	150.00
142	濉溪县(皖)	1.47	188	长乐市(闽)	1.39	234	阳谷县(鲁)	78.00
143	屯溪区(皖)	1.45	189	霞浦县(闽)	1.30	235	昌乐县(鲁)	70.00
144	禹会区(皖)	1.30	190	南安市(闽)	1.25	236	惠民县(鲁)	60.00
145	太湖县(皖)	1.24	191	顺昌县(闽)	1.09	237	高唐县(鲁)	58.00

序号	胶合板主产地	万立方米
238	茌平县(鲁)	50.00
239	阳信县(鲁)	40.00
240	曲阜市(鲁)	35.00
241	高密市(鲁)	35.00
242	苍山县(鲁)	27.66
243	平邑县(鲁)	22.70
244	郯城县(鲁)	22.30
245	嘉祥县(鲁)	21.40
246	寿光市(鲁)	20.50
247	东平县(鲁)	20.15
248	桓台县(鲁)	19.10
249	齐河县(鲁)	17.00
250	成武县(鲁)	16.80
251	东阿县(鲁)	14.80
252	商河县(鲁)	14.50
253	微山县(鲁)	14.30
254	河东区(鲁)	13.00
255	潍城区(鲁)	10.60
256	兖州市(鲁)	8.90
257	鄄城县(鲁)	7.08
258	汶上县(鲁)	7.00
259	邹平县(鲁)	6.35
260	梁山县(鲁)	6.29
261	高青县(鲁)	6.10
262	肥城市(鲁)	5.60
263	沂源县(鲁)	4.60
264	新泰市(鲁)	4.50
265	乐陵市(鲁)	4.50
266	宁阳县(鲁)	4.34
267	岱岳区(鲁)	4.00
268	诸城市(鲁)	3.91
269	博兴县(鲁)	3.26
270	莒南县(鲁)	3.10
271	冠　县(鲁)	2.90
272	鱼台县(鲁)	2.80
273	龙口市(鲁)	2.13
274	宁津县(鲁)	2.10
275	张店区(鲁)	2.00
276	薛城区(鲁)	1.60
277	泰山区(鲁)	1.02
278	临朐县(鲁)	1.00
279	邹城市(鲁)	0.83
280	青州市(鲁)	0.80
281	蒙阴县(鲁)	0.63
282	沂南县(鲁)	0.60
283	安丘市(鲁)	0.60
284	临沂市高新技术产业开发区(鲁)	0.55
285	平原县(鲁)	0.51
286	巩义市(豫)	80.00
287	兰考县(豫)	59.00
288	原阳县(豫)	22.00
289	许昌县(豫)	20.20
290	鄢陵县(豫)	18.11
291	邓州市(豫)	15.00
292	禹州市(豫)	13.92
293	内乡县(豫)	12.00
294	上蔡县(豫)	11.42
295	卧龙区(豫)	10.00
296	扶沟县(豫)	9.50
297	尉氏县(豫)	8.80
298	夏邑县(豫)	8.00
299	洛宁县(豫)	7.00
300	滑　县(豫)	7.00
301	睢阳区(豫)	6.80
302	太康县(豫)	6.00
303	召陵区(豫)	5.48
304	舞阳县(豫)	4.50
305	台前县(豫)	4.50
306	罗山县(豫)	4.32
307	柘城县(豫)	4.24
308	正阳县(豫)	3.90
309	武陟县(豫)	3.80
310	永城市(豫)	3.80
311	汝南县(豫)	3.60
312	伊川县(豫)	3.60
313	川汇区(豫)	3.40
314	新野县(豫)	3.30
315	息　县(豫)	3.20
316	中牟县(豫)	3.00
317	郸城县(豫)	2.80
318	唐河县(豫)	2.74
319	宛城区(豫)	2.55
320	临颍县(豫)	2.25
321	平舆县(豫)	2.24
322	嵩　县(豫)	2.10
323	方城县(豫)	1.92
324	内黄县(豫)	1.90
325	获嘉县(豫)	1.89
326	叶　县(豫)	1.86
327	民权县(豫)	1.82
328	固始县(豫)	1.80
329	郾城区(豫)	1.71
330	淮滨县(豫)	1.50
331	新蔡县(豫)	1.46
332	镇平县(豫)	1.36
333	商水县(豫)	1.32
334	宁陵县(豫)	1.13
335	新安县(豫)	1.12
336	偃师市(豫)	1.00
337	延津县(豫)	0.96
338	遂平县(豫)	0.93
339	封丘县(豫)	0.90
340	登封市(豫)	0.85
341	社旗县(豫)	0.80
342	牧野区(豫)	0.78
343	确山县(豫)	0.76
344	西平县(豫)	0.72
345	驿城区(豫)	0.70
346	灵宝市(豫)	0.65
347	西峡县(豫)	0.58
348	卫辉市(豫)	0.58
349	随县(鄂)	12.90
350	大悟县(鄂)	10.00
351	天门市(鄂)	8.50
352	枣阳市(鄂)	6.90
353	石首市(鄂)	4.30
354	洪湖市(鄂)	4.00
355	监利县(鄂)	4.00
356	曾都区(鄂)	2.44
357	公安县(鄂)	2.20
358	蕲春县(鄂)	2.00
359	咸丰县(鄂)	1.47
360	樊城区(鄂)	1.41
361	当阳市(鄂)	1.20
362	嘉鱼县(鄂)	1.20
363	谷城县(鄂)	1.20
364	枝江市(鄂)	1.10
365	京山县(鄂)	0.95
366	通城县(鄂)	0.94
367	建始县(鄂)	0.77
368	阳新县(鄂)	0.54
369	炎陵县(湘)	16.00
370	岳阳县(湘)	10.00
371	芙蓉区(湘)	10.00
372	汉寿县(湘)	8.50
373	衡山县(湘)	8.29
374	浏阳市(湘)	7.35
375	安化县(湘)	6.50

序号	胶合板主产地	万立方米
376	湘乡市(湘)	6.45
377	绥宁县(湘)	6.00
378	桃江县(湘)	4.00
379	零陵区(湘)	3.90
380	衡东县(湘)	3.87
381	株洲县(湘)	3.40
382	沅江市(湘)	3.24
383	祁东县(湘)	3.10
384	芦淞区(湘)	3.00
385	茶陵县(湘)	3.00
386	鼎城区(湘)	2.70
387	双峰县(湘)	2.68
388	新化县(湘)	2.60
389	邵阳县(湘)	2.50
390	芷江侗族自治县(湘)	2.22
391	洪江区(湘)	2.19
392	洞口县(湘)	2.13
393	汝城县(湘)	2.10
394	湘潭县(湘)	2.00
395	沅陵县(湘)	1.80
396	城步苗族自治县(湘)	1.80
397	通道侗族自治县(湘)	1.62
398	珠晖区(湘)	1.40
399	桑植县(湘)	1.20
400	溆浦县(湘)	1.20
401	冷水滩区(湘)	1.15
402	道　县(湘)	1.09
403	常宁市(湘)	1.04
404	桃源县(湘)	1.00
405	宜章县(湘)	1.00
406	雨花区(湘)	1.00
407	隆回县(湘)	1.00
408	东安县(湘)	0.94
409	赫山区(湘)	0.90
410	宁乡县(湘)	0.90
411	吉首市(湘)	0.87
412	长沙县(湘)	0.86
413	资兴市(湘)	0.84
414	衡阳县(湘)	0.83
415	望城县(湘)	0.80
416	新晃侗族自治县(湘)	0.79
417	安仁县(湘)	0.72
418	慈利县(湘)	0.70
419	武陵区(湘)	0.70
420	娄星区(湘)	0.66
421	双牌县(湘)	0.60
422	新宁县(湘)	0.60
423	凤凰县(湘)	0.60
424	永定区(湘)	0.58
425	衡南县(湘)	0.52
426	东源县(粤)	4.80
427	蕉岭县(粤)	4.23
428	清新县(粤)	3.00
429	高州市(粤)	2.00
430	大埔县(粤)	1.60
431	英德市(粤)	1.27
432	饶平县(粤)	0.80
433	平远县(粤)	0.74
434	兴宁市(粤)	0.60
435	武鸣县(桂)	86.95
436	覃塘区(桂)	60.69
437	江南区(桂)	46.85
438	柳江县(桂)	37.03
439	藤　县(桂)	36.00
440	港北区(桂)	31.14
441	博白县(桂)	29.50
442	宁明县(桂)	26.00
443	岑溪市(桂)	26.00
444	浦北县(桂)	25.69
445	八步区(桂)	23.20
446	桂平市(桂)	23.00
447	恭城瑶族自治县(桂)	21.72
448	西乡塘区(桂)	18.45
449	横　县(桂)	16.10
450	灵山县(桂)	16.00
451	玉州区(桂)	15.90
452	苍梧县(桂)	15.70
453	象州县(桂)	15.58
454	灵川县(桂)	15.54
455	陆川县(桂)	15.10
456	象山区(桂)	15.00
457	临桂县(桂)	14.90
458	港南区(桂)	12.31
459	金秀瑶族自治县(桂)	11.80
460	凤山县(桂)	10.80
461	龙胜各族自治县(桂)	10.54
462	永福县(桂)	10.35
463	宾阳县(桂)	10.11
464	平南县(桂)	10.00
465	阳朔县(桂)	9.72
466	兴宾区(桂)	8.39
467	七坡林场(桂)	8.24
468	田东县(桂)	8.00
469	防城区(桂)	8.00
470	兴安县(桂)	7.78
471	柳城县(桂)	7.68
472	鹿寨县(桂)	7.10
473	全州县(桂)	6.96
474	蒙山县(桂)	6.84
475	隆安县(桂)	6.55
476	钦北区(桂)	6.50
477	城中区(桂)	6.45
478	玉林市福绵区(桂)	6.05
479	荔浦县(桂)	5.61
480	平乐县(桂)	5.40
481	七星区(桂)	5.00
482	兴宁区(桂)	5.00
483	上思县(桂)	5.00
484	雅长林场(桂)	3.85
485	昭平县(桂)	3.85
486	钦南区(桂)	3.80
487	贺州市平桂管理区(桂)	3.80
488	银海区(桂)	3.70
489	黄冕林场(桂)	3.47
490	西林县(桂)	3.42
491	靖西县(桂)	3.20
492	钟山县(桂)	3.00
493	六万林场(桂)	2.88
494	平果县(桂)	2.60
495	兴业县(桂)	2.50
496	上林县(桂)	2.41
497	融安县(桂)	2.40
498	资源县(桂)	2.32
499	那坡县(桂)	2.08
500	秀峰区(桂)	2.00
501	叠彩区(桂)	2.00
502	田林县(桂)	2.00
503	东兴市(桂)	2.00
504	扶绥县(桂)	1.93
505	天等县(桂)	1.70
506	武宣县(桂)	1.67
507	海城区(桂)	1.52
508	大新县(桂)	1.50
509	右江区(桂)	1.50
510	良凤江国家森林公园(桂)	1.46
511	东兰县(桂)	1.38
512	雁山区(桂)	1.26
513	江州区(桂)	1.20

序号	胶合板主产地	万立方米
514	南丹县(桂)	1.18
515	灌阳县(桂)	1.11
516	大桂山林场(桂)	1.09
517	田阳县(桂)	1.02
518	融水苗族自治县(桂)	1.00
519	港口区(桂)	1.00
520	三江侗族自治县(桂)	0.93
521	金城江区(桂)	0.71
522	九龙坡区(渝)	7.95
523	黔江区(渝)	5.44
524	永川区(渝)	3.00
525	南川区(渝)	2.10
526	荣昌县(渝)	2.10
527	梁平县(渝)	1.50
528	开　县(渝)	1.46
529	垫江县(渝)	1.40
530	石柱土家族自治县(渝)	0.95
531	万州区(渝)	0.70
532	武隆县(渝)	0.68
533	大邑县(川)	13.00
534	利州区(川)	12.00
535	蒲江县(川)	11.15
536	井研县(川)	10.00
537	洪雅县(川)	8.00
538	邛崃市(川)	7.00
539	新都区(川)	6.80
540	丹棱县(川)	6.60
541	天全县(川)	5.30
542	万源市(川)	5.20
543	荣　县(川)	5.00
544	沐川县(川)	4.60
545	纳溪区(川)	4.50
546	雁江区(川)	4.20
547	叙永县(川)	4.00
548	雨城区(川)	3.80
549	江油市(川)	3.50
550	合江县(川)	3.50
551	宣汉县(川)	2.80
552	东坡区(川)	2.20
553	彭山县(川)	2.20
554	长宁县(川)	2.05
555	元坝区(川)	2.00
556	高坪区(川)	2.00
557	新津县(川)	1.80
558	大英县(川)	1.80
559	江安县(川)	1.67
560	贡井区(川)	1.55
561	高　县(川)	1.50
562	通川区(川)	1.45
563	剑阁县(川)	1.30
564	古蔺县(川)	1.20
565	乐山市市中区(川)	1.20
566	巴州区(川)	1.20
567	富顺县(川)	1.20
568	什邡市(川)	1.10
569	朝天区(川)	1.00
570	西昌市(川)	1.00
571	渠　县(川)	1.00
572	广汉市(川)	0.81
573	开江县(川)	0.80
574	邻水县(川)	0.80
575	旺苍县(川)	0.80
576	沿滩区(川)	0.78
577	自流井区(川)	0.70
578	芦山县(川)	0.65
579	翠屏区(川)	0.60
580	罗江县(川)	0.57
581	金堂县(川)	0.55
582	游仙区(川)	0.51
583	赤水市(黔)	9.47
584	凯里市(黔)	4.63
585	黎平县(黔)	3.30
586	正安县(黔)	2.80
587	遵义县(黔)	2.00
588	余庆县(黔)	2.00
589	台江县(黔)	1.74
590	岑巩县(黔)	1.73
591	剑河县(黔)	1.20
592	独山县(黔)	1.20
593	三都水族自治县(黔)	1.20
594	红花岗区(黔)	1.10
595	绥阳县(黔)	1.00
596	贵定县(黔)	1.00
597	务川仡佬族苗族自治县(黔)	0.96
598	镇远县(黔)	0.86
599	思南县(黔)	0.84
600	德江县(黔)	0.80
601	白云区(黔)	0.70
602	印江土家族苗族自治县(黔)	0.68
603	长顺县(黔)	0.62
604	清镇市(黔)	0.61
605	官渡区(滇)	16.20
606	景谷傣族彝族自治县(滇)	12.00
607	镇沅彝族哈尼族拉祜族自治县(滇)	3.72
608	宁洱哈尼族彝族自治县(滇)	2.45
609	双柏县(滇)	2.09
610	马关县(滇)	1.99
611	大姚县(滇)	1.91
612	思茅区(滇)	1.34
613	丘北县(滇)	0.87
614	砚山县(滇)	0.60
615	双江拉祜族佤族布朗族傣族自治县(滇)	0.60
616	莎车县(新)	1.54
617	上甘岭林业局(龙江森工)	0.71

表 2-2　2012 年纤维板主产地产量

序号	纤维板主产地	万立方米
1	藁城市(冀)	120.72
2	文安县(冀)	100.00
3	易　县(冀)	26.00
4	正定县(冀)	16.00
5	邱　县(冀)	14.00
6	平泉县(冀)	12.21
7	冀州市(冀)	11.00
8	深州市(冀)	10.00
9	辛集市(冀)	9.78
10	安平县(冀)	7.10
11	霸州市(冀)	6.12
12	肃宁县(冀)	5.00
13	唐　县(冀)	0.78
14	徐水县(冀)	0.60
15	尧都区(晋)	12.00
16	伊金霍洛旗(内蒙古)	8.00
17	杭锦后旗(内蒙古)	2.40
18	台安县(辽)	10.00
19	桓仁满族自治县(辽)	9.95
20	阜新蒙古族自治县(辽)	8.00
21	新宾满族自治县(辽)	7.00
22	辽宁实验林场(辽)	5.90
23	清原满族自治县(辽)	4.40
24	海城市(辽)	3.89
25	敦化市(吉)	10.45
26	汪清林源木业有限公司(吉)	10.43
27	和龙人造板公司(吉)	8.77
28	汪清林业局(吉)	3.57
29	通化县(吉)	3.00

序号	纤维板主产地	万立方米	序号	纤维板主产地	万立方米	序号	纤维板主产地	万立方米
30	绿园区(吉)	1.40	76	祁门县(皖)	9.60	122	桓台县(鲁)	31.60
31	汪清县(吉)	1.37	77	灵璧县(皖)	8.51	123	高唐县(鲁)	28.00
32	虎林市(黑)	3.00	78	利辛县(皖)	7.71	124	寿光市(鲁)	24.10
33	奉贤区(沪)	1.23	79	太湖县(皖)	7.25	125	阳谷县(鲁)	21.00
34	沭阳县(苏)	153.17	80	桐城市(皖)	7.00	126	惠民县(鲁)	20.00
35	丹阳市(苏)	138.00	81	东至县(皖)	7.00	127	临清市(鲁)	15.00
36	邳州市(苏)	108.10	82	泗　县(皖)	6.90	128	鱼台县(鲁)	12.00
37	常熟市(苏)	76.86	83	铜陵市市辖区(皖)	6.00	129	肥城市(鲁)	11.20
38	新沂市(苏)	41.00	84	南谯区(皖)	6.00	130	嘉祥县(鲁)	11.00
39	泗洪县(苏)	30.45	85	固镇县(皖)	4.46	131	新泰市(鲁)	10.00
40	洪泽县(苏)	25.00	86	濉溪县(皖)	3.65	132	齐河县(鲁)	9.00
41	睢宁县(苏)	20.00	87	埇桥区(皖)	2.24	133	张店区(鲁)	8.00
42	灌云县(苏)	19.00	88	五河县(皖)	2.00	134	商河县(鲁)	7.80
43	高邮市(苏)	18.00	89	青阳县(皖)	1.80	135	潍城区(鲁)	7.00
44	宝应县(苏)	12.00	90	庐江县(皖)	1.20	136	寒亭区(鲁)	6.80
45	大丰市(苏)	11.00	91	大观区(皖)	1.00	137	汶上县(鲁)	6.00
46	赣榆县(苏)	10.00	92	永安市(闽)	32.52	138	郯城县(鲁)	5.39
47	溧阳市(苏)	10.00	93	建阳市(闽)	20.00	139	东平县(鲁)	5.35
48	沛　县(苏)	10.00	94	南靖县(闽)	18.24	140	博兴县(鲁)	5.00
49	淮阴区(苏)	9.40	95	邵武市(闽)	15.61	141	兖州市(鲁)	4.00
50	金湖县(苏)	9.20	96	建瓯市(闽)	10.90	142	薛城区(鲁)	3.70
51	盱眙县(苏)	8.60	97	龙文区(闽)	10.64	143	宁阳县(鲁)	2.22
52	东海县(苏)	8.00	98	城厢区(闽)	9.54	144	鄄城县(鲁)	2.16
53	滨海县(苏)	8.00	99	龙海市(闽)	7.56	145	临朐县(鲁)	2.00
54	灌南县(苏)	7.80	100	新罗区(闽)	7.43	146	冠　县(鲁)	1.30
55	泗阳县(苏)	5.14	101	华安县(闽)	6.14	147	沂南县(鲁)	1.16
56	宿豫区(苏)	3.52	102	永春县(闽)	4.55	148	长葛市(豫)	208.09
57	涟水县(苏)	2.50	103	光泽县(闽)	3.05	149	濮阳县(豫)	23.91
58	相城区(苏)	1.50	104	三元区(闽)	1.50	150	罗山县(豫)	17.15
59	阜宁县(苏)	0.65	105	永定县(闽)	0.84	151	范　县(豫)	16.00
60	衢州市市辖区(浙)	24.08	106	武平县(闽)	0.84	152	兰考县(豫)	15.00
61	江山市(浙)	16.35	107	连城县(闽)	0.53	153	邓州市(豫)	12.00
62	桐乡市(浙)	8.30	108	南康市(赣)	30.00	154	孟州市(豫)	10.00
63	常山县(浙)	7.70	109	临川区(赣)	16.00	155	西华县(豫)	8.00
64	仙居县(浙)	7.56	110	宜丰县(赣)	4.05	156	湖滨区(豫)	7.82
65	富阳市(浙)	7.40	111	信丰县(赣)	2.52	157	淇　县(豫)	5.20
66	天台县(浙)	7.39	112	袁州区(赣)	2.50	158	扶沟县(豫)	4.32
67	长兴县(浙)	1.00	113	南昌市市辖区(赣)	2.00	159	固始县(豫)	4.00
68	含山县(皖)	4.45	114	余江县(赣)	0.60	160	睢阳区(豫)	3.60
69	阜南县(皖)	40.50	115	任城区(鲁)	950.00	161	辉县市(豫)	3.00
70	怀宁县(皖)	28.10	116	兰山区(鲁)	258.00	162	沁阳市(豫)	3.00
71	宁国市(皖)	13.70	117	茌平县(鲁)	160.00	163	新乡县(豫)	3.00
72	凤阳县(皖)	13.50	118	沂水县(鲁)	120.00	164	内乡县(豫)	3.00
73	琅琊区(皖)	13.20	119	广饶县(鲁)	50.66	165	沈丘县(豫)	2.80
74	宣州区(皖)	10.80	120	禹城市(鲁)	41.47	166	尉氏县(豫)	2.80
75	蒙城县(皖)	10.00	121	邹城市(鲁)	32.87	167	西峡县(豫)	2.40

序号	纤维板主产地	万立方米
168	临颍县(豫)	2.34
169	新野县(豫)	2.00
170	泌阳县(豫)	1.76
171	镇平县(豫)	1.71
172	商水县(豫)	1.40
173	确山县(豫)	0.55
174	东宝区(鄂)	31.00
175	蕲春县(鄂)	28.00
176	天门市(鄂)	25.00
177	监利县(鄂)	25.00
178	南漳县(鄂)	22.00
179	曾都区(鄂)	22.00
180	石首市(鄂)	16.40
181	咸安区(鄂)	12.40
182	大悟县(鄂)	10.00
183	沙洋县(鄂)	10.00
184	枝江市(鄂)	9.56
185	远安县(鄂)	8.90
186	崇阳县(鄂)	8.00
187	洪湖市(鄂)	8.00
188	云梦县(鄂)	4.10
189	五峰土家族自治县(鄂)	3.20
190	钟祥市(鄂)	2.20
191	潜江市(鄂)	2.00
192	建始县(鄂)	2.00
193	松滋市(鄂)	1.58
194	京山县(鄂)	1.21
195	仙桃市(鄂)	1.11
196	麻城市(鄂)	0.80
197	华容县(湘)	6.47
198	新邵县(湘)	6.00
199	冷水滩区(湘)	3.97
200	资兴市(湘)	3.63
201	安化县(湘)	3.50
202	衡东县(湘)	3.01
203	资阳区(湘)	2.80
204	新化县(湘)	2.50
205	浏阳市(湘)	1.97
206	桃江县(湘)	1.00
207	岳麓区(湘)	1.00
208	祁东县(湘)	0.80
209	攸　县(湘)	0.75
210	封开县(粤)	29.55
211	阳东县(粤)	20.00
212	清城区(粤)	16.29
213	英德市(粤)	13.36
214	东源县(粤)	9.30
215	阳春市(粤)	8.60
216	紫金县(粤)	7.00
217	阳山县(粤)	4.00
218	清新县(粤)	3.00
219	怀集县(粤)	2.96
220	平远县(粤)	0.98
221	钟山县(桂)	15.10
222	高峰林场(桂)	53.49
223	鹿寨县(桂)	43.70
224	横　县(桂)	34.00
225	右江区(桂)	32.39
226	八步区(桂)	23.50
227	良庆区(桂)	23.14
228	陆川县(桂)	20.90
229	昭平县(桂)	20.30
230	博白林场(桂)	20.18
231	永福县(桂)	20.06
232	宾阳县(桂)	20.00
233	博白县(桂)	17.07
234	广西林业集团有限公司(桂)	17.00
235	上思县(桂)	16.85
236	象州县(桂)	16.85
237	钦廉林场(桂)	15.00
238	扶绥县(桂)	13.37
239	覃塘区(桂)	11.20
240	苍梧县(桂)	10.50
241	武鸣县(桂)	10.00
242	桂平市(桂)	10.00
243	武宣县(桂)	10.00
244	大桂山林场(桂)	9.66
245	兴宾区(桂)	8.76
246	兴宁区(桂)	8.00
247	全州县(桂)	7.88
248	江南区(桂)	7.42
249	钦北区(桂)	7.10
250	中国林科院热林中心(桂)	6.80
251	岑溪市(桂)	6.63
252	隆安县(桂)	6.59
253	兴业县(桂)	4.50
254	城中区(桂)	4.39
255	宁明县(桂)	4.30
256	黄冕林场(桂)	2.55
257	阳朔县(桂)	2.44
258	灵川县(桂)	1.44
259	开　县(渝)	1.03
260	石柱土家族自治县(渝)	12.00
261	丰都县(渝)	10.61
262	永川区(渝)	8.00
263	万州区(渝)	4.50
264	南岸区(渝)	3.40
265	黔江区(渝)	1.44
266	双流县(川)	37.57
267	乐山市市中区(川)	24.50
268	彭山县(川)	21.50
269	苍溪县(川)	20.90
270	梓潼县(川)	20.00
271	邛崃市(川)	19.00
272	崇州市(川)	13.95
273	新都区(川)	13.70
274	仁寿县(川)	13.26
275	元坝区(川)	13.20
276	大邑县(川)	12.00
277	阆中市(川)	9.80
278	名山县(川)	8.30
279	盐亭县(川)	8.10
280	青川县(川)	8.00
281	丹棱县(川)	7.70
282	乐至县(川)	7.50
283	达　县(川)	7.00
284	合江县(川)	7.00
285	高坪区(川)	6.70
286	安　县(川)	6.30
287	屏山县(川)	6.00
288	剑阁县(川)	5.50
289	平武县(川)	5.00
290	夹江县(川)	5.00
291	资中县(川)	5.00
292	彭州市(川)	4.80
293	北川羌族自治县(川)	4.50
294	三台县(川)	4.20
295	宣汉县(川)	3.80
296	江油市(川)	2.80
297	天全县(川)	2.30
298	雁江区(川)	1.80
299	珙　县(川)	1.50
300	龙里县(黔)	6.70
301	思茅区(滇)	20.08
302	景东彝族自治县(滇)	19.18
303	双柏县(滇)	19.03
304	景谷傣族彝族自治县(滇)	10.00
305	江城哈尼族彝族自治县(滇)	7.89

序号	纤维板主产地	万立方米
306	宁洱哈尼族彝族自治县(滇)	7.71
307	盘龙区(滇)	6.02
308	孟连傣族拉祜族佤族自治县(滇)	4.50
309	寻甸回族彝族自治县(滇)	4.30
310	官渡区(滇)	3.50
324	卫国林业局(滇)	3.09
311	镇沅彝族哈尼族拉祜族自治县(滇)	2.87
312	楚雄市(滇)	2.00
313	墨江哈尼族自治县(滇)	1.24
314	蒲城县(陕)	2.50
315	高陵县(陕)	39.80
316	杨凌区农林局(陕)	39.70
317	和硕县(新)	6.76
318	红石林业局(吉林森工)	5.37
319	白石山林业局(吉林森工)	5.18
320	朗乡林业局(龙江森工)	8.07
321	绥棱林业局(龙江森工)	5.69
322	兴隆林业局(龙江森工)	2.30
323	兴隆中密度板有限公司(龙江森工)	1.90
325	新林林业局(大兴安岭)	5.32
326	塔河林业局(大兴安岭)	4.61
327	呼中林业局(大兴安岭)	2.54

表 2-3　2012 年刨花板主产地产量

序号	刨花板主产地	万立方米
1	津南区(津)	3.00
2	南和县(冀)	44.00
3	文安县(冀)	35.00
4	正定县(冀)	18.00
5	临漳县(冀)	14.71
6	藁城市(冀)	12.00
7	迁西县(冀)	10.00
8	曲周县(冀)	7.59
9	望都县(冀)	6.00
10	霸州市(冀)	5.12
11	丰宁满族自治县(冀)	4.95
12	吴桥县(冀)	2.60
13	昌黎县(冀)	1.20
14	永年县(冀)	1.15
15	三河市(冀)	0.74
16	稷山县(晋)	10.00
17	尧都区(晋)	1.28
18	东胜区(内蒙古)	5.00
19	辽阳县(辽)	14.00
20	台安县(辽)	5.50
21	双塔区(辽)	5.00
22	法库县(辽)	4.00
23	海城市(辽)	2.95
24	榆树市(吉)	1.80
25	白河林业局(吉)	5.33
26	敦化市(吉)	2.91
27	沭阳县(苏)	102.00
28	丹阳市(苏)	42.00
29	洪泽县(苏)	25.00
30	丰　县(苏)	12.00
31	常熟市(苏)	11.00
32	盱眙县(苏)	7.30
33	泗阳县(苏)	4.67
34	铜山区(苏)	3.00
35	赣榆县(苏)	2.16
36	滨海县(苏)	2.10
37	高淳县(苏)	1.58
38	吴中区(苏)	1.30
39	泗洪县(苏)	1.18
40	广陵区(苏)	1.00
41	建湖县(苏)	0.78
42	溧阳市(苏)	0.71
43	阜宁县(苏)	0.65
44	吴兴区(浙)	11.06
45	鄞州区(浙)	2.57
46	庆元县(浙)	1.76
47	武义县(浙)	1.73
48	江山市(浙)	1.33
49	南谯区(皖)	10.00
50	凤阳县(皖)	8.50
51	砀山县(皖)	8.00
52	怀宁县(皖)	5.00
53	琅琊区(皖)	5.00
54	全椒县(皖)	5.00
55	泗　县(皖)	3.19
56	石台县(皖)	2.49
57	大观区(皖)	2.30
58	五河县(皖)	2.00
59	潜山县(皖)	0.80
60	南陵县(皖)	0.72
61	东至县(皖)	0.70
62	祁门县(皖)	0.70
63	沙　县(闽)	83.13
64	建瓯市(闽)	10.99
65	邵武市(闽)	9.72
66	龙海市(闽)	8.85
67	城厢区(闽)	7.45
68	清流县(闽)	6.78
69	顺昌县(闽)	5.10
70	明溪县(闽)	3.62
71	武平县(闽)	2.80
72	平和县(闽)	1.58
73	永安市(闽)	0.83
74	三元区(闽)	0.50
75	南康市(赣)	4.00
76	宜丰县(赣)	2.11
77	上高县(赣)	1.10
78	南昌市市辖区(赣)	1.00
79	武宁县(赣)	0.61
80	岚山区(鲁)	3.61
81	兰山区(鲁)	280.00
82	沂水县(鲁)	21.00
83	鄄城县(鲁)	16.53
84	寿光市(鲁)	13.00
85	阳谷县(鲁)	13.00
86	惠民县(鲁)	10.00
87	兖州市(鲁)	10.00
88	郓城县(鲁)	4.20
89	河东区(鲁)	4.00
90	郯城县(鲁)	3.39
91	临朐县(鲁)	1.67
92	汶上县(鲁)	1.56
93	沂南县(鲁)	1.00
94	微山县(鲁)	0.92
95	东平县(鲁)	0.87
96	冠　县(鲁)	0.80
97	周村区(鲁)	0.53
98	肥城市(鲁)	0.53
99	西华县(豫)	12.00
100	虞城县(豫)	8.10
101	睢　县(豫)	8.00
102	邓州市(豫)	7.00
103	许昌县(豫)	6.40
104	睢阳区(豫)	4.60
105	兰考县(豫)	4.00
106	洛宁县(豫)	3.82
107	尉氏县(豫)	3.60
108	沁阳市(豫)	2.50
109	民权县(豫)	2.42
110	沈丘县(豫)	1.70
111	夏邑县(豫)	1.00
112	舞阳县(豫)	0.60

序号	刨花板主产地	万立方米
113	博爱县(豫)	0.60
114	汉川市(鄂)	3.30
115	沙市区(鄂)	2.20
116	石首市(鄂)	1.30
117	天门市(鄂)	0.85
118	澧　县(湘)	4.80
119	芙蓉区(湘)	4.00
120	炎陵县(湘)	3.80
121	衡东县(湘)	2.61
122	汨罗市(湘)	2.40
123	洪江市(湘)	1.47
124	资兴市(湘)	1.16
125	汝城县(湘)	1.10
126	雨花区(湘)	1.00
127	双峰县(湘)	0.98
128	永兴县(湘)	0.72
129	长沙县(湘)	0.63
130	洪江区(湘)	0.63
131	君山区(湘)	0.60
132	惠来县(粤)	2.32
133	紫金县(粤)	2.00
134	平远县(粤)	0.97
135	蕉岭县(粤)	0.86
136	怀集县(粤)	0.56
137	横　县(桂)	6.90
138	覃塘区(桂)	5.09
139	荔浦县(桂)	3.35
140	派阳山林场(桂)	2.43
141	城中区(桂)	2.06
142	融安县(桂)	1.70
143	蒙山县(桂)	1.01
144	宾阳县(桂)	0.90
145	雁江区(川)	5.90
146	新都区(川)	4.10
147	双流县(川)	4.00
148	什邡市(川)	3.90
149	宣汉县(川)	2.30
150	大邑县(川)	2.00
151	安　县(川)	1.50
152	天全县(川)	1.20
153	中江县(川)	0.70
154	崇州市(川)	0.51
155	安宁市(滇)	5.40
156	朗乡林业局(龙江森工)	7.50
157	穆棱林业局(龙江森工)	4.47
158	万成木业有限公司(龙江森工)	4.10
159	汤旺河林业局(龙江森工)	4.02
160	牡丹江木材综合加工厂(龙江森工)	3.90
161	乌马河林业局(龙江森工)	2.90

表2-4　2012年细木工板(大芯板)主产地产量

序号	细木工板(大芯板)主产地	万立方米
1	文安县(冀)	82.51
2	邢台市高新技术开发区(冀)	68.68
3	南和县(冀)	15.00
4	灵寿县(冀)	5.55
5	新乐市(冀)	1.20
6	藁城市(冀)	0.98
7	三河市(冀)	0.89
8	临漳县(冀)	0.63
9	元氏县(冀)	0.62
10	魏　县(冀)	0.60
11	库伦旗(内蒙古)	2.00
12	杭锦后旗(内蒙古)	1.60
13	松山区(内蒙古)	1.16
14	林西县(内蒙古)	0.58
15	东港市(辽)	0.70
16	彰武县(辽)	20.00
17	新宾满族自治县(辽)	12.00
18	鞍山市开发区(辽)	3.60
19	昌图县(辽)	3.57
20	海州区(辽)	2.00
21	新邱区(辽)	1.00
22	北票市(辽)	0.80
23	凌源市(辽)	0.80
24	前郭尔罗斯蒙古族自治县(吉)	8.48
25	龙山区(吉)	2.60
26	敦化市(吉)	2.50
27	四平市市辖区(吉)	2.09
28	德惠市(吉)	2.00
29	农安县(吉)	2.00
30	长岭县(吉)	1.40
31	依安县(黑)	0.50
32	拜泉县(黑)	5.00
33	克山县(黑)	0.80
34	沭阳县(苏)	220.00
35	铜山区(苏)	5.00
36	宿豫区(苏)	4.05
37	六合区(苏)	3.23
38	沛　县(苏)	1.70
39	高邮市(苏)	1.00
40	通州区(苏)	0.55
41	建湖县(苏)	0.51
42	开化县(浙)	0.55
43	衢州市市辖区(浙)	53.00
44	江山市(浙)	50.75
45	南浔区(浙)	47.56
46	德清县(浙)	20.00
47	常山县(浙)	10.00
48	余杭区(浙)	9.90
49	天台县(浙)	3.19
50	龙泉市(浙)	3.00
51	兰溪市(浙)	2.11
52	庆元县(浙)	1.83
53	义乌市(浙)	1.50
54	景宁畲族自治县(浙)	0.87
55	泗　县(皖)	31.90
56	砀山县(皖)	26.50
57	埇桥区(皖)	14.55
58	东至县(皖)	5.00
59	祁门县(皖)	4.30
60	大观区(皖)	4.00
61	天长市(皖)	3.50
62	谯城区(皖)	3.20
63	萧　县(皖)	2.00
64	潜山县(皖)	1.50
65	郎溪县(皖)	1.50
66	广德县(皖)	1.40
67	五河县(皖)	1.00
68	泾　县(皖)	0.80
69	太湖县(皖)	0.72
70	徽州区(皖)	0.56
71	旌德县(皖)	0.56
72	浮梁县(赣)	6.25
73	上高县(赣)	5.50
74	新干县(赣)	5.50
75	南昌市市辖区(赣)	5.00
76	宜黄县(赣)	4.00
77	宜丰县(赣)	3.15
78	南康市(赣)	3.00
79	崇义县(赣)	2.50
80	分宜县(赣)	2.50
81	武宁县(赣)	2.21
82	吉水县(赣)	2.20
83	月湖区(赣)	2.20
84	万载县(赣)	2.11

序号	细木工板(大芯板)主产地	万立方米	序号	细木工板(大芯板)主产地	万立方米	序号	细木工板(大芯板)主产地	万立方米
85	婺源县(赣)	1.95	131	湘潭县(湘)	14.00	177	龙山县(湘)	0.60
86	德兴市(赣)	1.90	132	湘阴县(湘)	8.80	178	安仁县(湘)	0.59
87	瑞金市(赣)	1.30	133	岳阳市市辖区(湘)	8.70	179	清新县(粤)	4.50
88	铜鼓县(赣)	1.10	134	炎陵县(湘)	7.00	180	大埔县(粤)	1.00
89	九江县(赣)	1.01	135	新化县(湘)	5.10	181	融水苗族自治县(桂)	18.20
90	共青城市(赣)	0.80	136	茶陵县(湘)	5.00	182	江南区(桂)	7.56
91	资溪县(赣)	0.80	137	湘乡市(湘)	4.05	183	柳江县(桂)	5.70
92	高安市(赣)	0.76	138	安化县(湘)	3.80	184	大桂山林场(桂)	4.22
93	峡江县(赣)	0.65	139	汝城县(湘)	3.10	185	罗城仫佬族自治县(桂)	4.10
94	安源区(赣)	0.64	140	资兴市(湘)	3.00	186	融安县(桂)	3.50
95	于都县(赣)	0.56	141	北塔区(湘)	2.85	187	雅长林场(桂)	2.69
96	金溪县(赣)	0.52	142	衡山县(湘)	2.81	188	临桂县(桂)	2.40
97	修水县(赣)	0.51	143	汉寿县(湘)	2.60	189	桂平市(桂)	2.00
98	河口区(鲁)	1.08	144	平江县(湘)	2.41	190	八步区(桂)	1.40
99	沂水县(鲁)	49.00	145	会同县(湘)	2.40	191	雁山区(桂)	1.03
100	高密市(鲁)	14.50	146	中方县(湘)	2.30	192	乐业县(桂)	1.00
101	阳谷县(鲁)	11.00	147	江永县(湘)	2.18	193	玉州区(桂)	1.00
102	河东区(鲁)	8.00	148	祁阳县(湘)	2.00	194	天峨县(桂)	0.90
103	鄄城县(鲁)	6.82	149	雨花区(湘)	2.00	195	昭平县(桂)	0.71
104	寿光市(鲁)	5.50	150	醴陵市(湘)	2.00	196	凌云县(桂)	0.67
105	惠民县(鲁)	5.00	151	双牌县(湘)	2.00	197	黔江区(渝)	0.88
106	任城区(鲁)	3.00	152	洞口县(湘)	1.70	198	南部县(川)	20.00
107	梁山县(鲁)	2.11	153	衡南县(湘)	1.70	199	达　县(川)	5.50
108	岱岳区(鲁)	2.00	154	花垣县(湘)	1.60	200	万源市(川)	3.50
109	郓城县(鲁)	1.90	155	鹤城区(湘)	1.60	201	洪雅县(川)	3.00
110	平阴县(鲁)	1.75	156	古丈县(湘)	1.60	202	剑阁县(川)	2.30
111	成武县(鲁)	1.68	157	隆回县(湘)	1.50	203	夹江县(川)	2.00
112	冠　县(鲁)	1.60	158	宁乡县(湘)	1.40	204	合江县(川)	1.90
113	肥城市(鲁)	1.58	159	鼎城区(湘)	1.30	205	阆中市(川)	1.85
114	宁阳县(鲁)	1.36	160	零陵区(湘)	1.30	206	青神县(川)	1.80
115	邹城市(鲁)	1.26	161	蓝山县(湘)	1.20	207	宣汉县(川)	1.70
116	兖州市(鲁)	1.00	162	溆浦县(湘)	1.20	208	天全县(川)	1.70
117	齐河县(鲁)	0.80	163	衡东县(湘)	1.11	209	通江县(川)	1.60
118	兰考县(豫)	9.00	164	城步苗族自治县(湘)	1.10	210	中江县(川)	1.20
119	临颍县(豫)	4.59	165	芙蓉区(湘)	1.00	211	安　县(川)	1.20
120	邓州市(豫)	3.00	166	浏阳市(湘)	0.95	212	雁江区(川)	1.20
121	平舆县(豫)	1.02	167	江华瑶族自治县(湘)	0.93	213	广汉市(川)	1.09
122	湖滨区(豫)	0.75	168	冷水滩区(湘)	0.91	214	江安县(川)	0.88
123	监利县(鄂)	11.00	169	双峰县(湘)	0.87	215	沐川县(川)	0.80
124	钟祥市(鄂)	3.50	170	永定区(湘)	0.86	216	筠连县(川)	0.80
125	潜江市(鄂)	2.00	171	耒阳市(湘)	0.85	217	高　县(川)	0.80
126	谷城县(鄂)	2.00	172	新宁县(湘)	0.80	218	郫　县(川)	0.73
127	石首市(鄂)	1.50	173	石门县(湘)	0.80	219	古蔺县(川)	0.70
128	天门市(鄂)	0.68	174	祁东县(湘)	0.70	220	兴文县(川)	0.70
129	鹤峰县(鄂)	0.62	175	慈利县(湘)	0.70	221	荥经县(川)	0.70
130	咸丰县(鄂)	0.54	176	桃源县(湘)	0.60	222	南江县(川)	0.63

序号	细木工板(大芯板)主产地	万立方米
223	会东县(川)	0.60
224	芦山县(川)	0.60
225	沙湾区(川)	0.55
226	南明区(黔)	0.96
227	锦屏县(黔)	1.38
228	三都水族自治县(黔)	1.30
229	剑河县(黔)	1.00
230	景洪市(滇)	5.32
231	宁洱哈尼族彝族自治县(滇)	1.12
232	景谷傣族彝族自治县(滇)	1.00
233	西畴县(滇)	0.75
234	汤旺河林业局(龙江森工)	3.70
235	新青林业局(龙江森工)	1.20
236	美溪林业局(龙江森工)	0.90
237	黑龙江柴河林业局(龙江森工)	0.83
238	红星林业局(龙江森工)	0.70
239	带岭实验局(龙江森工)	0.65

表 3-1　2012 年木地板主产地产量

序号	木地板主产地	万平方米
1	魏　县(冀)	100.00
2	广平县(冀)	40.00
3	大连市金州新区(辽)	748.00
4	于洪区(辽)	700.00
5	彰武县(辽)	650.00
6	东港市(辽)	300.00
7	新民市(辽)	250.00
8	庄河市(辽)	200.00
9	溪湖区(辽)	160.00
10	法库县(辽)	50.00
11	大石桥市(辽)	35.00
12	清原满族自治县(辽)	20.00
13	抚顺县(辽)	5.20
14	新宾满族自治县(辽)	5.00
15	凌海市(辽)	3.00
16	普兰店市(辽)	3.00
17	辽宁省森林经营研究所(辽)	1.60
18	珲春市(吉)	1298.00
19	敦化市(吉)	772.30
20	抚松县(吉)	219.00
21	汪清林业局(吉)	144.38
22	延吉市(吉)	105.00
23	珲春森林山公司(吉)	76.49
24	新元木业公司(吉)	70.63
25	临江市(吉)	56.00
26	白河林业局(吉)	15.18
27	绿园区(吉)	11.00
28	江源区(吉)	10.00
29	蛟河市(吉)	6.90
30	德惠市(吉)	6.00
31	二道区(吉)	3.00
32	天桥岭林业局(吉)	2.52
33	集安市(吉)	2.00
34	宽城区(吉)	2.00
35	船营区(吉)	1.65
36	舒兰市(吉)	1.50
37	长白朝鲜族自治县(吉)	1.30
38	东丰县(吉)	1.20
39	桦南县(黑)	30.00
40	新兴区(黑)	3.00
41	饶河县(黑)	2.97
42	松江区(沪)	200.00
43	武进区(苏)	10000.00
44	丹阳市(苏)	2573.85
45	沭阳县(苏)	360.00
46	邳州市(苏)	324.50
47	江宁区(苏)	122.37
48	金坛市(苏)	120.00
49	启东市(苏)	112.40
50	东台市(苏)	71.24
51	高淳县(苏)	56.26
52	虎丘区(苏)	19.58
53	常熟市(苏)	15.60
54	大丰市(苏)	10.00
55	邗江区(苏)	6.40
56	高邮市(苏)	2.00
57	吴中区(苏)	1.90
58	涟水县(苏)	1.20
59	阜宁县(苏)	1.20
60	丰　县(苏)	1.00
61	海安县(苏)	0.90
62	太仓市(苏)	0.63
63	南浔区(浙)	5726.50
64	吴兴区(浙)	488.20
65	德清县(浙)	298.00
66	桐庐县(浙)	180.20
67	安吉县(浙)	131.63
68	龙泉市(浙)	112.00
69	余杭区(浙)	62.00
70	衢州市市辖区(浙)	50.40
71	长兴县(浙)	40.00
72	江山市(浙)	27.34
73	鄞州区(浙)	24.00
74	开化县(浙)	16.50
75	衢江区(浙)	12.00
76	定海区(浙)	11.53
77	江北区(浙)	10.00
78	建德市(浙)	7.10
79	温岭市(浙)	7.01
80	奉化市(浙)	6.50
81	常山县(浙)	5.60
82	临安市(浙)	5.33
83	富阳市(浙)	3.40
84	淳安县(浙)	1.80
85	桐乡市(浙)	1.61
86	镇海区(浙)	1.52
87	庆元县(浙)	1.32
88	柯城区(浙)	0.72
89	南谯区(皖)	2750.00
90	琅琊区(皖)	600.00
91	来安县(皖)	400.00
92	广德县(皖)	220.00
93	繁昌县(皖)	220.00
94	宣州区(皖)	110.00
95	怀宁县(皖)	100.00
96	定远县(皖)	90.00
97	涡阳县(皖)	60.00
98	天长市(皖)	60.00
99	黟　县(皖)	59.90
100	巢湖市(皖)	50.00
101	东至县(皖)	22.10
102	旌德县(皖)	13.00
103	休宁县(皖)	7.50
104	大观区(皖)	3.00
105	埇桥区(皖)	2.92
106	霍山县(皖)	2.90
107	太湖县(皖)	2.73
108	屯溪区(皖)	2.62
109	石台县(皖)	1.40
110	祁门县(皖)	1.20
111	淮上区(皖)	1.10
112	泾　县(皖)	1.00
113	五河县(皖)	1.00
114	泰宁县(闽)	3.07
115	上杭县(闽)	1.70
116	周宁县(闽)	0.60
117	奉新县(赣)	372.38
118	浮梁县(赣)	213.63

序号	木地板主产地	万平方米
119	宜丰县(赣)	93.80
120	临川区(赣)	49.00
121	宜黄县(赣)	35.00
122	南昌市市辖区(赣)	24.00
123	靖安县(赣)	22.76
124	新干县(赣)	20.00
125	广昌县(赣)	19.50
126	玉山县(赣)	18.27
127	贵溪市(赣)	10.80
128	铅山县(赣)	10.12
129	高安市(赣)	9.70
130	南丰县(赣)	9.03
131	武宁县(赣)	8.00
132	彭泽县(赣)	5.00
133	婺源县(赣)	4.51
134	宜春市明月山温泉风景名胜区(赣)	3.65
135	泰和县(赣)	2.60
136	新建县(赣)	1.86
137	石城县(赣)	1.00
138	莲花县(赣)	0.60
139	南城县(赣)	0.60
140	寿光市(鲁)	1197.05
141	阳谷县(鲁)	1000.00
142	肥城市(鲁)	270.00
143	费　县(鲁)	200.00
144	兖州市(鲁)	120.00
145	威海市经济技术开发区(鲁)	100.00
146	齐河县(鲁)	98.00
147	莱城区(鲁)	96.00
148	成武县(鲁)	95.00
149	陵　县(鲁)	60.00
150	高唐县(鲁)	50.00
151	无棣县(鲁)	30.00
152	龙口市(鲁)	15.10
153	胶州市(鲁)	12.15
154	东平县(鲁)	11.03
155	潍城区(鲁)	8.00
156	莱山区(鲁)	5.00
157	桓台县(鲁)	4.10
158	惠民县(鲁)	3.00
159	茌平县(鲁)	0.90
160	邹城市(鲁)	0.83
161	临沂市高新技术产业开发区(鲁)	0.80
162	邓州市(豫)	45.00
163	兰考县(豫)	9.00
164	临颍县(豫)	6.90
165	台前县(豫)	2.64
166	咸安区(鄂)	1600.00
167	孝南区(鄂)	402.00
168	嘉鱼县(鄂)	275.00
169	荆州区(鄂)	200.00
170	南漳县(鄂)	200.00
171	东宝区(鄂)	86.00
172	蔡甸区(鄂)	37.50
173	来凤县(鄂)	16.00
174	蕲春县(鄂)	8.00
175	石首市(鄂)	4.00
176	五峰土家族自治县(鄂)	3.20
177	珠晖区(湘)	125.00
178	武冈市(湘)	100.00
179	辰溪县(湘)	56.00
180	桃源县(湘)	30.00
181	湘阴县(湘)	30.00
182	安化县(湘)	25.00
183	茶陵县(湘)	20.00
184	岳阳市市辖区(湘)	17.50
185	绥宁县(湘)	15.00
186	岳麓区(湘)	15.00
187	溆浦县(湘)	14.70
188	城步苗族自治县(湘)	13.00
189	芙蓉区(湘)	12.00
190	邵东县(湘)	9.78
191	株洲县(湘)	5.20
192	汝城县(湘)	5.00
193	洪江区(湘)	5.00
194	娄底市市辖区(湘)	5.00
195	衡阳县(湘)	3.68
196	石峰区(湘)	3.00
197	浏阳市(湘)	3.00
198	芷江侗族自治县(湘)	2.92
199	湘乡市(湘)	2.25
200	隆回县(湘)	2.10
201	娄星区(湘)	2.10
202	雨花区(湘)	2.00
203	醴陵市(湘)	2.00
204	凤凰县(湘)	1.80
205	资兴市(湘)	1.55
206	沅陵县(湘)	1.50
207	永定区(湘)	1.50
208	新宁县(湘)	1.20
209	桑植县(湘)	1.00
210	开福区(湘)	1.00
211	麻阳苗族自治县(湘)	0.90
212	保靖县(湘)	0.80
213	望城县(湘)	0.80
214	零陵区(湘)	0.75
215	鼎城区(湘)	0.60
216	澄海区(粤)	360.00
217	宾阳县(桂)	26.13
218	融水苗族自治县(桂)	10.00
219	灵川县(桂)	5.52
220	全州县(桂)	5.50
221	西乡塘区(桂)	4.36
222	扶绥县(桂)	4.25
223	宁明县(桂)	1.50
224	酉阳土家族苗族自治县(渝)	2.10
225	梁平县(渝)	2.00
226	乐山市市中区(川)	190.00
227	剑阁县(川)	60.00
228	盐亭县(川)	49.20
229	双流县(川)	45.63
230	乐至县(川)	30.00
231	新都区(川)	16.40
232	南江县(川)	12.50
233	雨城区(川)	10.00
234	彭州市(川)	9.00
235	邛崃市(川)	7.00
236	泸　县(川)	4.00
237	郫　县(川)	2.23
238	绵阳市市辖区(川)	2.00
239	涪城区(川)	2.00
240	江油市(川)	1.50
241	平昌县(川)	0.60
242	兴义市(黔)	12.80
243	天柱县(黔)	10.00
244	德江县(黔)	10.00
245	务川仡佬族苗族自治县(黔)	6.67
246	白云区(黔)	2.00
247	赤水市(黔)	1.35
248	碧江区(黔)	1.00
249	三都水族自治县(黔)	0.52
250	南明区(黔)	0.51
251	吉林森工集团金桥木业有限公司(吉林森工)	351.00
252	白石山林业局(吉林森工)	4.00
253	铁力林业局(龙江森工)	50.90
254	绥棱林业局(龙江森工)	14.50

序号	木地板主产地	万平方米
255	松江胶合板厂（龙江森工）	13.40
256	林口林业局(龙江森工)	2.20
257	带岭实验局(龙江森工)	1.20

表 3-2　2012 年单板(刨切、旋切、微薄板)主产地产量

序号	单板(刨切、旋切、微薄板)主产地	万立方米
1	望都县(冀)	6.41
2	文安县(冀)	5.20
3	滦南县(冀)	2.46
4	杭锦后旗(内蒙古)	3.00
5	奈曼旗(内蒙古)	1.10
6	敦化市(吉)	5.16
7	乾安县(吉)	3.00
8	双辽市(吉)	2.60
9	前郭尔罗斯蒙古族自治县(吉)	2.35
10	大安市(吉)	1.30
11	长岭县(吉)	1.25
12	和龙林业局(吉)	1.21
13	船营区(吉)	1.20
14	绿园区(吉)	1.20
15	抚松县(吉)	1.00
16	安图县(吉)	0.90
17	东丰县(吉)	0.70
18	集安市(吉)	0.60
19	克山县(黑)	4.20
20	讷河市(黑)	2.00
21	南岗区(黑)	1.50
22	依安县(黑)	1.20
23	宿豫区(苏)	710.40
24	邳州市(苏)	190.10
25	丰　县(苏)	78.00
26	沭阳县(苏)	45.00
27	淮安区(苏)	6.91
28	铜山区(苏)	6.00
29	沛　县(苏)	5.80
30	建湖县(苏)	1.05
31	滨海县(苏)	0.80
32	阜宁县(苏)	0.66
33	建德市(浙)	0.80
34	涡阳县(皖)	6.00
35	阜南县(皖)	5.50
36	天长市(皖)	3.50
37	青阳县(皖)	3.10
38	巢湖市(皖)	3.00
39	霍邱县(皖)	2.90
40	泗　县(皖)	2.00
41	五河县(皖)	2.00
42	大观区(皖)	2.00
43	太湖县(皖)	1.85
44	泾　县(皖)	1.20
45	南谯区(皖)	1.00
46	怀远县(皖)	1.00
47	怀宁县(皖)	0.82
48	南陵县(皖)	0.72
49	寿　县(皖)	0.60
50	尤溪县(闽)	0.80
51	沂水县(鲁)	442.00
52	郓城县(鲁)	360.00
53	茌平县(鲁)	200.00
54	肥城市(鲁)	142.00
55	苍山县(鲁)	32.85
56	惠民县(鲁)	15.00
57	阳谷县(鲁)	14.00
58	成武县(鲁)	12.58
59	高唐县(鲁)	9.00
60	诸城市(鲁)	6.88
61	寿光市(鲁)	6.50
62	齐河县(鲁)	5.00
63	新泰市(鲁)	4.10
64	平邑县(鲁)	4.00
65	微山县(鲁)	3.58
66	郯城县(鲁)	3.50
67	河东区(鲁)	3.00
68	宁阳县(鲁)	2.42
69	冠　县(鲁)	2.40
70	高青县(鲁)	2.10
71	莒南县(鲁)	1.60
72	沂源县(鲁)	1.36
73	临沂市高新技术产业开发区(鲁)	1.20
74	薛城区(鲁)	0.88
75	罗庄区(鲁)	0.80
76	沂南县(鲁)	0.70
77	昌邑市(鲁)	0.60
78	夏邑县(豫)	20.60
79	兰考县(豫)	12.00
80	西华县(豫)	10.00
81	开封县(豫)	8.64
82	梁园区(豫)	5.00
83	虞城县(豫)	5.00
84	尉氏县(豫)	5.00
85	息　县(豫)	4.50
86	正阳县(豫)	3.00
87	项城市(豫)	1.80
88	鹿邑县(豫)	1.50
89	潢川县(豫)	1.40
90	光山县(豫)	0.62
91	舞阳县(豫)	0.60
92	新蔡县(豫)	0.56
93	潜江市(鄂)	5.00
94	随县(鄂)	4.60
95	嘉鱼县(鄂)	2.20
96	京山县(鄂)	1.50
97	崇阳县(鄂)	1.00
98	洪湖市(鄂)	1.00
99	黄梅县(鄂)	0.51
100	隆回县(湘)	0.70
101	娄星区(湘)	0.70
102	祁东县(湘)	0.63
103	赫山区(湘)	0.60
104	鼎城区(湘)	0.55
105	清新县(粤)	4.50
106	怀集县(粤)	3.45
107	丰顺县(粤)	3.00
108	高州市(粤)	1.96
109	饶平县(粤)	1.50
110	清城区(粤)	1.20
111	紫金县(粤)	1.20
112	广宁县(粤)	0.74
113	覃塘区(桂)	84.00
114	西乡塘区(桂)	57.44
115	江南区(桂)	36.79
116	玉林市福绵区(桂)	36.00
117	鹿寨县(桂)	35.90
118	灵山县(桂)	28.50
119	八步区(桂)	23.20
120	岑溪市(桂)	20.60
121	玉州区(桂)	18.80
122	博白县(桂)	18.50
123	港北区(桂)	17.63
124	良庆区(桂)	16.80
125	陆川县(桂)	15.90
126	兴宾区(桂)	15.73
127	宁明县(桂)	15.00
128	钦北区(桂)	13.60

序号	单板(刨切、旋切、微薄板)主产地	万立方米
129	宾阳县(桂)	13.00
130	金秀瑶族自治县(桂)	12.54
131	上林县(桂)	12.06
132	临桂县(桂)	10.98
133	平果县(桂)	10.77
134	象山区(桂)	10.00
135	桂平市(桂)	10.00
136	合山市(桂)	9.73
137	田东县(桂)	9.54
138	武鸣县(桂)	7.93
139	钦南区(桂)	7.80
140	浦北县(桂)	7.44
141	兴宁区(桂)	7.14
142	全州县(桂)	6.85
143	七星区(桂)	6.00
144	兴业县(桂)	5.80
145	永福县(桂)	5.45
146	港口区(桂)	5.27
147	马山县(桂)	5.14
148	灵川县(桂)	4.70
149	秀峰区(桂)	4.50
150	上思县(桂)	4.50
151	忻城县(桂)	4.38
152	叠彩区(桂)	4.30
153	田阳县(桂)	3.48
154	扶绥县(桂)	3.20
155	柳城县(桂)	2.41
156	兴安县(桂)	2.40
157	柳江县(桂)	2.00
158	苍梧县(桂)	1.50
159	那坡县(桂)	1.50
160	贺州市平桂管理区(桂)	1.20
161	雁山区(桂)	1.18
162	巴马瑶族自治县(桂)	1.17
163	北流市(桂)	1.17
164	东兰县(桂)	0.96
165	荔浦县(桂)	0.94
166	昭平县(桂)	0.90
167	钟山县(桂)	0.86
168	隆安县(桂)	0.81
169	融水苗族自治县(桂)	0.80
170	黄冕林场(桂)	0.80
171	三门江林场(桂)	0.80
172	南丹县(桂)	0.76
173	平乐县(桂)	0.53
174	宁洱哈尼族彝族自治县(滇)	0.55
175	林口林业局(龙江森工)	6.00

表 3-3　2012 年木质家具主产地产量

序号	木质家具主产地	万件
1	宝坻区(津)	147.60
2	津南区(津)	3.00
3	香河县(冀)	337.50
4	井陉矿区(冀)	200.00
5	正定县(冀)	75.50
6	无极县(冀)	70.00
7	武邑县(冀)	59.00
8	滦南县(冀)	50.54
9	文安县(冀)	23.38
10	遵化市(冀)	18.70
11	玉田县(冀)	10.00
12	南宫市(冀)	9.70
13	永清县(冀)	8.30
14	宁晋县(冀)	6.39
15	临漳县(冀)	6.20
16	赵　县(冀)	5.00
17	栾城县(冀)	4.73
18	广宗县(冀)	4.23
19	广平县(冀)	4.20
20	冀州市(冀)	3.80
21	阜城县(冀)	3.40
22	高碑店市(冀)	2.95
23	任丘市(冀)	2.51
24	武强县(冀)	2.45
25	磁　县(冀)	2.16
26	清苑县(冀)	2.10
27	涿州市(冀)	1.62
28	平泉县(冀)	1.60
29	南和县(冀)	1.60
30	武安市(冀)	1.60
31	邯郸县(冀)	1.51
32	隆尧县(冀)	1.50
33	望都县(冀)	1.45
34	馆陶县(冀)	1.20
35	永年县(冀)	1.10
36	任　县(冀)	1.02
37	唐　县(冀)	1.00
38	顺平县(冀)	1.00
39	桃城区(冀)	0.95
40	鸡泽县(冀)	0.87
41	辛集市(冀)	0.70
42	迁安市(冀)	0.70
43	涞水县(冀)	0.67
44	蔚　县(冀)	0.65
45	峰峰矿区(冀)	0.62
46	鹿泉市(冀)	0.57
47	沁　县(晋)	1.32
48	垣曲县(晋)	1.00
49	乌拉特后旗(内蒙古)	2.50
50	科尔沁区(内蒙古)	1.50
51	鄂托克旗(内蒙古)	0.60
52	杭锦后旗(内蒙古)	0.60
53	宽甸满族自治县(辽)	2.00
54	庄河市(辽)	399.00
55	清原满族自治县(辽)	380.00
56	于洪区(辽)	200.00
57	本溪满族自治县(辽)	48.00
58	彰武县(辽)	40.00
59	南芬区(辽)	25.00
60	东港市(辽)	20.00
61	甘井子区(辽)	15.00
62	双塔区(辽)	10.00
63	盖州市(辽)	9.80
64	建昌县(辽)	9.00
65	大连市金州新区(辽)	9.00
66	海城市(辽)	9.00
67	顺城区(辽)	9.00
68	沈北新区(辽)	7.00
69	普兰店市(辽)	7.00
70	银州区(辽)	5.60
71	连山区(辽)	4.00
72	抚顺县(辽)	3.30
73	桓仁满族自治县(辽)	2.57
74	新宾满族自治县(辽)	2.00
75	兴城市(辽)	2.00
76	本溪市经济开发区(辽)	1.80
77	龙城区(辽)	1.50
78	开原市(辽)	1.50
79	大石桥市(辽)	1.30
80	阜新蒙古族自治县(辽)	1.05
81	凌海市(辽)	1.00
82	平山区(辽)	1.00
83	四平市市辖区(吉)	210.00
84	辉南县(吉)	185.00
85	四平市铁西区(吉)	25.00
86	敦化市(吉)	16.50

序号	木质家具主产地	万件	序号	木质家具主产地	万件	序号	木质家具主产地	万件
87	集安市(吉)	12.00	133	南浔区(浙)	44.30	179	铜陵市市辖区(皖)	2.00
88	临江市(吉)	10.00	134	常山县(浙)	40.00	180	霍山县(皖)	2.00
89	蛟河市(吉)	9.45	135	三门县(浙)	37.53	181	郎溪县(皖)	1.75
90	安图县(吉)	9.00	136	柯城区(浙)	31.73	182	蒙城县(皖)	1.60
91	前郭尔罗斯蒙古族自治县(吉)	6.00	137	余姚市(浙)	26.00	183	舒城县(皖)	1.52
92	长白朝鲜族自治县(吉)	5.80	138	余杭区(浙)	24.70	184	徽州区(皖)	1.50
93	朝阳区(吉)	5.00	139	开化县(浙)	23.37	185	潘集区(皖)	1.40
94	新元木业公司(吉)	4.21	140	奉化市(浙)	22.90	186	祁门县(皖)	1.30
95	长岭县(吉)	3.50	141	北仑区(浙)	20.20	187	泗　县(皖)	1.20
96	二道区(吉)	3.00	142	慈溪市(浙)	18.25	188	太湖县(皖)	1.02
97	绿园区(吉)	2.60	143	嵊州市(浙)	15.08	189	怀远县(皖)	1.00
98	宁江区(吉)	2.10	144	象山县(浙)	11.50	190	寿　县(皖)	0.70
99	德惠市(吉)	2.00	145	吴兴区(浙)	10.60	191	余江县(赣)	3.10
100	农安县(吉)	2.00	146	仙居县(浙)	8.59	192	铜鼓县(赣)	3.05
101	靖宇县(吉)	1.80	147	桐乡市(浙)	6.80	193	会昌县(赣)	150.00
102	西新开发区(吉)	1.80	148	天台县(浙)	6.67	194	龙南县(赣)	77.50
103	南关区(吉)	1.40	149	兰溪市(浙)	5.86	195	贵溪市(赣)	32.50
104	城子河区(黑)	6.00	150	临海市(浙)	5.50	196	乐安县(赣)	31.20
105	克东县(黑)	4.97	151	路桥区(浙)	4.58	197	瑞金市(赣)	30.00
106	虎林市(黑)	10.00	152	宁海县(浙)	4.00	198	都昌县(赣)	15.00
107	克山县(黑)	5.40	153	定海区(浙)	3.11	199	定南县(赣)	5.80
108	南岗区(黑)	5.00	154	淳安县(浙)	3.00	200	修水县(赣)	5.62
109	新兴区(黑)	3.00	155	江北区(浙)	2.50	201	彭泽县(赣)	4.00
110	明水县(黑)	1.00	156	长兴县(浙)	2.44	202	广丰县(赣)	4.00
111	拜泉县(黑)	1.00	157	缙云县(浙)	1.35	203	临川区(赣)	3.90
112	龙凤区(黑)	0.60	158	永康市(浙)	0.92	204	分宜县(赣)	3.80
113	松江区(沪)	52.00	159	青阳县(皖)	82.30	205	靖安县(赣)	3.80
114	奉贤区(沪)	5.20	160	蜀山区(皖)	60.00	206	万载县(赣)	3.30
115	新沂市(苏)	40.00	161	潜山县(皖)	40.00	207	石城县(赣)	3.00
116	兴化市(苏)	7.20	162	谯城区(皖)	25.00	208	全南县(赣)	3.00
117	姜堰区(苏)	3.11	163	萧　县(皖)	22.00	209	信丰县(赣)	2.91
118	云和县(浙)	95.17	164	砀山县(皖)	16.00	210	南城县(赣)	2.80
119	磐安县(浙)	5.42	165	涡阳县(皖)	13.00	211	万年县(赣)	2.70
120	安吉县(浙)	434.29	166	固镇县(皖)	11.96	212	德兴市(赣)	2.66
121	莲都区(浙)	413.40	167	桐城市(皖)	7.00	213	赣　县(赣)	2.60
122	义乌市(浙)	155.95	168	东至县(皖)	5.10	214	玉山县(赣)	2.30
123	龙泉市(浙)	149.00	169	全椒县(皖)	5.00	215	高安市(赣)	2.29
124	玉环县(浙)	143.00	170	屯溪区(皖)	3.30	216	章贡区(赣)	2.24
125	建德市(浙)	78.00	171	天长市(皖)	3.02	217	婺源县(赣)	1.91
126	椒江区(浙)	78.00	172	含山县(皖)	3.00	218	浮梁县(赣)	1.50
127	鄞州区(浙)	63.36	173	大观区(皖)	3.00	219	鄱阳县(赣)	1.50
128	德清县(浙)	63.00	174	石台县(皖)	3.00	220	宜丰县(赣)	1.50
129	富阳市(浙)	59.00	175	巢湖市(皖)	3.00	221	瑞昌市(赣)	1.50
130	衢江区(浙)	56.00	176	埇桥区(皖)	3.00	222	奉新县(赣)	1.30
131	武义县(浙)	47.61	177	五河县(皖)	2.00	223	崇仁县(赣)	0.90
132	温岭市(浙)	45.13	178	肥西县(皖)	2.00	224	月湖区(赣)	0.80

序号	木质家具主产地	万件	序号	木质家具主产地	万件	序号	木质家具主产地	万件
225	新建县(赣)	0.65	271	岱岳区(鲁)	3.50	317	林州市(豫)	7.60
226	永修县(赣)	0.60	272	郓城县(鲁)	3.42	318	西平县(豫)	7.40
227	安福县(赣)	0.60	273	新泰市(鲁)	3.00	319	台前县(豫)	7.00
228	大余县(赣)	0.60	274	庆云县(鲁)	2.50	320	安阳县(豫)	6.20
229	岚山区(鲁)	4.20	275	武城县(鲁)	2.20	321	辉县市(豫)	6.00
230	曲阜市(鲁)	2.00	276	东平县(鲁)	2.20	322	伊川县(豫)	6.00
231	诸城市(鲁)	751.20	277	天桥区(鲁)	2.07	323	淮阳县(豫)	6.00
232	河东区(鲁)	560.00	278	聊城市市辖区(鲁)	2.00	324	宝丰县(豫)	5.60
233	无棣县(鲁)	513.00	279	淄川区(鲁)	2.00	325	濮阳县(豫)	5.28
234	寿光市(鲁)	472.00	280	博山区(鲁)	1.30	326	偃师市(豫)	5.20
235	周村区(鲁)	350.00	281	商河县(鲁)	0.85	327	平舆县(豫)	5.20
236	高密市(鲁)	170.00	282	坊子区(鲁)	0.70	328	太康县(豫)	5.00
237	肥城市(鲁)	126.00	283	滑　县(豫)	2.41	329	凤泉区(豫)	4.50
238	莱阳市(鲁)	100.00	284	正阳县(豫)	1.00	330	方城县(豫)	4.50
239	成武县(鲁)	98.00	285	内乡县(豫)	0.50	331	荥阳市(豫)	4.00
240	鄄城县(鲁)	84.00	286	淮滨县(豫)	500.00	332	沁阳市(豫)	4.00
241	汶上县(鲁)	80.00	287	民权县(豫)	83.00	333	杞　县(豫)	3.90
242	阳谷县(鲁)	80.00	288	长葛市(豫)	62.80	334	开封县(豫)	3.78
243	莒南县(鲁)	55.00	289	华龙区(豫)	60.00	335	文峰区(豫)	3.78
244	阳信县(鲁)	48.00	290	博爱县(豫)	60.00	336	睢　县(豫)	3.50
245	临邑县(鲁)	37.00	291	清丰县(豫)	59.00	337	郾城区(豫)	3.43
246	胶州市(鲁)	32.70	292	沈丘县(豫)	52.00	338	光山县(豫)	3.00
247	龙口市(鲁)	30.00	293	夏邑县(豫)	50.00	339	鹿邑县(豫)	3.00
248	乐陵市(鲁)	27.19	294	商城县(豫)	50.00	340	南乐县(豫)	3.00
249	沂水县(鲁)	24.60	295	尉氏县(豫)	40.00	341	永城市(豫)	2.80
250	济阳县(鲁)	20.00	296	兰考县(豫)	36.90	342	中牟县(豫)	2.60
251	寒亭区(鲁)	16.00	297	梁园区(豫)	36.40	343	济源市(豫)	2.60
252	沂南县(鲁)	15.52	298	镇平县(豫)	34.00	344	汝州市(豫)	2.50
253	桓台县(鲁)	15.00	299	虞城县(豫)	34.00	345	新蔡县(豫)	2.50
254	任城区(鲁)	12.00	300	范　县(豫)	33.00	346	卢氏县(豫)	2.50
255	昌邑市(鲁)	12.00	301	渑池县(豫)	26.00	347	商水县(豫)	2.42
256	罗庄区(鲁)	10.50	302	延津县(豫)	22.40	348	睢阳区(豫)	2.40
257	沂源县(鲁)	10.50	303	卫辉市(豫)	20.00	349	新密市(豫)	2.20
258	惠民县(鲁)	10.00	304	邓州市(豫)	18.00	350	宁陵县(豫)	2.15
259	平原县(鲁)	10.00	305	泌阳县(豫)	16.00	351	牧野区(豫)	2.15
260	青州市(鲁)	9.60	306	新乡县(豫)	14.00	352	平桥区(豫)	2.00
261	昌乐县(鲁)	9.00	307	淅川县(豫)	14.00	353	登封市(豫)	2.00
262	薛城区(鲁)	7.85	308	嵩　县(豫)	12.00	354	灵宝市(豫)	1.90
263	临沂市临港经济开发区(鲁)	7.73	309	新安县(豫)	11.10	355	柘城县(豫)	1.80
264	东昌府区(鲁)	7.54	310	原阳县(豫)	11.00	356	固始县(豫)	1.60
265	微山县(鲁)	7.41	311	长垣县(豫)	10.80	357	管城回族区(豫)	1.50
266	广饶县(鲁)	6.27	312	魏都区(豫)	10.20	358	封丘县(豫)	1.50
267	宁阳县(鲁)	5.20	313	卧龙区(豫)	9.50	359	息　县(豫)	1.40
268	蒙阴县(鲁)	5.00	314	汤阴县(豫)	8.36	360	栾川县(豫)	1.20
269	德州市市辖区(鲁)	3.97	315	西峡县(豫)	8.35	361	郏　县(豫)	1.10
270	梁山县(鲁)	3.72	316	湖滨区(豫)	8.00	362	龙安区(豫)	0.90

序号	木质家具主产地	万件
363	新郑市(豫)	0.80
364	山城区(豫)	0.64
365	新野县(豫)	0.61
366	罗山县(豫)	0.60
367	修武县(豫)	0.60
368	项城市(豫)	0.60
369	随县(鄂)	270.00
370	枣阳市(鄂)	155.00
371	孝南区(鄂)	92.00
372	曾都区(鄂)	21.00
373	潜江市(鄂)	20.00
374	汉川市(鄂)	15.60
375	荆州区(鄂)	15.00
376	崇阳县(鄂)	15.00
377	谷城县(鄂)	12.30
378	广水市(鄂)	12.00
379	黄陂区(鄂)	12.00
380	东宝区(鄂)	12.00
381	宜都市(鄂)	10.00
382	京山县(鄂)	10.00
383	天门市(鄂)	9.67
384	洪湖市(鄂)	8.00
385	通城县(鄂)	6.50
386	大悟县(鄂)	5.00
387	松滋市(鄂)	4.70
388	利川市(鄂)	4.00
389	夷陵区(鄂)	3.80
390	鄂城区(鄂)	3.50
391	华容区(鄂)	3.30
392	大冶市(鄂)	3.00
393	枝江市(鄂)	2.80
394	梁子湖区(鄂)	2.60
395	恩施市(鄂)	2.50
396	来凤县(鄂)	2.00
397	蔡甸区(鄂)	1.61
398	五峰土家族自治县(鄂)	1.60
399	罗田县(鄂)	1.50
400	沙洋县(鄂)	1.50
401	远安县(鄂)	1.20
402	蕲春县(鄂)	1.20
403	建始县(鄂)	1.00
404	当阳市(鄂)	1.00
405	嘉鱼县(鄂)	1.00
406	樊城区(鄂)	0.80
407	南　县(湘)	0.85
408	溆浦县(湘)	0.82
409	邵阳县(湘)	0.75
410	湘潭县(湘)	800.00
411	祁东县(湘)	410.00
412	苏仙区(湘)	225.00
413	桃江县(湘)	210.00
414	隆回县(湘)	160.00
415	双峰县(湘)	150.00
416	涟源市(湘)	92.00
417	安化县(湘)	60.00
418	岳塘区(湘)	34.07
419	雨湖区(湘)	30.00
420	石门县(湘)	28.00
421	澧　县(湘)	25.00
422	湘乡市(湘)	22.50
423	娄底市市辖区(湘)	20.00
424	醴陵市(湘)	20.00
425	沅陵县(湘)	19.00
426	衡阳县(湘)	15.60
427	中方县(湘)	14.00
428	新晃侗族自治县(湘)	13.00
429	天心区(湘)	12.00
430	桃源县(湘)	12.00
431	石鼓区(湘)	12.00
432	会同县(湘)	12.00
433	慈利县(湘)	12.00
434	新化县(湘)	11.00
435	桂东县(湘)	10.80
436	茶陵县(湘)	10.00
437	桑植县(湘)	10.00
438	新宁县(湘)	10.00
439	资兴市(湘)	9.95
440	鼎城区(湘)	8.50
441	石峰区(湘)	8.50
442	麻阳苗族自治县(湘)	8.00
443	安仁县(湘)	8.00
444	汨罗市(湘)	7.36
445	益阳市市辖区(湘)	6.00
446	临澧县(湘)	6.00
447	芦淞区(湘)	5.00
448	浏阳市(湘)	4.50
449	衡山县(湘)	4.48
450	临武县(湘)	4.36
451	北湖区(湘)	4.36
452	辰溪县(湘)	4.00
453	武陵区(湘)	4.00
454	新田县(湘)	3.80
455	永兴县(湘)	3.77
456	汉寿县(湘)	3.50
457	宁乡县(湘)	3.40
458	湘阴县(湘)	3.10
459	开福区(湘)	3.00
460	洪江市(湘)	3.00
461	赫山区(湘)	2.80
462	洞口县(湘)	2.60
463	吉首市(湘)	2.30
464	北塔区(湘)	2.20
465	岳麓区(湘)	2.00
466	冷水江市(湘)	2.00
467	资阳区(湘)	2.00
468	华容县(湘)	1.80
469	株洲县(湘)	1.60
470	平江县(湘)	1.50
471	岳阳楼区(湘)	1.30
472	龙山县(湘)	1.30
473	宁远县(湘)	1.25
474	城步苗族自治县(湘)	1.20
475	零陵区(湘)	1.20
476	津市市(湘)	1.20
477	攸　县(湘)	1.20
478	雨花区(湘)	1.00
479	永顺县(湘)	1.00
480	芙蓉区(湘)	0.90
481	澄海区(粤)	100.00
482	阳东县(粤)	61.00
483	潮安县(粤)	60.00
484	连州市(粤)	10.00
485	鼎湖区(粤)	8.50
486	五华县(粤)	6.30
487	紫金县(粤)	2.00
488	丰顺县(粤)	2.00
489	高州市(粤)	1.70
490	阳春市(粤)	1.50
491	恭城瑶族自治县(桂)	5.50
492	贺州市平桂管理区(桂)	0.57
493	北流市(桂)	357.00
494	上林县(桂)	300.00
495	象山区(桂)	300.00
496	钦北区(桂)	265.00
497	全州县(桂)	180.00
498	荔浦县(桂)	102.60
499	灵山县(桂)	102.00
500	阳朔县(桂)	42.00

序号	木质家具主产地	万件	序号	木质家具主产地	万件	序号	木质家具主产地	万件
501	龙胜各族自治县(桂)	40.00	547	南川区(渝)	6.80	593	南溪县(川)	5.00
502	宾阳县(桂)	30.00	548	永川区(渝)	4.00	594	旌阳区(川)	5.00
503	覃塘区(桂)	23.00	549	酉阳土家族苗族自治县(渝)	3.20	595	大安区(川)	5.00
504	永福县(桂)	21.01	550	彭水苗族土家族自治县(渝)	3.00	596	威远县(川)	4.90
505	隆林各族自治县(桂)	15.00	551	合川区(渝)	1.62	597	米易县(川)	4.50
506	玉州区(桂)	15.00	552	丰都县(渝)	1.05	598	筠连县(川)	4.20
507	临桂县(桂)	12.40	553	巫溪县(渝)	1.00	599	三台县(川)	4.00
508	象州县(桂)	10.13	554	石柱土家族自治县(渝)	0.85	600	阆中市(川)	4.00
509	乐业县(桂)	10.00	555	昭觉县(川)	215.00	601	绵竹市(川)	3.80
510	融水苗族自治县(桂)	10.00	556	新都区(川)	155.00	602	南江县(川)	3.50
511	灌阳县(桂)	9.60	557	罗江县(川)	80.00	603	都江堰市(川)	3.10
512	桂平市(桂)	9.00	558	仁寿县(川)	53.96	604	布拖县(川)	3.10
513	秀峰区(桂)	9.00	559	彭州市(川)	47.30	605	荥经县(川)	3.00
514	江南区(桂)	9.00	560	南部县(川)	45.00	606	中江县(川)	2.80
515	兴安县(桂)	8.00	561	乐山市市中区(川)	33.00	607	宜宾县(川)	2.30
516	柳城县(桂)	7.00	562	大邑县(川)	33.00	608	剑阁县(川)	2.30
517	陆川县(桂)	6.70	563	乐至县(川)	32.00	609	利州区(川)	2.20
518	平乐县(桂)	5.30	564	平昌县(川)	21.00	610	渠　县(川)	2.20
519	融安县(桂)	5.00	565	江阳区(川)	20.60	611	广汉市(川)	2.00
520	灵川县(桂)	4.93	566	龙马潭区(川)	20.00	612	仁和区(川)	2.00
521	东兰县(桂)	3.00	567	盐亭县(川)	16.30	613	苍溪县(川)	2.00
522	雁山区(桂)	3.00	568	彭山县(川)	15.60	614	大竹县(川)	2.00
523	玉林市福绵区(桂)	3.00	569	游仙区(川)	15.00	615	江安县(川)	1.98
524	巴马瑶族自治县(桂)	2.50	570	古蔺县(川)	14.80	616	江油市(川)	1.80
525	鹿寨县(桂)	2.20	571	邛崃市(川)	14.00	617	什邡市(川)	1.80
526	平果县(桂)	2.00	572	峨眉山市(川)	13.80	618	东坡区(川)	1.80
527	兴宾区(桂)	2.00	573	井研县(川)	12.00	619	达　县(川)	1.80
528	昭平县(桂)	2.00	574	万源市(川)	10.40	620	兴文县(川)	1.70
529	岑溪市(桂)	2.00	575	西充县(川)	10.00	621	平武县(川)	1.50
530	宁明县(桂)	2.00	576	龙泉驿区(川)	9.60	622	通江县(川)	1.50
531	浦北县(桂)	1.82	577	崇州市(川)	9.00	623	通川区(川)	1.50
532	资源县(桂)	1.40	578	射洪县(川)	8.50	624	北川羌族自治县(川)	1.50
533	西林县(桂)	1.33	579	青神县(川)	8.00	625	蒲江县(川)	1.30
534	天等县(桂)	1.30	580	顺庆区(川)	8.00	626	郫　县(川)	1.26
535	隆安县(桂)	1.00	581	大英县(川)	8.00	627	富顺县(川)	1.20
536	田林县(桂)	1.00	582	梓潼县(川)	7.60	628	金堂县(川)	1.13
537	江州区(桂)	0.88	583	雁江区(川)	7.60	629	沐川县(川)	1.10
538	田东县(桂)	0.80	584	新津县(川)	7.30	630	纳溪区(川)	1.00
539	南丹县(桂)	0.68	585	丹棱县(川)	7.15	631	武胜县(川)	1.00
540	田阳县(桂)	0.66	586	仪陇县(川)	6.50	632	攀枝花市东区(川)	1.00
541	罗城仫佬族自治县(桂)	0.65	587	珙　县(川)	6.00	633	高坪区(川)	0.80
542	博白县(桂)	0.64	588	泸　县(川)	6.00	634	洪雅县(川)	0.80
543	沙坪坝区(渝)	6.81	589	安岳县(川)	6.00	635	蓬安县(川)	0.80
544	奉节县(渝)	25.00	590	安　县(川)	5.60	636	嘉陵区(川)	0.65
545	南岸区(渝)	15.50	591	巴州区(川)	5.36	637	安居区(川)	0.60
546	万州区(渝)	14.47	592	合江县(川)	5.30	638	普安县(黔)	50.00

序号	木质家具主产地	万件
639	黔西县(黔)	15.00
640	红花岗区(黔)	7.80
641	大方县(黔)	5.80
642	习水县(黔)	5.00
643	锦屏县(黔)	4.50
644	凯里市(黔)	4.33
645	务川仡佬族苗族自治县(黔)	3.92
646	贵定县(黔)	3.00
647	天柱县(黔)	2.00
648	龙里县(黔)	2.00
649	麻江县(黔)	2.00
650	岑巩县(黔)	1.92
651	榕江县(黔)	1.60
652	盘　县(黔)	1.50
653	罗甸县(黔)	1.20
654	道真仡佬族苗族自治县(黔)	1.20
655	长顺县(黔)	1.13
656	绥阳县(黔)	1.00
657	湄潭县(黔)	1.00
658	开阳县(黔)	0.83
659	瓮安县(黔)	0.80
660	惠水县(黔)	0.75
661	德江县(黔)	0.68
662	武定县(滇)	15.13
663	官渡区(滇)	12.29
664	盘龙区(滇)	7.39
665	楚雄市(滇)	6.60
666	富宁县(滇)	6.09
667	威信县(滇)	6.05
668	牟定县(滇)	5.00
669	巧家县(滇)	3.50
670	麻栗坡县(滇)	3.38
671	永善县(滇)	2.80
672	墨江哈尼族自治县(滇)	1.80
673	南华县(滇)	1.75
674	禄丰县(滇)	1.61
675	元谋县(滇)	1.35
676	大关县(滇)	1.20
677	丘北县(滇)	0.90
678	西畴县(滇)	0.80
679	凤翔县(陕)	12.54
680	扶风县(陕)	16.00
681	渭滨区(陕)	14.80
682	临潼区(陕)	5.10
683	城固县(陕)	4.50
684	长安区(陕)	3.90
685	南郑县(陕)	2.30
686	秦都区(陕)	1.50
687	旬邑县(陕)	1.33
688	子洲县(陕)	1.20
689	米脂县(陕)	1.04
690	平利县(陕)	1.00
691	蒲城县(陕)	1.00
692	商南县(陕)	0.65
693	秦州区(甘)	5.00
694	正宁县(甘)	0.90
695	红石林业局(吉林森工)	0.62

表 3-4　2012 年卫生筷子主产地产量

序号	卫生筷子主产地	标准箱
1	敦化市(吉)	53600
2	虎林市(黑)	30000
3	余杭区(浙)	265000
4	安吉县(浙)	80000
5	义乌市(浙)	50700
6	淳安县(浙)	12800
7	富阳市(浙)	11370
8	龙泉市(浙)	4240
9	石台县(皖)	30000
10	东至县(皖)	24600
11	霍山县(皖)	8500
12	潜山县(皖)	6000
13	五河县(皖)	1000
14	渝水区(赣)	350000
15	芦溪县(赣)	105000
16	余干县(赣)	100000
17	安远县(赣)	52000
18	定南县(赣)	50000
19	宜黄县(赣)	40000
20	资溪县(赣)	30000
21	婺源县(赣)	15800
22	浮梁县(赣)	10000
23	修水县(赣)	10000
24	玉山县(赣)	8571
25	奉新县(赣)	8116
26	宜丰县(赣)	8000
27	全南县(赣)	5000
28	樟树市(赣)	4350
29	宜春市明月山温泉风景名胜区(赣)	4200
30	靖安县(赣)	3100
31	铅山县(赣)	2800
32	龙南县(赣)	2376
33	都昌县(赣)	2000
34	贵溪市(赣)	1870
35	禹州市(豫)	1200
36	崇阳县(鄂)	8000
37	襄州区(鄂)	8000
38	利川市(鄂)	2200
39	罗田县(鄂)	2000
40	桃江县(湘)	1000000
41	炎陵县(湘)	670000
42	安化县(湘)	500000
43	大祥区(湘)	280000
44	赫山区(湘)	128800
45	新化县(湘)	60000
46	茶陵县(湘)	50000
47	岳阳县(湘)	50000
48	衡南县(湘)	38000
49	耒阳市(湘)	36400
50	汝城县(湘)	35000
51	城步苗族自治县(湘)	31100
52	鼎城区(湘)	30000
53	宁远县(湘)	20000
54	双峰县(湘)	20000
55	资兴市(湘)	19000
56	洪江区(湘)	14000
57	祁东县(湘)	12300
58	隆回县(湘)	12000
59	零陵区(湘)	10000
60	绥宁县(湘)	10000
61	株洲县(湘)	8500
62	邵阳县(湘)	5000
63	芙蓉区(湘)	4000
64	溆浦县(湘)	3000
65	桃源县(湘)	2000
66	益阳市市辖区(湘)	1100
67	灵川县(桂)	145450
68	阳朔县(桂)	87800
69	三江侗族自治县(桂)	5000
70	田东县(桂)	3000
71	墨江哈尼族自治县(滇)	3000
72	城固县(陕)	2000
73	绥阳林业局(龙江森工)	350000
74	穆棱林业局(龙江森工)	154500
75	金山屯林业局(龙江森工)	130000
76	鹤北林业局(龙江森工)	100000
77	带岭实验局(龙江森工)	90000
78	东方红林业局(龙江森工)	85030

序号	卫生筷子主产地	标准箱
79	亚布力林业局(龙江森工)	84848
80	大海林林业局(龙江森工)	70939
81	黑龙江柴河林业局(龙江森工)	46750
82	方正林业局(龙江森工)	46200
83	迎春林业局(龙江森工)	40000
84	兴隆林业局(龙江森工)	34000
85	东京城林业局(龙江森工)	30415
86	桦南林业局(龙江森工)	30000
87	双鸭山林业局(龙江森工)	15000

表 4-1 2012 年木浆主产地产量

序号	木浆主产地	万吨
1	迁安市(冀)	2.01
2	龙井市(吉)	5.11
3	乾安县(吉)	5.00
4	图们市(吉)	3.68
5	萨尔图区(黑)	4.50
6	新沂市(苏)	10.00
7	桐庐县(浙)	2.63
8	磐安县(浙)	0.91
9	吴兴区(浙)	0.87
10	岳西县(皖)	1.47
11	新罗区(闽)	27.00
12	邵武市(闽)	0.79
13	永定县(闽)	0.65
14	宜丰县(赣)	7.50
15	南昌市市辖区(赣)	6.00
16	桓台县(鲁)	35.60
17	宁阳县(鲁)	35.00
18	平原县(鲁)	10.00
19	广饶县(鲁)	8.00
20	陵　县(鲁)	3.00
21	无棣县(鲁)	1.00
22	新乡县(豫)	12.00
23	濮阳市高新区(豫)	10.20
24	台前县(豫)	9.00
25	武陟县(豫)	2.10
26	社旗县(豫)	1.00
27	舞阳县(豫)	0.60
28	南漳县(鄂)	1.00
29	株洲县(湘)	135.00
30	辰溪县(湘)	10.00
31	通道侗族自治县(湘)	5.60
32	南　县(湘)	5.00
33	沅江市(湘)	3.04
34	城步苗族自治县(湘)	3.00
35	绥宁县(湘)	3.00
36	冷水滩区(湘)	1.00
37	津市市(湘)	0.55
38	广宁县(粤)	10.00
39	防城区(桂)	2.17
40	玉州区(桂)	1.00
41	北流市(桂)	0.62
42	永福县(桂)	0.52
43	万源市(川)	5.00
44	景谷傣族彝族自治县(滇)	16.00

表 4-2 2012 年木浆纸主产地产量

序号	木浆纸主产地	万吨
1	迁安市(冀)	1.80
2	顺平县(冀)	0.80
3	涿州市(冀)	0.56
4	稷山县(晋)	1.50
5	萨尔图区(黑)	2.00
6	新沂市(苏)	10.00
7	德清县(浙)	180.00
8	北仑区(浙)	98.00
9	鄞州区(浙)	97.24
10	义乌市(浙)	49.57
11	余杭区(浙)	42.20
12	南浔区(浙)	11.20
13	长兴县(浙)	8.88
14	镇海区(浙)	8.52
15	淳安县(浙)	7.50
16	武义县(浙)	3.81
17	桐庐县(浙)	1.75
18	磐安县(浙)	0.87
19	南昌市市辖区(赣)	35.00
20	章贡区(赣)	7.40
21	余干县(赣)	2.89
22	临川区(赣)	2.80
23	广饶县(鲁)	186.00
24	龙口市(鲁)	34.50
25	桓台县(鲁)	30.80
26	宁阳县(鲁)	25.00
27	东平县(鲁)	20.00
28	新泰市(鲁)	16.60
29	坊子区(鲁)	15.00
30	平原县(鲁)	15.00
31	青州市(鲁)	10.30
32	德城区(鲁)	10.00
33	昌乐县(鲁)	7.80
34	梁山县(鲁)	1.71
35	临清市(鲁)	1.40
36	博兴县(鲁)	1.00
37	肥城市(鲁)	0.60
38	濮阳市高新区(豫)	29.50
39	新乡县(豫)	10.00
40	召陵区(豫)	8.55
41	范　县(豫)	7.00
42	舞阳县(豫)	2.30
43	睢　县(豫)	2.20
44	宜都市(鄂)	20.00
45	荆州区(鄂)	15.00
46	监利县(鄂)	4.34
47	老河口市(鄂)	3.82
48	南漳县(鄂)	2.00
49	株洲县(湘)	110.00
50	岳阳市市辖区(湘)	54.00
51	永兴县(湘)	48.00
52	洪江区(湘)	6.25
53	绥宁县(湘)	4.00
54	通道侗族自治县(湘)	3.20
55	城步苗族自治县(湘)	1.50
56	田林县(桂)	16.90
57	港北区(桂)	12.00
58	荔浦县(桂)	8.46
59	邕宁区(桂)	5.46
60	右江区(桂)	2.29
61	防城区(桂)	1.45
62	八步区(桂)	1.20
63	玉州区(桂)	0.90
64	永福县(桂)	0.52
65	合川区(渝)	3.16
66	夹江县(川)	1.00
67	南溪县(川)	0.60
68	沙坡头区(宁)	30.00
69	柴河林业造纸厂(龙江森工)	2.80

表 4-3 2012 年竹浆主产地产量

序号	竹浆主产地	万吨
1	临川区(赣)	1.60
2	南　县(湘)	7.00
3	桃江县(湘)	2.40
4	新化县(湘)	2.00
5	绥宁县(湘)	2.00
6	安化县(湘)	1.20
7	东安县(湘)	1.00

序号	竹浆主产地	万吨
8	赫山区(湘)	0.60
9	城步苗族自治县(湘)	0.60
10	宁远县(湘)	0.51
11	四会市(粤)	8.90
12	苍梧县(桂)	3.90
13	柳城县(桂)	1.64
14	田东县(桂)	1.20
15	玉州区(桂)	1.00
16	灵山县(桂)	0.85
17	陆川县(桂)	0.80
18	资源县(桂)	0.70
19	永川区(渝)	12.04
20	沐川县(川)	20.00
21	江安县(川)	15.70
22	仪陇县(川)	10.00
23	邛崃市(川)	9.50
24	东坡区(川)	8.50
25	翠屏区(川)	6.52
26	纳溪区(川)	5.50
27	安　县(川)	5.00
28	青神县(川)	3.70
29	大竹县(川)	3.00
30	叙永县(川)	3.00
31	彭山县(川)	2.30
32	武胜县(川)	0.70
33	赤水市(黔)	18.00
34	普安县(黔)	5.00
35	新平彝族傣族自治县(滇)	7.24

表 4-4　2012 年竹浆纸主产地产量

序号	竹浆纸主产地	万吨
1	富阳市(浙)	50.00
2	德清县(浙)	46.00
3	郎溪县(皖)	1.50
4	铅山县(赣)	10.00
5	临川区(赣)	0.90
6	株洲县(湘)	200.00
7	永兴县(湘)	84.00
8	双峰县(湘)	50.00
9	辰溪县(湘)	5.00
10	绥宁县(湘)	2.00
11	新化县(湘)	1.50
12	桃江县(湘)	0.80
13	安化县(湘)	0.60
14	四会市(粤)	6.50
15	田东县(桂)	10.00
16	良庆区(桂)	5.78
17	上林县(桂)	1.80
18	柳城县(桂)	1.17
19	玉州区(桂)	0.80
20	丰都县(渝)	2.01
21	犍为县(川)	36.60
22	沐川县(川)	9.50
23	东坡区(川)	8.50
24	安　县(川)	8.00
25	纳溪区(川)	5.90
26	高　县(川)	5.50
27	沙湾区(川)	4.00
28	彭山县(川)	2.50
29	夹江县(川)	2.00
30	青神县(川)	1.80
31	南溪县(川)	1.20
32	富顺县(川)	0.80
33	洪雅县(川)	0.60
34	赤水市(黔)	1.20
35	双江拉祜族佤族布朗族傣族自治县(滇)	1.50

表 4-5　2012 年其他浆主产地产量

序号	其他浆主产地	万吨
1	稷山县(晋)	6.00
2	杜尔伯特蒙古族自治县(黑)	2.91
3	椒江区(浙)	5.00
4	临安市(浙)	0.58
5	普陀区(浙)	0.55
6	郎溪县(皖)	1.00
7	高青县(鲁)	10.00
8	太康县(豫)	18.00
9	新乡县(豫)	10.00
10	舞阳县(豫)	1.60
11	罗田县(鄂)	1.50
12	岳阳市市辖区(湘)	30.00
13	沅江市(湘)	5.75
14	津市市(湘)	5.00
15	冷水滩区(湘)	1.00
16	城步苗族自治县(湘)	1.00
17	安化县(湘)	0.70
18	连州市(粤)	1.20
19	田东县(桂)	3.60
20	柳城县(桂)	1.81
21	陆川县(桂)	1.00
22	玉州区(桂)	1.00
23	全州县(桂)	0.75
24	东坡区(川)	26.90
25	安　县(川)	1.50
26	万源市(川)	1.00
27	云　县(滇)	0.85

表 4-6　2012 年其他纸主产地产量

序号	其他纸主产地	万吨
1	赵　县(冀)	26.00
2	林西县(内蒙古)	1.35
3	庄河市(辽)	19.00
4	安图县(吉)	6.00
5	西新开发区(吉)	1.00
6	四平市市辖区(吉)	0.80
7	杜尔伯特蒙古族自治县(黑)	3.95
8	龙凤区(黑)	2.00
9	滴道区(黑)	2.00
10	大同区(黑)	1.80
11	林甸县(黑)	0.63
12	临海市(浙)	61.17
13	椒江区(浙)	33.00
14	路桥区(浙)	29.68
15	路桥区(浙)	29.68
16	黄岩区(浙)	22.33
17	余姚市(浙)	20.00
18	缙云县(浙)	16.55
19	温岭市(浙)	14.82
20	三门县(浙)	8.99
21	仙居县(浙)	7.47
22	庆元县(浙)	3.58
23	桐乡市(浙)	2.46
24	定海区(浙)	2.45
25	天台县(浙)	1.34
26	龙泉市(浙)	0.80
27	霍山县(皖)	18.00
28	泾　县(皖)	4.50
29	全椒县(皖)	1.00
30	郎溪县(皖)	0.80
31	芗城区(闽)	12.00
32	福鼎市(闽)	8.40
33	龙文区(闽)	7.38
34	新罗区(闽)	5.85
35	长汀县(闽)	2.22
36	永定县(闽)	2.14
37	建瓯市(闽)	1.25
38	建阳市(闽)	0.87

序号	其他纸主产地	万吨
39	顺昌县(闽)	0.87
40	延平区(闽)	0.58
41	漳平市(闽)	0.58
42	石城县(赣)	1.50
43	高青县(鲁)	12.00
44	广饶县(鲁)	10.00
45	宁阳县(鲁)	5.00
46	舞阳县(豫)	6.40
47	新乡县(豫)	3.60
48	淮阳县(豫)	1.50
49	嵩　县(豫)	1.00
50	温　县(豫)	0.60
51	南漳县(鄂)	3.00
52	岳阳市市辖区(湘)	30.00
53	南　县(湘)	7.50
54	津市市(湘)	4.20
55	会同县(湘)	2.70
56	绥宁县(湘)	1.00
57	双牌县(湘)	0.60
58	连州市(粤)	0.83
59	田东县(桂)	15.00
60	兴宾区(桂)	9.39
61	马山县(桂)	3.38
62	陆川县(桂)	3.00
63	柳江县(桂)	2.00
64	柳城县(桂)	1.77
65	青秀区(桂)	1.50
66	贺州市平桂管理区(桂)	1.30
67	玉州区(桂)	0.90
68	全州县(桂)	0.68
69	永川区(渝)	55.80
70	东坡区(川)	26.90
71	彭州市(川)	3.70
72	纳溪区(川)	2.00
73	兴义市(黔)	1.17
74	绥阳县(黔)	1.00

表 5-1　2012 年毛竹主产地产量

序号	毛竹主产地	万根
1	宜兴市(苏)	343.04
2	江宁区(苏)	25.50
3	溧阳市(苏)	12.11
4	六合区(苏)	8.00
5	扬中市(苏)	8.00
6	句容市(苏)	6.70
7	赣榆县(苏)	5.50
8	溧水县(苏)	3.51
9	江阴市(苏)	3.00
10	丹徒区(苏)	3.00
11	京口区(苏)	2.00
12	锡山区(苏)	1.94
13	高淳县(苏)	1.31
14	惠山区(苏)	0.51
15	安吉县(浙)	2970.00
16	衢州市市辖区(浙)	2382.12
17	龙泉市(浙)	1762.40
18	庆元县(浙)	1511.39
19	衢江区(浙)	1400.00
20	余杭区(浙)	677.60
21	德清县(浙)	589.00
22	奉化市(浙)	500.00
23	长兴县(浙)	485.00
24	萧山区(浙)	461.40
25	吴兴区(浙)	452.80
26	鄞州区(浙)	452.00
27	临安市(浙)	427.00
28	宁海县(浙)	400.00
29	淳安县(浙)	380.60
30	富阳市(浙)	341.80
31	柯城区(浙)	280.00
32	余姚市(浙)	180.00
33	桐庐县(浙)	130.00
34	武义县(浙)	122.50
35	景宁畲族自治县(浙)	77.05
36	建德市(浙)	58.13
37	常山县(浙)	55.00
38	磐安县(浙)	51.21
39	天台县(浙)	44.00
40	莲都区(浙)	41.90
41	仙居县(浙)	35.25
42	临海市(浙)	33.42
43	江山市(浙)	33.00
44	永康市(浙)	24.80
45	江北区(浙)	20.00
46	象山县(浙)	17.60
47	开化县(浙)	17.48
48	云和县(浙)	16.98
49	兰溪市(浙)	7.32
50	嵊州市(浙)	6.67
51	三门县(浙)	5.17
52	黄岩区(浙)	4.70
53	北仑区(浙)	4.00
54	宁波市市辖区(浙)	3.90
55	镇海区(浙)	3.00
56	慈溪市(浙)	2.31
57	缙云县(浙)	1.80
58	义乌市(浙)	1.50
59	广德县(皖)	3100.00
60	霍山县(皖)	2000.00
61	宁国市(皖)	848.20
62	泾　县(皖)	680.00
63	东至县(皖)	442.90
64	南陵县(皖)	350.00
65	金寨县(皖)	320.00
66	宣州区(皖)	300.00
67	休宁县(皖)	245.00
68	潜山县(皖)	200.00
69	舒城县(皖)	187.00
70	祁门县(皖)	150.00
71	岳西县(皖)	145.00
72	石台县(皖)	140.00
73	黟　县(皖)	125.00
74	繁昌县(皖)	100.00
75	郎溪县(皖)	98.00
76	太湖县(皖)	75.85
77	青阳县(皖)	68.00
78	绩溪县(皖)	48.52
79	铜陵县(皖)	46.00
80	徽州区(皖)	36.00
81	望江县(皖)	35.00
82	庐江县(皖)	32.00
83	旌德县(皖)	31.87
84	歙　县(皖)	23.00
85	池州市九华山风景区管委会(皖)	20.00
86	枞阳县(皖)	18.60
87	无为县(皖)	16.00
88	巢湖市(皖)	12.00
89	大观区(皖)	7.40
90	花山区(皖)	4.94
91	桐城市(皖)	3.00
92	含山县(皖)	2.50
93	博望区(皖)	2.44
94	南谯区(皖)	2.00
95	屯溪区(皖)	2.00
96	鸠江区(皖)	1.00
97	和　县(皖)	1.00
98	芜湖县(皖)	0.70
99	婺源县(赣)	2252.00

序号	毛竹主产地	万根
100	湘东区(赣)	1700.00
101	浮梁县(赣)	420.79
102	奉新县(赣)	297.36
103	铅山县(赣)	240.00
104	宜丰县(赣)	232.70
105	资溪县(赣)	225.82
106	瑞金市(赣)	220.00
107	新干县(赣)	208.52
108	崇义县(赣)	203.15
109	铜鼓县(赣)	200.00
110	靖安县(赣)	156.98
111	万载县(赣)	144.00
112	大余县(赣)	125.00
113	安福县(赣)	120.00
114	贵溪市(赣)	111.20
115	上犹县(赣)	90.00
116	宜黄县(赣)	90.00
117	宜春市明月山温泉风景名胜区(赣)	85.00
118	永修县(赣)	46.00
119	德兴市(赣)	46.00
120	峡江县(赣)	44.36
121	定南县(赣)	38.94
122	武宁县(赣)	35.72
123	泰和县(赣)	32.00
124	余干县(赣)	31.93
125	临川区(赣)	28.00
126	分宜县(赣)	27.89
127	南城县(赣)	26.00
128	南丰县(赣)	24.12
129	樟树市(赣)	22.83
130	宁都县(赣)	22.60
131	横峰县(赣)	20.00
132	都昌县(赣)	20.00
133	黎川县(赣)	18.72
134	金溪县(赣)	18.60
135	崇仁县(赣)	16.00
136	全南县(赣)	15.93
137	上高县(赣)	15.00
138	高安市(赣)	14.00
139	安远县(赣)	13.24
140	修水县(赣)	13.05
141	广昌县(赣)	11.95
142	万年县(赣)	10.60
143	龙南县(赣)	10.38
144	兴国县(赣)	10.00
145	信丰县(赣)	8.36

序号	毛竹主产地	万根
146	寻乌县(赣)	7.00
147	吉水县(赣)	6.50
148	芦溪县(赣)	6.06
149	赣　县(赣)	5.50
150	乐安县(赣)	5.42
151	新建县(赣)	5.15
152	瑞昌市(赣)	5.00
153	鄱阳县(赣)	4.73
154	渝水区(赣)	3.80
155	会昌县(赣)	3.59
156	彭泽县(赣)	3.09
157	湖口县(赣)	3.00
158	丰城市(赣)	2.60
159	石城县(赣)	2.42
160	上栗县(赣)	2.25
161	余江县(赣)	2.20
162	章贡区(赣)	1.90
163	莲花县(赣)	1.85
164	月湖区(赣)	1.20
165	于都县(赣)	1.10
166	玉山县(赣)	1.01
167	九江县(赣)	0.83
168	商城县(豫)	50.00
169	淅川县(豫)	42.30
170	固始县(豫)	16.00
171	唐河县(豫)	6.00
172	项城市(豫)	2.00
173	社旗县(豫)	1.00
174	咸安区(鄂)	400.00
175	崇阳县(鄂)	353.60
176	沙洋县(鄂)	200.00
177	五峰土家族自治县(鄂)	132.00
178	麻城市(鄂)	118.00
179	长阳土家族自治县(鄂)	100.00
180	通城县(鄂)	71.70
181	东宝区(鄂)	63.00
182	保康县(鄂)	60.00
183	谷城县(鄂)	50.00
184	嘉鱼县(鄂)	36.00
185	宜都市(鄂)	22.33
186	蕲春县(鄂)	18.00
187	随县(鄂)	13.00
188	来凤县(鄂)	13.00
189	利川市(鄂)	10.00
190	武穴市(鄂)	9.51
191	黄梅县(鄂)	8.45

序号	毛竹主产地	万根
192	咸丰县(鄂)	4.81
193	石首市(鄂)	4.50
194	宣恩县(鄂)	4.42
195	阳新县(鄂)	4.17
196	罗田县(鄂)	3.00
197	鄂州市市辖区(鄂)	2.90
198	恩施市(鄂)	2.07
199	梁子湖区(鄂)	1.50
200	鄂城区(鄂)	1.10
201	松滋市(鄂)	0.80
202	洪江市(湘)	2990.00
203	桃源县(湘)	500.00
204	绥宁县(湘)	400.00
205	鼎城区(湘)	190.00
206	汉寿县(湘)	185.00
207	湘潭县(湘)	174.00
208	祁东县(湘)	150.00
209	零陵区(湘)	146.00
210	衡阳县(湘)	144.70
211	蓝山县(湘)	132.90
212	桃江县(湘)	132.80
213	苏仙区(湘)	113.80
214	洪江区(湘)	100.00
215	资兴市(湘)	96.00
216	赫山区(湘)	85.00
217	衡山县(湘)	72.80
218	洞口县(湘)	58.82
219	衡南县(湘)	50.00
220	新宁县(湘)	48.60
221	武冈市(湘)	48.30
222	益阳市市辖区(湘)	45.00
223	汝城县(湘)	38.70
224	平江县(湘)	35.00
225	石门县(湘)	30.00
226	珠晖区(湘)	28.00
227	湘乡市(湘)	27.00
228	永兴县(湘)	26.98
229	慈利县(湘)	25.00
230	汨罗市(湘)	23.00
231	新化县(湘)	22.35
232	双峰县(湘)	21.00
233	永定区(湘)	20.00
234	金洞林场(湘)	18.10
235	资阳区(湘)	18.00
236	桂东县(湘)	17.00
237	云溪区(湘)	15.00

序号	毛竹主产地	万根
238	溆浦县(湘)	12.91
239	靖州苗族侗族自治县(湘)	12.00
240	宁远县(湘)	11.90
241	隆回县(湘)	11.55
242	鹤城区(湘)	10.00
243	道　县(湘)	9.90
244	津市市(湘)	8.50
245	新邵县(湘)	8.12
246	辰溪县(湘)	8.03
247	桂阳县(湘)	6.36
248	新田县(湘)	5.50
249	岳阳县(湘)	5.00
250	岳阳楼区(湘)	5.00
251	中方县(湘)	5.00
252	蒸湘区(湘)	5.00
253	麻阳苗族自治县(湘)	5.00
254	芷江侗族自治县(湘)	4.97
255	冷水江市(湘)	4.80
256	祁阳县(湘)	4.50
257	北湖区(湘)	4.40
258	华容县(湘)	4.40
259	通道侗族自治县(湘)	4.30
260	安仁县(湘)	4.13
261	沅陵县(湘)	4.00
262	南岳区(湘)	4.00
263	安化县(湘)	4.00
264	宜章县(湘)	3.80
265	临武县(湘)	3.80
266	江华瑶族自治县(湘)	3.72
267	常宁市(湘)	3.60
268	城步苗族自治县(湘)	3.00
269	湘阴县(湘)	3.00
270	邵东县(湘)	3.00
271	桑植县(湘)	3.00
272	会同县(湘)	2.80
273	浏阳市(湘)	2.33
274	耒阳市(湘)	2.20
275	双牌县(湘)	1.97
276	东安县(湘)	1.90
277	株洲县(湘)	1.83
278	冷水滩区(湘)	1.75
279	攸　县(湘)	1.55
280	武陵源区(湘)	1.50
281	涟源市(湘)	1.50
282	邵阳县(湘)	1.50
283	宁乡县(湘)	1.30

序号	毛竹主产地	万根
284	岳麓区(湘)	1.24
285	嘉禾县(湘)	1.16
286	炎陵县(湘)	1.08
287	澧　县(湘)	1.00
288	新晃侗族自治县(湘)	1.00
289	醴陵市(湘)	1.00
290	望城县(湘)	0.80
291	信宜市(粤)	283.00
292	高州市(粤)	133.38
293	梅　县(粤)	105.00
294	蕉岭县(粤)	96.87
295	阳山县(粤)	72.26
296	清新县(粤)	50.00
297	连州市(粤)	49.19
298	大埔县(粤)	40.00
299	连南瑶族自治县(粤)	33.23
300	潮安县(粤)	30.00
301	连山壮族瑶族自治县(粤)	29.33
302	英德市(粤)	23.03
303	平远县(粤)	15.50
304	清城区(粤)	12.60
305	潮阳区(粤)	11.57
306	五华县(粤)	10.00
307	紫金县(粤)	9.00
308	鼎湖区(粤)	9.00
309	丰顺县(粤)	5.00
310	湘桥区(粤)	2.80
311	清远市属总林场(粤)	1.50
312	藤　县(桂)	2311.00
313	兴安县(桂)	1743.34
314	资源县(桂)	1112.50
315	灌阳县(桂)	601.00
316	平乐县(桂)	596.40
317	融安县(桂)	500.00
318	三江侗族自治县(桂)	374.00
319	灵川县(桂)	295.65
320	永福县(桂)	271.06
321	龙胜各族自治县(桂)	267.15
322	罗城仫佬族自治县(桂)	260.00
323	昭平县(桂)	220.00
324	全州县(桂)	150.00
325	八步区(桂)	96.60
326	融水苗族自治县(桂)	90.00
327	临桂县(桂)	83.00
328	蒙山县(桂)	70.00
329	贺州市平桂管理区(桂)	60.50

序号	毛竹主产地	万根
330	凌云县(桂)	54.00
331	鹿寨县(桂)	36.20
332	隆安县(桂)	34.00
333	阳朔县(桂)	30.70
334	金秀瑶族自治县(桂)	27.48
335	天峨县(桂)	20.00
336	西林县(桂)	11.55
337	灵山县(桂)	9.30
338	凤山县(桂)	7.80
339	江南区(桂)	5.00
340	恭城瑶族自治县(桂)	3.00
341	苍梧县(桂)	3.00
342	黄冕林场(桂)	1.20
343	巴马瑶族自治县(桂)	1.00
344	南丹县(桂)	1.00
345	酉阳土家族苗族自治县(渝)	137.00
346	潼南县(渝)	57.80
347	合川区(渝)	55.00
348	垫江县(渝)	30.00
349	云阳县(渝)	22.00
350	永川区(渝)	8.40
351	万州区(渝)	8.00
352	铜梁县(渝)	6.40
353	彭水苗族土家族自治县(渝)	2.00
354	黔江区(渝)	1.72
355	綦江县(渝)	1.20
356	江津区(渝)	1.00
357	奉节县(渝)	1.00
358	大足县(渝)	0.85
359	石柱土家族自治县(渝)	0.78
360	松潘县(川)	1000.00
361	隆昌县(川)	420.00
362	安　县(川)	112.00
363	叙永县(川)	102.00
364	沐川县(川)	100.00
365	平昌县(川)	87.50
366	长宁县(川)	68.00
367	合江县(川)	58.00
368	东兴区(川)	50.00
369	旺苍县(川)	50.00
370	洪雅县(川)	37.00
371	兴文县(川)	32.00
372	古蔺县(川)	23.00
373	元坝区(川)	20.00
374	纳溪区(川)	20.00
375	威远县(川)	12.50

序号	毛竹主产地	万根
376	珙　县(川)	11.16
377	宣汉县(川)	10.00
378	富顺县(川)	8.70
379	达　县(川)	8.20
380	屏山县(川)	8.00
381	荣　县(川)	8.00
382	罗江县(川)	6.50
383	江安县(川)	6.40
384	犍为县(川)	4.57
385	北川羌族自治县(川)	4.50
386	绵竹市(川)	4.20
387	五通桥区(川)	3.45
388	筠连县(川)	2.74
389	大邑县(川)	2.50
390	宜宾县(川)	1.60
391	泸　县(川)	1.40
392	高坪区(川)	1.00
393	夹江县(川)	1.00
394	六枝特区(黔)	178.75
395	德江县(黔)	87.00
396	黎平县(黔)	53.00
397	榕江县(黔)	40.00
398	遵义县(黔)	40.00
399	普安县(黔)	36.60
400	水城县(黔)	31.02
401	锦屏县(黔)	17.00
402	天柱县(黔)	15.00
403	丹寨县(黔)	11.31
404	龙里县(黔)	11.00
405	贵定县(黔)	10.00
406	三穗县(黔)	9.00
407	印江土家族苗族自治县(黔)	8.66
408	镇远县(黔)	7.50
409	思南县(黔)	7.25
410	乌当区(黔)	5.88
411	麻江县(黔)	5.00
412	道真仡佬族苗族自治县(黔)	4.00
413	沿河土家族自治县(黔)	3.50
414	从江县(黔)	2.88
415	盘　县(黔)	2.50
416	习水县(黔)	2.50
417	红花岗区(黔)	2.26
418	石阡县(黔)	2.00
419	正安县(黔)	2.00
420	湄潭县(黔)	2.00
421	岑巩县(黔)	1.65
422	安龙县(黔)	1.60
423	江口县(黔)	0.80
424	三都水族自治县(黔)	0.56
425	寻甸回族彝族自治县(滇)	652.60
426	镇雄县(滇)	600.00
427	勐海县(滇)	522.00
428	南涧彝族自治县(滇)	515.00
429	宁洱哈尼族彝族自治县(滇)	417.00
430	贡山独龙族怒族自治县(滇)	388.00
431	洱源县(滇)	185.00
432	禄丰县(滇)	181.00
433	鹤庆县(滇)	176.00
434	永德县(滇)	172.40
435	景东彝族自治县(滇)	127.80
436	景洪市(滇)	97.85
437	晋宁县(滇)	71.00
438	武定县(滇)	62.00
439	红塔区(滇)	60.00
440	云龙县(滇)	60.00
441	楚雄市(滇)	46.59
442	镇沅彝族哈尼族拉祜族自治县(滇)	36.00
443	福贡县(滇)	31.00
444	巍山彝族回族自治县(滇)	30.46
445	墨江哈尼族自治县(滇)	27.00
446	文山市(滇)	26.85
447	牟定县(滇)	25.00
448	麻栗坡县(滇)	21.70
449	马关县(滇)	20.00
450	镇康县(滇)	18.87
451	巧家县(滇)	16.00
452	永仁县(滇)	15.29
453	思茅区(滇)	15.00
454	南华县(滇)	15.00
455	威信县(滇)	15.00
456	临翔区(滇)	12.15
457	西盟佤族自治县(滇)	11.77
458	孟连傣族拉祜族佤族自治县(滇)	10.00
459	泸水县(滇)	9.77
460	西畴县(滇)	7.07
461	永胜县(滇)	4.26
462	云　县(滇)	2.43
463	水富县(滇)	2.06
464	勐腊县(滇)	0.81
465	江川县(滇)	0.70
466	南郑县(陕)	450.00
467	平利县(陕)	100.00
468	洋　县(陕)	92.00
469	商南县(陕)	32.00
470	佛坪县(陕)	22.50
471	白河县(陕)	22.00
472	蓝田县(陕)	10.00
473	石泉县(陕)	8.20
474	岚皋县(陕)	8.00
475	汉阴县(陕)	4.50

表 5-2　2012 年其他竹类主产地产量

序号	其他竹类主产地	万吨
1	吴兴区(浙)	155.00
2	临安市(浙)	21.50
3	余杭区(浙)	16.69
4	建德市(浙)	16.10
5	安吉县(浙)	3.80
6	淳安县(浙)	2.60
7	富阳市(浙)	2.44
8	镇海区(浙)	1.80
9	德清县(浙)	0.90
10	衢江区(浙)	0.70
11	郎溪县(皖)	35.00
12	霍山县(皖)	20.00
13	宁国市(皖)	8.85
14	广德县(皖)	5.00
15	繁昌县(皖)	2.50
16	南谯区(皖)	2.00
17	绩溪县(皖)	1.25
18	歙　县(皖)	1.00
19	宣州区(皖)	0.98
20	大观区(皖)	0.90
21	潜山县(皖)	0.70
22	太湖县(皖)	0.65
23	石台县(皖)	0.63
24	桐城市(皖)	0.60
25	东至县(皖)	0.59
26	巢湖市(皖)	0.51
27	万年县(赣)	315.00
28	浮梁县(赣)	300.00
29	兴国县(赣)	180.00
30	铜鼓县(赣)	50.00
31	余江县(赣)	25.00
32	瑞金市(赣)	20.00
33	峡江县(赣)	11.65
34	泰和县(赣)	11.00
35	婺源县(赣)	10.00

序号	其他竹类主产地	万吨
36	宜春市明月山温泉风景名胜区(赣)	8.60
37	宜黄县(赣)	8.50
38	铅山县(赣)	5.00
39	余干县(赣)	2.86
40	贵溪市(赣)	2.59
41	崇仁县(赣)	2.00
42	瑞昌市(赣)	1.40
43	彭泽县(赣)	1.20
44	会昌县(赣)	1.20
45	新建县(赣)	1.17
46	星子县(赣)	0.83
47	宁阳县(鲁)	5.60
48	商城县(豫)	20.00
49	内乡县(豫)	5.00
50	新蔡县(豫)	1.40
51	五峰土家族自治县(鄂)	150.00
52	赤壁市(鄂)	53.00
53	长阳土家族自治县(鄂)	50.00
54	广水市(鄂)	12.00
55	宜城市(鄂)	2.80
56	巴东县(鄂)	2.45
57	建始县(鄂)	2.00
58	崇阳县(鄂)	1.50
59	咸安区(鄂)	1.20
60	南漳县(鄂)	1.00
61	罗田县(鄂)	1.00
62	麻城市(鄂)	0.90
63	阳新县(鄂)	0.87
64	竹山县(鄂)	0.80
65	谷城县(鄂)	0.76
66	醴陵市(湘)	200.00
67	双峰县(湘)	20.00
68	湘潭县(湘)	18.00
69	绥宁县(湘)	12.00
70	珠晖区(湘)	12.00
71	岳阳县(湘)	10.00
72	茶陵县(湘)	10.00
73	城步苗族自治县(湘)	7.70
74	益阳市市辖区(湘)	5.00
75	汉寿县(湘)	3.00
76	耒阳市(湘)	2.97
77	衡南县(湘)	2.00
78	新化县(湘)	1.50
79	衡山县(湘)	1.12
80	安化县(湘)	1.10
81	岳麓区(湘)	1.00

序号	其他竹类主产地	万吨
82	桃源县(湘)	1.00
83	双牌县(湘)	1.00
84	南　县(湘)	0.90
85	麻阳苗族自治县(湘)	0.90
86	云溪区(湘)	0.80
87	汝城县(湘)	0.63
88	中方县(湘)	0.60
89	新田县(湘)	0.57
90	沅陵县(湘)	0.53
91	广宁县(粤)	43.00
92	大埔县(粤)	20.00
93	清新县(粤)	15.00
94	怀集县(粤)	10.50
95	阳山县(粤)	9.95
96	信宜市(粤)	8.00
97	湘桥区(粤)	5.00
98	英德市(粤)	3.89
99	高州市(粤)	1.77
100	鼎湖区(粤)	1.59
101	清城区(粤)	1.56
102	蒙山县(桂)	144.00
103	博白县(桂)	139.90
104	三江侗族自治县(桂)	132.00
105	临桂县(桂)	112.00
106	永福县(桂)	85.93
107	良庆区(桂)	65.64
108	凤山县(桂)	35.80
109	桂平市(桂)	32.40
110	阳朔县(桂)	24.10
111	融水苗族自治县(桂)	20.00
112	巴马瑶族自治县(桂)	20.00
113	钦北区(桂)	12.52
114	浦北县(桂)	9.10
115	鹿寨县(桂)	6.70
116	陆川县(桂)	5.00
117	田东县(桂)	4.20
118	宾阳县(桂)	4.19
119	防城区(桂)	3.67
120	岑溪市(桂)	3.20
121	马山县(桂)	3.12
122	上林县(桂)	2.60
123	灵山县(桂)	2.50
124	田林县(桂)	1.80
125	苍梧县(桂)	1.70
126	横　县(桂)	1.50
127	兴安县(桂)	1.48

序号	其他竹类主产地	万吨
128	藤　县(桂)	1.20
129	那坡县(桂)	1.13
130	资源县(桂)	1.09
131	恭城瑶族自治县(桂)	1.05
132	八步区(桂)	1.00
133	隆林各族自治县(桂)	0.80
134	灌阳县(桂)	0.78
135	昭平县(桂)	0.69
136	玉州区(桂)	0.60
137	合川区(渝)	118.30
138	梁平县(渝)	30.00
139	铜梁县(渝)	7.50
140	大足县(渝)	5.00
141	永川区(渝)	2.40
142	江津区(渝)	2.00
143	南川区(渝)	1.70
144	酉阳土家族苗族自治县(渝)	1.40
145	渝北区(渝)	1.20
146	黔江区(渝)	1.09
147	荣昌县(渝)	1.01
148	石柱土家族自治县(渝)	0.54
149	米易县(川)	602.00
150	阆中市(川)	570.00
151	营山县(川)	480.00
152	乐至县(川)	303.00
153	仁和区(川)	146.00
154	叙永县(川)	43.00
155	沐川县(川)	42.00
156	长宁县(川)	30.00
157	犍为县(川)	28.18
158	雨城区(川)	26.50
159	江安县(川)	24.70
160	富顺县(川)	17.20
161	东坡区(川)	17.00
162	合江县(川)	15.10
163	纳溪区(川)	15.00
164	屏山县(川)	14.00
165	高　县(川)	12.00
166	洪雅县(川)	10.80
167	南溪县(川)	10.00
168	宣汉县(川)	9.50
169	青神县(川)	8.20
170	井研县(川)	8.00
171	宜宾县(川)	6.91
172	三台县(川)	6.50
173	蒲江县(川)	5.50

序号	其他竹类主产地	万吨
174	会理县(川)	4.30
175	彭山县(川)	4.10
176	仁寿县(川)	3.58
177	射洪县(川)	3.00
178	安岳县(川)	2.95
179	名山县(川)	2.80
180	盐亭县(川)	2.76
181	荣　县(川)	2.58
182	翠屏区(川)	2.50
183	东兴区(川)	2.50
184	安　县(川)	2.25
185	兴文县(川)	2.10
186	五通桥区(川)	2.09
187	芦山县(川)	2.00
188	安居区(川)	1.80
189	威远县(川)	1.56
190	丹棱县(川)	1.50
191	荥经县(川)	1.35
192	泸　县(川)	1.30
193	彭州市(川)	1.20
194	雁江区(川)	1.13
195	中江县(川)	1.10
196	夹江县(川)	1.00
197	蓬溪县(川)	1.00
198	隆昌县(川)	1.00
199	船山区(川)	0.91
200	峨眉山市(川)	0.86
201	巴州区(川)	0.84
202	武胜县(川)	0.80
203	资中县(川)	0.80
204	贡井区(川)	0.75
205	大邑县(川)	0.75
206	渠　县(川)	0.70
207	仪陇县(川)	0.65
208	剑阁县(川)	0.62
209	筠连县(川)	0.61
210	平昌县(川)	0.55
211	兴义市(黔)	105.82
212	沿河土家族自治县(黔)	52.00
213	赤水市(黔)	33.00
214	三穗县(黔)	10.02
215	贵定县(黔)	10.00
216	台江县(黔)	8.20
217	湄潭县(黔)	5.50
218	黔西县(黔)	5.00
219	务川仡佬族苗族自治县(黔)	1.80
220	天柱县(黔)	1.20
221	七星关区(黔)	1.20
222	绥阳县(黔)	1.00
223	麻江县(黔)	1.00
224	印江土家族苗族自治县(黔)	0.70
225	桐梓县(黔)	0.60
226	南涧彝族自治县(滇)	186.00
227	大姚县(滇)	108.70
228	文山市(滇)	54.34
229	景洪市(滇)	22.62
230	鹤庆县(滇)	16.00
231	泸水县(滇)	13.22
232	元谋县(滇)	13.00
233	巍山彝族回族自治县(滇)	9.37
234	新平彝族傣族自治县(滇)	7.40
235	永胜县(滇)	5.20
236	麻栗坡县(滇)	5.00
237	耿马傣族佤族自治县(滇)	4.76
238	水富县(滇)	4.00
239	镇康县(滇)	2.55
240	彝良县(滇)	1.97
241	巧家县(滇)	1.00
242	云　县(滇)	0.82
243	沧源佤族自治县(滇)	0.65
244	洋　县(陕)	5.60
245	南郑县(陕)	1.90
246	镇巴县(陕)	0.85
247	勉　县(陕)	0.60
248	文　县(甘)	2.00

表 5-3　2012 年藤类主产地产量

序号	藤类主产地	万吨
1	霍山县(皖)	14.50
2	万年县(赣)	670.00
3	浮梁县(赣)	200.00
4	信丰县(赣)	20.00
5	铅山县(赣)	3.00
6	瑞金市(赣)	3.00
7	靖安县(赣)	2.30
8	新干县(赣)	0.60
9	鱼台县(鲁)	120.00
10	宁阳县(鲁)	15.00
11	梁山县(鲁)	0.80
12	淮滨县(豫)	60.00
13	宁陵县(豫)	1.35
14	竹溪县(鄂)	1.00
15	醴陵市(湘)	100.00
16	茶陵县(湘)	50.00
17	涟源市(湘)	10.00
18	珠晖区(湘)	2.00
19	冷水江市(湘)	2.00
20	益阳市市辖区(湘)	2.00
21	岳阳县(湘)	1.00
22	双峰县(湘)	0.80
23	株洲县(湘)	0.75
24	信宜市(粤)	5.00
25	灵山县(桂)	2.40
26	宣汉县(川)	2.80
27	贵定县(黔)	5.00
28	麻江县(黔)	2.00
29	普安县(黔)	1.00
30	务川仡佬族苗族自治县(黔)	0.69
31	文山市(滇)	30.00
32	麻栗坡县(滇)	3.00
33	岚皋县(陕)	3.00
34	南郑县(陕)	0.75

表 6-1　2012 年油茶籽主产地产量

序号	油茶籽主产地	产量(吨)
1	淳安县(浙)	8263.00
2	莲都区(浙)	7258.00
3	常山县(浙)	6986.00
4	开化县(浙)	5400.00
5	江山市(浙)	4558.00
6	缙云县(浙)	2802.00
7	衢江区(浙)	2284.00
8	天台县(浙)	2100.00
9	仙居县(浙)	1800.00
10	武义县(浙)	1800.00
11	桐庐县(浙)	1650.00
12	建德市(浙)	1600.00
13	龙泉市(浙)	1269.00
14	云和县(浙)	895.00
15	柯城区(浙)	780.00
16	三门县(浙)	630.00
17	磐安县(浙)	305.00
18	临安市(浙)	115.00
19	舒城县(皖)	13000.00
20	岳西县(皖)	12900.00
21	金寨县(皖)	3415.00
22	歙　县(皖)	1680.00
23	祁门县(皖)	1500.00

序号	油茶籽主产地	产量(吨)
24	桐城市(皖)	950.00
25	休宁县(皖)	917.00
26	含山县(皖)	630.00
27	绩溪县(皖)	600.00
28	徽州区(皖)	559.00
29	霍山县(皖)	400.00
30	巢湖市(皖)	300.00
31	黟　县(皖)	180.00
32	铅山县(赣)	35000.00
33	袁州区(赣)	16500.00
34	樟树市(赣)	15623.00
35	瑞金市(赣)	15000.00
36	上犹县(赣)	10857.00
37	会昌县(赣)	10480.00
38	崇义县(赣)	10211.00
39	婺源县(赣)	10000.00
40	赣　县(赣)	9668.00
41	铜鼓县(赣)	9000.00
42	上栗县(赣)	8270.00
43	武宁县(赣)	7842.00
44	兴国县(赣)	7800.00
45	分宜县(赣)	7240.00
46	渝水区(赣)	7120.00
47	高安市(赣)	6476.00
48	万载县(赣)	5950.00
49	新建县(赣)	5575.00
50	寻乌县(赣)	5250.00
51	莲花县(赣)	5000.00
52	峡江县(赣)	4600.00
53	石城县(赣)	4560.00
54	湘东区(赣)	4500.00
55	横峰县(赣)	4500.00
56	芦溪县(赣)	4260.00
57	新干县(赣)	4110.00
58	宁都县(赣)	4000.00
59	德兴市(赣)	4000.00
60	玉山县(赣)	3800.00
61	崇仁县(赣)	3200.00
62	龙南县(赣)	2720.00
63	临川区(赣)	2691.00
64	宜丰县(赣)	2580.00
65	广丰县(赣)	2450.00
66	修水县(赣)	2400.00
67	信丰县(赣)	2200.00
68	进贤县(赣)	1600.00
69	浮梁县(赣)	1520.00
70	安福县(赣)	1500.00
71	奉新县(赣)	1350.00
72	全南县(赣)	1200.00
73	东乡县(赣)	1200.00
74	泰和县(赣)	1102.00
75	贵溪市(赣)	870.00
76	月湖区(赣)	800.00
77	于都县(赣)	750.00
78	广昌县(赣)	720.00
79	大余县(赣)	600.00
80	定南县(赣)	525.00
81	共青城市(赣)	436.00
82	南康市(赣)	325.50
83	永修县(赣)	275.00
84	瑞昌市(赣)	265.00
85	都昌县(赣)	260.00
86	万年县(赣)	200.00
87	固始县(豫)	650.00
88	罗山县(豫)	200.00
89	桐柏县(豫)	135.00
90	通城县(鄂)	14980.00
91	麻城市(鄂)	13987.00
92	谷城县(鄂)	7000.00
93	蕲春县(鄂)	3500.00
94	阳新县(鄂)	3268.00
95	随县(鄂)	3000.00
96	京山县(鄂)	2250.00
97	罗田县(鄂)	1620.00
98	广水市(鄂)	1600.00
99	红安县(鄂)	1195.00
100	崇阳县(鄂)	1017.00
101	英山县(鄂)	767.00
102	大冶市(鄂)	600.00
103	大悟县(鄂)	550.00
104	团风县(鄂)	501.00
105	建始县(鄂)	500.00
106	来凤县(鄂)	500.00
107	黄陂区(鄂)	500.00
108	赤壁市(鄂)	474.00
109	孝昌县(鄂)	350.00
110	曾都区(鄂)	321.00
111	梁子湖区(鄂)	305.00
112	恩施市(鄂)	300.00
113	安陆市(鄂)	300.00
114	鄂城区(鄂)	266.00
115	枣阳市(鄂)	153.00
116	武穴市(鄂)	150.00
117	衡南县(湘)	89849.60
118	衡东县(湘)	50000.00
119	邵阳县(湘)	38800.00
120	攸　县(湘)	32000.00
121	苏仙区(湘)	29764.00
122	安仁县(湘)	28500.00
123	浏阳市(湘)	26000.00
124	津市市(湘)	22615.00
125	株洲县(湘)	21875.00
126	耒阳市(湘)	20000.00
127	涟源市(湘)	19800.00
128	常宁市(湘)	18640.00
129	永兴县(湘)	17160.00
130	永顺县(湘)	16500.00
131	祁阳县(湘)	15020.00
132	赫山区(湘)	12600.00
133	会同县(湘)	12100.00
134	江华瑶族自治县(湘)	11460.00
135	宁远县(湘)	11260.00
136	汉寿县(湘)	11250.00
137	道　县(湘)	10081.00
138	鼎城区(湘)	10000.00
139	蓝山县(湘)	9666.00
140	桃源县(湘)	9000.00
141	临澧县(湘)	8750.00
142	祁东县(湘)	8642.00
143	零陵区(湘)	7575.00
144	双峰县(湘)	7100.00
145	东安县(湘)	6825.00
146	湘潭县(湘)	5750.00
147	桂阳县(湘)	5220.00
148	辰溪县(湘)	5040.00
149	茶陵县(湘)	5000.00
150	北湖区(湘)	4985.00
151	长沙县(湘)	4500.00
152	宁乡县(湘)	4300.00
153	新田县(湘)	4200.00
154	溆浦县(湘)	4130.00
155	澧　县(湘)	4000.00
156	资兴市(湘)	3850.00
157	中方县(湘)	3600.00
158	桑植县(湘)	3365.00
159	鹤城区(湘)	3300.00
160	芦淞区(湘)	3000.00
161	天元区(湘)	2850.00

序号	油茶籽主产地	产量(吨)
162	泸溪县(湘)	2400.00
163	龙山县(湘)	2300.00
164	沅陵县(湘)	2030.00
165	石峰区(湘)	1920.00
166	汝城县(湘)	1600.00
167	石门县(湘)	1500.00
168	慈利县(湘)	1500.00
169	双牌县(湘)	1480.00
170	武陵区(湘)	1360.00
171	湘阴县(湘)	1300.00
172	临武县(湘)	1300.00
173	永定区(湘)	1112.00
174	大祥区(湘)	887.00
175	桂东县(湘)	730.00
176	韶山市(湘)	680.00
177	保靖县(湘)	650.00
178	冷水江市(湘)	600.00
179	凤凰县(湘)	580.00
180	江永县(湘)	539.00
181	衡阳县(湘)	539.00
182	醴陵市(湘)	500.00
183	桃江县(湘)	500.00
184	隆回县(湘)	400.00
185	麻阳苗族自治县(湘)	334.00
186	芷江侗族自治县(湘)	316.00
187	娄星区(湘)	309.00
188	古丈县(湘)	270.00
189	宜章县(湘)	258.00
190	金洞林场(湘)	256.00
191	洞口县(湘)	235.00
192	新化县(湘)	200.00
193	邵东县(湘)	195.00
194	花垣县(湘)	140.00
195	荷塘区(湘)	140.00
196	珠晖区(湘)	135.00
197	岳塘区(湘)	132.00
198	双清区(湘)	108.00
199	岳阳县(湘)	100.00
200	阳山县(粤)	5001.00
201	平远县(粤)	3100.00
202	连南瑶族自治县(粤)	3095.00
203	广宁县(粤)	2091.00
204	东源县(粤)	1860.50
205	高州市(粤)	1740.00
206	大埔县(粤)	1200.00
207	连州市(粤)	650.00
208	连山壮族瑶族自治县(粤)	492.00
209	丰顺县(粤)	368.00
210	阳春市(粤)	350.00
211	鼎湖区(粤)	275.00
212	封开县(粤)	261.00
213	蕉岭县(粤)	256.00
214	潮南区(粤)	225.00
215	德庆县(粤)	129.00
216	五华县(粤)	100.00
217	清新县(粤)	100.00
218	三江侗族自治县(桂)	16623.00
219	巴马瑶族自治县(桂)	13816.00
220	平乐县(桂)	9996.00
221	右江区(桂)	8740.00
222	龙胜各族自治县(桂)	8395.00
223	昭平县(桂)	7517.00
224	钟山县(桂)	6963.00
225	田林县(桂)	6345.00
226	田阳县(桂)	4920.00
227	凤山县(桂)	4873.00
228	田东县(桂)	4505.00
229	东兰县(桂)	3885.00
230	八步区(桂)	3427.00
231	阳朔县(桂)	2927.00
232	隆林各族自治县(桂)	2800.00
233	永福县(桂)	2761.00
234	西林县(桂)	2309.00
235	罗城仫佬族自治县(桂)	2250.00
236	藤　县(桂)	2246.00
237	金秀瑶族自治县(桂)	2002.00
238	那坡县(桂)	1712.00
239	天峨县(桂)	1613.00
240	全州县(桂)	1450.00
241	蒙山县(桂)	1416.00
242	灌阳县(桂)	1149.00
243	苍梧县(桂)	962.00
244	乐业县(桂)	700.00
245	恭城瑶族自治县(桂)	570.00
246	武宣县(桂)	450.00
247	岑溪市(桂)	414.00
248	陆川县(桂)	400.00
249	金城江区(桂)	355.00
250	兴宾区(桂)	286.00
251	临桂县(桂)	224.00
252	资源县(桂)	117.00
253	黔江区(渝)	175.00
254	荣　县(川)	2000.00
255	隆昌县(川)	500.00
256	富顺县(川)	260.00
257	江安县(川)	230.00
258	宜宾县(川)	160.00
259	翠屏区(川)	103.00
260	玉屏侗族自治县(黔)	7154.00
261	务川仡佬族苗族自治县(黔)	6050.00
262	黎平县(黔)	5600.00
263	册亨县(黔)	4000.00
264	锦屏县(黔)	924.00
265	碧江区(黔)	770.00
266	兴义市(黔)	355.00
267	榕江县(黔)	340.00
268	沿河土家族自治县(黔)	152.00
269	广南县(滇)	4507.00
270	富宁县(滇)	4139.00
271	丘北县(滇)	113.00
272	南郑县(陕)	2860.00
273	汉阴县(陕)	554.00

表 6-2　2012 年核桃主产地产量

序号	核桃主产地	产量(吨)
1	平谷区(京)	8672.60
2	房山区(京)	2370.10
3	怀柔区(京)	1856.30
4	延庆县(京)	707.00
5	蓟　县(津)	1012.00
6	涉　县(冀)	16432.00
7	迁安市(冀)	14943.00
8	临城县(冀)	12523.00
9	赞皇县(冀)	12135.00
10	武安市(冀)	11300.00
11	平山县(冀)	10500.00
12	兴隆县(冀)	6021.00
13	灵寿县(冀)	5375.00
14	迁西县(冀)	4100.00
15	遵化市(冀)	4035.00
16	唐　县(冀)	3580.00
17	阜平县(冀)	3000.00
18	邢台县(冀)	2341.00
19	涞源县(冀)	2171.00
20	抚宁县(冀)	2118.00
21	内丘县(冀)	1800.00
22	涞水县(冀)	1580.00
23	沙河市(冀)	1551.00

序号	核桃主产地	产量(吨)
24	井陉县(冀)	1453.00
25	元氏县(冀)	1341.00
26	鹿泉市(冀)	1119.00
27	易　县(冀)	1000.00
28	卢龙县(冀)	873.00
29	藁城市(冀)	720.00
30	青龙满族自治县(冀)	700.00
31	行唐县(冀)	580.00
32	邢台市高新技术开发区(冀)	554.00
33	怀来县(冀)	260.00
34	玉田县(冀)	252.00
35	定州市(冀)	230.00
36	磁　县(冀)	200.00
37	宽城满族自治县(冀)	200.00
38	高碑店市(冀)	135.00
39	左权县(晋)	7300.00
40	垣曲县(晋)	4000.00
41	芮城县(晋)	4000.00
42	临猗县(晋)	4000.00
43	中阳县(晋)	4000.00
44	灵石县(晋)	3950.00
45	平顺县(晋)	3009.00
46	尧都区(晋)	2250.00
47	隰　县(晋)	1998.00
48	盐湖区(晋)	1733.00
49	汾西县(晋)	1500.00
50	黎城县(晋)	1300.00
51	榆社县(晋)	815.00
52	闻喜县(晋)	720.00
53	高平市(晋)	580.00
54	原平市(晋)	576.20
55	屯留县(晋)	525.00
56	定襄县(晋)	480.00
57	大宁县(晋)	420.00
58	忻府区(晋)	332.00
59	长治县(晋)	185.00
60	沁　县(晋)	176.00
61	古交市(晋)	162.00
62	祁　县(晋)	147.00
63	阳曲县(晋)	125.00
64	繁峙县(晋)	113.00
65	清原满族自治县(辽)	8300.00
66	岫岩满族自治县(辽)	6653.00
67	抚顺县(辽)	2655.00
68	东洲区(辽)	2500.00
69	凌源市(辽)	320.00
70	振安区(辽)	260.00
71	通化县(吉)	5949.00
72	集安市(吉)	3185.00
73	抚松县(吉)	479.00
74	永吉县(吉)	410.00
75	桦甸市(吉)	274.00
76	丰满区(吉)	200.00
77	临安市(浙)	10112.00
78	安吉县(浙)	360.00
79	富阳市(浙)	200.00
80	宁国市(皖)	10500.00
81	绩溪县(皖)	3760.00
82	金寨县(皖)	358.00
83	谯城区(皖)	147.00
84	东平县(鲁)	9518.00
85	肥城市(鲁)	9482.00
86	汶上县(鲁)	6080.00
87	平阴县(鲁)	3200.00
88	邹城市(鲁)	2519.00
89	宁阳县(鲁)	2093.00
90	蒙阴县(鲁)	1600.00
91	平邑县(鲁)	1575.00
92	新泰市(鲁)	1342.00
93	昌邑市(鲁)	1300.00
94	岱岳区(鲁)	1225.00
95	临朐县(鲁)	900.00
96	淄川区(鲁)	805.00
97	沂水县(鲁)	768.00
98	苍山县(鲁)	733.00
99	青州市(鲁)	580.00
100	寿光市(鲁)	500.00
101	山亭区(鲁)	468.00
102	莱城区(鲁)	384.40
103	泰安市市辖区(鲁)	349.00
104	邹平县(鲁)	325.00
105	微山县(鲁)	305.00
106	德州市市辖区(鲁)	298.50
107	栖霞市(鲁)	230.00
108	钢城区(鲁)	200.00
109	临沂市蒙山旅游区(鲁)	170.00
110	张店区(鲁)	130.00
111	峄城区(鲁)	120.00
112	胶州市(鲁)	106.00
113	新密市(豫)	5803.00
114	伊川县(豫)	4857.00
115	栾川县(豫)	4104.00
116	嵩　县(豫)	3350.00
117	荥阳市(豫)	3200.00
118	林州市(豫)	3060.00
119	汝州市(豫)	2800.00
120	渑池县(豫)	2400.00
121	新安县(豫)	2100.00
122	灵宝市(豫)	1600.00
123	卫东区(豫)	1300.00
124	宜阳县(豫)	1110.00
125	南召县(豫)	1100.00
126	鹤山区(豫)	1000.00
127	淅川县(豫)	918.00
128	洛宁县(豫)	855.00
129	桐柏县(豫)	800.00
130	鲁山县(豫)	550.00
131	辉县市(豫)	520.00
132	偃师市(豫)	500.00
133	舞钢市(豫)	402.00
134	卫辉市(豫)	320.00
135	内乡县(豫)	300.00
136	方城县(豫)	296.00
137	范　县(豫)	244.00
138	卧龙区(豫)	211.00
139	淇滨区(豫)	200.00
140	叶　县(豫)	186.00
141	吉利区(豫)	185.00
142	淇　县(豫)	165.00
143	镇平县(豫)	140.00
144	郏　县(豫)	100.00
145	确山县(豫)	100.00
146	新郑市(豫)	100.00
147	保康县(鄂)	7960.00
148	秭归县(鄂)	1670.00
149	兴山县(鄂)	1100.00
150	竹山县(鄂)	890.00
151	罗田县(鄂)	800.00
152	谷城县(鄂)	315.00
153	随县(鄂)	305.00
154	郧　县(鄂)	300.00
155	神农架林区(鄂)	280.00
156	宣恩县(鄂)	197.00
157	夷陵区(鄂)	160.00
158	宜城市(鄂)	142.00
159	五峰土家族自治县(鄂)	142.00
160	钟祥市(鄂)	140.00
161	东宝区(鄂)	113.00

序号	核桃主产地	产量(吨)	序号	核桃主产地	产量(吨)	序号	核桃主产地	产量(吨)
162	宜都市(鄂)	104.00	208	冕宁县(川)	2932.00	254	广汉市(川)	320.00
163	京山县(鄂)	100.00	209	仪陇县(川)	2700.00	255	普格县(川)	286.00
164	长阳土家族自治县(鄂)	100.00	210	平武县(川)	2700.00	256	龙泉驿区(川)	268.00
165	会同县(湘)	672.00	211	木里藏族自治县(川)	2501.00	257	蓬溪县(川)	250.00
166	靖州苗族侗族自治县(湘)	563.00	212	阆中市(川)	2320.00	258	宣汉县(川)	220.00
167	洪江市(湘)	500.00	213	江油市(川)	2250.00	259	都江堰市(川)	220.00
168	保靖县(湘)	410.00	214	万源市(川)	2220.00	260	西充县(川)	210.00
169	安化县(湘)	400.00	215	越西县(川)	2000.00	261	九寨沟县(川)	204.00
170	龙山县(湘)	400.00	216	茂　县(川)	2000.00	262	平昌县(川)	200.00
171	永顺县(湘)	350.00	217	通江县(川)	1900.00	263	兴文县(川)	150.00
172	新邵县(湘)	350.00	218	美姑县(川)	1696.80	264	康定县(川)	150.00
173	中方县(湘)	320.00	219	汶川县(川)	1395.00	265	高　县(川)	140.00
174	新化县(湘)	300.00	220	汉源县(川)	1300.00	266	江安县(川)	138.00
175	洞口县(湘)	165.00	221	喜德县(川)	1214.00	267	安岳县(川)	135.00
176	沅陵县(湘)	105.00	222	苍溪县(川)	1200.00	268	宜宾县(川)	117.00
177	鹤城区(湘)	100.00	223	资中县(川)	1200.00	269	达　县(川)	105.00
178	凤山县(桂)	516.00	224	威远县(川)	1119.00	270	隆昌县(川)	100.00
179	乐业县(桂)	116.00	225	石棉县(川)	1100.00	271	务川仡佬族苗族自治县(黔)	3795.00
180	潼南县(渝)	4250.00	226	蓬安县(川)	1080.00	272	七星关区(黔)	1128.00
181	南川区(渝)	500.00	227	安居区(川)	1025.00	273	普安县(黔)	800.00
182	石柱土家族自治县(渝)	450.00	228	叙永县(川)	1000.00	274	普定县(黔)	500.00
183	渝北区(渝)	398.43	229	巴塘县(川)	1000.00	275	册亨县(黔)	500.00
184	彭水苗族土家族自治县(渝)	360.00	230	宁南县(川)	900.00	276	印江土家族苗族自治县(黔)	452.36
185	丰都县(渝)	320.00	231	金口河区(川)	870.00	277	湄潭县(黔)	420.00
186	巫溪县(渝)	290.00	232	会东县(川)	800.00	278	盘　县(黔)	375.00
187	合川区(渝)	273.00	233	罗江县(川)	756.00	279	六枝特区(黔)	350.00
188	云阳县(渝)	245.00	234	大英县(川)	700.00	280	习水县(黔)	350.00
189	朝天区(川)	15298.00	235	黑水县(川)	670.10	281	兴义市(黔)	300.00
190	青川县(川)	9600.00	236	屏山县(川)	657.00	282	绥阳县(黔)	300.00
191	金阳县(川)	9100.00	237	仁和区(川)	652.00	283	纳雍县(黔)	294.00
192	盐源县(川)	8300.00	238	北川羌族自治县(川)	647.00	284	安龙县(黔)	230.00
193	旺苍县(川)	7500.00	239	嘉陵区(川)	632.00	285	遵义县(黔)	203.00
194	利州区(川)	7400.00	240	西昌市(川)	600.00	286	大方县(黔)	203.00
195	南江县(川)	7000.00	241	乐至县(川)	600.00	287	福泉市(黔)	200.00
196	雷波县(川)	6904.00	242	游仙区(川)	500.00	288	金沙县(黔)	157.00
197	盐亭县(川)	6521.00	243	布拖县(川)	500.00	289	赤水市(黔)	156.00
198	会理县(川)	6000.00	244	巴州区(川)	472.00	290	正安县(黔)	150.00
199	米易县(川)	6000.00	245	筠连县(川)	450.00	291	罗甸县(黔)	110.00
200	德昌县(川)	5750.00	246	古蔺县(川)	410.00	292	余庆县(黔)	108.00
201	甘洛县(川)	5200.00	247	开江县(川)	400.00	293	凤庆县(滇)	45269.00
202	射洪县(川)	5100.00	248	峨边彝族自治县(川)	399.00	294	云龙县(滇)	28100.00
203	旌阳区(川)	4125.00	249	理　县(川)	381.00	295	祥云县(滇)	20800.00
204	剑阁县(川)	3800.00	250	雁江区(川)	360.00	296	云　县(滇)	20120.00
205	三台县(川)	3459.00	251	峨眉山市(川)	357.00	297	巧家县(滇)	18215.00
206	中江县(川)	3200.00	252	仁寿县(川)	350.00	298	大姚县(滇)	15494.00
207	安　县(川)	3200.00	253	船山区(川)	330.00	299	永德县(滇)	14005.00

序号	核桃主产地	产量(吨)
300	南涧彝族自治县(滇)	11000.00
301	永胜县(滇)	10373.00
302	楚雄市(滇)	8027.00
303	彝良县(滇)	8000.00
304	洱源县(滇)	8000.00
305	巍山彝族回族自治县(滇)	7437.00
306	维西傈僳族自治县(滇)	7067.20
307	南华县(滇)	6256.00
308	景东彝族自治县(滇)	5989.80
309	永善县(滇)	5153.20
310	临翔区(滇)	4790.00
311	宾川县(滇)	4600.00
312	兰坪白族普米族自治县(滇)	4559.50
313	沧源佤族自治县(滇)	4146.00
314	双江拉祜族佤族布朗族傣族自治县(滇)	4016.00
315	新平彝族傣族自治县(滇)	3170.00
316	镇康县(滇)	3151.30
317	武定县(滇)	2782.00
318	泸水县(滇)	2516.00
319	镇沅彝族哈尼族拉祜族自治县(滇)	2181.00
320	大理市(滇)	2138.00
321	玉龙纳西族自治县(滇)	2000.00
322	双柏县(滇)	1907.00
323	姚安县(滇)	1504.00
324	鹤庆县(滇)	1500.00
325	宁蒗彝族自治县(滇)	1200.00
326	贡山独龙族怒族自治县(滇)	1197.30
327	墨江哈尼族自治县(滇)	907.00
328	昭阳区(滇)	854.00
329	禄丰县(滇)	815.00
330	镇雄县(滇)	800.00
331	大关县(滇)	683.00
332	寻甸回族彝族自治县(滇)	657.90
333	西畴县(滇)	550.00
334	古城区(滇)	500.00
335	元谋县(滇)	367.00
336	富民县(滇)	331.00
337	富宁县(滇)	293.00
338	红塔区(滇)	255.70
339	牟定县(滇)	248.00
340	晋宁县(滇)	230.00
341	宁洱哈尼族彝族自治县(滇)	199.10
342	丘北县(滇)	150.00
343	东川区(滇)	148.00
344	福贡县(滇)	100.00
345	左贡县(藏)	504.47
346	仁布县(藏)	315.00
347	临渭区(陕)	35000.00
348	宜君县(陕)	9000.00
349	陈仓区(陕)	8242.00
350	黄龙县(陕)	6000.00
351	山阳县(陕)	5616.00
352	商州区(陕)	5497.00
353	丹凤县(陕)	5254.00
354	麟游县(陕)	5200.00
355	汉滨区(陕)	5018.00
356	镇安县(陕)	4756.00
357	柞水县(陕)	3861.00
358	耀州区(陕)	3500.00
359	商南县(陕)	2893.00
360	略阳县(陕)	2783.00
361	勉　县(陕)	2640.00
362	旬阳县(陕)	2546.00
363	淳化县(陕)	2488.00
364	合阳县(陕)	2475.00
365	凤　县(陕)	2250.00
366	千阳县(陕)	1920.00
367	蒲城县(陕)	1600.00
368	太白县(陕)	1565.00
369	乾　县(陕)	1365.00
370	南郑县(陕)	1320.00
371	西乡县(陕)	1023.00
372	汉阴县(陕)	939.00
373	平利县(陕)	900.00
374	城固县(陕)	892.00
375	宁陕县(陕)	815.00
376	渭滨区(陕)	655.00
377	印台区(陕)	600.00
378	洋　县(陕)	556.00
379	镇坪县(陕)	487.00
380	蓝田县(陕)	428.00
381	紫阳县(陕)	400.00
382	佛坪县(陕)	320.00
383	彬　县(陕)	300.00
384	石泉县(陕)	220.00
385	白河县(陕)	206.00
386	岚皋县(陕)	202.00
387	临潼区(陕)	180.00
388	户　县(陕)	157.50
389	华阴市(陕)	140.00
390	永寿县(陕)	124.00
391	黄陵县(陕)	120.00
392	两当县(甘)	10500.00
393	清水县(甘)	7497.90
394	武都区(甘)	5990.50
395	礼　县(甘)	3770.00
396	红古区(甘)	3750.00
397	宁　县(甘)	3000.00
398	徽　县(甘)	2712.00
399	文　县(甘)	2350.00
400	西和县(甘)	2260.00
401	甘谷县(甘)	1377.00
402	张家川回族自治县(甘)	1336.90
403	麦积区(甘)	1325.00
404	崆峒区(甘)	1180.00
405	崇信县(甘)	1000.00
406	宕昌县(甘)	850.00
407	康　县(甘)	796.00
408	卓尼县(甘)	675.00
409	武山县(甘)	500.00
410	镇原县(甘)	308.00
411	合水县(甘)	300.00
412	榆中县(甘)	245.00
413	临夏县(甘)	140.00
414	循化撒拉族自治县(青)	265.00
415	尖扎县(青)	250.00
416	彭阳县(宁)	174.37
417	叶城县(新)	70305.00
418	泽普县(新)	23746.00
419	莎车县(新)	16079.00
420	巴楚县(新)	7154.00
421	疏附县(新)	981.00
422	麦盖提县(新)	634.00
423	疏勒县(新)	440.00
424	英吉沙县(新)	165.00
425	鄯善县(新)	122.00
426	三岔子林业局(吉林森工)	346.00
427	泉阳林业局(吉林森工)	100.00
428	双丰林业局(龙江森工)	300.00
429	桃山林业局(龙江森工)	250.00

表 6-3　2012 年板栗主产地产量

序号	板栗主产地	产量(吨)
1	怀柔区(京)	12553.70
2	平谷区(京)	2042.10
3	延庆县(京)	1837.00
4	房山区(京)	121.10

序号	板栗主产地	产量(吨)
5	蓟　县(津)	926.00
6	兴隆县(冀)	81278.00
7	迁西县(冀)	43440.00
8	宽城满族自治县(冀)	26800.00
9	遵化市(冀)	21972.00
10	抚宁县(冀)	17767.00
11	邢台县(冀)	17529.00
12	青龙满族自治县(冀)	11000.00
13	迁安市(冀)	5008.00
14	赞皇县(冀)	2641.00
15	内丘县(冀)	2500.00
16	沙河市(冀)	2250.00
17	平泉县(冀)	2000.00
18	平山县(冀)	1714.00
19	灵寿县(冀)	1600.00
20	武安市(冀)	900.00
21	易　县(冀)	600.00
22	临城县(冀)	560.00
23	阜平县(冀)	500.00
24	卢龙县(冀)	403.00
25	涞水县(冀)	120.00
26	凤城市(辽)	27700.00
27	宽甸满族自治县(辽)	25000.00
28	东港市(辽)	24112.00
29	岫岩满族自治县(辽)	10164.00
30	桓仁满族自治县(辽)	9000.00
31	振安区(辽)	6500.00
32	抚顺县(辽)	4388.00
33	庄河市(辽)	2000.00
34	凌源市(辽)	540.00
35	东洲区(辽)	200.00
36	赣榆县(苏)	4750.00
37	溧阳市(苏)	2730.00
38	宜兴市(苏)	1429.00
39	浦口区(苏)	1117.00
40	新沂市(苏)	1100.00
41	六合区(苏)	940.00
42	溧水县(苏)	767.00
43	衢州市市辖区(浙)	11165.00
44	淳安县(浙)	3776.00
45	莲都区(浙)	2979.00
46	缙云县(浙)	2753.00
47	庆元县(浙)	2497.00
48	建德市(浙)	2420.00
49	安吉县(浙)	2242.00
50	武义县(浙)	1618.00
51	景宁畲族自治县(浙)	1505.00
52	衢江区(浙)	1272.00
53	开化县(浙)	1250.00
54	云和县(浙)	1207.00
55	富阳市(浙)	1185.00
56	仙居县(浙)	1000.00
57	长兴县(浙)	806.00
58	临安市(浙)	632.00
59	常山县(浙)	630.00
60	磐安县(浙)	600.00
61	兰溪市(浙)	475.00
62	奉化市(浙)	228.00
63	义乌市(浙)	200.00
64	德清县(浙)	169.00
65	龙泉市(浙)	153.00
66	三门县(浙)	150.00
67	鄞州区(浙)	115.00
68	潜山县(皖)	20000.00
69	金寨县(皖)	14265.00
70	太湖县(皖)	12082.00
71	岳西县(皖)	11200.00
72	舒城县(皖)	11000.00
73	霍山县(皖)	10000.00
74	凤阳县(皖)	5280.00
75	明光市(皖)	2320.00
76	枞阳县(皖)	2030.00
77	宁国市(皖)	1703.00
78	全椒县(皖)	1500.00
79	桐城市(皖)	1100.00
80	石台县(皖)	1003.00
81	休宁县(皖)	962.00
82	大观区(皖)	800.00
83	青阳县(皖)	752.50
84	南谯区(皖)	700.00
85	东至县(皖)	657.00
86	泾　县(皖)	650.00
87	庐江县(皖)	610.00
88	霍邱县(皖)	527.00
89	祁门县(皖)	452.00
90	铜陵县(皖)	450.00
91	旌德县(皖)	320.00
92	南陵县(皖)	259.00
93	绩溪县(皖)	205.00
94	滁州市管店林业总场(皖)	200.00
95	滁州市沙河集林业总场(皖)	181.00
96	芜湖县(皖)	175.00
97	怀宁县(皖)	160.00
98	郎溪县(皖)	150.00
99	八公山区(皖)	148.00
100	无为县(皖)	140.00
101	繁昌县(皖)	120.00
102	靖安县(赣)	3000.00
103	武宁县(赣)	2500.00
104	婺源县(赣)	2340.00
105	铜鼓县(赣)	2000.00
106	永修县(赣)	1971.00
107	宁都县(赣)	829.00
108	龙南县(赣)	540.80
109	东乡县(赣)	523.00
110	全南县(赣)	510.00
111	修水县(赣)	500.00
112	泰和县(赣)	464.00
113	上高县(赣)	418.00
114	石城县(赣)	392.00
115	瑞金市(赣)	375.00
116	新建县(赣)	365.00
117	德兴市(赣)	309.00
118	高安市(赣)	282.00
119	玉山县(赣)	281.00
120	兴国县(赣)	210.00
121	南城县(赣)	160.00
122	铅山县(赣)	158.00
123	定南县(赣)	131.00
124	浮梁县(赣)	125.00
125	平邑县(鲁)	58800.00
126	岱岳区(鲁)	32600.00
127	沂水县(鲁)	27100.00
128	五莲县(鲁)	19447.00
129	莒南县(鲁)	15000.00
130	沂南县(鲁)	14350.00
131	海阳市(鲁)	14000.00
132	诸城市(鲁)	13725.00
133	东港区(鲁)	9804.00
134	临朐县(鲁)	8000.00
135	郯城县(鲁)	6600.00
136	新泰市(鲁)	6237.00
137	莱州市(鲁)	5841.00
138	山亭区(鲁)	5500.00
139	临沂市蒙山旅游区(鲁)	4100.00
140	邹城市(鲁)	3722.00
141	莱阳市(鲁)	2800.00
142	临沭县(鲁)	2650.00

序号	板栗主产地	产量(吨)	序号	板栗主产地	产量(吨)	序号	板栗主产地	产量(吨)
143	苍山县(鲁)	2600.00	189	红安县(鄂)	2224.00	235	常宁市(湘)	900.00
144	莱城区(鲁)	2312.20	190	团风县(鄂)	2213.00	236	北湖区(湘)	815.00
145	蒙阴县(鲁)	2160.00	191	曾都区(鄂)	2200.00	237	湘乡市(湘)	790.00
146	河东区(鲁)	1700.00	192	谷城县(鄂)	1800.00	238	桑植县(湘)	738.00
147	宁阳县(鲁)	1672.00	193	保康县(鄂)	1602.00	239	凤凰县(湘)	720.00
148	栖霞市(鲁)	1200.00	194	夷陵区(鄂)	1500.00	240	苏仙区(湘)	690.00
149	环翠区(鲁)	1106.00	195	孝昌县(鄂)	1500.00	241	祁东县(湘)	687.30
150	临沂市临港经济开发区(鲁)	1000.00	196	宜城市(鄂)	1252.00	242	中方县(湘)	685.00
151	博山区(鲁)	1000.00	197	钟祥市(鄂)	1057.00	243	冷水江市(湘)	675.00
152	肥城市(鲁)	950.00	198	东宝区(鄂)	926.00	244	双峰县(湘)	650.00
153	泰安市市辖区(鲁)	652.00	199	神农架林区(鄂)	719.00	245	洞口县(湘)	632.00
154	牟平区(鲁)	518.00	200	阳新县(鄂)	714.00	246	嘉禾县(湘)	628.00
155	胶州市(鲁)	380.00	201	来凤县(鄂)	670.00	247	鹤城区(湘)	591.00
156	莱芜市雪野旅游区(鲁)	250.00	202	竹山县(鄂)	450.00	248	会同县(湘)	578.00
157	兰山区(鲁)	201.81	203	赤壁市(鄂)	396.00	249	宜章县(湘)	559.00
158	钢城区(鲁)	200.00	204	枣阳市(鄂)	381.00	250	娄星区(湘)	501.00
159	商城县(豫)	28000.00	205	宜都市(鄂)	312.00	251	株洲县(湘)	480.00
160	平桥区(豫)	19455.00	206	郧　县(鄂)	300.00	252	衡山县(湘)	448.00
161	浉河区(豫)	11100.00	207	远安县(鄂)	247.00	253	宁远县(湘)	296.00
162	桐柏县(豫)	9685.00	208	宣恩县(鄂)	197.00	254	道　县(湘)	288.00
163	栾川县(豫)	8725.00	209	兴山县(鄂)	188.00	255	平江县(湘)	283.00
164	确山县(豫)	8000.00	210	五峰土家族自治县(鄂)	185.00	256	炎陵县(湘)	280.00
165	嵩　县(豫)	7500.00	211	武穴市(鄂)	176.00	257	津市市(湘)	255.00
166	泌阳县(豫)	5600.00	212	崇阳县(鄂)	153.00	258	新邵县(湘)	245.00
167	光山县(豫)	3000.00	213	长阳土家族自治县(鄂)	150.00	259	靖州苗族侗族自治县(湘)	200.00
168	固始县(豫)	2900.00	214	衡东县(湘)	11304.00	260	赫山区(湘)	200.00
169	内乡县(豫)	2860.00	215	新化县(湘)	4800.00	261	新宁县(湘)	200.00
170	南召县(豫)	2815.00	216	安化县(湘)	4000.00	262	古丈县(湘)	180.00
171	罗山县(豫)	2200.00	217	耒阳市(湘)	3750.00	263	临武县(湘)	180.00
172	鲁山县(豫)	2000.00	218	新晃侗族自治县(湘)	3534.00	264	鼎城区(湘)	165.00
173	林州市(豫)	1350.00	219	城步苗族自治县(湘)	3000.00	265	蓝山县(湘)	160.00
174	潢川县(豫)	570.00	220	芦淞区(湘)	3000.00	266	永兴县(湘)	154.00
175	淅川县(豫)	553.00	221	浏阳市(湘)	2800.00	267	汨罗市(湘)	141.00
176	遂平县(豫)	532.00	222	沅陵县(湘)	2027.00	268	安仁县(湘)	110.00
177	方城县(豫)	318.00	223	永顺县(湘)	2000.00	269	冷水滩区(湘)	109.00
178	镇平县(豫)	260.00	224	邵阳县(湘)	2000.00	270	阳山县(粤)	3840.00
179	舞钢市(豫)	105.00	225	新田县(湘)	1580.00	271	封开县(粤)	3339.00
180	正阳县(豫)	100.00	226	衡阳县(湘)	1500.00	272	连州市(粤)	560.00
181	罗田县(鄂)	68000.00	227	祁阳县(湘)	1500.00	273	大埔县(粤)	375.00
182	京山县(鄂)	40000.00	228	保靖县(湘)	1400.00	274	广宁县(粤)	288.00
183	大悟县(鄂)	35190.00	229	龙山县(湘)	1400.00	275	连南瑶族自治县(粤)	278.00
184	麻城市(鄂)	35067.00	230	泸溪县(湘)	1250.00	276	隆安县(桂)	18284.00
185	英山县(鄂)	4271.00	231	资兴市(湘)	1177.00	277	东兰县(桂)	12600.00
186	广水市(鄂)	3772.00	232	洪江市(湘)	1050.00	278	平乐县(桂)	6412.00
187	随县(鄂)	3000.00	233	江华瑶族自治县(湘)	1049.00	279	右江区(桂)	3310.00
188	秭归县(鄂)	2248.00	234	大祥区(湘)	1000.00	280	天峨县(桂)	3026.00

序号	板栗主产地	产量(吨)	序号	板栗主产地	产量(吨)	序号	板栗主产地	产量(吨)
281	永福县(桂)	2691.00	327	米易县(川)	650.00	373	寻甸回族彝族自治县(滇)	2466.40
282	阳朔县(桂)	2341.00	328	巴州区(川)	570.00	374	武定县(滇)	1890.00
283	巴马瑶族自治县(桂)	2132.00	329	兴文县(川)	500.00	375	禄丰县(滇)	1573.00
284	田林县(桂)	2015.00	330	宁南县(川)	460.00	376	勐海县(滇)	1400.00
285	田东县(桂)	1785.00	331	北川羌族自治县(川)	404.00	377	镇雄县(滇)	1200.00
286	乐业县(桂)	1141.00	332	开江县(川)	377.00	378	大理市(滇)	920.00
287	八步区(桂)	943.00	333	长宁县(川)	351.00	379	红塔区(滇)	820.10
288	灌阳县(桂)	919.00	334	古蔺县(川)	320.00	380	江川县(滇)	650.00
289	贺州市平桂管理区(桂)	795.00	335	万源市(川)	307.00	381	巧家县(滇)	610.00
290	全州县(桂)	700.00	336	雷波县(川)	265.00	382	洱源县(滇)	456.60
291	临桂县(桂)	687.00	337	都江堰市(川)	235.00	383	永胜县(滇)	240.00
292	兴安县(桂)	619.00	338	筠连县(川)	230.00	384	宾川县(滇)	236.40
293	凤山县(桂)	570.00	339	仪陇县(川)	216.00	385	富宁县(滇)	225.00
294	龙胜各族自治县(桂)	404.00	340	江安县(川)	210.00	386	牟定县(滇)	224.00
295	金秀瑶族自治县(桂)	380.00	341	汉源县(川)	200.00	387	贡山独龙族怒族自治县(滇)	198.20
296	三江侗族自治县(桂)	370.00	342	屏山县(川)	175.00	388	晋宁县(滇)	197.00
297	武宣县(桂)	286.00	343	宣汉县(川)	156.00	389	云　县(滇)	186.10
298	融水苗族自治县(桂)	260.00	344	盐源县(川)	136.00	390	兰坪白族普米族自治县(滇)	185.90
299	西乡塘区(桂)	205.00	345	越西县(川)	120.00	391	西畴县(滇)	175.30
300	兴宾区(桂)	161.00	346	甘洛县(川)	115.00	392	大关县(滇)	165.00
301	田阳县(桂)	151.00	347	茂　县(川)	100.00	393	东川区(滇)	161.25
302	钟山县(桂)	142.00	348	平昌县(川)	100.00	394	景东彝族自治县(滇)	137.50
303	金城江区(桂)	129.00	349	兴义市(黔)	5886.00	395	元谋县(滇)	121.00
304	那坡县(桂)	116.00	350	务川仡佬族苗族自治县(黔)	3794.00	396	墨江哈尼族自治县(滇)	117.20
305	忻城县(桂)	115.00	351	贞丰县(黔)	3600.00	397	汉滨区(陕)	12625.00
306	昭平县(桂)	107.00	352	罗甸县(黔)	2331.00	398	镇安县(陕)	6558.00
307	城口县(渝)	2561.00	353	册亨县(黔)	1000.00	399	汉阴县(陕)	5233.00
308	南川区(渝)	1720.00	354	湄潭县(黔)	750.00	400	柞水县(陕)	3076.00
309	石柱土家族自治县(渝)	680.00	355	碧江区(黔)	708.00	401	宁陕县(陕)	3044.00
310	万州区(渝)	467.00	356	正安县(黔)	550.00	402	山阳县(陕)	2763.00
311	彭水苗族土家族自治县(渝)	275.00	357	荔波县(黔)	392.00	403	旬阳县(陕)	2665.00
312	巫溪县(渝)	195.00	358	贵定县(黔)	300.00	404	商南县(陕)	2641.00
313	忠　县(渝)	193.00	359	余庆县(黔)	280.00	405	镇坪县(陕)	1738.00
314	潼南县(渝)	190.00	360	安龙县(黔)	260.00	406	丹凤县(陕)	1670.00
315	云阳县(渝)	170.00	361	台江县(黔)	250.00	407	太白县(陕)	1490.00
316	德昌县(川)	9200.00	362	盘　县(黔)	225.00	408	城固县(陕)	1454.00
317	南江县(川)	1520.00	363	遵义县(黔)	195.00	409	洋　县(陕)	1415.00
318	仁和区(川)	1449.00	364	三穗县(黔)	161.00	410	略阳县(陕)	1385.00
319	通江县(川)	1230.00	365	七星关区(黔)	143.00	411	陈仓区(陕)	1299.00
320	石棉县(川)	1100.00	366	赤水市(黔)	128.00	412	商州区(陕)	1267.00
321	会理县(川)	1000.00	367	剑河县(黔)	125.00	413	西乡县(陕)	1214.00
322	平武县(川)	950.00	368	瓮安县(黔)	120.00	414	紫阳县(陕)	1010.00
323	江油市(川)	780.00	369	大姚县(滇)	5395.00	415	南郑县(陕)	840.00
324	冕宁县(川)	754.00	370	昭阳区(滇)	3600.00	416	石泉县(陕)	650.00
325	叙永县(川)	720.00	371	禄劝彝族苗族自治县(滇)	3203.40	417	勉　县(陕)	620.00
326	三台县(川)	680.00	372	富民县(滇)	2820.00	418	岚皋县(陕)	541.00

序号	板栗主产地	产量(吨)
419	平利县(陕)	500.00
420	佛坪县(陕)	400.00
421	白河县(陕)	245.00
422	黄龙县(陕)	230.00
423	蓝田县(陕)	201.00
424	户　县(陕)	165.00
425	麦积区(甘)	525.00
426	徽　县(甘)	503.00
427	两当县(甘)	153.00

表 6-4　2012 年榛子主产地产量

序号	榛子主产地	产量(吨)
1	围场满族蒙古族自治县(冀)	5000.00
2	平泉县(冀)	400.00
3	赤城县(冀)	380.00
4	喀喇沁旗(内蒙古)	300.00
5	宁城县(内蒙古)	200.00
6	岫岩满族自治县(辽)	15840.00
7	铁岭县(辽)	14400.00
8	开原市(辽)	8400.00
9	西丰县(辽)	6000.00
10	抚顺县(辽)	4226.00
11	东洲区(辽)	3304.00
12	顺城区(辽)	2720.22
13	清原满族自治县(辽)	1910.00
14	昌图县(辽)	900.00
15	凤城市(辽)	810.00
16	桓仁满族自治县(辽)	600.00
17	海城市(辽)	410.00
18	新宾满族自治县(辽)	400.00
19	南芬区(辽)	310.00
20	本溪市经济开发区(辽)	203.00
21	本溪满族自治县(辽)	200.00
22	庄河市(辽)	200.00
23	法库县(辽)	100.00
24	梅河口市(吉)	756.00
25	永吉县(吉)	161.00
26	东丰县(吉)	100.00
27	五营林业局(龙江森工)	437.00
28	双丰林业局(龙江森工)	200.00
29	金山屯林业局(龙江森工)	126.00
30	乌伊岭林业局(龙江森工)	100.00

表 6-5　2012 年花椒主产地产量

序号	花椒主产地	产量(吨)
1	涉　县(冀)	3867.00
2	平山县(冀)	3810.00
3	武安市(冀)	1800.00
4	宽城满族自治县(冀)	350.00
5	磁　县(冀)	272.00
6	兴隆县(冀)	257.00
7	井陉县(冀)	239.00
8	峰峰矿区(冀)	118.00
9	涞水县(冀)	100.00
10	平顺县(晋)	5259.00
11	临猗县(晋)	1500.00
12	河津市(晋)	400.00
13	黎城县(晋)	220.00
14	垣曲县(晋)	200.00
15	清徐县(晋)	180.00
16	稷山县(晋)	179.00
17	长治县(晋)	103.00
18	沂水县(鲁)	6576.00
19	山亭区(鲁)	5136.00
20	莱城区(鲁)	3482.20
21	苍山县(鲁)	2238.00
22	淄川区(鲁)	1800.00
23	博山区(鲁)	1400.00
24	钢城区(鲁)	656.00
25	蒙阴县(鲁)	450.00
26	沂南县(鲁)	320.00
27	新泰市(鲁)	315.00
28	肥城市(鲁)	285.00
29	宁阳县(鲁)	158.00
30	岱岳区(鲁)	132.00
31	邹城市(鲁)	120.00
32	嵩　县(豫)	3200.00
33	安阳县(豫)	3075.84
34	渑池县(豫)	2856.00
35	林州市(豫)	2060.00
36	辉县市(豫)	1210.00
37	内乡县(豫)	1000.00
38	登封市(豫)	994.00
39	宝丰县(豫)	580.00
40	宜阳县(豫)	297.00
41	新安县(豫)	175.00
42	确山县(豫)	100.00
43	郏　县(豫)	100.00
44	随县(鄂)	182.00
45	枣阳市(鄂)	127.00
46	永顺县(湘)	320.00
47	龙山县(湘)	280.00
48	衡东县(湘)	120.00
49	江津区(渝)	20000.00
50	合川区(渝)	13500.00
51	綦江县(渝)	2800.00
52	璧山县(渝)	1600.00
53	万盛区(渝)	920.00
54	南川区(渝)	800.00
55	开　县(渝)	670.00
56	涪陵区(渝)	600.00
57	石柱土家族自治县(渝)	300.00
58	丰都县(渝)	254.00
59	巫溪县(渝)	160.00
60	蓬溪县(川)	7000.00
61	金阳县(川)	5160.00
62	盐源县(川)	3200.00
63	冕宁县(川)	2798.00
64	雷波县(川)	2460.00
65	茂　县(川)	2000.00
66	仁寿县(川)	1300.00
67	安岳县(川)	1300.00
68	美姑县(川)	1090.00
69	喜德县(川)	1040.00
70	邻水县(川)	1000.00
71	德昌县(川)	839.00
72	布拖县(川)	700.00
73	越西县(川)	650.00
74	普格县(川)	638.00
75	木里藏族自治县(川)	623.00
76	三台县(川)	580.00
77	米易县(川)	520.00
78	东坡区(川)	450.00
79	宜宾县(川)	425.30
80	大安区(川)	350.00
81	丹棱县(川)	345.00
82	达　县(川)	340.00
83	洪雅县(川)	318.00
84	会理县(川)	300.00
85	泸　县(川)	268.00
86	康定县(川)	230.00
87	开江县(川)	200.00
88	长宁县(川)	200.00
89	安居区(川)	150.00
90	江安县(川)	134.00
91	中江县(川)	120.00
92	仁和区(川)	119.00
93	盐亭县(川)	112.00

序号	花椒主产地	产量(吨)
94	会东县(川)	100.00
95	贞丰县(黔)	1200.00
96	遵义县(黔)	915.00
97	湄潭县(黔)	625.00
98	正安县(黔)	160.00
99	彝良县(滇)	12000.00
100	巧家县(滇)	3187.10
101	永善县(滇)	2381.40
102	宁蒗彝族自治县(滇)	1328.20
103	大姚县(滇)	1204.00
104	昭阳区(滇)	360.00
105	寻甸回族彝族自治县(滇)	318.40
106	永胜县(滇)	310.00
107	洱源县(滇)	175.00
108	双柏县(滇)	154.00
109	武定县(滇)	152.00
110	兰坪白族普米族自治县(滇)	135.50
111	东川区(滇)	102.87
112	合阳县(陕)	16500.00
113	耀州区(陕)	3000.00
114	澄城县(陕)	1000.00
115	华阴市(陕)	800.00
116	旬阳县(陕)	744.00
117	商州区(陕)	429.00
118	延长县(陕)	314.00
119	南郑县(陕)	250.00
120	黄龙县(陕)	233.00
121	太白县(陕)	225.00
122	淳化县(陕)	220.00
123	印台区(陕)	180.00
124	三原县(陕)	180.00
125	汉滨区(陕)	175.00
126	洛南县(陕)	135.00
127	城固县(陕)	110.00
128	武都区(甘)	25000.00
129	积石山保安族东乡族撒拉族自治县(甘)	6300.00
130	临夏县(甘)	2500.00
131	礼　县(甘)	2151.00
132	麦积区(甘)	2147.00
133	文　县(甘)	2000.00
134	宕昌县(甘)	850.00
135	西和县(甘)	825.00
136	康　县(甘)	796.00
137	崆峒区(甘)	648.00
138	清水县(甘)	302.10
139	西峰区(甘)	253.00
140	永靖县(甘)	231.00
141	秦州区(甘)	195.00
142	徽　县(甘)	151.00
143	广河县(甘)	110.00

表 6-6　2012 年八角主产地产量

序号	八角主产地	产量(吨)
1	信宜市(粤)	3000.00
2	上林县(桂)	54600.00
3	金秀瑶族自治县(桂)	7679.00
4	苍梧县(桂)	6262.00
5	右江区(桂)	6180.00
6	凤山县(桂)	6172.00
7	龙州县(桂)	3598.00
8	田林县(桂)	3130.00
9	凌云县(桂)	2919.00
10	大新县(桂)	2368.00
11	巴马瑶族自治县(桂)	1656.00
12	乐业县(桂)	1604.00
13	派阳山林场(桂)	1589.00
14	那坡县(桂)	1368.00
15	昭平县(桂)	1181.00
16	蒙山县(桂)	1031.00
17	江州区(桂)	982.00
18	天等县(桂)	693.00
19	北流市(桂)	600.00
20	八步区(桂)	565.00
21	田阳县(桂)	500.00
22	东兰县(桂)	450.00
23	天峨县(桂)	345.00
24	陆川县(桂)	300.00
25	永福县(桂)	223.00
26	灵山县(桂)	205.00
27	三江侗族自治县(桂)	152.00
28	恭城瑶族自治县(桂)	120.00
29	富宁县(滇)	4120.00
30	马关县(滇)	1584.00
31	广南县(滇)	1250.00
32	西畴县(滇)	722.40
33	麻栗坡县(滇)	568.90

表 6-7　2012 年干枣主产地产量

序号	干枣主产地	产量(吨)
1	沧　县(冀)	125842.00
2	献　县(冀)	45839.00
3	泊头市(冀)	37018.00
4	青　县(冀)	12295.00
5	盐山县(冀)	9215.00
6	南皮县(冀)	5627.00
7	遵化市(冀)	4982.00
8	河间市(冀)	4332.00
9	临城县(冀)	4000.00
10	冀州市(冀)	2705.00
11	海兴县(冀)	2035.00
12	黄骅市(冀)	796.00
13	孟村回族自治县(冀)	512.00
14	东光县(冀)	450.00
15	邢台县(冀)	422.00
16	定州市(冀)	304.00
17	饶阳县(冀)	304.00
18	沧州市南大港管理区(冀)	176.00
19	盐湖区(晋)	4663.00
20	定襄县(晋)	1920.00
21	原平市(晋)	1760.00
22	尧都区(晋)	1520.00
23	清徐县(晋)	801.00
24	祁　县(晋)	504.00
25	代　县(晋)	251.60
26	山阴县(晋)	200.00
27	忻府区(晋)	193.00
28	灵石县(晋)	168.00
29	凌源市(辽)	8000.00
30	阜新蒙古族自治县(辽)	6000.00
31	南票区(辽)	5000.00
32	句容市(苏)	1200.00
33	贾汪区(苏)	608.00
34	溧水县(苏)	474.00
35	江宁区(苏)	388.00
36	铜山区(苏)	282.00
37	浦口区(苏)	278.00
38	高淳县(苏)	131.00
39	赣榆县(苏)	106.00
40	凤阳县(皖)	118.00
41	无棣县(鲁)	300000.00
42	邹城市(鲁)	15825.00
43	茌平县(鲁)	10600.00
44	山亭区(鲁)	4581.00
45	苍山县(鲁)	1800.00
46	莱城区(鲁)	1508.00
47	阳信县(鲁)	1338.00
48	龙口市(鲁)	570.00

序号	干枣主产地	产量(吨)
49	沂南县(鲁)	310.00
50	微山县(鲁)	193.00
51	内黄县(豫)	120000.00
52	新郑市(豫)	35000.00
53	新安县(豫)	2596.67
54	桐柏县(豫)	1523.00
55	渑池县(豫)	1005.00
56	郏　县(豫)	400.00
57	濮阳市高新区(豫)	276.00
58	武穴市(鄂)	333.00
59	衡东县(湘)	7824.00
60	茶陵县(湘)	3000.00
61	祁东县(湘)	1350.00
62	祁阳县(湘)	1199.00
63	江华瑶族自治县(湘)	694.00
64	津市市(湘)	450.00
65	宁远县(湘)	315.00
66	大祥区(湘)	250.00
67	冷水滩区(湘)	164.00
68	耒阳市(湘)	100.00
69	万州区(渝)	150.00
70	米易县(川)	1568.00
71	三台县(川)	550.00
72	江油市(川)	285.00
73	什邡市(川)	130.00
74	子洲县(陕)	362.00
75	汉阴县(陕)	351.00
76	景泰县(甘)	30000.00
77	甘州区(甘)	16744.00
78	临泽县(甘)	12339.00
79	永靖县(甘)	3150.00
80	沙坡头区(宁)	3825.00
81	中宁县(宁)	100.00
82	吐鲁番市(新)	800.00

表 6-8　2012 年其他木本粮油主产地产量

序号	其他木本粮油主产地	品种	产量(吨)
1	莎车县(新)	巴旦姆	19551.00
2	英吉沙县(新)	巴旦姆	2172.00
3	农三师(新疆兵团)	巴旦姆	426.00
4	疏附县(新)	巴旦姆	343.00
5	宽甸满族自治县(辽)	核桃楸	33000.00
6	凤城市(辽)	核桃楸	24900.00
7	新宾满族自治县(辽)	核桃楸	17290.00
8	清原满族自治县(辽)	核桃楸	8300.00
9	桓仁满族自治县(辽)	核桃楸	7000.00
10	红石林业局(吉林森工)	核桃楸	875.00
11	本溪满族自治县(辽)	核桃楸	370.00
12	随县(鄂)	核桃楸	305.00
13	南芬区(辽)	核桃楸	300.00
14	上营森林经营局(吉)	核桃楸	300.00
15	金堂县(川)	核桃楸	234.00
16	明山区(辽)	核桃楸	225.00
17	嵩　县(豫)	核桃楸	150.00
18	岫岩满族自治县(辽)	红松坚果	2178.00
19	永吉县(吉)	红松坚果	1500.00
20	浑江区(吉)	红松坚果	945.00
21	集安市(吉)	红松坚果	500.00
22	辉南县(吉)	红松坚果	350.00
23	延吉市(吉)	红松坚果	345.00
24	东洲区(辽)	红松坚果	328.50
25	梅河口市(吉)	红松坚果	314.00
26	上营森林经营局(吉)	红松坚果	100.00
27	图们市(吉)	红松坚果	100.00
28	清原满族自治县(辽)	红松籽	13330.00
29	东丰县(吉)	红松籽	9500.00
30	桓仁满族自治县(辽)	红松籽	4500.00
31	新宾满族自治县(辽)	红松籽	4220.00
32	南芬区(辽)	红松籽	1800.00
33	海林林业局(龙江森工)	红松籽	1400.00
34	五营林业局(龙江森工)	红松籽	1385.00
35	抚顺县(辽)	红松籽	1050.00
36	鹤北林业局(龙江森工)	红松籽	603.00
37	新青林业局(龙江森工)	红松籽	524.00
38	清河林业局(龙江森工)	红松籽	420.00
39	本溪满族自治县(辽)	红松籽	361.00
40	绥阳林业局(龙江森工)	红松籽	300.00
41	友好林业局(龙江森工)	红松籽	300.00
42	寻甸回族彝族自治县(滇)	红松籽	284.40
43	林口林业局(龙江森工)	红松籽	262.00
44	方正林业局(龙江森工)	红松籽	210.00
45	桦南林业局(龙江森工)	红松籽	200.00
46	穆棱林业局(龙江森工)	红松籽	200.00
47	靖宇县(吉)	红松籽	146.00
48	铁力林业局(龙江森工)	红松籽	120.00
49	信宜市(粤)	梅类	2280.00
50	巍山彝族回族自治县(滇)	梅类	799.00
51	涟源市(湘)	梅类	170.00
52	云　县(滇)	梅类	127.90
53	蔚　县(冀)	仁用杏	6449.00
54	阜新蒙古族自治县(辽)	仁用杏	5200.00
55	延庆县果品服务中心(京)	仁用杏	4325.00
56	浑源县(晋)	仁用杏	2626.90
57	凌源市(辽)	仁用杏	2600.00
58	康平县(辽)	仁用杏	2500.00
59	宣化县(冀)	仁用杏	2000.00
60	涞源县(冀)	仁用杏	1995.00
61	怀来县(冀)	仁用杏	1625.00
62	山丹县(甘)	仁用杏	1365.00
63	彰武县(辽)	仁用杏	1250.00

序号	其他木本粮油主产地	品种	产量(吨)
64	渑池县(豫)	仁用杏	1200.00
65	怀安县(冀)	仁用杏	1090.00
66	下花园区(冀)	仁用杏	950.00
67	平泉县(冀)	仁用杏	900.00
68	会宁县(甘)	仁用杏	880.00
69	子洲县(陕)	仁用杏	824.00
70	怀柔区(京)	仁用杏	745.70
71	喀喇沁旗(内蒙古)	仁用杏	730.00
72	涞水县(冀)	仁用杏	600.00
73	隰　县(晋)	仁用杏	588.00
74	志丹县(陕)	仁用杏	500.00
75	凌海市(辽)	仁用杏	450.00
76	灵石县(晋)	仁用杏	375.00
77	房山区(京)	仁用杏	353.60
78	临西县(冀)	仁用杏	350.00
79	万全县(冀)	仁用杏	312.50
80	阳原县(冀)	仁用杏	312.00
81	大石桥市(辽)	仁用杏	300.00
82	兴隆县(冀)	仁用杏	237.00
83	青龙满族自治县(冀)	仁用杏	200.00
84	吴起县(陕)	仁用杏	174.00
85	龙江县(黑)	仁用杏	150.00
86	邢台县(冀)	仁用杏	142.00
87	定襄县(晋)	仁用杏	124.00
88	围场满族蒙古族自治县(冀)	仁用杏	120.00
89	子长县(陕)	仁用杏	120.00
90	代　县(晋)	仁用杏	118.00
91	栖霞市(鲁)	仁用杏	105.00
92	繁峙县(晋)	仁用杏	100.00
93	德庆县(粤)	肉桂	29152.00
94	兴宾区(桂)	肉桂	9200.00
95	桂平市(桂)	肉桂	2500.00
96	昭平县(桂)	肉桂	700.00
97	龙州县(桂)	肉桂	424.00
98	永顺县(湘)	沙枣	130.00
99	围场满族蒙古族自治县(冀)	山杏	35000.00
100	多伦县(内蒙古)	山杏	21000.00
101	凌源市(辽)	山杏	16000.00
102	龙城区(辽)	山杏	15000.00
103	朝阳县(辽)	山杏	14000.00
104	龙口市(鲁)	山杏	8403.00
105	吴起县(陕)	山杏	7800.00
106	彭阳县(宁)	山杏	7314.00
107	北票市(辽)	山杏	6500.00
108	巴林左旗(内蒙古)	山杏	4600.00
109	宁城县(内蒙古)	山杏	4500.00
110	平泉县(冀)	山杏	3000.00
111	敖汉旗(内蒙古)	山杏	2300.00
112	蔚　县(冀)	山杏	2259.00
113	山丹县(甘)	山杏	2064.00
114	子长县(陕)	山杏	2000.00
115	宁阳县(鲁)	山杏	1932.00
116	榆社县(晋)	山杏	1800.00
117	赤城县(冀)	山杏	1620.00
118	子洲县(陕)	山杏	1490.00
119	会宁县(甘)	山杏	1328.00
120	隆德县(宁)	山杏	1300.00
121	灵寿县(冀)	山杏	1248.00
122	嵩　县(豫)	山杏	1200.00
123	平遥县(晋)	山杏	900.00
124	涞水县(冀)	山杏	800.00
125	汉阴县(陕)	山杏	687.00
126	青龙满族自治县(冀)	山杏	600.00
127	怀来县(冀)	山杏	530.00
128	巴林右旗(内蒙古)	山杏	520.00
129	宽城满族自治县(冀)	山杏	500.00
130	喀喇沁旗(内蒙古)	山杏	460.00
131	阿鲁科尔沁旗(内蒙古)	山杏	341.00
132	宜阳县(豫)	山杏	336.00
133	涞源县(冀)	山杏	320.00
134	石泉县(陕)	山杏	315.00
135	松山区(内蒙古)	山杏	280.00
136	宕昌县(甘)	山杏	230.00
137	罗田县(鄂)	山杏	225.00
138	元宝山区(内蒙古)	山杏	200.00
139	定西市巉口林业试验场(甘)	山杏	150.00
140	原平市(晋)	山杏	150.00
141	安塞县(陕)	山杏	140.00
142	代　县(晋)	山杏	108.00
143	渑池县(豫)	柿饼	10537.00
144	青州市(鲁)	柿饼	7980.00
145	龙口市(鲁)	柿饼	3294.00
146	邹平县(鲁)	柿饼	3267.00
147	盐湖区(晋)	柿饼	2734.00
148	沂南县(鲁)	柿饼	2450.00
149	诸城市(鲁)	柿饼	1008.00
150	山亭区(鲁)	柿饼	600.00
151	会同县(湘)	柿饼	250.00
152	建德市(浙)	柿饼	110.00
153	内黄县(豫)	柿饼	100.00
154	凤城市(辽)	松果	2075.00
155	康南林业总场(甘)	松果	1500.00

序号	其他木本粮油主产地	品种	产量(吨)
156	洱源县(滇)	松果	831.00
157	巧家县(滇)	松果	705.00
158	巍山彝族回族自治县(滇)	松果	298.00
159	泉阳林业局(吉林森工)	松果	260.00
160	大姚县(滇)	松果	164.00
161	大方县(黔)	松果	152.00
162	镇安县(陕)	松果	131.00
163	嵊州市(浙)	香榧	450.00
164	磐安县(浙)	香榧	260.00
165	富阳市(浙)	香榧	173.00
166	武都区(甘)	油橄榄	7400.00
167	开江县(川)	油橄榄	1680.00
168	青川县(川)	油橄榄	700.00
169	利州区(川)	油橄榄	320.00
170	文　县(甘)	油橄榄	150.00
171	博山区(鲁)	元宝枫	200.00
172	嵩　县(豫)	元宝枫	125.00

表 6-9　2012 年其他主要木本工业用油料主产地产量

序号	主产地	品种	产量(吨)
1	乡宁县(晋)	翅果油树	400.00
2	会东县(川)	华山松籽	1600.00
3	康　县(甘)	华山松籽	1223.00
4	巫溪县(渝)	华山松籽	350.00
5	嵩　县(豫)	华山松籽	310.00
6	会理县(川)	华山松籽	300.00
7	平利县(陕)	华山松籽	200.00
8	盘　县(黔)	华山松籽	150.00
9	镇安县(陕)	华山松籽	131.00
10	五峰土家族自治县(鄂)	华山松籽	65.00
11	宁南县(川)	华山松籽	30.00
12	兴山县(鄂)	华山松籽	30.00
13	楚雄市(滇)	华山松籽	20.00
14	镇坪县(陕)	华山松籽	18.00
15	商州区(陕)	华山松籽	11.00
16	禄丰县(滇)	华山松籽	11.00
17	建始县(鄂)	黄柏	255.00
18	康　县(甘)	黄柏	48.00
19	沅陵县(湘)	黄柏	32.00
20	资兴市(湘)	黄柏	10.00
21	淅川县(豫)	黄连木籽	9358.00
22	栾川县(豫)	黄连木籽	5830.00
23	略阳县(陕)	黄连木籽	850.00
24	涉　县(冀)	黄连木籽	715.00
25	林州市(豫)	黄连木籽	610.00
26	洛宁县(豫)	黄连木籽	540.00
27	武安市(冀)	黄连木籽	500.00
28	新安县(豫)	黄连木籽	360.54
29	嵩　县(豫)	黄连木籽	275.00
30	汝州市(豫)	黄连木籽	100.00
31	石泉县(陕)	黄连木籽	20.00
32	南郑县(陕)	黄连木籽	10.00
33	昭平县(桂)	马尾松籽	10166.00
34	玉州区(桂)	马尾松籽	6039.00
35	宜都市(鄂)	马尾松籽	5000.00
36	长顺县(黔)	马尾松籽	949.00
37	阳朔县(桂)	马尾松籽	756.00
38	浮梁县(赣)	马尾松籽	500.00
39	石泉县(陕)	马尾松籽	330.00
40	麻江县(黔)	马尾松籽	300.00
41	绥阳县(黔)	马尾松籽	300.00
42	凯里市(黔)	马尾松籽	290.00
43	通道侗族自治县(湘)	马尾松籽	200.00
44	双峰县(湘)	马尾松籽	190.00
45	新晃侗族自治县(湘)	马尾松籽	179.00
46	大观区(皖)	马尾松籽	100.00
47	平利县(陕)	马尾松籽	55.00
48	高峰林场(桂)	马尾松籽	35.00
49	万年县(赣)	马尾松籽	23.00
50	醴陵市(湘)	马尾松籽	10.00
51	娄星区(湘)	马尾松籽	10.00
52	平阴县(鲁)	玫瑰	5000.00
53	兰州新区(甘)	牡丹籽	2700.00
54	铜陵县(皖)	牡丹籽	1500.00
55	邵阳县(湘)	牡丹籽	600.00
56	建始县(鄂)	牡丹籽	600.00
57	成武县(鲁)	牡丹籽	50.00
58	平利县(陕)	漆树	5000.00
59	岚皋县(陕)	漆树	3000.00
60	略阳县(陕)	漆树	1560.00
61	大关县(滇)	漆树	800.00
62	汉滨区(陕)	漆树	443.00
63	酉阳土家族苗族自治县(渝)	漆树	310.00
64	贡山独龙族怒族自治县(滇)	漆树	223.00
65	桐柏县(豫)	漆树	180.00
66	新邵县(湘)	漆树	150.00
67	福贡县(滇)	漆树	150.00
68	汉阴县(陕)	漆树	147.00
69	南江县(川)	漆树	120.00
70	七星关区(黔)	漆树	97.00
71	丹凤县(陕)	漆树	64.00
72	宁陕县(陕)	漆树	56.00

序号	主产地	品种	产量(吨)
73	南召县(豫)	漆树	43.70
74	白河县(陕)	漆树	43.00
75	兰坪白族普米族自治县(滇)	漆树	40.00
76	德江县(黔)	漆树	35.10
77	巫溪县(渝)	漆树	33.00
78	康　县(甘)	漆树	32.00
79	武隆县(渝)	漆树	30.00
80	习水县(黔)	漆树	30.00
81	盘　县(黔)	漆树	30.00
82	凯里市(黔)	漆树	27.00
83	商州区(陕)	漆树	21.00
84	金沙县(黔)	漆树	20.00
85	道真仡佬族苗族自治县(黔)	漆树	18.00
86	石泉县(陕)	漆树	18.00
87	宁南县(川)	漆树	17.00
88	宣恩县(鄂)	漆树	17.00
89	西乡县(陕)	漆树	13.00
90	双牌县(湘)	山苍子	120000.00
91	茶陵县(湘)	山苍子	1500.00
92	资兴市(湘)	山苍子	880.00
93	衡阳县(湘)	山苍子	650.00
94	宁远县(湘)	山苍子	560.00
95	耒阳市(湘)	山苍子	500.00
96	邻水县(川)	山苍子	400.00
97	株洲县(湘)	山苍子	350.00
98	全州县(桂)	山苍子	250.00
99	沅陵县(湘)	山苍子	180.00
100	桂东县(湘)	山苍子	120.00
101	新宁县(湘)	山苍子	100.00
102	达　县(川)	山苍子	75.00
103	赣　县(赣)	山苍子	72.00
104	连南瑶族自治县(粤)	山苍子	53.00
105	祁东县(湘)	山苍子	49.50
106	台江县(黔)	山苍子	47.00
107	中方县(湘)	山苍子	35.00
108	芷江侗族自治县(湘)	山苍子	30.00
109	冷水江市(湘)	山苍子	20.00
110	新化县(湘)	山苍子	10.00
111	红安县(鄂)	乌桕籽	6771.00
112	大悟县(鄂)	乌桕籽	5200.00
113	务川仡佬族苗族自治县(黔)	乌桕籽	4650.00
114	麻城市(鄂)	乌桕籽	1797.00
115	罗田县(鄂)	乌桕籽	1300.00
116	酉阳土家族苗族自治县(渝)	乌桕籽	830.00
117	正安县(黔)	乌桕籽	810.00
118	雷波县(川)	乌桕籽	512.00
119	祁东县(湘)	乌桕籽	462.00
120	西乡县(陕)	乌桕籽	427.00
121	桐柏县(豫)	乌桕籽	423.00
122	龙山县(湘)	乌桕籽	400.00
123	商南县(陕)	乌桕籽	335.00
124	德江县(黔)	乌桕籽	331.50
125	嵩　县(豫)	乌桕籽	260.00
126	云阳县(渝)	乌桕籽	160.00
127	湄潭县(黔)	乌桕籽	150.00
128	广水市(鄂)	乌桕籽	138.00
129	淅川县(豫)	乌桕籽	135.00
130	京山县(鄂)	乌桕籽	131.00
131	曾都区(鄂)	乌桕籽	117.00
132	南漳县(鄂)	乌桕籽	100.00
133	常宁市(湘)	乌桕籽	80.00
134	钟祥市(鄂)	乌桕籽	53.00
135	建始县(鄂)	乌桕籽	50.00
136	安陆市(鄂)	乌桕籽	50.00
137	汉滨区(陕)	乌桕籽	46.00
138	临武县(湘)	乌桕籽	37.00
139	新邵县(湘)	乌桕籽	36.00
140	英山县(鄂)	乌桕籽	35.00
141	旬阳县(陕)	乌桕籽	34.00
142	丹寨县(黔)	乌桕籽	33.00
143	永顺县(湘)	乌桕籽	30.00
144	赣　县(赣)	乌桕籽	24.00
145	长阳土家族自治县(鄂)	乌桕籽	20.00
146	三穗县(黔)	乌桕籽	19.00
147	道真仡佬族苗族自治县(黔)	乌桕籽	17.00
148	宜都市(鄂)	乌桕籽	16.00
149	台江县(黔)	乌桕籽	15.00
150	永福县(桂)	乌桕籽	15.00
151	保靖县(湘)	乌桕籽	15.00
152	兴安县(桂)	乌桕籽	13.00
153	南江县(川)	乌桕籽	10.00
154	阳新县(鄂)	乌桕籽	10.00
155	黄陂区(鄂)	乌桕籽	10.00
156	龙胜各族自治县(桂)	乌桕籽	10.00
157	武冈市(湘)	乌桕籽	10.00
158	勐海县(滇)	橡胶	9600.00
159	镇康县(滇)	橡胶	2094.20
160	吴起县(陕)	杏核	7974.00
161	沁　县(晋)	杏核	55.00
162	永胜县(滇)	油料麻疯树	410.00
163	会理县(川)	油料麻疯树	400.00
164	吉首市(湘)	油桐籽	150000.00

序号	主产地	品种	产量(吨)	序号	主产地	品种	产量(吨)
165	确山县(豫)	油桐籽	26000.00	211	凌云县(桂)	油桐籽	1063.00
166	册亨县(黔)	油桐籽	25000.00	212	山阳县(陕)	油桐籽	1047.00
167	鲁山县(豫)	油桐籽	18000.00	213	巧家县(滇)	油桐籽	900.00
168	天峨县(桂)	油桐籽	15992.00	214	剑河县(黔)	油桐籽	895.00
169	田林县(桂)	油桐籽	14890.00	215	祁东县(湘)	油桐籽	885.00
170	旬阳县(陕)	油桐籽	10503.00	216	全州县(桂)	油桐籽	820.00
171	开江县(川)	油桐籽	10000.00	217	南江县(川)	油桐籽	780.00
172	衡东县(湘)	油桐籽	9768.00	218	驿城区(豫)	油桐籽	750.00
173	罗甸县(黔)	油桐籽	7899.00	219	阳朔县(桂)	油桐籽	748.00
174	西林县(桂)	油桐籽	7102.00	220	思南县(黔)	油桐籽	729.00
175	梁平县(渝)	油桐籽	6800.00	221	美姑县(川)	油桐籽	726.00
176	嵩　县(豫)	油桐籽	6700.00	222	巫溪县(渝)	油桐籽	705.00
177	固始县(豫)	油桐籽	6600.00	223	沅陵县(湘)	油桐籽	667.00
178	龙山县(湘)	油桐籽	6400.00	224	丘北县(滇)	油桐籽	647.00
179	南召县(豫)	油桐籽	5131.00	225	唐河县(豫)	油桐籽	610.00
180	广南县(滇)	油桐籽	5019.00	226	丹凤县(陕)	油桐籽	601.00
181	永定区(湘)	油桐籽	4687.50	227	叶　县(豫)	油桐籽	580.00
182	麻城市(鄂)	油桐籽	4580.00	228	宁南县(川)	油桐籽	578.00
183	淅川县(豫)	油桐籽	4519.00	229	宁强县(陕)	油桐籽	566.00
184	正安县(黔)	油桐籽	3910.00	230	铜陵县(皖)	油桐籽	550.00
185	汉滨区(陕)	油桐籽	3520.00	231	平江县(湘)	油桐籽	541.00
186	商南县(陕)	油桐籽	3499.00	232	巴马瑶族自治县(桂)	油桐籽	529.00
187	右江区(桂)	油桐籽	3080.00	233	中方县(湘)	油桐籽	520.00
188	乐业县(桂)	油桐籽	2571.00	234	瑞金市(赣)	油桐籽	500.00
189	永顺县(湘)	油桐籽	2500.00	235	麻栗坡县(滇)	油桐籽	498.90
190	于都县(赣)	油桐籽	2500.00	236	方城县(豫)	油桐籽	493.00
191	云阳县(渝)	油桐籽	2200.00	237	泸溪县(湘)	油桐籽	484.00
192	广水市(鄂)	油桐籽	2175.00	238	凤庆县(滇)	油桐籽	482.20
193	来凤县(鄂)	油桐籽	2000.00	239	灌阳县(桂)	油桐籽	475.00
194	罗田县(鄂)	油桐籽	2000.00	240	文　县(甘)	油桐籽	471.00
195	东兰县(桂)	油桐籽	1850.00	241	恭城瑶族自治县(桂)	油桐籽	464.00
196	兴义市(黔)	油桐籽	1823.00	242	平昌县(川)	油桐籽	460.00
197	永福县(桂)	油桐籽	1798.00	243	西平县(豫)	油桐籽	450.00
198	雷波县(川)	油桐籽	1645.00	244	新化县(湘)	油桐籽	400.00
199	平乐县(桂)	油桐籽	1634.00	245	奉节县(渝)	油桐籽	400.00
200	龙胜各族自治县(桂)	油桐籽	1607.00	246	竹山县(鄂)	油桐籽	390.00
201	内乡县(豫)	油桐籽	1500.00	247	阆中市(川)	油桐籽	390.00
202	凤山县(桂)	油桐籽	1437.00	248	连山壮族瑶族自治县(粤)	油桐籽	385.00
203	汉阴县(陕)	油桐籽	1305.00	249	双峰县(湘)	油桐籽	380.00
204	德江县(黔)	油桐籽	1281.50	250	资兴市(湘)	油桐籽	380.00
205	红安县(鄂)	油桐籽	1280.00	251	镇远县(黔)	油桐籽	378.00
206	雅长林场(桂)	油桐籽	1256.00	252	罗城仫佬族自治县(桂)	油桐籽	371.00
207	金寨县(皖)	油桐籽	1223.00	253	太湖县(皖)	油桐籽	370.00
208	彭水苗族土家族自治县(渝)	油桐籽	1200.00	254	玉山县(赣)	油桐籽	360.00
209	桐柏县(豫)	油桐籽	1193.00	255	泸水县(滇)	油桐籽	353.00
210	三穗县(黔)	油桐籽	1087.00	256	白河县(陕)	油桐籽	351.00

序号	主产地	品种	产量(吨)
257	宁都县(赣)	油桐籽	350.00
258	安福县(赣)	油桐籽	350.00
259	桐城市(皖)	油桐籽	330.00
260	溆浦县(湘)	油桐籽	325.00
261	醴陵市(湘)	油桐籽	300.00
262	大悟县(鄂)	油桐籽	300.00
263	田阳县(桂)	油桐籽	291.00
264	永兴县(湘)	油桐籽	286.00
265	酉阳土家族苗族自治县(渝)	油桐籽	281.00
266	宜丰县(赣)	油桐籽	280.00
267	沿河土家族自治县(黔)	油桐籽	280.00
268	桑植县(湘)	油桐籽	268.00
269	道　县(湘)	油桐籽	266.00
270	信丰县(赣)	油桐籽	258.00
271	那坡县(桂)	油桐籽	255.00
272	衡南县(湘)	油桐籽	250.00
273	万载县(赣)	油桐籽	250.00
274	平远县(粤)	油桐籽	235.00
275	钟山县(桂)	油桐籽	232.00
276	丹寨县(黔)	油桐籽	230.00
277	崇阳县(鄂)	油桐籽	219.00
278	蕲春县(鄂)	油桐籽	216.00
279	英山县(鄂)	油桐籽	213.00
280	湘乡市(湘)	油桐籽	211.00
281	桃源县(湘)	油桐籽	210.00
282	阳新县(鄂)	油桐籽	208.00
283	宜都市(鄂)	油桐籽	208.00
284	德兴市(赣)	油桐籽	204.00
285	靖州苗族侗族自治县(湘)	油桐籽	200.00
286	大冶市(鄂)	油桐籽	200.00
287	镇宁布依族苗族自治县(黔)	油桐籽	200.00
288	凯里市(黔)	油桐籽	180.00
289	大关县(滇)	油桐籽	180.00
290	万州区(渝)	油桐籽	180.00
291	鹿寨县(桂)	油桐籽	179.00
292	勉　县(陕)	油桐籽	178.00
293	锦屏县(黔)	油桐籽	177.00
294	资源县(桂)	油桐籽	171.00
295	凤凰县(湘)	油桐籽	165.00
296	保靖县(湘)	油桐籽	165.00
297	八步区(桂)	油桐籽	161.00
298	奉新县(赣)	油桐籽	160.00
299	兴安县(桂)	油桐籽	154.00
300	龙南县(赣)	油桐籽	151.40
301	会东县(川)	油桐籽	150.00
302	靖安县(赣)	油桐籽	150.00
303	临桂县(桂)	油桐籽	145.00
304	北湖区(湘)	油桐籽	141.00
305	枣阳市(鄂)	油桐籽	140.00
306	港北区(桂)	油桐籽	135.00
307	江州区(桂)	油桐籽	135.00
308	昭平县(桂)	油桐籽	133.00
309	江安县(川)	油桐籽	126.00
310	长阳土家族自治县(鄂)	油桐籽	125.00
311	全南县(赣)	油桐籽	125.00
312	会昌县(赣)	油桐籽	125.00
313	荔波县(黔)	油桐籽	120.00
314	汝州市(豫)	油桐籽	120.00
315	冷水滩区(湘)	油桐籽	120.00
316	安龙县(黔)	油桐籽	120.00
317	京山县(鄂)	油桐籽	118.00
318	彝良县(滇)	油桐籽	116.00
319	赤壁市(鄂)	油桐籽	110.00
320	三江侗族自治县(桂)	油桐籽	110.00
321	南郑县(陕)	油桐籽	105.00
322	石台县(皖)	油桐籽	105.00
323	曾都区(鄂)	油桐籽	102.00
324	潜山县(皖)	油桐籽	100.00
325	岳阳县(湘)	油桐籽	100.00
326	临武县(湘)	油桐籽	100.00
327	东至县(皖)	油桐籽	90.00
328	寻乌县(赣)	油桐籽	90.00
329	道真仡佬族苗族自治县(黔)	油桐籽	89.00
330	藤　县(桂)	油桐籽	85.00
331	株洲县(湘)	油桐籽	84.00
332	蓬溪县(川)	油桐籽	84.00
333	古丈县(湘)	油桐籽	82.00
334	台江县(黔)	油桐籽	80.00
335	三台县(川)	油桐籽	80.00
336	福贡县(滇)	油桐籽	80.00
337	连南瑶族自治县(粤)	油桐籽	77.00
338	兰坪白族普米族自治县(滇)	油桐籽	75.00
339	黔江区(渝)	油桐籽	72.00
340	栾川县(豫)	油桐籽	70.00
341	宣恩县(鄂)	油桐籽	64.00
342	兴宾区(桂)	油桐籽	64.00
343	英德市(粤)	油桐籽	62.00
344	霍山县(皖)	油桐籽	60.00
345	花垣县(湘)	油桐籽	60.00
346	金城江区(桂)	油桐籽	60.00
347	西畴县(滇)	油桐籽	58.50
348	兴山县(鄂)	油桐籽	58.00

序号	主产地	品种	产量(吨)
349	宁陕县(陕)	油桐籽	56.00
350	临澧县(湘)	油桐籽	52.00
351	宁远县(湘)	油桐籽	52.00
352	南陵县(皖)	油桐籽	51.00
353	南漳县(鄂)	油桐籽	50.00
354	泾　县(皖)	油桐籽	50.00
355	新宁县(湘)	油桐籽	50.00
356	六枝特区(黔)	油桐籽	50.00
357	康　县(甘)	油桐籽	47.00
358	章贡区(赣)	油桐籽	47.00
359	邵阳县(湘)	油桐籽	45.00
360	苍梧县(桂)	油桐籽	43.00
361	建始县(鄂)	油桐籽	40.00
362	贡山独龙族怒族自治县(滇)	油桐籽	40.00
363	黄平县(黔)	油桐籽	40.00
364	宁明县(桂)	油桐籽	40.00
365	西乡县(陕)	油桐籽	36.00
366	金秀瑶族自治县(桂)	油桐籽	36.00
367	仪陇县(川)	油桐籽	35.00
368	宝丰县(豫)	油桐籽	35.00
369	衢州市市辖区(浙)	油桐籽	35.00
370	常宁市(湘)	油桐籽	35.00
371	石柱土家族自治县(渝)	油桐籽	35.00
372	略阳县(陕)	油桐籽	32.00
373	天等县(桂)	油桐籽	32.00
374	修水县(赣)	油桐籽	30.00
375	孝昌县(鄂)	油桐籽	30.00
376	定南县(赣)	油桐籽	28.00
377	保康县(鄂)	油桐籽	26.00
378	岚皋县(陕)	油桐籽	25.00
379	汝城县(湘)	油桐籽	25.00
380	武冈市(湘)	油桐籽	24.00
381	平桥区(豫)	油桐籽	23.00
382	黄石市经济开发区(鄂)	油桐籽	23.00
383	云　县(滇)	油桐籽	23.00
384	武宣县(桂)	油桐籽	23.00
385	炎陵县(湘)	油桐籽	22.00
386	洞口县(湘)	油桐籽	22.00
387	防城区(桂)	油桐籽	21.00
388	江永县(湘)	油桐籽	20.00
389	万盛区(渝)	油桐籽	18.00
390	金沙县(黔)	油桐籽	17.00
391	鼎城区(湘)	油桐籽	15.00
392	犍为县(川)	油桐籽	15.00
393	黄陂区(鄂)	油桐籽	15.00
394	浉河区(豫)	油桐籽	15.00
395	武隆县(渝)	油桐籽	15.00
396	习水县(黔)	油桐籽	15.00
397	平果县(桂)	油桐籽	14.00
398	合山市(桂)	油桐籽	13.00
399	长顺县(黔)	油桐籽	12.00
400	钟祥市(鄂)	油桐籽	10.00
401	五峰土家族自治县(鄂)	油桐籽	10.00
402	华容县(湘)	油桐籽	10.00
403	宜都市(鄂)	樟树籽	500.00
404	芜湖县(皖)	樟树籽	200.00
405	新晃侗族自治县(湘)	樟树籽	120.00
406	宁乡县(湘)	樟树籽	100.00
407	贵溪市(赣)	樟树籽	30.50
408	珠晖区(湘)	樟树籽	30.00
409	兴义市(黔)	棕榈籽	880.00
410	凤庆县(滇)	棕榈籽	579.70
411	宜都市(鄂)	棕榈籽	550.00
412	武冈市(湘)	棕榈籽	250.00
413	阳新县(鄂)	棕榈籽	112.00
414	巫溪县(渝)	棕榈籽	92.00
415	汝城县(湘)	棕榈籽	88.00
416	恭城瑶族自治县(桂)	棕榈籽	75.00
417	余庆县(黔)	棕榈籽	75.00
418	建始县(鄂)	棕榈籽	67.00
419	汉滨区(陕)	棕榈籽	41.00
420	钟祥市(鄂)	棕榈籽	25.00
421	武隆县(渝)	棕榈籽	15.00
422	阳朔县(桂)	棕榈籽	14.00
423	西乡县(陕)	棕榈籽	13.00
424	犍为县(川)	棕榈籽	11.00
425	瓮安县(黔)	棕榈籽	10.00

表 7-1　2012 年苹果主产地产量

序号	苹果主产地	产量(吨)
1	昌平区(京)	20579.90
2	顺义区(京)	19144.50
3	延庆县(京)	15449.00
4	密云县(京)	15442.40
5	通州区(京)	13604.50
6	平谷区(京)	9707.00
7	房山区(京)	4196.60
8	大兴区(京)	3246.00
9	武清区(津)	25486.00
10	蓟　县(津)	9035.00
11	宝坻区(津)	8960.00
12	北辰区(津)	3104.00
13	静海县(津)	2173.00
14	深州市(冀)	210000.00

序号	苹果主产地	产量(吨)
15	乐亭县(冀)	158671.00
16	青龙满族自治县(冀)	135000.00
17	承德县(冀)	130500.00
18	辛集市(冀)	118014.00
19	平泉县(冀)	115000.00
20	抚宁县(冀)	92700.00
21	迁安市(冀)	78605.00
22	遵化市(冀)	77161.00
23	深泽县(冀)	67223.00
24	邢台县(冀)	67127.00
25	枣强县(冀)	65559.00
26	三河市(冀)	62299.00
27	兴隆县(冀)	58063.00
28	昌黎县(冀)	57760.00
29	冀州市(冀)	54600.00
30	涿鹿县(冀)	53768.00
31	顺平县(冀)	51660.00
32	滦　县(冀)	43453.00
33	玉田县(冀)	41355.00
34	武邑县(冀)	40153.00
35	滦南县(冀)	33575.00
36	丰润区(冀)	33301.46
37	宽城满族自治县(冀)	31000.00
38	故城县(冀)	30955.00
39	定州市(冀)	30510.00
40	临漳县(冀)	30422.00
41	井陉县(冀)	30374.00
42	藁城市(冀)	28722.00
43	献　县(冀)	27999.00
44	隆尧县(冀)	25546.00
45	永清县(冀)	24500.00
46	卢龙县(冀)	24436.00
47	饶阳县(冀)	24364.00
48	怀来县(冀)	23200.00
49	宁晋县(冀)	20550.00
50	桃城区(冀)	20500.00
51	文安县(冀)	20038.00
52	魏　县(冀)	19998.00
53	新河县(冀)	19998.00
54	阜城县(冀)	19694.00
55	肃宁县(冀)	19281.00
56	邱　县(冀)	18830.00
57	平山县(冀)	18452.00
58	泊头市(冀)	18148.00
59	鹿泉市(冀)	17620.00
60	景　县(冀)	17506.00
61	馆陶县(冀)	17400.00
62	南皮县(冀)	16339.00
63	肥乡县(冀)	15400.00
64	武安市(冀)	15000.00
65	南宫市(冀)	14800.00
66	磁　县(冀)	14525.00
67	盐山县(冀)	13992.00
68	安平县(冀)	13678.00
69	成安县(冀)	13100.00
70	沧　县(冀)	12615.00
71	内丘县(冀)	12422.00
72	安国市(冀)	12100.00
73	霸州市(冀)	10778.00
74	望都县(冀)	10500.00
75	香河县(冀)	10300.00
76	蠡　县(冀)	10265.00
77	吴桥县(冀)	9889.00
78	广平县(冀)	9645.00
79	雄　县(冀)	9300.00
80	巨鹿县(冀)	8850.00
81	大名县(冀)	8635.00
82	博野县(冀)	8140.00
83	固安县(冀)	8100.00
84	迁西县(冀)	7832.00
85	晋州市(冀)	7202.00
86	曲周县(冀)	6942.00
87	邯郸县(冀)	6900.00
88	涉　县(冀)	6503.00
89	临城县(冀)	6418.00
90	任丘市(冀)	6408.00
91	行唐县(冀)	6359.00
92	沙河市(冀)	6335.00
93	古冶区(冀)	6207.00
94	黄骅市(冀)	6133.00
95	广阳区(冀)	6123.00
96	丰南区(冀)	6000.00
97	隆化县(冀)	5500.00
98	安次区(冀)	5459.00
99	孟村回族自治县(冀)	5450.00
100	永年县(冀)	5410.00
101	青　县(冀)	5405.00
102	丰宁满族自治县(冀)	5200.00
103	曲阳县(冀)	5031.00
104	唐海县(冀)	5006.00
105	大城县(冀)	5000.00
106	易　县(冀)	5000.00
107	河间市(冀)	4850.00
108	赞皇县(冀)	4757.00
109	清苑县(冀)	4500.00
110	涞水县(冀)	4100.00
111	赤城县(冀)	4065.00
112	井陉矿区(冀)	4035.00
113	宣化县(冀)	4000.00
114	柏乡县(冀)	3878.00
115	徐水县(冀)	3800.00
116	唐　县(冀)	3680.00
117	无极县(冀)	3405.00
118	武强县(冀)	3287.00
119	满城县(冀)	3181.00
120	安新县(冀)	3120.00
121	新乐市(冀)	3100.00
122	涞源县(冀)	3070.00
123	大厂回族自治县(冀)	3016.00
124	东光县(冀)	3000.00
125	临西县(冀)	2875.00
126	崇礼县(冀)	2800.00
127	任　县(冀)	2376.00
128	峰峰矿区(冀)	2323.00
129	灵寿县(冀)	2141.00
130	万全县(冀)	1839.00
131	高碑店市(冀)	1800.00
132	元氏县(冀)	1718.00
133	阳原县(冀)	1616.00
134	威　县(冀)	1600.00
135	南和县(冀)	1545.00
136	正定县(冀)	1268.00
137	新市区(冀)	1260.00
138	怀安县(冀)	1108.00
139	海兴县(冀)	1100.00
140	广宗县(冀)	1095.00
141	运河区(冀)	1069.00
142	平乡县(冀)	1000.00
143	临猗县(晋)	1920000.00
144	万荣县(晋)	407381.00
145	隰　县(晋)	130000.00
146	吉　县(晋)	88045.00
147	盐湖区(晋)	61364.00
148	芮城县(晋)	52000.00
149	河津市(晋)	47000.00
150	祁　县(晋)	44028.00
151	古交市(晋)	39378.00
152	尧都区(晋)	29380.00

序号	苹果主产地	产量(吨)
153	曲沃县(晋)	27428.00
154	尖草坪区(晋)	19683.00
155	介休市(晋)	16340.00
156	沁水县(晋)	11850.00
157	高平市(晋)	11395.00
158	原平市(晋)	10464.40
159	闻喜县(晋)	9060.00
160	忻府区(晋)	7316.90
161	定襄县(晋)	6600.00
162	阳泉市郊区(晋)	5740.00
163	洪洞县(晋)	4342.50
164	黎城县(晋)	3615.00
165	壶关县(晋)	3154.00
166	稷山县(晋)	3078.00
167	垣曲县(晋)	3000.00
168	长治县(晋)	2550.00
169	繁峙县(晋)	2385.00
170	长治市郊区(晋)	1730.00
171	晋源区(晋)	1723.00
172	清徐县(晋)	1360.00
173	左权县(晋)	1300.00
174	平定县(晋)	1250.00
175	灵石县(晋)	1163.00
176	奈曼旗(内蒙古)	29870.00
177	林西县(内蒙古)	16800.00
178	宁城县(内蒙古)	7000.00
179	扎赉特旗(内蒙古)	5000.00
180	松山区(内蒙古)	4080.00
181	土默特右旗(内蒙古)	3495.00
182	红山区(内蒙古)	3120.00
183	科尔沁左翼中旗(内蒙古)	2420.00
184	元宝山区(内蒙古)	2000.00
185	阿鲁科尔沁旗(内蒙古)	1845.00
186	杭锦后旗(内蒙古)	1200.00
187	巴林左旗(内蒙古)	1110.00
188	集宁区(内蒙古)	1053.00
189	普兰店市(辽)	600000.00
190	绥中县(辽)	400000.00
191	盖州市(辽)	318000.00
192	大石桥市(辽)	70000.00
193	新民市(辽)	59040.00
194	海城市(辽)	35000.00
195	喀喇沁左翼蒙古族自治县(辽)	30000.00
196	辽中县(辽)	25000.00
197	旅顺口区(辽)	20000.00
198	法库县(辽)	20000.00

序号	苹果主产地	产量(吨)
199	大连市金州新区(辽)	18680.00
200	义　县(辽)	18450.00
201	铁岭县(辽)	15112.00
202	东陵区(辽)	13000.00
203	建昌县(辽)	10670.00
204	凌海市(辽)	10000.00
205	台安县(辽)	9580.00
206	于洪区(辽)	9240.00
207	北镇市(辽)	8000.00
208	清河区(辽)	7500.00
209	宽甸满族自治县(辽)	7200.00
210	抚顺县(辽)	6468.00
211	凤城市(辽)	5900.00
212	沈北新区(辽)	5200.00
213	康平县(辽)	5000.00
214	朝阳县(辽)	5000.00
215	大连市高新技术园区(辽)	4000.00
216	太和区(辽)	3900.00
217	千山区(辽)	3479.00
218	苏家屯区(辽)	3226.00
219	清原满族自治县(辽)	3000.00
220	顺城区(辽)	2752.00
221	彰武县(辽)	2210.00
222	昌图县(辽)	1875.00
223	太子河区(辽)	1500.00
224	振安区(辽)	1150.00
225	大洼县(辽)	1100.00
226	桓仁满族自治县(辽)	1000.00
227	前郭尔罗斯蒙古族自治县(吉)	6300.00
228	辉南县(吉)	4600.00
229	东丰县(吉)	3274.00
230	东辽县(吉)	2800.00
231	珲春市(吉)	2477.00
232	梨树县(吉)	2220.00
233	敦化市(吉)	2163.00
234	榆树市(吉)	2100.00
235	集安市(吉)	1800.00
236	宁安市(黑)	29316.00
237	穆棱市(黑)	7350.00
238	鸡冠区(黑)	3392.00
239	东宁县(黑)	3269.00
240	延寿县(黑)	2000.00
241	林口县(黑)	1090.00
242	丰　县(苏)	434390.00
243	沛　县(苏)	48860.00
244	涟水县(苏)	35890.00

序号	苹果主产地	产量(吨)
245	泗阳县(苏)	22000.00
246	睢宁县(苏)	21269.00
247	沭阳县(苏)	15500.00
248	铜山区(苏)	14790.00
249	滨海县(苏)	14120.00
250	赣榆县(苏)	10708.00
251	邳州市(苏)	6800.00
252	淮阴区(苏)	4507.00
253	阜宁县(苏)	3040.00
254	盐都区(苏)	2500.00
255	灌云县(苏)	1850.00
256	新沂市(苏)	1500.00
257	东台市(苏)	1200.00
258	萧　县(皖)	55277.00
259	灵璧县(皖)	19800.00
260	凤阳县(皖)	10665.00
261	南谯区(皖)	3000.00
262	埇桥区(皖)	2120.00
263	烈山区(皖)	1800.00
264	栖霞市(鲁)	1478194.00
265	沂源县(鲁)	878922.00
266	牟平区(鲁)	553885.00
267	招远市(鲁)	543900.00
268	蓬莱市(鲁)	369729.00
269	龙口市(鲁)	367580.00
270	海阳市(鲁)	360000.00
271	莱阳市(鲁)	350000.00
272	莱州市(鲁)	253174.00
273	荣成市(鲁)	228000.00
274	冠　县(鲁)	204000.00
275	沂水县(鲁)	199583.00
276	蒙阴县(鲁)	198065.00
277	五莲县(鲁)	130000.00
278	山亭区(鲁)	108101.00
279	高密市(鲁)	108000.00
280	岱岳区(鲁)	107720.00
281	环翠区(鲁)	100800.00
282	寿光市(鲁)	98435.00
283	鄄城县(鲁)	94396.00
284	东港区(鲁)	71550.00
285	平邑县(鲁)	71440.00
286	新泰市(鲁)	61610.00
287	寒亭区(鲁)	59534.00
288	惠民县(鲁)	55830.00
289	夏津县(鲁)	54520.00
290	诸城市(鲁)	51156.00

序号	苹果主产地	产量(吨)
291	临朐县(鲁)	45000.00
292	沂南县(鲁)	38985.00
293	平阴县(鲁)	38256.00
294	胶州市(鲁)	38160.00
295	肥城市(鲁)	32370.00
296	威海市经济技术开发区(鲁)	31760.00
297	高青县(鲁)	28000.00
298	岚山区(鲁)	27660.00
299	福山区(鲁)	24984.00
300	邹城市(鲁)	22309.00
301	临沂市蒙山旅游区(鲁)	22100.00
302	东昌府区(鲁)	21460.00
303	茌平县(鲁)	20000.00
304	利津县(鲁)	18858.00
305	昌乐县(鲁)	18750.00
306	广饶县(鲁)	18600.00
307	乐陵市(鲁)	18478.00
308	陵　县(鲁)	18030.00
309	莱山区(鲁)	17605.00
310	河口区(鲁)	16430.60
311	潍城区(鲁)	15497.00
312	梁山县(鲁)	14500.00
313	成武县(鲁)	14102.00
314	滨城区(鲁)	13860.00
315	阳谷县(鲁)	13400.00
316	莱城区(鲁)	13007.00
317	莒南县(鲁)	12520.00
318	郓城县(鲁)	11227.00
319	东阿县(鲁)	10200.00
320	平原县(鲁)	9869.00
321	昌邑市(鲁)	9547.50
322	武城县(鲁)	8737.00
323	博兴县(鲁)	8320.00
324	临沂市经济技术开发区(鲁)	8225.00
325	东平县(鲁)	7937.00
326	费　县(鲁)	7815.00
327	宁阳县(鲁)	7773.00
328	阳信县(鲁)	7162.00
329	邹平县(鲁)	7060.00
330	临沂市临港经济开发区(鲁)	7000.00
331	河东区(鲁)	6900.00
332	青州市(鲁)	6780.00
333	垦利县(鲁)	6600.00
334	泰山区(鲁)	6400.00
335	临沭县(鲁)	5800.00
336	齐河县(鲁)	5000.00
337	德城区(鲁)	4885.00
338	商河县(鲁)	4877.00
339	钢城区(鲁)	4444.00
340	庆云县(鲁)	4200.00
341	博山区(鲁)	4100.00
342	泰安市市辖区(鲁)	3670.00
343	高唐县(鲁)	3000.00
344	临淄区(鲁)	2768.00
345	临清市(鲁)	2415.00
346	苍山县(鲁)	2310.00
347	周村区(鲁)	2266.88
348	济阳县(鲁)	2250.00
349	张店区(鲁)	1701.00
350	汶上县(鲁)	1500.00
351	莱芜市雪野旅游区(鲁)	1200.00
352	崂山区(鲁)	1118.00
353	芝罘区(鲁)	1091.00
354	灵宝市(豫)	926784.00
355	洛宁县(豫)	200000.00
356	虞城县(豫)	132000.00
357	孟州市(豫)	67582.00
358	夏邑县(豫)	56980.00
359	内黄县(豫)	55000.00
360	南乐县(豫)	45110.00
361	汤阴县(豫)	25025.00
362	兰考县(豫)	22739.00
363	卢氏县(豫)	20280.00
364	西华县(豫)	17638.00
365	林州市(豫)	17630.00
366	延津县(豫)	14400.00
367	太康县(豫)	14000.00
368	滑　县(豫)	13950.00
369	濮阳市高新区(豫)	11475.00
370	梁园区(豫)	10200.00
371	睢　县(豫)	10000.00
372	民权县(豫)	9576.00
373	杞　县(豫)	9000.00
374	卫辉市(豫)	8500.00
375	伊川县(豫)	7500.00
376	浚　县(豫)	7100.00
377	荥阳市(豫)	6800.00
378	项城市(豫)	6450.00
379	柘城县(豫)	5841.00
380	封丘县(豫)	5310.00
381	长垣县(豫)	5250.00
382	获嘉县(豫)	5100.00
383	汝州市(豫)	4860.00
384	宜阳县(豫)	4800.00
385	扶沟县(豫)	4200.00
386	淇滨区(豫)	3800.00
387	武陟县(豫)	3767.00
388	范　县(豫)	3750.00
389	睢阳区(豫)	3579.50
390	新乡县(豫)	3475.00
391	商水县(豫)	3000.00
392	登封市(豫)	3000.00
393	中牟县(豫)	2700.00
394	清丰县(豫)	2400.00
395	濮阳县(豫)	1950.00
396	沁阳市(豫)	1820.00
397	辉县市(豫)	1630.00
398	嵩　县(豫)	1540.00
399	栾川县(豫)	1500.00
400	红旗区(豫)	1500.00
401	桐柏县(豫)	1209.00
402	殷都区(豫)	1200.00
403	凤泉区(豫)	1080.00
404	淅川县(豫)	1059.00
405	修武县(豫)	1000.00
406	红安县(鄂)	1811.00
407	钟祥市(鄂)	1580.00
408	随县(鄂)	1390.00
409	盐源县(川)	360000.00
410	汉源县(川)	28000.00
411	小金县(川)	5000.00
412	苍溪县(川)	2750.00
413	冕宁县(川)	2439.00
414	理　县(川)	1927.00
415	会理县(川)	1803.00
416	隆昌县(川)	1650.00
417	朝天区(川)	1650.00
418	江油市(川)	1603.00
419	会东县(川)	1500.00
420	昭觉县(川)	1170.00
421	长顺县(黔)	4303.00
422	赫章县(黔)	3550.00
423	七星关区(黔)	2152.00
424	纳雍县(黔)	1819.00
425	昭阳区(滇)	173676.00
426	宾川县(滇)	15001.00
427	宁蒗彝族自治县(滇)	9721.60
428	永胜县(滇)	5800.00

序号	苹果主产地	产量(吨)
429	禄丰县(滇)	1175.00
430	洛川县(陕)	751700.00
431	富　县(陕)	500000.00
432	扶风县(陕)	339798.00
433	蒲城县(陕)	300000.00
434	淳化县(陕)	272332.00
435	长武县(陕)	270000.00
436	黄陵县(陕)	270000.00
437	澄城县(陕)	260000.00
438	印台区(陕)	226981.00
439	旬邑县(陕)	215799.00
440	耀州区(陕)	200000.00
441	宜君县(陕)	170000.00
442	延长县(陕)	140000.00
443	凤翔县(陕)	139245.00
444	兴平市(陕)	131695.00
445	陈仓区(陕)	95828.00
446	安塞县(陕)	93000.00
447	韩城市林业局(陕)	90000.00
448	绥德县(陕)	78820.00
449	秦都区(陕)	66162.00
450	武功县(陕)	59265.00
451	延川县(陕)	52000.00
452	合阳县(陕)	46188.00
453	黄龙县(陕)	40008.00
454	凤　县(陕)	37500.00
455	王益区(陕)	33976.00
456	陇　县(陕)	29998.00
457	清涧县(陕)	28500.00
458	米脂县(陕)	24105.00
459	泾阳县(陕)	20000.00
460	子洲县(陕)	14261.00
461	礼泉县(陕)	12900.00
462	渭城区(陕)	8000.00
463	杨凌区农林局(陕)	6640.00
464	阎良区(陕)	4918.00
465	靖边县(陕)	4150.00
466	镇安县(陕)	3856.00
467	乾　县(陕)	3474.00
468	志丹县(陕)	3030.30
469	眉　县(陕)	2300.00
470	旬阳县(陕)	2061.00
471	略阳县(陕)	1612.00
472	定边县(陕)	1510.00
473	山阳县(陕)	1235.00
474	静宁县(甘)	450000.00
475	秦安县(甘)	338679.20
476	麦积区(甘)	225657.00
477	庄浪县(甘)	200000.00
478	甘谷县(甘)	168165.00
479	礼　县(甘)	158128.00
480	庆城县(甘)	100097.00
481	秦州区(甘)	100055.00
482	西峰区(甘)	96800.00
483	清水县(甘)	88744.00
484	合水县(甘)	74600.00
485	正宁县(甘)	67359.00
486	崆峒区(甘)	66600.00
487	镇原县(甘)	53800.00
488	凉州区(甘)	42261.00
489	灵台县(甘)	42000.00
490	张家川回族自治县(甘)	38003.00
491	临泽县(甘)	33700.00
492	崇信县(甘)	23000.00
493	靖远县(甘)	19920.00
494	宁　县(甘)	18508.00
495	肃州区(甘)	18061.10
496	甘州区(甘)	17956.60
497	白银区(甘)	17885.00
498	环　县(甘)	17100.00
499	红古区(甘)	15000.00
500	西和县(甘)	13800.00
501	华池县(甘)	10000.00
502	永靖县(甘)	7965.00
503	榆中县(甘)	6659.00
504	会宁县(甘)	6180.00
505	金塔县(甘)	4443.00
506	临潭县(甘)	3000.00
507	武山县(甘)	3000.00
508	永昌县(甘)	3000.00
509	徽　县(甘)	2634.00
510	永登县(甘)	2394.00
511	漳　县(甘)	1800.00
512	宕昌县(甘)	1800.00
513	临洮县(甘)	1800.00
514	瓜州县(甘)	1500.00
515	敦煌市(甘)	1500.00
516	民乐县(甘)	1425.00
517	玉门市(甘)	1210.00
518	利通区(宁)	133720.00
519	中宁县(宁)	92565.00
520	沙坡头区(宁)	73250.00
521	灵武市(宁)	54238.00
522	农垦事业管理局(宁)	23110.00
523	贺兰县(宁)	16115.90
524	永宁县(宁)	10000.00
525	同心县(宁)	6000.00
526	宁夏仁存渡护岸林场(宁)	4000.00
527	海原县(宁)	3825.00
528	彭阳县(宁)	3511.00
529	西夏区(宁)	3330.00
530	兴庆区(宁)	2886.00
531	青铜峡市(宁)	2000.00
532	原州区(宁)	1900.00
533	平罗县(宁)	1000.00
534	阿克苏市(新)	102285.00
535	温宿县(新)	66170.00
536	泽普县(新)	42482.00
537	叶城县(新)	26231.00
538	伊宁县(新)	25459.00
539	沙湾县(新)	19575.00
540	莎车县(新)	10866.00
541	乌什县(新)	5205.00
542	阿瓦提县(新)	4350.00
543	疏附县(新)	4125.00
544	沙雅县(新)	3518.20
545	疏勒县(新)	3487.00
546	英吉沙县(新)	2999.00
547	麦盖提县(新)	2906.00
548	和硕县(新)	2424.00
549	新和县(新)	2172.00
550	塔城市(新)	2000.00
551	农四师(新疆兵团)	78067.00
552	农三师(新疆兵团)	50848.00
553	农二师(新疆兵团)	4611.00
554	农十师(新疆兵团)	2700.00
555	农五师(新疆兵团)	1630.00

表 7-2　2012 年梨主产地产量

序号	梨主产地	产量(吨)
1	大兴区(京)	48675.00
2	顺义区(京)	27106.00
3	密云县(京)	22519.00
4	房山区(京)	19429.50
5	平谷区(京)	14117.00
6	通州区(京)	12485.50
7	怀柔区(京)	5318.10
8	昌平区(京)	1479.40

序号	梨主产地	产量(吨)
9	延庆县(京)	1309.00
10	朝阳区(京)	1225.80
11	西青区(津)	10671.00
12	蓟　县(津)	8466.00
13	静海县(津)	8106.00
14	宝坻区(津)	3807.00
15	武清区(津)	3774.00
16	北辰区(津)	1371.00
17	晋州市(冀)	544056.00
18	赵　县(冀)	520000.00
19	泊头市(冀)	485307.00
20	深州市(冀)	401066.00
21	宁晋县(冀)	349267.00
22	辛集市(冀)	269272.00
23	阜城县(冀)	166894.00
24	藁城市(冀)	153481.00
25	魏　县(冀)	148031.00
26	固安县(冀)	61000.00
27	曲阳县(冀)	60070.00
28	肃宁县(冀)	53872.00
29	兴隆县(冀)	49902.00
30	永清县(冀)	45360.00
31	定州市(冀)	44980.00
32	遵化市(冀)	44968.00
33	青龙满族自治县(冀)	43700.00
34	平泉县(冀)	43000.00
35	南皮县(冀)	39242.00
36	冀州市(冀)	37878.00
37	乐亭县(冀)	31779.00
38	昌黎县(冀)	29242.00
39	滦南县(冀)	28520.00
40	饶阳县(冀)	28436.00
41	迁安市(冀)	24834.00
42	新河县(冀)	23994.00
43	新乐市(冀)	22900.00
44	滦　县(冀)	21882.00
45	深泽县(冀)	21760.00
46	沧　县(冀)	21616.00
47	隆尧县(冀)	18490.00
48	青　县(冀)	18342.00
49	抚宁县(冀)	18073.00
50	怀来县(冀)	18000.00
51	安国市(冀)	17100.00
52	雄　县(冀)	16510.00
53	涿州市(冀)	15523.00
54	临漳县(冀)	15488.00
55	广阳区(冀)	15453.00
56	广平县(冀)	15420.00
57	迁西县(冀)	14845.00
58	文安县(冀)	14117.00
59	承德县(冀)	13804.00
60	故城县(冀)	13514.00
61	任丘市(冀)	13245.00
62	霸州市(冀)	13202.00
63	高阳县(冀)	12694.00
64	无极县(冀)	12640.00
65	河间市(冀)	12300.00
66	蠡　县(冀)	12290.00
67	涿鹿县(冀)	12141.30
68	安次区(冀)	12090.00
69	大名县(冀)	11916.00
70	成安县(冀)	11900.00
71	南宫市(冀)	11301.00
72	高碑店市(冀)	10200.00
73	博野县(冀)	10000.00
74	大城县(冀)	9800.00
75	孟村回族自治县(冀)	9748.00
76	安平县(冀)	9682.00
77	献　县(冀)	9620.00
78	丰润区(冀)	9177.34
79	柏乡县(冀)	8362.00
80	丰南区(冀)	8000.00
81	桃城区(冀)	7800.00
82	肥乡县(冀)	7500.00
83	盐山县(冀)	7289.00
84	三河市(冀)	7032.00
85	景　县(冀)	6138.00
86	馆陶县(冀)	6000.00
87	东光县(冀)	6000.00
88	隆化县(冀)	5770.00
89	枣强县(冀)	5237.00
90	黄骅市(冀)	4795.00
91	玉田县(冀)	4739.00
92	巨鹿县(冀)	4620.00
93	武邑县(冀)	4610.00
94	古冶区(冀)	4517.00
95	平山县(冀)	4264.00
96	永年县(冀)	4010.00
97	赞皇县(冀)	3802.00
98	清苑县(冀)	3800.00
99	元氏县(冀)	3700.00
100	丰宁满族自治县(冀)	3600.00
101	临西县(冀)	3240.00
102	石家庄市桥东区(冀)	3082.00
103	望都县(冀)	3000.00
104	威　县(冀)	3000.00
105	邯郸县(冀)	2925.00
106	卢龙县(冀)	2739.00
107	广宗县(冀)	2590.00
108	正定县(冀)	2466.00
109	吴桥县(冀)	2450.00
110	行唐县(冀)	2071.00
111	邢台市大曹庄管理区(冀)	1990.00
112	南和县(冀)	1840.00
113	安新县(冀)	1650.00
114	鹿泉市(冀)	1617.00
115	武强县(冀)	1523.00
116	易　县(冀)	1500.00
117	宽城满族自治县(冀)	1500.00
118	邱　县(冀)	1400.00
119	海港区(冀)	1361.00
120	邢台县(冀)	1273.00
121	涉　县(冀)	1200.00
122	曲周县(冀)	1105.00
123	新华区(冀)	1096.00
124	磁　县(冀)	1077.00
125	盐湖区(晋)	80839.00
126	临猗县(晋)	76800.00
127	祁　县(晋)	73000.00
128	隰　县(晋)	70000.00
129	原平市(晋)	45758.20
130	河津市(晋)	15000.00
131	高平市(晋)	14000.00
132	清徐县(晋)	9107.00
133	定襄县(晋)	4800.00
134	万荣县(晋)	4070.00
135	忻府区(晋)	3997.20
136	古交市(晋)	3831.00
137	长子县(晋)	3615.00
138	介休市(晋)	3500.00
139	沁水县(晋)	3010.00
140	尖草坪区(晋)	2635.00
141	壶关县(晋)	1705.00
142	长治县(晋)	1456.00
143	晋源区(晋)	1286.00
144	临河区(内蒙古)	24926.00
145	开鲁县(内蒙古)	8000.00
146	杭锦后旗(内蒙古)	3000.00

序号	梨主产地	产量(吨)
147	绥中县(辽)	250000.00
148	海城市(辽)	125000.00
149	北镇市(辽)	118000.00
150	千山区(辽)	77578.00
151	义　县(辽)	59580.00
152	阜新蒙古族自治县(辽)	41000.00
153	大石桥市(辽)	30000.00
154	建平县(辽)	30000.00
155	抚顺县(辽)	28200.00
156	辽阳县(辽)	26000.00
157	苏家屯区(辽)	17637.00
158	太和区(辽)	15600.00
159	桓仁满族自治县(辽)	13000.00
160	喀喇沁左翼蒙古族自治县(辽)	12500.00
161	沈北新区(辽)	12000.00
162	清原满族自治县(辽)	10600.00
163	双塔区(辽)	10000.00
164	铁岭县(辽)	7200.00
165	法库县(辽)	7000.00
166	辽中县(辽)	6750.00
167	大连市金州新区(辽)	6321.00
168	东陵区(辽)	6000.00
169	旅顺口区(辽)	6000.00
170	凤城市(辽)	5700.00
171	建昌县(辽)	5666.00
172	朝阳县(辽)	5500.00
173	凌海市(辽)	5000.00
174	太子河区(辽)	4000.00
175	本溪市经济开发区(辽)	3890.00
176	清河区(辽)	2700.00
177	大洼县(辽)	2500.00
178	清河门区(辽)	2000.00
179	康平县(辽)	1700.00
180	彰武县(辽)	1690.00
181	东洲区(辽)	1600.00
182	龙城区(辽)	1200.00
183	珲春市(吉)	12331.00
184	延吉市(吉)	10286.00
185	和龙市(吉)	7748.00
186	前郭尔罗斯蒙古族自治县(吉)	5040.00
187	敦化市(吉)	3721.00
188	珲春林业局(吉)	3450.00
189	东辽县(吉)	2000.00
190	梨树县(吉)	1806.00
191	伊通满族自治县(吉)	1750.00
192	汪清县(吉)	1195.00
193	图们市(吉)	1117.00
194	东宁县(黑)	9248.00
195	密山市(黑)	5380.00
196	林口县(黑)	4212.00
197	延寿县(黑)	2000.00
198	龙江县(黑)	2000.00
199	鸡冠区(黑)	1561.00
200	浦东新区(沪)	12486.00
201	奉贤区(沪)	9411.70
202	崇明县(沪)	4442.06
203	松江区(沪)	3936.80
204	金山区(沪)	2897.70
205	宝山区(沪)	1530.00
206	青浦区(沪)	1525.15
207	丰　县(苏)	116000.00
208	射阳县(苏)	104800.00
209	睢宁县(苏)	62236.00
210	铜山区(苏)	31280.00
211	阜宁县(苏)	28650.00
212	如东县(苏)	25200.00
213	大丰市(苏)	23500.00
214	滨海县(苏)	20112.00
215	启东市(苏)	19530.00
216	响水县(苏)	17016.00
217	灌云县(苏)	15000.00
218	赣榆县(苏)	14989.00
219	泗阳县(苏)	14400.00
220	亭湖区(苏)	13850.00
221	涟水县(苏)	13000.00
222	沛　县(苏)	12880.00
223	盐都区(苏)	12310.00
224	东台市(苏)	12000.00
225	武进区(苏)	8304.00
226	宿豫区(苏)	7800.00
227	江阴市(苏)	7495.00
228	溧阳市(苏)	7398.00
229	宜兴市(苏)	7114.00
230	建湖县(苏)	7086.00
231	邳州市(苏)	6720.00
232	灌南县(苏)	6000.00
233	盱眙县(苏)	5700.00
234	高淳县(苏)	5230.00
235	高邮市(苏)	5000.00
236	沭阳县(苏)	4400.00
237	溧水县(苏)	3422.00
238	泗洪县(苏)	2780.00
239	浦口区(苏)	2691.00
240	兴化市(苏)	2640.00
241	金坛市(苏)	2300.00
242	宝应县(苏)	2128.00
243	虎丘区(苏)	2032.00
244	靖江市(苏)	2005.00
245	如皋市(苏)	2000.00
246	句容市(苏)	1887.00
247	仪征市(苏)	1874.00
248	海州区(苏)	1861.00
249	海门市(苏)	1704.00
250	江宁区(苏)	1628.00
251	新沂市(苏)	1500.00
252	淮安区(苏)	1500.00
253	张家港市(苏)	1182.00
254	吴江市(苏)	1150.00
255	六合区(苏)	1055.00
256	慈溪市(浙)	60000.00
257	余姚市(浙)	30000.00
258	义乌市(浙)	27000.00
259	桐庐县(浙)	24750.00
260	天台县(浙)	21000.00
261	秀洲区(浙)	19258.00
262	衢州市市辖区(浙)	18608.00
263	武义县(浙)	15819.00
264	余杭区(浙)	12462.00
265	温岭市(浙)	10540.00
266	鄞州区(浙)	9776.00
267	桐乡市(浙)	8610.00
268	江北区(浙)	7950.00
269	仙居县(浙)	7800.00
270	临海市(浙)	7223.00
271	嵊州市(浙)	7000.00
272	临安市(浙)	6100.00
273	宁海县(浙)	6000.00
274	德清县(浙)	5420.00
275	淳安县(浙)	4484.00
276	象山县(浙)	4183.00
277	莲都区(浙)	3568.00
278	兰溪市(浙)	3315.00
279	云和县(浙)	3217.00
280	缙云县(浙)	3152.00
281	安吉县(浙)	2821.00
282	长兴县(浙)	2800.00
283	萧山区(浙)	2599.00
284	江山市(浙)	2560.00

序号	梨主产地	产量(吨)	序号	梨主产地	产量(吨)	序号	梨主产地	产量(吨)
285	三门县(浙)	2440.00	331	冠　县(鲁)	196200.00	377	阳谷县(鲁)	3000.00
286	定海区(浙)	2230.00	332	莱阳市(鲁)	137000.00	378	广饶县(鲁)	3000.00
287	永康市(浙)	2200.00	333	平邑县(鲁)	84680.00	379	淄川区(鲁)	3000.00
288	吴兴区(浙)	2101.00	334	夏津县(鲁)	72810.00	380	威海市经济技术开发区(鲁)	2998.00
289	庆元县(浙)	2000.00	335	龙口市(鲁)	69848.00	381	莱城区(鲁)	2984.00
290	镇海区(浙)	1904.00	336	蓬莱市(鲁)	32575.00	382	东昌府区(鲁)	2850.00
291	北仑区(浙)	1730.00	337	齐河县(鲁)	27200.00	383	滨城区(鲁)	2840.00
292	建德市(浙)	1500.00	338	高密市(鲁)	22500.00	384	新泰市(鲁)	2686.00
293	富阳市(浙)	1375.00	339	栖霞市(鲁)	21993.00	385	昌乐县(鲁)	2600.00
294	开化县(浙)	1081.00	340	寿光市(鲁)	20260.00	386	山亭区(鲁)	2457.00
295	萧　县(皖)	95098.00	341	海阳市(鲁)	20000.00	387	临沭县(鲁)	2400.00
296	灵璧县(皖)	46500.00	342	茌平县(鲁)	19500.00	388	沂南县(鲁)	1800.00
297	埇桥区(皖)	12918.00	343	荣成市(鲁)	17100.00	389	梁山县(鲁)	1771.00
298	固镇县(皖)	11580.00	344	昌邑市(鲁)	16520.50	390	天桥区(鲁)	1755.00
299	广德县(皖)	11000.00	345	岱岳区(鲁)	15144.00	391	平原县(鲁)	1684.00
300	凤台县(皖)	5400.00	346	临沂市临港经济开发区(鲁)	15000.00	392	任城区(鲁)	1500.00
301	寿　县(皖)	4950.00	347	莱州市(鲁)	14287.00	393	汶上县(鲁)	1450.00
302	凤阳县(皖)	2700.00	348	河东区(鲁)	12000.00	394	莱芜市雪野旅游区(鲁)	1330.00
303	宣州区(皖)	2205.00	349	武城县(鲁)	12000.00	395	坊子区(鲁)	1040.00
304	全椒县(皖)	1620.00	350	环翠区(鲁)	11640.00	396	宁陵县(豫)	301000.00
305	东至县(皖)	1544.00	351	费　县(鲁)	11490.00	397	洛宁县(豫)	20000.00
306	大观区(皖)	1120.00	352	东阿县(鲁)	10339.00	398	泌阳县(豫)	20000.00
307	歙　县(皖)	1047.00	353	沂水县(鲁)	9251.00	399	太康县(豫)	18000.00
308	广丰县(赣)	30000.00	354	宁阳县(鲁)	9218.00	400	开封县(豫)	16416.00
309	金溪县(赣)	29462.00	355	诸城市(鲁)	8812.00	401	兰考县(豫)	15959.00
310	永修县(赣)	9000.00	356	邹城市(鲁)	7547.00	402	西华县(豫)	14657.00
311	武宁县(赣)	7000.00	357	商河县(鲁)	6603.00	403	宛城区(豫)	12750.00
312	新干县(赣)	3843.00	358	东港区(鲁)	6382.00	404	商水县(豫)	9800.00
313	赣　县(赣)	3744.00	359	胶州市(鲁)	5695.00	405	内黄县(豫)	9300.00
314	靖安县(赣)	3430.00	360	陵　县(鲁)	5610.00	406	灵宝市(豫)	8295.00
315	高安市(赣)	3185.00	361	沂源县(鲁)	5600.00	407	扶沟县(豫)	7450.00
316	修水县(赣)	2800.00	362	临清市(鲁)	5370.00	408	柘城县(豫)	7425.00
317	进贤县(赣)	2700.00	363	寒亭区(鲁)	5264.00	409	鄢陵县(豫)	7059.00
318	贵溪市(赣)	2660.00	364	招远市(鲁)	5200.00	410	新蔡县(豫)	6840.00
319	瑞昌市(赣)	2580.00	365	苍山县(鲁)	4500.00	411	新乡县(豫)	6212.00
320	龙南县(赣)	2000.00	366	河口区(鲁)	4429.00	412	遂平县(豫)	6080.00
321	兴国县(赣)	2000.00	367	利津县(鲁)	4353.00	413	汝州市(豫)	5640.00
322	南丰县(赣)	1567.00	368	郓城县(鲁)	3958.00	414	息　县(豫)	5500.00
323	大余县(赣)	1504.00	369	牟平区(鲁)	3804.00	415	方城县(豫)	5458.00
324	安福县(赣)	1500.00	370	岚山区(鲁)	3760.00	416	确山县(豫)	5300.00
325	万年县(赣)	1371.00	371	兖州市(鲁)	3750.00	417	项城市(豫)	5300.00
326	崇义县(赣)	1283.00	372	庆云县(鲁)	3500.00	418	孟州市(豫)	5192.00
327	定南县(赣)	1251.00	373	济阳县(鲁)	3375.00	419	舞钢市(豫)	4700.00
328	崇仁县(赣)	1141.00	374	莱山区(鲁)	3200.00	420	安阳县(豫)	4630.00
329	峡江县(赣)	1109.00	375	邹平县(鲁)	3100.00	421	中牟县(豫)	4600.00
330	阳信县(鲁)	211280.00	376	临朐县(鲁)	3000.00	422	正阳县(豫)	4600.00

序号	梨主产地	产量(吨)
423	上蔡县(豫)	4440.00
424	嵩　县(豫)	4300.00
425	潢川县(豫)	4190.00
426	卫辉市(豫)	3360.00
427	长垣县(豫)	3300.00
428	民权县(豫)	3200.00
429	宜阳县(豫)	3150.00
430	唐河县(豫)	3000.00
431	修武县(豫)	2800.00
432	西平县(豫)	2740.00
433	襄城县(豫)	2738.00
434	荥阳市(豫)	2700.00
435	滑　县(豫)	2630.00
436	林州市(豫)	2310.00
437	卢氏县(豫)	2262.00
438	龙亭区(豫)	2253.00
439	夏邑县(豫)	2250.00
440	淇滨区(豫)	2000.00
441	栾川县(豫)	1980.00
442	南乐县(豫)	1957.00
443	登封市(豫)	1890.00
444	濮阳县(豫)	1800.00
445	郾城区(豫)	1740.00
446	桐柏县(豫)	1720.00
447	叶　县(豫)	1500.00
448	鹿邑县(豫)	1500.00
449	舞阳县(豫)	1486.00
450	临颍县(豫)	1485.00
451	惠济区(豫)	1364.20
452	获嘉县(豫)	1300.00
453	金水区(豫)	1203.00
454	平桥区(豫)	1200.00
455	淇　县(豫)	1175.00
456	汝南县(豫)	1140.00
457	卧龙区(豫)	1110.00
458	红旗区(豫)	1100.00
459	南召县(豫)	1070.00
460	沁阳市(豫)	1050.00
461	钟祥市(鄂)	165677.00
462	老河口市(鄂)	126000.00
463	京山县(鄂)	23449.00
464	咸丰县(鄂)	13691.00
465	利川市(鄂)	12000.00
466	应城市(鄂)	9300.00
467	崇阳县(鄂)	7800.00
468	襄州区(鄂)	6600.00
469	枝江市(鄂)	5577.75
470	随县(鄂)	5203.00
471	松滋市(鄂)	4800.00
472	东宝区(鄂)	4580.00
473	屈家岭管理区(鄂)	4509.00
474	荆州区(鄂)	4500.00
475	孝南区(鄂)	3240.00
476	大悟县(鄂)	2510.00
477	宣恩县(鄂)	2200.00
478	赤壁市(鄂)	1920.00
479	广水市(鄂)	1400.00
480	宜城市(鄂)	1399.00
481	恩施市(鄂)	1208.00
482	宜都市(鄂)	1200.00
483	蓝山县(湘)	17000.00
484	桑植县(湘)	14001.00
485	浏阳市(湘)	13000.00
486	花垣县(湘)	12000.00
487	宜章县(湘)	10222.00
488	湘潭县(湘)	8000.00
489	资兴市(湘)	6785.00
490	中方县(湘)	4680.00
491	涟源市(湘)	4630.00
492	祁东县(湘)	4595.00
493	永定区(湘)	4517.00
494	临武县(湘)	4389.00
495	平江县(湘)	4077.00
496	嘉禾县(湘)	3812.00
497	保靖县(湘)	3800.00
498	靖州苗族侗族自治县(湘)	3500.00
499	安化县(湘)	3500.00
500	永顺县(湘)	3200.00
501	衡东县(湘)	2946.00
502	株洲县(湘)	2850.00
503	大祥区(湘)	2800.00
504	炎陵县(湘)	2625.00
505	常宁市(湘)	2500.00
506	北湖区(湘)	2100.00
507	新邵县(湘)	1640.00
508	龙山县(湘)	1600.00
509	津市市(湘)	1530.00
510	汝城县(湘)	1464.90
511	绥宁县(湘)	1400.00
512	溆浦县(湘)	1139.00
513	城步苗族自治县(湘)	1100.00
514	新化县(湘)	1098.00
515	宁远县(湘)	1019.00
516	赫山区(湘)	1000.00
517	连州市(粤)	37527.00
518	封开县(粤)	7777.00
519	阳山县(粤)	1261.00
520	灌阳县(桂)	55904.00
521	全州县(桂)	25000.00
522	钦北区(桂)	18562.00
523	兴安县(桂)	9306.00
524	柳江县(桂)	6742.00
525	临桂县(桂)	6451.00
526	兴宾区(桂)	6081.00
527	平乐县(桂)	5175.00
528	永福县(桂)	4514.00
529	阳朔县(桂)	4033.00
530	雁山区(桂)	3096.00
531	龙胜各族自治县(桂)	2826.00
532	右江区(桂)	2250.00
533	钟山县(桂)	2132.00
534	大新县(桂)	1952.00
535	天等县(桂)	1627.00
536	那坡县(桂)	1603.00
537	田东县(桂)	1525.00
538	贺州市平桂管理区(桂)	1481.00
539	罗城仫佬族自治县(桂)	1184.00
540	金秀瑶族自治县(桂)	1090.00
541	昭平县(桂)	1089.00
542	融水苗族自治县(桂)	1000.00
543	永川区(渝)	76850.00
544	开　县(渝)	61030.00
545	南川区(渝)	25000.00
546	涪陵区(渝)	21900.00
547	铜梁县(渝)	16317.00
548	万州区(渝)	14000.00
549	巴南区(渝)	8324.00
550	云阳县(渝)	8150.00
551	合川区(渝)	4050.00
552	沙坪坝区(渝)	4000.00
553	荣昌县(渝)	3400.00
554	九龙坡区(渝)	3317.00
555	彭水苗族土家族自治县(渝)	1380.00
556	武隆县(渝)	1200.00
557	石柱土家族自治县(渝)	1180.00
558	汉源县(川)	120000.00
559	营山县(川)	98000.00
560	苍溪县(川)	90836.00

序号	梨主产地	产量(吨)	序号	梨主产地	产量(吨)	序号	梨主产地	产量(吨)
561	双流县(川)	55686.00	607	高　县(川)	1291.00	653	巍山彝族回族自治县(滇)	5728.00
562	龙泉驿区(川)	50515.00	608	犍为县(川)	1250.00	654	鹤庆县(滇)	5677.00
563	仁寿县(川)	34540.00	609	普格县(川)	1230.00	655	镇雄县(滇)	4500.00
564	金川县(川)	25000.00	610	开江县(川)	1200.00	656	广南县(滇)	4033.00
565	简阳市(川)	24120.00	611	邛崃市(川)	1161.00	657	楚雄市(滇)	3636.25
566	冕宁县(川)	14408.00	612	湄潭县(黔)	36000.00	658	江川县(滇)	3000.00
567	南溪县(川)	13250.00	613	乌当区(黔)	27919.00	659	姚安县(滇)	2809.00
568	会理县(川)	12641.00	614	台江县(黔)	26000.00	660	洱源县(滇)	2611.00
569	长宁县(川)	12396.00	615	普定县(黔)	20000.00	661	武定县(滇)	2428.00
570	屏山县(川)	11512.00	616	荔波县(黔)	11290.00	662	牟定县(滇)	2242.00
571	江油市(川)	11320.00	617	镇远县(黔)	10956.00	663	云　县(滇)	2050.00
572	宜宾县(川)	11081.00	618	修文县(黔)	8879.00	664	南华县(滇)	2020.00
573	仪陇县(川)	8700.00	619	三穗县(黔)	8350.00	665	文山市(滇)	1880.00
574	罗江县(川)	8600.00	620	兴义市(黔)	8259.00	666	晋宁县(滇)	1555.00
575	南部县(川)	8410.00	621	遵义县(黔)	8210.00	667	永胜县(滇)	1450.00
576	宣汉县(川)	7000.00	622	余庆县(黔)	7717.00	668	临翔区(滇)	1223.00
577	中江县(川)	7000.00	623	印江土家族苗族自治县(黔)	6542.56	669	沧源佤族自治县(滇)	1212.00
578	游仙区(川)	6800.00	624	七星关区(黔)	6523.00	670	澄江县(滇)	1200.00
579	会东县(川)	6500.00	625	正安县(黔)	6474.00	671	蒲城县(陕)	350000.00
580	巴州区(川)	6000.00	626	红花岗区(黔)	4650.00	672	秦都区(陕)	29052.00
581	西昌市(川)	5527.00	627	大方县(黔)	4623.00	673	阎良区(陕)	24521.00
582	顺庆区(川)	5426.00	628	榕江县(黔)	4500.00	674	延长县(陕)	20000.00
583	安岳县(川)	5000.00	629	贵定县(黔)	4500.00	675	礼泉县(陕)	16000.00
584	崇州市(川)	4519.00	630	开阳县(黔)	4000.00	676	洋　县(陕)	11211.00
585	旌阳区(川)	4500.00	631	普安县(黔)	4000.00	677	淳化县(陕)	7173.00
586	阆中市(川)	3895.00	632	独山县(黔)	3800.00	678	米脂县(陕)	5653.00
587	蒲江县(川)	3680.00	633	雷山县(黔)	3260.00	679	泾阳县(陕)	5100.00
588	绵阳市市辖区(川)	3520.00	634	水城县(黔)	3103.00	680	陇　县(陕)	4983.00
589	涪城区(川)	3520.00	635	安龙县(黔)	2692.00	681	绥德县(陕)	4234.00
590	峨眉山市(川)	3500.00	636	贞丰县(黔)	2575.00	682	汉台区(陕)	3360.00
591	盐亭县(川)	2800.00	637	锦屏县(黔)	2441.00	683	子洲县(陕)	3115.00
592	古蔺县(川)	2500.00	638	惠水县(黔)	2287.00	684	陈仓区(陕)	3033.00
593	隆昌县(川)	2400.00	639	赤水市(黔)	2103.00	685	兴平市(陕)	2502.00
594	昭觉县(川)	2400.00	640	龙里县(黔)	2100.00	686	汉阴县(陕)	2462.00
595	德昌县(川)	2316.00	641	黔西县(黔)	1856.00	687	乾　县(陕)	2350.00
596	彭州市(川)	2194.00	642	六枝特区(黔)	1550.00	688	南郑县(陕)	1600.00
597	蓬溪县(川)	2185.00	643	习水县(黔)	1500.00	689	略阳县(陕)	1408.00
598	大邑县(川)	2185.00	644	沿河土家族自治县(黔)	1500.00	690	旬阳县(陕)	1264.00
599	盐边县(川)	2050.00	645	赫章县(黔)	1465.00	691	汉滨区(陕)	1207.00
600	旺苍县(川)	2010.00	646	盘　县(黔)	1200.00	692	景泰县(甘)	65000.00
601	纳溪区(川)	1869.00	647	剑河县(黔)	1058.00	693	民乐县(甘)	35100.00
602	安　县(川)	1816.00	648	息烽县(黔)	1050.00	694	肃州区(甘)	34465.00
603	南江县(川)	1800.00	649	瓮安县(黔)	1000.00	695	甘州区(甘)	24812.00
604	宁南县(川)	1688.00	650	昭阳区(滇)	51900.00	696	静宁县(甘)	20000.00
605	东坡区(川)	1400.00	651	宾川县(滇)	22145.00	697	和政县(甘)	20000.00
606	江安县(川)	1370.00	652	禄丰县(滇)	9965.00	698	临泽县(甘)	18140.00

序号	梨主产地	产量(吨)
699	秦安县(甘)	17613.00
700	甘谷县(甘)	12270.00
701	凉州区(甘)	11750.00
702	金塔县(甘)	7946.00
703	张家川回族自治县(甘)	6240.00
704	崇信县(甘)	6154.00
705	靖远县(甘)	6115.00
706	榆中县(甘)	5089.00
707	秦州区(甘)	4994.80
708	东乡族自治县(甘)	4640.00
709	会宁县(甘)	4630.00
710	陇西县(甘)	4503.00
711	敦煌市(甘)	4200.00
712	永昌县(甘)	3400.00
713	高台县(甘)	3270.00
714	徽　县(甘)	3083.00
715	永靖县(甘)	3025.00
716	崆峒区(甘)	3000.00
717	临夏市(甘)	3000.00
718	白银区(甘)	2704.00
719	临洮县(甘)	2100.00
720	广河县(甘)	2000.00
721	山丹县(甘)	1914.00
722	永登县(甘)	1600.00
723	宕昌县(甘)	1600.00
724	红古区(甘)	1600.00
725	临潭县(甘)	1350.00
726	玉门市(甘)	1334.00
727	漳　县(甘)	1200.00
728	西和县(甘)	1200.00
729	西峰区(甘)	1115.00
730	清水县(甘)	1040.00
731	镇原县(甘)	1000.00
732	灵武市(宁)	5642.00
733	农垦事业管理局(宁)	1803.00
734	彭阳县(宁)	1236.00
735	原州区(宁)	1000.00
736	阿克苏市(新)	129512.00
737	库车县(新)	51152.00
738	温宿县(新)	11850.00
739	乌什县(新)	6343.00
740	莎车县(新)	4684.00
741	巴楚县(新)	3379.00
742	伽师县(新)	1966.00
743	叶城县(新)	1596.00
744	麦盖提县(新)	1458.00
745	农二师(新疆兵团)	132978.00
746	农三师(新疆兵团)	61587.00
747	农四师(新疆兵团)	1087.00

表 7-3　2012 年桃主产地产量

序号	桃主产地	产量(吨)
1	平谷区(京)	269863.10
2	大兴区(京)	59882.00
3	通州区(京)	30699.50
4	顺义区(京)	8485.00
5	房山区(京)	7335.50
6	昌平区(京)	5062.80
7	怀柔区(京)	4021.50
8	密云县(京)	3545.10
9	海淀区(京)	2646.40
10	延庆县(京)	2236.00
11	武清区(津)	18397.00
12	静海县(津)	10626.00
13	蓟　县(津)	8276.00
14	北辰区(津)	7808.00
15	宝坻区(津)	6508.00
16	西青区(津)	1064.60
17	乐亭县(冀)	275412.00
18	深州市(冀)	149352.00
19	顺平县(冀)	109100.00
20	昌黎县(冀)	66479.00
21	满城县(冀)	63016.00
22	临漳县(冀)	60620.00
23	抚宁县(冀)	49226.00
24	滦南县(冀)	47623.00
25	辛集市(冀)	44867.00
26	遵化市(冀)	38005.00
27	迁安市(冀)	34461.00
28	邯郸县(冀)	32870.00
29	定州市(冀)	27820.00
30	固安县(冀)	24000.00
31	定兴县(冀)	23659.00
32	丰润区(冀)	22738.72
33	安次区(冀)	22459.00
34	魏　县(冀)	21984.00
35	唐　县(冀)	21800.00
36	饶阳县(冀)	20539.00
37	永清县(冀)	19790.00
38	滦　县(冀)	19135.00
39	晋州市(冀)	17600.00
40	邢台县(冀)	14750.00
41	霸州市(冀)	14127.00
42	怀来县(冀)	13160.00
43	威　县(冀)	12500.00
44	涿州市(冀)	12137.00
45	卢龙县(冀)	10888.00
46	古冶区(冀)	10322.00
47	香河县(冀)	9840.00
48	沧　县(冀)	9692.00
49	山海关区(冀)	9060.00
50	广阳区(冀)	8811.00
51	三河市(冀)	8552.00
52	博野县(冀)	8190.00
53	兴隆县(冀)	8167.00
54	高碑店市(冀)	7968.00
55	成安县(冀)	7800.00
56	安平县(冀)	6641.00
57	正定县(冀)	6555.00
58	易　县(冀)	5700.00
59	平山县(冀)	5674.00
60	丰南区(冀)	5500.00
61	玉田县(冀)	5348.00
62	邱　县(冀)	5170.00
63	宁晋县(冀)	5091.00
64	藁城市(冀)	4972.00
65	献　县(冀)	4873.00
66	蠡　县(冀)	4489.00
67	涞水县(冀)	4200.00
68	泊头市(冀)	4102.00
69	雄　县(冀)	4100.00
70	大名县(冀)	3750.00
71	路北区(冀)	3380.00
72	巨鹿县(冀)	3370.00
73	孟村回族自治县(冀)	3140.00
74	任丘市(冀)	3048.00
75	新乐市(冀)	3000.00
76	大城县(冀)	3000.00
77	长安区(冀)	2980.00
78	隆尧县(冀)	2940.00
79	冀州市(冀)	2800.00
80	文安县(冀)	2737.00
81	景　县(冀)	2703.00
82	吴桥县(冀)	2650.00
83	肃宁县(冀)	2637.00
84	新市区(冀)	2448.00
85	河间市(冀)	2365.00
86	任　县(冀)	2016.00

序号	桃主产地	产量(吨)	序号	桃主产地	产量(吨)	序号	桃主产地	产量(吨)
87	肥乡县(冀)	2000.00	133	大石桥市(辽)	1500.00	179	宝应县(苏)	2233.00
88	内丘县(冀)	2000.00	134	北镇市(辽)	1000.00	180	吴中区(苏)	2170.00
89	永年县(冀)	1995.00	135	浦东新区(沪)	48430.00	181	盐都区(苏)	2020.00
90	深泽县(冀)	1862.00	136	奉贤区(沪)	14691.00	182	如皋市(苏)	2000.00
91	枣强县(冀)	1741.00	137	金山区(沪)	13993.10	183	姜堰区(苏)	1864.00
92	黄骅市(冀)	1547.00	138	崇明县(沪)	6427.91	184	溧水县(苏)	1759.00
93	承德县(冀)	1506.00	139	松江区(沪)	3084.40	185	海门市(苏)	1720.00
94	馆陶县(冀)	1500.00	140	青浦区(沪)	3040.22	186	江宁区(苏)	1714.00
95	故城县(冀)	1425.00	141	嘉定区(沪)	1608.00	187	兴化市(苏)	1598.00
96	徐水县(冀)	1400.00	142	贾汪区(苏)	55606.00	188	高淳县(苏)	1500.00
97	高邑县(冀)	1300.00	143	铜山区(苏)	55200.00	189	江都区(苏)	1500.00
98	鹿泉市(冀)	1282.00	144	邳州市(苏)	52250.00	190	宿豫区(苏)	1500.00
99	北戴河区(冀)	1249.00	145	惠山区(苏)	38247.00	191	锡山区(苏)	1444.00
100	迁西县(冀)	1237.00	146	新沂市(苏)	38000.00	192	润州区(苏)	1415.00
101	武强县(冀)	1200.00	147	沛　县(苏)	26060.00	193	淮阴区(苏)	1328.00
102	新河县(冀)	1200.00	148	句容市(苏)	22500.00	194	启东市(苏)	1150.00
103	望都县(冀)	1100.00	149	丰　县(苏)	17800.00	195	响水县(苏)	1073.00
104	清苑县(冀)	1100.00	150	六合区(苏)	17204.00	196	东台市(苏)	1000.00
105	唐海县(冀)	1034.00	151	武进区(苏)	14577.00	197	奉化市(浙)	48348.00
106	阜城县(冀)	1022.00	152	张家港市(苏)	10359.00	198	莲都区(浙)	36313.00
107	无极县(冀)	1012.00	153	灌云县(苏)	9800.00	199	嵊州市(浙)	25000.00
108	青龙满族自治县(冀)	1000.00	154	赣榆县(苏)	8663.00	200	富阳市(浙)	22658.00
109	临猗县(晋)	114500.00	155	浦口区(苏)	8112.00	201	长兴县(浙)	20000.00
110	盐湖区(晋)	40318.00	156	盱眙县(苏)	7000.00	202	缙云县(浙)	16604.00
111	河津市(晋)	35000.00	157	涟水县(苏)	6890.00	203	临海市(浙)	15194.00
112	万荣县(晋)	26320.00	158	江阴市(苏)	6272.00	204	桐庐县(浙)	11515.00
113	古交市(晋)	9850.00	159	溧阳市(苏)	5860.00	205	建德市(浙)	11000.00
114	尧都区(晋)	3500.00	160	滨湖区(苏)	5217.00	206	义乌市(浙)	10200.00
115	忻府区(晋)	2360.90	161	金坛市(苏)	4800.00	207	余杭区(浙)	9462.00
116	稷山县(晋)	1652.00	162	邗江区(苏)	4680.00	208	临安市(浙)	8500.00
117	闻喜县(晋)	1650.00	163	滨海县(苏)	4530.00	209	宁海县(浙)	8200.00
118	晋源区(晋)	1232.00	164	大丰市(苏)	4500.00	210	慈溪市(浙)	8100.00
119	洪洞县(晋)	1203.00	165	睢宁县(苏)	4458.00	211	仙居县(浙)	5950.00
120	祁　县(晋)	1028.00	166	阜宁县(苏)	4200.00	212	淳安县(浙)	5825.00
121	开鲁县(内蒙古)	3000.00	167	海州区(苏)	4179.00	213	德清县(浙)	5760.00
122	宽甸满族自治县(辽)	50000.00	168	宜兴市(苏)	4143.00	214	天台县(浙)	5500.00
123	大连市金州新区(辽)	48834.00	169	高邮市(苏)	3920.00	215	鄞州区(浙)	4270.00
124	振安区(辽)	6350.00	170	亭湖区(苏)	3744.00	216	秀洲区(浙)	3891.00
125	义　县(辽)	4260.00	171	丹阳市(苏)	3150.00	217	兰溪市(浙)	3656.00
126	海城市(辽)	4000.00	172	靖江市(苏)	2861.00	218	余姚市(浙)	3600.00
127	桓仁满族自治县(辽)	3500.00	173	仪征市(苏)	2723.00	219	吴兴区(浙)	3340.00
128	法库县(辽)	3000.00	174	泗阳县(苏)	2700.00	220	温岭市(浙)	2851.00
129	辽中县(辽)	2400.00	175	建湖县(苏)	2580.00	221	黄岩区(浙)	2245.00
130	凤城市(辽)	2260.00	176	泗洪县(苏)	2389.00	222	衢州市市辖区(浙)	2129.00
131	沈北新区(辽)	2000.00	177	虎丘区(苏)	2277.00	223	萧山区(浙)	2014.00
132	盘山县(辽)	1721.00	178	如东县(苏)	2240.00	224	武义县(浙)	1576.00

序号	桃主产地	产量(吨)	序号	桃主产地	产量(吨)	序号	桃主产地	产量(吨)
225	定海区(浙)	1570.00	271	肥城市(鲁)	165674.00	317	临清市(鲁)	7175.00
226	桐乡市(浙)	1521.00	272	沂水县(鲁)	145988.00	318	淄川区(鲁)	7000.00
227	象山县(浙)	1379.00	273	五莲县(鲁)	108974.00	319	茌平县(鲁)	6800.00
228	北仑区(浙)	1250.00	274	平邑县(鲁)	99300.00	320	宁阳县(鲁)	6246.00
229	岱山县(浙)	1050.00	275	安丘市(鲁)	82500.00	321	武城县(鲁)	5985.00
230	庆元县(浙)	1000.00	276	青州市(鲁)	72820.00	322	泰山区(鲁)	5312.00
231	萧　县(皖)	43038.00	277	岱岳区(鲁)	69480.00	323	齐河县(鲁)	5000.00
232	埇桥区(皖)	17441.00	278	莱阳市(鲁)	65000.00	324	阳谷县(鲁)	5000.00
233	全椒县(皖)	12000.00	279	诸城市(鲁)	60930.00	325	平原县(鲁)	4792.00
234	龙子湖区(皖)	7134.00	280	沂南县(鲁)	57250.00	326	招远市(鲁)	4650.00
235	无为县(皖)	6640.00	281	钢城区(鲁)	51602.00	327	任城区(鲁)	4400.00
236	寿　县(皖)	5400.00	282	苍山县(鲁)	51365.00	328	庆云县(鲁)	4000.00
237	凤台县(皖)	4883.00	283	新泰市(鲁)	48200.00	329	东昌府区(鲁)	3850.00
238	芜湖县(皖)	4300.00	284	山亭区(鲁)	45325.00	330	潍城区(鲁)	3478.00
239	灵璧县(皖)	4160.00	285	临朐县(鲁)	45000.00	331	崂山区(鲁)	3467.00
240	明光市(皖)	3750.00	286	冠　县(鲁)	44100.00	332	微山县(鲁)	3458.00
241	庐江县(皖)	3652.00	287	郯城县(鲁)	43500.00	333	栖霞市(鲁)	3310.00
242	大观区(皖)	2261.00	288	博山区(鲁)	42800.00	334	东港区(鲁)	3121.00
243	当涂县(皖)	2200.00	289	费　县(鲁)	41040.00	335	平阴县(鲁)	3080.00
244	霍邱县(皖)	1823.00	290	邹城市(鲁)	39387.00	336	泰安市市辖区(鲁)	2990.00
245	东至县(皖)	1640.00	291	临沂市蒙山旅游区(鲁)	35300.00	337	利津县(鲁)	2679.00
246	八公山区(皖)	1592.00	292	胶州市(鲁)	26180.00	338	郓城县(鲁)	2507.00
247	巢湖市(皖)	1575.00	293	寿光市(鲁)	24600.00	339	梁山县(鲁)	2500.00
248	黟　县(皖)	1565.00	294	海阳市(鲁)	22000.00	340	广饶县(鲁)	2250.00
249	怀宁县(皖)	1530.00	295	河东区(鲁)	21000.00	341	张店区(鲁)	2209.00
250	舒城县(皖)	1432.00	296	邹平县(鲁)	20200.00	342	莱山区(鲁)	2175.00
251	枞阳县(皖)	1368.00	297	昌邑市(鲁)	19080.00	343	高密市(鲁)	2160.00
252	潜山县(皖)	1200.00	298	昌乐县(鲁)	18500.00	344	寒亭区(鲁)	2055.00
253	望江县(皖)	1200.00	299	临沭县(鲁)	17620.00	345	峄城区(鲁)	2000.00
254	宣州区(皖)	1125.00	300	荣成市(鲁)	16150.00	346	周村区(鲁)	1966.06
255	利辛县(皖)	1124.00	301	环翠区(鲁)	16000.00	347	成武县(鲁)	1850.00
256	来安县(皖)	1004.00	302	莱城区(鲁)	15662.00	348	牟平区(鲁)	1745.00
257	凤阳县(皖)	1000.00	303	莒南县(鲁)	15300.00	349	福山区(鲁)	1717.00
258	定远县(皖)	1000.00	304	薛城区(鲁)	14478.00	350	坊子区(鲁)	1600.00
259	永修县(赣)	10800.00	305	夏津县(鲁)	13880.00	351	汶上县(鲁)	1600.00
260	金溪县(赣)	3286.00	306	惠民县(鲁)	13400.00	352	济南市市中区(鲁)	1360.00
261	都昌县(赣)	1680.00	307	莱州市(鲁)	12460.00	353	陵　县(鲁)	1300.00
262	贵溪市(赣)	1680.00	308	济阳县(鲁)	11813.00	354	临淄区(鲁)	1200.00
263	崇义县(赣)	1465.00	309	东平县(鲁)	11600.00	355	东阿县(鲁)	1116.00
264	新干县(赣)	1430.00	310	蓬莱市(鲁)	10964.00	356	内乡县(豫)	95000.00
265	宁都县(赣)	1244.00	311	兰山区(鲁)	9856.14	357	西华县(豫)	94716.00
266	进贤县(赣)	1150.00	312	高青县(鲁)	9500.00	358	唐河县(豫)	66120.00
267	瑞昌市(赣)	1016.00	313	岚山区(鲁)	8680.00	359	扶沟县(豫)	45560.00
268	全南县(赣)	1000.00	314	德城区(鲁)	7897.00	360	灵宝市(豫)	35366.00
269	蒙阴县(鲁)	658489.00	315	龙口市(鲁)	7864.00	361	泌阳县(豫)	32000.00
270	沂源县(鲁)	243855.00	316	兖州市(鲁)	7500.00	362	内黄县(豫)	32000.00

序号	桃主产地	产量(吨)
363	武陟县(豫)	29583.00
364	太康县(豫)	26660.00
365	项城市(豫)	24000.00
366	方城县(豫)	16709.00
367	浚　县(豫)	15000.00
368	卫辉市(豫)	14200.00
369	许昌县(豫)	11010.00
370	上蔡县(豫)	10380.00
371	孟州市(豫)	10230.00
372	尉氏县(豫)	10000.00
373	洛宁县(豫)	10000.00
374	南召县(豫)	9340.00
375	商水县(豫)	9103.00
376	郾城区(豫)	8580.00
377	栾川县(豫)	8250.00
378	博爱县(豫)	8000.00
379	新野县(豫)	7210.00
380	辉县市(豫)	6800.00
381	宛城区(豫)	6750.00
382	嵩　县(豫)	6750.00
383	新乡县(豫)	6722.00
384	宜阳县(豫)	6615.00
385	桐柏县(豫)	6400.00
386	濮阳市高新区(豫)	6255.00
387	汝州市(豫)	5980.00
388	平桥区(豫)	5800.00
389	兰考县(豫)	5550.00
390	卧龙区(豫)	4995.00
391	登封市(豫)	4500.00
392	荥阳市(豫)	4500.00
393	确山县(豫)	4500.00
394	中牟县(豫)	3800.00
395	襄城县(豫)	3563.00
396	安阳县(豫)	3180.00
397	卢氏县(豫)	3132.00
398	获嘉县(豫)	3032.00
399	潢川县(豫)	2669.00
400	修武县(豫)	2600.00
401	舞钢市(豫)	2400.00
402	封丘县(豫)	2300.00
403	驿城区(豫)	2250.00
404	中原区(豫)	2100.00
405	长垣县(豫)	2000.00
406	新蔡县(豫)	1815.00
407	开封县(豫)	1782.00
408	淇滨区(豫)	1680.00
409	沁阳市(豫)	1550.00
410	鲁山县(豫)	1500.00
411	柘城县(豫)	1496.00
412	长葛市(豫)	1462.00
413	林州市(豫)	1440.00
414	遂平县(豫)	1400.00
415	鼓楼区(豫)	1400.00
416	鹿邑县(豫)	1300.00
417	龙亭区(豫)	1285.00
418	临颍县(豫)	1200.00
419	郏　县(豫)	1200.00
420	邓州市(豫)	1080.00
421	湛河区(豫)	1030.00
422	枣阳市(鄂)	193165.00
423	屈家岭管理区(鄂)	50000.00
424	孝南区(鄂)	39600.00
425	老河口市(鄂)	30000.00
426	枝江市(鄂)	26052.00
427	蕲春县(鄂)	16000.00
428	京山县(鄂)	9523.00
429	安陆市(鄂)	7111.00
430	大悟县(鄂)	6220.00
431	当阳市(鄂)	5581.00
432	钟祥市(鄂)	5318.00
433	应城市(鄂)	4000.00
434	襄州区(鄂)	3600.00
435	曾都区(鄂)	3000.00
436	荆州区(鄂)	3000.00
437	广水市(鄂)	2700.00
438	咸安区(鄂)	2500.00
439	黄陂区(鄂)	2340.00
440	东宝区(鄂)	2330.00
441	襄城区(鄂)	2300.00
442	罗田县(鄂)	2025.00
443	宜城市(鄂)	1903.00
444	黄州区(鄂)	1900.00
445	孝昌县(鄂)	1900.00
446	通城县(鄂)	1600.00
447	武穴市(鄂)	1252.00
448	崇阳县(鄂)	1200.00
449	鹤峰县(鄂)	1152.00
450	谷城县(鄂)	1100.00
451	恩施市(鄂)	1050.00
452	浏阳市(湘)	8000.00
453	沅陵县(湘)	7420.00
454	临武县(湘)	5615.00
455	涟源市(湘)	4320.00
456	岳阳市市辖区(湘)	3900.00
457	资兴市(湘)	3875.00
458	株洲县(湘)	3400.00
459	澧　县(湘)	3000.00
460	大祥区(湘)	2800.00
461	衡东县(湘)	2616.00
462	石门县(湘)	2470.00
463	湘潭县(湘)	2008.00
464	道　县(湘)	1870.00
465	云溪区(湘)	1800.00
466	华容县(湘)	1735.00
467	中方县(湘)	1700.00
468	临澧县(湘)	1663.00
469	宁远县(湘)	1638.00
470	洞口县(湘)	1625.00
471	靖州苗族侗族自治县(湘)	1600.00
472	永顺县(湘)	1600.00
473	永定区(湘)	1490.00
474	赫山区(湘)	1400.00
475	东安县(湘)	1400.00
476	衡山县(湘)	1321.60
477	津市市(湘)	1090.00
478	祁东县(湘)	1017.50
479	恭城瑶族自治县(桂)	31113.00
480	平乐县(桂)	30360.00
481	宾阳县(桂)	10875.00
482	忻城县(桂)	7683.00
483	灌阳县(桂)	7559.00
484	兴宾区(桂)	7319.00
485	阳朔县(桂)	6278.00
486	鹿寨县(桂)	5438.00
487	兴安县(桂)	5034.00
488	全州县(桂)	3800.00
489	柳城县(桂)	3421.00
490	钟山县(桂)	3342.00
491	柳江县(桂)	3098.00
492	罗城仫佬族自治县(桂)	3044.00
493	金秀瑶族自治县(桂)	2486.00
494	八步区(桂)	2478.00
495	天峨县(桂)	1748.00
496	龙胜各族自治县(桂)	1584.00
497	乐业县(桂)	1290.00
498	永福县(桂)	1132.00
499	金城江区(桂)	1118.00
500	潼南县(渝)	16000.00

序号	桃主产地	产量(吨)	序号	桃主产地	产量(吨)	序号	桃主产地	产量(吨)
501	开　县(渝)	10650.00	547	仁和区(川)	1374.00	593	周至县(陕)	12488.00
502	合川区(渝)	8875.40	548	隆昌县(川)	1330.00	594	秦都区(陕)	9383.00
503	云阳县(渝)	7580.00	549	罗江县(川)	1310.00	595	汉台区(陕)	8750.00
504	万州区(渝)	6100.00	550	犍为县(川)	1085.00	596	扶风县(陕)	8515.00
505	涪陵区(渝)	4500.00	551	会东县(川)	1000.00	597	长安区(陕)	7800.00
506	南川区(渝)	3600.00	552	余庆县(黔)	17430.00	598	阎良区(陕)	7453.00
507	沙坪坝区(渝)	2700.00	553	荔波县(黔)	8944.00	599	眉　县(陕)	6781.00
508	巴南区(渝)	1510.00	554	兴义市(黔)	8236.00	600	汉滨区(陕)	6351.00
509	九龙坡区(渝)	1132.00	555	镇远县(黔)	5347.00	601	未央区(陕)	6000.00
510	彭水苗族土家族自治县(渝)	1080.00	556	榕江县(黔)	5000.00	602	汉阴县(陕)	5639.00
511	仁寿县(川)	52000.00	557	盘　县(黔)	4500.00	603	渭滨区(陕)	5365.00
512	龙泉驿区(川)	49265.00	558	玉屏侗族自治县(黔)	4399.00	604	泾阳县(陕)	5300.00
513	简阳市(川)	40320.00	559	水城县(黔)	3741.00	605	灞桥区(陕)	5105.00
514	广汉市(川)	25000.00	560	龙里县(黔)	3350.00	606	旬阳县(陕)	3661.00
515	蓬溪县(川)	17800.00	561	修文县(黔)	3033.00	607	陇　县(陕)	2930.00
516	双流县(川)	15135.00	562	麻江县(黔)	3000.00	608	王益区(陕)	2850.00
517	盐亭县(川)	15000.00	563	普定县(黔)	3000.00	609	南郑县(陕)	2800.00
518	西充县(川)	12000.00	564	开阳县(黔)	2880.00	610	渭城区(陕)	1800.00
519	汉源县(川)	12000.00	565	乌当区(黔)	2864.00	611	绥德县(陕)	1684.00
520	米易县(川)	12000.00	566	清镇市(黔)	2573.00	612	杨凌区农林局(陕)	1630.00
521	会理县(川)	7918.00	567	六枝特区(黔)	2520.00	613	合阳县(陕)	1350.00
522	东坡区(川)	7200.00	568	岑巩县(黔)	2282.00	614	白河县(陕)	1215.00
523	顺庆区(川)	7120.00	569	大方县(黔)	2227.00	615	凤翔县(陕)	1209.00
524	西昌市(川)	6728.00	570	安龙县(黔)	2010.00	616	略阳县(陕)	1136.00
525	江油市(川)	5963.00	571	长顺县(黔)	1865.00	617	韩城市林业局(陕)	1000.00
526	峨眉山市(川)	5778.00	572	黔西县(黔)	1841.00	618	秦安县(甘)	106758.00
527	中江县(川)	5330.00	573	贞丰县(黔)	1695.00	619	敦煌市(甘)	8000.00
528	冕宁县(川)	5218.00	574	贵定县(黔)	1500.00	620	红古区(甘)	8000.00
529	安岳县(川)	4700.00	575	赫章县(黔)	1468.00	621	文　县(甘)	4500.00
530	南江县(川)	4330.00	576	惠水县(黔)	1444.00	622	肃州区(甘)	3752.50
531	巴州区(川)	3600.00	577	遵义县(黔)	1418.00	623	安宁区(甘)	3500.00
532	雨城区(川)	3500.00	578	独山县(黔)	1200.00	624	秦州区(甘)	3071.10
533	长宁县(川)	2632.00	579	宾川县(滇)	8981.00	625	崆峒区(甘)	2000.00
534	游仙区(川)	2600.00	580	禄丰县(滇)	4050.00	626	西和县(甘)	2000.00
535	屏山县(川)	2572.00	581	广南县(滇)	1850.00	627	榆中县(甘)	1736.00
536	绵阳市市辖区(川)	2500.00	582	武定县(滇)	1784.00	628	武都区(甘)	1379.00
537	古蔺县(川)	2500.00	583	文山市(滇)	1610.00	629	金塔县(甘)	1341.00
538	涪城区(川)	2500.00	584	西畴县(滇)	1540.00	630	西峰区(甘)	1318.00
539	南部县(川)	2430.00	585	楚雄市(滇)	1504.92	631	宁　县(甘)	1310.00
540	威远县(川)	2180.00	586	昭阳区(滇)	1226.00	632	徽　县(甘)	1166.00
541	德昌县(川)	2175.00	587	富宁县(滇)	1211.00	633	麦积区(甘)	1165.00
542	大邑县(川)	2072.00	588	丘北县(滇)	1186.00	634	彭阳县(宁)	3343.20
543	仪陇县(川)	1940.00	589	云　县(滇)	1080.00	635	利通区(宁)	1170.00
544	苍溪县(川)	1578.00	590	淳化县(陕)	20166.00	636	灵武市(宁)	1034.00
545	彭州市(川)	1491.00	591	蒲城县(陕)	20000.00	637	莎车县(新)	24097.00
546	五通桥区(川)	1490.00	592	陈仓区(陕)	12669.00	638	叶城县(新)	10863.00

序号	桃主产地	产量(吨)
639	疏附县(新)	6112.00
640	沙湾县(新)	5000.00
641	伊宁县(新)	2200.00
642	农四师(新疆兵团)	22495.00
643	农三师(新疆兵团)	3838.00
644	农二师(新疆兵团)	3433.00

表 7-4　2012 年杏主产地产量

序号	杏主产地	产量(吨)
1	密云县(京)	4770.10
2	房山区(京)	3274.80
3	延庆县(京)	3221.00
4	顺义区(京)	2595.00
5	怀柔区(京)	2522.40
6	平谷区(京)	2472.10
7	昌平区(京)	1845.40
8	海淀区(京)	1023.20
9	通州区(京)	853.60
10	大兴区(京)	782.00
11	蓟　县(津)	1854.00
12	宝坻区(津)	188.50
13	武清区(津)	165.00
14	北辰区(津)	139.00
15	巨鹿县(冀)	61700.00
16	易　县(冀)	18500.00
17	满城县(冀)	13235.00
18	兴隆县(冀)	9256.00
19	永清县(冀)	7810.00
20	顺平县(冀)	7580.00
21	辛集市(冀)	7225.00
22	涞水县(冀)	7000.00
23	怀安县(冀)	6200.00
24	新河县(冀)	6000.00
25	蔚　县(冀)	4230.00
26	宣化县(冀)	4200.00
27	阜城县(冀)	4092.00
28	阳原县(冀)	3501.00
29	青龙满族自治县(冀)	3500.00
30	唐　县(冀)	3180.00
31	鹿泉市(冀)	3026.00
32	行唐县(冀)	2686.00
33	万全县(冀)	2601.00
34	大名县(冀)	2528.00
35	博野县(冀)	2500.00
36	抚宁县(冀)	2321.00
37	滦平县(冀)	2280.00
38	肥乡县(冀)	2000.00
39	清苑县(冀)	2000.00
40	威　县(冀)	2000.00
41	魏　县(冀)	1952.00
42	沙河市(冀)	1810.00
43	张家口市高新技术管理区(冀)	1796.00
44	迁西县(冀)	1427.00
45	深州市(冀)	1415.00
46	涞源县(冀)	1350.00
47	广阳区(冀)	1347.00
48	丰润区(冀)	1313.52
49	迁安市(冀)	1153.00
50	承德县(冀)	1090.00
51	鹰手营子矿区(冀)	1090.00
52	临漳县(冀)	1065.00
53	平山县(冀)	960.00
54	饶阳县(冀)	908.00
55	怀来县(冀)	900.00
56	献　县(冀)	894.00
57	武邑县(冀)	752.00
58	赤城县(冀)	720.00
59	玉田县(冀)	690.00
60	成安县(冀)	680.00
61	涿鹿县(冀)	674.60
62	蠡　县(冀)	641.00
63	安国市(冀)	600.00
64	安次区(冀)	542.00
65	任　县(冀)	509.00
66	元氏县(冀)	500.00
67	内丘县(冀)	500.00
68	崇礼县(冀)	500.00
69	丰宁满族自治县(冀)	500.00
70	定州市(冀)	490.00
71	滦　县(冀)	464.00
72	藁城市(冀)	458.00
73	卢龙县(冀)	451.00
74	任丘市(冀)	446.00
75	枣强县(冀)	432.00
76	高碑店市(冀)	412.00
77	望都县(冀)	400.00
78	南宫市(冀)	381.00
79	故城县(冀)	376.00
80	井陉县(冀)	370.00
81	赞皇县(冀)	367.00
82	景　县(冀)	354.00
83	无极县(冀)	315.00
84	平泉县(冀)	300.00
85	临西县(冀)	288.00
86	涉　县(冀)	272.00
87	河间市(冀)	270.00
88	容城县(冀)	264.00
89	广宗县(冀)	251.00
90	曲阳县(冀)	200.00
91	桃城区(冀)	200.00
92	冀州市(冀)	197.00
93	固安县(冀)	190.00
94	雄　县(冀)	190.00
95	南和县(冀)	173.00
96	临城县(冀)	150.00
97	新乐市(冀)	149.00
98	深泽县(冀)	146.00
99	泊头市(冀)	133.00
100	南市区(冀)	131.00
101	霸州市(冀)	128.00
102	黄骅市(冀)	123.00
103	涿州市(冀)	122.00
104	宽城满族自治县(冀)	120.00
105	盐山县(冀)	112.00
106	阜平县(冀)	100.00
107	徐水县(冀)	100.00
108	馆陶县(冀)	100.00
109	邱　县(冀)	100.00
110	临猗县(晋)	20000.00
111	河津市(晋)	9000.00
112	盐湖区(晋)	3215.00
113	大同县(晋)	3015.00
114	万荣县(晋)	2780.00
115	古交市(晋)	2172.00
116	原平市(晋)	2157.50
117	晋源区(晋)	1742.00
118	闻喜县(晋)	1020.00
119	岚　县(晋)	1000.00
120	稷山县(晋)	852.00
121	忻府区(晋)	799.00
122	高平市(晋)	770.00
123	定襄县(晋)	700.00
124	小店区(晋)	545.00
125	尖草坪区(晋)	513.00
126	平遥县(晋)	450.00
127	长治县(晋)	412.00
128	灵石县(晋)	291.00
129	南郊区(晋)	227.00

序号	杏主产地	产量(吨)	序号	杏主产地	产量(吨)	序号	杏主产地	产量(吨)
130	祁　县(晋)	200.00	176	萧　县(皖)	2601.00	222	寿光市(鲁)	600.00
131	垣曲县(晋)	180.00	177	相山区(皖)	600.00	223	德城区(鲁)	600.00
132	曲沃县(晋)	145.00	178	凤阳县(皖)	135.00	224	天桥区(鲁)	594.00
133	长子县(晋)	135.00	179	南陵县(皖)	120.00	225	苍山县(鲁)	525.00
134	静乐县(晋)	112.00	180	东至县(皖)	115.00	226	临沂市临港经济开发区(鲁)	500.00
135	榆社县(晋)	104.00	181	邹平县(鲁)	25100.00	227	齐河县(鲁)	500.00
136	左权县(晋)	100.00	182	平邑县(鲁)	20860.00	228	河口区(鲁)	472.00
137	准格尔旗(内蒙古)	2183.00	183	东平县(鲁)	16283.00	229	福山区(鲁)	454.00
138	库伦旗(内蒙古)	2000.00	184	冠　县(鲁)	14500.00	230	临沭县(鲁)	360.00
139	开鲁县(内蒙古)	2000.00	185	岱岳区(鲁)	12976.00	231	成武县(鲁)	359.00
140	土默特右旗(内蒙古)	2000.00	186	邹城市(鲁)	9710.00	232	商河县(鲁)	329.00
141	和林格尔县(内蒙古)	1934.00	187	淄川区(鲁)	9000.00	233	平原县(鲁)	321.00
142	杭锦后旗(内蒙古)	720.00	188	新泰市(鲁)	7055.00	234	汶上县(鲁)	320.00
143	突泉县(内蒙古)	500.00	189	济南市市中区(鲁)	6700.00	235	潍城区(鲁)	290.00
144	扎赉特旗(内蒙古)	250.00	190	肥城市(鲁)	5616.00	236	济阳县(鲁)	285.00
145	红山区(内蒙古)	176.00	191	博山区(鲁)	5050.00	237	莱阳市(鲁)	200.00
146	阿鲁科尔沁旗(内蒙古)	140.00	192	临朐县(鲁)	5000.00	238	坊子区(鲁)	200.00
147	丰镇市(内蒙古)	130.00	193	临清市(鲁)	4380.00	239	任城区(鲁)	200.00
148	东胜区(内蒙古)	108.00	194	青州市(鲁)	3450.00	240	陵　县(鲁)	170.00
149	北票市(辽)	15000.00	195	莱城区(鲁)	3089.50	241	郯城县(鲁)	160.00
150	龙城区(辽)	10000.00	196	阳谷县(鲁)	3000.00	242	庆云县(鲁)	160.00
151	彰武县(辽)	5500.00	197	费　县(鲁)	2730.00	243	莱山区(鲁)	151.00
152	北镇市(辽)	3000.00	198	平阴县(鲁)	2695.00	244	莱芜市经济开发区(鲁)	150.00
153	阜新蒙古族自治县(辽)	3000.00	199	河东区(鲁)	2560.00	245	高密市(鲁)	150.00
154	大石桥市(辽)	2000.00	200	沂水县(鲁)	2263.00	246	胶州市(鲁)	128.00
155	新民市(辽)	1350.00	201	诸城市(鲁)	2100.00	247	海阳市(鲁)	100.00
156	连山区(辽)	1043.18	202	梁山县(鲁)	2060.00	248	许昌县(豫)	11704.00
157	东陵区(辽)	1000.00	203	夏津县(鲁)	2040.00	249	新密市(豫)	11000.00
158	沈北新区(辽)	900.00	204	沂南县(鲁)	1800.00	250	南乐县(豫)	9603.00
159	海城市(辽)	700.00	205	宁阳县(鲁)	1794.70	251	内黄县(豫)	7000.00
160	新邱区(辽)	462.00	206	招远市(鲁)	1750.00	252	方城县(豫)	6620.00
161	调兵山市(辽)	227.00	207	崂山区(鲁)	1593.00	253	汝州市(豫)	5460.00
162	桓仁满族自治县(辽)	200.00	208	泰山区(鲁)	1450.00	254	宜阳县(豫)	5200.00
163	苏家屯区(辽)	112.00	209	莱州市(鲁)	1365.00	255	濮阳市高新区(豫)	4590.00
164	集安市(吉)	230.00	210	微山县(鲁)	1258.00	256	林州市(豫)	3742.00
165	东丰县(吉)	182.00	211	武城县(鲁)	1192.00	257	中牟县(豫)	3000.00
166	恒山区(黑)	142.00	212	沂源县(鲁)	1140.00	258	渑池县(豫)	3000.00
167	延寿县(黑)	100.00	213	山亭区(鲁)	1012.00	259	新蔡县(豫)	2600.00
168	铜山区(苏)	9590.00	214	栖霞市(鲁)	927.00	260	封丘县(豫)	2600.00
169	贾汪区(苏)	3869.00	215	昌乐县(鲁)	800.00	261	舞钢市(豫)	2500.00
170	新沂市(苏)	500.00	216	东昌府区(鲁)	780.00	262	栾川县(豫)	2400.00
171	溧阳市(苏)	190.00	217	无棣县(鲁)	780.00	263	新安县(豫)	2025.00
172	浦口区(苏)	171.00	218	蓬莱市(鲁)	753.00	264	太康县(豫)	2020.00
173	江宁区(苏)	121.00	219	兖州市(鲁)	700.00	265	荥阳市(豫)	2000.00
174	丰　县(苏)	100.00	220	钢城区(鲁)	682.00	266	洛宁县(豫)	2000.00
175	蒙城县(皖)	2800.00	221	鄄城县(鲁)	670.00	267	嵩　县(豫)	1750.00

序号	杏主产地	产量(吨)	序号	杏主产地	产量(吨)	序号	杏主产地	产量(吨)
268	新野县(豫)	1220.00	314	涪陵区(渝)	560.00	360	环　县(甘)	8000.00
269	辉县市(豫)	1150.00	315	云阳县(渝)	430.00	361	庆城县(甘)	7398.80
270	博爱县(豫)	1000.00	316	巴南区(渝)	400.00	362	榆中县(甘)	5196.00
271	郏　县(豫)	1000.00	317	合川区(渝)	389.50	363	宁　县(甘)	3820.00
272	登封市(豫)	999.00	318	万州区(渝)	200.00	364	正宁县(甘)	3400.00
273	泌阳县(豫)	750.00	319	荣昌县(渝)	100.00	365	合水县(甘)	3300.00
274	沁阳市(豫)	740.00	320	巴塘县(川)	500.00	366	肃州区(甘)	3056.30
275	修武县(豫)	700.00	321	巴州区(川)	240.00	367	西峰区(甘)	2746.00
276	商水县(豫)	698.00	322	大方县(黔)	750.00	368	永昌县(甘)	2500.00
277	濮阳县(豫)	654.00	323	开阳县(黔)	271.20	369	民乐县(甘)	2400.00
278	扶沟县(豫)	590.00	324	淳化县(陕)	21334.00	370	崆峒区(甘)	2000.00
279	鲁山县(豫)	580.00	325	泾阳县(陕)	20000.00	371	会宁县(甘)	1921.00
280	唐河县(豫)	576.00	326	清涧县(陕)	9000.00	372	张家川回族自治县(甘)	1883.00
281	临颍县(豫)	540.00	327	米脂县(陕)	3207.00	373	秦安县(甘)	1594.60
282	兰考县(豫)	520.00	328	汉滨区(陕)	2215.00	374	东乡族自治县(甘)	1570.00
283	平桥区(豫)	488.00	329	韩城市林业局(陕)	2000.00	375	崇信县(甘)	1440.00
284	郾城区(豫)	480.00	330	绥德县(陕)	1792.00	376	金塔县(甘)	1314.00
285	华龙区(豫)	450.00	331	灞桥区(陕)	1741.00	377	临洮县(甘)	1300.00
286	范　县(豫)	352.00	332	子长县(陕)	1620.00	378	红古区(甘)	1200.00
287	卫辉市(豫)	350.00	333	阎良区(陕)	1392.00	379	陇西县(甘)	1138.00
288	卧龙区(豫)	322.00	334	定边县(陕)	1310.00	380	敦煌市(甘)	1100.00
289	郸城县(豫)	320.00	335	合阳县(陕)	1052.00	381	麦积区(甘)	1094.00
290	上蔡县(豫)	320.00	336	旬阳县(陕)	980.00	382	永登县(甘)	1044.00
291	偃师市(豫)	320.00	337	陈仓区(陕)	972.00	383	华池县(甘)	1000.00
292	桐柏县(豫)	313.00	338	旬邑县(陕)	810.00	384	秦州区(甘)	923.00
293	确山县(豫)	300.00	339	子洲县(陕)	792.00	385	西和县(甘)	900.00
294	长垣县(豫)	300.00	340	汉阴县(陕)	687.00	386	甘州区(甘)	765.65
295	卫滨区(豫)	280.00	341	陇　县(陕)	652.00	387	永靖县(甘)	588.00
296	获嘉县(豫)	260.00	342	眉　县(陕)	544.00	388	玉门市(甘)	583.00
297	凤泉区(豫)	248.00	343	蓝田县(陕)	532.00	389	漳　县(甘)	320.00
298	武陟县(豫)	240.00	344	志丹县(陕)	493.70	390	临夏市(甘)	300.00
299	项城市(豫)	206.00	345	凤翔县(陕)	439.00	391	山丹县(甘)	234.00
300	义马市(豫)	190.00	346	商州区(陕)	420.00	392	临夏县(甘)	200.00
301	襄城县(豫)	185.00	347	兴平市(陕)	378.00	393	高台县(甘)	150.00
302	淅川县(豫)	168.00	348	西乡县(陕)	351.00	394	徽　县(甘)	147.00
303	惠济区(豫)	167.20	349	靖边县(陕)	350.00	395	广河县(甘)	120.00
304	邓州市(豫)	160.00	350	南郑县(陕)	350.00	396	尖扎县(青)	128.00
305	遂平县(豫)	160.00	351	渭滨区(陕)	348.00	397	化隆回族自治县(青)	125.00
306	舞阳县(豫)	103.00	352	石泉县(陕)	315.00	398	彭阳县(宁)	25760.00
307	鹤山区(豫)	100.00	353	山阳县(陕)	247.00	399	原州区(宁)	9600.00
308	竹山县(鄂)	2976.00	354	略阳县(陕)	237.00	400	利通区(宁)	699.00
309	随县(鄂)	760.00	355	洛南县(陕)	227.00	401	西吉县(宁)	680.00
310	孝昌县(鄂)	500.00	356	千阳县(陕)	211.00	402	永宁县(宁)	600.00
311	襄城区(鄂)	171.00	357	柞水县(陕)	109.00	403	灵武市(宁)	517.00
312	京山县(鄂)	100.00	358	白河县(陕)	104.00	404	农垦事业管理局(宁)	461.00
313	津市市(湘)	150.00	359	镇原县(甘)	19500.00	405	隆德县(宁)	270.00

序号	杏主产地	产量(吨)
406	英吉沙县(新)	213377.00
407	库车县(新)	183072.00
408	莎车县(新)	168336.00
409	叶城县(新)	138766.00
410	疏附县(新)	115511.00
411	疏勒县(新)	86020.00
412	轮台县(新)	85000.00
413	伽师县(新)	79056.00
414	麦盖提县(新)	65196.00
415	沙雅县(新)	55352.80
416	乌什县(新)	50021.00
417	拜城县(新)	37042.00
418	新和县(新)	25292.00
419	巴楚县(新)	18968.00
420	岳普湖县(新)	15692.00
421	伊宁县(新)	10500.00
422	喀什市(新)	6523.00
423	柯坪县(新)	3986.00
424	温宿县(新)	3250.00
425	和硕县(新)	2700.00
426	托克逊县(新)	2488.00
427	阿瓦提县(新)	2330.00
428	塔什库尔干塔吉克自治县(新)	1158.00
429	吐鲁番市(新)	1000.00
430	泽普县(新)	621.00
431	鄯善县(新)	529.00
432	沙湾县(新)	420.00
433	和静县(新)	223.00
434	农四师(新疆兵团)	15680.00
435	农三师(新疆兵团)	14204.00

表 7-5　2012 年李主产地产量

序号	李主产地	产量(吨)
1	密云县(京)	4448.00
2	顺义区(京)	2555.00
3	平谷区(京)	1603.40
4	房山区(京)	1499.40
5	昌平区(京)	1212.80
6	怀柔区(京)	1071.40
7	延庆县(京)	908.00
8	大兴区(京)	563.00
9	通州区(京)	408.00
10	海淀区(京)	246.10
11	顺平县(冀)	5250.00
12	满城县(冀)	4616.00
13	高邑县(冀)	1750.00
14	雄　县(冀)	1380.00
15	大名县(冀)	912.00
16	丰宁满族自治县(冀)	380.00
17	赤城县(冀)	290.00
18	涿州市(冀)	267.00
19	安次区(冀)	240.00
20	任　县(冀)	193.00
21	任丘市(冀)	105.00
22	尖草坪区(晋)	330.00
23	清徐县(晋)	104.00
24	扎赉特旗(内蒙古)	450.00
25	杭锦后旗(内蒙古)	450.00
26	松山区(内蒙古)	150.00
27	东陵区(辽)	5000.00
28	义　县(辽)	4600.00
29	大石桥市(辽)	4000.00
30	彰武县(辽)	1200.00
31	新民市(辽)	500.00
32	桓仁满族自治县(辽)	450.00
33	东辽县(吉)	5000.00
34	永吉县(吉)	2300.00
35	农安县(吉)	2000.00
36	辉南县(吉)	1850.00
37	集安市(吉)	530.00
38	乾安县(吉)	360.00
39	东丰县(吉)	256.00
40	船营区(吉)	160.00
41	长岭县(吉)	150.00
42	九台市(吉)	135.00
43	碾子山区(黑)	4360.00
44	让胡路区(黑)	650.00
45	龙凤区(黑)	255.00
46	阿城区(黑)	200.00
47	延寿县(黑)	100.00
48	嵊州市(浙)	30000.00
49	临安市(浙)	9800.00
50	建德市(浙)	7000.00
51	兰溪市(浙)	3048.00
52	永康市(浙)	1800.00
53	定海区(浙)	1600.00
54	临海市(浙)	1308.00
55	宁海县(浙)	600.00
56	庆元县(浙)	560.00
57	天台县(浙)	300.00
58	龙泉市(浙)	300.00
59	温岭市(浙)	290.00
60	衢州市市辖区(浙)	270.00
61	安吉县(浙)	225.00
62	江山市(浙)	200.00
63	象山县(浙)	178.00
64	三门县(浙)	150.00
65	富阳市(浙)	132.00
66	普陀区(浙)	112.00
67	芜湖县(皖)	900.00
68	屯溪区(皖)	564.00
69	潜山县(皖)	350.00
70	歙　县(皖)	350.00
71	徽州区(皖)	291.00
72	凤阳县(皖)	150.00
73	黟　县(皖)	137.00
74	安福县(赣)	4500.00
75	大余县(赣)	3160.00
76	赣　县(赣)	746.00
77	贵溪市(赣)	500.00
78	乐安县(赣)	456.00
79	宜丰县(赣)	250.00
80	吉州区(赣)	110.00
81	昌乐县(鲁)	4800.00
82	沂水县(鲁)	1660.00
83	岱岳区(鲁)	1640.00
84	河东区(鲁)	1580.00
85	肥城市(鲁)	1268.20
86	新泰市(鲁)	249.00
87	成武县(鲁)	197.00
88	邹平县(鲁)	150.00
89	新蔡县(豫)	7500.00
90	嵩　县(豫)	6800.00
91	宜阳县(豫)	3150.00
92	林州市(豫)	2551.00
93	栾川县(豫)	1500.00
94	镇平县(豫)	1500.00
95	宛城区(豫)	1400.00
96	商水县(豫)	960.00
97	凤泉区(豫)	360.00
98	卫辉市(豫)	280.00
99	中牟县(豫)	230.00
100	荥阳市(豫)	220.00
101	淮阳县(豫)	200.00
102	博爱县(豫)	100.00
103	京山县(鄂)	10000.00
104	罗田县(鄂)	1687.50
105	崇阳县(鄂)	1420.00

序号	李主产地	产量(吨)
106	兴山县(鄂)	430.00
107	宜都市(鄂)	300.00
108	大冶市(鄂)	207.00
109	襄城区(鄂)	144.00
110	张湾区(鄂)	120.00
111	来凤县(鄂)	120.00
112	祁东县(湘)	21500.00
113	麻阳苗族自治县(湘)	10315.00
114	沅陵县(湘)	7020.00
115	涟源市(湘)	5220.00
116	汝城县(湘)	2558.50
117	江永县(湘)	1742.00
118	永定区(湘)	1400.00
119	新晃侗族自治县(湘)	1100.00
120	石门县(湘)	982.00
121	蓝山县(湘)	854.00
122	株洲县(湘)	720.00
123	邵阳县(湘)	500.00
124	桑植县(湘)	499.50
125	鼎城区(湘)	240.00
126	衡山县(湘)	170.24
127	武陵源区(湘)	150.00
128	湘阴县(湘)	130.00
129	桃源县(湘)	101.00
130	信宜市(粤)	18750.00
131	五华县(粤)	3939.00
132	阳山县(粤)	3193.00
133	佛冈县(粤)	1215.00
134	广宁县(粤)	969.00
135	紫金县(粤)	400.00
136	灌阳县(桂)	66636.00
137	武宣县(桂)	26571.00
138	恭城瑶族自治县(桂)	5560.00
139	金秀瑶族自治县(桂)	2777.00
140	龙州县(桂)	2001.00
141	西林县(桂)	1180.00
142	东兰县(桂)	620.00
143	那坡县(桂)	225.00
144	开　县(渝)	32800.00
145	南川区(渝)	4100.00
146	梁平县(渝)	1787.00
147	万盛区(渝)	497.00
148	沙坪坝区(渝)	200.00
149	酉阳土家族苗族自治县(渝)	110.00
150	古蔺县(川)	48000.00
151	江安县(川)	2436.00
152	彭州市(川)	2400.00
153	高　县(川)	1740.00
154	巴州区(川)	1500.00
155	宣汉县(川)	1320.00
156	通川区(川)	1005.00
157	会东县(川)	1000.00
158	汶川县(川)	994.00
159	开江县(川)	800.00
160	翠屏区(川)	590.00
161	兴文县(川)	400.00
162	邻水县(川)	400.00
163	北川羌族自治县(川)	214.00
164	阆中市(川)	180.00
165	普定县(黔)	30000.00
166	龙里县(黔)	15000.00
167	贵定县(黔)	12000.00
168	台江县(黔)	2700.00
169	清镇市(黔)	2268.00
170	贞丰县(黔)	1809.00
171	习水县(黔)	300.00
172	瓮安县(黔)	250.00
173	长顺县(黔)	162.00
174	湄潭县(黔)	120.00
175	正安县(黔)	120.00
176	镇宁布依族苗族自治县(黔)	100.00
177	永胜县(滇)	2100.00
178	文山市(滇)	1800.00
179	镇雄县(滇)	1200.00
180	禄劝彝族苗族自治县(滇)	1029.10
181	西畴县(滇)	680.00
182	禄丰县(滇)	593.00
183	云　县(滇)	580.00
184	姚安县(滇)	340.00
185	巧家县(滇)	320.00
186	武定县(滇)	295.00
187	玉龙纳西族自治县(滇)	270.00
188	楚雄市(滇)	254.38
189	大关县(滇)	150.00
190	岚皋县(陕)	1714.00
191	南郑县(陕)	1200.00
192	略阳县(陕)	316.00
193	汉阴县(陕)	314.00
194	石泉县(陕)	140.00
195	甘泉县(陕)	130.00
196	张家川回族自治县(甘)	371.70
197	甘州区(甘)	125.50
198	彭阳县(宁)	1638.00
199	永宁县(宁)	1500.00
200	沙湾县(新)	9383.00
201	和硕县(新)	3632.00
202	莎车县(新)	196.00
203	沙雅县(新)	162.50
204	塔城市(新)	117.00

表 7-6　2012 年梅主产地产量

序号	梅主产地	产量(吨)
1	仙居县(浙)	59000.00
2	临海市(浙)	58582.00
3	黄岩区(浙)	22217.00
4	奉化市(浙)	6588.00
5	天台县(浙)	6500.00
6	三门县(浙)	5550.00
7	莲都区(浙)	5470.00
8	建德市(浙)	4000.00
9	路桥区(浙)	3758.00
10	长兴县(浙)	3500.00
11	玉环县(浙)	3193.00
12	淳安县(浙)	1091.00
13	衢州市市辖区(浙)	1070.00
14	余杭区(浙)	1013.00
15	永康市(浙)	980.00
16	衢江区(浙)	570.00
17	江山市(浙)	401.00
18	开化县(浙)	210.00
19	武义县(浙)	177.00
20	吴兴区(浙)	125.00
21	歙　县(皖)	180.00
22	余江县(赣)	2600.00
23	赣　县(赣)	125.00
24	靖州苗族侗族自治县(湘)	20000.00
25	涟源市(湘)	15200.00
26	新化县(湘)	12000.00
27	新晃侗族自治县(湘)	7210.00
28	冷水江市(湘)	1710.00
29	绥宁县(湘)	550.00
30	北塔区(湘)	199.00
31	潮阳区(粤)	2350.00
32	紫金县(粤)	400.00
33	丰顺县(粤)	213.00
34	潮州市属总林场(粤)	152.00
35	古蔺县(川)	250.00
36	达　县(川)	150.00

序号	梅主产地	产量(吨)
37	台江县(黔)	1750.00
38	洱源县(滇)	12993.00
39	鹤庆县(滇)	118.00
40	云　县(滇)	110.00

表 7-7　2012 年樱桃主产地产量

序号	樱桃主产地	产量(吨)
1	通州区(京)	2513.10
2	顺义区(京)	939.50
3	海淀区(京)	935.20
4	昌平区(京)	876.80
5	密云县(京)	569.00
6	房山区(京)	275.20
7	山海关区(冀)	10800.00
8	乐亭县(冀)	602.00
9	平泉县(冀)	440.00
10	望都县(冀)	390.00
11	丰宁满族自治县(冀)	180.00
12	旅顺口区(辽)	25000.00
13	大连市金州新区(辽)	17124.00
14	普兰店市(辽)	180.00
15	梅河口市(吉)	186.60
16	嵊州市(浙)	5000.00
17	余姚市(浙)	450.00
18	仙居县(浙)	200.00
19	凤阳县(皖)	500.00
20	栖霞市(鲁)	38210.00
21	福山区(鲁)	30769.00
22	新泰市(鲁)	26740.00
23	五莲县(鲁)	18033.00
24	岱岳区(鲁)	14612.00
25	肥城市(鲁)	13860.00
26	邹城市(鲁)	12000.00
27	招远市(鲁)	10916.00
28	蓬莱市(鲁)	9000.00
29	冠　县(鲁)	8025.00
30	临沂市临港经济开发区(鲁)	8000.00
31	沂南县(鲁)	6000.00
32	沂水县(鲁)	5700.00
33	泰山区(鲁)	5650.00
34	牟平区(鲁)	2438.00
35	昌乐县(鲁)	2100.00
36	蒙阴县(鲁)	1800.00
37	昌邑市(鲁)	1500.00
38	高密市(鲁)	1500.00
39	环翠区(鲁)	1264.00
40	崂山区(鲁)	907.00
41	莱城区(鲁)	775.89
42	河东区(鲁)	320.00
43	博山区(鲁)	200.00
44	阳谷县(鲁)	200.00
45	寿光市(鲁)	200.00
46	周村区(鲁)	115.96
47	新安县(豫)	10000.00
48	栾川县(豫)	2100.00
49	新郑市(豫)	1500.00
50	淅川县(豫)	928.00
51	镇平县(豫)	835.00
52	鄢陵县(豫)	600.00
53	博爱县(豫)	500.00
54	新密市(豫)	310.00
55	台前县(豫)	300.00
56	金水区(豫)	300.00
57	洛宁县(豫)	300.00
58	夷陵区(鄂)	5000.00
59	罗田县(鄂)	2137.50
60	张湾区(鄂)	719.00
61	兴山县(鄂)	570.00
62	随县(鄂)	160.00
63	谷城县(鄂)	135.00
64	沅陵县(湘)	167.00
65	汶川县(川)	1200.00
66	理　县(川)	1046.00
67	九寨沟县(川)	658.00
68	巴州区(川)	500.00
69	仁和区(川)	210.00
70	开江县(川)	200.00
71	平昌县(川)	200.00
72	彭州市(川)	100.00
73	赫章县(黔)	1694.00
74	瓮安县(黔)	150.00
75	开阳县(黔)	100.00
76	六枝特区(黔)	100.00
77	镇雄县(滇)	2200.00
78	武定县(滇)	888.00
79	大关县(滇)	180.00
80	灞桥区(陕)	21970.00
81	澄城县(陕)	1500.00
82	眉　县(陕)	1223.00
83	周至县(陕)	1097.00
84	西乡县(陕)	981.00
85	淳化县(陕)	855.00
86	商州区(陕)	814.00
87	韩城市林业局(陕)	800.00
88	渭滨区(陕)	610.00
89	华阴市(陕)	500.00
90	洛南县(陕)	361.00
91	略阳县(陕)	246.00
92	山阳县(陕)	201.00
93	汉阴县(陕)	200.00
94	白河县(陕)	159.00
95	秦州区(甘)	15114.82
96	成　县(甘)	2000.00
97	麦积区(甘)	487.00
98	清水县(甘)	359.00
99	武都区(甘)	230.00
100	伊宁县(新)	3000.00
101	莎车县(新)	740.00

表 7-8　2012 年猕猴桃主产地产量

序号	猕猴桃主产地	产量(吨)
1	灵寿县(冀)	750.00
2	金山区(沪)	534.10
3	宝山区(沪)	174.00
4	浦东新区(沪)	53.00
5	海门市(苏)	1512.00
6	江都区(苏)	1450.00
7	六合区(苏)	680.00
8	姜堰区(苏)	150.00
9	相城区(苏)	150.00
10	衢州市市辖区(浙)	4700.00
11	江山市(浙)	4520.00
12	义乌市(浙)	2000.00
13	富阳市(浙)	850.00
14	建德市(浙)	820.00
15	余姚市(浙)	770.00
16	长兴县(浙)	700.00
17	武义县(浙)	592.00
18	莲都区(浙)	528.00
19	临海市(浙)	497.00
20	临安市(浙)	480.00
21	仙居县(浙)	350.00
22	磐安县(浙)	350.00
23	淳安县(浙)	313.00
24	慈溪市(浙)	300.00
25	永康市(浙)	260.00
26	宁海县(浙)	200.00
27	柯城区(浙)	180.00

序号	猕猴桃主产地	产量(吨)	序号	猕猴桃主产地	产量(吨)	序号	猕猴桃主产地	产量(吨)
28	桐乡市(浙)	150.00	74	花垣县(湘)	7600.00	120	彭州市(川)	582.00
29	黄岩区(浙)	120.00	75	永顺县(湘)	3100.00	121	北川羌族自治县(川)	568.00
30	三门县(浙)	90.00	76	宁乡县(湘)	2800.00	122	开江县(川)	500.00
31	奉化市(浙)	68.00	77	龙山县(湘)	2100.00	123	什邡市(川)	380.00
32	象山县(浙)	50.00	78	泸溪县(湘)	1200.00	124	大邑县(川)	345.00
33	广德县(皖)	2000.00	79	通道侗族自治县(湘)	1000.00	125	邻水县(川)	300.00
34	舒城县(皖)	896.00	80	新宁县(湘)	430.00	126	龙泉驿区(川)	295.00
35	霍邱县(皖)	202.00	81	武冈市(湘)	400.00	127	旺苍县(川)	278.00
36	郎溪县(皖)	200.00	82	石门县(湘)	322.00	128	汶川县(川)	180.00
37	东至县(皖)	92.00	83	麻阳苗族自治县(湘)	305.00	129	兴文县(川)	180.00
38	徽州区(皖)	74.00	84	新化县(湘)	211.00	130	双流县(川)	120.00
39	奉新县(赣)	9506.00	85	桑植县(湘)	199.50	131	平昌县(川)	73.00
40	宜丰县(赣)	2328.00	86	祁东县(湘)	143.50	132	清镇市(黔)	6015.00
41	宁都县(赣)	389.00	87	冷水江市(湘)	120.00	133	凯里市(黔)	1260.00
42	芦溪县(赣)	352.50	88	会同县(湘)	120.00	134	正安县(黔)	980.00
43	兴国县(赣)	270.00	89	绥宁县(湘)	100.00	135	贵定县(黔)	600.00
44	瑞昌市(赣)	157.00	90	桂东县(湘)	95.00	136	水城县(黔)	560.00
45	金溪县(赣)	116.00	91	洞口县(湘)	86.00	137	龙里县(黔)	500.00
46	信州区(赣)	50.00	92	临武县(湘)	71.00	138	岑巩县(黔)	321.00
47	莲花县(赣)	50.00	93	武陵源区(湘)	70.00	139	雷山县(黔)	276.00
48	芝罘区(鲁)	18303.00	94	和平县(粤)	3869.00	140	遵义县(黔)	265.00
49	西峡县(豫)	19290.00	95	兴安县(桂)	1444.00	141	石阡县(黔)	181.00
50	南召县(豫)	4937.40	96	资源县(桂)	677.00	142	台江县(黔)	180.00
51	鲁山县(豫)	2400.00	97	乐业县(桂)	250.00	143	乌当区(黔)	159.00
52	栾川县(豫)	1500.00	98	临桂县(桂)	183.00	144	兴义市(黔)	150.00
53	卢氏县(豫)	1130.00	99	灌阳县(桂)	72.00	145	大方县(黔)	127.00
54	桐柏县(豫)	417.00	100	龙胜各族自治县(桂)	59.00	146	江口县(黔)	120.00
55	新野县(豫)	300.00	101	阳朔县(桂)	58.00	147	锦屏县(黔)	57.00
56	获嘉县(豫)	160.00	102	开　县(渝)	10005.00	148	镇远县(黔)	56.00
57	郾城区(豫)	117.00	103	酉阳土家族苗族自治县(渝)	2700.00	149	剑河县(黔)	52.00
58	确山县(豫)	100.00	104	万州区(渝)	1300.00	150	万山特区(黔)	50.00
59	荥阳市(豫)	75.00	105	万盛区(渝)	700.00	151	眉　县(陕)	395671.00
60	建始县(鄂)	8000.00	106	城口县(渝)	500.00	152	武功县(陕)	47925.00
61	赤壁市(鄂)	3200.00	107	彭水苗族土家族自治县(渝)	350.00	153	杨凌区农林局(陕)	27240.00
62	钟祥市(鄂)	960.00	108	武隆县(渝)	180.00	154	灞桥区(陕)	18876.00
63	广水市(鄂)	750.00	109	巫溪县(渝)	60.00	155	扶风县(陕)	18281.00
64	黄陂区(鄂)	700.00	110	都江堰市(川)	30260.00	156	陈仓区(陕)	12163.00
65	随县(鄂)	520.00	111	邛崃市(川)	12162.00	157	城固县(陕)	6279.00
66	鹤峰县(鄂)	120.00	112	隆昌县(川)	9820.00	158	南郑县(陕)	750.00
67	蕲春县(鄂)	120.00	113	蒲江县(川)	8400.00	159	太白县(陕)	709.00
68	兴山县(鄂)	100.00	114	名山县(川)	5270.00	160	镇坪县(陕)	624.00
69	谷城县(鄂)	80.00	115	沐川县(川)	4000.00	161	汉阴县(陕)	570.00
70	孝南区(鄂)	80.00	116	苍溪县(川)	3800.00	162	商南县(陕)	490.00
71	恩施市(鄂)	69.00	117	雨城区(川)	3500.00	163	雁塔区(陕)	450.00
72	利川市(鄂)	60.00	118	巴州区(川)	3000.00	164	柞水县(陕)	256.00
73	凤凰县(湘)	9500.00	119	宣汉县(川)	2500.00	165	佛坪县(陕)	226.00

序号	猕猴桃主产地	产量(吨)
166	略阳县(陕)	83.00
167	凤翔县(陕)	70.00
168	西乡县(陕)	63.00
169	镇安县(陕)	55.00
170	康南林业总场(甘)	100.00
171	两当县(甘)	50.00

表 7-9　2012 年鲜葡萄主产地产量

序号	鲜葡萄主产地	产量(吨)
1	大兴区(京)	17656.00
2	通州区(京)	12333.90
3	顺义区(京)	9761.00
4	延庆县(京)	3523.00
5	密云县(京)	2810.50
6	房山区(京)	2657.80
7	昌平区(京)	1731.40
8	平谷区(京)	1057.20
9	蓟　县(津)	8052.00
10	武清区(津)	7962.00
11	北辰区(津)	2842.00
12	津南区(津)	1150.00
13	涿鹿县(冀)	223740.68
14	怀来县(冀)	154400.00
15	卢龙县(冀)	141849.00
16	乐亭县(冀)	132311.00
17	晋州市(冀)	51189.00
18	昌黎县(冀)	42112.00
19	柏乡县(冀)	41026.00
20	威　县(冀)	36200.00
21	永年县(冀)	32432.00
22	清苑县(冀)	23250.00
23	滦南县(冀)	21020.00
24	饶阳县(冀)	18085.00
25	顺平县(冀)	16730.00
26	鹿泉市(冀)	13727.00
27	满城县(冀)	13047.00
28	广阳区(冀)	11505.00
29	滦　县(冀)	10624.50
30	玉田县(冀)	10319.00
31	深泽县(冀)	9954.00
32	献　县(冀)	9332.00
33	成安县(冀)	8700.00
34	辛集市(冀)	8259.00
35	丰润区(冀)	7892.17
36	三河市(冀)	6451.00
37	新河县(冀)	6037.00
38	馆陶县(冀)	6000.00
39	肥乡县(冀)	5900.00
40	香河县(冀)	5835.00
41	古冶区(冀)	5652.00
42	遵化市(冀)	5624.00
43	藁城市(冀)	4967.00
44	丰南区(冀)	4700.00
45	大城县(冀)	4500.00
46	临漳县(冀)	4295.00
47	鸡泽县(冀)	4140.00
48	阜城县(冀)	4008.00
49	定州市(冀)	3890.00
50	安次区(冀)	3653.00
51	宣化区(冀)	3572.00
52	徐水县(冀)	3500.00
53	宣化县(冀)	3000.00
54	霸州市(冀)	2947.00
55	迁西县(冀)	2775.00
56	阳原县(冀)	2614.00
57	故城县(冀)	2554.00
58	深州市(冀)	2370.00
59	定兴县(冀)	2144.00
60	泊头市(冀)	2099.00
61	迁安市(冀)	2034.00
62	涉　县(冀)	2000.00
63	文安县(冀)	1934.00
64	安平县(冀)	1923.00
65	蠡　县(冀)	1890.00
66	磁　县(冀)	1858.00
67	肃宁县(冀)	1651.00
68	孟村回族自治县(冀)	1610.00
69	抚宁县(冀)	1439.00
70	黄骅市(冀)	1386.00
71	万全县(冀)	1244.00
72	丰宁满族自治县(冀)	1100.00
73	盐山县(冀)	1060.00
74	广宗县(冀)	1023.00
75	任　县(冀)	1020.00
76	平泉县(冀)	1000.00
77	博野县(冀)	1000.00
78	清徐县(晋)	17046.00
79	曲沃县(晋)	12440.00
80	尖草坪区(晋)	12346.00
81	临猗县(晋)	7500.00
82	尧都区(晋)	6000.00
83	古交市(晋)	5706.00
84	介休市(晋)	3500.00
85	定襄县(晋)	2500.00
86	晋源区(晋)	1787.00
87	忻府区(晋)	1517.10
88	稷山县(晋)	1469.00
89	河曲县(晋)	1164.00
90	海勃湾区(内蒙古)	9252.00
91	开鲁县(内蒙古)	5000.00
92	海南区(内蒙古)	4930.00
93	松山区(内蒙古)	4890.00
94	元宝山区(内蒙古)	2800.00
95	土默特右旗(内蒙古)	1757.00
96	科尔沁左翼中旗(内蒙古)	1560.00
97	北镇市(辽)	315000.00
98	彰武县(辽)	37500.00
99	辽阳县(辽)	34400.00
100	苏家屯区(辽)	21022.00
101	阜新蒙古族自治县(辽)	20350.00
102	辽中县(辽)	20000.00
103	法库县(辽)	18000.00
104	桓仁满族自治县(辽)	13500.00
105	顺城区(辽)	10213.00
106	义　县(辽)	10200.00
107	喀喇沁左翼蒙古族自治县(辽)	7500.00
108	大连市金州新区(辽)	6150.00
109	盘山县(辽)	5032.00
110	东洲区(辽)	5000.00
111	东陵区(辽)	5000.00
112	海城市(辽)	5000.00
113	大洼县(辽)	3800.00
114	新民市(辽)	3587.00
115	龙城区(辽)	3040.00
116	于洪区(辽)	2760.00
117	北票市(辽)	2700.00
118	南芬区(辽)	2580.00
119	清河门区(辽)	2400.00
120	朝阳县(辽)	1900.00
121	沈北新区(辽)	1800.00
122	大石桥市(辽)	1500.00
123	千山区(辽)	1476.00
124	清原满族自治县(辽)	1400.00
125	凌海市(辽)	1300.00
126	集安市(吉)	18948.00
127	南关区(吉)	17500.00
128	东辽县(吉)	6200.00
129	榆树市(吉)	4100.00

序号	鲜葡萄主产地	产量(吨)	序号	鲜葡萄主产地	产量(吨)	序号	鲜葡萄主产地	产量(吨)
130	德惠市(吉)	4000.00	176	新沂市(苏)	4000.00	222	永康市(浙)	12070.00
131	乾安县(吉)	4000.00	177	如皋市(苏)	4000.00	223	义乌市(浙)	10000.00
132	靖宇县(吉)	3600.00	178	靖江市(苏)	3830.00	224	玉环县(浙)	9840.00
133	前郭尔罗斯蒙古族自治县(吉)	3150.00	179	昆山市(苏)	3800.00	225	北仑区(浙)	8010.00
134	通化县(吉)	2230.90	180	睢宁县(苏)	3737.00	226	富阳市(浙)	6731.00
135	农安县(吉)	2000.00	181	邗江区(苏)	3560.00	227	象山县(浙)	5537.00
136	辉南县(吉)	1530.00	182	贾汪区(苏)	3551.00	228	嵊州市(浙)	5400.00
137	大同区(黑)	13944.00	183	港闸区(苏)	3473.00	229	临海市(浙)	5037.00
138	延寿县(黑)	4000.00	184	灌云县(苏)	3300.00	230	江北区(浙)	4540.00
139	红岗区(黑)	3210.00	185	新北区(苏)	3000.00	231	镇海区(浙)	4530.00
140	杜尔伯特蒙古族自治县(黑)	2126.00	186	高淳县(苏)	2700.00	232	萧山区(浙)	4435.00
141	嘉定区(沪)	26876.00	187	高港区(苏)	2400.00	233	椒江区(浙)	4200.00
142	奉贤区(沪)	25770.20	188	滨海县(苏)	2398.00	234	奉化市(浙)	3080.00
143	金山区(沪)	14230.70	189	海州区(苏)	2321.00	235	黄岩区(浙)	3078.00
144	青浦区(沪)	9714.32	190	仪征市(苏)	2216.00	236	德清县(浙)	3050.00
145	崇明县(沪)	9619.16	191	溧阳市(苏)	2170.00	237	莲都区(浙)	3022.00
146	浦东新区(沪)	7949.00	192	启东市(苏)	2030.00	238	建德市(浙)	3000.00
147	松江区(沪)	4604.00	193	丹徒区(苏)	2003.00	239	吴兴区(浙)	2909.00
148	宝山区(沪)	2976.00	194	淮阴区(苏)	1994.00	240	兰溪市(浙)	2820.00
149	邳州市(苏)	42885.00	195	虎丘区(苏)	1928.00	241	岱山县(浙)	2500.00
150	江阴市(苏)	35101.00	196	海陵区(苏)	1843.00	242	天台县(浙)	2000.00
151	句容市(苏)	32360.00	197	姜堰区(苏)	1801.00	243	定海区(浙)	1900.00
152	铜山区(苏)	27490.00	198	吴江市(苏)	1740.00	244	衢州市市辖区(浙)	1870.00
153	武进区(苏)	25190.00	199	扬中市(苏)	1700.00	245	临安市(浙)	1850.00
154	盐都区(苏)	17810.00	200	建湖县(苏)	1658.00	246	普陀区(浙)	1678.00
155	沛　县(苏)	16700.00	201	宝应县(苏)	1641.00	247	衢江区(浙)	1520.00
156	通州区(苏)	16120.00	202	泗洪县(苏)	1560.00	248	三门县(浙)	1500.00
157	如东县(苏)	15600.00	203	沭阳县(苏)	1550.00	249	余杭区(浙)	1270.00
158	常熟市(苏)	14624.00	204	溧水县(苏)	1375.00	250	缙云县(浙)	1234.00
159	涟水县(苏)	13000.00	205	阜宁县(苏)	1300.00	251	萧　县(皖)	109856.00
160	丰　县(苏)	12800.00	206	吴中区(苏)	1213.00	252	灵璧县(皖)	33500.00
161	浦口区(苏)	12417.00	207	灌南县(苏)	1210.00	253	庐江县(皖)	21376.00
162	高邮市(苏)	9770.00	208	东台市(苏)	1200.00	254	包河区(皖)	13125.00
163	金坛市(苏)	7860.00	209	丹阳市(苏)	1200.00	255	凤阳县(皖)	8295.00
164	宜兴市(苏)	7492.00	210	相城区(苏)	1175.00	256	埇桥区(皖)	7785.00
165	锡山区(苏)	7279.00	211	宿城区(苏)	1045.00	257	宣州区(皖)	6600.00
166	滨湖区(苏)	6290.00	212	大丰市(苏)	1000.00	258	无为县(皖)	5352.00
167	江宁区(苏)	6285.00	213	江都区(苏)	1000.00	259	舒城县(皖)	5132.00
168	兴化市(苏)	6200.00	214	温岭市(浙)	51366.00	260	蒙城县(皖)	3500.00
169	太仓市(苏)	6000.00	215	慈溪市(浙)	51000.00	261	和　县(皖)	3150.00
170	惠山区(苏)	5898.00	216	长兴县(浙)	30000.00	262	来安县(皖)	3000.00
171	海门市(苏)	5745.00	217	秀洲区(浙)	23314.00	263	巢湖市(皖)	3000.00
172	六合区(苏)	5205.00	218	路桥区(浙)	15360.00	264	广德县(皖)	2000.00
173	泰兴市(苏)	4900.00	219	余姚市(浙)	15000.00	265	三山区(皖)	2000.00
174	亭湖区(苏)	4656.00	220	桐乡市(浙)	14500.00	266	雨山区(皖)	1710.00
175	张家港市(苏)	4486.00	221	鄞州区(浙)	12397.00	267	郎溪县(皖)	1500.00

序号	鲜葡萄主产地	产量(吨)
268	寿　县(皖)	1440.00
269	鸠江区(皖)	1350.00
270	潘集区(皖)	1230.00
271	凤台县(皖)	1200.00
272	崇义县(赣)	11765.00
273	金溪县(赣)	3702.00
274	新干县(赣)	3620.00
275	安福县(赣)	3300.00
276	月湖区(赣)	3000.00
277	九江县(赣)	2984.00
278	蓬莱市(鲁)	282377.00
279	高密市(鲁)	90000.00
280	莱阳市(鲁)	80000.00
281	龙口市(鲁)	64672.00
282	沂源县(鲁)	53503.00
283	蒙阴县(鲁)	45000.00
284	沂水县(鲁)	41073.00
285	平邑县(鲁)	36420.00
286	夏津县(鲁)	29880.00
287	临朐县(鲁)	25000.00
288	临沂市经济技术开发区(鲁)	24000.00
289	临沭县(鲁)	23200.00
290	海阳市(鲁)	18000.00
291	东昌府区(鲁)	13960.00
292	寿光市(鲁)	12000.00
293	茌平县(鲁)	12000.00
294	费　县(鲁)	10810.00
295	邹城市(鲁)	10000.00
296	莱州市(鲁)	9564.00
297	岱岳区(鲁)	9160.00
298	胶州市(鲁)	7930.00
299	沂南县(鲁)	7200.00
300	平阴县(鲁)	6055.00
301	阳谷县(鲁)	6000.00
302	新泰市(鲁)	5785.00
303	荣成市(鲁)	5700.00
304	平原县(鲁)	5642.00
305	招远市(鲁)	5560.00
306	栖霞市(鲁)	4954.00
307	陵　县(鲁)	4800.00
308	山亭区(鲁)	4718.00
309	临清市(鲁)	4650.00
310	济南市市中区(鲁)	4600.00
311	冠　县(鲁)	4500.00
312	寒亭区(鲁)	4356.00
313	利津县(鲁)	4208.00

序号	鲜葡萄主产地	产量(吨)
314	梁山县(鲁)	4000.00
315	商河县(鲁)	3872.00
316	东平县(鲁)	3822.00
317	庆云县(鲁)	3600.00
318	东港区(鲁)	3465.00
319	河东区(鲁)	3400.00
320	昌乐县(鲁)	3230.00
321	莱城区(鲁)	3085.80
322	阳信县(鲁)	2980.00
323	昌邑市(鲁)	2634.00
324	垦利县(鲁)	2550.00
325	郯城县(鲁)	2369.00
326	潍城区(鲁)	2120.00
327	齐河县(鲁)	2000.00
328	苍山县(鲁)	1893.00
329	广饶县(鲁)	1800.00
330	诸城市(鲁)	1655.00
331	微山县(鲁)	1630.00
332	邹平县(鲁)	1568.00
333	坊子区(鲁)	1500.00
334	肥城市(鲁)	1350.00
335	岚山区(鲁)	1330.00
336	鄄城县(鲁)	1327.00
337	牟平区(鲁)	1155.00
338	长垣县(豫)	16200.00
339	灵宝市(豫)	13988.00
340	太康县(豫)	13004.00
341	商水县(豫)	8660.00
342	许昌县(豫)	7544.00
343	博爱县(豫)	7200.00
344	西华县(豫)	7127.00
345	杞　县(豫)	6862.00
346	息　县(豫)	6230.00
347	开封县(豫)	5292.00
348	兰考县(豫)	5100.00
349	淮阳县(豫)	5000.00
350	登封市(豫)	5000.00
351	固始县(豫)	4100.00
352	二七区(豫)	3746.00
353	襄城县(豫)	3464.00
354	项城市(豫)	3000.00
355	扶沟县(豫)	2800.00
356	唐河县(豫)	2700.00
357	新乡县(豫)	2686.00
358	汝州市(豫)	2540.00
359	孟州市(豫)	2500.00

序号	鲜葡萄主产地	产量(吨)
360	确山县(豫)	2500.00
361	上蔡县(豫)	2430.00
362	嵩　县(豫)	2300.00
363	鄢陵县(豫)	2168.00
364	荥阳市(豫)	2000.00
365	偃师市(豫)	2000.00
366	宜阳县(豫)	2000.00
367	新郑市(豫)	2000.00
368	新密市(豫)	1600.00
369	睢　县(豫)	1500.00
370	南乐县(豫)	1416.00
371	潢川县(豫)	1400.00
372	桐柏县(豫)	1275.00
373	沁阳市(豫)	1270.00
374	濮阳县(豫)	1200.00
375	舞钢市(豫)	1200.00
376	郾城区(豫)	1170.00
377	鹿邑县(豫)	1125.00
378	新蔡县(豫)	1070.00
379	金水区(豫)	1050.00
380	浚　县(豫)	1000.00
381	随县(鄂)	64000.00
382	荆州区(鄂)	14000.00
383	松滋市(鄂)	8168.00
384	钟祥市(鄂)	7753.00
385	老河口市(鄂)	3360.00
386	石首市(鄂)	1500.00
387	黄陂区(鄂)	1400.00
388	苏仙区(湘)	33000.00
389	蓝山县(湘)	18420.00
390	冷水江市(湘)	10800.00
391	中方县(湘)	7025.00
392	澧　县(湘)	6266.00
393	珠晖区(湘)	4300.00
394	衡东县(湘)	4176.00
395	大祥区(湘)	3750.00
396	沅陵县(湘)	2850.00
397	鼎城区(湘)	2800.00
398	南　县(湘)	2800.00
399	涟源市(湘)	2760.00
400	浏阳市(湘)	2500.00
401	双清区(湘)	2360.00
402	桃源县(湘)	2100.00
403	北湖区(湘)	2026.00
404	东安县(湘)	2025.00
405	临澧县(湘)	1962.00

序号	鲜葡萄主产地	产量(吨)
406	武陵区(湘)	1470.00
407	湘潭县(湘)	1380.00
408	新邵县(湘)	1250.00
409	绥宁县(湘)	1200.00
410	平江县(湘)	1031.00
411	道　县(湘)	1030.00
412	兴安县(桂)	133556.00
413	柳江县(桂)	35105.00
414	资源县(桂)	19885.00
415	全州县(桂)	16000.00
416	平乐县(桂)	8910.00
417	罗城仫佬族自治县(桂)	6935.00
418	柳城县(桂)	5067.00
419	临桂县(桂)	4900.00
420	兴宾区(桂)	3822.00
421	平果县(桂)	3448.00
422	灌阳县(桂)	2345.00
423	阳朔县(桂)	2304.00
424	天等县(桂)	2278.00
425	永福县(桂)	2196.00
426	武宣县(桂)	1991.00
427	恭城瑶族自治县(桂)	1949.00
428	万州区(渝)	7000.00
429	沙坪坝区(渝)	2500.00
430	合川区(渝)	2411.00
431	巴南区(渝)	1988.00
432	垫江县(渝)	1226.00
433	开　县(渝)	1200.00
434	九龙坡区(渝)	1195.00
435	龙泉驿区(川)	71782.00
436	彭山县(川)	27720.00
437	双流县(川)	27533.00
438	绵阳市市辖区(川)	14300.00
439	涪城区(川)	14300.00
440	西昌市(川)	10109.00
441	五通桥区(川)	9501.00
442	大邑县(川)	5614.00
443	峨眉山市(川)	4300.00
444	仁和区(川)	3483.00
445	南江县(川)	3250.00
446	米易县(川)	2785.00
447	崇州市(川)	2693.00
448	东坡区(川)	2400.00
449	游仙区(川)	2300.00
450	蒲江县(川)	2120.00
451	内江市市中区(川)	2000.00
452	巴州区(川)	2000.00
453	犍为县(川)	1755.00
454	南部县(川)	1350.00
455	江油市(川)	1042.00
456	三都水族自治县(黔)	36633.00
457	红花岗区(黔)	22500.00
458	遵义县(黔)	5577.00
459	凯里市(黔)	3361.00
460	纳雍县(黔)	3226.00
461	湄潭县(黔)	3030.00
462	兴义市(黔)	2713.00
463	息烽县(黔)	2450.00
464	平坝县(黔)	2246.00
465	习水县(黔)	2000.00
466	榕江县(黔)	1500.00
467	碧江区(黔)	1114.00
468	修文县(黔)	1089.00
469	宾川县(滇)	306935.00
470	元谋县(滇)	9863.00
471	昭阳区(滇)	2212.00
472	广南县(滇)	1999.00
473	禄丰县(滇)	1169.00
474	巍山彝族回族自治县(滇)	1152.00
475	泾阳县(陕)	26500.00
476	灞桥区(陕)	20030.00
477	淳化县(陕)	13450.00
478	长安区(陕)	12920.00
479	眉　县(陕)	10350.00
480	合阳县(陕)	8662.00
481	渭滨区(陕)	7690.00
482	韩城市林业局(陕)	4000.00
483	礼泉县(陕)	3885.00
484	陈仓区(陕)	3535.00
485	阎良区(陕)	2910.00
486	绥德县(陕)	2332.00
487	渭城区(陕)	2000.00
488	凤翔县(陕)	1772.00
489	华阴市(陕)	1762.00
490	武功县(陕)	1498.00
491	敦煌市(甘)	110000.00
492	民勤县(甘)	32855.50
493	麦积区(甘)	26068.50
494	高台县(甘)	23200.00
495	凉州区(甘)	10500.00
496	灵台县(甘)	7365.00
497	玉门市(甘)	4409.00
498	甘州区(甘)	4063.80
499	金塔县(甘)	3766.30
500	临泽县(甘)	3199.00
501	瓜州县(甘)	2298.00
502	永登县(甘)	1935.00
503	肃州区(甘)	1540.30
504	清水县(甘)	1325.00
505	天祝藏族自治县(甘)	1300.00
506	庆城县(甘)	1025.70
507	贺兰县(宁)	50433.90
508	永宁县(宁)	30000.00
509	沙坡头区(宁)	8125.00
510	利通区(宁)	7950.00
511	西夏区(宁)	4500.00
512	金凤区(宁)	4442.00
513	兴庆区(宁)	2640.00
514	灵武市(宁)	2303.00
515	青铜峡市(宁)	1400.00
516	吐鲁番市(新)	102348.00
517	喀什市(新)	50574.00
518	库车县(新)	37340.00
519	叶城县(新)	21503.00
520	托克逊县(新)	19854.00
521	伊宁县(新)	18800.00
522	乌什县(新)	18388.00
523	拜城县(新)	18341.00
524	阿瓦提县(新)	16440.00
525	疏勒县(新)	13505.00
526	和硕县(新)	9500.00
527	鄯善县(新)	9260.00
528	沙湾县(新)	7791.00
529	轮台县(新)	5625.00
530	沙雅县(新)	4355.00
531	伽师县(新)	3085.00
532	疏附县(新)	2638.00
533	新和县(新)	1600.00
534	泽普县(新)	1426.00
535	和静县(新)	1279.00
536	巴楚县(新)	1116.00
537	农四师(新疆兵团)	65647.00
538	农五师(新疆兵团)	29793.00
539	农六师(新疆兵团)	12000.00
540	农二师(新疆兵团)	9361.00
541	农三师(新疆兵团)	6534.00

表 7-10　2012 年山楂主产地产量

序号	山楂主产地	产量(吨)
1	密云县(京)	5483.90
2	平谷区(京)	2902.10
3	延庆县(京)	2629.00
4	怀柔区(京)	1622.60
5	房山区(京)	158.90
6	蓟　县(津)	3957.00
7	西青区(津)	1150.00
8	宝坻区(津)	365.50
9	兴隆县(冀)	173589.00
10	清河县(冀)	34540.00
11	宽城满族自治县(冀)	27605.00
12	隆化县(冀)	13200.00
13	迁安市(冀)	8939.00
14	抚宁县(冀)	1435.00
15	桃城区(冀)	830.00
16	涞源县(冀)	600.00
17	丰润区(冀)	536.29
18	鹿泉市(冀)	493.00
19	卢龙县(冀)	436.00
20	古冶区(冀)	429.00
21	成安县(冀)	420.00
22	平泉县(冀)	400.00
23	武安市(冀)	394.00
24	玉田县(冀)	344.00
25	肥乡县(冀)	300.00
26	广阳区(冀)	270.00
27	无极县(冀)	225.00
28	丰宁满族自治县(冀)	210.00
29	平山县(冀)	194.00
30	平山县(冀)	194.00
31	清苑县(冀)	150.00
32	乐亭县(冀)	145.00
33	高邑县(冀)	120.00
34	磁　县(冀)	100.00
35	河津市(晋)	16000.00
36	临猗县(晋)	3500.00
37	曲沃县(晋)	2609.00
38	尖草坪区(晋)	1368.00
39	长治县(晋)	820.00
40	垣曲县(晋)	800.00
41	法库县(辽)	12000.00
42	辽中县(辽)	3000.00
43	义　县(辽)	1650.00
44	桓仁满族自治县(辽)	710.00
45	新民市(辽)	600.00
46	新宾满族自治县(辽)	150.00
47	辉南县(吉)	750.00
48	凤阳县(皖)	3000.00
49	临沂市蒙山旅游区(鲁)	34100.00
50	青州市(鲁)	28650.00
51	岱岳区(鲁)	11640.00
52	冠　县(鲁)	9375.00
53	新泰市(鲁)	6391.00
54	济阳县(鲁)	5940.00
55	昌邑市(鲁)	2480.00
56	莱城区(鲁)	2312.20
57	沂水县(鲁)	1620.00
58	邹平县(鲁)	1200.00
59	临沭县(鲁)	1200.00
60	泰山区(鲁)	1000.00
61	临清市(鲁)	900.00
62	微山县(鲁)	640.00
63	东平县(鲁)	640.00
64	肥城市(鲁)	604.70
65	莱州市(鲁)	545.00
66	昌乐县(鲁)	500.00
67	庆云县(鲁)	500.00
68	莱芜市经济开发区(鲁)	340.00
69	河东区(鲁)	275.00
70	宁阳县(鲁)	163.30
71	阳谷县(鲁)	150.00
72	武城县(鲁)	150.00
73	临沂市临港经济开发区(鲁)	130.00
74	兰山区(鲁)	101.52
75	辉县市(豫)	38020.00
76	林州市(豫)	5100.00
77	洛宁县(豫)	3700.00
78	嵩　县(豫)	1200.00
79	栾川县(豫)	1000.00
80	鄢陵县(豫)	1000.00
81	登封市(豫)	975.00
82	宜阳县(豫)	330.00
83	卫辉市(豫)	220.00
84	方城县(豫)	203.00
85	信宜市(粤)	2500.00
86	紫金县(粤)	300.00
87	韩城市林业局(陕)	300.00

表 7-11　2012 年柚主产地产量

序号	柚主产地	产量(吨)
1	江山市(浙)	1500.00
2	东至县(皖)	100.00
3	南康市(赣)	52000.00
4	广丰县(赣)	15000.00
5	新干县(赣)	5952.00
6	金溪县(赣)	4456.00
7	余江县(赣)	3100.00
8	龙南县(赣)	1500.00
9	安福县(赣)	600.00
10	万载县(赣)	493.00
11	吉州区(赣)	330.00
12	高安市(赣)	150.00
13	芦溪县(赣)	150.00
14	宜都市(鄂)	2500.00
15	来凤县(鄂)	2500.00
16	梁子湖区(鄂)	1000.00
17	鄂城区(鄂)	620.00
18	鄂州市市辖区(鄂)	450.00
19	华容区(鄂)	100.00
20	江永县(湘)	45532.00
21	岳阳市市辖区(湘)	4050.00
22	沅陵县(湘)	3270.00
23	石门县(湘)	2110.00
24	鼎城区(湘)	1900.00
25	永定区(湘)	1490.00
26	辰溪县(湘)	1350.00
27	华容县(湘)	645.00
28	娄星区(湘)	250.00
29	株洲县(湘)	250.00
30	桑植县(湘)	237.60
31	双峰县(湘)	150.00
32	大埔县(粤)	120000.00
33	兴宁市(粤)	39501.00
34	蕉岭县(粤)	16210.00
35	五华县(粤)	15000.00
36	梅江区(粤)	13128.00
37	连山壮族瑶族自治县(粤)	7989.00
38	丰顺县(粤)	3800.00
39	清新县(粤)	3600.00
40	阳山县(粤)	2849.00
41	东源县(粤)	2500.00
42	广宁县(粤)	604.00
43	连南瑶族自治县(粤)	552.00
44	佛冈县(粤)	124.00
45	恭城瑶族自治县(桂)	124485.00
46	天峨县(桂)	10476.00
47	融水苗族自治县(桂)	6000.00

序号	柚主产地	产量(吨)
48	金城江区(桂)	3800.00
49	三江侗族自治县(桂)	3186.00
50	灌阳县(桂)	2792.00
51	东兰县(桂)	2000.00
52	武宣县(桂)	1503.00
53	金秀瑶族自治县(桂)	630.00
54	黄冕林场(桂)	483.30
55	东门林场(桂)	100.00
56	梁平县(渝)	70000.00
57	潼南县(渝)	6750.00
58	东坡区(川)	50000.00
59	安岳县(川)	18950.00
60	盐亭县(川)	11000.00
61	彭山县(川)	5800.00
62	巴州区(川)	1800.00
63	邻水县(川)	300.00
64	开江县(川)	100.00
65	荔波县(黔)	12000.00
66	湄潭县(黔)	3000.00
67	岑巩县(黔)	888.00
68	万山特区(黔)	150.00
69	勐腊县(滇)	1964.80
70	西畴县(滇)	800.00

表 7-12　2012 年柑橘主产地产量

序号	柑橘主产地	产量(吨)
1	崇明县(沪)	195386.30
2	浦东新区(沪)	24256.00
3	金山区(沪)	2758.20
4	奉贤区(沪)	1813.00
5	宝山区(沪)	1059.00
6	吴中区(苏)	10846.00
7	张家港市(苏)	9710.00
8	吴江市(苏)	7500.00
9	滨湖区(苏)	3050.00
10	丹徒区(苏)	2051.00
11	启东市(苏)	1850.00
12	海门市(苏)	1632.00
13	东台市(苏)	1000.00
14	衢州市市辖区(浙)	633089.00
15	临海市(浙)	214647.00
16	衢江区(浙)	155000.00
17	常山县(浙)	147000.00
18	建德市(浙)	125000.00
19	象山县(浙)	94802.00
20	莲都区(浙)	82003.00
21	宁海县(浙)	80000.00
22	三门县(浙)	72140.00
23	淳安县(浙)	66943.00
24	黄岩区(浙)	52300.00
25	玉环县(浙)	39948.00
26	江山市(浙)	38500.00
27	天台县(浙)	23500.00
28	兰溪市(浙)	21982.00
29	柯城区(浙)	21950.00
30	庆元县(浙)	20850.00
31	椒江区(浙)	20440.00
32	仙居县(浙)	20400.00
33	温岭市(浙)	15415.00
34	普陀区(浙)	14624.00
35	定海区(浙)	14070.00
36	鄞州区(浙)	14010.00
37	北仑区(浙)	13940.00
38	义乌市(浙)	12672.00
39	奉化市(浙)	11610.00
40	慈溪市(浙)	11000.00
41	开化县(浙)	8200.00
42	永康市(浙)	7020.00
43	镇海区(浙)	7000.00
44	富阳市(浙)	5507.00
45	路桥区(浙)	5310.00
46	武义县(浙)	5246.00
47	龙泉市(浙)	4030.00
48	缙云县(浙)	3767.00
49	江北区(浙)	3750.00
50	桐庐县(浙)	3393.00
51	岱山县(浙)	3030.00
52	临安市(浙)	2000.00
53	歙　县(皖)	16580.00
54	太湖县(皖)	3500.00
55	望江县(皖)	1400.00
56	东至县(皖)	1280.00
57	南丰县(赣)	953574.00
58	寻乌县(赣)	489670.00
59	新干县(赣)	195635.00
60	信丰县(赣)	167150.00
61	宁都县(赣)	89075.00
62	龙南县(赣)	76000.00
63	南城县(赣)	72146.00
64	靖安县(赣)	52270.00
65	永修县(赣)	48503.00
66	会昌县(赣)	45000.00
67	临川区(赣)	41357.00
68	金溪县(赣)	40825.00
69	大余县(赣)	28903.00
70	进贤县(赣)	26700.00
71	广昌县(赣)	14652.00
72	定南县(赣)	12819.00
73	于都县(赣)	12000.00
74	武宁县(赣)	9800.00
75	安福县(赣)	7500.00
76	樟树市(赣)	7000.00
77	湖口县(赣)	7000.00
78	峡江县(赣)	6533.00
79	崇仁县(赣)	4920.00
80	贵溪市(赣)	3890.00
81	奉新县(赣)	3644.00
82	高安市(赣)	3562.00
83	吉州区(赣)	2880.00
84	玉山县(赣)	2750.00
85	莲花县(赣)	2030.00
86	宜丰县(赣)	1703.00
87	万年县(赣)	1603.00
88	上高县(赣)	1460.00
89	万载县(赣)	1427.00
90	修水县(赣)	1344.00
91	瑞昌市(赣)	1323.00
92	德兴市(赣)	1014.00
93	淅川县(豫)	65128.00
94	内乡县(豫)	3000.00
95	邓州市(豫)	1679.00
96	枝江市(鄂)	762846.00
97	宜都市(鄂)	550000.00
98	夷陵区(鄂)	550000.00
99	秭归县(鄂)	250259.00
100	松滋市(鄂)	141330.00
101	当阳市(鄂)	90000.00
102	宣恩县(鄂)	76000.00
103	南漳县(鄂)	70000.00
104	兴山县(鄂)	68976.00
105	漳河新区(鄂)	65428.00
106	长阳土家族自治县(鄂)	57493.00
107	钟祥市(鄂)	51134.00
108	荆州区(鄂)	32000.00
109	阳新县(鄂)	29106.00
110	京山县(鄂)	22805.00
111	武穴市(鄂)	21851.00
112	东宝区(鄂)	16570.00

序号	柑橘主产地	产量(吨)
113	宜城市(鄂)	14339.00
114	恩施市(鄂)	13715.00
115	来凤县(鄂)	9900.00
116	远安县(鄂)	9900.00
117	通城县(鄂)	6550.00
118	建始县(鄂)	6475.00
119	屈家岭管理区(鄂)	5517.00
120	巴东县(鄂)	5173.00
121	蔡甸区(鄂)	5120.00
122	咸安区(鄂)	5027.00
123	鹤峰县(鄂)	4896.00
124	赤壁市(鄂)	3560.00
125	随县(鄂)	3450.00
126	石首市(鄂)	3000.00
127	大冶市(鄂)	2151.00
128	利川市(鄂)	2000.00
129	孝南区(鄂)	1960.00
130	应城市(鄂)	1600.00
131	谷城县(鄂)	1560.00
132	咸丰县(鄂)	1556.00
133	孝昌县(鄂)	1400.00
134	黄州区(鄂)	1280.00
135	石门县(湘)	400000.00
136	麻阳苗族自治县(湘)	298730.00
137	洪江市(湘)	248250.00
138	桃源县(湘)	200000.00
139	涟源市(湘)	187800.00
140	泸溪县(湘)	160000.00
141	慈利县(湘)	160000.00
142	江永县(湘)	127380.00
143	永顺县(湘)	120000.00
144	龙山县(湘)	95000.00
145	新晃侗族自治县(湘)	93200.00
146	保靖县(湘)	92000.00
147	凤凰县(湘)	71000.00
148	资兴市(湘)	69216.00
149	道　县(湘)	69160.00
150	新宁县(湘)	66652.00
151	会同县(湘)	56587.00
152	桃江县(湘)	54000.00
153	桑植县(湘)	49005.00
154	零陵区(湘)	44870.00
155	洞口县(湘)	42500.00
156	澧　县(湘)	40000.00
157	临澧县(湘)	37521.00
158	冷水滩区(湘)	33541.00
159	宜章县(湘)	32947.00
160	东安县(湘)	32850.00
161	安化县(湘)	32000.00
162	鼎城区(湘)	31000.00
163	浏阳市(湘)	30074.00
164	津市市(湘)	30000.00
165	岳阳县(湘)	30000.00
166	永定区(湘)	30000.00
167	苏仙区(湘)	25200.00
168	安仁县(湘)	25000.00
169	古丈县(湘)	24000.00
170	中方县(湘)	21835.00
171	嘉禾县(湘)	20557.00
172	蓝山县(湘)	19800.00
173	临武县(湘)	16380.00
174	花垣县(湘)	16000.00
175	武陵区(湘)	15950.00
176	沅陵县(湘)	15621.00
177	宁乡县(湘)	15000.00
178	靖州苗族侗族自治县(湘)	15000.00
179	湘乡市(湘)	14550.00
180	隆回县(湘)	14364.00
181	华容县(湘)	13815.00
182	城步苗族自治县(湘)	13000.00
183	永兴县(湘)	12910.00
184	大祥区(湘)	8750.00
185	衡东县(湘)	8592.00
186	株洲县(湘)	7650.00
187	北湖区(湘)	6164.00
188	耒阳市(湘)	6000.00
189	衡阳县(湘)	6000.00
190	南　县(湘)	6000.00
191	江华瑶族自治县(湘)	5666.00
192	汝城县(湘)	5588.40
193	湘潭县(湘)	4600.00
194	汉寿县(湘)	4500.00
195	辰溪县(湘)	4500.00
196	绥宁县(湘)	4000.00
197	新化县(湘)	3829.00
198	新邵县(湘)	3600.00
199	炎陵县(湘)	3428.00
200	溆浦县(湘)	3391.00
201	平江县(湘)	3194.00
202	邵阳县(湘)	3000.00
203	桂阳县(湘)	2538.00
204	珠晖区(湘)	2513.00
205	云溪区(湘)	2500.00
206	冷水江市(湘)	2250.00
207	洪江区(湘)	2100.00
208	武冈市(湘)	2025.00
209	衡山县(湘)	1892.80
210	双清区(湘)	1640.00
211	金洞林场(湘)	1625.00
212	君山区(湘)	1575.00
213	天元区(湘)	1200.00
214	桂东县(湘)	1115.00
215	邵东县(湘)	1022.00
216	汨罗市(湘)	1010.00
217	封开县(粤)	226108.00
218	英德市(粤)	143000.00
219	广宁县(粤)	103098.00
220	清城区(粤)	95621.00
221	佛冈县(粤)	85066.00
222	四会市(粤)	73000.00
223	平远县(粤)	44680.00
224	潮安县(粤)	42000.00
225	阳山县(粤)	35344.00
226	清新县(粤)	12500.00
227	信宜市(粤)	8000.00
228	连州市(粤)	7483.00
229	和平县(粤)	6886.00
230	高要市(粤)	6437.48
231	连山壮族瑶族自治县(粤)	6360.00
232	丰顺县(粤)	3343.00
233	蕉岭县(粤)	2950.00
234	梅江区(粤)	2752.00
235	鼎湖区(粤)	2300.00
236	五华县(粤)	1096.00
237	平乐县(桂)	266343.00
238	恭城瑶族自治县(桂)	258608.00
239	阳朔县(桂)	234590.00
240	柳城县(桂)	208922.00
241	苍梧县(桂)	154723.00
242	全州县(桂)	129000.00
243	兴安县(桂)	112420.00
244	永福县(桂)	83821.00
245	灌阳县(桂)	61842.00
246	临桂县(桂)	61098.00
247	藤　县(桂)	60809.00
248	龙胜各族自治县(桂)	52153.00
249	鹿寨县(桂)	36565.00
250	兴宾区(桂)	36139.00

序号	柑橘主产地	产量(吨)
251	融水苗族自治县(桂)	32000.00
252	隆安县(桂)	31494.00
253	右江区(桂)	27750.00
254	钟山县(桂)	26649.00
255	金秀瑶族自治县(桂)	21510.00
256	雁山区(桂)	19390.00
257	资源县(桂)	18733.00
258	防城区(桂)	18207.00
259	蒙山县(桂)	14116.00
260	西林县(桂)	13454.00
261	岑溪市(桂)	12000.00
262	龙州县(桂)	11563.00
263	西乡塘区(桂)	8462.00
264	昭平县(桂)	8171.00
265	八步区(桂)	7615.00
266	大新县(桂)	6344.00
267	扶绥县(桂)	6193.00
268	贺州市平桂管理区(桂)	6177.00
269	柳江县(桂)	5723.00
270	金城江区(桂)	5346.00
271	罗城仫佬族自治县(桂)	5005.00
272	东兰县(桂)	4910.00
273	忻城县(桂)	4409.00
274	良庆区(桂)	4290.00
275	三江侗族自治县(桂)	3867.00
276	平果县(桂)	3832.00
277	巴马瑶族自治县(桂)	3077.00
278	乐业县(桂)	3050.00
279	那坡县(桂)	2392.00
280	武宣县(桂)	1685.00
281	田林县(桂)	1570.00
282	田东县(桂)	1545.00
283	天峨县(桂)	1516.00
284	江南区(桂)	1400.00
285	天等县(桂)	1283.00
286	宾阳县(桂)	1100.00
287	万州区(渝)	240000.00
288	开　县(渝)	195500.00
289	江津区(渝)	135500.00
290	云阳县(渝)	110000.00
291	永川区(渝)	62150.00
292	涪陵区(渝)	39000.00
293	垫江县(渝)	24997.00
294	梁平县(渝)	22000.00
295	巴南区(渝)	21110.00
296	铜梁县(渝)	19821.00
297	九龙坡区(渝)	11120.00
298	荣昌县(渝)	10000.00
299	沙坪坝区(渝)	7300.00
300	武隆县(渝)	4850.00
301	南川区(渝)	3700.00
302	合川区(渝)	3000.00
303	石柱土家族自治县(渝)	2200.00
304	酉阳土家族苗族自治县(渝)	1350.00
305	巫溪县(渝)	1350.00
306	蒲江县(川)	104120.00
307	武胜县(川)	85000.00
308	东坡区(川)	84600.00
309	江安县(川)	68150.00
310	仁寿县(川)	68000.00
311	西充县(川)	49200.00
312	南部县(川)	48406.00
313	宜宾县(川)	48385.00
314	古蔺县(川)	46600.00
315	苍溪县(川)	39898.00
316	长宁县(川)	39096.00
317	双流县(川)	37078.00
318	青神县(川)	36531.00
319	犍为县(川)	33435.00
320	邛崃市(川)	29599.00
321	屏山县(川)	28630.00
322	丹棱县(川)	24000.00
323	石棉县(川)	23000.00
324	井研县(川)	18277.00
325	顺庆区(川)	17360.00
326	五通桥区(川)	16395.00
327	龙泉驿区(川)	15428.00
328	蓬溪县(川)	14700.00
329	简阳市(川)	14660.00
330	开江县(川)	14650.00
331	南溪县(川)	14500.00
332	纳溪区(川)	13804.00
333	江油市(川)	13067.00
334	仪陇县(川)	13000.00
335	汉源县(川)	11000.00
336	威远县(川)	9680.00
337	涪城区(川)	9500.00
338	绵阳市市辖区(川)	9500.00
339	中江县(川)	8500.00
340	巴州区(川)	8000.00
341	内江市市中区(川)	7000.00
342	阆中市(川)	6830.00
343	安　县(川)	5960.00
344	船山区(川)	5850.00
345	乐山市市中区(川)	5837.00
346	雷波县(川)	5500.00
347	盐边县(川)	5300.00
348	南江县(川)	4600.00
349	游仙区(川)	4100.00
350	沿滩区(川)	4000.00
351	翠屏区(川)	3762.00
352	营山县(川)	3650.00
353	彭山县(川)	3500.00
354	崇州市(川)	3476.00
355	宁南县(川)	3269.00
356	峨眉山市(川)	2739.00
357	自流井区(川)	2400.00
358	平昌县(川)	2350.00
359	沐川县(川)	2267.00
360	通川区(川)	2250.00
361	龙马潭区(川)	2200.00
362	珙　县(川)	1558.00
363	米易县(川)	1500.00
364	德昌县(川)	1462.00
365	雁江区(川)	1310.00
366	广汉市(川)	1200.00
367	沙湾区(川)	1200.00
368	会理县(川)	1067.00
369	大邑县(川)	1042.00
370	余庆县(黔)	31770.00
371	荔波县(黔)	29475.00
372	沿河土家族自治县(黔)	7200.00
373	正安县(黔)	6010.00
374	锦屏县(黔)	5956.00
375	惠水县(黔)	5815.00
376	遵义县(黔)	5781.00
377	三都水族自治县(黔)	4876.00
378	镇远县(黔)	3448.00
379	独山县(黔)	3412.00
380	金沙县(黔)	3237.00
381	石阡县(黔)	3123.00
382	赤水市(黔)	2929.00
383	纳雍县(黔)	2829.00
384	兴义市(黔)	2659.00
385	习水县(黔)	2500.00
386	贞丰县(黔)	2423.00
387	长顺县(黔)	2105.00
388	贵定县(黔)	2000.00

序号	柑橘主产地	产量(吨)
389	普安县(黔)	2000.00
390	台江县(黔)	1820.00
391	清镇市(黔)	1574.00
392	安龙县(黔)	1530.00
393	碧江区(黔)	1285.00
394	修文县(黔)	1249.00
395	息烽县(黔)	1003.00
396	宾川县(滇)	206242.00
397	广南县(滇)	10464.00
398	通海县(滇)	8100.00
399	思茅区(滇)	3631.00
400	镇沅彝族哈尼族拉祜族自治县(滇)	3460.00
401	砚山县(滇)	2280.00
402	镇雄县(滇)	2000.00
403	元谋县(滇)	1748.00
404	鹤庆县(滇)	1383.00
405	西畴县(滇)	1337.00
406	云　县(滇)	1080.00
407	富宁县(滇)	1005.00
408	城固县(陕)	257180.00
409	汉滨区(陕)	51300.00
410	汉台区(陕)	48000.00
411	旬阳县(陕)	22826.00
412	汉阴县(陕)	11925.00
413	洋　县(陕)	10725.00
414	紫阳县(陕)	3833.00
415	白河县(陕)	2999.00
416	南郑县(陕)	2700.00
417	山阳县(陕)	1953.00
418	岚皋县(陕)	1444.00

表 7-13　2012 年枇杷主产地产量

序号	枇杷主产地	产量(吨)
1	青浦区(沪)	418.13
2	崇明县(沪)	218.00
3	吴中区(苏)	2393.00
4	泰兴市(苏)	750.00
5	黄岩区(浙)	9735.00
6	余杭区(浙)	5920.00
7	衢州市市辖区(浙)	4755.00
8	建德市(浙)	4100.00
9	淳安县(浙)	3933.00
10	仙居县(浙)	3100.00
11	象山县(浙)	2706.00
12	临海市(浙)	2442.00
13	兰溪市(浙)	2306.00
14	温岭市(浙)	2165.00
15	路桥区(浙)	2165.00
16	椒江区(浙)	1780.00
17	宁海县(浙)	1750.00
18	衢江区(浙)	1740.00
19	莲都区(浙)	1345.00
20	玉环县(浙)	970.00
21	德清县(浙)	960.00
22	江山市(浙)	858.00
23	三门县(浙)	850.00
24	开化县(浙)	660.00
25	常山县(浙)	498.00
26	慈溪市(浙)	450.00
27	富阳市(浙)	371.00
28	天台县(浙)	225.00
29	缙云县(浙)	218.00
30	定海区(浙)	210.00
31	龙泉市(浙)	120.00
32	歙　县(皖)	6832.00
33	大观区(皖)	200.00
34	潜山县(皖)	170.00
35	会昌县(赣)	3110.00
36	吉州区(赣)	100.00
37	来凤县(鄂)	1000.00
38	崇阳县(鄂)	130.00
39	蓝山县(湘)	450.00
40	双峰县(湘)	410.00
41	永定区(湘)	361.00
42	岳阳市市辖区(湘)	337.50
43	鼎城区(湘)	270.00
44	沅陵县(湘)	167.00
45	株洲县(湘)	112.50
46	潮安县(粤)	23000.00
47	信宜市(粤)	1500.00
48	大埔县(粤)	130.00
49	丰顺县(粤)	125.00
50	金城江区(桂)	3264.00
51	雁山区(桂)	180.00
52	那坡县(桂)	120.00
53	合川区(渝)	6615.00
54	石柱土家族自治县(渝)	670.00
55	仁寿县(川)	75000.00
56	龙泉驿区(川)	27300.00
57	三台县(川)	18200.00
58	石棉县(川)	6000.00
59	会东县(川)	2400.00
60	盐亭县(川)	1550.00
61	巴州区(川)	1200.00
62	北川羌族自治县(川)	821.00
63	广汉市(川)	750.00
64	翠屏区(川)	542.00
65	宣汉县(川)	500.00
66	雁江区(川)	162.00
67	开阳县(黔)	24885.00
68	台江县(黔)	884.00
69	荔波县(黔)	420.00
70	贵定县(黔)	100.00
71	云　县(滇)	1280.00
72	大关县(滇)	140.00
73	汉阴县(陕)	600.00
74	南郑县(陕)	180.00

表 7-14　2012 年荔枝主产地产量

序号	荔枝主产地	产量(吨)
1	电白县(粤)	130000.00
2	高州市(粤)	102000.00
3	潮安县(粤)	60500.00
4	惠来县(粤)	31800.00
5	信宜市(粤)	25000.00
6	阳西县(粤)	12000.00
7	丰顺县(粤)	9110.00
8	佛冈县(粤)	4590.00
9	潮南区(粤)	3348.00
10	封开县(粤)	1320.00
11	清城区(粤)	1230.00
12	鹤山市(粤)	682.00
13	高要市(粤)	665.98
14	五华县(粤)	553.00
15	蕉岭县(粤)	510.00
16	潮阳区(粤)	460.00
17	湘桥区(粤)	456.00
18	广宁县(粤)	404.00
19	英德市(粤)	265.00
20	钦北区(桂)	115364.00
21	北流市(桂)	80005.00
22	玉林市福绵区(桂)	20000.00
23	良庆区(桂)	11152.00
24	灵山县(桂)	8000.00
25	横　县(桂)	7677.00
26	藤　县(桂)	5966.00
27	右江区(桂)	4470.00

序号	荔枝主产地	产量(吨)
28	苍梧县(桂)	3179.00
29	玉州区(桂)	2652.00
30	西乡塘区(桂)	2215.00
31	隆安县(桂)	2198.00
32	防城区(桂)	2026.00
33	陆川县(桂)	2000.00
34	港北区(桂)	1820.00
35	江南区(桂)	1805.00
36	青秀区(桂)	1690.00
37	港南区(桂)	1468.00
38	覃塘区(桂)	1468.00
39	宾阳县(桂)	976.00
40	兴宾区(桂)	918.00
41	武宣县(桂)	735.00
42	龙州县(桂)	623.00
43	银海区(桂)	586.00
44	铁山港区(桂)	535.00
45	田东县(桂)	368.00
46	田阳县(桂)	335.00
47	天等县(桂)	326.00
48	平果县(桂)	303.00
49	大新县(桂)	234.00
50	柳城县(桂)	214.00
51	江州区(桂)	116.00
52	巴马瑶族自治县(桂)	111.00
53	万州区(渝)	100.00
54	宜宾县(川)	689.00
55	隆昌县(川)	225.00
56	赤水市(黔)	562.00
57	永德县(滇)	193.00

表 7-15 2012 年龙眼主产地产量

序号	龙眼主产地	产量(吨)
1	高州市(粤)	83000.00
2	潮安县(粤)	60000.00
3	电白县(粤)	28000.00
4	兴宁市(粤)	8045.00
5	丰顺县(粤)	7522.00
6	信宜市(粤)	4000.00
7	英德市(粤)	3788.00
8	清城区(粤)	3752.00
9	封开县(粤)	3201.00
10	蕉岭县(粤)	2870.00
11	佛冈县(粤)	2578.00
12	高要市(粤)	1361.25
13	梅江区(粤)	1319.00
14	阳西县(粤)	850.00
15	湘桥区(粤)	580.00
16	鹤山市(粤)	549.00
17	五华县(粤)	146.00
18	广宁县(粤)	104.00
19	钦北区(桂)	34521.00
20	北流市(桂)	25350.00
21	大新县(桂)	22245.00
22	武宣县(桂)	19616.00
23	江州区(桂)	12087.00
24	藤　县(桂)	11870.00
25	横　县(桂)	11378.00
26	兴宾区(桂)	9200.00
27	龙州县(桂)	9025.00
28	良庆区(桂)	9012.00
29	隆安县(桂)	8655.00
30	江南区(桂)	7632.00
31	右江区(桂)	5590.00
32	青秀区(桂)	3690.00
33	防城区(桂)	3680.00
34	金城江区(桂)	3500.00
35	鹿寨县(桂)	3368.00
36	田阳县(桂)	3291.00
37	天等县(桂)	3040.00
38	八步区(桂)	2980.00
39	港北区(桂)	2748.00
40	港北区(桂)	2748.00
41	西乡塘区(桂)	2735.00
42	田东县(桂)	2598.00
43	银海区(桂)	2535.00
44	宾阳县(桂)	2155.00
45	灵山县(桂)	2000.00
46	玉州区(桂)	1728.00
47	平果县(桂)	1703.00
48	铁山港区(桂)	1643.00
49	覃塘区(桂)	1616.00
50	柳江县(桂)	1438.00
51	苍梧县(桂)	1112.00
52	巴马瑶族自治县(桂)	928.00
53	陆川县(桂)	800.00
54	合山市(桂)	748.00
55	玉林市福绵区(桂)	534.00
56	柳城县(桂)	476.00
57	七坡林场(桂)	324.00
58	忻城县(桂)	236.00
59	城中区(桂)	230.00
60	天峨县(桂)	228.00
61	良凤江国家森林公园(桂)	209.00
62	田林县(桂)	117.00
63	万州区(渝)	500.00
64	荣昌县(渝)	200.00
65	涪陵区(渝)	181.00
66	富顺县(川)	8000.00
67	龙马潭区(川)	6000.00
68	宜宾县(川)	1334.00
69	屏山县(川)	1320.00
70	米易县(川)	1000.00
71	江安县(川)	362.00
72	盐边县(川)	333.00
73	高　县(川)	319.00
74	翠屏区(川)	196.00
75	雷波县(川)	105.00
76	赤水市(黔)	373.00
77	永胜县(滇)	13000.00
78	元谋县(滇)	286.00
79	鹤庆县(滇)	176.00

表 7-16 2012 年香蕉主产地产量

序号	香蕉主产地	产量(吨)
1	丰顺县(粤)	15482.00
2	广宁县(粤)	4170.00
3	蕉岭县(粤)	3250.00
4	佛冈县(粤)	971.00
5	潮阳区(粤)	540.00
6	潮南区(粤)	491.00
7	大埔县(粤)	100.00
8	钦北区(桂)	23125.00
9	良庆区(桂)	7733.00
10	那坡县(桂)	3000.00
11	金城江区(桂)	3000.00
12	银海区(桂)	1555.00
13	武宣县(桂)	676.00
14	东兰县(桂)	675.00
15	会东县(川)	9000.00
16	贞丰县(黔)	838.00
17	孟连傣族拉祜族佤族自治县(滇)	76800.00
18	澜沧拉祜族自治县(滇)	22873.50
19	武定县(滇)	5433.00
20	云　县(滇)	962.50
21	元谋县(滇)	402.00
22	墨江哈尼族自治县(滇)	359.80
23	勐海县(滇)	350.00

表 7-17　2012 年草莓主产地产量

序号	草莓主产地	产量(吨)
1	桓仁满族自治县(辽)	700.00
2	普兰店市(辽)	100.00
3	辉南县(吉)	560.00
4	桦南县(黑)	410.00
5	桦川县(黑)	200.00
6	崇明县(沪)	968.13
7	姜堰区(苏)	1600.00
8	兴化市(苏)	1200.00
9	泰兴市(苏)	800.00
10	温岭市(浙)	829.00
11	长丰县(皖)	400000.00
12	巢湖市(皖)	10200.00
13	凤阳县(皖)	4500.00
14	郎溪县(皖)	2200.00
15	霍山县(皖)	1500.00
16	芦溪县(赣)	350.00
17	吉州区(赣)	300.00
18	万载县(赣)	230.00
19	新建县(赣)	130.00
20	莒南县(鲁)	32950.00
21	临沭县(鲁)	6500.00
22	河东区(鲁)	6200.00
23	昌邑市(鲁)	6000.00
24	邹城市(鲁)	5014.00
25	广饶县(鲁)	2300.00
26	东昌府区(鲁)	918.00
27	新泰市(鲁)	900.00
28	坊子区(鲁)	600.00
29	博山区(鲁)	400.00
30	临沂市临港经济开发区(鲁)	350.00
31	黄岛区(鲁)	350.00
32	梁山县(鲁)	250.00
33	岱岳区(鲁)	220.00
34	招远市(鲁)	200.00
35	太康县(豫)	4000.00
36	郾城区(豫)	456.00
37	魏都区(豫)	330.00
38	卫滨区(豫)	205.00
39	民权县(豫)	131.00
40	汝城县(湘)	4905.00
41	新晃侗族自治县(湘)	4500.00
42	蓝山县(湘)	845.00
43	株洲县(湘)	375.00
44	安化县(湘)	350.00
45	沅陵县(湘)	288.00
46	双峰县(湘)	217.60
47	鼎城区(湘)	150.00
48	安仁县(湘)	140.00
49	通川区(川)	1125.00
50	巴州区(川)	360.00
51	贵定县(黔)	100.00
52	韩城市林业局(陕)	800.00
53	临洮县(甘)	150.00
54	农四师(新疆兵团)	736.00

表 7-18　2012 年石榴主产地产量

序号	石榴主产地	产量(吨)
1	元氏县(冀)	700.00
2	磁　县(冀)	100.00
3	肥乡县(冀)	100.00
4	临猗县(晋)	10000.00
5	新沂市(苏)	300.00
6	烈山区(皖)	30000.00
7	相山区(皖)	10000.00
8	凤阳县(皖)	4000.00
9	寿　县(皖)	563.00
10	峄城区(鲁)	80000.00
11	薛城区(鲁)	4390.00
12	东平县(鲁)	3329.00
13	新泰市(鲁)	3160.00
14	沂南县(鲁)	2600.00
15	岱岳区(鲁)	1196.00
16	泰山区(鲁)	620.00
17	宁阳县(鲁)	423.40
18	肥城市(鲁)	195.40
19	莱城区(鲁)	138.00
20	梁山县(鲁)	120.00
21	荥阳市(豫)	33278.00
22	平桥区(豫)	2995.00
23	太康县(豫)	2800.00
24	卧龙区(豫)	2600.00
25	新蔡县(豫)	2300.00
26	卫东区(豫)	1500.00
27	项城市(豫)	825.00
28	卫辉市(豫)	280.00
29	金水区(豫)	248.00
30	新密市(豫)	160.00
31	固始县(豫)	130.00
32	博爱县(豫)	100.00
33	涟源市(湘)	79800.00
34	佛冈县(粤)	150.00
35	会理县(川)	117203.00
36	仁和区(川)	9532.00
37	会东县(川)	1500.00
38	宾川县(滇)	9540.00
39	永仁县(滇)	1313.00
40	文山市(滇)	1084.00
41	永胜县(滇)	900.00
42	禄丰县(滇)	787.00
43	元谋县(滇)	301.00
44	武定县(滇)	134.00
45	临潼区(陕)	60000.00
46	灞桥区(陕)	10912.00
47	武都区(甘)	109.00
48	叶城县(新)	12682.00
49	疏附县(新)	10534.00
50	喀什市(新)	9505.00
51	伽师县(新)	6674.00
52	莎车县(新)	480.00
53	鄯善县(新)	416.00
54	疏勒县(新)	296.00
55	岳普湖县(新)	209.00
56	吐鲁番市(新)	150.00
57	巴楚县(新)	130.00

表 7-19　2012 年鲜红枣主产地产量

序号	鲜红枣主产地	产量(吨)
1	通州区(京)	2497.90
2	怀柔区(京)	1867.50
3	密云县(京)	1194.20
4	延庆县(京)	948.00
5	顺义区(京)	607.00
6	津南区(津)	2300.00
7	武清区(津)	2275.00
8	滨海新区(津)	409.00
9	蓟　县(津)	376.00
10	献　县(冀)	114598.00
11	行唐县(冀)	100000.00
12	阜平县(冀)	94500.00
13	赞皇县(冀)	93540.00
14	泊头市(冀)	76229.00
15	新河县(冀)	59762.00
16	大城县(冀)	41000.00
17	青　县(冀)	29988.00
18	盐山县(冀)	22946.00
19	曲阳县(冀)	21842.00
20	南皮县(冀)	14069.00

序号	鲜红枣主产地	产量(吨)
21	唐　县(冀)	12800.00
22	河间市(冀)	10790.00
23	怀来县(冀)	10750.00
24	平山县(冀)	6842.00
25	海兴县(冀)	5087.00
26	武邑县(冀)	4920.00
27	曲周县(冀)	4602.00
28	元氏县(冀)	3965.00
29	井陉县(冀)	3238.00
30	阜城县(冀)	2705.00
31	冀州市(冀)	2075.00
32	黄骅市(冀)	1990.00
33	枣强县(冀)	1963.00
34	辛集市(冀)	1891.00
35	玉田县(冀)	1881.00
36	藁城市(冀)	1867.00
37	大名县(冀)	1864.00
38	任　县(冀)	1588.00
39	景　县(冀)	1528.00
40	魏　县(冀)	1494.00
41	孟村回族自治县(冀)	1280.00
42	武安市(冀)	1250.00
43	任丘市(冀)	1126.00
44	东光县(冀)	1075.00
45	邢台县(冀)	1056.00
46	广阳区(冀)	983.00
47	滦　县(冀)	916.00
48	桃城区(冀)	850.00
49	兴隆县(冀)	759.00
50	临西县(冀)	750.00
51	邯郸县(冀)	730.00
52	承德县(冀)	604.00
53	安次区(冀)	603.00
54	青龙满族自治县(冀)	600.00
55	三河市(冀)	532.00
56	巨鹿县(冀)	530.00
57	灵寿县(冀)	446.00
58	广宗县(冀)	440.00
59	蠡　县(冀)	425.00
60	易　县(冀)	400.00
61	沧州市南大港管理区(冀)	380.00
62	广平县(冀)	360.00
63	高碑店市(冀)	336.00
64	丰南区(冀)	300.00
65	平泉县(冀)	270.00
66	隆尧县(冀)	243.00
67	高邑县(冀)	232.00
68	清河县(冀)	215.00
69	邯山区(冀)	200.00
70	运河区(冀)	195.00
71	柏乡县(冀)	186.00
72	磁　县(冀)	169.00
73	丰宁满族自治县(冀)	130.00
74	徐水县(冀)	110.00
75	吴桥县(冀)	108.00
76	万全县(冀)	100.00
77	临猗县(晋)	210000.00
78	太谷县(晋)	50000.00
79	稷山县(晋)	48000.00
80	芮城县(晋)	35000.00
81	保德县(晋)	15000.00
82	河津市(晋)	6000.00
83	平遥县(晋)	6000.00
84	高平市(晋)	502.00
85	大宁县(晋)	470.00
86	寿阳县(晋)	450.00
87	小店区(晋)	350.00
88	河曲县(晋)	297.40
89	榆社县(晋)	290.00
90	黎城县(晋)	260.00
91	垣曲县(晋)	250.00
92	五台县(晋)	200.00
93	吉　县(晋)	111.30
94	古交市(晋)	101.00
95	朝阳县(辽)	35000.00
96	双塔区(辽)	12500.00
97	南票区(辽)	10000.00
98	连山区(辽)	6749.05
99	建平县(辽)	3400.00
100	大石桥市(辽)	2800.00
101	喀喇沁左翼蒙古族自治县(辽)	2500.00
102	建昌县(辽)	514.00
103	盖州市(辽)	100.00
104	靖江市(苏)	120.00
105	霍邱县(皖)	608.00
106	利辛县(皖)	230.00
107	庆云县(鲁)	60000.00
108	聊城市市辖区(鲁)	60000.00
109	宁阳县(鲁)	31162.30
110	峄城区(鲁)	7500.00
111	莱城区(鲁)	1933.00
112	东昌府区(鲁)	1800.00
113	昌乐县(鲁)	1500.00
114	高密市(鲁)	1500.00
115	商河县(鲁)	1446.00
116	岱岳区(鲁)	1373.00
117	滨城区(鲁)	1130.00
118	邹平县(鲁)	775.00
119	济阳县(鲁)	495.00
120	环翠区(鲁)	344.00
121	梁山县(鲁)	170.00
122	灵宝市(豫)	58689.00
123	新郑市(豫)	35000.00
124	扶沟县(豫)	9900.00
125	方城县(豫)	1186.00
126	长垣县(豫)	963.00
127	华龙区(豫)	100.00
128	安阳县(豫)	100.00
129	蔡甸区(鄂)	1500.00
130	麻阳苗族自治县(湘)	750.00
131	衡山县(湘)	448.00
132	蓝山县(湘)	180.00
133	株洲县(湘)	135.00
134	雁峰区(湘)	105.00
135	灌阳县(桂)	1760.00
136	罗江县(川)	1625.00
137	旌阳区(川)	1000.00
138	遵义县(黔)	164.00
139	元谋县(滇)	392.00
140	大荔县(陕)	350000.00
141	清涧县(陕)	208900.00
142	佳　县(陕)	100000.00
143	延川县(陕)	61727.00
144	绥德县(陕)	31213.00
145	蒲城县(陕)	10000.00
146	阎良区(陕)	9180.00
147	米脂县(陕)	7595.00
148	府谷县(陕)	3000.00
149	彬　县(陕)	3000.00
150	榆阳区(陕)	1000.00
151	乾　县(陕)	800.00
152	商南县(陕)	239.00
153	子洲县(陕)	220.00
154	洛川县(陕)	150.00
155	淳化县(陕)	102.00
156	甘泉县(陕)	100.00
157	敦煌市(甘)	5000.00
158	民勤县(甘)	3773.50

序号	鲜红枣主产地	产量(吨)
159	宁　县(甘)	3000.00
160	庆城县(甘)	1509.00
161	红古区(甘)	1000.00
162	肃州区(甘)	450.60
163	安宁区(甘)	300.00
164	瓜州县(甘)	167.00
165	永登县(甘)	100.00
166	灵武市(宁)	9120.00
167	沙坡头区(宁)	3825.00
168	同心县(宁)	3000.00
169	农垦事业管理局(宁)	2153.00
170	永宁县(宁)	750.00
171	青铜峡市(宁)	150.00
172	且末县(新)	150000.00
173	阿克苏市(新)	115978.00
174	新和县(新)	45011.00
175	托克逊县(新)	18878.00
176	柯坪县(新)	12379.00
177	吐鲁番市(新)	800.00
178	轮台县(新)	125.00
179	鄯善县(新)	122.00
180	农三师(新疆兵团)	58363.00
181	农二师(新疆兵团)	40719.00
182	农四师(新疆兵团)	759.00

表 7-20　2012 年青枣主产地产量

序号	青枣主产地	产量(吨)
1	西青区(津)	1160.10
2	沧　县(冀)	314604.00
3	丰润区(冀)	1339.32
4	龙城区(辽)	10000.00
5	奉贤区(沪)	196.30
6	义乌市(浙)	4000.00
7	仙居县(浙)	150.00
8	江山市(浙)	108.00
9	郎溪县(皖)	3000.00
10	铅山县(赣)	122.00
11	阳谷县(鲁)	1600.00
12	海阳市(鲁)	200.00
13	开封县(豫)	1620.00
14	卫辉市(豫)	1560.00
15	孟州市(豫)	1050.00
16	管城回族区(豫)	650.00
17	许昌县(豫)	589.00
18	登封市(豫)	562.50
19	新密市(豫)	190.00
20	鹿邑县(豫)	120.00
21	随县(鄂)	41000.00
22	阳新县(鄂)	364.00
23	大冶市(鄂)	200.00
24	溆浦县(湘)	1090.00
25	衡阳县(湘)	400.00
26	零陵区(湘)	225.00
27	双峰县(湘)	156.00
28	连州市(粤)	6365.00
29	柳江县(桂)	122.00
30	龙泉驿区(川)	925.00
31	花溪区(黔)	103.00
32	元谋县(滇)	15412.00
33	武定县(滇)	748.00
34	禄丰县(滇)	111.00
35	灞桥区(陕)	683.00
36	灵台县(甘)	215.00

表 7-21　2012 年冬枣主产地产量

序号	冬枣主产地	产量(吨)
1	平谷区(京)	1981.80
2	朝阳区(京)	193.30
3	滨海新区(津)	7512.50
4	西青区(津)	4177.27
5	北辰区(津)	690.00
6	黄骅市(冀)	68493.00
7	沧　县(冀)	19413.00
8	泊头市(冀)	16317.00
9	献　县(冀)	5021.00
10	南皮县(冀)	3287.00
11	肥乡县(冀)	800.00
12	青　县(冀)	750.00
13	沧州市临港经济技术开发区(冀)	675.00
14	海兴县(冀)	360.00
15	任丘市(冀)	216.00
16	万荣县(晋)	537.00
17	北票市(辽)	1500.00
18	青浦区(沪)	441.00
19	泰兴市(苏)	180.00
20	烈山区(皖)	2000.00
21	沾化县(鲁)	300000.00
22	滨城区(鲁)	13230.00
23	河口区(鲁)	11678.00
24	广饶县(鲁)	8500.00
25	利津县(鲁)	3972.00
26	阳信县(鲁)	2760.00
27	东营区(鲁)	920.00
28	东昌府区(鲁)	400.00
29	垦利县(鲁)	200.00
30	沂水县(鲁)	130.00
31	濮阳县(豫)	9850.00
32	荥阳市(豫)	3500.00
33	博爱县(豫)	2500.00
34	龙安区(豫)	200.00
35	孝昌县(鄂)	2200.00
36	竹山县(鄂)	2000.00
37	孝南区(鄂)	330.00
38	通城县(鄂)	240.00
39	祁东县(湘)	1580.00
40	津市市(湘)	1400.00
41	新化县(湘)	150.00
42	东坡区(川)	900.00
43	攀枝花市东区(川)	220.00
44	玉屏侗族自治县(黔)	3030.00
45	大荔县(陕)	200000.00

表 7-22　2012 年鲜柿子主产地产量

序号	鲜柿子主产地	产量(吨)
1	平谷区(京)	35637.30
2	通州区(京)	4177.00
3	密云县(京)	4066.30
4	怀柔区(京)	1334.80
5	顺义区(京)	1156.00
6	蓟　县(津)	7102.00
7	易　县(冀)	144800.00
8	顺平县(冀)	99885.00
9	满城县(冀)	53118.00
10	邢台县(冀)	29253.00
11	遵化市(冀)	24239.00
12	涞水县(冀)	23080.00
13	平山县(冀)	14092.00
14	唐　县(冀)	12863.00
15	涉　县(冀)	12012.00
16	徐水县(冀)	11250.00
17	赞皇县(冀)	9246.00
18	兴隆县(冀)	9034.00
19	灵寿县(冀)	7524.00
20	丰润区(冀)	7477.37
21	磁　县(冀)	6890.00
22	玉田县(冀)	5156.00
23	临城县(冀)	3415.00
24	武安市(冀)	3000.00

序号	鲜柿子主产地	产量(吨)	序号	鲜柿子主产地	产量(吨)	序号	鲜柿子主产地	产量(吨)
25	滦　县(冀)	2503.50	71	衢州市市辖区(浙)	190.00	117	东昌府区(鲁)	490.00
26	三河市(冀)	2363.00	72	江山市(浙)	125.00	118	泰山区(鲁)	430.00
27	辛集市(冀)	2296.00	73	凤阳县(皖)	5250.00	119	河东区(鲁)	400.00
28	沙河市(冀)	1995.00	74	潜山县(皖)	2200.00	120	昌邑市(鲁)	333.60
29	元氏县(冀)	1642.00	75	潘集区(皖)	1350.00	121	莱阳市(鲁)	320.00
30	涞源县(冀)	1500.00	76	无为县(皖)	1130.00	122	临沭县(鲁)	260.00
31	古冶区(冀)	1474.00	77	灵璧县(皖)	950.00	123	郓城县(鲁)	237.00
32	曲阳县(冀)	630.00	78	南陵县(皖)	800.00	124	肥城市(鲁)	177.74
33	卢龙县(冀)	518.00	79	怀宁县(皖)	562.00	125	林州市(豫)	22770.00
34	定州市(冀)	397.00	80	东至县(皖)	512.00	126	灵宝市(豫)	18430.00
35	任丘市(冀)	388.00	81	霍邱县(皖)	507.00	127	扶沟县(豫)	16495.00
36	任　县(冀)	320.00	82	三山区(皖)	500.00	128	杞　县(豫)	10315.00
37	复兴区(冀)	301.00	83	定远县(皖)	200.00	129	栾川县(豫)	9693.00
38	井陉县(冀)	207.00	84	利辛县(皖)	188.00	130	汝州市(豫)	6120.00
39	阜平县(冀)	200.00	85	濉溪县(皖)	182.00	131	太康县(豫)	6000.00
40	乐亭县(冀)	129.00	86	祁门县(皖)	180.00	132	南召县(豫)	5820.00
41	黄骅市(冀)	117.00	87	明光市(皖)	160.00	133	淮阳县(豫)	5788.00
42	青　县(冀)	101.00	88	繁昌县(皖)	160.00	134	新安县(豫)	5399.74
43	清苑县(冀)	100.00	89	湖口县(赣)	4600.00	135	宜阳县(豫)	4800.00
44	临猗县(晋)	45000.00	90	庐山区(赣)	2250.00	136	嵩　县(豫)	4000.00
45	稷山县(晋)	5600.00	91	石城县(赣)	1314.00	137	山城区(豫)	3778.00
46	垣曲县(晋)	4800.00	92	于都县(赣)	560.00	138	淇　县(豫)	3031.00
47	河津市(晋)	4500.00	93	金溪县(赣)	412.00	139	泌阳县(豫)	3000.00
48	定襄县(晋)	680.00	94	赣　县(赣)	365.00	140	开封县(豫)	2700.00
49	左权县(晋)	285.00	95	龙南县(赣)	148.50	141	方城县(豫)	2483.00
50	平遥县(晋)	270.00	96	兴国县(赣)	120.00	142	新蔡县(豫)	2425.00
51	五台县(晋)	250.00	97	鄱阳县(赣)	115.00	143	卢氏县(豫)	2326.00
52	高平市(晋)	226.00	98	沂水县(鲁)	23100.00	144	桐柏县(豫)	2300.00
53	祁　县(晋)	175.00	99	莱城区(鲁)	17543.50	145	内乡县(豫)	2000.00
54	吉　县(晋)	175.00	100	海阳市(鲁)	17000.00	146	新密市(豫)	1860.00
55	崇明县(沪)	643.40	101	胶州市(鲁)	8060.00	147	固始县(豫)	1700.00
56	泰兴市(苏)	7050.00	102	邹城市(鲁)	6777.00	148	辉县市(豫)	1510.00
57	浦口区(苏)	1280.00	103	岱岳区(鲁)	5200.00	149	鹿邑县(豫)	1500.00
58	靖江市(苏)	180.00	104	薛城区(鲁)	3435.00	150	确山县(豫)	1400.00
59	天台县(浙)	6000.00	105	新泰市(鲁)	3365.00	151	惠济区(豫)	1096.00
60	兰溪市(浙)	4828.00	106	东平县(鲁)	3000.00	152	襄城县(豫)	758.00
61	玉环县(浙)	4650.00	107	沂南县(鲁)	2510.00	153	卫辉市(豫)	660.00
62	淳安县(浙)	3260.00	108	苍山县(鲁)	2135.00	154	上蔡县(豫)	653.00
63	建德市(浙)	2600.00	109	昌乐县(鲁)	1800.00	155	洛宁县(豫)	400.00
64	仙居县(浙)	1300.00	110	济阳县(鲁)	1800.00	156	文峰区(豫)	327.00
65	萧山区(浙)	1236.00	111	微山县(鲁)	1526.00	157	孟州市(豫)	320.00
66	临海市(浙)	1200.00	112	宁阳县(鲁)	929.00	158	郏　县(豫)	300.00
67	温岭市(浙)	1060.00	113	东港区(鲁)	900.00	159	新乡县(豫)	299.00
68	富阳市(浙)	750.00	114	招远市(鲁)	600.00	160	伊川县(豫)	288.00
69	北仑区(浙)	468.00	115	钢城区(鲁)	567.00	161	平桥区(豫)	255.00
70	三门县(浙)	450.00	116	寿光市(鲁)	500.00	162	安阳县(豫)	240.00

序号	鲜柿子主产地	产量(吨)
163	平舆县(豫)	220.00
164	长垣县(豫)	150.00
165	顺河回族区(豫)	145.00
166	柘城县(豫)	120.00
167	卫滨区(豫)	100.00
168	正阳县(豫)	100.00
169	罗田县(鄂)	15250.00
170	安陆市(鄂)	7000.00
171	蔡甸区(鄂)	2480.00
172	长阳土家族自治县(鄂)	800.00
173	兴山县(鄂)	779.00
174	孝南区(鄂)	420.00
175	恩施市(鄂)	408.00
176	大冶市(鄂)	400.00
177	阳新县(鄂)	249.00
178	武穴市(鄂)	243.00
179	张湾区(鄂)	188.00
180	麻城市(鄂)	139.00
181	广水市(鄂)	132.00
182	来凤县(鄂)	128.00
183	京山县(鄂)	100.00
184	衡东县(湘)	5448.00
185	邵阳县(湘)	2800.00
186	浏阳市(湘)	880.00
187	津市市(湘)	800.00
188	宁远县(湘)	750.00
189	江华瑶族自治县(湘)	550.00
190	道　县(湘)	510.00
191	衡阳县(湘)	370.00
192	株洲县(湘)	310.00
193	祁阳县(湘)	243.00
194	中方县(湘)	194.00
195	大祥区(湘)	150.00
196	麻阳苗族自治县(湘)	150.00
197	永顺县(湘)	110.00
198	新化县(湘)	100.00
199	信宜市(粤)	7000.00
200	连州市(粤)	1631.00
201	广宁县(粤)	1375.00
202	佛冈县(粤)	647.00
203	阳山县(粤)	441.00
204	连南瑶族自治县(粤)	226.00
205	大埔县(粤)	225.00
206	潮南区(粤)	188.00
207	恭城瑶族自治县(桂)	207322.00
208	武宣县(桂)	54737.00
209	灌阳县(桂)	27847.00
210	阳朔县(桂)	27151.00
211	鹿寨县(桂)	10370.00
212	昭平县(桂)	7270.00
213	金城江区(桂)	5072.00
214	柳江县(桂)	1977.00
215	金秀瑶族自治县(桂)	1500.00
216	钦北区(桂)	1328.00
217	罗城仫佬族自治县(桂)	1290.00
218	东兰县(桂)	985.00
219	巴马瑶族自治县(桂)	838.00
220	雁山区(桂)	380.00
221	三江侗族自治县(桂)	370.00
222	天峨县(桂)	323.00
223	平果县(桂)	260.00
224	隆林各族自治县(桂)	160.00
225	柳城县(桂)	120.00
226	万盛区(渝)	1100.00
227	石柱土家族自治县(渝)	700.00
228	云阳县(渝)	285.00
229	巫溪县(渝)	267.00
230	万州区(渝)	200.00
231	龙泉驿区(川)	1120.00
232	江油市(川)	735.00
233	巴州区(川)	300.00
234	北川羌族自治县(川)	154.00
235	珙　县(川)	109.00
236	惠水县(黔)	2380.00
237	遵义县(黔)	597.00
238	瓮安县(黔)	250.00
239	碧江区(黔)	181.00
240	贵定县(黔)	150.00
241	文山市(滇)	2203.00
242	禄丰县(滇)	2110.00
243	武定县(滇)	1519.00
244	西畴县(滇)	697.50
245	洱源县(滇)	606.00
246	墨江哈尼族自治县(滇)	555.00
247	云　县(滇)	464.60
248	牟定县(滇)	439.00
249	景东彝族自治县(滇)	403.90
250	永胜县(滇)	300.00
251	楚雄市(滇)	213.35
252	宁洱哈尼族彝族自治县(滇)	195.70
253	彬　县(陕)	71770.00
254	富平县(陕)	45000.00
255	旬阳县(陕)	11505.00
256	洛南县(陕)	6883.00
257	山阳县(陕)	6070.00
258	凤翔县(陕)	5403.00
259	武功县(陕)	5000.00
260	临潼区(陕)	4500.00
261	商州区(陕)	3757.00
262	略阳县(陕)	2804.00
263	商南县(陕)	2534.00
264	汉阴县(陕)	2450.00
265	柞水县(陕)	2224.00
266	三原县(陕)	2000.00
267	乾　县(陕)	1860.00
268	丹凤县(陕)	1696.00
269	镇安县(陕)	1553.00
270	王益区(陕)	658.00
271	淳化县(陕)	656.00
272	太白县(陕)	634.00
273	渭滨区(陕)	536.00
274	雁塔区(陕)	160.00
275	西乡县(陕)	154.00
276	灞桥区(陕)	150.00
277	徽　县(甘)	3524.00
278	康　县(甘)	796.00
279	清水县(甘)	547.00
280	两当县(甘)	500.00
281	宁　县(甘)	400.00
282	舟曲县(甘)	348.00
283	正宁县(甘)	309.20
284	宕昌县(甘)	300.00

表 7-23　2012 年脐橙主产地产量

序号	脐橙主产地	产量(吨)
1	临海市(浙)	190.00
2	于都县(赣)	160000.00
3	会昌县(赣)	99613.00
4	崇义县(赣)	86850.00
5	瑞金市(赣)	80000.00
6	龙南县(赣)	70000.00
7	兴国县(赣)	57000.00
8	南康市(赣)	20000.00
9	全南县(赣)	18600.00
10	石城县(赣)	7210.00
11	金溪县(赣)	4629.00
12	赣　县(赣)	4011.00
13	吉州区(赣)	650.00

序号	脐橙主产地	产量(吨)
14	上犹县(赣)	611.00
15	余江县(赣)	370.00
16	高安市(赣)	215.00
17	芦溪县(赣)	180.00
18	宜章县(湘)	27484.00
19	安仁县(湘)	24000.00
20	江永县(湘)	6830.00
21	沅陵县(湘)	4530.00
22	汝城县(湘)	1913.00
23	新化县(湘)	1500.00
24	华容县(湘)	1015.00
25	桑植县(湘)	578.60
26	株洲县(湘)	426.00
27	蓝山县(湘)	320.00
28	雁峰区(湘)	150.00
29	恭城瑶族自治县(桂)	145101.00
30	灌阳县(桂)	24931.00
31	雁山区(桂)	300.00
32	邻水县(川)	13000.00
33	巴州区(川)	1200.00
34	榕江县(黔)	7500.00
35	普安县(黔)	700.00

表 7-24 2012 年其他果品主产地产量

序号	其他果品主产地	品种	产量(吨)
1	良庆区(桂)	菠萝	16469.00
2	潮安县(粤)	菠萝	4500.00
3	银海区(桂)	菠萝	1081.00
4	丰顺县(粤)	菠萝	509.00
5	孟连傣族拉祜族佤族自治县(滇)	菠萝	120.00
6	綦江县(渝)	番木瓜	550.00
7	那坡县(桂)	番木瓜	135.00
8	万盛区(渝)	番木瓜	55.00
9	同心县(宁)	枸杞	25000.00
10	都兰县(青)	枸杞	15081.31
11	杭锦后旗(内蒙古)	枸杞	13500.00
12	沙坡头区(宁)	枸杞	6948.00
13	永登县(甘)	枸杞	3500.00
14	永昌县(甘)	枸杞	2000.00
15	平罗县(宁)	枸杞	1600.00
16	永宁县(宁)	枸杞	1600.00
17	农垦事业管理局(宁)	枸杞	943.00
18	贺兰县(宁)	枸杞	909.40
19	怀来县(冀)	海棠	9200.00
20	扎赉特旗(内蒙古)	海棠	5000.00
21	巴林左旗(内蒙古)	海棠	460.00
22	乾安县(吉)	海棠	250.00
23	玉龙纳西族自治县(滇)	海棠	120.00
24	赤城县(冀)	海棠	110.00
25	房山区(京)	海棠	100.05
26	高安市(赣)	金橘	3157.00
27	祁东县(湘)	金橘	1209.00
28	汝城县(湘)	金橘	1109.00
29	清远市属总林场(粤)	金橘	980.00
30	陆川县(桂)	金橘	800.00
31	恭城瑶族自治县(桂)	金橘	589.00
32	蓝山县(湘)	金橘	120.00
33	东港区(鲁)	蓝莓	19800.00
34	邹城市(鲁)	蓝莓	2800.00
35	靖宇县(吉)	蓝莓	1650.00
36	凤阳县(皖)	蓝莓	1200.00
37	抚松县(吉)	蓝莓	516.00
38	临沂市临港经济开发区(鲁)	蓝莓	400.00
39	含山县(皖)	蓝莓	360.00
40	高密市(鲁)	蓝莓	300.00
41	余姚市(浙)	蓝莓	180.00
42	青浦区(沪)	蓝莓	166.90
43	仙居县(浙)	蓝莓	150.00
44	抚远县(黑)	蓝莓	125.00
45	漠河县(黑)	蓝莓	120.00
46	田阳县(桂)	杧果	91904.00
47	仁和区(川)	杧果	35679.00
48	攀枝花市西区(川)	杧果	33750.00
49	钦北区(桂)	杧果	6527.00
50	会东县(川)	杧果	6000.00
51	信宜市(粤)	杧果	6000.00
52	攀枝花市东区(川)	杧果	5550.00
53	龙州县(桂)	杧果	3450.00
54	云　县(滇)	杧果	1621.00
55	良庆区(桂)	杧果	1030.00
56	澜沧拉祜族自治县(滇)	杧果	909.80
57	丰顺县(粤)	杧果	587.00
58	巧家县(滇)	杧果	566.00
59	陆川县(桂)	杧果	500.00
60	元谋县(滇)	杧果	427.00
61	永胜县(滇)	杧果	280.00
62	广宁县(粤)	杧果	231.00
63	安岳县(川)	柠檬	275760.00
64	东源县(粤)	柠檬	20000.00
65	潼南县(渝)	柠檬	15000.00
66	内江市市中区(川)	柠檬	200.00
67	高　县(川)	柠檬	120.00
68	那坡县(桂)	柠檬	30.00
69	蓬溪县(川)	葡萄干	250.00
70	铅山县(赣)	葡萄干	190.00
71	徽州区(皖)	葡萄干	41.00

序号	其他果品主产地	品种	产量(吨)
72	正安县(黔)	葡萄干	5.00
73	墨江哈尼族自治县(滇)	葡萄干	3.00
74	新密市(豫)	山竹	1260.00
75	那坡县(桂)	山竹	45.00
76	尚志市(黑)	树莓	18000.00
77	封丘县(豫)	树莓	9860.00
78	新化县(湘)	树莓	2000.00
79	林口县(黑)	树莓	1096.00
80	荔波县(黔)	酸梅	5000.00
81	钦北区(桂)	酸梅	1425.00
82	宜章县(湘)	酸梅	557.00
83	蓝山县(湘)	酸梅	471.00
84	天台县(浙)	酸梅	300.00
85	塔城市(新)	酸梅	100.00
86	那坡县(桂)	酸梅	90.00
87	仙居县(浙)	酸梅	50.00
88	泾　县(皖)	酸梅	40.00
89	三门县(浙)	酸梅	40.00
90	临海市(浙)	酸梅	32.00
91	信丰县(赣)	甜瓜	21454.00
92	凤阳县(皖)	甜瓜	16000.00
93	农四师(新疆兵团)	甜瓜	9138.00
94	鼎城区(湘)	甜瓜	5800.00
95	太康县(豫)	甜瓜	5516.00
96	温岭市(浙)	甜瓜	3784.00
97	农二师(新疆兵团)	甜瓜	3400.00
98	东丰县(吉)	甜瓜	2020.00
99	长岭县(吉)	甜瓜	2000.00
100	桦南县(黑)	甜瓜	1980.00
101	郾城区(豫)	甜瓜	1434.00
102	丰宁满族自治县(冀)	文冠果	100.00
103	库伦旗(内蒙古)	文冠果	45.00
104	莱城区(鲁)	文冠果	30.00
105	扎赉特旗(内蒙古)	文冠果	20.00
106	威海市经济技术开发区(鲁)	无花果	4234.00
107	威远县(川)	无花果	3500.00
108	蓬莱市(鲁)	无花果	3000.00
109	岳普湖县(新)	无花果	1196.00
110	喀什市(新)	无花果	940.00
111	邹平县(鲁)	无花果	400.00
112	靖江市(苏)	无花果	100.00
113	农二师(新疆兵团)	香梨	97055.00
114	沙雅县(新)	香梨	31330.50
115	阿瓦提县(新)	香梨	22780.00
116	新和县(新)	香梨	15725.00
117	南　县(湘)	香梨	1300.00
118	驿城区(豫)	香梨	330.00
119	尚志市(黑)	小浆果	16000.00
120	涉　县(冀)	小浆果	12211.00
121	五常市(黑)	小浆果	2000.00
122	额敏县(新)	小浆果	397.00
123	桦川县(黑)	小浆果	300.00

表 8-1　2012 年马尾松母树林种子主产地产量

序号	马尾松种子主产地	产量(千克)
1	岳西县(皖)	157500.00
2	潜山县(皖)	500.00
3	祁门县(皖)	300.00
4	铅山县(赣)	9000.00
5	兴国县(赣)	4100.00
6	靖安县(赣)	520.00
7	樟树市(赣)	200.00
8	西峡县(豫)	10000.00
9	淅川县(豫)	7531.00
10	桐柏县(豫)	5500.00
11	大悟县(鄂)	20000.00
12	宜都市(鄂)	5000.00
13	罗田县(鄂)	3000.00
14	黄陂区(鄂)	3000.00
15	竹溪县(鄂)	2000.00
16	京山县(鄂)	300.00
17	祁东县(湘)	190570.00
18	双牌县(湘)	62580.00
19	宁远县(湘)	7500.00
20	江永县(湘)	500.00
21	通道侗族自治县(湘)	500.00
22	娄星区(湘)	300.00
23	汝城县(湘)	100.00
24	上林县(桂)	3650.00
25	忻城县(桂)	1000.00
26	全州县(桂)	550.00
27	派阳山林场(桂)	285.00
28	黔江区(渝)	59925.00
29	彭水苗族土家族自治县(渝)	4000.00
30	酉阳土家族苗族自治县(渝)	1285.00
31	云阳县(渝)	1000.00
32	綦江县(渝)	500.00
33	安　县(川)	5100.00
34	万源市(川)	2000.00
35	南江县(川)	1000.00
36	三台县(川)	450.00
37	富顺县(川)	200.00
38	凯里市(黔)	60000.00
39	惠水县(黔)	250.00
40	石泉县(陕)	330000.00
41	南郑县(陕)	50000.00
42	城固县(陕)	26800.00
43	汉阴县(陕)	3500.00

表 8-2　2012 年落叶松母树林种子主产地产量

序号	落叶松种子主产地	产量(千克)
1	围场满族蒙古族自治县(冀)	300000.00
2	塞罕坝机械林场(冀)	10000.00
3	木栏围场国营林场(冀)	600.00
4	尚义县(冀)	200.00
5	宁武县(晋)	7500.00
6	娄烦县(晋)	2000.00

序号	落叶松种子主产地	产量(千克)
7	和林格尔县(内蒙古)	1700.00
8	丰镇市(内蒙古)	700.00
9	巴林左旗(内蒙古)	500.00
10	五岔沟林业局(内蒙古)	100.00
11	庄河市(辽)	23800.00
12	宽甸满族自治县(辽)	3200.00
13	清原满族自治县(辽)	3070.00
14	抚顺县(辽)	2312.00
15	和龙林业局(吉)	2111830.00
16	敦化林业局(吉)	151965.00
17	汪清县(吉)	50000.00
18	汪清林业局(吉)	21187.90
19	白河林业局(吉)	15364.00
20	天桥岭林业局(吉)	1271.00
21	大石头林业局(吉)	416.00
22	逊克县(黑)	15000.00
23	富锦市(黑)	2000.00
24	孙吴县(黑)	1200.00
25	克山县(黑)	1000.00
26	龙江县(黑)	600.00
27	密山市(黑)	195.00
28	克东县(黑)	150.00
29	五常市(黑)	100.00
30	庄浪县(甘)	1300.00
31	湟中县(青)	3000.00
32	桦南林业局(龙江森工)	600.00
33	八面通林业局(龙江森工)	500.00
34	沾河林业局(龙江森工)	100.00
35	小陇山林业实验局(甘)	200.00

表 8-3 2012 年红松母树林种子主产地产量

序号	红松种子主产地	产量(千克)
1	新宾满族自治县(辽)	3970000.00
2	明山区(辽)	70000.00
3	东洲区(辽)	7020.00
4	本溪满族自治县(辽)	5000.00
5	东港市(辽)	4000.00
6	辽宁实验林场(辽)	100.00
7	通化县(吉)	2500000.00
8	安图县(吉)	1500000.00
9	敦化市(吉)	500000.00
10	和龙林业局(吉)	444015.00
11	敦化林业局(吉)	268712.00
12	大兴沟林业局(吉)	168272.80
13	辉南县(吉)	70000.00
14	黄泥河林业局(吉)	50269.00
15	八家子林业局(吉)	33358.00
16	集安市(吉)	30000.00
17	柳河县(吉)	30000.00
18	安图森林经营局(吉)	16686.00
19	东辽县(吉)	13000.00
20	临江市(吉)	12000.00
21	白河林业局(吉)	7942.00
22	大石头林业局(吉)	4777.00
23	长白朝鲜族自治县(吉)	4500.00
24	丰满区(吉)	3000.00
25	江源区(吉)	1500.00
26	珲春林业局(吉)	1076.20
27	天桥岭林业局(吉)	573.00
28	梅河口市(吉)	314.00
29	浑江区(吉)	170.00
30	海林市(黑)	502000.00
31	密山市(黑)	113262.00
32	桦川县(黑)	80000.00
33	方正县(黑)	65000.00
34	虎林市(黑)	30000.00
35	佳木斯市郊区(黑)	10000.00
36	通河县(黑)	5000.00
37	海伦市(黑)	5000.00
38	桦南县(黑)	3000.00
39	七台河市市辖区(黑)	300.00
40	汤原县(黑)	137.50
41	松江河林业有限公司(吉林森工)	166675.00
42	露水河林业局(吉林森工)	17000.00
43	红石林业局(吉林森工)	2000.00
44	临江林业局(吉林森工)	600.00
45	沾河林业局(龙江森工)	50000.00
46	鹤北林业局(龙江森工)	29430.00
47	亚布力林业局(龙江森工)	20000.00
48	桦南林业局(龙江森工)	16500.00
49	鹤立林业局(龙江森工)	15000.00
50	带岭实验局(龙江森工)	14503.00
51	朗乡林业局(龙江森工)	12000.00
52	大海林林业局(龙江森工)	11250.00
53	东方红林业局(龙江森工)	10144.00
54	汤旺河林业局(龙江森工)	10000.00
55	友好林业局(龙江森工)	10000.00
56	东京城林业局(龙江森工)	8000.00
57	新青林业局(龙江森工)	8000.00
58	美溪林业局(龙江森工)	7000.00
59	金山屯林业局(龙江森工)	7000.00
60	黑龙江柴河林业局(龙江森工)	6400.00
61	穆棱林业局(龙江森工)	5200.00
62	海林林业局(龙江森工)	5000.00
63	八面通林业局(龙江森工)	5000.00
64	五营林业局(龙江森工)	3500.00
65	上甘岭林业局(龙江森工)	3500.00
66	红星林业局(龙江森工)	3500.00
67	绥阳林业局(龙江森工)	2400.00
68	乌马河林业局(龙江森工)	1500.00
69	翠峦林业局(龙江森工)	1500.00
70	铁力林业局(龙江森工)	1500.00
71	双丰林业局(龙江森工)	1500.00
72	乌伊岭林业局(龙江森工)	1500.00
73	南岔林业局(龙江森工)	1500.00
74	桃山林业局(龙江森工)	1500.00

表 8-4 2012 年油松母树林种子主产地产量

序号	油松种子主产地	产量(千克)
1	围场满族蒙古族自治县(冀)	62700.00
2	蔚　县(冀)	8650.00
3	抚宁县(冀)	5000.00
4	平泉县(冀)	2200.00
5	沁　县(晋)	1200000.00
6	和顺县(晋)	50000.00
7	平顺县(晋)	4050.00
8	喀喇沁旗(内蒙古)	120000.00
9	宁城县(内蒙古)	750.00
10	丰镇市(内蒙古)	415.00
11	阜新蒙古族自治县(辽)	215000.00
12	凌源市(辽)	100000.00
13	凌海市(辽)	3000.00
14	西峡县(豫)	8000.00
15	辉县市(豫)	1150.00
16	卢氏县(豫)	100.00
17	罗田县(鄂)	200.00
18	商南县(陕)	51500.00
19	陈仓区(陕)	25000.00
20	石泉县(陕)	15600.00
21	南郑县(陕)	10000.00
22	韩城市林业局(陕)	10000.00
23	桥山林业局(陕)	410.00
24	陇　县(陕)	350.00
25	汉阴县(陕)	282.00
26	关山林业管理局(甘)	48000.00
27	华池县(甘)	18000.00

序号	油松种子主产地	产量(千克)
28	正宁林业总场(甘)	2800.00
29	迭部县(甘)	1800.00
30	西吉县(宁)	800.00
31	小陇山林业实验局(甘)	1110.00

表 8-5　2012 年杉木母树林种子主产地产量

序号	杉木种子主产地	产量(千克)
1	淳安县(浙)	305.00
2	休宁县(皖)	510.00
3	祁门县(皖)	400.00
4	东至县(皖)	300.00
5	安福县(赣)	5000.00
6	乐安县(赣)	5000.00
7	靖安县(赣)	2560.00
8	铜鼓县(赣)	800.00
9	樟树市(赣)	200.00
10	商城县(豫)	500.00
11	大悟县(鄂)	100000.00
12	长阳土家族自治县(鄂)	550.00
13	恩施市(鄂)	400.00
14	双牌县(湘)	49000.00
15	祁东县(湘)	43198.00
16	洞口县(湘)	15000.00
17	宁远县(湘)	10000.00
18	靖州苗族侗族自治县(湘)	6000.00
19	永定区(湘)	5000.00
20	资兴市(湘)	3600.00
21	会同县(湘)	1500.00
22	融水苗族自治县(桂)	810.00
23	昭平县(桂)	250.00
24	彭水苗族土家族自治县(渝)	800.00
25	梁平县(渝)	600.00
26	雨城区(川)	2000.00
27	芦山县(川)	1600.00
28	青川县(川)	800.00
29	黎平县(黔)	3000.00
30	西畴县(滇)	2500.00
31	石泉县(陕)	30000.00
32	城固县(陕)	13400.00
33	平利县(陕)	5000.00

表 8-6　2012 年云杉母树林种子主产地产量

序号	云杉种子主产地	产量(千克)
1	蔚　县(冀)	7620.00
2	阿尔山市(内蒙古)	2000.00
3	五岔沟林业局(内蒙古)	900.00
4	汪清林业局(吉)	2324.40
5	大石头林业局(吉)	382.00
6	白河林业局(吉)	220.00
7	甘孜县(川)	1600.00
8	新龙县(川)	200.00
9	炉霍县(川)	150.00
10	炉霍林业局(川)	100.00
11	民乐县(甘)	1800.00
12	迭部县(甘)	1750.00
13	碌曲县(甘)	160.00
14	祁连县(青)	2000.00
15	麦秀森林公园(青)	150.00
16	乌鲁木齐南山林场(新)	130.00
17	玛纳斯南山林场(新)	100.00
18	大海林林业局(龙江森工)	120.00

表 8-7　2012 年其他母树林种子主产地产量

序号	其他种子主产地	品种	产量(千克)
1	英吉沙县(新)	巴旦木	8160.00
2	疏附县(新)	巴旦木	100.00
3	伊宁县(新)	白蜡	5000.00
4	东乡族自治县(甘)	白蜡	1500.00
5	尧都区(晋)	白皮松	83000.00
6	韩城市林业局(陕)	白皮松	45000.00
7	两当县(甘)	白皮松	10000.00
8	小陇山林业实验局(甘)	白皮松	1500.00
9	南漳县(鄂)	白皮松	1000.00
10	遵化市(冀)	柏树	350000.00
11	沁　县(晋)	柏树	180000.00
12	石泉县(陕)	柏树	114000.00
13	平阴县(鲁)	柏树	100000.00
14	萧　县(皖)	柏树	82500.00
15	西峡县(豫)	柏树	30000.00
16	洞口县(湘)	柏树	20000.00
17	蒙阴县(鲁)	柏树	11780.00
18	凯里市(黔)	柏树	10000.00
19	商南县(陕)	柏树	7980.00
20	东平县(鲁)	柏树	5000.00
21	淅川县(豫)	柏树	4623.00
22	盐亭县(川)	柏树	4200.00
23	稷山县(晋)	柏树	2500.00
24	永定区(湘)	柏树	2000.00
25	定西市巉口林业试验场(甘)	柏树	1200.00
26	郏　县(豫)	柏树	1000.00
27	互助土族自治县(青)	柏树	500.00
28	北山森林公园(青)	柏树	500.00
29	民乐县(甘)	柏树	400.00
30	安陆市(鄂)	柏树	100.00
31	英吉沙县(新)	柽柳	89000.00
32	天长市(皖)	池杉	7500.00
33	鼎城区(湘)	池杉	860.00
34	白河林业局(吉)	赤松	4885.00
35	沁　县(晋)	刺槐	2320000.00
36	洛宁县(豫)	刺槐	300000.00
37	商南县(陕)	刺槐	51000.00
38	东港区(鲁)	刺槐	29333.00
39	庄河市(辽)	刺槐	28300.00
40	老河口市(鄂)	刺槐	25000.00
41	青铜峡市(宁)	刺槐	15000.00
42	渑池县(豫)	刺槐	7000.00
43	蒙阴县(鲁)	刺槐	5769.00
44	凌海市(辽)	刺槐	2500.00
45	贺兰县(宁)	刺槐	350.00

序号	其他种子主产地	品种	产量(千克)
46	淅川县(豫)	刺槐	209.00
47	青阳县(皖)	刺楸	300.00
48	樟树市(赣)	杜英	300.00
49	东至县(皖)	鹅掌楸	11000.00
50	酉阳土家族苗族自治县(渝)	鹅掌楸	5400.00
51	五峰土家族自治县(鄂)	鹅掌楸	700.00
52	樟树市(赣)	鹅掌楸	300.00
53	修水县(赣)	枫香	5000.00
54	兴国县(赣)	枫香	5000.00
55	祁东县(湘)	枫香	1905.00
56	石台县(皖)	枫香	1000.00
57	祁门县(皖)	枫香	500.00
58	东至县(皖)	枫香	300.00
59	全州县(桂)	桂花	11000.00
60	樟树市(赣)	桂花	200.00
61	冷水滩区(湘)	国外松	2250.00
62	于都县(赣)	国外松	1000.00
63	淳安县(浙)	国外松	310.00
64	平利县(陕)	核桃	750000.00
65	越西县(川)	核桃	450000.00
66	盐亭县(川)	核桃	240000.00
67	西畴县(滇)	核桃	124800.00
68	旺苍县(川)	核桃	100000.00
69	叶城县(新)	核桃	84700.00
70	商南县(陕)	核桃	50500.00
71	玉龙纳西族自治县(滇)	核桃	15000.00
72	内乡县(豫)	核桃	15000.00
73	汾阳市(晋)	核桃	2000.00
74	丰顺县(粤)	荷木	300.00
75	安福县(赣)	荷木	100.00
76	东港区(鲁)	黑松	58667.00
77	旅顺口区(辽)	黑松	202.50
78	中国林科院热林中心(桂)	红锥	1000.00
79	城固县(陕)	厚朴	93800.00
80	桂东县(湘)	厚朴	16000.00
81	南郑县(陕)	厚朴	9500.00
82	北川羌族自治县(川)	厚朴	450.00
83	新宾满族自治县(辽)	胡桃楸	43500000.00
84	敦化林业局(吉)	胡桃楸	303795.00
85	大兴沟林业局(吉)	胡桃楸	220422.40
86	山河实验林场(黑)	胡桃楸	50000.00
87	东京城林业局(龙江森工)	胡桃楸	35000.00
88	东方红林业局(龙江森工)	胡桃楸	30000.00
89	五常市(黑)	胡桃楸	6000.00
90	三岔子林业局(吉林森工)	胡桃楸	5000.00
91	松江河林业有限公司(吉林森工)	胡桃楸	4121.50
92	文　县(甘)	华山松	2250000.00
93	越西县(川)	华山松	150000.00
94	镇安县(陕)	华山松	131000.00
95	永善县(滇)	华山松	115000.00
96	南郑县(陕)	华山松	40000.00
97	布拖县(川)	华山松	30000.00
98	清水县(甘)	华山松	14000.00
99	务川仡佬族苗族自治县(黔)	华山松	13567.00
100	南华县(滇)	华山松	10000.00
101	楚雄市(滇)	华山松	6000.00
102	万源市(川)	华山松	5000.00
103	会东县(川)	华山松	5000.00
104	洱源县(滇)	华山松	5000.00
105	西峡县(豫)	华山松	2000.00
106	平坝县(黔)	华山松	750.00
107	云　县(滇)	华山松	300.00
108	利州区(川)	华山松	300.00
109	广元市天台林场(川)	华山松	300.00
110	华阴市(陕)	华山松	100.00
111	和龙林业局(吉)	桦树	439318.40
112	敦化林业局(吉)	桦树	4986.00
113	淇滨区(豫)	黄连木	2300.00
114	婺源县(赣)	火炬松	500.00
115	全椒县(皖)	火炬松	175.00
116	英德市(粤)	火炬松	100.00
117	洪江市(湘)	栲树	300.00
118	敦化林业局(吉)	栎树	177113.00
119	随县(鄂)	栎树	50000.00
120	平桥区(豫)	栎树	40000.00
121	东至县(皖)	栎树	18000.00
122	固始县(豫)	栎树	14000.00
123	旺苍县(川)	栎树	10000.00
124	霍山县(皖)	栎树	10000.00
125	汉阴县(陕)	栎树	3500.00
126	舞钢市(豫)	栎树	2880.00
127	资兴市(湘)	栎树	1500.00
128	五常市(黑)	栎树	1000.00
129	丰满区(吉)	栎树	500.00
130	洪江市(湘)	栎树	400.00
131	奉节县(渝)	柳杉	5000.00
132	万源市(川)	柳杉	500.00
133	利州区(川)	柳杉	200.00
134	广元市天台林场(川)	柳杉	200.00
135	老河口市(鄂)	栾树	5000.00
136	鼎城区(湘)	落羽杉	610.00
137	铜鼓县(赣)	南方红豆杉	200.00

序号	其他种子主产地	品种	产量(千克)
138	金洞林场(湘)	楠木	300.00
139	庆元县(浙)	楠木	132.00
140	安定区(甘)	柠条	18705675.00
141	西吉县(宁)	柠条	450000.00
142	林西县(内蒙古)	柠条	138000.00
143	科尔沁左翼中旗(内蒙古)	柠条	30000.00
144	盐池县(宁)	柠条	28960.00
145	五寨县(晋)	柠条	20000.00
146	鄂托克前旗(内蒙古)	柠条	13000.00
147	米脂县(陕)	柠条	7500.00
148	丰镇市(内蒙古)	柠条	5800.00
149	阿巴嘎旗(内蒙古)	柠条	3500.00
150	永靖县(甘)	柠条	756.00
151	定西市巉口林业试验场(甘)	柠条	750.00
152	陕西省苗木繁育中心(陕)	女贞	750.00
153	安定区(甘)	苹果	1080000.00
154	云　县(滇)	桤木	60000.00
155	盐亭县(川)	桤木	50000.00
156	平昌县(川)	桤木	7000.00
157	凉城县(内蒙古)	沙棘	95000.00
158	甘孜县(川)	沙棘	1400.00
159	大兴沟林业局(吉)	沙松	27146.20
160	英吉沙县(新)	沙枣	1015000.00
161	临泽县(甘)	沙枣	10000.00
162	李井滩示范区(内蒙古)	沙枣	1000.00
163	惠农区(宁)	沙枣	800.00
164	双牌县(湘)	湿地松	84750.00
165	随县(鄂)	湿地松	5300.00
166	汨罗市(湘)	湿地松	4100.00
167	荆门市市辖区(鄂)	湿地松	1000.00
168	瑞金市(赣)	湿地松	450.00
169	樟树市(赣)	湿地松	400.00
170	靖安县(赣)	湿地松	254.00
171	安陆市(鄂)	湿地松	200.00
172	临安市(浙)	湿地松	100.00
173	新宾满族自治县(辽)	水曲柳	75000.00
174	大兴沟林业局(吉)	水曲柳	31977.00
175	松江河林业有限公司(吉林森工)	水曲柳	2061.00
176	五常市(黑)	水曲柳	300.00
177	鼎城区(湘)	水杉	820.00
178	利川市(鄂)	水杉	500.00
179	澜沧拉祜族自治县(滇)	思茅松	2000.00
180	科尔沁左翼中旗(内蒙古)	文冠果	10000.00
181	定西市巉口林业试验场(甘)	文冠果	750.00
182	筠连县(川)	香椿	2000.00
183	安定区(甘)	香梨	14713300.00

序号	其他种子主产地	品种	产量(千克)
184	祁东县(湘)	香樟	2286900.00
185	阳新县(鄂)	香樟	18000.00
186	岳阳县(湘)	香樟	10000.00
187	黄陂区(鄂)	香樟	6000.00
188	大足县(渝)	香樟	5500.00
189	威信县(滇)	香樟	4800.00
190	樟树市(赣)	香樟	3900.00
191	郧　县(鄂)	香樟	2000.00
192	万源市(川)	香樟	500.00
193	醴陵市(湘)	香樟	100.00
194	勐腊县(滇)	橡胶	135010.00
195	东乡族自治县(甘)	杏	2400000.00
196	西吉县(宁)	杏	562500.00
197	彭阳县(宁)	杏	1610.00
198	敦化林业局(吉)	杨树	95746.00
199	新和县(新)	杨树	1825.00
200	资阳区(湘)	杨树	160.00
201	邳州市(苏)	银杏	169000.00
202	安陆市(鄂)	银杏	70000.00
203	全州县(桂)	银杏	23000.00
204	振安区(辽)	银杏	10000.00
205	陕西省苗木繁育中心(陕)	银杏	375.00
206	梁平县(渝)	油茶	141750.00
207	岑溪市(桂)	油茶	50000.00
208	舒城县(皖)	油茶	20000.00
209	大悟县(鄂)	油茶	10000.00
210	浏阳市(湘)	油茶	7500.00
211	樟树市(赣)	油茶	2000.00
212	桃江县(湘)	油茶	1500.00
213	长阳土家族自治县(鄂)	油茶	600.00
214	阿巴嘎旗(内蒙古)	榆树	15000.00
215	科尔沁左翼中旗(内蒙古)	榆树	5000.00
216	美姑县(川)	云南松	2500.00
217	永仁县(滇)	云南松	2000.00
218	雅江县(川)	云南松	100.00
219	龙江县(黑)	樟子松	5975.00
220	拜泉县(黑)	樟子松	5000.00
221	东丰县(吉)	樟子松	4000.00
222	阿尔山市(内蒙古)	樟子松	3000.00
223	泰来县(黑)	樟子松	2000.00
224	梨树县(吉)	樟子松	2000.00
225	扎兰屯市(内蒙古)	樟子松	1200.00
226	克山县(黑)	樟子松	1000.00
227	昌图县(辽)	樟子松	1000.00
228	黑河市直属林场(黑)	樟子松	540.00
229	巴彦县(黑)	樟子松	510.00

序号	其他种子主产地	品种	产量(千克)
230	绥棱县(黑)	樟子松	500.00
231	北票市(辽)	樟子松	400.00
232	密山市(黑)	樟子松	165.00
233	大石头林业局(吉)	樟子松	124.00
234	讷河市(黑)	樟子松	100.00
235	平利县(陕)	珍稀乡土	150000.00
236	岚皋县(陕)	珍稀乡土	9500.00
237	庆元县(浙)	珍稀乡土	247.50
238	大兴沟林业局(吉)	紫椴	89976.60
239	白河林业局(吉)	紫椴	1295.00
240	松江河林业有限公司(吉林森工)	紫椴	250.00
241	汪清林业局(吉)	紫杉	3611.80

表 9-1 2012 年马尾松种子园种子主产地产量

序号	马尾松种子主产地	产量(千克)
1	岳西县(皖)	15000.00
2	霍山县(皖)	15000.00
3	潜山县(皖)	7700.00
4	全椒县(皖)	242.00
5	兴国县(赣)	4000.00
6	平桥区(豫)	15000.00
7	宜都市(鄂)	5000.00
8	南漳县(鄂)	5000.00
9	黄陂区(鄂)	1500.00
10	湖北省太子山林场(鄂)	800.00
11	祁东县(湘)	190570.00
12	宜章县(湘)	7264.00
13	宁远县(湘)	1500.00
14	桂阳县(湘)	230.00
15	岑溪市(桂)	5250.00
16	上林县(桂)	2150.00
17	忻城县(桂)	250.00
18	黔江区(渝)	59925.00
19	彭水苗族土家族自治县(渝)	7000.00
20	酉阳土家族苗族自治县(渝)	2400.00
21	南川区(渝)	112.00
22	南江县(川)	8000.00
23	万源市(川)	500.00
24	富顺县(川)	380.00
25	高　县(川)	180.00
26	凯里市(黔)	39000.00
27	石泉县(陕)	330000.00

表 9-2 2012 年杉木种子园种子主产地产量

序号	杉木种子主产地	产量(千克)
1	临安市(浙)	500.00
2	淳安县(浙)	305.00
3	休宁县(皖)	510.00
4	石台县(皖)	500.00
5	泾　县(皖)	120.00
6	乐安县(赣)	5000.00
7	安福县(赣)	800.00
8	信丰县(赣)	600.00
9	崇义县(赣)	260.00
10	余江县(赣)	240.00
11	樟树市(赣)	200.00
12	南城县(赣)	120.00
13	阳新县(鄂)	10000.00
14	竹山县(鄂)	2000.00
15	恩施市(鄂)	1650.00
16	长阳土家族自治县(鄂)	750.00
17	祁东县(湘)	43198.00
18	岳阳县(湘)	3000.00
19	靖州苗族侗族自治县(湘)	2000.00
20	会同县(湘)	1500.00
21	资兴市(湘)	1000.00
22	攸　县(湘)	750.00
23	城步苗族自治县(湘)	100.00
24	天峨县(桂)	500.00
25	全州县(桂)	400.00
26	昭平县(桂)	250.00
27	象州县(桂)	190.00
28	南丹县(桂)	100.00
29	彭水苗族土家族自治县(渝)	2200.00
30	南川区(渝)	1096.00
31	筠连县(川)	1000.00
32	珙　县(川)	1000.00
33	德昌县(川)	300.00
34	高　县(川)	300.00
35	古蔺县(川)	250.00
36	黎平县(黔)	7987.50
37	马关县(滇)	3000.00
38	石泉县(陕)	30000.00
39	平利县(陕)	1500.00

表 9-3 2012 年其他种子园种子主产地产量

序号	其他种子主产地	品种	产量(千克)
1	英吉沙县(新)	巴旦木	8160.00
2	伊宁县(新)	白蜡	5000.00
3	垦利县(鲁)	白蜡	5000.00
4	惠农区(宁)	白蜡	3000.00
5	平罗县(宁)	白蜡	1000.00
6	南漳县(鄂)	白皮松	1000.00
7	小陇山林业实验局(甘)	白皮松	500.00
8	石泉县(陕)	柏树	114000.00
9	垣曲县(晋)	柏树	110000.00
10	内乡县(豫)	柏树	75000.00
11	凯里市(黔)	柏树	23000.00
12	萧　县(皖)	柏树	16500.00
13	陇西县(甘)	柏树	12000.00
14	郧　县(鄂)	柏树	10000.00
15	商南县(陕)	柏树	8200.00
16	阜新蒙古族自治县(辽)	柏树	2300.00
17	郏　县(豫)	柏树	2000.00
18	淅川县(豫)	柏树	209.00
19	三台县(川)	柏树	200.00
20	东至县(皖)	檫树	22000.00
21	洪湖市(鄂)	池杉	5000.00
22	庄河市(辽)	赤松	4300.00
23	内乡县(豫)	刺槐	75000.00

序号	其他种子主产地	品种	产量(千克)
24	文　县(甘)	刺槐	45000.00
25	北票市(辽)	刺槐	24000.00
26	郧　县(鄂)	刺槐	20000.00
27	洛宁县(豫)	刺槐	16000.00
28	青铜峡市(宁)	刺槐	15000.00
29	陇西县(甘)	刺槐	10000.00
30	普兰店市(辽)	刺槐	7500.00
31	商南县(陕)	刺槐	5150.00
32	清水县(甘)	刺槐	3100.00
33	庄河市(辽)	刺槐	2610.00
34	凌海市(辽)	刺槐	2000.00
35	平利县(陕)	刺槐	1500.00
36	吉　县(晋)	刺槐	1500.00
37	贺兰县(宁)	刺槐	356.30
38	淅川县(豫)	刺槐	215.00
39	南郑县(陕)	刺槐	100.00
40	红寺堡区(宁)	枸杞	3847.40
41	永靖县(甘)	枸杞	330.00
42	舒兰市(吉)	枸杞	110.00
43	冷水滩区(湘)	国外松	2250.00
44	淳安县(浙)	国外松	310.00
45	内乡县(豫)	核桃	3600000.00
46	平利县(陕)	核桃	3000000.00
47	两当县(甘)	核桃	400000.00
48	东平县(鲁)	核桃	230000.00
49	商南县(陕)	核桃	52500.00
50	罗田县(鄂)	核桃	50000.00
51	泽普县(新)	核桃	36750.00
52	英吉沙县(新)	核桃	24000.00
53	西峡县(豫)	核桃	21000.00
54	七星关区(黔)	核桃	16279.00
55	叶城县(新)	核桃	10000.00
56	通道侗族自治县(湘)	核桃	10000.00
57	南郑县(陕)	核桃	8600.00
58	汾阳市(晋)	核桃	5000.00
59	寻甸回族彝族自治县(滇)	核桃	3000.00
60	竹溪县(鄂)	核桃	1200.00
61	万源市(川)	核桃	500.00
62	瓮安县(黔)	核桃	200.00
63	临沭县(鲁)	黑松	5100.00
64	庄河市(辽)	黑松	1700.00
65	新宾满族自治县(辽)	红松	3970000.00
66	通化县(吉)	红松	2500000.00
67	汪清林业局(吉)	红松	200000.00
68	林口县(黑)	红松	100000.00
69	敦化林业局(吉)	红松	100000.00
70	抚顺县(辽)	红松	61500.00
71	孟家岗林场(黑)	红松	28730.00
72	苇河林业局(龙江森工)	红松	20000.00
73	柳河县(吉)	红松	10360.00
74	红石林业局(吉林森工)	红松	6000.00
75	本溪满族自治县(辽)	红松	6000.00
76	带岭实验局(龙江森工)	红松	2015.00
77	林口林业局(龙江森工)	红松	800.00
78	七台河市市辖区(黑)	红松	700.00
79	临江林业局(吉林森工)	红松	200.00
80	红寺堡区(宁)	红枣	242.40
81	新宾满族自治县(辽)	胡桃楸	43500000.00
82	白石山林业局(吉林森工)	胡桃楸	2400.00
83	奉节县(渝)	华山松	380000.00
84	陈仓区(陕)	华山松	100000.00
85	平利县(陕)	华山松	20000.00
86	渭源县(甘)	华山松	7500.00
87	略阳县(陕)	华山松	6000.00
88	楚雄市(滇)	华山松	6000.00
89	洱源县(滇)	华山松	5000.00
90	庄河市(辽)	华山松	1530.00
91	寻甸回族彝族自治县(滇)	华山松	1000.00
92	平坝县(黔)	华山松	750.00
93	万源市(川)	华山松	500.00
94	宁东林业局(陕)	华山松	400.00
95	威宁彝族回族苗族自治县(黔)	华山松	100.00
96	西宁市市辖区(青)	桦树	1100.00
97	平罗县(宁)	槐树	250.00
98	泌阳县(豫)	火炬松	5000.00
99	桐柏县(豫)	火炬松	2000.00
100	荆州区(鄂)	火炬松	1500.00
101	安福县(赣)	火炬松	200.00
102	婺源县(赣)	栲树	800.00
103	修水县(赣)	栲树	220.00
104	略阳县(陕)	栎树	300000.00
105	郧　县(鄂)	栎树	200000.00
106	平利县(陕)	栎树	200000.00
107	南郑县(陕)	栎树	24000.00
108	固始县(豫)	栎树	22000.00
109	舞钢市(豫)	栎树	7290.00
110	万源市(川)	栎树	800.00
111	确山县(豫)	栎树	104.00
112	清原满族自治县(辽)	落叶松	8600.00
113	通渭县(甘)	落叶松	6000.00
114	渭源县(甘)	落叶松	5000.00
115	汪清县(吉)	落叶松	5000.00

序号	其他种子主产地	品种	产量(千克)
116	本溪满族自治县(辽)	落叶松	3000.00
117	庄河市(辽)	落叶松	2600.00
118	宽甸满族自治县(辽)	落叶松	2000.00
119	新宾满族自治县(辽)	落叶松	1500.00
120	和林格尔县(内蒙古)	落叶松	1300.00
121	抚顺县(辽)	落叶松	1011.00
122	木栏围场国营林场(冀)	落叶松	900.00
123	七台河市市辖区(黑)	落叶松	700.00
124	龙江县(黑)	落叶松	600.00
125	东洲区(辽)	落叶松	340.00
126	小陇山林业实验局(甘)	落叶松	300.00
127	克山县(黑)	落叶松	250.00
128	静乐县(晋)	落叶松	200.00
129	巴林左旗(内蒙古)	落叶松	200.00
130	宁城县(内蒙古)	落叶松	185.00
131	万源市(川)	落叶松	100.00
132	鼎城区(湘)	落羽杉	680.00
133	建德市(浙)	楠木	2500.00
134	彭阳县(宁)	柠条	46000.00
135	四子王旗(内蒙古)	柠条	39000.00
136	察哈尔右翼后旗(内蒙古)	柠条	35000.00
137	盐池县(宁)	柠条	28960.00
138	西宁市市辖区(青)	柠条	18200.00
139	乌拉特中旗(内蒙古)	柠条	10000.00
140	陇西县(甘)	柠条	10000.00
141	东乌珠穆沁旗(内蒙古)	柠条	5500.00
142	镶黄旗(内蒙古)	柠条	4000.00
143	永靖县(甘)	柠条	756.00
144	红寺堡区(宁)	苹果	7249.00
145	红寺堡区(宁)	葡萄	11000.00
146	英吉沙县(新)	沙枣	1201000.00
147	城关区(藏)	沙枣	3375.00
148	平罗县(宁)	沙枣	300.00
149	汨罗市(湘)	湿地松	4100.00
150	孝昌县(鄂)	湿地松	1500.00
151	余江县(赣)	湿地松	1200.00
152	安陆市(鄂)	湿地松	600.00
153	瑞金市(赣)	湿地松	300.00
154	娄星区(湘)	湿地松	200.00
155	泾　县(皖)	湿地松	200.00
156	樟树市(赣)	湿地松	100.00
157	临江林业局(吉林森工)	水曲柳	400.00
158	潜江市(鄂)	水杉	1000.00
159	云　县(滇)	思茅松	600.00
160	景谷傣族彝族自治县(滇)	思茅松	350.00
161	林西县(内蒙古)	杏	300000.00
162	北票市(辽)	杏	50000.00
163	多伦县(内蒙古)	杏	39800.00
164	英吉沙县(新)	杏	9600.00
165	华池县(甘)	杏	2100.00
166	曲周县(冀)	杨树	462.00
167	两当县(甘)	油松	200000.00
168	商南县(陕)	油松	50100.00
169	北票市(辽)	油松	50000.00
170	阜新蒙古族自治县(辽)	油松	20000.00
171	石泉县(陕)	油松	15600.00
172	平利县(陕)	油松	10000.00
173	北镇市(辽)	油松	10000.00
174	抚宁县(冀)	油松	7000.00
175	略阳县(陕)	油松	5000.00
176	平顺县(晋)	油松	4050.00
177	渭源县(甘)	油松	3000.00
178	凌海市(辽)	油松	3000.00
179	合水林业总场(甘)	油松	3000.00
180	正宁林业总场(甘)	油松	1800.00
181	华池林业总场(甘)	油松	1500.00
182	陇　县(陕)	油松	650.00
183	洛南县(陕)	油松	477.00
184	平泉县(冀)	油松	434.00
185	小陇山林业实验局(甘)	油松	300.00
186	桥山林业局(陕)	油松	280.00
187	汉阴县(陕)	油松	200.00
188	宁城县(内蒙古)	油松	105.00
189	玉龙纳西族自治县(滇)	云南松	2600.00
190	永仁县(滇)	云南松	2000.00
191	云　县(滇)	云南松	450.00
192	普格县(川)	云南松	210.00
193	广南县(滇)	云南松	200.00
194	湟中县(青)	云杉	30000.00
195	循化撒拉族自治县(青)	云杉	8000.00
196	渭源县(甘)	云杉	5200.00
197	肃南裕固族自治县(甘)	云杉	200.00
198	乌鲁木齐南山林场(新)	云杉	110.00
199	小陇山林业实验局(甘)	云杉	100.00
200	玛纳斯南山林场(新)	云杉	100.00
201	炉霍林业局(川)	云杉	100.00
202	泰来县(黑)	樟子松	2000.00
203	龙江县(黑)	樟子松	900.00
204	七台河市市辖区(黑)	樟子松	600.00
205	克东县(黑)	樟子松	370.00
206	克山县(黑)	樟子松	250.00
207	辽宁省固沙造林研究所(辽)	樟子松	150.00

表 10-1　2012 年马尾松苗主产地产量

序号	马尾松苗主产地	产量(万株)
1	龙泉市(浙)	350.00
2	建德市(浙)	40.00
3	岳西县(皖)	525.00
4	潜山县(皖)	40.00
5	安远县(赣)	450.00
6	石城县(赣)	398.00
7	于都县(赣)	300.00
8	龙南县(赣)	250.00
9	铅山县(赣)	250.00
10	宜丰县(赣)	68.00
11	修水县(赣)	45.00
12	广昌县(赣)	30.00
13	上栗县(赣)	28.00
14	全南县(赣)	10.00
15	广水市(鄂)	3100.00
16	大悟县(鄂)	553.00
17	蕲春县(鄂)	240.00
18	罗田县(鄂)	120.00
19	湖北省太子山林场(鄂)	90.00
20	麻城市(鄂)	80.00
21	英山县(鄂)	80.00
22	钟祥市(鄂)	50.00
23	阳新县(鄂)	45.00
24	竹溪县(鄂)	40.00
25	大冶市(鄂)	25.00
26	醴陵市(湘)	12000.00
27	桃江县(湘)	1500.00
28	涟源市(湘)	1500.00
29	蓝山县(湘)	1488.52
30	新化县(湘)	1000.00
31	靖州苗族侗族自治县(湘)	540.00
32	新宁县(湘)	500.00
33	宜章县(湘)	480.00
34	吉首市(湘)	380.00
35	双峰县(湘)	370.00
36	芷江侗族自治县(湘)	320.00
37	临武县(湘)	296.00
38	麻阳苗族自治县(湘)	280.02
39	湘乡市(湘)	250.00
40	安化县(湘)	250.00
41	桂阳县(湘)	246.80
42	石门县(湘)	240.00
43	新晃侗族自治县(湘)	220.00
44	双牌县(湘)	210.00
45	中方县(湘)	200.00
46	辰溪县(湘)	200.00
47	祁东县(湘)	200.00
48	洞口县(湘)	150.00
49	资兴市(湘)	150.00
50	城步苗族自治县(湘)	130.00
51	沅陵县(湘)	125.00
52	汝城县(湘)	120.00
53	冷水江市(湘)	120.00
54	安仁县(湘)	120.00
55	溆浦县(湘)	100.00
56	绥宁县(湘)	100.00
57	洪江市(湘)	75.00
58	慈利县(湘)	50.00
59	宁远县(湘)	50.00
60	武冈市(湘)	20.50
61	永兴县(湘)	19.70
62	江永县(湘)	16.00
63	信宜市(粤)	500.00
64	清新县(粤)	100.00
65	阳山县(粤)	66.00
66	丰顺县(粤)	60.00
67	连州市(粤)	50.00
68	阳西县(粤)	50.00
69	高州市(粤)	25.00
70	高要市(粤)	21.60
71	饶平县(粤)	20.00
72	南丹县(桂)	1570.00
73	苍梧县(桂)	528.00
74	派阳山林场(桂)	520.00
75	西林县(桂)	511.00
76	上林县(桂)	420.00
77	田东县(桂)	375.00
78	田林县(桂)	350.00
79	上思县(桂)	350.00
80	隆林各族自治县(桂)	350.00
81	昭平县(桂)	310.00
82	永福县(桂)	250.00
83	凤山县(桂)	230.00
84	钦北区(桂)	200.00
85	八步区(桂)	170.00
86	平果县(桂)	150.00
87	平乐县(桂)	145.20
88	忻城县(桂)	100.00
89	黄冕林场(桂)	83.60
90	东兰县(桂)	80.00
91	柳城县(桂)	70.00
92	博白林场(桂)	52.80
93	陆川县(桂)	50.00
94	中国林科院热林中心(桂)	47.00
95	高峰林场(桂)	44.29
96	雅长林场(桂)	40.57
97	良庆区(桂)	25.00
98	灵山县(桂)	15.00
99	灌阳县(桂)	10.00
100	江州区(桂)	10.00
101	钟山县(桂)	10.00
102	彭水苗族土家族自治县(渝)	1080.00
103	綦江县(渝)	500.00
104	云阳县(渝)	450.00
105	武隆县(渝)	130.00
106	渝北区(渝)	67.50
107	开　县(渝)	30.00
108	万盛区(渝)	20.00
109	富顺县(川)	150.00
110	高　县(川)	70.00
111	宣汉县(川)	50.00
112	荣　县(川)	40.00
113	泸　县(川)	15.00
114	独山县(黔)	986.04
115	盘　县(黔)	750.00
116	荔波县(黔)	450.00
117	惠水县(黔)	430.00
118	黄平县(黔)	400.00
119	紫云苗族布依族自治县(黔)	380.00
120	罗甸县(黔)	310.33
121	长顺县(黔)	220.00
122	开阳县(黔)	210.59
123	贵定县(黔)	200.00
124	三都水族自治县(黔)	140.00
125	都匀市(黔)	128.92
126	江口县(黔)	120.00
127	龙里县(黔)	110.00
128	碧江区(黔)	90.00
129	施秉县(黔)	86.00
130	德江县(黔)	78.00
131	丹寨县(黔)	70.00
132	台江县(黔)	60.00
133	黔西县(黔)	48.44
134	余庆县(黔)	36.10
135	瓮安县(黔)	30.00
136	锦屏县(黔)	20.00
137	岑巩县(黔)	20.00

序号	马尾松苗主产地	产量(万株)
138	石阡县(黔)	16.30
139	凯里市(黔)	15.50

表 10-2　2012 年落叶松苗主产地产量

	落叶松苗主产地	产量(万株)
1	围场满族蒙古族自治县(冀)	10128.00
2	沽源县(冀)	3600.00
3	尚义县(冀)	635.00
4	赤城县(冀)	570.00
5	丰宁满族自治县(冀)	480.00
6	塞罕坝机械林场(冀)	450.00
7	平泉县(冀)	225.00
8	木栏围场国营林场(冀)	216.00
9	张北县(冀)	84.00
10	静乐县(晋)	4000.00
11	五台县(晋)	1500.00
12	灵丘县(晋)	1200.00
13	神池县(晋)	130.00
14	五岔沟林业局(内蒙古)	5000.00
15	克什克腾旗(内蒙古)	2002.00
16	松山区(内蒙古)	1125.00
17	察哈尔右翼中旗(内蒙古)	805.00
18	巴林左旗(内蒙古)	600.00
19	鄂伦春自治旗(内蒙古)	500.00
20	宁城县(内蒙古)	430.00
21	阿尔山市(内蒙古)	240.00
22	喀喇沁旗(内蒙古)	210.00
23	内蒙古柴河林业局(内蒙古)	200.00
24	翁牛特旗(内蒙古)	196.00
25	东乌珠穆沁旗(内蒙古)	80.00
26	免渡河林业局(内蒙古)	65.00
27	巴林林业局(内蒙古)	42.58
28	武川县(内蒙古)	35.00
29	新宾满族自治县(辽)	50000.00
30	凤城市(辽)	8400.00
31	清原满族自治县(辽)	6700.00
32	桓仁满族自治县(辽)	5400.00
33	宽甸满族自治县(辽)	3200.00
34	抚顺县(辽)	2394.00
35	本溪满族自治县(辽)	1842.00
36	盖州市(辽)	1200.00
37	开原市(辽)	1000.00
38	辽阳县(辽)	800.00
39	大石桥市(辽)	190.00
40	辽宁省森林经营研究所(辽)	175.04
41	辽宁实验林场(辽)	130.00
42	东洲区(辽)	56.00
43	海城市(辽)	28.00
44	千山区(辽)	17.80
45	梅河口市(吉)	28047.10
46	桦甸市(吉)	5140.00
47	辉南县(吉)	1680.00
48	通化县(吉)	1200.00
49	浑江区(吉)	1200.00
50	集安市(吉)	990.00
51	东辽县(吉)	820.00
52	东丰县(吉)	420.00
53	永吉县(吉)	300.00
54	白山市市辖区(吉)	261.00
55	丰满区(吉)	250.00
56	二道区(吉)	160.00
57	抚松县(吉)	157.00
58	和龙市(吉)	98.00
59	黄泥河林业局(吉)	90.40
60	伊通满族自治县(吉)	58.00
61	龙潭区(吉)	57.00
62	蛟河市(吉)	56.00
63	珲春市(吉)	40.00
64	敦化市(吉)	40.00
65	天桥岭林业局(吉)	35.75
66	昌邑区(吉)	20.30
67	汪清林业局(吉)	14.00
68	尚志国有林场管理局(黑)	15020.60
69	尚志市(黑)	8000.00
70	鹤岗市市辖区(黑)	2481.00
71	爱辉区(黑)	2400.00
72	佳木斯市郊区(黑)	2158.00
73	鸡东县(黑)	1921.00
74	七台河市市辖区(黑)	1600.00
75	宁安市(黑)	1410.00
76	海林市(黑)	1380.00
77	集贤县(黑)	1360.00
78	嘉荫县(黑)	1050.00
79	汤原县(黑)	900.00
80	五大连池市管委会林业局(黑)	800.00
81	五大连池市(黑)	750.00
82	黑河市直属林场(黑)	750.00
83	孙吴县(黑)	700.00
84	庆安国有林场管理局(黑)	583.30
85	绥棱县(黑)	578.00
86	北安市(黑)	400.00
87	密山市(黑)	372.00
88	麻山区(黑)	300.00
89	虎林市(黑)	300.00
90	桦川县(黑)	270.00
91	孟家岗林场(黑)	250.00
92	桦南县(黑)	240.00
93	林口县(黑)	228.10
94	延寿县(黑)	200.00
95	克东县(黑)	190.00
96	抚远县(黑)	190.00
97	克山县(黑)	158.00
98	木兰县(黑)	150.00
99	嫩江县(黑)	120.00
100	勃利县(黑)	100.00
101	同江市(黑)	100.00
102	富锦市(黑)	98.00
103	依兰县(黑)	90.00
104	讷河市(黑)	60.00
105	龙江县(黑)	60.00
106	饶河县(黑)	52.50
107	逊克县(黑)	50.00
108	呼玛县(黑)	20.00
109	四方台区(黑)	16.00
110	绥芬河市(黑)	15.00
111	通河县(黑)	15.00
112	利川市(鄂)	1360.00
113	建始县(鄂)	1000.00
114	恩施市(鄂)	156.00
115	兴山县(鄂)	10.00
116	巫溪县(渝)	600.00
117	万源市(川)	20.00
118	永善县(滇)	126.00
119	庄浪县(甘)	525.00
120	武都区(甘)	4953.00
121	文　县(甘)	3000.00
122	礼　县(甘)	1800.00
123	临潭县(甘)	600.00
124	西和县(甘)	400.00
125	康南林业总场(甘)	100.00
126	岷　县(甘)	72.00
127	渭源县(甘)	60.00
128	临夏县(甘)	22.50
129	舟曲县(甘)	16.00
130	三岔子林业局(吉林森工)	406.20
131	白石山林业局(吉林森工)	95.60
132	鹤立林业局(龙江森工)	147.00
133	双鸭山林业局(龙江森工)	124.50

	落叶松苗主产地	产量(万株)
134	兴隆林业局(龙江森工)	120.00
135	林口林业局(龙江森工)	113.00
136	绥棱林业局(龙江森工)	93.50
137	东京城林业局(龙江森工)	86.10
138	绥阳林业局(龙江森工)	85.00
139	双丰林业局(龙江森工)	80.00
140	苇河林业局(龙江森工)	74.10
141	八面通林业局(龙江森工)	73.00
142	鹤北林业局(龙江森工)	56.70
143	黑龙江柴河林业局(龙江森工)	55.00
144	东方红林业局(龙江森工)	54.50
145	乌马河林业局(龙江森工)	54.00
146	海林林业局(龙江森工)	51.80
147	亚布力林业局(龙江森工)	51.30
148	迎春林业局(龙江森工)	45.90
149	朗乡林业局(龙江森工)	44.70
150	穆棱林业局(龙江森工)	37.40
151	金山屯林业局(龙江森工)	34.10
152	桦南林业局(龙江森工)	23.00
153	红星林业局(龙江森工)	20.00
154	翠峦林业局(龙江森工)	19.40
155	沾河林业局(龙江森工)	18.50
156	方正林业局(龙江森工)	17.90
157	五营林业局(龙江森工)	13.00
158	带岭实验局(龙江森工)	12.60
159	小陇山林业实验局(甘)	454.90

表 10-3　2012 年红松苗主产地产量

	红松苗主产地	产量(万株)
1	新宾满族自治县(辽)	26000.00
2	桓仁满族自治县(辽)	7921.00
3	清原满族自治县(辽)	7550.00
4	宽甸满族自治县(辽)	4350.00
5	凤城市(辽)	1950.00
6	本溪满族自治县(辽)	1605.00
7	振安区(辽)	400.00
8	辽宁省森林经营研究所(辽)	164.52
9	辽宁实验林场(辽)	120.00
10	浑江区(吉)	7050.00
11	桦甸市(吉)	6000.00
12	集安市(吉)	4200.00
13	黄泥河林业局(吉)	1426.40
14	梅河口市(吉)	1413.50
15	辉南县(吉)	1355.00
16	通化县(吉)	1320.00
17	敦化林业局(吉)	1137.00
18	抚松县(吉)	668.00
19	东丰县(吉)	614.00
20	八家子林业局(吉)	588.95
21	安图县(吉)	500.00
22	敦化市(吉)	420.00
23	和龙林业局(吉)	400.00
24	东辽县(吉)	380.00
25	汪清林业局(吉)	300.00
26	永吉县(吉)	240.00
27	安图森林经营局(吉)	205.00
28	珲春市(吉)	200.00
29	蛟河市(吉)	196.00
30	丰满区(吉)	180.00
31	和龙市(吉)	155.00
32	靖宇县(吉)	140.00
33	珲春林业局(吉)	138.20
34	白河林业局(吉)	115.00
35	天桥岭林业局(吉)	95.00
36	延吉市(吉)	80.00
37	龙潭区(吉)	61.00
38	二道江区(吉)	50.00
39	大石头林业局(吉)	50.00
40	汪清县(吉)	50.00
41	昌邑区(吉)	40.00
42	船营区(吉)	22.00
43	汤原县(黑)	3420.00
44	鸡东县(黑)	1077.50
45	海林市(黑)	1017.20
46	集贤县(黑)	500.00
47	七台河市市辖区(黑)	375.00
48	密山市(黑)	368.00
49	东宁县(黑)	367.00
50	孙吴县(黑)	300.00
51	庆安国有林场管理局(黑)	242.30
52	延寿县(黑)	200.00
53	孟家岗林场(黑)	170.00
54	桦南县(黑)	130.00
55	抚远县(黑)	60.00
56	五常市(黑)	50.00
57	饶河县(黑)	37.10
58	绥芬河市(黑)	20.00
59	海伦市(黑)	20.00
60	木兰县(黑)	10.00
61	露水河林业局(吉林森工)	1781.43
62	三岔子林业局(吉林森工)	1595.00
63	松江河林业有限公司(吉林森工)	1360.90
64	白石山林业局(吉林森工)	1165.30
65	红石林业局(吉林森工)	594.00
66	泉阳林业局(吉林森工)	100.00
67	东京城林业局(龙江森工)	351.30
68	方正林业局(龙江森工)	200.90
69	鹤立林业局(龙江森工)	200.00
70	林口林业局(龙江森工)	188.00
71	穆棱林业局(龙江森工)	181.70
72	鹤北林业局(龙江森工)	154.50
73	山河屯林业局(龙江森工)	145.90
74	亚布力林业局(龙江森工)	145.20
75	黑龙江柴河林业局(龙江森工)	145.00
76	朗乡林业局(龙江森工)	140.00
77	大海林林业局(龙江森工)	133.00
78	双鸭山林业局(龙江森工)	116.90
79	海林林业局(龙江森工)	111.00
80	东方红林业局(龙江森工)	104.10
81	乌马河林业局(龙江森工)	102.00
82	新青林业局(龙江森工)	96.10
83	八面通林业局(龙江森工)	93.00
84	苇河林业局(龙江森工)	83.30
85	红星林业局(龙江森工)	72.00
86	迎春林业局(龙江森工)	65.30
87	汤旺河林业局(龙江森工)	56.00
88	带岭实验局(龙江森工)	54.90
89	绥阳林业局(龙江森工)	45.00
90	桦南林业局(龙江森工)	44.80
91	上甘岭林业局(龙江森工)	43.10
92	金山屯林业局(龙江森工)	36.00
93	五营林业局(龙江森工)	35.60
94	兴隆林业局(龙江森工)	35.20
95	沾河林业局(龙江森工)	32.90
96	翠峦林业局(龙江森工)	31.20
97	乌伊岭林业局(龙江森工)	22.40
98	美溪林业局(龙江森工)	22.00
99	双丰林业局(龙江森工)	22.00
100	铁力林业局(龙江森工)	21.30
101	南岔林业局(龙江森工)	11.10

表 10-4　2012 年国外松苗主产地产量

序号	国外松苗主产地	产量(万株)
1	明光市(皖)	450.00
2	郎溪县(皖)	300.00
3	南陵县(皖)	300.00
4	和　县(皖)	240.00
5	望江县(皖)	200.00

序号	国外松苗主产地	产量(万株)
6	怀宁县(皖)	200.00
7	枞阳县(皖)	200.00
8	大观区(皖)	35.00
9	广德县(皖)	35.00
10	鄱阳县(赣)	1200.00
11	信丰县(赣)	23.00
12	松滋市(鄂)	300.00
13	当阳市(鄂)	300.00
14	宜城市(鄂)	270.00
15	曾都区(鄂)	200.00
16	枣阳市(鄂)	105.00
17	南漳县(鄂)	100.00
18	谷城县(鄂)	80.00
19	醴陵市(湘)	12000.00
20	东安县(湘)	1620.00
21	安仁县(湘)	540.00
22	岳阳县(湘)	500.00
23	双峰县(湘)	480.00
24	邵阳县(湘)	450.00
25	湘乡市(湘)	360.00
26	衡山县(湘)	336.00
27	汨罗市(湘)	310.00
28	冷水滩区(湘)	250.00
29	攸　县(湘)	200.00
30	隆回县(湘)	190.00
31	鼎城区(湘)	160.00
32	株洲县(湘)	160.00
33	零陵区(湘)	160.00
34	道　县(湘)	153.00
35	双牌县(湘)	105.00
36	浏阳市(湘)	80.00
37	赫山区(湘)	80.00
38	湘潭县(湘)	70.00
39	资兴市(湘)	60.00
40	澧　县(湘)	60.00
41	临澧县(湘)	56.00
42	双清区(湘)	53.00
43	娄星区(湘)	11.00
44	高州市(粤)	170.00
45	电白县(粤)	120.00
46	钦北区(桂)	1150.00

表 10-5　2012 年黑松苗主产地产量

序号	黑松苗主产地	产量(万株)
1	宽城满族自治县(冀)	100.00
2	抚宁县(冀)	10.00
3	瓦房店市(辽)	1000.00
4	桓仁满族自治县(辽)	932.00
5	鲅鱼圈区(辽)	200.00
6	莒南县(鲁)	12000.00
7	莱阳市(鲁)	2000.00
8	栖霞市(鲁)	1440.00
9	昌邑市(鲁)	800.00
10	东港区(鲁)	750.00
11	莱城区(鲁)	538.00
12	新泰市(鲁)	500.00
13	招远市(鲁)	450.00
14	沂水县(鲁)	446.00
15	岚山区(鲁)	406.00
16	蓬莱市(鲁)	350.00
17	牟平区(鲁)	300.00
18	临沂市临港经济开发区(鲁)	270.00
19	临沭县(鲁)	180.00
20	河东区(鲁)	150.00
21	环翠区(鲁)	140.00
22	莱芜市雪野旅游区(鲁)	135.00
23	蒙阴县(鲁)	130.00
24	宁阳县(鲁)	84.00
25	芝罘区(鲁)	70.00
26	沂源县(鲁)	60.00
27	薛城区(鲁)	60.00
28	黄岛区(鲁)	50.00
29	临淄区(鲁)	50.00
30	东平县(鲁)	50.00
31	滨城区(鲁)	35.00
32	肥城市(鲁)	28.00
33	威海市经济技术开发区(鲁)	25.00
34	潍城区(鲁)	16.00
35	寒亭区(鲁)	12.00
36	泰安市市辖区(鲁)	10.00
37	三岔子林业局(吉林森工)	75.90

表 10-6　2012 年华山松苗主产地产量

序号	华山松苗主产地	产量(万株)
1	涿州市(冀)	200.00
2	绛　县(晋)	120.00
3	庄河市(辽)	160.00
4	桓仁满族自治县(辽)	81.60
5	栾川县(豫)	20.00
6	会东县(川)	160.00
7	越西县(川)	150.00
8	汉源县(川)	80.00
9	昭觉县(川)	50.00
10	德昌县(川)	45.00
11	布拖县(川)	30.00
12	务川仡佬族苗族自治县(黔)	1230.00
13	赫章县(黔)	679.86
14	威宁彝族回族苗族自治县(黔)	600.00
15	大方县(黔)	450.00
16	纳雍县(黔)	344.00
17	六枝特区(黔)	40.00
18	寻甸回族彝族自治县(滇)	519.00
19	双江拉祜族佤族布朗族傣族自治县(滇)	317.00
20	洱源县(滇)	100.00
21	巧家县(滇)	60.00
22	玉龙纳西族自治县(滇)	30.00
23	周至县(陕)	4000.00
24	南郑县(陕)	1000.00
25	宁强县(陕)	589.60
26	商州区(陕)	254.00
27	平利县(陕)	60.00
28	白水县(陕)	40.00
29	蓝田县(陕)	37.00
30	镇安县(陕)	35.00
31	佛坪县(陕)	30.50
32	华阴市(陕)	30.00
33	留坝县(陕)	30.00
34	镇坪县(陕)	20.00
35	康南林业总场(甘)	750.00
36	两当县(甘)	400.00
37	正宁林业总场(甘)	337.50
38	武都区(甘)	300.00
39	西和县(甘)	186.00
40	康　县(甘)	150.00
41	华池林业总场(甘)	84.60
42	秦州区(甘)	24.00
43	湘乐林业总场(甘)	20.00
44	关山林业管理局(甘)	18.00
45	小陇山林业实验局(甘)	1442.70
46	白水江林业局(甘)	50.00

表 10-7　2012 年湿地松苗主产地产量

	湿地松苗主产地	产量(万株)
1	三门县(浙)	76.60
2	鄞州区(浙)	60.00
3	临海市(浙)	40.00
4	建德市(浙)	25.00

	湿地松苗主产地	产量(万株)
5	余杭区(浙)	11.00
6	泾　县(皖)	300.00
7	凤阳县(皖)	160.00
8	全椒县(皖)	90.00
9	东至县(皖)	30.00
11	临川区(赣)	5243.00
12	高安市(赣)	960.00
13	会昌县(赣)	650.00
14	东乡县(赣)	600.00
10	浮梁县(赣)	600.00
15	德兴市(赣)	550.00
16	赣　县(赣)	480.00
17	金溪县(赣)	470.00
18	渝水区(赣)	450.00
19	于都县(赣)	300.00
20	永修县(赣)	227.00
21	崇仁县(赣)	200.00
22	靖安县(赣)	160.00
23	玉山县(赣)	150.00
24	龙南县(赣)	150.00
25	贵溪市(赣)	121.00
26	修水县(赣)	120.00
27	吉州区(赣)	120.00
28	宜丰县(赣)	106.00
29	新建县(赣)	78.00
30	樟树市(赣)	76.20
31	万载县(赣)	69.00
32	全南县(赣)	60.00
33	上高县(赣)	54.00
34	广丰县(赣)	50.00
35	瑞昌市(赣)	48.71
36	彭泽县(赣)	40.00
37	进贤县(赣)	37.00
38	广昌县(赣)	25.00
39	月湖区(赣)	18.00
40	潢川县(豫)	140.00
41	蕲春县(鄂)	1500.00
42	广水市(鄂)	1200.00
43	英山县(鄂)	675.00
44	随县(鄂)	620.00
45	黄梅县(鄂)	536.00
46	钟祥市(鄂)	500.00
47	大悟县(鄂)	375.00
48	麻城市(鄂)	300.00
49	孝昌县(鄂)	240.00
50	远安县(鄂)	90.00
51	阳新县(鄂)	50.00
52	安陆市(鄂)	50.00
53	大冶市(鄂)	50.00
54	应城市(鄂)	40.00
55	漳河新区(鄂)	30.00
56	宜都市(鄂)	20.00
57	掇刀区(鄂)	18.00
58	襄城区(鄂)	15.00
60	祁东县(湘)	1600.00
59	蓝山县(湘)	809.18
61	桃江县(湘)	800.00
62	麻阳苗族自治县(湘)	288.29
63	宜章县(湘)	280.00
64	新田县(湘)	250.00
65	宁远县(湘)	250.00
66	桂阳县(湘)	249.00
67	耒阳市(湘)	186.10
68	新邵县(湘)	180.00
69	永兴县(湘)	160.00
70	衡南县(湘)	150.00
71	荷塘区(湘)	150.00
72	常宁市(湘)	135.00
73	江永县(湘)	130.00
74	临武县(湘)	98.00
75	北塔区(湘)	60.00
76	洪江市(湘)	60.00
77	武冈市(湘)	36.50
78	新化县(湘)	30.00
79	云溪区(湘)	20.00
80	中方县(湘)	10.00
81	惠来县(粤)	250.00
82	连州市(粤)	150.00
83	英德市(粤)	100.00
84	阳西县(粤)	100.00
85	丰顺县(粤)	75.00
86	阳东县(粤)	70.00
87	清新县(粤)	40.00
88	高要市(粤)	16.20
89	上林县(桂)	500.00
90	钦南区(桂)	250.00
91	陆川县(桂)	50.00
92	柳城县(桂)	40.00
93	钟山县(桂)	30.00
94	灵山县(桂)	21.00
95	平乐县(桂)	11.00
96	汶川县(川)	528.00
97	开江县(川)	160.00
98	威远县(川)	30.00
99	遵义县(黔)	200.00
100	独山县(黔)	66.45
101	红花岗区(黔)	50.00
102	荔波县(黔)	38.00
103	长顺县(黔)	25.00
104	紫云苗族布依族自治县(黔)	20.00
105	贵州省龙里林场(黔)	13.00

表10-8　2012年白皮松苗主产地产量

	白皮松苗主产地	产量(万株)
1	延庆县(京)	10.50
2	易　县(冀)	400.00
3	定州市(冀)	120.00
4	赤城县(冀)	100.00
5	安国市(冀)	60.00
6	赵　县(冀)	48.00
7	抚宁县(冀)	38.00
8	太谷县(晋)	1550.00
9	绛　县(晋)	1000.00
10	尧都区(晋)	150.00
11	安泽县(晋)	120.00
12	原平市(晋)	84.00
13	汾西县(晋)	75.00
14	临猗县(晋)	50.00
15	尖草坪区(晋)	40.00
16	高平市(晋)	30.00
17	曲沃县(晋)	24.00
18	隰　县(晋)	17.64
19	宁阳县(鲁)	10.50
20	嵩　县(豫)	255.00
21	栾川县(豫)	180.00
22	洛宁县(豫)	40.00
23	周至县(陕)	20030.00
24	扶风县(陕)	7500.00
25	蓝田县(陕)	3600.00
26	蒲城县(陕)	1500.00
27	渭滨区(陕)	700.00
28	凤翔县(陕)	360.00
29	黄龙县(陕)	318.60
30	千阳县(陕)	300.00
31	榆阳区(陕)	222.00
32	凤　县(陕)	201.00
33	山阳县(陕)	143.00
34	佛坪县(陕)	82.43

	白皮松苗主产地	产量(万株)
35	镇安县(陕)	45.10
36	秦都区(陕)	17.60
37	潼关县(陕)	15.00
38	麟游县(陕)	12.30
39	南郑县(陕)	12.00
40	长安区(陕)	10.10
41	白水县(陕)	10.00
42	成　县(甘)	400.00
43	两当县(甘)	300.00
44	湘乐林业总场(甘)	112.00
45	康　县(甘)	100.00
46	小陇山林业实验局(甘)	833.30

表 10-9　2012 年油松苗主产地产量

序号	油松苗主产地	产量(万株)
1	延庆县(京)	285.60
2	平泉县(冀)	121000.00
3	赤城县(冀)	38345.00
4	隆化县(冀)	29209.00
5	丰宁满族自治县(冀)	6000.00
6	围场满族蒙古族自治县(冀)	6000.00
7	涞源县(冀)	650.00
8	易　县(冀)	360.00
9	阜平县(冀)	330.00
10	木栏围场国营林场(冀)	323.00
11	滦　县(冀)	300.00
12	双滦区(冀)	260.00
13	定州市(冀)	250.00
14	尚义县(冀)	182.00
15	承德县(冀)	172.50
16	滦平林场管理局(冀)	158.00
17	阳原县(冀)	150.00
18	蔚　县(冀)	96.00
19	兴隆县(冀)	80.00
20	满城县(冀)	50.00
21	万全县(冀)	45.00
22	涞水县(冀)	40.00
23	张家口市林场(冀)	35.00
24	河北省林业示范场(冀)	16.50
25	抚宁县(冀)	13.00
26	古交市(晋)	600000.00
27	广灵县(晋)	112725.00
28	岚　县(晋)	14000.00
29	静乐县(晋)	8000.00
30	大同县(晋)	7650.00
31	宁武县(晋)	6150.00
32	榆社县(晋)	6000.00
33	忻府区(晋)	5817.50
34	代　县(晋)	5000.00
35	原平市(晋)	3616.00
36	灵丘县(晋)	3500.00
37	偏关县(晋)	1800.00
38	平顺县(晋)	1725.00
39	浑源县(晋)	1575.00
40	阳曲县(晋)	1300.00
41	新荣区(晋)	1041.00
42	曲沃县(晋)	1000.00
43	阳高县(晋)	925.00
44	娄烦县(晋)	900.00
45	中阳县(晋)	810.00
46	大宁县(晋)	785.00
47	左权县(晋)	750.00
48	太谷县(晋)	750.00
49	五寨县(晋)	570.00
50	南郊区(晋)	420.00
51	五台县(晋)	400.00
52	岢岚县(晋)	400.00
53	沁　县(晋)	360.00
54	河曲县(晋)	334.35
55	绛　县(晋)	240.00
56	屯留县(晋)	225.00
57	吉　县(晋)	225.00
58	定襄县(晋)	220.00
59	神池县(晋)	220.00
60	天镇县(晋)	220.00
61	平遥县(晋)	204.00
62	桦林背林场(晋)	200.00
63	武乡县(晋)	200.00
64	高平市(晋)	180.00
65	隰　县(晋)	152.00
66	阳泉市郊区(晋)	100.00
67	长治市郊区(晋)	100.00
68	长子县(晋)	81.00
69	尖草坪区(晋)	62.00
70	恒山林场(晋)	39.00
71	晋源区(晋)	29.00
72	介休市(晋)	15.00
73	十里河林场(晋)	10.00
74	丰镇市(内蒙古)	6700.00
75	凉城县(内蒙古)	2600.00
76	喀喇沁旗(内蒙古)	1800.00
77	松山区(内蒙古)	365.00
78	乌审旗(内蒙古)	297.12
79	东胜区(内蒙古)	283.00
80	宁城县(内蒙古)	282.00
81	武川县(内蒙古)	256.00
82	土默特右旗(内蒙古)	160.00
83	翁牛特旗(内蒙古)	159.00
84	阿鲁科尔沁旗(内蒙古)	110.00
85	敖汉旗(内蒙古)	80.00
86	库伦旗(内蒙古)	45.00
87	克什克腾旗(内蒙古)	32.00
88	杭锦旗(内蒙古)	22.00
89	石拐区(内蒙古)	20.00
90	青山区(内蒙古)	10.50
91	赛罕区(内蒙古)	10.00
92	辽宁省生态实验林场(辽)	330000.00
93	阜新蒙古族自治县(辽)	32000.00
94	彰武县(辽)	21600.00
95	建平县(辽)	4000.00
96	盖州市(辽)	1140.00
97	凌海市(辽)	800.00
98	建昌县(辽)	500.00
99	义　县(辽)	500.00
100	绥中县(辽)	400.00
101	凌源市(辽)	225.00
102	本溪满族自治县(辽)	180.00
103	双塔区(辽)	150.00
104	喀喇沁左翼蒙古族自治县(辽)	139.50
105	旅顺口区(辽)	98.00
106	北票市(辽)	80.00
107	密山市(黑)	140.00
108	莒南县(鲁)	3800.00
109	卢氏县(豫)	110.70
110	汤阴县(豫)	91.40
111	嵩　县(豫)	70.00
112	栾川县(豫)	10.00
113	乡城县(川)	120.00
114	金川县(川)	70.00
115	汉源县(川)	50.00
116	周至县(陕)	12040.00
117	吴起县(陕)	11500.00
118	榆阳区(陕)	8505.00
119	甘泉县(陕)	5400.00
120	横山县(陕)	5000.00
121	凤翔县(陕)	3600.00
122	麟游县(陕)	3567.90
123	太白县(陕)	3488.00

序号	油松苗主产地	产量(万株)
124	志丹县(陕)	3343.92
125	安塞县(陕)	3028.00
126	南郑县(陕)	3000.00
127	延长县(陕)	2780.60
128	宜川县(陕)	2430.80
129	桥北林业局(陕)	2215.50
130	千阳县(陕)	1903.00
131	黄龙县(陕)	1559.50
132	蒲城县(陕)	1500.00
133	宝塔区(陕)	1256.60
134	杨凌区农林局(陕)	1200.00
135	宜君县(陕)	1180.00
136	富　县(陕)	1090.00
137	劳山林业局(陕)	1019.00
138	山阳县(陕)	927.00
139	延川县(陕)	926.90
140	陇　县(陕)	924.00
141	神木县(陕)	900.00
142	佛坪县(陕)	853.93
143	商州区(陕)	706.00
144	黄陵县(陕)	703.00
145	耀州区(陕)	540.00
146	太白林业局(陕)	452.00
147	绥德县(陕)	400.00
148	宁强县(陕)	323.00
149	桥山林业局(陕)	222.50
150	扶风县(陕)	219.00
151	略阳县(陕)	200.00
152	淳化县(陕)	200.00
153	定边县(陕)	185.00
154	印台区(陕)	180.00
155	洛川县(陕)	130.00
156	子长县(陕)	105.00
157	凤　县(陕)	103.00
158	临渭区(陕)	90.00
159	宁东林业局(陕)	85.00
160	子洲县(陕)	74.00
161	黄龙山林业局(陕)	62.84
162	合阳县(陕)	61.50
163	米脂县(陕)	50.00
164	高陵县(陕)	40.00
165	商南县(陕)	40.00
166	蓝田县(陕)	38.00
167	永寿县(陕)	37.00
168	镇安县(陕)	25.00
169	留坝县(陕)	20.00
170	华阴市(陕)	20.00
171	镇原县(甘)	12540.00
172	武都区(甘)	12150.00
173	华池林业总场(甘)	6404.30
174	合水林业总场(甘)	6000.00
175	正宁林业总场(甘)	3750.00
176	迭部县(甘)	2250.00
177	华池县(甘)	2200.00
178	宁　县(甘)	2175.75
179	两当县(甘)	1983.00
180	湘乐林业总场(甘)	1644.99
181	礼　县(甘)	1500.00
182	临洮县(甘)	1350.00
183	庆城县(甘)	1148.30
184	清水县(甘)	955.00
185	庄浪县(甘)	900.00
186	嘉峪关市(甘)	400.00
187	崆峒区(甘)	331.69
188	和政县(甘)	300.00
189	西和县(甘)	213.00
190	定西市巉口林业试验场(甘)	200.00
191	泾川县(甘)	171.00
192	安定区(甘)	150.00
193	康　县(甘)	150.00
194	渭源县(甘)	120.00
195	崇信县(甘)	91.70
196	关山林业管理局(甘)	82.00
197	麦积区(甘)	75.00
198	东乡族自治县(甘)	75.00
199	秦州区(甘)	60.00
200	榆中县(甘)	57.00
201	岷　县(甘)	35.00
202	舟曲县(甘)	12.00
203	玛珂河林业局(青)	100.00
204	大通回族土族自治县(青)	64.64
205	平安县(青)	19.20
206	北山森林公园(青)	19.17
207	互助土族自治县(青)	19.17
208	同仁县(青)	15.00
209	城中区(青)	14.40
210	西宁市市辖区(青)	13.74
211	泾源县(宁)	13492.00
212	原州区(宁)	3174.90
213	隆德县(宁)	1000.00
214	西吉县(宁)	60.00
215	彭阳县(宁)	45.00
216	三岔子林业局(吉林森工)	63.75
217	小陇山林业实验局(甘)	2350.60
218	迭部林业局(甘)	811.67

表 10-10　2012 年樟子松苗主产地产量

序号	樟子松苗主产地	产量(万株)
1	沽源县(冀)	4200.00
2	围场满族蒙古族自治县(冀)	3000.00
3	丰宁满族自治县(冀)	1910.00
4	康保县(冀)	810.00
5	赤城县(冀)	260.00
6	定州市(冀)	220.00
7	木栏围场国营林场(冀)	118.00
8	尚义县(冀)	77.20
9	万全县(冀)	24.00
10	偏关县(晋)	2450.00
11	大同县(晋)	600.00
12	新荣区(晋)	560.00
13	五寨县(晋)	320.00
14	南郊区(晋)	260.00
15	左云县(晋)	200.00
16	阳高县(晋)	116.00
17	原平市(晋)	90.60
18	忻府区(晋)	67.75
19	桦林背林场(晋)	18.00
20	十里河林场(晋)	10.00
21	乌审旗(内蒙古)	92081.96
22	五岔沟林业局(内蒙古)	50000.00
23	多伦县(内蒙古)	12000.00
24	和林格尔县(内蒙古)	3000.00
25	阿鲁科尔沁旗(内蒙古)	2238.00
26	扎兰屯市(内蒙古)	1800.00
27	喀喇沁旗(内蒙古)	1800.00
28	红花尔基林业局(内蒙古)	1800.00
29	扎赉特旗(内蒙古)	1500.00
30	科尔沁左翼后旗(内蒙古)	1500.00
31	太仆寺旗(内蒙古)	1500.00
32	丰镇市(内蒙古)	1400.00
33	阿尔山市(内蒙古)	1352.00
34	鄂温克族自治旗(内蒙古)	1000.00
35	巴林右旗(内蒙古)	1000.00
36	克什克腾旗(内蒙古)	913.22
37	宁城县(内蒙古)	900.00
38	杭锦旗(内蒙古)	615.00
39	库伦旗(内蒙古)	450.00
40	鄂托克旗(内蒙古)	349.09

序号	樟子松苗主产地	产量(万株)
41	东胜区(内蒙古)	349.00
42	凉城县(内蒙古)	275.00
43	松山区(内蒙古)	235.00
44	奈曼旗(内蒙古)	215.00
45	武川县(内蒙古)	210.00
46	林西县(内蒙古)	200.00
47	海拉尔区(内蒙古)	180.00
48	东乌珠穆沁旗(内蒙古)	163.50
49	敖汉旗(内蒙古)	130.00
50	正蓝旗(内蒙古)	98.00
51	元宝山区(内蒙古)	90.00
52	科尔沁左翼中旗(内蒙古)	90.00
53	开鲁县(内蒙古)	70.00
54	鄂托克前旗(内蒙古)	42.00
55	科尔沁右翼前旗(内蒙古)	35.00
56	西乌珠穆沁旗(内蒙古)	20.00
57	巴林林业局(内蒙古)	14.41
58	辽宁省生态实验林场(辽)	1770000.00
59	彰武县(辽)	469000.00
60	阜新蒙古族自治县(辽)	850.00
61	康平县(辽)	760.00
62	辽宁省固沙造林研究所(辽)	750.00
63	昌图县(辽)	700.00
64	本溪满族自治县(辽)	200.00
65	铁岭市经济开发区(辽)	10.00
66	柳河县(吉)	90000.00
67	桦甸市(吉)	4045.00
68	集安市(吉)	1400.00
69	东辽县(吉)	890.00
70	九台市(吉)	720.00
71	辉南县(吉)	135.00
72	敦化市(吉)	120.00
73	伊通满族自治县(吉)	91.70
74	东丰县(吉)	85.00
75	龙潭区(吉)	35.00
76	汪清县(吉)	30.00
77	二道江区(吉)	30.00
78	浑江区(吉)	15.00
79	尚志国有林场管理局(黑)	18462.80
80	尚志市(黑)	6500.00
81	佳木斯市郊区(黑)	3140.00
82	孙吴县(黑)	3000.00
83	爱辉区(黑)	3000.00
84	北安市(黑)	1200.00
85	克东县(黑)	1080.00
86	汤原县(黑)	1048.00
87	讷河市(黑)	1000.00
88	五大连池市管委会林业局(黑)	900.00
89	海林市(黑)	732.00
90	集贤县(黑)	700.00
91	嘉荫县(黑)	650.00
92	黑河市直属林场(黑)	420.00
93	五大连池市(黑)	400.00
94	密山市(黑)	393.00
95	桦南县(黑)	340.00
96	七台河市市辖区(黑)	275.00
97	鸡东县(黑)	234.00
98	嫩江县(黑)	210.00
99	拜泉县(黑)	200.00
100	桦川县(黑)	170.50
101	庆安国有林场管理局(黑)	156.80
102	克山县(黑)	150.00
103	兰西县(黑)	150.00
104	杜尔伯特蒙古族自治县(黑)	121.60
105	富锦市(黑)	118.00
106	孟家岗林场(黑)	110.00
107	延寿县(黑)	100.00
108	依安县(黑)	100.00
109	海伦市(黑)	100.00
110	龙江县(黑)	95.00
111	逊克县(黑)	80.00
112	大同区(黑)	72.00
113	让胡路区(黑)	60.00
114	抚远县(黑)	50.00
115	呼玛县(黑)	40.00
116	明水县(黑)	12.00
117	横山县(陕)	125000.00
118	榆阳区(陕)	69988.00
119	蒲城县(陕)	30000.00
120	周至县(陕)	9440.00
121	神木县(陕)	3000.00
122	吴起县(陕)	560.00
123	延长县(陕)	557.60
124	志丹县(陕)	460.10
125	定边县(陕)	455.00
126	甘泉县(陕)	240.00
127	黄龙山林业局(陕)	182.50
128	靖边县(陕)	162.00
129	米脂县(陕)	30.00
130	延川县(陕)	21.60
131	黄龙县(陕)	14.20
132	子长县(陕)	10.10
133	庄浪县(甘)	600000.00
134	嘉峪关市(甘)	7200.00
135	临洮县(甘)	1800.00
136	泾川县(甘)	1485.00
137	宁　县(甘)	857.65
138	广河县(甘)	300.00
139	正宁林业总场(甘)	135.00
140	凉州区(甘)	94.00
141	岷　县(甘)	80.00
142	定西市巉口林业试验场(甘)	80.00
143	湘乐林业总场(甘)	71.56
144	安定区(甘)	60.00
145	武威市市辖区(甘)	31.00
146	甘州区(甘)	28.46
147	康乐县(甘)	24.00
148	榆中县(甘)	23.00
149	关山林业管理局(甘)	23.00
150	肃州区(甘)	15.00
151	大通回族土族自治县(青)	22.00
152	泾源县(宁)	11688.00
153	原州区(宁)	2885.20
154	隆德县(宁)	1300.00
155	盐池县(宁)	52.50
156	灵武市(宁)	29.66
157	农垦事业管理局(宁)	16.00
158	彭阳县(宁)	15.00
159	穆棱林业局(龙江森工)	99.50
160	鹤北林业局(龙江森工)	59.00
161	鹤立林业局(龙江森工)	50.00
162	方正林业局(龙江森工)	32.90
163	桦南林业局(龙江森工)	27.50
164	双鸭山林业局(龙江森工)	25.60
165	林口林业局(龙江森工)	15.00
166	南岔林业局(龙江森工)	10.20

表 10-11　2012 年柳杉苗主产地产量

序号	柳杉苗主产地	产量(万株)
1	大同县(晋)	12.00
2	喀喇沁旗(内蒙古)	15.00
3	密山市(黑)	24.00
4	桐乡市(浙)	258.00
5	利川市(鄂)	15600.00
6	恩施市(鄂)	297.00
7	隆回县(湘)	75.00
8	南川区(渝)	993.80
9	奉节县(渝)	500.00

序号	柳杉苗主产地	产量(万株)
10	石柱土家族自治县(渝)	26.00
11	雨城区(川)	3000.00
12	彭州市(川)	1750.00
13	洪雅县(川)	865.00
14	屏山县(川)	750.00
15	宜宾县(川)	481.00
16	古蔺县(川)	150.00
17	北川羌族自治县(川)	120.00
18	兴文县(川)	120.00
19	夹江县(川)	50.00
20	江油市(川)	50.00
21	汉源县(川)	20.00
22	纳雍县(黔)	2239.20
23	水城县(黔)	975.00
24	盘　县(黔)	650.00
25	大方县(黔)	255.00
26	福泉市(黔)	130.00
27	七星关区(黔)	108.00
28	开阳县(黔)	96.38
29	瓮安县(黔)	90.06
30	六枝特区(黔)	90.00
31	普定县(黔)	40.00
32	清镇市(黔)	30.00
33	修文县(黔)	30.00
34	贵州省扎佐林场(黔)	17.00
35	寻甸回族彝族自治县(滇)	99.60
36	镇坪县(陕)	70.00
37	红古区(甘)	300.00
38	青铜峡市(宁)	600.00

表 10-12　2012 年水杉苗主产地产量

序号	水杉苗主产地	产量(万株)
1	松江区(沪)	10.50
2	兴化市(苏)	24.00
3	靖江市(苏)	20.00
4	桐乡市(浙)	358.00
5	奉化市(浙)	15.00
6	吴兴区(浙)	15.00
7	广德县(皖)	30.00
8	宜丰县(赣)	33.00
9	永修县(赣)	20.00
10	河东区(鲁)	40.00
11	潢川县(豫)	156.00
12	利川市(鄂)	3040.00
13	潜江市(鄂)	50.00
14	沅江市(湘)	90000.00
15	湘阴县(湘)	35.00
16	奉节县(渝)	200.00
17	武隆县(渝)	110.00
18	洪雅县(川)	225.00
19	平昌县(川)	50.00

表 10-13　2012 年杉木苗主产地产量

序号	杉木苗主产地	产量(万株)
1	龙泉市(浙)	210.00
2	天台县(浙)	50.00
3	建德市(浙)	50.00
4	临安市(浙)	45.00
5	三门县(浙)	26.00
6	东至县(皖)	2411.00
7	祁门县(皖)	427.00
8	南陵县(皖)	400.00
9	泾　县(皖)	300.00
10	石台县(皖)	225.00
11	金寨县(皖)	80.00
12	广德县(皖)	80.00
13	黟　县(皖)	60.00
14	青阳县(皖)	55.00
15	含山县(皖)	10.00
16	安远县(赣)	11000.00
17	南丰县(赣)	5000.00
18	定南县(赣)	4770.00
19	崇义县(赣)	2300.00
20	上高县(赣)	2040.00
21	全南县(赣)	1410.00
22	高安市(赣)	1370.00
23	黎川县(赣)	1262.80
24	宜丰县(赣)	1240.00
25	万载县(赣)	1210.00
26	德兴市(赣)	900.00
27	乐安县(赣)	890.00
28	渝水区(赣)	880.00
29	金溪县(赣)	780.00
30	龙南县(赣)	700.00
31	铜鼓县(赣)	700.00
32	瑞金市(赣)	600.00
33	赣　县(赣)	600.00
34	婺源县(赣)	500.00
35	会昌县(赣)	450.00
36	于都县(赣)	450.00
37	彭泽县(赣)	422.00
38	修水县(赣)	350.00
39	大余县(赣)	350.00
40	广昌县(赣)	350.00
41	靖安县(赣)	320.00
42	永修县(赣)	270.00
43	信丰县(赣)	244.00
44	武宁县(赣)	228.00
45	莲花县(赣)	200.00
46	新建县(赣)	168.00
47	九江县(赣)	130.00
48	贵溪市(赣)	130.00
49	玉山县(赣)	120.00
50	瑞昌市(赣)	116.35
51	广丰县(赣)	90.00
52	崇仁县(赣)	90.00
53	湘东区(赣)	30.00
54	上栗县(赣)	28.00
55	临川区(赣)	25.00
56	樟树市(赣)	18.00
57	平桥区(豫)	10.70
58	来凤县(鄂)	20000.00
59	谷城县(鄂)	1500.00
60	南漳县(鄂)	1500.00
61	崇阳县(鄂)	1200.00
62	大悟县(鄂)	495.00
63	保康县(鄂)	480.00
64	利川市(鄂)	340.00
65	东宝区(鄂)	180.00
66	建始县(鄂)	150.00
67	嘉鱼县(鄂)	135.00
68	张湾区(鄂)	120.00
69	松滋市(鄂)	100.00
70	竹溪县(鄂)	90.00
71	罗田县(鄂)	66.00
72	枣阳市(鄂)	60.00
73	麻城市(鄂)	60.00
74	长阳土家族自治县(鄂)	50.00
75	大冶市(鄂)	45.00
76	恩施市(鄂)	39.00
77	巴东县(鄂)	32.00
78	钟祥市(鄂)	30.00
79	咸丰县(鄂)	30.00
80	远安县(鄂)	28.00
81	襄城区(鄂)	15.10
82	蓝山县(湘)	3545.50
83	桃江县(湘)	3000.00
84	绥宁县(湘)	1500.00

序号	杉木苗主产地	产量(万株)
85	新宁县(湘)	1500.00
86	汝城县(湘)	1375.00
87	沅陵县(湘)	1250.00
88	东安县(湘)	1208.00
89	醴陵市(湘)	1200.00
90	安化县(湘)	1000.00
91	芷江侗族自治县(湘)	1000.00
92	城步苗族自治县(湘)	1000.00
93	资兴市(湘)	1000.00
94	鼎城区(湘)	950.00
95	涟源市(湘)	900.00
96	双峰县(湘)	900.00
97	宜章县(湘)	820.00
98	永兴县(湘)	805.00
99	金洞林场(湘)	700.00
100	桂阳县(湘)	656.80
101	宁远县(湘)	650.00
102	新田县(湘)	600.00
103	辰溪县(湘)	500.00
104	新化县(湘)	500.00
105	双牌县(湘)	480.00
106	临武县(湘)	452.80
107	安仁县(湘)	450.00
108	桂东县(湘)	400.00
109	江永县(湘)	400.00
110	祁阳县(湘)	372.00
111	常宁市(湘)	350.00
112	浏阳市(湘)	300.00
113	洞口县(湘)	300.00
114	岳阳县(湘)	300.00
115	靖州苗族侗族自治县(湘)	280.00
116	邵阳县(湘)	270.00
117	会同县(湘)	270.00
118	株洲县(湘)	260.00
119	零陵区(湘)	256.00
120	隆回县(湘)	250.00
121	慈利县(湘)	250.00
122	石门县(湘)	250.00
123	新晃侗族自治县(湘)	240.00
124	麻阳苗族自治县(湘)	231.22
125	中方县(湘)	200.00
126	吉首市(湘)	200.00
127	攸　县(湘)	200.00
128	衡山县(湘)	168.00
129	汨罗市(湘)	150.00
130	荷塘区(湘)	150.00
131	冷水江市(湘)	120.00
132	新邵县(湘)	120.00
133	祁东县(湘)	113.00
134	永定区(湘)	100.00
135	云溪区(湘)	85.00
136	赫山区(湘)	80.00
137	溆浦县(湘)	60.00
138	武冈市(湘)	55.60
139	湘乡市(湘)	49.00
140	衡南县(湘)	30.00
141	武陵源区(湘)	30.00
142	耒阳市(湘)	23.20
143	湘潭县(湘)	20.00
144	道　县(湘)	20.00
145	华容县(湘)	13.00
146	连山壮族瑶族自治县(粤)	930.00
147	连州市(粤)	400.00
148	阳春市(粤)	300.00
149	信宜市(粤)	300.00
150	清新县(粤)	100.00
151	丰顺县(粤)	75.00
152	清远市属总林场(粤)	29.50
153	饶平县(粤)	16.00
154	西林县(桂)	2485.00
155	八步区(桂)	1332.00
156	田林县(桂)	1265.00
157	乐业县(桂)	1225.00
158	全州县(桂)	900.00
159	灌阳县(桂)	800.00
160	凌云县(桂)	650.00
161	南丹县(桂)	595.00
162	凤山县(桂)	550.00
163	那坡县(桂)	500.00
164	永福县(桂)	450.00
165	田东县(桂)	375.00
166	隆林各族自治县(桂)	270.00
167	昭平县(桂)	210.00
168	东兰县(桂)	200.00
169	维都林场(桂)	185.00
170	黄冕林场(桂)	156.60
171	兴安县(桂)	150.00
172	武宣县(桂)	109.00
173	雅长林场(桂)	100.00
174	平乐县(桂)	69.60
175	苍梧县(桂)	63.00
176	良凤江国家森林公园(桂)	50.00
177	钟山县(桂)	50.00
178	陆川县(桂)	40.00
179	南川区(渝)	2058.00
180	梁平县(渝)	600.00
181	彭水苗族土家族自治县(渝)	260.00
182	黔江区(渝)	200.00
183	渝北区(渝)	55.70
184	江津区(渝)	30.00
185	芦山县(川)	3000.00
186	雨城区(川)	580.00
187	马边彝族自治县(川)	500.00
188	合江县(川)	180.00
189	邻水县(川)	160.00
190	兴文县(川)	150.00
191	洪雅县(川)	150.00
192	青川县(川)	120.00
193	古蔺县(川)	120.00
194	开江县(川)	100.00
195	南江县(川)	80.00
196	会东县(川)	60.00
197	高　县(川)	51.00
198	德昌县(川)	41.00
199	汉源县(川)	40.00
200	泸　县(川)	21.00
201	夹江县(川)	20.00
202	达　县(川)	15.00
203	榕江县(黔)	4200.00
204	黎平县(黔)	2129.00
205	普安县(黔)	1200.00
206	册亨县(黔)	900.00
207	盘　县(黔)	900.00
208	锦屏县(黔)	700.00
209	习水县(黔)	600.00
210	晴隆县(黔)	480.00
211	台江县(黔)	400.00
212	纳雍县(黔)	352.00
213	水城县(黔)	341.00
214	安龙县(黔)	313.00
215	罗甸县(黔)	258.29
216	丹寨县(黔)	247.00
217	黄平县(黔)	200.00
218	凯里市(黔)	181.00
219	紫云苗族布依族自治县(黔)	160.00
220	福泉市(黔)	150.00
221	万山特区(黔)	120.00
222	碧江区(黔)	90.00

序号	杉木苗主产地	产量(万株)
223	沿河土家族自治县(黔)	78.00
224	玉屏侗族自治县(黔)	74.55
225	普定县(黔)	50.00
226	六枝特区(黔)	50.00
227	江口县(黔)	40.00
228	七星关区(黔)	36.00
229	瓮安县(黔)	35.26
230	开阳县(黔)	33.65
231	石阡县(黔)	30.10
232	三都水族自治县(黔)	23.00
233	施秉县(黔)	21.00
234	岑巩县(黔)	20.00
235	余庆县(黔)	15.00
236	马关县(滇)	3000.00
237	耿马傣族佤族自治县(滇)	1500.00
238	威信县(滇)	1172.50
239	西畴县(滇)	800.00
240	镇康县(滇)	646.00
241	双江拉祜族佤族布朗族傣族自治县(滇)	331.00
242	沧源佤族自治县(滇)	200.00
243	澜沧拉祜族自治县(滇)	52.00
244	麻栗坡县(滇)	50.00
245	江川县(滇)	36.00
246	水富县(滇)	20.00
247	永德县(滇)	20.00
248	临翔区(滇)	19.80
249	维西傈僳族自治县(滇)	15.00
250	平利县(陕)	380.00
251	石泉县(陕)	200.00
252	汉阴县(陕)	75.00
253	佛坪县(陕)	25.00

表 10-14 2012 年云杉苗主产地产量

序号	云杉苗主产地	产量(万株)
1	延庆县(京)	10.50
2	围场满族蒙古族自治县(冀)	1500.00
3	木栏围场国营林场(冀)	313.00
4	定州市(冀)	220.00
5	赤城县(冀)	125.00
6	康保县(冀)	73.20
7	丰宁满族自治县(冀)	15.00
8	尚义县(冀)	11.00
9	抚宁县(冀)	10.00
10	原平市(晋)	118.00
11	五寨县(晋)	103.00
12	长子县(晋)	34.50
13	偏关县(晋)	30.00
14	五岔沟林业局(内蒙古)	20000.00
15	多伦县(内蒙古)	1000.00
16	阿尔山市(内蒙古)	740.00
17	克什克腾旗(内蒙古)	640.00
18	白狼林业局(内蒙古)	500.00
19	扎兰屯市(内蒙古)	350.00
20	乌审旗(内蒙古)	205.97
21	东胜区(内蒙古)	97.65
22	和林格尔县(内蒙古)	63.00
23	松山区(内蒙古)	50.00
24	翁牛特旗(内蒙古)	28.00
25	正蓝旗(内蒙古)	20.00
26	杭锦旗(内蒙古)	12.00
27	鄂温克族自治旗(内蒙古)	10.00
28	本溪满族自治县(辽)	1325.00
29	辽宁省固沙造林研究所(辽)	100.00
30	庄河市(辽)	58.00
31	东港市(辽)	55.00
32	宽甸满族自治县(辽)	51.00
33	海城市(辽)	33.00
34	盖州市(辽)	22.50
35	辽宁实验林场(辽)	20.00
36	桦甸市(吉)	7302.00
37	榆树市(吉)	4680.00
38	集安市(吉)	1200.00
39	安图县(吉)	500.00
40	九台市(吉)	450.00
41	黄泥河林业局(吉)	447.00
42	八家子林业局(吉)	446.70
43	辉南县(吉)	360.00
44	敦化市(吉)	300.00
45	东丰县(吉)	252.00
46	抚松县(吉)	246.00
47	东辽县(吉)	125.00
48	靖宇县(吉)	120.00
49	白河林业局(吉)	90.00
50	大石头林业局(吉)	80.00
51	敦化林业局(吉)	79.00
52	和龙市(吉)	60.00
53	蛟河市(吉)	58.00
54	汪清林业局(吉)	58.00
55	天桥岭林业局(吉)	57.60
56	丰满区(吉)	50.00
57	珲春林业局(吉)	47.40
58	汪清县(吉)	40.00
59	二道江区(吉)	30.00
60	永吉县(吉)	30.00
61	绿园区(吉)	25.00
62	昌邑区(吉)	20.00
63	船营区(吉)	16.00
64	龙潭区(吉)	12.90
65	珲春市(吉)	10.00
66	尚志市(黑)	5000.00
67	尚志国有林场管理局(黑)	3567.40
68	孙吴县(黑)	3500.00
69	北安市(黑)	1700.00
70	五大连池市管委会林业局(黑)	700.00
71	黑河市直属林场(黑)	630.00
72	集贤县(黑)	600.00
73	爱辉区(黑)	600.00
74	庆安国有林场管理局(黑)	575.10
75	海林市(黑)	481.90
76	讷河市(黑)	300.00
77	密山市(黑)	211.00
78	嘉荫县(黑)	200.00
79	海伦市(黑)	200.00
80	嫩江县(黑)	190.00
81	抚远县(黑)	150.00
82	克山县(黑)	138.00
83	富锦市(黑)	125.00
84	桦南县(黑)	120.00
85	逊克县(黑)	120.00
86	桦川县(黑)	98.00
87	汤原县(黑)	90.00
88	五大连池市(黑)	82.00
89	孟家岗林场(黑)	70.00
90	五常市(黑)	60.00
91	饶河县(黑)	59.40
92	丹清河实验林场(黑)	34.00
93	克东县(黑)	30.00
94	巴彦县(黑)	30.00
95	明水县(黑)	25.00
96	南岗区(黑)	25.00
97	林口县(黑)	19.00
98	山河实验林场(黑)	10.00
99	木兰县(黑)	10.00
100	道孚林业局(川)	608.97
101	松潘县(川)	500.00
102	雅江县(川)	471.00
103	新龙县(川)	400.00

序号	云杉苗主产地	产量(万株)
104	炉霍县(川)	220.00
105	九龙县(川)	110.00
106	新龙林业局(川)	100.00
107	理塘县(川)	60.00
108	德格县(川)	34.90
109	泸定县(川)	21.00
110	炉霍林业局(川)	20.00
111	丹巴县(川)	12.00
112	色达县(川)	10.80
113	汉源县(川)	10.00
114	甘孜县(川)	10.00
115	香格里拉县(滇)	357.00
116	维西傈僳族自治县(滇)	75.00
117	工布江达县(藏)	100.00
118	芒康县(藏)	80.00
119	类乌齐县(藏)	60.00
120	江达县(藏)	50.00
121	贡觉县(藏)	45.00
122	左贡县(藏)	30.00
123	堆龙德庆县(藏)	10.00
124	榆阳区(陕)	269.00
125	黄龙县(陕)	208.87
126	凤　县(陕)	97.00
127	宝塔区(陕)	45.00
128	宁西林业局(陕)	30.00
129	辛家山林业局(陕)	21.00
130	甘泉县(陕)	16.00
131	庄浪县(甘)	480000.00
132	天祝藏族自治县(甘)	31328.00
133	迭部县(甘)	12100.00
134	临洮县(甘)	8100.00
135	嘉峪关市(甘)	8000.00
136	和政县(甘)	720.00
137	岷　县(甘)	515.00
138	崆峒区(甘)	461.42
139	广河县(甘)	450.00
140	会宁县(甘)	449.00
141	渭源县(甘)	300.00
142	碌曲县(甘)	288.00
143	肃南裕固族自治县(甘)	243.00
144	定西市巉口林业试验场(甘)	240.00
145	正宁林业总场(甘)	225.00
146	榆中县(甘)	222.00
147	凉州区(甘)	213.00
148	民乐县(甘)	184.00
149	永昌县(甘)	182.00
150	湘乐林业总场(甘)	141.46
151	泾川县(甘)	140.00
152	定西市华家岭林业站(甘)	125.00
153	卓尼县(甘)	120.00
154	夏河县(甘)	105.00
155	岷江林业总场(甘)	100.00
156	红古区(甘)	100.00
157	临夏县(甘)	75.00
158	合作市(甘)	74.00
159	陇西县(甘)	71.20
160	华池林业总场(甘)	63.13
161	关山林业管理局(甘)	63.00
162	临夏市(甘)	40.00
163	康乐县(甘)	36.00
164	甘州区(甘)	32.29
165	肃州区(甘)	27.56
166	山丹县(甘)	26.40
167	崇信县(甘)	10.50
168	兰州新区(甘)	10.00
169	乐都县(青)	720.00
170	玛珂河林业局(青)	478.00
171	麦秀森林公园(青)	444.80
172	湟源县(青)	352.00
173	互助土族自治县(青)	295.94
174	北山森林公园(青)	275.94
175	门源回族自治县(青)	229.00
176	大通回族土族自治县(青)	212.00
177	平安县(青)	197.40
178	湟中县(青)	180.00
179	循化撒拉族自治县(青)	120.00
180	共和县(青)	34.40
181	同仁县(青)	30.00
182	南门峡森林公园(青)	20.00
183	祁连县(青)	19.91
184	贵南县(青)	18.00
185	城中区(青)	15.80
186	西宁市市辖区(青)	14.40
187	泾源县(宁)	32492.00
188	隆德县(宁)	5000.00
189	原州区(宁)	2529.00
190	西吉县(宁)	150.00
191	青铜峡市(宁)	45.00
192	彭阳县(宁)	30.00
193	永宁县(宁)	20.00
194	尼勒克林场(新)	245.00
195	乌鲁木齐南山林场(新)	45.10
196	特克斯林场(新)	39.90
197	白石山林业局(吉林森工)	2624.76
198	三岔子林业局(吉林森工)	946.60
199	松江河林业有限公司(吉林森工)	345.00
200	临江林业局(吉林森工)	300.80
201	露水河林业局(吉林森工)	243.55
202	泉阳林业局(吉林森工)	200.00
203	沾河林业局(龙江森工)	177.40
204	穆棱林业局(龙江森工)	149.50
205	迎春林业局(龙江森工)	126.30
206	苇河林业局(龙江森工)	111.40
207	东方红林业局(龙江森工)	102.40
208	乌马河林业局(龙江森工)	95.00
209	兴隆林业局(龙江森工)	93.30
210	方正林业局(龙江森工)	91.30
211	朗乡林业局(龙江森工)	86.20
212	新青林业局(龙江森工)	81.50
213	双鸭山林业局(龙江森工)	80.30
214	带岭实验局(龙江森工)	78.40
215	友好林业局(龙江森工)	75.20
216	桦南林业局(龙江森工)	69.40
217	大海林林业局(龙江森工)	58.50
218	铁力林业局(龙江森工)	48.20
219	红星林业局(龙江森工)	48.00
220	绥棱林业局(龙江森工)	46.70
221	林口林业局(龙江森工)	45.00
222	东京城林业局(龙江森工)	41.70
223	金山屯林业局(龙江森工)	40.20
224	翠峦林业局(龙江森工)	36.00
225	八面通林业局(龙江森工)	35.00
226	黑龙江柴河林业局(龙江森工)	35.00
227	海林林业局(龙江森工)	30.50
228	双丰林业局(龙江森工)	30.00
229	通北林业局(龙江森工)	21.00
230	上甘岭林业局(龙江森工)	19.30
231	汤旺河林业局(龙江森工)	15.00
232	乌伊岭林业局(龙江森工)	12.50
233	鹤立林业局(龙江森工)	12.00
234	鹤北林业局(龙江森工)	10.70
235	美溪林业局(龙江森工)	10.40
236	迭部林业局(甘)	6764.28
237	洮河林业局(甘)	921.21
238	舟曲(甘)	308.68
239	小陇山林业实验局(甘)	217.90
240	白水江林业局(甘)	29.50

表 10-15　2012 年柏树苗主产地产量

序号	柏树苗主产地	产量(万株)
1	延庆县(京)	354.70
2	海淀区(京)	98.66
3	丰台区(京)	33.00
4	定州市(冀)	8513.00
5	遵化市(冀)	3000.00
6	易　县(冀)	2800.00
7	涉　县(冀)	2500.00
8	涞水县(冀)	800.00
9	曲阳县(冀)	750.00
10	顺平县(冀)	410.00
11	涞源县(冀)	400.00
12	满城县(冀)	392.00
13	井陉县(冀)	300.00
14	峰峰矿区(冀)	220.00
15	宽城满族自治县(冀)	200.00
16	唐　县(冀)	200.00
17	万全县(冀)	180.00
18	赤城县(冀)	160.00
19	滦平林场管理局(冀)	125.00
20	兴隆县(冀)	100.00
21	下花园区(冀)	100.00
22	沧　县(冀)	76.00
23	抚宁县(冀)	55.00
24	乐亭县(冀)	50.00
25	迁西县(冀)	45.00
26	开平区(冀)	30.00
27	邢台县(冀)	30.00
28	平山县(冀)	12.00
29	小店区(晋)	280000.00
30	垣曲县(晋)	7000.00
31	壶关县(晋)	4500.00
32	平顺县(晋)	1800.00
33	阳城县(晋)	1043.00
34	大宁县(晋)	1024.00
35	高平市(晋)	790.00
36	黎城县(晋)	600.00
37	稷山县(晋)	352.00
38	长子县(晋)	330.00
39	河曲县(晋)	315.45
40	屯留县(晋)	300.00
41	武乡县(晋)	280.00
42	原平市(晋)	276.00
43	南郊区(晋)	210.00
44	定襄县(晋)	150.00
45	沁　县(晋)	140.00
46	左权县(晋)	135.00
47	汾西县(晋)	112.00
48	阳泉市郊区(晋)	112.00
49	吉　县(晋)	96.00
50	忻府区(晋)	46.90
51	榆社县(晋)	40.00
52	闻喜县(晋)	29.00
53	晋源区(晋)	20.00
54	长治县(晋)	18.40
55	潞城市(晋)	18.00
56	乌审旗(内蒙古)	668.70
57	鄂托克旗(内蒙古)	36.37
58	乌拉特中旗(内蒙古)	18.10
59	阜新蒙古族自治县(辽)	30000.00
60	双塔区(辽)	560.00
61	建昌县(辽)	403.00
62	凌海市(辽)	400.00
63	盖州市(辽)	400.00
64	凌源市(辽)	300.00
65	喀喇沁左翼蒙古族自治县(辽)	206.00
66	海城市(辽)	48.00
67	甘井子区(辽)	35.00
68	旅顺口区(辽)	24.00
69	于洪区(辽)	20.00
70	永康市(浙)	17.60
71	建德市(浙)	12.00
72	萧　县(皖)	132.00
73	埇桥区(皖)	10.00
74	崇义县(赣)	54.00
75	东港区(鲁)	34534.00
76	青州市(鲁)	5750.00
77	临淄区(鲁)	1834.00
78	肥城市(鲁)	1350.00
79	岚山区(鲁)	1302.00
80	蒙阴县(鲁)	1300.00
81	新泰市(鲁)	1000.00
82	沂水县(鲁)	870.00
83	沂南县(鲁)	800.00
84	宁阳县(鲁)	630.00
85	费　县(鲁)	360.00
86	岱岳区(鲁)	350.00
87	昌邑市(鲁)	300.00
88	高密市(鲁)	225.00
89	河东区(鲁)	220.00
90	平阴县(鲁)	200.00
91	临沭县(鲁)	190.00
92	莱芜市雪野旅游区(鲁)	180.00
93	东平县(鲁)	150.00
94	邹城市(鲁)	100.00
95	昌乐县(鲁)	90.00
96	东营区(鲁)	45.00
97	滨城区(鲁)	45.00
98	栖霞市(鲁)	10.00
99	卢氏县(豫)	6682.50
100	淅川县(豫)	5260.00
101	洛宁县(豫)	4590.00
102	嵩　县(豫)	1850.00
103	灵宝市(豫)	1589.00
104	卫辉市(豫)	1100.00
105	渑池县(豫)	1044.00
106	新密市(豫)	828.00
107	博爱县(豫)	560.00
108	辉县市(豫)	510.00
109	林州市(豫)	390.00
110	新安县(豫)	360.00
111	内乡县(豫)	270.00
112	陕　县(豫)	150.00
113	淇　县(豫)	110.00
114	山阳区(豫)	105.00
115	山城区(豫)	100.00
116	修武县(豫)	60.00
117	宜阳县(豫)	59.40
118	登封市(豫)	36.58
119	许昌县(豫)	33.00
120	巩义市(豫)	32.40
121	郾城区(豫)	26.55
122	偃师市(豫)	20.00
123	来凤县(鄂)	600.00
124	郧西县(鄂)	276.00
125	郧　县(鄂)	220.00
126	竹山县(鄂)	30.00
127	恩施市(鄂)	30.00
128	巴东县(鄂)	27.00
129	兴山县(鄂)	20.00
130	蔡甸区(鄂)	10.00
131	新化县(湘)	480.00
132	新田县(湘)	280.00
133	隆回县(湘)	240.00
134	桂阳县(湘)	156.60
135	新邵县(湘)	150.00
136	涟源市(湘)	78.00
137	武冈市(湘)	55.70

序号	柏树苗主产地	产量(万株)
138	沅陵县(湘)	49.00
139	洞口县(湘)	30.00
140	衡山县(湘)	16.80
141	邵阳县(湘)	12.00
142	云阳县(渝)	2100.00
143	巫溪县(渝)	500.00
144	万州区(渝)	301.20
145	开　县(渝)	250.00
146	黔江区(渝)	200.00
147	武隆县(渝)	140.00
148	彭水苗族土家族自治县(渝)	65.00
149	忠　县(渝)	65.00
150	江津区(渝)	30.00
151	汶川县(川)	420.00
152	安岳县(川)	300.00
153	金川县(川)	200.00
154	乡城县(川)	100.00
155	昭觉县(川)	55.00
156	理　县(川)	23.20
157	古蔺县(川)	12.00
158	德昌县(川)	10.00
159	盘　县(黔)	375.00
160	黄平县(黔)	360.00
161	沿河土家族自治县(黔)	354.50
162	安龙县(黔)	320.00
163	遵义县(黔)	300.00
164	镇宁布依族苗族自治县(黔)	200.00
165	江口县(黔)	146.00
166	紫云苗族布依族自治县(黔)	140.00
167	开阳县(黔)	113.85
168	玉屏侗族自治县(黔)	95.08
169	碧江区(黔)	89.00
170	纳雍县(黔)	80.80
171	普安县(黔)	65.00
172	六枝特区(黔)	50.00
173	石阡县(黔)	45.10
174	凯里市(黔)	30.00
175	岑巩县(黔)	10.78
176	寻甸回族彝族自治县(滇)	330.00
177	江川县(滇)	15.00
178	清涧县(陕)	800000.00
179	横山县(陕)	20000.00
180	榆阳区(陕)	11147.00
181	凤翔县(陕)	4200.00
182	绥德县(陕)	3250.00
183	蒲城县(陕)	3000.00
184	延长县(陕)	2196.30
185	宝塔区(陕)	1338.70
186	山阳县(陕)	1019.00
187	宜川县(陕)	983.65
188	安塞县(陕)	880.00
189	延川县(陕)	816.50
190	富平县(陕)	800.00
191	澄城县(陕)	600.00
192	淳化县(陕)	600.00
193	耀州区(陕)	600.00
194	富　县(陕)	420.00
195	宜君县(陕)	370.00
196	石泉县(陕)	300.00
197	扶风县(陕)	291.00
198	吴起县(陕)	250.00
199	商州区(陕)	230.00
200	黄龙县(陕)	204.00
201	劳山林业局(陕)	187.00
202	子洲县(陕)	175.00
203	陇　县(陕)	172.00
204	白水县(陕)	150.00
205	商南县(陕)	150.00
206	礼泉县(陕)	144.00
207	渭滨区(陕)	136.00
208	白河县(陕)	100.00
209	子长县(陕)	96.00
210	志丹县(陕)	62.96
211	华阴市(陕)	60.00
212	黄陵县(陕)	54.00
213	定边县(陕)	39.00
214	甘泉县(陕)	38.00
215	永寿县(陕)	37.50
216	麟游县(陕)	31.20
217	王益区(陕)	21.00
218	洛川县(陕)	20.00
219	米脂县(陕)	20.00
220	合阳县(陕)	12.60
221	桥北林业局(陕)	11.10
222	略阳县(陕)	10.00
223	嘉峪关市(甘)	2500.00
224	陇西县(甘)	712.14
225	天祝藏族自治县(甘)	666.00
226	红古区(甘)	400.00
227	合水林业总场(甘)	350.00
228	崆峒区(甘)	259.49
229	正宁林业总场(甘)	225.00
230	安定区(甘)	225.00
231	武山县(甘)	200.00
232	清水县(甘)	187.00
233	崇信县(甘)	152.80
234	礼　县(甘)	150.00
235	环　县(甘)	100.00
236	定西市巉口林业试验场(甘)	90.00
237	武都区(甘)	77.00
238	湘乐林业总场(甘)	50.00
239	凉州区(甘)	43.00
240	两当县(甘)	37.00
241	高台县(甘)	36.45
242	永靖县(甘)	30.00
243	肃州区(甘)	22.50
244	华池林业总场(甘)	19.77
245	榆中县(甘)	17.00
246	麦积区(甘)	15.30
247	乐都县(青)	84.00
248	门源回族自治县(青)	65.00
249	互助土族自治县(青)	60.00
250	北山森林公园(青)	48.00
251	平安县(青)	23.40
252	南门峡森林公园(青)	12.00
253	灵武市(宁)	63.63
254	永宁县(宁)	63.00
255	隆德县(宁)	60.00
256	彭阳县(宁)	15.00
257	白水江林业局(甘)	73.90
258	迭部林业局(甘)	17.02

表 10-16　2012 年刺槐苗主产地产量

序号	刺槐苗主产地	产量(万株)
1	延庆县(京)	123.40
2	海淀区(京)	11.48
3	西青区(津)	50.00
4	宽城满族自治县(冀)	2000.00
5	定州市(冀)	1900.00
6	阜平县(冀)	703.00
7	平泉县(冀)	540.00
8	涞源县(冀)	371.20
9	丰宁满族自治县(冀)	300.00
10	曲阳县(冀)	300.00
11	沧　县(冀)	288.30
12	易　县(冀)	260.00
13	兴隆县(冀)	200.00
14	平山县(冀)	92.00

序号	刺槐苗主产地	产量(万株)
15	邢台市桥西区(冀)	90.00
16	长安区(冀)	45.00
17	容城县(冀)	36.00
18	满城县(冀)	32.00
19	吴桥县(冀)	21.60
20	抚宁县(冀)	16.00
21	绛　县(晋)	3600.00
22	长子县(晋)	799.20
23	汾西县(晋)	500.00
24	榆社县(晋)	500.00
25	壶关县(晋)	450.00
26	河津市(晋)	400.00
27	大宁县(晋)	348.00
28	吉　县(晋)	320.00
29	屯留县(晋)	200.00
30	隰　县(晋)	157.36
31	垣曲县(晋)	150.00
32	闻喜县(晋)	143.00
33	南郊区(晋)	135.00
34	太谷县(晋)	100.00
35	沁　县(晋)	90.00
36	高平市(晋)	80.00
37	武乡县(晋)	75.00
38	阳泉市郊区(晋)	40.00
39	忻府区(晋)	25.20
40	乡宁县(晋)	15.00
41	尖草坪区(晋)	13.00
42	义　县(辽)	1800.00
43	北镇市(辽)	1505.00
44	建昌县(辽)	1500.00
45	凌海市(辽)	800.00
46	海城市(辽)	680.00
47	瓦房店市(辽)	500.00
48	盖州市(辽)	460.00
49	双塔区(辽)	450.00
50	凌源市(辽)	300.00
51	喀喇沁左翼蒙古族自治县(辽)	259.00
52	法库县(辽)	200.00
53	大石桥市(辽)	160.00
54	康平县(辽)	134.10
55	庄河市(辽)	110.00
56	东洲区(辽)	96.00
57	绥中县(辽)	85.00
58	桓仁满族自治县(辽)	47.90
59	苏家屯区(辽)	46.20
60	千山区(辽)	31.36
61	于洪区(辽)	22.00
62	阜新蒙古族自治县(辽)	15.00
63	铁岭市经济开发区(辽)	10.00
64	集安市(吉)	2400.00
65	东至县(皖)	15.00
66	招远市(鲁)	50000.00
67	芝罘区(鲁)	310.00
68	河口区(鲁)	261.00
69	牟平区(鲁)	225.00
70	桓台县(鲁)	76.00
71	莱芜市雪野旅游区(鲁)	67.50
72	宁阳县(鲁)	53.00
73	新泰市(鲁)	40.00
74	肥城市(鲁)	30.00
75	乐陵市(鲁)	27.00
76	博山区(鲁)	25.00
77	昌邑市(鲁)	20.00
78	栖霞市(鲁)	15.00
79	鄢陵县(豫)	11000.00
80	洛宁县(豫)	612.00
81	宁陵县(豫)	525.00
82	渑池县(豫)	524.70
83	卢氏县(豫)	405.00
84	上蔡县(豫)	248.00
85	嵩　县(豫)	135.00
86	栾川县(豫)	105.00
87	内黄县(豫)	75.00
88	潢川县(豫)	72.00
89	商水县(豫)	45.00
90	汝州市(豫)	30.00
91	新乡县(豫)	24.00
92	安阳县(豫)	20.00
93	夏邑县(豫)	15.00
94	宜阳县(豫)	13.80
95	北关区(豫)	10.00
96	大悟县(鄂)	480.00
97	郧西县(鄂)	135.00
98	宜城市(鄂)	120.00
99	竹山县(鄂)	110.00
100	秭归县(鄂)	70.00
101	利川市(鄂)	50.00
102	大冶市(鄂)	25.00
103	兴山县(鄂)	20.00
104	隆回县(湘)	45.00
105	双峰县(湘)	30.00
106	麻阳苗族自治县(湘)	17.98
107	祁东县(湘)	13.50
108	南川区(渝)	495.00
109	彭水苗族土家族自治县(渝)	200.00
110	万州区(渝)	180.60
111	云阳县(渝)	180.00
112	南江县(川)	100.00
113	万源市(川)	30.00
114	六枝特区(黔)	230.00
115	晴隆县(黔)	100.00
116	红花岗区(黔)	49.00
117	息烽县(黔)	40.00
118	开阳县(黔)	36.00
119	黄平县(黔)	30.00
120	普定县(黔)	30.00
121	沿河土家族自治县(黔)	17.00
122	靖边县(陕)	5130.00
123	绥德县(陕)	1000.00
124	子长县(陕)	860.00
125	吴起县(陕)	800.00
126	旬邑县(陕)	767.00
127	志丹县(陕)	743.00
128	黄龙县(陕)	704.00
129	延川县(陕)	483.00
130	永寿县(陕)	451.00
131	麟游县(陕)	406.90
132	蓝田县(陕)	360.00
133	千阳县(陕)	344.00
134	宝塔区(陕)	300.00
135	富平县(陕)	240.00
136	印台区(陕)	213.60
137	宁强县(陕)	195.00
138	甘泉县(陕)	190.00
139	镇安县(陕)	160.00
140	白水县(陕)	160.00
141	耀州区(陕)	150.00
142	商南县(陕)	150.00
143	岚皋县(陕)	140.00
144	凤翔县(陕)	120.00
145	子洲县(陕)	118.00
146	延长县(陕)	117.10
147	富　县(陕)	84.00
148	泾阳县(陕)	80.00
149	陇　县(陕)	64.00
150	宜君县(陕)	53.20
151	洛川县(陕)	50.00
152	合阳县(陕)	46.60

序号	刺槐苗主产地	产量(万株)
153	宜川县(陕)	30.00
154	平利县(陕)	30.00
155	商州区(陕)	29.00
156	静宁县(甘)	9000.00
157	宁　县(甘)	7245.00
158	西峰区(甘)	4000.00
159	庆城县(甘)	2400.00
160	泾川县(甘)	1680.00
161	临洮县(甘)	1170.00
162	崇信县(甘)	1135.50
163	文　县(甘)	900.00
164	会宁县(甘)	879.00
165	崆峒区(甘)	749.77
166	庄浪县(甘)	450.00
167	陇西县(甘)	434.35
168	正宁县(甘)	220.00
169	武都区(甘)	204.00
170	清水县(甘)	200.00
171	嘉峪关市(甘)	200.00
172	安定区(甘)	180.00
173	宕昌县(甘)	180.00
174	湘乐林业总场(甘)	148.79
175	西和县(甘)	90.00
176	两当县(甘)	80.00
177	古浪县(甘)	69.00
178	凉州区(甘)	62.00
179	华池林业总场(甘)	54.20
180	永靖县(甘)	52.50
181	肃州区(甘)	42.00
182	榆中县(甘)	42.00
183	白银区(甘)	35.00
184	东乡族自治县(甘)	30.00
185	定西市巉口林业试验场(甘)	10.00
186	原州区(宁)	4118.60
187	彭阳县(宁)	750.00
188	西夏区(宁)	300.00
189	泾源县(宁)	165.00
190	青铜峡市(宁)	150.00
191	同心县(宁)	103.60
192	永宁县(宁)	80.00
193	利通区(宁)	60.00
194	贺兰县(宁)	58.60
195	隆德县(宁)	40.00
196	盐池县(宁)	23.00
197	沙坡头区(宁)	10.90
198	迭部林业局(甘)	73.17

表 10-17　2012 年桦树苗主产地产量

序号	桦树苗主产地	产量(万株)
1	延庆县(京)	67.90
2	围场满族蒙古族自治县(冀)	600.00
3	木栏围场国营林场(冀)	23.40
4	克什克腾旗(内蒙古)	114.00
5	辽宁省生态实验林场(辽)	1800.00
6	苏家屯区(辽)	108.90
7	桓仁满族自治县(辽)	19.70
8	靖宇县(吉)	150.00
9	浑江区(吉)	120.00
10	白河林业局(吉)	20.00
11	汤原县(黑)	65.00
12	兰西县(黑)	10.00
13	中国林科院热林中心(桂)	10.00
14	汉源县(川)	123.00
15	贵州省扎佐林场(黔)	30.00
16	西盟佤族自治县(滇)	175.00
17	澜沧拉祜族自治县(滇)	118.00
18	孟连傣族拉祜族佤族自治县(滇)	27.00
19	维西傈僳族自治县(滇)	15.00
20	富蕴林场(新)	500.00

表 10-18　2012 年泡桐苗主产地产量

序号	泡桐苗主产地	产量(万株)
1	临漳县(冀)	90.00
2	邯郸县(冀)	70.00
3	广平县(冀)	60.00
4	桃城区(冀)	53.10
5	藁城市(冀)	37.00
6	南和县(冀)	20.00
7	大名县(冀)	15.00
8	柏乡县(冀)	12.00
9	清苑县(冀)	10.00
10	河津市(晋)	50.00
11	万荣县(晋)	16.00
12	临猗县(晋)	15.00
13	谯城区(皖)	87.00
14	涡阳县(皖)	45.00
15	万年县(赣)	1752.00
16	永修县(赣)	30.00
17	进贤县(赣)	15.00
18	昌邑市(鲁)	100.00
19	青州市(鲁)	36.00
20	阳谷县(鲁)	30.00
21	龙口市(鲁)	30.00
22	博山区(鲁)	14.00
23	禹州市(豫)	310.00
24	确山县(豫)	171.00
25	清丰县(豫)	140.00
26	柘城县(豫)	83.00
27	沈丘县(豫)	75.00
28	郾城区(豫)	71.82
29	洛宁县(豫)	60.00
30	睢阳区(豫)	45.30
31	荥阳市(豫)	45.00
32	商水县(豫)	41.00
33	新安县(豫)	40.00
34	鹿邑县(豫)	36.00
35	渑池县(豫)	35.00
36	太康县(豫)	35.00
37	兰考县(豫)	30.50
38	项城市(豫)	27.00
39	偃师市(豫)	22.00
40	宁陵县(豫)	21.50
41	卫辉市(豫)	21.00
42	许昌县(豫)	20.00
43	郏　县(豫)	20.00
44	内黄县(豫)	18.00
45	西峡县(豫)	15.80
46	博爱县(豫)	15.00
47	巩义市(豫)	14.47
48	梁园区(豫)	13.50
49	杞　县(豫)	12.00
50	新乡县(豫)	11.50
51	天门市(鄂)	120.00
52	黄梅县(鄂)	105.00
53	蕲春县(鄂)	45.00
54	钟祥市(鄂)	40.00
55	宜都市(鄂)	20.00
56	余庆县(黔)	39.00
57	岚皋县(陕)	50.00
58	潼关县(陕)	12.00
59	华阴市(陕)	10.80
60	蒲城县(陕)	10.00

表 10-19　2012 年柳树苗主产地产量

序号	柳树苗主产地	产量(万株)
1	延庆县(京)	58.50
2	海淀区(京)	55.19
3	静海县(津)	139.90
4	武清区(津)	113.00
5	西青区(津)	80.00

序号	柳树苗主产地	产量(万株)
6	宝坻区(津)	23.40
7	滨海新区(津)	13.80
8	博野县(冀)	1252.00
9	定州市(冀)	1120.00
10	安国市(冀)	900.00
11	遵化市(冀)	300.00
12	南和县(冀)	170.00
13	沧　县(冀)	151.00
14	乐亭县(冀)	133.00
15	吴桥县(冀)	121.50
16	宣化区(冀)	75.00
17	邯郸县(冀)	75.00
18	滦　县(冀)	60.00
19	海兴县(冀)	60.00
20	馆陶县(冀)	57.00
21	南皮县(冀)	53.00
22	滦南县(冀)	50.40
23	辛集市(冀)	50.00
24	清苑县(冀)	50.00
25	广平县(冀)	50.00
26	北戴河区(冀)	49.60
27	抚宁县(冀)	48.00
28	涉　县(冀)	37.50
29	蠡　县(冀)	36.00
30	蔚　县(冀)	35.00
31	盐山县(冀)	30.00
32	丰宁满族自治县(冀)	30.00
33	大厂回族自治县(冀)	30.00
34	阳原县(冀)	30.00
35	涿州市(冀)	26.50
36	柏乡县(冀)	25.00
37	献　县(冀)	25.00
38	魏　县(冀)	23.00
39	运河区(冀)	20.00
40	大名县(冀)	20.00
41	唐山市汉沽管理区(冀)	20.00
42	景　县(冀)	18.00
43	武邑县(冀)	17.00
44	邢台县(冀)	17.00
45	香河县(冀)	13.50
46	鸡泽县(冀)	13.00
47	枣强县(冀)	12.00
48	万全县(冀)	10.00
49	小店区(晋)	88000.00
50	榆社县(晋)	4000.00
51	太谷县(晋)	2000.00
52	原平市(晋)	443.00
53	潞城市(晋)	360.00
54	绛　县(晋)	180.00
55	五台县(晋)	180.00
56	忻府区(晋)	121.10
57	河津市(晋)	112.00
58	晋源区(晋)	100.00
59	曲沃县(晋)	90.00
60	壶关县(晋)	60.00
61	中阳县(晋)	60.00
62	定襄县(晋)	50.00
63	高平市(晋)	50.00
64	左权县(晋)	40.00
65	临猗县(晋)	30.00
66	河曲县(晋)	29.93
67	乡宁县(晋)	20.81
68	偏关县(晋)	20.00
69	介休市(晋)	18.00
70	万荣县(晋)	16.00
71	代　县(晋)	15.60
72	长治县(晋)	10.80
73	阳城县(晋)	10.20
74	武乡县(晋)	10.00
75	李井滩示范区(内蒙古)	400.00
76	科尔沁左翼后旗(内蒙古)	300.00
77	科尔沁区(内蒙古)	200.00
78	杭锦旗(内蒙古)	172.00
79	土默特右旗(内蒙古)	160.00
80	鄂托克旗(内蒙古)	113.74
81	正蓝旗(内蒙古)	100.00
82	鄂托克前旗(内蒙古)	44.80
83	和林格尔县(内蒙古)	31.00
84	乌审旗(内蒙古)	24.29
85	乌拉特中旗(内蒙古)	23.30
86	杭锦后旗(内蒙古)	22.50
87	乌拉特前旗(内蒙古)	21.00
88	五原县(内蒙古)	18.00
89	松山区(内蒙古)	15.00
90	赛罕区(内蒙古)	10.00
91	瓦房店市(辽)	700.00
92	台安县(辽)	300.00
93	普兰店市(辽)	150.00
94	海城市(辽)	149.00
95	新民市(辽)	136.00
96	东港市(辽)	127.00
97	义　县(辽)	125.00
98	大洼县(辽)	50.00
99	于洪区(辽)	45.00
100	康平县(辽)	40.50
101	阜新蒙古族自治县(辽)	32.00
102	喀喇沁左翼蒙古族自治县(辽)	27.80
103	银州区(辽)	24.00
104	调兵山市(辽)	24.00
105	苏家屯区(辽)	19.10
106	东洲区(辽)	13.40
107	老边区(辽)	10.00
108	辉南县(吉)	78.00
109	东辽县(吉)	20.60
110	浑江区(吉)	20.00
111	长岭县(吉)	20.00
112	绿园区(吉)	18.00
113	朝阳区(吉)	15.00
114	呼兰区(黑)	3000.00
115	桦川县(黑)	169.50
116	大同区(黑)	158.00
117	巴彦县(黑)	30.00
118	松北区(黑)	21.00
119	克东县(黑)	20.00
120	泰兴市(苏)	465.40
121	建湖县(苏)	200.00
122	兴化市(苏)	180.00
123	高港区(苏)	50.00
124	靖江市(苏)	15.00
125	霍邱县(皖)	1700.00
126	固镇县(皖)	200.00
127	涡阳县(皖)	200.00
128	蒙城县(皖)	120.00
129	望江县(皖)	45.00
130	潘集区(皖)	27.00
131	毛集实验区(皖)	18.00
132	济阳县(鲁)	5634.00
133	河口区(鲁)	4356.00
134	惠民县(鲁)	4000.00
135	沾化县(鲁)	1347.00
136	无棣县(鲁)	1200.00
137	垦利县(鲁)	1035.00
138	商河县(鲁)	1000.00
139	肥城市(鲁)	900.00
140	宁津县(鲁)	900.00
141	高密市(鲁)	840.00
142	乐陵市(鲁)	821.70
143	东平县(鲁)	750.00

序号	柳树苗主产地	产量(万株)
144	高青县(鲁)	750.00
145	广饶县(鲁)	500.00
146	新泰市(鲁)	300.00
147	牟平区(鲁)	300.00
148	莱城区(鲁)	220.00
149	岱岳区(鲁)	200.00
150	平原县(鲁)	190.00
151	滨城区(鲁)	180.00
152	宁阳县(鲁)	158.00
153	昌邑市(鲁)	150.00
154	博兴县(鲁)	140.00
155	陵　县(鲁)	110.00
156	河东区(鲁)	95.00
157	桓台县(鲁)	88.00
158	阳谷县(鲁)	80.00
159	寒亭区(鲁)	80.00
160	利津县(鲁)	80.00
161	博山区(鲁)	76.00
162	昌乐县(鲁)	61.00
163	芝罘区(鲁)	60.00
164	东营区(鲁)	50.00
165	诸城市(鲁)	50.00
166	沂水县(鲁)	40.00
167	德州市市辖区(鲁)	30.45
168	阳信县(鲁)	30.00
169	坊子区(鲁)	25.00
170	天桥区(鲁)	20.00
171	荣成市(鲁)	18.00
172	郓城县(鲁)	16.00
173	东昌府区(鲁)	15.40
174	青州市(鲁)	15.00
175	栖霞市(鲁)	14.00
176	邹城市(鲁)	10.00
177	成武县(鲁)	10.00
178	鄢陵县(豫)	8000.00
179	潢川县(豫)	180.00
180	邓州市(豫)	140.00
181	淅川县(豫)	132.00
182	汝州市(豫)	120.00
183	栾川县(豫)	106.50
184	商水县(豫)	72.00
185	南乐县(豫)	66.00
186	虞城县(豫)	50.00
187	内黄县(豫)	36.00
188	安阳县(豫)	32.40
189	修武县(豫)	30.01
190	巩义市(豫)	24.25
191	范　县(豫)	18.40
192	辉县市(豫)	18.00
193	宁陵县(豫)	15.10
194	新乡县(豫)	13.00
195	咸丰县(鄂)	200.00
196	麻城市(鄂)	80.00
197	潜江市(鄂)	10.00
198	松滋市(鄂)	10.00
199	大足县(渝)	15000.00
200	南川区(渝)	286.00
201	忠　县(渝)	95.00
202	若尔盖县(川)	120.00
203	游仙区(川)	100.00
204	甘孜县(川)	22.40
205	施秉县(黔)	83.00
206	普安县(黔)	75.00
207	龙里县(黔)	25.00
208	余庆县(黔)	15.50
209	曲水县(藏)	210.00
210	城关区(藏)	150.00
211	拉孜县(藏)	25.80
212	洛隆县(藏)	24.00
213	达孜县(藏)	15.00
214	堆龙德庆县(藏)	10.00
215	蒲城县(陕)	1300.00
216	榆阳区(陕)	295.40
217	凤翔县(陕)	64.00
218	吴起县(陕)	50.00
219	华阴市(陕)	30.00
220	麟游县(陕)	25.40
221	黄陵县(陕)	24.00
222	宝塔区(陕)	21.00
223	桥山林业局(陕)	17.40
224	安塞县(陕)	15.00
225	嘉峪关市(甘)	59800.00
226	广河县(甘)	2100.00
227	和政县(甘)	960.00
228	甘州区(甘)	286.30
229	瓜州县(甘)	270.00
230	东乡族自治县(甘)	250.00
231	肃州区(甘)	210.00
232	泾川县(甘)	150.00
233	肃南裕固族自治县(甘)	102.00
234	古浪县(甘)	100.00
235	临洮县(甘)	96.00
236	西固区(甘)	80.00
237	玉门市(甘)	77.00
238	凉州区(甘)	58.00
239	华池林业总场(甘)	43.86
240	永靖县(甘)	37.50
241	榆中县(甘)	30.00
242	武威市市辖区(甘)	30.00
243	临泽县(甘)	27.90
244	民乐县(甘)	20.00
245	麦积区(甘)	19.80
246	湘乐林业总场(甘)	16.64
247	兰州新区(甘)	16.00
248	崇信县(甘)	15.30
249	乐都县(青)	30.00
250	泾源县(宁)	4800.00
251	原州区(宁)	3586.00
252	贺兰县(宁)	986.80
253	同心县(宁)	607.40
254	中宁县(宁)	446.02
255	永宁县(宁)	400.00
256	利通区(宁)	208.00
257	大武口区(宁)	125.40
258	灵武市(宁)	72.38
259	隆德县(宁)	55.00
260	兴庆区(宁)	36.70
261	西吉县(宁)	36.00
262	惠农区(宁)	30.00
263	沙坡头区(宁)	29.60
264	金凤区(宁)	15.00
265	平罗县(宁)	13.83
266	伽师县(新)	23.82
267	农二师(新疆兵团)	375.00
268	农三师(新疆兵团)	32.00
269	农六师(新疆兵团)	30.00

表 10-20　2012 年杨树苗主产地产量

序号	杨树苗主产地	产量(万株)
1	延庆县(京)	210.90
2	海淀区(京)	56.21
3	武清区(津)	959.00
4	北辰区(津)	176.80
5	宝坻区(津)	124.20
6	西青区(津)	110.00
7	静海县(津)	33.30
8	津南区(津)	15.00
9	涿州市(冀)	3355.60

序号	杨树苗主产地	产量(万株)
10	永清县(冀)	3236.00
11	安国市(冀)	3200.00
12	涞源县(冀)	1600.00
13	大城县(冀)	1500.00
14	迁安市(冀)	1200.00
15	平乡县(冀)	585.00
16	香河县(冀)	554.60
17	青龙满族自治县(冀)	540.00
18	辛集市(冀)	500.00
19	蠡　县(冀)	487.00
20	曲周县(冀)	462.00
21	永年县(冀)	461.00
22	满城县(冀)	395.00
23	围场满族蒙古族自治县(冀)	360.00
24	乐亭县(冀)	327.00
25	徐水县(冀)	300.00
26	玉田县(冀)	295.00
27	阜城县(冀)	286.20
28	赤城县(冀)	280.00
29	临漳县(冀)	270.00
30	广阳区(冀)	270.00
31	平泉县(冀)	270.00
32	魏　县(冀)	268.00
33	正定县(冀)	267.00
34	宁晋县(冀)	240.60
35	邯郸县(冀)	230.00
36	昌黎县(冀)	225.00
37	邢台市桥西区(冀)	225.00
38	南和县(冀)	223.00
39	南宫市(冀)	220.00
40	沧　县(冀)	214.00
41	行唐县(冀)	210.00
42	河间市(冀)	210.00
43	高碑店市(冀)	200.00
44	新河县(冀)	195.00
45	阳原县(冀)	183.00
46	大厂回族自治县(冀)	180.00
47	曲阳县(冀)	180.00
48	涉　县(冀)	180.00
49	任　县(冀)	174.00
50	丰宁满族自治县(冀)	165.00
51	武邑县(冀)	159.00
52	枣强县(冀)	156.00
53	宽城满族自治县(冀)	150.00
54	藁城市(冀)	139.20
55	泊头市(冀)	135.10
56	抚宁县(冀)	124.00
57	任丘市(冀)	120.35
58	遵化市(冀)	120.00
59	盐山县(冀)	120.00
60	南皮县(冀)	109.60
61	滦南县(冀)	109.00
62	兴隆县(冀)	100.00
63	石家庄市桥东区(冀)	97.00
64	邢台县(冀)	95.00
65	隆尧县(冀)	91.50
66	广平县(冀)	90.00
67	威　县(冀)	90.00
68	平山县(冀)	85.00
69	雄　县(冀)	85.00
70	顺平县(冀)	84.00
71	鹿泉市(冀)	82.79
72	邱　县(冀)	81.00
73	康保县(冀)	80.00
74	冀州市(冀)	80.00
75	武强县(冀)	76.00
76	灵寿县(冀)	75.00
77	宣化区(冀)	75.00
78	馆陶县(冀)	70.00
79	广宗县(冀)	60.00
80	东光县(冀)	60.00
81	桃城区(冀)	60.00
82	无极县(冀)	50.00
83	清苑县(冀)	50.00
84	沧州市南大港管理区(冀)	50.00
85	蔚　县(冀)	47.00
86	开平区(冀)	45.00
87	大名县(冀)	45.00
88	博野县(冀)	43.00
89	肃宁县(冀)	42.00
90	海兴县(冀)	40.00
91	吴桥县(冀)	38.25
92	石家庄市南化苗圃(冀)	37.50
93	柏乡县(冀)	35.00
94	黄骅市(冀)	34.90
95	文安县(冀)	32.60
96	安次区(冀)	30.48
97	景　县(冀)	30.00
98	运河区(冀)	30.00
99	滦　县(冀)	30.00
100	万全县(冀)	30.00
101	青　县(冀)	30.00
102	固安县(冀)	30.00
103	成安县(冀)	30.00
104	高阳县(冀)	28.30
105	尚义县(冀)	27.00
106	高邑县(冀)	27.00
107	安平县(冀)	26.00
108	孟村回族自治县(冀)	25.00
109	鸡泽县(冀)	23.00
110	古冶区(冀)	20.00
111	峰峰矿区(冀)	17.00
112	饶阳县(冀)	16.00
113	涞水县(冀)	15.00
114	望都县(冀)	15.00
115	磁　县(冀)	11.00
116	井陉矿区(冀)	10.00
117	新华区(冀)	10.00
118	迁西县(冀)	10.00
119	隰　县(晋)	176400.00
120	小店区(晋)	71700.00
121	原平市(晋)	1215.50
122	太谷县(晋)	1050.00
123	绛　县(晋)	680.00
124	屯留县(晋)	675.00
125	潞城市(晋)	450.00
126	南郊区(晋)	450.00
127	忻府区(晋)	427.42
128	榆社县(晋)	400.00
129	平遥县(晋)	201.00
130	娄烦县(晋)	200.00
131	五台县(晋)	180.00
132	长子县(晋)	178.30
133	新荣区(晋)	170.00
134	河津市(晋)	150.00
135	介休市(晋)	150.00
136	天镇县(晋)	140.00
137	黎城县(晋)	120.00
138	五寨县(晋)	120.00
139	左权县(晋)	110.00
140	垣曲县(晋)	100.00
141	万荣县(晋)	75.00
142	稷山县(晋)	73.00
143	河曲县(晋)	63.40
144	代　县(晋)	58.50
145	浑源县(晋)	52.50
146	高平市(晋)	50.00
147	定襄县(晋)	50.00

序号	杨树苗主产地	产量(万株)	序号	杨树苗主产地	产量(万株)	序号	杨树苗主产地	产量(万株)
148	大同县(晋)	48.00	194	达拉特旗(内蒙古)	54.00	240	农安县(吉)	1100.00
149	阳曲县(晋)	45.00	195	元宝山区(内蒙古)	50.00	241	大安市(吉)	1000.00
150	曲沃县(晋)	40.00	196	科尔沁右翼中旗(内蒙古)	48.00	242	双辽市(吉)	960.00
151	阳城县(晋)	31.50	197	和林格尔县(内蒙古)	39.00	243	宁江区(吉)	600.00
152	偏关县(晋)	30.00	198	正蓝旗(内蒙古)	32.00	244	乾安县(吉)	450.00
153	壶关县(晋)	30.00	199	察哈尔右翼前旗(内蒙古)	31.00	245	绿园区(吉)	300.00
154	武乡县(晋)	30.00	200	海拉尔区(内蒙古)	30.00	246	梨树县(吉)	200.00
155	阳高县(晋)	28.00	201	鄂温克族自治旗(内蒙古)	25.00	247	丰满区(吉)	80.00
156	临猗县(晋)	17.00	202	达尔罕茂明安联合旗(内蒙古)	21.00	248	辉南县(吉)	56.00
157	晋源区(晋)	16.00	203	昆都仑区(内蒙古)	13.00	249	德惠市(吉)	45.00
158	长治县(晋)	15.30	204	武川县(内蒙古)	12.00	250	昌邑区(吉)	40.00
159	左云县(晋)	15.00	205	九原区(内蒙古)	10.00	251	桦甸市(吉)	37.00
160	尖草坪区(晋)	10.70	206	赛罕区(内蒙古)	10.00	252	天桥岭林业局(吉)	26.00
161	长治市城区(晋)	10.00	207	辽宁省生态实验林场(辽)	77000.00	253	朝阳区(吉)	15.00
162	奈曼旗(内蒙古)	4041.00	208	阜新蒙古族自治县(辽)	12000.00	254	船营区(吉)	12.00
163	科尔沁左翼后旗(内蒙古)	3200.00	209	瓦房店市(辽)	2500.00	255	浑江区(吉)	10.00
164	扎赉特旗(内蒙古)	2800.00	210	辽中县(辽)	1375.00	256	呼兰区(黑)	8000.00
165	突泉县(内蒙古)	1467.00	211	康平县(辽)	1135.50	257	延寿县(黑)	2000.00
166	乌审旗(内蒙古)	1018.38	212	新民市(辽)	819.00	258	泰来县(黑)	2000.00
167	乌拉特前旗(内蒙古)	900.00	213	法库县(辽)	711.00	259	阿城区(黑)	1725.00
168	科尔沁左翼中旗(内蒙古)	850.00	214	昌图县(辽)	655.00	260	兰西县(黑)	1000.00
169	杭锦后旗(内蒙古)	750.00	215	台安县(辽)	480.00	261	甘南县(黑)	915.00
170	磴口县(内蒙古)	625.00	216	盖州市(辽)	450.00	262	安达市(黑)	900.00
171	敖汉旗(内蒙古)	535.00	217	喀喇沁左翼蒙古族自治县(辽)	431.00	263	松北区(黑)	802.00
172	扎兰屯市(内蒙古)	500.00	218	普兰店市(辽)	300.00	264	大庆市开发区(黑)	780.00
173	开鲁县(内蒙古)	465.00	219	盘山县(辽)	214.60	265	肇源县(黑)	760.00
174	五原县(内蒙古)	460.00	220	凌海市(辽)	200.00	266	肇州县(黑)	715.00
175	巴林左旗(内蒙古)	450.00	221	义　县(辽)	200.00	267	林甸县(黑)	705.00
176	科尔沁区(内蒙古)	450.00	222	凌源市(辽)	180.00	268	龙江县(黑)	637.00
177	翁牛特旗(内蒙古)	450.00	223	大洼县(辽)	150.00	269	巴彦县(黑)	600.00
178	临河区(内蒙古)	356.00	224	苏家屯区(辽)	141.00	270	北林区(黑)	500.00
179	阿鲁科尔沁旗(内蒙古)	320.00	225	绥中县(辽)	130.00	271	青冈县(黑)	500.00
180	多伦县(内蒙古)	300.00	226	海城市(辽)	105.00	272	让胡路区(黑)	440.00
181	林西县(内蒙古)	300.00	227	建昌县(辽)	80.00	273	双城市(黑)	415.00
182	鄂托克旗(内蒙古)	192.48	228	北票市(辽)	65.00	274	明水县(黑)	400.00
183	松山区(内蒙古)	188.00	229	于洪区(辽)	45.00	275	杜尔伯特蒙古族自治县(黑)	375.00
184	东乌珠穆沁旗(内蒙古)	179.00	230	大石桥市(辽)	45.00	276	富锦市(黑)	333.60
185	乌拉特中旗(内蒙古)	175.80	231	辽宁省杨树研究所(辽)	30.00	277	方正县(黑)	330.00
186	巴林右旗(内蒙古)	160.00	232	银州区(辽)	30.00	278	克东县(黑)	320.00
187	库伦旗(内蒙古)	150.00	233	调兵山市(辽)	30.00	279	克山县(黑)	249.00
188	喀喇沁旗(内蒙古)	140.00	234	老边区(辽)	30.00	280	汤原县(黑)	242.80
189	土默特右旗(内蒙古)	120.00	235	千山区(辽)	19.43	281	同江市(黑)	222.00
190	杭锦旗(内蒙古)	94.00	236	辽宁省固沙造林研究所(辽)	10.00	282	拜泉县(黑)	210.00
191	鄂托克前旗(内蒙古)	84.00	237	四平市市辖区(吉)	4135.00	283	依安县(黑)	200.00
192	宁城县(内蒙古)	72.00	238	前郭尔罗斯蒙古族自治县(吉)	2000.00	284	尚志市(黑)	150.00
193	西乌珠穆沁旗(内蒙古)	60.00	239	长岭县(吉)	1500.00	285	萨尔图区(黑)	120.00

序号	杨树苗主产地	产量(万株)
286	绥滨县(黑)	106.00
287	木兰县(黑)	90.00
288	通河县(黑)	90.00
289	桦川县(黑)	61.40
290	道外区(黑)	60.00
291	庆安国有林场管理局(黑)	46.50
292	密山市(黑)	35.00
293	南岗区(黑)	30.00
294	昂昂溪区(黑)	20.00
295	虎林市(黑)	17.00
296	海林市(黑)	15.00
297	鸡东县(黑)	10.00
298	龙凤区(黑)	10.00
299	邳州市(苏)	2106.00
300	泗阳县(苏)	900.00
301	兴化市(苏)	210.60
302	新沂市(苏)	200.00
303	建湖县(苏)	90.00
304	海州区(苏)	60.00
305	泰兴市(苏)	28.00
306	姜堰区(苏)	18.00
307	靖江市(苏)	12.00
308	大观区(皖)	2000.00
309	阜南县(皖)	1001.20
310	涡阳县(皖)	960.00
311	濉溪县(皖)	646.57
312	庐阳区(皖)	600.00
313	泗　县(皖)	562.00
314	灵璧县(皖)	450.00
315	谯城区(皖)	432.00
316	淮上区(皖)	400.00
317	霍邱县(皖)	270.00
318	寿　县(皖)	270.00
319	萧　县(皖)	253.00
320	肥西县(皖)	200.00
321	无为县(皖)	168.00
322	怀远县(皖)	160.00
323	龙子湖区(皖)	160.00
324	固镇县(皖)	150.00
325	五河县(皖)	140.00
326	望江县(皖)	130.00
327	来安县(皖)	120.00
328	埇桥区(皖)	110.00
329	利辛县(皖)	105.90
330	枞阳县(皖)	100.00
331	全椒县(皖)	100.00
332	东至县(皖)	90.00
333	长丰县(皖)	70.38
334	天长市(皖)	68.00
335	蒙城县(皖)	65.00
336	芜湖县(皖)	60.00
337	三山区(皖)	50.00
338	潘集区(皖)	45.00
339	巢湖市(皖)	33.00
340	怀宁县(皖)	30.00
341	含山县(皖)	30.00
342	和　县(皖)	23.00
343	明光市(皖)	20.00
344	毛集实验区(皖)	18.00
345	弋江区(皖)	15.00
346	湖口县(赣)	60.00
347	新建县(赣)	58.00
348	修水县(赣)	50.00
349	宜丰县(赣)	26.00
350	瑞昌市(赣)	22.76
351	永修县(赣)	12.00
352	招远市(鲁)	600000.00
353	济阳县(鲁)	2785.00
354	安丘市(鲁)	2200.00
355	乐陵市(鲁)	2077.00
356	惠民县(鲁)	2000.00
357	诸城市(鲁)	2000.00
358	武城县(鲁)	1430.00
359	莒南县(鲁)	1260.00
360	高密市(鲁)	1200.00
361	鄄城县(鲁)	985.00
362	河东区(鲁)	950.00
363	岱岳区(鲁)	900.00
364	宁阳县(鲁)	840.00
365	东平县(鲁)	770.00
366	费　县(鲁)	640.00
367	郯城县(鲁)	600.00
368	肥城市(鲁)	480.00
369	齐河县(鲁)	473.00
370	桓台县(鲁)	453.00
371	微山县(鲁)	450.00
372	蒙阴县(鲁)	410.00
373	昌乐县(鲁)	405.00
374	平原县(鲁)	360.00
375	新泰市(鲁)	350.00
376	垦利县(鲁)	345.00
377	郓城县(鲁)	337.50
378	梁山县(鲁)	320.00
379	莱城区(鲁)	300.00
380	牟平区(鲁)	300.00
381	成武县(鲁)	275.00
382	夏津县(鲁)	260.00
383	平邑县(鲁)	245.00
384	坊子区(鲁)	232.00
385	东营区(鲁)	230.00
386	邹平县(鲁)	200.00
387	沂南县(鲁)	200.00
388	利津县(鲁)	183.00
389	庆云县(鲁)	180.00
390	滨城区(鲁)	174.00
391	沂水县(鲁)	162.00
392	广饶县(鲁)	150.00
393	商河县(鲁)	150.00
394	高青县(鲁)	150.00
395	薛城区(鲁)	135.00
396	天桥区(鲁)	120.00
397	博兴县(鲁)	104.00
398	陵　县(鲁)	95.00
399	兖州市(鲁)	90.00
400	昌邑市(鲁)	90.00
401	德州市市辖区(鲁)	80.56
402	莱阳市(鲁)	80.00
403	博山区(鲁)	78.00
404	青州市(鲁)	66.00
405	临沭县(鲁)	60.00
406	荣成市(鲁)	52.00
407	鱼台县(鲁)	45.00
408	莱芜市经济开发区(鲁)	45.00
409	阳信县(鲁)	40.00
410	平阴县(鲁)	40.00
411	寒亭区(鲁)	36.00
412	淄川区(鲁)	36.00
413	茌平县(鲁)	35.00
414	河口区(鲁)	31.00
415	德城区(鲁)	30.00
416	东昌府区(鲁)	11.00
417	中牟县(豫)	3000.00
418	许昌县(豫)	2449.00
419	宛城区(豫)	1921.00
420	武陟县(豫)	1800.00
421	商水县(豫)	1718.00
422	遂平县(豫)	1535.00
423	西平县(豫)	1074.00

序号	杨树苗主产地	产量(万株)	序号	杨树苗主产地	产量(万株)	序号	杨树苗主产地	产量(万株)
424	扶沟县(豫)	1002.00	470	淅川县(豫)	143.00	516	襄城区(鄂)	301.00
425	襄城县(豫)	998.00	471	邓州市(豫)	140.00	517	建始县(鄂)	300.00
426	内黄县(豫)	900.00	472	南乐县(豫)	140.00	518	应城市(鄂)	280.00
427	南召县(豫)	832.00	473	淇　县(豫)	135.00	519	蔡甸区(鄂)	170.00
428	上蔡县(豫)	750.00	474	兰考县(豫)	132.00	520	沙洋县(鄂)	150.00
429	宝丰县(豫)	680.00	475	淮滨县(豫)	130.00	521	公安县(鄂)	150.00
430	睢　县(豫)	650.00	476	新安县(豫)	126.00	522	蕲春县(鄂)	135.00
431	新蔡县(豫)	636.00	477	安阳县(豫)	123.35	523	江陵县(鄂)	130.00
432	正阳县(豫)	613.00	478	博爱县(豫)	113.00	524	远安县(鄂)	120.00
433	原阳县(豫)	610.00	479	汝州市(豫)	100.00	525	黄梅县(鄂)	111.00
434	辉县市(豫)	610.00	480	卫辉市(豫)	100.00	526	钟祥市(鄂)	100.00
435	滑　县(豫)	600.00	481	淇滨区(豫)	99.00	527	随县(鄂)	100.00
436	沈丘县(豫)	600.00	482	开封县(豫)	97.20	528	曾都区(鄂)	100.00
437	民权县(豫)	590.00	483	泌阳县(豫)	80.00	529	沙市区(鄂)	99.00
438	太康县(豫)	555.00	484	山城区(豫)	80.00	530	枣阳市(鄂)	90.00
439	宁陵县(豫)	531.70	485	濮阳市高新区(豫)	68.25	531	襄州区(鄂)	75.00
440	获嘉县(豫)	525.00	486	项城市(豫)	62.00	532	汉川市(鄂)	75.00
441	平舆县(豫)	524.00	487	郏　县(豫)	60.00	533	安陆市(鄂)	50.00
442	延津县(豫)	522.00	488	长垣县(豫)	56.00	534	麻城市(鄂)	50.00
443	尉氏县(豫)	500.00	489	淮阳县(豫)	56.00	535	松滋市(鄂)	50.00
444	濮阳县(豫)	450.70	490	华龙区(豫)	54.80	536	孝昌县(鄂)	50.00
445	夏邑县(豫)	450.00	491	源汇区(豫)	53.00	537	当阳市(鄂)	50.00
446	驿城区(豫)	404.00	492	荥阳市(豫)	49.72	538	大悟县(鄂)	40.00
447	渑池县(豫)	400.50	493	偃师市(豫)	45.00	539	竹山县(鄂)	40.00
448	洛宁县(豫)	325.50	494	西华县(豫)	45.00	540	罗田县(鄂)	38.00
449	确山县(豫)	308.30	495	山阳区(豫)	38.00	541	谷城县(鄂)	30.00
450	虞城县(豫)	300.00	496	林州市(豫)	31.00	542	郧西县(鄂)	27.00
451	台前县(豫)	294.50	497	固始县(豫)	30.00	543	利川市(鄂)	21.30
452	鹿邑县(豫)	283.50	498	栾川县(豫)	24.00	544	宜都市(鄂)	20.00
453	通许县(豫)	280.98	499	郾城区(豫)	22.64	545	恩施市(鄂)	12.00
454	召陵区(豫)	270.00	500	汤阴县(豫)	21.70	546	郧　县(鄂)	12.00
455	禹州市(豫)	240.00	501	禹王台区(豫)	21.00	547	兴山县(鄂)	10.00
456	杞　县(豫)	240.00	502	卫东区(豫)	20.00	548	沅江市(湘)	11250000.00
457	潢川县(豫)	219.00	503	梁园区(豫)	20.00	549	华容县(湘)	2000.00
458	卢氏县(豫)	209.20	504	川汇区(豫)	16.00	550	君山区(湘)	630.00
459	嵩　县(豫)	201.00	505	红旗区(豫)	12.00	551	汉寿县(湘)	450.00
460	平桥区(豫)	197.00	506	殷都区(豫)	11.00	552	湘阴县(湘)	45.00
461	温　县(豫)	192.00	507	潜江市(鄂)	1000.00	553	鼎城区(湘)	39.00
462	范　县(豫)	189.00	508	天门市(鄂)	600.00	554	湘乡市(湘)	36.00
463	睢阳区(豫)	170.00	509	洪湖市(鄂)	500.00	555	武陵区(湘)	25.00
464	临颍县(豫)	168.50	510	石首市(鄂)	500.00	556	新化县(湘)	10.00
465	柘城县(豫)	166.00	511	监利县(鄂)	500.00	557	石柱土家族自治县(渝)	200.00
466	新乡县(豫)	151.00	512	嘉鱼县(鄂)	450.00	558	巴南区(渝)	200.00
467	新野县(豫)	150.00	513	仙桃市(鄂)	400.00	559	云阳县(渝)	180.00
468	永城市(豫)	147.10	514	宜城市(鄂)	337.00	560	江津区(渝)	150.00
469	清丰县(豫)	146.90	515	南漳县(鄂)	315.00	561	垫江县(渝)	60.00

序号	杨树苗主产地	产量(万株)
562	潼南县(渝)	33.00
563	沙坪坝区(渝)	22.00
564	盐亭县(川)	1420.00
565	嘉陵区(川)	667.00
566	南部县(川)	343.60
567	高坪区(川)	200.00
568	阆中市(川)	180.00
569	蓬溪县(川)	140.00
570	游仙区(川)	100.00
571	安　县(川)	87.50
572	雁江区(川)	63.00
573	顺庆区(川)	60.00
574	三台县(川)	55.00
575	甘孜县(川)	48.60
576	广汉市(川)	40.00
577	泸　县(川)	20.00
578	宣汉县(川)	20.00
579	大邑县(川)	15.00
580	稻城县(川)	15.00
581	余庆县(黔)	388.00
582	寻甸回族彝族自治县(滇)	128.50
583	曲水县(藏)	196.00
584	墨竹工卡县(藏)	90.00
585	达孜县(藏)	90.00
586	林周县(藏)	81.67
587	洛隆县(藏)	41.00
588	尼木县(藏)	24.00
589	仁布县(藏)	12.80
590	八宿县(藏)	12.00
591	堆龙德庆县(藏)	10.00
592	吴起县(陕)	1200.00
593	榆阳区(陕)	946.10
594	华阴市(陕)	324.00
595	定边县(陕)	110.20
596	劳山林业局(陕)	107.00
597	志丹县(陕)	96.40
598	甘泉县(陕)	90.00
599	宝塔区(陕)	70.00
600	富　县(陕)	60.00
601	凤翔县(陕)	60.00
602	蒲城县(陕)	31.00
603	潼关县(陕)	25.00
604	桥北林业局(陕)	21.70
605	洛川县(陕)	16.00
606	阎良区(陕)	16.00
607	泾阳县(陕)	10.00
608	嘉峪关市(甘)	192000.00
609	天祝藏族自治县(甘)	13436.00
610	红古区(甘)	1400.00
611	瓜州县(甘)	1008.00
612	凉州区(甘)	920.00
613	景泰县(甘)	919.00
614	甘州区(甘)	790.98
615	玉门市(甘)	774.00
616	临洮县(甘)	750.00
617	永登县(甘)	500.00
618	会宁县(甘)	458.00
619	肃州区(甘)	450.00
620	临泽县(甘)	400.00
621	广河县(甘)	315.00
622	金塔县(甘)	263.50
623	和政县(甘)	210.00
624	临夏市(甘)	160.00
625	高台县(甘)	116.55
626	榆中县(甘)	112.00
627	民勤县(甘)	66.20
628	泾川县(甘)	66.00
629	华池林业总场(甘)	49.40
630	山丹县(甘)	45.95
631	湘乐林业总场(甘)	44.93
632	武威市市辖区(甘)	40.00
633	肃南裕固族自治县(甘)	38.00
634	古浪县(甘)	33.50
635	靖远县(甘)	33.20
636	民乐县(甘)	32.40
637	永昌县(甘)	19.30
638	白银区(甘)	15.00
639	共和县(青)	95.30
640	门源回族自治县(青)	92.00
641	平安县(青)	91.40
642	贵南县(青)	63.00
643	乐都县(青)	53.00
644	湟源县(青)	31.00
645	格尔木市(青)	30.00
646	大通回族土族自治县(青)	21.50
647	尖扎县(青)	19.30
648	西宁市市辖区(青)	10.58
649	西吉县(宁)	3750.00
650	泾源县(宁)	1950.00
651	原州区(宁)	1053.30
652	青铜峡市(宁)	1000.00
653	永宁县(宁)	604.00
654	贺兰县(宁)	224.60
655	宁夏仁存渡护岸林场(宁)	210.00
656	利通区(宁)	152.00
657	彭阳县(宁)	150.00
658	同心县(宁)	131.90
659	兴庆区(宁)	109.85
660	灵武市(宁)	106.73
661	农垦事业管理局(宁)	94.00
662	隆德县(宁)	70.00
663	沙坡头区(宁)	49.30
664	盐池县(宁)	27.00
665	平罗县(宁)	22.49
666	金凤区(宁)	18.00
667	大武口区(宁)	11.00
668	拜城县(新)	1402.30
669	莎车县(新)	1084.00
670	麦盖提县(新)	720.37
671	疏附县(新)	642.70
672	叶城县(新)	636.26
673	英吉沙县(新)	581.68
674	托克逊县(新)	474.00
675	伽师县(新)	399.40
676	鄯善县(新)	370.00
677	疏勒县(新)	329.18
678	轮台县(新)	316.05
679	吐鲁番市(新)	300.00
680	塔城市(新)	286.00
681	巴楚县(新)	264.06
682	阿瓦提县(新)	264.00
683	沙湾县(新)	205.00
684	尉犁县(新)	145.50
685	伊宁县(新)	132.00
686	喀什市(新)	114.03
687	和静县(新)	112.20
688	岳普湖县(新)	107.34
689	昭苏县(新)	106.80
690	泽普县(新)	81.20
691	博湖县(新)	63.00
692	温宿县(新)	62.85
693	沙雅县(新)	40.70
694	且末县(新)	39.99
695	托里县(新)	20.00
696	白石山林业局(吉林森工)	21.80
697	露水河林业局(吉林森工)	12.00
698	临江林业局(吉林森工)	12.00
699	农四师(新疆兵团)	950.00

序号	杨树苗主产地	产量(万株)
700	农十师(新疆兵团)	480.00
701	农六师(新疆兵团)	200.00
702	农三师(新疆兵团)	123.18
703	农二师(新疆兵团)	120.00

表 10-21 2012 年白蜡苗主产地产量

序号	白蜡苗主产地	产量(万株)
1	延庆县(京)	52.90
2	海淀区(京)	22.54
3	丰台区(京)	10.00
4	滨海新区(津)	153.00
5	静海县(津)	128.80
6	津南区(津)	60.00
7	西青区(津)	30.00
8	武清区(津)	30.00
9	博野县(冀)	450.00
10	南和县(冀)	381.00
11	定州市(冀)	380.00
12	沧　县(冀)	288.00
13	海兴县(冀)	200.00
14	丰润区(冀)	100.00
15	河间市(冀)	95.00
16	高邑县(冀)	60.00
17	安国市(冀)	60.00
18	乐亭县(冀)	57.00
19	清苑县(冀)	50.00
20	抚宁县(冀)	49.50
21	桃城区(冀)	45.00
22	栾城县(冀)	45.00
23	青　县(冀)	40.00
24	赵　县(冀)	40.00
25	辛集市(冀)	40.00
26	吴桥县(冀)	36.00
27	沧州市南大港管理区(冀)	25.00
28	高阳县(冀)	22.00
29	大厂回族自治县(冀)	21.00
30	泊头市(冀)	18.00
31	景　县(冀)	17.00
32	沧州市临港经济技术开发区(冀)	10.00
33	乌审旗(内蒙古)	43.00
34	鄂托克旗(内蒙古)	19.50
35	瓦房店市(辽)	500.00
36	东港市(辽)	90.00
37	于洪区(辽)	20.00
38	庄河市(辽)	20.00
39	新民市(辽)	10.80
40	怀远县(皖)	200.00
41	灵璧县(皖)	90.00
42	惠民县(鲁)	20500.00
43	无棣县(鲁)	12000.00
44	寿光市(鲁)	3600.00
45	汶上县(鲁)	2100.00
46	垦利县(鲁)	2050.00
47	河口区(鲁)	1547.00
48	庆云县(鲁)	1500.00
49	高青县(鲁)	1200.00
50	广饶县(鲁)	1000.00
51	东平县(鲁)	980.00
52	兖州市(鲁)	900.00
53	东营区(鲁)	820.00
54	宁津县(鲁)	800.00
55	乐陵市(鲁)	430.00
56	利津县(鲁)	360.00
57	济阳县(鲁)	336.00
58	滨城区(鲁)	278.00
59	河东区(鲁)	256.00
60	德州市市辖区(鲁)	200.00
61	邹平县(鲁)	180.00
62	博兴县(鲁)	165.00
63	桓台县(鲁)	152.00
64	昌乐县(鲁)	120.00
65	高密市(鲁)	110.00
66	昌邑市(鲁)	100.00
67	平原县(鲁)	79.00
68	肥城市(鲁)	60.00
69	阳信县(鲁)	60.00
70	临淄区(鲁)	58.30
71	周村区(鲁)	56.00
72	陵　县(鲁)	46.00
73	阳谷县(鲁)	44.00
74	潍城区(鲁)	32.00
75	龙口市(鲁)	25.00
76	东昌府区(鲁)	25.00
77	牟平区(鲁)	22.50
78	临沂市经济技术开发区(鲁)	20.00
79	商河县(鲁)	20.00
80	蓬莱市(鲁)	18.00
81	青州市(鲁)	18.00
82	茌平县(鲁)	15.20
83	临沭县(鲁)	12.00
84	坊子区(鲁)	10.00
85	鄢陵县(豫)	12000.00
86	驿城区(豫)	187.00
87	潢川县(豫)	120.00
88	民权县(豫)	80.00
89	栾川县(豫)	60.20
90	濮阳市高新区(豫)	52.50
91	华龙区(豫)	30.00
92	夏邑县(豫)	30.00
93	商水县(豫)	28.00
94	濮阳县(豫)	18.00
95	临颍县(豫)	17.30
96	南乐县(豫)	16.50
97	宁陵县(豫)	15.00
98	惠济区(豫)	13.43
99	安陆市(鄂)	150.00
100	湖北省太子山林场(鄂)	30.00
101	渝北区(渝)	67.50
102	黄龙县(陕)	25.00
103	华阴市(陕)	18.00
104	湘乐林业总场(甘)	166.10
105	华池林业总场(甘)	106.00
106	合水林业总场(甘)	30.00
107	永宁县(宁)	275.00
108	贺兰县(宁)	32.40
109	兴庆区(宁)	11.47
110	伊宁县(新)	215.00
111	阿尔泰林场 (新)	190.00
112	疏附县(新)	25.17
113	呼图壁林场(新)	15.70
114	特克斯林场(新)	15.60
115	农十师(新疆兵团)	150.00
116	农二师(新疆兵团)	150.00
117	农六师(新疆兵团)	100.00

表 10-22 2012 年水曲柳苗主产地产量

序号	水曲柳苗主产地	产量(万株)
1	振安区(辽)	500.00
2	靖宇县(吉)	600.00
3	白河林业局(吉)	460.00
4	龙潭区(吉)	97.00
5	珲春林业局(吉)	66.00
6	桦甸市(吉)	62.00
7	浑江区(吉)	50.00
8	抚松县(吉)	37.00
9	汪清林业局(吉)	14.00
10	辉南县(吉)	12.00
11	孟家岗林场(黑)	50.00

序号	水曲柳苗主产地	产量(万株)
12	五河县(皖)	150.00
13	松江河林业有限公司(吉林森工)	518.80
14	三岔子林业局(吉林森工)	259.25
15	露水河林业局(吉林森工)	184.23
16	白石山林业局(吉林森工)	104.60
17	红石林业局(吉林森工)	60.00
18	临江林业局(吉林森工)	60.00
19	泉阳林业局(吉林森工)	50.00
20	山河屯林业局(龙江森工)	130.20
21	穆棱林业局(龙江森工)	91.00
22	兴隆林业局(龙江森工)	67.50
23	东方红林业局(龙江森工)	65.10
24	鹤立林业局(龙江森工)	48.00
25	黑龙江柴河林业局(龙江森工)	36.00
26	迎春林业局(龙江森工)	24.30
27	苇河林业局(龙江森工)	19.00
28	双鸭山林业局(龙江森工)	17.60
29	方正林业局(龙江森工)	16.90
30	乌马河林业局(龙江森工)	16.00
31	绥棱林业局(龙江森工)	15.60
32	八面通林业局(龙江森工)	15.00
33	桦南林业局(龙江森工)	14.50
34	金山屯林业局(龙江森工)	13.80
35	朗乡林业局(龙江森工)	12.90
36	南岔林业局(龙江森工)	12.50
37	东京城林业局(龙江森工)	10.90

表 10-23　2012 年榆树苗主产地产量

序号	榆树苗主产地	产量(万株)
1	延庆县(京)	34.00
2	武清区(津)	30.00
3	滨海新区(津)	20.00
4	康保县(冀)	8042.00
5	沽源县(冀)	2850.00
6	尚义县(冀)	2315.00
7	阳原县(冀)	1000.00
8	定州市(冀)	940.00
9	张北县(冀)	866.00
10	丰宁满族自治县(冀)	600.00
11	清苑县(冀)	300.00
12	博野县(冀)	145.00
13	高邑县(冀)	86.00
14	赵　县(冀)	65.00
15	威　县(冀)	60.00
16	吴桥县(冀)	45.00
17	馆陶县(冀)	33.00
18	顺平县(冀)	24.00
19	赤城县(冀)	20.00
20	浑源县(晋)	45.00
21	巴林右旗(内蒙古)	3000.00
22	翁牛特旗(内蒙古)	626.00
23	杭锦后旗(内蒙古)	600.00
24	固阳县(内蒙古)	550.00
25	松山区(内蒙古)	544.00
26	乌审旗(内蒙古)	374.44
27	乌拉特中旗(内蒙古)	187.00
28	察哈尔右翼前旗(内蒙古)	185.00
29	五原县(内蒙古)	180.00
30	四子王旗(内蒙古)	160.00
31	阿鲁科尔沁旗(内蒙古)	160.00
32	达尔罕茂明安联合旗(内蒙古)	153.10
33	鄂温克族自治旗(内蒙古)	150.00
34	正蓝旗(内蒙古)	140.00
35	察哈尔右翼中旗(内蒙古)	115.00
36	克什克腾旗(内蒙古)	113.00
37	正镶白旗(内蒙古)	100.00
38	鄂托克前旗(内蒙古)	67.20
39	乌拉特前旗(内蒙古)	60.00
40	杭锦旗(内蒙古)	50.00
41	海拉尔区(内蒙古)	40.00
42	武川县(内蒙古)	30.00
43	石拐区(内蒙古)	20.00
44	东乌珠穆沁旗(内蒙古)	14.00
45	鄂托克旗(内蒙古)	13.50
46	桓仁满族自治县(辽)	284.00
47	盖州市(辽)	210.00
48	康平县(辽)	123.50
49	大洼县(辽)	37.00
50	新民市(辽)	22.50
51	于洪区(辽)	22.00
52	丰满区(吉)	20.00
53	北林区(黑)	300.00
54	虎林市(黑)	200.00
55	富锦市(黑)	200.00
56	兰西县(黑)	150.00
57	依安县(黑)	40.00
58	克东县(黑)	20.00
59	南岗区(黑)	10.00
60	靖江市(苏)	36.00
61	乐陵市(鲁)	430.00
62	宁津县(鲁)	300.00
63	垦利县(鲁)	292.00
64	东平县(鲁)	150.00
65	东营区(鲁)	90.00
66	茌平县(鲁)	28.50
67	利津县(鲁)	15.00
68	广饶县(鲁)	10.00
69	嵩　县(豫)	91.00
70	定边县(陕)	92.00
71	武功县(陕)	25.00
72	甘州区(甘)	180.79
73	古浪县(甘)	110.00
74	山丹县(甘)	68.00
75	临泽县(甘)	45.00
76	东乡族自治县(甘)	35.00
77	民勤县(甘)	24.85
78	乐都县(青)	300.00
79	平安县(青)	33.70
80	尖扎县(青)	12.00
81	泾源县(宁)	2070.00
82	贺兰县(宁)	421.00
83	西吉县(宁)	240.00
84	原州区(宁)	105.00
85	同心县(宁)	104.00
86	盐池县(宁)	39.00
87	兴庆区(宁)	28.54
88	灵武市(宁)	20.61
89	永宁县(宁)	20.00
90	农垦事业管理局(宁)	18.00
91	沙湾县(新)	100.00
92	博湖县(新)	37.50
93	岳普湖县(新)	11.07
94	汤旺河林业局(龙江森工)	113.00
95	友好林业局(龙江森工)	93.80
96	新青林业局(龙江森工)	82.50
97	双鸭山林业局(龙江森工)	57.70
98	苇河林业局(龙江森工)	41.40
99	桃山林业局(龙江森工)	38.00
100	亚布力林业局(龙江森工)	37.00
101	山河屯林业局(龙江森工)	30.20
102	铁力林业局(龙江森工)	20.00
103	乌伊岭林业局(龙江森工)	13.00
104	农六师(新疆兵团)	100.00
105	农十师(新疆兵团)	10.00

表 10-24　2012 年楠木苗主产地产量

序号	楠木苗主产地	产量(万株)
1	靖江市(苏)	480.00

序号	楠木苗主产地	产量(万株)
2	兴化市(苏)	405.00
3	姜堰区(苏)	130.00
4	武义县(浙)	5412.25
5	兰溪市(浙)	2585.00
6	缙云县(浙)	808.20
7	淳安县(浙)	320.00
8	建德市(浙)	38.00
9	定海区(浙)	27.41
10	宁海县(浙)	25.00
11	普陀区(浙)	14.57
12	崇义县(赣)	1242.00
13	许昌县(豫)	1281.00
14	镇平县(豫)	100.00
15	巩义市(豫)	19.90
16	樊城区(鄂)	110.00
17	东宝区(鄂)	85.00
18	漳河新区(鄂)	50.00
19	宜都市(鄂)	20.00
20	竹山县(鄂)	20.00
21	新宁县(湘)	200.00
22	新邵县(湘)	100.00
23	涟源市(湘)	55.00
24	石门县(湘)	50.00
25	南澳县(粤)	100.00
26	电白县(粤)	35.00
27	博白林场(桂)	12.86
28	雨城区(川)	120.00
29	泸　县(川)	50.00
30	高　县(川)	45.00
31	东坡区(川)	30.00
32	乐山市市辖区(川)	24.50
33	都江堰市(川)	20.00
34	台江县(黔)	14.00
35	寻甸回族彝族自治县(滇)	66.10
36	安宁市(滇)	11.55

表 10-25　2012 年桉树苗主产地产量

序号	桉树苗主产地	产量(万株)
1	温岭市(浙)	12.00
2	安远县(赣)	2992.00
3	赣　县(赣)	330.00
4	会昌县(赣)	40.00
5	安仁县(湘)	380.00
6	高要市(粤)	976.10
7	梅　县(粤)	900.00
8	饶平县(粤)	450.00
9	电白县(粤)	178.00
10	阳春市(粤)	160.00
11	阳西县(粤)	150.00
12	清新县(粤)	130.00
13	清城区(粤)	110.00
14	澄海区(粤)	100.00
15	清远市属总林场(粤)	96.50
16	怀集县(粤)	85.00
17	佛冈县(粤)	30.00
18	潮阳区(粤)	20.00
19	榕城区(粤)	10.00
20	东门林场(桂)	8233.00
21	钦南区(桂)	3500.00
22	钦北区(桂)	1950.00
23	博白林场(桂)	1625.04
24	田东县(桂)	1125.00
25	桂平市(桂)	1000.00
26	八步区(桂)	910.00
27	鹿寨县(桂)	800.00
28	黄冕林场(桂)	776.40
29	玉州区(桂)	750.00
30	陆川县(桂)	600.00
31	兴宾区(桂)	550.00
32	良庆区(桂)	522.00
33	忻城县(桂)	480.00
34	高峰林场(桂)	438.58
35	象州县(桂)	310.00
36	三门江林场(桂)	300.00
37	玉林市福绵区(桂)	300.00
38	覃塘区(桂)	300.00
39	六万林场(桂)	296.80
40	派阳山林场(桂)	281.30
41	七坡林场(桂)	280.00
42	苍梧县(桂)	270.00
43	柳城县(桂)	220.00
44	武宣县(桂)	210.00
45	平果县(桂)	200.00
46	维都林场(桂)	162.00
47	良凤江国家森林公园(桂)	120.00
48	横　县(桂)	116.00
49	合山市(桂)	106.20
50	宁明县(桂)	88.00
51	钦廉林场(桂)	87.00
52	兴业县(桂)	75.00
53	钟山县(桂)	70.00
54	雅长林场(桂)	60.00
55	上思县(桂)	60.00
56	昭平县(桂)	54.00
57	防城区(桂)	30.00
58	博白县(桂)	10.00
59	永川区(渝)	1500.00
60	潼南县(渝)	305.00
61	宜宾县(川)	500.00
62	夹江县(川)	500.00
63	犍为县(川)	308.00
64	乐山市市辖区(川)	300.00
65	荣　县(川)	290.00
66	泸　县(川)	200.00
67	东坡区(川)	200.00
68	冕宁县(川)	100.00
69	威远县(川)	65.00
70	贡井区(川)	30.00
71	高　县(川)	20.00
72	江油市(川)	20.00
73	德昌县(川)	11.00
74	册亨县(黔)	200.00
75	长顺县(黔)	20.00
76	双江拉祜族佤族布朗族傣族自治县(滇)	800.00
77	澜沧拉祜族自治县(滇)	328.00
78	禄丰县(滇)	243.30
79	双柏县(滇)	170.00
80	楚雄市(滇)	160.00
81	水富县(滇)	150.00
82	南华县(滇)	110.00
83	沧源佤族自治县(滇)	100.00
84	永仁县(滇)	100.00
85	临翔区(滇)	53.66
86	寻甸回族彝族自治县(滇)	48.50
87	孟连傣族拉祜族佤族自治县(滇)	14.40

表 10-26　2012 年柠条苗主产地产量

序号	柠条苗主产地	产量(万株)
1	围场满族蒙古族自治县(冀)	3000.00
2	沽源县(冀)	1600.00
3	康保县(冀)	380.00
4	偏关县(晋)	3600.00
5	左云县(晋)	1500.00
6	河曲县(晋)	1018.89
7	壶关县(晋)	900.00
8	大同县(晋)	500.00
9	南郊区(晋)	365.00

序号	柠条苗主产地	产量(万株)
10	神池县(晋)	240.00
11	翁牛特旗(内蒙古)	7700.00
12	巴林右旗(内蒙古)	2400.00
13	鄂托克旗(内蒙古)	2128.00
14	察哈尔右翼中旗(内蒙古)	1050.00
15	鄂托克前旗(内蒙古)	1002.00
16	四子王旗(内蒙古)	650.00
17	正蓝旗(内蒙古)	600.00
18	科尔沁左翼中旗(内蒙古)	500.00
19	正镶白旗(内蒙古)	450.00
20	苏尼特右旗(内蒙古)	310.00
21	达尔罕茂明安联合旗(内蒙古)	300.00
22	苏尼特左旗(内蒙古)	300.00
23	敖汉旗(内蒙古)	280.00
24	阿鲁科尔沁旗(内蒙古)	270.00
25	克什克腾旗(内蒙古)	179.00
26	和林格尔县(内蒙古)	168.00
27	东乌珠穆沁旗(内蒙古)	160.00
28	松山区(内蒙古)	160.00
29	镶黄旗(内蒙古)	130.00
30	察哈尔右翼前旗(内蒙古)	125.00
31	巴林左旗(内蒙古)	120.00
32	太仆寺旗(内蒙古)	60.00
33	民乐县(甘)	800.00
34	景泰县(甘)	406.50
35	古浪县(甘)	145.00
36	武威市市辖区(甘)	80.00
37	永靖县(甘)	67.50
38	永登县(甘)	60.00
39	靖远县(甘)	56.00
40	民勤县(甘)	46.00
41	定西市峨口林业试验场(甘)	30.00
42	山丹县(甘)	18.00
43	榆中县(甘)	10.00
44	玛珂河林业局(青)	100.00
45	盐池县(宁)	280.00
46	西吉县(宁)	150.00
47	沙坡头区(宁)	113.00
48	灵武市(宁)	75.00
49	原州区(宁)	30.00

表 10-27　2012 年香樟苗主产地产量

序号	香樟苗主产地	产量(万株)
1	松江区(沪)	262.30
2	嘉定区(沪)	144.00
3	闵行区(沪)	19.07
4	宝山区(沪)	14.90
5	崇明县(沪)	12.00
6	兴化市(苏)	450.00
7	泰兴市(苏)	136.60
8	金坛市(苏)	45.00
9	高港区(苏)	19.00
10	姜堰区(苏)	12.00
11	嵊州市(浙)	500.00
12	桐乡市(浙)	281.00
13	慈溪市(浙)	260.00
14	余杭区(浙)	173.00
15	临安市(浙)	100.00
16	三门县(浙)	90.60
17	鄞州区(浙)	80.00
18	黄岩区(浙)	66.50
19	宁海县(浙)	60.00
20	武义县(浙)	52.00
21	定海区(浙)	50.66
22	建德市(浙)	45.00
23	义乌市(浙)	44.50
24	临海市(浙)	41.00
25	玉环县(浙)	34.00
26	江北区(浙)	30.00
27	天台县(浙)	30.00
28	柯城区(浙)	16.30
29	兰溪市(浙)	15.00
30	温岭市(浙)	15.00
31	淳安县(浙)	14.00
32	天长市(皖)	1200.00
33	肥西县(皖)	1000.00
34	大观区(皖)	321.00
35	霍邱县(皖)	260.00
36	徽州区(皖)	250.00
37	芜湖县(皖)	180.00
38	郎溪县(皖)	120.00
39	望江县(皖)	106.00
40	来安县(皖)	100.00
41	巢湖市(皖)	86.80
42	屯溪区(皖)	80.00
43	弋江区(皖)	75.00
44	当涂县(皖)	66.00
45	无为县(皖)	59.40
46	寿　县(皖)	55.00
47	凤阳县(皖)	46.00
48	广德县(皖)	40.00
49	雨山区(皖)	32.00
50	和　县(皖)	30.00
51	霍山县(皖)	30.00
52	东至县(皖)	27.00
53	长丰县(皖)	24.89
54	庐阳区(皖)	23.00
55	青阳县(皖)	22.30
56	潜山县(皖)	20.00
57	花山区(皖)	15.00
58	包河区(皖)	10.00
59	崇义县(赣)	684.00
60	玉山县(赣)	300.00
61	金溪县(赣)	210.00
62	全南县(赣)	185.00
63	新建县(赣)	180.00
64	龙南县(赣)	160.00
65	万载县(赣)	120.00
66	东乡县(赣)	90.00
67	余江县(赣)	83.00
68	贵溪市(赣)	80.00
69	樟树市(赣)	58.00
70	修水县(赣)	50.00
71	彭泽县(赣)	42.00
72	靖安县(赣)	32.00
73	九江县(赣)	28.00
74	芦溪县(赣)	24.00
75	瑞金市(赣)	18.00
76	湖口县(赣)	15.00
77	临川区(赣)	10.00
78	潢川县(豫)	408.00
79	光山县(豫)	150.00
80	淅川县(豫)	33.00
81	邓州市(豫)	28.00
82	枝江市(鄂)	890.00
83	夷陵区(鄂)	640.00
84	孝昌县(鄂)	600.00
85	应城市(鄂)	455.00
86	沙洋县(鄂)	400.00
87	襄城区(鄂)	210.00
88	老河口市(鄂)	210.00
89	荆州区(鄂)	200.00
90	天门市(鄂)	135.00
91	宜城市(鄂)	120.00
92	崇阳县(鄂)	120.00
93	黄陂区(鄂)	120.00
94	蔡甸区(鄂)	110.00
95	襄州区(鄂)	66.00

序号	香樟苗主产地	产量(万株)
96	漳河新区(鄂)	63.00
97	钟祥市(鄂)	60.00
98	大冶市(鄂)	50.00
99	宜都市(鄂)	50.00
100	樊城区(鄂)	45.00
101	团风县(鄂)	45.00
102	孝南区(鄂)	37.46
103	沙市区(鄂)	31.50
104	掇刀区(鄂)	30.00
105	麻城市(鄂)	20.00
106	潜江市(鄂)	20.00
107	当阳市(鄂)	20.00
108	恩施市(鄂)	17.00
109	湖北省太子山林场(鄂)	15.00
110	随县(鄂)	13.50
111	枣阳市(鄂)	13.00
112	蕲春县(鄂)	12.00
113	沅江市(湘)	821.00
114	宁乡县(湘)	750.00
115	邵阳县(湘)	410.00
116	汉寿县(湘)	300.00
117	衡山县(湘)	224.00
118	新晃侗族自治县(湘)	180.00
119	涟源市(湘)	180.00
120	安化县(湘)	160.00
121	赫山区(湘)	150.00
122	桂东县(湘)	120.00
123	南　县(湘)	120.00
124	洞口县(湘)	100.00
125	金洞林场(湘)	100.00
126	双牌县(湘)	99.00
127	华容县(湘)	81.00
128	汨罗市(湘)	80.00
129	芷江侗族自治县(湘)	60.00
130	石门县(湘)	55.00
131	株洲县(湘)	54.45
132	娄星区(湘)	52.50
133	常宁市(湘)	30.00
134	冷水江市(湘)	30.00
135	荷塘区(湘)	30.00
136	资阳区(湘)	26.00
137	双峰县(湘)	21.00
138	珠晖区(湘)	20.00
139	隆回县(湘)	18.00
140	望城县(湘)	15.00
141	沅陵县(湘)	15.00
142	新田县(湘)	13.00
143	湘阴县(湘)	12.00
144	中方县(湘)	10.00
145	梅　县(粤)	2200.00
146	紫金县(粤)	750.00
147	五华县(粤)	529.00
148	清新县(粤)	200.00
149	电白县(粤)	115.00
150	高州市(粤)	72.00
151	饶平县(粤)	35.00
152	南澳县(粤)	30.00
153	潮阳区(粤)	28.00
154	梅江区(粤)	27.00
155	佛冈县(粤)	20.00
156	榕城区(粤)	15.00
157	湘桥区(粤)	14.00
158	连南瑶族自治县(粤)	13.63
159	高要市(粤)	13.50
160	阳朔县(桂)	500.00
161	黄冕林场(桂)	21.50
162	七坡林场(桂)	11.50
163	灌阳县(桂)	10.00
164	大足县(渝)	25000.00
165	南川区(渝)	660.00
166	永川区(渝)	600.00
167	奉节县(渝)	500.00
168	巴南区(渝)	100.00
169	渝北区(渝)	35.00
170	黔江区(渝)	20.00
171	南溪县(川)	650.00
172	丹棱县(川)	220.00
173	宜宾县(川)	200.00
174	富顺县(川)	200.00
175	洪雅县(川)	150.00
176	彭山县(川)	150.00
177	安　县(川)	101.00
178	游仙区(川)	100.00
179	武胜县(川)	100.00
180	合江县(川)	60.00
181	苍溪县(川)	54.00
182	平昌县(川)	50.00
183	东坡区(川)	50.00
184	南江县(川)	40.00
185	江阳区(川)	35.00
186	高　县(川)	34.00
187	贡井区(川)	30.00
188	江油市(川)	30.00
189	大邑县(川)	30.00
190	都江堰市(川)	26.00
191	威远县(川)	22.00
192	罗江县(川)	20.00
193	乐山市市辖区(川)	20.00
194	雁江区(川)	15.00
195	广元市国营中心苗圃(川)	13.60
196	遵义县(黔)	250.00
197	开阳县(黔)	92.41
198	息烽县(黔)	60.00
199	清镇市(黔)	50.00
200	大方县(黔)	35.00
201	贞丰县(黔)	20.00
202	台江县(黔)	20.00
203	龙里县(黔)	18.00
204	长顺县(黔)	18.00
205	普定县(黔)	14.25
206	六枝特区(黔)	10.00
207	红花岗区(黔)	10.00
208	寻甸回族彝族自治县(滇)	31.70
209	武定县(滇)	21.05
210	孟连傣族拉祜族佤族自治县(滇)	10.20
211	南郑县(陕)	60.00
212	汉阴县(陕)	16.00

表 10-28　2012 年女贞苗主产地产量

序号	女贞苗主产地	产量(万株)
1	定州市(冀)	9450.00
2	南和县(冀)	312.00
3	遵化市(冀)	280.00
4	清苑县(冀)	160.00
5	沧　县(冀)	76.00
6	抚宁县(冀)	72.50
7	滦南县(冀)	62.00
8	开平区(冀)	52.00
9	大厂回族自治县(冀)	20.00
10	涿州市(冀)	18.00
11	高平市(晋)	180.00
12	介休市(晋)	105.00
13	壶关县(晋)	100.00
14	武乡县(晋)	30.00
15	阳城县(晋)	27.00
16	晋源区(晋)	10.00
17	临猗县(晋)	10.00
18	甘井子区(辽)	120.00

序号	女贞苗主产地	产量(万株)	序号	女贞苗主产地	产量(万株)	序号	女贞苗主产地	产量(万株)
19	桦甸市(吉)	12.50	64	鄢陵县(豫)	9000.00	109	麻城市(鄂)	100.00
20	崇明县(沪)	16.00	65	南召县(豫)	2110.30	110	樊城区(鄂)	72.00
21	兴化市(苏)	377.70	66	武陟县(豫)	660.00	111	大冶市(鄂)	50.00
22	泰兴市(苏)	75.80	67	中原区(豫)	450.00	112	掇刀区(鄂)	30.00
23	建湖县(苏)	65.00	68	许昌县(豫)	360.00	113	宜都市(鄂)	30.00
24	金坛市(苏)	22.50	69	光山县(豫)	360.00	114	枣阳市(鄂)	13.00
25	姜堰区(苏)	19.00	70	潢川县(豫)	337.00	115	恩施市(鄂)	11.00
26	靖江市(苏)	15.00	71	新安县(豫)	300.00	116	沅江市(湘)	150000.00
27	慈溪市(浙)	490.00	72	内乡县(豫)	300.00	117	娄星区(湘)	400.00
28	临安市(浙)	150.00	73	汝州市(豫)	227.00	118	安化县(湘)	200.00
29	奉化市(浙)	100.00	74	嵩　县(豫)	180.00	119	新化县(湘)	100.00
30	缙云县(浙)	68.70	75	商水县(豫)	156.00	120	中方县(湘)	12.00
31	宁海县(浙)	30.00	76	宜阳县(豫)	115.50	121	和平县(粤)	45.00
32	定海区(浙)	25.17	77	舞钢市(豫)	93.00	122	那坡县(桂)	65.00
33	兰溪市(浙)	22.00	78	淅川县(豫)	89.00	123	渝北区(渝)	2500.00
34	秀洲区(浙)	15.10	79	禹州市(豫)	80.00	124	巴南区(渝)	405.50
35	岱山县(浙)	15.00	80	太康县(豫)	80.00	125	武隆县(渝)	55.00
36	玉环县(浙)	10.00	81	临颍县(豫)	78.60	126	万盛区(渝)	12.00
37	天长市(皖)	800.00	82	安阳县(豫)	73.32	127	安　县(川)	40.00
38	怀远县(皖)	350.00	83	新乡县(豫)	62.10	128	汉源县(川)	37.00
39	来安县(皖)	200.00	84	惠济区(豫)	61.97	129	纳雍县(黔)	351.04
40	庐阳区(皖)	77.00	85	滑　县(豫)	60.00	130	红花岗区(黔)	66.00
41	淮上区(皖)	32.00	86	偃师市(豫)	60.00	131	道真仡佬族苗族自治县(黔)	60.00
42	巢湖市(皖)	29.60	87	新蔡县(豫)	58.00	132	开阳县(黔)	57.19
43	凤阳县(皖)	25.00	88	内黄县(豫)	45.00	133	息烽县(黔)	50.00
44	长丰县(皖)	23.91	89	长垣县(豫)	45.00	134	锦屏县(黔)	30.00
45	灵璧县(皖)	23.00	90	项城市(豫)	42.00	135	长顺县(黔)	21.00
46	潜山县(皖)	20.00	91	卫辉市(豫)	35.00	136	龙里县(黔)	21.00
47	芜湖县(皖)	12.00	92	魏都区(豫)	26.00	137	黔西县(黔)	11.41
48	埇桥区(皖)	10.00	93	汤阴县(豫)	25.60	138	佛坪县(陕)	94.00
49	五河县(皖)	10.00	94	金水区(豫)	25.47	139	周至县(陕)	84.00
50	贵溪市(赣)	80.00	95	方城县(豫)	24.00	140	武功县(陕)	80.00
51	彭泽县(赣)	20.80	96	新密市(豫)	22.80	141	蒲城县(陕)	43.00
52	新泰市(鲁)	1000.00	97	荥阳市(豫)	21.03	142	石泉县(陕)	40.00
53	河东区(鲁)	650.00	98	新郑市(豫)	21.00	143	汉阴县(陕)	35.00
54	垦利县(鲁)	231.00	99	洛宁县(豫)	18.00	144	白水县(陕)	30.00
55	东港区(鲁)	137.00	100	登封市(豫)	16.58	145	长安区(陕)	21.50
56	东平县(鲁)	80.00	101	新华区(豫)	16.28	146	南郑县(陕)	20.00
57	昌乐县(鲁)	72.00	102	管城回族区(豫)	14.00	147	杨凌区农林局(陕)	18.00
58	岚山区(鲁)	68.00	103	南乐县(豫)	13.80	148	华阴市(陕)	13.50
59	临沂市经济技术开发区(鲁)	30.00	104	永城市(豫)	13.00	149	三原县(陕)	12.00
60	诸城市(鲁)	20.00	105	栾川县(豫)	12.00	150	蓝田县(陕)	10.00
61	罗庄区(鲁)	18.00	106	牧野区(豫)	12.00	151	高陵县(陕)	10.00
62	邹城市(鲁)	15.00	107	襄城区(鄂)	810.00	152	榆中县(甘)	28.00
63	高密市(鲁)	12.00	108	蔡甸区(鄂)	750.00	153	定西市巉口林业试验场(甘)	20.00

表 10-29　2012 年杜英苗主产地产量

序号	杜英苗主产地	产量(万株)
1	松江区(沪)	11.60
2	宁海县(浙)	110.00
3	余杭区(浙)	50.00
4	三门县(浙)	39.00
5	秀洲区(浙)	23.10
6	奉化市(浙)	20.00
7	黄岩区(浙)	20.00
8	淳安县(浙)	14.00
9	建德市(浙)	12.00
10	慈溪市(浙)	10.00
11	弋江区(皖)	15.00
12	东乡县(赣)	94.00
13	新建县(赣)	60.00
14	修水县(赣)	30.00
15	靖安县(赣)	18.00
16	分宜县(赣)	18.00
17	黄陂区(鄂)	50.00
18	蔡甸区(鄂)	10.00
19	娄星区(湘)	150.00
20	洞口县(湘)	75.00
21	赫山区(湘)	60.00
22	株洲县(湘)	29.15
23	双峰县(湘)	15.00
24	涟源市(湘)	13.00
25	兴宁市(粤)	230.00
26	和平县(粤)	180.00
27	五华县(粤)	163.50
28	清新县(粤)	70.00
29	东源县(粤)	56.25
30	连州市(粤)	30.00
31	阳山县(粤)	28.00
32	潮阳区(粤)	20.00
33	蕉岭县(粤)	10.00
34	巴南区(渝)	86.00
35	沙坪坝区(渝)	24.10
36	渝北区(渝)	22.20

表 10-30　2012 年广玉兰苗主产地产量

序号	广玉兰苗主产地	产量(万株)
1	定州市(冀)	300.00
2	嘉定区(沪)	89.00
3	兴化市(苏)	225.00
4	泰兴市(苏)	81.00
5	金坛市(苏)	45.00
6	靖江市(苏)	27.00
7	嵊州市(浙)	3060.00
8	奉化市(浙)	200.00
9	武义县(浙)	32.00
10	临安市(浙)	30.00
11	宁海县(浙)	25.00
12	临海市(浙)	25.00
13	秀洲区(浙)	21.60
14	余杭区(浙)	13.30
15	黄岩区(浙)	10.00
16	肥西县(皖)	300.00
17	天长市(皖)	300.00
18	来安县(皖)	120.00
19	无为县(皖)	47.80
20	凤阳县(皖)	29.00
21	郎溪县(皖)	15.00
22	和　县(皖)	15.00
23	长丰县(皖)	13.06
24	贵溪市(赣)	30.00
25	玉山县(赣)	15.00
26	东平县(鲁)	15.00
27	东港区(鲁)	14.00
28	潢川县(豫)	5940.00
29	南召县(豫)	780.60
30	新野县(豫)	102.00
31	宝丰县(豫)	95.00
32	驿城区(豫)	50.00
33	偃师市(豫)	45.00
34	长垣县(豫)	30.30
35	临颍县(豫)	22.20
36	方城县(豫)	20.00
37	枝江市(鄂)	370.00
38	天门市(鄂)	360.00
39	沙洋县(鄂)	360.00
40	襄城区(鄂)	110.00
41	应城市(鄂)	90.00
42	黄陂区(鄂)	80.00
43	樊城区(鄂)	80.00
44	蔡甸区(鄂)	80.00
45	宜都市(鄂)	20.00
46	当阳市(鄂)	20.00
47	潜江市(鄂)	20.00
48	钟祥市(鄂)	20.00
49	荆门市市辖区(鄂)	15.00
50	漳河新区(鄂)	14.00
51	沅江市(湘)	24900.00
52	安化县(湘)	120.00
53	邵阳县(湘)	45.00
54	洞口县(湘)	30.00
55	娄星区(湘)	30.00
56	株洲县(湘)	26.40
57	大足县(渝)	3000.00
58	巴南区(渝)	85.00
59	龙里县(黔)	65.00
60	红花岗区(黔)	16.00
61	南郑县(陕)	80.00

表 10-31　2012 年雪松苗主产地产量

序号	雪松苗主产地	产量(万株)
1	定州市(冀)	510.00
2	涉　县(冀)	85.00
3	临猗县(晋)	23.00
4	河津市(晋)	15.00
5	金坛市(苏)	67.50
6	慈溪市(浙)	36.00
7	莱城区(鲁)	480.00
8	黄岛区(鲁)	100.00
9	诸城市(鲁)	50.00
10	邹城市(鲁)	50.00
11	东平县(鲁)	50.00
12	宁阳县(鲁)	28.00
13	肥城市(鲁)	25.50
14	新泰市(鲁)	25.00
15	栖霞市(鲁)	18.00
16	牟平区(鲁)	15.00
17	环翠区(鲁)	13.00
18	高密市(鲁)	12.00
19	潢川县(豫)	161.00
20	新安县(豫)	54.00
21	中原区(豫)	20.00
22	偃师市(豫)	18.00
23	淅川县(豫)	12.50
24	惠济区(豫)	11.23
25	方城县(豫)	10.00
26	黄陂区(鄂)	25.00
27	蔡甸区(鄂)	10.00
28	洞口县(湘)	10.00
29	巴南区(渝)	70.00
30	昭觉县(川)	30.00
31	黄平县(黔)	12.00
32	周至县(陕)	72.00
33	洛川县(陕)	36.00
34	南郑县(陕)	18.00

序号	雪松苗主产地	产量(万株)
35	红古区(甘)	50.00

表 10-32　2012 年杏苗主产地产量

序号	杏苗主产地	产量(万株)
1	延庆县果品服务中心(京)	32.00
2	延庆县(京)	14.10
3	围场满族蒙古族自治县(冀)	2400.00
4	丰宁满族自治县(冀)	2400.00
5	阳原县(冀)	1200.00
6	宽城满族自治县(冀)	1000.00
7	赤城县(冀)	300.00
8	平泉县(冀)	300.00
9	遵化市(冀)	200.00
10	满城县(冀)	150.00
11	康保县(冀)	103.00
12	滦平林场管理局(冀)	90.00
13	广阳区(冀)	56.00
14	乐亭县(冀)	48.00
15	万全县(冀)	46.00
16	阜平县(冀)	37.50
17	涿州市(冀)	25.00
18	壶关县(晋)	750.00
19	偏关县(晋)	560.00
20	榆社县(晋)	500.00
21	原平市(晋)	279.00
22	阳高县(晋)	191.00
23	大同县(晋)	180.00
24	天镇县(晋)	150.00
25	新荣区(晋)	94.00
26	代　县(晋)	84.00
27	中阳县(晋)	62.00
28	黎城县(晋)	50.00
29	娄烦县(晋)	25.00
30	武乡县(晋)	20.00
31	翁牛特旗(内蒙古)	920.00
32	巴林右旗(内蒙古)	800.00
33	巴林左旗(内蒙古)	600.00
34	敖汉旗(内蒙古)	240.00
35	乌审旗(内蒙古)	229.59
36	阿鲁科尔沁旗(内蒙古)	200.00
37	库伦旗(内蒙古)	60.00
38	镶黄旗(内蒙古)	45.00
39	回民区(内蒙古)	16.00
40	正镶白旗(内蒙古)	10.00
41	建平县(辽)	1500.00
42	凌源市(辽)	825.00
43	喀喇沁左翼蒙古族自治县(辽)	383.00
44	北票市(辽)	250.00
45	建昌县(辽)	239.00
46	阜新蒙古族自治县(辽)	220.00
47	千山区(辽)	14.90
48	河东区(鲁)	2100.00
49	新泰市(鲁)	400.00
50	东平县(鲁)	150.00
51	昌乐县(鲁)	75.00
52	成武县(鲁)	38.00
53	平阴县(鲁)	11.00
54	武陟县(豫)	1000.00
55	舞钢市(豫)	51.00
56	源汇区(豫)	23.60
57	滑　县(豫)	20.00
58	榆阳区(陕)	192.10
59	子洲县(陕)	26.60
60	桥北林业局(陕)	18.70
61	环　县(甘)	520.00
62	会宁县(甘)	226.00
63	华池林业总场(甘)	52.90
64	定西市巉口林业试验场(甘)	45.00
65	湘乐林业总场(甘)	39.00
66	榆中县(甘)	38.00
67	古浪县(甘)	36.00
68	西固区(甘)	15.00
69	民乐县(甘)	10.00
70	乐都县(青)	120.00
71	平安县(青)	27.60
72	泾源县(宁)	1275.00
73	彭阳县(宁)	750.00
74	原州区(宁)	202.70
75	永宁县(宁)	30.00

表 10-33　2012 年核桃苗主产地产量

序号	核桃苗主产地	产量(万株)
1	赞皇县(冀)	5129.00
2	定州市(冀)	1160.00
3	灵寿县(冀)	624.00
4	遵化市(冀)	460.00
5	涉　县(冀)	450.00
6	青龙满族自治县(冀)	207.00
7	顺平县(冀)	157.00
8	井陉县(冀)	150.00
9	涞源县(冀)	150.00
10	高阳县(冀)	136.00
11	涞水县(冀)	120.00
12	辛集市(冀)	100.00
13	宽城满族自治县(冀)	100.00
14	邢台县(冀)	99.00
15	阜平县(冀)	90.00
16	高邑县(冀)	90.00
17	唐　县(冀)	80.00
18	平山县(冀)	66.00
19	迁西县(冀)	60.00
20	永年县(冀)	48.00
21	抚宁县(冀)	46.00
22	行唐县(冀)	30.00
23	赵　县(冀)	24.00
24	内丘县(冀)	20.00
25	峰峰矿区(冀)	13.00
26	汾阳市(晋)	3000.00
27	原平市(晋)	362.10
28	壶关县(晋)	210.00
29	临猗县(晋)	200.00
30	左权县(晋)	180.00
31	吉　县(晋)	162.00
32	隰　县(晋)	152.00
33	汾西县(晋)	150.00
34	大宁县(晋)	87.00
35	屯留县(晋)	83.50
36	中阳县(晋)	55.00
37	稷山县(晋)	32.50
38	黎城县(晋)	30.00
39	榆社县(晋)	20.00
40	武乡县(晋)	20.00
41	介休市(晋)	20.00
42	曲沃县(晋)	20.00
43	乡宁县(晋)	17.10
44	阳城县(晋)	11.30
45	沁　县(晋)	10.00
46	建昌县(辽)	100.00
47	绥中县(辽)	20.00
48	缙云县(浙)	12.00
49	庐阳区(皖)	144.00
50	涡阳县(皖)	75.00
51	蜀山区(皖)	20.00
52	费　县(鲁)	1800.00
53	东平县(鲁)	1500.00
54	昌邑市(鲁)	600.00
55	肥城市(鲁)	450.00
56	新泰市(鲁)	320.00

序号	核桃苗主产地	产量(万株)	序号	核桃苗主产地	产量(万株)	序号	核桃苗主产地	产量(万株)
57	临朐县(鲁)	200.00	103	夷陵区(鄂)	130.00	149	金川县(川)	20.00
58	岱岳区(鲁)	200.00	104	秭归县(鄂)	90.00	150	旌阳区(川)	15.00
59	青州市(鲁)	180.00	105	建始县(鄂)	80.00	151	古蔺县(川)	10.00
60	河东区(鲁)	85.00	106	钟祥市(鄂)	50.00	152	福泉市(黔)	10000.00
61	阳谷县(鲁)	72.00	107	宜都市(鄂)	50.00	153	赫章县(黔)	1997.00
62	沂源县(鲁)	61.00	108	罗田县(鄂)	45.00	154	水城县(黔)	1386.00
63	昌乐县(鲁)	60.00	109	长阳土家族自治县(鄂)	35.00	155	荔波县(黔)	890.00
64	茌平县(鲁)	52.00	110	远安县(鄂)	29.00	156	大方县(黔)	792.00
65	邹城市(鲁)	50.00	111	竹山县(鄂)	20.00	157	习水县(黔)	600.00
66	蒙阴县(鲁)	50.00	112	枣阳市(鄂)	15.10	158	七星关区(黔)	360.00
67	莱城区(鲁)	41.00	113	乐业县(桂)	25.00	159	惠水县(黔)	300.00
68	蓬莱市(鲁)	40.00	114	巫溪县(渝)	150.00	160	息烽县(黔)	300.00
69	宁阳县(鲁)	37.00	115	潼南县(渝)	28.00	161	德江县(黔)	299.00
70	牟平区(鲁)	30.00	116	彭水苗族土家族自治县(渝)	10.00	162	普安县(黔)	280.00
71	淄川区(鲁)	30.00	117	城口县(渝)	10.00	163	六枝特区(黔)	260.00
72	平阴县(鲁)	22.00	118	万源市(川)	600.00	164	威宁彝族回族苗族自治县(黔)	250.00
73	卢氏县(豫)	1806.70	119	美姑县(川)	500.00	165	黔西县(黔)	237.21
74	南召县(豫)	520.00	120	大竹县(川)	500.00	166	沿河土家族自治县(黔)	202.60
75	新安县(豫)	450.00	121	苍溪县(川)	496.00	167	盘　县(黔)	180.00
76	登封市(豫)	424.76	122	蓬溪县(川)	480.00	168	罗甸县(黔)	160.21
77	新密市(豫)	387.00	123	德昌县(川)	353.00	169	关岭布依族苗族自治县(黔)	155.00
78	嵩　县(豫)	370.00	124	南江县(川)	350.00	170	麻江县(黔)	150.00
79	内乡县(豫)	260.00	125	昭觉县(川)	280.00	171	长顺县(黔)	139.90
80	洛宁县(豫)	210.00	126	三台县(川)	220.00	172	江口县(黔)	138.00
81	汝州市(豫)	190.00	127	喜德县(川)	180.00	173	开阳县(黔)	114.39
82	惠济区(豫)	161.29	128	安　县(川)	180.00	174	册亨县(黔)	110.00
83	陕　县(豫)	161.00	129	盐亭县(川)	160.00	175	晴隆县(黔)	110.00
84	栾川县(豫)	146.60	130	冕宁县(川)	150.00	176	贞丰县(黔)	109.50
85	新郑市(豫)	100.00	131	盐源县(川)	150.00	177	石阡县(黔)	96.20
86	禹州市(豫)	75.00	132	乡城县(川)	150.00	178	安龙县(黔)	87.00
87	淅川县(豫)	71.00	133	朝天区(川)	150.00	179	普定县(黔)	77.00
88	舞钢市(豫)	62.00	134	江油市(川)	120.00	180	紫云苗族布依族自治县(黔)	60.00
89	宜阳县(豫)	57.30	135	旺苍县(川)	120.00	181	锦屏县(黔)	60.00
90	凤泉区(豫)	52.00	136	通江县(川)	110.00	182	瓮安县(黔)	39.19
91	修武县(豫)	30.01	137	中江县(川)	105.00	183	都匀市(黔)	31.00
92	林州市(豫)	30.00	138	峨边彝族自治县(川)	100.00	184	红花岗区(黔)	21.00
93	郾城区(豫)	25.44	139	会东县(川)	80.00	185	景东彝族自治县(滇)	7149.90
94	内黄县(豫)	15.00	140	宣汉县(川)	80.00	186	昭阳区(滇)	500.00
95	滑　县(豫)	14.25	141	阆中市(川)	66.00	187	宁蒗彝族自治县(滇)	493.88
96	安阳县(豫)	12.55	142	北川羌族自治县(川)	60.00	188	永善县(滇)	382.00
97	辉县市(豫)	12.00	143	青川县(川)	60.00	189	大姚县(滇)	374.00
98	巴东县(鄂)	1250.00	144	巴塘县(川)	54.00	190	禄丰县(滇)	362.50
99	保康县(鄂)	580.00	145	越西县(川)	50.00	191	镇雄县(滇)	310.00
100	郧西县(鄂)	231.50	146	汉源县(川)	40.00	192	云　县(滇)	300.00
101	郧　县(鄂)	200.00	147	泸定县(川)	32.00	193	寻甸回族彝族自治县(滇)	242.30
102	兴山县(鄂)	200.00	148	得荣县(川)	20.00	194	玉龙纳西族自治县(滇)	231.60

序号	核桃苗主产地	产量(万株)
195	云龙县(滇)	220.00
196	双柏县(滇)	219.50
197	泸水县(滇)	200.00
198	南华县(滇)	183.00
199	富宁县(滇)	179.70
200	洱源县(滇)	174.00
201	维西傈僳族自治县(滇)	172.80
202	巍山彝族回族自治县(滇)	167.00
203	砚山县(滇)	150.00
204	姚安县(滇)	120.00
205	耿马傣族佤族自治县(滇)	105.00
206	东川区(滇)	103.00
207	祥云县(滇)	98.00
208	福贡县(滇)	89.00
209	楚雄市(滇)	86.00
210	双江拉祜族佤族布朗族傣族自治县(滇)	83.00
211	墨江哈尼族自治县(滇)	80.00
212	彝良县(滇)	80.00
213	大关县(滇)	80.00
214	武定县(滇)	80.00
215	临翔区(滇)	63.25
216	文山市(滇)	61.30
217	永胜县(滇)	60.00
218	澜沧拉祜族自治县(滇)	50.00
219	古城区(滇)	50.00
220	大理市(滇)	46.00
221	沧源佤族自治县(滇)	20.00
222	巧家县(滇)	18.70
223	西畴县(滇)	15.00
224	永仁县(滇)	15.00
225	杨凌区农林局(陕)	4200.00
226	宁强县(陕)	3296.00
227	武功县(陕)	2160.00
228	扶风县(陕)	1305.00
229	白水县(陕)	1161.00
230	蒲城县(陕)	688.00
231	富平县(陕)	666.00
232	商州区(陕)	541.00
233	澄城县(陕)	450.00
234	陇　县(陕)	360.00
235	略阳县(陕)	310.00
236	商南县(陕)	295.00
237	洋　县(陕)	248.00
238	临渭区(陕)	200.00
239	永寿县(陕)	198.60
240	山阳县(陕)	186.00
241	麟游县(陕)	180.20
242	黄龙县(陕)	172.40
243	合阳县(陕)	167.50
244	宜君县(陕)	150.00
245	潼关县(陕)	150.00
246	镇巴县(陕)	120.00
247	汉阴县(陕)	112.00
248	耀州区(陕)	96.00
249	岐山县(陕)	93.00
250	蓝田县(陕)	92.00
251	白河县(陕)	80.00
252	周至县(陕)	80.00
253	镇安县(陕)	78.00
254	平利县(陕)	75.00
255	延长县(陕)	71.70
256	泾阳县(陕)	70.00
257	宁陕县(陕)	54.00
258	镇坪县(陕)	50.00
259	汉西林业局(陕)	46.00
260	南郑县(陕)	45.00
261	石泉县(陕)	40.00
262	岚皋县(陕)	40.00
263	长青林业局(陕)	26.20
264	宜川县(陕)	23.50
265	城固县(陕)	20.00
266	桥北林业局(陕)	18.70
267	王益区(陕)	18.00
268	华阴市(陕)	18.00
269	渭滨区(陕)	18.00
270	渭城区(陕)	15.00
271	佛坪县(陕)	14.00
272	乾　县(陕)	13.00
273	洛川县(陕)	11.00
274	成　县(甘)	1200.00
275	清水县(甘)	780.00
276	文　县(甘)	300.00
277	武都区(甘)	277.50
278	康　县(甘)	100.00
279	宕昌县(甘)	95.00
280	永靖县(甘)	45.00
281	华亭县(甘)	45.00
282	西和县(甘)	41.00
283	两当县(甘)	33.00
284	东乡族自治县(甘)	12.50
285	循化撒拉族自治县(青)	10.00
286	疏附县(新)	197.12
287	叶城县(新)	162.69
288	巴楚县(新)	118.10
289	英吉沙县(新)	86.10
290	莎车县(新)	61.56
291	温宿县(新)	47.53
292	麦盖提县(新)	44.22
293	疏勒县(新)	38.63
294	沙雅县(新)	23.80
295	泽普县(新)	20.57
296	伊宁县(新)	14.60
297	拜城县(新)	11.88
298	农三师(新疆兵团)	47.50

表 10-34　2012 年葡萄苗主产地产量

序号	葡萄苗主产地	产量(万株)
1	乐亭县(冀)	156.00
2	徐水县(冀)	80.00
3	永年县(冀)	66.00
4	柏乡县(冀)	48.00
5	开平区(冀)	45.00
6	鸡泽县(冀)	12.00
7	曲沃县(晋)	23.00
8	南郊区(晋)	20.00
9	科尔沁区(内蒙古)	300.00
10	开鲁县(内蒙古)	26.00
11	新民市(辽)	950.00
12	绥中县(辽)	400.00
13	建昌县(辽)	20.00
14	兰西县(黑)	25.00
15	泰兴市(苏)	25.00
16	杜集区(皖)	150.00
17	河东区(鲁)	80.00
18	成武县(鲁)	50.00
19	沂水县(鲁)	36.00
20	平阴县(鲁)	30.00
21	偃师市(豫)	300.00
22	嵩　县(豫)	40.00
23	内黄县(豫)	36.00
24	博爱县(豫)	28.08
25	新乡县(豫)	19.70
26	新密市(豫)	16.00
27	潜江市(鄂)	10.00
28	沅江市(湘)	135000.00
29	都匀市经济开发区(黔)	45.00
30	荔波县(黔)	20.00

序号	葡萄苗主产地	产量(万株)
31	杨凌区农林局(陕)	980.00
32	蒲城县(陕)	90.00
33	民勤县(甘)	449.14
34	武威市市辖区(甘)	23.00
35	古浪县(甘)	10.00
36	甘州区(甘)	10.00
37	农垦事业管理局(宁)	2000.00
38	永宁县(宁)	1600.00
39	青铜峡市(宁)	300.00
40	西夏区(宁)	120.00
41	拜城县(新)	21.49
42	喀什市(新)	10.96
43	河西综合开发局(甘)	10.83
44	农六师(新疆兵团)	150.00
45	农四师(新疆兵团)	15.00

表 10-35 2012 年红枣苗主产地产量

序号	红枣苗主产地	产量(万株)
1	静海县(津)	14.30
2	沧　县(冀)	433.00
3	涉　县(冀)	380.00
4	阜平县(冀)	45.00
5	太谷县(晋)	2300.00
6	稷山县(晋)	128.00
7	临猗县(晋)	30.00
8	定襄县(晋)	15.00
9	喀喇沁左翼蒙古族自治县(辽)	30.00
10	乐陵市(鲁)	127.35
11	宁津县(鲁)	75.00
12	宁阳县(鲁)	32.00
13	荣成市(鲁)	23.00
14	内黄县(豫)	270.00
15	新郑市(豫)	90.00
16	祁东县(湘)	75.50
17	武隆县(渝)	100.00
18	旌阳区(川)	10.00
19	万山特区(黔)	20.00
20	绥德县(陕)	640.00
21	佳　县(陕)	260.00
22	蒲城县(陕)	32.00
23	泾阳县(陕)	27.80
24	清涧县(陕)	25.00
25	延川县(陕)	24.00
26	米脂县(陕)	12.00
27	民勤县(甘)	340.70
28	瓜州县(甘)	168.00
29	西固区(甘)	100.00
30	古浪县(甘)	52.00
31	临泽县(甘)	46.20
32	平川区(甘)	20.00
33	武威市市辖区(甘)	14.00
34	景泰县(甘)	12.00
35	农垦事业管理局(宁)	390.00
36	兴庆区(宁)	320.00
37	同心县(宁)	193.10
38	青铜峡市(宁)	50.00
39	永宁县(宁)	45.00
40	和静县(新)	196.00
41	若羌县(新)	61.50
42	疏附县(新)	53.27
43	英吉沙县(新)	20.53
44	且末县(新)	15.00
45	博湖县(新)	15.00
46	农三师(新疆兵团)	18.00

表 10-36 2012 年苹果苗主产地产量

序号	苹果苗主产地	产量(万株)
1	武清区(津)	40.00
2	青龙满族自治县(冀)	540.00
3	乐亭县(冀)	324.00
4	临漳县(冀)	181.90
5	顺平县(冀)	128.00
6	永年县(冀)	115.00
7	宽城满族自治县(冀)	100.00
8	涉　县(冀)	67.50
9	武强县(冀)	25.20
10	平泉县(冀)	24.00
11	抚宁县(冀)	13.00
12	魏　县(冀)	12.00
13	临猗县(晋)	152.00
14	吉　县(晋)	60.00
15	林西县(内蒙古)	225.00
16	宁城县(内蒙古)	105.00
17	喀喇沁旗(内蒙古)	35.00
18	松山区(内蒙古)	25.00
19	科尔沁左翼中旗(内蒙古)	20.00
20	海城市(辽)	960.00
21	盖州市(辽)	900.00
22	普兰店市(辽)	500.00
23	义　县(辽)	150.00
24	台安县(辽)	150.00
25	法库县(辽)	137.00
26	绥中县(辽)	117.00
27	于洪区(辽)	42.00
28	新民市(辽)	14.00
29	萧　县(皖)	50.00
30	河东区(鲁)	2500.00
31	栖霞市(鲁)	2100.00
32	平邑县(鲁)	960.00
33	泰安市市辖区(鲁)	480.00
34	牟平区(鲁)	360.00
35	惠民县(鲁)	300.00
36	蓬莱市(鲁)	300.00
37	沂水县(鲁)	99.00
38	成武县(鲁)	55.00
39	新泰市(鲁)	30.00
40	临沭县(鲁)	30.00
41	河口区(鲁)	20.00
42	平阴县(鲁)	12.00
43	昌邑市(鲁)	10.00
44	灵宝市(豫)	669.90
45	内黄县(豫)	225.00
46	夏邑县(豫)	35.00
47	汉源县(川)	40.00
48	杨凌区农林局(陕)	620.00
49	志丹县(陕)	65.60
50	洛川县(陕)	60.00
51	渭城区(陕)	35.00
52	王益区(陕)	25.00
53	安塞县(陕)	23.00
54	蒲城县(陕)	18.00
55	西峰区(甘)	500.00
56	麦积区(甘)	400.00
57	宁　县(甘)	370.00
58	秦安县(甘)	210.00
59	清水县(甘)	180.00
60	崇信县(甘)	122.20
61	泾川县(甘)	120.00
62	西和县(甘)	87.00
63	秦州区(甘)	32.00
64	环　县(甘)	25.00
65	利通区(宁)	100.00
66	青铜峡市(宁)	70.00
67	永宁县(宁)	30.00
68	伊宁县(新)	15.60
69	农三师(新疆兵团)	33.50
70	农四师(新疆兵团)	20.00

表 10-37　2012 年沙枣苗主产地产量

序号	沙枣苗主产地	产量(万株)
1	翁牛特旗(内蒙古)	520.00
2	杭锦旗(内蒙古)	480.00
3	五原县(内蒙古)	120.00
4	杭锦后旗(内蒙古)	100.00
5	克什克腾旗(内蒙古)	52.00
6	鄂托克旗(内蒙古)	24.00
7	额济纳旗(内蒙古)	10.00
8	李井滩示范区(内蒙古)	10.00
9	肃州区(甘)	600.00
10	临泽县(甘)	240.00
11	高台县(甘)	225.00
12	瓜州县(甘)	224.00
13	肃南裕固族自治县(甘)	220.00
14	凉州区(甘)	160.00
15	甘州区(甘)	138.24
16	民勤县(甘)	132.65
17	古浪县(甘)	132.00
18	玉门市(甘)	118.00
19	山丹县(甘)	28.50
20	民乐县(甘)	15.00
21	西夏区(宁)	675.00
22	青铜峡市(宁)	150.00
23	永宁县(宁)	115.00
24	贺兰县(宁)	42.10
25	兴庆区(宁)	26.60
26	利通区(宁)	20.00
27	灵武市(宁)	19.26
28	金凤区(宁)	12.00
29	平罗县(宁)	10.03
30	巴楚县(新)	245.55
31	麦盖提县(新)	107.13
32	莎车县(新)	66.00
33	英吉沙县(新)	37.33
34	岳普湖县(新)	32.10
35	博湖县(新)	22.00
36	轮台县(新)	17.64
37	农三师(新疆兵团)	185.00
38	农二师(新疆兵团)	60.00
39	农六师(新疆兵团)	20.00

表 10-38　2012 年槐树苗主产地产量

序号	槐树苗主产地	产量(万株)
1	延庆县(京)	26.80
2	丰台区(京)	15.00
3	滨海新区(津)	68.60
4	宝坻区(津)	13.40
5	定州市(冀)	1360.00
6	博野县(冀)	475.00
7	高阳县(冀)	408.00
8	南和县(冀)	391.00
9	开平区(冀)	180.00
10	河间市(冀)	120.00
11	辛集市(冀)	100.00
12	邯郸县(冀)	70.00
13	涉　县(冀)	60.00
14	泊头市(冀)	53.00
15	吴桥县(冀)	49.95
16	邢台县(冀)	48.00
17	青　县(冀)	30.00
18	滦南县(冀)	27.00
19	安平县(冀)	24.00
20	南皮县(冀)	21.00
21	永年县(冀)	21.00
22	饶阳县(冀)	19.00
23	顺平县(冀)	18.00
24	抚宁县(冀)	15.00
25	威　县(冀)	15.00
26	枣强县(冀)	12.00
27	献　县(冀)	11.00
28	易　县(冀)	10.00
29	大厂回族自治县(冀)	10.00
30	肥乡县(冀)	10.00
31	清苑县(冀)	10.00
32	闻喜县(晋)	2867.00
33	河津市(晋)	600.00
34	原平市(晋)	179.50
35	晋源区(晋)	40.00
36	河曲县(晋)	34.04
37	壶关县(晋)	20.00
38	鄂托克旗(内蒙古)	61.20
39	杭锦后旗(内蒙古)	12.00
40	蒙城县(皖)	30.00
41	无棣县(鲁)	1200.00
42	宁津县(鲁)	400.00
43	昌邑市(鲁)	100.00
44	昌乐县(鲁)	84.00
45	高密市(鲁)	35.00
46	东营区(鲁)	26.00
47	郓城县(鲁)	25.00
48	龙口市(鲁)	20.00
49	成武县(鲁)	19.00
50	坊子区(鲁)	12.00
51	鄢陵县(豫)	6000.00
52	虞城县(豫)	60.00
53	淅川县(豫)	56.00
54	南乐县(豫)	54.00
55	洛宁县(豫)	15.00
56	汤阴县(豫)	11.80
57	许昌县(豫)	10.00
58	社旗县(豫)	10.00
59	湘桥区(粤)	14.00
60	榆阳区(陕)	271.60
61	蓝田县(陕)	90.00
62	华阴市(陕)	30.00
63	麟游县(陕)	24.00
64	子洲县(陕)	11.40
65	宁　县(甘)	1450.80
66	陇西县(甘)	142.40
67	凉州区(甘)	136.00
68	甘州区(甘)	101.36
69	古浪县(甘)	27.80
70	肃州区(甘)	24.00
71	环　县(甘)	12.00
72	永宁县(宁)	320.00
73	西夏区(宁)	315.00
74	灵武市(宁)	120.54
75	青铜峡市(宁)	90.00
76	原州区(宁)	52.60
77	同心县(宁)	49.70
78	利通区(宁)	30.00
79	兴庆区(宁)	18.19

表 10-39　2012 年桤木苗主产地产量

序号	桤木苗主产地	产量(万株)
1	瑞金市(赣)	152.00
2	铜鼓县(赣)	50.00
3	新建县(赣)	20.20
4	建始县(鄂)	50.00
5	黄冕林场(桂)	18.60
6	石柱土家族自治县(渝)	350.00
7	黔江区(渝)	300.00
8	万州区(渝)	243.40
9	彭水苗族土家族自治县(渝)	120.00
10	潼南县(渝)	60.00
11	彭州市(川)	3,000.00
12	越西县(川)	1,500.00
13	通江县(川)	800.00

序号	桤木苗主产地	产量(万株)
14	平昌县(川)	550.00
15	安　县(川)	531.00
16	巴州区(川)	500.00
17	达　县(川)	120.00
18	江油市(川)	120.00
19	布拖县(川)	84.00
20	合江县(川)	50.00
21	宣汉县(川)	50.00
22	普格县(川)	49.00
23	青川县(川)	30.00
24	泸　县(川)	20.00
25	盐亭县(川)	16.60
26	昭觉县(川)	13.00
27	乐山市市辖区(川)	10.00
28	永德县(滇)	400.00
29	麻栗坡县(滇)	250.00
30	临翔区(滇)	201.47
31	耿马傣族佤族自治县(滇)	200.00
32	澜沧拉祜族自治县(滇)	120.50
33	双江拉祜族佤族布朗族傣族自治县(滇)	54.00
34	江川县(滇)	35.00

表 10-40　2012 年枫香苗主产地产量

序号	枫香苗主产地	产量(万株)
1	金坛市(苏)	13.50
2	临安市(浙)	255.00
3	三门县(浙)	25.20
4	淳安县(浙)	13.00
5	霍山县(皖)	300.00
6	含山县(皖)	225.00
7	来安县(皖)	180.00
8	徽州区(皖)	150.00
9	东至县(皖)	129.00
10	赣　县(赣)	840.00
11	全南县(赣)	314.00
12	新建县(赣)	108.00
13	铜鼓县(赣)	80.00
14	德兴市(赣)	64.00
15	彭泽县(赣)	51.50
16	宜丰县(赣)	51.00
17	玉山县(赣)	30.00
18	广昌县(赣)	25.00
19	靖安县(赣)	16.00
20	上高县(赣)	11.10
21	兴国县(赣)	10.00
22	汝南县(豫)	3396.00
23	英山县(鄂)	500.00
24	崇阳县(鄂)	300.00
25	蕲春县(鄂)	250.00
26	建始县(鄂)	200.00
27	大悟县(鄂)	112.50
28	罗田县(鄂)	60.00
29	麻城市(鄂)	30.00
30	大冶市(鄂)	25.00
31	恩施市(鄂)	15.00
32	安仁县(湘)	65.00
33	新邵县(湘)	60.00
34	中方县(湘)	40.00
35	隆回县(湘)	30.00
36	桂东县(湘)	16.00
37	零陵区(湘)	14.00
38	紫金县(粤)	880.00
39	和平县(粤)	720.00
40	五华县(粤)	267.00
41	兴宁市(粤)	230.00
42	高州市(粤)	93.00
43	清新县(粤)	40.00
44	蕉岭县(粤)	32.00
45	榕城区(粤)	15.00
46	连南瑶族自治县(粤)	10.64
47	渝北区(渝)	135.00
48	巴南区(渝)	85.00
49	武隆县(渝)	80.00
50	彭水苗族土家族自治县(渝)	50.00
51	万盛区(渝)	30.00
52	寻甸回族彝族自治县(滇)	28.90

表 10-41　2012 年柑橘苗主产地产量

序号	柑橘苗主产地	产量(万株)
1	定海区(浙)	32.11
2	玉环县(浙)	18.00
3	瑞金市(赣)	150.00
4	新建县(赣)	148.00
5	淅川县(豫)	91.00
6	夷陵区(鄂)	368.00
7	秭归县(鄂)	80.00
8	长阳土家族自治县(鄂)	20.00
9	宜都市(鄂)	15.00
10	兴山县(鄂)	10.00
11	松滋市(鄂)	10.00
12	麻城市(鄂)	10.00
13	双峰县(湘)	72.00
14	鼎城区(湘)	22.00
15	安仁县(湘)	12.00
16	清新县(粤)	130.00
17	清城区(粤)	31.00
18	平乐县(桂)	510.00
19	钟山县(桂)	95.00
20	柳城县(桂)	55.00
21	阳朔县(桂)	30.00
22	江安县(川)	200.00
23	雁江区(川)	120.00
24	仁寿县(川)	25.00
25	沿滩区(川)	13.00
26	汉源县(川)	10.00
27	惠水县(黔)	60.00
28	余庆县(黔)	25.00
29	白河县(陕)	254.00
30	城固县(陕)	200.00
31	汉阴县(陕)	24.00

表 10-42　2012 年香椿苗主产地产量

序号	香椿苗主产地	产量(万株)
1	抚宁县(冀)	68.00
2	泰兴市(苏)	45.00
3	高港区(苏)	10.00
4	岱山县(浙)	25.00
5	鄞州区(浙)	10.00
6	霍山县(皖)	15.00
7	泰安市市辖区(鲁)	840.00
8	临朐县(鲁)	500.00
9	新泰市(鲁)	100.00
10	博山区(鲁)	26.00
11	平阴县(鲁)	10.00
12	登封市(豫)	2400.00
13	汝州市(豫)	70.00
14	淅川县(豫)	55.00
15	栾川县(豫)	54.10
16	商水县(豫)	45.00
17	辉县市(豫)	32.00
18	嵩　县(豫)	30.00
19	项城市(豫)	30.00
20	惠济区(豫)	25.00
21	郧西县(鄂)	225.00
22	恩施市(鄂)	36.00
23	利川市(鄂)	28.00
24	祁东县(湘)	96.60

序号	香椿苗主产地	产量(万株)
25	武冈市(湘)	14.80
26	桑植县(湘)	12.00
27	西林县(桂)	55.00
28	南丹县(桂)	32.00
29	雅长林场(桂)	31.91
30	三门江林场(桂)	30.00
31	那坡县(桂)	10.00
32	丰都县(渝)	100.00
33	潼南县(渝)	95.00
34	九龙坡区(渝)	22.00
35	大竹县(川)	1000.00
36	乐至县(川)	770.00
37	安岳县(川)	412.00
38	筠连县(川)	400.00
39	武胜县(川)	300.00
40	洪雅县(川)	225.00
41	蓬溪县(川)	160.00
42	雁江区(川)	94.00
43	万源市(川)	60.00
44	射洪县(川)	30.00
45	宜宾县(川)	10.30
46	美姑县(川)	10.00
47	石阡县(黔)	31.30
48	独山县(黔)	15.00
49	宁强县(陕)	318.00
50	镇巴县(陕)	180.00

表 10-43　2012 年珍稀乡土苗主产地产量

序号	珍稀乡土苗主产地	产量(万株)
1	栾城县(冀)	185.00
2	吴桥县(冀)	47.70
3	千山区(辽)	87.23
4	靖江市(苏)	180.00
5	普陀区(浙)	38.00
6	庐江县(皖)	3970.00
7	屯溪区(皖)	1023.00
8	蒙城县(皖)	70.00
9	昌邑市(鲁)	14440.00
10	威海市经济技术开发区(鲁)	30.00
11	淮阳县(豫)	153.50
12	应城市(鄂)	220.00
13	保康县(鄂)	44.00
14	远安县(鄂)	33.00
15	潮阳区(粤)	320.00
16	高要市(粤)	37.60
17	雅长林场(桂)	17.00
18	中国林科院热林中心(桂)	10.00
19	江油市(川)	130.00
20	思南县(黔)	924.20
21	寻甸回族彝族自治县(滇)	658.02
22	大关县(滇)	320.00
23	南郑县(陕)	200.00
24	平利县(陕)	40.00
25	岚皋县(陕)	29.00

表 10-44　2012 年栾树苗主产地产量

序号	栾树苗主产地	产量(万株)
1	海淀区(京)	13.57
2	丰台区(京)	10.00
3	定州市(冀)	300.00
4	南和县(冀)	142.00
5	博野县(冀)	95.00
6	枣强县(冀)	60.00
7	易　县(冀)	36.00
8	清苑县(冀)	30.00
9	泊头市(冀)	13.70
10	高阳县(冀)	10.00
11	嘉定区(沪)	24.00
12	建湖县(苏)	30.00
13	金坛市(苏)	22.50
14	姜堰区(苏)	12.00
15	临安市(浙)	70.00
16	桐乡市(浙)	52.00
17	秀洲区(浙)	50.32
18	慈溪市(浙)	31.00
19	三门县(浙)	11.00
20	兰溪市(浙)	10.00
21	怀远县(皖)	200.00
22	来安县(皖)	180.00
23	和　县(皖)	180.00
24	蒙城县(皖)	90.00
25	东至县(皖)	70.00
26	庐阳区(皖)	41.00
27	黟　县(皖)	38.00
28	灵璧县(皖)	30.00
29	五河县(皖)	20.00
30	巢湖市(皖)	20.00
31	禹会区(皖)	17.25
32	固镇县(皖)	10.00
33	九江县(赣)	110.00
34	汶上县(鲁)	1350.00
35	兖州市(鲁)	400.00
36	桓台县(鲁)	203.00
37	东平县(鲁)	60.00
38	临沂市经济技术开发区(鲁)	40.00
39	德州市市辖区(鲁)	40.00
40	商河县(鲁)	15.00
41	鄢陵县(豫)	12000.00
42	潢川县(豫)	501.00
43	许昌县(豫)	82.00
44	南召县(豫)	80.00
45	偃师市(豫)	60.00
46	兰考县(豫)	40.40
47	陕　县(豫)	32.00
48	临颍县(豫)	25.20
49	太康县(豫)	25.00
50	华龙区(豫)	24.00
51	光山县(豫)	23.00
52	惠济区(豫)	22.43
53	嵩　县(豫)	20.00
54	栾川县(豫)	17.80
55	南乐县(豫)	14.90
56	掇刀区(鄂)	1200.00
57	宜都市(鄂)	1000.00
58	嘉鱼县(鄂)	320.00
59	荆门市市辖区(鄂)	230.00
60	潜江市(鄂)	200.00
61	老河口市(鄂)	185.00
62	松滋市(鄂)	150.00
63	夷陵区(鄂)	120.00
64	荆州区(鄂)	100.00
65	沙洋县(鄂)	80.00
66	漳河新区(鄂)	63.00
67	枣阳市(鄂)	56.70
68	利川市(鄂)	28.00
69	恩施市(鄂)	23.00
70	孝南区(鄂)	16.65
71	蔡甸区(鄂)	16.00
72	赫山区(湘)	80.00
73	武陵区(湘)	18.00
74	大足县(渝)	10000.00
75	南川区(渝)	510.00
76	万州区(渝)	172.70
77	开　县(渝)	152.00
78	忠　县(渝)	150.00
79	潼南县(渝)	70.00
80	武隆县(渝)	60.00
81	黔江区(渝)	50.00

序号	栾树苗主产地	产量(万株)
82	合川区(渝)	48.80
83	九龙坡区(渝)	39.00
84	云阳县(渝)	30.00
85	万盛区(渝)	10.50
86	乐至县(川)	700.00
87	高　县(川)	100.00
88	安　县(川)	74.00
89	游仙区(川)	50.00
90	仁寿县(川)	45.00
91	蓬溪县(川)	15.00
92	石阡县(黔)	138.40
93	开阳县(黔)	36.00
94	黄平县(黔)	23.00
95	蒲城县(陕)	39.00

表 10-45　2012 年银杏苗主产地产量

序号	银杏苗主产地	产量(万株)
1	海淀区(京)	28.65
2	定州市(冀)	480.00
3	南和县(冀)	171.00
4	抚宁县(冀)	60.00
5	开平区(冀)	30.00
6	涿州市(冀)	25.00
7	大厂回族自治县(冀)	15.00
8	香河县(冀)	13.00
9	瓦房店市(辽)	1000.00
10	振安区(辽)	1000.00
11	东港市(辽)	871.00
12	普兰店市(辽)	300.00
13	凤城市(辽)	67.00
14	旅顺口区(辽)	48.00
15	海城市(辽)	46.00
16	长海县(辽)	11.10
17	尚志市(黑)	350.00
18	邳州市(苏)	16770.00
19	泰兴市(苏)	134.00
20	靖江市(苏)	30.00
21	姜堰区(苏)	28.00
22	临安市(浙)	200.00
23	淳安县(浙)	22.00
24	鄞州区(浙)	13.00
25	三门县(浙)	10.00
26	庐阳区(皖)	35.00
27	屯溪区(皖)	32.00
28	郎溪县(皖)	25.00
29	广德县(皖)	20.00
30	凤阳县(皖)	14.00
31	青阳县(皖)	12.40
32	五河县(皖)	10.00
33	鄄城县(鲁)	800.00
34	昌邑市(鲁)	400.00
35	高密市(鲁)	150.00
36	东平县(鲁)	150.00
37	桓台县(鲁)	144.00
38	芝罘区(鲁)	125.00
39	河东区(鲁)	85.00
40	莱城区(鲁)	80.00
41	昌乐县(鲁)	72.00
42	邹城市(鲁)	60.00
43	薛城区(鲁)	45.00
44	东营区(鲁)	30.00
45	蓬莱市(鲁)	30.00
46	荣成市(鲁)	21.00
47	牟平区(鲁)	15.00
48	沂水县(鲁)	12.00
49	寒亭区(鲁)	10.00
50	坊子区(鲁)	10.00
51	栖霞市(鲁)	10.00
52	鄢陵县(豫)	11000.00
53	许昌县(豫)	1642.00
54	汝州市(豫)	115.00
55	中原区(豫)	30.00
56	辉县市(豫)	28.00
57	嵩　县(豫)	26.70
58	长阳土家族自治县(鄂)	800.00
59	安陆市(鄂)	600.00
60	建始县(鄂)	300.00
61	崇阳县(鄂)	300.00
62	夷陵区(鄂)	186.00
63	利川市(鄂)	110.00
64	襄城区(鄂)	105.00
65	大悟县(鄂)	72.00
66	恩施市(鄂)	47.00
67	东宝区(鄂)	46.00
68	孝昌县(鄂)	40.00
69	宜都市(鄂)	30.00
70	保康县(鄂)	24.00
71	枣阳市(鄂)	18.80
72	漳河新区(鄂)	14.00
73	襄州区(鄂)	13.00
74	蔡甸区(鄂)	12.00
75	新宁县(湘)	200.00
76	金洞林场(湘)	20.00
77	韶山市(湘)	15.00
78	灵川县(桂)	150.00
79	灌阳县(桂)	20.00
80	阳朔县(桂)	20.00
81	大足县(渝)	25000.00
82	南川区(渝)	1423.00
83	丰都县(渝)	1000.00
84	石柱土家族自治县(渝)	320.00
85	永川区(渝)	240.00
86	巴南区(渝)	60.00
87	万州区(渝)	52.10
88	合川区(渝)	20.20
89	九龙坡区(渝)	20.00
90	潼南县(渝)	16.00
91	开江县(川)	2000.00
92	青川县(川)	1400.00
93	北川羌族自治县(川)	600.00
94	大邑县(川)	300.00
95	乐至县(川)	280.00
96	安　县(川)	228.60
97	苍溪县(川)	216.00
98	游仙区(川)	200.00
99	都江堰市(川)	198.20
100	洪雅县(川)	150.00
101	平昌县(川)	150.00
102	彭山县(川)	120.00
103	高　县(川)	101.25
104	东坡区(川)	60.00
105	通江县(川)	50.00
106	安岳县(川)	45.00
107	广元市国营中心苗圃(川)	41.00
108	泸　县(川)	24.30
109	雁江区(川)	21.00
110	崇州市(川)	17.80
111	余庆县(黔)	128.50
112	道真仡佬族苗族自治县(黔)	50.00
113	湄潭县(黔)	50.00
114	大方县(黔)	36.00
115	瓮安县(黔)	10.58
116	宁强县(陕)	4935.00
117	陕西省苗木繁育中心(陕)	80.00
118	佛坪县(陕)	36.00
119	宁陕县(陕)	20.00
120	石泉县(陕)	10.00
121	康　县(甘)	45.00

表 10-46　2012 年合欢苗主产地产量

序号	合欢苗主产地	产量(万株)
1	定州市(冀)	310.00
2	清苑县(冀)	20.00
3	涉　县(冀)	16.00
4	抚宁县(冀)	11.00
5	长海县(辽)	12.20
6	桐乡市(浙)	45.00
7	兰溪市(浙)	19.50
8	奉化市(浙)	10.00
9	肥西县(皖)	1000.00
10	郎溪县(皖)	10.00
11	新建县(赣)	16.50
12	惠民县(鲁)	2500.00
13	河东区(鲁)	120.00
14	东营区(鲁)	120.00
15	昌乐县(鲁)	68.00
16	荣成市(鲁)	37.00
17	郓城县(鲁)	21.00
18	东平县(鲁)	20.00
19	商河县(鲁)	18.00
20	牟平区(鲁)	15.00
21	鄢陵县(豫)	9000.00
22	潢川县(豫)	567.00
23	嵩　县(豫)	230.00
24	商水县(豫)	55.00
25	兰考县(豫)	20.00
26	襄城区(鄂)	17.00
27	阳山县(粤)	66.00
28	清新县(粤)	23.00
29	米易县(川)	30.00
30	巧家县(滇)	20.00

表 10-47　2012 年沙棘苗主产地产量

序号	沙棘苗主产地	产量(万株)
1	尚义县(冀)	5550.00
2	沽源县(冀)	3750.00
3	围场满族蒙古族自治县(冀)	2400.00
4	康保县(冀)	1680.00
5	张北县(冀)	1651.00
6	丰宁满族自治县(冀)	600.00
7	武川县(蒙)	700.00
8	集宁区(蒙)	500.00
9	和林格尔县(蒙)	396.00
10	正蓝旗(蒙)	375.00
11	敖汉旗(蒙)	150.00
12	东胜区(蒙)	136.00
13	克什克腾旗(蒙)	82.00
14	察哈尔右翼前旗(蒙)	65.00
15	库伦旗(蒙)	40.00
16	霍林郭勒市(蒙)	10.00
17	建平县(辽)	3150.00
18	孙吴县(黑)	160.00
19	理塘县(川)	30.00
20	曲水县(藏)	520.00
21	堆龙德庆县(藏)	10.00
22	岷　县(甘)	5000.00
23	民乐县(甘)	340.00
24	华池林业总场(甘)	288.00
25	肃南裕固族自治县(甘)	170.00
26	古浪县(甘)	120.00
27	山丹县(甘)	24.00
28	乐都县(青)	540.00
29	平安县(青)	300.00
30	湟源县(青)	200.00
31	门源回族自治县(青)	90.00
32	海晏县(青)	30.60
33	塔什库尔干塔吉克自治县(新)	38.68

表 10-48　2012 年小檗苗主产地产量

序号	小檗苗主产地	产量(万株)
1	定州市(冀)	7344.00
2	南和县(冀)	351.00
3	清苑县(冀)	150.00
4	顺平县(冀)	135.00
5	抚宁县(冀)	84.00
6	滦南县(冀)	81.00
7	大厂回族自治县(冀)	56.00
8	太谷县(晋)	3600.00
9	平遥县(晋)	1608.00
10	原平市(晋)	153.00
11	高平市(晋)	150.00
12	阳城县(晋)	30.00
13	介休市(晋)	20.00
14	曲沃县(晋)	15.00
15	振安区(辽)	2000.00
16	盖州市(辽)	1575.00
17	新民市(辽)	42.00
18	长海县(辽)	25.40
19	建湖县(苏)	70.00
20	临朐县(鲁)	3000.00
21	新泰市(鲁)	1000.00
22	环翠区(鲁)	965.00
23	沂水县(鲁)	450.00
24	青州市(鲁)	150.00
25	高密市(鲁)	120.00
26	威海市经济技术开发区(鲁)	15.00
27	商水县(豫)	192.00
28	安阳县(豫)	25.50
29	蒲城县(陕)	90.00
30	长安区(陕)	45.00
31	榆阳区(陕)	20.60
32	定西市巉口林业试验场(甘)	12.00

表 10-49　2012 年油茶苗主产地产量

序号	油茶苗主产地	产量(万株)
1	宁海县(浙)	230.00
2	临海市(浙)	200.00
3	仙居县(浙)	150.00
4	缙云县(浙)	114.00
5	淳安县(浙)	108.00
6	徽州区(皖)	1520.00
7	歙　县(皖)	1000.00
8	金寨县(皖)	350.00
9	太湖县(皖)	300.00
10	潜山县(皖)	150.00
11	绩溪县(皖)	12.00
12	袁州区(赣)	900.00
13	赣　县(赣)	390.00
14	修水县(赣)	300.00
15	湘东区(赣)	300.00
16	德兴市(赣)	180.00
17	进贤县(赣)	153.00
18	临川区(赣)	150.00
19	瑞金市(赣)	150.00
20	东乡县(赣)	120.00
21	贵溪市(赣)	65.00
22	瑞昌市(赣)	60.34
23	樟树市(赣)	52.00
24	广丰县(赣)	30.00
25	玉山县(赣)	13.00
26	商城县(豫)	600.00
27	光山县(豫)	420.00
28	麻城市(鄂)	800.00
29	阳新县(鄂)	690.00
30	恩施市(鄂)	420.00
31	通城县(鄂)	350.00
32	团风县(鄂)	320.00
33	谷城县(鄂)	200.00

序号	油茶苗主产地	产量(万株)
34	蕲春县(鄂)	200.00
35	大悟县(鄂)	200.00
36	崇阳县(鄂)	150.00
37	孝昌县(鄂)	150.00
38	长阳土家族自治县(鄂)	100.00
39	曾都区(鄂)	60.00
40	宜都市(鄂)	50.00
41	当阳市(鄂)	50.00
42	松滋市(鄂)	50.00
43	广水市(鄂)	36.00
44	大冶市(鄂)	25.00
45	黄梅县(鄂)	16.00
46	双峰县(湘)	950.00
47	中方县(湘)	437.00
48	平江县(湘)	320.00
49	新化县(湘)	320.00
50	涟源市(湘)	320.00
51	慈利县(湘)	300.00
52	安仁县(湘)	260.00
53	桂阳县(湘)	241.40
54	耒阳市(湘)	232.00
55	邵阳县(湘)	200.00
56	苏仙区(湘)	198.00
57	桑植县(湘)	187.00
58	道　县(湘)	153.00
59	浏阳市(湘)	150.00
60	宁远县(湘)	150.00
61	株洲县(湘)	132.00
62	常宁市(湘)	120.00
63	桂东县(湘)	105.00
64	邵东县(湘)	100.00
65	娄星区(湘)	100.00
66	衡南县(湘)	94.00
67	衡山县(湘)	89.60
68	攸　县(湘)	50.00
69	新邵县(湘)	50.00
70	石门县(湘)	45.00
71	湘潭县(湘)	35.00
72	沅陵县(湘)	33.00
73	梅　县(粤)	2000.00
74	兴宁市(粤)	370.00
75	平远县(粤)	328.00
76	丰顺县(粤)	200.00
77	连州市(粤)	200.00
78	清新县(粤)	150.00
79	高要市(粤)	117.00
80	五华县(粤)	60.00
81	信宜市(粤)	50.00
82	连南瑶族自治县(粤)	49.66
83	那坡县(桂)	600.00
84	资源县(桂)	500.00
85	岑溪市(桂)	446.00
86	三门江林场(桂)	400.00
87	凤山县(桂)	330.00
88	田林县(桂)	300.00
89	巴马瑶族自治县(桂)	300.00
90	八步区(桂)	250.00
91	田阳县(桂)	210.00
92	龙胜各族自治县(桂)	200.00
93	东兰县(桂)	200.00
94	上思县(桂)	30.00
95	苍梧县(桂)	12.00
96	梁平县(渝)	1250.00
97	南溪县(川)	250.00
98	荣　县(川)	160.00
99	翠屏区(川)	30.00
100	岑巩县(黔)	450.00
101	盘　县(黔)	450.00
102	锦屏县(黔)	320.00
103	罗甸县(黔)	224.48
104	册亨县(黔)	200.00
105	紫云苗族布依族自治县(黔)	151.00
106	碧江区(黔)	150.00
107	江口县(黔)	130.00
108	石阡县(黔)	88.10
109	万山特区(黔)	40.00
110	六枝特区(黔)	30.00
111	砚山县(滇)	1300.00
112	富宁县(滇)	1200.00
113	广南县(滇)	1127.00
114	牟定县(滇)	360.00
115	楚雄市(滇)	303.00
116	福贡县(滇)	250.00
117	泸水县(滇)	150.00
118	文山市(滇)	121.36
119	麻栗坡县(滇)	20.00
120	商南县(陕)	450.00
121	镇安县(陕)	80.00

表 10-50　2012 年荷木苗主产地产量

序号	荷木苗主产地	产量(万株)
1	三门县(浙)	33.00
2	铜鼓县(赣)	80.00
3	靖安县(赣)	56.00
4	婺源县(赣)	50.00
5	宜丰县(赣)	41.00
6	龙南县(赣)	40.00
7	分宜县(赣)	18.00
8	会昌县(赣)	14.00
9	金洞林场(湘)	45.00
10	汝城县(湘)	32.00
11	桂东县(湘)	14.00
12	紫金县(粤)	910.00
13	五华县(粤)	676.00
14	丰顺县(粤)	250.00
15	兴宁市(粤)	150.00
16	清新县(粤)	150.00
17	鼎湖区(粤)	135.00
18	高州市(粤)	103.00
19	信宜市(粤)	100.00
20	电白县(粤)	75.00
21	东源县(粤)	56.25
22	清城区(粤)	36.00
23	蕉岭县(粤)	33.00
24	潮南区(粤)	30.00
25	潮阳区(粤)	20.00
26	高要市(粤)	18.00
27	佛冈县(粤)	15.00
28	派阳山林场(桂)	12.00
29	巴南区(渝)	75.00

表 10-51　2012 年南方红豆杉苗主产地产量

序号	南方红豆杉苗主产地	产量(万株)
1	临安市(浙)	2760.00
2	慈溪市(浙)	240.00
3	龙泉市(浙)	190.00
4	武义县(浙)	189.00
5	黄岩区(浙)	125.00
6	宁海县(浙)	35.00
7	鹿城区(浙)	31.80
8	天台县(浙)	25.00
9	仙居县(浙)	18.00
10	永康市(浙)	10.50
11	建德市(浙)	10.00
12	黟　县(皖)	20.00
13	崇义县(赣)	315.00
14	靖安县(赣)	150.00

序号	南方红豆杉苗主产地	产量(万株)	序号	南方红豆杉苗主产地	产量(万株)	序号	南方红豆杉苗主产地	产量(万株)
15	铜鼓县(赣)	50.00	23	桂东县(湘)	500.00	31	奉节县(渝)	1000.00
16	兴国县(赣)	10.00	24	金洞林场(湘)	20.00	32	忠　县(渝)	40.00
17	婺源县(赣)	10.00	25	荷塘区(湘)	10.00	33	江油市(川)	100.00
18	新密市(豫)	3000.00	26	灌阳县(桂)	300.00	34	六枝特区(黔)	300.00
19	崇阳县(鄂)	200.00	27	南丹县(桂)	60.00	35	道真仡佬族苗族自治县(黔)	35.00
20	宜都市(鄂)	15.00	28	阳朔县(桂)	40.00	36	湄潭县(黔)	30.00
21	沅江市(湘)	27000.00	29	黄冕林场(桂)	20.30	37	黄平县(黔)	30.00
22	新宁县(湘)	3000.00	30	良庆区(桂)	18.00	38	余庆县(黔)	14.00

表 10-52　2012 年其他主要苗圃苗木主产地产量

序号	他主要苗圃苗木主产地	品种	产量(万株)
1	莎车县(新)	巴旦木	860.30
2	英吉沙县(新)	巴旦木	68.63
3	水富县(滇)	檫树	40.00
4	兴文县(川)	檫树	23.00
5	东至县(皖)	檫树	15.00
6	渝北区(渝)	檫树	12.50
7	垦利县(鲁)	柽柳	1500.00
8	东乡族自治县(甘)	柽柳	500.00
9	杭锦后旗(蒙)	柽柳	340.00
10	安定区(甘)	柽柳	288.00
11	乾安县(吉)	柽柳	240.00
12	肃州区(甘)	柽柳	210.00
13	东营区(鲁)	柽柳	180.00
14	民勤县(甘)	柽柳	150.50
15	五原县(蒙)	柽柳	150.00
16	农六师(新疆兵团)	柽柳	60.00
17	甘州区(甘)	柽柳	39.70
18	平安县(青)	柽柳	22.80
19	且末县(新)	柽柳	20.40
20	武威市市辖区(甘)	柽柳	11.00
21	桐乡市(浙)	池杉	210.00
22	南　县(湘)	池杉	110.00
23	湘阴县(湘)	池杉	20.00
24	紫云苗族布依族自治县(黔)	刺楸	20.00
25	嘉峪关市(甘)	杜松	50.00
26	蔚　县(冀)	杜松	39.80
27	大同县(晋)	杜松	20.00
28	桦林背林场(晋)	杜松	15.00
29	榆阳区(陕)	杜松	11.00
30	偏关县(晋)	杜松	10.00
31	定西市巉口林业试验场(甘)	杜松	10.00
32	弋江区(皖)	鹅耳枥	15.00
33	京山县(鄂)	鹅掌楸	200.00
34	潢川县(豫)	鹅掌楸	138.00
35	慈溪市(浙)	鹅掌楸	90.00
36	武隆县(渝)	鹅掌楸	78.00
37	利川市(鄂)	鹅掌楸	50.00
38	商水县(豫)	鹅掌楸	36.00
39	恩施市(鄂)	鹅掌楸	26.00
40	咸丰县(鄂)	鹅掌楸	20.00
41	霍山县(皖)	鹅掌楸	20.00
42	临安市(浙)	鹅掌楸	15.00
43	大安市(吉)	枸杞	2400.00
44	沽源县(冀)	枸杞	2025.00
45	西夏区(宁)	枸杞	1260.00
46	德令哈市(青)	枸杞	1050.00
47	凉州区(甘)	枸杞	414.00
48	民勤县(甘)	枸杞	258.00
49	玛珂河林业局(青)	枸杞	200.00
50	古浪县(甘)	枸杞	197.00
51	五原县(蒙)	枸杞	180.00
52	瓜州县(甘)	枸杞	180.00
53	原州区(宁)	枸杞	158.40
54	乾安县(吉)	枸杞	100.00
55	惠农区(宁)	枸杞	75.00
56	杭锦后旗(蒙)	枸杞	75.00
57	共和县(青)	枸杞	66.20
58	都兰县(青)	枸杞	22.10
59	乌拉特前旗(蒙)	枸杞	20.00
60	农垦事业管理局(宁)	枸杞	20.00
61	靖远县(甘)	枸杞	16.00
62	邢台县(冀)	枸杞	15.00
63	惠民县(鲁)	红叶臭椿	2500.00
64	千山区(辽)	红叶臭椿	617.45
65	瓦房店市(辽)	红叶臭椿	500.00
66	彭山县(川)	红叶臭椿	100.00
67	平罗县(宁)	红叶臭椿	47.39
68	东坡区(川)	红叶臭椿	30.00
69	迭部林业局(甘)	红叶臭椿	19.43
70	北关区(豫)	红叶臭椿	12.00
71	梅　县(粤)	红锥	2100.00

序号	他主要苗圃苗木主产地	品种	产量(万株)
72	五华县(粤)	红锥	167.00
73	电白县(粤)	红锥	105.00
74	高州市(粤)	红锥	72.00
75	紫金县(粤)	红锥	50.00
76	博白林场(桂)	红锥	34.78
77	中国林科院热林中心(桂)	红锥	25.00
78	六万林场(桂)	红锥	24.00
79	梅江区(粤)	红锥	23.00
80	阳春市(粤)	红锥	20.00
81	三门江林场(桂)	红锥	20.00
82	饶平县(粤)	红锥	16.00
83	丰顺县(粤)	红锥	15.00
84	新宁县(湘)	厚朴	400.00
85	习水县(黔)	厚朴	400.00
86	建始县(鄂)	厚朴	300.00
87	都江堰市(川)	厚朴	294.00
88	武隆县(渝)	厚朴	160.00
89	利川市(鄂)	厚朴	128.00
90	宣汉县(川)	厚朴	120.00
91	北川羌族自治县(川)	厚朴	120.00
92	恩施市(鄂)	厚朴	109.00
93	夷陵区(鄂)	厚朴	105.00
94	寻甸回族彝族自治县(滇)	厚朴	102.40
95	宁强县(陕)	厚朴	55.20
96	大邑县(川)	厚朴	30.00
97	长阳土家族自治县(鄂)	厚朴	30.00
98	佛坪县(陕)	厚朴	29.50
99	桂东县(湘)	厚朴	25.00
100	江油市(川)	厚朴	20.00
101	临安市(浙)	厚朴	10.00
102	迎春林业局(龙江森工)	胡桃楸	133.20
103	敦化市(吉)	胡桃楸	100.00
104	白河林业局(吉)	胡桃楸	100.00
105	兴隆林业局(龙江森工)	胡桃楸	80.00
106	东京城林业局(龙江森工)	胡桃楸	71.00
107	三岔子林业局(吉林森工)	胡桃楸	58.50
108	浑江区(吉)	胡桃楸	45.00
109	东方红林业局(龙江森工)	胡桃楸	43.10
110	抚松县(吉)	胡桃楸	40.00
111	铁力林业局(龙江森工)	胡桃楸	35.60
112	白石山林业局(吉林森工)	胡桃楸	25.40
113	八面通林业局(龙江森工)	胡桃楸	15.00
114	松江河林业有限公司(吉林森工)	胡桃楸	12.50
115	南岔林业局(龙江森工)	胡桃楸	12.40
116	朗乡林业局(龙江森工)	胡桃楸	10.40
117	临江林业局(吉林森工)	胡桃楸	10.00
118	农二师(新疆兵团)	胡杨	900.00
119	农六师(新疆兵团)	胡杨	300.00
120	农三师(新疆兵团)	胡杨	228.00
121	瓜州县(甘)	胡杨	225.00
122	尉犁县(新)	胡杨	216.69
123	巴楚县(新)	胡杨	208.95
124	乌拉特前旗(蒙)	胡杨	48.00
125	额济纳旗(蒙)	胡杨	26.50
126	轮台县(新)	胡杨	24.00
127	乌拉特中旗(蒙)	胡杨	21.00
128	集安市(吉)	黄波罗	1000.00
129	桓仁满族自治县(辽)	黄波罗	813.40
130	桦甸市(吉)	黄波罗	270.00
131	三岔子林业局(吉林森工)	黄波罗	126.50
132	白河林业局(吉)	黄波罗	80.00
133	抚松县(吉)	黄波罗	37.00
134	露水河林业局(吉林森工)	黄波罗	36.99
135	浑江区(吉)	黄波罗	30.00
136	八家子林业局(吉)	黄波罗	24.00
137	龙潭区(吉)	黄波罗	18.00
138	靖宇县(吉)	黄波罗	15.00
139	松江河林业有限公司(吉林森工)	黄波罗	13.80
140	新安县(豫)	黄连木	420.00
141	来安县(皖)	黄连木	200.00
142	卢氏县(豫)	黄连木	145.80
143	涉　县(冀)	黄连木	72.00
144	安阳县(豫)	黄连木	69.00
145	慈溪市(浙)	黄连木	41.00
146	灵宝市(豫)	黄连木	34.70
147	霍邱县(皖)	黄连木	30.00
148	峰峰矿区(冀)	黄连木	25.00
149	林州市(豫)	黄连木	16.00
150	翠屏区(川)	黄连木	10.00
151	莱芜市雪野旅游区(鲁)	黄栌	1350.00
152	定州市(冀)	黄栌	360.00
153	青州市(鲁)	黄栌	300.00
154	济南市市中区(鲁)	黄栌	180.00
155	博山区(鲁)	黄栌	83.00
156	东平县(鲁)	黄栌	70.50
157	昌乐县(鲁)	黄栌	60.00
158	海淀区(京)	黄栌	17.88
159	长海县(辽)	黄栌	11.20
160	游仙区(川)	黄栌	10.00
161	招远市(鲁)	火炬松	350000.00
162	含山县(皖)	火炬松	1800.00
163	泌阳县(豫)	火炬松	1575.00

序号	他主要苗圃苗木主产地	品种	产量(万株)
164	双峰县(湘)	火炬松	480.00
165	嘉峪关市(甘)	火炬松	200.00
166	钟祥市(鄂)	火炬松	50.00
167	涉　县(冀)	火炬松	22.00
168	安阳县(豫)	火炬松	21.50
169	建德市(浙)	金钱松	27.00
170	宁波市市辖区(浙)	金钱松	11.00
171	安远县(赣)	栲树	600.00
172	紫金县(粤)	栲树	30.00
173	寻甸回族彝族自治县(滇)	栎树	573.00
174	北京市大东流苗圃（京）	栎树	570.32
175	陆川县(桂)	栎树	250.00
176	黄平县(黔)	栎树	230.00
177	南谯区(皖)	栎树	200.00
178	嵩　县(豫)	栎树	135.00
179	青州市(鲁)	栎树	112.00
180	全椒县(皖)	栎树	90.00
181	凤阳县(皖)	栎树	88.00
182	南江县(川)	栎树	80.00
183	双峰县(湘)	栎树	70.00
184	霍山县(皖)	栎树	50.00
185	露水河林业局(吉林森工)	栎树	12.45
186	靖江市(苏)	落羽杉	1000.00
187	松江区(沪)	落羽杉	252.40
188	桐乡市(浙)	落羽杉	210.00
189	贵溪市(赣)	落羽杉	150.00
190	毛集实验区(皖)	落羽杉	30.00
191	玉环县(浙)	落羽杉	11.00
192	河东区(鲁)	木瓜	7600.00
193	郧　县(鄂)	木瓜	300.00
194	舞钢市(豫)	木瓜	123.75
195	竹山县(鄂)	木瓜	60.00
196	郧西县(鄂)	木瓜	57.60
197	霍山县(皖)	木瓜	20.00
198	长阳土家族自治县(鄂)	木瓜	20.00
199	吴起县(陕)	木瓜	16.20
200	社旗县(豫)	木瓜	11.60
201	河口区(鲁)	千头椿	132.00
202	博野县(冀)	千头椿	65.00
203	武清区(津)	千头椿	48.00
204	安国市(冀)	千头椿	45.00
205	西青区(津)	千头椿	30.00
206	清苑县(冀)	千头椿	20.00
207	邢台县(冀)	千头椿	15.00
208	鄢陵县(豫)	青桐	6000.00
209	南和县(冀)	青桐	444.00
210	定州市(冀)	青桐	370.00
211	枣强县(冀)	青桐	45.00
212	商水县(豫)	青桐	45.00
213	金坛市(苏)	青桐	45.00
214	濮阳县(豫)	青桐	21.60
215	太康县(豫)	青桐	12.00
216	社旗县(豫)	青桐	10.00
217	垦利县(鲁)	青桐	10.00
218	长垣县(豫)	楸叶桐	150.00
219	浑江区(吉)	楸叶桐	135.00
220	维西傈僳族自治县(滇)	楸叶桐	108.00
221	三岔子林业局(吉林森工)	沙松	203.60
222	喀喇沁左翼蒙古族自治县(辽)	山槐	607.00
223	来安县(皖)	山槐	80.00
224	龙潭区(吉)	山槐	11.00
225	宁津县(鲁)	石榴	1000.00
226	荥阳市(豫)	石榴	383.07
227	烈山区(皖)	石榴	300.00
228	峄城区(鲁)	石榴	180.00
229	商水县(豫)	石榴	120.00
230	卫辉市(豫)	石榴	80.00
231	相山区(皖)	石榴	50.00
232	魏　县(冀)	石榴	36.00
233	黔西县(黔)	石榴	34.57
234	新蔡县(豫)	石榴	29.00
235	惠济区(豫)	石榴	10.04
236	澜沧拉祜族自治县(滇)	思茅松	1759.70
237	景谷傣族彝族自治县(滇)	思茅松	750.00
238	墨江哈尼族自治县(滇)	思茅松	388.50
239	孟连傣族拉祜族佤族自治县(滇)	思茅松	266.50
240	景东彝族自治县(滇)	思茅松	220.10
241	思茅区(滇)	思茅松	17.60
242	双江拉祜族佤族布朗族傣族自治县(滇)	思茅松	15.00
243	信宜市(粤)	桃花心木	20.00
244	饶平县(粤)	桃花心木	15.00
245	榕城区(粤)	桃花心木	10.00
246	丰顺县(粤)	桃花心木	10.00
247	安定区(甘)	文冠果	900.00
248	阿鲁科尔沁旗(蒙)	文冠果	720.00
249	翁牛特旗(蒙)	文冠果	684.00
250	赤城县(冀)	文冠果	350.00
251	巴林左旗(蒙)	文冠果	300.00
252	太仆寺旗(蒙)	文冠果	160.00
253	凌源市(辽)	文冠果	150.00
254	定西市巉口林业试验场(甘)	文冠果	120.00
255	奈曼旗(蒙)	文冠果	104.00

序号	他主要苗圃苗木主产地	品种	产量(万株)
256	永登县(甘)	文冠果	100.00
257	库伦旗(蒙)	文冠果	100.00
258	富　县(陕)	文冠果	50.00
259	敖汉旗(蒙)	文冠果	50.00
260	阜新蒙古族自治县(辽)	文冠果	40.00
261	淄川区(鲁)	文冠果	27.00
262	娄烦县(晋)	文冠果	20.00
263	吉　县(晋)	文冠果	15.00
264	古浪县(甘)	文冠果	15.00
265	湘乐林业总场(甘)	文冠果	10.50
266	察布查尔林场(新)	文冠果	10.00
267	贵南县(青)	乌柳	24.00
268	湘乡市(湘)	香梨	133.00
269	农二师(新疆兵团)	香梨	120.00
270	德城区(鲁)	香梨	120.00
271	大方县(黔)	香梨	105.00
272	宁陵县(豫)	香梨	90.00
273	邓州市(豫)	香梨	85.00
274	宽城满族自治县(冀)	香梨	50.00
275	古浪县(甘)	香梨	30.40
276	涿州市(冀)	香梨	24.00
277	平泉县(冀)	香梨	24.00
278	黄岩区(浙)	香梨	10.00
279	勐腊县(滇)	橡胶	152.00
280	魏　县(冀)	小浆果	12.00
281	嵩　县(豫)	元宝枫	425.00
282	翁牛特旗(蒙)	元宝枫	180.00
283	扶风县(陕)	元宝枫	173.00
284	喀喇沁旗(蒙)	元宝枫	120.00
285	青州市(鲁)	元宝枫	90.00
286	巴南区(渝)	元宝枫	65.00
287	光山县(豫)	元宝枫	60.00
288	赤城县(冀)	元宝枫	55.00
289	安阳县(豫)	元宝枫	23.00
290	海淀区(京)	元宝枫	16.57
291	麟游县(陕)	元宝枫	11.00
292	双柏县(滇)	云南松	51.00
293	雅长林场(桂)	云南松	33.00
294	永仁县(滇)	云南松	30.00
295	双江拉祜族佤族布朗族傣族自治县(滇)	云南松	15.00
296	临翔区(滇)	云南松	10.00
297	松江河林业有限公司(吉林森工)	紫椴	25.80
298	曲沃县(晋)	紫椴	10.00
299	振安区(辽)	紫杉	400.00
300	天桥岭林业局(吉)	紫杉	12.00

表 11-1　2012 年松香主产地产量

序号	松香主产地	产量(吨)
1	全椒县(皖)	1500.00
2	滁州市管店林业总场(皖)	289.00
3	祁门县(皖)	252.00
4	泾　县(皖)	200.00
5	桐城市(皖)	102.00
6	连城县(闽)	10657.00
7	武平县(闽)	9547.00
8	上杭县(闽)	7705.00
9	德化县(闽)	2800.00
10	永泰县(闽)	1814.00
11	永定县(闽)	1352.00
12	邵武市(闽)	1100.00
13	新罗区(闽)	1080.00
14	长汀县(闽)	290.00
15	峡江县(赣)	5874.00
16	宁都县(赣)	4759.00
17	安福县(赣)	4500.00
18	泰和县(赣)	4200.00
19	瑞金市(赣)	2200.00
20	乐安县(赣)	1990.00
21	奉新县(赣)	1839.00
22	新干县(赣)	1665.00
23	渝水区(赣)	1588.00
24	金溪县(赣)	1266.00
25	兴国县(赣)	1080.00
26	于都县(赣)	800.00
27	修水县(赣)	700.00
28	会昌县(赣)	532.00
29	德兴市(赣)	310.00
30	信丰县(赣)	301.00
31	上高县(赣)	295.00
32	东乡县(赣)	125.00
33	大余县(赣)	122.00
34	余江县(赣)	120.00
35	赣　县(赣)	112.00
36	桐柏县(豫)	2591.00
37	南漳县(鄂)	5000.00
38	宜城市(鄂)	1750.00
39	谷城县(鄂)	1100.00
40	京山县(鄂)	800.00
41	湖北省太子山林场(鄂)	250.00
42	远安县(鄂)	160.00
43	道　县(湘)	9420.00
44	芦淞区(湘)	5000.00
45	岳阳县(湘)	2000.00
46	中方县(湘)	1300.00
47	茶陵县(湘)	1000.00
48	龙山县(湘)	900.00
49	绥宁县(湘)	610.00
50	江永县(湘)	400.00
51	安化县(湘)	320.00
52	通道侗族自治县(湘)	230.00
53	新晃侗族自治县(湘)	220.00
54	衡山县(湘)	201.60
55	浏阳市(湘)	200.00
56	麻阳苗族自治县(湘)	114.00
57	封开县(粤)	28373.00
58	鼎湖区(粤)	7500.00
59	高要市(粤)	7200.00
60	怀集县(粤)	6200.00
61	信宜市(粤)	4500.00
62	连山壮族瑶族自治县(粤)	3505.00

序号	松香主产地	产量(吨)
63	阳东县(粤)	1200.00
64	藤　县(桂)	37692.00
65	岑溪市(桂)	37000.00
66	兴安县(桂)	32189.00
67	北流市(桂)	29874.00
68	上思县(桂)	23269.00
69	防城区(桂)	16984.00
70	苍梧县(桂)	13683.00
71	临桂县(桂)	10000.00
72	隆安县(桂)	8346.00
73	灌阳县(桂)	8000.00
74	良庆区(桂)	7349.00
75	昭平县(桂)	6500.00
76	柳城县(桂)	6433.00
77	金秀瑶族自治县(桂)	6351.00
78	鹿寨县(桂)	5733.00
79	钦北区(桂)	5128.00
80	全州县(桂)	5000.00
81	江州区(桂)	4830.00
82	六万林场(桂)	3881.50
83	青秀区(桂)	3672.00
84	资源县(桂)	3000.00
85	兴业县(桂)	2980.00
86	融水苗族自治县(桂)	2600.00
87	灵山县(桂)	2500.00
88	横　县(桂)	2495.00
89	七坡林场(桂)	2338.70
90	荔浦县(桂)	1900.00
91	钦南区(桂)	1900.00
92	灵川县(桂)	1180.00
93	隆林各族自治县(桂)	820.00
94	港北区(桂)	754.00
95	上林县(桂)	280.00
96	忻城县(桂)	100.00
97	米易县(川)	505.00
98	高　县(川)	200.00
99	镇远县(黔)	2321.00
100	丹寨县(黔)	1950.00
101	三穗县(黔)	340.00
102	惠水县(黔)	280.00
103	麻江县(黔)	250.00
104	剑河县(黔)	246.00
105	南华县(滇)	36389.00
106	镇沅彝族哈尼族拉祜族自治县(滇)	17830.00
107	双江拉祜族佤族布朗族傣族自治县(滇)	13000.00
108	景东彝族自治县(滇)	11771.00
109	临翔区(滇)	10831.05
110	双柏县(滇)	10733.00
111	云　县(滇)	7365.00
112	禄丰县(滇)	7196.62
113	宁洱哈尼族彝族自治县(滇)	6757.00
114	思茅区(滇)	4354.50
115	南涧彝族自治县(滇)	2200.00
116	勐海县(滇)	1500.00
117	安宁市(滇)	1000.00
118	墨江哈尼族自治县(滇)	935.00
119	景洪市(滇)	894.00
120	玉龙纳西族自治县(滇)	677.00
121	兰坪白族普米族自治县(滇)	585.00
122	砚山县(滇)	438.00
123	广南县(滇)	300.00
124	永仁县(滇)	228.00
125	大姚县(滇)	222.75
126	永德县(滇)	180.00

表 11-2　2012 年松节油主产地产量

序号	松节油主产地	产量(吨)
1	全椒县(皖)	400.00
2	滁州市管店林业总场(皖)	72.00
3	祁门县(皖)	50.00
4	泾　县(皖)	50.00
5	大观区(皖)	20.00
6	武平县(闽)	2207.00
7	连城县(闽)	1383.00
8	德化县(闽)	560.00
9	长汀县(闽)	321.00
10	永定县(闽)	135.00
11	峡江县(赣)	1292.00
12	金溪县(赣)	1200.00
13	宁都县(赣)	817.00
14	乐安县(赣)	764.00
15	奉新县(赣)	462.00
16	新干县(赣)	365.00
17	吉州区(赣)	320.00
18	兴国县(赣)	202.00
19	于都县(赣)	120.00
20	修水县(赣)	100.00
21	余江县(赣)	60.00
22	湖口县(赣)	60.00
23	上高县(赣)	54.00
24	信丰县(赣)	45.00
25	德兴市(赣)	30.00
26	大余县(赣)	25.00
27	宜丰县(赣)	24.00
28	赣　县(赣)	23.00
29	宜城市(鄂)	250.00
30	京山县(鄂)	200.00
31	松滋市(鄂)	21.00
32	远安县(鄂)	20.00
33	道　县(湘)	1614.00
34	茶陵县(湘)	1200.00
35	永顺县(湘)	600.00
36	汨罗市(湘)	200.00
37	中方县(湘)	175.00
38	江永县(湘)	95.00
39	浏阳市(湘)	80.00
40	麻阳苗族自治县(湘)	58.00
41	绥宁县(湘)	27.00
42	衡山县(湘)	21.28
43	湘阴县(湘)	21.00
44	封开县(粤)	1876.00
45	高要市(粤)	1585.00
46	信宜市(粤)	700.00
47	连州市(粤)	450.00
48	连山壮族瑶族自治县(粤)	58.00
49	北流市(桂)	11171.00
50	防城区(桂)	4529.00
51	岑溪市(桂)	3718.00
52	藤　县(桂)	3189.00
53	上思县(桂)	2778.00
54	苍梧县(桂)	2143.00
55	恭城瑶族自治县(桂)	2067.00
56	灵山县(桂)	1500.00
57	全州县(桂)	1400.00
58	金秀瑶族自治县(桂)	1276.00
59	钦北区(桂)	1058.00
60	隆安县(桂)	983.00
61	六万林场(桂)	628.40
62	灌阳县(桂)	565.00
63	江州区(桂)	483.00
64	七坡林场(桂)	401.30
65	港北区(桂)	108.00
66	丹寨县(黔)	280.00
67	龙里县(黔)	200.00
68	台江县(黔)	105.00

序号	松节油主产地	产量(吨)
69	三穗县(黔)	36.00
70	惠水县(黔)	32.00
71	剑河县(黔)	30.00
72	南华县(滇)	5861.00
73	楚雄市(滇)	4889.30
74	双柏县(滇)	4800.00
75	镇沅彝族哈尼族拉祜族自治县(滇)	3566.00
76	双江拉祜族佤族布朗族傣族自治县(滇)	2500.00
77	临翔区(滇)	2226.06
78	宁洱哈尼族彝族自治县(滇)	1666.00
79	云　县(滇)	1545.00
80	景东彝族自治县(滇)	1117.00
81	澜沧拉祜族自治县(滇)	961.00
82	墨江哈尼族自治县(滇)	865.00
83	思茅区(滇)	765.00
84	禄丰县(滇)	753.49
85	南涧彝族自治县(滇)	450.00
86	勐海县(滇)	420.00
87	景洪市(滇)	142.00
88	砚山县(滇)	120.00
89	广南县(滇)	80.00
90	大姚县(滇)	78.30
91	永仁县(滇)	62.00

表 11-3　2012 年松脂主产地产量

序号	松脂主产地	产量(吨)
1	淳安县(浙)	1535.00
2	怀宁县(皖)	800.00
3	祁门县(皖)	380.00
4	旌德县(皖)	330.00
5	明光市(皖)	323.00
6	泾　县(皖)	300.00
7	岳西县(皖)	235.00
8	望江县(皖)	200.00
9	潜山县(皖)	150.00
10	太湖县(皖)	135.00
11	郎溪县(皖)	120.00
12	东至县(皖)	90.00
13	南陵县(皖)	51.00
14	定远县(皖)	50.00
15	滁州市沙河集林业总场(皖)	40.00
16	贵溪市(赣)	135000.00
17	瑞金市(赣)	3500.00
18	万载县(赣)	3000.00
19	永修县(赣)	850.00
20	定南县(赣)	564.00
21	德兴市(赣)	502.00
22	上高县(赣)	357.00
23	大余县(赣)	170.00
24	赣　县(赣)	166.00
25	都昌县(赣)	110.00
26	临川区(赣)	95.00
27	全南县(赣)	32.00
28	崇仁县(赣)	20.00
29	章贡区(赣)	11.00
30	桐柏县(豫)	2712.00
31	确山县(豫)	200.00
32	洛宁县(豫)	14.00
33	钟祥市(鄂)	20000.00
34	当阳市(鄂)	10000.00
35	宜城市(鄂)	2500.00
36	蕲春县(鄂)	2300.00
37	京山县(鄂)	1000.00
38	罗田县(鄂)	520.00
39	咸丰县(鄂)	300.00
40	远安县(鄂)	217.00
41	东宝区(鄂)	200.00
42	麻城市(鄂)	50.00
43	汨罗市(湘)	2200.00
44	双牌县(湘)	1342.00
45	茶陵县(湘)	1200.00
46	衡东县(湘)	972.00
47	醴陵市(湘)	500.00
48	华容县(湘)	370.00
49	安化县(湘)	350.00
50	浏阳市(湘)	310.00
51	沅陵县(湘)	300.00
52	武冈市(湘)	250.00
53	祁阳县(湘)	202.00
54	新宁县(湘)	200.00
55	会同县(湘)	195.00
56	冷水滩区(湘)	180.00
57	东安县(湘)	157.00
58	冷水江市(湘)	130.00
59	鼎城区(湘)	85.00
60	芷江侗族自治县(湘)	80.00
61	祁东县(湘)	72.00
62	常宁市(湘)	40.00
63	平江县(湘)	33.00
64	绥宁县(湘)	30.00
65	洞口县(湘)	28.00
66	新化县(湘)	20.00
67	娄底市市辖区(湘)	12.00
68	封开县(粤)	20555.00
69	高要市(粤)	8150.00
70	信宜市(粤)	8000.00
71	四会市(粤)	3690.00
72	连山壮族瑶族自治县(粤)	3505.00
73	广宁县(粤)	3098.00
74	佛冈县(粤)	1850.00
75	和平县(粤)	1230.00
76	英德市(粤)	250.00
77	连南瑶族自治县(粤)	247.00
78	平远县(粤)	202.00
79	大埔县(粤)	110.00
80	蕉岭县(粤)	11.00
81	苍梧县(桂)	33257.00
82	象州县(桂)	28800.00
83	钦北区(桂)	28546.00
84	上思县(桂)	28522.00
85	恭城瑶族自治县(桂)	16401.00
86	昭平县(桂)	10166.00
87	覃塘区(桂)	9485.00
88	良庆区(桂)	9204.00
89	全州县(桂)	6500.00
90	江州区(桂)	6280.00
91	兴宾区(桂)	5165.00
92	八步区(桂)	4738.00
93	永福县(桂)	4676.00
94	右江区(桂)	4635.00
95	资源县(桂)	3727.00
96	兴安县(桂)	3598.00
97	灌阳县(桂)	3143.00
98	武宣县(桂)	2491.00
99	港北区(桂)	2472.00
100	马山县(桂)	2378.00
101	平果县(桂)	2185.00
102	上林县(桂)	1822.00
103	大桂山林场(桂)	1811.10
104	北流市(桂)	1700.00
105	金秀瑶族自治县(桂)	1313.00
106	扶绥县(桂)	807.00
107	阳朔县(桂)	756.00
108	城中区(桂)	750.00
109	派阳山林场(桂)	691.00
110	七坡林场(桂)	687.00

序号	松脂主产地	产量(吨)
111	天等县(桂)	684.00
112	陆川县(桂)	600.00
113	巴马瑶族自治县(桂)	366.00
114	龙胜各族自治县(桂)	363.00
115	柳城县(桂)	341.00
116	忻城县(桂)	303.00
117	田阳县(桂)	280.00
118	柳江县(桂)	268.00
119	玉州区(桂)	169.00
120	金城江区(桂)	159.00
121	三门江林场(桂)	150.00
122	玉林市福绵区(桂)	138.00
123	田林县(桂)	77.00
124	凌云县(桂)	65.00
125	黄冕林场(桂)	30.00
126	那坡县(桂)	25.00
127	盐边县(川)	1898.00
128	南江县(川)	115.00
129	隆昌县(川)	40.00
130	威远县(川)	31.00
131	黎平县(黔)	16400.00
132	岑巩县(黔)	2600.00
133	台江县(黔)	1500.00
134	独山县(黔)	1000.00
135	剑河县(黔)	658.00
136	黄平县(黔)	482.00
137	平塘县(黔)	400.00
138	锦屏县(黔)	325.00
139	凯里市(黔)	300.00
140	思南县(黔)	210.00
141	遵义县(黔)	168.00
142	荔波县(黔)	140.00
143	德江县(黔)	78.00
144	长顺县(黔)	35.00
145	石阡县(黔)	28.00
146	云　县(滇)	10267.00
147	双江拉祜族佤族布朗族傣族自治县(滇)	8200.00
148	澜沧拉祜族自治县(滇)	8058.00
149	墨江哈尼族自治县(滇)	7444.00
150	宁洱哈尼族彝族自治县(滇)	5114.70
151	禄丰县(滇)	4969.39
152	临翔区(滇)	4060.00
153	勐海县(滇)	2300.00
154	思茅区(滇)	1704.50
155	永德县(滇)	1600.00
156	兰坪白族普米族自治县(滇)	200.00
157	巍山彝族回族自治县(滇)	133.00
158	镇康县(滇)	97.00
159	永仁县(滇)	37.65
160	牟定县(滇)	14.00
161	黄龙山林业局(陕)	262.00
162	南郑县(陕)	28.00

表 11-4　2012 年活性炭主产地产量

序号	活性炭主产地	产量(吨)
1	平泉县(冀)	12835.00
2	宁城县(蒙)	3930.00
3	衢州市市辖区(浙)	34433.00
4	开化县(浙)	11500.00
5	奉化市(浙)	7700.00
6	衢江区(浙)	6300.00
7	德清县(浙)	4405.00
8	江山市(浙)	2500.00
9	龙泉市(浙)	1380.00
10	长兴县(浙)	900.00
11	临安市(浙)	400.00
12	东至县(皖)	2400.00
13	祁门县(皖)	230.00
14	延平区(闽)	37545.00
15	新罗区(闽)	30000.00
16	长汀县(闽)	19091.00
17	邵武市(闽)	15110.00
18	建瓯市(闽)	11475.00
19	建阳市(闽)	3386.00
20	浦城县(闽)	3331.00
21	漳平市(闽)	2498.00
22	光泽县(闽)	457.00
23	永定县(闽)	234.00
24	玉山县(赣)	3660.00
25	余江县(赣)	3400.00
26	芦溪县(赣)	1080.00
27	靖安县(赣)	905.00
28	高安市(赣)	537.50
29	南城县(赣)	500.00
30	龙南县(赣)	150.00
31	资兴市(湘)	6500.00
32	安化县(湘)	5800.00
33	中方县(湘)	2350.00
34	茶陵县(湘)	2000.00
35	沅陵县(湘)	1250.00
36	靖州苗族侗族自治县(湘)	500.00
37	梁平县(渝)	1960.00
38	青铜峡市(宁)	1000.00

表 11-5　2012 年生漆及其制品主产地产量

序号	生漆及其制品主产地	产量(吨)
1	利川市(鄂)	140.00
2	平江县(湘)	363.00
3	衡阳县(湘)	20.00
4	丰都县(渝)	30.00
5	南川区(渝)	23.00
6	安　县(川)	38.00
7	北川羌族自治县(川)	23.00
8	兴文县(川)	15.00
9	德江县(黔)	35.10
10	习水县(黔)	30.00
11	镇雄县(滇)	120.00
12	大关县(滇)	60.00
13	平利县(陕)	1200.00
14	城固县(陕)	197.00
15	商南县(陕)	146.00
16	镇坪县(陕)	102.00
17	南郑县(陕)	100.00

表 11-6　2012 年木炭主产地产量

序号	木炭主产地	产量(吨)
1	辛集市(冀)	810.00
2	永清县(冀)	198.00
3	衢州市市辖区(浙)	16312.00
4	江山市(浙)	15857.00
5	长兴县(浙)	180.00
6	临安市(浙)	40.00
7	东至县(皖)	18880.00
8	太湖县(皖)	3500.00
9	旌德县(皖)	1300.00
10	泾　县(皖)	450.00
11	霍山县(皖)	100.00
12	全南县(赣)	1000.00
13	瑞金市(赣)	500.00
14	龙南县(赣)	260.00
15	靖安县(赣)	186.00
16	信丰县(赣)	20.00
17	永城市(豫)	2600.00
18	商城县(豫)	1000.00
19	固始县(豫)	70.00
20	洞口县(湘)	20000.00

序号	木炭主产地	产量(吨)
21	桃源县(湘)	2000.00
22	新晃侗族自治县(湘)	2000.00
23	资兴市(湘)	1200.00
24	沅陵县(湘)	1120.00
25	新宁县(湘)	1000.00
26	安化县(湘)	1000.00
27	双牌县(湘)	900.00
28	绥宁县(湘)	600.00
29	茶陵县(湘)	500.00
30	岳阳县(湘)	500.00
31	炎陵县(湘)	260.00
32	株洲县(湘)	240.00
33	桂东县(湘)	233.00
34	双峰县(湘)	200.00
35	新化县(湘)	200.00
36	桑植县(湘)	130.00
37	零陵区(湘)	120.00
38	平江县(湘)	100.00
39	祁东县(湘)	100.00
40	赫山区(湘)	100.00
41	汝城县(湘)	80.00
42	娄星区(湘)	20.00
43	永兴县(湘)	12.00
44	全州县(桂)	8500.00
45	资源县(桂)	8000.00
46	龙胜各族自治县(桂)	249.00
47	田阳县(桂)	50.00
48	台江县(黔)	1100.00
49	三穗县(黔)	320.00
50	镇远县(黔)	308.00
51	碧江区(黔)	200.00
52	长顺县(黔)	10.50
53	镇沅彝族哈尼族拉祜族自治县(滇)	6063.00

表 11-7 2012 年其他林化产品主产地产量

序号	其他林化产品主产地	品种	产量(吨)
1	喜德县(川)	白蜡	35.00
2	石柱土家族自治县(渝)	单宁	650.00
3	竹山县(鄂)	单宁	550.00
4	五峰土家族自治县(鄂)	单宁	500.00
5	永定区(湘)	单宁	500.00
6	翠屏区(川)	芳樟醇	2445.00
7	筠连县(川)	芳樟醇	50.00
8	大埔县(粤)	芳樟醇	10.00
9	高要市(粤)	桂油	800.00
10	防城区(桂)	桂油	428.00
11	新晃侗族自治县(湘)	合成龙脑	310.00
12	建阳市(闽)	合成樟脑	10261.00
13	金溪县(赣)	合成樟脑	300.00
14	那坡县(桂)	茴油	250.00
15	防城区(桂)	茴油	141.00
16	天等县(桂)	茴油	65.00
17	道 县(湘)	聚酯树脂	7573.00
18	墨江哈尼族自治县(滇)	聚酯树脂	2989.00
20	青龙满族自治县(冀)	栲胶	2000.00
21	右江区(桂)	栲胶	1136.00
23	六万林场(桂)	马来松香	58.20
24	白石山林业局(吉林森工)	脲醛树脂胶	11000.00
25	澜沧拉祜族自治县(滇)	歧化松香	4544.00
26	内乡县(豫)	栓皮	5000.00
27	南漳县(鄂)	栓皮	2000.00
28	霍山县(皖)	栓皮	1000.00
29	嵩 县(豫)	栓皮	1000.00
30	徽 县(甘)	栓皮	916.00
31	栾川县(豫)	栓皮	500.00
32	略阳县(陕)	栓皮	500.00
33	北川羌族自治县(川)	栓皮	450.00
34	西峡县(豫)	栓皮	350.00
35	商南县(陕)	栓皮	147.00
36	两当县(甘)	栓皮	100.00
37	留坝县(陕)	栓皮	100.00
38	霍山县(皖)	松针粉	2.00
39	永德县(滇)	橡胶及其制品	78.00
40	略阳县(陕)	橡胶及其制品	22.00
41	农四师(新疆兵团)	熏衣草	58.47
42	京山县(鄂)	脂松香	800.00
43	云 县(滇)	紫胶	379.60
44	墨江哈尼族自治县(滇)	紫胶	141.50
45	永德县(滇)	紫胶	120.00
46	丰顺县(粤)	紫胶	76.00
47	宁洱哈尼族彝族自治县(滇)	紫胶	69.00
48	双江拉祜族佤族布朗族傣族自治县(滇)	紫胶	60.00
49	阳山县(粤)	紫胶	12.00
50	米易县(川)	紫胶	10.00
51	衡阳县(湘)	紫胶	3.00
52	镇沅彝族哈尼族拉祜族自治县(滇)	紫胶	3.00
53	思茅区(滇)	紫胶	1.50

表 12-1 2012 年野菜主产地产量

序号	野菜主产地	产量(吨)
1	丰宁满族自治县(冀)	975.00
2	宽城满族自治县(冀)	900.00
3	滦平县(冀)	267.00
4	喀喇沁旗(内蒙古)	2400.00
5	巴林左旗(内蒙古)	400.00
6	宁城县(内蒙古)	200.00
7	新宾满族自治县(辽)	97500.00
8	宽甸满族自治县(辽)	47000.00
9	凤城市(辽)	29060.00
10	岫岩满族自治县(辽)	25000.00
11	清原满族自治县(辽)	11000.00
12	本溪满族自治县(辽)	9000.00
13	抚顺县(辽)	7224.00
14	凌海市(辽)	2000.00

序号	野菜主产地	产量(吨)	序号	野菜主产地	产量(吨)	序号	野菜主产地	产量(吨)
15	桓仁满族自治县(辽)	2000.00	61	天台县(浙)	295.00	107	城步苗族自治县(湘)	100.00
16	顺城区(辽)	1309.00	62	景宁畲族自治县(浙)	143.00	108	连州市(粤)	200.00
17	南芬区(辽)	950.00	63	淳安县(浙)	110.00	109	城口县(渝)	5000.00
18	振安区(辽)	800.00	64	霍山县(皖)	2800.00	110	石柱土家族自治县(渝)	400.00
19	铁岭县(辽)	732.00	65	繁昌县(皖)	600.00	111	巴南区(渝)	130.00
20	东洲区(辽)	700.00	66	滁州市沙河集林业总场(皖)	319.00	112	宣汉县(川)	2700.00
21	清河区(辽)	560.00	67	岳西县(皖)	238.00	113	长宁县(川)	2000.00
22	庄河市(辽)	300.00	68	崇义县(赣)	600.00	114	茂　县(川)	1500.00
23	海城市(辽)	280.00	69	广昌县(赣)	136.00	115	冕宁县(川)	1425.00
24	辉南县(吉)	75300.00	70	乐陵市(鲁)	40000.00	116	雷波县(川)	1250.00
25	延吉市(吉)	2501.00	71	青州市(鲁)	150.00	117	利州区(川)	1200.00
26	敦化市(吉)	1560.00	72	桐柏县(豫)	10050.00	118	安　县(川)	1200.00
27	浑江区(吉)	1000.00	73	镇平县(豫)	2600.00	119	通江县(川)	1000.00
28	汪清县(吉)	859.00	74	罗山县(豫)	1000.00	120	小金县(川)	900.00
29	敦化林业局(吉)	620.00	75	洛宁县(豫)	900.00	121	叙永县(川)	600.00
30	和龙市(吉)	576.00	76	舞钢市(豫)	400.00	122	会理县(川)	400.00
31	靖宇县(吉)	540.00	77	鲁山县(豫)	320.00	123	荥经县(川)	326.00
32	黄泥河林业局(吉)	528.00	78	新安县(豫)	290.00	124	宝兴县(川)	180.00
33	东丰县(吉)	500.00	79	辉县市(豫)	285.00	125	平武县(川)	176.00
34	龙潭区(吉)	500.00	80	咸丰县(鄂)	1500.00	126	宜宾县(川)	173.00
35	梅河口市(吉)	471.00	81	宜都市(鄂)	1200.00	127	喜德县(川)	146.00
36	通化县(吉)	390.00	82	谷城县(鄂)	420.00	128	剑阁县(川)	120.00
37	汪清林业局(吉)	380.00	83	大悟县(鄂)	220.00	129	仁和区(川)	119.00
38	天桥岭林业局(吉)	300.00	84	随县(鄂)	210.00	130	汶川县(川)	101.00
39	图们市(吉)	210.00	85	鹤峰县(鄂)	187.00	131	芦山县(川)	100.00
40	白河林业局(吉)	204.00	86	竹山县(鄂)	120.00	132	黎平县(黔)	2070.00
41	和龙林业局(吉)	159.00	87	罗田县(鄂)	120.00	133	湄潭县(黔)	350.00
42	大兴沟林业局(吉)	119.00	88	沅陵县(湘)	6750.00	134	福泉市(黔)	250.00
43	尚志市(黑)	5000.00	89	石门县(湘)	2000.00	135	榕江县(黔)	200.00
44	爱辉区(黑)	3000.00	90	安化县(湘)	2000.00	136	瓮安县(黔)	200.00
45	五常市(黑)	2000.00	91	桑植县(湘)	900.00	137	锦屏县(黔)	196.00
46	延寿县(黑)	600.00	92	鹤城区(湘)	800.00	138	兰坪白族普米族自治县(滇)	1630.00
47	宝清县(黑)	570.00	93	浏阳市(湘)	530.00	139	玉龙纳西族自治县(滇)	1500.00
48	孙吴县(黑)	380.00	94	临澧县(湘)	420.00	140	大关县(滇)	700.00
49	阿城区(黑)	349.00	95	汉寿县(湘)	400.00	141	双江拉祜族佤族布朗族傣族自治县(滇)	600.00
50	恒山区(黑)	320.00	96	零陵区(湘)	378.00			
51	五大连池市(黑)	302.00	97	衡东县(湘)	324.00	142	镇沅彝族哈尼族拉祜族自治县(滇)	500.00
52	逊克县(黑)	280.00	98	常宁市(湘)	300.00			
53	黑河市直属林场(黑)	273.00	99	新晃侗族自治县(湘)	210.00	143	大理市(滇)	357.00
54	嫩江县(黑)	220.00	100	炎陵县(湘)	189.00	144	禄丰县(滇)	160.00
55	密山市(黑)	127.60	101	宁远县(湘)	176.00	145	江川县(滇)	150.00
56	五大连池管委会林业局(黑)	120.00	102	桂阳县(湘)	160.00	146	大姚县(滇)	118.89
57	克东县(黑)	110.00	103	麻阳苗族自治县(湘)	130.00	147	云龙县(滇)	110.00
58	林口县(黑)	100.00	104	桃源县(湘)	120.00	148	城关区(藏)	180.00
59	讷河市(黑)	100.00	105	赫山区(湘)	120.00	149	勉　县(陕)	2630.00
60	北安市(黑)	100.00	106	新宁县(湘)	100.00	150	西乡县(陕)	1957.00

序号	野菜主产地	产量(吨)
151	南郑县(陕)	1500.00
152	洋　县(陕)	1438.00
153	平利县(陕)	500.00
154	镇安县(陕)	344.00
155	略阳县(陕)	116.00
156	文　县(甘)	4000.00
157	清水县(甘)	1250.00
158	宕昌县(甘)	235.00
159	临江林业局(吉林森工)	623.00
160	三岔子林业局(吉林森工)	417.00
161	露水河林业局(吉林森工)	335.00
162	红石林业局(吉林森工)	323.00
163	湾沟林业局(吉林森工)	148.00
164	沾河林业局(龙江森工)	9268.00
165	五营林业局(龙江森工)	2200.00
166	友好林业局(龙江森工)	2001.00
167	双丰林业局(龙江森工)	1400.00
168	朗乡林业局(龙江森工)	1372.00
169	鹤北林业局(龙江森工)	1303.00
170	汤旺河林业局(龙江森工)	1250.00
171	带岭实验局(龙江森工)	1100.00
172	东方红林业局(龙江森工)	1023.00
173	亚布力林业局(龙江森工)	1000.00
174	南岔林业局(龙江森工)	950.00
175	乌伊岭林业局(龙江森工)	893.00
176	海林林业局(龙江森工)	800.00
177	大海林林业局(龙江森工)	710.00
178	美溪林业局(龙江森工)	700.00
179	铁力林业局(龙江森工)	690.00
180	方正林业局(龙江森工)	685.00
181	红星林业局(龙江森工)	680.00
182	桃山林业局(龙江森工)	600.00
183	新青林业局(龙江森工)	589.00
184	黑龙江柴河林业局(龙江森工)	532.00
185	兴隆林业局(龙江森工)	523.00
186	清河林业局(龙江森工)	520.00
187	乌马河林业局(龙江森工)	500.00
188	通北林业局(龙江森工)	460.00
189	东京城林业局(龙江森工)	450.00
190	绥阳林业局(龙江森工)	382.00
191	苇河林业局(龙江森工)	372.00
192	桦南林业局(龙江森工)	294.00
193	山河屯林业局(龙江森工)	270.00
194	翠峦林业局(龙江森工)	254.00
195	上甘岭林业局(龙江森工)	253.00
196	金山屯林业局(龙江森工)	230.00
197	迎春林业局(龙江森工)	225.00
198	双鸭山林业局(龙江森工)	220.00
199	林口林业局(龙江森工)	198.00
200	鹤立林业局(龙江森工)	190.00
201	绥棱林业局(龙江森工)	155.00
202	八面通林业局(龙江森工)	146.00
203	穆棱林业局(龙江森工)	130.00

表 12-2　2012 年食用菌类主产地产量

序号	食用菌类主产地	产量(吨)
1	静海县(津)	9000.00
2	临漳县(冀)	2665.00
3	邱　县(冀)	1150.00
4	曲周县(冀)	600.00
5	平泉县(冀)	538.00
6	三河市(冀)	530.00
7	蔚　县(冀)	467.00
8	丰宁满族自治县(冀)	235.00
9	滦平县(冀)	232.00
10	涿州市(冀)	200.00
11	魏　县(冀)	200.00
12	永年县(冀)	150.00
13	围场满族蒙古族自治县(冀)	150.00
14	平山县(冀)	100.00
15	陵川县(晋)	758.00
16	古交市(晋)	150.00
17	西乌珠穆沁旗(内蒙古)	1000.00
18	宁城县(内蒙古)	590.00
19	松山区(内蒙古)	460.00
20	扎兰屯市(内蒙古)	400.00
21	喀喇沁旗(内蒙古)	200.00
22	敖汉旗(内蒙古)	100.00
23	岫岩满族自治县(辽)	400000.00
24	宽甸满族自治县(辽)	64000.00
25	东港市(辽)	29386.00
26	清原满族自治县(辽)	17650.00
27	凤城市(辽)	12240.00
28	桓仁满族自治县(辽)	7500.00
29	抚顺县(辽)	7045.00
30	千山区(辽)	4200.00
31	大洼县(辽)	1659.00
32	新宾满族自治县(辽)	1500.00
33	海城市(辽)	1440.00
34	振安区(辽)	850.00
35	南芬区(辽)	700.00
36	盖州市(辽)	675.00
37	庄河市(辽)	580.00
38	顺城区(辽)	240.00
39	望花区(辽)	150.00
40	辉南县(吉)	76000.00
41	敦化市(吉)	10849.00
42	汪清县(吉)	8794.00
43	天桥岭林业局(吉)	1680.00
44	大兴沟林业局(吉)	1540.00
45	黄泥河林业局(吉)	1325.00
46	大石头林业局(吉)	1126.00
47	汪清林业局(吉)	1005.00
48	白河林业局(吉)	881.00
49	集安市(吉)	695.00
50	通化县(吉)	674.45
51	敦化林业局(吉)	641.00
52	和龙林业局(吉)	616.00
53	梅河口市(吉)	547.30
54	安图森林经营局(吉)	444.00
55	舒兰市(吉)	430.00
56	浑江区(吉)	337.00
57	延吉市(吉)	337.00
58	东丰县(吉)	300.00
59	图们市(吉)	194.00
60	龙井市(吉)	188.00
61	和龙市(吉)	137.00
62	八家子林业局(吉)	113.00
63	尚志市(黑)	87500.00
64	五常市(黑)	4000.00
65	平房区(黑)	3000.00
66	牡丹江市市本级(黑)	2964.00
67	方正县(黑)	2240.00
68	七台河市市辖区(黑)	1200.00
69	爱辉区(黑)	760.00
70	汤原县(黑)	600.00
71	绥芬河市(黑)	300.00
72	孙吴县(黑)	200.00
73	宁安市(黑)	196.00
74	龙凤区(黑)	140.00
75	北安市(黑)	100.00
76	高淳县(苏)	3910.00
77	溧水县(苏)	3631.00
78	建湖县(苏)	450.00
79	六合区(苏)	377.00
80	龙泉市(浙)	12614.00
81	莲都区(浙)	8644.00
82	衢州市市辖区(浙)	7088.00

序号	食用菌类主产地	产量(吨)
83	庆元县(浙)	6491.00
84	江山市(浙)	6151.00
85	云和县(浙)	5960.00
86	临安市(浙)	4710.00
87	缙云县(浙)	4130.00
88	磐安县(浙)	3786.00
89	景宁畲族自治县(浙)	3330.00
90	奉化市(浙)	2620.00
91	德清县(浙)	1814.00
92	淳安县(浙)	1076.00
93	武义县(浙)	1063.00
94	建德市(浙)	504.00
95	桐乡市(浙)	430.00
96	天台县(浙)	235.00
97	吴兴区(浙)	210.00
98	芜湖县(皖)	32000.00
99	潜山县(皖)	8000.00
100	南陵县(皖)	6500.00
101	宁国市(皖)	3500.00
102	东至县(皖)	2750.00
103	桐城市(皖)	2500.00
104	明光市(皖)	900.00
105	泾　县(皖)	600.00
106	祁门县(皖)	596.00
107	岳西县(皖)	485.00
108	石台县(皖)	332.00
109	旌德县(皖)	330.00
110	滁州市沙河集林业总场(皖)	287.00
111	长丰县(皖)	250.00
112	休宁县(皖)	242.00
113	霍山县(皖)	210.00
114	宁都县(赣)	39577.00
115	广昌县(赣)	2869.00
116	永修县(赣)	2100.00
117	新干县(赣)	1041.00
118	奉新县(赣)	955.00
119	万载县(赣)	795.00
120	玉山县(赣)	460.00
121	定南县(赣)	423.00
122	乐安县(赣)	401.00
123	修水县(赣)	360.00
124	芦溪县(赣)	275.00
125	南城县(赣)	260.00
126	靖安县(赣)	256.00
127	崇义县(赣)	253.00
128	全南县(赣)	250.00
129	共青城市(赣)	210.00
130	瑞昌市(赣)	198.00
131	赣　县(赣)	183.00
132	瑞金市(赣)	150.00
133	莲花县(赣)	140.00
134	德兴市(赣)	127.00
135	信丰县(赣)	124.00
136	渝水区(赣)	116.00
137	安远县(赣)	110.00
138	梁山县(鲁)	46000.00
139	临沂市高新技术产业开发区(鲁)	10000.00
140	沂水县(鲁)	5636.00
141	栖霞市(鲁)	5220.00
142	阳信县(鲁)	5000.00
143	利津县(鲁)	4750.00
144	昌邑市(鲁)	3750.00
145	济阳县(鲁)	3750.00
146	邹平县(鲁)	3412.00
147	乐陵市(鲁)	2800.00
148	博兴县(鲁)	1750.00
149	商河县(鲁)	1500.00
150	苍山县(鲁)	1126.00
151	邹城市(鲁)	730.00
152	肥城市(鲁)	360.00
153	东平县(鲁)	300.00
154	宁阳县(鲁)	296.00
155	青州市(鲁)	248.00
156	齐河县(鲁)	200.00
157	招远市(鲁)	110.00
158	西峡县(豫)	290000.00
159	卢氏县(豫)	106575.00
160	夏邑县(豫)	30000.00
161	泌阳县(豫)	12004.00
162	灵宝市(豫)	8402.00
163	洛宁县(豫)	6800.00
164	西华县(豫)	5900.00
165	延津县(豫)	5500.00
166	桐柏县(豫)	5370.00
167	淅川县(豫)	4520.00
168	西平县(豫)	2832.00
169	淮阳县(豫)	2452.00
170	镇平县(豫)	2400.00
171	方城县(豫)	2355.00
172	辉县市(豫)	1850.00
173	内乡县(豫)	1600.00
174	博爱县(豫)	920.00
175	罗山县(豫)	800.00
176	汝州市(豫)	800.00
177	舞钢市(豫)	600.00
178	叶　县(豫)	460.00
179	平桥区(豫)	460.00
180	伊川县(豫)	400.00
181	宜阳县(豫)	200.00
182	新野县(豫)	180.00
183	浉河区(豫)	130.00
184	宝丰县(豫)	129.00
185	嵩　县(豫)	110.00
186	远安县(鄂)	90000.00
187	随县(鄂)	41000.00
188	保康县(鄂)	17618.00
189	宜城市(鄂)	6500.00
190	东宝区(鄂)	6155.00
191	南漳县(鄂)	5400.00
192	钟祥市(鄂)	5000.00
193	武穴市(鄂)	1142.00
194	曾都区(鄂)	1000.00
195	英山县(鄂)	980.00
196	鹤峰县(鄂)	946.00
197	咸丰县(鄂)	860.00
198	郧西县(鄂)	610.00
199	大悟县(鄂)	413.00
200	谷城县(鄂)	400.00
201	当阳市(鄂)	350.00
202	兴山县(鄂)	337.00
203	红安县(鄂)	231.00
204	广水市(鄂)	150.00
205	安陆市(鄂)	120.00
206	郧　县(鄂)	100.00
207	炎陵县(湘)	4998.00
208	衡山县(湘)	2688.00
209	沅陵县(湘)	1952.00
210	新化县(湘)	1800.00
211	祁阳县(湘)	1625.00
212	赫山区(湘)	800.00
213	株洲县(湘)	790.00
214	道　县(湘)	586.00
215	常宁市(湘)	560.00
216	汝城县(湘)	552.00
217	安化县(湘)	500.00
218	洞口县(湘)	500.00
219	靖州苗族侗族自治县(湘)	500.00
220	零陵区(湘)	493.00

序号	食用菌类主产地	产量(吨)	序号	食用菌类主产地	产量(吨)	序号	食用菌类主产地	产量(吨)
221	衡东县(湘)	432.00	267	彭州市(川)	8005.00	313	旺苍县(川)	150.00
222	永兴县(湘)	400.00	268	松潘县(川)	5000.00	314	小金县(川)	120.00
223	资兴市(湘)	380.00	269	通江县(川)	4000.00	315	苍溪县(川)	103.00
224	慈利县(湘)	300.00	270	朝天区(川)	3800.00	316	翠屏区(川)	100.00
225	城步苗族自治县(湘)	300.00	271	射洪县(川)	3800.00	317	普定县(黔)	15000.00
226	浏阳市(湘)	280.00	272	利州区(川)	3600.00	318	赤水市(黔)	4000.00
227	桃源县(湘)	280.00	273	沐川县(川)	2000.00	319	榕江县(黔)	700.00
228	涟源市(湘)	280.00	274	茂　县(川)	1600.00	320	兴义市(黔)	587.00
229	宁远县(湘)	215.00	275	蓬安县(川)	1520.00	321	黎平县(黔)	562.00
230	桑植县(湘)	210.00	276	江油市(川)	1500.00	322	贵定县(黔)	400.00
231	双峰县(湘)	200.00	277	南江县(川)	1450.00	323	惠水县(黔)	393.00
232	娄底市市辖区(湘)	200.00	278	蓬溪县(川)	1300.00	324	丹寨县(黔)	361.60
233	永顺县(湘)	120.00	279	三台县(川)	1200.00	325	凯里市(黔)	350.00
234	桂东县(湘)	103.00	280	纳溪区(川)	1100.00	326	余庆县(黔)	260.00
235	新邵县(湘)	100.00	281	荣　县(川)	1000.00	327	湄潭县(黔)	250.00
236	石门县(湘)	100.00	282	会理县(川)	770.00	328	清镇市(黔)	209.00
237	龙山县(湘)	100.00	283	仁寿县(川)	760.00	329	遵义县(黔)	155.00
238	鹤城区(湘)	100.00	284	自流井区(川)	750.00	330	修文县(黔)	148.00
239	新宁县(湘)	100.00	285	叙永县(川)	750.00	331	台江县(黔)	122.00
240	丰顺县(粤)	3000.00	286	绵竹市(川)	721.00	332	正安县(黔)	120.00
241	封开县(粤)	1035.00	287	顺庆区(川)	660.00	333	锦屏县(黔)	120.00
242	广宁县(粤)	813.00	288	木里藏族自治县(川)	611.00	334	永胜县(滇)	5200.00
243	清新县(粤)	400.00	289	宣汉县(川)	600.00	335	南华县(滇)	4079.00
244	平远县(粤)	260.00	290	元坝区(川)	550.00	336	禄丰县(滇)	3500.00
245	连州市(粤)	239.00	291	德昌县(川)	520.00	337	江川县(滇)	3050.00
246	柳城县(桂)	13478.00	292	喜德县(川)	515.00	338	楚雄市(滇)	1893.50
247	灌阳县(桂)	1733.00	293	蒲江县(川)	500.00	339	永仁县(滇)	906.00
248	右江区(桂)	1561.00	294	长宁县(川)	500.00	340	武定县(滇)	846.00
249	龙胜各族自治县(桂)	1394.00	295	万源市(川)	500.00	341	思茅区(滇)	800.00
250	昭平县(桂)	850.00	296	盐源县(川)	491.00	342	云　县(滇)	634.60
251	阳朔县(桂)	423.00	297	剑阁县(川)	460.00	343	墨江哈尼族自治县(滇)	623.00
252	八步区(桂)	356.50	298	仪陇县(川)	420.00	344	富宁县(滇)	575.00
253	金秀瑶族自治县(桂)	266.00	299	冕宁县(川)	415.00	345	姚安县(滇)	520.00
254	浦北县(桂)	238.00	300	洪雅县(川)	400.00	346	牟定县(滇)	499.00
255	上林县(桂)	225.00	301	天全县(川)	378.00	347	南涧彝族自治县(滇)	495.00
256	全州县(桂)	150.00	302	盐边县(川)	370.00	348	大理市(滇)	422.00
257	荣昌县(渝)	1400.00	303	米易县(川)	320.00	349	洱源县(滇)	419.00
258	城口县(渝)	700.00	304	龙泉驿区(川)	320.00	350	景洪市(滇)	418.40
259	石柱土家族自治县(渝)	500.00	305	崇州市(川)	295.00	351	广南县(滇)	350.00
260	垫江县(渝)	300.00	306	安　县(川)	280.00	352	镇沅彝族哈尼族拉祜族自治县(滇)	250.00
261	万盛区(渝)	200.00	307	巴州区(川)	220.00	353	文山市(滇)	238.00
262	黔江区(渝)	200.00	308	金川县(川)	200.00	354	玉龙纳西族自治县(滇)	230.00
263	丰都县(渝)	167.00	309	五通桥区(川)	180.00	355	福贡县(滇)	230.00
264	彭水苗族土家族自治县(渝)	120.00	310	宜宾县(川)	157.00	356	元谋县(滇)	201.00
265	巴南区(渝)	114.00	311	金阳县(川)	150.00	357	兰坪白族普米族自治县(滇)	175.50
266	青川县(川)	9000.00	312	青神县(川)	150.00			

序号	食用菌类主产地	产量(吨)
358	双江拉祜族佤族布朗族傣族自治县(滇)	161.30
359	孟连傣族拉祜族佤族自治县(滇)	150.00
360	巍山彝族回族自治县(滇)	129.00
361	镇康县(滇)	120.60
362	丘北县(滇)	116.00
363	寻甸回族彝族自治县(滇)	100.50
364	石泉县(陕)	10000.00
365	汉阴县(陕)	5347.00
366	宁强县(陕)	4890.00
367	西乡县(陕)	3281.00
368	宁陕县(陕)	3230.00
369	城固县(陕)	2257.00
370	略阳县(陕)	1880.00
371	陈仓区(陕)	1626.00
372	丹凤县(陕)	1624.00
373	留坝县(陕)	1219.00
374	韩城市林业局(陕)	1200.00
375	南郑县(陕)	700.00
376	岚皋县(陕)	590.00
377	镇安县(陕)	527.00
378	平利县(陕)	500.00
379	镇坪县(陕)	468.00
380	柞水县(陕)	403.00
381	山阳县(陕)	358.00
382	洛南县(陕)	224.00
383	商州区(陕)	169.00
384	旬阳县(陕)	127.00
385	迭部县(甘)	2890.00
386	秦州区(甘)	1492.80
387	两当县(甘)	600.00
388	民乐县(甘)	450.00
389	宕昌县(甘)	130.00
390	麦积区(甘)	105.00
391	青铜峡市(宁)	300.00
392	临江林业局(吉林森工)	760.00
393	露水河林业局(吉林森工)	200.00
394	绥阳林业局(龙江森工)	9842.00
395	朗乡林业局(龙江森工)	9341.00
396	苇河林业局(龙江森工)	7030.00
397	亚布力林业局(龙江森工)	6367.00
398	东京城林业局(龙江森工)	5700.00
399	金山屯林业局(龙江森工)	2863.10
400	清河林业局(龙江森工)	2600.00
401	美溪林业局(龙江森工)	2600.00
402	五营林业局(龙江森工)	2590.00
403	新青林业局(龙江森工)	2543.00
404	南岔林业局(龙江森工)	2440.00
405	大海林林业局(龙江森工)	2357.00
406	黑龙江柴河林业局(龙江森工)	2304.00
407	穆棱林业局(龙江森工)	2250.00
408	汤旺河林业局(龙江森工)	2241.00
409	友好林业局(龙江森工)	2119.00
410	乌马河林业局(龙江森工)	2085.00
411	乌伊岭林业局(龙江森工)	1655.00
412	山河屯林业局(龙江森工)	1615.00
413	方正林业局(龙江森工)	1577.00
414	兴隆林业局(龙江森工)	1541.00
415	沾河林业局(龙江森工)	1531.00
416	林口林业局(龙江森工)	1400.00
417	鹤北林业局(龙江森工)	1300.00
418	东方红林业局(龙江森工)	850.00
419	绥棱林业局(龙江森工)	828.00
420	海林林业局(龙江森工)	775.00
421	红星林业局(龙江森工)	750.00
422	带岭实验局(龙江森工)	749.00
423	翠峦林业局(龙江森工)	698.00
424	桃山林业局(龙江森工)	640.00
425	上甘岭林业局(龙江森工)	634.00
426	双丰林业局(龙江森工)	532.00
427	鹤立林业局(龙江森工)	309.00
428	铁力林业局(龙江森工)	299.00
429	八面通林业局(龙江森工)	160.00
430	双鸭山林业局(龙江森工)	141.00
431	桦南林业局(龙江森工)	140.00

表 12-3　2012 年竹笋主产地产量

序号	竹笋主产地	产量(吨)
1	金山区(沪)	6209.00
2	崇明县(沪)	187.25
3	靖江市(苏)	600.00
4	嵊州市(浙)	65000.00
5	德清县(浙)	61800.00
6	长兴县(浙)	58000.00
7	宁海县(浙)	29200.00
8	江山市(浙)	25000.00
9	吴兴区(浙)	24080.00
10	临安市(浙)	21720.00
11	富阳市(浙)	13036.00
12	庆元县(浙)	10420.00
13	慈溪市(浙)	9850.00
14	衢州市市辖区(浙)	8195.00
15	义乌市(浙)	7000.00
16	柯城区(浙)	6730.00
17	安吉县(浙)	6260.00
18	淳安县(浙)	5548.00
19	龙泉市(浙)	5460.00
20	兰溪市(浙)	5000.00
21	象山县(浙)	4062.00
22	余姚市(浙)	3875.00
23	莲都区(浙)	2266.00
24	萧山区(浙)	2165.00
25	桐庐县(浙)	2015.00
26	北仑区(浙)	1790.00
27	临海市(浙)	1581.00
28	秀洲区(浙)	840.00
29	建德市(浙)	760.00
30	缙云县(浙)	747.00
31	天台县(浙)	722.00
32	仙居县(浙)	635.00
33	景宁畲族自治县(浙)	512.00
34	磐安县(浙)	350.00
35	黄岩区(浙)	300.00
36	武义县(浙)	257.00
37	定海区(浙)	200.00
38	云和县(浙)	193.00
39	三门县(浙)	142.00
40	常山县(浙)	100.00
41	宁国市(皖)	70773.00
42	广德县(皖)	7200.00
43	绩溪县(皖)	7000.00
44	铜陵县(皖)	1000.00
45	南陵县(皖)	950.00
46	泾　县(皖)	800.00
47	旌德县(皖)	650.00
48	祁门县(皖)	585.00
49	黟　县(皖)	560.00
50	青阳县(皖)	541.00
51	休宁县(皖)	387.00
52	芜湖县(皖)	364.00
53	潜山县(皖)	350.00
54	东至县(皖)	334.00
55	歙　县(皖)	319.00
56	郎溪县(皖)	250.00
57	石台县(皖)	226.00
58	繁昌县(皖)	200.00
59	岳西县(皖)	185.00
60	霍山县(皖)	120.00

序号	竹笋主产地	产量(吨)
61	徽州区(皖)	118.00
62	屯溪区(皖)	108.00
63	崇义县(赣)	7515.00
64	铜鼓县(赣)	4300.00
65	广丰县(赣)	3200.00
66	瑞金市(赣)	3000.00
67	石城县(赣)	2320.00
68	分宜县(赣)	1750.00
69	靖安县(赣)	1580.00
70	万载县(赣)	1500.00
71	上高县(赣)	1400.00
72	万年县(赣)	1115.00
73	贵溪市(赣)	630.00
74	庐山区(赣)	483.00
75	大余县(赣)	450.00
76	渝水区(赣)	365.00
77	玉山县(赣)	306.00
78	南城县(赣)	280.00
79	瑞昌市(赣)	197.00
80	全南县(赣)	162.00
81	兴国县(赣)	120.00
82	修水县(赣)	120.00
83	德兴市(赣)	110.00
84	信丰县(赣)	110.00
85	洛宁县(豫)	2300.00
86	固始县(豫)	150.00
87	崇阳县(鄂)	15000.00
88	阳新县(鄂)	248.00
89	宜都市(鄂)	200.00
90	竹溪县(鄂)	187.00
91	武穴市(鄂)	184.00
92	利川市(鄂)	150.00
93	京山县(鄂)	100.00
94	洞口县(湘)	540000.00
95	新化县(湘)	30000.00
96	城步苗族自治县(湘)	13000.00
97	苏仙区(湘)	10000.00
98	桑植县(湘)	8000.00
99	赫山区(湘)	7000.00
100	衡山县(湘)	5600.00
101	常宁市(湘)	3260.00
102	涟源市(湘)	3000.00
103	沅陵县(湘)	2856.00
104	零陵区(湘)	2600.00
105	桃江县(湘)	2500.00
106	耒阳市(湘)	2300.00
107	会同县(湘)	2000.00
108	鼎城区(湘)	1140.00
109	新宁县(湘)	1000.00
110	资兴市(湘)	950.00
111	双牌县(湘)	800.00
112	永兴县(湘)	780.00
113	望城县(湘)	750.00
114	祁阳县(湘)	665.00
115	汝城县(湘)	630.00
116	醴陵市(湘)	500.00
117	安化县(湘)	500.00
118	绥宁县(湘)	500.00
119	株洲县(湘)	410.00
120	新邵县(湘)	410.00
121	宁远县(湘)	382.00
122	平江县(湘)	283.00
123	双峰县(湘)	280.00
124	新晃侗族自治县(湘)	270.00
125	永顺县(湘)	260.00
126	临武县(湘)	245.00
127	龙山县(湘)	240.00
128	茶陵县(湘)	200.00
129	芷江侗族自治县(湘)	200.00
130	冷水江市(湘)	200.00
131	湘乡市(湘)	180.00
132	桂东县(湘)	163.00
133	溆浦县(湘)	157.00
134	凤凰县(湘)	150.00
135	泸溪县(湘)	150.00
136	隆回县(湘)	150.00
137	桂阳县(湘)	150.00
138	桃源县(湘)	150.00
139	东安县(湘)	143.00
140	麻阳苗族自治县(湘)	140.00
141	道　县(湘)	133.00
142	冷水滩区(湘)	132.00
143	中方县(湘)	126.00
144	蓝山县(湘)	120.00
145	鹤城区(湘)	108.00
146	靖州苗族侗族自治县(湘)	100.00
147	清新县(粤)	150000.00
148	广宁县(粤)	28000.00
149	英德市(粤)	12010.00
150	四会市(粤)	1200.00
151	封开县(粤)	986.00
152	连南瑶族自治县(粤)	435.00
153	湘桥区(粤)	230.00
154	蕉岭县(粤)	202.00
155	高要市(粤)	188.00
156	连山壮族瑶族自治县(粤)	147.00
157	五华县(粤)	100.00
158	金城江区(桂)	7500.00
159	田林县(桂)	2975.00
160	龙州县(桂)	2346.00
161	永福县(桂)	1455.00
162	全州县(桂)	1000.00
163	金秀瑶族自治县(桂)	825.00
164	陆川县(桂)	700.00
165	浦北县(桂)	621.00
166	资源县(桂)	427.00
167	兴安县(桂)	379.00
168	昭平县(桂)	334.00
169	龙胜各族自治县(桂)	269.00
170	恭城瑶族自治县(桂)	260.00
171	横　县(桂)	250.00
172	灵山县(桂)	205.00
173	右江区(桂)	175.00
174	八步区(桂)	167.00
175	田阳县(桂)	160.00
176	凤山县(桂)	158.00
177	钟山县(桂)	155.00
178	灌阳县(桂)	102.00
179	南川区(渝)	79800.00
180	石柱土家族自治县(渝)	4950.00
181	武隆县(渝)	4300.00
182	万盛区(渝)	1200.00
183	城口县(渝)	500.00
184	垫江县(渝)	250.00
185	巴南区(渝)	220.00
186	梁平县(渝)	202.00
187	荣昌县(渝)	200.00
188	长宁县(川)	102000.00
189	威远县(川)	24000.00
190	叙永县(川)	23705.00
191	宣汉县(川)	13200.00
192	兴文县(川)	10000.00
193	资中县(川)	8000.00
194	雨城区(川)	7800.00
195	都江堰市(川)	7560.00
196	高　县(川)	6000.00
197	沐川县(川)	5000.00
198	仁寿县(川)	3200.00

序号	竹笋主产地	产量(吨)
199	宜宾县(川)	3024.00
200	纳溪区(川)	3000.00
201	屏山县(川)	2150.00
202	翠屏区(川)	2100.00
203	蒲江县(川)	2100.00
204	合江县(川)	1800.00
205	雷波县(川)	1596.00
206	珙　县(川)	1407.00
207	江安县(川)	1306.00
208	金口河区(川)	1000.00
209	洪雅县(川)	952.00
210	万源市(川)	950.00
211	峨边彝族自治县(川)	659.00
212	三台县(川)	600.00
213	江油市(川)	570.00
214	安岳县(川)	525.00
215	通江县(川)	500.00
216	犍为县(川)	495.00
217	安　县(川)	400.00
218	南部县(川)	385.00
219	雁江区(川)	370.00
220	古蔺县(川)	350.00
221	平武县(川)	300.00
222	汶川县(川)	264.00
223	彭州市(川)	263.00
224	五通桥区(川)	245.00
225	达　县(川)	220.00
226	宝兴县(川)	180.00
227	南江县(川)	150.00
228	仪陇县(川)	110.00
229	南溪县(川)	100.00
230	赤水市(黔)	20000.00
231	正安县(黔)	9800.00
232	黎平县(黔)	4701.00
233	遵义县(黔)	465.00
234	榕江县(黔)	450.00
235	天柱县(黔)	440.00
236	江口县(黔)	400.00
237	湄潭县(黔)	260.00
238	惠水县(黔)	251.00
239	荔波县(黔)	210.00
240	雷山县(黔)	204.00
241	绥阳县(黔)	150.00
242	兴义市(黔)	113.00
243	镇远县(黔)	110.00
244	贡山独龙族怒族自治县(滇)	9070.00
245	彝良县(滇)	6595.60
246	大关县(滇)	6000.00
247	镇雄县(滇)	6000.00
248	澜沧拉祜族自治县(滇)	4000.00
249	孟连傣族拉祜族佤族自治县(滇)	2178.70
250	临翔区(滇)	1000.00
251	水富县(滇)	390.00
252	勐海县(滇)	280.00
253	兰坪白族普米族自治县(滇)	170.00
254	镇康县(滇)	145.70
255	镇沅彝族哈尼族拉祜族自治县(滇)	120.00
256	镇坪县(陕)	700.00
257	宁强县(陕)	689.00
258	南郑县(陕)	600.00
259	城固县(陕)	198.00
260	汉阴县(陕)	115.00
261	平利县(陕)	100.00

表 12-4　2012 年蕨菜主产地产量

序号	蕨菜主产地	产量(吨)
1	平泉县(冀)	240.00
2	围场满族蒙古族自治县(冀)	200.00
3	赤城县(冀)	150.00
4	扎兰屯市(内蒙古)	2800.00
5	阿鲁科尔沁旗(内蒙古)	410.00
6	阿尔山市(内蒙古)	400.00
7	西乌珠穆沁旗(内蒙古)	200.00
8	喀喇沁旗(内蒙古)	160.00
9	多伦县(内蒙古)	54.00
10	新宾满族自治县(辽)	1200.00
11	庄河市(辽)	400.00
12	辉南县(吉)	560.00
13	集安市(吉)	500.00
14	通化县(吉)	250.00
15	舒兰市(吉)	52.00
16	孙吴县(黑)	4000.00
17	城子河区(黑)	1000.00
18	鸡东县(黑)	241.00
19	勃利县(黑)	200.00
20	嫩江县(黑)	150.00
21	逊克县(黑)	135.00
22	林口县(黑)	130.00
23	桦南县(黑)	130.00
24	新兴区(黑)	100.00
25	恒山区(黑)	80.00
26	茄子河区(黑)	50.00
27	祁门县(皖)	567.00
28	霍山县(皖)	300.00
29	泾　县(皖)	150.00
30	休宁县(皖)	126.00
31	枞阳县(皖)	50.00
32	怀宁县(皖)	50.00
33	靖安县(赣)	780.00
34	万载县(赣)	120.00
35	嵩　县(豫)	550.00
36	五峰土家族自治县(鄂)	500.00
37	咸丰县(鄂)	50.00
38	阳新县(鄂)	50.00
39	耒阳市(湘)	15000.00
40	新化县(湘)	10000.00
41	沅陵县(湘)	3103.00
42	洞口县(湘)	360.00
43	新晃侗族自治县(湘)	350.00
44	安化县(湘)	300.00
45	桑植县(湘)	300.00
46	资兴市(湘)	290.00
47	湘乡市(湘)	265.00
48	株洲县(湘)	228.00
49	城步苗族自治县(湘)	200.00
50	涟源市(湘)	150.00
51	蓝山县(湘)	150.00
52	会同县(湘)	116.00
53	新宁县(湘)	100.00
54	永顺县(湘)	80.00
55	龙山县(湘)	80.00
56	冷水江市(湘)	60.00
57	保靖县(湘)	55.00
58	泸溪县(湘)	50.00
59	高要市(粤)	98.00
60	资源县(桂)	1000.00
61	全州县(桂)	120.00
62	南川区(渝)	10000.00
63	武隆县(渝)	280.00
64	万盛区(渝)	50.00
65	金口河区(川)	1000.00
66	宣汉县(川)	1000.00
67	万源市(川)	750.00
68	德昌县(川)	401.00
69	喜德县(川)	286.00
70	仁和区(川)	100.00
71	高　县(川)	75.00
72	平昌县(川)	54.00

序号	蕨菜主产地	产量(吨)
73	布拖县(川)	50.00
74	黎平县(黔)	18744.00
75	贵定县(黔)	5000.00
76	荔波县(黔)	4500.00
77	正安县(黔)	2000.00
78	榕江县(黔)	1500.00
79	普定县(黔)	1000.00
80	遵义县(黔)	234.00
81	龙里县(黔)	110.00
82	瓮安县(黔)	100.00
83	台江县(黔)	88.00
84	锦屏县(黔)	80.00
85	江口县(黔)	50.00
86	都匀市经济开发区(黔)	50.00
87	永胜县(滇)	500.00
88	兰坪白族普米族自治县(滇)	416.60
89	双江拉祜族佤族布朗族傣族自治县(滇)	350.00
90	水富县(滇)	300.00
91	镇沅彝族哈尼族拉祜族自治县(滇)	300.00
92	云龙县(滇)	250.00
93	禄丰县(滇)	184.00
94	大关县(滇)	150.00
95	巍山彝族回族自治县(滇)	90.00
96	楚雄市(滇)	78.28
97	武定县(滇)	62.00
98	云　县(滇)	60.00
99	大姚县(滇)	58.08
100	富宁县(滇)	50.00
101	文山市(滇)	50.00
102	平利县(陕)	50.00
103	迭部县(甘)	9800.00
104	文　县(甘)	2000.00
105	宕昌县(甘)	1050.00
106	渭源县(甘)	1000.00
107	临潭县(甘)	112.50

表 12-5　2012 年香椿主产地产量

序号	香椿主产地	产量(吨)
1	迁西县(冀)	350.00
2	芮城县(晋)	8000.00
3	河津市(晋)	90.00
4	沂水县(鲁)	4600.00
5	栖霞市(鲁)	4500.00
6	青州市(鲁)	3620.00
7	邹平县(鲁)	1627.00
8	沂南县(鲁)	1500.00
9	新泰市(鲁)	1270.00
10	岱岳区(鲁)	800.00
11	平阴县(鲁)	373.00
12	博山区(鲁)	280.00
13	宁阳县(鲁)	191.00
14	河东区(鲁)	70.00
15	偃师市(豫)	700.00
16	嵩　县(豫)	500.00
17	伊川县(豫)	400.00
18	辉县市(豫)	295.00
19	中牟县(豫)	150.00
20	林州市(豫)	90.00
21	解放区(豫)	80.00
22	鹤山区(豫)	60.00
23	驿城区(豫)	50.00
24	南漳县(鄂)	1000.00
25	宜都市(鄂)	500.00
26	五峰土家族自治县(鄂)	250.00
27	咸丰县(鄂)	100.00
28	应城市(鄂)	50.00
29	沅陵县(湘)	565.00
30	醴陵市(湘)	200.00
31	永顺县(湘)	150.00
32	龙山县(湘)	130.00
33	凤凰县(湘)	70.00
34	保靖县(湘)	60.00
35	泸溪县(湘)	60.00
36	新化县(湘)	50.00
37	武隆县(渝)	3200.00
38	大竹县(川)	3000.00
39	三台县(川)	150.00
40	万源市(川)	100.00
41	务川仡佬族苗族自治县(黔)	6500.00
42	贵定县(黔)	100.00
43	荔波县(黔)	60.00
44	湄潭县(黔)	50.00
45	正安县(黔)	50.00
46	镇沅彝族哈尼族拉祜族自治县(滇)	90.00
47	兰坪白族普米族自治县(滇)	66.70
48	文山市(滇)	55.00
49	禄丰县(滇)	50.00
50	华阴市(陕)	650.00
51	宁强县(陕)	189.00
52	长安区(陕)	105.80
53	略阳县(陕)	55.00
54	宕昌县(甘)	85.00
55	两当县(甘)	50.00

表 12-6　2012 年黄花主产地产量

序号	黄花主产地	产量(吨)
1	赤城县(冀)	190.00
2	西乌珠穆沁旗(内蒙古)	200.00
3	阿鲁科尔沁旗(内蒙古)	150.00
4	多伦县(内蒙古)	16.00
5	巴林右旗(内蒙古)	12.50
6	阿尔山市(内蒙古)	10.00
7	恒山区(黑)	20.00
8	靖江市(苏)	15.00
9	临安市(浙)	10.80
10	霍山县(皖)	60.00
11	修水县(赣)	15.00
12	新泰市(鲁)	16500.00
13	宁阳县(鲁)	127.00
14	淮阳县(豫)	48.00
15	竹溪县(鄂)	26.00
16	耒阳市(湘)	3000.00
17	祁东县(湘)	1590.00
18	资兴市(湘)	402.00
19	沅陵县(湘)	230.00
20	邵阳县(湘)	200.00
21	望城县(湘)	150.00
22	醴陵市(湘)	100.00
23	株洲县(湘)	80.00
24	蓝山县(湘)	78.00
25	临武县(湘)	20.00
26	黔江区(渝)	800.00
27	巴州区(川)	417.00
28	万源市(川)	35.00
29	韩城市林业局(陕)	20.00
30	宁　县(甘)	1016.80
31	西峰区(甘)	350.00
32	文　县(甘)	100.00
33	华池县(甘)	11.00

表 12-7　2012 年其他森林蔬菜主产地产量

序号	其他森林蔬菜主产地	品种	产量(吨)
1	本溪满族自治县(辽)	龙芽木	4500.00
2	本溪市经济开发区(辽)	龙芽木	50.00
3	大石桥市(辽)	龙芽木	21.80
4	庄河市(辽)	龙芽木	16.00
5	辉南县(吉)	龙芽木	350.00
6	东辽县(吉)	龙芽木	75.00
7	通化县(吉)	龙芽木	60.00
8	东丰县(吉)	龙芽木	18.00
9	嵩　县(豫)	龙芽木	55.00
10	迭部县(甘)	龙芽木	4782.00
11	两当县(甘)	龙芽木	10.00
12	霍山县(皖)	百合	29000.00
13	修水县(赣)	百合	10.00
14	宜都市(鄂)	百合	760.00
15	恩施市(鄂)	百合	82.71
16	隆回县(湘)	百合	6500.00
17	新化县(湘)	百合	1000.00
18	洞口县(湘)	百合	375.00
19	邵阳县(湘)	百合	300.00
20	冷水江市(湘)	百合	220.00
21	安化县(湘)	百合	120.00
22	沅陵县(湘)	百合	87.00
23	双牌县(湘)	百合	60.00
24	永定区(湘)	百合	37.50
25	南岳区(湘)	百合	32.00
26	耒阳市(湘)	百合	20.00
27	江津区(渝)	百合	600.00
28	永靖县(甘)	百合	58.00
29	靖江市(苏)	笋用竹	600.00
30	衢江区(浙)	笋用竹	28900.00
31	镇海区(浙)	笋用竹	1100.00
32	东至县(皖)	笋用竹	334.00
33	罗田县(鄂)	笋用竹	5850.00
34	宜都市(鄂)	笋用竹	110.00
35	新化县(湘)	笋用竹	37500.00
36	大埔县(粤)	笋用竹	3000.00
37	陆川县(桂)	笋用竹	400.00
38	南川区(渝)	笋用竹	85000.00
39	潼南县(渝)	笋用竹	6750.00
40	万盛区(渝)	笋用竹	4200.00
41	大足县(渝)	笋用竹	2500.00
42	富顺县(川)	笋用竹	230000.00
43	宣汉县(川)	笋用竹	13200.00
44	兴文县(川)	笋用竹	10000.00
45	资中县(川)	笋用竹	8000.00
46	内江市市中区(川)	笋用竹	4000.00
47	彭山县(川)	笋用竹	4000.00
48	屏山县(川)	笋用竹	890.00
49	东坡区(川)	笋用竹	720.00
50	通江县(川)	笋用竹	500.00
51	邻水县(川)	笋用竹	500.00
52	古蔺县(川)	笋用竹	350.00
53	巴州区(川)	笋用竹	200.00
54	雁江区(川)	笋用竹	120.00
55	正安县(黔)	笋用竹	9800.00
56	湄潭县(黔)	笋用竹	3000.00
57	贵定县(黔)	笋用竹	500.00
58	江口县(黔)	笋用竹	400.00
59	贡山独龙族怒族自治县(滇)	笋用竹	9070.00
60	大关县(滇)	笋用竹	6000.00
61	勐海县(滇)	笋用竹	280.00

表 12-8　2012 年茶叶主产地产量

序号	茶叶主产地	产量(吨)
1	宜兴市(苏)	6244.00
2	溧阳市(苏)	2300.00
3	金坛市(苏)	1405.00
4	高淳县(苏)	695.00
5	江宁区(苏)	636.00
6	仪征市(苏)	581.00
7	溧水县(苏)	573.00
8	句容市(苏)	410.00
9	吴中区(苏)	305.00
10	丹徒区(苏)	302.00
11	滨湖区(苏)	182.00
12	浦口区(苏)	155.00
13	武进区(苏)	120.00
14	六合区(苏)	106.00
15	衢州市市辖区(浙)	10955.00
16	余杭区(浙)	10316.00
17	武义县(浙)	8583.00
18	余姚市(浙)	7000.00
19	开化县(浙)	6800.00
20	淳安县(浙)	6283.00
21	富阳市(浙)	4865.00
22	安吉县(浙)	4685.00
23	宁海县(浙)	4405.00
24	建德市(浙)	3160.00
25	鄞州区(浙)	3125.00
26	奉化市(浙)	2900.00
27	天台县(浙)	2473.00
28	缙云县(浙)	2302.00
29	临安市(浙)	1900.00
30	景宁畲族自治县(浙)	1860.00
31	莲都区(浙)	1795.00
32	象山县(浙)	1700.00
33	临海市(浙)	1570.00
34	德清县(浙)	1450.00
35	龙泉市(浙)	1410.00
36	兰溪市(浙)	1350.00
37	江山市(浙)	935.00
38	云和县(浙)	873.00

序号	茶叶主产地	产量(吨)	序号	茶叶主产地	产量(吨)	序号	茶叶主产地	产量(吨)
39	北仑区(浙)	745.00	85	彭泽县(赣)	120.00	131	钟祥市(鄂)	119.00
40	仙居县(浙)	700.00	86	全南县(赣)	105.00	132	曾都区(鄂)	100.00
41	义乌市(浙)	660.00	87	莒南县(鲁)	1590.00	133	安化县(湘)	14000.00
42	庆元县(浙)	505.00	88	崂山区(鲁)	1071.00	134	石门县(湘)	13500.00
43	三门县(浙)	480.00	89	东港区(鲁)	850.00	135	衡山县(湘)	5241.60
44	常山县(浙)	356.00	90	五莲县(鲁)	500.00	136	宁乡县(湘)	4800.00
45	歙　县(皖)	9400.00	91	诸城市(鲁)	475.00	137	桃源县(湘)	4500.00
46	休宁县(皖)	7228.00	92	新泰市(鲁)	258.00	138	平江县(湘)	3752.00
47	祁门县(皖)	5970.00	93	肥城市(鲁)	118.00	139	湘乡市(湘)	3500.00
48	霍山县(皖)	3800.00	94	浉河区(豫)	21000.00	140	衡东县(湘)	3432.00
49	岳西县(皖)	3300.00	95	商城县(豫)	3790.00	141	双峰县(湘)	2320.00
50	东至县(皖)	2895.00	96	光山县(豫)	2700.00	142	慈利县(湘)	2000.00
51	石台县(皖)	2810.00	97	固始县(豫)	700.00	143	浏阳市(湘)	1550.00
52	潜山县(皖)	2500.00	98	桐柏县(豫)	532.00	144	蓝山县(湘)	1520.00
53	太湖县(皖)	2388.00	99	登封市(豫)	363.00	145	汨罗市(湘)	1510.00
54	泾　县(皖)	2200.00	100	潢川县(豫)	270.00	146	古丈县(湘)	1300.00
55	宁国市(皖)	2195.00	101	内乡县(豫)	180.00	147	新化县(湘)	1187.00
56	广德县(皖)	1640.00	102	五峰土家族自治县(鄂)	22000.00	148	资兴市(湘)	1091.00
57	黟　县(皖)	1535.00	103	鹤峰县(鄂)	15750.00	149	沅陵县(湘)	780.00
58	徽州区(皖)	1438.00	104	夷陵区(鄂)	15322.00	150	保靖县(湘)	750.00
59	绩溪县(皖)	850.00	105	宜都市(鄂)	12000.00	151	赫山区(湘)	630.00
60	郎溪县(皖)	800.00	106	恩施市(鄂)	11700.00	152	武冈市(湘)	580.00
61	庐江县(皖)	740.00	107	南漳县(鄂)	7000.00	153	株洲县(湘)	560.00
62	屯溪区(皖)	566.00	108	赤壁市(鄂)	6900.00	154	江华瑶族自治县(湘)	465.00
63	巢湖市(皖)	474.00	109	竹溪县(鄂)	5500.00	155	南岳区(湘)	368.00
64	南陵县(皖)	460.00	110	咸丰县(鄂)	5211.00	156	炎陵县(湘)	364.00
65	含山县(皖)	330.00	111	谷城县(鄂)	5210.00	157	涟源市(湘)	326.00
66	旌德县(皖)	290.00	112	竹山县(鄂)	4996.00	158	桂东县(湘)	317.00
67	枞阳县(皖)	196.00	113	保康县(鄂)	4710.00	159	永定区(湘)	316.00
68	和　县(皖)	150.00	114	大悟县(鄂)	4635.00	160	会同县(湘)	310.00
69	铜陵县(皖)	150.00	115	麻城市(鄂)	2940.00	161	城步苗族自治县(湘)	300.00
70	大观区(皖)	112.00	116	秭归县(鄂)	2570.00	162	鼎城区(湘)	270.00
71	修水县(赣)	3200.00	117	长阳土家族自治县(鄂)	1583.00	163	隆回县(湘)	213.00
72	浮梁县(赣)	3125.00	118	建始县(鄂)	1500.00	164	宁远县(湘)	210.00
73	高安市(赣)	1091.43	119	罗田县(鄂)	1350.00	165	新宁县(湘)	200.00
74	崇义县(赣)	850.00	120	远安县(鄂)	1302.00	166	祁阳县(湘)	199.00
75	泰和县(赣)	441.00	121	蕲春县(鄂)	1116.00	167	北湖区(湘)	174.00
76	乐安县(赣)	435.00	122	随县(鄂)	773.00	168	桑植县(湘)	155.00
77	上高县(赣)	340.00	123	兴山县(鄂)	680.00	169	苏仙区(湘)	150.00
78	玉山县(赣)	330.00	124	崇阳县(鄂)	661.00	170	永顺县(湘)	140.00
79	余江县(赣)	260.00	125	利川市(鄂)	550.00	171	华容县(湘)	130.00
80	崇仁县(赣)	253.00	126	红安县(鄂)	482.00	172	临澧县(湘)	125.00
81	靖安县(赣)	190.00	127	孝昌县(鄂)	430.00	173	耒阳市(湘)	110.00
82	德兴市(赣)	182.00	128	当阳市(鄂)	422.00	174	岳阳县(湘)	100.00
83	定南县(赣)	157.00	129	阳新县(鄂)	313.00	175	龙山县(湘)	100.00
84	贵溪市(赣)	130.00	130	应城市(鄂)	250.00	176	五华县(粤)	2497.00

序号	茶叶主产地	产量(吨)
177	丰顺县(粤)	2287.00
178	广宁县(粤)	1379.00
179	英德市(粤)	1044.00
180	封开县(粤)	974.00
181	信宜市(粤)	850.00
182	湘桥区(粤)	132.00
183	潮南区(粤)	114.00
184	那坡县(桂)	120000.00
185	三江侗族自治县(桂)	8912.00
186	灵山县(桂)	4500.00
187	昭平县(桂)	4262.00
188	凌云县(桂)	4170.00
189	横　县(桂)	2533.00
190	龙州县(桂)	2270.00
191	大新县(桂)	2171.00
192	上林县(桂)	2160.00
193	西林县(桂)	1923.00
194	乐业县(桂)	1334.00
195	全州县(桂)	1100.00
196	平乐县(桂)	953.00
197	覃塘区(桂)	820.00
198	苍梧县(桂)	728.00
199	恭城瑶族自治县(桂)	603.00
200	龙胜各族自治县(桂)	543.00
201	防城区(桂)	484.00
202	柳城县(桂)	471.00
203	八步区(桂)	401.00
204	天等县(桂)	395.00
205	灌阳县(桂)	304.00
206	兴安县(桂)	297.00
207	金秀瑶族自治县(桂)	260.00
208	武宣县(桂)	248.00
209	阳朔县(桂)	147.00
210	灵川县(桂)	109.00
211	巴南区(渝)	3646.00
212	荣昌县(渝)	3050.00
213	酉阳土家族苗族自治县(渝)	1300.00
214	万盛区(渝)	670.00
215	巫山县(渝)	555.00
216	永川区(渝)	465.00
217	巫溪县(渝)	420.00
218	云阳县(渝)	350.00
219	奉节县(渝)	330.00
220	黔江区(渝)	300.00
221	南川区(渝)	269.00
222	万州区(渝)	210.00
223	梁平县(渝)	120.00
224	石柱土家族自治县(渝)	103.00
225	名山县(川)	28421.45
226	翠屏区(川)	18003.00
227	蒲江县(川)	14850.00
228	雨城区(川)	8400.00
229	江安县(川)	7500.00
230	高　县(川)	6720.00
231	犍为县(川)	4700.00
232	纳溪区(川)	3972.00
233	宜宾县(川)	3810.00
234	屏山县(川)	3367.00
235	洪雅县(川)	2200.00
236	都江堰市(川)	2098.00
237	青川县(川)	1930.00
238	威远县(川)	1860.00
239	宣汉县(川)	1850.00
240	叙永县(川)	1356.00
241	万源市(川)	950.00
242	古蔺县(川)	800.00
243	青神县(川)	733.00
244	雷波县(川)	718.00
245	北川羌族自治县(川)	710.00
246	五通桥区(川)	665.00
247	井研县(川)	630.00
248	仁寿县(川)	625.00
249	旺苍县(川)	500.00
250	沙湾区(川)	495.00
251	兴文县(川)	480.00
252	崇州市(川)	440.00
253	筠连县(川)	300.00
254	蓬溪县(川)	275.00
255	宝兴县(川)	231.00
256	乐山市市中区(川)	209.00
257	南溪县(川)	195.00
258	盐边县(川)	191.00
259	江油市(川)	175.00
260	平昌县(川)	170.00
261	南江县(川)	105.00
262	金口河区(川)	100.00
263	湄潭县(黔)	84500.00
264	普安县(黔)	9200.00
265	黎平县(黔)	5800.00
266	贵定县(黔)	5000.00
267	正安县(黔)	3300.00
268	石阡县(黔)	3230.00
269	道真仡佬族苗族自治县(黔)	2750.00
270	余庆县(黔)	2100.00
271	瓮安县(黔)	2043.00
272	雷山县(黔)	1387.00
273	丹寨县(黔)	1036.00
274	清镇市(黔)	965.00
275	独山县(黔)	600.00
276	罗甸县(黔)	515.00
277	麻江县(黔)	500.00
278	贞丰县(黔)	474.00
279	台江县(黔)	425.00
280	惠水县(黔)	398.00
281	纳雍县(黔)	380.00
282	黔西县(黔)	380.00
283	长顺县(黔)	286.00
284	兴义市(黔)	276.00
285	乌当区(黔)	232.00
286	龙里县(黔)	230.00
287	平坝县(黔)	227.00
288	安龙县(黔)	227.00
289	六枝特区(黔)	220.00
290	普定县(黔)	167.00
291	岑巩县(黔)	135.00
292	凯里市(黔)	133.00
293	金沙县(黔)	124.00
294	盘　县(黔)	120.00
295	水城县(黔)	102.00
296	勐海县(滇)	29866.00
297	凤庆县(滇)	23022.60
298	澜沧拉祜族自治县(滇)	14406.20
299	思茅区(滇)	13002.00
300	云　县(滇)	11397.30
301	墨江哈尼族自治县(滇)	8603.00
302	永德县(滇)	7791.00
303	广南县(滇)	7618.00
304	临翔区(滇)	7114.00
305	沧源佤族自治县(滇)	4764.00
306	勐腊县(滇)	3777.70
307	孟连傣族拉祜族佤族自治县(滇)	3032.00
308	镇沅彝族哈尼族拉祜族自治县(滇)	2420.00
309	西盟佤族自治县(滇)	1456.00
310	安宁市(滇)	1299.00
311	南涧彝族自治县(滇)	500.00
312	巍山彝族回族自治县(滇)	454.00
313	西畴县(滇)	403.20
314	水富县(滇)	400.00

序号	茶叶主产地	产量(吨)
315	南华县(滇)	211.00
316	楚雄市(滇)	171.22
317	牟定县(滇)	147.00
318	平利县(陕)	6500.00
319	西乡县(陕)	6385.00
320	勉　县(陕)	4477.00
321	南郑县(陕)	4000.00
322	宁强县(陕)	3712.00
323	商南县(陕)	1550.00
324	汉滨区(陕)	1037.00
325	汉阴县(陕)	549.00
326	岚皋县(陕)	513.00
327	白河县(陕)	250.00
328	镇安县(陕)	198.00
329	丹凤县(陕)	153.00
330	石泉县(陕)	115.00
331	文　县(甘)	150.00

表 12-9　2012 年矿泉水主产地产量

序号	矿泉水主产地	产量(吨)
1	阿鲁科尔沁旗(内蒙古)	1000000.00
2	鄂托克旗(内蒙古)	2500.00
3	新宾满族自治县(辽)	16000.00
4	靖宇县(吉)	685245.50
5	长白朝鲜族自治县(吉)	351000.00
6	辉南县(吉)	12000.00
7	舒兰市(吉)	3500.00
8	东辽县(吉)	2000.00
9	通化县(吉)	1000.00
10	延寿县(黑)	5000.00
11	巴彦县(黑)	5000.00
12	密山市(黑)	1850.00
13	恒山区(黑)	1000.00
14	孙吴县(黑)	550.00
15	霍山县(皖)	240000.00
16	东至县(皖)	600.00
17	芦溪县(赣)	115000.00
18	安远县(赣)	27000.00
19	瑞金市(赣)	10000.00
20	修水县(赣)	1000.00
21	贵溪市(赣)	550.00
22	铜鼓县(赣)	100.00
23	栖霞市(鲁)	14600.00
24	沂水县(鲁)	2100.00
25	栾川县(豫)	1000.00
26	禹州市(豫)	300.00
27	长阳土家族自治县(鄂)	2500.00
28	枣阳市(鄂)	1500.00
29	绥宁县(湘)	1380000.00
30	城步苗族自治县(湘)	900000.00
31	桃源县(湘)	150000.00
32	耒阳市(湘)	73000.00
33	茶陵县(湘)	30000.00
34	安化县(湘)	12000.00
35	中方县(湘)	10000.00
36	通道侗族自治县(湘)	10000.00
37	娄星区(湘)	10000.00
38	湘乡市(湘)	8500.00
39	新晃侗族自治县(湘)	7200.00
40	邵阳县(湘)	7000.00
41	醴陵市(湘)	5000.00
42	资兴市(湘)	4660.00
43	道　县(湘)	3082.00
44	双峰县(湘)	3000.00
45	靖州苗族侗族自治县(湘)	3000.00
46	沅陵县(湘)	2100.00
47	汨罗市(湘)	1010.00
48	华容县(湘)	1000.00
49	新宁县(湘)	1000.00
50	汝城县(湘)	300.00
51	五华县(粤)	9000000.00
52	巴马瑶族自治县(桂)	500000.00
53	中国林科院热林中心(桂)	60000.00
54	大桂山林场(桂)	10000.00
55	全州县(桂)	2500.00
56	资源县(桂)	1000.00
57	梁平县(渝)	10500.00
58	石柱土家族自治县(渝)	6000.00
59	三台县(川)	12000.00
60	万源市(川)	5000.00
61	筠连县(川)	2000.00
62	高　县(川)	1300.00
63	仪陇县(川)	200.00
64	锦屏县(黔)	9600000.00
65	习水县(黔)	15000.00
66	瓮安县(黔)	2500.00
67	绥阳县(黔)	2000.00
68	盘　县(黔)	1500.00
69	天柱县(黔)	600.00
70	都匀市经济开发区(黔)	500.00
71	江口县(黔)	500.00
72	黄平县(黔)	320.00
73	临翔区(滇)	12000.00
74	江川县(滇)	3650.00
75	云　县(滇)	3000.00
76	青铜峡市(宁)	100.00
77	汤旺河林业局(龙江森工)	7000.00
78	沾河林业局(龙江森工)	6014.00
79	绥棱林业局(龙江森工)	5105.00
80	黑龙江柴河林业局(龙江森工)	4000.00
81	双鸭山林业局(龙江森工)	3200.00
82	友好林业局(龙江森工)	3000.00
83	桃山林业局(龙江森工)	1500.00
84	鹤北林业局(龙江森工)	1000.00
85	鹤立林业局(龙江森工)	895.00
86	大海林林业局(龙江森工)	800.00
87	双丰林业局(龙江森工)	500.00
88	东方红林业局(龙江森工)	400.00
89	带岭实验局(龙江森工)	271.00
90	南岔林业局(龙江森工)	200.00

表 12-10　2012 年其他森林饮料主产地产量

序号	其他森林饮料主产地	品种	产量(吨)
1	魏　县(冀)	刺梨	3640.00
2	黔西县(黔)	刺梨	1000.00
3	长顺县(黔)	刺梨	719.00
4	南召县(豫)	刺梨	631.30
5	安龙县(黔)	刺梨	60.00
6	南郑县(陕)	刺梨	50.00
7	本溪满族自治县(辽)	刺五加	10000.00
8	辉南县(吉)	刺五加	1570.00
9	桓仁满族自治县(辽)	刺五加	74.00
10	宜都市(鄂)	葛根	2000.00
11	霍山县(皖)	葛根	1700.00
12	桑植县(湘)	葛根	1500.00
13	镇坪县(陕)	葛根	1022.00

序号	其他森林饮料主产地	品种	产量(吨)
14	青秀区(桂)	葛根	750.00
15	冷水江市(湘)	葛根	300.00
16	潜山县(皖)	葛根	280.00
17	沅陵县(湘)	葛根	260.00
18	汉阴县(陕)	葛根	210.00
19	兴山县(鄂)	葛根	150.00
20	新建县(赣)	葛根	106.00
21	栾川县(豫)	葛根	100.00
22	合川区(渝)	葛根	43.00
23	新晃侗族自治县(湘)	葛根	30.00
24	桓仁满族自治县(辽)	葛根	27.00
25	谷城县(鄂)	葛根	22.00
26	铜陵县(皖)	葛根	20.00
27	万源市(川)	葛根	20.00
28	夷陵区(鄂)	葛根	15.00
29	醴陵市(湘)	葛根	10.00
30	石门县(湘)	葛根	10.00
31	带岭实验局(龙江森工)	桦树液	1000.00
32	景洪市(滇)	咖啡	15227.00
33	思茅区(滇)	咖啡	10364.00
34	孟连傣族拉祜族佤族自治县(滇)	咖啡	6717.00
35	墨江哈尼族自治县(滇)	咖啡	2167.00
36	澜沧拉祜族自治县(滇)	咖啡	2041.50
37	麻栗坡县(滇)	咖啡	566.40
38	沧源佤族自治县(滇)	咖啡	551.00
39	镇沅彝族哈尼族拉祜族自治县(滇)	咖啡	536.00
40	泸水县(滇)	咖啡	190.00
41	勐腊县(滇)	咖啡	177.50
42	攀枝花市东区(川)	咖啡	108.00
43	元谋县(滇)	咖啡	100.00
44	通化县(吉)	蓝靛果酒	2000.00
45	尚志市(黑)	蓝靛果酒	100.00
46	平桥区(豫)	栗子奶	100.00
47	平桥区(豫)	栗子汁	200.00
48	利通区(宁)	苹果汁	100000.00
49	栖霞市(鲁)	苹果汁	60000.00
50	乐陵市(鲁)	苹果汁	31000.00
51	虞城县(豫)	苹果汁	30000.00
52	韩城市林业局(陕)	苹果汁	12764.00
53	中宁县(宁)	苹果汁	11358.00
54	洛宁县(豫)	苹果汁	10000.00
55	沙坡头区(宁)	苹果汁	8000.00
56	汉源县(川)	苹果汁	6000.00
57	龙口市(鲁)	苹果汁	4133.00
58	农四师(新疆兵团)	苹果汁	3100.00
59	中站区(豫)	苹果汁	3000.00
60	原阳县(豫)	苹果汁	2000.00
61	青铜峡市(宁)	苹果汁	1000.00
62	敖汉旗(内蒙古)	沙棘	20000.00
63	北票市(辽)	沙棘	8000.00
64	围场满族蒙古族自治县(冀)	沙棘	6000.00
65	伊金霍洛旗(内蒙古)	沙棘	6000.00
66	东胜区(内蒙古)	沙棘	5000.00
67	隆德县(宁)	沙棘	3500.00
68	和林格尔县(内蒙古)	沙棘	3100.00
69	山丹县(甘)	沙棘	840.00
70	漳　县(甘)	沙棘	590.00
71	华池县(甘)	沙棘	520.00
72	小金县(川)	沙棘	500.00
73	孙吴县(黑)	沙棘	360.00
74	岢岚县(晋)	沙棘	300.00
75	临潭县(甘)	沙棘	187.50
76	清水县(甘)	沙棘	110.00
77	甘州区(甘)	沙棘	100.00
78	科尔沁右翼前旗(内蒙古)	沙棘	35.00
79	松潘县(川)	沙棘	20.00
80	宕昌县(甘)	沙棘	11.00
81	山阴县(晋)	沙棘	10.00

表 12-11　2012 年主要森林饲料主产地产量

序号	主要森林饲料主产地	品种	产量(吨)
1	鄂托克旗(内蒙古)	阔叶维生素粉	26000.00
2	通道侗族自治县(湘)	阔叶维生素粉	200.00
3	乌审旗(内蒙古)	嫩树枝叶	1551740.00
4	万源市(川)	嫩树枝叶	912000.00
5	西乌珠穆沁旗(内蒙古)	嫩树枝叶	300000.00
6	新宾满族自治县(辽)	嫩树枝叶	37500.00
7	临安市(浙)	嫩树枝叶	32000.00
8	林西县(内蒙古)	嫩树枝叶	9000.00
9	南华县(滇)	嫩树枝叶	7720.00
10	云　县(滇)	嫩树枝叶	6588.00
11	嵩　县(豫)	嫩树枝叶	6000.00
12	耒阳市(湘)	嫩树枝叶	3650.00
13	瑞金市(赣)	嫩树枝叶	3000.00
14	那坡县(桂)	嫩树枝叶	1800.00
15	永靖县(甘)	嫩树枝叶	1400.00
16	围场满族蒙古族自治县(冀)	嫩树枝叶	1310.00
17	沅陵县(湘)	嫩树枝叶	1250.00
18	宁远县(湘)	嫩树枝叶	1075.00
19	娄星区(湘)	嫩树枝叶	1000.00
20	襄城区(鄂)	嫩树枝叶	790.00
21	永胜县(滇)	嫩树枝叶	510.00

序号	主要森林饲料主产地	品种	产量(吨)
22	罗田县(鄂)	嫩树枝叶	500.00
23	新安县(豫)	嫩树枝叶	500.00
24	仁布县(藏)	嫩树枝叶	457.00
25	株洲县(湘)	嫩树枝叶	300.00
26	京山县(鄂)	嫩树枝叶	200.00
27	霍山县(皖)	嫩树枝叶	100.00
28	旌阳区(川)	嫩树枝叶	100.00
29	南部县(川)	桑叶	500000.00
30	高　县(川)	桑叶	216000.00
31	石泉县(陕)	桑叶	202000.00
32	黔江区(渝)	桑叶	180000.00
33	临安市(浙)	桑叶	80000.00
34	那坡县(桂)	桑叶	77500.00
35	岱岳区(鲁)	桑叶	62000.00
36	白河县(陕)	桑叶	60000.00
37	远安县(鄂)	桑叶	50000.00
38	昭平县(桂)	桑叶	49800.00
39	夷陵区(鄂)	桑叶	40000.00
40	高青县(鲁)	桑叶	38000.00
41	仪陇县(川)	桑叶	35000.00
42	东乡县(赣)	桑叶	33000.00
43	游仙区(川)	桑叶	22500.00
44	莒南县(鲁)	桑叶	21600.00
45	安　县(川)	桑叶	21000.00
46	万源市(川)	桑叶	21000.00
47	盐亭县(川)	桑叶	18300.00
48	新泰市(鲁)	桑叶	17200.00
49	沂水县(鲁)	桑叶	17000.00
50	柳城县(桂)	桑叶	15940.00
51	垫江县(渝)	桑叶	15000.00
52	江津区(渝)	桑叶	15000.00
53	建德市(浙)	桑叶	14600.00
54	略阳县(陕)	桑叶	12025.00
55	宁阳县(鲁)	桑叶	11000.00
56	兰溪市(浙)	桑叶	10860.00
57	威远县(川)	桑叶	8500.00
58	垣曲县(晋)	桑叶	8000.00
59	苍梧县(桂)	桑叶	6094.00
60	汉阴县(陕)	桑叶	5500.00
61	南漳县(鄂)	桑叶	5000.00
62	泰兴市(苏)	桑叶	4550.00
63	巧家县(滇)	桑叶	4050.00
64	彭水苗族土家族自治县(渝)	桑叶	3750.00
65	潜山县(皖)	桑叶	3500.00
66	梁平县(渝)	桑叶	3380.00
67	合川区(渝)	桑叶	3294.00
68	巴马瑶族自治县(桂)	桑叶	3000.00
69	姜堰区(苏)	桑叶	2879.00
70	黟　县(皖)	桑叶	2855.00
71	汉滨区(陕)	桑叶	2825.00
72	三台县(川)	桑叶	2500.00
73	丰都县(渝)	桑叶	2427.00
74	楚雄市(滇)	桑叶	2384.69
75	商州区(陕)	桑叶	2219.00
76	奉节县(渝)	桑叶	2000.00
77	上林县(桂)	桑叶	1908.00
78	资兴市(湘)	桑叶	1720.00
79	平利县(陕)	桑叶	1500.00
80	祁东县(湘)	桑叶	1293.00
81	霍山县(皖)	桑叶	1200.00
82	坊子区(鲁)	桑叶	1150.00
83	双峰县(湘)	桑叶	1000.00
84	石柱土家族自治县(渝)	桑叶	950.00
85	宜丰县(赣)	桑叶	750.00
86	南郑县(陕)	桑叶	700.00
87	筠连县(川)	桑叶	600.00
88	沿滩区(川)	桑叶	600.00
89	巫溪县(渝)	桑叶	500.00
90	芜湖县(皖)	桑叶	500.00
91	鼎城区(湘)	桑叶	495.00
92	靖江市(苏)	桑叶	450.00
93	兴文县(川)	桑叶	400.00
94	仁寿县(川)	桑叶	358.00
95	江安县(川)	桑叶	320.00
96	沅陵县(湘)	桑叶	320.00
97	安龙县(黔)	桑叶	220.00
98	固始县(豫)	桑叶	160.00
99	嵩　县(豫)	桑叶	130.00
100	万盛区(渝)	桑叶	120.00
101	象山县(浙)	桑叶	100.00
102	栖霞市(鲁)	紫穗槐	100000.00
103	米脂县(陕)	紫穗槐	75000.00
104	横山县(陕)	紫穗槐	53000.00
105	万源市(川)	紫穗槐	22000.00
106	乌审旗(内蒙古)	紫穗槐	10392.00
107	冷水滩区(湘)	紫穗槐	150.00

表 13-1　2012 年蝴蝶兰主产地产量

序号	蝴蝶兰主产地	花卉类别	生产量
1	伽师县(新)	观赏苗木(万株)	271.00
2	呼兰区(黑)	观赏苗木(万株)	20.00
3	遂平县(豫)	观赏苗木(万株)	12.00

序号	蝴蝶兰主产地	花卉类别	生产量
4	西固区(甘)	观叶植物(万盆)	1.00
5	原阳县(豫)	花卉用种苗(千苗)	2600.00
6	临安市(浙)	盆花(万盆)	1000.00
7	东丽区(津)	盆花(万盆)	880.80
8	松江区(沪)	盆花(万盆)	720.00
9	青州市(鲁)	盆花(万盆)	450.00
10	高青县(鲁)	盆花(万盆)	280.00
11	濮阳市高新区(豫)	盆花(万盆)	200.00
12	惠济区(豫)	盆花(万盆)	188.44
13	昆山市(苏)	盆花(万盆)	157.92
14	玉田县(冀)	盆花(万盆)	80.00
15	丰宁满族自治县(冀)	盆花(万盆)	78.00
16	路桥区(浙)	盆花(万盆)	50.00
17	商河县(鲁)	盆花(万盆)	35.00
18	莱阳市(鲁)	盆花(万盆)	30.00
19	七坡林场(桂)	盆花(万盆)	25.22
20	兖州市(鲁)	盆花(万盆)	25.00
21	临洮县(甘)	盆花(万盆)	25.00
22	陕西省苗木繁育中心(陕)	盆花(万盆)	24.00
23	遵化市(冀)	盆花(万盆)	20.00
24	延庆县(京)	盆花(万盆)	17.00
25	汶上县(鲁)	盆花(万盆)	15.00
26	阜新蒙古族自治县(辽)	盆花(万盆)	15.00
27	海城市(辽)	盆花(万盆)	13.60
28	长安区(陕)	盆花(万盆)	13.00
29	灵宝市(豫)	盆花(万盆)	10.20
30	邯郸县(冀)	盆花(万盆)	10.00
31	桃城区(冀)	盆花(万盆)	10.00
32	榆中县(甘)	盆花(万盆)	10.00
33	农六师(新疆兵团)	盆花(万盆)	10.00
34	涿州市(冀)	盆花(万盆)	8.50
35	红山区(内蒙古)	盆花(万盆)	7.00
36	东洲区(辽)	盆花(万盆)	5.30
37	临淄区(鲁)	盆花(万盆)	5.00
38	阳新县(鄂)	盆花(万盆)	5.00
39	秦州区(甘)	盆花(万盆)	5.00
40	北京市大东流苗圃(京)	盆花(万盆)	4.81
41	樟树市(赣)	盆花(万盆)	4.00
42	阳信县(鲁)	盆花(万盆)	4.00
43	青浦区(沪)	盆花(万盆)	2.00
44	牟平区(鲁)	盆花(万盆)	2.00
45	开封县(豫)	盆花(万盆)	1.84
46	昌乐县(鲁)	盆花(万盆)	1.80
47	宁东林业局(陕)	盆花(万盆)	1.60
48	蜀山区(皖)	盆花(万盆)	1.00
49	濮阳县(豫)	鲜切花(万支)	180.00
50	高港区(苏)	鲜切花(万支)	80.00
51	兖州市(鲁)	鲜切花(万支)	30.00
52	万州区(渝)	鲜切花(万支)	20.00
53	东港区(鲁)	鲜切花(万支)	10.00
54	陕西省苗木繁育中心(陕)	鲜切花(万支)	3.00
55	闵行区(沪)	鲜切花(万支)	1.80
56	冀州市(冀)	鲜切花(万支)	0.70

表 13-2　2012 年吊兰主产地产量

序号	吊兰主产地	花卉类别	生产量
1	黄梅县(鄂)	观赏苗木(万株)	56.00
2	泌阳县(豫)	观赏苗木(万株)	13.00
3	肥乡县(冀)	观赏苗木(万株)	5.00
4	遂平县(豫)	观赏苗木(万株)	5.00
5	大名县(冀)	观赏苗木(万株)	3.00
6	绥宁县(湘)	观赏苗木(万株)	2.60
7	魏　县(冀)	观赏苗木(万株)	1.00
8	中方县(湘)	观叶植物(万盆)	30.00
9	原阳县(豫)	观叶植物(万盆)	10.00
10	新化县(湘)	观叶植物(万盆)	10.00
11	崇明县(沪)	观叶植物(万盆)	6.00
12	迁安市(冀)	观叶植物(万盆)	5.20
13	忻府区(晋)	观叶植物(万盆)	1.74
14	嘉陵区(川)	花卉用种苗(千苗)	277.00
15	阳信县(鲁)	盆花(万盆)	85.00
16	玉田县(冀)	盆花(万盆)	74.00
17	北辰区(津)	盆花(万盆)	50.00
18	路桥区(浙)	盆花(万盆)	50.00
19	肥乡县(冀)	盆花(万盆)	25.00
20	南市区(冀)	盆花(万盆)	20.00
21	阳泉市郊区(晋)	盆花(万盆)	10.00
22	洞口县(湘)	盆花(万盆)	10.00
23	固安县(冀)	盆花(万盆)	5.00
24	大城县(冀)	盆花(万盆)	5.00
25	许昌县(豫)	盆花(万盆)	5.00
26	阳新县(鄂)	盆花(万盆)	5.00
27	东洲区(辽)	盆花(万盆)	3.90
28	潢川县(豫)	盆花(万盆)	3.50
29	北戴河区(冀)	盆花(万盆)	3.00
30	西华县(豫)	盆花(万盆)	3.00
31	贵定县(黔)	盆花(万盆)	3.00
32	涿州市(冀)	盆花(万盆)	2.50
33	鄄城县(鲁)	盆花(万盆)	2.20
34	新华区(豫)	盆花(万盆)	2.00
35	临洮县(甘)	盆花(万盆)	2.00
36	白银区(甘)	盆花(万盆)	2.00

序号	吊兰主产地	花卉类别	生产量
37	雁塔区(陕)	盆花(万盆)	1.96
38	涉　县(冀)	盆花(万盆)	1.20
39	蜀山区(皖)	盆花(万盆)	1.20
40	北京市大东流苗圃(京)	盆花(万盆)	1.17
41	滦　县(冀)	盆花(万盆)	1.00
42	海港区(冀)	盆花(万盆)	1.00
43	左权县(晋)	盆花(万盆)	1.00
44	南乐县(豫)	盆花(万盆)	1.00
45	汝城县(湘)	盆花(万盆)	1.00
46	万源市(川)	盆花(万盆)	1.00
47	龙里县(黔)	盆花(万盆)	1.00
48	徽　县(甘)	盆花(万盆)	0.68
49	稷山县(晋)	盆花(万盆)	0.60
50	方城县(豫)	盆花(万盆)	0.60
51	兴平市(陕)	盆花(万盆)	0.60
52	瓜州县(甘)	盆花(万盆)	0.60
53	社旗县(豫)	盆景(万盆)	30.00
54	献　县(冀)	盆景(万盆)	8.00
55	昌乐县(鲁)	盆景(万盆)	3.40
56	景　县(冀)	盆景(万盆)	2.00
57	青　县(冀)	盆景(万盆)	1.00
58	新晃侗族自治县(湘)	鲜切花(万支)	1.20

表 13-3　2012 年君子兰主产地产量

序号	君子兰主产地	花卉类别	生产量
1	瑞金市(赣)	城镇绿化苗(万株)	3.00
2	贵州省龙里林场(黔)	工业及其他用途花卉(千克)	40.00
3	通城县(鄂)	观赏苗木(万株)	19.80
4	石门县(湘)	观赏苗木(万株)	1.00
5	固始县(豫)	观叶植物(万盆)	12.00
6	牟平区(鲁)	观叶植物(万盆)	2.20
7	太子河区(辽)	盆花(万盆)	27000.00
8	彰武县(辽)	盆花(万盆)	1100.00
9	栾城县(冀)	盆花(万盆)	394.00
10	绿园区(吉)	盆花(万盆)	26.00
11	海城市(辽)	盆花(万盆)	22.30
12	津南区(津)	盆花(万盆)	20.00
13	路桥区(浙)	盆花(万盆)	20.00
14	商河县(鲁)	盆花(万盆)	20.00
15	阳泉市郊区(晋)	盆花(万盆)	10.00
16	凤阳县(皖)	盆花(万盆)	10.00
17	姜堰区(苏)	盆花(万盆)	3.00
18	武城县(鲁)	盆花(万盆)	3.00
19	灵宝市(豫)	盆花(万盆)	3.00
20	贵定县(黔)	盆花(万盆)	3.00
21	临洮县(甘)	盆花(万盆)	3.00
22	安国市(冀)	盆花(万盆)	2.50
23	昌乐县(鲁)	盆花(万盆)	2.10
24	汝城县(湘)	盆花(万盆)	1.50
25	凉州区(甘)	盆花(万盆)	1.50
26	宽城满族自治县(冀)	盆花(万盆)	1.00
27	涉　县(冀)	盆花(万盆)	1.00
28	左权县(晋)	盆花(万盆)	1.00
29	彭水苗族土家族自治县(渝)	盆花(万盆)	1.00
30	瓜州县(甘)	盆花(万盆)	0.80
31	东平县(鲁)	盆花(万盆)	0.65
32	登封市(豫)	盆花(万盆)	0.60
33	襄城县(豫)	盆景(万盆)	67.00
34	青州市(鲁)	盆景(万盆)	50.00
35	裕华区(冀)	盆景(万盆)	30.00
36	固始县(豫)	盆景(万盆)	6.00
37	青　县(冀)	盆景(万盆)	1.00

表 13-4　2012 年玉兰类主产地产量

序号	玉兰类主产地	花卉类别	生产量
1	陕西省苗木繁育中心(陕)	城镇绿化苗(万株)	70000.00
2	灵山县(桂)	城镇绿化苗(万株)	50000.00
3	潢川县(豫)	城镇绿化苗(万株)	1399.00
4	七星关区(黔)	城镇绿化苗(万株)	623.00
5	天长市(皖)	城镇绿化苗(万株)	300.00
6	扶沟县(豫)	城镇绿化苗(万株)	184.00
7	许昌县(豫)	城镇绿化苗(万株)	180.00
8	东平县(鲁)	城镇绿化苗(万株)	70.00
9	偃师市(豫)	城镇绿化苗(万株)	50.00
10	新化县(湘)	城镇绿化苗(万株)	50.00
11	五峰土家族自治县(鄂)	城镇绿化苗(万株)	25.00
12	邵阳县(湘)	城镇绿化苗(万株)	15.00
13	宜都市(鄂)	城镇绿化苗(万株)	10.00
14	兴山县(鄂)	城镇绿化苗(万株)	10.00
15	华容县(湘)	城镇绿化苗(万株)	10.00
16	社旗县(豫)	城镇绿化苗(万株)	2.20
17	雷波县(川)	观赏苗木(万株)	10000.00
18	上蔡县(豫)	观赏苗木(万株)	828.00
19	鲁山县(豫)	观赏苗木(万株)	620.00
20	汝南县(豫)	观赏苗木(万株)	456.00
21	涿州市(冀)	观赏苗木(万株)	440.60
22	昌黎县(冀)	观赏苗木(万株)	225.00
23	定州市(冀)	观赏苗木(万株)	220.00
24	泌阳县(豫)	观赏苗木(万株)	200.00
25	西平县(豫)	观赏苗木(万株)	106.00
26	兴化市(苏)	观赏苗木(万株)	91.00
27	五峰土家族自治县(鄂)	观赏苗木(万株)	80.00

序号	玉兰类主产地	花卉类别	生产量
28	环翠区(鲁)	观赏苗木(万株)	72.00
29	青州市(鲁)	观赏苗木(万株)	60.00
30	平舆县(豫)	观赏苗木(万株)	50.00
31	芜湖县(皖)	观赏苗木(万株)	40.00
32	江油市(川)	观赏苗木(万株)	40.00
33	唐河县(豫)	观赏苗木(万株)	32.40
34	濮阳县(豫)	观赏苗木(万株)	32.00
35	博野县(冀)	观赏苗木(万株)	30.00
36	宁阳县(鲁)	观赏苗木(万株)	27.00
37	安化县(湘)	观赏苗木(万株)	20.00
38	岚山区(鲁)	观赏苗木(万株)	18.00
39	郾城区(豫)	观赏苗木(万株)	16.25
40	中方县(湘)	观赏苗木(万株)	12.00
41	沙河市(冀)	观赏苗木(万株)	10.00
42	兖州市(鲁)	观赏苗木(万株)	10.00
43	沂水县(鲁)	观赏苗木(万株)	10.00
44	慈利县(湘)	观赏苗木(万株)	10.00
45	临颍县(豫)	观赏苗木(万株)	9.80
46	方城县(豫)	观赏苗木(万株)	6.30
47	淮滨县(豫)	观赏苗木(万株)	5.00
48	镇平县(豫)	观赏苗木(万株)	5.00
49	蔡甸区(鄂)	观赏苗木(万株)	5.00
50	阳新县(鄂)	观赏苗木(万株)	5.00
51	彭水苗族土家族自治县(渝)	观赏苗木(万株)	5.00
52	大厂回族自治县(冀)	观赏苗木(万株)	4.00
53	许昌市经济技术开发区(豫)	观赏苗木(万株)	3.80
54	定海区(浙)	观赏苗木(万株)	3.51
55	玉山县(赣)	观赏苗木(万株)	3.07
56	灵璧县(皖)	观赏苗木(万株)	3.00
57	新泰市(鲁)	观赏苗木(万株)	3.00
58	蒙阴县(鲁)	观赏苗木(万株)	3.00
59	利川市(鄂)	观赏苗木(万株)	3.00
60	碧江区(黔)	观赏苗木(万株)	3.00
61	安阳县(豫)	观赏苗木(万株)	2.25
62	全州县(桂)	观赏苗木(万株)	2.20
63	井陉矿区(冀)	观赏苗木(万株)	2.00
64	南岳区(湘)	观赏苗木(万株)	2.00
65	临洮县(甘)	观赏苗木(万株)	2.00
66	龙安区(豫)	观赏苗木(万株)	1.60
67	大祥区(湘)	观赏苗木(万株)	1.33
68	宝丰县(豫)	观赏苗木(万株)	1.30
69	桐城市(皖)	观赏苗木(万株)	1.10
70	常宁市(湘)	观赏苗木(万株)	1.00
71	荔波县(黔)	观赏苗木(万株)	1.00
72	北戴河区(冀)	观赏苗木(万株)	0.60
73	益阳市市辖区(湘)	观叶植物(万盆)	6000.00
74	南郑县(陕)	花卉用种苗(千苗)	500.00
75	邓州市(豫)	花卉用种苗(千苗)	60.00
76	旅顺口区(辽)	盆花(万盆)	80.00
77	霸州市(冀)	盆花(万盆)	14.00
78	荥阳市(豫)	盆花(万盆)	10.00
79	宜宾县(川)	盆花(万盆)	9.00
80	凤阳县(皖)	盆花(万盆)	5.00
81	石棉县(川)	盆花(万盆)	3.00
82	登封市(豫)	盆花(万盆)	0.54
83	玉州区(桂)	盆景(万盆)	270.00
84	潢川县(豫)	鲜切花(万支)	3.10
85	隆尧县(冀)	鲜切叶(万支)	10.00
86	汝南县(豫)	鲜切叶(万支)	2.30

表 13-5 2012 年榆叶梅主产地产量

序号	榆叶梅主产地	花卉类别	生产量
1	潢川县(豫)	城镇绿化苗(万株)	99.00
2	乌兰浩特市(内蒙古)	城镇绿化苗(万株)	50.00
3	坊子区(鲁)	城镇绿化苗(万株)	40.00
4	千山区(辽)	城镇绿化苗(万株)	30.00
5	北林区(黑)	城镇绿化苗(万株)	25.00
6	康保县(冀)	城镇绿化苗(万株)	23.00
7	林甸县(黑)	城镇绿化苗(万株)	20.00
8	瓜州县(甘)	城镇绿化苗(万株)	15.00
9	永宁县(宁)	城镇绿化苗(万株)	15.00
10	讷河市(黑)	城镇绿化苗(万株)	10.00
11	尧都区(晋)	城镇绿化苗(万株)	3.00
12	青铜峡市(宁)	城镇绿化苗(万株)	3.00
13	崆峒区(甘)	城镇绿化苗(万株)	2.90
14	定西市巉口林业试验场(甘)	城镇绿化苗(万株)	2.00
15	红古区(甘)	观赏苗木(万株)	1000.00
16	开原市(辽)	观赏苗木(万株)	500.00
17	东平县(鲁)	观赏苗木(万株)	320.00
18	定州市(冀)	观赏苗木(万株)	115.00
19	榆阳区(陕)	观赏苗木(万株)	102.80
20	固安县(冀)	观赏苗木(万株)	50.00
21	滦　县(冀)	观赏苗木(万株)	50.00
22	肇州县(黑)	观赏苗木(万株)	50.00
23	青州市(鲁)	观赏苗木(万株)	50.00
24	平泉县(冀)	观赏苗木(万株)	30.00
25	丰宁满族自治县(冀)	观赏苗木(万株)	20.00
26	博野县(冀)	观赏苗木(万株)	20.00
27	临夏市(甘)	观赏苗木(万株)	20.00
28	涿州市(冀)	观赏苗木(万株)	13.20
29	香河县(冀)	观赏苗木(万株)	10.00
30	安平县(冀)	观赏苗木(万株)	10.00

序号	榆叶梅主产地	花卉类别	生产量
31	兰西县(黑)	观赏苗木(万株)	10.00
32	藁城市(冀)	观赏苗木(万株)	9.00
33	乐都县(青)	观赏苗木(万株)	8.00
34	忻府区(晋)	观赏苗木(万株)	5.40
35	南和县(冀)	观赏苗木(万株)	5.00
36	新泰市(鲁)	观赏苗木(万株)	5.00
37	龙安区(豫)	观赏苗木(万株)	3.50
38	金凤区(宁)	观赏苗木(万株)	2.30
39	邢台县(冀)	观赏苗木(万株)	2.00
40	北戴河区(冀)	观赏苗木(万株)	2.00
41	西乌珠穆沁旗(内蒙古)	观赏苗木(万株)	2.00
42	塔城市(新)	观赏苗木(万株)	2.00
43	海港区(冀)	观赏苗木(万株)	1.98
44	昌乐县(鲁)	观赏苗木(万株)	1.90
45	寒亭区(鲁)	观赏苗木(万株)	1.60
46	临洮县(甘)	观赏苗木(万株)	1.00
47	苏尼特右旗(内蒙古)	花卉用种苗(千苗)	7.00
48	潢川县(豫)	盆花(万盆)	3.20
49	闵行区(沪)	盆景(万盆)	3.20
50	海拉尔区(内蒙古)	盆景(万盆)	2.00
51	蠡　县(冀)	盆景(万盆)	1.00

表 13-6　2012 年波斯菊主产地产量

序号	波斯菊主产地	花卉类别	生产量
1	让胡路区(黑)	观赏苗木(万株)	40.00
2	中方县(湘)	观赏苗木(万株)	12.00
3	杜尔伯特蒙古族自治县(黑)	观赏苗木(万株)	10.00
4	容城县(冀)	观赏苗木(万株)	2.00
5	商河县(鲁)	花卉用种苗(千苗)	100.00
6	青州市(鲁)	盆花(万盆)	300.00
7	大足县(渝)	盆花(万盆)	200.00
8	大洼县(辽)	盆花(万盆)	63.00
9	阳泉市郊区(晋)	盆花(万盆)	30.00
10	红花岗区(黔)	盆花(万盆)	19.00
11	卢氏县(豫)	盆花(万盆)	10.50
12	招远市(鲁)	盆花(万盆)	10.00
13	薛城区(鲁)	盆花(万盆)	10.00
14	淮滨县(豫)	盆花(万盆)	10.00
15	珠晖区(湘)	盆花(万盆)	10.00
16	蕉岭县(粤)	盆花(万盆)	6.00
17	芜湖县(皖)	盆花(万盆)	5.00
18	旌阳区(川)	盆花(万盆)	3.20
19	四平市铁西区(吉)	盆花(万盆)	3.00
20	广阳区(冀)	盆花(万盆)	3.00
21	望都县(冀)	盆花(万盆)	2.00
22	衡山县(湘)	盆花(万盆)	0.90
23	三台县(川)	盆景(万盆)	50.00
24	辰溪县(湘)	盆景(万盆)	10.00
25	兴化市(苏)	盆景(万盆)	9.00
26	源汇区(豫)	鲜切花(万支)	37760.00
27	江川县(滇)	鲜切花(万支)	1000.00
28	榆中县(甘)	鲜切花(万支)	201.50
29	南芬区(辽)	鲜切花(万支)	200.00
30	秀峰区(桂)	鲜切花(万支)	50.00
31	藁城市(冀)	鲜切花(万支)	30.00
32	阳泉市郊区(晋)	鲜切花(万支)	1.00
33	吉利区(豫)	鲜切花(万支)	1.00

表 13-7　2012 年万寿菊主产地产量

序号	万寿菊主产地	花卉类别	生产量
1	仁寿县(川)	城镇绿化苗(万株)	1025.00
2	彰武县(辽)	城镇绿化苗(万株)	850.00
3	瓜州县(甘)	城镇绿化苗(万株)	150.00
4	金川区(甘)	城镇绿化苗(万株)	25.00
5	山丹县(甘)	城镇绿化苗(万株)	0.80
6	突泉县(内蒙古)	城镇绿化苗(万株)	150.00
7	农十师(新疆兵团)	城镇绿化苗(万株)	10.00
8	延庆县(京)	工业及其他用途花卉(吨)	26000.00
9	民乐县(甘)	工业及其他用途花卉(吨)	3000.00
10	莎车县(新)	工业及其他用途花卉(吨)	240.00
11	叠彩区(桂)	观赏苗木(万株)	500.00
12	二道江区(吉)	观赏苗木(万株)	260.00
13	兴庆区(宁)	观赏苗木(万株)	92.10
14	大武口区(宁)	观赏苗木(万株)	54.50
15	遂平县(豫)	观赏苗木(万株)	45.00
16	平泉县(冀)	观赏苗木(万株)	40.00
17	丰宁满族自治县(冀)	观赏苗木(万株)	30.00
18	方正县(黑)	观赏苗木(万株)	30.00
19	宜阳县(豫)	观赏苗木(万株)	23.00
20	让胡路区(黑)	观赏苗木(万株)	20.00
21	龙凤区(黑)	观赏苗木(万株)	10.00
22	泌阳县(豫)	观赏苗木(万株)	10.00
23	东乌珠穆沁旗(内蒙古)	观赏苗木(万株)	6.00
24	木兰县(黑)	观赏苗木(万株)	5.00
25	黄州区(鄂)	观赏苗木(万株)	5.00
26	建始县(鄂)	观赏苗木(万株)	4.00
27	魏　县(冀)	观赏苗木(万株)	2.00
28	芷江侗族自治县(湘)	观赏苗木(万株)	0.60
29	中方县(湘)	观叶植物(万盆)	3.00
30	青铜峡市(宁)	观叶植物(万盆)	2.00
31	调兵山市(辽)	观叶植物(万盆)	1.00
32	集安市(吉)	花卉用种苗(千苗)	170.00

序号	万寿菊主产地	花卉类别	生产量	序号	万寿菊主产地	花卉类别	生产量
33	苏尼特右旗(内蒙古)	花卉用种苗(千苗)	50.00	79	阳信县(鲁)	盆花(万盆)	12.00
34	疏勒县(新)	盆花(万盆)	606.00	80	薛城区(鲁)	盆花(万盆)	12.00
35	青州市(鲁)	盆花(万盆)	350.00	81	朝天区(川)	盆花(万盆)	12.00
36	莒南县(鲁)	盆花(万盆)	320.00	82	让胡路区(黑)	盆花(万盆)	11.00
37	长安区(冀)	盆花(万盆)	280.00	83	涿州市(冀)	盆花(万盆)	10.00
38	鄢陵县(豫)	盆花(万盆)	220.00	84	龙凤区(黑)	盆花(万盆)	10.00
39	甘井子区(辽)	盆花(万盆)	210.00	85	双城市(黑)	盆花(万盆)	10.00
40	三河市(冀)	盆花(万盆)	150.00	86	浦东新区(沪)	盆花(万盆)	10.00
41	东胜区(内蒙古)	盆花(万盆)	150.00	87	沙市区(鄂)	盆花(万盆)	10.00
42	鞍山市开发区(辽)	盆花(万盆)	130.00	88	珠晖区(湘)	盆花(万盆)	10.00
43	新安县(豫)	盆花(万盆)	130.00	89	平罗县(宁)	盆花(万盆)	10.00
44	金凤区(宁)	花卉用种苗(万盆)	120.00	90	魏　县(冀)	盆花(万盆)	9.00
45	延庆县(京)	盆花(万盆)	115.00	91	井陉县(冀)	盆花(万盆)	8.80
46	大冶市(鄂)	盆花(万盆)	80.00	92	海港区(冀)	盆花(万盆)	8.00
47	商水县(豫)	盆花(万盆)	70.00	93	林西县(内蒙古)	盆花(万盆)	8.00
48	运河区(冀)	盆花(万盆)	60.00	94	新泰市(鲁)	盆花(万盆)	8.00
49	邹平县(鲁)	盆花(万盆)	60.00	95	忻府区(晋)	盆花(万盆)	7.54
50	固始县(豫)	盆花(万盆)	60.00	96	博湖县(新)	盆花(万盆)	7.00
51	大埔县(粤)	盆花(万盆)	60.00	97	顺河回族区(豫)	盆花(万盆)	6.20
52	察哈尔右翼前旗(内蒙古)	盆花(万盆)	56.00	98	南和县(冀)	盆花(万盆)	6.00
53	阜新蒙古族自治县(辽)	盆花(万盆)	53.00	99	海拉尔区(内蒙古)	盆花(万盆)	6.00
54	广元市国营中心苗圃(川)	盆花(万盆)	50.00	100	宁海县(浙)	盆花(万盆)	6.00
55	惠农区(宁)	盆花(万盆)	50.00	101	察哈尔右翼后旗(内蒙古)	盆花(万盆)	5.50
56	利通区(宁)	盆花(万盆)	40.00	102	石家庄市桥西区(冀)	盆花(万盆)	5.00
57	鹿泉市(冀)	盆花(万盆)	35.00	103	肇州县(黑)	盆花(万盆)	5.00
58	惠济区(豫)	盆花(万盆)	34.98	104	庐阳区(皖)	盆花(万盆)	5.00
59	濮阳县(豫)	盆花(万盆)	30.00	105	固镇县(皖)	盆花(万盆)	5.00
60	蔡甸区(鄂)	盆花(万盆)	30.00	106	梁山县(鲁)	盆花(万盆)	5.00
61	临洮县(甘)	盆花(万盆)	25.00	107	威海市经济技术开发区(鲁)	盆花(万盆)	5.00
62	德令哈市(青)	盆花(万盆)	25.00	108	黔江区(渝)	盆花(万盆)	5.00
63	元氏县(冀)	盆花(万盆)	21.00	109	石柱土家族自治县(渝)	盆花(万盆)	5.00
64	南市区(冀)	盆花(万盆)	20.00	110	寻甸回族彝族自治县(滇)	盆花(万盆)	5.00
65	长治县(晋)	盆花(万盆)	20.00	111	旌阳区(川)	盆花(万盆)	4.50
66	肥西县(皖)	盆花(万盆)	20.00	112	唐　县(冀)	盆花(万盆)	4.10
67	雨山区(皖)	盆花(万盆)	20.00	113	饶阳县(冀)	盆花(万盆)	4.00
68	甘州区(甘)	盆花(万盆)	20.00	114	广阳区(冀)	盆花(万盆)	4.00
69	彭阳县(宁)	盆花(万盆)	20.00	115	东洲区(辽)	盆花(万盆)	4.00
70	北戴河区(冀)	盆花(万盆)	18.00	116	栾川县(豫)	盆花(万盆)	4.00
71	正定县(冀)	盆花(万盆)	18.00	117	贡井区(川)	盆花(万盆)	4.00
72	尉犁县(新)	盆花(万盆)	17.00	118	辛集市(冀)	盆花(万盆)	3.00
73	化德县(内蒙古)	盆花(万盆)	16.00	119	赞皇县(冀)	盆花(万盆)	3.00
74	红花岗区(黔)	盆花(万盆)	16.00	120	本溪满族自治县(辽)	盆花(万盆)	3.00
75	隆尧县(冀)	盆花(万盆)	15.00	121	淮上区(皖)	盆花(万盆)	3.00
76	和林格尔县(内蒙古)	盆花(万盆)	14.00	122	内乡县(豫)	盆花(万盆)	3.00
77	固安县(冀)	盆花(万盆)	13.00	123	安陆市(鄂)	盆花(万盆)	3.00
78	明山区(辽)	盆花(万盆)	12.00	124	镇坪县(陕)	盆花(万盆)	3.00

序号	万寿菊主产地	花卉类别	生产量
125	青铜峡市(宁)	盆花(万盆)	3.00
126	公安县(鄂)	盆花(万盆)	2.50
127	福泉市(黔)	盆花(万盆)	2.50
128	崆峒区(甘)	盆花(万盆)	2.50
129	临武县(湘)	盆花(万盆)	2.03
130	高碑店市(冀)	盆花(万盆)	2.00
131	山海关区(冀)	盆花(万盆)	2.00
132	宣化区(冀)	盆花(万盆)	2.00
133	宽城满族自治县(冀)	盆花(万盆)	2.00
134	苏家屯区(辽)	盆花(万盆)	2.00
135	兴山县(鄂)	盆花(万盆)	2.00
136	洞口县(湘)	盆花(万盆)	2.00
137	新晃侗族自治县(湘)	盆花(万盆)	2.00
138	乌兰县(青)	盆花(万盆)	2.00
139	哈里哈图森林公园(青)	盆花(万盆)	2.00
140	农六师(新疆兵团)	盆花(万盆)	2.00
141	新民市(辽)	盆花(万盆)	1.50
142	定襄县(晋)	盆花(万盆)	1.20
143	凉州区(甘)	盆花(万盆)	1.02
144	邢台市桥西区(冀)	盆花(万盆)	1.00
145	雄　县(冀)	盆花(万盆)	1.00
146	西乌珠穆沁旗(内蒙古)	盆花(万盆)	1.00
147	蒙城县(皖)	盆花(万盆)	1.00
148	津市市(湘)	盆花(万盆)	1.00
149	翠屏区(川)	盆花(万盆)	1.00
150	马头滩林业局(陕)	盆花(万盆)	1.00
151	邢台县(冀)	盆花(万盆)	0.90
152	永年县(冀)	盆花(万盆)	0.60
153	隆德县(宁)	盆景(万盆)	51.00
154	寿　县(皖)	盆景(万盆)	16.00
155	元宝山区(内蒙古)	盆景(万盆)	10.00
156	和平县(粤)	盆景(万盆)	6.00
157	壶关县(晋)	盆景(万盆)	4.50
158	喀什市(新)	盆景(万盆)	4.20
159	灵寿县(冀)	盆景(万盆)	2.20
160	广水市(鄂)	盆景(万盆)	2.00
161	赤城县(冀)	食用及药用花卉(吨)	10000.00
162	岳普湖县(新)	食用及药用花卉(吨)	4000.00
163	围场满族蒙古族自治县(冀)	食用及药用花卉(吨)	4.60
164	九原区(内蒙古)	鲜切花(万支)	120.00
165	九龙坡区(渝)	鲜切花(万支)	853.20
166	濮阳县(豫)	鲜切花(万支)	208.00
167	新野县(豫)	鲜切花(万支)	192.00
168	椒江区(浙)	鲜切花(万支)	150.00
169	西青区(津)	鲜切花(万支)	100.00
170	宣汉县(川)	鲜切花(万支)	55.00
171	商州区(陕)	鲜切花(万支)	28.00
172	彭山县(川)	鲜切花(万支)	22.00
173	伊宁县(新)	鲜切花(万支)	20.00
174	东乡族自治县(甘)	鲜切花(万支)	13.00
175	望花区(辽)	鲜切花(万支)	10.00
176	淮滨县(豫)	鲜切花(万支)	10.00
177	白银区(甘)	鲜切花(万支)	10.00
178	渭滨区(陕)	鲜切花(万支)	8.00
179	文安县(冀)	鲜切花(万支)	6.00
180	塔城市(新)	鲜切花(万支)	6.00
181	东河区(内蒙古)	鲜切花(万支)	5.30
182	闵行区(沪)	鲜切花(万支)	5.30
183	青　县(冀)	鲜切花(万支)	5.00
184	隆化县(冀)	鲜切花(万支)	5.00
185	麦盖提县(新)	鲜切花(万支)	4.00
186	临洮县(甘)	鲜切花(万支)	1.00
187	禹会区(皖)	鲜切花(万支)	0.96
188	灵宝市(豫)	鲜切花(万支)	0.95
189	稀土高新区(内蒙古)	鲜切叶(万支)	50.00
190	琅琊区(皖)	鲜切叶(万支)	3.00

表 13-8　2012 年雏菊主产地产量

序号	雏菊主产地	花卉类别	生产量
1	中方县(湘)	观赏苗木(万株)	10.00
2	魏　县(冀)	观赏苗木(万株)	1.00
3	彭水苗族土家族自治县(渝)	观叶植物(万盆)	5.00
4	黄州区(鄂)	观叶植物(万盆)	0.80
5	三河市(冀)	盆花(万盆)	175.30
6	禹王台区(豫)	盆花(万盆)	140.00
7	江油市(川)	盆花(万盆)	100.00
8	临川区(赣)	盆花(万盆)	80.00
9	钢城区(鲁)	盆花(万盆)	80.00
10	静海县(津)	盆花(万盆)	66.10
11	嘉陵区(川)	盆花(万盆)	60.60
12	永清县(冀)	盆花(万盆)	46.00
13	宁江区(吉)	盆花(万盆)	45.00
14	鹤山区(豫)	盆花(万盆)	41.00
15	邹平县(鲁)	盆花(万盆)	40.00
16	红花岗区(黔)	盆花(万盆)	20.00
17	成安县(冀)	盆花(万盆)	15.00
18	隆尧县(冀)	盆花(万盆)	12.00
19	泊头市(冀)	盆花(万盆)	10.53
20	抚宁县(冀)	盆花(万盆)	6.00
21	石家庄市桥西区(冀)	盆花(万盆)	5.00
22	黄梅县(鄂)	盆花(万盆)	5.00
23	西峰区(甘)	盆花(万盆)	5.00

序号	雏菊主产地	花卉类别	生产量
24	旌阳区(川)	盆花(万盆)	3.56
25	肥城市(鲁)	盆花(万盆)	2.10
26	高碑店市(冀)	盆花(万盆)	2.00
27	兴山县(鄂)	盆花(万盆)	2.00
28	公安县(鄂)	盆花(万盆)	1.70
29	湘乡市(湘)	盆花(万盆)	1.70
30	梁山县(鲁)	盆花(万盆)	1.50
31	白银区(甘)	盆花(万盆)	1.20
32	新华区(豫)	盆花(万盆)	1.00
33	榕城区(粤)	盆花(万盆)	1.00
34	丰南区(冀)	盆花(万盆)	0.60
35	临川区(赣)	盆景(万盆)	115.00
36	尧都区(晋)	盆景(万盆)	66.00
37	息烽县(黔)	盆景(万盆)	50.00
38	固始县(豫)	盆景(万盆)	26.00
39	武陵源区(湘)	盆景(万盆)	1.00
40	汉阴县(陕)	鲜切花(万支)	2000.00
41	黄岛区(鲁)	鲜切花(万支)	350.00
42	新安县(豫)	鲜切花(万支)	160.00
43	大邑县(川)	鲜切花(万支)	100.00
44	清丰县(豫)	鲜切花(万支)	50.00
45	凤城市(辽)	鲜切花(万支)	20.00
46	南溪县(川)	鲜切花(万支)	12.00
47	东洲区(辽)	鲜切花(万支)	9.00
48	新晃侗族自治县(湘)	鲜切花(万支)	2.10
49	大方县(黔)	鲜切花(万支)	1.20

表 13-9　2012 年非洲菊主产地产量

序号	非洲菊主产地	花卉类别	生产量
1	遂平县(豫)	观赏苗木(万株)	5.00
2	闵行区(沪)	花卉用种苗(千苗)	14200.00
3	遵化市(冀)	盆花(万盆)	52.00
4	苍山县(鲁)	盆花(万盆)	19.00
5	临洮县(甘)	盆花(万盆)	1.00
6	通州区(京)	鲜切花(万支)	426000.00
7	文山市(滇)	鲜切花(万支)	400000.00
8	兰山区(鲁)	鲜切花(万支)	61000.00
9	临沂市高新技术产业开发区(鲁)	鲜切花(万支)	54000.00
10	河东区(鲁)	鲜切花(万支)	15000.00
11	濮阳市高新区(豫)	鲜切花(万支)	15000.00
12	古冶区(冀)	鲜切花(万支)	5050.00
13	台安县(辽)	鲜切花(万支)	5000.00
14	江川县(滇)	鲜切花(万支)	3000.00
15	姜堰区(苏)	鲜切花(万支)	2000.00
16	上街区(豫)	鲜切花(万支)	2000.00
17	长兴县(浙)	鲜切花(万支)	1200.00
18	秀洲区(浙)	鲜切花(万支)	1002.00
19	路桥区(浙)	鲜切花(万支)	1000.00
20	喀喇沁左翼蒙古族自治县(辽)	鲜切花(万支)	989.00
21	泰兴市(苏)	鲜切花(万支)	800.00
22	高邑县(冀)	鲜切花(万支)	750.00
23	金山区(沪)	鲜切花(万支)	731.50
24	团风县(鄂)	鲜切花(万支)	600.00
25	鄢陵县(豫)	鲜切花(万支)	500.00
26	凌源市(辽)	鲜切花(万支)	400.00
27	灵宝市(豫)	鲜切花(万支)	312.40
28	松江区(沪)	鲜切花(万支)	300.00
29	德城区(鲁)	鲜切花(万支)	200.00
30	沂水县(鲁)	鲜切花(万支)	140.00
31	滦　县(冀)	鲜切花(万支)	120.00
32	天心区(湘)	鲜切花(万支)	80.00
33	郯城县(鲁)	鲜切花(万支)	65.00
34	宝山区(沪)	鲜切花(万支)	62.00
35	迁安市(冀)	鲜切花(万支)	60.00
36	红山区(内蒙古)	鲜切花(万支)	60.00
37	临沭县(鲁)	鲜切花(万支)	60.00
38	迁西县(冀)	鲜切花(万支)	50.00
39	蒙阴县(鲁)	鲜切花(万支)	40.00
40	浦东新区(沪)	鲜切花(万支)	33.00
41	许昌县(豫)	鲜切花(万支)	30.00
42	庄河市(辽)	鲜切花(万支)	23.00
43	慈溪市(浙)	鲜切花(万支)	20.00
44	南乐县(豫)	鲜切花(万支)	20.00
45	雁山区(桂)	鲜切花(万支)	20.00
46	顺义区(京)	鲜切花(万支)	13.00
47	嘉定区(沪)	鲜切花(万支)	12.80
48	平谷区(京)	鲜切花(万支)	12.41
49	海城市(辽)	鲜切花(万支)	12.10
50	玉田县(冀)	鲜切花(万支)	10.00
51	罗庄区(鲁)	鲜切花(万支)	10.00
52	龙里县(黔)	鲜切花(万支)	10.00
53	新干县(赣)	鲜切花(万支)	9.00
54	红花岗区(黔)	鲜切花(万支)	8.00
55	宁海县(浙)	鲜切花(万支)	5.00
56	崇明县(沪)	鲜切花(万支)	4.00
57	芜湖县(皖)	鲜切花(万支)	3.00

表 13-10　2012 年菊花主产地产量

序号	菊花主产地	花卉类别	生产量
1	浮梁县(赣)	城镇绿化苗(万株)	10000.00
2	饶平县(粤)	城镇绿化苗(万株)	5000.00
3	林甸县(黑)	城镇绿化苗(万株)	62.00

序号	菊花主产地	花卉类别	生产量
4	津市市(湘)	城镇绿化苗(万株)	12.00
5	汝南县(豫)	观赏苗木(万株)	900.00
6	梁园区(豫)	观赏苗木(万株)	550.00
7	滑　县(豫)	观赏苗木(万株)	268.00
8	民权县(豫)	观赏苗木(万株)	199.00
9	徐水县(冀)	观赏苗木(万株)	91.00
10	遂平县(豫)	观赏苗木(万株)	35.00
11	涉　县(冀)	观赏苗木(万株)	28.00
12	石门县(湘)	观赏苗木(万株)	12.00
13	成安县(冀)	观赏苗木(万株)	9.00
14	岚山区(鲁)	观赏苗木(万株)	5.00
15	卫辉市(豫)	观赏苗木(万株)	5.00
16	山丹县(甘)	观赏苗木(万株)	3.20
17	大武口区(宁)	观赏苗木(万株)	3.00
18	壶关县(晋)	观赏苗木(万株)	2.30
19	通城县(鄂)	观赏苗木(万株)	1.60
20	定襄县(晋)	观叶植物(万盆)	8.00
21	顺平县(冀)	观叶植物(万盆)	2.00
22	延庆县(京)	花卉用种苗(千苗)	50000.00
23	苏尼特右旗(内蒙古)	花卉用种苗(千苗)	60.00
24	普安县(黔)	花卉用种苗(千苗)	6.00
25	汶上县(鲁)	盆花(万盆)	50000.00
26	泌阳县(豫)	盆花(万盆)	40000.00
27	雷波县(川)	盆花(万盆)	30000.00
28	汶川县(川)	盆花(万盆)	910.00
29	商水县(豫)	盆花(万盆)	365.00
30	大足县(渝)	盆花(万盆)	300.00
31	青州市(鲁)	盆花(万盆)	200.00
32	鼎城区(湘)	盆花(万盆)	180.00
33	延庆县(京)	盆花(万盆)	150.00
34	游仙区(川)	盆花(万盆)	150.00
35	禹州市(豫)	盆花(万盆)	120.00
36	睢阳区(豫)	盆花(万盆)	103.50
37	玉田县(冀)	盆花(万盆)	100.00
38	诸城市(鲁)	盆花(万盆)	98.00
39	霸州市(冀)	盆花(万盆)	80.00
40	范　县(豫)	盆花(万盆)	65.00
41	潍城区(鲁)	盆花(万盆)	55.00
42	固始县(豫)	盆花(万盆)	55.00
43	北辰区(津)	盆花(万盆)	50.00
44	遵化市(冀)	盆花(万盆)	50.00
45	蔡甸区(鄂)	盆花(万盆)	45.00
46	清河区(辽)	盆花(万盆)	44.00
47	石家庄市桥西区(冀)	盆花(万盆)	42.00
48	武城县(鲁)	盆花(万盆)	42.00
49	宜宾县(川)	盆花(万盆)	33.00
50	肥乡县(冀)	盆花(万盆)	30.00
51	浦东新区(沪)	盆花(万盆)	30.00
52	兖州市(鲁)	盆花(万盆)	24.00
53	沂水县(鲁)	盆花(万盆)	22.00
54	平泉县(冀)	盆花(万盆)	20.00
55	大名县(冀)	盆花(万盆)	20.00
56	双城市(黑)	盆花(万盆)	20.00
57	新泰市(鲁)	盆花(万盆)	20.00
58	龙亭区(豫)	盆花(万盆)	20.00
59	连州市(粤)	盆花(万盆)	18.00
60	滑　县(豫)	盆花(万盆)	16.60
61	梁山县(鲁)	盆花(万盆)	16.00
62	灵璧县(皖)	盆花(万盆)	15.00
63	许昌县(豫)	盆花(万盆)	15.00
64	赵　县(冀)	盆花(万盆)	12.00
65	枣强县(冀)	盆花(万盆)	10.50
66	邯郸县(冀)	盆花(万盆)	10.00
67	沂南县(鲁)	盆花(万盆)	10.00
68	枝江市(鄂)	盆花(万盆)	10.00
69	陆川县(桂)	盆花(万盆)	10.00
70	甘州区(甘)	盆花(万盆)	10.00
71	寿　县(皖)	盆花(万盆)	9.00
72	西平县(豫)	盆花(万盆)	9.00
73	固安县(冀)	盆花(万盆)	8.00
74	雨湖区(湘)	盆花(万盆)	8.00
75	南和县(冀)	盆花(万盆)	7.00
76	湘潭县(湘)	盆花(万盆)	6.50
77	顺义区(京)	盆花(万盆)	5.00
78	鹿泉市(冀)	盆花(万盆)	5.00
79	任　县(冀)	盆花(万盆)	5.00
80	香河县(冀)	盆花(万盆)	5.00
81	桃城区(冀)	盆花(万盆)	5.00
82	大厂回族自治县(冀)	盆花(万盆)	5.00
83	无为县(皖)	盆花(万盆)	5.00
84	忻府区(晋)	盆花(万盆)	4.36
85	磁　县(冀)	盆花(万盆)	4.00
86	复兴区(冀)	盆花(万盆)	4.00
87	左权县(晋)	盆花(万盆)	4.00
88	临洮县(甘)	盆花(万盆)	4.00
89	邱　县(冀)	盆花(万盆)	3.80
90	清城区(粤)	盆花(万盆)	3.30
91	平山县(冀)	盆花(万盆)	3.00
92	抚宁县(冀)	盆花(万盆)	3.00
93	迁安市(冀)	盆花(万盆)	3.00
94	昌乐县(鲁)	盆花(万盆)	3.00
95	潢川县(豫)	盆花(万盆)	3.00

序号	菊花主产地	花卉类别	生产量
96	临颍县(豫)	盆花(万盆)	2.70
97	信宜市(粤)	盆花(万盆)	2.50
98	临武县(湘)	盆花(万盆)	2.36
99	北戴河区(冀)	盆花(万盆)	2.20
100	宝丰县(豫)	盆花(万盆)	2.20
101	沅陵县(湘)	盆花(万盆)	2.10
102	武邑县(冀)	盆花(万盆)	2.00
103	安平县(冀)	盆花(万盆)	2.00
104	雄　县(冀)	盆花(万盆)	2.00
105	魏　县(冀)	盆花(万盆)	2.00
106	西华县(豫)	盆花(万盆)	2.00
107	方城县(豫)	盆花(万盆)	2.00
108	嵩　县(豫)	盆花(万盆)	2.00
109	谷城县(鄂)	盆花(万盆)	2.00
110	华阴市(陕)	盆花(万盆)	2.00
111	兴平市(陕)	盆花(万盆)	1.80
112	新乐市(冀)	盆花(万盆)	1.50
113	蜀山区(皖)	盆花(万盆)	1.50
114	宕昌县(甘)	盆花(万盆)	1.50
115	安新县(冀)	盆花(万盆)	1.26
116	鸡泽县(冀)	盆花(万盆)	1.20
117	柘城县(豫)	盆花(万盆)	1.20
118	宁远县(湘)	盆花(万盆)	1.10
119	北京市大东流苗圃(京)	盆花(万盆)	1.09
120	新建县(赣)	盆花(万盆)	1.02
121	新民市(辽)	盆花(万盆)	1.00
122	芜湖县(皖)	盆花(万盆)	1.00
123	肥城市(鲁)	盆花(万盆)	1.00
124	寒亭区(鲁)	盆花(万盆)	1.00
125	罗田县(鄂)	盆花(万盆)	1.00
126	津市市(湘)	盆花(万盆)	1.00
127	汝城县(湘)	盆花(万盆)	1.00
128	榕城区(粤)	盆花(万盆)	1.00
129	桐城市(皖)	盆花(万盆)	0.80
130	宁阳县(鲁)	盆花(万盆)	0.80
131	靖州苗族侗族自治县(湘)	盆花(万盆)	0.80
132	峰峰矿区(冀)	盆花(万盆)	0.70
133	淮阳县(豫)	盆花(万盆)	0.60
134	上蔡县(豫)	盆景(万盆)	107.00
135	邵阳县(湘)	盆景(万盆)	40.00
136	隆化县(冀)	盆景(万盆)	6.00
137	霍山县(皖)	盆景(万盆)	6.00
138	临淄区(鲁)	盆景(万盆)	6.00
139	阳朔县(桂)	盆景(万盆)	4.00
140	壶关县(晋)	盆景(万盆)	2.50
141	蠡　县(冀)	盆景(万盆)	2.00
142	常宁市(湘)	盆景(万盆)	1.00
143	延庆县(京)	食用及药用花卉(吨)	1600.00
144	嵩　县(豫)	食用及药用花卉(吨)	20.57
145	东至县(皖)	食用及药用花卉(吨)	20.00
146	通州区(京)	鲜切花(万支)	2420000.00
147	文山市(滇)	鲜切花(万支)	150000.00
148	源汇区(豫)	鲜切花(万支)	30200.00
149	滑　县(豫)	鲜切花(万支)	7000.00
150	太子河区(辽)	鲜切花(万支)	6000.00
151	青浦区(沪)	鲜切花(万支)	2200.00
152	奉贤区(沪)	鲜切花(万支)	1725.80
153	平泉县(冀)	鲜切花(万支)	1000.00
154	卫滨区(豫)	鲜切花(万支)	1000.00
155	鄢陵县(豫)	鲜切花(万支)	1000.00
156	松江区(沪)	鲜切花(万支)	832.00
157	香河县(冀)	鲜切花(万支)	800.00
158	延庆县(京)	鲜切花(万支)	300.00
159	新安县(豫)	鲜切花(万支)	300.00
160	崇明县(沪)	鲜切花(万支)	244.50
161	奉化市(浙)	鲜切花(万支)	200.00
162	东洲区(辽)	鲜切花(万支)	182.00
163	渭城区(陕)	鲜切花(万支)	170.00
164	闵行区(沪)	鲜切花(万支)	165.00
165	浦东新区(沪)	鲜切花(万支)	150.00
166	大英县(川)	鲜切花(万支)	150.00
167	凯里市(黔)	鲜切花(万支)	150.00
168	阳新县(鄂)	鲜切花(万支)	130.00
169	海城市(辽)	鲜切花(万支)	97.50
170	宣汉县(川)	鲜切花(万支)	85.00
171	固安县(冀)	鲜切花(万支)	60.00
172	顺义区(京)	鲜切花(万支)	51.00
173	西青区(津)	鲜切花(万支)	50.00
174	大邑县(川)	鲜切花(万支)	50.00
175	嘉定区(沪)	鲜切花(万支)	40.90
176	牧野区(豫)	鲜切花(万支)	38.50
177	广阳区(冀)	鲜切花(万支)	32.75
178	永登县(甘)	鲜切花(万支)	21.70
179	庆元县(浙)	鲜切花(万支)	21.00
180	连州市(粤)	鲜切花(万支)	20.00
181	秦州区(甘)	鲜切花(万支)	20.00
182	红花岗区(黔)	鲜切花(万支)	17.00
183	白银区(甘)	鲜切花(万支)	15.00
184	北辰区(津)	鲜切花(万支)	10.00
185	临洮县(甘)	鲜切花(万支)	10.00
186	宝山区(沪)	鲜切花(万支)	9.00
187	北票市(辽)	鲜切花(万支)	8.00

序号	菊花主产地	花卉类别	生产量
188	沙市区(鄂)	鲜切花(万支)	8.00
189	祁东县(湘)	鲜切花(万支)	7.80
190	曲周县(冀)	鲜切花(万支)	6.00
191	江油市(川)	鲜切花(万支)	6.00
192	平谷区(京)	鲜切花(万支)	5.90
193	徽　县(甘)	鲜切花(万支)	4.78
194	新晃侗族自治县(湘)	鲜切花(万支)	3.20
195	碧江区(黔)	鲜切花(万支)	2.50
196	普安县(黔)	鲜切花(万支)	2.00
197	津市市(湘)	鲜切花(万支)	1.00
198	贵定县(黔)	鲜切叶(万支)	300.00
199	凤阳县(皖)	鲜切叶(万支)	10.00

表 13-11　2012 年月季类主产地产量

序号	月季类主产地	花卉类别	生产量
1	永清县(冀)	城镇绿化苗(万株)	2585.40
2	潢川县(豫)	城镇绿化苗(万株)	1056.00
3	华阴市(陕)	城镇绿化苗(万株)	150.00
4	许昌县(豫)	城镇绿化苗(万株)	85.00
5	长治市城区(晋)	城镇绿化苗(万株)	25.00
6	平舆县(豫)	城镇绿化苗(万株)	24.00
7	金坛市(苏)	城镇绿化苗(万株)	11.25
8	南召县(豫)	城镇绿化苗(万株)	11.00
9	尧都区(晋)	城镇绿化苗(万株)	5.00
10	东坡区(川)	城镇绿化苗(万株)	4.00
11	马头滩林业局(陕)	城镇绿化苗(万株)	2.00
12	贵州省龙里林场(黔)	城镇绿化苗(万株)	2.00
13	翠屏区(川)	城镇绿化苗(万株)	1.60
14	桃江县(湘)	观赏苗木(万株)	100000.00
15	雷波县(川)	观赏苗木(万株)	50000.00
16	望都县(冀)	观赏苗木(万株)	2000.00
17	定州市(冀)	观赏苗木(万株)	1320.00
18	固安县(冀)	观赏苗木(万株)	1250.00
19	永清县(冀)	观赏苗木(万株)	950.00
20	汝南县(豫)	观赏苗木(万株)	800.00
21	遵化市(冀)	观赏苗木(万株)	600.00
22	射洪县(川)	观赏苗木(万株)	420.00
23	中牟县(豫)	观赏苗木(万株)	260.00
24	青州市(鲁)	观赏苗木(万株)	150.00
25	泌阳县(豫)	观赏苗木(万株)	150.00
26	环翠区(鲁)	观赏苗木(万株)	119.00
27	北关区(豫)	观赏苗木(万株)	100.00
28	滦　县(冀)	观赏苗木(万株)	60.00
29	武陟县(豫)	观赏苗木(万株)	50.00
30	遂平县(豫)	观赏苗木(万株)	50.00
31	涉　县(冀)	观赏苗木(万株)	40.00
32	濮阳县(豫)	观赏苗木(万株)	32.00
33	新化县(湘)	观赏苗木(万株)	30.00
34	山城区(豫)	观赏苗木(万株)	26.00
35	运河区(冀)	观赏苗木(万株)	25.00
36	宁陵县(豫)	观赏苗木(万株)	20.00
37	双峰县(湘)	观赏苗木(万株)	20.00
38	安阳县(豫)	观赏苗木(万株)	15.20
39	成安县(冀)	观赏苗木(万株)	11.00
40	北戴河区(冀)	观赏苗木(万株)	11.00
41	安新县(冀)	观赏苗木(万株)	10.00
42	吴桥县(冀)	观赏苗木(万株)	10.00
43	新泰市(鲁)	观赏苗木(万株)	10.00
44	定西市岷口林业试验场(甘)	观赏苗木(万株)	8.00
45	新蔡县(豫)	观赏苗木(万株)	7.50
46	涿州市(冀)	观赏苗木(万株)	6.50
47	武邑县(冀)	观赏苗木(万株)	6.00
48	山海关区(冀)	观赏苗木(万株)	5.00
49	魏　县(冀)	观赏苗木(万株)	5.00
50	南和县(冀)	观赏苗木(万株)	5.00
51	曲周县(冀)	观赏苗木(万株)	5.00
52	夏邑县(豫)	观赏苗木(万株)	5.00
53	中方县(湘)	观赏苗木(万株)	5.00
54	壶关县(晋)	观赏苗木(万株)	3.50
55	扶风县(陕)	观赏苗木(万株)	2.70
56	阜城县(冀)	观赏苗木(万株)	2.40
57	定襄县(晋)	观赏苗木(万株)	2.10
58	大名县(冀)	观赏苗木(万株)	2.00
59	淮阳县(豫)	观赏苗木(万株)	2.00
60	卫辉市(豫)	观赏苗木(万株)	2.00
61	商州区(陕)	观赏苗木(万株)	1.60
62	怀来县(冀)	观赏苗木(万株)	1.40
63	登封市(豫)	观赏苗木(万株)	1.32
64	玉山县(赣)	观赏苗木(万株)	1.02
65	孟村回族自治县(冀)	观赏苗木(万株)	0.60
66	蕉岭县(粤)	观叶植物(万盆)	1.00
67	秀洲区(浙)	花卉用种苗(千苗)	1000.00
68	普安县(黔)	花卉用种苗(千苗)	5.00
69	宛城区(豫)	盆花(万盆)	812.59
70	昌黎县(冀)	盆花(万盆)	638.00
71	射洪县(川)	盆花(万盆)	550.00
72	青州市(鲁)	盆花(万盆)	180.00
73	固始县(豫)	盆花(万盆)	146.00
74	宜宾县(川)	盆花(万盆)	128.00
75	阜新蒙古族自治县(辽)	盆花(万盆)	60.00
76	凯里市(黔)	盆花(万盆)	60.00
77	辉南县(吉)	盆花(万盆)	55.00

序号	月季类主产地	花卉类别	生产量
78	睢　县(豫)	盆花(万盆)	50.00
79	江油市(川)	盆花(万盆)	50.00
80	项城市(豫)	盆花(万盆)	40.00
81	临夏市(甘)	盆花(万盆)	40.00
82	新华区(冀)	盆花(万盆)	39.00
83	太和区(辽)	盆花(万盆)	30.00
84	武城县(鲁)	盆花(万盆)	28.00
85	隆尧县(冀)	盆花(万盆)	22.00
86	社旗县(豫)	盆花(万盆)	22.00
87	延庆县(京)	盆花(万盆)	20.00
88	邯郸县(冀)	盆花(万盆)	20.00
89	长治市郊区(晋)	盆花(万盆)	20.00
90	天心区(湘)	盆花(万盆)	20.00
91	仪陇县(川)	盆花(万盆)	20.00
92	蒲城县(陕)	盆花(万盆)	18.00
93	修水县(赣)	盆花(万盆)	15.00
94	伊宁县(新)	盆花(万盆)	15.00
95	西安区(吉)	盆花(万盆)	13.00
96	浦东新区(沪)	盆花(万盆)	13.00
97	晋州市(冀)	盆花(万盆)	12.90
98	黄骅市(冀)	盆花(万盆)	12.50
99	石家庄市桥西区(冀)	盆花(万盆)	12.00
100	天桥区(鲁)	盆花(万盆)	12.00
101	稷山县(晋)	盆花(万盆)	11.00
102	蕉岭县(粤)	盆花(万盆)	11.00
103	西峰区(甘)	盆花(万盆)	11.00
104	魏　县(冀)	盆花(万盆)	10.90
105	阜城县(冀)	盆花(万盆)	10.08
106	固安县(冀)	盆花(万盆)	10.00
107	荥阳市(豫)	盆花(万盆)	10.00
108	利通区(宁)	盆花(万盆)	10.00
109	寿　县(皖)	盆花(万盆)	9.00
110	铜陵市郊区(皖)	盆花(万盆)	8.50
111	忻府区(晋)	盆花(万盆)	8.40
112	卫辉市(豫)	盆花(万盆)	8.00
113	鼎城区(湘)	盆花(万盆)	8.00
114	灵武市(宁)	盆花(万盆)	8.00
115	灵璧县(皖)	盆花(万盆)	7.00
116	樟树市(赣)	盆花(万盆)	7.00
117	石棉县(川)	盆花(万盆)	7.00
118	滦南县(冀)	盆花(万盆)	6.30
119	辛集市(冀)	盆花(万盆)	5.00
120	磁　县(冀)	盆花(万盆)	5.00
121	贵定县(黔)	盆花(万盆)	5.00
122	汉阴县(陕)	盆花(万盆)	5.00
123	潢川县(豫)	盆花(万盆)	4.50
124	临颍县(豫)	盆花(万盆)	4.20
125	临武县(湘)	盆花(万盆)	3.45
126	容城县(冀)	盆花(万盆)	3.00
127	山海关区(冀)	盆花(万盆)	3.00
128	吴桥县(冀)	盆花(万盆)	3.00
129	南乐县(豫)	盆花(万盆)	3.00
130	黔江区(渝)	盆花(万盆)	3.00
131	博湖县(新)	盆花(万盆)	2.60
132	雄　县(冀)	盆花(万盆)	2.50
133	秀洲区(浙)	盆花(万盆)	2.40
134	邢台县(冀)	盆花(万盆)	2.10
135	方城县(豫)	盆花(万盆)	2.10
136	大城县(冀)	盆花(万盆)	2.00
137	安平县(冀)	盆花(万盆)	2.00
138	宽城满族自治县(冀)	盆花(万盆)	2.00
139	平山县(冀)	盆花(万盆)	2.00
140	威海市经济技术开发区(鲁)	盆花(万盆)	2.00
141	平阴县(鲁)	盆花(万盆)	2.00
142	息　县(豫)	盆花(万盆)	2.00
143	白银区(甘)	盆花(万盆)	2.00
144	兴平市(陕)	盆花(万盆)	1.90
145	新建县(赣)	盆花(万盆)	1.78
146	新乐市(冀)	盆花(万盆)	1.50
147	鸡泽县(冀)	盆花(万盆)	1.45
148	樊城区(鄂)	盆花(万盆)	1.30
149	海港区(冀)	盆花(万盆)	1.00
150	鹿泉市(冀)	盆花(万盆)	1.00
151	蒙城县(皖)	盆花(万盆)	1.00
152	淮上区(皖)	盆花(万盆)	1.00
153	牟平区(鲁)	盆花(万盆)	1.00
154	汝城县(湘)	盆花(万盆)	1.00
155	青铜峡市(宁)	盆花(万盆)	1.00
156	蒲江县(川)	盆花(万盆)	0.72
157	永年县(冀)	盆花(万盆)	0.70
158	徽　县(甘)	盆花(万盆)	0.64
159	孟村回族自治县(冀)	盆花(万盆)	0.60
160	靖州苗族侗族自治县(湘)	盆花(万盆)	0.60
161	安丘市(鲁)	盆景(万盆)	120.00
162	邵东县(湘)	盆景(万盆)	15.64
163	珠晖区(湘)	盆景(万盆)	10.00
164	双滦区(冀)	盆景(万盆)	6.00
165	隆化县(冀)	盆景(万盆)	3.00
166	壶关县(晋)	盆景(万盆)	2.00
167	蠡　县(冀)	盆景(万盆)	1.50
168	谷城县(鄂)	盆景(万盆)	1.00
169	平利县(陕)	盆景(万盆)	0.80

序号	月季类主产地	花卉类别	生产量
170	太子河区(辽)	鲜切花(万支)	300000.00
171	彭州市(川)	鲜切花(万支)	100000.00
172	宛城区(豫)	鲜切花(万支)	17600.00
173	石台县(皖)	鲜切花(万支)	10000.00
174	汉阴县(陕)	鲜切花(万支)	7350.00
175	苏仙区(湘)	鲜切花(万支)	1500.00
176	贵溪市(赣)	鲜切花(万支)	742.00
177	奉贤区(沪)	鲜切花(万支)	551.40
178	邹平县(鲁)	鲜切花(万支)	529.00
179	榆中县(甘)	鲜切花(万支)	501.00
180	璧山县(渝)	鲜切花(万支)	493.00
181	兴化市(苏)	鲜切花(万支)	385.00
182	濮阳县(豫)	鲜切花(万支)	260.00
183	三河市(冀)	鲜切花(万支)	255.00
184	许昌县(豫)	鲜切花(万支)	220.00
185	惠济区(豫)	鲜切花(万支)	168.74
186	阳新县(鄂)	鲜切花(万支)	120.00
187	涿州市(冀)	鲜切花(万支)	118.00
188	固安县(冀)	鲜切花(万支)	100.00
189	永清县(冀)	鲜切花(万支)	100.00
190	罗山县(豫)	鲜切花(万支)	100.00
191	大英县(川)	鲜切花(万支)	100.00
192	平谷区(京)	鲜切花(万支)	93.40
193	永登县(甘)	鲜切花(万支)	82.70
194	藁城市(冀)	鲜切花(万支)	80.00
195	建湖县(苏)	鲜切花(万支)	76.00
196	彭山县(川)	鲜切花(万支)	76.00
197	香河县(冀)	鲜切花(万支)	62.00
198	北辰区(津)	鲜切花(万支)	60.00
199	靖江市(苏)	鲜切花(万支)	51.00
200	高邑县(冀)	鲜切花(万支)	50.00
201	秀峰区(桂)	鲜切花(万支)	50.00
202	宣汉县(川)	鲜切花(万支)	30.50
203	宜宾县(川)	鲜切花(万支)	27.00
204	清丰县(豫)	鲜切花(万支)	25.00
205	商州区(陕)	鲜切花(万支)	24.00
206	苍山县(鲁)	鲜切花(万支)	21.00
207	东洲区(辽)	鲜切花(万支)	20.00
208	桂阳县(湘)	鲜切花(万支)	18.00
209	新宾满族自治县(辽)	鲜切花(万支)	14.10
210	苏家屯区(辽)	鲜切花(万支)	14.00
211	南溪县(川)	鲜切花(万支)	12.00
212	隆尧县(冀)	鲜切花(万支)	10.00
213	迁西县(冀)	鲜切花(万支)	10.00
214	凤阳县(皖)	鲜切花(万支)	10.00
215	阳谷县(鲁)	鲜切花(万支)	10.00
216	江油市(川)	鲜切花(万支)	10.00
217	贡井区(川)	鲜切花(万支)	10.00
218	白银区(甘)	鲜切花(万支)	10.00
219	牧野区(豫)	鲜切花(万支)	9.50
220	石柱土家族自治县(渝)	鲜切花(万支)	8.00
221	蒲江县(川)	鲜切花(万支)	7.25
222	满城县(冀)	鲜切花(万支)	6.00
223	徐水县(冀)	鲜切花(万支)	6.00
224	衡山县(湘)	鲜切花(万支)	5.60
225	芜湖县(皖)	鲜切花(万支)	5.00
226	分宜县(赣)	鲜切花(万支)	5.00
227	无棣县(鲁)	鲜切花(万支)	5.00
228	西华县(豫)	鲜切花(万支)	5.00
229	绵阳市市辖区(川)	鲜切花(万支)	5.00
230	涪城区(川)	鲜切花(万支)	5.00
231	凉州区(甘)	鲜切花(万支)	4.01
232	洋　县(陕)	鲜切花(万支)	3.40
233	西峰区(甘)	鲜切花(万支)	3.00
234	铜陵市郊区(皖)	鲜切花(万支)	2.10
235	抚宁县(冀)	鲜切花(万支)	2.00
236	信宜市(粤)	鲜切花(万支)	2.00
237	江津区(渝)	鲜切花(万支)	2.00
238	普安县(黔)	鲜切花(万支)	2.00
239	大方县(黔)	鲜切花(万支)	1.80
240	上思县(桂)	鲜切花(万支)	1.50
241	汉源县(川)	鲜切花(万支)	1.50
242	禹会区(皖)	鲜切花(万支)	1.30
243	新晃侗族自治县(湘)	鲜切花(万支)	1.20
244	阳泉市郊区(晋)	鲜切花(万支)	1.00
245	碧江区(黔)	鲜切花(万支)	1.00
246	新野县(豫)	鲜切叶(万支)	195.00
247	蓬安县(川)	鲜切叶(万支)	167.00
248	永清县(冀)	鲜切叶(万支)	125.00
249	东乡族自治县(甘)	鲜切叶(万支)	13.00

表 13-12　2012 年现代月季主产地产量

序号	现代月季主产地	花卉类别	生产量
1	临洮县(甘)	城镇绿化苗(万株)	50.00
2	卧龙区(豫)	观赏苗木(万株)	8000.00
3	新密市(豫)	观赏苗木(万株)	300.00
4	龙安区(豫)	观赏苗木(万株)	166.00
5	正阳县(豫)	观赏苗木(万株)	41.00
6	彭山县(川)	观赏苗木(万株)	39.00
7	滑　县(豫)	观赏苗木(万株)	2.00
8	甘谷县(甘)	观赏苗木(万株)	1.57
9	荆门市市辖区(鄂)	观赏苗木(万株)	1.00

序号	现代月季主产地	花卉类别	生产量
10	东乡族自治县(甘)	盆花(万盆)	5000.00
11	顺义区(京)	盆花(万盆)	66.00
12	赵　县(冀)	盆花(万盆)	20.50
13	双城市(黑)	盆花(万盆)	10.00
14	东洲区(辽)	盆花(万盆)	9.90
15	柘城县(豫)	盆花(万盆)	0.80
16	通州区(京)	鲜切花(万支)	219520.00
17	浦东新区(沪)	鲜切花(万支)	201.00
18	平泉县(冀)	鲜切花(万支)	55.00
19	临夏市(甘)	鲜切花(万支)	42.00
20	定南县(赣)	鲜切花(万支)	37.52
21	秦州区(甘)	鲜切花(万支)	30.00
22	商河县(鲁)	鲜切花(万支)	20.00
23	姜堰区(苏)	鲜切花(万支)	13.00
24	南皮县(冀)	鲜切花(万支)	11.14
25	松江区(沪)	鲜切花(万支)	10.00
26	丰台区(京)	鲜切花(万支)	5.00
27	邵阳县(湘)	鲜切花(万支)	5.00
28	永靖县(甘)	鲜切花(万支)	3.20
29	新蔡县(豫)	鲜切花(万支)	2.50
30	临洮县(甘)	鲜切花(万支)	2.00

表 13-13　2012 年桂花主产地产量

序号	桂花主产地	花卉类别	生产量
1	北湖区(湘)	城镇绿化苗(万株)	5500.00
2	越西县(川)	城镇绿化苗(万株)	2000.00
3	玉屏侗族自治县(黔)	城镇绿化苗(万株)	2000.00
4	岳阳县(湘)	城镇绿化苗(万株)	1000.00
5	天长市(皖)	城镇绿化苗(万株)	700.00
6	南召县(豫)	城镇绿化苗(万株)	506.00
7	永福县(桂)	城镇绿化苗(万株)	500.00
8	大足县(渝)	城镇绿化苗(万株)	500.00
9	巴州区(川)	城镇绿化苗(万株)	500.00
10	临桂县(桂)	城镇绿化苗(万株)	350.00
11	株洲县(湘)	城镇绿化苗(万株)	330.00
12	大冶市(鄂)	城镇绿化苗(万株)	250.00
13	桑植县(湘)	城镇绿化苗(万株)	150.00
14	津市市(湘)	城镇绿化苗(万株)	125.00
15	资源县(桂)	城镇绿化苗(万株)	100.00
16	华容县(湘)	城镇绿化苗(万株)	100.00
17	邓州市(豫)	城镇绿化苗(万株)	80.00
18	芦溪县(赣)	城镇绿化苗(万株)	60.00
19	雨城区(川)	城镇绿化苗(万株)	50.00
20	临安市(浙)	城镇绿化苗(万株)	50.00
21	长阳土家族自治县(鄂)	城镇绿化苗(万株)	50.00
22	东兰县(桂)	城镇绿化苗(万株)	50.00
23	合川区(渝)	城镇绿化苗(万株)	50.00
24	瓮安县(黔)	城镇绿化苗(万株)	50.00
25	洞口县(湘)	城镇绿化苗(万株)	40.00
26	湘东区(赣)	城镇绿化苗(万株)	30.00
27	开　县(渝)	城镇绿化苗(万株)	27.50
28	南康市(赣)	城镇绿化苗(万株)	22.00
29	辰溪县(湘)	城镇绿化苗(万株)	22.00
30	通江县(川)	城镇绿化苗(万株)	20.00
31	桐城市(皖)	城镇绿化苗(万株)	20.00
32	玉山县(赣)	城镇绿化苗(万株)	17.19
33	保康县(鄂)	城镇绿化苗(万株)	11.00
34	婺源县(赣)	城镇绿化苗(万株)	10.00
35	新宁县(湘)	城镇绿化苗(万株)	10.00
36	武陵区(湘)	城镇绿化苗(万株)	10.00
37	筠连县(川)	城镇绿化苗(万株)	10.00
38	松桃苗族自治县(黔)	城镇绿化苗(万株)	10.00
39	柳城县(桂)	城镇绿化苗(万株)	9.42
40	道真仡佬族苗族自治县(黔)	城镇绿化苗(万株)	8.00
41	瑞金市(赣)	城镇绿化苗(万株)	6.00
42	桂平市(桂)	城镇绿化苗(万株)	5.00
43	平利县(陕)	城镇绿化苗(万株)	5.00
44	习水县(黔)	城镇绿化苗(万株)	5.00
45	韶山市(湘)	城镇绿化苗(万株)	2.00
46	资阳区(湘)	城镇绿化苗(万株)	2.00
47	赤水市(黔)	城镇绿化苗(万株)	1.00
48	普定县(黔)	城镇绿化苗(万株)	1.00
49	宜都市(鄂)	城镇绿化苗(万株)	0.60
50	阳朔县(桂)	观赏苗木(万株)	5500.00
51	襄城县(豫)	观赏苗木(万株)	699.00
52	象山县(浙)	观赏苗木(万株)	500.00
53	新邵县(湘)	观赏苗木(万株)	479.00
54	内乡县(豫)	观赏苗木(万株)	300.00
55	汝南县(豫)	观赏苗木(万株)	260.00
56	酉阳土家族苗族自治县(渝)	观赏苗木(万株)	240.00
57	渝水区(赣)	观赏苗木(万株)	210.00
58	射洪县(川)	观赏苗木(万株)	202.50
59	潜江市(鄂)	观赏苗木(万株)	200.00
60	邵阳县(湘)	观赏苗木(万株)	200.00
61	桂东县(湘)	观赏苗木(万株)	200.00
62	京山县(鄂)	观赏苗木(万株)	110.00
63	叠彩区(桂)	观赏苗木(万株)	100.00
64	蒲江县(川)	观赏苗木(万株)	93.00
65	临武县(湘)	观赏苗木(万株)	55.30
66	东宝区(鄂)	观赏苗木(万株)	51.00
67	安化县(湘)	观赏苗木(万株)	50.00
68	黟　县(皖)	观赏苗木(万株)	45.00

序号	桂花主产地	花卉类别	生产量
69	鹤城区(湘)	观赏苗木(万株)	40.00
70	江油市(川)	观赏苗木(万株)	35.00
71	定海区(浙)	观赏苗木(万株)	30.59
72	利川市(鄂)	观赏苗木(万株)	30.00
73	中方县(湘)	观赏苗木(万株)	30.00
74	蕉岭县(粤)	观赏苗木(万株)	30.00
75	慈利县(湘)	观赏苗木(万株)	25.00
76	全州县(桂)	观赏苗木(万株)	22.00
77	临沂市高新技术产业开发区(鲁)	观赏苗木(万株)	20.00
78	澧　县(湘)	观赏苗木(万株)	20.00
79	衢江区(浙)	观赏苗木(万株)	17.00
80	九龙坡区(渝)	观赏苗木(万株)	16.10
81	荔波县(黔)	观赏苗木(万株)	15.64
82	遂平县(豫)	观赏苗木(万株)	12.00
83	忠　县(渝)	观赏苗木(万株)	11.00
84	共青城市(赣)	观赏苗木(万株)	10.00
85	芦淞区(湘)	观赏苗木(万株)	10.00
86	南岳区(湘)	观赏苗木(万株)	10.00
87	习水县(黔)	观赏苗木(万株)	10.00
88	花山区(皖)	观赏苗木(万株)	9.00
89	赣　县(赣)	观赏苗木(万株)	8.00
90	兖州市(鲁)	观赏苗木(万株)	7.00
91	方城县(豫)	观赏苗木(万株)	7.00
92	那坡县(桂)	观赏苗木(万株)	7.00
93	碧江区(黔)	观赏苗木(万株)	7.00
94	阳新县(鄂)	观赏苗木(万株)	6.00
95	汝城县(湘)	观赏苗木(万株)	6.00
96	常宁市(湘)	观赏苗木(万株)	6.00
97	彭山县(川)	观赏苗木(万株)	6.00
98	贡井区(川)	观赏苗木(万株)	6.00
99	蔡甸区(鄂)	观赏苗木(万株)	5.00
100	清城区(粤)	观赏苗木(万株)	3.00
101	进贤县(赣)	观赏苗木(万株)	2.70
102	天峨县(桂)	观赏苗木(万株)	2.30
103	名山县(川)	观赏苗木(万株)	2.30
104	湘潭县(湘)	观赏苗木(万株)	2.20
105	翠屏区(川)	观赏苗木(万株)	2.20
106	冷水滩区(湘)	观赏苗木(万株)	2.10
107	竹山县(鄂)	观赏苗木(万株)	2.00
108	武陵源区(湘)	观赏苗木(万株)	2.00
109	石泉县(陕)	观赏苗木(万株)	2.00
110	新蔡县(豫)	观赏苗木(万株)	1.50
111	鹤峰县(鄂)	观赏苗木(万株)	1.00
112	双峰县(湘)	观赏苗木(万株)	1.00
113	芷江侗族自治县(湘)	观赏苗木(万株)	1.00
114	北塔区(湘)	观赏苗木(万株)	0.78

序号	桂花主产地	花卉类别	生产量
115	商州区(陕)	观赏苗木(万株)	0.60
116	广水市(鄂)	观叶植物(万盆)	16.00
117	霍山县(皖)	观叶植物(万盆)	2.00
118	兰山区(鲁)	盆花(万盆)	1480.00
119	河东区(鲁)	盆花(万盆)	380.00
120	东港区(鲁)	盆花(万盆)	91.00
121	鹤山区(豫)	盆花(万盆)	50.00
122	沂水县(鲁)	盆花(万盆)	25.00
123	莒南县(鲁)	盆花(万盆)	10.00
124	瑞金市(赣)	盆花(万盆)	6.00
125	临淄区(鲁)	盆花(万盆)	4.00
126	灵璧县(皖)	盆花(万盆)	2.00
127	青州市(鲁)	盆景(万盆)	350.00
128	临沂市高新技术产业开发区(鲁)	盆景(万盆)	18.00
129	邵东县(湘)	盆景(万盆)	10.00
130	江北区(浙)	盆景(万盆)	5.00
131	永兴县(湘)	盆景(万盆)	5.00
132	和平县(粤)	盆景(万盆)	5.00
133	博山区(鲁)	盆景(万盆)	0.60
134	全州县(桂)	食用及药用花卉(吨)	40.00
135	蒲江县(川)	鲜切花(万支)	10.55
136	平利县(陕)	鲜切花(万支)	2.00
137	芜湖县(皖)	鲜切叶(万支)	20.00

表 13-14　2012 年杜鹃花主产地产量

序号	杜鹃花主产地	花卉类别	生产量
1	东坡区(川)	城镇绿化苗(万株)	30000.00
2	丹棱县(川)	城镇绿化苗(万株)	10000.00
3	翠屏区(川)	城镇绿化苗(万株)	2000.00
4	华容县(湘)	城镇绿化苗(万株)	100.00
5	津市市(湘)	城镇绿化苗(万株)	60.00
6	瓮安县(黔)	城镇绿化苗(万株)	35.00
7	宜都市(鄂)	城镇绿化苗(万株)	20.00
8	中方县(湘)	城镇绿化苗(万株)	20.00
9	广水市(鄂)	城镇绿化苗(万株)	2.10
10	济南市市中区(鲁)	观赏苗木(万株)	100000.00
11	北仑区(浙)	观赏苗木(万株)	20000.00
12	雷波县(川)	观赏苗木(万株)	20000.00
13	株洲县(湘)	观赏苗木(万株)	385.00
14	定海区(浙)	观赏苗木(万株)	241.05
15	西平县(豫)	观赏苗木(万株)	150.00
16	永兴县(湘)	观赏苗木(万株)	84.00
17	新化县(湘)	观赏苗木(万株)	50.00
18	鹤城区(湘)	观赏苗木(万株)	45.00
19	衢江区(浙)	观赏苗木(万株)	30.00
20	霍山县(皖)	观赏苗木(万株)	30.00

序号	杜鹃花主产地	花卉类别	生产量
21	丰顺县(粤)	观赏苗木(万株)	20.00
22	利川市(鄂)	观赏苗木(万株)	15.00
23	江油市(川)	观赏苗木(万株)	12.00
24	兴平市(陕)	观赏苗木(万株)	5.90
25	芜湖县(皖)	观赏苗木(万株)	5.00
26	汝城县(湘)	观赏苗木(万株)	5.00
27	宽城满族自治县(冀)	观赏苗木(万株)	2.00
28	黄州区(鄂)	观赏苗木(万株)	2.00
29	石门县(湘)	观赏苗木(万株)	2.00
30	全州县(桂)	观赏苗木(万株)	2.00
31	彭山县(川)	观赏苗木(万株)	2.00
32	岚山区(鲁)	观赏苗木(万株)	1.00
33	建始县(鄂)	观赏苗木(万株)	1.00
34	蕉岭县(粤)	观赏苗木(万株)	1.00
35	平阴县(鲁)	观赏苗木(万株)	0.70
36	安　县(川)	观叶植物(万盆)	1136.00
37	广水市(鄂)	观叶植物(万盆)	61.00
38	高密市(鲁)	盆花(万盆)	23417.00
39	振安区(辽)	盆花(万盆)	1100.00
40	北仑区(浙)	盆花(万盆)	202.00
41	岫岩满族自治县(辽)	盆花(万盆)	120.00
42	青州市(鲁)	盆花(万盆)	120.00
43	游仙区(川)	盆花(万盆)	100.00
44	昆山市(苏)	盆花(万盆)	94.75
45	江油市(川)	盆花(万盆)	70.00
46	宜宾县(川)	盆花(万盆)	55.00
47	禹州市(豫)	盆花(万盆)	50.00
48	浦东新区(沪)	盆花(万盆)	23.00
49	海城市(辽)	盆花(万盆)	12.40
50	鼎城区(湘)	盆花(万盆)	11.00
51	兴国县(赣)	盆花(万盆)	10.00
52	东昌府区(鲁)	盆花(万盆)	10.00
53	威海市经济技术开发区(鲁)	盆花(万盆)	10.00
54	洞口县(湘)	盆花(万盆)	10.00
55	龙里县(黔)	盆花(万盆)	10.00
56	蔡甸区(鄂)	盆花(万盆)	9.00
57	麻城市(鄂)	盆花(万盆)	8.40
58	黔江区(渝)	盆花(万盆)	8.00
59	长安区(陕)	盆花(万盆)	8.00
60	龙南县(赣)	盆花(万盆)	6.00
61	江北区(浙)	盆花(万盆)	4.00
62	蒙阴县(鲁)	盆花(万盆)	3.00
63	梁山县(鲁)	盆花(万盆)	3.00
64	阳新县(鄂)	盆花(万盆)	3.00
65	黄梅县(鄂)	盆花(万盆)	3.00
66	信宜市(粤)	盆花(万盆)	3.00
67	天峨县(桂)	盆花(万盆)	3.00
68	昌乐县(鲁)	盆花(万盆)	2.60
69	潢川县(豫)	盆花(万盆)	2.10
70	大名县(冀)	盆花(万盆)	2.00
71	淮上区(皖)	盆花(万盆)	2.00
72	南乐县(豫)	盆花(万盆)	2.00
73	蕉岭县(粤)	盆花(万盆)	2.00
74	忻府区(晋)	盆花(万盆)	1.43
75	武邑县(冀)	盆花(万盆)	1.00
76	雄　县(冀)	盆花(万盆)	1.00
77	海港区(冀)	盆花(万盆)	1.00
78	蜀山区(皖)	盆花(万盆)	1.00
79	沂南县(鲁)	盆花(万盆)	1.00
80	黄岛区(鲁)	盆花(万盆)	1.00
81	乐业县(桂)	盆花(万盆)	1.00
82	靖州苗族侗族自治县(湘)	盆花(万盆)	0.80
83	武安市(冀)	盆花(万盆)	0.56
84	岳西县(皖)	盆景(万盆)	19520.00
85	分宜县(赣)	盆景(万盆)	20.00
86	珠晖区(湘)	盆景(万盆)	10.00
87	固始县(豫)	盆景(万盆)	8.00
88	都昌县(赣)	盆景(万盆)	3.50
89	和平县(粤)	盆景(万盆)	1.00
90	秀峰区(桂)	鲜切花(万支)	60.00
91	宣汉县(川)	鲜切花(万支)	45.00
92	龙南县(赣)	鲜切花(万支)	20.00
93	蒲江县(川)	鲜切花(万支)	1.80
94	新晃侗族自治县(湘)	鲜切花(万支)	1.30
95	阳泉市郊区(晋)	鲜切花(万支)	1.00

表 13-15　2012 年山茶花主产地产量

序号	山茶花主产地	花卉类别	生产量
1	东坡区(川)	城镇绿化苗(万株)	20000.00
2	北湖区(湘)	城镇绿化苗(万株)	3600.00
3	巴州区(川)	城镇绿化苗(万株)	400.00
4	宜都市(鄂)	城镇绿化苗(万株)	30.00
5	津市市(湘)	城镇绿化苗(万株)	10.00
6	广水市(鄂)	城镇绿化苗(万株)	1.80
7	崂山区(鲁)	观赏苗木(万株)	90.00
8	临川区(赣)	观赏苗木(万株)	71.00
9	酉阳土家族苗族自治县(渝)	观赏苗木(万株)	29.00
10	高　县(川)	观赏苗木(万株)	24.10
11	麻城市(鄂)	观赏苗木(万株)	22.20
12	彭山县(川)	观赏苗木(万株)	20.00
13	安化县(湘)	观赏苗木(万株)	15.00
14	黄梅县(鄂)	观赏苗木(万株)	10.00

序号	山茶花主产地	花卉类别	生产量
15	翠屏区(川)	观赏苗木(万株)	3.20
16	高州市(粤)	观赏苗木(万株)	2.00
17	维都林场(桂)	观赏苗木(万株)	2.00
18	石门县(湘)	观赏苗木(万株)	1.00
19	象山区(桂)	观叶植物(万盆)	30.00
20	宜宾县(川)	盆花(万盆)	45.00
21	游仙区(川)	盆花(万盆)	20.00
22	黔江区(渝)	盆花(万盆)	6.00
23	鼎城区(湘)	盆花(万盆)	3.50
24	娄星区(湘)	盆花(万盆)	1.50
25	海港区(冀)	盆花(万盆)	1.00
26	文山市(滇)	盆景(万盆)	80000.00
27	临川区(赣)	盆景(万盆)	12.00
28	珠晖区(湘)	盆景(万盆)	10.00
29	石城县(赣)	鲜切叶(万支)	10.00

表 13-16　2012 年茶花主产地产量

序号	茶花主产地	花卉类别	生产量
1	宜都市(鄂)	城镇绿化苗(万株)	20.00
2	新化县(湘)	城镇绿化苗(万株)	10.00
3	金坛市(苏)	城镇绿化苗(万株)	6.00
4	路桥区(浙)	城镇绿化苗(万株)	5.00
5	东坡区(川)	城镇绿化苗(万株)	2.00
6	贵州省龙里林场(黔)	城镇绿化苗(万株)	2.00
7	冷水江市(湘)	城镇绿化苗(万株)	1.00
8	岳阳县(湘)	观赏苗木(万株)	2000.00
9	北仑区(浙)	观赏苗木(万株)	301.00
10	定海区(浙)	观赏苗木(万株)	65.94
11	邵阳县(湘)	观赏苗木(万株)	40.00
12	宁海县(浙)	观赏苗木(万株)	25.00
13	楚雄市(滇)	观赏苗木(万株)	21.00
14	江油市(川)	观赏苗木(万株)	20.00
15	阳新县(鄂)	观赏苗木(万株)	13.00
16	全州县(桂)	观赏苗木(万株)	6.00
17	石城县(赣)	观赏苗木(万株)	5.20
18	芜湖县(皖)	观赏苗木(万株)	5.00
19	汝城县(湘)	观赏苗木(万株)	2.50
20	玉山县(赣)	观赏苗木(万株)	0.51
21	石柱土家族自治县(渝)	观叶植物(万盆)	6.00
22	冷水滩区(湘)	观叶植物(万盆)	1.00
23	洞口县(湘)	盆花(万盆)	20.00
24	阳新县(鄂)	盆花(万盆)	5.00
25	罗江县(川)	盆花(万盆)	5.00
26	无为县(皖)	盆花(万盆)	3.00
27	龙南县(赣)	盆花(万盆)	3.00
28	醴陵市(湘)	盆花(万盆)	2.00
29	昌乐县(鲁)	盆花(万盆)	1.30
30	象山县(浙)	盆景(万盆)	20.00
31	贵定县(黔)	盆景(万盆)	2.00
32	和平县(粤)	盆景(万盆)	1.00
33	沅陵县(湘)	盆景(万盆)	0.60
34	仪陇县(川)	鲜切花(万支)	2.00

表 13-17　2012 年玫瑰主产地产量

序号	玫瑰主产地	花卉类别	生产量
1	乌兰浩特市(内蒙古)	城镇绿化苗(万株)	50.00
2	东平县(鲁)	城镇绿化苗(万株)	50.00
3	林甸县(黑)	城镇绿化苗(万株)	23.00
4	宜都市(鄂)	城镇绿化苗(万株)	20.00
5	康保县(冀)	城镇绿化苗(万株)	2.00
6	登封市(豫)	工业及其他用途花卉(千克)	371.25
7	梁山县(鲁)	工业及其他用途花卉(千克)	3.00
8	管城回族区(豫)	观赏苗木(万株)	385.00
9	大冶市(鄂)	观赏苗木(万株)	150.00
10	鄄城县(鲁)	观赏苗木(万株)	23.00
11	遂平县(豫)	观赏苗木(万株)	15.00
12	扎兰屯市(内蒙古)	观赏苗木(万株)	12.00
13	郾城区(豫)	观赏苗木(万株)	8.14
14	榆阳区(陕)	观赏苗木(万株)	7.80
15	邢台县(冀)	观赏苗木(万株)	7.00
16	呼兰区(黑)	观赏苗木(万株)	7.00
17	桃城区(冀)	观赏苗木(万株)	5.00
18	巴林林业局(内蒙古)	观赏苗木(万株)	5.00
19	麻城市(鄂)	观赏苗木(万株)	4.00
20	北京市大东流苗圃(京)	观赏苗木(万株)	3.11
21	大厂回族自治县(冀)	观赏苗木(万株)	3.00
22	陵　县(鲁)	观赏苗木(万株)	3.00
23	登封市(豫)	观赏苗木(万株)	1.08
24	固始县(豫)	盆花(万盆)	76.00
25	清河区(辽)	盆花(万盆)	57.00
26	鹤山区(豫)	盆花(万盆)	50.00
27	瓦房店市(辽)	盆花(万盆)	40.00
28	隆尧县(冀)	盆花(万盆)	18.00
29	定兴县(冀)	盆花(万盆)	10.10
30	汉阴县(陕)	盆花(万盆)	6.00
31	襄城区(鄂)	盆花(万盆)	2.70
32	平阴县(鲁)	盆花(万盆)	2.20
33	信宜市(粤)	盆花(万盆)	2.00
34	临西县(冀)	盆花(万盆)	1.00
35	津市市(湘)	盆花(万盆)	1.00
36	黔江区(渝)	盆花(万盆)	1.00
37	蒲江县(川)	盆花(万盆)	0.98

序号	玫瑰主产地	花卉类别	生产量
38	孟村回族自治县(冀)	盆花(万盆)	0.70
39	临川区(赣)	盆景(万盆)	76.00
40	辰溪县(湘)	盆景(万盆)	10.00
41	喀什市(新)	盆景(万盆)	1.50
42	常宁市(湘)	盆景(万盆)	1.00
43	平阴县(鲁)	食用及药用花卉(吨)	5000.00
44	延庆县(京)	食用及药用花卉(吨)	1040.00
45	衢江区(浙)	食用及药用花卉(吨)	400.00
46	兰州新区(甘)	食用及药用花卉(吨)	1.15
47	嵩　县(豫)	食用及药用花卉(吨)	0.27
48	文山市(滇)	鲜切花(万支)	910000.00
49	招远市(鲁)	鲜切花(万支)	800000.00
50	彭州市(川)	鲜切花(万支)	120000.00
51	辽中县(辽)	鲜切花(万支)	22000.00
52	朝阳县(辽)	鲜切花(万支)	15000.00
53	东乡县(赣)	鲜切花(万支)	6200.00
54	苏仙区(湘)	鲜切花(万支)	5500.00
55	台安县(辽)	鲜切花(万支)	5000.00
56	濮阳市高新区(豫)	鲜切花(万支)	5000.00
57	江川县(滇)	鲜切花(万支)	5000.00
58	汉阴县(陕)	鲜切花(万支)	4150.00
59	榆中县(甘)	鲜切花(万支)	3620.00
60	凌源市(辽)	鲜切花(万支)	1600.00
61	平桥区(豫)	鲜切花(万支)	1600.00
62	鄢陵县(豫)	鲜切花(万支)	1500.00
63	武定县(滇)	鲜切花(万支)	1399.00
64	瓦房店市(辽)	鲜切花(万支)	860.00
65	郾城区(豫)	鲜切花(万支)	800.00
66	岫岩满族自治县(辽)	鲜切花(万支)	760.00
67	衢江区(浙)	鲜切花(万支)	550.00
68	兰山区(鲁)	鲜切花(万支)	510.00
69	茌平县(鲁)	鲜切花(万支)	431.00
70	潼南县(渝)	鲜切花(万支)	386.00
71	凯里市(黔)	鲜切花(万支)	355.00
72	喀喇沁左翼蒙古族自治县(辽)	鲜切花(万支)	330.00
73	濮阳县(豫)	鲜切花(万支)	300.00
74	东洲区(辽)	鲜切花(万支)	230.00
75	管城回族区(豫)	鲜切花(万支)	210.00
76	红山区(内蒙古)	鲜切花(万支)	200.00
77	华龙区(豫)	鲜切花(万支)	200.00
78	清丰县(豫)	鲜切花(万支)	200.00
79	大英县(川)	鲜切花(万支)	200.00
80	顺义区(京)	鲜切花(万支)	183.00
81	丰满区(吉)	鲜切花(万支)	130.00
82	平山县(冀)	鲜切花(万支)	120.00
83	辉南县(吉)	鲜切花(万支)	120.00
84	许昌县(豫)	鲜切花(万支)	117.00
85	宝山区(沪)	鲜切花(万支)	105.00
86	西青区(津)	鲜切花(万支)	100.00
87	古冶区(冀)	鲜切花(万支)	100.00
88	徽　县(甘)	鲜切花(万支)	87.10
89	临川区(赣)	鲜切花(万支)	83.00
90	固安县(冀)	鲜切花(万支)	81.00
91	临邑县(鲁)	鲜切花(万支)	80.00
92	阳新县(鄂)	鲜切花(万支)	80.00
93	秀峰区(桂)	鲜切花(万支)	80.00
94	永川区(渝)	鲜切花(万支)	75.60
95	连州市(粤)	鲜切花(万支)	75.00
96	建湖县(苏)	鲜切花(万支)	70.00
97	宁都县(赣)	鲜切花(万支)	70.00
98	宜宾县(川)	鲜切花(万支)	68.00
99	龙南县(赣)	鲜切花(万支)	67.00
100	海港区(冀)	鲜切花(万支)	65.00
101	宣汉县(川)	鲜切花(万支)	65.00
102	迁安市(冀)	鲜切花(万支)	60.00
103	德城区(鲁)	鲜切花(万支)	60.00
104	郓城县(鲁)	鲜切花(万支)	60.00
105	岚山区(鲁)	鲜切花(万支)	58.00
106	零陵区(湘)	鲜切花(万支)	54.40
107	彭山县(川)	鲜切花(万支)	53.00
108	献　县(冀)	鲜切花(万支)	50.00
109	振安区(辽)	鲜切花(万支)	50.00
110	太和区(辽)	鲜切花(万支)	50.00
111	安　县(川)	鲜切花(万支)	50.00
112	惠济区(豫)	鲜切花(万支)	45.30
113	海城市(辽)	鲜切花(万支)	42.30
114	庄河市(辽)	鲜切花(万支)	40.00
115	慈溪市(浙)	鲜切花(万支)	40.00
116	象山县(浙)	鲜切花(万支)	40.00
117	凤城市(辽)	鲜切花(万支)	30.00
118	白银区(甘)	鲜切花(万支)	28.00
119	芦溪县(赣)	鲜切花(万支)	22.00
120	南川区(渝)	鲜切花(万支)	22.00
121	青山区(内蒙古)	鲜切花(万支)	20.00
122	项城市(豫)	鲜切花(万支)	20.00
123	梁山县(鲁)	鲜切花(万支)	18.00
124	祁东县(湘)	鲜切花(万支)	16.00
125	隆尧县(冀)	鲜切花(万支)	12.00
126	沙市区(鄂)	鲜切花(万支)	12.00
127	桂阳县(湘)	鲜切花(万支)	12.00
128	江阳区(川)	鲜切花(万支)	11.00
129	蒲江县(川)	鲜切花(万支)	10.25

序号	玫瑰主产地	花卉类别	生产量
130	玉田县(冀)	鲜切花(万支)	10.00
131	元宝山区(内蒙古)	鲜切花(万支)	10.00
132	吉利区(豫)	鲜切花(万支)	10.00
133	南溪县(川)	鲜切花(万支)	10.00
134	游仙区(川)	鲜切花(万支)	10.00
135	满城县(冀)	鲜切花(万支)	9.00
136	凉州区(甘)	鲜切花(万支)	8.71
137	衡阳县(湘)	鲜切花(万支)	8.00
138	江油市(川)	鲜切花(万支)	8.00
139	北票市(辽)	鲜切花(万支)	5.00
140	凤阳县(皖)	鲜切花(万支)	5.00
141	于都县(赣)	鲜切花(万支)	5.00
142	临洮县(甘)	鲜切花(万支)	5.00
143	永城市(豫)	鲜切花(万支)	4.50
144	绥宁县(湘)	鲜切花(万支)	4.00
145	衡山县(湘)	鲜切花(万支)	3.36
146	青　县(冀)	鲜切花(万支)	3.00
147	大方县(黔)	鲜切花(万支)	3.00
148	西平县(豫)	鲜切花(万支)	2.80
149	崇明县(沪)	鲜切花(万支)	2.50
150	沂南县(鲁)	鲜切花(万支)	2.50
151	高　县(川)	鲜切花(万支)	2.10
152	西华县(豫)	鲜切花(万支)	2.00
153	津市市(湘)	鲜切花(万支)	2.00
154	汉源县(川)	鲜切花(万支)	2.00
155	普安县(黔)	鲜切花(万支)	2.00
156	碧江区(黔)	鲜切花(万支)	2.00
157	永靖县(甘)	鲜切花(万支)	1.60
158	蔡甸区(鄂)	鲜切花(万支)	1.50
159	上思县(桂)	鲜切花(万支)	1.50
160	禹会区(皖)	鲜切花(万支)	0.86
161	永兴县(湘)	鲜切花(万支)	0.72
162	让胡路区(黑)	鲜切花(万支)	0.60
163	大邑县(川)	鲜切叶(万支)	100.00
164	修武县(豫)	鲜切叶(万支)	34.60
165	红旗区(豫)	鲜切叶(万支)	20.00
166	蕉岭县(粤)	鲜切叶(万支)	0.61

表 13-18　2012 年百合主产地产量

序号	百合主产地	花卉类别	生产量
1	通道侗族自治县(湘)	城镇绿化苗(万株)	200.00
2	呼兰区(黑)	观赏苗木(万株)	200.00
3	蒲江县(川)	观赏苗木(万株)	43.52
4	魏　县(冀)	观赏苗木(万株)	2.00
5	临安市(浙)	花卉用种球(千粒)	2600.00
6	延庆县(京)	花卉用种球(千粒)	800.00
7	海城市(辽)	花卉用种球(千粒)	290.00
8	南郑县(陕)	花卉用种球(千粒)	250.00
9	临洮县(甘)	花卉用种球(千粒)	20.00
10	青州市(鲁)	盆花(万盆)	50.00
11	宣汉县(川)	盆花(万盆)	42.00
12	惠济区(豫)	盆花(万盆)	18.44
13	固安县(冀)	盆花(万盆)	2.00
14	凤阳县(皖)	盆花(万盆)	2.00
15	蒲江县(川)	盆花(万盆)	1.82
16	大城县(冀)	盆花(万盆)	1.00
17	北京市大东流苗圃(京)	盆花(万盆)	0.82
18	东营区(鲁)	盆景(万盆)	5.00
19	合川区(渝)	食用及药用花卉(千克)	6700.00
20	凌源市(辽)	鲜切花(万支)	42000.00
21	太子河区(辽)	鲜切花(万支)	30000.00
22	盘龙区(滇)	鲜切花(万支)	17000.00
23	临沂市高新技术产业开发区(鲁)	鲜切花(万支)	12000.00
24	东乡县(赣)	鲜切花(万支)	8300.00
25	二七区(豫)	鲜切花(万支)	6200.00
26	隆德县(宁)	鲜切花(万支)	3740.00
27	寻甸回族彝族自治县(滇)	鲜切花(万支)	2957.20
28	经济技术开发区(辽)	鲜切花(万支)	2445.00
29	平泉县(冀)	鲜切花(万支)	2000.00
30	龙城区(辽)	鲜切花(万支)	1666.67
31	北票市(辽)	鲜切花(万支)	1000.00
32	香河县(冀)	鲜切花(万支)	500.00
33	获嘉县(豫)	鲜切花(万支)	500.00
34	临川区(赣)	鲜切花(万支)	470.00
35	顺义区(京)	鲜切花(万支)	399.00
36	临安市(浙)	鲜切花(万支)	300.00
37	清新县(粤)	鲜切花(万支)	300.00
38	濮阳县(豫)	鲜切花(万支)	280.00
39	许昌县(豫)	鲜切花(万支)	231.00
40	东洲区(辽)	鲜切花(万支)	230.00
41	长兴县(浙)	鲜切花(万支)	200.00
42	金山区(沪)	鲜切花(万支)	124.10
43	崇明县(沪)	鲜切花(万支)	104.00
44	团风县(鄂)	鲜切花(万支)	100.00
45	奉贤区(沪)	鲜切花(万支)	60.00
46	嘉陵区(川)	鲜切花(万支)	50.10
47	振安区(辽)	鲜切花(万支)	50.00
48	龙南县(赣)	鲜切花(万支)	46.00
49	宜宾县(川)	鲜切花(万支)	44.00
50	庄河市(辽)	鲜切花(万支)	42.00
51	平谷区(京)	鲜切花(万支)	40.70
52	迁安市(冀)	鲜切花(万支)	40.00

序号	百合主产地	花卉类别	生产量
53	象山县(浙)	鲜切花(万支)	40.00
54	芦溪县(赣)	鲜切花(万支)	40.00
55	雁塔区(陕)	鲜切花(万支)	40.00
56	瑞金市(赣)	鲜切花(万支)	24.30
57	浦东新区(沪)	鲜切花(万支)	20.00
58	建湖县(苏)	鲜切花(万支)	20.00
59	江油市(川)	鲜切花(万支)	20.00
60	永靖县(甘)	鲜切花(万支)	19.20
61	宽城满族自治县(冀)	鲜切花(万支)	18.00
62	海城市(辽)	鲜切花(万支)	17.30
63	蒲江县(川)	鲜切花(万支)	15.13
64	延庆县(京)	鲜切花(万支)	15.00
65	商河县(鲁)	鲜切花(万支)	15.00
66	清丰县(豫)	鲜切花(万支)	15.00
67	闵行区(沪)	鲜切花(万支)	11.00
68	克什克腾旗(内蒙古)	鲜切花(万支)	10.00
69	游仙区(川)	鲜切花(万支)	10.00
70	秦州区(甘)	鲜切花(万支)	10.00
71	红花岗区(黔)	鲜切花(万支)	8.00
72	奉化市(浙)	鲜切花(万支)	6.00
73	平山县(冀)	鲜切花(万支)	5.00
74	沙市区(鄂)	鲜切花(万支)	4.00
75	杨凌区农林局(陕)	鲜切花(万支)	3.50
76	天桥区(鲁)	鲜切花(万支)	3.00
77	怀柔区(京)	鲜切花(万支)	2.35
78	凉州区(甘)	鲜切花(万支)	2.14
79	蔡甸区(鄂)	鲜切花(万支)	1.20
80	信宜市(粤)	鲜切花(万支)	1.20
81	榆中县(甘)	鲜切花(万支)	1.10
82	献　县(冀)	鲜切花(万支)	1.00
83	徽　县(甘)	鲜切花(万支)	0.60
84	洋　县(陕)	鲜切叶(万支)	5.10

表 13-19　2012 年康乃馨主产地产量

序号	康乃馨主产地	花卉类别	生产量
1	大武口区(宁)	观赏苗木(万株)	40.00
2	闵行区(沪)	花卉用种苗(千苗)	15000.00
3	鹤山区(豫)	盆花(万盆)	50.00
4	东河区(内蒙古)	盆花(万盆)	5.85
5	石棉县(川)	盆花(万盆)	5.00
6	襄城区(鄂)	盆花(万盆)	2.50
7	新建县(赣)	盆花(万盆)	0.78
8	青　县(冀)	盆景(万盆)	1.00
9	文山市(滇)	鲜切花(万支)	300000.00
10	通州区(京)	鲜切花(万支)	186200.00
11	临沂市高新技术产业开发区(鲁)	鲜切花(万支)	21000.00
12	江川县(滇)	鲜切花(万支)	10000.00
13	青浦区(沪)	鲜切花(万支)	602.00
14	鄢陵县(豫)	鲜切花(万支)	600.00
15	香河县(冀)	鲜切花(万支)	400.00
16	凌源市(辽)	鲜切花(万支)	300.00
17	金山区(沪)	鲜切花(万支)	273.50
18	临川区(赣)	鲜切花(万支)	122.00
19	浦东新区(沪)	鲜切花(万支)	102.00
20	宜宾县(川)	鲜切花(万支)	56.00
21	迁安市(冀)	鲜切花(万支)	50.00
22	庄河市(辽)	鲜切花(万支)	31.00
23	宁都县(赣)	鲜切花(万支)	30.00
24	游仙区(川)	鲜切花(万支)	30.00
25	白银区(甘)	鲜切花(万支)	30.00
26	闵行区(沪)	鲜切花(万支)	28.00
27	芦溪县(赣)	鲜切花(万支)	20.00
28	沙市区(鄂)	鲜切花(万支)	18.00
29	宽城满族自治县(冀)	鲜切花(万支)	10.00
30	红花岗区(黔)	鲜切花(万支)	10.00
31	互助土族自治县(青)	鲜切花(万支)	9.50
32	玉田县(冀)	鲜切花(万支)	9.00
33	东丽区(津)	鲜切花(万支)	8.60
34	临洮县(甘)	鲜切花(万支)	5.00
35	凉州区(甘)	鲜切花(万支)	3.92
36	西华县(豫)	鲜切花(万支)	3.00
37	信宜市(粤)	鲜切花(万支)	3.00
38	石柱土家族自治县(渝)	鲜切花(万支)	2.50
39	碧江区(黔)	鲜切花(万支)	1.00
40	天心区(湘)	鲜切叶(万支)	50.00
41	平山县(冀)	鲜切叶(万支)	15.00

表 13-20　2012 年龙柏主产地产量

序号	龙柏主产地	花卉类别	生产量
1	金坛市(苏)	城镇绿化苗(万株)	2700.00
2	潢川县(豫)	城镇绿化苗(万株)	429.00
3	岱岳区(鲁)	城镇绿化苗(万株)	400.00
4	东平县(鲁)	城镇绿化苗(万株)	100.00
5	莱州市(鲁)	城镇绿化苗(万株)	24.00
6	梁山县(鲁)	城镇绿化苗(万株)	19.00
7	中方县(湘)	城镇绿化苗(万株)	10.00
8	坊子区(鲁)	城镇绿化苗(万株)	8.00
9	威海市经济技术开发区(鲁)	城镇绿化苗(万株)	5.00
10	华容县(湘)	城镇绿化苗(万株)	5.00
11	娄星区(湘)	城镇绿化苗(万株)	3.50
12	洞口县(湘)	城镇绿化苗(万株)	2.00
13	上蔡县(豫)	观赏苗木(万株)	750.00

序号	龙柏主产地	花卉类别	生产量
14	新泰市(鲁)	观赏苗木(万株)	700.00
15	龙安区(豫)	观赏苗木(万株)	155.00
16	西平县(豫)	观赏苗木(万株)	120.00
17	泌阳县(豫)	观赏苗木(万株)	110.00
18	山城区(豫)	观赏苗木(万株)	40.00
19	沙河市(冀)	观赏苗木(万株)	10.00
20	芜湖县(皖)	观赏苗木(万株)	10.00
21	安化县(湘)	观赏苗木(万株)	10.00
22	临洮县(甘)	观赏苗木(万株)	10.00
23	定海区(浙)	观赏苗木(万株)	8.28
24	陵　县(鲁)	观赏苗木(万株)	7.00
25	安阳县(豫)	观赏苗木(万株)	6.35
26	牧野区(豫)	观赏苗木(万株)	6.00
27	井陉矿区(冀)	观赏苗木(万株)	5.00
28	淄川区(鲁)	观赏苗木(万株)	5.00
29	商河县(鲁)	观赏苗木(万株)	5.00
30	鹿泉市(冀)	观赏苗木(万株)	3.00
31	遂平县(豫)	观赏苗木(万株)	3.00
32	灵璧县(皖)	观赏苗木(万株)	2.00
33	永年县(冀)	观赏苗木(万株)	1.10
34	藁城市(冀)	观赏苗木(万株)	1.00
35	石门县(湘)	观赏苗木(万株)	1.00
36	常宁市(湘)	观赏苗木(万株)	1.00
37	玉山县(赣)	观赏苗木(万株)	0.61
38	修水县(赣)	盆景(万盆)	10.00
39	江北区(浙)	盆景(万盆)	5.00
40	闵行区(沪)	盆景(万盆)	4.50
41	龙南县(赣)	盆景(万盆)	3.00
42	潢川县(豫)	盆景(万盆)	3.00
43	象山县(浙)	盆景(万盆)	2.00
44	宕昌县(甘)	盆景(万盆)	1.10

表 13-21　2012 年鸡冠花主产地产量

序号	鸡冠花主产地	花卉类别	生产量
1	金川区(甘)	城镇绿化苗(万株)	30.00
2	泊头市(冀)	观赏苗木(万株)	19.00
3	涉　县(冀)	观赏苗木(万株)	18.00
4	成安县(冀)	观赏苗木(万株)	8.00
5	石门县(湘)	观赏苗木(万株)	3.00
6	高平市(晋)	观赏苗木(万株)	2.00
7	东乌珠穆沁旗(内蒙古)	观赏苗木(万株)	1.00
8	奉贤区(沪)	盆花(万盆)	79.00
9	玉田县(冀)	盆花(万盆)	60.00
10	惠农区(宁)	盆花(万盆)	40.00
11	肥乡县(冀)	盆花(万盆)	35.00
12	延庆县(京)	盆花(万盆)	15.00
13	涿州市(冀)	盆花(万盆)	12.00
14	香河县(冀)	盆花(万盆)	10.00
15	枝江市(鄂)	盆花(万盆)	10.00
16	会宁县(甘)	盆花(万盆)	10.00
17	金凤区(宁)	盆花(万盆)	10.00
18	鼎城区(湘)	盆花(万盆)	8.50
19	固安县(冀)	盆花(万盆)	7.00
20	大名县(冀)	盆花(万盆)	6.00
21	邯郸县(冀)	盆花(万盆)	5.00
22	信宜市(粤)	盆花(万盆)	3.00
23	复兴区(冀)	盆花(万盆)	2.50
24	潢川县(豫)	盆花(万盆)	2.20
25	昌乐县(鲁)	盆花(万盆)	2.10
26	鹿泉市(冀)	盆花(万盆)	2.00
27	魏　县(冀)	盆花(万盆)	2.00
28	海港区(冀)	盆花(万盆)	2.00
29	望都县(冀)	盆花(万盆)	2.00
30	乐业县(桂)	盆花(万盆)	2.00
31	淮阳县(豫)	盆花(万盆)	1.50
32	沅陵县(湘)	盆花(万盆)	1.10
33	雄　县(冀)	盆花(万盆)	1.00
34	左权县(晋)	盆花(万盆)	1.00
35	包河区(皖)	鲜切花(万支)	100.00
36	白银区(甘)	鲜切花(万支)	10.00
37	凤阳县(皖)	鲜切花(万支)	5.00

表 13-22　2012 年紫叶李主产地产量

序号	紫叶李主产地	花卉类别	生产量
1	潢川县(豫)	城镇绿化苗(万株)	456.00
2	管城回族区(豫)	城镇绿化苗(万株)	300.00
3	巴州区(川)	城镇绿化苗(万株)	200.00
4	河东区(鲁)	城镇绿化苗(万株)	180.00
5	东平县(鲁)	城镇绿化苗(万株)	130.00
6	岱岳区(鲁)	城镇绿化苗(万株)	120.00
7	许昌县(豫)	城镇绿化苗(万株)	113.00
8	金坛市(苏)	城镇绿化苗(万株)	60.00
9	华龙区(豫)	城镇绿化苗(万株)	20.00
10	社旗县(豫)	城镇绿化苗(万株)	16.20
11	长丰县(皖)	城镇绿化苗(万株)	11.24
12	范　县(豫)	城镇绿化苗(万株)	11.00
13	孝昌县(鄂)	城镇绿化苗(万株)	10.00
14	尧都区(晋)	城镇绿化苗(万株)	8.00
15	陕西省苗木繁育中心(陕)	城镇绿化苗(万株)	6.00
16	宁河县(津)	城镇绿化苗(万株)	4.80
17	崆峒区(甘)	城镇绿化苗(万株)	2.80
18	船营区(吉)	城镇绿化苗(万株)	2.50

序号	紫叶李主产地	花卉类别	生产量
19	威海市经济技术开发区(鲁)	城镇绿化苗(万株)	2.00
20	马头滩林业局(陕)	城镇绿化苗(万株)	2.00
21	山阳区(豫)	观赏苗木(万株)	30000.00
22	开原市(辽)	观赏苗木(万株)	1000.00
23	上蔡县(豫)	观赏苗木(万株)	594.00
24	东港区(鲁)	观赏苗木(万株)	550.00
25	遵化市(冀)	观赏苗木(万株)	300.00
26	博野县(冀)	观赏苗木(万株)	210.00
27	易　县(冀)	观赏苗木(万株)	150.00
28	定州市(冀)	观赏苗木(万株)	120.00
29	静海县(津)	观赏苗木(万株)	90.60
30	环翠区(鲁)	观赏苗木(万株)	88.00
31	固安县(冀)	观赏苗木(万株)	60.00
32	霸州市(冀)	观赏苗木(万株)	50.00
33	肥城市(鲁)	观赏苗木(万株)	36.00
34	新泰市(鲁)	观赏苗木(万株)	30.00
35	濮阳县(豫)	观赏苗木(万株)	28.00
36	桃城区(冀)	观赏苗木(万株)	20.00
37	青州市(鲁)	观赏苗木(万株)	20.00
38	临洮县(甘)	观赏苗木(万株)	20.00
39	广阳区(冀)	观赏苗木(万株)	20.00
40	广平县(冀)	观赏苗木(万株)	20.00
41	宁阳县(鲁)	观赏苗木(万株)	16.00
42	梁山县(鲁)	观赏苗木(万株)	15.00
43	香河县(冀)	观赏苗木(万株)	14.00
44	邢台县(冀)	观赏苗木(万株)	12.00
45	吴桥县(冀)	观赏苗木(万株)	10.00
46	沙河市(冀)	观赏苗木(万株)	10.00
47	南和县(冀)	观赏苗木(万株)	10.00
48	陵　县(鲁)	观赏苗木(万株)	10.00
49	霍山县(皖)	观赏苗木(万株)	10.00
50	丰宁满族自治县(冀)	观赏苗木(万株)	10.00
51	丰南区(冀)	观赏苗木(万株)	10.00
52	兖州市(鲁)	观赏苗木(万株)	9.00
53	红花岗区(黔)	观赏苗木(万株)	9.00
54	昌乐县(鲁)	观赏苗木(万株)	8.40
55	淄川区(鲁)	观赏苗木(万株)	8.00
56	芜湖县(皖)	观赏苗木(万株)	8.00
57	南市区(冀)	观赏苗木(万株)	8.00
58	嵩　县(豫)	观赏苗木(万株)	6.00
59	商河县(鲁)	观赏苗木(万株)	6.00
60	寒亭区(鲁)	观赏苗木(万株)	6.00
61	鹿泉市(冀)	观赏苗木(万株)	5.00
62	景　县(冀)	观赏苗木(万株)	5.00
63	藁城市(冀)	观赏苗木(万株)	5.00
64	安国市(冀)	观赏苗木(万株)	4.50
65	任　县(冀)	观赏苗木(万株)	4.00
66	井陉矿区(冀)	观赏苗木(万株)	4.00
67	大厂回族自治县(冀)	观赏苗木(万株)	4.00
68	磁　县(冀)	观赏苗木(万株)	4.00
69	平阴县(鲁)	观赏苗木(万株)	3.50
70	阳信县(鲁)	观赏苗木(万株)	3.00
71	曲阳县(冀)	观赏苗木(万株)	3.00
72	灵璧县(皖)	观赏苗木(万株)	3.00
73	高碑店市(冀)	观赏苗木(万株)	3.00
74	大名县(冀)	观赏苗木(万株)	3.00
75	唐　县(冀)	观赏苗木(万株)	2.50
76	魏　县(冀)	观赏苗木(万株)	2.00
77	荆门市市辖区(鄂)	观赏苗木(万株)	2.00
78	金凤区(宁)	观赏苗木(万株)	2.00
79	黄州区(鄂)	观赏苗木(万株)	2.00
80	定西市巉口林业试验场(甘)	观赏苗木(万株)	2.00
81	彭山县(川)	观赏苗木(万株)	1.50
82	兰西县(黑)	观赏苗木(万株)	1.50
83	怀来县(冀)	观赏苗木(万株)	1.40
84	临漳县(冀)	观赏苗木(万株)	1.22
85	玉山县(赣)	观赏苗木(万株)	1.02
86	龙里县(黔)	观赏苗木(万株)	1.00
87	利川市(鄂)	观赏苗木(万株)	0.70
88	隆尧县(冀)	观叶植物(万盆)	6.00
89	枣强县(冀)	盆花(万盆)	2.10
90	西华县(豫)	鲜切叶(万支)	10.00

表 13-23　2012 年碧桃主产地产量

序号	碧桃主产地	花卉类别	生产量
1	东平县(鲁)	城镇绿化苗(万株)	320.00
2	诸城市(鲁)	城镇绿化苗(万株)	300.00
3	北票市(辽)	城镇绿化苗(万株)	110.00
4	坊子区(鲁)	城镇绿化苗(万株)	100.00
5	岱岳区(鲁)	城镇绿化苗(万株)	50.00
6	许昌县(豫)	城镇绿化苗(万株)	30.00
7	偃师市(豫)	城镇绿化苗(万株)	30.00
8	新化县(湘)	城镇绿化苗(万株)	20.00
9	巴林左旗(内蒙古)	城镇绿化苗(万株)	10.00
10	华龙区(豫)	城镇绿化苗(万株)	10.00
11	夏邑县(豫)	城镇绿化苗(万株)	5.00
12	宁河县(津)	城镇绿化苗(万株)	4.60
13	东昌府区(鲁)	城镇绿化苗(万株)	4.00
14	尧都区(晋)	城镇绿化苗(万株)	1.00
15	诸城市(鲁)	观赏苗木(万株)	200.00
16	定州市(冀)	观赏苗木(万株)	130.00
17	青州市(鲁)	观赏苗木(万株)	120.00

序号	碧桃主产地	花卉类别	生产量
18	固安县(冀)	观赏苗木(万株)	80.00
19	博野县(冀)	观赏苗木(万株)	70.00
20	静海县(津)	观赏苗木(万株)	64.00
21	迁安市(冀)	观赏苗木(万株)	50.00
22	香河县(冀)	观赏苗木(万株)	30.00
23	临夏市(甘)	观赏苗木(万株)	20.00
24	临颍县(豫)	观赏苗木(万株)	18.90
25	红花岗区(黔)	观赏苗木(万株)	16.00
26	桃城区(冀)	观赏苗木(万株)	10.00
27	沙河市(冀)	观赏苗木(万株)	10.00
28	芜湖县(皖)	观赏苗木(万株)	10.00
29	荥阳市(豫)	观赏苗木(万株)	8.00
30	新泰市(鲁)	观赏苗木(万株)	5.00
31	大厂回族自治县(冀)	观赏苗木(万株)	3.00
32	商河县(鲁)	观赏苗木(万株)	3.00
33	唐　县(冀)	观赏苗木(万株)	2.50
34	高碑店市(冀)	观赏苗木(万株)	2.00
35	薛城区(鲁)	观赏苗木(万株)	2.00
36	安阳县(豫)	观赏苗木(万株)	1.80
37	容城县(冀)	观赏苗木(万株)	1.20
38	金凤区(宁)	观赏苗木(万株)	1.20
39	怀来县(冀)	观赏苗木(万株)	1.00
40	嵩　县(豫)	观赏苗木(万株)	1.00
41	临洮县(甘)	观赏苗木(万株)	1.00
42	青州市(鲁)	盆花(万盆)	150.00
43	汉阴县(陕)	盆花(万盆)	1.20
44	枣强县(冀)	盆花(万盆)	0.80

表 13-24　2012 年栀子花主产地产量

序号	栀子花主产地	花卉类别	生产量
1	东坡区(川)	城镇绿化苗(万株)	10.00
2	津市市(湘)	城镇绿化苗(万株)	8.00
3	韶山市(湘)	城镇绿化苗(万株)	2.00
4	翠屏区(川)	城镇绿化苗(万株)	0.50
5	广水市(鄂)	工业及其他用途花卉(千克)	180.00
6	射洪县(川)	观赏苗木(万株)	650.00
7	泌阳县(豫)	观赏苗木(万株)	330.00
8	高坪区(川)	观赏苗木(万株)	315.00
9	新化县(湘)	观赏苗木(万株)	50.00
10	临武县(湘)	观赏苗木(万株)	26.30
11	翠屏区(川)	观赏苗木(万株)	22.00
12	中方县(湘)	观赏苗木(万株)	18.00
13	中江县(川)	观赏苗木(万株)	11.50
14	余庆县(黔)	观赏苗木(万株)	8.30
15	龙里县(黔)	观赏苗木(万株)	7.30
16	东宝区(鄂)	观赏苗木(万株)	7.00
17	阳新县(鄂)	观赏苗木(万株)	6.00
18	汉阴县(陕)	观赏苗木(万株)	4.10
19	雷波县(川)	观赏苗木(万株)	3.00
20	碧江区(黔)	观赏苗木(万株)	3.00
21	鹤峰县(鄂)	观赏苗木(万株)	2.50
22	新蔡县(豫)	观赏苗木(万株)	1.50
23	凤阳县(皖)	观叶植物(万盆)	10.00
24	普安县(黔)	花卉用种苗(千苗)	2.00
25	邹平县(鲁)	盆花(万盆)	450.00
26	射洪县(川)	盆花(万盆)	400.00
27	宜宾县(川)	盆花(万盆)	78.00
28	鹤山区(豫)	盆花(万盆)	50.00
29	嘉陵区(川)	盆花(万盆)	10.50
30	黔江区(渝)	盆花(万盆)	10.00
31	沙市区(鄂)	盆花(万盆)	5.00
32	襄城区(鄂)	盆花(万盆)	3.70
33	灵璧县(皖)	盆花(万盆)	3.00
34	滦　县(冀)	盆花(万盆)	2.00
35	墨江哈尼族自治县(滇)	盆景(万盆)	1635.00
36	固始县(豫)	盆景(万盆)	4.00
37	彭山县(川)	盆景(万盆)	2.00
38	新晃侗族自治县(湘)	盆景(万盆)	1.20
39	合川区(渝)	食用及药用花卉(千克)	493.00
40	普安县(黔)	食用及药用花卉(千克)	250.00
41	蓬溪县(川)	鲜切花(万支)	200.00
42	罗山县(豫)	鲜切花(万支)	40.00
43	南川区(渝)	鲜切花(万支)	22.00
44	凤阳县(皖)	鲜切花(万支)	20.00
45	蒲江县(川)	鲜切花(万支)	11.05
46	江津区(渝)	鲜切花(万支)	10.00
47	江油市(川)	鲜切花(万支)	10.00
48	游仙区(川)	鲜切花(万支)	10.00
49	武陵区(湘)	鲜切花(万支)	2.00
50	新晃侗族自治县(湘)	鲜切花(万支)	1.20
51	大邑县(川)	鲜切叶(万支)	50.00
52	仪陇县(川)	鲜切叶(万支)	20.00
53	平利县(陕)	鲜切叶(万支)	1.00
54	息　县(豫)	鲜切叶(万支)	0.80

表 13-25　2012 年一品红主产地产量

序号	一品红主产地	花卉类别	生产量
1	松北区(黑)	城镇绿化苗(万株)	20.00
2	东坡区(川)	城镇绿化苗(万株)	8.00
3	冷水江市(湘)	城镇绿化苗(万株)	2.00
4	老河口市(鄂)	观赏苗木(万株)	50.00
5	广水市(鄂)	观赏苗木(万株)	21.00

序号	一品红主产地	花卉类别	生产量
6	文山市(滇)	观赏苗木(万株)	20.00
7	黄州区(鄂)	观赏苗木(万株)	1.00
8	临安市(浙)	观叶植物(万盆)	40.00
9	路桥区(浙)	观叶植物(万盆)	2.00
10	牟平区(鲁)	观叶植物(万盆)	0.80
11	麦盖提县(新)	盆花(万盆)	4500.00
12	青州市(鲁)	盆花(万盆)	350.00
13	浦东新区(沪)	盆花(万盆)	55.00
14	赫山区(湘)	盆花(万盆)	50.00
15	奉贤区(沪)	盆花(万盆)	42.00
16	临安市(浙)	盆花(万盆)	40.00
17	高邑县(冀)	盆花(万盆)	32.00
18	金凤区(宁)	盆花(万盆)	30.00
19	宜宾县(川)	盆花(万盆)	23.00
20	乐都县(青)	盆花(万盆)	22.00
21	黔江区(渝)	盆花(万盆)	20.00
22	长安区(陕)	盆花(万盆)	17.00
23	榆中县(甘)	盆花(万盆)	14.50
24	阳泉市郊区(晋)	盆花(万盆)	10.00
25	凤阳县(皖)	盆花(万盆)	10.00
26	渭滨区(陕)	盆花(万盆)	6.00
27	海城市(辽)	盆花(万盆)	5.40
28	石家庄市桥西区(冀)	盆花(万盆)	5.00
29	让胡路区(黑)	盆花(万盆)	5.00
30	雨山区(皖)	盆花(万盆)	5.00
31	临洮县(甘)	盆花(万盆)	5.00
32	东洲区(辽)	盆花(万盆)	3.80
33	临颍县(豫)	盆花(万盆)	3.20
34	灵璧县(皖)	盆花(万盆)	3.00
35	平阴县(鲁)	盆花(万盆)	2.50
36	奉化市(浙)	盆花(万盆)	2.00
37	蜀山区(皖)	盆花(万盆)	2.00
38	兴山县(鄂)	盆花(万盆)	2.00
39	农六师(新疆兵团)	盆花(万盆)	2.00
40	雄　县(冀)	盆花(万盆)	1.50
41	武邑县(冀)	盆花(万盆)	1.50
42	崆峒区(甘)	盆花(万盆)	1.50
43	临武县(湘)	盆花(万盆)	1.38
44	蠡　县(冀)	盆花(万盆)	1.00
45	淮上区(皖)	盆花(万盆)	1.00
46	寒亭区(鲁)	盆花(万盆)	1.00
47	山丹县(甘)	盆花(万盆)	0.60
48	怀来县(冀)	盆花(万盆)	0.55
49	新建县(赣)	盆花(万盆)	0.52
50	大冶市(鄂)	盆景(万盆)	30.00
51	永兴县(湘)	盆景(万盆)	6.00
52	青　县(冀)	盆景(万盆)	1.00
53	合山市(桂)	鲜切花(万支)	4250.00
54	新安县(豫)	鲜切花(万支)	170.00
55	白银区(甘)	鲜切花(万支)	15.00
56	张湾区(鄂)	鲜切花(万支)	2.00

表 13-26　2012 年丁香类主产地产量

序号	丁香类主产地	花卉类别	生产量
1	望奎县(黑)	城镇绿化苗(万株)	200.00
2	康保县(冀)	城镇绿化苗(万株)	188.70
3	北林区(黑)	城镇绿化苗(万株)	100.00
4	北票市(辽)	城镇绿化苗(万株)	100.00
5	潢川县(豫)	城镇绿化苗(万株)	73.00
6	江阳区(川)	城镇绿化苗(万株)	66.00
7	林甸县(黑)	城镇绿化苗(万株)	50.00
8	喀喇沁旗(内蒙古)	城镇绿化苗(万株)	40.00
9	松北区(黑)	城镇绿化苗(万株)	35.00
10	乌兰浩特市(内蒙古)	城镇绿化苗(万株)	20.00
11	永宁县(宁)	城镇绿化苗(万株)	15.00
12	瓜州县(甘)	城镇绿化苗(万株)	12.00
13	南岗区(黑)	城镇绿化苗(万株)	10.00
14	克东县(黑)	城镇绿化苗(万株)	3.00
15	宁河县(津)	城镇绿化苗(万株)	2.40
16	山阴县(晋)	城镇绿化苗(万株)	2.00
17	尧都区(晋)	城镇绿化苗(万株)	2.00
18	崆峒区(甘)	城镇绿化苗(万株)	1.50
19	千山区(辽)	城镇绿化苗(万株)	1.00
20	长岭县(吉)	城镇绿化苗(万株)	1.00
21	红古区(甘)	观赏苗木(万株)	1100.00
22	闻喜县(晋)	观赏苗木(万株)	980.00
23	肇源县(黑)	观赏苗木(万株)	600.00
24	呼兰区(黑)	观赏苗木(万株)	500.00
25	扎兰屯市(内蒙古)	观赏苗木(万株)	260.00
26	凤城市(辽)	观赏苗木(万株)	230.00
27	榆阳区(陕)	观赏苗木(万株)	228.00
28	遵化市(冀)	观赏苗木(万株)	200.00
29	定州市(冀)	观赏苗木(万株)	150.00
30	丰宁满族自治县(冀)	观赏苗木(万株)	50.00
31	翁牛特旗(内蒙古)	观赏苗木(万株)	25.00
32	海城市(辽)	观赏苗木(万株)	22.20
33	正定县(冀)	观赏苗木(万株)	22.00
34	涉　县(冀)	观赏苗木(万株)	20.00
35	兖州市(鲁)	观赏苗木(万株)	20.00
36	隆化县(冀)	观赏苗木(万株)	10.00
37	兰西县(黑)	观赏苗木(万株)	10.00
38	龙凤区(黑)	观赏苗木(万株)	10.00

序号	丁香类主产地	花卉类别	生产量
39	海港区(冀)	观赏苗木(万株)	9.31
40	大武口区(宁)	观赏苗木(万株)	8.30
41	延庆县(京)	观赏苗木(万株)	7.00
42	临夏市(甘)	观赏苗木(万株)	6.50
43	南和县(冀)	观赏苗木(万株)	5.00
44	怀来县(冀)	观赏苗木(万株)	2.90
45	忻府区(晋)	观赏苗木(万株)	2.20
46	石泉县(陕)	观赏苗木(万株)	2.00
47	金凤区(宁)	观赏苗木(万株)	2.00
48	塔城市(新)	观赏苗木(万株)	2.00
49	涿州市(冀)	观赏苗木(万株)	1.20
50	苏尼特右旗(内蒙古)	花卉用种苗(千苗)	1.00
51	海拉尔区(内蒙古)	盆花(万盆)	3.00
52	肇源县(黑)	鲜切花(万支)	500.00
53	临夏市(甘)	鲜切花(万支)	42.00
54	阳新县(鄂)	鲜切花(万支)	20.00

表 13-27　2012 年樱花主产地产量

序号	樱花主产地	花卉类别	生产量
1	岱岳区(鲁)	城镇绿化苗(万株)	400.00
2	巴州区(川)	城镇绿化苗(万株)	350.00
3	金坛市(苏)	城镇绿化苗(万株)	180.00
4	潢川县(豫)	城镇绿化苗(万株)	104.00
5	雨城区(川)	城镇绿化苗(万株)	100.00
6	东平县(鲁)	城镇绿化苗(万株)	100.00
7	枣阳市(鄂)	城镇绿化苗(万株)	3.00
8	冷水江市(湘)	城镇绿化苗(万株)	2.00
9	陕西省苗木繁育中心(陕)	城镇绿化苗(万株)	2.00
10	社旗县(豫)	城镇绿化苗(万株)	2.00
11	东坡区(川)	城镇绿化苗(万株)	1.80
12	威海市经济技术开发区(鲁)	城镇绿化苗(万株)	1.00
13	孟连傣族拉祜族佤族自治县(滇)	城镇绿化苗(万株)	0.55
14	广饶县(鲁)	观赏苗木(万株)	2000.00
15	东港区(鲁)	观赏苗木(万株)	396.00
16	诸城市(鲁)	观赏苗木(万株)	304.00
17	定州市(冀)	观赏苗木(万株)	112.00
18	环翠区(鲁)	观赏苗木(万株)	67.00
19	博野县(冀)	观赏苗木(万株)	50.00
20	潜江市(鄂)	观赏苗木(万株)	50.00
21	岚山区(鲁)	观赏苗木(万株)	42.00
22	蒲江县(川)	观赏苗木(万株)	38.71
23	邯郸县(冀)	观赏苗木(万株)	30.00
24	新泰市(鲁)	观赏苗木(万株)	25.00
25	琅琊区(皖)	观赏苗木(万株)	20.00
26	肥城市(鲁)	观赏苗木(万株)	20.00
27	宁阳县(鲁)	观赏苗木(万株)	16.00
28	临颍县(豫)	观赏苗木(万株)	12.30
29	兖州市(鲁)	观赏苗木(万株)	12.00
30	霸州市(冀)	观赏苗木(万株)	10.00
31	宁波市市辖区(浙)	观赏苗木(万株)	7.00
32	蒙阴县(鲁)	观赏苗木(万株)	6.00
33	华龙区(豫)	观赏苗木(万株)	6.00
34	孝昌县(鄂)	观赏苗木(万株)	5.00
35	安阳县(豫)	观赏苗木(万株)	4.09
36	阳新县(鄂)	观赏苗木(万株)	4.00
37	花山区(皖)	观赏苗木(万株)	3.00
38	汝城县(湘)	观赏苗木(万株)	3.00
39	临武县(湘)	观赏苗木(万株)	2.60
40	龙里县(黔)	观赏苗木(万株)	1.50
41	定海区(浙)	观赏苗木(万株)	1.35
42	大厂回族自治县(冀)	观赏苗木(万株)	1.00
43	遂平县(豫)	观赏苗木(万株)	1.00
44	黄州区(鄂)	观赏苗木(万株)	1.00
45	玉山县(赣)	观赏苗木(万株)	0.72
46	涿州市(冀)	观赏苗木(万株)	0.60
47	平阴县(鲁)	观赏苗木(万株)	0.60
48	南郑县(陕)	花卉用种苗(千苗)	400.00
49	东兴区(川)	盆花(万盆)	12.00
50	秀峰区(桂)	鲜切花(万支)	20.00
51	蒲江县(川)	鲜切花(万支)	9.80
52	洋　县(陕)	鲜切花(万支)	5.20
53	凤阳县(皖)	鲜切花(万支)	5.00

表 13-28　2012 年千日红主产地产量

序号	千日红主产地	花卉类别	生产量
1	平舆县(豫)	城镇绿化苗(万株)	26.00
2	许昌县(豫)	城镇绿化苗(万株)	15.00
3	济南市市中区(鲁)	观赏苗木(万株)	5000.00
4	汝南县(豫)	观赏苗木(万株)	500.00
5	大武口区(宁)	观赏苗木(万株)	40.00
6	肇州县(黑)	观赏苗木(万株)	30.00
7	遂平县(豫)	观赏苗木(万株)	28.00
8	长垣县(豫)	观赏苗木(万株)	2.36
9	许昌市经济技术开发区(豫)	观赏苗木(万株)	2.10
10	黄州区(鄂)	观赏苗木(万株)	2.00
11	开封县(豫)	观赏苗木(万株)	1.08
12	鹿泉市(冀)	观赏苗木(万株)	1.00
13	浑江区(吉)	盆花(万盆)	5000.00
14	松潘县(川)	盆花(万盆)	1000.00
15	东胜区(内蒙古)	盆花(万盆)	150.00
16	大埔县(粤)	盆花(万盆)	100.00
17	游仙区(川)	盆花(万盆)	50.00

序号	千日红主产地	花卉类别	生产量
18	珠晖区(湘)	盆花(万盆)	30.00
19	黔江区(渝)	盆花(万盆)	20.00
20	红花岗区(黔)	盆花(万盆)	19.50
21	浦东新区(沪)	盆花(万盆)	11.00
22	雨山区(皖)	盆花(万盆)	10.00
23	中江县(川)	盆花(万盆)	9.80
24	高碑店市(冀)	盆花(万盆)	6.45
25	南和县(冀)	盆花(万盆)	6.00
26	化德县(内蒙古)	盆花(万盆)	5.50
27	肇州县(黑)	盆花(万盆)	5.00
28	薛城区(鲁)	盆花(万盆)	5.00
29	滨城区(鲁)	盆花(万盆)	4.00
30	淮上区(皖)	盆花(万盆)	3.00
31	石城县(赣)	盆花(万盆)	2.00
32	娄星区(湘)	盆花(万盆)	2.00
33	商州区(陕)	盆花(万盆)	1.80
34	威海市经济技术开发区(鲁)	盆花(万盆)	1.00
35	河口区(鲁)	盆花(万盆)	0.85
36	巴林左旗(内蒙古)	盆景(万盆)	100.00
37	永兴县(湘)	盆景(万盆)	8.50
38	东营区(鲁)	盆景(万盆)	5.00
39	谯城区(皖)	盆景(万盆)	3.00
40	襄城区(鄂)	盆景(万盆)	1.20
41	大英县(川)	鲜切花(万支)	50.00
42	老河口市(鄂)	鲜切花(万支)	25.00
43	温　县(豫)	鲜切花(万支)	13.50
44	峄城区(鲁)	鲜切花(万支)	12.00
45	隆尧县(冀)	鲜切花(万支)	11.00
46	石城县(赣)	鲜切花(万支)	10.00
47	沁阳市(豫)	鲜切花(万支)	4.00

表 13-29　2012 年石竹主产地产量

序号	石竹主产地	花卉类别	生产量
1	定州市(冀)	观赏苗木(万株)	2150.00
2	遂平县(豫)	观赏苗木(万株)	15.00
3	经济开发区(吉)	观赏苗木(万株)	4.00
4	黄州区(鄂)	观赏苗木(万株)	2.50
5	常宁市(湘)	观赏苗木(万株)	0.80
6	石棉县(川)	观叶植物(万盆)	3.00
7	阜新蒙古族自治县(辽)	盆花(万盆)	150.00
8	新安县(豫)	盆花(万盆)	80.00
9	邹平县(鲁)	盆花(万盆)	50.00
10	蔡甸区(鄂)	盆花(万盆)	50.00
11	浦东新区(沪)	盆花(万盆)	45.00
12	延庆县(京)	盆花(万盆)	32.00
13	红花岗区(黔)	盆花(万盆)	12.10
14	凤阳县(皖)	盆花(万盆)	10.00
15	惠农区(宁)	盆花(万盆)	10.00
16	化德县(内蒙古)	盆花(万盆)	6.50
17	西平县(豫)	盆花(万盆)	6.00
18	庐阳区(皖)	盆花(万盆)	5.00
19	金凤区(宁)	盆花(万盆)	5.00
20	薛城区(鲁)	盆花(万盆)	4.00
21	抚宁县(冀)	盆花(万盆)	3.00
22	旌阳区(川)	盆花(万盆)	2.80
23	公安县(鄂)	盆花(万盆)	2.40
24	湘乡市(湘)	盆花(万盆)	1.80
25	唐　县(冀)	盆花(万盆)	1.50
26	浑江区(吉)	盆花(万盆)	1.00
27	苏家屯区(辽)	盆花(万盆)	1.00
28	息　县(豫)	盆花(万盆)	1.00
29	洞口县(湘)	盆花(万盆)	1.00
30	津市市(湘)	盆花(万盆)	1.00
31	甘州区(甘)	盆花(万盆)	1.00
32	南溪县(川)	盆景(万盆)	8.00
33	卫东区(豫)	盆景(万盆)	2.00
34	修文县(黔)	盆景(万盆)	1.70
35	蕉岭县(粤)	盆景(万盆)	1.50
36	埇桥区(皖)	盆景(万盆)	1.40
37	松江区(沪)	鲜切花(万支)	170.00
38	奉贤区(沪)	鲜切花(万支)	42.00
39	淮滨县(豫)	鲜切花(万支)	10.00
40	秦州区(甘)	鲜切花(万支)	5.00
41	桃城区(冀)	鲜切花(万支)	2.00
42	长沙县(湘)	鲜切花(万支)	0.70
43	桂阳县(湘)	鲜切叶(万支)	5.00
44	隆尧县(冀)	鲜切叶(万支)	4.00
45	沙市区(鄂)	鲜切叶(万支)	3.00

表 13-30　2012 年海棠花主产地产量

序号	海棠花主产地	花卉类别	生产量
1	潢川县(豫)	城镇绿化苗(万株)	115.50
2	许昌县(豫)	城镇绿化苗(万株)	80.00
3	宁河县(津)	城镇绿化苗(万株)	4.60
4	东昌府区(鲁)	城镇绿化苗(万株)	4.00
5	长丰县(皖)	城镇绿化苗(万株)	1.25
6	遵化市(冀)	观赏苗木(万株)	200.00
7	邯郸县(冀)	观赏苗木(万株)	170.00
8	广平县(冀)	观赏苗木(万株)	100.00
9	静海县(津)	观赏苗木(万株)	70.00
10	沅江市(湘)	观赏苗木(万株)	60.00
11	滦　县(冀)	观赏苗木(万株)	30.00

序号	海棠花主产地	花卉类别	生产量
12	江油市(川)	观赏苗木(万株)	30.00
13	固安县(冀)	观赏苗木(万株)	20.00
14	临颍县(豫)	观赏苗木(万株)	16.60
15	寿　县(皖)	观赏苗木(万株)	12.00
16	吴桥县(冀)	观赏苗木(万株)	10.00
17	邢台县(冀)	观赏苗木(万株)	4.00
18	阳信县(鲁)	观赏苗木(万株)	2.00
19	涿州市(冀)	观赏苗木(万株)	1.20
20	路南区(冀)	观叶植物(万盆)	205.00
21	延庆县(京)	盆花(万盆)	130.00
22	青州市(鲁)	盆花(万盆)	120.00
23	蔡甸区(鄂)	盆花(万盆)	50.00
24	花溪区(黔)	盆花(万盆)	40.00
25	兖州市(鲁)	盆花(万盆)	8.00
26	榆中县(甘)	盆花(万盆)	8.00
27	石家庄市桥西区(冀)	盆花(万盆)	7.00
28	蒙阴县(鲁)	盆花(万盆)	6.00
29	阳泉市郊区(晋)	盆花(万盆)	5.00
30	庆元县(浙)	盆花(万盆)	4.60
31	大厂回族自治县(冀)	盆花(万盆)	3.00
32	西平县(豫)	盆花(万盆)	3.00
33	潢川县(豫)	盆花(万盆)	2.80
34	滦南县(冀)	盆花(万盆)	2.60
35	平山县(冀)	盆花(万盆)	2.00
36	辛集市(冀)	盆花(万盆)	1.33
37	萧　县(皖)	盆花(万盆)	1.00
38	贵定县(黔)	盆花(万盆)	1.00
39	临江林业局(吉林森工)	盆花(万盆)	0.83
40	方城县(豫)	盆花(万盆)	0.70
41	沂南县(鲁)	盆花(万盆)	0.60
42	清苑县(冀)	盆景(万盆)	2.00
43	登封市(豫)	盆景(万盆)	0.90
44	娄星区(湘)	鲜切花(万支)	8.00
45	闵行区(沪)	鲜切花(万支)	5.30
46	东港区(鲁)	鲜切花(万支)	4.00
47	禹会区(皖)	鲜切花(万支)	0.60
48	禹会区(皖)	鲜切叶(万支)	3.80
49	阳泉市郊区(晋)	鲜切叶(万支)	1.00

表 13-31　2012 年木槿主产地产量

序号	木槿主产地	花卉类别	生产量
1	潢川县(豫)	城镇绿化苗(万株)	165.00
2	许昌县(豫)	城镇绿化苗(万株)	155.00
3	华龙区(豫)	城镇绿化苗(万株)	20.00
4	枣阳市(鄂)	城镇绿化苗(万株)	8.00
5	尧都区(晋)	城镇绿化苗(万株)	3.00
6	威海市经济技术开发区(鲁)	城镇绿化苗(万株)	3.00
7	洞口县(湘)	城镇绿化苗(万株)	2.00
8	龙里县(黔)	城镇绿化苗(万株)	0.50
9	广饶县(鲁)	观赏苗木(万株)	1000.00
10	东平县(鲁)	观赏苗木(万株)	260.00
11	东港区(鲁)	观赏苗木(万株)	200.00
12	环翠区(鲁)	观赏苗木(万株)	76.00
13	邯郸县(冀)	观赏苗木(万株)	50.00
14	霸州市(冀)	观赏苗木(万株)	20.00
15	香河县(冀)	观赏苗木(万株)	20.00
16	濮阳县(豫)	观赏苗木(万株)	20.00
17	华龙区(豫)	观赏苗木(万株)	15.00
18	晋州市(冀)	观赏苗木(万株)	10.03
19	丰南区(冀)	观赏苗木(万株)	10.00
20	淄川区(鲁)	观赏苗木(万株)	10.00
21	红花岗区(黔)	观赏苗木(万株)	9.60
22	海城市(辽)	观赏苗木(万株)	6.30
23	鹿泉市(冀)	观赏苗木(万株)	6.00
24	南和县(冀)	观赏苗木(万株)	6.00
25	陵　县(鲁)	观赏苗木(万株)	6.00
26	南市区(冀)	观赏苗木(万株)	5.00
27	高邑县(冀)	观赏苗木(万株)	5.00
28	海港区(冀)	观赏苗木(万株)	4.00
29	新泰市(鲁)	观赏苗木(万株)	4.00
30	定海区(浙)	观赏苗木(万株)	3.70
31	武强县(冀)	观赏苗木(万株)	3.60
32	郾城区(豫)	观赏苗木(万株)	3.18
33	饶阳县(冀)	观赏苗木(万株)	3.00
34	北戴河区(冀)	观赏苗木(万株)	3.00
35	安阳县(豫)	观赏苗木(万株)	2.85
36	昌乐县(鲁)	观赏苗木(万株)	2.80
37	邢台县(冀)	观赏苗木(万株)	2.00
38	唐　县(冀)	观赏苗木(万株)	2.00
39	遂平县(豫)	观赏苗木(万株)	2.00
40	嵩　县(豫)	观赏苗木(万株)	2.00
41	滑　县(豫)	观赏苗木(万株)	2.00
42	阳信县(鲁)	观赏苗木(万株)	1.00
43	卫辉市(豫)	观赏苗木(万株)	1.00
44	临洮县(甘)	观赏苗木(万株)	1.00
45	涿州市(冀)	观赏苗木(万株)	0.80
46	永年县(冀)	观赏苗木(万株)	0.60
47	宁陵县(豫)	观叶植物(万盆)	8.00
48	凤阳县(皖)	观叶植物(万盆)	1.00
49	昌乐县(鲁)	盆景(万盆)	1.30
50	建湖县(苏)	鲜切花(万支)	50.00

表 13-32　2012 年红檵木主产地产量

序号	红檵木主产地	花卉类别	生产量
1	巴州区(川)	城镇绿化苗(万株)	430.00
2	赫山区(湘)	城镇绿化苗(万株)	150.00
3	株洲县(湘)	城镇绿化苗(万株)	110.00
4	临安市(浙)	城镇绿化苗(万株)	60.00
5	津市市(湘)	城镇绿化苗(万株)	30.00
6	华容县(湘)	城镇绿化苗(万株)	30.00
7	洞口县(湘)	城镇绿化苗(万株)	20.00
8	宜都市(鄂)	城镇绿化苗(万株)	20.00
9	分宜县(赣)	城镇绿化苗(万株)	10.00
10	张湾区(鄂)	城镇绿化苗(万株)	10.00
11	龙里县(黔)	城镇绿化苗(万株)	7.00
12	冷水江市(湘)	城镇绿化苗(万株)	1.50
13	孝昌县(鄂)	观赏苗木(万株)	200.00
14	岳阳县(湘)	观赏苗木(万株)	200.00
15	定海区(浙)	观赏苗木(万株)	125.40
16	永兴县(湘)	观赏苗木(万株)	48.00
17	余庆县(黔)	观赏苗木(万株)	47.30
18	进贤县(赣)	观赏苗木(万株)	41.00
19	邵阳县(湘)	观赏苗木(万株)	40.00
20	衢江区(浙)	观赏苗木(万株)	34.00
21	中方县(湘)	观赏苗木(万株)	30.00
22	蕉岭县(粤)	观赏苗木(万株)	30.00
23	雁山区(桂)	观赏苗木(万株)	30.00
24	石门县(湘)	观赏苗木(万株)	20.00
25	全州县(桂)	观赏苗木(万株)	15.00
26	荆门市市辖区(鄂)	观赏苗木(万株)	10.00
27	常宁市(湘)	观赏苗木(万株)	10.00
28	蔡甸区(鄂)	观赏苗木(万株)	5.00
29	利川市(鄂)	观赏苗木(万株)	5.00
30	阳新县(鄂)	观赏苗木(万株)	5.00
31	碧江区(黔)	观赏苗木(万株)	5.00
32	翠屏区(川)	观赏苗木(万株)	3.00
33	芷江侗族自治县(湘)	观赏苗木(万株)	2.00
34	通城县(鄂)	观赏苗木(万株)	1.70
35	汝城县(湘)	观赏苗木(万株)	1.50
36	威远县(川)	观赏苗木(万株)	1.20
37	凤阳县(皖)	观赏苗木(万株)	1.00
38	都昌县(赣)	观叶植物(万盆)	3.50
39	合川区(渝)	观叶植物(万盆)	0.62
40	沅陵县(湘)	花卉用种苗(千苗)	21.00
41	江北区(浙)	盆花(万盆)	9.00
42	津市市(湘)	鲜切花(万支)	1.00

表 13-33　2012 年红掌主产地产量

序号	红掌主产地	花卉类别	生产量
1	荥阳市(豫)	观赏苗木(万株)	5.00
2	高平市(晋)	观赏苗木(万株)	1.00
3	游仙区(川)	观叶植物(万盆)	20.00
4	延庆县(京)	花卉用种苗(千苗)	700.00
5	通州区(京)	盆花(万盆)	2000.00
6	青州市(鲁)	盆花(万盆)	320.00
7	濮阳市高新区(豫)	盆花(万盆)	243.00
8	广饶县(鲁)	盆花(万盆)	200.00
9	崇明县(沪)	盆花(万盆)	120.00
10	南沙区(粤)	盆花(万盆)	65.00
11	昆山市(苏)	盆花(万盆)	63.17
12	北京市大东流苗圃(京)	盆花(万盆)	56.00
13	顺义区(京)	盆花(万盆)	52.00
14	商河县(鲁)	盆花(万盆)	40.00
15	虞城县(豫)	盆花(万盆)	40.00
16	丰台区(京)	盆花(万盆)	31.60
17	奉贤区(沪)	盆花(万盆)	24.00
18	东港区(鲁)	盆花(万盆)	22.00
19	陕西省苗木繁育中心(陕)	盆花(万盆)	20.00
20	长安区(陕)	盆花(万盆)	15.00
21	莱州市(鲁)	盆花(万盆)	12.00
22	兖州市(鲁)	盆花(万盆)	12.00
23	原阳县(豫)	盆花(万盆)	11.00
24	延庆县(京)	盆花(万盆)	10.00
25	榆中县(甘)	盆花(万盆)	10.00
26	农六师(新疆兵团)	盆花(万盆)	10.00
27	祁　县(晋)	盆花(万盆)	6.00
28	桃城区(冀)	盆花(万盆)	5.00
29	德昌县(川)	盆花(万盆)	4.50
30	威远县(川)	盆花(万盆)	3.22
31	许昌县(豫)	盆花(万盆)	3.00
32	七坡林场(桂)	盆花(万盆)	2.20
33	固安县(冀)	盆花(万盆)	2.00
34	樟树市(赣)	盆花(万盆)	2.00
35	临淄区(鲁)	盆花(万盆)	2.00
36	红古区(甘)	盆花(万盆)	1.70
37	海港区(冀)	盆花(万盆)	1.00
38	蜀山区(皖)	盆花(万盆)	1.00
39	汝城县(湘)	盆花(万盆)	1.00
40	东营区(鲁)	盆景(万盆)	100.00
41	濮阳市高新区(豫)	鲜切花(万支)	8000.00
42	江川县(滇)	鲜切花(万支)	2000.00
43	濮阳县(豫)	鲜切花(万支)	200.00
44	路桥区(浙)	鲜切花(万支)	100.00
45	华龙区(豫)	鲜切花(万支)	60.00

序号	红掌主产地	花卉类别	生产量
46	固安县(冀)	鲜切花(万支)	40.00
47	兖州市(鲁)	鲜切花(万支)	15.00
48	包河区(皖)	鲜切花(万支)	10.00
49	闵行区(沪)	鲜切花(万支)	5.00
50	罗庄区(鲁)	鲜切花(万支)	3.00
51	陕西省苗木繁育中心(陕)	鲜切花(万支)	2.00
52	甘井子区(辽)	鲜切叶(万支)	210.00
53	沙市区(鄂)	鲜切叶(万支)	1.00

表 13-34 2012 年一串红主产地产量

序号	一串红主产地	花卉类别	生产量
1	金川区(甘)	城镇绿化苗(万株)	30.00
2	南岗区(黑)	城镇绿化苗(万株)	30.00
3	乌兰浩特市(内蒙古)	城镇绿化苗(万株)	20.00
4	雨山区(皖)	城镇绿化苗(万株)	12.00
5	山丹县(甘)	城镇绿化苗(万株)	0.80
6	叠彩区(桂)	观赏苗木(万株)	500.00
7	二道江区(吉)	观赏苗木(万株)	150.00
8	丰宁满族自治县(冀)	观赏苗木(万株)	70.00
9	徐水县(冀)	观赏苗木(万株)	50.00
10	涉　县(冀)	观赏苗木(万株)	33.00
11	藁城市(冀)	观赏苗木(万株)	10.00
12	魏　县(冀)	观赏苗木(万株)	6.00
13	木兰县(黑)	观赏苗木(万株)	5.00
14	翠屏区(川)	观赏苗木(万株)	5.00
15	山丹县(甘)	观赏苗木(万株)	3.40
16	壶关县(晋)	观赏苗木(万株)	2.00
17	东乌珠穆沁旗(内蒙古)	观赏苗木(万株)	2.00
18	汝城县(湘)	观赏苗木(万株)	1.50
19	平乡县(冀)	观叶植物(万盆)	31.00
20	西乌珠穆沁旗(内蒙古)	观叶植物(万盆)	30.00
21	集安市(吉)	花卉用种苗(千苗)	200.00
22	阿城区(黑)	花卉用种苗(千苗)	196.00
23	阜新蒙古族自治县(辽)	盆花(万盆)	550.00
24	青州市(鲁)	盆花(万盆)	450.00
25	路南区(冀)	盆花(万盆)	205.00
26	三河市(冀)	盆花(万盆)	200.00
27	莒南县(鲁)	盆花(万盆)	160.00
28	环翠区(鲁)	盆花(万盆)	140.00
29	肥西县(皖)	盆花(万盆)	100.00
30	江油市(川)	盆花(万盆)	100.00
31	平泉县(冀)	盆花(万盆)	80.00
32	东港区(鲁)	盆花(万盆)	79.00
33	延庆县(京)	盆花(万盆)	70.00
34	阳信县(鲁)	盆花(万盆)	68.00
35	南市区(冀)	盆花(万盆)	50.00
36	蔡甸区(鄂)	盆花(万盆)	50.00
37	金凤区(宁)	盆花(万盆)	50.00
38	涿州市(冀)	盆花(万盆)	47.00
39	古冶区(冀)	盆花(万盆)	44.00
40	浦东新区(沪)	盆花(万盆)	42.00
41	鄢陵县(豫)	盆花(万盆)	40.00
42	华龙区(豫)	盆花(万盆)	40.00
43	惠济区(豫)	盆花(万盆)	39.96
44	襄城县(豫)	盆花(万盆)	38.00
45	奉贤区(沪)	盆花(万盆)	37.40
46	商水县(豫)	盆花(万盆)	30.00
47	石家庄市桥西区(冀)	盆花(万盆)	26.00
48	高平市(晋)	盆花(万盆)	25.00
49	察哈尔右翼前旗(内蒙古)	盆花(万盆)	25.00
50	贵溪市(赣)	盆花(万盆)	24.20
51	商河县(鲁)	盆花(万盆)	23.00
52	长治县(晋)	盆花(万盆)	22.00
53	承德县(冀)	盆花(万盆)	20.00
54	辛集市(冀)	盆花(万盆)	20.00
55	新泰市(鲁)	盆花(万盆)	20.00
56	海港区(冀)	盆花(万盆)	17.00
57	临洮县(甘)	盆花(万盆)	16.00
58	社旗县(豫)	盆花(万盆)	15.47
59	彭阳县(宁)	盆花(万盆)	15.00
60	寿　县(皖)	盆花(万盆)	12.00
61	固始县(豫)	盆花(万盆)	12.00
62	汶上县(鲁)	盆花(万盆)	10.00
63	固安县(冀)	盆花(万盆)	10.00
64	宣化区(冀)	盆花(万盆)	10.00
65	本溪满族自治县(辽)	盆花(万盆)	10.00
66	双城市(黑)	盆花(万盆)	10.00
67	会宁县(甘)	盆花(万盆)	10.00
68	平罗县(宁)	盆花(万盆)	10.00
69	莎车县(新)	盆花(万盆)	10.00
70	成安县(冀)	盆花(万盆)	9.00
71	香河县(冀)	盆花(万盆)	9.00
72	北戴河区(冀)	盆花(万盆)	9.00
73	忻府区(晋)	盆花(万盆)	8.05
74	和林格尔县(内蒙古)	盆花(万盆)	8.00
75	凤城市(辽)	盆花(万盆)	8.00
76	鼎城区(湘)	盆花(万盆)	6.50
77	沂南县(鲁)	盆花(万盆)	6.20
78	抚宁县(冀)	盆花(万盆)	6.00
79	南和县(冀)	盆花(万盆)	6.00
80	海拉尔区(内蒙古)	盆花(万盆)	6.00
81	彭山县(川)	盆花(万盆)	5.50

序号	一串红主产地	花卉类别	生产量
82	合山市(桂)	盆花(万盆)	5.00
83	大名县(冀)	盆花(万盆)	5.00
84	任　县(冀)	盆花(万盆)	5.00
85	鹿泉市(冀)	盆花(万盆)	5.00
86	邯郸县(冀)	盆花(万盆)	5.00
87	左权县(晋)	盆花(万盆)	5.00
88	无为县(皖)	盆花(万盆)	4.00
89	复兴区(冀)	盆花(万盆)	3.00
90	雄　县(冀)	盆花(万盆)	3.00
91	山海关区(冀)	盆花(万盆)	3.00
92	蜀山区(皖)	盆花(万盆)	3.00
93	望都县(冀)	盆花(万盆)	2.50
94	察哈尔右翼后旗(内蒙古)	盆花(万盆)	2.50
95	昌乐县(鲁)	盆花(万盆)	2.30
96	白银区(甘)	盆花(万盆)	2.30
97	靖江市(苏)	盆花(万盆)	2.20
98	新建县(赣)	盆花(万盆)	2.02
99	广阳区(冀)	盆花(万盆)	2.00
100	邢台市桥西区(冀)	盆花(万盆)	2.00
101	武邑县(冀)	盆花(万盆)	2.00
102	姜堰区(苏)	盆花(万盆)	2.00
103	贵定县(黔)	盆花(万盆)	2.00
104	滦南县(冀)	盆花(万盆)	1.80
105	沅陵县(湘)	盆花(万盆)	1.70
106	崆峒区(甘)	盆花(万盆)	1.70
107	淮阳县(豫)	盆花(万盆)	1.50
108	丰南区(冀)	盆花(万盆)	1.20
109	淄川区(鲁)	盆花(万盆)	1.20
110	永年县(冀)	盆花(万盆)	1.10
111	磁　县(冀)	盆花(万盆)	1.00
112	淮上区(皖)	盆花(万盆)	1.00
113	栾川县(豫)	盆花(万盆)	1.00
114	谷城县(鄂)	盆花(万盆)	1.00
115	郧　县(鄂)	盆花(万盆)	1.00
116	靖州苗族侗族自治县(湘)	盆花(万盆)	1.00
117	赫章县(黔)	盆花(万盆)	1.00
118	龙里县(黔)	盆花(万盆)	1.00
119	宁阳县(鲁)	盆花(万盆)	0.60
120	东平县(鲁)	盆花(万盆)	0.60
121	尧都区(晋)	盆景(万盆)	20.00
122	珠晖区(湘)	盆景(万盆)	10.00
123	喀什市(新)	盆景(万盆)	10.00
124	临江林业局(吉林森工)	盆景(万盆)	4.02
125	襄城区(鄂)	盆景(万盆)	1.90
126	宝丰县(豫)	盆景(万盆)	0.96
127	平泉县(冀)	鲜切花(万支)	800.00
128	雁塔区(陕)	鲜切花(万支)	70.00
129	崂山区(鲁)	鲜切花(万支)	60.00
130	伊宁县(新)	鲜切花(万支)	60.00
131	白银区(甘)	鲜切花(万支)	30.00
132	龙南县(赣)	鲜切花(万支)	26.50
133	凤阳县(皖)	鲜切花(万支)	10.00
134	芜湖县(皖)	鲜切花(万支)	10.00
135	塔城市(新)	鲜切花(万支)	5.00
136	石台县(皖)	鲜切花(万支)	2.00
137	东河区(内蒙古)	鲜切叶(万支)	5.30
138	合山市(桂)	鲜切叶(万支)	4.25

表 13-35　2012 年矮牵牛主产地产量

序号	矮牵牛主产地	花卉类别	生产量
1	瓜州县(甘)	城镇绿化苗(万株)	100.00
2	赤城县(冀)	城镇绿化苗(万株)	10.00
3	山丹县(甘)	城镇绿化苗(万株)	0.70
4	大武口区(宁)	观赏苗木(万株)	110.00
5	庄河市(辽)	观赏苗木(万株)	38.00
6	丰宁满族自治县(冀)	观赏苗木(万株)	20.00
7	木兰县(黑)	观赏苗木(万株)	5.00
8	遂平县(豫)	观赏苗木(万株)	5.00
9	黄州区(鄂)	观赏苗木(万株)	3.00
10	东乌珠穆沁旗(内蒙古)	观赏苗木(万株)	2.00
11	苏尼特右旗(内蒙古)	花卉用种苗(千苗)	110.00
12	邹平县(鲁)	盆花(万盆)	670.00
13	莒南县(鲁)	盆花(万盆)	520.00
14	金凤区(宁)	盆花(万盆)	250.00
15	三河市(冀)	盆花(万盆)	200.00
16	青州市(鲁)	盆花(万盆)	200.00
17	延庆县(京)	盆花(万盆)	100.00
18	石家庄市桥西区(冀)	盆花(万盆)	68.00
19	惠济区(豫)	盆花(万盆)	50.03
20	华龙区(豫)	盆花(万盆)	50.00
21	奉贤区(沪)	盆花(万盆)	44.00
22	奉化市(浙)	盆花(万盆)	30.00
23	北戴河区(冀)	盆花(万盆)	26.00
24	德令哈市(青)	盆花(万盆)	25.00
25	临夏市(甘)	盆花(万盆)	23.00
26	固安县(冀)	盆花(万盆)	22.00
27	长治县(晋)	盆花(万盆)	20.00
28	让胡路区(黑)	盆花(万盆)	20.00
29	双城市(黑)	盆花(万盆)	20.00
30	惠农区(宁)	盆花(万盆)	20.00
31	利通区(宁)	盆花(万盆)	20.00
32	和林格尔县(内蒙古)	盆花(万盆)	16.00

序号	矮牵牛主产地	花卉类别	生产量
33	寿　县(皖)	盆花(万盆)	12.00
34	海港区(冀)	盆花(万盆)	10.00
35	商水县(豫)	盆花(万盆)	10.00
36	会宁县(甘)	盆花(万盆)	10.00
37	西固区(甘)	盆花(万盆)	10.00
38	平罗县(宁)	盆花(万盆)	10.00
39	乌兰县(青)	盆花(万盆)	8.04
40	哈里哈图森林公园(青)	盆花(万盆)	8.04
41	博湖县(新)	盆花(万盆)	8.00
42	忻府区(晋)	盆花(万盆)	6.00
43	宁海县(浙)	盆花(万盆)	6.00
44	香河县(冀)	盆花(万盆)	5.00
45	普兰店市(辽)	盆花(万盆)	5.00
46	广阳区(冀)	盆花(万盆)	4.00
47	本溪满族自治县(辽)	盆花(万盆)	3.00
48	姜堰区(苏)	盆花(万盆)	2.00
49	淮上区(皖)	盆花(万盆)	2.00
50	抚宁县(冀)	盆花(万盆)	1.60
51	魏　县(冀)	盆花(万盆)	1.00
52	芜湖县(皖)	盆花(万盆)	1.00
53	龙里县(黔)	盆花(万盆)	1.00
54	临洮县(甘)	盆花(万盆)	1.00
55	怀来县(冀)	盆花(万盆)	0.80
56	海城市(辽)	鲜切花(万支)	45.20
57	伊宁县(新)	鲜切花(万支)	10.00
58	塔城市(新)	鲜切花(万支)	6.00
59	会宁县(甘)	鲜切花(万支)	2.00

表 13-36　2012 年三色堇主产地产量

序号	三色堇主产地	花卉类别	生产量
1	东坡区(川)	城镇绿化苗(万株)	1.50
2	七星区(桂)	观赏苗木(万株)	500.00
3	叠彩区(桂)	观赏苗木(万株)	300.00
4	龙凤区(黑)	观赏苗木(万株)	30.00
5	遂平县(豫)	观赏苗木(万株)	7.00
6	黄州区(鄂)	观赏苗木(万株)	5.00
7	彭山县(川)	观赏苗木(万株)	1.30
8	泌阳县(豫)	观赏苗木(万株)	1.00
9	山丹县(甘)	观赏苗木(万株)	0.56
10	通州区(京)	观叶植物(万盆)	2000.00
11	象山区(桂)	观叶植物(万盆)	500.00
12	甘井子区(辽)	盆花(万盆)	270.00
13	邹平县(鲁)	盆花(万盆)	120.00
14	庐阳区(皖)	盆花(万盆)	100.00
15	鄢陵县(豫)	盆花(万盆)	90.00
16	延庆县(京)	盆花(万盆)	70.00
17	奉贤区(沪)	盆花(万盆)	66.00
18	宝山区(沪)	盆花(万盆)	60.00
19	鹤山区(豫)	盆花(万盆)	50.00
20	游仙区(川)	盆花(万盆)	50.00
21	奉化市(浙)	盆花(万盆)	30.00
22	濮阳县(豫)	盆花(万盆)	30.00
23	仪陇县(川)	盆花(万盆)	30.00
24	北戴河区(冀)	盆花(万盆)	20.00
25	新安县(豫)	盆花(万盆)	20.00
26	江油市(川)	盆花(万盆)	20.00
27	红花岗区(黔)	盆花(万盆)	18.00
28	商水县(豫)	盆花(万盆)	10.00
29	元坝区(川)	盆花(万盆)	10.00
30	石柱土家族自治县(渝)	盆花(万盆)	8.00
31	东洲区(辽)	盆花(万盆)	5.40
32	香河县(冀)	盆花(万盆)	5.00
33	旌阳区(川)	盆花(万盆)	5.00
34	临洮县(甘)	盆花(万盆)	2.00
35	农六师(新疆兵团)	盆花(万盆)	2.00
36	文安县(冀)	盆花(万盆)	1.80
37	临武县(湘)	盆花(万盆)	1.80
38	枣强县(冀)	盆花(万盆)	1.10
39	大埔县(粤)	盆花(万盆)	1.00
40	武邑县(冀)	盆花(万盆)	1.00
41	海港区(冀)	盆花(万盆)	1.00
42	苏家屯区(辽)	盆花(万盆)	1.00
43	芜湖县(皖)	盆花(万盆)	1.00
44	雁山区(桂)	盆景(万盆)	2.50
45	榆中县(甘)	鲜切花(万支)	1000.00
46	包河区(皖)	鲜切花(万支)	100.00
47	雁塔区(陕)	鲜切花(万支)	100.00
48	东洲区(辽)	鲜切花(万支)	10.00
49	闵行区(沪)	鲜切花(万支)	6.40
50	洋　县(陕)	鲜切花(万支)	2.18

表 13-37　2012 年法桐主产地产量

序号	法桐主产地	花卉类别	生产量
1	西华县(豫)	城镇绿化苗(万株)	500.00
2	河东区(鲁)	城镇绿化苗(万株)	300.00
3	许昌县(豫)	城镇绿化苗(万株)	166.00
4	东平县(鲁)	城镇绿化苗(万株)	150.00
5	偃师市(豫)	城镇绿化苗(万株)	100.00
6	潢川县(豫)	城镇绿化苗(万株)	45.00
7	尧都区(晋)	城镇绿化苗(万株)	35.00
8	新泰市(鲁)	城镇绿化苗(万株)	20.00
9	夏邑县(豫)	城镇绿化苗(万株)	20.00

序号	法桐主产地	花卉类别	生产量
10	华龙区(豫)	城镇绿化苗(万株)	20.00
11	梁山县(鲁)	城镇绿化苗(万株)	16.00
12	临颍县(豫)	城镇绿化苗(万株)	11.70
13	滑　县(豫)	城镇绿化苗(万株)	5.00
14	长丰县(皖)	城镇绿化苗(万株)	4.28
15	息　县(豫)	城镇绿化苗(万株)	3.20
16	广饶县(鲁)	观赏苗木(万株)	2000.00
17	清苑县(冀)	观赏苗木(万株)	1100.00
18	定州市(冀)	观赏苗木(万株)	518.00
19	潜江市(鄂)	观赏苗木(万株)	100.00
20	无极县(冀)	观赏苗木(万株)	84.00
21	遂平县(豫)	观赏苗木(万株)	55.00
22	兰考县(豫)	观赏苗木(万株)	48.00
23	鹿泉市(冀)	观赏苗木(万株)	35.00
24	平舆县(豫)	观赏苗木(万株)	26.00
25	鹤山区(豫)	观赏苗木(万株)	22.00
26	宜阳县(豫)	观赏苗木(万株)	22.00
27	南和县(冀)	观赏苗木(万株)	20.00
28	文安县(冀)	观赏苗木(万株)	8.10
29	景　县(冀)	观赏苗木(万株)	8.00
30	固安县(冀)	观赏苗木(万株)	8.00
31	邢台县(冀)	观赏苗木(万株)	8.00
32	平阴县(鲁)	观赏苗木(万株)	7.50
33	肥乡县(冀)	观赏苗木(万株)	7.00
34	永年县(冀)	观赏苗木(万株)	5.50
35	任　县(冀)	观赏苗木(万株)	5.00
36	沙河市(冀)	观赏苗木(万株)	4.00
37	薛城区(鲁)	观赏苗木(万株)	4.00
38	武邑县(冀)	观赏苗木(万株)	3.05
39	大厂回族自治县(冀)	观赏苗木(万株)	3.00
40	开封县(豫)	观赏苗木(万株)	2.16
41	卫辉市(豫)	观赏苗木(万株)	2.00

表 13-38　2012 年满天星主产地产量

序号	满天星主产地	花卉类别	生产量
1	宜都市(鄂)	城镇绿化苗(万株)	20.00
2	叠彩区(桂)	观赏苗木(万株)	300.00
3	二道江区(吉)	观赏苗木(万株)	50.00
4	肇州县(黑)	观赏苗木(万株)	30.00
5	七星区(桂)	观赏苗木(万株)	30.00
6	彭水苗族土家族自治县(渝)	观赏苗木(万株)	10.00
7	新蔡县(豫)	观赏苗木(万株)	4.50
8	黄州区(鄂)	观赏苗木(万株)	2.00
9	玉州区(桂)	观赏苗木(万株)	0.80
10	象山区(桂)	观叶植物(万盆)	400.00
11	南　县(湘)	观叶植物(万盆)	1.20
12	清河区(辽)	盆花(万盆)	40.00
13	浦东新区(沪)	盆花(万盆)	13.00
14	凤阳县(皖)	盆花(万盆)	10.00
15	陆川县(桂)	盆花(万盆)	10.00
16	肇州县(黑)	盆花(万盆)	5.00
17	庐阳区(皖)	盆花(万盆)	5.00
18	鹿泉市(冀)	盆花(万盆)	4.00
19	云　县(滇)	盆花(万盆)	3.30
20	无为县(皖)	盆花(万盆)	3.00
21	汝城县(湘)	盆花(万盆)	3.00
22	蕉岭县(粤)	盆花(万盆)	3.00
23	浑江区(吉)	盆花(万盆)	2.00
24	洞口县(湘)	盆花(万盆)	2.00
25	滨城区(鲁)	盆花(万盆)	2.00
26	兴山县(鄂)	盆花(万盆)	2.00
27	永年县(冀)	盆花(万盆)	1.20
28	临武县(湘)	盆花(万盆)	1.20
29	大城县(冀)	盆花(万盆)	1.00
30	鼎城区(湘)	盆花(万盆)	1.00
31	榕城区(粤)	盆花(万盆)	1.00
32	新建县(赣)	盆花(万盆)	0.64
33	榆中县(甘)	鲜切花(万支)	200.00
34	宜宾县(川)	鲜切花(万支)	53.00
35	藁城市(冀)	鲜切花(万支)	50.00
36	秀峰区(桂)	鲜切花(万支)	50.00
37	芦溪县(赣)	鲜切花(万支)	40.00
38	江川县(滇)	鲜切花(万支)	35.00
39	沙市区(鄂)	鲜切花(万支)	33.00
40	龙南县(赣)	鲜切花(万支)	28.00
41	建湖县(苏)	鲜切花(万支)	20.00
42	修文县(黔)	鲜切花(万支)	16.00
43	桂阳县(湘)	鲜切花(万支)	14.00
44	东洲区(辽)	鲜切花(万支)	10.00
45	淮滨县(豫)	鲜切花(万支)	10.00
46	红花岗区(黔)	鲜切花(万支)	6.00
47	源汇区(豫)	鲜切花(万支)	5.43
48	灵石县(晋)	鲜切花(万支)	4.25
49	洋　县(陕)	鲜切花(万支)	3.60
50	石柱土家族自治县(渝)	鲜切花(万支)	2.00

表 13-39　2012 年黄杨类主产地产量

序号	黄杨类主产地	花卉类别	生产量
1	洛阳市伊洛工业园区(豫)	城镇绿化苗(万株)	1000.00
2	潢川县(豫)	城镇绿化苗(万株)	792.00
3	东平县(鲁)	城镇绿化苗(万株)	270.00
4	蒲城县(陕)	城镇绿化苗(万株)	200.00

序号	黄杨类主产地	花卉类别	生产量
5	平舆县(豫)	城镇绿化苗(万株)	36.00
6	尧都区(晋)	城镇绿化苗(万株)	25.00
7	济南市市中区(鲁)	城镇绿化苗(万株)	20.00
8	固镇县(皖)	城镇绿化苗(万株)	20.00
9	梁山县(鲁)	城镇绿化苗(万株)	13.00
10	威海市经济技术开发区(鲁)	城镇绿化苗(万株)	10.00
11	东昌府区(鲁)	城镇绿化苗(万株)	10.00
12	陕西省苗木繁育中心(陕)	城镇绿化苗(万株)	5.00
13	华容县(湘)	城镇绿化苗(万株)	5.00
14	千山区(辽)	城镇绿化苗(万株)	4.00
15	崆峒区(甘)	城镇绿化苗(万株)	2.40
16	社旗县(豫)	城镇绿化苗(万株)	1.70
17	普定县(黔)	城镇绿化苗(万株)	1.00
18	偃师市(豫)	城镇绿化苗(万株)	0.10
19	望都县(冀)	观赏苗木(万株)	1300.00
20	固安县(冀)	观赏苗木(万株)	1240.00
21	龙安区(豫)	观赏苗木(万株)	1075.00
22	新泰市(鲁)	观赏苗木(万株)	1000.00
23	西华县(豫)	观赏苗木(万株)	1000.00
24	遵化市(冀)	观赏苗木(万株)	800.00
25	顺平县(冀)	观赏苗木(万株)	682.25
26	郏　县(豫)	观赏苗木(万株)	550.00
27	遂平县(豫)	观赏苗木(万株)	500.00
28	河间市(冀)	观赏苗木(万株)	245.00
29	涿州市(冀)	观赏苗木(万株)	237.00
30	安阳县(豫)	观赏苗木(万株)	175.90
31	满城县(冀)	观赏苗木(万株)	171.00
32	沂水县(鲁)	观赏苗木(万株)	150.00
33	南皮县(冀)	观赏苗木(万株)	126.20
34	沙河市(冀)	观赏苗木(万株)	100.00
35	霸州市(冀)	观赏苗木(万株)	100.00
36	山城区(豫)	观赏苗木(万株)	90.00
37	迁安市(冀)	观赏苗木(万株)	81.00
38	嵩　县(豫)	观赏苗木(万株)	55.00
39	玉田县(冀)	观赏苗木(万株)	50.00
40	奉贤区(沪)	观赏苗木(万株)	47.60
41	永年县(冀)	观赏苗木(万株)	41.00
42	高平市(晋)	观赏苗木(万株)	40.00
43	定海区(浙)	观赏苗木(万株)	39.70
44	香河县(冀)	观赏苗木(万株)	30.00
45	濮阳县(豫)	观赏苗木(万株)	30.00
46	运河区(冀)	观赏苗木(万株)	25.00
47	宁陵县(豫)	观赏苗木(万株)	25.00
48	灵璧县(皖)	观赏苗木(万株)	22.00
49	竹山县(鄂)	观赏苗木(万株)	21.00
50	范　县(豫)	观赏苗木(万株)	20.00
51	荆门市市辖区(鄂)	观赏苗木(万株)	20.00
52	牧野区(豫)	观赏苗木(万株)	18.00
53	郾城区(豫)	观赏苗木(万株)	15.32
54	大名县(冀)	观赏苗木(万株)	12.00
55	利川市(鄂)	观赏苗木(万株)	12.00
56	赵　县(冀)	观赏苗木(万株)	10.80
57	余庆县(黔)	观赏苗木(万株)	10.70
58	高碑店市(冀)	观赏苗木(万株)	10.00
59	邢台县(冀)	观赏苗木(万株)	10.00
60	任丘市(冀)	观赏苗木(万株)	10.00
61	博野县(冀)	观赏苗木(万株)	10.00
62	卫辉市(豫)	观赏苗木(万株)	10.00
63	鸡泽县(冀)	观赏苗木(万株)	9.50
64	北戴河区(冀)	观赏苗木(万株)	9.00
65	兴平市(陕)	观赏苗木(万株)	8.60
66	任　县(冀)	观赏苗木(万株)	6.00
67	磁　县(冀)	观赏苗木(万株)	6.00
68	安国市(冀)	观赏苗木(万株)	6.00
69	淮阳县(豫)	观赏苗木(万株)	6.00
70	武强县(冀)	观赏苗木(万株)	5.40
71	南和县(冀)	观赏苗木(万株)	5.00
72	大厂回族自治县(冀)	观赏苗木(万株)	5.00
73	新蔡县(豫)	观赏苗木(万株)	5.00
74	寿　县(皖)	观赏苗木(万株)	3.50
75	邢台市桥西区(冀)	观赏苗木(万株)	2.00
76	隆安县(桂)	观赏苗木(万株)	1.90
77	金凤区(宁)	观赏苗木(万株)	1.30
78	复兴区(冀)	观赏苗木(万株)	0.80
79	夏邑县(豫)	观叶植物(万盆)	10.00
80	商河县(鲁)	花卉用种球(千粒)	10.00
81	隆尧县(冀)	盆花(万盆)	40.00
82	肃宁县(冀)	盆花(万盆)	8.50
83	任丘市(冀)	盆花(万盆)	8.00
84	河间市(冀)	盆景(万盆)	46.00
85	青州市(鲁)	盆景(万盆)	30.00
86	项城市(豫)	盆景(万盆)	20.00
87	龙南县(赣)	盆景(万盆)	5.00
88	崇明县(沪)	盆景(万盆)	4.00
89	潢川县(豫)	盆景(万盆)	3.50
90	昌乐县(鲁)	盆景(万盆)	2.60
91	内乡县(豫)	盆景(万盆)	1.20
92	鄢陵县(豫)	鲜切叶(万支)	900.00

表 13-40　2012 年紫薇类主产地产量

序号	紫薇类主产地	花卉类别	生产量
1	南召县(豫)	城镇绿化苗(万株)	570.00

序号	紫薇类主产地	花卉类别	生产量
2	潢川县(豫)	城镇绿化苗(万株)	450.00
3	金坛市(苏)	城镇绿化苗(万株)	180.00
4	许昌县(豫)	城镇绿化苗(万株)	65.00
5	新宁县(湘)	城镇绿化苗(万株)	10.00
6	雨城区(川)	城镇绿化苗(万株)	10.00
7	桐城市(皖)	城镇绿化苗(万株)	10.00
8	坊子区(鲁)	城镇绿化苗(万株)	8.00
9	威海市经济技术开发区(鲁)	城镇绿化苗(万株)	5.00
10	孟连傣族拉祜族佤族自治县(滇)	城镇绿化苗(万株)	1.80
11	梁山县(鲁)	城镇绿化苗(万株)	1.80
12	柳城县(桂)	城镇绿化苗(万株)	1.36
13	远安县(鄂)	城镇绿化苗(万株)	1.00
14	青州市(鲁)	观赏苗木(万株)	200.00
15	肥城市(鲁)	观赏苗木(万株)	102.00
16	河东区(鲁)	观赏苗木(万株)	60.00
17	临颍县(豫)	观赏苗木(万株)	48.40
18	安化县(湘)	观赏苗木(万株)	40.00
19	霸州市(冀)	观赏苗木(万株)	26.00
20	新泰市(鲁)	观赏苗木(万株)	25.00
21	寿　县(皖)	观赏苗木(万株)	24.00
22	沙河市(冀)	观赏苗木(万株)	20.00
23	红花岗区(黔)	观赏苗木(万株)	20.00
24	衢江区(浙)	观赏苗木(万株)	10.00
25	兖州市(鲁)	观赏苗木(万株)	10.00
26	中方县(湘)	观赏苗木(万株)	10.00
27	东宝区(鄂)	观赏苗木(万株)	9.00
28	蒙阴县(鲁)	观赏苗木(万株)	8.00
29	南市区(冀)	观赏苗木(万株)	5.00
30	陵　县(鲁)	观赏苗木(万株)	5.00
31	唐　县(冀)	观赏苗木(万株)	4.00
32	黄州区(鄂)	观赏苗木(万株)	4.00
33	阳新县(鄂)	观赏苗木(万株)	4.00
34	全州县(桂)	观赏苗木(万株)	3.00
35	涿州市(冀)	观赏苗木(万株)	2.50
36	碧江区(黔)	观赏苗木(万株)	2.30
37	淮阳县(豫)	观赏苗木(万株)	2.00
38	云梦县(鄂)	观赏苗木(万株)	2.00
39	龙里县(黔)	观赏苗木(万株)	2.00
40	渝水区(赣)	观赏苗木(万株)	1.40
41	武陵区(湘)	观赏苗木(万株)	1.00
42	樊城区(鄂)	观赏苗木(万株)	1.00
43	保康县(鄂)	观叶植物(万盆)	26.00
44	南郑县(陕)	花卉用种苗(千苗)	800.00
45	蔡甸区(鄂)	盆花(万盆)	7.00
46	贵定县(黔)	盆花(万盆)	1.00
47	崇阳县(鄂)	盆景(万盆)	0.60
48	秀峰区(桂)	鲜切花(万支)	30.00
49	宣汉县(川)	鲜切花(万支)	5.00

表 13-41　2012 年红叶小檗主产地产量

序号	红叶小檗主产地	花卉类别	生产量
1	金坛市(苏)	城镇绿化苗(万株)	2700.00
2	潢川县(豫)	城镇绿化苗(万株)	436.00
3	沂水县(鲁)	城镇绿化苗(万株)	60.00
4	金川区(甘)	城镇绿化苗(万株)	45.00
5	彭阳县(宁)	城镇绿化苗(万株)	20.00
6	尧都区(晋)	城镇绿化苗(万株)	16.00
7	枣阳市(鄂)	城镇绿化苗(万株)	8.00
8	华池县(甘)	城镇绿化苗(万株)	0.50
9	上蔡县(豫)	观赏苗木(万株)	3480.00
10	望都县(冀)	观赏苗木(万株)	1500.00
11	新泰市(鲁)	观赏苗木(万株)	1000.00
12	龙安区(豫)	观赏苗木(万株)	558.00
13	易　县(冀)	观赏苗木(万株)	400.00
14	邹平县(鲁)	观赏苗木(万株)	226.00
15	临洮县(甘)	观赏苗木(万株)	110.00
16	迁安市(冀)	观赏苗木(万株)	100.00
17	青州市(鲁)	观赏苗木(万株)	100.00
18	鹤山区(豫)	观赏苗木(万株)	100.00
19	徐水县(冀)	观赏苗木(万株)	50.00
20	博野县(冀)	观赏苗木(万株)	40.00
21	鹿泉市(冀)	观赏苗木(万株)	40.00
22	卢氏县(豫)	观赏苗木(万株)	40.00
23	玉田县(冀)	观赏苗木(万株)	35.50
24	濮阳县(豫)	观赏苗木(万株)	32.00
25	涿州市(冀)	观赏苗木(万株)	26.80
26	磁　县(冀)	观赏苗木(万株)	5.00
27	武强县(冀)	观赏苗木(万株)	4.70
28	高碑店市(冀)	观赏苗木(万株)	4.00
29	昌乐县(鲁)	观赏苗木(万株)	3.80
30	曲阳县(冀)	观赏苗木(万株)	3.00
31	永年县(冀)	观赏苗木(万株)	2.50
32	忻府区(晋)	观赏苗木(万株)	2.20
33	旌阳区(川)	观赏苗木(万株)	2.20
34	井陉矿区(冀)	观赏苗木(万株)	2.00
35	邢台县(冀)	观赏苗木(万株)	2.00
36	北京市大东流苗圃(京)	观赏苗木(万株)	0.80
37	枣强县(冀)	盆花(万盆)	1.50
38	建湖县(苏)	鲜切花(万支)	115.00

表 13-42　2012 年桧柏主产地产量

序号	桧柏主产地	花卉类别	生产量
1	山阴县(晋)	城镇绿化苗(万株)	2000.00
2	金坛市(苏)	城镇绿化苗(万株)	900.00
3	潢川县(豫)	城镇绿化苗(万株)	99.00
4	偃师市(豫)	城镇绿化苗(万株)	80.00
5	永宁县(宁)	城镇绿化苗(万株)	63.00
6	忻府区(晋)	城镇绿化苗(万株)	20.71
7	承德县(冀)	城镇绿化苗(万株)	20.00
8	尧都区(晋)	城镇绿化苗(万株)	20.00
9	临安市(浙)	城镇绿化苗(万株)	20.00
10	新化县(湘)	城镇绿化苗(万株)	20.00
11	项城市(豫)	城镇绿化苗(万株)	15.00
12	伊川县(豫)	城镇绿化苗(万株)	10.00
13	彭阳县(宁)	城镇绿化苗(万株)	5.00
14	长丰县(皖)	城镇绿化苗(万株)	3.60
15	龙里县(黔)	城镇绿化苗(万株)	2.00
16	望都县(冀)	观赏苗木(万株)	1700.00
17	遵化市(冀)	观赏苗木(万株)	500.00
18	泌阳县(豫)	观赏苗木(万株)	240.00
19	邯郸县(冀)	观赏苗木(万株)	200.00
20	鹤山区(豫)	观赏苗木(万株)	50.00
21	潜江市(鄂)	观赏苗木(万株)	50.00
22	涉　县(冀)	观赏苗木(万株)	36.60
23	奉贤区(沪)	观赏苗木(万株)	22.50
24	太康县(豫)	观赏苗木(万株)	12.00
25	丰南区(冀)	观赏苗木(万株)	10.00
26	宜阳县(豫)	观赏苗木(万株)	8.90
27	固安县(冀)	观赏苗木(万株)	7.00
28	鸡泽县(冀)	观赏苗木(万株)	5.50
29	兴平市(陕)	观赏苗木(万株)	4.70
30	鹿泉市(冀)	观赏苗木(万株)	4.50
31	魏　县(冀)	观赏苗木(万株)	4.00
32	井陉矿区(冀)	观赏苗木(万株)	3.00
33	抚宁县(冀)	观赏苗木(万株)	3.00
34	陵　县(鲁)	观赏苗木(万株)	3.00
35	昌乐县(鲁)	观赏苗木(万株)	2.80
36	定海区(浙)	观赏苗木(万株)	2.40
37	卫辉市(豫)	观赏苗木(万株)	2.00
38	临洮县(甘)	观赏苗木(万株)	2.00
39	永年县(冀)	观赏苗木(万株)	1.50
40	定襄县(晋)	观赏苗木(万株)	1.50
41	临漳县(冀)	观赏苗木(万株)	1.30
42	闵行区(沪)	盆花(万盆)	0.60
43	榆中县(甘)	盆景(万盆)	12.00
44	潢川县(豫)	盆景(万盆)	1.80

表 13-43　2012 年羽叶甘蓝主产地产量

序号	羽叶甘蓝主产地	花卉类别	生产量
1	东坡区(川)	城镇绿化苗(万株)	1.50
2	叠彩区(桂)	观赏苗木(万株)	200.00
3	黄州区(鄂)	观赏苗木(万株)	5.00
4	大武口区(宁)	观赏苗木(万株)	3.20
5	山丹县(甘)	观赏苗木(万株)	0.87
6	满城县(冀)	观叶植物(万盆)	5.00
7	商河县(鲁)	观叶植物(万盆)	5.00
8	梁山县(鲁)	观叶植物(万盆)	2.00
9	翠屏区(川)	观叶植物(万盆)	0.51
10	青州市(鲁)	盆花(万盆)	400.00
11	莒南县(鲁)	盆花(万盆)	370.00
12	鄢陵县(豫)	盆花(万盆)	120.00
13	庐阳区(皖)	盆花(万盆)	100.00
14	沙市区(鄂)	盆花(万盆)	40.00
15	新安县(豫)	盆花(万盆)	36.90
16	浦东新区(沪)	盆花(万盆)	35.00
17	华龙区(豫)	盆花(万盆)	35.00
18	阜新蒙古族自治县(辽)	盆花(万盆)	30.00
19	邹平县(鲁)	盆花(万盆)	30.00
20	凤阳县(皖)	盆花(万盆)	10.00
21	商水县(豫)	盆花(万盆)	10.00
22	孝南区(鄂)	盆花(万盆)	10.00
23	珠晖区(湘)	盆花(万盆)	10.00
24	海港区(冀)	盆花(万盆)	7.00
25	石柱土家族自治县(渝)	盆花(万盆)	7.00
26	老河口市(鄂)	盆花(万盆)	5.00
27	滨城区(鲁)	盆花(万盆)	4.00
28	旌阳区(川)	盆花(万盆)	4.00
29	公安县(鄂)	盆花(万盆)	2.50
30	高平市(晋)	盆花(万盆)	2.00
31	鄄城县(鲁)	盆花(万盆)	2.00
32	未央区(陕)	盆花(万盆)	2.00
33	包河区(皖)	鲜切花(万支)	100.00
34	赫山区(湘)	鲜切花(万支)	25.00
35	洋　县(陕)	鲜切花(万支)	3.45

表 13-44　2012 年凤仙花主产地产量

序号	凤仙花主产地	花卉类别	生产量
1	东坡区(川)	城镇绿化苗(万株)	2.00
2	泌阳县(豫)	观赏苗木(万株)	6.00
3	太康县(豫)	观赏苗木(万株)	5.00
4	彭水苗族土家族自治县(渝)	观赏苗木(万株)	5.00
5	九龙坡区(渝)	盆花(万盆)	186.00
6	青州市(鲁)	盆花(万盆)	110.00
7	阜新蒙古族自治县(辽)	盆花(万盆)	105.00

序号	凤仙花主产地	花卉类别	生产量
8	延庆县(京)	盆花(万盆)	100.00
9	庐阳区(皖)	盆花(万盆)	100.00
10	海港区(冀)	盆花(万盆)	27.50
11	新安县(豫)	盆花(万盆)	15.00
12	灵石县(晋)	盆花(万盆)	14.96
13	长安区(陕)	盆花(万盆)	13.00
14	定兴县(冀)	盆花(万盆)	12.00
15	北戴河区(冀)	盆花(万盆)	11.00
16	奉化市(浙)	盆花(万盆)	10.00
17	珠晖区(湘)	盆花(万盆)	10.00
18	高邑县(冀)	盆花(万盆)	8.00
19	红山区(内蒙古)	盆花(万盆)	6.00
20	东洲区(辽)	盆花(万盆)	4.80
21	唐　县(冀)	盆花(万盆)	3.00
22	高碑店市(冀)	盆花(万盆)	3.00
23	兴山县(鄂)	盆花(万盆)	2.00
24	汝城县(湘)	盆花(万盆)	2.00
25	襄城区(鄂)	盆花(万盆)	1.40
26	商州区(陕)	盆花(万盆)	1.20
27	平山县(冀)	盆花(万盆)	1.00
28	武安市(冀)	盆花(万盆)	0.80
29	白银区(甘)	鲜切花(万支)	20.00
30	隆尧县(冀)	鲜切花(万支)	10.00
31	桂阳县(湘)	鲜切花(万支)	5.50

表 13-45　2012 年大丽花主产地产量

序号	大丽花主产地	花卉类别	生产量
1	瓜州县(甘)	城镇绿化苗(万株)	60.00
2	新野县(豫)	观赏苗木(万株)	80.00
3	蕉岭县(粤)	观赏苗木(万株)	5.00
4	遂平县(豫)	观赏苗木(万株)	3.00
5	魏　县(冀)	观赏苗木(万株)	1.00
6	临洮县(甘)	花卉用种球(千粒)	30.00
7	九龙坡区(渝)	盆花(万盆)	198.00
8	郯城县(鲁)	盆花(万盆)	128.90
9	青州市(鲁)	盆花(万盆)	50.00
10	固始县(豫)	盆花(万盆)	18.00
11	浦东新区(沪)	盆花(万盆)	15.00
12	双城市(黑)	盆花(万盆)	10.00
13	海拉尔区(内蒙古)	盆花(万盆)	8.00
14	新泰市(鲁)	盆花(万盆)	6.00
15	商水县(豫)	盆花(万盆)	5.00
16	临洮县(甘)	盆花(万盆)	5.00
17	潢川县(豫)	盆花(万盆)	2.80
18	汝城县(湘)	盆花(万盆)	2.00
19	临武县(湘)	盆花(万盆)	1.56
20	武邑县(冀)	盆花(万盆)	1.44
21	彭山县(川)	盆花(万盆)	0.90
22	嵩　县(豫)	盆花(万盆)	0.60
23	上蔡县(豫)	盆景(万盆)	15.00
24	株洲县(湘)	盆景(万盆)	1.10
25	榆中县(甘)	鲜切花(万支)	235.00
26	宜宾县(川)	鲜切花(万支)	18.00
27	仪陇县(川)	鲜切花(万支)	15.00
28	白银区(甘)	鲜切花(万支)	15.00
29	临洮县(甘)	鲜切花(万支)	10.00
30	永登县(甘)	鲜切花(万支)	8.06
31	徽　县(甘)	鲜切花(万支)	6.01
32	闵行区(沪)	鲜切花(万支)	3.70
33	会宁县(甘)	鲜切花(万支)	3.00
34	禹会区(皖)	鲜切叶(万支)	2.10

表 13-46　2012 年连翘主产地产量

序号	连翘主产地	花卉类别	生产量
1	林甸县(黑)	城镇绿化苗(万株)	30.00
2	东平县(鲁)	城镇绿化苗(万株)	20.00
3	永宁县(宁)	城镇绿化苗(万株)	15.00
4	宁河县(津)	城镇绿化苗(万株)	3.60
5	千山区(辽)	城镇绿化苗(万株)	2.00
6	崆峒区(甘)	城镇绿化苗(万株)	1.80
7	彭阳县(宁)	城镇绿化苗(万株)	1.50
8	马头滩林业局(陕)	城镇绿化苗(万株)	1.50
9	尧都区(晋)	城镇绿化苗(万株)	1.00
10	威海市经济技术开发区(鲁)	城镇绿化苗(万株)	1.00
11	克东县(黑)	城镇绿化苗(万株)	0.50
12	红古区(甘)	观赏苗木(万株)	1200.00
13	定州市(冀)	观赏苗木(万株)	1120.00
14	呼兰区(黑)	观赏苗木(万株)	400.00
15	固安县(冀)	观赏苗木(万株)	120.00
16	鹤山区(豫)	观赏苗木(万株)	50.00
17	海城市(辽)	观赏苗木(万株)	37.50
18	嵩　县(豫)	观赏苗木(万株)	35.00
19	玉田县(冀)	观赏苗木(万株)	30.00
20	丰宁满族自治县(冀)	观赏苗木(万株)	30.00
21	榆阳区(陕)	观赏苗木(万株)	29.30
22	隆化县(冀)	观赏苗木(万株)	25.00
23	兖州市(鲁)	观赏苗木(万株)	12.00
24	临夏市(甘)	观赏苗木(万株)	4.00
25	延庆县(京)	观赏苗木(万株)	3.80
26	涿州市(冀)	观赏苗木(万株)	2.70
27	兰西县(黑)	观赏苗木(万株)	2.00
28	金凤区(宁)	观赏苗木(万株)	2.00

序号	连翘主产地	花卉类别	生产量
29	青州市(鲁)	盆景(万盆)	350.00
30	昌乐县(鲁)	盆景(万盆)	2.90
31	大武口区(宁)	鲜切花(万支)	2.60

表 13-47 2012 年凤梨类主产地产量

序号	凤梨类主产地	花卉类别	生产量
1	高平市(晋)	观赏苗木(万株)	1.00
2	宁海县(浙)	观叶植物(万盆)	3.00
3	牟平区(鲁)	观叶植物(万盆)	1.00
4	莱州市(鲁)	花卉用种苗(千苗)	70.00
5	青州市(鲁)	盆花(万盆)	400.00
6	诸城市(鲁)	盆花(万盆)	300.00
7	广饶县(鲁)	盆花(万盆)	250.00
8	松江区(沪)	盆花(万盆)	245.00
9	郓城县(鲁)	盆花(万盆)	191.00
10	昆山市(苏)	盆花(万盆)	114.29
11	徐水县(冀)	盆花(万盆)	83.00
12	顺义区(京)	盆花(万盆)	50.00
13	丰台区(京)	盆花(万盆)	42.80
14	北辰区(津)	盆花(万盆)	30.00
15	樟树市(赣)	盆花(万盆)	27.00
16	东洲区(辽)	盆花(万盆)	13.60
17	长安区(陕)	盆花(万盆)	13.00
18	闵行区(沪)	盆花(万盆)	12.20
19	东昌府区(鲁)	盆花(万盆)	12.00
20	虞城县(豫)	盆花(万盆)	10.00
21	惠济区(豫)	盆花(万盆)	9.03
22	金山区(沪)	盆花(万盆)	8.00
23	成安县(冀)	盆花(万盆)	6.00
24	北京市大东流苗圃(京)	盆花(万盆)	4.84
25	七坡林场(桂)	盆花(万盆)	4.60
26	陕西省苗木繁育中心(陕)	盆花(万盆)	4.00
27	固安县(冀)	盆花(万盆)	3.00
28	高州市(粤)	盆花(万盆)	2.00
29	德昌县(川)	盆花(万盆)	2.00
30	秦州区(甘)	盆花(万盆)	2.00
31	通州区(京)	盆花(万盆)	1.08
32	临洮县(甘)	盆花(万盆)	1.00
33	建湖县(苏)	鲜切花(万支)	10.00
34	诸城市(鲁)	鲜切花(万支)	1.20

表 13-48 2012 年红叶石楠主产地产量

序号	红叶石楠主产地	花卉类别	生产量
1	靖江市(苏)	城镇绿化苗(万株)	1200.00
2	路桥区(浙)	城镇绿化苗(万株)	6.00
3	临安市(浙)	城镇绿化苗(万株)	1.00
4	北仑区(浙)	观赏苗木(万株)	7995.00
5	衢江区(浙)	观赏苗木(万株)	167.00
6	定海区(浙)	观赏苗木(万株)	140.03
7	宁海县(浙)	观赏苗木(万株)	25.00
8	包河区(皖)	城镇绿化苗(万株)	1000.00
9	三山区(皖)	城镇绿化苗(万株)	10.00
10	天长市(皖)	城镇绿化苗(万株)	2000.00
11	桐城市(皖)	城镇绿化苗(万株)	40.00
12	郎溪县(皖)	城镇绿化苗(万株)	10.00
13	镜湖区(皖)	观赏苗木(万株)	3.50
14	湘东区(赣)	城镇绿化苗(万株)	20.00
15	兖州市(鲁)	观赏苗木(万株)	30.00
16	鹿邑县(豫)	城镇绿化苗(万株)	5.00
17	许昌县(豫)	城镇绿化苗(万株)	507.00
18	潢川县(豫)	城镇绿化苗(万株)	458.00
19	临颍县(豫)	观赏苗木(万株)	289.10
20	偃师市(豫)	城镇绿化苗(万株)	100.00
21	鹤山区(豫)	盆花(万盆)	50.00
22	社旗县(豫)	城镇绿化苗(万株)	35.60
23	宁陵县(豫)	观赏苗木(万株)	30.00
24	牧野区(豫)	观赏苗木(万株)	16.00
25	郾城区(豫)	观赏苗木(万株)	10.56
26	淮阳县(豫)	观赏苗木(万株)	5.00
27	潢川县(豫)	观叶植物(万盆)	4.50
28	登封市(豫)	观赏苗木(万株)	2.26
29	宜都市(鄂)	城镇绿化苗(万株)	500.00
30	潜江市(鄂)	观赏苗木(万株)	100.00
31	通城县(鄂)	观赏苗木(万株)	13.00
32	东宝区(鄂)	观赏苗木(万株)	12.00
33	荆门市市辖区(鄂)	观赏苗木(万株)	10.00
34	竹山县(鄂)	观赏苗木(万株)	7.00
35	黄州区(鄂)	观赏苗木(万株)	5.00
36	阳新县(鄂)	观赏苗木(万株)	3.00
37	云梦县(鄂)	观赏苗木(万株)	0.60
38	冷水江市(湘)	城镇绿化苗(万株)	15.00
39	洞口县(湘)	城镇绿化苗(万株)	10.00
40	岳阳县(湘)	城镇绿化苗(万株)	1000.00
41	赫山区(湘)	城镇绿化苗(万株)	100.00
42	新化县(湘)	城镇绿化苗(万株)	50.00
43	邵阳县(湘)	观赏苗木(万株)	40.00
44	珠晖区(湘)	观赏苗木(万株)	10.00
45	芷江侗族自治县(湘)	观赏苗木(万株)	5.00
46	汝城县(湘)	观赏苗木(万株)	2.00
47	南岳区(湘)	观赏苗木(万株)	1.00
48	东坡区(川)	城镇绿化苗(万株)	9.00
49	宣汉县(川)	鲜切叶(万支)	20.00

序号	红叶石楠主产地	花卉类别	生产量
50	宜宾县(川)	观赏苗木(万株)	10.00
51	旌阳区(川)	观赏苗木(万株)	3.20
52	龙里县(黔)	城镇绿化苗(万株)	10.00
53	瓮安县(黔)	城镇绿化苗(万株)	30.00
54	余庆县(黔)	观赏苗木(万株)	16.50
55	碧江区(黔)	观赏苗木(万株)	4.00
56	平利县(陕)	城镇绿化苗(万株)	3.00
57	洋　县(陕)	观赏苗木(万株)	5.60

表 13-49　2012 年红枫主产地产量

序号	红枫主产地	花卉类别	生产量
1	金坛市(苏)	城镇绿化苗(万株)	60.00
2	长丰县(皖)	城镇绿化苗(万株)	20.48
3	东平县(鲁)	城镇绿化苗(万株)	20.00
4	沅江市(湘)	城镇绿化苗(万株)	8.00
5	长顺县(黔)	城镇绿化苗(万株)	6.50
6	三山区(皖)	城镇绿化苗(万株)	5.00
7	新化县(湘)	城镇绿化苗(万株)	5.00
8	社旗县(豫)	城镇绿化苗(万株)	3.20
9	郎溪县(皖)	城镇绿化苗(万株)	2.00
10	龙里县(黔)	城镇绿化苗(万株)	0.82
11	郯城县(鲁)	观赏苗木(万株)	4500.00
12	叠彩区(桂)	观赏苗木(万株)	600.00
13	象山县(浙)	观赏苗木(万株)	300.00
14	遂平县(豫)	观赏苗木(万株)	150.00
15	青州市(鲁)	观赏苗木(万株)	90.00
16	宁海县(浙)	观赏苗木(万株)	35.00
17	江油市(川)	观赏苗木(万株)	30.00
18	兖州市(鲁)	观赏苗木(万株)	15.00
19	靖江市(苏)	观赏苗木(万株)	11.00
20	花山区(皖)	观赏苗木(万株)	6.00
21	定海区(浙)	观赏苗木(万株)	5.30
22	郾城区(豫)	观赏苗木(万株)	3.24
23	洋　县(陕)	观赏苗木(万株)	3.20
24	安平县(冀)	观赏苗木(万株)	3.00
25	通城县(鄂)	观赏苗木(万株)	2.20
26	邢台县(冀)	观赏苗木(万株)	1.00
27	阳新县(鄂)	观赏苗木(万株)	1.00
28	碧江区(黔)	观赏苗木(万株)	1.00
29	石泉县(陕)	观赏苗木(万株)	1.00
30	北塔区(湘)	观赏苗木(万株)	0.65
31	广水市(鄂)	观叶植物(万盆)	2.00
32	贵定县(黔)	盆花(万盆)	1.00
33	洋　县(陕)	鲜切叶(万支)	8.20

表 13-50　2012 年紫薇主产地产量

序号	紫薇主产地	花卉类别	生产量
1	巴州区(川)	城镇绿化苗(万株)	280.00
2	河东区(鲁)	城镇绿化苗(万株)	180.00
3	郎溪县(皖)	城镇绿化苗(万株)	100.00
4	岳西县(皖)	城镇绿化苗(万株)	85.00
5	赫山区(湘)	城镇绿化苗(万株)	55.00
6	孝昌县(鄂)	城镇绿化苗(万株)	50.00
7	贞丰县(黔)	城镇绿化苗(万株)	33.00
8	宜都市(鄂)	城镇绿化苗(万株)	30.00
9	长丰县(皖)	城镇绿化苗(万株)	21.23
10	嘉陵区(川)	城镇绿化苗(万株)	14.27
11	通江县(川)	城镇绿化苗(万株)	10.00
12	兴山县(鄂)	城镇绿化苗(万株)	10.00
13	瑞金市(赣)	城镇绿化苗(万株)	5.00
14	洞口县(湘)	城镇绿化苗(万株)	4.00
15	三山区(皖)	城镇绿化苗(万株)	2.00
16	婺源县(赣)	城镇绿化苗(万株)	2.00
17	韶山市(湘)	城镇绿化苗(万株)	2.00
18	新化县(湘)	城镇绿化苗(万株)	2.00
19	陕西省苗木繁育中心(陕)	城镇绿化苗(万株)	1.50
20	冷水江市(湘)	城镇绿化苗(万株)	0.60
21	潜江市(鄂)	观赏苗木(万株)	200.00
22	叠彩区(桂)	观赏苗木(万株)	200.00
23	阳朔县(桂)	观赏苗木(万株)	150.00
24	宜宾县(川)	观赏苗木(万株)	150.00
25	东平县(鲁)	观赏苗木(万株)	110.00
26	环翠区(鲁)	观赏苗木(万株)	91.00
27	广平县(冀)	观赏苗木(万株)	80.00
28	河东区(鲁)	观赏苗木(万株)	60.00
29	临邑县(鲁)	观赏苗木(万株)	42.00
30	永兴县(湘)	观赏苗木(万株)	24.00
31	利川市(鄂)	观赏苗木(万株)	15.00
32	通城县(鄂)	观赏苗木(万株)	10.40
33	罗江县(川)	观赏苗木(万株)	10.00
34	蒲江县(川)	观赏苗木(万株)	10.00
35	江油市(川)	观赏苗木(万株)	8.00
36	登封市(豫)	观赏苗木(万株)	7.15
37	昌乐县(鲁)	观赏苗木(万株)	6.50
38	玉山县(赣)	观赏苗木(万株)	5.49
39	任　县(冀)	观赏苗木(万株)	4.00
40	邢台县(冀)	观赏苗木(万株)	4.00
41	薛城区(鲁)	观赏苗木(万株)	3.00
42	谷城县(鄂)	观赏苗木(万株)	3.00
43	花山区(皖)	观赏苗木(万株)	2.50
44	定海区(浙)	观赏苗木(万株)	2.25
45	新晃侗族自治县(湘)	观赏苗木(万株)	2.00

序号	紫薇主产地	花卉类别	生产量
46	旌阳区(川)	观赏苗木(万株)	1.80
47	汝城县(湘)	观赏苗木(万株)	1.50
48	高碑店市(冀)	观赏苗木(万株)	1.00
49	娄底市市辖区(湘)	观赏苗木(万株)	0.80
50	石泉县(陕)	观赏苗木(万株)	0.60
51	沅陵县(湘)	花卉用种苗(千苗)	77.00
52	荥阳市(豫)	盆花(万盆)	8.00
53	竹溪县(鄂)	盆花(万盆)	1.00
54	来凤县(鄂)	盆景(万盆)	10.00
55	仪陇县(川)	鲜切花(万支)	1.50
56	埇桥区(皖)	鲜切叶(万支)	1.20

表 13-51　2012 年仙客来主产地产量

序号	仙客来主产地	花卉类别	生产量
1	莱州市(鲁)	观赏苗木(万株)	480.00
2	绿园区(吉)	观赏苗木(万株)	100.00
3	丰宁满族自治县(冀)	观赏苗木(万株)	30.00
4	巴林左旗(内蒙古)	观赏苗木(万株)	10.00
5	遂平县(豫)	观赏苗木(万株)	8.00
6	山海关区(冀)	观赏苗木(万株)	3.00
7	高平市(晋)	观赏苗木(万株)	1.00
8	莱州市(鲁)	花卉用种子(千克)	100.00
9	青州市(鲁)	盆花(万盆)	400.00
10	莱州市(鲁)	盆花(万盆)	150.00
11	石家庄市桥东区(冀)	盆花(万盆)	144.00
12	玉田县(冀)	盆花(万盆)	80.00
13	霸州市(冀)	盆花(万盆)	60.00
14	临洮县(甘)	盆花(万盆)	35.00
15	张家口市高新技术管理区(冀)	盆花(万盆)	31.70
16	石家庄市桥西区(冀)	盆花(万盆)	20.00
17	招远市(鲁)	盆花(万盆)	10.00
18	昆都仑区(内蒙古)	盆花(万盆)	10.00
19	新市区(冀)	盆花(万盆)	8.67
20	潍城区(鲁)	盆花(万盆)	8.58
21	双滦区(冀)	盆花(万盆)	6.00
22	曲周县(冀)	盆花(万盆)	5.50
23	鹿泉市(冀)	盆花(万盆)	5.00
24	西峰区(甘)	盆花(万盆)	5.00
25	迁安市(冀)	盆花(万盆)	4.40
26	高密市(鲁)	盆花(万盆)	3.00
27	固安县(冀)	盆花(万盆)	3.00
28	昌乐县(鲁)	盆花(万盆)	2.30
29	旌阳区(川)	盆花(万盆)	2.30
30	牟平区(鲁)	盆花(万盆)	2.10
31	大厂回族自治县(冀)	盆花(万盆)	2.00
32	淮上区(皖)	盆花(万盆)	2.00
33	红山区(内蒙古)	盆花(万盆)	1.50
34	山丹县(甘)	盆花(万盆)	1.10
35	新华区(豫)	盆花(万盆)	1.00
36	宁东林业局(陕)	盆花(万盆)	0.84
37	承德县(冀)	盆花(万盆)	0.80
38	忻府区(晋)	盆花(万盆)	0.56
39	蓬莱市(鲁)	盆景(万盆)	4.50
40	隆化县(冀)	盆景(万盆)	2.00
41	威海市经济技术开发区(鲁)	盆景(万盆)	2.00
42	平泉县(冀)	鲜切花(万支)	40.00
43	包河区(皖)	鲜切花(万支)	10.00

表 13-52　2012 年其他花卉主产地产量

序号	其他花卉主产地	品种	花卉类别	生产量
1	黄州区(鄂)	矮雪轮	观赏苗木(万株)	2.00
2	零陵区(湘)	矮雪轮	鲜切叶(万支)	35.80
3	闵行区(沪)	巴西铁	观赏苗木(万株)	3.20
4	江油市(川)	巴西铁	观赏苗木(万株)	2.00
5	清城区(粤)	巴西铁	观叶植物(万盆)	2.20
6	路桥区(浙)	巴西铁	观叶植物(万盆)	1.20
7	忻府区(晋)	巴西铁	观叶植物(万盆)	0.57
8	南和县(冀)	巴西铁	盆花(万盆)	6.00
9	崇明县(沪)	巴西铁	盆景(万盆)	6.63
10	麻城市(鄂)	白碧桃	观赏苗木(万株)	2.20
11	北戴河区(冀)	百日草	盆花(万盆)	7.00
12	海港区(冀)	百日草	盆花(万盆)	4.00
13	梁山县(鲁)	百日草	盆花(万盆)	3.00
14	临武县(湘)	百日草	盆花(万盆)	1.56
15	九龙坡区(渝)	百日草	鲜切花(万支)	860.30
16	源汇区(豫)	百日草	鲜切花(万支)	3.84
17	石城县(赣)	百子莲	观赏苗木(万株)	3.00
18	修水县(赣)	百子莲	盆景(万盆)	10.00
19	太康县(豫)	薄荷	观赏苗木(万株)	48.00
20	临川区(赣)	薄荷	观赏苗木(万株)	22.00
21	卫辉市(豫)	薄荷	盆花(万盆)	5.00
22	万源市(川)	薄荷	盆景(万盆)	2.00
23	隆化县(冀)	薄荷	鲜切叶(万支)	5.00
24	路桥区(浙)	彩叶草	观叶植物(万盆)	2.50
25	香河县(冀)	彩叶草	盆花(万盆)	5.00
26	本溪满族自治县(辽)	彩叶草	盆花(万盆)	2.00
27	柘城县(豫)	彩叶草	盆花(万盆)	1.30
28	东营区(鲁)	彩叶草	盆景(万盆)	3.00
29	隆尧县(冀)	草芙蓉	鲜切花(万支)	8.00
30	石台县(皖)	草芙蓉	鲜切叶(万支)	1.00
31	辉南县(吉)	草花	城镇绿化苗(万株)	1650.00
32	威海市经济技术开发区(鲁)	草花	城镇绿化苗(万株)	10.00

序号	其他花卉主产地	品种	花卉类别	生产量	序号	其他花卉主产地	品种	花卉类别	生产量
33	路桥区(浙)	草花	城镇绿化苗(万株)	10.00	79	宁海县(浙)	常春藤类	观叶植物(万盆)	3.00
34	山海关区(冀)	草花	观赏苗木(万株)	15.00	80	新泰市(鲁)	常春藤类	盆花(万盆)	35.00
35	芜湖县(皖)	草花	观赏苗木(万株)	10.00	81	闵行区(沪)	常春藤类	盆花(万盆)	30.65
36	石柱土家族自治县(渝)	草花	观叶植物(万盆)	8.00	82	阳信县(鲁)	常春藤类	盆花(万盆)	29.00
37	农四师(新疆兵团)	草花	花卉用种苗(千苗)	100.00	83	龙里县(黔)	常春藤类	盆花(万盆)	1.00
38	清原满族自治县(辽)	草花	盆花(万盆)	2700.00	84	惠济区(豫)	常春藤类	盆景(万盆)	60.00
39	庐阳区(皖)	草花	盆花(万盆)	300.00	85	夏邑县(豫)	赤楠	城镇绿化苗(万株)	30.00
40	浦东新区(沪)	草花	盆花(万盆)	120.00	86	远安县(鄂)	赤楠	城镇绿化苗(万株)	2.00
41	北戴河区(冀)	草花	盆花(万盆)	54.80	87	鼎城区(湘)	赤楠	观赏苗木(万株)	3.50
42	乾安县(吉)	草花	盆花(万盆)	20.00	88	洞口县(湘)	赤楠	盆景(万盆)	1.00
43	临洮县(甘)	草花	盆花(万盆)	18.00	89	金坛市(苏)	垂丝海棠	城镇绿化苗(万株)	11.25
44	沂水县(鲁)	草花	盆花(万盆)	15.00	90	河东区(鲁)	垂丝海棠	观赏苗木(万株)	600.00
45	北京市大东流苗圃(京)	草花	盆花(万盆)	7.81	91	兖州市(鲁)	垂丝海棠	观赏苗木(万株)	6.00
46	稷山县(晋)	草花	盆花(万盆)	6.00	92	蕉岭县(粤)	垂丝海棠	盆花(万盆)	5.20
47	马头滩林业局(陕)	草花	盆花(万盆)	5.00	93	海港区(冀)	垂丝海棠	盆花(万盆)	2.00
48	淮上区(皖)	草花	盆花(万盆)	5.00	94	肥城市(鲁)	垂枝桃	观赏苗木(万株)	20.00
49	相山区(皖)	草花	盆花(万盆)	3.00	95	遂平县(豫)	垂枝桃	观赏苗木(万株)	3.00
50	未央区(陕)	草花	盆花(万盆)	3.00	96	海港区(冀)	春羽	盆花(万盆)	1.00
51	荆门市市辖区(鄂)	草花	盆花(万盆)	2.00	97	黄州区(鄂)	葱兰	观赏苗木(万株)	10.00
52	山海关区(冀)	草花	盆花(万盆)	1.50	98	大冶市(鄂)	葱兰	观叶植物(万盆)	600.00
53	蒙城县(皖)	草花	盆花(万盆)	1.00	99	新化县(湘)	葱兰	观叶植物(万盆)	10.00
54	青浦区(沪)	草花	盆景(万盆)	1050.60	100	广水市(鄂)	葱兰	观叶植物(万盆)	3.50
55	砚山县(滇)	草花	盆景(万盆)	2.10	101	合川区(渝)	葱兰	花卉用种苗(千苗)	664.90
56	利川市(鄂)	草花	盆景(万盆)	1.50	102	利通区(宁)	葱兰	盆花(万盆)	20.00
57	青浦区(沪)	草花	鲜切花(万支)	1330.00	103	珠晖区(湘)	葱兰	盆花(万盆)	10.00
58	仪陇县(川)	草花	鲜切花(万支)	12.00	104	新华区(豫)	葱兰	盆花(万盆)	2.00
59	宜都市(鄂)	茶梅	城镇绿化苗(万株)	20.00	105	望城县(湘)	葱兰	盆景(万盆)	10.00
60	新化县(湘)	茶梅	城镇绿化苗(万株)	10.00	106	凤阳县(皖)	葱兰	鲜切花(万支)	10.00
61	路桥区(浙)	茶梅	城镇绿化苗(万株)	5.00	107	上蔡县(豫)	翠柏	观赏苗木(万株)	56.00
62	北仑区(浙)	茶梅	观赏苗木(万株)	500.00	108	芜湖县(皖)	翠柏	观赏苗木(万株)	20.00
63	东坡区(川)	长春花	城镇绿化苗(万株)	2.00	109	濮阳县(豫)	翠柏	观赏苗木(万株)	18.00
64	黄州区(鄂)	长春花	观赏苗木(万株)	2.00	110	香河县(冀)	翠柏	观赏苗木(万株)	5.00
65	鼎城区(湘)	长春花	盆花(万盆)	23.00	111	雷波县(川)	翠柏	观赏苗木(万株)	4.00
66	北戴河区(冀)	长春花	盆花(万盆)	5.00	112	鼎城区(湘)	翠柏	观赏苗木(万株)	1.60
67	平山县(冀)	长春花	盆花(万盆)	3.00	113	醴陵市(湘)	翠柏	盆花(万盆)	1.00
68	公安县(鄂)	长春花	盆花(万盆)	2.60	114	洞口县(湘)	翠柏	盆花(万盆)	1.00
69	唐　县(冀)	长春花	盆花(万盆)	1.70	115	奉新县(赣)	翠柏	盆景(万盆)	33.00
70	凤阳县(皖)	长春花	盆花(万盆)	1.00	116	新泰市(鲁)	翠柏	盆景(万盆)	5.00
71	翠屏区(川)	长春花	盆花(万盆)	0.52	117	江北区(浙)	翠柏	盆景(万盆)	5.00
72	雁塔区(陕)	长春花	鲜切花(万支)	60.00	118	潢川县(豫)	翠柏	盆景(万盆)	1.80
73	东坡区(川)	长寿花	城镇绿化苗(万株)	10.00	119	沙市区(鄂)	翠柏	鲜切花(万支)	1.50
74	奉贤区(沪)	长寿花	盆花(万盆)	95.00	120	埇桥区(皖)	翠柏	鲜切花(万支)	1.20
75	兴平市(陕)	长寿花	盆花(万盆)	1.00	121	井陉矿区(冀)	大岩桐	观叶植物(万盆)	1.00
76	临洮县(甘)	长寿花	盆花(万盆)	1.00	122	潢川县(豫)	淡竹	城镇绿化苗(万株)	112.00
77	黄梅县(鄂)	常春藤类	观赏苗木(万株)	60.00	123	蠡　县(冀)	倒挂金钟	盆花(万盆)	10.00
78	东昌府区(鲁)	常春藤类	观赏苗木(万株)	3.00	124	西峰区(甘)	倒挂金钟	盆花(万盆)	9.00

序号	其他花卉主产地	品种	花卉类别	生产量
125	临洮县(甘)	倒挂金钟	盆花(万盆)	1.00
126	清丰县(豫)	倒挂金钟	鲜切花(万支)	5.00
127	清丰县(豫)	倒挂金钟	鲜切花(万支)	5.00
128	让胡路区(黑)	地肤	观赏苗木(万株)	10.00
129	鄢陵县(豫)	地肤	盆花(万盆)	210.00
130	金凤区(宁)	地肤	盆花(万盆)	40.00
131	珠晖区(湘)	地肤	盆花(万盆)	15.00
132	商水县(豫)	地肤	盆花(万盆)	5.00
133	公安县(鄂)	地肤	盆花(万盆)	2.30
134	嵩　县(豫)	地肤	盆花(万盆)	1.00
135	东营区(鲁)	地肤	盆景(万盆)	3.00
136	秀峰区(桂)	地肤	鲜切花(万支)	40.00
137	彭山县(川)	地肤	鲜切花(万支)	39.00
138	涿州市(冀)	地锦	观赏苗木(万株)	6.50
139	北戴河区(冀)	地锦	盆花(万盆)	4.00
140	定州市(冀)	棣棠	观赏苗木(万株)	120.00
141	洞口县(湘)	杜仲	城镇绿化苗(万株)	1.00
142	大观区(皖)	杜仲	观赏苗木(万株)	213.00
143	通城县(鄂)	杜仲	观赏苗木(万株)	11.20
144	平利县(陕)	杜仲	食用及药用花卉(千克)	1000.00
145	许昌县(豫)	对节白蜡	城镇绿化苗(万株)	79.00
146	安新县(冀)	对节白蜡	观赏苗木(万株)	30.00
147	荆门市市辖区(鄂)	对节白蜡	观赏苗木(万株)	2.00
148	京山县(鄂)	对节白蜡	盆景(万盆)	30.00
149	青州市(鲁)	对节白蜡	盆景(万盆)	1.00
150	北戴河区(冀)	多花蔷薇	观赏苗木(万株)	5.00
151	象山县(浙)	多花蔷薇	盆景(万盆)	5.00
152	高邑县(冀)	风铃草	观赏苗木(万株)	20.00
153	涉　县(冀)	凤凰竹	盆花(万盆)	2.00
154	中方县(湘)	凤尾竹	观赏苗木(万株)	20.00
155	洋　县(陕)	凤尾竹	鲜切叶(万支)	4.30
156	闵行区(沪)	佛肚竹	盆花(万盆)	0.98
157	奉贤区(沪)	扶郎花	鲜切花(万支)	28145.90
158	台安县(辽)	扶郎花	鲜切花(万支)	100.00
159	奉化市(浙)	扶郎花	鲜切花(万支)	50.00
160	闵行区(沪)	扶郎花	鲜切花(万支)	49.50
161	庄河市(辽)	扶郎花	鲜切花(万支)	20.00
162	红花岗区(黔)	扶桑	观赏苗木(万株)	8.90
163	青州市(鲁)	扶桑	盆花(万盆)	200.00
164	易　县(冀)	福禄考	观赏苗木(万株)	600.00
165	青州市(鲁)	福禄考	盆花(万盆)	200.00
166	延庆县(京)	福禄考	盆花(万盆)	80.00
167	邹平县(鲁)	福禄考	盆花(万盆)	45.00
168	涿州市(冀)	福禄考	盆花(万盆)	11.00
169	肇州县(黑)	福禄考	盆花(万盆)	5.00
170	高平市(晋)	福禄考	盆花(万盆)	3.00
171	本溪满族自治县(辽)	福禄考	盆花(万盆)	3.00
172	台安县(辽)	福禄考	盆花(万盆)	1.50
173	迁西县(冀)	福禄考	鲜切花(万支)	10.00
174	临洮县(甘)	福禄考	鲜切花(万支)	5.00
175	黄梅县(鄂)	富贵竹	观赏苗木(万株)	80.00
176	遂平县(豫)	富贵竹	观赏苗木(万株)	10.00
177	合川区(渝)	富贵竹	观赏苗木(万株)	1.12
178	太康县(豫)	富贵竹	观赏苗木(万株)	1.00
179	黄州区(鄂)	富贵竹	观赏苗木(万株)	1.00
180	通城县(鄂)	富贵竹	观赏苗木(万株)	0.70
181	崇明县(沪)	富贵竹	观叶植物(万盆)	4.00
182	清城区(粤)	富贵竹	观叶植物(万盆)	3.00
183	石柱土家族自治县(渝)	富贵竹	观叶植物(万盆)	2.50
184	石棉县(川)	富贵竹	观叶植物(万盆)	2.00
185	闵行区(沪)	富贵竹	盆花(万盆)	6.50
186	浦东新区(沪)	富贵竹	盆花(万盆)	5.00
187	华龙区(豫)	富贵竹	盆花(万盆)	5.00
188	许昌县(豫)	富贵竹	盆花(万盆)	4.00
189	彭水苗族土家族自治县(渝)	富贵竹	盆花(万盆)	2.00
190	昌乐县(鲁)	富贵竹	盆花(万盆)	1.80
191	宝丰县(豫)	富贵竹	盆景(万盆)	2.30
192	上思县(桂)	富贵竹	盆景(万盆)	1.00
193	文山市(滇)	富贵竹	鲜切花(万支)	5.00
194	凯里市(黔)	富贵竹	鲜切叶(万支)	310.00
195	宜宾县(川)	富贵竹	鲜切叶(万支)	72.00
196	招远市(鲁)	富贵竹	鲜切叶(万支)	55.00
197	洋　县(陕)	富贵竹	鲜切叶(万支)	3.40
198	镇坪县(陕)	珙桐	城镇绿化苗(万株)	5.00
199	镇坪县(陕)	珙桐	观赏苗木(万株)	4.00
200	平利县(陕)	珙桐	观赏苗木(万株)	1.00
201	金坛市(苏)	枸骨	城镇绿化苗(万株)	11.25
202	芦溪县(赣)	枸骨	盆景(万盆)	2.00
203	安化县(湘)	观叶芋类	观赏苗木(万株)	60.00
204	江油市(川)	观叶芋类	观赏苗木(万株)	15.00
205	闵行区(沪)	观叶芋类	观赏苗木(万株)	4.60
206	昆山市(苏)	观叶芋类	观叶植物(万盆)	114.29
207	通州区(京)	观叶芋类	盆花(万盆)	2000.00
208	广饶县(鲁)	观叶芋类	盆花(万盆)	300.00
209	松江区(沪)	观叶芋类	盆花(万盆)	245.70
210	丰台区(京)	观叶芋类	盆花(万盆)	31.60
211	顺义区(京)	观叶芋类	盆花(万盆)	22.00
212	海城市(辽)	观叶芋类	盆花(万盆)	17.60
213	金凤区(宁)	观叶芋类	盆花(万盆)	10.00
214	荆门市市辖区(鄂)	观叶芋类	盆花(万盆)	5.00
215	崆峒区(甘)	观叶芋类	盆花(万盆)	2.40
216	碧江区(黔)	观叶芋类	盆花(万盆)	0.67

序号	其他花卉主产地	品种	花卉类别	生产量	序号	其他花卉主产地	品种	花卉类别	生产量
217	秦州区(甘)	观叶芋类	盆景(万盆)	15.00	263	新华区(豫)	含羞草	盆花(万盆)	1.00
218	定南县(赣)	观叶芋类	盆景(万盆)	2.17	264	源汇区(豫)	含羞草	鲜切花(万支)	8615.00
219	惠济区(豫)	观叶芋类	盆景(万盆)	0.60	265	石台县(皖)	含羞草	鲜切花(万支)	5000.00
220	靖江市(苏)	观叶芋类	鲜切叶(万支)	450.00	266	西青区(津)	含羞草	鲜切花(万支)	50.00
221	黄梅县(鄂)	龟背竹	观赏苗木(万株)	10.00	267	凤城市(辽)	含羞草	鲜切花(万支)	25.00
222	兖州市(鲁)	龟背竹	观赏苗木(万株)	3.00	268	白银区(甘)	含羞草	鲜切花(万支)	20.00
223	路桥区(浙)	龟背竹	观叶植物(万盆)	1.60	269	隆尧县(冀)	含羞草	鲜切花(万支)	8.00
224	南和县(冀)	龟背竹	盆花(万盆)	6.00	270	临洮县(甘)	荷包牡丹	鲜切花(万支)	2.00
225	华龙区(豫)	龟背竹	盆花(万盆)	6.00	271	广水市(鄂)	荷包牡丹	鲜切花(万支)	2.00
226	游仙区(川)	龟背竹	盆景(万盆)	30.00	272	山丹县(甘)	荷兰菊	城镇绿化苗(万株)	0.90
227	青州市(鲁)	龟背竹	盆景(万盆)	5.00	273	二道江区(吉)	荷兰菊	观赏苗木(万株)	20.00
228	龙南县(赣)	龟背竹	盆景(万盆)	3.00	274	调兵山市(辽)	荷兰菊	观赏苗木(万株)	3.00
229	迁安市(冀)	龟背竹	盆景(万盆)	0.73	275	兴隆县(冀)	荷兰菊	盆花(万盆)	12.00
230	凤阳县(皖)	桂圆菊	盆花(万盆)	5.00	276	普兰店市(辽)	荷兰菊	盆花(万盆)	12.00
231	潢川县(豫)	海桐	城镇绿化苗(万株)	560.00	277	高碑店市(冀)	荷兰菊	盆花(万盆)	4.00
232	枣阳市(鄂)	海桐	城镇绿化苗(万株)	6.00	278	新民市(辽)	荷兰菊	盆花(万盆)	1.00
233	娄星区(湘)	海桐	城镇绿化苗(万株)	1.01	279	乐业县(桂)	荷兰菊	盆花(万盆)	1.00
234	洞口县(湘)	海桐	城镇绿化苗(万株)	1.00	280	台安县(辽)	荷兰菊	鲜切花(万支)	3500.00
235	莎车县(新)	海桐	观赏苗木(万株)	27.00	281	丰宁满族自治县(冀)	黑心菊	观赏苗木(万株)	20.00
236	桂阳县(湘)	海桐	观赏苗木(万株)	14.50	282	黄州区(鄂)	黑心菊	观赏苗木(万株)	3.00
237	潢川县(豫)	海桐	盆景(万盆)	4.10	283	海城市(辽)	黑心菊	盆花(万盆)	28.60
238	华容县(湘)	含笑	城镇绿化苗(万株)	40.00	284	浑江区(吉)	黑心菊	盆花(万盆)	0.50
239	龙里县(黔)	含笑	城镇绿化苗(万株)	1.00	285	潢川县(豫)	红碧桃	城镇绿化苗(万株)	139.00
240	韶山市(湘)	含笑	城镇绿化苗(万株)	0.10	286	岳阳县(湘)	红碧桃	城镇绿化苗(万株)	10.00
241	蔡甸区(鄂)	含笑	观赏苗木(万株)	4.00	287	枣阳市(鄂)	红碧桃	城镇绿化苗(万株)	5.00
242	全州县(桂)	含笑	观赏苗木(万株)	2.00	288	定西市巉口林业试验场(甘)	红碧桃	城镇绿化苗(万株)	1.00
243	南岳区(湘)	含笑	观赏苗木(万株)	2.00	289	西平县(豫)	红碧桃	观赏苗木(万株)	95.00
244	碧江区(黔)	含笑	观赏苗木(万株)	2.00	290	宜阳县(豫)	红碧桃	观赏苗木(万株)	34.00
245	习水县(黔)	含笑	观赏苗木(万株)	1.00	291	肥城市(鲁)	红碧桃	观赏苗木(万株)	30.00
246	遂平县(豫)	含笑	观赏苗木(万株)	1.00	292	寒亭区(鲁)	红碧桃	观赏苗木(万株)	3.80
247	常宁市(湘)	含笑	观赏苗木(万株)	1.00	293	龙安区(豫)	红碧桃	观赏苗木(万株)	0.90
248	南郑县(陕)	含笑	花卉用种苗(千苗)	14.00	294	宁阳县(鲁)	红碧桃	观叶植物(万盆)	14.00
249	龙南县(赣)	含笑	盆花(万盆)	5.00	295	太康县(豫)	红花	城镇绿化苗(万株)	11.00
250	衡南县(湘)	含笑	盆花(万盆)	3.00	296	东胜区(内蒙古)	红花	盆花(万盆)	100.00
251	汝城县(湘)	含笑	盆花(万盆)	2.00	297	娄星区(湘)	红花	盆花(万盆)	2.00
252	沅陵县(湘)	含笑	盆花(万盆)	0.90	298	宣汉县(川)	红花	鲜切花(万支)	11.20
253	凯里市(黔)	含笑	盆景(万盆)	16.00	299	大城县(冀)	红花小苍兰	观赏苗木(万株)	50.00
254	泌阳县(豫)	含羞草	观赏苗木(万株)	20.00	300	瓜州县(甘)	红瑞木	城镇绿化苗(万株)	3000.00
255	遂平县(豫)	含羞草	观赏苗木(万株)	15.00	301	林甸县(黑)	红瑞木	城镇绿化苗(万株)	30.00
256	建始县(鄂)	含羞草	观赏苗木(万株)	3.00	302	定州市(冀)	红瑞木	观赏苗木(万株)	1240.00
257	太康县(豫)	含羞草	观赏苗木(万株)	1.00	303	开原市(辽)	红瑞木	观赏苗木(万株)	1000.00
258	息　县(豫)	含羞草	观叶植物(万盆)	1.00	304	玉田县(冀)	红瑞木	观赏苗木(万株)	60.00
259	珠晖区(湘)	含羞草	盆花(万盆)	10.00	305	南市区(冀)	红瑞木	观赏苗木(万株)	7.00
260	薛城区(鲁)	含羞草	盆花(万盆)	6.00	306	庄河市(辽)	红瑞木	观赏苗木(万株)	6.00
261	鼎城区(湘)	含羞草	盆花(万盆)	2.30	307	兰西县(黑)	红瑞木	观赏苗木(万株)	5.00
262	浑江区(吉)	含羞草	盆花(万盆)	1.80	308	井陉矿区(冀)	红瑞木	观赏苗木(万株)	3.00

序号	其他花卉主产地	品种	花卉类别	生产量
309	延庆县(京)	红瑞木	观赏苗木(万株)	2.80
310	涿州市(冀)	红瑞木	观赏苗木(万株)	1.00
311	潢川县(豫)	红叶小檗球	城镇绿化苗(万株)	290.00
312	尧都区(晋)	红叶小檗球	城镇绿化苗(万株)	1.00
313	临洮县(甘)	红叶小檗球	观赏苗木(万株)	2.00
314	碾子山区(黑)	猴面花	观赏苗木(万株)	6.00
315	绥阳县(黔)	厚朴	城镇绿化苗(万株)	50.00
316	新宁县(湘)	厚朴	城镇绿化苗(万株)	10.00
317	桂东县(湘)	厚朴	观赏苗木(万株)	10.00
318	蒲江县(川)	厚朴	观赏苗木(万株)	0.80
319	新宁县(湘)	厚朴	食用及药用花卉(吨)	500.00
320	洋　县(陕)	厚朴	鲜切花(万支)	3.80
321	克东县(黑)	黄刺玫	城镇绿化苗(万株)	5000.00
322	翁牛特旗(内蒙古)	黄刺玫	观赏苗木(万株)	20.00
323	壶关县(晋)	黄刺玫	观赏苗木(万株)	4.00
324	大武口区(宁)	黄刺玫	观赏苗木(万株)	3.60
325	金凤区(宁)	黄刺玫	观赏苗木(万株)	1.50
326	怀来县(冀)	黄刺玫	观赏苗木(万株)	1.40
327	白银区(甘)	黄刺玫	鲜切花(万支)	16.00
328	西青区(津)	黄秋葵	鲜切花(万支)	100.00
329	汝城县(湘)	惠兰	观赏苗木(万株)	2.00
330	临安市(浙)	惠兰	盆花(万盆)	90.00
331	包河区(皖)	惠兰	盆花(万盆)	10.00
332	绵阳市市辖区(川)	惠兰	盆花(万盆)	8.00
333	涪城区(川)	惠兰	盆花(万盆)	8.00
334	临洮县(甘)	惠兰	盆花(万盆)	5.00
335	固安县(冀)	惠兰	盆花(万盆)	3.00
336	雅长林场(桂)	惠兰	盆花(万盆)	2.20
337	新华区(豫)	惠兰	盆花(万盆)	1.00
338	游仙区(川)	惠兰	盆景(万盆)	100.00
339	万源市(川)	惠兰	盆景(万盆)	1.00
340	万州区(渝)	惠兰	鲜切花(万支)	10.00
341	罗田县(鄂)	惠兰	鲜切花(万支)	5.00
342	潢川县(豫)	火棘	城镇绿化苗(万株)	99.00
343	马头滩林业局(陕)	火棘	城镇绿化苗(万株)	2.00
344	芜湖县(皖)	火棘	观赏苗木(万株)	10.00
345	正阳县(豫)	火棘	观赏苗木(万株)	4.30
346	登封市(豫)	火棘	观赏苗木(万株)	2.99
347	鼎城区(湘)	火棘	观赏苗木(万株)	2.70
348	鹤峰县(鄂)	火棘	观赏苗木(万株)	1.00
349	环翠区(鲁)	火棘	观叶植物(万盆)	20.00
350	青州市(鲁)	火棘	盆景(万盆)	5.00
351	潢川县(豫)	火棘	盆景(万盆)	3.40
352	陕西省苗木繁育中心(陕)	火棘	盆景(万盆)	1.00
353	商水县(豫)	霍香蓟	盆花(万盆)	2.00
354	仪陇县(川)	藿香	鲜切花(万支)	4.00
355	临安市(浙)	鸡爪槭	城镇绿化苗(万株)	45.00
356	宜都市(鄂)	鸡爪槭	城镇绿化苗(万株)	5.00
357	寿　县(皖)	鸡爪槭	观赏苗木(万株)	12.00
358	沂水县(鲁)	鸡爪槭	观赏苗木(万株)	10.00
359	宁波市市辖区(浙)	鸡爪槭	观赏苗木(万株)	1.50
360	芦溪县(赣)	鸡爪槭	观叶植物(万盆)	20.00
361	阳新县(鄂)	鸡爪槭	盆花(万盆)	3.00
362	闵行区(沪)	鸡爪槭	盆花(万盆)	0.70
363	津市市(湘)	夹竹桃类	城镇绿化苗(万株)	10.00
364	柳城县(桂)	夹竹桃类	城镇绿化苗(万株)	3.25
365	凤城市(辽)	夹竹桃类	观赏苗木(万株)	850.00
366	丰顺县(粤)	夹竹桃类	观赏苗木(万株)	50.00
367	荆门市市辖区(鄂)	夹竹桃类	观赏苗木(万株)	5.00
368	遂平县(豫)	夹竹桃类	观赏苗木(万株)	3.00
369	汝城县(湘)	夹竹桃类	观赏苗木(万株)	2.00
370	黄州区(鄂)	夹竹桃类	观赏苗木(万株)	2.00
371	凤阳县(皖)	夹竹桃类	观叶植物(万盆)	10.00
372	方城县(豫)	夹竹桃类	盆花(万盆)	2.40
373	凉州区(甘)	夹竹桃类	盆花(万盆)	0.70
374	修水县(赣)	夹竹桃类	盆景(万盆)	10.00
375	南溪县(川)	夹竹桃类	盆景(万盆)	10.00
376	昌乐县(鲁)	夹竹桃类	盆景(万盆)	2.30
377	秀峰区(桂)	夹竹桃类	鲜切花(万支)	40.00
378	苏仙区(湘)	夹竹桃类	鲜切叶(万支)	4300.00
379	宣汉县(川)	夹竹桃类	鲜切叶(万支)	18.00
380	延庆县(京)	假龙头	盆花(万盆)	10.00
381	来凤县(鄂)	金弹子	盆景(万盆)	10.00
382	习水县(黔)	金弹子	盆景(万盆)	1.00
383	瓜州县(甘)	金光菊	城镇绿化苗(万株)	10.00
384	内乡县(豫)	金光菊	盆花(万盆)	3.00
385	邢台县(冀)	金光菊	盆花(万盆)	0.70
386	大观区(皖)	金光菊	盆景(万盆)	6.30
387	合川区(渝)	金光菊	食用及药用花卉(千克)	610.00
388	大武口区(宁)	金鸡菊	观赏苗木(万株)	3.10
389	青州市(鲁)	金鸡菊	盆花(万盆)	200.00
390	滨城区(鲁)	金鸡菊	盆花(万盆)	2.00
391	威海市经济技术开发区(鲁)	金鸡菊	盆花(万盆)	1.00
392	瓜州县(甘)	金银木	城镇绿化苗(万株)	5000.00
393	尧都区(晋)	金银木	城镇绿化苗(万株)	1.00
394	延庆县(京)	金银木	观赏苗木(万株)	3.50
395	翁牛特旗(内蒙古)	金银木	观赏苗木(万株)	2.00
396	金凤区(宁)	金银木	观赏苗木(万株)	1.00
397	闵行区(沪)	金钟花	盆花(万盆)	2.12
398	凤阳县(皖)	金钟花	盆花(万盆)	1.00
399	千山区(辽)	锦带花	城镇绿化苗(万株)	21.00
400	开原市(辽)	锦带花	观赏苗木(万株)	1000.00

序号	其他花卉主产地	品种	花卉类别	生产量
401	海城市(辽)	锦带花	观赏苗木(万株)	38.20
402	丰宁满族自治县(冀)	锦带花	观赏苗木(万株)	30.00
403	北戴河区(冀)	锦带花	观赏苗木(万株)	3.00
404	涿州市(冀)	锦带花	观赏苗木(万株)	2.50
405	海港区(冀)	锦带花	观赏苗木(万株)	2.50
406	凤城市(辽)	锦熟黄杨	观赏苗木(万株)	220.00
407	大武口区(宁)	景天	城镇绿化苗(万株)	31.50
408	定州市(冀)	景天	观赏苗木(万株)	3320.00
409	丰宁满族自治县(冀)	景天	观赏苗木(万株)	100.00
410	呼兰区(黑)	景天	观赏苗木(万株)	40.00
411	娄星区(湘)	景天	观赏苗木(万株)	22.00
412	高邑县(冀)	景天	观赏苗木(万株)	20.00
413	新民市(辽)	景天	观赏苗木(万株)	9.00
414	北戴河区(冀)	景天	观赏苗木(万株)	6.00
415	抚宁县(冀)	景天	观赏苗木(万株)	3.60
416	兴平市(陕)	景天	观赏苗木(万株)	3.20
417	山海关区(冀)	景天	观赏苗木(万株)	2.00
418	定州市(冀)	景天	观叶植物(万盆)	285.20
419	鄂托克旗(内蒙古)	景天	观叶植物(万盆)	180.00
420	满城县(冀)	景天	观叶植物(万盆)	10.00
421	台安县(辽)	景天	盆花(万盆)	8000.00
422	阜新蒙古族自治县(辽)	景天	盆花(万盆)	110.00
423	延庆县(京)	景天	盆花(万盆)	60.00
424	大通回族土族自治县(青)	景天	盆花(万盆)	2.30
425	枣强县(冀)	景天	盆花(万盆)	0.80
426	建始县(鄂)	景天	盆花(万盆)	0.80
427	浑江区(吉)	景天	盆花(万盆)	0.50
428	东营区(鲁)	景天	盆景(万盆)	4.00
429	宣汉县(川)	景天	鲜切花(万支)	20.00
430	兴隆县(冀)	韭菜莲	鲜切花(万支)	8.00
431	大城县(冀)	桔梗	观赏苗木(万株)	50.00
432	延庆县(京)	桔梗	盆花(万盆)	18.00
433	兴山县(鄂)	桔梗	盆花(万盆)	2.00
434	潢川县(豫)	蜡梅	城镇绿化苗(万株)	148.50
435	上蔡县(豫)	蜡梅	观赏苗木(万株)	136.00
436	遂平县(豫)	蜡梅	观赏苗木(万株)	5.00
437	江油市(川)	蜡梅	观赏苗木(万株)	2.00
438	潢川县(豫)	蜡梅	盆花(万盆)	3.20
439	鄢陵县(豫)	蜡梅	盆景(万盆)	110.00
440	保康县(鄂)	蜡梅	盆景(万盆)	3.00
441	嘉定区(沪)	蜡梅	鲜切花(万支)	300.00
442	游仙区(川)	蜡梅	鲜切花(万支)	40.00
443	宣汉县(川)	蜡梅	鲜切花(万支)	30.80
444	彭山县(川)	蜡梅	鲜切花(万支)	25.00
445	芷江侗族自治县(湘)	兰草	观赏苗木(万株)	1.50
446	大足县(渝)	兰草	观叶植物(万盆)	500.00
447	通江县(川)	兰草	观叶植物(万盆)	260.00
448	雷波县(川)	兰草	观叶植物(万盆)	2.00
449	广水市(鄂)	兰草	观叶植物(万盆)	1.50
450	通州区(京)	兰草	盆花(万盆)	5000.00
451	澄海区(粤)	兰草	盆花(万盆)	200.00
452	顺义区(京)	兰草	盆花(万盆)	109.00
453	宜宾县(川)	兰草	盆花(万盆)	50.00
454	宣汉县(川)	兰草	盆花(万盆)	50.00
455	万源市(川)	兰草	盆花(万盆)	30.00
456	黔江区(渝)	兰草	盆花(万盆)	25.00
457	贵定县(黔)	兰草	盆花(万盆)	20.00
458	鼎城区(湘)	兰草	盆花(万盆)	8.50
459	潢川县(豫)	兰草	盆花(万盆)	2.20
460	彭水苗族土家族自治县(渝)	兰草	盆花(万盆)	2.00
461	磐安县(浙)	兰草	盆花(万盆)	1.00
462	文　县(甘)	兰草	盆景(万盆)	10.00
463	利川市(鄂)	兰草	盆景(万盆)	4.00
464	汶川县(川)	兰草	盆景(万盆)	1.38
465	普陀区(浙)	兰草	盆景(万盆)	0.80
466	万源市(川)	兰草	鲜切花(万支)	50.00
467	兴义市(黔)	铃兰	鲜切花(万支)	0.73
468	潢川县(豫)	流苏	城镇绿化苗(万株)	6070.00
469	社旗县(豫)	流苏	城镇绿化苗(万株)	10.00
470	沂南县(鲁)	流苏	观赏苗木(万株)	120.00
471	河东区(鲁)	流苏	观赏苗木(万株)	120.00
472	嵩　县(豫)	流苏	观赏苗木(万株)	11.00
473	临洮县(甘)	耧斗菜	鲜切花(万支)	2.00
474	饶平县(粤)	罗汉松	城镇绿化苗(万株)	1500.00
475	赫山区(湘)	罗汉松	城镇绿化苗(万株)	30.00
476	黄平县(黔)	罗汉松	城镇绿化苗(万株)	20.00
477	上高县(赣)	罗汉松	城镇绿化苗(万株)	11.80
478	洞口县(湘)	罗汉松	城镇绿化苗(万株)	3.00
479	新化县(湘)	罗汉松	城镇绿化苗(万株)	2.00
480	陆川县(桂)	罗汉松	城镇绿化苗(万株)	1.00
481	孟连傣族拉祜族佤族自治县(滇)	罗汉松	城镇绿化苗(万株)	0.60
482	韶山市(湘)	罗汉松	城镇绿化苗(万株)	0.32
483	四会市(粤)	罗汉松	观赏苗木(万株)	1494.00
484	象山县(浙)	罗汉松	观赏苗木(万株)	500.00
485	北仑区(浙)	罗汉松	观赏苗木(万株)	120.00
486	阳朔县(桂)	罗汉松	观赏苗木(万株)	50.00
487	金秀瑶族自治县(桂)	罗汉松	观赏苗木(万株)	26.00
488	宁海县(浙)	罗汉松	观赏苗木(万株)	10.00
489	定海区(浙)	罗汉松	观赏苗木(万株)	3.50
490	天峨县(桂)	罗汉松	观赏苗木(万株)	3.00
491	石门县(湘)	罗汉松	观赏苗木(万株)	1.00

序号	其他花卉主产地	品种	花卉类别	生产量
492	玉山县(赣)	罗汉松	观赏苗木(万株)	0.61
493	余庆县(黔)	罗汉松	观赏苗木(万株)	0.60
494	贵定县(黔)	罗汉松	盆花(万盆)	1.00
495	龙南县(赣)	罗汉松	盆景(万盆)	5.60
496	上思县(桂)	罗汉松	盆景(万盆)	2.00
497	北仑区(浙)	罗汉松	盆景(万盆)	1.60
498	黔江区(渝)	罗汉松	盆景(万盆)	1.00
499	贵定县(黔)	罗汉松	盆景(万盆)	1.00
500	雁塔区(陕)	罗汉松	盆景(万盆)	0.60
501	益阳市市辖区(湘)	罗汉竹	观赏苗木(万株)	1500.00
502	大城县(冀)	罗汉竹	观赏苗木(万株)	50.00
503	鼎城区(湘)	罗汉竹	观赏苗木(万株)	2.20
504	涿州市(冀)	麻叶绣线菊类	观赏苗木(万株)	10.00
505	秀峰区(桂)	麻叶绣线菊类	鲜切花(万支)	50.00
506	让胡路区(黑)	马蔺	观赏苗木(万株)	25.00
507	呼兰区(黑)	马蔺	观赏苗木(万株)	10.00
508	北京市大东流苗圃(京)	马蔺	观赏苗木(万株)	0.67
509	金凤区(宁)	马蔺	盆花(万盆)	50.00
510	利通区(宁)	马蔺	盆花(万盆)	30.00
511	东洲区(辽)	马蔺	盆花(万盆)	7.20
512	青铜峡市(宁)	马蔺	盆花(万盆)	3.00
513	嘉陵区(川)	麦冬	城镇绿化苗(万株)	258.60
514	合川区(渝)	麦冬	观赏苗木(万株)	10.60
515	荆门市市辖区(鄂)	麦冬	观赏苗木(万株)	5.00
516	彭山县(川)	麦冬	观叶植物(万盆)	5.00
517	建湖县(苏)	麦冬	鲜切花(万支)	15.00
518	平利县(陕)	毛竹	城镇绿化苗(万株)	5000.00
519	翠屏区(川)	毛竹	城镇绿化苗(万株)	2200.00
520	津市市(湘)	毛竹	城镇绿化苗(万株)	65.00
521	蕉岭县(粤)	毛竹	观赏苗木(万株)	60.00
522	桂东县(湘)	毛竹	观赏苗木(万株)	10.00
523	岚皋县(陕)	毛竹	观赏苗木(万株)	7.00
524	洋　县(陕)	毛竹	鲜切叶(万支)	4.85
525	潢川县(豫)	梅花	城镇绿化苗(万株)	85.00
526	卢氏县(豫)	梅花	观赏苗木(万株)	230.00
527	临川区(赣)	梅花	观赏苗木(万株)	47.00
528	江油市(川)	梅花	观赏苗木(万株)	36.00
529	寿　县(皖)	梅花	观赏苗木(万株)	6.00
530	安阳县(豫)	梅花	观赏苗木(万株)	1.10
531	商州区(陕)	梅花	观赏苗木(万株)	0.65
532	东港区(鲁)	梅花	盆花(万盆)	80.00
533	鼎城区(湘)	梅花	盆花(万盆)	4.50
534	潢川县(豫)	梅花	盆花(万盆)	2.00
535	靖州苗族侗族自治县(湘)	梅花	盆花(万盆)	0.60
536	鄢陵县(豫)	梅花	盆景(万盆)	150.00
537	青州市(鲁)	梅花	盆景(万盆)	20.00
538	莱州市(鲁)	梅花	盆景(万盆)	20.00
539	宁海县(浙)	梅花	盆景(万盆)	3.00
540	宣汉县(川)	梅花	鲜切花(万支)	36.00
541	顺庆区(川)	梅花	鲜切花(万支)	3.60
542	汝南县(豫)	梅花	鲜切花(万支)	2.60
543	蒲江县(川)	梅花	鲜切花(万支)	2.60
544	尧都区(晋)	美国红栌	城镇绿化苗(万株)	3.00
545	广阳区(冀)	美国红栌	观赏苗木(万株)	30.00
546	兖州市(鲁)	美国红栌	观赏苗木(万株)	6.00
547	南溪县(川)	美丽天人菊	盆花(万盆)	5.00
548	大城县(冀)	美人松	观赏苗木(万株)	100.00
549	宜宾县(川)	米兰	盆花(万盆)	25.00
550	肥乡县(冀)	米兰	盆花(万盆)	10.00
551	阳新县(鄂)	米兰	盆花(万盆)	9.00
552	忻府区(晋)	米兰	盆花(万盆)	0.70
553	隆安县(桂)	米兰	盆景(万盆)	5200.00
554	临武县(湘)	米兰	盆景(万盆)	1.85
555	白银区(甘)	米兰	鲜切花(万支)	10.00
556	遂平县(豫)	茉莉花	观赏苗木(万株)	30.00
557	雷波县(川)	茉莉花	观赏苗木(万株)	2.00
558	兴平市(陕)	茉莉花	观赏苗木(万株)	1.60
559	邢台县(冀)	茉莉花	观赏苗木(万株)	1.00
560	沅陵县(湘)	茉莉花	观叶植物(万盆)	2.20
561	邹平县(鲁)	茉莉花	盆花(万盆)	300.00
562	禹州市(豫)	茉莉花	盆花(万盆)	50.00
563	阳新县(鄂)	茉莉花	盆花(万盆)	7.00
564	沙市区(鄂)	茉莉花	盆花(万盆)	5.00
565	昌乐县(鲁)	茉莉花	盆景(万盆)	2.10
566	和平县(粤)	茉莉花	盆景(万盆)	2.00
567	宣汉县(川)	茉莉花	鲜切花(万支)	20.00
568	江津区(渝)	茉莉花	鲜切花(万支)	2.00
569	偃师市(豫)	牡丹	城镇绿化苗(万株)	2.00
570	宜阳县(豫)	牡丹	观赏苗木(万株)	274.00
571	广水市(鄂)	牡丹	观赏苗木(万株)	56.00
572	遂平县(豫)	牡丹	观赏苗木(万株)	5.00
573	石门县(湘)	牡丹	观赏苗木(万株)	2.00
574	南关区(吉)	牡丹	观叶植物(万盆)	32.00
575	禹州市(豫)	牡丹	盆花(万盆)	50.00
576	郓城县(鲁)	牡丹	盆花(万盆)	4.01
577	鼎城区(湘)	牡丹	盆花(万盆)	4.00
578	柏乡县(冀)	牡丹	盆景(万盆)	7.00
579	保康县(鄂)	牡丹	盆景(万盆)	6.00
580	临洮县(甘)	牡丹	盆景(万盆)	5.00
581	兰州新区(甘)	牡丹	食用及药用花卉(千克)	7200.00
582	康乐县(甘)	牡丹	鲜切花(万支)	1200.00
583	永登县(甘)	牡丹	鲜切花(万支)	757.00

序号	其他花卉主产地	品种	花卉类别	生产量
584	榆中县(甘)	牡丹	鲜切花(万支)	500.00
585	新安县(豫)	牡丹	鲜切花(万支)	200.00
586	伊川县(豫)	牡丹	鲜切花(万支)	40.00
587	临夏市(甘)	牡丹	鲜切花(万支)	34.00
588	临洮县(甘)	牡丹	鲜切花(万支)	20.00
589	白银区(甘)	牡丹	鲜切花(万支)	18.00
590	彭州市(川)	牡丹	鲜切花(万支)	12.00
591	徽　县(甘)	牡丹	鲜切花(万支)	3.20
592	西峰区(甘)	牡丹	鲜切花(万支)	3.00
593	永靖县(甘)	牡丹	鲜切花(万支)	0.82
594	红花岗区(黔)	木芙蓉	观赏苗木(万株)	13.10
595	江油市(川)	木芙蓉	观赏苗木(万株)	3.00
596	阜新蒙古族自治县(辽)	木犀草	盆花(万盆)	110.00
597	藁城市(冀)	木犀草	鲜切花(万支)	10.00
598	巴州区(川)	南天竹	城镇绿化苗(万株)	180.00
599	潢川县(豫)	南天竹	城镇绿化苗(万株)	132.00
600	黟　县(皖)	南天竹	观赏苗木(万株)	110.00
601	余庆县(黔)	南天竹	观赏苗木(万株)	40.00
602	龙里县(黔)	南天竹	观赏苗木(万株)	5.00
603	安阳县(豫)	南天竹	观赏苗木(万株)	0.70
604	潢川县(豫)	南天竹	观叶植物(万盆)	4.30
605	望都县(冀)	葡萄	观赏苗木(万株)	730.00
606	遂平县(豫)	葡萄	观赏苗木(万株)	50.00
607	沙河市(冀)	葡萄	观赏苗木(万株)	15.00
608	安新县(冀)	葡萄	观赏苗木(万株)	3.00
609	魏　县(冀)	葡萄	观赏苗木(万株)	2.00
610	洞口县(湘)	葡萄	盆花(万盆)	5.00
611	永福县(桂)	葡萄	鲜切花(万支)	2.50
612	平利县(陕)	七叶树	城镇绿化苗(万株)	3000.00
613	许昌县(豫)	七叶树	城镇绿化苗(万株)	20.00
614	镇坪县(陕)	七叶树	城镇绿化苗(万株)	10.00
615	宜都市(鄂)	七叶树	城镇绿化苗(万株)	10.00
616	潢川县(豫)	七叶树	城镇绿化苗(万株)	10.00
617	沙坪坝区(渝)	七叶树	城镇绿化苗(万株)	8.90
618	陕西省苗木繁育中心(陕)	七叶树	城镇绿化苗(万株)	1.00
619	卢氏县(豫)	七叶树	观赏苗木(万株)	10.00
620	临颍县(豫)	七叶树	观赏苗木(万株)	7.70
621	洋　县(陕)	七叶树	观赏苗木(万株)	4.80
622	栾城县(冀)	七叶树	观赏苗木(万株)	3.00
623	兖州市(鲁)	七叶树	观赏苗木(万株)	2.00
624	镇坪县(陕)	七叶树	观赏苗木(万株)	1.00
625	渭城区(陕)	千花葵	鲜切花(万支)	30.00
626	青阳县(皖)	青枫	城镇绿化苗(万株)	2000.00
627	临安市(浙)	青枫	城镇绿化苗(万株)	600.00
628	西华县(豫)	青枫	城镇绿化苗(万株)	50.00
629	郎溪县(皖)	青枫	城镇绿化苗(万株)	5.00
630	洞口县(湘)	青枫	城镇绿化苗(万株)	2.00
631	南召县(豫)	青枫	城镇绿化苗(万株)	1.40
632	龙里县(黔)	青枫	城镇绿化苗(万株)	0.80
633	宁海县(浙)	青枫	观赏苗木(万株)	80.00
634	遂平县(豫)	青枫	观赏苗木(万株)	70.00
635	兖州市(鲁)	青枫	观赏苗木(万株)	8.00
636	玉山县(赣)	青枫	观赏苗木(万株)	2.05
637	碧江区(黔)	青枫	观赏苗木(万株)	1.00
638	洞口县(湘)	青皮竹	城镇绿化苗(万株)	30.00
639	南岳区(湘)	青皮竹	观赏苗木(万株)	2.00
640	良凤江国家森林公园(桂)	秋风	城镇绿化苗(万株)	2.30
641	上思县(桂)	秋风	观赏苗木(万株)	20.00
642	那坡县(桂)	秋风	观赏苗木(万株)	2.00
643	高州市(粤)	秋风	观赏苗木(万株)	2.00
644	石门县(湘)	秋牡丹	观赏苗木(万株)	3.00
645	定西市巉口林业试验场(甘)	秋牡丹	观赏苗木(万株)	1.00
646	南票区(辽)	秋牡丹	盆花(万盆)	5.00
647	大城县(冀)	秋牡丹	盆花(万盆)	1.00
648	隆尧县(冀)	秋牡丹	鲜切花(万支)	15.00
649	淮阳县(豫)	楸树	观赏苗木(万株)	10.00
650	华龙区(豫)	楸树	观赏苗木(万株)	3.00
651	栾城县(冀)	楸树	观叶植物(万盆)	263.00
652	韶山市(湘)	球根海棠	城镇绿化苗(万株)	0.30
653	彭水苗族土家族自治县(渝)	球根海棠	观赏苗木(万株)	5.00
654	武邑县(冀)	球根海棠	观赏苗木(万株)	3.00
655	安阳县(豫)	球根海棠	观赏苗木(万株)	2.00
656	淅川县(豫)	球根海棠	观叶植物(万盆)	0.80
657	兴庆区(宁)	球根海棠	盆花(万盆)	129.50
658	海港区(冀)	球根海棠	盆花(万盆)	12.00
659	北戴河区(冀)	球根海棠	盆花(万盆)	10.00
660	天心区(湘)	球根海棠	盆花(万盆)	6.00
661	藁城市(冀)	球根海棠	鲜切花(万支)	30.00
662	隆尧县(冀)	球根海棠	鲜切花(万支)	15.00
663	克东县(黑)	忍冬类	城镇绿化苗(万株)	1.00
664	丰宁满族自治县(冀)	忍冬类	观赏苗木(万株)	30.00
665	沙河市(冀)	忍冬类	观赏苗木(万株)	5.00
666	芜湖县(皖)	忍冬类	观赏苗木(万株)	1.00
667	南市区(冀)	忍冬类	盆花(万盆)	32.00
668	濮阳县(豫)	忍冬类	盆花(万盆)	18.00
669	临淄区(鲁)	忍冬类	食用及药用花卉(千克)	25000.00
670	蓬溪县(川)	忍冬类	食用及药用花卉(千克)	1000.00
671	翠屏区(川)	榕树(小叶榕)	城镇绿化苗(万株)	5600.00
672	东源县(粤)	榕树(小叶榕)	城镇绿化苗(万株)	250.00
673	南康市(赣)	榕树(小叶榕)	城镇绿化苗(万株)	136.20
674	沙坪坝区(渝)	榕树(小叶榕)	城镇绿化苗(万株)	15.60
675	清城区(粤)	榕树(小叶榕)	城镇绿化苗(万株)	9.80

序号	其他花卉主产地	品种	花卉类别	生产量
676	瑞金市(赣)	榕树(小叶榕)	城镇绿化苗(万株)	5.00
677	赤水市(黔)	榕树(小叶榕)	城镇绿化苗(万株)	2.55
678	陆川县(桂)	榕树(小叶榕)	城镇绿化苗(万株)	1.00
679	东坡区(川)	榕树(小叶榕)	城镇绿化苗(万株)	0.80
680	孟连傣族拉祜族佤族自治县(滇)	榕树(小叶榕)	城镇绿化苗(万株)	0.70
681	宜宾县(川)	榕树(小叶榕)	观赏苗木(万株)	80.00
682	江油市(川)	榕树(小叶榕)	观赏苗木(万株)	23.00
683	信宜市(粤)	榕树(小叶榕)	观赏苗木(万株)	5.20
684	洋　县(陕)	榕树(小叶榕)	观赏苗木(万株)	3.20
685	旌阳区(川)	榕树(小叶榕)	观赏苗木(万株)	2.20
686	濠江区(粤)	榕树(小叶榕)	观赏苗木(万株)	2.00
687	武定县(滇)	榕树(小叶榕)	观赏苗木(万株)	1.08
688	石棉县(川)	榕树(小叶榕)	观叶植物(万盆)	4.00
689	东洲区(辽)	榕树(小叶榕)	盆花(万盆)	3.70
690	青州市(鲁)	榕树(小叶榕)	盆景(万盆)	80.00
691	榆中县(甘)	榕树(小叶榕)	盆景(万盆)	4.00
692	昌乐县(鲁)	榕树(小叶榕)	盆景(万盆)	3.90
693	上思县(桂)	榕树(小叶榕)	盆景(万盆)	1.00
694	潢川县(豫)	瑞香	盆花(万盆)	3.00
695	大余县(赣)	瑞香	盆景(万盆)	3869.00
696	怀来县(冀)	三叶地锦	观赏苗木(万株)	2.90
697	海城市(辽)	散尾葵	观叶植物(万盆)	35.40
698	南和县(冀)	散尾葵	盆花(万盆)	6.00
699	涿州市(冀)	散尾葵	盆花(万盆)	5.00
700	海城市(辽)	散尾葵	鲜切叶(万支)	12.30
701	碧江区(黔)	散尾葵	鲜切叶(万支)	2.00
702	彭阳县(宁)	山桃	城镇绿化苗(万株)	50.00
703	永宁县(宁)	山桃	城镇绿化苗(万株)	35.00
704	尧都区(晋)	山桃	城镇绿化苗(万株)	15.00
705	喀喇沁旗(内蒙古)	山桃	城镇绿化苗(万株)	10.00
706	山阴县(晋)	山桃	城镇绿化苗(万株)	0.10
707	定州市(冀)	山桃	观赏苗木(万株)	120.00
708	固安县(冀)	山桃	观赏苗木(万株)	85.00
709	隆化县(冀)	山桃	观赏苗木(万株)	10.00
710	龙里县(黔)	山桃	观赏苗木(万株)	8.40
711	江油市(川)	山桃	观赏苗木(万株)	4.00
712	金凤区(宁)	山桃	观赏苗木(万株)	1.00
713	壶关县(晋)	山桃	盆景(万盆)	3.50
714	商州区(陕)	山桃	鲜切花(万支)	10.00
715	潮安县(粤)	山桃	鲜切花(万支)	5.00
716	稀土高新区(内蒙古)	山桃	鲜切花(万支)	2.00
717	遂平县(豫)	山茱萸	观赏苗木(万株)	110.00
718	嵩　县(豫)	山茱萸	观赏苗木(万株)	45.00
719	禹州市(豫)	山茱萸	盆花(万盆)	50.00
720	克东县(黑)	芍药	城镇绿化苗(万株)	5000.00
721	鄄城县(鲁)	芍药	观赏苗木(万株)	37.00
722	遂平县(豫)	芍药	观赏苗木(万株)	15.00
723	芜湖县(皖)	芍药	观赏苗木(万株)	10.00
724	魏　县(冀)	芍药	观赏苗木(万株)	2.46
725	大武口区(宁)	芍药	观赏苗木(万株)	1.30
726	隆尧县(冀)	芍药	盆花(万盆)	12.00
727	万源市(川)	芍药	盆花(万盆)	2.00
728	榕城区(粤)	芍药	盆花(万盆)	1.00
729	柏乡县(冀)	芍药	盆景(万盆)	2.00
730	西峰区(甘)	芍药	鲜切花(万支)	4.00
731	彭州市(川)	芍药	鲜切花(万支)	1.00
732	万源市(川)	射干	盆花(万盆)	5.00
733	梁山县(鲁)	射干	盆花(万盆)	0.80
734	费　县(鲁)	麝香百合类	鲜切花(万支)	250.00
735	秀峰区(桂)	麝香百合类	鲜切花(万支)	60.00
736	临洮县(甘)	麝香百合类	鲜切花(万支)	20.00
737	白银区(甘)	麝香百合类	鲜切花(万支)	16.00
738	津市市(湘)	麝香百合类	鲜切花(万支)	1.00
739	兴隆县(冀)	蓍草	鲜切叶(万支)	7.00
740	建始县(鄂)	十姊妹	观赏苗木(万株)	5.00
741	隆尧县(冀)	石刁柏	观赏苗木(万株)	4.60
742	石棉县(川)	石斛兰	观叶植物(万盆)	10.00
743	北京市大东流苗圃(京)	石斛兰	盆花(万盆)	8.76
744	孟连傣族拉祜族佤族自治县(滇)	石斛兰	盆花(万盆)	0.60
745	路桥区(浙)	石斛兰	食用及药用花卉(千克)	270.00
746	新宁县(湘)	石斛兰	食用及药用花卉(千克)	100.00
747	雅长林场(桂)	石斛兰	食用及药用花卉(千克)	57.70
748	宣汉县(川)	石莲花	鲜切花(万支)	9.80
749	正阳县(豫)	石榴	城镇绿化苗(万株)	79.70
750	岳阳县(湘)	石榴	观赏苗木(万株)	100.00
751	大城县(冀)	石榴	观赏苗木(万株)	100.00
752	薛城区(鲁)	石榴	观赏苗木(万株)	39.00
753	荥阳市(豫)	石榴	观赏苗木(万株)	15.00
754	遂平县(豫)	石榴	观赏苗木(万株)	15.00
755	鄄城县(鲁)	石榴	观赏苗木(万株)	10.00
756	固安县(冀)	石榴	观赏苗木(万株)	10.00
757	宁陵县(豫)	石榴	观赏苗木(万株)	6.00
758	鹿泉市(冀)	石榴	观赏苗木(万株)	5.00
759	陵　县(鲁)	石榴	观赏苗木(万株)	4.00
760	蕉岭县(粤)	石榴	观赏苗木(万株)	0.80
761	江北区(浙)	石榴	盆花(万盆)	6.00
762	青州市(鲁)	石榴	盆景(万盆)	50.00
763	惠济区(豫)	石榴	盆景(万盆)	10.04
764	薛城区(鲁)	石榴	盆景(万盆)	4.00
765	昌乐县(鲁)	石榴	盆景(万盆)	3.10

序号	其他花卉主产地	品种	花卉类别	生产量
766	秦州区(甘)	石榴	鲜切花(万支)	40.00
767	中方县(湘)	石蒜	观赏苗木(万株)	10.00
768	彭水苗族土家族自治县(渝)	石蒜	观赏苗木(万株)	5.00
769	宁海县(浙)	石蒜	花卉用种球(千粒)	5.00
770	卫辉市(豫)	石蒜	盆花(万盆)	3.00
771	源汇区(豫)	石蒜	鲜切花(万支)	25010.00
772	罗山县(豫)	石蒜	鲜切花(万支)	100.00
773	农十师(新疆兵团)	矢车菊	城镇绿化苗(万株)	20.00
774	瓜州县(甘)	矢车菊	城镇绿化苗(万株)	20.00
775	东乡族自治县(甘)	矢车菊	盆花(万盆)	2000.00
776	惠水县(黔)	矢车菊	盆花(万盆)	150.00
777	鹤山区(豫)	矢车菊	盆花(万盆)	100.00
778	游仙区(川)	矢车菊	盆花(万盆)	50.00
779	高平市(晋)	矢车菊	盆花(万盆)	30.00
780	唐山市汉沽管理区(冀)	矢车菊	盆花(万盆)	20.00
781	红花岗区(黔)	矢车菊	盆花(万盆)	15.80
782	隆尧县(冀)	矢车菊	盆花(万盆)	15.00
783	珠晖区(湘)	矢车菊	盆花(万盆)	10.00
784	淮滨县(豫)	矢车菊	盆花(万盆)	10.00
785	白银区(甘)	矢车菊	盆花(万盆)	2.50
786	内乡县(豫)	矢车菊	盆花(万盆)	2.00
787	广水市(鄂)	矢车菊	盆景(万盆)	3.00
788	清丰县(豫)	矢车菊	鲜切花(万支)	100.00
789	大邑县(川)	矢车菊	鲜切花(万支)	100.00
790	白银区(甘)	矢车菊	鲜切花(万支)	20.00
791	宣汉县(川)	矢车菊	鲜切花(万支)	12.50
792	东港区(鲁)	矢车菊	鲜切花(万支)	5.00
793	新晃侗族自治县(湘)	矢车菊	鲜切花(万支)	1.50
794	石台县(皖)	矢车菊	鲜切叶(万支)	1.00
795	望都县(冀)	柿	观赏苗木(万株)	670.00
796	郾城区(豫)	柿	观赏苗木(万株)	8.04
797	滑　县(豫)	柿	观赏苗木(万株)	7.00
798	兰西县(黑)	水飞蓟	观赏苗木(万株)	30.00
799	广水市(鄂)	水仙	观叶植物(万盆)	1.80
800	宁海县(浙)	水仙	花卉用种球(千粒)	5.00
801	玉田县(冀)	水仙	盆花(万盆)	80.00
802	大城县(冀)	水仙	盆花(万盆)	5.00
803	东洲区(辽)	水仙	盆花(万盆)	3.10
804	浦东新区(沪)	水仙	盆花(万盆)	3.00
805	昌乐县(鲁)	水仙	盆花(万盆)	2.10
806	新华区(豫)	水仙	盆花(万盆)	1.00
807	新建县(赣)	水仙	盆花(万盆)	0.82
808	彭山县(川)	水仙	盆花(万盆)	0.80
809	崇明县(沪)	水仙	鲜切花(万支)	56.50
810	龙南县(赣)	水仙	鲜切花(万支)	20.00
811	凤阳县(皖)	水仙	鲜切花(万支)	1.00
812	沙市区(鄂)	水仙	鲜切叶(万支)	2.00
813	许昌县(豫)	丝绵木	城镇绿化苗(万株)	138.00
814	永宁县(宁)	丝绵木	城镇绿化苗(万株)	36.00
815	金凤区(宁)	丝绵木	城镇绿化苗(万株)	2.20
816	娄星区(湘)	四季竹	城镇绿化苗(万株)	1.02
817	七星区(桂)	四季竹	观赏苗木(万株)	340.00
818	大城县(冀)	四季竹	观赏苗木(万株)	50.00
819	范　县(豫)	四季竹	观赏苗木(万株)	10.00
820	翠屏区(川)	四季竹	观赏苗木(万株)	1.10
821	新建县(赣)	四季竹	盆花(万盆)	65.00
822	宣汉县(川)	四季竹	鲜切叶(万支)	30.00
823	遂平县(豫)	松叶菊	观赏苗木(万株)	5.00
824	双城市(黑)	松叶菊	盆花(万盆)	20.00
825	芦溪县(赣)	松叶菊	盆花(万盆)	5.00
826	定兴县(冀)	松叶菊	鲜切花(万支)	340.68
827	黄陂区(鄂)	松叶菊	鲜切花(万支)	12.00
828	红山区(内蒙古)	昙花	观叶植物(万盆)	1284.00
829	贵定县(黔)	昙花	盆花(万盆)	1.00
830	隆德县(宁)	唐菖蒲	观赏苗木(万株)	10.00
831	遂平县(豫)	唐菖蒲	观赏苗木(万株)	5.00
832	海城市(辽)	唐菖蒲	花卉用种球(千粒)	320.00
833	临洮县(甘)	唐菖蒲	花卉用种球(千粒)	15.00
834	夷陵区(鄂)	唐菖蒲	盆花(万盆)	100.00
835	东洲区(辽)	唐菖蒲	盆花(万盆)	6.80
836	农六师(新疆兵团)	唐菖蒲	盆花(万盆)	1.00
837	贵定县(黔)	唐菖蒲	盆花(万盆)	1.00
838	凌源市(辽)	唐菖蒲	鲜切花(万支)	25700.00
839	兴庆区(宁)	唐菖蒲	鲜切花(万支)	5545.20
840	香河县(冀)	唐菖蒲	鲜切花(万支)	800.00
841	崇明县(沪)	唐菖蒲	鲜切花(万支)	458.44
842	榆中县(甘)	唐菖蒲	鲜切花(万支)	242.30
843	濮阳市高新区(豫)	唐菖蒲	鲜切花(万支)	240.00
844	白银区(甘)	唐菖蒲	鲜切花(万支)	100.00
845	海城市(辽)	唐菖蒲	鲜切花(万支)	79.50
846	建湖县(苏)	唐菖蒲	鲜切花(万支)	50.00
847	迁安市(冀)	唐菖蒲	鲜切花(万支)	40.00
848	秦州区(甘)	唐菖蒲	鲜切花(万支)	30.00
849	通州区(京)	唐菖蒲	鲜切花(万支)	28.00
850	松江区(沪)	唐菖蒲	鲜切花(万支)	25.00
851	临夏市(甘)	唐菖蒲	鲜切花(万支)	20.00
852	临洮县(甘)	唐菖蒲	鲜切花(万支)	20.00
853	桂阳县(湘)	唐菖蒲	鲜切花(万支)	10.00
854	奉化市(浙)	唐菖蒲	鲜切花(万支)	7.00
855	东港区(鲁)	唐菖蒲	鲜切花(万支)	6.00
856	迁西县(冀)	唐菖蒲	鲜切花(万支)	5.00
857	徽　县(甘)	唐菖蒲	鲜切花(万支)	4.02

序号	其他花卉主产地	品种	花卉类别	生产量
858	闵行区(沪)	唐菖蒲	鲜切花(万支)	4.00
859	沂南县(鲁)	唐菖蒲	鲜切花(万支)	2.00
860	蔡甸区(鄂)	唐菖蒲	鲜切花(万支)	1.00
861	洋　县(陕)	唐菖蒲	鲜切叶(万支)	3.20
862	禹会区(皖)	唐菖蒲	鲜切叶(万支)	2.90
863	贵溪市(赣)	藤本月季	观赏苗木(万株)	45.60
864	甘谷县(甘)	藤本月季	鲜切花(万支)	149.00
865	栾城县(冀)	藤本月季	鲜切花(万支)	29.10
866	正定县(冀)	藤本月季	鲜切花(万支)	20.00
867	东港区(鲁)	藤本月季	鲜切花(万支)	15.00
868	遂平县(豫)	藤类	观赏苗木(万株)	25.00
869	碧江区(黔)	藤类	观赏苗木(万株)	2.00
870	海港区(冀)	藤类	盆花(万盆)	2.10
871	江北区(浙)	藤类	盆景(万盆)	14.00
872	闵行区(沪)	藤萝	观赏苗木(万株)	3.50
873	信宜市(粤)	藤萝	观叶植物(万盆)	3.00
874	霸州市(冀)	藤萝	盆花(万盆)	30.00
875	青州市(鲁)	天人菊	盆花(万盆)	150.00
876	利通区(宁)	天人菊	盆景(万盆)	20.00
877	河东区(鲁)	贴梗海棠	城镇绿化苗(万株)	800.00
878	华龙区(豫)	贴梗海棠	城镇绿化苗(万株)	17.00
879	定西市巉口林业试验场(甘)	贴梗海棠	城镇绿化苗(万株)	2.00
880	易　县(冀)	贴梗海棠	观赏苗木(万株)	450.00
881	大足县(渝)	贴梗海棠	观赏苗木(万株)	120.00
882	邹平县(鲁)	贴梗海棠	观赏苗木(万株)	56.00
883	东平县(鲁)	贴梗海棠	观赏苗木(万株)	50.00
884	宁阳县(鲁)	贴梗海棠	观赏苗木(万株)	11.00
885	昌乐县(鲁)	贴梗海棠	观赏苗木(万株)	3.80
886	陵　县(鲁)	贴梗海棠	观赏苗木(万株)	2.00
887	金凤区(宁)	贴梗海棠	观赏苗木(万株)	1.20
888	黄州区(鄂)	贴梗海棠	观赏苗木(万株)	1.00
889	宁阳县(鲁)	贴梗海棠	盆花(万盆)	1.00
890	鄢陵县(豫)	贴梗海棠	盆景(万盆)	120.00
891	蠡　县(冀)	贴梗海棠	盆景(万盆)	1.00
892	彭山县(川)	晚香玉	鲜切花(万支)	5.20
893	威海市经济技术开发区(鲁)	卫矛类	城镇绿化苗(万株)	10.00
894	固安县(冀)	卫矛类	观赏苗木(万株)	800.00
895	易　县(冀)	卫矛类	观赏苗木(万株)	600.00
896	青州市(鲁)	卫矛类	观赏苗木(万株)	450.00
897	深州市(冀)	卫矛类	观赏苗木(万株)	180.00
898	龙安区(豫)	卫矛类	观赏苗木(万株)	155.00
899	呼兰区(黑)	卫矛类	观赏苗木(万株)	100.00
900	沂水县(鲁)	卫矛类	观赏苗木(万株)	80.00
901	高平市(晋)	卫矛类	观赏苗木(万株)	40.00
902	安阳县(豫)	卫矛类	观赏苗木(万株)	25.00
903	沙河市(冀)	卫矛类	观赏苗木(万株)	20.00
904	武强县(冀)	卫矛类	观赏苗木(万株)	15.80
905	滦　县(冀)	卫矛类	观赏苗木(万株)	10.00
906	北戴河区(冀)	卫矛类	观赏苗木(万株)	8.00
907	涿州市(冀)	卫矛类	观赏苗木(万株)	5.00
908	寒亭区(鲁)	卫矛类	观赏苗木(万株)	5.00
909	大厂回族自治县(冀)	卫矛类	观赏苗木(万株)	5.00
910	兰西县(黑)	卫矛类	观赏苗木(万株)	3.00
911	迁安市(冀)	卫矛类	观叶植物(万盆)	80.00
912	隆化县(冀)	文冠果	观赏苗木(万株)	25.00
913	隆尧县(冀)	文冠果	盆花(万盆)	8.00
914	闵行区(沪)	文殊兰	观赏苗木(万株)	2.80
915	寻甸回族彝族自治县(滇)	文殊兰	盆花(万盆)	100.00
916	醴陵市(湘)	五针松	盆花(万盆)	1.00
917	环翠区(鲁)	五针松	盆景(万盆)	30.00
918	象山县(浙)	五针松	盆景(万盆)	5.00
919	宁海县(浙)	五针松	盆景(万盆)	4.00
920	奉化市(浙)	五针松	盆景(万盆)	2.00
921	靖江市(苏)	五针松	盆景(万盆)	1.00
922	建始县(鄂)	勿忘草	观赏苗木(万株)	2.00
923	新野县(豫)	勿忘草	观叶植物(万盆)	12.00
924	娄星区(湘)	勿忘草	盆花(万盆)	1.00
925	宣汉县(川)	勿忘草	鲜切花(万支)	32.00
926	沙市区(鄂)	勿忘草	鲜切花(万支)	30.00
927	迁西县(冀)	勿忘草	鲜切花(万支)	10.00
928	源汇区(豫)	勿忘草	鲜切花(万支)	2.66
929	凤城市(辽)	勿忘草	鲜切叶(万支)	20.00
930	岱岳区(鲁)	西府海棠	城镇绿化苗(万株)	50.00
931	坊子区(鲁)	西府海棠	城镇绿化苗(万株)	20.00
932	天桥区(鲁)	西府海棠	城镇绿化苗(万株)	3.00
933	尧都区(晋)	西府海棠	城镇绿化苗(万株)	1.00
934	河东区(鲁)	西府海棠	观赏苗木(万株)	1020.00
935	广饶县(鲁)	西府海棠	观赏苗木(万株)	1000.00
936	定州市(冀)	西府海棠	观赏苗木(万株)	150.00
937	邹平县(鲁)	西府海棠	观赏苗木(万株)	107.00
938	淄川区(鲁)	西府海棠	观赏苗木(万株)	30.00
939	兖州市(鲁)	西府海棠	观赏苗木(万株)	20.00
940	平泉县(冀)	西府海棠	观赏苗木(万株)	10.00
941	寒亭区(鲁)	西府海棠	观赏苗木(万株)	8.00
942	安平县(冀)	西府海棠	观赏苗木(万株)	8.00
943	沙河市(冀)	西府海棠	观赏苗木(万株)	5.00
944	曲阳县(冀)	西府海棠	观赏苗木(万株)	5.00
945	遂平县(豫)	西府海棠	观赏苗木(万株)	1.00
946	冀州市(冀)	西府海棠	观赏苗木(万株)	1.00
947	新泰市(鲁)	西府海棠	盆花(万盆)	3.00
948	大城县(冀)	西府海棠	盆花(万盆)	1.00
949	满城县(冀)	西府海棠	鲜切花(万支)	5.00

序号	其他花卉主产地	品种	花卉类别	生产量
950	仪陇县(川)	香蒲	鲜切叶(万支)	12.00
951	沙市区(鄂)	香蒲	鲜切叶(万支)	5.00
952	新干县(赣)	香雪球	盆花(万盆)	3.00
953	抚宁县(冀)	香雪球	盆花(万盆)	2.00
954	凤阳县(皖)	小苍兰	鲜切花(万支)	5.00
955	北戴河区(冀)	小果蔷薇	盆花(万盆)	5.00
956	东乌珠穆沁旗(内蒙古)	小丽花	观赏苗木(万株)	1.00
957	凤　县(陕)	小丽花	盆花(万盆)	500.00
958	延庆县(京)	小丽花	盆花(万盆)	38.00
959	南和县(冀)	小丽花	盆花(万盆)	6.00
960	浑江区(吉)	小丽花	盆花(万盆)	0.50
961	隆尧县(冀)	小丽花	鲜切花(万支)	8.00
962	闵行区(沪)	小雀舌兰	盆花(万盆)	20.25
963	魏　县(冀)	猩猩草	观赏苗木(万株)	5.00
964	永宁县(宁)	杏	城镇绿化苗(万株)	30.00
965	山阴县(晋)	杏	城镇绿化苗(万株)	1.00
966	渝水区(赣)	杏	观赏苗木(万株)	320.00
967	泌阳县(豫)	杏	观赏苗木(万株)	150.00
968	大城县(冀)	杏	观赏苗木(万株)	150.00
969	固安县(冀)	杏	观赏苗木(万株)	50.00
970	香河县(冀)	杏	观赏苗木(万株)	10.00
971	呼兰区(黑)	杏	观赏苗木(万株)	5.00
972	宽城满族自治县(冀)	杏	观赏苗木(万株)	2.00
973	藁城市(冀)	杏	观赏苗木(万株)	2.00
974	麻城市(鄂)	杏	观赏苗木(万株)	1.80
975	商州区(陕)	杏	鲜切花(万支)	8.00
976	翠屏区(川)	绣球花	城镇绿化苗(万株)	2000.00
977	奉化市(浙)	绣球花	盆花(万盆)	5.00
978	凉州区(甘)	绣球花	盆花(万盆)	1.50
979	徽　县(甘)	绣球花	盆花(万盆)	0.57
980	金川区(甘)	萱草	城镇绿化苗(万株)	28.00
981	定州市(冀)	萱草	观赏苗木(万株)	5250.00
982	涿州市(冀)	萱草	观赏苗木(万株)	418.90
983	易　县(冀)	萱草	观赏苗木(万株)	300.00
984	丰宁满族自治县(冀)	萱草	观赏苗木(万株)	40.00
985	抚宁县(冀)	萱草	观赏苗木(万株)	21.00
986	临江林业局(吉林森工)	萱草	观赏苗木(万株)	10.00
987	安平县(冀)	萱草	观赏苗木(万株)	10.00
988	北京市大东流苗圃(京)	萱草	观赏苗木(万株)	7.92
989	东昌府区(鲁)	萱草	观赏苗木(万株)	6.00
990	望都县(冀)	萱草	观赏苗木(万株)	1.40
991	怀来县(冀)	萱草	观赏苗木(万株)	1.40
992	定州市(冀)	萱草	观叶植物(万盆)	200.00
993	延庆县(京)	萱草	盆花(万盆)	70.00
994	利通区(宁)	萱草	盆花(万盆)	15.00
995	东营区(鲁)	萱草	盆景(万盆)	3.00
996	台安县(辽)	萱草	鲜切花(万支)	7000.00
997	许昌县(豫)	萱草	鲜切花(万支)	216.00
998	建湖县(苏)	萱草	鲜切花(万支)	36.00
999	临洮县(甘)	萱草	鲜切花(万支)	3.00
1000	沙市区(鄂)	萱草	鲜切叶(万支)	6.00
1001	肇州县(黑)	雁来红	观赏苗木(万株)	20.00
1002	让胡路区(黑)	雁来红	观赏苗木(万株)	5.00
1003	涿州市(冀)	雁来红	盆花(万盆)	41.00
1004	珠晖区(湘)	雁来红	盆花(万盆)	10.00
1005	凤阳县(皖)	雁来红	盆花(万盆)	2.00
1006	敦化市(吉)	雁来红	盆花(万盆)	1.10
1007	浑江区(吉)	雁来红	盆花(万盆)	0.50
1008	柳城县(桂)	羊蹄甲类	城镇绿化苗(万株)	13.97
1009	上思县(桂)	羊蹄甲类	观赏苗木(万株)	21.00
1010	翠屏区(川)	叶子花	城镇绿化苗(万株)	6000.00
1011	汝城县(湘)	夜来香	观赏苗木(万株)	2.00
1012	彭山县(川)	夜来香	观赏苗木(万株)	2.00
1013	固始县(豫)	夜来香	盆花(万盆)	15.00
1014	藁城市(冀)	夜落金钱	观赏苗木(万株)	1.00
1015	潢川县(豫)	樱桃	城镇绿化苗(万株)	89.00
1016	丰宁满族自治县(冀)	樱桃	观赏苗木(万株)	65.00
1017	蒲江县(川)	樱桃	观赏苗木(万株)	54.48
1018	呼兰区(黑)	樱桃	观赏苗木(万株)	40.00
1019	遂平县(豫)	樱桃	观赏苗木(万株)	25.00
1020	赞皇县(冀)	樱桃	观赏苗木(万株)	4.00
1021	雷波县(川)	樱桃	观赏苗木(万株)	1.00
1022	霍山县(皖)	樱桃	观赏苗木(万株)	1.00
1023	翠屏区(川)	樱桃	观赏苗木(万株)	1.00
1024	鄄城县(鲁)	樱桃	盆花(万盆)	1.00
1025	马头滩林业局(陕)	迎春	城镇绿化苗(万株)	3.00
1026	威海市经济技术开发区(鲁)	迎春	城镇绿化苗(万株)	1.00
1027	新泰市(鲁)	迎春	观赏苗木(万株)	10.00
1028	余庆县(黔)	迎春	观赏苗木(万株)	2.20
1029	黄州区(鄂)	迎春	观赏苗木(万株)	2.00
1030	翠屏区(川)	迎春	观赏苗木(万株)	2.00
1031	龙里县(黔)	迎春	观赏苗木(万株)	1.80
1032	鹤山区(豫)	迎春	盆花(万盆)	50.00
1033	龙南县(赣)	迎春	盆花(万盆)	3.00
1034	青州市(鲁)	迎春	盆景(万盆)	220.00
1035	昌乐县(鲁)	迎春	盆景(万盆)	4.70
1036	白银区(甘)	迎春	鲜切花(万支)	10.00
1037	凤阳县(皖)	迎春	鲜切花(万支)	1.00
1038	华龙区(豫)	鱼尾葵	盆花(万盆)	3.00
1039	马头滩林业局(陕)	玉簪类	城镇绿化苗(万株)	1.00
1040	北京市大东流苗圃(京)	玉簪类	观赏苗木(万株)	26.16
1041	北戴河区(冀)	玉簪类	观赏苗木(万株)	10.90

序号	其他花卉主产地	品种	花卉类别	生产量	序号	其他花卉主产地	品种	花卉类别	生产量
1042	抚宁县(冀)	玉簪类	观赏苗木(万株)	5.00	1088	崇明县(沪)	鸢尾类	鲜切花(万支)	153.00
1043	北京市大东流苗圃(京)	玉簪类	花卉用种苗(千苗)	798.00	1089	临洮县(甘)	鸢尾类	鲜切花(万支)	5.00
1044	延庆县(京)	玉簪类	盆花(万盆)	10.00	1090	喀喇沁旗(内蒙古)	元宝枫	城镇绿化苗(万株)	120.00
1045	罗山县(豫)	玉簪类	鲜切花(万支)	40.00	1091	潢川县(豫)	元宝枫	城镇绿化苗(万株)	45.00
1046	洋　县(陕)	玉簪类	鲜切叶(万支)	2.60	1092	东港区(鲁)	元宝枫	观赏苗木(万株)	190.00
1047	遂平县(豫)	郁金香	观赏苗木(万株)	120.00	1093	嵩　县(豫)	元宝枫	观赏苗木(万株)	48.00
1048	隆德县(宁)	郁金香	观赏苗木(万株)	9.20	1094	广阳区(冀)	元宝枫	观赏苗木(万株)	20.00
1049	武安市(冀)	郁金香	观赏苗木(万株)	1.20	1095	沂水县(鲁)	元宝枫	观赏苗木(万株)	10.00
1050	贵州省龙里林场(黔)	郁金香	花卉用种球(千粒)	150.00	1096	鹿泉市(冀)	元宝枫	观赏苗木(万株)	5.00
1051	游仙区(川)	郁金香	盆花(万盆)	20.00	1097	邢台县(冀)	元宝枫	观赏苗木(万株)	1.00
1052	修水县(赣)	郁金香	盆花(万盆)	14.00	1098	碧江区(黔)	元宝枫	观赏苗木(万株)	1.00
1053	农六师(新疆兵团)	郁金香	盆花(万盆)	10.00	1099	山阴县(晋)	云杉	城镇绿化苗(万株)	500.00
1054	龙里县(黔)	郁金香	盆花(万盆)	5.00	1100	新宾满族自治县(辽)	云杉	城镇绿化苗(万株)	150.00
1055	兴山县(鄂)	郁金香	盆花(万盆)	2.00	1101	彭阳县(宁)	云杉	城镇绿化苗(万株)	100.00
1056	蒲江县(川)	郁金香	盆花(万盆)	1.34	1102	永宁县(宁)	云杉	城镇绿化苗(万株)	20.00
1057	德城区(鲁)	郁金香	鲜切花(万支)	40.00	1103	喀喇沁旗(内蒙古)	云杉	城镇绿化苗(万株)	20.00
1058	独山县(黔)	郁金香	鲜切花(万支)	25.00	1104	承德县(冀)	云杉	城镇绿化苗(万株)	20.00
1059	芦溪县(赣)	郁金香	鲜切花(万支)	20.00	1105	忻府区(晋)	云杉	城镇绿化苗(万株)	5.53
1060	白银区(甘)	郁金香	鲜切花(万支)	20.00	1106	铁岭市经济开发区(辽)	云杉	城镇绿化苗(万株)	2.00
1061	蒲江县(川)	郁金香	鲜切花(万支)	12.25	1107	双城市(黑)	云杉	城镇绿化苗(万株)	1.00
1062	红花岗区(黔)	郁金香	鲜切花(万支)	7.00	1108	青铜峡市(宁)	云杉	城镇绿化苗(万株)	1.00
1063	信宜市(粤)	郁金香	鲜切花(万支)	2.00	1109	定西市峨口林业试验场(甘)	云杉	城镇绿化苗(万株)	1.00
1064	徽　县(甘)	郁金香	鲜切花(万支)	1.30	1110	清原满族自治县(辽)	云杉	观赏苗木(万株)	850.00
1065	蔡甸区(鄂)	郁金香	鲜切花(万支)	1.00	1111	沁阳市(豫)	云杉	观赏苗木(万株)	485.00
1066	望都县(冀)	鸢尾类	观赏苗木(万株)	1300.00	1112	临洮县(甘)	云杉	观赏苗木(万株)	380.00
1067	涿州市(冀)	鸢尾类	观赏苗木(万株)	780.00	1113	大城县(冀)	云杉	观赏苗木(万株)	100.00
1068	易　县(冀)	鸢尾类	观赏苗木(万株)	500.00	1114	开原市(辽)	云杉	观赏苗木(万株)	50.00
1069	抚宁县(冀)	鸢尾类	观赏苗木(万株)	12.00	1115	呼兰区(黑)	云杉	观赏苗木(万株)	30.00
1070	北戴河区(冀)	鸢尾类	观赏苗木(万株)	12.00	1116	隆化县(冀)	云杉	观赏苗木(万株)	20.00
1071	红花岗区(黔)	鸢尾类	观赏苗木(万株)	10.30	1117	兰西县(黑)	云杉	观赏苗木(万株)	20.00
1072	丰宁满族自治县(冀)	鸢尾类	观赏苗木(万株)	10.00	1118	丰宁满族自治县(冀)	云杉	观赏苗木(万株)	15.00
1073	东昌府区(鲁)	鸢尾类	观赏苗木(万株)	9.00	1119	新民市(辽)	云杉	观赏苗木(万株)	6.00
1074	威海市经济技术开发区(鲁)	鸢尾类	观赏苗木(万株)	5.00	1120	长治市郊区(晋)	云杉	观赏苗木(万株)	6.00
1075	临武县(湘)	鸢尾类	观赏苗木(万株)	1.85	1121	宽城满族自治县(冀)	云杉	观赏苗木(万株)	3.00
1076	武强县(冀)	鸢尾类	观赏苗木(万株)	1.30	1122	香河县(冀)	云杉	观赏苗木(万株)	1.00
1077	商河县(鲁)	鸢尾类	花卉用种苗(千苗)	50.00	1123	乐都县(青)	云杉	花卉用种苗(千苗)	50.00
1078	台安县(辽)	鸢尾类	盆花(万盆)	5000.00	1124	榆中县(甘)	云杉	盆景(万盆)	4.00
1079	邹平县(鲁)	鸢尾类	盆花(万盆)	224.00	1125	深泽县(冀)	杂种香水月季	观叶植物(万盆)	10.10
1080	濮阳县(豫)	鸢尾类	盆花(万盆)	20.00	1126	南　县(湘)	杂种香水月季	观叶植物(万盆)	2.10
1081	金凤区(宁)	鸢尾类	盆花(万盆)	15.00	1127	竹溪县(鄂)	杂种香水月季	盆花(万盆)	1.00
1082	蠡　县(冀)	鸢尾类	盆花(万盆)	12.50	1128	珠晖区(湘)	杂种香水月季	鲜切花(万支)	15.00
1083	滦南县(冀)	鸢尾类	盆花(万盆)	10.30	1129	偃师市(豫)	杂种香水月季	鲜切叶(万支)	300.00
1084	珠晖区(湘)	鸢尾类	盆花(万盆)	10.00	1130	南岳区(湘)	早园竹	观赏苗木(万株)	130.00
1085	新华区(豫)	鸢尾类	盆花(万盆)	1.00	1131	北京市大东流苗圃(京)	早园竹	观赏苗木(万株)	1.27
1086	牟平区(鲁)	鸢尾类	盆花(万盆)	0.80	1132	嵩　县(豫)	皂荚	观赏苗木(万株)	220.00
1087	罗山县(豫)	鸢尾类	鲜切花(万支)	300.00	1133	薛城区(鲁)	皂荚	观赏苗木(万株)	4.00

序号	其他花卉主产地	品种	花卉类别	生产量
1134	肥乡县(冀)	皂荚	观赏苗木(万株)	3.00
1135	旌阳区(川)	皂荚	观赏苗木(万株)	1.20
1136	方城县(豫)	皂荚	观赏苗木(万株)	0.60
1137	新化县(湘)	中华蚊母	观赏苗木(万株)	20.00
1138	利川市(鄂)	中华蚊母	观赏苗木(万株)	1.50
1139	来凤县(鄂)	中华蚊母	盆景(万盆)	5.00
1140	竹山县(鄂)	中华蚊母	盆景(万盆)	3.00
1141	夷陵区(鄂)	中华蚊母	盆景(万盆)	3.00
1142	永宁县(宁)	竹柳	城镇绿化苗(万株)	2000.00
1143	长丰县(皖)	竹柳	城镇绿化苗(万株)	180.92
1144	许昌县(豫)	竹柳	城镇绿化苗(万株)	120.00
1145	华容县(湘)	竹柳	城镇绿化苗(万株)	60.00
1146	社旗县(豫)	竹柳	城镇绿化苗(万株)	55.60
1147	三山区(皖)	竹柳	城镇绿化苗(万株)	50.00
1148	平舆县(豫)	竹柳	城镇绿化苗(万株)	35.00
1149	鹿邑县(豫)	竹柳	城镇绿化苗(万株)	25.00
1150	金凤区(宁)	竹柳	城镇绿化苗(万株)	10.00
1151	广饶县(鲁)	竹柳	观赏苗木(万株)	2000.00
1152	潜江市(鄂)	竹柳	观赏苗木(万株)	200.00
1153	范　县(豫)	竹柳	观赏苗木(万株)	90.00
1154	临洮县(甘)	竹柳	观赏苗木(万株)	50.00
1155	香河县(冀)	竹柳	观赏苗木(万株)	30.00
1156	景　县(冀)	竹柳	观赏苗木(万株)	20.00
1157	抚宁县(冀)	竹柳	观赏苗木(万株)	18.00
1158	农四师(新疆兵团)	竹柳	观赏苗木(万株)	15.00
1159	定襄县(晋)	竹柳	观赏苗木(万株)	15.00
1160	曲阳县(冀)	竹柳	观赏苗木(万株)	9.00
1161	石门县(湘)	竹柳	观赏苗木(万株)	8.00
1162	灵寿县(冀)	竹柳	观赏苗木(万株)	5.50
1163	陵　县(鲁)	竹柳	观赏苗木(万株)	5.00
1164	阳新县(鄂)	竹柳	观赏苗木(万株)	3.00
1165	薛城区(鲁)	竹柳	观赏苗木(万株)	2.00
1166	馆陶县(冀)	竹柳	观赏苗木(万株)	0.90
1167	方城县(豫)	竹柳	观赏苗木(万株)	0.90
1168	鹤山区(豫)	紫萼玉簪	盆花(万盆)	50.00
1169	越西县(川)	紫荆	城镇绿化苗(万株)	1000.00
1170	许昌县(豫)	紫荆	城镇绿化苗(万株)	220.00
1171	巴州区(川)	紫荆	城镇绿化苗(万株)	200.00
1172	潢川县(豫)	紫荆	城镇绿化苗(万株)	50.00
1173	东兰县(桂)	紫荆	城镇绿化苗(万株)	15.00
1174	宜都市(鄂)	紫荆	城镇绿化苗(万株)	10.00
1175	威海市经济技术开发区(鲁)	紫荆	城镇绿化苗(万株)	3.00
1176	孟连傣族拉祜族佤族自治县(滇)	紫荆	城镇绿化苗(万株)	2.00
1177	临颍县(豫)	紫荆	城镇绿化苗(万株)	1.50
1178	梁山县(鲁)	紫荆	城镇绿化苗(万株)	1.10
1179	诸城市(鲁)	紫荆	观赏苗木(万株)	100.00
1180	环翠区(鲁)	紫荆	观赏苗木(万株)	83.00
1181	青州市(鲁)	紫荆	观赏苗木(万株)	80.00
1182	东平县(鲁)	紫荆	观赏苗木(万株)	50.00
1183	兖州市(鲁)	紫荆	观赏苗木(万株)	20.00
1184	红花岗区(黔)	紫荆	观赏苗木(万株)	14.50
1185	新泰市(鲁)	紫荆	观赏苗木(万株)	4.00
1186	遂平县(豫)	紫荆	观赏苗木(万株)	3.00
1187	陵　县(鲁)	紫荆	观赏苗木(万株)	3.00
1188	碧江区(黔)	紫荆	观赏苗木(万株)	1.50
1189	昌乐县(鲁)	紫荆	盆景(万盆)	2.30
1190	雁塔区(陕)	紫荆	盆景(万盆)	1.00
1191	蒲江县(川)	紫荆	鲜切花(万支)	3.95
1192	万全县(冀)	紫罗兰	观赏苗木(万株)	150.00
1193	乐业县(桂)	紫罗兰	观赏苗木(万株)	4.00
1194	石门县(湘)	紫罗兰	观赏苗木(万株)	2.00
1195	湘潭县(湘)	紫罗兰	观赏苗木(万株)	1.20
1196	赣　县(赣)	紫罗兰	观叶植物(万盆)	6.00
1197	阜新蒙古族自治县(辽)	紫罗兰	盆花(万盆)	22.00
1198	修水县(赣)	紫罗兰	盆花(万盆)	12.00
1199	泊头市(冀)	紫罗兰	盆花(万盆)	6.34
1200	襄城区(鄂)	紫罗兰	盆花(万盆)	2.30
1201	湘乡市(湘)	紫罗兰	盆花(万盆)	2.15
1202	乐业县(桂)	紫罗兰	盆花(万盆)	2.00
1203	黄梅县(鄂)	紫罗兰	盆花(万盆)	2.00
1204	洞口县(湘)	紫罗兰	盆花(万盆)	2.00
1205	衡山县(湘)	紫罗兰	盆花(万盆)	0.56
1206	驿城区(豫)	紫罗兰	盆景(万盆)	7500.00
1207	卫东区(豫)	紫罗兰	鲜切花(万支)	30.00
1208	黄陂区(鄂)	紫罗兰	鲜切花(万支)	15.00
1209	望城县(湘)	紫罗兰	鲜切花(万支)	10.00
1210	沁阳市(豫)	紫罗兰	鲜切叶(万支)	6.00
1211	肇州县(黑)	紫茉莉	观赏苗木(万株)	20.00
1212	黄州区(鄂)	紫茉莉	观赏苗木(万株)	1.50
1213	唐　县(冀)	紫茉莉	盆花(万盆)	3.00
1214	石棉县(川)	紫茉莉	盆花(万盆)	1.00
1215	益阳市市辖区(湘)	紫茉莉	盆景(万盆)	4500.00
1216	临武县(湘)	紫茉莉	盆景(万盆)	1.25
1217	西青区(津)	紫茉莉	鲜切花(万支)	50.00
1218	南票区(辽)	紫茉莉	鲜切花(万支)	24.00
1219	赫山区(湘)	紫茉莉	鲜切花(万支)	15.00
1220	珲春市(吉)	紫茉莉	鲜切叶(万支)	15.00
1221	淅川县(豫)	紫菀	盆景(万盆)	1.20
1222	永宁县(宁)	紫叶矮樱	城镇绿化苗(万株)	1000.00
1223	许昌县(豫)	紫叶矮樱	城镇绿化苗(万株)	36.00
1224	潢川县(豫)	紫叶矮樱	城镇绿化苗(万株)	15.00

序号	其他花卉主产地	品种	花卉类别	生产量
1225	尧都区(晋)	紫叶矮樱	城镇绿化苗(万株)	5.00
1226	博野县(冀)	紫叶矮樱	观赏苗木(万株)	30.00
1227	广阳区(冀)	紫叶矮樱	观赏苗木(万株)	10.00
1228	丰宁满族自治县(冀)	紫叶矮樱	观赏苗木(万株)	10.00
1229	魏　县(冀)	紫叶矮樱	观赏苗木(万株)	9.00
1230	新乐市(冀)	紫叶矮樱	观赏苗木(万株)	5.00
1231	塔城市(新)	紫叶矮樱	观赏苗木(万株)	2.00
1232	临洮县(甘)	紫叶矮樱	观赏苗木(万株)	2.00
1233	金凤区(宁)	紫叶矮樱	观赏苗木(万株)	1.20
1234	北林区(黑)	紫叶稠李	城镇绿化苗(万株)	80.00
1235	松北区(黑)	紫叶稠李	城镇绿化苗(万株)	20.00
1236	东坡区(川)	紫叶稠李	城镇绿化苗(万株)	3.00
1237	望都县(冀)	紫叶稠李	观赏苗木(万株)	1530.00
1238	丰宁满族自治县(冀)	紫叶稠李	观赏苗木(万株)	20.00
1239	康保县(冀)	紫叶稠李	观赏苗木(万株)	7.60
1240	遂平县(豫)	紫叶稠李	观赏苗木(万株)	1.00
1241	许昌县(豫)	紫叶桃	城镇绿化苗(万株)	132.00
1242	固安县(冀)	紫叶桃	观赏苗木(万株)	70.00
1243	宁阳县(鲁)	紫叶桃	观赏苗木(万株)	11.00
1244	红花岗区(黔)	紫叶桃	观赏苗木(万株)	10.04
1245	薛城区(鲁)	紫叶桃	观赏苗木(万株)	3.00
1246	宣汉县(川)	紫叶桃	鲜切花(万支)	18.60
1247	南郑县(陕)	紫竹	花卉用种苗(千苗)	4500.00
1248	东坡区(川)	醉蝶花	城镇绿化苗(万株)	2.00
1249	石棉县(川)	醉蝶花	盆花(万盆)	2.00
1250	嵩　县(豫)	醉蝶花	盆花(万盆)	1.00
1251	浑江区(吉)	醉蝶花	盆花(万盆)	0.50
1252	白银区(甘)	醉蝶花	鲜切花(万支)	22.00

表 13-53　2012 年草坪主产地产量

序号	草坪主产地	产量(万平方米)
1	顺义区(京)	311.00
2	平谷区(京)	29.67
3	大兴区(京)	1.50
4	宝坻区(津)	85.60
5	西青区(津)	33.00
6	静海县(津)	10.00
7	栾城县(冀)	5800.00
8	路北区(冀)	255.00
9	香河县(冀)	80.00
10	三河市(冀)	62.60
11	抚宁县(冀)	31.60
12	定州市(冀)	21.00
13	邯郸县(冀)	10.00
14	高碑店市(冀)	6.67
15	赤城县(冀)	6.65
16	涿州市(冀)	5.80
17	曲周县(冀)	5.30
18	万全县(冀)	3.00
19	任　县(冀)	2.00
20	蔚　县(冀)	1.50
21	南市区(冀)	1.30
22	南和县(冀)	1.00
23	磁　县(冀)	1.00
24	涉　县(冀)	0.80
25	长治市郊区(晋)	10.00
26	长治市城区(晋)	6.50
27	左权县(晋)	4.00
28	壶关县(晋)	2.24
29	多伦县(内蒙古)	13.00
30	察哈尔右翼前旗(内蒙古)	6.00
31	巴林左旗(内蒙古)	5.00
32	敖汉旗(内蒙古)	3.50
33	稀土高新区(内蒙古)	1.00
34	东河区(内蒙古)	0.75
35	铁岭县(辽)	2500.00
36	东港市(辽)	50.00
37	经济技术开发区(辽)	10.67
38	海城市(辽)	5.20
39	本溪满族自治县(辽)	5.00
40	凌海市(辽)	2.50
41	铁岭市经济开发区(辽)	2.00
42	阜新蒙古族自治县(辽)	0.90
43	敦化市(吉)	30.26
44	延吉市(吉)	30.00
45	浑江区(吉)	30.00
46	敦化林业局(吉)	5.50
47	东丰县(吉)	1.20
48	香坊区(黑)	17.90
49	通河县(黑)	5.00
50	龙凤区(黑)	4.00
51	依安县(黑)	2.00
52	金山区(沪)	504.40
53	崇明县(沪)	230.00
54	奉贤区(沪)	209.10
55	青浦区(沪)	116.00
56	松江区(沪)	72.00
57	浦东新区(沪)	4.60
58	嘉定区(沪)	0.70
59	常熟市(苏)	950.00
60	张家港市(苏)	626.00
61	海陵区(苏)	101.10
62	金坛市(苏)	80.00
63	吴中区(苏)	69.00
64	泰兴市(苏)	7.34
65	靖江市(苏)	6.80
66	建湖县(苏)	5.20
67	余杭区(浙)	1900.00
68	义乌市(浙)	200.00
69	奉化市(浙)	140.00
70	衢州市市辖区(浙)	74.01
71	武义县(浙)	51.40
72	常山县(浙)	30.00
73	温岭市(浙)	20.00
74	莲都区(浙)	20.00
75	桐乡市(浙)	18.20
76	定海区(浙)	17.00
77	富阳市(浙)	13.30
78	路桥区(浙)	10.50
79	椒江区(浙)	10.00
80	秀洲区(浙)	7.30
81	临安市(浙)	6.67
82	慈溪市(浙)	5.00
83	余姚市(浙)	3.80
84	衢江区(浙)	2.80
85	长兴县(浙)	1.50
86	临海市(浙)	1.50

序号	草坪主产地	产量(万平方米)	序号	草坪主产地	产量(万平方米)	序号	草坪主产地	产量(万平方米)
87	象山县(浙)	1.00	132	定南县(赣)	3.50	177	牧野区(豫)	0.51
88	安吉县(浙)	1.00	133	章贡区(赣)	3.20	178	夷陵区(鄂)	140.00
89	德清县(浙)	0.73	134	金溪县(赣)	3.20	179	恩施市(鄂)	80.00
90	铜陵县(皖)	1200.00	135	泰和县(赣)	3.00	180	赤壁市(鄂)	70.00
91	芜湖县(皖)	75.00	136	吉州区(赣)	3.00	181	黄陂区(鄂)	40.00
92	霍山县(皖)	30.00	137	乐安县(赣)	2.60	182	罗田县(鄂)	16.00
93	南陵县(皖)	15.00	138	南丰县(赣)	2.00	183	大冶市(鄂)	12.00
94	望江县(皖)	15.00	139	德兴市(赣)	1.50	184	蔡甸区(鄂)	12.00
95	全椒县(皖)	10.00	140	崇仁县(赣)	1.50	185	兴山县(鄂)	10.00
96	庐江县(皖)	9.40	141	铜鼓县(赣)	1.50	186	沙洋县(鄂)	10.00
97	鸠江区(皖)	8.00	142	峡江县(赣)	1.33	187	阳新县(鄂)	6.00
98	庐阳区(皖)	7.00	143	上高县(赣)	1.30	188	安陆市(鄂)	5.00
99	潜山县(皖)	6.00	144	玉山县(赣)	1.10	189	老河口市(鄂)	5.00
100	三山区(皖)	5.00	145	樟树市(赣)	1.06	190	京山县(鄂)	3.00
101	旌德县(皖)	4.80	146	宁都县(赣)	1.00	191	孝南区(鄂)	3.00
102	泗　县(皖)	4.00	147	石城县(赣)	1.00	192	洪湖市(鄂)	2.00
103	屯溪区(皖)	2.00	148	万载县(赣)	0.60	193	竹溪县(鄂)	2.00
104	霍邱县(皖)	1.80	149	微山县(鲁)	518.00	194	蕲春县(鄂)	2.00
105	太湖县(皖)	1.72	150	牟平区(鲁)	120.00	195	崇阳县(鄂)	2.00
106	徽州区(皖)	1.32	151	邹城市(鲁)	38.70	196	郧西县(鄂)	2.00
107	石台县(皖)	1.00	152	宁阳县(鲁)	35.00	197	谷城县(鄂)	1.50
108	来安县(皖)	1.00	153	成武县(鲁)	20.70	198	松滋市(鄂)	1.10
109	天长市(皖)	1.00	154	桓台县(鲁)	15.50	199	利川市(鄂)	1.00
110	镜湖区(皖)	1.00	155	汶上县(鲁)	15.00	200	随县(鄂)	0.80
111	祁门县(皖)	1.00	156	胶州市(鲁)	10.00	201	武穴市(鄂)	0.70
112	桐城市(皖)	1.00	157	莱山区(鲁)	6.00	202	鼎城区(湘)	980.00
113	岳西县(皖)	1.00	158	栖霞市(鲁)	6.00	203	苏仙区(湘)	420.00
114	南谯区(皖)	0.20	159	临朐县(鲁)	5.00	204	娄星区(湘)	105.00
115	新建县(赣)	252.00	160	沂水县(鲁)	3.50	205	资阳区(湘)	100.00
116	吉水县(赣)	71.30	161	薛城区(鲁)	0.90	206	武冈市(湘)	80.00
117	新干县(赣)	22.00	162	鄢陵县(豫)	63.00	207	株洲县(湘)	33.00
118	都昌县(赣)	20.00	163	潢川县(豫)	34.00	208	长沙县(湘)	21.00
119	赣　县(赣)	17.00	164	桐柏县(豫)	20.00	209	中方县(湘)	14.00
120	广昌县(赣)	17.00	165	许昌县(豫)	11.60	210	石峰区(湘)	12.50
121	分宜县(赣)	13.34	166	辉县市(豫)	10.00	211	桂阳县(湘)	12.00
122	临川区(赣)	12.80	167	永城市(豫)	7.49	212	宁远县(湘)	10.20
123	万年县(赣)	12.00	168	长葛市(豫)	7.30	213	益阳市市辖区(湘)	10.00
124	余江县(赣)	11.00	169	获嘉县(豫)	7.00	214	通道侗族自治县(湘)	10.00
125	贵溪市(赣)	10.00	170	卧龙区(豫)	5.00	215	华容县(湘)	10.00
126	横峰县(赣)	6.00	171	唐河县(豫)	4.00	216	东安县(湘)	10.00
127	瑞金市(赣)	6.00	172	宁陵县(豫)	3.10	217	芷江侗族自治县(湘)	10.00
128	兴国县(赣)	5.00	173	梁园区(豫)	1.50	218	涟源市(湘)	6.80
129	高安市(赣)	4.80	174	社旗县(豫)	1.00	219	云溪区(湘)	5.00
130	东乡县(赣)	4.00	175	平桥区(豫)	1.00	220	珠晖区(湘)	5.00
131	湖口县(赣)	3.80	176	中牟县(豫)	0.60	221	祁东县(湘)	4.00

序号	草坪主产地	产量(万平方米)
222	新化县(湘)	3.05
223	资兴市(湘)	2.60
224	武陵区(湘)	2.10
225	荷塘区(湘)	2.00
226	赫山区(湘)	1.50
227	炎陵县(湘)	1.50
228	岳阳楼区(湘)	1.30
229	道　县(湘)	1.26
230	桃源县(湘)	1.20
231	安化县(湘)	1.20
232	湘阴县(湘)	1.10
233	辰溪县(湘)	1.00
234	冷水滩区(湘)	1.00
235	靖州苗族侗族自治县(湘)	1.00
236	永兴县(湘)	0.78
237	邵阳县(湘)	0.70
238	江永县(湘)	0.65
239	醴陵市(湘)	0.50
240	岳阳县(湘)	0.10
241	清城区(粤)	31.67
242	鼎湖区(粤)	11.57
243	梅江区(粤)	10.00
244	蕉岭县(粤)	6.25
245	英德市(粤)	6.20
246	榕城区(粤)	5.00
247	高州市(粤)	2.50
248	阳山县(粤)	0.73
249	西乡塘区(桂)	325.00
250	柳江县(桂)	266.85
251	兴宁区(桂)	124.60
252	玉州区(桂)	80.00
253	港北区(桂)	55.02
254	钟山县(桂)	50.00
255	岑溪市(桂)	48.00
256	秀峰区(桂)	39.00
257	苍梧县(桂)	25.80
258	隆安县(桂)	25.54
259	陆川县(桂)	20.00
260	海城区(桂)	15.50
261	右江区(桂)	12.62
262	兴安县(桂)	5.00
263	全州县(桂)	5.00
264	银海区(桂)	4.70
265	贺州市平桂管理区(桂)	1.30
266	上林县(桂)	1.20
267	雁山区(桂)	0.60
268	璧山县(渝)	131.00
269	酉阳土家族苗族自治县(渝)	35.00
270	江津区(渝)	20.00
271	沙坪坝区(渝)	15.00
272	合川区(渝)	13.34
273	奉节县(渝)	6.00
274	永川区(渝)	5.84
275	万州区(渝)	4.00
276	彭水苗族土家族自治县(渝)	4.00
277	巫溪县(渝)	2.00
278	黔江区(渝)	0.80
279	郫　县(川)	487.50
280	五通桥区(川)	100.00
281	船山区(川)	22.00
282	万源市(川)	15.00
283	都江堰市(川)	6.80
284	彭州市(川)	3.20
285	顺庆区(川)	3.10
286	仁寿县(川)	3.00
287	翠屏区(川)	2.10
288	筠连县(川)	2.00
289	江安县(川)	1.50
290	仪陇县(川)	1.50
291	中江县(川)	1.20
292	广汉市(川)	0.80
293	南部县(川)	0.65
294	高　县(川)	0.60
295	绥阳县(黔)	15.00
296	务川仡佬族苗族自治县(黔)	5.60
297	红花岗区(黔)	5.46
298	江口县(黔)	5.00
299	百里杜鹃管委会林业局(黔)	2.00
300	宁蒗彝族自治县(滇)	27.27
301	砚山县(滇)	7.00
302	楚雄市(滇)	2.33
303	周至县(陕)	25.00
304	长安区(陕)	10.30
305	蒲城县(陕)	9.00
306	未央区(陕)	6.60
307	平利县(陕)	2.00
308	汉台区(陕)	1.00
309	米脂县(陕)	0.60
310	临洮县(甘)	10.00
311	宕昌县(甘)	1.50
312	临潭县(甘)	1.00
313	庆城县(甘)	0.99
314	景泰县(甘)	0.67
315	西峰区(甘)	0.10
316	伽师县(新)	6.66
317	尉犁县(新)	7.60
318	巴楚县(新)	1.31
319	塔城市(新)	1.00

表 14-1　2012 年木雕主产地产值

序号	木雕主产地	产值(万元)
1	顺平县(冀)	350.00
2	武强县(冀)	280.00
3	围场满族蒙古族自治县(冀)	125.00
4	涿州市(冀)	22.00
5	赞皇县(冀)	8.00
6	满城县(冀)	5.00
7	林西县(内蒙古)	30.00
8	内蒙古柴河林业局(内蒙古)	8.00
9	新宾满族自治县(辽)	48000.00
10	大连市金州新区(辽)	9021.00
11	桓仁满族自治县(辽)	50.00
12	敦化市(吉)	11266.00
13	辉南县(吉)	3500.00
14	靖宇县(吉)	120.00
15	集安市(吉)	50.00
16	舒兰市(吉)	6.00
17	仙居县(浙)	151836.00
18	温岭市(浙)	8627.00
19	黄岩区(浙)	6600.00
20	临海市(浙)	5200.00
21	德清县(浙)	3400.00
22	路桥区(浙)	901.00
23	普陀区(浙)	500.00
24	椒江区(浙)	404.00
25	柯城区(浙)	300.00
26	庆元县(浙)	110.00
27	衢江区(浙)	20.00
28	灵璧县(皖)	31000.00
29	青阳县(皖)	9840.00
30	徽州区(皖)	1700.00
31	霍山县(皖)	1200.00
32	东至县(皖)	1000.00
33	广德县(皖)	600.00
34	石台县(皖)	150.00

序号	木雕主产地	产值(万元)	序号	木雕主产地	产值(万元)	序号	木雕主产地	产值(万元)
35	黟　县(皖)	125.00	81	南漳县(鄂)	100.00	127	玉州区(桂)	10000.00
36	池州市九华山风景区(皖)	100.00	82	阳新县(鄂)	83.00	128	秀峰区(桂)	5000.00
37	潜山县(皖)	45.00	83	竹山县(鄂)	35.00	129	东兴市(桂)	4118.00
38	广丰县(赣)	20000.00	84	衡东县(湘)	8480.00	130	全州县(桂)	900.00
39	婺源县(赣)	5600.00	85	湘乡市(湘)	4300.00	131	昭平县(桂)	600.00
40	万年县(赣)	5060.00	86	永兴县(湘)	3307.00	132	隆林各族自治县(桂)	500.00
41	南城县(赣)	5000.00	87	资兴市(湘)	2800.00	133	桂平市(桂)	500.00
42	龙南县(赣)	4600.00	88	浏阳市(湘)	2000.00	134	那坡县(桂)	250.00
43	临川区(赣)	1600.00	89	双清区(湘)	1660.00	135	钦北区(桂)	152.00
44	寻乌县(赣)	1320.00	90	临武县(湘)	1250.00	136	忻城县(桂)	72.00
45	上栗县(赣)	1000.00	91	娄星区(湘)	1005.00	137	巴马瑶族自治县(桂)	50.00
46	鄱阳县(赣)	600.00	92	炎陵县(湘)	1000.00	138	上林县(桂)	45.00
47	修水县(赣)	320.00	93	龙山县(湘)	680.00	139	兴业县(桂)	40.00
48	奉新县(赣)	300.00	94	衡山县(湘)	560.00	140	黔江区(渝)	4000.00
49	玉山县(赣)	232.00	95	汨罗市(湘)	520.00	141	酉阳土家族苗族自治县(渝)	3552.00
50	贵溪市(赣)	203.00	96	会同县(湘)	520.00	142	巫溪县(渝)	1200.00
51	瑞金市(赣)	110.00	97	桃源县(湘)	500.00	143	万盛区(渝)	300.00
52	南丰县(赣)	35.00	98	蓝山县(湘)	420.00	144	奉节县(渝)	200.00
53	东乡县(赣)	26.00	99	古丈县(湘)	400.00	145	永川区(渝)	100.00
54	余江县(赣)	10.50	100	汝城县(湘)	350.00	146	合川区(渝)	35.70
55	都昌县(赣)	7.00	101	南岳区(湘)	320.00	147	石柱土家族自治县(渝)	30.00
56	肥城市(鲁)	7230.00	102	新宁县(湘)	300.00	148	彭水苗族土家族自治县(渝)	10.00
57	广饶县(鲁)	6637.00	103	保靖县(湘)	240.00	149	芦山县(川)	20000.00
58	薛城区(鲁)	5850.00	104	凤凰县(湘)	230.00	150	平昌县(川)	2820.00
59	沂源县(鲁)	3000.00	105	新晃侗族自治县(湘)	210.00	151	阆中市(川)	780.00
60	成武县(鲁)	2350.00	106	芷江侗族自治县(湘)	130.00	152	北川羌族自治县(川)	450.00
61	青州市(鲁)	620.00	107	靖州苗族侗族自治县(湘)	120.00	153	翠屏区(川)	300.00
62	郓城县(鲁)	575.00	108	醴陵市(湘)	100.00	154	江油市(川)	270.00
63	峄城区(鲁)	100.00	109	通道侗族自治县(湘)	100.00	155	炉霍县(川)	230.00
64	无棣县(鲁)	20.00	110	绥宁县(湘)	100.00	156	三台县(川)	150.00
65	洛宁县(豫)	13000.00	111	安化县(湘)	100.00	157	安　县(川)	120.00
66	范　县(豫)	3500.00	112	平江县(湘)	100.00	158	丹巴县(川)	90.00
67	濮阳市高新区(豫)	2000.00	113	冷水江市(湘)	75.00	159	仪陇县(川)	80.00
68	嵩　县(豫)	380.00	114	花垣县(湘)	70.00	160	理塘县(川)	55.00
69	桐柏县(豫)	295.00	115	泸溪县(湘)	60.00	161	江安县(川)	30.00
70	栾川县(豫)	200.00	116	麻阳苗族自治县(湘)	50.00	162	万源市(川)	10.00
71	宝丰县(豫)	28.00	117	鹤城区(湘)	48.00	163	务川仡佬族苗族自治县(黔)	8500.00
72	西峡县(豫)	7.40	118	双峰县(湘)	45.00	164	赤水市(黔)	1200.00
73	谷城县(鄂)	6500.00	119	祁东县(湘)	37.00	165	榕江县(黔)	600.00
74	随县(鄂)	3600.00	120	宁远县(湘)	36.00	166	江口县(黔)	500.00
75	老河口市(鄂)	1800.00	121	邵阳县(湘)	30.00	167	湄潭县(黔)	400.00
76	恩施市(鄂)	396.00	122	赫山区(湘)	30.00	168	锦屏县(黔)	210.00
77	京山县(鄂)	200.00	123	新化县(湘)	15.00	169	贵定县(黔)	200.00
78	长阳土家族自治县(鄂)	180.00	124	冷水滩区(湘)	10.00	170	黄平县(黔)	200.00
79	保康县(鄂)	130.00	125	东源县(粤)	283.00	171	龙里县(黔)	180.00
80	罗田县(鄂)	120.00	126	阳江市高新区(粤)	147.00	172	长顺县(黔)	152.00

序号	木雕主产地	产值(万元)
173	六枝特区(黔)	125.00
174	都匀市经济开发区(黔)	60.00
175	贞丰县(黔)	50.00
176	普安县(黔)	20.00
177	凯里市(黔)	20.00
178	习水县(黔)	10.00
179	思茅区(滇)	5000.00
180	墨江哈尼族自治县(滇)	1010.00
181	富宁县(滇)	300.00
182	寻甸回族彝族自治县(滇)	250.00
183	巧家县(滇)	140.00
184	西盟佤族自治县(滇)	109.00
185	云　县(滇)	96.00
186	孟连傣族拉祜族佤族自治县(滇)	30.00
187	临翔区(滇)	30.00
188	福贡县(滇)	10.00
189	礼泉县(陕)	895.00
190	文　县(甘)	100.00
191	麦积区(甘)	64.00
192	临潭县(甘)	50.00
193	永靖县(甘)	20.00

表 14-2　2012 年竹雕主产地产值

序号	竹雕主产地	产值(万元)
1	江源区(吉)	100.00
2	德清县(浙)	2300.00
3	象山县(浙)	2000.00
4	衢江区(浙)	18.00
5	徽州区(皖)	3929.00
6	霍山县(皖)	1500.00
7	黟　县(皖)	479.00
8	祁门县(皖)	256.00
9	石台县(皖)	180.00
10	泾　县(皖)	50.00
11	广德县(皖)	30.00
12	潜山县(皖)	20.00
13	安远县(赣)	3600.00
14	靖安县(赣)	3000.00
15	临川区(赣)	850.00
16	瑞金市(赣)	31.00
17	寻乌县(赣)	9.00
18	宝丰县(豫)	26.00
19	罗田县(鄂)	330.00
20	桑植县(湘)	3300.00
21	武陵区(湘)	1500.00
22	衡山县(湘)	1344.00
23	资兴市(湘)	1080.00
24	资阳区(湘)	800.00
25	益阳市市辖区(湘)	800.00
26	会同县(湘)	740.00
27	娄底市市辖区(湘)	500.00
28	龙山县(湘)	360.00
29	永顺县(湘)	300.00
30	古丈县(湘)	260.00
31	桃源县(湘)	200.00
32	醴陵市(湘)	100.00
33	祁东县(湘)	85.00
34	娄星区(湘)	85.00
35	安化县(湘)	80.00
36	赫山区(湘)	50.00
37	新化县(湘)	50.00
38	汨罗市(湘)	31.00
39	衡南县(湘)	28.00
40	新晃侗族自治县(湘)	21.00
41	双峰县(湘)	20.00
42	凤凰县(湘)	18.00
43	保靖县(湘)	15.00
44	泸溪县(湘)	15.00
45	宁远县(湘)	12.00
46	花垣县(湘)	10.00
47	邵阳县(湘)	10.00
48	梅　县(粤)	360.00
49	酉阳土家族苗族自治县(渝)	1300.00
50	大足县(渝)	500.00
51	武隆县(渝)	160.00
52	江安县(川)	4620.00
53	兴文县(川)	3050.00
54	北川羌族自治县(川)	450.00
55	盐边县(川)	300.00
56	仪陇县(川)	30.00
57	赤水市(黔)	1100.00
58	墨江哈尼族自治县(滇)	200.00

表 14-3　2012 年竹编主产地产值

序号	竹编主产地	产值(万元)
1	大名县(冀)	230.00
2	余杭区(浙)	237856.00
3	安吉县(浙)	40000.00
4	德清县(浙)	10000.00
5	富阳市(浙)	3362.00
6	淳安县(浙)	1002.00
7	永康市(浙)	1000.00
8	柯城区(浙)	500.00
9	缙云县(浙)	439.00
10	衢江区(浙)	56.00
11	郎溪县(皖)	2500.00
12	桐城市(皖)	2500.00
13	广德县(皖)	2000.00
14	绩溪县(皖)	1650.00
15	霍山县(皖)	1550.00
16	东至县(皖)	1000.00
17	庐江县(皖)	843.00
18	岳西县(皖)	680.00
19	怀宁县(皖)	465.00
20	徽州区(皖)	300.00
21	三山区(皖)	200.00
22	太湖县(皖)	200.00
23	祁门县(皖)	181.00
24	石台县(皖)	100.00
25	全椒县(皖)	100.00
26	潜山县(皖)	60.00
27	青阳县(皖)	30.00
28	泾　县(皖)	20.00
29	靖安县(赣)	12200.00
30	上犹县(赣)	10807.00
31	莲花县(赣)	2390.00
32	万载县(赣)	1460.00
33	奉新县(赣)	1360.00
34	会昌县(赣)	450.00
35	婺源县(赣)	410.00
36	兴国县(赣)	378.00
37	南城县(赣)	360.00
38	乐安县(赣)	200.00
39	星子县(赣)	180.00
40	定南县(赣)	170.00
41	宜丰县(赣)	150.00
42	贵溪市(赣)	102.00
43	彭泽县(赣)	60.00
44	赣　县(赣)	56.00
45	横峰县(赣)	50.00
46	石城县(赣)	20.00
47	瑞金市(赣)	13.00
48	上高县(赣)	8.00
49	都昌县(赣)	6.00
50	东平县(鲁)	5000.00
51	任城区(鲁)	220.00
52	博爱县(豫)	2400.00

序号	竹编主产地	产值(万元)	序号	竹编主产地	产值(万元)	序号	竹编主产地	产值(万元)
53	汝南县(豫)	714.00	99	衡山县(湘)	336.00	145	大足县(渝)	1300.00
54	郸城县(豫)	430.00	100	冷水江市(湘)	300.00	146	黔江区(渝)	495.00
55	桐柏县(豫)	395.00	101	桑植县(湘)	220.00	147	开　县(渝)	236.00
56	洛宁县(豫)	300.00	102	双峰县(湘)	200.00	148	南川区(渝)	170.00
57	嵩　县(豫)	220.00	103	双牌县(湘)	200.00	149	石柱土家族自治县(渝)	70.00
58	栾川县(豫)	150.00	104	芷江侗族自治县(湘)	180.00	150	奉节县(渝)	30.00
59	商城县(豫)	100.00	105	新晃侗族自治县(湘)	170.00	151	彭水苗族土家族自治县(渝)	20.00
60	淅川县(豫)	84.00	106	鼎城区(湘)	150.00	152	井研县(川)	42000.00
61	卫辉市(豫)	50.00	107	安化县(湘)	150.00	153	青神县(川)	12259.00
62	新蔡县(豫)	40.00	108	汨罗市(湘)	150.00	154	宣汉县(川)	5820.00
63	平桥区(豫)	38.00	109	华容县(湘)	120.00	155	盐亭县(川)	4600.00
64	鼓楼区(豫)	30.00	110	岳阳县(湘)	100.00	156	江油市(川)	3000.00
65	梁子湖区(鄂)	3250.00	111	醴陵市(湘)	100.00	157	达　县(川)	2500.00
66	谷城县(鄂)	1650.00	112	珠晖区(湘)	100.00	158	安岳县(川)	2088.00
67	广水市(鄂)	1000.00	113	麻阳苗族自治县(湘)	80.00	159	纳溪区(川)	1830.00
68	罗田县(鄂)	870.00	114	慈利县(湘)	70.00	160	仁寿县(川)	1145.00
69	宜都市(鄂)	300.00	115	凤凰县(湘)	40.00	161	平昌县(川)	1100.00
70	随县(鄂)	110.00	116	邵阳县(湘)	35.00	162	盐边县(川)	680.00
71	阳新县(鄂)	108.00	117	桂东县(湘)	30.00	163	雨城区(川)	600.00
72	巴东县(鄂)	100.00	118	保靖县(湘)	25.00	164	隆昌县(川)	500.00
73	竹山县(鄂)	95.00	119	蓝山县(湘)	24.00	165	沐川县(川)	300.00
74	利川市(鄂)	83.00	120	新化县(湘)	20.00	166	东坡区(川)	200.00
75	长阳土家族自治县(鄂)	7.00	121	辰溪县(湘)	20.00	167	蒲江县(川)	190.00
76	恩施市(鄂)	7.00	122	泸溪县(湘)	20.00	168	南溪县(川)	150.00
77	临湘市(湘)	8341.00	123	古丈县(湘)	15.00	169	北川羌族自治县(川)	150.00
78	资兴市(湘)	5800.00	124	花垣县(湘)	10.00	170	兴文县(川)	100.00
79	湘潭县(湘)	3500.00	125	信宜市(粤)	1410.00	171	元坝区(川)	87.00
80	湘阴县(湘)	3400.00	126	梅　县(粤)	850.00	172	大竹县(川)	60.00
81	衡东县(湘)	3120.00	127	大埔县(粤)	800.00	173	仪陇县(川)	50.00
82	中方县(湘)	3000.00	128	清新县(粤)	300.00	174	南部县(川)	50.00
83	永兴县(湘)	2501.00	129	饶平县(粤)	150.00	175	三台县(川)	50.00
84	溆浦县(湘)	2230.00	130	阳江市高新区(粤)	40.00	176	夹江县(川)	20.00
85	平江县(湘)	1895.00	131	博白县(桂)	13932.00	177	武胜县(川)	20.00
86	宁远县(湘)	1712.00	132	横　县(桂)	13894.00	178	石棉县(川)	17.00
87	益阳市市辖区(湘)	1200.00	133	浦北县(桂)	11686.00	179	南江县(川)	6.50
88	桃江县(湘)	1200.00	134	灵山县(桂)	1500.00	180	攀枝花市东区(川)	6.00
89	沅陵县(湘)	1010.00	135	桂平市(桂)	500.00	181	万源市(川)	5.00
90	娄星区(湘)	1005.00	136	荔浦县(桂)	265.63	182	遵义县(黔)	947.00
91	桃源县(湘)	1000.00	137	东兰县(桂)	250.00	183	丹寨县(黔)	400.35
92	临武县(湘)	530.00	138	那坡县(桂)	150.00	184	盘　县(黔)	120.00
93	龙山县(湘)	530.00	139	田阳县(桂)	75.00	185	罗甸县(黔)	102.00
94	澧　县(湘)	500.00	140	贺州市平桂管理区(桂)	15.00	186	天柱县(黔)	100.00
95	冷水滩区(湘)	422.00	141	梁平县(渝)	9387.00	187	三穗县(黔)	96.00
96	永顺县(湘)	420.00	142	荣昌县(渝)	6589.00	188	瓮安县(黔)	75.00
97	南岳区(湘)	400.00	143	万州区(渝)	3452.00	189	六枝特区(黔)	50.00
98	株洲县(湘)	390.00	144	垫江县(渝)	2459.00	190	锦屏县(黔)	50.00

序号	竹编主产地	产值(万元)
191	湄潭县(黔)	50.00
192	普安县(黔)	30.00
193	碧江区(黔)	15.00
194	荔波县(黔)	10.00
195	贵定县(黔)	10.00
196	绥阳县(黔)	5.00
197	习水县(黔)	5.00
198	墨江哈尼族自治县(滇)	360.00
199	文山市(滇)	227.00
200	江城哈尼族彝族自治县(滇)	176.00
201	牟定县(滇)	115.00
202	楚雄市(滇)	92.00
203	元谋县(滇)	78.00
204	麻栗坡县(滇)	73.00
205	云　县(滇)	60.00
206	宁洱哈尼族彝族自治县(滇)	51.00
207	永仁县(滇)	33.00
208	临翔区(滇)	20.00
209	孟连傣族拉祜族佤族自治县(滇)	15.00
210	鹤庆县(滇)	11.00
211	巧家县(滇)	8.00
212	南郑县(陕)	600.00
213	平利县(陕)	10.00

表 14-4　2012 年藤编主产地产值

序号	藤编主产地	产值(万元)
1	深泽县(冀)	18.00
2	磴口县(内蒙古)	40.00
3	多伦县(内蒙古)	20.00
4	木兰县(黑)	1860.00
5	五常市(黑)	200.00
6	兴化市(苏)	66.00
7	德清县(浙)	2600.00
8	霍邱县(皖)	417985.00
9	绩溪县(皖)	8500.00
10	霍山县(皖)	500.00
11	阜南县(皖)	195.00
12	潜山县(皖)	60.00
13	全椒县(皖)	50.00
14	石台县(皖)	30.00
15	浮梁县(赣)	104020.00
16	新干县(赣)	2400.00
17	泰和县(赣)	2400.00
18	兴国县(赣)	367.00
19	会昌县(赣)	350.00
20	金溪县(赣)	220.00
21	大余县(赣)	132.00
22	星子县(赣)	120.00
23	赣　县(赣)	113.00
24	定南县(赣)	110.00
25	宁都县(赣)	36.00
26	横峰县(赣)	30.00
27	瑞金市(赣)	25.00
28	信丰县(赣)	20.00
29	石城县(赣)	10.00
30	沂源县(鲁)	5000.00
31	成武县(鲁)	4860.00
32	河东区(鲁)	4800.00
33	薛城区(鲁)	2000.00
34	邹平县(鲁)	1440.00
35	任城区(鲁)	240.00
36	宁阳县(鲁)	210.00
37	郯城县(鲁)	25.00
38	梁山县(鲁)	20.00
39	固始县(豫)	11590.00
40	宁陵县(豫)	2700.00
41	渑池县(豫)	2430.00
42	延津县(豫)	1350.00
43	郸城县(豫)	560.00
44	淮滨县(豫)	400.00
45	嵩　县(豫)	130.00
46	桐柏县(豫)	105.00
47	栾川县(豫)	100.00
48	淅川县(豫)	91.00
49	卫辉市(豫)	50.00
50	方城县(豫)	50.00
51	襄州区(鄂)	4000.00
52	竹溪县(鄂)	2876.00
53	广水市(鄂)	200.00
54	巴东县(鄂)	100.00
55	京山县(鄂)	100.00
56	阳新县(鄂)	74.00
57	黄梅县(鄂)	65.00
58	竹山县(鄂)	27.00
59	临湘市(湘)	8341.00
60	湘潭县(湘)	1400.00
61	衡东县(湘)	1200.00
62	溆浦县(湘)	990.00
63	永兴县(湘)	681.00
64	娄星区(湘)	500.00
65	会同县(湘)	423.00
66	沅陵县(湘)	325.00
67	鼎城区(湘)	200.00
68	汨罗市(湘)	190.00
69	株洲县(湘)	150.00
70	桃源县(湘)	150.00
71	衡山县(湘)	112.00
72	醴陵市(湘)	100.00
73	双峰县(湘)	100.00
74	资兴市(湘)	80.00
75	冷水江市(湘)	60.00
76	芷江侗族自治县(湘)	60.00
77	珠晖区(湘)	60.00
78	宁远县(湘)	53.00
79	安化县(湘)	30.00
80	永顺县(湘)	25.00
81	隆回县(湘)	20.00
82	邵阳县(湘)	20.00
83	龙山县(湘)	20.00
84	泸溪县(湘)	10.00
85	新晃侗族自治县(湘)	10.00
86	凤凰县(湘)	8.00
87	保靖县(湘)	6.00
88	古丈县(湘)	5.00
89	蓝山县(湘)	5.00
90	大埔县(粤)	700.00
91	梅　县(粤)	510.00
92	丰顺县(粤)	300.00
93	东源县(粤)	228.50
94	阳江市高新区(粤)	80.00
95	博白县(桂)	40000.00
96	藤　县(桂)	28760.00
97	平南县(桂)	19066.00
98	玉州区(桂)	11600.00
99	岑溪市(桂)	6000.00
100	浦北县(桂)	5008.00
101	防城区(桂)	4571.00
102	灵山县(桂)	600.00
103	那坡县(桂)	10.00
104	贺州市平桂管理区(桂)	10.00
105	万州区(渝)	628.00
106	南川区(渝)	100.00
107	合川区(渝)	98.70
108	石柱土家族自治县(渝)	30.00
109	江津区(渝)	20.00
110	彭水苗族土家族自治县(渝)	10.00
111	奉节县(渝)	10.00
112	崇州市(川)	272540.00

	藤编主产地	产值(万元)
113	宣汉县(川)	850.00
114	荣　县(川)	690.00
115	高坪区(川)	600.00
116	南溪县(川)	350.00
117	江油市(川)	270.00
118	元坝区(川)	50.00
119	大竹县(川)	40.00
120	仪陇县(川)	25.00
121	筠连县(川)	20.00
122	高　县(川)	16.00
123	万源市(川)	5.00
124	赤水市(黔)	410.00
125	思南县(黔)	220.00
126	松桃苗族自治县(黔)	200.00
127	麻江县(黔)	100.00
128	六枝特区(黔)	30.00
129	三穗县(黔)	24.00
130	贵定县(黔)	10.00
131	瓮安县(黔)	10.00
132	勐腊县(滇)	2324.00
133	呈贡县(滇)	50.00
134	墨江哈尼族自治县(滇)	18.00
135	孟连傣族拉祜族佤族自治县(滇)	15.00
136	南郑县(陕)	1400.00
137	汉阴县(陕)	520.00
138	岚皋县(陕)	25.00
139	永靖县(甘)	280.00

表 14-5　2012 年棕编主产地产值

序号	棕编主产地	产值(万元)
1	怀宁县(皖)	1600.00
2	祁门县(皖)	220.00
3	石台县(皖)	40.00
4	潜山县(皖)	15.00
5	赣　县(赣)	169.00
6	龙南县(赣)	11.00
7	石城县(赣)	10.00
8	瑞金市(赣)	7.30
9	任城区(鲁)	230.00
10	镇平县(豫)	587.00
11	渑池县(豫)	328.00
12	宜都市(鄂)	600.00
13	巴东县(鄂)	100.00
14	竹山县(鄂)	75.00
15	阳新县(鄂)	49.00
16	京山县(鄂)	20.00
17	溆浦县(湘)	820.00
18	益阳市市辖区(湘)	500.00
19	娄星区(湘)	500.00
20	龙山县(湘)	240.00
21	沅陵县(湘)	195.00
22	新晃侗族自治县(湘)	185.00
23	资兴市(湘)	180.00
24	永顺县(湘)	120.00
25	汝城县(湘)	101.00
26	醴陵市(湘)	100.00
27	衡山县(湘)	89.60
28	株洲县(湘)	85.00
29	临武县(湘)	62.00
30	双峰县(湘)	50.00
31	安化县(湘)	30.00
32	保靖县(湘)	30.00
33	祁东县(湘)	24.00
34	凤凰县(湘)	20.00
35	泸溪县(湘)	20.00
36	宁远县(湘)	17.00
37	邵阳县(湘)	15.00
38	古丈县(湘)	10.00
39	花垣县(湘)	8.00
40	那坡县(桂)	5.00
41	万州区(渝)	1767.00
42	黔江区(渝)	500.00
43	大足县(渝)	300.00
44	石柱土家族自治县(渝)	40.00
45	南川区(渝)	35.00
46	彭水苗族土家族自治县(渝)	20.00
47	达　县(川)	700.00
48	宣汉县(川)	530.00
49	江油市(川)	320.00
50	元坝区(川)	60.00
51	仪陇县(川)	15.00
52	赤水市(黔)	867.00
53	三穗县(黔)	56.00
54	贵定县(黔)	20.00
55	瓮安县(黔)	20.00
56	六枝特区(黔)	10.00
57	道真仡佬族苗族自治县(黔)	8.00
58	习水县(黔)	5.00
59	碧江区(黔)	5.00
60	南郑县(陕)	200.00

表 15　2012 年野生动物驯养主产地

序号	野生动物驯养主产地	动物种类	驯养数量(只、头、条)
1	平阴县(鲁)	短尾猴	20
2	平南县(桂)	猕猴	4800
3	宜宾县(川)	猕猴	4700
4	永福县(桂)	猕猴	4138
5	呈贡县(滇)	猕猴	3708
6	雨城区(川)	猕猴	3000
7	新野县(豫)	猕猴	2500
8	祁门县(皖)	猕猴	877
9	曾都区(鄂)	猕猴	800
10	耿马傣族佤族自治县(滇)	猕猴	620
11	南郑县(陕)	猕猴	360
12	金山区(沪)	猕猴	210
13	大足县(渝)	猕猴	200
14	正定县(冀)	猕猴	156
15	宁蒗彝族自治县(滇)	猕猴	124
16	浦东新区(沪)	猕猴	84
17	永顺县(湘)	猕猴	60
18	红花岗区(黔)	猕猴	58
19	镇海区(浙)	猕猴	46
20	龙山县(湘)	猕猴	40
21	青浦区(沪)	猕猴	34
22	蓝田县(陕)	猕猴	30
23	奉贤区(沪)	猕猴	20
24	合川区(渝)	猕猴	20
25	楚雄市(滇)	猕猴	20

序号	野生动物驯养主产地	动物种类	驯养数量(只、头、条)
26	大兴区(京)	猕猴	11
27	文登市(鲁)	猕猴	8
28	沂源县(鲁)	猕猴	7
29	巩义市(豫)	猕猴	5
30	汉台区(陕)	猕猴	5
31	平南县(桂)	食蟹猴	28000
32	防城区(桂)	食蟹猴	20000
33	江南区(桂)	食蟹猴	5000
34	浦东新区(沪)	食蟹猴	579
35	松江区(沪)	食蟹猴	70
36	奉贤区(沪)	食蟹猴	60
37	大兴区(京)	松鼠猴	23
38	北戴河区(冀)	松鼠猴	18
39	都江堰市(川)	狗熊	1970
40	龙井市(吉)	狗熊	1120
41	雁江区(川)	狗熊	830
42	延吉市(吉)	狗熊	651
43	大理市(滇)	狗熊	327
44	勉　县(陕)	狗熊	301
45	同江市(黑)	狗熊	200
46	汪清县(吉)	狗熊	120
47	铁岭市经济开发区(辽)	狗熊	100
48	和龙市(吉)	狗熊	98
49	山河实验林场(黑)	狗熊	82
50	敦化市(吉)	狗熊	72
51	安图森林经营局(吉)	狗熊	60
52	城子河区(黑)	狗熊	58
53	延庆县(京)	狗熊	50
54	浦东新区(沪)	狗熊	28
55	合川区(渝)	狗熊	5
56	顺义区(京)	狗熊	2
57	平阴县(鲁)	狗熊	2
58	文登市(鲁)	狗熊	2
59	汉台区(陕)	狗熊	2
60	万州区(渝)	狗熊	1
61	合川区(渝)	小熊猫	30
62	北戴河区(冀)	小熊猫	9
63	盘龙区(滇)	小熊猫	9
64	大兴区(京)	小熊猫	8
65	浦东新区(沪)	小熊猫	7
66	红花岗区(黔)	小熊猫	2
67	汉台区(陕)	小熊猫	2
68	牡丹江市市本级(黑)	棕熊	2010
69	桓仁满族自治县(辽)	棕熊	181
70	北戴河区(冀)	棕熊	38
71	大兴区(京)	棕熊	21
72	泰兴市(苏)	棕熊	15
73	山河实验林场(黑)	棕熊	12
74	合川区(渝)	棕熊	8
75	红花岗区(黔)	棕熊	2
76	沂源县(鲁)	棕熊	1
77	盘龙区(滇)	浣熊	27
78	大兴区(京)	浣熊	22
79	红花岗区(黔)	浣熊	8
80	绥中县(辽)	马鹿	5800
81	巴林左旗(内蒙古)	马鹿	5600
82	金山屯林业局(龙江森工)	马鹿	3500
83	桃山林业局(龙江森工)	马鹿	3220
84	阿城区(黑)	马鹿	1220
85	扎兰屯市(内蒙古)	马鹿	1200
86	龙井市(吉)	马鹿	745
87	清原满族自治县(辽)	马鹿	700
88	农四师(新疆兵团)	马鹿	614
89	桦南县(黑)	马鹿	506
90	新宾满族自治县(辽)	马鹿	500
91	浑江区(吉)	马鹿	500
92	类乌齐县(藏)	马鹿	500
93	阿鲁科尔沁旗(内蒙古)	马鹿	424
94	逊克县(黑)	马鹿	420
95	红石林业局(吉林森工)	马鹿	350
96	友好林业局(龙江森工)	马鹿	287
97	沙雅县(新)	马鹿	282
98	佳木斯市郊区(黑)	马鹿	270
99	黑河市直属林场(黑)	马鹿	245
100	鹿泉市(冀)	马鹿	200
101	乌鲁木齐南山林场(新)	马鹿	135
102	克什克腾旗(内蒙古)	马鹿	133
103	多伦县(内蒙古)	马鹿	90
104	共和县(青)	马鹿	90
105	巴林右旗(内蒙古)	马鹿	60
106	同德县(青)	马鹿	50
107	奇台林场(新)	马鹿	50
108	黄龙县(陕)	马鹿	44
109	木兰县(黑)	马鹿	40
110	庆云县(鲁)	马鹿	40
111	林西县(内蒙古)	马鹿	36
112	巩乃斯林场(新)	马鹿	36
113	嫩江县(黑)	马鹿	35
114	关山林业管理局(甘)	马鹿	35
115	大兴区(京)	马鹿	32

序号	野生动物驯养主产地	动物种类	驯养数量（只、头、条）	序号	野生动物驯养主产地	动物种类	驯养数量（只、头、条）
116	行唐县(冀)	马鹿	30	161	岫岩满族自治县(辽)	梅花鹿	1600
117	调兵山市(辽)	马鹿	30	162	绛　县(晋)	梅花鹿	1500
118	转山实验林场(黑)	马鹿	30	163	抚顺县(辽)	梅花鹿	1500
119	天峻县(青)	马鹿	30	164	清原满族自治县(辽)	梅花鹿	1500
120	盘龙区(滇)	马鹿	29	165	白狼林业局(内蒙古)	梅花鹿	1450
121	民乐县(甘)	马鹿	26	166	江油市(川)	梅花鹿	1300
122	北戴河区(冀)	马鹿	22	167	京山县(鄂)	梅花鹿	1264
123	木栏围场国营林场(冀)	马鹿	21	168	宁安市(黑)	梅花鹿	1200
124	双滦区(冀)	马鹿	20	169	义乌市(浙)	梅花鹿	1100
125	围场满族蒙古族自治县(冀)	马鹿	20	170	凤　县(陕)	梅花鹿	1100
126	巴林林业局(内蒙古)	马鹿	20	171	船营区(吉)	梅花鹿	1050
127	依安县(黑)	马鹿	20	172	大兴区(京)	梅花鹿	1032
128	旌阳区(川)	马鹿	20	173	广丰县(赣)	梅花鹿	1000
129	内蒙古柴河林业局(内蒙古)	马鹿	16	174	奉化市(浙)	梅花鹿	920
130	孙吴县(黑)	马鹿	15	175	临安市(浙)	梅花鹿	876
131	宁国市(皖)	马鹿	15	176	经济开发区(吉)	梅花鹿	849
132	浦东新区(沪)	马鹿	13	177	方正林业局(龙江森工)	梅花鹿	822
133	晋宁县(滇)	马鹿	10	178	翠峦林业局(龙江森工)	梅花鹿	810
134	互助土族自治县(青)	马鹿	10	179	良凤江国家森林公园(桂)	梅花鹿	803
135	北山森林公园(青)	马鹿	10	180	北票市(辽)	梅花鹿	800
136	青秀区(桂)	梅花鹿	500000	181	吴兴区(浙)	梅花鹿	800
137	西丰县(辽)	梅花鹿	123000	182	武隆县(渝)	梅花鹿	800
138	东丰县(吉)	梅花鹿	110000	183	武义县(浙)	梅花鹿	755
139	朝阳区(吉)	梅花鹿	11000	184	带岭实验局(龙江森工)	梅花鹿	700
140	松原市市辖区(吉)	梅花鹿	7786	185	盖州市(辽)	梅花鹿	698
141	蛟河市(吉)	梅花鹿	7240	186	靖宇县(吉)	梅花鹿	680
142	东港市(辽)	梅花鹿	7206	187	射洪县(川)	梅花鹿	677
143	衢州市市辖区(浙)	梅花鹿	6500	188	朗乡林业局(龙江森工)	梅花鹿	673
144	柳河县(吉)	梅花鹿	5200	189	大石桥市(辽)	梅花鹿	660
145	铁岭市经济开发区(辽)	梅花鹿	4000	190	含山县(皖)	梅花鹿	650
146	辉南县(吉)	梅花鹿	3510	191	五岔沟林业局(内蒙古)	梅花鹿	600
147	前郭尔罗斯蒙古族自治县(吉)	梅花鹿	3500	192	本溪满族自治县(辽)	梅花鹿	600
148	让胡路区(黑)	梅花鹿	3383	193	铁岭县(辽)	梅花鹿	600
149	朝阳县(辽)	梅花鹿	3000	194	内乡县(豫)	梅花鹿	600
150	通化县(吉)	梅花鹿	3000	195	松江区(沪)	梅花鹿	594
151	乌马河林业局(龙江森工)	梅花鹿	2950	196	龙泉市(浙)	梅花鹿	550
152	屈家岭管理区(鄂)	梅花鹿	2650	197	兰溪市(浙)	梅花鹿	545
153	龙山区(吉)	梅花鹿	2600	198	逊克县(黑)	梅花鹿	530
154	九台市(吉)	梅花鹿	2200	199	新青林业局(龙江森工)	梅花鹿	511
155	宁江区(吉)	梅花鹿	2160	200	双丰林业局(龙江森工)	梅花鹿	501
156	绥中县(辽)	梅花鹿	2000	201	阿尔山市(内蒙古)	梅花鹿	500
157	阳信县(鲁)	梅花鹿	2000	202	永康市(浙)	梅花鹿	500
158	新宁县(湘)	梅花鹿	2000	203	烈山区(皖)	梅花鹿	500
159	沙坡头区(宁)	梅花鹿	2000	204	古城区(滇)	梅花鹿	500
160	临江市(吉)	梅花鹿	1780	205	五营林业局(龙江森工)	梅花鹿	465

序号	野生动物驯养主产地	动物种类	驯养数量(只、头、条)
206	海城市(辽)	梅花鹿	409
207	兴隆林业局(龙江森工)	梅花鹿	402
208	宽城满族自治县(冀)	梅花鹿	400
209	舒兰市(吉)	梅花鹿	400
210	鹤北林业局(龙江森工)	梅花鹿	400
211	闵行区(沪)	梅花鹿	386
212	汤旺河林业局(龙江森工)	梅花鹿	384
213	顺城区(辽)	梅花鹿	380
214	楚雄市(滇)	梅花鹿	370
215	都江堰市(川)	梅花鹿	359
216	乌伊岭林业局(龙江森工)	梅花鹿	350
217	渭滨区(陕)	梅花鹿	343
218	顺义区(京)	梅花鹿	324
219	钦北区(桂)	梅花鹿	320
220	普安县(黔)	梅花鹿	320
221	绥阳林业局(龙江森工)	梅花鹿	316
222	杭锦后旗(内蒙古)	梅花鹿	310
223	湖北省太子山林场管理局(鄂)	梅花鹿	310
224	鄂托克旗(内蒙古)	梅花鹿	300
225	凉城县(内蒙古)	梅花鹿	300
226	四平市铁西区(吉)	梅花鹿	300
227	嘉荫县(黑)	梅花鹿	300
228	汤原县(黑)	梅花鹿	300
229	余姚市(浙)	梅花鹿	300
230	乐安县(赣)	梅花鹿	300
231	昌乐县(鲁)	梅花鹿	300
232	江津区(渝)	梅花鹿	300
233	南江县(川)	梅花鹿	300
234	六枝特区(黔)	梅花鹿	300
235	露水河林业局(吉林森工)	梅花鹿	282
236	和龙市(吉)	梅花鹿	280
237	恒山区(黑)	梅花鹿	280
238	秀洲区(浙)	梅花鹿	275
239	横　县(桂)	梅花鹿	250
240	西夏区(宁)	梅花鹿	250
241	绥棱林业局(龙江森工)	梅花鹿	249
242	上营森林经营局(吉)	梅花鹿	245
243	美溪林业局(龙江森工)	梅花鹿	245
244	白河县(陕)	梅花鹿	243
245	多伦县(内蒙古)	梅花鹿	240
246	大海林林业局(龙江森工)	梅花鹿	240
247	东方红林业局(龙江森工)	梅花鹿	240
248	宁海县(浙)	梅花鹿	232
249	金坛市(苏)	梅花鹿	230
250	方正县(黑)	梅花鹿	217
251	木栏围场国营林场(冀)	梅花鹿	210
252	清河区(辽)	梅花鹿	200
253	西新开发区(吉)	梅花鹿	200
254	莱阳市(鲁)	梅花鹿	200
255	高州市(粤)	梅花鹿	200
256	桦南林业局(龙江森工)	梅花鹿	200
257	鹤立林业局(龙江森工)	梅花鹿	200
258	铁力林业局(龙江森工)	梅花鹿	195
259	乌拉特后旗(内蒙古)	梅花鹿	193
260	正定县(冀)	梅花鹿	187
261	缙云县(浙)	梅花鹿	180
262	穆棱林业局(龙江森工)	梅花鹿	180
263	上甘岭林业局(龙江森工)	梅花鹿	180
264	浦东新区(沪)	梅花鹿	175
265	泰兴市(苏)	梅花鹿	172
266	建德市(浙)	梅花鹿	170
267	永胜县(滇)	梅花鹿	164
268	贵溪市(赣)	梅花鹿	160
269	利辛县(皖)	梅花鹿	150
270	红星林业局(龙江森工)	梅花鹿	150
271	汪清县(吉)	梅花鹿	145
272	全椒县(皖)	梅花鹿	142
273	双滦区(冀)	梅花鹿	140
274	珙　县(川)	梅花鹿	140
275	青浦区(沪)	梅花鹿	136
276	定海区(浙)	梅花鹿	132
277	四方台区(黑)	梅花鹿	130
278	建湖县(苏)	梅花鹿	130
279	奉贤区(沪)	梅花鹿	128
280	盘龙区(滇)	梅花鹿	125
281	金山区(沪)	梅花鹿	121
282	沂源县(鲁)	梅花鹿	120
283	社旗县(豫)	梅花鹿	120
284	藁城市(冀)	梅花鹿	110
285	宁武县(晋)	梅花鹿	110
286	三门县(浙)	梅花鹿	106
287	苇河林业局(龙江森工)	梅花鹿	105
288	南岔林业局(龙江森工)	梅花鹿	104
289	五常市(黑)	梅花鹿	100
290	彭泽县(赣)	梅花鹿	100
291	铁山区(鄂)	梅花鹿	100
292	罗田县(鄂)	梅花鹿	100
293	安龙县(黔)	梅花鹿	100
294	平利县(陕)	梅花鹿	100
295	文　县(甘)	梅花鹿	100

序号	野生动物驯养主产地	动物种类	驯养数量（只、头、条）
296	高安市(赣)	梅花鹿	98
297	通北林业局(龙江森工)	梅花鹿	98
298	科尔沁左翼中旗(内蒙古)	梅花鹿	95
299	徽州区(皖)	梅花鹿	94
300	柯城区(浙)	梅花鹿	93
301	蕲春县(鄂)	梅花鹿	90
302	余杭区(浙)	梅花鹿	89
303	延庆县(京)	梅花鹿	87
304	玉山县(赣)	梅花鹿	87
305	都江堰市(川)	梅花鹿	87
306	双鸭山林业局(龙江森工)	梅花鹿	85
307	通海县(滇)	梅花鹿	80
308	渭源县(甘)	梅花鹿	80
309	北戴河区(冀)	梅花鹿	78
310	呈贡县(滇)	梅花鹿	78
311	海林林业局(龙江森工)	梅花鹿	76
312	北安市(黑)	梅花鹿	75
313	麻城市(鄂)	梅花鹿	73
314	昭阳区(滇)	梅花鹿	72
315	清河林业局(龙江森工)	梅花鹿	70
316	青阳县(皖)	梅花鹿	67
317	获嘉县(豫)	梅花鹿	65
318	大姚县(滇)	梅花鹿	64
319	宝山区(沪)	梅花鹿	63
320	昂昂溪区(黑)	梅花鹿	60
321	绩溪县(皖)	梅花鹿	60
322	会理县(川)	梅花鹿	60
323	宜良县(滇)	梅花鹿	60
324	玉龙纳西族自治县(滇)	梅花鹿	60
325	八面通林业局(龙江森工)	梅花鹿	60
326	鄂温克族自治旗(内蒙古)	梅花鹿	59
327	滴道区(黑)	梅花鹿	57
328	南召县(豫)	梅花鹿	55
329	津南区(津)	梅花鹿	50
330	麻山区(黑)	梅花鹿	50
331	虎林市(黑)	梅花鹿	50
332	黄岩区(浙)	梅花鹿	50
333	临海市(浙)	梅花鹿	50
334	栖霞市(鲁)	梅花鹿	50
335	湘乐林业总场(甘)	梅花鹿	48
336	奉新县(赣)	梅花鹿	46
337	安丘市(鲁)	梅花鹿	45
338	龙山县(湘)	梅花鹿	45
339	关山林业管理局(甘)	梅花鹿	42
340	鸡东县(黑)	梅花鹿	41
341	望花区(辽)	梅花鹿	40
342	密山市(黑)	梅花鹿	40
343	蔡甸区(鄂)	梅花鹿	40
344	北湖区(湘)	梅花鹿	40
345	长白朝鲜族自治县(吉)	梅花鹿	39
346	经济技术开发区(辽)	梅花鹿	36
347	宁远县(湘)	梅花鹿	36
348	吉利区(豫)	梅花鹿	35
349	汤阴县(豫)	梅花鹿	35
350	涞源县(冀)	梅花鹿	30
351	南芬区(辽)	梅花鹿	30
352	依安县(黑)	梅花鹿	30
353	克东县(黑)	梅花鹿	30
354	德兴市(赣)	梅花鹿	30
355	安宁市(滇)	梅花鹿	30
356	山河屯林业局(龙江森工)	梅花鹿	30
357	嫩江县(黑)	梅花鹿	28
358	正宁林业总场(甘)	梅花鹿	26
359	集宁区(内蒙古)	梅花鹿	25
360	察哈尔右翼后旗(内蒙古)	梅花鹿	25
361	双城市(黑)	梅花鹿	25
362	民乐县(甘)	梅花鹿	23
363	汉台区(陕)	梅花鹿	22
364	承德县(冀)	梅花鹿	20
365	卢氏县(豫)	梅花鹿	20
366	谷城县(鄂)	梅花鹿	20
367	宁蒗彝族自治县(滇)	梅花鹿	20
368	黑龙江柴河林业局(龙江森工)	梅花鹿	16
369	山河实验林场(黑)	梅花鹿	15
370	仪陇县(川)	梅花鹿	15
371	小陇山林业实验局(甘)	梅花鹿	13
372	苏仙区(湘)	梅花鹿	12
373	林口林业局(龙江森工)	梅花鹿	12
374	宣化区(冀)	梅花鹿	10
375	天台县(浙)	梅花鹿	10
376	平阴县(鲁)	梅花鹿	10
377	永顺县(湘)	梅花鹿	10
378	麻江县(黔)	梅花鹿	10
379	南华县(滇)	麋鹿	314
380	大兴区(京)	麋鹿	165
381	木栏围场国营林场(冀)	麋鹿	13
382	东方红林业局(龙江森工)	野猪	20000
383	象山县(浙)	野猪	18000
384	承德县(冀)	野猪	17350
385	江口县(黔)	野猪	15000

序号	野生动物驯养主产地	动物种类	驯养数量(只、头、条)
386	友好林业局(龙江森工)	野猪	13609
387	青秀区(桂)	野猪	10000
388	绥中县(辽)	野猪	6000
389	微山县(鲁)	野猪	6000
390	蓬溪县(川)	野猪	6000
391	巴州区(川)	野猪	6000
392	新民市(辽)	野猪	5000
393	依兰县(黑)	野猪	5000
394	东至县(皖)	野猪	5000
395	汤旺河林业局(龙江森工)	野猪	4816
396	射洪县(川)	野猪	4000
397	芦山县(川)	野猪	4000
398	双丰林业局(龙江森工)	野猪	3105
399	五岔沟林业局(内蒙古)	野猪	3000
400	无为县(皖)	野猪	3000
401	青州市(鲁)	野猪	3000
402	罗江县(川)	野猪	3000
403	韩城市林业局(陕)	野猪	3000
404	海城市(辽)	野猪	2801
405	浑江区(吉)	野猪	2800
406	灵寿县(冀)	野猪	2740
407	大兴区(京)	野猪	2540
408	赞皇县(冀)	野猪	2500
409	金口河区(川)	野猪	2500
410	禄丰县(滇)	野猪	2470
411	枞阳县(皖)	野猪	2300
412	寻甸回族彝族自治县(滇)	野猪	2150
413	奉化市(浙)	野猪	2108
414	淅川县(豫)	野猪	2093
415	老边区(辽)	野猪	2000
416	龙城区(辽)	野猪	2000
417	栾川县(豫)	野猪	2000
418	应城市(鄂)	野猪	2000
419	万源市(川)	野猪	2000
420	桑植县(湘)	野猪	1650
421	隆安县(桂)	野猪	1600
422	本溪满族自治县(辽)	野猪	1500
423	昂昂溪区(黑)	野猪	1500
424	内乡县(豫)	野猪	1500
425	彰武县(辽)	野猪	1450
426	蕲春县(鄂)	野猪	1300
427	泾　县(皖)	野猪	1250
428	庄河市(辽)	野猪	1200
429	朝阳区(吉)	野猪	1200
430	靖宇县(吉)	野猪	1200
431	洛宁县(豫)	野猪	1200
432	峨边彝族自治县(川)	野猪	1200
433	凯里市(黔)	野猪	1200
434	沙坡头区(宁)	野猪	1200
435	宜良县(滇)	野猪	1100
436	辉南县(吉)	野猪	1020
437	扎兰屯市(内蒙古)	野猪	1000
438	阿尔山市(内蒙古)	野猪	1000
439	岫岩满族自治县(辽)	野猪	1000
440	清原满族自治县(辽)	野猪	1000
441	石台县(皖)	野猪	1000
442	宜都市(鄂)	野猪	1000
443	醴陵市(湘)	野猪	1000
444	陆川县(桂)	野猪	1000
445	江油市(川)	野猪	1000
446	仁寿县(川)	野猪	1000
447	丹棱县(川)	野猪	1000
448	盖州市(辽)	野猪	970
449	崇义县(赣)	野猪	962
450	贵溪市(赣)	野猪	920
451	枝江市(鄂)	野猪	850
452	方正林业局(龙江森工)	野猪	850
453	都江堰市(川)	野猪	840
454	麻城市(鄂)	野猪	823
455	东宝区(鄂)	野猪	820
456	巢湖市(皖)	野猪	800
457	嵩　县(豫)	野猪	800
458	咸丰县(鄂)	野猪	800
459	浏阳市(湘)	野猪	800
460	南川区(渝)	野猪	800
461	沅陵县(湘)	野猪	767
462	勐腊县(滇)	野猪	760
463	沐川县(川)	野猪	750
464	清城区(粤)	野猪	730
465	襄城区(鄂)	野猪	660
466	汶川县(川)	野猪	650
467	乌审旗(内蒙古)	野猪	600
468	扎赉特旗(内蒙古)	野猪	600
469	东丰县(吉)	野猪	600
470	兖州市(鲁)	野猪	600
471	登封市(豫)	野猪	600
472	长阳土家族自治县(鄂)	野猪	600
473	带岭实验局(龙江森工)	野猪	600
474	内蒙古柴河林业局(内蒙古)	野猪	570
475	玉屏侗族自治县(黔)	野猪	560

序号	野生动物驯养主产地	动物种类	驯养数量（只、头、条）
476	介休市(晋)	野猪	540
477	大关县(滇)	野猪	540
478	永年县(冀)	野猪	520
479	沾河林业局(龙江森工)	野猪	513
480	集安市(吉)	野猪	500
481	临海市(浙)	野猪	500
482	岳西县(皖)	野猪	500
483	大余县(赣)	野猪	500
484	宁阳县(鲁)	野猪	500
485	庆云县(鲁)	野猪	500
486	禹州市(豫)	野猪	500
487	阳新县(鄂)	野猪	500
488	君山区(湘)	野猪	500
489	丰顺县(粤)	野猪	500
490	阳山县(粤)	野猪	500
491	桂平市(桂)	野猪	500
492	罗城仫佬族自治县(桂)	野猪	500
493	大足县(渝)	野猪	500
494	忠　县(渝)	野猪	500
495	筠连县(川)	野猪	500
496	大方县(黔)	野猪	500
497	延庆县(京)	野猪	490
498	新青林业局(龙江森工)	野猪	470
499	新宾满族自治县(辽)	野猪	460
500	绥棱林业局(龙江森工)	野猪	460
501	那坡县(桂)	野猪	450
502	黔江区(渝)	野猪	450
503	石棉县(川)	野猪	450
504	姚安县(滇)	野猪	450
505	南岔林业局(龙江森工)	野猪	420
506	楚雄市(滇)	野猪	412
507	临安市(浙)	野猪	400
508	都昌县(赣)	野猪	400
509	建始县(鄂)	野猪	400
510	丰都县(渝)	野猪	400
511	安　县(川)	野猪	400
512	云龙县(滇)	野猪	400
513	阿鲁科尔沁旗(内蒙古)	野猪	386
514	南华县(滇)	野猪	383
515	平山县(冀)	野猪	380
516	古交市(晋)	野猪	380
517	巴林右旗(内蒙古)	野猪	380
518	金川县(川)	野猪	360
519	黄平县(黔)	野猪	360
520	武定县(滇)	野猪	360
521	上甘岭林业局(龙江森工)	野猪	360
522	林西县(内蒙古)	野猪	350
523	恩施市(鄂)	野猪	350
524	会理县(川)	野猪	350
525	南郑县(陕)	野猪	350
526	三门县(浙)	野猪	345
527	铅山县(赣)	野猪	340
528	建德市(浙)	野猪	330
529	随县(鄂)	野猪	330
530	临翔区(滇)	野猪	330
531	爱辉区(黑)	野猪	325
532	渝水区(赣)	野猪	320
533	玉龙纳西族自治县(滇)	野猪	320
534	崇仁县(赣)	野猪	311
535	宁国市(皖)	野猪	303
536	鹿泉市(冀)	野猪	300
537	乌拉特中旗(内蒙古)	野猪	300
538	连山区(辽)	野猪	300
539	垦利县(鲁)	野猪	300
540	梁山县(鲁)	野猪	300
541	社旗县(豫)	野猪	300
542	耒阳市(湘)	野猪	300
543	慈利县(湘)	野猪	300
544	旌阳区(川)	野猪	300
545	习水县(黔)	野猪	300
546	镇沅彝族哈尼族拉祜族自治县(滇)	野猪	300
547	沧源佤族自治县(滇)	野猪	300
548	渭滨区(陕)	野猪	300
549	镇巴县(陕)	野猪	300
550	双鸭山林业局(龙江森工)	野猪	300
551	彭山县(川)	野猪	285
552	乌马河林业局(龙江森工)	野猪	280
553	武义县(浙)	野猪	275
554	潜山县(皖)	野猪	260
555	扶风县(陕)	野猪	260
556	红花岗区(黔)	野猪	251
557	来凤县(鄂)	野猪	250
558	朗乡林业局(龙江森工)	野猪	245
559	珙　县(川)	野猪	240
560	中牟县(豫)	野猪	220
561	双峰县(湘)	野猪	220
562	石柱土家族自治县(渝)	野猪	220
563	逊克县(黑)	野猪	215
564	金山屯林业局(龙江森工)	野猪	210
565	昭阳区(滇)	野猪	208

序号	野生动物驯养主产地	动物种类	驯养数量（只、头、条）
566	滦　县(冀)	野猪	206
567	闻喜县(晋)	野猪	200
568	翼城县(晋)	野猪	200
569	乌拉特前旗(内蒙古)	野猪	200
570	西乌珠穆沁旗(内蒙古)	野猪	200
571	南票区(辽)	野猪	200
572	同江市(黑)	野猪	200
573	常山县(浙)	野猪	200
574	霍邱县(皖)	野猪	200
575	金溪县(赣)	野猪	200
576	峄城区(鲁)	野猪	200
577	东平县(鲁)	野猪	200
578	凤泉区(豫)	野猪	200
579	竹山县(鄂)	野猪	200
580	南漳县(鄂)	野猪	200
581	赫山区(湘)	野猪	200
582	宁远县(湘)	野猪	200
583	雨城区(川)	野猪	200
584	南江县(川)	野猪	200
585	松潘县(川)	野猪	200
586	贵定县(黔)	野猪	200
587	镇坪县(陕)	野猪	200
588	两当县(甘)	野猪	200
589	集宁区(内蒙古)	野猪	190
590	略阳县(陕)	野猪	185
591	平桥区(豫)	野猪	180
592	长丰县(皖)	野猪	175
593	吉州区(赣)	野猪	170
594	翠峦林业局(龙江森工)	野猪	168
595	大石桥市(辽)	野猪	160
596	桃源县(湘)	野猪	160
597	建昌县(辽)	野猪	156
598	河津市(晋)	野猪	152
599	通化县(吉)	野猪	150
600	宝山区(黑)	野猪	150
601	彭泽县(赣)	野猪	150
602	新安县(豫)	野猪	150
603	永清县(冀)	野猪	140
604	麻山区(黑)	野猪	130
605	万盛区(渝)	野猪	130
606	井陉县(冀)	野猪	124
607	巴林林业局(内蒙古)	野猪	120
608	郎溪县(皖)	野猪	120
609	修水县(赣)	野猪	120
610	高　县(川)	野猪	120
611	盘　县(黔)	野猪	120
612	永胜县(滇)	野猪	120
613	大姚县(滇)	野猪	120
614	秀洲区(浙)	野猪	118
615	衡南县(湘)	野猪	108
616	宁安市(黑)	野猪	100
617	天台县(浙)	野猪	100
618	乐安县(赣)	野猪	100
619	昌邑市(鲁)	野猪	100
620	灵宝市(豫)	野猪	100
621	江陵县(鄂)	野猪	100
622	冷水滩区(湘)	野猪	100
623	紫金县(粤)	野猪	100
624	绥阳县(黔)	野猪	100
625	官渡区(滇)	野猪	100
626	宁强县(陕)	野猪	100
627	紫阳县(陕)	野猪	100
628	文　县(甘)	野猪	100
629	彭泽县(赣)	豨猪	620
630	赫山区(湘)	豨猪	300
631	会昌县(赣)	豨猪	250
632	兴国县(赣)	豨猪	150
633	中牟县(豫)	豨猪	100
634	酉阳土家族苗族自治县(渝)	豨猪	100
635	桃源县(湘)	豪猪	13570
636	东至县(皖)	豪猪	3200
637	衢州市市辖区(浙)	豪猪	2400
638	全州县(桂)	豪猪	1630
639	永定区(湘)	豪猪	1400
640	鹤城区(湘)	豪猪	1318
641	荔浦县(桂)	豪猪	1110
642	大余县(赣)	豪猪	1000
643	镇沅彝族哈尼族拉祜族自治县(滇)	豪猪	800
644	通城县(鄂)	豪猪	660
645	云龙县(滇)	豪猪	640
646	常宁市(湘)	豪猪	600
647	新田县(湘)	豪猪	600
648	黔江区(渝)	豪猪	542
649	红花岗区(黔)	豪猪	450
650	饶平县(粤)	豪猪	380
651	柯城区(浙)	豪猪	360
652	务川仡佬族苗族自治县(黔)	豪猪	360
653	武陵区(湘)	豪猪	350
654	常山县(浙)	豪猪	300
655	新建县(赣)	豪猪	300

序号	野生动物驯养主产地	动物种类	驯养数量（只、头、条）
656	永修县(赣)	豪猪	300
657	鹤峰县(鄂)	豪猪	300
658	云溪区(湘)	豪猪	300
659	桃江县(湘)	豪猪	286
660	江南区(桂)	豪猪	260
661	来凤县(鄂)	豪猪	250
662	彭州市(川)	豪猪	225
663	利川市(鄂)	豪猪	200
664	辰溪县(湘)	豪猪	200
665	涟源市(湘)	豪猪	200
666	北湖区(湘)	豪猪	183
667	略阳县(陕)	豪猪	170
668	德兴市(赣)	豪猪	162
669	武宁县(赣)	豪猪	150
670	石柱土家族自治县(渝)	豪猪	150
671	南部县(川)	豪猪	125
672	阳新县(鄂)	豪猪	120
673	屈家岭管理区(鄂)	豪猪	120
674	苏仙区(湘)	豪猪	120
675	大安区(川)	豪猪	110
676	铅山县(赣)	豪猪	105
677	潜山县(皖)	豪猪	100
678	都昌县(赣)	豪猪	100
679	金溪县(赣)	豪猪	100
680	安　县(川)	豪猪	100
681	息烽县(黔)	豪猪	100
682	杜尔伯特蒙古族自治县(黑)	银狐	458488
683	肇源县(黑)	银狐	200000
684	南票区(辽)	银狐	183300
685	滦南县(冀)	银狐	114855
686	大洼县(辽)	银狐	90000
687	微山县(鲁)	银狐	70000
688	前郭尔罗斯蒙古族自治县(吉)	银狐	60000
689	东港市(辽)	银狐	41440
690	寿光市(鲁)	银狐	36000
691	灯塔市(辽)	银狐	30000
692	青州市(鲁)	银狐	26500
693	庄河市(辽)	银狐	23000
694	藁城市(冀)	银狐	9250
695	乾安县(吉)	银狐	5000
696	河口区(鲁)	银狐	5000
697	让胡路区(黑)	银狐	4705
698	林甸县(黑)	银狐	3180
699	获嘉县(豫)	银狐	2300
700	大石桥市(辽)	银狐	2200
701	彰武县(辽)	银狐	1600
702	绥中县(辽)	银狐	1500
703	东平县(鲁)	银狐	1260
704	平山县(冀)	银狐	1250
705	肥城市(鲁)	银狐	600
706	海城市(辽)	银狐	520
707	栾城县(冀)	银狐	490
708	深泽县(冀)	银狐	450
709	宽城满族自治县(冀)	银狐	450
710	西夏区(宁)	银狐	450
711	建昌县(辽)	银狐	300
712	栖霞市(鲁)	银狐	100
713	连山区(辽)	北极狐	200008
714	辽阳县(辽)	北极狐	60000
715	平山县(冀)	北极狐	5770
716	诸城市(鲁)	水貂	12171000
717	临沂市经济技术开发区(鲁)	水貂	2900000
718	庄河市(辽)	水貂	1650000
719	昌乐县(鲁)	水貂	240000
720	青州市(鲁)	水貂	216500
721	滦南县(冀)	水貂	131023
722	灵寿县(冀)	水貂	88553
723	东港市(辽)	水貂	87260
724	微山县(鲁)	水貂	80000
725	鞍山市开发区(辽)	水貂	70000
726	河口区(鲁)	水貂	50000
727	前郭尔罗斯蒙古族自治县(吉)	水貂	43000
728	平山县(冀)	水貂	36430
729	新宾满族自治县(辽)	水貂	33000
730	邹城市(鲁)	水貂	30000
731	东平县(鲁)	水貂	24380
732	栾城县(冀)	水貂	21930
733	高密市(鲁)	水貂	21500
734	灯塔市(辽)	水貂	20000
735	利津县(鲁)	水貂	20000
736	宽城满族自治县(冀)	水貂	17000
737	枣强县(冀)	水貂	14000
738	寿光市(鲁)	水貂	13000
739	南宫市(冀)	水貂	7000
740	藁城市(冀)	水貂	4000
741	大石桥市(辽)	水貂	2300
742	经济技术开发区(辽)	水貂	1000
743	利辛县(皖)	水貂	1000
744	元氏县(冀)	水貂	750
745	集宁区(内蒙古)	水貂	555

序号	野生动物驯养主产地	动物种类	驯养数量（只、头、条）
746	津南区(津)	水貂	500
747	沙坡头区(宁)	水貂	500
748	东方红林业局(龙江森工)	水貂	350
749	让胡路区(黑)	水貂	200
750	平阴县(鲁)	水貂	200
751	诸城市(鲁)	狐狸	1480000
752	临沂市经济技术开发区(鲁)	狐狸	200000
753	藁城市(冀)	狐狸	18932
754	兰考县(豫)	狐狸	15000
755	友好林业局(龙江森工)	狐狸	14309
756	东京城林业局(龙江森工)	狐狸	11000
757	灵寿县(冀)	狐狸	9780
758	方正林业局(龙江森工)	狐狸	8000
759	商河县(鲁)	狐狸	6000
760	枣强县(冀)	狐狸	5800
761	金山屯林业局(龙江森工)	狐狸	5200
762	汤阴县(豫)	狐狸	4200
763	邹城市(鲁)	狐狸	4000
764	双丰林业局(龙江森工)	狐狸	3263
765	海林林业局(龙江森工)	狐狸	3005
766	翠峦林业局(龙江森工)	狐狸	2245
767	平阴县(鲁)	狐狸	2200
768	汤旺河林业局(龙江森工)	狐狸	2050
769	东方红林业局(龙江森工)	狐狸	2000
770	上甘岭林业局(龙江森工)	狐狸	1800
771	津南区(津)	狐狸	1400
772	沾河林业局(龙江森工)	狐狸	1204
773	承德县(冀)	狐狸	1050
774	新青林业局(龙江森工)	狐狸	920
775	栾城县(冀)	狐狸	500
776	乌拉特中旗(内蒙古)	狐狸	500
777	西夏区(宁)	狐狸	380
778	桃山林业局(龙江森工)	狐狸	300
779	鹿泉市(冀)	狐狸	280
780	绥棱林业局(龙江森工)	狐狸	260
781	美溪林业局(龙江森工)	狐狸	207
782	西安区(吉)	狐狸	200
783	利辛县(皖)	狐狸	200
784	滦　县(冀)	狐狸	150
785	黎川县(赣)	狐狸	150
786	临泽县(甘)	狐狸	150
787	寻甸回族彝族自治县(滇)	果子狸	1000
788	桃源县(湘)	果子狸	920
789	全州县(桂)	果子狸	800
790	黄平县(黔)	果子狸	610
791	安岳县(川)	果子狸	500
792	鹤城区(湘)	果子狸	460
793	东乡县(赣)	果子狸	400
794	霍山县(皖)	果子狸	300
795	桂平市(桂)	果子狸	300
796	平昌县(川)	果子狸	300
797	武冈市(湘)	果子狸	250
798	安　县(川)	果子狸	200
799	沅陵县(湘)	果子狸	150
800	武宁县(赣)	果子狸	130
801	红花岗区(黔)	果子狸	130
802	沐川县(川)	果子狸	120
803	栾川县(豫)	果子狸	95
804	耒阳市(湘)	果子狸	60
805	武陵区(湘)	果子狸	60
806	鹤峰县(鄂)	果子狸	50
807	双城市(黑)	果子狸	40
808	卢氏县(豫)	果子狸	36
809	习水县(黔)	果子狸	30
810	翠屏区(川)	果子狸	20
811	肇源县(黑)	貉	580000
812	杜尔伯特蒙古族自治县(黑)	貉	396906
813	滦南县(冀)	貉	324340
814	尚志市(黑)	貉	300000
815	平山县(冀)	貉	109426
816	微山县(鲁)	貉	70000
817	兴城市(辽)	貉	40000
818	前郭尔罗斯蒙古族自治县(吉)	貉	40000
819	商河县(鲁)	貉	35010
820	东港市(辽)	貉	31260
821	大洼县(辽)	貉	30000
822	河口区(鲁)	貉	30000
823	栾城县(冀)	貉	14045
824	林甸县(黑)	貉	11800
825	方正林业局(龙江森工)	貉	11000
826	灵寿县(冀)	貉	7737
827	青州市(鲁)	貉	6670
828	双丰林业局(龙江森工)	貉	6059
829	宽城满族自治县(冀)	貉	4350
830	岳西县(皖)	貉	4000
831	绥中县(辽)	貉	3500
832	东方红林业局(龙江森工)	貉	3000
833	逊克县(黑)	貉	2850
834	翠峦林业局(龙江森工)	貉	2630
835	涞源县(冀)	貉	2500

序号	野生动物驯养主产地	动物种类	驯养数量（只、头、条）	序号	野生动物驯养主产地	动物种类	驯养数量（只、头、条）
836	乾安县(吉)	貉	2500	881	克什克腾旗(内蒙古)	狍子	65
837	喀喇沁左翼蒙古族自治县(辽)	貉	2400	882	延庆县(京)	狍子	43
838	邹城市(鲁)	貉	2000	883	内蒙古柴河林业局(内蒙古)	狍子	26
839	迎春林业局(龙江森工)	貉	2000	884	涞源县(冀)	狍子	20
840	汤旺河林业局(龙江森工)	貉	1890	885	滴道区(黑)	狍子	20
841	让胡路区(黑)	貉	1810	886	密山市(黑)	狍子	18
842	朗乡林业局(龙江森工)	貉	1635	887	巴林林业局(内蒙古)	狍子	10
843	获嘉县(豫)	貉	1600	888	文登市(鲁)	金钱豹	1
844	南岔林业局(龙江森工)	貉	1262	889	翠屏区(川)	金钱豹	1
845	美溪林业局(龙江森工)	貉	1200	890	红花岗区(黔)	金钱豹	1
846	依兰县(黑)	貉	1000	891	顺义区(京)	狼	14
847	五营林业局(龙江森工)	貉	1000	892	大兴区(京)	狼	7
848	海林林业局(龙江森工)	貉	974	893	灵寿县(冀)	狼	3
849	亚布力林业局(龙江森工)	貉	910	894	汉台区(陕)	狼	3
850	友好林业局(龙江森工)	貉	835	895	文登市(鲁)	狼	2
851	沾河林业局(龙江森工)	貉	806	896	巩义市(豫)	狼	2
852	津南区(津)	貉	800	897	红花岗区(黔)	狼	2
853	龙港区(辽)	貉	800	898	延庆县(京)	老虎	95
854	苇河林业局(龙江森工)	貉	700	899	盘龙区(滇)	老虎	79
855	藁城市(冀)	貉	670	900	浦东新区(沪)	老虎	55
856	双城市(黑)	貉	620	901	北戴河区(冀)	老虎	33
857	平舆县(豫)	貉	600	902	顺义区(京)	老虎	12
858	上甘岭林业局(龙江森工)	貉	600	903	翠屏区(川)	老虎	6
859	新青林业局(龙江森工)	貉	550	904	红花岗区(黔)	老虎	4
860	带岭实验局(龙江森工)	貉	550	905	平阴县(鲁)	老虎	2
861	大海林林业局(龙江森工)	貉	412	906	汉台区(陕)	老虎	2
862	乌伊岭林业局(龙江森工)	貉	360	907	文登市(鲁)	老虎	1
863	金山屯林业局(龙江森工)	貉	320	908	万州区(渝)	老虎	1
864	栾川县(豫)	貉	317	909	延庆县(京)	狮子	66
865	鹿泉市(冀)	貉	300	910	浦东新区(沪)	狮子	24
866	平阴县(鲁)	貉	300	911	盘龙区(滇)	狮子	24
867	绥棱林业局(龙江森工)	貉	260	912	北戴河区(冀)	狮子	19
868	穆棱林业局(龙江森工)	貉	240	913	红花岗区(黔)	狮子	4
869	黑龙江柴河林业局(龙江森工)	貉	220	914	平阴县(鲁)	狮子	3
870	绥阳林业局(龙江森工)	貉	220	915	顺义区(京)	狮子	2
871	西夏区(宁)	貉	170	916	巩义市(豫)	狮子	2
872	大兴区(京)	貉	150	917	沂源县(鲁)	狮子	1
873	滦　县(冀)	貉	150	918	万州区(渝)	狮子	1
874	虎林市(黑)	貉	150	919	翠屏区(川)	狮子	1
875	内蒙古柴河林业局(内蒙古)	貉	120	920	汉台区(陕)	狮子	1
876	舒兰市(吉)	貉	80	921	浦东新区(沪)	海狮	18
877	阿尔山市(内蒙古)	狍子	300	922	安吉县(浙)	海狮	4
878	围场满族蒙古族自治县(冀)	狍子	171	923	红花岗区(黔)	河马	50
879	和　县(皖)	狍子	130	924	翠屏区(川)	河马	1
880	免渡河林业局(内蒙古)	狍子	70	925	新晃侗族自治县(湘)	海狸鼠	2000

序号	野生动物驯养主产地	动物种类	驯养数量（只、头、条）	序号	野生动物驯养主产地	动物种类	驯养数量（只、头、条）
926	山阳区(豫)	海狸鼠	1600	971	苏仙区(湘)	竹鼠	3000
927	深泽县(冀)	海狸鼠	710	972	汝城县(湘)	竹鼠	3000
928	全州县(桂)	海狸鼠	450	973	会昌县(赣)	竹鼠	2550
929	三门县(浙)	海狸鼠	400	974	孟连傣族拉祜族佤族自治县(滇)	竹鼠	2500
930	湘潭县(湘)	海狸鼠	200	975	东兰县(桂)	竹鼠	2400
931	阳朔县(桂)	海狸鼠	100	976	黄平县(黔)	竹鼠	2300
932	江陵县(鄂)	海狸鼠	50	977	全州县(桂)	竹鼠	2050
933	资兴市(湘)	毛丝鼠	300	978	宁国市(皖)	竹鼠	2000
934	翠屏区(川)	豚鼠	3000	979	平南县(桂)	竹鼠	2000
935	云溪区(湘)	豚鼠	50	980	永顺县(湘)	竹鼠	1450
936	桃源县(湘)	花鼠	5300	981	碧江区(黔)	竹鼠	1310
937	南江县(川)	花鼠	5000	982	龙山县(湘)	竹鼠	1200
938	沅陵县(湘)	花鼠	3200	983	临翔区(滇)	竹鼠	1165
939	娄星区(湘)	花鼠	400	984	麻阳苗族自治县(湘)	竹鼠	1100
940	酉阳土家族苗族自治县(渝)	花鼠	300	985	桑植县(湘)	竹鼠	1050
941	芷江侗族自治县(湘)	仓鼠	2000	986	芦溪县(赣)	竹鼠	1000
942	贵定县(黔)	仓鼠	2000	987	大余县(赣)	竹鼠	1000
943	临川区(赣)	仓鼠	1080	988	樟树市(赣)	竹鼠	1000
944	桂阳县(湘)	仓鼠	150	989	通道侗族自治县(湘)	竹鼠	1000
945	东源县(粤)	仓鼠	100	990	钦北区(桂)	竹鼠	1000
946	卢氏县(豫)	复齿鼯鼠	140	991	习水县(黔)	竹鼠	960
947	商河县(鲁)	麝鼠	10000	992	保靖县(湘)	竹鼠	900
948	南郑县(陕)	麝鼠	400	993	高安市(赣)	竹鼠	800
949	贵定县(黔)	竹鼠	50000	994	榕江县(黔)	竹鼠	800
950	永福县(桂)	竹鼠	43000	995	阳山县(粤)	竹鼠	600
951	资源县(桂)	竹鼠	30000	996	云　县(滇)	竹鼠	570
952	顺庆区(川)	竹鼠	30000	997	黎川县(赣)	竹鼠	500
953	勐海县(滇)	竹鼠	30000	998	崇仁县(赣)	竹鼠	500
954	阳朔县(桂)	竹鼠	19200	999	永兴县(湘)	竹鼠	500
955	荔浦县(桂)	竹鼠	16700	1000	泸溪县(湘)	竹鼠	500
956	柳城县(桂)	竹鼠	14120	1001	花垣县(湘)	竹鼠	500
957	分宜县(赣)	竹鼠	11300	1002	吉首市(湘)	竹鼠	400
958	新宁县(湘)	竹鼠	10000	1003	凤凰县(湘)	竹鼠	400
959	慈利县(湘)	竹鼠	10000	1004	古丈县(湘)	竹鼠	400
960	灵川县(桂)	竹鼠	9550	1005	罗城仫佬族自治县(桂)	竹鼠	400
961	勐腊县(滇)	竹鼠	9500	1006	安　县(川)	竹鼠	400
962	瑞金市(赣)	竹鼠	8000	1007	鹤城区(湘)	竹鼠	360
963	忻城县(桂)	竹鼠	6756	1008	武冈市(湘)	竹鼠	350
964	盘　县(黔)	竹鼠	6120	1009	武陵源区(湘)	竹鼠	350
965	南岳区(湘)	竹鼠	5000	1010	桃江县(湘)	竹鼠	300
966	上思县(桂)	竹鼠	5000	1011	思南县(黔)	竹鼠	300
967	陆川县(桂)	竹鼠	5000	1012	镇沅彝族哈尼族拉祜族自治县(滇)	竹鼠	220
968	安龙县(黔)	竹鼠	4550	1013	云溪区(湘)	竹鼠	200
969	隆安县(桂)	竹鼠	3500	1014	景东彝族自治县(滇)	竹鼠	200
970	湘东区(赣)	竹鼠	3000	1015	宁洱哈尼族彝族自治县(滇)	竹鼠	178

序号	野生动物驯养主产地	动物种类	驯养数量(只、头、条)
1016	那坡县(桂)	竹鼠	111
1017	北湖区(湘)	竹鼠	108
1018	英德市(粤)	竹鼠	100
1019	铅山县(赣)	竹鼠	90
1020	巫山县(渝)	竹鼠	76
1021	黔江区(渝)	竹鼠	50
1022	吴兴区(浙)	巴西龟	13000000
1023	萧山区(浙)	巴西龟	4000
1024	红花岗区(黔)	巴西龟	450
1025	青浦区(沪)	鳄龟	5000
1026	麻城市(鄂)	鳄龟	200
1027	青秀区(桂)	中华鳖	500000
1028	南康市(赣)	中华鳖	10800
1029	平山县(冀)	中华鳖	9060
1030	耒阳市(湘)	中华鳖	800
1031	大足县(渝)	中华鳖	600
1032	吴兴区(浙)	湾鳄	8000
1033	四会市(粤)	湾鳄	3500
1034	三山区(皖)	湾鳄	200
1035	高州市(粤)	暹罗鳄	120000
1036	孝南区(鄂)	暹罗鳄	30000
1037	潮南区(粤)	暹罗鳄	14372
1038	东兴市(桂)	暹罗鳄	10000
1039	四会市(粤)	暹罗鳄	3600
1040	浦东新区(沪)	暹罗鳄	300
1041	建湖县(苏)	暹罗鳄	40
1042	奉化市(浙)	暹罗鳄	33
1043	四会市(粤)	尼罗鳄	600
1044	分宜县(赣)	尼罗鳄	130
1045	亚布力林业局(龙江森工)	黑龙江林蛙(万只)	10000
1046	绥阳林业局(龙江森工)	黑龙江林蛙(万只)	5210
1047	苇河林业局(龙江森工)	黑龙江林蛙(万只)	4400
1048	山河屯林业局(龙江森工)	黑龙江林蛙(万只)	3500
1049	兴隆林业局(龙江森工)	黑龙江林蛙(万只)	2200
1050	鹤北林业局(龙江森工)	黑龙江林蛙(万只)	2000
1051	东方红林业局(龙江森工)	黑龙江林蛙(万只)	2000
1052	通化县(吉)	黑龙江林蛙(万只)	1600
1053	尚志市(黑)	黑龙江林蛙(万只)	1000
1054	带岭实验局(龙江森工)	黑龙江林蛙(万只)	750
1055	沾河林业局(龙江森工)	黑龙江林蛙(万只)	730
1056	同江市(黑)	黑龙江林蛙(万只)	500
1057	海林林业局(龙江森工)	黑龙江林蛙(万只)	500
1058	嫩江县(黑)	黑龙江林蛙(万只)	450
1059	双鸭山林业局(龙江森工)	黑龙江林蛙(万只)	450
1060	清河林业局(龙江森工)	黑龙江林蛙(万只)	320
1061	黑龙江柴河林业局(龙江森工)	黑龙江林蛙(万只)	300
1062	鹤立林业局(龙江森工)	黑龙江林蛙(万只)	210
1063	北安市(黑)	黑龙江林蛙(万只)	200
1064	黑河市直属林场(黑)	黑龙江林蛙(万只)	200
1065	绥棱林业局(龙江森工)	黑龙江林蛙(万只)	200
1066	穆棱林业局(龙江森工)	黑龙江林蛙(万只)	160
1067	大海林林业局(龙江森工)	黑龙江林蛙(万只)	156
1068	东京城林业局(龙江森工)	黑龙江林蛙(万只)	150
1069	迎春林业局(龙江森工)	黑龙江林蛙	800000
1070	八面通林业局(龙江森工)	黑龙江林蛙	680000
1071	扎赉特旗(内蒙古)	黑龙江林蛙	500000
1072	林口林业局(龙江森工)	黑龙江林蛙	360000
1073	桦南林业局(龙江森工)	黑龙江林蛙	350000
1074	方正林业局(龙江森工)	黑龙江林蛙	310000
1075	桦南县(黑)	黑龙江林蛙	110000
1076	汤原县(黑)	黑龙江林蛙	100000
1077	七台河市市辖区(黑)	黑龙江林蛙	70000
1078	麻山区(黑)	黑龙江林蛙	50000
1079	鸡东县(黑)	黑龙江林蛙	20000
1080	栖霞市(鲁)	黑龙江林蛙	15000
1081	新干县(赣)	虎纹蛙	1000000
1082	常山县(浙)	虎纹蛙	960000
1083	衢州市市辖区(浙)	虎纹蛙	750000
1084	高　县(川)	虎纹蛙	300000
1085	祁东县(湘)	虎纹蛙	290000
1086	华容县(湘)	虎纹蛙	280000
1087	贵溪市(赣)	虎纹蛙	200000
1088	永兴县(湘)	虎纹蛙	126220
1089	江南区(桂)	虎纹蛙	115800
1090	高青县(鲁)	虎纹蛙	100000
1091	万盛区(渝)	虎纹蛙	100000
1092	浏阳市(湘)	虎纹蛙	60000
1093	五峰土家族自治县(鄂)	虎纹蛙	50000
1094	赫山区(湘)	虎纹蛙	50000
1095	鼎城区(湘)	虎纹蛙	40000
1096	芷江侗族自治县(湘)	虎纹蛙	40000
1097	丰都县(渝)	虎纹蛙	31200
1098	夷陵区(鄂)	虎纹蛙	30000
1099	沙坪坝区(渝)	虎纹蛙	30000
1100	旌阳区(川)	虎纹蛙	30000
1101	云龙县(滇)	虎纹蛙	30000
1102	洪湖市(鄂)	虎纹蛙	20000
1103	耒阳市(湘)	虎纹蛙	20000
1104	修水县(赣)	虎纹蛙	11000
1105	瑞昌市(赣)	虎纹蛙	10000

序号	野生动物驯养主产地	动物种类	驯养数量（只、头、条）
1106	横　县(桂)	虎纹蛙	4000
1107	滦　县(冀)	虎纹蛙	3000
1108	青浦区(沪)	虎纹蛙	2000
1109	龙泉市(浙)	棘胸蛙	280000
1110	新宁县(湘)	棘胸蛙	100000
1111	铅山县(赣)	棘胸蛙	53000
1112	金溪县(赣)	棘胸蛙	30000
1113	阳朔县(桂)	棘胸蛙	30000
1114	彭州市(川)	棘胸蛙	25000
1115	奉新县(赣)	棘胸蛙	15000
1116	北湖区(湘)	棘胸蛙	15000
1117	德兴市(赣)	棘胸蛙	13800
1118	徽州区(皖)	棘胸蛙	2500
1119	蛟河市(吉)	中国林蛙(万只)	120000
1120	新宾满族自治县(辽)	中国林蛙(万只)	55000
1121	舒兰市(吉)	中国林蛙(万只)	23500
1122	浑江区(吉)	中国林蛙(万只)	8000
1123	长白朝鲜族自治县(吉)	中国林蛙(万只)	6510
1124	清原满族自治县(辽)	中国林蛙(万只)	3500
1125	阜新蒙古族自治县(辽)	中国林蛙(万只)	2150
1126	抚顺县(辽)	中国林蛙(万只)	2000
1127	开原市(辽)	中国林蛙(万只)	2000
1128	敦化市(吉)	中国林蛙(万只)	1104
1129	安图县(吉)	中国林蛙(万只)	864
1130	克什克腾旗(内蒙古)	中国林蛙(万只)	700
1131	振安区(辽)	中国林蛙(万只)	650
1132	红石林业局(吉林森工)	中国林蛙(万只)	539.8
1133	井陉县(冀)	中国林蛙(万只)	440
1134	集安市(吉)	中国林蛙(万只)	400
1135	和龙林业局(吉)	中国林蛙(万只)	400
1136	敦化林业局(吉)	中国林蛙(万只)	380
1137	黄泥河林业局(吉)	中国林蛙(万只)	360
1138	安图森林经营局(吉)	中国林蛙(万只)	340
1139	大石头林业局(吉)	中国林蛙(万只)	313.4
1140	五常市(黑)	中国林蛙(万只)	300
1141	八家子林业局(吉)	中国林蛙(万只)	280
1142	辉南县(吉)	中国林蛙(万只)	275
1143	露水河林业局(吉林森工)	中国林蛙(万只)	200
1144	珲春林业局(吉)	中国林蛙(万只)	195
1145	白河林业局(吉)	中国林蛙(万只)	180
1146	大兴沟林业局(吉)	中国林蛙(万只)	155
1147	天桥岭林业局(吉)	中国林蛙(万只)	153
1148	庄河市(辽)	中国林蛙(万只)	125
1149	汪清林业局(吉)	中国林蛙(万只)	109
1150	铁岭县(辽)	中国林蛙	800000
1151	汪清县(吉)	中国林蛙	596100
1152	辽阳县(辽)	中国林蛙	500000
1153	东丰县(吉)	中国林蛙	500000
1154	顺城区(辽)	中国林蛙	400000
1155	顺义区(京)	中国林蛙	220000
1156	宽甸满族自治县(辽)	中国林蛙	200000
1157	新化县(湘)	中国林蛙	200000
1158	山河实验林场(黑)	中国林蛙	180000
1159	浦东新区(沪)	中国林蛙	140000
1160	咸丰县(鄂)	中国林蛙	100000
1161	桓仁满族自治县(辽)	中国林蛙	60000
1162	龙城区(辽)	中国林蛙	56800
1163	龙井市(吉)	中国林蛙	50000
1164	桑植县(湘)	中国林蛙	50000
1165	宁安市(黑)	中国林蛙	30000
1166	龙潭区(吉)	中国林蛙	26000
1167	南江县(川)	中国林蛙	22000
1168	海城市(辽)	中国林蛙	5200
1169	沅陵县(湘)	中国林蛙	5000
1170	西丰县(辽)	中国林蛙	3600
1171	南溪县(川)	猪蛙	50000
1172	榕江县(黔)	猪蛙	600
1173	德清县(浙)	蛇	5700000
1174	秀洲区(浙)	蛇	638325
1175	江南区(桂)	蛇	329150
1176	东兴市(桂)	蛇	120000
1177	青秀区(桂)	蛇	110000
1178	新宁县(湘)	蛇	100000
1179	陆川县(桂)	蛇	100000
1180	贵溪市(赣)	蛇	69948
1181	綦江县(渝)	蛇	60000
1182	浦北县(桂)	蛇	54900
1183	义乌市(浙)	蛇	49000
1184	忻城县(桂)	蛇	40000
1185	灵山县(桂)	蛇	35000
1186	资兴市(湘)	蛇	30040
1187	襄州区(鄂)	蛇	30000
1188	掇刀区(鄂)	蛇	27000
1189	钦北区(桂)	蛇	25670
1190	萧山区(浙)	蛇	25000
1191	玉山县(赣)	蛇	23000
1192	武陵区(湘)	蛇	20050
1193	潜山县(皖)	蛇	20000
1194	宜城市(鄂)	蛇	20000
1195	九龙坡区(渝)	蛇	20000

序号	野生动物驯养主产地	动物种类	驯养数量(只、头、条)	序号	野生动物驯养主产地	动物种类	驯养数量(只、头、条)
1196	砚山县(滇)	蛇	20000	1241	彭水苗族土家族自治县(渝)	蛇	2200
1197	横　县(桂)	蛇	18350	1242	永康市(浙)	蛇	2100
1198	钦南区(桂)	蛇	18330	1243	荔波县(黔)	蛇	2050
1199	雁江区(川)	蛇	17000	1244	泰兴市(苏)	蛇	2000
1200	仙居县(浙)	蛇	16110	1245	鹤峰县(鄂)	蛇	2000
1201	桃江县(湘)	蛇	15550	1246	醴陵市(湘)	蛇	2000
1202	钟祥市(鄂)	蛇	15500	1247	常宁市(湘)	蛇	2000
1203	高州市(粤)	蛇	13200	1248	三台县(川)	蛇	2000
1204	英德市(粤)	蛇	11600	1249	碧江区(黔)	蛇	1990
1205	桑植县(湘)	蛇	11200	1250	芷江侗族自治县(湘)	蛇	1800
1206	青州市(鲁)	蛇	11000	1251	永顺县(湘)	蛇	1800
1207	鼎湖区(粤)	蛇	10900	1252	那坡县(桂)	蛇	1800
1208	万年县(赣)	蛇	10100	1253	龙山县(湘)	蛇	1600
1209	咸丰县(鄂)	蛇	10000	1254	武冈市(湘)	蛇	1500
1210	沅陵县(湘)	蛇	9600	1255	新晃侗族自治县(湘)	蛇	1500
1211	湘乡市(湘)	蛇	9500	1256	保靖县(湘)	蛇	1400
1212	兴业县(桂)	蛇	9500	1257	龙泉市(浙)	蛇	1200
1213	路桥区(浙)	蛇	9430	1258	卢氏县(豫)	蛇	1130
1214	竹山县(鄂)	蛇	9000	1259	新野县(豫)	蛇	1000
1215	瑞金市(赣)	蛇	7000	1260	漳河新区(鄂)	蛇	1000
1216	玉州区(桂)	蛇	7000	1261	罗田县(鄂)	蛇	1000
1217	霍邱县(皖)	蛇	6200	1262	巴马瑶族自治县(桂)	蛇	1000
1218	长安区(冀)	蛇	6000	1263	贵定县(黔)	蛇	1000
1219	桃源县(湘)	蛇	6000	1264	兴山县(鄂)	蛇	800
1220	平南县(桂)	蛇	6000	1265	通城县(鄂)	蛇	800
1221	红花岗区(黔)	蛇	6000	1266	花垣县(湘)	蛇	700
1222	万盛区(渝)	蛇	5600	1267	缙云县(浙)	蛇	650
1223	钟山县(桂)	蛇	5300	1268	徽州区(皖)	蛇	600
1224	浮梁县(赣)	蛇	5000	1269	新化县(湘)	蛇	600
1225	永修县(赣)	蛇	5000	1270	泸溪县(湘)	蛇	600
1226	上思县(桂)	蛇	5000	1271	古丈县(湘)	蛇	600
1227	中方县(湘)	蛇	4700	1272	黎川县(赣)	蛇	500
1228	盘龙区(滇)	蛇	4607	1273	凤凰县(湘)	蛇	500
1229	上高县(赣)	蛇	4000	1274	丰都县(渝)	蛇	450
1230	衢州市市辖区(浙)	蛇	3700	1275	临安市(浙)	蛇	400
1231	巫溪县(渝)	蛇	3700	1276	麻城市(鄂)	蛇	320
1232	余江县(赣)	蛇	3200	1277	宁国市(皖)	蛇	200
1233	涟源市(湘)	蛇	3100	1278	永兴县(湘)	蛇	200
1234	余杭区(浙)	蛇	3000	1279	永善县(滇)	蛇	200
1235	蕲春县(鄂)	蛇	3000	1280	两当县(甘)	蛇	200
1236	平昌县(川)	蛇	3000	1281	大安区(川)	蛇	120
1237	高　县(川)	蛇	2850	1282	阳新县(鄂)	黑眉蛇	2000
1238	井研县(川)	蛇	2700	1283	耒阳市(湘)	黑眉蛇	2000
1239	天台县(浙)	蛇	2680	1284	鹤峰县(鄂)	黑眉蛇	1800
1240	黄平县(黔)	蛇	2680	1285	安岳县(川)	黑眉蛇	500

序号	野生动物驯养主产地	动物种类	驯养数量（只、头、条）
1286	宁国市(皖)	黑眉蛇	100
1287	湘东区(赣)	王锦蛇	15000
1288	慈利县(湘)	王锦蛇	10000
1289	鹤城区(湘)	王锦蛇	8000
1290	耒阳市(湘)	王锦蛇	6000
1291	永定区(湘)	王锦蛇	5100
1292	新建县(赣)	王锦蛇	5000
1293	阳新县(鄂)	王锦蛇	5000
1294	长阳土家族自治县(鄂)	王锦蛇	5000
1295	建始县(鄂)	王锦蛇	3000
1296	万州区(渝)	王锦蛇	3000
1297	安岳县(川)	王锦蛇	3000
1298	鹤峰县(鄂)	王锦蛇	2300
1299	温岭市(浙)	王锦蛇	2000
1300	翠屏区(川)	王锦蛇	2000
1301	英德市(粤)	王锦蛇	1500
1302	黔江区(渝)	王锦蛇	1500
1303	高安市(赣)	王锦蛇	1400
1304	浏阳市(湘)	王锦蛇	1200
1305	三门县(浙)	王锦蛇	1055
1306	义乌市(浙)	王锦蛇	1000
1307	苏仙区(湘)	王锦蛇	800
1308	金溪县(赣)	王锦蛇	300
1309	芷江侗族自治县(湘)	王锦蛇	300
1310	铜鼓县(赣)	王锦蛇	130
1311	灵山县(桂)	乌梢蛇	443900
1312	华容县(湘)	乌梢蛇	220000
1313	南　县(湘)	乌梢蛇	10000
1314	石柱土家族自治县(渝)	乌梢蛇	8000
1315	万州区(渝)	乌梢蛇	5000
1316	阳新县(鄂)	乌梢蛇	4300
1317	耒阳市(湘)	乌梢蛇	4000
1318	翠屏区(川)	乌梢蛇	4000
1319	安岳县(川)	乌梢蛇	3500
1320	义乌市(浙)	乌梢蛇	2000
1321	新建县(赣)	乌梢蛇	2000
1322	苏仙区(湘)	乌梢蛇	1200
1323	常山县(浙)	乌梢蛇	1000
1324	安　县(川)	乌梢蛇	1000
1325	宁海县(浙)	乌梢蛇	900
1326	铜鼓县(赣)	乌梢蛇	800
1327	三门县(浙)	乌梢蛇	580
1328	昭阳区(滇)	乌梢蛇	300
1329	远安县(鄂)	乌梢蛇	200
1330	红花岗区(黔)	蟒蛇	2
1331	翠屏区(川)	蟒蛇	1
1332	奉化市(浙)	孔雀	1376
1333	永清县(冀)	孔雀	800
1334	青州市(鲁)	孔雀	500
1335	永康市(浙)	孔雀	450
1336	让胡路区(黑)	孔雀	218
1337	屈家岭管理区(鄂)	孔雀	150
1338	滦　县(冀)	孔雀	52
1339	栾城县(冀)	孔雀	50
1340	石柱土家族自治县(渝)	孔雀	50
1341	红花岗区(黔)	孔雀	49
1342	宝山区(沪)	孔雀	40
1343	桑植县(湘)	孔雀	40
1344	东河区(内蒙古)	孔雀	33
1345	河口区(鲁)	孔雀	30
1346	大兴区(京)	孔雀	26
1347	彭州市(川)	孔雀	20
1348	浏阳市(湘)	蓝孔雀	15000
1349	宁国市(皖)	蓝孔雀	10220
1350	京山县(鄂)	蓝孔雀	10000
1351	桐城市(皖)	蓝孔雀	5000
1352	宜都市(鄂)	蓝孔雀	5000
1353	无为县(皖)	蓝孔雀	4000
1354	金坛市(苏)	蓝孔雀	3020
1355	昂昂溪区(黑)	蓝孔雀	2500
1356	盘龙区(滇)	蓝孔雀	2254
1357	井陉县(冀)	蓝孔雀	2100
1358	磐安县(浙)	蓝孔雀	2000
1359	临海市(浙)	蓝孔雀	2000
1360	义乌市(浙)	蓝孔雀	1860
1361	巢湖市(皖)	蓝孔雀	1560
1362	忠　县(渝)	蓝孔雀	1500
1363	瑞昌市(赣)	蓝孔雀	1400
1364	衢州市市辖区(浙)	蓝孔雀	1000
1365	常山县(浙)	蓝孔雀	1000
1366	大悟县(鄂)	蓝孔雀	1000
1367	广水市(鄂)	蓝孔雀	1000
1368	安龙县(黔)	蓝孔雀	1000
1369	元谋县(滇)	蓝孔雀	1000
1370	临川区(赣)	蓝孔雀	932
1371	崇阳县(鄂)	蓝孔雀	900
1372	丰都县(渝)	蓝孔雀	800
1373	芦溪县(赣)	蓝孔雀	600
1374	姜堰区(苏)	蓝孔雀	550
1375	鼎城区(湘)	蓝孔雀	550

序号	野生动物驯养主产地	动物种类	驯养数量（只、头、条）
1376	怀宁县(皖)	蓝孔雀	520
1377	广丰县(赣)	蓝孔雀	500
1378	湘潭县(湘)	蓝孔雀	500
1379	新晃侗族自治县(湘)	蓝孔雀	500
1380	北戴河区(冀)	蓝孔雀	436
1381	偃师市(豫)	蓝孔雀	350
1382	温岭市(浙)	蓝孔雀	300
1383	禹会区(皖)	蓝孔雀	300
1384	阳谷县(鲁)	蓝孔雀	300
1385	芷江侗族自治县(湘)	蓝孔雀	300
1386	浦东新区(沪)	蓝孔雀	266
1387	吉州区(赣)	蓝孔雀	250
1388	全州县(桂)	蓝孔雀	250
1389	铅山县(赣)	蓝孔雀	230
1390	无极县(冀)	蓝孔雀	200
1391	满城县(冀)	蓝孔雀	200
1392	建湖县(苏)	蓝孔雀	200
1393	芜湖县(皖)	蓝孔雀	200
1394	禹州市(豫)	蓝孔雀	200
1395	青浦区(沪)	蓝孔雀	195
1396	高港区(苏)	蓝孔雀	160
1397	麻城市(鄂)	蓝孔雀	160
1398	贵溪市(赣)	蓝孔雀	152
1399	望花区(辽)	蓝孔雀	150
1400	黄岩区(浙)	蓝孔雀	150
1401	大足县(渝)	蓝孔雀	150
1402	奉贤区(沪)	蓝孔雀	145
1403	万盛区(渝)	蓝孔雀	124
1404	三门县(浙)	蓝孔雀	108
1405	双桥区(冀)	蓝孔雀	100
1406	河津市(晋)	蓝孔雀	100
1407	合川区(渝)	蓝孔雀	100
1408	都江堰市(川)	蓝孔雀	100
1409	楚雄市(滇)	蓝孔雀	71
1410	大兴区(京)	蓝孔雀	69
1411	栾城县(冀)	蓝孔雀	55
1412	南康市(赣)	蓝孔雀	50
1413	昌邑市(鲁)	蓝孔雀	50
1414	安　县(川)	蓝孔雀	50
1415	两当县(甘)	蓝孔雀	43
1416	郎溪县(皖)	蓝孔雀	35
1417	北湖区(湘)	蓝孔雀	32
1418	梁山县(鲁)	蓝孔雀	30
1419	双江拉祜族佤族布朗族傣族自治县(滇)	蓝孔雀	30
1420	汉台区(陕)	蓝孔雀	27
1421	泰兴市(苏)	蓝孔雀	26
1422	彭州市(川)	蓝孔雀	22
1423	杭锦后旗(内蒙古)	蓝孔雀	20
1424	翠屏区(川)	蓝孔雀	20
1425	昭阳区(滇)	蓝孔雀	20
1426	长安区(陕)	蓝孔雀	19
1427	海城市(辽)	蓝孔雀	18
1428	万州区(渝)	蓝孔雀	15
1429	武宁县(赣)	蓝孔雀	14
1430	包河区(皖)	蓝孔雀	10
1431	大安区(川)	蓝孔雀	10
1432	大兴区(京)	白孔雀	6
1433	荔浦县(桂)	红梅花雀	3000
1434	寿光市(鲁)	兔	165000
1435	五营林业局(龙江森工)	兔	78658
1436	临沂市经济技术开发区(鲁)	兔	50000
1437	获嘉县(豫)	兔	38000
1438	枣强县(冀)	兔	35000
1439	汤旺河林业局(龙江森工)	兔	30000
1440	朗乡林业局(龙江森工)	兔	16680
1441	青州市(鲁)	兔	15000
1442	东丰县(吉)	兔	12000
1443	宜都市(鄂)	兔	10000
1444	让胡路区(黑)	兔	9864
1445	南岔林业局(龙江森工)	兔	9860
1446	山河屯林业局(龙江森工)	兔	8270
1447	铁力林业局(龙江森工)	兔	8256
1448	南江县(川)	兔	8000
1449	双鸭山林业局(龙江森工)	兔	8000
1450	双丰林业局(龙江森工)	兔	7972
1451	东方红林业局(龙江森工)	兔	7800
1452	桃山林业局(龙江森工)	兔	7000
1453	乌马河林业局(龙江森工)	兔	6800
1454	美溪林业局(龙江森工)	兔	6500
1455	翠峦林业局(龙江森工)	兔	5825
1456	鹤立林业局(龙江森工)	兔	5500
1457	承德县(冀)	兔	5000
1458	金山屯林业局(龙江森工)	兔	4800
1459	绥棱林业局(龙江森工)	兔	3500
1460	新青林业局(龙江森工)	兔	3213
1461	巴林林业局(内蒙古)	兔	3000
1462	分宜县(赣)	兔	3000
1463	带岭实验局(龙江森工)	兔	3000
1464	上甘岭林业局(龙江森工)	兔	2600
1465	大海林林业局(龙江森工)	兔	2400

序号	野生动物驯养主产地	动物种类	驯养数量（只、头、条）
1466	穆棱林业局(龙江森工)	兔	1800
1467	三门县(浙)	兔	1700
1468	东京城林业局(龙江森工)	兔	1560
1469	亚布力林业局(龙江森工)	兔	1300
1470	友好林业局(龙江森工)	兔	1209
1471	天台县(浙)	兔	1150
1472	苇河林业局(龙江森工)	兔	1100
1473	沾河林业局(龙江森工)	兔	1014
1474	石台县(皖)	兔	1000
1475	韩城市林业局(陕)	兔	1000
1476	麻城市(鄂)	兔	800
1477	新晃侗族自治县(湘)	兔	530
1478	双桥区(冀)	兔	500
1479	红花岗区(黔)	兔	500
1480	红古区(甘)	兔	500
1481	余杭区(浙)	兔	400
1482	资兴市(湘)	兔	280
1483	露水河林业局(吉林森工)	兔	215
1484	扎赉特旗(内蒙古)	兔	200
1485	新安县(豫)	兔	200
1486	官渡区(滇)	兔	200
1487	定南县(赣)	兔	190
1488	黑龙江柴河林业局(龙江森工)	兔	150
1489	乌伊岭林业局(龙江森工)	兔	100
1490	未央区(陕)	鸵鸟	1455
1491	柳城县(桂)	鸵鸟	1000
1492	射洪县(川)	鸵鸟	500
1493	让胡路区(黑)	鸵鸟	340
1494	屈家岭管理区(鄂)	鸵鸟	300
1495	元氏县(冀)	鸵鸟	120
1496	满城县(冀)	鸵鸟	100
1497	昭阳区(滇)	鸵鸟	60
1498	牟定县(滇)	鸵鸟	60
1499	滦　县(冀)	鸵鸟	52
1500	北戴河区(冀)	鸵鸟	44
1501	玉山县(赣)	鸵鸟	35
1502	大兴区(京)	鸵鸟	28
1503	汤阴县(豫)	鸵鸟	25
1504	江安县(川)	鸵鸟	19
1505	藁城市(冀)	非洲鸵鸟	2580
1506	临海市(浙)	非洲鸵鸟	2000
1507	长安区(冀)	非洲鸵鸟	1000
1508	兴宁区(桂)	非洲鸵鸟	1000
1509	延庆县(京)	非洲鸵鸟	800
1510	西夏区(宁)	非洲鸵鸟	500
1511	青铜峡市(宁)	非洲鸵鸟	500
1512	姜堰区(苏)	非洲鸵鸟	480
1513	广丰县(赣)	非洲鸵鸟	260
1514	三门县(浙)	非洲鸵鸟	186
1515	三台县(川)	非洲鸵鸟	120
1516	临猗县(晋)	非洲鸵鸟	55
1517	盘龙区(滇)	非洲鸵鸟	51
1518	大悟县(鄂)	非洲鸵鸟	50
1519	砚山县(滇)	非洲鸵鸟	50
1520	汉台区(陕)	非洲鸵鸟	50
1521	北戴河区(冀)	非洲鸵鸟	44
1522	浦东新区(沪)	非洲鸵鸟	29
1523	栖霞市(鲁)	非洲鸵鸟	20
1524	杭锦后旗(内蒙古)	非洲鸵鸟	12
1525	云　县(滇)	非洲鸵鸟	10
1526	盘　县(黔)	蜈蚣	15000000
1527	宜都市(鄂)	蜈蚣	1000000
1528	宁海县(浙)	蜈蚣	714000
1529	横　县(桂)	蜈蚣	500000
1530	忠　县(渝)	蜈蚣	38000
1531	淳安县(浙)	蜈蚣	30000
1532	广水市(鄂)	蜈蚣	10000
1533	长阳土家族自治县(鄂)	蜈蚣	5000
1534	黄平县(黔)	蝎子	160200
1535	薛城区(鲁)	蝎子	10000
1536	临猗县(晋)	蝎子	5800
1537	忠　县(渝)	蝎子	3000
1538	红花岗区(黔)	蝎子	1800
1539	桐柏县(豫)	蝎子	1000
1540	建德市(浙)	石鸡	320800
1541	利川市(鄂)	石鸡	200000
1542	慈利县(湘)	石鸡	50000
1543	乌拉特后旗(内蒙古)	石鸡	20000
1544	临安市(浙)	石鸡	20000
1545	绩溪县(皖)	石鸡	5000
1546	天台县(浙)	石鸡	3000
1547	青阳县(皖)	石鸡	2000
1548	东河区(内蒙古)	石鸡	1100
1549	武义县(浙)	石鸡	1000
1550	忠　县(渝)	石鸡	1000
1551	沙坡头区(宁)	石鸡	1000
1552	西夏区(宁)	石鸡	500
1553	鹿泉市(冀)	石鸡	450
1554	杭锦后旗(内蒙古)	石鸡	350
1555	双桥区(冀)	石鸡	100

序号	野生动物驯养主产地	动物种类	驯养数量（只、头、条）	序号	野生动物驯养主产地	动物种类	驯养数量（只、头、条）
1556	乌拉特中旗(内蒙古)	石鸡	100	1601	贵溪市(赣)	七彩山鸡	5450
1557	平利县(陕)	白腹锦鸡	10000	1602	尚义县(冀)	七彩山鸡	5000
1558	林西县(内蒙古)	白腹锦鸡	8000	1603	天台县(浙)	七彩山鸡	5000
1559	奉贤区(沪)	白腹锦鸡	112	1604	隆安县(桂)	七彩山鸡	5000
1560	无极县(冀)	白腹锦鸡	100	1605	安　县(川)	七彩山鸡	5000
1561	桑植县(湘)	白腹锦鸡	100	1606	荔波县(黔)	七彩山鸡	5000
1562	桐城市(皖)	七彩山鸡	350000	1607	平利县(陕)	七彩山鸡	5000
1563	商河县(鲁)	七彩山鸡	200000	1608	利通区(宁)	七彩山鸡	5000
1564	大英县(川)	七彩山鸡	200000	1609	丰都县(渝)	七彩山鸡	4450
1565	罗江县(川)	七彩山鸡	170000	1610	汤阴县(豫)	七彩山鸡	4200
1566	承德县(冀)	七彩山鸡	108500	1611	嘉陵区(川)	七彩山鸡	4100
1567	武城县(鲁)	七彩山鸡	100000	1612	宝山区(黑)	七彩山鸡	4000
1568	石柱土家族自治县(渝)	七彩山鸡	70000	1613	耒阳市(湘)	七彩山鸡	4000
1569	清河门区(辽)	七彩山鸡	50000	1614	安龙县(黔)	七彩山鸡	4000
1570	红花岗区(黔)	七彩山鸡	36300	1615	中牟县(豫)	七彩山鸡	3700
1571	义乌市(浙)	七彩山鸡	31930	1616	东平县(鲁)	七彩山鸡	3600
1572	芜湖县(皖)	七彩山鸡	30300	1617	林西县(内蒙古)	七彩山鸡	3500
1573	奉贤区(沪)	七彩山鸡	30000	1618	东丰县(吉)	七彩山鸡	3500
1574	崇义县(赣)	七彩山鸡	28400	1619	清城区(粤)	七彩山鸡	3500
1575	东宝区(鄂)	七彩山鸡	26500	1620	玉环县(浙)	七彩山鸡	3300
1576	永胜县(滇)	七彩山鸡	22000	1621	涞源县(冀)	七彩山鸡	3000
1577	临海市(浙)	七彩山鸡	20000	1622	恩施市(鄂)	七彩山鸡	3000
1578	五河县(皖)	七彩山鸡	20000	1623	南岳区(湘)	七彩山鸡	3000
1579	栾川县(豫)	七彩山鸡	20000	1624	巫山县(渝)	七彩山鸡	3000
1580	宜都市(鄂)	七彩山鸡	20000	1625	酉阳土家族苗族自治县(渝)	七彩山鸡	3000
1581	黔江区(渝)	七彩山鸡	20000	1626	榕江县(黔)	七彩山鸡	3000
1582	江口县(黔)	七彩山鸡	20000	1627	略阳县(陕)	七彩山鸡	2700
1583	云龙县(滇)	七彩山鸡	20000	1628	永康市(浙)	七彩山鸡	2500
1584	武义县(浙)	七彩山鸡	15000	1629	钦南区(桂)	七彩山鸡	2350
1585	南江县(川)	七彩山鸡	14000	1630	临泽县(甘)	七彩山鸡	2300
1586	都江堰市(川)	七彩山鸡	12450	1631	星子县(赣)	七彩山鸡	2200
1587	瑞金市(赣)	七彩山鸡	12000	1632	潜山县(皖)	七彩山鸡	2100
1588	旌阳区(川)	七彩山鸡	11200	1633	介休市(晋)	七彩山鸡	2000
1589	巢湖市(皖)	七彩山鸡	10000	1634	青州市(鲁)	七彩山鸡	2000
1590	霍邱县(皖)	七彩山鸡	10000	1635	桑植县(湘)	七彩山鸡	2000
1591	大余县(赣)	七彩山鸡	10000	1636	江南区(桂)	七彩山鸡	2000
1592	肥城市(鲁)	七彩山鸡	10000	1637	万源市(川)	七彩山鸡	2000
1593	鼎城区(湘)	七彩山鸡	10000	1638	安岳县(川)	七彩山鸡	2000
1594	沐川县(川)	七彩山鸡	10000	1639	永善县(滇)	七彩山鸡	2000
1595	雁江区(川)	七彩山鸡	10000	1640	玉龙纳西族自治县(滇)	七彩山鸡	2000
1596	理　县(川)	七彩山鸡	10000	1641	井陉矿区(冀)	七彩山鸡	1850
1597	椒江区(浙)	七彩山鸡	7800	1642	牟定县(滇)	七彩山鸡	1840
1598	秀洲区(浙)	七彩山鸡	7600	1643	彭州市(川)	七彩山鸡	1735
1599	会理县(川)	七彩山鸡	7200	1644	高密市(鲁)	七彩山鸡	1500
1600	泰兴市(苏)	七彩山鸡	6000	1645	习水县(黔)	七彩山鸡	1500

序号	野生动物驯养主产地	动物种类	驯养数量（只、头、条）	序号	野生动物驯养主产地	动物种类	驯养数量（只、头、条）
1646	舒兰市(吉)	七彩山鸡	1300	1691	麻城市(鄂)	七彩山鸡	125
1647	津南区(津)	七彩山鸡	1200	1692	昌邑市(鲁)	七彩山鸡	100
1648	舞钢市(豫)	七彩山鸡	1200	1693	彭山县(川)	七彩山鸡	100
1649	永定区(湘)	七彩山鸡	1200	1694	秦州区(甘)	七彩山鸡	100
1650	平乐县(桂)	七彩山鸡	1200	1695	平利县(陕)	红腹锦鸡	10000
1651	乐至县(川)	七彩山鸡	1200	1696	宜都市(鄂)	红腹锦鸡	5000
1652	无极县(冀)	七彩山鸡	1000	1697	卢氏县(豫)	红腹锦鸡	4030
1653	双桥区(冀)	七彩山鸡	1000	1698	瑞昌市(赣)	红腹锦鸡	1400
1654	大石桥市(辽)	七彩山鸡	1000	1699	河口区(鲁)	红腹锦鸡	500
1655	镜湖区(皖)	七彩山鸡	1000	1700	禹州市(豫)	红腹锦鸡	500
1656	利辛县(皖)	七彩山鸡	1000	1701	罗田县(鄂)	红腹锦鸡	500
1657	嵩　县(豫)	七彩山鸡	1000	1702	桃源县(湘)	红腹锦鸡	500
1658	山阳区(豫)	七彩山鸡	1000	1703	彭水苗族土家族自治县(渝)	红腹锦鸡	500
1659	临翔区(滇)	七彩山鸡	980	1704	佛坪县(陕)	红腹锦鸡	500
1660	昭阳区(滇)	七彩山鸡	960	1705	奉贤区(沪)	红腹锦鸡	337
1661	缙云县(浙)	七彩山鸡	800	1706	屈家岭管理区(鄂)	红腹锦鸡	250
1662	平桥区(豫)	七彩山鸡	800	1707	大兴区(京)	红腹锦鸡	169
1663	双峰县(湘)	七彩山鸡	800	1708	无极县(冀)	红腹锦鸡	100
1664	盘　县(黔)	七彩山鸡	800	1709	鼎城区(湘)	红腹锦鸡	100
1665	大关县(滇)	七彩山鸡	800	1710	淮阳县(豫)	珠鸡	300000
1666	闻喜县(晋)	七彩山鸡	735	1711	汶川县(川)	珠鸡	12000
1667	修武县(豫)	七彩山鸡	700	1712	合作市(甘)	珠鸡	8000
1668	鹤峰县(鄂)	七彩山鸡	650	1713	鹤峰县(鄂)	珠鸡	3000
1669	大安区(川)	七彩山鸡	610	1714	乾安县(吉)	珠鸡	2500
1670	克什克腾旗(内蒙古)	七彩山鸡	500	1715	承德县(冀)	珠鸡	2000
1671	远安县(鄂)	七彩山鸡	500	1716	都江堰市(川)	珠鸡	2000
1672	万盛区(渝)	七彩山鸡	500	1717	翠屏区(川)	珠鸡	2000
1673	镇康县(滇)	七彩山鸡	500	1718	西夏区(宁)	珠鸡	2000
1674	凉州区(甘)	七彩山鸡	500	1719	邯郸县(冀)	珠鸡	1360
1675	武定县(滇)	七彩山鸡	420	1720	翁牛特旗(内蒙古)	珠鸡	1000
1676	双滦区(冀)	七彩山鸡	410	1721	禹州市(豫)	珠鸡	1000
1677	宁阳县(鲁)	七彩山鸡	400	1722	安龙县(黔)	珠鸡	1000
1678	长安区(陕)	七彩山鸡	400	1723	安岳县(川)	珠鸡	500
1679	盘龙区(滇)	七彩山鸡	363	1724	贵定县(黔)	珠鸡	500
1680	云　县(滇)	七彩山鸡	300	1725	杭锦后旗(内蒙古)	珠鸡	150
1681	宁海县(浙)	七彩山鸡	280	1726	红花岗区(黔)	珠鸡	140
1682	阳谷县(鲁)	七彩山鸡	230	1727	屈家岭管理区(鄂)	珠鸡	100
1683	潘集区(皖)	七彩山鸡	200	1728	平利县(陕)	火鸡	10000
1684	渭滨区(陕)	七彩山鸡	200	1729	翠屏区(川)	火鸡	9000
1685	临猗县(晋)	七彩山鸡	189	1730	江安县(川)	火鸡	6420
1686	江川县(滇)	七彩山鸡	160	1731	临安市(浙)	火鸡	5000
1687	广水市(鄂)	七彩山鸡	140	1732	贵定县(黔)	火鸡	2000
1688	露水河林业局(吉林森工)	七彩山鸡	135	1733	建湖县(苏)	火鸡	1000
1689	云溪区(湘)	七彩山鸡	130	1734	无为县(皖)	火鸡	1000
1690	翠屏区(川)	七彩山鸡	130	1735	忠　县(渝)	火鸡	1000

序号	野生动物驯养主产地	动物种类	驯养数量（只、头、条）
1736	镇巴县(陕)	火鸡	700
1737	扎赉特旗(内蒙古)	火鸡	600
1738	修武县(豫)	火鸡	500
1739	滨城区(鲁)	火鸡	400
1740	让胡路区(黑)	火鸡	104
1741	宁国市(皖)	火鸡	100
1742	汤阴县(豫)	火鸡	100
1743	贵溪市(赣)	绿头鸭	100000
1744	奉化市(浙)	绿头鸭	56070
1745	潜江市(鄂)	绿头鸭	50000
1746	霍邱县(皖)	绿头鸭	45000
1747	吴兴区(浙)	绿头鸭	36850
1748	潜山县(皖)	绿头鸭	25000
1749	萧山区(浙)	绿头鸭	21000
1750	辽阳县(辽)	绿头鸭	20000
1751	西夏区(宁)	绿头鸭	20000
1752	岳阳县(湘)	绿头鸭	8000
1753	来凤县(鄂)	绿头鸭	6000
1754	星子县(赣)	绿头鸭	3500
1755	焉耆回族自治县(新)	绿头鸭	3500
1756	三山区(皖)	绿头鸭	3000
1757	君山区(湘)	绿头鸭	3000
1758	玉龙纳西族自治县(滇)	绿头鸭	2500
1759	涿州市(冀)	绿头鸭	2000
1760	瑞昌市(赣)	绿头鸭	2000
1761	金坛市(苏)	绿头鸭	1000
1762	大兴区(京)	绿头鸭	706
1763	官渡区(滇)	绿头鸭	300
1764	贺兰县(宁)	绿头鸭	300
1765	义乌市(浙)	绿头鸭	200
1766	让胡路区(黑)	绿头鸭	158
1767	延庆县(京)	绿头鸭	100
1768	北戴河区(冀)	绿头鸭	100
1769	昌邑市(鲁)	绿头鸭	100
1770	象山县(浙)	绿头野鸭	470000
1771	慈溪市(浙)	绿头野鸭	58881
1772	汝城县(湘)	绿头野鸭	40000
1773	鼎城区(湘)	绿头野鸭	18000
1774	桐乡市(浙)	绿头野鸭	14200
1775	安新县(冀)	绿头野鸭	6800
1776	乐安县(赣)	绿头野鸭	5000
1777	都江堰市(川)	绿头野鸭	3500
1778	霍邱县(皖)	绿头野鸭	1800
1779	延庆县(京)	绿头野鸭	1000
1780	安岳县(川)	绿头野鸭	600
1781	东平县(鲁)	绿头野鸭	560
1782	铅山县(赣)	绿头野鸭	500
1783	彭州市(川)	绿头野鸭	410
1784	和　县(皖)	绿头野鸭	300
1785	江川县(滇)	绿头野鸭	200
1786	监利县(鄂)	斑嘴鸭	500000
1787	新建县(赣)	斑嘴鸭	12000
1788	永修县(赣)	斑嘴鸭	8000
1789	巢湖市(皖)	斑嘴鸭	1000
1790	合川区(渝)	疣鼻栖鸭	100
1791	奉贤区(沪)	黑天鹅	1118
1792	岱岳区(鲁)	黑天鹅	800
1793	青浦区(沪)	黑天鹅	366
1794	浦东新区(沪)	黑天鹅	310
1795	岳塘区(湘)	黑天鹅	200
1796	合川区(渝)	黑天鹅	200
1797	广丰县(赣)	黑天鹅	60
1798	大兴区(京)	黑天鹅	33
1799	安岳县(川)	黑天鹅	30
1800	盘龙区(滇)	黑天鹅	27
1801	北戴河区(冀)	黑天鹅	17
1802	河口区(鲁)	白天鹅	200
1803	阳谷县(鲁)	白天鹅	40
1804	大兴区(京)	白天鹅	24
1805	合川区(渝)	白天鹅	20
1806	宝山区(沪)	白天鹅	8
1807	青浦区(沪)	白天鹅	5
1808	文登市(鲁)	白天鹅	2
1809	象山县(浙)	灰天鹅	920000
1810	景东彝族自治县(滇)	灰天鹅	63000
1811	桐城市(皖)	灰天鹅	10000
1812	岳阳县(湘)	灰天鹅	8000
1813	芜湖县(皖)	灰天鹅	5000
1814	河口区(鲁)	灰天鹅	1200
1815	奉化市(浙)	灰天鹅	720
1816	良庆区(桂)	灰天鹅	300
1817	浦东新区(沪)	庞鼻天鹅	31
1818	汤阴县(豫)	鹌鹑	620000
1819	栾城县(冀)	鹌鹑	540800
1820	舒兰市(吉)	鹌鹑	150000
1821	淮阳县(豫)	鹌鹑	100000
1822	庄河市(辽)	鹌鹑	30000
1823	五峰土家族自治县(鄂)	鹌鹑	30000
1824	石家庄市桥西区(冀)	鹌鹑	25000
1825	东丰县(吉)	鹌鹑	22000

序号	野生动物驯养主产地	动物种类	驯养数量（只、头、条）
1826	砚山县(滇)	鹌鹑	20000
1827	井陉矿区(冀)	鹌鹑	2500
1828	山阳区(豫)	鹌鹑	1500
1829	大兴区(京)	鹌鹑	500
1830	淮阳县(豫)	鸳鸯	100000
1831	岱岳区(鲁)	鸳鸯	1000
1832	阳谷县(鲁)	鸳鸯	230
1833	合川区(渝)	鸳鸯	100
1834	浦东新区(沪)	鸳鸯	93
1835	奉贤区(沪)	鸳鸯	74
1836	海城市(辽)	鸳鸯	22
1837	青浦区(沪)	鸳鸯	18
1838	义乌市(浙)	鹧鸪	10150
1839	大兴区(京)	鹧鸪	2002
1840	修武县(豫)	鹧鸪	1500
1841	昌邑市(鲁)	鹧鸪	1000
1842	都江堰市(川)	鹧鸪	1000
1843	临翔区(滇)	鹧鸪	400
1844	贺兰县(宁)	鹧鸪	50
1845	温岭市(浙)	鹧鸪	20
1846	利辛县(皖)	中华大蟾蜍	100000
1847	利川市(鄂)	中华大蟾蜍	100000
1848	安岳县(川)	中华大蟾蜍	20800
1849	嘉陵区(川)	中华大蟾蜍	7000
1850	恩施市(鄂)	中华大蟾蜍	2000
1851	万州区(渝)	中华大蟾蜍	2000
1852	略阳县(陕)	中华大蟾蜍	1700
1853	大兴区(京)	牡丹鹦鹉	15
1854	红花岗区(黔)	牡丹鹦鹉	4
1855	大兴区(京)	金刚鹦鹉	4
1856	江南区(桂)	鸡尾鹦鹉	150
1857	合川区(渝)	鸡尾鹦鹉	30
1858	合川区(渝)	黄领牡丹鹦鹉	60
1859	云梦县(鄂)	虎皮鹦鹉	100000
1860	合川区(渝)	虎皮鹦鹉	50
1861	大兴区(京)	虎皮鹦鹉	37
1862	海城市(辽)	虎皮鹦鹉	25
1863	合川区(渝)	桃脸牡丹鹦鹉	50
1864	合川区(渝)	白鹳	20
1865	北戴河区(冀)	白鹳	5
1866	浦东新区(沪)	白鹳	5
1867	铜鼓县(赣)	白鹇	100
1868	青浦区(沪)	白鹇	90
1869	大兴区(京)	白鹇	70
1870	奉贤区(沪)	白鹇	44
1871	浦东新区(沪)	白鹇	36
1872	桐城市(皖)	斑头雁	5000
1873	墨竹工卡县(藏)	斑头雁	5000
1874	新建县(赣)	斑头雁	3000
1875	铅山县(赣)	斑头雁	200
1876	垦利县(鲁)	斑头雁	200
1877	临泽县(甘)	斑头雁	200
1878	科尔沁左翼中旗(内蒙古)	斑头雁	180
1879	临猗县(晋)	大雁	38000
1880	五河县(皖)	大雁	30000
1881	咸丰县(鄂)	大雁	20000
1882	永修县(赣)	大雁	14500
1883	都江堰市(川)	大雁	9000
1884	建德市(浙)	大雁	5200
1885	岱岳区(鲁)	大雁	3000
1886	永清县(冀)	大雁	2380
1887	同江市(黑)	大雁	2000
1888	星子县(赣)	大雁	1600
1889	周村区(鲁)	大雁	1300
1890	鼎城区(湘)	大雁	1000
1891	西夏区(宁)	大雁	1000
1892	利川市(鄂)	大雁	950
1893	青阳县(皖)	大雁	780
1894	黎城县(晋)	大雁	700
1895	怀宁县(皖)	大雁	620
1896	永康市(浙)	大雁	450
1897	凉城县(内蒙古)	大雁	310
1898	湘潭县(湘)	大雁	300
1899	让胡路区(黑)	大雁	188
1900	栾城县(冀)	鸸鹋	100000
1901	禹州市(豫)	鸸鹋	2000
1902	柳城县(桂)	鸸鹋	1000
1903	彭州市(川)	鸸鹋	123
1904	大兴区(京)	鸸鹋	52
1905	合川区(渝)	鸸鹋	20
1906	浦东新区(沪)	鸸鹋	14
1907	平阴县(鲁)	鸸鹋	10
1908	建始县(鄂)	环颈雉	108700
1909	三门县(浙)	环颈雉	68000
1910	宜城市(鄂)	环颈雉	30000
1911	金口河区(川)	环颈雉	30000
1912	韩城市林业局(陕)	环颈雉	25000
1913	温岭市(浙)	环颈雉	15000
1914	奉新县(赣)	环颈雉	10000
1915	长阳土家族自治县(鄂)	环颈雉	10000

序号	野生动物驯养主产地	动物种类	驯养数量（只、头、条）
1916	京山县(鄂)	环颈雉	10000
1917	汶川县(川)	环颈雉	10000
1918	大方县(黔)	环颈雉	10000
1919	常山县(浙)	环颈雉	9000
1920	长安区(陕)	环颈雉	8150
1921	山亭区(鲁)	环颈雉	6500
1922	湘潭县(湘)	环颈雉	6100
1923	南部县(川)	环颈雉	5248
1924	泾　县(皖)	环颈雉	5000
1925	都昌县(赣)	环颈雉	5000
1926	南岳区(湘)	环颈雉	5000
1927	高　县(川)	环颈雉	5000
1928	分宜县(赣)	环颈雉	4000
1929	维西傈僳族自治县(滇)	环颈雉	3500
1930	南郑县(陕)	环颈雉	3500
1931	延庆县(京)	环颈雉	2500
1932	新晃侗族自治县(湘)	环颈雉	2500
1933	黎川县(赣)	环颈雉	2000
1934	若尔盖县(川)	环颈雉	2000
1935	大兴区(京)	环颈雉	1625
1936	浏阳市(湘)	环颈雉	1500
1937	彭山县(川)	环颈雉	1300
1938	樟树市(赣)	环颈雉	1200
1939	合阳县(陕)	环颈雉	1200
1940	荔浦县(桂)	环颈雉	1050
1941	绥中县(辽)	环颈雉	1000
1942	镇海区(浙)	环颈雉	1000
1943	凤台县(皖)	环颈雉	1000

序号	主产地	动物种类	驯养数量（只、头、条）
1944	新建县(赣)	环颈雉	1000
1945	栖霞市(鲁)	环颈雉	1000
1946	宜都市(鄂)	环颈雉	1000
1947	西夏区(宁)	环颈雉	1000
1948	杭锦后旗(内蒙古)	环颈雉	800
1949	禹州市(豫)	环颈雉	800
1950	英德市(粤)	环颈雉	780
1951	涿州市(冀)	环颈雉	500
1952	崇仁县(赣)	环颈雉	450
1953	永修县(赣)	环颈雉	300
1954	轮台县(新)	环颈雉	300
1955	和　县(皖)	环颈雉	240
1956	金坛市(苏)	环颈雉	200
1957	峄城区(鲁)	环颈雉	150
1958	铜鼓县(赣)	环颈雉	120
1959	芷江侗族自治县(湘)	环颈雉	120
1960	北戴河区(冀)	环颈雉	103
1961	宣化区(冀)	环颈雉	100
1962	克什克腾旗(内蒙古)	环颈雉	100
1963	合川区(渝)	白雉	30
1964	大兴区(京)	白冠长尾雉	61
1965	合川区(渝)	白冠长尾雉	20
1966	晋宁县(滇)	大美洲驼	200
1967	浦东新区(沪)	洪式环企鹅	5
1968	息烽县(黔)	七彩文鸟	500000
1969	长安区(冀)	七彩文鸟	20000
1970	新野县(豫)	七彩文鸟	1500

表 16-1　2012 年人参主产地产量

序号	人参主产地	产量(吨)
1	南芬区(辽)	1500.00
2	凤城市(辽)	1400.00
3	新宾满族自治县(辽)	800.00
4	宽甸满族自治县(辽)	800.00
5	明山区(辽)	38.00
6	本溪满族自治县(辽)	30.00
7	桓仁满族自治县(辽)	15.00
8	抚松县(吉)	14904.80
9	集安市(吉)	6665.00
10	长白朝鲜族自治县(吉)	3475.00
11	辉南县(吉)	1100.00
12	和龙市(吉)	890.00
13	汪清县(吉)	458.00
14	蛟河市(吉)	48.50
15	梅河口市(吉)	28.30
16	舒兰市(吉)	28.10
17	逊克县(黑)	550.00
18	五大连池市(黑)	450.00
19	绥棱县(黑)	300.00
20	虎林市(黑)	80.00
21	尚志市(黑)	75.00
22	茄子河区(黑)	10.00
23	延寿县(黑)	10.00
24	临江林业局(吉林森工)	723.00
25	露水河林业局(吉林森工)	717.56
26	泉阳林业局(吉林森工)	600.00
27	穆棱林业局(龙江森工)	1100.00
28	乌伊岭林业局(龙江森工)	60.00

表 16-2　2012 年刺五加主产地产量

序号	刺五加主产地	产量(吨)
1	本溪满族自治县(辽)	10000.00
2	凤城市(辽)	2700.00
3	新宾满族自治县(辽)	2200.00
4	东港市(辽)	92.00
5	本溪市经济开发区(辽)	71.00
6	桓仁满族自治县(辽)	50.00
7	庄河市(辽)	36.00
8	振安区(辽)	20.00
9	辉南县(吉)	160.00
10	延寿县(黑)	100.00
11	耒阳市(湘)	40.00
12	临江林业局(吉林森工)	33.00
13	山河屯林业局(龙江森工)	1700.00
14	东方红林业局(龙江森工)	1200.00

序号	刺五加主产地	产量(吨)
15	朗乡林业局(龙江森工)	1070.00
16	桃山林业局(龙江森工)	700.00
17	双丰林业局(龙江森工)	300.00
18	带岭实验局(龙江森工)	255.00
19	五营林业局(龙江森工)	239.00
20	翠峦林业局(龙江森工)	159.00
21	方正林业局(龙江森工)	150.00
22	友好林业局(龙江森工)	130.00
23	汤旺河林业局(龙江森工)	101.00
24	南岔林业局(龙江森工)	90.00
25	铁力林业局(龙江森工)	74.00
26	乌伊岭林业局(龙江森工)	70.00
27	美溪林业局(龙江森工)	65.00
28	大海林林业局(龙江森工)	63.00
29	乌马河林业局(龙江森工)	50.00
30	迎春林业局(龙江森工)	44.00
31	兴隆林业局(龙江森工)	40.00
32	海林林业局(龙江森工)	35.00
33	金山屯林业局(龙江森工)	30.00
34	上甘岭林业局(龙江森工)	25.00
35	亚布力林业局(龙江森工)	12.00

表 16-3　2012 年杜仲主产地产量

序号	杜仲主产地	产量(吨)
1	衢州市市辖区(浙)	165.00
2	富阳市(浙)	16.00
3	东至县(皖)	502.00
4	青阳县(皖)	280.00
5	祁门县(皖)	133.00
6	芜湖县(皖)	15.00
7	芦溪县(赣)	800.00
8	浮梁县(赣)	300.00
9	修水县(赣)	295.00
10	贵溪市(赣)	12.00
11	莲花县(赣)	10.00
12	青州市(鲁)	10.00
13	灵宝市(豫)	5000.00
14	平桥区(豫)	67.00
15	禹州市(豫)	50.00
16	汝州市(豫)	40.00
17	宝丰县(豫)	32.00
18	方城县(豫)	20.00
19	梁园区(豫)	15.00
20	夷陵区(鄂)	5250.00
21	竹山县(鄂)	3159.00
22	长阳土家族自治县(鄂)	1000.00
23	英山县(鄂)	540.00
24	五峰土家族自治县(鄂)	308.00
25	秭归县(鄂)	40.00
26	罗田县(鄂)	30.00
27	京山县(鄂)	10.00
28	安化县(湘)	350.00
29	浏阳市(湘)	76.00
30	永定区(湘)	66.40
31	株洲县(湘)	55.00
32	桑植县(湘)	50.00
33	北塔区(湘)	50.00
34	桂东县(湘)	37.00
35	炎陵县(湘)	36.00
36	平江县(湘)	35.00
37	麻阳苗族自治县(湘)	32.00
38	临武县(湘)	28.00
39	耒阳市(湘)	20.00
40	新晃侗族自治县(湘)	20.00
41	宁远县(湘)	15.00
42	祁阳县(湘)	14.50
43	资兴市(湘)	11.00
44	新化县(湘)	10.00
45	龙胜各族自治县(桂)	31.00
46	开　县(渝)	5500.00
47	云阳县(渝)	467.00
48	武隆县(渝)	350.00
49	巫山县(渝)	50.00
50	万州区(渝)	30.00
51	茂　县(川)	15000.00
52	北川羌族自治县(川)	1218.00
53	宣汉县(川)	1000.00
54	巴州区(川)	600.00
55	合江县(川)	295.00
56	彭州市(川)	238.00
57	崇州市(川)	215.00
58	西充县(川)	200.00
59	宝兴县(川)	125.00
60	沐川县(川)	100.00
61	万源市(川)	80.00
62	芦山县(川)	80.00
63	蓬安县(川)	41.00
64	长宁县(川)	39.00
65	犍为县(川)	28.00
66	高　县(川)	26.50
67	珙　县(川)	16.00
68	安龙县(黔)	386.00
69	正安县(黔)	363.00
70	独山县(黔)	300.00
71	赤水市(黔)	276.00
72	清镇市(黔)	204.00
73	红花岗区(黔)	162.00
74	息烽县(黔)	133.00
75	黎平县(黔)	65.00
76	贞丰县(黔)	45.00
77	碧江区(黔)	39.00
78	锦屏县(黔)	30.00
79	剑河县(黔)	16.00
80	凯里市(黔)	15.00
81	荔波县(黔)	15.00
82	寻甸回族彝族自治县(滇)	20.00
83	城固县(陕)	2384.00
84	商南县(陕)	1377.00
85	镇安县(陕)	714.00
86	山阳县(陕)	418.00
87	商州区(陕)	63.00
88	汉阴县(陕)	30.00

表 16-4　2012 年五味子主产地产量

序号	五味子主产地	产量(吨)
1	本溪满族自治县(辽)	6500.00
2	凤城市(辽)	5000.00
3	桓仁满族自治县(辽)	750.00
4	清原满族自治县(辽)	440.00
5	大石桥市(辽)	150.00
6	连山区(辽)	144.00
7	东港市(辽)	103.00
8	建昌县(辽)	100.00
9	龙城区(辽)	60.00
10	集安市(吉)	4727.00
11	和龙市(吉)	410.00
12	梅河口市(吉)	300.00
13	长白朝鲜族自治县(吉)	230.00
14	抚松县(吉)	122.40
15	汪清县(吉)	55.00
16	虎林市(黑)	3000.00
17	方正县(黑)	516.00
18	尚志市(黑)	450.00
19	逊克县(黑)	60.00
20	双城市(黑)	55.00
21	巴彦县(黑)	37.00
22	木兰县(黑)	37.00
23	富锦市(黑)	34.00

序号	五味子主产地	产量(吨)
24	阿城区(黑)	33.70
25	同江市(黑)	18.00
26	岭东区(黑)	15.00
27	抚远县(黑)	10.00
28	鸡东县(黑)	10.00
29	嵩　县(豫)	90.00
30	韩城市林业局(陕)	21.00
31	镇安县(陕)	11.00
32	两当县(甘)	150.00
33	康　县(甘)	100.00
34	三岔子林业局(吉林森工)	64.00
35	临江林业局(吉林森工)	10.00
36	清河林业局(龙江森工)	5057.00
37	山河屯林业局(龙江森工)	1750.00
38	双丰林业局(龙江森工)	840.00
39	东方红林业局(龙江森工)	429.00
40	乌伊岭林业局(龙江森工)	310.00
41	亚布力林业局(龙江森工)	277.80
42	绥阳林业局(龙江森工)	225.00
43	汤旺河林业局(龙江森工)	165.00
44	美溪林业局(龙江森工)	163.00
45	铁力林业局(龙江森工)	157.00
46	桃山林业局(龙江森工)	150.00
47	鹤立林业局(龙江森工)	150.00
48	穆棱林业局(龙江森工)	140.00
49	五营林业局(龙江森工)	131.00
50	乌马河林业局(龙江森工)	100.00
51	兴隆林业局(龙江森工)	88.00
52	朗乡林业局(龙江森工)	88.00
53	迎春林业局(龙江森工)	87.00
54	翠峦林业局(龙江森工)	70.00
55	大海林林业局(龙江森工)	70.00
56	方正林业局(龙江森工)	57.00
57	鹤北林业局(龙江森工)	50.00
58	友好林业局(龙江森工)	50.00
59	新青林业局(龙江森工)	42.00
60	带岭实验局(龙江森工)	40.00
61	金山屯林业局(龙江森工)	35.00
62	双鸭山林业局(龙江森工)	31.00
63	南岔林业局(龙江森工)	25.00
64	苇河林业局(龙江森工)	12.00
65	桦南林业局(龙江森工)	10.00
66	林口林业局(龙江森工)	10.00
67	海林林业局(龙江森工)	10.00

表 16-5　2012 年黄柏主产地产量

序号	黄柏主产地	产量(吨)
1	英山县(鄂)	150.00
2	五峰土家族自治县(鄂)	21.00
3	桑植县(湘)	800.00
4	涟源市(湘)	346.00
5	新化县(湘)	200.00
6	安化县(湘)	150.00
7	桂东县(湘)	66.00
8	永定区(湘)	48.20
9	冷水江市(湘)	30.00
10	临武县(湘)	16.00
11	宁远县(湘)	13.00
12	中方县(湘)	12.00
13	祁阳县(湘)	10.20
14	资兴市(湘)	10.00
15	开　县(渝)	1000.00
16	丰都县(渝)	500.00
17	巫山县(渝)	200.00
18	武隆县(渝)	200.00
19	彭水苗族土家族自治县(渝)	170.00
20	巫溪县(渝)	28.00
21	万州区(渝)	20.00
22	北川羌族自治县(川)	951.00
23	芦山县(川)	800.00
24	宝兴县(川)	750.00
25	宣汉县(川)	480.00
26	沐川县(川)	360.00
27	巴州区(川)	240.00
28	长宁县(川)	230.00
29	崇州市(川)	209.00
30	万源市(川)	200.00
31	彭州市(川)	163.00
32	合江县(川)	110.00
33	雨城区(川)	50.00
34	旺苍县(川)	50.00
35	犍为县(川)	42.00
36	屏山县(川)	40.00
37	高　县(川)	25.62
38	蓬安县(川)	24.00
39	雷波县(川)	18.00
40	珙　县(川)	16.00
41	正安县(黔)	120.00
42	绥阳县(黔)	50.00
43	赫章县(黔)	10.00
44	大关县(滇)	400.00

表 16-6　2012 年金银花主产地产量

序号	金银花主产地	产量(吨)
1	磁　县(冀)	400.00
2	满城县(冀)	75.00
3	宁晋县(冀)	42.50
4	阳城县(晋)	90.90
5	泰兴市(苏)	38.70
6	姜堰区(苏)	20.00
7	祁门县(皖)	117.00
8	潜山县(皖)	20.00
9	寿　县(皖)	10.00
10	临川区(赣)	2754.00
11	彭泽县(赣)	2200.00
12	修水县(赣)	200.00
13	峡江县(赣)	125.00
14	赣　县(赣)	40.00
15	靖安县(赣)	30.00
16	龙南县(赣)	30.00
17	芦溪县(赣)	26.00
18	平邑县(鲁)	17000.00
19	济阳县(鲁)	3398.00
20	肥城市(鲁)	3320.00
21	新泰市(鲁)	1100.00
22	庆云县(鲁)	160.00
23	邹城市(鲁)	150.00
24	昌乐县(鲁)	100.00
25	临沂市蒙山旅游区(鲁)	100.00
26	齐河县(鲁)	100.00
27	沂水县(鲁)	92.00
28	临沂市高新技术产业开发区(鲁)	70.00
29	东平县(鲁)	30.00
30	青州市(鲁)	10.00
31	平原县(鲁)	10.00
32	延津县(豫)	700000.00
33	嵩　县(豫)	2670.00
34	登封市(豫)	1320.00
35	睢　县(豫)	650.00
36	南乐县(豫)	400.00
37	商水县(豫)	240.00
38	永城市(豫)	75.00
39	清丰县(豫)	70.00
40	宜阳县(豫)	65.00
41	鹿邑县(豫)	50.00
42	禹州市(豫)	30.00
43	平桥区(豫)	27.00
44	淮阳县(豫)	20.00
45	罗田县(鄂)	1200.00

序号	金银花主产地	产量(吨)
46	随县(鄂)	300.00
47	大冶市(鄂)	100.00
48	南漳县(鄂)	100.00
49	大悟县(鄂)	95.00
50	通城县(鄂)	30.00
51	宜都市(鄂)	20.00
52	新化县(湘)	30000.00
53	涟源市(湘)	6620.00
54	中方县(湘)	6060.00
55	辰溪县(湘)	5000.00
56	洪江市(湘)	2799.00
57	凤凰县(湘)	2000.00
58	冷水江市(湘)	1750.00
59	岳阳县(湘)	500.00
60	永顺县(湘)	460.00
61	花垣县(湘)	450.00
62	娄底市市辖区(湘)	400.00
63	保靖县(湘)	300.00
64	永兴县(湘)	299.00
65	古丈县(湘)	150.00
66	泸溪县(湘)	150.00
67	双峰县(湘)	100.00
68	汨罗市(湘)	70.00
69	耒阳市(湘)	40.00
70	绥宁县(湘)	35.00
71	城步苗族自治县(湘)	26.00
72	桃江县(湘)	20.00
73	桑植县(湘)	10.00
74	昭平县(桂)	280.00
75	岑溪市(桂)	210.00
76	八步区(桂)	77.00
77	开　县(渝)	2000.00
78	彭水苗族土家族自治县(渝)	100.00
79	巴州区(川)	1200.00
80	荣　县(川)	63.60
81	旺苍县(川)	50.00
82	元坝区(川)	30.00
83	资中县(川)	30.00
84	安岳县(川)	20.00
85	务川仡佬族苗族自治县(黔)	18000.00
86	安龙县(黔)	4480.00
87	道真仡佬族苗族自治县(黔)	1250.00
88	凯里市(黔)	180.00
89	台江县(黔)	153.00
90	百里杜鹃风景名胜区(黔)	88.00
91	丹寨县(黔)	85.00
92	龙里县(黔)	70.00
93	盘　县(黔)	30.00
94	清镇市(黔)	30.00
95	石阡县(黔)	11.80
96	六枝特区(黔)	10.00
97	长顺县(黔)	10.00
98	大姚县(滇)	105.00
99	盘龙区(滇)	88.65
100	山阳县(陕)	998.50
101	略阳县(陕)	320.00
102	蒲城县(陕)	150.00
103	商州区(陕)	119.00
104	平利县(陕)	20.00
105	两当县(甘)	15.00

表 16-7　2012 年厚朴主产地产量

序号	厚朴主产地	产量(吨)
1	景宁畲族自治县(浙)	716.00
2	衢江区(浙)	430.00
3	芦溪县(赣)	980.00
4	修水县(赣)	300.00
5	英山县(鄂)	250.00
6	五峰土家族自治县(鄂)	45.00
7	涟源市(湘)	3710.00
8	安化县(湘)	600.00
9	新化县(湘)	400.00
10	桑植县(湘)	400.00
11	桂东县(湘)	232.00
12	冷水江市(湘)	70.00
13	宁远县(湘)	62.00
14	金洞林场(湘)	55.00
15	麻阳苗族自治县(湘)	31.00
16	临武县(湘)	20.00
17	娄星区(湘)	15.00
18	浏阳市(湘)	13.00
19	连山壮族瑶族自治县(粤)	85.00
20	八步区(桂)	87.00
21	龙胜各族自治县(桂)	31.00
22	武隆县(渝)	750.00
23	云阳县(渝)	187.00
24	巫溪县(渝)	135.00
25	万州区(渝)	10.00
26	茂　县(川)	12000.00
27	北川羌族自治县(川)	3109.00
28	都江堰市(川)	1660.00
29	宝兴县(川)	575.00
30	彭州市(川)	464.00
31	芦山县(川)	300.00
32	崇州市(川)	132.00
33	宣汉县(川)	98.00
34	合江县(川)	80.00
35	犍为县(川)	15.00
36	城固县(陕)	2916.00
37	汉阴县(陕)	21.00

表 16-8　2012 年柴胡主产地产量

序号	柴胡主产地	产量(吨)
1	涞源县(冀)	40000.00
2	围场满族蒙古族自治县(冀)	240.00
3	涉　县(冀)	100.00
4	丰宁满族自治县(冀)	40.00
5	绛　县(晋)	200.00
6	垣曲县(晋)	35.00
7	桐城市(皖)	10.00
8	嵩　县(豫)	1000.00
9	辉县市(豫)	165.00
10	宜阳县(豫)	110.00
11	禹州市(豫)	25.00
12	英山县(鄂)	250.00
13	南漳县(鄂)	50.00
14	荣　县(川)	3184.00
15	元坝区(川)	15.00
16	麟游县(陕)	135.00
17	凤　县(陕)	15.00
18	文　县(甘)	5000.00
19	秦州区(甘)	590.00
20	徽　县(甘)	478.00
21	武都区(甘)	420.00
22	成　县(甘)	400.00
23	康　县(甘)	200.00
24	迭部县(甘)	120.00
25	临潭县(甘)	50.00
26	两当县(甘)	50.00
27	合水县(甘)	13.00

表 16-9　2012 年银杏主产地产量

序号	银杏主产地	产量(吨)
1	振安区(辽)	10.00
2	崇明县(沪)	17.20
3	泰兴市(苏)	28000.00
4	赣榆县(苏)	1900.00
5	大丰市(苏)	1850.00

序号	银杏主产地	产量(吨)
6	如皋市(苏)	1620.00
7	盐都区(苏)	1560.00
8	东台市(苏)	1200.00
9	宿城区(苏)	1180.00
10	睢宁县(苏)	837.00
11	宜兴市(苏)	708.00
12	新沂市(苏)	200.00
13	建湖县(苏)	20.00
14	长兴县(浙)	800.00
15	奉化市(浙)	150.00
16	衢江区(浙)	54.00
17	秀洲区(浙)	35.00
18	淳安县(浙)	34.00
19	景宁畲族自治县(浙)	11.00
20	旌德县(皖)	223.00
21	金寨县(皖)	155.00
22	太湖县(皖)	120.00
23	河东区(鲁)	85.00
24	牟平区(鲁)	16.00
25	沂南县(鲁)	13.00
26	桐柏县(豫)	1536.00
27	嵩　县(豫)	220.00
28	许昌县(豫)	95.00
29	新野县(豫)	82.00
30	南召县(豫)	60.00
31	罗山县(豫)	45.00
32	商城县(豫)	10.00
33	南漳县(鄂)	11000.00
34	罗田县(鄂)	825.00
35	大悟县(鄂)	406.00
36	武穴市(鄂)	250.00
37	安陆市(鄂)	150.00
38	兴山县(鄂)	100.00
39	宜都市(鄂)	75.00
40	宣恩县(鄂)	45.00
41	麻城市(鄂)	29.00
42	恩施市(鄂)	22.00
43	秭归县(鄂)	18.00
44	金洞林场(湘)	168.00
45	江华瑶族自治县(湘)	53.00
46	衡阳县(湘)	52.00
47	冷水江市(湘)	50.00
48	株洲县(湘)	38.00
49	中方县(湘)	38.00
50	炎陵县(湘)	14.00
51	郴州市市辖区(湘)	10.00
52	耒阳市(湘)	10.00
53	兴安县(桂)	3024.00
54	平乐县(桂)	90.00
55	临桂县(桂)	76.00
56	灌阳县(桂)	54.00
57	龙胜各族自治县(桂)	33.00
58	恭城瑶族自治县(桂)	19.00
59	连州市(粤)	44.00
60	石柱土家族自治县(渝)	950.00
61	南川区(渝)	140.00
62	彭水苗族土家族自治县(渝)	38.00
63	宣汉县(川)	530.00
64	通江县(川)	350.00
65	南江县(川)	220.00
66	都江堰市(川)	150.00
67	江安县(川)	127.00
68	青川县(川)	100.00
69	开江县(川)	100.00
70	北川羌族自治县(川)	95.00
71	大邑县(川)	88.00
72	平武县(川)	75.00
73	达　县(川)	55.00
74	巴州区(川)	40.00
75	万源市(川)	35.50
76	元坝区(川)	25.00
77	旺苍县(川)	10.00
78	湄潭县(黔)	650.00
79	盘　县(黔)	120.00
80	麻江县(黔)	100.00
81	正安县(黔)	80.00
82	遵义县(黔)	62.00
83	道真仡佬族苗族自治县(黔)	37.00
84	德江县(黔)	33.00
85	三穗县(黔)	27.00
86	略阳县(陕)	115.00
87	石泉县(陕)	20.00
88	文　县(甘)	1200.00
89	徽　县(甘)	78.00
90	康　县(甘)	58.00
91	两当县(甘)	30.00

表 16-10　2012 年生姜主产地产量

序号	生姜主产地	产量(吨)
1	潜山县(皖)	800.00
2	铜陵县(皖)	500.00
3	玉山县(赣)	200.00
4	上高县(赣)	40.00
5	乐安县(赣)	11.00
6	瑞金市(赣)	10.00
7	内乡县(豫)	10.00
8	随县(鄂)	50.00
9	宜都市(鄂)	30.00
10	双牌县(湘)	600.00
11	双峰县(湘)	120.00
12	耒阳市(湘)	100.00
13	平江县(湘)	100.00
14	醴陵市(湘)	50.00
15	苏仙区(湘)	25.00
16	连南瑶族自治县(粤)	5030.00
17	高州市(粤)	200.00
18	大埔县(粤)	200.00
19	东源县(粤)	25.00
20	那坡县(桂)	2500.00
21	昭平县(桂)	2400.00
22	全州县(桂)	600.00
23	梁平县(渝)	940.00
24	阆中市(川)	152000.00
25	宣汉县(川)	98000.00
26	会理县(川)	20.00
27	盘　县(黔)	3000.00
28	普安县(黔)	2500.00
29	贵定县(黔)	2000.00
30	黔西县(黔)	363.00
31	江口县(黔)	100.00
32	瓮安县(黔)	50.00
33	六枝特区(黔)	30.00
34	永胜县(滇)	1800.00
35	镇沅彝族哈尼族拉祜族自治县(滇)	500.00

表 16-11　2012 年桔梗主产地产量

序号	桔梗主产地	产量(吨)
1	涞源县(冀)	50000.00
2	丰宁满族自治县(冀)	18.00
3	克什克腾旗(内蒙古)	50.00
4	宁城县(内蒙古)	18.00
5	双塔区(辽)	2000.00
6	本溪满族自治县(辽)	200.00
7	凌源市(辽)	38.00
8	振安区(辽)	10.00
9	涡阳县(皖)	5000.00
10	利辛县(皖)	2620.00
11	砀山县(皖)	125.50

序号	桔梗主产地	产量(吨)
12	芜湖县(皖)	35.00
13	万年县(赣)	60000.00
14	宜丰县(赣)	37.00
15	东乡县(赣)	32.00
16	博山区(鲁)	3800.00
17	梁山县(鲁)	130.00
18	兖州市(鲁)	45.00
19	沈丘县(豫)	200.00
20	宜阳县(豫)	110.00
21	桐柏县(豫)	56.00
22	西平县(豫)	26.00
23	英山县(鄂)	450.00
24	漳河新区(鄂)	400.00
25	罗田县(鄂)	180.00
26	南漳县(鄂)	100.00
27	大悟县(鄂)	42.50
28	安仁县(湘)	1000.00
29	开　县(渝)	1520.00
30	荣　县(川)	6000.00
31	仁寿县(川)	255.00
32	宣汉县(川)	120.00
33	黄平县(黔)	640.00
34	玉屏侗族自治县(黔)	95.00
35	宁蒗彝族自治县(滇)	902.94
36	永胜县(滇)	150.00
37	武定县(滇)	50.00
38	商州区(陕)	7030.00
39	成　县(甘)	90000.00
40	两当县(甘)	90.00

表 16-12　2012 年天麻主产地产量

序号	天麻主产地	产量(吨)
1	东港市(辽)	546.00
2	辉南县(吉)	860.00
3	永吉县(吉)	25.00
4	金寨县(皖)	9734.00
5	商水县(豫)	35.00
6	商城县(豫)	20.00
7	罗田县(鄂)	7500.00
8	利川市(鄂)	220.00
9	保康县(鄂)	16.00
10	宜都市(鄂)	10.00
11	湘乡市(湘)	960.00
12	新化县(湘)	150.00
13	新宁县(湘)	20.00
14	南川区(渝)	33.00
15	开　县(渝)	10.00
16	珙　县(川)	60.00
17	金口河区(川)	50.00
18	赫章县(黔)	100.00
19	正安县(黔)	80.00
20	锦屏县(黔)	40.00
21	彝良县(滇)	8049.50
22	永胜县(滇)	510.00
23	大关县(滇)	80.00
24	商州区(陕)	938.00
25	商南县(陕)	135.00
26	蓝田县(陕)	30.00
27	汉阴县(陕)	13.00
28	康　县(甘)	200.00
29	泉阳林业局(吉林森工)	500.00

表 16-13　2012 年其他中药材主产地产量

序号	其他中药材主产地	品种	产量(吨)
1	嵩　县(豫)	艾叶	500.00
2	开　县(渝)	艾叶	200.00
3	两当县(甘)	艾叶	50.00
4	醴陵市(湘)	艾叶	50.00
5	商水县(豫)	艾叶	35.00
6	那坡县(桂)	巴戟天	3.00
7	双柏县(滇)	白扁豆	5100.00
8	耒阳市(湘)	白扁豆	1.00
9	永胜县(滇)	白及	60.00
10	桑植县(湘)	白及	20.00
11	郎溪县(皖)	白及	2.00
12	耒阳市(湘)	白茅根	2000.00
13	那坡县(桂)	白茅根	4.00
14	双峰县(湘)	白茅根	1.20
15	耒阳市(湘)	白前	1.00
16	谯城区(皖)	白芍	43000.00
17	涡阳县(皖)	白芍	7000.00
18	磁　县(冀)	白芍	5760.00
19	柘城县(豫)	白芍	4596.00
20	利辛县(皖)	白芍	2025.00
21	虞城县(豫)	白芍	900.00
22	夏邑县(豫)	白芍	400.00
23	罗江县(川)	白芍	120.00
24	梁山县(鲁)	白芍	120.00
25	舞钢市(豫)	白芍	100.00
26	永城市(豫)	白芍	91.00
27	临漳县(冀)	白芍	40.00
28	耒阳市(湘)	白芍	40.00
29	芜湖县(皖)	白芍	35.00
30	双峰县(湘)	白芍	18.00
31	怀远县(皖)	白芍	10.00
32	松桃苗族自治县(黔)	白术	10000.00
33	郎溪县(皖)	白术	1500.00
34	修水县(赣)	白术	1200.00
35	利辛县(皖)	白术	747.00
36	黄平县(黔)	白术	560.00
37	砀山县(皖)	白术	439.30
38	迁安市(冀)	白术	380.00
39	安国市(冀)	白术	200.00
40	玉屏侗族自治县(黔)	白术	175.00
41	天台县(浙)	白术	120.00
42	桑植县(湘)	白术	40.00
43	永定区(湘)	白术	25.00
44	鹿邑县(豫)	白术	20.00
45	满城县(冀)	白术	12.00
46	永胜县(滇)	白术	10.00
47	双峰县(湘)	白术	10.00

序号	其他中药材主产地	品种	产量(吨)	序号	其他中药材主产地	品种	产量(吨)
48	那坡县(桂)	白头翁	5.00	94	宕昌县(甘)	半夏	450.00
49	鹿邑县(豫)	白芷	2500.00	95	砀山县(皖)	半夏	251.00
50	利辛县(皖)	白芷	1120.00	96	嵩　县(豫)	半夏	156.00
51	开　县(渝)	白芷	730.00	97	平桥区(豫)	半夏	120.00
52	安国市(冀)	白芷	200.00	98	酉阳土家族苗族自治县(渝)	半夏	55.00
53	宜阳县(豫)	白芷	55.00	99	两当县(甘)	半夏	50.00
54	南漳县(鄂)	白芷	20.00	100	寻甸回族彝族自治县(滇)	半夏	20.00
55	耒阳市(湘)	百部	2.00	101	黔西县(黔)	半夏	12.00
56	松桃苗族自治县(黔)	百合	10000.00	102	龙里县(黔)	半夏	12.00
57	罗田县(鄂)	百合	1850.00	103	锦屏县(黔)	半夏	11.00
58	石柱土家族自治县(渝)	百合	1500.00	104	红星林业局(龙江森工)	贝母	2180.00
59	永靖县(甘)	百合	500.00	105	汤旺河林业局(龙江森工)	贝母	2000.00
60	新化县(湘)	百合	200.00	106	海林林业局(龙江森工)	贝母	1600.00
61	安化县(湘)	百合	120.00	107	亚布力林业局(龙江森工)	贝母	1500.00
62	耒阳市(湘)	百合	100.00	108	定海区(浙)	贝母	967.00
63	金洞林场(湘)	百合	55.00	109	带岭实验局(龙江森工)	贝母	730.00
64	祁东县(湘)	百合	50.00	110	辉南县(吉)	贝母	450.00
65	双峰县(湘)	百合	40.00	111	美溪林业局(龙江森工)	贝母	442.00
66	会理县(川)	百合	20.00	112	苇河林业局(龙江森工)	贝母	396.00
67	古城区(滇)	百合	20.00	113	朗乡林业局(龙江森工)	贝母	350.00
68	耒阳市(湘)	百两金	0.60	114	新青林业局(龙江森工)	贝母	300.00
69	耒阳市(湘)	败酱草	1200.00	115	金山屯林业局(龙江森工)	贝母	300.00
70	嵩　县(豫)	板蓝根	9100.00	116	乌伊岭林业局(龙江森工)	贝母	250.00
71	利辛县(皖)	板蓝根	1400.00	117	上甘岭林业局(龙江森工)	贝母	235.00
72	双塔区(辽)	板蓝根	1000.00	118	友好林业局(龙江森工)	贝母	140.00
73	寻甸回族彝族自治县(滇)	板蓝根	1000.00	119	山河屯林业局(龙江森工)	贝母	120.00
74	喀喇沁左翼蒙古族自治县(辽)	板蓝根	600.00	120	翠峦林业局(龙江森工)	贝母	61.00
75	崆峒区(甘)	板蓝根	510.00	121	南岔林业局(龙江森工)	贝母	50.00
76	景东彝族自治县(滇)	板蓝根	457.20	122	五营林业局(龙江森工)	贝母	44.00
77	安达市(黑)	板蓝根	350.00	123	桓仁满族自治县(辽)	贝母	37.50
78	禄丰县(滇)	板蓝根	320.00	124	绥棱林业局(龙江森工)	贝母	30.00
79	宜阳县(豫)	板蓝根	280.00	125	兴隆林业局(龙江森工)	贝母	22.00
80	徽　县(甘)	板蓝根	176.00	126	大海林林业局(龙江森工)	贝母	21.00
81	麟游县(陕)	板蓝根	150.00	127	西固区(甘)	贝母	15.00
82	康　县(甘)	板蓝根	120.00	128	耒阳市(湘)	扁蓄	100.00
83	武都区(甘)	板蓝根	90.00	129	京山县(鄂)	鳖甲	10.00
84	灵寿县(冀)	板蓝根	50.00	130	黔西县(黔)	薄荷	600.00
85	禹州市(豫)	板蓝根	50.00	131	民权县(豫)	薄荷	385.00
86	那坡县(桂)	板蓝根	50.00	132	靖安县(赣)	薄荷	30.00
87	让胡路区(黑)	板蓝根	30.00	133	醴陵市(湘)	薄荷	10.00
88	永胜县(滇)	板蓝根	30.00	134	利辛县(皖)	薄荷	9.00
89	龙南县(赣)	板蓝根	20.00	135	双峰县(湘)	薄荷	6.00
90	辉县市(豫)	板蓝根	18.00	136	兴国县(赣)	薄荷	5.00
91	安源区(赣)	板蓝根	16.00	137	丰顺县(粤)	薄荷	2.00
92	成武县(鲁)	板蓝根	15.00	138	安源区(赣)	薄荷	1.70
93	礼　县(甘)	半夏	1800.00	139	两当县(甘)	苍耳子	30.00

序号	其他中药材主产地	品种	产量(吨)
140	耒阳市(湘)	苍耳子	20.00
141	双峰县(湘)	苍耳子	12.00
142	罗田县(鄂)	苍术	620.00
143	京山县(鄂)	苍术	100.00
144	大悟县(鄂)	苍术	69.70
145	丰宁满族自治县(冀)	苍术	45.00
146	贡山独龙族怒族自治县(滇)	草果	1360.70
147	普安县(黔)	草果	1200.00
148	福贡县(滇)	草果	369.80
149	孟连傣族拉祜族佤族自治县(滇)	草果	120.00
150	镇沅彝族哈尼族拉祜族自治县(滇)	草果	35.00
151	那坡县(桂)	草果	10.00
152	宜阳县(豫)	侧柏	370.00
153	两当县(甘)	侧柏	5.00
154	那坡县(桂)	侧柏	3.00
155	耒阳市(湘)	侧柏叶	600.00
156	辉县市(豫)	侧柏叶	135.00
157	荣昌县(渝)	茶树	3050.00
158	龙胜各族自治县(桂)	茶树	198.00
159	石城县(赣)	茶树	1.50
160	耒阳市(湘)	菖蒲	100.00
161	双峰县(湘)	菖蒲	12.00
162	那坡县(桂)	菖蒲	1.00
163	新干县(赣)	车前子	168000.00
164	辉南县(吉)	车前子	160.00
165	那坡县(桂)	车前子	15.00
166	兴国县(赣)	车前子	5.00
167	龙江县(黑)	车前子	5.00
168	耒阳市(湘)	车前子	4.00
169	宜都市(鄂)	陈皮	50.00
170	双峰县(湘)	陈皮	10.00
171	那坡县(桂)	陈皮	6.00
172	兴国县(赣)	陈皮	5.00
173	耒阳市(湘)	赤芍	40.00
174	耒阳市(湘)	赤小豆	1.00
175	木里藏族自治县(川)	虫草	30.00
176	茂　县(川)	虫草	4.00
177	同德县(青)	虫草	2.50
178	炉霍县(川)	虫草	2.00
179	理塘县(川)	虫草	2.00
180	左贡县(藏)	虫草	1.70
181	白玉县(川)	虫草	1.00
182	墨竹工卡县(藏)	虫草	0.59
183	那坡县(桂)	臭椿	110.00
184	永胜县(滇)	川椒	1200.00
185	梁平县(渝)	川楝	100.00
186	金口河区(川)	川芎	600.00
187	开　县(渝)	川芎	120.00
188	绵竹市(川)	川芎	5.00
189	五华区(滇)	川芎	0.90
190	辉南县(吉)	穿山甲	300.00
191	辉南县(吉)	穿山龙	340.00
192	本溪满族自治县(辽)	穿山龙	300.00
193	桓仁满族自治县(辽)	穿山龙	200.00
194	韩城市林业局(陕)	穿山龙	22.00
195	本溪市经济开发区(辽)	穿山龙	10.00
196	鸡东县(黑)	穿山龙	1.00
197	耒阳市(湘)	椿根皮	10.00
198	黟　县(皖)	大红藤	50.00
199	耒阳市(湘)	大红藤	6.00
200	礼　县(甘)	大黄	27000.00
201	开　县(渝)	大黄	8000.00
202	绛　县(晋)	大黄	3500.00
203	徽　县(甘)	大黄	1106.00
204	丰都县(渝)	大黄	1000.00
205	北川羌族自治县(川)	大黄	685.00
206	若尔盖县(川)	大黄	400.00
207	碌曲县(甘)	大黄	350.00
208	镇巴县(陕)	大黄	285.00
209	茂　县(川)	大黄	40.00
210	永胜县(滇)	大蓟	20.00
211	耒阳市(湘)	大蓟	5.00
212	耒阳市(湘)	大青叶	200.00
213	永胜县(滇)	大青叶	10.00
214	桑植县(湘)	大枣	30.00
215	新泰市(鲁)	丹参	22700.00
216	平邑县(鲁)	丹参	6000.00
217	嵩　县(豫)	丹参	2800.00
218	松桃苗族自治县(黔)	丹参	2000.00
219	工布江达县(藏)	丹参	1866.00
220	临沂市蒙山旅游区(鲁)	丹参	1000.00
221	玉屏侗族自治县(黔)	丹参	900.00
222	蒲城县(陕)	丹参	720.00
223	沂水县(鲁)	丹参	583.00
224	梁山县(鲁)	丹参	190.00
225	广饶县(鲁)	丹参	100.00
226	永城市(豫)	丹参	65.00
227	永胜县(滇)	丹参	56.00
228	罗田县(鄂)	丹参	50.00
229	禹州市(豫)	丹参	40.00
230	碌曲县(甘)	丹参	40.00
231	双峰县(湘)	丹参	30.00

序号	其他中药材主产地	品种	产量(吨)
232	青州市(鲁)	丹参	10.00
233	利津县(鲁)	丹参	10.00
234	商河县(鲁)	丹参	6.00
235	辉县市(豫)	丹参	5.50
236	商水县(豫)	丹参	5.00
237	临漳县(冀)	丹参	5.00
238	旌阳区(川)	丹参	5.00
239	南陵县(皖)	丹皮	3200.00
240	商州区(陕)	丹皮	1590.00
241	砀山县(皖)	丹皮	543.50
242	宜阳县(豫)	丹皮	130.00
243	泾　县(皖)	丹皮	120.00
244	青阳县(皖)	丹皮	103.00
245	伊川县(豫)	丹皮	100.00
246	永城市(豫)	丹皮	80.00
247	寻甸回族彝族自治县(滇)	丹皮	70.00
248	双峰县(湘)	丹皮	44.00
249	成武县(鲁)	丹皮	30.00
250	舞钢市(豫)	丹皮	10.00
251	泗阳县(苏)	丹皮	5.00
252	宕昌县(甘)	当归	12000.00
253	礼　县(甘)	当归	2400.00
254	汉源县(川)	当归	2100.00
255	武都区(甘)	当归	1710.00
256	临潭县(甘)	当归	600.00
257	北川羌族自治县(川)	当归	541.00
258	寻甸回族彝族自治县(滇)	当归	50.00
259	武山县(甘)	当归	30.00
260	丰宁满族自治县(冀)	当归	17.00
261	茂　县(川)	当归	15.00
262	大姚县(滇)	当归	6.00
263	东乡族自治县(甘)	当归	5.00
264	那坡县(桂)	当归	3.00
265	米易县(川)	当归	2.00
266	禄丰县(滇)	当归	1.00
267	宕昌县(甘)	党参	13000.00
268	文　县(甘)	党参	8000.00
269	武都区(甘)	党参	5560.00
270	礼　县(甘)	党参	5400.00
271	开　县(渝)	党参	700.00
272	罗江县(川)	党参	375.00
273	临潭县(甘)	党参	350.00
274	崆峒区(甘)	党参	235.00
275	道真仡佬族苗族自治县(黔)	党参	225.00
276	荣　县(川)	党参	210.00
277	辉南县(吉)	党参	170.00
278	武山县(甘)	党参	100.00
279	平利县(陕)	党参	50.00
280	两当县(甘)	党参	30.00
281	克什克腾旗(内蒙古)	党参	30.00
282	永胜县(滇)	党参	22.00
283	会理县(川)	党参	20.00
284	耒阳市(湘)	灯心	1.00
285	徽　县(甘)	地骨皮	11.50
286	耒阳市(湘)	地龙	100.00
287	耒阳市(湘)	地榆	40.00
288	茂　县(川)	独活	30.00
289	黔西县(黔)	独活	6.00
290	大通回族土族自治县(青)	独活	1.30
291	双峰县(湘)	莪术	3.00
292	耒阳市(湘)	儿茶	8.00
293	方城县(豫)	番木瓜	6356.00
294	宣汉县(川)	番木瓜	1200.00
295	平利县(陕)	番木瓜	200.00
296	双塔区(辽)	防风	1000.00
297	永年县(冀)	防风	840.00
298	宜阳县(豫)	防风	170.00
299	康　县(甘)	防风	80.00
300	双城市(黑)	防风	55.00
301	永胜县(滇)	防风	50.00
302	连山区(辽)	防风	30.00
303	方正县(黑)	防风	26.00
304	徽　县(甘)	防风	25.00
305	寻甸回族彝族自治县(滇)	防风	20.00
306	利辛县(皖)	防风	20.00
307	垣曲县(晋)	防风	18.00
308	肇源县(黑)	防风	10.00
309	耒阳市(湘)	防己	20.00
310	通道侗族自治县(湘)	枫香	1000.00
311	那坡县(桂)	枫香	20.00
312	耒阳市(湘)	枫香	12.00
313	黟　县(皖)	枫香	5.00
314	镇坪县(陕)	蜂蜜	110536.00
315	尚志市(黑)	蜂蜜	3000.00
316	开　县(渝)	蜂蜜	270.00
317	麟游县(陕)	蜂蜜	260.00
318	平桥区(豫)	蜂蜜	247.00
319	中方县(湘)	蜂蜜	200.00
320	两当县(甘)	蜂蜜	150.00
321	永胜县(滇)	蜂蜜	120.00
322	略阳县(陕)	蜂蜜	105.00
323	乐安县(赣)	蜂蜜	100.00

序号	其他中药材主产地	品种	产量(吨)
324	丰都县(渝)	蜂蜜	55.00
325	东丰县(吉)	蜂蜜	52.00
326	镇巴县(陕)	蜂蜜	50.00
327	辉县市(豫)	蜂蜜	25.00
328	镇沅彝族哈尼族拉祜族自治县(滇)	蜂蜜	22.00
329	阜新蒙古族自治县(辽)	蜂蜜	21.50
330	芜湖县(皖)	蜂蜜	20.00
331	大悟县(鄂)	蜂蜜	18.50
332	五峰土家族自治县(鄂)	蜂蜜	17.00
333	栖霞市(鲁)	蜂蜜	12.00
334	宜都市(鄂)	蜂蜜	10.00
335	彭水苗族土家族自治县(渝)	蜂蜜	10.00
336	六枝特区(黔)	蜂蜜	10.00
337	贵定县(黔)	蜂蜜	10.00
338	江口县(黔)	蜂蜜	10.00
339	石柱土家族自治县(渝)	佛手	1600.00
340	茂　县(川)	佛手	10.00
341	靖州苗族侗族自治县(湘)	茯苓	30000.00
342	罗田县(鄂)	茯苓	9000.00
343	石柱土家族自治县(渝)	茯苓	5000.00
344	英山县(鄂)	茯苓	4500.00
345	金寨县(皖)	茯苓	3415.00
346	湘乡市(湘)	茯苓	1300.00
347	高　县(川)	茯苓	650.00
348	永胜县(滇)	茯苓	540.00
349	丹寨县(黔)	茯苓	338.00
350	锦屏县(黔)	茯苓	120.00
351	黔西县(黔)	茯苓	60.00
352	玉屏侗族自治县(黔)	茯苓	49.00
353	新晃侗族自治县(湘)	茯苓	40.00
354	镇沅彝族哈尼族拉祜族自治县(滇)	茯苓	30.00
355	高安市(赣)	茯苓	15.00
356	大姚县(滇)	茯苓	15.00
357	楚雄市(滇)	茯苓	11.00
358	耒阳市(湘)	浮萍	300.00
359	宁蒗彝族自治县(滇)	附子	1383.00
360	武定县(滇)	附子	703.00
361	永胜县(滇)	附子	180.00
362	姚安县(滇)	附子	116.00
363	镇巴县(陕)	附子	20.00
364	五华区(滇)	附子	1.00
365	耒阳市(湘)	覆盆子	4.00
366	赣　县(赣)	干姜	216.00
367	靖安县(赣)	干姜	90.00
368	赫章县(黔)	干姜	80.00
369	新晃侗族自治县(湘)	干姜	15.00
370	东乡县(赣)	干姜	4.00
371	瓜州县(甘)	甘草	54000.00
372	金塔县(甘)	甘草	5850.00
373	鄂托克前旗(内蒙古)	甘草	2280.00
374	嫩江县(黑)	甘草	750.00
375	金川区(甘)	甘草	468.00
376	秦州区(甘)	甘草	250.00
377	武威市市辖区(甘)	甘草	230.00
378	磴口县(内蒙古)	甘草	220.00
379	和林格尔县(内蒙古)	甘草	65.00
380	古交市(晋)	甘草	27.00
381	平罗县(宁)	甘草	8.00
382	达拉特旗(内蒙古)	甘草	7.00
383	开　县(渝)	藁本	90.00
384	茂　县(川)	藁本	80.00
385	宣汉县(川)	葛根	300000.00
386	随县(鄂)	葛根	3300.00
387	桑植县(湘)	葛根	800.00
388	青秀区(桂)	葛根	730.00
389	陕　县(豫)	葛根	644.00
390	耒阳市(湘)	葛根	600.00
391	彭泽县(赣)	葛根	400.00
392	冷水江市(湘)	葛根	300.00
393	仁寿县(川)	葛根	220.00
394	宜都市(鄂)	葛根	200.00
395	嵩　县(豫)	葛根	125.00
396	双峰县(湘)	葛根	120.00
397	新晃侗族自治县(湘)	葛根	30.00
398	潜山县(皖)	葛根	30.00
399	两当县(甘)	葛根	30.00
400	苏仙区(湘)	葛根	26.00
401	耒阳市(湘)	钩藤	800.00
402	锦屏县(黔)	钩藤	600.00
403	平罗县(宁)	枸杞子	23000.00
404	惠农区(宁)	枸杞子	7200.00
405	永宁县(宁)	枸杞子	1600.00
406	辛集市(冀)	枸杞子	870.00
407	金凤区(宁)	枸杞子	142.00
408	磴口县(内蒙古)	枸杞子	84.00
409	巫山县(渝)	枸杞子	50.00
410	共和县(青)	枸杞子	40.00
411	盐池县(宁)	枸杞子	36.00
412	万州区(渝)	枸杞子	30.00
413	安国市(冀)	枸杞子	30.00
414	遂平县(豫)	枸杞子	25.00
415	克什克腾旗(内蒙古)	枸杞子	20.00

序号	其他中药材主产地	品种	产量(吨)
416	金塔县(甘)	枸杞子	20.00
417	托里县(新)	枸杞子	17.00
418	达拉特旗(内蒙古)	枸杞子	14.00
419	耒阳市(湘)	谷精草	4.00
420	两当县(甘)	瓜蒂	10.00
421	潜山县(皖)	瓜蒌	5000.00
422	泗阳县(苏)	瓜蒌	5.00
423	耒阳市(湘)	瓜蒌	2.00
424	万源市(川)	贯众	80.00
425	耒阳市(湘)	贯众	40.00
426	鼎湖区(粤)	桂枝	2500.00
427	耒阳市(湘)	旱莲草	30.00
428	那坡县(桂)	旱莲草	1.00
429	漳河新区(鄂)	何首乌	160.00
430	利川市(鄂)	何首乌	150.00
431	万源市(川)	何首乌	120.00
432	两当县(甘)	何首乌	50.00
433	耒阳市(湘)	何首乌	50.00
434	都匀市经济开发区(黔)	何首乌	30.00
435	长顺县(黔)	何首乌	25.00
436	那坡县(桂)	何首乌	15.00
437	双峰县(湘)	荷叶	12.00
438	耒阳市(湘)	荷叶	10.00
439	淮阳县(豫)	黑芝麻	575.90
440	商水县(豫)	黑芝麻	20.00
441	彭水苗族土家族自治县(渝)	黑芝麻	10.00
442	耒阳市(湘)	黑芝麻	10.00
443	那坡县(桂)	黑芝麻	6.00
444	兴国县(赣)	黑芝麻	5.00
445	农四师(新疆兵团)	红花	225.00
446	永胜县(滇)	红花	210.00
447	禹州市(豫)	红花	10.00
448	左贡县(藏)	红景天	6.30
449	耒阳市(湘)	槐角	20.00
450	内乡县(豫)	黄姜	5000.00
451	山阳县(陕)	黄姜	1721.00
452	那坡县(桂)	黄姜	450.00
453	安化县(湘)	黄姜	200.00
454	远安县(鄂)	黄姜	55.00
455	眉　县(陕)	黄姜	34.00
456	宜都市(鄂)	黄姜	30.00
457	永定区(湘)	黄姜	25.00
458	梁平县(渝)	黄荆	350.00
459	耒阳市(湘)	黄荆	40.00
460	会理县(川)	黄荆	30.00
461	那坡县(桂)	黄荆	1.00
462	五华区(滇)	黄荆	0.90
463	开　县(渝)	黄精	400.00
464	耒阳市(湘)	黄精	40.00
465	永胜县(滇)	黄精	20.00
466	青阳县(皖)	黄精	20.00
467	嵩　县(豫)	黄精	15.00
468	那坡县(桂)	黄精	2.00
469	内乡县(豫)	黄精	1.00
470	开　县(渝)	黄连	5000.00
471	利川市(鄂)	黄连	1700.00
472	宣汉县(川)	黄连	1200.00
473	金口河区(川)	黄连	750.00
474	彭州市(川)	黄连	422.00
475	北川羌族自治县(川)	黄连	361.00
476	洪雅县(川)	黄连	300.00
477	珙　县(川)	黄连	70.00
478	英山县(鄂)	黄连	50.00
479	彭水苗族土家族自治县(渝)	黄连	50.00
480	桑植县(湘)	黄连	40.00
481	酉阳土家族苗族自治县(渝)	黄连	10.00
482	武都区(甘)	黄芪	13860.00
483	佳木斯市郊区(黑)	黄芪	3000.00
484	秦州区(甘)	黄芪	2000.00
485	崆峒区(甘)	黄芪	555.00
486	宕昌县(甘)	黄芪	450.00
487	徽　县(甘)	黄芪	182.00
488	山阳县(陕)	黄芪	172.00
489	金山屯林业局(龙江森工)	黄芪	160.00
490	汤旺河林业局(龙江森工)	黄芪	150.00
491	桓仁满族自治县(辽)	黄芪	125.00
492	临潭县(甘)	黄芪	100.00
493	凌源市(辽)	黄芪	69.00
494	永年县(冀)	黄芪	65.00
495	拜泉县(黑)	黄芪	50.00
496	逊克县(黑)	黄芪	36.00
497	大海林林业局(龙江森工)	黄芪	35.00
498	寻甸回族彝族自治县(滇)	黄芪	20.00
499	山河屯林业局(龙江森工)	黄芪	18.00
500	茂　县(川)	黄芪	10.00
501	朗乡林业局(龙江森工)	黄芪	10.00
502	涞源县(冀)	黄芩	60000.00
503	平邑县(鲁)	黄芩	5600.00
504	绛　县(晋)	黄芩	4500.00
505	商州区(陕)	黄芩	2771.00
506	双塔区(辽)	黄芩	2000.00
507	芮城县(晋)	黄芩	1500.00

序号	其他中药材主产地	品种	产量(吨)	序号	其他中药材主产地	品种	产量(吨)
508	蒲城县(陕)	黄芩	1300.00	554	禹州市(豫)	菊花	20.00
509	宽城满族自治县(冀)	黄芩	1125.00	555	耒阳市(湘)	菊花	20.00
510	嵩　县(豫)	黄芩	830.00	556	永年县(冀)	菊花	14.00
511	喀喇沁左翼蒙古族自治县(辽)	黄芩	240.00	557	伊川县(豫)	决明子	100.00
512	围场满族蒙古族自治县(冀)	黄芩	200.00	558	辉县市(豫)	决明子	35.00
513	涉　县(冀)	黄芩	200.00	559	那坡县(桂)	决明子	4.00
514	永胜县(滇)	黄芩	150.00	560	丰顺县(粤)	决明子	2.00
515	两当县(甘)	黄芩	100.00	561	建平县(辽)	苦参	50000.00
516	麟游县(陕)	黄芩	89.00	562	绥中县(辽)	苦参	20000.00
517	沂水县(鲁)	黄芩	71.00	563	连山区(辽)	苦参	7600.00
518	东平县(鲁)	黄芩	70.00	564	成　县(甘)	苦参	2400.00
519	凌源市(辽)	黄芩	69.00	565	喀喇沁左翼蒙古族自治县(辽)	苦参	750.00
520	徽　县(甘)	黄芩	68.00	566	围场满族蒙古族自治县(冀)	苦参	400.00
521	临潭县(甘)	黄芩	65.00	567	建昌县(辽)	苦参	350.00
522	丰宁满族自治县(冀)	黄芩	60.00	568	丰宁满族自治县(冀)	苦参	40.00
523	韩城市林业局(陕)	黄芩	15.00	569	耒阳市(湘)	苦楝皮	40.00
524	翁牛特旗(内蒙古)	黄芩	10.10	570	那坡县(桂)	苦楝皮	18.00
525	下花园区(冀)	黄芩	10.00	571	兴国县(赣)	苦楝皮	5.00
526	永胜县(滇)	火麻仁	110.00	572	两当县(甘)	款冬花	15.00
527	昭平县(桂)	鸡血藤	105.00	573	那坡县(桂)	阔叶十大功劳	17.00
528	那坡县(桂)	鸡血藤	20.00	574	耒阳市(湘)	阔叶十大功劳	4.00
529	双峰县(湘)	鸡血藤	12.00	575	耒阳市(湘)	莱菔子	9.00
530	耒阳市(湘)	鸡血藤	2.00	576	永胜县(滇)	老鹳草	12.00
531	平利县(陕)	僵蚕	5.00	577	玉州区(桂)	荔枝核	2000.00
532	玉林市福绵区(桂)	金钱草	500.00	578	沁源县(晋)	连翘	4000.00
533	耒阳市(湘)	金钱草	200.00	579	嵩　县(豫)	连翘	3000.00
534	玉州区(桂)	金钱草	20.00	580	涉　县(冀)	连翘	2250.00
535	那坡县(桂)	金钱草	2.00	581	秦州区(甘)	连翘	1200.00
536	耒阳市(湘)	金樱子	200.00	582	黎城县(晋)	连翘	1000.00
537	鼎城区(湘)	金樱子	32.00	583	商州区(陕)	连翘	506.00
538	那坡县(桂)	金樱子	20.00	584	康　县(甘)	连翘	500.00
539	涉　县(冀)	荆芥	1000.00	585	阳城县(晋)	连翘	212.00
540	安国市(冀)	荆芥	200.00	586	沁　县(晋)	连翘	135.00
541	双峰县(湘)	荆芥	12.00	587	青州市(鲁)	连翘	20.00
542	阳谷县(鲁)	菊花	872000.00	588	永胜县(滇)	楝	510.00
543	大埔县(粤)	菊花	1000.00	589	耒阳市(湘)	楝	5.00
544	夷陵区(鄂)	菊花	875.00	590	金寨县(皖)	灵芝	776.00
545	利辛县(皖)	菊花	716.00	591	桓仁满族自治县(辽)	灵芝	22.50
546	高安市(赣)	菊花	522.50	592	奉化市(浙)	灵芝	2.00
547	泗阳县(苏)	菊花	500.00	593	三门县(浙)	灵芝	1.00
548	宁阳县(鲁)	菊花	210.00	594	靖州苗族侗族自治县(湘)	灵芝	1.00
549	祁门县(皖)	菊花	91.00	595	耒阳市(湘)	凌霄花	2.00
550	筠连县(川)	菊花	80.00	596	耒阳市(湘)	刘寄奴	4.00
551	潜山县(皖)	菊花	30.00	597	镇沅彝族哈尼族拉祜族自治县(滇)	龙胆草	800.00
552	仁寿县(川)	菊花	25.00	598	景东彝族自治县(滇)	龙胆草	170.10
553	武宁县(赣)	菊花	24.00	599	宽甸满族自治县(辽)	龙胆草	110.00

序号	其他中药材主产地	品种	产量(吨)	序号	其他中药材主产地	品种	产量(吨)
600	桓仁满族自治县(辽)	龙胆草	40.00	646	阆中市(川)	木瓜	1050.00
601	元坝区(川)	龙胆草	30.00	647	商南县(陕)	木瓜	630.00
602	六枝特区(黔)	龙胆草	20.00	648	綦江县(渝)	木瓜	600.00
603	辉南县(吉)	龙胆草	11.00	649	河东区(鲁)	木瓜	600.00
604	那坡县(桂)	龙胆草	3.00	650	正安县(黔)	木瓜	500.00
605	耒阳市(湘)	龙葵	1600.00	651	平利县(陕)	木瓜	200.00
606	丰顺县(粤)	龙眼肉	8.00	652	永胜县(滇)	木瓜	80.00
607	那坡县(桂)	龙眼肉	5.00	653	舞钢市(豫)	木瓜	50.00
608	耒阳市(湘)	芦根	300.00	654	桑植县(湘)	木瓜	50.00
609	东丰县(吉)	鹿茸	103.00	655	宝丰县(豫)	木瓜	42.00
610	桃山林业局(龙江森工)	鹿茸	3.50	656	遂平县(豫)	木瓜	25.00
611	金山屯林业局(龙江森工)	鹿茸	3.20	657	那坡县(桂)	木瓜	20.00
612	新宾满族自治县(辽)	鹿茸	3.00	658	楚雄市(滇)	木瓜	6.14
613	辉南县(吉)	鹿茸	2.50	659	耒阳市(湘)	木槿	1.00
614	方正林业局(龙江森工)	鹿茸	1.05	660	东源县(粤)	木棉	10.00
615	内乡县(豫)	鹿茸	1.00	661	那坡县(桂)	木棉	1.00
616	含山县(皖)	鹿茸	0.70	662	辉南县(吉)	木通	55.00
617	耒阳市(湘)	络石藤	6000.00	663	耒阳市(湘)	木通	10.00
618	阿鲁科尔沁旗(内蒙古)	麻黄	8500.00	664	玉龙纳西族自治县(滇)	木香	10000.00
619	达拉特旗(内蒙古)	麻黄	2400.00	665	宁蒗彝族自治县(滇)	木香	5320.60
620	鄂托克前旗(内蒙古)	麻黄	1550.00	666	开　县(渝)	木香	4500.00
621	喀喇沁旗(内蒙古)	麻黄	120.00	667	北川羌族自治县(川)	木香	4292.00
622	鄂托克旗(内蒙古)	麻黄	90.00	668	永胜县(滇)	木香	50.00
623	化德县(内蒙古)	麻黄	65.00	669	大通回族土族自治县(青)	木香	1.22
624	丰镇市(内蒙古)	麻黄	47.00	670	耒阳市(湘)	南蛇藤	100.00
625	克什克腾旗(内蒙古)	麻黄	30.00	671	黟　县(皖)	南天竹	15.00
626	下花园区(冀)	麻黄	10.00	672	荔波县(黔)	南天竹	10.00
627	林西县(内蒙古)	麻黄	7.60	673	耒阳市(湘)	南天竹	6.00
628	临潭县(甘)	麻黄	6.00	674	宣汉县(川)	牛蒡子	12000.00
629	耒阳市(湘)	马勃	2.00	675	成　县(甘)	牛蒡子	540.00
630	耒阳市(湘)	马齿苋	2000.00	676	迭部县(甘)	牛蒡子	118.00
631	三台县(川)	马齿苋	220.00	677	临潭县(甘)	牛蒡子	60.00
632	兴国县(赣)	马齿苋	6.00	678	康　县(甘)	牛蒡子	50.00
633	那坡县(桂)	马齿苋	5.00	679	两当县(甘)	牛蒡子	30.00
634	耒阳市(湘)	马兜铃	9.00	680	耒阳市(湘)	牛蒡子	20.00
635	襄城区(鄂)	麦冬	7000.00	681	栖霞市(鲁)	牛蒡子	18.00
636	两当县(甘)	麦冬	150.00	682	六枝特区(黔)	牛蒡子	10.00
637	耒阳市(湘)	麦冬	30.00	683	金口河区(川)	牛膝	3000.00
638	那坡县(桂)	麦冬	1.00	684	汉源县(川)	牛膝	300.00
639	双峰县(湘)	麦冬	0.80	685	永年县(冀)	牛膝	45.00
640	娄星区(湘)	玫瑰花	40.00	686	芜湖县(皖)	女贞子	10030.00
641	永胜县(滇)	密蒙花	120.00	687	那坡县(桂)	女贞子	1000.00
642	洱源县(滇)	木瓜	29577.00	688	安岳县(川)	女贞子	247.00
643	郧　县(鄂)	木瓜	15000.00	689	伊川县(豫)	女贞子	100.00
644	泌阳县(豫)	木瓜	2520.00	690	耒阳市(湘)	女贞子	100.00
645	宣州区(皖)	木瓜	2100.00	691	嵩　县(豫)	女贞子	68.00

序号	其他中药材主产地	品种	产量(吨)
692	双峰县(湘)	女贞子	6.00
693	建湖县(苏)	女贞子	5.00
694	淮阳县(豫)	女贞子	4.00
695	合川区(渝)	枇杷叶	400.00
696	龙里县(黔)	枇杷叶	15.00
697	兴国县(赣)	枇杷叶	5.00
698	双峰县(湘)	枇杷叶	5.00
699	平利县(陕)	枇杷叶	5.00
700	耒阳市(湘)	枇杷叶	5.00
701	黟　县(皖)	枇杷叶	2.00
702	丰顺县(粤)	枇杷叶	2.00
703	新宾满族自治县(辽)	蒲公英	3500.00
704	辉南县(吉)	蒲公英	3500.00
705	泗阳县(苏)	蒲公英	700.00
706	两当县(甘)	蒲公英	150.00
707	耒阳市(湘)	蒲公英	40.00
708	襄城区(鄂)	蒲公英	14.00
709	临潭县(甘)	蒲公英	12.00
710	青州市(鲁)	蒲公英	5.00
711	那坡县(桂)	蒲公英	5.00
712	六枝特区(黔)	蒲公英	5.00
713	麟游县(陕)	蒲公英	5.00
714	永靖县(甘)	蒲公英	3.00
715	韩城市林业局(陕)	蒲公英	1.00
716	康　县(甘)	七叶树	600.00
717	寻甸回族彝族自治县(滇)	七叶树	200.00
718	镇坪县(陕)	七叶树	20.00
719	平利县(陕)	七叶树	10.00
720	两当县(甘)	七叶树	10.00
721	耒阳市(湘)	千金藤	10.00
722	耒阳市(湘)	牵牛子	1.00
723	黄平县(黔)	前胡	530.00
724	淳安县(浙)	前胡	465.00
725	黔西县(黔)	前胡	210.00
726	玉屏侗族自治县(黔)	前胡	51.00
727	耒阳市(湘)	前胡	4.00
728	耒阳市(湘)	茜草	80.00
729	迭部县(甘)	羌活	1700.00
730	碌曲县(甘)	羌活	240.00
731	茂　县(川)	羌活	80.00
732	徽　县(甘)	羌活	8.30
733	大通回族土族自治县(青)	羌活	1.30
734	玉龙纳西族自治县(滇)	秦艽	1800.00
735	宁蒗彝族自治县(滇)	秦艽	255.96
736	永胜县(滇)	秦艽	30.00
737	临潭县(甘)	秦艽	12.00
738	耒阳市(湘)	青蒿	500.00
739	双峰县(湘)	青蒿	200.00
740	开　县(渝)	青蒿	100.00
741	玉屏侗族自治县(黔)	青蒿	24.00
742	会理县(川)	青蒿	15.00
743	那坡县(桂)	青蒿	5.00
744	耒阳市(湘)	青葙子	8.00
745	临沂市蒙山旅游区(鲁)	全蝎	2.00
746	思南县(黔)	忍冬	2250.00
747	万山特区(黔)	忍冬	100.00
748	那坡县(桂)	榕	13.00
749	阿拉善右旗(内蒙古)	肉苁蓉	800.00
750	木里藏族自治县(川)	肉苁蓉	400.00
751	磴口县(内蒙古)	肉苁蓉	280.00
752	民勤县(甘)	肉苁蓉	140.00
753	额济纳旗(内蒙古)	肉苁蓉	110.00
754	乌拉特后旗(内蒙古)	肉苁蓉	104.00
755	克什克腾旗(内蒙古)	肉苁蓉	40.00
756	阿拉善左旗(内蒙古)	肉苁蓉	15.00
757	信宜市(粤)	肉桂	450.00
758	那坡县(桂)	肉桂	5.00
759	寻甸回族彝族自治县(滇)	三七	500.00
760	镇沅彝族哈尼族拉祜族自治县(滇)	三七	1.00
761	耒阳市(湘)	桑寄生	20.00
762	平利县(陕)	桑葚	10.00
763	耒阳市(湘)	桑葚	10.00
764	建湖县(苏)	桑葚	5.00
765	黟　县(皖)	桑葚	2.00
766	丰都县(渝)	桑葚	2.00
767	临安市(浙)	桑叶	3052.00
768	丰都县(渝)	桑叶	2426.00
769	耒阳市(湘)	桑叶	80.00
770	镇安县(陕)	桑叶	25.00
771	兴国县(赣)	桑叶	5.00
772	醴陵市(湘)	桑叶	5.00
773	乐至县(川)	沙参	2000.00
774	宁蒗彝族自治县(滇)	沙参	101.22
775	桓仁满族自治县(辽)	沙参	60.00
776	会理县(川)	沙参	40.00
777	阜新蒙古族自治县(辽)	沙参	0.80
778	孟连傣族拉祜族佤族自治县(滇)	砂仁	650.00
779	信宜市(粤)	砂仁	550.00
780	澜沧拉祜族自治县(滇)	砂仁	440.00
781	勐海县(滇)	砂仁	150.00
782	永胜县(滇)	砂仁	120.00
783	景洪市(滇)	砂仁	103.30

序号	其他中药材主产地	品种	产量(吨)
784	阳春市(粤)	砂仁	36.00
785	那坡县(桂)	山豆根	10.00
786	耒阳市(湘)	山鸡椒	4.00
787	温　县(豫)	山药	14500.00
788	高州市(粤)	山药	5000.00
789	淮阳县(豫)	山药	2400.00
790	双峰县(湘)	山药	1500.00
791	桓仁满族自治县(辽)	山药	900.00
792	灌阳县(桂)	山药	673.00
793	通城县(鄂)	山药	80.00
794	宜阳县(豫)	山药	50.00
795	耒阳市(湘)	山药	40.00
796	两当县(甘)	山药	30.00
797	平利县(陕)	山药	20.00
798	玉屏侗族自治县(黔)	山药	15.00
799	酉阳土家族苗族自治县(渝)	山药	6.00
800	驿城区(豫)	山药	4.00
801	荔波县(黔)	山药	3.00
802	那坡县(桂)	山药	2.00
803	泾　县(皖)	山药	2.00
804	东港市(辽)	山药	1.00
805	嵩　县(豫)	山萸肉	33292.00
806	丹凤县(陕)	山萸肉	7667.00
807	淳安县(浙)	山萸肉	2160.00
808	阳城县(晋)	山萸肉	1446.00
809	鲁山县(豫)	山萸肉	500.00
810	太白县(陕)	山萸肉	375.00
811	方城县(豫)	山萸肉	180.00
812	商南县(陕)	山萸肉	50.00
813	龙草坪林业局(陕)	山萸肉	10.00
814	湾沟林业局(吉林森工)	山萸肉	5.00
815	嵩　县(豫)	山楂	1250.00
816	辉县市(豫)	山楂	580.00
817	阳城县(晋)	山楂	397.00
818	盖州市(辽)	山楂	320.00
819	康　县(甘)	山楂	300.00
820	辉南县(吉)	山楂	210.00
821	东平县(鲁)	山楂	200.00
822	遂平县(豫)	山楂	110.00
823	韩城市林业局(陕)	山楂	100.00
824	舞钢市(豫)	山楂	40.00
825	庄河市(辽)	山楂	25.00
826	麟游县(陕)	山楂	18.00
827	元宝区(辽)	山楂	10.00
828	平桥区(豫)	山楂	10.00
829	内乡县(豫)	山楂	5.00
830	淅川县(豫)	山楂	3.20
831	东丰县(吉)	山楂	3.00
832	襄城区(鄂)	山楂	2.20
833	耒阳市(湘)	商陆	400.00
834	耒阳市(湘)	蛇床子	16.00
835	耒阳市(湘)	蛇蜕	1.00
836	涉　县(冀)	射干	200.00
837	安国市(冀)	射干	100.00
838	双峰县(湘)	射干	80.00
839	临漳县(冀)	射干	8.00
840	宜都市(鄂)	射干	5.00
841	那坡县(桂)	射干	5.00
842	寻甸回族彝族自治县(滇)	升麻	20.00
843	磁　县(冀)	生地	5574.00
844	蒲城县(陕)	生地	1400.00
845	宜阳县(豫)	生地	250.00
846	永年县(冀)	生地	60.00
847	双峰县(湘)	生地	7.00
848	徽　县(甘)	生地	5.00
849	夹江县(川)	石斛	1000.00
850	景洪市(滇)	石斛	683.60
851	勐海县(滇)	石斛	543.00
852	孟连傣族拉祜族佤族自治县(滇)	石斛	379.00
853	耿马傣族佤族自治县(滇)	石斛	320.00
854	合江县(川)	石斛	184.00
855	西畴县(滇)	石斛	150.00
856	镇沅彝族哈尼族拉祜族自治县(滇)	石斛	80.00
857	泸水县(滇)	石斛	75.60
858	黄冕林场(桂)	石斛	30.00
859	天台县(浙)	石斛	10.00
860	勐腊县(滇)	石斛	6.22
861	楚雄市(滇)	石斛	5.80
862	双江拉祜族佤族布朗族傣族自治县(滇)	石斛	4.30
863	新平彝族傣族自治县(滇)	石斛	4.17
864	霍山县(皖)	石斛	4.00
865	墨江哈尼族自治县(滇)	石斛	3.50
866	那坡县(桂)	石斛	2.00
867	荔波县(黔)	石斛	2.00
868	黄岩区(浙)	石斛	2.00
869	耒阳市(湘)	石决明	20.00
870	怀远县(皖)	石榴	1500.00
871	会理县(川)	石榴	175.00
872	石台县(皖)	石榴	20.00
873	双峰县(湘)	石榴	2.00
874	耒阳市(湘)	石榴	1.00
875	耒阳市(湘)	石榴皮	5.00

序号	其他中药材主产地	品种	产量(吨)
876	双峰县(湘)	石榴皮	0.90
877	永胜县(滇)	使君子	110.00
878	辉县市(豫)	柿蒂	3.50
879	双峰县(湘)	熟地	6.00
880	那坡县(桂)	熟地	3.00
881	耒阳市(湘)	丝瓜络	20.00
882	辉县市(豫)	丝瓜络	6.00
883	双峰县(湘)	丝瓜络	1.00
884	澜沧拉祜族自治县(滇)	松香	4544.00
885	龙里县(黔)	松香	600.00
886	安化县(湘)	松香	320.00
887	那坡县(桂)	苏木	1.00
888	辉南县(吉)	苏子	110.00
889	宜阳县(豫)	酸枣仁	180.00
890	麟游县(陕)	酸枣仁	6.00
891	辉县市(豫)	酸枣仁	1.50
892	阿拉善右旗(内蒙古)	锁阳	6000.00
893	额济纳旗(内蒙古)	锁阳	90.00
894	福泉市(黔)	太子参	20000.00
895	黄平县(黔)	太子参	6690.00
896	宣州区(皖)	太子参	2000.00
897	松桃苗族自治县(黔)	太子参	1000.00
898	瓮安县(黔)	太子参	250.00
899	黔西县(黔)	太子参	48.00
900	芜湖县(皖)	太子参	40.00
901	玉屏侗族自治县(黔)	太子参	28.60
902	龙里县(黔)	太子参	25.00
903	天柱县(黔)	太子参	21.00
904	靖州苗族侗族自治县(湘)	太子参	5.00
905	双峰县(湘)	太子参	1.20
906	玉林市福绵区(桂)	天冬	32000.00
907	陆川县(桂)	天冬	1000.00
908	永胜县(滇)	天冬	820.00
909	两当县(甘)	天冬	30.00
910	耒阳市(湘)	天冬	20.00
911	永胜县(滇)	天南星	20.00
912	耒阳市(湘)	天南星	4.00
913	泗阳县(苏)	天南星	2.00
914	耒阳市(湘)	通脱木	3.00
915	开　县(渝)	土大黄	8000.00
916	万源市(川)	土大黄	200.00
917	理塘县(川)	土大黄	10.00
918	耒阳市(湘)	土大黄	2.00
919	黎平县(黔)	土茯苓	48621.00
920	绥宁县(湘)	土茯苓	1500.00
921	潜山县(皖)	土茯苓	500.00
922	耒阳市(湘)	土茯苓	300.00
923	长顺县(黔)	土茯苓	60.00
924	新化县(湘)	土茯苓	50.00
925	鼎城区(湘)	土茯苓	23.00
926	那坡县(桂)	土茯苓	5.00
927	丰顺县(粤)	土茯苓	5.00
928	耒阳市(湘)	菟丝子	30.00
929	耒阳市(湘)	王不留行	20.00
930	本溪满族自治县(辽)	威灵仙	360.00
931	耒阳市(湘)	威灵仙	20.00
932	永胜县(滇)	乌梅	850.00
933	武定县(滇)	乌头	120.00
934	耒阳市(湘)	乌药	8000.00
935	天台县(浙)	乌药	12.00
936	那坡县(桂)	乌药	3.00
937	樟树市(赣)	吴茱萸	100.00
938	双峰县(湘)	吴茱萸	80.00
939	汨罗市(湘)	吴茱萸	45.00
940	娄星区(湘)	吴茱萸	45.00
941	云溪区(湘)	吴茱萸	21.00
942	新干县(赣)	吴茱萸	21.00
943	新晃侗族自治县(湘)	吴茱萸	10.00
944	黟　县(皖)	吴茱萸	2.00
945	那坡县(桂)	吴茱萸	0.60
946	耒阳市(湘)	梧桐	2.00
947	耒阳市(湘)	蜈蚣	10.00
948	京山县(鄂)	蜈蚣	5.00
949	新宾满族自治县(辽)	五倍子	1500.00
950	红安县(鄂)	五倍子	500.00
951	洪江区(湘)	五倍子	350.00
952	利川市(鄂)	五倍子	300.00
953	道真仡佬族苗族自治县(黔)	五倍子	260.00
954	五峰土家族自治县(鄂)	五倍子	238.00
955	正安县(黔)	五倍子	100.00
956	黄平县(黔)	五倍子	60.00
957	长顺县(黔)	五倍子	54.00
958	桑植县(湘)	五倍子	50.00
959	商南县(陕)	五倍子	20.50
960	荔波县(黔)	五倍子	10.00
961	犍为县(川)	五倍子	10.00
962	酉阳土家族苗族自治县(渝)	五倍子	8.50
963	黔西县(黔)	五倍子	6.00
964	龙里县(黔)	五倍子	6.00
965	麟游县(陕)	五倍子	5.00
966	旌德县(皖)	五倍子	5.00
967	邵阳县(湘)	五倍子	2.00

序号	其他中药材主产地	品种	产量(吨)	序号	其他中药材主产地	品种	产量(吨)
968	虎林市(黑)	五加	8000.00	1014	环　县(甘)	杏仁	93.00
969	新化县(湘)	五加	200.00	1015	赫章县(黔)	杏仁	60.00
970	茂　县(川)	五加	140.00	1016	麟游县(陕)	杏仁	20.00
971	平山区(辽)	五加	101.39	1017	临潭县(甘)	杏仁	20.00
972	黟　县(皖)	五加皮	5.00	1018	两当县(甘)	杏仁	15.00
973	新化县(湘)	五加皮	5.00	1019	华池县(甘)	杏仁	15.00
974	新宾满族自治县(辽)	细辛	1500.00	1020	东丰县(吉)	杏仁	1.00
975	凤城市(辽)	细辛	800.00	1021	宁蒗彝族自治县(滇)	续断	10383.30
976	桓仁满族自治县(辽)	细辛	400.00	1022	永胜县(滇)	续断	250.00
977	阜新蒙古族自治县(辽)	细辛	300.00	1023	汉源县(川)	续断	240.00
978	宽甸满族自治县(辽)	细辛	220.00	1024	黔西县(黔)	续断	15.50
979	迭部县(甘)	细辛	220.00	1025	玉屏侗族自治县(黔)	玄参	1015.00
980	南芬区(辽)	细辛	200.00	1026	道真仡佬族苗族自治县(黔)	玄参	750.00
981	本溪满族自治县(辽)	细辛	130.00	1027	南川区(渝)	玄参	330.00
982	清原满族自治县(辽)	细辛	120.00	1028	长顺县(黔)	玄参	204.00
983	集安市(吉)	细辛	120.00	1029	东平县(鲁)	玄参	100.00
984	东港市(辽)	细辛	33.00	1030	双峰县(湘)	玄参	60.00
985	辉南县(吉)	细辛	5.00	1031	两当县(甘)	玄参	30.00
986	随县(鄂)	夏枯草	3000.00	1032	内乡县(豫)	玄参	2.00
987	永胜县(滇)	夏枯草	240.00	1033	耒阳市(湘)	玄参	1.00
988	万源市(川)	夏枯草	120.00	1034	左贡县(藏)	雪莲花	6.68
989	耒阳市(湘)	夏枯草	80.00	1035	贡觉县(藏)	雪莲花	1.00
990	漳河新区(鄂)	夏枯草	60.00	1036	芜湖县(皖)	延胡索	240.00
991	兴国县(赣)	夏枯草	5.00	1037	耒阳市(湘)	芫花	20.00
992	耒阳市(湘)	仙鹤草	400.00	1038	耒阳市(湘)	盐肤木	200.00
993	那坡县(桂)	仙茅	4.00	1039	湄潭县(黔)	盐肤木	150.00
994	耒阳市(湘)	香附	1200.00	1040	彭水苗族土家族自治县(渝)	盐肤木	100.00
995	耒阳市(湘)	香薷	6.00	1041	那坡县(桂)	盐肤木	20.00
996	耒阳市(湘)	香叶树	4.00	1042	来凤县(鄂)	盐肤木	3.00
997	会理县(川)	小茴香	80.00	1043	耒阳市(湘)	羊踯躅	1.00
998	赫章县(黔)	小茴香	6.00	1044	耒阳市(湘)	夜交藤	3000.00
999	丰顺县(粤)	小茴香	1.00	1045	耒阳市(湘)	夜明砂	4.00
1000	郧　县(鄂)	小叶白蜡	50.00	1046	耒阳市(湘)	益母草	600.00
1001	耒阳市(湘)	薤白	200.00	1047	那坡县(桂)	益母草	14.00
1002	南召县(豫)	辛夷	11000.00	1048	兴国县(赣)	益母草	5.00
1003	嵩　县(豫)	辛夷	500.00	1049	丰顺县(粤)	益母草	5.00
1004	北川羌族自治县(川)	辛夷	409.00	1050	双峰县(湘)	益母草	3.00
1005	五峰土家族自治县(鄂)	辛夷	242.00	1051	信宜市(粤)	益智仁	600.00
1006	南川区(渝)	辛夷	28.00	1052	玉屏侗族自治县(黔)	薏苡仁	56.60
1007	桐柏县(豫)	辛夷	25.00	1053	黔西县(黔)	薏苡仁	23.00
1008	罗田县(鄂)	辛夷	22.50	1054	嵩　县(豫)	茵陈	4000.00
1009	栾川县(豫)	辛夷	20.00	1055	那坡县(桂)	茵陈	15.00
1010	宜都市(鄂)	辛夷	5.00	1056	栖霞市(鲁)	茵陈	6.00
1011	西吉县(宁)	杏仁	350.00	1057	耒阳市(湘)	茵陈	6.00
1012	宜阳县(豫)	杏仁	170.00	1058	石城县(赣)	茵陈	2.00
1013	陇西县(甘)	杏仁	100.00	1059	新宾满族自治县(辽)	淫羊藿	2400.00

序号	其他中药材主产地	品种	产量(吨)
1060	桓仁满族自治县(辽)	淫羊藿	400.00
1061	本溪满族自治县(辽)	淫羊藿	100.00
1062	麟游县(陕)	淫羊藿	80.00
1063	嵩　县(豫)	淫羊藿	40.00
1064	那坡县(桂)	淫羊藿	4.00
1065	耒阳市(湘)	淫羊藿	4.00
1066	大关县(滇)	淫羊藿	2.00
1067	凤城市(辽)	玉竹	4700.00
1068	慈利县(湘)	玉竹	4200.00
1069	宽甸满族自治县(辽)	玉竹	4000.00
1070	双峰县(湘)	玉竹	3500.00
1071	东港市(辽)	玉竹	2207.00
1072	涟源市(湘)	玉竹	2020.00
1073	本溪满族自治县(辽)	玉竹	400.00
1074	新化县(湘)	玉竹	300.00
1075	桃江县(湘)	玉竹	200.00
1076	耒阳市(湘)	玉竹	100.00
1077	会理县(川)	玉竹	100.00
1078	桑植县(湘)	玉竹	20.00
1079	磁　县(冀)	远志	266.00
1080	耒阳市(湘)	远志	12.00
1081	临漳县(冀)	月季	22.00
1082	耒阳市(湘)	月季	1.00
1083	嵩　县(豫)	皂刺	4130.00
1084	宜阳县(豫)	皂刺	170.00
1085	耒阳市(湘)	皂刺	4.00
1086	宜阳县(豫)	皂角	380.00
1087	耒阳市(湘)	皂角	1.00
1088	双峰县(湘)	泽兰	1.00
1089	广昌县(赣)	泽泻	946.00
1090	双峰县(湘)	泽泻	1.20
1091	安国市(冀)	知母	500.00
1092	下花园区(冀)	知母	5.00
1093	蕲春县(鄂)	栀子	8000.00
1094	孝南区(鄂)	栀子	7200.00
1095	唐河县(豫)	栀子	3000.00
1096	临川区(赣)	栀子	2280.00
1097	新干县(赣)	栀子	1500.00
1098	进贤县(赣)	栀子	1400.00
1099	樟树市(赣)	栀子	600.00
1100	玉林市福绵区(桂)	栀子	300.00
1101	修水县(赣)	栀子	260.00
1102	翠屏区(川)	栀子	200.00
1103	武宁县(赣)	栀子	150.00
1104	开　县(渝)	栀子	100.00
1105	冷水江市(湘)	栀子	80.00
1106	双峰县(湘)	栀子	60.00
1107	耒阳市(湘)	栀子	15.00
1108	高　县(川)	栀子	10.80
1109	英山县(鄂)	栀子	10.00
1110	耒阳市(湘)	枳实	20.00
1111	高安市(赣)	枳实	3.00
1112	嵩　县(豫)	猪苓	420.00
1113	辉南县(吉)	猪苓	350.00
1114	两当县(甘)	猪苓	150.00
1115	留坝县(陕)	猪苓	120.00
1116	镇巴县(陕)	猪苓	40.00
1117	蓝田县(陕)	猪苓	40.00
1118	佛坪县(陕)	猪苓	10.00
1119	凤　县(陕)	猪苓	10.00
1120	梁平县(渝)	竹叶	412.00
1121	耒阳市(湘)	竹叶	80.00
1122	平利县(陕)	竹叶	10.00
1123	嵩　县(豫)	紫花地丁	1500.00
1124	耒阳市(湘)	紫花地丁	60.00
1125	耒阳市(湘)	紫金牛	1.00
1126	耒阳市(湘)	紫苏	200.00
1127	万源市(川)	紫苏	60.00
1128	南　县(湘)	紫苏	10.00
1129	耒阳市(湘)	紫苏	10.00
1130	安国市(冀)	紫苑	500.00
1131	泗阳县(苏)	紫苑	2.00

表 17-1　2012 年蜂蜜主产地产量

序号	蜂蜜主产地	户数	群数	产量(千克)
1	平谷区(京)	146	19398	704680.00
2	房山区(京)	767	28940	496804.08
3	门头沟区(京)	462	26000	63266.00
4	延庆县(京)	366	30000	10000.00
5	赞皇县(冀)	400	35000	1200000.00
6	阜平县(冀)	680	36000	600000.00
7	宁晋县(冀)	210	370	55122.00
8	黎城县(晋)	215	2650	7350.00
9	凌源市(辽)	855	57620	5747000.00
10	宽甸满族自治县(辽)	4000	30000	500000.00
11	北票市(辽)	120		200000.00
12	清原满族自治县(辽)	300	14000	105000.00
13	新宾满族自治县(辽)	400	8000	26000.00
14	本溪满族自治县(辽)	200	1000	8000.00
15	龙潭区(吉)	200	13200	660000.00
16	集安市(吉)	413	50000	300000.00
17	八家子林业局(吉)	107	12600	100000.00

序号	蜂蜜主产地	户数	群数	产量(千克)
18	辉南县(吉)	196	6700	8600.00
19	鹤岗市市辖区(黑)	260		4480000.00
20	饶河县(黑)	610	38000	2104000.00
21	林口县(黑)	400	35000	2000000.00
22	兰溪市(浙)	1300	156000	11300000.00
23	宁海县(浙)	500	60000	1200000.00
24	磐安县(浙)	450		180000.00
25	徽州区(皖)	1280	115000	6900000.00
26	桐城市(皖)	250	15400	1200000.00
27	绩溪县(皖)	200	20000	720000.00
28	霍山县(皖)	180	400	50000.00
29	石台县(皖)	150		10000.00
30	潜山县(皖)	150	150	2000.00
31	玉山县(赣)	12000	15139	617120.00
32	上高县(赣)	310	465	75600.00
33	新干县(赣)	400	500000	51200.00
34	宜丰县(赣)	146		20000.00
35	彭泽县(赣)	200	2000	9000.00
36	樟树市(赣)	100		6000.00
37	修水县(赣)	100		4500.00
38	德兴市(赣)	500	700	2000.00
39	余江县(赣)	120		1410.00
40	宁阳县(鲁)	310	413	721000.00
41	青州市(鲁)	380	14553	200000.00
42	蒙阴县(鲁)	320	320	6800.00
43	新泰市(鲁)	135		4500.00
44	安阳县(豫)	300	45000	1500000.00
45	林州市(豫)	120	120	220000.00
46	平桥区(豫)	629	75480	158508.00
47	邓州市(豫)	120	6200	80000.00
48	登封市(豫)	230	8300	41500.00
49	偃师市(豫)	300	1000	30000.00
50	栾川县(豫)	300	50	22000.00
51	新密市(豫)	100		5000.00
52	桐柏县(豫)	585	18565	3560.00
53	黄陂区(鄂)	3000	65000	5200000.00
54	麻城市(鄂)	2200	30000	3000000.00
55	云梦县(鄂)	301	37710	2400000.00
56	神农架林区(鄂)	1467	21969	930000.00
57	随县(鄂)	220	90000	800000.00
58	保康县(鄂)	700	8000	300000.00
59	长阳土家族自治县(鄂)	1500	55000	250000.00
60	曾都区(鄂)	1000	1600	240000.00
61	南漳县(鄂)	300	10000	30000.00
62	秭归县(鄂)	620	510	26632.00
63	兴山县(鄂)	1920		24000.00
64	京山县(鄂)	2000	200000	13000.00
65	建始县(鄂)	300	1500	11000.00
66	竹山县(鄂)	100	2000	9000.00
67	澧　县(湘)	653	61000	3200000.00
68	浏阳市(湘)	4500	120000	1266000.00
69	鼎城区(湘)	150	19000	850000.00
70	资兴市(湘)	2051	16059	130175.00
71	洪江市(湘)	100	1550	45000.00
72	安化县(湘)	1160		16500.00
73	桂东县(湘)	700	3500	11300.00
74	芷江侗族自治县(湘)	320	1280	1344.00
75	耒阳市(湘)	100	200	200.00
76	蕉岭县(粤)	2895		656000.00
77	平远县(粤)	962	17118	206795.00
78	丰顺县(粤)	100		8900.00
79	连州市(粤)	400		1530.00
80	蒙山县(桂)	534	43732	645127.00
81	昭平县(桂)	2060	43000	500000.00
82	钦北区(桂)	132	5238	20135.00
83	陆川县(桂)	1000	5000	7000.00
84	贺州市平桂管理区(桂)	375		2300.00
85	大足县(渝)	2518	300000	600000.00
86	石柱土家族自治县(渝)	5740	24500	397000.00
87	彭水苗族土家族自治县(渝)	1500	25000	120000.00
88	黔江区(渝)	5000	20000	100000.00
89	万盛区(渝)	300	5000	50000.00
90	丰都县(渝)	2998	11024	45658.00
91	合川区(渝)	475	931	22360.00
92	梁平县(渝)	325	70000	20000.00
93	奉节县(渝)	500		20000.00
94	巫溪县(渝)	500	800	20000.00
95	宣汉县(川)	15000	75000	750000.00
96	南江县(川)	602		78000.00
97	三台县(川)	1121	25220	25000.00
98	仪陇县(川)	200	2000	2000.00
99	金口河区(川)	320		1500.00
100	南溪县(川)	800	800	800.00
101	锦屏县(黔)	360	6400	16000.00
102	普安县(黔)	460	1000	11000.00
103	习水县(黔)	1000	2000	10000.00
104	七星关区(黔)	215	1052	4521.00
105	务川仡佬族苗族自治县(黔)	6500	38900	1600.00
106	五华区(滇)	156	120000	1700000.00
107	镇沅彝族哈尼族拉祜族自治县(滇)	750	8335	25065.00
108	云　县(滇)	2356	8384	6000.00
109	永胜县(滇)	2300	5800	5200.00

序号	蜂蜜主产地	户数	群数	产量(千克)
110	砚山县(滇)	300		5000.00
111	巧家县(滇)	450	900	3600.00
112	孟连傣族拉祜族佤族自治县(滇)	300	1100	3500.00
113	古城区(滇)	150	300	1200.00
114	略阳县(陕)	550		105000.00
115	南郑县(陕)	340		80000.00
116	镇巴县(陕)	2720	4895	45000.00
117	佛坪县(陕)	500	2000	20000.00
118	商州区(陕)	123	128	7150.00
119	秦州区(甘)	1400	24000	1480000.00
120	两当县(甘)	200	23000	100000.00
121	迭部县(甘)	267	2890	86700.00
122	华池县(甘)	300	620	3000.00
123	迎春林业局(龙江森工)		30000	1000000.00
124	清河林业局(龙江森工)		9500	712000.00
125	双鸭山林业局(龙江森工)		5500	500000.00
126	东方红林业局(龙江森工)		20000	500000.00
127	兴隆林业局(龙江森工)		15013	450000.00
128	亚布力林业局(龙江森工)		5470	270000.00
129	方正林业局(龙江森工)		4900	251000.00
130	美溪林业局(龙江森工)		4920	242000.00
131	汤旺河林业局(龙江森工)		3860	232000.00
132	乌马河林业局(龙江森工)		3800	228000.00
133	大海林林业局(龙江森工)		4968	195000.00
134	铁力林业局(龙江森工)		4975	193068.00
135	穆棱林业局(龙江森工)		4600	180000.00
136	桦南林业局(龙江森工)		2000	165000.00
137	绥阳林业局(龙江森工)		4100	163000.00
138	双丰林业局(龙江森工)		6940	160000.00
139	鹤北林业局(龙江森工)		2050	150000.00
140	乌伊岭林业局(龙江森工)		2200	132000.00
141	朗乡林业局(龙江森工)		3390	127000.00
142	鹤立林业局(龙江森工)		1540	100000.00
143	桃山林业局(龙江森工)		2500	100000.00
144	东京城林业局(龙江森工)		3600	98000.00
145	绥棱林业局(龙江森工)		3010	95000.00
146	友好林业局(龙江森工)		1700	75000.00
147	金山屯林业局(龙江森工)		2500	66000.00
148	上甘岭林业局(龙江森工)		1700	63800.00
149	黑龙江柴河林业局(龙江森工)		1507	60000.00
150	海林林业局(龙江森工)		2000	60000.00
151	新青林业局(龙江森工)		937	56000.00
152	林口林业局(龙江森工)		1250	50000.00
153	五营林业局(龙江森工)		1200	48000.00
154	翠峦林业局(龙江森工)		1234	43190.00
155	南岔林业局(龙江森工)		1140	40600.00
156	苇河林业局(龙江森工)		1704	40000.00
157	通北林业局(龙江森工)		915	32000.00
158	沾河林业局(龙江森工)		500	21000.00
159	八面通林业局(龙江森工)		708	5000.00
160	带岭实验局(龙江森工)		4200	210.00
161	山河屯林业局(龙江森工)		2300	179.00

表 17-2 2012 年蜂胶成品主产地产量

序号	蜂胶成品主产地	产量(千克)
1	门头沟区(京)	1200.00
2	平谷区(京)	1165.30
3	房山区(京)	876.65
4	海淀区(京)	125.00
5	宁晋县(冀)	215.00
6	黎城县(晋)	490.00
7	宽甸满族自治县(辽)	16000.00
8	抚顺县(辽)	1405.00
9	盖州市(辽)	117.00
10	龙潭区(吉)	6600.00
11	汪清林业局(吉)	1000.00
12	舒兰市(吉)	355.00
13	集安市(吉)	300.00
14	辉南县(吉)	210.00
15	天桥岭林业局(吉)	147.00
16	饶河县(黑)	3192.00
17	虎林市(黑)	500.00
18	秀洲区(浙)	76.00
19	徽州区(皖)	11500.00
20	桐城市(皖)	10000.00
21	芜湖县(皖)	720.00
22	五河县(皖)	500.00
23	绩溪县(皖)	223.00
24	新干县(赣)	12980.00
25	乐安县(赣)	60.00
26	东平县(鲁)	500.00
27	高青县(鲁)	400.00
28	临淄区(鲁)	130.00
29	新泰市(鲁)	130.00
30	泰安市市辖区(鲁)	100.00
31	夏津县(鲁)	100.00
32	坊子区(鲁)	50.00
33	安阳县(豫)	5000.00
34	平桥区(豫)	3827.00
35	登封市(豫)	1400.00
36	淅川县(豫)	213.00
37	郏　县(豫)	80.00
38	黄陂区(鄂)	975000.00
39	保康县(鄂)	5500.00
40	随县(鄂)	400.00
41	谷城县(鄂)	50.00
42	鼎城区(湘)	5000.00
43	新化县(湘)	4500.00
44	沅陵县(湘)	3852.00
45	浏阳市(湘)	1000.00
46	资兴市(湘)	1000.00
47	通道侗族自治县(湘)	400.00
48	城步苗族自治县(湘)	200.00
49	洪江市(湘)	120.00
50	娄星区(湘)	50.00
51	大足县(渝)	1500.00
52	丰都县(渝)	600.00
53	三台县(川)	2200.00

序号	蜂胶成品主产地	产量(千克)
54	筠连县(川)	2000.00
55	五华区(滇)	5000.00
56	韩城市林业局(陕)	2000.00
57	秦州区(甘)	24000.00
58	景泰县(甘)	500.00
59	文　县(甘)	500.00
60	沙雅县(新)	664.60

表 17-3　2012 年蜂王浆主产地产量

序号	蜂王浆主产地	产量(千克)
1	平谷区(京)	13367.00
2	房山区(京)	9387.00
3	门头沟区(京)	5000.00
4	通州区(京)	4260.00
5	延庆县(京)	600.00
6	馆陶县(冀)	750.00
7	宽城满族自治县(冀)	180.00
8	黎城县(晋)	2700.00
9	清原满族自治县(辽)	21000.00
10	宽甸满族自治县(辽)	15000.00
11	凌源市(辽)	1184.00
12	盖州市(辽)	840.00
13	抚顺县(辽)	568.00
14	本溪满族自治县(辽)	200.00
15	集安市(吉)	20000.00
16	龙潭区(吉)	13200.00
17	舒兰市(吉)	3050.00
18	东辽县(吉)	1500.00
19	辉南县(吉)	1300.00
20	汪清林业局(吉)	100.00
21	林口县(黑)	45500.00
22	饶河县(黑)	13500.00
23	鹤岗市市辖区(黑)	9000.00
24	阿城区(黑)	3600.00
25	虎林市(黑)	400.00
26	孟家岗林场(黑)	175.00
27	依安县(黑)	50.00
28	兰溪市(浙)	1109700.00
29	磐安县(浙)	9000.00
30	秀洲区(浙)	4560.00
31	徽州区(皖)	585000.00
32	桐城市(皖)	130000.00
33	芜湖县(皖)	48000.00
34	五河县(皖)	800.00
35	绩溪县(皖)	294.00
36	黟　县(皖)	50.00
37	上高县(赣)	3300.00
38	新干县(赣)	1000.00
39	兴国县(赣)	400.00
40	贵溪市(赣)	230.00
41	乐安县(赣)	50.00
42	蒙阴县(鲁)	12000.00
43	夏津县(鲁)	10000.00
44	临淄区(鲁)	2600.00
45	东平县(鲁)	1800.00
46	青州市(鲁)	1000.00
47	泰安市市辖区(鲁)	1000.00
48	乐陵市(鲁)	334.00
49	宁阳县(鲁)	310.00
50	新泰市(鲁)	230.00
51	东昌府区(鲁)	150.00
52	坊子区(鲁)	100.00
53	平桥区(豫)	16647.00
54	安阳县(豫)	10000.00
55	登封市(豫)	8400.00
56	淅川县(豫)	426.00
57	郏　县(豫)	70.00
58	黄陂区(鄂)	40000.00
59	随县(鄂)	40000.00
60	云梦县(鄂)	15770.00
61	保康县(鄂)	5600.00
62	京山县(鄂)	3000.00
63	谷城县(鄂)	1800.00
64	长阳土家族自治县(鄂)	600.00
65	襄城区(鄂)	260.00
66	曾都区(鄂)	50.00
67	鼎城区(湘)	70000.00
68	浏阳市(湘)	33000.00
69	新化县(湘)	5600.00
70	株洲县(湘)	3520.00
71	洪江市(湘)	960.00
72	通道侗族自治县(湘)	300.00
73	城步苗族自治县(湘)	210.00
74	冷水滩区(湘)	200.00
75	衡南县(湘)	100.00
76	娄星区(湘)	100.00
77	蕉岭县(粤)	4000.00
78	大足县(渝)	5800.00
79	合川区(渝)	754.00
80	丰都县(渝)	728.00
81	万盛区(渝)	500.00
82	石柱土家族自治县(渝)	500.00
83	仪陇县(川)	2000.00
84	筠连县(川)	2000.00
85	三台县(川)	1800.00
86	南溪县(川)	100.00
87	七星关区(黔)	4021.00
88	务川仡佬族苗族自治县(黔)	1700.00
89	锦屏县(黔)	60.00
90	西秀区(黔)	50.00
91	五华区(滇)	2000.00
92	秦州区(甘)	27000.00
93	景泰县(甘)	500.00
94	宕昌县(甘)	230.00
95	文　县(甘)	70.00
96	沙雅县(新)	496.50

表 17-4　2012 年蜂花粉主产地产量

序号	蜂花粉主产地	产量(千克)
1	延庆县(京)	1500.00
2	门头沟区(京)	500.00
3	宁晋县(冀)	2755.00
4	黎城县(晋)	4800.00
5	凌源市(辽)	118000.00
6	宽甸满族自治县(辽)	14000.00
7	北票市(辽)	8000.00
8	抚顺县(辽)	570.00
9	本溪满族自治县(辽)	400.00
10	舒兰市(吉)	7290.00
11	集安市(吉)	3000.00
12	东辽县(吉)	1500.00
13	辉南县(吉)	650.00
14	长白朝鲜族自治县(吉)	180.00
15	饶河县(黑)	43400.00
16	阿城区(黑)	4065.00
17	孟家岗林场(黑)	350.00
18	虎林市(黑)	320.00
19	汤原县(黑)	150.00
20	兰溪市(浙)	702000.00
21	秀洲区(浙)	4104.00
22	徽州区(皖)	340000.00
23	桐城市(皖)	140000.00
24	芜湖县(皖)	30000.00
25	绩溪县(皖)	629.00
26	青阳县(皖)	200.00
27	新干县(赣)	1420.00
28	东平县(鲁)	76000.00
29	夏津县(鲁)	7000.00

	蜂花粉主产地	产量(千克)		蜂花粉主产地	产量(千克)		蜂花粉主产地	产量(千克)
30	东昌府区(鲁)	3500.00	44	麻城市(鄂)	180000.00	58	常宁市(湘)	70.00
31	青州市(鲁)	1500.00	45	随县(鄂)	55000.00	59	蕉岭县(粤)	37501.00
32	泰安市市辖区(鲁)	1000.00	46	曾都区(鄂)	30000.00	60	大足县(渝)	15000.00
33	坊子区(鲁)	500.00	47	云梦县(鄂)	18000.00	61	梁平县(渝)	600.00
34	临淄区(鲁)	390.00	48	保康县(鄂)	13200.00	62	丰都县(渝)	140.00
35	新泰市(鲁)	250.00	49	点军区(鄂)	2000.00	63	三台县(川)	15000.00
36	乐陵市(鲁)	220.00	50	浏阳市(湘)	75000.00	64	筠连县(川)	2000.00
37	安阳县(豫)	28000.00	51	澧　县(湘)	12000.00	65	锦屏县(黔)	58.00
38	平桥区(豫)	15580.00	52	新化县(湘)	12000.00	66	五华区(滇)	300000.00
39	唐河县(豫)	4080.00	53	洪江市(湘)	10800.00	67	秦州区(甘)	110000.00
40	登封市(豫)	700.00	54	鼎城区(湘)	4500.00	68	景泰县(甘)	2500.00
41	郏　县(豫)	120.00	55	资兴市(湘)	2000.00	69	文　县(甘)	150.00
42	淅川县(豫)	58.00	56	通道侗族自治县(湘)	800.00			
43	黄陂区(鄂)	650000.00	57	城步苗族自治县(湘)	230.00			

表 18-1　2012 年森林公园及自然保护区旅游人数及收入

序号	县(旗、市、区、局、场)	森林公园及自然保护区(名称)	级别	实际接待人数(万人次)	旅游总收入(万元)	其中:门票收入(万元)
1	丰台区(京)	北宫国家森林公园	国家	108.00	286.00	10.00
2	大兴区(京)	古桑国家森林公园	国家	11.00	400.00	150.00
3	北京市西山林场(京)	西山国家森林公园	国家	1.38	5.63	4.97
4	北京市八达岭林场(京)	北京八达岭森林公园	国家	5.00	75.40	75.40
5	灵寿县(冀)	五岳寨森林公园	国家	30.00	8108.00	731.00
6	赞皇县(冀)	嶂石岩自然保护区	国家	20.80	6500.00	5677.00
7	平山县(冀)	平山天桂山风景名胜区	国家	52.00	2881.00	2340.00
8	平山县(冀)	河北驼梁自然保护区	国家	63.00	4004.00	3780.00
9	遵化市(冀)	清东陵国家森林公园	国家	30.00	3000.00	3000.00
10	北戴河区(冀)	秦皇岛野生动物园	国家	41.00	3000.00	3000.00
11	峰峰矿区(冀)	响堂山国家森林公园	国家	33.00	420.00	80.00
12	武安市(冀)	武安市国家森林公园	国家	86.00	3547.00	3547.00
13	邢台县(冀)	前南峪森林公园	国家	49.36	1360.48	1236.80
14	邢台县(冀)	英谈历史文化名村	国家	10.30	1.87	1.70
15	临城县(冀)	小天池森林风景区	国家	2.60	200.00	
16	内丘县(冀)	太子岩景区	国家	15.00	570.00	120.00
17	涞水县(冀)	野三坡国家森林公园	国家	296.00	15000.00	2650.00
18	阜平县(冀)	天生桥国家森林公园	国家	10.00	2825.00	600.00
19	唐　县(冀)	古北岳国家森林公园	国家	30.00	1000.00	600.00
20	涞源县(冀)	白石山国家森林公园	国家	27.00	6000.00	4800.00
21	易　县(冀)	易州国家森林公园	国家	7.50	650.00	260.00
22	曲阳县(冀)	虎山风景区	国家	2.90	431.00	90.00
23	沽源县(冀)	河北坝上闪电河国家湿地公园	国家	2.50	80.00	50.00
24	赤城县(冀)	黑龙山森林公园	国家	2.10	5.20	2.20
25	平泉县(冀)	辽河源国家级森林公园	国家	3.00	360.00	60.00
26	滦平县(冀)	白草洼森林公园	国家	2.00		15.00
27	丰宁满族自治县(冀)	河北丰宁海留图国家湿地公园	国家	20.00	5100.00	
28	丰宁满族自治县(冀)	白云古洞	国家	1.00	40.00	

序号	县(旗、市、区、局、场)	森林公园及自然保护区（名称）	级别	实际接待人数（万人次）	旅游总收入（万元）	其中:门票收入（万元）
29	丰宁满族自治县(冀)	九龙松景区	国家	1.50	450.00	
30	围场满族蒙古族自治县(冀)	御道口国家森林公园	国家	58.00	2000.00	300.00
31	围场满族蒙古族自治县(冀)	红松洼国家级自然保护区	国家	11.00	2000.00	300.00
32	围场满族蒙古族自治县(冀)	塞罕坝国家森林公园	国家	53.00	4200.00	2000.00
33	塞罕坝机械林场(冀)	塞罕坝国家森林公园	国家	42.84	15000.00	4601.00
34	木栏围场国营林场(冀)	河北省木兰围场国家森林公园	国家	1.15	52.00	0.60
35	雾灵山国家级自然保护区(冀)	雾灵山国家级自然保护区	国家	20.00	1085.00	1050.00
36	浑源县(晋)	恒山森林公园	国家	5.00	3080.00	1250.00
37	长治市郊区(晋)	老顶山国家森林公公园	国家	35.00	5100.00	
38	黎城县(晋)	黄崖洞国家森林公园	国家	25.00	60.00	
39	壶关县(晋)	太行峡谷国家森林公园	国家	12.00	1.20	1510.00
40	沁源县(晋)	灵空山自然保护区	国家	78.20	11000.00	90.00
41	阳城县(晋)	蟒河生态旅游区	国家	3.00	210.00	200.00
42	左权县(晋)	左权县龙泉国家森林公园	国家	1.85	37.00	35.00
43	垣曲县(晋)	历山国家级自然保护区	国家	18.00	8500.00	1000.00
44	忻府区(晋)	禹王洞国家森林公园	国家	0.25	3.00	3.00
45	五台县(晋)	五台山国家森林公园	国家	460.00	26000.00	3150.00
46	代　县(晋)	赵杲观国家森林公园	国家	0.53	9.00	5.30
47	青山区(内蒙古)	内蒙古大青山国家级自然保护区	国家	0.50	20.00	
48	石拐区(内蒙古)	五当召国家森林公园	国家	6.10		360.00
49	海勃湾区(内蒙古)	金沙湾森林沙漠旅游区	国家	18.00	5929.00	120.00
50	阿鲁科尔沁旗(内蒙古)	高格斯台罕乌拉自然保护区	国家	1.20	160.00	
51	巴林右旗(内蒙古)	赛罕乌拉自然保护区	国家	2.00	20.00	8.00
52	克什克腾旗(内蒙古)	黄冈梁国家级森林公园	国家	15.00	35.00	
53	克什克腾旗(内蒙古)	白音敖包国家级自然保护区	国家	10.00	150.00	100.00
54	克什克腾旗(内蒙古)	桦木沟国家森林公园	国家	30.00	200.00	110.00
55	喀喇沁旗(内蒙古)	马鞍山国家森林公园	国家	1.50	800.00	300.00
56	喀喇沁旗(内蒙古)	旺业甸国家森林公园	国家	2.00	1200.00	400.00
57	宁城县(内蒙古)	黑里河国家级自然保护区	国家	0.50	139.00	15.00
58	敖汉旗(内蒙古)	大黑山自然保护区	国家	6.00	60.00	35.00
59	科尔沁左翼后旗(内蒙古)	大青沟国家级自然保护区	国家	29.50	14750.00	885.00
60	东胜区(内蒙古)	九成功生态园	国家	8.56	130.00	70.00
61	达拉特旗(内蒙古)	响沙湾旅游区	国家	6.40	3240.00	760.00
62	鄂托克前旗(内蒙古)	鄂前旗上海庙旅游区	国家	4.50	440.00	
63	鄂托克前旗(内蒙古)	鄂前旗大沙头生态文化旅游区	国家	30.00	2800.00	
64	杭锦旗(内蒙古)	杭锦旗七星湖旅游区	国家	5.50	2276.00	
65	海拉尔区(内蒙古)	海拉尔国家森林公园	国家	9.00	40.00	40.00
66	巴林林业局(内蒙古)	喇嘛山国家森林公园	国家	4.09	124.30	124.30
67	红花尔基林业局(内蒙古)	红花尔基林业局樟子松国家森林公园	国家	3.60	254.00	87.90
68	杭锦后旗(内蒙古)	内蒙古河套国家森林公园	国家	0.15	300.00	50.00
69	凉城县(内蒙古)	二龙什台国家森林公园	国家	9.00	60.00	
70	东乌珠穆沁旗(内蒙古)	内蒙古宝格达乌拉国家森林公园	国家	3.00	120.00	
71	西乌珠穆沁旗(内蒙古)	古日格斯台自然保护区	国家	2.00	60.00	60.00
72	多伦县(内蒙古)	内蒙古滦河源国家森林公园	国家	15.00	20.00	5.00
73	阿拉善左旗(内蒙古)	南寺旅游区	国家	4.50	1900.00	500.00

序号	县(旗、市、区、局、场)	森林公园及自然保护区(名称)	级别	实际接待人数(万人次)	旅游总收入(万元)	其中:门票收入(万元)
74	额济纳旗(内蒙古)	内蒙古额济纳旗国家级胡杨林森林公园	国家	45.00	2250.00	120.00
75	苏家屯区(辽)	白清寨自然保护区	国家	20.00	13000.00	500.00
76	法库县(辽)	五龙山自然保护区	国家	100.00	8000.00	300.00
77	甘井子区(辽)	大连市西郊国家森林公园	国家	40.00	6000.00	
78	甘井子区(辽)	大连市金龙寺公园	国家	28.00	1920.00	
79	长海县(辽)	大连长山群岛旅游避暑度假区	国家	22.00	47000.00	
80	普兰店市(辽)	普兰店市国家森林公园	国家	50.00	1300.00	500.00
81	庄河市(辽)	大连冰峪风景区	国家	400.00	6500.00	10000.00
82	庄河市(辽)	大连银石滩国家级森林公园	国家	85.00	4600.00	750.00
83	抚顺县(辽)	抚顺三块石国家森林公园	国家	31.00	4050.00	1548.00
84	新宾满族自治县(辽)	钢山森林公园	国家	10.00	1000.00	200.00
85	新宾满族自治县(辽)	猴石国家森林公园	国家	30.00	3000.00	1800.00
86	新宾满族自治县(辽)	和睦国家森林公园	国家	20.00	2600.00	1500.00
87	溪湖区(辽)	溪湖区环城森林公园	国家	8.00	340.00	60.00
88	南芬区(辽)	大冰沟森林公园	国家	1.00	78.00	11.00
89	本溪满族自治县(辽)	铁刹山森林公园	国家	2.50	50.00	30.00
90	本溪满族自治县(辽)	汤沟森林公园	国家	7.00	180.00	150.00
91	本溪满族自治县(辽)	关门山森林公园	国家	20.00	1800.00	1300.00
92	桓仁满族自治县(辽)	库区国家森林公园	国家	5.00	270.00	70.00
93	凤城市(辽)	凤凰山自然保护区	国家	25.00	12729.00	1520.00
94	凤城市(辽)	大梨树自然风景名胜旅游区	国家	86.00	70458.00	8290.00
95	北镇市(辽)	北镇市国家级医巫闾山自然保护区	国家	460.00	16.70	
96	盖州市(辽)	青龙山森林公园	国家	12.00	2400.00	180.00
97	盖州市(辽)	万福林场赤山森林公园	国家	24.00	4800.00	360.00
98	阜新蒙古族自治县(辽)	阜新海棠山国家级自然保护区	国家	200.00	2000.00	300.00
99	西丰县(辽)	冰砬山森林公园	国家	35.00	650.00	
100	双塔区(辽)	凤凰山森林公园	国家	10.00	2000.00	500.00
101	朝阳县(辽)	努鲁儿虎山	国家	15.00	6000.00	300.00
102	北票市(辽)	大黑山自然保护区	国家	20.00	13000.00	1000.00
103	建昌县(辽)	白狼山自然保护区	国家	11.00	320.00	
104	兴城市(辽)	首山森林公园	国家	4.00	14.00	
105	长春市净月经济开发区(吉)	长春净月潭国家森林旅游公园	国家	354.00	73780.00	5100.00
106	蛟河市(吉)	吉林省拉法山国家森林公园	国家	24.50	28800.00	1433.00
107	桦甸市(吉)	桦甸市地局子林场南楼山风景区	国家	2.00	80.00	10.00
108	通化市市辖区(吉)	白鸡峰国家森林公园	国家	2.80	65.00	15.00
109	梅河口市(吉)	鸡冠山国家森林公园	国家	6.00	500.00	300.00
110	集安市(吉)	吉林集安五女峰国家森林公园	国家	10.00	350.00	150.00
111	临江市(吉)	吉林省临江市国家森林公园	国家	80.00	10421.00	60.00
112	前郭尔罗斯蒙古族自治县(吉)	查干湖自然保护区	国家	150.00	130000.00	
113	长白山林业局(吉)	长白山保护区	国家	167.00	48000.00	20875.00
114	呼兰区(黑)	呼兰国家级森林公园	国家	5.00	35.00	
115	巴彦县(黑)	驿马山森林公园	国家	6.00	68.00	
116	通河县(黑)	铧子山森林旅游	国家	100.00	1000.00	100.00
117	延寿县(黑)	长寿山森林公园	国家	30.00	1000.00	300.00
118	阿城区(黑)	金龙山国家森林公园	国家	42.00	599.00	420.00

序号	县(旗、市、区、局、场)	森林公园及自然保护区(名称)	级别	实际接待人数(万人次)	旅游总收入(万元)	其中:门票收入(万元)
119	丹清河实验林场(黑)	丹清河森林公园	国家	2.00	193.00	0.50
120	虎林市(黑)	乌苏里江国家级森林公园	国家	12.00	300.00	100.00
121	鹤岗市市辖区(黑)	鹤岗国家森林公园	国家	20.00	5400.00	1200.00
122	汤原县(黑)	大亮子河国家森林公园	国家	27.00	3760.00	
123	同江市(黑)	街津山国家森林公园	国家	12.00	288.00	144.00
124	富锦市(黑)	五顶山国家级森林公园	国家	0.42	8.00	2.00
125	七台河市市辖区(黑)	勃利县国家森林公园	国家	5.00	285.00	35.00
126	牡丹江市市本级(黑)	牡丹峰国家级自然保护区	国家	6.00	268.00	188.00
127	牡丹江市市本级(黑)	牡丹江三道关国家级森林公园	国家	6.00	149.00	123.00
128	绥芬河市(黑)	绥芬河国家森林公园	国家	0.60	35.00	
129	宁安市(黑)	火山口森林公园	国家	12.50	1625.00	500.00
130	孙吴县(黑)	胜山要塞森林公园	国家	3.82	33.63	5.23
131	五大连池市管委会林业局(黑)	五大连池国家级森林公园	国家	13.80	538.00	538.00
132	漠河县(黑)	北极村国家森林公园	国家	125.86	28791.75	863.75
133	庆安国有林场管理局(黑)	望龙山国家森林公园	国家	2.00	70.00	
134	奉贤区(沪)	上海海湾国家森林公园	国家	25.50	787.07	413.23
135	崇明县(沪)	东平国家森林公园	国家	53.00	3829.00	2502.00
136	邳州市(苏)	艾山九龙沟风景区(AAAA)	国家	16.31	7796.51	1304.86
137	虎丘区(苏)	虎丘上方山国家森林公园	国家	39.00		1490.00
138	吴中区(苏)	吴中西山国家森林公园	国家	145.00		1750.00
139	吴中区(苏)	吴中东吴国家森林公园	国家	15.00		290.00
140	常熟市(苏)	常熟虞山国家森林公园	国家	200.00		641.00
141	盱眙县(苏)	盱眙县铁山寺国家森林公园	国家	60.00	10000.00	
142	姜堰区(苏)	溱湖国家湿地公园	国家	213.10	25909.00	10363.00
143	余杭区(浙)	径山山沟沟国家森林公园	国家	175.00	4200.00	600.00
144	淳安县(浙)	千岛湖国家森林公园	国家	488.00	39.80	1.50
145	建德市(浙)	富春江森林公园	国家	17.05	8000.00	
146	临安市(浙)	临安天目山自然保护区	国家	31.00	2850.00	1600.00
147	临安市(浙)	清凉峰自然保护区	国家	5.10	220.00	155.00
148	宁波市市辖区(浙)	宁波四明山国家森林公园	国家	17.00	1100.00	110.00
149	鄞州区(浙)	宁波市天童国家森林公园	国家	2.50	180.00	30.00
150	宁海县(浙)	双峰森林公园	国家	17.04	987.04	951.18
151	余姚市(浙)	宁波四明山国家森林公司	国家	15.00	486.00	110.00
152	武义县(浙)	牛头山森林公园	国家	18.00	2000.00	1500.00
153	常山县(浙)	三衢国家森林公园	国家	90.00	4250.00	50.00
154	开化县(浙)	钱江源森林公园	国家	6.50	1380.00	230.00
155	江山市(浙)	浙江仙霞国家森林公园	国家	22.00	2761.00	1066.00
156	天台县(浙)	华顶国家森林公园	国家	19.60	387.50	275.00
157	温岭市(浙)	大溪森林公园	国家	20.98		253.17
158	缙云县(浙)	缙云仙都风景区	国家	720.38	358900.00	143560.00
159	庆元县(浙)	百山祖自然保护区	国家	2.70	336.00	120.00
160	蜀山区(皖)	大蜀山森林公园	国家	1500.00	2500.00	1500.00
161	肥西县(皖)	紫蓬山国森林公园	国家	30.00	23100.00	
162	庐江县(皖)	冶父山国家森林公园	国家	19.50	513.00	390.00
163	繁昌县(皖)	马仁山国家森林公园	国家	50.00	9500.00	4000.00

序号	县(旗、市、区、局、场)	森林公园及自然保护区(名称)	级别	实际接待人数(万人次)	旅游总收入(万元)	其中:门票收入(万元)
164	无为县(皖)	天井山国家森林公园	国家	0.60	40.00	
165	八公山区(皖)	八公山区森林公园	国家	8.50	380.00	380.00
166	含山县(皖)	太湖山国家森林公园	国家	6.00	180.00	40.00
167	和　县(皖)	鸡笼山国家森林公园	国家	10.00	300.00	100.00
168	铜陵县(皖)	凤凰山旅游景区	国家	20.00	6000.00	
169	大观区(皖)	安庆菱湖风景区	国家	20.00	600.00	
170	枞阳县(皖)	浮山森林公园	国家	30.00	690.00	210.00
171	太湖县(皖)	花亭湖国家湿地公园	国家	6.23	4194.00	650.00
172	岳西县(皖)	妙道山国家森林公园	国家	8.00	380.00	87.00
173	屯溪区(皖)	花山谜窟风景区	国家	30.00	2310.00	2100.00
174	休宁县(皖)	齐云山国家级森林公园	国家	61.30	22057.00	4904.00
175	祁门县(皖)	牯牛降自然保护区	国家	70.00	28000.00	10080.00
176	全椒县(皖)	神山国家森林公园	国家	10.00	60.00	20.00
177	凤阳县(皖)	韭山国家森林公园	国家	20.00	2000.00	1600.00
178	滁州市琅琊山林场(皖)	琅琊山国家森林公园	国家	30.00	6800.00	1200.00
179	滁州市沙河集林业总场(皖)	皇甫山国家森林公园	国家	20.00	350.00	80.00
180	萧　县(皖)	皇藏峪自然保护区	国家	45.00	2700.00	970.00
181	寿　县(皖)	安徽省八公山森林公园	国家	131.00	1560.00	1324.00
182	金寨县(皖)	安徽天马国家级自然保护区	国家	120.00	20450.00	2300.00
183	东至县(皖)	升金湖国家级自然保护区	国家	30.00	2000.00	
184	东至县(皖)	大历山风景区	国家	42.00	5560.00	100.00
185	石台县(皖)	牯牛降自然保护区	国家	100.00	35000.00	10000.00
186	青阳县(皖)	九华山国家森林公园	国家	6.00	245.00	119.00
187	广德县(皖)	横山国家森林公园	国家	550.00	67.00	
188	泾　县(皖)	水西国家森林公园	国家	55.00	1200.00	
189	武宁县(赣)	九岭山国家森林公园	国家	18.20	5830.30	
190	武宁县(赣)	庐山西海湿地公园	国家	9.10	18.90	
191	永修县(赣)	柘林湖国家森林公园	国家	40.00	2620.00	
192	星子县(赣)	庐山自然保护区	国家	32.00	13000.00	
193	湖口县(赣)	鄱阳湖口国家森林公园	国家	5.00	500.00	250.00
194	章贡区(赣)	峰山国家森林公园	国家	4.00	248.00	118.00
195	大余县(赣)	梅关国家森林公园	国家	35.00	2871.00	1225.00
196	上犹县(赣)	五指峰森林公园	国家	24.00	1301.00	
197	崇义县(赣)	阳岭森林公园	国家	30.00	220.00	80.00
198	龙南县(赣)	九连山森林公园	国家	9.00	1404.00	180.00
199	宁都县(赣)	翠微峰国家森林公园	国家	4.10	181.00	181.00
200	瑞金市(赣)	赣江源国家级自然保护区	国家	2.50	50.00	
201	安福县(赣)	武功风景名胜区	国家	50.00	5000.00	100.00
202	宜春市明月山温泉风景名胜区(赣)	明月山国家级森林公园	国家	26.80	2650.00	2680.00
203	宜丰县(赣)	官山自然保护区	国家	1.00	2550.00	
204	靖安县(赣)	三爪仑国家森林公园	国家	123.30	49330.00	
205	樟树市(赣)	阁皂山国家森林公园	国家	3.50	520.00	
206	玉山县(赣)	怀玉山国家森林公园	国家	11.40	576.80	
207	铅山县(赣)	风顶山森林公园	国家	34.50	20295.00	
208	婺源县(赣)	灵岩洞国家森林公园	国家	3.00	2108.00	254.00

序号	县(旗、市、区、局、场)	森林公园及自然保护区(名称)	级别	实际接待人数(万人次)	旅游总收入(万元)	其中:门票收入(万元)
209	德兴市(赣)	大茅山风景名胜区	国家	32.50	29.65	25.65
210	黄岛区(鲁)	青岛珠山国家森林公园	国家	20.07	383.30	369.54
211	崂山区(鲁)	崂山风景区	国家	216.00	23000.00	
212	淄川区(鲁)	峨庄古村落国家森林公园	国家	27.00	4000.00	2100.00
213	博山区(鲁)	原山国家森林公园	国家	96.80	3137.00	1335.00
214	博山区(鲁)	鲁山国家森林公园	国家	38.00	680.00	350.00
215	桓台县(鲁)	马踏湖湿地公园	国家	8.20	1000.00	560.00
216	峄城区(鲁)	冠世榴园自然保护区	国家	1450.00	10947.00	800.00
217	山亭区(鲁)	抱犊崮国家森林公园	国家	12.01	171.91	169.14
218	广饶县(鲁)	孙武湖旅游度假区	国家	5.00	2119.00	1000.00
219	长岛县(鲁)	长岛烽山林海国家森林公园	国家	12.00	240.00	240.00
220	栖霞市(鲁)	牙山国家森林公园	国家	2.00	50.00	30.00
221	临朐县(鲁)	沂山森林公园	国家	85.00	6960.00	
222	昌乐县(鲁)	寿阳山国家级森林公园	国家	0.80	20.00	
223	青州市(鲁)	仰天山森林公园	国家	30.00	455.00	449.00
224	诸城市(鲁)	密州国家级森林公园	国家	120.00	190.00	150.00
225	寿光市(鲁)	国家级滨海湿地公园	国家	50.00	1600.00	900.00
226	泰安市市辖区(鲁)	泰山国家森林公园	国家	450.00	85000.00	27000.00
227	泰安市市辖区(鲁)	徂徕山国家森林公园	国家	38.47	1123.00	643.00
228	东平县(鲁)	腊山国家森林公园	国家	50.00	11500.00	4000.00
229	东平县(鲁)	东平湖湿地保护区	国家	30.00	5500.00	1350.00
230	新泰市(鲁)	新泰市莲花山森林公园	国家	16.00		500.00
231	肥城市(鲁)	牛山森林公园	国家	3.40	24.50	21.00
232	环翠区(鲁)	双岛国家森林公园	国家	31.00	600.00	350.00
233	荣成市(鲁)	伟德山国家森林公园	国家	2.90	149.41	108.75
234	荣成市(鲁)	槎山国家森林公园	国家	3.60	70.20	52.00
235	荣成市(鲁)	荣成大天鹅国家级自然保护区	国家	1.40	20.56	
236	五莲县(鲁)	五莲山风景区	国家	20.00	3100.00	1400.00
237	莱城区(鲁)	华山森林公园	国家	30.38	1000.00	550.00
238	罗庄区(鲁)	临沂武河湿地公园	国家	3.00	9.00	5.00
239	沂南县(鲁)	孟良崮森林公园	国家	2.50	142.00	70.00
240	莒南县(鲁)	莒南县天马岛旅游区	国家	20.00	3200.00	2800.00
241	冠　县(鲁)	冠州梨园	国家	30.00	420.00	350.00
242	无棣县(鲁)	黄河岛国家级湿地自然保护区	国家	1.00	50.00	50.00
243	邹平县(鲁)	邹平县鹤伴山森林公园	国家	15.00	600.00	320.00
244	新郑市(豫)	具茨山森林公园	国家	50.00	2500.00	
245	登封市(豫)	嵩山国家森林公园	国家	332.00	12000.00	
246	新安县(豫)	青要山自然保护区	国家	40.00	3000.00	1200.00
247	新安县(豫)	郁山国家森林公园	国家	12.00	200.00	
248	新安县(豫)	黄河湿地国家级自然保护区	国家	15.00	120.00	
249	栾川县(豫)	养子沟景区	国家	20.00	1000.00	300.00
250	栾川县(豫)	伏牛山滑雪场	国家	15.00	1000.00	300.00
251	栾川县(豫)	重渡沟景区	国家	80.00	4000.00	800.00
252	栾川县(豫)	鸡冠洞景区	国家	80.00	3100.00	700.00
253	栾川县(豫)	老君山自然保护区	国家	40.00	2800.00	300.00

序号	县(旗、市、区、局、场)	森林公园及自然保护区(名称)	级别	实际接待人数(万人次)	旅游总收入(万元)	其中:门票收入(万元)
254	栾川县(豫)	龙峪湾自然保护区	国家	20.00	1000.00	200.00
255	嵩　县(豫)	木札岭地质公园	国家	104.10	29200.00	2291.00
256	嵩　县(豫)	天池山国家森林公园	国家	105.60	26400.00	1795.00
257	嵩　县(豫)	白云山国家森林公园	国家	127.00	38000.00	2794.00
258	宜阳县(豫)	花果山国家森林公园	国家	26.00	670.00	
259	洛宁县(豫)	神灵寨森林公园	国家	10.00	1356.00	100.00
260	舞钢市(豫)	石漫滩国家森林公园	国家	21.00	3872.00	
261	汝州市(豫)	汝州国家级森林公园	国家	130.79	5885.00	
262	新城区(豫)	白龟湖湿地公园	国家	4.00	153.00	
263	林州市(豫)	五龙洞森林公园	国家	11.50	167.00	74.00
264	辉县市(豫)	白云寺森林公园	国家	15.00	26.00	
265	修武县(豫)	云台山国家森林公园	国家	66.19	27138.00	13900.00
266	博爱县(豫)	河南太行山猕猴国家级自然保护区	国家	18.00	2830.00	920.00
267	沁阳市(豫)	河南太行山猕猴国家级自然保护区	国家	11.40	2279.00	
268	鄢陵县(豫)	中原花木博览园	国家	49.12	68347.00	35600.00
269	禹州市(豫)	鸠山大鸿寨森林公园	国家	150.00	2200.00	200.00
270	三门峡市市辖区(豫)	亚武山国家森林公园	国家	2.00	35.00	6.00
271	陕　县(豫)	甘山森林公园	国家	135.00	651.00	
272	卢氏县(豫)	玉皇山森林公园	国家	1.70	160.00	50.00
273	南召县(豫)	宝天曼自然保护区	国家	3.80	2500.00	228.00
274	南召县(豫)	鸭河风景区	国家	10.50	4200.00	
275	南召县(豫)	猿人遗址	国家	2.50	1500.00	
276	南召县(豫)	五朵山旅游区	国家	4.50	3000.00	180.00
277	方城县(豫)	方城县大寺森林公园	国家	47.00	590.00	670.00
278	西峡县(豫)	寺山国家森林公园	国家	5.60	98.00	75.00
279	西峡县(豫)	老界岭国家森林公园	国家	17.50	280.00	220.00
280	淅川县(豫)	丹江湿地森林公园	国家	45.20	1256.00	913.00
281	桐柏县(豫)	桐柏山淮源风景名胜区	国家	41.12	5410.00	
282	梁园区(豫)	黄河故道国家森林公园	国家	240.00	450.00	80.00
283	永城市(豫)	永城芒砀山汉文化旅游区	国家	87.00	2330.00	650.00
284	罗山县(豫)	董寨自然保护区	国家	9.93	1325.00	596.00
285	商城县(豫)	黄柏山国家级森林公园	国家	12.00	3669.90	
286	淮阳县(豫)	淮阳龙湖国家湿地公园	国家	110.00	7000.00	2000.00
287	西平县(豫)	棠溪源国家级森林公园	国家	21.30	3804.00	329.00
288	确山县(豫)	薄山林场	国家	96.00	860.00	300.00
289	泌阳县(豫)	铜山湖森林公园	国家	15.00	12600.00	600.00
290	遂平县(豫)	嵖岈山国家级森林公园	国家	140.00	14308.00	4450.00
291	蔡甸区(鄂)	九真森林公园	国家	60.00	6200.00	3600.00
292	蔡甸区(鄂)	崇阳森林公园	国家	20.00	1500.00	600.00
293	阳新县(鄂)	黄石仙岛湖风景区	国家	7.00	3522.00	945.00
294	郧　县(鄂)	湖北苍浪山森林公园	国家	60.00	10.00	1.00
295	竹山县(鄂)	湖北堵河源国家级自然保护区	国家	0.40	199.00	
296	竹溪县(鄂)	偏头山国家级森林公园	国家	1.15	2528.00	5.00
297	兴山县(鄂)	龙门河国家森林公园	国家	1.00	18.00	18.00
298	长阳土家族自治县(鄂)	长阳清江画廊	国家	302.00	18000.00	7000.00

序号	县(旗、市、区、局、场)	森林公园及自然保护区(名称)	级别	实际接待人数(万人次)	旅游总收入(万元)	其中:门票收入(万元)
299	五峰土家族自治县(鄂)	柴埠溪国家森林公园	国家	16.45	4623.57	1151.80
300	五峰土家族自治县(鄂)	湖北后河国家级自然保护区	国家	0.25	30.00	11.25
301	宜都市(鄂)	宜都天龙湾国家湿地公园	国家	10.00	2000.00	
302	当阳市(鄂)	玉泉寺国家森林公园	国家	26.00	808.00	55.00
303	樊城区(鄂)	长寿岛湿地公园	国家	12.00	1200.00	
304	襄州区(鄂)	鹿门寺国家森林公园	国家	22.00	155.00	33.00
305	谷城县(鄂)	薤山国家森林公园	国家	7.00	3000.00	80.00
306	谷城县(鄂)	谷城汉江国家湿地公园	国家	3.00	1800.00	
307	鄂州市市辖区(鄂)	白雉山自然保护小区	国家	6.00	15.00	
308	荆门市市辖区(鄂)	湖北千佛洞国家森林公园	国家	0.50	110.00	
309	京山县(鄂)	湖北京山大洪山景区	国家	200.00	4000.00	20000.00
310	京山县(鄂)	湖北京山虎爪山森林公园及自然保护区	国家	100.00	5000.00	1000.00
311	钟祥市(鄂)	大口国家森林公园	国家	3.00	600.00	150.00
312	安陆市(鄂)	湖北安陆古银杏国家森林公园	国家	20.00	2000.00	1200.00
313	荆州区(鄂)	荆州区八岭山国家森林公园	国家	5.00	100.00	50.00
314	石首市(鄂)	天鹅洲自然保护区	国家	150.00	42900.00	
315	松滋市(鄂)	洈水国家森林公园	国家	25.00	5100.00	1000.00
316	红安县(鄂)	天台山国家森林公园	国家	79.80	14364.00	180.00
317	罗田县(鄂)	大别山国家森林公园	国家	23.00	2580.00	1576.00
318	英山县(鄂)	桃花冲森林公园	国家	3.00	3000.00	150.00
319	英山县(鄂)	吴家山森林公园	国家	6.00	5000.00	300.00
320	麻城市(鄂)	湖北麻城五脑山国家森林公园	国家	28.00	300.00	
321	通城县(鄂)	大溪湿地公园	国家	0.70	210.00	
322	崇阳县(鄂)	青山湿地公园	国家	20.00	1200.00	700.00
323	赤壁市(鄂)	陆水湖国家湿地公园	国家	180.00	29000.00	18000.00
324	广水市(鄂)	中华山国家森林公园	国家	3.00	1291.00	90.00
325	随县(鄂)	炎帝故里风景名胜区	国家	55.00	30000.00	18000.00
326	建始县(鄂)	野三河风景区	国家	6.00	3000.00	2000.00
327	咸丰县(鄂)	坪坝营国家级森林公园	国家	230.00	75000.00	29900.00
328	鹤峰县(鄂)	木林子自然保护区	国家	2.75	5514.00	
329	神农架林区(鄂)	神农架国家森林公园	国家	417.30	140080.00	6552.00
330	湖北省太子山林场管理局(鄂)	湖北省太子山国家森林公园	国家	1.50	300.00	30.00
331	武陵源区(湘)	张家界自然保护区	国家	272.80	67654.00	28279.00
332	宁乡县(湘)	国家凤凰山森林公园	国家	2.50	52.00	
333	浏阳市(湘)	大围山国家森林公园	国家	23.00	56390.00	380.00
334	石峰区(湘)	石峰公园	国家	12.00	350.00	
335	攸　县(湘)	攸州国家级森林公园	国家	31.50	18500.00	7150.00
336	炎陵县(湘)	神农谷国家森林公园	国家	62.00	3132.00	1479.00
337	湘乡市(湘)	东台山森林公园	国家	13.00	20.00	
338	韶山市(湘)	滴水洞景区	国家	28.80	10640.00	8640.00
339	南岳区(湘)	湖南南岳衡山国家级自然保护区	国家	10.00	12000.00	
340	衡阳县(湘)	湖南省衡阳岣嵝峰国家森林公园	国家	210.00	5985.00	4905.00
341	耒阳市(湘)	耒水国家湿地公园	国家	0.50	80.00	
342	常宁市(湘)	湖南天堂山国家森林公园	国家	40.00	9100.00	
343	新邵县(湘)	龙山国家森林公园	国家	8.00	800.00	160.00

序号	县(旗、市、区、局、场)	森林公园及自然保护区(名称)	级别	实际接待人数(万人次)	旅游总收入(万元)	其中:门票收入(万元)
344	洞口县(湘)	罗溪森林公园	国家	20.00	4000.00	
345	绥宁县(湘)	黄桑自然保护区	国家	4.00	377.00	
346	城步苗族自治县(湘)	两江峡谷国家森林公园	国家	3.00	280.00	
347	城步苗族自治县(湘)	南山牧场	国家	6.00	600.00	450.00
348	武冈市(湘)	云山国家森林公园	国家	63.00	13050.00	
349	岳阳县(湘)	岳阳县大云山国家森林公园	国家	100.00	3000.00	500.00
350	湘阴县(湘)	洋沙湖-东湖国家湿地公园	国家	30.00	4500.00	
351	平江县(湘)	湖南省幕阜山森林公园	国家	9.00	1969.00	60.00
352	临湘市(湘)	五尖山国家森林公园	国家	122.00	2245.00	240.00
353	鼎城区(湘)	鼎城区花岩溪林场国家森林公园	国家	10.00	2500.00	200.00
354	安乡县(湘)	黄山头国家森林公园	国家	10.00	117.16	30.00
355	汉寿县(湘)	湖南省汉寿西洞庭湖省级自然保护区	国家	2.00	4000.00	220.00
356	桃源县(湘)	乌云界国家级自然保护区	国家	6.00	1500.00	
357	石门县(湘)	壶瓶山自然保护区	国家	3.00	900.00	300.00
358	石门县(湘)	夹山国家森林公园	国家	10.00	1000.00	500.00
359	永定区(湘)	天门山森林公园	国家	80.50	16203.00	14000.00
360	桑植县(湘)	八大公山国家级自然保护区	国家	0.50	60.00	
361	桑植县(湘)	峰峦溪国家森林公园	国家	12.00	50.00	30.00
362	南　县(湘)	南县德昌公园	国家	2.00	230.00	
363	桃江县(湘)	桃花江国家森林公园	国家	58.00	22000.00	35.00
364	安化县(湘)	柘溪森林公园	国家	40.00	23000.00	1500.00
365	安化县(湘)	雪峰湖湿地公园	国家	10.00	200.00	
366	安化县(湘)	六步溪自然保护区	国家	10.00	100.00	
367	苏仙区(湘)	郴州市苏仙岭国有林场	国家	80.00	896.00	
368	苏仙区(湘)	飞天山国家地质公园	国家	35.00	483.00	
369	宜章县(湘)	莽山国家森林公园	国家	20.00	24860.00	2140.00
370	临武县(湘)	西瑶绿谷国家森林公园	国家	3.88	329.98	
371	汝城县(湘)	湖南九龙江国家森林公园	国家	50.00	2600.00	2600.00
372	桂东县(湘)	湖南八面山自然保护区	国家	29.00	4598.00	1800.00
373	安仁县(湘)	熊峰山国家森林公园	国家	20.00	500.00	0.00
374	资兴市(湘)	东江湖国家湿地公园	国家	120.00	118428.00	45600.00
375	资兴市(湘)	天鹅山国家森林公园	国家	28.00	42.00	
376	双牌县(湘)	阳明山国家森林公园	国家	15.00	2800.00	1000.00
377	江永县(湘)	千家峒国家森林公园	国家	5.90	2596.00	120.00
378	宁远县(湘)	九嶷山国家森林公园	国家	9.36	7645.00	1608.00
379	蓝山县(湘)	板塘自然保护区	国家	0.95	1386.00	
380	新田县(湘)	福音山国家级森林公园	国家	3.00	600.00	
381	金洞林场(湘)	金洞国家森林公园(金洞漂流)	国家	12.00	3200.00	
382	沅陵县(湘)	借母溪国家自然保护区	国家	3.50	1750.00	
383	会同县(湘)	鹰嘴界国家自然保护区	国家	123.00	2359.00	
384	通道侗族自治县(湘)	万佛山国家森林公园	国家	6.90	16360.00	600.00
385	洪江市(湘)	雪峰山国家森林公园	国家	5.50	50.00	
386	双峰县(湘)	水府庙湿地公园	国家	100.00	1000.00	
387	新化县(湘)	大熊山国家森林公园	国家	13.00	1200.00	300.00
388	涟源市(湘)	涟源龙山国家森林公园	国家	16.00	7800.00	28.00

序号	县(旗、市、区、局、场)	森林公园及自然保护区(名称)	级别	实际接待人数(万人次)	旅游总收入(万元)	其中:门票收入(万元)
389	广宁县(粤)	竹海森林公园	国家	45.00	8561.00	1450.00
390	梅　县(粤)	雁鸣湖森林公园	国家	86.00	6200.00	1500.00
391	平远县(粤)	广东南台山国家森林公园	国家	96.00	65.00	
392	蕉岭县(粤)	镇山国家森林公园	国家	60.00	110.00	
393	兴宁市(粤)	神光山国家级森林公园	国家	30.00	800.00	
394	阳山县(粤)	广东第一峰风景区	国家	39.00	1590.00	
395	英德市(粤)	英德市石门台自然保护区	国家	23.36	905.28	49.73
396	横　县(桂)	广西九龙瀑布群国家森林公园	国家	3.60	70.50	60.13
397	融安县(桂)	石门仙湖景区	国家	36.00	5400.00	300.00
398	阳朔县(桂)	阳朔县国家森林公园	国家	4.00	500.00	452.00
399	龙胜各族自治县(桂)	龙胜温泉国家森林公园	国家	28.48	4700.00	1550.00
400	资源县(桂)	八角寨国家森林公园	国家	76.50	41475.00	8000.00
401	苍梧县(桂)	飞龙湖森林公园	国家	0.90	36.00	0.00
402	上思县(桂)	十万大山国家森林公园	国家	58.00	13153.00	1025.00
403	乐业县(桂)	乐业大石围天坑景区	国家	10.00	4464.00	1160.00
404	金秀瑶族自治县(桂)	广西大瑶山国家级自然保护区	国家	58.00	8882.00	2565.00
405	江州区(桂)	广西板利自然保护区	国家	0.13	12.00	2.00
406	雅长林场(桂)	广西黄猄洞天坑国家森林公园	国家	0.03	3.00	1.50
407	良凤江国家森林公园(桂)	广西南宁良凤江国家森林公园	国家	44.80	1904.00	259.78
408	三门江林场(桂)	三门江国家森林公园	国家	9.90	686.00	60.00
409	大桂山林场(桂)	大桂山国家森林公园	国家	0.10	2.00	2.00
410	万州区(渝)	铁峰山国家森林公园	国家	16.00	910.00	
411	沙坪坝区(渝)	歌乐山国家森林公园	国家	30.00	512.34	145.45
412	万盛区(渝)	黑山森林公园	国家	160.00	37500.00	19200.00
413	巴南区(渝)	桥口坝国家森林公园	国家	15.90	1364.40	133.70
414	黔江区(渝)	黔江国家森林公园	国家	10.00	4770.00	800.00
415	永川区(渝)	重庆市茶山竹海国家森林公园	国家	55.00	11400.00	800.00
416	南川区(渝)	金佛山国家森林公园	国家	60.00	20000.00	1000.00
417	綦江县(渝)	綦江古剑山国家森林公园	国家	400.00	8000.00	100.00
418	大足县(渝)	玉龙山国家森林公园	国家	13.00	150.00	60.00
419	城口县(渝)	九重山国家级森林公园	国家	0.20	20.00	
420	城口县(渝)	大巴山自然保护区	国家	0.50	50.00	
421	丰都县(渝)	双桂山国家森林公园	国家	1.56	35.00	25.00
422	武隆县(渝)	仙女山森林公园	国家	145.00	39000.00	7250.00
423	开　县(渝)	雪宝山国家级森林公园	国家	25.00	10735.00	
424	巫山县(渝)	小三峡国家森林公园	国家	501.00	174000.00	2100.00
425	巫溪县(渝)	红池坝国家森林公园	国家	50.00	5000.00	2000.00
426	石柱土家族自治县(渝)	重庆黄水国家森林公园	国家	165.00	72000.00	32000.00
427	彭水苗族土家族自治县(渝)	茂去山森林公园	国家	10.00	965.00	96.00
428	纳溪区(川)	纳溪天仙硐风景名胜区	国家	65.00	8900.00	
429	纳溪区(川)	凤凰湖风景区管理处	国家	38.00	5500.00	
430	合江县(川)	福宝景区	国家	70.00	23152.00	2100.00
431	合江县(川)	自怀风景区	国家	150.00	46468.00	6000.00
432	盐亭县(川)	盐亭县国家高山森林公园	国家	427.00	19215.00	
433	梓潼县(川)	七曲国家森林公园	国家	141.00	19750.00	8720.00

序号	县(旗、市、区、局、场)	森林公园及自然保护区（名称）	级别	实际接待人数（万人次）	旅游总收入（万元）	其中:门票收入（万元）
434	北川羌族自治县(川)	四川北川国家森林公园	国家	33.00	6160.00	2172.00
435	平武县(川)	王朗自然保护区	国家	53.00	27700.00	3600.00
436	利州区(川)	广元天曌山森林公园	国家	124.70	23000.00	
437	旺苍县(川)	米仓山自然保护区	国家	50.00	10000.00	2000.00
438	青川县(川)	唐家河自然保护区	国家	10.00	9921.00	337.00
439	剑阁县(川)	剑门关-翠云廊风景区	国家	1.70	87752.00	
440	广元市唐家河自然保护区(川)	四川唐家河国家级自然保护区	国家	5.00	1000.00	300.00
441	射洪县(川)	射洪县中华侏罗纪公园	国家	35.00	14000.00	2800.00
442	犍为县(川)	桫椤湖湿地公园	国家	112.50	36000.00	
443	沐川县(川)	沐川竹海	国家	63.20	3096.00	1000.00
444	峨眉山市(川)	峨眉山	国家	6866.00	871277.00	
445	南部县(川)	四川南充升钟湖国家湿地公园	国家	100.00	50000.00	
446	阆中市(川)	四川阆中国家森林公园	国家	8.60	688.00	
447	长宁县(川)	长宁竹海竹类生态自然保护区	国家	316.00	67842.00	26150.00
448	屏山县(川)	四川省老君山自然保护区	国家	9.00	4941.00	
449	达　县(川)	四川省铁山国家级森林公园	国家	25.00	700.00	
450	宣汉县(川)	百里峡自然保护区	国家	10.00	5000.00	
451	万源市(川)	花萼山自然保护区	国家	20.00	3000.00	
452	石棉县(川)	贡嘎山自然保护区	国家	1.30	270.00	
453	宝兴县(川)	夹金山森林公园	国家	15.20	683.00	6.74
454	巴州区(川)	天马山国家森林公园	国家	18.90	2839.00	530.00
455	通江县(川)	空山国家森林公园	国家	10.00	3680.00	
456	南江县(川)	米仓山国家森林公园	国家	12.50	5372.00	687.50
457	平昌县(川)	镇龙山森林公园	国家	26.40	5738.00	
458	汶川县(川)	卧龙自然保护区	国家	3.30	500.00	230.00
459	松潘县(川)	黄龙自然保护区	国家	150.00	1000.00	450.00
460	小金县(川)	四姑娘山自然保护区	国家	12.00	890.00	400.00
461	若尔盖县(川)	若尔盖湿地国家级自然保护区	国家	2.00	1811.00	140.00
462	泸定县(川)	海螺沟森林公园	国家	59.00	39000.00	2300.00
463	西昌市(川)	邛海泸山景区	国家	546.00	68240.00	100.00
464	普格县(川)	螺髻山风景区	国家	15.60	2652.30	2013.10
465	美姑县(川)	美姑县大风顶自然保护区	国家	0.60	60.00	
466	水城县(黔)	水城玉舍国家森林公园	国家	3.70	226.00	24.00
467	红花岗区(黔)	凤凰山国家森林公园	国家	30.00	60000.00	
468	红花岗区(黔)	大板水国家森林公园	国家	79.20	15840.00	1584.00
469	绥阳县(黔)	宽阔水自然保护区	国家	1.00	10.00	0.00
470	正安县(黔)	九道水国家森林公园	国家	6.40	150.00	128.00
471	习水县(黔)	贵州习水国家森林公园	国家	12.00	800.00	
472	习水县(黔)	贵州习水丹霞谷景区	国家	15.00	700.00	
473	赤水市(黔)	燕子岩国家级森林公园	国家	107.00	49200.00	4428.00
474	赤水市(黔)	竹海国家级森林公园	国家	73.00	21600.00	3024.00
475	碧江区(黔)	九龙洞国家级风景名胜区	国家	2.20	88.00	30.00
476	江口县(黔)	梵净山国家级自然保护区	国家	330.00	305000.00	99000.00
477	赫章县(黔)	赫章县国营平山林场,赫章县水塘林场	国家	15.52	1673.00	
478	百里杜鹃管委会林业局(黔)	百里杜鹃国家级森林公园	国家	674.00	388200.00	71500.00

序号	县(旗、市、区、局、场)	森林公园及自然保护区(名称)	级别	实际接待人数(万人次)	旅游总收入(万元)	其中:门票收入(万元)
479	黄平县(黔)	舞阳湖国家森林公园	国家	10.00	9000.00	3000.00
480	台江县(黔)	贵州台江国家森林公园	国家	45.62	5318.00	
481	雷山县(黔)	雷公山国家森林公园	国家	66.30	8630.00	3978.00
482	荔波县(黔)	茂兰国家级自然保护区	国家	4.20	226.00	126.00
483	独山县(黔)	紫林山国家级森林公园	国家	140.00	6766.00	700.00
484	长顺县(黔)	杜鹃湖风景区	国家	6.00	7402.00	
485	龙里县(黔)	龙架山国家森林公园	国家	22.00	8545.00	70.00
486	茂兰国家级自然保护区(黔)	贵州茂兰国家级自然保护区	国家	4.10	300.00	112.00
487	梵净山国家级自然保护区(黔)		国家	32.00	9280.00	3200.00
488	贵州省龙里林场(黔)		国家	40.00	657.25	65.75
489	昭阳区(滇)	大山包自然保护区	国家	110.00	10100.80	21.00
490	大关县(滇)	黄连河风景区	国家	5.50	2652.00	350.00
491	临翔区(滇)	五老山森林公园	国家	0.60	3.00	0.50
492	沧源佤族自治县(滇)	南滚河国家级自然保护区	国家	2.00	100.00	
493	勐腊县(滇)	勐远溶洞景区	国家	90.00	800.00	600.00
494	勐腊县(滇)	勐腊县植物园	国家	194.00	2950.00	2300.00
495	勐腊县(滇)	望天树景区	国家	114.80	1110.00	700.00
496	大理市(滇)	苍山洱海自然保护区	国家	20.86	2822.00	626.00
497	巍山彝族回族自治县(滇)	巍宝山国家级森林公园	国家	10.00	150.00	115.00
498	当雄县(藏)	西藏纳木错自然保护区	国家	50.00	8000.00	6000.00
499	尼木县(藏)	吞巴乡国家森林公园	国家	0.85	150.00	85.00
500	工布江达县(藏)	巴松湖国家森林公园	国家	13.30	1610.00	1610.00
501	灞桥区(陕)	洪庆山国家森林公园	国家	6.80	75.00	68.00
502	临潼区(陕)	骊山森林公园	国家	98.00	3650.00	3558.00
503	长安区(陕)	终南山国家森林公园	国家	45.00	3150.00	2250.00
504	蓝田县(陕)	王顺山国家森林公园	国家	60.00	185.00	120.00
505	蓝田县(陕)	汤峪湖森林公园	国家	91.00	26000.00	2910.00
506	周至县(陕)	周至县厚畛子林场	国家	8.50	190.00	95.63
507	户　县(陕)	太平国家森林公园	国家	19.30	1169.28	893.26
508	户　县(陕)	朱雀国家森林公园	国家	7.05	553.00	305.00
509	印台区(陕)	玉华宫森林公园	国家	43.00	12500.00	361.60
510	眉　县(陕)	太白山国家森林公园	国家	20.00	2145.00	1410.00
511	凤　县(陕)	陕西紫柏山自然保护区	国家	3.00	350.00	90.00
512	辛家山林业局(陕)	通天河国家森林公园	国家	4.00	245.00	160.00
513	马头滩林业局(陕)	天台山国家森林公园嘉陵江源头风景区	国家	4.10	277.00	260.00
514	旬邑县(陕)	石门山森林公园	国家	9.00	3900.00	180.00
515	劳山林业局(陕)	劳山国家森林公园	国家	5.60	157.84	21.30
516	延安市风景林场(陕)	延安国家森林公园	国家	45.00	1510.00	1230.00
517	南郑县(陕)	黎坪国家森林公园	国家	15.00	5500.00	1300.00
518	洋　县(陕)	陕西省长青自然保护区	国家	5.33	533.20	480.00
519	洋　县(陕)	陕西省朱鹮国家级自然保护区	国家	1.24	86.80	62.00
520	略阳县(陕)	五龙洞森林公园	国家	1.60	150.00	35.00
521	留坝县(陕)	陕西紫柏山国家森林公园	国家	10.20	986.00	180.00
522	佛坪县(陕)	秦岭人与自然博物馆	国家	2.00		60.00
523	岚皋县(陕)	南宫山国家森林公园	国家	10.00	2500.00	500.00

序号	县(旗、市、区、局、场)	森林公园及自然保护区(名称)	级别	实际接待人数(万人次)	旅游总收入(万元)	其中:门票收入(万元)
524	商南县(陕)	金丝峡国家森林公园	国家	122.00	8784.00	6653.00
525	山阳县(陕)	陕西天竺山国家森林公园	国家	11.05	3245.00	324.00
526	镇安县(陕)	木王国家森林公园	国家	3.80	121.00	60.00
527	柞水县(陕)	牛背梁国家森林公园	国家	53.37	4270.00	4270.00
528	陕西省楼观台林场(陕)	陕西楼观台国家森林公园	国家	10.00	265.10	173.90
529	太白林业局(陕)	青峰峡森林公园	国家	3.00	6.20	4.70
530	景泰县(甘)	寿鹿山国家森林公园	国家	3.00	40.00	12.00
531	武威市市辖区(甘)	神州荒漠野生动物园	国家	7.03	49.00	39.00
532	古浪县(甘)	马路滩国家级 AAA 级农业观光旅游区	国家	2.00	35.00	
533	古浪县(甘)	昌岭山自然保护区	国家	4.00	15.00	8.00
534	天祝藏族自治县(甘)	天祝三峡国家森林公园	国家	30.80	5400.00	4.80
535	灵台县(甘)	荆山森林公园	国家	1.60	20.00	20.00
536	庄浪县(甘)	云崖寺国家森林公园	国家	16.00	960.00	640.00
537	庆城县(甘)	周祖陵森林公园	国家	48.60	547.90	
538	渭源县(甘)	渭河源森林公园	国家	30.00	3000.00	13.00
539	漳　县(甘)	贵清山自然保护区	国家	65.00	960.00	200.00
540	文　县(甘)	天池森林公园	国家	4.00	200.00	120.00
541	宕昌县(甘)	官鹅沟森林公园	国家	65.00	1150.00	35.00
542	康　县(甘)	梅园沟 4A 级自然风景区	国家	10.00	5000.00	60.00
543	两当县(甘)	黑河森林公园	国家	2.00	80.00	80.00
544	岷江林业总场(甘)	甘肃官鹅沟国家森林公园	国家	2.50	100.00	100.00
545	和政县(甘)	松鸣岩森林公园	国家	0.95	72.80	51.00
546	舟曲县(甘)	大峡沟国家森林公园	国家	0.10	10.00	
547	大通回族土族自治县(青)	大通国家森林公园察汗河景区	国家	150.00	25000.20	25.85
548	互助土族自治县(青)	北山森林公园	国家	18.00	6300.00	270.00
549	循化撒拉族自治县(青)	青海孟达国家级自然保护区	国家	5.00	520.00	320.00
550	坎布拉森林公园(青)	坎布拉森林公园	国家	21.40	2458.00	1966.00
551	哈里哈图森林公园(青)		国家	3.00	200.00	
552	兴庆区(宁)	宁夏黄沙古渡原生态旅游景区	国家	28.00	1210.00	840.00
553	兴庆区(宁)	鸣翠湖国家生态湿地公园	国家	10.00	475.00	227.00
554	金凤区(宁)	阅海公园	国家	18.00	936.00	374.40
555	灵武市(宁)	长流水生态旅游区	国家	4.20	450.00	280.00
556	西吉县(宁)	火石寨地质公园	国家	20.00	40.00	40.00
557	轮台县(新)	塔里木胡杨林公园	国家	7.96	197.70	180.00
558	巩乃斯林场(新)	巩乃斯国家森林公园	国家	6.00	43.00	21.00
559	泽普县(新)	中国泽普县国家金胡杨森林公园	国家	3.71	278.00	195.00
560	昭苏县(新)	夏特古道国家级森林公园	国家	2.80	180.00	112.00
561	巩留林场(新)	中国新疆巩留恰西国家森林公园	国家	3.20	560.00	12.00
562	尼勒克林场(新)	唐布拉国家森林公园	国家	35.40	4955.06	8.85
563	昭苏林场(新)	新疆夏塔古道国家森林公园	国家	1.10	60.00	40.00
564	布尔津林场(新)	贾登峪国家森林公园	国家	1.80	162.00	80.00
565	哈巴河林场(新)	白哈巴国家森林公园	国家	1.60	40.00	0.00
566	福海林场(新)	阿尔泰山温泉森林公园	国家	0.72	83.00	0.70
567	富蕴林场(新)	神钟山森林公园	国家	31.50	40.00	10.00
568	哈密林场(新)	哈密天山国家森林公园	国家	3.00	10.00	2.00

序号	县(旗、市、区、局、场)	森林公园及自然保护区(名称)	级别	实际接待人数(万人次)	旅游总收入(万元)	其中:门票收入(万元)
569	奇台林场(新)	新疆江布拉克国家森林公园	国家	14.00	724.34	672.00
570	三岔子林业局(吉林森工)	吉林省三岔子森林公园	国家	1.80	798.00	
571	泉阳林业局(吉林森工)	泉阳泉国家级森林公园	国家	1.20	2000.00	
572	露水河林业局(吉林森工)	露水河国家森林公园	国家	11.10	254.00	
573	白石山林业局(吉林森工)	吉林白石山国家森林公园	国家	1.00	134.00	15.00
574	红石林业局(吉林森工)	红石国家森林公园	国家	3.88	532.00	310.00
575	大海林林业局(龙江森工)	雪乡国家森林公园	国家	24.23	12063.00	1641.00
576	黑龙江柴河林业局(龙江森工)	威虎山国家森林公园	国家	15.14	4522.50	690.00
577	东京城林业局(龙江森工)	镜泊湖国家森林公园	国家	18.00	4000.00	10.00
578	穆棱林业局(龙江森工)	六峰山国家森林公园	国家	14.00	2000.00	
579	海林林业局(龙江森工)	佛手山国家森林公园	国家	7.20	107.00	
580	桦南林业局(龙江森工)	黑龙江七星峰国家森林公园	国家	1.50	63.50	
581	双鸭山林业局(龙江森工)	青山国家森林公园	国家	20.00	2000.00	
582	鹤北林业局(龙江森工)	黑龙江红松林国家森林公园	国家	13.96	2524.20	140.00
583	东方红林业局(龙江森工)	黑龙江珍宝岛国家森林公园	国家	15.02	3021.00	
584	上甘岭林业局(龙江森工)	溪水国家森林公园	国家	14.21	2727.74	84.50
585	乌马河林业局(龙江森工)	梅花山国家森林公园	国家	6.10	810.00	
586	美溪林业局(龙江森工)	回龙湾国家森林公园	国家	28.90	6100.00	1734.00
587	金山屯林业局(龙江森工)	金山国家森林公园	国家	21.00	3005.00	275.00
588	南岔林业局(龙江森工)	黑龙江仙翁山国家森林公园	国家	14.40	4951.00	288.00
589	桃山林业局(龙江森工)	桃山国家森林公园	国家	11.00	5350.00	520.00
590	铁力林业局(龙江森工)	日月峡国家森林公园	国家	12.00	185.00	70.00
591	汤旺河林业局(龙江森工)	小兴安岭石林国家森林公园	国家	13.00	660.00	660.00
592	五营林业局(龙江森工)	五营国家森林公园	国家	16.38	685.37	526.72
593	山河屯林业局(龙江森工)	凤凰山国家森林公园	国家	26.88	14369.00	2240.00
594	苇河林业局(龙江森工)	八里湾国家森林公园	国家	9.37	2572.58	87.56
595	亚布力林业局(龙江森工)	亚布力国家森林公园	国家	8.35	2170.00	3.60
596	方正林业局(龙江森工)	方正龙山国家森林公园	国家	11.80	2365.00	
597	兴隆林业局(龙江森工)	兴隆国家森林公园	国家	8.50	1570.00	55.00
598	沾河林业局(龙江森工)	大沾河国家森林公园	国家	6.10	2010.00	450.00
599	迭部林业局(甘)	腊子口国家森林公园	国家	0.50	24.00	
600	洮河林业局(甘)	大峪森林公园	国家	0.80	32.40	
601	洮河林业局(甘)	冶力关森林公园	国家	10.20	1018.60	
602	小陇山林业实验局(甘)	麦积国家森林公园	国家	25.00	1362.94	265.70
603	小陇山林业实验局(甘)	小陇山国家森林公园	国家	5.10	93.01	10.70
604	井陉矿区(冀)	清凉湾湿地公园	省	10.00	400.00	
605	井陉县(冀)	南寺掌森林公园	省	59.00	1106.00	644.00
606	鹿泉市(冀)	河北省封龙山省级森林公园	省	15.00	260.00	210.00
607	遵化市(冀)	鹫峰山省级森林公园	省	15.00	913.00	413.00
608	迁安市(冀)	徐流口省级森林公园	省	15.00	1100.00	1100.00
609	迁安市(冀)	山叶口省级森林公园	省	10.00	300.00	300.00
610	青龙满族自治县(冀)	青龙满族自治县祖山林场	省	9.00	800.00	705.00
611	抚宁县(冀)	渤海森林公园	省	90.00	14000.00	10800.00
612	邯郸县(冀)	紫山森林公园	省	18.00	610.00	180.00
613	涉　县(冀)	涉县省级森林公园	省	22.50	800.00	80.00

序号	县(旗、市、区、局、场)	森林公园及自然保护区(名称)	级别	实际接待人数(万人次)	旅游总收入(万元)	其中:门票收入(万元)
614	磁　县(冀)	溢泉湖度假村	省	20.00	190.00	
615	磁　县(冀)	龙洞沟风景区	省	2.00	2.00	
616	磁　县(冀)	炉峰山生态风景区	省	3.00	8.00	
617	临城县(冀)	天台山风景区	省	4.00	100.00	
618	唐　县(冀)	全胜峡景区	省	15.00	420.00	300.00
619	唐　县(冀)	西胜沟景区	省	15.00	380.00	300.00
620	安新县(冀)	白洋淀湿地自然保护区	省	68.00	6500.00	1000.00
621	双滦区(冀)	双塔山风景区	省	7.00	235.00	220.00
622	承德县(冀)	承德石海省级森林公园	省	4.00	100.00	16.00
623	丰宁满族自治县(冀)	千松坝森林公园	省	0.80	40.00	
624	丰宁满族自治县(冀)	云雾庄园	省	0.20	10.00	
625	宽城满族自治县(冀)	都山森林望海公园	省	0.50	7.00	5.00
626	围场满族蒙古族自治县(冀)	滦河上游自然保护区	省	13.00	4000.00	350.00
627	永清县(冀)	杨家营旅游示范村	省	18.80	1020.00	50.00
628	清徐县(晋)	葡峰森林公园	省	120.00	10100.00	
629	阳泉市郊区(晋)	翠枫山自然风景区	省	14.00	1000.00	700.00
630	屯留县(晋)	老爷山森林公园	省	10.00	2000.00	260.00
631	绛　县(晋)	山西省东华山森林公园	省	8.00	190.00	113.00
632	宁武县(晋)	马营海森林公园	省	3.20	85.00	65.00
633	东河区(内蒙古)	南海湿地自然保护区	省	21.00	144.60	128.50
634	九原区(内蒙古)	梅力更自然保护区	省	3.10	160.00	120.00
635	松山区(内蒙古)	老府林场乌良苏森林公园	省	0.50	50.00	
636	林西县(内蒙古)	林西大岭山森林公园	省	0.20	20.00	
637	克什克腾旗(内蒙古)	飞云渡森林公园	省	10.00	23.00	
638	翁牛特旗(内蒙古)	松树山自然保护区	省	0.32	5.00	
639	达拉特旗(内蒙古)	恩格贝森林公园	省	5.00	1870.00	500.00
640	鄂伦春自治旗(内蒙古)	嘎仙洞森林公园	省	3.00	68.87	60.55
641	乌拉特前旗(内蒙古)	乌梁素海湿地保护区	省	5.70	333.20	135.00
642	兴和县(内蒙古)	苏木山森林公园	省	8.00	40.00	
643	阿巴嘎旗(内蒙古)	乌里雅斯台沙地柏自然保护区	省	150.00	300.00	
644	阿拉善右旗(内蒙古)	内蒙古巴丹吉林自然保护区	省	30.80	25000.00	1035.00
645	甘井子区(辽)	大连市大黑石公园	省	7.00	130.00	
646	台安县(辽)	台安县西平林场森林公园	省	8.50	535.00	80.00
647	海城市(辽)	白云山自然保护区	省	30.00	150.00	75.00
648	清原满族自治县(辽)	红河峡谷国家森林公园	省	80.00	40360.00	33000.00
649	清原满族自治县(辽)	辽宁浑河源省级自然保护区	省	30.00	800.00	300.00
650	本溪满族自治县(辽)	大地森林公园	省	0.70	12.00	12.00
651	宽甸满族自治县(辽)	天华山风景名胜区	省	15.00	1200.00	240.00
652	宽甸满族自治县(辽)	黄椅山深林公园	省	20.00	1450.00	650.00
653	宽甸满族自治县(辽)	花脖山景区	省	8.00	1100.00	60.00
654	凤城市(辽)	蒲石河森林公园	省	40.00	14500.00	1729.00
655	盖州市(辽)	玉石洞水库自然保护区	省	3.00	450.00	
656	新邱区(辽)	元宝山省级森林公园	省	3.00	30.00	
657	阜新蒙古族自治县(辽)	老鹰窝山省级自然保护区	省	2.00	15.00	
658	阜新蒙古族自治县(辽)	关山省级自然保护区	省	2.00	9.00	

序号	县(旗、市、区、局、场)	森林公园及自然保护区(名称)	级别	实际接待人数(万人次)	旅游总收入(万元)	其中:门票收入(万元)
659	彰武县(辽)	高山台森林公园	省	0.70	70.00	
660	清河区(辽)	清河水库	省	35.01	19440.00	3500.00
661	开原市(辽)	龙潭省级森林公园	省	10.00	580.00	500.00
662	朝阳县(辽)	清风岭自然保护区	省	25.00	8000.00	1000.00
663	喀喇沁左翼蒙古族自治县(辽)	辽宁省楼子山自然保护区	省	5.50	210.00	
664	喀喇沁左翼蒙古族自治县(辽)	辽宁省龙凤山森林公园	省	10.00	780.00	18.00
665	凌源市(辽)	牛河梁省级森林公园	省	20.00	3270.00	
666	凌源市(辽)	青龙河自然保护区	省	13.00	4950.00	
667	南票区(辽)	葫芦岛市虹螺山自然保护区	省	5.00	1750.00	
668	绥中县(辽)	三山妙峰森林公园	省	7.00	300.00	35.00
669	绥中县(辽)	锥山森林公园	省	3.00	100.00	15.00
670	九台市(吉)	石头口门水库	省	3.50	50.00	30.00
671	双辽市(吉)	一马树森林公园	省	2.00	240.00	240.00
672	东辽县(吉)	红叶岭省级森林公园	省	15.00	380.00	
673	宁江区(吉)	松原市宁江区森林公园	省	1.00	996.00	
674	呼兰区(黑)	黑龙江省呼兰河口湿地自然保护区	省	7.00	700.00	200.00
675	方正县(黑)	双子山公园	省	0.20	5.00	2.00
676	阿城区(黑)	哈尔滨北方森林动物园	省	10.00	600.00	540.00
677	碾子山区(黑)	蛇洞山风景区	省	28.50	4780.00	1.50
678	密山市(黑)	蜂蜜山省级森林公园	省	8.00	5.50	
679	集贤县(黑)	七星森林公园	省	50.00	10.60	5.00
680	萨尔图区(黑)	黑鱼湖自然保护区	省	8.20	1200.00	41.00
681	大同区(黑)	红旗林场	省	2.80	120.00	
682	富锦市(黑)	荷兰邨省级森林公园	省	0.30	7.00	2.00
683	逊克县(黑)	东山森林公园	省	1.60	63.00	
684	黑河市直属林场(黑)	爱辉森林公园	省	2.10	22.00	2.80
685	黑龙江省森林植物园(黑)	黑龙江省森林植物园	省	80.00	350.00	320.00
686	吴中区(苏)	吴中东山森林公园	省	10.00		95.00
687	吴中区(苏)	吴中香雪海森林公园	省	5.50		90.00
688	吴江市(苏)	吴江肖甸湖森林公园	省	22.00	1550.00	150.00
689	建湖县(苏)	九龙口省级湿地公园	省	11.42	890.00	
690	高港区(苏)	春江湿地公园	省	5.00	300.00	
691	泰兴市(苏)	江苏省古银杏群落森林公园	省	180.00	15456.00	
692	建德市(浙)	新安江森林公园	省	25.00	12000.00	
693	富阳市(浙)	黄公望森林公园	省	10.00	600.00	400.00
694	象山县(浙)	象山南田岛省级森林公园	省	2.00	100.00	
695	宁海县(浙)	南溪森林公园	省	67.37	8050.00	
696	长兴县(浙)	尹家边扬子鳄自然保护区	省	3.00	60.00	
697	兰溪市(浙)	浙江六洞山森林公园	省	20.30	4872.00	812.00
698	椒江区(浙)	大陈岛森林公园	省	7.00	1490.00	350.00
699	玉环县(浙)	大鹿岛森林公园	省	40.00	1100.00	
700	景宁畲族自治县(浙)	望东洋高山湿地	省	114.00	29223.00	
701	景宁畲族自治县(浙)	草鱼塘森林公园	省	101.06	20960.00	
702	包河区(皖)	大张圩湿地森林公园	省	50.00	1500.00	
703	南陵县(皖)	丫山风景区	省	38.00	2942.00	2218.60

序号	县(旗、市、区、局、场)	森林公园及自然保护区（名称）	级别	实际接待人数（万人次）	旅游总收入（万元）	其中:门票收入（万元）
704	南陵县(皖)	小格里森林公园	省	5.00	50.00	10.00
705	五河县(皖)	大巩山森林公园	省	10.00	500.00	
706	五河县(皖)	安徽沱湖湿地保护区	省	50.00	2000.00	
707	当涂县(皖)	石臼湖湿地自然保护区	省	0.10	100.00	
708	当涂县(皖)	青山林场森林公园	省	0.20	200.00	
709	铜陵市市辖区(皖)	铜都森林公园	省	7.70	2000.00	
710	潜山县(皖)	板仑自然保护区	省	7.00	4000.00	600.00
711	桐城市(皖)	安徽省龙眠山省级森林公园	省	1.00	400.00	10.00
712	桐城市(皖)	安庆沿江湿地珍稀水禽自然保护区	省	10.00	740.00	20.00
713	来安县(皖)	白鹭岛度假村	省	15.00	15000.00	5000.00
714	明光市(皖)	女山湖湿地公园	省	2.00	200.00	
715	滁州市管店林业总场(皖)	老嘉山森林公园	省	5.00	100.00	
716	砀山县(皖)	黄河湿地自然保护区	省	63.21	23000.00	
717	霍邱县(皖)	安徽安阳山省级森林公园	省	5.00	240.00	150.00
718	霍山县(皖)	小南岳森林公园	省	300.00	31000.00	
719	霍山县(皖)	佛子岭自然保护区	省	500.00	54000.00	
720	东至县(皖)	安徽省天台山森林公园	省	4.00	40.00	
721	郎溪县(皖)	高井庙森林公园	省	0.50	2.00	
722	郎溪县(皖)	石佛山-天子湖景区	省	1.80	1500.00	250.00
723	泾　县(皖)	水墨汀溪	省	20.00	2500.00	1100.00
724	泾　县(皖)	江南第一漂	省	10.00	1000.00	600.00
725	新建县(赣)	象山森林公园	省	10.20	60.00	5.20
726	莲花县(赣)	寒山林场	省	5.50	1300.00	
727	莲花县(赣)	高天岩自然保护区	省	17.30	4050.00	
728	莲花县(赣)	湖仙山林场	省	6.50	4050.00	
729	莲花县(赣)	玉壶山林场	省	8.00	1900.00	
730	芦溪县(赣)	三尖峰省级森林公园	省	24.00	1300.00	500.00
731	芦溪县(赣)	江西芦溪山口岩省级湿地公园	省	10.00	900.00	
732	武宁县(赣)	伊山自然保护区	省	2.20	7.00	
733	修水县(赣)	修河源五梅山自然保护区	省	2.50	1340.00	
734	永修县(赣)	江西省云居山省级自然保护区	省	12.00	210.00	
735	湖口县(赣)	石钟山	省	12.00	2200.00	620.00
736	彭泽县(赣)	龙宫洞风景名胜区	省	12.00	1000.00	650.00
737	瑞昌市(赣)	青山森林公园	省	2.00	20.00	
738	余江县(赣)	马岗岭省级森林公园	省	3.50	0.70	0.70
739	信丰县(赣)	金盆山省级森林公园	省	34.00	6209.00	1826.00
740	龙南县(赣)	武当山森林公园	省	129.70	20233.20	6485.00
741	于都县(赣)	屏山森林公园	省	8.00	12.00	
742	于都县(赣)	罗田岩森林公园	省	5.00	3.50	
743	兴国县(赣)	江西均福山森林公园	省	180.00	3000.00	
744	石城县(赣)	通天寨森林公园	省	54.00	5400.00	2700.00
745	石城县(赣)	赣江源自然保护区	省	46.00	9200.00	4968.00
746	吉州区(赣)	江西君华省级森林公园	省	25.00	160.00	
747	万载县(赣)	江西省九龙庙森林公园	省	10.50	500.00	102.00
748	上高县(赣)	上高县九峰森林公园	省	1.50	3.00	

序号	县(旗、市、区、局、场)	森林公园及自然保护区（名称）	级别	实际接待人数（万人次）	旅游总收入（万元）	其中:门票收入（万元）
749	宜丰县(赣)	宜丰禅文化园	省	1.00	1013.00	
750	宜丰县(赣)	宜丰南屏公园	省	2.00	2500.00	
751	宜丰县(赣)	宜丰马形山森林公园	省	0.30	90.00	
752	宜丰县(赣)	宜丰仙隐洞森林公园	省	0.20	90.00	
753	宜丰县(赣)	宜丰螺峰尖森林公园	省	0.50	600.00	
754	临川区(赣)	汝水公园	省	41.00	350.00	
755	乐安县(赣)	江西老虎脑省级自然保护区	省	10.92	2940.00	
756	金溪县(赣)	白马湖湿地公园	省	20.00	10.00	
757	金溪县(赣)	翠云峰森林公园	省	25.30	11.70	
758	玉山县(赣)	玉山冰江省级森林公园	省	1.37	12.24	
759	玉山县(赣)	玉山信江源省级自然保护区	省	0.06	30.90	
760	婺源县(赣)	理田源森林公园	省	0.80	500.00	50.00
761	婺源县(赣)	珍珠山森林公园	省	0.16	200.00	
762	平阴县(鲁)	大寨山森林公园	省	2.50	55.00	24.00
763	商河县(鲁)	大沙河湿地公园	省	30.00	1500.00	
764	沂源县(鲁)	织女洞森林公园	省	10.00	120.00	96.00
765	沂源县(鲁)	鲁山森林公园	省	20.00	1000.00	300.00
766	山亭区(鲁)	龙门观省级森林公园	省	4.00	3.00	
767	山亭区(鲁)	莲青山省级森林公园	省	5.10	8.10	3.60
768	招远市(鲁)	招远罗山省级自然保护区	省	30.00	1200.00	120.00
769	昌乐县(鲁)	仙月湖省级湿地公园	省	5.40	140.00	
770	昌乐县(鲁)	远古火山群生态林场	省	2.30	60.00	
771	青州市(鲁)	驼山森林公园	省	10.00	50.00	50.00
772	诸城市(鲁)	绿源森林公园	省	5.00	20.00	2.00
773	寿光市(鲁)	巨淀湖省级湿地公园	省	5.50	700.00	400.00
774	微山县(鲁)	济宁市南四湖自然保护区	省	150.00	20000.00	
775	梁山县(鲁)	梁山泊森林公园	省	330.00	33000.00	6600.00
776	宁阳县(鲁)	神童山森林公园	省	65.00	10885.00	750.00
777	新泰市(鲁)	新汶森林公园	省	10.00		80.00
778	荣成市(鲁)	成山森林公园	省	1.20	60.00	
779	莱城区(鲁)	云台山公园	省	11.00	20.00	12.00
780	河东区(鲁)	汤河湿地公园	省	120.00	1200.00	
781	郯城县(鲁)	古银杏森林公园	省	40.00	2000.00	
782	郯城县(鲁)	清泉寺森林公园	省	20.00	1000.00	
783	沂水县(鲁)	沂水沂山森林公园	省	3.00	17.00	
784	沂水县(鲁)	沂水雪山公园	省	97.00	6088.00	5400.00
785	苍山县(鲁)	文峰山森林公园	省	3.97	79.00	41.20
786	蒙阴县(鲁)	中山寺	省	75.00	370.00	
787	临沭县(鲁)	冠山风景旅游区	省	60.00	3600.00	1800.00
788	临沭县(鲁)	苍马山风景旅游区	省	15.00	715.00	465.00
789	德州市市辖区(鲁)	减河湿地公园	省	6.50	618.00	
790	平原县(鲁)	鲁北森林公园	省	0.10	6.00	
791	夏津县(鲁)	夏津黄河故道森林公园	省	50.00	6000.00	300.00
792	乐陵市(鲁)	乐陵金丝小枣省级森林公园	省	45.00	100.00	80.00
793	滨城区(鲁)	三河湖森林公园	省	4.50	67.00	27.00

序号	县(旗、市、区、局、场)	森林公园及自然保护区(名称)	级别	实际接待人数(万人次)	旅游总收入(万元)	其中:门票收入(万元)
794	无棣县(鲁)	碣石山旅游区	省	3.00	60.00	60.00
795	中牟县(豫)	雁鸣湖森林公园	省	60.00	4040.00	400.00
796	巩义市(豫)	巩义青龙山森林公园	省	13.52	238.14	224.84
797	巩义市(豫)	竹林长寿山森林公园	省	32.00	27.00	15.00
798	巩义市(豫)	南河渡省级森林公园	省	1.50	145.00	
799	巩义市(豫)	河南嵩北森林公园	省	2.00	85.00	5.00
800	荥阳市(豫)	桃花峪森林公园	省	30.00	200.00	150.00
801	荥阳市(豫)	环翠峪森林公园	省	25.00	170.00	110.00
802	新密市(豫)	神仙洞省级森林公园	省	40.00	800.00	400.00
803	登封市(豫)	大熊山森林公园	省	6.80	25.80	
804	伊川县(豫)	荆山森林公园	省	30.00	6.00	
805	偃师市(豫)	河南省双龙山森林公园	省	20.00	40.00	10.00
806	内黄县(豫)	二帝陵森林公园	省	79.00	5820.00	3320.00
807	林州市(豫)	白泉森林公园	省	3.00	20.00	
808	鹤山区(豫)	黄庙沟森林公园	省	0.40	40.00	
809	淇滨区(豫)	金山森林公园	省	6.00	600.00	
810	淇滨区(豫)	七里沟森林公园	省	2.00	50.00	
811	淇滨区(豫)	天然太极图景区	省	10.00	1000.00	100.00
812	凤泉区(豫)	新乡凤凰山省级森林公园	省	7.00	35.00	
813	延津县(豫)	河南省黄河故道森林公园	省	11.50	1700.00	200.00
814	卫辉市(豫)	卫辉市跑马岭休闲生态园	省	4.90	890.00	140.00
815	辉县市(豫)	河南太行山猕猴自然保护区	省	230.00	6200.00	3920.00
816	范　县(豫)	毛楼生态旅游区	省	5.00	750.00	150.00
817	濮阳县(豫)	濮阳张挥森林公园	省	2.80	59.00	
818	襄城县(豫)	紫云山风景区	省	5.00	0.00	152.00
819	禹州市(豫)	禹州市森林植物园	省	120.00	600.00	80.00
820	卧龙区(豫)	独山森林公园	省	9.00	90.00	45.00
821	南召县(豫)	丹霞寺森林公园	省	6.50	2500.00	200.00
822	南召县(豫)	暴瀑峡	省	5.80	4000.00	290.00
823	南召县(豫)	石人山风景区	省	6.70	4200.00	536.00
824	镇平县(豫)	菩提寺森林公园	省	20.00	1457.00	600.00
825	平桥区(豫)	信阳市震雷山森林公园	省	80.00	2320.00	320.00
826	固始县(豫)	安山森林公园	省	19.00	380.00	90.00
827	淮滨县(豫)	淮南湿地自然保护区	省	0.60	486.00	
828	息　县(豫)	息州森林公园	省	10.00	1000.00	20.00
829	确山县(豫)	乐山林场	省	70.00	800.00	280.00
830	泌阳县(豫)	白云山森林公园	省	13.00	840.00	270.00
831	蔡甸区(鄂)	湖北省沉湖湿地自然保护区	省	50.00	4500.00	
832	蔡甸区(鄂)	湖北省后官湖湿地公园	省	50.00	4000.00	
833	黄陂区(鄂)	木兰山和素山寺森林公园	省	35.00	7000.00	3500.00
834	下陆区(鄂)	东方山森林公园	省	45.00	2000.00	300.00
835	阳新县(鄂)	七峰山森林公园	省	1.00	391.00	20.00
836	大冶市(鄂)	雷山森林公园	省	100.00	1300.00	300.00
837	郧西县(鄂)	虎豹峡森林公园	省	25.00	0.50	0.20
838	点军区(鄂)	车溪自然保护小区	省	20.00	500.00	180.00

序号	县(旗、市、区、局、场)	森林公园及自然保护区（名称）	级别	实际接待人数（万人次）	旅游总收入（万元）	其中:门票收入（万元）
839	夷陵区(鄂)	白马大峡谷自然保护小区	省	3.00	180.00	
840	夷陵区(鄂)	宜昌西塞国森林公园	省	1.00	350.00	5.00
841	秭归县(鄂)	九畹溪自然保护区	省	49.80	21536.00	2692.00
842	秭归县(鄂)	链子崖观光旅游区	省	2.50	352.00	44.00
843	秭归县(鄂)	泗溪自然保护区	省	9.70	1216.00	152.00
844	秭归县(鄂)	凤凰山观光旅游区	省	11.90	2016.00	252.00
845	宜都市(鄂)	宋山森林公园	省	8.00	500.00	320.00
846	宜都市(鄂)	梁山自然保护小区	省	3.00	120.00	60.00
847	南漳县(鄂)	七里山森林公园	省	2.00	10.00	2.00
848	南漳县(鄂)	漳河源自然保护区	省	1.00	30.00	
849	谷城县(鄂)	承恩寺森林公园	省	3.00	1500.00	20.00
850	保康县(鄂)	五道峡自然保护区	省	8.50	45.00	38.00
851	保康县(鄂)	官山森林公园	省	1.20	230.00	0.00
852	老河口市(鄂)	百花山森林公园	省	0.82	85.00	16.40
853	枣阳市(鄂)	白竹园寺	省	20.00	130.00	85.00
854	鄂州市市辖区(鄂)	葛山森林公园	省	54.00	625.00	
855	鄂州市市辖区(鄂)	沼山森林公园	省	18.00	60.00	
856	孝南区(鄂)	孝感市野猪湖自然保护小区	省	1.00	30.00	
857	公安县(鄂)	公安县国有黄山林场	省	2.00	460.00	40.00
858	黄州区(鄂)	湖北黄州滨江森林公园	省	6.50	110.00	
859	团风县(鄂)	大崎山自然保护区	省	7.00	274.00	32.00
860	麻城市(鄂)	湖北省麻城市龟峰山风景区	省	45.00	49040.00	1200.00
861	武穴市(鄂)	湖北横岗山森林公园	省	6.00	120.00	25.00
862	嘉鱼县(鄂)	牛头山森林公园	省	20.00	9000.00	
863	通城县(鄂)	岳姑山自然保护区	省	0.20	50.00	
864	通城县(鄂)	锡山森林公园	省	0.30	100.00	
865	崇阳县(鄂)	桂花森林公园	省	1.00	100.00	10.00
866	曾都区(鄂)	随州市洛阳银杏省级森林公园省级	省	300.00	30000.00	
867	广水市(鄂)	大贵寺	省	5.50	2365.00	165.00
868	随县(鄂)	七尖峰森林公园	省	20.00	4000.00	600.00
869	巴东县(鄂)	巴山森林公园	省	3.00	30.00	30.00
870	望城县(湘)	长沙市望城区黑麋峰森林公园	省	200.00	300.00	40.00
871	宁乡县(湘)	青羊湖森林公园	省	4.80	70.00	
872	醴陵市(湘)	王仙水养保护林区	省	5.00	100.00	5.00
873	醴陵市(湘)	醴陵仙岳山森林公园	省	20.00	1500.00	20.00
874	湘乡市(湘)	水府庙旅游区	省	30.00	6500.00	1600.00
875	衡山县(湘)	衡山紫金林场	省	11.20	134.40	
876	衡东县(湘)	四方山森林公园	省	5.00	15.00	
877	祁东县(湘)	四明山	省	3.00	50.00	
878	耒阳市(湘)	蔡伦竹海风景区	省	2.80	450.00	
879	新邵县(湘)	白云岩风景名胜区	省	0.70	700.00	140.00
880	新邵县(湘)	白水洞风景名胜区	省	10.40	1040.00	208.00
881	隆回县(湘)	湖南隆回白马山省级木森林公园	省	1.20	120.00	
882	君山区(湘)	天井山森林公园	省	1.26	180.00	
883	华容县(湘)	桃花山省级森林公园	省	4.00	90.00	

序号	县(旗、市、区、局、场)	森林公园及自然保护区(名称)	级别	实际接待人数(万人次)	旅游总收入(万元)	其中:门票收入(万元)
884	湘阴县(湘)	湖南省湘阴横林湖省级自然保护区	省	1.30	1200.00	
885	湘阴县(湘)	鹅型山森林公园	省	23.00	1500.00	
886	平江县(湘)	福寿山森林公园	省	8.20	970.00	25.20
887	平江县(湘)	连云山森林公园	省	7.50	1774.00	
888	汨罗市(湘)	神鼎山省级森林公园	省	0.70	410.00	
889	汉寿县(湘)	湖南省汉寿鹿溪省级森林公园	省	1.50	3000.00	
890	澧　县(湘)	澧县天供山森林公园	省	3.00	300.00	60.00
891	武陵源区(湘)	天子山自然保护区	省	10.46	2594.00	1107.00
892	武陵源区(湘)	索溪峪自然保护区	省	361.00	89528.00	42832.00
893	益阳市市辖区(湘)	益阳市百峰山森林公园	省	10.00	720.00	60.00
894	苏仙区(湘)	苏仙区王仙岭生态公园	省	42.00	384.00	
895	永兴县(湘)	龙华山公园	省	169.00	11483.00	2300.00
896	东安县(湘)	湖南东安舜皇山自然保护区	省	19.00	22045.00	1200.00
897	中方县(湘)	康龙自然保护区	省	9.00	1020.00	
898	沅陵县(湘)	凤凰山森林公园	省	15.20	1216.00	152.00
899	沅陵县(湘)	夸父山森林公园	省	2.10	315.00	
900	沅陵县(湘)	齐眉界森林公园	省	3.70	740.00	
901	辰溪县(湘)	辰溪县燕子洞风景区	省	1.00	50.00	20.00
902	溆浦县(湘)	威虎山森林公园	省	0.50	100.00	
903	新晃侗族自治县(湘)	黄家垅森林公园	省	10.00	100.00	10.00
904	芷江侗族自治县(湘)	芷江县三道坑省级自然保护区	省	60.00	360.00	
905	靖州苗族侗族自治县(湘)	排牙山林场	省	2.00	150.00	
906	娄星区(湘)	洪家山森林公园	省	2.00	100.00	
907	双峰县(湘)	九峰山林场	省	20.00	80.00	
908	新化县(湘)	古台山国有林场	省	3.60	360.00	
909	涟源市(湘)	涟源包围山省级森林公园	省	3.20	168.00	
910	花都区(粤)	王子山森林公园	省	2.70	83.21	83.21
911	鹤山市(粤)	广东大雁山森林公园	省	37.00	4680.00	150.00
912	鼎湖区(粤)	九龙湖生态旅游风景区	省	20.00	580.00	300.00
913	肇庆市林业总场(粤)	广东省九龙湖森林公园	省	0.98	38.00	38.00
914	梅　县(粤)	梅县雁南飞茶田有限公司	省	120.00	8300.00	2500.00
915	大埔县(粤)	丰溪自然保护区	省	2.50	1200.00	
916	平远县(粤)	五指石省级风景名胜区	省	7.85	280.00	130.00
917	平远县(粤)	广东平远龙文黄田省级自然保护区	省	2.00	36.00	
918	蕉岭县(粤)	长潭自然保护区	省	60.00	110.00	
919	阳春市(粤)	春湾石林	省	15.00	180.00	100.00
920	佛冈县(粤)	佛冈观音山省级自然保护区	省	5.00	750.00	50.00
921	清新县(粤)	广东省太和洞森林公园	省	94.00	28200.00	4700.00
922	清新县(粤)	广东省笔架山森林公园	省	55.00	16500.00	3850.00
923	连州市(粤)	广东天湖森林公园	省	1.50	55.00	8.00
924	清远市属总林场(粤)	羊角山森林公园	省	1.20	40.00	
925	湘桥区(粤)	广东省紫莲山庄	省	0.42	80.00	20.00
926	隆安县(桂)	龙虎山保护区	省	9.68	1086.00	784.00
927	蒙山县(桂)	广西古修自治区级自然保护区	省	0.35	71.00	24.00
928	岑溪市(桂)	岑溪市吉太森林公园	省	18.00	1970.00	

序号	县(旗、市、区、局、场)	森林公园及自然保护区(名称)	级别	实际接待人数(万人次)	旅游总收入(万元)	其中:门票收入(万元)
929	钦北区(桂)	广西钦州市八寨沟旅游区	省	55.80	10325.00	2512.50
930	陆川县(桂)	陆川县谢鲁山庄	省	50.00	1000.00	600.00
931	右江区(桂)	大王岭自然保护区	省	15.60	2746.00	2340.00
932	那坡县(桂)	广西老虎跳自然保护区	省	1.00	500.00	180.00
933	凌云县(桂)	凌云县森林公园	省	11.20	2800.00	680.00
934	贺州市平桂管理区(桂)	姑婆山森林公园	省	29.00	2406.00	1068.00
935	大新县(桂)	恩城自然保护区	省	31.00	110.00	
936	万州区(渝)	王二包市级自然保护区	省	0.30	15.60	
937	万州区(渝)	贝壳山森林公园	省	0.15	2.00	
938	万州区(渝)	泉活森林公园	省	0.10	5.00	
939	九龙坡区(渝)	重庆市尖刀山森林公园	省	11.00	31.00	
940	九龙坡区(渝)	重庆市白塔坪森林公园	省	15.00	54.00	
941	九龙坡区(渝)	三多桥白鹭自然保护区	省	21.95	27.31	
942	万盛区(渝)	九锅箐森林公园	省	26.00	7500.00	
943	渝北区(渝)	玉峰山森林公园	省	2.50	1200.00	
944	巴南区(渝)	东温泉森林公园	省	5.30	454.80	44.57
945	永川区(渝)	代家店森林公园	省	3.00	850.00	
946	永川区(渝)	重庆市桃花源森林公园	省	3.50	342.00	
947	潼南县(渝)	重庆市马鞍山森林公园	省	18.00	0.20	
948	大足县(渝)	宝林寺市级森林公园	省	3.50	50.00	12.00
949	荣昌县(渝)	荣昌县岚峰林场森林公园	省	10.30	1560.00	
950	开　县(渝)	南山市级森林公园	省	15.00	6430.00	
951	巫山县(渝)	梨子坪森林公园	省	1.50	50.00	
952	大邑县(川)	西岭雪山(黑水河自然保护区)	省	65.19	39303.00	
953	蒲江县(川)	四川成都石象湖景区	省	365.00	4029.00	2100.00
954	自流井区(川)	飞龙峡森林公园	省	95.00	6250.00	380.00
955	荣　县(川)	高石梯森林公园	省	28.50	774.80	51.50
956	荣　县(川)	金花桫椤自然保护区	省	0.90	35.20	3.90
957	江阳区(川)	泸州方山森林公园	省	24.96	5640.00	338.00
958	泸　县(川)	四川省玉蟾山森林公园	省	14.85	268.86	110.50
959	古蔺县(川)	黄荆自然保护区	省	115.00	31625.00	
960	旌阳区(川)	葳螺山森林公园	省	12.00	195.00	
961	三台县(川)	凤凰山城市森林公园	省	35.00	4500.00	
962	北川羌族自治县(川)	小寨子沟自然保护区	省	12.50	380.00	
963	江油市(川)	江油市观雾山森林公园	省	3.50	785.00	61.00
964	元坝区(川)	四川翠云廊古柏省级自然保护区	省	72.44	18.66	7.50
965	朝天区(川)	水磨沟自然保护区	省	3.00	1920.00	
966	苍溪县(川)	三溪口省级森林公园	省	5.00	500.00	
967	苍溪县(川)	四川省九龙山自然保护区	省	8.00	1500.00	
968	射洪县(川)	平安森林公园	省	15.50	6200.00	775.00
969	射洪县(川)	射洪桃花山风景区	省	17.00	6800.00	850.00
970	东兴区(川)	长江森林公园	省	0.88	2.40	0.50
971	威远县(川)	四川省慈菇塘森林公园	省	3.00	410.00	
972	峨边彝族自治县(川)	黑竹沟风景区	省	16.00	3200.00	
973	顺庆区(川)	西山风景区	省	40.00	450.00	120.00

序号	县(旗、市、区、局、场)	森林公园及自然保护区(名称)	级别	实际接待人数(万人次)	旅游总收入(万元)	其中:门票收入(万元)
974	东坡区(川)	寨子城森林公园	省	1.80	85.00	
975	仁寿县(川)	仁寿县黑龙滩风景区	省	13.29	8495.00	
976	丹棱县(川)	九龙山省级森林公园	省	28.50	6000.00	
977	翠屏区(川)	宜宾市翠屏公园	省	18.60	1590.00	
978	翠屏区(川)	四川省七星山森林公园	省	30.00	300.00	
979	宜宾县(川)	越溪河省级风景名胜区	省	35.00	4390.55	
980	宜宾县(川)	石城山森林公园	省	3.44	453.37	40.66
981	南溪县(川)	云台山马尔岩湿地公园	省	15.00	1000.00	
982	江安县(川)	青峰寺森林公园	省	1.76	129.40	
983	高　县(川)	七仙湖湿地公园	省	5.48	234.00	
984	通川区(川)	四川省犀牛山森林公园	省	8.10	15.00	
985	通川区(川)	千口岭森林公园	省	5.00	3.10	
986	达　县(川)	雷音铺森林公园	省	16.00	410.00	
987	宣汉县(川)	峨城竹海森林公园	省	19.00	4655.00	
988	宣汉县(川)	观音山省级森林公园	省	16.00	4200.00	
989	石棉县(川)	栗子坪自然保护区	省	0.60	120.00	
990	平昌县(川)	驷马自然保护区	省	16.50	3034.00	
991	安岳县(川)	四川省千佛寨森林公园	省	13.00	3036.00	53.00
992	汶川县(川)	草坡自然保护区	省	1.30	200.00	
993	理　县(川)	毕棚沟风景区	省	17.06	1800.00	
994	茂　县(川)	九顶山景区	省	5.00	500.00	50.00
995	茂　县(川)	松坪沟景区	省	45.00	22500.00	2250.00
996	康定县(川)	木格措景区	省	10.00	7810.00	295.00
997	道孚县(川)	亿比措自然保护区	省	4.00	2607.00	
998	炉霍县(川)	卡莎湖自然保护区	省	4.12	2600.00	
999	德格县(川)	新路海自然保护区	省	1.36	1000.00	400.00
1000	木里藏族自治县(川)	鸭咀自然保护区	省	0.10	80.00	0.00
1001	金阳县(川)	百草坡自然保护区	省	2.40	582.00	
1002	冕宁县(川)	灵山寺森林公园	省	85.00	2076.00	650.00
1003	越西县(川)	申果庄大熊猫自然保护区	省	0.80	188.00	
1004	息烽县(黔)	团圆山省级森林公园	省	5.00	160.00	
1005	六枝特区(黔)	月亮河森林公园	省	0.50	300.00	
1006	水城县(黔)	水城杨梅省级森林公园	省	0.50	23.00	
1007	湄潭县(黔)	龙泉山森林公园	省	0.70	55.00	
1008	习水县(黔)	箐山森林公园	省	10.00	200.00	
1009	平坝县(黔)	天台山屯堡文化保护区	省	32.00	2878.00	96.00
1010	万山特区(黔)	老山口森林公园	省	1.00	100.00	
1011	兴义市(黔)	坡岗自然保护区	省	5.00	10.00	
1012	大方县(黔)	大方油杉河省级森林公园	省	14.00	13860.00	
1013	凯里市(黔)	罗汉山森要公园	省	15.00	735.00	
1014	锦屏县(黔)	春蕾林场森林公园	省	32.00	280.00	
1015	麻江县(黔)	老蛇冲自然保护区	省	3.00	300.00	
1016	福泉市(黔)	云雾山森林公园	省	22.00	4500.00	2500.00
1017	贵定县(黔)	贵州省甘溪森林公园	省	3.00	50.00	
1018	罗甸县(黔)	罗甸翠滩省级森林公园	省	4.60	220.00	46.00

序号	县(旗、市、区、局、场)	森林公园及自然保护区（名称）	级别	实际接待人数（万人次）	旅游总收入（万元）	其中:门票收入（万元）
1019	长顺县(黔)	斗麻自然保护区	省	2.50	1548.00	
1020	长顺县(黔)	白云山自然保护区	省	4.50	5103.00	
1021	惠水县(黔)	野梅岭森林公园	省	10.00	130.00	
1022	贵州省扎佐林场(黔)	省级景阳森林公园	省	30.00	3500.00	2000.00
1023	玉龙纳西族自治县(滇)	拉市海自然保护区	省	46.00	10000.00	
1024	玉龙纳西族自治县(滇)	玉龙雪山自然保护区	省	255.00	80000.00	
1025	宁蒗彝族自治县(滇)	泸沽湖自然保护区	省	150.60	132700.00	3043.90
1026	临翔区(滇)	小道河森林公园	省	0.40	1.00	
1027	楚雄市(滇)	紫溪山自然保护区	省	130.00	186.00	85.00
1028	丘北县(滇)	普者黑自然保护区	省	24.00	15739.00	4800.00
1029	祥云县(滇)	水目山	省	12.80	460.00	180.00
1030	雁塔区(陕)	陕西省西安雁塔森林公园	省	60.00	2410.00	50.00
1031	长安区(陕)	太兴山森林公园	省	2.80	56.00	56.00
1032	长安区(陕)	沣峪森林公园	省	13.30	282.00	145.00
1033	扶风县(陕)	陕西省野河自然保护区	省	1.50	55.00	45.00
1034	眉　县(陕)	红河谷森林公园	省	16.80	936.00	756.00
1035	陇　县(陕)	陕西省龙门洞森林公园	省	2.40	94.00	39.00
1036	陇　县(陕)	陕西省关山森林公园	省	0.60	30.00	0.60
1037	太白县(陕)	陕西太白青峰峡森林公园	省	3.10	242.00	92.00
1038	三原县(陕)	嵯峨山森林公园	省	1.13	14.10	
1039	淳化县(陕)	仲山森林公园	省	3.00	1200.00	90.00
1040	淳化县(陕)	爷台山自然保护区	省	2.00	600.00	20.00
1041	白水县(陕)	方山森林公园	省	12.00	120.00	5.00
1042	富平县(陕)	金粟山森林公园	省	1.00	25.00	20.00
1043	汉台区(陕)	陕西省省级褒河森林公园	省	7.60	33.00	33.00
1044	宁强县(陕)	汉水源森林公园	省	4.80	576.00	
1045	汉滨区(陕)	陕西省凤凰山森林公园	省	2.32	116.00	
1046	汉阴县(陕)	陕西省凤凰岭森林公园	省	36.50	4532.00	
1047	紫阳县(陕)	陕西省擂鼓台森林公园	省	1.20	18.00	18.00
1048	岚皋县(陕)	神仙河省级森林公园	省	1.00	310.00	50.00
1049	镇坪县(陕)	镇坪县三道门森林公园	省	2.80	280.00	
1050	宁东林业局(陕)	陕西省宁东森林公园	省	1.30	76.40	18.36
1051	西固区(甘)	石头坪森林公园	省	100.00	850.00	
1052	靖远县(甘)	法泉寺省级森林公园	省	4.90	49.00	49.00
1053	甘谷县(甘)	尖山寺森林公园	省	3.00	4.00	
1054	肃南裕固族自治县(甘)	肃南县马蹄寺森林公园	省	22.00	900.00	572.00
1055	民乐县(甘)	海潮坝森林公园	省	2.80	300.00	6.00
1056	山丹县(甘)	焉支山森林公园	省	30.00	230.00	190.00
1057	崆峒区(甘)	崆峒区北山森林公园	省	0.74	5.29	
1058	华亭县(甘)	米家沟生态园	省	1.30	21.00	13.00
1059	庄浪县(甘)	朝那湫森林公园	省	6.00	72.00	60.00
1060	金塔县(甘)	金塔潮湖省级森林沙漠公园	省	16.00	20.00	
1061	环　县(甘)	兴隆森林公园	省	6.00	6.00	
1062	华池县(甘)	双塔森林公园	省	5.00	300.00	
1063	华池林业总场(甘)	东华池森林公园	省	1.00	3.00	

序号	县(旗、市、区、局、场)	森林公园及自然保护区(名称)	级别	实际接待人数(万人次)	旅游总收入(万元)	其中:门票收入(万元)
1064	正宁林业总场(甘)	调令关森林公园	省	5.00	160.00	3.00
1065	两当县(甘)	甘肃省两当灵管峡森林公园	省	3.00	90.00	90.00
1066	临夏市(甘)	南龙山森林公园	省	1.50	11.00	
1067	永靖县(甘)	黄河三峡湿地自然保护区	省	11.00	2750.00	220.00
1068	舟曲县(甘)	拉尕山省级森林公园	省	0.30	26.00	
1069	迭部县(甘)	腊子口风景区	省	8.60	126.00	
1070	碌曲县(甘)	则岔森林公园	省	3.20	215.00	80.00
1071	平安县(青)	青海省峡群寺森林公园	省	1.30	13.00	13.00
1072	乐都县(青)	上北山森林公园	省	2.00	2.00	2.00
1073	互助土族自治县(青)	南门峡森林公园	省	1.00	4.00	
1074	祁连县(青)	黑河大峡谷森林公园	省	74.10	16500.00	209.00
1075	格尔木市(青)	格尔木市胡杨林自然保护区	省	2.00	10.00	10.00
1076	金凤区(宁)	拉普斯森林公园	省	46.75	2431.00	972.40
1077	青铜峡市(宁)	青铜峡市库区自然保护区	省	6.00	400.00	150.00
1078	西吉县(宁)	党家岔湿地保护区	省	2.00	1.00	
1079	裕民县(新)	巴山塔斯特旅游风景区	省	16.50	3465.00	495.00
1080	霍城林场(新)	霍城果子沟森林公园	省	6.00	105.00	
1081	察布查尔林场(新)	新疆维吾尔自治区琼博拉森林公园	省	2.10	96.00	13.00
1082	伊宁林场(新)	伊宁县阿吾赞森林公园	省	0.50	8.00	
1083	阿尔泰林场 (新)	小东沟森林公园	省	1.00	9.00	
1084	青河林场(新)	大青河森林公园	省	0.85	40.00	1.05
1085	木垒林场(新)	新疆木垒大龙王森林公园	省	0.60	2.60	1.50
1086	米泉林场(新)	天山森林公园	省	3.00	61.20	57.00
1087	绥阳林业局(龙江森工)	绥阳小天桥森林公园	省	6.00	1500.00	
1088	鹤立林业局(龙江森工)	红旗森林公园	省	1.00	14.00	
1089	清河林业局(龙江森工)	清河森林公园	省	5.85	656.00	61.00
1090	新青林业局(龙江森工)	新青森林公园	省	5.00	400.00	150.00
1091	友好林业局(龙江森工)	友好森林公园	省	1.10	550.00	60.00
1092	朗乡林业局(龙江森工)	朗乡森林公园	省	1.20	47.00	
1093	朗乡林业局(龙江森工)	清翠森林公园	省	1.00	51.00	
1094	朗乡林业局(龙江森工)	林中森林公园	省	1.50	47.00	5.00
1095	绥棱林业局(龙江森工)	绥棱白马石森林公园	省	1.50	65.00	
1096	小陇山林业实验局(甘)	太阳山省级森林公园	省	0.70	12.05	3.09
1097	小陇山林业实验局(甘)	卧牛山省级森林公园	省	1.10	12.30	2.30
1098	小陇山林业实验局(甘)	三黄谷省级森林公园	省	0.10	0.16	0.16
1099	农六师(新疆兵团)	青格达湖自然保护区	省	100.00	3000.00	300.00
1100	海淀区(京)	阳台山风景名胜区	地	1.56	7.75	7.75
1101	海淀区(京)	圆明园遗址公园	地	618.18	5532.54	5532.54
1102	海淀区(京)	鹫峰国家森林公园	地	11.56	74.16	74.14
1103	海淀区(京)	凤凰岭风景名胜区	地	32.99	539.45	539.45
1104	井陉矿区(冀)	清凉山	地	12.30	459.00	220.00
1105	阿鲁科尔沁旗(内蒙古)	根皮广佑寺森林公园	地	0.60	1.00	
1106	杭锦旗(内蒙古)	鄂尔多斯草原旅游区	地	4.50	520.00	
1107	鄂温克族自治旗(内蒙古)	鄂温克旗五泉山风景区	地	2.00	80.00	
1108	察哈尔右翼中旗(内蒙古)	黄花沟	地	8.00	60.00	

序号	县(旗、市、区、局、场)	森林公园及自然保护区（名称）	级别	实际接待人数（万人次）	旅游总收入（万元）	其中:门票收入（万元）
1109	本溪市经济开发区(辽)	仙榆湾	地	3.20	835.00	
1110	振安区(辽)	丹东市五龙山森林公园	地	22.00	9000.00	1100.00
1111	凤城市(辽)	帽盔山森林公园	地	17.00	5311.00	539.00
1112	凌海市(辽)	翠岩山	地	15.00	100.00	4.00
1113	凌海市(辽)	岩井寺	地	10.00	70.00	3.00
1114	大石桥市(辽)	蟠龙山公园	地	40.00	1400.00	
1115	大石桥市(辽)	老轿顶自然保护区	地	9.50	160.00	
1116	大石桥市(辽)	迷镇山	地	30.00	1850.00	300.00
1117	太平区(辽)	塔子沟风景区	地	5.40	229.00	
1118	朝阳县(辽)	槐树洞	地	10.00	2000.00	200.00
1119	山河实验林场(黑)	山河自然保护区	地	0.20	5.00	
1120	邳州市(苏)	岠山风景名胜区	地	8.70	4157.21	695.77
1121	建德市(浙)	绿荷塘森林公园	地	15.90	8000.00	
1122	镇海区(浙)	九龙湖森林公园	地	10.00	470.00	100.00
1123	黄岩区(浙)	浙江省台州市布袋山景区	地	4.00	160.00	160.00
1124	黄岩区(浙)	黄岩富山大裂谷	地	2.00	80.00	80.00
1125	蜀山区(皖)	合肥植物园	地	94.00	500.00	300.00
1126	禹会区(皖)	蚌埠花卉科技产业园	地	80.00	100.00	61.00
1127	大观区(皖)	狮子山公园	地	10.00	150.00	
1128	祁门县(皖)	祁门县历口镇历溪景区	地	15.00	2250.00	1800.00
1129	祁门县(皖)	祁门县渚口乡橹溪湾景区	地	18.00	4200.00	2450.00
1130	祁门县(皖)	牯牛降九龙池景区	地	58.00	17400.00	6264.00
1131	济南市市中区(鲁)	济南市玉龙山森林公园	地	12.00	45.00	
1132	济南市市中区(鲁)	济南市红山尖森林公园	地	11.00	100.00	
1133	商河县(鲁)	玉源园森林公园	地	15.00	800.00	
1134	商河县(鲁)	滨河湿地公园	地	50.00	1000.00	
1135	黄岛区(鲁)	青岛永亮源森林公园	地	12.00	240.00	
1136	黄岛区(鲁)	青岛周家夼森林公园	地	9.45	140.00	
1137	淄川区(鲁)	雁山市级森林公园	地	1.00	50.00	
1138	淄川区(鲁)	三龙山市级森林公园	地	0.60	45.00	
1139	淄川区(鲁)	卧虎山市级森林公园	地	1.20	30.00	
1140	淄川区(鲁)	孟子山市级森林公园	地	0.20	30.00	
1141	淄川区(鲁)	马鞍山景区市级森林公园	地	20.00	600.00	300.00
1142	博山区(鲁)	莲花山森林公园	地	20.00	1000.00	150.00
1143	博山区(鲁)	五阳湖森林公园	地	5.00	300.00	
1144	博山区(鲁)	金牛山森林公园	地	1.00	20.00	
1145	博山区(鲁)	樵岭前森林公园	地	9.10	840.00	400.00
1146	博山区(鲁)	淄博开元溶洞	地	40.20	2514.80	2383.30
1147	博山区(鲁)	志公坪森林公园	地	0.12	10.00	2.40
1148	沂源县(鲁)	凤凰山	地	40.00	100.00	50.00
1149	沂源县(鲁)	莲花山	地	0.50	10.00	8.00
1150	山亭区(鲁)	鸡冠崮市级森林公园	地	0.30	1.00	
1151	栖霞市(鲁)	天柱山保护区	地	3.00	70.00	30.00
1152	青州市(鲁)	玲珑山森林公园	地	5.00	5.00	5.00
1153	青州市(鲁)	泰和山风景区	地	19.30	1175.00	1140.10

序号	县(旗、市、区、局、场)	森林公园及自然保护区(名称)	级别	实际接待人数(万人次)	旅游总收入(万元)	其中:门票收入(万元)
1154	诸城市(鲁)	大山森林公园	地	10.00	30.00	
1155	安丘市(鲁)	安丘市青云山	地	150.00	800.00	750.00
1156	新泰市(鲁)	白马寺森林公园	地	3.00		8.00
1157	新泰市(鲁)	和圣园森林公园	地	6.00		51.00
1158	荣成市(鲁)	石岛山森林公园	地	62.60	5965.20	4606.60
1159	莱城区(鲁)	吉山森林公园	地	0.10	60.00	
1160	莱城区(鲁)	马鞍山森林公园	地	0.10	73.00	
1161	莱城区(鲁)	龙山公园	地	13.36	400.00	131.25
1162	沂南县(鲁)	五彩山森林公园	地	8.60	438.00	
1163	沂水县(鲁)	灵泉寺	地	46.00	318.00	215.00
1164	沂水县(鲁)	圣水坊	地	10.00	200.00	20.00
1165	东昌府区(鲁)	姜堤乐园	地	37.60	4368.00	1504.00
1166	东昌府区(鲁)	聊城市植物园	地	9.40	1092.00	188.00
1167	阳谷县(鲁)	景阳冈旅游区	地	50.00	1900.00	1500.00
1168	惠济区(豫)	郑州黄河风景名胜区	地	38.80	2910.00	2328.00
1169	安阳县(豫)	安阳县宝山灵泉寺森林公园	地	5.10	200.00	60.00
1170	安阳县(豫)	安阳县塔山森林公园	地	0.70	31.00	13.00
1171	安阳县(豫)	安阳县马鞍山森林公园	地	3.50	150.30	70.00
1172	林州市(豫)	天平山森林公园	地	3.80	137.00	57.00
1173	林州市(豫)	柏尖山森林公园	地	30.00	110.00	
1174	濮阳市高新区(豫)	濮上生态园区	地	3.80	380.00	350.00
1175	魏都区(豫)	西湖公园	地	86.00	130.00	35.00
1176	固始县(豫)	南山市级森林公园	地	10.00	260.00	120.00
1177	驿城区(豫)	金顶山	地	53.00		400.00
1178	老河口市(鄂)	梨花湖湿地公园	地	5.00	5000.00	
1179	利川市(鄂)	利川市甘溪山森林公园	地	2.10	182.00	
1180	利川市(鄂)	利川市福宝山森林公园	地	3.20	310.00	
1181	荷塘区(湘)	仙庾岭	地	80.00	1000.00	
1182	蒸湘区(湘)	雨母山风景区	地	25.00	1800.00	
1183	临澧县(湘)	太浮山森林公园	地	2.00	59.00	
1184	广宁县(粤)	广宁县深坑景区	地	1.00	140.00	
1185	肇庆市林业总场(粤)	北岭山森林(生态)公园	地	0.30	25.00	20.00
1186	蕉岭县(粤)	皇佑笔自然保护区	地	60.00	110.00	
1187	清远市属总林场(粤)	笔架山森林公园	地	8.00	262.00	262.00
1188	清远市属总林场(粤)	银盏森林公园	地	30.00	800.00	
1189	九龙坡区(渝)	重庆市白市驿城市花卉森林公园	地	9.00	87.00	
1190	游仙区(川)	绵阳市渔父村森林公园	地	2.64	1586.00	
1191	广元市曾家森林经营所(川)	广元市鸳鸯池森林公园	地	0.50	40.00	
1192	船山区(川)	灵泉寺森林公园	地	336.19	31233.00	4034.00
1193	邻水县(川)	天易谷	地	6.00	1200.00	480.00
1194	宣汉县(川)	笔架山风景区	地	102.00	20500.00	
1195	木里藏族自治县(川)	恰朗多吉自然保护区	地	0.05	40.00	
1196	木里藏族自治县(川)	巴丁娜姆自然保护区	地	0.05	60.00	
1197	盐源县(川)	泸沽湖湿地保护自然保护区	地	21.00	7639.80	1680.00
1198	松桃苗族自治县(黔)	苗王城	地	550.00	5000.00	400.00

序号	县(旗、市、区、局、场)	森林公园及自然保护区(名称)	级别	实际接待人数(万人次)	旅游总收入(万元)	其中:门票收入(万元)
1199	松桃苗族自治县(黔)	苗王湖	地	100.00	500.00	
1200	牟定县(滇)	化佛山自然保护区	地	3.67	110.00	
1201	永仁县(滇)	方山州级自然保护区	地	67.93	7000.00	
1202	元谋县(滇)	元谋县土林州级自然保护区	地	35.00	2639.00	2560.00
1203	武定县(滇)	狮子山州级自然保护区	地	60.00	9240.00	2267.00
1204	勐海县(滇)	勐景来景区	地	2.10	126.00	126.00
1205	长安区(陕)	西安祥峪森林公园	地	23.00	345.00	230.00
1206	太白县(陕)	黄柏塬原生态风景区	地	20.00	543.00	180.00
1207	陕西省苗木繁育中心(陕)	西部兰花生态园	地	10.00	300.00	55.00
1208	永寿县(陕)	永寿县翠屏山森林公园	地	0.30	60.00	
1209	临渭区(陕)	刘家山森林公园	地	2.00	20.00	5.00
1210	迭部县(甘)	扎尕那风景区	地	7.80	89.00	
1211	赵　县(冀)	赵县梨区	县	30.00	1300.00	
1212	迁安市(冀)	黄台湖景区	县	25.00	1200.00	1200.00
1213	邢台县(冀)	张果老山旅游区	县	9.35	24.64	22.40
1214	邢台县(冀)	天梯山旅游区	县	18.80	126.50	115.00
1215	邢台县(冀)	天河山旅游区	县	35.75	1167.54	1061.40
1216	邢台县(冀)	小西天旅游区	县	18.60	91.52	83.20
1217	邢台县(冀)	云梦山旅游区	县	4.10	62.70	57.00
1218	邢台县(冀)	九龙峡旅游区	县	39.18	810.26	736.60
1219	邢台县(冀)	太行奇观峡谷群	县	24.85	233.97	212.70
1220	邢台县(冀)	白云山旅游区	县	0.74	5.39	4.90
1221	内丘县(冀)	寒山景区	县	5.00	190.00	65.00
1222	柏乡县(冀)	汉牡丹园	县	4.80	270.00	160.00
1223	满城县(冀)	满城陵山汉墓	县	7.00	350.00	
1224	满城县(冀)	满城县柿子沟	县	5.00	400.00	
1225	顺平县(冀)	顺平县龙潭湖风景区	县	3.50	450.00	20.00
1226	涿州市(冀)	涿州市新义春光梨树观光采摘园	县	30.00	1200.00	
1227	丰宁满族自治县(冀)	丰宁鸳鸯湖景区	县	4.00	150.00	
1228	灵石县(晋)	静升森林公园	县	0.17	34.00	34.00
1229	中阳县(晋)	柏洼山森林公园	县	0.30	6.00	6.00
1230	松山区(内蒙古)	松山区东山皇家漫甸	县	0.70	80.00	
1231	宁城县(内蒙古)	藏龙谷景区	县	0.40	56.00	24.00
1232	鄂托克旗(内蒙古)	湿地公园	县	1.40	150.00	150.00
1233	鄂托克旗(内蒙古)	碧海阳光温泉度假村	县	3.68	900.00	80.00
1234	鄂托克旗(内蒙古)	阿尔寨景区	县	0.35	70.00	70.00
1235	扎兰屯市(内蒙古)	索伦部落	县	5.00	5.00	
1236	西乌珠穆沁旗(内蒙古)	哈布其盖	县	2.00	30.00	
1237	本溪市经济开发区(辽)	张其寨华溪园休闲度假村	县	0.33	40.00	
1238	本溪市经济开发区(辽)	张其寨壶熙山庄	县	0.40	50.00	
1239	本溪市经济开发区(辽)	张其寨恬园山庄	县	0.50	90.00	
1240	鲅鱼圈区(辽)	望儿山公园	县	100.00	10000.00	4000.00
1241	鲅鱼圈区(辽)	墩台山公园	县	60.00	7000.00	
1242	鲅鱼圈区(辽)	碧霞山公园	县	100.00	8000.00	
1243	鲅鱼圈区(辽)	青龙山公园	县	80.00	10000.00	

序号	县(旗、市、区、局、场)	森林公园及自然保护区(名称)	级别	实际接待人数(万人次)	旅游总收入(万元)	其中:门票收入(万元)
1244	彰武县(辽)	那木斯莱湿地保护区	县	0.20	40.00	2.00
1245	彰武县(辽)	柳河沿岸湿地保护区	县	0.20	40.00	2.00
1246	大洼县(辽)	红海滩湿地旅游度假区	县	85.00	50000.00	5000.00
1247	调兵山市(辽)	调兵山风景区	县	14.00	4500.00	40.00
1248	连山区(辽)	灵山寺	县	61.00	1490.10	1034.00
1249	建昌县(辽)	清泉寺	县	2.00	100.00	
1250	建昌县(辽)	龙潭大峡谷风景区	县	10.00	2000.00	150.00
1251	建昌县(辽)	龙泉寺	县	2.00	100.00	
1252	桦甸市(吉)	桦甸市枫雪谷风景区	县	0.80	1.00	0.20
1253	舒兰市(吉)	舒兰市森林公园	县	17.00	3520.00	
1254	东丰县(吉)	吉林省江城森林植物园	县	35.00	1000.00	30.00
1255	东丰县(吉)	东丰县丽水山庄	县	20.00	450.00	
1256	靖宇县(吉)	靖宇县白山湖仁义风景区	县	5.00	150.00	58.00
1257	长白朝鲜族自治县(吉)	十五道沟风景区	县	0.49	956.00	215.00
1258	五常市(黑)	龙凤国家森林公园	县	3.00	299.00	30.00
1259	林甸县(黑)	鹤鸣湖旅游度假区	县	5.00	4000.00	2520.00
1260	林甸县(黑)	九道沟满族风情园	县	3.00	1820.00	1160.00
1261	杜尔伯特蒙古族自治县(黑)	新店林场野生动物保护区	县	2.46	72.00	72.00
1262	杜尔伯特蒙古族自治县(黑)	连环湖水禽保护区	县	7.54	377.00	377.00
1263	绥棱县(黑)	金斗湾漂流	县	2.00	27.00	3.00
1264	兴化市(苏)	千岛菜花风景区	县	9.00	700.00	450.00
1265	兴化市(苏)	李中水上森林公园	县	10.00	850.00	600.00
1266	岱山县(浙)	秀山湿地	县	2.00	50.00	
1267	三门县(浙)	大岙坑自然生态型保护小区	县	3.00	110.00	
1268	三门县(浙)	瑞云山自然景观保护小区	县	1.10	32.00	
1269	龙子湖区(皖)	蚌埠市万绿生态园	县	0.10	50.00	
1270	龙子湖区(皖)	蚌埠市湖滨生态园	县	0.30	50.00	
1271	固镇县(皖)	香雪度假村	县	5.00	500.00	100.00
1272	黟　县(皖)	黟县美溪旅游中心	县	7.00	700.00	350.00
1273	黟　县(皖)	黟县桃源山村旅游服务中心	县	15.00	1500.00	750.00
1274	天长市(皖)	红草湖森林公园	县	115.70	7865.00	
1275	天长市(皖)	上泊湖农田林网保护区	县	2.50	500.00	
1276	东至县(皖)	东至县马坑紫石塔自然保护区	县	4.00	310.00	
1277	东至县(皖)	东至县仙寓山－南溪古寨风景区	县	5.00	600.00	
1278	泾　县(皖)	泾县月亮湾漂流	县	8.00	800.00	450.00
1279	芦溪县(赣)	芦溪县锅底潭自然保护区	县	13.33	1500.00	
1280	永修县(赣)	柘林湖桃花溪漂流景区	县	5.00	300.00	240.00
1281	永修县(赣)	燕山旅游公司龙源峡景区	县	4.00	260.00	200.00
1282	共青城市(赣)	共青耀邦陵园	县	2.50	53.00	53.00
1283	共青城市(赣)	庐山国际高尔夫球会	县	1.60	479.00	
1284	定南县(赣)	国营定南县云台山林场	县	0.35	8.00	
1285	兴国县(赣)	江西园岭森林公园	县	130.00	1080.00	
1286	宜丰县(赣)	宜丰洞山风景名胜区	县	2.00	1750.00	
1287	宜丰县(赣)	宜丰黄檗山风景名胜区	县	1.00	1500.00	
1288	资溪县(赣)	资溪县大觉山景区	县	55.42	43756.00	

序号	县(旗、市、区、局、场)	森林公园及自然保护区(名称)	级别	实际接待人数(万人次)	旅游总收入(万元)	其中:门票收入(万元)
1289	万年县(赣)	神农源风景区	县	110.00	40804.00	32000.00
1290	天桥区(鲁)	黄河森林公园	县	36.00	380.00	180.00
1291	平阴县(鲁)	翠屏山	县	1.50	15.00	8.00
1292	平阴县(鲁)	圣母山	县	21.00	38.00	15.00
1293	济阳县(鲁)	胜源森林公园	县	1.00	200.00	
1294	济阳县(鲁)	金镜柿园特色林果示范园	县	3.00	300.00	
1295	胶州市(鲁)	胶河森林公园	县	61.20	400.00	
1296	栖霞市(鲁)	艾山风景区	县	4.00	100.00	50.00
1297	坊子区(鲁)	九龙涧森林公园	县	0.70	11.00	11.00
1298	诸城市(鲁)	救主山森林公园	县	2.00	5.00	
1299	诸城市(鲁)	磊石山森林公园	县	3.00	20.00	
1300	诸城市(鲁)	障日山森林公园	县	5.00	10.00	
1301	诸城市(鲁)	芦山森林公园	县	5.00	10.00	
1302	肥城市(鲁)	肥城云蒙山	县	1.10	15.60	5.20
1303	肥城市(鲁)	肥城剪云山	县	1.50	15.00	10.00
1304	威海市经济技术开发区(鲁)	威海华夏城	县	100.00	10000.00	9000.00
1305	临沂市高新技术产业开发区(鲁)	曹家峪风景区	县	7.10	165.00	
1306	管城回族区(豫)	潮湖森林公园	县	5.00	240.00	
1307	登封市(豫)	情人谷景区	县	5.60	23.60	
1308	开封县(豫)	黄河湿地	县	2.70	54.00	
1309	新安县(豫)	新安县城北森林公园	县	8.00	40.00	
1310	新安县(豫)	新安县翠屏山森林公园	县	5.00	25.00	
1311	宝丰县(豫)	尖山坡	县	1.25	145.00	
1312	禹州市(豫)	无梁周定王陵旅游景区	县	50.00	100.00	20.00
1313	禹州市(豫)	浅井逍遥观景区	县	50.00	200.00	20.00
1314	禹州市(豫)	吴道子里故景区	县	30.00	100.00	
1315	郾城区(豫)	漯河市香陈湾游乐园	县	0.55	8.00	2.40
1316	渑池县(豫)	仰韶大峡谷	县	1.50	220.00	210.00
1317	渑池县(豫)	黄河丹霞景区	县	6.00		360.00
1318	社旗县(豫)	大乘山森林公园	县	1.60	30.00	16.00
1319	唐河县(豫)	石柱山	县	4.50	450.00	450.00
1320	宁陵县(豫)	宁陵县万顷梨园景区	县	210.00	1133.50	
1321	西华县(豫)	西华县黄桥乡桃花节	县	18.00	142.00	
1322	商水县(豫)	陆捷生态园	县	0.80	120.00	
1323	商水县(豫)	商水县白鹭森林公园	县	1.50	150.00	
1324	商水县(豫)	练集镇美人指葡萄生态园	县	1.50	560.00	
1325	远安县(鄂)	鸣凤山风景区	县	20.00	2000.00	1000.00
1326	长阳土家族自治县(鄂)	清江森林公园	县	40.00	6000.00	
1327	枝江市(鄂)	安福寺桃花	县	40.00	1920.00	
1328	枝江市(鄂)	百里洲梨花	县	15.00	225.00	
1329	孝南区(鄂)	孝感市楚荣度假区	县	1.00	300.00	
1330	孝南区(鄂)	孝感市天姿山庄	县	1.00	300.00	
1331	孝南区(鄂)	孝感市合一湖度假区	县	4.00	1400.00	
1332	孝南区(鄂)	孝感市新建源生态园	县	0.50	100.00	
1333	孝南区(鄂)	孝感市杨店园艺场	县	5.00	670.00	

序号	县(旗、市、区、局、场)	森林公园及自然保护区(名称)	级别	实际接待人数(万人次)	旅游总收入(万元)	其中:门票收入(万元)
1334	孝南区(鄂)	孝感市天紫湖度假区	县	7.50	3600.00	
1335	随县(鄂)	太白顶风景名胜区	县	30.00	1500.00	2000.00
1336	建始县(鄂)	朝阳观自然保护区	县	2.00	1500.00	1000.00
1337	建始县(鄂)	高岩子自然保护区	县	4.00	2000.00	1000.00
1338	建始县(鄂)	巨猿洞自然保护区	县	4.00	2500.00	1800.00
1339	建始县(鄂)	南方红豆杉自然保护区	县	1.00	700.00	400.00
1340	建始县(鄂)	东坪自然保护区	县	2.00	1200.00	900.00
1341	建始县(鄂)	肖家坪自然保护区	县	3.00	2000.00	1000.00
1342	天心区(湘)	森林休闲农家乐	县	4.50	500.00	
1343	株洲县(湘)	湖南株洲大京自然保护区	县	5.55	2145.00	385.00
1344	湘潭县(湘)	齐白石森林公园	县	16.00	1600.00	90.00
1345	湘潭县(湘)	金霞山公园	县	4.50	700.00	35.00
1346	耒阳市(湘)	长坪红豆杉	县	0.10	10.00	
1347	汨罗市(湘)	八景洞森林公园	县	0.60	250.00	
1348	武陵源区(湘)	杨家界自然保护区	县	5.07	1258.00	305.60
1349	赫山区(湘)	仙峰岭花乡林家乐	县	30.00	2000.00	
1350	赫山区(湘)	林芳生态旅游村	县	10.00	1200.00	30.00
1351	资兴市(湘)	龙溪黄腹角雉	县	1.10	1.10	
1352	资兴市(湘)	天鹅山	县	1.20	2.80	
1353	资兴市(湘)	烟坪顶寮自然保护区	县	2.60	3.30	
1354	资兴市(湘)	连坪天狮仙保护区	县	2.00	3.10	
1355	冷水滩区(湘)	四明山自然保护区	县	1.00	100.00	
1356	新田县(湘)	秀峰山自然保护区	县	0.50	100.00	
1357	溆浦县(湘)	圣人山自然保护区	县	2.00	300.00	
1358	溆浦县(湘)	米粮洞自然保护区	县	3.00	600.00	
1359	靖州苗族侗族自治县(湘)	五龙潭保护区	县	0.80	60.00	
1360	靖州苗族侗族自治县(湘)	地理冲	县	0.50	30.00	
1361	双峰县(湘)	猪婆山林场	县	12.00	50.00	
1362	双峰县(湘)	黄龙林场	县	15.00	50.00	
1363	南沙区(粤)	南沙湿地公园	县	32.00	1600.00	1600.00
1364	信宜市(粤)	太华山	县	30.00	100.00	
1365	信宜市(粤)	大仁山	县	30.00	200.00	
1366	信宜市(粤)	天马山	县	50.00	600.00	
1367	广宁县(粤)	广宁县螺壳山景区	县	6.00	180.00	
1368	广宁县(粤)	广宁县宝锭山景区	县	21.00	1860.00	630.00
1369	德庆县(粤)	盘龙峡生态旅游区	县	140.00	125800.00	42000.00
1370	四会市(粤)	四会市贞山风景名胜区	县	40.00	11000.00	
1371	丰顺县(粤)	龙鲸河漂流	县	10.00	2000.00	1300.00
1372	丰顺县(粤)	龙归寨瀑布	县	20.00	800.00	300.00
1373	紫金县(粤)	越王石森林公园	县	30.00	500.00	170.00
1374	阳山县(粤)	贤令山风景区	县	49.00	980.00	
1375	阳山县(粤)	神笔山生态旅游区	县	6.00	128.00	
1376	连山壮族瑶族自治县(粤)	大旭山森林公园	县	2.26	81.20	81.20
1377	连山壮族瑶族自治县(粤)	鹰杨关景区	县	1.40	19.00	19.00
1378	连山壮族瑶族自治县(粤)	金子山景区	县	2.10	75.00	75.00

序号	县(旗、市、区、局、场)	森林公园及自然保护区(名称)	级别	实际接待人数(万人次)	旅游总收入(万元)	其中:门票收入(万元)
1379	连山壮族瑶族自治县(粤)	福林园	县	0.58	15.00	15.00
1380	潮安县(粤)	幽谷逸林旅游区	县	1.00	30.00	10.00
1381	潮安县(粤)	绿太阳生态旅游风景区	县	3.00	60.00	30.00
1382	全州县(桂)	全州炎井温泉	县	3.20	350.00	
1383	全州县(桂)	全州天湖森林公园	县	2.80	220.00	
1384	荔浦县(桂)	天河瀑布	县	15.00	61.00	
1385	荔浦县(桂)	荔江湾景区	县	31.00	525.00	
1386	荔浦县(桂)	丰鱼岩	县	14.00	813.00	
1387	荔浦县(桂)	银子岩	县	143.00	5732.00	
1388	东兴市(桂)	东兴市屏风雨林公园	县	2.60	2720.00	90.00
1389	浦北县(桂)	浦北县五皇山公园	县	12.00	1750.00	200.00
1390	玉州区(桂)	玉林市湿地公园	县	150.00	1000.00	
1391	陆川县(桂)	陆川县龙胫瀑布	县	10.00	400.00	150.00
1392	靖西县(桂)	古龙山	县	45.00	7886.00	5227.00
1393	乐业县(桂)	乐业县生态保护村	县	40.00	6696.00	
1394	忻城县(桂)	翠屏山公园	县	10.00	101.00	
1395	忻城县(桂)	盘鹤岭公园	县	15.00	130.00	
1396	武宣县(桂)	武宣百崖槽	县	2.23	78.00	67.00
1397	南岸区(渝)	凉风垭森林公园	县	34.20	6050.00	216.00
1398	合川区(渝)	九峰山森林公园	县	0.94	267.50	
1399	南川区(渝)	南川区云岭森林公园	县	1.00	65.00	
1400	南川区(渝)	重庆市楠竹山森林公园	县	0.80	22.00	13.00
1401	广汉市(川)	鸭子河湿地保护区	县	79.50	10500.00	676.00
1402	三台县(川)	三台白鹳及湿地自然保护区	县	180.00	3000.00	
1403	蓬溪县(川)	赤城湖公园	县	20.00	100.00	
1404	蓬溪县(川)	西华白鹤林	县	5.00	30.00	
1405	南部县(川)	禹迹山公园	县	15.00	2560.00	
1406	阆中市(川)	四川构溪河国家湿地公园	县	6.50	585.00	
1407	筠连县(川)	芭茅坡森林公园	县	0.20	20.00	
1408	康定县(川)	跑马山森林公园	县	8.00	6248.00	260.00
1409	甘孜县(川)	甘孜县冷达沟自然保护区	县	6.00	2000.00	
1410	色达县(川)	年龙自然保护区	县	1.70	280.00	
1411	色达县(川)	泥拉坝湿地自然保护区	县	1.50	220.00	
1412	遵义县(黔)	三渡镇4A级自然保护区	县	10.00	1500.00	1000.00
1413	大方县(黔)	大方县大海坝县级森林公园	县	6.00	4612.00	
1414	江川县(滇)	抚仙湖风景区	县	20.00	500.00	60.00
1415	江川县(滇)	碧云寺风景区	县	6.00	120.00	60.00
1416	江川县(滇)	白山寺风景区	县	5.00	50.00	
1417	江川县(滇)	李家山－大龙潭自然保护区	县	12.00	100.00	
1418	临渭区(陕)	秀龙山森林公园	县	3.00	30.00	8.00
1419	志丹县(陕)	志丹县九吾山森林公园	县	6.20	8.00	1.50
1420	佛坪县(陕)	佛坪县熊猫谷	县	11.23	4479.00	660.00
1421	镇安县(陕)	塔云山景区	县	8.00	360.00	256.00
1422	皋兰县(甘)	什川梨园	县	56.00	1480.00	
1423	肃南裕固族自治县(甘)	肃南县大野口森林公园	县	0.90	8.90	8.90

序号	县(旗、市、区、局、场)	森林公园及自然保护区(名称)	级别	实际接待人数(万人次)	旅游总收入(万元)	其中:门票收入(万元)
1424	沙雅县(新)	太阳岛景区	县	12.30	88.40	12.70
1425	伊宁县(新)	小叶白蜡自然保护区	县	44.00	5530.00	
1426	农六师(新疆兵团)	奇台农场一万泉森林公园	县	20.00	1000.00	100.00
1427	农六师(新疆兵团)	红旗农场三台沟森林公园	县	5.00	500.00	50.00

表 18-2　全国自然保护区名录

面积单位:公顷

序号	保护区名称	行政区域	面积	主要保护对象	类型	级别	始建时间	主管部门
京 01	百花山	北京市门头沟区	21743.1	温带次生林	森林生态	国家级	19850401	林业
京 02	拒马河	北京市房山区	1125	大鲵等水生野生动物	野生动物	省级	19961101	农业
京 03	石花洞	北京市房山区	3650	岩溶洞穴	地质遗迹	省级	20001201	国土
京 04	蒲洼	北京市房山区	5397	森林生态系统	森林生态	省级	20050314	林业
京 05	汉石桥湿地	北京市顺义区	1615	湿地生态系统及野生动植物	内陆湿地	省级	20050404	林业
京 06	怀沙河怀九河	北京市怀柔区	111	大鲵、中华九刺鱼、鸳鸯等野生动物	野生动物	省级	19961101	农业
京 07	喇叭沟门	北京市怀柔区	18483	森林生态系统	森林生态	省级	19991201	林业
京 08	四座楼	北京市平谷区	19997	森林生态系统	森林生态	省级	20021229	林业
京 09	云峰山	密云县	2233	天然油松林	森林生态	省级	20001201	林业
京 10	云蒙山	密云县	3900	森林生态系统	森林生态	省级	20001201	林业
京 11	密云雾灵山	密云县	4152	森林生态系统及金钱豹等珍稀动植物	森林生态	省级	20001201	林业
京 12	金牛湖	延庆县	1000	鸟类及其生境	野生动物	市级	19991201	林业
京 13	延庆莲花山	延庆县	1470	森林植被与人文景观	森林生态	市级	19991201	林业
京 14	朝阳寺木化石	延庆县	2050	木化石	古生物遗迹	省级	20001201	国土
京 15	太安山	延庆县	3470	森林及野生动植物	森林生态	市级	19991201	林业
京 16	北京松山	延庆县	4660	温带森林和野生动植物	森林生态	国家级	19860709	林业
京 17	白河堡	延庆县	8260	水源涵养林	森林生态	市级	19991201	林业
京 18	野鸭湖	延庆县	8700	湿地生态系统及鸟类	内陆湿地	省级	20001201	林业
京 19	玉渡山	延庆县	9820	森林与野生动植物	森林生态	市级	19991201	林业
京 20	大滩	延庆县	12130	天然次生林及野生动植物	森林生态	市级	19991201	林业
津 01	北大港湿地	天津市大港区	34887.1	湿地生态系统	内陆湿地	省级	19990824	环保
津 02	大黄堡	天津市武清区	11200	湿地生态系统	内陆湿地	省级	20040921	林业
津 03	青龙湾	天津市宝坻区	416	防风固沙林	森林生态	省级	20030627	林业
津 04	古海岸与湿地	宁河县、天津市汉沽区	35913	贝壳堤、牡蛎滩古海岸遗迹、滨海湿地	古生物遗迹	国家级	19841201	海洋
津 05	团泊鸟类	静海县	6040	珍稀候鸟及其生境	野生动物	省级	19950622	林业
津 06	盘山	蓟县	710	森林生态系统、风景名胜古迹	森林生态	省级	19841201	住建
津 07	蓟县中、上元古界地层剖面	蓟县	900	中上元古界地质剖面	地质遗迹	国家级	19841018	环保
津 08	八仙山	蓟县	1049	森林生态系统	森林生态	国家级	19841201	林业
冀 01	南寺掌	井陉县	3058.5	森林生态系统	森林生态	省级	20110301	林业
冀 02	漫山	灵寿县	12028	野生动物及其生境	野生动物	省级	20010301	林业
冀 03	嶂石岩	赞皇县	23772	嶂石岩地貌及森林	地质遗迹	省级	20050901	林业
冀 04	驼梁	平山县	21311.9	森林生态系统	森林生态	国家级	20010331	林业
冀 05	石臼坨诸岛	乐亭县	3774.7	海洋生态系统及鸟类	海洋海岸	省级	20020501	海洋
冀 06	唐海湿地鸟类	唐海县	10081.4	湿地生态系统及鸟类	内陆湿地	省级	20030401	林业
冀 07	老岭	青龙满族自治县	8406	暖温带森林生态系统	森林生态	市级	19920716	林业
冀 08	昌黎黄金海岸	昌黎县	30000	海滩及近海生态系统	海洋海岸	国家级	19900930	海洋
冀 09	柳江盆地地质遗迹	抚宁县	1395	地质遗迹	地质遗迹	国家级	19990501	国土

序号	保护区名称	行政区域	面积	主要保护对象	类型	级别	始建时间	主管部门
冀10	青崖寨	武安市	15164	森林及珍稀野生动植物	森林生态	国家级	20060201	林业
冀11	三峰山	临城县	5464.4	珍稀、濒危野生动植物	森林生态	省级	20120120	林业
冀12	杏峪	内丘县	400	天然次生林	森林生态	市级	20010801	环保
冀13	银河山	阜平县	36210.9	森林生态系统、珍稀野生动植物	森林生态	省级	20120120	林业
冀14	大茂山	唐县	1353.33	森林生态系统、珍稀野生动植物	森林生态	省级	20120120	林业
冀15	金华山－横岭子褐马鸡	涞源县、涞水县	33940	褐马鸡及其生境	野生动物	省级	19940101	林业
冀16	白洋淀湿地	安新县	29696	湿地生态系统	内陆湿地	省级	20021106	环保
冀17	摩天岭	易县	31060	华北山地温带森林生态系统	森林生态	省级	20120120	林业
冀18	黄羊滩	宣化县	11035	湿地和鸟类	内陆湿地	省级	20110223	林业
冀19	小五台山	蔚县、涿鹿县	21833	温带森林生态系统及褐马鸡	森林生态	国家级	19831101	林业
冀20	泥河湾	阳原县	1015	新生代沉积地层	地质遗迹	国家级	19970218	国土
冀21	大海陀	赤城县	11224.9	森林生态系统	森林生态	国家级	19990701	环保
冀22	北大山	承德县	10185	森林生态系统	森林生态	省级	20091211	林业
冀23	河北雾灵山	兴隆县	14247	温带森林、猕猴分布北限	森林生态	国家级	19880509	林业
冀24	六里坪	兴隆县	14970	温带森林生态系统	森林生态	省级	20071127	林业
冀25	辽河源	平泉县	45225	森林生态系统	森林生态	省级	20030701	林业
冀26	白草洼	滦平县	17680	森林草原	草原草甸	省级	20071127	林业
冀27	茅荆坝	隆化县	40038	森林生态系统和野生动物	森林生态	国家级	20020529	林业
冀28	丰宁古生物化石	丰宁满族自治县	5256	古生物化石	古生物遗迹	省级	20080401	国土
冀29	滦河源草地	丰宁满族自治县	21500	草原湿地生态	草原草甸	省级	19971028	环保
冀30	千鹤山	宽城满族自治县	14038	苍鹭及其生境	野生动物	省级	20030801	环保
冀31	都山	宽城满族自治县	19648	森林生态系统	森林生态	省级	20010101	林业
冀32	御道口	宽城满族自治县	32620	草原生态系统	草原草甸	省级	20020501	农业
冀33	围场红松洼	围场满族蒙古族自治县	7970	草原生态系统	草原草甸	国家级	19940815	农业
冀34	塞罕坝	围场满族蒙古族自治县	20029.8	森林生态系统	森林生态	国家级	20010801	林业
冀35	滦河上游	围场满族蒙古族自治县	50637.4	森林生态系统和野生动物	森林生态	国家级	20020626	林业
冀36	南大港湿地	沧州市运河区	13380	湿地生态系统及鸟类	内陆湿地	省级	19950301	林业
冀37	小山火山	海兴县	1381	火山遗迹	地质遗迹	省级	20030701	国土
冀38	海兴湿地和鸟类	海兴县	16800	湿地生态系统及鸟类	内陆湿地	省级	20051101	林业
冀39	黄骅古贝壳堤	黄骅市	117	古贝壳堤	古生物遗迹	省级	19950801	国土
冀40	葛渔城	廊坊市安次区	5006	生态防护林	森林生态	县级	20040501	林业
冀41	固安	固安县	5800	次生林生态系统	森林生态	县级	200404	林业
冀42	蒋福山	三河市	5170	森林及野生植物	森林生态	县级	20010901	林业
冀43	衡水湖	衡水市	18787	湿地生态系统及鸟类	内陆湿地	国家级	20000701	林业
晋01	天龙山	太原市晋源区	2867	森林生态系统及金雕、褐马鸡	森林生态	省级	19930120	林业
晋02	凌井沟	阳曲县	24920	森林生态系统及褐马鸡、金钱豹	森林生态	省级	20020620	林业
晋03	云顶山	娄烦县	23029	森林生态系统及褐马鸡、金钱豹	森林生态	省级	20020620	林业
晋04	汾河上游	娄烦县	27000	森林生态系统及褐马鸡、金钱豹	森林生态	省级	20020620	林业
晋05	六棱山	大同市、阳高县、浑源县	12000	落叶阔叶林、针阔混交林	森林生态	省级	20051206	林业
晋06	壶流河湿地	广灵县	12918	黑鹳繁殖地及湿地生态系统	内陆湿地	省级	20071228	林业
晋07	灵丘黑鹳	灵丘县	134667	黑鹳及森林生态系统	野生动物	省级	20020620	林业
晋08	恒山	浑源县	11497	森林生态系统	森林生态	省级	20051206	林业
晋09	药林寺冠山	平定县	11017	金钱豹及森林生态系统	野生动物	省级	20020620	林业
晋10	中央山	黎城县	32671	森林生态系统及金钱豹	森林生态	省级	20020620	林业
晋11	浊漳河	沁县	14200	森林生态系统及泉源	森林生态	省级	20020620	林业
晋12	灵空山	沁源县	10116.8	森林及野生动植物	森林生态	省级	19930120	林业

序号	保护区名称	行政区域	面积	主要保护对象	类型	级别	始建时间	主管部门
晋13	阳城莽河猕猴	阳城县	5600	猕猴等珍稀野生动植物	野生动物	国家级	19831226	林业
晋14	崦山	阳城县	8892.6	森林生态系统	森林生态	省级	20020620	林业
晋15	陵川南方红豆杉	陵川县	21440	南方红豆杉及其生境	野生植物	省级	20020620	林业
晋16	泽州猕猴	泽州县	93775.1	猕猴及森林生态系统	野生动物	省级	20020620	林业
晋17	紫金山	朔州市朔城区	11420	天然次生林	森林生态	省级	20020620	林业
晋18	桑干河	朔州市朔城区、怀仁县	69583.4	迁徙水禽及其生境	野生动物	省级	20020620	林业
晋19	应县南山	应县	27425.6	华北落叶松林	森林生态	省级	20020620	林业
晋20	八缚岭	晋中市榆次区	15267	森林生态系统及金钱豹	森林生态	省级	20020620	林业
晋21	孟信垴	左权县	35020.9	森林生态系统及金钱豹	森林生态	省级	20020620	林业
晋22	铁桥山	和顺县	35351.7	油松次生林及金钱豹	森林生态	省级	20020620	林业
晋23	四县垴	祁县	16000	森林生态系统及金钱豹、黄羊	森林生态	省级	20020620	林业
晋24	超山	平遥县	18560	森林生态系统	森林生态	省级	20020620	林业
晋25	韩信岭	灵石县	16053.6	森林生态系统及珍稀动植物	森林生态	省级	20020620	林业
晋26	绵山	介休市	17827	天然油松林及金钱豹等珍稀动植物	森林生态	省级	19930120	林业
晋27	运城湿地	运城市	86861	天鹅等珍禽及其越冬栖息地	野生动物	省级	19930120	林业
晋28	涑水河源头	绛县	23144	森林生态系统	森林生态	省级	20020620	林业
晋29	历山	垣曲县、沁水县、翼城县	24800	森林植被及金钱豹、金雕等野生动物	森林生态	国家级	19831226	林业
晋30	太宽河	夏县	23947	森林生态系统及金钱豹、金雕	森林生态	省级	20020620	林业
晋31	忻州云中山	忻州市忻府区	39800	森林生态系统及褐马鸡	森林生态	省级	20020620	林业
晋32	忻州五台山	五台县	3333	亚高山草甸生态系统	草原草甸	省级	19861201	农业
晋33	繁峙臭冷杉	繁峙县	25049	臭冷杉林	森林生态	省级	20020620	林业
晋34	芦芽山	宁武县、岢岚县、五寨县	21453	褐马鸡及华北落叶松、云杉次生林	野生动物	国家级	19801218	林业
晋35	贺家山	保德县	18642.1	森林生态系统及褐马鸡	森林生态	省级	20051206	林业
晋36	翼城翅果油树	翼城县	10934	翅果油树及其生境	野生植物	省级	20051206	林业
晋37	红泥寺	安泽县	20700	落叶阔叶林和针阔混交林	森林生态	省级	20051206	林业
晋38	管头山	吉县	10140	天然白皮松林	森林生态	省级	20051206	林业
晋39	人祖山	吉县	16404.4	森林生态系统及褐马鸡、原麝	森林生态	省级	20020620	林业
晋40	五鹿山	蒲县、隰县	20617.3	褐马鸡及其生境	野生动物	国家级	19930120	林业
晋41	霍山	霍州市、古县、洪洞县	17852	森林生态系统及金钱豹、金雕	森林生态	省级	20020620	林业
晋42	薛公岭	吕梁市离石区	19977	森林生态系统及褐马鸡	森林生态	省级	20020620	林业
晋43	庞泉沟	交城县、方山县	10466	褐马鸡及华北落叶松、云杉等森林生态系统	野生动物	国家级	19801201	林业
晋44	尉汾河	兴县	16890	森林生态系统及褐马鸡、原麝	森林生态	省级	20020620	林业
晋45	黑茶山	兴县	24415.4	森林生态系统及褐马鸡	森林生态	国家级	20020620	林业
晋46	团圆山	石楼县	16477	森林及褐马鸡、金钱豹等野生动植物	森林生态	省级	20020620	林业
蒙01	内蒙古大青山	呼和浩特市	388577	森林生态系统	森林生态	国家级	19961216	林业
蒙02	石人湾	呼和浩特市赛汗区	3000	天鹅、黑鹳等珍禽及其栖息地	野生动物	县级	19991001	环保
蒙03	哈素海	土默特左旗	18140	湿地生态系统及鸟类	内陆湿地	省级	19961201	林业
蒙04	东西摩天岭	和林格尔县	3000	野生药用植物及其生境	野生植物	县级	20010101	环保
蒙05	白二爷沙坝	和林格尔县	8000	荒漠生态系统及野生动植物	荒漠生态	县级	19960301	林业
蒙06	黑虎山－鹰嘴山	清水河县	3000	野生动物及其生境	野生动物	县级	20000701	环保
蒙07	摇林沟	清水河县	5170	黄羊、梅花鹿及其生境	野生动物	市级	19971001	林业
蒙08	南海子湿地	包头市东河区	1664	湿地生态系统及鸟类	内陆湿地	省级	20011201	其他
蒙09	梅力更	包头市九原区	15268	天然侧柏林	森林生态	省级	20001201	林业
蒙10	红花敖包	固阳县	6000	荒漠草原生态系统	草原草甸	县级	20050301	环保
蒙11	春坤山	固阳县	9500	山地草甸草原	草原草甸	县级	19990101	环保

序号	保护区名称	行政区域	面积	主要保护对象	类型	级别	始建时间	主管部门
蒙12	巴音杭盖	达尔罕茂明安联合旗	49650	荒漠草原生态系统	荒漠生态	省级	20011201	林业
蒙13	上窝铺	赤峰市红山区	1467	森林生态系统及珍稀野生动植物	森林生态	县级	19971107	林业
蒙14	大乌梁苏	赤峰市红山区	2533	森林生态系统及珍稀野生动植物	森林生态	县级	19981101	林业
蒙15	赤峰红山	赤峰市红山区	1271.23	红山岩体及古文化遗址	地质遗迹	县级	19971101	林业
蒙16	沙布台	阿鲁科尔沁旗	12000	森林生态系统	森林生态	市级	20001001	林业
蒙17	根丕	阿鲁科尔沁旗	50667	森林生态系统	森林生态	县级	19991001	林业
蒙18	沙日温都	阿鲁科尔沁旗	71333	森林生态系统	森林生态	县级	19991001	林业
蒙19	高格斯台罕乌拉	阿鲁科尔沁旗	106284	森林、草原、湿地生态系统及珍稀动物	森林生态	国家级	19971127	林业
蒙20	阿鲁科尔沁	阿鲁科尔沁旗	136794	草原、湿地及珍稀鸟类	草原草甸	国家级	19980201	环保
蒙21	平顶山—七锅山	巴林左旗	10000	地质遗迹	地质遗迹	省级	19991201	环保
蒙22	赛罕乌拉	巴林左旗	100400	森林生态系统及马鹿等野生动物	森林生态	国家级	19970401	林业
蒙23	乌兰坝—石棚沟	巴林左旗	120000	水源林	森林生态	省级	19971101	林业
蒙24	巴彦汉—达尔罕乌拉	巴林右旗	257000	草原生态系统	草原草甸	县级	20021201	林业
蒙25	大冷山	林西县	10980	天然次生林	森林生态	市级	19960601	林业
蒙26	赤峰青山地质遗迹	克什克腾旗	9200	冰臼群	地质遗迹	省级	19980401	环保
蒙27	白音敖包	克什克腾旗	13862	沙地云杉林	森林生态	国家级	19791004	林业
蒙28	乌兰布统	克什克腾旗	30089	草原生态系统	草原草甸	省级	19980701	环保
蒙29	黄岗梁	克什克腾旗	38307	森林生态系统	森林生态	省级	20041201	林业
蒙30	桦木沟	克什克腾旗	41858	森林生态系统	森林生态	省级	20041201	林业
蒙31	潢源	克什克腾旗	45438	水源涵养林	森林生态	省级	20000102	环保
蒙32	贡格尔	克什克腾旗	101900	草原生态系统及湿地、珍禽	草原草甸	县级	20001201	环保
蒙33	达里诺尔	克什克腾旗	119413	珍稀鸟类及其生境	野生动物	国家级	19870908	环保
蒙34	五牌子	翁牛特旗	800	湿地生态系统及珍禽	内陆湿地	县级	19970801	环保
蒙35	灯笼河	翁牛特旗	8000	草原生态系统及珍禽	草原草甸	市级	20001101	环保
蒙36	松树山	翁牛特旗	42377	湿地生态系统及野生动植物	内陆湿地	省级	19990401	林业
蒙37	旺业甸	喀喇沁旗	12500	水源涵养林	森林生态	市级	19971101	林业
蒙38	热水地热资源	宁城县	200	地热资源	地质遗迹	县级	19960801	环保
蒙39	黑里河	宁城县	27638	森林生态系统	森林生态	国家级	19961229	林业
蒙40	小河沿	敖汉旗	18000	珍稀鸟类及湿地	野生动物	省级	19980901	环保
蒙41	大黑山	敖汉旗	86799	天然阔叶林	森林生态	国家级	19960901	环保
蒙42	小塔子水库	通辽市科尔沁区	2000	湿地生态系统	内陆湿地	县级	20010301	水利
蒙43	国有二林场	通辽市科尔沁区	4000	森林生态系统	森林生态	县级	20021101	林业
蒙44	莫力庙水库	通辽市科尔沁区	12000	湖泊湿地	内陆湿地	市级	19971201	水利
蒙45	保安屯大柠条林	科尔沁左翼中旗	650	森林生态系统及柠条林	森林生态	县级	20020101	林业
蒙46	佳木斯天然榆树小杏林	科尔沁左翼中旗	3300	森林生态系统	森林生态	县级	20020101	林业
蒙47	包罕	科尔沁左翼中旗	13400	森林生态系统	森林生态	县级	20021201	林业
蒙48	海力锦湿地	科尔沁左翼中旗	13400	湿地生态系统	内陆湿地	县级	20020101	其他
蒙49	乌斯吐	科尔沁左翼中旗	33823	森林生态系统	森林生态	省级	20011226	林业
蒙50	花胡硕	科尔沁左翼中旗	34000	草原草甸及榆树林	草原草甸	县级	20020101	林业
蒙51	麦里	科尔沁左翼后旗	660	天然阔叶林	森林生态	县级	20011101	其他
蒙52	八大连池	科尔沁左翼后旗	667	湿地生态系统	内陆湿地	县级	20011201	其他
蒙53	布日敦	科尔沁左翼后旗	670	天然阔叶林	森林生态	县级	20010101	其他
蒙54	乌兰敖道	科尔沁左翼后旗	750	天然山杏林	森林生态	县级	20011101	其他
蒙55	束力古台	科尔沁左翼后旗	1333	天然山杏林	森林生态	县级	20011201	其他
蒙56	沙地红刺榆柳	科尔沁左翼后旗	1500	红刺榆及其他野生动植物	野生植物	县级	20011201	林业
蒙57	莲花吐	科尔沁左翼后旗	3357	针阔混交林	森林生态	市级	20021201	其他

序号	保护区名称	行政区域	面积	主要保护对象	类型	级别	始建时间	主管部门
蒙58	大青沟	科尔沁左翼后旗	8183	沙地原生森林生态系统和天然阔叶林	森林生态	国家级	19880509	林业
蒙59	双合尔山	科尔沁左翼后旗	10000	天鹅、丹顶鹤等野生动物及其生境	野生动物	市级	20011201	其他
蒙60	乌旦塔拉	科尔沁左翼后旗	23471	沙地原生植被	荒漠生态	省级	20011227	林业
蒙61	他拉干水库	开鲁县	4000	湿地生态系统	内陆湿地	县级	19990102	水利
蒙62	天然荷花湖	库伦旗	3000	湿地生态系统	内陆湿地	县级	20021101	其他
蒙63	敖伦天然林	库伦旗	7000	森林生态系统	森林生态	县级	20021101	林业
蒙64	哈日干图响水泉	奈曼旗	600	湿地及野生植物	内陆湿地	县级	20020928	其他
蒙65	舍力虎水库	奈曼旗	6800	湿地生态系统	内陆湿地	县级	19991001	水利
蒙66	青龙山山地	奈曼旗	7200	草原及山地原生植被	草原草甸	县级	20020101	其他
蒙67	孟家段水库	奈曼旗	8670	湿地生态系统	内陆湿地	县级	19990101	水利
蒙68	敖仁乃山	扎鲁特旗	1000	天然次生林	森林生态	县级	20000901	林业
蒙69	梨树沟	扎鲁特旗	1983	天然次生林	森林生态	县级	20000901	林业
蒙70	阿贵洞	扎鲁特旗	2500	草原草甸生态系统	草原草甸	县级	20000901	其他
蒙71	嘎达苏大兰山	扎鲁特旗	2700	天然次生林	森林生态	县级	20000901	林业
蒙72	唐・十将军山	扎鲁特旗	3450	野生动物及其生境	野生动物	市级	20011201	林业
蒙73	塔拉宝力皋蒙古栎	扎鲁特旗	4000	蒙古栎林	森林生态	县级	20000901	林业
蒙74	公爷仓	扎鲁特旗	5600	森林生态系统	森林生态	市级	20011201	林业
蒙75	吴刚山	扎鲁特旗	7500	天然次生林	森林生态	市级	20021201	林业
蒙76	平顶山	扎鲁特旗	8460	森林生态系统	森林生态	市级	20011201	林业
蒙77	格日朝鲁	扎鲁特旗	10000	草甸草原生态系统	草原草甸	县级	20000901	农业
蒙78	巴彦查干	扎鲁特旗	12600	天然次生林	森林生态	市级	20011201	林业
蒙79	金门山	扎鲁特旗	12620	天然次生林	森林生态	市级	20011201	林业
蒙80	王爷山	扎鲁特旗	15000	草甸草原生态系统	草原草甸	县级	20000901	林业
蒙81	查布嘎吐嫦娥山	扎鲁特旗	17500	森林生态系统	森林生态	市级	20011201	林业
蒙82	扎尔吐沟	扎鲁特旗	17814	次生阔叶林	森林生态	市级	20011201	林业
蒙83	荷叶花湿地珍禽	扎鲁特旗	52823	湿地生态系统及水禽	内陆湿地	省级	20000201	林业
蒙84	特金罕山	扎鲁特旗	91333	针阔混交林	森林生态	省级	19961001	林业
蒙85	鄂尔多斯遗鸥	鄂尔多斯市东胜区、伊	14770	遗鸥及湿地生态系统	野生动物	国家级	19910101	林业
蒙86	阿贵庙	准格尔旗	107	荒漠植被	荒漠生态	县级	19870101	林业
蒙87	准格尔地质遗迹	准格尔旗	1740	恐龙化石	古生物遗迹	省级	19990101	国土
蒙88	毛盖图	鄂托克前旗	83246	荒漠植被及野生动植物	荒漠生态	省级	20030101	林业
蒙89	都斯图河	鄂托克旗	38004	荒漠草原、河流湿地及野生动植物	内陆湿地	省级	20031101	林业
蒙90	鄂托克恐龙遗迹化石	鄂托克旗	46410	恐龙足迹化石	古生物遗迹	国家级	19980101	国土
蒙91	鄂托克甘草	鄂托克旗	144800	甘草及荒漠生态系统	野生植物	省级	20030101	林业
蒙92	西鄂尔多斯	鄂托克旗	474688	四合木等濒危植物及荒漠生态系统	野生植物	国家级	19861201	环保
蒙93	大漠沙湖	杭锦旗	300	白天鹅等珍禽及其生境	野生动物	县级	20000101	林业
蒙94	库布其沙漠	杭锦旗	15000	柠条及其生境	野生植物	省级	20000928	林业
蒙95	杭锦淖尔	杭锦旗	85750	黄河滩涂湿地及大鸨、大天鹅等珍禽	内陆湿地	省级	20030101	林业
蒙96	白音恩格尔荒漠	杭锦旗	26209.6	四合木、半日花等珍稀植物及其生境	野生植物	省级	20000901	林业
蒙97	毛乌素沙地柏	乌审旗	31250	荒漠生态系统及臭柏林	荒漠生态	省级	20000928	林业
蒙98	海拉尔西山	呼伦贝尔市	14667	樟子松林	森林生态	省级	20011201	林业
蒙99	复兴	阿荣旗	18425	森林及野生动植物	森林生态	县级	19981001	环保
蒙100	欧肯河	莫力达瓦达斡尔族自治旗	20715	湿地生态系统	内陆湿地	县级	19990101	环保
蒙101	四方山达尔宾湖	鄂伦春自治旗	3279	森林及野生动植物	森林生态	县级	19980708	环保
蒙102	诺敏	鄂伦春自治旗	22181	森林生态系统	森林生态	县级	19980708	环保
蒙103	毕拉河	鄂伦春自治旗	56604	森林生态系统	森林生态	省级	20040701	林业

序号	保护区名称	行政区域	面积	主要保护对象	类型	级别	始建时间	主管部门
蒙104	奎勒河	鄂伦春自治旗	69634	森林生态系统	森林生态	县级	20040701	林业
蒙105	五泉山	鄂温克族自治旗	800	珍贵树种及其生境	野生植物	县级	19981101	环保
蒙106	白音嵯岗	鄂温克族自治旗	2100	森林生态系统	森林生态	县级	19981101	环保
蒙107	红花尔基樟子松林	鄂温克族自治旗	20085	樟子松林	森林生态	国家级	19980501	林业
蒙108	维纳河	鄂温克族自治旗	125564	草原生态系统及矿泉	草原草甸	省级	19981101	林业
蒙109	辉河	鄂温克族自治旗	346848	湿地生态系统及珍禽、草原	内陆湿地	国家级	19971101	环保
蒙110	赫尔洪得沙地樟子松	陈巴尔虎旗	48296	樟子松等珍稀植物及其生境	野生植物	县级	20000101	林业
蒙111	胡列也吐湿地	陈巴尔虎旗	68927	湿地生态系统	内陆湿地	县级	20000101	林业
蒙112	陈巴尔虎草甸草原	陈巴尔虎旗	145667	草甸草原生态系统	草原草甸	县级	19960801	环保
蒙113	莫达莫吉	新巴尔虎左旗	6670	湿地生态系统及珍禽、草原	内陆湿地	县级	19990801	环保
蒙114	伊和乌拉	新巴尔虎左旗	10000	地质遗迹	地质遗迹	县级	20070701	环保
蒙115	乌日根山	新巴尔虎左旗	12037	原始森林及野生动物	森林生态	县级	19990601	环保
蒙116	诺门罕	新巴尔虎左旗	160900	湿地及珍禽	内陆湿地	县级	19980101	环保
蒙117	巴尔虎草原黄羊	新巴尔虎右旗	528388	黄羊等野生动物及其生境	野生动物	省级	19981201	环保
蒙118	达赉湖	新巴尔虎右旗、满洲里	740000	湖泊湿地、草原及野生动物	内陆湿地	国家级	19860710	林业
蒙119	二卡	满洲里市	6501	湿地生态系统及珍稀濒危鸟类	内陆湿地	县级	19991101	环保
蒙120	柴河	扎兰屯市	19036	森林及野生动物	森林生态	省级	20001201	林业
蒙121	室韦	额尔古纳市	102559	森林及野生动植物	森林生态	省级	20030301	林业
蒙122	额尔古纳	额尔古纳市	124527	原始寒温带针叶林	森林生态	国家级	19980101	林业
蒙123	额尔古纳湿地	额尔古纳市	126000	湿地生态系统	内陆湿地	省级	19971101	林业
蒙124	潮查原始森林	根河市	11791	森林生态系统	森林生态	县级	19980101	林业
蒙125	阿鲁	根河市	64386	森林及野生动物	森林生态	省级	20010101	林业
蒙126	大兴安岭汗马	根河市	107348	寒温带苔原山地明亮针叶林	森林生态	国家级	19790501	林业
蒙127	根河冷水鱼	根河市	780000	冷水性鱼类及其生境	野生动物	县级	20000101	农业
蒙128	哈腾套海	磴口县	123600	绵刺及荒漠草原、湿地生态系统	荒漠生态	国家级	19950101	林业
蒙129	乌梁素海湿地水禽	乌拉特前旗	29333	水禽及其生境	野生动物	省级	19930301	林业
蒙130	乌拉山	乌拉特前旗	83159.6	侧柏林及天然次生林	森林生态	省级	20030301	林业
蒙131	阿尔其山叉子圆柏	乌拉特中旗	14787	叉子圆柏及其生境	野生植物	省级	20000901	林业
蒙132	巴彦满都呼恐龙化石	乌拉特后旗	3249	恐龙化石	古生物遗迹	省级	20000101	国土
蒙133	乌拉特梭梭林－蒙古野驴	乌拉特后旗	68000	梭梭林、蒙古野驴及荒漠生态系统	荒漠生态	国家级	19851001	林业
蒙134	霸王河	乌兰察布市集宁区	1550	水域生态系统及水源	内陆湿地	市级	19851001	环保
蒙135	红召	卓资县	10500	森林生态系统	森林生态	市级	20040217	环保
蒙136	兴和地层剖面	兴和县	1200	太古界地层剖面	地质遗迹	市级	20001101	国土
蒙137	苏木山	兴和县	16700	次生林及野生动植物	森林生态	省级	19991101	林业
蒙138	中水塘温泉	凉城县	53	地热温泉	地质遗迹	县级	19990101	国土
蒙139	岱海湖泊湿地	凉城县	12970	湖泊湿地生态系统	内陆湿地	省级	19990701	环保
蒙140	马头山麓	凉城县	18000	野生动物及其生境	野生动物	县级	19980101	林业
蒙141	蛮汉山	凉城县	30000	森林及野生动植物	森林生态	县级	19980101	林业
蒙142	黄旗海湿地	察哈尔右翼前旗	36823	湿地生态系统及珍稀鱼类	内陆湿地	省级	19960801	林业
蒙143	辉腾锡勒	察哈尔右翼中旗	16750	草原、冰川遗迹	草原草甸	市级	19980801	环保
蒙144	乌兰哈达3号火山锥	察哈尔右翼后旗	155	火山地质地貌	地质遗迹	县级	20000601	环保
蒙145	乌兰哈达5号火山锥	察哈尔右翼后旗	200	火山地质地貌	地质遗迹	市级	19990702	国土
蒙146	察右后旗天鹅湖	察哈尔右翼后旗	2600	鸟类及其生境	野生动物	市级	20040101	环保
蒙147	脑木更胡杨林	四子王旗	32	胡杨林及其生境	野生植物	市级	19990701	环保
蒙148	四子王旗哺乳动物化石	四子王旗	48	哺乳动物化石	古生物遗迹	省级	19970502	国土
蒙149	红格尔敖德其沟	四子王旗	1000	花岗岩地貌	地质遗迹	县级	20020101	国土

序号	保护区名称	行政区域	面积	主要保护对象	类型	级别	始建时间	主管部门
蒙 150	乌兰哈达地质遗迹	四子王旗	2500	花岗岩地貌	地质遗迹	县级	20020101	国土
蒙 151	脑木更第三系剖面遗迹	四子王旗	10410	第三系地层剖面	地质遗迹	省级	19970501	国土
蒙 152	丰镇红山	丰镇市	45000	森林及野生动物	森林生态	市级	20001030	林业
蒙 153	阿尔山石塘林-天池	阿尔山市	34493	温泉等地质遗迹	地质遗迹	县级	19971101	环保
蒙 154	杜拉尔	阿尔山市	38567	天然次生林	森林生态	省级	19970101	林业
蒙 155	内蒙古青山	科尔沁右翼前旗	26989	森林生态系统	森林生态	省级	20030301	林业
蒙 156	乌兰河	科尔沁右翼前旗	58515	水源涵养林	森林生态	省级	20010101	环保
蒙 157	蒙格罕山	科尔沁右翼中旗	20855	森林生态系统	森林生态	省级	20030301	林业
蒙 158	科尔沁	科尔沁右翼中旗	126987	湿地珍禽、灌丛及疏林草原	野生动物	国家级	19850209	环保
蒙 159	乌力胡舒	科尔沁右翼中旗	38882	湿地生态系统及珍禽	内陆湿地	省级	19990101	林业
蒙 160	代钦塔垃五角枫	科尔沁右翼中旗	61641.3	草原生态系统及珍禽	草原草甸	省级	20010101	林业
蒙 161	图牧吉	扎赉特旗	94830	大鸨等珍禽草原、湿地生态系统	野生动物	国家级	19960801	环保
蒙 162	老头山	突泉县	31442	野生动物及其生境	野生动物	省级	19970801	林业
蒙 163	二连盆地恐龙化石	二连浩特市	41200	恐龙化石	古生物遗迹	省级	19960401	国土
蒙 164	白音库伦遗鸥	锡林浩特市	10415	遗鸥及其生境	野生动物	省级	20020101	林业
蒙 165	锡林郭勒草原	锡林浩特市	580000	草甸草原、沙地疏林	草原草甸	国家级	19850808	环保
蒙 166	阿巴嘎黄羊-旱獭	阿巴嘎旗	26000	黄羊、蒙古旱獭等珍稀动物及其生境	野生动物	县级	19951201	环保
蒙 167	浑善达克沙地柏	阿巴嘎旗	191164	天然沙地柏群落、典型草原、河湖湿地	荒漠生态	省级	20070901	林业
蒙 168	恩格尔河	苏尼特左旗	667	湿地及野生动植物	内陆湿地	县级	20020101	环保
蒙 169	苏尼特盘羊	苏尼特左旗	50400	盘羊及其生境	野生动物	县级	19990601	环保
蒙 170	苏尼特	苏尼特右旗	30594.5	柄扁桃群落、灌丛草原及野生动物	草原草甸	省级	20010101	林业
蒙 171	贺斯格淖尔	东乌珠穆沁旗	29769	湿地生态系统	内陆湿地	省级	19950601	林业
蒙 172	乌拉盖湿地	东乌珠穆沁旗	612650	湿地生态系统	内陆湿地	省级	20041201	林业
蒙 173	古日格斯台	西乌珠穆沁旗	98931	森林、草原生态系统和野生动植物	森林生态	国家级	19981101	林业
蒙 174	乌和尔沁敖包	正蓝旗	139300	沙地疏林	荒漠生态	县级	20000101	环保
蒙 175	蔡木山	多伦县	42477	草甸草原及次生林	草原草甸	省级	19981201	环保
蒙 176	阿左旗恐龙化石	阿拉善左旗	90570	恐龙化石	古生物遗迹	省级	19990601	国土
蒙 177	腾格里沙漠	阿拉善左旗	1006450	沙漠生态系统	荒漠生态	省级	20030301	林业
蒙 178	内蒙古贺兰山	阿拉善左旗	67710.6	水源涵养林、野生动植物	森林生态	国家级	19920513	林业
蒙 179	东阿拉善	阿拉善左旗	1071549	荒漠生态系统	荒漠生态	省级	19961001	林业
蒙 180	巴丹吉林沙漠湖泊	阿拉善右旗	717060	荒漠生态系统及湖泊湿地	荒漠生态	省级	19990501	环保
蒙 181	巴丹吉林	阿拉善右旗	489011	荒漠生态系统及盘羊、梭梭等野生动植物	荒漠生态	省级	19970401	林业
蒙 182	额济纳胡杨林	额济纳旗	26253	胡杨林及荒漠生态系统	荒漠生态	国家级	19860601	林业
蒙 183	马鬃山古生物化石	额济纳旗	52698	恐龙骨骼、蛋化石、龟鳖类化石	古生物遗迹	省级	19981201	国土
蒙 184	额济纳旗梭梭林	额济纳旗	66666.7	荒漠生态系统及梭梭林、肉苁蓉等野生动植物	荒漠生态	县级	19981202	环保
辽 01	白清寨	沈阳市苏	4267	森林及野生动物	森林生态	市级	20020621	林业
辽 02	滑石台	沈阳市	260	"陨石"地质遗迹	地质遗迹	省级	20030918	国土
辽 03	石人山	沈阳市	5708	天然及次生林生态系统和野生动植物	森林生态	市级	20020801	其他
辽 04	卧龙湖	康平县	12750	湿地生态系统及鸟类	内陆湿地	省级	20010501	林业
辽 05	巴尔虎山	法库县	8434	天然次生林	森林生态	市级	20020701	林业
辽 06	法库五龙山	法库县	30356.1	森林、水源涵养区及珍稀动植物	森林生态	市级	20020621	林业
辽 07	仙子湖	新民市、辽中县	8667	水生生态系统	内陆湿地	市级	20020621	林业
辽 08	老偏岛-玉皇顶	大连市	1580	海珍品及海洋生态系统	野生动物	市级	20000801	海洋
辽 09	三山岛海珍品	大连市	1103	海参、鲍鱼等海洋生物	野生动物	市级	19861201	海洋

序号	保护区名称	行政区域	面积	主要保护对象	类型	级别	始建时间	主管部门
辽 10	大连斑海豹	大连市旅顺口区	672275	斑海豹及其生境	野生动物	国家级	19920920	农业
辽 11	蛇岛老铁山	大连市旅顺口区	9072	蝮蛇、候鸟及其生境	野生动物	国家级	19800806	环保
辽 12	成山头海滨地貌	大连市金州区	1350	地质遗迹、海滨喀斯特地貌及珍稀鸟类	地质遗迹	国家级	19890401	环保
辽 13	金石滩	大连市金州区	3960	地质遗迹	地质遗迹	市级	19860301	其他
辽 14	大连小黑山	大连市金州区	4210	森林生态系统	森林生态	市级	20011201	环保
辽 15	长海海洋珍稀生物	长海县	220	刺参、皱纹盘鲍、栉孔扇贝等珍稀水生动物	野生动物	省级	19850401	环保
辽 16	长山列岛海洋生物	长海县	413	皱纹盘鲍、刺参、光棘球海胆等珍稀水生动物	野生动物	市级	20040101	海洋
辽 17	海王九岛	庄河市	2143	海滨地貌、海岸景观及鸟类	海洋海岸	市级	20000801	海洋
辽 18	石城黑脸琵鹭	庄河市	13950	黑脸琵鹭、黄嘴白鹭等珍稀鸟类及其生境	野生动物	市级	20060101	林业
辽 19	辽宁仙人洞	庄河市	3574.7	赤松—栎林生态系统及珍稀动植物	森林生态	国家级	19810915	林业
辽 20	西平	台安县	4300	防风固沙林及野生动植物	森林生态	市级	19840501	林业
辽 21	大麦科	台安县	7190	内陆湿地生态系统与野生动植物资源	内陆湿地	省级	20020827	林业
辽 22	岫岩清凉山	岫岩满族自治县	4300	森林生态系统	森林生态	省级	20000801	林业
辽 23	老平顶	岫岩满族自治县	1372.5	油松林、栎林和落叶阔叶林生态系统	森林生态	县级	20010801	林业
辽 24	龙潭湾	岫岩满族自治县	5463.8	油松林、栎林和落叶阔叶林生态系统	森林生态	省级	20021201	林业
辽 25	九龙川	海城市	3400	油松、栎林和落叶阔叶林生态系统	森林生态	省级	19860901	环保
辽 26	海城白云山	海城市	13300	油松、栎林和落叶阔叶林生态系统	森林生态	省级	20030901	林业
辽 27	三岔河	海城市	18568	湿地生态系统及珍稀野生动植物	内陆湿地	县级	20041201	林业
辽 28	三块石	抚顺县	10434	华北、长白植物区系交汇地带森林生态系统	森林生态	省级	20030901	林业
辽 29	大伙房水库水源	抚顺县	530000	水源涵养林	森林生态	省级	19900401	水利
辽 30	龙岗山	新宾满族自治县	10259	华北、长白植物区系交汇地带森林生态系统	森林生态	省级	20030915	林业
辽 31	猴石	新宾满族自治县	11090	华北、长白植物区系交汇地带森林生态系统	森林生态	省级	20030915	林业
辽 32	浑河源	清原满族自治县	18127	华北、长白植物区系交汇地带森林生态系统	森林生态	省级	20030915	林业
辽 33	本溪地质遗迹市级	本溪市	4676	地质遗迹	地质遗迹	市级	20040501	环保
辽 34	本溪地质遗迹省级	本溪市	1200.75	地质遗迹	地质遗迹	省级	20010301	环保
辽 35	平山白石砬子	本溪市平山区	2076	森林	森林生态	县级	20031101	林业
辽 36	张其寨	本溪市溪湖区	1000	森林	森林生态	县级	20021001	林业
辽 37	溪湖东风	本溪市溪湖区	1350	森林	森林生态	县级	20021001	林业
辽 38	和尚帽子	本溪满族自治县	10973	红松、冷杉为主的原生针阔混交林生态系统	森林生态	省级	20010301	林业
辽 39	刀尖岭	桓仁满族自治县	667	森林	森林生态	县级	20031101	林业
辽 40	恒仁老秃顶子	桓仁县、新宾县	15219	长白植物区系森林及人参等珍稀物种	森林生态	国家级	19810915	林业
辽 41	大凹岭	桓仁满族自治县	1459.4	森林	森林生态	县级	20031201	林业
辽 42	丹东鸭绿江口湿地	丹东市	101000	沿海滩涂湿地及珍稀水禽	海洋海岸	国家级	19870701	环保
辽 43	丹东五龙山	丹东市振安区	2281	森林生态系统	森林生态	市级	20020401	林业
辽 44	丹东白鹭	宽甸满族自治县	2500	大白鹭及其生境	野生动物	市级	19951001	林业
辽 45	老佛爷沟	宽甸满族自治县	6800	原生型红松针阔叶混交林	森林生态	县级	19951001	林业
辽 46	白石砬子	宽甸满族自治县	7467	原生型红松针阔混交林	森林生态	国家级	19810909	林业
辽 47	黎明	宽甸满族自治县	10827	森林生态系统及珍稀树种	森林生态	市级	20020711	林业

序号	保护区名称	行政区域	面积	主要保护对象	类型	级别	始建时间	主管部门
辽 48	双江河	宽甸满族自治县	120914	森林生态系统	森林生态	市级	20020115	林业
辽 49	凤城凤凰山	凤城市	2600	红松、黄檗、水曲柳等森林生态系统	森林生态	省级	19811001	林业
辽 50	玉龙湖	凤城市	5903	天鹅、鸳鸯等野生动物及珍稀树种	野生动物	市级	20011214	林业
辽 51	锅头峪	凤城市	9527	野生动物及珍稀树种	野生动物	市级	20010901	林业
辽 52	蒲石河	凤城市	12184	森林生态系统及东北红豆杉、东北刺人参等	森林生态	市级	20011214	林业
辽 53	帽盔山	凤城市	12268	天然红松	森林生态	县级	20020617	林业
辽 54	通远堡	凤城市	24314	红松林	森林生态	市级	20011214	林业
辽 55	黑山饶阳河湿地	黑山县、新民市	8350	湿地生态系统及迁徙鸟类	内陆湿地	市级	20070725	林业
辽 56	义县古生物化石	义县	23800	晚中生代热河生物群生物化石	古生物遗迹	省级	20021207	国土
辽 57	凌河口湿地	凌海市	83556	湿地生态系统及迁徙鸟类	内陆湿地	市级	20050401	林业
辽 58	医巫闾山	北镇市、义县	11459	天然油松林、华北植物区系针阔混交林	森林生态	国家级	19810909	林业
辽 59	老轿顶	营口市	11489	森林及野生动物	森林生态	市级	20040801	林业
辽 60	玉石	盖州市	31915	森林生态系统	森林生态	省级	20010802	林业
辽 61	老鹰窝山	阜新市	6405	天然针阔混交林	森林生态	省级	20020424	林业
辽 62	海棠山	阜新蒙古族自治县	11002.7	森林生态系统	森林生态	国家级	19861201	林业
辽 63	关山	阜新蒙古族自治县	4835	森林生态系统	森林生态	省级	20051201	林业
辽 64	彰武高山台	彰武县	576	森林生态系统	森林生态	县级	20010901	林业
辽 65	彰武千佛山	彰武县	860	油松、樟松、五角枫等森林生态系统及古生物遗迹	森林生态	县级	20011201	林业
辽 66	那木斯莱	彰武县	7103	湿地、沙地草原	内陆湿地	县级	19870701	环保
辽 67	章古台	彰武县	10200	沙地森林生态系统	森林生态	国家级	19861201	林业
辽 68	汤河饮用水源	辽阳市弓长岭区、辽阳县	1512	饮用水源地	内陆湿地	市级	19860901	水利
辽 69	辽阳金宝湾	辽阳市弓长岭区、辽阳县	52720	森林及野生动物	森林生态	市级	20020407	林业
辽 70	辽阳双河	辽阳市灯塔市、弓长岭区、辽阳县	31842.5	森林生态系统、水源地	森林生态	市级	20020401	林业
辽 71	双台河口	盘山县、大洼县	128000	丹顶鹤、黑嘴鸥珍稀水禽及沿海湿地生态系统	野生动物	国家级	19850909	林业
辽 72	凡河	铁岭市铁岭县	51205	内陆湿地生态系统及水源涵养林	内陆湿地	省级	20071201	林业
辽 73	榛子岭	铁岭县	32051.1	森林生态系统	森林生态	县级	20011217	林业
辽 74	寇河湿地与水源林	西丰县	1449.8	湿地生态系统及水资源	内陆湿地	县级	20090915	林业
辽 75	冰砬山	西丰县	6666.7	森林生态系统	森林生态	县级	20061020	林业
辽 76	肖家沟	昌图县	507	水源地和兴安岭植物区系天然次生林	内陆湿地	县级	19810701	水利
辽 77	付家樟子松	昌图县	640	樟子松母树林	野生植物	县级	19810701	林业
辽 78	红山水库	昌图县	10500	饮用水源地及森林生态系统	内陆湿地	县级	19930601	林业
辽 79	曾家寨苍鹭	开原市	811	苍鹭及森林生态系统	森林生态	县级	20060109	林业
辽 80	朝阳凤凰山	朝阳市	5365	古生物化石	古生物遗迹	市级	20020701	其他
辽 81	椴木头沟	朝阳市	4857	森林生态系统	森林生态	省级	20090401	林业
辽 82	孙家店	朝阳县	3600	森林生态系统	森林生态	县级	20091222	林业
辽 83	朝阳苍鹭	朝阳县	3825	苍鹭及其生境	野生动物	县级	20060109	林业
辽 84	刘炮手沟	朝阳县	4930	森林生态系统	森林生态	县级	20091222	林业
辽 85	清风岭	朝阳县	9010	华北植物区系北缘森林生态系统	森林生态	省级	20021210	林业
辽 86	北票大黑山	朝阳县	13844	暖温带半湿润向温带半干旱过渡气候条件下的山地落叶阔叶林生态系统;辽梅杏等天然山杏资源;金雕等猛禽	森林生态	省级	20000619	林业
辽 87	朝阳古生物化石群	朝阳县	113600	古生物化石	古生物遗迹	市级	20020701	国土

序号	保护区名称	行政区域	面积	主要保护对象	类型	级别	始建时间	主管部门
辽 88	小凌河中华鳖	朝阳县	484.5	中华鳖、瓦氏雅罗鱼等水生生物及其生境	野生动物	省级	19991108	农业
辽 89	努鲁儿虎山	朝阳县	13832.1	华北、内蒙古生物系交汇地带的森林生态系统	森林生态	国家级	20001101	林业
辽 90	天秀山	建平县	2425	暖温带半干旱季风气候条件下的石灰岩山地矮林生态系统	森林生态	省级	20091215	林业
辽 91	老虎洞山	建平县	11000	森林及温带草原	森林生态	县级	19860101	林业
辽 92	楼子山	喀喇沁左翼蒙古族自治县	11150	森林生态系统	森林生态	省级	20010301	林业
辽 93	化石沟	喀喇沁左翼蒙古族自治县	17645	森林生态系统	森林生态	市级	20010301	林业
辽 94	北票鸟化石	北票市	4630	中生代晚期鸟化石等古生物化石群	古生物遗迹	国家级	19970518	国土
辽 95	青龙河	凌源市	69912	野生动物及其生境	野生动物	省级	20010401	林业
辽 96	虹螺山	葫芦岛市连山区	10000	森林及水曲柳、狼、黄羊等野生动植物	森林生态	省级	20060710	林业
辽 97	王宝河	绥中县	2156	野生甲鱼资源及饮用水源地	野生动物	市级	19960501	环保
辽 98	五花顶	绥中县	2558	森林及野生动植物	森林生态	省级	20111029	林业
辽 99	绥中六股河赤麻鸭、绿翅鸭	绥中县	2749	赤麻鸭、绿翅鸭等珍稀鸟类及湿地生态系统	野生动物	县级	20020101	林业
辽 100	葫芦岛六股河入海口滨海湿地	建昌县	1011	丹顶鹤、灰鹤、赤麻鸭、绿翅鸭等珍稀鸟类及湿地生态系统	野生动物	市级	20060701	林业
辽 101	宫山咀苍鹭	建昌县	1919	苍鹭等鸟类及其生境	野生动物	县级	20021001	林业
辽 102	柏山	建昌县	5233	天然次生柏树林及其生境	野生植物	县级	19880101	环保
辽 103	白狼山	建昌县	17440	华北植物区系北缘森林生态系统	森林生态	国家级	20010709	林业
辽 104	兴城杂色蛤亲贝	兴城市	3500	杂色蛤及其生境	野生动物	县级	19970201	林业
辽 105	兴城青山	兴城市	28100	天然次生林	森林生态	县级	20001220	林业
吉 01	波罗湖	农安县	24915	湿地生态系统及鹤、鹳类珍稀濒危鸟类	内陆湿地	国家级	20041025	林业
吉 02	左家	吉林市昌邑区	5544	天然次生林	森林生态	省级	19820528	农业
吉 03	松花江三湖	吉林市、白山市	115253	森林及水域生态系统	森林生态	国家级	19900213	林业
吉 04	松花江三湖省级	吉林市、白山市	1029457	森林及水域生态系统	森林生态	省级	19900213	林业
吉 05	关门砬子	桦甸市	10800	湿地生态系统	内陆湿地	县级	19930501	水利
吉 06	四平山门中生代火山	四平市铁东区	1062	中生代白垩流纹岩火山构造及典型火山地貌	地质遗迹	省级	20000901	国土
吉 07	伊通河源	伊通满族自治县	24257	森林生态系统	森林生态	省级	20121221	林业
吉 08	伊通火山群	伊通满族自治县	764.8	基性玄武岩“侵出式”火山地质遗迹和火山景观	地质遗迹	国家级	19831022	环保
吉 09	北大顶子	通化市	147	森林生态系统及野生植物	森林生态	市级	19911201	住建
吉 10	湾湾川	通化县	19200	湿地生态系统及地质遗迹	内陆湿地	市级	19911206	水利
吉 11	石湖	通化县	1505.7	森林及野生动植物	森林生态	省级	19930312	林业
吉 12	龙湾	辉南县	15061	湿地、森林生态系统及火山湖泊	内陆湿地	国家级	19910801	林业
吉 13	鹿场	柳河县	394	森林及野生动物	森林生态	县级	19840910	林业
吉 14	大西岔参场	柳河县	470	森林及野生植物	森林生态	县级	19840910	林业
吉 15	柳河罗通山	柳河县	1033	森林及野生动植物	野生植物	省级	20100514	林业
吉 16	哈泥	柳河县	22230	沼泽湿地生态系统	内陆湿地	国家级	19911206	林业
吉 17	集安	集安市	6658	珍稀濒危野生植物和自然遗迹	野生植物	省级	19920601	林业
吉 18	白山原麝	白山市	21995	原麝等野生动物及其生境	野生动物	省级	20061229	林业
吉 19	三道沟刺楸林	白山市八道江区	1220	刺楸林	森林生态	市级	19920113	林业
吉 20	抚松野山参	抚松县	8315.63	森林及野山参等濒危物种	森林生态	省级	20081031	林业
吉 21	靖宇	靖宇县	15038	火山群地质遗迹	地质遗迹	国家级	20021101	国土

序号	保护区名称	行政区域	面积	主要保护对象	类型	级别	始建时间	主管部门
吉 22	鸭绿江上游	长白朝鲜族自治县	20306	珍稀冷水性鱼类及其生境	野生动物	国家级	19961001	农业
吉 23	大阳岔	江源县	150	寒武纪奥陶系地层剖面	地质遗迹	省级	19850901	国土
吉 24	查干湖	前郭尔罗斯蒙古族自治县	50684	湿地生态系统及珍稀鸟类	内陆湿地	国家级	19860802	水利
吉 25	腰井子羊草草原	长岭县	23800	草原草甸生态系统、野生动植物	草原草甸	省级	19861118	农业
吉 26	大布苏	乾安县	11000	泥林、古生物化石及湿地生态系统	地质遗迹	国家级	19930101	国土
吉 27	扶余洪泛	扶余县	61010	湿地生态系统及珍稀鸟类	内陆湿地	省级	20090722	林业
吉 28	莫莫格	镇赉县	144000	珍稀水禽、鹤、鹳类野生动植物及湿地生态系统	内陆湿地	国家级	19810308	林业
吉 29	包拉温都	通榆县	62190	芦苇沼泽为主的天然湿地生态系统及珍稀野生动物栖息地和蒙古山杏林	内陆湿地	省级	20021220	林业
吉 30	向海	通榆县	105467	丹顶鹤等珍稀水禽、蒙古黄榆等稀有动植物及湿地水域生态系统	内陆湿地	国家级	19810309	林业
吉 31	凤梧	图们市	4150	湿地生态系统及野生动植物	内陆湿地	县级	19930101	水利
吉 32	六顶山	敦化市	300	森林及野生动植物	森林生态	县级	19911120	林业
吉 33	黄泥河	敦化市	41583	北温带森林生态系统及多种珍稀濒危野生动植物	森林生态	国家级	20000401	林业
吉 34	雁鸣湖	敦化市	53940	湿地生态系统	内陆湿地	国家级	19911120	林业
吉 35	珲春东北虎	珲春市	108700	东北虎、远东豹及其生境	野生动物	国家级	20011022	林业
吉 36	天佛指山	龙井市	77317	松茸、赤松及森林生态系统	森林生态	国家级	19960513	林业
吉 37	汪清	汪清县	42756	东北红豆杉及针阔混交林生态系统	森林生态	省级	20021220	林业
吉 38	长白松	安图县	112	长白松	野生植物	省级	19850130	林业
吉 39	吉林长白山	安图县、抚松县、长白朝鲜族自治县	196465	火山地貌景观和森林生态系统	森林生态	国家级	19600401	林业
黑 01	哈东沿江湿地	哈尔滨市道外区	10725	湿地生态系统	内陆湿地	省级	20100225	林业
黑 02	团山子	哈尔滨市呼兰区	342	森林及自然景观	森林生态	县级	19980701	其他
黑 03	呼兰河口湿地	哈尔滨市呼兰区	19262	湿地生态系统及水禽	内陆湿地	省级	20080114	林业
黑 04	安兴湿地	依兰县	11000	湿地生态系统及鸟类	内陆湿地	省级	20020304	水利
黑 05	方正莲花湖	方正县	103	野生莲花及其生境	野生植物	县级	19981208	其他
黑 06	蚂蚁河口湿地	方正县	3480	沼泽、滩涂草甸	内陆湿地	市级	19991228	其他
黑 07	保兴野生动物	方正县	22500	野生动物及其生境	野生动物	县级	19830101	林业
黑 08	二龙山	宾县	8500	天然次生林	森林生态	县级	19800420	其他
黑 09	宾县沿江	宾县	10989	湿地生态系统	内陆湿地	省级	20121228	林业
黑 10	巴彦黑山	巴彦县	20000	森林及野生动植物	森林生态	县级	19890501	林业
黑 11	香磨山	木兰县	38781	水源林及中国林蛙等野生动植物	森林生态	县级	19950721	水利
黑 12	大通河	通河县	300	地质遗迹	地质遗迹	县级	20041101	林业
黑 13	杨大犁水禽	通河县	3534	水禽及其生境	野生动物	县级	19880101	林业
黑 14	通河龙口	通河县	10303	红松、蒙古栎及森林生态系统	森林生态	省级	19971112	林业
黑 15	通河平顶山	通河县	20241	森林生态系统和野生动物	森林生态	省级	20101229	环保
黑 16	乌龙野生动物	通河县	30000	野生动物及其生境	野生动物	县级	19860101	林业
黑 17	新城	延寿县	1200	森林及湿地生态系统	森林生态	县级	19880605	水利
黑 18	延寿加信子	延寿县	1500	野生动物及其生境	野生动物	县级	19961126	其他
黑 19	二龙	延寿县	12000	森林及野生动植物	森林生态	县级	20010722	林业
黑 20	山河林蛙	阿城市	870	林蛙及其生境	野生动物	省级	19830101	林业
黑 21	松峰山	阿城市	1465	沼泽、滩涂草甸	内陆湿地	省级	19840523	林业
黑 22	农丰湿地	双城市	7225	湿地生态系统	内陆湿地	市级	20020304	农业
黑 23	石人沟湿地	双城市	8500	湿地生态系统	内陆湿地	市级	20020304	水利

序号	保护区名称	行政区域	面积	主要保护对象	类型	级别	始建时间	主管部门
黑 24	拉林河口湿地	双城市	17179	湿地生态系统	内陆湿地	省级	20091230	林业
黑 25	黑龙宫林蛙	尚志市	3600	林蛙及次生林	野生动物	省级	19820430	林业
黑 26	帽儿山	尚志市	7655	森林及野生动植物	森林生态	县级	19910308	林业
黑 27	虎峰	尚志市	96280	森林及野生动植物	森林生态	市级	20030501	林业
黑 28	老山头荷花	五常市	47	野生荷花及其生境	野生植物	县级	19881123	其他
黑 29	龙凤湖	五常市	15000	湿地生态系统	内陆湿地	省级	20090930	水利
黑 30	五常大峡谷	五常市	24998	森林生态系统和野生动物	森林生态	省级	20101229	林业
黑 31	仙洞山	齐齐哈尔市	2450	野生梅花鹿及其栖息地	野生动物	省级	20090407	其他
黑 32	扎龙	齐齐哈尔市、大庆市	210000	丹顶鹤等珍禽及湿地生态系统	野生动物	国家级	19870418	林业
黑 33	齐齐哈尔沿江湿地	齐齐哈尔市梅里斯达斡尔族区	31675	湿地生态系统	内陆湿地	省级	20101102	林业
黑 34	哈拉海	龙江县	16564	湿地生态系统及其珍稀动植物	内陆湿地	省级	20070813	林业
黑 35	龙江哈拉海	龙江县	23109	湿地水域生态系统	内陆湿地	省级	20110309	林业
黑 36	讷谟尔河湿地	依安县	61385	湿地生态系统及其珍稀动植物	荒漠生态	省级	20070813	其他
黑 37	二龙涛湿地	泰来县	13262	湿地生态系统及珍稀濒危水鸟	内陆湿地	省级	20100225	林业
黑 38	泰来东方红	泰来县	32000	森林、湿地及野生动植物	草原草甸	县级	19991001	林业
黑 39	音河水库	甘南县	2964	湿地生态系统	内陆湿地	县级	19890124	水利
黑 40	绿色林场	甘南县	3065	水曲柳、樟子松、落叶松林	森林生态	县级	19991229	林业
黑 41	傲宝山水禽湿地	甘南县	5321	丹顶鹤等水禽及其生境	野生动物	县级	19890124	其他
黑 42	乌裕尔河	富裕县	55423	湿地生态系统及丹顶鹤、老鸨	内陆湿地	省级	20060301	林业
黑 43	富裕野生动物	富裕县	2200	秃鹫、白尾鹞、红脚隼及其生境	野生动物	县级	19950310	林业
黑 44	克山涌泉	克山县	9540	天然次生林及野生动物	森林生态	县级	19990501	林业
黑 45	二克山	克东县	132	狐狸、白桦、森林及野生动物	森林生态	县级	20000101	住建
黑 46	鹿角湖梅花鹿	齐齐哈尔市克东县	7678	梅花鹿及栖息地	野生动物	省级	20111223	林业
黑 47	双阳河	齐齐哈尔市拜泉县	19460	湿地水域生态系统	内陆湿地	省级	20110309	林业
黑 48	青色草原	讷河市	12564	大叶樟、小叶樟及羊草草原生态系统	草原草甸	县级	19920808	农业
黑 49	乌裕尔河 - 双阳河	讷河市	22934	珍稀濒危的野生动植物物种及湿地生态系统	内陆湿地	省级	20070806	其他
黑 50	茂山林场	讷河市	26641	丹顶鹤、狼等濒危动物及其生境	野生动物	县级	19920306	林业
黑 51	尼尔基	讷河市	43438	湿地生态系统	内陆湿地	省级	20101102	环保
黑 52	曙光天蚕	鸡东县	9766	天蚕及柞林生态系统	野生动物	省级	19920801	林业
黑 53	黑龙江凤凰山	鸡东县	26570	兴凯松林、东北红豆杉、松茸等野生动植物及森林生态系统	森林生态	国家级	19890403	林业
黑 54	虎口湿地	虎林市	15000	内陆湿地生态系统	内陆湿地	省级	19970204	林业
黑 55	七虎林	虎林市	18328	野生动物及其生境	野生动物	县级	19981001	林业
黑 56	东方红湿地	虎林市	31516	湿地生态系统和国家级重点保护动植物物种及其栖息地	内陆湿地	国家级	20050419	林业
黑 57	珍宝岛湿地	虎林市	44364	湿地生态系统和珍稀濒危动植物	内陆湿地	国家级	20020415	林业
黑 58	铁西	密山市	7235	梅花鹿、马鹿、刺五加等珍稀动植物及森林生态系统	森林生态	省级	19961113	其他
黑 59	兴凯湖	密山市	222488	湿地生态系统及丹顶鹤等珍稀鸟类	内陆湿地	国家级	19860405	林业
黑 60	将军石湿地	鹤岗市	1491	湿地及野生动物、文化古迹	内陆湿地	市级	19970801	其他
黑 61	元宝山湿地	鹤岗市	2000	湿地及野生动物	内陆湿地	县级	19981101	其他
黑 62	细鳞河	鹤岗市	20617	森林、湿地生态系统及其珍稀动物	森林生态	省级	20040902	林业
黑 63	太平沟	鹤岗市	22199	温带森林生态系统和野生动物	森林生态	省级	20091230	林业
黑 64	绥滨两江湿地	鹤岗市	55490	湿地生态系统	内陆湿地	省级	20070608	林业

序号	保护区名称	行政区域	面积	主要保护对象	类型	级别	始建时间	主管部门
黑 65	王老好河	萝北县	2700	湿地生态系统及珍稀濒危动物	内陆湿地	县级	20051001	环保
黑 66	老等山	萝北县	5745	沼泽湿地及珍稀水禽	内陆湿地	市级	19890101	林业
黑 67	水莲	萝北县	8952	湿地水域生态系统	内陆湿地	省级	20030916	环保
黑 68	嘟噜河	萝北县	19967.3	湿地水域生态系统及丹顶鹤、白尾海雕、白头鹤、野生大豆等珍稀动植物	内陆湿地	省级	20000801	林业
黑 69	羊鼻山	双鸭山市	4417	森林生态系统及水曲柳、黄菠萝、胡桃楸、蒙古柞、紫椴等珍稀植物	森林生态	市级	19981225	林业
黑 70	安邦河	集贤县	10295	湿地生态系统及其珍稀水禽	内陆湿地	省级	19930301	其他
黑 71	七星砬子东北虎	集贤县	23000	东北虎、马鹿等野生动物及其生境	野生动物	省级	19900101	林业
黑 72	友谊	友谊县	4593	湿地生态系统及其珍稀水禽	内陆湿地	市级	20071217	林业
黑 73	东升	宝清县	19244	湿地生态系统	内陆湿地	省级	20040901	其他
黑 74	宝清七星河	宝清县	20000	湿地生态系统及其珍稀水禽	内陆湿地	国家级	19911017	环保
黑 75	乌苏里江	饶河县	39668	湿地生态系统	内陆湿地	省级	20010111	环保
黑 76	大佳河	饶河县	72604	湿地、森林生态系统及珍稀野生动植物	内陆湿地	省级	20040901	其他
黑 77	饶河东北黑蜂	饶河县	270000	东北黑蜂蜂种及椴树和毛水苏等蜜源植物	野生动物	国家级	19800508	环保
黑 78	大庆黑鱼泡	大庆市萨尔图区	6000	湿地生态系统	内陆湿地	县级	19881120	其他
黑 79	龙凤湿地	大庆市龙凤区	5050.39	湿地水域生态系统	内陆湿地	省级	20030313	其他
黑 80	西大海	大庆市大同区	30988	湿地生态系统	内陆湿地	市级	20101008	林业
黑 81	卫星牧场草原	肇州县	5605.4	羊草草原	草原草甸	县级	20030501	农业
黑 82	肇源沿江湿地	肇源县	57870	湿地水域生态系统及珍稀濒危野生动植物	内陆湿地	省级	20080512	林业
黑 83	二站莲花湖	肇源县	120	野生植物	野生植物	县级	19891219	其他
黑 84	林甸县花园野生药材	林甸县	690	中药材防风、桔梗	野生植物	县级	19780801	环保
黑 85	大庆小黑山	林甸县	8604	湿地生态系统及丹顶鹤等野生动物	内陆湿地	市级	19980124	环保
黑 86	林甸县东北部草原野生中药材	林甸县	30000	草甸草原	草原草甸	县级	19991020	环保
黑 87	东兴草甸草原	林甸县	39737	草甸草原生态系统	草原草甸	市级	20101008	农业
黑 88	五马沙驼子药材	杜尔伯特蒙古族自治县	6667	野生中药材及草甸草原生态系统	草原草甸	县级	19861202	环保
黑 89	新店林场	杜尔伯特蒙古族自治县	13290	野生动植物及其生境	野生动物	县级	19861202	林业
黑 90	大黑山羊草草原	杜尔伯特蒙古族自治县	21000	羊草草原	草原草甸	县级	19861202	农业
黑 91	连环湖水禽	杜尔伯特蒙古族自治县	42667	丹顶鹤等水禽及其生境	野生动物	县级	19861202	其他
黑 92	沙田山竹	杜尔伯特蒙古族自治县	1333.3	山竹子及其生境	野生植物	县级	19861202	其他
黑 93	伊春河源头	伊春市	78864	森林生态系统和野生动物	森林生态	省级	20090101	林业
黑 94	伊春周边森林	伊春市伊春区	4009	森林生态系统	森林生态	市级	20001201	林业
黑 95	友好	伊春市友好区	60687	森林沼泽生态系统及珍稀动植物	内陆湿地	国家级	20050101	林业
黑 96	翠峦城区	伊春市翠峦区	66.75	森林生态系统	森林生态	市级	20070501	其他
黑 97	新青白头鹤	伊春市新青区	62567	白头鹤、驼鹿等珍稀动物及北温带森林生态系统和湿地生态系统	野生动物	国家级	20040427	林业
黑 98	丰林	伊春市五营区	18400	为以红松为主的北温带针阔叶混交林生态系统和珍稀的野生动物植物资源	森林生态	国家级	19580614	林业
黑 99	翠北湿地	伊春市五营区	27730	森林湿地生态系统及其湿地动植物	内陆湿地	省级	20011015	其他
黑 100	乌马河紫貂	伊春市	20730	紫貂小兴安岭亚种及森林生态系统	野生动物	省级	20060313	林业

序号	保护区名称	行政区域	面积	主要保护对象	类型	级别	始建时间	主管部门
黑 101	汤旺河源头	伊春市汤旺河区	4874	天然阔叶红松林、云冷杉林、兴安落叶松林、白桦林	森林生态	市级	19991228	环保
黑 102	汤旺河石林	伊春市汤旺河区	15300	红松阔叶混交林森林生态系统及天然花岗岩石	森林生态	市级	19971231	其他
黑 103	守虎山	伊春市汤旺河区	20100	红松林、樟子松林生态系统	森林生态	市级	20020401	林业
黑 104	碧水中华秋沙鸭	伊春市带岭区	2535	中华秋沙鸭及红松林生态系统	野生动物	省级	19970711	林业
黑 105	凉水	伊春市带岭区	12133	以红松为主的温带针阔叶混交林及其生态系统	森林生态	国家级	19800707	林业
黑 106	朗乡原麝	伊春市带岭区	31355	原麝等野生动物及红松林生态系统	野生动物	省级	20050101	林业
黑 107	乌伊岭	伊春市乌伊岭区	43824	温带森林森林生态系统、沼泽湿地生态系统	内陆湿地	国家级	19990101	林业
黑 108	红星三阳	伊春市红星区	4644	红松母树林	森林生态	市级	19991229	林业
黑 109	红星湿地	伊春市红星区	111995	温带森林湿地生态系统	内陆湿地	国家级	20040913	林业
黑 110	库尔滨湿地	伊春市红星区	66964	湿地水域生态系统及冷水鱼类	内陆湿地	省级	20040101	环保
黑 111	嘉荫恐龙化石	嘉荫县	3844	恐龙化石	古生物遗迹	省级	19980406	其他
黑 112	嘉荫次生林	嘉荫县	15015	森林及野生动植物	森林生态	县级	20011214	环保
黑 113	茅兰沟	嘉荫县	35868	森林生态系统及地质遗迹	地质遗迹	省级	19991228	其他
黑 114	平阳河湿地	嘉荫县	45988	森林生态系统、内陆湿地及栖息的珍稀野生动植物	内陆湿地	省级	20080512	其他
黑 115	佳木斯沿江湿地	佳木斯市	11267	湿地生态系统及其珍稀水禽	内陆湿地	省级	20070813	林业
黑 116	苏木河	佳木斯市	3000	野生动物及其生境	野生动物	市级	19910801	农业
黑 117	向阳山水库	桦南县	86050	水源地	内陆湿地	市级	19870101	水利
黑 118	共和水库	桦南县	16800	湿地生态系统	内陆湿地	市级	20001103	水利
黑 119	苏苏	桦川县	120	森林生态系统	森林生态	市级	19911001	水利
黑 120	南大肚子沟	桦川县	1330	梅花鹿、白头鹤、马鹿、猞猁、雪兔等野生动物及其生境	野生动物	市级	19921001	林业
黑 121	桦川湿地	桦川县	26199	内陆湿地生态系统及其珍稀水禽	内陆湿地	省级	20040901	其他
黑 122	团结林蛙	汤原县	440	林蛙及次生林	野生动物	市级	19980501	林业
黑 123	黑金河林蛙	汤原县	480	林蛙及其生境	野生动物	市级	19850901	林业
黑 124	木良林蛙	汤原县	500	林蛙及次生林	野生动物	市级	19880501	林业
黑 125	汤原黑鱼泡	汤原县	22401	湿地生态系统及其珍稀水禽	内陆湿地	省级	20070608	林业
黑 126	大亮子河	汤原县	7175	森林生态系统	森林生态	市级	19880501	林业
黑 127	三江	抚远县	198089	湿地生态系统及东方白鹳等珍禽	内陆湿地	国家级	19940919	林业
黑 128	同江莲花河	同江市	13000	湿地生态系统及天鹅、丹顶鹤、苍鹭、白头鸥、党参、黄芪、龙胆草等	内陆湿地	市级	20001103	环保
黑 129	洪河	同江市	21835	沼泽湿地生态系统及丹顶鹤、白鹤、白头鹤等珍禽	内陆湿地	国家级	19880111	环保
黑 130	八岔岛	同江市	32014	湿地水域生态系统及珍稀动物	内陆湿地	国家级	19991001	环保
黑 131	勤得利鲟鳇鱼	同江市	36663	施氏鲟、达氏鳇等珍稀鱼类及其生境	野生动物	省级	19981204	环保
黑 132	锦山	富锦市	8100	丹顶鹤、天鹅及湿地生态系统	野生动物	市级	20001103	其他
黑 133	择林	富锦市	9000	丹顶鹤、天鹅及其生境	野生动物	市级	20001103	其他
黑 134	锦江	富锦市	9700	内陆湿地生态系统及珍稀水禽	内陆湿地	市级	20060125	林业
黑 135	三环泡	富锦市	25075	湿地生态系统及丹顶鹤、天鹅、小叶樟	内陆湿地	省级	19910701	其他
黑 136	富锦沿江湿地	富锦市	26336	内陆湿地生态系统及珍稀水禽	内陆湿地	省级	20080512	其他
黑 137	挠力河	富锦市、饶河县	160595	沼泽湿地生态系统及水禽	内陆湿地	国家级	19981204	环保
黑 138	倭肯河	七台河市	7363	湿地水域生态系统	内陆湿地	省级	20111223	林业

序号	保护区名称	行政区域	面积	主要保护对象	类型	级别	始建时间	主管部门
黑139	七台河龙山	七台河市	6307.5	天然次生林	森林生态	市级	19991201	林业
黑140	西大圈	勃利县	11290	天然次生林及野生动物	森林生态	省级	19970107	林业
黑141	老爷岭东北虎	牡丹江市	71278	东北虎及栖息地	野生动物	省级	20111223	林业
黑142	牡丹峰	牡丹江市东安区	19648	原始森林	森林生态	国家级	19810505	林业
黑143	东宁松茸	东宁县	5670	松茸及其生境	野生植物	县级	20021110	林业
黑144	绥阳刺五加	东宁县	7766	刺五加及其生境	野生植物	县级	20021110	林业
黑145	绥芬河大马哈鱼、滩头鱼	东宁县	12992	大马哈鱼、滩头鱼等鱼类及其生境	野生动物	县级	20021110	农业
黑146	万宝湾松茸	东宁县	17151	松茸及赤松林	野生植物	县级	20021001	林业
黑147	东宁鸟青山	东宁县	18002	温带森林生态系统和东北虎等珍稀动植物	森林生态	省级	20070112	林业
黑148	国防林	东宁县	37072	森林及野生动物	森林生态	县级	20021110	林业
黑149	林口莲花	林口县	15600	水域生态系统	内陆湿地	县级	19991018	环保
黑150	天长山水库	绥芬河市	267	水域生态系统	内陆湿地	县级	19950101	水利
黑151	金家沟	绥芬河市	2080	水域生态系统	内陆湿地	县级	20020701	水利
黑152	海林莲花湖	海林市	190000	水域、森林生态系统和野生动植物	内陆湿地	省级	19971226	其他
黑153	小北湖	宁安市	20834	红松林生态系统及原麝、紫貂等珍稀动植物	森林生态	国家级	20061226	林业
黑154	桦树川	宁安市	50500	水域、森林生态系统和野生动植物	内陆湿地	县级	19961209	水利
黑155	镜泊湖	宁安市	126000	水域、森林生态系统及火山口、溶洞、熔岩台地等地质地貌	内陆湿地	省级	19801101	其他
黑156	六峰湖	穆棱市	6591	水域生态系统及野生动植物	内陆湿地	省级	19961113	环保
黑157	穆棱东北红豆杉	穆棱市	35648	东北红豆杉及其森林生态系统	野生植物	国家级	20060313	林业
黑158	锦河	黑河市	1500	野生动物及中草药	野生动物	县级	19951010	环保
黑159	公别拉河	黑河市	50180	湿地生态系统及珍稀动植物	内陆湿地	省级	20051018	林业
黑160	山口	黑河市	99489.9	内陆湿地生态系统	内陆湿地	省级	20021018	水利
黑161	女雅通岛-黄河口岛	黑河市爱辉区	210	候鸟及其生境	野生动物	市级	19970101	环保
黑162	刺尔滨河	黑河市爱辉区	37790	湿地生态系统	内陆湿地	省级	20101229	林业
黑163	胜山	黑河市爱辉区	60000	我国最北端的温带森林生态系统和红松、驼鹿等珍稀濒危动植物	森林生态	国家级	20030211	林业
黑164	科洛南山五味子	嫩江县	0.3	五味子	野生植物	县级	19910605	其他
黑165	科洛河	嫩江县	3577	沼泽湿地、水域及水禽	内陆湿地	市级	19961202	环保
黑166	白云蕨菜	嫩江县	5000	野生蕨菜及其生境	野生植物	县级	19961016	其他
黑167	麦海蕨菜	嫩江县	15200	野生蕨菜及其生境	野生植物	县级	19961016	其他
黑168	门鲁河	嫩江县	26312	湿地生态系统	内陆湿地	省级	20060703	环保
黑169	中央站黑嘴松鸡	嫩江县	46743	黑嘴松鸡及其生境	野生动物	省级	20061226	林业
黑170	嫩江东风水库	嫩江县	1666.66	湿地生态系统	内陆湿地	市级	19961202	环保
黑171	车陆湾子	逊克县	400	五味子、越橘、水曲柳及黄鼬、獐	野生植物	市级	19860111	环保
黑172	宝山玛瑙石	逊克县	1352	玛瑙石	地质遗迹	县级	19860706	环保
黑173	沾河	逊克县	2904	火山遗迹及野生动植物	地质遗迹	县级	20010901	林业
黑174	干岔子	黑河市逊克县	21374	湿地水域生态系统	内陆湿地	省级	20111223	林业
黑175	都尔滨河	黑河市逊克县	22375	湿地水域生态系统	内陆湿地	省级	20111223	林业
黑176	逊别拉河	逊克县、孙吴县	45000	哲罗鲑、细鳞鱼、茴鱼、大麻哈鱼等冷水性鱼类及其生境	野生动物	省级	19821203	农业
黑177	库尔滨河	逊克县	214000	五味子、越橘、水曲柳、黄菠萝、黄鼬、獐	野生植物	县级	19980515	环保

序号	保护区名称	行政区域	面积	主要保护对象	类型	级别	始建时间	主管部门
黑 178	高滩西北套子	逊克县	953.5	野生植物及其生境	野生植物	县级	20060328	环保
黑 179	孙吴沿江	孙吴县	2500	山梨、山荆子、山葡萄、五味子及其生境	野生植物	县级	19880301	环保
黑 180	新民山	孙吴县	11000	笃斯越橘等野生浆果植物及其生境	野生植物	县级	19880302	环保
黑 181	红旗湿地	孙吴县	21283	湿地水域生态系统	内陆湿地	省级	20080512	林业
黑 182	平山	黑河市	21394	湿地水域生态系统	内陆湿地	省级	20111223	林业
黑 183	北安	北安市	36505	湿地生态系统及其珍稀动植物	内陆湿地	省级	20061025	林业
黑 184	青石岭	五大连池市	20300	湿地水域生态系统	森林生态	县级	19971110	水利
黑 185	引龙河	黑河市五大连池市	24217	湿地水域生态系统	内陆湿地	省级	20110714	林业
黑 186	五大连池	五大连池市	100800	火山地质遗迹及矿泉水资源	地质遗迹	国家级	19800329	国土
黑 187	大沾河湿地	五大连池市	211618	小兴安岭林区森林湿地生态系统，白头鹤等水禽及其栖息地及温带森林生态系统	内陆湿地	国家级	20060127	林业
黑 188	二龙山跃进水库	五大连池市	2800	森林及野生动植物	森林生态	县级	19961016	环保
黑 189	和平青龙	绥化市	6500	盐碱草原草甸、森林生态系统及野生动植物	草原草甸	县级	20000301	环保
黑 190	双岔河	绥化市	10360	湿地水域生态系统	内陆湿地	省级	19890101	林业
黑 191	双河林木	绥化市	1190	次生林	森林生态	县级	19890601	林业
黑 192	南山林木	望奎县	1600	森林、矿泉	森林生态	县级	20000901	环保
黑 193	西洼荒湿地	望奎县	10201	湿地生态系统及丹顶鹤等珍稀水禽	内陆湿地	省级	19900401	环保
黑 194	移新草原	兰西县	136	草原及野生动植物	草原草甸	县级	19891001	其他
黑 195	拉哈山	兰西县	7400	森林及野生动植物	森林生态	县级	19980201	其他
黑 196	兰远草原	绥化市	15874	草原与草甸生态系统	草原草甸	省级	20111223	农业
黑 197	立新草原	青冈县	333	羊草草原生态系统	草原草甸	县级	19890801	环保
黑 198	青冈新村森林	青冈县	6881	森林生态系统及野生动植物	森林生态	市级	19911001	环保
黑 199	庆安北盖	庆安县	2078	内陆湿地	内陆湿地	县级	19991201	环保
黑 200	柳河	庆安县	5160	森林生态系统及湿地	森林生态	县级	19891129	水利
黑 201	双宝山马鹿	庆安县	21229	野生动物	野生动物	省级	20080512	林业
黑 202	爱国水库	明水县	100	水资源	内陆湿地	县级	19991209	环保
黑 203	引嫩河草原	明水县	2067	草原生态系统	草原草甸	县级	19900601	林业
黑 204	明水湿地	明水县	30840	湿地生态系统及其珍稀动植物	内陆湿地	省级	20070608	林业
黑 205	四海店	绥棱县	350	森林及野生动植物	森林生态	县级	19920121	林业
黑 206	双兴	绥棱县	3396	水资源、水禽及其生境	内陆湿地	县级	19950701	农业
黑 207	绥棱努敏河	绥棱县	50025	湿地生态系统	内陆湿地	省级	20070112	林业
黑 208	老虎岗星星草	安达市	667	星星草及草原生态系统	野生植物	县级	19921113	农业
黑 209	安达红星湿地	安达市	7521	湿地生态系统	内陆湿地	县级	20000801	环保
黑 210	东湖湿地	安达市	14600	湿地生态系统及丹顶鹤等珍禽	内陆湿地	省级	20001205	环保
黑 211	四方山草原	肇东市	12000	草原生态系统	草原草甸	县级	19920201	其他
黑 212	宋站草原	肇东市	14666	羊草草原生态系统	草原草甸	县级	19990817	环保
黑 213	肇东沿江湿地	肇东市	36700	湿地生态系统及其珍稀动植物	内陆湿地	省级	20030312	林业
黑 214	育新林场	海伦市	3361	森林、沼泽及野生动植物	森林生态	县级	19970101	林业
黑 215	扎音河湿地	海伦市	21953	内陆湿地生态系统及丹顶鹤、中华秋沙鸭等珍稀动植物	内陆湿地	省级	19940101	环保
黑 216	绰纳河	大兴安岭地区	105580	寒温带针叶林与温带针阔叶混交林	内陆湿地	国家级	20050316	林业
黑 217	多布库尔	大兴安岭地区加格达奇区	128959	寒温带湿地生态系统及野生动植物	内陆湿地	国家级	20060125	林业

序号	保护区名称	行政区域	面积	主要保护对象	类型	级别	始建时间	主管部门
黑218	呼中	大兴安岭地区	167213	寒温带针叶落叶林生态系统及野生动植物	森林生态	国家级	19840509	林业
黑219	南瓮河	大兴安岭地区松岭区	229523	森林、沼泽、草甸和水域生态系统以及珍稀动植物	内陆湿地	国家级	19991215	林业
黑220	呼玛河	呼玛县	52050	施氏鲟、细鳞鱼、哲罗鱼、大马哈鱼等冷水鱼类	野生动物	省级	19821203	农业
黑221	盘中	塔河县	55074	森林生态系统	森林生态	省级	20060125	林业
黑222	黑龙江双河	塔河县	88849	寒温带森林生态系统、森林沼泽系统及濒危物种	森林生态	国家级	20050316	林业
黑223	岭峰	漠河县	68373	寒温带针叶林及紫貂、原麝、貂熊等濒危动物	森林生态	省级	20060125	林业
黑224	北极村	漠河县	137553	寒温带森林生态系统、森林湿地生态系统	森林生态	省级	20060125	林业
沪01	九段沙湿地	上海市浦东新区	42020	河口沙洲地貌和鸟类等	内陆湿地	国家级	20000306	环保
沪02	金山三岛	上海市金山区	46	海岛生态系统及森林	海洋海岸	省级	19911005	海洋
沪03	长江口中华鲟	崇明县	27600	中华鲟等珍稀鱼类	野生动物	省级	20020427	农业
沪04	崇明东滩鸟类	崇明县	24155	候鸟及湿地生态系统	野生动物	国家级	19981116	林业
苏01	雨花台	南京市	0.33	地质剖面	地质遗迹	市级	19841206	国土
苏02	固城湖	高淳县	2420	水产资源及湖泊生态系统	野生动物	县级	19870727	农业
苏03	龙池山	宜兴市	123	常绿落叶阔叶混交林及金钱松、天目玉兰等野生植物	森林生态	省级	19810812	其他
苏04	泉山	徐州市泉山区	323	森林及野生动植物	森林生态	省级	19841204	林业
苏05	圣人窝	铜山县	15330	森林生态系统	森林生态	市级	20050323	其他
苏06	大洞山	徐州市贾汪区	3805	森林生态系统	森林生态	市级	20011226	其他
苏07	新沂骆马湖湿地	新沂市	22591	湿地生态系统	内陆湿地	市级	20051224	林业
苏08	艾山九龙沟	邳州市	1390	森林生态系统	森林生态	县级	20000629	其他
苏09	黄墩湖	邳州市	5333	湿地生态系统	内陆湿地	县级	20050601	农业
苏10	上黄水母山	溧阳市	40	中华曙猿及其伴生哺乳动物化石	古生物遗迹	省级	19981113	国土
苏11	天目湖湿地	溧阳市	643.3	湿地生态系统	内陆湿地	县级	20050315	其他
苏12	光福	苏州市吴中区	61	北亚热带常绿阔叶林	森林生态	省级	19810812	林业
苏13	海安沿海防护林和滩涂	海安县	9113	条斑紫菜、文蛤等浅海水产品及沿海防护林	海洋海岸	县级	20011023	农业
苏14	启东长江口北支	启东市	21491	典型河口湿地生态系统、濒危鸟类、珍稀水生动物及其他经济鱼类	野生动物	省级	20021105	环保
苏15	云台山森林	连云港市	67	暖温带针叶落叶阔叶混交林、红楠	森林生态	省级	19810812	林业
苏16	涟漪湖黄嘴白鹭	涟水县	3433	黄嘴白鹭等鸟类	野生动物	省级	19930101	环保
苏17	洪泽湖东部湿地	洪泽县、淮安市淮阴区、盱眙县	54000	湖泊湿地生态系统及珍禽	内陆湿地	省级	20041124	其他
苏18	铁山寺	盱眙县	3270	天然次生林、河麂	森林生态	县级	19900723	林业
苏19	陡湖湿地	盱眙县	4100	湿地生态系统及鱼类繁殖地	内陆湿地	市级	20030909	林业
苏20	金湖湿地	金湖县	5800	湿地生态系统	内陆湿地	市级	20031014	环保
苏21	盐城湿地珍禽	盐城市	284179	丹顶鹤等珍禽及沿海滩涂湿地生态系统	野生动物	国家级	19830225	环保
苏22	大丰麋鹿	大丰市	2666.7	麋鹿、丹顶鹤及湿地生态系统	野生动物	国家级	19860208	林业
苏23	运西	宝应县	17500	湿地生态系统	内陆湿地	市级	19961215	环保
苏24	高邮绿洋湖	高邮市	518	湿地及野生动植物	内陆湿地	县级	20030905	其他
苏25	高邮湖湿地	高邮市	46667	湿地生态系统	内陆湿地	县级	20050615	林业

序号	保护区名称	行政区域	面积	主要保护对象	类型	级别	始建时间	主管部门
苏26	扬州绿洋湖	江都市	333	鸟类等野生动物、森林及湿地	野生动物	市级	19850824	环保
苏27	镇江长江豚类	镇江市丹徒区	5730	淡水豚类及其生境	野生动物	省级	20020830	农业
苏28	宝华山	句容市	133	森林及野生动植物	森林生态	省级	19810812	林业
苏29	宿迁骆马湖湿地	宿迁市	6700	湿地生态系统、鸟类及鱼类产卵场	内陆湿地	市级	20050823	林业
苏30	泗洪洪泽湖湿地	泗洪县	49365	湿地生态系统、大鸨等鸟类、鱼类产卵场及地质剖面	内陆湿地	国家级	19850701	环保
浙01	杏梅尖	富阳市	71	森林生态系统及金钱松、穿山甲	森林生态	县级	19911231	林业
浙02	浙江天目山	临安市	4284	银杏、连香树、金钱松等珍稀植物及森林生态系统	野生植物	国家级	19860709	林业
浙03	临安清凉峰	临安市	10800	梅花鹿、香果树等野生动植物及森林生态系统	森林生态	国家级	19850801	林业
浙04	象山红岩	象山县	460	海蚀地貌、卵石滩及沙滩	地质遗迹	县级	20020612	其他
浙05	灵岩山	象山县	1050	常绿阔叶林及千丈岩景观	森林生态	县级	20020612	其他
浙06	花岙岛	象山县	5490	海蚀地貌、卵石滩及沙滩	地质遗迹	县级	20020612	其他
浙07	檀山头岛	象山县	8030	海洋海岸生态系统及人文景观	海洋海岸	县级	20020612	其他
浙08	象山韭山列岛	象山县	48478	大黄鱼、曼氏无针乌贼、江豚、鸟类及岛礁生态系统	海洋海岸	国家级	20030418	海洋
浙09	南麂列岛	平阳县	19600	海洋贝藻类、海洋性鸟类、野生水仙花及其生境	海洋海岸	国家级	19890110	海洋
浙10	承天氡泉	泰顺县	2249	含氡硅氟复合型热矿泉	地质遗迹	省级	19920929	其他
浙11	乌岩岭	泰顺县	18861.5	中亚热带森林生态系统及黄腹角雉、猕猴等珍稀动植物	森林生态	国家级	19740401	林业
浙12	大洋坑	瑞安市	555	低海拔地区次生常绿阔叶林及黄腹角雉、豹、猕猴、红豆树等珍稀濒危动植物	森林生态	县级	19950608	林业
浙13	八都芥	长兴县	250	银杏及其生境	野生植物	县级	19940622	环保
浙14	长兴地质遗迹	长兴县	275	全球二叠－三叠系界限层剖面和点(GSSP)、长兴阶标准底层剖面	地质遗迹	国家级	19800314	国土
浙15	顾渚山	长兴县	2600	紫笋贡茶、人文历史遗迹	野生植物	县级	19931012	环保
浙16	白岘洞山	长兴县	2801	洞山罗岕茶、溶洞	野生植物	县级	19940105	住建
浙17	尹家边扬子鳄	长兴县	122.67	扬子鳄及其生境	野生动物	省级	19790606	林业
浙18	龙王山	安吉县	1242.47	落叶阔叶林	森林生态	省级	19850807	林业
浙19	大庙坞鹭鸟	绍兴县	100	鹭鸟及其湿地	野生动物	县级	19990805	林业
浙20	东白山	诸暨市	5071.5	香榧种质资源	野生植物	省级	20031217	林业
浙21	牛头山	武义县	3000	中亚热带森林生态系统及其栖息的珍贵、濒危野生动物	森林生态	县级	19951226	林业
浙22	夹溪	磐安县	4500	森林生态系统	森林生态	县级	19940812	环保
浙23	大盘山	磐安县	4558	野生药用植物资源	野生植物	国家级	19930420	环保
浙24	清明尖	磐安县	6000	森林生态系统	森林生态	县级	19971214	林业
浙25	常山奥陶系石灰岩地质剖面	常山县	2012	地质地貌、地层	地质遗迹	省级	19830801	国土
浙26	古田山	开化县	8108	白颈长尾雉、黑麂、南方红豆杉及常绿阔叶林森林生态系统	野生动物	国家级	19750301	林业
浙27	五峙山	舟山市定海区	500	黄嘴白鹭、黑嘴端凤头燕鸥等鸟类	野生动物	省级	19990523	其他
浙28	仙居括苍山	仙居县	2701	低海拔沟谷常绿阔叶林和珍稀野生动植物	森林生态	省级	19910121	林业

序号	保护区名称	行政区域	面积	主要保护对象	类型	级别	始建时间	主管部门
浙29	青田鼋	青田县	360.84	鼋及其生境	野生动物	省级	20001211	水利
浙30	浙江九龙山	遂昌县	5525	黑麂、黄腹角雉、伯乐树、南方红豆杉等野生动植物	森林生态	国家级	19830903	林业
浙31	凤阳山－百山祖	庆元县、龙泉市	26051.5	百山祖冷杉、华南虎等珍稀物种及森林生态系统	森林生态	国家级	19750101	林业
浙32	望东洋高山湿地	景宁畲族自治县	1194.8	高山湿地生态系统珍稀动物资源次生常绿阔叶林	内陆湿地	省级	20020204	林业
皖01	和平鹭鸟	芜湖县	6870	野生鹭鸟	野生动物	县级	20030319	环保
皖02	陶辛水韵	芜湖县	3270	水生生物及湿地	野生动物	县级	20030319	环保
皖03	四方湖湿地	怀远县	10054	珍稀水禽及其湿地生态系统	内陆湿地	市级	20040202	林业
皖04	沱湖	五河县	4200	湿地生态系统及鸟类	内陆湿地	省级	19940701	环保
皖05	固镇县两河湿地	固镇县	6000	湿地生态系统	内陆湿地	市级	20040202	林业
皖06	石臼湖	当涂县	10667	珍稀水禽及其生境	内陆湿地	省级	20010406	农业
皖07	铜陵淡水豚	铜陵、贵池、枞阳、无为等县市	31518	淡水豚类、珍稀鱼类	野生动物	国家级	19850915	环保
皖08	安庆沿江湿地	安庆市宜秀区、桐城市、望江县、枞阳县、宿松县、太湖县	120000	珍稀水禽及湿地生态系统	内陆湿地	省级	19951221	林业
皖09	板仓	潜山县	1523.2	森林生态、珍稀动植物、水源涵养林	森林生态	省级	19951221	林业
皖10	枯井园	岳西县	4000	北亚热带常绿阔叶林、原麝、白冠长尾雉、兰科植物	森林生态	省级	20000318	林业
皖11	鹞落坪	岳西县	12300	北亚热带常绿阔叶林及濒危动植物	森林生态	国家级	19911229	环保
皖12	十里山	黄山市黄山区	1936	中亚热带常绿阔叶林及其珍稀动植物	森林生态	省级	19951221	林业
皖13	黄山天湖山	黄山市黄山区	2174	中亚热带常绿落叶阔叶混交林、珍稀濒危动植物	森林生态	县级	20071011	林业
皖14	九龙峰	黄山市黄山区	2720	森林生态系统	森林生态	省级	20010406	林业
皖15	西溪湿地	黄山市黄山区	4710	湿地生态系统	内陆湿地	县级	20071011	林业
皖16	龙门台	黄山市徽州区	196	森林及珍稀动植物	森林生态	县级	20070626	林业
皖17	小容	黄山市徽州区	393	森林及珍稀动植物	森林生态	县级	20070626	林业
皖18	蜀源	黄山市徽州区	410	森林生态系统	森林生态	县级	20070626	林业
皖19	黄山鸳鸯湖	黄山市徽州区	505	森林及野生动植物	森林生态	县级	20070626	林业
皖20	天湖	黄山市徽州区	4500	阔叶林及野生动植物	森林生态	省级	20000318	林业
皖21	六股尖	休宁县	2747	森林与野生动植物	森林生态	省级	20060417	林业
皖22	岭南	休宁县	2771	森林及野生动植物	森林生态	省级	19951221	林业
皖23	马金岭	休宁县	4005	森林及珍稀动植物	森林生态	县级	20070810	林业
皖24	白石岩	黟县	1723	森林生态系统	森林生态	县级	20070902	林业
皖25	黟县清溪	黟县	3000	金头闭壳龟、黑麂、南方红豆杉	野生动物	县级	20070822	林业
皖26	五溪山	黟县	4050	森林及珍稀动植物	森林生态	省级	20000318	林业
皖27	天龙	黟县	2485.3	森林生态系统	森林生态	县级	20070902	林业
皖28	祁山	祁门县	102	常绿阔叶林	森林生态	县级	20070910	林业
皖29	响潭	祁门县	127	常绿落叶阔叶林	森林生态	县级	20070910	林业
皖30	螺丝坑	祁门县	128	常绿阔叶林	森林生态	县级	20070910	林业
皖31	林村	祁门县	131	常绿阔叶林	森林生态	县级	20070910	林业
皖32	西坑	祁门县	138	常绿阔叶林	森林生态	县级	20070910	林业
皖33	新岭	祁门县	165	常绿阔叶林	森林生态	县级	20070910	林业
皖34	祁门佛子岭	祁门县	166	常绿阔叶林及野生动物	森林生态	县级	20070910	林业
皖35	大字号	祁门县	175	常绿阔叶林及野生动物	森林生态	县级	20070910	林业

序号	保护区名称	行政区域	面积	主要保护对象	类型	级别	始建时间	主管部门
皖 36	桃里源	祁门县	175	常绿阔叶林及野生动物	森林生态	县级	20070910	林业
皖 37	宋家山	祁门县	265	常绿阔叶林及野生动物	森林生态	县级	20070910	林业
皖 38	新源	祁门县	304	常绿阔叶林	森林生态	县级	20070910	林业
皖 39	查湾	祁门县	1600	森林及珍稀动植物	森林生态	省级	20010406	林业
皖 40	大洪岭	祁门县	2265	常绿阔叶林	森林生态	县级	20070910	林业
皖 41	柏溪	祁门县	79.8	常绿阔叶林	森林生态	县级	20070910	林业
皖 42	倒湖	祁门县	110.6	常绿阔叶林	森林生态	县级	20070910	林业
皖 43	大中	祁门县	111.5	樟树、古柏树、黑麂、红嘴蓝鹊、黄麂、野猪、尖吻蝮、乌梢蛇、画眉等	森林生态	县级	20070910	林业
皖 44	大北	祁门县	117.8	常绿阔叶林	森林生态	县级	20070910	林业
皖 45	大洪	祁门县	122.3	红豆杉、樟树、黑麂、猕猴、红嘴蓝鹊、黄麂、野猪、乌梢蛇、画眉等	森林生态	县级	20070910	林业
皖 46	文堂	祁门县	127.8	常绿阔叶林	森林生态	县级	20070910	林业
皖 47	朝山	祁门县	130.2	常绿阔叶林	森林生态	县级	20070910	林业
皖 48	高峰	祁门县	137.6	常绿落叶阔叶林	森林生态	县级	20070910	林业
皖 49	新溪	祁门县	141.6	常绿阔叶林	森林生态	县级	20070910	林业
皖 50	箬坑	祁门县	147.1	常绿阔叶林	森林生态	县级	20070910	林业
皖 51	渚口	祁门县	171.6	常绿阔叶林	森林生态	县级	20070910	林业
皖 52	凫坑	祁门县	173.8	常绿阔叶林	森林生态	县级	20070910	林业
皖 53	红旗	祁门县	175.7	常绿阔叶林	森林生态	县级	20070910	林业
皖 54	九龙洪	祁门县	181.5	常绿阔叶林	森林生态	县级	20070910	林业
皖 55	罗村	祁门县	191.2	常绿阔叶林	森林生态	县级	20070910	林业
皖 56	方坑	祁门县	198.4	常绿阔叶林	森林生态	县级	20070910	林业
皖 57	李源	祁门县	197.8	毛竹林	森林生态	县级	20070910	林业
皖 58	凫源	祁门县	230.8	常绿阔叶林	森林生态	县级	20070910	林业
皖 59	恒峰	祁门县	231.4	常绿阔叶林	森林生态	县级	20070910	林业
皖 60	高源	祁门县	239.8	常绿落叶阔叶林	森林生态	县级	20070910	林业
皖 61	余源	祁门县	242.3	常绿阔叶林	森林生态	县级	20070910	林业
皖 62	十谷	祁门县	248.3	中亚热带常绿落叶阔叶林	森林生态	县级	20070910	林业
皖 63	祁门清溪	祁门县	271.8	常绿阔叶林	森林生态	县级	20070910	林业
皖 64	黄荆	祁门县	273.2	常绿阔叶林	森林生态	县级	20070910	林业
皖 65	广大	祁门县	361.5	常绿阔叶林	森林生态	县级	20070910	林业
皖 66	赤岭	祁门县	399.8	常绿阔叶林	森林生态	县级	20070910	林业
皖 67	三丰	祁门县	428.4	常绿阔叶林	森林生态	县级	20070910	林业
皖 68	光辉	祁门县	441.7	常绿落叶阔叶林	森林生态	县级	20070910	林业
皖 69	查茗	祁门县	450.2	常绿阔叶林	森林生态	县级	20070910	林业
皖 70	东源	祁门县	548.8	常绿阔叶林及落叶阔叶林	森林生态	县级	20070910	林业
皖 71	历溪	祁门县	588.3	常绿落叶阔叶林	森林生态	县级	20070910	林业
皖 72	祁门七一	祁门县	591.2	常绿阔叶林	森林生态	县级	20070910	林业
皖 73	溶口	祁门县	615.8	常绿阔叶林	森林生态	县级	20070910	林业
皖 74	龙安	祁门县	648.8	常绿阔叶林	森林生态	县级	20070910	林业
皖 75	金山	祁门县	693.9	常绿阔叶林	森林生态	县级	20070910	林业
皖 76	广联	祁门县	820.8	常绿阔叶林	森林生态	县级	20070910	林业
皖 77	湘东	祁门县	922.7	常绿落叶阔叶林	森林生态	县级	20070910	林业
皖 78	祁门胜利	祁门县	988.9	中亚热带常绿落叶阔叶林	森林生态	县级	20070910	林业
皖 79	永胜	祁门县	1181.4	常绿落叶阔叶林	森林生态	县级	20070910	林业

序号	保护区名称	行政区域	面积	主要保护对象	类型	级别	始建时间	主管部门
皖 80	古牛绛	祁门县、石台县	6713.3	森林生态系统及珍稀动植物	森林生态	国家级	19821028	林业
皖 81	皇甫山	滁州市南谯区	3600	北亚热带落叶阔叶林和鸟类资源	森林生态	省级	19820601	林业
皖 82	女山湖	明光市	21000	湿地生态系统及水生动植物	内陆湿地	省级	20060417	林业
皖 83	颍州西湖	阜阳市颍州区	11000	湿地及水生生物	内陆湿地	省级	20020422	林业
皖 84	楸树竹园鸟类	临泉县	20000	鸟类及其生境	森林生态	县级	20000329	环保
皖 85	八里河	颍上县	14600	白鹳、白头鹤、大鸨、琵琶、鸳鸯等珍稀鸟类	野生动物	省级	20010406	林业
皖 86	大方寺	宿州市埇桥区	2080	落叶阔叶次生林	森林生态	省级	20060401	林业
皖 87	明山酥梨	明山县	8892	明山酥梨种质资源	野生植物	省级	20001222	环保
皖 88	明山黄河故道	明山县	2180	湿地生态系统和越冬水禽	内陆湿地	省级	20101015	林业
皖 89	皇藏峪	萧县	2067	银杏、黄檀、小叶朴等	森林生态	省级	19820601	林业
皖 90	萧县黄河故道	萧县	6316	湿地生态系统	内陆湿地	省级	20040202	林业
皖 91	沱河	泗县	2463	珍稀水禽及其生境	内陆湿地	省级	20090101	林业
皖 92	东西湖	霍邱县	14200	水鸟及其生境	野生动物	省级	20010406	林业
皖 93	舒城万佛山	舒城县	2000	北亚热带常绿阔叶林及珍稀动植物	森林生态	省级	19870801	林业
皖 94	金寨天马	金寨县	28913.7	北亚热带常绿落叶阔叶混交林	森林生态	国家级	19820601	林业
皖 95	霍山佛子岭	霍山县	6667	水源涵养林、珍稀野生动植物	森林生态	省级	20001222	林业
皖 96	十八索	池州市贵池区	7500	白鹳、小天鹅等珍稀鸟类及湿地生态系统	野生动物	省级	20010406	林业
皖 97	老山	池州市贵池区	16909	亚热带常绿阔叶林森林生态系统及金钱松、云豹、珍稀鸟类	森林生态	省级	20010406	林业
皖 98	紫石塔	东至县	6670	森林生态系统及野生动物	森林生态	县级	19980801	林业
皖 99	升金湖	东至县、池州市贵池区	33400	白鹳等珍稀鸟类及湿地生态系统	野生动物	国家级	19860204	林业
皖 100	盘台	青阳县	540	森林生态系统及动植物	森林生态	省级	20060417	林业
皖 101	汀溪	宣城市	7000	森林生态系统	森林生态	县级	20050418	林业
皖 102	安徽扬子鳄	宣城市宣州区、郎溪县、广德县、泾县、南陵县	18565	扬子鳄及其生境	野生动物	国家级	19820101	林业
皖 103	安徽清凉峰	绩溪、歙县	7811.2	中亚热带常绿阔叶林及珍稀濒危动植物	森林生态	国家级	19790101	林业
皖 104	板桥	宁国市	5000	北中亚热带常绿阔叶林及珍稀动植物	森林生态	省级	19951221	林业
闽 01	日溪鸟毛巢	福州市晋安区	1044	阔叶林	森林生态	县级	19990514	林业
闽 02	日溪山仔	福州市晋安区	1624	阔叶林、三尖杉	森林生态	县级	19990515	林业
闽 03	连江山仔	连江县	5308.6	阔叶林及鸟类	森林生态	县级	19990922	林业
闽 04	雄江黄楮林	闽清县	12513.3	福建青冈、中亚热带南缘常绿阔叶林及两栖爬行动物	森林生态	国家级	19850802	林业
闽 05	东湖尖	永泰县	8600	常绿阔叶林	森林生态	县级	19991228	环保
闽 06	藤山	永泰县	17617.6	南亚热带季雨林	森林生态	省级	19971101	林业
闽 07	平潭中国鲎	平潭县	960	中国鲎及其生境	海洋海岸	市级	20000114	海洋
闽 08	三十六脚湖	平潭县	1340	淡水湖泊及海蚀地貌	内陆湿地	省级	19970703	水利
闽 09	长乐海蚌	长乐市	12999	海蚌及其生境	海洋海岸	省级	19850212	海洋
闽 10	闽江河口湿地	长乐市、福州市马尾区	3129	河口湿地及水禽	内陆湿地	省级	20030820	林业
闽 11	南阳	长乐市	2000	森林	森林生态	县级	20001215	林业
闽 12	厦门珍稀海洋物种	厦门市	33088	中华白海豚、白鹭、文昌鱼等珍稀动物	海洋海岸	国家级	19910101	海洋
闽 13	老鹰尖	莆田市涵江区	2827.5	南亚热带北缘森林生态系统	森林生态	省级	20020226	林业
闽 14	平海海滩岩、沙丘岩	莆田市秀屿区	20	海滩岩、沙丘岩	地质遗迹	市级	19950331	国土

序号	保护区名称	行政区域	面积	主要保护对象	类型	级别	始建时间	主管部门
闽 15	木兰溪源	仙游县	18025	中、南亚热带过渡区山地森林生态系统、丰富的物种及其珍稀濒危野生动植物资源、木兰溪源头的水源涵养林	森林生态	省级	20121224	林业
闽 16	三明格氏栲	三明市	1105.7	格氏栲、米槠等野生植物	野生植物	省级	19640801	林业
闽 17	君子峰	明溪县	18060.5	中亚热带原生性常绿阔叶林、南方红豆杉	森林生态	国家级	19951220	林业
闽 18	清流莲花山	清流县	1721.9	野大豆、南方红豆杉古树群、与黑锥林等濒危野生动植物,中亚热带常绿阔叶林,水源涵养林	森林生态	省级	20051230	林业
闽 19	宁化湖村化石	宁化县	200	第四纪脊椎动物化石	古生物遗迹	市级	19970703	其他
闽 20	牙梳山	宁化县	5249.7	中亚热带常绿阔叶林生态系统	森林生态	省级	19960501	林业
闽 21	大仙峰	大田县	6886.1	中亚热带常绿阔叶林生态系统	森林生态	省级	20010301	林业
闽 22	九阜山	尤溪县	2308.3	中亚热带常绿阔叶林	森林生态	省级	19960101	林业
闽 23	罗卜岩楠木	沙县	340.93	闽楠林	野生植物	省级	19830328	林业
闽 24	龙栖山	将乐县	15693	中亚热带森林生态系统,金钱豹、云豹、黄腹角雉、白颈长尾雉、南方红豆杉等珍稀物种	森林生态	国家级	19840911	林业
闽 25	泰宁长叶榧	泰宁县	3386.5	长叶榧等珍稀植物	野生植物	县级	20011109	林业
闽 26	峨嵋峰	泰宁县	5418.16	中亚热带山地森林生态系统及中山沼泽湿地	森林生态	省级	19951101	林业
闽 27	闽江源	建宁县	13022	大面积的钟萼木和南方红豆杉原生种群、福建闽江源头森林	森林生态	国家级	20011008	林业
闽 28	天宝岩	永安市	11015	长苞铁杉林、猴头杜鹃林、南方山间盆地泥炭藓沼泽、野生兰科植物及中亚热带常绿阔叶林生态系统	森林生态	国家级	19881226	林业
闽 29	泉州湾河口湿地	惠安县、洛江区、丰泽区、晋江市、石狮市	7008.84	湿地、红树林、珍稀鸟类、中华白海豚和中华鲟等	海洋海岸	省级	20020226	林业
闽 30	安溪云中山	安溪县	4095	晋江源头、九龙江支流源头森林及黄腹角雉、南方红豆杉	森林生态	省级	20011008	林业
闽 31	牛姆林	永春县	249.6	森林及候鸟	森林生态	省级	19840729	林业
闽 32	戴云山	德化县	13472.4	南方红豆杉、长苞铁杉及东南沿海典型的山地森林生态系统	森林生态	国家级	19850516	林业
闽 33	深沪湾海底古森林遗迹	晋江市	3100	海底古森林遗迹和古牡蛎海滩岩及地质地貌	古生物遗迹	国家级	19911009	海洋
闽 34	漳江口红树林	云霄县	2360	红树林生态系统和东南沿海水产种质资源	海洋海岸	国家级	19920701	林业
闽 35	眉力鸟类	漳浦县	1400	珍稀鸟类、阔叶林	野生动物	县级	19970401	林业
闽 36	莱屿列岛	漳浦县	3200	天然紫菜、鲍鱼	海洋海岸	县级	20001201	海洋
闽 37	坪水	漳浦县	2000	亚热带常绿阔叶林	森林生态	县级	19970401	林业
闽 38	长泰天柱山	长泰县	3121	常绿阔叶林	森林生态	县级	19991001	林业
闽 39	东山珊瑚礁	东山县	3630	珊瑚礁生态系统	海洋海岸	省级	19970703	海洋
闽 40	虎伯寮	南靖县	2650	南亚热带雨林森林生态系统	森林生态	国家级	19990209	林业
闽 41	欧寮太极峰	平和县	800	鸳鸯及常绿针阔混交林	森林生态	县级	20010601	林业
闽 42	大溪赤坑刺桫椤	平和县	46.6	刺桫椤、眼镜王蛇及常绿针阔混交林	森林生态	县级	20010601	林业
闽 43	大芹山	平和县	708.3	蟒蛇、虎纹娃以及常绿针阔混交林	森林生态	县级	19990801	林业

序号	保护区名称	行政区域	面积	主要保护对象	类型	级别	始建时间	主管部门
闽 44	三坪	平和县	1321.3	蟒蛇、虎纹蛙等珍稀动物及红锥、米锥、木荷等常绿针阔混交林	森林生态	县级	19990801	林业
闽 45	灵通	平和县	1521.3	蟒蛇、常绿针阔混交林、火山峰丛地貌、各类火山构造、典型地质地层剖面、温泉	森林生态	县级	19990801	林业
闽 46	贡鸭山	华安县	400	森林生态系统	森林生态	县级	19951201	林业
闽 47	龙海九龙江河口湿地	龙海市	4360	红树林等湿地生态系统及鸟类	海洋海岸	县级	20041125	林业
闽 48	龙海九龙江口红树林	龙海市	420.2	红树林生态系统	海洋海岸	省级	19880212	林业
闽 49	茫荡山	南平市延平区	9442.3	杉木原生种群和典型的中亚热带沟谷森林生态系统	森林生态	省级	19880205	林业
闽 50	华阳山	顺昌县	726	闽楠、含笑及常绿阔叶林	森林生态	县级	19980401	林业
闽 51	宝山	顺昌县	1093	常绿阔叶林及三尖杉、金斑喙凤蝶等野生动植物	森林生态	县级	19980401	林业
闽 52	郭岩山	顺昌县	3034	南方红豆杉、猕猴、白鹇等动植物	森林生态	县级	19980401	林业
闽 53	浮盖山	浦城县	619	黑麂、娃娃鱼、穿山甲、天然灌木林	森林生态	县级	19971201	林业
闽 54	松溪白马山	松溪县	3250.2	中亚热带森林植被及珍稀濒危动植物	森林生态	省级	20030211	林业
闽 55	将石	邵武市	1222.1	长叶榧、喜树、典型的硬叶栎常绿阔叶林、丹霞地貌	森林生态	省级	19860327	林业
闽 56	福建武夷山	武夷山市、建阳市、光泽县、邵武市	56527	中亚热带森林生态系统	森林生态	国家级	19790703	林业
闽 57	万木林	建瓯市	189	中亚热带常绿阔叶林和珍贵树种	森林生态	省级	19570607	林业
闽 58	圭龙山	长汀县	5768	中亚热带森林生态系统	森林生态	省级	20010609	林业
闽 59	梅花山	上杭县、连城县、新罗区	22168	以华南虎为代表的珍稀动植物和典型森林生态系统	森林生态	国家级	19850402	林业
闽 60	梁野山	武平县	14365	南方红豆杉林和钩栲林、观光木林生态系统及珍稀动植物	森林生态	国家级	19950101	林业
闽 61	官井洋大黄鱼	宁德市	19000	大黄鱼及其生境	海洋海岸	省级	19851026	海洋
闽 62	环三都澳红树林	宁德市蕉城区	1205.6	红树林、水禽、湿地	海洋海岸	市级	19970325	林业
闽 63	杯溪	霞浦县	1043	森林及野生动植物	森林生态	县级	19970101	林业
闽 64	古田人工湖	古田县	4930	湿地、水禽、防护林	内陆湿地	市级	19970325	林业
闽 65	仙山	屏南县	2000	阔叶林、穿山甲	森林生态	市级	19970325	林业
闽 66	屏南鸳鸯猕猴	屏南县	1457.3	鸳鸯、猕猴及其生境	野生动物	省级	19840807	林业
闽 67	西山顶	寿宁县	397	森林及穿山甲、苏门羚、水禽等珍稀物种	森林生态	县级	20010629	林业
闽 68	杨梅州大鲵	寿宁县	19610	大鲵及其栖息地	野生动物	县级	20070411	农业
闽 69	横山后门山	寿宁县	2.73	穿山甲、香樟等珍稀物种	森林生态	县级	20010629	林业
闽 70	坑底楼	寿宁县	3.4	木荷、穿山甲及其生境	森林生态	县级	20010629	林业
闽 71	石井	寿宁县	8.4	穿山甲、白鹇、猴面鹰、福建青冈	森林生态	县级	20010629	林业
闽 72	应加山后门山	寿宁县	8.47	穿山甲、南方红豆杉、木荷等野生动植物	森林生态	县级	20010629	林业
闽 73	槽坑山坑	寿宁县	10.93	森林及穿山甲、甜槠等动植物	森林生态	县级	20010629	林业
闽 74	官田后门山	寿宁县	13.3	森林及穿山甲、木荷、米槠等野生动植物	森林生态	县级	20010629	林业
闽 75	上大洋	寿宁县	13.4	穿山甲、米槠、木荷	森林生态	县级	20010629	林业
闽 76	大皇岗	寿宁县	35.8	穿山甲、蟒蛇等珍稀动物及其生境	野生动物	县级	20010629	林业

序号	保护区名称	行政区域	面积	主要保护对象	类型	级别	始建时间	主管部门
闽 77	新村苏门羚	寿宁县	44.73	苏门羚、河鹿及森林植被	野生动物	县级	20010629	林业
闽 78	炭山穿山甲	寿宁县	74.47	穿山甲、苏门羚、米槠、木荷	野生动物	县级	20010629	林业
闽 79	龟岭	寿宁县	86.47	穿山甲、米槠、石楠等珍稀物种	森林生态	县级	20010629	林业
闽 80	下岗后	寿宁县	98.07	穿山甲、苏门羚、蟒蛇、木荷	森林生态	县级	20010629	林业
闽 81	碑坑头	寿宁县	121.8	穿山甲、苏门羚、蟒蛇、木荷	森林生态	县级	20010629	林业
闽 82	甲坑云豹	寿宁县	157.53	云豹及栖息地	野生动物	县级	20010629	林业
闽 83	杨溪头	寿宁县	176.4	森林植被及穿山甲、甜槠	森林生态	县级	20010629	林业
闽 84	村尾	寿宁县	217.13	穿山甲、丝栗栲、米槠、香樟等野生动植物	森林生态	县级	20010629	林业
闽 85	小托水库	寿宁县	288.87	苏门羚、穿山甲、鸳鸯及水源涵养林	森林生态	县级	20010629	林业
闽 86	山羊尖	寿宁县	546.2	森林及苏门羚、钟萼木、红皮糙果茶	森林生态	县级	20010629	林业
闽 87	六六溪流域	寿宁县	1070.8	白鹇、鸳鸯、穿山甲、苏门羚等濒危动物及罗浮栲、青枫栎等阔叶林	森林生态	县级	20010629	林业
闽 88	南山顶	寿宁县	1336.8	河鹿、赤鹿、穿山甲等动物	森林生态	县级	20010629	林业
闽 89	东狮山	柘荣县	2360	阔叶林、苏门羚、猫头鹰、白鹇	森林生态	市级	19970325	林业
闽 90	福安白云山	福安市	1030	阔叶林、苏门羚、猫头鹰、白鹇	森林生态	市级	19970325	林业
闽 91	福安桫椤	福安市	1438	刺桫椤及其生境	野生植物	省级	19970325	林业
闽 92	台山列岛	福鼎市	7300	海岸湿地、水禽	海洋海岸	市级	19970325	林业
闽 93	太姥山杨家溪	福鼎市	17753	阔叶林、穿山甲、猕猴、云豹、白颈长尾雉及自然景观	森林生态	市级	19970325	林业
赣 01	白虎岭	南昌县	1249	森林生态系统	森林生态	县级	19991231	林业
赣 02	瑶湖	南昌县	2050	越冬候鸟和湿地生态系统	内陆湿地	县级	19991231	林业
赣 03	南昌三湖	南昌县	17110	越冬候鸟和湿地生态系统	内陆湿地	县级	19991231	林业
赣 04	象山	新建县	800	亚热带常绿阔叶林生态系统	森林生态	县级	19981225	林业
赣 05	岭背	新建县	2000	亚热带常绿阔叶林生态系统及杉树、松树、油茶	森林生态	县级	19980101	林业
赣 06	鄱阳湖河蚌	新建县、南昌县、进贤县、星子县、都昌县、余干县、鄱阳县、永修县、德安县、湖口县	15533	三角河蚌、皱纹蚌	野生动物	省级	19800101	农业
赣 07	鄱阳湖南矶湿地	新建县	33300	天鹅、大雁等越冬珍禽和湿地生境	内陆湿地	国家级	19970106	林业
赣 08	峤岭	安义县	4490	虎纹蛙、白鹇、伯乐树	森林生态	省级	19991230	林业
赣 09	安义西山岭	安义县	20445	中亚热带常绿阔叶林生态系统	森林生态	县级	19991225	林业
赣 10	青岚湖	进贤县	1000	白鹳、小天鹅等珍禽和湿地生态系统	野生动物	省级	19970106	林业
赣 11	香炉峰	进贤县	7470	亚热带常绿阔叶林生态系统	森林生态	县级	19991106	林业
赣 12	大公岭	进贤县	34577	亚热带常绿阔叶林生态系统	森林生态	县级	19991106	林业
赣 13	瑶里	浮梁县	3627	森林生态系统	森林生态	省级	20010330	林业
赣 14	茶宝山猕猴	浮梁县	2533.1	猕猴	野生动物	县级	20010412	林业
赣 15	大岭培白颈长尾雉	浮梁县	2696.5	白颈长尾雉	野生动物	县级	20010412	林业
赣 16	青龙尖云豹	浮梁县	3853.5	云豹及栖息地	野生动物	县级	20010412	林业
赣 17	黄牛信黑熊	浮梁县	5334.1	黑熊	野生动物	县级	20010412	林业
赣 18	八字脑金钱豹	浮梁县	5783.7	金钱豹	野生动物	县级	20010412	林业
赣 19	黄字号黑麂	浮梁县	17356.2	黑麂	野生动物	省级	20010412	林业
赣 20	共库	乐平市	5704	湿地生态系统和鸳鸯等鸟类	内陆湿地	县级	19990922	林业
赣 21	高天岩	莲花县	4780	中亚热带常绿阔叶林	森林生态	省级	19990510	林业
赣 22	锅底潭	芦溪县	3618	湿地生态系统	内陆湿地	县级	20020101	林业

序号	保护区名称	行政区域	面积	主要保护对象	类型	级别	始建时间	主管部门
赣23	羊狮幕	芦溪县	7006	亚热带常绿阔叶林生态系统	森林生态	省级	19950301	林业
赣24	庐山	九江市庐山区	30452	中亚热带森林生态系统	森林生态	省级	19810306	林业
赣25	赛城湖候鸟	九江县	4500	小天鹅等越冬候鸟及栖息地	野生动物	县级	20001120	林业
赣26	姑塘湿地	九江县	5300	候鸟及湿地生态系统	内陆湿地	县级	20001228	林业
赣27	伊山	武宁县	11340	中亚热带常绿阔叶林	森林生态	省级	20051020	林业
赣28	修水黄龙山	修水县	2333	红腹角雉、白颈长尾雉、云豹等野生动植物	森林生态	县级	20070809	林业
赣29	修河源五梅山	修水县	14485	红豆杉、红腹角雉、白颈长尾雉、云豹等野生动植物	森林生态	省级	20060809	林业
赣30	程坊	修水县	21667	红腹角雉、白颈长尾雉、云豹等野生动植物	森林生态	县级	20060101	林业
赣31	修水幕阜山	修水县	40667	森林生态系统	森林生态	县级	20031224	林业
赣32	青山	永修县	10	中亚热带常绿阔叶林生态系统及红豆杉、香樟、穿山甲、眼镜蛇、虎皮蛙	森林生态	县级	20000726	林业
赣33	野鸡坑	永修县	600	中亚热带常绿阔叶林生态系统	森林生态	县级	20000726	林业
赣34	鹤田	永修县	1000	中亚热带常绿阔叶林生态系统	森林生态	县级	20000726	林业
赣35	七里源	永修县	1000	亚热带常绿阔叶林生态系统	森林生态	县级	20000726	林业
赣36	永修泡桐	永修县	1000	中亚热带常绿阔叶林生态系统及红豆杉、香樟、穿山甲、眼镜蛇、虎皮蛙	森林生态	县级	20000726	林业
赣37	泉祠坳	永修县	1400	中亚热带常绿阔叶林生态系统	森林生态	县级	20000726	林业
赣38	杨岭山	永修县	1500	中亚热带常绿阔叶林生态系统	森林生态	县级	20000726	林业
赣39	云居山	永修县	2480	中亚热带常绿阔叶林生态系统	森林生态	省级	19970106	其他
赣40	荷溪湿地	永修县	4000	湿地生态系统及候鸟	内陆湿地	县级	20070621	林业
赣41	鄱阳湖候鸟	永修县、星子县、新建县	22400	白鹤等越冬珍禽及其栖息地	野生动物	国家级	19880509	林业
赣42	鄱阳湖鲤、鲫鱼产卵场	永修县、南昌县、新建县、余干县、鄱阳县、星子县	30600	鲤、鲫、鳡鱼产卵场	野生动物	省级	19800101	农业
赣43	共青南湖湿地	德安县	3333	湿地生态系统及候鸟	内陆湿地	县级	20000912	林业
赣44	星子蓼花池湿地	星子县	3333	湿地生态系统	内陆湿地	县级	20011228	林业
赣45	宫祠	都昌县	1243	森林生态系统	森林生态	县级	19921101	林业
赣46	幸福	都昌县	1354	森林生态系统	森林生态	县级	19920101	林业
赣47	都昌武山	都昌县	2722	森林生态系统及梅花鹿、苏门羚、云豹、白鹇、樟树等	森林生态	县级	19920101	林业
赣48	新妙、南溪湖候鸟	都昌县	4000	候鸟及湿地生态系统	内陆湿地	县级	20000928	林业
赣49	都昌候鸟	都昌县	41100	湿地生态系统及越冬候鸟	内陆湿地	省级	20031001	林业
赣50	官洞	都昌县	1243	森林生态系统	森林生态	县级	19921101	林业
赣51	湖口青檀	湖口县	2	青檀野生种群	野生植物	县级	20000925	林业
赣52	湖口苍鹭	湖口县	3	苍鹭、候鸟及湿地生态系统	野生动物	县级	20000925	林业
赣53	湖口天然阔叶林	湖口县	240	森林生态系统	森林生态	县级	20000925	林业
赣54	付垅	湖口县	320	森林生态系统	森林生态	县级	20000925	林业
赣55	屏峰	湖口县	491	湿地生态系统及候鸟	内陆湿地	县级	20000925	林业
赣56	湖口森林	湖口县	1200	森林生态系统	森林生态	县级	20000925	林业
赣57	浪溪	彭泽县	600	中亚热带森林生态系统	森林生态	县级	20010406	林业
赣58	芳湖候鸟	彭泽县	1867	湿地及候鸟	内陆湿地	县级	20010406	林业
赣59	太泊湖候鸟	彭泽县	2600	湿地生态系统及候鸟	内陆湿地	县级	20010406	林业
赣60	海形	彭泽县	3200	中亚热带森林生态系统	森林生态	县级	20010406	林业

序号	保护区名称	行政区域	面积	主要保护对象	类型	级别	始建时间	主管部门
赣61	桃红岭梅花鹿	彭泽县	12500	野生梅花鹿南方亚种及其栖息地	野生动物	国家级	19810816	林业
赣62	瑞昌南方红豆杉	瑞昌市	2500	南方红豆杉及森林生态系统	野生植物	省级	20060618	林业
赣63	新余蒙山	新余市渝水区	560	南方红豆杉及中亚热带常绿阔叶林	森林生态	县级	20070101	林业
赣64	大岗山	分宜县	1200	白颈长尾雉及森林生态系统	森林生态	县级	20050520	林业
赣65	石门寨	分宜县	971.2	白颈长尾雉及森林生态系统	森林生态	县级	20050520	林业
赣66	龙虎山中华秋沙鸭	鹰潭市	1600	中华秋沙鸭及其栖息地	野生动物	县级	20071220	林业
赣67	九峰水库	余江县	308	森林生态系统	森林生态	县级	20091019	林业
赣68	阳际峰	贵溪市	10946	华南湍蛙组和棘胸蛙组等两栖纲动物及亚热带常绿阔叶林	野生动物	国家级	19961101	林业
赣69	贵溪象山公园	贵溪市	885	森林生态系统	森林生态	县级	20040201	住建
赣70	峰山	赣州市章贡区	10333	亚热带常绿阔叶林	森林生态	县级	19990101	林业
赣71	信丰金盆山	信丰县	1133	亚热带常绿阔叶林	森林生态	县级	19820331	林业
赣72	大余三江口	大余县	2160	亚热带常绿阔叶林	森林生态	县级	19960101	林业
赣73	上犹五指峰	上犹县	6368	野生动植物	森林生态	省级	19921020	林业
赣74	陡水湖	上犹县	22600	中亚热带常绿阔叶林	森林生态	县级	20021230	林业
赣75	阳岭	崇义县	1880	亚热带常绿阔叶林	森林生态	省级	19850101	林业
赣76	章江源	崇义县	10452	南亚热带向中亚热带过渡带常绿阔叶林生态系统	森林生态	省级	20040920	林业
赣77	齐云山	崇义县	17105	亚热带常绿阔叶林及长苞铁杉、福建柏、五列木、天目紫茎、再柄茶、伯乐树、兰科植物等	森林生态	国家级	19970920	林业
赣78	阳岭扩大区	崇义县	7800	亚热带常绿阔叶林	森林生态	县级	19990705	林业
赣79	安远九龙嶂	安远县	10000	中亚热带常绿阔叶林	森林生态	县级	19960711	林业
赣80	三百山	安远县	15333	中亚热带常绿阔叶林	森林生态	县级	19920123	林业
赣81	蔡坊	安远县	8500	中亚热带常绿阔叶林	森林生态	县级	19960711	林业
赣82	西梅山	龙南县	1793	亚热带常绿阔叶林	森林生态	县级	20000101	林业
赣83	棋棠山	龙南县	2133	亚热带常绿阔叶林	森林生态	县级	20000101	林业
赣84	三县岽	龙南县	2468	亚热带常绿阔叶林	森林生态	县级	20000101	林业
赣85	黄坑	龙南县	2716	亚热带常绿阔叶林	森林生态	县级	20000101	林业
赣86	龙南金盆山	龙南县	3041	亚热带常绿阔叶林	森林生态	县级	20000101	林业
赣87	夹湖	龙南县	4498	亚热带常绿阔叶林	森林生态	县级	20000101	林业
赣88	九连山	龙南县	13411.6	亚热带常绿阔叶林	森林生态	国家级	19810306	林业
赣89	定南云台山	定南县	10234	亚热带常绿阔叶林	森林生态	县级	19991225	林业
赣90	桃江源	全南县	11560	中亚热带常绿阔叶林	森林生态	省级	20060919	林业
赣91	宁都莲花山	宁都县	667	中亚热带常绿阔叶林	森林生态	县级	19800101	林业
赣92	凌云山	宁都县	11342.6	亚热带常绿阔叶林	森林生态	省级	19920920	林业
赣93	阳天障	寻乌县	635	亚热带常绿阔叶林	森林生态	县级	20031212	林业
赣94	张天堂	寻乌县	789	亚热带常绿阔叶林	森林生态	县级	20031212	林业
赣95	项山甑	寻乌县	1987	森林生态系统	森林生态	县级	20031212	林业
赣96	东江源	寻乌县	2320	水源涵养林	森林生态	县级	20031212	林业
赣97	赣江源	石城县、瑞金市	16100.9	中亚热带常绿阔叶林	森林生态	省级	20011001	林业
赣98	大山脑	南康市	680	森林生态系统及南方红豆杉、伯乐树	森林生态	县级	20090106	林业
赣99	娑罗山	吉安市	340	中亚热带常绿阔叶林	森林生态	县级	20000817	林业
赣100	油田—新源	吉安市	660	中亚热带常绿阔叶林	森林生态	县级	20000817	林业
赣101	福华山	吉安市	827	中亚热带常绿阔叶林	森林生态	县级	20000817	林业
赣102	银湾桥	吉安市	973	中亚热带常绿阔叶林	森林生态	县级	20000817	林业

序号	保护区名称	行政区域	面积	主要保护对象	类型	级别	始建时间	主管部门
赣103	江口	吉安市	1052	中亚热带常绿阔叶林	森林生态	县级	20000817	林业
赣104	君山湖	吉安县	1330	湿地生态系统及候鸟	内陆湿地	县级	20000817	林业
赣105	大桥	吉安市	1380	中亚热带常绿阔叶林	森林生态	县级	20000817	林业
赣106	樟坑	吉安市	2345	中亚热带常绿阔叶林	森林生态	县级	20000817	林业
赣107	罗口	吉安市	2420	中亚热带常绿阔叶林	森林生态	县级	20000817	林业
赣108	天河三分岭	吉安市	3300	中亚热带常绿阔叶林	森林生态	县级	20000817	林业
赣109	河坑	吉安市	4367	中亚热带常绿阔叶林	森林生态	县级	20000817	林业
赣110	白云山—螺滩	吉安市青原区	1333.3	中亚热带常绿阔叶林	森林生态	县级	20070620	林业
赣111	吉安鲥鱼	吉安县、吉水县、新干县	1560	鲥鱼产卵场	野生动物	市级	19860101	农业
赣112	玉笥山	峡江县	10800	中亚热带常绿阔叶林	森林生态	县级	20071123	林业
赣113	水浆	永丰县	2000	森林生态系统及野生动植物	森林生态	省级	19820101	林业
赣114	泰和天湖山	泰和县	2264.9	中亚热带常绿阔叶林	森林生态	县级	20071127	林业
赣115	白水仙	遂川县	2000	中亚热带常绿阔叶林	森林生态	县级	20020125	林业
赣116	大湾里	遂川县	2700	中亚热带常绿阔叶林	森林生态	县级	20020125	林业
赣117	南风面	遂川县	4205	资源冷杉等原生种群和遂川鸟道	森林生态	省级	20020125	林业
赣118	遂川高坪	遂川县	15000	中亚热带常绿阔叶林	森林生态	县级	20020101	林业
赣119	月明	万安县	2000	中亚热带常绿阔叶林	森林生态	县级	20061201	林业
赣120	桃花洞	安福县	243	野生动植物及其生境	野生动物	县级	19971231	林业
赣121	猫牛岩	安福县	349	中亚热带常绿阔叶林	森林生态	县级	19971231	林业
赣122	三天门	安福县	1100	森林生态系统	森林生态	县级	19971231	林业
赣123	明月山	安福县	2000	野生动植物及其生境	野生动物	县级	19971231	林业
赣124	南坪	安福县	2200	水源涵养林	森林生态	县级	19890101	林业
赣125	社上珍珠山	安福县	286.7	野生动植物及其生境	野生动物	县级	19971231	林业
赣126	太源坑	安福县	435.6	中亚热带常绿阔叶林	森林生态	县级	19971231	林业
赣127	铁丝岭	安福县	1694.7	野生动植物及其生境	野生动物	县级	19971231	林业
赣128	七溪岭	永新县	10500	中亚热带森林生态系统	森林生态	省级	19991226	林业
赣129	井冈山	井冈山市	21499	亚热带常绿阔叶林及珍稀动物	森林生态	国家级	19810301	林业
赣130	井冈山大鲵	井冈山市	56000	大鲵及其栖息地	野生动物	县级	19930101	农业
赣131	店下	樟树市	2883	中亚热带常绿阔叶林	森林生态	县级	20070905	林业
赣132	樟树吴城	樟树市	2637.83	湿地生态系统及候鸟	内陆湿地	县级	20081030	林业
赣133	玉京山落叶木莲	宜春市袁州区	1199	落叶木莲及森林生态系统	野生植物	省级	20070116	林业
赣134	飞剑潭	宜春市袁州区	4986	森林生态系统	森林生态	县级	20090104	水利
赣135	萝卜潭	奉新县	773	常绿阔叶林	森林生态	县级	20000506	林业
赣136	华林书院	奉新县	2000	中亚热带常绿阔叶林	森林生态	县级	20071225	林业
赣137	奉新九岭山	奉新县	14942	中亚热带常绿阔叶林	森林生态	县级	20000506	林业
赣138	桃仙岭	奉新县	178.2	中亚热带常绿阔叶林	森林生态	县级	20000506	林业
赣139	百丈山	奉新县	186.3	中亚热带常绿阔叶林	森林生态	县级	20000506	林业
赣140	泥洋山	奉新县	1989.5	中亚热带常绿阔叶林	森林生态	县级	20000506	林业
赣141	越山	奉新县	2084.9	中亚热带常绿阔叶林	森林生态	县级	20000506	林业
赣142	奉新五梅山	奉新县	2295.6	云豹、猕猴、鹿、穿山甲、金雕、红豆杉、永瓣藤、樟树等	野生动物	县级	20091120	林业
赣143	竹山洞	丰城市	342	亚热带常绿阔叶林、喀斯特溶洞	森林生态	县级	19990420	其他
赣144	三十把	万载县	2100	天然阔叶混交林及野生动物	森林生态	省级	19960709	林业
赣145	鸡冠石	万载县	1459.6	亚热带常绿阔叶林、水源林	森林生态	县级	19990420	林业
赣146	九龙	万载县	2061.3	亚热带常绿阔叶林、水源林	森林生态	县级	19990420	林业
赣147	南港水源涵养	上高县	5214	中亚热带常绿阔叶林	森林生态	县级	19960925	林业

序号	保护区名称	行政区域	面积	主要保护对象	类型	级别	始建时间	主管部门
赣 148	洞山	宜丰县	300	中亚热带常绿阔叶林	森林生态	县级	19960101	其他
赣 149	南屏山	宜丰县	54.67	中亚热带常绿阔叶林	森林生态	县级	19960101	林业
赣 150	官山	宜丰县、铜鼓县	11500.5	中亚热带常绿阔叶林及白颈长尾雉等珍稀野生动植物	森林生态	国家级	19810306	林业
赣 151	靖安大鲵	靖安县	100	大鲵及其生境	野生动物	县级	19800101	农业
赣 152	和尚坪	靖安县	3401	中亚热带常绿阔叶林	森林生态	县级	20080522	林业
赣 153	潦河大鲵	靖安县	3733	大鲵及其生境	野生动物	省级	20110101	农业
赣 154	江西九岭山	靖安县	11541	中亚热带常绿阔叶林及野生动植物	森林生态	国家级	19970106	林业
赣 155	天柱峰	铜鼓县	17000	亚热带常绿阔叶林、水源林	森林生态	县级	19970101	林业
赣 156	铜鼓棘胸蛙	铜鼓县	3070	棘胸蛙及其栖息地	野生动物	县级	20061201	农业
赣 157	花山南方红豆杉	铜鼓县	4762	南方红豆杉及中亚热带森林生态系统	森林生态	县级	20080101	林业
赣 158	竹山	丰城市	447.77	香樟及森林生态系统	森林生态	县级	20081201	林业
赣 159	枫窝里	高安市	386.67	亚热带常绿阔叶林、水源林	森林生态	县级	19951103	林业
赣 160	仙桂峰	抚州市临川区	2398	森林生态系统	森林生态	县级	20091018	林业
赣 161	洪门水库	南城县	3000	湿地生态系统	森林生态	县级	20091226	林业
赣 162	南城芙蓉山	南城县	3600	森林生态系统	森林生态	县级	20091226	林业
赣 163	百家畲	黎川县	1180	森林生态系统	森林生态	县级	20091020	林业
赣 164	岩泉	黎川县	2460	中亚热带常绿阔叶林	森林生态	省级	19850101	林业
赣 165	黄龙坑红豆杉	南丰县	438	森林生态系统	森林生态	县级	20091214	林业
赣 166	清芝峰	崇仁县	514	森林生态系统	森林生态	县级	20091112	林业
赣 167	牛田古樟群落	乐安县	70	古樟群落及其生境	野生植物	县级	20060728	林业
赣 168	老虎脑	乐安县	22000	华南虎栖息地	野生动物	省级	20000830	林业
赣 169	乐安龙潭	乐安县	2448.5	森林、湿地生态系统	森林生态	县级	20091230	林业
赣 170	大龙山南方红豆杉	宜黄县	234	森林生态系统	森林生态	县级	20100203	林业
赣 171	宜黄华南虎	宜黄县	58300	华南虎栖息地	野生动物	省级	19920606	林业
赣 172	马街	金溪县	2962	森林生态系统	森林生态	县级	20091212	林业
赣 173	后坑红豆杉	资溪县	265	森林生态系统	森林生态	县级	20091026	林业
赣 174	江西马头山	资溪县	13866.5	亚热带常绿阔叶林及珍稀植物	森林生态	国家级	19940101	林业
赣 175	东乡野生稻	东乡县	86	野生稻	野生植物	县级	19720401	农业
赣 176	佛岭	东乡县	654	森林生态系统	森林生态	县级	20091207	林业
赣 177	牛牯岽	广昌县	926	森林生态系统	森林生态	县级	20090711	林业
赣 178	抚河源头	广昌县	8187.7	水源涵养林	森林生态	省级	20041216	林业
赣 179	铜钹山	广丰县	10800	森林生态系统及野生动植物	森林生态	省级	20040820	林业
赣 180	信江源	玉山县	7337	森林生态系统	森林生态	省级	20030531	林业
赣 181	江西武夷山	铅山县	16007	中亚热带常绿阔叶林及珍稀动植物	森林生态	国家级	19810306	林业
赣 182	弋阳中华秋沙鸭	弋阳县	2827	中华秋沙鸭及其生境	野生动物	县级	20000211	林业
赣 183	康山候鸟	余干县	13333	白鹤、东方白鹳、白头鹤等越冬候鸟和湿地生境	野生动物	县级	20010326	林业
赣 184	鄱阳湖银鱼	鄱阳县	2000	银鱼	野生动物	省级	19860101	农业
赣 185	鄱阳湖长江江豚	鄱阳县、都昌县	6800	江豚及其生境	野生动物	省级	20040430	农业
赣 186	白沙洲	鄱阳县	40900	湿地生态系统	内陆湿地	县级	20001020	林业
赣 187	婺源红嘴相思鸟	婺源县	420	红嘴相思鸟及常绿阔叶林	野生动物	县级	19931206	林业
赣 188	金竹源	婺源县	483	亚热带常绿阔叶林	森林生态	县级	19931206	林业
赣 189	婺源鸳鸯湖	婺源县	917	鸳鸯等珍禽	野生动物	省级	19931206	林业
赣 190	大连山	婺源县	1000	亚热带常绿阔叶林	森林生态	县级	19931206	林业
赣 191	共产主义水库	婺源县	1334	中亚热带常绿阔叶林	森林生态	县级	19931206	林业

序号	保护区名称	行政区域	面积	主要保护对象	类型	级别	始建时间	主管部门
赣192	婺源莲花山	婺源县	2100	亚热带常绿阔叶林及黑鹿	森林生态	县级	19931206	林业
赣193	珍珠山	婺源县	2667	亚热带常绿阔叶林	森林生态	县级	19931206	林业
赣194	许村	婺源县	3300	中亚热带常绿阔叶林	森林生态	县级	19931206	林业
赣195	婺源常绿阔叶林	婺源县	3807	亚热带常绿阔叶林	森林生态	县级	19931206	林业
赣196	文公山	婺源县	6368	古杉树群落及中华秋沙鸭、白颈长尾雉、云豹等野生动物	野生植物	县级	20001230	林业
赣197	大鄣山	婺源县	15370	中亚热带常绿阔叶林及南方红豆杉、永瓣藤、香果树、黑鹿、黑熊等	森林生态	县级	20030101	林业
赣198	白石	婺源县	8014	中亚热带常绿阔叶林	森林生态	县级	19931206	林业
赣199	饶河源	婺源县	11595.8	中亚热带常绿阔叶林	森林生态	县级	20041126	林业
赣200	大茅山	德兴市	16666.7	森林生态系统	森林生态	县级	20000620	林业
鲁01	柳埠	济南市历城区	3420	防护林	森林生态	市级	20011031	林业
鲁02	长清寒武纪地质遗迹	济南市长清区	262	寒武纪地层结构	地质遗迹	省级	20010429	国土
鲁03	大寨山	平阴县	1200	侧柏、落叶阔叶林	森林生态	省级	20011031	林业
鲁04	青岛文昌鱼	青岛市	6181	文昌鱼及其生境	野生动物	市级	20040801	海洋
鲁05	胶南灵山岛	青岛市	766	海洋生态系统及海珍品	海洋海岸	省级	20010301	其他
鲁06	大公岛	青岛市	1603	海洋生态系统及鸟类	海洋海岸	省级	20011224	海洋
鲁07	大泽山	青岛市	9645	森林生态系统	森林生态	省级	20000401	林业
鲁08	崂山	青岛市崂山区	44855	温带森林、植被、花岗岩	森林生态	省级	20001101	住建
鲁09	胶州艾山	胶州市	860	地质遗迹	地质遗迹	省级	20011024	住建
鲁10	马山	即墨市	774	柱状节理石柱、硅化木等地质遗迹	地质遗迹	国家级	19930113	环保
鲁11	鲁山	淄博市博山区	4000	森林生态系统	森林生态	省级	19860826	林业
鲁12	原山	淄博市博山区	13914	侧柏、栎类、油松森林植被	森林生态	省级	19860826	林业
鲁13	石榴园	枣庄市峄城区	4642	青檀树、石榴树林	野生植物	省级	20020117	其他
鲁14	枣庄抱犊崮	枣庄市山亭区	3500	森林生态系统	森林生态	省级	19860301	其他
鲁15	黄河三角洲	东营市	153000	黄河口湿地和珍稀濒危鸟类	海洋海岸	国家级	19901227	林业
鲁16	大沽夹河	烟台市	10585	湿地生态系统	内陆湿地	市级	20050308	林业
鲁17	烟台沿海防护林	烟台市	23407.3	黑松、刺槐、赤松、栎类森林植被及河口湿地生态系统	森林生态	省级	19980625	林业
鲁18	崆峒列岛	烟台市芝罘区	7690	蝮蛇、刺参、紫石房蛤、皱纹盘鲍等海洋水产资源、岛礁地貌	海洋海岸	省级	20030304	海洋
鲁19	银湖	烟台市福山区	6043.4	湿地、森林生态系统和鸟类	内陆湿地	省级	20030601	林业
鲁20	鹊山	烟台市牟平区	1485.2	森林生态系统	森林生态	省级	20010901	林业
鲁21	昆嵛山	烟台市牟平区	15416.5	赤松天然林	森林生态	国家级	19990101	林业
鲁22	竹林寺	烟台市莱山区	997	森林及竹林寺古迹	森林生态	县级	19980701	林业
鲁23	围子山	烟台市莱山区	2509	赤松天然次生林和楸树	森林生态	省级	20051201	林业
鲁24	庙岛群岛海豹	长岛县	173100	斑海豹及其生境	野生动物	省级	19960401	环保
鲁25	长岛	长岛县	5300	鹰、隼等猛禽及候鸟栖息地	野生动物	国家级	19880509	林业
鲁26	大飘山	龙口市	2326	天然赤松林	森林生态	省级	20060101	林业
鲁27	之莱山	龙口市	10227	天然赤松林、鸟类	森林生态	省级	19971003	林业
鲁28	依岛	龙口市	85.49	火山岩砾石潮间带地质景观	地质遗迹	省级	20080901	其他
鲁29	黄水河河口湿地	龙口市	1027.9	河口湿地生态系统及珍禽	内陆湿地	省级	20060203	林业
鲁30	莱阳五龙河	莱阳市	1824.5	湿地、森林生态系统	内陆湿地	市级	20080421	林业
鲁31	莱阳老寨山	莱阳市	2908.5	天然赤松林及水源地	森林生态	省级	20021205	林业
鲁32	大基山	莱州市	8753	赤松天然次生林及针阔混交林、石刻	森林生态	省级	19980501	林业
鲁33	莱州湾	莱州市	13975	湿地生态系统	内陆湿地	市级	20050203	林业

序号	保护区名称	行政区域	面积	主要保护对象	类型	级别	始建时间	主管部门
鲁 34	蓬莱艾山	蓬莱市	10046.2	森林生态系统	森林生态	省级	19890301	林业
鲁 35	招远罗山	招远市	10094	赤松林、大沽河发源地	森林生态	省级	20010301	林业
鲁 36	崮山	栖霞市	1800	森林生态系统	森林生态	市级	19990729	林业
鲁 37	牙山	栖霞市	17900	森林生态系统	森林生态	省级	19920920	林业
鲁 38	千里岩岛	海阳市	1823	岛屿与海洋生态系统	海洋海岸	省级	19991201	海洋
鲁 39	招虎山	海阳市	7061	赤松天然次生林和刺楸	野生动物	省级	19960610	林业
鲁 40	山旺古生物化石	临朐县	120	古生物化石	古生物遗迹	国家级	19800117	国土
鲁 41	仰天山	青州市	2000	次生林及黄栌、野大豆、槲寄生、金雕、秃鹫、苍鹰等	森林生态	省级	19920101	林业
鲁 42	南四湖	微山县	127547	大型草型湖泊湿地生态系统及雁、鸭等珍稀鸟类	野生动物	省级	19940401	林业
鲁 43	嘉祥青山	嘉祥县	2500	森林及人文自然景观	森林生态	市级	19990101	其他
鲁 44	泗水泉林水体	泗水县	12400	矿泉水资源	地质遗迹	市级	19870401	其他
鲁 45	九仙山	曲阜市	2130	森林生态系统	森林生态	市级	20020901	林业
鲁 46	十八盘	邹城市	3000	森林植被景观	森林生态	县级	19991001	林业
鲁 47	峄山	邹城市	5000	古树名木、摩崖石刻、邾国故城遗址	森林生态	县级	19991001	住建
鲁 48	徂徕山	泰安市	10915	油松林和暖温带阔叶林	森林生态	省级	19991101	林业
鲁 49	泰山	泰安市	11892	森林生态系统	森林生态	省级	20060201	林业
鲁 50	腊山	东平县	2867	森林生态系统	森林生态	市级	20000501	林业
鲁 51	东平湖	东平县	16000	湿地生态系统	内陆湿地	市级	20000506	林业
鲁 52	太平山	新泰市	3733.3	森林生态系统	森林生态	省级	20020226	林业
鲁 53	荣成大天鹅	荣成市	1675	大天鹅等珍禽和湿地生态系统	野生动物	国家级	19920530	林业
鲁 54	桑沟湾	荣成市	13333	海洋珍稀动物及其生境	野生动物	县级	19870501	环保
鲁 55	荣成成山头	荣成市	6015.39	海洋生态系统	海洋海岸	省级	19921130	海洋
鲁 56	前三岛	日照市	10000	青岛文昌鱼、海参、鲍鱼、海胆等海洋生物	野生动物	市级	19921228	海洋
鲁 57	浮来山	莒县	490	震旦纪浮来山层型剖面、三叶虫化石带	地质遗迹	省级	20011101	国土
鲁 58	莱芜马鞍山	莱芜市莱城区	3101	森林生态系统	森林生态	县级	19980301	林业
鲁 59	寄母山	莱芜市莱城区	3390	森林生态系统	森林生态	县级	19980401	林业
鲁 60	花山林场	莱芜市莱城区	8600	森林生态系统	森林生态	县级	19940801	林业
鲁 61	五彩山	沂南县	2000	森林生态系统	森林生态	县级	19980626	林业
鲁 62	鼻子山	沂南县	4500	森林生态系统	森林生态	县级	20001218	林业
鲁 63	北大山	沂南县	4750	森林生态系统	森林生态	县级	20001218	林业
鲁 64	郯城银杏	郯城县	5880	银杏	野生植物	县级	19951012	林业
鲁 65	沂河	沂水县	40000	饮用水源地	内陆湿地	县级	19961205	水利
鲁 66	文峰山	苍山县	600	森林生态系统	森林生态	县级	19960301	其他
鲁 67	大宗山	苍山县	1000	森林植被及古迹	森林生态	县级	19960302	其他
鲁 68	会宝岭水库	苍山县	1800	饮用水源地	内陆湿地	县级	20000206	水利
鲁 69	苍山抱犊崮	苍山县	680	森林、古迹	森林生态	县级	19960302	其他
鲁 70	临沂大青山	费县	4000	中华结缕草、鹅掌楸、喜树	森林生态	省级	20000501	林业
鲁 71	平邑蒙山	平邑县	16400	森林植被	森林生态	县级	20001101	林业
鲁 72	马髻山	莒南县	4210	森林生态系统	森林生态	市级	20051215	林业
鲁 73	苍马山	临沭县	3000	森林生态系统	森林生态	市级	20051215	住建
鲁 74	景阳冈	阳谷县	46.7	森林及梅花鹿、猕猴、合欢树、古柏	森林生态	市级	19941001	其他
鲁 75	马西林场	莘县	3800	防风固沙林	森林生态	市级	19940501	林业

序号	保护区名称	行政区域	面积	主要保护对象	类型	级别	始建时间	主管部门
鲁76	鱼山	东阿县	5333	森林生态系统、曹植墓	森林生态	市级	20040901	其他
鲁77	马颊河	冠县	248	森林生态系统	森林生态	市级	19720801	林业
鲁78	西沙河	冠县	11200	防风固沙林	森林生态	市级	19941101	林业
鲁79	清平林场	高唐县	4200	防风固沙林	森林生态	市级	20011120	林业
鲁80	马谷山	无棣县	20	地质遗迹	地质遗迹	省级	19991001	国土
鲁81	谭阳	无棣县	1994	森林生态系统	森林生态	县级	19981001	林业
鲁82	滨州贝壳堤岛与湿地	无棣县	43541.5	贝壳堤岛、湿地、珍稀鸟类、海洋生物	海洋海岸	国家级	19990101	海洋
鲁83	沾化海岸带湿地	沾化县	89134	海滨湿地、鸟类	海洋海岸	市级	19911001	林业
鲁84	引黄济清渠首鸟类	博兴县	300	鸟类及其生境	野生动物	县级	19921201	林业
鲁85	马庄流域	邹平县	1247	森林植被、水源	森林生态	县级	19911001	林业
鲁86	宋江湖湿地	郓城县	350	湿地生态系统及鸟类	内陆湿地	县级	20051201	其他
豫01	郑州黄河湿地	巩义、荥阳、惠济、金水,中牟等市县	36574	湿地生态系统及珍稀鸟类	内陆湿地	省级	20041119	林业
豫02	开封柳园口	开封市金明区、龙亭区、开封县	16148	湿地及冬候鸟	内陆湿地	省级	19940609	林业
豫03	青要山	新安县	4000	大鲵及其生境	野生动物	省级	19881120	林业
豫04	栾川大鲵	栾川县	800	大鲵及其生境	野生动物	县级	19950810	农业
豫05	嵩县大鲵	嵩县	600	大鲵及其生境	野生动物	县级	19960624	农业
豫06	熊耳山	嵩县、洛宁县、宜阳县、栾川县	32524.6	森林生态系统	森林生态	省级	20041119	林业
豫07	白龟山湿地	平顶山市	6600	湿地及野生动物	内陆湿地	省级	20071120	林业
豫08	万宝山	林州市	8667	森林生态系统	森林生态	省级	20040226	林业
豫09	新乡黄河湿地鸟类	新乡市	22780	天鹅、鹤类等珍禽及湿地生态系统	内陆湿地	国家级	19880727	环保
豫10	濮阳黄河湿地	濮阳县	3300	珍稀濒危鸟类等野生动植物及湿地	内陆湿地	省级	20071120	林业
豫11	河南黄河湿地	三门峡、洛阳、焦作、济源等市	68000	湿地生态、珍稀鸟类	内陆湿地	国家级	19950818	林业
豫12	卢氏大鲵	卢氏县	1000	大鲵及其生境	野生动物	省级	19820703	农业
豫13	小秦岭	灵宝市	15160	暖温带森林生态系统及珍稀动植物	森林生态	国家级	19820624	林业
豫14	南阳恐龙蛋化石群	南阳市	78015	恐龙蛋化石	古生物遗迹	国家级	19980101	国土
豫15	西峡大鲵	西峡县	1000	大鲵及其生境	野生动物	省级	19820703	农业
豫16	南阳恐龙蛋省级	西峡县	14652	恐龙蛋化石	古生物遗迹	省级	20001201	国土
豫17	伏牛山	西峡、内乡、南召等县	56024	过渡带森林生态系统	森林生态	国家级	19820624	林业
豫18	湍河湿地	内乡县	4547	湿地生态系统	内陆湿地	省级	20010810	林业
豫19	宝天曼	内乡县	5412.5	过渡带森林生态系统、珍稀动植物	森林生态	国家级	19800430	林业
豫20	丹江湿地	淅川县	64027	湿地生态系统	内陆湿地	国家级	20010810	林业
豫21	太白顶	桐柏县	4924	水源涵养林、珍稀动物	森林生态	省级	19820624	林业
豫22	高乐山	桐柏县	9060	水源涵养林	森林生态	省级	20040226	林业
豫23	鸡公山	信阳市	2917	森林生态系统、野生动物	森林生态	国家级	19820624	林业
豫24	四望山	信阳市浉河区	14000	森林生态系统	森林生态	省级	20040226	林业
豫25	信阳天目山	信阳市平桥区	6750	森林生态系统	森林生态	省级	20011205	林业
豫26	董寨	罗山县	46800	珍稀鸟类及其栖息地	野生动物	国家级	19820624	林业
豫27	连康山	新县	10580	常绿阔叶与落叶阔叶混交林	森林生态	国家级	19820624	林业
豫28	信阳黄缘闭壳龟	新县	109930	黄缘闭壳龟及其生境,森林生态系统	森林生态	省级	20040226	农业
豫29	金刚台	商城县	2972	过渡带森林生态系统、珍稀动植物	森林生态	省级	19820624	林业
豫30	鲇鱼山	商城县	5805	湿地生态系统	内陆湿地	省级	20011205	林业
豫31	固始淮河湿地	固始县	4387.78	湿地生态系统	内陆湿地	省级	20071120	林业
豫32	淮滨淮南湿地	淮滨县	3400	湿地生态系统	内陆湿地	省级	20011205	林业

序号	保护区名称	行政区域	面积	主要保护对象	类型	级别	始建时间	主管部门
豫33	宿鸭湖湿地	汝南县、驻马店市驿城区	16700	湿地生态系统	内陆湿地	省级	20010606	林业
豫34	太行山猕猴	济源市、焦作市、新乡市	56600	猕猴及森林生态系统	野生动物	国家级	19820624	林业
鄂01	武湖湿地	武汉市汉南区	3293.36	淡水湖泊生态系统	内陆湿地	市级	20060204	林业
鄂02	沉湖湿地	武汉市蔡甸区	11579.1	淡水湖泊生态系统及其珍稀水禽	野生动物	省级	19940113	林业
鄂03	上涉湖湿地	武汉市江夏区	4148.75	淡水湖泊生态系统	内陆湿地	市级	20060320	林业
鄂04	木兰湖岛湿地	武汉市黄陂区	333.3	鹭科鸟类及湿地生态系统	内陆湿地	县级	19980601	林业
鄂05	草湖	武汉市黄陂区	1148.2	淡水湖泊生态系统及珍稀禽类	内陆湿地	市级	20060508	林业
鄂06	涨渡湖	武汉市新洲区	18500	淡水湖泊生态系统	内陆湿地	县级	20040728	林业
鄂07	网湖湿地	黄石市阳新县	20495	淡水湖泊生态系统及珍稀水禽	内陆湿地	省级	20010101	林业
鄂08	赛武当	十堰市茅箭区	21203	北亚热带森林生态系统及巴山松、铁杉群落	森林生态	国家级	19870101	林业
鄂09	青龙山恐龙蛋化石群	十堰市郧县	205.25	恐龙蛋化石群	古生物遗迹	国家级	19970113	国土
鄂10	郧西五龙河	十堰市郧西县	15121	中亚热带森林生态系统及珍稀物种	森林生态	省级	20040501	林业
鄂11	堵河源	十堰市竹山县	47173	林麝及北亚热带森林生态系统	野生动物	省级	19870101	林业
鄂12	万江河大鲵	十堰市竹溪县	780	大鲵及其生境	野生动物	省级	19890701	农业
鄂13	十八里长峡	十堰市竹溪县	25605	北亚热带森林生态系统及珍稀野生动植物	森林生态	省级	19881001	林业
鄂14	野人谷	房县	28517	北亚热带森林生态系统及珍稀树种	森林生态	省级	20030805	林业
鄂15	丹江口库区	十堰市丹江口市、郧县、郧西县	45103	湿地生态系统、水源涵养林	内陆湿地	省级	20030318	林业
鄂16	武当山	十堰市丹江口市	79523	北亚热带森林生态系统	森林生态	县级	19900101	林业
鄂17	长江宜昌中华鲟	宜昌市	8000	中华鲟及其生境	野生动物	省级	19960401	农业
鄂18	西陵峡震旦纪地质剖面	宜昌市夷陵区	300	震旦纪地质剖面	地质遗迹	省级	19860901	国土
鄂19	大老岭	宜昌市夷陵区	14225	森林生态系统	森林生态	省级	20011121	林业
鄂20	大堰	远安县茅坪镇	54	马尾松林	森林生态	县级	19860301	林业
鄂21	三峡万朝山	兴山县	20986	中亚热带森林生态系统及珍稀物种	森林生态	省级	20001201	林业
鄂22	崩尖子	长阳土家族自治县	13500	中亚热带森林生态系统及珍稀物种	森林生态	省级	19880101	林业
鄂23	五峰后河	五峰土家族自治县	10340	中亚热带森林生态系统及珙桐等珍稀动植物	森林生态	国家级	19850101	林业
鄂24	七里山	南漳县	807	北亚热带森林生态系统及野生动植物	森林生态	市级	20030928	林业
鄂25	金牛洞	南漳县	7000	北亚热带森林生态系统及野生动植物	森林生态	市级	20030928	林业
鄂26	香水河	南漳县	11000	北亚热带森林生态系统、湿地生态系统及珍稀物种	森林生态	市级	20030928	林业
鄂27	漳河源	南漳县	10265.6	中亚热带森林生态系统及珍稀物种	森林生态	省级	20020701	林业
鄂28	南河	谷城县	14834	北亚热带森林生态系统及野生动植物	森林生态	省级	20030928	林业
鄂29	鹫峰	保康县	134	马尾松天然林	野生植物	市级	19900215	林业
鄂30	刺滩沟	保康县	800	野生腊梅及其生境	野生植物	市级	20030901	林业
鄂31	保康野生腊梅	保康县	2800	野生腊梅及其生境	野生植物	县级	19860501	环保
鄂32	五道峡	保康县	23816	亚热带森林生态系统及香果树、大鲵等珍稀野生动植物	森林生态	省级	19900213	林业
鄂33	梨花湖	老河口市	4200	淡水湖泊生态系统及珍稀水禽	内陆湿地	市级	20030928	林业
鄂34	枣阳兰科植物资源	枣阳市	16650	兰科植物及其生境	野生植物	县级	20030901	林业
鄂35	熊河水系湿地	枣阳市	23333	湿地生态系统及河流生态系统	内陆湿地	县级	20030901	林业
鄂36	宜城长北山	宜城市	12560	北亚热带森林生态系统	森林生态	市级	20030928	林业
鄂37	梁子湖湿地	鄂州市	37946	淡水湖泊生态系统及珍稀水禽	内陆湿地	省级	20010101	林业

序号	保护区名称	行政区域	面积	主要保护对象	类型	级别	始建时间	主管部门
鄂38	长湖湿地	荆门市沙洋县、荆州市荆州区、沙市区	8470	淡水湖泊生态系统	内陆湿地	市级	20011211	林业
鄂39	安陆银杏	安陆市	5600	古银杏群落	野生植物	县级	19891113	其他
鄂40	石首麋鹿	石首市	1567	野生麋鹿及其生境	野生动物	国家级	19911101	环保
鄂41	长江天鹅洲白暨豚	石首市	2000	白暨豚、江豚及其生境	野生动物	国家级	19901201	农业
鄂42	长江新螺段白暨豚	洪湖市、赤壁市、嘉鱼县	13500	白暨豚、江豚、中华鲟及其生境	野生动物	国家级	19870101	农业
鄂43	洪湖湿地	洪湖市	37088	湿地生态系统	内陆湿地	省级	19960101	林业
鄂44	龙王井化石地质遗迹	松滋市	50	鱼化石	古生物遗迹	县级	20010913	国土
鄂45	滗水溶洞温泉地质遗迹	松滋市	1000	溶洞、温泉自然景观	地质遗迹	县级	20010101	国土
鄂46	大别山	罗田县	16048.2	北亚热带森林生态系统及珍稀物种	森林生态	省级	20030928	林业
鄂47	龙感湖	黄梅县	22322	淡水湖泊生态系统、湿地生态系统及白头鹤等珍禽	内陆湿地	国家级	19880101	林业
鄂48	西凉湖	咸宁市嘉鱼、赤壁	8000	水生种质资源	内陆湿地	市级	20100805	农业
鄂49	隐水洞	通山县	250	岩溶景观	地质遗迹	市级	20020101	国土
鄂50	九宫山	通山县	16608.7	中亚热带阔叶林生态系统及珍稀动植物	森林生态	国家级	19810201	林业
鄂51	大洪山银杏	随州市曾都区	16000	古银杏群落	野生植物	市级	19920101	林业
鄂52	大贵寺	广水市	5300	北亚热带森林生态系统及珍稀物种	森林生态	市级	20020525	林业
鄂53	梭步垭石林	恩施市	1000	岩溶景观	地质遗迹	市级	20000101	国土
鄂54	见天坝	利川市	1	生物礁灰岩	古生物遗迹	县级	20040101	国土
鄂55	星斗山	利川市、咸丰县、恩施市	68339	中亚热带森林生态系统珙桐、水杉等珍稀植物	森林生态	国家级	19811218	林业
鄂56	神农溪	巴东县	10150	中亚热带森林生态系统及珍金丝猴等珍稀物种	森林生态	省级	20020101	林业
鄂57	七姊妹山	宣恩县	34550	中亚热带森林生态系统、珙桐等珍稀植物及其生境	森林生态	国家级	19900301	林业
鄂58	二仙岩湿地	咸丰县	5404	湖泊湿地和亚高山沼泽湿地	内陆湿地	省级	20040101	林业
鄂59	咸丰忠建河大鲵	咸丰县	1043.3	大鲵及其生境	野生动物	国家级	19940801	农业
鄂60	老板沟	来凤县	8250	中亚热带森林生态系统及珍稀物种	森林生态	市级	20020816	林业
鄂61	古架山	来凤县	14753	古杨梅群落及其生境	野生植物	市级	20020816	林业
鄂62	木林子	鹤峰县	20838	中亚热带森林生态系统及珙桐、香果树等珍稀植物	森林生态	国家级	19830101	林业
鄂63	橄榄蛏蚌	天门市	800	橄榄蛏蚌	野生动物	市级	20060101	农业
鄂64	大九湖湿地	神农架林区	9320	北亚热带亚高山沼泽湿地生态系统及珍稀物种	内陆湿地	省级	20030101	林业
鄂65	神农架	神农架林区	70467	亚热带森林生态系统及金丝猴、珙桐等珍稀植物	森林生态	国家级	19860709	林业
湘01	宁乡官山	宁乡县	350	森林生态系统	森林生态	县级	20020601	林业
湘02	浏阳大围山	浏阳市	5220	南亚热带中山、中低山植被群落及珍稀濒危动植物	森林生态	省级	19820409	林业
湘03	湖里	茶陵县	96	野生稻、长喙毛茛泽泻及其生境	野生植物	县级	20021220	林业
湘04	云阳山	茶陵县	10180	次生常绿阔叶林、珍稀野生动植物	森林生态	省级	20060809	林业
湘05	炎陵桃源洞	炎陵县	23786	资源冷杉、银杉、云豹、藏酋猴及森林生态系统	森林生态	国家级	19820101	林业
湘06	隐山	湘潭县	4555.5	森林生态系统	森林生态	县级	20050101	林业
湘07	南岳衡山	衡阳市	11991.6	野生动植物、濒危动植物	森林生态	国家级	19840509	林业

序号	保护区名称	行政区域	面积	主要保护对象	类型	级别	始建时间	主管部门
湘08	岣嵝峰	衡阳县	8743	禹碑、禹王殿、禹泉、回音古墓、青钱柳	森林生态	县级	20080523	林业
湘09	陈坪	衡阳县	4800	穿山甲、猫头鹰、苏铁、南方红豆杉	森林生态	县级	20091208	林业
湘10	江口鸟洲	衡南县	210	鸟类及栖息环境	野生动物	省级	19840509	林业
湘11	岐山	衡南县	1826	次生阔叶林	森林生态	县级	19970401	林业
湘12	灵山庙	衡东县	5	森林及野生动植物	森林生态	县级	19980101	林业
湘13	衡东四方山	衡东县	380	森林及野生动植物	森林生态	县级	19980101	林业
湘14	金觉峰	衡东县	1357	森林及野生动植物	森林生态	县级	19980101	林业
湘15	天光山	衡东县	12020	中亚热带森林生态系统	森林生态	省级	20090316	林业
湘16	大义山	常宁市	11431	森林及野生动植物	森林生态	省级	20010621	林业
湘17	河伯岭	邵阳县	3800	森林及野生动植物	森林生态	县级	20000610	林业
湘18	那溪	洞口县	2281	森林及野生动植物	森林生态	县级	19860913	林业
湘19	黄桑	绥宁县	12590	森林生态系统及红豆杉、伯乐树、铁杉、大鲵等珍稀动植物	森林生态	国家级	19820403	林业
湘20	湖南舜皇山	新宁县	21719.8	亚热带常绿阔叶林及银杉、资源冷杉等动植物	森林生态	国家级	19820401	林业
湘21	金童山	城步苗族自治县	18466	次生常绿阔叶林、野生动植物	森林生态	省级	20091222	林业
湘22	沙角洞银杉	城步苗族自治县	546.66	银杉、长苞铁杉等珍稀植物	野生植物	县级	19810126	林业
湘23	武冈云山	武冈市	952	森林生态系统及珍稀野生动植物	森林生态	省级	19820409	林业
湘24	东洞庭湖	岳阳市	190000	湿地生态系统及珍稀水禽	内陆湿地	国家级	19841101	林业
湘25	集成麋鹿	华容县	2460	麋鹿及其生境	野生动物	省级	20001027	环保
湘26	横岭湖	湘阴县	43000	湿地生态系统及珍稀鸟类	内陆湿地	省级	20020815	环保
湘27	仙姑山	平江县	287.3	珍稀动物草鸮及其生境	野生动物	县级	19830825	林业
湘28	幕阜山	平江县	7733.8	森林生态系统	森林生态	省级	19950101	林业
湘29	花岩溪	常德市	955	森林及珍贵动物	森林生态	省级	20001201	林业
湘30	西洞庭湖	汉寿县	35680	湿地生态系统及野生动植物	内陆湿地	省级	19980114	林业
湘31	乌云界	桃源县	33818	森林生态系统及大型猫科动物	森林生态	国家级	19980501	环保
湘32	壶瓶山	石门县	40847	森林及云豹等珍稀动物	森林生态	国家级	19820405	林业
湘33	天门山	张家界市	3037	次生林、珍稀动植物	森林生态	县级	19860506	林业
湘34	索溪峪	张家界市	3931	森林及珙桐、猕猴、砂岩峰林地貌	森林生态	省级	19820409	林业
湘35	张家界	张家界市	4800	森林及珙桐、猕猴、砂岩峰林地貌	森林生态	省级	19820409	林业
湘36	天子山	张家界市	5500	森林及珙桐、猕猴、砂岩峰林地貌	森林生态	省级	19840509	林业
湘37	张家界大鲵	张家界市	14285	大鲵及其栖息生境	野生动物	国家级	19961129	农业
湘38	杨家界	张家界市武陵源区	3400	森林生态系统	森林生态	省级	20010101	林业
湘39	樟树湾白鹭	慈利县	556	白鹭及其生境	野生动物	县级	20041201	林业
湘40	泥鳅凹白鹭	慈利县	583	白鹭、穿山甲等珍稀动物及其生境	野生动物	县级	20041201	林业
湘41	李家湾白鹭	慈利县	1011	白鹭等珍稀鸟类及其生境	野生动物	县级	20041201	林业
湘42	太平山珍稀动植物	慈利县	1367	黄杉群落及其生境	野生植物	县级	20041201	林业
湘43	天心阁白鹭	慈利县	3592	白鹭及其生境	野生动物	县级	20041201	林业
湘44	七眼泉	桑植县	464	大鲵及其生境	野生动物	市级	20010930	农业
湘45	八大公山	桑植县	20000	亚热带森林及南方红豆杉、伯乐树等珍稀濒危野生动植物	森林生态	国家级	19860709	林业
湘46	南洞庭湖湿地	益阳市	168000	湿地生态系统及水禽	内陆湿地	省级	19910714	林业
湘47	浮邱山	桃江县	1200	森林及野生动植物	森林生态	县级	20010801	林业
湘48	桃花江	桃江县	5110	森林及野生动植物	森林生态	县级	20000601	其他
湘49	安化红岩	安化县	8960	森林及野生动植物	森林生态	省级	19990108	水利

序号	保护区名称	行政区域	面积	主要保护对象	类型	级别	始建时间	主管部门
湘50	六步溪	安化县	14239	中亚热带中低山阔叶林、青檀、榉木及白颈长尾雉	森林生态	国家级	19990426	林业
湘51	仰天湖	郴州市	5600	森林生态系统	森林生态	县级	20021101	其他
湘52	莽山	宜章县	19833	南亚热带常绿阔叶林及珍稀动植物	森林生态	国家级	19820101	林业
湘53	便江	永兴县	18180	森林资源、野生动植物、丹霞地貌	森林生态	县级	20010801	林业
湘54	汝城	汝城县	14230	森林生态系统及人文景观	森林生态	县级	20010801	林业
湘55	八面山	桂东县	10974	森林及银杉、水鹿、黄腹角雉等珍稀动植物	森林生态	国家级	19820409	林业
湘56	木子山	安仁县	100	白鹭、猫头鹰、古樟树、檀香树等珍稀动植物	野生动物	县级	19931123	环保
湘57	顶辽银杉	资兴市	953	银杉群落及其生境	野生植物	省级	19860101	林业
湘58	回龙圩	永州市	1999	野生动植物	森林生态	县级	19900101	环保
湘59	木子圩岩洞	祁阳县	13	岩洞	地质遗迹	县级	19871103	其他
湘60	鸭婆洲	祁阳县	40	自然风景林	森林生态	县级	19871103	其他
湘61	内下林场院落	祁阳县	133	院落风景林	森林生态	县级	19871101	其他
湘62	人民电站	祁阳县	133	自然风景林	森林生态	县级	19871103	水利
湘63	小金洞	祁阳县	633	自然风景林	森林生态	县级	19871103	其他
湘64	内下林场	祁阳县	1800	自然风景林	森林生态	县级	19910718	林业
湘65	羊角塘岩洞	祁阳县	1800	岩洞群	地质遗迹	县级	19910718	其他
湘66	祁阳小鲵	祁阳县	6060	小鲵等珍稀野生动物	野生动物	省级	20040320	林业
湘67	大江林场	祁阳县	7733	亚热带常绿阔叶林及野生动物	森林生态	县级	19910718	林业
湘68	大忠桥院落	祁阳县	133	院落风景	森林生态	县级	19871103	其他
湘69	太白峰	祁阳县	5468.7	亚热带常绿阔叶林	森林生态	县级	20010110	林业
湘70	东安舜皇山	东安县	14311	亚热带常绿阔叶林及资源冷杉、伯乐树、南方红豆杉、华南五针松、林麝、黄腹角雉等珍稀物种	森林生态	省级	19840509	林业
湘71	泷泊	双牌县	667	森林生态系统	森林生态	县级	19900605	林业
湘72	双牌水库	双牌县	2667	水源涵养林	森林生态	县级	19900605	林业
湘73	阳明山	双牌县	12795	森林及黄杉、红豆杉等珍贵植物	森林生态	国家级	19840101	林业
湘74	桥头黄枝油杉	道县	1952	黄枝油杉及其生境	野生植物	县级	20050201	林业
湘75	牛路口	道县	8671	翅夹木等珍稀植物	野生植物	县级	20050201	林业
湘76	永州都庞岭	道县	20066.4	森林生态系统、林麝、白颈长尾雉等野生动植物	森林生态	国家级	19820101	林业
湘77	大远源口	江永县	5527	森林生态系统	森林生态	省级	19840509	林业
湘78	九嶷山	宁远县	3648	斑竹林及森林生态系统	森林生态	省级	19820427	林业
湘79	板塘	蓝山县	7300	斑竹林及森林生态系统	森林生态	县级	19880101	林业
湘80	秀峰岭	新田县	3333	次生林及珍稀动植物	森林生态	县级	19910827	林业
湘81	江华庙子源	江华瑶族自治县	8667	森林、野生动植物	森林生态	县级	19910801	林业
湘82	康龙森林	中方县	6700	珍稀野生动植物	野生动物	省级	19961011	林业
湘83	借母溪	沅陵县	13041	森林生态系统及榉木、楠木等珍稀植物	森林生态	国家级	19980101	林业
湘84	小龙门娃娃鱼	辰溪县	1760	大鲵及其生境	野生动物	县级	19840501	环保
湘85	兰岗山米粮洞	溆浦县	1000	森林及珍稀动植物	森林生态	县级	19851101	林业
湘86	圣人山	溆浦县	3577	森林及珍稀动植物	森林生态	县级	19930901	林业
湘87	鹰嘴界	会同县	15900	亚热带森林植被及南方红豆杉、野生动物	森林生态	国家级	19980101	林业

序号	保护区名称	行政区域	面积	主要保护对象	类型	级别	始建时间	主管部门
湘88	泥溪垅	麻阳苗族自治县	867	天然针阔叶混交林	森林生态	县级	20030305	林业
湘89	牙溪	麻阳苗族自治县	142	天然针阔叶混交林	森林生态	县级	20030305	林业
湘90	天石	新晃侗族自治县	2375	天然针阔叶混交林	森林生态	县级	20000201	林业
湘91	古夜郎	新晃侗族自治县	2375	南方红豆杉	野生植物	县级	20031231	林业
湘92	西晃山	芷江侗族自治县	4084	森林及野生动植物	森林生态	县级	20030305	林业
湘93	三道坑	芷江侗族自治县	13768	森林及野生动植物	森林生态	省级	20001130	林业
湘94	地理冲	靖州苗族侗族自治县	362	次生林阔叶林群落及穿山甲、娃娃鱼等珍稀物种	森林生态	省级	19980921	林业
湘95	通道万佛山	通道侗族自治县	9435	丹霞地貌	地质遗迹	省级	19981025	环保
湘96	雪峰山	洪江市	12341	天然阔叶林、珍稀野生动植物	森林生态	县级	20010401	林业
湘97	八仙湖	吉首市	7033.3	湿地和森林生态系统	内陆湿地	县级	20000309	林业
湘98	齐心金雕	吉首市	13346.7	金雕、猕猴及森林生态系统	野生动物	县级	20000309	林业
湘99	芭斗山	泸溪县	7700	森林生态系统	森林生态	县级	20030101	林业
湘100	岱朝山	泸溪县	8300	森林生态系统	森林生态	县级	20030101	林业
湘101	天桥山	泸溪县	13878	白颈长尾雉、白冠长尾雉、榉木等濒危物种	森林生态	省级	19980917	林业
湘102	柏林	凤凰县	75	森林生态系统及国家重点保护野生动植物	森林生态	县级	20040401	林业
湘103	白果	凤凰县	82	森林生态系统及国家重点保护野生动植物	森林生态	县级	20040401	林业
湘104	关田山	凤凰县	89	森林生态系统及国家重点保护野生动植物	森林生态	县级	20040401	林业
湘105	都桐	凤凰县	174	森林生态系统及国家重点保护野生动植物	森林生态	县级	20040401	林业
湘106	都罗	凤凰县	257	森林生态系统及国家重点保护野生动植物	森林生态	县级	20040401	林业
湘107	黄栗	凤凰县	289	森林生态系统及国家重点保护野生动植物	森林生态	县级	20040401	林业
湘108	白泥合水	凤凰县	358	森林生态系统及国家重点保护野生动植物	森林生态	县级	20040401	林业
湘109	九重岩	凤凰县	8500	常绿阔叶林生态系统	森林生态	省级	20020408	林业
湘110	两头羊	凤凰县	8838	森林生态系统及国家重点保护野生动植物	森林生态	省级	20020408	林业
湘111	麻良	凤凰县	142.17	森林生态系统及国家重点保护野生动植物	森林生态	县级	20040401	林业
湘112	早岗	凤凰县	336.48	森林生态系统及国家重点保护野生动植物	森林生态	县级	20040401	林业
湘113	新光黄茅坪	凤凰县	526.7	森林生态系统及国家重点保护野生动植物	森林生态	县级	20040401	林业
湘114	高岩河	花垣县	7530	野生动植物	内陆湿地	县级	19980820	林业
湘115	花垣摩天岭	花垣县	10900	森林及金雕、金猫、南方红豆杉	森林生态	县级	19980820	林业
湘116	古苗河	花垣县	11000	野生动植物	内陆湿地	县级	19980820	林业
湘117	莲台山	花垣县	8533.3	森林生态系统生态系统及野生动植物	森林生态	县级	19980820	林业
湘118	吕洞山	保靖县	17000	森林生态系统及猕猴、云杉	森林生态	县级	19990312	林业
湘119	保靖白云山	保靖县	17555		森林生态	省级	19980902	林业
湘120	高望界	古丈县	17169.8	常绿阔叶林生态系统	森林生态	国家级	19930901	林业

序号	保护区名称	行政区域	面积	主要保护对象	类型	级别	始建时间	主管部门
湘121	猛洞河	永顺县	10000	次生林、珍稀动植物	森林生态	县级	19910201	其他
湘122	万民	永顺县	20610	森林生态系统及野生动植物	森林生态	县级	20000518	林业
湘123	小溪	永顺县	24800	珙桐、南方红豆杉等珍稀植物	森林生态	国家级	19820101	林业
湘124	火岩	龙山县	141	溶洞群	地质遗迹	县级	19870501	其他
湘125	大绕坡	龙山县	734	森林生态系统	森林生态	县级	20020808	林业
湘126	皮渡河	龙山县	3162	野生动植物	内陆湿地	县级	20000519	林业
湘127	龙山小河沟	龙山县	5800	森林生态系统	森林生态	县级	20040701	林业
湘128	印家界	龙山县	10795	森林生态系统	森林生态	省级	19990818	林业
湘129	洛塔	龙山县	4333.3	水杉及其生境	野生植物	省级	19840509	林业
粤01	从化唐鱼	广州市	118	唐鱼及其生境	野生动物	县级	20070401	海洋
粤02	花都芙蓉嶂桃花水母	广州市	280	水母及其生境	野生动物	县级	20070301	海洋
粤03	新垦鸟类	广州市番禺区	3300	鸟类及其生境	野生动物	县级	19991201	林业
粤04	增城野生稻	增城市	4	野生稻及其生境	野生植物	县级	20000901	农业
粤05	大东坑	增城市	250	次生阔叶林	森林生态	县级	19991001	林业
粤06	陈禾洞	从化市	2219	常绿阔叶林及野生动植物	森林生态	省级	19991201	林业
粤07	从化温泉	从化市	2886	温泉及森林生态系统	地质遗迹	市级	19880301	其他
粤08	丹霞闭壳龟	韶关市	500	闭壳龟及其生境	野生动物	县级	20060601	农业
粤09	万时山大鲵	韶关市	850	大鲵及其生境	野生动物	县级	20060601	农业
粤10	仁化锦江鱼类	韶关市	1500	鱼类	野生动物	县级	20060601	农业
粤11	龙斗斜	韶关市	2000	苏门羚等野生动物及其生境	野生动物	市级	19960501	林业
粤12	北江特有珍稀鱼类	韶关市	2820	斑鳠等珍稀鱼类	野生动物	省级	20060801	海洋
粤13	南岭	韶关市、清远市	50000	中亚热带常绿阔叶林	森林生态	国家级	19840401	林业
粤14	沙溪	韶关市曲江区	9040	中亚热带常绿阔叶林	森林生态	省级	19960201	林业
粤15	罗坑鳄蜥	韶关市曲江区	20424	鳄蜥及中亚热带常绿阔叶林	野生动物	省级	19981201	林业
粤16	粤北华南虎	韶关市曲江区	16360.8	华南虎生境	野生动物	省级	19900101	林业
粤17	始兴南山	始兴县	7113	野生动植物及其生境	野生动物	省级	20010601	林业
粤18	车八岭	始兴县	7545	中亚热带常绿阔叶林及珍稀动植物	森林生态	国家级	19880509	林业
粤19	仁化高坪	仁化县	3585	中亚热带常绿阔叶林	森林生态	省级	19990301	林业
粤20	丹霞山	仁化县	28000	丹霞地貌	地质遗迹	国家级	19951106	国土
粤21	半溪张光营	翁源县	6000	中亚热带常绿阔叶林	森林生态	市级	20000101	林业
粤22	翁源青云山	翁源县	7359	森林生态系统	森林生态	省级	20021201	林业
粤23	乳源山瑞鳖	乳源瑶族自治县	400	山瑞鳖等野生动物	野生动物	县级	20061101	海洋
粤24	滃江水生野生动物	乳源瑶族自治县	804	珍稀鱼类、贝类及水草	野生动物	县级	20060901	农业
粤25	青溪洞	乳源瑶族自治县	3133	森林及珍稀动植物	森林生态	县级	19760501	林业
粤26	乳源大峡谷	乳源瑶族自治县	3468	森林及野生动植物、峡谷地貌	森林生态	省级	19981101	林业
粤27	大潭河	乳源瑶族自治县	3853	森林生态系统	森林生态	县级	20020601	林业
粤28	乳源红豆杉	乳源瑶族自治县	10190	红豆杉及其生境	野生植物	县级	20040101	林业
粤29	乳源泉水	乳源瑶族自治县	22098.5	原始森林、自然景观、水源地	森林生态	市级	20020601	林业
粤30	云髻山	新丰县	2700	亚热带常绿阔叶林	森林生态	省级	19900101	林业
粤31	鲁古河	新丰县	10600	中亚热带常绿阔叶林	森林生态	市级	20000101	林业
粤32	乐昌唇鱼	乐昌市	400	唇鱼及其生境	野生动物	县级	20040601	海洋
粤33	杨东山十二度水	乐昌市	2670	阔叶林、珍稀动植物	森林生态	省级	19980301	林业
粤34	乐昌大瑶山	乐昌市	7913.9	阔叶林、珍稀动植物	森林生态	省级	20000301	林业
粤35	南雄恐龙化石群	南雄市	4221	恐龙化石地质遗迹	古生物遗迹	省级	19950501	国土
粤36	小流坑—青嶂山	南雄市	7874	中亚热带常绿阔叶林	森林生态	省级	19950101	林业

序号	保护区名称	行政区域	面积	主要保护对象	类型	级别	始建时间	主管部门
粤 37	大鹏半岛	深圳市葵涌、大鹏、南澳	14622	南亚热带常绿阔叶林、红树林及珍稀濒危物种	森林生态	市级	20100101	林业
粤 38	内伶仃岛—福田	深圳市宝安区、福田区	815	猕猴、鸟类、红树林湿地生态系统	海洋海岸	国家级	19840409	林业
粤 39	庙湾珊瑚	珠海市	2435	珊瑚礁生态系统	海洋海岸	市级	20060601	林业
粤 40	珠江口中华白海豚	珠海市	46000	中华白海豚及其生境	野生动物	国家级	19910101	农业
粤 41	珠海凤凰山	珠海市	807	森林生态系统	森林生态	市级	20000101	林业
粤 42	万山群岛	珠海市	2207	海岛生态系统	海洋海岸	市级	19991201	农业
粤 43	锅盖栋	珠海市	1425	森林及野生动植物	森林生态	县级	19991201	林业
粤 44	淇澳—担杆岛	珠海市	7363	红树林	海洋海岸	省级	19891101	农业
粤 45	竹篙岭	珠海市斗门区	460	森林及野生动植物	森林生态	县级	19991201	林业
粤 46	黄扬山	珠海市斗门区	1635	森林及野生动植物	森林生态	县级	20000401	林业
粤 47	汕头大学周围环境	汕头市金平区	176	汕头大学周围森林植被	森林生态	市级	19851201	其他
粤 48	汕头湿地	汕头市金平区	10333	湿地生态系统	内陆湿地	市级	20010801	林业
粤 49	濠江企望湾南方鲎	汕头市濠江区	272.8	南方鲎及其生境	野生动物	市级	20040201	海洋
粤 50	龙头湾	汕头市潮阳区	976	中华白海豚等珍稀水生野生动物	野生动物	市级	20030901	海洋
粤 51	河溪鸟类	汕头市潮阳区	1055	候鸟及其生境	野生动物	市级	20040901	林业
粤 52	田心湾南方鲎	汕头市潮南区	333	南方鲎及其生境	野生动物	市级	20040201	海洋
粤 53	练江口	汕头市潮南区	233	湿地生态系统、候鸟、水生动物和渔业资源	内陆湿地	县级	20050601	农业
粤 54	翠湖	汕头市潮南区	1070	南亚热带阔叶林及野生动物	森林生态	市级	20040901	林业
粤 55	莱芜中国龙虾	汕头市澄海区	2060	中国龙虾及其生境	野生动物	市级	20030801	海洋
粤 56	莱芜中华白海豚	汕头市澄海区	1053	中华白海豚及其生境	野生动物	市级	20030801	海洋
粤 57	南澎列岛	南澳县	35679	海洋生态系统及海洋生物	海洋海岸	国家级	19910101	海洋
粤 58	南澳岛	南澳县	256	候鸟及其栖息环境	野生动物	省级	19900101	林业
粤 59	南澳平屿	南澳县	157.3	南方鲎及其生境	野生动物	市级	20040201	海洋
粤 60	南澳赤屿	南澳县	212.4	中国龙虾及其生境	野生动物	市级	20040201	海洋
粤 61	西樵山	佛山市南海区	800	火山地貌	地质遗迹	县级	20021201	其他
粤 62	三洲水源林	佛山市高明区	653	水源涵养林	森林生态	县级	20000101	林业
粤 63	合水桫椤	佛山市高明区	1038	桫椤及其生境	野生植物	县级	19980801	林业
粤 64	江门台山中华白海豚	台山市	10748	中华白海豚及其生境	野生动物	省级	20031201	海洋
粤 65	乌猪岛	台山市	8000	珍稀海洋动物	野生动物	县级	19971201	海洋
粤 66	镇海湾红树林	台山市	1500	红树林生态系统	海洋海岸	县级	20001101	林业
粤 67	上川岛猕猴	台山市	2232	猕猴及其生境	野生动物	省级	19900101	林业
粤 68	赤溪曹峰山	台山市	9459	天然次生林	森林生态	县级	20050201	林业
粤 69	古兜山	台山市	11567	天然次生林	森林生态	省级	19990701	林业
粤 70	石榴塘	开平市	1442	森林及野生动植物	森林生态	县级	20050101	其他
粤 71	狮山	开平市	1694	森林及野生动物	森林生态	县级	20050101	其他
粤 72	梁金山	开平市	3546	森林及野生动植物	森林生态	县级	20050101	林业
粤 73	赤坎百足山	开平市	1131.5	森林及野生动植物	森林生态	县级	20050101	林业
粤 74	恩平红树林	恩平市	700	红树林生态系统	海洋海岸	县级	20050101	林业
粤 75	君子山	恩平市	6667	次生林	森林生态	县级	20050101	林业
粤 76	恩平锦江源	恩平市	7535	季风常绿阔叶林及野生动物	森林生态	市级	20060201	林业
粤 77	七星坑	恩平市	8060	亚热带原始次生林	森林生态	省级	20030101	林业
粤 78	雷州湾中华白海豚	湛江市	2058	中华白海豚及其生境	野生动物	市级	20070401	海洋
粤 79	硇洲海洋资源	湛江市	1300	鲍鱼、龙虾、江瑶贝等海洋水产资源	野生动物	市级	19900101	海洋
粤 80	湛江红树林	湛江市	19300	红树林生态系统	海洋海岸	国家级	19900108	林业

序号	保护区名称	行政区域	面积	主要保护对象	类型	级别	始建时间	主管部门
粤 81	特呈岛	湛江市霞山区	715.4	海洋生态系统	海洋海岸	县级	20030801	海洋
粤 82	南三岛鲎类	湛江市坡头区	2186	鲎及其生境	野生动物	县级	20031101	海洋
粤 83	雷州湾海洋生态	湛江市经济技术开发区麻章区	1000	雷州湾海洋生态系统	海洋海岸	县级	20031201	海洋
粤 84	湖光岩	湛江市经济技术开发区麻章区	470	火山口遗迹	地质遗迹	市级	20000901	国土
粤 85	遂溪真鲷和二长棘鲷幼鱼	遂溪县	2000	真鲷和二长棘鲷幼鱼及其生境	野生动物	县级	20040601	海洋
粤 86	遂溪中国鲎	遂溪县	1000	中国鲎及其生境	野生动物	县级	20000901	海洋
粤 87	徐闻大黄鱼幼鱼	徐闻县	1965128	大黄鱼幼鱼及其生境	野生动物	县级	19990803	海洋
粤 88	外罗海湾鲎	徐闻县	1726	鲎及其生境	野生动物	县级	20010801	海洋
粤 89	苍头、南山红树林	徐闻县	300	红树林生态系统	海洋海岸	县级	19970501	海洋
粤 90	徐闻珊瑚礁	徐闻县	14378.5	珊瑚礁生态系统	海洋海岸	国家级	19990801	海洋
粤 91	英罗湾儒艮	廉江市	10380	儒艮及其生境	野生动物	县级	20030901	海洋
粤 92	廉江谢鞋山	廉江市	180	野生荔枝林	野生植物	县级	20050101	林业
粤 93	廉江根竹嶂	廉江市	360	天然米椎林	野生植物	县级	20050101	林业
粤 94	东里栉江瑶	雷州市	200	江瑶及其生境	野生动物	县级	20030101	海洋
粤 95	雷州海草	雷州市	3633	海草及其生境	野生植物	县级	19830101	海洋
粤 96	南渡河口	雷州市	200	海洋生态系统	海洋海岸	县级	20030101	海洋
粤 97	乌石灯图角珊瑚	雷州市	667	珊瑚礁生态系统	海洋海岸	县级	19990101	海洋
粤 98	雷州珍稀海洋生物	雷州市	46864.7	白蝶贝等珍稀海洋生物及其生境	野生动物	国家级	19830101	海洋
粤 99	吴川文昌鱼	吴川市	1384	文昌鱼及其生境	野生动物	县级	20000801	海洋
粤 100	放鸡岛文昌鱼	茂名市	14960	文昌鱼及其生境	野生动物	市级	20040101	海洋
粤 101	化州飞蛾岭	茂名市	800	森林及野生动植物	森林生态	县级	20070201	林业
粤 102	高州南山河	茂名市	2103	森林及野生动植物	森林生态	县级	20070201	林业
粤 103	高州百花顶	茂名市	2216	森林及野生动植物	森林生态	县级	20070201	林业
粤 104	电白河尾山	茂名市	2309	森林及野生动植物	森林生态	县级	20070201	林业
粤 105	高州三官山	茂名市	5237	森林及野生动植物	森林生态	县级	20070201	林业
粤 106	茂名恐龙化石	茂名市茂南区	1800	恐龙化石	古生物遗迹	市级	19950101	其他
粤 107	茂港区人工鱼礁	茂名市茂港区	3000	海洋生态系统	海洋海岸	县级	20031201	海洋
粤 108	茂港红树林	茂名市茂港区	800	红树林湿地生态系统	海洋海岸	县级	20011101	林业
粤 109	电白红树林	电白县	1950	红树林、候鸟	海洋海岸	市级	19991201	林业
粤 110	仙人洞蝾螈	高州市	3000	蝾螈及其生境	野生动物	县级	20040101	海洋
粤 111	过天坡	信宜市	393	森林及野生动植物	森林生态	县级	20050201	林业
粤 112	鸭兜山	信宜市	408	森林及野生动植物	森林生态	县级	20050201	林业
粤 113	石牛肚	信宜市	425	森林及野生动植物	森林生态	县级	20050201	林业
粤 114	猫耳石	信宜市	430	森林及野生动植物	森林生态	县级	20050201	林业
粤 115	南瓮顶	信宜市	443	森林及野生动植物	森林生态	县级	20050201	林业
粤 116	亚公髻	信宜市	490	森林及野生动植物	森林生态	县级	20050201	林业
粤 117	公婆石	信宜市	569	森林及野生动植物	森林生态	县级	20050201	林业
粤 118	花楼顶	信宜市	695	森林及野生动植物	森林生态	县级	20050201	林业
粤 119	三甲顶	信宜市	745	森林及野生动植物	森林生态	县级	20050201	林业
粤 120	信宜鸡笼顶	信宜市	813	森林及野生动植物	森林生态	县级	20050201	林业
粤 121	鹞婆石	信宜市	955	森林及野生动植物	森林生态	县级	20050201	林业
粤 122	黄华江	信宜市	1000	大鲵等水产资源	野生动物	县级	19960201	海洋
粤 123	亚婆髻	信宜市	1214	森林及野生动植物	森林生态	县级	20050201	林业

序号	保护区名称	行政区域	面积	主要保护对象	类型	级别	始建时间	主管部门
粤 124	龙须顶	信宜市	1330	森林及野生动植物	森林生态	县级	20050201	林业
粤 125	托盘洞	信宜市	1806	森林及野生动植物	森林生态	县级	20050201	林业
粤 126	元珠	信宜市	2167	森林及野生动植物	森林生态	县级	20050201	林业
粤 127	五指肚	信宜市	2550	森林及野生动植物	森林生态	县级	20050201	林业
粤 128	银岩	信宜市	4323	森林及野生动植物	森林生态	县级	20050201	林业
粤 129	林洲顶	信宜市	6064.8	森林及野生动植物	森林生态	省级	20050201	林业
粤 130	云开山	信宜市	12511.3	南亚热带常绿阔叶林及野生动植物	森林生态	省级	20100618	林业
粤 131	肇庆鸡笼顶	肇庆市	2312	南亚热带常绿阔叶林及珍稀动植物	森林生态	市级	20040101	林业
粤 132	鼎湖山	肇庆市鼎湖区	1133	南亚热带常绿阔叶林、珍稀动植物	森林生态	国家级	19560101	其他
粤 133	黄沙蚬	肇庆市鼎湖区	6000	河蚬及其生境	野生动物	县级	20040901	农业
粤 134	广宁鼋	广宁县	400	鼋及其生境	野生动物	县级	19901101	农业
粤 135	罗壳山	广宁县	2072	森林生态系统	森林生态	市级	20000601	林业
粤 136	深坑	广宁县	3025	森林生态系统	森林生态	市级	20040101	林业
粤 137	三江口斑鳠产卵场	怀集县	110	斑鳠及其生境	野生动物	县级	20040901	农业
粤 138	怀集桥头燕岩	怀集县	923	燕岩地质地貌	地质遗迹	省级	20050706	国土
粤 139	大稠顶	怀集县	3761	南亚热带常绿阔叶林及珍稀动植物	森林生态	省级	20000101	林业
粤 140	三岳	怀集县	6762	南亚热带常绿阔叶林及珍稀动植物	森林生态	省级	20040101	林业
粤 141	贺江	封开县	280	湿地生态系统	内陆湿地	县级	20041101	农业
粤 142	西江珍稀鱼类	封开县	1914	水生野生动物	野生动物	省级	20040101	农业
粤 143	七星顶	封开县	4102	南亚热带常绿阔叶林及珍稀动植物	森林生态	市级	20040101	林业
粤 144	黑石顶	封开县	4186	南亚热带常绿阔叶林	森林生态	省级	19790801	林业
粤 145	三叉顶	德庆县	2044	南亚热带常绿阔叶林及濒危动植物	森林生态	市级	20040101	林业
粤 146	鲤鱼尾水库水源林	高要市	980	南亚热带常绿阔叶林及珍稀动植物	森林生态	县级	19980101	林业
粤 147	金龙水库水源林	高要市	1830	南亚热带常绿阔叶林及珍稀动植物	森林生态	县级	19980101	林业
粤 148	杨梅水库水源林	高要市	1830	南亚热带常绿阔叶林及珍稀动植物	森林生态	县级	19980101	林业
粤 149	新兴江水源林	高要市	3650	南亚热带常绿阔叶林及珍稀动植物	森林生态	县级	19980101	林业
粤 150	西江烂柯山	高要市	7962	南亚热带常绿阔叶林及珍稀动植物	森林生态	省级	20040101	林业
粤 151	西江河水源林	高要市	10200	南亚热带常绿阔叶林及珍稀动植物	森林生态	县级	19980101	林业
粤 152	四会绥江鼋	四会市	273	鼋及其生境	野生动物	县级	19900801	农业
粤 153	四会十二带	四会市	2253	南亚热带常绿阔叶林及珍稀动植物	森林生态	市级	20040101	林业
粤 154	大亚湾水产资源	惠州市	98500	海洋水产资源	野生动物	省级	19830401	海洋
粤 155	连塘	惠州市惠城区	845	森林及野生动植物	森林生态	县级	20000801	林业
粤 156	大石坑	惠州市惠城区	848	森林及野生动植物	森林生态	县级	20000801	林业
粤 157	洋朗	惠州市惠城区	1200	森林及野生动植物	森林生态	县级	20000801	林业
粤 158	墩子	惠州市惠城区	1923	森林及野生动植物	森林生态	市级	20000401	林业
粤 159	白面石	惠州市惠阳区	800	森林生态系统	森林生态	县级	20030801	林业
粤 160	大坑	惠州市惠阳区	1866	森林生态系统	森林生态	县级	20030801	林业
粤 161	惠阳金橘	惠州市惠阳区	2222	金橘及其生境	野生植物	市级	20000401	林业
粤 162	白云嶂	惠州市惠阳区	4214	森林生态系统	森林生态	县级	20030801	林业
粤 163	黄巢嶂	惠州市惠阳区	4788	森林生态系统	森林生态	县级	20030801	林业
粤 164	博罗太平山	博罗县	525	南亚热带常绿阔叶林、珍稀动植物	森林生态	县级	19990101	林业
粤 165	黄山洞	博罗县	1400	常绿阔叶林、珍稀动植物	森林生态	市级	19981201	林业
粤 166	罗浮山	博罗县	9828	森林生态系统和野生动物	森林生态	省级	19851101	林业
粤 167	象头山	博罗县	10696.9	森林生态及野生动植物	森林生态	国家级	19981201	林业
粤 168	惠东红树林	惠东县	533	红树林、候鸟	海洋海岸	市级	19991201	林业
粤 169	惠东港口海龟	惠东县	800	海龟及其产卵繁殖地	野生动物	国家级	19921027	农业

序号	保护区名称	行政区域	面积	主要保护对象	类型	级别	始建时间	主管部门
粤 170	南木桥	惠东县	1557	南亚热带季风常绿阔叶林、珍稀动植物	森林生态	县级	19991201	林业
粤 171	坪天嶂	惠东县	1793	南亚热带季风常绿阔叶林、珍稀动植物	森林生态	市级	20001201	林业
粤 172	虎竹嶂	惠东县	1800	南亚热带季风常绿阔叶林、珍稀动植物	森林生态	县级	19990101	林业
粤 173	十二峆	惠东县	2006	南亚热带季风常绿阔叶林、珍稀动植物	森林生态	县级	19990101	林业
粤 174	莲花山白盆珠	惠东县	4127	湿地生态系统及珍稀动植物	内陆湿地	省级	19991201	林业
粤 175	惠东白马山	惠东县	9333	森林生态系统	森林生态	县级	20030101	林业
粤 176	古田	惠东县	2189.2	亚热带常绿阔叶林及珍稀动植物	森林生态	省级	19840404	林业
粤 177	屏风石	龙门县	667	水源涵养林	森林生态	县级	20000701	林业
粤 178	合子	龙门县	1500	水源涵养林	森林生态	县级	20000701	林业
粤 179	寨头水库	龙门县	1708	水源涵养林	森林生态	市级	20000201	林业
粤 180	杨坑洞	龙门县	2709	水源涵养林	森林生态	市级	20000201	林业
粤 181	龙门黄草坪	龙门县	3716	南亚热带常绿阔叶林及珍稀动植物	森林生态	县级	20000801	林业
粤 182	南昆山	龙门县	6666	南亚热带季风常绿阔叶林、珍稀动植物	森林生态	省级	19840404	林业
粤 183	人子石	梅州市梅江区	1066	森林及野生动植物	森林生态	市级	20010201	林业
粤 184	泮坑	梅州市梅江区	1520	水源涵养林	森林生态	市级	19921201	林业
粤 185	蕉坑	梅县	600	森林生态系统	森林生态	县级	20050101	林业
粤 186	尖石笔	梅县	633	森林及野生动植物	森林生态	市级	20000301	林业
粤 187	鹿湖山	梅县	667	森林生态系统	森林生态	县级	20050101	林业
粤 188	梅县大连	梅县	667	森林生态系统	森林生态	县级	20020101	林业
粤 189	乌泥坑	梅县	667	森林生态系统	森林生态	县级	20050101	林业
粤 190	王寿山	梅县	708	亚热带常绿阔叶林及野生动植物	森林生态	市级	20000301	林业
粤 191	梅县九龙嶂	梅县	1000	森林和野生动植物	森林生态	市级	20020101	林业
粤 192	佛子高	梅县	1744	森林及野生动植物	森林生态	市级	20000301	林业
粤 193	上官塘	梅县	2000	森林生态系统	森林生态	县级	20050101	林业
粤 194	阴那山	梅县	2566	森林及桫椤等濒危野生动植物	森林生态	省级	19851101	林业
粤 195	梅县清凉山	梅县	9400	野生动物及其生境	野生动物	县级	20020501	林业
粤 196	英雅山	大埔县	2308	森林及珍稀动植物	森林生态	市级	20030301	林业
粤 197	大仁岽	大埔县	2320	亚热带常绿阔叶林	森林生态	市级	20010201	林业
粤 198	帽山	大埔县	3453	亚热带常绿阔叶林	森林生态	县级	20010901	林业
粤 199	龙坪咀	大埔县	3900	亚热带常绿阔叶林	森林生态	县级	20010901	林业
粤 200	青溪	大埔县	5000	森林及野生动植物	森林生态	市级	20010201	林业
粤 201	大埔三河坝湿地	大埔县	7198	湿地及珍稀动植物	内陆湿地	县级	20060601	林业
粤 202	丰溪	大埔县	10590	森林及珍稀濒危动植物	森林生态	省级	19840404	林业
粤 203	韩山	丰顺县	1333	森林及野生动植物	森林生态	县级	20000202	林业
粤 204	兵营	丰顺县	2133	森林及野生动植物	森林生态	县级	20000101	林业
粤 205	大坝	丰顺县	2667	森林及野生动植物	森林生态	县级	19991201	林业
粤 206	塘湖	丰顺县	3150	森林及野生动植物	森林生态	市级	19990301	林业
粤 207	八乡山	丰顺县	3333	森林及野生动植物	森林生态	市级	19990301	林业
粤 208	铜鼓嶂	丰顺县	4000	森林及野生动植物	森林生态	市级	19990201	林业
粤 209	李望嶂	五华县	2000	森林及野生动植物	森林生态	市级	19991101	林业
粤 210	益塘	五华县	2133	森林及野生动植物	森林生态	市级	20000301	水利

序号	保护区名称	行政区域	面积	主要保护对象	类型	级别	始建时间	主管部门
粤 211	五华天柱山	五华县	2800	森林及野生动植物	森林生态	市级	20001001	林业
粤 212	天吊嶂	五华县	3800	森林及野生动植物	森林生态	市级	20001001	林业
粤 213	天堂山	五华县	4000	森林及野生动植物	森林生态	市级	20000301	林业
粤 214	蒲石顶	五华县	4200	森林及野生动植物	森林生态	市级	20001001	林业
粤 215	桂竹园	五华县	4300	森林及野生动植物	森林生态	市级	20001001	林业
粤 216	五华清水河	五华县	4500	森林及野生动植物	森林生态	市级	20001001	林业
粤 217	龙狮殿	五华县	4667	森林及野生动植物	森林生态	市级	20000301	林业
粤 218	插天嶂	五华县	4800	森林及野生动植物	森林生态	市级	20001001	林业
粤 219	七目嶂	五华县	5850	亚热带常绿阔叶林及桫椤等珍稀动植物	森林生态	省级	19900701	农业
粤 220	鸿图嶂	五华县	6800	森林及野生动植物	森林生态	市级	20001001	林业
粤 221	河岭嶂	平远县	1333	森林及野生动植物	森林生态	市级	20010201	林业
粤 222	南台山	平远县	1800	森林及野生动植物	森林生态	市级	20010201	林业
粤 223	五指石	平远县	2000	森林及珍稀动植物、丹霞地貌	森林生态	市级	19850801	林业
粤 224	龙文 - 黄田	平远县	7960.5	中亚热带常绿阔叶林及珍稀动植物	森林生态	省级	19850301	林业
粤 225	长潭	蕉岭县	5586	常绿阔叶林	森林生态	省级	20020101	林业
粤 226	皇佑笔	蕉岭县	7404.3	森林生态系统及珍稀野生动植物	森林生态	市级	19870101	林业
粤 227	和山岩	兴宁市	667	水源涵养林	森林生态	市级	20000301	林业
粤 228	石壁	兴宁市	1000	水源涵养林	森林生态	市级	20000301	林业
粤 229	兴宁神光山	兴宁市	1333	森林及野生动植物	森林生态	市级	20010201	林业
粤 230	白鹤仙师	兴宁市	2000	森林及野生动植物	森林生态	市级	20010201	林业
粤 231	合水	兴宁市	2000	水源涵养林	森林生态	市级	20000301	林业
粤 232	四望嶂	兴宁市	2000	森林及野生动植物	森林生态	市级	20000301	林业
粤 233	铁山渡田河	兴宁市	17826.7	常绿阔叶林及珍稀动植物	森林生态	省级	19991101	林业
粤 234	碣石湾海马资源	汕尾市	500	三斑海马、日本海马等及其栖息地	野生动物	市级	20060801	海洋
粤 235	汕尾遮浪角	汕尾市	810	人工鱼礁	海洋海岸	市级	20060801	海洋
粤 236	陆丰陂洋土沉香	汕尾市	67	土沉香	野生植物	县级	20070201	林业
粤 237	陆河南万大鲵	汕尾市	500	大鲵及其生境	野生动物	市级	20060901	海洋
粤 238	陆丰碣石湿地	汕尾市	800	湿地、候鸟	内陆湿地	县级	20070201	林业
粤 239	陆丰三溪水	汕尾市	3340	候鸟	野生动物	县级	20070201	林业
粤 240	九龙湾海洋	海丰县	2050	真鲷等动物及其产卵场和孵化场	野生动物	市级	20060801	海洋
粤 241	学堂坑	海丰县	667	阔叶林	森林生态	县级	19991201	林业
粤 242	海丰莲花山	海丰县	2556	阔叶林等自然景观	森林生态	县级	20001101	林业
粤 243	海丰鸟类	海丰县	11591	鸟类及其生境	野生动物	省级	19980811	林业
粤 244	南万红椎林	陆河县	2486	红树林	海洋海岸	省级	19991101	林业
粤 245	陆河花鳗鲡	陆河县	1865.6	广东省最大的花鳗鲡自然分布区,唐鱼、金钱龟、山瑞鳖等野生动物及其生境	野生动物	省级	20041201	农业
粤 246	石坪金钱龟	河源市	27	金钱龟及其生境	野生动物	市级	20011201	林业
粤 247	桂山大鲵	河源市	133	大鲵及其生境	野生动物	市级	20011101	农业
粤 248	河源鼋	河源市	160	鼋、黄沙鲂及其生境	野生动物	市级	20011101	农业
粤 249	新丰江鼋	河源市	3000	大鲵及其生境	野生动物	县级	20011201	林业
粤 250	和平下车	河源市	7404	阔叶林珍稀动植物	森林生态	县级	20030201	林业
粤 251	新港	河源市	7513	森林及珍稀动物	森林生态	省级	19760501	林业
粤 252	和平阳明	河源市	7825	阔叶林珍稀动植物	森林生态	县级	20030201	林业
粤 253	河源恐龙蛋化石	河源市源城区	1002	恐龙蛋化石	古生物遗迹	省级	20000101	国土

序号	保护区名称	行政区域	面积	主要保护对象	类型	级别	始建时间	主管部门
粤254	大桂山	河源市源城区	6070	亚热带常绿阔叶林和珍稀动植物	森林生态	市级	19980101	林业
粤255	乌禽嶂	紫金县	361	水源林及野生动植物	森林生态	县级	19970101	林业
粤256	鸡公嶂	紫金县	679	水源林及野生动植物	森林生态	县级	19950301	林业
粤257	仙女滩	紫金县	1975	水源林及野生动植物	森林生态	县级	19950301	林业
粤258	白溪	紫金县	5755.5	森林及动物、珍稀树种	森林生态	省级	19950301	林业
粤259	龙川鼋	龙川县	1000	鼋及其生境	野生动物	县级	20020601	海洋
粤260	龙川七目嶂	龙川县	1673	水源涵养林	森林生态	县级	20001101	林业
粤261	东水嶂	龙川县	1713	水源涵养林	森林生态	县级	20001101	林业
粤262	新村	龙川县	2020	水源涵养林	森林生态	县级	20001101	林业
粤263	黄江	龙川县	2130	水源涵养林	森林生态	县级	20001101	林业
粤264	上板桥	龙川县	2300	水源涵养林	森林生态	县级	20001101	林业
粤265	高陂	龙川县	2360	水源涵养林	森林生态	县级	20001101	林业
粤266	富州	龙川县	3400	水源涵养林	森林生态	县级	20001101	林业
粤267	野猪嶂	龙川县	4335	常绿阔叶林	森林生态	县级	20001101	林业
粤268	枫树坝	龙川县	15671	常绿阔叶林、珍稀动物	森林生态	省级	19981201	林业
粤269	连平河头	连平县	1614	森林生态系统	森林生态	县级	19980101	林业
粤270	黄牛石	连平县	4334	森林及野生动植物	森林生态	省级	19990901	林业
粤271	明亮	和平县	7008	森林生态系统	森林生态	县级	20000101	林业
粤272	黄石坳	和平县	8097	森林及野生动植物	森林生态	省级	20000301	林业
粤273	白礤	东源县	1500	次生阔叶林	森林生态	县级	19990801	林业
粤274	竹坑	东源县	2000	针阔混交林、水源涵养林	森林生态	县级	19990801	林业
粤275	缺牙山	东源县	2500	亚热带常绿阔叶林、水源涵养林	森林生态	县级	19990801	林业
粤276	雪嶂	东源县	2500	亚热带常绿阔叶林、水源涵养林	森林生态	县级	19990801	林业
粤277	饶嶂	东源县	3000	亚热带常绿阔叶林、水源涵养林	森林生态	县级	19990801	林业
粤278	坑口	东源县	4000	亚热带常绿阔叶林、水源涵养林	森林生态	县级	19990801	林业
粤279	康禾	东源县	6484.8	次生阔叶林	森林生态	省级	19990801	林业
粤280	南鹏列岛	阳江市	20000	海洋水产资源	野生动物	省级	20040316	海洋
粤281	阳江浅海海洋生态	阳江市	1000	海洋生态系统	海洋海岸	市级	20081201	海洋
粤282	埠场沿海防风林	阳江市	300	森林生态系统	森林生态	县级	20050101	林业
粤283	阳江北山公园	阳江市江城区	13	森林生态系统	森林生态	县级	20050101	林业
粤284	岗列对岸三角洲	阳江市江城区	40	红树林	海洋海岸	县级	20050101	林业
粤285	阳江望瞭岭	阳江市江城区	20	森林生态系统	森林生态	县级	20050101	林业
粤286	阳江岗列发王山	阳江市江城区	23	森林生态系统	森林生态	县级	20050101	林业
粤287	大凹山及鸳鸯湖	阳江市江城区	233	森林生态系统	森林生态	县级	20050101	林业
粤288	阳江双捷青冲	阳江市江城区	300	水源涵养林	森林生态	县级	20050101	林业
粤289	平冈凤山	阳江市江城区	400	森林生态系统	森林生态	县级	20050101	林业
粤290	平冈红树林湿地	阳江市江城区	800	红树林及湿地生态系统	海洋海岸	县级	20050101	林业
粤291	阳江白沙河	阳江市江城区	433	湿地生态系统	内陆湿地	县级	20050101	林业
粤292	岗列长其岭	阳江市江城区	767	森林生态系统	森林生态	县级	20050101	林业
粤293	江城浅海	阳江市江城区	39.5	海洋生态系统	海洋海岸	县级	20040701	海洋
粤294	海陵大堤东泥蚶	阳江市江城区	213.3	水产资源	野生动物	县级	20040701	海洋
粤295	程村湾	阳西县	1195	海洋生态系统	海洋海岸	县级	20040401	海洋
粤296	青洲岛龙虾	阳西县	1190	龙虾及其生境	野生动物	县级	20040201	海洋
粤297	程村豪光红树林	阳西县	1000	红树林生态系统	海洋海岸	县级	20000601	林业
粤298	大树岛龙虾	阳西县	262.45	龙虾及其生境	野生动物	县级	20040201	海洋
粤299	青洲岛	阳西县	42.5	海洋景观	海洋海岸	县级	20040201	海洋

序号	保护区名称	行政区域	面积	主要保护对象	类型	级别	始建时间	主管部门
粤 300	头芦排海洋	阳东县	1600	海洋生态系统	海洋海岸	县级	20041201	海洋
粤 301	百涌	阳春市	4060	森林生态系统及珍稀动植物	森林生态	省级	19900101	林业
粤 302	鹅凰嶂	阳春市	14621.1	森林及猪血木、虎颜花等珍稀植物	森林生态	省级	20001002	林业
粤 303	连山石公山	清远市	320	常绿阔叶林和野生动物	森林生态	县级	20070201	林业
粤 304	清远笔架山	清远市	2529	常绿阔叶林和野生动物	森林生态	市级	20010101	林业
粤 305	龙牙峡	清远市	8500	水产种质资源	野生动物	省级	20080901	农业
粤 306	阳山东山	清远市	19928	石灰岩和常绿阔叶林	森林生态	县级	20050201	林业
粤 307	北江水产种质资源	清远市清城区	5000	鼋、黄沙蚬等种质资源	野生动物	市级	20041201	农业
粤 308	佛冈观音山	佛冈县	2792.13	亚热带森林及珍稀动物	森林生态	省级	19851101	林业
粤 309	天堂岭	连山壮族瑶族自治县	333	森林、野生动植物	森林生态	市级	20000601	林业
粤 310	犁头山	连山壮族瑶族自治县	667	森林、野生动植物	森林生态	市级	20000601	林业
粤 311	大风坑	连山壮族瑶族自治县	1333	森林、野生动植物	森林生态	市级	20000601	林业
粤 312	大旭山	连山壮族瑶族自治县	1333	森林、野生动植物	森林生态	市级	20000101	林业
粤 313	芙蓉山	连山壮族瑶族自治县	1333	森林、野生动植物	森林生态	市级	20000601	林业
粤 314	笔架山	连山壮族瑶族自治县	10728	天然阔叶林及野生动植物	森林生态	省级	20000601	林业
粤 315	涡水	连南瑶族自治县	667	森林、野生动植物	森林生态	市级	20000101	其他
粤 316	大龙山	连南瑶族自治县	4210	森林、野生动植物	森林生态	市级	20000102	其他
粤 317	连南大鲵	连南瑶族自治县	1046.6	大鲵及其生境	野生动物	省级	20041201	农业
粤 318	连南板洞	连南瑶族自治县	10195.8	森林、珍稀动植物	森林生态	省级	20000901	林业
粤 319	滨江水生生物	清新县	1400	大鲵、斑鳠、黄颡鱼等水生生物	野生动物	市级	20041201	农业
粤 320	太和洞	清新县	1583	森林生态系统	森林生态	县级	20001201	林业
粤 321	回澜明霞洞	清新县	1766	森林生态系统	森林生态	县级	20001201	林业
粤 322	石潭神圣岩	清新县	2060	森林生态系统	森林生态	县级	20001201	林业
粤 323	三坑温矿泉	清新县	2500	森林生态系统	森林生态	县级	20001201	林业
粤 324	桃源燕子岩	清新县	5338	森林生态系统	森林生态	市级	20001201	林业
粤 325	清新白湾	清新县	7219	森林生态系统	森林生态	省级	20000201	林业
粤 326	清新笔架山	清新县	9634	森林生态系统	森林生态	县级	20001201	林业
粤 327	石门台	英德市	33555	天然阔叶林及珍稀濒危动植物	森林生态	国家级	19980528	林业
粤 328	滑水山	英德市	50655	天然阔叶林及珍稀濒危动植物	森林生态	市级	19980528	林业
粤 329	三水水生野生动物	连州市	210	鼋、大鲵、金钱龟等水生野生动物	野生动物	市级	20041201	农业
粤 330	田心	连州市	11968.6	森林生态系统	森林生态	省级	20020101	林业
粤 331	灯心塘	东莞市	489	水源林	森林生态	市级	20001201	林业
粤 332	东莞自然生态	东莞市	2034	南亚热带季风常绿阔叶林和野生动植物	森林生态	市级	19980101	其他
粤 333	东莞马山	东莞市	2276	南亚热带季风常绿阔叶林和珍稀动植物	森林生态	市级	20001201	林业
粤 334	银瓶山	东莞市	2805	南亚热带季风常绿阔叶林和珍稀动植物	森林生态	市级	20001201	林业
粤 335	东莞莲花山	东莞市	757.9	南亚热带季风常绿阔叶林	森林生态	市级	20001201	林业
粤 336	中山长江库区	中山市	4240	森林生态系统	森林生态	市级	20030301	林业
粤 337	潮安凤凰溪	潮州市	300	闭壳龟及其生境	野生动物	县级	20061201	其他
粤 338	韩江	潮州市	800	鼋、花鳗鲡及其生境	野生动物	市级	20040101	农业
粤 339	潮安海蚀地貌	潮安县	405	古海蚀群和海蚀地貌	地质遗迹	省级	19991101	国土
粤 340	潮安凤凰山	潮安县	2812	森林及珍稀野生动植物	森林生态	省级	20000401	林业
粤 341	饶平大埕湾海洋生态	饶平县	2750	西施舌、文蛤等珍稀海洋生物	野生动物	县级	19990801	海洋
粤 342	饶平中华白海豚	饶平县	1482	中华白海豚及其生境	野生动物	县级	20031101	海洋

序号	保护区名称	行政区域	面积	主要保护对象	类型	级别	始建时间	主管部门
粤343	西澳岛黄嘴白鹭	饶平县	545	鹭鸟及其生境	野生动物	县级	20011001	林业
粤344	海山海滩岩	饶平县	2875	海滩岩	地质遗迹	省级	19990702	国土
粤345	山门山苏铁蕨	饶平县	4317	苏铁蕨群落及其生境	野生植物	市级	19990801	林业
粤346	揭阳海龟、鲎	揭阳市	3000	海龟、鲎及其生境	野生动物	市级	20040201	海洋
粤347	揭阳龙虾	揭阳市	4000	龙虾及其生境	野生动物	市级	20040201	海洋
粤348	三洲	揭阳市	466	花鳗鲡等水产资源	野生动物	市级	20040201	农业
粤349	揭东新西河	揭阳市	2500	水源及水源涵养林	内陆湿地	县级	20070201	林业
粤350	良田蝾螈	揭阳市	3000	蝾螈及其生境	野生动物	市级	20040201	海洋
粤351	榕江潮道	揭阳市榕城区	1829	海洋生态系统及野生动植物	海洋海岸	市级	20040201	海洋
粤352	桑浦山－双坑	揭东县	6809.1	珍稀动植物	森林生态	省级	20050101	林业
粤353	揭西李望嶂	揭西县	7021	亚热带常绿阔叶林	森林生态	县级	20030101	林业
粤354	神泉渔业	惠来县	6000	海洋渔业资源	海洋海岸	市级	20021101	海洋
粤355	惠来黄光山	惠来县	6875	亚热带常绿阔叶林及珍稀动植物	森林生态	县级	20060101	林业
粤356	盘龙阁	普宁市	2120	森林及野生动植物	森林生态	县级	19941001	林业
粤357	三坑	普宁市	3800	水源涵养林	森林生态	县级	20010201	林业
粤358	三宝山兰科植物	新兴县	7030	兰科植物及其生境	野生植物	市级	20060101	林业
粤359	郁南大河水库	郁南县	800	常绿阔叶林和珍稀动植物	森林生态	县级	20060101	林业
粤360	郁南望君山	郁南县	1300	常绿阔叶林和珍稀动植物	森林生态	县级	20060101	林业
粤361	郁南五马归槽	郁南县	1500	常绿阔叶林和珍稀动植物	森林生态	县级	20060101	林业
粤362	郁南金菊顶	郁南县	2000	常绿阔叶林和珍稀动植物	森林生态	县级	20060101	林业
粤363	同乐大山	郁南县	6353	亚热带常绿阔叶林珍稀动物	森林生态	省级	19851101	林业
粤364	小流	郁南县	6667	森林生态系统与野生动植物	森林生态	市级	19930301	林业
粤365	云浮大云雾山	云安县	1105	常绿阔叶林和珍稀动植物	森林生态	市级	20060101	林业
粤366	大金山	云安县	2592	次生阔叶林	森林生态	县级	19991101	林业
粤367	云浮崖楼山	云安县	3766	桫椤、格木及其生境	野生植物	市级	20060101	林业
粤368	罗定龙湾	罗定市	7129	常绿阔叶林和珍稀动植物	森林生态	市级	20060101	林业
桂01	那兰鹭鸟	南宁市	347	鹭鸟及其生境	野生动物	市级	20040820	其他
桂02	三十六弄－陇均	武鸣县	12822	森林及苏铁、林麝等珍稀动植物	森林生态	省级	20041108	林业
桂03	大明山	武鸣县、马山县、上林	16994	常绿阔叶林、水源涵养林及珍稀野生动植物	森林生态	国家级	19810801	林业
桂04	龙虎山	隆安县	2255.7	猕猴、石山苏铁、毛瓣金花茶等珍稀动植物	野生动物	省级	19801119	林业
桂05	弄拉	马山县	8481	南亚热带岩溶森林生态系统	森林生态	省级	20080619	林业
桂06	上林龙山	上林县	10749	常绿阔叶林、典型山地森林生态系统	森林生态	省级	20031101	林业
桂07	六景泥盆系地质	横县	5	泥盆系地质剖面	地质遗迹	省级	19830101	国土
桂08	拉沟鸟类	鹿寨县	11500	红腹角雉、白颈长尾雉等鸟类及水源林	野生动物	县级	19820608	林业
桂09	三锁鸟类	融安县	5000	红腹角雉、黄腹角雉等鸟类及水源涵养林	野生动物	县级	19820608	林业
桂10	元宝山	融水苗族自治县	4159	元宝山冷杉、珍稀动物及水源涵养林	森林生态	省级	19820608	林业
桂11	泗涧山大鲵	融水苗族自治县	10384	大鲵及其生境	野生动物	省级	20041001	农业
桂12	九万山	融水苗族自治县、罗城仫佬族自治县、环江毛南族自治县	25212.8	中亚热带常绿阔叶林森林生态系统,伯乐树、合柱金莲木、南方红豆杉、蟒蛇、金钱豹等珍稀濒危动植物	森林生态	国家级	19820601	林业
桂13	南边村地质剖面	桂林市	25	泥盆—石炭系地质剖面	地质遗迹	省级	19890101	国土
桂14	青狮潭	灵川县	44282.6	水源涵养林	森林生态	省级	19820608	林业

序号	保护区名称	行政区域	面积	主要保护对象	类型	级别	始建时间	主管部门
桂 15	五福宝顶	全州县	8567	水源涵养林	森林生态	省级	19820608	林业
桂 16	海洋山	全州、灌阳、恭城、灵川、阳朔、兴安等县	90400	水源涵养林	森林生态	省级	19820608	林业
桂 17	猫儿山	兴安县、资源县、龙胜县	17008.5	典型常绿阔叶林生态系统及珍稀野生动植物	森林生态	国家级	19760501	林业
桂 18	架桥岭	永福县、荔浦县、阳朔县	67000	水源涵养林	森林生态	省级	19820608	林业
桂 19	寿城	永福县、临桂县	75900	水源涵养林	森林生态	省级	19820608	林业
桂 20	千家洞	灌阳县	12231	亚热带原生性常绿阔叶林森林生态系统及野生动植物	森林生态	国家级	19820601	林业
桂 21	建新鸟类	龙胜各族自治县	4860	迁徙候鸟及其生境	野生动物	省级	19820608	林业
桂 22	花坪	龙胜各族自治县、临桂县	17400	银杉、典型常绿阔叶林生态系统及珍稀野生动植物	森林生态	国家级	19611018	林业
桂 23	银竹老山	资源县	28670	资源冷杉和水源涵养林、珍稀动物	森林生态	省级	19820608	林业
桂 24	银殿山	恭城瑶族自治县	48000	水源涵养林及野生动植物	森林生态	省级	19820608	林业
桂 25	古修	蒙山县	8546	鳄蜥和野生雉类等野生动植物	野生动物	省级	19820608	林业
桂 26	涠洲岛鸟类	北海市	2382.1	候鸟和旅鸟	野生动物	省级	19820608	林业
桂 27	合浦营盘港－英罗港儒艮	合浦县	35000	儒艮、中华白海豚等珍稀水生动物、海草床	野生动物	国家级	19860427	环保
桂 28	山口红树林	合浦县	8000	红树林生态系统	海洋海岸	国家级	19900930	海洋
桂 29	防城万鹤山鹭鸟	防城港市防城区	100	鹭鸟及其生境	野生动物	县级	19930413	其他
桂 30	北仑河口	防城港市防城区、东兴市	3000	红树林生态系统、滨海过渡带生态系统、海草床生态系统	海洋海岸	国家级	19900304	海洋
桂 31	防城金花茶	防城港市防城区	9195.1	金花茶及森林生态系统	野生植物	国家级	19860405	环保
桂 32	十万大山	防城港市防城区、钦州市、上思县	58277.1	水源涵养林和季雨林	森林生态	国家级	19820601	林业
桂 33	茅尾海红树林	钦州市	2784	红树林生态系统	海洋海岸	省级	20050117	林业
桂 34	大平山	桂平市	1867	圆籽荷、桫椤、瑶山鳄蜥和亚热带季风常绿阔叶林生态系统	森林生态	省级	19820608	林业
桂 35	玉林天堂山	容县	2817	森林生态系统及水源涵养林	森林生态	省级	20080620	林业
桂 36	那林	博白县	19890	森林生态系统	森林生态	省级	19820608	林业
桂 37	北流大风门泥盆系	北流市	8	泥盆系地质剖面	地质遗迹	省级	19830101	国土
桂 38	大容山	北流市、玉林市玉州区、兴业县	20817.6	森林生态系统及水源涵养林	森林生态	省级	20090120	林业
桂 39	百东河	田阳县	41600	水源涵养林	森林生态	市级	19820608	林业
桂 40	大王岭	百色市右江区	55010	德保苏铁、森林生态系统	森林生态	省级	19820608	林业
桂 41	澄碧河	百色市右江区	77000	澄碧河水库湿地及其水源林	森林生态	市级	19820608	林业
桂 42	达洪江	平果县	28400	水源涵养林和岩溶森林生态系统	森林生态	县级	19820608	林业
桂 43	黄连山－兴旺	德保县	21035.5	黑叶猴、德保苏铁等珍稀濒危野生动植物及其栖息地	森林生态	省级	19820608	林业
桂 44	底定	靖西县	4824	水源涵养林	森林生态	省级	19860101	林业
桂 45	邦亮长臂猿	靖西县	6530	东部黑冠长臂猿及北热带岩溶山地季雨林	野生动物	省级	20090716	林业
桂 46	地州	靖西县	12100	水源涵养林和森林生态系统	森林生态	县级	19820608	林业
桂 47	古龙山	靖西县	29675	北热带喀斯特森林生态系统	森林生态	县级	19820608	林业

序号	保护区名称	行政区域	面积	主要保护对象	类型	级别	始建时间	主管部门
桂48	德孚	那坡县	12200	木兰科、马尾树、桫椤、观音座莲、无患子科等珍稀植物及北热带山地常绿阔叶林生态系统	森林生态	县级	19820608	林业
桂49	老虎跳	那坡县	27008	北热带岩溶森林及印支虎、望天树、兰科植物等野生动植物	森林生态	省级	19820608	林业
桂50	凌云洞穴	凌云县	684	凌云金线鲃、鸭嘴金线鲃、凌云南鳅、凌云平鳅、小眼金线鲃及凌云盲虾等珍稀洞穴水生生物及其生境	野生动物	省级	20080314	其他
桂51	泗水河	凌云县	20950	天然阔叶林	森林生态	省级	19870101	林业
桂52	雅长兰科植物	乐业县	22062	兰科植物	野生植物	国家级	20050422	林业
桂53	岑王老山	田林县、凌云县	18994	季风常绿阔叶林及珍稀野生动植物	森林生态	国家级	19820601	林业
桂54	那佐苏铁	西林县	12458	水源涵养林及叉孢苏铁、贵州苏铁和多裂苏铁	森林生态	省级	19820608	林业
桂55	王子山雉类	西林县	32209	黑颈长尾雉等雉类及栖息地、南亚热带森林生态系统	森林生态	省级	19820608	林业
桂56	大哄豹	隆林各族自治县	2035	岩溶森林生态系统及黑叶猴、隆林苏铁等珍稀野生动植物资源	森林生态	省级	20040101	林业
桂57	金钟山黑颈长尾雉	隆林各族自治县	20924.4	黑颈长尾雉、隆林苏铁、贵州苏铁、野生动植物资源及其生境	森林生态	国家级	19820601	林业
桂58	姑婆山	贺州市	6550	中亚热带常绿阔叶林,黄腹角雉、鳄蜥、花木阔木、福建柏等野生动植物	森林生态	省级	19820608	林业
桂59	大桂山鳄蜥	贺州市八步区	3780	鳄蜥等珍稀野生动物及其生境	野生动物	省级	20050422	林业
桂60	滑水冲	贺州市八步区	9929	水源涵养林	森林生态	省级	19820608	林业
桂61	七冲	昭平县	13023.7	常绿阔叶林、典型山地森林生态系统	森林生态	省级	20021018	林业
桂62	西岭山	富川瑶族自治县	17560	水源涵养林及黄腹角雉等野生动植物	森林生态	省级	19820608	林业
桂63	罗富泥盆系剖面	南丹县	12	泥盆系地质剖面	地质遗迹	省级	19830101	国土
桂64	三匹虎	南丹县、天峨县	3105	水源涵养林及珍稀动植物	森林生态	省级	19820608	林业
桂65	龙滩	天峨县	42848.4	季风常绿阔叶林;南方红豆杉、黑颈长尾雉、林麝等濒危野生动植物和水源涵养林	森林生态	省级	19820608	林业
桂66	木论	环江毛南族自治县、罗城仫佬族自治县	8969	中亚热带石灰岩常绿阔叶混交林生态系统及单行栏	森林生态	国家级	19960101	林业
桂67	红水河来宾段	来宾市兴宾区	582	珍稀鱼类及其栖息地、产卵场	野生动物	省级	20050908	农业
桂68	大乐泥盘纪	象州县	12	泥盆系地质剖面	地质遗迹	省级	19830101	国土
桂69	金秀老山	金秀瑶族自治县	8875	南亚热带常绿阔叶林及珍稀动植物	森林生态	省级	20070121	林业
桂70	大瑶山	金秀瑶族自治县、荔浦县、蒙山县	24907.3	中亚热带向南亚热带过渡的常绿阔叶林生态系统及瑶山鳄蜥、银杉等珍稀动植物	森林生态	国家级	19820601	林业
桂71	崇左白头叶猴	崇左市江州区、扶绥县	25578	白头叶猴、黑叶猴、猕猴等野生动物及喀斯特石山森林生态系统	野生动物	国家级	19800101	林业
桂72	左江佛耳丽蚌	崇左市江州区、龙州县	417.4	佛耳丽蚌等淡水贝类及其栖息地	野生动物	省级	20050908	其他
桂73	西大明山	扶绥县、隆安县、大新县、崇左市江洲区	60100	水源涵养林、冠斑犀鸟	森林生态	省级	19820608	林业
桂74	春秀	龙州县	7870	北热带石灰岩山地季雨林及金丝李、石山苏铁、樟树、林麝、虎纹蛙、红隼、大灵猫、小灵猫	森林生态	县级	19820608	林业
桂75	弄岗	龙州县、宁明县	10080	北热带石灰岩季雨林和白头叶猴、黑叶猴等珍稀野生动植物	森林生态	国家级	19780101	林业

序号	保护区名称	行政区域	面积	主要保护对象	类型	级别	始建时间	主管部门
桂 76	龙州青龙山	龙州县	15100	北热带石灰岩山地季雨林及蚬木、叉叶苏铁、金丝李、黑叶猴、熊猴、云豹等珍稀动植物	森林生态	县级	19820608	林业
桂 77	下雷	大新县	27185	水源涵养林及猕猴	森林生态	省级	19820608	林业
桂 78	恩城	大新县	25819.6	黑叶猴、猕猴等珍稀动物	野生动物	省级	19820608	林业
琼 01	永兴鸟类	海口市琼山区	10000	鸟类	野生动物	市级	19880719	环保
琼 02	东寨港	海口市美兰区	3337	红树林生态系统及珍稀水禽	海洋海岸	国家级	19800103	林业
琼 03	三亚珊瑚礁	三亚市	8500	珊瑚礁及其生态系统	海洋海岸	国家级	19900930	海洋
琼 04	大东海火岭	三亚市	75	森林景观及野生稻、猕猴等动植物	野生动物	市级	19960325	环保
琼 05	亚龙湾青梅港	三亚市	156	红树林生态系统	海洋海岸	市级	19890101	林业
琼 06	铁炉港红树林	三亚市	292	红树林	海洋海岸	市级	19991101	林业
琼 07	三亚河红树林	三亚市	343.8	红树林生态系统	海洋海岸	市级	19890101	林业
琼 08	六道	三亚市	1233.73	水源涵养林、热带季雨林及野生动物	森林生态	市级	19960325	环保
琼 09	甘什岭	三亚市	1715.46	无翼坡垒等珍稀植物	野生植物	省级	19851101	林业
琼 10	洋浦鼻	洋浦开发区	132.8	海洋自然景观	海洋海岸	县级	19920427	其他
琼 11	琼海麒麟菜	琼海市	2500	麒麟菜、江蓠、拟石花菜及其生境	野生植物	省级	19830428	海洋
琼 12	白石岭	琼海市	746.93	天然林	森林生态	市级	19820901	林业
琼 13	会山	琼海市	4462.4	热带季雨林生态系统	森林生态	省级	19810925	林业
琼 14	儋州白蝶贝	儋州市	29900	白蝶贝及海洋生态系统	野生动物	省级	19830428	海洋
琼 15	儋州磷枪石岛珊瑚礁	儋州市	131	珊瑚礁及其生态系统	海洋海岸	市级	19920427	海洋
琼 16	屋基村白鹭	儋州市	25	白鹭及其生境	野生动物	市级	19920427	其他
琼 17	番加	儋州市	3100	热带季雨林生态系统	森林生态	省级	19810925	林业
琼 18	新英湾红树林	儋州市	115.4	红树林生态系统	海洋海岸	市级	19920427	林业
琼 19	文昌麒麟菜	文昌市	6500	麒麟菜、江蓠、拟石花菜、珊瑚及其生境	野生植物	省级	19830428	海洋
琼 20	清澜	文昌市	2948	红树林生态系统	海洋海岸	省级	19810925	林业
琼 21	铜鼓岭	文昌市	4400	珊瑚礁、热带季雨矮林及野生动物	海洋海岸	国家级	19830101	环保
琼 22	名人山鸟类	文昌市	169.53	鸟类及其生境	野生动物	市级	19970131	其他
琼 23	大花角	万宁市	106	猕猴及其生境	野生动物	市级	19840101	环保
琼 24	大洲岛	万宁市	7000	金丝燕及其生境、海洋生态系统	野生动物	国家级	19870801	海洋
琼 25	茄新	万宁市	7588	热带季雨林	森林生态	省级	19810925	林业
琼 26	礼纪青皮林	万宁市	991.93	青皮林	森林生态	省级	19800716	林业
琼 27	六连岭	万宁市	2745.47	热带季雨林	森林生态	省级	19810925	林业
琼 28	南林	万宁市	5775.26	热带季雨林	森林生态	省级	19810925	林业
琼 29	尖岭	万宁市	10898.7	热带季雨林	森林生态	省级	19810925	林业
琼 30	上溪	万宁市	11662.2	热带季雨林	森林生态	省级	19810925	林业
琼 31	大田	东方市	1314	海南坡鹿及其生境	野生动物	国家级	19761009	林业
琼 32	东方黑脸琵鹭	东方市	1429	黑脸琵鹭及其生境	野生动物	省级	20060518	林业
琼 33	猕猴岭	东方市	12215.3	热带雨林、溶洞	森林生态	省级	20040723	林业
琼 34	花场湾沿岸红树林	澄迈县	150	红树林生态系统	海洋海岸	县级	19951201	海洋
琼 35	加连潭	澄迈县	31.3	白鹭及其生境	野生动物	县级	19901101	环保
琼 36	海南白蝶贝	临高县	34300	白蝶贝及其生境、珊瑚礁生态系统	野生动物	省级	19830428	海洋
琼 37	彩桥红树林	临高县	350	红树林生态系统	海洋海岸	县级	19861201	环保
琼 38	鹦哥岭	白沙、琼中、五指山、乐东、保亭等市县	50464	热带季雨林生态系统	森林生态	省级	20040723	林业
琼 39	邦溪坡鹿	白沙黎族自治县	361.8	海南坡鹿及其生境	野生动物	省级	19761009	林业

序号	保护区名称	行政区域	面积	主要保护对象	类型	级别	始建时间	主管部门
琼40	霸王岭	昌江黎族自治县、白沙黎族自治县	29980	黑冠长臂猿及其生境	野生动物	国家级	19800129	林业
琼41	保梅岭	昌江黎族自治县	3844.3	热带雨林	森林生态	省级	20060518	林业
琼42	尖峰岭	乐东黎族自治县、东方市	20170	热带雨林和珍稀野生动植物	森林生态	国家级	19761009	林业
琼43	保国山	乐东黎族自治县	181.4	森林生态系统	森林生态	县级	19920828	环保
琼44	佳西	乐东黎族自治县	8326.67	热带季雨林及海南粗榧、广东松、坡垒、青梅;蛇周雕、海南山鹧鸪、灰孔雀、雉、山皇鸠	森林生态	省级	19810925	林业
琼45	南湾猕猴	陵水黎族自治县	1026	猕猴及其生境	野生动物	省级	19761009	林业
琼46	吊罗山	陵水黎族自治县、保亭黎族苗族自治县、琼中黎族苗族自治县	18389	热带雨林	森林生态	国家级	19840401	林业
琼47	黎母山	琼中黎族苗族自治县	11701	热带季雨林	森林生态	省级	20040723	林业
琼48	五指山	琼中黎族苗族自治县、五指山市	13435.9	热带原始森林	森林生态	国家级	19851101	林业
琼49	西南中沙群岛	西沙群岛、南沙群岛、中沙群岛的岛礁及其海域	2400000	海龟、玳瑁、虎斑贝、珊瑚礁、海鸟等	野生动物	省级	19830101	农业
琼50	西沙东岛白鲣鸟	西沙群岛	100	白鲣鸟及其生境	野生动物	省级	19800101	海洋
渝01	王二包	重庆市万州区	7496	常绿阔叶林	森林生态	省级	20011201	林业
渝02	江东桫椤	重庆市涪陵区	2500	桫椤及其生境	森林生态	县级	20030801	林业
渝03	大木山	重庆市涪陵区	14480.1	常绿阔叶林	森林生态	省级	20010301	林业
渝04	白市驿	重庆市九龙坡区	150	鹭类及其生境	野生动物	县级	19980601	林业
渝05	金刀峡	重庆市北碚区	1734	亚热带常绿阔叶林	森林生态	县级	20001101	林业
渝06	茅庵	重庆市北碚区	1898	亚热带常绿阔叶林	森林生态	县级	20001101	林业
渝07	小三峡	重庆市北碚区	2847	亚热带常绿阔叶林	森林生态	县级	20001101	林业
渝08	缙云山	重庆市北碚区、沙坪坝区、璧山县	7600	亚热带常绿阔叶林	森林生态	国家级	19790401	林业
渝09	重庆黑山	重庆市万盛区	10136	常绿阔叶林	森林生态	县级	20011201	林业
渝10	华蓥山	重庆市渝北区	4555.8	森林植被等	森林生态	省级	20020601	林业
渝11	圣灯山	重庆市巴南区	19	野生植物及森林生态系统	野生植物	县级	19820501	林业
渝12	安澜鹭类	重庆市巴南区	1004	鹭类及其生境	野生动物	省级	19990801	林业
渝13	武陵山	重庆市黔江区	7011	珙桐、金丝猴、云豹等珍稀动植物	野生植物	省级	20000701	林业
渝14	黔江小南海湿地	重庆市黔江区	8902	湿地生态系统	内陆湿地	县级	20110101	林业
渝15	小南海	重庆市黔江区	15000	地震遗迹	地质遗迹	省级	19990301	环保
渝16	中山鹭类	重庆市江津区	667	鹭类及其生境	野生动物	县级	20010401	林业
渝17	江津段湿地	重庆市江津区	1178	湿地生态系统	内陆湿地	县级	20090401	林业
渝18	滚子坪	重庆市江津区	1933	桫椤及其生境	野生植物	县级	20010401	林业
渝19	四面山	重庆市江津区	22433	亚热带常绿阔叶林	森林生态	省级	19920401	林业
渝20	合川大口鲶	重庆市合川区	2000	大口鲶及其生境	野生动物	县级	19991001	农业
渝21	金佛山	重庆市南川区	41850	银杉、珙桐、黑叶猴等珍稀野生动植物及森林生态系统	野生植物	国家级	19790701	林业
渝22	老瀛山	綦江县	3414	亚热带常绿阔叶林	森林生态	省级	20000301	林业
渝23	万隆	綦江县	4800	亚热带常绿阔叶林	森林生态	县级	20000301	林业
渝24	长田	綦江县	19800	亚热带常绿阔叶林	森林生态	县级	20010301	林业
渝25	西山桫椤	大足县	988.4	桫椤等珍稀植物	野生植物	县级	19980801	林业

序号	保护区名称	行政区域	面积	主要保护对象	类型	级别	始建时间	主管部门
渝 26	黄岭鹭类	璧山县	1500	鹭类及其生境	野生动物	县级	20000901	林业
渝 27	大巴山	城口县	136017	森林生态系统及崖柏等珍稀野生植物	森林生态	国家级	19790501	林业
渝 28	龙河湿地	丰都县	4000.6	湿地生态系统	内陆湿地	县级	20080101	林业
渝 29	南天湖	丰都县	18136.5	高山湿地及珍稀野生动植物	内陆湿地	省级	20020316	林业
渝 30	长寿湖	垫江县	8912	湿地生态系统	内陆湿地	县级	20080101	林业
渝 31	芙蓉江黑叶猴	武隆县	2160	野生动物及其生境	野生动物	县级	20030801	林业
渝 32	阳水河湿地	武隆县	6996	湿地生态系统	内陆湿地	县级	20090201	林业
渝 33	武隆白马山	武隆县	7200	亚热带常绿阔叶林	森林生态	省级	19981001	林业
渝 34	忠县湿地	忠县	300	湿地生态系统	内陆湿地	县级	20080401	林业
渝 35	巴营	忠县	2000	森林植被	森林生态	县级	20010801	林业
渝 36	精华	忠县	4000	森林生态系统	森林生态	县级	20010801	林业
渝 37	忠县天池	忠县	4200	红豆杉、水杉等珍稀植物	野生植物	县级	19570201	林业
渝 38	石子	忠县	5333	森林植被	森林生态	县级	20010801	林业
渝 39	彭溪河湿地	开县	3686	湿地生态系统	内陆湿地	市级	20080101	林业
渝 40	雪宝山	开县	23452	森林及珍稀动植物	森林生态	国家级	20000401	林业
渝 41	小江湿地	云阳县	6736	湿地生态系统	内陆湿地	县级	20081201	林业
渝 42	七曜山	云阳县	10174.8	森林生态系统	森林生态	省级	20050401	林业
渝 43	天坑地缝	奉节县	26458	地质遗迹	地质遗迹	省级	19981201	环保
渝 44	天鹅湖	奉节县	1333.24	森林生态系统	森林生态	县级	20021001	环保
渝 45	梨子坪	巫山县	1397	亚热带常绿阔叶林	森林生态	县级	20000920	林业
渝 46	巫山段湿地	巫山县	24549	湿地生态系统	内陆湿地	县级	20071201	林业
渝 47	五里坡	巫山县	35276.6	亚热带常绿阔叶林	森林生态	省级	20000901	林业
渝 48	江南	巫山县	37051.9	亚热带常绿阔叶林	森林生态	省级	20000901	林业
渝 49	阴条岭	巫溪县	22423.1	珙桐等珍稀植物	野生植物	国家级	20000801	林业
渝 50	石柱段湿地	石柱县	1529.49	湿地生态系统	内陆湿地	县级	20090401	林业
渝 51	大风堡	石柱土家族自治县	22043.2	水杉及其生境	野生植物	省级	19901101	林业
渝 52	太阳山	秀山土家族苗族自治县	17200	森林、水源地	森林生态	县级	20000801	林业
渝 53	三黛沟	酉阳土家族苗族自治县	9400	大鲵及其生境	野生动物	县级	19890701	农业
渝 54	大板营	酉阳土家族苗族自治县	21246.4	森林及红腹锦鸡、水杉等珍稀动植物	森林生态	省级	19991001	林业
渝 55	乌江彭水长溪河	彭水苗族土家族自治县	83	特有鱼类及其生境	野生动物	省级	20070201	农业
渝 56	七跃山	彭水苗族土家族自治县	62000	珍稀野生植物	野生植物	县级	20001001	林业
渝 57	茂云山	彭水苗族土家族自治县	129000	珍稀野生动物	野生动物	县级	20001001	林业
川 01	长江上游珍稀、特有鱼类	四川省、贵州省、云南省、重庆市	33174.2	珍稀鱼类及河流生态系统	野生动物	国家级	19971208	农业
川 02	黑水河	大邑县	31790	大熊猫及森林生态系统	野生动物	省级	19930601	林业
川 03	蒲江白鹭	蒲江县	500	白鹭及其栖息地环境	野生动物	县级	20020128	林业
川 04	龙溪－虹口	都江堰市	31000	亚热带山地森林生态系统、大熊猫、珙桐等珍稀动植物	森林生态	国家级	19930424	林业
川 05	龙门山	彭州市	10000	冰川漂砾	地质遗迹	县级	19990101	环保
川 06	白水河	彭州市	30150	森林生态系统、大熊猫、金丝猴等珍稀野生动植物	森林生态	国家级	19960101	林业
川 07	鞍子河	崇州市	10141	大熊猫、川金丝猴及森林生态系统	野生动物	省级	19930801	林业
川 08	金花桫椤	荣县	53	桫椤及其生境	野生植物	省级	19861001	林业
川 09	攀枝花苏铁	攀枝花市西区	1400	攀枝花苏铁等珍稀濒危动植物及其生境	野生植物	国家级	19830101	林业

序号	保护区名称	行政区域	面积	主要保护对象	类型	级别	始建时间	主管部门
川10	白坡山	米易县	16300	森林及野生动植物	森林生态	省级	20030301	林业
川11	二滩鸟类	盐边县	10321	鸟类及湿地生态系统	野生动物	省级	20020101	林业
川12	天仙洞	泸州市纳溪区	5230	森林植被、人文景观、石刻	森林生态	市级	19980301	其他
川13	牛滩白鹭	泸县	1000	白鹭及其生境	野生动物	市级	20001102	环保
川14	南滩白鹭	合江县	512	白鹭及其生境	野生动物	市级	20040101	其他
川15	福宝	合江县	38000	森林生态系统	森林生态	市级	19890101	环保
川16	画稿溪	叙永县	23827	桫椤等珍稀植物及地质遗迹	野生植物	国家级	19980101	环保
川17	二郎	古蔺县	1500	森林生态系统、文物	森林生态	市级	20000301	其他
川18	古蔺黄荆	古蔺县	36522	森林生态系统	森林生态	省级	20020301	环保
川19	蓥华山	什邡市	10600	森林及珍稀动植物	森林生态	县级	19971101	林业
川20	九顶山	绵竹市	61640	大熊猫等珍稀动物	野生动物	省级	19990101	林业
川21	天台山	安县	5230	海绵生物礁遗迹	古生物遗迹	省级	19990701	环保
川22	千佛山	安县、北川县	17710	大熊猫、川金丝猴、扭角羚及其生境	野生动物	省级	19930401	林业
川23	小寨子沟	北川羌族自治县	44391	大熊猫、扭角羚及森林生态系统	野生动物	省级	19940501	林业
川24	片口	北川羌族自治县	82930	大熊猫、金丝猴、森林生态系统	野生动物	省级	19940501	林业
川25	平武小河沟	平武县	28227	大熊猫、川金丝猴、扭角羚及其生境	野生动物	省级	19930801	林业
川26	王朗	平武县	32297	大熊猫、金丝猴等珍稀动物及森林生态系统	野生动物	国家级	19630402	林业
川27	雪宝顶	平武县	63615	大熊猫、川金丝猴、扭角羚及其生境	野生动物	国家级	19930801	林业
川28	观雾山	江油市	21033.7	森林及野生动植物	森林生态	省级	19920201	林业
川29	水磨沟	广元市朝天区	7337	森林及珍稀动植物	野生动物	省级	20011001	林业
川30	嘉陵江水源湿地	广元市朝天区	6846.7	嘉陵江水源湿地	内陆湿地	市级	20051201	林业
川31	米仓山	旺苍县	23400	森林及野生动物	森林生态	国家级	19990101	林业
川32	大小沟	青川县	4067	野生动物及其生境	野生动物	市级	20000101	环保
川33	毛寨	青川县	14150	金丝猴及森林生态系统	野生动物	省级	20011001	林业
川34	东阳沟	青川县	30760	大熊猫及森林生态系统	野生动物	省级	20011001	林业
川35	唐家河	青川县	40000	大熊猫等珍稀野生动物及森林生态系统	野生动物	国家级	19860709	林业
川36	翠云廊古柏	剑阁县、元坝县、梓潼县	27155	古柏及森林生态系统	野生植物	省级	20000301	林业
川37	闻溪西河湿地	剑阁县	58000	湿地生态系统及野生动植物	内陆湿地	市级	20051201	林业
川38	田菜斑竹林	苍溪县	1040	白鹭及其生境	野生动物	市级	20000902	环保
川39	三溪口	苍溪县	4240	银杏、水杉、柳杉	野生植物	县级	20030301	林业
川40	苍溪九龙山	苍溪县	8048	森林及野生动植物	森林生态	省级	20030501	林业
川41	长坝山	内江市东兴区	600	松树林	森林生态	县级	20000601	林业
川42	白云峡	资中县	5600	自然景观、森林	森林生态	县级	19990319	环保
川43	黑竹沟	峨边彝族自治县	29643	水源涵养林	森林生态	国家级	19970101	林业
川44	马边大风顶	马边彝族自治县	30164	大熊猫等珍稀野生动物及森林生态系统	野生动物	国家级	19781215	林业
川45	太和鹭鸟	南充市嘉陵区	1860	白鹭类及其生境	野生动物	市级	19871001	林业
川46	白云寨	蓬安县	860	森林生态系统	森林生态	县级	19980101	林业
川47	构溪河	阆中市	65830	湿地生态系统	内陆湿地	县级	19991101	林业
川48	瓦屋山	洪雅县	36490.1	大熊猫、川金丝猴、扭角羚等珍稀动物	野生动物	省级	19931201	林业
川49	越溪河	宜宾县	16000	竹类生态系统、油樟	森林生态	县级	19981201	环保
川50	长宁竹海	长宁县	28719	竹类生态系统	森林生态	国家级	19961001	环保
川51	筠连大雪山	筠连县	60000	森林生态系统及雪山景观	森林生态	县级	20010101	环保

序号	保护区名称	行政区域	面积	主要保护对象	类型	级别	始建时间	主管部门
川52	老君山	屏山县	3500	四川山鹧鸪及森林生态系统	野生动物	国家级	20000229	林业
川53	倒须沟	邻水县	300	桫椤及其生境	野生植物	县级	19830101	林业
川54	通川白鹭	达州市通川区	1400	白鹭及其生境	野生动物	县级	19920101	环保
川55	百里峡	宣汉县	26259.5	水生野生动物	野生动物	省级	19990101	环保
川56	花萼山	万源市	48203.4	森林生态系统及野生动物	森林生态	国家级	19960101	环保
川57	羊子岭	雅安市雨城区	6336	珙桐、红豆杉等野生植物	野生植物	市级	20030101	林业
川58	周公河	雅安市雨城区	419.37	水生野生动物	野生动物	省级	19990501	农业
川59	大相岭	荥经县	233	大熊猫及其生境	野生动物	县级	20030401	林业
川60	栗子坪	石棉县	40903	森林生态系统	森林生态	省级	20010101	林业
川61	天全河珍稀鱼类	天全县	3618.61	水生野生动物	野生动物	省级	20000101	农业
川62	喇叭河	天全县	23437.3	大熊猫、扭角羚等珍稀动物	野生动物	省级	19630402	林业
川63	宝兴河	宝兴县	528	湿地生态系统	内陆湿地	市级	19990426	农业
川64	蜂桶寨	宝兴县	39039	大熊猫等珍稀野生动物及森林生态系统	野生动物	国家级	19750320	林业
川65	诺水河珍稀水生动物	通江县	9220	大鲵及其生境	野生动物	国家级	20020101	农业
川66	五台山猕猴	通江县	27900	猕猴为主的珍稀濒危野生动物,野生兰科植物和北亚热带常绿与落叶阔叶混交林生态系统	野生动物	省级	20010201	林业
川67	诺水河	通江县	63000	河流生态系统	内陆湿地	省级	19860101	环保
川68	光雾山	南江县	34984	自然地质地貌	地质遗迹	省级	19960101	住建
川69	大小兰沟	南江县	40155	巴山水青冈及其生境	野生植物	省级	19910102	林业
川70	贾阁山	平昌县	1630	森林生态系统	森林生态	县级	20030501	环保
川71	驷马河流域湿地	平昌县	12162	湿地及珍稀动物	内陆湿地	省级	20031001	林业
川72	安岳恐龙化石群	安岳县	5000	恐龙化石	古生物遗迹	省级	19971201	环保
川73	龙门报国寺	乐至县	2311	森林生态系统	森林生态	县级	20000901	其他
川74	黑水寺	简阳市	300	水域生态系统	内陆湿地	县级	20031001	环保
川75	龙泉湖	简阳市	552	水域生态系统	内陆湿地	省级	19980901	环保
川76	卧龙	汶川县	200000	大熊猫等珍稀野生动物及森林生态系统	野生动物	国家级	19630402	林业
川77	草坡	汶川县	55678.4	大熊猫及其生境	野生动物	省级	20001202	林业
川78	米亚罗	理县	160732	高山森林资源、藏羌古建筑	森林生态	省级	19950101	林业
川79	宝顶沟	茂县	19560	森林及野生动物	野生动物	省级	19850101	林业
川80	龙滴水	松潘县	27000	大熊猫及其生境	野生动物	县级	20040301	林业
川81	白羊	松潘县	76710	大熊猫、川金丝猴、扭角羚及其生境	野生动物	省级	19930801	林业
川82	黄龙寺	松潘县	55050.5	大熊猫及森林生态系统	野生动物	省级	19830101	林业
川83	白河金丝猴	九寨沟县	16204	金丝猴等野生动物	野生动物	省级	19630402	林业
川84	九寨沟	九寨沟县	64297	大熊猫等珍稀野生动物及森林生态系统	野生动物	国家级	19781215	林业
川85	贡杠岭	九寨沟县	147844	大熊猫及其栖息地	野生动物	省级	20090918	林业
川86	勿角	九寨沟县	36280.2	大熊猫、川金丝猴、扭角羚及其生境	野生动物	省级	19930101	林业
川87	竹厂沟	金川县	51089	森林及野生动植物	森林生态	市级	20010608	林业
川88	宅龙	小金县	25071	森林及野生动植物	森林生态	县级	20030101	林业
川89	小金四姑娘山	小金县	56000	野生动物及高山生态系统	野生动物	国家级	19950301	环保
川90	三打古	黑水县	62300	野生动物、珍稀植物	野生动物	省级	20010608	林业
川91	马尔康岷江柏	马尔康县	50600	岷江柏、红豆杉等珍稀植物	野生植物	市级	20010608	林业
川92	南莫且湿地	壤塘县	82834	湿地生态系统	内陆湿地	省级	20020901	林业

序号	保护区名称	行政区域	面积	主要保护对象	类型	级别	始建时间	主管部门
川93	杜苟拉	壤塘县	127841	森林及野生动植物	森林生态	市级	20010608	林业
川94	严波也则山	阿坝县	442519	珍稀野生动植物	野生动物	市级	20010108	林业
川95	曼则塘	阿坝县	365875	湿地及珍稀野生动植物	内陆湿地	省级	20010608	林业
川96	铁布	若尔盖县	20000	梅花鹿等珍稀动物	野生动物	省级	19650101	林业
川97	包座	若尔盖县	143848	湿地及野生动植物	内陆湿地	县级	20030101	林业
川98	喀哈尔乔湿地	若尔盖县	222000	高原湿地生态系统	内陆湿地	县级	20030101	林业
川99	若尔盖湿地	若尔盖县	166571	高寒沼泽湿地及黑颈鹤等野生动物	内陆湿地	国家级	19941118	林业
川100	日干桥	红原县	107536	高山草地	草原草甸	市级	20000101	林业
川101	金汤孔玉	康定县	23574	珍稀动物及其生境	野生动物	省级	19950101	林业
川102	贡嘎山	泸定县、康定县、九龙县	400000	高山森林生态系统及珍稀动物	森林生态	国家级	19960301	林业
川103	莫斯卡	丹巴县	13700	白唇鹿、雪豹、玉带海雕等珍稀动物	野生动物	省级	19951101	林业
川104	雍忠岭	丹巴县	31300	森林及野生动植物	森林生态	县级	20020101	林业
川105	党岭	丹巴县	47219	高山生态系统	森林生态	市级	20000702	环保
川106	墨尔多山	丹巴县	62163	亚高山针叶林	森林生态	省级	19980504	环保
川107	洪坝	九龙县	6029	扭角羚、豹、绿尾虹雉等野生动物	野生动物	省级	19990101	林业
川108	瓦灰山	九龙县	84300	珍稀动物及冰川	野生动物	省级	19950601	林业
川109	湾坝	九龙县	120100	森林生态系统	森林生态	省级	19970401	环保
川110	神仙山	雅江县	39114	湿地生态系统	内陆湿地	市级	20020101	林业
川111	格西沟	雅江县	22896.8	四川雉鹑、绿尾虹雉以及大紫胸鹦鹉等珍稀鸟类	野生动物	国家级	19950101	林业
川112	孜龙河坝	道孚县	300	湿地生态系统及鸟类	内陆湿地	县级	20020101	林业
川113	台站沟	道孚县	18136	岩羊、雪豹等珍稀动物及其生境	野生动物	县级	20000101	林业
川114	泰宁玉科	道孚县	141474	森林植被、地形地貌	森林生态	省级	19980301	环保
川115	亿比措湿地	道孚县、康定县、雅江县	27275.7	高寒湿地生态系统	内陆湿地	省级	20050101	林业
川116	易日沟	炉霍县	1203	野生动植物及其生境	野生动物	县级	20000101	林业
川117	卡莎湖	炉霍县	22300	湿地及珍稀鸟类	内陆湿地	省级	19870101	林业
川118	卡娘	炉霍县	380000	雪豹等珍稀野生动植物及其生境	野生动物	县级	20020101	林业
川119	冷达沟	甘孜县	73490	白唇鹿等珍稀野生动物及其生境	野生动物	县级	20030101	林业
川120	日巴雪山	新龙县	21064	野生动植物	野生动物	县级	20000101	林业
川121	友谊野生动物	新龙县	71452	白唇鹿等珍稀野生动植物及其生境	野生动物	县级	20000101	林业
川122	朗村	新龙县	91489	白唇鹿、黑熊、藏马鸡等野生动物	野生动物	县级	20000101	林业
川123	雄龙西	新龙县	171065	野生动植物	野生动物	省级	20000102	林业
川124	柯洛洞	德格县	9780	金雕、白唇鹿、猞猁等野生动物	野生动物	县级	20010101	林业
川125	阿木拉	德格县	12003	珍稀野生动物及其生境	野生动物	县级	19990101	林业
川126	新路海	德格县	16875	白唇鹿、雪豹、黑颈鹤等珍稀野生动物	野生动物	省级	19960101	林业
川127	多普沟	德格县	22102	高山生态系统	森林生态	市级	19980102	环保
川128	卡松渡	德格县	29764	白唇鹿、藏马鸡、林麝等野生动物	野生动物	县级	20010101	林业
川129	志巴沟	德格县	9320.3	白唇鹿等野生动植物	野生动物	县级	20030101	林业
川130	阿仁沟	白玉县	3125	野生动、植物	森林生态	县级	20000101	林业
川131	麦拉降措	白玉县	5834	黑颈鹤等湿地鸟类及其生境	野生动物	县级	20010701	林业
川132	火龙沟	白玉县	140600	森林及珍稀野生动植物	森林生态	省级	19950301	环保
川133	察青松多白唇鹿	白玉县	143683	白唇鹿、雪豹等野生动物	野生动物	国家级	19950101	林业
川134	洛须	石渠县	155350	白唇鹿、藏野驴、野牦牛等野生动物	野生动物	省级	19950101	林业
川135	长沙贡玛	石渠县	669800	高寒湿地生态系统和藏野驴、雪豹、野牦牛等珍稀动物	野生动物	国家级	19971208	林业
川136	曲河	色达县	43000	大鲵、花鱼等水生动物	野生动物	市级	20020901	农业

序号	保护区名称	行政区域	面积	主要保护对象	类型	级别	始建时间	主管部门
川137	色达年龙	色达县	75175	雪豹等珍稀野生动植物及其生境	野生动物	县级	20000101	林业
川138	错然津	理塘县	225	野生鱼类及其生境	野生动物	县级	20020101	农业
川139	格聂渔业	理塘县	420	野生鱼类及其生境	野生动物	县级	20020101	农业
川140	格木	理塘县	82963	高原湖泊及珍稀野生动物	内陆湿地	县级	20000801	林业
川141	扎嘎神山	理塘县	84581	高原湖泊及白唇鹿、金雕等动植物	内陆湿地	县级	20000801	林业
川142	海子山	理塘县、稻城县	459161	高寒湿地生态系统及白唇鹿、马麝、藏马鸡等珍稀动物	内陆湿地	国家级	19951108	林业
川143	竹巴笼	巴塘县	28198	野生动物及其生境	野生动物	省级	19950101	林业
川144	措普沟	巴塘县	57874	森林生态系统	森林生态	市级	20011001	环保
川145	热打尼丁	乡城县	1960	白唇鹿、藏马鸡、马麝、林麝等	野生动物	县级	20000101	林业
川146	佛珠峡	乡城县	9620	白唇鹿、藏马鸡、马麝、林麝等	野生动物	县级	20000101	林业
川147	所冲	稻城县	16600	白唇鹿、藏马鸡、马麝、林麝等野生动物	野生动物	县级	20020101	林业
川148	马乌	稻城县	27700	岩羊、盘羊、藏马鸡等野生动物	野生动物	县级	20020101	林业
川149	亚丁	稻城县	145750	森林生态系统、野生动植物、冰川	森林生态	国家级	19960320	环保
川150	下拥	得荣县	23693	野生动植物	森林生态	省级	20000101	林业
川151	嘎金雪山	得荣县	30000	野生动物及高山生态系统	野生动物	市级	20000102	林业
川152	螺髻山	西昌市	20912	白唇鹿、高山草原及其生态系统	野生动物	省级	19860101	农业
川153	木里鸭嘴	木里藏族自治县	10000	马鹿等野生动物	野生动物	省级	19630402	林业
川154	巴丁拉姆	木里藏族自治县	21086	森林及熊、金雕、麝等野生动物	森林生态	市级	20060401	林业
川155	恰郎多吉	木里藏族自治县	39076	麝、雪豹、金雕、盘羊、熊及森林生态系统	野生动物	市级	20060401	林业
川156	盐源泸沽湖	盐源县	60000	湿地生态系统	内陆湿地	市级	20000102	环保
川157	龙肘山	会理县	2500	杜鹃花、石栎等野生植物及其生境	野生植物	县级	19920101	林业
川158	会理软籽石榴	会理县	12000	软籽石榴及其生境	野生植物	县级	20000102	农业
川159	布拖乐安	布拖县	22751	森林及野生动植物	森林生态	市级	20030101	林业
川160	交际河	布拖县	65221	湿地生态系统及野生动植物	内陆湿地	县级	20010801	林业
川161	百草坡	金阳县	44128	森林及野生动植物	森林生态	省级	20010101	林业
川162	彝海	冕宁县	2000	高山草地	草原草甸	市级	20000101	林业
川163	治勒	冕宁县	24293	大熊猫、川金丝猴、扭角羚等珍稀动物	野生动物	省级	19930101	林业
川164	申果庄大熊猫	越西县	33700	大熊猫等野生动物及其生境	野生动物	省级	20020101	林业
川165	甘洛马鞍山	甘洛县	40826	森林及野生动植物	森林生态	省级	20010101	林业
川166	美姑大风顶	美姑县	50655	大熊猫等珍稀野生动物及森林生态系统	野生动物	国家级	19781215	林业
川167	雷波麻咪泽	雷波县	38800	野生动植物及其生境	森林生态	省级	20010301	林业
黔01	花溪青岩油杉	贵阳市花溪区	80	青岩油杉及其生境	野生植物	县级	19820101	林业
黔02	老林沟	水城县	170	光叶珙桐、水青树等野生植物	野生植物	县级	19900301	林业
黔03	野钟黑叶猴	水城县	1362	黑叶猴及森林生态系统	野生动物	市级	19891201	林业
黔04	大板水	遵义市红花岗区	3132	森林生态系统	森林生态	县级	19981101	林业
黔05	孙家大林	遵义县	3000	森林及野生动植物	森林生态	县级	20041111	林业
黔06	仙人山	遵义县	10000	森林及野生动植物	森林生态	县级	20041110	林业
黔07	桐梓黄连柏箐	桐梓县	2542	森林生态系统及野生动植物	森林生态	市级	19851103	林业
黔08	石盘垭	绥阳县	2333	马尾松林等森林生态系统	森林生态	县级	20001210	林业
黔09	绥阳杉木箐	绥阳县	2400	森林及水源地	森林生态	县级	20001210	林业
黔10	火丘坝	绥阳县	2466	白冠长尾雉及其生境	野生动物	县级	20001210	林业

序号	保护区名称	行政区域	面积	主要保护对象	类型	级别	始建时间	主管部门
黔11	万里水库	绥阳县	2667	水源地、森林生态系统	森林生态	县级	20001210	林业
黔12	大河白冠长尾雉	绥阳县	4000	白冠长尾雉及其生境	野生动物	县级	20001210	林业
黔13	后水河	绥阳县	7500	森林及水源地	森林生态	县级	20001210	林业
黔14	宽阔水	绥阳县	26231	中亚热带常绿阔叶林	森林生态	国家级	19891201	林业
黔15	双河溶洞	绥阳县	53667	溶洞群	地质遗迹	县级	20001210	林业
黔16	桴焉	正安县	32448	落叶阔叶林	森林生态	市级	20010510	林业
黔17	大沙河	道真仡佬族苗族自治县	26990	银杉、珙桐、黑叶猴等野生动植物	野生植物	省级	19841010	林业
黔18	马福林	务川仡佬族苗族自治县	3710	三尖杉、红豆杉等野生植物	野生植物	县级	19990301	林业
黔19	凤冈万佛山	凤冈县	8400	森林生态系统及野生动物	森林生态	县级	20021201	林业
黔20	湄潭百面水	湄潭县	18500	黄杉等森林生态系统	野生植物	县级	20011201	林业
黔21	洞水	余庆县	10	古树	野生植物	县级	19880501	林业
黔22	习水大杉树	习水县	9	中国杉王及其生境	野生植物	县级	20030301	林业
黔23	习水中亚热带常绿阔叶林	习水县	48666	中亚热带常绿阔叶林及野生动植物	森林生态	国家级	19940908	林业
黔24	赤水桫椤	赤水市	13300	桫椤、小黄花茶等野生植物	野生植物	国家级	19840911	环保
黔25	赤水原生林	赤水市	28000	中亚热带常绿阔叶林	森林生态	县级	19900701	林业
黔26	梵净山	江口县、印江土家族苗族自治县、松桃苗族自治县	41900	森林生态系统及黔金丝猴珍稀动植物	森林生态	国家级	19860709	林业
黔27	石阡佛顶山	石阡县	12634.5	鹅掌楸等珍稀动植物	森林生态	省级	19921001	林业
黔28	四野屯	思南县	2859	森林及野生动植物	森林生态	县级	19990601	林业
黔29	石家岭	印江土家族苗族自治县	8815	森林生态系统	森林生态	县级	19990101	林业
黔30	洋溪	印江土家族苗族自治县	13000	森林生态系统	森林生态	县级	19990101	林业
黔31	麻阳河	沿河土家族自治县、务川仡佬族苗族自治县	31113	黑叶猴等珍稀动物及其生境	野生动物	国家级	19870801	林业
黔32	坡岗喀斯特植被	兴义市	5030	喀斯特森林植被	森林生态	市级	19970701	林业
黔33	兴仁清水河	兴仁县	2556	喀斯特植被及野生动植物	森林生态	市级	19970701	林业
黔34	布岭箐	普安县	33	鹅掌楸及其生境	野生植物	县级	19980101	林业
黔35	旧屋基	普安县	35	天然阔叶林	森林生态	县级	19980101	林业
黔36	沙子塘	普安县	38	天然阔叶林	森林生态	县级	19980101	林业
黔37	普安牛角山	普安县	125	常绿阔叶林	森林生态	县级	19980101	林业
黔38	普安仙人洞	普安县	138	天然阔叶林	森林生态	县级	19980101	林业
黔39	风火砖水库	普安县	175	水源涵养林	森林生态	县级	19980101	林业
黔40	油沙地灌木林	普安县	175	天然灌木林	森林生态	县级	19980101	林业
黔41	汪家河	普安县	310	水源涵养林	森林生态	县级	19980101	林业
黔42	水箐	普安县	325	水源涵养林	森林生态	县级	19980101	林业
黔43	莲花山十里杜鹃	普安县	338	杜鹃林	野生植物	县级	19980101	林业
黔44	一把伞恒河猴	普安县	350	恒河猴及其生境	野生动物	县级	19980101	林业
黔45	鲁沟古大	普安县	412	银杏及其生境	野生植物	县级	19980101	林业
黔46	五个坡	普安县	450	水源涵养林	森林生态	县级	19980101	林业
黔47	幸福水库	普安县	563	水源涵养林	森林生态	县级	19980101	林业
黔48	关索岭	普安县	1050	森林及野生动植物	森林生态	县级	19980101	林业
黔49	下厂河	普安县	1100	水源涵养林	森林生态	县级	19980101	林业
黔50	晴隆竹塘	晴隆县	4533.33	野生动植物及森林生态系统	森林生态	县级	20080218	林业
黔51	龙头大山	贞丰县	2817	森林及野生动植物	森林生态	市级	19970701	林业
黔52	乐宽苏铁	望谟县	3300	苏铁及森林生态系统	野生植物	县级	20000101	林业

序号	保护区名称	行政区域	面积	主要保护对象	类型	级别	始建时间	主管部门
黔 53	渡邑	望谟县	7200	南亚热带沟谷雨林	森林生态	县级	19900501	林业
黔 54	者冲口	册亨县	733	阔叶林及野生动植物	森林生态	县级	19980101	林业
黔 55	落凡	册亨县	3200	森林生态系统	森林生态	县级	19980101	林业
黔 56	册亨双江	册亨县	5400	南亚热带沟谷季雨林	森林生态	县级	19900720	林业
黔 57	赖子山	册亨县	3512.6	野生动植物及森林生态系统	森林生态	县级	20080101	林业
黔 58	板烟	安龙县	33	森林生态系统	森林生态	县级	19980901	林业
黔 59	安龙青龙山	安龙县	133	森林生态系统	森林生态	县级	19980901	林业
黔 60	安龙莲花山	安龙县	533	森林生态系统	森林生态	县级	19980801	林业
黔 61	青山绿塘	安龙县	667	森林生态系统	森林生态	县级	19980601	林业
黔 62	王燕喀斯特植被	安龙县	667	森林生态系统	森林生态	县级	19980801	林业
黔 63	停西	安龙县	1000	沟谷雨林、常绿阔叶林	森林生态	县级	19980601	林业
黔 64	仙鹤坪	安龙县	3005	杜鹃林、天然常绿阔叶林	森林生态	市级	19970701	林业
黔 65	毕节罩子山	毕节市	2513	森林生态系统	森林生态	县级	20021201	林业
黔 66	毕节乌箐	毕节市	1296.2	森林生态系统	森林生态	县级	20050101	林业
黔 67	大方福建柏	大方县	56	福建柏及其生境	野生植物	县级	19910301	林业
黔 68	百里杜鹃	大方县	12580	杜鹃林	野生植物	省级	20011101	林业
黔 69	黔西娃娃鱼	黔西县	2000	大鲵及其生境	野生动物	县级	19850101	环保
黔 70	金沙福建柏	金沙县	150	福建柏及其生境	野生植物	县级	19911001	林业
黔 71	冷水河	金沙县	8133	中亚热带常绿阔叶、福建柏等	森林生态	县级	19920901	林业
黔 72	纳雍杉木箐	纳雍县	600	森林生态系统	森林生态	县级	20080218	林业
黔 73	纳雍大坪箐	纳雍县	1100	森林生态系统	森林生态	县级	20080218	林业
黔 74	威宁黄杉	威宁彝族回族苗族自治县	936	黄杉及其生境	野生植物	县级	19920701	林业
黔 75	威宁妥打	威宁彝族回族苗族自治县	9393	白冠长尾雉及其生境	野生动物	县级	19920101	林业
黔 76	威宁草海	威宁彝族回族苗族自治县	12000	高原湿地生态系统及黑颈鹤等	内陆湿地	国家级	19850101	林业
黔 77	大湾山	黄平县	1867	水源涵养林	森林生态	县级	20020801	林业
黔 78	上塘朱家山	黄平县	12346	水源涵养林	森林生态	市级	19840302	林业
黔 79	施秉佛顶山	施秉县	2133	水源涵养林、野生动植物	森林生态	县级	19850101	林业
黔 80	岑巩大树林	岑巩县	1	古树	野生植物	县级	19981201	林业
黔 81	岑巩后山	岑巩县	1	古柏树	野生植物	县级	19981201	林业
黔 82	瓦窑坝上	岑巩县	1	落叶阔叶林生态系统	森林生态	县级	19981201	林业
黔 83	楮木林	岑巩县	3	楮木林	森林生态	县级	19981201	林业
黔 84	三层洞	岑巩县	3465	森林及珍稀植物	森林生态	县级	19981201	林业
黔 85	龙鳌河	岑巩县	4025	水源涵养林	森林生态	县级	19981201	林业
黔 86	小顶山	岑巩县	18508	天然林、鹅掌楸	森林生态	市级	19981201	林业
黔 87	圭叶	锦屏县	2000	森林生态系统	森林生态	县级	19980101	林业
黔 88	八河	锦屏县	4200	森林生态系统	森林生态	县级	19980101	林业
黔 89	剑河鹅掌楸	剑河县	50	鹅掌楸及其生境	野生植物	县级	19860101	环保
黔 90	革东古生物化石	剑河县	4760	古生物化石	古生物遗迹	省级	20010101	国土
黔 91	百里	剑河县	10000	常绿阔叶林、水源涵养林	森林生态	市级	20020101	林业
黔 92	南宫	台江县	22104	常绿阔叶林	森林生态	市级	20011101	林业
黔 93	高场	黎平县	27	森林生态系统	森林生态	县级	20020901	林业
黔 94	东风林场	黎平县	2831	杉木优良种源林	森林生态	县级	19930801	林业
黔 95	三省坡	黎平县	7745	森林生态系统	森林生态	县级	20020901	林业

序号	保护区名称	行政区域	面积	主要保护对象	类型	级别	始建时间	主管部门
黔96	黎平太平山	黎平县	31551	森林生态系统	森林生态	市级	19850101	林业
黔97	榕江月亮山	榕江县	32849	常绿阔叶林	森林生态	市级	19980101	林业
黔98	岜沙	从江县	2568	森林生态系统	森林生态	县级	20040101	林业
黔99	从江月亮山	从江县	24800	马尾松、猕猴及森林植被	森林生态	市级	19860101	林业
黔100	雷公山	雷山县、台江县、剑河县、榕江县	47300	中亚热带森林及秃杉等珍稀植物	森林生态	国家级	19820601	林业
黔101	老蛇冲	麻江县	8678	森林生态系统	森林生态	市级	19921201	林业
黔102	山羊界	丹寨县	84	水源涵养林	森林生态	县级	19901201	林业
黔103	丹寨牛角山	丹寨县	160	珍稀动植物及水源涵养林	森林生态	县级	19901201	林业
黔104	龙泉山	丹寨县	330	杜鹃林	森林生态	县级	19901201	林业
黔105	老冬寨	丹寨县	4513	珍稀动植物及水源涵养林	森林生态	市级	19980501	林业
黔106	都刀斗蓬山	都刀市	4233	水源涵养林	森林生态	县级	19980301	林业
黔107	螺丝壳	都刀市	4500	水源涵养林	森林生态	县级	19820801	林业
黔108	十万千	福泉市	1333.3	森林生态系统	森林生态	县级	20010101	林业
黔109	岔河	福泉市	5333.3	森林生态系统	森林生态	县级	20010101	林业
黔110	甲良三层洞	荔波县	4200	森林生态系统	森林生态	县级	20050101	林业
黔111	茂兰	荔波县	20000	喀斯特森林生态系统	森林生态	国家级	19860409	林业
黔112	樟江源头涵养林	荔波县	22600	森林生态系统	森林生态	县级	20050101	林业
黔113	岜岭五针松	荔波县	4066.7	森林生态系统	森林生态	县级	20050101	林业
黔114	兰顶山	荔波县	5466.7	森林生态系统	森林生态	县级	20040101	林业
黔115	捞村河谷	荔波县	6066.7	森林生态系统	森林生态	县级	20050101	林业
黔116	瑶麓单性木兰	荔波县	6533.3	森林生态系统	森林生态	县级	20050101	林业
黔117	贵定斗蓬山	贵定县	2438	水源涵养林	森林生态	县级	19980501	林业
黔118	瓮安朱家山	瓮安县	7638	南亚热带森林	森林生态	县级	19950801	林业
黔119	瓮安江界河	瓮安县	11000	森林生态系统	森林生态	县级	19950901	林业
黔120	深沟	独山县	8000	天然阔叶林	森林生态	县级	19960601	林业
黔121	高岩天然林水	独山县	466.7	森林生态系统	森林生态	县级	20010101	林业
黔122	琴阳天然林	独山县	2333.3	森林生态系统	森林生态	县级	20010101	林业
黔123	甲茶	平塘县	13000	森林生态系统	森林生态	县级	20040101	林业
黔124	罗羊	罗甸县	2722	南亚热带沟谷季雨林	森林生态	县级	19900101	林业
黔125	斗麻	长顺县	3330	森林生态系统	森林生态	县级	20040101	林业
黔126	白云山	长顺县	1666.7	森林生态系统	森林生态	县级	20000101	其他
黔127	猴子沟	龙里县	4000	森林生态系统	森林生态	县级	20080101	林业
黔128	长安喀斯特	惠水县	44310	森林及珍稀动植物	森林生态	县级	20000801	林业
黔129	尧人山	三都水族自治县	2000	森林生态系统	森林生态	县级	19870101	林业
滇01	轿子山	昆明市东川区	16456	针叶林、中山湿性常绿阔叶林及珍稀动植物	森林生态	国家级	19940331	林业
滇02	梅树村	晋宁县	58	中国震旦系寒武系界线层剖面	地质遗迹	省级	19811101	环保
滇03	横河梁子	晋宁县	20917	黑颈鹤及其栖息地	野生动物	县级	20000101	林业
滇04	竹山总山神	宜良县	933	半湿润常绿阔叶林	森林生态	县级	20021201	林业
滇05	汤池老爷山	宜良县	1333	半湿润常绿阔叶林	森林生态	县级	20021201	林业
滇06	九乡麦田河	宜良县	1867	半湿润常绿阔叶林	森林生态	县级	20021201	林业
滇07	寻甸黑颈鹤	寻甸县	7217.3	黑颈鹤及其栖息地	野生动物	市级	20000115	林业
滇08	双河磨南德水源	安宁市	23503	半湿润常绿阔叶林及云南松林	森林生态	市级	19900101	林业
滇09	珠江水系	曲靖市	870	金线鲃、暗色唇鲮等特有土著鱼类	野生动物	市级	20061001	农业
滇10	金沙江水系	曲靖市	2500	长薄鳅、金线鲃等特有土著鱼类	野生动物	市级	20061001	农业

序号	保护区名称	行政区域	面积	主要保护对象	类型	级别	始建时间	主管部门
滇11	朗目山	曲靖市麒麟区	900	半湿润常绿阔叶林及古建筑群	森林生态	县级	20000302	林业
滇12	青峰山	曲靖市麒麟区	1110	阔叶林及古建筑	森林生态	县级	20000302	林业
滇13	翠峰山	曲靖市麒麟区	1129	半湿润常绿阔叶林	森林生态	县级	20020301	林业
滇14	麒麟五台山	曲靖市麒麟区	1190	森林景观	森林生态	县级	20000302	林业
滇15	廖郭山	曲靖市麒麟区	1453	半湿润常绿阔叶林	森林生态	县级	20020301	林业
滇16	潇湘谷	曲靖市麒麟区	2579	植物资源	森林生态	县级	20080801	林业
滇17	黄草坪	马龙县	2950	饮用水源	森林生态	县级	20000102	环保
滇18	陆良彩色沙林	陆良县	5280	彩色沙林地貌景观	地质遗迹	县级	20000102	其他
滇19	大堵水库	师宗县	160	饮用水源	森林生态	县级	19990601	林业
滇20	丁累大箐	师宗县	293	野生动植物	森林生态	县级	20000402	林业
滇21	菌子山	师宗县	3067	杜鹃	野生植物	市级	20010501	林业
滇22	师宗东风水库	师宗县	4960	森林及饮用水源	森林生态	县级	19990601	林业
滇23	翠云山	师宗县	10.6	半湿润常绿阔叶林	森林生态	县级	20000401	林业
滇24	鲁布革	罗平县	7000	野生动植物	森林生态	县级	19990101	林业
滇25	罗平万峰山	罗平县	58327	森林植被及水源涵养林	森林生态	市级	19990201	林业
滇26	十八连山	富源县	1212	云南山茶种质基地及野山茶群落	野生植物	省级	19850701	林业
滇27	鲁纳黄杉	会泽县	1146	黄杉及其生境	野生植物	县级	20001202	林业
滇28	驾车	会泽县	8282	华山松种质资源	野生植物	省级	19840101	林业
滇29	会泽黑颈鹤	会泽县	12910.6	黑颈鹤及湿地生态系统	野生动物	国家级	19940301	环保
滇30	海峰	沾益县	26610	喀斯特地貌、森林及野生动植物	内陆湿地	省级	20010401	林业
滇31	珠江源	沾益县、宣威市	133150	河流及森林生态系统	森林生态	省级	19880602	林业
滇32	红塔山	玉溪市	5696	森林植被及水源涵养林	森林生态	市级	20011201	林业
滇33	秀山	玉溪市	9269	半湿性常绿阔叶林	森林生态	县级	20010801	林业
滇34	江川大龙潭	江川县	6659	水源涵养林	森林生态	县级	20040801	林业
滇35	帽天山	澄江县	450	寒武纪古生物化石	地质遗迹	省级	19971201	国土
滇36	梁王山	澄江县	2285	野生花卉云南松林	野生植物	县级	19990601	林业
滇37	登楼山	华宁县	6144	野生动植物	森林生态	县级	20040625	林业
滇38	脚家店恐龙化石	易门县	1000	恐龙化石	地质遗迹	县级	19870901	其他
滇39	易门翠柏	易门县	7800	古翠柏林、黄杉林及半湿润常绿阔叶林	森林生态	县级	20001201	林业
滇40	龙泉	易门县	11367	水源林	森林生态	市级	20031201	林业
滇41	玉白顶林场	峨山彝族自治县	6933	水源林	森林生态	市级	20031201	林业
滇42	磨盘山	新平彝族傣族自治县	7454	中山湿润常绿阔叶林、云南松林	森林生态	县级	19901101	林业
滇43	新平哀牢山	新平彝族傣族自治县	9978	中山湿性常绿阔叶林、半湿性常绿阔叶林	森林生态	县级	19920801	林业
滇44	哀牢山	新平彝族傣族自治县、楚雄市、南华县、双柏县、景东彝族自治县、镇沅彝族哈尼族拉祜族自治县	67700	中山湿性常绿阔叶林及黑冠长臂猿等野生动植物	森林生态	国家级	19880509	林业
滇45	元江	元江哈尼族彝族傣族自治县	22378.9	干热河谷稀树灌木草丛、亚热带森林及野生动植物	森林生态	国家级	19891001	林业
滇46	北海湿地	腾冲县	1629	湿地生态系统	内陆湿地	省级	20000601	环保
滇47	腾冲地热火山	腾冲县	12990	地热火山等自然景观	地质遗迹	县级	20000301	环保
滇48	龙陵小黑山	龙陵县、保山市隆阳区	6293.4	热带、亚热带低中山湿性常绿阔叶林	森林生态	省级	19951012	林业
滇49	昌宁澜沧江	昌宁县	6350	森林生态系统及野生动植物	森林生态	县级	19970801	林业

序号	保护区名称	行政区域	面积	主要保护对象	类型	级别	始建时间	主管部门
滇50	大山包黑颈鹤	昭通市昭阳区	19200	黑颈鹤等珍禽及其生境	野生动物	国家级	19900101	林业
滇51	鲁甸黄杉铁杉	鲁甸县	8	黄杉、铁杉	野生植物	县级	20061201	林业
滇52	巧家马树	巧家县	403	黑颈鹤及其越冬湿地生态系统	内陆湿地	县级	20070201	林业
滇53	药山	巧家县	20141	高山水源林及多种药用植物	森林生态	国家级	19840405	林业
滇54	白老林	盐津县	2200	云豹、红豆杉及森林植被	森林生态	市级	20030501	林业
滇55	老黎山	盐津县	297.4	天然林	森林生态	市级	20030501	林业
滇56	五莲峰	永善县	35420	森林及云南红豆杉及云豹、黑熊等野生动物	森林生态	市级	20030501	林业
滇57	乌蒙山	永善、彝良、大关、盐津	26186.7	森林生态系统,天然毛竹林群落、天麻原生地	森林生态	省级	19840101	林业
滇58	金沙江绥江段特有鱼类	绥江县	1024	胭脂鱼、岩原鲤等水生野生动物	野生动物	县级	20080101	农业
滇59	二十四冈	绥江县	13003	天然林	森林生态	市级	20030501	林业
滇60	以拉	镇雄县	685	南方红豆杉及其生境	野生植物	市级	20030501	林业
滇61	袁家湾	镇雄县	1634	森林及珍稀野生动植物	森林生态	市级	19800601	林业
滇62	大雪山	威信县	2153.3	森林及珙桐、岩羊、黑熊等珍稀动植物	森林生态	市级	20011001	林业
滇63	铜锣坝	水富县	2484	森林及野生动植物	森林生态	市级	19880101	林业
滇64	拉市海高原湿地	玉龙纳西族自治县	6523	高原湿地生态系统、特有珍稀濒危动植物	内陆湿地	省级	19971008	林业
滇65	玉龙雪山	玉龙纳西族自治县	26000	冰川遗迹、高山森林、珍稀动植物	森林生态	省级	19840501	林业
滇66	宁蒗泸沽湖	宁蒗彝族自治县	8133	高原湖泊、高山森林及水禽	内陆湿地	省级	19860301	林业
滇67	莱阳河	普洱市	14892	野牛等珍稀动物及森林生态系统	森林生态	省级	19811101	林业
滇68	糯扎渡	普洱市	18997	森林及野生动植物	森林生态	省级	19971001	林业
滇69	普洱松山	宁洱哈尼族彝族自治县	2700	水源林及动植物	森林生态	县级	19941101	林业
滇70	坝卡河	墨江哈尼族自治县	3500	饮用水源	内陆湿地	县级	19950901	环保
滇71	墨江桫椤	墨江哈尼族自治县	6222	桫椤及其生境	野生植物	省级	20010101	环保
滇72	无量山	景东彝族自治县、南涧彝族自治县、大理市	30938.1	亚热带常绿阔叶林、黑冠长臂猿等珍稀动物及栖息地	森林生态	国家级	19860320	林业
滇73	威远江	景谷傣族彝族自治县	7653	思茅松原始林及懒猴等野生动物	森林生态	省级	19811001	林业
滇74	镇沅湾河	镇沅彝族哈尼族拉祜族自治县	5000	饮用水源	内陆湿地	县级	19950501	水利
滇75	牛倮河	江城哈尼族彝族自治县	4693	森林生态系统及野生动物	森林生态	县级	19831001	林业
滇76	孟连竜山	孟连傣族拉祜族佤族自治县	54	小花龙血树及其生境	野生植物	省级	19860301	环保
滇77	南垒河	孟连傣族拉祜族佤族自治县	200	水生野生动物	野生动物	县级	20041001	农业
滇78	佛殿山	西盟佤族自治县	1370	水源林	森林生态	县级	19950927	林业
滇79	勐梭龙潭	西盟佤族自治县	4200	饮用水源	内陆湿地	县级	19820501	其他
滇80	临沧澜沧江	凤庆、临沧市临翔区、云县、双江、耿马等区县	89504	森林植被、珍稀动植物	森林生态	省级	19990612	林业
滇81	德党后山水源林	永德县	7331	亚热带常绿阔叶林	森林生态	县级	19840101	林业

序号	保护区名称	行政区域	面积	主要保护对象	类型	级别	始建时间	主管部门
滇 82	永德大雪山	永德县	17541	亚热带常绿阔叶林及野生动物	森林生态	国家级	19860320	林业
滇 83	南捧河	镇康县	36970	森林生态系统	森林生态	省级	19960501	林业
滇 84	南滚河	沧源佤族自治县、耿马县	50887	亚洲象、孟加拉虎及森林生态系统	野生动物	国家级	19800316	林业
滇 85	紫溪山	楚雄市	16000	森林生态系统及珍稀动植物	森林生态	省级	19940331	林业
滇 86	三峰山	楚雄市	41415	水源林、珍稀动物	森林生态	市级	20010101	林业
滇 87	楚雄西山	楚雄市	3550.4	森林资源及自然景观	森林生态	市级	19820501	住建
滇 88	白竹山	双柏县	8394	森林生态系统及珍稀动物	森林生态	市级	19840101	林业
滇 89	恐龙河	双柏县	10235	水源涵养林	森林生态	市级	20030401	林业
滇 90	化佛山	牟定县	667	森林生态系统及珍稀动物	森林生态	市级	19820501	林业
滇 91	牟定白马山	牟定县	15508	森林生态系统及珍稀动物	森林生态	市级	20030401	林业
滇 92	花椒园	姚安县	33193	水源林、珍稀动物	森林生态	市级	20030401	林业
滇 93	大尖山	姚安县	9085.1	水源林、珍稀动物	森林生态	市级	20030401	林业
滇 94	昙华山	大姚县	1231.4	森林及自然风景	森林生态	市级	19820501	林业
滇 95	方山	永仁县	667	森林及自然风景	森林生态	市级	19820501	林业
滇 96	元谋土林	元谋县	1992	土林地质遗迹	地质遗迹	市级	20000501	住建
滇 97	狮子山	武定县	1360	森林及自然风景	森林生态	市级	19820501	林业
滇 98	雕翎山	禄丰县	613	森林生态系统及珍稀动植物	森林生态	省级	19811201	林业
滇 99	樟水箐	禄丰县	3550	森林及珍稀动物	森林生态	市级	19820501	林业
滇 100	个旧董棕林	个旧市	160	董棕林	野生植物	县级	19990101	林业
滇 101	南洞	开远市	267	水源涵养林	森林生态	县级	20000101	环保
滇 102	云南大围山	屏边苗族自治县、河口瑶族自治县、个旧市、蒙自县	43992.6	南亚热带常绿阔叶林及珍稀动物	森林生态	国家级	19860320	林业
滇 103	建水燕子洞	建水县	1601	白腰雨燕繁殖种群及其生境、溶洞景观	野生动物	省级	20020501	其他
滇 104	元阳观音山	元阳县	16187	亚热带中山苔藓常绿阔叶林	森林生态	省级	19940527	林业
滇 105	阿姆山	红河县	14756	森林及野生动物	森林生态	省级	19951201	林业
滇 106	金平分水岭	金平苗族瑶族傣族自治县	42027	南亚热带山地苔藓常绿阔叶林及珍稀动植物	森林生态	国家级	19860601	林业
滇 107	黄连山	绿春县	65058	亚热带常绿阔叶林、野生动植物	森林生态	国家级	19830427	林业
滇 108	南溪河	河口瑶族自治县	175	鼋、水獭、斑鳖、山瑞鳖等水生野生动物	野生动物	市级	20070111	农业
滇 109	文山	文山县、西畴县	26867	岩溶中山南亚热带季风常绿阔叶林、亚热带山地苔藓常绿阔叶林以及野生动植物	森林生态	国家级	19800605	林业
滇 110	麻栗坡老君山	麻栗坡县、马关县	4509	季风常绿阔叶林、山地苔藓常绿阔叶林	森林生态	省级	19811101	林业
滇 111	麻栗坡老山	麻栗坡县	20500	滇东南热带山地季风常绿阔叶林、珍稀动植物	森林生态	省级	20050101	林业
滇 112	古林箐	马关县	6832.6	热带季雨林、雨林、石灰山季雨林及热带野生动物	森林生态	省级	19821001	林业
滇 113	普者黑	丘北县	10746	野生动植物、高原湖泊	森林生态	省级	20000901	环保
滇 114	广南八宝	广南县	5232	河谷峰丛峰林及岩溶地貌	地质遗迹	省级	19880101	环保
滇 115	富宁驮娘江	富宁县	15725	水域湿地及岩溶山地热区森林生态系统	森林生态	省级	20000901	林业
滇 116	澜沧江-湄公河	西双版纳傣族自治州	67	鼋、双孔鱼及其生境	野生动物	市级	20051201	农业

序号	保护区名称	行政区域	面积	主要保护对象	类型	级别	始建时间	主管部门
滇117	罗梭江鱼类	西双版纳傣族自治州	720	水生野生动物及其生境	野生动物	市级	20070418	农业
滇118	西双版纳	景洪市、勐海县、勐腊县	241776	热带森林生态系统及珍稀野生动植物	森林生态	国家级	19581009	林业
滇119	纳板河流域	景洪市、勐海县	26600	热带季雨林及野生动植物	森林生态	国家级	19910705	环保
滇120	布龙	景洪市	35333	热带野生动植物资源	森林生态	市级	20081001	林业
滇121	景洪热带雨林	景洪市	48543	热带雨林	森林生态	县级	19990601	林业
滇122	凤阳鹭鸶	大理市	67	鹭鸶鸟、古榕树	野生动物	市级	19880901	其他
滇123	蝴蝶泉	大理市	500	蝴蝶及其生境	野生动物	市级	19880901	住建
滇124	苍山洱海	大理市	79700	断层湖泊、古代冰川遗迹、苍山冷杉、杜鹃林	内陆湿地	国家级	19811106	环保
滇125	雪山河	漾濞彝族自治县	1000	常绿阔叶林及野生核桃林	森林生态	市级	19880901	环保
滇126	水目山	祥云县	1500	古山茶、森林植被	森林生态	市级	19880701	林业
滇127	太极顶	弥渡县	2673	水源涵养林、针阔叶林	森林生态	市级	19880901	林业
滇128	弥渡天生营	弥渡县	13000	森林、野生动植物及历史文化遗址	森林生态	市级	20011001	林业
滇129	弥渡大黑山	弥渡县	14000	森林植被及野生动物	森林生态	市级	20011001	林业
滇130	南涧土林	南涧彝族自治县	500	地质地貌景观	地质遗迹	市级	19880901	林业
滇131	南涧大龙潭	南涧彝族自治县	1073	水源涵养林	森林生态	市级	20011001	林业
滇132	南涧凤凰山	南涧彝族自治县	2500	迁徙候鸟及其生境	野生动物	市级	19880901	林业
滇133	青华绿孔雀	巍山彝族回族自治县	1000	绿孔雀等珍稀动物	野生动物	省级	19880905	环保
滇134	隆庆鸟道雄关	巍山彝族回族自治县	1080	森林植被、迁徙候鸟	森林生态	市级	20011001	环保
滇135	巍宝山	巍山彝族回族自治县	2000	森林及风景资源	森林生态	市级	19880901	环保
滇136	永国寺	永平县	672	华山松、野茶树、小熊猫	森林生态	市级	19830701	林业
滇137	金光寺	永平县	9584	森林及野生动植物	森林生态	省级	19820331	林业
滇138	博南山	永平县	18000	森林及古树名木、文物遗迹	森林生态	市级	20011001	林业
滇139	云龙天池	云龙县	14475	云南松林、高原湖泊及珍稀动物	森林生态	国家级	19830401	林业
滇140	洱源西湖	洱源县	700	湿地生态系统	内陆湿地	市级	20011001	环保
滇141	茨碧湖	洱源县	800	湖泊及水生生物	内陆湿地	市级	19880701	环保
滇142	鸟吊山	洱源县	900	迁徙候鸟及自然景观	野生动物	市级	19880701	环保
滇143	黑虎山	洱源县	9000	森林植被及野生动物	森林生态	市级	20011001	环保
滇144	西罗坪	洱源县	10000	森林植被及野生动物	森林生态	市级	20011001	环保
滇145	海西海	洱源县	14000	水源涵养林及野生动植物	森林生态	市级	20040401	环保
滇146	石宝山	剑川县	2800	原始阔叶林、风景资源	森林生态	市级	19880701	其他
滇147	剑湖湿地	剑川县	4630.28	湿地生态系统及候鸟	内陆湿地	省级	20010201	环保
滇148	母屯海湿地	鹤庆县	400	湿地生态系统及越冬水禽	内陆湿地	市级	20011001	环保
滇149	鹤庆朝霞	鹤庆县	800	地貌景观及地下水资源	地质遗迹	市级	19880901	林业
滇150	龙华山	鹤庆县	2500	十八寺遗址及原始森林植被	森林生态	市级	20011001	环保
滇151	勐科河流域	梁河县	3070	水源涵养林	森林生态	县级	19980401	环保
滇152	铜壁关	盈江县、陇川县、瑞丽市	51650.5	印缅季雨林及亚洲象、长臂猿	森林生态	省级	19860320	林业
滇153	高黎贡山	保山、腾冲、泸水、福贡、景东、镇西、楚雄、双柏、南华等市县	405200	森林植被垂直带谱、珍稀动植物	森林生态	国家级	19830101	林业
滇154	翠坪山	兰坪白族普米族自治县	8600	森林生态、自然景观及历史遗迹	森林生态	县级	20000601	环保
滇155	云岭	兰坪白族普米族自治县	75894	寒温性原始森林生态及滇金丝猴	森林生态	省级	19980101	林业
滇156	纳帕海	香格里拉县	2400	黑颈鹤等珍禽及其栖息地	野生动物	省级	19850101	林业

序号	保护区名称	行政区域	面积	主要保护对象	类型	级别	始建时间	主管部门
滇157	碧塔海	香格里拉县	14133	高山针叶林、高原湖泊及野生动物	森林生态	省级	19820101	林业
滇158	哈巴雪山	香格里拉县	21908	高山森林生及珍稀动物滇金丝猴	森林生态	省级	19850101	林业
滇159	白马雪山	德钦县、维西傈僳族自治县	276400	高山针叶林、滇金丝猴	森林生态	国家级	19840101	林业
藏01	拉鲁湿地	拉萨市城关区	1220	湿地生态系统	内陆湿地	国家级	19990525	环保
藏02	热振	林周县	70	柏树林	森林生态	市级	19940101	林业
藏03	雅鲁藏布江中游河谷黑颈鹤	林周、达孜、浪卡子、拉孜、日喀则、南木林等县市	614350	黑颈鹤及其生境	野生动物	国家级	19930101	林业
藏04	纳木错	当雄县	1099796	野生动物及湖泊、沼泽湿地生态系统	内陆湿地	省级	20010705	环保
藏05	才纳	曲水县	800	藏马鸡及其生境	野生动物	市级	20070101	环保
藏06	墨竹朗杰沙棘林	墨竹工卡县	4000	沙棘林、斑头雁等野生动植物	森林生态	市级	20070101	环保
藏07	若巴	昌都县	5	马鹿及其生境	野生动物	县级	19920101	林业
藏08	嘎玛	昌都县	18	白唇鹿及其生境	野生动物	县级	19920101	林业
藏09	柴维	昌都县	28	马鹿及其生境	野生动物	县级	19920101	林业
藏10	约巴	昌都县	37	岩羊、猞猁及其生境	野生动物	县级	19920101	林业
藏11	德登	江达县	5	马鹿、马麝及其生境	野生动物	县级	19970101	林业
藏12	生达	江达县	10	马鹿及其生境	野生动物	县级	19950101	林业
藏13	邓柯	江达县	12	白唇鹿及其生境	野生动物	县级	19950101	林业
藏14	哈加	贡觉县	1	雉鸡、红腹锦鸡等鸟类	野生动物	县级	20000401	林业
藏15	拉妥湿地	贡觉县	142	灰鹤及其生境	野生动物	县级	19970701	林业
藏16	则巴	贡觉县	469	森林生态系统	森林生态	县级	19990801	林业
藏17	类乌齐马鹿	类乌齐县	120615	马鹿、白唇鹿等及其栖息地	野生动物	国家级	19930101	林业
藏18	觉龙	八宿县	59	藏原羚及其生境	野生动物	县级	20010301	林业
藏19	觉村	八宿县	72	麝、盘羊等野生动物	野生动物	县级	19890601	林业
藏20	果拉山	八宿县	80	马麝、猞猁、盘羊等野生动物	野生动物	县级	19920101	林业
藏21	然乌湖湿地	八宿县	6978	野生植物	野生植物	省级	19960101	林业
藏22	多拉	芒康县	45	白唇鹿等野生动物	野生动物	县级	19980501	林业
藏23	尼果寺	芒康县	164	雉鸡、岩羊等野生动物	野生动物	县级	19900501	林业
藏24	莽措湖	芒康县	242	普氏原羚、黑颈鹤等野生动物	野生动物	县级	19940501	林业
藏25	芒康滇金丝猴	芒康县	185300	滇金丝猴及其生态系统	野生动物	国家级	19930101	林业
藏26	拉措湖	洛隆县	7	野生动物及其生境	野生动物	县级	20020501	林业
藏27	八冻措湖	洛隆县	8	野生动物及其生境	野生动物	县级	20020501	林业
藏28	金岭	边坝县	2	沙棘林	野生植物	县级	20000501	林业
藏29	都瓦	边坝县	25	野生动物及其生境	野生动物	县级	20030201	林业
藏30	玉湖沟	边坝县	30	野生动物及其生境	野生动物	县级	19940501	林业
藏31	日喀则群让	江孜县	140	岩溶地貌	地质遗迹	省级	20000102	国土
藏32	珠穆朗玛峰	定日县、聂拉木县、定结县、吉隆县	3381000	高山森林、荒漠生态系统及雪豹等野生动物	森林生态	国家级	19880405	林业
藏33	搭格架喷泉群	昂仁县、萨嘎县	400	地热喷泉群	地质遗迹	省级	20000102	国土
藏34	桑桑湿地	昂仁县	5644	湿地生态系统	内陆湿地	省级	20100210	林业
藏35	麦地卡湿地	嘉黎县	89541	湿地生态系统	内陆湿地	省级	20081029	林业
藏36	羌塘	安多、尼玛、改则、双湖、鞋、日土、噶尔等县	3E+07	藏羚羊等有蹄类动物及高原荒漠生态系统	荒漠生态	国家级	19930709	林业

序号	保护区名称	行政区域	面积	主要保护对象	类型	级别	始建时间	主管部门
藏37	色林错	申扎、尼玛、班戈、安多、那曲等县	2032380	黑颈鹤繁殖地、高原湿地生态系统	野生动物	国家级	19930101	林业
藏38	昂孜错—马尔下错湿地	尼玛县	94040.5	湿地生态系统	内陆湿地	省级	20100210	林业
藏39	玛旁雍错湿地	普兰县	97498.7	湿地生态系统	内陆湿地	省级	20081029	林业
藏40	札达土林	札达县、噶尔县、普兰县	560000	土林	地质遗迹	省级	20000102	国土
藏41	班公错湿地	日土县	56303.2	湿地生态系统	内陆湿地	省级	20081029	林业
藏42	洞错湿地	改则县、尼玛县	41173.2	湿地生态系统	内陆湿地	省级	20081029	林业
藏43	扎日南木错湿地	措勤、尼玛、昂仁等县	142982	湿地生态系统	内陆湿地	省级	20081029	林业
藏44	巴结巨柏	林芝县	8	巨柏及其森林生态系统	野生植物	省级	19850101	林业
藏45	工布	工布江达县、林芝县、米林县、朗县	2014981	森林生态系统	森林生态	省级	20030101	林业
藏46	雅鲁藏布大峡谷	墨脱县、林芝县、波密县、米林县	916800	山地垂直带带谱及野生动植物	森林生态	国家级	19850709	林业
藏47	察隅慈巴沟	察隅县	101400	山地亚热带森林生态系统及扭角羚、孟加拉虎等濒危动物	森林生态	国家级	19850923	林业
陕01	泾渭湿地	西安市灞桥区	6353	湿地及水禽	内陆湿地	省级	20011101	林业
陕02	老县城	周至县	12611	大熊猫及其生境	野生动物	省级	19930101	林业
陕03	周至黑河湿地	周至县	13126	湿地生态系统	内陆湿地	省级	20060101	林业
陕04	周至	周至县	56393	金丝猴等野生动物及其生境	野生动物	国家级	19880509	林业
陕05	黑河珍稀水生野生动物	周至县	4619	秦岭细鳞鲑、大鲵、水獭等珍稀野生动物及其栖息地	野生动物	省级	20120101	农业
陕06	铜川香山	铜川市耀州区	14196	黑鹳、林麝等野生动物	野生动物	省级	20040101	林业
陕07	太安	宜君县	25872	金钱豹、金雕、林麝等野生动物	野生动物	省级	20040101	林业
陕08	野河	扶风县	10996	金钱豹、金雕等珍稀野生动物	野生动物	省级	20040101	林业
陕09	陇县秦岭细鳞鲑	陇县	6559	细鳞鲑及其生境	野生动物	国家级	20011101	农业
陕10	千湖湿地	千阳县	7156	湿地生态系统及珍稀水禽	内陆湿地	省级	20060101	林业
陕11	安舒庄	宝鸡市麟游县	11016	渭北黄土丘陵沟壑区典型森林系统及其野生动植物	森林生态	省级	20110101	林业
陕12	紫柏山	凤县	17472	扭角羚、云豹等珍稀动物	野生动物	国家级	20030101	林业
陕13	太白湑水河	太白县	5343	大鲵、细鳞鲑、哲罗鲑等水生动物	野生动物	国家级	19901126	农业
陕14	牛尾河	太白县	13492	大熊猫、金丝猴等野生动物	野生动物	省级	20040101	林业
陕15	黄柏塬	太白县	21865	大熊猫为主的野生动物资源	野生动物	省级	20060101	林业
陕16	太白山	太白县、眉县、周至县	56325	森林生态系统、大熊猫、金丝猴、扭角羚等濒危动物	森林生态	国家级	19650909	林业
陕17	翠屏山	永寿县	19200	森林生态系统	森林生态	市级	20030101	林业
陕18	石门山	旬邑县	30049	森林生态系统	森林生态	省级	20000702	环保
陕19	爷台山	淳化县	10000	金钱豹、锦鸡、水曲柳等野生动植物	野生动物	市级	20030101	林业
陕20	大荔沙苑	大荔县	5000	荒漠生态系统	荒漠生态	县级	19991202	环保
陕21	合阳黄河湿地	合阳县、韩城市、大荔县、华阴市、潼关县	57348	湿地生态系统、珍禽	内陆湿地	省级	19960201	林业
陕22	韩城黄龙山褐马鸡	韩城市	37756	褐马鸡及其生境	野生动物	国家级	20031021	林业
陕23	劳山	甘泉县	20317	森林生态系统	森林生态	省级	20091216	林业
陕24	柴松	富县	17640	金钱豹、金雕、黑鹳等野生动物	野生动物	省级	20040101	林业
陕25	陕西子午岭	富县	40621	森林生态系统及豹、黑鹳、金雕等濒危动物	森林生态	国家级	19990101	林业

序号	保护区名称	行政区域	面积	主要保护对象	类型	级别	始建时间	主管部门
陕 26	桥山	富县	24650.8	森林生态系统	森林生态	省级	20091216	林业
陕 27	黄龙山	黄龙县	35563	金钱豹、金雕等珍稀野生动物	野生动物	省级	20040101	林业
陕 28	延安黄龙山褐马鸡	黄龙县、宜川县	81753	褐马鸡及其生境	野生动物	国家级	20010825	林业
陕 29	长青	洋县	29906	大熊猫、扭角羚、林麝等珍稀动物及其生境	野生动物	国家级	19940101	林业
陕 30	汉中朱鹮	洋县、城固县	37549	朱鹮及其生境	野生动物	国家级	19830101	林业
陕 31	陕西米仓山	西乡县	34192	森林生态系统及珍稀动植物	森林生态	国家级	20030820	林业
陕 32	汉江湿地	勉县、汉中市汉台区、城固县、西乡县	33605	湿地生态系统	内陆湿地	省级	20091216	林业
陕 33	青木川	宁强县	10200	金丝猴、扭角羚、大熊猫等珍稀动物	野生动物	国家级	20030521	林业
陕 34	略阳大鲵	略阳县	5600	大鲵及其生境	野生动物	省级	20060101	林业
陕 35	宝峰山	略阳县	29485	扭角羚为主的珍稀动植物	野生动物	省级	20020801	林业
陕 36	留坝摩天岭	留坝县	8520	大熊猫、扭角羚等珍稀动物及栖息地	野生动物	省级	20020801	林业
陕 37	桑园	留坝县	13806	大熊猫及栖息生境	野生动物	国家级	20020826	林业
陕 38	佛坪观音山	佛坪县	13534	大熊猫等珍稀动物及其生境	野生动物	省级	20020801	林业
陕 39	佛坪	佛坪县	29240	大熊猫、金丝猴、扭角羚等野生动物及森林生态系统	野生动物	国家级	19781215	林业
陕 40	榆横臭柏	榆林市榆阳区、横山县	25966	臭柏林	森林生态	市级	20000101	林业
陕 41	神木臭柏	神木县	7902	臭柏林	森林生态	县级	19860101	林业
陕 42	红碱淖	神木县	21700	湿地及珍禽	内陆湿地	县级	19960101	环保
陕 43	府谷杜松	府谷县	6368	杜松林	森林生态	市级	19820101	林业
陕 44	无定河	横山县	11480	湿地生态系统	内陆湿地	省级	20091216	林业
陕 45	瀛湖湿地	安康市汉滨区	19800	湿地生态系统	内陆湿地	省级	20020101	林业
陕 46	皇冠山	宁陕县	12372	大熊猫及其栖息地	野生动物	省级	20010401	林业
陕 47	宁陕平河梁	宁陕县	15578	大熊猫、扭角羚、金丝猴、林麝等野生动物	野生动物	省级	20060101	林业
陕 48	天华山	宁陕县	25485	大熊猫、金丝猴、扭角羚等野生动物及其生境	野生动物	国家级	20020801	林业
陕 49	化龙山	镇坪县、平利县	28103	森林植物、野生动物	森林生态	国家级	20010801	林业
陕 50	黄龙铺－石门地质剖面	洛南县、蓝田县	100	远古界岩相地质剖面	地质遗迹	省级	19870101	国土
陕 51	洛南大鲵	洛南县	5715	大鲵及其生境	野生动物	省级	19990401	其他
陕 52	丹江武关河	丹凤县	9029	大鲵、水獭等珍稀野生动物及其生境	野生动物	省级	20100101	农业
陕 53	新开岭	商南县	14963	豹、云豹、珙桐等野生动植物	森林生态	省级	20040101	林业
陕 54	天竺山	山阳县	21685	金钱豹、金雕、白肩雕等野生动物	森林生态	省级	20040101	林业
陕 55	鹰嘴石	镇安县	11462	扭角羚、云豹等野生动物	野生动物	省级	20040101	林业
陕 56	东秦岭地质剖面	柞水县、镇安县、周至县	25	泥盆系地质剖面	地质遗迹	省级	19900101	国土
陕 57	牛背梁	柞水县、西安市长安区、宁陕县	16418	扭角羚等珍稀动物及其栖息地	野生动物	国家级	19880509	林业
甘 01	连城	永登县	47930	森林生态系统及祁连柏、青杆等物种	森林生态	国家级	20010401	林业
甘 02	兴隆山	榆中县	33301	森林生态系统及马麝等野生动物	森林生态	国家级	19860111	林业
甘 03	芨芨泉	金昌市金川区	51070	荒漠生态系统及野生动植物	荒漠生态	省级	20050806	林业

序号	保护区名称	行政区域	面积	主要保护对象	类型	级别	始建时间	主管部门
甘04	崛吴山	白银市平川区	3715	天然次生林	森林生态	省级	20020114	林业
甘05	哈思山	靖远县	8400	森林及云杉、油松	森林生态	省级	20020114	林业
甘06	铁木山	会宁县	749	森林生态系统、灰雁	森林生态	省级	19920401	林业
甘07	黄河石林	景泰县	3040	石林地貌	地质遗迹	省级	20010305	国土
甘08	寿鹿山	景泰县	10875	森林生态系统及林麝等物种	森林生态	省级	19800101	林业
甘09	秦州大鲵	天水市秦州区	2350	大鲵及其生境	野生动物	省级	20100719	农业
甘10	武威沙生植物	武威市凉州区	850	沙生植物	荒漠生态	县级	19721101	其他
甘11	民勤连古城	民勤县	389883	荒漠生态系统及黄羊等野生动物	荒漠生态	国家级	19820101	林业
甘12	昌岭山	古浪县	3679	云杉及水源涵养林	森林生态	省级	19870501	林业
甘13	龙首山	张掖市甘州区	2550	青海云杉及岩羊等野生动物	森林生态	县级	19900101	林业
甘14	东大山	张掖市甘州区	5045	森林生态系统	森林生态	省级	19800101	林业
甘15	张掖黑河湿地	高台县、张掖市甘州区、临泽县	41164.6	湿地及珍稀鸟类	内陆湿地	国家级	19921210	环保
甘16	太统－崆峒山	平凉市崆峒区	16283	温带落叶阔叶林及野生动植物	森林生态	国家级	19820101	林业
甘17	甘肃祁连山	武威市、张掖市、酒泉市	230000	水源涵养林及珍稀动物	森林生态	国家级	19870101	林业
甘18	沙枣园子	金塔县	163404	森林生态系统	森林生态	省级	20020114	林业
甘19	疏勒河中下游	瓜州县	324200	湿地生态系统及野生动植物	内陆湿地	省级	20020114	林业
甘20	安西极旱荒漠	安西县	800000	荒漠生态系统及珍稀动植物	荒漠生态	国家级	19870602	环保
甘21	马鬃山	肃北蒙古族自治县	480000	岩羊等野生动物	野生动物	省级	20010410	林业
甘22	盐池湾	肃北蒙古族自治县	1360000	白唇鹿、野牦牛、野驴等珍稀动物及其生境	野生动物	国家级	19820401	林业
甘23	小苏干湖	阿克塞哈萨克族自治县	2400	天鹅、黑颈鹤等候鸟及湖泊湿地	野生动物	省级	19821011	林业
甘24	大苏干湖	阿克塞哈萨克族自治县	9640	天鹅、黑颈鹤等珍禽及其生境	野生动物	省级	19821011	林业
甘25	安南坝野骆驼	阿克塞哈萨克族自治县	396000	野骆驼、野驴等野生动物及荒漠草原	野生动物	国家级	19821211	林业
甘26	干海子候鸟	玉门市	300	鸟类及其生境	野生动物	省级	19820101	林业
甘27	昌马河	玉门市	68250	高山荒漠	荒漠生态	省级	19960321	林业
甘28	南泉湿地	玉门市	111400	湿地生态系统及荒漠动物	内陆湿地	县级	19990101	林业
甘29	玉门南山	玉门市	152900	野生动物及其生境	野生动物	省级	20020114	林业
甘30	敦煌雅丹	敦煌市	39840	雅丹地貌	地质遗迹	省级	20011214	国土
甘31	敦煌西湖	敦煌市	660000	野生动物及荒漠湿地	野生动物	国家级	19921214	林业
甘32	敦煌阳关	敦煌市	88177.7	湿地生态系统及候鸟	内陆湿地	国家级	19941008	环保
甘33	合水子午岭	华池县、合水县、正宁县、宁县	242106	水源涵养林及野生动植物	森林生态	省级	20050202	林业
甘34	仁寿山	陇西县	520	森林生态系统	森林生态	省级	19970711	环保
甘35	贵清山	漳县	1114	野生动植物资源	野生动物	省级	19920601	林业
甘36	漳县秦岭细鳞鲑	漳县	25330	细鳞鲑及其生境	野生动物	省级	20050202	农业
甘37	岷县双燕	岷县	64000	森林、自然景观	森林生态	省级	20020114	林业
甘38	裕河金丝猴	陇南市武都区	74944	金丝猴及森林生态系统	野生动物	省级	20020114	林业
甘39	鸡峰山	成县	52441	梅花鹿及其生境	野生动物	省级	20050101	林业
甘40	尖山	文县	10040	大熊猫及森林生态系统	野生动物	省级	19921216	林业
甘41	文县大鲵	文县	13579	大鲵及其生境	野生动物	省级	20040509	农业
甘42	博峪河	文县、舟曲县	91712	大熊猫及其生境	野生动物	省级	20061121	林业
甘43	白水江	文县	183799	大熊猫、金丝猴、扭角羚等野生动物	野生动物	国家级	19630101	林业

序号	保护区名称	行政区域	面积	主要保护对象	类型	级别	始建时间	主管部门
甘44	龙神沟	康县	100	白冠长尾雉等珍稀动物及其生境	野生动物	县级	19861003	林业
甘45	康县大鲵	康县	10247	湿地生态系统和野生动物	野生动物	省级	20091021	农业
甘46	礼县香山	礼县	11330	森林生态系统	森林生态	省级	19920703	林业
甘47	小陇山	徽县、两当县	31938	扭角羚、红腹锦鸡等野生珍稀动植物	野生动物	国家级	19821103	林业
甘48	黑河	两当县	3495	扭角羚等珍稀动物及自然生态系统	野生动物	省级	19821103	林业
甘49	太子山	临夏回族自治州、甘南藏族自治州	84700	水源涵养林及野生动植物	森林生态	国家级	20050101	林业
甘50	甘肃莲花山	康乐、临潭、卓尼、渭源、临洮等县	11691	森林生态系统	森林生态	国家级	19821203	林业
甘51	刘家峡恐龙足迹群	永靖县	1500	恐龙足迹化石	古生物遗迹	省级	20011123	国土
甘52	黄河三峡湿地	永靖县	19500	湿地生态系统及水生动植物	内陆湿地	省级	19950210	林业
甘53	洮河	卓尼县、临潭县	287759	森林生态系统	森林生态	国家级	20050202	林业
甘54	插岗梁	舟曲县	114361	野生动物及其生境	野生动物	省级	20050609	林业
甘55	多儿	迭部县	55275	大熊猫及其生境	野生动物	省级	20041012	林业
甘56	白龙江阿夏	迭部县	135536	大熊猫及其生境	野生动物	省级	20040912	林业
甘57	玛曲青藏高原土著鱼类	玛曲县	27416	土著鱼类	野生动物	省级	20050202	农业
甘58	黄河首曲湿地候鸟	玛曲县	37500	珍稀鸟类	野生动物	省级	19951123	林业
甘59	尕海－则岔	碌曲县	247431	黑颈鹤等野生动物、高寒沼泽湿地森林生态系统	森林生态	国家级	19820902	林业
青01	大通北川河源区	大通回族土族自治县	198300	森林生态系统	森林生态	省级	20051001	林业
青02	循化孟达	循化撒拉族自治县	17290	森林生态系统及珍稀生物物种	森林生态	国家级	19800403	林业
青03	海北祁连山	海北藏族自治州	834700	森林生态系统及高寒湿地、冰川、珍稀野生动植物	森林生态	省级	20051201	林业
青04	青海湖	刚察县、共和县、海晏县	495200	黑颈鹤、斑头雁、棕头鸥等水禽及湿地生态系统	野生动物	国家级	19750808	林业
青05	三江源	玉树藏族自治州、果洛藏族自治州、渝南州、渝西州、渝南州	15230000	珍稀动物及湿地、森林、高寒草甸等	内陆湿地	国家级	20000523	林业
青06	隆宝	玉树县	10000	黑颈鹤、天鹅等水禽及草甸生态系统	野生动物	国家级	19860709	林业
青07	可可西里	治多县、曲麻莱县	4500000	藏羚羊、野牦牛等动物及高原生态系统	野生动物	国家级	19951008	林业
青08	格尔木胡杨林	格尔木市	4200	胡杨林及荒漠植被等生态系统	野生植物	省级	20000501	林业
青09	克鲁克湖－托素湖	德令哈市	41120	水禽鸟类与湿地生态系统	野生动物	省级	20000501	林业
青10	柴达木梭梭林	德令哈市	373391	梭梭林、鹅喉羚及荒漠植被等生态系统	荒漠生态	省级	20000501	林业
青11	诺木洪	都兰县	118000	荒漠生态系统、地质遗迹、野生动植物等	荒漠生态	省级	20051001	环保
宁01	宁夏贺兰山	银川市、永宁县、贺兰县、石嘴山市	193536	森林生态系统、野生动植物资源	森林生态	国家级	19820701	林业
宁02	灵武白芨滩	灵武市	74843	天然柠条母树林及沙生植被	荒漠生态	国家级	19850101	林业
宁03	沙湖	平罗县	5580	湿地生态系统及珍禽	内陆湿地	省级	19970101	农业
宁04	哈巴湖	盐池县	84000	荒漠生态系统、湿地生态系统	荒漠生态	国家级	19980701	林业
宁05	宁夏罗山	同心县	33710	珍稀野生动植物及森林生态系统	森林生态	国家级	19820701	林业
宁06	青铜峡库区	青铜峡市	19500	湿地生态系统	内陆湿地	省级	20020701	其他
宁07	云雾山	固原市	4000	森林及野生动物	森林生态	省级	19820401	农业

序号	保护区名称	行政区域	面积	主要保护对象	类型	级别	始建时间	主管部门
宁08	西吉火石寨	固原市	9795	地质遗迹、野生动植物	地质遗迹	省级	20021201	其他
宁09	党家岔	西吉县	4100	湿地生态系统及野生动植物	内陆湿地	省级	20021201	其他
宁10	六盘山	泾源县、隆德县、固原市原州区	26784	水源涵养林及野生动物	森林生态	国家级	19820501	林业
宁11	六盘山省级	泾源县、隆德县、固原市原州区	41079	水源涵养林及野生动物	森林生态	省级	19820501	林业
宁12	沙坡头	中卫市	14043.1	自然沙生植被及人工治沙植被	荒漠生态	国家级	19840901	环保
宁13	石峡沟泥盆系剖面	中宁县	4500	泥盆系、第三系地质剖面及古生物群	地质遗迹	省级	19900201	国土
宁14	海原南华山	海原县	20100	水源涵养林、野生动植物	森林生态	省级	20041201	林业
新01	天池	阜康市	38069	森林生态系统、高山湖泊	森林生态	省级	19800601	林业
新02	卡拉麦里山	阜康市、吉木萨尔县、奇台县、福渝县、富蕴县、青河县	1423558	野驴等有蹄类野生动物及其生境	野生动物	省级	19820408	林业
新03	奇台荒漠类草地	奇台县	38600	荒漠生态系统及荒漠草原生态系统	荒漠生态	省级	19860705	农业
新04	夏尔希里	博乐市	31400	森林及野生动物资源	森林生态	省级	20000616	林业
新05	艾比湖湿地	精河县	267085	湿地及珍稀野生动植物	内陆湿地	国家级	20000616	林业
新06	温泉北鲵	温泉县	694.5	新疆北鲵及其生境	野生动物	省级	19971229	林业
新07	罗布泊野骆驼	巴音郭楞蒙古自治州、吐鲁番地区和哈密地区	7800000	野骆驼及其生境	野生动物	国家级	19860901	环保
新08	塔里木胡杨	尉犁县、轮台县	395420	胡杨、灰杨林	荒漠生态	国家级	19830101	林业
新09	阿尔金山	若羌县	4500000	有蹄类野生动物及高原生态系统	荒漠生态	国家级	19830101	环保
新10	中昆仑	且末县	3200000	藏羚羊等野生动物	野生动物	省级	20010101	林业
新11	巴音布鲁克	和静县	100000	天鹅等珍稀水禽、沼泽湿地	野生动物	国家级	19800509	林业
新12	托木尔峰	温宿县	237600	森林及野生动植物	森林生态	国家级	19800601	林业
新13	帕米尔高原湿地	阿克陶县	125600	典型高原湿地生态系统	内陆湿地	省级	20050101	林业
新14	塔什库尔干野生动物	塔什库尔干塔吉克自治县	1500000	雪豹、盘羊等高山野生动物	野生动物	省级	19840508	林业
新15	伊犁小叶白蜡	伊宁县	405	小叶白蜡树及其生境	野生植物	省级	19830101	林业
新16	霍城四爪陆龟	霍城县	27000	四爪陆龟及其生境	野生动物	省级	19830101	林业
新17	巩留野核桃	巩留县	1180	野核桃及其生境	野生植物	省级	19830101	林业
新18	西天山	巩留县	31217	雪岭云杉林	森林生态	国家级	19831002	林业
新19	新源山地草甸类草地	新源县	65300	草原草甸、野生牧草近缘种	草原草甸	省级	19860705	农业
新20	甘家湖梭梭林	乌苏市、精河县	54667	梭梭林及其生境	荒漠生态	国家级	19830901	林业
新21	塔城巴尔鲁克山	裕民县	115000	野巴旦杏及其生境	野生植物	省级	19800101	林业
新22	克科苏湿地	阿勒泰地区	30667	湿地及动植物资源	内陆湿地	省级	20010901	林业
新23	额尔齐斯河科克托海湿地	阿勒泰地区	99040	河流湿地、湖泊湿地、沼泽湿地动植物资源	内陆湿地	省级	20050201	林业
新24	两河源头	阿勒泰地区	1130000	森林和湿地生态系统 + T2538	森林生态	省级	20010901	林业
新25	哈纳斯	布尔津县、哈巴河县	220162	森林生态系统及自然景观	森林生态	国家级	19800501	林业
新26	金塔斯山地草原	福海县	56700	山地草原生态系统	草原草甸	省级	19860503	农业
新27	布尔根河狸	青河县	5000	河狸及其生境	野生动物	省级	19800601	林业

林产品进出口贸易资料

FOREIGN TRADS STATISTICS OF FOREST PRODUCTS

原木出口

国家/地区	出口数量（立方米）	出口金额（千美元）
44034990 未列名本章子目注释2所列热带木原木		
#合计	241	162
越南	241	162
44039950 水曲柳原木		
#合计	443	324
日本	389	302
台湾省	54	22
44039990 未列名非针叶木原木		
#合计	2885	1238
越南	2885	1238

原木进口

国家/地区	进口数量（立方米）	进口金额（千美元）
44031000 用油漆、着色剂、杂酚油等防腐剂处理的原木		
合计	83978	15468
新西兰	83274	15181
印度	29	154
朝鲜	640	77
苏里南	10	40
日本	17	14
中国台湾	8	2
奥地利	0	1
44032010 红松和樟子松原木		
合计	4979748	682834
俄罗斯联邦	4525906	624946
乌克兰	380015	48281
立陶宛	40865	5169
拉脱维亚	7692	989
美国	5334	872
德国	6098	829
比利时	5124	691
法国	3444	454
爱沙尼亚	2493	392
缅甸	2450	167
蒙古	153	21
罗马尼亚	91	13
哈萨克斯坦	62	8
马达加斯加	21	5
44032020 白松(云杉和冷杉)原木		
合计	4329200	608675
俄罗斯联邦	2761838	351879
美国	833542	149526
加拿大	298557	49598
法国	176957	24735
罗马尼亚	103215	13687
立陶宛	36087	4848
乌克兰	41154	4655
白俄罗斯	25360	2772
拉脱维亚	18665	2342
丹麦	11846	1668
比利时	8221	1169
爱沙尼亚	4293	633
朝鲜	4161	495
新西兰	2651	327
德国	1452	224
巴西	960	77
波黑	166	26
澳大利亚	36	7
中国台湾	9	4
日本	30	3
44032030 辐射松原木		
合计	8974597	1147408
新西兰	8167757	1054955
澳大利亚	798770	91433
智利	6152	710
美国	1793	294
巴西	125	16
44032040 落叶松原木		
合计	2907496	409061
俄罗斯联邦	2892541	407099
新西兰	8571	1050
朝鲜	1720	234
美国	917	158
加拿大	886	140
比利时	708	114
法国	720	97
尼泊尔	500	75
乌拉圭	488	48
越南	283	18
德国	55	13
丹麦	53	8
罗马尼亚	30	5
巴西	24	3
44032090 未列名针叶木原木		
合计	5494556	897325
美国	2565658	450999
加拿大	2123082	341129
新西兰	343659	46756
澳大利亚	304121	37391
俄罗斯联邦	71930	10485
缅甸	37174	3757
日本	14246	2135
法国	7541	987
乌拉圭	8467	962
马来西亚	4698	937
朝鲜	7170	744
巴西	3476	418
老挝	886	232
越南	1099	147
中国台湾	313	78
德国	291	48
比利时	313	38
立陶宛	218	28
南非	63	22
捷克	50	9
马达加斯加	34	8
印度尼西亚	7	6
危地马拉	19	5
丹麦	26	4
冈比亚	15	3
44034100 深红色红柳安木、浅红色红柳安木及巴栲红柳安木原木		
合计	57992	14589
马来西亚	56659	14306
乌拉圭	733	139
缅甸	374	70
澳大利亚	97	48
中国台湾	27	16
南非	102	10
44034910 柚木原木		
合计	114159	92515
缅甸	88905	76671
中国台湾	9829	7255
老挝	5069	2954
哥斯达黎加	4795	2449
巴拿马	1719	883
安哥拉	932	528
巴西	735	431
哥伦比亚	544	304
马来西亚	378	200

国家/地区	进口数量（立方米）	进口金额（千美元）
印度尼西亚	238	123
越南	139	106
加纳	163	103
厄瓜多尔	179	93
尼日利亚	61	85
特立尼达和多巴哥	110	79
危地马拉	100	70
东帝汶	68	65
尼加拉瓜	50	31
喀麦隆	31	23
多哥	43	19
贝宁	37	18
冈比亚	27	14
新加坡	5	9
菲律宾	2	3
44034920 奥克曼木 Okoume(奥克榄)原木		
合计	655531	265229
刚果(布)	450141	187084
赤道几内亚	205101	78050
加蓬	280	91
喀麦隆	9	4
44034930 龙脑香木 *Dipterocarpus* spp.（克隆木）原木		
合计	103257	20903
缅甸	93526	18107
马来西亚	9634	2741
印度尼西亚	87	54
柬埔寨	10	2
44034940 山樟木 Kapur（香木 *Dryobalanops* spp.）原木		
合计	40019	12544
马来西亚	38765	12336
缅甸	1242	204
越南	12	4
44034950 印加木 *Intsia* spp.（波罗格 Mengaris）原木		
合计	89095	44925
巴布亚新几内亚	86763	43650
马来西亚	1754	993
所罗门群岛	468	224
印度尼西亚	65	33
喀麦隆	23	12
新加坡	4	6
菲律宾	13	5
中非	5	2

国家/地区	进口数量（立方米）	进口金额（千美元）
44034960 大干巴豆木 *Koompassia* spp.（门格里斯或康派斯）原木		
合计	77927	18319
马来西亚	74218	17515
巴布亚新几内亚	3695	800
印度尼西亚	14	5
44034970 异翅香木 *Anisopter* spp. 原木		
合计	96230	23273
巴布亚新几内亚	95485	23089
马来西亚	745	183
44034990 未列名本章子目注释2所列热带木原木		
合计	521300	191883
喀麦隆	137131	45979
中非	71510	26987
刚果(布)	62009	25444
利比里亚	56667	18991
赤道几内亚	49351	16805
刚果(金)	26808	14695
马来西亚	33928	11791
贝宁	14995	6277
安哥拉	8673	4726
加纳	6699	2962
巴布亚新几内亚	17276	2709
加蓬	5369	2591
缅甸	9732	2231
墨西哥	1594	1329
苏里南	3685	1316
科特迪瓦	1924	896
冈比亚	1927	758
几内亚	1830	725
多民族玻利维亚国	424	660
所罗门群岛	1874	588
菲律宾	1307	454
莫桑比克	942	435
中国台湾	1127	386
塞拉利昂	968	381
圭亚那	443	212
南非	484	154
厄瓜多尔	636	140
泰国	10	126
阿根廷	107	114
澳大利亚	112	113
巴拉圭	78	112

国家/地区	进口数量（立方米）	进口金额（千美元）
多哥	202	88
肯尼亚	36	88
老挝	332	85
新加坡	353	85
几内亚比绍	109	69
伯利兹	130	66
巴拿马	82	53
尼加拉瓜	60	49
斐济	46	40
柬埔寨	124	39
哥伦比亚	55	33
危地马拉	29	28
越南	32	26
印度尼西亚	36	15
乌干达	23	14
尼日利亚	16	9
巴西	11	7
哥斯达黎加	1	2
美国	3	2
44039100 栎木(橡木)原木		
合计	380312	125228
美国	82791	44345
俄罗斯联邦	88334	31968
法国	120527	28020
比利时	31414	7000
德国	12991	3115
罗马尼亚	10517	2973
捷克	10312	2325
乌克兰	4366	1444
加拿大	2046	1131
缅甸	7525	625
斯洛伐克	2402	518
匈牙利	1853	421
荷兰	1228	292
斯洛文尼亚	1013	282
丹麦	1060	231
瑞士	596	158
卢森堡	618	131
克罗地亚	335	126
日本	51	30
莫桑比克	56	29
澳大利亚	71	23
朝鲜	99	15
马来西亚	72	13
中国台湾	14	11

国家/地区	进口数量（立方米）	进口金额（千美元）
韩国	21	5
44039200 山毛榉木原木		
合计	578376	106480
德国	225335	42271
法国	144679	26539
斯洛伐克	76164	13487
比利时	47492	9060
罗马尼亚	33855	5681
丹麦	20105	3767
克罗地亚	8428	1537
卢森堡	7503	1398
捷克	5262	932
荷兰	3522	628
瑞士	2131	368
匈牙利	1443	249
瑞典	935	177
日本	152	104
西班牙	513	99
斯洛文尼亚	457	90
波兰	329	66
墨西哥	36	15
中国台湾	14	7
美国	21	4
44039910 楠木原木		
合计	147	34
老挝	104	24
缅甸	36	5
中国台湾	7	2
意大利	0	2
西班牙	0	2
44039920 樟木原木		
合计	800	376
圭亚那	174	192
马来西亚	240	51
中国台湾	142	45
老挝	100	44
澳大利亚	58	18
日本	40	13
苏里南	39	11
越南	7	2
44039930 红木原木		
合计	757159	789127
越南	79367	134687
老挝	73345	133080
缅甸	77057	102736

国家/地区	进口数量（立方米）	进口金额（千美元）
尼加拉瓜	56075	102727
冈比亚	134572	71077
刚果(金)	50524	40308
加纳	74008	38093
贝宁	51516	26266
莫桑比克	36557	21372
多哥	39644	20299
巴拿马	10568	16752
柬埔寨	6848	12010
刚果(布)	14229	11261
墨西哥	6726	11034
马来西亚	4534	9563
伯利兹	4991	7049
印度尼西亚	3484	6395
科特迪瓦	12279	6339
几内亚比绍	10427	5862
马达加斯加	3011	1906
哥斯达黎加	840	1581
危地马拉	883	1457
尼泊尔	85	1081
菲律宾	119	897
塞拉利昂	1340	693
斯里兰卡	276	639
苏里南	384	591
喀麦隆	388	480
尼日利亚	671	470
澳大利亚	119	332
印度	150	268
几内亚	337	185
布基纳法索	366	184
赤道几内亚	209	136
洪都拉斯	82	125
加蓬	199	124
萨尔瓦多	51	109
巴基斯坦	33	101
巴拉圭	52	100
马里	168	99
泰国	62	92
苏丹	76	92
安哥拉	118	86
肯尼亚	20	72
多民族玻利维亚国	73	61
坦桑尼亚	102	46
巴西	34	43
哥伦比亚	26	42

国家/地区	进口数量（立方米）	进口金额（千美元）
利比里亚	50	41
帕劳	39	28
中国台湾	20	28
厄瓜多尔	15	27
赞比亚	10	6
44039950 水曲柳原木		
合计	204562	59991
俄罗斯联邦	116397	37526
法国	27495	6895
丹麦	25772	6096
美国	9183	3130
比利时	9204	2319
乌克兰	6404	1528
德国	4212	1027
斯洛伐克	2494	605
克罗地亚	1113	284
捷克	988	224
荷兰	685	157
加拿大	212	101
罗马尼亚	248	52
墨西哥	113	34
斯洛文尼亚	42	13
44039960 北美硬阔叶木(包括樱桃木、黑胡桃木、枫木)原木		
合计	97255	82366
美国	90159	79055
加拿大	3634	2582
乌克兰	1604	279
法国	448	120
缅甸	793	108
比利时	412	103
刚果(布)	50	45
中国台湾	49	39
罗马尼亚	93	26
德国	7	5
新加坡	1	2
日本	2	2
斯洛文尼亚	3	1
44039980 未列名的温带非针叶木原木		
合计	920574	129995
俄罗斯联邦	723521	97896
拉脱维亚	46041	7099
立陶宛	32593	4790
乌克兰	22026	3400
比利时	22128	3390

国家/地区	进口数量（立方米）	进口金额（千美元）
美国	10862	3117
新西兰	13347	1680
法国	5394	1311
爱沙尼亚	7084	1225
加拿大	12039	1153
巴布亚新几内亚	6505	1113
罗马尼亚	5137	1026
丹麦	4409	992
德国	3485	603
白俄罗斯	2246	316
澳大利亚	406	177
朝鲜	1166	161
匈牙利	607	156
西班牙	422	150
所罗门群岛	653	112
捷克	128	35
斯洛伐克	124	25
缅甸	80	23
越南	48	20
智利	105	17
马来西亚	18	7
44039990 未列名非针叶木原木		
合计	6428809	1512830
巴布亚新几内亚	2371318	452101
所罗门群岛	1913341	376182
莫桑比克	284886	127175
喀麦隆	255451	99096
贝宁	135801	59023
缅甸	297807	42958
马来西亚	211101	41775
赤道几内亚	96508	36842
刚果（布）	87821	36541
利比里亚	96241	26000
苏里南	64435	20069
加纳	44161	19277
加蓬	30387	15831
澳大利亚	117760	15719
圭亚那	39456	14156
科特迪瓦	24009	9989
多哥	21906	9949
老挝	29795	9616
美国	39070	9391
刚果（金）	10827	7554
中非	12860	6896
阿根廷	9327	6346
冈比亚	12616	6172
乌拉圭	41204	6125
丹麦	21556	5201
多民族玻利维亚国	8513	4847
马达加斯加	8952	4475
德国	17311	4289
法国	13938	3389
柬埔寨	4941	3000
几内亚	7143	2923
越南	6556	2386
塞拉利昂	4673	2119
尼日利亚	4357	1997
印度尼西亚	11778	1884
比利时	11257	1826
坦桑尼亚	3829	1822
哥伦比亚	3172	1821
中国台湾	6239	1794
危地马拉	2745	1792
墨西哥	2580	1626
巴拿马	2669	1499
乌克兰	9151	1405
尼加拉瓜	2231	1370
巴拉圭	1109	829
菲律宾	3760	533
伯利兹	1045	504
安哥拉	3026	456
俄罗斯联邦	2937	441
克罗地亚	1763	404
罗马尼亚	2042	402
新加坡	1984	305
泰国	892	256
新西兰	2156	256
瓦努阿图	32	239
赞比亚	362	216
厄瓜多尔	793	213
利比亚	354	194
瑞典	766	188
加拿大	325	162
日本	213	88
智利	191	85
立陶宛	552	81
拉脱维亚	518	72
荷兰	279	70
马里	119	59
斯洛伐克	217	57
东帝汶	61	52
哥斯达黎加	53	51
西班牙	72	50
白俄罗斯	356	50
塞内加尔	136	49
南非	220	43
捷克	250	42
牙买加	75	23
苏丹	68	20
斯洛文尼亚	161	19
几内亚比绍	33	17
斐济	1	15
摩尔多瓦	123	15
萨尔瓦多	12	13
特立尼达和多巴哥	17	8
巴西	55	4
奥地利	2	4
文莱	0	1

锯材出口

国家/地区	出口数量（立方米）	出口金额（千美元）
44069000 已浸渍铁道及电车道枕木		
合计	5414	1856
菲律宾	1234	526
印度尼西亚	808	470
日本	1643	396
伊拉克	171	82
土库曼斯坦	94	70
中国台湾	736	68
沙特阿拉伯	240	57
莫桑比克	55	35
韩国	88	29
委内瑞拉	113	27
哈萨克斯坦	35	19
埃及	24	16
中国香港	19	16
吉布提	15	12
几内亚	18	10
安哥拉	15	6
斯里兰卡	22	5
刚果（金）	12	5
刚果（布）	6	3
埃塞俄比亚	8	2

国家/地区	出口数量（立方米）	出口金额（千美元）
土耳其	48	2
马来西亚	1	1
苏丹	9	0
44071010 纵锯纵切刨或旋切红松和樟子松木材，厚>6 毫米		
合计	84465	46463
日本	80029	43455
韩国	3808	2756
安哥拉	416	160
泰国	85	32
中国台湾	22	19
苏丹	40	18
埃塞俄比亚	30	12
塞内加尔	29	9
加拿大	4	2
澳大利亚	2	1
44071020 纵锯切刨或旋切白松（云、冷杉）木材，厚>6 毫米		
合计	21539	13176
日本	17055	10419
韩国	2286	1723
美国	636	323
墨西哥	173	253
苏丹	555	169
安哥拉	300	108
南非	165	58
马尔代夫	147	40
蒙古	45	23
斐济	50	16
肯尼亚	49	15
厄立特里亚	25	10
塞舌尔	28	9
马来西亚	14	6
尼日尔	2	3
中国台湾	8	2
加拿大	1	1
44071030 纵锯、纵切刨或旋切的辐射松木材，厚>6 毫米		
合计	36759	24270
日本	18597	12579
韩国	16434	10649
澳大利亚	906	587
中国台湾	364	208
美国	294	156
泰国	72	34

国家/地区	出口数量（立方米）	出口金额（千美元）
毛里求斯	32	24
印度尼西亚	42	22
新西兰	18	12
44071040 经纵锯、纵切刨或旋切的花旗松木材，厚>6 毫米		
合计	1659	998
日本	445	375
中国台湾	807	357
韩国	157	152
南非	153	60
中国香港	27	23
莫桑比克	31	14
澳大利亚	26	11
毛里塔尼亚	13	6
44071090 其他纵锯切、刨或旋切的针叶木木材，厚>6 毫米		
合计	50078	34197
日本	42700	29748
韩国	3121	2258
巴基斯坦	2035	826
德国	406	523
美国	556	266
贝宁	350	115
中国台湾	184	88
澳大利亚	206	87
越南	100	49
所罗门群岛	57	46
加拿大	72	42
意大利	40	39
安哥拉	104	33
加纳	50	32
毛里塔尼亚	29	13
突尼斯	13	10
尼日尔	24	9
马拉维	22	7
苏丹	3	4
中国香港	6	3
44072200 经纵锯切刨或旋切的肉豆蔻木等木材，厚>6 毫米		
合计	53	77
韩国	52	76
加拿大	1	2
44072500 经纵锯切刨或旋切的红柳安木材，厚>6 毫米		
合计	2644	854

国家/地区	出口数量（立方米）	出口金额（千美元）
中国香港	2621	830
毛里塔尼亚	20	21
泰国	0	2
乍得	3	1
44072600 纵锯切刨或旋切的白黄柳桉木等木材，厚>6 毫米		
合计	3913	1087
中国香港	3888	1077
澳大利亚	25	11
44072910 经纵锯切刨切或旋切的柚木木材，厚>6 毫米		
合计	1571	1873
中国台湾	566	608
泰国	243	580
马来西亚	202	240
澳大利亚	111	129
新加坡	84	93
意大利	35	92
中国香港	301	89
以色列	13	20
日本	10	14
法国	6	8
44072930 经纵锯切、刨或旋切的波罗格木木材，厚>6 毫米		
合计	101	87
安哥拉	29	54
中国台湾	21	24
新加坡	51	10
44072990 其他纵锯切、刨或旋切的子目注释 2 所列的热带木木材，厚>6 毫米		
合计	916	869
日本	750	787
印度尼西亚	28	37
中国香港	112	17
巴基斯坦	7	14
韩国	8	8
中国台湾	11	6
44079100 经纵锯纵切、刨或旋切的栎木木材，厚>6 毫米		
合计	16624	16537
日本	12249	12389
德国	1265	1638
越南	1543	1036
韩国	495	393
英国	265	361

国家/地区	出口数量（立方米）	出口金额（千美元）
比利时	322	257
丹麦	89	77
马来西亚	80	65
瑞典	31	41
法国	21	39
澳大利亚	10	36
美国	28	35
伊朗	33	32
爱尔兰	22	28
印度	25	26
荷兰	13	16
西班牙	23	14
意大利	10	13
中国台湾	17	12
葡萄牙	20	12
蒙古	58	12
新加坡	2	4
朝鲜	3	3
44079200 经纵锯纵切、刨或旋切山毛榉木木材，厚>6 毫米		
合计	703	1035
日本	636	950
德国	67	85
44079300 经纵锯纵切、刨或旋切枫木木材，厚>6 毫米		
合计	624	677
印度尼西亚	412	507
日本	177	136
德国	31	30
韩国	4	3
44079400 经纵锯纵切、刨或旋切樱桃木木材，厚>6 毫米		
合计	2	1
日本	1	1
赞比亚	1	0
44079500 经纵锯纵切、刨或旋切白蜡木木材，厚>6 毫米		
合计	899	919
日本	729	700
韩国	151	203
葡萄牙	19	16
44079920 经纵锯切、刨或旋切的泡桐木木材，厚>6 毫米		
合计	186869	126186
日本	69470	54354

国家/地区	出口数量（立方米）	出口金额（千美元）
美国	30449	25717
韩国	36934	16843
中国台湾	11633	7997
越南	15178	7516
马来西亚	8052	3828
意大利	3506	3078
德国	2151	1167
芬兰	1025	702
加拿大	861	688
斯洛文尼亚	1336	681
西班牙	658	533
法国	1122	522
澳大利亚	526	409
荷兰	830	397
俄罗斯联邦	405	250
印度尼西亚	442	234
阿联酋	367	212
克罗地亚	325	180
比利时	260	149
泰国	202	117
菲律宾	172	96
墨西哥	135	66
捷克	126	66
乌克兰	55	57
沙特阿拉伯	72	54
阿尔巴尼亚	118	50
哥斯达黎加	101	49
英国	113	37
留尼汪	74	35
阿尔及利亚	62	31
葡萄牙	58	30
保加利亚	23	27
希腊	17	7
新加坡	4	2
波兰	1	2
拉脱维亚	2	2
牙买加	4	1
44079930 经纵锯切、刨或旋切的北美硬阔叶材，厚>6 毫米		
合计	14004	15575
德国	7606	8270
意大利	1470	1473
日本	1111	1314
越南	975	1124
英国	587	683

国家/地区	出口数量（立方米）	出口金额（千美元）
阿联酋	571	660
马来西亚	321	373
黎巴嫩	291	337
韩国	186	230
印度尼西亚	166	212
沙特阿拉伯	160	185
肯尼亚	54	135
泰国	97	112
新加坡	81	101
美国	95	97
新西兰	57	66
科威特	40	46
南非	38	45
澳大利亚	34	38
中国台湾	24	29
约旦	20	23
塞浦路斯	20	23
44079980 纵锯切刨或旋切其他温带非针叶木材，厚>6 毫米		
合计	20673	19140
日本	18232	17138
韩国	1670	1480
中国香港	369	259
印度尼西亚	256	158
越南	21	57
中国台湾	92	40
新加坡	32	9
44079990 其他纵锯切、刨或旋切的非叶木木材，厚>6 毫米		
合计	30334	25470
日本	17203	16914
韩国	3294	2845
法国	1602	1663
德国	1600	1189
越南	3047	820
澳大利亚	758	603
波兰	1536	559
中国台湾	484	416
意大利	130	99
菲律宾	330	99
美国	73	53
瑞典	30	48
荷兰	39	42
马来西亚	69	30
新加坡	43	24

国家/地区	出口数量(立方米)	出口金额(千美元)
坦桑尼亚	27	23
安提瓜和巴布达	39	18
加拿大	13	12
挪威	6	7
印度尼西亚	2	3
印度	5	1
安哥拉	2	1
赞比亚	2	1

锯材进口

国家/地区	进口数量(立方米)	进口金额(千美元)
44061000 未浸渍铁道及电车道枕木		
合计	35805	6251
俄罗斯联邦	34771	5972
罗马尼亚	1034	277
日本	0	2
44069000 已浸渍铁道及电车道枕木		
合计	2980	453
朝鲜	2074	375
国别(地区)不详	39	32
俄罗斯联邦	578	28
加拿大	278	13
南非	11	4
美国	0	1
44071010 纵锯纵切刨或旋切红松和樟子松木材，厚>6 毫米		
合计	3954369	794848
俄罗斯联邦	3821374	759740
德国	32697	9153
瑞典	31890	8002
芬兰	20582	4561
奥地利	16995	4218
澳大利亚	4043	2717
拉脱维亚	7301	1752
乌克兰	4722	1161
立陶宛	2696	688
波兰	2253	681
捷克	2503	604
加拿大	1879	531
美国	1990	293
爱沙尼亚	1457	227
荷兰	559	160
丹麦	201	145

国家/地区	进口数量(立方米)	进口金额(千美元)
斯洛伐克	395	103
日本	784	87
巴西	13	21
马达加斯加	35	2
44071020 纵锯切刨或旋切白松(云、冷杉)木材，厚>6 毫米		
合计	6192647	1176640
加拿大	5127385	972649
俄罗斯联邦	756591	127197
芬兰	124369	30106
瑞典	64711	14324
美国	54020	11814
奥地利	16467	4972
德国	13197	4414
罗马尼亚	8834	2143
捷克	9897	2051
韩国	2462	2048
日本	835	1411
朝鲜	4403	831
丹麦	2150	530
荷兰	1575	356
印度尼西亚	137	292
拉脱维亚	1107	201
中国台湾	423	157
爱沙尼亚	789	157
新西兰	586	157
瑞士	378	153
斯洛文尼亚	381	151
斯洛伐克	382	123
乌克兰	425	117
比利时	299	83
挪威	226	58
波黑	244	54
立陶宛	178	34
意大利	9	30
法国	97	15
澳大利亚	47	7
哥斯达黎加	43	7
克罗地亚	0	1
44071030 纵锯、纵切刨或旋切的辐射松木材，厚>6 毫米		
合计	999654	265992
新西兰	470035	132742
智利	484148	121877
澳大利亚	26948	6748

国家/地区	进口数量(立方米)	进口金额(千美元)
阿根廷	11837	2860
巴西	3701	968
加拿大	1193	312
中国台湾	824	246
乌拉圭	376	95
立陶宛	385	86
西班牙	153	41
美国	43	12
韩国	8	3
菲律宾	2	2
荷兰	0	1
44071040 经纵锯、纵切刨或旋切的花旗松木材，厚>6 毫米		
合计	355394	68651
加拿大	237668	46148
美国	115296	21815
日本	2173	639
韩国	138	29
新西兰	118	20
中国台湾	1	0
44071090 其他纵锯切、刨或旋切的针叶木木材，厚>6 毫米		
合计	2719292	546550
加拿大	1029209	214592
俄罗斯联邦	943968	162505
美国	549512	121017
阿根廷	44392	10157
巴西	38151	8783
瑞典	16091	4380
新西兰	12720	3961
日本	11890	3810
芬兰	10492	3042
智利	14561	2741
德国	7044	1548
波兰	1441	1490
乌拉圭	5557	1330
英国	5011	1123
朝鲜	8150	1089
奥地利	4615	922
丹麦	2754	692
澳大利亚	2456	520
立陶宛	1712	480
拉脱维亚	2073	428
韩国	1043	408
爱沙尼亚	1879	387

国家/地区	进口数量（立方米）	进口金额（千美元）
中国台湾	656	226
老挝	359	185
匈牙利	167	174
越南	596	130
缅甸	1699	128
乌克兰	474	112
印度尼西亚	81	75
捷克	176	40
瑞士	113	23
保加利亚	108	18
罗马尼亚	50	12
肯尼亚	2	9
泰国	64	8
荷兰	26	8
44072200 经纵锯切刨或旋切的肉豆蔻木等木材，厚>6 毫米		
合计	13065	10608
厄瓜多尔	10647	9231
巴布亚新几内亚	1682	938
印度尼西亚	505	352
美国	161	61
秘鲁	69	26
44072500 经纵锯切刨或旋切的红柳安木材，厚>6 毫米		
合计	9614	3399
马来西亚	7859	2442
巴西	419	171
澳大利亚	218	166
越南	146	151
美国	376	140
印度尼西亚	234	100
乌拉圭	196	96
韩国	44	72
中国台湾	118	60
老挝	4	2
44072600 纵锯切刨或旋切的白黄柳桉木等木材，厚>6 毫米		
合计	15903	5799
马来西亚	12547	4163
澳大利亚	617	544
韩国	512	358
印度尼西亚	641	196
中国台湾	595	194
老挝	280	86
日本	285	76
美国	115	46
巴西	130	44
文莱	49	32
意大利	19	21
加拿大	65	18
泰国	25	8
德国	3	8
菲律宾	20	5
44072700 纵锯切刨或旋切的沙比利木材，厚>6 毫米		
合计	56949	34282
喀麦隆	36379	21663
刚果（布）	9655	5848
刚果（金）	5941	3687
中非	2987	1993
加蓬	970	515
越南	475	318
加纳	130	99
赤道几内亚	154	80
马来西亚	225	56
贝宁	24	15
中国台湾	5	5
乌干达	4	3
44072800 纵锯切刨或旋切的伊罗科木木材，厚>6 毫米		
合计	30	10
喀麦隆	20	6
加蓬	10	4
44072910 经纵锯切刨切或旋切的柚木木材，厚>6 毫米		
合计	55846	48674
缅甸	41280	39384
贝宁	6292	3767
印度尼西亚	4043	2326
苏丹	1547	1157
老挝	1048	650
中国台湾	486	541
泰国	110	171
肯尼亚	224	112
坦桑尼亚	127	100
赞比亚	136	92
马来西亚	259	71
巴西	70	69
多民族玻利维亚国	47	58
越南	49	54
莫桑比克	20	39
菲律宾	33	34
科特迪瓦	16	19
尼加拉瓜	16	10
印度	23	9
喀麦隆	9	4
厄瓜多尔	5	3
巴拿马	0	1
罗马尼亚	0	1
44072920 纵锯切刨或旋切非洲桃花心木木材，厚>6 毫米		
合计	6724	3791
加蓬	3528	1564
科特迪瓦	1400	717
喀麦隆	806	478
中国台湾	107	272
西班牙	128	148
韩国	55	145
印度尼西亚	96	100
越南	209	83
刚果（金）	45	76
加纳	94	48
几内亚比绍	71	41
比利时	29	33
苏丹	45	25
印度	1	15
菲律宾	45	15
乌干达	24	13
巴拿马	22	9
意大利	11	7
美国	8	2
44072930 经纵锯切、刨或旋切的波罗格木木材，厚>6 毫米		
合计	75903	35973
印度尼西亚	67249	31604
马来西亚	7419	3769
所罗门群岛	938	419
巴布亚新几内亚	172	96
老挝	60	43
越南	63	37
丹麦	0	4
斐济	2	1
44072990 其他纵锯切、刨或旋切的子目注释 2 所列的热带木木材，厚>6 毫米		
合计	216733	97446

国家/地区	进口数量（立方米）	进口金额（千美元）
加蓬	70748	29343
印度尼西亚	45259	15335
喀麦隆	25247	11782
巴西	14455	9939
马来西亚	16085	7339
越南	6499	5305
刚果(布)	3629	1731
中国台湾	2126	1590
柬埔寨	3024	1573
老挝	5118	1542
加纳	3635	1385
赞比亚	1841	1303
泰国	2590	1252
科特迪瓦	2027	1028
贝宁	2251	989
秘鲁	1434	920
缅甸	3212	857
巴拉圭	916	733
加拿大	776	421
美国	896	394
几内亚比绍	1280	392
多民族玻利维亚国	478	314
苏里南	411	297
尼加拉瓜	117	255
尼日利亚	311	192
意大利	372	173
莫桑比克	317	159
菲律宾	494	136
刚果(金)	230	107
哥伦比亚	98	105
几内亚	115	67
韩国	51	66
印度	100	59
德国	56	56
赤道几内亚	119	48
阿根廷	104	42
澳大利亚	18	33
墨西哥	45	33
巴布亚新几内亚	48	31
坦桑尼亚	51	29
乌拉圭	41	23
厄瓜多尔	34	22
危地马拉	28	21
西班牙	28	13
斐济	19	12
马达加斯加	0	2
44079100 经纵锯纵切、刨或旋切的栎木木材，厚>6 毫米		
合计	888736	444933
美国	634579	321911
俄罗斯联邦	201017	93150
法国	17609	11148
加拿大	14306	8546
德国	5822	2487
乌克兰	4434	2172
澳大利亚	958	866
克罗地亚	1837	809
罗马尼亚	795	439
日本	887	437
朝鲜	1896	428
意大利	486	353
斯洛文尼亚	169	326
印度尼西亚	511	235
捷克	522	233
巴拉圭	403	156
土耳其	109	153
保加利亚	117	122
波兰	137	117
马来西亚	268	115
奥地利	284	89
瑞士	207	86
比利时	220	70
泰国	131	66
荷兰	121	59
老挝	125	58
匈牙利	167	55
波黑	153	50
智利	3	34
柬埔寨	77	30
斯洛伐克	48	24
国别(地区)不详	57	22
中国台湾	33	18
摩尔多瓦	30	17
斯里兰卡	50	16
格鲁吉亚	54	10
英国	23	9
丹麦	11	8
缅甸	60	7
以色列	20	3
44079200 经纵锯纵切、刨或旋切山毛榉木木材，厚>6 毫米		
合计	315105	115964
罗马尼亚	138154	47501
德国	98842	37872
法国	22347	8315
波黑	16455	6187
克罗地亚	14618	5504
奥地利	6775	2590
意大利	4411	2065
波兰	3218	1509
塞尔维亚	2498	1066
丹麦	1314	556
保加利亚	1163	527
乌克兰	1358	495
荷兰	668	318
日本	304	274
比利时	539	248
黑山	624	245
美国	538	187
瑞士	503	176
中国台湾	164	80
希腊	159	66
前南马其顿	83	38
斯洛伐克	89	37
中国香港	26	31
马来西亚	108	28
格鲁吉亚	76	27
捷克	71	24
44079300 经纵锯纵切、刨或旋切枫木木材，厚>6 毫米		
合计	65831	35094
美国	48455	24856
加拿大	13741	8285
乌克兰	2432	809
罗马尼亚	445	331
德国	147	266
澳大利亚	225	245
奥地利	149	82
日本	11	53
韩国	56	45
越南	82	37
中国台湾	21	25
马来西亚	27	13
克罗地亚	0	13

国家/地区	进口数量（立方米）	进口金额（千美元）
挪威	5	10
斯洛伐克	8	8
意大利	2	8
丹麦	25	8
西班牙	0	1
44079400 经纵锯纵切、刨或旋切樱桃木木材，厚>6 毫米		
合计	36755	25470
美国	34617	23962
加拿大	1438	1038
中国台湾	173	141
智利	119	73
罗马尼亚	166	71
日本	83	65
西班牙	68	39
秘鲁	44	28
新加坡	21	21
英国	11	17
德国	3	11
印度尼西亚	11	4
泰国	1	1
44079500 经纵锯纵切、刨或旋切白蜡木木材，厚>6 毫米		
合计	182365	99616
美国	170014	92825
加拿大	6781	3848
德国	2845	1547
克罗地亚	781	426
俄罗斯联邦	893	351
法国	384	201
乌克兰	255	174
罗马尼亚	204	131
斯洛伐克	80	39
墨西哥	61	37
意大利	65	36
立陶宛	2	1
中国台湾	0	1
44079910 纵锯切刨或旋切的樟木、楠木、红木，厚>6 毫米		
合计	74474	116185
老挝	44336	78488
印度尼西亚	6604	12845
越南	2641	5523
柬埔寨	1595	4309
莫桑比克	7126	3892

国家/地区	进口数量（立方米）	进口金额（千美元）
尼加拉瓜	939	1899
马来西亚	3556	1789
缅甸	679	1067
刚果（金）	689	1016
加蓬	1341	980
刚果（布）	444	734
多哥	1687	689
喀麦隆	98	509
墨西哥	189	485
贝宁	974	454
泰国	264	452
坦桑尼亚	628	363
菲律宾	105	155
西班牙	28	112
加纳	153	82
厄瓜多尔	34	63
中国台湾	148	53
印度	13	48
几内亚比绍	52	38
圭亚那	31	31
尼泊尔	1	26
日本	5	21
冈比亚	28	17
科特迪瓦	25	12
巴布亚新几内亚	25	12
尼日利亚	17	12
所罗门群岛	17	9
巴西	2	2
巴拿马	0	1
44079920 经纵锯切、刨或旋切的泡桐木木材，厚>6 毫米		
合计	1318	1651
德国	717	986
日本	300	467
智利	201	100
美国	88	46
中国	5	33
斯洛文尼亚	7	19
44079930 经纵锯切、刨或旋切的北美硬阔叶材，厚>6 毫米		
合计	357399	156230
美国	353358	153787
加拿大	3328	2077
日本	248	183
新西兰	178	45

国家/地区	进口数量（立方米）	进口金额（千美元）
德国	62	33
韩国	32	19
保加利亚	47	17
中国台湾	40	17
塞尔维亚	52	17
喀麦隆	1	16
意大利	43	14
坦桑尼亚	0	2
缅甸	10	2
44079980 纵锯切刨或旋切其他温带非针叶木材，厚>6 毫米		
合计	569593	168796
俄罗斯联邦	491559	140149
美国	51972	18653
爱沙尼亚	3689	1511
立陶宛	5519	1485
澳大利亚	1560	1143
罗马尼亚	2829	1015
拉脱维亚	2078	874
智利	1294	740
日本	670	518
朝鲜	2912	437
克罗地亚	1108	427
瑞典	1018	373
芬兰	776	263
中国台湾	502	207
加拿大	391	203
印度尼西亚	90	163
越南	379	154
白俄罗斯	722	146
喀麦隆	35	103
德国	141	47
奥地利	119	38
保加利亚	59	37
塞尔维亚	8	36
苏里南	40	20
乌克兰	53	15
中国	26	15
坦桑尼亚	2	14
希腊	24	7
马来西亚	18	3
44079990 其他纵锯切、刨或旋切的非叶木木材，厚>6 毫米		
合计	3466383	1260505
泰国	1507680	641904

国家/地区	进口数量（立方米）	进口金额（千美元）
印度尼西亚	618823	160752
加蓬	122513	74547
美国	209646	74276
菲律宾	478375	59845
莫桑比克	114236	55744
马来西亚	114131	46660
秘鲁	47191	29486
喀麦隆	33605	22585
越南	39021	15243
巴西	20626	13710
澳大利亚	12069	10032
缅甸	41659	6317
老挝	19334	5816
柬埔寨	11108	4943
多民族玻利维亚国	6416	4755
加纳	11552	4156
贝宁	6607	3365
赞比亚	3531	2633
坦桑尼亚	5685	2617
巴拉圭	3103	2103
乌拉圭	4121	1862
中国台湾	3464	1629
加拿大	3422	1262
多哥	2057	1072
哥伦比亚	1335	973
罗马尼亚	893	908
阿根廷	1356	864
科特迪瓦	1836	837
德国	1262	793
爱沙尼亚	1425	681
墨西哥	758	616
苏里南	1055	531
日本	909	526
新西兰	2786	516
利比里亚	1004	504
刚果(布)	1098	495
克罗地亚	1064	439
俄罗斯联邦	1278	404
尼加拉瓜	624	388
南非	1000	324
几内亚	555	265
芬兰	699	256
巴拿马	390	256
巴布亚新几内亚	727	239
意大利	250	238
智利	342	226
圭亚那	228	217
瑞典	435	166
危地马拉	236	147
尼日利亚	249	141
所罗门群岛	279	129
厄瓜多尔	194	109
韩国	336	105
安哥拉	300	105
斯洛文尼亚	56	91
斯威士兰	256	82
中非	103	68
朝鲜	259	65
奥地利	75	64
拉脱维亚	140	60
冈比亚	83	58
中国香港	35	42
法国	115	37
乌干达	49	37
哥斯达黎加	65	29
中国	81	29
印度	7	27
西班牙	5	26
保加利亚	36	18
马达加斯加	41	17
立陶宛	30	12
白俄罗斯	29	8
赤道几内亚	12	8
斯里兰卡	15	7
萨尔瓦多	13	7
瑞士	0	2
比利时	0	1

人造板出口

国家/地区	出口数量（立方米）	出口金额（千美元）
44081011 用胶合板等制的针叶木饰面用单板，厚≤6 毫米		
#合计	141239	116
印度尼西亚	98000	80
韩国	31610	18
越南	144	6
日本	3970	5
美国	6548	4
朝鲜	680	2
44081019 其他针叶木饰面用单板，厚≤6 毫米		
#合计	10076785	6008
菲律宾	6306000	3633
中国台湾	3116168	1507
韩国	223048	411
泰国	312004	312
越南	24802	59
印度	72780	56
肯尼亚	19000	17
日本	1450	11
中国香港	1533	2
44081020 针叶木制胶合板用单板，厚≤6 毫米		
#合计	19019	14
印度尼西亚	11099	7
美国	7920	7
44081090 其他纵锯切、刨或旋切的针叶木木材，厚≤6 毫米		
#合计	4223303	16009
墨西哥	1366906	5216
德国	1044900	4101
日本	873746	3229
美国	253429	1029
英国	194795	731
比利时	65146	291
韩国	88613	250
阿根廷	48123	219
意大利	55614	195
越南	45300	157
土耳其	29232	142
荷兰	40792	134
中国台湾	44350	107
泰国	37034	102
菲律宾	20597	69
突尼斯	10399	20
葡萄牙	3589	14
法国	738	3
44083119 其他饰面用单板，红柳安木制，厚≤6 毫米		
#合计	105200	39
印度	104000	26
新加坡	1200	13
44083120 制胶合板用单板，红柳安木制，厚≤6 毫米		
#合计	123340	78
几内亚	83250	50

国家/地区	出口数量（立方米）	出口金额（千美元）
坦桑尼亚	15000	16
新加坡	25000	12

44083190 其他纵锯切刨或旋切的红柳安木木材，厚≤6 毫米

国家/地区	出口数量（立方米）	出口金额（千美元）
#合计	7220	5
日本	7220	5

44083911 用胶合板等制其他子目注释2 所列的热带木饰面用单板，厚≤6 毫米

国家/地区	出口数量（立方米）	出口金额（千美元）
#合计	847335	5394
俄罗斯联邦	566165	3059
加拿大	186440	1909
美国	13650	110
哥伦比亚	12650	87
芬兰	17070	86
立陶宛	8740	55
日本	1420	31
巴基斯坦	38620	27
埃及	2000	24
意大利	580	7

44083919 其他子目注释2 所列的热带木制饰面用单板，厚≤6 毫米

国家/地区	出口数量（立方米）	出口金额（千美元）
#合计	401523	2289
日本	222290	1541
埃及	8445	167
印度尼西亚	31644	156
意大利	60495	151
中国台湾	28508	145
马来西亚	3839	31
马拉维	10000	27
津巴布韦	9500	22
越南	15868	18
乌兹别克斯坦	2070	13
贝宁	4900	9
赞比亚	1800	5
新加坡	1644	1
莫桑比克	500	1

44083920 其他子目注释2 所列的热带木制胶合板用单板，厚≤6 毫米

国家/地区	出口数量（立方米）	出口金额（千美元）
#合计	7392764	11776
菲律宾	3578640	4050
美国	1293460	3535
墨西哥	365800	985
以色列	287240	735
印度尼西亚	204959	391
越南	829860	363
南非	124130	351
智利	114360	245
中国台湾	149280	218
加拿大	75760	217
澳大利亚	92340	160
厄瓜多尔	53880	140
哥伦比亚	34600	85
马来西亚	42380	70
摩洛哥	19020	67
日本	14511	52
比利时	19460	45
英国	8640	25
印度	48800	19
委内瑞拉	7840	14
新加坡	25460	8
韩国	2344	3

44083990 其他纵锯切、刨或旋切的子目注释2 所列的热带木木材，厚≤6 毫米

国家/地区	出口数量（立方米）	出口金额（千美元）
#合计	961504	1116
中国台湾	495200	425
意大利	25235	190
越南	146670	170
哥伦比亚	118904	111
墨西哥	72010	68
西班牙	66820	63
阿联酋	1750	25
以色列	6300	18
美国	19000	16
泰国	1570	14
加拿大	995	11
葡萄牙	6560	7
印度	490	1

44089011 用胶合板等制其他非针叶木饰面单板，厚≤6 毫米

国家/地区	出口数量（立方米）	出口金额（千美元）
#合计	3140472	7343
中国台湾	910325	1526
哥伦比亚	224912	1477
意大利	136702	933
西班牙	118895	780
美国	30857	332
印度	928410	281
新加坡	75410	252
菲律宾	117295	222
澳大利亚	17650	195
日本	24281	190
韩国	321373	185
泰国	83120	177
加拿大	10330	167
阿联酋	17605	125
越南	37700	109
印度尼西亚	9445	101
墨西哥	22285	95
希腊	11575	48
阿根廷	8910	40
巴西	11540	33
南非	2230	29
埃及	9180	17
赞比亚	4000	12
利比里亚	2000	11
马来西亚	3764	2
安哥拉	500	1
德国	130	1
巴基斯坦	48	1

44089012 温带非针叶木制其他饰面用单板，厚≤6 毫米

国家/地区	出口数量（立方米）	出口金额（千美元）
#合计	6703665	14252
日本	2749295	8240
马来西亚	277192	999
越南	636738	979
印度尼西亚	326204	816
芬兰	113047	568
中国台湾	307873	535
斯洛文尼亚	102986	377
印度	1581140	354
埃及	176761	351
拉脱维亚	47878	226
伊朗	81724	180
英国	26417	102
沙特阿拉伯	16116	83
以色列	33146	80
墨西哥	64077	73
阿联酋	11275	62
韩国	11617	50
伊拉克	83200	43
法国	10917	35
美国	26958	31
委内瑞拉	4700	22
菲律宾	400	17
巴基斯坦	1915	8
保加利亚	990	6

国家/地区	出口数量（立方米）	出口金额（千美元）
厄瓜多尔	1005	6
德国	430	4
埃塞俄比亚	5360	3
泰国	3240	2
新加坡	264	1
朝鲜	500	1
中国香港	300	0
44089019 其他非针叶木饰面用单板，厚≤6毫米		
#合计	44178163	84911
日本	7832483	16457
俄罗斯联邦	2790310	14277
韩国	3581036	9824
越南	6000222	5086
马来西亚	2419131	3273
印度尼西亚	4602179	3223
中国台湾	1963667	2897
美国	505743	2673
菲律宾	3964837	2391
拉脱维亚	440141	2203
澳大利亚	482242	1872
泰国	1321945	1434
埃及	794859	1417
印度	516392	1360
意大利	221468	1330
波兰	188671	1231
芬兰	245547	1153
土耳其	338298	1117
阿联酋	754966	963
墨西哥	300306	916
伊朗	497434	890
巴基斯坦	848062	674
阿尔巴尼亚	207664	643
哥伦比亚	133072	637
新加坡	464489	531
立陶宛	87472	524
沙特阿拉伯	793546	492
白俄罗斯	93963	489
黎巴嫩	152991	463
乌克兰	73981	453
希腊	124737	448
西班牙	166407	413
叙利亚	146212	367
斯里兰卡	321298	354
德国	85296	289

国家/地区	出口数量（立方米）	出口金额（千美元）
阿根廷	38660	210
中国香港	82127	203
哈萨克斯坦	60936	185
孟加拉国	44267	177
爱沙尼亚	32590	167
英国	54880	147
比利时	20520	112
以色列	82226	90
约旦	74275	79
摩洛哥	17200	78
加拿大	38289	78
多米尼加共和国	18150	70
罗马尼亚	7088	67
奥地利	8560	66
葡萄牙	26374	64
布隆迪	840	62
厄瓜多尔	9055	56
巴西	16675	42
多米尼克	5600	36
塞浦路斯	6553	35
秘鲁	3835	26
南非	4372	21
保加利亚	1330	12
荷兰	10233	12
肯尼亚	8292	6
巴勒斯坦	2200	6
巴拿马	9800	6
格鲁吉亚	544	5
坦桑尼亚	1757	5
古巴	350	4
乌兹别克斯坦	11300	4
斯洛文尼亚	686	4
安哥拉	14330	3
卡塔尔	250	3
匈牙利	370	2
摩尔多瓦	1744	2
荷属安的列斯群岛	135	2
苏丹	400	0
44089021 温带非针叶木制胶合板用单板，厚≤6毫米		
#合计	109035	155
日本	86535	144
伊拉克	22500	12
44089029 其他非针叶木制胶合板用单板，厚≤6毫米		

国家/地区	出口数量（立方米）	出口金额（千美元）
#合计	51453078	28446
韩国	19144168	11100
中国台湾	9108655	4414
埃及	4803266	1937
菲律宾	2859400	1929
马来西亚	2333488	1779
印度	4452357	1617
印度尼西亚	2258937	1246
泰国	1835200	1204
新加坡	1728050	1026
越南	1179914	813
墨西哥	439700	383
巴基斯坦	400800	297
斯里兰卡	231400	128
以色列	95040	110
朝鲜	147000	86
沙特阿拉伯	146750	66
南非	67097	57
希腊	30386	50
美国	25327	48
阿尔巴尼亚	20016	33
日本	37100	28
西班牙	24380	25
苏丹	28800	19
所罗门群岛	17500	12
荷兰	3800	11
爱尔兰	11320	10
奥地利	7740	7
约旦	6150	6
危地马拉	7350	6
澳大利亚	925	1
中国香港	276	1
阿联酋	786	1
44089091 温带非针叶木制经纵刨旋切的木材，厚≤6毫米		
#合计	14698600	34933
马来西亚	1825821	5643
土耳其	1885836	5375
日本	1263353	3836
越南	1791725	3736
印度尼西亚	1519378	3475
泰国	2283355	2991
巴基斯坦	892955	2272
韩国	696746	2177
墨西哥	753270	2034

国家/地区	出口数量（立方米）	出口金额（千美元）
捷克	168000	648
美国	260069	538
中国台湾	168367	363
委内瑞拉	105940	360
印度	399425	325
德国	135420	317
克罗地亚	77742	226
澳大利亚	127775	168
英国	32503	88
法国	15027	82
意大利	26628	77
斯里兰卡	154800	63
巴西	25080	53
以色列	64500	42
菲律宾	21000	25
新加坡	856	9
瑞典	1630	8
哥伦比亚	1399	4
44089099 其他非针叶木制经纵刨旋切的木材，厚≤6 毫米		
#合计	9637025	21502
印度	3603888	5005
越南	1399544	3595
墨西哥	758771	2544
德国	743748	2278
委内瑞拉	733133	2050
泰国	451560	1262
日本	553815	1254
美国	316675	753
秘鲁	186403	590
菲律宾	126398	351
韩国	122137	322
意大利	37019	283
中国台湾	362019	271
捷克	25423	236
印度尼西亚	85280	221
荷兰	12580	72
巴西	18551	59
法国	4459	54
以色列	4675	51
新加坡	6090	50
阿联酋	4985	44
英国	8930	39
萨尔瓦多	19378	36
阿根廷	9317	30

国家/地区	出口数量（立方米）	出口金额（千美元）
伊朗	20521	24
马来西亚	1710	11
尼日利亚	3891	8
巴基斯坦	6035	6
尼日尔	9400	4
厄瓜多尔	250	2
赤道几内亚	300	1
44101100 木制碎料板		
#合计	44894994	20873
俄罗斯联邦	6476052	2498
美国	896217	1662
沙特阿拉伯	2915221	1479
韩国	4728751	1454
印度	1947040	1254
澳大利亚	1055561	1028
阿联酋	1590935	913
中国台湾	1557473	871
加拿大	446550	658
哥伦比亚	1117020	626
马来西亚	972708	488
孟加拉国	2451150	487
肯尼亚	1526911	460
蒙古	4200511	456
日本	503416	397
中国香港	993609	388
缅甸	941182	379
罗马尼亚	841860	343
菲律宾	795784	334
科威特	675872	315
土耳其	473146	313
智利	707200	294
哈萨克斯坦	442694	286
卡塔尔	641018	283
埃及	694986	263
尼日利亚	583538	235
哥斯达黎加	503380	212
泰国	297423	209
秘鲁	496500	196
约旦	513734	183
多哥	182700	178
英国	209560	156
阿尔及利亚	207350	147
新加坡	96065	118
波兰	185486	112
巴林	167709	108

国家/地区	出口数量（立方米）	出口金额（千美元）
墨西哥	40349	102
安哥拉	62707	94
斯里兰卡	173410	75
苏里南	200750	71
乌克兰	129586	52
巴拿马	101500	50
比利时	73098	49
印度尼西亚	84719	49
利比亚	42660	46
黎巴嫩	91299	41
巴基斯坦	60159	38
厄瓜多尔	8750	37
毛里求斯	91318	37
南非	92452	37
巴布亚新几内亚	31402	37
乌拉圭	65870	31
刚果(布)	18000	30
立陶宛	58550	27
津巴布韦	52500	22
法国	37861	19
乌兹别克斯坦	55000	18
留尼汪	27000	16
叙利亚	30913	15
荷兰	19131	12
越南	25762	11
加纳	18000	11
新西兰	22762	10
塞浦路斯	15270	10
埃塞俄比亚	15100	9
波多黎各	19600	8
马拉维	26000	8
匈牙利	17500	7
赞比亚	17900	6
摩洛哥	16250	4
马里	6500	4
意大利	3565	3
格鲁吉亚	4300	1
44101200 木制定向刨花板(OSB)		
#合计	23606960	8065
蒙古	12255862	2066
俄罗斯联邦	3242882	1379
印度	869951	411
葡萄牙	648660	398
印度尼西亚	177916	329
马来西亚	453048	324

国家/地区	出口数量（立方米）	出口金额（千美元）
肯尼亚	709943	278
尼日利亚	554020	233
哈萨克斯坦	395400	184
委内瑞拉	488832	184
塔吉克斯坦	460065	169
安哥拉	88900	145
科威特	402647	135
智利	338373	131
约旦	206500	122
阿联酋	46875	101
美国	42303	92
叙利亚	179200	85
日本	57313	77
沙特阿拉伯	62906	74
马尔代夫	92392	74
阿塞拜疆	119306	69
几内亚	22800	68
新加坡	43500	64
阿根廷	105765	64
澳大利亚	70600	47
南非	92326	45
哥斯达黎加	90500	44
中国香港	46662	44
巴巴多斯	94125	41
坦桑尼亚	13208	39
危地马拉	110000	37
罗马尼亚	76696	32
加纳	15950	32
巴拿马	66625	27
中国台湾	18512	25
吉布提	75000	24
摩洛哥	42516	23
新西兰	44495	23
德国	50000	21
格鲁吉亚	45000	20
莫桑比克	39752	20
菲律宾	32600	17
巴林	34520	17
新喀里多尼亚	30000	16
哥伦比亚	51200	15
斯里兰卡	38070	14
牙买加	24181	13
朝鲜	34550	12
埃及	50000	12
留尼汪	26000	12

国家/地区	出口数量（立方米）	出口金额（千美元）
伊朗	18144	12
贝宁	4680	11
乌干达	36000	11
土库曼斯坦	14308	11
黎巴嫩	1500	9
孟加拉国	22888	8
刚果(金)	3590	8
韩国	10353	8
洪都拉斯	11450	8
秘鲁	19000	7
挪威	15500	7
泰国	17950	6
斐济	9000	6
乌兹别克斯坦	6440	5
苏里南	19574	5
纳米比亚	6400	5
塞内加尔	1848	4
缅甸	6400	2
荷兰	733	2
爱尔兰	1800	1
喀麦隆	240	1
44101900 其他木制类似板(例如，华夫板)		
#合计	66717643	34166
俄罗斯联邦	27770130	10646
塔吉克斯坦	16056829	5361
埃及	1787613	2652
日本	925772	1581
秘鲁	2826400	1382
中国台湾	750041	1321
印度	1168977	834
马来西亚	1356791	768
安哥拉	662000	595
阿联酋	1175492	538
比利时	415336	533
韩国	691091	511
肯尼亚	1443811	474
乌兹别克斯坦	1360680	457
巴西	79736	363
美国	263052	356
伊拉克	147704	311
南非	734487	307
危地马拉	608492	295
英国	62640	289
印度尼西亚	432514	288
缅甸	648630	283

国家/地区	出口数量（立方米）	出口金额（千美元）
哥伦比亚	488400	267
越南	208802	225
沙特阿拉伯	142554	211
智利	401787	208
波兰	37684	207
哥斯达黎加	350048	204
墨西哥	287074	167
巴基斯坦	76043	164
新加坡	31355	149
澳大利亚	280872	148
中国香港	253198	138
巴拿马	265009	134
德国	27398	133
西班牙	110667	109
加拿大	128023	87
哈萨克斯坦	219810	86
菲律宾	41335	85
波多黎各	178500	85
尼日利亚	249412	78
卡塔尔	183500	70
土耳其	12745	69
荷兰	26012	68
意大利	21482	65
马拉维	147500	63
瑞典	49120	61
孟加拉国	111571	61
厄瓜多尔	10973	58
吉布提	143080	52
洪都拉斯	124000	51
格鲁吉亚	9738	46
芬兰	11430	44
乌拉圭	75500	36
多民族玻利维亚国	95650	35
约旦	117500	31
立陶宛	7000	30
泰国	7285	29
法国	11220	27
巴林	4511	25
土库曼斯坦	59680	23
埃塞俄比亚	47808	19
吉尔吉斯斯坦	40000	18
科特迪瓦	37098	18
朝鲜	27150	18
毛里求斯	54280	16
斐济	33700	15

国家/地区	出口数量（立方米）	出口金额（千美元）
斯里兰卡	32600	14
阿根廷	2109	12
苏丹	11750	10
加纳	11250	9
尼加拉瓜	17100	7
马尔代夫	922	6
葡萄牙	2550	4
科威特	342	4
多米尼加共和国	393	3
委内瑞拉	977	3
瑞士	2712	3
贝宁	2420	3
斯洛文尼亚	4000	2
赤道几内亚	2000	2
挪威	574	2
中国澳门	130	1
加蓬	2350	1
摩洛哥	7134	1
伊朗	50	1
蒙古	350	1
黎巴嫩	75	1
44109011 麦稻秸秆制碎料板		
#合计	3501817	2152
美国	1566149	772
日本	236298	555
马来西亚	653863	279
沙特阿拉伯	234817	137
英国	193377	94
印度尼西亚	226723	93
荷兰	81987	68
中国台湾	155825	59
俄罗斯联邦	45900	21
法国	22637	19
新喀里多尼亚	24422	17
韩国	29617	14
印度	22754	13
新西兰	6001	4
越南	796	3
比利时	651	2
44109019 其他木质材料制碎料板		
#合计	4091625	2132
智利	2955000	1023
德国	373185	587
美国	227619	337
印度	371800	117
哥伦比亚	53600	23
尼日利亚	52600	18
柬埔寨	18350	11
沙特阿拉伯	15550	8
阿联酋	20251	7
中国香港	1870	1
印度尼西亚	1800	1
44109090 其他木质材料制定向刨花板(OSB)及类似板(例如，华夫板)		
#合计	1533853	1219
印度尼西亚	116853	315
韩国	925479	282
中国香港	31700	154
毛里求斯	65805	122
美国	59330	109
菲律宾	21939	58
吉布提	40180	37
加拿大	24675	25
墨西哥	100083	21
英国	17410	17
澳大利亚	25400	15
朝鲜	13267	13
巴拿马	42743	12
刚果(布)	7575	10
比利时	942	8
安哥拉	13000	7
摩洛哥	21224	4
日本	811	2
新西兰	1462	2
阿联酋	1797	1
法国	320	1
巴基斯坦	1750	1
新加坡	108	1
44111211 未机械加工中密度板，密度＞0.8克/厘米^3，厚≤5毫米		
#合计	57419357	23848
伊朗	11384325	4637
沙特阿拉伯	8781231	3299
中国台湾	5101993	2192
越南	4075480	1837
哥伦比亚	3842763	1609
日本	2876214	1476
苏丹	2773184	1032
阿尔及利亚	1662880	725
埃及	1843130	688
叙利亚	1616955	574
泰国	1055487	570
印度	1213501	514
秘鲁	1069260	455
厄瓜多尔	1056000	432
阿联酋	923652	414
智利	846700	376
约旦	809952	334
马来西亚	548201	257
俄罗斯联邦	383799	212
缅甸	599641	186
黎巴嫩	507672	171
尼日利亚	252000	146
南非	380299	141
美国	114150	140
巴基斯坦	320090	124
波兰	184427	116
墨西哥	236460	110
蒙古	802765	100
以色列	257454	96
吉布提	175800	79
卡塔尔	147555	61
肯尼亚	138380	51
印度尼西亚	78392	43
莫桑比克	117867	43
澳大利亚	57000	42
科威特	110000	40
委内瑞拉	75590	40
瑞典	2400	38
萨摩亚	89500	38
比利时	70000	30
赞比亚	80500	30
哥斯达黎加	71360	28
坦桑尼亚	48575	27
巴西	51764	25
加拿大	64713	25
乌克兰	39000	24
洪都拉斯	40000	22
法国	39680	17
加纳	34000	17
危地马拉	36123	17
多米尼加共和国	35100	14
中国香港	31822	13
刚果(布)	14000	12
丹麦	25925	11

国家/地区	出口数量（立方米）	出口金额（千美元）
基里巴斯	22500	10
埃塞俄比亚	21000	10
几内亚	20860	9
瓦努阿图	23677	9
马达加斯加	19720	8
朝鲜	26938	8
突尼斯	17690	7
法属波利尼西亚	18920	7
乌兹别克斯坦	17500	7
孟加拉国	5028	6
立陶宛	11596	4
西班牙	7300	3
土耳其	5000	2
科特迪瓦	4000	1
韩国	1922	1
英国	651	1
中国澳门	276	1

44111219 经机械加工中密度板，密度 >0.8 克/厘米^3，厚≤5 毫米

国家/地区	出口数量（立方米）	出口金额（千美元）
#合计	95466918	56211
伊朗	11797154	7941
苏丹	18052347	7737
美国	7943033	5983
约旦	3158334	3967
尼日利亚	7875909	3429
沙特阿拉伯	5781940	3050
日本	1556973	2625
印度	4555909	2614
阿联酋	3335543	1938
埃及	2120867	1608
俄罗斯联邦	2306211	1452
越南	2926557	1138
孟加拉国	3221815	1044
巴基斯坦	1088501	850
中国台湾	1516905	835
古巴	929697	741
吉布提	1295730	691
印度尼西亚	1277028	589
肯尼亚	449861	531
哥伦比亚	617700	512
泰国	759788	504
阿尔及利亚	967140	467
澳大利亚	963324	453
卡塔尔	953810	433
马来西亚	476716	359
危地马拉	500060	341
韩国	345195	336
中国香港	366460	280
新加坡	547100	251
多米尼加共和国	559600	199
斯里兰卡	474192	183
蒙古	1698660	181
智利	409012	177
莫桑比克	457528	175
利比亚	195035	173
巴布亚新几内亚	413847	172
加拿大	304806	144
菲律宾	271600	135
坦桑尼亚	162290	131
科威特	90257	111
朝鲜	275978	103
委内瑞拉	148943	102
特立尼达和多巴哥	171120	99
安哥拉	17880	92
英国	167097	92
法属波利尼西亚	191540	91
哈萨克斯坦	116066	87
哥斯达黎加	67605	80
阿曼	158800	64
南非	134468	59
巴西	72295	57
乌干达	35000	56
毛里求斯	50665	50
摩洛哥	42900	48
秘鲁	107600	43
缅甸	122952	42
阿根廷	28830	41
洪都拉斯	103722	39
萨尔瓦多	44240	36
乌兹别克斯坦	29753	34
墨西哥	52785	34
德国	17369	21
法国	9310	20
马拉维	37770	20
埃塞俄比亚	75000	19
阿尔巴尼亚	15660	19
以色列	16988	19
索马里	31790	18
苏里南	37400	17
阿塞拜疆	18600	17
爱尔兰	23060	17
多民族玻利维亚国	33800	16
突尼斯	18500	15
波多黎各	5900	15
也门	17000	13
冈比亚	20000	13
荷兰	11956	12
巴拿马	19400	11
加纳	20786	10
瑞士	11630	10
塞舌尔	19600	9
赞比亚	17900	9
希腊	10674	9
所罗门群岛	19000	9
新西兰	4054	8
瓦努阿图	19000	8
波兰	15170	7
瑞典	17140	6
爱沙尼亚	2082	5
立陶宛	12290	4
毛里塔尼亚	4200	3
汤加	18816	3
赤道几内亚	400	1

44111229 其他中密度板 0.5 克/厘米^3 < 密度≤0.8 克/厘米^3，厚≤5 毫米

国家/地区	出口数量（立方米）	出口金额（千美元）
#合计	68667110	40261
伊朗	10886961	7753
埃及	13502581	7168
沙特阿拉伯	8826053	4766
印度	3257545	2297
越南	6327780	2183
阿尔及利亚	2641181	1815
阿联酋	3118875	1746
新加坡	1274177	1220
吉布提	1427090	1206
约旦	1869148	1200
科威特	1843116	1120
尼日利亚	1287463	842
苏丹	1675351	634
孟加拉国	1741608	504
肯尼亚	516477	450
泰国	606400	433
哥伦比亚	571207	389
南非	712977	340
马来西亚	126373	308

国家/地区	出口数量（立方米）	出口金额（千美元）
埃塞俄比亚	781848	307
古巴	417792	252
美国	126726	212
摩洛哥	111780	197
以色列	260010	190
黎巴嫩	499783	180
多民族玻利维亚国	293783	174
卡塔尔	368016	174
冈比亚	293000	164
塞拉利昂	216530	138
坦桑尼亚	281640	135
洪都拉斯	310508	114
智利	188514	105
朝鲜	155132	100
俄罗斯联邦	113165	94
巴基斯坦	91590	91
墨西哥	105064	89
莫桑比克	142229	78
危地马拉	128100	72
日本	51888	63
赞比亚	61355	59
斐济	164360	57
利比亚	65900	54
马达加斯加	111280	49
印度尼西亚	53830	47
毛里求斯	41640	40
格鲁吉亚	53120	38
巴林	53184	38
比利时	31610	38
阿曼	78000	36
多哥	66990	26
乌克兰	37954	25
尼泊尔	38160	25
苏里南	74950	25
厄立特里亚	34000	24
斯里兰卡	45012	24
澳大利亚	19538	22
吉尔吉斯斯坦	15260	22
韩国	24545	21
也门	32870	20
荷兰	17919	20
巴西	22545	19
意大利	21550	18
中国台湾	26901	16
荷属安的列斯群岛	19626	16

国家/地区	出口数量（立方米）	出口金额（千美元）
萨尔瓦多	19114	16
萨摩亚	35500	15
土耳其	18500	14
哥斯达黎加	14000	14
尼加拉瓜	31350	13
中国香港	29611	12
缅甸	19000	12
委内瑞拉	15840	10
索马里	15766	10
新西兰	2664	10
阿富汗	12315	9
英国	20000	8
利比里亚	17500	8
巴拿马	10545	7
法属波利尼西亚	18650	7
瓜德罗普	6188	5
加纳	6320	5
菲律宾	4549	3
安哥拉	2860	2
圣卢西亚	2379	2
刚果（布）	2150	1
马尔代夫	556	1
44111291 未加工中密度板，密度≤0.5 克/厘米^3，厚≤5 毫米		
#合计	3096407	1260
伊朗	1163500	459
墨西哥	545000	210
沙特阿拉伯	414000	172
乌兹别克斯坦	395675	150
美国	112499	90
津巴布韦	120681	57
苏丹	152100	52
日本	55578	25
孟加拉国	36000	12
刚果（金）	32600	10
肯尼亚	32150	9
南非	21000	7
泰国	7150	4
越南	5900	3
德国	974	1
秘鲁	1600	1
44111299 加工中密度板，密度≤0.5 克/厘米^3，厚≤5 毫米		
#合计	47574422	30013
伊朗	8810630	6137

国家/地区	出口数量（立方米）	出口金额（千美元）
印度	11511251	4306
俄罗斯联邦	1765059	2116
墨西哥	5429099	2091
美国	1435584	1935
沙特阿拉伯	4006884	1860
巴基斯坦	1054044	1334
土耳其	711301	969
埃及	1523467	888
哥伦比亚	1445564	866
中国香港	1465283	678
日本	178666	487
约旦	406819	449
阿联酋	692167	413
利比亚	347437	376
南非	640617	376
尼日利亚	442704	351
肯尼亚	400895	298
智利	539750	266
印度尼西亚	230600	247
泰国	237260	234
委内瑞拉	364735	221
坦桑尼亚	207900	204
科威特	214640	194
莫桑比克	495080	181
塞尔维亚	122700	165
波黑	94161	152
黎巴嫩	261885	141
危地马拉	124200	134
伊拉克	88300	118
马来西亚	131480	116
吉布提	174210	94
以色列	73569	92
苏丹	147848	91
白俄罗斯	57795	88
加纳	156982	87
冈比亚	137000	85
厄瓜多尔	93020	78
多民族玻利维亚国	43600	77
新加坡	81139	70
孟加拉国	59100	66
哥斯达黎加	70750	64
斯里兰卡	90188	61
毛里求斯	56097	49
乌兹别克斯坦	34973	46
巴西	84280	46

国家/地区	出口数量（立方米）	出口金额（千美元）
意大利	33394	42
埃塞俄比亚	61105	40
希腊	36000	39
菲律宾	71190	38
几内亚	104630	37
多米尼加共和国	40022	31
摩洛哥	29400	30
阿尔巴尼亚	36150	29
韩国	20546	27
古巴	39520	25
也门	47380	25
尼加拉瓜	37158	25
英国	12195	24
卡塔尔	14060	17
巴林	18530	15
西班牙	20604	15
安哥拉	26520	14
拉脱维亚	15500	13
立陶宛	15230	13
利比里亚	10000	12
土库曼斯坦	16100	12
塞拉利昂	16550	11
洪都拉斯	14050	10
萨尔瓦多	11900	8
澳大利亚	17695	8
乌克兰	4800	7
萨摩亚	16500	7
赞比亚	6325	6
加拿大	2800	6
乌拉圭	7410	5
保加利亚	4400	5
阿根廷	8780	5
海地	1950	4
瑞典	1335	4
赤道几内亚	1800	3
荷兰	2931	3
蒙古	4000	2
索马里	3000	2
牙买加	1550	1
中国台湾	210	1
比利时	461	1
44111311 未加工中密度板，密度 > 0.8 克/厘米^3，5 毫米 < 厚≤9 毫米		
#合计	26986832	11749
马来西亚	11331712	5102

国家/地区	出口数量（立方米）	出口金额（千美元）
韩国	7040844	3216
沙特阿拉伯	2107818	888
印度	1096841	415
伊朗	834390	311
哥伦比亚	756800	294
乌兹别克斯坦	610054	288
厄瓜多尔	651200	248
埃及	753610	248
智利	362000	165
黎巴嫩	430400	165
秘鲁	361940	142
印度尼西亚	105000	54
越南	113189	53
古巴	72000	41
中国台湾	49224	28
蒙古	151399	24
吉布提	51250	18
肯尼亚	41180	15
日本	27885	15
朝鲜	17096	11
埃塞俄比亚	21000	10
44111319 加工中密度板，密度 > 0.8 克/厘米^3，5 毫米 < 厚≤9 毫米		
#合计	677259802	452155
美国	155164993	129850
俄罗斯联邦	160960611	91661
韩国	30599889	21507
南非	21459998	12669
智利	19709978	12586
伊朗	19025500	11446
加拿大	16518245	11261
罗马尼亚	18849888	10795
乌克兰	19719556	10434
哥伦比亚	14308642	9618
印度	14691501	9487
澳大利亚	11416840	8555
巴西	11723596	7599
格鲁吉亚	12425697	7332
乌兹别克斯坦	11634185	7178
英国	6086429	5830
墨西哥	8618456	5739
阿根廷	8895818	5298
厄瓜多尔	8185844	4896
马来西亚	7394079	4849
哈萨克斯坦	7327677	4444

国家/地区	出口数量（立方米）	出口金额（千美元）
阿联酋	6072221	4266
沙特阿拉伯	6624652	4093
泰国	5587865	3566
菲律宾	5206699	3488
印度尼西亚	3937883	2934
越南	4474727	2820
秘鲁	4861390	2749
保加利亚	4118564	2351
巴基斯坦	3010128	1864
法国	2214319	1815
吉尔吉斯斯坦	2258203	1579
埃及	3060946	1548
中国台湾	1938589	1470
西班牙	1988616	1409
新加坡	1932230	1285
意大利	1730788	1108
希腊	1833844	1084
乌拉圭	1696964	1015
比利时	1018238	862
克罗地亚	1495911	860
黎巴嫩	1370999	852
葡萄牙	1150810	774
多民族玻利维亚国	1029704	697
以色列	1126271	668
委内瑞拉	980184	655
缅甸	913186	570
留尼汪	753624	565
约旦	893020	525
阿塞拜疆	700209	514
肯尼亚	695694	512
塔吉克斯坦	1302866	485
爱尔兰	582212	463
特立尼达和多巴哥	700381	447
毛里求斯	675445	443
日本	378605	420
巴林	660268	419
摩尔多瓦	673054	392
科威特	564833	350
前南马其顿	550684	346
土库曼斯坦	517167	333
哥斯达黎加	495594	328
德国	328195	318
危地马拉	468035	318
蒙古	1305459	301
爱沙尼亚	629902	300

国家/地区	出口数量（立方米）	出口金额（千美元）
中国香港	491386	273
尼泊尔	288260	261
伊拉克	331333	252
立陶宛	411550	231
卡塔尔	366134	220
亚美尼亚	360963	218
荷兰	379650	210
阿尔巴尼亚	376596	204
尼日利亚	229320	154
多米尼加共和国	214140	145
新西兰	175549	129
阿富汗	197300	127
塞浦路斯	212810	127
古巴	204400	120
塞尔维亚	200000	115
巴拿马	181661	112
文莱	167737	108
苏丹	208820	104
白俄罗斯	155552	102
法属波利尼西亚	155695	89
莫桑比克	123707	84
波黑	163800	84
马达加斯加	155748	79
挪威	121660	77
贝宁	119200	71
斯里兰卡	120750	63
埃塞俄比亚	124399	62
拉脱维亚	102713	60
安哥拉	83140	56
津巴布韦	91919	56
孟加拉国	81581	54
黑山	88516	53
洪都拉斯	65260	51
新喀里多尼亚	73669	47
土耳其	67042	44
加纳	70137	42
巴哈马	72420	39
多哥	59600	36
波多黎各	53070	35
圭亚那	56767	35
巴拉圭	52350	34
尼加拉瓜	49400	33
牙买加	32500	31
塞内加尔	42657	29
马耳他	46200	29

国家/地区	出口数量（立方米）	出口金额（千美元）
利比亚	32131	25
匈牙利	34000	25
马尔代夫	30502	24
芬兰	33788	22
斯洛伐克	38220	21
吉布提	21460	20
萨尔瓦多	23192	18
毛里塔尼亚	16555	17
南苏丹共和国	46000	17
赞比亚	30036	14
瑞士	20300	14
波兰	19000	13
马提尼克	19600	13
海地	16224	12
科特迪瓦	18361	12
安提瓜和巴布达	19500	11
荷属安的列斯群岛	19300	11
加蓬	12328	11
圣卢西亚	17300	11
冰岛	20500	10
喀麦隆	17526	10
赤道几内亚	15950	8
刚果（金）	13160	8
朝鲜	16203	7
奥地利	13800	7
也门	7500	6
不丹	15840	6
阿尔及利亚	5800	4
斯洛文尼亚	4335	4
索马里	3650	2
柬埔寨	2080	1
刚果（布）	2000	1

44111321 辐射松制的中密度板，5 毫米 < 厚≤9 毫米

国家/地区	出口数量（立方米）	出口金额（千美元）
#合计	1908456	7237
日本	1760890	7138
越南	143723	93
加拿大	3843	7

44111329 其他中密度板 0.5 克 < 密度≤0.8 克，5 毫米 < 厚≤9 毫米

国家/地区	出口数量（立方米）	出口金额（千美元）
#合计	54106260	32167
日本	2176790	7427
埃及	10091645	4412
越南	11668441	3475
美国	2204121	2937

国家/地区	出口数量（立方米）	出口金额（千美元）
沙特阿拉伯	7040535	2933
约旦	4730333	2701
伊朗	5142399	2105
阿尔及利亚	1211355	734
古巴	813914	682
阿联酋	1281664	587
坦桑尼亚	779870	403
乌兹别克斯坦	802225	376
秘鲁	622885	347
马来西亚	293456	278
苏丹	748784	274
尼日利亚	485200	250
印度尼西亚	492124	249
吉尔吉斯斯坦	328274	232
肯尼亚	336088	152
加拿大	67689	140
印度	272855	140
埃塞俄比亚	426500	135
科威特	249101	133
中国香港	174161	98
俄罗斯联邦	112417	92
吉布提	132135	82
斯里兰卡	146211	70
巴基斯坦	164991	68
卡塔尔	178530	60
哈萨克斯坦	78554	56
黎巴嫩	115456	45
阿曼	57800	44
格鲁吉亚	76112	40
新加坡	8371	38
委内瑞拉	38230	32
危地马拉	65595	30
阿富汗	60462	29
毛里求斯	52125	29
意大利	36620	22
土库曼斯坦	10200	21
莫桑比克	22360	20
南非	38298	19
泰国	14200	19
朝鲜	31458	16
韩国	19027	15
智利	30000	14
菲律宾	4873	13
留尼汪	33750	12
土耳其	8640	12

国家/地区	出口数量（立方米）	出口金额（千美元）
缅甸	24660	10
伊拉克	12840	9
马尔代夫	12500	8
墨西哥	17900	8
巴布亚新几内亚	18000	6
克罗地亚	3200	6
澳大利亚	5025	6
文莱	11350	5
西班牙	2957	2
孟加拉国	3900	2
加纳	2928	2
安哥拉	1470	2
科特迪瓦	3500	1
蒙古	6000	1
巴拿马	2890	1
刚果(金)	200	1
44111391 未加工中密度板，密度≤0.5 克/厘米^3，5 毫米<厚≤9 毫米		
#合计	1962540	744
伊朗	1339500	493
阿联酋	407420	173
俄罗斯联邦	105828	34
菲律宾	27200	12
乌兹别克斯坦	19500	9
泰国	15000	6
日本	14280	5
阿曼	12850	5
巴拿马	14367	5
美国	3600	1
44111399 加工中密度板，密度≤0.5 克/厘米^3，5 毫米<厚≤9 毫米		
#合计	7616450	6066
日本	516097	1649
美国	1140739	1170
伊朗	1262245	551
约旦	961104	546
沙特阿拉伯	769404	411
埃及	481323	300
印度尼西亚	146399	133
中国香港	284718	129
吉布提	229500	121
阿联酋	191356	111
印度	152054	104
俄罗斯联邦	156390	85
苏丹	107238	72

国家/地区	出口数量（立方米）	出口金额（千美元）
韩国	265643	69
马来西亚	60849	58
菲律宾	120110	48
墨西哥	75922	47
厄瓜多尔	63250	43
尼日利亚	46350	36
中国台湾	74300	35
南非	53400	35
卡塔尔	75300	34
埃塞俄比亚	56823	34
毛里求斯	52000	30
新加坡	55835	30
伊拉克	39382	28
安哥拉	9900	22
越南	18000	21
坦桑尼亚	32640	19
朝鲜	14950	17
泰国	12740	15
巴布亚新几内亚	9934	12
孟加拉国	16500	10
特立尼达和多巴哥	15877	7
科威特	7484	6
赞比亚	4015	5
法属波利尼西亚	4960	4
苏里南	10124	4
巴拉圭	2213	3
留尼汪	4325	3
塞内加尔	3120	3
中国澳门	255	2
巴林	5040	2
肯尼亚	4000	2
斯里兰卡	2525	2
荷兰	113	0
44111411 未加工中密度板，密度>0.8 克/厘米^3，厚>9 毫米		
#合计	2434567	926
马来西亚	754818	368
蒙古	732705	86
吉尔吉斯斯坦	171426	71
阿联酋	72300	69
尼日利亚	172000	53
韩国	96180	49
印度	95777	36
美国	19754	33
法国	17325	28

国家/地区	出口数量（立方米）	出口金额（千美元）
朝鲜	33322	27
越南	46562	26
委内瑞拉	33500	20
多米尼加共和国	9125	18
俄罗斯联邦	35600	13
日本	15900	8
立陶宛	94705	8
印度尼西亚	11963	7
缅甸	21605	7
44111419 加工中密度板，密度>0.8 克/厘米^3，厚>9 毫米		
#合计	559888995	389846
美国	220961801	167500
加拿大	103213858	68666
俄罗斯联邦	110919292	67916
越南	17889930	10512
澳大利亚	11462116	8529
罗马尼亚	12643505	7039
格鲁吉亚	6620115	4084
伊朗	5401653	3994
乌兹别克斯坦	5724540	3870
哈萨克斯坦	4314812	3178
爱尔兰	3884766	2708
沙特阿拉伯	2123527	2361
泰国	3511783	2218
厄瓜多尔	2295465	2159
南非	1829867	2095
马来西亚	2695800	2002
英国	2536005	1796
印度	1742033	1582
缅甸	1989269	1358
阿根廷	1799384	1315
巴西	1298839	1302
智利	1562730	1285
乌克兰	1897563	1169
吉尔吉斯斯坦	2016007	1138
阿联酋	1298285	1119
墨西哥	1259118	1078
哥伦比亚	968354	1010
蒙古	4488898	917
摩尔多瓦	1234404	834
希腊	957406	654
中国台湾	825910	641
阿塞拜疆	731799	541
黎巴嫩	730672	533

国家/地区	出口数量（立方米）	出口金额（千美元）
前南马其顿	731439	526
克罗地亚	817725	516
法国	638927	515
亚美尼亚	737784	489
韩国	727257	488
西班牙	516294	472
保加利亚	868804	461
菲律宾	603639	443
乌拉圭	534718	421
巴基斯坦	504577	410
秘鲁	307828	393
阿尔巴尼亚	563888	373
意大利	378245	354
特立尼达和多巴哥	413380	324
阿富汗	424884	309
多民族玻利维亚国	334530	281
尼日利亚	606745	281
印度尼西亚	341516	281
委内瑞拉	268488	276
葡萄牙	206176	231
肯尼亚	341244	231
约旦	341154	224
卡塔尔	295418	221
塔吉克斯坦	324946	216
新西兰	288019	216
毛里求斯	269271	210
埃及	333385	201
尼泊尔	110416	161
波兰	207664	144
埃塞俄比亚	184694	142
利比亚	212064	126
立陶宛	198895	124
安哥拉	112961	123
黑山	189638	116
土库曼斯坦	167842	113
新加坡	109391	112
塞尔维亚	159136	104
赞比亚	117380	99
巴林	113889	98
中国香港	135201	96
科威特	52561	96
以色列	58226	95
波黑	149136	92
危地马拉	87319	87
伊拉克	108686	86

国家/地区	出口数量（立方米）	出口金额（千美元）
巴拿马	63728	84
不丹	109960	79
土耳其	115500	75
也门	91730	69
马达加斯加	103240	66
文莱	56928	65
荷兰	71380	63
吉布提	135925	59
朝鲜	179845	57
波多黎各	76402	52
加纳	102246	50
捷克	70288	49
塞浦路斯	47705	46
莫桑比克	45271	37
哥斯达黎加	36753	36
比利时	32932	36
白俄罗斯	60029	34
马尔代夫	51756	34
多米尼加共和国	38372	32
德国	13357	28
阿尔及利亚	45200	28
阿曼	51110	28
留尼汪	21661	25
巴布亚新几内亚	25236	21
牙买加	17623	20
加蓬	24768	19
匈牙利	18275	17
爱沙尼亚	29614	14
孟加拉国	24235	14
纳米比亚	11003	13
法属波利尼西亚	7986	13
马耳他	11438	11
巴哈马	6013	10
斯里兰卡	5750	8
巴拉圭	7300	8
塞内加尔	7359	8
挪威	7540	8
津巴布韦	4822	6
刚果（金）	6049	6
洪都拉斯	2743	5
圭亚那	3360	5
萨尔瓦多	4837	4
瑞士	1541	3
尼加拉瓜	1245	3
日本	436	3

国家/地区	出口数量（立方米）	出口金额（千美元）
东帝汶	1380	2
赤道几内亚	1450	2
斯洛伐克	780	2
科特迪瓦	973	2
喀麦隆	1188	2
巴巴多斯	812	2
新喀里多尼亚	1440	2
苏里南	785	2
乌干达	984	1
格林纳达	783	1
乍得	783	1
马提尼克	420	1
多哥	1200	1
荷属安的列斯群岛	320	1
坦桑尼亚	320	0

44111421 辐射松制的中密度板，厚>9 毫米

国家/地区	出口数量（立方米）	出口金额（千美元）
#合计	286201	1166
日本	263478	1118
美国	6671	39
南非	15000	5
澳大利亚	1044	4

44111429 其他中密度板 0.5 克/厘米^3 < 密度 ≤0.8 克/厘米^3，厚>9 毫米

国家/地区	出口数量（立方米）	出口金额（千美元）
#合计	799012474	317621
沙特阿拉伯	220882017	80459
伊朗	185248461	71769
阿联酋	118710597	45771
尼日利亚	59900551	21098
越南	56285578	16465
日本	5146768	11335
埃及	25967187	9346
约旦	17200755	7685
苏丹	20354815	6527
肯尼亚	10282278	3865
哈萨克斯坦	4577023	3760
乌兹别克斯坦	3314846	2399
古巴	3978934	2350
黎巴嫩	5621897	2308
印度	3935894	2180
南非	2357109	1719
俄罗斯联邦	1990040	1671
卡塔尔	4140337	1610
西班牙	1842247	1121
科威特	2467540	993
埃塞俄比亚	2746500	929

国家/地区	出口数量（立方米）	出口金额（千美元）
坦桑尼亚	2216605	916
塔吉克斯坦	2427117	915
土耳其	1382568	900
马来西亚	1345798	887
吉布提	2039220	877
巴基斯坦	1238390	871
美国	817706	859
菲律宾	2231355	821
墨西哥	1850109	779
斯里兰卡	1683146	764
印度尼西亚	1423717	654
索马里	1554012	604
阿尔及利亚	899635	572
孟加拉国	1663591	558
伊拉克	668556	539
毛里求斯	1160813	532
委内瑞拉	780855	530
澳大利亚	476060	494
阿曼	1110043	489
也门	766619	349
叙利亚	882031	334
吉尔吉斯斯坦	494075	323
朝鲜	968076	316
阿尔巴尼亚	323363	308
乌克兰	328703	294
蒙古	740291	275
格鲁吉亚	397265	267
以色列	264565	259
巴拿马	465009	238
意大利	385913	234
哥伦比亚	300852	222
加纳	511610	219
土库曼斯坦	268485	213
智利	351306	213
苏里南	327800	205
利比亚	457464	204
哥斯达黎加	415340	203
莫桑比克	392490	199
荷属安的列斯群岛	391929	187
克罗地亚	211320	184
中国台湾	428660	175
马达加斯加	291352	160
危地马拉	326000	155
巴西	188174	151
缅甸	346135	139

国家/地区	出口数量（立方米）	出口金额（千美元）
安哥拉	265910	133
巴林	234365	132
刚果(布)	139858	129
圭亚那	240200	115
新加坡	148587	114
突尼斯	122540	106
韩国	63027	101
前南马其顿	107996	90
法国	137423	89
葡萄牙	125574	86
保加利亚	91385	83
摩洛哥	93000	75
白俄罗斯	86190	73
尼日尔	55935	70
斐济	156108	68
阿根廷	80520	66
比利时	61816	65
瑞典	66157	64
厄瓜多尔	52400	59
新西兰	34762	44
特立尼达和多巴哥	80840	43
泰国	31693	42
阿富汗	84473	42
加拿大	53514	40
瓜德罗普	75812	40
罗马尼亚	34120	40
塞浦路斯	28740	36
巴布亚新几内亚	81640	34
荷兰	46100	33
法属圭亚那	58500	31
洪都拉斯	49200	31
丹麦	13411	30
希腊	51500	30
留尼汪	86250	29
法属波利尼西亚	28738	29
波多黎各	44800	29
多民族玻利维亚国	76000	28
秘鲁	79180	28
马尔代夫	34060	26
中国香港	16171	26
德国	21227	21
文莱	14770	20
津巴布韦	40000	18
柬埔寨	30940	16
匈牙利	14302	16

国家/地区	出口数量（立方米）	出口金额（千美元）
塞尔维亚	18800	16
尼加拉瓜	41150	15
萨尔瓦多	39336	15
赞比亚	34721	14
乌拉圭	13000	13
科特迪瓦	29000	11
马耳他	10125	10
圣文森特和格林纳丁斯	18000	9
牙买加	17000	8
巴拉圭	18200	7
圣卢西亚	15592	7
刚果(金)	26300	7
塞拉利昂	7701	6
贝宁	16500	6
多米尼加共和国	18750	6
英国	2972	5

44111491 未加工中密度板，密度≤0.5 克/厘米^3，厚>9 毫米

国家/地区	出口数量（立方米）	出口金额（千美元）
#合计	35721842	12112
沙特阿拉伯	14981501	4594
伊朗	10160582	3642
阿联酋	2503763	989
以色列	1437281	553
苏丹	1574341	529
肯尼亚	750073	282
埃及	867678	245
印度尼西亚	583045	225
巴基斯坦	474030	181
尼日利亚	326585	108
吉布提	400600	102
乌兹别克斯坦	153320	74
日本	188758	64
韩国	142746	59
印度	120685	51
朝鲜	38844	43
菲律宾	163600	41
特立尼达和多巴哥	79388	38
马来西亚	62350	32
新加坡	30704	27
多米尼加共和国	50610	25
俄罗斯联邦	50081	21
比利时	33600	16
阿曼	38350	13
尼加拉瓜	31287	13
委内瑞拉	33775	13

国家/地区	出口数量（立方米）	出口金额（千美元）
南非	38280	11
加拿大	25200	11
留尼汪	26000	11
埃塞俄比亚	34400	11
哥斯达黎加	34000	11
约旦	104300	10
美国	20000	9
索马里	24002	9
澳大利亚	17464	8
加纳	25600	8
墨西哥	18000	6
斐济	17800	6
泰国	12850	5
塞内加尔	12800	4
黎巴嫩	12070	4
莫桑比克	10900	4
古巴	6163	3
秘鲁	1800	1
哥伦比亚	1956	1
44119210 未加工木纤维板，密度＞0.8 克/厘米^3		
#合计	5160803	5282
印度	1321057	1628
阿联酋	1230290	1021
约旦	851506	911
伊朗	687816	553
巴基斯坦	181455	223
孟加拉国	89089	96
吉布提	71900	92
毛里求斯	75360	89
越南	52613	70
卡塔尔	42182	63
伊拉克	57200	60
肯尼亚	51950	60
沙特阿拉伯	47502	58
克罗地亚	36050	55
叙利亚	30000	33
利比亚	34200	31
意大利	58200	25
巴西	20600	24
拉脱维亚	14702	20
突尼斯	17600	20
印度尼西亚	12750	18
哥斯达黎加	21500	17
斯里兰卡	38000	17

国家/地区	出口数量（立方米）	出口金额（千美元）
巴拿马	15600	16
赞比亚	20500	16
阿根廷	17300	14
洪都拉斯	15925	13
秘鲁	11874	13
埃及	9600	10
阿富汗	14080	6
南非	9000	6
苏里南	2250	3
韩国	1080	1
44119290 加工木纤维板，密度＞0.8 克/厘米^3		
#合计	243576424	176003
美国	46662219	44692
加拿大	57796714	40865
俄罗斯联邦	26792374	15183
韩国	15489636	11671
澳大利亚	12834391	10350
蒙古	11409386	4852
伊朗	6017498	4305
越南	4768553	2922
印度	4024537	2777
智利	3966825	2657
尼日利亚	6414312	2514
英国	3120175	2455
哥伦比亚	2913312	2278
泰国	3500939	2140
墨西哥	2823080	2044
缅甸	2435112	1676
南非	2379056	1582
爱尔兰	2270709	1533
约旦	1045998	1206
阿根廷	1789363	1164
马来西亚	1382728	1035
巴西	1672093	1027
印度尼西亚	1528282	989
沙特阿拉伯	1362470	927
赞比亚	1129822	866
以色列	1201283	862
阿联酋	1068146	780
中国台湾	722515	686
黎巴嫩	813900	529
安哥拉	632421	528
新加坡	736320	448
荷兰	607645	441
坦桑尼亚	921479	370

国家/地区	出口数量（立方米）	出口金额（千美元）
埃及	762220	362
阿尔巴尼亚	479696	353
格鲁吉亚	525902	327
巴拿马	438539	307
新西兰	391202	289
卡塔尔	409133	281
中国香港	263062	280
菲律宾	422062	251
秘鲁	331863	240
日本	214245	233
哥斯达黎加	271512	225
乌克兰	338830	211
阿塞拜疆	240000	206
厄瓜多尔	294800	206
巴基斯坦	295359	205
罗马尼亚	401000	200
吉尔吉斯斯坦	296678	192
苏丹	422756	188
危地马拉	246307	178
意大利	207423	162
莫桑比克	313357	158
希腊	179694	137
孟加拉国	252817	124
津巴布韦	126319	122
斯洛文尼亚	181696	122
文莱	145095	116
埃塞俄比亚	159464	104
西班牙	155000	99
特立尼达和多巴哥	150141	99
白俄罗斯	149096	99
肯尼亚	153439	95
科威特	118670	93
哈萨克斯坦	126080	90
加纳	177560	82
马耳他	60738	80
巴林	114000	69
塞尔维亚	120000	67
毛里求斯	52238	56
土耳其	92474	54
葡萄牙	69200	54
圭亚那	92620	51
委内瑞拉	76660	50
乌兹别克斯坦	34060	48
塞浦路斯	58000	45
斯里兰卡	89803	43

国家/地区	出口数量（立方米）	出口金额（千美元）
马里	2756	42
拉脱维亚	57472	41
摩洛哥	59250	38
爱沙尼亚	60000	36
比利时	53085	36
利比亚	54418	35
特克斯和凯科斯群岛	33060	31
斐济	79940	31
法国	40180	31
摩尔多瓦	44118	31
乌干达	17500	28
巴巴多斯	22035	17
马达加斯加	36623	16
牙买加	20414	16
苏里南	17630	15
挪威	19955	15
伊拉克	19980	14
乍得	17000	13
洪都拉斯	19010	13
德国	19280	13
瑞典	20000	12
东帝汶	11058	11
格林纳达	14903	10
马尔代夫	12452	10
贝宁	17360	9
索马里	21000	8
阿曼	16200	8
丹麦	8940	7
科摩罗	20000	7
巴布亚新几内亚	4833	4
阿富汗	1869	1

44119310 辐射松制的纤板，0.5 克 < 密度≤0.9 克

国家/地区	出口数量（立方米）	出口金额（千美元）
#合计	1404	3
美国	1404	3

44119390 木纤板，0.5 克/厘米^3 < 密度≤0.10 克/厘米^3

国家/地区	出口数量（立方米）	出口金额（千美元）
#合计	4270169	3091
沙特阿拉伯	1181820	682
吉布提	374860	534
约旦	763350	506
埃及	533849	293
阿联酋	322780	196
特立尼达和多巴哥	177471	171
巴基斯坦	137550	116
伊拉克	70000	98
中国香港	88723	80
特克斯和凯科斯群岛	85460	70
印度尼西亚	141146	68
日本	7559	43
科威特	76291	38
加纳	50400	30
委内瑞拉	58195	25
黎巴嫩	25000	16
苏里南	34126	15
利比里亚	35370	15
法国	5956	14
卡塔尔	24600	12
中国台湾	768	11
肯尼亚	19700	9
越南	7500	8
马来西亚	10000	7
毛里求斯	14500	7
南非	13200	7
美国	5600	6
柬埔寨	2560	6
韩国	270	4
菲律宾	1180	3
丹麦	385	1

44119410 木纤板，0.35 克/厘米^3 < 密度≤0.5 克/厘米^3

国家/地区	出口数量（立方米）	出口金额（千美元）
#合计	308989	449
加拿大	46111	199
中国香港	117352	85
澳大利亚	68340	58
吉尔吉斯斯坦	11000	23
印度	2562	17
瑞士	2369	15
朝鲜	26493	15
墨西哥	26411	14
安哥拉	6128	10
美国	1228	7
危地马拉	560	3
日本	48	3
中国台湾	262	2
哥斯达黎加	125	1

44119421 未加工木纤板，密度≤0.35 克/厘米^3

国家/地区	出口数量（立方米）	出口金额（千美元）
#合计	39394	38
刚果(布)	10660	18
墨西哥	27205	14
新加坡	709	6

44119429 加工木纤板，密度≤0.35 克/厘米^3

国家/地区	出口数量（立方米）	出口金额（千美元）
#合计	1518190	4498
芬兰	305244	1180
埃及	379602	833
泰国	91973	364
美国	83038	305
韩国	55504	301
新加坡	89311	297
俄罗斯联邦	25535	142
中国台湾	51292	139
西班牙	22350	137
墨西哥	11000	77
印度尼西亚	20872	73
德国	20495	73
黎巴嫩	10847	71
日本	49490	68
智利	11438	63
巴西	30842	54
立陶宛	20880	40
乌兹别克斯坦	46494	36
阿根廷	7700	35
马来西亚	22700	34
阿尔及利亚	57777	28
中国澳门	4367	23
菲律宾	2380	19
丹麦	10500	17
沙特阿拉伯	9516	17
越南	1133	12
印度	6994	12
巴基斯坦	1700	10
莫桑比克	10800	9
阿联酋	47540	9
澳大利亚	680	5
加拿大	4356	5
中国香港	700	5
塞内加尔	320	2
赤道几内亚	1215	1
新西兰	130	1
乍得	1360	1

44123100 其他薄板制胶合板至少一表层是子目注释 2 所列的热带木，厚≤6 毫米

国家/地区	出口数量（立方米）	出口金额（千美元）
#合计	254321	164773
约旦	53082	36815

国家/地区	出口数量（立方米）	出口金额（千美元）
美国	22869	28786
韩国	19466	9031
日本	15964	8371
墨西哥	15694	7948
英国	4836	7023
泰国	14267	6368
哥伦比亚	11907	6250
委内瑞拉	10192	5074
印度	11138	4580
沙特阿拉伯	7274	4483
菲律宾	11627	4234
埃及	5219	3204
比利时	2231	3165
澳大利亚	2054	2850
加拿大	2259	2554
新加坡	4895	2388
阿联酋	3238	1912
以色列	2008	1675
智利	2126	1289
尼日利亚	2042	1243
南非	1432	1163
德国	1309	880
哥斯达黎加	2367	874
中国香港	3097	857
西班牙	460	799
坦桑尼亚	1365	673
斯里兰卡	1967	631
波兰	1110	599
法国	610	539
新西兰	838	524
卡塔尔	724	510
荷兰	541	506
波多黎各	1213	468
毛里求斯	840	453
中国台湾	1247	418
印度尼西亚	755	414
意大利	329	410
多米尼加共和国	602	405
摩洛哥	647	365
科威特	500	358
越南	501	314
丹麦	262	294
爱尔兰	255	292
危地马拉	570	280
塞舌尔	649	258
马来西亚	532	204
巴基斯坦	273	194
中国澳门	1578	173
特立尼达和多巴哥	221	123
朝鲜	276	120
利比亚	200	119
肯尼亚	216	112
牙买加	188	95
尼加拉瓜	222	89
黎巴嫩	208	87
安哥拉	153	79
厄瓜多尔	140	75
马尔代夫	162	71
巴林	105	70
俄罗斯联邦	31	47
圣卢西亚	110	43
海地	107	41
荷属安的列斯群岛	109	38
圭亚那	109	36
法属波利尼西亚	67	33
加纳	113	31
斯洛文尼亚	20	29
埃塞俄比亚	40	28
阿根廷	53	28
也门	44	27
瑞典	20	27
巴拿马	42	26
爱沙尼亚	24	23
阿尔巴尼亚	55	21
贝宁	54	20
圣文森特和格林纳丁斯	55	19
刚果（布）	18	19
巴西	60	15
乌拉圭	22	15
秘鲁	20	10
巴布亚新几内亚	21	9
大洋洲其他国家(地区)	22	9
博茨瓦纳	11	8
土库曼斯坦	15	8
克罗地亚	5	8
赞比亚	3	6
利比里亚	13	5
吉布提	6	5

44123210 薄板制胶合板至少一表层是温带木，厚≤6 毫米

国家/地区	出口数量（立方米）	出口金额（千美元）
#合计	6184981	2539060
美国	1324428	612229
日本	520338	201293
英国	526477	190165
韩国	260187	86757
印度尼西亚	188077	83161
菲律宾	207166	81535
泰国	204869	77689
阿联酋	213169	77578
越南	181750	76749
印度	112045	61382
以色列	147769	59261
加拿大	95158	56353
沙特阿拉伯	149127	53600
阿尔及利亚	124726	46776
新加坡	130852	45618
马来西亚	91256	40535
埃及	99945	40171
德国	103078	39641
比利时	90788	37342
墨西哥	74750	35994
中国台湾	85139	30971
尼日利亚	81655	29337
法国	58430	28321
俄罗斯联邦	65494	22992
约旦	49587	21339
委内瑞拉	42042	19125
波兰	47673	16642
爱尔兰	41832	15868
安哥拉	48719	15401
哥伦比亚	30720	14890
智利	37347	14212
澳大利亚	19988	12438
荷兰	18113	11064
卡塔尔	27037	10799
巴拿马	29620	10675
波多黎各	27770	10514
斯里兰卡	24379	8652
多米尼加共和国	22560	8502
埃塞俄比亚	21431	8214
土库曼斯坦	21990	7953
南非	20438	7752
摩洛哥	15321	7531
巴基斯坦	21773	7525
利比亚	18854	7459

国家/地区	出口数量（立方米）	出口金额（千美元）
中国香港	13928	7154
哈萨克斯坦	19251	7038
瑞典	13852	6833
肯尼亚	17640	6817
坦桑尼亚	17874	6462
毛里求斯	15150	6273
科威特	17828	6205
意大利	7256	5651
西班牙	12719	5641
哥斯达黎加	14067	5291
保加利亚	17167	5289
挪威	11181	4805
巴林	12211	4693
危地马拉	11428	4407
希腊	11891	4311
乌克兰	12406	4102
尼加拉瓜	10307	4021
新西兰	8610	3908
巴布亚新几内亚	10232	3888
丹麦	8982	3866
芬兰	7207	3773
海地	8644	3452
洪都拉斯	6239	3297
格鲁吉亚	9041	3133
伊拉克	5587	2995
吉布提	5539	2846
阿曼	6847	2583
牙买加	6283	2555
罗马尼亚	6934	2476
赤道几内亚	5918	2288
秘鲁	5415	2164
古巴	4824	2052
厄瓜多尔	2049	2033
伊朗	5069	1999
葡萄牙	4513	1910
孟加拉国	3456	1866
留尼汪	5503	1811
几内亚	3898	1701
利比里亚	4356	1636
黎巴嫩	3732	1517
特立尼达和多巴哥	3628	1398
马尔代夫	3501	1387
马耳他	3768	1377
萨尔瓦多	3852	1352
克罗地亚	3169	1324

国家/地区	出口数量（立方米）	出口金额（千美元）
阿根廷	2883	1282
东帝汶	2865	1179
苏丹	2661	1070
新喀里多尼亚	3073	1057
法属波利尼西亚	2810	1001
塞舌尔	2133	995
塞浦路斯	2622	951
贝宁	2277	841
苏里南	2352	818
马约特	2269	784
柬埔寨	1380	780
莫桑比克	1893	703
塞拉利昂	1833	682
萨摩亚	1768	660
马达加斯加	1710	601
阿富汗	3284	539
所罗门群岛	1335	504
卢旺达	1072	503
冈比亚	1391	492
爱沙尼亚	1326	488
斯洛文尼亚	956	447
乌拉圭	1141	419
黑山	1291	405
阿鲁巴	1084	393
马提尼克	880	327
刚果(金)	822	317
瓦努阿图	785	314
圣卢西亚	835	285
加纳	698	279
拉脱维亚	841	277
阿尔巴尼亚	739	273
瓜德罗普	724	256
科特迪瓦	1057	252
斐济	789	251
塞内加尔	426	235
密克罗尼西亚联邦	633	233
土耳其	621	231
朝鲜	596	220
文莱	545	209
圭亚那	504	195
蒙古	783	191
吉尔吉斯斯坦	680	191
科摩罗	470	189
捷克	89	164
多米尼克	430	157

国家/地区	出口数量（立方米）	出口金额（千美元）
汤加	420	146
奥地利	273	138
圣文森特和格林纳丁斯	391	136
巴西	243	119
叙利亚	193	118
南苏丹共和国	176	118
冰岛	74	117
佛得角	228	106
缅甸	197	106
巴巴多斯	298	103
立陶宛	258	98
加蓬	303	95
纳米比亚	282	94
毛里塔尼亚	210	92
中国澳门	258	91
前南马其顿	270	89
巴拉圭	204	76
斯洛伐克	77	71
刚果(布)	171	69
乌兹别克斯坦	166	69
乌干达	193	68
基里巴斯	166	61
格林纳达	165	54
荷属安的列斯群岛	159	53
阿塞拜疆	162	53
安提瓜和巴布达	129	47
也门	58	46
亚美尼亚	89	43
塔吉克斯坦	87	41
几内亚比绍	116	40
圣多美和普林西比	110	38
开曼群岛	108	36
瓦利斯和浮图纳	94	31
索马里	99	31
布基纳法索	44	25
多民族玻利维亚国	42	22
莱索托	70	20
尼泊尔	46	20
匈牙利	56	18
多哥	53	17
博茨瓦纳	35	14
图瓦卢	24	9
帕劳	8	3

44123290 其他薄板制胶合板至少一表层非针叶木，厚≤6 毫米

国家/地区	出口数量（立方米）	出口金额（千美元）
#合计	496036	196868
韩国	247967	82324
日本	45577	20190
以色列	35706	18047
英国	44556	17352
美国	8276	9590
中国香港	26976	9030
中国台湾	24201	8585
新加坡	15128	5019
加拿大	2215	3387
印度	7013	2876
沙特阿拉伯	4566	2684
朝鲜	5700	1871
荷兰	1299	1832
越南	4253	1644
意大利	1660	1565
澳大利亚	2648	1052
安哥拉	2726	1008
菲律宾	1606	907
巴基斯坦	1212	729
马来西亚	1056	666
泰国	1701	649
比利时	393	608
墨西哥	939	570
瑞典	1186	495
印度尼西亚	1424	468
俄罗斯联邦	1237	451
德国	339	441
爱尔兰	216	347
法国	439	333
巴布亚新几内亚	565	259
西班牙	120	254
新西兰	369	241
南非	148	229
赤道几内亚	214	120
特立尼达和多巴哥	364	115
伊朗	319	111
波兰	138	95
巴林	208	81
阿联酋	231	73
葡萄牙	40	72
丹麦	104	64
土库曼斯坦	190	58
留尼汪	141	49
阿根廷	42	48
波多黎各	96	40
摩洛哥	50	37
蒙古	60	33
中国澳门	54	20
埃塞俄比亚	52	19
吉尔吉斯斯坦	21	19
斯里兰卡	48	17
马尔代夫	52	16
缅甸	43	16
乌兹别克斯坦	23	13
法属波利尼西亚	11	11
肯尼亚	15	10
斐济	27	8
莫桑比克	27	7
刚果(布)	18	7
加纳	14	5
乌克兰	17	4

44123900 其他薄板制胶合板，厚≤6 毫米

国家/地区	出口数量（立方米）	出口金额（千美元）
#合计	1996259	756032
沙特阿拉伯	318565	108998
阿联酋	283396	102604
日本	116014	59677
韩国	147303	56556
中国香港	116593	37898
卡塔尔	97615	33543
美国	38350	32061
中国台湾	87166	31055
科威特	78506	26534
新加坡	72194	26366
比利时	63575	24543
泰国	63467	24193
约旦	63584	20940
阿尔及利亚	34201	11904
德国	29154	10267
安哥拉	30993	10125
越南	27140	10107
法国	27278	9821
黎巴嫩	26072	9012
菲律宾	22755	8423
英国	22901	8197
印度	7238	6959
印度尼西亚	14246	6299
巴林	16651	5900
加拿大	4963	4656
澳大利亚	8531	4218
埃及	11166	4200
尼日利亚	8278	3048
俄罗斯联邦	7767	2871
苏丹	7633	2507
瑞典	3369	2495
罗马尼亚	7136	2475
墨西哥	5321	2384
荷兰	4190	2027
马来西亚	16320	1933
智利	5172	1904
以色列	5730	1865
伊拉克	3950	1775
希腊	5231	1773
伊朗	5245	1714
挪威	3283	1699
土库曼斯坦	3753	1597
阿曼	3895	1459
格鲁吉亚	3188	1239
新西兰	2675	1147
肯尼亚	2999	1082
西班牙	2878	1071
朝鲜	1716	1019
留尼汪	2952	1016
波兰	1798	1009
秘鲁	2644	953
南非	2394	885
委内瑞拉	2661	841
巴基斯坦	2181	822
哈萨克斯坦	1894	813
拉脱维亚	1673	782
毛里求斯	2101	770
丹麦	629	752
蒙古	5302	698
芬兰	445	657
赞比亚	1489	602
斯里兰卡	1425	559
埃塞俄比亚	1426	546
摩洛哥	1405	513
利比亚	1300	486
保加利亚	1533	464
赤道几内亚	1103	409
萨尔瓦多	958	398
乌克兰	1127	381
马提尼克	804	377
意大利	410	340

国家/地区	出口数量(立方米)	出口金额(千美元)
中国澳门	1242	318
坦桑尼亚	774	311
巴布亚新几内亚	538	274
孟加拉国	547	267
古巴	660	263
莫桑比克	658	258
文莱	703	230
喀麦隆	506	205
马尔代夫	588	203
刚果(金)	569	201
危地马拉	531	187
加纳	507	184
阿尔巴尼亚	486	180
吉布提	535	177
瓜德罗普	390	177
土耳其	288	171
特立尼达和多巴哥	331	170
马约特	451	164
阿根廷	128	162
波多黎各	483	162
苏里南	397	158
巴拿马	288	157
牙买加	388	150
立陶宛	142	124
塞浦路斯	364	121
黑山	315	115
利比里亚	291	107
乌拉圭	162	96
布隆迪	96	93
缅甸	252	89
哥斯达黎加	243	83
马耳他	214	70
塞尔维亚	199	68
圭亚那	116	59
乌干达	268	59
新喀里多尼亚	213	58
爱尔兰	70	52
博茨瓦纳	119	52
哥伦比亚	78	50
阿塞拜疆	91	50
马里	79	47
塞舌尔	89	47
爱沙尼亚	108	46
卢旺达	144	45
海地	116	42

国家/地区	出口数量(立方米)	出口金额(千美元)
科特迪瓦	114	42
刚果(布)	62	40
塞内加尔	112	38
阿富汗	110	36
科摩罗	78	32
阿鲁巴	77	28
塔吉克斯坦	80	28
也门	197	26
加蓬	65	25
巴西	54	22
多米尼克	54	19
塞拉利昂	51	19
安提瓜和巴布达	38	18
南苏丹共和国	37	18
马达加斯加	49	18
吉尔吉斯斯坦	21	17
葡萄牙	52	17
瓦努阿图	42	15
多民族玻利维亚国	42	15
尼日尔	26	14
斐济	48	14
几内亚	41	8
冈比亚	26	8
毛里塔尼亚	22	6
柬埔寨	0	2
东帝汶	1	1
津巴布韦	3	1
44129410 其他木块芯胶合板等至少一表层是非针叶木		
#合计	338290	399473
美国	49589	77275
比利时	30735	48552
意大利	28115	46866
瑞典	18889	36403
德国	20363	32690
日本	42893	23723
荷兰	12035	19371
英国	13037	17669
挪威	8809	12589
丹麦	5707	9961
加拿大	5835	9155
澳大利亚	5402	7075
中国香港	19742	6544
约旦	13002	5373
新加坡	9462	4139

国家/地区	出口数量(立方米)	出口金额(千美元)
法国	2351	4104
俄罗斯联邦	1715	3215
马来西亚	8737	3179
沙特阿拉伯	6493	3001
西班牙	1718	2722
墨西哥	2645	2663
以色列	2350	2550
波兰	3883	2158
南非	1105	1698
奥地利	864	1555
埃及	3244	1322
韩国	951	1015
缅甸	710	995
芬兰	578	986
菲律宾	1527	920
阿联酋	1645	865
印度	1142	797
智利	428	723
爱沙尼亚	531	623
利比亚	1386	568
黎巴嫩	272	513
卡塔尔	1158	499
爱尔兰	527	485
科威特	1086	372
葡萄牙	270	362
塔吉克斯坦	605	307
哈萨克斯坦	596	286
阿根廷	204	274
朝鲜	670	248
吉尔吉斯斯坦	415	211
新西兰	148	199
斯洛文尼亚	163	196
泰国	275	182
塞浦路斯	103	170
冰岛	119	160
安哥拉	497	160
土库曼斯坦	171	155
中国台湾	406	152
文莱	620	149
马尔代夫	295	131
克罗地亚	96	114
乌兹别克斯坦	253	95
立陶宛	60	90
巴林	204	89
土耳其	80	89

国家/地区	出口数量（立方米）	出口金额（千美元）
越南	24	87
希腊	58	82
吉布提	152	62
刚果(布)	134	58
赤道几内亚	131	57
刚果(金)	115	55
秘鲁	25	48
斯里兰卡	106	41
坦桑尼亚	134	39
尼日利亚	86	34
摩洛哥	110	33
哥伦比亚	18	30
博茨瓦纳	60	23
毛里求斯	13	22
巴基斯坦	22	13
马拉维	25	12
肯尼亚	48	11
乌克兰	23	9
巴布亚新几内亚	20	9
莫桑比克	23	4
瑞士	2	4
孟加拉国	6	4
加蓬	7	4
津巴布韦	34	2
蒙古	3	1
捷克	0	0
44129491 其他木块芯胶合板等至少一表层是子目注释2所列的热带木		
#合计	12	8
赞比亚	12	8
44129492 其他木块芯胶合板等至少一表层是木碎料板		
#合计	2170	1380
澳大利亚	488	322
缅甸	371	279
中国香港	252	221
越南	456	188
印度尼西亚	148	118
加拿大	108	81
马来西亚	83	56
哥伦比亚	72	50
朝鲜	134	37
吉布提	38	19
黎巴嫩	10	5
赤道几内亚	7	4

国家/地区	出口数量（立方米）	出口金额（千美元）
柬埔寨	3	2
44129499 其他木块芯、侧板条芯、板条芯胶合板		
#合计	19999	10867
中国台湾	12342	3908
德国	2547	2719
意大利	1644	1841
比利时	467	447
日本	500	426
越南	679	295
葡萄牙	280	230
加拿大	104	159
加纳	206	157
尼日利亚	117	67
新西兰	42	54
英国	153	52
哈萨克斯坦	153	50
蒙古	66	45
安哥拉	68	43
埃及	55	40
朝鲜	59	40
巴基斯坦	17	39
老挝	71	34
土耳其	61	31
佛得角	52	26
刚果(布)	42	26
乌兹别克斯坦	61	25
西班牙	58	20
刚果(金)	42	17
圣多美和普林西比	21	16
印度	26	13
荷兰	8	11
中国香港	7	9
马来西亚	6	9
巴西	33	7
印度尼西亚	3	4
贝宁	3	4
赤道几内亚	4	2
俄罗斯联邦	1	1
委内瑞拉	1	1
泰国	0	1
44129910 其他胶合板等至少一表层是非针叶木		
#合计	596408	643470
美国	188497	251907

国家/地区	出口数量（立方米）	出口金额（千美元）
日本	32694	55859
英国	30743	45212
加拿大	32063	44722
意大利	14488	26315
比利时	14047	23349
荷兰	11501	18397
俄罗斯联邦	10424	16846
韩国	14642	16816
德国	8738	14444
约旦	29597	11655
中国香港	64796	9870
以色列	15324	8274
墨西哥	12787	7725
澳大利亚	5468	7657
西班牙	4177	6305
法国	4278	5691
爱尔兰	4212	5490
沙特阿拉伯	10245	4287
新加坡	2779	3606
越南	3699	3518
印度	1822	3343
瑞典	1917	3045
阿联酋	4426	2804
阿根廷	5701	2637
泰国	2558	2597
芬兰	1355	2534
埃及	7410	2521
丹麦	1326	2372
挪威	2312	2296
伊朗	8070	2273
巴基斯坦	4234	1956
智利	1379	1922
斯洛文尼亚	902	1797
南非	1259	1778
菲律宾	1722	1460
秘鲁	859	1275
马来西亚	1202	1257
毛里求斯	2968	1221
新西兰	816	1167
中国台湾	843	1023
保加利亚	2958	976
印度尼西亚	1532	943
卡塔尔	2288	828
尼日利亚	1950	826
安哥拉	2007	690

国家/地区	出口数量（立方米）	出口金额（千美元）
科威特	982	676
几内亚	1764	640
波兰	354	595
黎巴嫩	418	505
海地	1247	492
柬埔寨	422	356
巴林	847	346
拉脱维亚	129	334
苏里南	864	332
肯尼亚	924	332
阿曼	708	318
阿尔及利亚	651	298
坦桑尼亚	603	284
乌克兰	362	276
奥地利	129	240
朝鲜	757	201
巴布亚新几内亚	143	180
加纳	73	177
阿塞拜疆	99	175
巴拿马	183	168
牙买加	400	165
格鲁吉亚	485	163
乌拉圭	85	153
哈萨克斯坦	262	153
希腊	164	142
斯里兰卡	298	131
立陶宛	51	128
利比里亚	281	117
文莱	138	105
新喀里多尼亚	333	104
马尔代夫	57	97
哥伦比亚	94	96
波多黎各	192	88
土库曼斯坦	104	87
特立尼达和多巴哥	223	86
土耳其	43	84
捷克	38	83
阿尔巴尼亚	219	82
苏丹	163	73
斐济	158	70
刚果(金)	102	66
爱沙尼亚	111	63
蒙古	155	62
克罗地亚	157	56
罗马尼亚	47	51
留尼汪	77	45
中国澳门	269	43
法属圭亚那	104	37
赤道几内亚	106	37
马提尼克	100	36
哥斯达黎加	62	33
亚美尼亚	89	30
厄瓜多尔	42	29
孟加拉国	14	23
利比亚	43	21
危地马拉	52	20
多米尼加共和国	58	20
塞内加尔	57	19
阿鲁巴	50	18
瓜德罗普	50	18
荷属安的列斯群岛	50	17
赞比亚	9	17
基里巴斯	21	16
瓦努阿图	50	15
斯洛伐克	11	14
法属波利尼西亚	21	14
伊拉克	3	12
吉尔吉斯斯坦	9	11
所罗门群岛	22	8
圭亚那	2	6
马耳他	2	4
巴西	1	1
44129991 其他胶合板等至少一表层是子目注释2所列的热带木层		
#合计	70	41
安哥拉	29	32
韩国	40	8
泰国	1	1
44129992 其他胶合板等至少一表层是木碎料板		
#合计	9060	1276
中国澳门	8180	755
多米尼克	105	130
日本	87	119
马来西亚	221	42
中国香港	64	40
安哥拉	21	40
赞比亚	68	34
朝鲜	60	30
也门	80	22
萨摩亚	39	21
沙特阿拉伯	7	9
加纳	40	9
德国	21	9
乌干达	25	8
坦桑尼亚	34	3
柬埔寨	3	2
美国	5	2
44129999 未列名胶合板、单板饰面板及类似的多层板		
#合计	29946	17127
阿联酋	6173	2799
德国	2397	2335
中国台湾	4531	1653
法国	1109	1245
日本	1249	1208
瑞典	2363	1074
意大利	944	1019
比利时	750	725
巴林	1358	634
沙特阿拉伯	1300	593
中国香港	1205	456
澳大利亚	344	404
菲律宾	865	398
中国澳门	1064	335
朝鲜	847	302
英国	200	184
津巴布韦	397	164
韩国	84	143
印度尼西亚	230	110
巴基斯坦	149	107
马尔代夫	222	93
马拉维	241	93
加拿大	49	84
巴布亚新几内亚	388	82
蒙古	239	79
印度	36	74
马来西亚	70	72
伊朗	144	65
莫桑比克	144	64
黎巴嫩	31	63
尼日利亚	85	54
西班牙	36	43
喀麦隆	71	42
肯尼亚	39	36

国家/地区	出口数量（立方米）	出口金额（千美元）
荷兰	22	36
新西兰	49	33
毛里求斯	54	29
赞比亚	63	25
苏丹	52	24
墨西哥	46	21
缅甸	74	20
坦桑尼亚	54	19
泰国	34	17
南非	20	11
新加坡	20	10
加纳	20	10
哈萨克斯坦	22	9
瑞士	3	8
贝宁	13	6
美国	3	4
几内亚比绍	11	4
巴西	12	4
博茨瓦纳	9	3
爱沙尼亚	2	2
塞内加尔	2	1
斯里兰卡	3	1
乌克兰	3	1

人造板进口

国家/地区	进口数量（立方米）	进口金额（千美元）
44081011 用胶合板等制的针叶木饰面用单板，厚≤6 毫米		
合计	15295	22
日本	732	18
俄罗斯联邦	14540	3
泰国	23	1
44081019 其他针叶木饰面用单板，厚≤6 毫米		
合计	429641	2692
中国台湾	83117	1020
加拿大	140590	809
美国	38316	166
日本	18920	165
西班牙	16725	143
韩国	12234	131
印度	14834	79
菲律宾	47210	73
马来西亚	27783	30
智利	9633	21
奥地利	11505	19
德国	1868	12
印度尼西亚	5530	12
意大利	450	11
加纳	420	1
斯洛伐克	180	1
瑞士	326	1
44081020 针叶木制胶合板用单板，厚≤6 毫米		
合计	13783578	9136
俄罗斯联邦	13589567	9010
美国	98009	79
澳大利亚	20118	18
瑞典	16700	18
越南	52200	7
韩国	6984	5
44081090 其他纵锯切、刨或旋切的针叶木木材，厚≤6 毫米		
合计	378684	1951
印度尼西亚	188270	832
加拿大	83939	631
中国	34046	147
美国	9945	80
西班牙	15122	79
德国	14059	49
瑞士	2901	46
奥地利	5950	36
罗马尼亚	4929	27
中国台湾	4274	9
韩国	2398	7
意大利	87	3
澳大利亚	800	2
俄罗斯联邦	11664	1
印度	300	1
44083111 用胶合板等制饰面单板，红柳安木制，厚≤6 毫米		
合计	58177	45
马来西亚	53305	38
日本	575	5
中国台湾	4297	2
44083119 其他饰面用单板，红柳安木制，厚≤6 毫米		
合计	1177095	482
马来西亚	664920	354
越南	490000	47
中国台湾	7477	31
加纳	5370	20
美国	3411	14
印度	4093	8
印度尼西亚	939	5
西班牙	885	2
44083120 制胶合板用单板，红柳安木制，厚≤6 毫米		
合计	1035262	344
马来西亚	371799	186
越南	649497	122
中国台湾	13960	37
44083911 用胶合板等制其他子目注释 2 所列的热带木饰面用单板，厚≤6 毫米		
合计	5748	18
中国台湾	3375	16
意大利	1767	2
44083919 其他子目注释 2 所列的热带木制饰面用单板，厚≤6 毫米		
合计	2047495	3452
缅甸	1234490	481
加纳	163007	454
意大利	36419	383
德国	38665	292
喀麦隆	217324	284
法国	28490	249
中国台湾	53993	240
印度尼西亚	87031	233
韩国	16684	164
美国	19014	161
日本	14586	135
加拿大	18473	114
捷克	10953	51
印度	6602	47
西班牙	5163	45
新加坡	9835	28
泰国	4820	28
巴西	4670	26
马来西亚	11785	18
多民族玻利维亚国	2410	11
老挝	63000	9
加蓬	81	1
44083920 其他子目注释 2 所列的热带木制胶合板用单板，厚≤6 毫米		

国家/地区	进口数量（立方米）	进口金额（千美元）
合计	3366274	2629
印度尼西亚	2002148	1687
缅甸	426878	297
加蓬	362079	260
马来西亚	320240	219
赤道几内亚	174770	78
中国台湾	10797	43
澳大利亚	20240	31
越南	27122	7
印度	8000	5
老挝	14000	2
44083990 其他纵锯切、刨或旋切的子目注释2所列的热带木木材，厚≤6毫米		
合计	725928	1785
中国台湾	93718	638
印度	14231	222
缅甸	354258	174
加纳	48635	157
印度尼西亚	34819	148
多民族玻利维亚国	23939	112
意大利	18835	64
泰国	10440	60
西班牙	11203	42
法国	6870	37
马来西亚	17037	37
巴西	7583	28
土耳其	5780	20
刚果(布)	5937	16
越南	68975	13
德国	1480	9
葡萄牙	1418	5
美国	770	3
44089011 用胶合板等制其他非针叶木饰面单板，厚≤6毫米		
合计	686090	295
越南	637071	114
葡萄牙	34660	79
意大利	2545	56
瑞士	5030	19
斯洛伐克	3309	10
瑞典	167	5
加纳	1080	4
日本	194	4
斯洛文尼亚	400	2
西班牙	1093	1

国家/地区	进口数量（立方米）	进口金额（千美元）
克罗地亚	200	1
44089012 温带非针叶木制其他饰面用单板，厚≤6毫米		
合计	7328617	19434
美国	3775611	8948
意大利	130040	2542
中国台湾	249099	1890
德国	264133	1155
俄罗斯联邦	1356523	1111
捷克	297015	684
法国	54084	580
爱沙尼亚	627052	439
西班牙	92549	414
巴西	67932	292
韩国	2911	227
波兰	41000	210
土耳其	34974	167
斯洛文尼亚	16522	97
奥地利	11791	93
马来西亚	36937	91
芬兰	22510	82
澳大利亚	10592	58
日本	12559	57
多民族玻利维亚国	17236	54
斯洛伐克	9206	48
智利	6933	47
加拿大	5122	29
越南	132139	25
瑞士	12138	23
瑞典	9640	19
克罗地亚	8700	16
葡萄牙	4132	12
加纳	2232	10
缅甸	10918	5
中国	5690	5
罗马尼亚	447	3
中国香港	250	2
44089019 其他非针叶木饰面用单板，厚≤6毫米		
合计	9822839	44151
美国	3657527	11298
意大利	835577	5296
捷克	378588	4730
德国	514363	3863
加纳	717403	2273

国家/地区	进口数量（立方米）	进口金额（千美元）
英国	31399	2245
多民族玻利维亚国	190133	2027
西班牙	245186	1674
巴西	298257	1474
中国台湾	374732	1415
印度尼西亚	363262	1169
法国	190903	987
喀麦隆	221714	857
印度	56553	565
土耳其	145210	556
泰国	476998	497
斯洛文尼亚	69141	448
毛里塔尼亚	36360	342
韩国	75317	312
澳大利亚	57226	210
奥地利	32565	210
马来西亚	42640	207
越南	206315	199
日本	33559	169
俄罗斯联邦	154973	156
克罗地亚	25499	154
加蓬	20696	136
葡萄牙	38537	135
柬埔寨	102744	92
缅甸	44042	66
爱沙尼亚	29167	66
罗马尼亚	17229	62
科特迪瓦	10455	41
中国	17905	39
瑞士	12961	38
加拿大	7229	36
马达加斯加	1655	33
丹麦	17408	32
乌克兰	8744	19
新加坡	21	7
老挝	59000	7
南非	1720	6
芬兰	1117	2
墨西哥	115	1
危地马拉	74	1
智利	490	1
44089021 温带非针叶木制胶合板用单板，厚≤6毫米		
合计	18771014	7677
俄罗斯联邦	18541470	7434

国家/地区	进口数量（立方米）	进口金额（千美元）
美国	73797	134
德国	21780	31
法国	14074	28
韩国	3673	16
芬兰	22409	13
澳大利亚	69269	11
越南	20500	5
西班牙	231	4
马来西亚	2875	2
中国台湾	936	1

44089029 其他非针叶木制胶合板用单板，厚≤6 毫米

国家/地区	进口数量（立方米）	进口金额（千美元）
合计	183803724	22901
越南	171665935	15880
马来西亚	10743518	5697
俄罗斯联邦	1003000	592
西班牙	37909	336
美国	70175	221
澳大利亚	99320	57
加纳	52539	47
加拿大	12080	20
泰国	53170	14
德国	14741	14
以色列	7770	11
老挝	40000	6
日本	2068	4
比利时	120	3
中国台湾	1313	1
印度尼西亚	39	1
斯洛文尼亚	27	1

44089091 温带非针叶木制经纵刨旋切的木材，厚≤6 毫米

国家/地区	进口数量（立方米）	进口金额（千美元）
合计	13673334	17033
俄罗斯联邦	10294139	13182
美国	3049795	3187
缅甸	169391	355
中国台湾	11753	95
法国	12616	54
德国	40793	54
捷克	19280	33
意大利	10900	30
芬兰	43910	23
爱沙尼亚	11350	11
巴基斯坦	8700	6
苏里南	414	1
斯洛伐克	210	1
西班牙	83	1

44089099 其他非针叶木制经纵刨旋切的木材，厚≤6 毫米

国家/地区	进口数量（立方米）	进口金额（千美元）
合计	128546	1086
美国	89141	766
韩国	1320	114
日本	293	101
中国台湾	25452	54
西班牙	7320	32
德国	1154	16
加拿大	1401	4
意大利	61	1
缅甸	2404	0

44101100 木制碎料板

国家/地区	进口数量（立方米）	进口金额（千美元）
合计	121895854	41573
马来西亚	52374380	14156
泰国	20793877	6091
德国	7987947	5735
罗马尼亚	8591103	2850
俄罗斯联邦	11194350	2375
意大利	2297952	2038
奥地利	3304011	1956
西班牙	5805261	1791
日本	2272138	1766
法国	1723024	1001
印度尼西亚	2139272	982
越南	2510836	448
葡萄牙	652995	209
新加坡	17166	38
美国	25599	34
智利	93034	31
澳大利亚	52040	28
韩国	17103	26
中国台湾	42269	11
厄瓜多尔	730	7
波兰	294	2
中国	470	1

44101200 木制定向刨花板（OSB）

国家/地区	进口数量（立方米）	进口金额（千美元）
合计	58962347	21888
泰国	18495537	5611
罗马尼亚	10979710	4275
巴西	9064600	3903
加拿大	8387819	3507
美国	4507228	1754
德国	2013679	1202
意大利	3017917	806
马来西亚	2074910	516
拉脱维亚	200558	90
中国台湾	43096	57
奥地利	84680	54
荷兰	21420	44
韩国	9520	22
中国	30940	18
瑞士	11950	14
丹麦	13929	7
日本	4816	7
菲律宾	32	2

44101900 其他木制类似板（例如，华夫板）

国家/地区	进口数量（立方米）	进口金额（千美元）
合计	170352615	53079
泰国	119069709	33655
马来西亚	29583717	8200
罗马尼亚	15652801	8150
印度尼西亚	1593295	1069
越南	1705912	443
比利时	277447	267
德国	406418	252
中国	825517	190
日本	207771	176
奥地利	143738	169
意大利	164463	154
中国台湾	369530	141
西班牙	243052	101
菲律宾	85833	61
瑞士	22880	46
美国	272	4
印度	240	2
韩国	20	0

44109011 麦稻秸秆制碎料板

国家/地区	进口数量（立方米）	进口金额（千美元）
合计	200	2
马来西亚	200	2

44109019 其他木质材料制碎料板

国家/地区	进口数量（立方米）	进口金额（千美元）
合计	92385	125
德国	58024	61
日本	25722	53
意大利	178	7
中国台湾	8180	4
马来西亚	280	1

国家/地区	进口数量（立方米）	进口金额（千美元）
44109090 其他木质材料制定向刨花板(OSB)及类似板(例如，华夫板)		
合计	183575	256
美国	153162	172
中国	26960	47
澳大利亚	1977	16
印度尼西亚	198	12
日本	888	5
罗马尼亚	40	2
德国	254	1
44111211 未机械加工中密度板，密度>0.8克/厘米^3，厚≤5毫米		
合计	12441185	6368
新西兰	6560268	3698
澳大利亚	4556951	2090
泰国	498423	225
马来西亚	443482	179
印度尼西亚	117425	38
斯洛文尼亚	69724	33
智利	74224	33
阿根廷	72615	32
波兰	35680	28
日本	12390	12
中国	3	1
44111219 经机械加工中密度板，密度>0.8克/厘米^3，厚≤5毫米		
合计	2905536	4927
韩国	206411	2086
美国	63289	624
日本	236834	391
阿根廷	818587	365
澳大利亚	615473	313
新西兰	194105	210
中国台湾	80989	199
意大利	84468	156
波兰	128674	151
马来西亚	154574	114
瑞典	46091	113
泰国	203005	112
德国	68298	82
墨西哥	1998	6
新加坡	1811	4
阿联酋	40	1
埃及	730	1
挪威	120	1
英国	20	1
44111221 辐射松制的中密度板，0.5克/厘米^3<密度≤0.8克/厘米^3，厚≤5毫米		
合计	9371182	4517
新西兰	9322318	4494
澳大利亚	48864	23
44111229 其他中密度板0.5克/厘米^3<密度≤0.8克/厘米^3，厚≤5毫米		
合计	11509100	4950
泰国	5628044	2499
印度尼西亚	2166749	701
新西兰	1864979	689
马来西亚	1072095	458
澳大利亚	350624	201
中国	186832	137
美国	6236	67
日本	64443	55
波兰	34644	44
智利	72697	44
阿根廷	47628	20
新加坡	7412	18
奥地利	3228	14
西班牙	1827	2
埃及	1460	1
韩国	66	1
44111291 未加工中密度板，密度≤0.5克/厘米^3，厚≤5毫米		
合计	1486439	569
新西兰	938310	356
澳大利亚	547399	213
44111299 加工中密度板，密度≤0.5克/厘米^3，厚≤5毫米		
合计	749399	470
新西兰	582132	365
澳大利亚	69225	35
泰国	76730	32
意大利	1807	30
日本	563	6
中国	18787	1
美国	54	1
44111311 未加工中密度板，密度>0.8克/厘米^3，5毫米<厚≤9毫米		
合计	1033102	490
泰国	582151	242
新西兰	231120	142
澳大利亚	194501	93
马来西亚	25200	11
日本	130	2
44111319 加工中密度板，密度>0.8克/厘米^3，5毫米<厚≤9毫米		
合计	15457179	14897
比利时	4270616	4900
瑞士	5481694	4264
德国	3385134	3861
奥地利	1859549	1534
美国	186860	131
挪威	38490	43
韩国	21200	42
新西兰	140912	40
澳大利亚	1608	28
中国台湾	22000	14
马来西亚	24192	9
瑞典	2738	9
罗马尼亚	15894	7
西班牙	341	5
日本	4363	4
中国	163	2
泰国	75	2
印度尼西亚	1350	0
44111321 辐射松制的中密度板，5毫米<厚≤9毫米		
合计	6552164	3667
新西兰	6201685	3484
澳大利亚	153702	70
阿根廷	143857	67
日本	24000	24
葡萄牙	3675	12
巴西	25184	10
44111329 其他中密度板0.5g<密度≤0.8g，5毫米<厚≤9毫米		
合计	5100731	3015
印度尼西亚	2108635	1397
澳大利亚	1015815	553
新西兰	893766	389
泰国	627269	279
德国	142775	141
西班牙	13339	120
智利	159869	65
马来西亚	64467	28
阿根廷	24195	8

国家/地区	进口数量（立方米）	进口金额（千美元）
瑞典	572	7
中国	30980	6
越南	11913	5
美国	1559	5
葡萄牙	370	4
新加坡	1946	4
瑞士	2416	3
比利时	80	1
44111391 未加工中密度板，密度≤0.5 克/厘米^3，5 毫米<厚≤9 毫米		
合计	1995873	703
新西兰	1173120	361
泰国	474560	190
澳大利亚	225395	85
俄罗斯联邦	49878	39
马来西亚	72800	29
44111399 加工中密度板，密度≤0.5 克/厘米^3，5 毫米<厚≤9 毫米		
合计	191104	70
马来西亚	86555	28
泰国	58739	13
德国	10189	13
新西兰	24720	4
韩国	420	4
瑞士	150	3
印度尼西亚	6084	2
印度	3752	1
新加坡	274	1
伊朗	60	1
44111411 未加工中密度板，密度>0.8 克/厘米^3，厚>9 毫米		
合计	953843	362
泰国	614860	197
新西兰	168077	54
印度尼西亚	122520	39
美国	2262	32
德国	41669	25
中国	4174	15
韩国	281	1
44111419 加工中密度板，密度>0.8 克/厘米^3，厚>9 毫米		
合计	4906726	6971
比利时	1402548	2700
奥地利	634215	867
德国	493857	757

国家/地区	进口数量（立方米）	进口金额（千美元）
瑞士	1014714	756
美国	42095	711
新西兰	476428	260
日本	32551	192
马来西亚	189764	126
意大利	44554	122
澳大利亚	184858	92
中国台湾	70402	84
西班牙	23656	72
泰国	142787	60
挪威	50820	56
立陶宛	19010	39
韩国	12979	34
俄罗斯联邦	66000	21
中国	2011	11
英国	2864	5
加拿大	20	3
墨西哥	18	1
葡萄牙	484	1
44111421 辐射松制的中密度板，厚>9 毫米		
合计	9867053	5145
新西兰	7825866	4134
澳大利亚	628783	305
马来西亚	424045	263
阿根廷	551414	250
智利	384260	170
巴西	52301	23
新加坡	384	1
44111429 其他中密度板 0.5 克/厘米^3<密度≤0.8 克/厘米^3，厚>9 毫米		
合计	28228973	20085
意大利	10429007	8555
日本	2616219	2492
澳大利亚	3709845	2059
泰国	5456226	2026
德国	899163	1659
新西兰	2156932	871
美国	64564	593
印度尼西亚	935991	403
马来西亚	631304	398
西班牙	155477	378
智利	359631	143
阿根廷	435511	137
新加坡	64272	108
奥地利	12600	47

国家/地区	进口数量（立方米）	进口金额（千美元）
韩国	30610	36
罗马尼亚	73500	34
葡萄牙	22277	34
英国	11952	30
越南	40030	23
中国台湾	38138	20
巴西	70209	18
瑞士	13877	16
瑞典	410	2
法国	1162	2
加拿大	40	1
44111491 未加工中密度板，密度≤0.5 克/厘米^3，厚>9 毫米		
合计	984879	378
泰国	878253	316
俄罗斯联邦	32150	26
越南	49000	23
新西兰	23880	10
比利时	460	2
美国	1136	2
44119210 未加工木纤维板，密度>0.8 克/厘米^3		
合计	675476	442
新西兰	623625	404
美国	19398	15
中国台湾	8100	12
阿根廷	23966	11
德国	385	1
44119290 加工木纤维板，密度>0.8 克/厘米^3		
合计	5150800	6082
德国	2563773	3428
瑞典	425331	908
比利时	557729	536
美国	322496	281
澳大利亚	389871	175
南非	122981	137
印度尼西亚	225237	114
马来西亚	194476	110
西班牙	33419	72
智利	46007	60
瑞士	20322	58
中国	58908	47
波兰	28985	46
挪威	36883	38

国家/地区	进口数量（立方米）	进口金额（千美元）
新西兰	68020	24
加拿大	25000	17
新加坡	17390	15
日本	2386	5
意大利	9575	4
中国台湾	1153	3
法国	50	3
丹麦	745	2
44119310 辐射松制的纤板，0.5 克＜密度≤0.9 克		
合计	1007984	319
澳大利亚	474156	169
新西兰	533828	150
44119390 木纤板，0.5 克/厘米^3＜密度≤0.10 克/厘米^3		
合计	20759467	7420
澳大利亚	7460772	3033
新西兰	6835739	2146
泰国	5410832	1691
马来西亚	929586	317
瑞典	11535	114
韩国	41381	53
美国	24979	32
德国	2760	12
比利时	19545	12
中国台湾	21130	9
西班牙	1020	2
44119410 木纤板，0.35 克/厘米^3＜密度≤0.5 克/厘米^3		
合计	77067	165
德国	51502	144
波兰	24394	18
日本	780	2
44119421 未加工木纤板，密度≤0.35 克/厘米^3		
合计	454	1
德国	454	1
44119429 加工木纤板，密度≤0.35 克/厘米^3		
合计	1150150	619
印度尼西亚	419679	203
马来西亚	375912	188
新西兰	216754	108
美国	61366	61
爱沙尼亚	74883	55
瑞典	1419	3
日本	128	1

国家/地区	进口数量（立方米）	进口金额（千美元）
44123100 其他薄板制胶合板至少一表层是子目注释 2 所列的热带木，厚≤6 毫米		
合计	39875	28726
印度尼西亚	27430	19226
马来西亚	10996	7125
日本	763	1620
中国台湾	322	265
意大利	6	150
韩国	166	106
巴西	15	78
新加坡	114	74
英国	26	47
泰国	16	14
加蓬	17	12
美国	3	6
澳大利亚	0	2
中国	1	1
丹麦	0	1
44123210 其他薄板制胶合板至少一表层是温带木，厚≤6 毫米		
合计	17729	17331
俄罗斯联邦	13104	8440
芬兰	1358	3145
中国台湾	515	1488
日本	1178	1176
德国	204	1054
西班牙	109	742
波兰	279	570
中国	209	279
意大利	50	205
马来西亚	486	80
美国	24	56
印度尼西亚	79	38
罗马尼亚	129	35
奥地利	2	21
泰国	3	1
英国	0	1
44123290 其他薄板制胶合板至少一表层非针叶木，厚≤6		
合计	67672	30267
马来西亚	46486	18482
印度尼西亚	18693	9748
俄罗斯联邦	1079	769
日本	823	518
意大利	244	284

国家/地区	进口数量（立方米）	进口金额（千美元）
芬兰	105	183
中国台湾	165	144
德国	47	100
丹麦	3	16
英国	2	13
中国	24	9
美国	1	1
爱沙尼亚	0	1
越南	0	0
44123900 其他薄板制胶合板，厚≤6 毫米		
合计	16598	11582
印度尼西亚	5005	3552
马来西亚	6192	3306
俄罗斯联邦	1564	1547
芬兰	1052	1063
中国台湾	736	854
日本	800	363
英国	133	292
美国	109	200
中国	243	90
加拿大	161	62
新西兰	208	52
德国	10	50
意大利	21	39
韩国	190	36
澳大利亚	15	29
越南	94	18
智利	40	17
新加坡	25	12
44129410 其他木块芯胶合板等至少一表层是非针叶木		
合计	3379	1794
印度尼西亚	2195	760
马来西亚	938	390
德国	10	337
爱沙尼亚	69	104
丹麦	41	63
意大利	15	37
奥地利	46	30
中国	56	28
英国	3	27
中国台湾	1	9
日本	1	6
美国	1	2
印度	3	1

国家/地区	进口数量（立方米）	进口金额（千美元）
匈牙利	0	1
44129491 其他木块芯胶合板等至少一表层是子目注释2所列的热带木		
合计	401	535
奥地利	185	311
马来西亚	60	114
印度尼西亚	45	54
日本	102	40
德国	9	16
44129492 其他木块芯胶合板等至少一表层是木碎料板		
合计	370	374
奥地利	125	242
印度尼西亚	229	78
德国	16	46
日本	0	7
瑞典	0	2
44129499 其他木块芯、侧板条芯、板条芯胶合板		
合计	129	54
印度尼西亚	125	40
芬兰	4	10
日本	0	3
意大利	0	1
44129910 其他胶合板等至少一表层是非针叶木		
合计	26088	24437
马来西亚	17921	11945
芬兰	1703	4276
意大利	433	1674
比利时	554	1392
德国	550	1324
中国	2327	1027
立陶宛	493	761
奥地利	258	442
瑞典	84	297
美国	482	294
印度尼西亚	537	278
加拿大	39	143
日本	80	135
中国香港	172	106
中国台湾	168	83
新加坡	7	61
巴拉圭	22	57
爱沙尼亚	167	44
韩国	36	40

国家/地区	进口数量（立方米）	进口金额（千美元）
葡萄牙	11	24
俄罗斯联邦	11	17
澳大利亚	22	13
朝鲜	10	3
法国	1	3
西班牙	0	1
44129991 其他胶合板等至少一表层是子目注释2所列的热带木层		
合计	110	274
德国	109	273
日本	0	1
西班牙	1	1
44129992 其他胶合板等至少一表层是木碎料板		
合计	22	155
韩国	10	100
法国	12	52
葡萄牙	0	3
日本	0	1
44129999 未列名胶合板、单板饰面板及类似的多层板		
合计	5503	3619
美国	1836	1544
菲律宾	993	717
丹麦	804	653
马来西亚	792	256
德国	156	150
日本	131	135
中国	251	27
加拿大	34	25
芬兰	29	22
印度尼西亚	49	21
越南	44	20
智利	46	18
新西兰	46	16
朝鲜	30	6
中国台湾	3	4
瑞典	259	4
韩国	0	1
奥地利	0	1

木家具出口

国家/地区	出口数量（件）	出口金额（千美元）
美国	7226500	1107447
英国	2255379	383170
加拿大	1566630	212449
澳大利亚	1000594	193562
法国	717701	124124
韩国	626172	119202
日本	896299	110671
德国	873871	74921
荷兰	451099	59669
比利时	358662	40584
中国香港	204524	36633
南非	205530	30209
西班牙	290042	24114
新西兰	149891	23903
以色列	131082	23797
阿联酋	145875	23567
新加坡	94752	20983
丹麦	278802	17641
马来西亚	153711	17483
智利	121561	15259
爱尔兰	129234	15027
沙特阿拉伯	83757	13496
印度尼西亚	65658	13008
印度	84295	12999
巴拿马	50681	12188
墨西哥	139380	11787
意大利	175112	11226
波多黎各	72824	10498
瑞典	240643	9784
中国台湾	52679	9309
委内瑞拉	46489	8410
俄罗斯联邦	44032	7921
泰国	41020	7917
哥伦比亚	42821	7118
秘鲁	32657	6792
波兰	148380	5166
文莱	9478	4324
挪威	39019	4164
菲律宾	17792	3360
卡塔尔	50986	3216
留尼汪	11837	3174
乌拉圭	18042	3021
摩洛哥	13349	2776
土耳其	18365	2721
安哥拉	13787	2664
芬兰	17616	2590

国家/地区	出口数量（件）	出口金额（千美元）
葡萄牙	28845	2554
黎巴嫩	10660	2533
斯洛文尼亚	10935	2246
越南	38212	2169
巴西	16159	2011
厄瓜多尔	14233	2006
伊朗	13325	1939
塞浦路斯	12089	1764
瑞士	20108	1683
肯尼亚	8838	1619
多米尼加共和国	7487	1513
危地马拉	7915	1496
科威特	12851	1456
哥斯达黎加	8926	1434
罗马尼亚	6269	1413
埃及	8142	1348
阿尔及利亚	5682	1286
立陶宛	8696	1276
克罗地亚	10909	1265
巴林	5733	1224
加纳	4600	1160
约旦	7887	1092
拉脱维亚	34282	1074
塞内加尔	4752	1073
利比亚	9515	1045
坦桑尼亚	6570	1044
希腊	13719	1044
乌克兰	4908	1020
中国澳门	5337	1009
捷克	7761	929
乌干达	2675	922
格鲁吉亚	4160	913
马耳他	6515	883
毛里求斯	3681	847
伊拉克	7981	724
爱沙尼亚	6195	718
喀麦隆	2801	700
巴哈马	2527	690
哈萨克斯坦	3782	661
保加利亚	5456	630
新喀里多尼亚	2715	623
尼日利亚	1674	613
莫桑比克	2769	609
萨尔瓦多	3303	605
蒙古	2775	594

国家/地区	出口数量（件）	出口金额（千美元）
巴巴多斯	1647	564
科特迪瓦	2489	557
冰岛	2746	543
苏丹	1475	518
赤道几内亚	1444	503
斯洛伐克	2697	491
土库曼斯坦	1604	481
匈牙利	4320	471
马提尼克	2001	443
巴基斯坦	2475	418
纳米比亚	1601	407
奥地利	12443	384
阿根廷	4465	384
阿塞拜疆	1223	380
孟加拉国	888	349
几内亚	1610	347
洪都拉斯	1793	341
特立尼达和多巴哥	2379	340
瓜德罗普	1388	331
老挝	1820	324
利比里亚	1195	317
乌兹别克斯坦	1212	301
贝宁	1283	293
苏里南	1664	274
马里	1356	266
牙买加	1645	263
阿曼	2054	262
缅甸	1055	250
多哥	1186	243
赞比亚	942	240
亚美尼亚	767	236
布隆迪	763	235
马拉维	555	223
白俄罗斯	508	222
塞舌尔	803	221
突尼斯	724	212
尼加拉瓜	1096	199
巴勒斯坦	759	169
海地	686	161
朝鲜	1055	161
博茨瓦纳	384	160
巴拉圭	733	154
刚果(金)	485	150
斯里兰卡	1469	150
刚果(布)	491	144

国家/地区	出口数量（件）	出口金额（千美元）
加蓬	767	137
阿尔巴尼亚	364	129
塔吉克斯坦	525	128
马尔代夫	499	127
柬埔寨	520	122
吉布提	604	120
埃塞俄比亚	774	111
圭亚那	459	102
巴布亚新几内亚	504	96
毛里塔尼亚	842	96
法属圭亚那	548	94
法属波利尼西亚	450	94
叙利亚	273	88
多民族玻利维亚国	218	74
马达加斯加	398	74
尼日尔	400	62
也门	185	61
津巴布韦	171	58
布基纳法索	327	57
斐济	294	56
黑山	112	50
卢旺达	216	50
塞尔维亚	123	47
乍得	160	42
伯利兹	225	36
摩尔多瓦	53	26
前南马其顿	114	22
冈比亚	66	22
百慕大	110	20
马约特	167	19
阿鲁巴	211	18
吉尔吉斯斯坦	202	17
格林纳达	110	14
荷属安的列斯群岛	45	10
圣卢西亚	48	8
尼泊尔	225	5
摩纳哥	20	5
古巴	62	5
库克群岛	35	4
圣马丁岛	17	3
瓦努阿图	7	2
萨摩亚	7	2
阿富汗	4	1
安道尔	36	1
美国	18132473	1159360

国家/地区	出口数量（件）	出口金额（千美元）	国家/地区	出口数量（件）	出口金额（千美元）	国家/地区	出口数量（件）	出口金额（千美元）
日本	2690257	216545	中国澳门	38273	4566	捷克	25078	713
加拿大	2071534	146068	芬兰	47533	3974	莫桑比克	6409	708
澳大利亚	1489089	131709	约旦	36539	3965	马耳他	8756	700
沙特阿拉伯	929639	125617	阿曼	46554	3673	吉布提	10409	699
英国	1765963	124374	安哥拉	22446	3651	亚美尼亚	8988	676
法国	1876590	81656	葡萄牙	63277	3405	新喀里多尼亚	5287	673
阿联酋	549124	73341	伊朗	32469	3361	赤道几内亚	4845	654
德国	1290428	52251	多米尼加共和国	29443	3133	保加利亚	8643	633
韩国	781846	50831	秘鲁	37153	3081	牙买加	11070	595
马来西亚	274174	41051	埃及	28360	3027	克罗地亚	12646	581
荷兰	798042	37106	黎巴嫩	26054	3000	巴基斯坦	6000	580
巴拿马	269356	33953	希腊	49021	2887	巴哈马	2482	575
中国香港	490648	29435	乌拉圭	34068	2849	贝宁	5844	560
墨西哥	446523	27676	摩洛哥	34051	2799	斯洛文尼亚	18592	508
比利时	612894	27099	塞浦路斯	24563	2401	缅甸	6806	491
新加坡	270303	26798	蒙古	29702	2268	阿尔巴尼亚	3783	475
南非	442719	26547	阿尔及利亚	46917	2228	科特迪瓦	5926	470
科威特	169628	23121	瑞士	82531	2068	埃塞俄比亚	4930	469
西班牙	413572	19822	肯尼亚	15976	1817	冰岛	3470	434
泰国	187352	18955	留尼汪	12122	1740	喀麦隆	3311	430
俄罗斯联邦	228840	18720	格鲁吉亚	17729	1734	塞尔维亚	5598	426
印度尼西亚	176522	17655	伊拉克	27235	1653	突尼斯	3126	399
瑞典	513001	17189	厄瓜多尔	18134	1574	尼加拉瓜	5239	390
丹麦	351952	16368	老挝	1841	1522	匈牙利	16286	377
新西兰	191503	16161	拉脱维亚	27034	1442	法属波利尼西亚	2698	372
智利	231308	15967	危地马拉	16406	1373	巴巴多斯	1727	335
哈萨克斯坦	272877	15820	罗马尼亚	21306	1334	也门	7104	328
印度	164137	15129	尼日利亚	18265	1304	苏里南	2452	283
卡塔尔	125272	13514	特立尼达和多巴哥	14426	1289	多米尼克	1428	281
意大利	331972	12130	爱沙尼亚	15234	1276	刚果（布）	1327	274
文莱	42321	10092	加纳	11795	1235	巴勒斯坦	1612	261
波多黎各	108551	10079	阿塞拜疆	14832	1171	几内亚	1624	247
以色列	97066	9514	立陶宛	18495	1131	土库曼斯坦	2507	232
爱尔兰	89234	9378	越南	7784	1119	斯里兰卡	2200	230
中国台湾	138583	9056	阿根廷	16946	1100	乌干达	1521	224
波兰	280804	8803	哥斯达黎加	13619	1065	孟加拉国	2723	222
挪威	125771	8488	坦桑尼亚	7829	950	马拉维	430	218
巴西	196696	7840	乌兹别克斯坦	6116	898	朝鲜	2232	213
委内瑞拉	86752	7340	奥地利	19588	858	布隆迪	273	204
土耳其	68304	6696	塞内加尔	6483	832	刚果（金）	1140	193
哥伦比亚	89602	6604	苏丹	8056	803	库克群岛	1792	192
利比亚	93280	6567	洪都拉斯	12399	764	多哥	1219	181
菲律宾	74666	5969	毛里求斯	4959	747	斯洛伐克	5233	174
巴林	40868	5606	萨尔瓦多	10041	732	马达加斯加	926	171
乌克兰	76146	5377	纳米比亚	4372	715	加蓬	2501	171

国家/地区	出口数量（件）	出口金额（千美元）
圭亚那	1387	166
索马里	2488	162
吉尔吉斯斯坦	1092	161
马里	1135	158
马提尼克	792	141
荷属安的列斯群岛	1734	133
毛里塔尼亚	712	122
马约特	808	122
伯利兹	1134	121
巴拉圭	2271	114
巴布亚新几内亚	1076	109
塞舌尔	242	106
黑山	1835	100
瓜德罗普	765	99
多民族玻利维亚国	3062	97
斐济	818	94
赞比亚	906	90
柬埔寨	733	87
叙利亚	670	81
津巴布韦	1157	78
塔吉克斯坦	1166	73
圣卢西亚	478	60
尼泊尔	683	56
法属圭亚那	470	50
博茨瓦纳	1141	50
佛得角	311	45
马尔代夫	381	45
东帝汶	140	44
布基纳法索	1008	40
利比里亚	627	38
海地	665	36
阿富汗	48	33
冈比亚	532	31
安提瓜和巴布达	407	29
英属维尔京群岛	259	22
瓦努阿图	67	21
阿鲁巴	288	21
摩尔多瓦	553	15
圣其茨和尼维斯	207	15
大洋洲其他国家(地区)	84	12
所罗门群岛	52	11
格林纳达	84	10
波黑	600	10
厄立特里亚	20	9
南苏丹共和国	39	9
塞拉利昂	90	9
圣文森特和格林纳丁斯	63	8
百慕大	171	8
尼日尔	42	8
白俄罗斯	42	7
萨摩亚	27	6
开曼群岛	54	5
帕劳	42	1
摩纳哥	10	1
安道尔	12	1

94016900 其他木框架坐具

国家/地区	出口数量（件）	出口金额（千美元）
#合计	25730213	634668
美国	6129507	186909
日本	2376915	54095
德国	2234483	35333
马来西亚	432590	28383
英国	1339386	25698
文莱	303135	24056
澳大利亚	1112279	22799
巴拿马	323320	19403
加拿大	787289	18450
新加坡	322585	17564
法国	1146940	16744
韩国	573822	14624
中国香港	325394	11934
瑞典	699140	10224
荷兰	771769	9609
阿联酋	347305	9380
中国台湾	254371	7976
泰国	163892	7299
意大利	553568	7124
西班牙	522639	6639
波兰	593492	6265
比利时	474771	6160
丹麦	326621	5858
印度	148968	5817
菲律宾	167935	5059
俄罗斯联邦	352318	5056
沙特阿拉伯	162840	4416
柬埔寨	46095	3590
南非	182837	2999
巴西	137825	2887
越南	46346	2866
印度尼西亚	55888	2549
瑞士	156325	2256
安哥拉	31674	2006
墨西哥	112302	1990
智利	111483	1787
新西兰	81196	1756
以色列	88886	1539
挪威	130337	1471
老挝	15824	1465
缅甸	18677	1267
巴哈马	13348	1227
阿尔及利亚	190932	1224
土耳其	57417	1146
科威特	48032	1124
马拉维	11375	1118
伊朗	35885	1110
乌拉圭	43558	1051
乌克兰	47233	1019
委内瑞拉	59936	953
莫桑比克	9019	871
摩洛哥	40058	871
葡萄牙	47486	871
爱尔兰	52820	843
利比亚	33376	829
芬兰	53927	732
黎巴嫩	18951	708
希腊	51107	646
巴林	6812	630
中国澳门	27201	588
奥地利	56186	588
尼日利亚	31824	576
乌干达	7732	564
肯尼亚	14797	492
巴巴多斯	5036	423
喀麦隆	6102	417
卡塔尔	12093	390
捷克	31373	384
拉脱维亚	28591	374
格鲁吉亚	7551	361
阿根廷	18291	347
哈萨克斯坦	10695	324
伊拉克	25122	302
苏丹	7191	288
蒙古	8741	273
多哥	2796	270
秘鲁	19252	269
阿曼	5212	268

国家/地区	出口数量（件）	出口金额（千美元）
多米尼加共和国	5932	266
波多黎各	12765	262
罗马尼亚	22822	246
立陶宛	29777	235
约旦	9234	230
克罗地亚	17465	228
哥伦比亚	17361	213
厄瓜多尔	15168	208
孟加拉国	2561	208
马耳他	20666	193
贝宁	4131	190
加纳	6263	188
塞内加尔	5571	185
危地马拉	6380	184
突尼斯	75280	176
巴基斯坦	5469	175
马里	638	172
斯洛文尼亚	8462	151
毛里求斯	4250	143
哥斯达黎加	16492	141
埃及	3058	139
坦桑尼亚	6296	134
几内亚	2834	130
匈牙利	11997	125
朝鲜	4696	125
巴布亚新几内亚	6191	118
保加利亚	13537	116
利比里亚	2660	108
阿塞拜疆	1271	104
布隆迪	881	98
留尼汪	2097	85
吉布提	3325	84
纳米比亚	6203	84
刚果(金)	806	78
海地	4926	72
特立尼达和多巴哥	2130	66
土库曼斯坦	994	65
塞浦路斯	2766	65
牙买加	2731	64
阿尔巴尼亚	4294	61
爱沙尼亚	2983	60
赞比亚	6846	60
洪都拉斯	2239	52
也门	1469	48
马尔代夫	234	46

国家/地区	出口数量（件）	出口金额（千美元）
乌兹别克斯坦	1807	46
塔吉克斯坦	2217	44
新喀里多尼亚	2734	42
叙利亚	744	41
斯里兰卡	1128	36
塞尔维亚	2810	35
埃塞俄比亚	1278	33
刚果(布)	426	32
赤道几内亚	603	32
萨摩亚	359	27
科特迪瓦	630	27
斯洛伐克	743	25
巴拉圭	4915	24
吉尔吉斯斯坦	282	22
波黑	3942	20
博茨瓦纳	414	20
苏里南	2182	16
摩纳哥	390	16
乍得	87	14
索马里	160	13
法属波利尼西亚	1962	12
加蓬	130	11
布基纳法索	220	11
马约特	1396	10
多米尼克	10	10
东帝汶	110	9
萨尔瓦多	453	8
塞拉利昂	164	8
荷属安的列斯群岛	924	7
多民族玻利维亚国	42	7
津巴布韦	45	7
斐济	158	6
黑山	175	6
摩尔多瓦	455	5
毛里塔尼亚	359	5
南苏丹共和国	26	5
冰岛	245	4
法属圭亚那	680	4
库克群岛	59	3
古巴	22	3
尼日尔	55	3
安提瓜和巴布达	6	2
亚美尼亚	212	2
瓜德罗普	40	2
塞舌尔	8	2

国家/地区	出口数量（件）	出口金额（千美元）
冈比亚	20	1
卢旺达	31	1
瓦努阿图	45	1
尼加拉瓜	16	1
马达加斯加	20	1
白俄罗斯	6	1
佛得角	20	1
几内亚比绍	35	1
94033000 办公室用木家具		
#合计	15652042	853781
美国	5744253	349489
日本	1350093	62198
沙特阿拉伯	443822	47724
阿联酋	481819	32444
韩国	866493	32356
加拿大	616341	28295
澳大利亚	605385	26536
印度	258005	20788
英国	277047	17050
中国香港	387218	16319
印度尼西亚	108400	10714
墨西哥	271352	9048
新加坡	123760	8274
德国	183082	7722
马来西亚	70287	7625
阿曼	136886	6971
中国台湾	107641	6657
巴拿马	137568	6548
南非	165822	6264
法国	145188	6150
菲律宾	215006	5689
委内瑞拉	209992	5150
摩洛哥	74515	5126
利比亚	84860	5027
伊拉克	46569	5002
俄罗斯联邦	53752	4925
智利	133196	4466
科威特	41739	4324
卡塔尔	34427	4016
安哥拉	39080	4001
哥伦比亚	144305	3598
阿尔及利亚	58772	3443
泰国	59976	3177
新西兰	256160	2869
中国澳门	24856	2781

国家/地区	出口数量（件）	出口金额（千美元）
加纳	36550	2691
意大利	61594	2569
比利时	66665	2568
肯尼亚	23981	2383
丹麦	63674	2140
以色列	31609	2004
哈萨克斯坦	22564	1959
厄瓜多尔	75882	1956
多米尼加共和国	50461	1886
苏丹	18402	1884
巴西	117157	1881
西班牙	60403	1881
约旦	21191	1851
尼日利亚	23119	1795
荷兰	55843	1694
爱沙尼亚	7817	1459
埃及	79445	1404
波兰	73746	1343
哥斯达黎加	35299	1330
赤道几内亚	4639	1287
巴林	10620	1251
科特迪瓦	12882	1228
乌拉圭	25265	1196
伊朗	17974	1157
芬兰	23119	1022
黎巴嫩	11780	990
秘鲁	45005	983
乌干达	6728	959
吉布提	8232	942
柬埔寨	5706	935
瑞典	38939	932
塞内加尔	10586	920
波多黎各	20404	907
贝宁	7155	881
也门	16372	877
坦桑尼亚	10722	854
越南	10395	839
莫桑比克	15644	836
土库曼斯坦	3908	808
刚果(布)	6084	807
乌克兰	25183	788
巴布亚新几内亚	26539	776
喀麦隆	7740	763
危地马拉	32406	760
马耳他	19652	721

国家/地区	出口数量（件）	出口金额（千美元）
克罗地亚	34641	716
挪威	6900	696
尼泊尔	9987	659
蒙古	9714	654
拉脱维亚	9351	624
爱尔兰	22036	601
文莱	3295	558
刚果(金)	5356	542
多民族玻利维亚国	5085	539
牙买加	10483	514
巴基斯坦	7135	482
斯里兰卡	6681	474
埃塞俄比亚	3131	436
津巴布韦	3138	421
萨尔瓦多	12570	405
特立尼达和多巴哥	4296	401
巴巴多斯	9596	398
塔吉克斯坦	4875	381
多米尼克	1149	368
利比里亚	1570	355
库克群岛	2226	349
格鲁吉亚	4163	349
朝鲜	3897	328
马达加斯加	5116	328
缅甸	1823	328
博茨瓦纳	2230	327
毛里塔尼亚	1826	318
毛里求斯	5187	299
多哥	3050	298
捷克	3485	285
阿根廷	14038	278
罗马尼亚	7189	275
洪都拉斯	12769	272
希腊	11510	250
赞比亚	2021	238
孟加拉国	1794	223
葡萄牙	14157	218
土耳其	4820	210
几内亚	754	190
纳米比亚	1862	187
马里	917	171
海地	700	165
尼加拉瓜	3303	164
乌兹别克斯坦	587	161
厄立特里亚	2636	160

国家/地区	出口数量（件）	出口金额（千美元）
古巴	464	159
塞舌尔	348	150
斯洛文尼亚	11482	148
阿富汗	4938	140
加蓬	1039	127
奥地利	1255	124
马拉维	1000	124
乍得	197	120
新喀里多尼亚	2083	118
卢旺达	934	118
留尼汪	2852	110
东帝汶	242	110
萨摩亚	1815	104
突尼斯	1313	98
立陶宛	3935	96
马尔代夫	2179	95
老挝	466	92
苏里南	934	86
圭亚那	1171	83
瑞士	980	83
尼日尔	330	81
塞尔维亚	2980	71
保加利亚	2920	64
阿塞拜疆	607	64
阿尔巴尼亚	2406	58
莱索托	622	52
瓜德罗普	1114	52
索马里	680	51
法属圭亚那	1134	48
马提尼克	1031	47
吉尔吉斯斯坦	639	47
南苏丹共和国	235	45
匈牙利	2429	41
几内亚比绍	253	38
塞浦路斯	347	38
布隆迪	1279	35
叙利亚	203	21
卢森堡	544	20
冈比亚	176	20
波黑	700	19
斐济	365	19
塞拉利昂	90	16
法属波利尼西亚	86	15
布基纳法索	37	12
安道尔	450	11

国家/地区	出口数量（件）	出口金额（千美元）
中非	26	10
帕劳	172	8
亚美尼亚	12	7
巴拉圭	57	6
科摩罗	60	6
英属维尔京群岛	143	5
黑山	370	4
格林纳达	40	2
荷属安的列斯群岛	46	2
汤加	1	1
密克罗尼西亚联邦	8	1
巴哈马	8	1
冰岛	15	1
94034000 厨房用木家具		
#合计	18317573	888984
美国	10982567	501186
英国	726370	60886
德国	1006841	51644
澳大利亚	1924113	49483
日本	695094	41022
加拿大	609904	38648
法国	265667	15211
韩国	210330	8941
荷兰	101465	7734
丹麦	79365	7718
瑞典	88378	6915
中国香港	122722	5968
沙特阿拉伯	76025	5828
马来西亚	62475	5673
安哥拉	13035	4221
新加坡	51592	4096
意大利	145103	3557
比利时	90525	3516
南非	39227	3318
挪威	28405	3058
西班牙	97660	2927
印度	20204	2779
俄罗斯联邦	22290	2758
泰国	31912	2259
以色列	86985	2186
阿联酋	58991	2175
波兰	39292	2151
新西兰	86761	2002
菲律宾	34696	1821
伊拉克	23518	1653
智利	20065	1564
巴拿马	23433	1493
阿尔及利亚	17657	1381
委内瑞拉	16439	1338
中国台湾	38139	1329
牙买加	21142	1166
哈萨克斯坦	3685	1145
卡塔尔	9426	1140
尼日利亚	3254	1089
赤道几内亚	1590	893
波多黎各	15251	871
伊朗	10636	823
葡萄牙	33228	811
阿曼	934	809
加纳	5893	757
巴林	2878	721
利比亚	30305	718
文莱	1950	716
赞比亚	2353	701
墨西哥	8426	687
乌拉圭	8294	670
毛里求斯	5360	653
蒙古	8366	641
奥地利	1891	620
坦桑尼亚	6264	593
瑞士	7598	575
肯尼亚	1718	567
巴布亚新几内亚	1715	558
科威特	4526	553
朝鲜	5265	547
苏丹	4711	535
印度尼西亚	6252	486
秘鲁	15115	480
黎巴嫩	6516	455
巴哈马	8950	424
马尔代夫	9115	373
约旦	5447	338
斯里兰卡	3502	309
哥斯达黎加	7123	307
特立尼达和多巴哥	3410	290
土耳其	6548	271
乌克兰	2199	260
爱尔兰	3943	258
芬兰	1766	254
亚美尼亚	1131	246
中国澳门	2618	245
阿塞拜疆	1681	239
乌兹别克斯坦	2494	235
博茨瓦纳	874	229
莫桑比克	674	185
缅甸	1039	182
哥伦比亚	5258	182
希腊	7494	177
越南	1650	174
孟加拉国	935	174
留尼汪	1424	174
马耳他	1088	171
拉脱维亚	5169	145
格鲁吉亚	650	141
摩洛哥	1346	128
巴西	2686	126
多米尼加共和国	565	123
埃及	2776	117
刚果(金)	732	117
津巴布韦	410	115
厄瓜多尔	5048	114
危地马拉	3779	112
克罗地亚	3414	110
爱沙尼亚	985	108
吉布提	708	104
罗马尼亚	5024	101
捷克	1284	100
几内亚	433	100
开曼群岛	2323	86
利比里亚	791	81
塞内加尔	610	75
马达加斯加	197	73
埃塞俄比亚	1476	69
海地	623	63
塔吉克斯坦	557	62
斯洛文尼亚	4574	58
保加利亚	1066	56
阿鲁巴	616	56
库克群岛	274	54
毛里塔尼亚	72	54
马提尼克	946	54
阿根廷	1465	52
荷属安的列斯群岛	273	52
立陶宛	1868	49
突尼斯	198	48

国家/地区	出口数量（件）	出口金额（千美元）
多民族玻利维亚国	1944	47
老挝	50	45
喀麦隆	270	43
圭亚那	1046	41
所罗门群岛	27	40
马里	255	40
洪都拉斯	236	39
塞浦路斯	154	37
索马里	410	37
法属圭亚那	189	36
圣其茨和尼维斯	45	35
刚果(布)	49	35
列支敦士登	464	35
圣马丁岛	1010	35
加蓬	219	34
圣文森特和格林纳丁斯	415	31
巴勒斯坦	222	30
巴基斯坦	327	29
也门	1811	25
多米尼克	9	24
纳米比亚	1551	23
马拉维	3	21
乌干达	32	19
柬埔寨	47	19
新喀里多尼亚	157	17
土库曼斯坦	108	17
特克斯和凯科斯群岛	35	16
布隆迪	188	16
贝宁	132	13
吉尔吉斯斯坦	133	11
冰岛	45	10
斯洛伐克	161	9
斐济	55	9
瓜德罗普	12	7
科特迪瓦	123	5
马绍尔群岛	55	5
厄立特里亚	50	5
东帝汶	8	4
阿富汗	3	4
塞尔维亚	110	4
马约特	15	3
白俄罗斯	7	3
古巴	96	3
汤加	10	2
科摩罗	7	2

国家/地区	出口数量（件）	出口金额（千美元）
尼泊尔	34	2
叙利亚	24	2
布基纳法索	60	2
尼日尔	22	2
多哥	10	1
伯利兹	1	1
冈比亚	11	1
南苏丹共和国	5	1
帕劳	7	1
阿尔巴尼亚	15	1
94035010 卧室用红木家具		
#合计	1581	799
中国香港	123	307
澳大利亚	32	125
中国台湾	281	116
埃及	163	109
新加坡	408	60
法国	190	56
泰国	147	8
马来西亚	54	7
中国澳门	6	5
丹麦	7	2
美国	105	2
孟加拉国	60	2
印度尼西亚	2	1
94035091 卧室用漆木家具		
#合计	14429	1553
美国	2266	461
韩国	6776	430
英国	1230	209
澳大利亚	1636	177
加拿大	1099	87
土库曼斯坦	223	62
挪威	400	26
埃及	280	17
新西兰	96	16
沙特阿拉伯	22	15
巴西	172	11
多米尼加共和国	62	10
哥斯达黎加	44	10
日本	19	8
瑞士	2	3
印度	13	2
土耳其	6	2
意大利	44	2

国家/地区	出口数量（件）	出口金额（千美元）
法国	33	1
蒙古	2	1
马来西亚	2	1
美国	6196478	835344
英国	2387156	223332
沙特阿拉伯	2112868	221998
日本	3261457	221314
澳大利亚	1892132	168155
韩国	802763	111826
阿联酋	1032618	108473
德国	1237459	80120
中国香港	728228	70591
马来西亚	431577	69458
加拿大	683618	61869
利比亚	597584	60328
新加坡	337911	52499
法国	746895	45466
巴拿马	292069	45444
俄罗斯联邦	328099	37963
文莱	206029	37104
印度	236651	34212
印度尼西亚	166124	27569
荷兰	419887	25846
南非	295891	25779
伊拉克	293508	23959
卡塔尔	267152	23292
阿曼	217228	22639
泰国	143724	21648
中国台湾	184036	19497
比利时	263047	18525
摩洛哥	238941	17351
科威特	157066	16913
新西兰	212532	14083
意大利	116052	13781
乌克兰	116550	12074
阿尔及利亚	137126	11988
伊朗	141668	11888
乌兹别克斯坦	138515	10895
西班牙	250470	9324
约旦	74313	7240
安哥拉	77774	7198
委内瑞拉	97908	7076
以色列	87781	7053
墨西哥	63712	6896
立陶宛	199086	6508

国家/地区	出口数量（件）	出口金额（千美元）	国家/地区	出口数量（件）	出口金额（千美元）	国家/地区	出口数量（件）	出口金额（千美元）
哈萨克斯坦	68303	6340	坦桑尼亚	10267	1201	白俄罗斯	3500	186
越南	38138	6108	葡萄牙	16427	1189	多民族玻利维亚国	1213	181
瑞典	138132	5918	加纳	11376	1124	赞比亚	1782	169
苏丹	63243	5719	索马里	9305	1070	科特迪瓦	1818	159
波兰	88335	5548	巴布亚新几内亚	2432	1017	萨尔瓦多	1667	146
黎巴嫩	52011	5077	塞浦路斯	12214	926	巴勒斯坦	1535	136
朝鲜	30271	4818	爱沙尼亚	9544	918	马提尼克	912	135
菲律宾	64755	4719	马拉维	7109	914	乌干达	597	135
丹麦	95085	4700	巴哈马	5398	899	孟加拉国	680	121
阿塞拜疆	66798	4614	阿尔巴尼亚	5367	787	洪都拉斯	2243	117
也门	47592	4571	巴基斯坦	10555	781	刚果(布)	826	115
巴林	37696	4316	哥斯达黎加	9344	770	加蓬	964	111
中国澳门	38700	4176	吉布提	4655	706	布隆迪	1191	110
拉脱维亚	65581	4062	贝宁	3179	685	匈牙利	7874	104
老挝	24311	3802	几内亚	5213	663	阿根廷	2209	102
爱尔兰	41146	3369	利比里亚	3982	650	苏里南	1109	99
格鲁吉亚	35423	3324	留尼汪	8257	631	博茨瓦纳	974	97
蒙古	48042	3243	马里	3440	597	阿富汗	248	97
芬兰	25324	3194	喀麦隆	6802	582	格林纳达	224	88
挪威	40348	3074	纳米比亚	5176	545	斐济	713	88
肯尼亚	21419	2701	特立尼达和多巴哥	4241	463	多米尼克	191	84
柬埔寨	23499	2665	海地	4164	461	佛得角	688	82
智利	45291	2278	赤道几内亚	2773	429	津巴布韦	560	78
尼日利亚	11365	2183	捷克	12265	423	瓜德罗普	721	73
埃及	15287	1980	保加利亚	3832	423	塞尔维亚	600	73
缅甸	14453	1902	毛里塔尼亚	2935	419	尼日尔	127	71
土耳其	29871	1881	多米尼加共和国	2257	406	圭亚那	464	69
巴西	28220	1799	克罗地亚	4605	388	所罗门群岛	838	64
希腊	24094	1743	巴巴多斯	1669	364	马约特	399	62
亚美尼亚	18151	1672	毛里求斯	4418	358	叙利亚	336	61
瑞士	48978	1664	吉尔吉斯斯坦	2829	341	荷属安的列斯群岛	573	59
马耳他	14500	1623	新喀里多尼亚	3651	337	巴拉圭	544	59
斯洛文尼亚	40379	1587	马达加斯加	1110	328	东帝汶	290	54
波多黎各	13859	1575	斯里兰卡	2078	322	冰岛	692	48
塞内加尔	15564	1521	危地马拉	6176	319	法属圭亚那	290	46
厄瓜多尔	22554	1485	法属波利尼西亚	4535	289	塞舌尔	74	42
莫桑比克	11989	1439	库克群岛	2370	274	尼泊尔	519	40
秘鲁	22805	1436	多哥	1659	265	安提瓜和巴布达	158	40
罗马尼亚	21641	1377	埃塞俄比亚	2776	246	乍得	137	38
突尼斯	13857	1369	刚果(金)	1274	226	冈比亚	273	35
乌拉圭	9007	1363	古巴	2351	215	圣其茨和尼维斯	270	35
奥地利	12209	1350	斯洛伐克	1577	211	布基纳法索	434	30
土库曼斯坦	10764	1322	黑山	1437	206	英属维尔京群岛	100	26
塔吉克斯坦	18721	1269	马尔代夫	1922	206	圣马丁岛	87	21
哥伦比亚	14509	1263	牙买加	748	192	塞拉利昂	111	20

国家/地区	出口数量（件）	出口金额（千美元）
阿鲁巴	29	13
萨摩亚	206	13
百慕大	438	12
开曼群岛	128	11
圣文森特和格林纳丁斯	4	9
帕劳	86	6
尼加拉瓜	23	5
南苏丹共和国	29	4
摩纳哥	152	3
瓦努阿图	10	3
摩尔多瓦	1	1
科摩罗	6	1
几内亚比绍	12	1
94036010 其他红木家具		
#合计	14524	3938
日本	9019	1658
中国台湾	1372	1153
新加坡	1284	347
美国	636	243
中国澳门	519	135
澳大利亚	140	133
加拿大	192	101
中国香港	817	72
印度尼西亚	279	63
瑞士	137	12
新西兰	8	9
泰国	10	6
马来西亚	15	2
印度	16	2
德国	77	2
英国	3	1
94036091 其他漆木家具		
#合计	44040	3041
美国	13922	1099
日本	11047	575
芬兰	474	132
老挝	323	130
澳大利亚	1513	112
中国台湾	575	102
阿联酋	881	94
韩国	2376	89
中国香港	199	76
意大利	349	74
英国	4176	64
瑞典	488	61

国家/地区	出口数量（件）	出口金额（千美元）
荷兰	2634	55
挪威	229	39
德国	657	33
土库曼斯坦	107	31
奥地利	903	26
哈萨克斯坦	100	25
印度	60	24
哥伦比亚	120	21
吉尔吉斯斯坦	50	20
巴西	680	18
洪都拉斯	478	18
塞浦路斯	745	18
留尼汪	47	14
土耳其	51	13
法国	169	11
加拿大	37	11
比利时	194	10
肯尼亚	142	9
俄罗斯联邦	9	6
埃及	96	5
格鲁吉亚	31	5
伊朗	8	5
新加坡	27	4
多米尼加共和国	17	4
约旦	34	3
丹麦	46	2
哥斯达黎加	8	2
泰国	18	1
乌拉圭	8	1
阿尔及利亚	10	1
西班牙	1	1
94036099 未列名木家具		
#合计	135864792	7142629
美国	41845912	2083644
日本	13538886	437683
马来西亚	3189825	424747
巴拿马	3107377	422287
文莱	2286029	306151
英国	7605153	282850
加拿大	5215761	255395
新加坡	2028519	248703
阿联酋	2399093	246811
德国	7179608	233237
法国	6011667	229830
澳大利亚	5074107	203784

国家/地区	出口数量（件）	出口金额（千美元）
中国香港	2644279	165190
沙特阿拉伯	1720579	109024
泰国	889446	87842
荷兰	4463178	86597
印度	726395	73621
比利时	1790007	68765
韩国	1265042	62902
瑞典	1557824	57151
印度尼西亚	573140	56265
丹麦	1403008	54313
俄罗斯联邦	692968	48312
南非	782022	45516
西班牙	1739399	42006
中国台湾	651439	41692
意大利	1437842	40257
缅甸	336350	36886
墨西哥	820428	35666
越南	258455	31407
智利	1094585	30035
柬埔寨	257547	28121
挪威	558521	25270
波兰	688354	23231
菲律宾	386556	22023
老挝	163971	20923
科威特	237284	18168
阿尔及利亚	483510	17578
新西兰	564900	17469
中国澳门	144936	16423
巴西	332580	15839
委内瑞拉	633165	15705
利比亚	237083	15661
摩洛哥	164735	14802
以色列	338829	14473
乌克兰	196276	13398
伊朗	218219	13394
格鲁吉亚	152325	12628
卡塔尔	150025	12401
乌拉圭	133675	12385
哥伦比亚	441945	12138
黎巴嫩	106106	11746
安哥拉	185742	11530
芬兰	149941	9757
伊拉克	174522	9250
土耳其	231355	8742
巴哈马	60472	7696

国家/地区	出口数量（件）	出口金额（千美元）
拉脱维亚	181507	7096
哈萨克斯坦	68601	6206
阿塞拜疆	50989	5939
乌兹别克斯坦	60224	5801
肯尼亚	65806	5678
瑞士	175523	5423
秘鲁	207519	5416
奥地利	125924	5341
约旦	63855	4937
波多黎各	105139	4929
希腊	232069	4708
爱尔兰	129043	4706
莫桑比克	34451	4404
尼日利亚	91065	4355
葡萄牙	161090	4341
巴林	40461	4282
阿曼	55878	4077
多米尼加共和国	96912	3891
马拉维	29044	3878
捷克	122424	3563
苏丹	87688	3491
罗马尼亚	87514	3490
塞内加尔	23160	3353
斯洛文尼亚	142624	3037
埃及	49826	2968
立陶宛	90624	2885
克罗地亚	82857	2792
加纳	78732	2766
喀麦隆	22972	2738
马耳他	40060	2626
巴巴多斯	19854	2607
突尼斯	43744	2561
亚美尼亚	20061	2534
蒙古	34400	2457
厄瓜多尔	121531	2306
阿根廷	107793	1996
爱沙尼亚	56499	1992
多哥	15057	1938
坦桑尼亚	41195	1774
朝鲜	52853	1699
布隆迪	9211	1639
毛里求斯	17046	1589
阿尔巴尼亚	17924	1464
保加利亚	55027	1458
乌干达	11545	1450
贝宁	14941	1449
危地马拉	48445	1430
孟加拉国	12481	1350
古巴	38241	1335
巴基斯坦	15121	1154
也门	52073	1119
留尼汪	25601	1101
牙买加	16739	1056
马尔代夫	10451	1055
匈牙利	35742	1040
几内亚	6943	1034
塞浦路斯	20017	992
哥斯达黎加	39819	957
斯洛伐克	22271	911
东帝汶	11257	867
巴布亚新几内亚	12751	798
叙利亚	10333	772
土库曼斯坦	8348	753
库克群岛	6247	749
新喀里多尼亚	17706	737
科特迪瓦	7296	710
赞比亚	48939	707
吉布提	26965	657
斯里兰卡	9054	652
吉尔吉斯斯坦	14319	635
塔吉克斯坦	8382	632
特立尼达和多巴哥	9239	563
纳米比亚	15435	553
马里	2842	492
刚果（金）	6546	460
萨尔瓦多	8378	449
塞尔维亚	6970	406
法属波利尼西亚	8319	338
赤道几内亚	2396	333
洪都拉斯	5423	302
马达加斯加	11437	293
萨摩亚	1657	279
刚果（布）	18698	266
黑山	5373	253
冰岛	4273	238
波黑	5242	237
博茨瓦纳	2079	219
列支敦士登	2722	215
索马里	3014	211
巴拉圭	3795	209
瓜德罗普	1944	193
马提尼克	2291	185
圭亚那	857	185
加蓬	1519	170
毛里塔尼亚	2419	165
白俄罗斯	1778	163
大洋洲其他国家(地区)	94	144
津巴布韦	1683	143
厄立特里亚	2394	142
埃塞俄比亚	2902	140
多民族玻利维亚国	1367	138
尼加拉瓜	1759	134
苏里南	3632	133
卢旺达	724	125
布基纳法索	1532	110
斐济	1764	107
利比里亚	2242	99
法属圭亚那	837	96
荷属安的列斯群岛	973	93
冈比亚	1219	87
尼泊尔	744	85
摩纳哥	848	85
塞舌尔	120	84
巴勒斯坦	613	76
科摩罗	1097	75
海地	1948	74
阿富汗	1961	69
前南马其顿	1112	68
摩尔多瓦	3288	53
塞拉利昂	205	50
莱索托	3820	48
马约特	518	46
南苏丹共和国	64	24
尼日尔	284	21
圣其茨和尼维斯	140	20
阿鲁巴	169	20
安提瓜和巴布达	104	19
英属维尔京群岛	44	17
伯利兹	80	16
多米尼克	76	13
佛得角	101	10
瓦努阿图	64	6
圣卢西亚	74	6
圣多美和普林西比	63	5
帕劳	107	5

国家/地区	出口数量（件）	出口金额（千美元）
开曼群岛	64	4
马绍尔群岛	258	4
卢森堡	28	4
百慕大	165	4
圣马丁岛	17	3
汤加	148	3

木家具进口

国家/地区	进口数量（件）	进口金额（千美元）
94016110 皮革或再生皮革面的带软垫的木框架坐具		
#合计	89197	48602
意大利	14303	22617
中国	18513	6365
越南	14571	5291
美国	3437	4345
挪威	2163	2484
印度尼西亚	16919	1892
德国	860	994
泰国	2227	886
法国	551	751
马来西亚	4522	478
波黑	3530	263
英国	185	256
波兰	253	249
韩国	839	188
新加坡	272	174
奥地利	112	172
菲律宾	332	168
瑞士	43	124
西班牙	135	113
日本	2523	88
中国台湾	252	81
瑞典	137	73
墨西哥	71	71
葡萄牙	77	68
比利时	400	62
立陶宛	39	52
加拿大	52	46
印度	221	45
澳大利亚	92	43
丹麦	109	42
荷兰	216	41
巴西	4	20
中国香港	140	19
捷克	94	17
罗马尼亚	19	8
新西兰	12	3
匈牙利	1	3
土耳其	2	2
古巴	2	2
哥伦比亚	6	2
阿联酋	2	1
埃塞俄比亚	944	1
洪都拉斯	2	1
中国澳门	1	1
埃及	7	1
南非	3	1
94016190 其他带软垫的木框架坐具		
#合计	189565	58446
意大利	11341	19361
美国	18530	17379
印度尼西亚	11545	4208
越南	20571	4007
中国	32666	3579
英国	1007	1567
法国	1309	1184
罗马尼亚	26679	1019
马来西亚	40870	880
西班牙	843	779
德国	581	681
波兰	6518	651
泰国	1602	435
新加坡	530	344
比利时	1927	334
菲律宾	612	265
日本	4460	223
丹麦	414	210
韩国	952	181
中国台湾	1834	168
荷兰	1718	151
墨西哥	115	138
新西兰	141	103
加拿大	110	86
土耳其	250	85
葡萄牙	183	85
印度	1169	68
奥地利	65	36
阿联酋	110	35
澳大利亚	114	34
中国香港	55	32
阿曼	55	27
巴基斯坦	215	26
捷克	200	20
南非	48	17
立陶宛	24	10
埃及	120	10
挪威	24	9
斯洛文尼亚	27	5
卡塔尔	9	5
沙特阿拉伯	9	5
芬兰	1	1
瑞典	2	1
哥伦比亚	1	1
希腊	2	1
洪都拉斯	1	1
94016900 其他木框架坐具		
#合计	810442	43529
越南	292370	25865
印度尼西亚	51062	3492
意大利	5282	1999
泰国	106102	1994
中国	33783	1720
罗马尼亚	133323	1633
马来西亚	109345	1084
美国	3960	775
老挝	6924	718
保加利亚	20198	537
俄罗斯联邦	12512	431
波兰	9002	397
德国	883	279
芬兰	863	251
柬埔寨	1419	238
立陶宛	5001	235
法国	326	216
韩国	1033	183
丹麦	2104	181
菲律宾	1267	131
瑞典	1381	116
中国台湾	2178	112
挪威	100	106
英国	603	88
西班牙	309	86
斯洛文尼亚	661	84

国家/地区	进口数量（件）	进口金额（千美元）
日本	1010	79
印度	1610	70
荷兰	836	64
比利时	561	49
新西兰	79	42
瑞士	57	37
波黑	153	32
埃及	250	27
加拿大	94	25
匈牙利	1612	25
肯尼亚	210	21
葡萄牙	79	13
拉脱维亚	1008	12
墨西哥	14	11
新加坡	81	11
澳大利亚	57	9
土耳其	142	8
南非	54	6
巴基斯坦	357	5
中国香港	22	5
古巴	14	4
摩洛哥	5	4
国别（地区）不详	4	3
斯洛伐克	2	2
奥地利	5	2
文莱	20	2
斯里兰卡	12	2
缅甸	17	2
尼日利亚	9	1
阿根廷	5	1
孟加拉国	11	1
斐济	3	1
尼泊尔	42	1
阿联酋	3	1
希腊	3	0
94033000 办公室用木家具		
#合计	267755	23183
德国	50173	4617
波兰	54364	3959
斯洛伐克	16136	2537
意大利	8396	2123
葡萄牙	30074	1379
美国	1142	1375
泰国	77024	1341
马来西亚	4635	1216

国家/地区	进口数量（件）	进口金额（千美元）
韩国	5392	881
立陶宛	9460	582
新加坡	112	435
瑞士	55	344
丹麦	1061	310
捷克	4071	285
中国	1196	243
中国台湾	777	228
澳大利亚	297	211
法国	143	146
印度尼西亚	377	142
日本	841	133
越南	642	126
老挝	310	120
奥地利	133	85
英国	88	61
西班牙	132	55
墨西哥	34	44
印度	56	30
加拿大	47	29
比利时	157	26
荷兰	55	20
挪威	29	20
菲律宾	44	18
瑞典	57	14
中国香港	88	14
斯洛文尼亚	3	7
俄罗斯联邦	96	7
新西兰	11	7
柬埔寨	4	4
哥伦比亚	1	3
沙特阿拉伯	5	2
罗马尼亚	7	2
阿联酋	2	1
波黑	9	1
匈牙利	10	1
埃及	4	1
94034000 厨房用木家具		
#合计	476477	102658
德国	388608	76661
意大利	33803	16177
韩国	10803	3089
日本	5118	1711
立陶宛	15026	813
美国	808	666

国家/地区	进口数量（件）	进口金额（千美元）
印度尼西亚	1990	489
中国	3845	488
比利时	1114	435
西班牙	1486	334
法国	351	281
奥地利	658	206
瑞典	5186	204
英国	174	159
马来西亚	1881	110
越南	1690	105
荷兰	706	101
老挝	268	86
澳大利亚	74	58
葡萄牙	54	52
匈牙利	369	51
印度	253	49
新加坡	59	41
中国香港	87	34
菲律宾	48	32
斯洛文尼亚	1020	27
泰国	68	25
墨西哥	193	21
埃及	49	21
丹麦	25	20
中国台湾	154	20
罗马尼亚	302	17
文莱	14	12
巴西	3	10
新西兰	8	10
柬埔寨	17	10
以色列	5	8
挪威	2	8
波兰	38	7
加拿大	6	5
阿联酋	81	4
南非	5	2
尼泊尔	7	1
尼日利亚	1	1
爱沙尼亚	10	1
巴基斯坦	4	1
94035010 卧室用红木家具		
#合计	18441	5074
越南	17138	4401
老挝	894	317
意大利	11	108

国家/地区	进口数量(件)	进口金额(千美元)
韩国	38	58
英国	65	54
中国台湾	136	31
柬埔寨	27	29
中国	20	20
缅甸	3	16
美国	6	11
巴基斯坦	17	9
印度尼西亚	22	7
马来西亚	1	6
泰国	53	5
日本	6	2
新加坡	1	1
印度	2	1
94035091 卧室用漆木家具		
#合计	1116	557
意大利	202	192
葡萄牙	81	182
泰国	294	44
比利时	98	29
美国	74	27
印度尼西亚	40	22
日本	110	12
韩国	65	9
德国	4	8
中国台湾	31	7
英国	48	6
丹麦	8	6
印度	22	4
法国	13	3
加拿大	2	3
澳大利亚	2	2
越南	2	2
荷兰	20	2
94035099 其他卧室用木家具		
#合计	565891	81074
意大利	106345	25205
波兰	199109	12963
美国	10874	7508
瑞典	49728	5993
中国	42368	4938
斯洛伐克	17900	3873
印度尼西亚	15144	3719
德国	6873	2498
罗马尼亚	30635	1730

国家/地区	进口数量(件)	进口金额(千美元)
越南	8253	1414
葡萄牙	5245	1205
马来西亚	6071	1138
立陶宛	18591	1048
韩国	3920	1038
泰国	10967	938
菲律宾	957	847
比利时	2273	792
法国	978	776
丹麦	10011	534
西班牙	447	381
巴西	4892	335
荷兰	1288	326
英国	725	283
中国台湾	1516	201
日本	1383	186
瑞士	207	120
波黑	4329	111
印度	1525	107
土耳其	566	100
拉脱维亚	591	99
新加坡	193	77
老挝	203	76
加拿大	59	66
希腊	111	62
柬埔寨	103	54
斯洛文尼亚	269	42
澳大利亚	193	36
奥地利	29	35
中国香港	87	32
新西兰	244	28
爱沙尼亚	229	28
挪威	29	25
克罗地亚	128	19
哥伦比亚	27	19
埃及	75	13
匈牙利	27	11
巴基斯坦	60	8
文莱	13	8
墨西哥	3	8
以色列	2	6
黎巴嫩	15	4
孟加拉国	8	2
肯尼亚	1	2
尼日利亚	3	2

国家/地区	进口数量(件)	进口金额(千美元)
尼泊尔	41	1
俄罗斯联邦	7	1
保加利亚	3	1
阿联酋	3	1
沙特阿拉伯	6	1
国别(地区)不详	1	1
土库曼斯坦	2	1
摩洛哥	1	1
南非	1	1
94036010 其他红木家具		
#合计	58590	11292
越南	53681	8702
中国	166	929
老挝	2255	425
缅甸	51	258
印度尼西亚	1218	249
意大利	30	237
柬埔寨	286	101
泰国	231	91
瑞士	1	64
中国台湾	358	58
菲律宾	117	41
韩国	32	34
日本	24	30
英国	32	28
巴基斯坦	53	13
法国	1	7
新加坡	7	7
奥地利	2	5
美国	29	4
德国	8	4
马来西亚	2	3
瑞典	4	2
加拿大	1	0
94036091 其他漆木家具		
#合计	2808	818
意大利	127	289
印度尼西亚	226	119
越南	168	78
比利时	1548	58
荷兰	182	47
中国台湾	163	44
日本	7	35
缅甸	43	31
澳大利亚	17	30

国家/地区	进口数量（件）	进口金额（千美元）
美国	77	23
菲律宾	30	17
德国	46	16
丹麦	13	8
中国	10	7
韩国	14	4
瑞典	8	3
奥地利	25	3
泰国	43	3
印度	19	2
法国	17	1
尼泊尔	10	1
英国	11	1
南非	3	1
94036099 未列名木家具		
#合计	3883461	220817
意大利	325101	45624
波兰	961531	27474
泰国	430585	21359
立陶宛	276981	13224
中国	84106	12165
美国	19146	10573
瑞典	266078	9509
印度尼西亚	62493	8330
葡萄牙	207934	8185
德国	56275	8110
越南	236884	6535
斯洛伐克	60565	6235
菲律宾	8515	5516
马来西亚	337033	4779
捷克	96456	4322
斯洛文尼亚	94094	4050
中国台湾	23647	2720
俄罗斯联邦	59274	2558
法国	2163	2451
加拿大	96916	2297
拉脱维亚	49325	1387
西班牙	1491	1210
波黑	32682	1116
英国	1657	1017
罗马尼亚	28154	982
比利时	4478	952
克罗地亚	5716	934
巴西	12521	825
日本	5374	800

国家/地区	进口数量（件）	进口金额（千美元）
保加利亚	7072	798
印度	5500	775
韩国	5541	705
丹麦	8385	524
新加坡	508	499
荷兰	1359	422
奥地利	646	325
中国香港	1201	210
新西兰	163	193
老挝	1208	193
瑞士	86	139
挪威	553	126
土耳其	476	117
澳大利亚	1098	115
柬埔寨	389	109
匈牙利	540	86
埃及	291	44
墨西哥	53	41
哥伦比亚	12	16
国别(地区)不详	3	15
洪都拉斯	21	13
莫桑比克	434	13
巴基斯坦	208	13
古巴	14	12
摩洛哥	15	11
尼泊尔	325	11
文莱	24	10
南非	57	10
黎巴嫩	31	8
阿联酋	17	6
卡塔尔	4	6
尼日利亚	6	4
斯里兰卡	2	2
沙特阿拉伯	17	2
芬兰	1	2
科威特	5	1
孟加拉国	10	1
缅甸	9	1
突尼斯	1	1

木制品出口

国家/地区	出口数量（千克）	出口金额（千美元）
44091010 任一边、端或面制成连续形状针叶木地板条		
#合计	7073734	14322
日本	4780655	12247
美国	458800	806
韩国	925583	609
加拿大	510300	379
德国	186350	101
英国	105350	52
新加坡	16040	31
挪威	15482	29
突尼斯	10509	26
澳大利亚	17765	22
中国台湾	25900	13
印度	21000	8
44092910 其他任一边、端或面成连续状非针叶木地板条		
#合计	221887934	321150
美国	66678361	93140
加拿大	36060521	53000
英国	36167596	52821
日本	32559115	45278
俄罗斯联邦	11278473	20490
法国	8229338	14355
韩国	7441336	9430
比利时	4708052	6252
澳大利亚	4045438	4761
德国	2902768	4440
中国香港	2499431	2597
波兰	929905	1826
新加坡	1070687	1544
印度	716602	1265
爱尔兰	654637	920
格鲁吉亚	297766	807
荷兰	491878	753
意大利	379149	705
阿联酋	492929	679
中国台湾	664799	658
菲律宾	501873	563
乌克兰	240925	486
黎巴嫩	234003	375
西班牙	194821	355
斯洛文尼亚	281100	299
墨西哥	184670	293
巴基斯坦	172586	293
泰国	161277	266
马来西亚	150328	205

国家/地区	出口数量（千克）	出口金额（千美元）
保加利亚	136332	188
丹麦	110502	183
克罗地亚	75933	137
蒙古	40354	130
阿塞拜疆	74882	114
罗马尼亚	67200	114
土库曼斯坦	122932	105
希腊	34196	70
新西兰	55519	70
智利	43630	65
卡塔尔	33912	62
越南	26588	61
沙特阿拉伯	58154	58
土耳其	31632	57
伊朗	42800	55
埃及	29974	53
立陶宛	32000	50
埃塞俄比亚	15770	47
巴拿马	60000	46
文莱	20300	46
肯尼亚	18617	46
安哥拉	7225	45
葡萄牙	15500	36
瑞典	14553	32
约旦	18700	31
中国澳门	33903	31
尼日利亚	22793	31
斯洛伐克	24000	31
留尼汪	33750	31
圭亚那	13000	23
多米尼克	7030	23
吉尔吉斯斯坦	11558	22
新喀里多尼亚	16752	18
乌兹别克斯坦	10500	17
坦桑尼亚	12264	15
南非	2636	15
阿根廷	14600	15
塞尔维亚	13638	14
前南马其顿	17500	14
阿尔巴尼亚	13468	13
科威特	10361	11
斯里兰卡	8490	10
哈萨克斯坦	1970	9
吉布提	3817	9
冰岛	3406	6

国家/地区	出口数量（千克）	出口金额（千美元）
孟加拉国	2760	6
莫桑比克	4628	6
委内瑞拉	4200	6
爱沙尼亚	3250	4
黑山	4370	4
摩洛哥	5613	3
危地马拉	721	2
赞比亚	2500	2
突尼斯	1688	2
赤道几内亚	760	2
哥伦比亚	3705	1
法属波利尼西亚	734	1

44140010 辐射松制的画框、相框、镜框及类似品

国家/地区	出口数量（千克）	出口金额（千美元）
#合计	7997544	13747
美国	3280281	6497
比利时	2139363	2706
德国	787329	1098
荷兰	535571	859
日本	340880	832
芬兰	156549	288
俄罗斯联邦	167660	281
西班牙	93020	226
英国	139775	222
澳大利亚	76164	179
法国	42487	107
新加坡	34946	94
中国台湾	34442	93
瑞典	35408	51
加拿大	20760	51
希腊	20965	33
中国香港	14673	24
沙特阿拉伯	11800	23
阿根廷	15830	21
哈萨克斯坦	22177	12
挪威	7650	12
智利	6445	10
科威特	3063	8
新西兰	1537	7
意大利	3766	6
瑞士	3497	6
哥伦比亚	1268	2
阿联酋	227	1

44140090 其他木制的画框、相框、镜框及类似品

国家/地区	出口数量（千克）	出口金额（千美元）
#合计	151022806	404981
美国	71887562	181674
日本	6465561	20931
英国	7683891	20695
德国	7709574	18905
澳大利亚	7279905	16668
荷兰	5201300	13948
法国	5014332	12131
新加坡	2070540	10992
比利时	3939378	10453
加拿大	4375176	10174
马来西亚	1821161	7607
西班牙	2517424	6322
瑞典	2108097	5618
阿联酋	1315570	5547
俄罗斯联邦	2719309	5518
文莱	635441	5129
意大利	1642655	5032
墨西哥	975853	4517
中国香港	1719568	4490
巴拿马	567842	3467
南非	1034364	2497
波兰	869448	2323
巴西	637252	2322
挪威	717518	2102
智利	713101	1960
丹麦	704161	1691
韩国	451456	1668
新西兰	716267	1597
爱沙尼亚	590431	1095
土耳其	383912	1041
爱尔兰	345718	956
阿根廷	346338	951
菲律宾	330632	847
芬兰	415063	844
印度	282506	834
瑞士	322127	804
葡萄牙	226151	791
委内瑞拉	318378	716
希腊	274160	703
中国台湾	521685	701
以色列	313355	698
越南	269995	595
黎巴嫩	116060	585
秘鲁	244711	581

国家/地区	出口数量（千克）	出口金额（千美元）
沙特阿拉伯	216958	567
乌克兰	132073	489
泰国	129350	480
叙利亚	61776	336
斯洛文尼亚	132021	310
哥伦比亚	84154	266
印度尼西亚	79176	256
捷克	72738	225
哥斯达黎加	75554	222
也门	34680	202
科威特	68192	196
乌拉圭	61068	188
立陶宛	49820	183
克罗地亚	57357	178
危地马拉	55360	171
拉脱维亚	52391	164
伊拉克	45561	152
埃及	224205	149
奥地利	57466	134
巴基斯坦	36327	116
哈萨克斯坦	73478	95
约旦	57538	95
厄瓜多尔	25774	85
塞浦路斯	34220	84
匈牙利	28271	75
多米尼加共和国	18902	71
加纳	17251	55
阿尔及利亚	5857	53
突尼斯	20972	44
罗马尼亚	8132	39
巴林	13909	36
卡塔尔	7938	32
古巴	4412	32
毛里求斯	3795	31
阿曼	7378	31
几内亚	9684	30
阿富汗	23300	27
保加利亚	6360	26
摩洛哥	6006	26
阿尔巴尼亚	4535	24
巴哈马	6960	22
马耳他	5179	21
伊朗	2938	20
库克群岛	8304	20
塞内加尔	6029	18
巴拉圭	2745	17
多民族玻利维亚国	4044	16
喀麦隆	4751	16
白俄罗斯	2496	15
黑山	2681	13
斯洛伐克	8015	12
斯里兰卡	19238	11
萨尔瓦多	4895	10
贝宁	3039	10
特立尼达和多巴哥	3070	9
尼日利亚	1461	8
安哥拉	1130	8
坦桑尼亚	2202	7
巴巴多斯	1056	7
多哥	10091	5
洪都拉斯	1393	4
肯尼亚	14520	4
布基纳法索	672	4
朝鲜	2000	4
中国澳门	543	2
巴布亚新几内亚	656	2
大洋洲其他国家(地区)	1425	2
乌干达	468	2
科特迪瓦	344	2
利比亚	132	1
塞尔维亚	132	1
蒙古	889	1
冰岛	190	1
波多黎各	68	0

44151000 木制箱、盒、桶及类似的包装容器；电缆卷筒

国家/地区	出口数量（千克）	出口金额（千美元）
#合计	4114255	43912
德国	161356	26694
美国	622575	3167
韩国	1140158	2986
日本	835820	2076
中国香港	112594	1592
英国	155974	1512
新加坡	77000	971
意大利	47775	687
澳大利亚	23276	481
印度尼西亚	31122	401
荷兰	27533	381
印度	19383	341
瑞士	3789	335
比利时	39041	301
法国	31064	289
瑞典	33517	255
中国台湾	330633	215
加拿大	22779	150
安哥拉	2885	100
智利	6148	97
巴西	9623	96
斯里兰卡	9462	76
西班牙	14071	64
泰国	1331	54
委内瑞拉	1486	50
朝鲜	297190	46
苏丹	6000	45
沙特阿拉伯	3706	40
挪威	2728	35
阿联酋	2429	34
丹麦	2499	30
罗马尼亚	1488	22
捷克	220	20
芬兰	1310	20
多米尼加共和国	4172	18
阿根廷	532	17
中国澳门	1098	16
葡萄牙	830	16
墨西哥	1445	15
新西兰	566	14
克罗地亚	3130	14
巴拿马	2716	13
南非	499	13
马来西亚	1743	11
波兰	1702	10
爱尔兰	2023	10
尼日利亚	992	10
奥地利	1945	9
菲律宾	637	7
希腊	324	7
巴林	186	7
乌拉圭	470	5
缅甸	1079	4
哥伦比亚	1378	4
以色列	996	4
土耳其	3001	4
蒙古	3260	3
马耳他	200	3

国家/地区	出口数量（千克）	出口金额（千美元）
俄罗斯联邦	178	2
约旦	500	2
越南	54	2
利比亚	78	2
科威特	171	1
埃及	45	1
黎巴嫩	144	1
44152010 辐射松制托板箱形托盘及其他装载板托盘护框		
#合计	42003	583
日本	33525	492
中国澳门	7958	86
莱索托	520	5
44152090 木托板、箱形托盘及其他装载木板；托盘护框		
#合计	2621946	23656
韩国	678840	6602
日本	358420	4523
中国香港	665745	4189
委内瑞拉	40200	1191
印度	109189	1099
瑞典	86020	859
美国	195843	792
比利时	56154	718
中国台湾	55229	705
新加坡	60729	655
英国	37366	376
越南	11151	222
墨西哥	23717	173
中国澳门	13778	141
菲律宾	11661	139
马来西亚	13238	137
尼日尔	2255	125
加拿大	11928	109
澳大利亚	5048	100
蒙古	8856	100
德国	87379	91
利比亚	5470	84
阿联酋	3819	75
印度尼西亚	7710	66
肯尼亚	2600	66
安哥拉	11500	60
意大利	2900	36
丹麦	5077	29
埃及	4050	24

国家/地区	出口数量（千克）	出口金额（千美元）
泰国	1389	23
赤道几内亚	3360	21
以色列	1685	18
法国	6147	16
西班牙	1108	15
沙特阿拉伯	1375	12
荷兰	15705	12
新喀里多尼亚	1495	11
约旦	855	10
阿曼	883	9
卡塔尔	1292	5
巴拿马	306	3
挪威	132	3
牙买加	500	3
柬埔寨	150	2
奥地利	1176	1
俄罗斯联邦	7105	1
哥斯达黎加	116	1
朝鲜	84	1
立陶宛	58	1
埃塞俄比亚	723	1
波多黎各	50	0
新西兰	54	0
44160090 木制大桶、琵琶桶、盆等木制箍桶及其零件		
#合计	283180	1050
美国	91461	276
德国	18242	116
韩国	46465	100
牙买加	22200	84
英国	10082	68
荷兰	13069	63
芬兰	7306	58
意大利	16608	37
加拿大	7997	32
瑞典	6808	31
新加坡	2888	26
爱沙尼亚	3688	24
澳大利亚	5720	22
新西兰	4031	21
日本	1614	17
中国香港	7318	8
奥地利	955	8
法国	2228	8
波兰	773	6

国家/地区	出口数量（千克）	出口金额（千美元）
巴西	1358	6
吉布提	3696	4
立陶宛	525	4
匈牙利	374	3
中国台湾	2148	3
沙特阿拉伯	450	3
土耳其	457	2
斯洛文尼亚	284	2
挪威	324	2
丹麦	305	2
哈萨克斯坦	238	2
葡萄牙	440	2
乌拉圭	267	1
比利时	721	1
西班牙	33	1
哥伦比亚	225	1
格鲁吉亚	116	1
罗马尼亚	225	1
印度尼西亚	325	1
多米尼加共和国	38	1
墨西哥	248	1
菲律宾	66	1
泰国	310	1
44170010 辐射松制工具等；扫帚及刷子；鞋靴楦及楦头		
#合计	214936	280
日本	211727	271
美国	242	4
澳大利亚	1920	3
韩国	210	2
苏丹	762	1
44170090 木制工具等；扫帚及刷子等；木鞋靴楦及楦头		
#合计	35653591	22934
印度尼西亚	1460928	3364
美国	723359	2238
日本	666740	1786
沙特阿拉伯	4040349	1493
埃及	5365305	1353
中国台湾	485543	1192
韩国	1395049	862
阿联酋	1931023	774
马来西亚	1399763	710
印度	838875	686
伊拉克	1455426	588

国家/地区	出口数量（千克）	出口金额（千美元）
新加坡	661581	586
菲律宾	241960	533
危地马拉	1457631	398
约旦	1193743	356
突尼斯	1277955	354
德国	168372	352
意大利	575105	309
南非	969661	299
土耳其	1335307	292
阿尔及利亚	615372	230
中国香港	188577	213
法国	62666	211
利比亚	424786	201
委内瑞拉	668906	199
安哥拉	319516	194
以色列	298397	179
也门	397340	144
摩洛哥	457190	134
英国	44963	130
巴拿马	276500	128
俄罗斯联邦	50000	127
叙利亚	400433	125
斯里兰卡	269809	121
巴基斯坦	179146	120
波多黎各	326286	111
加拿大	33019	111
泰国	235039	107
比利时	39429	90
伊朗	234420	80
多米尼加共和国	158219	78
罗马尼亚	167070	78
黎巴嫩	97858	68
阿根廷	64627	67
西班牙	80769	65
墨西哥	158606	63
科威特	151907	62
波兰	43513	61
巴西	202630	59
肯尼亚	173262	57
尼日利亚	157368	55
毛里求斯	46423	55
阿尔巴尼亚	143338	54
智利	159976	48
澳大利亚	26917	48
海地	50998	48

国家/地区	出口数量（千克）	出口金额（千美元）
希腊	71268	39
瑞典	4943	37
阿富汗	71340	36
卡塔尔	21292	30
巴林	40233	27
莫桑比克	57875	26
立陶宛	1694	25
乌拉圭	61185	25
葡萄牙	44857	19
特立尼达和多巴哥	31092	18
新西兰	5019	16
毛里塔尼亚	10794	16
荷兰	12606	15
白俄罗斯	2714	14
爱尔兰	4053	13
文莱	25900	12
坦桑尼亚	16025	10
刚果(金)	7670	10
阿曼	7058	9
塞尔维亚	12903	8
厄立特里亚	8600	6
丹麦	1357	6
秘鲁	26500	5
马达加斯加	1400	5
利比里亚	2192	5
哥伦比亚	4080	5
孟加拉国	14695	5
圣多美和普林西比	2004	4
几内亚	1600	4
苏丹	3912	4
塞浦路斯	2174	3
法属波利尼西亚	770	3
越南	2190	3
厄瓜多尔	2962	3
尼日尔	1108	2
新喀里多尼亚	657	2
萨尔瓦多	1340	2
克罗地亚	888	2
赤道几内亚	959	2
牙买加	403	1
匈牙利	804	1
卢旺达	1073	1
刚果(布)	1806	1
斯洛文尼亚	1396	1
朝鲜	45	1

国家/地区	出口数量（千克）	出口金额（千美元）
巴勒斯坦	900	1
哥斯达黎加	360	1
埃塞俄比亚	1349	1
所罗门群岛	358	1
保加利亚	195	1
汤加	460	1

44181010 辐射松制窗法兰西式(落地)窗及其框架

国家/地区	出口数量（千克）	出口金额（千美元）
#合计	621264	3956
澳大利亚	590482	3825
日本	17605	86
美国	4891	32
新加坡	5068	9
英国	2977	3
新西兰	241	1

44181090 木制窗、法兰西式(落地)窗及其木制框架

国家/地区	出口数量（千克）	出口金额（千美元）
#合计	22629109	114723
中国香港	7027240	36685
美国	6612522	33495
日本	3958372	14349
澳大利亚	1500777	11942
英国	566847	5082
荷兰	661416	4576
法国	303097	1237
南非	216614	1099
德国	625419	1052
比利时	129685	853
中国台湾	159026	725
意大利	383076	643
韩国	91187	640
阿联酋	84900	546
新西兰	45454	329
新加坡	32965	254
俄罗斯联邦	22209	239
加拿大	55308	186
智利	39720	153
拉脱维亚	18890	102
葡萄牙	18635	75
印度尼西亚	6258	64
瑞典	3410	53
爱尔兰	4463	42
挪威	5000	37
塞浦路斯	5694	34
罗马尼亚	8570	31

国家/地区	出口数量（千克）	出口金额（千美元）
巴林	3513	29
刚果(金)	2100	24
芬兰	5790	21
印度	4098	20
巴西	3638	19
丹麦	7256	18
马来西亚	6881	17
巴布亚新几内亚	2159	16
马尔代夫	1560	7
塞舌尔	993	7
尼日利亚	390	6
以色列	796	3
毛里求斯	630	3
塞内加尔	1800	3
菲律宾	287	2
匈牙利	150	2
土耳其	274	1
奥地利	20	1

44182000 木制门及其框架和门槛

国家/地区	出口数量（千克）	出口金额（千美元）
#合计	321272718	618641
日本	34495562	126980
美国	69360702	124794
中国香港	35909846	51080
罗马尼亚	23304748	27193
英国	12948718	26314
加拿大	15094957	25012
法国	5548993	17674
中国澳门	7124632	17170
尼日利亚	8161349	11753
安哥拉	4478533	11111
土耳其	8841882	10895
韩国	6286539	8845
爱尔兰	3789150	8493
阿联酋	3804243	7346
比利时	3044419	7144
哈萨克斯坦	5312338	7112
委内瑞拉	3536014	7098
印度	3655438	6491
澳大利亚	2547317	6164
新加坡	2217832	6153
沙特阿拉伯	2706298	5290
格鲁吉亚	4103639	5220
摩洛哥	3307042	4767
荷兰	2908259	4699
赤道几内亚	1301669	4414
乌克兰	2809949	4199
阿塞拜疆	3269911	4160
俄罗斯联邦	1074164	3772
摩尔多瓦	2919853	3337
阿尔及利亚	1219668	3325
伊拉克	2902289	3081
保加利亚	2713871	3004
菲律宾	1739617	2587
伊朗	1933446	2557
马来西亚	407154	2475
卡塔尔	1008656	2031
泰国	596251	1805
墨西哥	926484	1749
巴拿马	921515	1627
蒙古	2105236	1563
亚美尼亚	1297920	1490
古巴	473581	1412
土库曼斯坦	815842	1190
瑞典	517004	1174
马尔代夫	175702	1143
以色列	787094	1129
立陶宛	797266	986
阿曼	449853	964
阿尔巴尼亚	766955	952
肯尼亚	392338	917
印度尼西亚	209727	911
南非	778513	898
黎巴嫩	362502	896
希腊	556364	895
科威特	568725	885
越南	522050	854
朝鲜	164805	723
巴西	582044	694
利比亚	325606	692
刚果(布)	168624	688
德国	267202	656
加纳	383437	626
塞尔维亚	559341	619
埃及	656585	583
牙买加	144488	581
苏丹	263584	539
赞比亚	484436	502
意大利	209418	497
马耳他	305703	460
西班牙	239330	445
塞内加尔	70279	411
波多黎各	84255	398
中国台湾	141547	387
毛里求斯	93148	365
约旦	253166	364
智利	253289	362
萨摩亚	84162	356
哥斯达黎加	240354	355
乌拉圭	251812	350
匈牙利	243443	343
多米尼克	53413	321
克罗地亚	249997	309
坦桑尼亚	122247	308
黑山	238750	298
波兰	63433	294
阿根廷	204920	286
贝宁	87296	282
莫桑比克	151509	280
几内亚	128926	279
海地	183811	255
巴布亚新几内亚	144802	249
老挝	43555	243
巴基斯坦	100709	238
马拉维	93256	238
留尼汪	159962	234
巴林	160985	230
也门	134593	211
苏里南	189552	208
加蓬	76051	207
多米尼加共和国	93543	204
阿富汗	147639	194
前南马其顿	143616	184
吉布提	69231	179
芬兰	29870	178
突尼斯	98882	177
孟加拉国	57837	177
多民族玻利维亚国	114107	173
埃塞俄比亚	123478	167
毛里塔尼亚	59299	154
特立尼达和多巴哥	134840	140
冈比亚	90113	126
吉尔吉斯斯坦	27268	121
新西兰	42312	120
马达加斯加	84860	103
斯洛伐克	54865	102

国家/地区	出口数量（千克）	出口金额（千美元）
科特迪瓦	38689	92
马里	18236	90
喀麦隆	27072	88
纳米比亚	49072	88
多哥	46329	87
缅甸	50801	83
秘鲁	46860	82
白俄罗斯	52774	82
新喀里多尼亚	61430	79
刚果(金)	38947	74
马提尼克	48284	74
斯里兰卡	44712	71
塞舌尔	21052	62
巴巴多斯	27605	59
文莱	24934	48
布隆迪	18062	45
津巴布韦	7350	44
乍得	32260	44
叙利亚	23643	43
哥伦比亚	24959	38
利比里亚	1800	36
尼日尔	3210	33
尼泊尔	7230	30
柬埔寨	8840	29
阿鲁巴	9834	28
博茨瓦纳	15245	27
塞浦路斯	11518	25
厄瓜多尔	20291	22
圭亚那	13970	21
汤加	10860	21
拉脱维亚	3631	21
尼加拉瓜	14200	20
法属圭亚那	12140	19
布基纳法索	20000	19
丹麦	4247	18
乌干达	9509	18
所罗门群岛	20000	18
葡萄牙	19201	17
洪都拉斯	12320	16
荷属安的列斯群岛	13450	16
非洲其他国家(地区)	4992	15
几内亚比绍	11310	15
巴拉圭	6620	14
卢旺达	10660	14
瓜德罗普	6400	13

国家/地区	出口数量（千克）	出口金额（千美元）
佛得角	3976	13
巴哈马	8170	12
塞拉利昂	1980	12
乌兹别克斯坦	9631	12
塔吉克斯坦	3120	9
南苏丹共和国	2535	9
密克罗尼西亚联邦	10964	8
法属波利尼西亚	3172	8
斯洛文尼亚	3523	6
挪威	1390	6
厄立特里亚	5102	5
瓦努阿图	3120	5
安提瓜和巴布达	900	2
瑞士	916	2
捷克	52	1
斐济	290	1
危地马拉	93	1
44184000 木制水泥构件的模板		
#合计	19817784	14049
中国香港	4626416	2436
安哥拉	1184918	1057
赤道几内亚	1277130	998
蒙古	656106	864
阿尔及利亚	1029953	831
沙特阿拉伯	1106032	690
莫桑比克	997100	563
中国台湾	897931	539
肯尼亚	592180	432
新加坡	422693	423
津巴布韦	569300	398
苏丹	350687	290
塔吉克斯坦	276174	241
俄罗斯联邦	284330	224
格鲁吉亚	457625	222
朝鲜	314738	222
赞比亚	270900	221
印度	46650	195
印度尼西亚	219543	187
哥伦比亚	155880	173
马来西亚	165497	153
老挝	248410	149
马拉维	248179	148
土耳其	176000	141
尼日利亚	175400	131
圭亚那	192000	130

国家/地区	出口数量（千克）	出口金额（千美元）
卢旺达	158000	121
澳大利亚	118269	116
坦桑尼亚	91100	103
黎巴嫩	174840	103
日本	101900	102
中国澳门	447790	100
吉尔吉斯斯坦	116000	98
柬埔寨	148250	94
卡塔尔	87929	78
巴布亚新几内亚	107500	71
毛里求斯	72699	71
阿联酋	99840	68
菲律宾	97023	67
塞内加尔	104900	64
博茨瓦纳	77600	58
埃塞俄比亚	59333	54
伊拉克	22545	52
乍得	74320	49
几内亚	45210	36
萨摩亚	61000	35
莱索托	30328	34
约旦	51000	33
纳米比亚	40200	31
尼泊尔	9300	30
塞舌尔	27300	29
喀麦隆	26450	25
越南	77890	25
尼日尔	17000	20
新西兰	20411	20
特立尼达和多巴哥	22100	20
几内亚比绍	42600	19
吉布提	30340	18
厄瓜多尔	15660	16
加纳	13460	15
韩国	13869	14
委内瑞拉	15600	13
斐济	15500	12
厄立特里亚	16400	12
瓦努阿图	28500	12
刚果(金)	20000	12
乌干达	18500	11
苏里南	26000	11
佛得角	19800	11
加蓬	4856	5
利比里亚	3400	3

国家/地区	出口数量(千克)	出口金额(千美元)
毛里塔尼亚	2000	3
南苏丹共和国	1500	1
44185000 木瓦及木制盖屋板		
#合计	8420346	10564
美国	5801372	6463
日本	471080	1573
加拿大	1105875	1172
韩国	333070	497
委内瑞拉	279610	417
丹麦	147000	210
俄罗斯联邦	49091	106
蒙古	182700	58
意大利	15570	28
中国台湾	29472	27
斐济	4400	12
新加坡	980	2
44186000 木制柱及樑		
#合计	12119981	20290
日本	8328479	9565
中国香港	638236	6128
德国	813600	1253
美国	259844	568
蒙古	245500	353
莫桑比克	396000	253
印度尼西亚	88468	247
尼日利亚	153599	239
中国台湾	191595	165
韩国	91180	152
乌兹别克斯坦	97401	138
荷兰	97853	136
阿根廷	81515	126
加拿大	58482	102
加纳	63504	101
意大利	52232	81
智利	46735	63
安哥拉	38248	62
沙特阿拉伯	46436	62
新加坡	27437	50
比利时	27120	46
哈萨克斯坦	19334	42
马来西亚	35417	42
印度	23720	37
科威特	26000	34
约旦	26000	33
秘鲁	26233	32

国家/地区	出口数量(千克)	出口金额(千美元)
文莱	22344	28
伊朗	12127	28
圣多美和普林西比	10858	21
斯里兰卡	10000	21
格鲁吉亚	9222	16
尼日尔	21000	10
瑞士	6008	9
法国	4870	8
佛得角	2918	7
苏丹	5620	6
大洋洲其他国家(地区)	3320	6
澳大利亚	1665	6
留尼汪	3411	5
多米尼克	510	4
塞内加尔	3000	4
纳米比亚	1474	2
巴林	716	1
44187100 马赛克地板用已装拼的木地板		
#合计	120241	221
法国	95809	173
美国	19300	36
东帝汶	2662	9
伊拉克	2470	3
44187290 其他多层已装拼的木地板		
#合计	1448176	2155
安哥拉	217500	636
朝鲜	471863	595
中国澳门	281340	307
中国台湾	77748	95
哈萨克斯坦	125100	86
肯尼亚	55763	73
土库曼斯坦	38230	57
加拿大	25000	52
津巴布韦	28000	52
日本	11849	35
菲律宾	5900	21
危地马拉	17024	20
美国	3428	17
中国香港	1500	16
英国	4371	14
佛得角	16200	14
阿联酋	29670	12
赤道几内亚	2610	9
俄罗斯联邦	8130	9
瑞士	5450	9

国家/地区	出口数量(千克)	出口金额(千美元)
多米尼克	385	5
赞比亚	1820	4
澳大利亚	3023	4
以色列	1001	3
意大利	671	2
墨西哥	9660	2
乍得	2300	2
蒙古	1970	2
韩国	628	1
44187990 其他已装拼的木地板		
#合计	8844215	12890
美国	4499649	6068
日本	1150816	1614
加拿大	1043031	1389
马来西亚	126896	696
英国	583168	650
韩国	412248	456
印度	68971	415
中国香港	306708	333
印度尼西亚	36192	210
澳大利亚	92658	204
朝鲜	200653	200
俄罗斯联邦	55004	123
吉尔吉斯斯坦	12125	62
丹麦	16130	61
意大利	42185	56
尼日尔	23164	45
德国	10396	38
中国台湾	17068	38
越南	18867	28
安哥拉	6559	21
新西兰	17030	20
蒙古	18400	16
西班牙	6838	15
南非	3318	13
中国澳门	1900	13
哥斯达黎加	5940	11
乌克兰	30044	10
吉布提	3600	10
菲律宾	4091	9
罗马尼亚	2480	8
南苏丹共和国	3226	7
法国	1435	7
刚果(金)	1500	7
比利时	4263	6

国家/地区	出口数量（千克）	出口金额（千美元）
新喀里多尼亚	580	5
荷兰	2094	4
墨西哥	6000	4
新加坡	2370	4
格鲁吉亚	2868	4
赞比亚	600	3
巴基斯坦	600	2
马拉维	480	2
巴拿马	1500	2
几内亚比绍	395	1
瑞典	110	1
44190031 木制一次性筷子		
#合计	77342220	53828
日本	61513331	43192
韩国	11685634	7485
美国	2200451	1576
中国台湾	383815	277
巴西	199054	189
澳大利亚	289627	188
德国	167176	140
印度尼西亚	161318	112
新西兰	107937	78
加拿大	74036	73
新加坡	48374	67
智利	42936	66
墨西哥	54730	59
委内瑞拉	105066	55
西班牙	60471	51
瑞典	51889	49
法国	60686	47
英国	60237	41
中国香港	4533	18
荷兰	9351	14
奥地利	12480	10
泰国	6510	6
科威特	2400	5
马来西亚	10311	5
瑞士	6905	5
中国澳门	9120	5
阿联酋	3621	5
菲律宾	4534	4
以色列	1850	3
印度	2300	2
斯里兰卡	304	2
卡塔尔	95	1

国家/地区	出口数量（千克）	出口金额（千美元）
44190099 其他木制餐具及厨房用具		
#合计	35632138	124268
日本	5158838	29577
美国	7339611	23282
英国	3624508	11074
德国	2843842	9003
澳大利亚	1745560	5224
荷兰	1913974	5194
韩国	857781	3150
俄罗斯联邦	988137	3089
加拿大	1209368	2986
法国	800205	2487
西班牙	829173	2370
意大利	562516	2160
沙特阿拉伯	546909	2112
中国香港	594112	1908
瑞典	494002	1833
比利时	406348	1428
墨西哥	683296	1380
中国台湾	244080	1249
阿联酋	393876	1193
芬兰	304843	1108
利比亚	335141	928
捷克	206933	822
土耳其	296763	812
南非	252142	750
波兰	320537	709
丹麦	124795	600
巴西	209315	556
新加坡	139863	496
挪威	80693	485
希腊	143152	468
委内瑞拉	133464	468
以色列	142750	455
新西兰	152738	418
乌克兰	113946	291
泰国	77774	290
智利	87759	279
阿根廷	81091	279
阿尔及利亚	144207	243
马来西亚	112689	229
瑞士	49708	229
巴拿马	43756	218
波多黎各	68975	192
印度尼西亚	30642	156

国家/地区	出口数量（千克）	出口金额（千美元）
奥地利	77923	147
爱沙尼亚	57846	143
印度	34604	134
爱尔兰	22986	109
立陶宛	36500	97
黎巴嫩	34261	95
约旦	39955	95
伊朗	37088	79
哈萨克斯坦	19249	76
哥伦比亚	23558	74
科威特	18311	69
卡塔尔	12600	63
匈牙利	26853	62
葡萄牙	14572	57
越南	13026	55
罗马尼亚	11904	53
菲律宾	18825	51
摩洛哥	8373	51
乌拉圭	12718	36
法属波利尼西亚	18049	35
白俄罗斯	4812	31
新喀里多尼亚	15638	30
塞尔维亚	11753	30
危地马拉	24201	29
拉脱维亚	5914	29
斯洛伐克	14648	28
保加利亚	5096	27
阿曼	13623	27
阿塞拜疆	9253	26
哥斯达黎加	8164	24
埃及	20700	21
卢森堡	180	19
斯洛文尼亚	17042	18
巴基斯坦	1487	17
秘鲁	5186	16
多米尼加共和国	3532	13
厄瓜多尔	4102	13
中国澳门	4557	13
克罗地亚	4050	10
文莱	677	10
加纳	5698	9
巴林	2022	8
肯尼亚	1838	6
塞浦路斯	1408	5
尼日利亚	4794	5

国家/地区	出口数量（千克）	出口金额（千美元）
斐济	1442	5
吉布提	326	4
萨尔瓦多	2375	4
喀麦隆	420	4
冰岛	799	4
马提尼克	615	3
津巴布韦	937	3
波黑	420	3
斯里兰卡	130	2
纳米比亚	658	2
苏丹	1859	2
荷属安的列斯群岛	445	2
亚美尼亚	360	1
多民族玻利维亚国	56	1
叙利亚	237	1
尼泊尔	150	1
洪都拉斯	120	1
伊拉克	430	1
毛里求斯	77	1
44201011 木刻		
#合计	36384	1520
日本	24606	1391
老挝	8983	101
美国	1248	13
中国香港	780	7
赞比亚	430	4
泰国	65	2
柬埔寨	200	1
中国台湾	72	1
44201020 木扇		
#合计	553891	8929
西班牙	376701	5884
日本	106061	2123
法国	3765	278
美国	27194	201
意大利	10808	149
希腊	4410	60
德国	6642	47
韩国	1650	41
墨西哥	3588	37
马来西亚	471	35
英国	2775	20
中国香港	611	12
哥伦比亚	664	9
乌拉圭	456	8

国家/地区	出口数量（千克）	出口金额（千美元）
荷兰	823	4
南非	480	4
中国台湾	550	4
新加坡	3760	4
捷克	455	3
古巴	1260	2
阿根廷	288	2
立陶宛	231	1
44201090 其他木制小雕像及装饰品		
#合计	82380144	396144
美国	41766297	170825
德国	6633356	44176
日本	2602603	28293
英国	5001674	27071
荷兰	4209174	21185
澳大利亚	2607123	12030
法国	1761067	9988
加拿大	2271867	8454
中国台湾	3082622	6855
意大利	956812	6837
比利时	1205623	6779
西班牙	906414	5634
瑞典	778345	3710
挪威	692511	3522
丹麦	526338	3250
俄罗斯联邦	314312	2166
波兰	339155	2089
南非	408930	2070
希腊	259230	1807
阿联酋	265511	1804
巴拿马	293916	1708
印度尼西亚	434173	1686
芬兰	246438	1518
巴西	233973	1517
沙特阿拉伯	291958	1259
中国香港	283323	1167
墨西哥	295562	1166
捷克	127766	1131
韩国	273675	1125
马来西亚	317908	1079
智利	172714	1027
土耳其	197248	998
印度	212494	790
新西兰	170539	790
瑞士	103700	771

国家/地区	出口数量（千克）	出口金额（千美元）
阿根廷	150532	749
奥地利	94205	699
以色列	148785	673
新加坡	154444	660
阿尔及利亚	281650	535
缅甸	66090	441
越南	72175	406
克罗地亚	50786	348
科威特	48408	335
哥伦比亚	66351	327
葡萄牙	48548	300
爱尔兰	67592	299
匈牙利	22925	279
爱沙尼亚	15103	270
黎巴嫩	55408	266
委内瑞拉	50648	243
塞浦路斯	50521	220
利比亚	62820	219
乌拉圭	55067	215
伊朗	31975	169
波多黎各	51037	158
斯洛文尼亚	15202	136
哥斯达黎加	31197	127
秘鲁	46075	122
泰国	27302	120
厄瓜多尔	23049	114
罗马尼亚	15231	113
突尼斯	28529	112
拉脱维亚	7874	81
乌克兰	13519	79
多米尼加共和国	15571	68
埃及	21742	67
危地马拉	9454	66
摩洛哥	27532	66
菲律宾	6857	61
尼日利亚	46945	58
约旦	4611	48
肯尼亚	5564	47
孟加拉国	1173	45
巴哈马	7790	44
塞尔维亚	3335	43
卡塔尔	8390	34
巴基斯坦	23890	32
斯洛伐克	2613	29
安哥拉	2681	24

国家/地区	出口数量（千克）	出口金额（千美元）
加纳	24832	23
阿尔巴尼亚	3222	21
保加利亚	2572	19
立陶宛	3182	19
贝宁	5087	18
斐济	8960	16
津巴布韦	6110	15
莫桑比克	2051	14
马耳他	2108	14
白俄罗斯	500	14
也门	5416	14
巴拉圭	1410	13
毛里求斯	1273	12
阿塞拜疆	627	12
哈萨克斯坦	1635	9
亚美尼亚	335	8
文莱	645	6
塞内加尔	1217	6
中国澳门	3825	6
科特迪瓦	1195	6
巴林	1148	5
巴布亚新几内亚	3561	5
喀麦隆	1037	5
朝鲜	654	5
苏里南	830	4
斯里兰卡	659	4
吉布提	2240	4
冰岛	196	4
特立尼达和多巴哥	1443	4
蒙古	1820	3
坦桑尼亚	607	3
多民族玻利维亚国	1000	3
百慕大	138	2
新喀里多尼亚	241	2
赞比亚	377	2
阿曼	490	2
布基纳法索	260	1
尼泊尔	150	1
伊拉克	39	1
瓜德罗普	107	1
萨尔瓦多	181	1
波黑	1082	1
44209010 镶嵌木		
#合计	104957	521
美国	70722	350
越南	27523	115
墨西哥	3969	40
日本	1468	10
加拿大	509	3
智利	506	2
中国香港	175	1
荷兰	80	0
44209090 珠宝或刀具木盒及类似品；第 94 章以外木家具		
#合计	54258043	209521
美国	18061587	62590
日本	6331422	34421
英国	3726314	12202
德国	3146095	10583
荷兰	2761647	9497
瑞士	643600	6982
加拿大	1850971	6907
法国	1658937	6903
中国香港	1968508	6545
澳大利亚	1362826	5068
俄罗斯联邦	822693	4373
比利时	1176360	3774
西班牙	1026358	3675
韩国	864602	3446
意大利	814574	3050
阿联酋	659724	2631
墨西哥	420876	2375
沙特阿拉伯	573267	1933
巴西	529423	1879
瑞典	588443	1666
丹麦	420174	1484
中国台湾	536412	1424
马来西亚	454996	1153
芬兰	254317	1120
波兰	263350	1098
新加坡	300532	1058
多米尼加共和国	167731	1014
挪威	203373	740
南非	159051	550
以色列	127029	533
葡萄牙	127737	523
新西兰	149223	464
智利	148889	463
古巴	132994	424
泰国	161394	420
乌克兰	102052	413
爱尔兰	127748	358
科威特	72991	349
阿根廷	101741	341
希腊	83142	338
爱沙尼亚	49898	334
土耳其	65445	314
斯洛文尼亚	59976	303
奥地利	98376	294
伊朗	65562	269
摩洛哥	50194	246
捷克	40057	212
印度	126595	205
卡塔尔	28434	201
巴拿马	97941	195
拉脱维亚	28698	142
印度尼西亚	14668	115
匈牙利	31641	109
黎巴嫩	24840	93
波多黎各	25607	91
哥斯达黎加	19671	88
哥伦比亚	27197	87
斯里兰卡	16245	80
巴基斯坦	8313	79
尼日利亚	20547	79
乌拉圭	23210	79
利比亚	16990	68
委内瑞拉	14677	65
保加利亚	9325	64
中国澳门	5617	64
亚美尼亚	5730	59
尼加拉瓜	8570	58
埃及	15946	57
哈萨克斯坦	15197	51
巴林	2294	49
马提尼克	8690	48
蒙古	2793	46
约旦	7019	45
克罗地亚	26142	44
立陶宛	8373	44
阿尔及利亚	17836	40
突尼斯	9209	40
塞浦路斯	6166	31
秘鲁	8972	27
卢森堡	2947	27

国家/地区	出口数量（千克）	出口金额（千美元）
格鲁吉亚	1604	26
罗马尼亚	7205	24
越南	4651	22
塞尔维亚	4635	21
白俄罗斯	3206	19
斐济	2710	18
菲律宾	5162	17
危地马拉	7977	12
马耳他	2955	9
斯洛伐克	3127	6
冰岛	1000	6
阿曼	886	6
文莱	3913	5
坦桑尼亚	576	4
洪都拉斯	4195	4
乌兹别克斯坦	1000	4
阿尔巴尼亚	635	3
贝宁	1452	3
也门	1676	3
留尼汪	325	2
摩纳哥	52	1
巴布亚新几内亚	289	1
44211000 木制衣架		
#合计	62213084	195991
美国	8818420	32045
德国	6453150	20980
日本	2450122	11469
西班牙	3806450	11046
英国	3598667	10935
俄罗斯联邦	3684588	10415
法国	3071763	9568
中国香港	1598803	9080
意大利	2402582	7743
荷兰	2698066	7523
瑞典	2786442	7367
韩国	1982612	5097
巴西	1983636	4833
澳大利亚	1540508	4535
波兰	1572001	3706
比利时	1364254	3694
加拿大	1248254	3469
土耳其	1200918	3294
丹麦	603623	2392
阿联酋	546401	1945
墨西哥	777143	1633
奥地利	619533	1497
乌克兰	516745	1383
挪威	372456	1104
巴拿马	336874	1045
智利	379305	1014
芬兰	286788	978
瑞士	335428	932
阿根廷	426085	925
沙特阿拉伯	195334	866
哥伦比亚	230225	744
希腊	281497	710
中国台湾	190260	707
新西兰	232364	683
以色列	203114	663
泰国	145636	631
立陶宛	183000	605
新加坡	199425	588
南非	193649	574
罗马尼亚	227086	567
印度	195538	561
拉脱维亚	175926	517
爱沙尼亚	192754	502
马来西亚	239512	485
爱尔兰	154736	400
葡萄牙	164552	390
印度尼西亚	91427	354
科威特	107400	352
委内瑞拉	90732	337
秘鲁	145058	328
乌拉圭	96766	296
菲律宾	69515	261
黎巴嫩	63732	236
克罗地亚	66474	193
越南	43987	185
阿尔及利亚	57383	180
捷克	49117	147
摩洛哥	44220	126
哥斯达黎加	22448	83
埃及	66840	81
哈萨克斯坦	24726	79
白俄罗斯	25566	74
保加利亚	30327	73
塞浦路斯	26290	64
尼日利亚	13502	61
斯洛文尼亚	20160	52
约旦	12277	44
伊朗	4681	41
斯里兰卡	8512	36
卡塔尔	10136	35
巴基斯坦	14123	33
毛里求斯	6118	32
格鲁吉亚	9432	28
危地马拉	10777	28
厄瓜多尔	15149	27
塞尔维亚	6861	24
伊拉克	6880	24
古巴	5075	23
马耳他	9577	20
突尼斯	7860	19
匈牙利	2839	18
乌兹别克斯坦	4040	16
塞内加尔	3475	14
留尼汪	3651	11
加纳	8206	11
亚美尼亚	1694	10
安道尔	3126	10
阿曼	1171	8
喀麦隆	2358	7
巴林	1123	7
特立尼达和多巴哥	4760	7
也门	9295	7
安哥拉	3774	6
瓜德罗普	900	5
多米尼加共和国	1649	5
肯尼亚	954	4
新喀里多尼亚	1197	3
牙买加	1512	3
尼泊尔	200	3
贝宁	826	3
布基纳法索	826	3
赞比亚	826	3
阿尔巴尼亚	758	3
萨尔瓦多	1018	3
科特迪瓦	474	2
塞舌尔	320	2
坦桑尼亚	644	2
马尔代夫	300	2
利比亚	170	1
蒙古	381	1
中国澳门	172	1

国家/地区	出口数量（千克）	出口金额（千美元）
土库曼斯坦	243	1
几内亚	360	1
马达加斯加	281	1
44219010 木制卷轴、纡子、筒管、缝纫用线轴及类似品		
#合计	716064	1126
印度	272150	299
荷兰	79895	202
比利时	100201	184
日本	70889	141
巴西	24000	65
丹麦	9899	57
韩国	65296	52
中国香港	40840	30
美国	7426	30
沙特阿拉伯	9145	18
澳大利亚	22762	17
瑞士	4092	12
朝鲜	6125	7
德国	2061	6
菲律宾	1120	4
卢旺达	162	2
44219021 木制圆签圆棒冰果棒压舌片及类似一次性制品		
#合计	58779215	90273
日本	10010098	19648
美国	8920863	14391
韩国	3583917	5509
俄罗斯联邦	1970867	2861
伊朗	2005620	2601
印度	2708459	2571
土耳其	1520608	2532
泰国	1434406	2427
意大利	1550706	2305
印度尼西亚	1353214	2132
英国	1329989	2132
墨西哥	1767581	2014
德国	1314880	1957
西班牙	1100066	1767
荷兰	1034982	1732
加拿大	1246940	1682
巴基斯坦	779626	1606
埃及	1471560	1549
法国	586303	1284
澳大利亚	670970	1155

国家/地区	出口数量（千克）	出口金额（千美元）
中国香港	521321	816
哥伦比亚	686352	809
阿根廷	718810	777
葡萄牙	327165	647
沙特阿拉伯	516647	640
南非	417662	605
巴西	436145	577
阿联酋	440447	529
中国台湾	317545	526
智利	444515	503
吉布提	375300	450
马来西亚	239024	442
委内瑞拉	454275	436
危地马拉	231066	420
摩洛哥	298692	416
菲律宾	197919	398
约旦	375048	385
希腊	230427	358
乌克兰	218546	350
比利时	224207	346
以色列	220773	306
孟加拉国	159699	303
克罗地亚	161299	263
波兰	156710	261
也门	180577	261
科威特	152245	238
丹麦	163245	231
立陶宛	190762	230
多民族玻利维亚国	90014	194
新西兰	144889	193
叙利亚	264200	179
瑞典	121336	171
新加坡	93686	167
伊拉克	170920	141
哥斯达黎加	184632	136
尼日利亚	76583	134
厄瓜多尔	69777	134
肯尼亚	109427	130
阿尔及利亚	268778	130
黎巴嫩	79024	116
斯里兰卡	97210	112
罗马尼亚	110391	109
多米尼加共和国	91413	106
秘鲁	47920	101
巴拿马	48851	86

国家/地区	出口数量（千克）	出口金额（千美元）
爱尔兰	73327	83
突尼斯	78032	82
格鲁吉亚	53754	78
乌拉圭	47399	77
哈萨克斯坦	201959	77
埃塞俄比亚	80343	74
乌兹别克斯坦	35200	66
芬兰	36088	63
马拉维	80000	57
土库曼斯坦	15528	55
斯洛文尼亚	35336	52
莫桑比克	40280	51
津巴布韦	10208	49
苏丹	17541	44
斯洛伐克	28377	44
保加利亚	24006	42
坦桑尼亚	22575	42
匈牙利	20226	41
捷克	16585	37
利比亚	32133	36
朝鲜	16400	32
洪都拉斯	14246	32
贝宁	31082	28
瑞士	22100	27
萨尔瓦多	20810	27
毛里求斯	23178	27
尼加拉瓜	14476	22
留尼汪	13754	22
奥地利	8940	20
巴林	16214	15
科特迪瓦	4785	14
爱沙尼亚	10395	12
阿富汗	48180	12
赞比亚	3900	11
卡塔尔	5965	10
加纳	2880	10
挪威	1718	10
拉脱维亚	4200	9
阿尔巴尼亚	6200	8
越南	17965	8
乌干达	8100	8
塞浦路斯	6643	7
波多黎各	5345	7
摩尔多瓦	2500	7
巴巴多斯	840	6

国家/地区	出口数量（千克）	出口金额（千美元）
吉尔吉斯斯坦	25025	6
蒙古	1414	4
牙买加	960	3
亚美尼亚	1212	3
巴拉圭	1040	3
古巴	575	2
阿曼	971	1
柬埔寨	280	1
几内亚	114	1
马耳他	198	1
多哥	245	1
布隆迪	75	1
44219090 未列名木制品		
#合计	478455518	1350424
美国	132939233	347431
日本	75803509	245565
英国	39220953	118704
德国	33908150	91773
荷兰	22122681	63563
法国	19832901	54652
澳大利亚	17923537	53837
韩国	11122074	33941
中国香港	15424921	32681
加拿大	11937833	30130
意大利	8255721	30067
西班牙	7474726	26195
比利时	7361862	20939
俄罗斯联邦	5581426	17052
中国台湾	6177593	13591
南非	3883363	11560
瑞典	3288347	10720
印度	2707009	8318
沙特阿拉伯	2888088	7303
阿联酋	2515419	7087
墨西哥	3176307	7016
丹麦	1806624	6095
智利	1536659	5079
波兰	1165327	4884
泰国	1308233	4558
芬兰	1157430	4389
土耳其	1039724	4248
新加坡	1272465	4077
阿根廷	2653953	4076
新西兰	1758829	3974
马来西亚	1164157	3752
爱尔兰	969907	3570
以色列	1665726	3237
印度尼西亚	909703	3023
越南	1175017	2962
伊朗	1080567	2924
巴西	749951	2903
挪威	827160	2833
尼日利亚	1006117	2654
巴拿马	713203	2523
拉脱维亚	868950	2393
奥地利	795154	2095
瑞士	459333	1929
巴基斯坦	854202	1898
希腊	630597	1828
斯洛文尼亚	604509	1779
葡萄牙	358542	1703
哥伦比亚	379649	1495
中国澳门	966344	1465
乌克兰	861140	1459
多米尼加共和国	460554	1440
委内瑞拉	621525	1361
黎巴嫩	472920	1354
立陶宛	356544	1250
波多黎各	270641	1121
约旦	847537	1086
菲律宾	466566	1077
克罗地亚	385874	1017
安哥拉	639518	1005
卡塔尔	187642	972
罗马尼亚	513141	958
伊拉克	898731	919
科威特	350661	790
摩洛哥	244823	740
萨尔瓦多	1601168	718
阿曼	386083	717
埃及	611428	706
匈牙利	198479	665
秘鲁	135779	514
利比亚	386295	502
贝宁	222856	496
捷克	123859	473
蒙古	223778	472
斯洛伐克	137793	451
巴布亚新几内亚	294725	408
危地马拉	134728	404
博茨瓦纳	113314	382
阿尔及利亚	143428	368
乌拉圭	136625	361
保加利亚	111662	335
哥斯达黎加	80988	297
马耳他	65050	285
多哥	215791	276
厄瓜多尔	119815	263
加纳	155905	240
爱沙尼亚	57419	217
毛里求斯	54916	193
突尼斯	75325	188
哈萨克斯坦	109409	184
文莱	36031	179
肯尼亚	78233	172
缅甸	63194	166
塞浦路斯	48847	156
巴巴多斯	32073	154
新喀里多尼亚	95093	150
马尔代夫	108670	138
斯里兰卡	97623	124
巴林	37509	113
海地	79587	107
留尼汪	16979	105
埃塞俄比亚	16031	103
塞尔维亚	38705	95
格林纳达	25130	93
牙买加	27665	92
阿塞拜疆	29318	87
特立尼达和多巴哥	22403	83
阿尔巴尼亚	31269	80
百慕大	14588	71
苏丹	28066	65
莫桑比克	36691	61
赞比亚	47875	60
吉布提	41416	56
也门	152335	55
叙利亚	47547	52
东帝汶	23084	47
洪都拉斯	12815	44
喀麦隆	10142	39
朝鲜	16052	38
格鲁吉亚	6650	34
白俄罗斯	22256	33
古巴	6388	32

国家/地区	出口数量（千克）	出口金额（千美元）
塞内加尔	11265	31
坦桑尼亚	14063	31
法属波利尼西亚	11127	25
纳米比亚	51184	25
圣文森特和格林纳丁斯	4500	25
巴拉圭	7807	25
科特迪瓦	23611	24
多民族玻利维亚国	4621	20
亚美尼亚	5910	19
圣卢西亚	3880	12
荷属安的列斯群岛	2343	12
刚果(金)	3090	11
乌兹别克斯坦	976	11
瓜德罗普	4416	10
卢旺达	3530	10
尼加拉瓜	1845	10
马里	1329	9
摩尔多瓦	9750	9
卢森堡	2530	8
津巴布韦	2400	8
斐济	3307	7
阿鲁巴	758	5
马提尼克	1874	5
加蓬	2141	5
帕劳	862	5
冰岛	720	5
佛得角	3800	4
乍得	5500	4
利比里亚	1823	4
乌干达	3731	4
苏里南	1400	4
布基纳法索	889	3
萨摩亚	630	3
柬埔寨	2173	3
孟加拉国	1666	3
圭亚那	429	2
波黑	1600	2
马达加斯加	600	2
基里巴斯	344	1
库克群岛	299	1
冈比亚	360	1
塔吉克斯坦	1100	1
科摩罗	458	1
尼日尔	50	1
中非	6	0

国家/地区	出口数量（千克）	出口金额（千美元）
66020000 手杖、带座手杖、鞭子、马鞭及类似品		
#合计	15437200	99907
美国	6876323	36759
德国	873213	9428
日本	309746	4124
英国	557874	3964
俄罗斯联邦	438253	3522
韩国	295714	3321
荷兰	254809	2735
加拿大	303888	2081
西班牙	264289	2028
法国	174659	1590
波兰	233635	1510
澳大利亚	172404	1236
沙特阿拉伯	245016	1212
瑞典	126817	1199
意大利	144336	1076
马来西亚	175669	1041
芬兰	137814	952
中国香港	71241	857
印度	169470	834
印度尼西亚	154426	830
奥地利	75610	774
斯洛文尼亚	109153	752
比利时	92113	718
巴拿马	31381	662
墨西哥	141430	645
南非	90139	629
捷克	85750	628
阿联酋	132848	623
智利	93927	474
中国台湾	104692	456
尼日利亚	82259	449
安哥拉	100694	439
阿根廷	36870	437
伊朗	96487	418
土耳其	45678	336
乌克兰	58583	329
尼泊尔	42415	328
巴西	56860	325
阿尔及利亚	72123	316
多哥	71595	308
巴基斯坦	64335	308
埃及	53457	305

国家/地区	出口数量（千克）	出口金额（千美元）
苏丹	54327	295
新加坡	63884	290
以色列	53040	287
泰国	57229	284
希腊	65740	283
菲律宾	41961	278
哥伦比亚	57727	277
乌拉圭	40506	261
利比亚	60172	257
瑞士	24110	253
贝宁	46813	253
阿曼	38022	249
摩洛哥	61127	248
伊拉克	71027	234
加纳	54142	209
乌干达	48575	204
马约特	37480	202
秘鲁	48489	197
丹麦	20759	184
孟加拉国	39045	182
也门	37839	182
新西兰	20516	173
克罗地亚	35223	166
委内瑞拉	35749	166
古巴	24835	163
牙买加	13635	162
约旦	41711	157
越南	28518	138
罗马尼亚	29963	134
爱沙尼亚	10856	132
斯洛伐克	18835	128
厄瓜多尔	21686	123
哈萨克斯坦	26947	116
吉布提	24123	115
斯里兰卡	19333	112
肯尼亚	23502	109
巴巴多斯	27400	104
科威特	17999	104
加蓬	12000	99
保加利亚	21980	94
莫桑比克	20262	91
立陶宛	13410	89
葡萄牙	15452	70
突尼斯	12832	70
黎巴嫩	13307	70

国家/地区	出口数量（千克）	出口金额（千美元）
马耳他	5123	68
缅甸	11095	68
塞尔维亚	16877	65
匈牙利	13259	62
危地马拉	5831	57
挪威	5810	56
文莱	4895	51
吉尔吉斯斯坦	5000	40
坦桑尼亚	6058	39
拉脱维亚	3115	31
爱尔兰	5159	29
格鲁吉亚	7367	26
塞内加尔	6054	26
巴林	4053	25
叙利亚	11189	24
特立尼达和多巴哥	2785	24
阿尔巴尼亚	4703	23
多米尼加共和国	3392	22
卡塔尔	3731	22
尼加拉瓜	3088	19
毛里求斯	4225	19
毛里塔尼亚	4605	15
萨尔瓦多	2616	14
塞浦路斯	2200	14
蒙古	1625	11
斐济	4103	10
巴布亚新几内亚	1886	9
巴拉圭	993	8
乌兹别克斯坦	460	6
多民族玻利维亚国	1035	6
塞拉利昂	1412	6
加那利群岛	1342	6
洪都拉斯	948	5
哥斯达黎加	831	5
亚美尼亚	828	5
中国澳门	570	5
几内亚	786	4
津巴布韦	493	4
阿塞拜疆	661	3
喀麦隆	984	3
赞比亚	501	3
纳米比亚	807	3
波多黎各	260	3
密克罗尼西亚联邦	420	2
博茨瓦纳	755	2

国家/地区	出口数量（千克）	出口金额（千美元）
科特迪瓦	580	2
海地	190	2
柬埔寨	257	2
黑山	375	2
汤加	217	1
摩尔多瓦	200	1
萨摩亚	212	1
土库曼斯坦	67	1
朝鲜	241	1
刚果(布)	170	1
圭亚那	188	1
新喀里多尼亚	133	1
索马里	197	1
波黑	125	1

84484930 梭子

国家/地区	出口数量（千克）	出口金额（千美元）
#合计	813389	1181
印度	215155	245
巴基斯坦	119196	216
孟加拉国	65385	180
印度尼西亚	36213	151
土耳其	30241	77
加纳	12000	65
越南	9882	60
埃及	5310	39
泰国	4470	21
意大利	2737	17
中国台湾	933	13
中国香港	750	13
肯尼亚	4113	13
古巴	270720	12
柬埔寨	4000	11
新加坡	5000	7
乌兹别克斯坦	598	6
英国	1000	6
菲律宾	1406	4
德国	11000	3
斯里兰卡	1000	3
朝鲜	480	3
以色列	1220	2
塞尔维亚	737	2
俄罗斯联邦	3491	2
哈萨克斯坦	10	2
哥伦比亚	152	2
智利	500	2
毛里塔尼亚	2000	1
奥地利	6	1

92011000 竖式钢琴，包括自动钢琴

国家/地区	出口数量（千克）	出口金额（千美元）
#合计	43025	57699
美国	8200	12533
中国香港	4546	7542
德国	4239	5415
法国	2053	2378
加拿大	1420	2243
伊朗	1535	2105
韩国	1584	2056
荷兰	1477	1988
日本	1486	1975
英国	1688	1832
新加坡	1190	1567
朝鲜	1663	1469
澳大利亚	1522	1373
土耳其	1056	1250
马来西亚	962	1130
意大利	754	911
俄罗斯联邦	604	806
泰国	504	736
比利时	471	721
中国台湾	287	613
黎巴嫩	350	471
阿联酋	326	450
巴西	388	426
墨西哥	323	412
爱尔兰	378	400
捷克	132	393
中国澳门	331	392
以色列	285	311
奥地利	203	291
印度尼西亚	530	265
新西兰	213	257
阿塞拜疆	173	233
古巴	53	203
西班牙	174	178
印度	144	177
越南	138	177
芬兰	128	146
哥伦比亚	107	139
秘鲁	112	135
希腊	141	129
南非	86	118
蒙古	95	112

国家/地区	出口数量（千克）	出口金额（千美元）
丹麦	76	107
塞浦路斯	87	102
突尼斯	83	94
哈萨克斯坦	69	78
波兰	53	74
埃及	49	62
冰岛	46	60
智利	40	60
菲律宾	29	58
瑞士	27	39
斯洛文尼亚	31	39
阿根廷	25	34
约旦	25	34
孟加拉国	25	32
马耳他	27	29
挪威	22	28
伊拉克	22	23
危地马拉	16	22
尼日利亚	15	22
阿尔巴尼亚	16	22
巴拉圭	16	21
多民族玻利维亚国	18	21
葡萄牙	16	18
波多黎各	14	16
圣马力诺	14	16
厄瓜多尔	13	16
卡塔尔	12	15
肯尼亚	8	15
克罗地亚	12	14
巴拿马	13	14
乌克兰	8	10
缅甸	15	10
匈牙利	9	8
留尼汪	6	8
亚美尼亚	4	5
阿尔及利亚	3	4
乌拉圭	2	4
毛里求斯	2	3
立陶宛	2	2
几内亚	1	2
柬埔寨	1	1
阿曼	1	1
利比亚	1	1
92012000 大钢琴，包括自动钢琴		
#合计	7168	26691

国家/地区	出口数量（千克）	出口金额（千美元）
美国	3370	11497
德国	518	2195
中国香港	185	2096
加拿大	309	1190
英国	273	888
荷兰	205	780
澳大利亚	202	756
捷克	140	620
伊朗	179	525
法国	122	513
马来西亚	125	452
俄罗斯联邦	106	409
巴西	132	402
朝鲜	227	367
日本	92	354
意大利	73	332
比利时	87	323
土耳其	60	218
芬兰	64	182
阿塞拜疆	47	177
韩国	45	176
波兰	32	157
中国台湾	34	150
爱尔兰	54	148
新加坡	34	134
黎巴嫩	37	131
墨西哥	30	128
奥地利	22	101
南非	25	98
泰国	26	94
以色列	29	93
阿联酋	24	81
哈萨克斯坦	23	81
哥伦比亚	18	72
丹麦	23	65
新西兰	17	58
秘鲁	18	51
越南	12	49
印度	10	45
埃及	13	42
亚美尼亚	8	31
乌克兰	15	29
西班牙	3	29
肯尼亚	7	29
中国澳门	7	28

国家/地区	出口数量（千克）	出口金额（千美元）
印度尼西亚	9	28
蒙古	6	27
卡塔尔	6	22
智利	5	21
厄瓜多尔	4	17
瑞士	3	16
巴拿马	5	16
挪威	4	15
约旦	2	15
马耳他	4	13
波多黎各	4	13
塞浦路斯	4	13
留尼汪	1	12
菲律宾	2	11
孟加拉国	3	10
希腊	4	8
冰岛	3	8
危地马拉	2	8
圣马力诺	2	6
毛里求斯	1	5
阿根廷	1	4
乌拉圭	1	4
乌干达	3	4
巴拉圭	1	4
立陶宛	1	4
尼日利亚	1	3
突尼斯	1	3
古巴	1	3
委内瑞拉	1	3
匈牙利	1	3
92019000 拨弦古钢琴及其他键盘弦乐器		
#合计	12200	1396
美国	214	271
西班牙	11	195
韩国	4387	143
日本	431	110
荷兰	311	94
土耳其	108	69
英国	1030	57
土库曼斯坦	46	56
中国台湾	120	47
巴拿马	3001	43
朝鲜	23	39
中国香港	257	36
巴哈马	5	31

国家/地区	出口数量（千克）	出口金额（千美元）
立陶宛	86	30
阿根廷	163	27
新加坡	14	20
加拿大	55	17
越南	8	16
巴西	23	11
泰国	10	10
法国	300	8
印度	71	8
约旦	20	7
罗马尼亚	46	6
澳大利亚	103	6
德国	12	5
意大利	36	4
叙利亚	73	4
塞浦路斯	1	4
中国澳门	2	3
缅甸	2	3
新西兰	1	3
菲律宾	2	3
克罗地亚	1	3
马达加斯加	1	2
以色列	4	1
特立尼达和多巴哥	4	1
智利	13	1
伊拉克	30	1
保加利亚	1070	1
格鲁吉亚	1	1
伊朗	6	1
斯里兰卡	57	1
比利时	2	1
秘鲁	22	1
92021000 弓弦乐器		
#合计	1521326	71506
美国	434837	25823
德国	63119	4711
英国	102082	4142
韩国	79498	3216
巴西	66271	2791
日本	36223	2225
加拿大	21598	2056
土耳其	72832	1928
委内瑞拉	15998	1835
墨西哥	57970	1780
澳大利亚	29781	1494
智利	45341	1245
法国	23448	1202
新加坡	14636	1076
比利时	15883	1067
西班牙	34524	1032
意大利	24633	963
阿根廷	19628	886
哥伦比亚	23056	838
中国台湾	25927	836
伊朗	24932	761
印度尼西亚	21415	735
中国香港	14607	672
印度	16824	591
泰国	15943	552
荷兰	7429	528
俄罗斯联邦	8769	449
马来西亚	13945	402
斯里兰卡	15081	375
菲律宾	9206	313
阿联酋	9133	312
以色列	8306	252
波兰	5006	236
瑞士	2184	214
秘鲁	5527	210
新西兰	6180	202
乌克兰	9230	190
几内亚	396	188
南非	4284	179
芬兰	2440	161
尼日利亚	5975	146
爱尔兰	3999	144
伊拉克	8203	139
突尼斯	5000	121
科威特	2740	104
越南	1572	97
厄瓜多尔	2764	94
黎巴嫩	874	88
乌拉圭	1966	84
阿尔及利亚	4295	83
埃及	3696	80
摩洛哥	7139	80
奥地利	11183	80
多米尼加共和国	3774	77
萨尔瓦多	2256	74
中国澳门	783	69
巴拿马	2286	66
沙特阿拉伯	141	64
尼泊尔	539	63
挪威	770	59
洪都拉斯	2674	58
危地马拉	1333	58
丹麦	818	58
希腊	6422	57
哥斯达黎加	1753	56
瑞典	1671	56
捷克	516	49
古巴	140	47
罗马尼亚	2749	44
匈牙利	1146	44
葡萄牙	1131	34
斯洛文尼亚	1291	33
肯尼亚	1416	30
巴林	308	29
克罗地亚	584	27
朝鲜	323	22
立陶宛	707	21
土库曼斯坦	507	21
拉脱维亚	218	20
巴拉圭	787	19
加纳	890	18
多哥	295	17
波多黎各	504	17
多民族玻利维亚国	425	16
博茨瓦纳	604	15
爱沙尼亚	510	15
苏丹	1558	14
也门	2168	13
叙利亚	320	13
利比亚	498	10
阿曼	303	9
约旦	267	8
津巴布韦	42	8
刚果(金)	144	7
阿尔巴尼亚	191	7
马达加斯加	441	7
留尼汪	640	6
哈萨克斯坦	138	6
尼加拉瓜	155	6
巴基斯坦	776	5
特立尼达和多巴哥	340	5

国家/地区	出口数量（千克）	出口金额（千美元）
巴布亚新几内亚	3798	5
孟加拉国	160	4
毛里求斯	560	4
安哥拉	386	4
塞尔维亚	129	3
塞浦路斯	76	2
贝宁	127	2
白俄罗斯	50	2
文莱	146	1
塞舌尔	30	1
缅甸	20	1

92029000 其他弦乐器

国家/地区	出口数量（千克）	出口金额（千美元）
#合计	12239020	366200
美国	2483265	86387
巴西	1059361	26673
德国	814036	25772
韩国	396779	15826
英国	618140	14537
荷兰	373126	14022
泰国	546877	13650
澳大利亚	383279	9503
日本	213504	9225
法国	223490	9189
中国香港	271800	8382
智利	262065	6667
马来西亚	195464	6454
土耳其	329875	6272
加拿大	198767	6237
印度	204891	6181
俄罗斯联邦	207110	5791
新加坡	145330	5772
中国台湾	210715	5412
意大利	212874	5394
西班牙	164364	4356
南非	99893	4097
比利时	164751	3812
波兰	99593	3477
菲律宾	177362	3456
墨西哥	91778	3325
印度尼西亚	99572	3221
越南	62847	3175
阿联酋	88297	2917
阿根廷	75863	2791
秘鲁	89513	2112
乌拉圭	63155	2031
以色列	61137	1879
芬兰	60665	1756
瑞典	59559	1731
新西兰	77037	1630
巴拿马	42249	1580
乌克兰	50754	1267
多哥	44762	1176
丹麦	46645	1033
洪都拉斯	20261	956
希腊	39553	942
厄瓜多尔	49936	915
捷克	23107	906
委内瑞拉	29988	799
挪威	27317	797
哥伦比亚	23271	760
沙特阿拉伯	18645	744
罗马尼亚	56786	741
加纳	29040	729
阿曼	6102	725
哈萨克斯坦	19915	724
伊朗	49647	719
苏丹	22388	674
立陶宛	29434	670
瑞士	13092	645
危地马拉	21807	550
摩洛哥	24531	537
尼日利亚	19376	535
巴布亚新几内亚	43295	500
埃及	24295	494
缅甸	3399	487
约旦	13279	480
爱尔兰	20554	464
葡萄牙	28661	448
奥地利	15277	413
斯洛文尼亚	24048	409
克罗地亚	16423	391
安哥拉	18159	391
斯里兰卡	9109	376
萨尔瓦多	17881	363
突尼斯	13359	338
阿尔及利亚	20297	316
爱沙尼亚	13311	314
马拉维	6311	309
巴林	5891	256
斯洛伐克	8126	254
古巴	4442	252
马耳他	19388	243
波多黎各	9226	242
津巴布韦	1922	237
拉脱维亚	7646	234
坦桑尼亚	8522	230
牙买加	6040	225
白俄罗斯	7731	206
孟加拉国	10827	206
保加利亚	12003	201
哥斯达黎加	8448	200
朝鲜	2121	199
利比亚	20222	196
巴基斯坦	15512	191
巴拉圭	10920	187
黎巴嫩	11956	186
留尼汪	6642	181
乌干达	5656	167
塞尔维亚	12787	157
格林纳达	4848	155
多米尼加共和国	9934	150
肯尼亚	14326	139
匈牙利	6633	132
伊拉克	7379	122
柬埔寨	1940	118
也门	2861	118
苏里南	6582	114
加蓬	2744	106
吉布提	5698	104
贝宁	1731	102
莫桑比克	15830	101
巴哈马	3018	101
摩尔多瓦	2510	101
斐济	15941	100
海地	1060	99
卡塔尔	6670	97
科威特	3228	96
塞浦路斯	4898	83
佛得角	2280	70
蒙古	361	67
尼加拉瓜	2484	67
中国澳门	815	61
毛里求斯	3693	55
文莱	3109	52
老挝	2017	50

国家/地区	出口数量（千克）	出口金额（千美元）
尼泊尔	1265	47
特立尼达和多巴哥	1942	43
叙利亚	2720	36
埃塞俄比亚	1205	36
马达加斯加	1914	32
巴巴多斯	803	30
刚果(金)	3624	28
土库曼斯坦	582	27
格鲁吉亚	1006	25
圭亚那	2440	21
摩纳哥	952	19
阿尔巴尼亚	1716	14
法属波利尼西亚	184	12
瓦努阿图	1411	11
非洲其他国家(地区)	540	11
喀麦隆	624	10
新喀里多尼亚	221	7
圣文森特和格林纳丁斯	870	7
所罗门群岛	677	7
阿塞拜疆	248	7
多民族玻利维亚国	207	6
萨摩亚	527	5
纳米比亚	490	5
密克罗尼西亚联邦	250	5
科特迪瓦	156	4
汤加	340	3
法属圭亚那	182	3
马提尼克	120	2
马尔代夫	150	2
东帝汶	144	1
圣卢西亚	104	1
塞内加尔	112	1
黑山	116	1
伯利兹	20	1

92059090 其他管乐器，但游艺场风琴及手摇风琴除外

国家/地区	出口数量（千克）	出口金额（千美元）
#合计	8537470	54369
美国	1863647	25630
德国	429785	3032
巴西	204869	2619
英国	129379	2545
加拿大	102218	2194
中国香港	25912	1615
墨西哥	795457	1445
意大利	145064	1119
尼日利亚	240195	984
韩国	290882	958
土耳其	92813	938
日本	359283	873
法国	147476	689
荷兰	120737	671
澳大利亚	53981	599
秘鲁	212651	573
哥伦比亚	60304	455
中国台湾	100538	435
智利	212523	425
马来西亚	213488	413
泰国	43180	403
以色列	124292	374
西班牙	74106	373
危地马拉	133152	349
阿根廷	203768	313
波兰	173832	270
厄瓜多尔	537033	259
南非	44055	227
委内瑞拉	65108	218
菲律宾	83306	210
伊朗	112986	188
萨尔瓦多	19208	178
巴拿马	220736	165
俄罗斯联邦	30955	154
印度尼西亚	45812	152
沙特阿拉伯	23438	141
加纳	46248	134
印度	42538	121
瑞典	7607	105
斯里兰卡	17191	103
瑞士	421	101
新加坡	20561	101
芬兰	1480	96
多哥	20320	86
波多黎各	981	75
阿联酋	33187	69
乌拉圭	23346	68
奥地利	8219	67
阿尔及利亚	13326	62
尼加拉瓜	3965	56
罗马尼亚	3140	54
哥斯达黎加	36659	49
新西兰	15961	49
科特迪瓦	97782	48
希腊	7792	45
摩洛哥	48825	43
埃及	8223	39
挪威	692	37
克罗地亚	16716	33
越南	10500	30
乌克兰	25033	29
捷克	11984	29
洪都拉斯	24501	29
乌干达	68	24
科威特	8970	24
伊拉克	6640	22
黎巴嫩	14414	20
比利时	12054	20
博茨瓦纳	298	19
葡萄牙	18515	17
苏丹	21835	16
肯尼亚	11501	16
爱尔兰	3452	15
文莱	18920	14
斐济	1412	13
土库曼斯坦	163	12
丹麦	535	12
孟加拉国	2490	12
突尼斯	130	11
莫桑比克	16466	11
安哥拉	4048	11
约旦	6826	10
拉脱维亚	38	10
巴基斯坦	7731	9
特立尼达和多巴哥	10573	9
叙利亚	1727	8
巴拉圭	7419	7
多米尼加共和国	13080	7
塞尔维亚	1725	7
柬埔寨	11044	7
多民族玻利维亚国	2033	7
多米尼克	10200	6
斯洛文尼亚	2206	5
马耳他	54	5
巴哈马	1500	4
爱沙尼亚	2376	4
塞内加尔	2909	3
阿曼	12	3

国家/地区	出口数量（千克）	出口金额（千美元）
匈牙利	35	3
斯洛伐克	325	3
也门	1935	2
马达加斯加	3000	2
阿尔巴尼亚	811	2
巴巴多斯	5040	2
巴布亚新几内亚	2080	2
摩尔多瓦	38	2
刚果(金)	1680	2
库腊索岛	1500	2
牙买加	787	1
苏里南	450	1
冰岛	2	1
圣卢西亚	1200	1
加蓬	1130	1
津巴布韦	520	1
留尼汪	1100	1
朝鲜	11	1
刚果(布)	1000	1
保加利亚	640	1
新喀里多尼亚	1000	1
黑山	5000	1
蒙古	500	1
利比亚	450	0
92060000 打击乐器		
#合计	11721176	140126
美国	2100369	34570
德国	1746458	9880
尼日利亚	132394	8972
巴西	244705	8073
墨西哥	176139	5220
日本	660537	5008
英国	323357	4563
荷兰	476210	3908
澳大利亚	171995	3551
韩国	495298	3477
阿根廷	142617	3428
泰国	101565	3213
加拿大	151891	3009
智利	205836	2962
意大利	196817	2613
印度尼西亚	74636	2593
比利时	155244	2452
菲律宾	159981	2275
加纳	78313	2219
马来西亚	109257	2054
法国	103670	1980
西班牙	1831739	1762
南非	94339	1529
印度	66303	1234
中国台湾	84040	1202
哥伦比亚	46519	1155
巴拿马	50366	944
中国香港	280199	918
阿联酋	52640	918
危地马拉	32090	916
秘鲁	87512	879
委内瑞拉	34675	827
俄罗斯联邦	98581	745
新加坡	108250	737
波兰	55744	585
新西兰	21236	515
厄瓜多尔	53669	476
瑞典	49322	460
以色列	23980	426
土耳其	84274	421
乌拉圭	12326	410
萨尔瓦多	20530	391
洪都拉斯	13958	343
捷克	8509	330
越南	3329	270
瑞士	4955	244
挪威	5711	239
波多黎各	24809	233
哥斯达黎加	7653	230
突尼斯	3606	227
芬兰	7279	221
巴拉圭	9184	206
朝鲜	561	174
斯洛文尼亚	101740	174
奥地利	3945	161
肯尼亚	4331	160
安哥拉	20310	151
爱尔兰	19765	149
尼加拉瓜	6703	138
沙特阿拉伯	15399	133
丹麦	19603	126
摩洛哥	12951	124
爱沙尼亚	39727	113
多米尼加共和国	3987	113
马耳他	7525	109
斯里兰卡	6829	108
吉布提	7417	106
多哥	800	102
伊朗	17783	97
埃及	5669	95
巴布亚新几内亚	8969	88
乌克兰	3999	82
莫桑比克	4281	78
尼泊尔	7274	77
罗马尼亚	5016	72
希腊	32284	69
黎巴嫩	2988	68
塞浦路斯	3389	65
约旦	2833	64
阿尔及利亚	1992	60
克罗地亚	975	59
拉脱维亚	3551	55
巴哈马	1790	53
多民族玻利维亚国	2514	51
伊拉克	9195	50
乌干达	12594	48
科特迪瓦	525	45
阿曼	1062	42
刚果(金)	1339	42
哈萨克斯坦	469	40
坦桑尼亚	889	40
葡萄牙	1758	40
中国澳门	295	36
津巴布韦	197	35
土库曼斯坦	195	33
立陶宛	3345	31
保加利亚	1062	26
特立尼达和多巴哥	691	24
利比亚	1390	23
牙买加	575	22
匈牙利	5489	21
柬埔寨	89	21
巴基斯坦	748	18
纳米比亚	904	18
毛里求斯	1149	18
孟加拉国	350	16
缅甸	508	16
斯洛伐克	4187	14
马达加斯加	161	13

国家/地区	出口数量（千克）	出口金额（千美元）
塞尔维亚	2789	13
贝宁	82	12
博茨瓦纳	1200	10
塞拉利昂	210	10
新喀里多尼亚	147	9
卡塔尔	390	8
科威特	388	8
阿塞拜疆	500	7
蒙古	37	6
古巴	29	5
留尼汪	150	5
冰岛	1305	4
叙利亚	1256	3
老挝	8	2
格鲁吉亚	1	2
巴巴多斯	19	2
斐济	1107	2
巴林	11	2
安提瓜和巴布达	15	2
赤道几内亚	27	2
阿尔巴尼亚	282	1
法属波利尼西亚	8	1
塞舌尔	2	1
文莱	132	1
白俄罗斯	162	1
94060000 活动房屋		
#合计	697987725	1627333
澳大利亚	78144868	271322
俄罗斯联邦	62618126	138461
赞比亚	33693461	56794
美国	18631188	48233
法国	21347197	45957
蒙古	20645173	36666
日本	15427223	36604
波兰	17340598	35046
英国	14327565	31051
哈萨克斯坦	11625921	29556
沙特阿拉伯	10421016	27212
加拿大	9648885	26890
德国	11833354	26712
斯里兰卡	7063738	25130
伊拉克	11381549	24922
乌克兰	10475270	21917
委内瑞拉	10186771	21488
印度	11159439	20449
荷兰	7542442	20433
肯尼亚	9432640	19228
马来西亚	5845280	19194
印度尼西亚	8766900	18714
土库曼斯坦	5461271	18664
意大利	7824134	18349
挪威	6852489	17908
西班牙	8441671	17482
南非	7326314	16462
智利	7151019	14400
瑞典	5659344	14369
秘鲁	8380004	13903
加纳	5966823	13852
安哥拉	6975763	13361
尼日利亚	6079448	13296
中国香港	10110925	13064
罗马尼亚	6233159	13049
老挝	7794908	12732
新加坡	3007544	12658
土耳其	7209961	12629
菲律宾	5708783	12575
比利时	5349781	12378
芬兰	5248799	11737
泰国	6396921	11416
越南	3248167	11329
阿联酋	5967779	11310
韩国	4281351	9973
苏丹	4237063	9810
莫桑比克	4935016	9269
朝鲜	3486780	8942
巴西	2748764	8483
孟加拉国	2658720	7864
缅甸	4417776	7553
巴布亚新几内亚	3912519	7019
巴基斯坦	2524114	7006
爱沙尼亚	3005619	6960
伊朗	2693885	6442
克罗地亚	3490779	6333
新西兰	2737632	6246
乌兹别克斯坦	2268134	6005
刚果(金)	3690055	5902
葡萄牙	3042528	5623
利比里亚	2759094	5458
埃塞俄比亚	3009536	5331
厄瓜多尔	2745912	5241
立陶宛	2183483	4819
阿尔及利亚	2356503	4532
以色列	2381816	4378
捷克	1977089	4303
乌拉圭	2317431	4252
加蓬	1819495	4169
吉尔吉斯斯坦	1686953	4140
丹麦	1429387	4086
新喀里多尼亚	2104162	4048
乍得	1092048	3750
坦桑尼亚	2126455	3732
奥地利	1764460	3511
几内亚	1666519	3490
墨西哥	1402552	3352
阿根廷	1813845	3345
匈牙利	1783868	3303
埃及	1194165	3176
哥伦比亚	1358035	3169
摩洛哥	1236183	3141
希腊	1420026	2996
柬埔寨	1072210	2975
阿尔巴尼亚	1512139	2829
斯洛文尼亚	1504711	2761
利比亚	880875	2726
约旦	1376382	2683
拉脱维亚	1274359	2678
喀麦隆	1541491	2641
吉布提	1109665	2639
白俄罗斯	1287521	2628
卡塔尔	1199293	2605
塞拉利昂	1374153	2544
赤道几内亚	1259135	2337
科特迪瓦	1154280	2308
巴林	953024	2294
巴拿马	736849	2228
刚果(布)	1133664	2209
塔吉克斯坦	968858	2174
黎巴嫩	1010183	2109
马尔代夫	951785	2032
格鲁吉亚	883156	2019
突尼斯	644416	1905
中国澳门	700073	1893
多民族玻利维亚国	1266017	1830
塞尔维亚	1102333	1813
毛里塔尼亚	696455	1787

国家/地区	出口数量（千克）	出口金额（千美元）
海地	986922	1765
贝宁	694146	1731
乌干达	921584	1727
阿富汗	1006140	1711
科威特	702869	1657
毛里求斯	622345	1645
中国台湾	669059	1612
也门	320184	1548
塞内加尔	761961	1544
文莱	664530	1508
阿塞拜疆	513600	1488
爱尔兰	583653	1279
东帝汶	877097	1205
尼日尔	652715	1171
牙买加	522423	1135
保加利亚	508753	1128
巴拉圭	508169	1081
多哥	185220	1072
巴哈马	788955	1069
多米尼加共和国	555663	1057
津巴布韦	530701	1030
马耳他	199947	918
尼泊尔	274435	827
叙利亚	199939	775
法属波利尼西亚	462869	738
马达加斯加	490484	725
斐济	464109	709
科摩罗	356744	681
特立尼达和多巴哥	378073	665
纳米比亚	369404	637
所罗门群岛	82310	611
塞浦路斯	330465	599
阿曼	126279	545
哥斯达黎加	337038	533
马里	233952	530
莱索托	239710	504
斯洛伐克	144864	473
留尼汪	225699	446
危地马拉	311869	443
苏里南	243107	438
社会群岛	286080	411
黑山	192680	407
波多黎各	140681	390
瑙鲁	200000	380
洪都拉斯	45320	372

国家/地区	出口数量（千克）	出口金额（千美元）
圭亚那	136991	361
马提尼克	201422	345
瑞士	123013	306
塞舌尔	157653	288
瓜德罗普	147686	281
多米尼克	46386	271
波黑	143947	262
摩纳哥	22512	259
摩尔多瓦	90626	240
前南马其顿	117451	234
博茨瓦纳	104140	227
瓦努阿图	112279	223
古巴	60050	209
萨摩亚	67214	207
圣马丁岛	207835	205
尼加拉瓜	85124	182
冰岛	89298	167
布基纳法索	104282	146
安提瓜和巴布达	52397	146
亚美尼亚	40958	102
马拉维	61276	99
卢旺达	76526	94
厄立特里亚	53421	92
圣卢西亚	77168	85
巴巴多斯	43844	81
基里巴斯	39659	73
密克罗尼西亚联邦	45000	72
库腊索岛	49846	66
南苏丹共和国	39542	66
布隆迪	5727	51
不丹	18000	48
英属维尔京群岛	36000	46
卢森堡	6244	37
萨尔瓦多	13443	30
荷属安的列斯群岛	14745	26
法属圭亚那	15169	24
索马里	11000	24
帕劳	11000	10
佛得角	13350	8
汤加	18070	7
冈比亚	1422	7
圣多美和普林西比	3481	6
几内亚比绍	798	4
马约特	1393	2
阿鲁巴	1200	1

国家/地区	出口数量（千克）	出口金额（千美元）
95049030 中国象棋、国际象棋、跳棋等棋类用品		
#合计	38993632	89458
美国	8660677	23547
德国	3200877	6842
英国	1782928	5765
新加坡	854489	4148
中国香港	3398582	3830
荷兰	1403458	3351
加拿大	1020197	3179
西班牙	1016478	2816
沙特阿拉伯	227175	2655
比利时	649110	2425
澳大利亚	659781	2201
法国	472348	1545
马来西亚	569743	1417
俄罗斯联邦	828653	1398
日本	940446	1330
巴西	510225	1245
阿联酋	329365	1101
意大利	543792	1096
希腊	105672	1017
以色列	596043	966
南非	358513	908
巴拿马	165483	844
中国台湾	864148	823
印度	559164	811
伊朗	600131	722
韩国	91173	656
乌克兰	292218	650
智利	413620	643
墨西哥	200587	617
芬兰	307403	468
波兰	271411	465
土耳其	347147	436
乌拉圭	142557	406
葡萄牙	91545	387
丹麦	364049	344
菲律宾	342877	342
哈萨克斯坦	105083	339
也门	217395	336
阿尔及利亚	489780	286
保加利亚	79259	270
瑞典	107154	268
阿根廷	93853	267

国家/地区	出口数量（千克）	出口金额（千美元）
委内瑞拉	245030	255
巴基斯坦	184458	254
利比亚	179356	248
印度尼西亚	192870	248
约旦	274752	229
哥伦比亚	173495	221
泰国	95100	211
多哥	43931	206
叙利亚	51878	196
新西兰	147226	190
厄瓜多尔	187057	171
洪都拉斯	82948	170
罗马尼亚	126002	169
伊拉克	196848	165
阿曼	18740	165
科威特	52086	145
埃及	113249	144
赞比亚	10260	139
斯里兰卡	84218	138
安哥拉	30373	132
捷克	165499	124
秘鲁	102371	118
马耳他	42175	114
克罗地亚	147261	112
孟加拉国	46265	111
立陶宛	46995	88
塞浦路斯	62885	84
摩洛哥	112038	81
斐济	114476	77
突尼斯	70760	74
吉尔吉斯斯坦	20430	73
加纳	24915	72
多米尼加共和国	47304	69
黎巴嫩	42930	67
塞尔维亚	64544	65
匈牙利	57043	60
格鲁吉亚	43921	56
尼日利亚	63396	55
阿尔巴尼亚	58822	51
巴林	11651	50
阿塞拜疆	21033	46
爱尔兰	109703	46
哥斯达黎加	25831	43
挪威	28053	42
萨尔瓦多	20376	42

国家/地区	出口数量（千克）	出口金额（千美元）
拉脱维亚	16580	37
刚果(金)	103440	35
卡塔尔	35122	35
危地马拉	16709	34
斯洛文尼亚	18847	31
刚果(布)	52177	30
古巴	23472	28
牙买加	9952	27
贝宁	33558	26
苏丹	19749	25
瑞士	3814	21
吉布提	48370	21
尼加拉瓜	21610	20
莫桑比克	12567	19
特立尼达和多巴哥	9815	18
白俄罗斯	10600	17
马达加斯加	17515	16
东帝汶	6605	16
加蓬	25586	16
波多黎各	13915	15
土库曼斯坦	886	13
奥地利	23052	13
毛里求斯	11111	13
中国澳门	7060	12
黑山	4610	12
尼泊尔	750	12
朝鲜	11080	11
苏里南	5350	10
缅甸	3110	9
爱沙尼亚	22420	9
科特迪瓦	9985	9
肯尼亚	2706	8
斯洛伐克	11233	7
加那利群岛	19795	7
喀麦隆	4192	6
文莱	1800	6
坦桑尼亚	6070	6
津巴布韦	4198	5
安道尔	6014	4
法属波利尼西亚	1880	4
社会群岛	4140	4
越南	2640	4
新喀里多尼亚	657	3
博茨瓦纳	2360	2
佛得角	1240	2

国家/地区	出口数量（千克）	出口金额（千美元）
圣卢西亚	275	1
巴拉圭	1824	1
柬埔寨	420	1
瓜德罗普	1500	1
塞内加尔	1425	1
留尼汪	200	1
蒙古	700	1
马拉维	1560	1
冈比亚	480	1
圣马力诺	180	1
伯利兹	471	1
圭亚那	280	0
96091010 铅笔		
#合计	36133785	177225
美国	8218872	46579
巴基斯坦	1785491	9239
英国	1342517	6424
马来西亚	1220831	5939
泰国	1296642	5284
巴西	1738690	5211
尼日利亚	1737209	5106
阿联酋	1125098	5089
中国台湾	1109797	5011
印度	795979	4930
德国	605053	3801
印度尼西亚	713590	3375
加拿大	606880	3369
韩国	471239	3130
墨西哥	623580	2580
南非	580053	2574
日本	353916	2515
约旦	399709	2318
法国	341465	2147
澳大利亚	389569	2109
秘鲁	355887	2079
俄罗斯联邦	465037	2054
瑞典	454998	1876
荷兰	381801	1875
越南	421226	1792
古巴	312617	1583
中国香港	310161	1574
智利	329505	1538
菲律宾	293778	1528
缅甸	327091	1481
意大利	261293	1477

国家/地区	出口数量（千克）	出口金额（千美元）
西班牙	277929	1464
沙特阿拉伯	290947	1448
肯尼亚	290436	1282
巴拿马	334358	1273
乌克兰	239087	1236
以色列	206277	1140
加纳	378068	1133
拉脱维亚	246388	1093
委内瑞拉	207690	1089
摩洛哥	258612	1062
孟加拉国	164252	972
芬兰	154501	886
波兰	174802	860
哥伦比亚	135849	846
斯里兰卡	115617	780
捷克	111438	706
萨尔瓦多	144985	703
利比亚	105566	651
新加坡	108825	641
危地马拉	123279	587
也门	139293	575
安哥拉	180231	547
阿根廷	115252	535
丹麦	101676	520
洪都拉斯	106316	515
朝鲜	147766	509
伊朗	74309	492
比利时	87968	476
厄瓜多尔	83783	463
贝宁	141057	400
多米尼加共和国	81854	371
伊拉克	57666	311
叙利亚	49226	298
希腊	43121	296
海地	100230	290
苏丹	112160	286
黎巴嫩	38205	255
斯洛文尼亚	36479	242
科特迪瓦	59104	223
新西兰	47570	218
科威特	31077	211
莫桑比克	56539	184
巴拉圭	40248	181
葡萄牙	34977	166
马拉维	46701	162

国家/地区	出口数量（千克）	出口金额（千美元）
阿尔及利亚	35787	159
瑞士	22049	150
爱尔兰	26976	139
突尼斯	22604	130
乌拉圭	24800	125
奥地利	17178	120
埃及	43075	118
马达加斯加	31884	115
波多黎各	29604	114
挪威	15960	111
多哥	32151	101
立陶宛	22792	101
土耳其	18594	100
匈牙利	19586	96
罗马尼亚	16787	92
克罗地亚	20655	87
牙买加	18982	83
斯洛伐克	20978	78
刚果(金)	17692	68
爱沙尼亚	12006	60
特立尼达和多巴哥	9250	57
毛里求斯	16698	53
厄立特里亚	15208	52
津巴布韦	13943	50
尼加拉瓜	14406	50
多米尼克	11405	45
哈萨克斯坦	9032	44
布基纳法索	11288	39
利比里亚	11730	38
卡塔尔	6430	36
巴林	6196	34
坦桑尼亚	12246	32
塞尔维亚	5355	31
阿曼	4312	31
尼日尔	10219	30
塞浦路斯	4550	26
哥斯达黎加	4425	25
喀麦隆	4850	23
几内亚	5899	21
苏里南	4380	20
柬埔寨	1691	18
格鲁吉亚	2011	17
乌兹别克斯坦	2058	16
巴布亚新几内亚	3382	16
多民族玻利维亚国	2039	14

国家/地区	出口数量（千克）	出口金额（千美元）
荷属安的列斯群岛	2880	12
塞内加尔	2663	12
阿塞拜疆	960	11
保加利亚	1805	8
蒙古	1174	8
斐济	1062	6
白俄罗斯	1170	5
新喀里多尼亚	764	4
文莱	469	4
吉布提	930	4
刚果(布)	842	3
索马里	784	3
黑山	950	3
留尼汪	256	2
加蓬	457	2
摩尔多瓦	181	2
圣卢西亚	323	2
格林纳达	288	2
冰岛	368	1
马耳他	206	1
吉尔吉斯斯坦	190	1
法属波利尼西亚	120	1
前南马其顿	145	1
巴巴多斯	123	1
赤道几内亚	60	1

96091020 颜色铅笔

国家/地区	出口数量（千克）	出口金额（千美元）
#合计	29391418	160025
意大利	1124869	10944
德国	1588004	10806
美国	1712482	9328
巴西	2508178	7368
英国	1680233	7348
法国	1054138	7155
马来西亚	1362615	7139
泰国	1080594	5945
阿联酋	956455	4745
西班牙	710862	4206
荷兰	912803	4109
秘鲁	557188	4072
俄罗斯联邦	808265	3993
日本	518452	3491
印度尼西亚	568970	3399
乌克兰	509895	3392
智利	554740	3289
芬兰	666581	3269

国家/地区	出口数量（千克）	出口金额（千美元）
墨西哥	579784	3014
澳大利亚	585271	3000
阿根廷	462974	2788
委内瑞拉	432013	2758
南非	609309	2673
中国香港	357899	2664
哥伦比亚	321538	2289
中国台湾	371093	2061
捷克	311001	2044
巴拿马	450092	1847
厄瓜多尔	295293	1791
伊朗	266778	1636
波兰	264503	1535
巴基斯坦	297551	1365
危地马拉	238412	1312
沙特阿拉伯	283710	1264
拉脱维亚	290300	1235
马达加斯加	332953	1090
摩洛哥	266538	1046
印度	128054	976
比利时	171323	907
丹麦	117507	764
萨尔瓦多	123292	700
斯里兰卡	92057	698
瑞士	85782	664
洪都拉斯	109718	634
以色列	117624	617
加拿大	101430	565
韩国	65003	565
瑞典	116684	565
突尼斯	133219	554
阿尔及利亚	84834	511
约旦	125804	494
科特迪瓦	110025	424
斯洛文尼亚	67250	406
哈萨克斯坦	46733	401
新加坡	57019	395
乌拉圭	69445	366
越南	60249	358
尼日利亚	105898	346
多哥	99075	306
科威特	42625	293
挪威	43268	291
爱沙尼亚	50889	286
匈牙利	53357	273
葡萄牙	57562	272
新西兰	48016	270
多民族玻利维亚国	34030	257
立陶宛	39633	239
菲律宾	27928	223
埃及	90465	219
黎巴嫩	36003	214
阿塞拜疆	29877	210
土耳其	38504	204
希腊	40996	203
布基纳法索	60539	202
罗马尼亚	39117	196
斯洛伐克	44500	187
孟加拉国	24445	164
利比亚	25223	146
叙利亚	27121	144
克罗地亚	28462	134
多米尼加共和国	30090	130
巴拉圭	22852	119
爱尔兰	22297	115
哥斯达黎加	20304	112
格鲁吉亚	9852	94
莫桑比克	31334	87
也门	36623	85
尼加拉瓜	20362	79
塞尔维亚	16580	77
贝宁	21773	69
肯尼亚	22304	68
特立尼达和多巴哥	8623	65
乌兹别克斯坦	5452	54
海地	15800	51
塞浦路斯	8287	47
奥地利	11340	46
塞内加尔	14569	44
缅甸	13413	44
阿曼	11964	43
卡塔尔	6482	36
波多黎各	8755	33
古巴	6121	32
巴布亚新几内亚	4825	27
保加利亚	5808	24
毛里求斯	7815	24
苏丹	14478	22
喀麦隆	4610	18
几内亚	5174	15
加纳	3835	15
文莱	1417	14
蒙古	1254	13
新喀里多尼亚	2080	11
柬埔寨	794	8
加蓬	1213	7
巴林	1435	7
前南马其顿	916	6
尼泊尔	600	6
朝鲜	749	4
阿尔巴尼亚	860	4
科摩罗	570	3
马约特	1127	3
留尼汪	343	3
波黑	600	3
苏里南	640	3
冰岛	559	2
尼日尔	430	1
毛里塔尼亚	560	1
马尔代夫	150	1
利比里亚	333	1
96140010 烟斗及烟斗头		
#合计	16160325	42265
美国	3956211	8881
德国	1480724	5397
加拿大	1542369	4330
沙特阿拉伯	355096	2798
阿联酋	475576	2222
黎巴嫩	261188	1377
俄罗斯联邦	575760	1309
伊朗	450631	1291
比利时	344206	1278
巴西	478421	890
澳大利亚	886833	835
以色列	208722	807
中国香港	306784	791
英国	492464	707
荷兰	371723	626
土耳其	155994	603
南非	253413	602
摩洛哥	167666	599
印度	124775	561
西班牙	306792	541
埃及	205939	451
意大利	31554	294

国家/地区	出口数量（千克）	出口金额（千美元）
智利	226519	288
约旦	128266	282
法国	123068	273
利比亚	82334	221
墨西哥	119111	217
新加坡	24417	211
叙利亚	69322	189
乌拉圭	95606	187
马来西亚	314067	186
越南	2052	173
也门	177986	167
乌克兰	52873	161
阿尔及利亚	77878	160
安哥拉	3564	157
阿根廷	38282	142
巴林	68900	131
丹麦	31770	120
日本	91252	113
泰国	104475	108
奥地利	32376	106
捷克	39318	105
阿曼	3348	99
多哥	7680	97
哥伦比亚	69293	81
伊拉克	24275	74
巴基斯坦	83279	68
希腊	32432	63
瑞典	12220	62
瑞士	17886	60
突尼斯	31740	57
挪威	21263	57
卡塔尔	8538	55
波兰	7194	55
菲律宾	59380	49
委内瑞拉	61360	48
巴拿马	28524	48
哈萨克斯坦	19589	48
新西兰	28109	32
罗马尼亚	104080	30
尼泊尔	1500	29
中国台湾	9872	27
萨尔瓦多	7600	24
巴布亚新几内亚	18800	21
克罗地亚	10083	21
印度尼西亚	8000	18

国家/地区	出口数量（千克）	出口金额（千美元）
葡萄牙	6596	18
喀麦隆	6246	15
贝宁	7520	15
厄瓜多尔	7000	12
白俄罗斯	5970	10
秘鲁	13599	10
匈牙利	9180	9
斯洛文尼亚	2561	8
芬兰	4290	7
保加利亚	3395	6
孟加拉国	7930	5
塞浦路斯	2278	5
哥斯达黎加	3150	5
科特迪瓦	36000	4
立陶宛	2061	4
刚果(金)	1100	3
爱沙尼亚	220	3
拉脱维亚	5922	3
苏里南	2900	3
阿尔巴尼亚	2780	2
中国澳门	700	2
吉布提	3300	2
库腊索岛	200	2
毛里求斯	627	2
加纳	1265	2
坦桑尼亚	4628	2
阿鲁巴	560	1
格鲁吉亚	2100	1
冰岛	1680	1
96151900 其他梳子、发夹及类似品		
#合计	38296137	188716
美国	7295745	43748
德国	716366	8741
印度	2395317	8377
巴西	2699885	8372
沙特阿拉伯	1432561	7039
墨西哥	1594334	6117
英国	639505	5823
中国香港	1683454	5197
日本	340109	4488
阿联酋	808644	4282
智利	876047	3860
荷兰	368798	3773
印度尼西亚	913646	3533
西班牙	508415	3019

国家/地区	出口数量（千克）	出口金额（千美元）
法国	322220	2938
巴基斯坦	828767	2888
马来西亚	871821	2780
伊朗	774984	2731
哥伦比亚	699243	2694
俄罗斯联邦	590729	2518
土耳其	286484	2224
越南	160094	2213
意大利	316539	2180
埃及	528837	2139
加拿大	316849	2042
比利时	207990	1962
也门	559831	1891
澳大利亚	309676	1768
泰国	459704	1732
尼日利亚	549434	1706
阿根廷	361841	1656
秘鲁	289112	1461
巴拿马	305900	1400
孟加拉国	344130	1378
加纳	437360	1353
以色列	237189	1337
伊拉克	402429	1251
南非	239386	1203
委内瑞拉	450206	1175
芬兰	199525	1138
厄瓜多尔	188448	1073
新加坡	133783	921
约旦	430127	899
韩国	129662	896
阿尔及利亚	247042	826
波兰	59021	821
摩洛哥	190518	814
乌克兰	223188	803
利比亚	203224	756
瑞典	65832	745
危地马拉	141900	738
科威特	127042	673
朝鲜	27059	664
菲律宾	249831	661
斯里兰卡	115559	552
葡萄牙	100714	538
罗马尼亚	134573	506
乌拉圭	84296	482
希腊	80274	463

国家/地区	出口数量（千克）	出口金额（千美元）
多米尼加共和国	168305	429
中国台湾	45843	341
安哥拉	94524	335
丹麦	24900	332
克罗地亚	81613	313
叙利亚	66359	300
阿尔巴尼亚	41845	285
爱尔兰	40188	267
拉脱维亚	22904	259
挪威	30957	254
黎巴嫩	43606	247
新西兰	42156	241
苏丹	56283	236
肯尼亚	79448	232
萨尔瓦多	55603	221
吉尔吉斯斯坦	74876	221
坦桑尼亚	65937	218
牙买加	21403	179
吉布提	63721	172
突尼斯	48085	169
塞内加尔	43153	168
喀麦隆	57929	166
斯洛文尼亚	36050	140
几内亚	36705	140
哈萨克斯坦	28825	138
塞尔维亚	38068	134
巴林	10210	132
捷克	7227	119
古巴	5493	115
多米尼克	59200	113
马达加斯加	30722	110
阿塞拜疆	32813	110
马耳他	23795	102
科特迪瓦	36049	99
匈牙利	11573	98
刚果(金)	32243	91
萨摩亚	4425	83
莫桑比克	16505	82
海地	39400	79
刚果(布)	17344	76
贝宁	42082	70
斐济	12312	64
保加利亚	10967	62
巴布亚新几内亚	17247	61
哥斯达黎加	14379	58
洪都拉斯	22163	57
巴拉圭	10502	55
留尼汪	5004	49
毛里求斯	11011	47
多哥	6427	44
奥地利	6856	41
卡塔尔	7291	41
毛里塔尼亚	14617	39
圭亚那	7574	37
瑞士	6744	37
立陶宛	3697	29
波多黎各	7762	26
东帝汶	4051	26
柬埔寨	5589	25
格鲁吉亚	6222	23
斯洛伐克	1754	22
瓦努阿图	1235	22
纳米比亚	11319	20
赤道几内亚	5712	20
尼加拉瓜	4145	16
中国澳门	5975	16
特立尼达和多巴哥	3543	16
加蓬	720	15
利比里亚	6227	14
爱沙尼亚	1233	14
埃塞俄比亚	4056	13
黑山	2851	12
苏里南	3894	11
塞浦路斯	2386	11
瓜德罗普	2352	11
文莱	2598	11
津巴布韦	4474	10
塞拉利昂	3861	9
梅利利亚	1000	9
汤加	1768	7
库腊索岛	3386	7
赞比亚	24	6
博茨瓦纳	440	5
亚美尼亚	1463	5
新喀里多尼亚	859	4
白俄罗斯	341	4
伯利兹	1167	3
缅甸	84	3
多民族玻利维亚国	763	3
阿曼	254	3
佛得角	732	2
冈比亚	450	2
圣卢西亚	310	1
法属波利尼西亚	536	1

木制品进口

国家/地区	进口数量（千克）	进口金额（千美元）
44091010 任一边、端或面制成连续形状针叶木地板条		
#合计	2123790	2369
瑞典	1941031	1967
美国	17897	139
韩国	65004	75
日本	11895	67
爱沙尼亚	53500	38
芬兰	18334	36
丹麦	2055	35
柬埔寨	12944	11
意大利	620	1
44092910 其他任一边、端或面成连续状非针叶木地板条		
#合计	8053877	19628
美国	6768821	16778
奥地利	194695	532
丹麦	98470	460
巴拉圭	117850	257
老挝	88094	209
意大利	49365	194
越南	70996	182
印度尼西亚	131065	157
马来西亚	105979	126
芬兰	131544	119
日本	43275	108
波兰	17494	95
葡萄牙	8926	84
立陶宛	19800	76
德国	9502	54
俄罗斯联邦	62023	48
加纳	14970	34
西班牙	20594	30
巴西	59117	20
加拿大	292	15
泰国	4600	12
澳大利亚	24841	10

国家/地区	进口数量（千克）	进口金额（千美元）
中国台湾	5253	6
法国	3670	5
韩国	1593	4
挪威	140	4
荷兰	416	3
比利时	200	3
中国	193	2
多民族玻利维亚国	36	1
44140010 辐射松制的画框、相框、镜框及类似品		
#合计	6916	5
越南	76	2
美国	6800	2
44140090 其他木制的画框、相框、镜框及类似品		
#合计	103764	1231
中国	41034	340
美国	4380	117
意大利	2174	110
瑞士	484	98
日本	5240	93
印度尼西亚	14575	85
泰国	12712	85
印度	9269	77
西班牙	2937	70
中国香港	449	24
法国	875	22
卡塔尔	956	18
英国	286	16
中国台湾	1200	11
丹麦	2521	10
德国	514	9
毛里求斯	230	9
加拿大	73	7
菲律宾	1280	6
新加坡	607	5
越南	313	5
葡萄牙	398	3
比利时	97	2
尼泊尔	150	2
韩国	179	2
阿联酋	82	2
瑞典	150	1
荷兰	57	1
墨西哥	116	1

国家/地区	进口数量（千克）	进口金额（千美元）
马来西亚	111	1
44151000 木制箱、盒、桶及类似的包装容器；电缆卷筒		
#合计	49654	27353
德国	2253	15253
中国	14763	10477
日本	3660	515
美国	3032	282
泰国	2375	157
奥地利	340	88
荷兰	105	83
瑞典	6236	75
中国香港	1555	68
波兰	6198	66
意大利	3529	58
瑞士	329	46
英国	545	33
丹麦	935	33
法国	309	25
新加坡	23	19
以色列	1	15
澳大利亚	757	14
韩国	109	12
中国台湾	1395	9
比利时	120	7
印度尼西亚	196	6
马达加斯加	300	4
西班牙	130	3
印度	86	3
菲律宾	88	2
越南	72	2
希腊	3	1
爱沙尼亚	1	1
44152010 辐射松制托板箱形托盘及其他装载板托盘护框		
#合计	26320	246
中国	18400	137
新西兰	5760	60
美国	15	26
斯洛伐克	1200	16
日本	644	4
法国	300	2
#合计	775073	6077
中国	318975	2169
德国	85150	694

国家/地区	进口数量（千克）	进口金额（千美元）
英国	346	466
瑞典	32322	356
丹麦	36360	347
韩国	136237	323
日本	28595	299
美国	29898	285
澳大利亚	9104	183
印度	28936	178
波兰	14758	157
捷克	20340	148
意大利	1607	100
中国台湾	10253	91
越南	3932	62
比利时	3562	34
中国香港	921	34
斯洛伐克	1898	32
西班牙	2980	27
法国	746	23
马来西亚	2147	17
新加坡	475	12
荷兰	625	10
俄罗斯联邦	600	6
加拿大	1142	6
挪威	842	4
菲律宾	87	3
奥地利	65	3
爱沙尼亚	60	2
立陶宛	100	2
泰国	1879	1
印度尼西亚	22	1
墨西哥	71	1
44160090 木制大桶、琵琶桶、盆等木制箍桶及其零件		
#合计	2449864	14162
法国	1374205	12698
美国	101056	620
西班牙	336585	507
日本	578467	116
匈牙利	4829	66
澳大利亚	25725	58
意大利	2359	25
英国	2137	20
智利	6003	17
阿根廷	2000	6
希腊	6450	6

国家/地区	进口数量（千克）	进口金额（千美元）
印度	2403	5
印度尼西亚	1263	4
爱沙尼亚	700	3
葡萄牙	1604	3
韩国	1600	2
中国台湾	260	2
马来西亚	165	1
比利时	640	1
南非	511	0
44170010 辐射松制工具等；扫帚及刷子；鞋靴楦及楦头		
#合计	157	4
意大利	80	3
英国	76	1
44170090 木制工具等；扫帚及刷子等；木鞋靴楦及楦头		
#合计	191459	1417
日本	8106	610
法国	1946	348
中国台湾	76944	147
意大利	917	53
中国	6573	51
印度尼西亚	11384	47
美国	4440	44
中国香港	503	44
巴西	12116	25
德国	490	13
英国	479	12
朝鲜	50800	8
越南	16123	5
瑞士	6	4
比利时	31	2
西班牙	234	1
白俄罗斯	232	1
泰国	46	1
波兰	4	1
44181010 辐射松制窗法兰西式(落地)窗及其框架		
#合计	4593	59
美国	4593	59
44181090 木制窗、法兰西式(落地)窗及其木制框架		
#合计	876660	3305
韩国	110004	1302
德国	29588	884

国家/地区	进口数量（千克）	进口金额（千美元）
美国	30269	306
波兰	297168	237
芬兰	21879	142
丹麦	113885	126
匈牙利	232771	120
意大利	3426	56
荷兰	6799	41
立陶宛	23500	31
日本	2037	27
捷克	698	6
印度尼西亚	470	6
法国	896	5
中国台湾	1930	4
西班牙	60	3
尼泊尔	491	3
印度	196	2
泰国	164	2
新西兰	125	1
加拿大	69	1
英国	132	1
中国	31	1
44182000 木制门及其框架和门槛		
#合计	845987	5360
德国	311538	1809
美国	144667	1016
西班牙	26047	742
意大利	54033	562
瑞士	13805	241
日本	28777	164
印度	19302	95
中国	42205	93
芬兰	20138	92
马来西亚	40856	69
韩国	12596	63
澳大利亚	1100	61
比利时	1404	46
荷兰	4767	43
新西兰	1825	43
缅甸	12410	31
菲律宾	46395	25
越南	9144	25
中国台湾	23871	22
印度尼西亚	5905	18
新加坡	2253	17
老挝	4920	14

国家/地区	进口数量（千克）	进口金额（千美元）
瑞典	863	12
泰国	4068	11
法国	1679	11
柬埔寨	3929	8
波兰	1456	5
英国	173	5
加拿大	2236	4
奥地利	101	2
葡萄牙	714	2
尼泊尔	175	2
卡塔尔	78	2
沙特阿拉伯	310	2
朝鲜	1600	1
墨西哥	42	1
埃及	568	1
44184000 木制水泥构件的模板		
#合计	168558	261
奥地利	133500	216
韩国	23321	31
新加坡	8793	8
斯洛伐克	2625	5
中国台湾	258	1
44185000 木瓦及木制盖屋板		
#合计	136376	307
美国	124513	287
日本	2872	8
德国	6060	8
西班牙	261	2
瑞士	250	1
中国台湾	2420	1
44186000 木制柱及樑		
#合计	1220456	2150
美国	792342	1380
意大利	2196	194
俄罗斯联邦	156502	178
加拿大	41833	154
印度	27886	101
奥地利	168337	70
马来西亚	10379	29
芬兰	7039	14
德国	8776	12
日本	291	4
印度尼西亚	2148	4
中国	1278	4
比利时	176	3

国家/地区	进口数量（千克）	进口金额（千美元）
菲律宾	170	2
瑞士	870	1
西班牙	233	1
44187100 马赛克地板用已装拼的木地板		
#合计	329	4
乌克兰	213	3
意大利	116	1
44187290 其他多层已装拼的木地板		
#合计	2484842	10646
奥地利	681666	4090
印度尼西亚	727118	2340
意大利	131667	1258
德国	117776	777
波兰	238540	739
马来西亚	101110	418
瑞典	10386	226
日本	256843	183
爱沙尼亚	49557	153
中国台湾	111915	143
加拿大	5695	130
葡萄牙	19476	70
美国	4550	36
挪威	5280	31
芬兰	4941	24
西班牙	1072	11
中国	15247	9
比利时	740	6
瑞士	530	3
法国	733	1
44187990 其他已装拼的木地板		
#合计	450340	870
德国	101069	253
日本	86859	185
印度尼西亚	184996	174
美国	20160	64
奥地利	11430	53
俄罗斯联邦	24539	39
马来西亚	10573	36
意大利	4394	28
西班牙	764	13
丹麦	1315	11
比利时	1815	9
中国台湾	2047	2
中国	106	2
澳大利亚	168	1

国家/地区	进口数量（千克）	进口金额（千美元）
瑞典	25	0
44190031 木制一次性筷子		
#合计	15619238	7265
俄罗斯联邦	13013512	6204
朝鲜	1492000	433
蒙古	810980	334
美国	151842	147
日本	4719	52
越南	87585	45
中国	15892	39
阿联酋	319	4
老挝	42000	4
斯里兰卡	335	3
新西兰	30	1
44190099 其他木制餐具及厨房用具		
#合计	765682	3730
罗马尼亚	267207	595
中国台湾	18559	473
泰国	74188	375
美国	20788	353
越南	142391	339
中国	98309	309
捷克	28824	306
日本	8753	266
马来西亚	76007	218
瑞典	9266	146
意大利	3368	88
菲律宾	3751	81
印度尼西亚	5547	54
德国	928	37
法国	562	16
印度	1683	15
波兰	1531	12
丹麦	430	7
韩国	942	6
英国	144	6
西班牙	253	4
瑞士	1021	3
俄罗斯联邦	11	3
巴西	202	3
比利时	231	3
委内瑞拉	39	3
尼泊尔	284	1
克罗地亚	50	1
澳大利亚	9	1

国家/地区	进口数量（千克）	进口金额（千美元）
加拿大	38	1
孟加拉国	61	1
中国香港	44	1
芬兰	0	1
阿根廷	40	0
44201011 木刻		
#合计	87308	401
印度	1229	200
坦桑尼亚	18828	37
越南	6854	30
印度尼西亚	9356	26
中国台湾	1601	21
马来西亚	1217	13
意大利	55	12
泰国	1608	11
缅甸	34820	10
肯尼亚	4966	8
中国香港	280	6
日本	152	6
柬埔寨	2920	6
比利时	505	4
菲律宾	203	3
中国	83	2
丹麦	13	2
新西兰	2207	1
美国	46	1
尼泊尔	345	1
44201020 木扇		
#合计	361	8
韩国	320	5
中国	5	2
日本	34	1
44201090 其他木制小雕像及装饰品		
#合计	2306619	6023
印度尼西亚	660948	1344
缅甸	868660	752
泰国	103924	510
印度	56497	326
尼泊尔	68245	298
越南	56882	281
中国	50543	274
日本	33957	273
尼日利亚	6532	191
意大利	5714	178
老挝	65640	155

国家/地区	进口数量（千克）	进口金额（千美元）
菲律宾	26609	138
美国	3564	135
中国台湾	59036	133
西班牙	3636	114
几内亚	51350	100
柬埔寨	27743	95
法国	1054	84
马来西亚	45124	78
坦桑尼亚	15146	72
南非	7799	66
波兰	452	64
巴基斯坦	35979	38
德国	2648	36
肯尼亚	11358	33
中国香港	4171	29
英国	483	27
荷兰	4754	26
新西兰	5135	20
冈比亚	8643	20
丹麦	619	19
秘鲁	968	15
斯里兰卡	701	15
瑞士	449	11
瑞典	96	10
加纳	2448	9
比利时	182	6
阿曼	80	5
以色列	49	5
埃塞俄比亚	935	5
新加坡	892	4
韩国	353	4
尼日尔	210	3
墨西哥	267	3
俄罗斯联邦	51	2
智利	150	2
巴拿马	38	2
斐济	62	2
莫桑比克	176	1
巴西	78	1
文莱	129	1
津巴布韦	860	1
加蓬	25	1
科特迪瓦	4222	1
澳大利亚	271	1
古巴	8	1

国家/地区	进口数量（千克）	进口金额（千美元）
加拿大	6	1
葡萄牙	50	1
44209010 镶嵌木		
#合计	19	1
美国	5	1
44209090 珠宝或刀具木盒及类似品；第94章以外木家具		
#合计	1638520	9349
中国	97106	3736
立陶宛	734411	979
波兰	188835	874
法国	6633	659
意大利	79757	591
泰国	193391	481
德国	159029	407
瑞士	14449	314
拉脱维亚	64192	269
越南	19085	176
印度	40832	175
中国香港	4735	164
毛里求斯	1192	95
韩国	4522	70
中国台湾	6295	48
日本	2251	41
西班牙	1649	38
印度尼西亚	3082	34
菲律宾	915	29
美国	917	29
英国	946	27
新西兰	900	22
瑞典	3745	20
罗马尼亚	2226	12
澳大利亚	548	7
捷克	783	7
马来西亚	546	6
老挝	2585	6
斯里兰卡	592	6
加拿大	165	6
土耳其	5	5
尼泊尔	712	4
阿根廷	30	3
芬兰	110	2
丹麦	123	2
荷兰	253	1
塞尔维亚	11	1

国家/地区	进口数量（千克）	进口金额（千美元）
伊朗	170	1
巴基斯坦	389	1
44211000 木制衣架		
#合计	217156	2151
中国	69890	963
意大利	14955	441
中国香港	35530	244
法国	1204	145
德国	1326	69
日本	1121	64
立陶宛	1521	50
印度尼西亚	55780	46
越南	25371	30
韩国	3680	21
美国	972	13
斯洛文尼亚	302	10
土耳其	313	9
菲律宾	233	8
泰国	1477	7
西班牙	369	7
英国	505	5
老挝	1560	5
印度	243	3
荷兰	191	2
丹麦	26	2
波黑	176	2
比利时	113	1
瑞士	42	1
塞拉利昂	123	1
塞尔维亚	45	1
44219010 木制卷轴、纡子、筒管、缝纫用线轴及类似品		
#合计	185739	424
美国	100964	319
印度	797	39
韩国	40382	33
中国	40072	23
印度尼西亚	2800	6
日本	564	3
德国	53	1
44219021 木制圆签圆棒冰果棒压舌片及类似一次性制品		
#合计	6294366	4670
朝鲜	4382469	2817
俄罗斯联邦	1692654	1296

国家/地区	进口数量（千克）	进口金额（千美元）
中国	202006	462
中国台湾	10753	38
德国	1788	23
日本	1679	12
以色列	1155	9
阿联酋	1025	5
挪威	157	2
法国	25	2
埃及	151	1
美国	57	1
44219090 未列名木制品		
#合计	153387852	154843
印度尼西亚	141283902	111839
厄瓜多尔	2001999	9626
巴布亚新几内亚	1269409	8207
中国	1216097	8057
菲律宾	2552403	2229
意大利	286292	2082
美国	165646	1542
泰国	1086875	1342
德国	174621	1272
越南	788245	1100
法国	45028	856
瑞士	10326	851
日本	125782	803
马来西亚	1018073	612
中国台湾	45858	564
罗马尼亚	139194	485
比利时	444576	416
丹麦	30038	308
中国香港	76619	299
巴西	74529	227
立陶宛	63856	190
瑞典	30583	176
韩国	20229	165
印度	24433	165
喀麦隆	98196	164
荷兰	17223	153
波黑	86033	139
俄罗斯联邦	61701	129
加纳	6929	112
捷克	16795	104
西班牙	21327	97
加拿大	5667	86
英国	4597	80

国家/地区	进口数量（千克）	进口金额（千美元）
毛里求斯	421	64
斯洛文尼亚	11428	44
澳大利亚	2402	41
斯里兰卡	5141	34
新加坡	7930	33
缅甸	39101	30
波兰	2376	23
奥地利	10094	18
以色列	987	10
塞尔维亚	177	8
斐济	97	7
挪威	1587	6
老挝	3529	6
乌克兰	1590	5
摩洛哥	567	5
柬埔寨	1251	5
朝鲜	2114	5
新西兰	573	4
阿联酋	433	4
智利	136	3
尼泊尔	697	3
芬兰	23	3
莫桑比克	299	2
土耳其	9	2
匈牙利	196	2
葡萄牙	64	2
爱沙尼亚	65	1
埃及	965	1
马达加斯加	0	1
圣马力诺	50	1
爱尔兰	50	1
黎巴嫩	58	1
巴基斯坦	160	1
66020000 手杖、带座手杖、鞭子、马鞭及类似品		
#合计	299289	10983
中国台湾	276271	10083
意大利	14398	461
捷克	1258	144
中国	3799	131
韩国	1008	58
德国	1149	39
法国	454	36
日本	120	21
美国	493	7

国家/地区	进口数量（千克）	进口金额（千美元）
印度尼西亚	82	1
印度	169	1
西班牙	9	1
奥地利	7	0
84484930 梭子		
#合计	50512	737
奥地利	5725	392
日本	41472	207
美国	63	52
中国香港	5	21
瑞士	249	21
印度	233	17
德国	125	7
意大利	200	5
比利时	4	5
英国	404	3
泰国	1930	3
韩国	100	2
伊朗	1	1
92011000 竖式钢琴，包括自动钢琴		
#合计	102199	82622
日本	51338	50447
印度尼西亚	10991	17400
韩国	38718	10080
德国	311	2489
捷克	472	1932
英国	101	70
中国	96	52
意大利	10	44
美国	44	37
中国台湾	12	20
加拿大	24	11
奥地利	18	7
阿塞拜疆	1	6
瑞士	13	5
国别(地区)不详	25	4
新西兰	1	4
中国香港	5	3
比利时	5	3
菲律宾	5	2
西班牙	1	1
丹麦	1	1
芬兰	1	1
俄罗斯联邦	2	1
法国	1	1

国家/地区	进口数量（千克）	进口金额（千美元）
荷兰	1	1
南非	2	1
92012000 大钢琴，包括自动钢琴		
#合计	4632	37821
日本	2440	15204
德国	344	12045
印度尼西亚	1458	6495
意大利	29	1668
奥地利	21	837
美国	32	514
捷克	29	480
韩国	173	270
英国	75	181
澳大利亚	1	52
法国	11	35
比利时	3	15
中国台湾	1	5
西班牙	3	5
俄罗斯联邦	2	5
加拿大	2	4
国别(地区)不详	7	3
中国	1	2
92019000 拨弦古钢琴及其他键盘弦乐器		
#合计	804	647
日本	387	460
美国	9	91
德国	7	29
意大利	2	28
韩国	82	28
英国	11	9
中国	3	1
比利时	2	1
92021000 弓弦乐器		
#合计	2198	1471
意大利	24	863
德国	206	380
奥地利	3	66
罗马尼亚	630	52
美国	77	26
中国	448	17
捷克	13	13
菲律宾	252	13
西班牙	43	10
法国	4	8
比利时	216	7

国家/地区	进口数量（千克）	进口金额（千美元）
日本	29	6
荷兰	19	4
越南	182	4
中国台湾	11	1
马来西亚	23	1
印度尼西亚	4	1
澳大利亚	6	1
匈牙利	8	1
92029000 其他弦乐器		
#合计	71546	5274
印度尼西亚	63833	3561
美国	954	867
日本	231	280
墨西哥	337	96
中国	3843	90
意大利	11	81
加拿大	797	63
德国	148	59
韩国	400	59
西班牙	183	48
法国	19	26
捷克	14	11
越南	373	10
瑞士	2	6
英国	13	5
澳大利亚	9	3
荷兰	35	3
中国台湾	61	3
泰国	273	3
马来西亚	2	1
92059090 其他管乐器，但游艺场风琴及手摇风琴除外		
#合计	57116	4477
日本	5537	2317
法国	4481	828
德国	71	493
中国台湾	10644	394
越南	1151	262
美国	1472	110
印度尼西亚	13062	23
英国	16743	23
中国	2408	16
意大利	57	6
韩国	1183	3
以色列	300	1

国家/地区	进口数量（千克）	进口金额（千美元）
中国香港	1	1
92060000 打击乐器		
#合计	346505	6588
美国	23166	1465
德国	50215	1216
中国台湾	78532	833
印度尼西亚	105706	666
荷兰	337	537
日本	6434	446
加拿大	8323	386
中国	10712	226
泰国	6299	198
瑞士	2787	162
以色列	13640	129
法国	54	76
英国	113	60
韩国	19401	47
土耳其	557	41
加纳	2531	38
尼泊尔	16551	35
特立尼达和多巴哥	16	10
匈牙利	1	4
瑞典	211	3
中国香港	17	2
巴西	1	2
马来西亚	15	2
澳大利亚	201	1
尼日利亚	29	1
墨西哥	63	1
印度	33	1
94060000 活动房屋		
#合计	4945423	48169
德国	913794	17759
韩国	603183	6843
美国	1003339	5261
法国	50820	4362
日本	252271	2843
芬兰	153560	1782
意大利	128495	1576
中国台湾	219371	1384
英国	61042	1238
加拿大	122568	973
瑞典	105970	963
奥地利	27844	633
新加坡	76215	556

国家/地区	进口数量（千克）	进口金额（千美元）
俄罗斯联邦	861507	409
阿联酋	40637	230
澳大利亚	18511	229
荷兰	40978	217
印度尼西亚	135826	207
中国香港	19315	197
比利时	33090	155
中国	38501	151
越南	8289	69
西班牙	5538	38
瑞士	415	30
波兰	1211	20
马来西亚	220	13
蒙古	15830	12
爱沙尼亚	4720	10
泰国	600	5
土耳其	1160	4
印度	295	1
挪威	150	1
95049030 中国象棋、国际象棋、跳棋等棋类用品		
#合计	624341	721
中国	587106	196
泰国	12286	145
意大利	62	116
日本	1899	104
印度	3477	44
法国	5	43
英国	1964	27
韩国	2000	13
美国	1582	7
捷克	969	6
西班牙	1	4
菲律宾	5	4
印度尼西亚	10	3
德国	213	2
中国台湾	4298	2
爱尔兰	3600	2
越南	7	2
澳大利亚	2	1
96091010 铅笔		
#合计	207778	1140
中国	74534	309
中国台湾	66173	269
德国	8791	180

国家/地区	进口数量（千克）	进口金额（千美元）
日本	5142	102
越南	27218	74
印度尼西亚	5692	73
美国	3429	36
捷克	1528	26
巴西	2041	16
韩国	3905	15
意大利	627	13
西班牙	530	5
瑞士	85	5
法国	131	5
墨西哥	7488	3
英国	68	2
荷兰	5	1
中国香港	130	1
奥地利	39	1
马来西亚	45	1
澳大利亚	6	1
泰国	43	1
菲律宾	54	1
96091020 颜色铅笔		
#合计	467993	3033
中国	191503	845
印度尼西亚	65635	694
中国台湾	66504	406
越南	49867	382
日本	6479	207
德国	14387	140
巴西	17876	126
捷克	18200	63
美国	4630	48
意大利	25675	44
瑞士	286	23
比利时	2990	15
英国	1120	11
西班牙	829	9
法国	121	7
韩国	811	4
中国香港	641	4
哥斯达黎加	157	2
秘鲁	134	1
泰国	48	1
墨西哥	33	1
马来西亚	39	1
澳大利亚	3	0

国家/地区	进口数量（千克）	进口金额（千美元）
96140010 烟斗及烟斗头		
#合计	32800	304
意大利	3503	119
英国	1266	97
荷兰	162	22
中国	26857	11
日本	133	10
法国	40	9
德国	109	7
西班牙	79	6
美国	116	6
丹麦	48	4
爱尔兰	60	4
新加坡	1	3
埃及	380	3
中国香港	34	2
土耳其	6	1
96151900 其他梳子、发夹及类似品		
#合计	81514	2824
法国	567	844
意大利	1149	775
中国	8405	372
美国	641	233
韩国	51647	216
日本	5096	144
中国香港	2547	81
中国台湾	10069	66
奥地利	10	37
英国	743	29
越南	275	8
巴西	3	5
西班牙	45	4
罗马尼亚	2	2
澳大利亚	63	1
泰国	10	1
孟加拉国	54	1
印度	17	1
德国	23	1
俄罗斯联邦	1	0
尼泊尔	115	0

木片出口

国家/地区	出口数量（千克）	出口金额（千美元）
44012100 针叶木的木片或木粒		

国家/地区	出口数量（千克）	出口金额（千美元）
#合计	20262	17
韩国	1400	10
中国台湾	18862	7
44012200 非针叶木的木片或木粒		
#合计	49182	13
日本	46757	8
印度	750	2
美国	500	1
吉布提	540	1
英国	635	1

木片进口

国家/地区	进口数量（千克）	进口金额（千美元）
44012100 针叶木的木片或木粒		
#合计	315743019	59080
澳大利亚	214486420	41762
巴西	30670801	6168
斐济	22279540	3820
俄罗斯联邦	25888585	3662
新西兰	20104970	3217
越南	2112778	412
德国	27677	24
美国	2408	5
朝鲜	160800	5
日本	9015	4
44012200 非针叶木的木片或木粒		
#合计	7264641266	1272726
越南	3494675210	585202
泰国	1848113147	320443
印度尼西亚	1025027520	183276
澳大利亚	612825032	127187
南非	98513350	18018
马来西亚	93687766	17321
智利	53249060	12277
巴西	23242320	4896
柬埔寨	13758095	2405
法国	163771	741
美国	1314944	602
东帝汶	9327	214
匈牙利	6416	81
日本	14112	20
德国	12078	14
意大利	24	11
奥地利	9900	5

国家/地区	进口数量（千克）	进口金额（千美元）
中国台湾	12309	5
菲律宾	5028	3
丹麦	1500	2
刚果(布)	160	1
乌拉圭	40	1
厄瓜多尔	30	0
老挝	27	0
国别(地区)不详	100	0

木炭出口

国家/地区	出口数量（千克）	出口金额（千美元）
38021010 木质活性炭		
#合计	58080518	90640
日本	20307871	38344
印度	3543745	5332
韩国	3583810	4421
越南	3659850	3923
印度尼西亚	3426430	3843
美国	1316265	2411
马来西亚	1453342	2313
阿根廷	1434600	2084
中国台湾	2002027	1992
伊朗	1132250	1934
泰国	1457965	1916
菲律宾	1036582	1820
墨西哥	1117040	1759
法国	984085	1641
意大利	1358323	1582
荷兰	1103636	1454
南非	884313	1211
德国	579560	1125
智利	703460	1117
斯里兰卡	585100	979
秘鲁	792010	907
英国	465127	820
比利时	321782	793
巴基斯坦	449700	634
塞内加尔	418000	600
加拿大	228774	527
爱沙尼亚	288000	455
俄罗斯联邦	243385	455
巴西	303300	410
突尼斯	408000	399
埃及	232400	385

国家/地区	出口数量（千克）	出口金额（千美元）
危地马拉	245000	297
多米尼加共和国	110000	246
澳大利亚	122457	185
哈萨克斯坦	81960	171
厄瓜多尔	122000	151
津巴布韦	108000	142
巴布亚新几内亚	80000	141
新加坡	213500	139
孟加拉国	110300	134
土耳其	85800	133
乌克兰	84000	127
新西兰	77000	123
西班牙	67360	101
朝鲜	88625	100
斯洛文尼亚	40000	100
沙特阿拉伯	117975	91
乌拉圭	115000	84
萨尔瓦多	60000	77
波兰	29590	69
中国香港	20746	61
肯尼亚	38000	50
莫桑比克	8760	44
阿联酋	21550	33
巴林	14000	29
芬兰	18000	28
以色列	19040	28
加纳	19800	21
委内瑞拉	16200	21
立陶宛	13500	21
格鲁吉亚	8000	18
巴拿马	20000	17
希腊	20080	17
苏丹	19800	16
多哥	4000	16
中国澳门	5760	7
捷克	12357	7
蒙古	20000	7
哥斯达黎加	266	3
阿尔及利亚	150	2
塔吉克斯坦	950	1
乌兹别克斯坦	200	1
44029000 其他木炭(包括果壳炭及果核炭)，不论是否结块		
#合计	47122857	32524
日本	27164380	13227

国家/地区	出口数量（千克）	出口金额（千美元）
伊朗	1078532	2444
韩国	3747767	1829
英国	3774632	1565
以色列	1128192	1375
南非	818391	1361
美国	1173175	986
阿联酋	631774	848
沙特阿拉伯	574806	796
利比亚	399858	724
约旦	289194	673
巴西	392348	653
澳大利亚	722047	475
希腊	200616	417
伊拉克	213535	390
中国澳门	286570	366
摩洛哥	204156	351
印度	187088	282
哈萨克斯坦	517200	261
西班牙	138678	246
科威特	106086	245
荷兰	444122	200
比利时	90623	197
德国	153823	196
俄罗斯联邦	110831	169
马来西亚	145795	149
印度尼西亚	118254	148
委内瑞拉	60715	148
也门	38218	110
巴基斯坦	44235	108
突尼斯	49842	92
丹麦	95267	87
中国台湾	96945	87
黎巴嫩	27635	86
意大利	156322	85
爱尔兰	244048	82
缅甸	473184	81
阿曼	34356	72
挪威	117065	71
阿尔及利亚	40110	59
泰国	61019	59
朝鲜	130875	55
尼日利亚	46224	55
罗马尼亚	24653	54
卡塔尔	23400	50
土耳其	156100	44

国家/地区	出口数量（千克）	出口金额（千美元）
哥伦比亚	15585	42
芬兰	30386	35
巴林	10722	35
乌克兰	18204	32
墨西哥	12292	28
文莱	21500	28
埃及	6981	26
法国	29969	25
乌拉圭	17470	25
毛里塔尼亚	12139	24
智利	6821	19
加拿大	11995	16
柬埔寨	14726	16
中国香港	42040	15
奥地利	11484	14
立陶宛	6856	13
巴拿马	9057	12
新西兰	23802	12
新喀里多尼亚	17674	10
新加坡	25356	9
巴拉圭	11800	6
喀麦隆	1647	5
瑞典	2185	4
菲律宾	12580	4
哥斯达黎加	221	3
拉脱维亚	3000	3
塞浦路斯	670	2
葡萄牙	366	2
加纳	3000	2
毛里求斯	227	1
马耳他	9000	1

木炭进口

国家/地区	进口数量（千克）	进口金额（千美元）
38021010 木质活性炭		
#合计	6754840	31096
美国	2554469	13502
日本	1192554	9813
荷兰	449757	2069
菲律宾	471495	1365
印度尼西亚	735650	987
法国	225663	889
印度	261868	542
英国	143665	427
马来西亚	329150	327
中国台湾	74746	305
韩国	50392	262
德国	6309	172
泰国	58041	122
越南	44000	71
澳大利亚	33006	52
丹麦	3357	46
斯里兰卡	15001	43
孟加拉国	98500	36
中国	3872	30
以色列	1919	13
意大利	1272	9
芬兰	50	9
加拿大	90	4
中国香港	5	1
44029000 其他木炭（包括果壳炭及果核炭），不论是否结块		
#合计	167566350	57910
印度尼西亚	56274895	24488
菲律宾	29851732	13105
缅甸	55679736	11478
越南	9196674	3756
老挝	9217655	1896
泰国	4483455	1747
马来西亚	2043740	469
韩国	63950	412
日本	159936	211
孟加拉国	212710	94
美国	29436	36
印度	48081	31
俄罗斯联邦	128690	26
斯里兰卡	7922	22
德国	750	22
法国	598	22
英国	510	16
新加坡	26580	15
中国台湾	8025	14
荷兰	355	10
尼日利亚	39900	10
阿联酋	24440	9
多哥	54120	9
比利时	3360	8
中国	9000	6
巴西	100	1

软木出口

国家/地区	出口数量（千克）	出口金额（千美元）
45011000 未加工或简单加工的天然软木		
#合计	16150	10
韩国	16000	10
45019020 碎的、粒状的或粉状的软木		
#合计	358771	335
中国台湾	74139	85
埃及	9792	64
日本	31615	55
荷兰	83600	44
韩国	96000	30
巴基斯坦	15636	25
保加利亚	10209	18
柬埔寨	20000	5
巴拿马	15800	5
马来西亚	840	2
泰国	350	1
危地马拉	200	0
45020000 除去表皮或成方块、板、片或条状的天然软木		
#合计	28592	53
法国	10359	23
加拿大	5253	13
美国	3873	9
埃塞俄比亚	8710	6
德国	397	2
45031000 天然软木塞子		
#合计	14536	91
美国	5905	28
马来西亚	2261	21
印度尼西亚	400	15
丹麦	1570	6
法国	576	6
澳大利亚	320	5
中国香港	532	2
西班牙	1350	2
德国	691	1
爱沙尼亚	101	1
比利时	72	1
希腊	70	1
意大利	72	1
克罗地亚	41	0
45039000 其他天然软木制品		
#合计	53361	291
俄罗斯联邦	16065	67
韩国	7996	42
中国香港	6049	40
日本	3822	26
英国	1255	22
西班牙	5640	19
阿联酋	3597	18
印度尼西亚	234	11
土耳其	490	8
美国	1940	6
加拿大	1010	6
荷兰	880	5
泰国	715	4
南非	599	4
新西兰	850	3
菲律宾	448	3
意大利	450	3
印度	341	2
爱沙尼亚	447	2
以色列	380	2
马来西亚	145	1
45041000 压制软木块、板、片及条；任何形状的压制软木砖、瓦；压制软木实心圆柱体，包括圆片		
#合计	2462380	6511
美国	1111086	2687
日本	215493	730
加拿大	202837	470
中国台湾	122075	332
德国	115284	296
韩国	75774	289
俄罗斯联邦	119721	264
澳大利亚	71082	214
墨西哥	49692	117
中国香港	23444	108
新西兰	30589	88
荷兰	27324	75
菲律宾	30670	75
哥伦比亚	26159	69
新加坡	22828	67
沙特阿拉伯	18183	66
厄瓜多尔	17761	56
英国	11130	39
丹麦	5430	37
阿联酋	13736	37
印度尼西亚	10998	34
孟加拉国	11575	29
泰国	5669	29
巴林	11265	28
以色列	21039	26
朝鲜	8799	23
越南	6050	22
约旦	5328	18
巴拿马	6442	17
阿根廷	4941	16
瑞士	3164	14
埃及	13980	14
爱沙尼亚	2399	13
拉脱维亚	3129	13
爱尔兰	1524	11
斯洛文尼亚	1785	9
法国	3290	8
南非	5879	8
希腊	1903	7
比利时	4961	6
哥斯达黎加	2112	5
保加利亚	900	5
马来西亚	3815	5
秘鲁	1401	4
印度	855	4
巴基斯坦	2400	4
乌克兰	500	4
土耳其	528	4
智利	1169	4
西班牙	600	3
多米尼加共和国	36	3
意大利	482	3
捷克	834	3
瑞典	285	1
塞浦路斯	439	1
芬兰	1172	1
巴拉圭	128	1
葡萄牙	235	1
45049000 其他压制软木及其制品		
#合计	2935649	8270
美国	920278	2568
加拿大	453311	1133
俄罗斯联邦	490849	884
德国	204899	595
日本	118164	449
哈萨克斯坦	32576	352

国家/地区	出口数量（千克）	出口金额（千美元）
意大利	88601	238
英国	59194	236
法国	48822	220
荷兰	81236	214
瑞典	65433	167
澳大利亚	37187	148
沙特阿拉伯	39652	120
马来西亚	30484	110
新加坡	20336	80
葡萄牙	10710	69
西班牙	24442	60
墨西哥	24516	54
奥地利	17293	47
波兰	19606	46
阿联酋	20312	43
亚美尼亚	3145	41
比利时	14662	41
挪威	10243	36
丹麦	9592	32
中国台湾	8201	32
泰国	7798	31
中国香港	10931	29
韩国	9487	23
巴基斯坦	15280	22
智利	4939	20
古巴	828	18
土耳其	6385	16
格鲁吉亚	500	13
印度	4375	11
罗马尼亚	6149	10
多米尼加共和国	327	10
南非	1890	7
新西兰	1919	7
乌兹别克斯坦	590	6
厄瓜多尔	165	5
爱尔兰	1311	4
捷克	816	4
斯里兰卡	1800	3
摩洛哥	691	3
塞尔维亚	2500	3
科威特	71	2
秘鲁	380	2
芬兰	632	2
巴拿马	840	1
菲律宾	170	1

国家/地区	出口数量（千克）	出口金额（千美元）
爱沙尼亚	116	1

软木进口

国家/地区	进口数量（千克）	进口金额（千美元）
45011000 未加工或简单加工的天然软木		
#合计	2373352	8900
葡萄牙	2291443	8696
意大利	79140	189
日本	2769	15
45019020 碎的、粒状的或粉状的软木		
#合计	169363	395
葡萄牙	85845	107
法国	15400	86
日本	3680	73
阿尔及利亚	57180	71
菲律宾	3120	25
美国	2278	24
泰国	1800	7
中国台湾	60	3
45020000 除去表皮或成方块、板、片或条状的天然软木		
#合计	169614	619
葡萄牙	106328	333
阿尔及利亚	26384	130
法国	28600	128
美国	8123	26
瑞典	8	2
波兰	166	1
45031000 天然软木塞子		
#合计	329406	10447
葡萄牙	172250	5401
意大利	56722	3192
阿尔及利亚	56744	986
西班牙	38210	705
法国	3346	117
突尼斯	760	30
美国	956	6
澳大利亚	160	6
德国	115	2
加拿大	55	1
日本	82	1
45039000 其他天然软木制品		
#合计	84072	406
奥地利	68654	218

国家/地区	进口数量（千克）	进口金额（千美元）
美国	3153	83
日本	402	48
葡萄牙	3918	33
德国	7910	20
瑞典	4	4
波兰	18	1
45041000 压制软木块、板、片及条；任何形状的压制软木砖、瓦；压制软木实心圆柱体，包括圆片		
#合计	4467622	23824
葡萄牙	3507782	18638
意大利	310455	1962
阿尔及利亚	355429	708
西班牙	146961	643
法国	27484	495
中国	2173	383
日本	12209	381
英国	4668	132
德国	31933	103
瑞士	14339	101
中国台湾	18134	96
突尼斯	25680	61
美国	3649	56
新西兰	2805	21
韩国	698	18
印度	2262	14
菲律宾	780	6
芬兰	106	3
瑞典	69	3
45049000 其他压制软木及其制品		
#合计	43774	471
菲律宾	20748	131
荷兰	626	114
葡萄牙	15399	100
意大利	2497	24
芬兰	639	23
中国	783	21
美国	472	17
加拿大	1118	11
新西兰	656	7
泰国	221	6
日本	45	6
中国香港	182	4
德国	37	2
法国	19	2

国家/地区	进口数量（千克）	进口金额（千美元）
韩国	284	2
中国台湾	17	1
英国	27	1
瑞士	1	1
匈牙利	2	1

木浆出口

国家/地区	出口数量（副）	出口金额（千美元）
47010000 机械木浆		
#合计	180872	108
韩国	78207	43
印度尼西亚	67200	39
南非	23460	15
日本	12005	12
47020000 化学木浆、溶解级		
#合计	757917	763
西班牙	470826	494
朝鲜	169141	148
阿富汗	57773	62
利比亚	35751	38
吉尔吉斯斯坦	24226	22
47031100 未漂白的针叶木烧碱木浆或硫酸盐木浆		
#合计	7984	4
加拿大	7900	4
47032100 半漂白或漂白的针叶木烧碱木浆或硫酸盐木浆		
#合计	4255519	3267
伊朗	2212276	1640
朝鲜	487058	438
澳大利亚	495651	382
缅甸	483258	332
乌兹别克斯坦	83010	93
埃及	134931	89
俄罗斯联邦	83208	65
尼日利亚	54195	42
埃塞俄比亚	23157	28
摩洛哥	31744	25
巴基斯坦	26080	22
阿联酋	26072	22
乌干达	20000	15
泰国	11227	11
瑞典	10300	11
肯尼亚	11451	10

国家/地区	出口数量（副）	出口金额（千美元）
苏丹	10093	9
马拉维	18500	8
莫桑比克	21500	8
越南	4000	7
哈萨克斯坦	4250	5
斯里兰卡	3558	4
47032900 半漂白或漂白非针叶木烧碱木浆或硫酸盐木浆		
#合计	14165087	8465
泰国	10863434	6441
韩国	2936933	1785
越南	300000	194
乌干达	64720	45
47042100 半漂白或漂白的针叶木亚硫酸盐木浆		
#合计	74809	58
朝鲜	74809	58
47042900 半漂白或漂白的非针叶木亚硫酸盐木浆		
#合计	2390	2
巴西	2390	2
47050000 用机械与化学联合制浆法制得的木浆		
#合计	59688	26
中国台湾	36668	13
莫桑比克	19800	11
俄罗斯联邦	3000	2
48010000 成卷或成张的新闻纸		
#合计	3885018	5193
澳大利亚	225667	875
中国香港	513744	549
厄立特里亚	633319	513
古巴	400000	409
越南	61538	403
毛里求斯	70427	333
马来西亚	117773	248
牙买加	21359	197
美国	106085	183
荷兰	24477	171
巴基斯坦	297770	157
日本	122591	143
朝鲜	166395	128
柬埔寨	157633	106
阿曼	12000	104
约旦	87725	86

国家/地区	出口数量（副）	出口金额（千美元）
波多黎各	7080	74
多哥	75000	69
新西兰	82160	66
缅甸	28440	38
刚果(金)	43783	32
斯里兰卡	54780	30
利比里亚	36084	29
印度	2722	26
也门	31911	25
津巴布韦	22380	17
蒙古	72720	16
苏里南	19500	16
韩国	63500	15
埃及	2500	15
印度尼西亚	41395	14
法国	40700	14
菲律宾	7598	14
乌拉圭	62099	12
泰国	50000	12
孟加拉国	7963	12
沙特阿拉伯	4850	5
波兰	19264	5
委内瑞拉	21420	5
科威特	21402	5
马达加斯加	7575	5
阿根廷	21320	4
芬兰	5940	4
南非	4219	4
巴布亚新几内亚	3209	3
智利	3000	2
莫桑比克	1000	1
德国	1000	1
48021010 宣纸		
#合计	1265135	12194
日本	619169	9486
韩国	343851	1330
吉尔吉斯斯坦	125030	419
中国台湾	55371	260
美国	21216	137
加拿大	15925	113
沙特阿拉伯	7055	103
牙买加	10856	100
伊朗	18600	68
塔吉克斯坦	10100	20
中国香港	3292	19

国家/地区	出口数量（副）	出口金额（千美元）
马来西亚	4540	19
立陶宛	445	15
以色列	3257	14
法国	1245	13
印度尼西亚	9375	11
新加坡	2136	10
阿联酋	2239	10
巴西	1052	8
俄罗斯联邦	5643	8
荷兰	720	7
德国	288	4
澳大利亚	885	4
墨西哥	166	3
西班牙	414	2
英国	222	2
芬兰	115	2
克罗地亚	44	1
新西兰	350	1
波兰	77	1
秘鲁	90	1
毛里求斯	34	1
比利时	107	1
葡萄牙	32	1
菲律宾	740	1
瑞典	75	1
越南	108	0
48021090 其他手工制纸及纸板		
#合计	2184758	9078
日本	612795	3864
韩国	297437	1492
英国	161421	532
中国台湾	150070	462
芬兰	121211	415
俄罗斯联邦	132948	366
美国	88543	299
土耳其	87434	200
澳大利亚	60500	196
智利	60285	158
厄瓜多尔	88186	147
意大利	7240	132
巴拉圭	49001	68
波兰	1578	62
荷兰	15944	61
巴拿马	24891	61
法国	19061	60

国家/地区	出口数量（副）	出口金额（千美元）
巴西	25375	48
德国	13709	41
以色列	10455	38
希腊	10998	32
委内瑞拉	9939	30
新西兰	18663	29
罗马尼亚	11220	29
马来西亚	14960	28
新加坡	4688	18
塔吉克斯坦	3300	17
瑞典	4055	16
乌兹别克斯坦	7490	16
乌拉圭	5975	15
西班牙	5319	15
沙特阿拉伯	2950	15
阿联酋	4635	12
南非	3397	11
卡塔尔	7819	9
阿尔及利亚	5060	9
葡萄牙	945	9
肯尼亚	5800	8
孟加拉国	3593	7
伊朗	2430	7
加拿大	1400	6
斯里兰卡	2778	5
摩洛哥	2156	4
坦桑尼亚	1467	4
菲律宾	880	3
乌克兰	584	3
越南	1726	2
贝宁	1391	2
缅甸	1219	2
毛里求斯	140	2
丹麦	437	2
保加利亚	3201	2
泰国	516	2
津巴布韦	1000	1
爱尔兰	83	1
印度尼西亚	608	1
阿曼	133	1
巴林	440	1
南苏丹共和国	380	1
蒙古	54	1
48022010 照相原纸		
#合计	1792818	6143

国家/地区	出口数量（副）	出口金额（千美元）
印度	291299	953
印度尼西亚	272526	780
马来西亚	231725	752
泰国	91921	298
西班牙	36158	209
越南	40641	148
牙买加	32806	145
捷克	34146	144
新西兰	14200	139
美国	2050	136
新加坡	27582	136
菲律宾	54367	113
保加利亚	30370	106
德国	15998	103
英国	12505	101
挪威	17112	101
苏丹	3475	93
埃及	6652	85
洪都拉斯	12397	80
秘鲁	11048	79
丹麦	11608	78
巴西	19956	78
芬兰	16697	71
土耳其	49205	70
卡塔尔	50021	68
沙特阿拉伯	13408	65
朝鲜	20974	64
多哥	17695	63
肯尼亚	29990	57
荷兰	13244	52
墨西哥	17030	52
波兰	12325	51
马耳他	8426	49
乌克兰	3691	48
瑞典	5688	47
罗马尼亚	24804	47
加拿大	7019	46
马拉维	9384	39
科威特	20801	36
中国香港	15879	32
加纳	11670	25
中国台湾	11884	24
比利时	12625	23
吉尔吉斯斯坦	5100	22
澳大利亚	2875	22

国家/地区	出口数量（副）	出口金额（千美元）
伊朗	10038	21
哥伦比亚	5763	20
也门	15849	20
巴基斯坦	4794	18
贝宁	7578	17
孟加拉国	11380	16
突尼斯	9934	15
莫桑比克	6289	14
津巴布韦	3522	10
巴林	5780	8
坦桑尼亚	2920	6
智利	2015	5
马尔代夫	3300	5
约旦	10750	5
黎巴嫩	3150	5
利比亚	1560	4
阿尔及利亚	13600	4
伊拉克	1516	4
文莱	868	4
厄瓜多尔	1575	2
委内瑞拉	720	2
巴拉圭	8775	2
哈萨克斯坦	1980	2
赤道几内亚	960	2
几内亚	1190	2
匈牙利	5525	1
南非	452	1
48022090 其他光敏热敏电敏纸及纸板的原纸和原纸板		
#合计	1425168	2320
中国香港	316657	483
泰国	341510	383
印度	110238	344
马来西亚	124287	254
印度尼西亚	112227	250
中国台湾	154584	173
阿根廷	81568	116
澳大利亚	10165	46
沙特阿拉伯	26125	37
巴布亚新几内亚	5553	34
越南	11875	27
美国	11052	23
朝鲜	9525	21
伊朗	258	16
尼泊尔	3120	16

国家/地区	出口数量（副）	出口金额（千美元）
柬埔寨	14923	14
埃及	29440	10
阿尔及利亚	9462	7
法国	500	7
马里	142	7
韩国	908	6
菲律宾	3308	5
新加坡	3027	5
尼日利亚	11868	5
马达加斯加	1636	5
乍得	441	4
希腊	2190	4
日本	3062	3
西班牙	19500	3
巴基斯坦	2772	3
加蓬	491	2
委内瑞拉	566	2
荷兰	972	2
加纳	9	1
喀麦隆	204	1
赞比亚	50	1
安哥拉	10	1
墨西哥	50	0
48024000 壁纸原纸		
#合计	6889546	11601
印度	5827519	10418
韩国	491250	551
泰国	243262	287
中国台湾	209253	214
伊朗	51989	53
菲律宾	9699	32
越南	22097	22
立陶宛	6502	5
哥斯达黎加	3300	4
美国	215	4
俄罗斯联邦	14408	4
中国澳门	6906	3
日本	1554	1
法国	340	1
英国	412	1
48025400 其他未涂书写印刷纸，机械浆≤10%，重<40 克		
#合计	11517502	19531
韩国	5217452	8806
菲律宾	2481785	4098

国家/地区	出口数量（副）	出口金额（千美元）
美国	196356	848
中国台湾	524983	834
中国香港	450501	736
南非	509157	722
英国	254947	576
加拿大	321714	388
越南	148091	251
马来西亚	148281	231
意大利	11254	197
日本	100520	184
澳大利亚	49098	158
巴西	93816	141
印度尼西亚	145966	134
泰国	103785	123
索马里	130000	119
荷兰	11068	106
巴基斯坦	70204	102
乌克兰	46475	87
马达加斯加	71179	59
巴拿马	23759	49
孟加拉国	40699	48
黎巴嫩	22690	47
沙特阿拉伯	2160	43
肯尼亚	18254	39
缅甸	25767	33
土耳其	23990	31
西班牙	22449	29
保加利亚	15638	25
斯里兰卡	23936	24
秘鲁	11402	23
多米尼加共和国	8890	22
柬埔寨	24599	21
希腊	8546	20
吉布提	11608	18
贝宁	14861	18
朝鲜	12385	16
印度	6873	15
也门	10256	13
墨西哥	5122	12
智利	8642	11
格鲁吉亚	5558	10
牙买加	14810	9
中国澳门	6500	9
尼加拉瓜	19815	7
哥斯达黎加	2841	6

国家/地区	出口数量（副）	出口金额（千美元）
埃塞俄比亚	3620	5
毛里求斯	2590	5
瑞典	23776	5
波兰	1008	4
德国	1359	4
哈萨克斯坦	780	3
阿联酋	600	2
俄罗斯联邦	992	1
萨尔瓦多	2182	1
法国	77	1
巴布亚新几内亚	187	1
新西兰	465	1
48025500 其他未涂纸，成卷，机械浆≤10%，40 克≤重≤150 克		
#合计	220602371	190761
伊朗	35313978	29825
菲律宾	24491929	19736
马来西亚	14764404	14265
中国香港	15324500	12830
巴西	11024457	8881
泰国	8738476	8869
土耳其	8595522	7556
也门	8896588	6627
日本	6527276	6510
南非	8032024	6139
新加坡	6199584	5030
沙特阿拉伯	6367404	4933
韩国	4412389	4816
印度	1964295	4590
叙利亚	4597138	4320
阿联酋	5003825	4106
新西兰	4427258	3650
中国台湾	3159474	2936
印度尼西亚	3612608	2934
肯尼亚	3549250	2793
澳大利亚	2773668	2401
利比亚	2750602	2061
美国	2258207	1876
希腊	2290470	1770
尼日利亚	2152144	1762
黎巴嫩	2016050	1669
约旦	1642554	1389
安哥拉	1228698	1065
罗马尼亚	1240163	946
贝宁	925695	732

国家/地区	出口数量（副）	出口金额（千美元）
阿尔及利亚	696689	669
乌克兰	852924	668
斯里兰卡	751457	653
缅甸	821430	650
德国	838905	632
保加利亚	751977	575
英国	640839	539
越南	558650	517
秘鲁	609953	499
毛里求斯	502238	450
吉尔吉斯斯坦	527179	408
文莱	447107	381
厄瓜多尔	444427	345
朝鲜	409130	339
巴基斯坦	397879	332
格鲁吉亚	284249	305
坦桑尼亚	363240	289
科威特	355298	282
喀麦隆	308101	262
法国	93030	250
克罗地亚	320728	243
科特迪瓦	305925	240
斐济	290645	235
吉布提	277169	220
乌拉圭	269798	211
委内瑞拉	293934	209
埃及	259026	204
阿尔巴尼亚	276665	201
哈萨克斯坦	241136	193
加拿大	186610	174
智利	201734	158
危地马拉	202320	156
巴拉圭	194555	155
塞浦路斯	192357	146
孟加拉国	103939	125
哥伦比亚	145182	119
意大利	87433	116
塞内加尔	52330	102
刚果(金)	115205	95
马耳他	124527	95
多哥	88980	90
爱沙尼亚	116453	90
柬埔寨	122559	88
马达加斯加	110747	88
斯洛文尼亚	104918	85

国家/地区	出口数量（副）	出口金额（千美元）
以色列	40125	83
巴林	66705	59
黑山	71282	54
洪都拉斯	60619	50
苏丹	55976	43
荷兰	48533	41
俄罗斯联邦	30760	38
塔吉克斯坦	49847	37
奥地利	42746	37
乌兹别克斯坦	48116	35
特立尼达和多巴哥	42078	32
加纳	16700	29
津巴布韦	35280	29
刚果(布)	30531	28
新喀里多尼亚	39346	27
立陶宛	35389	27
西班牙	44850	23
卡塔尔	25127	21
突尼斯	24598	19
几内亚	18338	19
拉脱维亚	24158	18
冈比亚	22728	17
芬兰	15252	16
利比里亚	13608	14
莫桑比克	17002	13
爱尔兰	16702	13
瓜德罗普	17020	13
巴巴多斯	15660	12
多民族玻利维亚国	3528	5
哥斯达黎加	2934	3
巴拿马	1580	3
多米尼加共和国	2000	3
丹麦	1710	3
老挝	110	2
波兰	1028	1
48025600 机械浆≤10%，40 克≤重≤150 克，成张，≤435 毫米×297 毫米		
#合计	364555760	364279
日本	101298356	109788
澳大利亚	65408380	65137
美国	39578806	34417
韩国	26213442	24601
中国香港	21761095	21286
新西兰	19929638	19676
比利时	10946307	10394

国家/地区	出口数量（副）	出口金额（千美元）
菲律宾	9435625	8883
新加坡	8536892	8867
泰国	7437308	7023
马来西亚	5740461	6422
英国	6795722	6345
荷兰	5971012	5265
俄罗斯联邦	3332600	3746
中国台湾	4107545	3699
加拿大	2719678	2386
印度尼西亚	945990	1676
南非	1546018	1547
巴西	1408936	1518
阿联酋	1564398	1503
土耳其	1239814	1348
吉布提	1230859	1264
意大利	1180321	1100
肯尼亚	870712	811
沙特阿拉伯	702923	747
缅甸	900122	724
哈萨克斯坦	579548	629
乌克兰	693343	624
埃塞俄比亚	605737	621
巴基斯坦	655393	598
印度	459922	580
伊朗	463851	540
西班牙	296070	486
蒙古	491944	464
尼日利亚	441262	451
委内瑞拉	454679	437
坦桑尼亚	397846	410
吉尔吉斯斯坦	281128	410
安哥拉	414712	402
越南	201222	385
黎巴嫩	332479	349
德国	218244	302
社会群岛	328276	298
叙利亚	300417	279
孟加拉国	106866	279
古巴	311691	272
朝鲜	314851	264
阿尔巴尼亚	265110	237
埃及	283636	236
塔吉克斯坦	160242	208
柬埔寨	211708	188
巴哈马	218148	184

国家/地区	出口数量（副）	出口金额（千美元）
马达加斯加	197279	181
巴林	198084	180
秘鲁	204644	177
加纳	185369	171
拉脱维亚	179397	167
利比亚	179375	160
瑞典	166543	152
牙买加	156043	139
葡萄牙	97653	135
斯里兰卡	148309	135
喀麦隆	102776	109
巴布亚新几内亚	111851	109
摩洛哥	12780	100
厄瓜多尔	97141	99
土库曼斯坦	90640	87
留尼汪	79334	80
保加利亚	87692	78
几内亚	78287	74
刚果(布)	79036	73
捷克	79958	72
加蓬	78012	67
乌兹别克斯坦	77359	66
立陶宛	70298	65
多哥	59736	56
斐济	58817	55
毛里求斯	59413	54
冈比亚	59875	53
塞浦路斯	60074	53
塞内加尔	56943	52
巴拿马	58557	51
希腊	55854	50
卡塔尔	57307	48
阿曼	53317	48
萨尔瓦多	67106	47
马尔代夫	49881	42
莫桑比克	39882	41
以色列	35997	38
厄立特里亚	40180	37
斯洛文尼亚	39355	36
文莱	33666	35
法国	34951	34
利比里亚	37256	31
波兰	35110	29
科威特	10080	29
海地	33500	23

国家/地区	出口数量（副）	出口金额（千美元）
芬兰	28893	23
津巴布韦	20045	23
格鲁吉亚	20528	22
赞比亚	30909	22
罗马尼亚	39000	20
加那利群岛	19958	19
博茨瓦纳	19958	19
索马里	19958	19
阿鲁巴	18160	18
爱尔兰	16352	15
中国澳门	28762	15
尼加拉瓜	19200	14
塞舌尔	20000	14
突尼斯	36044	13
哥斯达黎加	19100	13
克罗地亚	19500	13
多米尼加共和国	10742	12
约旦	4746	10
苏丹	7063	8
科特迪瓦	6930	7
刚果(金)	3048	5
莱索托	2560	5
几内亚比绍	1400	4
苏里南	16980	4
阿尔及利亚	16210	4
巴拉圭	8320	4
特立尼达和多巴哥	2561	3
老挝	1990	3
波黑	2500	2
乌拉圭	1587	2
伊拉克	1651	2
中非	288	1
乌干达	157	1
瓦努阿图	499	1
危地马拉	2100	1
科摩罗	500	1
塞拉利昂	457	1
赤道几内亚	228	1
挪威	590	1
萨摩亚	45	1
格林纳达	105	0
48025700 其他未涂书写纸，机械浆≤10%，40 克≤重≤150 克		
#合计	304925279	258086
中国香港	32577906	29370

国家/地区	出口数量（副）	出口金额（千美元）
伊朗	26983995	23412
巴西	16258523	12652
澳大利亚	14204396	12591
黎巴嫩	14725275	11793
埃及	15180507	11559
南非	11806746	11198
约旦	10173437	9599
土耳其	11976942	9380
马来西亚	11912924	9357
新加坡	10804974	9118
泰国	9766072	8386
韩国	9894495	8378
叙利亚	8363507	7755
尼日利亚	9874836	7687
美国	8533846	7176
缅甸	8189194	6583
新西兰	7060888	6447
沙特阿拉伯	6391998	5119
阿联酋	4830192	3980
菲律宾	4603131	3605
日本	3644964	3494
中国台湾	3304503	2825
也门	3534505	2695
加纳	3184193	2356
朝鲜	2650371	2281
巴基斯坦	2467427	2022
越南	2202325	2004
印度尼西亚	2050557	1602
俄罗斯联邦	1400085	1597
罗马尼亚	1417149	1108
肯尼亚	1310528	1042
科威特	1275640	1034
印度	978741	969
意大利	1205947	927
苏丹	969987	809
伊拉克	876987	738
斯里兰卡	764170	715
阿曼	817883	667
多哥	709413	569
阿尔巴尼亚	654919	540
古巴	411384	518
希腊	620131	507
喀麦隆	645256	504
加拿大	604095	485
卡塔尔	536448	465

国家/地区	出口数量（副）	出口金额（千美元）
埃塞俄比亚	513482	462
智利	577062	457
吉尔吉斯斯坦	570078	450
坦桑尼亚	555536	437
英国	439186	429
科特迪瓦	535421	427
巴林	492279	413
莫桑比克	483378	412
刚果（金）	407171	368
格鲁吉亚	364974	362
以色列	439238	361
哥伦比亚	398139	333
保加利亚	408331	320
乌克兰	391540	306
毛里求斯	321874	268
吉布提	316122	259
蒙古	415712	245
贝宁	311299	230
塞内加尔	299341	228
巴拉圭	282356	227
厄瓜多尔	264862	220
利比亚	272217	203
乌拉圭	212963	197
孟加拉国	76850	176
墨西哥	206159	160
马达加斯加	165801	142
文莱	171151	139
阿根廷	165811	139
刚果（布）	114724	134
哈萨克斯坦	100369	121
西班牙	152428	111
留尼汪	88399	103
克罗地亚	125180	91
柬埔寨	101294	82
特立尼达和多巴哥	100858	79
洪都拉斯	107287	78
马耳他	64468	75
厄立特里亚	94014	75
巴布亚新几内亚	91739	74
苏里南	73395	71
新喀里多尼亚	84907	63
斐济	60080	63
社会群岛	83598	62
拉脱维亚	77024	58
安哥拉	67059	57

国家/地区	出口数量（副）	出口金额（千美元）
尼加拉瓜	114745	55
法国	77237	52
瓜德罗普	65729	51
斯洛文尼亚	71786	50
塞浦路斯	74250	47
德国	68006	46
马拉维	48580	35
秘鲁	33046	34
突尼斯	35448	33
多民族玻利维亚国	35035	29
比利时	25740	29
冈比亚	24291	29
几内亚	34434	28
土库曼斯坦	19500	20
摩洛哥	40000	16
毛里塔尼亚	17000	16
荷兰	14040	16
牙买加	17000	14
中国澳门	13095	14
立陶宛	19400	14
纳米比亚	16440	14
瑞典	9980	13
委内瑞拉	16796	13
加蓬	18088	12
萨尔瓦多	10171	12
几内亚比绍	2800	4
阿尔及利亚	2549	2
塞舌尔	1200	2
利比里亚	1400	2
哥斯达黎加	776	1
乍得	40	0
48025800 其他未涂书写印刷纸，机械浆≤10%，重＞150 克		
#合计	5296908	9060
中国香港	1223470	1450
西班牙	253249	1292
土耳其	534978	922
南非	499255	584
泰国	267975	497
美国	271346	417
印度	155770	393
英国	291300	379
印度尼西亚	268847	377
马来西亚	110130	329
新加坡	13184	277

国家/地区	出口数量（副）	出口金额（千美元）
阿联酋	85859	264
厄瓜多尔	96944	185
叙利亚	145007	170
法国	42283	146
澳大利亚	41320	145
韩国	59318	133
吉布提	134000	128
中国台湾	90705	110
伊朗	89027	86
俄罗斯联邦	67512	79
沙特阿拉伯	52726	69
越南	25488	68
波兰	17385	48
日本	19625	43
苏丹	35343	41
喀麦隆	34490	40
哈萨克斯坦	40406	38
朝鲜	35600	33
突尼斯	9930	26
以色列	20451	25
斐济	20581	24
秘鲁	30056	24
巴林	18226	21
莫桑比克	17717	21
墨西哥	16801	20
文莱	7229	16
斯里兰卡	11071	13
萨尔瓦多	8757	11
哥斯达黎加	7257	11
巴西	836	8
巴布亚新几内亚	6000	8
加蓬	20500	7
意大利	11871	7
卢旺达	12400	7
毛里求斯	1820	6
德国	11782	6
乌拉圭	4678	6
坦桑尼亚	2470	5
蒙古	10250	4
荷兰	3500	4
格鲁吉亚	2994	4
津巴布韦	1175	3
尼日利亚	3625	3
肯尼亚	8787	3
黎巴嫩	3692	3
古巴	586	3
安哥拉	1104	2
缅甸	540	2
埃及	654	2
马耳他	1641	2
罗马尼亚	1025	2
菲律宾	1528	2
乌克兰	274	2
马拉维	720	1
智利	5000	1
尼加拉瓜	1393	1
乌干达	3146	1
土库曼斯坦	570	1
中国澳门	550	1
阿曼	245	1

48026110 其他成卷未涂布新闻纸，含机械浆纤维 >10%

国家/地区	出口数量（副）	出口金额（千美元）
#合计	43624	183
美国	8199	100
巴西	9985	71
以色列	25000	12
柬埔寨	440	1

48026190 其他成卷未涂布书写纸，含机械浆纤维 >10%

国家/地区	出口数量（副）	出口金额（千美元）
#合计	16933830	32025
印度	2701065	6221
叙利亚	2578810	4806
韩国	2078609	4344
日本	3120511	3667
马来西亚	1322937	3066
意大利	1313907	2728
土耳其	679300	1438
巴西	504864	1147
伊朗	361479	892
菲律宾	639723	841
泰国	337946	808
以色列	241950	519
中国香港	354796	419
越南	228572	376
多米尼加共和国	125002	146
新加坡	42729	75
阿联酋	21576	59
美国	6292	52
德国	22551	49
沙特阿拉伯	21869	44
澳大利亚	28607	43
伊拉克	36652	43
中国台湾	16894	39
肯尼亚	20182	31
新西兰	28262	23
巴基斯坦	3170	19
中国澳门	13880	17
塞浦路斯	14238	17
印度尼西亚	3692	11
秘鲁	6300	11
安哥拉	9651	7
罗马尼亚	1719	6
黎巴嫩	996	6
朝鲜	4915	5
保加利亚	4302	5
巴布亚新几内亚	893	5
哥斯达黎加	4530	5
危地马拉	1246	4
芬兰	3858	4
俄罗斯联邦	1936	4
尼日利亚	5033	3
法国	57	3
格鲁吉亚	1151	3
英国	2324	2
加纳	1665	2
爱尔兰	2400	2
西班牙	2460	2
缅甸	2995	2
马达加斯加	810	2
阿尔及利亚	1550	1
加拿大	362	1
利比亚	237	1
蒙古	1970	0
苏丹	140	0

48026200 成张未涂布纸，机械浆 > 10%，≤435 毫米 ×297 毫米

国家/地区	出口数量（副）	出口金额（千美元）
#合计	21248581	38035
美国	5560806	7498
荷兰	2603179	2385
马来西亚	631778	1781
新加坡	252616	1420
中国香港	226817	1389
巴拿马	98364	1136
澳大利亚	754196	1074
西班牙	216911	1038

国家/地区	出口数量（副）	出口金额（千美元）
沙特阿拉伯	274569	1035
伊朗	746904	1003
南非	206265	901
阿联酋	554171	838
摩洛哥	66508	819
肯尼亚	335565	738
约旦	263024	592
日本	531041	581
意大利	521391	577
牙买加	51489	554
加拿大	408981	535
菲律宾	441067	473
埃及	119272	448
以色列	94758	444
巴西	415937	422
坦桑尼亚	354053	358
吉布提	183927	341
加纳	166264	323
巴基斯坦	154078	315
德国	47445	307
马耳他	73870	299
巴布亚新几内亚	209129	290
喀麦隆	110692	281
泰国	275151	270
希腊	76324	266
智利	134073	259
安哥拉	66167	256
伊拉克	99106	246
塔吉克斯坦	90000	240
黎巴嫩	30077	236
韩国	67272	219
也门	86196	219
墨西哥	61658	215
英国	81850	195
葡萄牙	63727	194
比利时	19511	192
蒙古	777370	192
新西兰	63187	191
土耳其	110838	178
科威特	70889	173
朝鲜	164271	168
利比亚	55103	151
印度	97684	133
几内亚	64168	131
赤道几内亚	55053	123
卡塔尔	41921	121
阿尔及利亚	55974	118
苏丹	35197	110
印度尼西亚	90343	109
古巴	93252	108
瑞士	16460	102
阿根廷	25642	102
莫桑比克	69448	102
俄罗斯联邦	92911	99
刚果(金)	41043	99
多哥	63825	87
突尼斯	33270	86
毛里求斯	36945	86
圭亚那	76386	86
萨尔瓦多	60524	84
哥伦比亚	48717	83
越南	34394	74
科特迪瓦	58688	71
罗马尼亚	41641	71
危地马拉	40087	69
哈萨克斯坦	44186	69
秘鲁	36458	68
加蓬	25521	64
毛里塔尼亚	39946	64
委内瑞拉	34596	61
哥斯达黎加	47957	60
马达加斯加	44389	59
尼加拉瓜	36662	57
乌克兰	28118	53
尼日利亚	36993	49
博茨瓦纳	43772	48
格鲁吉亚	27279	42
塞内加尔	11938	42
保加利亚	25783	40
斯里兰卡	17714	39
塞拉利昂	16220	38
阿尔巴尼亚	21063	37
吉尔吉斯斯坦	14000	36
中国台湾	27498	36
瑞典	39852	36
阿曼	24096	35
埃塞俄比亚	9785	35
乌拉圭	13065	34
孟加拉国	21845	28
图瓦卢	8302	25
巴林	9830	22
厄瓜多尔	19669	21
阿塞拜疆	7030	19
爱沙尼亚	5600	18
刚果(布)	14817	16
斐济	8151	16
塞尔维亚	19920	15
加那利群岛	6080	15
留尼汪	15861	14
叙利亚	4448	13
塞浦路斯	3467	12
津巴布韦	6340	11
马尔代夫	6846	11
丹麦	1620	10
利比里亚	3914	10
厄立特里亚	2480	10
瓦努阿图	4865	9
克罗地亚	2052	8
巴拉圭	4160	8
汤加	2186	7
多米尼加共和国	2003	7
冈比亚	2416	7
波兰	2400	6
黑山	2496	6
纳米比亚	2481	6
伯利兹	1580	6
中国澳门	4845	6
尼日尔	3125	5
法国	2372	5
格林纳达	2660	5
尼泊尔	3040	5
莱索托	13248	5
洪都拉斯	1711	5
文莱	953	4
贝宁	3173	4
特立尼达和多巴哥	994	4
芬兰	1032	3
苏里南	810	3
巴巴多斯	2175	3
荷属安的列斯群岛	1178	3
密克罗尼西亚联邦	828	2
佛得角	637	2
布隆迪	380	2
赞比亚	536	1
大洋洲其他国家(地区)	382	1

国家/地区	出口数量（副）	出口金额（千美元）
捷克	171	1
圣卢西亚	360	1
立陶宛	236	1
阿富汗	600	1
多米尼克	540	1
萨摩亚	204	1
南苏丹共和国	236	1
马拉维	190	0
波多黎各	120	0
48026910 其他未涂布新闻纸，含机械浆纤维＞10%		
#合计	376199	1836
沙特阿拉伯	96478	559
荷兰	45064	272
巴西	19016	176
日本	22802	157
文莱	22788	156
德国	29750	147
新加坡	17775	113
阿联酋	5080	59
尼加拉瓜	41811	54
约旦	3252	26
智利	4750	21
波兰	4750	21
中国香港	5710	21
柬埔寨	4500	19
朝鲜	10306	10
马来西亚	10560	10
澳大利亚	880	4
新西兰	20755	4
黎巴嫩	7901	3
泰国	1716	2
英国	450	1
48026990 其他未涂布书写印刷纸，含机械浆纤维＞10%		
#合计	54868354	58141
日本	34667025	33693
越南	2633104	3511
中国香港	3239753	2840
中国台湾	2440964	2403
泰国	1941206	2253
马来西亚	1522409	1992
希腊	941795	1132
澳大利亚	448947	1002
伊朗	1026887	825
美国	444963	721
新加坡	242580	662
土耳其	348775	518
南非	92378	510
科威特	385754	433
阿联酋	357290	405
菲律宾	442542	389
蒙古	582660	327
中国澳门	115828	281
印度	185930	270
利比亚	317630	255
沙特阿拉伯	79074	236
尼日利亚	160316	207
朝鲜	224952	197
埃及	115298	194
印度尼西亚	151848	186
马耳他	31970	157
肯尼亚	87593	135
巴拉圭	114392	133
荷兰	11021	123
巴西	89940	121
韩国	95719	107
卡塔尔	89030	105
德国	26434	103
捷克	21760	103
秘鲁	6500	103
法国	24750	100
巴哈马	6160	100
新西兰	117782	98
牙买加	18050	93
黎巴嫩	100563	92
纳米比亚	38672	92
俄罗斯联邦	70450	82
阿尔巴尼亚	71362	79
孟加拉国	69550	79
柬埔寨	133239	76
智利	53294	62
西班牙	48003	50
苏丹	16958	49
阿尔及利亚	57673	39
科特迪瓦	38224	37
斯里兰卡	22152	35
格鲁吉亚	28848	34
也门	9154	31
尼加拉瓜	26745	26
巴布亚新几内亚	21581	25
英国	10972	24
墨西哥	16219	23
波兰	17445	22
巴林	24304	21
缅甸	18809	17
塞拉利昂	17560	16
莫桑比克	6487	13
加蓬	31040	12
比利时	2177	11
吉布提	8121	11
埃塞俄比亚	10000	10
意大利	3437	8
巴拿马	23655	7
乌克兰	1954	5
约旦	8016	5
哈萨克斯坦	1286	4
阿曼	834	4
乌拉圭	1078	3
马达加斯加	217	3
多米尼加共和国	2312	3
斐济	563	3
塞尔维亚	360	2
立陶宛	1023	2
罗马尼亚	400	2
刚果(布)	360	1
安哥拉	850	1
瑞典	96	1
加拿大	245	1
塞内加尔	340	1
克罗地亚	222	1
以色列	180	1
摩洛哥	95	0
48030000 成卷成张的家庭或卫生用纸、面巾纸、餐巾纸		
#合计	140412113	150354
澳大利亚	88743286	92875
中国台湾	19104810	20027
伊朗	7273406	8243
美国	5547636	7001
新西兰	4415388	4671
中国香港	1811875	2190
韩国	1142524	1594
马来西亚	1563640	1292
菲律宾	1113906	1209

国家/地区	出口数量（副）	出口金额（千美元）
苏里南	1028904	1004
阿联酋	601840	794
日本	227974	793
塞舌尔	516752	683
巴布亚新几内亚	819500	664
泰国	532589	617
南非	517592	480
加拿大	284498	380
特立尼达和多巴哥	315786	366
德国	141605	345
新加坡	149108	323
留尼汪	293182	313
牙买加	293222	313
哥伦比亚	269088	301
加纳	293340	297
喀麦隆	230600	289
坦桑尼亚	192963	259
法属波利尼西亚	229026	251
英国	125046	239
圣文森特和格林纳丁斯	174911	191
尼日利亚	145045	188
蒙古	879220	174
肯尼亚	117359	144
马达加斯加	121639	123
中国澳门	74440	107
芬兰	40735	106
葡萄牙	34014	90
印度	42227	85
朝鲜	71135	82
纳米比亚	57709	80
法国	23458	80
毛里求斯	72870	69
荷属安的列斯群岛	50802	59
吉布提	26456	56
马耳他	48466	52
黎巴嫩	11445	45
贝宁	16079	44
缅甸	46476	42
波多黎各	9753	42
莫桑比克	41149	42
赞比亚	33650	41
俄罗斯联邦	19426	40
比利时	4330	38
巴基斯坦	25811	37
越南	53310	36

国家/地区	出口数量（副）	出口金额（千美元）
巴拿马	43536	35
塞内加尔	13760	35
荷兰	18040	35
意大利	15529	29
沙特阿拉伯	15286	22
利比里亚	3900	22
阿尔及利亚	14453	20
柬埔寨	11078	20
以色列	9217	20
墨西哥	49653	19
马拉维	14642	19
阿富汗	10260	13
危地马拉	13108	13
印度尼西亚	9604	12
斯威士兰	13466	12
斯里兰卡	9590	11
安哥拉	4450	11
斐济	9150	10
苏丹	6929	9
多哥	4050	9
委内瑞拉	5290	8
智利	8166	8
哈萨克斯坦	6835	6
几内亚	3100	6
爱沙尼亚	1400	5
瑞士	1105	5
孟加拉国	50000	5
捷克	1541	5
刚果(布)	3620	5
博茨瓦纳	13681	4
挪威	1680	4
巴林	860	4
尼泊尔	700	3
冈比亚	460	2
瑞典	386	1
波兰	375	1
南苏丹共和国	311	1
乌拉圭	106	1
文莱	465	1
刚果(金)	195	1
乍得	100	0
48041100 未漂白牛皮挂面板纸		
#合计	3677249	3129
马来西亚	191769	1236
蒙古	1338580	258

国家/地区	出口数量（副）	出口金额（千美元）
伊朗	688961	221
日本	513031	167
中国香港	44070	123
德国	39538	120
肯尼亚	175061	103
巴西	22173	103
希腊	9346	102
越南	39290	91
泰国	35195	61
菲律宾	135139	58
美国	25767	50
加拿大	29788	49
新加坡	22189	49
中国台湾	66304	47
澳大利亚	26560	36
荷兰	20936	33
柬埔寨	45412	32
特立尼达和多巴哥	21957	24
意大利	10886	19
丹麦	6475	17
西班牙	10920	17
巴林	27600	16
阿联酋	9511	12
古巴	12946	11
苏丹	28029	11
安哥拉	9930	9
韩国	8251	7
俄罗斯联邦	4348	7
朝鲜	5000	6
土耳其	18144	5
纳米比亚	14438	4
南非	2473	3
乌拉圭	4801	3
马尔代夫	275	3
沙特阿拉伯	1830	3
坦桑尼亚	1900	2
刚果（布）	3209	2
印度尼西亚	2028	2
马达加斯加	1100	2
巴拉圭	1519	1
吉布提	225	1
48041900 其他牛皮挂面板纸		
#合计	313889	580
越南	108776	310
马来西亚	4180	100

国家/地区	出口数量（副）	出口金额（千美元）
新加坡	31348	48
印度	40190	31
孟加拉国	40000	30
伊朗	36460	26
韩国	24566	12
瑞士	6634	6
泰国	1670	6
朝鲜	5600	5
斯里兰卡	4900	4
中国台湾	9176	3
48042100 未漂白袋用牛皮纸		
#合计	15747318	13797
印度尼西亚	10269564	9658
马来西亚	1534843	1282
蒙古	2396690	444
韩国	52551	307
牙买加	51540	301
巴基斯坦	262268	277
新加坡	35729	272
朝鲜	326007	222
英国	21922	213
哈萨克斯坦	76650	108
肯尼亚	123151	95
塔吉克斯坦	31300	61
厄瓜多尔	77940	53
苏丹	18772	47
斐济	72433	46
以色列	50200	44
毛里求斯	6000	43
吉布提	44712	38
澳大利亚	19078	33
中国香港	32684	33
巴拿马	40691	33
摩洛哥	21620	27
印度	25740	20
巴西	18724	20
刚果(金)	25925	17
乌克兰	21309	15
越南	10266	12
中国台湾	2992	9
荷兰	4480	9
加纳	11776	9
喀麦隆	20000	8
日本	12717	8
意大利	3915	8

国家/地区	出口数量（副）	出口金额（千美元）
安哥拉	2135	7
加拿大	4055	6
美国	1517	4
阿联酋	5571	3
科特迪瓦	4502	1
科威特	3000	1
孟加拉国	720	1
哥伦比亚	750	1
新西兰	200	1
伊朗	70	1
阿尔及利亚	360	0
48042900 其他袋用牛皮纸		
#合计	381543	481
中国香港	164625	149
巴西	19100	83
突尼斯	11767	33
印度	66420	27
阿联酋	16762	26
埃及	6612	24
美国	8787	18
纳米比亚	4401	16
喀麦隆	15117	14
中国台湾	23441	12
澳大利亚	5861	11
智利	1980	9
意大利	3022	7
南非	3044	7
哥伦比亚	4312	7
克罗地亚	2047	5
以色列	1512	4
沙特阿拉伯	934	3
圭亚那	1224	3
马来西亚	855	3
柬埔寨	2050	3
蒙古	9740	2
吉布提	1350	2
英国	575	2
亚美尼亚	1502	2
古巴	240	2
西班牙	378	1
伊朗	665	1
黎巴嫩	316	1
越南	590	1
马达加斯加	200	1
新加坡	344	1

国家/地区	出口数量（副）	出口金额（千美元）
哈萨克斯坦	300	1
新西兰	232	1
安哥拉	372	1
墨西哥	568	0
48043100 其他未涂布未漂白牛皮纸，平方米重≤150 克		
#合计	13968702	24852
马来西亚	1040491	3019
多哥	215199	1721
越南	451510	1491
韩国	1114509	1387
西班牙	190992	1375
沙特阿拉伯	174400	1358
阿曼	162351	1355
中国台湾	1213233	1114
加纳	118129	1049
美国	192913	846
斯里兰卡	1354697	788
印度尼西亚	692473	629
中国香港	609647	531
巴西	75405	519
阿联酋	434964	490
伊朗	1480748	475
老挝	74719	458
泰国	102182	411
意大利	37810	400
新加坡	414969	395
澳大利亚	65443	384
南非	93512	367
日本	728759	331
朝鲜	312438	305
德国	40847	259
英国	40983	250
印度	349769	239
也门	19312	203
尼日利亚	469317	176
新西兰	12250	174
智利	88353	160
巴拿马	11718	158
缅甸	25433	155
波兰	14680	146
毛里求斯	86107	130
菲律宾	205983	122
肯尼亚	289252	117
希腊	27923	107

国家/地区	出口数量（副）	出口金额（千美元）
文莱	10296	103
巴哈马	10966	102
柬埔寨	20199	95
荷兰	16640	94
爱沙尼亚	14765	94
哈萨克斯坦	75241	93
斐济	138523	92
牙买加	4400	73
厄瓜多尔	104598	69
洪都拉斯	8700	63
几内亚	1650	47
巴拉圭	37904	34
保加利亚	22843	33
巴基斯坦	23078	27
约旦	43273	26
海地	22982	25
苏丹	48546	24
乌拉圭	155042	24
加拿大	9602	18
突尼斯	25820	17
吉布提	9504	16
孟加拉国	13780	13
丹麦	5088	13
巴布亚新几内亚	14248	11
喀麦隆	15000	10
科威特	9264	9
阿根廷	51661	8
秘鲁	1500	4
墨西哥	3462	3
瑞典	1034	3
乌干达	7044	3
委内瑞拉	1732	3
安哥拉	369	2
俄罗斯联邦	2000	1
黎巴嫩	1000	1
赤道几内亚	126	1
卡塔尔	1635	1
乌克兰	645	1
阿尔及利亚	760	1

48043900 其他未涂布牛皮纸，平方米重≤150 克

国家/地区	出口数量（副）	出口金额（千美元）
#合计	19759165	21431
韩国	4973131	5035
澳大利亚	4656868	2593
伊朗	3220865	1690
印度尼西亚	1354595	1644
新加坡	436164	1285
西班牙	169360	1189
马来西亚	124588	760
中国台湾	577250	753
美国	145729	605
阿联酋	663308	496
沙特阿拉伯	448509	429
尼日利亚	662176	362
巴拿马	25506	333
英国	21717	306
巴西	214206	300
泰国	454686	284
中国香港	168171	267
荷兰	61221	256
意大利	20178	238
南非	46258	220
以色列	39961	211
爱沙尼亚	13440	181
多哥	21650	167
日本	107641	162
阿曼	15630	156
加纳	48768	127
摩洛哥	62875	125
科威特	16378	113
贝宁	32349	112
柬埔寨	60429	95
乌克兰	4838	92
菲律宾	271706	87
毛里求斯	43500	87
越南	19840	85
孟加拉国	73044	84
牙买加	6953	77
俄罗斯联邦	122977	75
新西兰	6768	53
斯里兰卡	63295	47
德国	5472	38
印度	29174	37
朝鲜	25289	30
中国澳门	26955	25
古巴	9049	23
阿尔及利亚	9186	18
文莱	11617	14
约旦	33775	14
肯尼亚	32861	9
蒙古	12818	5
哥伦比亚	17180	5
吉布提	17531	5
罗马尼亚	23045	5
埃及	7000	5
格鲁吉亚	9460	4
加拿大	1930	3
墨西哥	500	2
乌拉圭	2100	2
丹麦	215	1
厄瓜多尔	1500	1
危地马拉	520	1
缅甸	1200	1
保加利亚	2160	1
秘鲁	1000	1
塞浦路斯	1100	1

48044100 其他未涂未漂白牛皮纸，150 克 < 平方米重 < 250 克

国家/地区	出口数量（副）	出口金额（千美元）
#合计	12597449	35434
波兰	1822991	11682
巴西	928065	8356
菲律宾	3914525	2385
沙特阿拉伯	251740	1927
马来西亚	1238374	1794
越南	926840	1537
泰国	558436	1257
智利	173455	1184
中国台湾	1093365	825
新加坡	218485	569
加拿大	154536	528
中国香港	86997	511
西班牙	69326	500
捷克	121250	487
约旦	72226	467
澳大利亚	132159	332
斯里兰卡	237410	276
德国	28118	151
荷兰	26559	134
印度尼西亚	27414	70
朝鲜	87097	67
韩国	82762	60
印度	41416	43
日本	19319	30
美国	26610	28
以色列	6690	27

国家/地区	出口数量（副）	出口金额（千美元）
意大利	14181	27
文莱	9180	26
苏丹	5002	22
孟加拉国	12532	21
蒙古	53220	15
坦桑尼亚	16759	15
瑞士	13452	12
科威特	11020	10
马尔代夫	6900	10
伊朗	25551	10
埃及	25959	9
莫桑比克	2990	8
阿根廷	40883	7
塔吉克斯坦	3000	5
芬兰	2400	3
哈萨克斯坦	2375	3
斐济	255	2
纳米比亚	2405	2
斯洛伐克	200	1
格鲁吉亚	2190	1
墨西哥	224	1
48044900 其他未涂布的牛皮纸，150 克＜平方米重＜250 克		
#合计	2861874	2530
泰国	1984227	1116
菲律宾	319364	555
德国	78550	351
马来西亚	255345	142
沙特阿拉伯	13300	102
波兰	15710	70
智利	15710	70
印度尼西亚	64745	35
越南	46033	27
意大利	3540	24
蒙古	37621	19
斯里兰卡	25689	14
印度	1030	3
阿尔巴尼亚	720	2
48045100 其他未涂布未漂白牛皮纸，		
#合计	13207721	27557
巴西	997323	8357
波兰	709108	5184
越南	5862699	3260
沙特阿拉伯	180834	1486
印度	281735	965

国家/地区	出口数量（副）	出口金额（千美元）
马来西亚	1004828	964
南非	229587	927
智利	85980	715
韩国	1132775	551
菲律宾	1065400	506
新加坡	105108	488
约旦	54026	457
捷克	97429	430
阿根廷	96681	412
法国	103700	410
中国香港	124123	338
澳大利亚	45293	248
毛里求斯	25375	229
罗马尼亚	9860	190
加拿大	39504	176
泰国	83025	132
柬埔寨	27122	130
德国	24046	128
日本	104887	117
苏里南	257074	93
荷兰	12463	93
朝鲜	109899	81
墨西哥	38781	81
孟加拉国	55114	75
美国	4892	63
印度尼西亚	25539	54
意大利	27819	46
斯里兰卡	72596	39
中国台湾	4366	39
乌克兰	16468	24
希腊	10593	16
斯威士兰	11315	13
尼日利亚	14240	12
中国澳门	5600	7
吉布提	532	7
英国	24156	6
阿尔及利亚	18110	4
西班牙	1564	3
苏丹	3402	1
比利时	50	1
葡萄牙	30	1
津巴布韦	600	1
秘鲁	318	1
埃及	625	1

国家/地区	出口数量（副）	出口金额（千美元）
48045200 未涂布的本体漂白牛皮纸，平方米重≥250 克		
#合计	196781	464
中国香港	86779	259
马来西亚	15070	103
肯尼亚	58510	43
越南	10660	31
孟加拉国	17544	21
印度尼西亚	6050	7
美国	2100	1
48045900 其他未涂布的牛皮纸，平方米重≥225 克		
#合计	346221	1881
新加坡	129144	1010
美国	31347	393
摩洛哥	28900	197
中国香港	34208	110
哈萨克斯坦	71004	59
荷兰	12180	48
澳大利亚	3915	33
意大利	8960	10
巴基斯坦	1990	9
苏丹	1338	3
越南	18432	3
刚果(布)	3150	2
日本	415	2
印度	315	1
乍得	150	1
48051100 半化学瓦楞原纸		
#合计	421988	566
中国香港	64620	256
菲律宾	61762	92
印度	29915	85
伊朗	128271	60
肯尼亚	73774	21
斐济	28720	19
马来西亚	24636	18
新加坡	1803	6
希腊	2310	4
加纳	2709	2
巴基斯坦	2264	1
土耳其	357	1
厄立特里亚	847	1
48051200 草浆瓦楞原纸		
#合计	85596	37

国家/地区	出口数量（副）	出口金额（千美元）
吉尔吉斯斯坦	61800	23
朝鲜	20000	9
法国	1500	2
英国	119	1
澳大利亚	1300	1
48051900 其他瓦楞原纸		
#合计	32983850	18632
越南	9221195	3486
美国	7605026	3042
菲律宾	1290120	2878
马来西亚	3304184	2870
斯里兰卡	4663702	1812
泰国	1831627	1251
日本	1480815	797
肯尼亚	1318283	453
尼日利亚	964059	438
印度	49770	288
新加坡	149369	255
荷兰	2246	200
以色列	24900	158
巴西	23912	103
俄罗斯联邦	394048	100
埃及	10000	73
印度尼西亚	33471	72
伊朗	137975	65
蒙古	219160	55
哈萨克斯坦	51311	48
墨西哥	19198	30
澳大利亚	30872	28
苏丹	4820	17
科特迪瓦	29550	14
巴勒斯坦	1000	13
中国香港	5085	11
吉尔吉斯斯坦	27827	11
阿联酋	19128	10
朝鲜	17450	9
韩国	9060	9
中国澳门	7300	8
坦桑尼亚	8743	7
萨尔瓦多	5697	5
秘鲁	2000	3
加纳	3344	3
巴林	5028	2
哥伦比亚	2580	2
多哥	600	2

国家/地区	出口数量（副）	出口金额（千美元）
孟加拉国	1800	1
中国台湾	936	1
英国	1712	1
沙特阿拉伯	180	1
喀麦隆	1075	1
纳米比亚	250	1
48052400 强韧箱纸板（再生挂面纸板），平方米重≤150 克		
#合计	1796331	745
新西兰	824543	232
尼日利亚	295823	148
刚果（金）	264360	145
印度	132411	92
蒙古	145700	26
德国	5378	20
荷兰	5000	19
哈萨克斯坦	4800	14
肯尼亚	49546	14
菲律宾	48431	14
丹麦	1375	5
法国	1700	5
马来西亚	3014	4
美国	2354	3
伊朗	10246	2
英国	996	1
韩国	277	1
48052500 强韧箱纸板（再生挂面纸板），平米重＞150 克		
#合计	610765	466
阿尔巴尼亚	23819	151
越南	233466	130
朝鲜	128369	59
伊朗	173999	56
哈萨克斯坦	15200	46
泰国	21061	12
日本	5243	3
孟加拉国	990	3
印度尼西亚	2640	3
中国香港	1012	1
几内亚	1070	1
马来西亚	1150	1
48053000 亚硫酸盐包装纸		
#合计	5513283	32399
美国	1152898	8641

国家/地区	出口数量（副）	出口金额（千美元）
马来西亚	564715	5132
新加坡	225073	1906
南非	225278	1624
澳大利亚	157333	1385
牙买加	136940	1175
英国	128565	1121
墨西哥	151911	1032
阿联酋	138394	948
西班牙	109579	797
埃及	244809	737
巴拿马	96008	734
比利时	33987	605
德国	75765	604
马耳他	84572	551
俄罗斯联邦	184725	454
越南	165547	433
哈萨克斯坦	137994	383
斯里兰卡	175455	361
荷兰	8073	312
新西兰	37784	291
摩洛哥	32590	220
巴西	13675	202
中国香港	130708	187
泰国	16632	178
斯洛文尼亚	23426	178
中国台湾	15161	109
巴基斯坦	5009	104
波兰	18021	102
加拿大	17382	102
阿根廷	24110	100
法国	13760	100
哥伦比亚	18910	100
土耳其	6681	100
加纳	21600	99
巴哈马	7456	99
刚果（布）	8400	99
多哥	104108	82
萨尔瓦多	44387	79
柬埔寨	3223	56
印度	50459	51
阿尔及利亚	55428	51
委内瑞拉	40377	50
朝鲜	51875	47
洪都拉斯	24800	44
韩国	6455	44

国家/地区	出口数量（副）	出口金额（千美元）
肯尼亚	22986	43
科特迪瓦	41769	38
希腊	18142	37
沙特阿拉伯	13317	32
博茨瓦纳	34164	31
乌兹别克斯坦	34489	29
贝宁	21021	26
马达加斯加	29738	26
罗马尼亚	27355	21
日本	3165	21
黎巴嫩	13100	19
布基纳法索	20885	19
塞内加尔	18580	18
毛里塔尼亚	20452	18
安哥拉	3077	17
菲律宾	26225	16
印度尼西亚	12381	14
刚果(金)	22244	13
瑞典	12698	13
吉尔吉斯斯坦	3010	12
挪威	5377	12
缅甸	4587	11
科威特	12118	11
乌克兰	3174	10
以色列	790	10
苏里南	16231	9
爱沙尼亚	17811	9
巴林	4759	9
突尼斯	8344	7
利比亚	17050	6
孟加拉国	3771	5
喀麦隆	5215	5
厄瓜多尔	1130	4
吉布提	4389	4
意大利	1224	3
秘鲁	2400	2
智利	3602	2
伊朗	7930	2
坦桑尼亚	2140	2
乌拉圭	288	2
中国澳门	500	1
津巴布韦	100	1
48054000 滤纸及纸板		
#合计	8769786	25020
印度尼西亚	1649449	3690
美国	572665	3353
澳大利亚	696367	2411
土耳其	867022	1708
马来西亚	774032	1675
日本	367607	1302
伊朗	494991	1015
泰国	242056	872
阿根廷	334296	733
韩国	290004	705
波兰	210906	619
立陶宛	286466	603
巴基斯坦	270500	564
印度	167692	458
委内瑞拉	175384	432
哈萨克斯坦	68082	368
越南	188338	350
德国	36743	335
新加坡	72933	285
斯里兰卡	51218	270
阿联酋	105037	216
比利时	7340	199
多哥	4888	197
新西兰	14108	197
埃及	94909	194
奥地利	4806	190
菲律宾	60175	169
乌克兰	69102	163
肯尼亚	58889	154
尼日利亚	30000	145
厄瓜多尔	48885	141
俄罗斯联邦	43726	112
牙买加	20022	105
加拿大	8771	99
孟加拉国	46619	94
乌兹别克斯坦	51790	91
哥伦比亚	37859	91
突尼斯	21582	84
西班牙	16248	63
巴西	32127	62
意大利	21924	60
中国台湾	12480	59
智利	16826	51
秘鲁	14140	35
叙利亚	10925	31
英国	5427	24
格鲁吉亚	11515	23
捷克	4042	22
贝宁	15675	19
拉脱维亚	8675	18
多民族玻利维亚国	5723	18
塔吉克斯坦	1600	14
保加利亚	8380	14
塞浦路斯	5121	12
瑞典	2047	11
柬埔寨	6948	11
墨西哥	3798	9
刚果(金)	485	8
喀麦隆	1050	8
蒙古	163	7
乌拉圭	4971	7
沙特阿拉伯	408	6
缅甸	2334	5
朝鲜	1623	5
加纳	8200	4
刚果(布)	63	4
赞比亚	200	3
苏丹	219	3
约旦	250	3
马达加斯加	198	2
吉尔吉斯斯坦	30	2
摩尔多瓦	100	2
中国香港	114	2
土库曼斯坦	8	2
巴布亚新几内亚	50	1
埃塞俄比亚	42	1
尼日尔	20	1
赤道几内亚	50	1
也门	37	1
冈比亚	100	1
48055000 毡纸及纸板		
#合计	153340	140
英国	88471	101
新加坡	10484	23
马来西亚	53998	14
韩国	85	1
俄罗斯联邦	217	1
48059110 电解电容器纸，每平方米重≤150 克		
#合计	679056	4986
韩国	273364	1867

国家/地区	出口数量（副）	出口金额（千美元）
中国香港	109058	990
马来西亚	73350	492
日本	38211	298
斯洛文尼亚	30862	252
中国台湾	36872	246
意大利	31016	186
印度	27467	185
越南	25037	125
泰国	8373	122
土耳其	9020	70
瑞士	5890	46
哥伦比亚	4310	43
印度尼西亚	1999	36
巴拿马	629	12
匈牙利	1573	6
美国	1455	6
加拿大	376	3
比利时	98	1
朝鲜	96	1

48059190 其他未经涂布的纸及纸板，每平方米重≤150 克

国家/地区	出口数量（副）	出口金额（千美元）
#合计	27243906	55192
印度	5648188	12916
韩国	5604378	5374
沙特阿拉伯	913551	2920
巴基斯坦	1258701	2534
伊朗	614195	2026
德国	1145664	1978
中国台湾	749872	1830
泰国	709395	1771
日本	798105	1752
阿联酋	547945	1588
马来西亚	536790	1324
澳大利亚	376761	1262
美国	485166	1240
孟加拉国	856467	1099
印度尼西亚	978493	1082
英国	559554	1041
加拿大	373665	997
波兰	181277	912
中国香港	529093	882
西班牙	264383	856
墨西哥	357552	747
秘鲁	319147	708
阿尔巴尼亚	57634	565
越南	157466	514
加纳	56635	493
尼日利亚	360531	413
捷克	77472	393
肯尼亚	169082	344
挪威	102981	307
葡萄牙	117678	248
埃及	153114	232
南非	75059	232
古巴	35100	231
多哥	27430	208
丹麦	82949	204
贝宁	34963	189
危地马拉	79503	188
希腊	58675	178
黎巴嫩	49170	159
安哥拉	1487	157
土耳其	32582	148
意大利	63906	142
哥伦比亚	44629	140
瑞典	122150	139
斯里兰卡	104130	131
委内瑞拉	49046	115
苏里南	216040	110
摩洛哥	95025	105
卡塔尔	30480	105
法国	29985	105
新加坡	52373	103
乌干达	12739	103
马里	8867	102
牙买加	24469	102
厄瓜多尔	76793	98
叙利亚	69851	95
荷兰	47223	94
乌拉圭	8260	88
萨尔瓦多	74199	82
马约特	8959	75
阿根廷	46288	70
俄罗斯联邦	38782	66
新西兰	32787	65
阿曼	4397	61
菲律宾	85903	60
巴西	24033	60
朝鲜	33520	56
约旦	71260	56
智利	29925	55
柬埔寨	50850	50
毛里求斯	8474	42
苏丹	4184	41
奥地利	20014	38
立陶宛	12889	33
缅甸	23054	28
坦桑尼亚	11020	26
尼加拉瓜	6678	18
爱尔兰	3280	15
以色列	7221	14
巴拉圭	2973	11
莱索托	14705	11
哥斯达黎加	10317	10
多米尼加共和国	3578	8
巴布亚新几内亚	7222	6
比利时	1520	3
海地	1283	3
多民族玻利维亚国	6650	3
帕劳	1100	2
科威特	760	2
津巴布韦	1800	1
塞浦路斯	138	1

48059200 其他未涂布纸及纸板，150 克＜每平方米重＜250 克

国家/地区	出口数量（副）	出口金额（千美元）
#合计	50348219	38344
韩国	39001840	26160
泰国	4163576	2772
中国台湾	1317690	1191
乌兹别克斯坦	990317	677
美国	160130	596
巴拿马	77713	592
越南	229905	499
马来西亚	738761	469
印度尼西亚	906409	452
坦桑尼亚	614425	409
新加坡	51131	404
波兰	73855	375
日本	270798	368
印度	296105	323
南非	30707	287
阿联酋	21295	209
阿曼	26920	206
沙特阿拉伯	54763	184
伊朗	209016	178

国家/地区	出口数量（副）	出口金额（千美元）
哈萨克斯坦	209306	174
孟加拉国	116909	162
土耳其	139775	157
危地马拉	36189	119
多哥	18515	119
捷克	19154	109
乌克兰	14287	104
苏丹	20526	103
佛得角	22730	102
巴西	32067	102
阿根廷	67047	85
加纳	19716	81
加拿大	96644	78
英国	1400	58
科特迪瓦	30875	39
吉尔吉斯斯坦	22600	34
澳大利亚	24660	33
匈牙利	24246	30
中国香港	22311	29
老挝	44000	29
德国	5594	28
突尼斯	4652	24
缅甸	11617	22
塔吉克斯坦	36670	22
瑞士	4830	22
巴哈马	8566	19
朝鲜	7765	14
古巴	2350	13
哥斯达黎加	1800	12
菲律宾	4492	10
法国	430	10
尼日利亚	15722	8
新西兰	1647	8
荷兰	1634	7
科威特	1099	6
克罗地亚	972	5
埃及	1931	5
挪威	507	3
俄罗斯联邦	500	2
蒙古	11280	2
西班牙	792	1
智利	799	1
肯尼亚	3293	1
巴林	335	1
斯里兰卡	159	1

48059300 其他未涂布纸及纸板，每平方米重≥225 克

国家/地区	出口数量（副）	出口金额（千美元）
#合计	50041387	93522
越南	6099409	10101
马来西亚	1237631	7723
新加坡	959075	6566
南非	2357364	6186
韩国	4890080	5884
沙特阿拉伯	2360809	4697
巴西	745511	3493
泰国	1375906	3147
中国台湾	4100146	3144
多哥	519271	3004
澳大利亚	1486161	2979
印度	2732979	2587
阿联酋	1133790	2366
印度尼西亚	2248483	2311
美国	770305	1801
伊朗	785005	1521
埃及	593469	1415
日本	1362179	1395
巴基斯坦	1969711	1334
波兰	255106	1308
智利	1266289	1192
中国香港	999310	1061
加纳	215816	971
洪都拉斯	158010	875
哈萨克斯坦	629520	816
苏丹	129028	815
巴拿马	231712	777
哥伦比亚	302896	747
菲律宾	612762	632
肯尼亚	974801	610
黎巴嫩	53831	594
牙买加	122076	591
英国	386722	565
土耳其	1015352	506
荷兰	128465	503
以色列	97229	485
斯里兰卡	437449	471
也门	121174	458
墨西哥	555428	425
乌拉圭	288632	424
安哥拉	58883	395
捷克	70900	391
约旦	200240	390
阿根廷	125778	353
摩洛哥	59792	345
德国	312044	335
厄瓜多尔	111032	334
法国	56574	310
新西兰	99897	308
西班牙	96696	298
阿曼	37370	292
克罗地亚	46864	239
柬埔寨	47080	216
俄罗斯联邦	28268	206
文莱	39362	202
缅甸	57181	190
意大利	52932	189
卡塔尔	24942	184
吉尔吉斯斯坦	253157	169
科威特	178886	159
加拿大	90101	146
乌兹别克斯坦	44235	142
巴拉圭	63559	137
古巴	24000	126
朝鲜	125095	123
瑞士	24800	103
丹麦	24600	103
巴林	225891	102
秘鲁	24182	100
尼日利亚	209457	98
希腊	67905	45
孟加拉国	32758	43
乌克兰	34594	41
叙利亚	40705	36
埃塞俄比亚	63565	32
伊拉克	25000	18
斐济	16068	18
保加利亚	36960	17
阿富汗	25930	15
多米尼加共和国	50662	15
哥斯达黎加	25446	12
黑山	24920	11
中国澳门	3431	11
吉布提	3680	9
汤加	2646	7
阿尔巴尼亚	13018	7
罗马尼亚	21804	6

国家/地区	出口数量（副）	出口金额（千美元）
乌干达	13030	4
苏里南	5909	4
塞尔维亚	4068	3
阿尔及利亚	1217	3
比利时	825	2
巴布亚新几内亚	460	2
莫桑比克	2200	1
利比亚	380	1
马拉维	1281	1
48061000 植物羊皮纸		
#合计	594897	1514
印度尼西亚	245575	574
加拿大	50910	173
土耳其	56855	150
澳大利亚	32884	107
伊朗	38953	103
巴基斯坦	32340	89
韩国	38509	88
中国台湾	28201	58
孟加拉国	15119	43
格鲁吉亚	19223	42
亚美尼亚	17085	37
墨西哥	6707	19
巴西	7119	18
科威特	737	5
斯里兰卡	1347	4
美国	1701	2
新西兰	528	1
中国澳门	830	1
48062000 防油纸		
#合计	5196367	19465
美国	797961	7101
澳大利亚	962904	1949
日本	420387	1880
新加坡	273084	1500
马来西亚	451276	840
泰国	421084	645
菲律宾	270283	553
英国	129872	552
特立尼达和多巴哥	348629	485
巴拿马	48441	461
新西兰	163177	404
也门	25380	389
加拿大	27547	291
智利	122693	222

国家/地区	出口数量（副）	出口金额（千美元）
墨西哥	16074	200
牙买加	15192	198
法国	13754	196
比利时	14942	148
埃及	101270	147
阿联酋	12726	115
南非	12371	105
德国	2827	99
韩国	30520	99
斐济	27690	74
肯尼亚	35986	56
沙特阿拉伯	38942	51
秘鲁	36503	50
俄罗斯联邦	12045	46
中国香港	31821	45
中国台湾	32688	40
尼日利亚	25194	39
卡塔尔	28160	39
孟加拉国	23220	38
巴林	22640	36
黎巴嫩	17845	31
巴拉圭	18530	30
哥伦比亚	24371	29
柬埔寨	9591	25
吉布提	5769	24
西班牙	14700	23
缅甸	14989	22
越南	5051	20
拉脱维亚	5265	19
津巴布韦	20489	18
留尼汪	10061	18
东帝汶	4560	16
斯里兰卡	11455	16
土耳其	9015	16
文莱	6454	14
朝鲜	3920	12
印度尼西亚	4588	9
科威特	5110	8
毛里求斯	2054	8
乌兹别克斯坦	1371	4
斯洛文尼亚	336	3
加纳	646	2
多米尼加共和国	580	2
摩洛哥	1000	2
利比亚	810	1

国家/地区	出口数量（副）	出口金额（千美元）
马达加斯加	318	1
瑞士	65	1
48063000 描图纸		
#合计	4234007	12187
印度	888717	2197
韩国	366409	1136
中国台湾	250223	727
巴西	200607	702
马来西亚	277495	672
中国香港	416144	561
新加坡	100877	522
英国	100082	520
埃及	78513	505
美国	131934	378
法国	69192	333
印度尼西亚	94003	325
孟加拉国	87193	314
越南	97909	289
泰国	136952	265
土耳其	75154	229
缅甸	36943	221
毛里求斯	16240	200
澳大利亚	24349	184
巴拿马	55922	132
斯里兰卡	33082	131
约旦	162680	112
菲律宾	45493	109
哈萨克斯坦	22850	106
秘鲁	24375	102
墨西哥	34328	102
南非	9645	101
加拿大	15966	100
吉布提	15506	98
多哥	12590	81
苏丹	14285	49
肯尼亚	15814	45
柬埔寨	36770	45
哥伦比亚	15369	43
古巴	8001	40
朝鲜	22814	40
德国	2279	39
马达加斯加	19655	37
中国澳门	14355	35
厄瓜多尔	8460	29
贝宁	8470	28

国家/地区	出口数量(副)	出口金额(千美元)
波多黎各	6489	25
俄罗斯联邦	8530	22
阿联酋	11601	21
叙利亚	6010	20
瑞士	10500	19
巴基斯坦	6916	19
比利时	4125	17
西班牙	8040	16
沙特阿拉伯	23371	16
阿塞拜疆	4590	12
尼日利亚	4877	11
也门	5115	10
爱尔兰	2429	8
日本	6466	8
加纳	4342	8
黎巴嫩	4403	7
安哥拉	1640	7
海地	16256	6
牙买加	14380	6
伊拉克	1500	5
以色列	1376	5
科特迪瓦	2820	4
喀麦隆	1030	4
加蓬	1053	4
委内瑞拉	2380	4
乌拉圭	9750	3
蒙古	10838	3
荷兰	820	2
马里	22	2
乌克兰	1398	2
刚果(金)	200	2
伊朗	1404	1
芬兰	383	1
希腊	278	1
莫桑比克	281	1
波兰	223	1
巴布亚新几内亚	100	1
48064000 半透明玻璃纸及其他高光泽透明或半透明纸		
#合计	6005594	10986
越南	1534149	2293
印度	965813	1314
澳大利亚	332481	1127
泰国	499866	841
菲律宾	447951	652

国家/地区	出口数量(副)	出口金额(千美元)
日本	207458	646
韩国	309263	608
中国台湾	197583	395
埃及	187642	308
斯里兰卡	161317	308
哈萨克斯坦	83630	306
马来西亚	198919	305
印度尼西亚	131825	243
美国	102756	216
危地马拉	91055	141
阿联酋	74498	132
新西兰	31401	99
柬埔寨	26709	91
芬兰	3788	90
伊朗	69875	89
中国香港	30435	85
巴基斯坦	55618	84
吉尔吉斯斯坦	23500	61
沙特阿拉伯	19052	59
巴林	3514	58
新加坡	36823	57
缅甸	27632	53
英国	29927	50
南非	13423	47
多米尼加共和国	21574	34
加拿大	9882	30
多哥	4184	28
秘鲁	22838	26
塔吉克斯坦	7500	19
萨尔瓦多	7440	16
马约特	1728	14
贝宁	2592	13
孟加拉国	7072	11
厄瓜多尔	3998	10
德国	1127	10
朝鲜	3264	7
智利	4960	4
西班牙	1496	3
古巴	263	3
尼加拉瓜	2006	2
阿根廷	172	1
蒙古	2300	1
48070000 成卷或成张的复合纸及纸板，未涂布或未浸渍		
#合计	15151563	58992

国家/地区	出口数量(副)	出口金额(千美元)
美国	998682	11339
马来西亚	1870739	9169
南非	454108	2998
印度	1753942	2708
澳大利亚	306752	2143
新加坡	353950	2018
巴拿马	104998	1797
塔吉克斯坦	986370	1787
越南	836150	1779
多哥	124993	1233
文莱	176682	1189
巴西	475560	1184
约旦	259839	984
智利	250715	905
泰国	278326	902
牙买加	68858	878
罗马尼亚	36109	792
英国	92475	749
菲律宾	158424	736
伊朗	167474	735
德国	95052	659
日本	184892	632
波兰	72158	626
安哥拉	96458	521
意大利	89708	506
加拿大	98889	499
沙特阿拉伯	197634	481
阿联酋	119283	464
巴基斯坦	319672	463
韩国	251721	460
阿根廷	90503	435
科威特	83949	396
墨西哥	215734	391
苏丹	357786	381
贝宁	35192	370
荷兰	102356	330
捷克	17188	317
印度尼西亚	233507	305
中国香港	393435	300
阿曼	44835	283
西班牙	48870	231
葡萄牙	37251	215
毛里求斯	16966	205
比利时	14371	201
厄瓜多尔	25000	198

国家/地区	出口数量（副）	出口金额（千美元）
古巴	33000	183
洪都拉斯	35383	172
柬埔寨	152370	166
委内瑞拉	95540	157
突尼斯	54579	155
巴哈马	27431	151
新西兰	64434	141
加纳	54589	137
巴林	17831	134
中国台湾	200614	134
孟加拉国	116091	128
尼日利亚	182166	127
法国	24599	113
吉布提	22211	106
哈萨克斯坦	255512	105
吉尔吉斯斯坦	83872	104
马拉维	20973	102
萨尔瓦多	4265	100
叙利亚	193399	89
肯尼亚	13709	71
加蓬	5133	69
多民族玻利维亚国	121675	64
老挝	18422	48
阿尔及利亚	41440	41
乌克兰	1445	40
哥伦比亚	47684	32
危地马拉	60350	31
卡塔尔	739	30
塞浦路斯	29193	23
埃塞俄比亚	17448	19
埃及	59818	14
乌兹别克斯坦	16950	12
伊拉克	7654	12
斐济	1456	10
几内亚	7039	10
乌拉圭	15140	8
喀麦隆	6260	7
俄罗斯联邦	13829	7
缅甸	855	7
朝鲜	3890	6
黎巴嫩	8540	6
瑞士	990	5
以色列	2863	5
利比亚	1097	4
津巴布韦	3500	3

国家/地区	出口数量（副）	出口金额（千美元）
斯里兰卡	625	3
坦桑尼亚	525	2
刚果(金)	125	2
密克罗尼西亚联邦	2560	2
冈比亚	93	2
多米尼加共和国	380	1
厄立特里亚	3000	1
格鲁吉亚	342	1
保加利亚	276	1
立陶宛	57	0
48081000 瓦楞纸及纸板，不论是否穿孔		
#合计	29562732	58299
美国	2006263	9266
中国香港	13692559	7882
马来西亚	977910	4987
新加坡	396093	2567
英国	180988	1572
澳大利亚	440320	1413
荷兰	223326	1263
加拿大	223783	1207
越南	837426	938
日本	493825	936
菲律宾	656648	917
保加利亚	53206	840
沙特阿拉伯	179159	707
科威特	299578	667
牙买加	95585	656
突尼斯	84476	614
贝宁	87094	610
洪都拉斯	100920	592
泰国	390627	590
多哥	83624	558
科特迪瓦	101796	549
印度尼西亚	370249	541
朝鲜	1246938	531
印度	244764	524
西班牙	107191	511
乌克兰	55162	490
中国台湾	450883	454
秘鲁	82597	441
芬兰	43438	441
比利时	63701	435
肯尼亚	51766	418
德国	112346	395
赞比亚	44021	394

国家/地区	出口数量（副）	出口金额（千美元）
墨西哥	114542	391
哈萨克斯坦	579350	382
法国	42564	376
巴拿马	42534	365
坦桑尼亚	57812	364
波兰	62411	360
巴拉圭	21809	348
巴西	53896	345
加纳	43350	342
智利	53854	335
新西兰	50505	330
以色列	49427	295
马里	41196	294
吉布提	18025	290
南非	96179	282
吉尔吉斯斯坦	238351	274
挪威	44396	260
委内瑞拉	127484	260
苏丹	95179	247
摩洛哥	34927	237
尼加拉瓜	23322	226
瑞典	16274	208
罗马尼亚	41012	207
爱尔兰	17837	204
安哥拉	12278	202
约旦	187842	201
乌干达	28520	199
柬埔寨	34662	192
马拉维	14989	191
圣卢西亚	11368	190
土耳其	84334	189
阿尔及利亚	91990	187
津巴布韦	5813	175
埃及	81645	170
巴基斯坦	36720	170
奥地利	24658	166
孟加拉国	220095	163
刚果(金)	208225	160
丹麦	25648	160
阿尔巴尼亚	21050	159
利比亚	25826	157
阿联酋	82601	156
哥伦比亚	40732	129
韩国	265623	129
俄罗斯联邦	88947	127

国家/地区	出口数量（副）	出口金额（千美元）
蒙古	564371	127
希腊	25657	125
缅甸	24794	112
尼泊尔	35100	107
拉脱维亚	20592	107
文莱	12897	104
几内亚	27111	103
马耳他	11857	102
尼日利亚	85036	101
斯洛伐克	18938	101
克罗地亚	11558	101
巴哈马	4961	101
圭亚那	6896	101
格林纳达	11419	100
刚果(布)	2011	99
意大利	20434	82
佛得角	18494	80
危地马拉	21929	79
伊拉克	32300	72
巴林	58029	70
伊朗	52238	64
博茨瓦纳	16912	61
中国澳门	78880	57
也门	3557	42
毛里塔尼亚	18884	37
阿根廷	5954	31
厄瓜多尔	26978	30
埃塞俄比亚	35987	25
哥斯达黎加	12911	23
乌兹别克斯坦	10024	18
黎巴嫩	4590	17
立陶宛	24658	14
纳米比亚	17342	13
斯里兰卡	17256	12
萨尔瓦多	10035	11
捷克	3798	11
斯洛文尼亚	3530	10
莫桑比克	23260	10
巴布亚新几内亚	9555	10
葡萄牙	15386	10
厄立特里亚	1918	10
喀麦隆	9835	10
格鲁吉亚	15227	8
塞拉利昂	4852	8
乌拉圭	3843	7
斐济	4295	7
瑞士	7437	7
多米尼加共和国	6481	7
马达加斯加	2684	6
冈比亚	12797	6
塞内加尔	1850	6
波多黎各	4513	6
帕劳	5000	5
留尼汪	12737	5
阿塞拜疆	1333	4
利比里亚	4132	4
卡塔尔	5458	3
苏里南	3048	3
马尔代夫	1273	3
塞尔维亚	1373	3
白俄罗斯	1394	2
毛里求斯	634	2
赤道几内亚	809	1
基里巴斯	1000	1
瓦努阿图	1309	1
匈牙利	180	1
古巴	1760	1
塞舌尔	1240	1

48089000 其他皱纹纸及纸板、压纹纸及纸板、穿孔纸及纸板，但品目48.03的纸除外

国家/地区	出口数量（副）	出口金额（千美元）
#合计	12093736	34010
马来西亚	1243166	6210
美国	618903	3656
新加坡	655662	1814
中国香港	1376658	1342
越南	341029	1322
伊朗	387008	815
委内瑞拉	342866	812
韩国	344645	795
印度	356928	776
阿联酋	247310	751
菲律宾	449234	676
土耳其	293459	669
英国	173991	618
秘鲁	291565	586
法国	128418	551
印度尼西亚	268059	541
南非	54551	537
约旦	176929	518
智利	186325	445
西班牙	137758	415
巴拿马	139647	390
泰国	182989	386
摩洛哥	114815	376
中国台湾	203902	368
斐济	33011	322
危地马拉	97163	305
阿尔及利亚	46845	300
沙特阿拉伯	118562	298
德国	89686	282
澳大利亚	81800	274
墨西哥	114451	253
巴西	41715	233
塞内加尔	122040	228
巴基斯坦	187577	228
尼加拉瓜	112965	227
荷兰	101854	222
波兰	92769	218
日本	61150	217
罗马尼亚	86265	201
以色列	65994	193
萨尔瓦多	65177	191
老挝	23830	189
意大利	51848	179
乌兹别克斯坦	55999	178
芬兰	17174	167
多民族玻利维亚国	93440	167
坦桑尼亚	69449	164
俄罗斯联邦	50013	139
厄瓜多尔	85769	132
贝宁	28436	126
肯尼亚	59756	125
希腊	42563	122
伊拉克	55444	122
科威特	40233	103
牙买加	92392	101
巴哈马	15069	100
洪都拉斯	50481	98
哥伦比亚	55018	96
葡萄牙	32849	94
黎巴嫩	42728	90
吉布提	46628	88
加纳	23863	81
阿尔巴尼亚	31851	79
卡塔尔	26018	77

国家/地区	出口数量（副）	出口金额（千美元）
比利时	16599	75
哥斯达黎加	47164	75
乌干达	5536	68
毛里求斯	9873	65
乌克兰	30432	60
孟加拉国	21971	58
马达加斯加	23858	56
利比亚	18455	55
多米尼加共和国	21189	53
也门	30155	50
朝鲜	34476	50
阿根廷	26598	49
苏丹	9731	48
斯里兰卡	25239	46
格鲁吉亚	15209	46
喀麦隆	20938	45
安哥拉	14016	44
新西兰	10011	40
埃塞俄比亚	46838	34
阿塞拜疆	14609	34
巴林	7016	32
斯洛文尼亚	9943	28
保加利亚	7590	24
加拿大	5177	24
尼日利亚	15593	24
马里	5270	23
古巴	7864	22
埃及	6151	21
哈萨克斯坦	7143	20
乌拉圭	5987	20
圭亚那	5742	18
汤加	5110	17
莫桑比克	23735	16
苏里南	23669	16
克罗地亚	4175	16
斯洛伐克	5318	13
蒙古	64800	13
多哥	3612	12
柬埔寨	7414	12
几内亚	5568	11
瑞士	2498	11
塞拉利昂	3901	10
科特迪瓦	3039	10
马拉维	5964	9
特立尼达和多巴哥	2998	9

国家/地区	出口数量（副）	出口金额（千美元）
匈牙利	5593	9
纳米比亚	4383	8
缅甸	10849	8
毛里塔尼亚	4650	8
瑞典	1647	8
津巴布韦	3894	8
突尼斯	5712	7
巴拉圭	3926	7
刚果(金)	3422	7
塔吉克斯坦	4100	6
利比里亚	1250	6
阿曼	1683	5
巴布亚新几内亚	1315	5
塞尔维亚	3033	5
冈比亚	1915	5
赞比亚	6973	5
黑山	1653	5
海地	1380	4
萨摩亚	858	4
丹麦	550	4
塞浦路斯	1076	4
瓜德罗普	493	4
爱沙尼亚	1875	3
马尔代夫	545	3
塞舌尔	960	3
阿富汗	1850	2
赤道几内亚	242	2
所罗门群岛	570	2
布隆迪	150	2
文莱	608	2
捷克	525	2
新喀里多尼亚	900	1
加蓬	817	1
巴巴多斯	173	1
48092000 自印复写纸，成卷或成张的		
#合计	116317640	174908
马来西亚	9027977	13681
菲律宾	9273816	12906
秘鲁	7682879	11117
泰国	6961199	10967
智利	6370432	9930
埃及	7279109	9639
沙特阿拉伯	6095554	9359
阿联酋	4707920	7680
中国台湾	3854919	6138

国家/地区	出口数量（副）	出口金额（千美元）
韩国	3290998	5617
土耳其	2733338	4533
尼日利亚	3323084	4376
印度尼西亚	2893254	4275
哥伦比亚	2480159	4151
巴基斯坦	3167553	4149
厄瓜多尔	2213683	3796
日本	2182583	3634
肯尼亚	2637012	3603
约旦	2260263	3590
越南	2308235	3583
伊朗	2210104	3024
南非	1713672	2819
巴西	1021679	1594
斯里兰卡	1059644	1425
坦桑尼亚	959826	1397
中国香港	895438	1337
多哥	881337	1234
科特迪瓦	808125	1216
卡塔尔	700185	1167
科威特	792469	1126
加纳	791894	1100
巴拉圭	681409	1063
喀麦隆	781572	1056
新加坡	508790	1026
孟加拉国	767241	1004
保加利亚	586798	996
柬埔寨	687374	963
苏丹	570071	841
美国	463293	823
阿曼	456917	730
巴林	382967	638
委内瑞拉	403743	636
黎巴嫩	389196	627
印度	379249	596
刚果(金)	358585	529
澳大利亚	297155	522
马达加斯加	353737	470
希腊	267099	437
意大利	305539	431
俄罗斯联邦	215065	376
贝宁	246722	351
塞内加尔	232798	332
危地马拉	205884	319
阿尔巴尼亚	204402	286

国家/地区	出口数量（副）	出口金额（千美元）
缅甸	185322	282
古巴	160128	279
毛里求斯	171828	269
博茨瓦纳	170106	257
乌拉圭	149105	235
格鲁吉亚	137217	229
叙利亚	177316	229
斐济	141914	227
尼加拉瓜	162733	222
萨尔瓦多	145881	216
几内亚	159749	215
津巴布韦	130457	186
加蓬	143782	174
刚果(布)	142360	173
哈萨克斯坦	84516	172
塞尔维亚	96154	167
马拉维	115384	165
莫桑比克	110062	158
英国	107954	153
蒙古	241059	128
西班牙	90584	122
墨西哥	32997	109
埃塞俄比亚	77247	104
阿尔及利亚	67624	98
新西兰	72215	96
多米尼加共和国	62549	90
阿根廷	63162	82
也门	46106	72
塞拉利昂	43250	68
伊拉克	34870	61
阿塞拜疆	37973	57
苏里南	31215	54
索马里	32322	45
多民族玻利维亚国	34590	45
毛里塔尼亚	31954	44
布基纳法索	30388	42
多米尼克	27463	41
留尼汪	28486	39
朝鲜	42045	36
安哥拉	24308	35
利比亚	20073	28
洪都拉斯	22386	28
斯洛伐克	15424	22
赞比亚	14046	21
巴拿马	13482	20
哥斯达黎加	14584	19
牙买加	14970	19
波多黎各	9720	15
吉布提	5000	11
乌兹别克斯坦	7476	10
摩洛哥	2756	6
南苏丹共和国	1160	3
马耳他	1659	3
加拿大	2051	3
罗马尼亚	724	2
突尼斯	860	2
赤道几内亚	629	2
文莱	496	1
圣卢西亚	408	1
以色列	360	1
荷兰	562	1
芬兰	420	1
莱索托	55	1

48099000 复写纸及其他拷贝或转印纸，成卷或成张的

国家/地区	出口数量（副）	出口金额（千美元）
#合计	4257898	10981
中国香港	470399	907
印度	395286	868
美国	138337	789
越南	360006	640
阿联酋	63403	614
英国	264645	483
新加坡	80253	413
南非	73654	408
加拿大	80991	406
伊朗	52842	383
斯里兰卡	207628	360
墨西哥	74686	360
波兰	78886	307
牙买加	24704	289
德国	61531	266
马来西亚	150843	261
巴基斯坦	154426	255
泰国	349126	239
以色列	41493	213
孟加拉国	157720	208
埃及	63497	189
澳大利亚	97380	186
哥伦比亚	38595	161
加纳	15722	159
日本	75437	158
土耳其	59410	149
巴西	19399	113
乌拉圭	10977	100
马耳他	24950	99
中国台湾	34635	94
印度尼西亚	64514	83
挪威	46230	79
柬埔寨	41956	61
菲律宾	33680	53
巴哈马	12386	51
朝鲜	21601	50
比利时	25097	39
危地马拉	19504	37
韩国	34459	36
沙特阿拉伯	4319	32
约旦	4868	30
俄罗斯联邦	8187	30
保加利亚	7986	29
哥斯达黎加	8249	25
阿根廷	3667	24
缅甸	9174	23
法国	2635	20
肯尼亚	20800	18
西班牙	12679	18
葡萄牙	11874	15
蒙古	75160	15
中国澳门	11671	15
芬兰	2387	11
意大利	3244	11
埃塞俄比亚	3120	10
奥地利	2536	9
黎巴嫩	12941	8
立陶宛	1563	7
土库曼斯坦	1310	7
拉脱维亚	3300	5
丹麦	202	5
萨尔瓦多	2855	5
荷兰	1880	4
智利	1660	4
阿尔及利亚	1776	4
希腊	2367	3
多哥	532	3
毛里求斯	150	3
利比亚	670	2

国家/地区	出口数量（副）	出口金额（千美元）
新西兰	290	2
瑞士	328	2
摩洛哥	355	2
卢旺达	660	2
塞尔维亚	470	2
罗马尼亚	240	2
厄瓜多尔	512	2
匈牙利	493	2
捷克	1580	1
巴拿马	4470	1
利比里亚	30	1
乍得	229	1
克罗地亚	194	1
毛里塔尼亚	391	1
莫桑比克	381	1
爱尔兰	286	0
也门	120	0

48101300 成卷的书写、印刷纸及纸板，含机械纤维≤10%

国家/地区	出口数量（副）	出口金额（千美元）
#合计	505169303	505301
日本	304203657	286693
美国	22552183	25156
菲律宾	24746114	22863
澳大利亚	23834649	22271
中国香港	19949224	19305
韩国	13014427	17322
马来西亚	16090994	16355
新加坡	12240297	11931
泰国	8023451	8633
阿联酋	5462444	8605
中国台湾	5938160	6926
印度	6465843	6157
新西兰	6015579	5181
印度尼西亚	5673267	4813
南非	3359177	4645
伊朗	3696453	3946
斯里兰卡	1868647	3910
沙特阿拉伯	3994129	3895
加拿大	1350390	2906
墨西哥	1391472	2714
土耳其	2611577	2600
越南	1593996	2541
哥伦比亚	535103	1223
巴基斯坦	1101061	1015
西班牙	560628	980
埃及	693914	977
阿根廷	663519	933
意大利	353644	829
乌克兰	415797	807
英国	332179	799
智利	632998	684
俄罗斯联邦	338688	639
希腊	247364	580
巴西	632515	508
新喀里多尼亚	586605	476
肯尼亚	413360	444
黎巴嫩	323807	420
孟加拉国	361889	416
巴林	289386	347
哈萨克斯坦	167521	337
厄瓜多尔	201001	326
保加利亚	121375	285
乌拉圭	105648	248
牙买加	97924	230
卡塔尔	230059	220
柬埔寨	278754	216
以色列	178356	176
阿尔巴尼亚	71850	168
奥地利	50437	166
塔吉克斯坦	86500	162
秘鲁	205436	161
捷克	26683	139
坦桑尼亚	182101	137
科威特	56201	121
多米尼加共和国	47724	110
丹麦	34068	93
尼日利亚	57804	70
法属波利尼西亚	76772	67
巴拿马	28467	66
格鲁吉亚	21082	53
吉尔吉斯斯坦	46570	37
法国	36995	37
缅甸	15428	35
苏丹	13301	31
朝鲜	30251	27
荷兰	24249	24
委内瑞拉	19991	20
突尼斯	19649	19
特立尼达和多巴哥	20280	16
洪都拉斯	20608	15
毛里求斯	20257	14
巴拉圭	3214	8
多哥	1044	6
芬兰	7162	6
加纳	100	4
安哥拉	779	3
瑞士	29	2
伊拉克	680	2
克罗地亚	1107	1
罗马尼亚	432	1
塞尔维亚	269	1
利比亚	39	1
蒙古	1800	1
约旦	152	1

48101400 书写用纸，机械纤维≤10%，成张，≤435 毫米×297 毫米

国家/地区	出口数量（副）	出口金额（千美元）
#合计	1175159	1682
新加坡	25183	218
中国香港	117234	210
日本	39947	138
蒙古	432607	130
加纳	58558	107
荷兰	17666	100
巴西	32422	82
英国	38037	70
孟加拉国	30314	68
印度尼西亚	18089	51
德国	12129	46
越南	37695	44
印度	43586	34
泰国	4506	34
韩国	7763	33
秘鲁	13488	32
澳大利亚	9914	29
沙特阿拉伯	100576	27
俄罗斯联邦	23726	24
喀麦隆	3980	22
阿根廷	8867	19
哥伦比亚	6961	16
缅甸	10000	15
丹麦	3612	15
法国	1241	14
西班牙	3042	10
乌拉圭	3301	10
希腊	2306	9

国家/地区	出口数量(副)	出口金额(千美元)
菲律宾	2632	6
伊拉克	4808	6
美国	3557	6
埃塞俄比亚	900	5
马来西亚	19699	5
土耳其	17560	4
瑞典	1675	4
葡萄牙	1900	4
比利时	1623	4
朝鲜	3904	4
柬埔寨	576	4
安哥拉	2170	3
意大利	981	3
智利	1255	3
波兰	522	3
巴基斯坦	1195	3
南非	902	2
尼加拉瓜	100	2
赤道几内亚	480	1
罗马尼亚	188	1
捷克	242	1
阿联酋	86	1
中国台湾	770	1
斯里兰卡	162	1
埃及	147	1
也门	104	0

48101900 其他书写、印刷纸及纸板，含机械纤维≤10%

国家/地区	出口数量(副)	出口金额(千美元)
#合计	906302836	841007
日本	89507696	87466
中国香港	80234413	72024
印度	76342662	68038
巴西	55949285	47502
泰国	47762628	45789
俄罗斯联邦	47258167	41451
土耳其	40905975	39284
中国台湾	42603522	38032
马来西亚	39288873	36944
南非	24986957	22736
越南	7125930	22119
新加坡	22962444	20886
沙特阿拉伯	22354811	20011
墨西哥	20460262	18630
秘鲁	19201232	18467
乌克兰	22393345	18234
澳大利亚	18584013	17150
加拿大	17363976	15768
阿联酋	16030008	15066
以色列	14149599	13643
巴基斯坦	12789426	10849
尼日利亚	12161142	10281
黎巴嫩	11479579	9578
厄瓜多尔	10001153	9356
英国	7452617	7235
韩国	7078145	7026
哈萨克斯坦	7314077	6393
斯里兰卡	6008406	5810
哥伦比亚	6368420	5430
法国	5485188	5350
危地马拉	4789686	4622
埃及	4550104	4358
委内瑞拉	4542013	4205
朝鲜	4143362	4178
肯尼亚	4849412	3711
科威特	2986592	3124
意大利	3220984	3119
希腊	3195902	3049
智利	3005166	2843
巴林	2891922	2649
菲律宾	3090123	2610
约旦	2746546	2602
塞尔维亚	2542727	2488
拉脱维亚	2236304	2248
叙利亚	2268293	2208
新西兰	2075421	1973
美国	2275956	1959
缅甸	1971198	1605
多米尼加共和国	1509032	1460
加纳	1649431	1428
坦桑尼亚	1816642	1362
卡塔尔	1438406	1337
印度尼西亚	1677525	1322
巴拉圭	1369097	1314
伊朗	1326533	1297
蒙古	4079809	1186
乌拉圭	1291776	1161
萨尔瓦多	1202007	1119
阿曼	1092826	1056
哥斯达黎加	1052363	1027
孟加拉国	1038580	1012
安哥拉	1010939	965
吉尔吉斯斯坦	1029395	940
克罗地亚	937054	842
苏丹	999662	835
阿根廷	1126972	830
波兰	754051	652
德国	631159	599
乌兹别克斯坦	569809	540
西班牙	479606	511
立陶宛	584785	495
格鲁吉亚	536032	487
多哥	598528	466
毛里求斯	570595	445
利比亚	439324	428
留尼汪	476357	423
马达加斯加	477335	387
葡萄牙	380409	374
柬埔寨	475868	370
比利时	369597	353
阿尔巴尼亚	377378	337
罗马尼亚	354712	268
新喀里多尼亚	349675	258
喀麦隆	321029	258
吉布提	152879	214
洪都拉斯	223666	213
斐济	254925	210
也门	244729	196
爱尔兰	197053	186
尼加拉瓜	158157	145
丹麦	93621	124
白俄罗斯	125770	122
特立尼达和多巴哥	141782	120
伊拉克	121721	117
科特迪瓦	142517	112
苏里南	106489	104
莫桑比克	102335	92
捷克	87888	85
贝宁	100161	73
津巴布韦	77094	71
刚果(金)	79158	62
荷兰	57063	56
塔吉克斯坦	24528	47
斯洛文尼亚	44121	44
塞浦路斯	42695	41
文莱	40506	40

国家/地区	出口数量（副）	出口金额（千美元）
巴拿马	39983	40
瓜德罗普	39900	39
马拉维	40375	35
多民族玻利维亚国	43742	33
社会群岛	36754	31
冈比亚	8839	30
古巴	20160	28
中国澳门	15510	24
塞内加尔	18738	15
马耳他	14617	15
刚果(布)	18630	13
加蓬	5200	2
尼泊尔	1570	1

48102200 涂布无机物书写、印刷轻质纸，机械纤维＞10%

国家/地区	出口数量（副）	出口金额（千美元）
#合计	53876613	46865
日本	44472445	37083
中国香港	1810969	1480
摩洛哥	116338	989
巴西	1175472	949
马来西亚	1119722	896
泰国	714715	604
韩国	527246	444
印度	435939	409
印度尼西亚	274795	409
中国台湾	419416	383
孟加拉国	138959	381
南非	371590	295
澳大利亚	139580	237
墨西哥	256984	205
越南	70820	197
新西兰	226457	191
伊朗	185235	187
美国	120456	168
菲律宾	155827	129
巴林	166701	128
柬埔寨	64474	118
毛里求斯	121460	98
土耳其	27443	77
黎巴嫩	34886	74
保加利亚	90093	73
沙特阿拉伯	19513	72
阿联酋	12668	66
秘鲁	75062	62
巴基斯坦	103104	59
塞浦路斯	25144	38
蒙古	89337	36
智利	43151	34
科威特	19689	34
法国	38805	32
老挝	20256	30
乌克兰	26496	21
文莱	27265	21
津巴布韦	13533	21
法属波利尼西亚	19558	16
尼日利亚	19263	16
加纳	2316	16
留尼汪	18042	15
利比亚	20000	14
意大利	18557	14
德国	5739	12
斯里兰卡	5306	10
新加坡	3500	9
莫桑比克	3349	5
叙利亚	4250	3
英国	1361	3
丹麦	1949	3
赞比亚	660	1
朝鲜	600	1

48102900 其他涂布无机物书写、印刷纸，机械纤维＞10%

国家/地区	出口数量（副）	出口金额（千美元）
#合计	305334007	284278
印度	37616587	34168
泰国	21842916	21890
巴西	20649611	19374
美国	22120464	19106
土耳其	19495386	17726
中国台湾	15997318	14632
加拿大	14858574	13767
沙特阿拉伯	10740286	9800
以色列	10741563	9522
越南	11756039	9472
阿联酋	9335994	9144
埃及	9168067	8630
墨西哥	9168836	8537
日本	7494671	6676
马来西亚	6271483	5828
南非	4866213	4884
孟加拉国	4016440	3728
中国香港	3557789	3707
哥伦比亚	3352184	3357
韩国	3250758	3140
叙利亚	3021592	3004
印度尼西亚	3518721	2967
新加坡	3138555	2932
黎巴嫩	2929647	2908
阿根廷	3066602	2840
乌克兰	2642001	2806
俄罗斯联邦	2821189	2772
斯里兰卡	2948061	2699
约旦	2738348	2668
秘鲁	2386698	2546
菲律宾	2349040	2058
澳大利亚	1727244	1843
肯尼亚	1611615	1651
尼日利亚	1767697	1582
智利	1290575	1372
厄瓜多尔	1446661	1369
哈萨克斯坦	1207159	1364
缅甸	1543328	1328
尼泊尔	1495262	1281
英国	1168176	1243
科威特	1214700	1169
伊朗	1301760	1130
巴基斯坦	1062033	961
新西兰	845568	899
巴林	807758	847
法国	784290	839
卡塔尔	536124	571
委内瑞拉	490206	512
危地马拉	492782	456
巴拉圭	440310	426
吉布提	484716	415
苏丹	436286	411
乌拉圭	412373	401
坦桑尼亚	262515	279
希腊	237205	253
阿曼	241341	252
哥斯达黎加	231962	246
塞内加尔	222359	237
格鲁吉亚	249581	231
吉尔吉斯斯坦	274593	227
也门	261583	224
埃塞俄比亚	210245	223
利比亚	205066	205

国家/地区	出口数量（副）	出口金额（千美元）
塞尔维亚	200502	197
拉脱维亚	166589	177
尼加拉瓜	194408	167
阿尔巴尼亚	186940	160
马达加斯加	140819	150
多米尼加共和国	139421	148
贝宁	141335	134
萨尔瓦多	145491	131
蒙古	135482	129
西班牙	120615	128
乌兹别克斯坦	109656	117
伊拉克	98998	103
安哥拉	30000	72
巴拿马	55770	69
喀麦隆	60875	60
亚美尼亚	49167	48
洪都拉斯	45074	48
特立尼达和多巴哥	48148	48
科特迪瓦	40616	43
加纳	39766	42
克罗地亚	38493	41
留尼汪	40048	38
前南马其顿	42585	37
刚果(金)	28659	30
朝鲜	24690	22
马拉维	20382	22
文莱	20145	21
苏里南	19968	21
葡萄牙	19918	21
意大利	19902	18
阿塞拜疆	16254	17
土库曼斯坦	10547	17
斐济	19420	17
多民族玻利维亚国	18371	16
柬埔寨	5840	10
立陶宛	2999	9
古巴	5075	9
丹麦	61	5
马耳他	4405	5
德国	453	1
塞浦路斯	1299	1

48103100 涂布无机物漂白牛皮纸，重≤150克木纤维≥95%

国家/地区	出口数量（副）	出口金额（千美元）
#合计	1654626	2734
阿联酋	421766	882
印度	49609	326
中国香港	234743	267
荷兰	61453	182
伊朗	70388	165
柬埔寨	114908	125
尼日利亚	166888	102
美国	33776	90
日本	16154	75
中国台湾	40750	74
马来西亚	34677	40
古巴	13164	36
朝鲜	39273	32
德国	20621	29
沙特阿拉伯	49476	29
巴拉圭	9809	25
埃塞俄比亚	28627	22
越南	20441	21
爱尔兰	9221	19
澳大利亚	12818	18
肯尼亚	5215	18
意大利	17073	14
科威特	19828	13
菲律宾	6763	12
英国	27176	12
马达加斯加	4500	11
缅甸	5160	10
巴基斯坦	15000	10
蒙古	38300	8
哥伦比亚	8414	8
比利时	14600	8
泰国	19600	8
哈萨克斯坦	2970	6
挪威	2000	5
毛里塔尼亚	1848	4
卡塔尔	3000	3
南非	1961	3
约旦	880	3
黎巴嫩	2066	3
巴拿马	1767	3
以色列	1388	2
西班牙	284	2
俄罗斯联邦	1013	2
阿尔巴尼亚	609	2
中国澳门	1500	2
立陶宛	1000	2
毛里求斯	629	1
波兰	441	1
阿曼	155	1
新加坡	277	1

48103200 涂布无机物漂白牛皮纸，重＞150克木纤维≥95%

国家/地区	出口数量（副）	出口金额（千美元）
#合计	289038780	265158
中国台湾	27812813	25105
韩国	25795090	23689
印度尼西亚	20473982	20835
泰国	21498370	19553
中国香港	21243374	17850
马来西亚	16131990	17706
越南	12947269	15815
土耳其	19034668	14623
孟加拉国	12580240	11921
菲律宾	10724664	10062
波兰	7632327	6714
沙特阿拉伯	6835991	5783
巴基斯坦	7071478	5601
巴西	6344340	5495
阿联酋	6542625	5480
新加坡	4740786	4667
印度	5085882	4203
科威特	4375404	3955
叙利亚	4203247	3742
英国	3566869	3145
朝鲜	3197721	2964
乌克兰	2811968	2526
埃及	2671122	2401
日本	1959457	2066
委内瑞拉	2254888	1987
美国	2181172	1887
伊朗	1691674	1795
俄罗斯联邦	1798640	1779
黎巴嫩	1526900	1276
德国	1011437	1207
吉尔吉斯斯坦	1392918	1201
希腊	1144750	1016
加拿大	1074279	976
缅甸	1094704	768
尼日利亚	909675	763
南非	858584	711
意大利	788401	710
巴林	1308592	640

国家/地区	出口数量（副）	出口金额（千美元）
保加利亚	749594	640
斯里兰卡	771563	637
哈萨克斯坦	629187	572
澳大利亚	632288	550
吉布提	806575	544
斯洛文尼亚	622874	539
乌兹别克斯坦	597140	484
也门	460254	472
塞浦路斯	499340	444
约旦	468653	405
以色列	211772	351
拉脱维亚	392877	348
立陶宛	396845	344
爱尔兰	396423	342
墨西哥	470264	321
哥伦比亚	203107	321
荷兰	228642	284
卡塔尔	351462	283
秘鲁	337422	271
格鲁吉亚	319727	266
肯尼亚	320660	234
阿尔巴尼亚	126854	226
智利	183609	224
罗马尼亚	280812	213
阿尔及利亚	220242	205
葡萄牙	291797	201
喀麦隆	317534	178
利比亚	240281	177
厄瓜多尔	178206	176
加纳	330616	174
巴拿马	96021	163
蒙古	389820	159
丹麦	141535	127
埃塞俄比亚	216865	113
新西兰	122405	112
乌拉圭	115935	111
苏丹	156436	102
洪都拉斯	20474	102
塔吉克斯坦	64520	97
柬埔寨	92290	97
瑞典	86563	88
克罗地亚	96293	85
毛里求斯	88909	69
西班牙	73885	68
阿根廷	119670	66

国家/地区	出口数量（副）	出口金额（千美元）
阿曼	88661	62
科特迪瓦	69327	50
巴拉圭	74966	47
津巴布韦	77542	42
坦桑尼亚	45863	40
多哥	73232	35
中国澳门	39979	35
斐济	54775	28
博茨瓦纳	32352	26
古巴	10080	26
伊拉克	29012	24
比利时	25297	23
法国	25397	22
贝宁	38344	21
尼加拉瓜	35649	18
塞拉利昂	3507	12
厄立特里亚	33400	12
马达加斯加	11353	9
瑞士	4920	7
安哥拉	8000	5
芬兰	1500	5
汤加	780	3
突尼斯	4200	2
加蓬	7440	2
挪威	660	2
赞比亚	5789	2
48103900 其他涂布高岭土或其他无机物质的牛皮纸及纸板		
#合计	1500752	3850
美国	573558	1293
越南	177139	800
马来西亚	41409	314
中国台湾	49824	230
牙买加	6500	199
澳大利亚	12353	199
印度尼西亚	8830	157
哈萨克斯坦	51100	102
日本	43986	100
伊朗	100000	71
印度	48652	68
菲律宾	55050	66
约旦	106852	64
苏丹	12080	38
阿联酋	27434	23
肯尼亚	6901	22

国家/地区	出口数量（副）	出口金额（千美元）
西班牙	24147	21
墨西哥	24638	20
沙特阿拉伯	23928	14
韩国	6143	13
吉布提	3379	10
新加坡	91144	9
巴西	410	8
加拿大	2233	3
泰国	1216	3
德国	458	1
荷兰	889	1
马达加斯加	12	1
巴布亚新几内亚	300	1
48109200 涂布无机物的多层纸及纸板		
#合计	535424494	475956
美国	64600156	58540
土耳其	37051983	31247
俄罗斯联邦	32791561	30609
中国香港	31352681	28532
印度	30363907	26117
中国台湾	28041913	25990
巴西	20535690	19052
巴基斯坦	19021805	15586
阿联酋	17778852	14730
孟加拉国	17657580	14284
沙特阿拉伯	14410767	11874
埃及	13893050	11565
西班牙	12287558	11290
意大利	12108398	11067
马来西亚	12553699	10983
墨西哥	11545286	10865
菲律宾	10836000	10045
加拿大	9730768	9106
日本	10001466	8988
泰国	9843477	8892
澳大利亚	10399074	8359
南非	8254761	7461
尼日利亚	8619268	7199
黎巴嫩	6535367	5781
越南	3995286	5576
伊朗	5403546	4342
斯里兰卡	4905171	4269
英国	4513362	4240
约旦	4637148	4057
乌克兰	3608605	3409

国家/地区	出口数量（副）	出口金额（千美元）
新加坡	3276803	3071
波兰	3323817	2975
荷兰	3128477	2913
以色列	2700652	2499
叙利亚	3033617	2492
缅甸	2470106	2171
科威特	2539230	2089
保加利亚	2250164	2037
哈萨克斯坦	2126314	1923
罗马尼亚	2118187	1911
斯洛文尼亚	1874067	1728
拉脱维亚	1725120	1601
法国	1673119	1570
德国	1694260	1554
捷克	1721893	1532
韩国	1453381	1319
厄瓜多尔	1320513	1236
乌兹别克斯坦	1624307	1226
肯尼亚	1316779	1154
爱尔兰	1215153	1122
智利	1226234	1108
萨尔瓦多	1167025	1066
突尼斯	1059286	957
格鲁吉亚	789218	681
巴拉圭	724356	666
哥斯达黎加	701925	660
希腊	665218	621
危地马拉	660070	618
葡萄牙	684047	603
克罗地亚	616801	566
吉尔吉斯斯坦	613720	512
塞尔维亚	491724	451
立陶宛	430270	400
委内瑞拉	458594	390
巴拿马	413079	382
比利时	338726	321
印度尼西亚	411591	319
也门	356707	289
尼加拉瓜	292428	275
秘鲁	323311	253
牙买加	256419	241
加纳	393609	236
阿根廷	266774	214
丹麦	219545	201
柬埔寨	159745	163
科特迪瓦	201095	162
坦桑尼亚	189860	155
古巴	150165	141
喀麦隆	142484	114
特立尼达和多巴哥	112571	106
毛里求斯	115465	101
瑞典	94064	100
洪都拉斯	95806	90
塞浦路斯	95998	89
卡塔尔	90728	75
文莱	70532	67
塞内加尔	74700	64
哥伦比亚	64107	61
马达加斯加	52818	40
乌干达	53168	31
黑山	27100	26
刚果(金)	28444	25
巴林	30610	25
阿尔巴尼亚	35125	19
芬兰	17160	16
新西兰	1797	14
巴巴多斯	13935	13
马耳他	14646	13
阿塞拜疆	15844	13
斐济	21760	12
刚果(布)	11900	10
巴勒斯坦	14424	7
瑞士	346	1
埃塞俄比亚	3156	1
48109900 未列名涂布高岭土或其他无机物质的纸及纸板		
#合计	12638962	20483
美国	2365526	5968
印度尼西亚	1792667	1734
加拿大	401531	1282
泰国	1241688	1174
越南	651263	1072
英国	266740	1032
土耳其	805865	887
韩国	473964	579
阿联酋	368046	495
中国香港	591991	469
沙特阿拉伯	214413	449
伊朗	569281	376
以色列	261656	374
墨西哥	323841	314
马来西亚	111881	298
印度	101953	284
菲律宾	236496	280
澳大利亚	77981	271
巴拿马	39513	237
新加坡	26563	220
葡萄牙	5933	203
德国	83787	193
丹麦	103008	158
朝鲜	62749	155
波兰	37080	125
秘鲁	70991	114
阿尔及利亚	97696	113
埃及	108308	106
南非	36834	97
荷兰	47314	96
塞浦路斯	57359	90
西班牙	44099	87
俄罗斯联邦	52012	84
加纳	22518	83
斯里兰卡	75576	82
尼日利亚	68642	73
日本	20565	65
巴基斯坦	96411	62
柬埔寨	68996	52
厄瓜多尔	76992	47
中国台湾	29530	45
缅甸	33689	41
巴西	12579	41
坦桑尼亚	11130	38
马达加斯加	5112	37
立陶宛	16200	31
肯尼亚	21022	31
阿根廷	21073	30
牙买加	19682	24
哥斯达黎加	6670	23
津巴布韦	38780	21
孟加拉国	24637	21
加蓬	17913	20
智利	8806	17
阿曼	20000	14
法国	29746	13
希腊	18720	13
保加利亚	20000	13

国家/地区	出口数量（副）	出口金额（千美元）
萨尔瓦多	9400	13
意大利	5343	12
波多黎各	5421	12
危地马拉	7235	10
乌拉圭	4415	10
多民族玻利维亚国	2370	10
蒙古	11990	8
摩尔多瓦	2605	7
委内瑞拉	4260	7
塞内加尔	20128	7
新西兰	986	5
黎巴嫩	1720	5
哥伦比亚	885	4
贝宁	17888	4
乌干达	792	3
土库曼斯坦	23860	3
拉脱维亚	430	2
爱沙尼亚	1043	2
克罗地亚	17	1
比利时	2340	1

48111000 成卷或成张矩形焦油纸及纸板、沥青纸及纸板

国家/地区	出口数量（副）	出口金额（千美元）
#合计	529534	541
蒙古	136700	100
马来西亚	80257	82
安哥拉	9540	63
中国香港	121188	60
朝鲜	28977	47
中国澳门	56133	41
法国	2330	23
韩国	27501	17
加拿大	24544	15
科特迪瓦	7568	15
德国	298	14
泰国	12626	12
斯里兰卡	3271	7
中国台湾	338	7
越南	2045	7
新加坡	3287	4
莱索托	307	4
圭亚那	3700	3
密克罗尼西亚联邦	3720	3
美国	319	2
比利时	1890	2
印度	660	2
埃及	209	2
阿根廷	270	2
以色列	447	1
荷兰	59	1
巴基斯坦	592	1
沙特阿拉伯	199	1
菲律宾	294	1
新西兰	220	0

48114100 成卷或成张矩形的任何尺寸的自粘胶粘纸

国家/地区	出口数量（副）	出口金额（千美元）
#合计	91430514	247925
日本	9370654	27797
中国香港	8347229	23263
美国	2685158	12889
俄罗斯联邦	4795302	12055
澳大利亚	3654527	11991
德国	2534057	9496
埃及	5348869	8850
韩国	3016152	8047
沙特阿拉伯	2692263	7257
马来西亚	2875434	7195
巴基斯坦	4046759	7049
阿联酋	2580702	6887
印度	2891538	6867
越南	2638211	6836
印度尼西亚	3574682	6348
伊朗	2827882	4232
新加坡	721282	3644
新西兰	1033659	3522
英国	906365	3460
泰国	1202495	3430
南非	1008364	3098
巴西	930991	3059
智利	938492	3042
菲律宾	1178422	2850
荷兰	705888	2849
西班牙	807064	2589
土耳其	990506	2437
孟加拉国	1032317	2422
意大利	607719	2250
约旦	1012809	2185
法国	613101	1727
尼日利亚	792905	1685
伊拉克	727894	1625
墨西哥	553884	1616
乌克兰	485374	1557
叙利亚	633022	1162
利比亚	395233	1116
阿尔及利亚	394007	1114
也门	403432	1095
以色列	329678	1077
中国台湾	392409	994
波兰	270885	966
秘鲁	271112	890
加纳	208003	887
加拿大	188118	864
科威特	228793	739
乌兹别克斯坦	363856	727
缅甸	525431	703
黎巴嫩	320221	697
斯里兰卡	252432	692
哥伦比亚	215969	688
比利时	133388	639
希腊	200331	630
哈萨克斯坦	290768	627
罗马尼亚	181384	595
肯尼亚	229350	584
阿根廷	207796	554
委内瑞拉	195822	524
克罗地亚	141611	486
摩洛哥	86613	455
文莱	79104	440
格鲁吉亚	213131	426
多哥	56691	422
拉脱维亚	151503	421
芬兰	191797	419
突尼斯	58019	412
瑞典	115393	405
乌拉圭	167956	392
柬埔寨	72965	372
巴拿马	123262	356
巴拉圭	63181	319
巴林	77196	310
朝鲜	188507	292
危地马拉	92365	291
厄瓜多尔	87664	286
葡萄牙	78167	285
丹麦	100461	285
毛里求斯	84502	277
安哥拉	73300	247

国家/地区	出口数量(副)	出口金额(千美元)
卡塔尔	63952	238
阿尔巴尼亚	60363	224
爱沙尼亚	70055	222
阿曼	75876	201
保加利亚	44568	198
苏丹	104710	192
斯洛文尼亚	60959	185
科特迪瓦	98147	180
斐济	56914	169
萨尔瓦多	54564	159
贝宁	65291	157
立陶宛	35102	152
古巴	47710	148
阿塞拜疆	59797	148
赞比亚	56250	148
挪威	19594	144
洪都拉斯	28222	138
捷克	24122	132
毛里塔尼亚	43409	120
坦桑尼亚	61940	117
哥斯达黎加	34124	112
塞内加尔	38426	107
几内亚	34301	106
喀麦隆	35724	104
塞尔维亚	29646	103
牙买加	24995	98
多米尼加共和国	32174	96
马达加斯加	27092	95
巴布亚新几内亚	19422	86
莫桑比克	31420	82
刚果(金)	69908	80
特立尼达和多巴哥	20068	66
多民族玻利维亚国	27111	66
乌干达	2377	64
吉布提	48482	63
加蓬	35055	52
蒙古	162380	50
马拉维	30251	46
塞浦路斯	21306	44
马提尼克	5593	41
吉尔吉斯斯坦	20713	40
纳米比亚	8749	37
老挝	17948	36
津巴布韦	23233	36
苏里南	32815	33

国家/地区	出口数量(副)	出口金额(千美元)
留尼汪	6223	33
爱尔兰	9802	33
刚果(布)	14034	33
塔吉克斯坦	19490	29
圭亚那	8976	24
埃塞俄比亚	7004	24
瑞士	3493	23
利比里亚	7477	22
赤道几内亚	5137	20
尼加拉瓜	8890	19
匈牙利	4688	19
马尔代夫	3962	17
斯洛伐克	1542	16
奥地利	3240	15
佛得角	3750	14
瓦努阿图	1789	13
库腊索岛	4634	13
伯利兹	3163	12
巴哈马	20583	10
博茨瓦纳	3844	10
尼泊尔	1463	9
多米尼克	1466	9
瓜德罗普	1552	9
中国澳门	3964	8
亚美尼亚	13942	8
加那利群岛	2923	8
卢旺达	816	8
摩尔多瓦	3631	7
莱索托	293	7
新喀里多尼亚	1729	7
荷属安的列斯群岛	1370	6
黑山	2577	6
前南马其顿	1358	6
海地	1400	5
巴勒斯坦	5200	5
波多黎各	1704	5
巴巴多斯	517	4
社会群岛	1200	4
白俄罗斯	1015	3
法属圭亚那	706	3
东帝汶	1654	3
马耳他	1591	2
法属波利尼西亚	495	2
塞舌尔	500	2
塞拉利昂	805	2

国家/地区	出口数量(副)	出口金额(千美元)
冈比亚	519	2
摩纳哥	3820	1
汤加	262	1
卢森堡	535	1
萨摩亚	30	1
所罗门群岛	155	0
冰岛	49	0
48114900 成卷或成张矩形的其他胶粘纸及纸板		
#合计	9735034	28208
菲律宾	2563683	4470
美国	271962	2281
荷兰	86113	1622
中国香港	1891892	1458
马来西亚	351338	1246
日本	341994	1199
泰国	277110	1080
英国	180763	1069
越南	267074	1052
新加坡	125857	919
埃及	441381	815
也门	63713	570
巴西	141219	533
德国	44237	526
印度尼西亚	210485	507
巴基斯坦	262400	482
印度	160133	433
加纳	21984	399
伊朗	175378	371
意大利	30326	363
南非	51936	321
澳大利亚	85351	313
墨西哥	32467	304
韩国	111272	293
法国	39529	289
沙特阿拉伯	59977	283
加拿大	46285	260
波兰	65742	254
科特迪瓦	131130	205
中国台湾	47227	201
摩洛哥	44446	196
多哥	28374	193
保加利亚	7700	192
罗马尼亚	40861	190
突尼斯	18166	186

国家/地区	出口数量（副）	出口金额（千美元）
挪威	12298	179
斯里兰卡	108861	178
俄罗斯联邦	82780	168
哥伦比亚	18320	168
尼日利亚	68444	161
巴拿马	15293	150
贝宁	9140	138
委内瑞拉	47848	113
约旦	62891	111
希腊	9421	110
安哥拉	30814	110
西班牙	73840	106
立陶宛	11167	103
柬埔寨	12736	96
阿联酋	26471	81
利比亚	48151	76
瑞士	19730	66
土耳其	21669	55
新西兰	9859	54
吉布提	2359	52
马耳他	7946	52
以色列	11220	52
比利时	11880	51
马里	5080	51
芬兰	5650	45
危地马拉	35884	45
阿根廷	8432	43
秘鲁	13203	39
阿尔及利亚	7027	38
朝鲜	21969	37
喀麦隆	13871	37
乌克兰	10681	34
阿曼	9033	29
黎巴嫩	10068	28
孟加拉国	11301	26
拉脱维亚	8195	23
捷克	5919	19
葡萄牙	8334	18
伊拉克	10642	17
缅甸	8052	15
智利	15998	15
巴林	5307	15
巴布亚新几内亚	4565	14
肯尼亚	2679	10
乌拉圭	11051	9

国家/地区	出口数量（副）	出口金额（千美元）
多米尼加共和国	2234	7
巴拉圭	3088	6
斯洛文尼亚	2689	5
刚果（布）	1350	5
科威特	2296	5
斯洛伐克	388	5
亚美尼亚	11970	5
萨尔瓦多	1394	5
马达加斯加	1257	4
卡塔尔	897	4
丹麦	380	4
厄瓜多尔	573	3
瑞典	1207	3
埃塞俄比亚	754	2
巴巴多斯	750	2
哥斯达黎加	684	2
坦桑尼亚	1356	2
加蓬	3760	2
爱沙尼亚	1639	2
乌兹别克斯坦	9050	2
毛里求斯	583	2
乌干达	305	2
纳米比亚	350	2
中国澳门	847	2
波多黎各	745	2
叙利亚	352	1
瓜德罗普	486	1
赤道几内亚	325	1
阿尔巴尼亚	1071	1
洪都拉斯	73	1
牙买加	2524	1
尼加拉瓜	1016	1
新喀里多尼亚	40	1
赞比亚	123	1
苏丹	169	1
格鲁吉亚	315	1
马尔代夫	82	1
萨摩亚	223	1
留尼汪	198	1
克罗地亚	231	1
特立尼达和多巴哥	165	1
圭亚那	60	1

48115110 彩色相纸用双面涂塑纸，每平方米重>150 克

国家/地区	出口数量（副）	出口金额（千美元）
#合计	3124941	12493
马来西亚	160005	874
韩国	122320	797
德国	234579	790
伊朗	144034	785
日本	151716	766
新加坡	109045	659
菲律宾	185857	548
泰国	72934	494
印度	159544	487
阿联酋	92065	480
荷兰	76460	416
印度尼西亚	148120	406
墨西哥	59272	306
巴西	70117	296
巴基斯坦	119752	291
美国	36804	262
英国	129129	235
南非	29510	196
巴拿马	23986	194
澳大利亚	31067	192
土耳其	31247	187
沙特阿拉伯	26173	180
朝鲜	97681	179
阿根廷	46556	144
孟加拉国	50095	141
乌兹别克斯坦	92030	126
乌克兰	28283	114
波兰	14942	108
西班牙	24972	103
哥伦比亚	21829	101
肯尼亚	25846	81
也门	31338	72
伊拉克	27855	66
秘鲁	14995	66
中国香港	27467	63
智利	18256	59
法国	5643	59
阿塞拜疆	21056	56
立陶宛	19848	54
委内瑞拉	14902	52
意大利	9385	47
加纳	18551	44
斯里兰卡	6940	44
乌拉圭	20558	43
俄罗斯联邦	8132	43

国家/地区	出口数量（副）	出口金额（千美元）
哈萨克斯坦	13035	37
越南	18467	36
土库曼斯坦	9068	35
阿尔及利亚	12678	35
以色列	8099	33
阿尔巴尼亚	8645	32
埃及	14207	31
黎巴嫩	13952	31
巴林	4303	30
新西兰	3762	26
丹麦	4231	23
加拿大	12820	23
尼日利亚	5591	22
罗马尼亚	3539	20
瑞士	4285	19
柬埔寨	8616	18
中国台湾	4157	17
突尼斯	2826	17
毛里塔尼亚	7883	16
吉尔吉斯斯坦	3000	15
希腊	4300	15
塞浦路斯	7828	15
约旦	6180	14
利比亚	6194	14
挪威	8347	14
阿曼	2842	14
喀麦隆	5443	14
保加利亚	2480	13
拉脱维亚	3973	13
厄瓜多尔	9298	12
瑞典	1968	11
尼泊尔	1958	10
坦桑尼亚	4050	10
贝宁	1389	10
爱沙尼亚	2774	7
芬兰	620	6
巴拉圭	2192	6
克罗地亚	2389	5
波多黎各	2353	5
卡塔尔	2490	5
刚果(布)	1600	5
老挝	1860	4
莫桑比克	1813	4
塞内加尔	1381	4
叙利亚	755	4
赤道几内亚	1260	4
哥斯达黎加	400	4
毛里求斯	465	4
科威特	1200	4
葡萄牙	810	3
加蓬	774	3
津巴布韦	2216	3
格鲁吉亚	515	2
捷克	337	2
文莱	2250	2
尼加拉瓜	535	2
苏丹	833	2
赞比亚	156	2
多民族玻利维亚国	201	1
马达加斯加	274	1
危地马拉	313	1
洪都拉斯	142	1
塞拉利昂	400	1
瓦努阿图	192	0

48115190 其他塑料涂、浸或覆盖漂白纸，平方米重>150 克

国家/地区	出口数量（副）	出口金额（千美元）
#合计	27193328	61407
沙特阿拉伯	9236300	17499
法国	2452323	5993
印度尼西亚	1464746	3515
约旦	1483745	3402
马来西亚	942694	2461
埃及	769158	2145
伊朗	1413416	2043
荷兰	954401	2018
墨西哥	902434	1872
美国	260981	1558
澳大利亚	278212	1372
日本	591071	1350
中国香港	255108	1114
德国	488340	1061
爱尔兰	404494	870
哈萨克斯坦	179568	742
印度	279200	740
英国	263355	733
新加坡	99878	703
越南	516318	671
俄罗斯联邦	311360	595
巴林	161958	552
乌兹别克斯坦	223125	549
阿尔及利亚	166067	527
智利	198173	480
捷克	224546	476
波兰	181597	445
叙利亚	249914	399
巴西	150190	379
巴基斯坦	137266	356
阿曼	93834	326
泰国	165617	318
乌克兰	167511	311
哥伦比亚	175905	256
菲律宾	82553	216
科威特	64671	210
韩国	53122	182
意大利	50123	182
南非	60906	161
阿联酋	45942	146
中国台湾	58614	143
希腊	64041	135
乌拉圭	27165	111
黎巴嫩	65557	104
委内瑞拉	41344	103
文莱	13883	103
孟加拉国	82521	96
西班牙	43788	87
安哥拉	19880	84
立陶宛	22967	74
土耳其	29093	73
阿根廷	35488	72
多哥	10460	69
危地马拉	11055	65
毛里求斯	25780	62
萨尔瓦多	25400	60
伊拉克	23374	58
罗马尼亚	18807	58
加纳	23000	56
以色列	34239	55
秘鲁	16867	53
瑞士	13345	46
阿塞拜疆	19021	46
尼日利亚	19291	42
葡萄牙	13096	42
巴哈马	11506	40
肯尼亚	17920	37
利比亚	18316	35

国家/地区	出口数量（副）	出口金额（千美元）
丹麦	9309	33
摩洛哥	11227	32
瑞典	7158	30
老挝	5022	30
厄瓜多尔	19629	29
比利时	7670	26
朝鲜	11138	20
土库曼斯坦	12736	19
哥斯达黎加	6012	18
奥地利	3881	18
格鲁吉亚	4311	16
匈牙利	9259	16
巴拿马	4884	15
斯里兰卡	8598	14
贝宁	9336	14
吉尔吉斯斯坦	4900	13
加拿大	4749	12
赤道几内亚	4796	12
新西兰	3472	12
保加利亚	3741	11
挪威	2092	9
坦桑尼亚	4166	9
突尼斯	3283	7
喀麦隆	4955	6
波多黎各	2093	5
摩尔多瓦	3986	4
苏丹	3246	4
洪都拉斯	1052	4
尼加拉瓜	897	3
斐济	540	3
蒙古	850	3
缅甸	387	2
塞内加尔	62	2
吉布提	376	2
牙买加	486	2
多米尼加共和国	450	2
留尼汪	488	2
厄立特里亚	3740	1
马耳他	444	1
克罗地亚	351	1
卡塔尔	5	1
塞浦路斯	358	1
冰岛	136	1
马达加斯加	242	1

国家/地区	出口数量（副）	出口金额（千美元）
48115910 其他用塑料涂布、浸渍或覆盖绝缘纸及纸板		
#合计	4565184	9785
韩国	1004505	2561
中国香港	401532	1375
约旦	206784	547
巴西	424548	416
泰国	259813	363
印度尼西亚	137620	317
中国台湾	182787	314
日本	88083	312
马来西亚	154451	286
巴基斯坦	118313	268
孟加拉国	125203	261
伊朗	95407	255
沙特阿拉伯	146338	245
南非	143746	237
印度	182712	215
朝鲜	155616	182
德国	16534	170
荷兰	23010	163
越南	62532	114
委内瑞拉	39000	107
西班牙	28705	95
土耳其	32373	76
巴拉圭	52682	62
美国	27881	60
俄罗斯联邦	57049	58
秘鲁	33050	58
罗马尼亚	22525	53
埃及	29682	45
智利	44978	43
哥伦比亚	16011	40
乌拉圭	28604	37
阿联酋	11379	36
巴布亚新几内亚	767	35
以色列	26137	35
伊拉克	4793	34
新加坡	18970	34
英国	14988	33
挪威	19083	28
多米尼加共和国	9121	26
乌克兰	32496	24
澳大利亚	3581	20
尼日利亚	10884	18

国家/地区	出口数量（副）	出口金额（千美元）
叙利亚	8500	18
阿根廷	9000	14
厄瓜多尔	6508	13
波兰	6968	11
突尼斯	5601	10
巴拿马	4500	9
危地马拉	1985	6
墨西哥	254	6
菲律宾	5046	6
摩尔多瓦	2907	6
赤道几内亚	550	4
也门	1665	4
拉脱维亚	2601	4
斯洛文尼亚	1140	3
希腊	640	3
黎巴嫩	1028	2
加拿大	1812	2
加纳	1048	2
意大利	427	2
摩洛哥	438	1
瑞典	540	1
比利时	99	1
塞尔维亚	4044	1
保加利亚	500	1
塞内加尔	165	0
48115991 镀铝的用塑料（不包括黏合剂）涂布、浸渍或覆盖的纸及纸板		
#合计	24131004	68409
巴西	3865262	11910
美国	2669117	7287
乌克兰	2289290	6917
沙特阿拉伯	2064985	4312
比利时	898587	3106
秘鲁	890099	2571
澳大利亚	779934	2469
巴基斯坦	1010900	2433
马来西亚	625380	1953
波兰	508260	1838
哈萨克斯坦	604652	1663
克罗地亚	539419	1559
约旦	486428	1242
智利	391435	1214
德国	394746	1206
哥伦比亚	438207	1166
印度	371071	1092

国家/地区	出口数量（副）	出口金额（千美元）
伊朗	300432	958
罗马尼亚	303137	944
泰国	250851	828
也门	286350	827
英国	246980	768
尼日利亚	232452	648
格鲁吉亚	213426	644
立陶宛	197979	624
叙利亚	220363	599
菲律宾	211312	580
喀麦隆	202372	574
墨西哥	176428	520
芬兰	156831	512
保加利亚	156213	484
丹麦	145548	444
希腊	131549	404
韩国	127747	400
南非	209347	375
俄罗斯联邦	145472	332
土耳其	112404	281
埃及	135180	225
加纳	63164	190
阿根廷	60458	184
伊拉克	69500	180
乌兹别克斯坦	56113	176
特立尼达和多巴哥	49638	155
以色列	110918	134
中国香港	110562	130
委内瑞拉	39743	129
阿联酋	84460	126
拉脱维亚	39302	124
白俄罗斯	39004	123
加拿大	19429	106
加蓬	30090	92
利比亚	29800	80
法国	35525	77
阿塞拜疆	24500	75
卡塔尔	74525	68
斯里兰卡	22781	47
巴巴多斯	16262	46
黎巴嫩	44374	43
西班牙	11276	35
孟加拉国	34160	31
科威特	6928	30
瑞典	7821	24

国家/地区	出口数量（副）	出口金额（千美元）
意大利	21962	22
肯尼亚	16865	21
瑞士	6028	18
印度尼西亚	5279	15
新西兰	2978	10
葡萄牙	1392	3
日本	738	3
危地马拉	1315	2
阿曼	2480	2
中国台湾	526	1
朝鲜	490	1

48115999 未列名用塑料（不包括黏合剂）涂布、浸渍或覆盖的纸及纸板

国家/地区	出口数量（副）	出口金额（千美元）
#合计	89088351	189331
韩国	14266928	34415
中国台湾	11304566	24935
中国香港	8576367	19868
美国	5749275	14704
伊朗	4164301	8274
泰国	5307379	7898
日本	2672142	7897
澳大利亚	1151386	6333
印度	4147344	5533
新加坡	1837143	4749
沙特阿拉伯	4064819	4619
越南	1906304	4470
马来西亚	2323847	4150
巴基斯坦	1651557	3862
菲律宾	1680203	3336
土耳其	2925573	3114
印度尼西亚	810300	2543
阿联酋	1873236	2430
波兰	507174	2279
加拿大	723460	2159
蒙古	875138	2118
以色列	1600607	1791
约旦	795942	1303
英国	546691	1031
瑞典	355128	902
阿尔及利亚	703068	846
墨西哥	195986	845
意大利	472655	837
南非	179545	828
巴西	197309	766
芬兰	501033	689
巴哈马	27039	597
卡塔尔	318016	554
俄罗斯联邦	197264	501
阿曼	37508	406
德国	174953	357
也门	128645	327
利比亚	209216	307
哥伦比亚	230809	305
叙利亚	230570	284
荷兰	71356	284
埃及	311519	279
法国	53212	259
乌克兰	220279	257
新西兰	109331	243
斯里兰卡	55942	230
科威特	157316	227
伊拉克	88597	223
孟加拉国	156314	209
乌兹别克斯坦	131477	206
巴拿马	10012	203
牙买加	37080	201
比利时	37738	170
阿根廷	53420	151
朝鲜	95793	149
尼日利亚	58206	146
爱尔兰	167329	143
加纳	12436	142
突尼斯	144965	141
捷克	19304	131
厄瓜多尔	102112	126
留尼汪	116343	123
丹麦	142779	120
葡萄牙	66289	114
拉脱维亚	65140	114
西班牙	131491	114
智利	29867	107
埃塞俄比亚	30886	100
黎巴嫩	22907	95
塞浦路斯	70492	89
希腊	73152	89
土库曼斯坦	14715	88
立陶宛	90811	87
肯尼亚	81506	84
摩洛哥	13600	64
文莱	6748	61

国家/地区	出口数量（副）	出口金额（千美元）
委内瑞拉	72469	61
塔吉克斯坦	16080	49
萨尔瓦多	26760	43
尼泊尔	6830	35
卢旺达	15000	34
特立尼达和多巴哥	23836	33
古巴	43766	31
巴林	24471	28
缅甸	15652	28
贝宁	10000	27
吉尔吉斯斯坦	21239	26
刚果（金）	33905	25
亚美尼亚	12556	17
博茨瓦纳	7051	17
巴拉圭	10350	16
波多黎各	7901	16
津巴布韦	6367	13
保加利亚	10747	13
罗马尼亚	744	13
坦桑尼亚	11535	12
苏丹	6991	12
摩尔多瓦	2284	10
吉布提	6840	8
瑞士	1285	6
哈萨克斯坦	3138	6
斯洛文尼亚	6200	5
赞比亚	4122	4
尼加拉瓜	3733	3
马达加斯加	1668	3
奥地利	432	3
马尔代夫	1481	3
哥斯达黎加	700	2
秘鲁	428	2
圭亚那	320	1

48116010 用蜡、石蜡、硬脂精、油或甘油浸涂的绝缘纸

国家/地区	出口数量（副）	出口金额（千美元）
#合计	783636	1391
墨西哥	169873	296
西班牙	108120	187
伊朗	56935	100
乌克兰	59970	99
孟加拉国	57394	85
朝鲜	54450	80
中国台湾	65658	67
印度尼西亚	14486	38
哈萨克斯坦	9478	38
印度	3786	35
南非	17481	32
俄罗斯联邦	18985	32
保加利亚	21696	32
巴基斯坦	19891	30
美国	6254	30
塞内加尔	12812	27
乌兹别克斯坦	18847	27
澳大利亚	12632	21
越南	6	21
日本	4506	18
意大利	10000	17
泰国	2008	16
约旦	18188	15
喀麦隆	3000	10
埃及	5000	9
巴西	5087	7
沙特阿拉伯	1651	7
中国香港	835	5
韩国	122	5
土耳其	1837	2
肯尼亚	500	2
罗马尼亚	720	2
厄瓜多尔	270	1
马来西亚	245	1
加蓬	290	1
秘鲁	263	1
科威特	246	0

48116090 其他用蜡、石蜡、硬脂精、油或甘油浸涂的纸

国家/地区	出口数量（副）	出口金额（千美元）
#合计	7997134	20724
澳大利亚	1648326	5293
日本	534991	1829
韩国	509724	1812
印度尼西亚	580488	1552
越南	769506	1493
中国香港	346982	1178
泰国	113199	636
伊朗	346705	601
加拿大	254826	515
新加坡	98637	475
马来西亚	171683	470
美国	394750	411
菲律宾	265212	387
新西兰	116833	381
德国	498516	321
哈萨克斯坦	109350	293
科威特	80883	278
委内瑞拉	129051	259
斯里兰卡	164465	256
孟加拉国	79533	253
中国台湾	85246	201
印度	55308	186
沙特阿拉伯	46613	169
阿联酋	74423	166
巴基斯坦	89978	158
南非	27765	152
巴西	17983	114
洪都拉斯	17894	101
土耳其	44617	92
肯尼亚	33058	75
英国	6088	74
利比亚	26991	66
俄罗斯联邦	26372	66
约旦	27175	53
哥斯达黎加	13873	38
尼日利亚	17803	33
加纳	12607	21
吉布提	9585	19
智利	3776	19
瑞典	38200	18
文莱	1394	17
毛里求斯	3648	12
缅甸	4923	12
埃及	7765	12
阿富汗	6180	12
墨西哥	11793	11
伯利兹	6804	11
黎巴嫩	11683	11
厄瓜多尔	4161	10
阿尔及利亚	9000	8
西班牙	549	8
罗马尼亚	2654	7
危地马拉	3525	6
叙利亚	2664	5
爱尔兰	567	5
塞浦路斯	2000	5
哥伦比亚	1312	5
丹麦	50	5

国家/地区	出口数量（副）	出口金额（千美元）
波多黎各	2063	5
法国	719	5
乌兹别克斯坦	1193	4
坦桑尼亚	2031	4
伊拉克	2010	3
苏丹	1971	3
朝鲜	1933	3
摩洛哥	2827	3
安哥拉	2400	3
卡塔尔	1900	3
刚果(金)	3600	2
荷兰	210	2
埃塞俄比亚	902	2
阿尔巴尼亚	646	2
芬兰	285	1
希腊	503	1
爱沙尼亚	314	1
乌克兰	216	1
马达加斯加	155	1
乌拉圭	188	0

48119000 未列名成卷成张矩形浸涂印花纸，纸板，纤维纸

国家/地区	出口数量（副）	出口金额（千美元）
#合计	163948257	387073
美国	22724600	64231
印度	14452539	28140
澳大利亚	8718186	21654
马来西亚	8731394	20917
中国台湾	9052188	19601
巴基斯坦	9534870	18994
日本	4829389	18050
越南	7649234	14234
韩国	5117910	13729
伊朗	5468885	13045
菲律宾	6807458	11018
英国	3422565	10960
加拿大	5551593	10546
泰国	3435418	9593
沙特阿拉伯	3830315	9543
南非	2953362	7765
印度尼西亚	3702393	7631
德国	3159347	6801
阿联酋	2626939	6557
巴西	2498813	5108
中国香港	1946472	4629
新加坡	1341287	4481
墨西哥	1851249	4255
波兰	697433	3739
比利时	770864	3009
孟加拉国	1752423	3005
土耳其	1417837	2471
俄罗斯联邦	1069872	2409
埃及	1227156	2322
肯尼亚	713780	1851
智利	1167580	1718
尼日利亚	1122167	1637
荷兰	439510	1596
斯里兰卡	511159	1477
朝鲜	493192	1430
新西兰	512465	1408
巴拿马	352806	1329
秘鲁	835766	1283
哥伦比亚	448406	1140
阿根廷	690449	1095
意大利	316609	1058
委内瑞拉	579413	1044
也门	146459	927
以色列	558414	919
摩洛哥	133722	910
乌克兰	625803	887
丹麦	297170	722
约旦	264157	622
黎巴嫩	252140	594
叙利亚	337731	554
牙买加	63046	528
西班牙	217210	512
埃塞俄比亚	420670	509
文莱	85661	490
加纳	178725	466
希腊	119635	417
马耳他	81920	395
法国	188223	389
柬埔寨	265210	382
乌兹别克斯坦	225596	369
卡塔尔	178310	369
洪都拉斯	61008	369
葡萄牙	47601	335
阿曼	83445	324
危地马拉	174129	314
奥地利	160673	290
几内亚	21914	266
科威特	138881	258
利比亚	128605	254
吉布提	296810	252
乌拉圭	61164	244
瑞典	100849	233
阿尔及利亚	234365	225
格鲁吉亚	140296	222
突尼斯	65004	209
乌干达	110758	208
安哥拉	70414	207
卢森堡	27576	205
白俄罗斯	96727	192
立陶宛	112295	187
厄瓜多尔	156340	185
斐济	71177	181
波多黎各	120331	180
拉脱维亚	45593	178
芬兰	57358	174
坦桑尼亚	78913	167
萨尔瓦多	84696	165
毛里求斯	82160	160
多哥	24711	160
古巴	114811	157
巴布亚新几内亚	43672	157
伊拉克	83562	152
哈萨克斯坦	50192	147
莫桑比克	65521	146
罗马尼亚	430700	145
爱沙尼亚	40560	129
捷克	32401	125
津巴布韦	88058	124
特立尼达和多巴哥	60128	123
塞内加尔	43582	122
缅甸	69886	106
保加利亚	63873	104
马达加斯加	36034	98
图瓦卢	7730	98
巴巴多斯	52803	89
赞比亚	21122	87
苏丹	64136	87
阿塞拜疆	41863	85
刚果(金)	30127	77
多米尼加共和国	83845	73
挪威	35724	72
贝宁	12637	70

国家/地区	出口数量（副）	出口金额（千美元）
塞浦路斯	32121	57
爱尔兰	23280	55
哥斯达黎加	23839	49
塞尔维亚	32607	48
圭亚那	15364	47
斯洛文尼亚	29333	44
中国澳门	18771	27
土库曼斯坦	13899	25
喀麦隆	7410	24
瓦努阿图	5212	24
尼泊尔	9323	23
巴勒斯坦	13314	22
克罗地亚	20830	22
阿富汗	16073	22
瑞士	5473	15
马尔代夫	8325	15
科特迪瓦	4768	15
塞舌尔	6080	14
巴林	3300	13
萨摩亚	3947	13
苏里南	4814	12
前南马其顿	6816	10
阿尔巴尼亚	6363	10
匈牙利	4921	10
马绍尔群岛	5191	10
冰岛	2257	9
老挝	3000	8
毛里塔尼亚	2425	7
赤道几内亚	2026	7
纳米比亚	2949	7
多民族玻利维亚国	6500	6
亚美尼亚	3125	5
多米尼克	5085	4
卢旺达	1300	4
斯洛伐克	768	3
加蓬	1374	3
马拉维	1530	3
库腊索岛	520	2
尼加拉瓜	1422	2
巴拉圭	280	1
布基纳法索	31	1
留尼汪	177	1
蒙古	139	1
48120000 纸浆制的滤块、滤板及滤片		
#合计	1708166	8656

国家/地区	出口数量（副）	出口金额（千美元）
美国	941805	5620
德国	344848	439
马来西亚	28002	397
巴拿马	27693	301
加拿大	19378	299
牙买加	11854	199
澳大利亚	15473	156
阿联酋	16446	118
日本	45627	117
秘鲁	1686	102
新加坡	9360	100
斯里兰卡	7680	100
英国	10200	99
伊朗	7779	99
摩洛哥	16148	97
比利时	102773	96
西班牙	8404	65
南非	2504	65
印度	42834	49
中国台湾	9924	32
俄罗斯联邦	13643	17
新西兰	1440	11
塞浦路斯	3000	10
印度尼西亚	740	9
智利	4300	9
韩国	2898	8
巴基斯坦	2254	7
匈牙利	4958	6
朝鲜	540	5
苏丹	1144	5
坦桑尼亚	387	4
中国香港	635	4
意大利	760	3
埃塞俄比亚	45	2
委内瑞拉	414	2
捷克	85	1
菲律宾	180	1
斐济	2	1
阿曼	125	1
越南	6	1
48131000 成小本或管状的卷烟纸		
#合计	515903	624
泰国	458824	272
美国	18543	194
意大利	13730	100

国家/地区	出口数量（副）	出口金额（千美元）
新加坡	6000	22
土耳其	852	19
牙买加	2550	9
埃及	330	4
尼日利亚	11375	3
48132000 宽度≤5cm 成卷的卷烟纸		
#合计	8183974	18803
菲律宾	3196710	6364
朝鲜	728660	1725
泰国	565281	1683
印度尼西亚	473457	1504
中国台湾	690895	1307
印度	413336	1226
埃及	627382	1129
巴基斯坦	301912	586
中国香港	143399	395
加拿大	192856	352
中国澳门	82942	289
越南	59901	273
埃塞俄比亚	77280	267
老挝	77501	265
伊朗	141025	234
马来西亚	34005	217
蒙古	61159	167
缅甸	92446	134
美国	40089	116
巴拿马	35878	101
巴西	2149	72
吉尔吉斯斯坦	20830	56
巴拉圭	17461	52
肯尼亚	24804	48
文莱	12048	48
孟加拉国	16545	35
墨西哥	10058	33
阿联酋	10538	22
意大利	4871	16
纳米比亚	4929	16
伯利兹	4423	15
哥伦比亚	3115	14
俄罗斯联邦	4460	8
德国	2362	7
尼日利亚	1574	6
英国	1818	5
塞尔维亚	1270	4
黎巴嫩	1240	4

国家/地区	出口数量（副）	出口金额（千美元）
津巴布韦	482	4
韩国	335	2
土耳其	872	2
帕劳	900	2
芬兰	268	2
希腊	402	1

48139000 其他卷烟纸，不论是否切成一定尺寸

国家/地区	出口数量（副）	出口金额（千美元）
#合计	12519442	37845
印度尼西亚	2790359	6781
中国香港	987250	4097
阿联酋	869994	3850
泰国	1536523	2548
菲律宾	839616	2526
埃及	1227773	1817
印度	276308	1459
伊朗	368683	1219
叙利亚	470569	1071
阿富汗	329614	988
中国澳门	103681	886
朝鲜	227832	861
越南	131718	806
约旦	219447	805
中国台湾	232296	780
柬埔寨	175841	735
巴基斯坦	136048	676
新加坡	235404	652
老挝	92822	632
土耳其	113604	620
南非	173389	466
尼日利亚	49761	344
加拿大	126664	344
德国	117556	316
保加利亚	96917	264
罗马尼亚	43594	237
也门	72576	231
巴西	60580	210
美国	49513	158
塞舌尔	15317	127
塞浦路斯	33641	127
巴拿马	20512	125
伊拉克	31472	124
缅甸	20134	115
俄罗斯联邦	20790	110
亚美尼亚	4931	72
蒙古	31480	60
肯尼亚	24025	60
克罗地亚	19973	55
韩国	21718	50
巴巴多斯	15819	48
马达加斯加	11628	41
巴拉圭	14436	40
纳米比亚	4065	38
卢旺达	9776	31
沙特阿拉伯	1296	29
伯利兹	7049	29
意大利	5980	26
墨西哥	6640	23
以色列	5328	19
马来西亚	6093	19
莫桑比克	10502	19
苏丹	5209	13
英国	2892	10
哥伦比亚	2283	10
突尼斯	621	9
莱索托	1627	9
乌克兰	2152	6
波兰	640	5
希腊	1192	4
塔吉克斯坦	413	4
利比亚	350	4
法国	2561	3
智利	414	2
乌拉圭	442	2
新西兰	77	1

48142000 用塑料涂面或盖面的壁纸及类似品，起纹、压花、着色、印制图案或经其他装饰

国家/地区	出口数量（副）	出口金额（千美元）
#合计	46038497	182711
伊朗	6922738	27810
哈萨克斯坦	2882138	11893
俄罗斯联邦	2255247	10610
印度尼西亚	3003229	9797
马来西亚	1989444	7406
印度	1711396	6697
美国	1298194	6483
埃及	1426021	6145
中国香港	1887689	5910
越南	1314264	5655
泰国	1581354	5515
阿联酋	1259727	5392
吉尔吉斯斯坦	1516045	5307
蒙古	1132685	5084
沙特阿拉伯	929505	4967
中国台湾	1935695	4089
塔吉克斯坦	876408	3435
乌克兰	850265	3413
土耳其	664850	3033
巴西	509012	2815
新加坡	466090	1883
荷兰	255830	1500
多哥	77493	1423
德国	267653	1340
利比亚	327823	1287
西班牙	346728	1254
朝鲜	795887	1235
科威特	315255	1226
英国	294994	1073
智利	237958	1044
波兰	214522	1027
乌拉圭	183098	992
意大利	276385	964
菲律宾	186943	918
南非	176931	907
立陶宛	160325	849
韩国	271707	840
格鲁吉亚	214714	819
卡塔尔	215182	806
比利时	156117	772
墨西哥	184937	766
乌兹别克斯坦	201628	748
以色列	124872	725
巴拉圭	121475	687
孟加拉国	270671	676
澳大利亚	97482	671
加拿大	85579	651
尼日利亚	173151	642
罗马尼亚	79335	635
巴基斯坦	192554	626
马耳他	55894	615
阿塞拜疆	186164	586
法国	98631	572
拉脱维亚	132070	532
巴拿马	120121	516
土库曼斯坦	117815	464

国家/地区	出口数量（副）	出口金额（千美元）
伊拉克	136398	432
日本	174874	415
黎巴嫩	92897	394
新西兰	74293	374
秘鲁	139151	344
加纳	61848	322
肯尼亚	83377	296
缅甸	56009	294
葡萄牙	90075	274
约旦	61157	260
洪都拉斯	71353	258
委内瑞拉	82412	253
阿曼	32225	241
厄瓜多尔	60988	210
突尼斯	50724	203
叙利亚	42525	200
摩洛哥	39094	194
毛里求斯	29005	193
尼泊尔	31575	158
苏丹	57493	158
巴林	34970	152
也门	38714	149
中国澳门	49667	147
挪威	17159	137
瑞典	29811	136
希腊	27413	122
贝宁	51959	117
牙买加	17270	110
巴巴多斯	6622	107
克罗地亚	29939	106
安哥拉	25067	101
阿尔巴尼亚	30964	97
特立尼达和多巴哥	20683	96
阿根廷	29857	93
柬埔寨	35328	92
塞尔维亚	21958	92
阿尔及利亚	23994	84
多民族玻利维亚国	23545	74
赤道几内亚	9038	69
哥伦比亚	23944	66
波多黎各	7115	64
坦桑尼亚	16380	63
塞浦路斯	21175	60
哥斯达黎加	14428	60
埃塞俄比亚	18600	56

国家/地区	出口数量（副）	出口金额（千美元）
斯洛伐克	10396	54
保加利亚	22995	52
芬兰	12031	51
丹麦	17085	49
莫桑比克	8697	45
亚美尼亚	13572	44
苏里南	10168	43
萨尔瓦多	1291	41
加那利群岛	12115	37
刚果(金)	8336	35
多米尼加共和国	4698	30
瑞士	26752	30
科特迪瓦	4815	27
爱沙尼亚	7145	27
斯里兰卡	13782	26
马拉维	7110	26
马达加斯加	2498	26
捷克	6653	25
斐济	9232	24
几内亚	9642	24
马里	6120	23
巴勒斯坦	11803	23
文莱	8490	22
老挝	9730	21
马尔代夫	4115	20
古巴	2785	16
冰岛	2704	15
加蓬	4670	14
巴布亚新几内亚	441	12
留尼汪	2636	12
毛里塔尼亚	1696	12
南苏丹共和国	1275	12
斯洛文尼亚	4325	10
法属圭亚那	2363	9
刚果(布)	463	8
爱尔兰	1657	8
乌干达	1863	8
圣卢西亚	1546	8
马提尼克	1447	7
乍得	735	7
新喀里多尼亚	1843	7
尼加拉瓜	2478	7
奥地利	661	7
吉布提	13872	6
瓜德罗普	1750	6

国家/地区	出口数量（副）	出口金额（千美元）
圣文森特和格林纳丁斯	1484	6
危地马拉	987	5
喀麦隆	1756	5
社会群岛	1150	4
博茨瓦纳	1275	4
多米尼克	967	4
黑山	950	4
海地	1379	3
赞比亚	347	3
圣其茨和尼维斯	880	3
波黑	335	2
萨摩亚	575	2
库腊索岛	306	2
安提瓜和巴布达	247	1
佛得角	360	1
匈牙利	1228	1
津巴布韦	23	1
圭亚那	170	1
48149000 其他壁纸及类似品；窗用透明纸		
#合计	3034336	25784
美国	598094	6799
马来西亚	227965	2852
新加坡	121406	1914
牙买加	170189	1764
巴拿马	156384	1739
阿联酋	85103	1059
印度尼西亚	92341	618
加拿大	49964	597
英国	50950	519
埃及	83438	464
阿根廷	37856	463
西班牙	74683	437
伊朗	66939	429
印度	57246	426
越南	117959	350
比利时	33341	334
德国	48367	323
马耳他	36191	288
沙特阿拉伯	62764	286
南非	21496	270
荷兰	15312	247
以色列	25013	219
墨西哥	24143	210
澳大利亚	64279	205
泰国	39883	196

国家/地区	出口数量（副）	出口金额（千美元）
荷属安的列斯群岛	15552	181
莫桑比克	32019	178
利比亚	39758	169
葡萄牙	33603	130
法国	10369	128
意大利	27582	122
摩洛哥	23045	114
巴哈马	16999	103
阿曼	10291	103
日本	11376	90
安哥拉	7929	84
马拉维	8620	79
韩国	23328	63
伊拉克	38000	62
加纳	16563	50
土耳其	4553	49
罗马尼亚	4168	46
尼日利亚	39317	45
巴西	28289	45
哈萨克斯坦	4354	42
巴林	4400	41
赞比亚	2955	34
毛里求斯	5215	32
柬埔寨	14247	32
文莱	1048	30
科威特	4232	30
阿尔巴尼亚	6455	29
卡塔尔	4635	26
中国台湾	2362	26
马尔代夫	6226	25
瑞典	7487	25
哥伦比亚	7926	24
中国香港	35091	24
乍得	1900	22
多米尼加共和国	2367	20
菲律宾	3382	19
奥地利	74	19
波兰	10753	19
特立尼达和多巴哥	4014	18
赤道几内亚	720	18
俄罗斯联邦	1771	18
立陶宛	940	18
多哥	8328	18
厄瓜多尔	14219	18
也门	6027	17
几内亚	921	16
肯尼亚	277	16
瑞士	518	16
智利	5040	16
喀麦隆	1060	15
丹麦	4866	13
洪都拉斯	6565	13
秘鲁	8944	12
蒙古	42	12
约旦	4170	12
加蓬	4560	11
黎巴嫩	3085	10
希腊	6138	10
坦桑尼亚	1643	10
斯洛文尼亚	4761	10
多民族玻利维亚国	5147	8
乌拉圭	1374	8
克罗地亚	2178	8
津巴布韦	1124	7
圣卢西亚	2100	7
新西兰	9404	6
巴基斯坦	3610	6
塔吉克斯坦	1680	5
孟加拉国	3598	4
巴拉圭	1190	4
贝宁	1150	4
朝鲜	9160	3
格鲁吉亚	265	3
突尼斯	1000	3
塞舌尔	950	3
委内瑞拉	1043	3
社会群岛	704	3
佛得角	984	2
吉布提	5850	2
斯里兰卡	306	2
拉脱维亚	7836	2
中国澳门	2907	2
乌克兰	104	2
纳米比亚	440	1
爱尔兰	40	1
阿尔及利亚	503	1
海地	459	1
苏里南	265	1
塞浦路斯	115	1
博茨瓦纳	12	1
新喀里多尼亚	29	1
芬兰	255	1
乌干达	20	1
留尼汪	92	1
马提尼克	102	1
巴布亚新几内亚	138	0
48162000 自印复写纸		
#合计	21986600	44181
也门	373676	4926
沙特阿拉伯	2275470	3986
菲律宾	2142803	3729
中国台湾	2012722	3503
秘鲁	1798340	3131
马来西亚	1482846	2733
阿联酋	1533972	2709
韩国	1055575	1844
斯里兰卡	905027	1580
土耳其	854964	1492
日本	778768	1367
哥伦比亚	693540	1208
科威特	682712	1186
中国香港	761928	1062
厄瓜多尔	608130	1058
保加利亚	434693	757
巴西	153550	709
澳大利亚	319976	570
泰国	255119	449
智利	251354	437
南非	236213	422
阿曼	199671	411
越南	143337	345
卡塔尔	181995	317
巴林	164045	291
美国	91752	286
黎巴嫩	155033	270
肯尼亚	145235	257
加纳	88699	256
印度尼西亚	66398	216
希腊	116171	202
苏丹	99578	178
洪都拉斯	3506	157
巴拿马	23632	146
多哥	6157	141
埃及	75529	137
新加坡	52114	129

国家/地区	出口数量（副）	出口金额（千美元）
尼日利亚	52482	125
多米尼加共和国	52607	107
印度	60384	106
伊拉克	60227	104
坦桑尼亚	43237	88
莫桑比克	35204	65
阿尔及利亚	23170	56
约旦	27769	49
马耳他	8176	47
巴基斯坦	20989	46
刚果(布)	26006	45
伊朗	22701	45
俄罗斯联邦	18756	44
加拿大	12199	33
波兰	10026	31
埃塞俄比亚	14938	30
朝鲜	34878	28
西班牙	9191	28
拉脱维亚	14260	28
危地马拉	15680	27
波多黎各	15135	26
委内瑞拉	15030	25
马拉维	13788	25
墨西哥	14587	24
安哥拉	11607	23
新西兰	8783	22
海地	5614	21
乌拉圭	11602	20
多米尼克	10400	20
缅甸	7688	19
喀麦隆	5923	17
乍得	858	16
哥斯达黎加	6716	16
留尼汪	8845	15
刚果(金)	4388	15
罗马尼亚	3339	11
圭亚那	2933	11
法国	2380	10
津巴布韦	2172	10
毛里求斯	3333	10
摩洛哥	4250	8
毛里塔尼亚	2710	7
赤道几内亚	1800	7
贝宁	2948	7
科特迪瓦	2502	6
土库曼斯坦	890	5
牙买加	2974	5
以色列	1660	5
巴拉圭	910	4
塞内加尔	1930	4
法属圭亚那	1152	4
德国	1503	4
苏里南	1411	3
乌克兰	1362	3
塞尔维亚	730	2
英国	1366	2
哈萨克斯坦	1244	2
特立尼达和多巴哥	1000	2
巴布亚新几内亚	463	2
芬兰	930	2
斐济	627	2
阿尔巴尼亚	460	2
圣卢西亚	395	1
白俄罗斯	276	1
意大利	255	1
蒙古	4500	1
荷属安的列斯群岛	168	1
葡萄牙	321	1
乌兹别克斯坦	192	1
布基纳法索	258	1
突尼斯	480	1
亚美尼亚	72	1
博茨瓦纳	120	1
斯洛文尼亚	916	1
塞拉利昂	90	0
48169010 热敏转印纸(4809 的纸除外)		
#合计	11650520	27140
日本	1505900	4144
澳大利亚	1533986	3940
也门	176363	2622
中国香港	3026959	1931
美国	284667	1768
伊朗	669857	1069
委内瑞拉	608544	1042
马来西亚	190932	1025
加拿大	254752	810
巴哈马	40000	586
新西兰	262515	436
墨西哥	83886	416
新加坡	185827	403
荷兰	41411	363
特立尼达和多巴哥	145012	288
南非	139402	287
印度	125798	286
印度尼西亚	100768	261
格鲁吉亚	119869	259
泰国	78406	231
吉布提	17380	197
韩国	127736	193
以色列	16464	182
英国	27198	174
尼日利亚	96069	174
土耳其	58519	171
西班牙	77426	158
埃及	76777	155
沙特阿拉伯	76829	152
安哥拉	68779	150
巴西	22439	150
约旦	93933	149
厄瓜多尔	62622	149
阿联酋	18939	142
莫桑比克	72200	130
中国澳门	106328	116
黎巴嫩	97607	113
法国	32873	108
中国台湾	31759	107
丹麦	13320	105
葡萄牙	15962	104
波多黎各	51220	100
巴布亚新几内亚	43790	93
越南	49922	84
巴拿马	39358	80
德国	18853	75
斐济	32444	70
阿根廷	22433	66
菲律宾	37960	62
斯里兰卡	20939	60
埃塞俄比亚	32009	54
马达加斯加	29765	52
柬埔寨	5922	51
塔吉克斯坦	16600	50
巴基斯坦	27175	50
秘鲁	19699	46
多米尼加共和国	15716	46
希腊	21113	44

国家/地区	出口数量（副）	出口金额（千美元）
尼泊尔	7300	43
肯尼亚	24101	42
孟加拉国	26653	39
保加利亚	17110	38
哥伦比亚	17611	33
毛里求斯	9535	32
比利时	17450	29
巴林	236	27
卡塔尔	14346	27
萨尔瓦多	11620	26
意大利	4893	26
罗马尼亚	12722	25
阿尔及利亚	5405	25
智利	8740	24
津巴布韦	19490	24
危地马拉	10240	22
巴拉圭	13376	22
摩洛哥	8273	19
阿曼	2390	19
乌克兰	5750	18
叙利亚	7888	16
哈萨克斯坦	2372	16
吉尔吉斯斯坦	10680	16
科威特	3887	14
加纳	2619	13
苏丹	3575	13
多米尼克	4800	11
马尔代夫	5745	11
立陶宛	3814	11
莱索托	4110	10
波兰	7887	9
哥斯达黎加	5102	8
阿尔巴尼亚	3412	8
牙买加	6081	8
朝鲜	3410	7
蒙古	25402	7
毛里塔尼亚	2850	6
伊拉克	1838	6
塞内加尔	1186	6
多哥	7707	5
冰岛	1627	5
瑞典	1389	5
缅甸	1640	4
加蓬	4530	4
纳米比亚	1410	3
塞浦路斯	1950	3
科特迪瓦	310	3
几内亚	55	3
匈牙利	240	3
马拉维	1608	3
刚果(布)	1030	2
斯洛文尼亚	2118	2
刚果(金)	2760	2
坦桑尼亚	600	2
阿塞拜疆	422	1
喀麦隆	498	1
布基纳法索	307	1
赞比亚	226	1
苏里南	1750	1
乌兹别克斯坦	2420	1
布隆迪	24	1
瑞士	148	1
乌拉圭	251	1
中非	168	1
俄罗斯联邦	75	1

48169090 复写纸、拷贝或转印纸；油印蜡纸或胶印版纸

国家/地区	出口数量（副）	出口金额（千美元）
#合计	3112294	11540
美国	197237	2193
中国香港	693151	1292
马来西亚	243056	876
新加坡	145331	736
印度	223510	687
印度尼西亚	271757	610
巴拿马	28755	371
澳大利亚	80118	348
菲律宾	136183	329
比利时	26045	268
墨西哥	30855	257
巴西	46494	245
泰国	95340	241
南非	31139	202
越南	118261	192
日本	77223	189
德国	7637	183
瑞典	21012	174
牙买加	6862	158
多哥	12481	130
阿联酋	29109	126
委内瑞拉	74676	115
科威特	13390	102
新西兰	4327	100
马耳他	19952	100
韩国	8647	92
加纳	26958	88
斯里兰卡	2398	76
尼日利亚	17023	69
中国台湾	13637	66
乌兹别克斯坦	21000	62
英国	10218	60
叙利亚	9087	55
文莱	21678	50
沙特阿拉伯	21494	46
哈萨克斯坦	12100	43
利比亚	38410	38
安哥拉	21900	36
立陶宛	10719	31
俄罗斯联邦	31727	29
西班牙	10670	28
波兰	1826	26
荷兰	4238	24
柬埔寨	11621	23
希腊	5082	23
约旦	3219	21
缅甸	15897	19
埃及	3112	17
土耳其	1537	17
几内亚	20055	16
捷克	19000	15
奥地利	3938	15
乌克兰	4016	14
突尼斯	427	13
爱尔兰	1069	13
智利	403	11
贝宁	14153	11
法国	1629	11
津巴布韦	3601	11
瓦努阿图	3236	10
爱沙尼亚	3149	10
刚果(金)	4644	10
萨尔瓦多	2870	8
吉布提	3144	7
苏丹	170	7
中国澳门	4403	6
阿塞拜疆	131	6

国家/地区	出口数量（副）	出口金额（千美元）
古巴	1022	6
罗马尼亚	1557	6
阿根廷	11637	5
坦桑尼亚	2017	4
以色列	1704	4
卢旺达	3060	4
朝鲜	4662	4
孟加拉国	496	4
乌拉圭	60	4
多米尼加共和国	1260	4
阿曼	110	3
秘鲁	451	3
毛里求斯	1360	3
马拉维	9343	3
马尔代夫	2412	3
丹麦	3491	3
肯尼亚	1094	3
巴拉圭	888	2
加拿大	9840	2
斐济	66	2
黑山	418	2
巴基斯坦	873	2
白俄罗斯	63	2
危地马拉	291	1
巴布亚新几内亚	49	1
伊拉克	480	1
意大利	604	1
伊朗	18	1
马达加斯加	90	1
黎巴嫩	261	1
洪都拉斯	450	1
匈牙利	238	1
莫桑比克	80	1
葡萄牙	284	1
蒙古	1608	1
赤道几内亚	530	0
48171000 纸或纸板制的信封		
#合计	27079553	78164
日本	7893434	24007
中国香港	8060662	15564
美国	2527773	9783
英国	2619038	8949
澳大利亚	594740	2833
德国	937705	1520
阿联酋	1003775	1516

国家/地区	出口数量（副）	出口金额（千美元）
新加坡	319366	1392
加拿大	352920	1171
荷兰	189139	862
西班牙	147762	638
马来西亚	169731	634
波兰	52366	595
比利时	62238	558
法国	86304	551
韩国	134402	536
葡萄牙	46706	366
丹麦	68278	334
约旦	123753	271
南非	58757	269
新西兰	46585	227
以色列	56682	225
多哥	8246	225
沙特阿拉伯	39500	217
越南	42864	209
巴西	13541	198
秘鲁	3320	198
牙买加	78367	188
意大利	66841	188
印度尼西亚	56317	187
阿根廷	23052	178
阿尔巴尼亚	3069	161
也门	94851	160
智利	32884	138
加纳	47980	137
俄罗斯联邦	65943	118
巴拿马	4684	113
尼日利亚	6055	112
巴林	2705	107
菲律宾	28877	107
印度	39223	101
委内瑞拉	55689	96
芬兰	20249	94
中国澳门	48861	90
安哥拉	26406	88
泰国	28108	85
利比亚	53955	85
中国台湾	37035	82
乌拉圭	4890	75
爱尔兰	20674	72
墨西哥	23036	72
塞浦路斯	55253	71

国家/地区	出口数量（副）	出口金额（千美元）
巴布亚新几内亚	30155	71
土耳其	12107	69
科威特	27492	69
伊朗	30790	68
刚果（金）	36820	65
苏丹	8366	63
哈萨克斯坦	48665	60
突尼斯	24385	60
挪威	24341	58
坦桑尼亚	25581	56
希腊	18520	55
圭亚那	11569	51
喀麦隆	14681	49
塞舌尔	8154	46
法属圭亚那	11963	44
瑞典	10549	44
莫桑比克	16705	39
毛里求斯	3863	37
乌兹别克斯坦	3145	36
古巴	7856	28
埃及	5897	26
卢旺达	1964	21
巴基斯坦	4658	21
布基纳法索	8714	19
肯尼亚	8622	18
海地	6888	18
瑞士	9386	16
阿曼	1305	15
几内亚	9906	14
吉布提	3837	14
利比里亚	5534	13
刚果（布）	2526	11
斯洛文尼亚	2885	9
埃塞俄比亚	3986	8
乍得	217	8
塞内加尔	2133	8
黎巴嫩	5068	7
乌克兰	3204	7
马耳他	1150	7
老挝	1117	6
巴哈马	1802	6
阿塞拜疆	3240	6
哥伦比亚	1362	5
孟加拉国	1637	5
加蓬	1023	5

国家/地区	出口数量（副）	出口金额（千美元）
留尼汪	1378	4
格鲁吉亚	3966	4
奥地利	462	4
毛里塔尼亚	1218	4
卡塔尔	536	3
马提尼克	524	3
斐济	880	3
柬埔寨	1145	3
汤加	1374	3
科特迪瓦	629	3
罗马尼亚	1111	3
保加利亚	1092	3
朝鲜	2071	2
捷克	238	2
萨摩亚	1339	2
几内亚比绍	69	1
苏里南	632	1
所罗门群岛	300	1
安提瓜和巴布达	359	1
多米尼加共和国	308	1
津巴布韦	140	1
伊拉克	362	1
新喀里多尼亚	121	1
莱索托	10	1

48172000 纸或纸板制封缄信片、素色明信片及通信卡片

国家/地区	出口数量（副）	出口金额（千美元）
#合计	4537227	16202
美国	3333054	10852
日本	57629	1434
英国	365766	1183
韩国	153079	486
澳大利亚	73826	341
加拿大	148674	243
中国香港	96993	221
新加坡	8916	171
比利时	33245	159
哈萨克斯坦	23900	135
荷兰	28714	119
西班牙	2403	102
法国	23240	96
巴西	12443	95
瑞士	8582	68
德国	28838	61
沙特阿拉伯	17571	53
牙买加	13959	52
新西兰	20213	45
尼日利亚	4257	30
捷克	657	23
南非	4282	20
挪威	2064	19
中国台湾	9332	17
瑞典	2881	14
马来西亚	4187	13
希腊	1234	13
伊朗	1276	12
丹麦	1317	11
中国澳门	5460	10
委内瑞拉	8577	10
巴拿马	2575	9
秘鲁	288	9
墨西哥	1300	8
俄罗斯联邦	1643	7
阿联酋	2649	7
菲律宾	2783	7
泰国	6249	7
波兰	221	6
科威特	2241	5
乌拉圭	1631	4
芬兰	2513	3
意大利	1023	3
多哥	6689	3
苏丹	186	2
爱尔兰	734	2
印度	815	2
以色列	1280	2
奥地利	30	1
伊拉克	672	1
立陶宛	800	1
印度尼西亚	1280	1
哥伦比亚	502	1
朝鲜	376	1
罗马尼亚	70	1
多米尼加共和国	693	1
匈牙利	346	1

48173000 纸或纸板制盒、袋及夹子，内装各种纸制文具

国家/地区	出口数量（副）	出口金额（千美元）
#合计	12378968	35844
美国	3644530	11746
日本	755978	2765
中国香港	878876	2103
英国	570565	1661
德国	554083	1462
荷兰	463420	1425
澳大利亚	357479	1290
韩国	368108	1140
加拿大	206416	896
比利时	551086	886
法国	242864	833
意大利	305830	716
印度尼西亚	211950	686
俄罗斯联邦	272185	663
哥伦比亚	304926	650
越南	165200	617
西班牙	146853	473
新加坡	242137	459
委内瑞拉	338229	375
摩洛哥	142228	363
阿联酋	116695	310
墨西哥	74139	303
南非	95021	255
瑞典	56261	247
巴西	79136	220
新西兰	40592	214
沙特阿拉伯	77583	187
马来西亚	70047	178
智利	103607	157
丹麦	45895	143
中国台湾	66949	128
芬兰	38047	113
以色列	23333	112
奥地利	28697	110
捷克	26380	108
波兰	31316	102
土耳其	9798	93
保加利亚	28787	90
罗马尼亚	53248	85
巴拿马	18967	83
葡萄牙	13461	80
乌克兰	21518	76
哈萨克斯坦	19451	69
挪威	19949	62
瑞士	14509	61
伊朗	24933	57
菲律宾	11479	56
巴基斯坦	22110	47

国家/地区	出口数量（副）	出口金额（千美元）
泰国	22464	46
印度	20233	45
卡塔尔	9500	45
巴拉圭	253	44
阿根廷	21505	42
希腊	17774	40
爱尔兰	5792	38
乌拉圭	20797	38
塞浦路斯	18125	37
加纳	13634	33
黎巴嫩	14401	31
乌兹别克斯坦	81368	27
科特迪瓦	13275	25
厄瓜多尔	8786	23
中国澳门	9165	20
莫桑比克	11969	17
萨尔瓦多	2775	17
坦桑尼亚	7750	16
埃及	16136	16
叙利亚	8457	15
乍得	380	14
斯洛文尼亚	2503	14
马耳他	2500	14
克罗地亚	4963	13
伊拉克	4233	13
哥斯达黎加	6241	12
立陶宛	4595	12
刚果(布)	4355	12
塞尔维亚	3755	11
洪都拉斯	4003	11
危地马拉	3453	10
阿尔及利亚	3418	10
马拉维	5285	10
约旦	4321	9
匈牙利	1240	8
尼日利亚	5545	8
文莱	1519	7
特立尼达和多巴哥	284	7
孟加拉国	1460	6
科威特	700	5
南苏丹共和国	526	5
多米尼加共和国	3892	5
突尼斯	999	4
阿鲁巴	1452	4
秘鲁	2090	4
卢森堡	540	4
尼加拉瓜	2600	4
斐济	240	3
安哥拉	3156	3
波多黎各	626	3
阿曼	1500	3
塞拉利昂	1100	3
塔吉克斯坦	1000	3
圣卢西亚	1300	3
牙买加	2620	3
吉尔吉斯斯坦	2400	2
巴林	312	2
摩尔多瓦	570	2
吉布提	563	2
肯尼亚	633	1
喀麦隆	648	1
蒙古	3310	1
莱索托	490	1
海地	207	1
苏里南	126	1
白俄罗斯	249	1
博茨瓦纳	424	1
爱沙尼亚	350	1
斯里兰卡	677	0

48181000 卫生纸

国家/地区	出口数量（副）	出口金额（千美元）
#合计	226401748	301683
中国香港	78322064	111806
美国	64739771	75877
日本	24938356	36543
澳大利亚	11851024	17141
中国澳门	5860929	8905
加纳	8219615	7177
俄罗斯联邦	2226152	3986
哥斯达黎加	3755354	3979
新加坡	3599247	3605
安哥拉	1711163	2148
菲律宾	1482867	2147
马来西亚	547254	1993
波多黎各	1850671	1951
新西兰	1297177	1842
法国	960048	1561
印度尼西亚	270074	1559
英国	744542	1118
巴拿马	935286	1063
肯尼亚	830719	939
加拿大	562744	776
巴布亚新几内亚	498189	761
阿联酋	450778	667
海地	559403	660
巴基斯坦	530681	652
爱沙尼亚	433048	611
阿富汗	501661	592
南非	374422	588
泰国	439440	554
喀麦隆	467897	537
墨西哥	514045	503
丹麦	309750	479
牙买加	327022	465
利比里亚	297867	436
坦桑尼亚	334510	428
多哥	345151	424
乌干达	283058	364
刚果(金)	224570	337
刚果(布)	172865	323
缅甸	198036	317
突尼斯	226127	289
所罗门群岛	246675	260
洪都拉斯	289440	259
爱尔兰	180736	244
萨摩亚	164298	213
塞内加尔	25057	192
几内亚	88983	177
莫桑比克	132925	170
蒙古	284195	162
汤加	201453	156
卡塔尔	165468	152
苏里南	129248	143
印度	73120	142
委内瑞拉	53530	139
朝鲜	116792	135
巴巴多斯	81273	123
加蓬	96273	123
瑞典	72172	123
贝宁	86779	117
尼日利亚	66174	112
马达加斯加	76788	102
德国	33678	97
尼泊尔	36446	95
荷兰	34747	93
斐济	72806	93

国家/地区	出口数量（副）	出口金额（千美元）
以色列	43763	91
智利	44310	86
白俄罗斯	54772	86
厄瓜多尔	69176	74
西班牙	30024	68
瓦努阿图	58476	66
尼加拉瓜	39894	62
沙特阿拉伯	40659	61
黎巴嫩	13754	58
韩国	44556	56
特立尼达和多巴哥	63758	55
纳米比亚	37492	52
希腊	35600	51
赞比亚	41423	50
柬埔寨	35085	49
阿鲁巴	49358	46
塞拉利昂	38620	40
密克罗尼西亚联邦	30867	40
意大利	6401	40
中国台湾	19739	39
葡萄牙	33621	35
博茨瓦纳	29892	34
孟加拉国	19511	31
哥伦比亚	26652	30
文莱	17286	29
马耳他	17217	27
巴勒斯坦	17510	26
苏丹	15909	25
乌克兰	20726	24
越南	12183	24
摩洛哥	14179	24
吉尔吉斯斯坦	12090	24
留尼汪	16872	23
伊朗	11648	22
也门	12811	21
斯洛文尼亚	10813	20
圭亚那	16745	19
挪威	7128	19
科威特	12150	19
巴林	7710	18
老挝	11200	18
马绍尔群岛	13024	18
巴西	16956	17
塞浦路斯	12100	16
布基纳法索	25150	15
哈萨克斯坦	7980	15
多米尼加共和国	12408	14
荷属安的列斯群岛	20191	14
伊拉克	4630	14
萨尔瓦多	9696	13
埃塞俄比亚	5613	13
帕劳	8143	12
斯里兰卡	30128	11
毛里求斯	18470	11
比利时	2865	10
波兰	1524	7
土库曼斯坦	3530	7
新喀里多尼亚	4300	6
阿根廷	5432	6
中非	6060	6
赤道几内亚	2380	6
冈比亚	4800	6
捷克	1625	5
百慕大	3410	5
尼日尔	2334	5
塔吉克斯坦	2260	4
约旦	2650	4
乍得	2248	3
罗马尼亚	1955	3
秘鲁	6212	2
佛得角	5000	2
利比亚	1431	2
阿尔及利亚	5080	2
埃及	519	2
马拉维	1090	2
基里巴斯	1002	2
奥地利	304	1
土耳其	602	1
古巴	976	1
科特迪瓦	980	1
阿曼	588	1
津巴布韦	253	1
莱索托	1120	1
科摩罗	135	1

48182000 纸手帕及面巾纸

国家/地区	出口数量（副）	出口金额（千美元）
#合计	124539827	223542
中国香港	34504841	68334
日本	28275175	53056
美国	31343058	45604
澳大利亚	8284841	12733
英国	3899796	9782
中国澳门	3188925	5806
俄罗斯联邦	1601500	3874
泰国	835029	1897
加拿大	894721	1828
法国	808330	1746
以色列	876064	1421
新西兰	894832	1365
新加坡	731179	1273
马来西亚	1018713	1142
菲律宾	462430	805
荷兰	336469	713
中国台湾	276154	630
刚果(金)	319588	612
马达加斯加	244978	596
德国	262152	575
挪威	257111	546
印度	191840	509
南非	252245	468
意大利	102600	400
瑞典	148931	390
墨西哥	230128	376
捷克	182291	352
巴基斯坦	229263	343
哥斯达黎加	232172	312
爱尔兰	197518	308
波多黎各	243408	294
西班牙	87296	267
沙特阿拉伯	239909	252
阿根廷	202269	224
阿联酋	102938	223
巴拿马	167424	220
格鲁吉亚	93980	199
加纳	118596	183
越南	68654	176
智利	93010	174
希腊	78480	172
苏里南	114304	160
喀麦隆	102573	152
爱沙尼亚	67529	146
委内瑞拉	123638	137
印度尼西亚	25552	136
冈比亚	54672	131
安哥拉	104653	128
科特迪瓦	85062	126

国家/地区	出口数量（副）	出口金额（千美元）
坦桑尼亚	59458	122
土耳其	50412	119
阿鲁巴	81696	114
丹麦	50604	98
巴西	59844	96
卡塔尔	53056	96
突尼斯	66601	85
厄瓜多尔	51923	83
阿尔巴尼亚	32102	74
伊拉克	36200	73
韩国	26791	69
多民族玻利维亚国	30812	66
科威特	43210	64
肯尼亚	26513	60
乌拉圭	25740	56
几内亚	24454	51
比利时	17585	47
贝宁	24697	46
乌克兰	20146	45
伊朗	34217	44
马尔代夫	22539	42
缅甸	15342	40
塞浦路斯	22750	38
阿富汗	33037	36
哈萨克斯坦	12181	36
巴布亚新几内亚	22941	32
蒙古	16479	30
斯里兰卡	13671	29
布基纳法索	12950	28
塞拉利昂	16696	28
牙买加	28839	28
海地	15726	27
柬埔寨	18019	26
刚果(布)	16306	26
波兰	12652	26
利比里亚	16107	24
多米尼加共和国	26128	23
卢旺达	8100	17
摩洛哥	8494	17
埃塞俄比亚	20868	16
马耳他	12928	15
文莱	5464	13
芬兰	5940	13
葡萄牙	1730	13
毛里求斯	3039	11
斐济	6390	9
莫桑比克	3874	9
朝鲜	2656	8
秘鲁	3116	8
多哥	3150	8
巴哈马	3560	7
立陶宛	2630	6
哥伦比亚	1260	6
赞比亚	13009	5
黎巴嫩	15000	5
汤加	1562	5
乌干达	4380	4
老挝	1800	4
萨摩亚	4315	3
乌兹别克斯坦	1658	3
瑞士	1054	3
埃及	1610	3
拉脱维亚	815	2
新喀里多尼亚	1170	2
尼泊尔	965	2
南苏丹共和国	200	2
冰岛	952	2
留尼汪	190	2
萨尔瓦多	270	2
多米尼克	1540	1
奥地利	473	1

48183000 纸台布及纸餐巾

国家/地区	出口数量（副）	出口金额（千美元）
#合计	36787987	78509
美国	15281717	27424
日本	4708209	13736
中国香港	6369932	10820
澳大利亚	2405684	5404
加拿大	858065	2286
英国	888218	2153
丹麦	436201	1558
瑞典	431479	1421
荷兰	476232	1368
德国	373094	1100
法国	269248	912
挪威	223840	766
意大利	222964	714
委内瑞拉	355529	667
中国澳门	354515	649
巴西	197585	631
俄罗斯联邦	180393	567
新西兰	205819	530
比利时	157381	476
新加坡	218537	474
希腊	96969	347
南非	97805	302
西班牙	85199	265
巴拿马	146013	236
哥斯达黎加	160341	232
阿联酋	114386	228
波多黎各	151443	208
爱尔兰	69648	171
中国台湾	69819	166
阿根廷	47529	140
沙特阿拉伯	45513	134
牙买加	86973	125
马来西亚	37036	120
安哥拉	47706	111
芬兰	38175	104
斯洛文尼亚	21762	104
智利	31409	102
以色列	39647	100
阿尔及利亚	38829	93
葡萄牙	23835	88
拉脱维亚	22984	80
伊朗	23932	78
哥伦比亚	17159	76
秘鲁	16658	73
韩国	17830	69
菲律宾	30894	61
泰国	27470	59
卢旺达	24859	57
马尔代夫	33697	56
坦桑尼亚	39845	52
海地	46725	50
土耳其	10291	46
波兰	18111	44
乌拉圭	12620	41
埃塞俄比亚	11400	39
捷克	15111	33
印度	21238	33
越南	5738	31
刚果(金)	13338	30
科威特	5373	26
巴基斯坦	10982	25
喀麦隆	15895	25

国家/地区	出口数量（副）	出口金额（千美元）
危地马拉	7780	24
多米尼加共和国	22080	23
加纳	17100	23
土库曼斯坦	4620	21
多民族玻利维亚国	6516	20
爱沙尼亚	6311	18
斐济	12542	17
蒙古	83688	17
特立尼达和多巴哥	14071	17
墨西哥	3308	17
利比里亚	11895	16
黎巴嫩	4116	14
哈萨克斯坦	4226	13
瓦努阿图	8371	12
乌兹别克斯坦	1700	10
吉布提	8200	10
柬埔寨	5851	9
塞内加尔	3430	9
巴布亚新几内亚	12586	9
贝宁	5488	9
瑞士	1943	8
乌克兰	2135	8
巴巴多斯	2585	7
莫桑比克	3373	7
奥地利	1584	6
留尼汪	3767	6
卡塔尔	1268	6
匈牙利	1414	6
尼泊尔	1200	5
冰岛	4485	5
塞浦路斯	1656	5
立陶宛	730	4
马达加斯加	1143	3
肯尼亚	3000	3
文莱	1735	3
巴拉圭	1080	3
安道尔	1086	3
乍得	600	2
荷属安的列斯群岛	870	1
印度尼西亚	525	1
厄瓜多尔	390	1
埃及	440	1
马拉维	203	1
48185000 纸浆、纸、纤维素絮纸或纤维素纤维网纸制的衣服及衣着附件		

国家/地区	出口数量（副）	出口金额（千美元）
#合计	988633	2859
美国	697060	2004
日本	43405	177
英国	19349	79
西班牙	20768	57
意大利	25851	57
以色列	23141	51
尼日利亚	16084	44
荷兰	17980	39
沙特阿拉伯	12198	34
葡萄牙	14215	31
南非	8851	26
委内瑞拉	4800	23
乌拉圭	4410	23
加拿大	6807	20
中国台湾	1515	20
巴拿马	7140	13
马来西亚	3400	13
澳大利亚	5850	13
罗马尼亚	5810	12
巴基斯坦	4445	10
菲律宾	4350	10
法国	4060	9
黎巴嫩	4142	8
新西兰	4116	8
巴林	3532	8
格鲁吉亚	3120	8
捷克	1425	7
立陶宛	2140	7
中国香港	1006	6
土耳其	2618	6
韩国	1068	5
波兰	1800	5
尼泊尔	900	4
印度	875	4
智利	1650	3
约旦	1581	3
利比亚	1200	3
摩洛哥	1170	3
科威特	1026	2
朝鲜	1750	2
斯里兰卡	600	2
卡塔尔	800	2
秘鲁	300	1
希腊	320	1

国家/地区	出口数量（副）	出口金额（千美元）
48189000 纸浆、纸等制的其他家庭、卫生或医院用品		
#合计	60894593	132739
日本	19437871	45874
美国	21715410	37150
印度	3032236	8615
德国	2472642	6302
韩国	2517692	6040
中国台湾	1376827	3260
中国香港	672968	1961
尼日利亚	701786	1874
泰国	477021	1639
英国	733566	1496
沙特阿拉伯	522815	1438
越南	481063	1275
澳大利亚	369863	1146
法国	422703	1146
意大利	552212	1126
马来西亚	404861	1116
新加坡	285588	905
菲律宾	356076	902
俄罗斯联邦	246592	677
加拿大	244682	602
阿联酋	245558	541
南非	172824	530
荷兰	175306	506
印度尼西亚	238569	499
墨西哥	186064	468
巴拿马	388678	460
科威特	326703	436
孟加拉国	136636	333
土耳其	183472	332
丹麦	126543	278
波多黎各	76692	254
西班牙	71122	214
以色列	115369	188
比利时	85154	178
伊朗	86993	168
巴西	37890	161
芬兰	40015	145
巴基斯坦	67592	134
哥斯达黎加	114675	120
乌克兰	56767	96
白俄罗斯	28695	93
委内瑞拉	41182	91

国家/地区	出口数量（副）	出口金额（千美元）
波兰	44259	90
瑞典	30213	88
黎巴嫩	32658	80
阿曼	32545	79
缅甸	16903	78
牙买加	21624	76
肯尼亚	29620	67
新西兰	20677	67
津巴布韦	17702	67
希腊	25997	65
罗马尼亚	32380	63
多米尼加共和国	32362	63
捷克	24653	60
法罗群岛	15667	59
哥伦比亚	21276	59
中国澳门	33963	59
埃及	44738	54
朝鲜	39419	50
突尼斯	36194	50
智利	21005	48
卡塔尔	26650	47
利比亚	18000	40
葡萄牙	16104	39
爱沙尼亚	35420	38
瑞士	8451	38
厄瓜多尔	16861	32
叙利亚	8796	30
塞舌尔	7440	26
爱尔兰	8004	25
秘鲁	12388	25
摩洛哥	11040	23
埃塞俄比亚	7765	21
匈牙利	6234	20
哈萨克斯坦	9642	20
立陶宛	9936	19
格鲁吉亚	8334	18
刚果(布)	5448	17
斯里兰卡	7235	14
海地	4082	14
塞浦路斯	6390	14
约旦	5862	14
赞比亚	4130	14
乌拉圭	6612	12
毛里求斯	2755	11
布基纳法索	5673	11

国家/地区	出口数量（副）	出口金额（千美元）
危地马拉	4682	11
亚美尼亚	4558	9
阿根廷	3060	8
也门	3206	7
多民族玻利维亚国	2290	6
洪都拉斯	1730	5
莫桑比克	2000	4
巴林	2000	4
斐济	1890	4
马耳他	756	3
阿尔巴尼亚	2600	2
特立尼达和多巴哥	4431	2
挪威	494	1
安哥拉	210	1
阿尔及利亚	330	1
阿塞拜疆	252	1
48191000 瓦楞纸或纸板制的箱、盒、匣		
#合计	360337710	690346
美国	64799925	156744
中国香港	103426153	105986
澳大利亚	19210405	37149
越南	19980820	36047
日本	16281391	31868
印度尼西亚	18365440	24277
英国	8452974	22547
荷兰	4658886	17350
马来西亚	4231784	15782
德国	5249715	15255
加拿大	7174479	14608
泰国	7165665	13548
巴西	3584850	12555
新加坡	2873433	11246
法国	2533148	10906
南非	2193036	8063
韩国	3288802	7708
墨西哥	4518900	7509
意大利	2258993	7253
印度	4357885	7116
沙特阿拉伯	2252932	7099
阿联酋	2666760	6646
俄罗斯联邦	3660751	5773
西班牙	1491895	5272
朝鲜	5239964	5079
比利时	1129563	4820
加纳	940215	3935

国家/地区	出口数量（副）	出口金额（千美元）
巴拿马	1004764	3805
中国台湾	2311113	3713
委内瑞拉	2155172	3129
波兰	642084	3015
菲律宾	1336501	2635
阿曼	187905	2621
多哥	269155	2543
孟加拉国	1464452	2300
中国澳门	1686454	2282
以色列	724571	2185
阿根廷	596701	1925
瑞典	490246	1748
卡塔尔	568236	1734
安哥拉	365899	1690
新西兰	761360	1621
土耳其	546276	1570
智利	574851	1548
也门	236078	1522
丹麦	597678	1509
苏丹	351968	1509
伊朗	613068	1442
捷克	548174	1433
柬埔寨	801460	1359
尼日利亚	585936	1311
肯尼亚	815313	1223
阿尔及利亚	780932	1195
芬兰	594033	1186
缅甸	567627	1101
摩洛哥	301196	1056
斯里兰卡	417018	1036
埃及	539454	1027
伊拉克	336813	1014
约旦	474204	999
希腊	252998	957
挪威	323210	912
利比亚	278374	885
贝宁	256212	880
巴基斯坦	454680	879
哥伦比亚	312785	815
爱尔兰	316286	806
乌克兰	423956	804
蒙古	1761269	784
科威特	337483	774
多米尼加共和国	806744	762
文莱	110034	745

国家/地区	出口数量（副）	出口金额（千美元）
秘鲁	420420	733
葡萄牙	810653	665
牙买加	56566	643
马绍尔群岛	619648	638
奥地利	96870	622
莱索托	148140	604
黎巴嫩	278851	561
乌拉圭	153563	543
吉尔吉斯斯坦	325450	526
瑞士	117425	523
突尼斯	147447	504
洪都拉斯	41688	496
哈萨克斯坦	301164	487
毛里求斯	82361	484
马达加斯加	235668	432
马耳他	52239	397
斯洛文尼亚	118667	381
塞浦路斯	52025	374
阿尔巴尼亚	64159	365
古巴	187644	350
罗马尼亚	160847	341
塔吉克斯坦	242827	321
老挝	179270	277
乌干达	37932	271
哥斯达黎加	96454	266
喀麦隆	86313	242
克罗地亚	85921	240
危地马拉	176637	226
匈牙利	78880	216
几内亚	250890	214
拉脱维亚	88255	200
坦桑尼亚	134063	197
科特迪瓦	122216	193
海地	12855	183
巴林	52689	181
萨尔瓦多	146133	174
厄瓜多尔	74886	169
巴布亚新几内亚	145977	168
巴拉圭	48157	160
萨摩亚	22363	158
立陶宛	83495	153
莫桑比克	101048	151
汤加	27760	148
马拉维	44725	148
埃塞俄比亚	108754	142
马里	11944	140
斐济	47943	117
吉布提	82759	116
阿塞拜疆	64239	115
冈比亚	10599	105
卢森堡	13525	100
苏里南	81095	92
尼加拉瓜	102586	90
尼泊尔	38212	89
摩尔多瓦	89844	86
毛里塔尼亚	81583	86
巴哈马	3159	83
赞比亚	14986	82
保加利亚	84465	79
塞内加尔	54614	77
爱沙尼亚	47454	72
新喀里多尼亚	36970	67
圭亚那	24483	66
波多黎各	25982	62
刚果（金）	51005	57
斯洛伐克	25576	57
多民族玻利维亚国	28023	50
格鲁吉亚	59467	49
马约特	1501	46
法属波利尼西亚	37836	45
瓦努阿图	5964	44
留尼汪	38240	43
刚果（布）	8635	37
黑山	15608	37
叙利亚	23269	37
塞舌尔	23094	33
厄立特里亚	2000	33
白俄罗斯	22202	28
马尔代夫	15965	27
土库曼斯坦	20992	26
博茨瓦纳	11000	26
阿富汗	14757	26
乌兹别克斯坦	19406	24
加蓬	24651	24
圣马力诺	13348	20
纳米比亚	9367	19
佛得角	5630	19
塞尔维亚	7012	18
圣马丁岛	15702	15
冰岛	14366	15
塞拉利昂	22186	15
赤道几内亚	4525	14
利比里亚	8513	13
东帝汶	13175	13
马提尼克	5771	13
社会群岛	1344	12
索马里	7815	12
前南马其顿	12525	12
巴巴多斯	1699	11
津巴布韦	6918	10
安提瓜和巴布达	3256	10
波黑	1375	8
布基纳法索	3193	7
格林纳达	1249	7
特立尼达和多巴哥	13441	6
瓜德罗普	2533	4
尼日尔	3360	3
列支敦士登	1365	2
加那利群岛	490	2
基里巴斯	182	2
荷属安的列斯群岛	522	1
科摩罗	1235	1

48192000 非瓦楞纸或纸板制的可折叠箱、盒、匣

国家/地区	出口数量（副）	出口金额（千美元）
#合计	338923330	1408975
美国	70965912	328147
中国香港	80318008	166705
英国	14932941	93957
法国	9892570	52219
德国	7948660	50750
韩国	10626040	47945
澳大利亚	9560554	42246
日本	9347782	38808
荷兰	4631522	36417
新加坡	5316936	32499
沙特阿拉伯	4287018	29316
阿联酋	5369226	26675
越南	9126142	23735
比利时	3646007	23159
马来西亚	4611622	22749
加拿大	4800585	22677
中国台湾	4906671	22429
菲律宾	6487072	20329
意大利	3026534	16392
朝鲜	3351351	16234

国家/地区	出口数量（副）	出口金额（千美元）
巴西	2560084	15578
西班牙	2929165	14913
印度尼西亚	4367131	13915
泰国	3644868	13160
俄罗斯联邦	3587267	11750
波兰	1337725	11631
南非	1436970	9710
中国澳门	2723335	8295
印度	2498013	7693
智利	1146445	7337
加纳	788709	6781
墨西哥	1487080	6374
阿曼	323634	5942
巴拿马	868314	5887
多哥	436612	5668
利比亚	1545157	5051
缅甸	2118938	4940
爱尔兰	912093	4882
以色列	1041541	4683
阿尔及利亚	1372563	4416
丹麦	834263	4308
新西兰	1078001	3576
伊朗	1089429	3571
瑞典	862902	3549
摩洛哥	660634	3543
也门	586943	3211
柬埔寨	461702	3079
阿根廷	465799	3070
葡萄牙	459455	3016
芬兰	514797	2886
卡塔尔	179735	2874
苏丹	534137	2804
约旦	748840	2795
土耳其	600562	2497
安哥拉	369699	2484
吉尔吉斯斯坦	1051182	2444
罗马尼亚	384623	2377
文莱	196094	2142
伊拉克	681927	2122
埃及	558078	2121
希腊	441841	2056
洪都拉斯	197131	2047
多米尼加共和国	850290	1951
挪威	314733	1910
瑞士	412689	1902

国家/地区	出口数量（副）	出口金额（千美元）
尼日利亚	702479	1872
委内瑞拉	539807	1788
科威特	489159	1747
肯尼亚	358639	1729
牙买加	160117	1720
巴林	143809	1645
马耳他	189035	1645
乌拉圭	309618	1568
捷克	200239	1549
保加利亚	255536	1523
哈萨克斯坦	505308	1488
立陶宛	235752	1477
几内亚	502097	1446
孟加拉国	464568	1443
奥地利	299739	1384
乌克兰	332395	1364
哥伦比亚	180520	1290
黎巴嫩	329845	1261
巴基斯坦	451835	1261
贝宁	177938	1149
塞舌尔	151090	1132
蒙古	821045	1075
斯里兰卡	382359	1066
古巴	282942	1056
突尼斯	220677	1010
秘鲁	205159	931
塔吉克斯坦	376488	890
阿塞拜疆	370931	878
加蓬	55451	837
拉脱维亚	120257	788
坦桑尼亚	130096	787
卢森堡	42467	741
毛里求斯	99144	676
科特迪瓦	265864	671
巴哈马	45187	657
匈牙利	91543	616
马拉维	90072	614
爱沙尼亚	52191	569
叙利亚	69400	567
圭亚那	85605	565
老挝	54972	501
斯洛文尼亚	99145	479
吉布提	85077	468
埃塞俄比亚	267846	465
克罗地亚	93236	431

国家/地区	出口数量（副）	出口金额（千美元）
巴拉圭	62508	424
摩尔多瓦	39960	411
斯洛伐克	47344	406
厄瓜多尔	81472	405
索马里	200956	382
摩纳哥	35728	379
乌干达	23770	359
乌兹别克斯坦	170642	342
莫桑比克	103018	335
阿尔巴尼亚	51857	325
巴布亚新几内亚	190167	314
佛得角	22646	305
塞尔维亚	47774	292
苏里南	29795	277
哥斯达黎加	86661	268
刚果(金)	143648	253
喀麦隆	83716	227
波多黎各	173781	216
毛里塔尼亚	46560	208
纳米比亚	72637	194
尼加拉瓜	110166	189
马达加斯加	57152	179
塞内加尔	41989	169
塞浦路斯	50546	169
格鲁吉亚	64089	166
萨尔瓦多	45481	156
巴巴多斯	19117	154
马里	21823	149
伯利兹	50440	149
不丹	16077	139
赞比亚	11234	138
马约特	6640	127
卢旺达	83294	109
萨摩亚	6455	108
危地马拉	38871	104
格林纳达	5317	103
图瓦卢	7000	96
汤加	9163	91
瓦努阿图	14927	83
厄立特里亚	11969	72
阿富汗	35757	66
津巴布韦	26137	65
土库曼斯坦	21375	57
圣卢西亚	12133	54
冰岛	20290	49

国家/地区	出口数量（副）	出口金额（千美元）
尼泊尔	16192	46
利比里亚	9637	45
特立尼达和多巴哥	15424	41
亚美尼亚	10400	41
科摩罗	1094	35
斐济	8166	32
海地	22104	32
塞拉利昂	23459	31
博茨瓦纳	9907	29
黑山	4895	27
列支敦士登	14687	27
马尔代夫	12336	23
白俄罗斯	7001	19
留尼汪	6006	18
赤道几内亚	6994	12
瓜德罗普	7438	12
安道尔	1708	9
东帝汶	2150	9
多民族玻利维亚国	747	8
南苏丹共和国	1307	8
冈比亚	2460	7
刚果(布)	6946	7
多米尼克	2325	6
布基纳法索	2276	6
前南马其顿	12656	5
莱索托	2151	5
加那利群岛	858	5
库腊索岛	1196	4
马提尼克	719	4
直布罗陀	1192	4
格陵兰	1841	3
荷属安的列斯群岛	548	3
百慕大	1144	2
波黑	495	2
圣其茨和尼维斯	630	2
新喀里多尼亚	586	2
法属波利尼西亚	104	1
阿鲁巴	309	1
法属圭亚那	78	1
48193000 底宽≥40 厘米的纸袋		
#合计	7686439	18090
美国	1197208	3287
日本	602628	2387
德国	343709	1347
中国香港	1183982	1177
中国澳门	930547	1169
挪威	541764	860
泰国	372190	853
意大利	161750	608
英国	101971	578
韩国	324922	544
澳大利亚	180021	541
吉布提	309600	472
荷兰	126375	444
俄罗斯联邦	133159	356
巴西	36326	287
马来西亚	122017	270
中国台湾	156285	214
加拿大	107097	212
阿联酋	38078	188
比利时	33081	185
新加坡	70960	167
哈萨克斯坦	45193	162
法国	35846	140
菲律宾	99349	131
沙特阿拉伯	48597	106
印度尼西亚	12957	99
南非	15843	98
哥伦比亚	22832	93
西班牙	16354	84
波兰	9702	84
塔吉克斯坦	28680	83
伊朗	18984	79
以色列	17517	62
墨西哥	6984	47
新西兰	15422	45
委内瑞拉	17986	41
埃及	11735	37
罗马尼亚	14714	37
巴林	2609	35
加纳	812	33
越南	9503	31
安哥拉	12003	30
乌克兰	8312	28
特立尼达和多巴哥	6421	25
巴拿马	4288	25
印度	11929	24
阿曼	561	22
丹麦	4995	21
科威特	3074	19
芬兰	11073	16
奥地利	4495	14
加蓬	6017	14
摩洛哥	6250	12
阿根廷	2175	11
多哥	320	11
萨摩亚	14144	11
智利	7734	11
尼日利亚	3258	10
斯里兰卡	2473	10
爱尔兰	2816	9
塞浦路斯	4462	9
瑞士	2815	8
拉脱维亚	1872	7
黎巴嫩	1399	7
肯尼亚	4502	7
哥斯达黎加	3710	6
希腊	1759	6
柬埔寨	1467	4
斯洛文尼亚	1035	4
卡塔尔	725	4
阿鲁巴	665	3
蒙古	12760	3
巴基斯坦	2004	3
瑞典	1114	2
留尼汪	632	2
土耳其	838	2
克罗地亚	672	2
津巴布韦	392	2
马耳他	140	2
吉尔吉斯斯坦	1000	2
萨尔瓦多	471	2
乌拉圭	669	2
毛里求斯	552	2
捷克	199	2
白俄罗斯	288	2
苏里南	680	1
孟加拉国	720	1
利比亚	166	1
科特迪瓦	510	1
48194000 其他纸袋，包括锥形袋		
#合计	316919534	1034615
美国	90909438	278505
日本	33187331	127426
英国	21019088	74964

国家/地区	出口数量（副）	出口金额（千美元）
德国	14403194	55651
中国香港	27373739	47564
意大利	10927693	37323
澳大利亚	9975688	35110
法国	8939698	32337
加拿大	9421207	28253
荷兰	6424022	26327
比利时	5476090	18680
俄罗斯联邦	5310581	17786
马来西亚	5266611	17381
韩国	5588405	13480
阿联酋	3211363	12791
西班牙	3519647	11399
沙特阿拉伯	1985067	11261
智利	3513619	11245
新加坡	2849988	10625
巴西	2075857	8391
巴拿马	1853939	8002
南非	1763358	7613
墨西哥	2163207	7158
菲律宾	2793893	7079
委内瑞拉	1817279	5460
波兰	1563215	5233
丹麦	1518402	4695
芬兰	1649799	4464
中国台湾	1992801	4330
希腊	1204009	4076
印度尼西亚	1260437	4036
印度	1042043	3885
瑞典	1049949	3602
新西兰	816801	3471
秘鲁	819914	3048
泰国	889353	3019
伊朗	726512	2611
爱尔兰	933884	2554
以色列	585890	2552
哥伦比亚	777326	2384
科威特	664065	2304
埃塞俄比亚	1227609	2126
洪都拉斯	379904	2108
乌克兰	651094	1988
克罗地亚	617512	1984
阿根廷	462807	1978
罗马尼亚	767986	1956
斯洛文尼亚	746538	1955
挪威	457411	1814
厄瓜多尔	780362	1753
越南	345042	1729
加纳	271054	1655
瑞士	466873	1630
埃及	450530	1611
也门	258404	1607
约旦	360076	1434
多哥	112312	1430
黎巴嫩	332070	1409
乌拉圭	418258	1405
阿曼	130209	1382
卡塔尔	373650	1368
哈萨克斯坦	568500	1302
葡萄牙	396359	1268
利比亚	377417	1251
土耳其	222179	1231
牙买加	156220	1152
安哥拉	170436	1097
捷克	212758	1075
危地马拉	372943	1017
奥地利	275388	938
立陶宛	230277	932
贝宁	111522	871
摩洛哥	165030	864
拉脱维亚	263994	845
萨尔瓦多	231252	739
老挝	69429	727
肯尼亚	105992	725
文莱	103894	692
巴林	137816	686
中国澳门	394543	685
巴基斯坦	168818	682
尼日利亚	165455	633
哥斯达黎加	205522	628
苏丹	100542	553
保加利亚	111081	540
伊拉克	114778	468
阿尔及利亚	152261	464
多米尼加共和国	153082	459
波多黎各	170430	457
马耳他	78034	454
突尼斯	81375	452
阿尔巴尼亚	35583	436
古巴	31992	371
坦桑尼亚	116025	365
吉布提	46685	352
塞尔维亚	111830	350
喀麦隆	38785	342
爱沙尼亚	104927	340
巴拉圭	33888	322
孟加拉国	64730	245
缅甸	22611	240
巴巴多斯	20548	238
塞浦路斯	83089	234
匈牙利	37674	197
毛里求斯	62612	190
斯里兰卡	56527	184
莫桑比克	52754	181
特立尼达和多巴哥	33524	162
塔吉克斯坦	60320	161
马拉维	22213	158
尼加拉瓜	50761	153
斯洛伐克	32683	141
几内亚	19394	136
格鲁吉亚	25260	122
圭亚那	34291	115
阿塞拜疆	41964	115
黑山	17755	113
加蓬	19777	112
摩尔多瓦	15187	109
乌兹别克斯坦	90435	107
朝鲜	22293	103
留尼汪	25792	101
白俄罗斯	26095	97
吉尔吉斯斯坦	24495	89
刚果（金）	27226	82
卢森堡	3442	76
巴布亚新几内亚	25232	72
斐济	14692	71
毛里塔尼亚	20072	69
科摩罗	1520	69
蒙古	42920	66
荷属安的列斯群岛	15511	61
塞内加尔	17757	59
柬埔寨	23923	58
叙利亚	10640	57
科特迪瓦	12693	49
津巴布韦	13668	48
圣卢西亚	5437	46

国家/地区	出口数量（副）	出口金额（千美元）
赞比亚	8551	45
刚果(布)	20507	42
苏里南	13137	41
亚美尼亚	13569	40
尼泊尔	9116	40
塞拉利昂	17046	38
马达加斯加	11217	33
马绍尔群岛	20000	29
巴哈马	8838	29
新喀里多尼亚	6912	28
乌干达	1688	24
佛得角	13810	23
萨摩亚	3764	20
纳米比亚	8766	19
乍得	482	18
博茨瓦纳	5210	18
多米尼克	2144	16
冰岛	4261	16
阿富汗	7388	16
伯利兹	12233	16
瓜德罗普	3492	15
阿鲁巴	3470	14
法属波利尼西亚	2205	14
图瓦卢	1491	14
多民族玻利维亚国	3287	12
瓦努阿图	3017	11
库腊索岛	2128	11
前南马其顿	5881	10
冈比亚	9092	10
安提瓜和巴布达	3809	9
赤道几内亚	3442	9
马尔代夫	2104	9
波黑	2031	8
百慕大	2433	8
利比里亚	3288	7
马提尼克	1210	7
塞舌尔	1032	7
索马里	2215	7
加那利群岛	1324	6
海地	2079	6
马里	1040	5
拉丁美洲其他国家(地区)	3758	5
斯威士兰	1242	4
布隆迪	418	4
汤加	1413	3
巴勒斯坦	813	3
东帝汶	1596	3
不丹	1625	2
诺福克岛	187	1
圣文森特和格林纳丁斯	206	1
社会群岛	360	1
厄立特里亚	135	1
土库曼斯坦	160	1
48195000 纸、纸板制其他包装容器，包括唱片套		
#合计	22197949	85415
美国	6377406	21030
日本	1344609	7062
英国	1166833	4464
德国	1001169	4248
俄罗斯联邦	1107539	3902
中国香港	1528182	3749
菲律宾	913123	3712
西班牙	1214171	3252
荷兰	803527	3164
韩国	912768	3016
中国澳门	165715	2438
澳大利亚	341583	2236
意大利	462417	1922
新加坡	308920	1274
法国	210339	1225
阿联酋	272331	1202
泰国	110792	1012
巴西	195907	970
越南	178692	917
墨西哥	159448	853
加拿大	285421	833
比利时	242026	817
土耳其	201591	686
南非	51305	684
马来西亚	154361	670
希腊	166216	616
波兰	186947	595
斯里兰卡	83037	559
沙特阿拉伯	152568	491
中国台湾	108995	466
多哥	40904	454
以色列	101172	431
加蓬	20945	379
丹麦	87798	376
印度	44056	375
印度尼西亚	93897	366
哈萨克斯坦	56995	323
吉布提	23828	310
瑞典	76303	270
芬兰	97839	233
智利	53266	222
乌克兰	73716	216
肯尼亚	33274	214
巴拿马	28839	206
几内亚	29717	195
斯洛文尼亚	44838	171
挪威	62010	157
阿曼	3300	146
尼日利亚	27089	125
科威特	38727	115
摩洛哥	41177	114
葡萄牙	31824	112
保加利亚	5630	112
特立尼达和多巴哥	45860	109
科特迪瓦	25571	104
拉脱维亚	39563	103
爱尔兰	66606	101
苏丹	13289	99
哥伦比亚	13412	97
瑞士	15726	94
贝宁	73031	72
厄瓜多尔	26079	66
伊朗	22378	64
克罗地亚	33067	62
新西兰	19376	59
奥地利	13429	55
阿根廷	13444	54
波多黎各	13203	51
罗马尼亚	16754	50
捷克	11326	50
秘鲁	17262	50
爱沙尼亚	10609	41
安哥拉	7092	37
塞浦路斯	4302	36
约旦	9933	30
马达加斯加	5231	28
黎巴嫩	14415	28
赞比亚	3420	27
朝鲜	22349	18

国家/地区	出口数量（副）	出口金额（千美元）
委内瑞拉	2453	17
牙买加	16475	17
突尼斯	5200	13
斯洛伐克	3763	13
巴巴多斯	4420	9
蒙古	28895	8
塞内加尔	6100	8
格鲁吉亚	2891	8
洪都拉斯	2473	6
卡塔尔	4827	6
阿尔巴尼亚	1480	4
匈牙利	858	4
坦桑尼亚	1560	4
古巴	2910	4
立陶宛	2748	4
孟加拉国	1463	3
图瓦卢	580	3
巴基斯坦	490	3
萨尔瓦多	2798	2
马尔代夫	440	2
文莱	12490	2
哥斯达黎加	176	2
前南马其顿	6283	2
危地马拉	800	2
缅甸	300	1
叙利亚	270	1
乌兹别克斯坦	1168	1
马耳他	290	1
基里巴斯	800	1
利比里亚	345	1
48196000 纸或纸板制的卷宗盒、信件盘、存储盒等物品		
#合计	9866710	42181
美国	3051091	16810
英国	1109969	5578
澳大利亚	1582690	2796
日本	692191	2508
中国香港	815675	1390
荷兰	129792	1119
加拿大	173214	793
新加坡	131731	765
巴西	70329	675
西班牙	328259	674
法国	108115	599
阿联酋	139558	570
新西兰	42015	462
德国	104316	399
意大利	105298	306
韩国	75155	301
中国台湾	85788	299
墨西哥	33836	292
也门	14266	286
马来西亚	75838	280
委内瑞拉	24507	209
安哥拉	90616	207
芬兰	30303	199
菲律宾	25568	197
马里	21709	190
津巴布韦	21807	190
南非	15130	189
巴巴多斯	21507	188
牙买加	19011	178
贝宁	3172	172
几内亚	3295	169
巴拿马	26526	159
泰国	35774	158
约旦	5571	148
丹麦	42408	146
瑞士	17800	136
波兰	22290	132
洪都拉斯	13666	124
巴林	5764	123
斯里兰卡	22667	103
老挝	10446	101
摩纳哥	20248	101
沙特阿拉伯	29758	94
古巴	2632	92
瑞典	20007	89
突尼斯	13003	86
智利	10897	86
拉脱维亚	20412	72
乌克兰	14266	68
阿根廷	15813	65
乌拉圭	3259	60
阿曼	5758	59
比利时	14627	58
圭亚那	6390	54
奥地利	9113	53
科威特	23572	51
以色列	11959	46
卡塔尔	25986	45
爱尔兰	23020	44
葡萄牙	19175	41
厄瓜多尔	24546	39
俄罗斯联邦	8692	38
缅甸	5450	36
肯尼亚	7014	35
土耳其	3652	33
阿尔及利亚	11843	32
布基纳法索	15379	31
挪威	4905	27
斯洛伐克	18812	26
印度	7609	25
马耳他	13032	22
利比亚	5291	22
希腊	12143	22
塞尔维亚	8768	20
莫桑比克	2634	18
巴拉圭	6652	16
克罗地亚	4050	13
多哥	6513	12
匈牙利	4522	12
加纳	3718	11
斯洛文尼亚	10551	9
塞浦路斯	5775	9
哈萨克斯坦	3145	9
尼日利亚	1836	8
越南	626	8
哥斯达黎加	3831	7
伊拉克	4949	6
阿塞拜疆	1931	6
塞内加尔	2941	6
尼日尔	2843	6
布隆迪	750	5
蒙古	123	5
赞比亚	1202	4
刚果(布)	1464	3
黎巴嫩	1282	2
埃及	682	2
喀麦隆	1275	2
马拉维	779	2
摩洛哥	594	1
伊朗	182	1
埃塞俄比亚	351	1
柬埔寨	1821	1

国家/地区	出口数量(副)	出口金额(千美元)
吉布提	712	1
立陶宛	505	1
保加利亚	159	1
苏丹	269	1
中国澳门	850	1
哥伦比亚	222	1
东帝汶	60	1
捷克	194	1

48201000 账本、笔记本、收据本、日记本及类似品

国家/地区	出口数量(副)	出口金额(千美元)
#合计	340550672	924606
美国	73921305	236035
英国	26689833	69866
中国香港	31021345	54410
澳大利亚	16669121	40303
日本	10845556	39408
荷兰	10700807	31983
德国	8529558	28221
加拿大	6428526	25166
西班牙	7269348	19216
意大利	4817126	14807
沙特阿拉伯	5854033	13843
墨西哥	6283736	13752
伊拉克	6604254	12715
俄罗斯联邦	3699637	12283
马来西亚	3777678	11923
伊朗	5047016	11596
法国	2743569	11098
安哥拉	6057876	10640
阿联酋	4297234	10345
巴西	3069914	9745
蒙古	2843865	8792
越南	1384322	8758
南非	2735622	8361
新加坡	1841390	7886
智利	2637722	7615
以色列	2345462	7065
瑞典	3373334	6940
土耳其	2412748	6851
丹麦	2540226	5845
波兰	2222986	5802
哥伦比亚	2295295	5766
比利时	1791011	5746
委内瑞拉	2644431	5467
哈萨克斯坦	1684517	5342
菲律宾	2279349	5144
也门	2431396	5078
印度尼西亚	1781048	4989
巴拿马	1604656	4926
喀麦隆	2772661	4874
泰国	1681000	4858
乌克兰	2268185	4795
约旦	2138187	4454
科威特	1543442	4277
印度	1451389	4097
芬兰	1245549	3855
希腊	1953496	3840
巴基斯坦	1718076	3736
新西兰	1003801	3372
韩国	1150241	3279
加纳	1005620	3061
肯尼亚	1373891	2812
多哥	1118993	2479
挪威	955960	2392
葡萄牙	761640	2343
利比亚	961789	2249
埃及	895395	2176
坦桑尼亚	936543	2092
阿尔及利亚	1001454	2072
罗马尼亚	924738	2057
阿根廷	626952	2050
秘鲁	566641	2034
克罗地亚	1179717	1929
科特迪瓦	1067643	1921
刚果(金)	1060918	1703
莫桑比克	842655	1678
苏丹	617003	1638
牙买加	872588	1618
爱尔兰	676918	1549
中国台湾	363762	1531
孟加拉国	405217	1525
尼日利亚	584714	1458
巴布亚新几内亚	668361	1452
厄瓜多尔	645822	1441
朝鲜	816802	1425
塞内加尔	740335	1415
贝宁	888038	1306
阿曼	304957	1281
拉脱维亚	482714	1171
黎巴嫩	315691	1147
危地马拉	375092	1045
哥斯达黎加	564548	1037
埃塞俄比亚	731527	1033
吉布提	440134	997
摩洛哥	404121	984
立陶宛	361057	902
海地	786199	888
乌拉圭	315275	885
洪都拉斯	279617	881
特立尼达和多巴哥	482235	843
格鲁吉亚	293572	826
瑞士	180489	729
突尼斯	235949	706
捷克	176030	657
赤道几内亚	280530	637
加蓬	411671	624
阿尔巴尼亚	366421	619
斯洛文尼亚	273153	601
几内亚	184830	579
萨尔瓦多	237527	574
斯洛伐克	278377	566
卡塔尔	186717	533
毛里求斯	132093	532
吉尔吉斯斯坦	166573	495
尼泊尔	97407	451
塞拉利昂	225023	425
保加利亚	123511	411
阿塞拜疆	184675	403
柬埔寨	152833	391
马达加斯加	180379	386
缅甸	210319	375
马耳他	55500	373
赞比亚	112410	372
毛里塔尼亚	174175	357
奥地利	75336	333
古巴	61258	326
塔吉克斯坦	119790	319
爱沙尼亚	140465	312
斐济	173432	303
斯里兰卡	98659	294
文莱	79429	288
圭亚那	51714	284
中国澳门	214285	278
叙利亚	67600	269
波多黎各	61063	266

国家/地区	出口数量（副）	出口金额（千美元）
巴拉圭	85588	262
巴哈马	38023	260
塞尔维亚	111703	257
刚果（布）	105058	249
苏里南	86560	245
巴林	73312	244
格林纳达	53446	225
利比里亚	141289	207
尼加拉瓜	143212	197
津巴布韦	108603	195
塞浦路斯	91239	178
多米尼加共和国	64051	175
匈牙利	49628	164
纳米比亚	74919	140
布基纳法索	73212	131
圣卢西亚	30209	121
摩尔多瓦	10852	113
乌兹别克斯坦	72068	113
波黑	57115	108
马里	7340	93
索马里	20877	89
佛得角	25038	87
伯利兹	35542	83
卢森堡	3448	74
尼日尔	35187	63
博茨瓦纳	17776	62
瓦努阿图	26338	59
冈比亚	33029	53
萨摩亚	17067	53
所罗门群岛	35648	52
多民族玻利维亚国	15322	47
安提瓜和巴布达	21088	47
前南马其顿	31155	46
乌干达	18460	44
冰岛	9353	42
黑山	14187	40
马尔代夫	16575	36
阿富汗	16554	33
东帝汶	8622	32
法属圭亚那	13303	27
卢旺达	3900	25
多米尼克	7758	25
汤加	8919	22
土库曼斯坦	1799	22
新喀里多尼亚	6356	21
圣马丁岛	4293	20
中非	4744	16
巴巴多斯	3837	16
厄立特里亚	7134	16
图瓦卢	3563	13
圣文森特和格林纳丁斯	4091	13
南苏丹共和国	3614	13
基里巴斯	3514	12
留尼汪	1976	12
大洋洲其他国家(地区)	2826	11
摩纳哥	8092	11
几内亚比绍	1805	8
马拉维	2274	6
库腊索岛	1781	6
圣其茨和尼维斯	1865	4
荷属安的列斯群岛	753	3
加那利群岛	910	3
马提尼克	398	3
密克罗尼西亚联邦	972	3
阿鲁巴	525	2
塞舌尔	282	2
老挝	123	1
科摩罗	10	0
乍得	612	0
48202000 练习本		
#合计	70423074	116093
蒙古	3517697	10937
约旦	7106302	8777
吉尔吉斯斯坦	3091039	8774
多哥	6231200	7475
塔吉克斯坦	3025776	6993
哈萨克斯坦	2791603	5922
刚果（金）	2910368	3365
马达加斯加	2712714	3354
美国	1293822	3169
布基纳法索	2354532	2953
喀麦隆	1901453	2495
法国	308283	2390
中国香港	1483006	2364
荷兰	1233146	2298
海地	1914586	2197
坦桑尼亚	1905629	2186
安哥拉	1734917	2110
加纳	1399666	2055
毛里求斯	1391547	1641
澳大利亚	838443	1614
乌兹别克斯坦	777498	1285
贝宁	1029038	1243
毛里塔尼亚	910054	1090
伊拉克	512249	1058
斐济	969255	1055
塞拉利昂	802884	1031
土库曼斯坦	450382	1024
利比里亚	842809	980
以色列	500551	943
肯尼亚	675273	876
科特迪瓦	742411	865
尼日尔	701646	850
莫桑比克	664489	841
巴拿马	373191	757
沙特阿拉伯	334850	757
塞内加尔	485444	751
瑞典	429796	739
加拿大	315972	657
委内瑞拉	340909	624
南非	467462	606
立陶宛	424995	584
也门	425696	581
阿联酋	321650	569
几内亚	592257	562
英国	241899	560
俄罗斯联邦	160750	535
希腊	238969	492
巴布亚新几内亚	319623	488
意大利	153708	481
埃塞俄比亚	399322	465
阿尔巴尼亚	301875	440
斯洛文尼亚	334198	422
丹麦	274717	415
刚果（布）	325754	386
牙买加	193881	346
克罗地亚	282286	331
尼日利亚	218262	313
伊朗	167156	311
印度	135123	307
西班牙	98518	296
马来西亚	60869	287
德国	92910	282
比利时	98511	276
厄立特里亚	245350	275

国家/地区	出口数量（副）	出口金额（千美元）
格鲁吉亚	153219	256
芬兰	121648	252
安道尔	183484	219
新西兰	119988	217
尼加拉瓜	147175	204
巴基斯坦	128616	197
所罗门群岛	111958	162
利比亚	99918	158
日本	44295	154
阿曼	116177	144
新加坡	50389	138
哥斯达黎加	90335	136
印度尼西亚	46294	130
菲律宾	68494	125
秘鲁	90122	123
乌克兰	57445	121
加蓬	76855	110
葡萄牙	74695	96
土耳其	57748	89
马里	61695	89
罗马尼亚	72937	87
斯洛伐克	41984	85
波兰	48817	79
赤道几内亚	50281	75
瑞士	4232	75
巴西	9547	75
中国澳门	72503	69
阿塞拜疆	25611	69
乌拉圭	42073	61
叙利亚	16088	56
波黑	62109	56
墨西哥	39148	53
苏丹	26870	49
奥地利	15866	47
智利	19100	47
佛得角	9859	47
越南	21215	47
中国台湾	12828	46
朝鲜	32795	45
圣多美和普林西比	34536	44
萨摩亚	4283	43
塞舌尔	10322	36
几内亚比绍	11900	36
摩洛哥	6472	33
吉布提	27877	31
特立尼达和多巴哥	19473	29
科威特	9602	29
乍得	18107	28
中非	19811	27
马绍尔群岛	15675	26
阿尔及利亚	19959	26
爱尔兰	6804	26
黎巴嫩	4987	25
法属圭亚那	7349	24
圣马丁岛	3670	22
阿根廷	8692	22
基里巴斯	13497	20
泰国	6488	20
挪威	5006	20
埃及	6334	18
格林纳达	7725	15
索马里	10201	14
瓦努阿图	6622	11
古巴	6993	10
圭亚那	2956	10
厄瓜多尔	2452	9
卡塔尔	1814	8
突尼斯	2982	8
巴林	1532	5
博茨瓦纳	1914	5
萨尔瓦多	1071	4
斯里兰卡	2319	3
津巴布韦	750	3
韩国	1800	2
东帝汶	1040	2
伯利兹	1040	2
保加利亚	880	2
缅甸	1028	2
匈牙利	70	2
塞浦路斯	559	1
文莱	545	1
多米尼加共和国	306	1
苏里南	315	1
马尔代夫	182	1
黑山	323	1
危地马拉	199	1

48203000 纸或纸板制的活动封面、文件夹及卷宗皮

国家/地区	出口数量（副）	出口金额（千美元）
#合计	88235063	203334
美国	31435110	76022
日本	5772173	18460
英国	3678080	10658
澳大利亚	5081437	8698
加拿大	1083856	6766
瑞典	2438331	6162
中国香港	4871386	5669
荷兰	1578714	3977
俄罗斯联邦	2427905	3920
阿联酋	1768331	3469
法国	776855	3096
德国	1069796	2600
意大利	1188219	2539
波兰	518459	2008
沙特阿拉伯	844731	1891
墨西哥	593783	1836
西班牙	752588	1729
乌克兰	958715	1657
南非	611953	1468
马来西亚	291110	1467
土耳其	777525	1343
委内瑞拉	653523	1332
伊拉克	621084	1165
阿根廷	704396	1145
新加坡	452709	1088
尼日利亚	655555	1082
泰国	738443	1055
哈萨克斯坦	462454	914
智利	450056	902
约旦	338818	893
越南	356592	861
卡塔尔	499984	845
阿尔及利亚	573045	825
肯尼亚	540728	819
巴基斯坦	461932	773
利比亚	415170	769
新西兰	282815	760
罗马尼亚	444328	737
以色列	323755	706
拉脱维亚	414739	702
科特迪瓦	323428	659
印度	387328	652
立陶宛	410428	640
希腊	327964	637
阿曼	115955	632
伊朗	392815	625

国家/地区	出口数量（副）	出口金额（千美元）
巴西	194431	604
韩国	247034	592
厄瓜多尔	368820	565
巴拿马	231052	515
坦桑尼亚	217711	494
芬兰	230384	472
菲律宾	263227	439
保加利亚	249150	431
克罗地亚	263258	428
吉布提	250738	428
莫桑比克	186431	416
埃及	217526	408
也门	225193	402
加纳	266282	375
科威特	200564	354
安哥拉	114561	346
丹麦	110027	324
布基纳法索	207606	322
比利时	93102	278
多哥	100989	265
斯里兰卡	155804	263
斯洛文尼亚	137872	261
捷克	45949	258
塞内加尔	122182	255
乌拉圭	154426	245
爱沙尼亚	142133	231
喀麦隆	114637	228
斯洛伐克	90884	219
印度尼西亚	108619	215
萨尔瓦多	129693	208
塞浦路斯	125309	194
阿塞拜疆	112619	190
缅甸	54791	185
波多黎各	64234	184
格鲁吉亚	105506	183
摩洛哥	100587	180
乌干达	108480	179
贝宁	139884	164
文莱	35415	163
埃塞俄比亚	102362	160
秘鲁	48137	154
黎巴嫩	87216	150
苏丹	49225	143
马里	21920	139
爱尔兰	84721	139
挪威	57923	136
斐济	46095	134
危地马拉	75661	129
葡萄牙	56266	124
黑山	78063	118
马达加斯加	72986	116
多民族玻利维亚国	74276	115
中国澳门	56660	114
多米尼加共和国	38972	113
巴布亚新几内亚	37116	108
几内亚	56746	98
马耳他	23855	92
塞拉利昂	29406	81
赞比亚	41908	80
巴拉圭	45023	79
塞尔维亚	50455	74
中国台湾	25057	73
哥伦比亚	33801	73
阿富汗	46200	73
利比里亚	49815	70
巴林	43351	70
哥斯达黎加	39782	68
毛里求斯	34365	65
叙利亚	34287	65
加蓬	36457	60
津巴布韦	23783	59
乌兹别克斯坦	35057	57
匈牙利	28738	55
阿尔巴尼亚	27612	55
刚果（金）	23982	52
突尼斯	21124	51
马拉维	26946	49
波黑	26637	46
摩尔多瓦	27913	45
卢旺达	24883	41
洪都拉斯	34515	40
新喀里多尼亚	22645	39
塞舌尔	7075	39
尼日尔	24717	33
刚果（布）	19948	31
奥地利	10161	30
柬埔寨	13349	29
蒙古	10464	26
白俄罗斯	12511	22
海地	4532	22
塔吉克斯坦	8932	20
苏里南	12040	19
马尔代夫	8253	15
毛里塔尼亚	4677	14
圭亚那	3377	13
古巴	2143	12
多米尼克	5150	9
特立尼达和多巴哥	4083	8
圣马丁岛	4245	8
尼加拉瓜	4496	7
孟加拉国	1427	6
瑞士	1017	6
汤加	2092	6
博茨瓦纳	2709	6
冈比亚	2400	6
乍得	160	5
牙买加	1816	5
前南马其顿	2592	4
赤道几内亚	250	3
法属圭亚那	832	3
加那利群岛	629	2
马约特	891	2
佛得角	551	2
吉尔吉斯斯坦	900	1
留尼汪	255	1
巴巴多斯	124	1
法属波利尼西亚	98	1

48204000 多联商业表格纸、页间夹有复写纸的本

国家/地区	出口数量（副）	出口金额（千美元）
#合计	4543295	11110
中国香港	2265700	3683
日本	982970	3650
美国	406209	1202
澳大利亚	246169	672
新加坡	78453	296
马来西亚	60745	178
南非	28687	137
利比亚	40318	100
加纳	54740	89
中国澳门	42659	76
巴布亚新几内亚	8046	60
莫桑比克	11732	58
喀麦隆	35000	58
菲律宾	16135	57
伊拉克	10936	55

国家/地区	出口数量(副)	出口金额(千美元)
沙特阿拉伯	14656	53
荷兰	7943	51
加拿大	15178	49
委内瑞拉	15510	40
智利	15903	35
泰国	1355	32
卡塔尔	7533	32
哈萨克斯坦	7981	29
英国	9135	27
也门	13500	25
吉布提	15191	25
新西兰	7845	24
法国	2420	24
乌克兰	9900	21
塔吉克斯坦	6850	21
西班牙	5297	20
墨西哥	17708	17
斐济	9120	15
前南马其顿	2097	14
韩国	17680	13
安哥拉	2272	11
阿联酋	3338	11
伊朗	2481	11
博茨瓦纳	1614	11
越南	1291	10
意大利	3636	9
赞比亚	1950	9
约旦	3779	9
尼泊尔	1068	8
刚果(金)	4291	8
巴基斯坦	1650	7
津巴布韦	806	6
塞浦路斯	1550	6
巴林	4353	6
中国台湾	3669	6
赤道几内亚	2160	4
比利时	760	4
厄瓜多尔	1256	4
俄罗斯联邦	379	4
印度	686	4
巴拿马	800	3
佛得角	930	2
坦桑尼亚	309	2
阿塞拜疆	500	2
布隆迪	737	2
特立尼达和多巴哥	117	2
法属圭亚那	350	2
肯尼亚	517	2
希腊	865	2
孟加拉国	600	1
德国	555	1
圣卢西亚	38	1
文莱	324	1
蒙古	110	1
丹麦	788	1
尼日利亚	344	1
多米尼加共和国	220	1
48205000 纸或纸板制的样品簿及粘贴簿		
#合计	56755333	185949
日本	6893651	50425
美国	15569998	45558
德国	4100507	10514
中国香港	5852185	9450
英国	2873392	7056
荷兰	2438166	6105
澳大利亚	1713819	5230
法国	1876716	4381
俄罗斯联邦	1325968	3608
加拿大	704974	2780
波兰	1095480	2513
芬兰	884754	2398
巴西	784173	2133
意大利	794887	2047
马来西亚	477624	1905
泰国	301804	1393
阿联酋	329348	1370
韩国	348149	1217
比利时	393532	1135
智利	483627	1055
沙特阿拉伯	209952	1036
西班牙	322754	997
南非	251879	988
墨西哥	354163	975
新西兰	292864	861
乌克兰	321542	792
菲律宾	234081	766
以色列	261097	757
伊朗	133617	648
土耳其	186963	636
埃及	166959	635
瑞典	238273	602
印度	297546	577
阿根廷	112340	576
新加坡	131994	561
丹麦	224143	550
尼日利亚	231690	500
巴拿马	127112	463
希腊	183348	430
加纳	137262	421
阿尔及利亚	213918	398
秘鲁	84079	380
挪威	127043	368
中国台湾	100230	368
印度尼西亚	101862	365
科威特	83670	353
约旦	101282	331
肯尼亚	72123	324
摩洛哥	83541	311
贝宁	101976	307
巴基斯坦	79654	305
委内瑞拉	120792	286
突尼斯	113184	283
孟加拉国	72181	259
阿曼	20249	229
安哥拉	18258	198
多哥	19517	188
洪都拉斯	6515	187
伊拉克	74082	186
罗马尼亚	49775	177
哥伦比亚	89897	168
加蓬	12727	158
坦桑尼亚	47793	140
厄瓜多尔	34660	135
匈牙利	49520	129
斯洛文尼亚	58711	126
越南	52706	122
黎巴嫩	48371	119
克罗地亚	34928	116
哈萨克斯坦	24626	114
喀麦隆	58305	110
科特迪瓦	31417	109
巴林	21519	108
捷克	54626	107
拉脱维亚	43854	102
爱尔兰	61104	102

国家/地区	出口数量（副）	出口金额（千美元）
格林纳达	2916	101
葡萄牙	21517	96
斯里兰卡	34032	91
阿塞拜疆	38116	91
利比亚	28551	89
中国澳门	40588	86
马耳他	20120	85
乌拉圭	37215	80
斯洛伐克	24614	80
立陶宛	31289	78
也门	31474	78
卡塔尔	9490	72
保加利亚	20951	71
爱沙尼亚	20687	63
文莱	3113	59
萨尔瓦多	24933	58
塞尔维亚	13085	57
缅甸	12009	54
苏丹	50054	49
古巴	19225	48
瑞士	18234	45
尼加拉瓜	11372	45
毛里求斯	7432	43
奥地利	14552	35
塞内加尔	10210	35
莫桑比克	9590	33
哥斯达黎加	9102	32
吉尔吉斯斯坦	18420	26
刚果(金)	21553	26
危地马拉	6851	25
多米尼加共和国	5660	22
马达加斯加	7983	21
巴布亚新几内亚	5450	20
马里	4096	19
格鲁吉亚	3681	19
波多黎各	12224	18
吉布提	8515	15
博茨瓦纳	2043	14
阿尔巴尼亚	9798	14
圭亚那	4962	14
牙买加	2364	14
乌干达	4070	14
利比里亚	4678	13
马尔代夫	4945	11
几内亚	4410	10

国家/地区	出口数量（副）	出口金额（千美元）
塞浦路斯	3978	10
巴拉圭	2642	9
特立尼达和多巴哥	1987	9
苏里南	2952	7
留尼汪	1164	7
冈比亚	1265	5
塞拉利昂	1830	5
朝鲜	2650	5
毛里塔尼亚	2113	5
埃塞俄比亚	1408	3
刚果(布)	1242	3
斐济	255	1
布基纳法索	472	1
柬埔寨	166	1
摩尔多瓦	285	1
卢森堡	735	1
津巴布韦	190	1
乌兹别克斯坦	1755	1
叙利亚	352	0
48209000 纸或纸板制的其他文具用品；书籍封面		
#合计	21685245	67649
美国	7977805	27999
中国香港	1420377	5708
日本	1750440	4594
英国	1267865	3856
越南	1995216	2755
澳大利亚	676430	2408
加拿大	470162	2107
尼日利亚	832587	1784
德国	479337	1758
新加坡	292470	1707
荷兰	283835	1494
法国	168002	663
西班牙	332448	618
韩国	162116	610
爱尔兰	154920	594
南非	170281	436
丹麦	106600	426
俄罗斯联邦	191566	402
新西兰	107178	391
委内瑞拉	150773	387
巴西	71034	368
意大利	129696	356
沙特阿拉伯	129140	335

国家/地区	出口数量（副）	出口金额（千美元）
比利时	49375	295
墨西哥	88481	294
芬兰	62298	292
马达加斯加	198012	291
马来西亚	83107	284
波兰	25556	257
菲律宾	175746	245
阿联酋	97198	223
智利	84784	206
伊拉克	100840	205
伊朗	73718	203
瑞典	68545	199
巴拿马	81188	174
以色列	65131	170
约旦	104393	167
罗马尼亚	55028	126
肯尼亚	66966	119
印度	34207	110
摩洛哥	35305	107
巴林	8422	91
印度尼西亚	27788	89
哥伦比亚	36730	70
葡萄牙	24944	66
捷克	13544	58
中国台湾	23910	56
挪威	18782	55
中国澳门	24531	52
希腊	22327	52
阿根廷	11065	52
阿尔及利亚	28617	51
哥斯达黎加	28356	50
埃及	25575	49
乌克兰	31186	49
特立尼达和多巴哥	33685	48
土耳其	21402	46
吉布提	32548	45
秘鲁	13371	43
赞比亚	5081	43
巴布亚新几内亚	9347	42
哈萨克斯坦	11717	42
科威特	8944	38
埃塞俄比亚	15230	37
危地马拉	32786	37
泰国	8167	34
拉脱维亚	19936	32

国家/地区	出口数量（副）	出口金额（千美元）
古巴	8697	31
喀麦隆	20622	30
乍得	2694	28
安哥拉	35245	28
塔吉克斯坦	13317	28
莫桑比克	14136	27
加纳	11916	27
利比亚	10396	24
克罗地亚	8029	21
乌拉圭	23091	20
立陶宛	5843	19
坦桑尼亚	7949	18
多米尼加共和国	10225	17
瑞士	6689	16
苏丹	5975	16
也门	5174	16
爱沙尼亚	2326	16
巴基斯坦	7265	15
毛里求斯	2880	14
奥地利	3468	13
格鲁吉亚	4475	13
布隆迪	300	13
黑山	5700	10
洪都拉斯	2887	9
斯洛文尼亚	4584	9
匈牙利	3421	9
萨尔瓦多	1738	8
布基纳法索	6446	8
保加利亚	2961	8
蒙古	4074	8
卡塔尔	3063	7
津巴布韦	700	6
黎巴嫩	1604	6
柬埔寨	1879	6
文莱	2420	5
阿曼	1349	5
阿塞拜疆	1817	5
科特迪瓦	2678	4
厄瓜多尔	1799	3
塞浦路斯	1181	3
赤道几内亚	420	3
巴哈马	715	3
突尼斯	1390	3
尼日尔	608	2
塞尔维亚	1545	2
刚果(布)	1716	2
乌兹别克斯坦	1044	2
斯洛伐克	680	2
所罗门群岛	428	2
留尼汪	280	2
斯里兰卡	997	2
刚果(金)	771	2
纳米比亚	500	2
尼加拉瓜	497	1
多哥	1300	1
马耳他	166	1
缅甸	914	1
尼泊尔	138	1
几内亚	750	1
利比里亚	350	1
波多黎各	91	0
吉尔吉斯斯坦	203	0

48211000 纸或纸板制的各种标签，印有文字图画

国家/地区	出口数量（副）	出口金额（千美元）
#合计	87920172	466719
中国香港	41974872	230988
美国	16195943	66610
越南	1669390	15591
英国	2564117	13414
日本	1367584	12941
印度尼西亚	1614182	7549
德国	1301961	7537
荷兰	1130239	6565
柬埔寨	626081	6442
孟加拉国	554607	5915
澳大利亚	1006833	5305
泰国	583400	4808
蒙古	738921	4753
马来西亚	1203346	4361
印度	963064	4298
比利时	513694	3815
加拿大	731585	3616
法国	551209	3079
意大利	361203	2811
俄罗斯联邦	878104	2740
缅甸	293313	2619
新加坡	577014	2468
巴西	287247	2275
墨西哥	709800	2103
波兰	513544	2060
朝鲜	145446	1950
中国台湾	217302	1898
老挝	419572	1828
韩国	213741	1745
尼日利亚	877850	1695
南非	269314	1616
埃及	218691	1519
西班牙	303739	1337
阿根廷	137879	1290
阿联酋	283176	1256
沙特阿拉伯	188074	1217
智利	289941	1155
菲律宾	333293	1097
巴基斯坦	164514	1019
丹麦	155332	1005
以色列	170519	888
斯里兰卡	114609	869
肯尼亚	105820	817
土耳其	107330	792
瑞典	112382	773
秘鲁	64929	733
新西兰	115969	674
罗马尼亚	255008	672
伊朗	206148	625
芬兰	197793	571
哈萨克斯坦	193988	554
葡萄牙	79376	525
约旦	66584	519
巴拿马	78161	511
爱尔兰	57334	473
乌克兰	165020	467
捷克	38675	398
多哥	371011	389
委内瑞拉	201252	369
希腊	65372	319
摩洛哥	51054	293
多米尼加共和国	57237	278
巴林	28267	267
也门	55183	265
毛里求斯	18872	257
挪威	50561	256
加纳	61037	252
阿尔及利亚	59648	227
阿曼	44058	223
利比亚	37509	219

国家/地区	出口数量（副）	出口金额（千美元）
爱沙尼亚	22315	212
危地马拉	60811	206
奥地利	14056	202
乌拉圭	51342	195
斯洛文尼亚	59957	190
中国澳门	79405	180
莱索托	11004	167
瑞士	31990	165
塞尔维亚	15680	162
立陶宛	33627	160
哥伦比亚	33762	155
伊拉克	66732	150
巴布亚新几内亚	41176	150
埃塞俄比亚	25789	149
黎巴嫩	34198	134
科威特	31202	132
厄瓜多尔	32244	125
吉尔吉斯斯坦	46289	122
克罗地亚	24476	120
卡塔尔	37922	119
格鲁吉亚	21961	118
坦桑尼亚	56008	116
尼加拉瓜	17496	116
匈牙利	21490	114
刚果(布)	25729	105
古巴	25078	104
海地	57944	96
尼泊尔	33658	95
突尼斯	20589	94
拉脱维亚	19438	93
马达加斯加	8673	89
塞浦路斯	17717	87
波多黎各	18294	78
萨尔瓦多	9197	76
安哥拉	14020	71
莫桑比克	32690	69
喀麦隆	18251	68
洪都拉斯	13644	67
苏丹	21025	64
几内亚	20095	57
保加利亚	8170	56
乌兹别克斯坦	22981	52
刚果(金)	29061	47
斐济	6562	46
索马里	19333	40

国家/地区	出口数量（副）	出口金额（千美元）
巴拉圭	11907	38
吉布提	14165	38
阿尔巴尼亚	24083	38
津巴布韦	20670	38
哥斯达黎加	6115	37
乌干达	8475	36
马拉维	3890	35
阿塞拜疆	13161	34
科特迪瓦	21327	30
牙买加	3318	29
特立尼达和多巴哥	4621	27
白俄罗斯	2806	25
布基纳法索	5141	24
塞舌尔	13167	23
苏里南	7728	21
文莱	7473	21
马绍尔群岛	893	20
斯洛伐克	1403	16
塞内加尔	7667	15
叙利亚	7375	13
纳米比亚	945	13
巴巴多斯	761	12
摩尔多瓦	173	12
留尼汪	2573	12
黑山	4552	10
厄立特里亚	10880	9
卢森堡	1820	8
伯利兹	3566	8
汤加	1872	8
博茨瓦纳	1694	8
塞拉利昂	3146	7
毛里塔尼亚	1814	7
布隆迪	1047	7
马尔代夫	1335	6
冰岛	1248	6
贝宁	1827	6
乍得	215	6
赞比亚	665	6
多民族玻利维亚国	1891	5
波黑	10926	4
利比里亚	1061	4
加蓬	2578	4
圭亚那	1198	3
马耳他	375	3
格林纳达	276	2

国家/地区	出口数量（副）	出口金额（千美元）
摩纳哥	825	2
中非	42	2
土库曼斯坦	300	2
前南马其顿	265	2
马里	17	1
塔吉克斯坦	66	1
法属圭亚那	243	1
卢旺达	380	1
亚美尼亚	79	1
瓜德罗普	229	1
巴哈马	165	1
48219000 纸或纸板制的各种标签，未印文字图画		
#合计	30293963	94974
美国	1878747	11766
中国香港	1810483	7202
印度	2924791	6321
印度尼西亚	3222429	5895
法国	561278	5444
日本	444077	4798
孟加拉国	2166905	3037
意大利	1407198	2857
英国	519869	2699
澳大利亚	559381	2699
伊朗	1246013	2363
西班牙	925946	2066
南非	715983	1915
越南	445950	1893
德国	391770	1760
巴基斯坦	992120	1642
马来西亚	481681	1622
荷兰	450046	1596
加拿大	239903	1517
尼日利亚	786562	1512
土耳其	676304	1505
俄罗斯联邦	506448	1431
沙特阿拉伯	438417	1172
斯里兰卡	484101	1037
巴西	278955	1032
希腊	298844	1017
阿联酋	315676	1002
泰国	275778	974
韩国	292640	926
埃及	520405	860
新加坡	105044	809

国家/地区	出口数量（副）	出口金额（千美元）
缅甸	388391	745
比利时	122462	552
菲律宾	257584	535
波兰	166885	509
肯尼亚	186133	443
叙利亚	225891	396
黎巴嫩	161020	394
瑞典	37603	389
新西兰	83990	367
摩洛哥	42720	320
毛里求斯	113174	317
以色列	116039	309
加纳	85237	300
多哥	54104	281
约旦	115214	280
柬埔寨	48209	266
乌克兰	52128	260
阿根廷	57584	252
中国台湾	28478	224
阿尔巴尼亚	17239	223
巴拿马	48013	211
智利	50248	207
墨西哥	60168	203
立陶宛	67541	186
秘鲁	69384	177
也门	52602	167
葡萄牙	24845	159
格鲁吉亚	43655	156
利比亚	73353	149
乌兹别克斯坦	50740	141
科威特	43340	131
伊拉克	43203	118
丹麦	19250	116
爱尔兰	7552	110
委内瑞拉	36762	109
马耳他	14417	109
塞浦路斯	26284	107
罗马尼亚	40725	105
圭亚那	13408	104
哈萨克斯坦	26452	103
拉脱维亚	30093	98
牙买加	20772	94
萨尔瓦多	4825	91
巴林	44501	88
马拉维	43102	86
瑞士	10712	80
捷克	6145	79
苏丹	43284	79
厄瓜多尔	26988	77
斐济	40428	77
塞尔维亚	21835	69
马里	8427	63
哥伦比亚	33031	55
阿尔及利亚	33305	55
喀麦隆	11520	54
乌拉圭	15996	53
尼泊尔	10195	51
塞内加尔	23953	51
斯洛文尼亚	13465	48
亚美尼亚	15224	48
白俄罗斯	10604	47
蒙古	13422	47
马达加斯加	3899	45
巴布亚新几内亚	11964	41
吉尔吉斯斯坦	13630	41
阿曼	9703	40
巴拉圭	21832	39
摩纳哥	6187	36
古巴	3735	34
保加利亚	9015	33
赞比亚	10752	33
卡塔尔	16276	32
坦桑尼亚	9948	27
哥斯达黎加	7012	27
匈牙利	4151	27
阿塞拜疆	6774	24
安哥拉	12787	23
多米尼加共和国	2363	22
芬兰	7272	22
中国澳门	10765	21
莫桑比克	6108	21
特立尼达和多巴哥	7014	20
朝鲜	1630	19
突尼斯	4815	19
危地马拉	4712	17
克罗地亚	6958	16
文莱	8317	16
津巴布韦	3915	15
吉布提	2693	13
洪都拉斯	2319	13
挪威	2381	12
爱沙尼亚	3155	12
前南马其顿	5224	11
奥地利	1476	10
多民族玻利维亚国	4026	10
莱索托	6984	10
利比里亚	1971	8
所罗门群岛	1587	7
海地	1800	7
波多黎各	838	6
科特迪瓦	3413	5
毛里塔尼亚	2204	5
斯洛伐克	1656	5
乍得	300	5
刚果(布)	2702	4
土库曼斯坦	693	4
马尔代夫	1098	4
塞拉利昂	1128	4
塔吉克斯坦	993	3
刚果(金)	8746	3
加蓬	3175	3
帕劳	83	3
东帝汶	770	3
博茨瓦纳	607	2
冰岛	72	2
老挝	360	2
摩尔多瓦	479	2
加那利群岛	429	1
黑山	540	1
埃塞俄比亚	215	1
留尼汪	239	1
乌干达	21	1
苏里南	240	1
瓦努阿图	110	0

48221000 纸制的纺织纱线用筒管、卷轴、纡子等物品

国家/地区	出口数量（副）	出口金额（千美元）
#合计	6479731	9349
英国	1147522	1432
中国香港	723851	1118
美国	542651	928
中国台湾	755724	831
日本	511644	731
新加坡	564213	711
泰国	460908	592
越南	624639	512

国家/地区	出口数量（副）	出口金额（千美元）
巴西	23474	344
伊朗	322003	331
孟加拉国	181486	248
毛里求斯	19503	176
斯里兰卡	8940	174
塞浦路斯	8318	118
新西兰	6037	107
马来西亚	11005	106
意大利	14882	104
澳大利亚	13393	103
阿根廷	15688	102
牙买加	10100	99
印度	4534	64
贝宁	12000	48
尼日利亚	111850	44
朝鲜	35635	41
韩国	40694	40
巴基斯坦	38734	39
莫桑比克	43195	36
印度尼西亚	8354	21
吉尔吉斯斯坦	50430	18
阿尔及利亚	19726	14
埃及	14213	14
加拿大	13035	13
安哥拉	17664	10
南非	4557	9
加纳	23500	8
中国澳门	6650	7
阿联酋	8908	7
文莱	4818	6
菲律宾	9788	5
俄罗斯联邦	1448	5
沙特阿拉伯	8937	5
柬埔寨	1558	5
法国	6969	3
德国	7672	3
约旦	5518	3
莱索托	124	3
苏丹	3002	2
巴林	1970	2
危地马拉	120	2
多哥	3224	2
西班牙	1170	2
波兰	745	1
塔吉克斯坦	500	1

国家/地区	出口数量（副）	出口金额（千美元）
48229000 其他纸制筒管、卷轴、纡子等物品		
#合计	9118187	34999
美国	1167034	8795
新加坡	252057	2942
澳大利亚	317368	2449
英国	223824	2101
日本	431994	1937
越南	1176960	1099
加拿大	246493	1062
中国香港	1085113	1037
马来西亚	246148	909
德国	109226	905
巴西	44509	835
泰国	691570	829
印度	482013	777
牙买加	94713	722
巴拿马	73115	682
荷兰	124688	535
菲律宾	239555	389
沙特阿拉伯	48715	386
法国	36980	341
阿联酋	119571	331
韩国	57168	317
新西兰	48411	310
南非	53380	308
伊朗	48692	252
印度尼西亚	119552	248
比利时	15640	229
斯里兰卡	21224	220
俄罗斯联邦	18368	210
约旦	8022	206
委内瑞拉	5263	197
葡萄牙	7731	193
智利	39253	174
意大利	65861	172
中国台湾	308887	155
多哥	22648	154
以色列	33135	146
波兰	23616	136
丹麦	34299	124
缅甸	36763	109
叙利亚	15330	105
卢森堡	7555	103
贝宁	7422	103

国家/地区	出口数量（副）	出口金额（千美元）
塞尔维亚	2564	102
科摩罗	1730	102
巴哈马	10797	102
马耳他	13332	90
摩洛哥	11800	84
西班牙	40370	78
孟加拉国	44883	77
乌兹别克斯坦	100105	74
墨西哥	43365	69
古巴	20621	58
巴拉圭	2834	54
圭亚那	11381	49
文莱	11652	48
肯尼亚	63832	45
纳米比亚	19479	44
希腊	5318	42
多米尼加共和国	8793	42
土耳其	32283	40
阿尔及利亚	16887	39
坦桑尼亚	67052	39
立陶宛	14416	38
挪威	9137	35
蒙古	129864	35
苏丹	724	34
喀麦隆	8297	31
乌克兰	9225	29
加纳	27500	27
捷克	5534	25
安哥拉	41481	24
莫桑比克	9888	20
塞浦路斯	8809	17
巴基斯坦	26317	17
爱尔兰	7547	14
黎巴嫩	4864	12
老挝	1364	12
中国澳门	9700	11
伊拉克	2640	10
乌拉圭	482	8
马达加斯加	7248	8
科威特	3289	7
奥地利	1000	7
朝鲜	4980	7
哈萨克斯坦	3748	7
柬埔寨	11266	6
阿根廷	1987	6

国家/地区	出口数量(副)	出口金额(千美元)
巴林	9501	6
埃塞俄比亚	1214	5
瑞典	2483	4
利比亚	49	4
厄瓜多尔	820	3
埃及	40	3
尼日利亚	4450	3
罗马尼亚	490	2
秘鲁	1379	2
毛里求斯	373	2
乌干达	3325	2
刚果(金)	1028	2
摩尔多瓦	16	1
赞比亚	600	1
格鲁吉亚	600	1
危地马拉	180	1
瑞士	444	1
48232000 切成一定尺寸或形状的滤纸及纸板		
#合计	34788670	111852
马来西亚	1914061	10057
俄罗斯联邦	2489329	9792
美国	2016939	9262
新加坡	1288118	5932
斯里兰卡	1121510	5727
越南	998375	4466
澳大利亚	969123	3906
瑞典	377770	3834
日本	856271	3707
伊朗	1949804	3678
印度尼西亚	2134480	3552
意大利	1003090	3466
南非	2603372	3257
印度	1104377	3188
韩国	727927	2014
阿根廷	656020	1930
中国台湾	590574	1730
西班牙	336583	1585
中国香港	1192343	1472
土耳其	794242	1352
沙特阿拉伯	245656	1291
乌克兰	326377	1217
加拿大	237825	1119
阿联酋	659586	1109
埃及	357488	1108
巴西	777030	951
泰国	209993	868
贝宁	383289	862
波兰	259460	787
哈萨克斯坦	169917	704
巴基斯坦	394570	692
德国	138183	692
肯尼亚	163244	670
文莱	133129	664
秘鲁	153506	652
菲律宾	345479	629
阿曼	89638	620
墨西哥	136954	618
英国	131656	595
智利	157186	563
孟加拉国	172886	443
罗马尼亚	94741	443
芬兰	67577	432
爱沙尼亚	43546	414
巴林	41502	412
法国	95029	404
阿尔及利亚	104064	393
加纳	165150	369
哥伦比亚	241409	356
叙利亚	210762	352
塞尔维亚	63258	338
比利时	87476	325
阿尔巴尼亚	28470	274
巴拿马	61232	272
洪都拉斯	73580	265
以色列	266990	260
委内瑞拉	180550	252
新西兰	33097	234
几内亚	30352	219
荷兰	102424	216
约旦	151385	212
柬埔寨	69005	210
乌拉圭	71733	201
巴布亚新几内亚	58063	196
希腊	11070	190
安哥拉	1400	175
立陶宛	75743	172
科威特	47362	169
蒙古	224823	164
格林纳达	24980	158
萨摩亚	23096	157
斯洛伐克	24965	154
巴拉圭	24200	153
厄瓜多尔	61085	144
中国澳门	205840	144
尼日利亚	127512	128
利比亚	38948	126
匈牙利	15114	122
吉布提	28144	113
也门	27411	110
斯洛文尼亚	27816	108
巴哈马	16269	106
马耳他	1492	105
苏丹	42231	102
莫桑比克	56836	88
吉尔吉斯斯坦	92070	84
瑞士	8664	80
缅甸	80794	71
阿塞拜疆	20005	69
朝鲜	28596	60
丹麦	15202	57
保加利亚	14033	56
古巴	13357	55
科特迪瓦	22460	44
格鲁吉亚	9148	44
卢森堡	4299	41
黎巴嫩	17060	35
多民族玻利维亚国	26951	35
坦桑尼亚	17935	33
多哥	2902	33
毛里求斯	8507	30
喀麦隆	30096	26
尼加拉瓜	1426	24
爱尔兰	6031	22
乌兹别克斯坦	30818	19
塞内加尔	15445	16
马里	16384	16
挪威	4404	15
特立尼达和多巴哥	15132	14
拉脱维亚	5029	13
哥斯达黎加	7979	13
摩洛哥	1830	12
伊拉克	2737	11
危地马拉	3850	10
白俄罗斯	1054	10

国家/地区	出口数量（副）	出口金额（千美元）
赞比亚	4818	10
马达加斯加	2635	9
卢旺达	1000	9
卡塔尔	1	8
土库曼斯坦	558	8
留尼汪	13146	7
突尼斯	2518	6
塞浦路斯	920	6
刚果(金)	400	5
海地	2198	5
埃塞俄比亚	220	5
塞拉利昂	514	4
黑山	981	4
老挝	5064	4
博茨瓦纳	1520	4
捷克	57	3
牙买加	550	2
瓦努阿图	968	2
刚果(布)	7764	2
亚美尼亚	1691	2
葡萄牙	341	2
多米尼加共和国	209	1
赤道几内亚	104	1
帕劳	203	1
乌干达	30	1
波多黎各	117	0

48234000 已印制的自动记录器用打印纸卷、纸张及纸盘

国家/地区	出口数量（副）	出口金额（千美元）
#合计	12675471	36137
泰国	1067097	3152
美国	558737	2604
中国香港	1761367	2465
俄罗斯联邦	641847	2308
日本	474978	1635
澳大利亚	455688	1439
加拿大	592478	1284
摩洛哥	146921	1082
英国	603398	1061
新加坡	225732	871
智利	208776	784
马来西亚	225152	777
南非	371935	739
委内瑞拉	254542	669
阿联酋	259223	658
西班牙	70964	535
沙特阿拉伯	248451	504
巴拿马	92493	470
越南	180580	469
尼日利亚	248095	454
印度	139357	449
印度尼西亚	113264	374
意大利	99767	369
中国澳门	208461	353
巴西	78099	348
德国	46770	311
比利时	47670	303
以色列	176603	302
加纳	68039	281
巴基斯坦	98911	276
墨西哥	38353	275
法国	41363	270
肯尼亚	93937	260
吉布提	47717	259
丹麦	51135	253
瑞典	53192	246
保加利亚	51722	229
安哥拉	45839	220
黎巴嫩	47565	218
中国台湾	42015	215
柬埔寨	58670	206
葡萄牙	28205	204
菲律宾	151058	199
荷兰	43140	197
哥伦比亚	26463	194
挪威	43133	182
吉尔吉斯斯坦	66277	181
牙买加	30728	175
津巴布韦	97522	173
莫桑比克	95086	167
科威特	109424	162
伊朗	85860	153
埃及	138962	148
波多黎各	77517	146
乌拉圭	32276	145
孟加拉国	39906	141
圭亚那	19572	140
芬兰	26900	139
阿尔及利亚	54936	134
马耳他	33713	132
古巴	47880	130
乌干达	62722	125
罗马尼亚	34140	125
爱尔兰	58015	113
斐济	53140	112
克罗地亚	6877	102
立陶宛	16989	101
摩尔多瓦	23906	101
不丹	9860	101
新西兰	50507	98
毛里求斯	34664	97
斯里兰卡	22880	84
韩国	46890	80
土耳其	17406	77
乌兹别克斯坦	40865	76
坦桑尼亚	30765	73
格鲁吉亚	22334	73
贝宁	20310	71
尼泊尔	19312	65
多哥	10460	64
哈萨克斯坦	23623	60
巴林	34120	59
卡塔尔	25165	59
塞尔维亚	14823	55
喀麦隆	40749	55
波兰	7564	52
科特迪瓦	26817	52
缅甸	13871	51
约旦	14315	49
文莱	9182	46
白俄罗斯	10634	46
伊拉克	17234	45
塔吉克斯坦	19630	42
刚果(金)	34156	41
阿根廷	9915	34
洪都拉斯	1346	34
巴布亚新几内亚	17191	31
佛得角	8948	30
阿塞拜疆	16456	29
利比亚	4930	28
秘鲁	17368	21
苏丹	3780	19
乌克兰	7332	17
阿曼	13434	16
蒙古	20752	14
也门	5668	14

国家/地区	出口数量（副）	出口金额（千美元）
埃塞俄比亚	20291	13
毛里塔尼亚	4519	12
哥斯达黎加	16718	12
危地马拉	1193	9
叙利亚	2635	9
捷克	2303	9
斯洛文尼亚	6505	9
斯洛伐克	3507	9
赞比亚	1344	8
尼加拉瓜	1761	8
亚美尼亚	1249	7
厄瓜多尔	254	6
苏里南	2300	6
塞内加尔	126	6
马达加斯加	1487	5
特立尼达和多巴哥	2300	5
塞浦路斯	2058	5
阿尔巴尼亚	444	5
朝鲜	2208	4
匈牙利	138	4
突尼斯	638	4
圣卢西亚	770	4
阿富汗	1704	3
多民族玻利维亚国	191	3
利比里亚	54	2
赤道几内亚	1020	2
纳米比亚	148	2
加蓬	7976	2
几内亚	576	2
索马里	62	1
格林纳达	220	1
大洋洲其他国家(地区)	373	1
多米尼加共和国	239	1
留尼汪	127	1
希腊	77	1
卢旺达	20	1
奥地利	76	1
巴勒斯坦	54	1
爱沙尼亚	25	1
萨尔瓦多	35	1
瓜德罗普	102	1
拉脱维亚	34	1
马里	56	1
巴拉圭	20	1

国家/地区	出口数量（副）	出口金额（千美元）
48236100 竹浆纸或纸板制的盘、碟、盆、杯及类似品		
#合计	911499	1127
美国	754305	737
中国香港	59406	144
菲律宾	21662	101
新加坡	5220	28
委内瑞拉	24439	25
以色列	6557	20
韩国	6292	19
英国	14591	16
中国台湾	3300	9
加拿大	8062	9
阿联酋	2825	9
澳大利亚	2444	5
马来西亚	960	3
南非	967	1
荷兰	469	1
48236900 其他纸或纸板制的盘、碟、盆、杯及类似品		
#合计	144869231	373073
美国	38698439	98302
日本	12172646	33473
澳大利亚	10159419	28196
英国	7700410	21595
中国香港	7351533	21570
荷兰	6083794	16568
以色列	7969880	15920
德国	6292241	15821
中国台湾	6478669	15484
加拿大	3439417	9578
阿联酋	4135322	9124
菲律宾	2443333	6510
新加坡	2158270	6110
瑞典	2143749	5741
俄罗斯联邦	2425431	5265
土耳其	2185943	4357
爱尔兰	1705443	4310
法国	1366308	3903
泰国	1595472	3847
南非	1379907	3762
马来西亚	1302226	3265
格鲁吉亚	1066700	3138
比利时	994672	3136
意大利	889043	2780

国家/地区	出口数量（副）	出口金额（千美元）
沙特阿拉伯	1129946	2597
西班牙	870758	2448
希腊	891504	2182
丹麦	719129	1868
韩国	788211	1831
新西兰	617325	1688
卡塔尔	618452	1446
阿曼	716593	1427
墨西哥	409385	1050
利比亚	366338	837
哥伦比亚	241732	661
印度尼西亚	204975	651
挪威	201378	569
科威特	208229	502
巴基斯坦	210839	496
黎巴嫩	229126	486
阿尔及利亚	278984	437
芬兰	173789	434
乌克兰	139454	417
伊拉克	197836	406
约旦	186059	392
波兰	139953	381
印度	154734	376
捷克	138681	353
奥地利	145555	343
智利	115529	330
瑞士	131638	285
哈萨克斯坦	102762	284
科特迪瓦	142539	270
立陶宛	88124	252
波多黎各	94407	246
保加利亚	90684	230
马耳他	87135	226
巴林	85871	223
冰岛	78269	208
秘鲁	80268	196
孟加拉国	77668	192
加纳	67095	188
拉脱维亚	66546	187
阿根廷	31255	178
肯尼亚	57970	175
尼日利亚	61545	169
埃及	57048	159
巴西	53494	155
委内瑞拉	67620	147

国家/地区	出口数量（副）	出口金额（千美元）
中国澳门	56183	139
爱沙尼亚	44669	135
哥斯达黎加	49969	131
巴拿马	42223	101
伊朗	44280	98
摩洛哥	38934	97
特立尼达和多巴哥	38858	96
塞浦路斯	40576	96
罗马尼亚	23402	92
巴布亚新几内亚	31571	86
越南	28507	81
突尼斯	38595	74
马达加斯加	28426	70
斯洛文尼亚	23574	68
吉尔吉斯斯坦	22652	68
多民族玻利维亚国	18615	67
多米尼加共和国	21419	64
克罗地亚	26153	64
葡萄牙	12792	62
匈牙利	26358	61
斯里兰卡	17332	57
叙利亚	21869	54
喀麦隆	28452	53
巴勒斯坦	26598	52
斐济	19384	51
乌干达	22667	49
圭亚那	16760	47
缅甸	18155	45
斯洛伐克	15400	45
塞内加尔	20325	44
新喀里多尼亚	13547	39
尼泊尔	8930	37
牙买加	15945	35
阿鲁巴	12285	33
厄瓜多尔	9800	31
乌拉圭	9586	30
也门	22171	29
安哥拉	13167	27
柬埔寨	6053	26
毛里求斯	12256	23
阿富汗	6364	23
土库曼斯坦	6352	19
苏丹	8510	19
蒙古	61215	13
文莱	2345	12
塔吉克斯坦	4018	12
阿尔巴尼亚	3063	12
刚果(金)	3943	9
坦桑尼亚	3495	9
津巴布韦	4410	8
吉布提	8831	8
塞尔维亚	2483	8
尼加拉瓜	1560	6
乌兹别克斯坦	1309	5
大洋洲其他国家(地区)	1652	4
亚美尼亚	575	4
赞比亚	715	4
古巴	1275	4
几内亚	1250	3
留尼汪	669	2
洪都拉斯	689	2
塞舌尔	515	2
马尔代夫	296	2
朝鲜	240	1
贝宁	260	1

48237000 压制或模制纸浆制品

国家/地区	出口数量（副）	出口金额（千美元）
#合计	43587445	129471
美国	12376798	51480
日本	3536998	13609
澳大利亚	4346965	8744
沙特阿拉伯	3931121	5662
英国	1112774	3741
波兰	702086	3021
印度尼西亚	1066472	2648
阿尔及利亚	2003565	2596
韩国	959937	2579
中国香港	795043	2400
荷兰	605938	2391
德国	1192994	2321
加拿大	428224	1873
意大利	591033	1735
越南	462303	1489
印度	756703	1332
新西兰	532522	1306
中国台湾	692561	1092
泰国	440674	1071
匈牙利	100744	1056
南非	432897	1015
比利时	592842	994
巴基斯坦	537071	992
土耳其	541987	947
墨西哥	132647	921
俄罗斯联邦	323941	858
马来西亚	164595	849
法国	289176	825
巴西	246427	772
西班牙	207264	610
阿联酋	221894	538
菲律宾	324988	517
新加坡	132401	501
埃及	144781	426
芬兰	94078	422
吉尔吉斯斯坦	183870	414
古巴	62700	317
格鲁吉亚	140330	308
塔吉克斯坦	151210	260
约旦	126823	247
爱尔兰	134747	247
委内瑞拉	79790	246
拉脱维亚	123074	242
瑞典	95167	223
伊朗	123189	210
瑞士	81555	198
希腊	57284	198
巴拉圭	58400	186
智利	76038	186
丹麦	60165	175
尼日利亚	104058	174
葡萄牙	92097	159
马耳他	49148	135
爱沙尼亚	26846	127
捷克	37882	116
巴拿马	11314	116
乌拉圭	13272	114
阿根廷	33726	106
巴布亚新几内亚	57870	105
突尼斯	34632	98
安哥拉	15492	90
哥伦比亚	17100	79
孟加拉国	45996	78
柬埔寨	59938	74
以色列	25777	67
哥斯达黎加	24660	61
苏丹	25906	51
奥地利	17035	46

国家/地区	出口数量（副）	出口金额（千美元）
加纳	71645	43
哈萨克斯坦	6968	42
秘鲁	22941	41
卡塔尔	12709	40
阿曼	15778	39
利比亚	9857	38
吉布提	15026	31
塞浦路斯	6132	31
肯尼亚	9241	30
特立尼达和多巴哥	8658	30
乌克兰	9865	24
挪威	11618	24
伊拉克	2752	22
黎巴嫩	16261	20
摩洛哥	2250	17
牙买加	5610	17
科威特	5849	16
厄瓜多尔	7948	16
罗马尼亚	1425	16
朝鲜	16026	15
中国澳门	8413	15
保加利亚	7036	13
塞尔维亚	4752	13
前南马其顿	4752	11
多米尼加共和国	5291	11
瓦努阿图	4000	11
叙利亚	3573	9
新喀里多尼亚	3317	8
也门	113	7
危地马拉	3515	7
巴林	2190	6
斐济	4900	5
海地	1300	4
阿尔巴尼亚	396	4
洪都拉斯	420	4
缅甸	2460	3
萨摩亚	450	2
留尼汪	356	1
斯洛文尼亚	356	1
立陶宛	600	1
斯里兰卡	211	1
摩尔多瓦	205	1
48239010 以纸或纸板为底制成的铺地制品		
#合计	352824	515
美国	31525	205
越南	126099	69
澳大利亚	78520	46
中国香港	56962	36
韩国	5450	27
印度尼西亚	5195	25
马来西亚	3105	18
日本	5440	17
新加坡	2000	11
中国台湾	1549	9
英国	14484	7
俄罗斯联邦	2247	5
利比亚	3080	5
瑞典	1552	5
西班牙	2541	4
菲律宾	2244	4
加拿大	126	3
泰国	1247	3
尼日利亚	495	3
伊朗	772	3
塔吉克斯坦	1800	2
法国	1284	2
克罗地亚	985	2
新西兰	2263	1
捷克	674	1
印度	490	1
伊拉克	308	1
48239020 神纸及类似用品		
#合计	72880730	150116
中国台湾	20211581	48953
马来西亚	12624796	27466
中国香港	21717793	24877
新加坡	10598187	20052
美国	1003819	5411
日本	549948	5298
菲律宾	2300165	4161
中国澳门	976631	1640
越南	451528	1515
印度尼西亚	568539	1252
泰国	656943	1212
南非	72278	1099
巴西	41305	646
加拿大	64141	601
牙买加	53363	567
澳大利亚	78946	555
阿联酋	37245	429
多哥	48273	399
韩国	222668	371
印度	90370	336
英国	26621	290
巴拿马	45380	270
加纳	18208	263
也门	33475	220
洪都拉斯	35089	210
瑞士	33967	203
德国	12625	178
智利	15045	174
沙特阿拉伯	20409	142
比利时	8350	130
法国	12710	125
波兰	8086	102
乌拉圭	20358	101
斯洛伐克	21046	101
马耳他	11850	101
西班牙	7696	101
阿根廷	15425	100
委内瑞拉	7985	83
挪威	4531	62
芬兰	13748	54
老挝	6285	46
毛里求斯	12131	39
荷兰	10640	36
希腊	17458	26
乌干达	11974	23
缅甸	7748	21
捷克	7790	21
柬埔寨	5909	12
苏里南	2044	10
危地马拉	3336	10
约旦	1698	6
瑞典	482	5
新西兰	14156	4
秘鲁	4184	2
黎巴嫩	6104	2
孟加拉国	3900	2
俄罗斯联邦	7500	1
墨西哥	16268	1
48239030 纸扇		
#合计	1595096	12072
日本	407143	6960
美国	222055	1407

国家/地区	出口数量（副）	出口金额（千美元）
菲律宾	253651	639
俄罗斯联邦	112388	507
韩国	41468	326
马来西亚	48427	189
哈萨克斯坦	39698	160
印度尼西亚	43867	157
新加坡	24614	155
中国香港	86663	128
德国	19900	122
英国	14367	122
巴林	1385	100
澳大利亚	12670	91
西班牙	29486	84
荷兰	14777	81
以色列	1776	54
伊朗	16859	53
奥地利	1016	45
巴西	14562	43
爱尔兰	5908	40
安哥拉	13268	38
中国台湾	14181	38
法国	6204	28
尼加拉瓜	3345	27
比利时	4318	24
吉尔吉斯斯坦	6520	24
泰国	5180	21
秘鲁	9210	20
阿根廷	1513	19
墨西哥	8838	18
土耳其	8324	18
瑞典	2633	17
智利	3897	16
中国澳门	10040	14
希腊	3956	13
印度	4162	13
越南	4710	13
意大利	2047	12
芬兰	972	12
克罗地亚	617	11
波兰	2693	11
新西兰	3847	10
刚果(金)	6457	10
沙特阿拉伯	8043	9
巴拿马	4185	9
南非	3134	8

国家/地区	出口数量（副）	出口金额（千美元）
苏丹	1250	8
埃及	875	8
波多黎各	1299	8
爱沙尼亚	1618	7
阿联酋	688	7
黎巴嫩	983	7
瑞士	174	6
丹麦	2202	6
摩洛哥	1410	6
也门	1272	6
乌克兰	1256	6
委内瑞拉	1470	5
加拿大	898	5
伊拉克	1092	5
卡塔尔	704	4
缅甸	819	4
匈牙利	151	4
哥伦比亚	902	4
利比亚	857	3
塔吉克斯坦	1600	3
塞浦路斯	937	3
巴基斯坦	1669	3
哥斯达黎加	1533	3
厄瓜多尔	610	3
拉脱维亚	649	2
尼泊尔	360	2
喀麦隆	603	2
塞尔维亚	883	2
加纳	523	2
格鲁吉亚	504	2
利比里亚	599	2
科威特	630	2
萨尔瓦多	662	2
斯里兰卡	825	2
斯洛文尼亚	975	2
葡萄牙	1118	2
突尼斯	455	2
罗马尼亚	1107	2
乌拉圭	454	2
新喀里多尼亚	404	2
立陶宛	380	1
留尼汪	460	1
马尔代夫	156	1
尼日利亚	191	1
阿尔巴尼亚	368	1

国家/地区	出口数量（副）	出口金额（千美元）
瓦努阿图	149	1
波黑	546	1
巴布亚新几内亚	226	1
48239090 未列名切成形的纸、纸板等纸及纸(浆)制品		
#合计	246615450	852682
美国	47979633	247400
英国	8728017	43425
中国香港	34204095	42594
日本	10514565	42014
澳大利亚	10477969	36588
马来西亚	7248222	30395
新加坡	3788121	23439
德国	4079795	23291
荷兰	3312018	21758
沙特阿拉伯	9215454	18782
加拿大	3504013	16845
印度尼西亚	7112306	15875
阿联酋	6967240	14414
印度	6444867	13559
法国	1985995	12991
越南	4341974	12604
巴拿马	1471512	10485
泰国	4196431	10023
南非	1637744	9543
墨西哥	2560541	8903
伊朗	5064034	8850
中国台湾	2861054	8332
巴西	1984824	8261
比利时	1094083	7903
西班牙	1472864	7859
俄罗斯联邦	2229438	7424
菲律宾	3787637	6946
意大利	1360281	6864
韩国	1944696	6322
巴基斯坦	2733564	5911
智利	1318661	5538
新西兰	2128425	5383
波兰	1156532	4559
阿尔及利亚	2768428	4404
土耳其	1580286	3777
加纳	495436	3466
牙买加	359349	3375
阿根廷	709196	3332
孟加拉国	2031658	3251

国家/地区	出口数量（副）	出口金额（千美元）
多哥	600215	3223
科威特	1464031	2865
丹麦	866277	2793
以色列	887619	2790
希腊	841682	2645
利比亚	1566365	2588
瑞典	739509	2426
乌克兰	744671	2401
哥伦比亚	906937	2397
约旦	1494593	2230
阿曼	926899	1975
葡萄牙	428739	1900
斯里兰卡	713146	1830
芬兰	398357	1773
伊拉克	756583	1733
秘鲁	570536	1642
哈萨克斯坦	501576	1611
也门	268558	1608
埃及	505904	1559
卡塔尔	830436	1558
柬埔寨	647588	1554
摩洛哥	294709	1513
安哥拉	185761	1417
挪威	368759	1401
苏丹	183955	1254
肯尼亚	496080	1222
巴林	421244	1196
文莱	219678	1195
洪都拉斯	257504	1178
委内瑞拉	500602	1164
爱尔兰	249102	1122
捷克	207638	1075
缅甸	570224	1058
哥斯达黎加	332899	942
危地马拉	552632	913
乌拉圭	184105	882
尼日利亚	366259	867
黎巴嫩	334271	864
奥地利	123939	807
吉布提	346067	806
马耳他	75774	804
吉尔吉斯斯坦	389096	787
爱沙尼亚	171434	760
突尼斯	144352	675
罗马尼亚	198470	670
瑞士	72739	647
科特迪瓦	340777	637
乌兹别克斯坦	236422	618
厄瓜多尔	253594	614
坦桑尼亚	317819	606
古巴	278848	580
毛里求斯	187389	577
阿尔巴尼亚	138431	546
巴拉圭	89011	538
特立尼达和多巴哥	324615	501
萨尔瓦多	194350	446
保加利亚	67296	441
贝宁	83751	412
中国澳门	246329	412
立陶宛	83581	387
多米尼加共和国	119564	375
巴哈马	50401	373
斯洛文尼亚	101857	367
塞内加尔	181886	365
克罗地亚	142894	339
马达加斯加	138040	334
图瓦卢	29035	309
几内亚	35898	290
朝鲜	172046	279
卢森堡	10270	263
叙利亚	68697	262
埃塞俄比亚	110224	261
刚果(金)	98371	229
斯洛伐克	51181	218
喀麦隆	61969	205
留尼汪	68289	203
赞比亚	18069	202
莫桑比克	49053	200
加蓬	39591	186
巴布亚新几内亚	41915	161
拉脱维亚	45714	154
老挝	88885	148
阿富汗	74774	131
塞浦路斯	42381	131
摩纳哥	8976	124
塔吉克斯坦	38700	121
多民族玻利维亚国	189631	114
格鲁吉亚	123690	114
马拉维	8354	97
波多黎各	55211	90
匈牙利	35094	86
冰岛	29158	81
斐济	19931	79
刚果(布)	16378	77
瓦努阿图	13800	73
圭亚那	26560	69
苏里南	31801	69
安道尔	6829	65
阿塞拜疆	25361	58
蒙古	96643	58
马尔代夫	8296	57
乌干达	11847	53
津巴布韦	43596	53
毛里塔尼亚	36670	48
塞尔维亚	11366	48
塞拉利昂	29652	40
尼加拉瓜	7944	39
赤道几内亚	23932	39
利比里亚	22656	37
佛得角	12227	36
新喀里多尼亚	9506	35
博茨瓦纳	20172	33
白俄罗斯	6865	32
多米尼克	3877	31
巴巴多斯	3881	25
纳米比亚	7937	24
塞舌尔	11266	23
巴勒斯坦	14002	23
海地	20101	22
黑山	7697	20
冈比亚	7825	18
卢旺达	6446	17
索马里	7997	16
莱索托	16549	16
亚美尼亚	7583	16
法属波利尼西亚	2342	16
库腊索岛	3000	15
布基纳法索	6599	15
尼泊尔	6384	13
摩尔多瓦	9559	13
法属圭亚那	3852	12
萨摩亚	2883	12
所罗门群岛	3151	11
圣卢西亚	5033	10
圣文森特和格林纳丁斯	2332	9

国家/地区	出口数量（副）	出口金额（千美元）
波黑	1800	9
瓜德罗普	3049	8
马里	8732	7
东帝汶	2741	6
伯利兹	3563	6
几内亚比绍	3895	6
科摩罗	1391	5
安提瓜和巴布达	1701	5
阿鲁巴	1178	4
土库曼斯坦	409	4
汤加	1362	3
厄立特里亚	3790	3
加那利群岛	3546	2
尼日尔	940	2
马提尼克	440	2
社会群岛	240	2
马绍尔群岛	576	2
乍得	282	2
斯威士兰	1279	2
前南马其顿	80	1
格林纳达	615	1
特克斯和凯科斯群岛	67	1
中非	29	1
开曼群岛	45	0

木浆进口

国家/地区	进口数量（副）	进口金额（千美元）
47010000 机械木浆		
#合计	10767208	5799
加拿大	8371513	4469
德国	1924730	918
美国	157627	187
西班牙	297248	152
日本	16080	73
47020000 化学木浆、溶解级		
#合计	1579193349	1822609
美国	360946669	487364
加拿大	309731237	358089
巴西	232359586	262065
印度尼西亚	172765036	179518
南非	141965412	134560
瑞典	104592278	115444
芬兰	73739447	80258
俄罗斯联邦	66579081	74657
葡萄牙	40988253	41517
挪威	17998627	27711
西班牙	18165411	21450
捷克	21247798	19998
奥地利	12907702	12766
德国	2267700	1996
泰国	1528529	1758
菲律宾	384081	1705
法国	822302	1576
澳大利亚	204000	178
日本	200	1
47031100 未漂白的针叶木烧碱木浆或硫酸盐木浆		
#合计	673884191	372476
俄罗斯联邦	199599802	101951
智利	170666247	100013
美国	146240209	81493
日本	106019884	56409
加拿大	30722793	20515
瑞典	7183950	4743
巴西	8124788	4052
新西兰	2161160	1452
阿根廷	1559117	959
奥地利	1071560	569
澳大利亚	324035	155
中国台湾	79970	81
斯洛文尼亚	97426	62
德国	33250	23
47031900 未漂白的非针叶木烧碱木浆或硫酸盐木浆		
#合计	4941930	3000
俄罗斯联邦	2037206	1243
美国	1976500	1186
瑞典	650000	417
日本	208224	112
印度尼西亚	70000	42
47032100 半漂白或漂白的针叶木烧碱木浆或硫酸盐木浆		
#合计		
加拿大	0	1525270
美国	1178882388	800382
智利	1090107127	705473
芬兰	778659307	506071
俄罗斯联邦	593177263	377114
瑞典	249722903	165460
德国	137089553	89685
新西兰	114265293	74889
挪威	59200040	37174
法国	23464055	15786
阿根廷	13584656	8939
日本	12399507	7676
奥地利	10606649	6821
捷克	7193396	4608
葡萄牙	5120479	3399
荷兰	3878894	2608
比利时	3125232	2033
印度尼西亚	1009760	737
巴西	992898	647
南非	569409	547
泰国	852166	535
韩国	220832	166
澳大利亚	178500	156
瑞士	168022	118
中国台湾	130703	99
中国香港	48000	34
马来西亚	51270	32
47032900 半漂白或漂白非针叶木烧碱木浆或硫酸盐木浆		
#合计		
巴西	0	1359118
印度尼西亚	1575806369	911621
乌拉圭	471782819	300318
美国	429677220	248976
加拿大	326924475	194763
智利	315350633	192008
俄罗斯联邦	235064830	136995
日本	148665042	84253
西班牙	100622727	53959
南非	76890257	43642
泰国	23850517	13777
越南	16538355	9503
葡萄牙	15533480	8704
芬兰	7218355	4655
荷兰	5907037	3051
韩国	4949295	2853
瑞典	4828000	2608
中国台湾	3494400	2160
德国	2177734	1462
比利时	2040237	1144
挪威	980000	579

国家/地区	进口数量（副）	进口金额（千美元）
捷克	547973	344
斯洛伐克	528463	284
意大利	300958	166
新西兰	108457	63
巴基斯坦	39900	24
47041100 未漂白的针叶木亚硫酸盐木浆		
#合计	9704099	4786
俄罗斯联邦	8053639	4098
德国	1570060	597
日本	80400	91
47041900 未漂白的非针叶木亚硫酸盐木浆		
#合计	120033	108
德国	69550	92
巴西	21653	11
印度尼西亚	28830	6
47042100 半漂白或漂白的针叶木亚硫酸盐木浆		
#合计	24716031	17836
芬兰	12062536	8926
挪威	3372643	3269
捷克	4655989	2948
美国	2121838	1331
俄罗斯联邦	1644278	872
西班牙	852704	479
菲律宾	6043	11
47042900 半漂白或漂白的非针叶木亚硫酸盐木浆		
#合计	5797024	6340
德国	4390309	4404
葡萄牙	1062611	1370
美国	216770	423
日本	109800	98
荷兰	7500	33
菲律宾	10034	12
47050000 用机械与化学联合制浆法制得的木浆		
#合计	1405781916	759178
加拿大	1128136995	610543
新西兰	120910411	64636
芬兰	58079267	31185
瑞典	47706988	25476
俄罗斯联邦	30321145	16234
挪威	7574625	3985
意大利	4238771	2277
泰国	2445531	1422
西班牙	2302014	1131
越南	1826455	778
德国	719944	387
印度尼西亚	517644	361
美国	371429	355
爱沙尼亚	512817	241
澳大利亚	100800	139
韩国	16080	24
中国台湾	1000	5
47062000 从回收(废碎)纸或纸板提取的纤维浆		
#合计	19561512	11188
德国	8607485	5173
美国	7776973	4104
加拿大	1576346	988
比利时	955040	429
日本	336785	324
菲律宾	151387	85
中国台湾	99290	48
荷兰	41544	25
韩国	12750	9
瑞典	3907	3
47071000 回收(废碎)的未漂白牛皮纸或瓦楞纸及纸板		
#合计		3716452
美国		1690596
日本	1922149310	414489
英国	1832348642	373940
荷兰	1162641629	235644
意大利	690427828	139772
中国香港	528461912	121516
比利时	467858518	94520
西班牙	469198164	93663
法国	447194324	90175
澳大利亚	428162669	87619
德国	348003788	72293
韩国	291484440	61216
加拿大	274523024	59155
墨西哥	218450665	49123
爱尔兰	132361535	26748
希腊	69381005	13922
俄罗斯联邦	56179886	12336
葡萄牙	60775150	11998
中国台湾	42892953	9747
多米尼加共和国	42399483	9250
挪威	39107754	7766
中国澳门	30443000	6607
波多黎各	18836235	4219
波兰	15634140	3070
阿联酋	11950760	2563
土耳其	11178080	2315
斯洛文尼亚	11370140	2252
危地马拉	8682258	1836
罗马尼亚	8300765	1779
新西兰	7893521	1709
瑞典	8201430	1689
拉脱维亚	7199400	1451
洪都拉斯	5498338	1299
保加利亚	5558860	1109
文莱	5299590	1080
萨尔瓦多	3917991	916
塞浦路斯	4405740	909
哥斯达黎加	2821454	638
摩洛哥	2826250	587
芬兰	2934485	549
爱沙尼亚	2348356	497
乌拉圭	2232690	486
法属波利尼西亚	2691914	481
立陶宛	2094820	444
马耳他	1875660	379
沙特阿拉伯	1560860	358
巴拿马	1133055	263
克罗地亚	1176600	234
多米尼克	988870	199
巴巴多斯	698251	163
科威特	703200	146
奥地利	535430	122
留尼汪	578333	119
南非	452320	111
阿尔及利亚	488620	104
牙买加	519055	98
海地	371593	81
蒙古	259970	50
瓜德罗普	141967	31
加纳	67260	16
新喀里多尼亚	42760	10
47072000 回收(废碎)漂白化学木浆制未经本体染色纸		
#合计	839849637	214878
美国	290075148	77757

国家/地区	进口数量（副）	进口金额（千美元）
日本	175012542	42865
澳大利亚	81929604	19624
中国香港	78383669	19336
荷兰	47179475	12181
英国	45957257	11204
中国台湾	19618060	5616
法国	21203470	5430
加拿大	20137008	5290
比利时	20365678	5094
西班牙	14087780	3808
新西兰	8340905	2007
德国	6167401	1596
意大利	3431680	876
韩国	1627930	496
希腊	1157915	340
阿联酋	1095790	329
爱尔兰	1141940	288
新喀里多尼亚	788810	191
中国澳门	541000	132
土耳其	375000	95
文莱	326643	85
墨西哥	288636	81
新加坡	174470	49
塞浦路斯	151190	35
海地	122726	31
沙特阿拉伯	103130	27
巴布亚新几内亚	64780	15
47073000 回收(废碎)的主要由机械浆制成的纸或纸板		
#合计	0	1383686
美国	0	740746
日本	614588772	140309
加拿大	635783821	124089
中国香港	499170495	116357
英国	552161626	106704
澳大利亚	259842287	49442
荷兰	139105057	28975
意大利	78280320	16222
比利时	77095970	15343
法国	63665040	13129
德国	46993029	9138
新西兰	25085883	4643
韩国	18797770	4264
挪威	12305430	2651
希腊	11478535	2456

国家/地区	进口数量（副）	进口金额（千美元）
西班牙	7208990	1510
文莱	6810488	1460
爱尔兰	6861320	1355
中国澳门	3885000	884
葡萄牙	4061610	729
中国台湾	2233600	584
巴西	1949880	397
塞浦路斯	1165910	283
墨西哥	1367830	280
波兰	1250860	222
新加坡	507920	132
波多黎各	715581	129
智利	605903	125
厄瓜多尔	453625	113
哥斯达黎加	455316	108
斯洛文尼亚	529340	104
瑞典	412300	101
巴拿马	403706	97
爱沙尼亚	483880	94
丹麦	361200	81
洪都拉斯	312439	56
多米尼加共和国	314700	55
土耳其	236620	54
芬兰	311210	53
牙买加	183512	44
哥伦比亚	152190	38
科威特	151390	36
乌克兰	122993	33
阿联酋	84300	25
沙特阿拉伯	104440	24
巴巴多斯	60700	12
47079000 回收(废碎)的其他纸及纸板，包括未分选的		
#合计	5151048612	958972
美国	1445718779	256481
日本	1162518020	246144
英国	800258974	142122
荷兰	525831423	93853
加拿大	297444138	52307
澳大利亚	269270449	48723
意大利	226724740	41671
比利时	140917520	26359
新西兰	55150977	9947
德国	47036304	9132
菲律宾	51409380	8494

国家/地区	进口数量（副）	进口金额（千美元）
法国	38422245	6880
爱尔兰	22185660	4116
西班牙	15843172	2800
希腊	12858955	2315
韩国	6306630	1104
墨西哥	5400911	977
斯洛文尼亚	4462830	835
多米尼加共和国	3592341	685
挪威	3605620	667
克罗地亚	2385285	430
俄罗斯联邦	1684400	326
中国台湾	1201990	324
摩洛哥	952915	316
中国香港	1465000	293
文莱	1394568	261
乌克兰	1002756	256
葡萄牙	1263030	243
塞浦路斯	1159020	184
瑞典	714873	151
马耳他	561400	104
沙特阿拉伯	348010	96
波兰	421820	88
南非	324534	64
拉脱维亚	324020	64
芬兰	302090	53
立陶宛	220860	42
加纳	136190	29
哥斯达黎加	83793	16
洪都拉斯	95450	13
奥地利	47540	11
48010000 成卷或成张的新闻纸		
#合计	134679436	83533
韩国	99753897	61559
加拿大	12570752	7949
瑞典	7016942	4323
美国	5484548	3390
新西兰	2725389	1797
澳大利亚	2791672	1682
芬兰	2188138	1563
俄罗斯联邦	1362549	840
日本	607084	316
中国	135005	84
中国香港	29600	20
中国台湾	13860	12
48021010 宣纸		

国家/地区	进口数量（副）	进口金额（千美元）
#合计	49980	180
德国	11279	92
朝鲜	31490	32
韩国	710	22
新加坡	2663	11
日本	1215	10
中国台湾	2324	7
英国	240	4
菲律宾	35	3
48021090 其他手工制纸及纸板		
#合计	64604	293
法国	23700	207
尼泊尔	11457	29
印度尼西亚	24776	23
泰国	926	11
中国	2801	10
日本	353	6
美国	27	2
英国	80	1
韩国	38	1
比利时	73	1
印度	8	1
中国台湾	296	1
澳大利亚	30	1
瑞典	25	0
48022010 照相原纸		
#合计	1396343	1788
德国	1166446	1481
日本	73500	71
中国香港	20852	63
印度尼西亚	58568	52
中国台湾	17786	43
法国	1547	34
加拿大	20475	15
比利时	10800	11
荷兰	26320	10
美国	8	8
48022090 其他光敏热敏电敏纸及纸板的原纸和原纸板		
#合计	6381653	9446
日本	5055790	6885
韩国	567313	817
德国	381422	500
俄罗斯联邦	126000	487
美国	121850	483

国家/地区	进口数量（副）	进口金额（千美元）
中国台湾	30260	141
印度尼西亚	72962	67
意大利	13380	23
新加坡	3895	22
中国香港	285	10
泰国	7332	7
英国	593	2
加拿大	474	1
西班牙	77	1
48024000 壁纸原纸		
#合计	11905487	28959
德国	4407594	12844
比利时	1812102	6754
芬兰	4421560	4421
法国	994922	4237
瑞典	69671	272
美国	40846	191
意大利	36976	93
中国台湾	24709	45
日本	15095	39
韩国	54108	38
荷兰	26161	19
泰国	1743	5
48025400 其他未涂书写印刷纸，机械浆≤10%，重<40 克		
#合计	10857013	14924
日本	5460826	7945
奥地利	766765	1457
西班牙	716922	1294
芬兰	842208	890
中国台湾	829561	859
法国	416619	762
德国	768429	682
荷兰	499882	380
中国	316259	347
美国	182352	234
中国香港	4594	26
挪威	25024	20
意大利	7946	18
印度尼西亚	17770	7
韩国	349	3
泰国	1460	1
48025500 其他未涂纸，成卷，机械浆≤10%，40 克≤重≤150 克		
#合计	139179643	128070

国家/地区	进口数量（副）	进口金额（千美元）
印度尼西亚	98762810	82128
日本	14708971	17106
中国台湾	6905997	6844
德国	1982832	5042
美国	4223328	4403
芬兰	2952010	2475
加拿大	2370116	2007
泰国	2259035	1943
法国	679576	1437
中国	1456954	1340
瑞典	854508	707
澳大利亚	748218	661
荷兰	392394	528
西班牙	265565	495
比利时	63834	349
英国	138600	225
中国香港	153276	139
俄罗斯联邦	131378	68
巴西	43141	44
韩国	21725	42
意大利	41503	41
丹麦	22931	34
瑞士	174	11
沙特阿拉伯	110	1
48025600 机械浆≤10%，40 克≤重≤150 克，成张，≤435 毫米×297 毫米		
#合计	6172892	11806
日本	1144301	4120
美国	1178697	3156
巴西	2433398	2004
奥地利	273990	893
中国	389555	357
德国	112494	357
印度尼西亚	358647	298
韩国	20809	89
葡萄牙	53726	75
泰国	60380	71
法国	11674	65
中国台湾	64076	58
印度	16217	58
英国	10030	53
瑞典	8083	41
匈牙利	18494	40
芬兰	8336	31
加拿大	2824	12

国家/地区	进口数量（副）	进口金额（千美元）
澳大利亚	1201	10
俄罗斯联邦	1322	8
中国香港	3520	3
波兰	327	3
新加坡	529	1
比利时	25	1
瑞士	120	1
荷兰	58	0
48025700 其他未涂书写纸，机械浆≤10%，40 克≤重≤150 克		
#合计	89484466	121071
印度尼西亚	23677054	20432
韩国	3120868	16476
日本	13545626	15873
中国台湾	14534162	12948
中国	14205111	12796
英国	1671495	10837
意大利	1819429	7999
泰国	8857195	7687
德国	750826	4307
法国	321902	2899
美国	1998057	2363
澳大利亚	2234695	1842
瑞士	106882	1681
俄罗斯联邦	82771	622
巴西	632877	500
捷克	289932	316
芬兰	336279	314
加拿大	364844	302
瑞典	196608	205
中国香港	178964	167
印度	138583	145
新加坡	212024	122
奥地利	41859	72
西班牙	64573	59
丹麦	35971	49
荷兰	50930	44
葡萄牙	12453	11
比利时	884	3
马来西亚	1290	1
48025800 其他未涂书写印刷纸，机械浆≤10%，重＞150 克		
#合计	33042575	41182
印度尼西亚	12219676	10449
中国台湾	8233266	8380
日本	3067522	6676
美国	3122760	4620
意大利	1700048	2915
法国	702162	2658
德国	1598743	2050
英国	754367	1576
韩国	687600	624
中国	221084	222
奥地利	82238	214
巴西	164772	165
瑞典	117862	158
泰国	131581	131
葡萄牙	71765	79
中国香港	32234	65
新加坡	50316	57
荷兰	24547	52
澳大利亚	7362	30
比利时	10348	22
芬兰	15303	14
西班牙	6124	12
俄罗斯联邦	19097	9
丹麦	1768	2
以色列	30	1
48026110 其他成卷未涂布新闻纸，含机械浆纤维＞10%		
#合计	47968	46
新西兰	47872	46
48026190 其他成卷未涂布书写纸，含机械浆纤维＞10%		
#合计	4349898	6565
中国台湾	3428756	4914
德国	189952	660
日本	192720	301
芬兰	212726	226
立陶宛	121204	199
印度尼西亚	165616	175
瑞典	11796	25
韩国	9798	20
奥地利	1122	14
马来西亚	4268	12
意大利	337	7
法国	771	6
中国	9939	5
西班牙	631	2
美国	133	1
英国	40	0
48026200 成张未涂布纸，机械浆＞10%，≤435 毫米×297 毫米		
#合计	29671717	38792
泰国	25933155	29402
美国	1033760	2800
日本	662928	2442
奥地利	669847	2022
巴西	1019227	893
韩国	161793	606
德国	19794	155
中国	89363	119
英国	15045	97
加拿大	32156	90
印度	3641	34
新加坡	2401	30
瑞典	5208	28
葡萄牙	11227	25
芬兰	3612	16
澳大利亚	1377	12
中国台湾	4149	8
意大利	1102	4
荷兰	181	3
印度尼西亚	534	3
法国	370	2
西班牙	369	2
瑞士	333	1
48026910 其他未涂布新闻纸，含机械浆纤维＞10%		
#合计	47424	45
新西兰	47395	45
48026990 其他未涂布书写印刷纸，含机械浆纤维＞10%		
#合计	17102942	24753
日本	2253824	4100
印度尼西亚	2887109	2913
芬兰	2905195	2502
德国	850549	2479
中国台湾	1701013	1992
美国	975356	1702
韩国	546143	1547
奥地利	299393	1516
法国	474406	1451
澳大利亚	1320530	1181
意大利	478284	857

国家/地区	进口数量(副)	进口金额(千美元)
泰国	787491	653
中国	738791	553
英国	67242	271
西班牙	106051	252
瑞典	255700	243
马来西亚	73051	187
加拿大	140516	121
新西兰	95664	74
中国香港	84495	69
俄罗斯联邦	40424	36
波兰	10210	25
以色列	10347	20
瑞士	350	6
荷兰	603	2
48030000 成卷成张的家庭或卫生用纸、面巾纸、餐巾纸		
#合计	30739861	46940
日本	3292483	8983
美国	3590590	8716
中国台湾	8701942	8052
印度尼西亚	5890910	6648
德国	2319977	3124
法国	1049636	2985
马来西亚	1642382	1869
意大利	763232	1656
新西兰	832407	1015
墨西哥	413501	902
印度	764619	848
韩国	321030	313
中国	372593	304
斯洛伐克	79547	302
新加坡	215001	208
澳大利亚	79394	179
泰国	47611	171
西班牙	23801	162
英国	39181	159
瑞典	108324	148
加拿大	135927	126
巴西	21490	25
葡萄牙	7059	16
越南	16431	13
菲律宾	5102	5
荷兰	1101	4
奥地利	1044	3
埃及	1822	2

国家/地区	进口数量(副)	进口金额(千美元)
芬兰	186	2
中国香港	1270	2
阿联酋	193	1
48041100 未漂白牛皮挂面板纸		
#合计	521919803	309693
美国	205038647	127022
俄罗斯联邦	125086280	68907
澳大利亚	103580447	59357
中国台湾	64518618	37015
新西兰	10017938	6756
日本	8051689	5505
巴西	1941326	2122
德国	276929	683
法国	262858	634
波兰	1495757	578
瑞典	752089	479
韩国	339836	222
奥地利	245180	176
荷兰	97060	68
比利时	76260	54
芬兰	49412	47
泰国	71964	41
英国	1832	14
中国	7950	8
加拿大	5880	5
印度尼西亚	70	1
埃及	1780	1
48041900 其他牛皮挂面板纸		
#合计	22497094	18620
俄罗斯联邦	6500468	4830
德国	1027296	2352
芬兰	2818806	2266
日本	3056274	2222
美国	2861849	2171
南非	3113931	2122
中国台湾	1301540	1346
瑞典	1111670	787
法国	420355	292
荷兰	133004	103
加拿大	96662	91
比利时	21640	16
奥地利	22788	15
中国	10811	9
48042100 未漂白袋用牛皮纸		
#合计	63569504	57434

国家/地区	进口数量(副)	进口金额(千美元)
美国	16583497	14451
瑞典	15106355	13521
日本	8367480	8993
保加利亚	9236327	7194
俄罗斯联邦	7342541	6239
波黑	1646847	1265
芬兰	788284	1000
加拿大	1094296	904
印度尼西亚	531863	842
意大利	413837	691
中国台湾	682649	682
波兰	440642	359
法国	154817	290
澳大利亚	298195	284
捷克	177744	140
中国	198891	118
奥地利	115484	108
德国	78114	100
葡萄牙	78058	62
荷兰	75614	60
韩国	23835	33
新加坡	35714	32
中国香港	48260	26
新西兰	23648	21
英国	21899	16
菲律宾	3051	4
马来西亚	1400	1
48042900 其他袋用牛皮纸		
#合计	58512010	67276
瑞典	25006579	30820
加拿大	10353137	10612
日本	8014431	8873
美国	6532005	6474
芬兰	2814169	3447
法国	940787	1957
中国台湾	1080628	1255
英国	764618	1231
印度尼西亚	1000420	956
荷兰	867759	766
澳大利亚	443286	298
比利时	199680	148
德国	185022	129
韩国	94123	82
捷克	53028	60
中国	55940	53

国家/地区	进口数量（副）	进口金额（千美元）
巴西	37732	46
俄罗斯联邦	26372	27
斯洛伐克	22888	22
中国香港	10203	11
奥地利	6877	7
意大利	2160	3
48043100 其他未涂布未漂白牛皮纸，平方米重≤150 克		
#合计	69527194	54333
美国	12885780	11688
俄罗斯联邦	15453080	8333
瑞典	6766100	7548
澳大利亚	9828007	5505
日本	3591148	4734
芬兰	2888949	4316
新西兰	4176936	2680
韩国	1756511	2380
中国台湾	4466733	2309
波兰	2879836	1519
挪威	2542783	1244
加拿大	777036	740
荷兰	286535	421
德国	464648	234
奥地利	244436	158
法国	70796	127
葡萄牙	183996	106
中国	108939	74
印度尼西亚	47278	67
哥伦比亚	27136	40
卢森堡	10697	40
西班牙	24929	17
英国	5548	15
新加坡	17630	8
意大利	2881	8
乌克兰	2584	7
中国香港	8392	6
巴西	5523	4
泰国	812	3
巴基斯坦	862	1
比利时	63	1
国别(地区)不详	312	1
48043900 其他未涂布牛皮纸，平方米重≤150 克		
#合计	62382313	75877
瑞典	16487798	19958

国家/地区	进口数量（副）	进口金额（千美元）
日本	12832348	17652
中国台湾	13329132	12647
美国	5802224	6037
韩国	2358872	4073
德国	1159793	3093
西班牙	1486439	2507
法国	1113389	2026
英国	779511	1541
印度尼西亚	1391869	1349
芬兰	1496598	1335
巴西	769354	1075
澳大利亚	1166751	796
南非	978065	719
加拿大	366641	350
中国	249654	280
新西兰	202683	154
俄罗斯联邦	203499	150
波兰	103632	40
意大利	16906	33
比利时	31271	22
荷兰	24151	18
波多黎各	20841	15
斯洛伐克	4464	4
中国香港	4145	2
朝鲜	1200	1
捷克	503	1
48044100 其他未涂未漂白牛皮纸，150 克<平方米重<250 克		
#合计	53729129	37827
美国	34799149	25930
新西兰	4566230	2787
芬兰	3356020	2769
俄罗斯联邦	3403604	1787
澳大利亚	2701279	1331
中国台湾	2083443	1183
挪威	1240106	586
巴西	990414	555
日本	336889	448
德国	123210	211
英国	36375	153
瑞典	32867	35
韩国	37541	30
中国香港	9588	9
中国	4327	7
荷兰	7817	7

国家/地区	进口数量（副）	进口金额（千美元）
马来西亚	215	1
48044200 未涂布本体漂白牛皮纸，150 克<平方米重<250 克		
#合计	1710050	1889
中国台湾	1134632	1243
美国	142666	274
日本	267815	206
芬兰	72682	82
瑞典	63799	61
俄罗斯联邦	25975	20
印度尼西亚	2212	3
加拿大	213	1
48044900 其他未涂布的牛皮纸，150 克<平米重<250 克		
#合计	7823554	5085
美国	2648929	1446
俄罗斯联邦	1704259	1048
瑞典	1082946	856
南非	996165	646
中国台湾	447827	312
芬兰	292857	261
新西兰	345219	234
日本	56628	134
法国	174700	100
德国	45985	29
加拿大	23154	17
澳大利亚	3323	2
中国	1560	1
48045100 其他未涂布未漂白牛皮纸，		
#合计	24891991	19169
美国	17111335	11975
瑞士	551741	1970
新西兰	2511902	1560
澳大利亚	2044488	1078
德国	256671	727
意大利	243961	437
中国台湾	601805	281
日本	649491	268
芬兰	241056	201
波兰	195304	126
韩国	103457	110
奥地利	149434	96
新加坡	56310	85
中国	74151	80
巴西	20080	58

国家/地区	进口数量（副）	进口金额（千美元）
马来西亚	20543	55
英国	3577	15
中国香港	22417	14
泰国	7709	12
荷兰	9006	8
葡萄牙	10880	7
印度尼西亚	1430	6
瑞典	4248	3
法国	927	1
48045200 未涂布的本体漂白牛皮纸，平方米重≥250 克		
#合计	768152	802
芬兰	396644	438
美国	330552	319
中国台湾	32837	35
日本	8024	10
中国	95	1
48045900 其他未涂布的牛皮纸，平方米重≥225 克		
#合计	1029302	1037
美国	426066	393
瑞典	316667	313
马来西亚	104329	109
日本	88551	76
英国	19727	53
新加坡	41299	49
德国	10240	30
中国	13457	6
新西兰	3992	5
韩国	3186	4
中国台湾	1279	1
48051100 半化学瓦楞原纸		
#合计	37173225	16293
中国台湾	21936070	9465
芬兰	2934518	1884
马来西亚	3528219	1305
西班牙	3026966	1237
澳大利亚	2451424	1024
印度尼西亚	1371115	551
韩国	858383	326
瑞典	420454	233
德国	399820	160
俄罗斯联邦	148856	57
法国	72288	36
新西兰	24897	16
48051900 其他瓦楞原纸		
#合计	101250714	45783
中国台湾	42647194	19199
澳大利亚	11084719	4883
西班牙	10431182	4272
马来西亚	8553551	3526
韩国	8827867	3434
德国	7979974	3236
瑞士	534535	2232
匈牙利	3840357	1723
新西兰	1930390	832
日本	1656194	734
英国	1439967	597
瑞典	793297	360
芬兰	382958	246
法国	381758	187
立陶宛	281604	127
印度尼西亚	292147	114
中国	164837	59
美国	28183	23
48052400 强韧箱纸板(再生挂面纸板)，平米重≤150 克		
#合计	8913731	6078
中国台湾	7371515	5181
波兰	930488	504
日本	240900	171
西班牙	194632	117
英国	105720	53
美国	4525	20
韩国	48913	20
澳大利亚	17038	11
48052500 强韧箱纸板(再生挂面纸板)，平米重>150 克		
#合计	14940764	8179
中国台湾	11027215	5827
荷兰	2437066	1609
日本	728645	361
俄罗斯联邦	327050	168
美国	320355	150
中国	87226	51
韩国	5920	6
澳大利亚	7165	5
德国	68	1
48053000 亚硫酸盐包装纸		
#合计	172995	500
日本	57362	179
法国	62965	136
韩国	21245	98
中国台湾	10647	37
中国	17371	17
意大利	890	13
德国	767	12
中国香港	1234	4
美国	470	3
丹麦	32	1
48054000 滤纸及纸板		
#合计	12146862	45276
美国	3199642	13862
韩国	3813155	11586
德国	1370404	6743
日本	1175630	5066
泰国	522323	2061
意大利	603971	1777
英国	194758	1140
中国台湾	110252	977
比利时	792048	511
菲律宾	42308	418
墨西哥	75990	373
法国	11003	160
爱尔兰	74	113
荷兰	85853	96
瑞典	587	81
印度尼西亚	96684	78
丹麦	2440	66
西班牙	10190	52
芬兰	31304	30
新西兰	835	17
突尼斯	2000	15
中国	3542	14
马来西亚	460	10
印度	178	7
新加坡	110	6
瑞士	151	4
巴西	122	3
保加利亚	513	2
越南	40	2
俄罗斯联邦	53	1
中国香港	41	1
捷克	47	1
加拿大	105	1

国家/地区	进口数量（副）	进口金额（千美元）
澳大利亚	4	1
南非	45	0
48055000 毡纸及纸板		
#合计	730140	10712
日本	660756	10461
韩国	43631	175
中国台湾	22765	67
德国	2522	9
葡萄牙	40	1
48059110 电解电容器纸，每平方米重≤150 克		
#合计	2293885	25589
日本	1328534	17734
德国	617565	5525
美国	295461	2219
瑞典	49353	93
英国	2679	14
国别(地区)不详	247	2
泰国	46	1
48059190 其他未经涂布的纸及纸板，每平方米重≤150 克		
#合计	18132686	39675
日本	6797145	17523
中国台湾	2230072	4455
法国	1540633	3727
瑞典	1523143	3184
德国	847426	2534
美国	1000162	2026
马来西亚	910741	1075
奥地利	474032	858
西班牙	259398	758
印度尼西亚	758804	714
意大利	252848	484
中国香港	178249	372
英国	139316	323
中国	167261	291
韩国	119486	287
荷兰	229975	285
比利时	205235	232
芬兰	272403	192
立陶宛	43149	99
墨西哥	45668	81
瑞士	1722	54
印度	12316	39
新加坡	32773	35

国家/地区	进口数量（副）	进口金额（千美元）
加拿大	22429	17
泰国	4174	15
老挝	63200	13
越南	130	2
澳大利亚	792	1
48059200 其他未涂布纸及纸板，150 克<每平方米重<250 克		
#合计	3355820	5476
日本	528943	1129
德国	468392	978
美国	385211	888
中国台湾	358845	636
芬兰	426362	432
瑞典	184151	301
印度尼西亚	191595	167
中国	179697	154
英国	73136	152
意大利	41808	146
韩国	73562	144
澳大利亚	226818	105
西班牙	15455	64
比利时	65134	56
俄罗斯联邦	66992	38
泰国	7157	32
荷兰	29770	23
加拿大	19623	14
中国香港	4357	9
葡萄牙	8328	9
48059300 其他未涂布纸及纸板，每平方米重≥225 克		
#合计	22924490	25121
日本	4022105	6740
荷兰	6027488	4349
瑞士	1090463	3378
中国台湾	3646160	3058
韩国	2651610	1747
美国	393892	1090
芬兰	1608578	1022
中国	1505514	812
瑞典	298960	708
意大利	170957	505
德国	209899	495
英国	183595	412
马来西亚	489895	265
中国香港	217775	205

国家/地区	进口数量（副）	进口金额（千美元）
印度尼西亚	169674	143
法国	13636	40
葡萄牙	38655	40
乌干达	92260	33
俄罗斯联邦	50769	29
泰国	25295	24
新加坡	7383	11
以色列	183	8
巴拉圭	8891	7
西班牙	413	1
48061000 植物羊皮纸		
#合计	482110	2473
日本	105419	1323
美国	170970	396
法国	106766	296
德国	14658	133
泰国	11769	123
加拿大	39122	81
俄罗斯联邦	17219	43
中国台湾	9193	38
爱尔兰	1266	18
韩国	4944	14
英国	260	5
意大利	494	3
荷兰	30	1
48062000 防油纸		
#合计	2175116	5628
瑞典	588867	1372
芬兰	431730	934
韩国	20365	621
德国	168135	416
美国	159989	398
中国台湾	163265	344
挪威	121897	303
法国	94836	294
意大利	72014	270
日本	146471	251
印度尼西亚	146696	250
英国	29317	86
澳大利亚	18183	33
卢森堡	1638	13
泰国	2704	12
中国	2704	11
中国香港	4960	9
比利时	841	9

国家/地区	进口数量（副）	进口金额（千美元）
荷兰	204	2
新加坡	300	1
48063000 描图纸		
#合计	450356	1775
德国	234670	664
荷兰	103767	620
英国	47035	203
美国	34274	158
法国	8869	49
日本	2860	39
中国	4494	16
韩国	365	11
挪威	10203	11
中国香港	3415	4
瑞士	91	1
48064000 半透明玻璃纸及其他高光泽透明或半透明纸		
#合计	67410005	102848
芬兰	28396257	43743
中国台湾	21919273	30855
法国	5727090	9501
美国	6674592	9353
意大利	3260071	5175
日本	1003958	2832
韩国	88409	534
德国	125568	364
西班牙	82556	165
中国	69699	137
瑞典	36705	82
英国	5432	45
中国香港	2177	30
印度尼西亚	16627	25
泰国	444	4
奥地利	696	1
越南	62	1
比利时	388	1
48070000 成卷或成张的复合纸及纸板，未涂布或未浸渍		
#合计	11830318	23570
美国	2396186	5844
日本	2688205	5471
瑞典	1168690	5143
荷兰	3201354	2398
法国	967388	1773
德国	180559	737

国家/地区	进口数量（副）	进口金额（千美元）
瑞士	86821	515
中国台湾	186442	399
韩国	206986	393
芬兰	207222	304
西班牙	266474	182
中国	150159	125
比利时	31077	118
马来西亚	74066	65
英国	6120	55
意大利	6508	18
中国香港	4090	17
澳大利亚	1485	7
加拿大	433	7
希腊	53	1
48081000 瓦楞纸及纸板，不论是否穿孔		
#合计	2081805	3264
日本	699507	1181
德国	157299	590
中国	491706	345
韩国	196691	276
瑞士	23381	187
美国	25149	133
瑞典	204458	131
中国台湾	66660	119
中国香港	99436	98
新加坡	32967	62
芬兰	48793	39
泰国	12764	23
马来西亚	4002	23
印度	2552	9
丹麦	528	7
法国	1629	6
印度尼西亚	5324	5
荷兰	1764	5
比利时	196	5
英国	2856	4
捷克	1316	3
奥地利	794	3
南非	433	2
西班牙	217	2
菲律宾	116	1
意大利	440	1
澳大利亚	13	1
卢森堡	66	1
越南	358	1

国家/地区	进口数量（副）	进口金额（千美元）
俄罗斯联邦	162	1
48089000 其他皱纹纸及纸板、压纹纸及纸板、穿孔纸及纸板，但品目48.03的纸除外		
#合计	11965178	23996
瑞士	2089465	5601
韩国	2272819	4701
美国	2643434	4332
英国	859830	2166
意大利	967153	1611
法国	710393	1397
芬兰	646337	959
中国台湾	426562	714
日本	226917	651
德国	157320	420
中国	270950	382
瑞典	88475	270
印度尼西亚	192500	237
印度	77309	199
西班牙	26509	110
加拿大	113897	69
俄罗斯联邦	104620	44
澳大利亚	8789	33
马来西亚	36120	25
荷兰	27554	22
爱尔兰	5184	21
丹麦	920	14
中国香港	3289	10
越南	6317	6
葡萄牙	95	2
泰国	1384	1
奥地利	1027	1
48092000 自印复写纸，成卷或成张的		
#合计	1372940	1193
日本	755832	543
泰国	388747	411
韩国	66686	108
中国	136686	53
美国	6995	43
中国台湾	8174	18
印度尼西亚	6803	9
德国	191	7
英国	2184	3
中国香港	607	1

国家/地区	进口数量（副）	进口金额（千美元）
48099000 复写纸及其他拷贝或转印纸，成卷或成张的		
#合计	4974785	14364
日本	879028	5804
韩国	2551795	5715
美国	315493	792
中国台湾	56147	548
中国	225100	404
德国	365934	281
泰国	375748	248
意大利	16845	213
荷兰	16613	110
法国	28275	71
奥地利	81037	47
瑞士	7239	43
比利时	9000	28
巴西	33375	19
中国香港	3760	18
瑞典	8092	14
加拿大	1083	8
波兰	33	1
马来西亚	151	1
南非	17	0
48101300 成卷的书写、印刷纸及纸板，含机械纤维≤10%		
#合计	185431782	222068
美国	47560679	68073
韩国	35880762	32501
中国台湾	26115753	28927
德国	15492499	21079
日本	19057473	20351
奥地利	8086184	9187
中国	8715043	8599
印度尼西亚	5913407	8388
法国	5309584	8028
芬兰	6907876	7216
西班牙	1869178	2847
意大利	1203088	2106
瑞典	1514291	2003
斯洛文尼亚	709489	937
瑞士	462043	821
荷兰	361477	564
澳大利亚	32414	155
俄罗斯联邦	140548	95
英国	31734	74

国家/地区	进口数量（副）	进口金额（千美元）
泰国	5522	49
智利	25526	24
比利时	22906	23
波兰	8148	11
国别(地区)不详	920	3
中国香港	3861	3
马来西亚	240	3
加拿大	812	1
以色列	325	1
48101400 书写用纸，机械纤维≤10%，成张≤435 毫米×297 毫米		
#合计	1640445	3890
德国	97430	1210
日本	276148	1159
中国	880377	664
中国台湾	130553	373
韩国	162472	156
美国	7419	109
意大利	40269	104
瑞士	1046	42
中国香港	24367	36
印度尼西亚	18277	23
西班牙	700	6
新加坡	418	3
法国	11	1
芬兰	249	1
加拿大	180	1
奥地利	162	1
英国	176	1
48101900 其他书写、印刷纸及纸板，含机械纤维≤10%		
#合计	84379204	96880
中国	24939218	25320
韩国	24193831	22952
日本	13322558	17479
中国台湾	9580316	10525
英国	1088849	3483
芬兰	2825205	3258
印度尼西亚	2579347	3151
意大利	1094408	2664
荷兰	1121740	2196
奥地利	1187635	1786
法国	274634	860
美国	471323	797
德国	510175	720

国家/地区	进口数量（副）	进口金额（千美元）
新西兰	503206	487
瑞典	262193	299
西班牙	43882	280
马来西亚	11258	142
泰国	74175	133
葡萄牙	77085	117
澳大利亚	92988	95
波兰	43043	55
中国香港	48965	41
国别(地区)不详	23278	25
丹麦	7317	10
瑞士	2040	3
印度	210	1
48102200 涂布无机物书写、印刷轻质纸，机械纤维＞10%		
#合计	25574284	20781
德国	12018913	9030
日本	4266161	3777
芬兰	4772851	3674
荷兰	1872257	1376
韩国	581384	997
美国	263626	340
意大利	209731	319
英国	365288	256
比利时	252975	193
瑞士	126250	164
瑞典	150630	133
法国	137364	103
加拿大	124549	103
新西兰	135935	95
中国	117121	86
挪威	102913	73
奥地利	69371	53
中国台湾	1876	4
澳大利亚	680	3
印度尼西亚	4100	3
48102900 其他涂布无机物书写、印刷纸，机械纤维＞10%		
#合计	52814257	58183
中国台湾	13887507	14769
韩国	11522938	12244
瑞典	9015384	11596
中国	6618053	5696
日本	2192857	2952
印度尼西亚	2094293	1914

国家/地区	进口数量（副）	进口金额（千美元）
新西兰	2232489	1717
法国	1522431	1523
德国	296536	1386
意大利	645177	1348
美国	1121329	1249
芬兰	965252	1046
英国	234918	297
瑞士	227358	174
奥地利	106654	135
荷兰	43250	54
中国香港	43549	34
丹麦	13830	19
波多黎各	25562	18
新加坡	953	6
泰国	3440	4
以色列	95	3
马来西亚	398	1
48103100 涂布无机物漂白牛皮纸，重≤150克木纤维≥95%		
#合计	22295294	31544
瑞士	6594422	11134
意大利	2750082	4177
芬兰	2650173	3718
美国	3521413	3320
瑞典	1472586	2146
印度尼西亚	1239078	1881
日本	643711	1251
中国台湾	703310	926
德国	658903	900
荷兰	656776	686
中国香港	420539	456
巴西	230138	300
韩国	412515	269
中国	233902	171
法国	67967	159
英国	5116	18
奥地利	15290	17
比利时	19373	16
48103200 涂布无机物漂白牛皮纸，重>150克木纤维≥95%		
#合计	303894772	347224
美国	122624265	152671
瑞典	53319371	70764
芬兰	17983040	20804
韩国	23758895	18017

国家/地区	进口数量（副）	进口金额（千美元）
中国台湾	24822523	16172
印度尼西亚	14970916	16067
新西兰	14674459	13648
中国	12084957	11351
日本	5424647	8964
奥地利	5902057	8225
巴西	2329247	2938
意大利	2139798	2340
英国	926464	1323
德国	532706	1194
荷兰	806951	1009
法国	339147	607
葡萄牙	222480	191
泰国	105833	175
智利	165584	170
中国香港	152845	130
斯洛文尼亚	223628	94
新加坡	36011	71
澳大利亚	83188	62
越南	39758	55
印度	48786	53
俄罗斯联邦	102489	53
波兰	9848	18
比利时	24442	15
丹麦	14633	14
西班牙	8282	8
加拿大	5927	7
秘鲁	1054	7
国别(地区)不详	2035	3
马来西亚	1815	2
瑞士	28	2
南非	6060	1
土耳其	603	1
48103900 其他涂布高岭土或其他无机物质的牛皮纸及纸板		
#合计	48969357	38811
美国	32761188	24242
瑞典	6929120	4359
芬兰	3375719	3101
巴西	2640635	2897
日本	1176133	1666
法国	264232	699
意大利	279114	504
俄罗斯联邦	613277	417
中国台湾	428236	378

国家/地区	进口数量（副）	进口金额（千美元）
韩国	108663	155
德国	52011	123
智利	86054	82
新西兰	174665	75
瑞士	26197	38
西班牙	1191	27
英国	24741	17
中国香港	3597	9
中国	6978	7
马来西亚	8338	6
澳大利亚	5037	4
比利时	746	4
加拿大	1498	2
新加坡	1602	1
48109200 涂布无机物的多层纸及纸板		
#合计	389033293	425798
瑞典	208508287	256979
巴西	61658511	71636
韩国	54477675	37514
中国台湾	23931018	15755
美国	13128995	15293
新西兰	11296848	10991
芬兰	7264522	8653
日本	2151198	2686
德国	874331	1103
印度尼西亚	1120338	1093
意大利	774488	890
中国	1081458	823
荷兰	946399	700
澳大利亚	532357	480
比利时	335954	345
泰国	349297	337
智利	225564	233
俄罗斯联邦	272564	174
英国	45581	59
中国香港	47378	41
新加坡	6588	8
西班牙	3854	4
法国	42	0
48109900 未列名涂布高岭土或其他无机物质的纸及纸板		
#合计	3539070	6851
中国台湾	1136532	1959
日本	261634	1413
美国	445272	785

国家/地区	进口数量（副）	进口金额（千美元）
德国	104146	558
中国	338618	393
法国	107451	346
瑞士	74050	339
韩国	463669	288
芬兰	144459	172
意大利	41443	159
印度尼西亚	131837	121
英国	31195	87
葡萄牙	118272	47
马来西亚	73400	47
西班牙	3843	39
中国香港	21580	25
瑞典	14284	23
新加坡	1688	18
荷兰	3664	18
新西兰	22005	14

48111000 成卷或成张矩形焦油纸及纸板、沥青纸及纸板

国家/地区	进口数量（副）	进口金额（千美元）
#合计	332287	670
中国香港	171953	178
奥地利	11892	160
瑞士	35306	138
德国	74077	119
日本	5697	45
加拿大	25042	16
中国台湾	382	6
美国	2917	6
中国	934	2
韩国	4087	2

48114100 成卷或成张矩形的任何尺寸的自粘胶粘纸

国家/地区	进口数量（副）	进口金额（千美元）
#合计	27163629	168217
日本	5975739	50095
中国台湾	5725016	24357
韩国	658037	20579
美国	5845461	19660
中国	4008802	17325
加拿大	848682	15403
德国	549059	4880
英国	277218	2700
印度尼西亚	984269	2555
新加坡	133926	1864
中国香港	456236	1635
马来西亚	492946	1328
比利时	68110	1081
泰国	682927	1030
芬兰	134381	880
法国	102014	869
意大利	23950	343
越南	5791	283
爱尔兰	5786	281
卢森堡	54834	223
澳大利亚	38804	166
荷兰	7920	92
西班牙	25750	85
瑞士	1546	59
丹麦	4452	55
新西兰	19286	53
瑞典	4068	46
奥地利	5606	45
波多黎各	8430	41
印度	1281	41
波兰	438	27
菲律宾	358	20
捷克	162	20
葡萄牙	3191	17
阿联酋	1469	16
墨西哥	395	11
俄罗斯联邦	1488	11
匈牙利	225	8
以色列	731	7
挪威	400	6
巴西	50	5
土耳其	2221	4
卡塔尔	1237	4
巴基斯坦	213	2
埃塞俄比亚	190	1
爱沙尼亚	3	1
伊朗	153	0

48114900 成卷或成张矩形的其他胶粘纸及纸板

国家/地区	进口数量（副）	进口金额（千美元）
#合计	5811617	18375
日本	325888	4058
韩国	1494141	3911
美国	592506	2189
意大利	2114562	1977
中国台湾	246759	1945
印度尼西亚	516981	1295
中国	271333	978
德国	97309	893
英国	23130	298
中国香港	19457	261
瑞典	11615	151
新加坡	29309	93
加拿大	27958	47
泰国	22464	45
爱尔兰	508	36
荷兰	1813	34
墨西哥	655	33
西班牙	5044	32
卢森堡	3744	28
马来西亚	2166	23
比利时	580	22
法国	1799	14
印度	1013	4
黎巴嫩	626	3
瑞士	35	2
土耳其	9	1
以色列	20	1
丹麦	3	1

48115110 彩色相纸用双面涂塑纸，每平方米重＞150 克

国家/地区	进口数量（副）	进口金额（千美元）
#合计	12900138	43908
德国	11040099	27505
日本	1184562	13765
瑞士	203907	1277
马来西亚	363838	844
美国	47119	356
法国	3043	69
中国	5049	59
韩国	31458	18
比利时	9211	7
荷兰	11603	7
瑞典	65	1

48115190 其他塑料涂、浸或覆盖漂白纸，平方米重＞150 克

国家/地区	进口数量（副）	进口金额（千美元）
#合计	31669809	144558
日本	9262262	65781
美国	9142846	29749
意大利	3522723	19818
德国	2844275	8431
芬兰	4160703	5817
中国台湾	572080	4756
越南	274962	3947

国家/地区	进口数量（副）	进口金额（千美元）
英国	687723	2829
马来西亚	324207	1468
韩国	556050	1252
泰国	137623	272
瑞士	5769	161
瑞典	20076	86
中国香港	67140	55
中国	23855	43
奥地利	7856	31
荷兰	33564	23
新加坡	9765	17
沙特阿拉伯	9424	9
印度尼西亚	616	7
比利时	5620	4
西班牙	114	3
法国	129	1
48115910 其他用塑料涂布、浸渍或覆盖绝缘纸及纸板		
#合计	3169737	18965
日本	808915	9059
中国台湾	1104934	2382
韩国	126608	1916
美国	124119	1710
德国	211404	1508
中国	97021	594
比利时	131382	467
芬兰	50711	184
中国香港	7929	168
法国	16698	141
马来西亚	242277	126
新加坡	11503	113
罗马尼亚	20640	103
英国	5980	96
意大利	97513	86
瑞士	3645	63
加拿大	50340	61
西班牙	17443	54
越南	33830	50
波兰	5330	39
瑞典	1072	27
印度尼西亚	90	15
斯洛文尼亚	325	5
以色列	8	1
荷兰	0	0

国家/地区	进口数量（副）	进口金额（千美元）
48115991 镀铝的用塑料(不包括黏合剂)涂布、浸渍或覆盖的纸及纸板		
#合计	4305132	13591
瑞典	932894	4468
中国台湾	1494560	2753
新加坡	493479	2007
德国	246352	1109
荷兰	196786	904
美国	458525	739
西班牙	90426	377
法国	61733	230
英国	61172	223
意大利	60293	220
墨西哥	39609	176
印度尼西亚	15070	161
乌克兰	67866	106
印度	10725	68
日本	72256	29
中国	3050	14
奥地利	20	5
泰国	216	1
塞内加尔	88	1
韩国	11	1
48115999 未列名用塑料(不包括黏合剂)涂布、浸渍或覆盖的纸及纸板		
#合计	79535918	200542
美国	42606462	90982
日本	11375961	38703
中国台湾	5313883	12251
韩国	3098980	9657
德国	2591843	9261
英国	1483861	8174
芬兰	3673875	6331
法国	2016401	6189
中国香港	803496	4882
意大利	810597	2610
瑞典	578957	2162
西班牙	1327657	1954
比利时	1589258	1463
荷兰	625702	1215
捷克	414973	868
中国	324617	848
爱尔兰	50397	570
新加坡	45504	389
葡萄牙	89175	357

国家/地区	进口数量（副）	进口金额（千美元）
加拿大	238340	320
奥地利	66033	275
新西兰	54006	154
墨西哥	36361	153
丹麦	30913	127
泰国	25969	99
以色列	104135	80
印度尼西亚	48243	79
瑞士	3188	68
马来西亚	18807	57
巴基斯坦	9259	55
波兰	4221	50
哥伦比亚	23345	42
挪威	14197	42
土耳其	21236	36
卢森堡	14520	19
越南	302	13
菲律宾	465	5
南非	49	2
印度	99	1
澳大利亚	581	1
俄罗斯联邦	50	0
48116010 用蜡、石蜡、硬脂精、油或甘油浸涂的绝缘纸		
#合计	620818	6593
美国	232506	2473
韩国	17829	1000
日本	83071	933
瑞士	192923	921
中国香港	12964	540
加拿大	15085	219
中国台湾	11600	198
瑞典	31610	131
德国	13463	100
中国	8463	43
新加坡	473	13
爱尔兰	82	6
波兰	201	5
比利时	263	4
丹麦	10	2
马来西亚	110	2
英国	27	1
西班牙	94	1
卢森堡	23	0

国家/地区	进口数量（副）	进口金额（千美元）
48116090 其他用蜡、石蜡、硬脂精、油或甘油浸涂的纸		
#合计	12307634	31541
日本	1561812	6815
美国	3140426	6490
德国	1442492	4567
韩国	953192	3113
中国台湾	939431	2619
芬兰	939263	2394
挪威	756731	2063
英国	1248972	671
法国	233364	623
加拿大	141468	411
中国	173485	285
马来西亚	36822	259
意大利	111988	254
泰国	54010	226
西班牙	215425	211
荷兰	62866	195
葡萄牙	25684	105
以色列	102160	69
中国香港	61124	60
新加坡	10398	42
奥地利	49007	39
比利时	24110	16
丹麦	22085	12
瑞士	1102	2
国别(地区)不详	110	2
印度尼西亚	107	1
48119000 未列名成卷成张矩形浸涂印花纸，纸板，纤维纸		
#合计	57051435	140522
美国	10785212	40611
日本	6802797	28426
韩国	8602690	12536
德国	3707686	9616
中国台湾	4150876	8525
中国	6562446	7465
法国	1749032	6022
中国香港	5209434	5983
泰国	2643426	5931
意大利	2155265	4608
芬兰	1443420	2966
英国	858261	1977
西班牙	300262	1588
印度尼西亚	762367	1077
马来西亚	224831	820
比利时	607585	732
奥地利	87394	270
荷兰	184042	212
瑞典	60041	207
卢森堡	4198	206
爱尔兰	20838	104
葡萄牙	19397	94
波兰	9275	86
斯洛文尼亚	15241	83
印度	22433	63
新加坡	12608	62
澳大利亚	5201	58
丹麦	2293	49
瑞士	1930	39
加拿大	17326	35
捷克	1000	17
菲律宾	1335	14
越南	11585	14
波多黎各	1410	10
国别(地区)不详	900	8
中国澳门	7096	6
保加利亚	89	1
土耳其	212	1
48120000 纸浆制的滤块、滤板及滤片		
#合计	2107721	20163
日本	219109	6497
德国	756415	4954
美国	438103	4373
韩国	216066	963
印度	190628	739
意大利	110526	651
丹麦	10394	469
中国	8090	363
墨西哥	55135	353
澳大利亚	19324	183
瑞士	48269	155
法国	2682	122
荷兰	1204	58
芬兰	1020	57
瑞典	376	43
英国	2797	40
中国台湾	4158	29
罗马尼亚	4796	28
新西兰	965	27
加拿大	478	14
西班牙	420	11
比利时	12023	10
泰国	1943	10
奥地利	74	5
马来西亚	2176	4
捷克	87	2
土耳其	70	2
格鲁吉亚	194	1
新加坡	193	1
48132000 宽度≤5 厘米成卷的卷烟纸		
#合计	12263002	39842
奥地利	9442950	30396
法国	2091200	6534
韩国	700943	2690
捷克	10594	154
美国	1541	29
印度尼西亚	12096	29
新加坡	3678	9
48139000 其他卷烟纸，不论是否切成一定尺寸		
#合计	4177368	16009
奥地利	3379921	13587
法国	785210	2335
日本	8575	66
德国	3662	21
48142000 用塑料涂面或盖面的壁纸及类似品，起纹、压花、着色、印制图案或经其他装饰		
#合计	20066826	121690
美国	2056919	30989
韩国	8166963	26604
德国	2156066	19927
日本	2254778	16426
意大利	2759362	10031
英国	864880	5464
比利时	600709	3502
荷兰	268842	2497
中国台湾	380565	1497
法国	169070	1474
瑞典	134540	1474
加拿大	47132	281
俄罗斯联邦	42254	253
中国	35644	246

国家/地区	进口数量（副）	进口金额（千美元）
马来西亚	63362	231
西班牙	9570	180
爱尔兰	15363	165
丹麦	11077	134
阿根廷	15322	104
泰国	6652	54
新加坡	895	47
奥地利	350	26
中国香港	1803	15
瑞士	64	14
澳大利亚	299	13
墨西哥	40	10
印度	153	5
马达加斯加	1253	5
挪威	648	5
乌克兰	992	5
保加利亚	232	3
波兰	358	3
菲律宾	10	2
土耳其	223	2
阿联酋	172	2
巴西	57	2
乌兹别克斯坦	130	1
48149000 其他壁纸及类似品；窗用透明纸		
#合计	2734643	14393
美国	422461	3711
韩国	1429949	3548
德国	256491	2756
日本	299099	1071
瑞典	76175	919
意大利	77425	610
加拿大	26047	376
比利时	28578	304
英国	17504	292
丹麦	25156	270
西班牙	14640	173
中国台湾	37683	161
荷兰	7481	57
法国	2984	55
马来西亚	5051	29
芬兰	5727	26
新加坡	885	11
波兰	501	10
澳大利亚	96	4
印度	456	4

国家/地区	进口数量（副）	进口金额（千美元）
奥地利	60	4
俄罗斯联邦	32	2
泰国	70	1
中国	92	1
48162000 自印复写纸		
#合计	1197736	1729
泰国	367611	559
日本	443419	458
美国	258751	328
中国台湾	54082	267
新加坡	40910	52
中国	29104	33
马来西亚	2876	14
德国	504	6
奥地利	34	5
英国	180	3
韩国	133	3
印度	132	1
48169010 热敏转印纸(4809 的纸除外)		
#合计	1665775	4298
日本	514741	1075
韩国	413418	963
中国台湾	88025	640
德国	426602	595
美国	92878	468
荷兰	26862	230
泰国	74741	110
中国	22117	79
中国香港	635	61
英国	339	24
法国	481	18
瑞典	1056	8
意大利	117	6
瑞士	687	5
新加坡	199	5
澳大利亚	1319	3
加拿大	75	2
柬埔寨	411	1
土耳其	300	1
马来西亚	130	1
朝鲜	532	1
奥地利	79	1
48169090 复写纸、拷贝或转印纸；油印蜡纸或胶印版纸		
#合计	115898	1783

国家/地区	进口数量（副）	进口金额（千美元）
日本	32517	1192
韩国	64265	260
美国	5856	198
意大利	3273	45
中国香港	2941	28
中国台湾	325	14
德国	290	12
中国	4116	8
以色列	440	8
法国	642	4
新加坡	58	4
马来西亚	630	3
瑞士	62	3
英国	39	2
泰国	119	1
印度尼西亚	300	1
48171000 纸或纸板制的信封		
#合计	467430	3089
意大利	60159	1039
中国	181547	667
美国	35785	340
日本	42076	283
法国	18015	186
中国香港	59157	137
英国	15964	135
韩国	23608	79
新加坡	1849	63
中国台湾	6101	51
西班牙	2078	25
德国	4646	23
瑞士	866	13
荷兰	1173	10
中国澳门	10096	6
越南	116	6
泰国	188	6
澳大利亚	587	4
奥地利	79	2
新西兰	229	2
比利时	67	2
加拿大	1038	2
卡塔尔	441	2
丹麦	85	1
印度尼西亚	276	1
马来西亚	102	1
瑞典	114	1

国家/地区	进口数量（副）	进口金额（千美元）
葡萄牙	122	1
阿联酋	74	1
土耳其	504	1
48172000 纸或纸板制封缄信片、素色明信片及通信卡片		
#合计	22433	626
意大利	8481	369
日本	7440	104
中国	3435	78
法国	1072	38
新加坡	436	10
英国	18	4
中国香港	143	4
中国台湾	559	4
丹麦	67	3
美国	296	3
瑞士	120	3
德国	56	3
捷克	9	2
新西兰	115	1
西班牙	107	0
48173000 纸或纸板制盒、袋及夹子，内装各种纸制文具		
#合计	137945	730
日本	58858	329
意大利	3002	89
中国	5590	71
美国	17111	55
韩国	13076	45
中国台湾	19241	26
印度	6061	21
中国香港	3162	16
瑞士	3431	14
法国	2561	14
德国	1347	13
瑞典	1113	7
俄罗斯联邦	800	6
英国	340	4
新加坡	232	3
澳大利亚	618	3
印度尼西亚	198	2
泰国	298	2
加拿大	122	1
比利时	100	1
巴基斯坦	100	1

国家/地区	进口数量（副）	进口金额（千美元）
西班牙	46	1
葡萄牙	8	1
哥伦比亚	30	1
阿联酋	88	1
荷兰	16	1
土耳其	125	1
奥地利	67	1
48181000 卫生纸		
#合计	2453090	6952
美国	659092	1642
日本	199429	1083
加拿大	233458	1068
韩国	114244	595
德国	190969	529
中国	388052	510
澳大利亚	130417	347
法国	35121	226
中国台湾	135178	178
荷兰	70675	159
西班牙	58017	138
马来西亚	86361	135
英国	50693	135
阿联酋	67102	93
瑞典	14200	41
意大利	6208	22
墨西哥	7467	19
瑞士	1866	11
土耳其	1503	8
以色列	1340	6
埃及	541	2
格鲁吉亚	97	1
南非	107	1
斯里兰卡	13	1
奥地利	526	1
新加坡	140	1
48182000 纸手帕及面巾纸		
#合计	1672669	4061
美国	1401997	2768
日本	33241	506
中国	119046	296
法国	42749	232
加拿大	20821	63
意大利	6826	54
马来西亚	14024	31
韩国	7091	27

国家/地区	进口数量（副）	进口金额（千美元）
德国	2517	15
中国台湾	2025	13
印度尼西亚	4052	13
荷兰	3720	9
土耳其	2339	8
阿联酋	1969	8
中国香港	5828	6
泰国	1041	4
英国	1317	3
克罗地亚	1273	2
埃及	450	2
中国澳门	203	1
48183000 纸台布及纸餐巾		
#合计	1083598	2514
瑞典	620721	783
斯洛伐克	133832	548
德国	67077	302
意大利	51209	257
美国	73802	250
泰国	17193	116
中国	80723	105
加拿大	11540	49
日本	2995	23
韩国	5117	17
马来西亚	4275	13
土耳其	1932	6
保加利亚	2254	5
中国台湾	2376	5
阿联酋	1631	4
法国	328	4
以色列	790	4
葡萄牙	966	3
埃及	750	3
哈萨克斯坦	243	3
沙特阿拉伯	289	2
中国香港	970	2
阿尔及利亚	236	2
芬兰	252	1
南非	111	1
伊朗	45	1
西班牙	335	1
奥地利	246	1
印度尼西亚	470	1
中国澳门	329	1
越南	346	1

国家/地区	进口数量（副）	进口金额（千美元）
比利时	110	1
新西兰	46	1
48185000 纸浆、纸、纤维素絮纸或纤维素纤维网纸制的衣服及衣着附件		
#合计	115410	663
印度尼西亚	96627	602
中国香港	8206	27
中国	8877	17
日本	1122	16
韩国	477	1
48189000 纸浆、纸等制的其他家庭、卫生或医院用品		
#合计	3850120	12121
日本	880342	4681
美国	1187607	2788
中国台湾	844449	2542
泰国	302928	945
加拿大	129266	344
德国	285831	335
墨西哥	80383	169
英国	48934	98
法国	14399	80
瑞典	52630	52
韩国	4441	31
马来西亚	13046	25
中国	4555	16
荷兰	24	3
沙特阿拉伯	170	3
菲律宾	204	3
巴西	134	3
意大利	313	1
土耳其	81	1
新加坡	60	1
波兰	45	1
芬兰	226	0
48191000 瓦楞纸或纸板制的箱、盒、匣		
#合计	14768224	38516
中国	4765928	13187
日本	2218679	7637
韩国	2030171	3895
中国台湾	2083659	3033
美国	749872	1880
法国	196888	1569
德国	369044	1267
中国香港	518508	1216
新加坡	323381	841
马来西亚	118486	751
泰国	219590	537
荷兰	221444	506
瑞典	97807	334
澳大利亚	458654	264
比利时	78477	189
意大利	53311	176
丹麦	12517	158
英国	14829	140
越南	64261	133
菲律宾	30703	114
加拿大	20652	104
西班牙	25255	98
瑞士	8978	89
波兰	7326	63
印度尼西亚	12834	53
以色列	14678	46
匈牙利	7867	36
芬兰	3766	34
墨西哥	4312	27
巴西	1817	27
印度	4494	22
捷克	4319	18
朝鲜	5072	14
奥地利	4570	12
罗马尼亚	6577	10
爱尔兰	732	9
新西兰	791	6
阿根廷	840	3
波多黎各	1362	3
土耳其	1484	2
沙特阿拉伯	6	2
智利	380	2
国别(地区)不详	749	1
葡萄牙	337	1
加纳	348	1
也门	55	1
斯洛伐克	148	1
委内瑞拉	178	1
突尼斯	101	1
多米尼加共和国	506	1
立陶宛	81	1
埃及	475	1
孟加拉国	54	1
斯洛文尼亚	210	1
48192000 非瓦楞纸或纸板制的可折叠箱、盒、匣		
#合计	26851342	104871
中国	6579428	32421
中国台湾	1721434	15642
韩国	8729125	14264
丹麦	3046643	8288
德国	2542646	7708
法国	328520	5129
意大利	1145276	4743
日本	669196	4549
美国	557241	3567
中国香港	492543	2326
荷兰	376227	1568
新加坡	118409	1099
泰国	146981	866
马来西亚	46871	471
土耳其	15124	367
越南	53673	245
印度尼西亚	70726	208
瑞典	28371	181
瑞士	7193	167
新西兰	33200	154
英国	13552	148
奥地利	25289	148
印度	19084	129
比利时	11752	117
墨西哥	11261	66
加拿大	4288	36
斯里兰卡	7728	36
西班牙	8174	33
捷克	2283	31
爱沙尼亚	5906	26
以色列	8636	23
俄罗斯联邦	72	15
澳大利亚	2263	14
国别(地区)不详	2240	12
多米尼加共和国	8138	11
波兰	964	10
阿联酋	3875	8
巴基斯坦	2150	8
匈牙利	1657	7
巴西	17	6
爱尔兰	60	4

国家/地区	进口数量（副）	进口金额（千美元）
葡萄牙	931	4
菲律宾	510	3
立陶宛	233	2
罗马尼亚	100	2
挪威	73	2
芬兰	87	2
智利	378	1
突尼斯	42	1
沙特阿拉伯	45	1
尼泊尔	126	1
48193000 底宽≥40cm 的纸袋		
#合计	3858941	10268
德国	1213522	3047
泰国	708664	1194
韩国	585106	1040
日本	145016	1037
中国台湾	225889	753
中国	161994	730
马来西亚	172175	548
意大利	146675	494
新西兰	149770	453
新加坡	141255	276
美国	68267	174
法国	37922	141
比利时	28911	90
印度尼西亚	10170	61
荷兰	22257	50
丹麦	5793	39
匈牙利	1294	25
中国香港	9018	20
斯里兰卡	12456	19
土耳其	2072	18
越南	3564	18
西班牙	3764	10
英国	967	9
墨西哥	101	5
奥地利	502	4
澳大利亚	838	4
瑞士	445	3
巴西	128	3
瑞典	130	2
捷克	7	1
48194000 其他纸袋，包括锥形袋		
#合计	3926109	20153
中国	1120351	6228
中国台湾	607388	2189
印度尼西亚	455050	2124
德国	412792	2093
意大利	211027	1705
日本	199345	1606
韩国	387461	1054
越南	115006	688
美国	106361	438
法国	42546	391
土耳其	42452	351
中国香港	38297	243
泰国	45873	204
瑞士	15967	143
新加坡	10892	114
英国	12400	102
瑞典	7514	71
澳大利亚	29355	62
西班牙	8487	58
荷兰	17707	44
墨西哥	8988	43
马来西亚	2903	42
丹麦	4687	27
比利时	1645	20
芬兰	1642	14
阿联酋	2190	12
新西兰	1326	12
加拿大	1510	10
匈牙利	1118	9
奥地利	2182	9
印度	953	9
巴西	1510	8
葡萄牙	4890	8
俄罗斯联邦	33	4
斯里兰卡	181	3
哈萨克斯坦	264	3
爱尔兰	80	2
波兰	65	2
捷克	196	2
前南马其顿	655	1
以色列	133	1
中国澳门	1694	1
沙特阿拉伯	147	1
伊朗	15	1
希腊	18	1
突尼斯	27	1
克罗地亚	13	1
阿根廷	287	1
48195000 纸、纸板制其他包装容器，包括唱片套		
#合计	536387	3857
日本	169484	1671
中国	150321	1191
美国	55505	284
韩国	50230	167
新加坡	1720	111
泰国	24246	105
埃及	29309	80
法国	9966	75
中国香港	4699	54
土耳其	5960	32
中国台湾	24638	27
意大利	1098	25
丹麦	4942	13
越南	701	7
以色列	1926	5
英国	395	3
奥地利	1058	3
瑞士	90	2
捷克	15	2
比利时	50	1
德国	16	1
48196000 纸或纸板制的卷宗盒、信件盘、存储盒等物品		
#合计	242986	1258
中国	139494	703
越南	31625	196
匈牙利	36440	92
立陶宛	7103	48
日本	6370	46
意大利	3308	37
美国	5135	27
瑞士	510	22
法国	1640	18
德国	1868	12
韩国	2917	12
中国台湾	1573	10
西班牙	1809	6
泰国	217	6
英国	185	5
印度	784	5

国家/地区	进口数量(副)	进口金额(千美元)
马来西亚	753	4
印度尼西亚	176	2
丹麦	70	2
罗马尼亚	60	1
中国香港	266	1
沙特阿拉伯	20	1
48201000 账本、笔记本、收据本、日记本及类似品		
#合计	2122705	10066
中国	321925	2364
日本	173701	2088
韩国	355965	1052
越南	746385	1005
德国	30491	558
意大利	16044	532
美国	91390	508
印度尼西亚	136260	360
法国	7451	327
中国台湾	79705	289
中国香港	58276	204
立陶宛	57979	196
新加坡	11036	121
瑞士	3187	107
英国	4653	104
印度	5386	28
比利时	1291	27
土耳其	2234	26
西班牙	724	22
瑞典	1081	17
奥地利	1356	16
澳大利亚	614	13
荷兰	551	12
泰国	2233	11
加拿大	523	11
芬兰	598	9
阿联酋	1368	8
马来西亚	784	8
尼泊尔	2243	7
丹麦	576	6
俄罗斯联邦	509	5
以色列	97	4
挪威	252	3
哥伦比亚	80	2
巴西	98	2
捷克	229	2

国家/地区	进口数量(副)	进口金额(千美元)
南非	788	2
列支敦士登	58	2
爱沙尼亚	50	2
新西兰	1	2
中国澳门	4079	1
多哥	139	1
哈萨克斯坦	8	1
波兰	19	1
匈牙利	16	1
48202000 练习本		
#合计	26009	145
法国	5230	58
韩国	10397	42
中国	4825	17
日本	4402	13
英国	347	4
德国	526	4
美国	105	3
加拿大	71	3
意大利	6	1
48203000 纸或纸板制的活动封面、文件夹及卷宗皮		
#合计	271120	1028
日本	67502	215
德国	8628	132
法国	7437	124
韩国	43517	100
中国香港	94475	87
美国	4884	66
意大利	5202	61
中国	13683	57
越南	9709	35
立陶宛	3879	33
瑞士	1050	21
中国台湾	2810	17
泰国	1731	16
英国	706	16
奥地利	1392	11
比利时	967	5
加拿大	120	5
马来西亚	720	4
新加坡	535	3
罗马尼亚	205	3
西班牙	538	3
丹麦	220	3

国家/地区	进口数量(副)	进口金额(千美元)
荷兰	22	2
秘鲁	126	1
芬兰	50	1
沙特阿拉伯	20	1
墨西哥	44	1
印度	35	1
捷克	69	1
印度尼西亚	7	1
孟加拉国	18	0
48204000 多联商业表格纸、页间夹有复写纸的本		
#合计	166009	1316
美国	32604	416
日本	14868	191
中国	6580	176
新加坡	40668	160
意大利	4954	99
德国	15239	53
英国	7853	48
中国香港	3307	29
韩国	9135	27
中国台湾	6326	26
荷兰	4156	19
马来西亚	2171	11
卡塔尔	608	10
法国	2709	8
加拿大	905	8
南非	8115	7
新西兰	312	6
泰国	2442	5
菲律宾	480	3
智利	200	3
丹麦	112	2
澳大利亚	121	2
阿联酋	742	2
埃及	81	2
墨西哥	101	1
瑞士	37	1
印度	265	1
土耳其	691	1
48205000 纸或纸板制的样品簿及粘贴簿		
#合计	404360	1639
日本	84741	521
韩国	257973	454

国家/地区	进口数量（副）	进口金额（千美元）
美国	12410	233
德国	14164	128
比利时	2395	49
立陶宛	9055	40
意大利	3820	38
中国	11750	37
加拿大	2086	36
丹麦	970	22
中国香港	526	19
瑞典	555	14
英国	1136	13
法国	930	8
中国台湾	528	7
西班牙	549	7
荷兰	245	5
澳大利亚	264	4
新加坡	46	1
芬兰	33	1
俄罗斯联邦	30	0
48209000 纸或纸板制的其他文具用品；书籍封面		
#合计	302689	1022
中国	114256	293
日本	20293	192
英国	93010	114
中国台湾	29663	93
美国	13715	92
意大利	3249	78
德国	10774	36
法国	1524	36
中国香港	9273	34
荷兰	1605	13
韩国	2086	10
瑞士	185	8
波兰	1208	5
西班牙	57	2
泰国	53	2
葡萄牙	371	2
马来西亚	495	2
澳大利亚	192	2
加拿大	47	1
匈牙利	48	1
奥地利	157	1
瑞典	37	1
俄罗斯联邦	90	1

国家/地区	进口数量（副）	进口金额（千美元）
新加坡	57	1
丹麦	68	1
48211000 纸或纸板制的各种标签，印有文字图画		
#合计	21402659	248316
中国	8340654	53582
日本	1155437	47470
美国	1148377	37725
中国香港	4115939	27487
中国台湾	3684615	25984
韩国	1456688	19572
英国	111164	10138
德国	227722	5996
泰国	123848	3680
意大利	101043	2064
法国	100582	1803
新加坡	40580	1584
荷兰	175008	1321
印度	7337	1156
斯里兰卡	277930	1002
西班牙	31521	820
加拿大	25576	757
瑞典	23996	616
丹麦	8856	508
澳大利亚	24221	485
马来西亚	8530	471
印度尼西亚	59586	463
芬兰	6676	395
比利时	28818	387
瑞士	8040	366
奥地利	9259	354
爱尔兰	1016	344
巴西	2712	317
墨西哥	3591	145
土耳其	10775	130
以色列	1419	117
挪威	1261	112
菲律宾	5060	111
越南	7856	101
巴基斯坦	3240	97
阿联酋	9168	91
新西兰	2198	89
波兰	1074	79
中国澳门	35375	41
斯威士兰	154	39

国家/地区	进口数量（副）	进口金额（千美元）
波多黎各	518	36
匈牙利	1025	34
捷克	233	27
俄罗斯联邦	2452	25
孟加拉国	540	19
哥斯达黎加	140	17
南非	1225	17
斯洛文尼亚	1311	16
柬埔寨	655	15
多米尼加共和国	147	15
葡萄牙	470	13
白俄罗斯	60	12
坦桑尼亚	430	12
秘鲁	301	9
斯洛伐克	40	8
危地马拉	91	7
智利	320	6
国别(地区)不详	289	5
埃塞俄比亚	848	4
卡塔尔	2889	3
埃及	349	3
罗马尼亚	251	3
朝鲜	262	3
拉脱维亚	37	2
保加利亚	76	2
洪都拉斯	32	1
哥伦比亚	44	1
沙特阿拉伯	271	1
阿根廷	75	1
委内瑞拉	18	1
克罗地亚	104	1
希腊	38	1
萨尔瓦多	20	1
巴林	43	1
缅甸	34	1
摩洛哥	19	1
津巴布韦	33	0
48219000 纸或纸板制的各种标签，未印文字图画		
#合计	1942628	35510
日本	444634	13665
美国	248113	5245
韩国	205686	3673
英国	17897	2935
德国	218122	2746

国家/地区	进口数量（副）	进口金额（千美元）
中国	257615	2289
中国台湾	222189	1108
波兰	40693	705
越南	47636	529
中国香港	66244	470
法国	38039	387
新加坡	13417	338
瑞典	47833	247
荷兰	30526	240
奥地利	4204	157
马来西亚	8677	139
意大利	9504	114
菲律宾	2672	88
瑞士	881	64
丹麦	1944	54
墨西哥	820	53
爱尔兰	1001	46
西班牙	1303	33
泰国	482	32
比利时	219	24
哥斯达黎加	177	23
加拿大	459	23
芬兰	759	20
印度尼西亚	6269	13
澳大利亚	370	8
新西兰	224	7
土耳其	1250	5
挪威	2	5
巴西	165	5
以色列	214	3
匈牙利	391	3
葡萄牙	70	3
印度	1467	3
南非	41	2
巴拿马	56	2
波多黎各	25	1
捷克	5	1
阿联酋	268	1
拉脱维亚	1	1
48221000 纸制的纺织纱线用筒管、卷轴、纡子等物品		
#合计	1089804	1766
中国	443197	862
中国台湾	438089	475
韩国	170432	313
日本	10527	59
德国	9697	28
捷克	3168	15
中国香港	9367	4
荷兰	2792	4
英国	16	2
泰国	1929	2
美国	89	0
48229000 其他纸制筒管、卷轴、纡子等物品		
#合计	1005192	3447
日本	260968	1486
美国	154116	581
韩国	155285	389
中国台湾	220174	372
德国	52749	330
印度尼西亚	48146	86
中国	18493	54
马来西亚	5230	44
丹麦	6632	29
法国	5338	23
奥地利	4041	18
新加坡	344	8
中国香港	65733	8
以色列	2995	6
越南	1500	5
卢森堡	1600	3
瑞典	994	2
爱尔兰	155	2
意大利	46	1
比利时	143	1
澳大利亚	30	0
48232000 切成一定尺寸或形状的滤纸及纸板		
#合计	2725413	30683
日本	376817	7921
韩国	838573	7453
德国	524895	3976
美国	399353	3701
爱尔兰	7601	2398
英国	46041	1283
意大利	156704	603
澳大利亚	55948	538
中国台湾	36015	429
中国	22633	405
斯洛伐克	1854	319
泰国	38776	219
法国	8488	180
荷兰	17027	177
芬兰	9558	136
加拿大	11676	135
瑞典	680	132
西班牙	17647	118
瑞士	282	106
比利时	11895	95
马来西亚	7405	61
奥地利	501	50
新加坡	8408	44
中国香港	5568	42
乌干达	109270	39
越南	4609	34
新西兰	2348	31
丹麦	2586	22
捷克	88	18
挪威	19	5
墨西哥	578	5
匈牙利	25	2
保加利亚	117	2
开曼群岛	610	2
朝鲜	90	1
印度	46	1
土耳其	29	1
48234000 已印制的自动记录器用打印纸卷、纸张及纸盘		
#合计	100233	1899
日本	15026	615
美国	12486	599
中国	40425	172
比利时	712	96
韩国	19789	94
德国	2096	88
法国	471	53
中国香港	1364	45
中国台湾	3723	40
瑞士	726	24
意大利	1208	20
英国	164	15
菲律宾	939	12
新加坡	313	8
巴西	312	6
加拿大	229	4

国家/地区	进口数量（副）	进口金额（千美元）
荷兰	14	3
丹麦	62	2
瑞典	20	1
西班牙	26	0
48236100 竹浆纸或纸板制的盘、碟、盆、杯及类似品		
#合计	259	4
德国	131	2
意大利	8	1
美国	98	1
48236900 其他纸或纸板制的盘、碟、盆、杯及类似品		
#合计	604661	3198
土耳其	175016	1612
美国	64042	309
中国台湾	141445	302
英国	67360	260
日本	20765	187
印度尼西亚	25501	105
德国	27888	70
比利时	8135	65
意大利	4931	64
韩国	22900	55
中国	23179	47
瑞典	1772	39
荷兰	9068	23
爱尔兰	4880	15
阿联酋	2746	12
中国香港	995	7
芬兰	1031	5
新西兰	127	4
泰国	550	3
马来西亚	734	3
以色列	630	3
俄罗斯联邦	329	2
伊朗	50	2
南非	116	1
奥地利	28	1
48237000 压制或模制纸浆制品		
#合计	2473296	20185
马来西亚	728642	14686
中国	331117	1304
中国台湾	161010	1208
日本	152112	827
加拿大	295459	669

国家/地区	进口数量（副）	进口金额（千美元）
新西兰	570160	399
韩国	55042	317
越南	58849	239
美国	28323	217
德国	11977	100
瑞士	11374	54
俄罗斯联邦	18860	38
意大利	2113	18
英国	17297	18
新加坡	1893	14
泰国	98	11
印度	267	10
斯里兰卡	580	8
沙特阿拉伯	7812	8
澳大利亚	14615	8
葡萄牙	60	8
荷兰	911	7
墨西哥	2155	5
芬兰	1616	3
巴西	28	3
法国	53	2
比利时	729	2
土耳其	64	1
罗马尼亚	3	1
48239010 以纸或纸板为底制成的铺地制品		
#合计	47817	253
日本	16564	85
加拿大	16241	72
美国	1284	60
荷兰	12961	12
奥地利	87	11
德国	119	10
中国台湾	529	2
丹麦	31	1
48239020 神纸及类似用品		
#合计	143432	323
中国台湾	109333	164
日本	10428	127
越南	12094	16
印度尼西亚	6875	10
中国	4269	5
新加坡	433	1
48239030 纸扇		
#合计	4587	222
法国	1088	149

国家/地区	进口数量（副）	进口金额（千美元）
日本	2305	58
韩国	679	7
中国	288	6
美国	50	1
中国台湾	37	1
墨西哥	4	1
泰国	128	1
48239090 未列名切成形的纸、纸板等纸及纸(浆)制品		
#合计	32735972	146478
日本	9334619	73268
中国台湾	6429282	16129
韩国	5759963	13082
美国	1989100	10013
中国	3509242	9922
德国	568640	4548
中国香港	2777724	3191
英国	145589	2004
瑞典	272637	1963
瑞士	101737	1886
意大利	221120	1703
加拿大	227782	1297
法国	117210	1170
新加坡	304072	958
墨西哥	232968	880
马来西亚	86179	799
比利时	40837	666
芬兰	68134	511
泰国	84625	375
奥地利	30811	375
印度尼西亚	96275	279
克罗地亚	5172	218
波兰	28375	160
荷兰	149749	151
丹麦	6067	147
西班牙	20145	144
缅甸	32054	117
印度	8645	69
越南	36669	65
以色列	3326	59
澳大利亚	4265	45
中国澳门	13018	43
捷克	3981	40
多米尼加共和国	4145	23
土耳其	7554	22

国家/地区	进口数量（副）	进口金额（千美元）
突尼斯	2000	17
葡萄牙	3328	15
菲律宾	1149	15
爱尔兰	323	14
乌克兰	444	13
巴西	1272	11
智利	927	10
挪威	134	8
俄罗斯联邦	474	7
匈牙利	205	6
国别(地区)不详	230	5
阿联酋	659	5
沙特阿拉伯	504	4
埃塞俄比亚	60	4
新西兰	383	4
南非	574	2
尼泊尔	262	2
伊朗	147	2
斯里兰卡	121	2
斯洛伐克	42	2
埃及	105	2
哈萨克斯坦	176	1
希腊	90	1
秘鲁	130	1
立陶宛	4	1
白俄罗斯	1	1
阿尔及利亚	406	1

竹藤出口

国家/地区	出口数量（支）	出口金额（千美元）
14011000 竹		
#合计	98428964	48227
日本	9761047	6607
美国	9229190	6294
中国香港	27326558	5469
中国台湾	7508434	5100
荷兰	7966078	4339
英国	4336797	2845
意大利	3557459	2196
波兰	4512302	2011
德国	3234107	1962
西班牙	2293278	1383
法国	2516259	1270
澳大利亚	1637618	1096

国家/地区	出口数量（支）	出口金额（千美元）
加拿大	1165279	816
中国澳门	4213540	795
新加坡	406311	601
韩国	1790034	517
乌克兰	743416	434
新西兰	571038	427
比利时	649523	406
马来西亚	353008	364
沙特阿拉伯	513135	355
挪威	447869	305
土耳其	506297	292
葡萄牙	379881	264
印度	115311	246
俄罗斯联邦	385929	217
以色列	371582	215
奥地利	214190	118
立陶宛	167078	108
希腊	160457	106
泰国	79317	87
罗马尼亚	134801	80
尼日利亚	44470	73
瑞典	120118	73
墨西哥	41060	67
克罗地亚	105928	60
丹麦	76195	54
科威特	77836	44
印度尼西亚	24633	40
马尔代夫	53141	40
阿联酋	71850	37
南非	45338	35
多米尼加共和国	13384	33
芬兰	21572	31
塞浦路斯	49146	25
瑞士	16158	24
爱尔兰	46550	21
保加利亚	29470	20
巴林	41679	19
巴西	5737	18
智利	11264	18
孟加拉国	22656	17
文莱	17367	17
哈萨克斯坦	11446	13
黎巴嫩	21100	12
利比亚	25388	11
突尼斯	44100	11

国家/地区	出口数量（支）	出口金额（千美元）
毛里求斯	3408	11
巴拿马	36017	10
斯里兰卡	8950	9
卡塔尔	12932	9
乌兹别克斯坦	15000	8
黑山	15300	7
拉脱维亚	6930	7
捷克	2535	6
阿曼	6600	5
菲律宾	1680	4
斯洛文尼亚	15000	4
斯洛伐克	1637	2
朝鲜	11400	2
白俄罗斯	1880	2
新喀里多尼亚	2000	2
匈牙利	1200	2
哥斯达黎加	60	1
塞尔维亚	260	1
阿尔巴尼亚	596	1
14012000 藤		
#合计	780351	3663
美国	90038	761
意大利	121709	455
日本	20606	409
英国	15578	304
西班牙	33863	245
墨西哥	102498	236
泰国	86290	169
毛里求斯	22750	168
德国	47185	159
中国香港	68924	131
印度	56752	124
法国	45629	112
澳大利亚	6633	98
阿根廷	4297	69
哥伦比亚	9015	57
巴西	6547	37
新加坡	15721	34
荷兰	6889	18
斯洛文尼亚	2325	14
波兰	1692	13
加拿大	693	11
保加利亚	452	5
新西兰	999	5
哥斯达黎加	7250	4

国家/地区	出口数量（支）	出口金额（千美元）
韩国	217	3
比利时	1940	3
沙特阿拉伯	882	3
阿联酋	171	3
以色列	800	3
厄瓜多尔	216	3
捷克	585	2
南非	56	1
伊朗	90	1
匈牙利	200	1
中国台湾	274	1
拉脱维亚	1	1
挪威	30	1
巴拉圭	101	0
14019020 芦苇		
#合计	626879	245
荷兰	402512	97
英国	173180	63
法国	3035	30
美国	4252	20
日本	12100	16
加拿大	1920	13
德国	21000	4
丹麦	8880	2
14019039 其他灯芯草属植物材料		
#合计	44181	220
日本	43038	202
中国香港	1143	18
14019090 未列名主要作编结用的植物材料		
#合计	615338	1684
荷兰	36522	391
美国	173448	327
加拿大	52563	191
德国	80897	183
日本	38060	122
意大利	28070	106
比利时	6240	100
印度	3304	45
法国	22309	45
孟加拉国	20285	40
英国	32974	33
瑞士	19325	19
瑞典	17833	18
希腊	9069	9
沙特阿拉伯	8922	9

国家/地区	出口数量（支）	出口金额（千美元）
波兰	10326	8
芬兰	947	7
西班牙	6843	6
澳大利亚	1581	5
俄罗斯联邦	5144	5
奥地利	4642	3
中国香港	29955	3
阿联酋	2824	3
斯里兰卡	122	2
新加坡	423	1
匈牙利	225	1
毛里求斯	300	1
马来西亚	900	1
挪威	745	1
20059110 竹笋罐头		
#合计	123599810	149079
日本	59124480	89022
美国	14344266	12645
韩国	9479111	8392
德国	7288613	6042
中国香港	5109952	4695
荷兰	4706969	3845
英国	4516832	3621
俄罗斯联邦	526067	3522
瑞典	2410372	1943
越南	358924	1800
法国	2046164	1688
西班牙	1474881	1429
澳大利亚	1449318	1255
意大利	933642	800
加拿大	818626	782
比利时	1006332	754
奥地利	883230	658
墨西哥	925023	643
捷克	776088	625
葡萄牙	600558	622
多米尼加共和国	772828	570
马来西亚	542399	534
挪威	537571	468
波兰	479903	399
丹麦	337105	303
芬兰	324829	266
新加坡	194851	251
爱尔兰	212400	152
印度尼西亚	128432	136

国家/地区	出口数量（支）	出口金额（千美元）
菲律宾	122608	113
印度	98911	107
巴西	125550	95
泰国	53051	90
保加利亚	37400	89
新西兰	77551	70
斯洛文尼亚	80853	64
毛里求斯	55837	58
罗马尼亚	76663	54
匈牙利	86130	51
瑞士	54307	50
洪都拉斯	67402	43
希腊	30015	41
智利	29717	27
特立尼达和多巴哥	31745	25
中国台湾	8217	24
埃及	25227	23
阿联酋	24902	23
南非	30738	22
委内瑞拉	23541	20
巴拿马	23262	18
秘鲁	11093	16
留尼汪	17863	15
斯洛伐克	7700	15
克罗地亚	18762	12
塞尔维亚	19740	11
阿根廷	10620	9
巴基斯坦	8093	7
柬埔寨	7949	6
尼日利亚	6624	6
摩洛哥	5424	5
古巴	3126	3
东帝汶	2650	2
马提尼克	2478	2
中国澳门	976	2
文莱	1987	2
马耳他	885	1
20059190 其他制作或保藏的未冷冻竹笋		
#合计	35154868	91847
日本	31743600	80423
越南	1973836	6908
中国台湾	330000	1935
美国	285974	955
泰国	90012	325
法国	241715	208

国家/地区	出口数量（支）	出口金额（千美元）
新加坡	87755	201
韩国	82840	181
马来西亚	51331	158
德国	79632	144
加拿大	27395	72
比利时	33526	63
意大利	27642	59
荷兰	37060	56
中国香港	12906	55
西班牙	16798	31
澳大利亚	12300	27
英国	8490	17
葡萄牙	7411	15
墨西哥	2988	7
伊拉克	1018	3
巴拿马	180	3
新西兰	450	1
44021000 竹炭，不论是否结块		
#合计	17069143	11904
日本	4514143	3256
沙特阿拉伯	3353451	2237
伊朗	1547891	901
韩国	786491	869
伊拉克	1341465	575
阿联酋	776469	474
中国香港	406004	376
美国	436161	325
中国台湾	532169	315
比利时	350419	276
科威特	146227	256
约旦	347336	249
澳大利亚	390357	167
瑞典	189277	157
荷兰	89220	125
加拿大	272877	107
摩洛哥	163865	105
马来西亚	269403	103
巴西	113003	100
巴基斯坦	103314	98
利比亚	68878	97
英国	203710	97
新加坡	69295	79
德国	71902	66
突尼斯	61136	63
丹麦	55300	42

国家/地区	出口数量（支）	出口金额（千美元）
委内瑞拉	18000	40
印度	48493	39
俄罗斯联邦	15278	37
以色列	44208	37
泰国	8806	21
中国澳门	25050	21
埃及	6000	17
西班牙	25000	15
挪威	22150	14
法国	21689	14
新西兰	44116	13
叙利亚	16400	12
多米尼加共和国	2466	11
阿尔及利亚	10042	10
爱沙尼亚	10005	10
印度尼西亚	12243	9
瑞士	2063	7
意大利	2103	6
也门	2400	6
肯尼亚	1497	6
巴林	10656	5
克罗地亚	3300	5
毛里塔尼亚	2199	4
捷克	5200	4
阿根廷	2630	3
阿曼	10320	3
乌拉圭	1520	3
孟加拉国	403	3
新喀里多尼亚	7993	3
越南	3000	2
留尼汪	1900	2
卡塔尔	1530	2
南非	1370	2
爱尔兰	8560	2
芬兰	100	2
蒙古	7300	2
朝鲜	1000	1
瓜德罗普	690	1
44092110 任何一边、端或面制成连续形状的竹地板条块		
#合计	167370135	330705
美国	80823118	176200
澳大利亚	24133559	39778
加拿大	9283586	16190
荷兰	6190935	11267

国家/地区	出口数量（支）	出口金额（千美元）
俄罗斯联邦	2811227	7487
英国	4314754	6859
德国	4327308	6717
法国	3759345	6096
西班牙	2742211	4306
波兰	2615933	4157
文莱	777460	4050
比利时	1941967	3449
日本	1569704	3393
韩国	1720283	2601
南非	1461206	2394
土库曼斯坦	996781	2233
阿联酋	650457	2213
意大利	1068938	2006
伊朗	1058943	1838
厄瓜多尔	1132575	1824
墨西哥	843163	1540
克罗地亚	871442	1498
巴西	753769	1343
丹麦	565466	1150
新西兰	575329	1107
蒙古	554580	953
哥伦比亚	435474	892
哈萨克斯坦	510600	884
秘鲁	516450	833
土耳其	432699	819
缅甸	178330	818
罗马尼亚	482086	784
菲律宾	443387	744
越南	500655	645
印度	366959	635
巴拿马	118819	616
斯洛文尼亚	266411	587
马来西亚	356865	582
肯尼亚	394951	578
阿根廷	339634	544
中国台湾	222505	499
老挝	78810	390
乌克兰	185959	386
智利	245031	381
阿塞拜疆	239231	356
格鲁吉亚	199301	316
印度尼西亚	163958	307
瑞典	154527	302
尼日利亚	198465	289

国家/地区	出口数量（支）	出口金额（千美元）
新加坡	189488	286
泰国	126325	247
哥斯达黎加	176589	234
中国香港	116747	232
东帝汶	39090	194
爱沙尼亚	148065	193
瑞士	104393	175
希腊	113943	161
埃及	103956	148
奥地利	48220	144
保加利亚	83318	143
新喀里多尼亚	88848	140
挪威	74276	139
委内瑞拉	86301	137
柬埔寨	38650	127
阿尔巴尼亚	68152	122
以色列	65212	120
黎巴嫩	68033	111
洪都拉斯	64620	108
葡萄牙	59271	100
摩洛哥	39314	99
匈牙利	54796	97
马提尼克	66413	96
斯里兰卡	47026	95
安哥拉	51543	88
乌拉圭	48508	85
塞尔维亚	48760	84
捷克	49939	82
巴哈马	37979	73
科威特	34811	62
毛里求斯	29748	54
特立尼达和多巴哥	21920	53
巴林	24310	51
孟加拉国	36200	48
立陶宛	34500	47
马尔代夫	21376	38
中国澳门	20640	37
马达加斯加	15921	35
沙特阿拉伯	20127	33
卡塔尔	27340	33
斯洛伐克	22680	29
朝鲜	14400	26
利比亚	5783	23
摩尔多瓦	15750	22
赤道几内亚	14700	22
留尼汪	8424	22
喀麦隆	15293	22
马耳他	13313	21
伊拉克	10800	17
爱尔兰	12760	17
阿曼	9030	16
科特迪瓦	10000	16
巴布亚新几内亚	9833	15
阿富汗	10054	15
多米尼加共和国	7766	14
巴基斯坦	9630	13
博茨瓦纳	6625	11
坦桑尼亚	3480	6

44092190 其他任何一边、端或面制成连续形状的竹材

国家/地区	出口数量（支）	出口金额（千美元）
#合计	695043	2114
美国	222431	827
韩国	101946	230
日本	32711	161
波兰	63188	145
意大利	13830	106
德国	29520	89
巴西	13041	71
荷兰	28955	67
中国台湾	43317	64
加拿大	11688	54
法属波利尼西亚	38768	48
比利时	15312	42
智利	31536	40
西班牙	8939	36
澳大利亚	11752	27
斯洛文尼亚	6140	21
尼日利亚	7500	17
马来西亚	2999	15
印度尼西亚	980	12
哥伦比亚	1645	11
瑞士	2000	11
土耳其	1280	9
瑞典	521	3
乌克兰	484	3
利比里亚	4400	2
泰国	160	1

44121011 薄板制竹胶合板至少一表层本章子目注释 2 所列的热带木层，厚≤6 毫米

国家/地区	出口数量（支）	出口金额（千美元）
#合计	516	33
亚美尼亚	200	14
美国	5	6
新西兰	2	5
刚果(金)	9	5
塞拉利昂	300	3

44121019 其他薄板制竹胶板单板饰面板多层板，厚≤6 毫米

国家/地区	出口数量（支）	出口金额（千美元）
#合计	86533	40141
安哥拉	14174	10031
泰国	17877	6427
美国	2558	2985
蒙古	26595	2452
坦桑尼亚	2942	1981
日本	775	1160
韩国	1166	1139
阿尔及利亚	1429	1021
刚果(布)	1223	935
英国	467	690
澳大利亚	514	631
俄罗斯联邦	782	613
加纳	823	505
毛里求斯	629	491
印度	810	464
加拿大	440	462
越南	783	446
刚果(金)	592	409
阿联酋	396	378
立陶宛	98	322
德国	188	318
委内瑞拉	454	316
南非	2848	311
埃塞俄比亚	325	293
尼日利亚	368	288
乌干达	459	280
莫桑比克	435	279
乌兹别克斯坦	242	258
肯尼亚	345	241
印度尼西亚	222	212
菲律宾	294	199
卡塔尔	268	172
哥斯达黎加	222	166
智利	109	165
马来西亚	216	156
斯里兰卡	230	153
缅甸	229	124

国家/地区	出口数量（支）	出口金额（千美元）
沙特阿拉伯	210	123
多哥	155	119
荷兰	175	112
利比亚	174	111
丹麦	141	106
阿曼	182	100
新加坡	159	97
比利时	80	87
哈萨克斯坦	80	71
法国	65	71
克罗地亚	65	70
尼日尔	93	65
利比里亚	72	60
南苏丹共和国	84	57
危地马拉	76	56
乍得	98	56
赤道几内亚	84	55
墨西哥	36	55
毛里塔尼亚	77	54
牙买加	92	51
朝鲜	96	50
新西兰	73	49
伊拉克	73	45
加蓬	130	45
柬埔寨	44	42
波兰	27	41
赞比亚	66	40
巴拿马	57	39
萨尔瓦多	67	36
突尼斯	49	36
苏丹	54	35
中国台湾	63	35
博茨瓦纳	49	30
巴林	42	30
秘鲁	78	29
尼泊尔	49	29
几内亚	35	27
纳米比亚	48	26
厄瓜多尔	36	26
东帝汶	26	25
汤加	33	24
塞拉利昂	40	23
洪都拉斯	26	21
巴布亚新几内亚	30	21
喀麦隆	26	20

国家/地区	出口数量（支）	出口金额（千美元）
科特迪瓦	36	17
贝宁	18	17
斐济	36	15
津巴布韦	19	15
巴西	20	15
土耳其	8	14
不丹	28	14
多米尼加共和国	27	14
塞内加尔	35	14
马尔代夫	26	13
吉布提	22	13
马达加斯加	29	12
格鲁吉亚	18	11
巴拉圭	18	11
塞尔维亚	19	10
希腊	13	10
巴基斯坦	20	8
黎巴嫩	24	8
科摩罗	7	6
乌拉圭	11	6
阿塞拜疆	7	5
意大利	5	5
奥地利	2	4
厄立特里亚	12	4
加那利群岛	5	4
哥伦比亚	2	3
瑞典	4	3
安提瓜和巴布达	20	3
44121020 其他薄板制竹胶板，单板饰面板及类似多层板		
#合计	675	615
韩国	619	571
德国	11	22
意大利	19	14
美国	5	4
朝鲜	18	2
荷兰	2	1
丹麦	1	1
44121092 其他竹胶合板类似多层板至少一表层木碎料板		
#合计	470	682
加拿大	375	560
菲律宾	44	55
美国	30	36
意大利	21	32

国家/地区	出口数量（支）	出口金额（千美元）
44121099 其他竹制胶合板、单板饰面板及类似的多层板		
#合计	17922	23822
美国	3507	6697
荷兰	3310	3999
德国	2503	3281
法国	1483	1722
土耳其	251	698
英国	465	630
安哥拉	898	563
比利时	351	502
澳大利亚	363	445
加拿大	214	388
南非	269	356
日本	209	346
丹麦	270	345
印度	242	269
新西兰	138	242
洪都拉斯	20	232
意大利	190	225
塞浦路斯	113	218
韩国	137	211
阿尔及利亚	210	147
西班牙	56	143
俄罗斯联邦	205	136
泰国	26	125
刚果(布)	167	117
斯里兰卡	150	110
中国台湾	99	103
巴西	119	92
越南	109	80
巴布亚新几内亚	98	76
毛里求斯	66	66
以色列	30	58
几内亚	53	54
瑞士	35	51
埃塞俄比亚	113	49
阿联酋	28	48
委内瑞拉	80	47
伊朗	44	44
莫桑比克	62	40
赞比亚	55	40
肯尼亚	69	39
智利	56	38
斐济	64	37

国家/地区	出口数量（支）	出口金额（千美元）
沙特阿拉伯	63	34
苏丹	40	33
刚果(金)	49	33
印度尼西亚	13	32
伊拉克	149	31
尼日利亚	40	27
毛里塔尼亚	32	27
缅甸	43	27
奥地利	13	27
格鲁吉亚	33	25
卡塔尔	12	24
黎巴嫩	33	22
克罗地亚	31	22
菲律宾	40	22
保加利亚	16	21
捷克	16	21
叙利亚	59	20
佛得角	24	19
中国香港	16	18
尼日尔	21	16
坦桑尼亚	28	15
阿塞拜疆	23	14
纳米比亚	23	14
巴基斯坦	19	14
葡萄牙	9	14
加纳	15	12
斯洛文尼亚	7	11
挪威	4	11
留尼汪	7	11
贝宁	14	10
赤道几内亚	15	9
爱沙尼亚	5	9
也门	13	9
新加坡	3	9
蒙古	21	8
阿曼	9	7
东帝汶	12	6
新喀里多尼亚	5	6
瑞典	2	5
匈牙利	1	5
厄瓜多尔	2	3
马尔代夫	6	3
阿根廷	2	3
马来西亚	2	3
波兰	1	2

国家/地区	出口数量（支）	出口金额（千美元）
危地马拉	2	2
爱尔兰	2	1
44187210 其他多层已装拼的竹地板		
#合计	47701417	89366
美国	31434355	61904
加拿大	2130532	3525
澳大利亚	1861734	2848
荷兰	1450857	2643
德国	834182	2282
波兰	1463072	2062
埃及	1198778	1862
蒙古	530620	1278
俄罗斯联邦	968808	1230
墨西哥	895144	1192
伊朗	549330	782
比利时	382014	755
意大利	383466	733
日本	375319	712
秘鲁	204432	476
法国	259753	413
韩国	182785	410
罗马尼亚	294789	342
斯洛文尼亚	196532	340
英国	178792	295
朝鲜	213996	275
智利	137742	240
克罗地亚	107053	232
哥伦比亚	154783	212
乌兹别克斯坦	143600	188
土耳其	70748	170
哈萨克斯坦	88030	164
菲律宾	77481	158
芬兰	51136	133
沙特阿拉伯	81717	126
摩洛哥	68517	106
印度尼西亚	51652	103
泰国	44830	101
肯尼亚	62856	90
格鲁吉亚	55223	85
巴林	55622	84
印度	45835	80
阿塞拜疆	40062	69
中国香港	35348	67
巴哈马	18860	55
乌克兰	36720	51

国家/地区	出口数量（支）	出口金额（千美元）
厄瓜多尔	31836	50
丹麦	16625	48
阿联酋	23999	44
匈牙利	24556	37
巴拿马	17461	37
巴基斯坦	21150	31
海地	23760	31
西班牙	18275	27
埃塞俄比亚	17175	27
挪威	9288	25
中国台湾	16766	22
特立尼达和多巴哥	9578	21
阿尔巴尼亚	9514	20
新喀里多尼亚	7618	16
瑞典	9240	15
马来西亚	9216	14
南非	5878	10
毛里求斯	3280	7
以色列	3271	6
新西兰	2400	5
伊拉克	1540	3
土库曼斯坦	1525	3
纳米比亚	361	1
44187910 其他已装拼的竹地板		
#合计	18489169	33448
美国	6700613	13277
澳大利亚	6561121	10836
加拿大	1455104	2457
德国	1478203	2340
新加坡	140467	721
韩国	296176	542
南非	95835	376
新西兰	189206	369
伊朗	227464	368
秘鲁	176564	265
荷兰	109870	232
土耳其	102000	148
意大利	75156	136
比利时	72723	116
智利	65016	116
印度	62227	91
波兰	62783	85
阿尔及利亚	61550	80
英国	36790	63
厄瓜多尔	42116	59

国家/地区	出口数量（支）	出口金额（千美元）
日本	18819	58
哥伦比亚	33990	53
巴西	22733	51
泰国	32810	49
土库曼斯坦	25893	48
希腊	28560	45
菲律宾	35450	44
摩洛哥	29228	39
印度尼西亚	28019	38
肯尼亚	24000	33
斯洛文尼亚	21549	33
朝鲜	28844	33
法国	15536	30
赤道几内亚	18932	30
匈牙利	15868	29
以色列	9460	28
克罗地亚	17360	22
俄罗斯联邦	9516	20
挪威	2654	20
新喀里多尼亚	14390	18
墨西哥	18450	10
伊拉克	6000	10
中国香港	6806	10
阿联酋	4200	5
马来西亚	1823	5
巴哈马	3270	5
乌兹别克斯坦	1680	3
乌克兰	1984	2
纳米比亚	361	1
44190032 竹制一次性筷子		
#合计	72272495	132721
日本	25181067	53410
中国台湾	23960473	30697
美国	7487370	12918
泰国	3308332	8565
中国香港	1705830	3427
俄罗斯联邦	1639870	2931
马来西亚	426550	1656
加拿大	855523	1612
韩国	732440	1583
巴西	884702	1565
越南	308641	1434
文莱	305500	1335
新加坡	450194	1174
法国	575831	1153
澳大利亚	486892	1019
英国	483584	884
德国	317736	624
印度尼西亚	212051	513
菲律宾	250792	497
巴拿马	93103	493
乌克兰	274959	474
芬兰	297866	406
以色列	175506	381
缅甸	83850	377
墨西哥	221778	367
奥地利	175965	313
意大利	161197	287
荷兰	111513	209
中国澳门	106923	195
阿根廷	106550	189
柬埔寨	41975	189
比利时	65326	160
土耳其	73463	153
瑞典	81217	150
丹麦	71410	148
西班牙	54142	136
阿联酋	53221	99
老挝	20750	93
立陶宛	42114	75
南非	43428	72
波兰	33579	72
哥伦比亚	34500	65
斯洛文尼亚	28200	65
卡塔尔	10695	51
塞浦路斯	8983	45
挪威	15550	42
葡萄牙	25092	42
爱沙尼亚	24965	40
新西兰	15467	39
黎巴嫩	18190	35
智利	13758	31
拉脱维亚	13495	30
厄瓜多尔	14250	25
哈萨克斯坦	15499	24
科威特	10795	21
埃及	8470	17
白俄罗斯	9280	16
瑞士	4250	16
伊拉克	300	15
印度	4518	13
摩洛哥	5925	10
爱尔兰	6705	10
多米尼加共和国	7200	9
马耳他	3910	7
沙特阿拉伯	2320	7
斯里兰卡	2873	5
巴布亚新几内亚	1660	5
突尼斯	225	2
巴拉圭	1320	2
格鲁吉亚	596	2
约旦	260	1
44190091 其他竹制餐具及厨房用具		
#合计	38314091	147581
美国	12260275	47584
德国	4114185	14207
日本	2167489	13555
荷兰	2988155	10075
澳大利亚	1454335	6087
俄罗斯联邦	1845177	5942
法国	1170005	4764
加拿大	1319516	4727
英国	1042982	4334
比利时	970343	3218
意大利	769456	3162
巴西	738992	3150
韩国	612168	2973
西班牙	576719	1787
中国台湾	524662	1658
中国香港	499049	1600
土耳其	537532	1438
芬兰	336811	1396
新加坡	177654	1227
波兰	477427	1218
丹麦	290687	1197
墨西哥	339638	1028
斯洛文尼亚	341541	941
南非	221518	902
越南	113591	821
智利	181390	797
乌克兰	219564	642
新西兰	163580	477
以色列	137151	475
瑞典	88170	409
沙特阿拉伯	68955	345

国家/地区	出口数量（支）	出口金额（千美元）
马来西亚	77973	330
阿根廷	89032	330
巴拿马	96707	321
爱沙尼亚	109172	315
哥伦比亚	61441	308
印度	78413	303
阿联酋	90169	278
泰国	54793	265
葡萄牙	38111	243
瑞士	47492	231
奥地利	53909	193
印度尼西亚	40916	164
秘鲁	53591	159
立陶宛	36945	140
捷克	37798	137
危地马拉	29764	129
埃及	130205	126
挪威	40813	124
菲律宾	23464	100
科威特	26969	97
哥斯达黎加	21980	96
乌拉圭	29037	95
克罗地亚	33680	93
白俄罗斯	16351	82
阿曼	4795	78
希腊	26004	74
罗马尼亚	39150	70
哈萨克斯坦	11582	56
拉脱维亚	13552	51
伊朗	9716	46
委内瑞拉	7210	45
安哥拉	6056	40
朝鲜	16485	33
黎巴嫩	8018	29
爱尔兰	9839	28
阿尔及利亚	21600	26
马耳他	6641	22
厄瓜多尔	3978	20
苏丹	8260	18
巴拉圭	3666	17
塞浦路斯	4632	16
萨尔瓦多	3075	14
中国澳门	1709	13
摩洛哥	2664	10
荷属安的列斯群岛	4379	10

国家/地区	出口数量（支）	出口金额（千美元）
阿塞拜疆	12300	10
保加利亚	3769	9
肯尼亚	1371	8
法属波利尼西亚	2856	6
匈牙利	473	5
博茨瓦纳	2479	5
斯洛伐克	1499	4
多米尼加共和国	914	4
卡塔尔	862	3
加纳	263	3
冰岛	351	2
吉布提	141	2
毛里求斯	1385	2
利比亚	4539	2
坦桑尼亚	214	1
瓜德罗普	144	1
44201012 竹刻		
#合计	10045	118
美国	2620	33
俄罗斯联邦	5001	31
中国香港	18	30
日本	180	11
澳大利亚	886	9
比利时	171	3
中国台湾	688	1
印度	345	1
44219022 竹制圆签圆棒冰果棒压舌片及类似一次性制品		
#合计	54463017	161352
日本	6117103	19117
泰国	3184072	13223
越南	2592874	12784
新加坡	2007505	10161
美国	4497518	9915
马来西亚	2000743	9449
文莱	1747239	8764
荷兰	4899329	8138
巴拿马	1728419	7662
印度尼西亚	2029821	7516
中国台湾	2364960	4703
意大利	1409025	3450
巴西	2071861	3126
印度	1210010	3024
韩国	1458681	2690
中国香港	664188	2428

国家/地区	出口数量（支）	出口金额（千美元）
法国	713613	2275
阿联酋	820338	2211
英国	750558	1919
哥伦比亚	998641	1884
加拿大	824740	1697
菲律宾	502923	1676
希腊	756010	1555
德国	791526	1462
比利时	446010	1461
澳大利亚	485646	1439
厄瓜多尔	395487	1315
以色列	535227	1314
土耳其	555443	1282
西班牙	286563	1241
沙特阿拉伯	374065	1129
尼日利亚	597065	1095
智利	546144	1091
俄罗斯联邦	379257	990
缅甸	218686	829
墨西哥	338995	679
新西兰	208115	660
老挝	147660	583
波兰	236904	382
乌克兰	106689	329
黎巴嫩	163501	324
加纳	119147	275
约旦	73775	272
阿曼	233509	244
肯尼亚	229382	241
南非	120456	222
丹麦	54979	175
埃及	95162	163
罗马尼亚	60488	149
坦桑尼亚	85070	149
秘鲁	86131	136
科特迪瓦	59418	128
芬兰	56615	113
阿根廷	67757	113
瑞典	46207	111
摩洛哥	61066	107
阿尔及利亚	77793	101
波多黎各	40988	97
危地马拉	32238	93
多米尼加共和国	34470	92
哥斯达黎加	11918	89

国家/地区	出口数量(支)	出口金额(千美元)
利比亚	30440	86
保加利亚	33579	83
贝宁	43056	75
阿塞拜疆	40417	67
叙利亚	39040	65
巴基斯坦	28065	65
挪威	37341	63
安哥拉	28943	58
奥地利	17076	56
朝鲜	43000	50
委内瑞拉	22600	47
克罗地亚	15674	47
喀麦隆	15180	43
孟加拉国	32190	38
伊朗	17758	34
立陶宛	13466	33
爱尔兰	11417	33
斯洛伐克	14745	33
葡萄牙	24511	32
伊拉克	19499	30
拉脱维亚	17054	27
马达加斯加	21560	26
萨尔瓦多	9855	20
牙买加	2712	20
塞浦路斯	3396	20
突尼斯	9400	19
科威特	4788	19
塞尔维亚	8800	19
洪都拉斯	2470	13
斯洛文尼亚	6450	13
卡塔尔	4705	13
匈牙利	5493	10
毛里求斯	3591	9
捷克	2766	8
刚果(金)	8265	7
马耳他	1020	6
莫桑比克	2498	6
中国澳门	2577	4
爱沙尼亚	1260	3
巴林	2464	3
留尼汪	1800	2
白俄罗斯	588	2
瑞士	840	2
中非	30	1
乌拉圭	576	1
尼泊尔	100	1

46012100 竹制的席子、席料及帘子

国家/地区	出口数量(支)	出口金额(千美元)
#合计	36762213	105932
美国	4807447	18092
日本	5263982	15318
马来西亚	3714908	11568
中国台湾	3572706	7533
韩国	1751139	6202
德国	1479828	5121
俄罗斯联邦	2034546	4938
意大利	1513605	3545
印度	1122174	2959
西班牙	1088333	2606
伊朗	588724	2361
荷兰	617009	1761
法国	718941	1737
墨西哥	515124	1666
加拿大	538026	1502
乌克兰	550715	1184
新加坡	254969	1156
波兰	397401	962
澳大利亚	451702	942
阿联酋	316536	938
南非	342279	935
英国	409846	928
比利时	392973	843
沙特阿拉伯	261184	793
以色列	531703	713
哥伦比亚	226230	592
瑞典	219286	524
智利	226529	504
巴西	195228	493
土耳其	146557	441
印度尼西亚	153711	418
黎巴嫩	132992	393
文莱	88132	374
泰国	98552	343
越南	151227	330
阿根廷	166884	309
爱沙尼亚	112546	302
巴基斯坦	127209	295
巴拿马	92999	292
希腊	129674	262
中国香港	63706	239
利比亚	86583	235
芬兰	97557	216
埃及	99295	187
尼日利亚	34275	177
秘鲁	66650	174
奥地利	37412	174
乌拉圭	36139	156
克罗地亚	54920	141
立陶宛	56861	116
斯洛文尼亚	49701	114
哥斯达黎加	21982	104
古巴	25422	103
留尼汪	31216	97
约旦	31481	94
斯里兰卡	20927	81
白俄罗斯	12600	81
葡萄牙	35824	79
缅甸	22285	77
匈牙利	40201	72
危地马拉	27466	72
马耳他	9499	71
加纳	20544	65
罗马尼亚	24567	59
拉脱维亚	23430	52
瑞士	17776	52
叙利亚	16614	50
土库曼斯坦	8079	49
委内瑞拉	13284	47
哈萨克斯坦	1817	45
多米尼加共和国	7377	43
阿曼	17987	43
荷属安的列斯群岛	9800	30
法属波利尼西亚	6357	29
波多黎各	15486	26
马尔代夫	5229	23
卡塔尔	10073	23
厄瓜多尔	7157	19
摩尔多瓦	3420	19
丹麦	7012	17
新喀里多尼亚	4128	17
伊拉克	3726	17
捷克	10966	16
科威特	6812	16
安哥拉	5276	13
摩洛哥	3366	13
乌兹别克斯坦	3388	11

国家/地区	出口数量（支）	出口金额（千美元）
巴林	3843	10
塞浦路斯	4640	10
菲律宾	3108	10
特立尼达和多巴哥	2960	9
新西兰	3664	8
毛里求斯	2480	7
塞内加尔	2280	6
阿尔及利亚	3595	5
科特迪瓦	1830	5
喀麦隆	1830	5
贝宁	1620	4
挪威	850	4
刚果(金)	1220	3
保加利亚	1495	3
苏丹	700	2
坦桑尼亚	840	2
赞比亚	840	2
布基纳法索	672	2
多民族玻利维亚国	918	1
瓜德罗普	1123	1
尼日尔	468	1
莫桑比克	1000	1
朝鲜	260	0
46012200 藤制的席子、席料及帘子		
#合计	16667	72
中国香港	3512	28
美国	9685	27
毛里求斯	430	6
意大利	2076	5
日本	582	4
沙特阿拉伯	172	1
乌兹别克斯坦	180	1
46012911 灯心草属材料制的席子、席料及帘子		
#合计	29318448	186146
日本	29023446	185211
中国台湾	86710	469
希腊	80200	137
意大利	27228	54
美国	25104	54
印度尼西亚	6500	32
马来西亚	13151	28
巴西	12506	25
葡萄牙	6396	21
俄罗斯联邦	8044	20

国家/地区	出口数量（支）	出口金额（千美元）
菲律宾	5760	19
韩国	1970	18
新加坡	2183	18
罗马尼亚	8165	16
塞浦路斯	7172	14
巴拿马	3480	8
德国	243	1
46012919 其他草制的席子、席料及帘子		
#合计	8385376	17648
荷兰	2370818	3635
日本	2657165	3373
美国	791415	2457
不丹	127901	1529
法国	437872	898
俄罗斯联邦	186817	602
德国	198592	574
西班牙	192168	545
意大利	138031	493
比利时	166770	474
英国	176610	353
韩国	104949	267
希腊	94026	265
马来西亚	98845	209
巴西	54319	197
中国台湾	67517	170
中国香港	21294	159
加拿大	60021	141
加纳	38150	118
新加坡	41121	113
土耳其	34747	97
乌克兰	29959	71
斯洛文尼亚	17700	62
芬兰	19503	61
乌拉圭	20233	57
澳大利亚	7483	51
南非	19157	49
哥斯达黎加	14473	47
阿根廷	12510	43
爱沙尼亚	12640	42
巴拿马	13064	41
克罗地亚	13994	38
墨西哥	8142	31
智利	10117	30
塞浦路斯	9497	27
几内亚	5990	24

国家/地区	出口数量（支）	出口金额（千美元）
阿联酋	7658	24
泰国	3525	21
丹麦	4225	21
拉脱维亚	6203	20
危地马拉	6438	19
瑞士	4447	17
印度尼西亚	543	17
越南	19800	17
摩洛哥	4910	16
新西兰	3193	15
以色列	3870	14
沙特阿拉伯	3106	14
捷克	7896	14
印度	13592	13
匈牙利	4013	12
罗马尼亚	3016	10
波兰	3599	9
瑞典	2945	9
菲律宾	960	5
奥地利	1604	4
马耳他	1430	4
葡萄牙	1558	3
委内瑞拉	1200	2
哥伦比亚	504	1
卡塔尔	460	1
瓜德罗普	408	1
新喀里多尼亚	310	1
46012921 苇帘		
#合计	45125063	67507
日本	30639485	52580
意大利	2494222	2812
美国	2726156	2618
法国	1699458	1688
韩国	746013	1171
英国	1110696	1086
澳大利亚	1068824	981
比利时	1023079	936
西班牙	849706	845
德国	616846	697
希腊	676950	575
荷兰	562261	568
以色列	198407	232
斯洛文尼亚	113556	106
捷克	61447	90
克罗地亚	60770	85

国家/地区	出口数量（支）	出口金额（千美元）
加拿大	99776	75
瑞士	77800	54
塞浦路斯	40650	41
波兰	21968	29
俄罗斯联邦	24400	24
留尼汪	20043	21
波多黎各	24122	20
伊朗	9100	19
芬兰	19077	19
智利	24000	18
法属波利尼西亚	15683	15
爱尔兰	18156	15
哥斯达黎加	13600	14
南非	13600	14
新喀里多尼亚	12844	12
丹麦	6500	9
巴西	7500	8
瑞典	6786	7
匈牙利	6500	6
瓜德罗普	3000	4
沙特阿拉伯	2120	4
马约特	2005	3
新加坡	3215	3
安哥拉	2142	3
黎巴嫩	2600	2
46012929 芦苇制的席子、席料		
#合计	10180382	4975
荷兰	7912914	3303
日本	290053	660
德国	1390064	574
法国	34642	84
英国	195100	79
韩国	60330	74
丹麦	117000	68
比利时	136500	56
以色列	18929	37
意大利	5100	19
沙特阿拉伯	18000	9
挪威	750	5
奥地利	500	4
瑞士	500	4
46012990 其他植物材料制的席子、席料及帘子		
#合计	6814878	13403
美国	421692	3092
墨西哥	191313	1688
英国	1067109	1675
西班牙	918274	1182
法国	812354	995
荷兰	792832	983
比利时	624321	737
德国	296237	407
以色列	320925	405
俄罗斯联邦	682241	379
日本	124975	240
意大利	67486	235
阿根廷	27350	235
澳大利亚	85288	225
加拿大	61561	176
希腊	83680	87
韩国	1147	83
中国台湾	33612	78
印度	6939	51
斯里兰卡	4787	47
克罗地亚	15036	45
匈牙利	14943	38
巴西	26644	38
南非	13400	38
爱尔兰	24246	37
智利	18853	37
土耳其	11360	30
芬兰	21392	28
波兰	16800	26
捷克	8922	19
沙特阿拉伯	8325	16
印度尼西亚	1373	14
瑞士	2250	9
丹麦	3265	9
中国香港	931	6
古巴	1560	5
新加坡	906	4
泰国	392	2
斐济	100	1
肯尼亚	40	1
46019210 竹制的缏条及类似产品，不论是否缝合成宽条		
#合计	560144	1347
日本	120022	309
西班牙	87542	273
荷兰	52368	199
中国台湾	49022	98
美国	31382	97
比利时	51786	94
法国	58118	91
土耳其	15101	35
意大利	19955	27
韩国	24779	26
德国	13160	23
新加坡	4560	20
波兰	11766	17
印度	3000	15
俄罗斯联邦	5259	12
英国	9870	8
塞浦路斯	1399	2
印度尼西亚	1000	2
46019290 竹制其他平行连结或编结的产品		
#合计	26949094	63684
美国	2552273	8207
意大利	3691728	7518
以色列	2473787	6109
日本	1527810	6049
法国	3179933	5205
马来西亚	1251909	3420
英国	1832506	3297
德国	1577558	3268
澳大利亚	1378636	1969
韩国	570498	1734
波兰	524102	1304
西班牙	424398	1228
荷兰	524913	1132
中国台湾	382087	1035
俄罗斯联邦	436077	1027
巴西	411839	998
新加坡	202142	962
加拿大	436984	925
乌克兰	493147	915
希腊	276131	551
智利	186210	550
比利时	313866	550
墨西哥	179144	509
泰国	71414	480
奥地利	132497	378
哥伦比亚	101354	321
拉脱维亚	137212	311
芬兰	137991	274

国家/地区	出口数量（支）	出口金额（千美元）
爱沙尼亚	154530	254
乌拉圭	41560	219
新西兰	114273	202
印度	70936	193
巴拿马	67251	180
瑞典	68920	168
葡萄牙	52067	156
阿联酋	53543	143
立陶宛	42462	122
土耳其	38082	117
留尼汪	136212	107
巴基斯坦	25447	97
南非	32145	95
沙特阿拉伯	38131	90
印度尼西亚	39111	90
利比亚	23651	79
中国香港	38241	75
丹麦	32051	75
哥斯达黎加	11730	70
委内瑞拉	19676	61
阿根廷	22159	60
秘鲁	19924	60
克罗地亚	24061	59
塞浦路斯	19779	58
安哥拉	135060	57
捷克	19910	55
多米尼加共和国	8844	54
瑞士	11481	52
斯洛文尼亚	24027	50
埃及	17430	40
毛里求斯	9761	37
厄瓜多尔	9371	28
保加利亚	9346	23
匈牙利	8419	22
文莱	9275	20
菲律宾	5880	20
挪威	3939	19
柬埔寨	24667	18
叙利亚	6800	18
特立尼达和多巴哥	5680	17
罗马尼亚	6686	14
塞舌尔	100	11
马耳他	3746	10
阿尔及利亚	3741	9
波多黎各	949	8

国家/地区	出口数量（支）	出口金额（千美元）
危地马拉	5280	6
科威特	8115	5
新喀里多尼亚	3400	5
塞内加尔	2265	4
摩洛哥	1140	4
阿尔巴尼亚	1369	4
喀麦隆	945	3
科特迪瓦	945	3
爱尔兰	2652	2
黎巴嫩	758	2
加纳	660	2
津巴布韦	400	1
布基纳法索	336	1
贝宁	297	1
赞比亚	258	1
坦桑尼亚	258	1
斯洛伐克	130	1
法属波利尼西亚	234	1
巴巴多斯	72	1
肯尼亚	360	1
46019310 藤制的缏条及类似产品，不论是否缝合成宽条		
#合计	73316	956
美国	2361	175
西班牙	5215	152
意大利	8278	136
德国	28391	135
土耳其	1494	88
巴西	6165	58
澳大利亚	3630	44
荷兰	3295	40
日本	1274	37
沙特阿拉伯	3532	29
匈牙利	910	17
英国	104	15
法国	735	9
比利时	564	6
马来西亚	6962	6
科威特	94	3
中国香港	112	3
瑞士	52	3
中国台湾	148	2
46019390 藤制其他平行连结或编结的产品		
#合计	298159	2349
美国	23271	907

国家/地区	出口数量（支）	出口金额（千美元）
荷兰	78860	589
日本	38968	303
德国	37821	262
俄罗斯联邦	11671	40
中国香港	16987	39
西班牙	12687	32
意大利	8796	28
比利时	35101	28
法国	3398	24
澳大利亚	5272	19
希腊	10926	18
智利	3240	13
英国	648	12
芬兰	215	9
墨西哥	2356	7
埃及	3298	6
越南	1520	5
泰国	1815	4
新加坡	383	3
乌克兰	872	2
46021100 竹制篮筐及其他编结品		
#合计	32034926	204092
美国	5703009	39908
日本	4210462	28158
马来西亚	1403622	15766
德国	2319134	9423
巴拿马	759161	8213
印度	924655	7294
文莱	706602	6012
韩国	918554	5752
新加坡	634828	5665
印度尼西亚	269629	4506
意大利	775594	4424
阿联酋	907732	4422
英国	1086207	4335
墨西哥	299342	4310
中国香港	1333558	4013
加拿大	637084	3860
越南	424492	3786
黎巴嫩	379478	3332
法国	598839	3178
澳大利亚	693677	3066
泰国	332659	2925
智利	391814	2894
西班牙	671446	2774

国家/地区	出口数量（支）	出口金额（千美元）
中国台湾	824183	2719
俄罗斯联邦	767823	2700
荷兰	443558	2202
比利时	393614	1889
以色列	458171	1702
波兰	266491	1316
格鲁吉亚	154864	1309
土耳其	188412	1307
沙特阿拉伯	173641	1202
南非	151675	1067
缅甸	82381	806
巴西	133192	696
新西兰	81326	635
东帝汶	55844	491
阿根廷	71094	452
丹麦	69910	424
老挝	48380	385
瑞典	58789	383
希腊	120557	344
乌拉圭	48087	291
乌克兰	47068	213
拉脱维亚	70242	212
伊朗	67497	205
柬埔寨	22328	190
葡萄牙	30734	184
加纳	57335	176
芬兰	29826	155
斯洛文尼亚	18628	131
保加利亚	22817	122
阿尔及利亚	36400	119
立陶宛	26522	112
秘鲁	17371	107
厄瓜多尔	17522	100
菲律宾	56584	94
挪威	27584	91
多米尼加共和国	21556	85
哥伦比亚	19327	83
奥地利	23382	82
摩洛哥	23336	80
哈萨克斯坦	21325	76
罗马尼亚	18288	72
科威特	10941	71
匈牙利	13178	64
捷克	14082	60
约旦	17889	57

国家/地区	出口数量（支）	出口金额（千美元）
埃及	53651	56
瑞士	7817	47
尼日利亚	18148	46
马耳他	3800	45
爱沙尼亚	10240	43
巴基斯坦	9064	42
伊拉克	20255	35
委内瑞拉	8677	35
克罗地亚	5588	29
巴哈马	3220	29
赞比亚	23420	28
斯洛伐克	8114	28
阿塞拜疆	6764	27
中国澳门	9305	25
圭亚那	35227	21
不丹	1739	21
几内亚	17600	18
塞尔维亚	3550	17
留尼汪	4968	17
阿尔巴尼亚	4132	16
阿富汗	11900	16
肯尼亚	2533	16
波黑	2944	15
利比亚	11596	14
爱尔兰	1142	14
波多黎各	4849	13
洪都拉斯	2729	13
莫桑比克	15000	13
朝鲜	2286	12
卡塔尔	2572	10
哥斯达黎加	2119	10
塞浦路斯	1310	9
危地马拉	2028	9
多民族玻利维亚国	1200	5
白俄罗斯	1032	5
突尼斯	720	4
苏里南	974	3
土库曼斯坦	480	3
苏丹	5844	2
毛里求斯	450	2
叙利亚	117	1
塞内加尔	120	0
喀麦隆	120	0
46021200 藤制篮筐及其他编结品		
#合计	12438331	99878

国家/地区	出口数量（支）	出口金额（千美元）
美国	2553814	26921
荷兰	1835013	15708
德国	1614903	13065
英国	2237501	7516
日本	713709	5757
加拿大	263284	2403
意大利	184571	1972
法国	193107	1711
新加坡	139137	1451
文莱	147409	1355
巴拿马	130678	1321
澳大利亚	173541	1234
波兰	128862	1200
马来西亚	123727	1098
比利时	178954	1044
印度尼西亚	86416	935
缅甸	99896	914
芬兰	102242	885
泰国	103570	865
巴西	62274	811
俄罗斯联邦	134997	786
丹麦	80425	782
西班牙	59883	767
挪威	52658	620
越南	63135	590
捷克	37448	561
阿联酋	70889	542
中国香港	62202	539
墨西哥	40300	512
沙特阿拉伯	51351	453
瑞典	49418	361
韩国	32863	357
智利	34648	329
阿根廷	45709	311
中国台湾	46662	277
哥伦比亚	19936	267
爱尔兰	56858	225
哈萨克斯坦	34409	201
老挝	20350	191
不丹	18030	182
以色列	23975	173
斯洛文尼亚	23391	169
希腊	20660	167
黎巴嫩	18560	167
波多黎各	15186	149

国家/地区	出口数量（支）	出口金额（千美元）
南非	11276	146
立陶宛	12939	143
印度	17585	141
秘鲁	19177	141
乌克兰	23478	139
保加利亚	1503	135
奥地利	13466	104
葡萄牙	7970	102
委内瑞拉	8108	94
瑞士	11045	93
东帝汶	11595	84
卡塔尔	8417	82
菲律宾	4118	61
拉脱维亚	14423	55
土耳其	9682	49
阿塞拜疆	8852	44
克罗地亚	8550	44
利比亚	5524	36
厄瓜多尔	2434	35
突尼斯	5989	35
匈牙利	3635	33
哥斯达黎加	4047	29
乌拉圭	2611	29
波黑	5336	27
摩洛哥	4129	24
科威特	3847	14
中国澳门	1300	14
白俄罗斯	1746	14
约旦	2176	14
伊朗	1047	12
新西兰	1592	11
留尼汪	2299	8
毛里求斯	308	7
埃及	5205	6
塞浦路斯	1097	5
肯尼亚	1620	4
斯洛伐克	500	4
塞内加尔	340	3
特立尼达和多巴哥	102	2
多米尼加共和国	1375	2
格鲁吉亚	190	2
洪都拉斯	126	2
巴基斯坦	420	1
喀麦隆	157	1
罗马尼亚	177	1

国家/地区	出口数量（支）	出口金额（千美元）
赞比亚	103	1
46021910 草制篮筐及其他编结品		
#合计	21840484	142869
美国	6293950	40486
日本	3140590	19154
英国	1948464	10213
德国	1464145	8521
新加坡	433663	6231
加拿大	924631	6025
西班牙	539094	5477
意大利	973824	4367
马来西亚	427769	4224
法国	532975	3483
荷兰	612912	2827
澳大利亚	543452	2726
泰国	158512	2692
巴西	209391	2271
沙特阿拉伯	174986	1974
波兰	303431	1923
比利时	281315	1658
俄罗斯联邦	192225	1449
印度尼西亚	84808	1146
巴拿马	84874	1082
丹麦	120645	927
土耳其	119107	897
中国台湾	116285	877
瑞典	128922	859
墨西哥	99419	806
伊朗	175501	773
克罗地亚	332073	765
中国香港	52654	748
斯里兰卡	8817	663
越南	115759	605
阿根廷	109944	589
文莱	59051	539
阿联酋	62348	475
新西兰	126181	474
芬兰	72987	408
韩国	82793	395
南非	70235	365
智利	51773	323
斯洛文尼亚	91507	282
以色列	42727	260
希腊	87006	252
爱尔兰	33866	249

国家/地区	出口数量（支）	出口金额（千美元）
乌克兰	33304	240
葡萄牙	34474	232
乌拉圭	23211	196
立陶宛	29682	184
奥地利	26947	166
挪威	19687	156
印度	22057	134
秘鲁	3899	102
黎巴嫩	11746	99
东帝汶	10668	91
巴哈马	10869	90
科威特	15766	81
瑞士	12156	79
捷克	10191	76
阿曼	3975	68
匈牙利	8803	43
罗马尼亚	6720	34
哈萨克斯坦	6759	32
委内瑞拉	4454	30
爱沙尼亚	5671	27
哥伦比亚	2304	24
拉脱维亚	3503	23
哥斯达黎加	2511	21
利比亚	11550	20
巴林	3882	20
塞浦路斯	4677	18
阿尔巴尼亚	1311	14
危地马拉	4080	13
法属波利尼西亚	3817	12
卡塔尔	2246	12
塞尔维亚	819	12
斯洛伐克	1717	10
黑山	3688	10
尼日利亚	960	7
厄瓜多尔	1689	6
白俄罗斯	724	5
约旦	1947	5
留尼汪	401	4
新喀里多尼亚	275	4
保加利亚	576	3
安哥拉	460	2
菲律宾	58	1
塞内加尔	270	1
马里	90	1
波多黎各	344	1

国家/地区	出口数量（支）	出口金额（千美元）
多米尼加共和国	206	1
喀麦隆	151	1
46021930 柳条制篮筐及其他编结品		
#合计	64429541	462259
美国	10196901	91637
德国	6218963	37240
荷兰	6755202	36537
英国	5248978	30765
法国	2855954	18140
意大利	3131639	17725
加拿大	1719840	13961
格鲁吉亚	1509234	13500
日本	1945177	13170
西班牙	2049455	12911
黎巴嫩	1544942	12540
泰国	1248363	12298
比利时	1990164	11129
韩国	1884650	10376
波兰	1156984	9528
马来西亚	978561	9354
澳大利亚	1056994	9162
文莱	810803	8452
新加坡	665822	7228
南非	894416	5788
巴拿马	649135	5734
俄罗斯联邦	625347	5584
阿联酋	491816	4711
瑞典	802042	4631
丹麦	760074	4456
挪威	759358	3725
沙特阿拉伯	425576	3547
土耳其	422451	3123
印度尼西亚	311133	3067
芬兰	481528	2972
缅甸	276259	2598
乌拉圭	244910	2422
以色列	376532	1972
越南	206773	1941
巴西	197269	1827
阿尔巴尼亚	23851	1652
希腊	260475	1526
不丹	137871	1351
爱尔兰	177016	1337
墨西哥	174732	1153
巴哈马	125164	1016

国家/地区	出口数量（支）	出口金额（千美元）
葡萄牙	117274	1008
老挝	97796	995
瑞士	163203	972
科威特	113904	959
卡塔尔	99694	956
东帝汶	108690	866
捷克	129724	805
印度	91047	804
新西兰	146554	791
乌克兰	87100	683
中国台湾	105336	670
中国香港	65310	648
多米尼加共和国	53168	571
拉脱维亚	84098	540
哥斯达黎加	68677	526
奥地利	80897	524
伊朗	46578	461
阿根廷	57167	439
危地马拉	39180	433
智利	70798	422
委内瑞拉	58815	402
厄瓜多尔	38964	387
摩洛哥	40746	386
立陶宛	62023	379
克罗地亚	43715	316
爱沙尼亚	51343	291
斯洛文尼亚	28799	284
匈牙利	53959	275
波多黎各	19972	264
菲律宾	22866	247
哈萨克斯坦	35162	215
秘鲁	18689	214
塞浦路斯	23900	203
约旦	22909	190
莫桑比克	7372	187
马耳他	24589	174
柬埔寨	21185	165
安哥拉	19561	158
加纳	10552	142
多哥	10748	141
苏里南	7578	131
哥伦比亚	17166	122
巴林	7649	114
罗马尼亚	20069	114
阿尔及利亚	27604	99

国家/地区	出口数量（支）	出口金额（千美元）
特立尼达和多巴哥	5705	91
利比亚	4625	78
保加利亚	9449	77
白俄罗斯	11748	68
埃及	17213	62
斯洛伐克	7693	49
古巴	3734	33
瓜德罗普	650	32
巴巴多斯	1960	29
肯尼亚	903	28
洪都拉斯	4721	28
阿塞拜疆	2084	27
冰岛	3831	26
毛里求斯	3372	19
黑山	1700	18
塞尔维亚	2735	17
朝鲜	9055	17
法属波利尼西亚	4265	16
波黑	1762	15
留尼汪	2626	15
阿曼	2018	12
摩尔多瓦	2600	9
孟加拉国	3905	9
卢森堡	1628	8
尼日利亚	1028	6
多民族玻利维亚国	1000	5
新喀里多尼亚	499	3
土库曼斯坦	1350	3
蒙古	626	3
斯里兰卡	225	2
叙利亚	196	1
47063000 其他纤维状纤维素竹浆		
#合计	1550764	1461
中国台湾	1227974	1123
德国	198000	213
比利时	39600	43
美国	38480	34
荷兰	25470	24
日本	21140	24
48236100 竹浆纸或纸板制的盘、碟、盆、杯及类似品		
#合计	911499	1127
美国	754305	737
中国香港	59406	144
菲律宾	21662	101

国家/地区	出口数量（支）	出口金额（千美元）
新加坡	5220	28
委内瑞拉	24439	25
以色列	6557	20
韩国	6292	19
英国	14591	16
中国台湾	3300	9
加拿大	8062	9
阿联酋	2825	9
澳大利亚	2444	5
马来西亚	960	3
南非	967	1
荷兰	469	1
94015100 竹制或藤制的坐具		
#合计	351682	14979
新加坡	74701	3237
美国	75042	1944
马来西亚	21866	1623
文莱	15833	835
泰国	17434	699
巴拿马	13662	670
缅甸	6746	654
柬埔寨	10510	540
加拿大	6999	485
新西兰	8172	452
芬兰	3626	393
日本	9374	383
俄罗斯联邦	8785	378
澳大利亚	20665	343
老挝	3108	193
菲律宾	3658	180
肯尼亚	2702	164
墨西哥	3305	150
法国	6583	130
德国	2965	121
拉脱维亚	875	100
中国台湾	4918	94
韩国	2602	89
意大利	420	86
以色列	397	64
中国香港	3264	59
印度尼西亚	1252	57
阿联酋	621	53
乌拉圭	680	41
智利	329	40
黎巴嫩	524	37

国家/地区	出口数量（支）	出口金额（千美元）
哥伦比亚	967	34
哥斯达黎加	235	33
南非	638	32
格鲁吉亚	124	31
丹麦	1087	31
越南	392	30
厄瓜多尔	285	29
哈萨克斯坦	794	27
沙特阿拉伯	2792	26
马耳他	92	25
莫桑比克	220	24
巴西	1302	23
乌克兰	2684	23
比利时	306	21
坦桑尼亚	268	19
奥地利	226	19
特立尼达和多巴哥	120	19
纳米比亚	144	18
加纳	144	18
海地	103	16
巴巴多斯	115	14
波多黎各	116	13
印度	179	13
新喀里多尼亚	360	13
克罗地亚	131	12
多米尼加共和国	405	11
法属波利尼西亚	450	10
荷兰	1452	9
伊朗	78	9
葡萄牙	1074	9
英国	914	8
巴基斯坦	60	8
塞内加尔	252	7
突尼斯	202	7
多米尼克	60	7
安哥拉	126	6
斯里兰卡	49	6
土耳其	62	5
约旦	38	5
埃及	78	4
西班牙	48	3
瑞士	77	3
贝宁	86	2
秘鲁	600	2
伊拉克	14	2

国家/地区	出口数量（支）	出口金额（千美元）
马达加斯加	24	1
蒙古	43	1
塔吉克斯坦	30	1
94015900 柳条及类似材料制的坐具		
#合计	96253	2820
文莱	10050	601
英国	7883	553
越南	4920	295
缅甸	4916	295
美国	20014	249
意大利	17323	149
新加坡	2988	133
泰国	3229	120
巴西	3904	80
柬埔寨	993	60
法国	3437	37
日本	2000	33
哥斯达黎加	2961	27
加拿大	1380	25
澳大利亚	992	18
中国台湾	1080	17
马来西亚	1024	14
巴巴多斯	100	13
印度尼西亚	280	13
印度	267	12
韩国	1300	10
厄瓜多尔	1200	10
以色列	868	9
刚果(金)	200	8
德国	494	7
阿联酋	680	7
伊朗	763	7
巴拿马	110	5
中国香港	276	5
黎巴嫩	288	4
俄罗斯联邦	63	3
墨西哥	86	2
新西兰	24	2
拉脱维亚	160	1
94038100 竹制或藤制家具		
#合计	2010350	38919
美国	428643	11688
德国	311963	5412
法国	203885	2756
新加坡	55288	2695

国家/地区	出口数量（支）	出口金额（千美元）
英国	86104	1844
日本	102444	1368
荷兰	98037	1168
比利时	78444	1096
加拿大	57098	983
巴拿马	11306	951
韩国	81561	909
西班牙	61987	743
澳大利亚	47096	572
俄罗斯联邦	22912	551
波兰	55208	535
文莱	17081	524
缅甸	1724	450
瑞典	61301	433
老挝	4173	384
阿联酋	19793	335
意大利	34996	311
印度	22878	294
肯尼亚	2780	258
巴西	13417	232
马来西亚	7763	207
印度尼西亚	11864	199
墨西哥	6230	178
泰国	8210	176
瑞士	11424	160
丹麦	9053	154
中国台湾	11304	146
沙特阿拉伯	8052	98
南非	7214	86
越南	577	69
柬埔寨	560	67
芬兰	8036	66
荷属安的列斯群岛	3610	64
马耳他	222	59
法属波利尼西亚	1848	54
葡萄牙	3737	42
乌克兰	823	39
以色列	765	38
哈萨克斯坦	2121	38
奥地利	5608	35
新西兰	2183	28
多米尼加共和国	1506	28
爱尔兰	1434	28
乌兹别克斯坦	225	23
留尼汪	921	22

国家/地区	出口数量（支）	出口金额（千美元）
中国香港	1074	22
克罗地亚	2502	20
厄瓜多尔	293	20
土耳其	1384	18
莫桑比克	95	17
科威特	1000	16
新喀里多尼亚	540	15
挪威	450	14
巴巴多斯	100	14
拉脱维亚	1138	13
黎巴嫩	177	12
哥斯达黎加	491	12
格鲁吉亚	61	12
乌拉圭	352	11
特立尼达和多巴哥	140	10
菲律宾	536	9
斯洛文尼亚	484	9
阿根廷	726	9
阿尔及利亚	150	8
波多黎各	40	5
摩洛哥	45	5
智利	72	5
伊朗	16	4
海地	29	4
坦桑尼亚	30	4
巴拉圭	480	3
加纳	28	3
突尼斯	11	3
瓜德罗普	160	3
纳米比亚	24	3
巴基斯坦	538	3
希腊	150	3
埃及	1160	3
爱沙尼亚	7	3
哥伦比亚	15	3
委内瑞拉	300	2
斯里兰卡	14	2
立陶宛	102	1
伊拉克	10	1
马达加斯加	10	1
94038910 柳条及类似材料制家具		
#合计	296247	8291
英国	75680	1478
文莱	19533	1247
美国	85037	1088

国家/地区	出口数量（支）	出口金额（千美元）
新加坡	12162	975
缅甸	14786	869
泰国	8589	605
越南	5792	389
日本	17096	257
德国	15656	257
柬埔寨	3955	234
印度	2328	186
印度尼西亚	2325	186
沙特阿拉伯	8107	98
巴拿马	1180	94
荷兰	2392	50
巴西	681	47
土耳其	1804	35
西班牙	6754	24
伊朗	3000	21
芬兰	80	18
科威特	1364	15
黎巴嫩	1406	15
加拿大	866	13
俄罗斯联邦	1080	12
墨西哥	462	12
斯洛伐克	1134	9
韩国	450	9
比利时	550	9
以色列	300	9
意大利	680	8
法国	260	6
巴巴多斯	43	4
刚果（金）	50	4
中国香港	392	4
澳大利亚	43	2
南非	230	2
96031000 用枝条或其他植物材料捆扎的帚及刷，可有把		
#合计	37574862	34805
日本	17809933	15533
韩国	7445841	7627
中国台湾	4422226	4083
美国	1775016	1842
马来西亚	1478160	1329
意大利	1142755	910
德国	515512	612
黎巴嫩	456360	593
澳大利亚	176961	408

国家/地区	出口数量（支）	出口金额（千美元）
荷兰	222660	238
西班牙	321710	213
中国香港	365100	202
新加坡	194770	184
阿联酋	137292	148
瑞士	148100	145
俄罗斯联邦	51376	87
也门	83500	82
加拿大	59704	77
卡塔尔	93288	51
英国	23546	47
贝宁	236800	39
法国	22930	26
新西兰	11500	25
瑞典	11984	25
以色列	9400	23
南非	13092	23
波兰	19110	22
尼日利亚	165732	22
牙买加	11316	20
斯洛文尼亚	15450	17
丹麦	4608	14
塞舌尔	18960	14
爱尔兰	6020	11
坦桑尼亚	4800	11
比利时	24000	10
安哥拉	9550	9
蒙古	5850	9
匈牙利	8300	8
爱沙尼亚	9360	7
罗马尼亚	6000	6
阿尔及利亚	1350	6
赤道几内亚	2710	5
斐济	3020	4
乌拉圭	1500	4
南苏丹共和国	1008	3
中国澳门	9060	3
巴拿马	1368	3
肯尼亚	720	2
毛里塔尼亚	1100	2
刚果(金)	1800	2
直布罗陀	2400	2
伊拉克	450	2
加纳	750	2
埃及	500	1

国家/地区	出口数量（支）	出口金额（千美元）
尼日尔	360	1
克罗地亚	3000	1
乌干达	550	1
多哥	491	1
赞比亚	200	1
汤加	300	1
印度	610	1
刚果(布)	780	1
委内瑞拉	350	1
96033020 毛笔		
#合计	41722157	11282
日本	28669275	8963
韩国	1422344	771
中国台湾	1559058	247
西班牙	302820	131
马来西亚	514589	107
美国	1286100	87
南非	1578124	84
泰国	940440	68
墨西哥	488325	64
菲律宾	488369	52
法国	258620	48
委内瑞拉	179095	44
英国	573463	41
巴西	5788	39
中国香港	335292	37
乌克兰	519260	33
吉尔吉斯斯坦	100000	30
保加利亚	43200	29
智利	173330	28
沙特阿拉伯	124300	22
荷兰	137859	20
哈萨克斯坦	20000	20
加拿大	84501	19
越南	46205	18
危地马拉	124650	17
德国	70599	16
秘鲁	55650	16
澳大利亚	85111	16
意大利	24860	16
巴基斯坦	38674	15
新加坡	109417	15
印度尼西亚	229140	14
肯尼亚	35735	12
加纳	56624	12

国家/地区	出口数量（支）	出口金额（千美元）
印度	33760	11
比利时	5576	10
斯洛文尼亚	103712	9
芬兰	380640	8
叙利亚	28600	7
斯里兰卡	21720	6
匈牙利	90480	6
罗马尼亚	18031	5
埃及	35050	5
乌拉圭	10573	5
以色列	24124	5
阿联酋	39606	5
留尼汪	3200	4
俄罗斯联邦	18880	4
挪威	11620	4
新西兰	19911	4
阿塞拜疆	17900	4
葡萄牙	60000	3
黎巴嫩	10510	3
希腊	14873	3
哥伦比亚	25607	2
巴拉圭	300	2
爱尔兰	17352	2
立陶宛	2060	2
津巴布韦	11950	2
中国澳门	1360	2
伊拉克	3800	2
科威特	6670	1
伊朗	3420	1
突尼斯	3825	1
瑞士	2110	1
波兰	2432	1
阿曼	3145	1
巴拿马	400	1

竹藤进口

国家/地区	进口数量（支）	进口金额（千美元）
14011000 竹		
#合计	4635621	2837
中国台湾	1733080	2528
法国	7680	136
缅甸	2840000	128
中国	35000	23
日本	18624	20

国家/地区	进口数量（支）	进口金额（千美元）
韩国	1025	3
14012000 藤		
#合计	19654750	18555
印度尼西亚	12192382	12622
马来西亚	2930592	2934
菲律宾	989509	1062
缅甸	2589730	973
新加坡	645293	678
东帝汶	110236	105
越南	64920	56
文莱	52870	52
中国	8340	42
老挝	65415	25
中国台湾	5463	7
14019020 芦苇		
#合计	1233880	41
朝鲜	1233880	41
14019090 未列名主要作编结用的植物材料		
#合计	1081590	1481
马达加斯加	702326	745
印度	158400	296
泰国	61100	175
印度尼西亚	31000	136
斯里兰卡	78750	80
越南	45850	35
菲律宾	2000	9
中国台湾	1500	4
阿尔及利亚	120	1
日本	544	1
20059110 竹笋罐头		
#合计	83914	103
中国台湾	82231	101
意大利	1683	2
20059190 其他制作或保藏的未冷冻竹笋		
#合计	5534	27
中国台湾	5534	27
44021000 竹炭，不论是否结块		
#合计	88371	127
中国台湾	5827	74
中国	61818	32
日本	726	11
马来西亚	20000	9
44092110 任何一边、端或面制成连续形状的竹地板条块		
#合计	260	2

国家/地区	进口数量（支）	进口金额（千美元）
中国	247	1
44092190 其他任何一边、端或面制成连续形状的竹材		
#合计	17033	50
美国	17033	50
44121011 薄板制竹胶合板至少一表层本章子目注释2所列的热带木层，厚≤6毫米		
#合计	0	1
中国	0	1
44121019 其他薄板制竹胶板单板饰面板多层板，厚≤6毫米		
#合计	901	387
俄罗斯联邦	410	122
马来西亚	228	71
印度尼西亚	147	57
日本	55	56
奥地利	3	18
芬兰	5	13
瑞典	3	13
挪威	2	13
中国台湾	5	13
德国	12	5
西班牙	25	4
中国	6	2
越南	0	1
44121099 其他竹制胶合板、单板饰面板及类似的多层板		
#合计	0	4
日本	0	3
美国	0	1
44187210 其他多层已装拼的竹地板		
#合计	54	1
中国	54	1
44187910 其他已装拼的竹地板		
#合计	88	1
中国	88	1
44190032 竹制一次性筷子		
#合计	10412	26
中国	10009	18
日本	147	6
阿联酋	253	3
44190091 其他竹制餐具及厨房用具		
#合计	74053	691
越南	50842	276

国家/地区	进口数量（支）	进口金额（千美元）
中国台湾	9943	207
日本	3940	157
中国	8325	42
法国	318	4
土耳其	109	1
阿根廷	30	1
波兰	178	1
德国	113	1
44201012 竹刻		
#合计	376	2
德国	270	1
越南	98	1
44219022 竹制圆签圆棒冰果棒压舌片及类似一次性制品		
#合计	20946	42
中国台湾	17646	36
中国	3105	6
46012100 竹制的席子、席料及帘子		
#合计	13344	20
中国	10045	9
中国台湾	2983	6
日本	179	3
印度尼西亚	40	1
美国	38	1
意大利	8	0
韩国	7	0
越南	44	0
46012200 藤制的席子、席料及帘子		
#合计	290	1
印度尼西亚	111	1
菲律宾	179	0
46012911 灯心草属材料制的席子、席料及帘子		
#合计	516	5
日本	492	4
中国台湾	19	0
美国	5	0
46012919 其他草制的席子、席料及帘子		
#合计	33225	208
越南	27091	192
马达加斯加	5115	13
日本	25	1
泰国	55	1
菲律宾	195	1
孟加拉国	545	0

国家/地区	进口数量（支）	进口金额（千美元）
中国台湾	198	0
印度尼西亚	1	0
46012921 苇帘		
#合计	14341	10
朝鲜	14300	10
中国	41	0
46012929 芦苇制的席子、席料		
#合计	3100	3
朝鲜	3100	3
46012990 其他植物材料制的席子、席料及帘子		
#合计	35884	184
中国	18451	95
印度尼西亚	14703	62
越南	2513	18
意大利	6	5
美国	192	2
中国台湾	14	1
46019290 竹制其他平行连结或编结的产品		
#合计	13861	38
中国	11316	29
越南	2294	6
荷兰	18	1
意大利	19	1
印度尼西亚	124	1
46019390 藤制其他平行连结或编结的产品		
#合计	32291	85
中国香港	32140	80
中国	30	3
意大利	57	2
46021100 竹制篮筐及其他编结品		
#合计	27045	285
越南	9686	133
泰国	6597	67
中国	4461	37
日本	399	14
马来西亚	695	10
印度尼西亚	1845	8
意大利	9	8
尼泊尔	2000	4
中国台湾	672	1
英国	40	1
美国	81	1

国家/地区	进口数量（支）	进口金额（千美元）
德国	23	1
朝鲜	261	1
法国	53	1
46021200 藤制篮筐及其他编结品		
#合计	262823	1610
越南	71075	670
印度尼西亚	171609	660
缅甸	4648	53
印度	6383	48
菲律宾	3185	45
泰国	2075	45
中国	2919	42
美国	321	30
英国	175	12
日本	86	2
法国	182	2
西班牙	13	1
瑞典	20	1
墨西哥	42	0
46021910 草制篮筐及其他编结品		
#合计	110531	738
中国	8449	355
越南	83028	322
马达加斯加	11470	35
意大利	10	7
印度尼西亚	649	6
朝鲜	4806	4
菲律宾	192	3
孟加拉国	1749	1
西班牙	0	1
印度	39	1
日本	56	1
法国	43	1
布基纳法索	10	1
46021930 柳条制篮筐及其他编结品		
#合计	87879	178
朝鲜	76729	117
中国	9680	41
法国	7	10
英国	316	6
比利时	1000	1
意大利	1	1
印度尼西亚	7	1
47063000 其他纤维状纤维素竹浆		
#合计	2153134	1323

国家/地区	进口数量（支）	进口金额（千美元）
泰国	2130882	1245
印度尼西亚	10947	40
美国	10345	34
比利时	960	4
48236100 竹浆纸或纸板制的盘、碟、盆、杯及类似品		
#合计	259	5
德国	131	2
意大利	8	1
美国	98	1
94015100 竹制或藤制的坐具		
#合计	98239	1542
印度尼西亚	34478	700
越南	43349	609
菲律宾	460	78
尼泊尔	19560	47
意大利	24	32
泰国	197	25
美国	13	19
中国	38	10
法国	8	10
韩国	3	5
中国台湾	51	3
荷兰	18	2
马来西亚	15	1
印度	5	1
阿联酋	1	1
日本	11	1
94015900 柳条及类似材料制的坐具		
#合计	18027	287
越南	17613	257
比利时	56	10
法国	307	6
丹麦	2	6
英国	6	3
印度尼西亚	13	1
美国	1	1
菲律宾	14	1
马来西亚	6	1
94038100 竹制或藤制家具		
#合计	8098	245
印度尼西亚	4738	119
越南	2158	43
菲律宾	143	16
中国	489	15

国家/地区	进口数量（支）	进口金额（千美元）
美国	11	14
澳大利亚	313	11
英国	23	11
中国台湾	122	6
泰国	25	4
意大利	16	3
马来西亚	6	2
德国	3	1
日本	2	0
94038910 柳条及类似材料制家具		
#合计	242	15
越南	156	8
中国	71	4
德国	1	2
菲律宾	11	1
96031000 用枝条或其他植物材料捆扎的帚及刷，可有把		
#合计	868237	347
印度尼西亚	74266	176
印度	129550	94
斯里兰卡	662450	74
美国	164	1
96033020 毛笔		
#合计	1019072	513
日本	788161	461
中国	215781	33
德国	2025	9
韩国	6153	7
中国台湾	6739	3

果品出口

国家/地区	出口数量（千克）	出口金额（千美元）
12129911 苦杏仁		
#合计	2573058	15892
中国台湾	977472	8216
中国香港	307283	2323
德国	338200	1605
荷兰	293000	975
马来西亚	110703	536
丹麦	187000	457
韩国	116351	423
意大利	72000	413
日本	50772	348
新加坡	45983	284

国家/地区	出口数量（千克）	出口金额（千美元）
印度尼西亚	36519	182
越南	11920	62
中国澳门	17800	24
泰国	2348	13
加拿大	1758	11
捷克	2000	8
澳大利亚	774	5
美国	716	5
新西兰	295	1
英国	140	1
12129912 甜杏仁		
#合计	1286567	3608
日本	1143437	3183
中国香港	51714	257
中国澳门	82377	131
马来西亚	7200	31
澳大利亚	1326	3
加拿大	360	2
美国	153	1
12129919 杏核；桃（包括油桃）、梅或李的核及核仁		
#合计	217020	4407
日本	163032	4077
中国香港	20260	121
中国台湾	12538	116
马来西亚	5691	32
韩国	13060	27
美国	550	11
澳大利亚	454	7
印度尼西亚	532	5
新加坡	300	4
泰国	339	3
英国	144	3
新西兰	120	1
15091000 初榨的油橄榄油		
#合计	117465	547
希腊	79800	276
中国香港	34806	229
澳大利亚	1088	22
阿联酋	1491	15
中国台湾	280	5
15099000 其他油橄榄油及其分离品		
#合计	19606	63
中国香港	14278	42
美国	3668	13

国家/地区	出口数量（千克）	出口金额（千美元）
阿联酋	749	7
法国	911	2
15100000 其他橄榄油及其分离品，不论是否精制，但未经化学改性		
#合计	927	23
中国香港	885	22
德国	42	0
15111000 初榨的棕榈油		
#合计	46140	47
朝鲜	46140	47
15119010 棕榈液油（熔点 19℃－24℃）		
#合计	617910	960
吉尔吉斯斯坦	592610	920
日本	20000	33
朝鲜	5300	7
15119090 其他棕榈油及其分离品		
#合计	207093	311
乌兹别克斯坦	118000	194
日本	57760	79
朝鲜	16333	20
克罗地亚	15000	18
15121100 初榨的葵花油或红花油		
#合计	1006400	1807
新加坡	991200	1749
巴西	14820	56
泰国	380	3
15121900 其他葵花油或红花油及其分离品		
#合计	183091	486
中国香港	69827	145
安哥拉	46000	140
巴西	40000	114
加拿大	16720	44
澳大利亚	4180	27
中国澳门	4461	10
美国	1523	5
新西兰	380	1
15131900 其他椰子油及其分离品		
#合计	4400	20
朝鲜	4400	20
15159030 桐油及其分离品		
#合计	7453385	16038
日本	1216000	2643
韩国	988810	2102
泰国	964680	2028
美国	813510	1765

国家/地区	出口数量（千克）	出口金额（千美元）
马来西亚	642200	1380
中国台湾	466880	960
荷兰	415200	865
印度尼西亚	349600	756
中国香港	228950	457
澳大利亚	205390	438
英国	152000	346
印度	122828	329
土耳其	121600	306
朝鲜	101010	218
意大利	96700	208
菲律宾	80940	192
比利时	78275	160
加拿大	73260	152
法国	57000	135
西班牙	60800	128
俄罗斯联邦	60800	124
南非	45600	103
斯洛文尼亚	38000	83
克罗地亚	15200	37
墨西哥	13680	33
新加坡	15200	31
乌克兰	15200	29
斯里兰卡	8550	19
沙特阿拉伯	2280	6
巴基斯坦	2280	5
智利	380	1
巴布亚新几内亚	580	1
15159090 未列名固定植物油、脂及其分离品		
#合计	4842426	42550
美国	594086	11673
荷兰	459355	8957
韩国	2552883	5752
澳大利亚	158945	3387
加拿大	144505	3103
日本	529512	3015
新西兰	115094	2107
印度	54350	1232
德国	46978	847
英国	45633	497
南非	16720	371
中国台湾	29169	313
哥伦比亚	9690	225
泰国	9804	204

国家/地区	出口数量（千克）	出口金额（千美元）
中国香港	35984	174
埃及	5130	104
马来西亚	3900	96
法国	3949	81
越南	2972	78
巴西	7290	60
以色列	4664	54
波兰	2052	53
墨西哥	1710	40
瑞士	200	22
巴基斯坦	1421	21
塞浦路斯	550	20
新加坡	512	14
斯洛文尼亚	1058	12
智利	684	9
立陶宛	868	9
土耳其	380	8
印度尼西亚	760	7
叙利亚	1330	6
孟加拉国	228	2
意大利	60	1
20060010 蜜枣		
#合计	6494229	12819
泰国	3189534	5449
中国香港	1166032	3225
马来西亚	1044893	2083
俄罗斯联邦	486230	638
美国	132473	311
日本	94426	272
加拿大	53734	178
韩国	87988	168
中国澳门	68640	155
新加坡	45124	90
澳大利亚	28813	74
乌克兰	29500	42
阿塞拜疆	23300	38
英国	9078	30
立陶宛	17040	26
德国	2096	8
文莱	5000	7
特立尼达和多巴哥	2724	7
印度尼西亚	2224	6
菲律宾	2000	4
毛里求斯	2000	3
也门	432	2

国家/地区	出口数量（千克）	出口金额（千美元）
越南	545	2
新西兰	400	2
20060020 糖渍橄榄		
#合计	420304	1742
中国台湾	227520	939
中国香港	148417	633
马来西亚	22058	104
印度尼西亚	10672	31
新加坡	8140	24
苏里南	1940	6
法国	1350	4
加拿大	192	1
20060090 其他糖渍蔬菜、水果、坚果及植物的其他部分		
#合计	75169424	209806
日本	29603501	78573
俄罗斯联邦	5929140	17901
中国香港	6667556	13459
美国	2279386	13131
马来西亚	4539336	12371
泰国	7088132	11151
韩国	5429417	8113
德国	2498361	8077
英国	1819100	7901
荷兰	1457750	5946
菲律宾	964447	5598
法国	1006281	5140
新加坡	1609629	3883
越南	458763	3456
阿联酋	309400	1686
中国台湾	389092	1519
澳大利亚	357944	1309
乌克兰	459513	1291
墨西哥	313862	940
印度	163100	794
立陶宛	222000	688
以色列	99561	567
加拿大	55242	535
中国澳门	131933	460
新西兰	103618	434
巴西	77515	433
意大利	91192	389
比利时	91000	380
南非	76416	357
土耳其	77860	342

国家/地区	出口数量（千克）	出口金额（千美元）
特立尼达和多巴哥	101870	304
印度尼西亚	74576	279
挪威	50760	241
毛里求斯	55250	168
西班牙	30060	159
白俄罗斯	39300	152
伊朗	38930	148
苏里南	51346	144
巴布亚新几内亚	46475	140
阿塞拜疆	43700	127
波兰	31950	112
瑞典	8398	103
捷克	25900	97
文莱	24500	94
亚美尼亚	36000	90
罗马尼亚	16820	82
摩洛哥	17483	81
智利	4745	77
丹麦	34845	53
格鲁吉亚	14500	51
瑞士	10000	51
黎巴嫩	11000	47
芬兰	2744	45
阿尔及利亚	14000	43
斯里兰卡	1512	37
拉脱维亚	6000	24
前南马其顿	3000	14
埃及	500	12
摩尔多瓦	2900	9
卡塔尔	240	1
赞比亚	73	1

20079100 柑橘属水果制果酱、果冻、果泥及果膏

国家/地区	出口数量（千克）	出口金额（千美元）
#合计	1244744	1450
美国	780502	1178
俄罗斯联邦	187120	131
德国	131964	57
以色列	33470	23
意大利	56504	23
科威特	14400	17
匈牙利	18840	9
法国	18916	7
哥斯达黎加	2791	5

20079910 非柑橘属水果制果酱、果冻、果泥及果膏罐头

国家/地区	出口数量（千克）	出口金额（千美元）
#合计	39770114	33380
俄罗斯联邦	13172325	9391
美国	7753259	7224
日本	2246315	3559
荷兰	4410624	3210
哈萨克斯坦	2473637	1853
沙特阿拉伯	1710305	1450
澳大利亚	722977	884
英国	408219	822
乌克兰	784400	524
科威特	470120	488
阿尔及利亚	447876	325
意大利	434137	308
德国	488836	292
印度	378780	282
土耳其	939210	281
以色列	303776	274
伊拉克	272544	273
利比亚	244015	214
加拿大	225469	169
匈牙利	281515	150
斯洛文尼亚	226163	143
新西兰	115250	112
巴布亚新几内亚	55520	103
法国	168778	98
肯尼亚	47179	87
保加利亚	130535	86
阿联酋	75888	77
中国香港	45419	75
智利	105040	74
突尼斯	93430	67
瑞典	93533	62
墨西哥	36617	56
比利时	76068	48
立陶宛	26401	43
中国台湾	27420	40
约旦	39168	37
波多黎各	36060	31
黎巴嫩	46609	30
南非	37920	25
哥斯达黎加	10402	24
秘鲁	8502	16
越南	19120	14
丹麦	19120	14
蒙古	18566	13
塞尔维亚	19360	13
斯洛伐克	18840	11
马来西亚	4172	10
希腊	459	3

20079990 其他非柑橘属水果制果酱、果冻、果泥及果膏

国家/地区	出口数量（千克）	出口金额（千美元）
#合计	35620992	59556
日本	7483772	14057
韩国	3454595	6529
墨西哥	3862292	5209
哥伦比亚	2585330	4242
美国	2817370	4215
马来西亚	1105449	2285
澳大利亚	1195740	2064
多民族玻利维亚国	1075290	1789
蒙古	1117082	1458
洪都拉斯	931902	1290
中国香港	576189	1209
新加坡	552211	1049
中国台湾	702886	1030
哥斯达黎加	603896	969
新西兰	423986	886
尼加拉瓜	590170	800
危地马拉	529899	780
突尼斯	332640	744
泰国	354659	689
哈萨克斯坦	646800	615
英国	257490	581
加拿大	319706	578
秘鲁	330842	508
厄瓜多尔	277774	442
阿尔及利亚	196560	421
智利	359357	383
毛里求斯	219684	336
德国	38563	331
阿联酋	153571	331
印度尼西亚	230398	323
萨尔瓦多	201255	272
特立尼达和多巴哥	166415	253
俄罗斯联邦	378977	253
巴拉圭	139679	247
巴拿马	199109	237
多米尼加共和国	160539	233
菲律宾	85730	222
乌拉圭	101694	205

国家/地区	出口数量（千克）	出口金额（千美元）
阿尔巴尼亚	84000	168
沙特阿拉伯	89129	166
牙买加	103811	140
越南	97623	138
圭亚那	66926	121
以色列	35308	114
卡塔尔	16050	80
柬埔寨	36000	66
安哥拉	65445	53
土耳其	8696	48
苏里南	32715	47
科威特	26190	44
印度	40140	43
西班牙	19800	42
乌克兰	27720	41
伊朗	20256	35
文莱	13184	28
南非	5004	24
法国	14640	23
罗马尼亚	15360	21
委内瑞拉	19272	18
比利时	12890	17
朝鲜	7040	11
斯里兰卡	3375	3
瑞典	500	3
中国澳门	118	1
20081910 核桃仁罐头		
#合计	649485	4857
德国	508900	3655
英国	109000	949
日本	16100	149
中国香港	6125	57
新西兰	5360	46
韩国	4000	2
20081920 其他果仁罐头		
#合计	21815836	95402
日本	13085792	61835
韩国	1247255	6909
中国香港	1102966	5414
美国	979586	4637
泰国	1085102	4502
马来西亚	1323621	2374
中国台湾	575030	2009
加拿大	278762	1506
新加坡	405107	995

国家/地区	出口数量（千克）	出口金额（千美元）
荷兰	222136	969
英国	193501	804
以色列	145501	653
德国	111122	524
澳大利亚	64118	331
俄罗斯联邦	322004	324
沙特阿拉伯	47290	228
西班牙	31258	200
比利时	37451	163
土耳其	33375	152
匈牙利	31175	126
尼日利亚	115717	122
法国	37007	83
印度尼西亚	48960	76
阿联酋	28068	60
斯洛文尼亚	13208	57
马尔代夫	58236	52
新西兰	8176	46
摩洛哥	50400	44
菲律宾	6887	22
巴拿马	5280	22
多米尼加共和国	14239	17
土库曼斯坦	16800	17
阿塞拜疆	14688	15
巴林	3550	12
斯洛伐克	2000	11
黎巴嫩	2400	10
刚果(布)	11520	9
巴西	1518	9
文莱	7780	8
意大利	1725	8
特立尼达和多巴哥	8310	8
斯里兰卡	6120	6
墨西哥	2859	6
埃及	6240	6
孟加拉国	5070	4
科威特	4800	4
乌干达	3366	3
伊拉克	2880	2
利比里亚	2400	2
东帝汶	2040	2
印度	1440	1
20081991 其他制作或保藏的栗仁		
#合计	13105614	58718
日本	8426621	45106

国家/地区	出口数量（千克）	出口金额（千美元）
韩国	3103391	8009
葡萄牙	681000	1903
美国	281834	1437
中国台湾	196480	714
英国	216999	649
以色列	54721	273
新加坡	27625	137
泰国	33300	127
巴西	26030	126
荷兰	24000	83
阿联酋	8280	40
菲律宾	6840	31
中国香港	6349	30
意大利	4250	23
加拿大	5494	18
德国	2400	13
20081999 未列名制作或保藏的坚果及其他子仁		
#合计	57011295	190571
美国	6328807	33589
德国	4033214	20893
印度尼西亚	10578016	20755
马来西亚	5130726	17567
中国香港	2361785	14827
韩国	9116081	12070
日本	3127818	10121
澳大利亚	1895539	9482
荷兰	2354892	9044
中国台湾	1809492	6744
新加坡	978901	4737
英国	893569	2691
阿联酋	599451	2516
西班牙	590904	2310
巴西	408888	2283
加拿大	579655	2236
泰国	374449	1827
俄罗斯联邦	446280	1755
丹麦	496795	1685
意大利	388309	1581
约旦	649760	944
法国	295327	842
新西兰	174998	795
比利时	315263	723
瑞典	177080	708
越南	205703	656

国家/地区	出口数量（千克）	出口金额（千美元）
菲律宾	290937	650
阿尔及利亚	281091	633
葡萄牙	245000	621
伊朗	265840	420
以色列	161592	393
卢森堡	178534	371
中国澳门	127835	350
挪威	131623	340
沙特阿拉伯	78074	333
叙利亚	223600	319
波兰	73500	294
斯洛文尼亚	71200	288
南非	46512	265
尼泊尔	32410	205
土耳其	18570	167
巴林	52459	161
印度	20464	142
科威特	56728	135
爱尔兰	16800	128
文莱	16724	125
黎巴嫩	30510	122
委内瑞拉	19672	110
匈牙利	37200	86
墨西哥	13836	60
希腊	42525	58
白俄罗斯	26800	53
立陶宛	21500	49
巴基斯坦	12000	47
柬埔寨	19889	45
阿曼	15667	43
拉脱维亚	7205	35
秘鲁	19572	30
卡塔尔	8394	24
芬兰	4665	21
洪都拉斯	10599	14
塞浦路斯	5500	12
安哥拉	2788	12
摩尔多瓦	5000	10
毛里求斯	2804	6
格鲁吉亚	1104	5
伊拉克	1410	4
阿根廷	1080	4
苏里南	280	2
20082010 菠萝罐头		
#合计	25060400	22488

国家/地区	出口数量（千克）	出口金额（千美元）
美国	13386840	11529
英国	2920951	2562
阿联酋	1835167	1593
荷兰	1287188	1205
加拿大	410682	537
日本	326230	515
德国	376212	496
中国香港	497503	411
也门	483600	391
澳大利亚	348426	389
俄罗斯联邦	430596	361
瑞典	271747	229
科威特	247108	222
阿曼	230881	212
爱尔兰	211530	194
文莱	144283	188
法国	110226	142
波多黎各	153832	131
南非	162858	115
墨西哥	144060	104
特立尼达和多巴哥	90834	81
比利时	50805	73
以色列	96373	69
黎巴嫩	42221	66
哈萨克斯坦	56679	59
智利	54090	52
中国台湾	72060	48
亚美尼亚	36742	45
丹麦	54090	41
挪威	54235	40
古巴	45348	39
巴林	35897	34
卡塔尔	35520	33
新西兰	35807	32
摩洛哥	28728	30
巴布亚新几内亚	36252	27
伊朗	35521	26
希腊	36060	26
巴拿马	17850	19
克罗地亚	18174	17
沙特阿拉伯	18030	16
白俄罗斯	18163	16
奥地利	18030	14
毛里求斯	18174	12
斯洛文尼亚	18138	12

国家/地区	出口数量（千克）	出口金额（千美元）
捷克	18144	12
阿尔及利亚	18030	12
马来西亚	9015	7
韩国	6040	4
朝鲜	3890	2
蒙古	1140	1
留尼汪	391	1
20082090 未列名制作或保藏的菠萝		
#合计	11416	239
英国	7863	140
俄罗斯联邦	1517	43
荷兰	826	24
美国	744	18
澳大利亚	218	7
乌克兰	156	5
加拿大	92	3
20083010 柑橘属水果罐头		
#合计	337659317	441094
美国	170008241	233401
日本	60369270	82619
德国	34516974	43366
泰国	16741688	19565
加拿大	8565973	12655
荷兰	9864247	12094
伊朗	5918370	4946
阿联酋	5470480	4653
英国	2533848	3687
沙特阿拉伯	4266124	3478
韩国	3075346	3439
捷克	2046664	2693
也门	2682630	1910
马来西亚	1822183	1857
菲律宾	1089778	1121
澳大利亚	737298	1081
印度尼西亚	966536	787
俄罗斯联邦	722808	785
斯洛伐克	490601	638
瑞典	497000	567
中国台湾	474685	522
波兰	397195	417
新加坡	340994	398
中国香港	309654	355
比利时	277077	343
希腊	312660	317
波多黎各	283409	278

国家/地区	出口数量（千克）	出口金额（千美元）
瑞士	185137	277
西班牙	245110	273
挪威	237506	272
突尼斯	372600	266
新西兰	216667	266
斯威士兰	231300	266
墨西哥	227099	241
南非	201136	219
奥地利	167889	199
芬兰	102324	125
爱沙尼亚	71700	82
法国	72236	73
土耳其	55890	70
意大利	59207	70
乌克兰	63384	68
丹麦	47175	66
越南	75000	63
匈牙利	39947	33
爱尔兰	16560	25
约旦	37260	24
克罗地亚	18144	20
印度	22788	19
黎巴嫩	19800	18
大洋洲其他国家(地区)	14400	17
科威特	19470	16
巴基斯坦	19980	15
坦桑尼亚	18630	13
斯里兰卡	3600	11
巴西	3744	7
巴布亚新几内亚	9750	7
以色列	2034	5
20083090 未列名制作或保藏的柑橘属水果		
#合计	1636654	2684
荷兰	435000	589
比利时	294000	527
中国香港	258768	458
日本	224635	431
英国	216000	335
德国	117000	166
法国	48000	90
美国	21336	61
马来西亚	21915	27
20084010 梨罐头		
#合计	50483576	54052
美国	20981464	22158

国家/地区	出口数量（千克）	出口金额（千美元）
泰国	5350002	6059
日本	2631414	3899
德国	3836147	3767
希腊	3056937	2323
加拿大	1605142	2294
英国	1294252	1638
西班牙	1846052	1554
澳大利亚	1017108	1549
俄罗斯联邦	1432239	1363
荷兰	1066967	1178
法国	823567	773
也门	593546	514
爱尔兰	354301	427
挪威	317120	396
波兰	414278	358
捷克	317948	351
丹麦	248181	275
安哥拉	316839	267
波多黎各	292351	223
利比亚	147669	171
比利时	152476	165
新加坡	147504	161
以色列	181485	160
奥地利	138924	154
摩洛哥	132882	132
墨西哥	133998	124
阿联酋	134807	120
新西兰	79586	98
中国香港	117096	98
斯洛伐克	70386	92
瑞典	70486	88
古巴	92150	88
芬兰	70127	84
葡萄牙	67833	66
瑞士	66935	64
多米尼加共和国	59266	63
新喀里多尼亚	35547	48
匈牙利	54000	45
爱沙尼亚	51408	44
克罗地亚	46575	44
印度	45559	43
斐济	44088	41
乌克兰	37036	37
突尼斯	37320	35
塞浦路斯	40411	35

国家/地区	出口数量（千克）	出口金额（千美元）
阿尔及利亚	35424	35
马尔代夫	37620	34
牙买加	36288	30
佛得角	36000	29
埃及	38234	27
约旦	30636	27
保加利亚	30988	26
南非	33970	26
巴布亚新几内亚	19800	22
贝宁	18144	20
法属波利尼西亚	15036	17
哈萨克斯坦	18120	16
大洋洲其他国家(地区)	17100	13
巴巴多斯	12000	11
黎巴嫩	8316	9
斯里兰卡	8856	8
土库曼斯坦	6059	7
冰岛	4335	6
留尼汪	4744	6
巴哈马	7200	5
立陶宛	2657	3
蒙古	2178	3
马约特	1694	2
塞舌尔	1800	2
莫桑比克	1836	2
肯尼亚	1530	2
印度尼西亚	984	1
萨摩亚	618	1
20084090 未列名制作或保藏的梨		
#合计	194802	897
美国	27252	612
阿尔及利亚	164400	209
俄罗斯联邦	1224	28
加拿大	852	21
荷兰	443	11
德国	200	5
乌克兰	156	4
中国香港	160	4
澳大利亚	115	3
20085000 其他制作或保藏的杏		
#合计	13580847	13948
俄罗斯联邦	4251939	4449
德国	2156265	2271
澳大利亚	1232353	1349
法国	1013602	1031

国家/地区	出口数量（千克）	出口金额（千美元）
英国	827977	803
美国	931347	767
加拿大	549187	529
捷克	392960	460
新西兰	329624	335
荷兰	251344	262
比利时	246420	251
爱沙尼亚	238275	241
哈萨克斯坦	141817	122
奥地利	103500	87
波兰	90588	85
日本	64455	77
匈牙利	60174	71
阿尔及利亚	70848	70
乌克兰	58012	66
蒙古	55631	60
突尼斯	56130	57
西班牙	53640	50
克罗地亚	49875	47
新加坡	36914	46
阿联酋	44280	43
立陶宛	32617	36
摩洛哥	34440	35
挪威	26764	34
斯洛伐克	17712	25
新喀里多尼亚	19828	22
泰国	1320	21
巴布亚新几内亚	17694	20
爱尔兰	17856	19
丹麦	13382	18
希腊	17625	16
斯洛文尼亚	17625	15
墨西哥	17230	12
土库曼斯坦	7140	9
南非	9000	7
留尼汪	4560	5
肯尼亚	3444	4
古巴	3750	4
利比亚	2482	4
中国香港	144	3
斐济	2700	3
白俄罗斯	2214	2
塞舌尔	1667	2
马约特	1202	2
萨摩亚	802	1

国家/地区	出口数量（千克）	出口金额（千美元）
印度	492	1
20086010 樱桃罐头		
#合计	5054779	11530
日本	2124120	5392
俄罗斯联邦	1647741	3114
美国	290919	565
韩国	276373	549
爱沙尼亚	163400	451
保加利亚	48790	224
德国	61718	176
乌克兰	55533	157
巴西	55212	146
菲律宾	48880	142
印度	60017	105
墨西哥	43545	92
中国台湾	26400	62
哈萨克斯坦	17913	57
巴基斯坦	27173	54
越南	15477	50
苏丹	16581	36
南非	16830	34
巴哈马	14910	32
印度尼西亚	8082	21
土库曼斯坦	10200	20
新喀里多尼亚	6131	12
蒙古	5682	10
利比亚	5630	10
斐济	5400	10
中国香港	2122	7
20086090 其他制作或保藏的樱桃		
#合计	851952	3311
保加利亚	576974	2657
美国	210514	505
澳大利亚	31200	79
阿鲁巴	14515	33
多米尼加共和国	14515	26
菲律宾	4234	10
20087010 桃罐头		
#合计	131909423	171666
日本	37452243	58305
美国	44297647	56838
俄罗斯联邦	13376502	13743
加拿大	4911088	8321
墨西哥	5677921	5031
也门	4790813	4763

国家/地区	出口数量（千克）	出口金额（千美元）
澳大利亚	1795631	2663
泰国	1983762	2514
韩国	2121784	2345
沙特阿拉伯	2064889	2131
新西兰	1019216	1451
智利	1238974	1252
委内瑞拉	979566	1069
爱沙尼亚	940783	970
德国	585657	909
哥伦比亚	688818	681
多民族玻利维亚国	476713	554
英国	278441	470
菲律宾	443664	462
阿联酋	392397	410
中国香港	415147	375
哈萨克斯坦	425238	366
西班牙	299407	356
波多黎各	396180	349
巴拿马	309698	333
摩洛哥	291076	320
利比亚	223585	307
爱尔兰	254265	299
荷兰	242584	272
阿尔及利亚	273210	267
哥斯达黎加	260797	265
乌克兰	257430	260
新加坡	230492	253
马来西亚	217710	238
安哥拉	211863	229
中国台湾	169361	195
蒙古	127635	160
立陶宛	145670	139
古巴	127313	131
黎巴嫩	110577	121
法国	96354	107
巴西	84625	105
多米尼加共和国	91323	100
巴基斯坦	83304	87
印度	69864	78
马尔代夫	60756	67
葡萄牙	61344	59
挪威	54612	55
白俄罗斯	41328	51
突尼斯	38274	43
印度尼西亚	22023	41

国家/地区	出口数量（千克）	出口金额（千美元）
新喀里多尼亚	35190	40
比利时	19093	39
斐济	37898	38
埃及	35424	38
约旦	32700	37
萨尔瓦多	30110	36
牙买加	36288	34
巴布亚新几内亚	31350	33
斯里兰卡	30504	32
肯尼亚	27552	32
佛得角	35280	31
贝宁	23460	31
洪都拉斯	36288	29
法属波利尼西亚	22342	29
朝鲜	19696	26
南非	18619	23
瑞典	23724	22
巴巴多斯	19800	21
芬兰	18507	19
危地马拉	18144	18
大洋洲其他国家(地区)	19869	18
毛里求斯	18000	17
奥地利	18000	16
拉脱维亚	12720	15
保加利亚	12721	12
克罗地亚	19656	11
以色列	5696	10
瑞士	8858	9
格鲁吉亚	7920	9
捷克	5964	9
冰岛	4335	5
土库曼斯坦	3060	4
留尼汪	2830	4
文莱	2466	3
莫桑比克	1836	3
马约特	1712	3
萨摩亚	1186	1
基里巴斯	1071	1
20087090 未列名制作或保藏的桃		
#合计	5908228	9027
韩国	4791760	6248
美国	719785	1548
日本	152170	647
俄罗斯联邦	29376	127
荷兰	99525	124

国家/地区	出口数量（千克）	出口金额（千美元）
泰国	8000	101
德国	24170	64
新西兰	34215	59
印度尼西亚	17500	25
中国香港	1119	23
波兰	23000	22
芬兰	1056	20
巴拿马	6000	7
澳大利亚	240	6
乌克兰	180	4
加拿大	132	4
20088000 其他制作或保藏的草莓		
#合计	14847500	27690
日本	2653126	9447
德国	2419902	4219
俄罗斯联邦	3248877	3578
美国	692577	2166
捷克	1442064	1575
英国	931966	1235
韩国	71564	1096
斯洛伐克	757616	829
智利	583708	636
蒙古	365077	454
泰国	42370	397
爱沙尼亚	250254	269
荷兰	165914	229
哈萨克斯坦	230605	228
南非	195482	205
奥地利	141696	157
爱尔兰	127045	156
中国香港	40585	149
新西兰	68646	87
比利时	3146	79
波兰	73303	79
乌克兰	51089	68
中国台湾	38850	58
巴基斯坦	47626	49
巴西	34560	41
冰岛	35424	38
罗马尼亚	35424	37
西班牙	27720	34
立陶宛	19483	20
匈牙利	17712	19
克罗地亚	14976	15
澳大利亚	442	12

国家/地区	出口数量（千克）	出口金额（千美元）
利比亚	8078	10
加拿大	144	6
白俄罗斯	3690	4
阿联酋	2765	3
塞浦路斯	2460	3
斯里兰卡	50	2
菲律宾	500	1
毛里求斯	984	1
20089910 荔枝罐头		
#合计	27331678	30456
马来西亚	11918975	11803
法国	3589093	4433
荷兰	1987544	2281
德国	1474745	1758
美国	1133728	1437
印度尼西亚	1062431	1319
英国	766278	955
菲律宾	735293	776
澳大利亚	589329	724
西班牙	457274	540
巴西	394966	522
比利时	430614	480
奥地利	378205	454
意大利	278997	365
韩国	197204	239
印度	176764	237
葡萄牙	180215	224
文莱	175122	201
南非	188220	199
以色列	155974	181
加拿大	106014	163
阿联酋	107500	121
中国香港	98794	105
多米尼加共和国	71264	101
日本	61265	100
墨西哥	83698	96
俄罗斯联邦	77700	94
泰国	73224	88
瑞士	35706	61
新加坡	59118	59
新西兰	47906	56
秘鲁	42974	48
柬埔寨	35934	44
哥伦比亚	23462	32
智利	22434	28

国家/地区	出口数量（千克）	出口金额（千美元）
巴拿马	17989	23
摩洛哥	15933	19
阿根廷	9405	15
毛里求斯	14288	14
苏里南	8845	12
巴基斯坦	9525	8
肯尼亚	4068	5
特立尼达和多巴哥	3402	5
留尼汪	4082	5
斐济	4082	5
新喀里多尼亚	4082	5
捷克	4082	4
乌克兰	3390	4
尼泊尔	2041	3
马耳他	2041	2
瑞典	1356	2
孟加拉国	1361	2
阿富汗	1361	1
突尼斯	1361	1
科特迪瓦	1020	1
20089920 龙眼罐头		
#合计	1438357	1941
马来西亚	748018	932
文莱	206888	318
意大利	161404	231
印度尼西亚	110225	140
荷兰	75716	111
美国	53117	87
德国	31900	51
菲律宾	13560	17
中国香港	8941	12
苏里南	6804	9
法国	4763	8
西班牙	4804	7
捷克	4082	6
智利	2712	4
秘鲁	2722	4
毛里求斯	1361	2
韩国	660	1
澳大利亚	680	1
20089990 未列名制作或保藏水果、坚果及植物的其他食用部分		
#合计	159291646	319202
日本	63573768	157315
美国	21612143	37463

国家/地区	出口数量（千克）	出口金额（千美元）
韩国	27882767	26232
俄罗斯联邦	9599661	18582
德国	3948391	13412
澳大利亚	4038746	8598
泰国	6573890	8018
中国香港	3297923	6828
马来西亚	1948405	5726
英国	1558704	4769
新加坡	1692460	4069
荷兰	1229677	3222
加拿大	1643849	3141
法国	1577274	2391
以色列	484103	1757
新西兰	1097988	1748
乌克兰	865206	1589
墨西哥	348647	1477
意大利	662749	1149
比利时	405101	1141
瑞典	640362	1054
南非	650019	1042
波兰	343638	1033
西班牙	474332	995
立陶宛	202048	759
拉脱维亚	89630	710
爱沙尼亚	445327	623
中国台湾	307581	501
捷克	139488	470
奥地利	259244	388
巴西	187260	361
挪威	147877	321
印度尼西亚	113300	309
保加利亚	194400	284
葡萄牙	143276	202
土耳其	89802	194
智利	67822	184
丹麦	162208	177
芬兰	77676	97
白俄罗斯	63340	96
塞浦路斯	32260	81
伊朗	13600	70
阿联酋	33158	61
斐济	26826	54
缅甸	44058	54
肯尼亚	31364	38
黎巴嫩	30834	36

国家/地区	出口数量（千克）	出口金额（千美元）
委内瑞拉	39000	32
约旦	6300	31
沙特阿拉伯	10010	30
希腊	6750	28
蒙古	17808	25
斯洛文尼亚	19644	25
阿塞拜疆	6000	25
巴拿马	14000	22
安哥拉	17619	21
前南马其顿	17850	19
马耳他	16475	19
格鲁吉亚	4000	16
瑞士	12000	15
阿根廷	7000	14
哥伦比亚	4941	9
突尼斯	8352	9
土库曼斯坦	6120	8
越南	1460	7
菲律宾	6802	6
哈萨克斯坦	7500	5
利比亚	2482	4
罗马尼亚	912	3
乌拉圭	1500	3
印度	1300	3
中国澳门	2002	2
科威特	1000	1
科摩罗	200	1
苏丹	117	1
朝鲜	320	1
20091100 冷冻橙汁		
#合计	2497545	6134
中国香港	984810	2962
泰国	485065	810
英国	277200	594
科威特	254800	535
马来西亚	205740	521
新加坡	183300	439
印度尼西亚	54600	164
尼日利亚	33830	66
菲律宾	18200	44
20091200 非冷冻橙汁，白利糖度值≤20		
#合计	1366226	1518
中国台湾	342000	605
中国香港	528438	493
新加坡	112613	138

国家/地区	出口数量（千克）	出口金额（千美元）
伊朗	65738	76
蒙古	167700	73
德国	49880	34
美国	27388	34
法国	8269	19
加拿大	17244	16
荷兰	22083	14
英国	11536	9
意大利	10236	7
阿联酋	2096	1
以色列	930	1
20091900 其他橙汁		
#合计	1909591	2977
中国香港	1792296	2596
蒙古	108250	374
菲律宾	8627	7
越南	418	1
20092100 葡萄柚（包括柚）汁，白利糖度值≤20		
#合计	50287	48
中国香港	50287	48
20093110 柠檬汁，白利糖度值不超过 20		
#合计	53745	34
俄罗斯联邦	51720	33
以色列	2025	1
20093910 其他柠檬汁		
#合计	44635	94
中国台湾	15840	33
日本	12600	28
中国香港	10313	21
尼日利亚	1500	3
韩国	1500	3
印度	1260	3
阿联酋	1212	2
越南	400	1
20093990 其他未混合柑橘属水果汁		
#合计	180440	300
印度尼西亚	127400	217
日本	53040	83
20094900 其他菠萝汁		
#合计	1465893	1618
荷兰	916000	881
白俄罗斯	143640	174
澳大利亚	88000	130
意大利	105300	126

国家/地区	出口数量（千克）	出口金额（千美元）
立陶宛	61560	74
加纳	41040	49
阿塞拜疆	41040	49
哈萨克斯坦	29970	47
尼日利亚	9250	28
中国香港	6716	28
巴勒斯坦	20520	25
斯里兰卡	2250	6
阿联酋	357	1
罗马尼亚	250	1
20096100 葡萄汁，白利糖度值≤30		
#合计	398961	376
中国香港	287748	319
蒙古	111145	57
20096900 其他葡萄汁		
#合计	468050	1244
日本	92780	584
中国台湾	192330	346
泰国	118800	214
毛里求斯	61050	92
中国香港	1890	6
印度	1200	2
20097100 苹果汁，白利糖度值≤20		
#合计	5013981	14515
美国	3976488	13227
中国香港	762905	923
俄罗斯联邦	88000	185
新加坡	79883	88
波多黎各	4624	25
泰国	31290	24
加拿大	13620	11
德国	20062	10
荷兰	13411	8
法国	3740	7
英国	4111	3
蒙古	11706	3
朝鲜	1000	2
以色列	1164	1
阿联酋	1177	1
澳大利亚	735	1
20097900 其他苹果汁		
#合计	586618820	1127489
美国	292774861	560415
日本	62895859	124180
加拿大	50438480	106639

国家/地区	出口数量（千克）	出口金额（千美元）
俄罗斯联邦	54701900	104136
澳大利亚	26169695	48421
南非	19531670	36695
德国	19649175	32362
荷兰	7528750	13557
土耳其	7023225	12161
印度	5717025	10826
沙特阿拉伯	3206775	6763
韩国	3622210	6692
泰国	3145952	5961
比利时	2911900	5614
以色列	2745600	5446
巴基斯坦	2407900	5147
新西兰	2548700	5109
中国台湾	2541600	4605
马来西亚	1454700	2692
哈萨克斯坦	1510850	2660
蒙古	1048860	2409
塞浦路斯	1298000	2290
尼日利亚	1090375	2177
西班牙	825000	1875
英国	923200	1837
挪威	952600	1825
印度尼西亚	923725	1812
新加坡	916330	1727
乌克兰	952600	1696
菲律宾	539770	1041
越南	514108	1036
埃及	559900	1016
摩洛哥	309650	631
阿联酋	329450	597
突尼斯	308000	559
约旦	217800	447
奥地利	264000	436
中国香港	234025	423
法国	217525	420
黎巴嫩	220000	403
立陶宛	110000	243
毛里求斯	132000	235
牙买加	132000	230
加纳	106150	216
新喀里多尼亚	88000	196
波多黎各	105600	196
丹麦	88000	184
多米尼加共和国	85800	163

国家/地区	出口数量（千克）	出口金额（千美元）
波兰	92400	161
爱尔兰	72900	131
斯里兰卡	63800	123
阿尔巴尼亚	66000	116
坦桑尼亚	44000	107
孟加拉国	39875	71
巴拿马	39600	71
阿曼	26950	57
肯尼亚	23650	51
瑞典	44000	48
克罗地亚	22000	41
安哥拉	22000	39
荷属安的列斯群岛	19800	39
也门	22000	38
阿富汗	550	1
20099010 混合水果汁		
#合计	9083859	22570
美国	4839640	13590
俄罗斯联邦	3454000	6989
日本	259042	536
马来西亚	92043	261
印度尼西亚	95832	254
蒙古	63344	245
菲律宾	66064	203
澳大利亚	52920	128
巴基斯坦	31563	85
新加坡	8460	83
韩国	18989	54
泰国	29800	53
立陶宛	38726	25
波多黎各	8550	24
中国香港	6144	18
朝鲜	1650	7
阿联酋	1811	5
意大利	7338	5
苏里南	6444	5
加拿大	1408	1
21069040 椰子汁		
#合计	674502	1668
中国香港	667381	1653
俄罗斯联邦	7121	15
22041000 葡萄汽酒		
#合计	67626	1228
中国香港	32439	709
法国	5397	171

国家/地区	出口数量（千克）	出口金额（千美元）
阿联酋	3265	79
新加坡	1203	69
德国	13838	59
英国	1695	44
美国	6488	40
蒙古	1109	37
新西兰	329	9
日本	1058	7
菲律宾	675	3
土耳其	32	1
22042100 装入≤2 升的容器的鲜葡萄酿造的酒		
#合计	1839965	75396
中国香港	856260	71300
法国	84687	502
比利时	183292	431
澳大利亚	45367	402
中国澳门	54985	370
阿联酋	12109	353
缅甸	47124	296
荷兰	101550	234
希腊	106313	183
新加坡	31952	183
美国	50661	159
西班牙	38570	137
日本	34814	112
英国	13106	106
德国	36253	105
蒙古	18611	91
中国台湾	17613	88
巴拿马	44343	77
加拿大	9000	46
朝鲜	13320	40
丹麦	3141	34
马来西亚	6976	28
越南	810	24
韩国	15583	21
新西兰	2148	20
菲律宾	2936	10
匈牙利	30	9
智利	2160	7
加纳	405	7
乌克兰	2250	6
葡萄牙	1244	6
泰国	810	5

国家/地区	出口数量（千克）	出口金额（千美元）
以色列	866	3
法属波利尼西亚	540	2
瑞士	136	1
22042900 装入>2 升的容器的鲜葡萄酿造的酒		
#合计	130410	191
法国	94000	103
新加坡	8336	58
德国	16000	15
中国澳门	12044	15
22051000 装入≤2 升的容器的味美思酒等酒		
#合计	434735	839
缅甸	323856	617
日本	80238	173
中国香港	18000	28
美国	9641	14
新加坡	3000	7
22060090 其他发酵饮料；未列名的发酵饮料的混合物		
#合计	7978469	6919
日本	5256908	3161
德国	608687	764
奥地利	496365	526
拉脱维亚	154543	416
荷兰	193584	269
西班牙	222169	243
中国香港	167601	232
意大利	152943	206
新加坡	169678	202
比利时	106311	141
捷克	84078	125
波兰	42630	102
葡萄牙	50814	80
以色列	22708	66
俄罗斯联邦	40500	65
法国	39960	64
泰国	63720	61
英国	25593	49
美国	10785	33
墨西哥	14940	20
中国澳门	3254	16
塞拉利昂	9180	13
澳大利亚	8682	13
塞浦路斯	5311	12
多米尼加共和国	6480	9

国家/地区	出口数量（千克）	出口金额（千美元）
阿联酋	345	8
马来西亚	8328	6
爱尔兰	1350	6
卢森堡	4920	5
哥伦比亚	3240	4
吉布提	1242	2
智利	900	1
丹麦	450	1
22082000 蒸馏葡萄酒制得的烈性酒		
#合计	1163948	48538
中国香港	948988	44864
法国	68528	2115
越南	47610	686
美国	51781	375
中国澳门	4895	264
泰国	13440	59
尼日利亚	13759	49
蒙古	674	36
俄罗斯联邦	5411	25
希腊	5616	20
阿联酋	282	15
韩国	865	15
中国台湾	462	10
新加坡	1320	5
菲律宾	227	2
22085000 杜松子酒		
#合计	1676	12
阿联酋	755	4
法国	360	2
中国香港	165	2
美国	65	2
德国	205	2
22089010 龙舌兰酒		
#合计	15291	749
美国	12733	703
西班牙	2558	46
中国澳门	5200	1
23065000 椰子或干椰肉的油渣饼及其他固体残渣		
#合计	5200	1
23069000 未列名植物油渣饼及其他固体残渣		
#合计	146911820	51796
泰国	58243420	22256
越南	27681300	10861

国家/地区	出口数量（千克）	出口金额（千美元）
中国台湾	13944370	5408
印度尼西亚	18279450	4715
韩国	14908700	3693
日本	7155560	2580
马来西亚	2431510	750
菲律宾	1754100	478
荷兰	441610	308
西班牙	797500	289
美国	430000	162
智利	192000	63
保加利亚	141300	50
马达加斯加	80000	33
南非	104000	31
中国香港	90200	29
加拿大	33000	21
斯里兰卡	59000	16
丹麦	23000	11
墨西哥	28800	10
英国	24000	9
法国	21000	8
印度	20000	7
新加坡	16000	4
厄瓜多尔	10000	3
爱尔兰	2000	1
23080000 动物饲料用未列名的植物原料、废料、残渣及副产品，不论是否制成团粒		
#合计	279638047	78385
日本	230391304	65124
韩国	27598660	5460
美国	13667297	5071
中国台湾	741025	783
马来西亚	2938800	687
泰国	942800	594
加拿大	2029358	300
西班牙	1008000	239
菲律宾	90000	51
英国	38000	27
中国香港	37000	22
墨西哥	88000	9
土耳其	12000	8
澳大利亚	50803	7
俄罗斯联邦	5000	4
38021090 其他活性炭		
#合计	174455350	242100
日本	41686468	68621

国家/地区	出口数量（千克）	出口金额（千美元）
韩国	26934301	26825
美国	13999700	21534
比利时	11808110	18237
荷兰	14110993	17775
意大利	9437104	10493
德国	5657532	8573
中国台湾	4560803	5986
新加坡	3123670	5215
泰国	1816001	4531
西班牙	2827210	4252
英国	3077900	4077
澳大利亚	2709300	3649
加拿大	2461279	3605
法国	2805795	3527
俄罗斯联邦	2437300	3510
沙特阿拉伯	1599684	2551
印度	1441102	2362
中国香港	1275385	2330
墨西哥	1443684	1756
马来西亚	2001661	1752
南非	1574620	1740
巴西	1443040	1722
印度尼西亚	1168400	1545
瑞典	974434	1475
津巴布韦	2356000	1312
斯里兰卡	798041	1177
土耳其	1124025	1084
约旦	1223150	1066
以色列	669000	992
土库曼斯坦	290225	970
新西兰	715208	907
摩洛哥	353000	534
塔吉克斯坦	180000	473
波兰	324000	400
突尼斯	408000	390
菲律宾	217000	364
秘鲁	238000	274
阿联酋	212775	255
芬兰	169000	246
伊朗	167160	243
卡塔尔	157150	214
巴基斯坦	180000	184
朝鲜	113855	180
阿根廷	113200	178
委内瑞拉	128300	153

国家/地区	出口数量（千克）	出口金额（千美元）
罗马尼亚	119500	153
哥伦比亚	102000	139
纳米比亚	98000	136
越南	113150	131
挪威	70400	131
苏丹	73000	128
丹麦	79000	122
乌克兰	79500	118
拉脱维亚	29000	114
埃及	88000	114
乌兹别克斯坦	56500	109
利比亚	85650	108
中国澳门	70000	108
斯洛文尼亚	40000	102
巴拿马	175000	100
捷克	66000	96
多米尼加共和国	40000	91
马达加斯加	40000	90
立陶宛	38500	87
瑞士	70600	84
肯尼亚	58800	81
塞浦路斯	43000	69
阿曼	37000	57
孟加拉国	45685	51
智利	36000	50
新喀里多尼亚	28000	44
斯洛伐克	16000	41
坦桑尼亚	20500	38
危地马拉	22900	35
留尼汪	16000	24
科威特	12000	21
巴布亚新几内亚	10000	18
特立尼达和多巴哥	17500	15
洪都拉斯	10000	14
希腊	11000	13
萨尔瓦多	10000	12
蒙古	3300	9
加纳	10000	7
巴林	1000	2
尼日利亚	300	1
53081000 椰壳纤维纱线		
#合计	3960	10
比利时	3460	9
越南	500	1

国家/地区	出口数量（千克）	出口金额（千美元）
57022000 椰壳纤维制的铺地制品，未簇绒或未植绒		
#合计	482066	1443
美国	219931	760
老挝	136320	284
英国	24171	80
南非	18615	50
马来西亚	1685	49
澳大利亚	17617	48
泰国	12935	29
瑞士	5210	26
荷兰	6904	24
中国台湾	7011	17
新加坡	6840	17
西班牙	3975	16
中国香港	4961	12
以色列	5056	11
法国	2610	5
俄罗斯联邦	2678	5
瑞典	2200	5
波兰	1410	4
斯洛文尼亚	1800	3
日本	120	1

果品进口

国家/地区	进口数量（千克）	进口金额（千美元）
12030000 干椰子肉		
#合计	52456	56
越南	25000	26
印度尼西亚	25230	21
美国	2219	9
12129911 苦杏仁		
#合计	8686	14
韩国	4600	11
朝鲜	4075	3
12129912 甜杏仁		
#合计	1789846	5572
美国	1648966	5426
乌兹别克斯坦	130680	115
中国台湾	882	10
韩国	1200	8
西班牙	375	6
吉尔吉斯斯坦	4710	5
朝鲜	3000	3

国家/地区	进口数量（千克）	进口金额（千美元）
12129919 杏核；桃（包括油桃）、梅或李的核及核仁		
#合计	35100	95
南非	24000	67
吉尔吉斯斯坦	11100	28
15091000 初榨的油橄榄油		
#合计	39273845	151953
西班牙	24774842	92099
意大利	7704603	29663
希腊	2495978	11580
澳大利亚	796603	5669
突尼斯	1395957	4210
土耳其	698896	2747
叙利亚	594214	2202
葡萄牙	388006	1758
阿根廷	130477	634
智利	59356	253
摩洛哥	53374	216
埃及	49634	212
法国	35114	143
塞浦路斯	25014	133
美国	17779	101
克罗地亚	12359	84
以色列	14954	83
南非	5040	42
韩国	5648	35
英国	7387	26
中国台湾	4372	20
新西兰	540	14
阿尔及利亚	1145	10
德国	823	8
约旦	916	7
黎巴嫩	800	3
15099000 其他油橄榄油及其分离品		
#合计	2002175	6207
西班牙	1020479	2956
意大利	457093	1418
希腊	212410	685
土耳其	199286	567
日本	8897	175
法国	44448	151
英国	24937	71
澳大利亚	5801	54
以色列	5817	38
葡萄牙	3422	37

国家/地区	进口数量（千克）	进口金额（千美元）
美国	9029	24
中国台湾	6852	15
韩国	1541	7
德国	1910	7
瑞士	250	2
比利时	3	1
15100000 其他橄榄油及其分离品，不论是否精制，但未经化学改性		
#合计	4874820	12737
意大利	2151470	5861
西班牙	2246583	5617
希腊	250224	641
中国台湾	106751	344
土耳其	38509	90
突尼斯	44635	88
美国	20627	52
叙利亚	11520	13
波兰	492	11
葡萄牙	3297	9
日本	436	7
法国	220	2
德国	56	1
15111000 初榨的棕榈油		
#合计	59044287	50379
印度尼西亚	46601801	39913
马来西亚	12406226	10434
泰国	36260	33
15119090 其他棕榈油及其分离品		
#合计	420997	465
马来西亚	420943	463
丹麦	50	1
15121100 初榨的葵花油或红花油		
#合计	104633845	127907
乌克兰	90964803	110394
阿根廷	11650000	14430
澳大利亚	1025383	1057
美国	247046	647
荷兰	220680	409
法国	211660	333
坦桑尼亚	146080	286
西班牙	104440	173
意大利	32933	107
德国	26328	47
墨西哥	3622	21
瑞士	300	3

国家/地区	进口数量（千克）	进口金额（千美元）
英国	527	1
15121900 其他葵花油或红花油及其分离品		
#合计	2161011	4640
泰国	325000	1234
阿根廷	386577	726
土耳其	359624	484
澳大利亚	332010	366
西班牙	152410	278
马来西亚	108420	231
乌克兰	131868	211
美国	41106	189
日本	59255	187
法国	26485	143
中国台湾	66665	112
德国	22825	111
英国	37455	90
荷兰	19860	81
匈牙利	40777	75
奥地利	15200	37
意大利	14308	35
俄罗斯联邦	18408	30
瑞士	440	16
保加利亚	1800	3
韩国	110	1
新加坡	366	1
15131100 初榨的椰子油		
#合计	133241339	159000
印度尼西亚	116857995	139521
菲律宾	15468042	18400
越南	885835	945
马来西亚	996	47
美国	14912	31
新加坡	8615	28
斯里兰卡	3327	18
泰国	820	6
中国台湾	731	2
西班牙	25	0
15131900 其他椰子油及其分离品		
#合计	74576579	100040
印度尼西亚	58013031	75298
马来西亚	7771551	10724
菲律宾	7137800	9801
美国	1650647	4181
泰国	1570	14
日本	1009	12

国家/地区	进口数量（千克）	进口金额（千美元）
瑞典	800	8
法国	74	2
15132100 初榨的棕榈仁油或巴巴苏棕榈果油		
#合计	259772288	306122
马来西亚	154366528	172129
印度尼西亚	105405760	133993
15132900 其他棕榈仁油或巴巴苏棕榈果油及其分离品		
#合计	225794360	271646
印度尼西亚	211899339	253959
马来西亚	13864254	17491
美国	26428	181
法国	3962	11
韩国	25	1
日本	16	1
荷兰	204	1
英国	10	1
中国台湾	102	1
15159010 希蒙得木油及其分离品		
#合计	86464	2015
阿根廷	34730	785
以色列	32055	587
秘鲁	10800	358
美国	5001	145
日本	2305	79
德国	1020	33
澳大利亚	353	24
西班牙	200	5
美国	496	9
15159030 桐油及其分离品		
#合计	496	9
15159090 未列名固定植物油、脂及其分离品		
#合计	2385639	15033
美国	313333	5547
意大利	559562	2288
西班牙	367138	1316
法国	167721	1227
日本	47050	630
澳大利亚	22541	599
加拿大	30593	557
英国	74220	390
越南	418566	353
中国台湾	46976	313

国家/地区	进口数量（千克）	进口金额（千美元）
荷兰	29739	307
瑞典	65969	288
韩国	39368	220
新西兰	7166	202
德国	36356	200
泰国	41049	127
智利	13630	97
巴西	3897	72
丹麦	990	56
南非	15965	55
老挝	40000	43
印度	2104	38
缅甸	32000	34
瑞士	500	20
墨西哥	669	13
奥地利	651	13
肯尼亚	1018	6
摩洛哥	151	6
中国	1653	5
中国香港	1292	3
哈萨克斯坦	2000	2
厄瓜多尔	982	2
土耳其	500	2
秘鲁	10	1
菲律宾	140	1
以色列	91	1
加纳	49	1
20057000 非醋方法制作或保藏的油橄榄		
#合计	855851	1625
西班牙	772517	1371
英国	19391	73
希腊	16456	60
土耳其	27718	55
意大利	10587	29
澳大利亚	1884	20
美国	1816	7
中国台湾	4852	6
法国	515	3
墨西哥	115	1
20060010 蜜枣		
#合计	1017	9
德国	625	5
中国台湾	288	2
阿联酋	55	1
20060020 糖渍橄榄		

国家/地区	进口数量（千克）	进口金额（千美元）
#合计	647	1
中国台湾	632	1
20060090 其他糖渍蔬菜、水果、坚果及植物的其他部分		
#合计	1481505	6651
菲律宾	373626	2302
泰国	407155	1997
韩国	386518	942
美国	184938	752
中国台湾	60326	237
加拿大	22953	103
荷兰	19635	100
马来西亚	6089	58
法国	4094	50
英国	1490	29
瑞士	3955	26
德国	2286	16
意大利	2495	13
西班牙	2817	10
中国	1544	7
日本	43	3
澳大利亚	288	2
摩洛哥	414	1
比利时	100	1
印度	500	1
希腊	89	0
20079100 柑橘属水果制果酱、果冻、果泥及果膏		
#合计	124528	549
瑞士	20281	122
法国	21273	120
英国	9063	54
马来西亚	14448	45
瑞典	7225	39
德国	7494	33
奥地利	15747	33
美国	6091	26
澳大利亚	2157	18
西班牙	5215	15
韩国	4350	14
日本	910	6
比利时	1097	5
以色列	5147	5
意大利	1241	5
丹麦	662	4

国家/地区	进口数量（千克）	进口金额（千美元）
泰国	1353	4
波兰	240	1
20079910 非柑橘属水果制果酱、果冻、果泥及果膏罐头		
#合计	1086351	3560
法国	173286	911
瑞典	178321	903
印度	325720	537
英国	55612	296
比利时	65001	247
马来西亚	132097	209
美国	26954	114
土耳其	48396	75
澳大利亚	7956	63
菲律宾	22388	55
西班牙	17199	38
保加利亚	9036	37
奥地利	3537	21
德国	1765	14
韩国	3951	12
新西兰	1118	6
泰国	620	5
墨西哥	1391	4
中国台湾	8276	4
意大利	359	3
希腊	726	3
日本	2000	1
俄罗斯联邦	72	1
20079990 其他非柑橘属水果制果酱、果冻、果泥及果膏		
#合计	5392298	13504
法国	604665	3195
印度	1357801	1870
美国	813127	1760
德国	327309	1630
瑞士	120341	774
比利时	162261	626
中国台湾	556250	550
马来西亚	202291	434
意大利	65302	352
韩国	133265	334
奥地利	166056	330
厄瓜多尔	324788	280
菲律宾	108593	263
澳大利亚	55910	180

国家/地区	进口数量（千克）	进口金额（千美元）
英国	26436	112
新西兰	15720	90
土耳其	12182	86
西班牙	23352	84
南非	66624	76
波兰	22788	74
荷兰	11272	73
哥斯达黎加	84922	63
墨西哥	6286	47
日本	4606	41
智利	38102	32
丹麦	5576	30
泰国	14255	26
阿根廷	19200	24
阿联酋	28305	23
保加利亚	6854	14
加拿大	2178	13
秘鲁	816	6
新加坡	954	5
伯利兹	1344	3
白俄罗斯	2006	3
印度尼西亚	234	1
20081910 核桃仁罐头		
#合计	159	4
英国	132	4
20081920 其他果仁罐头		
#合计	149693	1376
泰国	100288	895
美国	28743	413
韩国	15801	28
中国台湾	2560	22
英国	490	8
西班牙	1551	6
意大利	200	4
中国香港	60	1
20081991 其他制作或保藏的栗仁		
#合计	79316	482
法国	44899	246
瑞士	34389	235
20081999 未列名制作或保藏的坚果及其他子仁		
#合计	3364123	26141
土耳其	1121613	9570
美国	678760	5258
意大利	326492	2414

国家/地区	进口数量（千克）	进口金额（千美元）
越南	173573	1994
中国香港	220310	1741
泰国	175214	1127
中国台湾	222453	884
马来西亚	188693	786
澳大利亚	24201	441
德国	43861	435
新加坡	24215	325
瑞士	47922	275
法国	24920	170
比利时	17206	154
日本	13648	148
加拿大	5456	94
韩国	6981	54
荷兰	7317	52
西班牙	9807	50
伊朗	1604	39
英国	4699	37
哈萨克斯坦	17658	33
菲律宾	3312	23
希腊	1867	14
阿联酋	825	14
印度尼西亚	920	4
中国	326	4
印度	38	1
墨西哥	28	1
白俄罗斯	93	1
20082010 菠萝罐头		
#合计	14224071	12300
泰国	7516663	6451
菲律宾	3331774	3015
印度尼西亚	3337578	2783
越南	18357	25
美国	4899	7
英国	2346	6
韩国	1860	4
中国台湾	5429	4
加拿大	3890	2
法国	1036	2
德国	143	1
20082090 未列名制作或保藏的菠萝		
#合计	371449	407
泰国	275958	297
越南	90870	78
菲律宾	4020	27

国家/地区	进口数量（千克）	进口金额（千美元）
哥斯达黎加	238	3
中国台湾	119	1
美国	213	1
20083010 柑橘属水果罐头		
#合计	838636	1550
韩国	768842	1455
泰国	50629	69
中国	17976	23
美国	907	2
意大利	100	1
希腊	164	1
20083090 未列名制作或保藏的柑橘属水果		
#合计	77402266	80895
美国	45862752	47263
巴西	16547942	14548
哥斯达黎加	12230246	13306
韩国	2321759	5255
墨西哥	403200	486
以色列	14880	17
泰国	19260	15
西班牙	2100	3
中国台湾	49	1
马来西亚	53	1
20084010 梨罐头		
#合计	221237	218
南非	107759	104
中国	108864	102
法国	3401	8
西班牙	455	2
美国	468	1
德国	290	1
20084090 未列名制作或保藏的梨		
#合计	2708	8
韩国	2600	5
中国	108	2
20085000 其他制作或保藏的杏		
#合计	7458	27
德国	1033	9
法国	2264	8
南非	2373	4
美国	910	2
西班牙	75	2
墨西哥	376	1
泰国	200	1
澳大利亚	200	1

国家/地区	进口数量（千克）	进口金额（千美元）
20086010 樱桃罐头		
#合计	152185	303
智利	130417	192
德国	9902	58
法国	6268	37
美国	5173	13
意大利	422	3
20086090 其他制作或保藏的樱桃		
#合计	83399	433
法国	38516	250
菲律宾	36018	119
美国	7251	53
德国	1394	6
中国台湾	220	5
20087010 桃罐头		
#合计	11974789	13148
南非	10777517	11793
希腊	974510	1031
智利	212544	300
韩国	6120	14
美国	2026	4
西班牙	576	4
法国	268	1
加拿大	1159	1
20087090 未列名制作或保藏的桃		
#合计	699836	787
智利	695635	780
美国	4201	7
20088000 其他制作或保藏的草莓		
#合计	39858	135
美国	30399	80
荷兰	8240	46
比利时	1180	7
日本	2	2
20089100 其他制作或保藏的棕榈芯		
#合计	32978	95
多民族玻利维亚国	12480	48
泰国	17628	33
哥斯达黎加	2125	10
法国	169	2
巴西	480	2
秘鲁	96	1
20089910 荔枝罐头		
#合计	37122	51
中国	33724	44
泰国	3299	7
20089920 龙眼罐头		
#合计	10757	8
泰国	10757	8
20089990 未列名制作或保藏水果、坚果及植物的其他食用部分		
#合计	16319522	24936
美国	2570001	7660
菲律宾	6498301	7122
泰国	4011982	3082
印度	1184645	1680
韩国	582110	1371
比利时	109204	449
中国台湾	60591	353
加拿大	58697	334
西班牙	229880	324
德国	35077	298
马来西亚	67532	274
越南	167005	267
南非	298858	222
日本	85819	215
印度尼西亚	103880	215
法国	61869	193
土耳其	19004	179
智利	33055	161
新加坡	20527	153
巴西	60400	105
意大利	26968	61
瑞典	4992	40
希腊	7356	35
英国	6229	34
荷兰	3264	22
墨西哥	2727	20
澳大利亚	2252	19
中国	447	9
瑞士	2000	9
厄瓜多尔	1492	8
伊朗	130	6
丹麦	630	5
秘鲁	588	4
阿根廷	1241	4
中国香港	300	2
匈牙利	308	1
新西兰	11	1
20091100 冷冻橙汁		
#合计	55738635	141417
巴西	41240927	106663
以色列	11121379	24057
美国	1319259	4583
哥斯达黎加	906358	2496
荷兰	586921	2006
墨西哥	302640	850
意大利	174140	605
希腊	45760	96
中国香港	35754	55
德国	4512	4
中国台湾	969	1
西班牙	13	1
20091200 非冷冻橙汁，白利糖度值≤20		
#合计	2042010	2545
美国	538313	797
澳大利亚	286110	552
泰国	247883	253
塞浦路斯	373332	236
中国香港	40851	85
德国	98529	84
奥地利	64180	73
墨西哥	43290	68
意大利	60580	66
英国	21486	63
南非	42031	34
西班牙	29267	29
法国	28874	29
中国台湾	19871	24
日本	8305	21
伊朗	27424	21
土耳其	24520	21
加拿大	18732	19
保加利亚	18000	14
波兰	11577	12
印度尼西亚	10041	8
葡萄牙	6190	7
菲律宾	4573	7
瑞士	2076	6
斯洛文尼亚	4586	5
阿联酋	4488	3
马来西亚	2963	3
沙特阿拉伯	2644	2
以色列	450	2
韩国	795	1

国家/地区	进口数量（千克）	进口金额（千美元）
比利时	17	0
20091900 其他橙汁		
#合计	112497	195
意大利	59340	140
奥地利	27388	28
斯洛文尼亚	6592	10
墨西哥	9310	6
塞浦路斯	5665	3
日本	198	2
中国台湾	561	1
阿联酋	1975	1
澳大利亚	93	1
法国	462	1
英国	666	1
美国	22	1
韩国	180	1
菲律宾	32	0
20092100 葡萄柚(包括柚)汁，白利糖度值≤20		
#合计	464587	523
以色列	118450	130
塞浦路斯	156428	98
美国	64511	90
日本	7062	60
奥地利	23698	34
澳大利亚	21228	29
泰国	28128	26
意大利	14160	15
德国	10668	10
波兰	9786	9
中国香港	3217	7
英国	2484	5
韩国	965	4
西班牙	1188	3
中国台湾	1183	2
法国	830	1
土耳其	595	1
20092900 其他葡萄柚(包括柚)汁		
#合计	1093899	2667
以色列	752052	1678
意大利	113600	345
美国	115261	337
南非	72440	163
古巴	13000	75
伯利兹	18900	51

国家/地区	进口数量（千克）	进口金额（千美元）
韩国	2728	9
新西兰	1308	5
奥地利	2998	3
加拿大	346	1
英国	378	1
土耳其	576	1
法国	312	0
20093110 柠檬汁，白利糖度值不超过20		
#合计	679859	1195
中国台湾	508476	864
越南	40824	115
比利时	43668	68
美国	31873	62
意大利	6894	20
泰国	18360	19
奥地利	4530	10
土耳其	10974	9
西班牙	2594	8
墨西哥	3136	7
中国香港	685	4
以色列	2070	3
澳大利亚	517	3
塞浦路斯	3092	2
日本	970	2
沙特阿拉伯	881	1
马来西亚	220	0
20093190 其他未混合柑橘属水果汁，白利糖度≤20		
#合计	381411	582
越南	221160	308
中国台湾	128116	224
泰国	20647	22
日本	8676	21
意大利	881	3
法国	482	3
韩国	127	1
马来西亚	1205	1
墨西哥	82	1
20093910 其他柠檬汁		
#合计	1349145	4354
意大利	622252	2393
以色列	427330	922
阿根廷	152162	480
德国	62127	292
美国	13026	130

国家/地区	进口数量（千克）	进口金额（千美元）
日本	3083	37
比利时	21840	34
巴西	12000	33
中国台湾	27745	11
西班牙	1260	7
泰国	1072	6
法国	2766	5
菲律宾	1080	2
加拿大	499	1
英国	576	1
阿联酋	321	0
20093990 其他未混合柑橘属水果汁		
#合计	42144	27
马来西亚	39575	24
拉脱维亚	2506	3
日本	45	1
20094100 菠萝汁，白利糖度值≤20		
#合计	605071	548
泰国	174599	204
塞浦路斯	183474	118
菲律宾	127202	99
马来西亚	38745	32
保加利亚	21240	18
意大利	15538	16
日本	6377	14
波兰	11292	12
土耳其	8995	10
澳大利亚	3328	6
法国	1216	3
美国	1784	3
伊朗	3364	3
德国	662	3
南非	1620	2
葡萄牙	1719	2
沙特阿拉伯	2644	2
加拿大	336	1
西班牙	613	1
20094900 其他菠萝汁		
#合计	928533	1403
泰国	495824	674
印度尼西亚	309036	355
日本	13703	183
越南	58500	89
美国	7056	36
菲律宾	24701	32

国家/地区	进口数量（千克）	进口金额（千美元）
哥斯达黎加	18550	31
澳大利亚	360	2
奥地利	230	1
法国	428	1
20096100 葡萄汁，白利糖度值≤30		
#合计	1497668	3341
澳大利亚	584007	2214
西班牙	108257	165
马来西亚	141564	152
塞浦路斯	208101	130
泰国	117264	129
加拿大	63488	119
美国	77659	95
南非	44834	68
法国	16000	45
奥地利	19542	37
波兰	40461	36
捷克	8381	34
日本	7554	26
德国	11472	25
土耳其	24408	23
意大利	8562	18
巴西	9145	16
以色列	2915	6
比利时	176	2
中国台湾	1599	2
沙特阿拉伯	1762	1
韩国	486	1
20096900 其他葡萄汁		
#合计	13642296	27175
阿根廷	4793220	8548
西班牙	3488480	6877
以色列	3161851	6342
美国	1544397	3845
泰国	209869	492
加拿大	192252	465
中国台湾	169830	239
奥地利	18200	208
智利	61107	153
法国	400	3
塞浦路斯	2518	2
澳大利亚	112	1
20097100 苹果汁，白利糖度值≤20		
#合计	959966	1195
澳大利亚	180031	339
美国	154229	278
塞浦路斯	205757	131
奥地利	50736	54
泰国	48830	52
德国	53601	52
土耳其	38623	31
日本	8371	30
南非	35670	30
英国	11467	27
法国	21468	23
中国台湾	22956	20
西班牙	20341	20
意大利	17955	18
比利时	10888	15
加拿大	15384	14
保加利亚	15120	11
印度尼西亚	12600	9
阿塞拜疆	13836	8
新西兰	2673	8
丹麦	3157	6
葡萄牙	3710	4
波兰	4303	4
斯洛文尼亚	1779	2
阿联酋	2760	2
匈牙利	361	2
拉脱维亚	1242	2
以色列	930	1
菲律宾	461	1
韩国	482	1
20097900 其他苹果汁		
#合计	74396	188
美国	27650	99
意大利	10550	40
新西兰	3046	10
奥地利	9728	8
斯洛文尼亚	5869	8
日本	1786	8
泰国	7200	5
法国	2067	4
塞浦路斯	5665	3
韩国	324	1
匈牙利	310	1
澳大利亚	93	1
20099010 混合水果汁		
#合计	6588884	13734
丹麦	3563000	7794
美国	451702	2327
泰国	1020161	1057
韩国	80210	679
南非	220605	231
英国	58878	202
塞浦路斯	311402	201
澳大利亚	129668	200
新西兰	46118	192
以色列	82489	159
西班牙	129400	116
土耳其	84556	87
中国台湾	163881	72
德国	38567	70
波兰	24704	50
奥地利	45702	46
法国	9700	42
意大利	33831	37
加拿大	20504	35
菲律宾	22104	28
马来西亚	14704	22
日本	2509	15
瑞士	6434	15
斐济	2228	13
爱尔兰	3902	8
匈牙利	1499	6
中国香港	2252	6
比利时	1098	5
格鲁吉亚	6088	5
荷兰	1296	3
葡萄牙	2521	3
沙特阿拉伯	4406	3
墨西哥	756	1
斯洛文尼亚	448	1
埃及	1500	1
21069040 椰子汁		
#合计	4109680	7308
印度尼西亚	2847057	4887
马来西亚	424188	1400
泰国	528466	780
越南	290735	211
菲律宾	16812	22
英国	1565	5
美国	416	2
中国台湾	420	1

国家/地区	进口数量（千克）	进口金额（千美元）
22041000 葡萄汽酒		
#合计	6327033	60683
法国	2242917	44391
意大利	2011620	7414
澳大利亚	663823	3434
西班牙	437590	1794
德国	407596	1357
美国	141942	603
葡萄牙	100312	391
南非	77180	277
智利	41142	204
摩尔多瓦	62300	198
新西兰	15701	182
阿根廷	25916	113
奥地利	16320	85
立陶宛	27990	76
格鲁吉亚	5929	36
乌克兰	12420	30
俄罗斯联邦	16893	29
希腊	1305	18
波兰	10350	13
保加利亚	3645	11
巴西	1468	10
加拿大	278	7
英国	1117	6
黑山	203	1
卢森堡	405	1
匈牙利	450	1
捷克	180	1
22042100 装入≤2 升的容器的鲜葡萄酿造的酒		
#合计	266381298	1376235
法国	127379431	727741
澳大利亚	33886334	207588
智利	20830309	86840
西班牙	26676663	78398
意大利	19372668	78202
美国	12895697	65546
新西兰	2487409	23554
南非	4670270	21799
阿根廷	4204599	18342
德国	3319515	16117
葡萄牙	3927308	13934
加拿大	1002351	12106
摩尔多瓦	1143991	4285
匈牙利	848844	3493
罗马尼亚	928890	3108
格鲁吉亚	635599	2873
希腊	491946	2225
奥地利	254615	2003
黑山	181832	1388
保加利亚	203673	921
克罗地亚	99791	695
阿尔及利亚	166692	651
巴西	50437	541
瑞士	38223	514
斯洛文尼亚	48411	467
捷克	148106	462
马耳他	35744	449
塞尔维亚	32552	365
乌克兰	73415	297
前南马其顿	89410	255
秘鲁	18648	111
乌拉圭	27561	99
以色列	25392	99
中国台湾	32440	94
斯洛伐克	12790	75
中国香港	2948	70
波兰	13476	69
土耳其	24322	64
日本	5215	60
波黑	20263	49
比利时	14418	48
多民族玻利维亚国	8788	44
塞浦路斯	4771	42
英国	13164	39
俄罗斯联邦	2762	39
埃塞俄比亚	12438	28
阿塞拜疆	11793	17
印度	1080	10
黎巴嫩	510	8
韩国	837	7
墨西哥	725	6
爱尔兰	1152	2
荷兰	1069	1
22042900 装入＞2 升的容器的鲜葡萄酿造的酒		
#合计	121584260	143948
智利	40127072	60724
西班牙	44148028	31666
澳大利亚	8181622	15953
法国	10290666	15799
意大利	11152065	10682
美国	2944737	4975
葡萄牙	1830368	1285
前南马其顿	1176914	735
摩尔多瓦	500094	634
南非	358854	442
保加利亚	186950	350
德国	70829	152
希腊	264542	144
阿根廷	100386	110
加拿大	44594	79
乌拉圭	96000	79
罗马尼亚	54000	61
摩洛哥	48000	57
匈牙利	8100	13
奥地利	216	6
新西兰	78	2
斯洛文尼亚	30	2
波兰	100	0
22043000 2009 以外的酿酒葡萄汁		
#合计	50993	186
斯洛伐克	24000	79
加拿大	11314	46
澳大利亚	3799	34
西班牙	10890	21
秘鲁	900	5
22051000 装入≤2 升的容器的味美思酒等酒		
#合计	523299	1524
智利	60075	292
意大利	104199	291
法国	96870	240
摩尔多瓦	37194	163
美国	67833	152
德国	47253	137
泰国	53460	94
西班牙	30711	56
瑞典	8064	37
中国台湾	9050	35
巴西	6804	12
芬兰	264	7
保加利亚	930	3
加拿大	360	3

国家/地区	进口数量（千克）	进口金额（千美元）
英国	180	1
爱尔兰	52	1
22059000 装入＞2 升的容器的味美思酒等酒		
#合计	165	1
意大利	165	1
22060090 其他发酵饮料；未列名的发酵饮料的混合物		
#合计	2555646	8646
日本	723262	5313
韩国	1098970	1234
加拿大	72541	592
美国	140055	185
法国	53182	159
中国台湾	37555	138
英国	68994	117
泰国	106560	108
爱尔兰	41003	100
瑞典	40369	94
波兰	5010	89
德国	28132	86
丹麦	6903	79
中国	16200	72
新西兰	19790	63
西班牙	28182	60
澳大利亚	2518	32
马来西亚	5054	29
法属波利尼西亚	7720	27
比利时	8056	17
俄罗斯联邦	29859	15
意大利	1793	12
南非	9187	8
智利	900	7
巴西	2356	4
立陶宛	1152	3
保加利亚	174	1
22082000 蒸馏葡萄酒制得的烈性酒		
#合计	30710424	990591
法国	30147148	986101
亚美尼亚	192453	1032
西班牙	90774	938
意大利	39138	491
摩尔多瓦	15525	404
日本	50952	381
格鲁吉亚	18462	265
澳大利亚	18427	172

国家/地区	进口数量（千克）	进口金额（千美元）
葡萄牙	12426	115
泰国	22260	107
美国	9720	90
新西兰	9240	62
南非	7006	59
智利	4599	44
巴西	21960	41
希腊	8471	35
爱沙尼亚	9480	32
罗马尼亚	1457	30
阿根廷	5170	29
秘鲁	2366	24
英国	15	23
德国	1018	22
阿塞拜疆	4125	21
拉脱维亚	8616	18
乌克兰	3297	17
立陶宛	2983	16
中国台湾	1558	14
克罗地亚	1246	6
俄罗斯联邦	313	1
捷克	126	1
黑山	60	0
22085000 杜松子酒		
#合计	658346	1976
英国	570555	1754
美国	34988	80
波兰	22932	50
法国	19818	37
西班牙	2539	23
阿根廷	4435	14
冰岛	193	4
罗马尼亚	1462	4
荷兰	594	3
德国	274	2
爱尔兰	218	2
南非	114	1
阿联酋	46	1
意大利	106	1
22089010 龙舌兰酒		
#合计	686925	3710
墨西哥	685132	3694
西班牙	1373	12
澳大利亚	420	4

国家/地区	进口数量（千克）	进口金额（千美元）
23065000 椰子或干椰肉的油渣饼及其他固体残渣		
#合计	75411982	16143
菲律宾	45348060	9885
印度尼西亚	30026972	6248
斯里兰卡	36950	10
23066000 油棕果或油棕仁的油渣饼及其他固体残渣		
#合计	422577308	61464
印度尼西亚	299621890	44606
马来西亚	122955418	16859
23069000 未列名植物油渣饼及其他固体残渣		
#合计	368354	467
德国	120000	321
日本	43200	121
加拿大	205152	25
23070000 葡萄酒渣；粗酒石		
#合计	208762	25
美国	189112	23
菲律宾	19650	2
23080000 动物饲料用未列名的植物原料、废料、残渣及副产品，不论是否制成团粒		
#合计	682907	308
巴基斯坦	561120	162
爱沙尼亚	28653	52
德国	31784	49
俄罗斯联邦	40000	33
比利时	13650	10
菲律宾	7500	2
墨西哥	200	1
38021090 其他活性炭		
#合计	7609123	34333
日本	636870	8052
菲律宾	1430712	6278
美国	702759	3162
英国	463522	2612
德国	517005	2548
斯里兰卡	790264	2502
韩国	79632	2086
荷兰	389746	1485
马来西亚	386826	950
泰国	300500	817
澳大利亚	809600	783

国家/地区	进口数量（千克）	进口金额（千美元）
中国	418372	725
中国台湾	153189	598
印度	174154	590
印度尼西亚	190751	371
新加坡	50736	286
越南	64000	166
瑞士	20909	134
法国	9875	75
俄罗斯联邦	1500	54
朝鲜	10000	17
瑞典	4600	14
比利时	1353	14
意大利	1450	12
加拿大	798	7
53081000 椰壳纤维纱线		
#合计	97050	41
印度	55250	22
斯里兰卡	41800	19
57022000 椰壳纤维制的铺地制品，未簇绒或未植绒		
#合计	208139	448
印度	195596	374
中国香港	365	22
德国	174	13
意大利	535	11
荷兰	7472	9
中国	533	9
瑞士	89	5
越南	2400	2
尼泊尔	675	2
斯里兰卡	282	1

茶咖啡出口

国家/地区	出口数量（千克）	出口金额（千美元）
18031000 未脱脂可可膏		
#合计	581390	2423
韩国	374340	1689
澳大利亚	140000	499
智利	27500	94
埃及	20050	74
巴西	10000	35
乌克兰	7000	22
乌拉圭	2000	8
塞浦路斯	500	2
18032000 全脱脂或部分脱脂可可膏		
#合计	3879000	14994
哥伦比亚	2200000	8788
西班牙	1040000	3678
哥斯达黎加	380000	1462
埃及	80000	343
荷兰	80000	312
乌拉圭	59000	258
俄罗斯联邦	40000	154
18040000 可可脂、可可油		
#合计	18683925	54565
荷兰	8460000	24101
德国	5845000	16930
英国	3580000	11047
美国	507600	1656
澳大利亚	100000	316
法国	120000	247
拉脱维亚	20000	82
埃及	20050	77
黑山	9000	37
秘鲁	10000	33
加拿大	3500	14
乌克兰	3000	8
智利	3000	8
菲律宾	1000	3
叙利亚	1000	3
塞浦路斯	500	2
印度	200	1
格鲁吉亚	75	1
18050000 未加糖或其他甜物质的可可粉		
#合计	15199811	38232
古巴	1600000	9216
巴西	2484200	6120
智利	1418600	3222
埃及	1870950	2303
阿根廷	415000	1721
俄罗斯联邦	627050	1312
保加利亚	848000	1277
印度	330925	1189
克罗地亚	577000	1133
匈牙利	457075	778
秘鲁	300500	757
菲律宾	155400	713
土耳其	258000	594
哥伦比亚	351075	562
多民族玻利维亚国	165000	529
阿尔及利亚	189000	517
希腊	416000	507
澳大利亚	108925	437
墨西哥	141000	409
乌克兰	223840	390
萨尔瓦多	169000	334
伊朗	136000	317
斯洛文尼亚	120000	310
巴基斯坦	217700	297
泰国	82500	287
也门	175000	249
黑山	160000	222
斐济	59700	219
西班牙	111600	212
乌拉圭	63000	192
拉脱维亚	65500	189
新西兰	45000	180
塞内加尔	176000	176
危地马拉	80000	171
比利时	48000	145
哈萨克斯坦	75325	113
以色列	32000	77
吉尔吉斯斯坦	64000	70
立陶宛	48000	69
新加坡	11075	68
南非	15000	63
印度尼西亚	15000	58
塞浦路斯	30000	51
罗马尼亚	30000	50
乌兹别克斯坦	14000	49
叙利亚	48000	49
埃塞俄比亚	10000	41
突尼斯	16500	32
白俄罗斯	16000	29
格鲁吉亚	16000	29
朝鲜	13000	26
多米尼加共和国	8000	24
喀麦隆	16000	21
阿尔巴尼亚	16000	21
摩洛哥	16000	20
日本	16000	18
中国香港	726	13
阿联酋	3000	13
德国	4000	12

国家/地区	出口数量（千克）	出口金额（千美元）
美国	9737	11
坦桑尼亚	5000	9
荷兰	1500	7
捷克	2000	5
中国台湾	900	4
加拿大	183	1
伊拉克	25	1
塞尔维亚	200	1
马来西亚	100	0
18061000 含糖或其他甜物质的可可粉		
#合计	356347	1662
中国香港	111692	992
美国	149100	416
英国	62037	143
新西兰	6236	31
俄罗斯联邦	3528	21
加拿大	2007	18
墨西哥	10058	14
日本	6198	13
韩国	3502	7
澳大利亚	1191	4
加纳	420	2
中国澳门	378	2
18062000 其他重量>2 千克的块状或条状含可可食品；容器包装或内包装每件净重>2 千克的散装形状的含可可食品		
#合计	812483	2352
巴基斯坦	396485	1029
秘鲁	172800	582
菲律宾	169684	409
日本	6597	121
中国香港	33587	66
澳大利亚	1653	43
蒙古	12975	39
新西兰	2861	26
朝鲜	9250	20
尼日利亚	4536	14
美国	1935	3
中国澳门	120	1
18063100 块状或条状含可可的夹心食品，重量≤2 千克		
#合计	4104398	22488
澳大利亚	883084	4873
中国香港	340867	3386
菲律宾	625072	2074
美国	155781	1466
蒙古	133086	1163
哥伦比亚	149847	1057
比利时	135302	1030
南非	228186	933
马来西亚	173109	808
韩国	265642	796
加拿大	99737	536
墨西哥	75493	511
新西兰	100788	507
日本	86429	489
巴基斯坦	58839	372
以色列	65846	329
哈萨克斯坦	128325	266
加纳	114250	242
智利	30916	188
新加坡	21324	173
委内瑞拉	26724	163
阿联酋	26481	157
泰国	15585	133
亚美尼亚	18568	124
尼泊尔	16719	99
孟加拉国	14295	95
沙特阿拉伯	33539	92
伊拉克	6869	78
印度	8235	73
俄罗斯联邦	22800	68
朝鲜	15468	41
毛里求斯	6761	38
厄瓜多尔	6115	37
文莱	2893	20
卡塔尔	2545	20
喀麦隆	2557	18
莫桑比克	1876	12
安哥拉	3276	12
英国	653	7
科威特	516	3
18063200 块状或条状含可可的非夹心食品，重量≤2 千克		
#合计	3176119	21390
加拿大	472993	4142
美国	482343	3108
中国香港	396674	2757
澳大利亚	413138	2653
日本	373611	2268
新加坡	332078	1396
英国	111938	1034
德国	53870	723
南非	52566	445
以色列	73350	435
墨西哥	49987	351
中国台湾	60593	263
韩国	57506	230
芬兰	12924	198
朝鲜	60581	156
丹麦	12436	139
亚美尼亚	12162	134
新西兰	18775	133
巴西	22754	122
哥伦比亚	13358	112
马来西亚	17551	93
委内瑞拉	10994	92
中国澳门	6115	91
泰国	7813	82
西班牙	9732	73
哈萨克斯坦	20250	43
蒙古	6261	41
荷兰	3009	34
俄罗斯联邦	3461	11
智利	1122	9
阿联酋	4636	8
比利时	288	7
科威特	843	5
法国	397	3
18069000 未列名含可可的食品		
#合计	36885318	174816
中国香港	6544140	49559
菲律宾	6391062	20549
泰国	3475973	15734
日本	1831174	10170
中国台湾	1523430	10025
澳大利亚	2508300	8935
马来西亚	1892969	8410
韩国	1339273	6396
新加坡	1155164	6002
英国	430250	5043
印度尼西亚	657092	2623
沙特阿拉伯	537582	2264
俄罗斯联邦	447309	2042
安哥拉	754975	1999

国家/地区	出口数量（千克）	出口金额（千美元）
阿联酋	574265	1993
美国	411144	1942
南非	360275	1814
越南	378300	1744
埃及	448561	1047
新西兰	281026	935
也门	321609	761
墨西哥	288184	760
朝鲜	229282	748
加纳	287782	724
贝宁	304063	710
蒙古	172530	696
约旦	157000	679
哥伦比亚	170400	587
科威特	106302	568
巴西	46525	491
智利	121380	484
塞拉利昂	216295	483
孟加拉国	116478	475
秘鲁	209613	459
多哥	186619	427
哈萨克斯坦	184325	410
哥斯达黎加	87216	388
几内亚	142752	351
荷兰	106087	337
以色列	77459	315
巴拿马	114970	314
尼日利亚	133041	305
卡塔尔	51553	277
加拿大	61698	276
危地马拉	101736	259
多民族玻利维亚国	93979	230
厄瓜多尔	68390	193
德国	37222	179
比利时	16214	164
爱尔兰	34929	157
肯尼亚	51538	151
巴林	28628	149
乌克兰	37551	140
巴布亚新几内亚	48233	139
土耳其	21310	130
塞内加尔	47412	128
委内瑞拉	35724	108
阿曼	18743	105
印度	25203	97

国家/地区	出口数量（千克）	出口金额（千美元）
黎巴嫩	18856	92
古巴	5181	81
巴基斯坦	27305	75
斯里兰卡	23440	62
西班牙	23343	59
刚果（金）	15990	58
白俄罗斯	16072	58
毛里塔尼亚	21340	56
伊朗	13725	51
冰岛	9413	48
科特迪瓦	13915	47
尼泊尔	7128	44
马达加斯加	21200	41
利比亚	14610	40
尼日尔	20919	39
立陶宛	8459	34
巴勒斯坦	5085	31
苏丹	13464	30
索马里	13358	29
乌干达	13938	27
毛里求斯	7560	26
洪都拉斯	10410	26
拉脱维亚	6204	24
爱沙尼亚	6204	24
巴拉圭	6840	20
赞比亚	6234	19
刚果（布）	6525	18
利比里亚	6250	16
芬兰	4788	14
挪威	2548	13
喀麦隆	5400	13
尼加拉瓜	2333	12
摩尔多瓦	1970	7
格鲁吉亚	1576	6
中国澳门	536	3
瑞士	940	2
21011100 咖啡的浓缩精汁		
#合计	699125	7054
中国香港	318554	3648
中国台湾	327696	2640
蒙古	38520	631
韩国	13255	131
美国	500	4
21011200 以咖啡浓缩精汁或以咖啡为基本成分的制品		

国家/地区	出口数量（千克）	出口金额（千美元）
#合计	21945854	44385
中国香港	16921295	23779
韩国	1277740	6011
马来西亚	439495	2677
越南	340880	1792
泰国	323830	1743
中国澳门	1230921	1187
美国	231454	1032
印度尼西亚	154800	821
中国台湾	101720	808
菲律宾	126625	696
澳大利亚	191635	663
意大利	125000	527
土耳其	80875	420
新加坡	50180	265
蒙古	36566	257
日本	19930	241
德国	52455	240
加拿大	68092	237
缅甸	31000	193
俄罗斯联邦	15000	120
保加利亚	14000	81
立陶宛	14690	79
以色列	15000	77
希腊	12000	75
波兰	11250	58
埃及	8000	48
爱沙尼亚	9000	41
荷兰	5064	31
新西兰	11474	27
沙特阿拉伯	6000	25
尼日利亚	2985	25
黑山	4250	24
加纳	4005	19
格鲁吉亚	2000	16
孟加拉国	3000	15
伊朗	2100	12
阿联酋	384	12
乌干达	788	7
朝鲜	150	7
法国	21	1
21012000 以茶、马黛茶及其浓缩精汁为基本成分的制品		
#合计	9779401	78865
中国香港	3057632	16260

国家/地区	出口数量（千克）	出口金额（千美元）
美国	1509297	14079
日本	804230	12970
印度尼西亚	987348	7058
爱尔兰	515916	4008
泰国	349430	3860
缅甸	273400	3317
德国	162276	2504
哥伦比亚	387240	2167
新加坡	163375	1500
中国台湾	141268	1447
越南	56930	1416
哈萨克斯坦	95900	895
马来西亚	78379	852
加纳	224450	671
贝宁	180839	623
菲律宾	53308	549
荷兰	9220	467
墨西哥	53880	424
巴西	32656	415
蒙古	70617	380
肯尼亚	36000	257
哥斯达黎加	20528	226
加拿大	37156	223
澳大利亚	18578	206
沙特阿拉伯	18456	190
中国澳门	124080	171
尼日利亚	1038	161
多哥	55680	156
英国	43971	152
意大利	38500	132
南非	16655	127
俄罗斯联邦	19645	126
波兰	7464	121
韩国	61687	121
危地马拉	13600	110
利比里亚	23616	74
捷克	8000	62
厄瓜多尔	4200	49
毛里求斯	3320	43
新喀里多尼亚	1244	41
智利	4008	39
挪威	1920	39
伊朗	3000	39
苏里南	1100	16
比利时	1730	16

国家/地区	出口数量（千克）	出口金额（千美元）
卡塔尔	413	14
土耳其	740	12
伊拉克	298	11
委内瑞拉	1000	11
法国	980	10
新西兰	1060	10
以色列	450	9
特立尼达和多巴哥	840	8
尼日尔	105	8
巴拿马	200	6
秘鲁	220	6
奥地利	100	2
斯洛伐克	50	1
印度	50	1
21013000 烘焙菊苣和其他烘焙咖啡代用品及其浓缩精汁		
#合计	2750556	2593
韩国	1918060	1679
日本	829946	912
泰国	2550	2

茶咖啡进口

国家/地区	进口数量（千克）	进口金额（千美元）
18010000 整颗或破碎的可可豆，生的或焙炒的		
#合计	33696004	86743
加纳	12136897	31219
印度尼西亚	6793940	16991
厄瓜多尔	6103602	15711
科特迪瓦	3886011	9616
多哥	1953804	5109
尼日利亚	1412519	4150
喀麦隆	1218439	3485
巴布亚新几内亚	120000	357
荷兰	70160	98
比利时	384	4
法国	197	3
意大利	51	1
18020000 可可荚、壳、皮及废料		
#合计	23144052	2805
加纳	15401662	1905
马来西亚	3425139	366
尼日利亚	1854870	237
新加坡	1298453	163

国家/地区	进口数量（千克）	进口金额（千美元）
印度尼西亚	1050588	122
科特迪瓦	113196	11
比利时	144	1
18031000 未脱脂可可膏		
#合计	15919391	76801
美国	4954600	35418
马来西亚	4601634	17487
荷兰	2319149	8731
加纳	1540206	6310
科特迪瓦	1486750	4902
新加坡	552325	1991
印度尼西亚	372020	1487
比利时	61125	322
厄瓜多尔	30075	135
菲律宾	1050	13
法国	442	4
18032000 全脱脂或部分脱脂可可膏		
#合计	2179361	7138
德国	798176	3273
印度尼西亚	552000	1715
马来西亚	473205	1298
荷兰	235537	475
科特迪瓦	100000	255
厄瓜多尔	20010	110
瑞士	374	12
法国	59	0
18040000 可可脂、可可油		
#合计	11760868	35356
马来西亚	8332175	25085
新加坡	2844000	8287
印度尼西亚	563040	1763
比利时	7862	81
瑞士	4500	62
法国	3844	48
中国香港	3200	11
德国	759	8
英国	1000	4
美国	225	2
荷兰	51	2
意大利	160	2
科特迪瓦	50	1
18050000 未加糖或其他甜物质的可可粉		
#合计	28584583	139361
马来西亚	14866153	73754
印度尼西亚	6412431	27413

国家/地区	进口数量（千克）	进口金额（千美元）
新加坡	3758658	21126
荷兰	2084009	9783
加纳	753002	3418
泰国	250750	1321
法国	149603	1031
科特迪瓦	151125	678
美国	22635	188
巴西	21800	140
比利时	14705	125
德国	46225	116
喀麦隆	37433	105
瑞士	4560	62
英国	1729	31
越南	3045	23
意大利	2465	23
中国台湾	2943	12
西班牙	1270	11
18061000 含糖或其他甜物质的可可粉		
#合计	1592659	7670
新加坡	738732	3344
美国	367128	1581
中国	77193	621
英国	124078	555
荷兰	72296	438
中国台湾	83784	312
马来西亚	34955	234
法国	19305	148
澳大利亚	30694	126
意大利	11622	98
德国	9400	69
比利时	3579	53
西班牙	6834	23
厄瓜多尔	2025	17
韩国	5638	17
印度尼西亚	1132	9
牙买加	335	6
新西兰	1057	4
土耳其	1224	4
奥地利	482	3
瑞士	130	2
泰国	930	2
日本	87	1
18062000 其他重量＞2 千克的块状或条状含可可食品；容器包装或内包装每件净重＞2 千克的散装形状的含可可食品		

国家/地区	进口数量（千克）	进口金额（千美元）
#合计	4973601	20862
比利时	2000735	8917
新加坡	1249449	4362
法国	341788	2355
意大利	199062	1028
中国香港	184002	596
印度尼西亚	125701	453
马来西亚	168698	403
日本	42222	376
德国	66838	364
美国	132076	360
丹麦	49548	244
荷兰	112128	220
西班牙	51716	194
泰国	52431	156
韩国	27087	155
越南	30440	133
中国台湾	26153	119
英国	28198	113
瑞士	12669	112
澳大利亚	23320	72
乌克兰	17189	59
土耳其	28838	53
俄罗斯联邦	874	8
奥地利	1040	5
伊朗	1200	3
科特迪瓦	60	2
匈牙利	127	1
18063100 块状或条状含可可的夹心食品，重量≤2 千克		
#合计	8285718	50615
德国	2470683	15103
意大利	1278543	9799
土耳其	2121825	6252
美国	417027	4669
比利时	233766	4254
奥地利	666788	3884
瑞士	392765	2510
哈萨克斯坦	286576	1004
马来西亚	72625	582
法国	18889	415
韩国	49238	312
西班牙	16047	188
乌克兰	36725	185
罗马尼亚	19760	158

国家/地区	进口数量（千克）	进口金额（千美元）
波兰	20686	151
捷克	14879	138
英国	14491	135
日本	7669	129
中国台湾	55889	107
加拿大	9978	100
瑞典	9137	84
墨西哥	3746	70
新西兰	6386	66
澳大利亚	4596	54
波黑	12539	44
丹麦	2503	40
荷兰	2517	28
巴西	17726	25
阿曼	9525	25
希腊	1608	25
新加坡	2200	21
匈牙利	1948	20
塞尔维亚	2943	15
泰国	974	6
俄罗斯联邦	810	4
印度尼西亚	400	3
葡萄牙	122	3
越南	560	3
中国香港	192	2
爱尔兰	60	2
南非	46	1
伊朗	270	1
18063200 块状或条状含可可的非夹心食品，重量≤2 千克		
#合计	3233094	26182
比利时	520238	5773
德国	628928	5019
瑞士	305431	3155
法国	256017	2523
马来西亚	446170	2158
韩国	182170	1449
西班牙	187580	1392
意大利	87056	865
日本	29962	727
美国	63860	509
土耳其	96740	439
荷兰	27654	254
英国	16594	228
罗马尼亚	22328	211

国家/地区	进口数量（千克）	进口金额（千美元）
印度尼西亚	60557	185
乌克兰	24128	171
墨西哥	24296	152
越南	83509	148
新加坡	23117	125
中国台湾	46324	120
新西兰	10812	97
波兰	13986	95
希腊	27263	88
哈萨克斯坦	7538	51
泰国	14950	47
加拿大	5024	36
阿根廷	7802	32
瑞典	2568	25
奥地利	1112	22
澳大利亚	1580	20
爱尔兰	477	13
阿联酋	1204	12
芬兰	1368	11
丹麦	571	10
俄罗斯联邦	336	5
拉脱维亚	414	4
巴基斯坦	2400	4
保加利亚	150	3
匈牙利	384	2
南非	52	2
中国	7	2
塞尔维亚	277	1
葡萄牙	81	1
巴西	19	1
中国香港	60	1
18069000 未列名含可可的食品		
#合计	20981203	170407
意大利	11431204	99204
比利时	2016717	12935
瑞士	982729	12517
印度	538643	10225
澳大利亚	607815	10037
美国	2023401	5523
法国	776260	4969
马来西亚	310860	2818
新加坡	443265	2523
德国	219355	1346
土耳其	193789	887
加拿大	163312	781

国家/地区	进口数量（千克）	进口金额（千美元）
日本	31719	768
韩国	87247	710
中国台湾	154100	672
英国	206395	644
波兰	108773	641
乌克兰	127715	633
阿根廷	188586	587
墨西哥	96340	503
西班牙	48306	378
丹麦	26770	182
菲律宾	34211	138
希腊	51583	135
荷兰	10473	102
泰国	20717	98
印度尼西亚	37114	87
奥地利	4871	81
中国香港	1830	50
爱尔兰	9637	46
瑞典	5960	43
俄罗斯联邦	5906	27
匈牙利	2649	26
罗马尼亚	1678	20
葡萄牙	545	15
越南	3494	14
厄瓜多尔	294	9
阿联酋	822	8
芬兰	340	7
巴基斯坦	3168	5
波黑	1655	5
新西兰	389	3
中国	219	2
巴西	111	2
保加利亚	53	1
21011100 咖啡的浓缩精汁		
#合计	1871445	20151
越南	523005	4073
马来西亚	355033	3544
日本	138375	3283
哥伦比亚	240554	3206
巴西	206393	1799
韩国	140311	1344
印度尼西亚	60000	643
瑞士	8170	557
印度	108875	495
厄瓜多尔	47291	493

国家/地区	进口数量（千克）	进口金额（千美元）
德国	8166	200
荷兰	14464	132
中国台湾	7600	103
比利时	2351	89
奥地利	5916	86
英国	994	31
牙买加	408	30
墨西哥	1520	15
美国	987	12
法国	588	12
坦桑尼亚	332	5
西班牙	96	2
21011200 以咖啡浓缩精汁或以咖啡为基本成分的制品		
#合计	8663720	41140
马来西亚	2998757	16377
韩国	1674762	6315
美国	1270089	3937
印度尼西亚	742620	3287
新加坡	521315	2645
中国	376396	1648
越南	315841	1642
中国台湾	311287	1301
日本	66026	737
哥伦比亚	33555	557
泰国	104621	487
德国	39356	437
意大利	23964	248
荷兰	12697	239
土耳其	84959	225
英国	12827	205
巴西	12306	198
中国香港	10410	117
牙买加	3099	113
瑞士	2200	79
丹麦	19948	69
波兰	7490	67
法国	3218	57
葡萄牙	2611	43
墨西哥	2277	35
澳大利亚	915	30
奥地利	6600	21
西班牙	1240	13
沙特阿拉伯	2160	8
印度	75	3

国家/地区	进口数量（千克）	进口金额（千美元）
比利时	64	3
喀麦隆	30	1
21012000 以茶、马黛茶及其浓缩精汁为基本成分的制品		
#合计	989172	6143
中国台湾	360850	1460
马来西亚	241902	1277
美国	77333	1256
中国香港	70281	659
德国	66573	454
新加坡	91347	210
日本	8898	158
韩国	22607	128
英国	4826	86
中国	4218	81
印度	6346	74
法国	510	66
斯里兰卡	3461	63
波兰	17019	49
意大利	1488	25
瑞典	1520	21
西班牙	1222	20
肯尼亚	1480	20
荷兰	1069	15
印度尼西亚	557	6
加拿大	780	5
瑞士	93	4
牙买加	208	3
泰国	4542	3
比利时	30	1
21013000 烘焙菊苣和其他烘焙咖啡代用品及其浓缩精汁		
#合计	97799	285
韩国	89372	251
日本	6509	23
中国台湾	1213	7
美国	619	2
以色列	61	1
瑞士	25	1

森林蔬菜出口

国家/地区	出口数量（千克）	出口金额（千美元）
20031011 小白蘑菇（洋蘑菇）罐头		
#合计	245044405	387298
美国	30989586	56204
俄罗斯联邦	30819530	41649
德国	14548787	27329
加拿大	15536947	27132
日本	9180417	20381
马来西亚	12540659	18917
荷兰	10208366	18824
菲律宾	10862057	15652
韩国	7529762	10408
阿尔及利亚	5338483	7184
阿联酋	4971210	7156
黎巴嫩	4466990	6709
沙特阿拉伯	5037181	6637
澳大利亚	3861206	6416
中国香港	3908321	6301
哥斯达黎加	3463435	5445
阿根廷	3537168	5310
乌克兰	2676180	4881
埃及	3595938	4756
中国台湾	2695225	4214
哈萨克斯坦	3322334	3964
约旦	3374079	3922
印度尼西亚	2578201	3726
伊拉克	2409949	3687
智利	2227428	3625
墨西哥	2244152	3605
科威特	2561164	3599
瑞典	2295234	3274
挪威	1989816	3118
摩洛哥	1826682	2806
格鲁吉亚	1943174	2431
叙利亚	1561028	2003
爱沙尼亚	1283057	1994
秘鲁	1176628	1842
卡塔尔	928032	1445
利比亚	1053057	1385
以色列	973143	1343
白俄罗斯	938438	1304
南非	945698	1284
毛里求斯	797756	1227
乌拉圭	842774	1189
印度	741662	1176
巴拿马	752825	1169
突尼斯	872621	1163
危地马拉	743321	1065
瑞士	644419	1047
克罗地亚	765227	1024
越南	687473	1014
多米尼加共和国	654284	970
泰国	539376	966
巴林	655630	943
巴基斯坦	662896	889
捷克	752367	888
哥伦比亚	491413	873
摩尔多瓦	528317	813
亚美尼亚	567739	800
土库曼斯坦	501753	779
牙买加	420224	763
巴西	313488	756
厄瓜多尔	433728	729
萨尔瓦多	492487	711
洪都拉斯	441321	668
特立尼达和多巴哥	330618	590
多民族玻利维亚国	373001	566
多米尼克	320903	553
新加坡	381747	544
比利时	331082	502
塞尔维亚	307035	452
阿尔巴尼亚	300055	446
新西兰	238892	429
尼泊尔	297840	422
尼日利亚	236910	378
西班牙	204043	364
芬兰	252300	363
阿塞拜疆	205628	360
巴勒斯坦	273570	353
阿富汗	277284	352
孟加拉国	227586	326
斯里兰卡	208080	304
罗马尼亚	238230	303
阿曼	192786	288
塔吉克斯坦	200727	281
希腊	213677	267
文莱	163777	260
伊朗	210074	254
土耳其	175432	253
安哥拉	176124	248
英国	203250	243
立陶宛	149549	211
委内瑞拉	134519	203

国家/地区	出口数量（千克）	出口金额（千美元）
波多黎各	115403	194
肯尼亚	125013	193
波黑	132927	174
古巴	105530	154
丹麦	89700	149
意大利	101022	142
塞内加尔	110331	134
匈牙利	86400	133
布基纳法索	71723	130
蒙古	92984	128
尼加拉瓜	89068	114
马达加斯加	84071	104
科特迪瓦	68488	101
塞浦路斯	87201	100
吉尔吉斯斯坦	82874	100
加纳	52143	96
阿鲁巴	66373	92
法国	51986	89
黑山	61398	86
法属波利尼西亚	43585	85
坦桑尼亚	52512	83
新喀里多尼亚	46783	81
也门	53200	73
斯洛伐克	49595	72
巴布亚新几内亚	44890	68
贝宁	38640	62
柬埔寨	37140	54
赞比亚	34080	52
刚果(布)	35280	52
荷属安的列斯群岛	32727	50
莫桑比克	36498	50
海地	34109	47
巴哈马	34080	43
乌干达	29088	43
苏里南	21420	33
马耳他	16742	31
塞舌尔	16896	31
马尔代夫	20553	30
巴拉圭	17280	27
奥地利	11550	25
埃塞俄比亚	18302	23
拉脱维亚	18048	22
萨摩亚	11988	21
东帝汶	12750	21
加蓬	15168	19
几内亚	10872	15
斐济	8736	14
多哥	8640	14
马提尼克	6816	10
喀麦隆	7572	9
利比里亚	4800	8
大洋洲其他国家(地区)	5130	7
中国澳门	2623	5
纳米比亚	2009	4
留尼汪	1704	3
所罗门群岛	1402	3

20031019 其他伞菌属蘑菇罐头

国家/地区	出口数量（千克）	出口金额（千美元）
#合计	42715355	80553
日本	7189505	22706
俄罗斯联邦	10161553	16629
德国	2814451	6654
中国香港	4201511	6102
马来西亚	3779076	5322
乌克兰	1984367	3318
西班牙	1441232	2712
荷兰	1674629	2390
爱沙尼亚	1018818	1559
英国	895492	1441
墨西哥	913923	1345
韩国	1056439	1247
美国	445436	893
中国台湾	292526	713
澳大利亚	436958	682
印度尼西亚	482602	674
捷克	598512	674
菲律宾	492560	660
越南	233559	597
法国	311518	560
摩尔多瓦	301814	525
新加坡	207631	417
加拿大	221914	411
哈萨克斯坦	228982	286
以色列	154540	276
罗马尼亚	131760	199
立陶宛	78948	148
智利	34680	112
斯洛伐克	103440	104
土库曼斯坦	63208	103
多米尼加共和国	68232	95
新西兰	47674	83
意大利	58560	82
格鲁吉亚	62016	79
白俄罗斯	39191	76
爱尔兰	54662	69
文莱	49818	66
瑞典	17502	66
阿根廷	63750	65
约旦	57024	64
葡萄牙	43554	60
拉脱维亚	28048	42
毛里求斯	19380	25
埃及	23084	25
特立尼达和多巴哥	13260	22
亚美尼亚	8904	22
古巴	16308	20
巴拿马	14305	19
新喀里多尼亚	15336	17
东帝汶	10812	15
留尼汪	9387	14
阿联酋	10137	14
委内瑞拉	5794	10
马尔代夫	4260	9
苏里南	3570	6
比利时	4590	6
塞浦路斯	2544	5
秘鲁	3570	5
巴基斯坦	4419	4
阿塞拜疆	1272	3
沙特阿拉伯	1000	3
印度	1020	1
瑞士	648	1
伊拉克	140	1

20031090 其他制作或保藏的伞菌属蘑菇

国家/地区	出口数量（千克）	出口金额（千美元）
#合计	1670631	8320
日本	1462387	6671
土耳其	14350	442
美国	10872	292
德国	101500	245
南非	6000	195
俄罗斯联邦	42024	125
英国	6000	93
菲律宾	2650	82
哥伦比亚	2300	56
意大利	17000	34
中国香港	2997	31

国家/地区	出口数量（千克）	出口金额（千美元）
澳大利亚	1005	22
马来西亚	500	15
印度	150	7
立陶宛	400	7
乌克兰	448	2
20039010 其他蘑菇罐头		
#合计	20053413	54590
日本	2859095	16991
越南	867346	7164
韩国	5855766	7011
俄罗斯联邦	3558262	5986
中国香港	1255883	5580
马来西亚	890724	2307
德国	804609	2224
乌克兰	911266	1438
新加坡	73944	599
西班牙	316514	592
英国	308005	440
美国	230494	403
泰国	27878	371
荷兰	246585	352
瑞典	69248	338
爱沙尼亚	260942	327
以色列	200276	270
澳大利亚	181864	264
法国	60561	228
菲律宾	199414	218
特立尼达和多巴哥	103027	169
挪威	27724	160
中国台湾	35914	126
沙特阿拉伯	107352	107
墨西哥	63580	80
芬兰	14573	79
印度尼西亚	63688	78
立陶宛	42448	71
阿联酋	27034	63
摩尔多瓦	44384	56
加拿大	37127	52
多米尼加共和国	37110	52
留尼汪	42010	49
文莱	37044	48
巴拿马	13031	38
伊拉克	35446	35
毛里求斯	25285	30
白俄罗斯	15276	27

国家/地区	出口数量（千克）	出口金额（千美元）
卡塔尔	21528	26
新西兰	3846	21
土库曼斯坦	12293	20
希腊	13038	19
哈萨克斯坦	11268	15
拉脱维亚	9604	14
乌拉圭	8813	12
法属波利尼西亚	4083	8
亚美尼亚	3498	7
格鲁吉亚	2544	5
约旦	3480	4
爱尔兰	2726	4
塞浦路斯	1590	3
孟加拉国	300	3
意大利	1856	3
苏里南	1020	1
阿塞拜疆	636	1
科威特	510	1
20039090 其他制作或保藏的蘑菇及块菌		
#合计	5162878	61483
日本	2079722	31836
菲律宾	382795	6008
中国香港	299994	4866
巴西	1133130	3222
越南	261426	3007
泰国	143519	2781
韩国	272930	2598
美国	116999	2072
新加坡	100612	1746
俄罗斯联邦	205642	1017
马来西亚	40800	601
德国	20312	360
加拿大	32115	341
西班牙	15214	297
以色列	11500	228
印度尼西亚	6310	114
法国	4623	110
英国	10884	104
荷兰	4107	69
新西兰	5640	32
捷克	1512	19
比利时	5340	16
澳大利亚	1356	10
阿联酋	400	7

国家/地区	出口数量（千克）	出口金额（千美元）
乌克兰	1500	7
斯里兰卡	1650	7
葡萄牙	1498	4
波兰	450	2
孟加拉国	150	1
爱尔兰	360	1
意大利	288	1
中国台湾	100	1
20059950 制作或保藏咸蕨菜		
#合计	16790	31
日本	13540	30
毛里求斯	3250	1

森林蔬菜进口

国家/地区	进口数量（千克）	进口金额（千美元）
20031011 小白蘑菇（洋蘑菇）罐头		
#合计	4725	30
越南	3500	25
美国	605	4
以色列	620	2
20031019 其他伞菌属蘑菇罐头		
#合计	1890	7
中国台湾	1500	5
美国	220	1
20031090 其他制作或保藏的伞菌属蘑菇		
#合计	2213	42
中国台湾	2120	36
法国	6	4
德国	66	1
意大利	21	1
20039010 其他蘑菇罐头		
#合计	1492	4
中国台湾	1009	1
法国	404	1
意大利	14	1
20039090 其他制作或保藏的蘑菇及块菌		
#合计	23581	212
中国台湾	11275	97
美国	11900	77
意大利	209	38
法国	173	1

中药材出口

国家/地区	出口数量（千克）	出口金额（千美元）

国家/地区	出口数量（千克）	出口金额（千美元）
12112010 西洋参		
#合计	337592	9167
中国香港	283661	7501
美国	50921	1489
新加坡	1820	92
日本	1190	84
12112091 其他鲜人参		
#合计	47021	547
中国台湾	17602	167
朝鲜	13660	131
日本	3324	104
中国香港	10350	104
法国	1500	32
新加坡	176	7
韩国	311	3
12112099 未列名人参		
#合计	1981033	112904
日本	845210	50930
中国香港	279495	15936
意大利	326490	11915
新加坡	26253	9338
韩国	46013	6095
德国	119878	4917
中国台湾	98282	4836
荷兰	60157	3103
马来西亚	89757	2624
法国	22578	1089
美国	12163	485
西班牙	7500	379
比利时	8390	373
沙特阿拉伯	13800	215
朝鲜	11114	174
伊朗	3000	140
印度	1630	79
俄罗斯联邦	1660	51
埃及	688	47
哥伦比亚	1300	36
英国	420	28
波兰	400	19
泰国	880	18
印度尼西亚	970	18
乌兹别克斯坦	300	17
新西兰	504	12
拉脱维亚	250	9
加拿大	1210	6

国家/地区	出口数量（千克）	出口金额（千美元）
澳大利亚	358	5
以色列	50	5
阿根廷	100	5
中国澳门	232	3
12119011 当归		
#合计	2335191	17196
中国香港	562509	5943
日本	602400	4263
马来西亚	246284	2913
印度尼西亚	250415	1345
韩国	293582	837
中国台湾	220123	826
新加坡	58467	510
美国	46580	188
泰国	17324	169
德国	8410	33
澳大利亚	5275	31
英国	3123	28
中国澳门	7270	26
荷兰	2182	24
加拿大	2486	18
西班牙	2000	9
捷克	894	9
法国	2300	6
加纳	848	5
意大利	550	3
新西兰	457	3
乌克兰	900	2
沙特阿拉伯	150	2
伊拉克	300	1
比利时	91	1
瑞士	55	1
以色列	50	1
阿联酋	35	1
瑞典	120	0
12119012 三七（田七）		
#合计	2484686	23972
中国香港	2432970	18900
日本	38852	4163
马来西亚	8337	551
韩国	1100	140
美国	492	67
中国台湾	1238	53
泰国	401	36
越南	200	22

国家/地区	出口数量（千克）	出口金额（千美元）
新加坡	97	11
印度尼西亚	86	7
澳大利亚	82	6
中国澳门	726	5
德国	46	4
瑞士	22	3
加拿大	20	2
墨西哥	3	1
12119013 党参		
#合计	5707040	24860
中国香港	5150323	17004
马来西亚	216828	3505
新加坡	147284	2812
韩国	40879	544
中国台湾	98052	377
印度尼西亚	9484	140
泰国	6365	116
日本	3563	60
澳大利亚	4358	58
中国澳门	16240	47
美国	1607	43
加拿大	6799	41
德国	1234	33
英国	1436	28
新西兰	746	15
奥地利	450	11
瑞士	192	8
荷兰	611	6
捷克	250	6
加纳	218	4
法国	90	2
阿联酋	10	1
12119014 黄连		
#合计	213969	2996
日本	44148	981
韩国	67354	955
越南	32050	355
中国台湾	26334	292
中国香港	30559	180
印度尼西亚	3477	86
德国	1493	38
泰国	2374	31
美国	1372	30
马来西亚	2466	16
印度	1000	14

国家/地区	出口数量（千克）	出口金额（千美元）
伊拉克	660	7
英国	192	5
澳大利亚	100	2
加纳	94	2
新西兰	106	2
荷兰	75	1
12119015 菊花		
#合计	7740190	26393
中国香港	5430013	13201
马来西亚	530510	3520
新加坡	435651	3306
泰国	374428	2467
越南	652090	2372
英国	53063	458
日本	47016	368
美国	18993	176
中国台湾	109486	151
韩国	30629	140
加拿大	15086	118
印度尼西亚	24838	52
中国澳门	14021	29
澳大利亚	2939	15
法国	534	6
荷兰	490	5
捷克	164	5
德国	213	2
12119016 冬虫夏草		
#合计	721	18232
中国香港	721	18231
中国台湾	0	1
12119017 贝母		
#合计	87907	2711
中国台湾	22854	1086
中国香港	22457	778
日本	7910	230
马来西亚	9741	207
韩国	11799	167
新加坡	1696	76
美国	2221	59
泰国	2100	49
中国澳门	5288	19
印度尼西亚	739	12
澳大利亚	566	10
德国	20	10
加拿大	208	4

国家/地区	出口数量（千克）	出口金额（千美元）
新西兰	94	1
荷兰	124	1
英国	68	1
比利时	19	0
12119018 川芎		
#合计	8677125	19777
中国香港	6163793	12355
韩国	1386250	3341
越南	538600	1501
中国台湾	249439	940
马来西亚	141378	716
日本	77364	463
泰国	40644	152
印度尼西亚	30254	113
新加坡	20858	65
美国	11034	61
澳大利亚	4239	16
中国澳门	4445	13
荷兰	1274	10
加拿大	2406	9
英国	1774	8
加纳	1620	6
捷克	394	3
以色列	150	2
新西兰	464	2
乌克兰	600	1
比利时	121	1
12119019 半夏		
#合计	1291592	24689
日本	602404	17886
韩国	385798	4593
中国台湾	62339	965
越南	152000	722
中国香港	54768	223
美国	3760	115
马来西亚	23017	109
澳大利亚	1861	15
印度尼西亚	1128	13
新加坡	1419	11
捷克	295	9
德国	765	8
荷兰	460	7
英国	1001	5
泰国	100	4
加拿大	127	2

国家/地区	出口数量（千克）	出口金额（千美元）
加纳	122	2
新西兰	175	2
以色列	25	1
12119021 白芍		
#合计	5272364	17710
日本	864467	7473
中国香港	2911822	5941
越南	673500	1299
韩国	408764	1118
中国台湾	217418	958
马来西亚	101531	507
美国	13829	87
印度尼西亚	19831	62
新加坡	9944	54
澳大利亚	8090	38
泰国	8058	31
中国澳门	13181	28
荷兰	2889	27
加拿大	7066	25
英国	2705	15
乌克兰	3500	10
德国	1224	9
法国	1500	8
捷克	1005	7
奥地利	700	7
新西兰	567	3
瑞士	279	3
比利时	160	1
瑞典	200	1
加纳	110	1
12119022 天麻		
#合计	116876	1569
韩国	94991	941
日本	9023	303
中国香港	7898	219
中国台湾	3259	47
美国	1116	38
英国	305	14
德国	221	5
奥地利	63	1
12119023 黄芪		
#合计	3348602	15162
韩国	1083053	3547
日本	256210	2946
中国香港	579708	2903

国家/地区	出口数量（千克）	出口金额（千美元）
越南	675650	1926
马来西亚	190901	1437
中国台湾	268895	851
美国	74453	560
泰国	89398	226
新加坡	24592	193
澳大利亚	23294	132
印度尼西亚	27488	101
加拿大	9555	86
法国	15900	80
德国	13010	62
荷兰	2942	32
英国	3267	32
中国澳门	4267	13
意大利	2000	10
新西兰	1330	9
捷克	735	6
乌克兰	1000	4
西班牙	400	2
以色列	100	2
匈牙利	322	1
比利时	101	1
12119024 大黄、籽黄		
#合计	1785941	7179
越南	749900	2586
日本	384523	2392
德国	167191	480
意大利	70175	345
中国台湾	78697	324
韩国	90852	234
印度尼西亚	55689	216
中国香港	48303	140
美国	20056	92
马来西亚	23583	78
泰国	17322	53
比利时	5200	45
波兰	9170	39
埃及	15000	33
西班牙	17000	29
法国	6006	22
新加坡	4957	18
斯洛文尼亚	7502	18
阿根廷	4000	7
叙利亚	3000	6
哥伦比亚	2500	5
加拿大	1594	5
英国	874	4
中国澳门	1416	3
格鲁吉亚	109	2
荷兰	149	1
拉脱维亚	500	1
澳大利亚	307	1
瑞士	50	1
加纳	110	0
12119025 白术		
#合计	10944662	23427
中国香港	8406096	12715
韩国	1294742	3975
越南	755250	3347
日本	278511	2214
中国台湾	89873	462
马来西亚	46680	290
美国	16167	108
新加坡	15071	91
印度尼西亚	9501	43
泰国	6079	37
澳大利亚	7314	34
荷兰	2241	22
德国	1638	20
加拿大	2906	19
英国	2621	19
中国澳门	8159	18
捷克	685	7
新西兰	554	4
瑞典	300	2
比利时	120	1
加纳	100	1
以色列	50	1
12119026 地黄		
#合计	11488141	23158
中国香港	9197238	15840
日本	371244	2669
韩国	893436	2170
越南	593150	1134
马来西亚	156703	542
中国台湾	165500	444
新加坡	16366	62
印度尼西亚	33113	60
美国	10820	46
泰国	11829	40
中国澳门	13987	34
荷兰	3411	31
澳大利亚	7314	21
加拿大	4866	17
英国	3878	16
德国	831	11
捷克	1161	6
瑞士	637	5
阿根廷	1240	5
新西兰	914	4
瑞典	317	1
比利时	109	1
以色列	50	1
12119027 槐米		
#合计	3101565	7396
中国香港	3077504	7239
中国台湾	6886	47
美国	6155	29
日本	2664	27
印度尼西亚	2158	20
韩国	1230	10
俄罗斯联邦	1000	8
泰国	1000	7
马来西亚	1180	4
德国	200	2
中国澳门	1040	2
新加坡	312	1
加拿大	88	1
12119028 杜仲		
#合计	6030144	14917
中国香港	5539570	12146
日本	228078	1710
韩国	138069	478
马来西亚	67109	381
中国台湾	30685	81
新加坡	9393	41
印度尼西亚	2945	19
泰国	3453	16
中国澳门	5404	14
美国	2912	13
荷兰	755	7
英国	698	5
加拿大	545	3
德国	105	1
澳大利亚	423	1

国家/地区	出口数量（千克）	出口金额（千美元）
12119029 茯苓		
#合计	10877099	25711
中国香港	7732223	11711
日本	1016744	8148
韩国	1010682	2647
越南	689450	1523
马来西亚	141500	585
中国台湾	113724	364
印度	52750	230
美国	29231	146
新加坡	20311	93
印度尼西亚	13497	44
澳大利亚	8944	38
泰国	12604	36
中国澳门	15583	33
荷兰	2642	26
英国	4465	23
加拿大	5285	22
德国	1229	18
斯里兰卡	2500	8
捷克	900	6
新西兰	500	3
阿联酋	1020	3
加纳	450	2
乌克兰	500	1
比利时	135	1
瑞典	167	1
12119031 枸杞		
#合计	5839146	50206
马来西亚	923255	7500
中国香港	661414	5781
美国	377878	4844
荷兰	384630	3562
新加坡	336113	3050
法国	246940	2857
日本	291810	2683
韩国	611476	2673
英国	242407	2312
澳大利亚	219784	1912
西班牙	197176	1852
比利时	162265	1747
德国	112080	1637
中国台湾	85352	1025
加拿大	93448	960
捷克	110520	739

国家/地区	出口数量（千克）	出口金额（千美元）
越南	216800	617
泰国	74443	607
罗马尼亚	77500	585
希腊	51780	412
南非	44500	310
瑞典	38164	291
斯洛文尼亚	40420	282
波兰	41505	282
新西兰	19620	231
伊朗	23000	197
以色列	18400	177
瑞士	11275	114
奥地利	11320	91
意大利	10200	91
立陶宛	10000	85
保加利亚	10500	82
沙特阿拉伯	8000	80
科威特	8000	78
中国澳门	27625	70
印度尼西亚	6542	65
葡萄牙	6000	65
俄罗斯联邦	5810	61
土耳其	6000	52
克罗地亚	3400	31
伊拉克	2307	29
斯洛伐克	4000	26
乌拉圭	1500	14
匈牙利	1100	12
墨西哥	730	12
斯里兰卡	700	7
芬兰	400	4
拉脱维亚	400	4
丹麦	227	3
塞尔维亚	160	2
巴西	100	2
阿联酋	160	1
12119032 大海子		
#合计	3854	25
中国香港	1466	9
马来西亚	1151	6
新加坡	347	5
印度尼西亚	802	5
12119034 沙参		
#合计	985677	2133
韩国	868796	1493

国家/地区	出口数量（千克）	出口金额（千美元）
美国	25657	151
日本	9215	114
中国香港	16468	88
马来西亚	11967	65
新加坡	6693	52
中国台湾	29561	47
拉脱维亚	1545	39
中国澳门	8759	22
白俄罗斯	500	19
加拿大	2532	18
泰国	1463	11
澳大利亚	1231	7
荷兰	236	2
印度尼西亚	531	2
德国	275	1
英国	153	1
新西兰	84	1
12119035 青蒿		
#合计	26648	53
日本	21120	42
法国	3500	9
中国澳门	579	1
中国香港	417	1
中国台湾	600	1
12119036 甘草		
#合计	3254984	22021
日本	2075281	16396
韩国	311398	1630
德国	242655	1419
中国台湾	238351	950
泰国	217461	679
荷兰	53545	376
美国	32052	189
马来西亚	36057	164
印度尼西亚	31092	145
中国香港	9000	41
西班牙	7000	23
加拿大	772	6
瑞士	300	4
12119039 未列名主要用作药料的植物及其某部分		
#合计	100897617	337457
日本	10749951	92369
越南	19462700	62788
韩国	15650600	53623

国家/地区	出口数量（千克）	出口金额（千美元）
中国香港	34350233	52849
中国台湾	4471691	13436
马来西亚	2684671	11021
美国	2026976	9709
泰国	1221287	8049
德国	1592685	6390
法国	1849927	4219
新加坡	591028	3925
意大利	292510	1846
爱尔兰	898231	1661
印度尼西亚	436638	1484
巴西	346845	1147
澳大利亚	233437	1138
荷兰	214401	1123
俄罗斯联邦	521120	1099
印度	304788	956
中国澳门	771295	933
英国	114832	800
墨西哥	10133	672
加拿大	139173	665
拉脱维亚	282777	600
乌克兰	221604	532
西班牙	184428	474
芬兰	53280	342
埃及	105086	321
阿联酋	100839	317
希腊	179400	250
摩洛哥	83750	200
奥地利	17305	200
保加利亚	78710	194
瑞士	76078	180
捷克	20206	166
苏丹	73490	161
新西兰	26419	151
利比亚	59475	135
以色列	16053	121
孟加拉国	32625	110
哥伦比亚	33295	104
瑞典	24760	104
土耳其	25555	97
斯里兰卡	22780	77
南非	10000	75
比利时	7255	71
智利	20400	66
加纳	11351	54
也门	33050	54
阿根廷	10320	51
叙利亚	22535	47
巴基斯坦	50550	45
匈牙利	13468	43
白俄罗斯	1000	32
突尼斯	11100	31
朝鲜	13074	26
约旦	3000	23
沙特阿拉伯	8600	20
罗马尼亚	5899	18
波兰	7875	13
乌拉圭	7600	13
斯洛文尼亚	1000	10
斯洛伐克	630	9
乌兹别克斯坦	600	5
塞尔维亚	200	4
克罗地亚	500	3
葡萄牙	283	3
科威特	1250	3
菲律宾	2010	1
秘鲁	500	1
13019020 乳香、没药及血竭		
#合计	26588	147
韩国	19358	97
中国台湾	2429	21
马来西亚	2342	13
中国香港	2045	12
英国	126	2
泰国	150	1
印度尼西亚	106	1
瑞士	32	1
13019030 阿魏		
#合计	180	1
韩国	180	1
30049051 中药酒		
#合计	748385	3199
中国香港	293006	1033
马来西亚	127142	659
加纳	98386	351
伯利兹	96475	311
美国	27824	270
泰国	38730	249
新加坡	24017	131
韩国	20106	84
澳大利亚	9321	36
多哥	2700	19
日本	2400	16
印度尼西亚	3204	14
中国澳门	2012	11
特立尼达和多巴哥	654	6
越南	1094	5
英国	673	3
秘鲁	641	3
30049052 片仔癀		
#合计	2926	29674
中国香港	2461	24159
泰国	255	3019
新加坡	150	1782
马来西亚	60	714
30049053 白药		
#合计	78087	6133
中国香港	52019	4958
美国	9476	482
印度尼西亚	1625	261
新加坡	6067	242
南非	4806	93
越南	3146	53
马来西亚	948	44
30049054 清凉油		
#合计	5470774	30812
贝宁	1240867	8150
阿联酋	578099	3656
美国	804308	2518
加纳	551445	2191
塞内加尔	265776	1517
几内亚	258816	1450
尼日利亚	334481	1385
新加坡	48255	1197
苏丹	131089	702
多哥	92654	641
印度尼西亚	27200	639
科特迪瓦	74460	588
肯尼亚	107602	522
阿曼	14784	512
英国	128416	476
中国香港	78453	442
泰国	13272	368
卡塔尔	12212	357
喀麦隆	82049	230

国家/地区	出口数量（千克）	出口金额（千美元）
沙特阿拉伯	7949	228
菲律宾	38918	224
利比里亚	49745	219
乍得	104140	202
荷兰	31622	187
委内瑞拉	15631	185
科威特	4320	146
特立尼达和多巴哥	25750	123
乌拉圭	15200	112
秘鲁	12932	104
毛里求斯	18469	100
安哥拉	36540	98
马里	33200	95
冈比亚	25065	90
俄罗斯联邦	8789	88
伯利兹	10325	82
印度	8258	79
缅甸	11780	74
也门	18388	74
洪都拉斯	8212	61
索马里	15000	58
南非	5336	53
坦桑尼亚	9581	47
罗马尼亚	7116	46
巴拿马	13892	44
匈牙利	6038	39
苏里南	1958	33
刚果(金)	7296	32
孟加拉国	2800	29
厄瓜多尔	2120	26
捷克	2928	25
智利	9830	24
比利时	3776	19
毛里塔尼亚	8913	17
德国	4546	17
波兰	450	17
斐济	3685	16
哈萨克斯坦	1035	16
黎巴嫩	1742	12
法国	1524	10
刚果(布)	2120	10
拉脱维亚	559	9
约旦	3600	9
阿根廷	787	9
乌克兰	1903	8

国家/地区	出口数量（千克）	出口金额（千美元）
莫桑比克	5006	8
圭亚那	2577	6
塞浦路斯	510	6
巴巴多斯	303	4
瑞典	1250	4
新西兰	720	4
纳米比亚	1524	4
尼日尔	202	4
西班牙	140	3
巴布亚新几内亚	895	3
加拿大	840	3
厄立特里亚	1122	3
荷属安的列斯群岛	639	3
马达加斯加	1012	2
津巴布韦	1055	2
波多黎各	977	2
马来西亚	20	2
瓜德罗普	65	2
汤加	390	2
哥斯达黎加	732	2
以色列	574	1
澳大利亚	546	1
科摩罗	67	1
几内亚比绍	442	1
牙买加	543	1
东帝汶	50	1
希腊	270	1
爱尔兰	150	1
塞拉利昂	30	1
乌干达	21	1
瓦努阿图	5	1
30049059 其他中式成药		
#合计	8142832	168627
中国香港	2567664	66412
日本	518017	21487
美国	748421	13301
新加坡	414873	8604
马来西亚	541350	8469
越南	329635	8054
澳大利亚	142761	3804
加拿大	171365	3550
俄罗斯联邦	176889	3370
印度尼西亚	144792	3009
尼日利亚	39315	2355
韩国	357321	2348

国家/地区	出口数量（千克）	出口金额（千美元）
荷兰	86681	1738
南非	49893	1242
英国	50218	1146
罗马尼亚	58430	948
刚果(布)	112586	827
泰国	51918	811
中国澳门	24078	737
德国	55406	706
奥地利	20420	694
加纳	62893	630
缅甸	78162	629
西班牙	76815	585
多米尼加共和国	132700	565
匈牙利	62394	562
菲律宾	53047	533
波兰	18203	516
中国台湾	35408	505
捷克	24947	491
乌克兰	24163	489
巴基斯坦	11641	486
哥伦比亚	47026	462
斯洛文尼亚	11752	456
墨西哥	59799	433
厄瓜多尔	73515	427
保加利亚	27544	417
塞尔维亚	9440	391
多哥	86691	346
土库曼斯坦	4489	327
洪都拉斯	30878	283
朝鲜	43993	274
哈萨克斯坦	4811	272
法国	11754	231
土耳其	12030	225
也门	84513	221
秘鲁	23796	217
斯洛伐克	14533	206
委内瑞拉	23065	193
科特迪瓦	52134	192
比利时	8914	190
布基纳法索	22880	188
约旦	14693	179
吉尔吉斯斯坦	10772	168
立陶宛	8187	159
新西兰	4617	146
喀麦隆	25859	141

国家/地区	出口数量（千克）	出口金额（千美元）
贝宁	907	131
阿联酋	11064	124
莫桑比克	667	120
危地马拉	14403	119
芬兰	15245	118
意大利	8088	117
白俄罗斯	2137	106
瑞典	2038	102
萨尔瓦多	11486	97
特立尼达和多巴哥	8104	82
加蓬	11232	77
哥斯达黎加	8334	72
葡萄牙	3362	70
挪威	2772	62
阿塞拜疆	1456	59
柬埔寨	1860	57
阿尔及利亚	8112	56
瑞士	1608	55
赞比亚	370	53
刚果(金)	1787	49
塔吉克斯坦	11045	39
黎巴嫩	114	37
埃及	6010	31
希腊	9471	30
智利	2483	29
孟加拉国	4939	29
博茨瓦纳	1387	28
以色列	819	26
肯尼亚	1239	26
叙利亚	9510	26
吉布提	1186	23
巴拉圭	111	22
马拉维	118	22
巴拿马	2411	20
巴哈马	358	17
格鲁吉亚	337	16
索马里	1368	15
阿曼	2103	14
亚美尼亚	144	12
瓦努阿图	161	11
斯里兰卡	1325	11
坦桑尼亚	5130	9
塞拉利昂	1500	9
印度	100	6
毛里求斯	407	6

国家/地区	出口数量（千克）	出口金额（千美元）
乌干达	700	6
克罗地亚	180	5
拉脱维亚	140	5
前南马其顿	142	5
乍得	830	4
苏丹	488	4
爱沙尼亚	208	4
几内亚比绍	425	3
巴林	100	2
卡塔尔	96	2
巴巴多斯	180	2
阿根廷	365	1
科威特	45	0
30049060 含有青蒿素及其衍生物的药品		
#合计	1011161	62811
苏丹	193435	12773
尼日利亚	272046	11055
印度	14762	5874
瑞士	59321	5325
法国	63311	3993
坦桑尼亚	21652	2241
肯尼亚	33798	1834
乌干达	20401	1532
南苏丹共和国	16637	1436
加纳	23385	1277
缅甸	21872	1216
安哥拉	49064	1122
也门	11558	1087
印度尼西亚	14278	1003
刚果(金)	22210	996
荷兰	15531	965
多哥	8610	784
巴基斯坦	2861	780
尼日尔	6083	633
几内亚	23784	605
巴布亚新几内亚	8175	572
中非	7162	558
喀麦隆	17149	498
乍得	4317	483
马拉维	6088	466
贝宁	5296	464
意大利	500	395
塞拉利昂	5160	357
索马里	17071	334
埃塞俄比亚	5392	278

国家/地区	出口数量（千克）	出口金额（千美元）
几内亚比绍	1810	248
比利时	3534	233
阿联酋	8890	207
柬埔寨	3660	198
赤道几内亚	2488	162
泰国	1069	125
英国	1860	122
美国	196	64
南非	710	59
利比里亚	626	53
莫桑比克	470	46
马来西亚	9000	45
阿曼	915	38
吉布提	334	37
沙特阿拉伯	272	32
孟加拉国	560	31
卢旺达	229	29
科特迪瓦	666	26
马里	217	18
韩国	2050	17
圭亚那	50	16
菲律宾	73	15
老挝	242	14
赞比亚	61	12
布基纳法索	78	7
阿富汗	61	7
西班牙	16	6
澳大利亚	17	2
巴哈马	1	1
中国台湾	7	1
瓦努阿图	31	1
希腊	6	1
德国	4	1
尼泊尔	8	1
刚果(布)	10	1
智利	7	1

中药材进口

国家/地区	进口数量（千克）	进口金额（千美元）
12112010 西洋参		
#合计	454676	17235
加拿大	336726	8929
美国	117950	8305
12112091 其他鲜人参		

国家/地区	进口数量（千克）	进口金额（千美元）
#合计	4	1
中国台湾	4	1
12112099 未列名人参		
#合计	79792	28562
韩国	65311	26765
朝鲜	13643	1748
中国	838	49
12119015 菊花		
#合计	2573	17
埃及	2573	17
12119018 川芎		
#合计	20016	30
中国	20016	30
12119019 半夏		
#合计	2070	17
中国	2070	17
12119022 天麻		
#合计	1500	23
中国	1500	23
12119025 白术		
#合计	388294	666
朝鲜	347894	572
中国	27285	57
韩国	13115	37
12119028 杜仲		
#合计	3540	6
中国	3540	6
12119029 茯苓		
#合计	263626	321
朝鲜	246836	308
韩国	16790	14
12119034 沙参		
#合计	12260	17
朝鲜	10550	11
中国	1710	5
12119036 甘草		
#合计	29233463	33068
哈萨克斯坦	14502480	15352
乌兹别克斯坦	7852241	9985
阿塞拜疆	1958497	2575
巴基斯坦	1663955	2076
阿富汗	2149369	1966
土库曼斯坦	490471	663
吉尔吉斯斯坦	506030	368
塔吉克斯坦	110420	83

国家/地区	进口数量（千克）	进口金额（千美元）
12119039 未列名主要用作药料的植物及其某部分		
#合计	25345923	48793
法国	700	8653
尼泊尔	687315	8397
印度	12174390	8353
荷兰	844456	6076
泰国	3967668	4951
加纳	586047	3495
比利时	454712	2922
缅甸	5015083	1681
德国	225320	1424
中国	273932	738
哥斯达黎加	3020	472
哈萨克斯坦	138660	416
朝鲜	633008	403
中国台湾	30000	225
美国	583	123
喀麦隆	64029	81
蒙古	17150	77
瓦努阿图	6000	66
乌克兰	27500	63
尼日利亚	166260	56
韩国	9600	50
科特迪瓦	12220	47
巴拉圭	8184	19
伊朗	2	4
日本	64	1
13019020 乳香、没药及血竭		
#合计	1470400	6543
埃塞俄比亚	1069290	3968
新加坡	8240	1164
苏丹	203000	630
印度尼西亚	2980	392
肯尼亚	137000	260
索马里	43700	121
尼泊尔	6190	8
30049051 中药酒		
#合计	33	1
西班牙	33	1
30049054 清凉油		
#合计	51880	693
新加坡	51880	693
30049059 其他中式成药		
#合计	24069635	267797

国家/地区	进口数量（千克）	进口金额（千美元）
中国香港	23165533	166366
德国	330068	72274
日本	332751	20633
法国	33071	5126
泰国	194209	2716
新加坡	13151	671
澳大利亚	846	10
美国	4	1
30049060 含有青蒿素及其衍生物的药品		
#合计	6	2
美国	6	1
摩洛哥	0	1

种苗出口

国家/地区	出口数量（千克）	出口金额（千美元）
12092100 紫苜蓿子		
#合计	372620	1073
加拿大	172000	572
日本	124400	335
韩国	73000	147
蒙古	1720	11
中国台湾	1000	7
朝鲜	500	2
12092300 羊茅子		
#合计	7500	5
朝鲜	7500	5
12092400 草地早熟禾子		
#合计	3000	14
朝鲜	3000	14
12092500 黑麦草种子		
#合计	5150	3
朝鲜	5150	3
12093000 草本花卉植物种子		
#合计	624474	14757
印度	4283	3387
美国	30500	2565
韩国	234570	2216
日本	64883	1786
荷兰	113396	1473
德国	91542	1134
丹麦	302	728
中国台湾	36558	351

国家/地区	出口数量（千克）	出口金额（千美元）
波兰	5363	325
法国	10838	144
英国	10205	144
尼日利亚	3876	110
意大利	156	108
立陶宛	3853	96
中国香港	2864	56
俄罗斯联邦	992	30
比利时	3405	19
捷克	60	13
芬兰	594	12
格林纳达	75	11
菲律宾	2141	11
朝鲜	1000	6
哥斯达黎加	151	5
越南	2	5
南非	1472	5
阿曼	100	4
泰国	2	3
伊朗	173	3
斯里兰卡	50	2
科威特	24	2
奥地利	23	1
巴林	0	1
印度尼西亚	1	1
约旦	660	1

种苗进口

国家/地区	进口数量（千克）	进口金额（千美元）
12092100 紫苜蓿子		
#合计	1566452	8061
加拿大	1034619	5079
美国	432108	2474
德国	60000	275
澳大利亚	39725	234
12092200 三叶草子		
#合计	2089772	8300
美国	500002	1966
新西兰	404020	1601
阿根廷	369000	1491
丹麦	283000	1401
澳大利亚	318000	1264
加拿大	215750	577
12092300 羊茅子		

国家/地区	进口数量（千克）	进口金额（千美元）
#合计	14451511	21309
美国	13665858	20307
加拿大	484365	644
丹麦	301288	358
12092400 草地早熟禾子		
#合计	6447688	20077
美国	6272096	19726
丹麦	111000	233
加拿大	64592	118
12092500 黑麦草种子		
#合计	13033891	17942
美国	10104622	12645
加拿大	2392380	4141
丹麦	388415	792
新西兰	82474	206
澳大利亚	45000	95
德国	21000	64
12093000 草本花卉植物种子		
#合计	78928	14737
美国	72473	8368
日本	1566	3355
德国	698	900
法国	1368	834
荷兰	1309	471
印度	98	303
危地马拉	27	234
印度尼西亚	32	180
意大利	170	60
中国	637	10
波兰	481	8
英国	21	4
中国台湾	17	3
立陶宛	11	2
肯尼亚	1	2
丹麦	0	1
哥斯达黎加	0	1
俄罗斯联邦	4	1

林产化工出口

国家/地区	出口数量（千克）	出口金额（千美元）
11082000 菊粉		
#合计	51600	205
美国	29000	115
巴西	8000	29

国家/地区	出口数量（千克）	出口金额（千美元）
南非	6000	26
日本	4000	17
哥伦比亚	2000	9
新西兰	2000	8
土耳其	250	1
菲律宾	150	1
12119050 主要用作香料的植物及其某部分		
#合计	2928170	6381
苏丹	579110	1159
中国香港	245759	603
沙特阿拉伯	221280	444
日本	356930	412
土耳其	103400	365
阿联酋	175580	332
德国	14992	315
埃及	147825	308
印度	107696	278
法国	66085	277
摩洛哥	102500	219
马来西亚	52705	215
孟加拉国	101467	193
美国	48467	169
中国台湾	58620	148
阿尔及利亚	80375	148
尼泊尔	53385	119
利比亚	34000	77
斯里兰卡	13176	71
韩国	109280	69
黎巴嫩	42690	67
突尼斯	32925	63
约旦	30650	58
也门	27000	52
巴西	12844	50
意大利	10000	35
中国澳门	57050	33
泰国	28350	29
俄罗斯联邦	1470	23
加拿大	1694	14
澳大利亚	560	11
叙利亚	5000	11
以色列	3950	9
新加坡	1325	8
乌克兰	30	1
12119091 鱼藤根、除虫菊		
#合计	742338	494

国家/地区	出口数量（千克）	出口金额（千美元）
日本	708010	367
印度尼西亚	34328	127
12119099 主要用作杀虫、杀菌等用途的植物及其某部分		
#合计	1194837	3331
德国	348150	733
韩国	299992	622
吉尔吉斯斯坦	55296	470
法国	71555	468
日本	186175	458
中国台湾	200080	360
印度尼西亚	22000	140
澳大利亚	4025	41
新加坡	2419	16
约旦	2750	12
泰国	1200	7
马来西亚	920	2
美国	225	1
中国香港	50	1
13019040 松脂		
#合计	596250	942
中国香港	596250	942
13021910 生漆		
#合计	49520	1920
日本	48520	1883
韩国	1000	38
29054910 木糖醇		
#合计	11504991	40760
美国	2867493	10021
日本	2451361	8602
韩国	1345052	4941
土耳其	663200	2465
德国	546210	1890
阿根廷	539500	1890
波兰	509100	1580
越南	391815	1451
泰国	374800	1334
匈牙利	284900	971
南非	214600	767
中国台湾	186060	704
澳大利亚	163360	605
印度尼西亚	170330	585
加拿大	102100	390
俄罗斯联邦	95000	351
荷兰	84416	346
英国	74000	257
芬兰	43700	177
新西兰	45700	167
突尼斯	39800	154
瑞典	41000	142
智利	38410	126
巴西	34160	124
印度	20700	70
意大利	19002	64
丹麦	18000	62
马来西亚	16160	59
法国	12500	49
伊朗	14000	48
菲律宾	13000	47
厄瓜多尔	12000	47
朝鲜	8400	42
哥伦比亚	11000	40
埃及	11000	37
乌克兰	8000	30
希腊	7500	26
乌拉圭	5000	21
比利时	6000	19
西班牙	3085	14
斯里兰卡	2690	10
中国香港	2500	9
秘鲁	1600	6
葡萄牙	1000	4
瑞士	1125	4
新加坡	1000	4
巴拉圭	1000	4
黎巴嫩	500	2
墨西哥	512	2
孟加拉国	500	2
叙利亚	500	2
巴基斯坦	500	1
32030011 天然靛蓝及以其为基本成分的制品		
#合计	952	3
日本	952	3
32030019 其他植物质着色料及以其为基本成分的制品		
#合计	272779	15509
日本	19890	3600
美国	19078	2063
西班牙	34040	1885
印度	57100	1875
德国	35230	1308
韩国	26436	975
墨西哥	11025	643
加拿大	4325	518
丹麦	5855	504
澳大利亚	3465	363
法国	3701	344
英国	3710	290
中国香港	11486	270
越南	16900	229
马来西亚	869	93
荷兰	1320	69
意大利	542	64
中国台湾	845	60
土耳其	12000	48
立陶宛	510	38
波兰	250	33
巴西	490	30
芬兰	220	29
埃及	1365	25
拉脱维亚	303	24
阿根廷	240	19
智利	265	16
印度尼西亚	100	15
秘鲁	100	13
匈牙利	150	11
罗马尼亚	52	10
哥伦比亚	65	9
葡萄牙	55	7
俄罗斯联邦	200	6
瑞士	50	5
瑞典	112	4
乌拉圭	25	4
孟加拉国	75	2
新西兰	40	2
比利时	30	2
泰国	15	2
新加坡	35	2
阿联酋	200	1
南非	10	1
32030020 动物质着色料及以其为基本成分的制品		
#合计	8758	459
韩国	4780	295

国家/地区	出口数量（千克）	出口金额（千美元）
美国	1240	91
丹麦	500	40
越南	2000	14
菲律宾	100	12
孟加拉国	40	5
中国香港	98	2
33011200 橙油		
#合计	16581	157
印度尼西亚	8750	81
新加坡	2372	26
美国	106	16
印度	4325	15
阿根廷	692	13
瑞士	52	3
荷兰	130	1
英国	105	1
日本	24	1
智利	25	1
33011300 柠檬油		
#合计	177063	1487
印度	27872	517
美国	73524	342
意大利	27200	258
马来西亚	11057	189
加拿大	17743	38
澳大利亚	11848	34
日本	10	26
德国	92	19
加纳	2970	9
印度尼西亚	140	9
波兰	1288	8
巴西	170	8
沙特阿拉伯	1235	7
新加坡	118	5
南非	521	4
卡塔尔	100	3
英国	434	2
中国台湾	125	2
捷克	264	2
韩国	250	2
坦桑尼亚	100	2
33011910 白柠檬油(酸橙油)		
#合计	14829	112
西班牙	14400	84
美国	113	13

国家/地区	出口数量（千克）	出口金额（千美元）
新加坡	238	12
南非	50	2
日本	3	1
印度	25	1
33011990 其他柑橘属果实精油		
#合计	52184	959
美国	33952	850
英国	6935	41
印度尼西亚	624	19
卡塔尔	6494	14
印度	2930	12
新加坡	576	12
澳大利亚	525	6
南非	140	4
33012400 胡椒薄荷油		
#合计	450	24
日本	220	12
新加坡	180	10
印度	50	2
33012500 其他薄荷油		
#合计	726410	22638
美国	241880	7753
日本	91490	3019
荷兰	59920	1856
德国	43200	1666
法国	41335	1549
巴西	52400	1505
中国香港	60050	1434
英国	39000	1231
越南	17500	397
西班牙	7735	297
韩国	8200	247
中国台湾	8605	223
新加坡	6535	222
泰国	8515	210
意大利	8050	178
印度尼西亚	5050	174
巴基斯坦	6000	122
墨西哥	3750	107
埃及	4500	102
伊朗	3240	81
瑞士	1620	69
叙利亚	2700	54
澳大利亚	760	26
印度	720	23

国家/地区	出口数量（千克）	出口金额（千美元）
菲律宾	1050	23
缅甸	540	14
加拿大	360	13
南非	540	12
马来西亚	400	9
加纳	350	8
罗马尼亚	140	5
约旦	180	4
格鲁吉亚	50	3
阿根廷	45	2
33012910 樟脑油		
#合计	3960	31
中国香港	3960	31
33012920 香茅油		
#合计	729765	13331
墨西哥	167760	2995
西班牙	109260	1913
美国	71460	1280
德国	47880	840
荷兰	37800	725
中国台湾	36940	677
印度	29700	585
英国	28620	527
中国香港	25820	471
土耳其	24480	457
瑞士	19440	423
法国	18900	353
新加坡	16270	347
澳大利亚	16740	314
马来西亚	14580	267
危地马拉	16415	266
巴基斯坦	9860	186
巴西	10260	181
印度尼西亚	6300	128
日本	6620	120
哥伦比亚	4860	96
韩国	2880	50
泰国	2600	47
意大利	1800	32
阿根廷	1440	29
菲律宾	1080	18
33012930 茴香油		
#合计	804204	14261
法国	266600	4846
中国香港	131530	2442

国家/地区	出口数量（千克）	出口金额（千美元）
德国	138600	2250
美国	96670	1636
英国	63280	1134
西班牙	32000	530
澳大利亚	24980	454
印度尼西亚	21140	385
巴西	4504	107
新加坡	5200	94
马来西亚	4000	72
荷兰	3800	65
新西兰	2320	62
泰国	3400	59
日本	1450	31
朝鲜	1500	29
俄罗斯联邦	1000	18
埃及	400	11
墨西哥	600	11
瑞士	410	7
巴基斯坦	250	5
菲律宾	170	5
加拿大	200	4
印度	200	4
33012940 桂油		
#合计	526221	24900
英国	318600	16988
美国	91021	3437
日本	49530	2178
墨西哥	36000	1211
新加坡	15000	427
法国	5140	199
中国香港	4000	152
荷兰	2200	115
德国	1200	51
西班牙	1200	46
比利时	1000	40
意大利	600	22
印度	410	15
印度尼西亚	165	9
巴西	100	7
澳大利亚	35	2
阿根廷	20	1
33012950 山苍子油		
#合计	279965	4914
德国	104720	1775
美国	33590	616

国家/地区	出口数量（千克）	出口金额（千美元）
法国	22140	372
西班牙	22500	370
新加坡	18360	327
印度	17845	315
瑞士	13140	264
日本	11850	218
印度尼西亚	7920	174
荷兰	9540	160
巴西	3960	71
英国	3780	63
澳大利亚	2520	43
墨西哥	1620	30
新西兰	1440	26
比利时	1260	21
意大利	900	16
哥伦比亚	720	15
马来西亚	540	10
阿根廷	540	10
泰国	360	7
加拿大	360	6
中国香港	180	3
韩国	180	3
33012960 桉叶油		
#合计	9137193	94424
印度尼西亚	2700405	27439
新加坡	1253510	13210
德国	721700	7652
美国	607140	6495
印度	674820	6370
澳大利亚	509220	5135
中国香港	411500	4212
英国	377460	4082
法国	369540	3790
荷兰	338760	3727
西班牙	270360	2895
墨西哥	145260	1654
泰国	109340	1167
巴西	74340	832
中国台湾	105400	777
尼日利亚	74680	725
巴拉圭	51300	546
日本	45161	535
意大利	49500	516
菲律宾	45920	484
马来西亚	36040	380

国家/地区	出口数量（千克）	出口金额（千美元）
哥伦比亚	27720	320
俄罗斯联邦	28080	274
阿根廷	14400	164
伊朗	12280	156
巴基斯坦	14240	142
南非	12600	139
叙利亚	8260	92
加拿大	7200	75
肯尼亚	6300	62
科特迪瓦	5640	59
韩国	3900	43
危地马拉	2700	32
土耳其	2880	32
多哥	3060	30
塞内加尔	2360	27
缅甸	3000	26
瑞士	2160	26
新西兰	2160	23
孟加拉国	1980	21
智利	1260	14
加纳	1000	12
埃及	1000	12
斯里兰卡	540	7
越南	540	6
罗马尼亚	217	5
阿曼	360	4
33012991 老鹳草油(香叶油)		
#合计	62196	8983
印度	14396	1951
法国	9400	1376
新加坡	7297	1188
西班牙	5200	957
阿联酋	6260	793
美国	5420	771
荷兰	3720	502
英国	3390	476
德国	2000	309
土耳其	1100	167
巴基斯坦	1100	166
印度尼西亚	495	76
中国台湾	910	57
日本	290	45
意大利	300	43
澳大利亚	449	38
中国香港	200	27

国家/地区	出口数量（千克）	出口金额（千美元）
加拿大	100	17
哥伦比亚	100	15
巴西	50	9
33012999 未列名非柑橘属果实精油		
#合计	975086	23219
美国	242558	6703
法国	54710	2468
德国	86152	2156
英国	71082	2076
以色列	56117	1306
日本	17598	1279
印度	35233	1027
中国台湾	85176	846
荷兰	41989	686
新加坡	17205	526
中国香港	39052	461
韩国	50327	438
印度尼西亚	23311	365
加拿大	7901	332
澳大利亚	21592	315
瑞士	10903	289
巴西	11246	289
越南	12880	247
俄罗斯联邦	18090	232
西班牙	20480	212
巴林	110	198
埃及	8395	122
朝鲜	4295	91
意大利	7425	68
匈牙利	2955	54
叙利亚	1080	32
马来西亚	1795	32
菲律宾	800	28
阿根廷	995	26
南非	1440	25
墨西哥	1495	24
拉脱维亚	740	23
波兰	1130	23
孟加拉国	1910	21
肯尼亚	915	21
土耳其	967	18
泰国	1025	18
瑞典	464	16
巴基斯坦	1855	16
突尼斯	1360	14
葡萄牙	600	13
捷克	528	11
新西兰	1100	10
缅甸	425	9
冰岛	1400	8
罗马尼亚	278	7
秘鲁	560	7
哥伦比亚	360	7
古巴	200	5
伊朗	1354	5
沙特阿拉伯	342	3
保加利亚	400	2
乌拉圭	200	2
特立尼达和多巴哥	100	2
斯里兰卡	200	1
卡塔尔	350	1
尼日利亚	20	1
巴布亚新几内亚	385	1
克罗地亚	220	1
智利	300	1
伊拉克	68	1
利比亚	200	1
希腊	405	1
33013010 鸢尾凝脂		
#合计	10596	81
多哥	10596	81
33013090 其他香膏		
#合计	631207	2998
沙特阿拉伯	212317	499
比利时	38628	417
荷兰	35755	378
法国	8687	286
中国香港	24982	244
阿曼	22600	179
阿联酋	31848	172
印度	10500	154
美国	7684	90
贝宁	64919	77
也门	23925	71
埃塞俄比亚	13000	70
英国	6262	69
中国台湾	13875	55
日本	8019	35
海地	6600	33
尼日利亚	40212	30
留尼汪	13440	26
新西兰	562	25
澳大利亚	1627	18
马达加斯加	13064	16
加纳	5410	10
墨西哥	924	7
多哥	4325	6
俄罗斯联邦	122	5
伊拉克	1905	4
南非	500	4
韩国	6800	3
巴拿马	258	3
约旦	1943	2
毛里求斯	1230	2
黎巴嫩	225	2
新加坡	1	2
德国	250	2
瑞典	7100	1
吉布提	1096	1
巴基斯坦	209	1
芬兰	357	0
33019010 提取的油树脂		
#合计	590246	7948
日本	180952	2856
美国	64168	1383
印度	32210	1061
新加坡	22263	371
墨西哥	18600	311
尼日尔	60000	267
韩国	9349	237
荷兰	3890	228
印度尼西亚	6660	137
西班牙	4600	123
泰国	16045	97
罗马尼亚	3000	94
中国香港	15778	88
澳大利亚	9700	83
加拿大	8645	71
菲律宾	107670	65
中国台湾	5583	63
埃及	2900	62
法国	115	56
越南	1260	48
比利时	1500	45
智利	1130	43

国家/地区	出口数量（千克）	出口金额（千美元）
马来西亚	4145	38
德国	3360	31
孟加拉国	1570	19
巴基斯坦	470	13
危地马拉	400	11
巴拿马	900	9
沙特阿拉伯	100	6
土耳其	230	5
叙利亚	1000	5
立陶宛	400	5
突尼斯	200	4
洪都拉斯	200	4
斯里兰卡	600	4
巴西	200	4
俄罗斯联邦	260	2
保加利亚	10	1
缅甸	20	1
英国	163	1
33019020 柑橘属果实的精油脱萜的萜烯副产品		
#合计	28799	190
韩国	6825	52
法国	10800	41
南非	1340	26
德国	3500	19
日本	1751	18
英国	1750	10
沙特阿拉伯	1020	10
印度尼西亚	958	9
马来西亚	680	4
美国	175	2
33019090 含浓缩精油的制品；其他萜烯副产品及精油液		
#合计	174648	1439
日本	7946	774
马来西亚	14810	144
英国	3047	116
中国台湾	44032	112
西班牙	46152	105
法国	3175	53
韩国	32029	26
俄罗斯联邦	2407	17
中国香港	2975	16
荷兰	1800	13
南非	3076	12
美国	626	10
新加坡	273	9
澳大利亚	947	5
德国	153	5
特立尼达和多巴哥	567	4
菲律宾	145	4
印度尼西亚	265	4
越南	7082	4
瑞士	180	3
肯尼亚	1236	1
毛里求斯	819	1
新西兰	250	1
以色列	513	0
33030000 香水及花露水		
#合计	24850581	120656
美国	6465536	27650
英国	3994603	17707
荷兰	4692800	15966
法国	557528	12296
阿联酋	2774264	10680
新加坡	509708	10579
德国	513750	2517
澳大利亚	349767	2187
中国香港	156106	2011
西班牙	348804	1865
马来西亚	190628	1438
智利	388593	1380
沙特阿拉伯	259905	1379
比利时	371583	1125
乌克兰	412023	1065
巴拿马	274790	1002
菲律宾	400085	934
捷克	188872	784
俄罗斯联邦	161341	607
日本	120918	424
墨西哥	87172	398
牙买加	74312	371
海地	164540	360
希腊	94568	355
中国台湾	18126	352
波兰	123092	340
哥伦比亚	57074	339
委内瑞拉	67985	300
芬兰	26513	216
巴基斯坦	46945	205
朝鲜	57097	200
多哥	34600	195
加拿大	24043	190
瑞典	15768	190
特立尼达和多巴哥	63421	170
洪都拉斯	35192	164
泰国	26596	161
尼日利亚	18060	160
多米尼加共和国	64200	158
乌拉圭	20332	154
缅甸	29665	151
塞内加尔	20960	143
哥斯达黎加	32140	141
巴拉圭	9439	139
危地马拉	37749	139
新西兰	36399	131
斯洛文尼亚	35316	118
哈萨克斯坦	24316	110
意大利	36272	104
巴西	13053	88
厄瓜多尔	22774	86
尼加拉瓜	22825	79
安哥拉	24147	77
埃及	92764	72
坦桑尼亚	37197	67
加纳	9600	56
阿根廷	7567	53
摩洛哥	9854	40
韩国	2216	38
柬埔寨	15192	33
卡塔尔	8184	28
秘鲁	12802	24
南非	19494	21
冰岛	4327	20
波多黎各	2621	20
黎巴嫩	4840	18
印度	2816	15
马尔代夫	9040	14
越南	1199	13
葡萄牙	610	13
利比里亚	9000	9
斯里兰卡	167	8
斯洛伐克	1725	7
苏里南	2890	6

国家/地区	出口数量（千克）	出口金额（千美元）
38051000 脂松节油、木松节油和硫酸盐松节油		
#合计	2851300	5931
墨西哥	1408145	3107
日本	365190	655
印度	364740	532
中国香港	231110	524
澳大利亚	115340	268
德国	101590	226
菲律宾	32900	77
泰国	22750	55
意大利	22400	51
荷兰	14000	51
马来西亚	14000	45
埃及	20000	43
新加坡	11025	39
突尼斯	16100	36
瑞典	20690	33
孟加拉国	14000	31
罗马尼亚	9100	29
挪威	14000	27
法国	21020	27
中国台湾	7000	18
肯尼亚	5075	16
安哥拉	10800	11
南非	3150	10
印度尼西亚	3500	10
韩国	2100	6
斯里兰卡	1575	6
38059010 以 α 萜品醇为基本成分的松油		
#合计	6180040	17219
印度尼西亚	1921440	4074
阿联酋	732060	2809
南非	436500	1334
埃及	375840	981
尼日利亚	250560	918
德国	232920	863
英国	225390	743
约旦	240480	697
马来西亚	259560	638
巴基斯坦	132840	443
印度	134070	393
泰国	133200	325
美国	77620	265
墨西哥	103320	233
澳大利亚	70380	203
委内瑞拉	82400	191
日本	64400	177
中国香港	72180	176
西班牙	73120	174
伊朗	32400	169
哥伦比亚	46800	144
新加坡	40100	104
意大利	45000	101
荷兰	32040	96
秘鲁	28800	89
沙特阿拉伯	28800	88
利比亚	28800	76
苏丹	38880	73
阿曼	21600	70
斯里兰卡	23600	65
阿根廷	30780	62
土耳其	14940	57
刚果(金)	18000	54
朝鲜	23785	52
苏里南	14400	46
毛里求斯	18000	46
加纳	14400	37
科威特	14400	32
牙买加	7840	25
韩国	7200	21
菲律宾	4680	13
比利时	3420	12
莫桑比克	3960	12
缅甸	7760	12
厄瓜多尔	2880	9
越南	2555	6
乌拉圭	2160	5
中国台湾	900	3
智利	1440	3
老挝	1080	2
巴西	360	2
38061010 松香		
#合计	167783601	268287
日本	40627097	64796
葡萄牙	21891600	34673
比利时	19964000	31703
印度	17515975	28251
韩国	14924411	23912
法国	10519200	16830
中国台湾	8843432	13648
德国	4795992	8226
美国	3768766	6261
西班牙	3441200	5240
荷兰	2587080	4035
泰国	2039533	3343
澳大利亚	1914325	2936
土耳其	1788473	2803
希腊	1728000	2754
巴基斯坦	1378800	2282
菲律宾	1409910	2258
南非	1098350	1794
尼日利亚	1080000	1756
马来西亚	779679	1319
伊朗	797784	1298
墨西哥	734415	1219
埃及	715000	1098
印度尼西亚	401400	736
加拿大	269980	447
新西兰	249600	431
新加坡	202402	360
俄罗斯联邦	180289	312
约旦	176000	299
巴西	69162	292
英国	155859	236
意大利	124620	222
叙利亚	137600	220
阿联酋	134072	197
乌克兰	110025	187
沙特阿拉伯	124000	183
波兰	108000	167
中国香港	232780	159
委内瑞拉	86061	148
乌兹别克斯坦	57600	135
缅甸	78300	126
智利	70000	113
立陶宛	64800	113
摩洛哥	64800	99
哈萨克斯坦	40000	81
海地	43200	70
秘鲁	43200	69
吉尔吉斯斯坦	11100	67
科特迪瓦	22000	55
孟加拉国	32175	54
黎巴嫩	23400	52

国家/地区	出口数量（千克）	出口金额（千美元）
以色列	24031	46
斯里兰卡	13396	25
坦桑尼亚	15075	25
罗马尼亚	15075	24
越南	7100	18
科威特	10125	16
肯尼亚	7052	14
斯洛文尼亚	8000	12
朝鲜	11334	12
阿尔及利亚	7200	11
赞比亚	1000	5
也门	2250	4
刚果(金)	2064	3
埃塞俄比亚	1000	3
毛里求斯	1125	2
萨尔瓦多	1100	2
格鲁吉亚	900	2
哥伦比亚	60	1
38062010 松香盐及树脂酸盐		
#合计	692295	1360
意大利	300000	674
德国	144000	273
印度尼西亚	89880	220
美国	32674	82
伊朗	112000	82
越南	5450	16
印度	6901	10
朝鲜	800	3
中国台湾	540	2
38062090 松香或树脂酸衍生物的盐		
#合计	858750	1024
菲律宾	518830	289
印度	65200	239
马来西亚	92860	140
加纳	54000	103
乌兹别克斯坦	36000	61
日本	14600	52
巴西	23540	50
英国	6070	23
越南	8300	17
印度尼西亚	6000	16
泰国	23000	10
澳大利亚	2800	8
韩国	425	6
中国台湾	50	5

国家/地区	出口数量（千克）	出口金额（千美元）
委内瑞拉	6825	3
德国	250	1
38069000 其他松香和树脂酸衍生物；松香精及松香油等		
#合计	100518996	226107
日本	15940446	40790
美国	12241016	28273
韩国	14160384	27946
中国台湾	8303428	18243
马来西亚	5107528	10826
印度	4329835	10551
德国	3785175	9442
印度尼西亚	3912296	8542
土耳其	4219525	8448
伊朗	2746472	6551
泰国	2904241	6001
沙特阿拉伯	2222150	5194
越南	2097255	5007
荷兰	2161850	4543
英国	1998089	4292
澳大利亚	1831150	4138
埃及	1902325	4022
意大利	1148214	2608
丹麦	1105600	2348
比利时	709800	1680
挪威	688000	1507
新加坡	526045	1198
乌克兰	514000	1106
俄罗斯联邦	512750	1105
加拿大	438216	995
南非	397025	897
中国香港	343840	882
法国	354151	733
菲律宾	304225	625
阿联酋	319950	625
瑞典	296994	591
哥伦比亚	271200	557
巴拿马	234000	508
智利	223000	446
斯里兰卡	180150	408
尼日利亚	172000	372
巴基斯坦	129275	294
立陶宛	128000	281
西班牙	115200	270
阿根廷	116425	266

国家/地区	出口数量（千克）	出口金额（千美元）
孟加拉国	84100	250
斯洛文尼亚	112000	239
阿曼	105000	209
墨西哥	95600	197
芬兰	93000	182
波兰	67110	145
葡萄牙	68560	144
厄瓜多尔	69715	139
科特迪瓦	65000	128
巴西	51390	122
肯尼亚	57000	117
爱沙尼亚	54000	100
约旦	73300	99
叙利亚	44700	96
黎巴嫩	39000	80
多米尼加共和国	32000	79
摩洛哥	34000	76
突尼斯	37045	75
委内瑞拉	31000	66
罗马尼亚	32000	66
爱尔兰	33600	60
秘鲁	18825	54
希腊	25975	53
以色列	16000	33
加纳	17000	31
新西兰	11800	29
刚果(金)	12000	27
奥地利	8001	18
毛里求斯	4000	17
喀麦隆	8000	16
塞浦路斯	5000	16
巴林	5000	11
前南马其顿	10000	11
苏丹	3200	8
保加利亚	1500	3
牙买加	1000	3
缅甸	1350	3
40011000 天然橡胶乳，不论是否予硫化		
#合计	53825	138
朝鲜	37425	105
中国台湾	16400	33
40012200 技术分类天然橡胶(TSNR)		
#合计	4806527	16492
伊朗	3729600	13190
印度尼西亚	463680	1426

国家/地区	出口数量（千克）	出口金额（千美元）
马来西亚	414480	1230
朝鲜	70480	254
巴基斯坦	42000	189
印度	58850	98
韩国	25200	85
瑞典	520	13
哈萨克斯坦	980	5
土耳其	500	2
日本	237	1
40012900 其他形状的天然橡胶		
#合计	861826	2316
中国香港	358581	1142
朝鲜	77721	233
越南	58255	206
印度尼西亚	71910	206
乌兹别克斯坦	18225	75
马来西亚	43896	71
英国	4810	53
苏丹	38000	37
安哥拉	7400	37
哥伦比亚	15994	33
巴西	10000	32
马耳他	9310	22
柬埔寨	36000	22
孟加拉国	5567	20
德国	533	19
美国	202	17
土耳其	16935	14
意大利	26268	13
墨西哥	3335	11
塞拉利昂	3600	8
智利	10000	6
文莱	1112	6
泰国	2006	6
巴基斯坦	1260	5
秘鲁	1942	3
西班牙	26096	3
印度	283	3
蒙古	3200	2
荷兰	267	2
法国	437	1
赞比亚	2000	1
波兰	13	1
吉尔吉斯斯坦	250	1
保加利亚	110	1

国家/地区	出口数量（千克）	出口金额（千美元）
中国台湾	653	1
约旦	280	1
塞舌尔	750	1
日本	29	1
新加坡	35	1
40013000 巴拉塔胶、古塔波胶、银胶菊胶、糖胶树胶及类似的天然树胶		
#合计	201	7
英国	34	4
沙特阿拉伯	167	3

林产化工进口

国家/地区	进口数量（千克）	进口金额（千美元）
11082000 菊粉		
#合计	920600	3139
智利	497200	1836
比利时	243400	752
荷兰	180000	551
12079991 牛油树果		
#合计	40005	21
加纳	40000	21
12119050 主要用作香料的植物及其某部分		
#合计	6872328	6313
印度尼西亚	934996	1087
中国台湾	1659496	802
澳大利亚	636191	730
印度	1091559	579
埃及	210620	373
缅甸	993255	342
波兰	40858	319
土耳其	77765	218
越南	446800	215
马来西亚	199065	184
摩洛哥	80181	176
南非	38198	174
阿尔巴尼亚	41201	160
保加利亚	76887	124
法国	9868	118
德国	11253	111
日本	4599	91
美国	10647	77
中国	58351	47
几内亚	17724	46
英国	7288	37

国家/地区	进口数量（千克）	进口金额（千美元）
巴基斯坦	4638	35
格鲁吉亚	19670	33
尼日利亚	12425	33
加纳	45570	24
斯里兰卡	1270	20
瑞典	15520	19
巴拉圭	1511	16
西班牙	3122	15
意大利	5019	14
危地马拉	10400	13
加拿大	4578	11
坦桑尼亚	23000	11
菲律宾	6777	8
老挝	24120	8
伊朗	222	6
克罗地亚	425	6
朝鲜	44000	5
斐济	752	5
墨西哥	500	4
前南马其顿	700	3
以色列	135	3
马达加斯加	150	3
阿根廷	175	2
智利	220	2
泰国	175	1
瓦努阿图	200	1
布基纳法索	100	1
罗马尼亚	51	1
葡萄牙	63	1
12119091 鱼藤根、除虫菊		
#合计	186885	402
肯尼亚	142890	296
坦桑尼亚	18995	55
秘鲁	25000	52
12119099 主要用作杀虫、杀菌等用途的植物及其某部分		
#合计	1040866	1978
印度	457972	588
巴西	30350	387
乌克兰	156000	208
加纳	61261	142
泰国	58000	119
印度尼西亚	115830	86
保加利亚	61820	82
美国	3288	81

国家/地区	进口数量（千克）	进口金额（千美元）
哥斯达黎加	400	54
马来西亚	9000	52
秘鲁	10000	52
摩洛哥	35180	32
波兰	13000	28
德国	7505	27
伊朗	19100	13
埃及	1006	9
荷兰	524	8
土耳其	400	7
中国台湾	126	3
澳大利亚	20	1
法国	10	1
西班牙	50	1
13019040 松脂		
#合计	698144	1444
赞比亚	529749	1351
菲律宾	102091	66
马达加斯加	29944	14
越南	24000	10
缅甸	12260	3
日本	68	1
美国	32	1
29054910 木糖醇		
#合计	614818	1558
美国	610014	1499
瑞典	3725	48
法国	805	5
日本	214	3
德国	10	3
32030011 天然靛蓝及以其为基本成分的制品		
#合计	132	8
美国	7	4
印度	100	3
日本	20	1
32030019 其他植物质着色料及以其为基本成分的制品		
#合计	1888120	26177
印度	1013461	11787
丹麦	123989	3846
意大利	181350	1699
日本	26863	1559
美国	81754	1548
瑞士	8007	1034

国家/地区	进口数量（千克）	进口金额（千美元）
澳大利亚	4935	995
法国	205969	810
韩国	45236	581
德国	60139	525
秘鲁	9270	398
中国	38933	363
英国	12744	342
以色列	786	216
西班牙	30548	155
中国台湾	22336	126
泰国	4000	64
智利	660	54
缅甸	10000	18
马来西亚	1261	14
土耳其	2000	12
厄瓜多尔	70	12
奥地利	5	8
荷兰	90	4
巴西	273	2
比利时	25	2
巴基斯坦	3400	1
32030020 动物质着色料及以其为基本成分的制品		
#合计	95721	4506
秘鲁	27729	1825
丹麦	32386	1366
马来西亚	9800	669
比利时	7000	170
韩国	6425	153
日本	7920	88
英国	1898	84
德国	365	58
智利	500	34
美国	293	19
法国	650	17
中国台湾	177	13
泰国	560	9
印度	13	1
33011200 橙油		
#合计	2014706	18333
美国	497674	7226
巴西	1195242	6936
爱尔兰	167244	1718
英国	42609	711
瑞士	4550	402

国家/地区	进口数量（千克）	进口金额（千美元）
德国	12688	254
日本	5716	181
意大利	16821	173
中国台湾	14736	162
西班牙	23295	153
墨西哥	22165	140
法国	1919	67
以色列	1910	67
澳大利亚	2787	48
加拿大	1810	48
南非	1104	13
荷兰	1641	10
新加坡	100	9
海地	53	4
印度尼西亚	200	3
希腊	205	3
突尼斯	0	2
几内亚	130	1
捷克	2	1
中国香港	23	1
法属圭亚那	50	1
33011300 柠檬油		
#合计	721570	29117
阿根廷	317860	10464
美国	182812	5472
爱尔兰	52142	4679
瑞士	19313	3104
意大利	73184	1301
日本	20885	906
英国	19715	862
印度尼西亚	13950	856
墨西哥	6430	757
印度	3120	227
德国	2663	166
南非	3605	97
西班牙	3777	77
法国	1136	56
澳大利亚	638	47
荷兰	30	25
巴西	160	11
以色列	50	8
新加坡	64	2
中国台湾	30	2
33011910 白柠檬油（酸橙油）		
#合计	67699	2710

国家/地区	进口数量（千克）	进口金额（千美元）
英国	11738	1035
美国	21413	727
墨西哥	24256	669
德国	8013	146
日本	1381	102
瑞士	352	15
意大利	475	8
巴西	20	3
印度尼西亚	15	2
西班牙	12	1
加拿大	10	1
荷兰	5	1
33011990 其他柑橘属果实精油		
#合计	168028	7194
日本	10696	3554
英国	32161	1074
美国	58328	1070
意大利	14406	435
德国	15331	298
巴西	18327	266
瑞士	891	133
南非	2370	66
法国	1069	52
以色列	1265	48
新加坡	303	40
比利时	830	32
伊朗	2856	22
加拿大	901	18
西班牙	496	18
阿根廷	312	16
澳大利亚	681	14
巴拉圭	4110	12
摩洛哥	2118	8
印度尼西亚	128	6
中国	150	5
中国台湾	214	5
中国香港	22	1
墨西哥	25	1
爱尔兰	10	1
33012400 胡椒薄荷油		
#合计	190946	12523
美国	155952	11041
印度	30841	1258
英国	2324	96
西班牙	1395	87

国家/地区	进口数量（千克）	进口金额（千美元）
日本	231	29
法国	9	4
中国台湾	130	3
巴西	40	2
德国	5	1
中国香港	11	1
摩洛哥	5	1
33012500 其他薄荷油		
#合计	3406490	86796
印度	2302765	59644
新加坡	1008000	25063
美国	54544	1485
法国	7117	196
英国	2338	102
中国台湾	3609	74
埃及	16500	59
中国	1620	59
日本	636	40
德国	8089	37
西班牙	262	24
澳大利亚	140	10
中国香港	551	2
摩洛哥	301	1
印度尼西亚	12	1
33012910 樟脑油		
#合计	81	2
美国	50	2
德国	30	0
33012920 香茅油		
#合计	16408	516
西班牙	14915	458
瑞士	1025	36
德国	225	11
新加坡	150	6
印度尼西亚	10	3
斯里兰卡	25	1
美国	42	1
日本	15	0
33012930 茴香油		
#合计	1257	71
法国	409	22
西班牙	242	15
中国	236	12
匈牙利	200	8
印度	110	8

国家/地区	进口数量（千克）	进口金额（千美元）
瑞士	25	2
英国	17	1
美国	11	1
日本	3	1
33012940 桂油		
#合计	2578	100
英国	1316	34
匈牙利	100	20
美国	285	16
斯里兰卡	666	14
法国	122	10
中国	25	2
新加坡	25	2
奥地利	10	2
瑞士	20	1
33012950 山苍子油		
#合计	543	10
日本	180	8
中国	360	2
33012960 桉叶油		
#合计	10658	307
日本	2259	88
巴西	3705	82
美国	3013	68
南非	740	34
马来西亚	350	23
中国	364	8
印度	225	4
33012991 老鹳草油(香叶油)		
#合计	1918	312
埃及	778	123
法国	486	122
英国	465	38
美国	139	14
德国	25	11
中国	15	3
奥地利	9	1
33012999 未列名非柑橘属果实精油		
#合计	1115042	32378
美国	248043	8689
法国	124633	5602
印度尼西亚	236132	4579
印度	39479	2403
德国	49822	1653
英国	35614	1571

国家/地区	进口数量（千克）	进口金额（千美元）
马达加斯加	60623	918
澳大利亚	18021	793
西班牙	10994	671
柬埔寨	61845	581
朝鲜	48125	523
瑞士	4806	517
老挝	89424	509
日本	2560	298
新加坡	16491	271
乌克兰	5620	270
保加利亚	4336	249
埃及	807	206
斯里兰卡	9252	192
韩国	15560	191
荷兰	745	141
匈牙利	492	131
阿联酋	60	126
摩洛哥	1787	108
奥地利	1379	108
意大利	11533	105
巴拉圭	3277	92
中国台湾	2837	80
南非	332	76
克罗地亚	802	68
海地	744	67
危地马拉	398	64
中国	1255	54
墨西哥	567	53
越南	412	41
巴西	706	40
拉脱维亚	654	40
突尼斯	666	39
泰国	613	38
俄罗斯联邦	597	33
土耳其	109	23
中国香港	253	22
智利	800	20
巴拿马	240	16
以色列	565	16
加拿大	167	15
多米尼加共和国	294	12
比利时	122	10
捷克	15	9
阿尔巴尼亚	37	6
科摩罗	26	5

国家/地区	进口数量（千克）	进口金额（千美元）
秘鲁	20	5
伊朗	7	5
洪都拉斯	38	4
刚果(布)	37	4
法属波利尼西亚	45	3
丹麦	90	3
牙买加	16	3
爱尔兰	40	2
肯尼亚	4	2
多米尼克	50	1
马拉维	1	1
新西兰	2	1
阿根廷	16	0
33013010 鸢尾凝脂		
#合计	34	36
法国	31	32
摩洛哥	2	4
33013090 其他香膏		
#合计	20780	1062
法国	16238	849
瑞士	290	87
印度	715	29
美国	793	27
英国	1555	22
西班牙	137	11
德国	303	11
摩洛哥	50	9
韩国	55	6
印度尼西亚	232	4
荷兰	100	2
日本	23	2
秘鲁	15	2
中国台湾	264	1
泰国	9	1
33019010 提取的油树脂		
#合计	430967	9757
印度	158756	5574
美国	236792	2505
法国	8123	417
日本	2093	417
巴西	14000	241
加拿大	155	182
德国	2706	109
英国	1414	90
斯里兰卡	2100	56

国家/地区	进口数量（千克）	进口金额（千美元）
印度尼西亚	376	26
瑞士	843	25
西班牙	538	24
中国台湾	309	19
土耳其	242	15
荷兰	280	13
澳大利亚	922	9
摩洛哥	180	8
智利	220	7
意大利	20	6
中国	562	5
秘鲁	100	3
新加坡	56	3
比利时	70	2
萨尔瓦多	25	1
奥地利	9	1
洪都拉斯	3	0
33019020 柑橘属果实的精油脱萜的萜烯副产品		
#合计	538156	3405
美国	362288	2247
巴西	78093	505
英国	25878	237
德国	8927	115
印度	40380	101
爱尔兰	15545	83
加拿大	4403	63
意大利	1950	32
日本	300	9
以色列	53	7
法国	186	3
阿根廷	50	2
南非	100	1
33019090 含浓缩精油的制品；其他萜烯副产品及精油液		
#合计	581772	5671
美国	167035	951
英国	27380	555
乌克兰	14020	509
新加坡	65695	474
法国	23340	456
日本	3520	450
中国香港	20892	374
中国	18223	358

国家/地区	进口数量（千克）	进口金额（千美元）
印度	94310	336
列支敦士登	7538	282
西班牙	45924	230
德国	3969	148
保加利亚	45781	144
瑞士	2427	144
印度尼西亚	1450	73
中国台湾	29352	65
澳大利亚	5076	40
意大利	2092	24
阿根廷	1440	23
加拿大	343	9
荷兰	492	9
智利	220	7
马达加斯加	40	3
马来西亚	525	2
韩国	165	2
泰国	78	1
巴西	125	1
比利时	60	1
33030000 香水及花露水		
#合计	1543454	89642
法国	870421	63861
意大利	216037	10799
美国	246681	6344
英国	30738	3803
德国	19093	1507
西班牙	31559	1487
瑞士	25211	722
菲律宾	75031	545
摩纳哥	2343	222
波兰	3419	145
日本	3619	77
瑞典	5257	52
比利时	1936	42
中国	11993	25
加拿大	6	5
保加利亚	25	3
新加坡	30	2
土耳其	28	1
泰国	10	1
38051000 脂松节油、木松节油和硫酸盐松节油		
#合计	538497	818
巴西	423380	563
阿根廷	62001	69
丹麦	6140	50
老挝	17170	35
智利	20060	26
日本	2707	25
德国	1484	11
印度尼西亚	2160	10
西班牙	1360	9
美国	58	8
葡萄牙	735	5
法国	602	5
新加坡	640	1
38059010 以α萜品醇为基本成分的松油		
#合计	97922	495
新西兰	51600	193
美国	35353	172
西班牙	7830	56
乌克兰	740	29
中国台湾	800	19
日本	779	14
德国	300	6
印度尼西亚	215	2
奥地利	50	2
荷兰	75	2
葡萄牙	180	1
38061010 松香		
#合计	9918473	17548
印度尼西亚	7449948	10003
日本	306426	3099
巴西	1616009	2371
中国台湾	62679	503
新加坡	13443	501
美国	214683	429
越南	135000	186
韩国	20053	161
老挝	83000	131
墨西哥	4923	62
马来西亚	3302	29
荷兰	3400	27
德国	340	18
中国	1993	14
英国	2615	13
法国	42	2
中国香港	6	1
38062010 松香盐及树脂酸盐		
#合计	37250	327
美国	17958	181
日本	7655	80
德国	6512	50
中国台湾	5075	17
38062090 松香或树脂酸衍生物的盐		
#合计	1901	12
美国	1560	7
德国	300	3
新加坡	40	1
38069000 其他松香和树脂酸衍生物；松香精及松香油等		
#合计	4055029	17977
中国	769356	4666
日本	397712	3624
德国	365321	2528
芬兰	1185065	2415
美国	242654	1074
中国台湾	387741	1017
法国	367892	936
荷兰	117995	624
韩国	61592	534
比利时	54063	222
瑞典	36875	94
西班牙	16300	67
新西兰	25298	61
澳大利亚	9400	32
马来西亚	1587	25
印度	5480	18
意大利	4600	17
新加坡	1239	9
英国	3403	8
中国香港	804	3
瑞士	40	2
葡萄牙	350	2
泰国	50	1
40011000 天然橡胶乳，不论是否予硫化		
#合计	317782539	682037
泰国	295546269	631087
马来西亚	11738385	28770
越南	5075790	10575
喀麦隆	3990280	8476
老挝	611500	1151
印度尼西亚	527550	1072
利比里亚	173581	681

国家/地区	进口数量（千克）	进口金额（千美元）
菲律宾	37420	79
缅甸	30000	60
中国台湾	35875	53
美国	4428	17
希腊	4311	8
中国	6560	5
日本	185	1
印度	200	1
40012100 烟胶片		
#合计	208088867	714402
泰国	165858377	571151
缅甸	20023967	68222
印度尼西亚	6996442	23417
老挝	6384552	23173
越南	5627746	17471
马来西亚	1275950	4725
柬埔寨	1160000	3442
印度	456000	1737
刚果(金)	100000	304
斯里兰卡	76000	287
加纳	74725	268
肯尼亚	50020	189
中国台湾	5088	18
40012200 技术分类天然橡胶(TSNR)		
#合计	1626842405	5339592
泰国	741844725	2437021
印度尼西亚	392163400	1311571
马来西亚	284772237	951609
越南	166314401	500669
缅甸	13282988	46629
老挝	7404934	24822
柬埔寨	5896670	17796
科特迪瓦	5077240	16126
菲律宾	1718740	6556
尼日利亚	1794240	6207
刚果(金)	1752960	4893
巴布亚新几内亚	1102400	3854
加蓬	1128960	3161
喀麦隆	705600	2155
刚果(布)	483840	1781
利比里亚	519750	1662
几内亚	226800	1034
加纳	302400	951
斯里兰卡	182000	590
新加坡	100800	281

国家/地区	进口数量（千克）	进口金额（千美元）
法国	40320	153
中国台湾	27000	70
40012900 其他形状的天然橡胶		
#合计	24715148	76724
越南	10548156	31962
印度尼西亚	4612849	15872
泰国	4202401	12320
老挝	1527500	4477
缅甸	1150580	3868
马来西亚	787946	2846
斯里兰卡	768116	2514
科特迪瓦	559020	1742
中国台湾	137617	432
菲律宾	260472	315
柬埔寨	85940	111
德国	20160	98
孟加拉国	36750	48
日本	5572	42
法国	3780	25
俄罗斯联邦	4800	20
韩国	920	8
意大利	180	7
澳大利亚	896	5
新加坡	800	5
比利时	53	3
印度	300	1
中国	29	1
多米尼加共和国	14	1
美国	160	1
40013000 巴拉塔胶、古塔波胶、银胶菊胶、糖胶树胶及类似的天然树胶		
#合计	44241	126
马来西亚	27740	87
泰国	16400	35
印度尼西亚	100	4

蚕出口

国家/地区	出口数量（千克）	出口金额（千美元）
50010010 适于缫丝的桑蚕茧		
#合计	28616	491
泰国	22986	366
日本	4250	88
韩国	1330	36
法国	50	1

国家/地区	出口数量（千克）	出口金额（千美元）
50020011 桑蚕厂丝		
#合计	6297154	301683
印度	3463724	160862
越南	747938	36258
罗马尼亚	729411	35729
日本	328864	17455
意大利	292865	14917
韩国	287695	14216
孟加拉国	105212	4869
缅甸	99217	4828
巴西	41321	2253
保加利亚	39232	2008
突尼斯	31102	1800
德国	26453	1418
巴基斯坦	27858	1279
阿联酋	18278	875
英国	11771	601
伊朗	10551	527
法国	9212	478
巴拉圭	8064	427
老挝	4718	227
叙利亚	3913	176
土耳其	3095	157
埃及	3326	152
瑞士	1814	100
印度尼西亚	1081	49
拉脱维亚	319	17
泰国	120	7
50020012 桑蚕土丝		
#合计	26745	1108
印度	24871	1021
泰国	1260	58
意大利	614	28
50020013 桑蚕双宫丝		
#合计	664043	26228
印度	610016	23883
韩国	34741	1559
意大利	15370	627
日本	1494	65
德国	1224	52
巴基斯坦	1198	43
50020019 其他桑蚕丝		
#合计	302309	15768
日本	146954	7978
韩国	89985	4618

国家/地区	出口数量（千克）	出口金额（千美元）
越南	34114	1708
印度	31256	1464
50020020 柞蚕丝		
#合计	383743	23665
印度	375970	23159
日本	4937	332
越南	1852	119
意大利	984	55
50030011 不适于缫丝的下茧、茧衣、长吐、滞头		
#合计	13860	263
意大利	13760	260
美国	100	3
50030012 回收的纤维状废丝		
#合计	46930	354
意大利	20940	182
德国	16000	85
日本	6400	40
英国	3040	27
泰国	300	14
澳大利亚	250	6
50030019 其他未梳废丝		
#合计	144079	1966
德国	60960	603
意大利	25000	522
日本	36229	402
印度	8480	210
英国	8500	114
秘鲁	1980	60
美国	2030	41
韩国	400	8
澳大利亚	500	6
50030091 废丝绵球(包括绵条、绵片)		
#合计	478325	14651
德国	199147	6550
意大利	150082	4262
日本	51163	1483
英国	22340	654
中国台湾	16000	518
瑞士	15000	450
秘鲁	7530	217
新西兰	5180	160
埃塞俄比亚	3600	111
印度	3652	101
毛里求斯	2200	66

国家/地区	出口数量（千克）	出口金额（千美元）
韩国	1122	39
泰国	704	20
马来西亚	300	10
芬兰	100	4
澳大利亚	110	3
美国	60	2
越南	35	1
50030099 其他废丝		
#合计	535778	12370
意大利	200986	5086
印度	95777	2623
德国	76630	1331
日本	59688	942
韩国	34592	747
瑞士	21928	666
秘鲁	15600	490
新西兰	4032	130
巴基斯坦	5810	91
美国	4000	56
英国	10060	55
澳大利亚	1850	42
土耳其	1100	33
马来西亚	2000	32
泰国	600	15
越南	385	15
中国台湾	500	14
毛里求斯	240	3

蚕进口

国家/地区	进口数量（千克）	进口金额（千美元）
50010010 适于缫丝的桑蚕茧		
#合计	30143	214
土耳其	30143	214
50020011 桑蚕厂丝		
#合计	24675	221
乌兹别克斯坦	21575	119
朝鲜	3100	102
50020019 其他桑蚕丝		
#合计	240027	2177
朝鲜	240027	2177
50020090 其他生丝		
#合计	1616	70
朝鲜	1616	70

国家/地区	进口数量（千克）	进口金额（千美元）
50030011 不适于缫丝的下茧、茧衣、长吐、滞头		
#合计	1976053	6571
印度	1131467	4659
乌兹别克斯坦	543475	849
巴西	59021	407
朝鲜	83950	239
土库曼斯坦	67781	230
伊朗	59259	112
吉尔吉斯斯坦	27200	53
日本	3900	22
50030019 其他未梳废丝		
#合计	231961	795
朝鲜	182326	694
印度	24908	64
乌兹别克斯坦	20280	21
巴西	965	7
土耳其	2800	6
泰国	682	3
50030091 废丝绵球(包括绵条、绵片)		
#合计	5370	40
朝鲜	5370	40
50030099 其他废丝		
#合计	255385	465
乌兹别克斯坦	163810	258
土库曼斯坦	39045	129
吉尔吉斯斯坦	52530	79

蜂蜜出口

国家/地区	出口数量（千克）	出口金额（千美元）
15219010 蜂蜡		
#合计	7098861	40487
德国	1346895	8339
美国	710896	5201
法国	716000	4169
韩国	482445	3906
俄罗斯联邦	467711	2533
荷兰	412000	2504
希腊	414000	1818
英国	263691	1701
西班牙	354000	1582
土耳其	350500	1519
意大利	193500	1160
澳大利亚	152830	1025

国家/地区	出口数量（千克）	出口金额（千美元）
阿尔及利亚	360939	892
日本	98866	769
塞尔维亚	168000	604
墨西哥	68384	332
突尼斯	68672	243
比利时	40000	232
印度	74001	231
中国香港	29500	226
巴基斯坦	35500	206
葡萄牙	20466	162
捷克	24000	150
伊朗	22000	113
阿尔巴尼亚	35775	90
印度尼西亚	20500	81
黎巴嫩	25690	77
加拿大	12000	77
黑山	21000	72
克罗地亚	21700	69
瑞典	12000	65
爱沙尼亚	7200	42
孟加拉国	14000	42
罗马尼亚	7000	33
格鲁吉亚	8000	31
南非	4500	29
斯洛文尼亚	4640	29
马来西亚	5850	21
乌兹别克斯坦	5000	21
拉脱维亚	3000	20
阿联酋	3885	16
斯里兰卡	4000	15
新加坡	2400	14
沙特阿拉伯	1000	7
越南	2000	6
巴拿马	500	4
危地马拉	1000	4
新西兰	500	4
委内瑞拉	500	2
埃塞俄比亚	400	2
21069030 蜂王浆制剂		
#合计	641219	7926
日本	36500	2637
美国	63398	1145
墨西哥	135227	765
哥伦比亚	102564	528
泰国	18000	414

国家/地区	出口数量（千克）	出口金额（千美元）
沙特阿拉伯	11000	285
巴拿马	33081	258
法国	9000	228
马来西亚	28649	194
匈牙利	15478	131
罗马尼亚	27836	127
中国香港	10654	111
加拿大	13610	101
澳大利亚	1000	90
多哥	55100	88
韩国	2200	83
新西兰	620	70
危地马拉	8784	64
智利	8784	63
俄罗斯联邦	7962	41
阿尔及利亚	5544	41
克罗地亚	470	37
哥斯达黎加	4790	35
洪都拉斯	5124	35
南非	2672	35
中国台湾	300	31
多米尼加共和国	6750	29
突尼斯	300	29
印度尼西亚	3660	27
新加坡	776	27
黎巴嫩	1830	23
委内瑞拉	3000	22
毛里求斯	1806	20
瑞士	1200	19
巴基斯坦	1632	18
斯洛伐克	1830	18
西班牙	350	11
尼日利亚	4800	11
特立尼达和多巴哥	900	7
捷克	732	7
朝鲜	1191	6
保加利亚	1296	6
科威特	250	6
土耳其	540	5

蜂蜜进口

国家/地区	进口数量（千克）	进口金额（千美元）
15219010 蜂蜡		
#合计	89511	1168
日本	16344	458
美国	33970	364
荷兰	20000	168
法国	15605	147
韩国	3490	28
德国	100	3
21069030 蜂王浆制剂		
#合计	9523	392
德国	6327	226
澳大利亚	1825	81
新西兰	1123	80
西班牙	225	3
日本	6	2
巴西	6	1

动物出口

国家/地区	出口数量（千克）	出口金额（千美元）
15060000 其他动物油、脂及其分离品，不论是否精制，但未经化学改性		
#合计	117239	273
美国	3805	174
韩国	104120	84
朝鲜	9310	9
日本	4	6
31010019 其他未经化学处理的动植物肥料及其混合肥料		
#合计	8395986	3052
日本	4387086	2145
缅甸	2146000	397
韩国	649500	332
越南	730000	88
马来西亚	174000	41
中国台湾	192400	27
印度	84000	18
泰国	15000	3
新加坡	18000	2
31010090 经化学处理的动植物肥料；动植物产品经化学处理制成的肥料		
#合计	58583457	21199
日本	24964462	9437
马来西亚	5924300	3801
韩国	12301675	2865
中国台湾	8495900	1950
印度尼西亚	723400	1040

国家/地区	出口数量（千克）	出口金额（千美元）
印度	1959500	593
伊朗	195832	253
多米尼加共和国	396000	154
吉尔吉斯斯坦	14000	140
哥斯达黎加	344500	129
中国香港	1639736	106
越南	151400	103
泰国	138200	88
厄瓜多尔	159000	82
孟加拉国	134720	65
土耳其	96070	54
秘鲁	125306	48
埃及	6000	34
缅甸	330000	32
新加坡	93660	32
意大利	102000	26
特立尼达和多巴哥	15640	23
澳大利亚	35986	21
西班牙	24000	20
沙特阿拉伯	62750	18
约旦	44000	17
巴西	5000	15
英国	20000	15
美国	5000	14
加拿大	16000	9
毛里求斯	43600	5
斯里兰卡	1000	3
摩洛哥	1000	3
朝鲜	2300	2
法属波利尼西亚	4500	2
巴基斯坦	7000	2
41032000 爬行动物皮		
#合计	5400	139
德国	92	89
泰国	5308	50
41069100 其他动物湿革(包括蓝湿皮)		
#合计	13100	24
印度	13100	24
41069200 其他动物干革(坯革)		
#合计	358	7
越南	356	7
41133000 经鞣制或半硝处理后加工的爬行动物皮革		
#合计	8	26
瑞士	5	19
葡萄牙	3	5
中国香港	0	2
41139000 经鞣制或半硝处理后加工的其他动物皮革		
#合计	28624	600
中国香港	24400	506
日本	174	20
柬埔寨	718	19
德国	479	19
朝鲜	351	18
泰国	200	13
越南	119	1
巴拿马	1150	1
波兰	113	1
美国	29	1
意大利	60	1
希腊	531	1
43018090 其他整张毛皮		
#合计	194044	2720
日本	193846	2704
德国	198	16
43021100 未缝制的整张水貂皮		
#合计	3608778	336640
中国香港	3591813	333384
德国	11124	1294
希腊	2059	713
土耳其	1490	472
意大利	1004	394
俄罗斯联邦	879	299
荷兰	196	40
韩国	28	19
法国	153	18
英国	32	7
43021910 未缝制整张灰鼠、白鼬、貂、狐、獭及猞猁皮		
#合计	197568	14369
中国香港	195760	13701
希腊	423	209
土耳其	469	113
意大利	185	88
加拿大	222	82
法国	150	60
俄罗斯联邦	82	39
韩国	133	38
芬兰	53	33
德国	68	6
日本	4	1
美国	19	1
43021990 未列名未缝制的整张毛皮		
#合计	1450772	71315
中国香港	298039	11703
意大利	181415	11652
土耳其	60673	7545
越南	170694	6708
俄罗斯联邦	151986	6129
德国	127555	5909
西班牙	61535	5479
澳大利亚	144286	4006
比利时	45047	2508
韩国	17585	1636
斯洛伐克	46687	1273
日本	16146	956
印度	12976	600
斯洛文尼亚	6598	568
希腊	2534	545
白俄罗斯	21284	511
美国	17059	448
泰国	6389	283
芬兰	5070	281
拉脱维亚	12570	258
挪威	4808	249
波兰	1008	242
法国	2713	224
加拿大	5033	206
巴基斯坦	6196	204
乌克兰	740	193
新加坡	5581	170
英国	518	140
印度尼西亚	4112	119
荷兰	4134	104
中国台湾	3393	95
菲律宾	914	70
瑞典	1451	62
朝鲜	346	54
奥地利	264	47
新西兰	608	45
马来西亚	1342	43
哈萨克斯坦	252	14
孟加拉国	463	13
摩洛哥	22	8

国家/地区	出口数量（千克）	出口金额（千美元）
捷克	41	7
柬埔寨	194	4
蒙古	130	4
罗马尼亚	381	2
43022000 未缝制的头、尾、爪及其他块、片		
#合计	17861	627
美国	15555	507
波兰	727	80
德国	356	18
意大利	598	12
俄罗斯联邦	193	6
希腊	432	5
43023010 已缝制整张灰鼠、白鼬、貂、狐、獭及猞猁皮		
#合计	79	8
中国香港	79	8
43023090 其他已缝制的整张毛皮及其块、片		
#合计	970250	175127
俄罗斯联邦	383893	79389
韩国	443331	66301
中国香港	25700	11245
吉尔吉斯斯坦	33141	2704
英国	8520	2288
芬兰	6579	1879
意大利	6810	1548
乌兹别克斯坦	4852	1536
加拿大	6898	1172
委内瑞拉	3870	964
德国	4858	936
丹麦	1703	772
保加利亚	2995	690
沙特阿拉伯	2657	660
美国	1672	462
西班牙	2462	449
土耳其	5518	359
越南	1841	266
法国	1407	265
日本	14092	203
尼日利亚	960	189
格鲁吉亚	820	186
拉脱维亚	712	180
摩尔多瓦	860	146
奥地利	654	90

国家/地区	出口数量（千克）	出口金额（千美元）
印度	881	80
缅甸	161	36
爱沙尼亚	1345	31
希腊	172	30
瑞士	168	29
立陶宛	98	18
菲律宾	50	11
波兰	140	9
瑞典	56	4
朝鲜	374	2
43031010 毛皮衣服		
#合计	3068333	1626615
俄罗斯联邦	1817435	1343289
中国香港	454019	83169
土耳其	45063	29618
日本	111792	25479
意大利	99695	24007
阿联酋	24607	23553
德国	100463	18242
法国	66500	17380
韩国	84734	15632
美国	76081	13322
西班牙	80247	13138
丹麦	21802	3822
比利时	17153	2883
波兰	8909	1710
希腊	4429	1406
荷兰	8068	1292
英国	9142	1272
芬兰	1635	1240
加拿大	4876	1004
乌克兰	4385	913
澳大利亚	5324	820
捷克	4101	638
中国澳门	403	546
挪威	2798	524
瑞典	3406	361
瑞士	2490	356
哈萨克斯坦	726	338
蒙古	5610	137
中国台湾	420	126
黎巴嫩	416	104
巴西	463	77
阿根廷	220	47
葡萄牙	270	45

国家/地区	出口数量（千克）	出口金额（千美元）
圣马力诺	21	28
匈牙利	234	27
智利	63	22
墨西哥	163	21
冰岛	63	13
新西兰	46	8
乌拉圭	35	7
以色列	21	4
43031020 毛皮衣着附件		
#合计	1059261	246986
中国香港	227612	60323
日本	238426	48166
越南	97416	30252
俄罗斯联邦	65712	28227
韩国	74874	24201
意大利	62086	10911
缅甸	35020	8594
朝鲜	24548	6005
美国	37355	4746
德国	17387	4520
法国	12757	3036
荷兰	61318	2851
印度尼西亚	9221	2165
丹麦	7217	1766
比利时	9838	1300
西班牙	8660	1249
加拿大	7030	1234
拉脱维亚	24570	998
吉尔吉斯斯坦	4377	914
中国台湾	1112	714
孟加拉国	2195	421
乌克兰	460	393
英国	3351	386
瑞典	2583	348
挪威	2701	315
印度	1470	289
乌兹别克斯坦	300	270
澳大利亚	1756	244
冰岛	999	236
波兰	3017	226
阿联酋	1090	206
菲律宾	472	198
新加坡	1191	154
芬兰	626	140
危地马拉	509	123

国家/地区	出口数量（千克）	出口金额（千美元）
希腊	366	95
黎巴嫩	554	92
哈萨克斯坦	2560	90
捷克	336	76
奥地利	475	74
瑞士	865	74
阿塞拜疆	945	70
保加利亚	183	56
科威特	619	48
土耳其	1278	48
柬埔寨	167	33
葡萄牙	249	17
罗马尼亚	52	15
斯洛伐克	54	15
墨西哥	174	15
立陶宛	263	14
智利	19	8
新西兰	61	7
南非	480	4
中国澳门	4	4
阿根廷	267	3
匈牙利	8	3
乌拉圭	16	3
巴西	5	2
泰国	2	1
43039000 其他毛皮制品		
#合计	7657787	558614
俄罗斯联邦	343556	107563
中国香港	1467122	99920
韩国	228658	69852
德国	749644	35914
意大利	225423	29076
澳大利亚	955968	27637
美国	775956	26979
瑞典	449624	24052
日本	361134	19271
越南	178189	13716
土耳其	140879	13485
芬兰	207409	13062
英国	203448	9908
荷兰	137573	8261
立陶宛	194759	6444
挪威	128728	5237
加拿大	84316	4650
丹麦	52256	3503

国家/地区	出口数量（千克）	出口金额（千美元）
缅甸	30714	3319
比利时	68316	3274
法国	56107	3063
西班牙	44193	2924
新西兰	88975	2532
爱沙尼亚	47216	2483
阿联酋	75266	2306
乌克兰	31809	2267
印度尼西亚	34916	1765
瑞士	17726	1535
斯洛伐克	73327	1451
菲律宾	9186	1433
朝鲜	6356	1233
沙特阿拉伯	35445	1062
拉脱维亚	25385	1018
印度	19384	932
吉尔吉斯斯坦	32039	875
保加利亚	1666	815
希腊	3560	736
墨西哥	18835	688
多米尼加共和国	8102	429
以色列	919	374
泰国	5757	373
奥地利	2862	318
巴基斯坦	5335	318
波兰	4142	310
罗马尼亚	743	308
科威特	1373	289
萨尔瓦多	4483	288
中国台湾	3395	275
委内瑞拉	290	222
斯里兰卡	1185	206
哈萨克斯坦	2930	110
马来西亚	723	91
葡萄牙	2590	74
新加坡	213	65
冰岛	346	62
黎巴嫩	1378	50
南非	1270	35
孟加拉国	148	34
安哥拉	513	34
阿尔巴尼亚	497	14
突尼斯	256	12
智利	158	12
蒙古	489	11

国家/地区	出口数量（千克）	出口金额（千美元）
斯洛文尼亚	63	10
文莱	199	10
埃及	232	8
巴拿马	267	7
巴拉圭	319	6
卡塔尔	158	6
阿尔及利亚	980	6
阿根廷	112	5
中国澳门	23	4
多米尼克	132	2
特立尼达和多巴哥	60	1
危地马拉	31	1
厄瓜多尔	32	1
多民族玻利维亚国	17	1
51021990 其他未梳动物细毛		
#合计	225	3
日本	225	3
51022000 未梳动物粗毛		
#合计	572	3
尼泊尔	572	3
51040090 其他动物细毛或粗毛的回收纤维		
#合计	29725	1164
意大利	20212	784
中国香港	2175	167
英国	4238	133
韩国	3100	81
51053990 其他已梳动物细毛		
#合计	1499007	31661
英国	496730	12535
意大利	198566	5710
韩国	353838	4576
德国	251029	3931
日本	125982	3396
蒙古	9426	374
印度	13703	317
中国香港	18091	262
中国台湾	12243	208
土耳其	6000	150
阿尔及利亚	5810	105
美国	1048	30
尼泊尔	675	24
突尼斯	2400	23
中国澳门	2586	9
比利时	700	8
巴基斯坦	180	3

国家/地区	出口数量（千克）	出口金额（千美元）
51054000 已梳动物粗毛		
#合计	933991	18098
阿富汗	819200	16845
英国	51200	993
日本	54525	131
中国澳门	5566	114
韩国	3000	12
印度尼西亚	500	4
51081019 粗梳其他动物细毛≥85%的纱线，非供零售用		
#合计	121200	10507
中国香港	71371	8293
日本	41160	1739
马达加斯加	838	94
意大利	2078	92
美国	1676	54
孟加拉国	758	50
毛里求斯	380	44
印度	211	40
澳大利亚	503	19
韩国	339	16
尼泊尔	196	15
印度尼西亚	400	12
丹麦	325	10
泰国	204	8
加拿大	206	6
俄罗斯联邦	234	6
荷兰	115	3
新西兰	90	3
奥地利	50	2
越南	66	1
51081090 粗梳动物细毛<85%的纱线，非供零售用		
#合计	327822	11697
中国香港	269031	8414
意大利	15174	1593
日本	26641	695
尼泊尔	6242	572
韩国	3948	210
马达加斯加	1804	68
泰国	1023	56
美国	1900	40
加拿大	333	10
菲律宾	57	8
澳大利亚	304	7

国家/地区	出口数量（千克）	出口金额（千美元）
越南	358	6
爱尔兰	98	5
荷兰	103	4
智利	50	3
柬埔寨	560	2
瑞典	46	1
缅甸	80	1
丹麦	43	1
德国	27	1
51082019 精梳其他动物细毛≥85%的纱线，非供零售用		
#合计	162356	8305
中国香港	152697	7964
日本	8388	262
尼泊尔	451	56
英国	131	11
俄罗斯联邦	622	8
意大利	50	4
韩国	17	0
51082090 精梳动物细毛<85%的纱线，非供零售用		
#合计	161230	9301
意大利	47043	5566
中国香港	65574	2371
尼泊尔	4449	435
日本	23271	387
蒙古	1301	177
韩国	4552	103
孟加拉国	7080	87
美国	6067	61
罗马尼亚	1221	39
瑞士	147	25
毛里求斯	138	19
泰国	93	11
越南	173	10
英国	45	8
斯里兰卡	76	3
51091019 其他动物细毛≥85%的纱线，供零售用		
#合计	22072	592
日本	13268	307
美国	5348	213
韩国	3022	48
意大利	198	13
德国	107	4

国家/地区	出口数量（千克）	出口金额（千美元）
荷兰	50	3
中国香港	21	3
匈牙利	58	2
51099019 其他动物细毛<85%的纱线，供零售用		
#合计	74698	2327
中国香港	18100	1486
韩国	19351	255
挪威	15495	235
孟加拉国	10037	176
日本	7326	87
哈萨克斯坦	1500	80
俄罗斯联邦	2792	8
美国	97	1
51111119 粗梳其他动物细毛≥85%的，平米重≤300克		
#合计	124990	2332
韩国	27455	991
海地	27176	404
中国香港	12773	283
越南	13655	210
土耳其	15482	172
墨西哥	6681	117
日本	2578	49
加拿大	6762	29
意大利	1095	26
印度	1961	18
朝鲜	8324	15
美国	729	12
智利	218	4
葡萄牙	101	2
51111919 粗梳其他动物细毛≥85%的，平米重>300克		
#合计	194446	3240
日本	38828	740
中国澳门	55899	740
韩国	17484	445
俄罗斯联邦	24029	382
中国香港	16522	318
泰国	8666	190
印度尼西亚	6173	90
拉脱维亚	3262	67
意大利	4402	65
海地	2336	59
西班牙	2150	32

国家/地区	出口数量（千克）	出口金额（千美元）
朝鲜	9924	31
荷兰	1551	27
美国	997	24
新加坡	927	12
澳大利亚	480	7
加拿大	141	5
越南	466	4
英国	209	3
51130000 动物粗毛或马毛机织物		
#合计	4127827	9406
日本	1846356	3769
意大利	770588	2123
韩国	228488	509
西班牙	207451	506
美国	106886	295
加拿大	85118	281
中国香港	81064	272
印度	166234	211
乌克兰	132100	198
法国	84500	171
泰国	62120	129
俄罗斯联邦	47577	110
德国	7523	108
匈牙利	40000	93
越南	30767	92
约旦	39888	75
印度尼西亚	33051	72
罗马尼亚	15378	58
突尼斯	24000	57
苏丹	19140	41
立陶宛	20900	38
斐济	9814	33
缅甸	8799	26
澳大利亚	6800	26
白俄罗斯	10000	20
埃及	5502	18
哥斯达黎加	6400	15
委内瑞拉	6500	12
摩洛哥	5000	9
新加坡	5900	9
新西兰	2600	8
墨西哥	2139	8
危地马拉	3600	7
马达加斯加	4115	4
保加利亚	1048	3
黎巴嫩	81	3
哈萨克斯坦	400	1
65069910 皮革制帽类		
#合计	257894	1748
美国	128627	856
英国	35278	271
德国	39293	247
加拿大	14836	122
瑞典	3188	51
日本	3134	44
法国	2710	30
澳大利亚	4143	29
中国香港	3394	18
意大利	2445	18
比利时	2520	16
罗马尼亚	14000	11
芬兰	1200	11
韩国	650	10
荷兰	510	8
匈牙利	220	3
西班牙	300	2
墨西哥	1440	1
马来西亚	1	1
65069920 毛皮制帽类		
#合计	656193	9932
美国	271555	4398
日本	111248	1005
加拿大	62160	725
韩国	18558	528
德国	32014	449
英国	24054	299
俄罗斯联邦	8712	281
意大利	21260	269
瑞典	17210	264
荷兰	12550	258
法国	5569	230
芬兰	14456	209
丹麦	14832	167
中国香港	6181	145
冰岛	7840	134
波兰	7850	124
阿联酋	766	95
比利时	6268	75
瑞士	3377	72
澳大利亚	1898	45
以色列	1954	29
西班牙	912	26
土耳其	121	20
哈萨克斯坦	1000	19
越南	1213	17
新西兰	540	9
挪威	680	8
乌克兰	272	7
斯洛文尼亚	282	7
尼泊尔	200	6
智利	200	5
中国台湾	188	3
拉脱维亚	148	3
希腊	70	1
墨西哥	20	1
泰国	26	1
中国澳门	8	0
67010000 带羽毛或羽绒的鸟皮等，羽毛、羽绒及其制品		
#合计	3105860	95389
美国	1166841	26309
韩国	159454	14328
中国台湾	149634	8385
日本	129562	6958
荷兰	288080	5054
中国香港	120061	4567
德国	128492	3336
印度尼西亚	131499	3101
意大利	62588	2484
法国	101825	2275
加拿大	109151	2087
英国	89223	1926
巴西	27617	1700
比利时	63857	1546
墨西哥	32917	1314
西班牙	25530	1166
澳大利亚	46542	1034
越南	19658	1019
波兰	35489	877
泰国	19573	816
瑞典	30994	641
俄罗斯联邦	14304	486
丹麦	21110	470
土耳其	15241	405
巴拿马	10152	311

国家/地区	出口数量（千克）	出口金额（千美元）
阿联酋	10856	288
芬兰	11912	285
挪威	6681	268
委内瑞拉	5815	172
瑞士	3853	143
拉脱维亚	7561	143
阿根廷	3418	143
希腊	9127	129
沙特阿拉伯	4600	102
哥伦比亚	2236	81
奥地利	1568	72
乌拉圭	761	67
斯洛文尼亚	1995	62
新西兰	2644	56
捷克	2327	51
爱沙尼亚	2073	51
波多黎各	2499	49
葡萄牙	1602	48
秘鲁	2226	47
南非	2059	44
匈牙利	1069	41
罗马尼亚	675	39
厄瓜多尔	1758	36
斯洛伐克	852	35
叙利亚	4112	31
乌克兰	1266	26
危地马拉	1536	26
印度	169	24
埃及	1125	23
爱尔兰	965	22
智利	1021	22
黎巴嫩	457	19
缅甸	500	18
立陶宛	773	17
菲律宾	315	16
巴哈马	180	14
冰岛	470	14
以色列	484	13
克罗地亚	688	12
塞浦路斯	388	10
尼日利亚	213	10
新加坡	739	9
多米尼加共和国	318	9
莫桑比克	81	4
苏里南	154	4

国家/地区	出口数量（千克）	出口金额（千美元）
马来西亚	2	2
哈萨克斯坦	46	2
阿尔及利亚	144	1
科威特	15	1
卡塔尔	7	1
约旦	128	0
67029010 羽毛制人造花、叶、果实及其零件和制品		
#合计	35081	1027
美国	25384	718
荷兰	593	94
法国	1713	35
瑞典	868	27
德国	818	24
俄罗斯联邦	2139	21
日本	540	21
意大利	249	20
比利时	704	15
挪威	305	15
奥地利	173	12
加拿大	504	11
澳大利亚	362	5
芬兰	450	5
英国	4	3
马耳他	275	2
94049020 兽毛填充的其他寝具及类似用品		
#合计	5936460	99440
吉尔吉斯斯坦	809309	16402
日本	2006563	11107
塔吉克斯坦	619532	10931
澳大利亚	999442	10360
芬兰	72741	10293
德国	57722	7860
俄罗斯联邦	62367	7537
新西兰	245329	2584
中国香港	160044	2152
美国	43464	2038
阿联酋	79771	1700
荷兰	121432	1685
英国	138557	1611
哈萨克斯坦	93217	1422
巴基斯坦	84230	1355
马来西亚	17420	1245
瑞士	10114	1094
加拿大	64904	936

国家/地区	出口数量（千克）	出口金额（千美元）
乌克兰	10351	824
伊朗	10115	704
沙特阿拉伯	4777	520
罗马尼亚	4544	428
土耳其	20922	413
比利时	49477	404
韩国	40993	378
西班牙	4280	303
贝宁	3115	286
印度尼西亚	3167	245
埃及	3298	240
意大利	15670	191
牙买加	1723	179
吉布提	1880	173
中国台湾	16635	161
以色列	1782	152
毛里塔尼亚	1881	147
摩洛哥	1866	146
阿曼	1495	138
希腊	10221	133
拉脱维亚	4097	133
乌干达	1395	128
巴拿马	1493	119
黎巴嫩	4230	110
丹麦	6543	59
莫桑比克	760	50
阿尔及利亚	750	49
塞拉利昂	532	47
伯利兹	516	46
斯洛文尼亚	4392	44
法国	3143	31
智利	2057	26
塞尔维亚	1525	26
瑞典	2584	23
南非	2200	23
越南	972	11
缅甸	899	10
波兰	2035	9
墨西哥	330	6
新加坡	603	6
蒙古	232	4
中国澳门	299	3
白俄罗斯	253	3
泰国	190	2
挪威	38	1

国家/地区	出口数量（千克）	出口金额（千美元）
96011000 已加工兽牙及其制品		
#合计	6022	605
中国香港	6022	605
96019000 已加工其他动物质雕刻材料及其制品		
#合计	5270153	6382
英国	3211259	2682
美国	1916872	1348
中国香港	15066	1003
日本	6760	154
菲律宾	9700	123
澳大利亚	5830	123
巴西	7593	122
西班牙	7698	108
法国	5452	102
加拿大	26189	86
沙特阿拉伯	3185	77
意大利	8840	73
印度尼西亚	1808	58
德国	6945	54
以色列	3065	46
韩国	7840	34
中国台湾	1988	31
葡萄牙	956	30
越南	2578	18
荷兰	1735	14
卡塔尔	1000	14
土耳其	4561	11
芬兰	323	11
埃及	4840	8
挪威	1668	8
希腊	550	5
奥地利	504	5
百慕大	468	4
委内瑞拉	378	4
阿联酋	366	4
匈牙利	613	4
黎巴嫩	678	3
印度	484	3
新西兰	88	3
智利	630	2
伊朗	450	2
秘鲁	420	2
朝鲜	4	1
比利时	139	1
南非	180	1
波兰	110	1
泰国	91	1
科威特	144	1

动物进口

国家/地区	进口数量（千克）	进口金额（千美元）
15060000 其他动物油、脂及其分离品，不论是否精制，但未经化学改性		
#合计	170539	110
朝鲜	170230	83
西班牙	159	26
英国	150	2
31010019 其他未经化学处理的动植物肥料及其混合肥料		
#合计	120087	84
荷兰	6012	31
中国香港	15480	28
中国台湾	31587	12
越南	44640	7
斯里兰卡	22298	6
韩国	70	0
31010090 经化学处理的动植物肥料；动植物产品经化学处理制成的肥料		
#合计	5097720	1886
印度	3626249	741
菲律宾	60000	420
加拿大	26000	190
南非	22220	108
意大利	514850	108
美国	38170	73
斯里兰卡	276910	60
越南	235000	49
巴西	17250	49
中国台湾	139900	35
印度尼西亚	60000	27
日本	78800	22
韩国	2300	2
西班牙	71	1
41032000 爬行动物皮		
#合计	6199	220
越南	6199	220
41064000 经鞣制的不带毛爬行动物皮及其坯革		
#合计	24	12
意大利	24	12
41069100 其他动物湿革(包括蓝湿皮)		
#合计	167825	162
蒙古	163500	140
土耳其	4325	22
41069200 其他动物干革(坯革)		
#合计	239020	3782
巴西	147156	2227
印度	54638	909
意大利	29336	258
美国	3302	157
澳大利亚	1103	130
中国	475	50
越南	816	26
韩国	1994	15
菲律宾	46	6
挪威	140	4
日本	14	1
41133000 经鞣制或半硝处理后加工的爬行动物皮革		
#合计	29045	3786
新加坡	6404	886
美国	2713	777
哥伦比亚	4950	441
中国	4419	437
印度尼西亚	4193	422
马来西亚	2721	290
泰国	922	259
中国香港	153	65
多民族玻利维亚国	145	37
赞比亚	1453	28
老挝	18	28
法国	69	24
韩国	158	24
意大利	144	23
南非	122	20
越南	27	11
津巴布韦	238	4
苏丹	186	4
马里	4	3
乍得	1	2
阿根廷	2	1
日本	1	1
巴布亚新几内亚	2	1

国家/地区	进口数量（千克）	进口金额（千美元）
41139000 经鞣制或半硝处理后加工的其他动物皮革		
#合计	244628	10998
韩国	51201	3254
澳大利亚	24793	1092
美国	48181	912
意大利	12682	904
南非	8262	856
新西兰	10166	826
中国	17095	691
泰国	25077	527
芬兰	13619	526
日本	4601	407
孟加拉国	6093	307
印度尼西亚	9433	297
匈牙利	3318	109
中国香港	2579	100
中国台湾	4111	82
印度	1013	55
德国	407	40
巴西	1854	9
越南	16	2
纳米比亚	61	2
土耳其	12	2
菲律宾	26	1
英国	25	1
43011000 整张水貂皮		
#合计	4990486	397827
丹麦	3030516	248770
加拿大	754367	65976
芬兰	813561	55807
美国	385208	26808
俄罗斯联邦	6416	453
法国	418	13
43016000 整张狐皮		
#合计	1356748	63557
芬兰	1338853	63034
加拿大	11276	276
美国	1985	149
比利时	2047	40
丹麦	1076	26
澳大利亚	1390	23
俄罗斯联邦	121	8
43018010 整张兔皮		
#合计	28158004	151105
西班牙	11396327	64209
法国	7011228	40397
意大利	6052017	26161
比利时	1940294	10888
匈牙利	946150	4679
葡萄牙	348100	1985
捷克	173424	1481
加拿大	169378	650
斯洛文尼亚	74980	361
乌克兰	21130	165
阿根廷	7300	59
美国	15694	43
俄罗斯联邦	1855	26
丹麦	127	3
43018090 其他整张毛皮		
#合计	789688	24762
加拿大	485466	13047
美国	191103	7072
俄罗斯联邦	69731	3021
芬兰	22456	1319
吉尔吉斯斯坦	11200	112
德国	2491	102
比利时	1605	49
哈萨克斯坦	5240	26
丹麦	396	14
43019090 其他适合加工皮货用的头、尾、爪等块、片		
#合计	38143	181
芬兰	16228	176
西班牙	21915	5
43021100 未缝制的整张水貂皮		
#合计	1517914	160336
丹麦	1056944	77910
中国香港	121941	49481
芬兰	131506	10724
中国	113778	7579
加拿大	24163	4867
马来西亚	9176	4092
意大利	6431	2051
美国	7726	2043
荷兰	35426	539
希腊	6249	479
德国	1908	183
英国	912	128
法国	274	127
挪威	381	67
俄罗斯联邦	1027	63
西班牙	59	3
韩国	13	1
43021910 未缝制整张灰鼠、白鼬、貂、狐、獭及猞猁皮		
#合计	185819	12183
芬兰	142969	7633
中国香港	19117	2484
俄罗斯联邦	1097	489
丹麦	9107	352
中国	6308	351
美国	1575	254
意大利	1038	198
加拿大	578	95
韩国	867	72
马来西亚	450	60
克罗地亚	24	41
德国	136	36
法国	381	33
希腊	1728	31
挪威	231	23
日本	25	18
乌克兰	130	13
英国	17	2
澳大利亚	41	2
43021990 未列名未缝制的整张毛皮		
#合计	2024699	60128
中国	1072473	33004
土耳其	120950	7406
西班牙	84423	5272
加拿大	76790	3054
意大利	36393	2015
新西兰	379232	1715
阿根廷	52893	1424
巴西	39087	1128
美国	11782	681
中国香港	9667	674
德国	13240	461
澳大利亚	17375	436
芬兰	7400	423
韩国	17867	310
印度	7696	242
匈牙利	1034	219
丹麦	5332	206

国家/地区	进口数量（千克）	进口金额（千美元）
法国	4474	199
俄罗斯联邦	2306	196
乌拉圭	3660	165
英国	552	138
印度尼西亚	6794	128
瑞典	2440	116
乌克兰	1157	60
哈萨克斯坦	29325	56
南非	901	49
哥伦比亚	2320	48
菲律宾	5915	48
捷克	28	38
爱尔兰	330	34
沙特阿拉伯	7700	34
日本	367	33
克罗地亚	66	27
希腊	1183	19
巴基斯坦	206	11
纳米比亚	119	9
秘鲁	110	8
挪威	57	7
冰岛	215	6
中国台湾	176	6
缅甸	382	6
乌兹别克斯坦	40	5
格陵兰	102	2
葡萄牙	26	2
津巴布韦	24	2
越南	90	2
43022000 未缝制的头、尾、爪及其他块、片		
#合计	2493422	6166
希腊	322142	1075
中国香港	54251	908
土耳其	554921	652
俄罗斯联邦	228476	565
韩国	143706	387
加拿大	6221	353
丹麦	562	328
意大利	130275	300
乌克兰	53302	283
中国	27455	221
西班牙	56668	174
阿根廷	241411	169
新西兰	272849	154
澳大利亚	118644	104
日本	48343	102
巴西	44548	92
美国	3470	74
芬兰	10311	49
越南	65320	42
乌拉圭	34973	27
荷兰	13189	17
摩洛哥	26272	16
黎巴嫩	12460	13
法国	6098	13
印度	3000	13
匈牙利	11	12
埃及	3299	10
波兰	4555	5
瑞士	12	3
罗马尼亚	4600	2
比利时	1879	2
中国台湾	9	1
哈萨克斯坦	190	1
43023010 已缝制整张灰鼠、白鼬、貂、狐、獭及猞猁皮		
#合计	259	33
加拿大	39	27
希腊	212	3
意大利	8	2
43023090 其他已缝制的整张毛皮及其块、片		
#合计	205500	6036
中国	63846	2783
芬兰	85858	1121
韩国	8775	427
西班牙	13240	395
希腊	17535	307
意大利	1274	282
加拿大	2838	189
中国香港	4185	186
法国	239	141
南非	287	42
巴西	790	32
日本	125	29
土耳其	125	25
俄罗斯联邦	1145	23
德国	1009	21
丹麦	537	13
美国	727	7
澳大利亚	2782	3
秘鲁	99	3
中国台湾	50	3
纳米比亚	4	1
菲律宾	6	1
43031010 毛皮衣服		
#合计	33074	35483
意大利	9745	17213
韩国	6379	5351
法国	1674	3188
中国	4310	2315
土耳其	3580	1676
中国香港	1157	1552
罗马尼亚	1992	1321
加拿大	359	803
保加利亚	813	506
波兰	146	339
美国	420	251
匈牙利	358	233
希腊	516	159
摩尔多瓦	219	126
德国	341	82
西班牙	19	81
印度	186	70
日本	100	63
摩洛哥	227	34
英国	36	27
突尼斯	73	26
芬兰	13	25
亚美尼亚	23	10
葡萄牙	18	9
比利时	0	6
捷克	5	4
丹麦	217	4
新西兰	8	3
澳大利亚	6	2
挪威	109	2
巴基斯坦	25	2
43031020 毛皮衣着附件		
#合计	27573	4192
意大利	2146	1260
韩国	6904	677
中国	4927	576
美国	3804	352

国家/地区	进口数量（千克）	进口金额（千美元）
西班牙	1018	309
芬兰	3120	284
加拿大	4018	184
法国	93	158
中国香港	285	144
德国	42	64
日本	456	60
罗马尼亚	22	35
中国台湾	113	34
土耳其	307	30
波兰	6	8
秘鲁	76	5
印度尼西亚	75	4
俄罗斯联邦	4	3
希腊	24	2
孟加拉国	86	2
印度	9	1
瑞士	1	1
43039000 其他毛皮制品		
#合计	27433	3267
意大利	2840	1145
阿根廷	9179	341
韩国	4178	340
法国	170	339
中国	1129	297
加拿大	1532	136
德国	3161	132
美国	173	126
中国香港	1437	110
日本	508	98
芬兰	360	46
英国	61	26
新西兰	510	19
澳大利亚	327	18
巴西	345	14
秘鲁	66	13
南非	130	13
丹麦	365	11
土耳其	162	9
比利时	325	7
西班牙	85	6
印度	52	6
保加利亚	7	3
越南	171	3
印度尼西亚	38	3

国家/地区	进口数量（千克）	进口金额（千美元）
泰国	1	2
瑞典	34	2
瑞士	2	1
突尼斯	2	1
新加坡	20	1
尼泊尔	50	1
51021990 其他未梳动物细毛		
#合计	642435	1841
新西兰	6179	735
秘鲁	65698	271
哈萨克斯坦	246420	271
吉尔吉斯斯坦	156228	172
中国台湾	7776	124
蒙古	110400	123
俄罗斯联邦	44006	79
南非	5728	65
51022000 未梳动物粗毛		
#合计	3151533	5105
哈萨克斯坦	353500	982
土库曼斯坦	779838	932
乌兹别克斯坦	586944	885
巴基斯坦	566102	614
新西兰	3500	425
阿富汗	140169	366
伊朗	176693	343
吉尔吉斯斯坦	336232	294
土耳其	150845	189
摩洛哥	57610	75
蒙古	100	1
51053990 其他已梳动物细毛		
#合计	2080961	30005
秘鲁	1226004	15004
南非	686935	11246
新西兰	32732	3285
多民族玻利维亚国	128275	373
中国台湾	5394	79
美国	960	11
意大利	468	5
中国	193	2
51054000 已梳动物粗毛		
#合计	43545	180
新西兰	1000	125
土耳其	42490	52
美国	55	4

国家/地区	进口数量（千克）	进口金额（千美元）
51081019 粗梳其他动物细毛≥85%的纱线，非供零售用		
#合计	23737	753
意大利	15108	490
秘鲁	6050	225
日本	1003	16
中国	89	16
中国香港	77	3
韩国	1391	2
51081090 粗梳动物细毛＜85%的纱线，非供零售用		
#合计	62425	1913
意大利	17986	1087
秘鲁	20777	586
中国	18828	139
中国台湾	2908	55
日本	1481	37
中国香港	216	8
英国	199	2
51082019 精梳其他动物细毛≥85%的纱线，非供零售用		
#合计	62692	2592
中国	25621	1457
秘鲁	27063	836
意大利	7288	263
日本	687	15
韩国	1845	14
中国香港	178	5
英国	10	2
51082090 精梳动物细毛＜85%的纱线，非供零售用		
#合计	159141	4887
意大利	45691	2932
秘鲁	37882	1156
中国	61446	456
日本	4611	199
英国	285	57
韩国	5908	38
瑞士	901	32
中国香港	662	13
中国台湾	1603	5
51091019 其他动物细毛≥85%的纱线，供零售用		
#合计	204	9
日本	197	8

国家/地区	进口数量（千克）	进口金额（千美元）
意大利	7	0
51099019 其他动物细毛 < 85% 的纱线，供零售用		
#合计	18447	88
中国	17050	59
西班牙	181	15
日本	77	6
中国澳门	885	3
土耳其	136	2
德国	57	2
英国	13	1
韩国	15	1
51111119 粗梳其他动物细毛≥85% 的，平米重≤300 克		
#合计	398484	2568
中国	226873	1084
日本	78172	914
意大利	31272	274
韩国	44007	156
中国香港	15071	81
英国	2763	51
爱尔兰	303	8
51111919 粗梳其他动物细毛≥85% 的，平米重 > 300 克		
#合计	290925	4102
日本	92158	1726
意大利	106923	1650
英国	12718	293
美国	3481	210
韩国	67614	166
中国	2624	15
朝鲜	3409	14
德国	1114	13
荷兰	250	8
丹麦	139	5
秘鲁	24	2
中国台湾	26	1
西班牙	370	1
51130000 动物粗毛或马毛机织物		
#合计	86268	450
日本	80133	367
意大利	5851	71
法国	36	9
美国	8	2
中国	240	1

国家/地区	进口数量（千克）	进口金额（千美元）
65069910 皮革制帽类		
#合计	5319	523
法国	1458	385
意大利	565	86
中国	1479	17
美国	666	10
多米尼加共和国	285	6
巴基斯坦	560	4
英国	42	3
比利时	8	3
日本	36	2
捷克	18	2
韩国	104	2
南非	37	2
泰国	43	1
西班牙	1	1
65069920 毛皮制帽类		
#合计	9916	249
意大利	1293	111
法国	55	33
美国	511	31
中国	4357	28
澳大利亚	1815	19
韩国	212	9
日本	1316	4
捷克	11	3
希腊	22	2
瑞士	20	2
葡萄牙	42	2
加拿大	13	1
英国	8	1
孟加拉国	126	1
印度	20	1
67010000 带羽毛或羽绒的鸟皮等，羽毛、羽绒及其制品		
#合计	177437	5450
美国	69062	2113
中国台湾	55924	1457
中国	39063	812
日本	6628	406
波兰	3131	405
韩国	1076	141
意大利	1438	65
德国	735	18
法国	143	15

国家/地区	进口数量（千克）	进口金额（千美元）
中国香港	177	15
奥地利	60	4
94049020 兽毛填充的其他寝具及类似用品		
#合计	111273	2902
澳大利亚	102479	2754
新西兰	7975	120
加拿大	397	6
意大利	46	5
奥地利	67	5
瑞典	41	3
德国	154	3
土耳其	21	2
匈牙利	26	1
美国	15	1
中国	49	1
96011000 已加工兽牙及其制品		
#合计	305	99
中国	214	76
中国香港	34	10
英国	24	7
津巴布韦	11	6
南非	22	0
96019000 已加工其他动物质雕刻材料及其制品		
#合计	201781	969
菲律宾	172117	434
中国台湾	109	240
日本	30	99
印度	3045	67
越南	1492	38
印度尼西亚	15753	30
尼泊尔	8509	22
韩国	118	20
美国	209	7
意大利	100	4
中国	135	3
泰国	60	2
马达加斯加	8	2
南非	76	2
荷兰	20	1

林业机械出口

国家/地区	出口数量（台）	出口金额（千美元）
82011000 锹及铲		

国家/地区	出口数量（台）	出口金额（千美元）	国家/地区	出口数量（台）	出口金额（千美元）	国家/地区	出口数量（台）	出口金额（千美元）
#合计	85653714	173455	比利时	340294	878	以色列	168405	306
美国	8860162	26559	中国香港	348190	860	贝宁	179154	306
日本	3577392	10155	意大利	419524	854	阿曼	214097	303
英国	1686637	6339	土耳其	620288	853	加蓬	50619	302
澳大利亚	1843318	5047	斯里兰卡	557108	813	叙利亚	241400	281
德国	1611118	4674	刚果(金)	513751	810	保加利亚	130195	272
阿联酋	2757301	4060	喀麦隆	439376	769	阿塞拜疆	117594	270
伊朗	2872887	4050	新加坡	390393	768	危地马拉	178985	268
加拿大	861308	4027	新西兰	328141	761	苏里南	119966	253
荷兰	1314547	3878	巴基斯坦	625367	748	马达加斯加	155139	239
俄罗斯联邦	1827181	3875	几内亚	427895	719	葡萄牙	91737	225
韩国	2305864	3674	中国台湾	521290	715	黎巴嫩	126333	215
马来西亚	2088072	3488	也门	458851	711	孟加拉国	153364	207
菲律宾	2149144	3429	芬兰	209085	703	乌干达	153353	206
尼日利亚	2195041	3098	巴拿马	422829	672	塞拉利昂	130460	188
坦桑尼亚	2116133	3018	泰国	354647	644	尼泊尔	93644	182
肯尼亚	2012886	2870	约旦	436669	615	丹麦	58877	179
加纳	2105654	2831	埃及	493646	609	多米尼加共和国	93448	175
沙特阿拉伯	1382192	2755	巴布亚新几内亚	319330	605	乌兹别克斯坦	86795	172
越南	665977	2726	巴西	191146	604	圭亚那	121133	168
南非	1224858	2535	乌克兰	325128	602	波多黎各	100821	168
哈萨克斯坦	968980	2425	塔吉克斯坦	248550	584	博茨瓦纳	92815	166
哥伦比亚	1560740	2314	利比里亚	314547	573	奥地利	36493	158
法国	840289	2314	拉脱维亚	245365	571	爱沙尼亚	54064	156
阿尔及利亚	1542448	2167	厄瓜多尔	340044	565	洪都拉斯	91745	152
伊拉克	1464462	2105	突尼斯	253020	549	特立尼达和多巴哥	76982	135
罗马尼亚	1303399	2014	斯洛伐克	391997	528	瑞士	62936	129
智利	1151589	1964	刚果(布)	240947	500	巴林	73032	117
秘鲁	1013384	1611	科特迪瓦	296124	493	尼加拉瓜	69969	107
瑞典	440596	1567	科威特	304495	491	赞比亚	66594	101
吉布提	865930	1511	多哥	256741	468	毛里求斯	48719	99
波兰	723218	1439	挪威	122458	459	克罗地亚	53332	96
吉尔吉斯斯坦	624662	1319	津巴布韦	281047	448	海地	72146	96
安哥拉	960626	1278	斯洛文尼亚	299280	431	牙买加	50616	90
利比亚	702485	1275	毛里塔尼亚	187933	429	乌拉圭	49754	88
苏丹	932413	1265	柬埔寨	293669	406	索马里	90627	87
委内瑞拉	794270	1246	萨尔瓦多	377630	383	冈比亚	38840	87
埃塞俄比亚	923814	1204	捷克	206082	383	赤道几内亚	53231	86
西班牙	525273	1165	阿尔巴尼亚	173915	359	塞浦路斯	47408	81
印度	567946	1113	立陶宛	185114	332	纳米比亚	44370	81
摩洛哥	736769	1069	卡塔尔	159414	320	哥斯达黎加	39955	79
印度尼西亚	884084	1060	希腊	164235	319	朝鲜	42903	78
塞内加尔	472624	1048	格鲁吉亚	176417	319	新喀里多尼亚	32016	77
墨西哥	577673	962	爱尔兰	120295	314	阿富汗	56077	70
莫桑比克	532888	915	阿根廷	56780	312	斐济	43846	70

国家/地区	出口数量（台）	出口金额（千美元）
匈牙利	39675	66
蒙古	97656	62
塞尔维亚	34065	61
马拉维	37576	57
尼日尔	27513	50
黑山	29241	46
冰岛	13406	41
文莱	21667	40
中国澳门	20363	38
所罗门群岛	9850	37
巴哈马	13048	25
土库曼斯坦	8743	24
东帝汶	11597	22
缅甸	10124	18
古巴	5918	17
瓦努阿图	9678	17
马耳他	8160	16
法属波利尼西亚	7571	16
巴巴多斯	3157	14
大洋洲其他国家(地区)	10560	12
斯威士兰	8188	12
卢旺达	11423	11
马提尼克	5515	10
布基纳法索	5709	8
几内亚比绍	6324	8
马尔代夫	5058	7
波黑	4000	6
白俄罗斯	2150	6
老挝	3767	6
帕劳	1988	6
留尼汪	1481	5
萨摩亚	2294	5
密克罗尼西亚联邦	2578	5
圣卢西亚	796	4
摩尔多瓦	1856	3
厄立特里亚	850	3
乍得	1653	3
莱索托	940	2
摩纳哥	525	2
塞舌尔	740	2
汤加	660	2
马绍尔群岛	1168	2
佛得角	260	1
南苏丹共和国	795	1
卢森堡	250	1
社会群岛	449	1
荷属安的列斯群岛	112	1
圣文森特和格林纳丁斯	540	1
圣其茨和尼维斯	199	1
82013000 镐、锄及耙		
#合计	67884485	125611
美国	5621116	17421
坦桑尼亚	8658387	11012
肯尼亚	7854737	9972
日本	2129499	7826
马来西亚	3601626	5911
法国	836958	2677
德国	908112	2664
莫桑比克	1796543	2536
英国	564109	2448
澳大利亚	824078	2322
加纳	1410545	2221
荷兰	741062	2181
越南	689045	2005
吉布提	1168844	1887
智利	1140287	1856
俄罗斯联邦	833205	1845
阿尔及利亚	1058725	1700
墨西哥	937280	1483
韩国	1060517	1451
安哥拉	1022798	1432
秘鲁	1217657	1412
加拿大	438681	1407
阿联酋	944235	1396
南非	897145	1375
泰国	766829	1374
意大利	678101	1339
伊朗	985777	1166
利比亚	478140	1079
埃塞俄比亚	891108	1051
孟加拉国	825555	1021
柬埔寨	704342	965
印度	362636	881
中国台湾	595598	871
波兰	404120	856
尼日利亚	771862	848
委内瑞拉	461067	833
西班牙	300051	817
沙特阿拉伯	381689	770
摩洛哥	517233	725
哥伦比亚	425697	699
新加坡	264926	637
以色列	355272	625
巴拿马	256365	621
菲律宾	322003	617
印度尼西亚	402674	613
罗马尼亚	338635	589
乌克兰	316135	572
比利时	179783	567
伊拉克	360836	548
埃及	491360	547
土耳其	395426	532
突尼斯	212208	497
几内亚	281805	496
苏丹	387832	494
塞内加尔	215982	493
斯里兰卡	289784	492
乌干达	341382	459
捷克	217807	459
喀麦隆	269878	438
约旦	299375	429
也门	277045	427
刚果(金)	283059	422
科特迪瓦	223556	386
巴西	179710	377
多哥	212921	373
瑞典	98215	351
希腊	190046	329
黎巴嫩	207857	315
中国香港	147802	303
拉脱维亚	107389	295
津巴布韦	212613	283
毛里塔尼亚	102563	243
利比里亚	141912	235
丹麦	67814	233
巴布亚新几内亚	89104	221
危地马拉	130338	217
文莱	55537	210
斯洛文尼亚	137842	207
新西兰	84159	194
挪威	46086	189
葡萄牙	86865	184
巴基斯坦	159874	183
苏里南	73039	167
芬兰	80343	167

国家/地区	出口数量（台）	出口金额（千美元）
马耳他	28123	164
阿根廷	103967	164
刚果(布)	77944	160
贝宁	81332	158
海地	109141	158
科威特	94678	150
立陶宛	73428	146
乌拉圭	71614	140
斯洛伐克	82687	132
奥地利	35313	131
博茨瓦纳	72289	130
卡塔尔	74468	123
马拉维	19020	120
加蓬	33881	118
纳米比亚	74605	117
阿曼	80415	113
牙买加	65175	112
阿尔巴尼亚	44345	107
赞比亚	45596	103
保加利亚	43045	98
哈萨克斯坦	42847	88
塞拉利昂	73718	86
布基纳法索	74450	85
厄瓜多尔	58939	85
塞尔维亚	24984	85
毛里求斯	34975	83
巴哈马	26539	81
爱沙尼亚	20445	80
巴林	58586	74
匈牙利	32872	70
阿塞拜疆	29074	68
萨尔瓦多	31831	64
格鲁吉亚	21726	54
爱尔兰	23213	51
吉尔吉斯斯坦	15155	49
叙利亚	50737	49
多米尼加共和国	26274	47
克罗地亚	24076	45
塞浦路斯	33007	45
索马里	30006	41
斯威士兰	25575	41
特立尼达和多巴哥	15538	40
马里	13728	35
尼加拉瓜	16438	34
东帝汶	15092	33

国家/地区	出口数量（台）	出口金额（千美元）
马达加斯加	12607	31
洪都拉斯	14922	31
圭亚那	13291	29
波多黎各	13282	27
瓦努阿图	4746	25
冈比亚	16022	23
白俄罗斯	7752	18
新喀里多尼亚	5911	18
哥斯达黎加	11060	18
古巴	4846	18
朝鲜	10422	17
乍得	13120	17
瑞士	10026	15
蒙古	25060	14
所罗门群岛	3820	14
留尼汪	4533	14
法属波利尼西亚	4972	12
马尔代夫	9717	11
库腊索岛	3115	11
塔吉克斯坦	6401	10
斐济	4873	10
赤道几内亚	2944	9
库克群岛	2189	9
黑山	3985	8
巴拉圭	3992	8
土库曼斯坦	468	7
卢旺达	4683	6
冰岛	1800	5
摩纳哥	2700	5
巴巴多斯	1209	5
厄立特里亚	3045	5
法属圭亚那	1247	4
中国澳门	3155	4
汤加	1842	4
尼日尔	2830	4
巴勒斯坦	5715	3
波黑	1760	3
瓜德罗普	1307	3
塞舌尔	937	3
马提尼克	3310	3
荷属安的列斯群岛	710	3
莱索托	1048	2
圣卢西亚	584	2
社会群岛	174	2
萨摩亚	419	1

国家/地区	出口数量（台）	出口金额（千美元）
安提瓜和巴布达	164	1
82014000 斧子、钩刀及类似砍伐工具		
#合计	26514665	60465
俄罗斯联邦	2577945	6090
肯尼亚	2701487	4808
美国	856870	3659
尼日利亚	1710304	3612
德国	1316620	3379
坦桑尼亚	1544197	2666
荷兰	1075892	2418
英国	769712	2074
加拿大	718125	1934
澳大利亚	691737	1822
波兰	669013	1685
南非	574255	1281
法国	413289	978
乌干达	492092	908
墨西哥	398374	888
阿联酋	458663	771
马来西亚	317454	704
哥伦比亚	308383	693
日本	73071	672
印度	338123	643
安哥拉	289181	616
比利时	203708	558
斯洛文尼亚	221639	556
拉脱维亚	229059	555
贝宁	299127	555
巴西	187537	533
智利	229357	530
罗马尼亚	207439	501
瑞典	167656	484
哈萨克斯坦	178250	469
意大利	204963	435
喀麦隆	235466	433
芬兰	190205	423
菲律宾	180816	416
西班牙	145929	408
巴布亚新几内亚	169631	405
吉布提	227543	400
莫桑比克	205533	367
乌克兰	188035	353
新西兰	120327	338
秘鲁	124346	336
也门	189734	324

国家/地区	出口数量(台)	出口金额(千美元)
捷克	121745	312
泰国	131118	307
韩国	261308	295
马达加斯加	157092	283
巴拿马	135518	280
刚果(金)	159385	276
塞内加尔	117253	271
埃塞俄比亚	143990	261
伊朗	103850	234
印度尼西亚	90476	231
希腊	105891	229
匈牙利	72378	220
多哥	76828	216
加纳	106017	210
阿根廷	85584	209
委内瑞拉	89665	201
海地	94909	195
马拉维	94258	195
立陶宛	63572	173
阿尔及利亚	93154	172
利比里亚	94826	170
利比亚	75724	152
中国台湾	72055	149
斯洛伐克	58185	141
阿塞拜疆	67115	136
危地马拉	60886	136
乌拉圭	48093	118
土耳其	45010	113
苏里南	42550	113
中国香港	36080	109
丹麦	45458	106
葡萄牙	43500	98
克罗地亚	35718	97
沙特阿拉伯	39402	92
奥地利	38638	88
吉尔吉斯斯坦	36502	87
以色列	56966	86
新加坡	30375	86
挪威	27779	85
伊拉克	49477	81
爱尔兰	25052	81
加蓬	28687	78
刚果(布)	37603	77
爱沙尼亚	36511	74
毛里求斯	36740	70

国家/地区	出口数量(台)	出口金额(千美元)
约旦	30227	66
冈比亚	29280	59
摩尔多瓦	27293	58
乌兹别克斯坦	17225	55
保加利亚	19466	53
塞浦路斯	20760	52
黎巴嫩	24126	52
斯里兰卡	30576	47
厄瓜多尔	19396	46
格鲁吉亚	23910	45
斯威士兰	23051	44
几内亚	30434	43
科特迪瓦	24202	41
巴拉圭	16628	41
塞尔维亚	16048	39
津巴布韦	23315	38
摩洛哥	15353	37
几内亚比绍	24516	36
博茨瓦纳	16027	36
法属波利尼西亚	7251	30
埃及	22379	29
特立尼达和多巴哥	10147	27
叙利亚	10620	26
毛里塔尼亚	13775	25
斐济	8186	22
所罗门群岛	6837	20
苏丹	7285	19
新喀里多尼亚	4945	18
阿尔巴尼亚	8333	18
瓦努阿图	4072	18
不丹	8096	17
纳米比亚	7854	16
古巴	3231	16
多米尼加共和国	6061	14
留尼汪	2801	13
文莱	1707	13
哥斯达黎加	3892	13
突尼斯	7607	13
越南	7772	12
塔吉克斯坦	4700	10
黑山	1920	10
科威特	3685	9
多民族玻利维亚国	5744	9
塞拉利昂	5416	9
巴基斯坦	3916	8

国家/地区	出口数量(台)	出口金额(千美元)
瑞士	2400	8
牙买加	2660	7
马耳他	1244	5
巴哈马	2640	5
阿曼	1489	5
卡塔尔	1704	5
孟加拉国	3945	5
圭亚那	2173	4
缅甸	1320	3
巴林	679	3
蒙古	2090	3
亚美尼亚	825	3
马尔代夫	760	3
洪都拉斯	872	3
圣多美和普林西比	184	2
尼加拉瓜	840	2
尼日尔	900	2
中国澳门	860	2
萨摩亚	388	1
波多黎各	384	1
瓜德罗普	200	1
冰岛	245	1
密克罗尼西亚联邦	280	1
马绍尔群岛	717	1
马提尼克	126	1
乍得	52	0
82015000 修枝剪及类似的单手操作剪刀(包括家禽剪)		
#合计	7891338	45407
美国	1863164	12671
德国	769698	4709
荷兰	657852	3685
英国	419472	2352
日本	279563	1696
加拿大	242039	1650
澳大利亚	244238	1516
斯洛文尼亚	324029	1378
越南	88196	1135
西班牙	177585	1114
法国	175910	1095
俄罗斯联邦	198632	1087
中国香港	143115	880
泰国	140663	788
意大利	133301	781
波兰	102450	642

国家/地区	出口数量（台）	出口金额（千美元）
芬兰	65469	595
墨西哥	111329	522
比利时	65025	433
南非	80184	401
伊朗	107587	361
印度尼西亚	56701	269
马来西亚	57184	265
土耳其	41753	261
智利	47910	234
巴西	62684	220
瑞典	24298	212
乌克兰	40050	204
丹麦	28645	184
中国台湾	40482	177
新西兰	28102	174
哥伦比亚	26177	173
希腊	41876	164
摩洛哥	31985	153
阿根廷	42306	152
韩国	26198	148
罗马尼亚	51359	135
利比亚	34679	135
奥地利	22236	131
阿尔及利亚	50240	124
伊拉克	27590	117
菲律宾	21203	97
挪威	15853	97
斯洛伐克	18147	97
阿联酋	35432	96
肯尼亚	43719	95
秘鲁	17482	94
埃及	27793	83
巴拿马	19794	81
克罗地亚	24659	79
匈牙利	8918	73
塞尔维亚	14267	73
印度	48224	69
新加坡	11268	67
以色列	10926	58
葡萄牙	9764	57
瑞士	6889	57
拉脱维亚	9199	52
乌拉圭	18475	51
也门	64493	51
立陶宛	6991	48
津巴布韦	25883	42
卡塔尔	5338	37
黎巴嫩	8292	37
孟加拉国	7911	37
厄瓜多尔	7319	33
沙特阿拉伯	8816	33
约旦	22727	32
塞浦路斯	6381	30
科威特	6499	29
萨尔瓦多	5337	28
哈萨克斯坦	3717	28
斯里兰卡	6517	25
贝宁	43789	24
毛里塔尼亚	2818	24
保加利亚	6637	23
巴布亚新几内亚	4800	22
莫桑比克	6120	21
阿塞拜疆	8033	20
捷克	3042	20
吉尔吉斯斯坦	5000	19
坦桑尼亚	8586	18
突尼斯	5534	16
委内瑞拉	18955	14
巴基斯坦	6904	13
尼日利亚	3171	13
巴哈马	1752	12
叙利亚	3934	12
摩尔多瓦	2925	12
危地马拉	1566	12
加纳	4930	11
苏丹	3447	10
朝鲜	2360	7
毛里求斯	770	7
新喀里多尼亚	1223	7
斐济	1730	6
格林纳达	57	6
冰岛	851	6
吉布提	2576	6
马达加斯加	2053	5
多米尼加共和国	645	5
埃塞俄比亚	1222	5
格鲁吉亚	1738	4
爱沙尼亚	694	4
阿尔巴尼亚	1423	4
留尼汪	1087	4
文莱	1329	4
尼加拉瓜	630	3
利比里亚	1091	3
前南马其顿	758	3
马拉维	460	2
苏里南	375	2
阿富汗	672	2
喀麦隆	709	2
瓦努阿图	301	2
法属波利尼西亚	405	2
阿曼	325	2
亚美尼亚	129	2
刚果(金)	700	1
波多黎各	160	1
黑山	231	1
特立尼达和多巴哥	286	1
几内亚	776	1
东帝汶	240	1

82016000 树篱剪、双手修枝剪及类似双手操作剪刀

国家/地区	出口数量（台）	出口金额（千美元）
#合计	18686786	66180
美国	6401394	22290
英国	1552310	5293
荷兰	1331766	4246
德国	900246	3644
中国香港	450087	3077
日本	552509	2878
加拿大	689977	2572
澳大利亚	543878	2284
法国	379178	1433
西班牙	421012	1371
南非	269853	1059
意大利	259067	978
芬兰	254043	947
比利时	217624	904
泰国	215028	831
波兰	208128	776
俄罗斯联邦	182461	725
斯洛文尼亚	211822	618
瑞典	150668	593
马来西亚	193217	487
智利	147594	471
墨西哥	137086	463
印度	201836	398
乌克兰	97388	347

国家/地区	出口数量(台)	出口金额(千美元)
印度尼西亚	109032	333
新西兰	77960	316
阿根廷	61764	286
菲律宾	97184	275
阿联酋	100290	269
土耳其	152915	269
阿尔及利亚	134704	246
伊拉克	92721	202
伊朗	62995	188
希腊	83698	186
新加坡	64976	180
越南	20842	171
秘鲁	47759	167
哥伦比亚	48821	153
巴拿马	77672	151
罗马尼亚	45258	149
塞尔维亚	39697	145
巴西	41230	145
葡萄牙	54558	142
利比亚	48221	138
克罗地亚	37640	121
立陶宛	32692	121
丹麦	23980	119
沙特阿拉伯	56823	116
洪都拉斯	7310	106
阿曼	4548	104
摩洛哥	44475	102
斯洛伐克	27204	102
埃及	40688	100
挪威	22275	99
以色列	27622	98
乌拉圭	27779	97
拉脱维亚	30304	96
中国台湾	29084	96
尼日利亚	34707	87
韩国	38040	82
约旦	62385	81
也门	54982	79
几内亚	15140	78
格鲁吉亚	20719	75
黎巴嫩	17246	73
加纳	27155	67
匈牙利	16246	65
奥地利	14762	63
坦桑尼亚	27507	61
巴基斯坦	20544	60
斯里兰卡	31257	59
肯尼亚	21468	49
科威特	34484	46
保加利亚	14241	46
爱沙尼亚	15475	45
突尼斯	30298	42
委内瑞拉	14528	39
爱尔兰	4166	37
阿尔巴尼亚	16369	35
苏丹	16744	35
黑山	9242	32
瑞士	7165	31
科特迪瓦	7625	29
厄瓜多尔	27238	29
哈萨克斯坦	3909	29
莫桑比克	7100	28
文莱	13529	26
巴布亚新几内亚	6974	23
捷克	22184	23
吉布提	15353	22
哥斯达黎加	6166	20
喀麦隆	7472	19
毛里求斯	3404	17
塞浦路斯	4088	17
安哥拉	28539	16
瓜德罗普	3731	14
波多黎各	3375	13
多哥	25554	13
阿塞拜疆	6409	12
马提尼克	6115	12
马达加斯加	4223	12
塞内加尔	5296	12
贝宁	4590	11
留尼汪	3163	11
海地	4670	10
牙买加	16531	10
卡塔尔	2786	10
马耳他	2537	9
巴哈马	2952	9
津巴布韦	3225	8
阿富汗	1800	8
苏里南	2862	6
多米尼加共和国	1715	6
埃塞俄比亚	1900	6
危地马拉	2191	5
朝鲜	918	5
新喀里多尼亚	1945	5
萨尔瓦多	1071	4
特立尼达和多巴哥	1102	4
厄立特里亚	1680	4
冰岛	693	4
所罗门群岛	507	4
巴林	666	3
刚果(金)	676	3
博茨瓦纳	3265	3
缅甸	746	2
波黑	1006	2
法属波利尼西亚	273	2
刚果(布)	400	1
斐济	532	1
赞比亚	250	1
叙利亚	280	1
亚美尼亚	261	1
伯利兹	159	1
孟加拉国	1640	1
圭亚那	400	1
格林纳达	20	1
圣多美和普林西比	412	1
马拉维	200	1
瓦努阿图	64	0

82021000 手工锯

国家/地区	出口数量(台)	出口金额(千美元)
#合计	30367900	114143
美国	3306744	19213
俄罗斯联邦	1855093	6984
印度尼西亚	2230392	5665
英国	1321621	5484
法国	873455	5010
德国	1149331	4875
荷兰	701460	2895
比利时	592891	2890
巴西	759946	2567
澳大利亚	488400	2552
墨西哥	675046	2466
阿联酋	806901	2426
泰国	860382	2347
加拿大	419501	2279
马来西亚	716110	2217
尼日利亚	865521	2212
波兰	543874	2172

国家/地区	出口数量（台）	出口金额（千美元）
南非	458304	1611
日本	263975	1610
芬兰	362809	1346
智利	451714	1342
阿尔及利亚	472297	1215
土耳其	353989	1202
印度	448750	1194
伊朗	405308	1187
西班牙	296238	1093
越南	170991	1026
菲律宾	348056	1012
埃及	372755	887
巴拿马	301973	883
意大利	219768	859
新加坡	168159	808
拉脱维亚	229567	791
沙特阿拉伯	304917	762
哈萨克斯坦	150718	754
哥伦比亚	199113	741
瑞典	177516	685
乌克兰	199638	679
肯尼亚	233627	627
阿根廷	145581	593
委内瑞拉	164406	583
安哥拉	194663	562
摩洛哥	216743	555
希腊	169286	536
孟加拉国	203493	532
利比亚	173320	519
斯里兰卡	142490	511
伊拉克	221339	477
罗马尼亚	188016	475
捷克	95264	464
吉布提	215792	452
斯洛文尼亚	100344	427
丹麦	91387	407
秘鲁	149022	401
巴基斯坦	168475	373
加纳	141630	369
以色列	102253	367
中国香港	72898	351
约旦	149478	345
厄瓜多尔	112723	337
葡萄牙	75022	315
韩国	57571	309

国家/地区	出口数量（台）	出口金额（千美元）
挪威	44224	294
新西兰	64668	290
巴布亚新几内亚	72113	274
黎巴嫩	72490	268
立陶宛	72406	257
坦桑尼亚	98821	251
中国台湾	40263	247
也门	83197	246
突尼斯	95823	229
叙利亚	79583	207
阿塞拜疆	72563	195
乌拉圭	60923	189
克罗地亚	57845	174
保加利亚	55231	173
喀麦隆	61309	171
莫桑比克	62107	167
朝鲜	58998	162
刚果（金）	85208	158
缅甸	40381	150
马达加斯加	47109	146
危地马拉	39577	135
塞内加尔	27597	113
苏丹	39989	113
爱沙尼亚	32430	112
吉尔吉斯斯坦	35820	112
匈牙利	35492	105
阿尔巴尼亚	30033	96
爱尔兰	14845	95
乌兹别克斯坦	20575	94
格鲁吉亚	37284	90
斯洛伐克	24644	90
阿曼	21970	88
津巴布韦	29027	84
塔吉克斯坦	17411	83
瑞士	14884	81
尼泊尔	14495	80
科威特	34264	78
博茨瓦纳	22003	73
科特迪瓦	25487	71
卡塔尔	17361	63
奥地利	14926	62
苏里南	22219	58
利比里亚	19548	55
古巴	6647	55
埃塞俄比亚	29862	51

国家/地区	出口数量（台）	出口金额（千美元）
多米尼加共和国	14646	49
多哥	17133	47
洪都拉斯	14412	46
刚果（布）	19226	46
毛里求斯	10356	42
哥斯达黎加	11792	42
斐济	8512	40
贝宁	29537	39
几内亚	15665	37
海地	13052	36
尼加拉瓜	10421	35
波多黎各	11916	34
塞浦路斯	4892	30
毛里塔尼亚	11519	30
塞尔维亚	12947	30
圭亚那	10814	28
萨尔瓦多	7774	27
马拉维	8157	27
巴拉圭	7713	23
赤道几内亚	7574	22
土库曼斯坦	6167	16
法属波利尼西亚	2113	16
马耳他	2254	15
文莱	3778	15
东帝汶	4603	14
新喀里多尼亚	2749	14
瓦努阿图	1604	10
冈比亚	4076	9
黑山	3940	9
蒙古	2005	9
牙买加	1494	8
巴哈马	1249	8
特立尼达和多巴哥	2018	7
厄立特里亚	1607	6
巴林	1267	6
格林纳达	90	6
冰岛	742	6
赞比亚	964	5
巴勒斯坦	993	5
卢森堡	843	5
塞拉利昂	2867	3
留尼汪	884	3
多民族玻利维亚国	375	3
中国澳门	538	2
白俄罗斯	1101	2

国家/地区	出口数量(台)	出口金额(千美元)
索马里	655	2
亚美尼亚	323	2
佛得角	815	2
纳米比亚	1013	2
柬埔寨	233	2
马提尼克	523	1
马尔代夫	630	1
瓜德罗普	411	1
阿鲁巴	323	1
中非	210	1
圣卢西亚	370	1
波黑	301	1
几内亚比绍	198	1
塞舌尔	505	0
82022000 带锯片		
#合计	17462192	41704
美国	718799	6986
印度	2558142	4254
巴西	2829624	2381
沙特阿拉伯	2419844	2202
中国台湾	1748647	1856
埃及	1591705	1782
印度尼西亚	596076	1597
俄罗斯联邦	278355	1373
意大利	78963	1200
波兰	109974	1191
日本	213090	1094
越南	547566	1054
英国	131322	1022
中国香港	36730	975
泰国	568945	919
瑞士	23840	858
南非	71171	725
德国	102915	675
西班牙	716233	659
新加坡	51452	651
马来西亚	126955	587
韩国	41574	582
土耳其	58392	526
加拿大	34639	486
阿根廷	314721	470
澳大利亚	48427	452
尼日利亚	158343	424
阿联酋	59154	398
伊朗	46008	339
荷兰	54077	325
安哥拉	55542	224
阿尔及利亚	93133	206
乌克兰	115798	182
芬兰	50379	175
斯洛文尼亚	4614	150
比利时	7217	144
孟加拉国	88087	125
智利	25364	120
约旦	85398	118
瑞典	21172	110
加蓬	24171	101
哈萨克斯坦	9606	98
伊拉克	51101	97
法国	13870	93
以色列	22478	86
巴基斯坦	14713	80
叙利亚	7431	75
罗马尼亚	16682	74
丹麦	12364	71
新西兰	4825	59
菲律宾	45034	55
爱沙尼亚	7409	55
哥伦比亚	12719	51
突尼斯	24326	50
卡塔尔	4575	49
希腊	35019	47
加纳	22405	44
摩洛哥	5778	41
朝鲜	7870	41
乌拉圭	12792	40
缅甸	6178	37
冈比亚	850	36
斯里兰卡	10154	34
苏丹	14300	34
肯尼亚	8113	32
黑山	28000	26
也门	8958	25
刚果(布)	5339	25
葡萄牙	4998	24
黎巴嫩	5160	23
秘鲁	1596	21
捷克	2441	21
挪威	887	21
匈牙利	1419	20
贝宁	6690	19
利比亚	6482	19
波多黎各	2787	17
吉布提	7404	17
克罗地亚	7293	17
墨西哥	4960	16
塞尔维亚	1475	16
阿曼	1856	15
莫桑比克	5592	14
巴拿马	5697	14
委内瑞拉	3760	13
毛里塔尼亚	9766	13
格鲁吉亚	4823	12
坦桑尼亚	5121	12
立陶宛	611	12
巴布亚新几内亚	3412	11
保加利亚	4523	11
喀麦隆	4511	10
科特迪瓦	1210	10
奥地利	2652	10
厄瓜多尔	361	10
马达加斯加	3576	10
阿尔巴尼亚	3440	9
拉脱维亚	3679	9
塞内加尔	1581	8
刚果(金)	840	7
科威特	1783	7
中国澳门	828	7
白俄罗斯	283	6
阿塞拜疆	2214	6
津巴布韦	1194	5
几内亚	1275	5
巴林	652	5
博茨瓦纳	1989	4
古巴	85	4
几内亚比绍	949	3
赤道几内亚	1233	3
危地马拉	967	3
赞比亚	596	3
塞浦路斯	305	3
亚美尼亚	13	3
冰岛	71	3
毛里求斯	294	2
斐济	1027	2
蒙古	429	2

国家/地区	出口数量（台）	出口金额（千美元）
乍得	300	2
利比里亚	573	2
埃塞俄比亚	1301	2
乌兹别克斯坦	1290	2
马尔代夫	128	2
洪都拉斯	354	2
卢森堡	262	2
牙买加	23	1
多米尼加共和国	47	1
多哥	386	1
哥斯达黎加	255	1
塞拉利昂	295	1
东帝汶	20	1
土库曼斯坦	31	1
文莱	60	1
佛得角	123	0
82023100 带有钢制工作部件的圆锯片		
#合计	14915264	159570
美国	3678253	41223
日本	1632373	22790
德国	954361	13173
巴西	535075	6590
墨西哥	508197	4529
印度	615673	4527
泰国	607394	4386
中国台湾	348091	4107
澳大利亚	238724	3673
阿联酋	241318	3412
中国香港	280117	3357
荷兰	103652	3307
英国	145140	2962
加拿大	251243	2745
俄罗斯联邦	424872	2674
拉脱维亚	263756	2378
越南	163229	1685
意大利	157215	1678
尼泊尔	195770	1655
印度尼西亚	162345	1559
阿根廷	166519	1509
波兰	250125	1497
芬兰	113907	1466
土耳其	161686	1336
巴拿马	153287	1196
南非	148622	1093
埃及	167012	1077
新加坡	106024	1071
比利时	87199	1042
韩国	123538	897
法国	78685	821
马来西亚	74497	674
秘鲁	86314	672
哈萨克斯坦	92472	661
智利	78524	639
哥伦比亚	71456	638
菲律宾	45740	629
西班牙	72553	615
伊朗	77950	614
沙特阿拉伯	67327	486
土库曼斯坦	156878	482
以色列	68467	442
捷克	63635	410
爱沙尼亚	18810	405
葡萄牙	63272	402
新西兰	88537	400
瑞典	38150	400
罗马尼亚	20289	388
乌克兰	74156	359
巴基斯坦	45067	328
厄瓜多尔	24873	261
黎巴嫩	29525	242
尼日利亚	52502	237
约旦	22382	236
斯洛文尼亚	16893	234
奥地利	16224	224
古巴	9439	223
阿尔及利亚	25350	194
挪威	7853	186
委内瑞拉	21799	137
苏丹	14949	129
丹麦	8751	127
匈牙利	14216	127
立陶宛	15057	121
孟加拉国	33512	119
摩洛哥	8793	106
瑞士	10059	100
科威特	7188	97
卡塔尔	9387	90
叙利亚	22837	83
缅甸	19120	82
伊拉克	9727	74
斯里兰卡	9690	63
安哥拉	6214	57
克罗地亚	9135	52
也门	8528	47
危地马拉	2247	47
哥斯达黎加	3616	44
吉尔吉斯斯坦	9151	43
突尼斯	3535	37
埃塞俄比亚	5070	37
多米尼加共和国	4003	35
朝鲜	6990	35
阿塞拜疆	8809	33
巴布亚新几内亚	2695	33
吉布提	2976	30
利比亚	2658	29
萨尔瓦多	3428	28
保加利亚	5260	28
希腊	3742	26
乌拉圭	2319	23
巴拉圭	2004	23
多民族玻利维亚国	930	22
加纳	620	20
肯尼亚	1191	20
塞尔维亚	1329	19
毛里求斯	1861	18
贝宁	2250	16
柬埔寨	1713	15
斯洛伐克	2059	15
格鲁吉亚	2355	14
阿尔巴尼亚	402	14
洪都拉斯	724	12
喀麦隆	8458	12
刚果（金）	2148	12
法属波利尼西亚	727	12
赞比亚	2008	12
亚美尼亚	3206	10
卢森堡	250	10
前南马其顿	779	8
牙买加	108	7
黑山	1410	7
刚果（布）	490	6
爱尔兰	389	6
塞内加尔	1587	5
马尔代夫	1531	5
津巴布韦	129	5

国家/地区	出口数量（台）	出口金额（千美元）
塞浦路斯	198	4
巴林	661	3
塞拉利昂	366	3
加蓬	90	3
波黑	146	3
苏里南	877	2
几内亚	123	2
乌干达	61	2
多哥	50	2
中国澳门	290	2
马拉维	58	2
新喀里多尼亚	67	2
阿曼	263	2
乌兹别克斯坦	394	2
蒙古	1121	1
白俄罗斯	57	1
萨摩亚	580	1
坦桑尼亚	564	1
摩尔多瓦	177	1
82024000 链锯条		
#合计	2183498	28321
美国	659554	8116
印度尼西亚	306083	3601
俄罗斯联邦	194449	2350
比利时	150019	2059
缅甸	69886	1325
菲律宾	105314	1300
德国	64210	1081
新加坡	80793	1007
巴西	78393	998
加拿大	40122	685
意大利	42330	565
韩国	38853	487
芬兰	36292	486
荷兰	28801	392
中国香港	23678	334
波兰	10772	322
英国	25316	317
法国	23612	249
澳大利亚	15447	230
中国台湾	27408	224
印度	8289	198
土耳其	16905	180
墨西哥	10699	159
列支敦士登	1155	156
委内瑞拉	12100	146
瑞典	9452	142
沙特阿拉伯	9200	132
奥地利	777	111
西班牙	5292	84
乌克兰	4668	70
哈萨克斯坦	5848	66
马来西亚	999	56
希腊	4489	52
斯洛文尼亚	1912	45
阿根廷	4302	45
葡萄牙	4065	43
匈牙利	4293	39
危地马拉	3489	37
丹麦	3134	34
立陶宛	2796	31
挪威	1810	31
泰国	1831	30
乌拉圭	3142	30
越南	3795	28
新西兰	1950	28
阿联酋	622	23
伊朗	1383	22
日本	551	20
巴拿马	2000	20
孟加拉国	8822	14
哥斯达黎加	937	12
以色列	1900	12
克罗地亚	3030	11
保加利亚	990	9
安哥拉	1000	9
加蓬	5650	8
南非	543	8
厄瓜多尔	655	6
爱尔兰	470	5
特立尼达和多巴哥	165	4
斯里兰卡	2206	4
智利	236	4
阿尔及利亚	1343	4
摩洛哥	231	3
罗马尼亚	312	3
哥伦比亚	240	2
约旦	385	2
朝鲜	25	2
拉脱维亚	249	2
黎巴嫩	340	2
波多黎各	102	2
尼日利亚	60	1
几内亚比绍	100	1
伊拉克	351	1
爱沙尼亚	98	1
捷克	112	1
阿曼	390	1
82053000 木工刨子、凿子及类似切削工具		
#合计	13698573	53666
美国	1801767	10724
俄罗斯联邦	942467	3568
英国	648200	3561
印度尼西亚	1006320	2849
法国	450020	2158
德国	307328	1969
荷兰	352785	1764
澳大利亚	269079	1655
比利时	283202	1507
波兰	542767	1254
加拿大	212064	1087
巴西	293470	1029
越南	88300	956
日本	132004	896
阿联酋	276341	845
泰国	224852	803
智利	232569	743
马来西亚	255283	738
沙特阿拉伯	359787	696
墨西哥	150334	652
尼日利亚	424891	632
西班牙	151189	575
瑞典	98370	562
拉脱维亚	101297	517
菲律宾	163404	513
南非	126960	505
阿尔及利亚	206847	481
芬兰	155777	473
巴拿马	159102	459
意大利	157798	452
埃及	195430	407
印度	155937	377
委内瑞拉	130000	363
伊拉克	179298	353
韩国	118739	320

国家/地区	出口数量（台）	出口金额（千美元）
加纳	129088	303
新加坡	72827	289
伊朗	86707	275
土耳其	93951	268
哥伦比亚	73381	264
孟加拉国	60724	234
秘鲁	67164	229
也门	120302	212
斯里兰卡	53612	194
摩洛哥	80919	189
利比亚	69607	182
乌克兰	51267	181
安哥拉	71193	173
中国香港	79834	169
新西兰	29807	166
哈萨克斯坦	35319	165
肯尼亚	66257	164
斯洛文尼亚	40088	163
约旦	64868	157
黎巴嫩	37595	145
厄瓜多尔	62353	145
以色列	58895	138
塞内加尔	46664	131
丹麦	26200	128
喀麦隆	56711	125
阿塞拜疆	30857	117
阿根廷	25124	110
中国台湾	18484	108
突尼斯	36856	108
奥地利	14379	101
巴布亚新几内亚	23787	96
乌拉圭	28542	89
挪威	12551	82
立陶宛	13013	81
坦桑尼亚	30355	80
捷克	16865	77
葡萄牙	20728	75
科特迪瓦	30149	72
罗马尼亚	28277	65
希腊	17029	56
多米尼加共和国	10600	48
爱尔兰	10283	47
危地马拉	19356	45
瑞士	5474	40
巴基斯坦	15901	40

国家/地区	出口数量（台）	出口金额（千美元）
乌兹别克斯坦	4402	36
爱沙尼亚	7274	34
克罗地亚	10089	33
科威特	12551	32
叙利亚	10543	31
保加利亚	6277	30
刚果（金）	11719	30
海地	10958	28
刚果（布）	14501	28
摩尔多瓦	5895	25
尼加拉瓜	8925	24
萨尔瓦多	4785	24
蒙古	1967	23
莫桑比克	10147	23
几内亚	11640	22
阿尔巴尼亚	4742	22
马达加斯加	9062	21
古巴	2566	21
洪都拉斯	9558	19
中国澳门	4942	16
吉布提	8779	16
毛里塔尼亚	7289	16
巴拉圭	4230	16
卢森堡	1719	16
阿曼	4896	15
卡塔尔	7537	15
津巴布韦	4848	14
斯洛伐克	4608	14
缅甸	4061	13
苏丹	6267	13
利比里亚	5167	13
圭亚那	5486	13
毛里求斯	3079	13
苏里南	4262	11
匈牙利	4588	11
巴哈马	1344	11
塞尔维亚	3680	11
加蓬	2609	10
格鲁吉亚	6571	10
斐济	1800	10
哥斯达黎加	2118	10
贝宁	6124	9
布基纳法索	3857	8
波多黎各	3509	8
文莱	1531	7

国家/地区	出口数量（台）	出口金额（千美元）
多哥	3813	6
马拉维	1871	6
吉尔吉斯斯坦	1800	6
马耳他	1684	5
埃塞俄比亚	2069	5
白俄罗斯	2959	5
冰岛	813	5
东帝汶	1989	4
多民族玻利维亚国	1727	4
柬埔寨	755	4
马尔代夫	520	4
塞浦路斯	615	4
赤道几内亚	1553	3
瓦努阿图	551	3
牙买加	533	3
塞拉利昂	1480	3
法属波利尼西亚	238	2
新喀里多尼亚	326	2
冈比亚	765	1
佛得角	630	1
塔吉克斯坦	264	1
博茨瓦纳	442	1
所罗门群岛	237	1
巴林	108	1
卢旺达	220	1

82082000 木工机械用刀及刀片

国家/地区	出口数量（台）	出口金额（千美元）
#合计	3284444	32951
日本	935110	7349
美国	304502	4895
印度尼西亚	307824	2975
俄罗斯联邦	142047	2881
印度	182538	1626
越南	111869	1439
马来西亚	123165	1250
德国	101312	794
泰国	96505	770
巴西	52438	610
加拿大	38012	531
英国	23274	502
新加坡	57558	449
伊朗	16083	386
芬兰	71599	369
智利	17621	362
斯洛文尼亚	54286	325
澳大利亚	6611	320

国家/地区	出口数量（台）	出口金额（千美元）
法国	19787	259
西班牙	21084	258
荷兰	11666	256
孟加拉国	97118	248
奥地利	42337	223
巴基斯坦	25960	215
土耳其	13996	186
菲律宾	20105	182
阿根廷	13985	179
韩国	26881	171
阿联酋	13485	171
捷克	20436	164
沙特阿拉伯	15451	158
南非	6928	150
意大利	9726	150
安哥拉	4745	125
拉脱维亚	14985	118
中国香港	27825	107
斯里兰卡	8188	101
哈萨克斯坦	9749	99
丹麦	8799	92
委内瑞拉	2484	91
墨西哥	5976	88
乌克兰	14739	81
秘鲁	7607	78
尼日利亚	15465	72
新西兰	5324	70
阿曼	1370	64
波兰	6835	64
叙利亚	6915	59
加纳	7717	50
中国台湾	7483	50
缅甸	5960	48
加蓬	2025	47
阿尔及利亚	15214	44
埃及	10471	39
塞拉利昂	5980	34
瑞典	15115	33
刚果(布)	3464	33
坦桑尼亚	11606	31
爱沙尼亚	626	29
罗马尼亚	4507	27
葡萄牙	3291	26
乌拉圭	1594	25
比利时	1125	23
瑞士	2154	22
黎巴嫩	2508	21
希腊	3439	19
肯尼亚	1532	18
挪威	1757	14
柬埔寨	1192	14
厄瓜多尔	609	14
危地马拉	830	13
保加利亚	1487	13
摩洛哥	1390	12
立陶宛	352	12
匈牙利	482	11
巴布亚新几内亚	332	11
朝鲜	572	10
巴拿马	1362	10
爱尔兰	767	9
哥伦比亚	1783	8
阿塞拜疆	1032	8
巴拉圭	440	6
莫桑比克	499	6
冰岛	181	6
尼泊尔	680	5
瓦努阿图	242	5
埃塞俄比亚	272	4
文莱	12613	4
科特迪瓦	2040	4
乌干达	107	3
斯洛伐克	135	3
伊拉克	1903	2
利比里亚	580	2
巴巴多斯	515	2
莱索托	15	2
津巴布韦	32	1
格鲁吉亚	275	1
牙买加	80	1
博茨瓦纳	379	1
以色列	108	1
突尼斯	79	1
吉布提	500	1
喀麦隆	200	1
斐济	11	0

82084000 农业、园艺或林业机器用的刀及刀片

国家/地区	出口数量（台）	出口金额（千美元）
#合计	5551109	21514
美国	3318923	11619
日本	513728	3123
泰国	137176	823
印度尼西亚	146003	481
荷兰	55552	465
巴基斯坦	160901	411
德国	128435	400
哈萨克斯坦	103052	381
法国	101415	379
加拿大	117483	369
印度	41508	275
英国	21404	245
比利时	46027	214
意大利	53768	188
巴西	47197	149
俄罗斯联邦	28183	145
新加坡	8832	130
澳大利亚	22206	130
中国台湾	47760	108
瑞典	29575	94
阿根廷	19017	79
中国香港	6128	77
芬兰	15821	74
马来西亚	18416	71
乌克兰	15495	60
吉尔吉斯斯坦	16300	59
菲律宾	23044	56
斯里兰卡	12349	53
波兰	10110	52
塞尔维亚	12676	52
匈牙利	17327	48
缅甸	41642	47
乌拉圭	12921	47
越南	26578	47
埃及	29152	46
委内瑞拉	12363	34
阿联酋	6345	30
斯洛伐克	8820	29
丹麦	4644	27
韩国	3875	25
拉脱维亚	10758	25
希腊	7689	22
坦桑尼亚	5080	21
巴拿马	9401	20
南非	3304	20
墨西哥	5511	17

国家/地区	出口数量（台）	出口金额（千美元）
哥伦比亚	4659	17
克罗地亚	3773	16
阿尔及利亚	4500	15
伊朗	9086	15
西班牙	2747	13
奥地利	2287	12
葡萄牙	1409	11
叙利亚	3985	10
罗马尼亚	2099	10
牙买加	950	9
爱沙尼亚	884	8
土耳其	1806	8
赤道几内亚	90	8
尼日利亚	6029	7
摩洛哥	1700	7
新西兰	685	7
瑞士	911	6
智利	662	6
秘鲁	1238	6
白俄罗斯	1452	5
阿塞拜疆	201	5
安哥拉	2513	4
毛里塔尼亚	2074	4
突尼斯	345	4
马达加斯加	2200	4
格林纳达	68	3
保加利亚	352	3
苏丹	877	3
厄瓜多尔	612	3
立陶宛	381	3
圣多美和普林西比	46	3
斯洛文尼亚	574	2
以色列	441	2
伊拉克	166	2
尼泊尔	400	2
孟加拉国	1100	2
肯尼亚	1300	2
土库曼斯坦	53	1
也门	1632	1
爱尔兰	48	1
捷克	191	1
挪威	74	1
几内亚比绍	6	1
沙特阿拉伯	52	1
黎巴嫩	85	1

国家/地区	出口数量（台）	出口金额（千美元）
加纳	180	0
84193100 农产品干燥器		
#合计	6668	20016
泰国	44	2245
印度尼西亚	3298	2199
安哥拉	10	2146
菲律宾	159	1763
俄罗斯联邦	22	1331
中国台湾	162	1324
乌克兰	1	915
老挝	31	814
乌兹别克斯坦	54	793
乌拉圭	2169	592
柬埔寨	127	574
缅甸	14	512
越南	20	501
委内瑞拉	6	400
日本	5	371
美国	4	308
澳大利亚	5	273
巴西	11	265
刚果(布)	1	244
孟加拉国	6	233
巴拿马	9	226
印度	34	221
马来西亚	32	166
加纳	9	161
多米尼加共和国	1	156
朝鲜	10	152
智利	1	117
洪都拉斯	1	91
秘鲁	4	88
埃及	81	82
韩国	8	77
沙特阿拉伯	3	72
也门	100	68
波兰	1	64
加拿大	3	49
英国	5	42
坦桑尼亚	6	40
墨西哥	2	37
阿联酋	2	32
苏里南	4	30
塔吉克斯坦	1	23
乌干达	2	23

国家/地区	出口数量（台）	出口金额（千美元）
厄瓜多尔	1	20
巴基斯坦	2	20
哈萨克斯坦	5	18
刚果(金)	1	15
吉布提	2	14
斯里兰卡	4	12
莫桑比克	2	12
匈牙利	1	11
约旦	1	10
毛里求斯	1	10
尼日利亚	32	7
罗马尼亚	1	7
中国香港	21	6
克罗地亚	1	5
哥伦比亚	1	5
津巴布韦	1	4
奥地利	100	4
蒙古	1	4
格鲁吉亚	2	3
多哥	5	3
西班牙	1	2
阿尔及利亚	1	2
马达加斯加	1	2
新西兰	2	1
叙利亚	2	1
塞内加尔	1	1
肯尼亚	1	1
黎巴嫩	1	1
84193200 木材、纸浆、纸或纸板干燥器		
#合计	1586	28873
俄罗斯联邦	234	8399
越南	194	3483
印度尼西亚	177	3336
泰国	18	1366
乌拉圭	43	1279
缅甸	32	1157
印度	42	819
马来西亚	21	739
巴基斯坦	17	720
喀麦隆	11	485
菲律宾	27	375
土耳其	114	343
安哥拉	11	338
南非	28	304
孟加拉国	26	286

国家/地区	出口数量（台）	出口金额（千美元）
德国	14	282
阿联酋	5	231
美国	79	214
乌克兰	10	206
保加利亚	18	200
韩国	6	195
英国	5	195
波黑	6	193
波兰	3	192
智利	10	189
也门	50	188
朝鲜	14	181
斯里兰卡	6	177
埃及	6	161
澳大利亚	4	160
墨西哥	3	152
立陶宛	14	143
中国台湾	13	138
加蓬	4	127
厄瓜多尔	3	125
日本	13	120
利比里亚	8	117
乌干达	6	110
老挝	1	98
巴布亚新几内亚	2	93
白俄罗斯	4	87
爱沙尼亚	3	83
希腊	13	73
蒙古	25	66
乌兹别克斯坦	6	64
柬埔寨	2	64
沙特阿拉伯	4	61
克罗地亚	4	60
洪都拉斯	160	56
阿根廷	4	54
阿尔及利亚	2	50
罗马尼亚	5	45
塞尔维亚	1	44
坦桑尼亚	4	42
阿曼	2	39
拉脱维亚	3	37
哈萨克斯坦	2	35
新加坡	4	35
西班牙	2	31
哥伦比亚	1	26
文莱	1	23
肯尼亚	2	22
多哥	3	17
新喀里多尼亚	1	17
阿尔巴尼亚	3	15
荷兰	1	14
赞比亚	2	13
苏丹	2	13
科威特	1	12
尼日利亚	3	10
突尼斯	2	10
伊朗	3	9
意大利	1	8
中国香港	3	6
秘鲁	1	5
博茨瓦纳	2	4
丹麦	1	4
黎巴嫩	1	3
葡萄牙	1	2
格鲁吉亚	1	2
科特迪瓦	1	1
84201000 研光机或其他滚压机器		
#合计	69900	35896
美国	16510	3265
越南	7676	3053
印度	1575	2745
肯尼亚	9	2120
泰国	291	1777
土耳其	131	1730
中国香港	5355	1613
日本	13555	1576
俄罗斯联邦	405	1357
印度尼西亚	4036	1111
巴西	140	966
中国台湾	150	913
阿联酋	331	862
马来西亚	148	833
英国	1332	807
韩国	4538	653
孟加拉国	26	617
伊朗	658	567
加拿大	1297	536
德国	67	527
墨西哥	2254	483
菲律宾	194	477
乌兹别克斯坦	22	444
新加坡	278	442
西班牙	503	406
波兰	102	356
哈萨克斯坦	228	349
意大利	134	348
埃及	25	283
澳大利亚	565	283
沙特阿拉伯	38	254
乌克兰	47	237
缅甸	77	236
阿尔及利亚	107	233
秘鲁	334	229
荷兰	644	218
巴基斯坦	12	214
法国	68	208
黎巴嫩	48	159
埃塞俄比亚	1	158
拉脱维亚	1238	133
摩洛哥	17	113
哥伦比亚	56	110
斯里兰卡	45	104
尼日利亚	16	96
朝鲜	20	93
以色列	19	93
新西兰	99	91
阿根廷	65	86
厄瓜多尔	93	84
智利	346	81
奥地利	1589	81
乌拉圭	271	80
毛里求斯	2	72
安哥拉	8	69
南非	18	66
比利时	21	57
罗马尼亚	10	52
柬埔寨	24	48
格鲁吉亚	1	48
瑞典	411	47
科威特	406	46
瑞士	304	45
老挝	1	40
委内瑞拉	4	33
希腊	9	30
突尼斯	31	29

国家/地区	出口数量（台）	出口金额（千美元）
克罗地亚	153	26
保加利亚	7	24
巴林	1	23
吉尔吉斯斯坦	1	21
叙利亚	1	20
巴拉圭	19	19
哥斯达黎加	30	18
卡塔尔	27	17
蒙古	5	16
立陶宛	7	16
斯洛文尼亚	2	12
萨尔瓦多	7	11
挪威	7	10
科特迪瓦	1	10
莫桑比克	4	9
葡萄牙	4	8
捷克	381	8
阿曼	1	8
坦桑尼亚	2	7
约旦	13	7
塞尔维亚	2	6
多米尼加共和国	4	5
巴拿马	1	4
赞比亚	2	4
加纳	4	3
危地马拉	2	3
塞浦路斯	27	3
斯洛伐克	2	3
留尼汪	1	3
爱尔兰	1	2
塞舌尔	1	1
洪都拉斯	1	1
牙买加	2	1
前南马其顿	1	1
苏里南	1	1
伊拉克	130	1
84209900 研光机或其他滚压机器的未列名零件		
#合计	324161	4117
日本	110521	2332
印度	43611	492
泰国	10055	319
越南	39130	141
乌克兰	28210	124
韩国	4805	75

国家/地区	出口数量（台）	出口金额（千美元）
中国台湾	25950	74
罗马尼亚	4079	69
美国	6101	60
俄罗斯联邦	14307	49
意大利	1673	46
孟加拉国	960	38
巴西	512	27
巴基斯坦	1225	26
马来西亚	915	25
菲律宾	3200	19
乌干达	588	18
英国	2211	15
奥地利	679	15
印度尼西亚	462	13
澳大利亚	1122	12
津巴布韦	210	11
德国	1687	10
智利	651	10
秘鲁	2168	9
拉脱维亚	303	8
土耳其	1576	8
中国香港	1794	7
芬兰	1986	6
乌兹别克斯坦	1458	5
安哥拉	3210	5
斯里兰卡	431	5
荷兰	635	4
波兰	85	4
白俄罗斯	50	3
伊朗	1008	3
阿根廷	52	3
新加坡	799	3
尼日利亚	10	3
卡塔尔	115	2
马耳他	27	2
加拿大	884	2
突尼斯	624	2
塞尔维亚	180	2
柬埔寨	576	1
科威特	83	1
埃及	210	1
新西兰	105	1
阿联酋	524	1
刚果(金)	585	1
比利时	305	1

国家/地区	出口数量（台）	出口金额（千美元）
哈萨克斯坦	32	1
墨西哥	93	1
贝宁	1000	1
哥伦比亚	135	1
西班牙	13	1
尼泊尔	60	1
巴拉圭	45	0
捷克	34	0
84321000 犁		
#合计	109570	15051
缅甸	17130	3004
美国	14648	2268
俄罗斯联邦	6719	1243
蒙古	5380	999
日本	2435	756
阿尔及利亚	1156	681
法国	7076	478
安哥拉	4137	465
乌克兰	11940	428
意大利	1083	343
柬埔寨	9467	339
莫桑比克	336	314
加拿大	766	237
哈萨克斯坦	85	232
秘鲁	179	176
西班牙	7423	141
坦桑尼亚	1927	133
苏丹	170	121
赞比亚	502	120
英国	454	117
智利	359	116
尼日利亚	107	115
菲律宾	169	110
印度尼西亚	414	108
澳大利亚	469	102
加纳	186	84
南非	134	83
马来西亚	156	78
荷兰	62	69
土耳其	2730	67
津巴布韦	74	61
马达加斯加	699	56
墨西哥	933	55
阿联酋	62	52
埃塞俄比亚	86	49

国家/地区	出口数量（台）	出口金额（千美元）
越南	108	49
乌拉圭	155	49
毛里塔尼亚	58	48
刚果(布)	30	48
几内亚	129	47
罗马尼亚	1221	44
印度	95	41
斯里兰卡	472	39
不丹	200	39
阿尔巴尼亚	132	38
比利时	152	37
马里	127	37
乌干达	188	36
朝鲜	92	32
肯尼亚	89	31
巴布亚新几内亚	25	30
塔吉克斯坦	41	29
伊朗	703	28
伊拉克	30	26
保加利亚	589	25
泰国	536	25
吉尔吉斯斯坦	74	24
博茨瓦纳	30	23
贝宁	22	23
立陶宛	1393	22
希腊	339	22
多民族玻利维亚国	62	21
格鲁吉亚	251	20
波兰	318	19
白俄罗斯	217	18
苏里南	22	17
斯威士兰	220	15
德国	37	15
塞拉利昂	64	15
斐济	24	14
芬兰	246	14
塞浦路斯	200	13
几内亚比绍	9	12
巴拿马	10	9
刚果(金)	7	9
厄瓜多尔	25	9
中国台湾	12	8
尼加拉瓜	9	8
喀麦隆	11	7
新加坡	137	7

国家/地区	出口数量（台）	出口金额（千美元）
格林纳达	2	7
古巴	7	7
巴基斯坦	11	7
阿根廷	70	6
拉脱维亚	253	6
丹麦	101	6
新西兰	15	5
匈牙利	35	5
科特迪瓦	18	4
委内瑞拉	23	4
韩国	104	3
巴西	55	3
布基纳法索	6	3
中国香港	7	3
瓦努阿图	4	3
特立尼达和多巴哥	3	3
马拉维	12	3
利比亚	7	3
冈比亚	2	2
乌兹别克斯坦	10	2
洪都拉斯	16	2
纳米比亚	60	2
留尼汪	10	2
萨尔瓦多	3	2
索马里	2	2
多哥	13	2
塞内加尔	12	2
利比里亚	17	2
摩尔多瓦	80	2
圭亚那	2	2
巴拉圭	17	2
捷克	10	2
哥伦比亚	2	2
海地	1	1
哥斯达黎加	1	1
尼日尔	2	1
也门	2	1
新喀里多尼亚	1	0
孟加拉国	2	0
84322100 圆盘耙		
#合计	6716	5587
南非	447	675
澳大利亚	304	637
圭亚那	458	354
俄罗斯联邦	244	238

国家/地区	出口数量（台）	出口金额（千美元）
毛里塔尼亚	73	234
哈萨克斯坦	18	223
印度	81	209
莫桑比克	32	188
委内瑞拉	74	187
阿尔及利亚	265	185
安哥拉	90	178
巴拿马	74	166
菲律宾	137	162
缅甸	776	148
乌拉圭	215	138
保加利亚	236	122
智利	116	121
乌克兰	439	113
赞比亚	137	99
秘鲁	50	98
苏丹	1033	93
柬埔寨	498	78
津巴布韦	37	69
苏里南	24	63
刚果(布)	16	62
尼日利亚	43	60
多民族玻利维亚国	60	58
罗马尼亚	108	48
埃塞俄比亚	8	39
尼加拉瓜	21	36
巴西	16	31
印度尼西亚	43	30
巴布亚新几内亚	23	30
英国	44	29
厄瓜多尔	9	28
伊拉克	10	26
泰国	30	24
坦桑尼亚	92	22
巴拉圭	4	22
几内亚	22	21
加纳	26	21
肯尼亚	22	21
贝宁	3	19
韩国	91	18
越南	5	13
巴基斯坦	11	11
危地马拉	4	11
文莱	4	10
美国	8	10

国家/地区	出口数量（台）	出口金额（千美元）
喀麦隆	10	10
古巴	5	7
西班牙	12	7
墨西哥	8	7
加拿大	5	6
纳米比亚	3	5
蒙古	14	5
马来西亚	2	5
朝鲜	5	5
马达加斯加	5	5
乌干达	3	5
吉布提	4	4
塔吉克斯坦	1	4
埃及	1	3
摩洛哥	2	3
刚果(金)	2	3
拉脱维亚	5	3
德国	9	3
哥伦比亚	1	3
哥斯达黎加	1	2
伊朗	1	2
博茨瓦纳	3	2
新西兰	1	2
海地	1	2
马拉维	1	1
塞拉利昂	2	1
索马里	1	1
捷克	1	1
冈比亚	1	1
斐济	1	1
尼日尔	1	1
84322900 其他耙、松土机、中耕机、除草机及耕耘机		
#合计	1257739	224803
乌克兰	104716	42234
俄罗斯联邦	114654	28319
土耳其	43399	20075
美国	158766	19678
芬兰	55904	10058
德国	169309	8964
印度	11825	8323
荷兰	126212	7424
法国	58499	6041
立陶宛	17722	5031
意大利	19856	4954

国家/地区	出口数量（台）	出口金额（千美元）
比利时	70435	4150
西班牙	17350	3945
伊朗	7675	3940
罗马尼亚	13864	3868
也门	5426	3093
拉脱维亚	11094	3002
保加利亚	11593	2592
巴西	6838	2548
斯洛文尼亚	49882	2476
英国	30138	2403
缅甸	9984	2150
丹麦	16629	2041
埃及	3324	1761
波兰	22244	1701
葡萄牙	5795	1539
哈萨克斯坦	5263	1469
马来西亚	4365	1349
越南	4569	1161
加拿大	10182	1037
黎巴嫩	1630	959
印度尼西亚	2968	869
日本	7342	859
捷克	6689	827
瑞典	8821	807
希腊	3484	787
匈牙利	4300	739
爱沙尼亚	2441	735
澳大利亚	3806	733
白俄罗斯	2341	691
斯里兰卡	1060	635
孟加拉国	277	628
安哥拉	172	564
阿联酋	1988	546
韩国	705	487
格鲁吉亚	1503	414
阿尔巴尼亚	763	404
委内瑞拉	736	347
摩尔多瓦	493	328
克罗地亚	1859	325
泰国	938	313
智利	676	286
叙利亚	514	275
瑞士	1730	232
马达加斯加	791	168
阿尔及利亚	272	162

国家/地区	出口数量（台）	出口金额（千美元）
尼日利亚	226	155
马耳他	389	146
菲律宾	314	136
南非	248	131
奥地利	1469	122
新西兰	734	116
中国台湾	374	104
哥伦比亚	178	103
阿根廷	614	103
土库曼斯坦	359	101
塞浦路斯	175	89
几内亚	168	88
多民族玻利维亚国	139	85
埃塞俄比亚	5	84
挪威	44	77
吉尔吉斯斯坦	290	76
巴拿马	1376	73
乌拉圭	244	72
黑山	140	70
柬埔寨	483	68
塞尔维亚	414	67
莫桑比克	30	62
牙买加	201	60
爱尔兰	310	60
伊拉克	189	58
马里	9	56
墨西哥	236	56
巴基斯坦	112	50
波黑	296	47
苏里南	91	44
赤道几内亚	3	44
厄瓜多尔	147	40
前南马其顿	50	39
沙特阿拉伯	132	39
尼泊尔	140	38
利比亚	122	37
坦桑尼亚	144	36
秘鲁	103	31
朝鲜	55	30
特立尼达和多巴哥	63	29
塞内加尔	45	28
加纳	92	27
毛里求斯	58	25
以色列	36	23
斐济	54	23

国家/地区	出口数量（台）	出口金额（千美元）
阿塞拜疆	81	20
留尼汪	59	20
乌兹别克斯坦	38	20
苏丹	29	19
新加坡	224	19
巴拉圭	19	16
中国香港	18	15
新喀里多尼亚	46	12
蒙古	7	11
几内亚比绍	15	11
利比里亚	18	10
肯尼亚	34	10
塞拉利昂	10	9
喀麦隆	7	9
赞比亚	5	8
哥斯达黎加	13	8
瓦努阿图	6	7
突尼斯	30	7
塞舌尔	11	6
刚果(布)	18	6
毛里塔尼亚	9	6
卢森堡	18	6
约旦	10	5
乌干达	12	5
刚果(金)	2	5
卡塔尔	5	4
萨尔瓦多	3	4
圭亚那	6	4
巴勒斯坦	4	4
科威特	12	4
阿曼	6	4
巴布亚新几内亚	1	4
博茨瓦纳	5	3
危地马拉	6	3
摩洛哥	7	3
贝宁	10	2
科特迪瓦	7	2
古巴	2	2
津巴布韦	2	1
密克罗尼西亚联邦	2	1
斯洛伐克	3	1
法属波利尼西亚	1	1
海地	1	1
尼加拉瓜	2	1
马尔代夫	1	1

国家/地区	出口数量（台）	出口金额（千美元）
84324000 施肥机		
#合计	45038	3071
日本	3794	1151
韩国	485	658
德国	15652	175
美国	596	169
意大利	4040	137
比利时	6414	107
澳大利亚	704	69
安哥拉	20	58
瑞典	5160	54
秘鲁	1	51
哈萨克斯坦	57	43
马达加斯加	8	38
坦桑尼亚	11	32
多哥	6	30
南非	23	29
荷兰	1996	27
卡塔尔	3	27
埃塞俄比亚	8	27
西班牙	1198	17
波兰	1222	15
阿根廷	750	15
新西兰	424	13
柬埔寨	4	13
法国	988	12
俄罗斯联邦	38	12
加拿大	15	11
捷克	668	9
智利	15	9
阿尔及利亚	1	9
丹麦	620	8
赞比亚	1	6
英国	21	5
老挝	1	5
中国香港	1	3
巴林	2	3
越南	2	3
苏丹	10	3
巴基斯坦	5	2
多民族玻利维亚国	6	2
菲律宾	4	2
印度尼西亚	5	1
朝鲜	3	1
马来西亚	5	1

国家/地区	出口数量（台）	出口金额（千美元）
中国台湾	27	1
蒙古	1	1
沙特阿拉伯	4	1
尼加拉瓜	3	1
巴西	3	1
巴勒斯坦	2	1
罗马尼亚	1	1
84328010 草坪及运动场地滚压机		
#合计	29975	855
德国	8033	158
加拿大	1673	120
英国	7324	85
芬兰	1564	63
比利时	3090	52
中国台湾	11	50
法国	1158	48
丹麦	1875	36
意大利	1596	33
奥地利	1580	31
赤道几内亚	3	30
沙特阿拉伯	10	18
俄罗斯联邦	12	17
捷克	790	16
日本	511	15
越南	5	13
波兰	440	8
阿曼	3	8
朝鲜	2	7
阿联酋	2	6
智利	2	6
荷兰	122	5
澳大利亚	8	5
瑞典	39	4
爱尔兰	75	4
白俄罗斯	1	4
埃及	1	4
美国	2	3
泰国	1	3
南非	1	2
阿尔及利亚	18	1
卡塔尔	1	1
安哥拉	1	1
巴林	1	1
84328090 未列名农业、园艺及林业用整地或耕作机械		

国家/地区	出口数量（台）	出口金额（千美元）
#合计	263020	50195
俄罗斯联邦	51537	12444
芬兰	21177	4747
美国	22231	4608
德国	35653	3321
乌克兰	8458	2847
澳大利亚	12483	2366
比利时	13723	1330
泰国	999	1252
波兰	7115	1115
英国	8282	1002
爱沙尼亚	4617	982
法国	10144	879
加拿大	5351	870
智利	1539	836
尼日利亚	844	770
也门	1146	757
印度	1678	753
西班牙	2475	741
瑞典	3449	712
意大利	4209	649
丹麦	10555	628
捷克	6980	493
罗马尼亚	1582	483
奥地利	4273	418
荷兰	3339	392
希腊	2023	378
立陶宛	1655	289
新西兰	893	248
葡萄牙	1236	220
土耳其	551	201
印度尼西亚	809	172
日本	879	158
白俄罗斯	647	158
阿尔巴尼亚	406	151
阿根廷	123	137
伊朗	211	112
苏里南	1482	111
巴西	548	110
哥伦比亚	203	108
委内瑞拉	233	91
阿尔及利亚	238	90
海地	88	86
缅甸	408	83
黎巴嫩	112	80

国家/地区	出口数量（台）	出口金额（千美元）
埃及	128	78
中国台湾	59	76
乌拉圭	337	75
匈牙利	436	70
伊拉克	138	69
安哥拉	18	65
保加利亚	249	63
马来西亚	185	60
沙特阿拉伯	75	59
朝鲜	54	57
斯里兰卡	470	56
拉脱维亚	232	53
马达加斯加	63	52
阿联酋	170	50
哈萨克斯坦	8	50
科特迪瓦	55	46
南非	875	45
韩国	156	43
莫桑比克	26	42
斯洛伐克	672	37
吉尔吉斯斯坦	93	36
克罗地亚	200	36
摩尔多瓦	49	33
斯洛文尼亚	141	32
埃塞俄比亚	10	31
利比亚	206	29
格鲁吉亚	140	29
塞浦路斯	146	27
中国香港	9	24
瑞士	320	23
新加坡	30	22
毛里求斯	23	19
秘鲁	13	18
叙利亚	30	18
柬埔寨	34	18
格林纳达	8	17
哥斯达黎加	28	16
坦桑尼亚	17	13
巴拿马	20	13
蒙古	19	13
越南	39	12
菲律宾	37	11
喀麦隆	1	11
墨西哥	53	10
摩洛哥	11	10

国家/地区	出口数量（台）	出口金额（千美元）
巴布亚新几内亚	24	10
赤道几内亚	9	9
乌干达	10	8
厄瓜多尔	42	8
塞拉利昂	8	7
文莱	10	7
肯尼亚	9	6
以色列	8	6
乌兹别克斯坦	11	6
危地马拉	13	6
尼泊尔	21	5
圭亚那	18	5
巴拉圭	2	5
赞比亚	6	5
前南马其顿	7	4
斐济	20	4
约旦	16	4
塞内加尔	4	4
尼加拉瓜	8	4
刚果（金）	6	4
爱尔兰	19	3
萨尔瓦多	1	3
多米尼加共和国	4	3
津巴布韦	1	2
阿曼	2	2
汤加	1	2
密克罗尼西亚联邦	1	2
博茨瓦纳	1	2
纳米比亚	29	1
加纳	2	1
库克群岛	1	1
挪威	6	1
波黑	2	1
法属波利尼西亚	2	1
特立尼达和多巴哥	1	1
科威特	1	1
洪都拉斯	6	1
牙买加	2	1
新喀里多尼亚	1	1
巴勒斯坦	2	1
巴林	1	1
几内亚	1	1
巴基斯坦	3	1
塞尔维亚	1	1

84329000 品目 8432 所列机械的零件

国家/地区	出口数量(台)	出口金额(千美元)
#合计	98583241	248923
美国	33429332	85239
日本	7632296	43298
意大利	3504167	12608
加拿大	3119623	8805
德国	3935346	8260
法国	3453416	8137
泰国	4368176	6427
澳大利亚	1981155	6037
英国	2422673	5915
印度	4063994	5834
巴西	2816653	4654
瑞典	2190279	3737
丹麦	1768839	3580
俄罗斯联邦	1647307	3552
韩国	1197646	3342
荷兰	1469378	2990
西班牙	1191754	2649
葡萄牙	1210201	2461
波兰	1093787	2256
坦桑尼亚	1703770	2245
墨西哥	819587	2220
南非	1119490	2150
乌克兰	771756	1683
肯尼亚	1479148	1593
罗马尼亚	586159	1441
津巴布韦	1139582	1396
孟加拉国	301452	841
安哥拉	575632	780
芬兰	191343	760
苏丹	415163	732
缅甸	547673	728
马来西亚	312039	616
希腊	293932	610
伊朗	330960	570
土耳其	179234	543
尼日利亚	335619	444
智利	187907	435
匈牙利	297015	425
比利时	70124	423
奥地利	148026	418
委内瑞拉	260586	414
立陶宛	224366	407
越南	230202	394
中国台湾	209576	380
菲律宾	246439	377
爱沙尼亚	126196	347
巴基斯坦	238502	301
哈萨克斯坦	69934	294
莫桑比克	199411	292
柬埔寨	186875	290
瑞士	46165	277
斯洛文尼亚	173580	269
也门	88873	251
乌拉圭	172154	249
新西兰	61200	236
斯里兰卡	160810	234
叙利亚	149640	215
埃及	162420	210
以色列	111853	203
白俄罗斯	90574	199
沙特阿拉伯	93461	185
秘鲁	104660	166
吉尔吉斯斯坦	57250	154
阿尔及利亚	105597	140
利比亚	81090	118
捷克	19753	117
克罗地亚	61289	111
印度尼西亚	34189	111
保加利亚	55812	109
圭亚那	33592	95
乌干达	66713	82
摩尔多瓦	9000	63
中国香港	21479	55
哥伦比亚	34105	52
阿尔巴尼亚	22248	51
黎巴嫩	11829	47
加纳	27762	45
爱尔兰	20710	45
拉脱维亚	17440	44
马达加斯加	13580	43
多米尼加共和国	25220	38
贝宁	10280	36
苏里南	15700	35
多哥	4200	29
巴拿马	14485	22
尼加拉瓜	8739	22
马里	7554	21
新加坡	2629	19
塞内加尔	1700	17
阿联酋	6946	16
塞浦路斯	7948	13
格鲁吉亚	5704	11
塞拉利昂	3470	11
多民族玻利维亚国	5025	11
摩洛哥	4325	11
不丹	5650	10
萨尔瓦多	5228	10
赞比亚	2960	9
莱索托	15750	9
伊拉克	4661	9
赤道几内亚	93	7
马耳他	1421	7
厄瓜多尔	3480	5
塞尔维亚	2189	5
斯威士兰	2375	4
巴勒斯坦	2634	4
危地马拉	1539	4
特立尼达和多巴哥	510	4
朝鲜	350	3
蒙古	392	3
刚果(布)	300	2
约旦	300	2
斐济	808	2
巴林	770	2
哥斯达黎加	519	2
毛里求斯	970	1
洪都拉斯	200	1
塞舌尔	55	1
几内亚	1586	1
乌兹别克斯坦	214	1
古巴	220	1

84331100 割刀水平旋转草坪、公园或运动场机动割草机

国家/地区	出口数量(台)	出口金额(千美元)
#合计	4729404	454729
德国	469038	48680
澳大利亚	335817	48327
美国	206382	35933
波兰	233529	28144
英国	421978	26206
俄罗斯联邦	281754	24592
日本	130783	18665
荷兰	239886	17411
法国	149279	15625
意大利	155606	15208

国家/地区	出口数量（台）	出口金额（千美元）
泰国	201498	11396
芬兰	126342	11331
新西兰	77825	10770
丹麦	71640	8846
印度尼西亚	149649	8769
乌克兰	105108	7778
马来西亚	123518	7678
爱沙尼亚	97923	7337
阿根廷	100965	7232
比利时	57477	7172
委内瑞拉	83683	6552
巴西	71890	5195
瑞典	45965	5041
捷克	38120	4776
土耳其	55588	4252
西班牙	36923	4167
爱尔兰	25321	3976
越南	54462	3269
南非	32661	3112
瑞士	19118	2917
印度	23968	2338
塞尔维亚	17991	2280
斯洛文尼亚	21113	1977
加拿大	16399	1707
伊拉克	26463	1698
智利	24026	1541
克罗地亚	14476	1490
中国台湾	11108	1370
阿联酋	14167	1330
伊朗	16687	1269
新加坡	15808	1199
秘鲁	16150	1165
巴拿马	18043	1137
乌拉圭	12475	1096
奥地利	10657	1077
墨西哥	13191	1064
希腊	12147	1034
黑山	12321	1008
韩国	14277	995
挪威	11139	960
立陶宛	7735	881
格鲁吉亚	15229	862
罗马尼亚	11170	844
哥斯达黎加	7365	799
尼日利亚	5095	753
菲律宾	9205	698
拉脱维亚	6353	655
葡萄牙	5810	560
哥伦比亚	8336	554
巴布亚新几内亚	2978	546
哈萨克斯坦	8287	510
埃及	5997	494
白俄罗斯	8786	494
保加利亚	7175	480
缅甸	6445	461
瓜德罗普	5555	457
斯里兰卡	7364	435
以色列	4416	434
中国香港	1662	372
匈牙利	6638	347
留尼汪	3133	330
新喀里多尼亚	2589	280
厄瓜多尔	2571	256
利比亚	3687	241
吉尔吉斯斯坦	2531	233
肯尼亚	2108	216
阿尔巴尼亚	4585	215
沙特阿拉伯	920	210
苏里南	7893	167
巴拉圭	2247	151
柬埔寨	3183	142
卡塔尔	286	128
摩尔多瓦	1888	126
阿塞拜疆	2030	122
突尼斯	1082	119
乌兹别克斯坦	1783	103
斯洛伐克	2109	102
马提尼克	1100	100
黎巴嫩	1236	100
多民族玻利维亚国	1202	99
约旦	2410	93
法属波利尼西亚	834	86
古巴	33	74
土库曼斯坦	1550	70
安哥拉	172	69
波黑	730	68
加纳	428	67
斐济	797	65
科威特	337	58
波多黎各	728	57
瓦努阿图	633	57
危地马拉	590	57
坦桑尼亚	388	47
朝鲜	159	45
社会群岛	825	40
文莱	153	40
毛里求斯	248	35
尼加拉瓜	280	33
巴林	180	30
特立尼达和多巴哥	416	30
巴勒斯坦	432	30
摩洛哥	88	29
巴基斯坦	308	28
洪都拉斯	350	24
萨摩亚	333	24
蒙古	303	23
几内亚	137	22
塞浦路斯	332	21
伯利兹	274	21
阿尔及利亚	629	20
叙利亚	407	18
塞内加尔	150	15
孟加拉国	179	15
马达加斯加	82	15
贝宁	135	14
中非	2	13
牙买加	84	10
尼泊尔	35	10
赤道几内亚	66	9
中国澳门	19	9
津巴布韦	89	8
阿富汗	45	8
塔吉克斯坦	2	8
苏丹	29	7
纳米比亚	132	7
科特迪瓦	32	5
喀麦隆	249	4
也门	55	4
刚果(金)	114	4
马耳他	46	4
莫桑比克	43	4
利比里亚	40	3
亚美尼亚	50	3
埃塞俄比亚	1	2
乌干达	10	2

国家/地区	出口数量(台)	出口金额(千美元)
海地	15	2
圭亚那	52	1
赞比亚	1	1
多哥	5	1
毛里塔尼亚	5	1
科摩罗	24	1
刚果(布)	9	1
萨尔瓦多	2	1
84331900 其他草坪、公园或运动场地割草机		
#合计	2819891	254514
德国	399705	44687
美国	363016	33564
意大利	98743	26651
比利时	119888	15734
英国	124535	14257
法国	87199	12634
澳大利亚	119034	10942
加拿大	123297	9518
瑞典	37409	9413
荷兰	104499	8251
乌克兰	94238	5214
波兰	121101	5205
日本	91459	4624
俄罗斯联邦	75122	4264
巴西	70223	2774
南非	46830	2625
立陶宛	45333	2533
泰国	47474	2398
土耳其	41653	2327
芬兰	35284	2250
爱尔兰	6184	2113
新西兰	15378	1976
丹麦	18632	1901
阿根廷	27436	1788
阿联酋	29410	1723
西班牙	15723	1485
捷克	35041	1468
瑞士	18648	1315
奥地利	37654	1191
越南	22418	1031
希腊	41753	969
智利	21605	967
克罗地亚	13170	965
爱沙尼亚	7826	928
马来西亚	15913	923
乌拉圭	17035	886
葡萄牙	16134	788
斯洛文尼亚	6699	690
伊拉克	17562	606
委内瑞拉	12020	604
罗马尼亚	13365	569
约旦	13459	553
印度尼西亚	11623	531
韩国	5456	509
伊朗	6955	437
挪威	3763	401
拉脱维亚	2952	373
巴布亚新几内亚	7798	372
缅甸	3986	334
格鲁吉亚	5989	334
墨西哥	5899	317
沙特阿拉伯	2428	313
白俄罗斯	4505	265
哈萨克斯坦	4162	256
巴拿马	4941	253
中国香港	4061	228
哥斯达黎加	2623	226
黎巴嫩	3408	200
以色列	2635	188
蒙古	595	178
匈牙利	3570	177
印度	2497	166
利比亚	2729	158
哥伦比亚	2413	140
埃及	2607	136
塞尔维亚	3381	135
尼日利亚	2119	131
厄瓜多尔	1653	122
秘鲁	1468	117
赤道几内亚	5	112
中国台湾	1116	104
叙利亚	1862	103
牙买加	385	98
柬埔寨	2108	94
波黑	1565	93
斯里兰卡	1681	93
阿塞拜疆	3844	91
菲律宾	1832	86
巴拉圭	1707	86
塞舌尔	1040	84
阿尔巴尼亚	2053	84
肯尼亚	4813	64
保加利亚	2775	62
瓦努阿图	980	62
安哥拉	604	59
巴基斯坦	839	55
社会群岛	772	50
乌兹别克斯坦	645	47
加纳	306	45
新加坡	949	44
卡塔尔	124	43
突尼斯	832	42
前南马其顿	48	35
黑山	920	33
吉尔吉斯斯坦	575	32
喀麦隆	2249	31
赞比亚	300	30
摩洛哥	461	28
朝鲜	46	27
孟加拉国	639	24
津巴布韦	888	24
老挝	8	24
塞浦路斯	735	24
阿尔及利亚	509	19
斐济	255	19
圭亚那	280	17
萨摩亚	290	15
中国澳门	42	12
海地	408	11
塞拉利昂	748	10
法属波利尼西亚	90	9
苏里南	594	9
科威特	67	8
坦桑尼亚	186	8
危地马拉	157	8
马耳他	69	7
阿鲁巴	100	7
尼泊尔	90	6
尼加拉瓜	100	6
马达加斯加	325	6
土库曼斯坦	60	5
塞内加尔	2	4
毛里求斯	104	4
圣文森特和格林纳丁斯	50	3

国家/地区	出口数量（台）	出口金额（千美元）
新喀里多尼亚	72	3
加蓬	22	3
苏丹	72	2
格林纳达	5	2
塔吉克斯坦	18	1
斯洛伐克	15	1
多米尼加共和国	30	1
莫桑比克	39	1
刚果(布)	2	1
特立尼达和多巴哥	6	1
亚美尼亚	18	1
科摩罗	18	1
毛里塔尼亚	10	1
乌干达	1	0
84332000 其他割草机，包括牵引装置用的刀具杆		
#合计	1183515	85852
英国	320144	17769
德国	308935	17744
法国	79615	4518
俄罗斯联邦	48471	4170
澳大利亚	19999	3846
荷兰	36878	3681
波兰	50736	3092
意大利	11467	3039
南非	50655	2571
蒙古	3355	2498
丹麦	6496	2338
瑞典	3201	1933
比利时	14373	1634
乌克兰	13684	1591
芬兰	20529	1563
新西兰	10838	1354
泰国	27063	1269
奥地利	11246	952
加拿大	7619	744
瑞士	8687	720
捷克	5655	652
西班牙	11575	628
立陶宛	1880	594
土耳其	10543	477
斯洛文尼亚	10974	467
美国	2490	431
马来西亚	3511	389
缅甸	4334	347

国家/地区	出口数量（台）	出口金额（千美元）
巴西	5934	337
日本	15284	335
阿联酋	5684	311
伊拉克	4520	246
印度尼西亚	4070	230
斯里兰卡	4436	229
保加利亚	4731	222
斯洛伐克	1928	202
塞尔维亚	4635	199
罗马尼亚	3474	175
希腊	1386	125
苏里南	686	122
菲律宾	1265	122
埃及	346	114
印度	1000	106
挪威	386	106
墨西哥	359	104
新喀里多尼亚	1645	101
中国台湾	190	88
爱沙尼亚	79	87
匈牙利	1778	84
尼日利亚	295	83
智利	1334	77
新加坡	1262	74
巴基斯坦	63	63
吉尔吉斯斯坦	30	60
葡萄牙	1540	47
以色列	421	45
乌拉圭	39	41
巴布亚新几内亚	153	41
阿根廷	916	38
巴拿马	735	38
中国香港	511	37
爱尔兰	826	37
波黑	1125	36
乌兹别克斯坦	92	36
阿尔及利亚	90	35
突尼斯	510	32
越南	642	28
叙利亚	360	21
喀麦隆	2	20
拉脱维亚	26	19
委内瑞拉	323	19
肯尼亚	147	19
韩国	371	18

国家/地区	出口数量（台）	出口金额（千美元）
沙特阿拉伯	46	18
孟加拉国	69	17
利比亚	180	15
加纳	481	13
厄瓜多尔	109	12
赞比亚	12	10
哈萨克斯坦	402	10
伊朗	172	10
卡塔尔	3	9
马达加斯加	7	8
危地马拉	6	8
巴拉圭	7	7
塞浦路斯	113	6
黎巴嫩	670	6
斐济	9	6
特立尼达和多巴哥	4	5
阿尔巴尼亚	30	5
刚果(金)	14	5
哥伦比亚	8	5
朝鲜	12	5
塞拉利昂	4	5
尼加拉瓜	7	4
苏丹	4	4
莫桑比克	5	4
瓦努阿图	160	4
留尼汪	6	3
塔吉克斯坦	100	3
坦桑尼亚	11	3
秘鲁	22	3
法属波利尼西亚	3	3
摩尔多瓦	20	2
刚果(布)	30	2
纳米比亚	1	2
贝宁	2	2
多哥	4	2
摩洛哥	21	2
安哥拉	3	2
格鲁吉亚	121	2
萨尔瓦多	3	2
牙买加	2	1
密克罗尼西亚联邦	1	1
84333000 其他干草切割、翻晒机器		
#合计	3557	2605
丹麦	200	564
马来西亚	17	471

国家/地区	出口数量（台）	出口金额（千美元）
美国	566	171
印度	114	144
荷兰	836	104
澳大利亚	267	102
乌克兰	245	98
俄罗斯联邦	127	96
埃及	182	89
德国	16	87
印度尼西亚	178	84
柬埔寨	44	74
伊朗	79	56
土耳其	1	45
越南	20	43
不丹	30	39
英国	21	35
瑞典	19	34
孟加拉国	11	25
斯里兰卡	39	25
赞比亚	33	23
捷克	122	19
几内亚	27	17
菲律宾	158	16
拉脱维亚	8	14
巴西	11	13
坦桑尼亚	16	13
蒙古	1	13
加纳	33	12
加拿大	47	11
南非	5	11
马拉维	10	7
斐济	6	4
哈萨克斯坦	5	4
卡塔尔	2	4
乌干达	4	4
泰国	3	4
肯尼亚	8	4
乌兹别克斯坦	3	3
罗马尼亚	3	3
巴基斯坦	3	3
阿尔及利亚	2	3
塞浦路斯	1	2
文莱	2	2
莫桑比克	1	2
巴拿马	1	2
以色列	1	1
秘鲁	4	1
刚果(金)	2	1
希腊	1	1
中国台湾	1	1
新西兰	1	1
朝鲜	2	1
白俄罗斯	2	1
牙买加	1	1
阿联酋	1	1
苏丹	9	1
84334000 草料打包机，包括收集打包机		
#合计	1887	4262
俄罗斯联邦	389	1028
南非	160	623
美国	50	346
印度	84	327
乌克兰	225	191
巴西	48	140
伊朗	12	121
乌兹别克斯坦	3	117
菲律宾	11	109
蒙古	5	107
罗马尼亚	26	96
马来西亚	12	91
德国	51	84
日本	66	83
越南	14	71
卡塔尔	6	66
捷克	20	49
英国	18	46
墨西哥	14	46
克罗地亚	16	39
阿联酋	3	37
韩国	19	36
巴基斯坦	4	33
斯洛伐克	8	33
荷兰	22	29
尼加拉瓜	6	24
哥伦比亚	5	23
比利时	7	22
新加坡	6	22
希腊	5	19
毛里塔尼亚	1	16
苏丹	5	15
孟加拉国	1	14
哈萨克斯坦	12	13
泰国	2	11
纳米比亚	1	11
肯尼亚	1	11
法国	2	11
尼日利亚	9	11
澳大利亚	4	9
乌拉圭	5	9
巴拉圭	2	9
莫桑比克	2	7
拉脱维亚	2	7
斯里兰卡	2	7
马达加斯加	1	6
洪都拉斯	500	6
新西兰	2	6
瑞典	2	5
阿曼	2	4
匈牙利	1	4
阿尔及利亚	1	3
印度尼西亚	2	3
智利	1	3
吉尔吉斯斯坦	1	2
莱索托	1	1
津巴布韦	1	1
几内亚	2	1
斐济	1	1
84336000 蛋类、水果等农产品的清洁、分选、分级机器		
#合计	2461	3871
塔吉克斯坦	12	1309
丹麦	22	385
泰国	13	267
澳大利亚	7	151
印度	10	129
智利	3	128
阿富汗	1	127
美国	1990	123
印度尼西亚	22	120
土耳其	4	102
加拿大	5	100
韩国	14	97
哈萨克斯坦	2	89
菲律宾	6	67
越南	52	64
葡萄牙	2	47

国家/地区	出口数量（台）	出口金额（千美元）
日本	2	46
厄瓜多尔	102	40
马来西亚	7	39
伊朗	16	37
克罗地亚	2	36
俄罗斯联邦	17	36
斯里兰卡	6	33
乌兹别克斯坦	6	33
法国	2	27
比利时	5	23
墨西哥	2	22
吉尔吉斯斯坦	5	21
缅甸	3	18
孟加拉国	3	13
南非	2	13
沙特阿拉伯	5	12
匈牙利	1	12
蒙古	2	11
中国香港	3	11
巴基斯坦	2	10
波兰	2	10
肯尼亚	4	8
新加坡	2	7
秘鲁	1	6
斯洛文尼亚	66	6
巴布亚新几内亚	1	5
加纳	2	4
英国	1	4
斐济	1	3
尼日利亚	1	3
瓦努阿图	1	3
叙利亚	2	2
牙买加	1	2
特立尼达和多巴哥	1	2
刚果(金)	5	2
中国澳门	1	1
阿根廷	1	1
津巴布韦	1	1
纳米比亚	2	1
老挝	1	1
朝鲜	4	0

84351000 制酒、果汁等饮料的压榨机、轧碎机等机器

国家/地区	出口数量（台）	出口金额（千美元）
#合计	98821	19061
泰国	3313	7319
奥地利	956	1122
美国	4450	959
英国	13153	950
印度尼西亚	4784	693
马来西亚	4204	591
巴基斯坦	26	574
新加坡	3268	485
德国	18055	412
土耳其	392	367
加纳	798	339
荷兰	2106	324
智利	801	279
中国香港	1581	276
丹麦	5576	271
澳大利亚	2370	245
哈萨克斯坦	60	213
秘鲁	1246	188
印度	726	179
缅甸	1674	161
葡萄牙	452	161
越南	786	151
委内瑞拉	808	149
菲律宾	2484	143
厄瓜多尔	511	117
西班牙	1834	107
约旦	20	104
危地马拉	2646	95
阿联酋	468	93
也门	40	91
南非	480	88
沙特阿拉伯	789	87
巴拿马	45	85
尼日利亚	2592	81
安哥拉	663	76
乌拉圭	93	63
乌干达	204	59
日本	4523	58
意大利	253	54
孟加拉国	287	54
墨西哥	364	51
蒙古	10	51
法国	700	51
韩国	474	50
萨摩亚	365	50
以色列	561	46
黎巴嫩	465	46
中国台湾	53	45
朝鲜	4	37
乌兹别克斯坦	20	36
保加利亚	101	35
罗马尼亚	1151	30
摩洛哥	201	30
肯尼亚	103	29
斯洛文尼亚	34	27
芬兰	352	27
埃及	101	26
新西兰	113	25
中国澳门	138	25
巴林	126	22
爱沙尼亚	275	22
几内亚	26	21
波多黎各	384	21
利比亚	80	20
加拿大	368	20
哥伦比亚	97	18
波兰	179	18
瑞士	73	17
柬埔寨	63	17
卡塔尔	195	16
哥斯达黎加	130	16
斯里兰卡	46	16
吉布提	98	14
俄罗斯联邦	348	14
马尔代夫	47	12
爱尔兰	196	12
加蓬	30	12
纳米比亚	73	11
巴西	669	11
坦桑尼亚	23	11
洪都拉斯	21	10
巴布亚新几内亚	1	8
贝宁	3	8
希腊	34	7
叙利亚	5	7
挪威	41	7
拉脱维亚	31	6
伊拉克	48	6
苏里南	10	6
匈牙利	6	6
多哥	9	5

国家/地区	出口数量（台）	出口金额（千美元）
刚果(金)	6	5
马拉维	1	5
利比里亚	5	5
塞浦路斯	29	5
文莱	8	4
巴拉圭	15	4
阿尔及利亚	7	4
比利时	5	4
土库曼斯坦	6	3
牙买加	5	3
乌克兰	27	3
赤道几内亚	7	3
塞尔维亚	19	3
马达加斯加	9	3
吉尔吉斯斯坦	10	2
突尼斯	4	2
阿曼	5	1
巴勒斯坦	5	1
斯洛伐克	2	1
多民族玻利维亚国	3	1
毛里求斯	6	1
特立尼达和多巴哥	3	1
莫桑比克	11	1
立陶宛	15	1
伊朗	25	1
科摩罗	2	1
亚美尼亚	2	1
格鲁吉亚	3	1
斐济	1	1
老挝	2	0
84359000 84351000 所列机器的零件		
#合计	492444	3685
美国	46265	678
日本	50950	585
奥地利	28174	470
德国	26743	398
马来西亚	84536	268
新加坡	13798	236
澳大利亚	58510	208
马达加斯加	25022	129
以色列	3454	84
伊朗	5844	71
泰国	13211	70
越南	43694	57
意大利	21893	48

国家/地区	出口数量（台）	出口金额（千美元）
缅甸	16647	48
印度尼西亚	17548	46
韩国	2113	28
法国	1220	27
英国	2765	24
荷兰	2276	24
利比里亚	6380	23
瑞典	3410	21
乌兹别克斯坦	600	19
俄罗斯联邦	2092	16
西班牙	922	13
加拿大	359	12
巴西	589	10
印度	1466	9
新西兰	1982	9
瑞士	250	8
智利	561	8
贝宁	45	6
沙特阿拉伯	324	6
安哥拉	961	5
柬埔寨	359	3
保加利亚	325	3
卡塔尔	720	3
葡萄牙	120	2
中国香港	40	1
埃及	4689	1
不丹	27	1
几内亚	200	1
南非	34	1
洪都拉斯	25	1
秘鲁	190	1
乌拉圭	102	1
加纳	215	1
危地马拉	15	1
菲律宾	27	0
希腊	4	0
84386000 水果、坚果或蔬菜加工机器		
#合计	220802	30720
印度尼西亚	16860	2795
尼日利亚	135589	2635
加纳	115	2155
美国	4294	2127
马来西亚	3070	1465
津巴布韦	3	1402
罗马尼亚	866	1371

国家/地区	出口数量（台）	出口金额（千美元）
乌克兰	51	960
越南	7792	859
印度	405	651
日本	70	649
南非	3938	609
荷兰	2207	592
德国	2591	581
墨西哥	180	547
泰国	900	521
土耳其	696	463
阿塞拜疆	3	462
阿联酋	2460	428
俄罗斯联邦	1013	424
澳大利亚	565	394
孟加拉国	65	343
菲律宾	2942	336
波兰	10389	330
沙特阿拉伯	6216	315
埃及	88	303
斯里兰卡	365	276
韩国	94	264
利比亚	132	248
秘鲁	245	242
摩洛哥	459	237
吉尔吉斯斯坦	102	235
巴基斯坦	39	235
哈萨克斯坦	75	234
新加坡	703	230
古巴	18	229
智利	1297	228
黎巴嫩	1228	200
厄瓜多尔	74	196
英国	654	184
中国台湾	5462	150
朝鲜	67	149
塞内加尔	60	142
哥伦比亚	146	125
阿根廷	309	123
伊朗	128	121
立陶宛	322	117
以色列	278	116
蒙古	267	116
委内瑞拉	421	113
西班牙	679	109
乌拉圭	366	105

国家/地区	出口数量（台）	出口金额（千美元）
巴西	69	105
巴拉圭	60	101
新西兰	43	95
加拿大	267	93
缅甸	104	93
哥斯达黎加	74	80
尼加拉瓜	19	79
肯尼亚	174	77
多哥	70	74
冈比亚	14	73
阿尔及利亚	49	73
伊拉克	196	70
吉布提	389	66
意大利	161	58
老挝	15	58
突尼斯	20	57
柬埔寨	15	52
中国香港	148	46
安哥拉	73	42
法国	16	42
乌兹别克斯坦	35	41
希腊	133	39
贝宁	23	38
比利时	125	37
苏丹	89	36
保加利亚	94	35
巴林	52	33
斯洛文尼亚	26	33
匈牙利	55	29
喀麦隆	14	25
新喀里多尼亚	9	25
巴布亚新几内亚	8	24
也门	60	23
拉脱维亚	58	23
爱沙尼亚	57	22
土库曼斯坦	5	20
格鲁吉亚	9	20
埃塞俄比亚	6	19
坦桑尼亚	83	16
洪都拉斯	1	15
芬兰	15	14
斯洛伐克	5	14
约旦	44	13
克罗地亚	28	12
多民族玻利维亚国	5	12

国家/地区	出口数量（台）	出口金额（千美元）
巴拿马	25	12
奥地利	2	11
瑞典	28	11
葡萄牙	14	11
塞浦路斯	19	10
科威特	8	9
马耳他	19	9
叙利亚	41	9
特立尼达和多巴哥	4	8
苏里南	2	8
纳米比亚	21	8
马尔代夫	20	8
尼泊尔	13	7
危地马拉	18	7
波多黎各	7	6
乌干达	11	6
文莱	15	6
挪威	18	6
中国澳门	18	6
法属波利尼西亚	3	5
卡塔尔	2	5
赞比亚	12	5
摩尔多瓦	2	4
捷克	12	4
瑞士	2	4
几内亚	3	4
波黑	1	3
丹麦	10	3
刚果(金)	4	3
亚美尼亚	3	3
爱尔兰	5	3
多米尼加共和国	1	3
马拉维	1	3
塞尔维亚	17	2
毛里求斯	12	2
刚果(布)	2	2
马达加斯加	5	2
赤道几内亚	3	2
阿曼	1	2
尼日尔	1	2
莫桑比克	11	2
牙买加	1	2
冰岛	2	2
海地	1	1
汤加	1	1

国家/地区	出口数量（台）	出口金额（千美元）
巴勒斯坦	2	1
斐济	2	1
萨摩亚	1	0
84388000 其他食品、饮料工业用生产或加工机器		
#合计	327795	175550
印度尼西亚	20388	18400
印度	5628	9513
越南	7956	9126
马来西亚	25173	8159
美国	16372	7716
中国台湾	2241	5927
英国	4233	5495
俄罗斯联邦	5281	5463
泰国	6904	5458
毛里塔尼亚	59	5124
墨西哥	5273	4561
孟加拉国	692	4507
南非	7008	4351
日本	31539	4210
菲律宾	1910	3959
澳大利亚	2240	3054
巴西	1527	3032
尼日利亚	1932	2890
意大利	9655	2822
智利	6741	2655
朝鲜	549	2587
加拿大	6621	2557
阿尔及利亚	3171	2508
委内瑞拉	5728	2428
阿联酋	6992	2091
缅甸	476	1936
韩国	1155	1884
荷兰	12343	1877
新加坡	3369	1795
比利时	1625	1482
加纳	351	1476
德国	8036	1412
斯里兰卡	845	1410
土耳其	1087	1378
法国	1469	1207
沙特阿拉伯	1916	1196
中国香港	11442	1135
丹麦	6305	1033
喀麦隆	183	979

国家/地区	出口数量（台）	出口金额（千美元）
坦桑尼亚	352	976
巴基斯坦	91	930
阿根廷	1325	892
厄瓜多尔	1729	884
西班牙	6502	879
秘鲁	2141	871
乌兹别克斯坦	102	871
吉布提	455	862
伊朗	636	827
哥伦比亚	1956	802
乌拉圭	862	754
肯尼亚	1045	747
也门	92	624
新西兰	933	619
黎巴嫩	1042	616
埃及	819	582
乌克兰	3131	564
以色列	449	491
波兰	1786	484
吉尔吉斯斯坦	884	476
刚果(金)	8	471
约旦	201	468
哈萨克斯坦	241	436
哥斯达黎加	56	428
罗马尼亚	740	397
利比亚	1163	389
津巴布韦	80	376
安哥拉	1513	366
摩洛哥	635	357
巴拿马	1006	330
瑞典	24282	328
苏丹	62	309
老挝	396	306
洪都拉斯	55	283
立陶宛	536	271
伊拉克	505	251
柬埔寨	132	244
希腊	621	242
危地马拉	2348	227
突尼斯	83	224
奥地利	212	204
白俄罗斯	11	201
巴林	257	198
文莱	335	196
莫桑比克	80	194
叙利亚	40	194
贝宁	21	192
纳米比亚	394	187
拉脱维亚	552	174
古巴	186	156
爱尔兰	372	145
蒙古	144	143
巴布亚新几内亚	74	138
中国澳门	331	128
赞比亚	42	109
斐济	35	108
乌干达	207	108
苏里南	9	102
巴拉圭	253	102
几内亚比绍	1	102
保加利亚	226	97
格鲁吉亚	53	95
牙买加	29	87
多米尼加共和国	28	85
芬兰	8	85
科威特	139	85
海地	24	83
挪威	24055	82
爱沙尼亚	189	80
萨尔瓦多	151	79
塞内加尔	5	77
冈比亚	32	74
毛里求斯	73	70
斯洛文尼亚	24	70
阿富汗	9	67
匈牙利	95	66
赤道几内亚	40	60
波多黎各	115	55
多民族玻利维亚国	118	51
克罗地亚	18	50
新喀里多尼亚	12	48
亚美尼亚	3	46
卡塔尔	72	42
捷克	458	41
圣卢西亚	1	39
尼泊尔	90	35
马拉维	10	33
博茨瓦纳	13	32
塞浦路斯	66	30
加蓬	9	28
马达加斯加	57	28
瓦努阿图	6	23
几内亚	15	21
尼加拉瓜	143	20
葡萄牙	69	20
埃塞俄比亚	5	18
阿曼	6	18
阿塞拜疆	3	17
特立尼达和多巴哥	10	16
土库曼斯坦	81	16
冰岛	3	14
阿尔巴尼亚	10	12
前南马其顿	24	12
斯洛伐克	2	11
荷属安的列斯群岛	6	9
马尔代夫	28	9
塞尔维亚	18	8
利比里亚	13	8
刚果(布)	11	8
马耳他	7	7
马里	2	6
圣文森特和格林纳丁斯	1	6
圭亚那	13	6
巴勒斯坦	18	5
尼日尔	6	5
瑞士	2	4
科特迪瓦	2	4
多哥	13	3
法属波利尼西亚	15	3
瓜德罗普	2	3
布隆迪	2	2
塞舌尔	1	2
乍得	3	2
库克群岛	2	2
科摩罗	1	2
黑山	24	2
多米尼克	3	1
塔吉克斯坦	4	1
莱索托	2	1
卢森堡	2	1
安道尔	22	1
塞拉利昂	3	1
84389000 品目 8438 所列机械的零件		
#合计	14091425	94509
美国	1517520	13496

国家/地区	出口数量（台）	出口金额（千美元）
泰国	3789535	10129
荷兰	1018676	6736
日本	622776	5873
意大利	430829	4660
德国	403976	4337
丹麦	375564	3353
印度尼西亚	522006	3284
澳大利亚	324117	3195
中国香港	180938	2687
肯尼亚	375506	2609
法国	364299	2548
以色列	290442	2362
俄罗斯联邦	68221	1857
越南	503041	1708
中国台湾	362022	1665
印度	156000	1541
加拿大	152768	1384
马里	183025	1353
马来西亚	216379	1257
英国	77862	1244
韩国	244253	1216
斯洛文尼亚	64546	964
孟加拉国	37392	936
西班牙	96867	839
巴西	50513	813
比利时	53334	641
墨西哥	147787	576
新加坡	53427	560
吉布提	69875	554
阿根廷	56362	507
尼日利亚	73743	492
沙特阿拉伯	36993	492
牙买加	143165	470
伊朗	30906	453
葡萄牙	110091	449
缅甸	126270	437
阿尔巴尼亚	39912	414
菲律宾	42993	402
马达加斯加	110702	337
南非	38271	329
瑞典	11170	312
巴布亚新几内亚	40908	278
巴林	9006	263
新西兰	25099	261
波兰	12021	208
乌克兰	12360	201
多哥	15195	198
秘鲁	17467	195
巴拿马	5424	190
埃及	22691	189
匈牙利	8205	174
约旦	11236	144
委内瑞拉	5571	132
贝宁	41696	128
希腊	6921	124
洪都拉斯	6596	121
挪威	44733	113
阿联酋	7446	102
哈萨克斯坦	4368	92
哥伦比亚	4495	92
土耳其	10108	90
智利	7083	87
乌兹别克斯坦	14836	86
瑞士	4516	75
古巴	4520	67
赞比亚	4115	67
斯里兰卡	2863	65
埃塞俄比亚	6118	64
捷克	7726	62
摩洛哥	4107	61
朝鲜	12049	57
叙利亚	2344	56
伊拉克	22874	56
苏丹	9098	55
坦桑尼亚	13005	51
巴基斯坦	3711	50
保加利亚	2128	50
塞拉利昂	1066	43
刚果(金)	287	42
危地马拉	2880	41
瓦努阿图	4400	38
尼泊尔	3367	38
科威特	7310	38
也门	1334	37
阿尔及利亚	5591	33
罗马尼亚	1219	32
喀麦隆	6777	27
乌干达	687	25
立陶宛	2578	25
爱尔兰	2462	24
黎巴嫩	2474	22
毛里求斯	3636	21
厄瓜多尔	2557	21
突尼斯	1340	20
多民族玻利维亚国	7947	19
奥地利	1442	18
克罗地亚	3632	17
乌拉圭	1508	16
拉脱维亚	1014	14
加纳	1730	14
塞尔维亚	552	14
利比亚	1432	10
卡塔尔	877	9
巴勒斯坦	8280	9
津巴布韦	181	8
阿塞拜疆	842	8
塞内加尔	172	6
巴拉圭	164	5
塞浦路斯	827	5
中国澳门	980	4
芬兰	30	4
文莱	135	4
斐济	141	4
柬埔寨	251	4
哥斯达黎加	145	3
尼日尔	68	3
圣文森特和格林纳丁斯	150	3
多米尼加共和国	26	2
圭亚那	205	2
马耳他	84	2
莫桑比克	380	2
海地	240	2
刚果(布)	11	2
冰岛	33	2
冈比亚	93	1
摩尔多瓦	28	1
苏里南	170	1
爱沙尼亚	130	1
吉尔吉斯斯坦	24	1
科特迪瓦	115	1
阿曼	63	1
84391000 制造纤维素纸浆的机器		
#合计	9385	72961
巴西	24	15028
乌拉圭	19	14422

国家/地区	出口数量(台)	出口金额(千美元)
印度尼西亚	93	13618
泰国	75	4050
俄罗斯联邦	54	3706
印度	200	3151
波兰	20	2732
朝鲜	43	2094
越南	103	1844
美国	7650	1658
沙特阿拉伯	12	978
菲律宾	9	913
马来西亚	20	864
瑞典	7	832
智利	14	548
尼日利亚	4	532
奥地利	19	462
墨西哥	48	442
伊朗	21	438
德国	13	437
乌兹别克斯坦	18	346
孟加拉国	41	320
南非	26	314
卢旺达	46	309
法国	14	305
巴基斯坦	142	275
澳大利亚	12	270
日本	18	265
缅甸	5	240
埃及	2	231
土耳其	92	207
加拿大	5	201
阿根廷	5	139
厄瓜多尔	5	128
新加坡	2	101
韩国	3	89
贝宁	1	65
中国台湾	8	61
英国	2	61
多民族玻利维亚国	2	43
哈萨克斯坦	7	32
乌克兰	2	28
吉尔吉斯斯坦	3	24
中国香港	421	23
柬埔寨	1	23
萨尔瓦多	2	19
哥伦比亚	1	17
秘鲁	1	15
赞比亚	2	14
西班牙	1	14
新西兰	1	13
爱沙尼亚	1	10
黎巴嫩	40	7
阿尔巴尼亚	1	5
坦桑尼亚	3	3
刚果(金)	1	0
84392000 纸或纸板的制造机器		
#合计	1007	38012
德国	165	8942
美国	57	4182
越南	48	3231
孟加拉国	118	3054
菲律宾	20	2607
韩国	14	2145
阿曼	20	1602
印度尼西亚	21	1335
印度	37	1226
俄罗斯联邦	15	911
墨西哥	12	857
南非	15	810
尼日利亚	5	801
巴基斯坦	71	640
中国台湾	8	551
加拿大	7	490
朝鲜	6	347
塔吉克斯坦	1	335
土耳其	12	300
巴西	6	291
格鲁吉亚	2	271
叙利亚	1	240
萨尔瓦多	2	215
新加坡	11	215
也门	1	200
智利	2	180
巴勒斯坦	1	173
荷兰	4	167
亚美尼亚	2	159
阿尔及利亚	22	154
卢旺达	2	150
乌兹别克斯坦	5	147
埃及	244	115
瑞士	2	110
吉尔吉斯斯坦	2	102
伊朗	2	94
保加利亚	2	91
马来西亚	5	71
马达加斯加	1	66
秘鲁	1	50
以色列	2	49
柬埔寨	1	49
瑞典	1	44
缅甸	1	43
沙特阿拉伯	1	33
波兰	2	31
立陶宛	1	20
罗马尼亚	1	20
乌克兰	1	16
泰国	4	15
斯洛伐克	1	14
突尼斯	1	14
日本	1	11
哈萨克斯坦	1	11
加纳	2	5
澳大利亚	2	3
阿联酋	2	3
吉布提	2	3
西班牙	1	1
巴拉圭	6	1
阿根廷	1	1
84393000 纸或纸板的整理机器		
#合计	5015	75730
印度	1109	9671
越南	309	7350
美国	254	4385
瑞士	3	3913
俄罗斯联邦	240	3822
伊朗	68	3531
土耳其	101	3519
德国	505	3125
泰国	106	2836
印度尼西亚	83	2534
埃及	451	2362
墨西哥	116	1958
荷兰	20	1677
中国台湾	61	1599
巴西	59	1429
菲律宾	63	1426

国家/地区	出口数量（台）	出口金额（千美元）
阿曼	7	1330
乌兹别克斯坦	40	929
阿根廷	106	893
沙特阿拉伯	50	893
阿联酋	55	857
巴基斯坦	89	838
韩国	25	820
孟加拉国	55	792
阿尔及利亚	39	747
马来西亚	52	741
中国香港	33	606
智利	21	601
澳大利亚	25	567
哥伦比亚	16	556
南非	45	554
老挝	1	520
波兰	13	466
新加坡	48	443
黎巴嫩	21	401
哈萨克斯坦	14	358
格鲁吉亚	3	358
苏丹	7	349
日本	11	346
喀麦隆	8	329
加拿大	211	323
罗马尼亚	70	304
缅甸	20	304
委内瑞拉	16	265
西班牙	12	253
叙利亚	6	250
摩洛哥	4	230
约旦	17	226
爱沙尼亚	10	214
英国	2	184
立陶宛	50	155
也门	4	139
保加利亚	6	139
肯尼亚	8	131
巴拉圭	12	126
拉脱维亚	4	125
尼日利亚	15	122
乌克兰	23	118
突尼斯	19	116
秘鲁	14	110
科威特	1	98

国家/地区	出口数量（台）	出口金额（千美元）
新西兰	7	84
多民族玻利维亚国	4	80
葡萄牙	7	70
斯洛文尼亚	5	70
斯里兰卡	18	69
巴林	2	65
法国	4	63
伊拉克	13	59
厄瓜多尔	11	57
白俄罗斯	1	57
埃塞俄比亚	2	53
塔吉克斯坦	3	52
坦桑尼亚	5	51
布隆迪	2	48
斯洛伐克	1	46
匈牙利	3	43
吉尔吉斯斯坦	2	42
克罗地亚	4	41
厄立特里亚	1	38
捷克	6	35
意大利	11	32
爱尔兰	1	26
危地马拉	4	25
卡塔尔	2	20
巴拿马	4	16
多米尼加共和国	1	14
斐济	1	12
安哥拉	6	11
南苏丹共和国	2	11
乌拉圭	1	10
文莱	1	9
丹麦	1	8
希腊	2	8
以色列	2	8
莫桑比克	1	7
朝鲜	6	6
洪都拉斯	1	6
瑞典	1	4
亚美尼亚	1	4
马尔代夫	1	4
佛得角	1	3
前南马其顿	1	2
毛里求斯	2	1
中国澳门	1	1
蒙古	1	1

国家/地区	出口数量（台）	出口金额（千美元）
84399100 制造纤维素纸浆机器的零件		
#合计	3012570	29622
美国	451039	6059
印度尼西亚	976990	5547
巴西	206187	1979
印度	98166	1866
法国	108877	1816
芬兰	87213	1743
土耳其	56638	1032
智利	98824	966
泰国	152888	911
新加坡	15464	752
越南	142120	614
德国	38861	607
加拿大	24183	465
瑞典	38396	420
马来西亚	20832	371
乌拉圭	57156	358
巴基斯坦	24362	329
中国台湾	42927	324
新西兰	15783	321
澳大利亚	14972	312
南非	39107	308
中国香港	23319	297
俄罗斯联邦	66208	279
韩国	24404	229
奥地利	23385	204
委内瑞拉	9384	196
英国	24455	157
日本	6623	138
乌克兰	6793	95
哥伦比亚	18488	88
捷克	2200	83
卡塔尔	7400	82
秘鲁	8113	74
伊朗	7424	62
亚美尼亚	3242	62
乌干达	20480	60
肯尼亚	2638	58
孟加拉国	7399	46
比利时	1054	42
阿根廷	7692	38
菲律宾	9072	36
以色列	715	25
埃及	519	25

国家/地区	出口数量（台）	出口金额（千美元）
荷兰	3632	17
突尼斯	1131	16
意大利	830	16
西班牙	520	15
缅甸	2600	15
尼日利亚	3100	14
叙利亚	179	12
墨西哥	690	11
黎巴嫩	426	9
约旦	500	6
吉尔吉斯斯坦	170	4
沙特阿拉伯	101	4
丹麦	110	4
巴拿马	15	3
乌兹别克斯坦	2754	3
苏里南	1080	2
波兰	2740	1
84399900 制造或整理纸及纸板机器的零件		
#合计	14429844	76151
巴西	2245312	17122
美国	1358797	9383
印度	2823710	7231
德国	1000433	5622
印度尼西亚	428102	4761
越南	846201	3363
智利	312032	3049
芬兰	372228	2389
马来西亚	271811	2362
中国台湾	1028029	2196
俄罗斯联邦	270074	1994
土耳其	422295	1808
日本	253455	1778
巴基斯坦	834308	1503
荷兰	194282	1468
澳大利亚	136980	1343
埃及	432583	1256
菲律宾	54038	1198
意大利	202230	1013
孟加拉国	179084	727
新加坡	42497	405
瑞典	5095	394
韩国	30807	340
伊朗	145022	301
加拿大	15507	237
阿根廷	41825	230

国家/地区	出口数量（台）	出口金额（千美元）
墨西哥	24735	216
哥伦比亚	14630	208
西班牙	41645	197
加纳	40023	177
尼日利亚	40196	151
瑞士	2943	149
卢旺达	37800	148
南非	12483	144
英国	2619	127
叙利亚	22564	115
突尼斯	14672	103
苏丹	12605	102
沙特阿拉伯	28705	97
法国	5446	84
斯里兰卡	1055	76
缅甸	46563	67
比利时	6200	60
泰国	5021	56
阿联酋	5872	46
亚美尼亚	6980	44
哈萨克斯坦	9500	34
拉脱维亚	3690	30
中国香港	10274	26
乌拉圭	7465	22
埃塞俄比亚	11000	21
乌干达	16000	18
巴拉圭	4387	17
新西兰	328	16
斐济	2180	15
阿曼	8630	15
波兰	2640	13
格鲁吉亚	12000	13
约旦	3524	12
朝鲜	6000	9
肯尼亚	200	8
乌克兰	1228	8
吉尔吉斯斯坦	2200	6
贝宁	130	6
哥斯达黎加	430	5
匈牙利	570	4
奥地利	117	4
巴布亚新几内亚	1270	2
乌兹别克斯坦	3620	2
伊拉克	371	2
莫桑比克	2090	2

国家/地区	出口数量（台）	出口金额（千美元）
白俄罗斯	42	2
萨尔瓦多	193	1
安哥拉	35	1
坦桑尼亚	88	1
海地	56	1
塔吉克斯坦	51	1
84401010 锁线装订机		
#合计	2798	1289
印度尼西亚	29	209
俄罗斯联邦	907	168
阿塞拜疆	1	90
德国	14	76
阿联酋	7	68
越南	591	50
斯里兰卡	4	45
秘鲁	7	45
巴西	6	44
比利时	3	42
中国香港	9	37
哈萨克斯坦	6	36
马来西亚	52	32
罗马尼亚	3	28
墨西哥	3	25
美国	2	24
智利	2	23
韩国	30	22
泰国	2	22
乌兹别克斯坦	3	19
沙特阿拉伯	3	17
印度	1	17
哥伦比亚	2	17
摩洛哥	61	17
南非	2	13
捷克	1	13
英国	1	11
约旦	2	10
阿曼	1	9
菲律宾	2	8
意大利	1	7
中国台湾	1	7
爱沙尼亚	1	6
埃及	1	6
爱尔兰	1	5
突尼斯	4	4
新西兰	851	4

国家/地区	出口数量（台）	出口金额（千美元）
朝鲜	1	3
土耳其	5	2
尼日利亚	1	2
蒙古	21	2
特立尼达和多巴哥	1	1
巴拉圭	1	1
以色列	1	1
委内瑞拉	146	1
84401020 胶订机		
#合计	4885	5003
中国香港	621	628
俄罗斯联邦	217	484
孟加拉国	127	374
阿尔及利亚	45	334
荷兰	62	310
泰国	113	175
巴西	69	163
智利	1002	159
意大利	138	144
土耳其	103	136
加拿大	84	114
越南	89	97
尼日利亚	14	96
墨西哥	30	95
中国台湾	14	94
西班牙	58	90
美国	82	83
新加坡	9	81
阿联酋	33	77
德国	24	74
卡塔尔	2	61
奥地利	29	58
印度尼西亚	128	56
拉脱维亚	23	55
马来西亚	43	50
乌克兰	38	48
印度	43	44
阿塞拜疆	4	43
南非	31	42
哈萨克斯坦	15	41
哥斯达黎加	2	40
保加利亚	21	37
秘鲁	24	33
乌兹别克斯坦	3	32
波兰	13	31

国家/地区	出口数量（台）	出口金额（千美元）
摩洛哥	16	30
罗马尼亚	307	29
法国	283	27
也门	1	25
埃塞俄比亚	2	25
阿根廷	23	24
巴布亚新几内亚	332	22
约旦	17	19
捷克	9	18
菲律宾	4	17
澳大利亚	17	16
希腊	10	15
英国	81	15
古巴	200	14
朝鲜	3	14
斯洛文尼亚	7	13
沙特阿拉伯	5	13
蒙古	1	13
突尼斯	34	12
哥伦比亚	8	10
斯里兰卡	11	10
克罗地亚	8	10
马尔代夫	2	9
巴基斯坦	53	8
匈牙利	4	8
葡萄牙	6	8
以色列	8	7
莫桑比克	4	7
加纳	4	7
乌拉圭	2	6
巴拉圭	2	6
比利时	4	6
瑞典	5	6
津巴布韦	4	6
特立尼达和多巴哥	2	6
白俄罗斯	3	5
坦桑尼亚	2	5
格鲁吉亚	3	3
厄瓜多尔	2	3
萨尔瓦多	4	3
埃及	14	2
委内瑞拉	1	2
柬埔寨	2	2
塞浦路斯	1	2
喀麦隆	1	2

国家/地区	出口数量（台）	出口金额（千美元）
肯尼亚	2	2
斐济	1	1
赞比亚	1	1
刚果（金）	1	1
韩国	1	1
多民族玻利维亚国	1	1
新西兰	1	1
安哥拉	2	1
塞尔维亚	2	1
立陶宛	1	1
苏丹	1	1
海地	1	1
赤道几内亚	1	1
巴林	1	1
中国澳门	1	1
纳米比亚	1	0
84401090 其他书本装订机器		
#合计	191520	16690
俄罗斯联邦	4939	1402
美国	17895	1183
韩国	13434	882
中国香港	2353	854
德国	337	848
越南	2243	729
巴西	1226	723
泰国	405	510
阿联酋	4732	491
日本	8797	483
土耳其	1045	400
委内瑞拉	50233	392
马来西亚	3558	384
印度	4296	371
西班牙	7614	368
意大利	726	347
印度尼西亚	1137	315
中国台湾	1001	309
沙特阿拉伯	907	308
危地马拉	45	254
乌兹别克斯坦	582	244
哈萨克斯坦	404	238
黎巴嫩	273	237
阿尔及利亚	306	229
厄瓜多尔	463	205
阿根廷	69	204
伊朗	1467	195

国家/地区	出口数量（台）	出口金额（千美元）
波兰	264	195
秘鲁	68	174
爱沙尼亚	4072	169
突尼斯	118	157
荷兰	292	154
约旦	815	136
英国	3193	126
法国	1024	110
澳大利亚	202	106
葡萄牙	924	100
乌克兰	790	98
斯里兰卡	419	97
拉脱维亚	10	95
哥伦比亚	252	84
智利	132	82
墨西哥	737	80
卡塔尔	161	80
罗马尼亚	305	78
尼日利亚	898	76
南非	758	75
菲律宾	1587	74
奥地利	16760	67
加拿大	235	63
乌拉圭	150	61
孟加拉国	436	60
立陶宛	58	53
也门	119	47
新加坡	1566	46
以色列	27	45
肯尼亚	308	43
巴拿马	623	43
埃及	9	42
坦桑尼亚	90	38
加纳	420	33
保加利亚	135	32
朝鲜	1813	30
新西兰	23	29
瑞典	512	29
多民族玻利维亚国	7	28
阿曼	1	27
萨尔瓦多	11	26
多哥	388	24
喀麦隆	302	23
科威特	27	23
蒙古	11522	22

国家/地区	出口数量（台）	出口金额（千美元）
斐济	34	21
白俄罗斯	2	20
捷克	14	17
缅甸	70	16
斯洛文尼亚	8	16
津巴布韦	141	15
马达加斯加	417	14
比利时	16	13
伊拉克	535	12
莫桑比克	243	10
巴基斯坦	148	10
希腊	41	9
格鲁吉亚	357	9
哥斯达黎加	35	8
克罗地亚	18	8
吉尔吉斯斯坦	1	8
柬埔寨	5	8
摩洛哥	152	7
所罗门群岛	240	6
几内亚	100	6
塞尔维亚	12	6
海地	127	6
刚果(布)	85	4
中国澳门	35	4
巴拉圭	3	4
丹麦	1	4
马尔代夫	1	4
塞浦路斯	38	4
芬兰	20	3
古巴	5000	3
贝宁	60	3
巴布亚新几内亚	50	3
安哥拉	41	3
尼泊尔	62	2
匈牙利	3	2
吉布提	2	2
索马里	1	2
毛里塔尼亚	30	2
阿塞拜疆	3	2
利比亚	56	2
塔吉克斯坦	64	2
毛里求斯	46	1
埃塞俄比亚	2	1
赞比亚	1	1
叙利亚	24	1

国家/地区	出口数量（台）	出口金额（千美元）
爱尔兰	1	1
利比里亚	24	1
博茨瓦纳	30	0
84409000 书本装订机器的零件		
#合计	142123	1276
德国	48717	585
中国香港	6748	92
意大利	5913	71
日本	6913	60
美国	5492	55
马来西亚	5631	54
菲律宾	9658	43
印度尼西亚	2009	38
越南	5329	23
厄瓜多尔	4617	23
土耳其	3921	23
中国台湾	2461	21
沙特阿拉伯	2520	21
加拿大	8650	20
阿联酋	10078	18
奥地利	753	17
印度	331	13
泰国	1680	13
澳大利亚	1641	10
缅甸	550	8
英国	55	7
埃塞俄比亚	2894	6
荷兰	292	6
俄罗斯联邦	592	5
危地马拉	711	5
西班牙	179	5
比利时	90	4
法国	13	3
捷克	104	3
韩国	102	2
罗马尼亚	51	2
南非	197	2
波兰	266	2
肯尼亚	1580	2
乌拉圭	380	2
巴西	81	2
尼泊尔	42	2
马达加斯加	412	1
克罗地亚	36	1
新西兰	20	1

国家/地区	出口数量（台）	出口金额（千美元）
智利	70	1
墨西哥	13	1
瑞士	23	1
摩洛哥	111	1
匈牙利	22	1
秘鲁	0	1
乌兹别克斯坦	27	1
阿尔及利亚	25	0
84411000 切纸机		
#合计	3310896	132437
美国	1908049	23199
印度尼西亚	28990	7365
印度	18270	7351
日本	148097	6488
越南	3922	6158
俄罗斯联邦	3685	5715
巴西	14822	4531
中国香港	22184	4412
德国	251463	3744
荷兰	179080	3511
泰国	40947	3124
新加坡	9721	2978
智利	13146	2823
英国	69356	2710
马来西亚	28907	2694
法国	66079	2036
土耳其	5455	2008
澳大利亚	96852	2008
墨西哥	34766	1818
韩国	34000	1813
孟加拉国	487	1651
芬兰	2095	1618
菲律宾	30211	1343
秘鲁	5362	1224
阿根廷	16406	1222
阿联酋	17169	1160
南非	7687	1136
中国台湾	13722	1114
波兰	9446	1089
伊朗	5184	1009
哥伦比亚	8245	1008
加拿大	18783	871
沙特阿拉伯	1042	836
阿尔及利亚	3497	814
意大利	21869	792

国家/地区	出口数量（台）	出口金额（千美元）
哈萨克斯坦	2540	721
巴基斯坦	2239	660
罗马尼亚	1817	651
委内瑞拉	19916	650
乌克兰	1508	625
肯尼亚	12530	597
加纳	21198	581
保加利亚	394	549
斯里兰卡	2451	548
乌兹别克斯坦	742	503
埃及	31401	499
西班牙	2930	481
突尼斯	252	456
牙买加	1187	455
挪威	1937	454
摩洛哥	1350	437
尼日利亚	2566	415
奥地利	131	389
塞尔维亚	229	353
缅甸	677	341
也门	689	313
比利时	1831	311
巴哈马	268	306
喀麦隆	1410	293
约旦	907	292
葡萄牙	226	268
捷克	172	267
巴拿马	16605	260
黎巴嫩	455	255
立陶宛	47	236
马耳他	51	208
多哥	470	205
乌拉圭	549	204
哥斯达黎加	1236	202
巴林	437	199
朝鲜	94	184
以色列	1610	182
斯洛伐克	116	181
拉脱维亚	2029	180
新西兰	4170	177
安哥拉	208	171
厄瓜多尔	1146	166
丹麦	1471	162
危地马拉	1123	158
科威特	891	147

国家/地区	出口数量（台）	出口金额（千美元）
巴拉圭	22	138
文莱	250	137
阿曼	48	129
柬埔寨	269	126
科特迪瓦	35	125
瑞典	599	125
津巴布韦	22	115
瑞士	101	111
苏丹	10	109
洪都拉斯	90	106
卡塔尔	64	106
叙利亚	50	105
爱尔兰	26	104
马约特	1	102
圭亚那	22	101
巴布亚新几内亚	510	99
希腊	56	91
白俄罗斯	18	90
克罗地亚	42	85
吉尔吉斯斯坦	93	82
格鲁吉亚	502	73
斯洛文尼亚	1191	66
利比亚	2086	62
塞浦路斯	36	60
爱沙尼亚	171	52
乌干达	54	50
毛里求斯	89	49
坦桑尼亚	1823	48
多民族玻利维亚国	3	48
伊拉克	10929	41
加蓬	3	40
苏里南	156	39
纳米比亚	3	39
特立尼达和多巴哥	15	35
蒙古	142	35
赞比亚	34	29
埃塞俄比亚	6	22
巴巴多斯	1	22
匈牙利	65	21
中国澳门	343	21
萨尔瓦多	940	20
刚果（金）	753	15
亚美尼亚	8	11
莫桑比克	6	10
阿尔巴尼亚	2	8

国家/地区	出口数量(台)	出口金额(千美元)
吉布提	42	8
多米尼加共和国	368	6
前南马其顿	5	5
塔吉克斯坦	29	5
莱索托	1	4
古巴	500	4
索马里	116	4
黑山	305	4
阿塞拜疆	11	3
斐济	1048	3
尼加拉瓜	300	3
马尔代夫	1	3
老挝	6	3
马达加斯加	250	2
圣马丁岛	1	2
利比里亚	126	2
留尼汪	260	2
几内亚	109	1
摩尔多瓦	172	1
塞拉利昂	30	1
佛得角	1	1
大洋洲其他国家(地区)	1	1
所罗门群岛	48	1
尼泊尔	71	1
马拉维	1	1
海地	20	1
贝宁	74	1
84412000 制造包、袋或信封的机器		
#合计	2001	32789
菲律宾	125	10008
印度尼西亚	827	2558
印度	82	1814
巴西	45	1754
沙特阿拉伯	71	1337
美国	17	1275
泰国	73	1269
越南	97	1234
马来西亚	20	849
韩国	10	728
土耳其	16	703
日本	6	667
德国	13	520
南非	24	428
厄瓜多尔	12	361
中国香港	20	341

国家/地区	出口数量(台)	出口金额(千美元)
中国台湾	10	328
俄罗斯联邦	21	310
智利	26	269
埃及	52	252
墨西哥	19	251
孟加拉国	22	215
伊朗	14	207
拉脱维亚	4	207
亚美尼亚	4	205
加拿大	2	202
乌克兰	8	189
尼日利亚	24	186
哥伦比亚	13	185
阿联酋	14	184
保加利亚	4	183
突尼斯	11	166
卢旺达	1	158
苏丹	11	155
肯尼亚	5	155
坦桑尼亚	2	137
多米尼加共和国	2	136
罗马尼亚	5	126
毛里求斯	1	124
巴基斯坦	15	123
哈萨克斯坦	9	121
科威特	3	117
津巴布韦	5	117
阿尔及利亚	5	115
洪都拉斯	3	100
立陶宛	1	95
斯里兰卡	7	87
乌兹别克斯坦	11	86
缅甸	7	83
卡塔尔	4	77
克罗地亚	4	68
委内瑞拉	8	63
澳大利亚	2	61
英国	49	61
刚果(布)	2	61
乌拉圭	3	57
西班牙	4	54
柬埔寨	3	50
波多黎各	1	45
马耳他	7	45
刚果(金)	4	42

国家/地区	出口数量(台)	出口金额(千美元)
古巴	2	41
巴拿马	2	40
秘鲁	3	39
加纳	9	37
新西兰	1	36
莫桑比克	2	34
莱索托	2	32
格鲁吉亚	2	30
伊拉克	1	30
葡萄牙	2	25
文莱	2	24
朝鲜	2	24
危地马拉	2	21
黎巴嫩	8	21
科特迪瓦	10	21
摩洛哥	3	20
斐济	1	19
新加坡	3	18
阿根廷	1	16
毛里塔尼亚	1	16
以色列	15	15
也门	3	15
苏里南	1	14
吉布提	3	13
约旦	1	12
法国	1	11
捷克	1	10
乌干达	3	9
利比亚	2	8
希腊	2	7
阿尔巴尼亚	5	7
白俄罗斯	1	4
巴拉圭	1	4
巴勒斯坦	1	4
安哥拉	1	4
丹麦	9	3
赞比亚	1	2
意大利	1	1
84413010 纸塑铝复合罐生产设备		
#合计	24	646
伊朗	1	228
印度	3	133
保加利亚	2	86
土耳其	1	67
委内瑞拉	3	51

国家/地区	出口数量（台）	出口金额（千美元）
孟加拉国	1	23
多民族玻利维亚国	1	18
巴西	1	13
乌兹别克斯坦	1	13
越南	8	9
中国香港	1	5
巴拉圭	1	1

84413090 其他制造箱、盒、管、桶或类似容器的机器

国家/地区	出口数量（台）	出口金额（千美元）
#合计	5024	104273
越南	524	26734
印度	1456	14927
印度尼西亚	392	8563
俄罗斯联邦	128	4434
泰国	143	2987
德国	31	2615
美国	63	2564
马来西亚	75	2454
阿尔及利亚	276	2305
土耳其	127	2246
巴西	157	2043
伊朗	78	1902
墨西哥	62	1672
沙特阿拉伯	60	1455
埃及	55	1386
日本	59	1381
波兰	49	1330
巴基斯坦	120	1297
阿联酋	74	1263
英国	18	1189
韩国	32	976
乌克兰	44	974
乌兹别克斯坦	31	892
中国台湾	55	852
菲律宾	30	849
意大利	21	827
阿根廷	23	739
黎巴嫩	24	678
喀麦隆	4	635
约旦	28	594
孟加拉国	59	558
厄瓜多尔	18	548
中国香港	46	497
缅甸	10	445
西班牙	11	420
以色列	26	411
澳大利亚	25	379
哈萨克斯坦	34	359
荷兰	7	357
南非	22	334
智利	26	330
尼日利亚	11	330
新加坡	68	324
哥伦比亚	16	295
文莱	11	288
格鲁吉亚	6	274
蒙古	28	269
伊拉克	1	258
苏丹	13	256
立陶宛	27	246
突尼斯	26	233
克罗地亚	15	232
挪威	1	229
比利时	7	197
罗马尼亚	23	164
洪都拉斯	14	148
摩洛哥	11	148
斯里兰卡	12	147
塞尔维亚	14	138
卡塔尔	4	115
阿塞拜疆	2	114
萨尔瓦多	8	113
巴布亚新几内亚	3	110
秘鲁	10	95
肯尼亚	8	89
斐济	3	87
朝鲜	4	83
芬兰	5	81
埃塞俄比亚	5	78
安哥拉	7	76
多米尼加共和国	6	74
危地马拉	2	67
保加利亚	6	67
多民族玻利维亚国	2	66
利比亚	7	66
爱尔兰	5	65
加拿大	8	65
阿富汗	2	63
巴林	4	61
拉脱维亚	5	58
白俄罗斯	4	57
巴拉圭	3	57
希腊	7	57
阿曼	2	55
匈牙利	7	54
吉尔吉斯斯坦	4	49
捷克	7	48
塞内加尔	1	45
斯洛文尼亚	4	45
亚美尼亚	2	43
叙利亚	5	42
毛里求斯	3	42
柬埔寨	6	40
委内瑞拉	2	38
科特迪瓦	1	36
也门	1	35
巴拿马	3	31
吉布提	3	27
莫桑比克	2	27
津巴布韦	2	25
新西兰	5	23
古巴	3	22
乌拉圭	2	17
巴勒斯坦	1	14
科威特	1	12
尼加拉瓜	1	11
斯洛伐克	2	11
特立尼达和多巴哥	1	10
贝宁	1	10
加纳	2	9
阿尔巴尼亚	1	8
塔吉克斯坦	2	6

84414000 纸浆、纸或纸板制品模制成型机器

国家/地区	出口数量（台）	出口金额（千美元）
#合计	5388	75322
印度尼西亚	125	8180
泰国	158	6569
印度	504	4944
俄罗斯联邦	171	3813
韩国	28	3722
美国	60	3414
墨西哥	47	3081
马来西亚	58	2635
阿尔及利亚	567	2634
越南	66	2600

国家/地区	出口数量（台）	出口金额（千美元）
德国	36	2399
土耳其	109	2396
阿联酋	70	2082
埃及	1744	1955
巴西	54	1355
厄瓜多尔	22	1310
阿根廷	85	1293
新加坡	14	1213
波兰	21	1132
菲律宾	64	1082
日本	10	898
中国台湾	41	862
沙特阿拉伯	57	808
朝鲜	9	789
伊朗	67	750
巴拉圭	4	673
法国	9	617
南非	37	579
突尼斯	10	569
孟加拉国	103	555
哈萨克斯坦	8	514
拉脱维亚	2	510
巴基斯坦	19	478
乌克兰	51	429
芬兰	3	403
荷兰	16	372
尼日利亚	10	361
中国香港	41	356
罗马尼亚	28	348
保加利亚	222	326
智利	12	311
塞内加尔	3	287
克罗地亚	1	263
乌兹别克斯坦	9	251
阿曼	3	238
哥伦比亚	22	237
巴林	4	228
老挝	1	206
黎巴嫩	7	205
意大利	3	199
格鲁吉亚	1	198
肯尼亚	54	195
委内瑞拉	2	194
澳大利亚	176	193
丹麦	1	190
乌拉圭	10	175
摩洛哥	40	162
文莱	10	158
苏丹	3	157
西班牙	22	137
利比亚	15	137
卡塔尔	3	130
秘鲁	24	130
叙利亚	12	129
英国	5	124
洪都拉斯	8	122
捷克	3	110
马约特	2	101
希腊	17	81
巴拿马	5	75
约旦	7	70
缅甸	23	67
柬埔寨	2	65
新西兰	12	63
乌干达	3	62
科威特	17	59
加拿大	3	57
伊拉克	4	54
塔吉克斯坦	1	50
爱尔兰	1	47
喀麦隆	2	43
斯里兰卡	6	42
津巴布韦	4	41
亚美尼亚	1	31
加蓬	1	24
贝宁	1	24
白俄罗斯	2	20
加纳	21	20
赞比亚	2	19
奥地利	2	19
阿尔巴尼亚	2	17
立陶宛	3	16
埃塞俄比亚	16	15
马拉维	2	13
斯洛文尼亚	1	13
斐济	1	13
吉布提	2	9
爱沙尼亚	2	8
巴布亚新几内亚	3	5
多哥	1	5
危地马拉	3	3
科特迪瓦	1	2
蒙古	4	1
莫桑比克	1	0

84418010 纸塑铝复合软包装生产设备

国家/地区	出口数量（台）	出口金额（千美元）
#合计	585	9230
印度尼西亚	125	1617
俄罗斯联邦	85	716
德国	71	697
巴西	24	646
菲律宾	5	395
巴基斯坦	4	359
叙利亚	1	278
越南	5	274
墨西哥	28	255
哥伦比亚	9	250
印度	13	244
沙特阿拉伯	21	235
阿联酋	34	231
肯尼亚	1	221
埃及	9	218
英国	1	205
文莱	7	184
中国香港	1	170
泰国	11	166
乌兹别克斯坦	2	162
乌克兰	7	133
伊朗	7	110
毛里求斯	2	103
缅甸	6	101
马来西亚	7	100
阿尔及利亚	11	94
智利	1	70
美国	3	69
厄瓜多尔	4	67
突尼斯	6	64
阿根廷	5	57
意大利	1	56
土耳其	4	46
孟加拉国	10	46
芬兰	1	43
蒙古	1	42
中国台湾	1	40
荷兰	1	40
斯里兰卡	3	37

国家/地区	出口数量（台）	出口金额（千美元）
安哥拉	1	33
海地	1	32
乌拉圭	1	32
日本	1	29
希腊	2	28
朝鲜	2	28
尼日利亚	5	25
波兰	2	23
摩洛哥	3	18
澳大利亚	4	17
伊拉克	1	17
津巴布韦	1	15
委内瑞拉	7	14
新加坡	3	13
加拿大	1	12
刚果(金)	2	12
坦桑尼亚	2	10
约旦	3	9
加纳	1	8
萨尔瓦多	1	5
拉脱维亚	1	5
法国	1	4
塞尔维亚	1	1

84418090 其他制造纸浆制品、纸制品或纸板制品的机器

国家/地区	出口数量（台）	出口金额（千美元）
#合计	11554	181597
印度尼西亚	211	19721
印度	260	17012
越南	322	13319
菲律宾	188	10998
土耳其	124	8247
委内瑞拉	30	8175
日本	4034	7309
巴西	302	5995
俄罗斯联邦	878	5920
埃及	123	5673
南非	219	4777
美国	998	4292
阿根廷	49	3945
荷兰	316	3336
肯尼亚	34	3322
智利	51	3186
英国	231	3001
墨西哥	88	2744
阿联酋	85	2639
尼日利亚	49	2402
马来西亚	104	2358
孟加拉国	32	2014
阿尔及利亚	130	1767
意大利	98	1751
泰国	119	1574
利比亚	28	1501
德国	414	1476
中国台湾	47	1426
伊朗	100	1411
哥伦比亚	24	1382
韩国	88	1350
沙特阿拉伯	47	1225
葡萄牙	3	1186
瑞士	2	1114
约旦	32	1090
捷克	23	918
匈牙利	2	888
比利时	2	812
斯洛伐克	16	791
巴基斯坦	32	770
哈萨克斯坦	53	754
澳大利亚	91	752
乌兹别克斯坦	33	747
法国	15	720
乌克兰	28	719
安哥拉	11	698
阿富汗	3	643
科威特	15	642
加拿大	119	635
苏丹	7	619
巴拉圭	10	611
立陶宛	52	539
斯里兰卡	36	521
奥地利	1	492
黎巴嫩	45	416
斯洛文尼亚	6	404
新加坡	31	403
摩洛哥	11	391
科特迪瓦	3	347
波兰	218	343
西班牙	12	341
加纳	20	329
刚果(金)	1	290
巴林	11	250
厄瓜多尔	12	249
中国香港	38	248
柬埔寨	9	241
斐济	3	222
吉布提	7	221
芬兰	16	210
瑞典	4	207
坦桑尼亚	11	202
缅甸	17	196
拉脱维亚	8	195
突尼斯	13	195
埃塞俄比亚	9	195
叙利亚	38	189
津巴布韦	6	188
前南马其顿	7	175
希腊	8	169
以色列	31	164
吉尔吉斯斯坦	6	153
罗马尼亚	15	152
秘鲁	62	151
喀麦隆	6	140
毛里求斯	5	137
也门	27	128
乌拉圭	21	121
危地马拉	3	118
塞尔维亚	29	109
朝鲜	30	106
乌干达	3	105
洪都拉斯	3	97
阿曼	5	94
加蓬	4	93
保加利亚	6	77
多民族玻利维亚国	10	75
塞浦路斯	1	74
克罗地亚	5	66
塞舌尔	3	66
爱尔兰	1	65
土库曼斯坦	3	61
莫桑比克	206	60
多米尼加共和国	3	54
萨尔瓦多	2	48
伊拉克	4	48
赞比亚	1	42
丹麦	8	42
爱沙尼亚	1	36

国家/地区	出口数量（台）	出口金额（千美元）
新西兰	40	33
马达加斯加	2	26
巴拿马	4	22
牙买加	2	21
格鲁吉亚	3	21
卢旺达	3	20
蒙古	3	16
阿尔巴尼亚	1	11
博茨瓦纳	3	8
特立尼达和多巴哥	1	7
卢森堡	1	5
纳米比亚	1	2
摩尔多瓦	2	1
哥斯达黎加	10	1
海地	1	1
84419010 切纸机零件		
#合计	1843437	13362
德国	235978	2640
美国	181268	1878
印度	39178	1139
中国香港	49700	916
日本	266566	708
菲律宾	162355	575
中国台湾	157206	446
西班牙	120880	376
澳大利亚	55006	317
韩国	117990	271
土耳其	11210	263
俄罗斯联邦	18112	242
匈牙利	6653	230
埃及	12699	229
墨西哥	40640	222
巴基斯坦	31264	195
加拿大	23716	195
尼日利亚	10008	189
孟加拉国	49329	167
南非	8347	162
印度尼西亚	30849	145
英国	25645	131
越南	8312	125
马来西亚	16556	124
几内亚	3262	102
泰国	18400	101
巴西	34899	100
加纳	20437	100
秘鲁	6989	91
意大利	11175	90
芬兰	1845	76
哥伦比亚	5714	69
斯洛文尼亚	3475	63
厄瓜多尔	3409	55
沙特阿拉伯	936	54
新加坡	1742	53
乌克兰	795	50
阿联酋	2467	45
阿根廷	1493	38
伊朗	7701	36
荷兰	2003	34
斯里兰卡	8358	31
拉脱维亚	1080	24
也门	827	24
法国	2230	22
奥地利	140	22
叙利亚	8171	21
智利	464	19
萨尔瓦多	351	17
阿塞拜疆	500	14
肯尼亚	203	12
波兰	940	10
喀麦隆	120	7
比利时	291	6
利比亚	400	6
吉布提	1672	5
黎巴嫩	661	5
乌拉圭	283	5
乌兹别克斯坦	3650	5
克罗地亚	1678	5
立陶宛	94	4
津巴布韦	22	4
毛里求斯	829	4
卡塔尔	96	4
委内瑞拉	455	4
科威特	1391	3
多米尼加共和国	17	3
保加利亚	302	3
约旦	203	3
突尼斯	144	3
阿尔及利亚	200	3
丹麦	29	2
哈萨克斯坦	59	2
爱沙尼亚	32	2
巴拿马	80	2
乌干达	65	2
巴林	124	2
罗马尼亚	23	1
刚果(金)	80	1
新西兰	70	1
苏丹	26	1
朝鲜	200	1
哥斯达黎加	36	1
柬埔寨	2	1
捷克	14	1
塞尔维亚	8	1
危地马拉	18	1
瑞典	30	1
苏里南	65	1
希腊	27	0
葡萄牙	10	0
84419090 其他制造(纸浆、纸或纸板)制品机器的零件		
#合计	4890713	34999
日本	479160	4670
美国	490421	4121
印度	545883	3933
印度尼西亚	185126	1786
孟加拉国	217883	1785
德国	160286	1383
中国台湾	484247	1334
越南	352501	1186
意大利	120022	979
泰国	114338	773
埃及	239102	748
巴西	51720	729
马来西亚	51955	700
菲律宾	43730	628
澳大利亚	71317	612
瑞典	36448	570
新加坡	131667	518
俄罗斯联邦	51468	494
芬兰	69471	489
土耳其	83748	475
巴基斯坦	48007	418
瑞士	15133	415
荷兰	53285	388
韩国	56840	329

国家/地区	出口数量（台）	出口金额（千美元）
爱沙尼亚	62331	321
乌拉圭	117745	299
南非	50165	254
尼日利亚	18413	247
牙买加	4320	203
苏丹	18253	202
加拿大	12076	198
沙特阿拉伯	11567	183
多民族玻利维亚国	21768	182
墨西哥	14197	174
匈牙利	4350	169
捷克	16825	169
也门	3020	158
乌克兰	11806	157
法国	14595	143
中国香港	49570	136
肯尼亚	4407	131
安哥拉	6070	128
阿联酋	35512	123
英国	35558	118
阿根廷	10230	96
伊朗	27666	93
埃塞俄比亚	11603	87
秘鲁	7209	84
丹麦	8307	81
哥伦比亚	12051	78
叙利亚	8563	77
约旦	8181	75
西班牙	5265	74
文莱	15160	73
智利	6838	67
斯洛文尼亚	9215	67
保加利亚	5165	61
立陶宛	8568	61
巴布亚新几内亚	2340	60
黎巴嫩	2817	55
纳米比亚	3523	53
斯里兰卡	6305	51
波兰	872	42
厄瓜多尔	3209	40
斯洛伐克	1475	36
阿尔及利亚	3123	32
巴拉圭	310	31
刚果（金）	11577	28
拉脱维亚	5140	25

国家/地区	出口数量（台）	出口金额（千美元）
缅甸	292	24
塞尔维亚	2655	23
马达加斯加	3067	23
罗马尼亚	2135	21
白俄罗斯	470	18
柬埔寨	1178	17
赞比亚	12054	15
喀麦隆	1500	15
委内瑞拉	3558	14
亚美尼亚	1842	12
比利时	482	11
前南马其顿	460	10
多哥	390	10
危地马拉	493	9
摩洛哥	170	7
吉尔吉斯斯坦	586	6
哈萨克斯坦	200	6
希腊	117	6
阿塞拜疆	312	6
阿尔巴尼亚	93	5
以色列	1025	5
乌干达	53	5
卡塔尔	122	5
尼泊尔	190	5
毛里求斯	52	5
新西兰	200	4
吉布提	180	4
塞浦路斯	200	4
科威特	155	4
利比亚	304	3
加纳	512	3
突尼斯	262	3
阿曼	97	2
乌兹别克斯坦	844	2
卢森堡	52	1
爱尔兰	16	1
葡萄牙	453	1
奥地利	856	1
坦桑尼亚	200	1
巴林	1246	1
萨尔瓦多	215	1
特立尼达和多巴哥	225	1

84651000 不换刀即可对硬质材料作不同机加工的机床

国家/地区	出口数量（台）	出口金额（千美元）
#合计	135707	33526
德国	35108	6878
俄罗斯联邦	7034	2859
法国	9184	2018
斯里兰卡	4119	1753
印度尼西亚	4791	1697
芬兰	10988	1487
美国	8561	1233
意大利	2346	1203
荷兰	8489	1189
阿根廷	1786	807
越南	2958	782
瑞典	5261	720
波兰	3203	705
乌克兰	2028	686
加拿大	5760	682
埃塞俄比亚	1154	678
阿尔及利亚	297	617
比利时	3275	593
肯尼亚	1007	584
爱沙尼亚	1375	499
奥地利	722	484
英国	2893	449
西班牙	615	407
挪威	3182	362
智利	594	323
坦桑尼亚	415	258
爱尔兰	979	235
丹麦	1122	196
吉布提	345	192
捷克	472	191
乌拉圭	376	181
委内瑞拉	271	148
南非	333	145
伊朗	35	133
马达加斯加	172	127
阿联酋	67	122
拉脱维亚	252	117
马来西亚	24	115
巴西	254	113
泰国	124	107
厄瓜多尔	106	100
韩国	385	91
墨西哥	39	89
塞尔维亚	390	89
加蓬	27	89

国家/地区	出口数量（台）	出口金额（千美元）
斯洛文尼亚	172	88
澳大利亚	478	74
哈萨克斯坦	300	69
土耳其	43	62
孟加拉国	65	54
埃及	108	52
也门	53	49
沙特阿拉伯	4	42
瑞士	275	40
以色列	38	39
葡萄牙	325	36
希腊	221	35
尼日利亚	55	32
突尼斯	34	32
立陶宛	2	26
白俄罗斯	2	24
马耳他	28	23
巴林	9	18
秘鲁	22	17
新西兰	86	17
克罗地亚	110	15
保加利亚	105	15
阿曼	4	14
菲律宾	9	14
多民族玻利维亚国	23	13
摩洛哥	6	13
匈牙利	120	12
新加坡	11	11
莫桑比克	17	10
朝鲜	11	7
哥伦比亚	12	6
黎巴嫩	2	5
哥斯达黎加	6	5
缅甸	1	4
印度	1	3
刚果(金)	8	3
伊拉克	1	3
塞浦路斯	3	3
马里	2	3
新喀里多尼亚	4	1
南苏丹共和国	2	1
罗马尼亚	1	1
刚果(布)	2	1
卢旺达	2	1
土库曼斯坦	1	1
巴基斯坦	1	1
黑山	1	1
法属波利尼西亚	1	1
斐济	1	0

84659100 木材、软木、骨、硬橡胶等硬质材料加工锯床

国家/地区	出口数量（台）	出口金额（千美元）
#合计	3709690	429172
美国	1251711	132052
德国	561630	59058
加拿大	256816	30803
俄罗斯联邦	141707	23387
澳大利亚	160282	21312
英国	173846	15391
法国	110120	11311
巴西	64795	9074
荷兰	82171	8069
伊朗	12194	6378
芬兰	41643	5514
奥地利	22688	5440
波兰	58800	5280
比利时	55561	5254
韩国	44535	5225
印度尼西亚	13625	5074
意大利	41577	4722
瑞典	38679	3929
挪威	26934	3842
印度	37342	3667
日本	38131	3505
泰国	28844	3408
墨西哥	28476	3233
阿联酋	18560	2939
土耳其	35971	2850
爱沙尼亚	14732	2653
南非	26971	2626
越南	14777	2420
阿根廷	18158	2388
新加坡	24810	2344
新西兰	20904	2274
丹麦	17948	2236
西班牙	28681	2089
斯洛文尼亚	31132	2059
智利	18235	2042
捷克	7772	1658
哈萨克斯坦	6893	1395
马来西亚	1485	1318
巴拿马	14476	1298
乌克兰	7548	1130
埃及	14689	1120
安哥拉	836	1100
阿尔及利亚	3647	1066
瑞士	9545	1057
秘鲁	3286	961
中国台湾	6395	695
加蓬	60	643
尼日利亚	4883	612
以色列	3069	556
沙特阿拉伯	3293	549
乌兹别克斯坦	153	516
哥伦比亚	6447	515
拉脱维亚	5383	474
斯里兰卡	1777	464
立陶宛	927	424
莫桑比克	54	392
菲律宾	2558	376
罗马尼亚	3428	349
白俄罗斯	1113	348
厄瓜多尔	505	348
缅甸	174	336
中国香港	2967	334
委内瑞拉	2880	284
朝鲜	82	283
乌拉圭	3018	264
突尼斯	327	250
约旦	1873	221
黎巴嫩	1247	217
葡萄牙	2356	186
希腊	2995	178
哥斯达黎加	1310	169
克罗地亚	2526	168
多民族玻利维亚国	1011	158
埃塞俄比亚	445	152
摩洛哥	781	150
刚果(布)	47	150
阿塞拜疆	1973	145
蒙古	83	130
坦桑尼亚	267	121
几内亚比绍	19	109
塞尔维亚	1392	98
保加利亚	338	90
叙利亚	273	88

国家/地区	出口数量（台）	出口金额（千美元）
伊拉克	1100	85
贝宁	237	83
柬埔寨	34	82
肯尼亚	362	81
匈牙利	1811	79
赞比亚	44	76
孟加拉国	236	72
利比亚	728	66
苏丹	5	63
巴林	35	58
乌干达	21	50
赤道几内亚	17	48
危地马拉	191	46
阿曼	79	45
巴拉圭	562	44
波黑	5	39
新喀里多尼亚	209	39
文莱	4	38
法属波利尼西亚	213	38
科特迪瓦	7	35
吉尔吉斯斯坦	109	34
多米尼加共和国	86	31
爱尔兰	44	29
格鲁吉亚	250	28
喀麦隆	10	28
阿富汗	442	25
也门	273	24
巴基斯坦	16	23
乍得	6	22
冈比亚	8	21
老挝	15	20
科威特	71	20
吉布提	4	17
加纳	147	15
多哥	4	15
博茨瓦纳	5	14
巴布亚新几内亚	96	12
几内亚	5	12
刚果(金)	73	11
津巴布韦	54	9
马耳他	7	8
尼泊尔	79	7
亚美尼亚	56	7
塔吉克斯坦	6	7
中非	60	7

国家/地区	出口数量（台）	出口金额（千美元）
毛里求斯	9	7
尼加拉瓜	17	7
巴巴多斯	6	6
马尔代夫	8	5
利比里亚	53	5
马拉维	5	5
塞浦路斯	25	5
斐济	3	4
马达加斯加	11	4
阿尔巴尼亚	90	3
留尼汪	13	3
苏里南	1	2
卡塔尔	7	2
萨尔瓦多	7	2
塞拉利昂	1	1
尼日尔	4	1
莱索托	2	1
纳米比亚	3	1
洪都拉斯	4	1

84659200 木材、软木等硬质材料刨、铣等切削成形机器

国家/地区	出口数量（台）	出口金额（千美元）
#合计	475259	94931
美国	152176	16293
德国	105169	10217
俄罗斯联邦	18178	9542
加拿大	47396	4910
奥地利	4647	4467
日本	5212	4223
印度尼西亚	2690	3568
澳大利亚	11249	2865
墨西哥	12909	2736
泰国	7591	2404
意大利	2040	2319
芬兰	6736	1995
巴西	7512	1982
越南	1666	1857
土耳其	1327	1737
阿尔及利亚	922	1657
英国	9868	1571
阿根廷	8651	1465
马来西亚	244	1423
印度	4171	1295
南非	2806	1197
捷克	1855	961
波兰	7554	932
智利	4140	924
法国	6327	875
乌克兰	1826	852
安哥拉	47	670
韩国	627	628
秘鲁	4381	621
比利时	13057	602
瑞典	3806	528
荷兰	2886	447
突尼斯	340	405
中国台湾	358	358
新加坡	119	346
朝鲜	180	289
危地马拉	485	278
新西兰	1345	268
埃塞俄比亚	153	252
斯洛文尼亚	353	233
阿联酋	1156	227
菲律宾	172	210
白俄罗斯	148	202
缅甸	55	194
沙特阿拉伯	114	191
乌兹别克斯坦	78	189
哥伦比亚	1877	177
孟加拉国	150	171
罗马尼亚	733	164
尼日利亚	126	160
丹麦	876	155
西班牙	195	132
厄瓜多尔	97	130
多民族玻利维亚国	432	127
伊朗	1169	119
爱沙尼亚	614	117
斯里兰卡	53	111
乌拉圭	308	104
巴基斯坦	8	100
拉脱维亚	424	90
挪威	366	78
坦桑尼亚	52	78
叙利亚	33	76
蒙古	51	74
哈萨克斯坦	21	73
埃及	57	67
阿塞拜疆	58	56
巴拿马	593	54

国家/地区	出口数量（台）	出口金额（千美元）
柬埔寨	10	52
刚果(布)	32	52
肯尼亚	37	48
摩洛哥	46	47
多米尼加共和国	71	47
塔吉克斯坦	26	46
吉尔吉斯斯坦	23	46
塞尔维亚	178	45
巴布亚新几内亚	33	45
哥斯达黎加	74	43
约旦	354	36
中国香港	127	36
瑞士	525	35
老挝	27	35
黎巴嫩	21	33
波黑	2	31
法属波利尼西亚	73	30
加纳	13	27
巴林	7	26
以色列	20	26
委内瑞拉	61	24
斐济	4	24
匈牙利	2	22
赞比亚	27	22
文莱	1	19
立陶宛	12	18
尼加拉瓜	27	17
马尔代夫	7	14
莫桑比克	13	13
苏丹	10	10
马拉维	10	10
喀麦隆	4	9
巴拉圭	151	9
赤道几内亚	6	8
莱索托	3	7
加蓬	5	7
博茨瓦纳	5	7
乌干达	5	7
卡塔尔	2	6
希腊	30	6
刚果(金)	12	6
津巴布韦	5	6
克罗地亚	50	6
几内亚	4	6
布隆迪	1	5
乍得	5	5
马达加斯加	20	5
爱尔兰	12	5
伊拉克	3	4
科特迪瓦	2	4
巴巴多斯	3	4
阿曼	7	4
格鲁吉亚	1	3
圭亚那	4	2
苏里南	2	2
毛里求斯	2	2
新喀里多尼亚	5	2
尼泊尔	1	2
几内亚比绍	2	1
也门	1	1
多哥	1	1
萨尔瓦多	7	1
土库曼斯坦	2	1
尼日尔	1	1
中非	2	1
塞内加尔	1	1
纳米比亚	2	1
卢旺达	1	0

84659300 木材、软木等硬质材料研磨、砂磨或抛光机器

国家/地区	出口数量（台）	出口金额（千美元）
#合计	114377	19170
美国	57839	5393
俄罗斯联邦	2393	2439
德国	3824	1608
印度尼西亚	141	1114
澳大利亚	2503	920
越南	669	813
加拿大	15126	794
印度	33	649
法国	3234	609
马来西亚	139	534
阿根廷	3371	389
安哥拉	12	335
泰国	161	330
英国	5167	327
日本	8361	325
奥地利	205	206
埃及	5	173
中国台湾	29	168
土耳其	228	134
肯尼亚	25	129
韩国	930	103
斯里兰卡	13	102
墨西哥	346	94
瑞典	1404	93
意大利	2423	87
南非	1711	80
波兰	108	68
智利	219	63
阿尔及利亚	34	62
乌兹别克斯坦	13	59
中国香港	3	52
厄瓜多尔	3	51
沙特阿拉伯	8	50
喀麦隆	2	49
乌克兰	13	47
朝鲜	16	45
坦桑尼亚	10	41
西班牙	35	41
蒙古	6	40
巴西	757	39
芬兰	633	38
伊朗	2	33
哈萨克斯坦	15	30
新西兰	195	30
比利时	450	26
波黑	1	25
博茨瓦纳	8	23
埃塞俄比亚	1	23
格鲁吉亚	3	23
阿联酋	2	21
拉脱维亚	1	20
土库曼斯坦	1	19
卡塔尔	1	19
缅甸	12	18
菲律宾	5	18
捷克	812	14
吉尔吉斯斯坦	14	14
瑞士	267	14
荷兰	150	14
匈牙利	3	14
叙利亚	2	12
保加利亚	1	10
巴基斯坦	2	9
苏里南	1	7

国家/地区	出口数量（台）	出口金额（千美元）
新加坡	1	7
乌拉圭	100	5
哥斯达黎加	100	5
塔吉克斯坦	4	3
尼日利亚	2	3
孟加拉国	2	3
老挝	3	3
莫桑比克	10	2
塞尔维亚	1	2
白俄罗斯	1	1
巴布亚新几内亚	12	1
多民族玻利维亚国	25	1
马达加斯加	10	1
刚果(布)	1	1
乍得	1	1
马尔代夫	1	0

84659400 木材、软木、骨等硬质材料弯曲或装配机器

国家/地区	出口数量（台）	出口金额（千美元）
#合计	1045	10119
中国香港	17	3039
孟加拉国	1	1182
韩国	45	1117
巴西	260	825
伊朗	152	547
印度	22	529
意大利	2	389
俄罗斯联邦	175	359
阿根廷	47	340
安哥拉	5	273
越南	24	183
马来西亚	30	141
蒙古	18	83
奥地利	26	79
缅甸	4	72
印度尼西亚	9	62
智利	9	61
菲律宾	8	54
秘鲁	38	48
乌克兰	5	46
南非	5	37
巴基斯坦	3	36
罗马尼亚	2	36
肯尼亚	1	35
白俄罗斯	28	33
博茨瓦纳	7	32
日本	2	32
埃塞俄比亚	1	30
泰国	8	28
厄瓜多尔	10	28
哈萨克斯坦	7	23
捷克	4	23
刚果(布)	4	22
墨西哥	2	21
突尼斯	6	20
芬兰	1	20
德国	2	19
阿联酋	3	17
柬埔寨	1	16
立陶宛	2	15
危地马拉	1	14
格鲁吉亚	1	14
斐济	1	14
莫桑比克	1	13
中国台湾	2	13
马耳他	3	13
坦桑尼亚	2	12
尼日利亚	4	10
阿曼	1	10
吉尔吉斯斯坦	7	9
保加利亚	2	7
塔吉克斯坦	2	6
朝鲜	3	6
美国	1	5
巴林	1	5
多民族玻利维亚国	3	4
澳大利亚	1	4
乌兹别克斯坦	1	3
沙特阿拉伯	1	2
苏丹	5	2
苏里南	1	2
哥斯达黎加	1	1

84659500 木材、软木、骨等硬质材料钻孔或凿榫机器

国家/地区	出口数量（台）	出口金额（千美元）
#合计	41814	20016
泰国	563	3360
俄罗斯联邦	1704	2724
美国	22078	1921
马来西亚	76	1204
印度尼西亚	3364	1137
土耳其	604	884
巴西	1776	728
越南	1619	693
韩国	259	686
伊朗	441	490
印度	151	490
乌克兰	59	364
德国	900	319
南非	302	310
意大利	197	302
中国台湾	15	293
英国	2734	272
阿根廷	272	209
立陶宛	69	186
安哥拉	12	177
墨西哥	1222	163
澳大利亚	434	157
秘鲁	43	149
孟加拉国	27	148
波兰	32	144
法国	567	138
智利	78	134
阿尔及利亚	122	132
日本	65	131
白俄罗斯	44	121
奥地利	251	102
朝鲜	34	102
加拿大	679	102
斯里兰卡	11	101
埃及	29	95
芬兰	81	87
哈萨克斯坦	35	83
阿联酋	7	79
西班牙	52	77
蒙古	20	73
尼日利亚	28	69
缅甸	23	68
波黑	3	65
埃塞俄比亚	69	62
中国香港	2	57
乌兹别克斯坦	8	48
沙特阿拉伯	40	47
柬埔寨	1	40
比利时	117	37
塔吉克斯坦	5	33
捷克	46	33

国家/地区	出口数量(台)	出口金额(千美元)
巴基斯坦	5	32
多民族玻利维亚国	14	28
苏丹	6	26
博茨瓦纳	4	23
厄瓜多尔	15	22
罗马尼亚	4	22
巴拉圭	2	20
委内瑞拉	52	17
巴拿马	87	17
塞尔维亚	5	14
菲律宾	3	14
坦桑尼亚	7	14
叙利亚	59	14
爱沙尼亚	1	13
新西兰	42	12
以色列	12	12
哥伦比亚	13	11
乌干达	1	7
马耳他	3	6
刚果(布)	6	6
瑞典	16	6
黎巴嫩	1	5
乌拉圭	4	5
拉脱维亚	2	4
新加坡	5	4
危地马拉	16	4
老挝	2	4
阿曼	3	3
莫桑比克	2	2
格鲁吉亚	1	2
保加利亚	1	2
挪威	5	2
荷兰	6	2
爱尔兰	6	2
丹麦	1	2
肯尼亚	2	2
摩洛哥	2	2
斯洛文尼亚	10	2
苏里南	1	1
也门	1	1
利比亚	5	1
巴林	1	1
巴布亚新几内亚	1	1
斐济	1	1
马拉维	2	1
赤道几内亚	1	1
哥斯达黎加	2	1
马达加斯加	1	0

84659600 木材、软木等硬质材料剖开、切片或刮削机器

国家/地区	出口数量(台)	出口金额(千美元)
#合计	355558	68226
德国	76558	16846
美国	43635	6427
瑞典	36018	4385
加拿大	40692	4336
印度尼西亚	387	3154
日本	13383	2730
芬兰	19799	2456
荷兰	27203	2328
澳大利亚	6204	2158
英国	15538	2057
丹麦	12711	2054
法国	8197	1622
奥地利	5919	1529
捷克	7485	1427
意大利	7907	1418
俄罗斯联邦	5694	1344
印度	133	1114
挪威	8444	1021
越南	183	915
新西兰	1921	886
菲律宾	56	582
韩国	2243	563
中国香港	32	554
中国台湾	19	537
波兰	1444	467
泰国	49	444
马来西亚	22	439
比利时	1319	375
斯洛文尼亚	996	325
葡萄牙	1693	310
土耳其	363	306
柬埔寨	18	234
希腊	637	221
西班牙	838	215
爱沙尼亚	1322	169
孟加拉国	9	165
巴西	106	162
罗马尼亚	291	145
哥伦比亚	116	141
斯里兰卡	374	134
缅甸	7	116
智利	1213	104
匈牙利	880	103
新加坡	8	98
哈萨克斯坦	309	87
拉脱维亚	457	76
保加利亚	252	71
加纳	3	70
乌克兰	262	66
爱尔兰	229	62
黎巴嫩	8	56
沙特阿拉伯	6	53
阿根廷	132	50
尼日利亚	8	46
克罗地亚	203	37
吉布提	27	34
瑞士	392	33
安哥拉	31	32
阿联酋	8	29
乌干达	7	27
南非	73	26
立陶宛	137	25
卡塔尔	2	25
埃及	2	24
坦桑尼亚	6	23
秘鲁	291	22
乌拉圭	237	20
塞尔维亚	21	18
叙利亚	11	15
几内亚	2	11
阿尔及利亚	150	11
乌兹别克斯坦	2	10
埃塞俄比亚	130	10
摩洛哥	1	9
朝鲜	5	9
巴基斯坦	1	9
塞浦路斯	7	5
委内瑞拉	43	4
以色列	5	3
肯尼亚	2	3
博茨瓦纳	1	2
巴林	1	1
喀麦隆	2	1
新喀里多尼亚	10	1

国家/地区	出口数量（台）	出口金额（千美元）
斯洛伐克	1	1
萨尔瓦多	10	1
科威特	4	1
84659900 木材、软木、骨等硬质材料的其他加工机床		
#合计	96418	68808
俄罗斯联邦	4644	10449
美国	48954	9482
伊朗	1089	8683
澳大利亚	9245	5540
巴西	767	3384
意大利	651	2500
土耳其	210	1828
马来西亚	726	1820
加拿大	3817	1739
泰国	349	1707
南非	599	1469
印度	231	1386
德国	3898	1358
英国	5792	1166
阿根廷	342	1046
印度尼西亚	160	1022
越南	201	1007
中国台湾	182	994
日本	4261	919
中国香港	38	752
乌克兰	537	645
秘鲁	56	622
法国	1599	618
乌兹别克斯坦	28	616
哈萨克斯坦	110	572
奥地利	1609	485
阿联酋	101	480
立陶宛	150	404
新加坡	17	284
缅甸	15	281
荷兰	638	274
智利	191	273
新西兰	241	240
埃及	30	239
尼日利亚	39	238
白俄罗斯	68	231
波兰	584	230
西班牙	271	227
比利时	353	207
丹麦	371	199
墨西哥	667	196
韩国	401	179
朝鲜	54	178
安哥拉	24	173
芬兰	283	157
菲律宾	20	142
蒙古	15	135
沙特阿拉伯	22	130
厄瓜多尔	86	124
乌拉圭	82	115
以色列	77	114
巴基斯坦	19	87
斯里兰卡	7	68
莫桑比克	13	65
加蓬	5	60
多民族玻利维亚国	20	59
苏丹	10	59
哥伦比亚	24	58
赞比亚	16	56
捷克	249	50
尼加拉瓜	9	48
葡萄牙	104	45
突尼斯	18	44
瑞典	72	40
科威特	51	39
多哥	12	38
肯尼亚	78	36
挪威	104	36
坦桑尼亚	19	34
贝宁	12	33
危地马拉	150	32
埃塞俄比亚	21	31
乌干达	3	29
孟加拉国	3	28
格鲁吉亚	3	27
吉布提	19	27
委内瑞拉	111	26
阿塞拜疆	4	26
约旦	2	24
博茨瓦纳	2	24
阿曼	8	24
阿尔及利亚	30	21
洪都拉斯	2	21
罗马尼亚	3	19
巴拿马	2	19
巴林	2	17
法属波利尼西亚	1	17
加纳	5	17
几内亚	5	16
卡塔尔	1	14
拉脱维亚	5	14
吉尔吉斯斯坦	7	12
几内亚比绍	10	12
匈牙利	1	11
斯洛文尼亚	3	11
保加利亚	3	11
柬埔寨	4	10
叙利亚	11	9
马耳他	1	8
刚果(金)	2	6
利比亚	160	5
纳米比亚	1	4
尼泊尔	1	4
卢旺达	1	3
斐济	6	3
喀麦隆	2	3
毛里求斯	2	3
爱尔兰	14	2
乍得	2	2
哥斯达黎加	1	2
莱索托	2	1
克罗地亚	1	1
塞尔维亚	1	1
刚果(布)	24	1
马达加斯加	1	1
赤道几内亚	4	1
塞内加尔	1	1
所罗门群岛	32	1
84669200 品目 8465 所列机器用的零件、附件		
#合计	25332205	88378
美国	6460789	23179
德国	2102827	9643
中国台湾	4882078	8099
智利	1830208	6533
加拿大	2000920	5346
英国	531599	2801
日本	301483	2709
韩国	886850	2596

国家/地区	出口数量（台）	出口金额（千美元）
意大利	819481	2440
澳大利亚	618591	2093
芬兰	418834	1727
印度	455760	1704
伊朗	45020	1490
中国香港	127676	1429
荷兰	277922	1274
印度尼西亚	324137	1126
马来西亚	118753	1076
巴西	203114	1030
瑞典	394711	967
墨西哥	241097	951
俄罗斯联邦	210388	823
土耳其	133272	749
越南	165842	720
比利时	185901	661
泰国	88133	593
阿尔及利亚	35942	584
法国	118299	577
爱沙尼亚	101081	457
新西兰	47895	323
波兰	39329	302
捷克	68480	292
南非	49042	290
挪威	107699	259
巴基斯坦	48836	256
奥地利	46583	217
立陶宛	61594	177
丹麦	31632	174
菲律宾	61431	168
乌克兰	62153	158
阿联酋	108368	134
孟加拉国	15899	132
西班牙	20965	125
瑞士	22551	124
柬埔寨	66104	117
安哥拉	50865	114
新加坡	12932	94
秘鲁	14737	93
埃塞俄比亚	51855	85
埃及	13637	84
斯里兰卡	11372	83
莫桑比克	11345	75
保加利亚	10514	72
哈萨克斯坦	13210	70
多哥	15390	67
罗马尼亚	3848	60
格鲁吉亚	27907	59
刚果(布)	4620	59
斯洛文尼亚	7786	55
肯尼亚	5750	50
巴拿马	11599	45
缅甸	16057	45
哥伦比亚	5669	42
圣马力诺	4960	40
加蓬	22246	39
摩洛哥	1542	36
阿根廷	2797	31
以色列	8833	31
卢旺达	10009	30
委内瑞拉	1734	24
沙特阿拉伯	3893	23
加纳	2591	21
危地马拉	2030	18
巴布亚新几内亚	866	14
贝宁	5341	13
葡萄牙	1869	11
希腊	922	11
叙利亚	1121	11
卡塔尔	193	11
科威特	740	10
蒙古	630	10
尼日利亚	791	10
突尼斯	2734	9
也门	1865	9
坦桑尼亚	1115	9
黎巴嫩	2735	8
拉脱维亚	3376	7
斯洛伐克	1582	7
乌拉圭	857	5
多民族玻利维亚国	549	5
乌干达	111	5
朝鲜	1023	5
刚果(金)	292	4
文莱	1085	4
乌兹别克斯坦	362	4
约旦	959	3
卢森堡	330	3
阿塞拜疆	2045	3
爱尔兰	1493	3
白俄罗斯	651	3
马达加斯加	2118	2
利比亚	2021	2
马耳他	420	2
亚美尼亚	309	2
波黑	190	2
纳米比亚	500	1
厄瓜多尔	59	1
克罗地亚	459	1
塞尔维亚	82	1
马拉维	39	1
新喀里多尼亚	89	1
多米尼加共和国	155	1
苏里南	137	1
哥斯达黎加	30	1
中国澳门	91	1

84792000 提取、加工动物油脂或固定植物油脂的机器

国家/地区	出口数量（台）	出口金额（千美元）
#合计	3812	40431
印度尼西亚	74	7785
乌克兰	15	3322
俄罗斯联邦	52	3208
印度	71	3020
哈萨克斯坦	244	2717
马来西亚	31	1605
尼日利亚	293	1509
菲律宾	12	1273
南非	29	1183
土耳其	36	1122
埃塞俄比亚	44	1091
喀麦隆	9	939
乌兹别克斯坦	52	893
肯尼亚	68	863
缅甸	298	789
坦桑尼亚	634	730
吉布提	6	592
苏丹	49	496
朝鲜	132	477
美国	188	472
越南	9	450
伊朗	7	418
墨西哥	8	413
阿根廷	127	400
马拉维	56	259
摩洛哥	6	235

国家/地区	出口数量（台）	出口金额（千美元）
科特迪瓦	19	231
秘鲁	7	224
赞比亚	108	208
乍得	127	177
加纳	21	167
中国台湾	36	151
新加坡	12	145
几内亚	164	132
塞内加尔	20	132
加拿大	7	131
泰国	58	127
巴基斯坦	23	125
波兰	38	116
多哥	9	115
毛里求斯	3	112
佛得角	1	106
智利	18	101
巴西	9	91
厄立特里亚	1	71
格鲁吉亚	2	71
希腊	6	65
孟加拉国	9	62
莫桑比克	19	61
纳米比亚	2	61
阿联酋	78	60
突尼斯	3	58
津巴布韦	30	52
埃及	14	52
马达加斯加	52	52
伊拉克	14	49
布基纳法索	5	49
委内瑞拉	1	46
塔吉克斯坦	1	45
柬埔寨	16	38
毛里塔尼亚	2	38
以色列	19	37
保加利亚	4	37
斯里兰卡	53	36
澳大利亚	9	36
意大利	22	33
叙利亚	7	33
塞拉利昂	24	32
马里	8	32
古巴	13	29
乌拉圭	7	27

国家/地区	出口数量（台）	出口金额（千美元）
危地马拉	8	26
沙特阿拉伯	7	21
克罗地亚	15	19
罗马尼亚	7	18
德国	6	17
匈牙利	10	15
约旦	3	13
哥伦比亚	2	12
不丹	1	11
塞尔维亚	8	9
立陶宛	1	8
冈比亚	5	8
海地	16	8
尼泊尔	4	7
多米尼加共和国	4	7
法国	4	7
吉尔吉斯斯坦	5	6
日本	2	6
乌干达	2	6
斐济	4	6
牙买加	2	6
特立尼达和多巴哥	1	6
西班牙	4	6
阿尔及利亚	1	6
新西兰	2	5
斯洛文尼亚	4	5
洪都拉斯	1	5
巴布亚新几内亚	2	5
葡萄牙	2	5
老挝	1	4
比利时	1	4
拉脱维亚	2	4
伯利兹	1	4
中国香港	3	4
所罗门群岛	1	4
哥斯达黎加	1	3
亚美尼亚	1	2
韩国	2	2
爱沙尼亚	1	2
刚果（金）	2	2
安哥拉	1	2
波黑	1	2
瑞典	2	2
英国	1	1
格林纳达	1	1

国家/地区	出口数量（台）	出口金额（千美元）
冰岛	1	1

84793000 木碎料或木纤维板挤压机等木材、软木处理机

国家/地区	出口数量（台）	出口金额（千美元）
#合计	8071	69455
印度尼西亚	612	8414
俄罗斯联邦	802	8072
印度	354	6976
越南	139	6905
泰国	142	3498
马来西亚	166	3149
德国	850	3024
伊朗	36	2935
墨西哥	29	2845
巴基斯坦	49	2378
立陶宛	80	1246
哈萨克斯坦	17	1090
土耳其	47	973
乌兹别克斯坦	19	921
保加利亚	152	884
希腊	234	844
菲律宾	129	838
肯尼亚	29	765
美国	252	728
加拿大	395	605
意大利	511	589
中国台湾	19	536
孟加拉国	16	487
日本	146	462
新加坡	13	457
波兰	250	447
澳大利亚	175	429
白俄罗斯	41	416
斯里兰卡	23	402
阿联酋	19	401
尼日利亚	139	384
巴西	17	318
黑山	2	317
叙利亚	14	301
拉脱维亚	104	291
智利	68	291
罗马尼亚	62	284
沙特阿拉伯	26	263
委内瑞拉	383	257
韩国	24	234
阿塞拜疆	2	224

国家/地区	出口数量（台）	出口金额（千美元）
埃及	11	219
克罗地亚	17	218
法国	116	217
乌克兰	25	199
埃塞俄比亚	11	198
捷克	210	193
奥地利	118	177
南非	20	173
英国	59	163
坦桑尼亚	10	161
安哥拉	3	152
葡萄牙	52	133
加纳	7	114
洪都拉斯	5	109
厄瓜多尔	22	105
巴拿马	4	104
突尼斯	4	99
斯洛文尼亚	75	94
缅甸	18	85
柬埔寨	7	82
荷兰	15	80
黎巴嫩	12	76
以色列	24	65
丹麦	58	64
比利时	56	63
朝鲜	9	59
秘鲁	14	58
西班牙	40	55
哥伦比亚	21	54
挪威	35	50
约旦	5	48
新西兰	38	48
阿尔及利亚	30	48
巴林	11	45
中国香港	16	44
斐济	2	41
阿根廷	22	41
加蓬	3	39
巴拉圭	6	39
瑞典	55	37
吉布提	2	37
塞尔维亚	15	34
格鲁吉亚	2	30
匈牙利	7	22
阿尔巴尼亚	18	22

国家/地区	出口数量（台）	出口金额（千美元）
芬兰	13	20
爱沙尼亚	2	20
萨尔瓦多	2	20
斯洛伐克	2	19
塔吉克斯坦	5	19
卡塔尔	3	19
亚美尼亚	2	19
莫桑比克	52	19
苏里南	5	18
赞比亚	3	17
乌拉圭	9	15
瑞士	6	12
马拉维	4	12
多哥	7	11
苏丹	5	11
也门	2	10
塞浦路斯	7	9
危地马拉	2	9
塞内加尔	3	8
毛里求斯	3	8
科特迪瓦	1	7
阿曼	2	7
前南马其顿	3	7
蒙古	2	7
波黑	1	6
利比亚	1	6
尼加拉瓜	3	6
乍得	1	5
科威特	2	5
马耳他	3	4
爱尔兰	3	4
巴布亚新几内亚	1	4
马约特	2	4
哥斯达黎加	1	4
多米尼加共和国	2	4
伯利兹	1	3
冰岛	2	3
博茨瓦纳	1	2
牙买加	2	2
特立尼达和多巴哥	1	2
摩尔多瓦	1	2
塞拉利昂	1	1

林业机械进口

国家/地区	进口数量（台）	进口金额（千美元）
82011000 锹及铲		
#合计	69107	544
中国台湾	25872	403
中国	39296	53
美国	2163	33
日本	734	16
德国	280	12
芬兰	271	7
法国	23	6
西班牙	48	5
意大利	93	3
韩国	77	3
捷克	115	1
南非	33	1
82013000 镐、锄及耙		
#合计	16921	63
中国台湾	11604	20
捷克	1060	12
德国	1378	11
中国	2314	8
美国	192	4
法国	68	4
意大利	115	2
日本	72	1
南非	45	1
西班牙	49	1
82014000 斧子、钩刀及类似砍伐工具		
#合计	78327	281
中国台湾	37228	117
美国	710	49
芬兰	831	28
中国	19254	27
印度尼西亚	14145	19
德国	834	12
法国	148	7
泰国	414	6
意大利	138	6
克罗地亚	4310	5
澳大利亚	90	2
挪威	86	2
西班牙	71	1
巴基斯坦	13	1
荷兰	25	1

国家/地区	进口数量（台）	进口金额（千美元）
柬埔寨	2	1
82015000 修枝剪及类似的单手操作剪刀(包括家禽剪)		
#合计	111747	2736
日本	46000	2130
中国台湾	52922	258
德国	3312	162
越南	2857	95
中国	5776	44
瑞士	427	31
美国	22	6
奥地利	106	4
捷克	136	3
芬兰	15	3
韩国	153	1
82016000 树篱剪、双手修枝剪及类似双手操作剪刀		
#合计	345033	850
中国台湾	339478	803
巴基斯坦	3374	14
捷克	480	10
德国	284	9
法国	257	4
中国	782	4
韩国	239	3
芬兰	29	1
瑞士	2	1
西班牙	27	1
美国	72	0
82021000 手工锯		
#合计	130827	1712
日本	24206	895
中国台湾	44596	276
韩国	18753	160
中国	18462	87
瑞典	3940	76
丹麦	6533	59
美国	8359	50
德国	1535	38
捷克	562	24
巴西	1608	17
葡萄牙	1233	7
奥地利	7	4
意大利	165	3
西班牙	210	3

国家/地区	进口数量（台）	进口金额（千美元）
法国	81	3
英国	92	2
瑞士	86	2
印度	320	1
荷兰	22	1
泰国	24	1
82022000 带锯片		
#合计	3166622	54406
德国	1698988	29028
日本	485023	10920
美国	509918	7724
瑞典	125529	2302
英国	51530	1444
瑞士	93879	1066
巴西	22894	414
法国	15898	324
意大利	67920	238
奥地利	63679	184
中国台湾	4671	169
菲律宾	1534	167
印度	5814	77
墨西哥	5198	65
波兰	4805	61
捷克	2310	55
韩国	1967	48
白俄罗斯	801	42
中国	1771	36
越南	1254	19
加拿大	612	8
卢森堡	100	6
中国香港	151	3
西班牙	108	2
丹麦	41	2
新加坡	50	1
芬兰	9	1
澳大利亚	160	1
82023100 带有钢制工作部件的圆锯片		
#合计	491485	26422
日本	131228	14069
意大利	237937	8699
瑞士	10160	1638
菲律宾	33495	691
中国	67058	574
韩国	1841	220
德国	4264	214

国家/地区	进口数量（台）	进口金额（千美元）
美国	795	147
印度	2964	79
中国台湾	188	39
法国	6	30
丹麦	217	11
西班牙	359	4
中国香港	513	4
奥地利	332	3
荷兰	7	1
波兰	1	1
巴西	120	0
82024000 链锯条		
#合计	1465492	27380
瑞士	579695	10639
美国	562769	10447
加拿大	190569	4011
巴西	76667	1295
中国	19109	341
德国	14581	304
中国香港	3720	83
日本	2435	81
新加坡	3079	70
中国台湾	11995	47
意大利	273	32
葡萄牙	81	21
印度	102	4
瑞典	165	3
匈牙利	240	1
澳大利亚	12	1
82053000 木工刨子、凿子及类似切削工具		
#合计	40840	850
德国	20092	602
意大利	11710	116
美国	984	46
中国	5268	23
日本	400	18
中国台湾	930	12
瑞士	18	8
芬兰	106	7
印度	804	4
韩国	241	3
加拿大	45	2
巴基斯坦	25	2
英国	90	2
法国	30	1

国家/地区	进口数量(台)	进口金额(千美元)
西班牙	28	1
奥地利	15	1
荷兰	4	1
印度尼西亚	8	0
82082000 木工机械用刀及刀片		
#合计	150329	7021
日本	37720	2409
德国	13727	1172
中国	49593	981
意大利	6247	805
中国台湾	23599	575
荷兰	821	395
奥地利	1085	233
美国	5615	133
卢森堡	1031	50
越南	937	47
英国	1580	44
斯洛伐克	46	35
瑞士	620	33
韩国	3227	23
爱尔兰	9	21
斯洛文尼亚	1182	15
芬兰	672	14
印度尼西亚	2172	8
瑞典	122	6
土耳其	112	4
法国	30	4
丹麦	7	4
以色列	73	4
葡萄牙	40	2
西班牙	4	1
加拿大	1	1
印度	28	1
82084000 农业、园艺或林业机器用的刀及刀片		
#合计	1406427	20545
日本	473424	9426
美国	459470	4470
瑞士	87658	2073
德国	157672	1587
加拿大	59576	1332
意大利	44973	602
韩国	70836	477
法国	15522	242
中国	18345	115

国家/地区	进口数量(台)	进口金额(千美元)
马来西亚	4412	82
奥地利	1080	29
墨西哥	6745	27
荷兰	324	17
澳大利亚	820	16
中国台湾	2140	14
丹麦	327	10
捷克	231	7
波兰	2256	7
瑞典	83	3
英国	142	3
巴西	278	2
芬兰	27	1
比利时	41	1
泰国	25	1
84193100 农产品干燥器		
#合计	303	7145
中国台湾	163	3168
日本	8	1807
韩国	96	787
荷兰	3	335
美国	9	306
德国	2	298
瑞士	1	215
印度	2	192
瑞典	1	28
意大利	17	6
英国	1	3
84193200 木材、纸浆、纸或纸板干燥器		
#合计	162	75380
奥地利	29	15333
意大利	18	12239
德国	21	9746
芬兰	1	7316
英国	8	7151
日本	34	7087
中国台湾	15	6586
匈牙利	3	5286
美国	8	997
加拿大	7	894
法国	2	787
朝鲜	4	752
瑞典	2	477
韩国	3	344
西班牙	3	170

国家/地区	进口数量(台)	进口金额(千美元)
比利时	1	155
印度尼西亚	3	60
84201000 研光机或其他滚压机器		
#合计	3974	360401
日本	245	77718
中国台湾	624	72370
意大利	188	58852
韩国	453	48019
德国	1783	45817
芬兰	4	17661
美国	106	12127
英国	37	9412
西班牙	6	4797
瑞士	288	4728
法国	5	3684
新加坡	24	1749
波兰	1	1108
加拿大	9	662
中国	66	335
匈牙利	1	278
以色列	11	226
丹麦	2	160
泰国	92	149
比利时	3	129
捷克	7	86
阿联酋	1	83
荷兰	9	76
斯洛伐克	1	75
奥地利	2	48
土耳其	1	26
瑞典	4	15
马来西亚	1	12
84209900 研光机或其他滚压机器的未列名零件		
#合计	1810231	47080
芬兰	493500	13560
德国	546959	11212
意大利	269993	6015
韩国	192726	5283
日本	21488	2790
美国	34063	2385
奥地利	68064	2205
中国台湾	69592	1821
法国	80076	1236
英国	14797	171

国家/地区	进口数量（台）	进口金额（千美元）
瑞士	8114	127
阿根廷	529	126
西班牙	8749	61
加拿大	167	24
印度	10	18
泰国	540	16
以色列	10	15
马来西亚	472	7
墨西哥	270	6
中国	5	1
荷兰	104	1
瑞典	2	1
84321000 犁		
#合计	731	10375
法国	263	4329
德国	155	2696
意大利	138	2302
西班牙	48	531
挪威	20	303
韩国	34	74
加拿大	2	43
比利时	4	37
日本	4	28
美国	4	10
墨西哥	1	8
泰国	3	6
中国台湾	1	2
斯里兰卡	37	2
中国	9	1
新西兰	1	1
匈牙利	2	1
瑞典	1	1
俄罗斯联邦	4	1
84322100 圆盘耙		
#合计	88	2376
德国	59	1588
法国	21	509
美国	7	275
意大利	1	4
84322900 其他耙、松土机、中耕机、除草机及耕耘机		
#合计	2501	7872
美国	416	2766
意大利	332	1292
日本	732	966

国家/地区	进口数量（台）	进口金额（千美元）
德国	92	749
法国	51	635
中国台湾	572	504
中国	181	375
韩国	85	242
荷兰	16	132
奥地利	7	115
英国	2	83
泰国	3	5
俄罗斯联邦	6	5
丹麦	3	2
捷克	1	2
土耳其	1	1
84324000 施肥机		
#合计	4382	4527
美国	428	1122
日本	294	944
意大利	2019	731
法国	183	531
德国	61	412
以色列	1310	353
加拿大	3	125
土耳其	49	79
韩国	15	78
荷兰	10	77
斯洛文尼亚	4	37
澳大利亚	1	29
英国	4	6
丹麦	1	4
84328010 草坪及运动场地滚压机		
#合计	48	537
德国	9	192
美国	19	163
澳大利亚	10	109
泰国	6	53
英国	2	12
日本	1	8
84328090 未列名农业、园艺及林业用整地或耕作机械		
#合计	990	10084
挪威	147	3304
美国	273	2227
德国	142	1806
意大利	42	840
日本	81	502

国家/地区	进口数量（台）	进口金额（千美元）
韩国	210	440
法国	13	302
荷兰	15	228
澳大利亚	20	200
加拿大	25	102
比利时	4	45
英国	5	41
爱尔兰	3	36
中国台湾	9	8
马来西亚	1	3
84329000 品目 8432 所列机械的零件		
#合计	3461959	65193
日本	2841877	59710
韩国	90533	1554
美国	145596	1431
西班牙	160979	515
德国	42804	455
意大利	80976	402
法国	46871	370
挪威	17040	281
阿根廷	10885	177
中国台湾	10321	121
荷兰	1524	53
以色列	1269	35
中国香港	6147	17
奥地利	512	15
中国	1977	14
丹麦	393	8
加拿大	346	7
英国	332	6
澳大利亚	468	6
墨西哥	366	5
印度	86	4
比利时	325	3
津巴布韦	134	1
新西兰	47	1
泰国	94	1
巴西	1	1
84331100 割刀水平旋转草坪、公园或运动场机动割草机		
#合计	2110	8299
美国	750	4375
日本	667	2912
英国	160	222
法国	33	198

国家/地区	进口数量（台）	进口金额（千美元）
捷克	74	177
德国	44	91
中国	241	63
澳大利亚	22	57
荷兰	24	56
克罗地亚	2	51
加拿大	14	51
意大利	14	19
瑞典	25	8
奥地利	7	5
罗马尼亚	12	3
以色列	2	3
比利时	1	2
泰国	1	2
巴西	11	2
爱尔兰	1	1
波兰	1	1
匈牙利	2	1

84331900 其他草坪、公园或运动场地割草机

国家/地区	进口数量（台）	进口金额（千美元）
#合计	2852	11082
美国	925	9841
英国	31	535
德国	55	303
泰国	1345	275
荷兰	6	39
日本	6	39
捷克	344	24
意大利	3	7
中国	16	6
法国	3	6
瑞典	2	3
越南	100	2
匈牙利	14	2
土耳其	1	1

84332000 其他割草机，包括牵引装置用的刀具杆

国家/地区	进口数量（台）	进口金额（千美元）
#合计	2565	4671
美国	148	3111
德国	60	717
法国	37	538
意大利	50	154
中国台湾	1530	46
加拿大	3	40
韩国	330	29
中国	362	17
日本	30	12
捷克	1	3
哈萨克斯坦	1	1
澳大利亚	6	1
土耳其	1	1

84333000 其他干草切割、翻晒机器

国家/地区	进口数量（台）	进口金额（千美元）
#合计	430	2382
美国	82	851
意大利	312	739
德国	21	730
西班牙	8	40
法国	5	21
瑞典	2	2

84334000 草料打包机，包括收集打包机

国家/地区	进口数量（台）	进口金额（千美元）
#合计	29551	29958
美国	798	10841
德国	241	7233
韩国	337	4436
比利时	30	2559
挪威	5	1667
法国	18	989
意大利	54	749
日本	28015	389
荷兰	6	367
芬兰	3	318
波兰	30	275
土耳其	6	70
摩洛哥	3	43
加拿大	2	17
中国	1	6

84336000 蛋类、水果等农产品的清洁、分选、分级机器

国家/地区	进口数量（台）	进口金额（千美元）
#合计	422	30917
荷兰	32	6394
比利时	13	5909
美国	22	5600
法国	27	4318
韩国	184	3134
日本	39	1495
意大利	37	1488
英国	6	697
新西兰	4	636
德国	12	604
中国台湾	15	227
西班牙	2	171
印度	9	74
塞尔维亚	1	48
菲律宾	1	40
澳大利亚	3	40
越南	2	20
马来西亚	10	10
土耳其	1	6
中国	1	4
泰国	1	3

84351000 制酒、果汁等饮料的压榨机、轧碎机等机器

国家/地区	进口数量（台）	进口金额（千美元）
#合计	1214	3515
意大利	131	1451
法国	129	1159
瑞典	2	385
西班牙	75	169
美国	242	139
德国	223	117
泰国	270	53
中国台湾	94	23
韩国	44	16
日本	1	3
英国	3	1

84359000 84351000 所列机器的零件

国家/地区	进口数量（台）	进口金额（千美元）
#合计	961	54
美国	509	43
西班牙	72	6
日本	1	2
法国	16	1
泰国	350	1
意大利	13	1
丹麦	0	1

84386000 水果、坚果或蔬菜加工机器

国家/地区	进口数量（台）	进口金额（千美元）
#合计	4095	19215
美国	1878	5631
意大利	317	5392
韩国	100	2178
日本	563	2065
中国台湾	254	731
荷兰	16	586
比利时	15	536
法国	586	456
越南	23	343

国家/地区	进口数量（台）	进口金额（千美元）
瑞典	180	303
西班牙	8	294
朝鲜	18	229
德国	54	197
新加坡	36	67
英国	8	60
希腊	2	42
丹麦	4	29
塞尔维亚	1	26
挪威	3	13
瑞士	10	11
中国	6	7
国别(地区)不详	4	6
芬兰	5	6
斯洛伐克	1	3
澳大利亚	1	2
泰国	1	1
马来西亚	1	1
84388000 其他食品、饮料工业用生产或加工机器		
#合计	9229	146467
日本	747	42481
德国	381	32874
美国	3861	13380
荷兰	48	11380
中国台湾	1304	10994
意大利	1022	10158
丹麦	55	4145
瑞典	83	3843
瑞士	57	2332
法国	490	2271
韩国	408	2111
西班牙	22	1531
冰岛	3	1215
中国香港	6	1111
菲律宾	21	1066
加拿大	4	785
英国	9	767
芬兰	107	713
澳大利亚	1	636
巴西	5	473
新加坡	52	394
挪威	41	364
越南	3	327

国家/地区	进口数量（台）	进口金额（千美元）
印度	16	327
南非	2	187
泰国	36	147
中国	205	145
哥伦比亚	67	130
比利时	46	75
捷克	1	47
马来西亚	4	16
印度尼西亚	3	15
国别(地区)不详	2	10
以色列	1	8
波兰	46	7
爱尔兰	67	2
墨西哥	1	1
土耳其	1	1
叙利亚	1	1
84389000 品目8438所列机械的零件		
#合计	685005	18509
德国	63158	3393
中国台湾	384082	3133
美国	80460	2793
罗马尼亚	28008	2788
日本	15510	1469
意大利	20557	1032
荷兰	16911	972
韩国	16996	484
丹麦	8116	443
西班牙	394	362
英国	5209	245
澳大利亚	18451	214
法国	4752	186
瑞士	2522	146
奥地利	1489	130
捷克	431	103
加拿大	219	89
波兰	213	67
瑞典	2143	67
中国	1026	58
菲律宾	1085	57
南非	109	51
巴西	1335	50
新加坡	500	47
比利时	6461	46
朝鲜	3710	45
泰国	74	7

国家/地区	进口数量（台）	进口金额（千美元）
马来西亚	109	7
墨西哥	208	7
芬兰	69	6
爱尔兰	38	5
乌克兰	30	3
印度	436	2
冰岛	170	1
秘鲁	14	1
中国香港	9	1
84391000 制造纤维素纸浆的机器		
#合计	332	148378
瑞典	62	48110
芬兰	99	38467
奥地利	36	23297
德国	19	16830
加拿大	15	8696
美国	29	2929
中国台湾	30	2413
挪威	5	1783
印度	7	1593
日本	11	1204
法国	2	1195
意大利	1	806
韩国	9	632
匈牙利	2	234
巴西	2	110
西班牙	1	65
中国	2	15
84392000 纸或纸板的制造机器		
#合计	120	244552
德国	40	103424
意大利	26	68666
芬兰	11	41075
奥地利	7	15895
中国台湾	15	6868
波兰	8	4729
法国	4	3658
加拿大	5	164
日本	3	42
西班牙	1	29
84393000 纸或纸板的整理机器		
#合计	356	135446
意大利	27	39765
芬兰	17	29334
中国台湾	203	18415

国家/地区	进口数量（台）	进口金额（千美元）
德国	31	18354
荷兰	2	9707
奥地利	4	7160
韩国	32	4688
瑞士	1	3292
法国	4	1628
日本	20	1129
美国	11	1037
葡萄牙	3	676
匈牙利	1	262
84399100 制造纤维素纸浆机器的零件		
#合计	2063681	65166
芬兰	452014	16170
美国	687174	13036
德国	235965	12741
瑞典	277596	10549
奥地利	103515	4746
中国台湾	100014	2270
韩国	27359	1291
日本	33742	1194
波兰	27580	918
加拿大	13896	652
挪威	8104	569
法国	17864	456
意大利	6101	155
比利时	1400	71
中国香港	2233	61
印度尼西亚	56400	56
印度	1655	49
荷兰	1623	41
西班牙	6040	37
英国	1686	37
巴西	1120	27
中国	494	21
丹麦	6	8
斯洛伐克	60	4
爱沙尼亚	17	3
瑞士	10	3
列支敦士登	4	1
澳大利亚	2	1
斯洛文尼亚	7	1
84399900 制造或整理纸及纸板机器的零件		
#合计	10378545	275960
奥地利	2984919	99783
德国	1745054	49037

国家/地区	进口数量（台）	进口金额（千美元）
芬兰	981060	34533
意大利	1954890	31396
法国	475316	15083
韩国	1051334	12887
日本	591090	9960
瑞士	42933	9009
美国	130476	4905
斯洛伐克	46196	2156
中国台湾	205461	1933
西班牙	51388	1178
瑞典	16311	852
比利时	25107	682
挪威	17964	664
波兰	21331	617
巴西	8225	489
英国	8826	377
加拿大	1743	120
荷兰	909	106
中国	2155	59
立陶宛	4924	23
阿根廷	120	20
中国香港	1024	16
泰国	52	16
爱沙尼亚	39	12
丹麦	430	10
印度	260	10
捷克	244	7
国别(地区)不详	19	6
澳大利亚	98	5
乌干达	7420	5
新加坡	1220	2
匈牙利	7	2
84401010 锁线装订机		
#合计	78	8516
意大利	37	4434
德国	15	2798
瑞士	6	657
中国台湾	12	412
法国	4	150
中国	1	54
美国	1	10
84401020 胶订机		
#合计	197	21205
德国	17	9826
瑞士	46	7983

国家/地区	进口数量（台）	进口金额（千美元）
日本	75	2566
美国	9	549
比利时	4	106
韩国	13	75
意大利	1	57
中国	30	42
越南	1	1
84401090 其他书本装订机器		
#合计	1067	30574
德国	115	13240
瑞士	89	7127
葡萄牙	119	4428
日本	366	3465
中国台湾	32	740
法国	14	393
英国	16	278
荷兰	20	208
比利时	7	186
美国	37	172
意大利	23	153
瑞典	2	80
韩国	27	58
拉脱维亚	184	32
捷克	12	14
中国	3	2
84409000 书本装订机器的零件		
#合计	51017	3466
德国	20214	1675
日本	7883	714
瑞士	1100	299
意大利	2735	282
美国	6142	202
葡萄牙	5898	183
中国台湾	6483	45
英国	267	37
奥地利	11	14
中国	150	7
新加坡	4	5
瑞典	76	2
罗马尼亚	3	1
法国	47	1
84411000 切纸机		
#合计	5015	134406
德国	303	45784
西班牙	25	30858

国家/地区	进口数量（台）	进口金额（千美元）
意大利	97	22991
中国台湾	407	16095
美国	169	6580
日本	239	3175
瑞士	16	2041
法国	9	1447
澳大利亚	5	1349
韩国	48	1177
英国	17	1021
芬兰	3	694
加拿大	4	458
菲律宾	6	382
瑞典	11	120
中国	3400	74
奥地利	3	49
越南	4	43
拉脱维亚	225	28
罗马尼亚	1	24
比利时	1	8
捷克	21	5
丹麦	1	4
84412000 制造包、袋或信封的机器		
#合计	64	27199
德国	15	17375
日本	30	6878
中国台湾	11	1422
澳大利亚	3	924
法国	1	382
韩国	1	135
美国	3	83
84413090 其他制造箱、盒、管、桶或类似容器的机器		
#合计	235	25636
中国台湾	79	8060
韩国	43	5437
德国	6	3604
日本	19	2654
捷克	21	1347
美国	11	1323
意大利	30	832
法国	3	615
瑞典	4	524
荷兰	1	466
印度尼西亚	13	350
比利时	1	138

国家/地区	进口数量（台）	进口金额（千美元）
挪威	1	120
西班牙	1	74
马来西亚	1	48
新加坡	1	44
84414000 纸浆、纸或纸板制品模制成型机器		
#合计	96	13826
中国台湾	30	4831
意大利	10	4714
韩国	18	1879
日本	5	475
德国	6	459
美国	14	395
西班牙	5	392
越南	1	300
瑞士	3	211
法国	1	120
奥地利	1	46
英国	2	3
84418010 纸塑铝复合软包装生产设备		
#合计	28	7066
瑞典	4	3136
日本	10	1602
葡萄牙	1	1288
韩国	2	545
中国台湾	4	199
西班牙	1	152
英国	2	115
意大利	1	14
德国	2	8
丹麦	1	6
84418090 其他制造纸浆制品、纸制品或纸板制品的机器		
#合计	320	105751
中国台湾	172	52601
意大利	30	22612
德国	48	15423
日本	21	5384
芬兰	3	2922
奥地利	5	2182
美国	12	1819
韩国	10	1553
荷兰	1	548
瑞典	1	281
瑞士	8	203

国家/地区	进口数量（台）	进口金额（千美元）
英国	7	144
加拿大	1	69
新加坡	1	11
84419010 切纸机零件		
#合计	706377	17473
中国台湾	290622	4952
德国	117705	3641
意大利	85920	2524
日本	55996	2214
美国	40913	1360
法国	11975	810
芬兰	42776	596
中国	29536	394
韩国	4785	269
瑞士	1082	224
西班牙	4664	152
英国	8153	116
越南	2258	88
荷兰	7801	56
斯洛文尼亚	890	23
奥地利	224	12
比利时	343	11
瑞典	19	11
加拿大	0	5
立陶宛	19	3
挪威	2	3
新加坡	0	2
捷克	20	2
拉脱维亚	142	2
澳大利亚	59	1
菲律宾	170	1
波兰	2	1
中国香港	194	1
印度	90	1
84419090 其他制造（纸浆、纸或纸板）制品机器的零件		
#合计	900485	26822
瑞士	296541	7998
德国	82782	4645
中国台湾	245323	2771
日本	49554	2358
美国	14640	1771
意大利	43289	1151
韩国	65997	1119
英国	32595	1008

国家/地区	进口数量(台)	进口金额(千美元)
瑞典	8341	998
芬兰	24212	826
荷兰	15089	603
西班牙	5298	375
比利时	2913	275
中国香港	2806	275
法国	1345	151
奥地利	2020	138
挪威	311	87
巴西	343	56
中国	1133	51
印度	1407	51
南非	550	26
泰国	123	17
印度尼西亚	3270	16
丹麦	67	15
加拿大	239	13
爱沙尼亚	31	13
保加利亚	64	5
马来西亚	29	4
澳大利亚	85	3
俄罗斯联邦	60	2
新加坡	0	1
84651000 不换刀即可对硬质材料作不同机加工的机床		
#合计	89	6492
德国	14	2627
中国台湾	24	1618
意大利	20	1250
奥地利	5	402
韩国	13	351
印度	2	99
美国	5	96
新加坡	1	31
日本	1	11
朝鲜	1	4
巴西	3	3
84659100 木材、软木、骨、硬橡胶等硬质材料加工锯床		
#合计	2524	34342
德国	427	16371
意大利	77	6443
中国台湾	1305	4454
奥地利	14	4210
芬兰	5	743

国家/地区	进口数量(台)	进口金额(千美元)
加拿大	9	542
荷兰	74	453
日本	154	300
美国	34	274
中国	141	138
韩国	9	109
瑞典	3	98
比利时	12	43
印度	1	37
巴西	4	36
墨西哥	225	34
法国	1	25
乌克兰	1	18
澳大利亚	6	12
土耳其	1	2
英国	6	2
卢森堡	14	1
84659200 木材、软木等硬质材料刨、铣等切削成形机器		
#合计	4941	81885
中国台湾	882	32237
德国	416	18042
日本	709	13119
韩国	179	6825
意大利	107	4619
新加坡	32	1597
奥地利	12	1469
法国	17	1094
加拿大	928	565
美国	24	500
荷兰	6	466
芬兰	2	312
澳大利亚	3	297
中国	1514	188
西班牙	1	162
瑞士	32	108
中国香港	1	77
泰国	2	50
丹麦	19	48
斯洛文尼亚	1	29
乌克兰	1	27
阿联酋	22	25
葡萄牙	2	12
英国	2	7
越南	1	4

国家/地区	进口数量(台)	进口金额(千美元)
卢森堡	23	2
挪威	3	2
84659300 木材、软木等硬质材料研磨、砂磨或抛光机器		
#合计	5813	56358
中国台湾	586	15932
日本	160	12205
德国	422	10562
意大利	53	5797
奥地利	17	3988
韩国	4071	2947
瑞典	12	1503
美国	149	1346
芬兰	1	694
法国	58	616
瑞士	17	430
中国	187	157
丹麦	5	75
荷兰	12	67
南非	1	13
土耳其	1	10
卢森堡	51	5
挪威	2	5
加拿大	1	3
新西兰	1	2
英国	4	1
84659400 木材、软木、骨等硬质材料弯曲或装配机器		
#合计	1533	42381
韩国	625	9739
马来西亚	30	9340
日本	271	8040
中国香港	26	4754
中国台湾	311	4247
德国	73	2187
意大利	27	1997
西班牙	5	585
美国	19	408
芬兰	1	324
瑞典	8	233
瑞士	105	163
法国	5	141
中国	8	97
菲律宾	9	74
新加坡	6	31

国家/地区	进口数量（台）	进口金额（千美元）
英国	1	15
加拿大	1	6
丹麦	2	1
84659500 木材、软木、骨等硬质材料钻孔或凿榫机器		
#合计	18055	76980
德国	588	26862
日本	152	19973
中国台湾	551	18665
意大利	81	4472
韩国	15823	2516
中国	14	1264
瑞士	3	842
美国	19	730
印度	15	724
波兰	5	272
英国	177	135
荷兰	26	96
澳大利亚	5	63
斯洛文尼亚	325	53
新加坡	5	51
奥地利	58	49
马来西亚	115	48
丹麦	66	40
西班牙	3	40
巴西	1	25
芬兰	1	22
葡萄牙	3	18
法国	1	9
以色列	2	5
乌克兰	1	3
挪威	1	2
84659600 木材、软木等硬质材料剖开、切片或刮削机器		
2435	75199	#合计
中国台湾	895	27496
日本	343	15979
韩国	424	11515
德国	365	10975
意大利	73	2769
荷兰	10	2661
新加坡	12	1051
美国	45	539
芬兰	18	458
瑞士	125	396

国家/地区	进口数量（台）	进口金额（千美元）
法国	6	253
奥地利	3	208
中国	25	161
马来西亚	2	158
英国	3	134
阿联酋	7	111
捷克	4	110
加拿大	4	55
斯洛文尼亚	54	39
以色列	1	33
瑞典	6	27
土耳其	1	27
泰国	3	25
澳大利亚	2	10
西班牙	2	7
挪威	2	2
84659900 木材、软木、骨等硬质材料的其他加工机床		
#合计	2053	92408
德国	574	30437
中国台湾	372	13455
意大利	147	12507
日本	345	11015
韩国	318	9559
中国香港	36	4346
美国	42	2978
西班牙	53	2086
印度	49	1672
瑞士	26	1241
中国	18	847
奥地利	9	514
斯洛文尼亚	1	489
法国	17	250
新加坡	8	201
比利时	2	195
瑞典	4	130
墨西哥	1	123
丹麦	3	79
土耳其	6	78
捷克	1	47
加拿大	1	39
葡萄牙	3	31
芬兰	1	31
泰国	1	21
英国	3	13

国家/地区	进口数量（台）	进口金额（千美元）
菲律宾	7	8
匈牙利	1	7
乌克兰	1	5
卢森堡	1	2
荷兰	1	2
澳大利亚	1	0
84669200 品目 8465 所列机器用的零件、附件		
#合计	971488	27599
德国	170350	6139
意大利	81040	5693
日本	91113	5306
韩国	149156	4415
中国台湾	375953	2406
瑞典	39229	1536
美国	6950	559
瑞士	14754	198
荷兰	802	174
新加坡	476	162
法国	1461	131
奥地利	1881	130
泰国	1276	125
加拿大	1911	120
马来西亚	7531	94
英国	1010	72
中国	12344	53
卢森堡	512	40
澳大利亚	5825	28
丹麦	1440	28
芬兰	807	27
匈牙利	139	26
印度尼西亚	1098	25
以色列	64	23
巴西	188	20
中国香港	109	12
土耳其	2547	11
西班牙	138	10
捷克	351	9
比利时	289	8
罗马尼亚	86	7
印度	428	7
国别(地区)不详	6	2
墨西哥	13	2
波兰	4	1
乌克兰	200	1

国家/地区	进口数量（台）	进口金额（千美元）
保加利亚	7	1
84792000 提取、加工动物油脂或固定植物油脂的机器		
#合计	95	9965
美国	24	4725
新加坡	3	1190
巴西	4	917
韩国	32	857
意大利	4	793
瑞士	4	592
中国台湾	6	469
印度	1	243
德国	8	89
日本	3	32
英国	3	31
瑞典	3	29
84793000 木碎料或木纤维板挤压机等木材、软木处理机		
#合计	102	71643
德国	47	64368
芬兰	4	3554
意大利	9	2309
丹麦	1	1224
韩国	8	92
荷兰	1	61
美国	1	19
越南	30	14
中国台湾	1	2

参加编纂单位名单

北京市

朝阳区园林绿化局
丰台区园林绿化局
海淀区园林绿化局
门头沟区园林绿化局
房山区园林绿化局
通州区园林绿化局
顺义区园林绿化局
昌平区园林绿化局
大兴区园林绿化局
怀柔区园林绿化局
平谷区园林绿化局
平谷区人民政府果品办公室
密云县园林绿化局
延庆县园林绿化局
延庆县果品服务中心
市园林绿化局直属单位
西山林场
共青林场
大东流苗圃
八达岭林场
温泉苗圃

天津市

东丽区林业局
西青区林业局
津南区林业局
北辰区林业局
武清区林业局
宝坻区林业局
滨海新区林业局
蓟县林业局
宁河县林业局
静海县林业局

河北省

石家庄市林业局
长安区农办
桥东区农办
桥西区农办
新华区农办
裕华区园林局
井陉矿区林业局
辛集市林业局
藁城市林业局
晋州市林业局
新乐市林业局
鹿泉市林业局
井陉县林业局
正定县林业局
栾城县林业局
行唐县林业局
灵寿县林业局
高邑县林业局
深泽县林业局
赞皇县林业局
无极县林业局
平山县林业局
元氏县林业局
赵县林业局
石家庄市南化苗圃
张家口市林业局
宣化区农委
下花园区农委
宣化县林业局
张北县林业局
康保县林业局
沽源县林业局
尚义县林业局
蔚县林业局
阳原县林业局
怀安县林业局
万全县林业局
怀来县林业局
涿鹿县林业局
赤城县林业局
崇礼县林业局
张家口市林场
张家口市高新区农委
承德市林业局
双桥区林业局
双滦区林水局
鹰手营子矿区林水局
承德县林业局
兴隆县林业局
平泉县林业局
滦平县林业局
隆化县林业局
丰宁满族自治县林业局
宽城满族自治县林业局
围场满族蒙古族自治县林业局
滦平林场管理局
御道口林场
秦皇岛市林业局
海港区林业局
山海关区林业局
北戴河区林业局
昌黎县林业局
抚宁县林业局
卢龙县林业局
青龙满族自治县林业局
唐山市林业局
路北区农林畜牧水产局
路南区农林畜牧水产局
古冶区农林畜牧水产局
开平区农林畜牧水产局

丰润区林业局
丰南区林业局
遵化市林业局
迁安市林业局
滦县林业局
滦南县林业局
乐亭县林业局
迁西县林业局
玉田县林业局
唐海县农林畜牧水产局
芦台经济技术开发区农委
汉沽管理区农业局
廊坊市林业局
广阳区林业局
安次区林业局
霸州市林业局
三河市林业局
固安县林业局
永清县林业局
香河县林业局
大城县林业局
文安县林业局
大厂回族自治县林业局
杨柳青林场
保定市林业局
新市区农业局
北市区农业局
南市区农业局
定州市林业局
涿州市农业局
安国市林业局
高碑店市农牧局
满城县林业局
清苑县农业局
易县林业局
徐水县林业局
涞源县林业局
定兴县林业局
顺平县林业局
唐县林业局
望都县林业局
涞水县林业局
高阳县林业局
安新县农业局
雄县农业局
容城县农牧局
曲阳县林业局
阜平县林业局
博野县农业局
蠡县林业局
沧州市林业局
运河区农林局
新华区农林局
泊头市林业局
任丘市林业局
黄骅市林业局
河间市林业局
沧县林业局
青县林业局
东光县林业局
海兴县农林局
盐山县农林局
肃宁县林业局
南皮县林业局
吴桥县农林局
献县林业局
孟村回族自治县农林局
临港经济技术开发区林业局
南大港管理区林业局
衡水市林业局
桃城区林业局
冀州市林业局
深州市林业局
枣强县林业局
武邑县林业局
武强县林业局
饶阳县林业局
安平县林业局
故城县林业局
景县林业局
阜城县林业局
邢台市林业局
桥东区农业局
桥西区农业局
南宫市林业局
沙河市林业局
邢台县林业局
临城县林业局
内丘县林业局
柏乡县林业局
隆尧县林业局
任县林业局
南和县林业局
宁晋县林业局
巨鹿县林业局
新河县林业局
广宗县林业局
平乡县林业局
威县林业局
清河县林业局
临西县林业局
高新技术开发区农业办
大曹庄管委会农业办
邯郸市林业局
丛台区农牧局
邯山区农牧局
复兴区农牧局
峰峰矿区林业局
武安市林业局
邯郸县林业局
临漳县林业局
成安县林业局
大名县林业局
涉县林业局
磁县林业局
肥乡县林业局
永年县林业局
邱县林业局
鸡泽县林业局
广平县林业局
馆陶县林业局
魏县林业局
曲周县林业局
省直属单位
塞罕坝机械化林场
木兰围场国有林场管理局
河北雾灵山国家级自然保护区管理局
小五台国家级自然保护区管理局
河北省林业示范场

山西省

太原市林业局
小店区林业局

迎泽区林业局
尖草坪区林业局
晋源区林业局
古交市林业局
清徐县林业局
阳曲县林业局
娄烦县林业局
大同市林业局
南郊区林业局
新荣区林业局
阳高县林业局
天镇县林业局
广灵县林业局
灵丘县林业局
浑源县林业局
左云县林业局
大同县林业局
长城山林场
恒山林场
桦林背林场
十里河林场
大同市植物园
朔州市林业局
山阴县林业局
阳泉市林业局
郊区林业局
长治市林业局
城区林业局
郊区林业局
潞城市林业局
长治县林业局
屯留县林业局
平顺县林业局
黎城县林业局
壶关县林业局
长子县林业局
武乡县林业局
沁 县林业局
沁源县林业局
晋城市林业局
高平市林业局
沁水县林业局
阳城县林业局
陵川县林业局

忻州市林业局
忻府区林业局
原平市林业局
定襄县林业局
五台县林业局
代县林业局
繁峙县林业局
宁武县林业局
静乐县林业局
神池县林业局
五寨县林业局
岢岚县林业局
河曲县林业局
保德县林业局
偏关县林业局
晋中市林业局
介休市林业局
榆社县林业局
左权县林业局
和顺县林业局
寿阳县林业局
太谷县林业局
祁县林业局
平遥县林业局
灵石县林业局
临汾市林业局
尧都区林业局
霍州市林业局
曲沃县林业局
翼城县林业局
襄汾县林业局
洪洞县林业局
古县林业局
安泽县林业局
吉县林业局
乡宁县林业局
大宁县林业局
隰县林业局
汾西县林业局
运城市林业局
盐湖区林业局
永济市林业局
河津市林业局
芮城县林业局

临猗县林业局
万荣县林业局
稷山县林业局
闻喜县林业局
绛县林业局
垣曲县林业局
吕梁市林业局
汾阳市林业局
中阳县林业局
岚县林业局

内蒙古自治区

呼和浩特市林业局
新城区林业局
回民区林业局
赛罕区林业局
武川县林业局
和林格尔县林业局
包头市林业局
昆都仑区林业局
东河区林业局
青山区林业局
石拐区林业局
九原区林业局
固阳县林业局
土默特右旗林业局
达尔罕茂明安联合旗林业局
稀土高新区林业局
乌海市林业局
海勃湾区林业局
海南区林业局
乌达区林业局
赤峰市林业局
红山区林业局
元宝山区林业局
松山区林业局
宁城县林业局
林西县林业局
阿鲁科尔沁旗林业局
巴林左旗林业局
巴林右旗林业局
克什克腾旗林业局
翁牛特旗林业局
喀喇沁旗林业局

敖汉旗林业局
通辽市林业局
科尔沁区林业局
霍林郭勒市林业局
开鲁县林业局
库伦旗林业局
奈曼旗
扎鲁特旗林业局
科尔沁左翼中旗林业局
科尔沁左翼后旗林业局
呼伦贝尔市林业局
海拉尔区林业局
扎兰屯市林业局
阿荣旗林业局
鄂伦春自治旗林业局
鄂温克族自治旗林业局
免渡河林业局
乌奴尔林业局
巴林林业局
南木林业局
红花尔基林业局
柴河林业局
鄂尔多斯市林业局
东胜区林业局
达拉特旗林业局
准格尔旗林业局
鄂托克前旗林业局
鄂托克旗林业局
杭锦旗林业局
乌审旗林业局
伊金霍洛旗林业局
乌兰察布市林业局
集宁区林业局
丰镇市林业局
卓资县林业局
化德县林业局
商都县林业局
兴和县林业局
凉城县林业局
察哈尔右翼前旗林业局
察哈尔右翼中旗林业局
察哈尔右翼后旗林业局
四子王旗林业局
巴彦淖尔市林业局
临河区林业局
五原县林业局
磴口县林业局
乌拉特前旗林业局
乌拉特中旗林业局
乌拉特后旗林业局
杭锦后旗林业局
兴安盟林业局
乌兰浩特市林业局
阿尔山市林业局
突泉县林业局
科尔沁右翼前旗林业局
科尔沁右翼中旗林业局
扎赉特旗林业局
五岔沟林业局
白狼林业局
锡林郭勒盟林业局
锡林浩特市林业局
多伦县林业局
阿巴嘎旗林业局
苏尼特左旗林业局
苏尼特右旗林业局
东乌珠穆沁旗林业局
西乌珠穆沁旗林业局
太仆寺旗林业局
镶黄旗林业局
正镶白旗林业局
正蓝旗林业局
阿拉善盟林业局
阿拉善左旗林业局
阿拉善右旗林业局
额济纳旗林业局
阿拉善经济开发区林业局
孪井滩示范区林业局

辽宁省

沈阳市林业局
苏家屯区农林局
东陵区林业局
沈北新区农林局
于洪区农林局
新民市林业局
辽中县林业局
康平县林业局
法库县林业局
经济技术开发区林业局
朝阳市林业局
双塔区林业局
龙城区林业局
北票市林业局
凌源市林业局
朝阳县林业局
建平县林业局
喀喇沁左翼蒙古族自治县林业局
阜新市林业局
细河区农林水利局
海州区农村经济工作办公室
新邱区林业局
太平区农林水利局
清河门区农村经济局
彰武县林业局
阜新蒙古族自治县林果局
铁岭市林业局产业办
银州区林业局
清河区林业局
调兵山市林业局
开原市林业局
铁岭县林业局
西丰县林业局
昌图县林业局
铁岭经济开发区林业局
抚顺市林业局
顺城区农发局
东洲区农发局
望花区农发局
抚顺县林业局
新宾满族自治县林业局
清原满族自治县林业局
本溪市林业局
本溪市农委
平山区林业局
溪湖区林业局
明山区林业局
南芬区林业局
本溪满族自治县林业局
桓仁满族自治县林业局
本溪市经济开发区林业局
辽阳市林业局
太子河区农村经济局

灯塔市林业局
辽阳县林业局
鞍山市林业局
千山区农村经济发展局
海城市林业局
台安县林业局
岫岩满族自治县林业局
千山风景区林业局
开发区林业局
丹东市林业局
元宝区农发局
振安区林业局
凤城市林业局
东港市林业局
宽甸满族自治县林业局
大连市林业局
甘井子区农发局
旅顺口区农林水利局
金州新区农林水利局
瓦房店市林业局
普兰店市林业局
庄河市林业水利局
长海县农林水务局
高新技术园区林业局
花园口经济开发区林业局
营口市林业局
鲅鱼圈区林业局
老边区农委
大石桥市林业局
盖州市林业局
盘锦市农林局
大洼县农村经济局
盘山县农村经济局
锦州市林业局
太和区林业水利局
凌海市林业局
北镇市林业局
黑山县林业局
义县林业果树局
葫芦岛市林业局
龙港区林业局
连山区林业局
南票区林业局
兴城市林业局
绥中县林业局
建昌县林业局
省直属单位
辽宁实验林场
杨树研究所
生态实验林场
森林经营研究所
经济林研究所
固沙造林研究所
干旱地区造林研究所

吉林省

长春市林业局
南关区林业局
朝阳区林业局
宽城区林业局
二道区林业局
绿园区林业局
双阳区林业局
德惠市林业局
九台市林业局
榆树市林业局
农安县林业局
净月经济开发区林业局
高新开发区林业局
经济开发区林业局
西新开发区林业局
白城市林业局
大安市林业局
松原市林业局
宁江区林业局
长岭县林业局
乾安县林业局
前郭尔罗斯蒙古族自治县林业局
吉林市林业局
船营区林业局
龙潭区林业局
昌邑区林业局
丰满区林业局
蛟河市林业局
桦甸市林业局
舒兰市林业局
永吉县林业局
四平市林业局
铁西区林业局
双辽市林业局
梨树县林业局
伊通满族自治县林业局
辽源市林业局
龙山区林业局
西安区林业局
东丰县林业局
东辽县林业局
通化市林业局
市辖区林业局
二道江区林业局
梅河口市林业局
集安市林业局
通化县林业局
辉南县林业局
柳河县林业局
白山市林业局
浑江区林业局
江源区林业局
临江市林业局
抚松县林业局
靖宇县林业局
长白朝鲜族自治县林业局
吉林厅林业局
上营森林经营局
长白森林经营局
长白山保护局
延边朝鲜族自治州林业局
延吉市林业局
图们市林业局
敦化市林业局
珲春市林业局
龙井市林业局
和龙市林业局
汪清县林业局
安图县林业局
吉林延边州林管局
黄泥河林业局
敦化林业局
大石头林业局
八家子林业局
和龙林业局
汪清林业局
大兴沟林业局

天桥岭林业局
白河林业局
珲春林业局
安图森林经营局
和龙人造板公司
珲春森林山公司
新元木业公司
汪清林源木业有限公司

黑龙江省

哈尔滨市林业局
松北区农林局
道里区农林局
南岗区农林局
道外区农林局
香坊区农林局
平房区农林局
呼兰区林业局
阿城区林业局
双城市林业局
尚志市林业局
五常市林业局
依兰县林业局
方正县林业局
宾县林业局
巴彦县林业局
木兰县林业局
通河县林业局
延寿县林业局
转山实验林场
山河实验林场
丹清河实验林场
胜利实验林场
齐齐哈尔市林业局
昂昂溪区林业局
碾子山区林业局
梅里斯达斡尔族区林业局
讷河市林业局
龙江县林业局
依安县林业局
泰来县林业局
甘南县林业局
富裕县林业局
克山县林业局
克东县林业局
拜泉县林业局
黑河市林业局
爱辉区林业局
北安市林业局
五大连池市林业局
嫩江县林业局
逊克县林业局
孙吴县林业局
五大连池风景区管理委员会
市直属林场
大庆市林业局
开发区林业局
萨尔图区农林局
龙凤区农林局
让胡路区农林局
大同区林业局
红岗区农林局
肇州县林业局
肇源县林业局
林甸县林业局
杜尔伯特蒙古族自治县林业局
伊春市林业局
铁力市林业局
嘉荫县林业局
鹤岗市林业局
市辖区林业局
萝北县林业局
绥滨县林业局
佳木斯市林业局
郊区林业局
同江市林业局
富锦市林业局
桦南县林业局
桦川县林业局
汤原县林业局
抚远县林业局
孟家岗林场
双鸭山市林业局
岭东区林业站
四方台区林业局
宝山区林业局
集贤县林业局
友谊县林业局
宝清县林业局
饶河县林业局
七台河市林业局
市辖区林业局
桃山区林业局
新兴区林业局
茄子河区林业局
勃利县林业局
鸡西市林业局
鸡冠区林业局
恒山区人民政府林业站
滴道区林业局
梨树区林业站
城子河区林业局
麻山区林业局
虎林市林业局
密山市林业局
鸡东县林业局
牡丹江市林业局
穆棱市林业局
绥芬河市林业局
海林市林业局
宁安市林业局
东宁县林业局
林口县林业局
绥化市林业局
北林区林业局
安达市林业局
肇东市林业局
海伦市林业局
望奎县林业局
兰西县林业局
青冈县林业局
明水县林业局
绥棱县林管局
大兴安岭地区行署营林局
呼玛县林业局
塔河县营林局
漠河县林业局
直属单位
尚志国有林场管理局
庆安国有林场管理局
森林植物园
平山林业制药厂

上海市

闵行区林业站
宝山区林业站
嘉定区林业站
浦东新区绿化管理署
金山区林业站
松江区林业站
青浦区林业站
奉贤区林业署
崇明县农业委员会.

江苏省

南京市林业局
浦口区林业局
六合区林业局
江宁区林业局
溧水县林业局
高淳县林业局
徐州市林业局
贾汪区林业局
邳州市林业局
新沂市林业局
铜山区林业局
睢宁县林业局
沛县林业局
丰县林业局
连云港市林业局
新浦区林业局
连云区林业局
海州区林业局
赣榆县林业局
灌云县林业局
东海县林业局
灌南县林业局
宿迁市林业局
宿城区林业局
宿豫区林业局
沭阳县林业局
泗阳县林业局
泗洪县林业局
淮安市林业局
清浦区林业局
淮安区林业局
淮阴区林业局
金湖县林业局
盱眙县林业局
洪泽县林业局
涟水县林业局
盐城市林业局
亭湖区林业局
盐都区林业局
东台市林业局
大丰市林业局
射阳县林业局
阜宁县林业局
滨海县林业局
响水县林业局
建湖县林业局
扬州市林业局
邗江区林业局
广陵区林业局
江都区林业局
仪征市林业局
高邮市林业局
宝应县林业局
泰州市林业局
海陵区林业局
高港区林业局
靖江市林业局
泰兴市林业局
姜堰市林业局
兴化市林业局
南通市林业局
港闸区林业局
通州区林业局
海门市林业局
启东市林业局
如皋市林业局
如东县林业局
海安县林业局
镇江市林业局
京口区林业局
润州区林业局
丹徒区林业局
扬中市林业局
丹阳市林业局
句容市林业局
常州市林业局
新北区林业局
武进区林业局
溧阳市林业局
金坛市林业局
无锡市林业局
滨湖区林业局
惠山区林业局
锡山区林业局
江阴市林业局
宜兴市林业局
苏州市林业局
虎丘区林业局
吴中区林业局
相城区林业局
吴江市林业局
昆山市林业局
太仓市林业局
常熟市林业局
张家港市林业局

浙江省

杭州市林业局
余杭区林业局
萧山区林业局
临安市林业局
富阳市林业局
建德市林业局
桐庐县林业局
淳安县林业局
湖州市林业局
吴兴区林业局
南浔区林业局
长兴县林业局
德清县林业局
安吉县林业局
嘉兴市林业局
秀洲区林业局
桐乡市林业局
舟山市林业局
定海区林业局
普陀区林业局
岱山县林业局
宁波市林业局
市辖区林业局
江北区林业局

北仑区林业局
镇海区林业局
鄞州区林业局
慈溪市林业局
余姚市林业局
奉化市林业局
宁海县林业局
象山县林业局
绍兴市林业局
嵊州市林业局
衢州市林业局
市辖区林业局
柯城区林业局
衢江区林业局
江山市林业局
常山县林业局
开化县林业局
金华市林业局
兰溪市林业局
永康市林业局
义乌市林业局
武义县林业局
磐安县林业局
台州市林业局
椒江区林业局
黄岩区林业局
路桥区林业局
临海市林业局
温岭市林业局
三门县林业局
天台县林业局
仙居县林业局
玉环县林业局
温州市林业局
鹿城区林业局
丽水市林业局
莲都区林业局
龙泉市林业局
缙云县林业局
云和县林业局
庆元县林业局
景宁畲族自治县林业局

安徽省
合肥市林业局
蜀山区林业局
庐阳区林业局
包河区林业局
巢湖市林业局
长丰县林业局
肥东县林业局
肥西县林业局
庐江县林业局
宿州市林业局
埇桥区林业局
砀山县林业局
萧县林业局
灵璧县林业局
泗县林业局
淮北市林业局
相山区农林水局
杜集区农林水局
烈山区农林水局
濉溪县林业局
阜阳市林业局
阜南县林业局
亳州市林业局
谯城区林业局
涡阳县林业局
蒙城县林业局
利辛县林业局
蚌埠市林业局
龙子湖区林业局
禹会区林业局
淮上区林业局
怀远县林业局
五河县林业局
固镇县林业局
淮南市林业局
八公山区林业局
潘集区林业局
凤台县林业局
滁州市林业局
琅琊区农委
南谯区林业局
明光市林业局
天长市林业局

来安县林业局
全椒县林业局
定远县林业局
凤阳县林业局
管店林业总场
沙河集林业总场
琅琊山林场
马鞍山市林业局
博望区林业局
雨山区林业局
花山区林业局
当涂县林业局
含山县林业局
和县林业局
市直属林场
芜湖市林业局
鸠江区林业局
弋江区林业局
三山区林业局
镜湖区林业局
芜湖县林业局
繁昌县林业局
南陵县林业局
无为县林业局
铜陵市林业局
市辖区林业局
狮子山区林业局
郊区林业局
铜陵县林业局
安庆市林业局
大观区林业局
桐城市林业局
怀宁县林业局
枞阳县林业局
潜山县林业局
太湖县林业局
望江县林业局
岳西县林业局
黄山市林业局
屯溪区林业局
徽州区林业局
歙县林业局
休宁县林业局
黟县林业局

祁门县林业局
六安市林业局
寿县林业局
霍邱县林业局
舒城县林业局
金寨县林业局
霍山县林业局
池州市林业局
东至县林业局
石台县林业局
青阳县林业局
九华山风景区管委会
宣城市林业局
宣州区林业局
宁国市林业局
郎溪县林业局
广德县林业局
泾县林业局
旌德县林业局
绩溪县林业局

福建省

福州市林业局
马尾区林业局
福清市林业局
长乐市林业局
闽侯县林业局
连江县林业局
罗源县林业局
闽清县林业局
永泰县林业局
南平市林业局
延平区林业局
邵武市林业局
武夷山市林业局
建瓯市林业局
建阳市林业局
顺昌县林业局
浦城县林业局
光泽县林业局
松溪县林业局
政和县林业局
三明市林业局
梅列区林业局
三元区林业局
永安市林业局
明溪县林业局
清流县林业局
宁化县林业局
大田县林业局
尤溪县林业局
沙 县林业局
将乐县林业局
泰宁县林业局
建宁县林业局
莆田市林业局
城厢区林业局
仙游县林业局
泉州市林业局
洛江区林业局
泉港区林业局
晋江市林业局
南安市林业局
永春县林业局
德化县林业局
漳州市林业局
芗城区林业局
龙文区林业局
龙海市林业局
云霄县林业局
漳浦县林业局
诏安县林业局
长泰县林业局
东山县林业局
南靖县林业局
平和县林业局
华安县林业局
龙岩市林业局
新罗区林业局
漳平市林业局
长汀县林业局
永定县林业局
上杭县林业局
武平县林业局
连城县林业局
宁德市林业局
蕉城区林业局
福安市林业局
福鼎市林业局
寿宁县林业局
霞浦县林业局
柘荣县林业局
屏南县林业局
古田县林业局
周宁县林业局

江西省

南昌市林业局
市辖区林业局
新建县林业局
进贤县林业局
九江市林业局
庐山区林业局
瑞昌市林业局
共青城市林业局
九江县林业局
武宁县林业局
修水县林业局
永修县林业局
星子县林业局
都昌县林业局
湖口县林业局
彭泽县林业局
景德镇市林业局
浮梁县林业局
鹰潭市林业局
月湖区林业局
贵溪市林业局
余江县林业局
新余市林业局
渝水区林业局
分宜县林业局
萍乡市林业局
安源区林业局
湘东区林业局
莲花县林业局
上栗县林业局
芦溪县林业局
赣州市林业局
章贡区林业局
瑞金市林业局
南康市林业局

赣县林业局
信丰县林业局
大余县林业局
上犹县林业局
崇义县林业局
安远县林业局
龙南县林业局
定南县林业局
全南县林业局
宁都县林业局
于都县林业局
兴国县林业局
会昌县林业局
寻乌县林业局
石城县林业局
上饶市林业局
信州区林业局
德兴市林业局
广丰县林业局
玉山县林业局
铅山县林业局
横峰县林业局
余干县林业局
鄱阳县林业局
万年县林业局
婺源县林业局
抚州市林业局
临川区林业局
南城县林业局
黎川县林业局
南丰县林业局
崇仁县林业局
乐安县林业局
宜黄县林业局
金溪县林业局
资溪县林业局
东乡县林业局
广昌县林业局
宜春市林业局
袁州区林业局
丰城市林业局
樟树市林业局
高安市林业局
奉新县林业局
万载县林业局
上高县林业局
宜丰县林业局
靖安县林业局
铜鼓县林业局
明月山温泉风景名胜区管委会
吉安市林业局
吉州区林业局
吉水县林业局
峡江县林业局
新干县林业局
泰和县林业局
安福县林业局

山东省

济南市林业局
市中区林业局
天桥区林业局
平阴县林业局
济阳县林业局
商河县林业局
聊城市林业局
东昌府区林业局
临清市林业局
阳谷县林业局
茌平县林业局
东阿县林业局
冠县林业局
高唐县林业局
德州市林业局
德城区林业局
乐陵市林业局
禹城市林业局
陵县林业局
平原县林业局
夏津县林业局
武城县林业局
齐河县林业局
临邑县林业局
宁津县林业局
庆云县林业局
东营市林业局
东营区林业局
河口区林业局
垦利县林业局
利津县林业局
广饶县林业局
淄博市林业站
张店区林业局
淄川区林业局
博山区林业局
临淄区林业局
周村区林业局
桓台县林业局
高青县林业局
沂源县林业局
潍坊市林业局
奎文区林业局
潍城区农林局
寒亭区林业局
坊子区林业局
安丘市林业局
昌邑市林业局
高密市林业局
青州市林业局
诸城市林业局
寿光市林业局
临朐县林业局
昌乐县林业局
烟台市林业局
莱山区林业局
芝罘区林业局
福山区林业局
牟平区林业局
栖霞市林业局
海阳市林业局
龙口市林业局
莱阳市林业局
莱州市林业局
蓬莱市林业局
招远市林业局
长岛县林业局
威海市林业局
环翠区林业局
荣成市林业局
文登市林业局
威海市经济技术开发区林业局
青岛市林业局
黄岛区林业局

崂山区林业局
胶州市林业局
胶南市林业局
日照市林业局
东港区林业局
岚山区林业局
五莲县林业局
临沂市林业局
兰山区林业局
罗庄区林业局
河东区林业局
郯城县林业局
苍山县林业局
莒南县林业局
沂水县林业局
蒙阴县林业局
平邑县林业局
费县林业局
沂南县林业局
临沭县林业局
高新技术产业开发区林业局
经济技术开发区林业局
临港经济开发区林业局
蒙山旅游区林业局
枣庄市林业局
薛城区林业局
峄城区林业局
山亭区林业局
济宁市林业局
任城区林业局
曲阜市林业局
兖州市林业局
邹城市林业局
微山县林业局
鱼台县林业局
嘉祥县林业局
汶上县林业局
梁山县林业局
泰安市林业局
泰山区林业局
岱岳区林业局
新泰市林业局
肥城市林业局
宁阳县林业局
东平县林业局
莱芜市林业局
莱城区林业局
钢城区林业局
雪野旅游区林业局
经济开发区林业局
滨州市林业局
市辖区林业局
滨城区林业局
惠民县林业局
阳信县林业局
无棣县林业局
沾化县林业局
博兴县林业局
邹平县林业局
菏泽市林业局
市辖区林业局
成武县林业局
郓城县林业局
鄄城县林业局

河南省

郑州市林业局
中原区农经委
二七区农经委
管城回族区农委会
金水区农经委
上街区农经委
惠济区林业局
新郑市林业局
登封市林业局
新密市林业局
巩义市林业局
荥阳市林业局
中牟县林业局
三门峡市林业和园林局
市辖区林业局
湖滨区林业局
义马市农林和农机局
灵宝市林业局
渑池县林业局
陕县林业局
卢氏县林业局
洛阳市林业局
吉利区农办
偃师市林业局
新安县林业局
栾川县林业局
嵩县林业局
宜阳县林业局
洛宁县林业局
伊川县林业局
伊洛工业园区社会事务局
焦作市林业局
市辖区林业局
解放区农林水利局
山阳区林业局
中站区农林水利局
马村区农林水利局
孟州市林业局
沁阳市林业局
修武县林业局
博爱县林业局
武陟县林业局
温县林业局
新乡市林业局
卫滨区农村工作委员会
红旗区农村工作委员会
凤泉区林业局
牧野区农林局
卫辉市林业局
辉县市林业局
新乡县林业局
获嘉县林业局
原阳县林业局
延津县林业局
封丘县林业局
长垣县林业局
鹤壁市林业局
淇滨区林业局
山城区林业局
鹤山区林业局
浚县林业局
淇县林业局
安阳市林业局
北关区农林水务局
文峰区农林水牧局
殷都区农林水牧局
龙安区林业局

林州市林业局
安阳县林业局
汤阴县林业局
滑县林业局
内黄县林业局
濮阳市林业局
华龙区林业局
清丰县林业局
南乐县林业局
范县林业局
台前县林业局
濮阳县林业局
高新区农业科技服务中心
开封市农林局
龙亭区林业局
顺河回族区林业局
鼓楼区林业局
禹王台区林业局
杞县林业局
通许县林业局
尉氏县林业局
开封县林业局
兰考县林业局
商丘市林业局
梁园区林业局
睢阳区林业局
永城市林业局
虞城县林业局
民权县林业局
宁陵县林业局
睢县林业局
夏邑县林业局
柘城县林业局
许昌市林业局
东城区农村工作局
魏都区林业局
禹州市农业林业局
长葛市林业局
许昌县林业局
鄢陵县林业局
襄城县林业局
许昌市经济技术开发区农村工作局
漯河市林业和园林局
郾城区林业技术推广站
源汇区林业局
召陵区林业局
舞阳县林业局
临颍县林业园艺局
平顶山市林业局
新华区农林水利局
卫东区农林水利局
湛河区农林水利局
石龙区林业畜牧局
新城区林业局
舞钢市林业局
汝州市林业局
宝丰县林业局
叶县林业局
鲁山县林业局
郏县林业局
南阳市林业局
卧龙区林业局
宛城区林业局
邓州市林业局
南召县林业局
方城县林业局
西峡县林业局
镇平县林业局
内乡县林业局
淅川县林业局
社旗县林业局
唐河县林业局
新野县林业局
桐柏县林业局
信阳市林业局
浉河区林业局
平桥区林业局
息县林业局
淮滨县林业局
潢川县林业局
光山县林业局
固始县林业局
商城县林业局
罗山县林业局
周口市林业局
川汇区林业局
项城市林业局
扶沟县林业局
西华县林业局
商水县林业局
太康县林业局
鹿邑县林业局
郸城县林业局
淮阳县林业局
沈丘县林业局
驻马店市林业局
驿城区林业局
确山县林业局
泌阳县林业局
遂平县林业局
西平县林业局
上蔡县林业局
汝南县林业局
平舆县林业局
新蔡县林业局
正阳县林业局
济源市林业局

湖北省

武汉市林业局
蔡甸区林业局
黄陂区林业局
十堰市林业局
茅箭区林业局
张湾区林业局
郧县林业局
竹山县林业局
郧西县林业局
竹溪县林业局
襄阳市林业局
襄城区林业局
樊城区林业局
襄州区林业局
老河口市林业局
枣阳市林业局
宜城市林业局
南漳县林业局
谷城县林业局
保康县林业局
荆门市林业局
市辖区林业局
东宝区林业局

掇刀区林业局
钟祥市林业局
沙洋县林业局
京山县林业局
屈家岭管理区林业局
漳河新区林业局
孝感市林业局
孝南区林业局
应城市林业局
安陆市林业局
汉川市林业局
孝昌县林业局
大悟县林业局
云梦县林业局
黄冈市林业局
黄州区林业局
麻城市林业局
武穴市林业局
红安县林业局
罗田县林业局
英山县林业局
蕲春县林业局
黄梅县林业局
团风县林业局
鄂州市林业局
市辖区林业局
鄂城区林业局
梁子湖区林业局
华容区林业局
黄石市林业局
下陆区林业局
黄石港区林业局
铁山区林业局
大冶市林业局
阳新县林业局
咸宁市林业局
咸安区林业局
赤壁市林业局
嘉鱼县林业局
通城县林业局
崇阳县林业局
荆州市林业局
沙市区林业局
荆州区林业局
石首市林业局
洪湖市林业局
松滋市林业局
江陵县林业局
公安县林业局
监利县林业局
宜昌市林业局
点军区林业局
夷陵区林业局
枝江市林业局
宜都市林业局
当阳市林业局
远安县林业局
兴山县林业局
秭归县林业局
长阳土家族自治县林业局
五峰土家族自治县林业局
随州市林业局
曾都区林业局
广水市林业局
随县林业局
省直辖县级行政单位
仙桃市林业局
天门市林业局
潜江市林业局
神农架林区林业局
太子山林场管理局
恩施土家族苗族自治州林业局
恩施市林业局
利川市林业局
建始县林业局
巴东县林业局
宣恩县林业局
咸丰县林业局
来凤县林业局
鹤峰县林业局

湖南省

长沙市林业局
岳麓区农林水利局
芙蓉区农林水利局
天心区农林水利局
开福区农林水利局
雨花区农林水利局
浏阳市林业局
长沙县林业局
望城县林业局
宁乡县林业局
张家界市林业局
永定区林业局
武陵源区林业局
慈利县林业局
桑植县林业局
常德市林业局
武陵区林业局
鼎城区林业局
津市市林业局
安乡县林业局
汉寿县林业局
澧县林业局
临澧县林业局
桃源县林业局
石门县林业局
益阳市林业局
市辖区林业局
赫山区林业局
资阳区林业局
沅江市林业局
南县林业局
桃江县林业局
安化县林业局
岳阳市林业局
市辖区林业局
岳阳楼区农林局
君山区林业局
云溪区林业局
汨罗市林业局
临湘市林业局
岳阳县林业局
华容县林业局
湘阴县林业局
平江县林业局
株洲市林业局
天元区农村工作局
荷塘区农村工作局
芦淞区农村工作局
石峰区农村工作局
醴陵市林业局

株洲县林业局
攸县林业局
茶陵县林业局
炎陵县林业局
湘潭市林业局
岳塘区林业局
雨湖区林业局
湘乡市林业局
韶山市林业局
湘潭县林业局
衡阳市林业局
蒸湘区林业局
雁峰区林业局
珠晖区林业局
石鼓区林业局
南岳区农林局
常宁市林业局
耒阳市林业局
衡阳县林业局
衡南县林业局
衡山县林业局
衡东县林业局
祁东县林业局
郴州市林业局
市辖区林业局
北湖区林业局
苏仙区林业局
资兴市林业局
桂阳县林业局
永兴县林业局
宜章县林业局
嘉禾县林业局
临武县林业局
汝城县林业局
桂东县林业局
安仁县林业局
永州市林业局
冷水滩区林业局
零陵区林业局
东安县林业局
道县林业局
宁远县林业局
江永县林业局
蓝山县林业局
新田县林业局
双牌县林业局
祁阳县林业局
江华瑶族自治县林业局
邵阳市林业局
大祥区农林局
双清区农林局
北塔区林业局
武冈市林业局
邵东县林业局
邵阳县林业局
新邵县林业局
隆回县林业局
洞口县林业局
绥宁县林业局
新宁县林业局
城步苗族自治县林业局
怀化市林业局
洪江区林业局
鹤城区林业局
洪江市林业局
沅陵县林业局
辰溪县林业局
溆浦县林业局
中方县林业局
会同县林业局
麻阳苗族自治县林业局
新晃侗族自治县林业局
芷江侗族自治县林业局
靖州苗族侗族自治县林业局
通道侗族自治县林业局
娄底市林业局
市辖区林业局
娄星区林业局
冷水江市林业局
涟源市林业局
双峰县林业局
新化县林业局
湘西土家族苗族自治州林业局
吉首市林业局
泸溪县林业局
凤凰县林业局
花垣县林业局
保靖县林业局
古丈县林业局
永顺县林业局
龙山县林业局

广东省

广州市林业局
花都区林业局
南沙区林业局
广州市属总林场
清远市林业局
清城区林业局
英德市林业局
连州市林业局
佛冈县林业局
阳山县林业局
清新县林业局
连山壮族瑶族自治县林业局
连南瑶族自治县林业局
清远市属总林场
河源市林业局
紫金县林业局
和平县林业局
东源县林业局
梅州市林业局
梅江区林业局
兴宁市林业局
梅县林业局
大埔县林业局
丰顺县林业局
五华县林业局
平远县林业局
蕉岭县林业局
潮州市林业局
湘桥区林业局
潮安县林业局
饶平县林业局
潮州市属总林场
汕头市林业局
金平区林业局
濠江区林业局
潮阳区林业局
潮南区林业局
澄海区林业局
南澳县林业局

揭阳市林业局
榕城区林业局
惠来县林业局
江门市林业局
鹤山市林业局
肇庆市林业局
端州区林业局
鼎湖区林业局
高要市林业局
四会市林业局
广宁县林业局
怀集县林业局
封开县林业局
德庆县林业局
肇庆市林业总场
阳江市林业局
阳春市林业局
阳西县林业局
阳东县林业局
高新区林业局
茂名市林业局
信宜市林业局
高州市林业局
电白县林业局
湛江市林业局
赤坎区林业局

广西壮族自治区

南宁市林业局
青秀区农林水利局
兴宁区农林水利局
江南区农业林业水利局
西乡塘区农林水利局
良庆区农林水利局
邕宁区农林水利局
武鸣县林业局
横县林业局
宾阳县林业局
上林县林业局
隆安县林业局
马山县林业局
桂林市林业局
象山区农林水利局
叠彩区农林水利局
秀峰区农林水利局
七星区农林水利局
雁山区林业局
阳朔县林业局
临桂县林业局
灵川县林业局
全州县林业局
兴安县林业局
永福县林业局
灌阳县林业局
资源县林业局
平乐县林业局
荔浦县林业局
龙胜各族自治县林业局
恭城瑶族自治县林业局
柳州市林业局
城中区农林水利局
柳江县林业局
柳城县林业局
鹿寨县林业局
融安县林业局
三江侗族自治县林业局
融水苗族自治县林业局
梧州市林业局
岑溪市林业局
苍梧县林业局
藤县林业局
蒙山县林业局
贵港市林业局
港北区林业局
港南区林业局
覃塘区林业局
桂平市林业局
平南县林业局
玉林市林业局
玉州区林业局
福绵区林业局
北流市林业局
兴业县林业局
陆川县林业局
博白县林业局
钦州市林业局
钦南区林业局
钦北区林业局
灵山县林业局
浦北县林业局
北海市林业局
海城区林业局
银海区林业局
铁山港区林业局
防城港市林业局
港口区林业局
防城区林业局
东兴市林业局
上思县林业局
崇左市林业局
江州区林业局
扶绥县林业局
大新县林业局
天等县林业局
宁明县林业局
龙州县林业局
百色市林业局
右江区林业局
田阳县林业局
田东县林业局
平果县林业局
德保县林业局
靖西县林业局
那坡县林业局
凌云县林业局
乐业县林业局
西林县林业局
田林县林业局
隆林各族自治县林业局
河池市林业局
金城江区林业局
南丹县林业局
天峨县林业局
凤山县林业局
东兰县林业局
巴马瑶族自治县林业局
罗城仫佬族自治县林业局
来宾市林业局
兴宾区林业局
合山市林业局
象州县林业局
武宣县林业局

忻城县林业局
金秀瑶族自治县林业局
贺州市林业局
八步区林业局
平桂管理区林业局
昭平县林业局
钟山县林业局
直属单位
高峰林场
七坡林场
博白林场
六万林场
东门林场
派阳山林场
雅长林场
黄冕林场
三门江林场
钦廉林场
大桂山林场
维都林场
良凤江国家森林公园
中国林科院热林中心
广西林业集团有限公司

重庆市

大渡口区林业绿化办公室
江北区农林水利局
沙坪坝区林业局
九龙坡区农林水利局
南岸区农林水利局
北碚区林业局
万盛区林业局
大足区林业局
渝北区林业局
巴南区林业局
万州区林业局
涪陵区林业局
黔江区林业局
江津区林业局
合川区林业局
永川区林业局
南川区林业局
綦江县林业局
潼南县林业局
铜梁县林业局
荣昌县林业局
璧山县林业局
垫江县林业局
武隆县林业局
丰都县林业局
城口县林业局
梁平县林业局
开县林业局
巫溪县林业局
巫山县林业局
奉节县林业局
云阳县林业局
忠县林业局
石柱土家族自治县林业局
彭水苗族土家族自治县林业局
酉阳土家族苗族自治县林业局

四川省

成都市林业局
龙泉驿区林业局
新都区林业局
都江堰市林业局
彭州市林业局
邛崃市林业局
崇州市林业局
金堂县林业局
双流县林业局
郫县林业局
大邑县林业局
蒲江县林业局
新津县林业局
广元市林业局
利州区林业局
元坝区林业局
朝天区林业局
旺苍县林业局
青川县林业局
剑阁县林业局
苍溪县林业局
唐家河自然保护区林业局
广元市曾家森林经营所
广元市木材公司
广元市天台林场
广元市国营中心苗圃
绵阳市林业局
市辖区林业局
涪城区林业局
游仙区林业局
江油市林业局
三台县林业局
盐亭县林业局
安县林业局
梓潼县林业局
北川羌族自治县林业局
平武县林业局
德阳市林业局
旌阳区林业局
什邡市林业局
广汉市林业局
绵竹市林业局
罗江县林业局
中江县林业局
南充市林业局
顺庆区林业局
高坪区林业局
嘉陵区林业局
阆中市林业局
南部县林业局
营山县林业局
蓬安县林业局
仪陇县林业局
西充县林业局
广安市林业局
武胜县林业局
邻水县林业局
遂宁市林业局
船山区林业局
安居区林业局
蓬溪县林业局
射洪县林业局
大英县林业局
内江市林业局
市中区林业局
东兴区林业局
威远县林业局
资中县林业局
隆昌县林业局

乐山市林业局
市辖区林业局
市中区林业局
沙湾区林业局
五通桥区林业局
金口河区林业局
峨眉山市林业局
犍为县林业局
井研县林业局
夹江县林业局
沐川县林业局
峨边彝族自治县林业局
马边彝族自治县林业局
自贡市林业局
自流井区林业局
大安区林业局
贡井区林业局
沿滩区林业局
荣县林业局
富顺县林业局
泸州市林业局
江阳区林业局
纳溪区林业局
龙马潭区林业局
泸县林业局
合江县林业局
叙永县林业局
古蔺县林业局
宜宾市林业局
翠屏区林业局
宜宾县林业局
南溪县林业局
江安县林业局
长宁县林业局
高县林业局
筠连县林业局
珙县林业局
兴文县林业局
屏山县林业局
攀枝花市林业局
东区林业局
西区林业局
仁和区林业局
米易县林业局
盐边县林业局
巴中市林业局
巴州区林业局
通江县林业局
南江县林业局
平昌县林业局
达州市林业局
通川区林业局
万源市林业局
达县林业局
宣汉县林业局
开江县林业局
大竹县林业局
渠县林业局
资阳市林业局
雁江区林业局
简阳市林业局
乐至县林业局
安岳县林业局
眉山市林业局
东坡区林业局
仁寿县林业局
彭山县林业局
洪雅县林业局
丹棱县林业局
青神县林业局
雅安市林业局
雨城区林业局
名山县林业局
荥经县林业局
汉源县林业局
石棉县林业局
天全县林业局
芦山县林业局
宝兴县林业局
阿坝藏族羌族自治州林业局
马尔康县林业局
汶川县林业局
理县林业局
茂县林业局
松潘县林业局
九寨沟县林业局
金川县林业局
小金县林业局
黑水县林业局
若尔盖县林业局
甘孜藏族自治州林业局
康定县林业局
泸定县林业局
丹巴县林业局
九龙县林业局
雅江县林业局
道孚县林业局
炉霍县林业局
甘孜县林业局
新龙县林业局
德格县林业局
白玉县林业局
色达县林业局
理塘县林业局
巴塘县林业局
乡城县林业局
稻城县林业局
得荣县林业局
丹巴林业局
道孚林业局
炉霍林业局
新龙林业局
凉山彝族自治州林业局
西昌市林业局
盐源县林业局
德昌县林业局
会理县林业局
会东县林业局
宁南县林业局
普格县林业局
布拖县林业局
金阳县林业局
昭觉县林业局
喜德县林业局
冕宁县林业局
越西县林业局
甘洛县林业局
美姑县林业局
雷波县林业局
木里藏族自治县林业局
林业第五筑路工程处

贵州省

贵阳市林业局
乌当区林业局
南明区林业局
花溪区林业局
白云区林业局
清镇市林业局
开阳县林业局
修文县林业局
息烽县林业局
六盘水市林业局
盘县林业局
六枝特区林业局
水城县林业局
遵义市林业局
红花岗区林业局
赤水市林业局
仁怀市林业局
遵义县林业局
桐梓县林业局
绥阳县林业局
正安县林业局
凤冈县林业局
湄潭县林业局
余庆县林业局
习水县林业局
道真仡佬族苗族自治县
务川仡佬族苗族自治县
安顺市林业局
西秀区林业局
平坝县林业局
普定县林业局
关岭布依族苗族自治县林业局
镇宁布依族苗族自治县林业局
紫云苗族布依族自治县林业局
黄果树林业绿化局
毕节市林业局
七星关区林业局
大方县林业局
黔西县林业局
金沙县林业局
织金县林业局
纳雍县林业局
赫章县林业局
威宁彝族回族苗族自治县林业局
百里杜鹃管委会
铜仁市林业局
碧江区林业局
万山区林业局
江口县林业局
石阡县林业局
思南县林业局
德江县林业局
玉屏侗族自治县林业局
印江土家族苗族自治县林业局
沿河土家族自治县林业局
松桃苗族自治县林业局
黔东南苗族侗族自治州林业局
凯里市林业局
黄平县林业局
施秉县林业局
三穗县林业局
镇远县林业局
岑巩县林业局
天柱县林业局
锦屏县林业局
剑河县林业局
台江县林业局
黎平县林业局
榕江县林业局
从江县林业局
雷山县林业局
麻江县林业局
丹寨县林业局
黔南布依族苗族自治州林业局
都匀市林业局
福泉市林业局
荔波县林业局
贵定县林业局
瓮安县林业局
独山县林业局
平塘县林业局
罗甸县林业局
长顺县林业局
龙里县林业局
惠水县林业局
三都水族自治县林业局
黔西南布依族苗族自治州林业局
兴义市林业局
普安县林业局
晴隆县林业局
贞丰县林业局
册亨县林业局
安龙县林业局
省直属单位
茂兰国家级自然保护区管理局
梵净山国家级自然保护区管理局
龙里林场
扎佐林场

云南省

昆明市林业局
呈贡区林业局
盘龙区林业局
五华区林业局
官渡区林业局
东川区林业局
安宁市林业局
晋宁县林业局
富民县林业局
宜良县林业局
禄劝彝族苗族自治县林业局
寻甸回族彝族自治县林业局
曲靖市林业局
马龙县林业局
玉溪市林业局
红塔区林业局
江川县林业局
澄江县林业局
通海县林业局
新平彝族傣族自治县林业局
昭通市林业局
昭阳区林业局
巧家县林业局
大关县林业局
永善县林业局
镇雄县林业局
彝良县林业局
威信县林业局
水富县林业局
丽江市林业局
古城区林业局
永胜县林业局

玉龙纳西族自治县林业局
宁蒗彝族自治县林业局
普洱市林业局
思茅区林业局
宁洱哈尼族彝族自治县林业局
墨江哈尼族自治县林业局
景东彝族自治县林业局
景谷傣族彝族自治县林业局
镇沅彝族哈尼族拉祜族自治县林业局
江城哈尼族彝族自治县林业局
孟连傣族拉祜族佤族自治县林业局
澜沧拉祜族自治县林业局
西盟佤族自治县林业局
临沧市林业局
临翔区林业局
凤庆县林业局
云县林业局
永德县林业局
镇康县林业局
双江拉祜族佤族布朗族傣族自治县林业局
耿马傣族佤族自治县林业局
沧源佤族自治县林业局
怒江傈僳族自治州林业局
泸水县林业局
福贡县林业局
贡山独龙族怒族自治县林业局
兰坪白族普米族自治县林业局
迪庆藏族自治州林业局
香格里拉县林业局
维西傈僳族自治县林业局
大理白族自治州林业局
大理市林业局
祥云县林业局
宾川县林业局
云龙县林业局
洱源县林业局
鹤庆县林业局
南涧彝族自治县林业局
巍山彝族回族自治县林业局
楚雄彝族自治州林业局
楚雄市林业局
双柏县林业局
牟定县林业局
南华县林业局
姚安县林业局
大姚县林业局
永仁县林业局
元谋县林业局
武定县林业局
禄丰县林业局
文山壮族苗族自治州林业局
文山县林业局
砚山县林业局
西畴县林业局
麻栗坡县林业局
马关县林业局
丘北县林业局
广南县林业局
富宁县林业局
西双版纳傣族自治州林业局
景洪市林业局
勐海县林业局
勐腊县林业局

西藏自治区

拉萨市林业局
城关区林业局
林周县林业局
当雄县林业局
尼木县林业局
曲水县林业局
堆龙德庆县林业局
达孜县林业局
墨竹工卡县林业局
昌都地区林业局
昌都县林业局
江达县林业局
贡觉县林业局
类乌齐县林业局
丁青县林业局
察雅县林业局
八宿县林业局
左贡县林业局
芒康县林业局
洛隆县林业局
边坝县林业局
林芝地区林业局
工布江达县林业局
日喀则地区林业局
拉孜县林业局
昂仁县林业局
仁布县林业局
定结县林业局
阿里地区林业局
札达县林业局

陕西省

西安市林业局
未央区林业局
灞桥区林业局
雁塔区林业局
阎良区林业局
临潼区林业局
长安区林业局
蓝田县林业局
周至县林业局
户县林业局
高陵县林业局
延安市林业局
宝塔区林业局
延长县林业局
延川县林业局
子长县林业局
安塞县林业局
志丹县林业局
吴起县林业局
甘泉县林业局
富县林业局
洛川县林业局
宜川县林业局
黄龙县林业局
黄陵县林业局
桥山林业局
桥北林业局
劳山林业局
黄龙山林业局
风景林场
铜川市林业局
耀州区林业局
王益区林业局

印台区林业局
宜君县林业局
渭南市林业局
临渭区林业局
华阴市林业局
潼关县林业局
大荔县林业局
蒲城县林业局
澄城县林业局
白水县林业局
合阳县林业局
富平县林业局
咸阳市林业局
秦都区林业局
渭城区林业局
兴平市林业局
三原县林业局
泾阳县林业局
永寿县林业局
旬邑县林业局
武功县林业局
乾县林业局
礼泉县林业局
淳化县林业局
长武县林业局
彬县林业局
宝鸡市林业局
渭滨区林业局
陈仓区林业局
凤翔县林业局
岐山县林业局
扶风县林业局
眉县林业局
陇县林业局
千阳县林业局
麟游县林业局
凤县林业局
太白县林业局
辛家山林业局
马头滩林业局
陕西省苗木繁育中心
汉中市林业局
汉台区林业局
南郑县林业局
城固县林业局
洋县林业局
西乡县林业局
勉县林业局
宁强县林业局
略阳县林业局
镇巴县林业局
留坝县林业局
佛坪县林业局
榆林市林业局
榆阳区林业局
神木县林业局
府谷县林业局
横山县林业局
靖边县林业局
定边县林业局
绥德县林业局
米脂县林业局
佳县林业局
吴堡县林业局
清涧县林业局
子洲县林业局
安康市林业局
汉滨区林业局
紫阳县林业局
镇坪县林业局
旬阳县林业局
石泉县林业局
平利县林业局
宁陕县林业局
岚皋县林业局
汉阴县林业局
白河县林业局
商洛市林业局
商州区林业局
洛南县林业局
丹凤县林业局
商南县林业局
山阳县林业局
镇安县林业局
柞水县林业局
陕西省森林资源管理局
太白林业局
宁西林业局
宁东林业局
龙草坪林业局
汉西林业局
长青林业局
西安林产化学工厂
陕西省胶合板厂
陕西省林产品贸易总公司
陕西省林产品经销公司
陕西省林业机械研究所
陕西省森林职工医院
省直属单位
杨凌区农林局
韩城市林业局
楼观台林场

甘肃省

兰州市林业局
兰州新区林业局
西固区林业局
安宁区林业局
红古区林业局
永登县林业局
皋兰县林业局
榆中县林业局
嘉峪关市林业局
金昌市林业局
金川区林业局
永昌县林业局
白银市林业局
白银区林业局
平川区林业局
靖远县林业局
会宁县林业局
景泰县林业局
天水市林业局
秦州区林业局
麦积区林业局
清水县林业局
秦安县林业局
甘谷县林业局
武山县林业局
张家川回族自治县林业局
武威市林业局
市辖区林业局

凉州区林业局
民勤县林业局
古浪县林业局
天祝藏族自治县林业局
酒泉市林业局
肃州区林业局
玉门市林业局
敦煌市林业局
金塔县林业局
瓜州县林业局
肃北蒙古族自治县林业局
阿克塞哈萨克族自治县林业局
张掖市林业局
甘州区林业局
民乐县林业局
临泽县林业局
高台县林业局
山丹县林业局
肃南裕固族自治县林业局
庆阳市林业局
市辖区林业局
西峰区林业局
庆城县林业局
环县林业局
华池县林业局
合水县林业局
正宁县林业局
宁县林业局
镇原县林业局
正宁林业总场
湘乐林业总场
华池林业总场
合水林业总场
平凉市林业局
崆峒区林业局
泾川县林业局
灵台县林业局
崇信县林业局
华亭县林业局
庄浪县林业局
静宁县林业局
关山林业管理局
定西市林业局
安定区林业局
通渭县林业局
临洮县林业局
漳县林业局
岷县林业局
渭源县林业局
陇西县林业局
巉口林业试验场
华家岭林业站
陇南市林业局
武都区林业局
成县林业局
宕昌县林业局
康县林业局
文县林业局
西和县林业局
礼县林业局
两当县林业局
徽县林业局
康南林业总场
岷江林业总场
临夏回族自治州林业局
临夏市林业局
临夏县林业局
康乐县林业局
永靖县林业局
广河县林业局
和政县林业局
东乡族自治县林业局
积石山保安族东乡族撒拉族自治县林业局
甘南藏族自治州林业局
合作市林业局
临潭县林业局
舟曲县林业局
迭部县林业局
碌曲县林业局
夏河县林业局

青海省

西宁市林业局
市辖区林业局
城中区林业局
大通回族土族自治县林业局
湟源县林业局
海东地区林业局
平安县林业局
乐都县林业局
民和回族土族自治县林业局
互助土族自治县林业局
化隆回族自治县林业局
循化撒拉族自治县林业局
北山森林公园
海北藏族自治州林业局
海晏县林业局
祁连县林业局
门源回族自治县林业局
海南藏族自治州林业局
共和县林业局
同德县林业局
贵德县林业局
黄南藏族自治州林业局
同仁县林业局
尖扎县林业局
麦秀森林公园
坎布拉森林公园
海西蒙古族藏族自治州林业局
德令哈市林业局
格尔木市林业局
乌兰县林业局
都兰县林业局
天峻县林业局
哈里哈图森林公园
省直属单位
玛珂河林业局

宁夏回族自治区

银川市林业局
兴庆区林业局
金凤区林业局
西夏区林业局
灵武市林业局
永宁县林业局
贺兰县林业局
石嘴山市林业局
大武口区林业局
惠农区林业局
平罗县林业局
吴忠市林业局
利通区林业局

青铜峡市林业局
盐池县林业局
同心县林业局
红寺堡开发区林业局
固原市林业局
原州区林业局
西吉县林业局
隆德县林业局
泾源县林业局
彭阳县林业局
中卫市林业局
沙坡头区林业局
中宁县林业局
海原县林业局
省直属单位
宁夏仁存渡护岸林场
农垦事业管理局

新疆维吾尔自治区

喀什地区林业局
喀什市林业局
疏附县林业局
疏勒县林业局
英吉沙县林业局
泽普县林业局
莎车县林业局
叶城县林业局
麦盖提县林业局
岳普湖县林业局
伽师县林业局
巴楚县林业局
塔什库尔干塔吉克自治县林业局
阿克苏地区林业局
阿克苏市林业局
温宿县林业局
库车县林业局
沙雅县林业局
新和县林业局
拜城县林业局
乌什县林业局
阿瓦提县林业局
柯坪县林业局
吐鲁番地区林业局
吐鲁番市林业局
鄯善县林业局
托克逊县林业局
巴音郭楞蒙古自治州林业局
库尔勒市林业局
轮台县林业局
尉犁县林业局
若羌县林业局
且末县林业局
和静县林业局
和硕县林业局
博湖县林业局
焉耆回族自治县林业局
巩乃斯林场林业局
伊犁哈萨克自治州林业局
伊宁县林业局
昭苏县林业局
塔城地区林业局
塔城市林业局
乌苏市林业局
额敏县林业局
沙湾县林业局
托里县林业局
裕民县林业局
和布克赛尔蒙古自治县林业局
新疆天山西部国有林管理局
霍城林场
察布查尔林场
巩留林场
尼勒克林场
特克斯林场
昭苏林场
伊宁林场
蒙玛拉林场
新疆阿尔泰山国有林管理局
布尔津林场
哈巴河林场
阿尔泰林场
福海林场
富蕴林场
青河林场
新疆天山东部国有林管理局
哈密林场
木垒林场
奇台林场
玛纳斯南山林场
呼图壁林场
乌鲁木齐南山林场
企事业单位
新疆林业科学院

内蒙古森工集团

阿尔山林业局
绰尔林业局
绰源林业局
乌尔旗汉林业局
库都尔林业局
图里河林业局
伊图里河林业局
克一河林业局
甘河林业局
吉文林业局
阿里河林业局
根河林业局
金河林业局
阿龙山林业局
满归林业局
得耳布尔林业局
莫尔道嘎林业局
大杨树林业局
毕拉河林业局

吉林森工集团

临江林业局
三岔子林业局
湾沟林业局
松江河林业局
泉阳林业局
露水河林业局
白石山林业局
红石林业局
吉林森工集团股份公司
金桥木业有限公司
华英家具公司
泉阳泉饮品有限公司

龙江森工集团

牡丹江林业管理局
大海林林业局

柴河林业局
东京城林业局
穆棱林业局
绥阳林业局
海林林业局
林口林业局
八面通林业局
牡丹江木材综合加工厂
柴河林业造纸厂
合江林业管理局
桦南林业局
双鸭山林业局
鹤立林业局
鹤北林业局
东方红林业局
迎春林业局
清河林业局
万成木业有限责任公司
佳木斯木材综合加工厂
伊春林业管理局
双丰林业局
铁力林业局
桃山林业局
朗乡林业局
南岔林业局
金山屯林业局
美溪林业局
乌马河林业局
翠峦林业局
友好林业局
上甘岭林业局
五营林业局
红星林业局
新青林业局
汤旺河林业局
乌伊岭林业局
松花江林业管理局
山河屯林业局
苇河林业局
亚布力林业局
方正林业局
兴隆林业局
绥棱林业局
通北林业局
沾河林业局
兴隆中密度纤维板有限公司
新工木材综合加工厂
直属单位
带岭实验局
松江胶合板厂

大兴安岭林业集团
大兴安岭林管局
松岭林业局
新林林业局
塔河林业局
呼中林业局
阿木尔林业局
图强林业局
西林吉林业局
十八站林业局
韩家园林业局
大兴安岭营林局
加格达奇区林业局

新疆生产建设兵团
农二师
农三师
农四师
农五师
农六师
农十师